2009
山东教育年鉴

山东省教育厅 编

山东教育出版社
SHANDONG EDUCATION PRESS

《山东教育年鉴》编辑委员会

编辑部地址：济南市历山路 36 号　**邮政编码：**250013

电话：(0531)86417267　**传真：**(0531)86401213

E-mail：SDjyszb@163. com

5 月 23 日，中共山东省委书记、省人大常委会主任姜异康（前排中）到山东大学第二医院视察并看望首批来鲁治疗的四川地震灾区伤员。

5月25日，山东省人民政府省长姜大明（左二）、副省长王军民（右一）等省领导出席2008年山东省产学研暨节能新技术新产品展洽会并参观山东大学展厅。

5 月 30 日，山东省人民政府副省长黄胜（右一）到济南市友谊小学看望慰问来自四川地震灾区的学生，并与师生共同欢庆“六一”国际儿童节。

12月26日，山东省教育厅厅长齐涛出席山东省教育厅与中国建设银行山东分行战略合作协议签字仪式。

12月12日，山东省教育厅副厅长张兴民（前排右二）到省教育厅学习实践科学发展观活动联系点禹城市调研。

6月12至14日，山东省教育厅副厅长杨瑛（左一）赴四川参加教育部教育系统对口支援地震灾区恢复重建工作会议并与当地领导交流学生异地安置就读问题。

12月1日，山东省生源地信用助学贷款签约仪式在济南举行，标志着山东省生源地信用助学贷款工作正式启动。图为山东省教育厅副厅长陈光华（前排左）出席签字仪式。

9月22日至23日，山东省教育厅副厅长张志勇（左一）出席全省农村学前教育工作研讨会期间在泰安参观幼儿园。

11月28日，山东省教育厅副厅长宋承祥（中）到山东协和职业技术学院调研。

6 月 27 日至 30 日，2008 年全国职业院校技能大赛在天津举行，山东省 73 名选手参赛，取得 11 个一等奖。图为山东省教育厅总督学徐曙光（左二）在大赛现场看望参赛选手。

1 月 15 日，山东省教育厅总督学孟庆旭（左二）到山东工艺美术学院长清校区调研。

9月10日至14日，山东省教育厅副巡视员张海泉（右）率山东教育代表团赴西藏日喀则慰问山东援藏教师，并代表山东省教育厅向日喀则地区教育局交送援助资金。

12月15日，山东省教育厅副巡视员杜希福（右）会见加拿大新布伦瑞克省教育厅国际教育与战略项目总监盖瑞·伍德（Gary Wood）先生。

1月16日，全省中小学素质教育工作会议在潍坊召开，副省长黄胜出席会议并讲话。

1月22日，由山东省教育厅编印的大型画册《崛起的希望——山东省高等学校建设巡礼》举行发行仪式。

3月28日，全省规范中小学办学行为工作调度会在济南召开。

4月7日，山东省学生资助管理网上办公系统正式启用。

6月19日，全省学生资助工作会议在济南召开。

9月12日，全省农村中小学“211工程”（热水、热饭、取暖、改厕）试点工作会议在济南召开。

9月22日至23日，全省农村学前教育工作研讨会在泰安召开。

10月16日，山东省教育厅召开深入学习实践科学发展观活动动员大会。

11月22日，2008年山东省普通高中课程实施水平评估培训会议在济南召开。

11月25日，新华社、《人民日报》、《光明日报》、《中国教育报》等中央媒体记者采访团来山东省就素质教育推进情况进行采访调研。

12月28日，山东省普通高考美术类专业首次实行全省统考，全省共有5.4万余人参加考试。

12月30日，2008山东教育十大新闻发布会暨《山东教育改革发展30年》首发式在济南举行。

4月9日，“山东—苏格兰教育政策对话”会议举行。

4月21日，2008年山东中美教育研讨会在泰安举行。

5月9日至13日，“香港天主教教区学校访问交流团”一行42人来山东省访问。

5月26日，由山东省教育厅与加拿大新布伦瑞克省教育厅合作成立的加拿大新布伦瑞克省孔子学院揭牌仪式在新布伦瑞克省首府福来克理敦举行。

7月28日，参加“汉语桥”世界中学生中文比赛的各国选手走进东方圣城——曲阜。

10月9日，韩国政府授予中国海洋大学校长吴德星（中）“大韩民国褒冠文化勋章”。

10月20日，2008“亚洲—太平洋海岸带”国际学术研讨会在中国海洋大学举办。

11月6日至7日，山东省外国文教专家“教学奖”授奖仪式暨山东省第四届中外教师外语教学研讨会在聊城大学举办。

11月20日，山东省高校中外合作办学研讨会在青岛召开。

11月21日，山东省首次高等学校教师队伍建设论坛在山东经济学院举行。

7月12日，山东省高中教师远程研修启动暨山东省教师教育网开通仪式在济南隆重举行。

1月24日，山东省农村中小学教师素质提高工程首期培训班开学典礼在山东师范大学举行。

2 月 22 日，全省普通高中校长素质教育专题培训在山东省教育学院举办。

11 月 3 日，西藏日喀则地区教育行政干部培训班在山东省教育学院正式开班。

4月29日，山东省中等职业学校技能大赛在山东省商业职业技术学院隆重举行。

9月1日，山东大学·安利第十届研究生支教团出征仪式举行。

5月11日，山东省实验中学举办“实验学子修身”行动——礼仪主题教育活动启动仪式。

3月27日，山东省实验中学举办第二届科技创新运动会，千余项创新作品现场展示。

8月2日，山东师范大学附中学生在第23届全国青少年科技创新大赛中获得三金一银佳绩。

1月30日，由国家语言文字工作委员会和北京大学出版社举办的中华经典诗文诵读比赛全国总决赛结束。山东省选手曲阜一中教师蒋文祥名列第一，获特等奖；12岁的刘慧雪获唯一的诵读表演优秀奖和三等奖；10岁的刘含笑获优秀奖。

3 月 31 日，省暨济南市在泉城中学举行了中小学“迎人文奥运，建和谐校园”安全教育宣传活动启动仪式。图为泉城中学进行消防逃生演练。

11 月 17 日，泰安 一中举办第三届中学生辩论大赛。

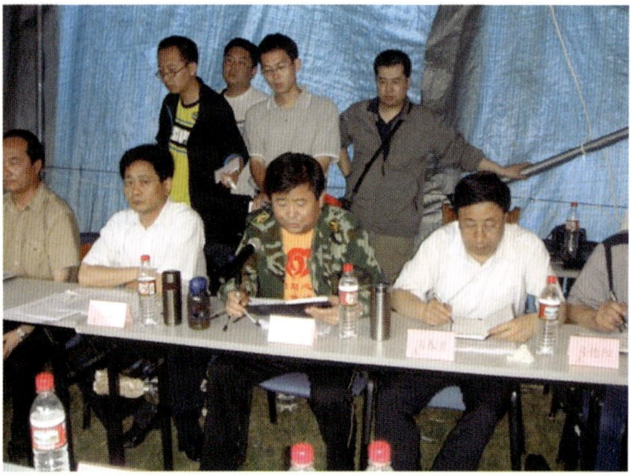

5月24日，山东省抗震救灾指挥部成立。图为指挥部成员省教育厅副厅长陈光华（前排右二）与四川绵阳市和北川县教育局有关人员研究中小学校临时过渡校舍建设规划。

5月19日14时28分，山东省教育厅全体员工集体默哀三分钟，沉痛哀悼四川汶川大地震遇难同胞。

5月14日，山东大学教职员工踊跃向地震灾区捐款捐物。

山东大学第二医院在四川赈灾前线的抗震救灾医疗队员。

5 月 21 日晚，山东大学师生在各个校区举行了烛光默哀仪式，沉痛悼念地震中遇难的同胞。

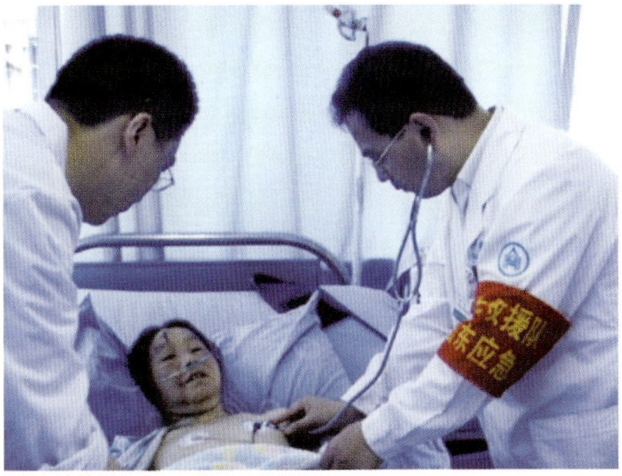

5 月 19 日，山东大学第三批急救医疗队到达四川地震灾区眉山市积极投入灾区危重伤员的救治工作。

7 月 1 日，济南历城职专举行欢迎仪式，迎接北川职高 104 名师生的到来。

6 月 16 日，北川羌族自治县职业中学的 111名学生从济南中转去德州交通职业中等专业学校复课。

8 月 2 日，山东省援川办、山东省教育厅、山东省关工委联合主办北川师生齐鲁行“爱心之旅”夏令营活动。来自北川的122名师生在山东度过了 8 天欢乐难忘的时光。

4月17日，济南市小辛庄小学的学生模拟“火炬”传递活动，表达对北京奥运会的美好祝福。

6月25日，临沭县退休教师李同忠利用3年时间制作完成2008个“奥运吉祥物”面塑五彩福娃，寄情北京奥运会。

3月10日，“青岛市百万师生‘我微笑 我承诺’迎奥活动誓师大会”在青岛育才中学举行。

7月21日至23日，第29届奥运会火炬接力在山东境内举行。图为山东中小学生为火炬传递加油。

6月10日至9月30日，山东省教育厅组织“感受北京奥运神韵”学生夏令营系列活动。图为夏令营队员在北京奥运会现场。

7月23日，山东英才学院董事长杨文教授作为济南站0208号火炬手参与了火炬传递。

7月17日，青岛中小学生在五四广场争相参加奥运知识抢答活动。

9月4日下午，中国海洋大学召开奥运健儿表彰大会，授予张娟娟、姜林、李非、胡贤强、张鹏、宋夏群、于艳丽、于大伟、仲敏维等“中国海洋大学大学生参与奥林匹克运动突出贡献奖”。

《山东教育年鉴》(2009)编撰说明

一、为了全面、系统、及时地征录并展示山东省教育改革和发展的整体风貌，自2002年起，山东省教育厅开始组织编纂一年一部的《山东教育年鉴》。本卷为总第八卷。

二、《山东教育年鉴》是山东省教育厅编纂的一部大型专业性综合资料工具书。它主要记述上一年度全省各级教育行政部门、各级各类教育(学校)及相关教育机构贯彻执行党和国家的教育法律法规、方针政策，结合本地区、本单位实际，创造性地开展教育工作的情况和经验，是山东省教育系统广大教师和教育工作者为提高国民整体素质、培养各级各类人才，不断推动教育改革与发展的忠实记录。编辑出版《山东教育年鉴》，开辟了一个宣传山东教育的重要窗口，不仅为广大教育工作者沟通情况、交流信息和经验提供了新的园地，而且为教育决策和管理、教育教学、教育科研以及制定教育事业发展规划提供了重要依据。同时，也为关心山东教育发展前沿的专家、学者提供了珍贵的历史资料。

三、本卷年鉴反映了2008年1月1日至12月31日期间的全省教育情况。本年鉴除记述山东省属各级各类教育情况外，对山东境域内中央部门所属各级各类教育也一并记述，以求准确全面地反映山东教育事业的整体面貌。

四、本年鉴采用分类记事编纂法，设栏目、类目、分目、条目四个层次，依次统辖。全书以文章和条目为基本载体，共设置特载、大事记、教育发展概况、综合管理、各级各类教育、科学研究、教育宣传、招生·考试、各市教育、普通高等学校、成人高等学校、先进个人与先进单位、教学与科研成果获奖、文件选编、教育资料等基本栏目。栏目内容与部门工作相结合，对相关工作进行了综合归纳。

五、本年鉴所用文字、图片资料和统计数据由山东省教育厅各处室(直属单位)、各市教育局和各有关学校提供。

六、山东教育出版社为《山东教育年鉴》的出版给予了大力支持，在此表示感谢。

目　录

特　载

大事记

教育发展概况

综合管理

各级各类教育

科学研究

教育宣传

招生　考试

各市教育

普通高等学校(本科)

普通高等学校(高职高专)

成人高等学校

先进个人与先进单位

教学与科研成果获奖

文件选编

教育资料

特　载

在2008年度全省教育工作会议上的讲话

山东省副省长　黄　胜

新春伊始，万象更新。我们召开全省教育工作会议，以党的十七大精神为指导，总结过去，分析形势，谋划未来，明确任务，对于推动全省教育事业又好又快发展，努力办好人民满意的教育，具有重要意义。

近年来，全省教育系统在省委、省政府的正确领导下，坚持以科学发展观为指导，大力实施科教兴鲁和人才强省战略，解放思想，开拓进取，狠抓落实，各级各类教育呈现出竞相发展的良好局面，在新的起点上实现了新的跨越。义务教育阶段，政府责任逐步到位，保障机制日趋健全，办学条件明显改善，基本实现了不收费的教育。职业教育方面，办学体系逐步完善，人才培养水平不断提高，"双元制"、"工学结合"、"职业教育集团"等鲜活办学形式，正越来越显示出强大的生命力。高等教育方面，呈现出资金大投入、设施大建设、规模大扩张、整体大发展的良好态势；伴随着工作指导转向内涵发展，人才培养层次和教育质量稳步提高。关注民生和促进教育公平的政策得到较好落实，不让一名学生因家庭经济困难而失学的目标正在逐步实现。近几年，教育经费投入之大、事业发展步伐之快、整体实力提升之高，都是前所未有的，巨大发展令人振奋，辉煌成绩有目共睹。这些成就的取得，得益于省委、省政府的正确领导，得益于社会各界的关心支持，特别得益于教育系统全体干部和教职员工的艰苦努力。在此，我代表省政府向大家，向辛勤工作在全省教育战线上的广大干部职工表示诚挚的问候和崇高的敬意！下面，就做好今年教育工作讲几点意见。

一、进一步明确指导思想，用十七大精神统领教育发展

教育是民族振兴的基石。党的十七大提出了"优先发展教育，建设人力资源强国"的战略任务，为开创教育事业新局面指明了方向。当前和今后一个时期，我们要在这一重要精神指引下，坚持科学发展的道路，着力把握发展规律、创新发展理念、转变发展方式、破解发展难题，全面提高领导和驾驭全局的能力，努力办好人民满意的教育，推动由人力资源大省向人力资源强省的转变。用十七大精神统领教育事业发展，就是要坚持教育科学发展、和谐发展、优先发展。坚持教育科学发展，就是要统筹城乡教育、区域教育，统筹各级各类教育，统筹规模、结构、质量和效益，统筹改革、发展和稳定，推进教育事业全面协调可持续发展；就是要坚持以人为本，全面实施素质教育，培养德智体美全面发展的社会主义建设者和接班人。坚持教育和谐发展，就是要推进教育公平，从义务教育机会均等做起，优化教育资源配置，让所有的人都享受到良好教育；就是要始终坚持公益性原则，更加注重教育的普惠性，更加关注困难群众的平等受教育权；就是要努力构建和谐校园，让学生在和谐的氛围中愉快学习、健康成长。坚持教育优先发展，就是要认真落实胡锦涛总书记提出的"以更大的决心、更多的财力支持教育事业，经济社会发展规划要优先安排教育发展，财政资金要优先保障教育投入，公共资源要优先满足教育和人力资源开发需要"，强化政府责任，加大教育投入，倡导尊师重教，为全面建设小康社会提供强大的人才和人力资源保障。总之，当前教育事业进入了一个新的发展阶段，面临着新的机遇和挑战。所有从事这项工作的同志都要进一步增强责任感和紧迫感，统一思想，坚定信心，抓住机遇，迎接挑战，认真研究新情况，着力解决新问题，努力实现新突破。

二、进一步推进素质教育,促进基础教育均衡发展

基础教育在整个教育体系中居于奠基地位,没有高质量的基础教育,就不可能构建起完备的现代教育体系。目前,我省基础教育总体发展情况是好的,许多指标走在了全国前列,但面临的任务仍然艰巨,比如素质教育、经费保障机制、均衡发展等方面尤其需要继续下大力气,用苦功夫。今年的主要目标是素质教育全面推进,保障机制更加完善,义务教育更加均衡。关于素质教育问题。今年1月,全省中小学素质教育工作会议在潍坊召开,统一了思想认识,明确了思路任务,确定了工作措施,取得了初步效果,在教育系统内部和社会上产生了强烈反响。但是,要清醒地看到实施素质教育是一项长期艰巨的任务,不可能一蹴而就。我想强调的是,必须把素质教育始终作为教育工作的主题,排除一切阻力和干扰,坚持不懈、义无反顾地抓下去,不达目的誓不罢休。在实施过程中既要态度坚决又要头脑冷静,既要立足当前又要放眼长远,既要全面铺开又要循序渐进,既要看实际效果又要看社会反映,真正把好事办好、实事办实。对过去一些不利于实施素质教育的制度和做法,要以改革的精神努力加以破除;对目前正在推进的新政策、新举措,要本着边探索、边修正的原则,不断加以完善,从而确保实现素质教育的新突破,促进学生健康成长和全面发展。关于保障机制问题。今年我们面临着进一步完善义务教育经费保障机制的艰巨任务。去年底省教育厅、财政厅出台了调整完善经费保障机制改革的有关政策,有几项硬指标必须实现,即提高家庭经济困难寄宿生生活费,为农村义务教育学生全部免费提供教科书,提高生均公用经费定额和校舍维修改造标准。各地要高度重视,加强领导,周密部署,强化监督,确保各项政策落实到位。不管时间有多紧,不管任务有多重,不管困难有多大,必须确保完成任务。在这方面,尤其要关注解决好县乡和基层学校的实际困难。关于均衡发展问题。要全面贯彻落实《义务教育法》,依法均衡配置义务教育资源,加强薄弱学校建设,努力办好每一所学校。要全面启动学校标准化建设工程,促进办学条件的整体提升。严格执行义务教育阶段就近、免试入学政策和不得举办重点学校或重点班的规定,下决心解决"择校"问题。要创造条件实施校长和教师定期交流、优质高中招生指标均衡分配等制度,逐步做到办学条件均衡、教师水平均衡、升学机会均衡。要注意保障进城务工人员子女平等接受义务教育,加强农村留守儿童的教育工作。

三、进一步强化基础建设,全面提高职业教育水平

职业教育是各类教育中理论与实践结合最紧密的,是与经济社会发展联系最直接的教育。近年来我省职业教育迈上了一个新台阶,现代职业教育体系基本建立,为社会培养了大批高素质的技能人才。但专业结构与社会需求还存在一定差距,经费投入不足,实践和实训环节重视不够,培养规模和教育质量需要进一步提高。职业教育要坚持以就业为导向,与市场需求和劳动就业紧密结合,进一步扩大办学规模,加强基础建设,深化教学改革,强化学生实践能力和职业技能的培养。一要继续扩大中职办学规模。进一步加大布局调整力度,强化高中段职普统筹,使普通高中与中职教育规模大体相当。要推动职业教育管理上水平,积极促进办学思想和管理模式的转变,由粗放型管理转向精细化管理,努力提高教育质量和办学水平。二要全面加强基础能力建设。继续实施"十、百、千工程"、30个经济欠发达县专项、实训基地、示范性中职学校建设计划,加强骨干学校建设,每个县都要办好一所示范性中职学校。各地要进一步加大投入,确保各专项经费落实到位,努力改善职业教育办学条件。三要深化教育教学改革。大力推进校企合作、工学结合、订单培养,健全顶岗实习、"双证"互通、弹性学习等制度,引导和推动职业教育集团化办学。加快课程改革步伐,突出实践教学环节,提高学生的职业技能和就业本领。进一步完善职业教育贫困家庭学生资助制度,帮助他们顺利完成学业。

四、进一步推动内涵发展,不断提高高等教育质量

任何事物的发展进步都是矛盾对立统一的结果。近年来伴随着高等教育的大发展、大跨越,不可避免地带来了一些新矛盾、新问题。总体上讲,高等教育的办学水平和人才培养质量还不能适应经济社会发展要求。今后高等教育要以内涵发展为核心,围绕提高质量,转变办学理念,深化教育改革,优化资源配置,加强内部管理,努力推动质量、规模、结构、效益协调发展。重点在四个方面下功夫:一是在转变办学理念上下功夫。目前我省共有111所普通高校,其中8所市属本科高校,绝大多数高职院校由市管理,各市均不同程度地承担着举办高等教育的任务。省市政府和教育行政主管部门以及各高校,要进一步明确新时期地方高校的功能定位,以服务地方经济社会发展为目标,切实转变办学理念,努力提高教育质量,从追求规模大、学科全、土地多、楼房高转到提升创新力、竞争力和辐射力上来,使各高校真正成为区域高素质人才培养和科技创新的重要基地。二是在突出办学特色上下

功夫。办学特色是高校的名片，是教育质量和办学水平的重要标志。地方高校要立足自身的办学层次、学科领域和服务面向，进行科学定位，扎扎实实地办出特色、办出水平。要指导所属高校努力打造品牌专业、特色专业，改造和提升传统学科专业，大力发展社会急需的学科专业，调整不适应社会需求的学科专业。三是在完善高校治理结构上下功夫。管理出质量，管理出效益。要坚持依法治教，严格管理，不断完善高校治理结构，规范办学行为，促进高等教育持续协调健康发展。要特别重视和加强对民办高校的规范管理，建立健全监管制度和机制，实施科学有效的管理。四是在增加高校投入上下功夫。目前，高校债务问题、生均拨款定额偏低问题，已成为影响我省高校进一步发展的制约因素。据教育部统计，2006 年我省普通高校生均预算内拨款 3371 元，排全国第 26 位；2007 年尽管有了较大幅度提高，但仍处于全国下游水平。造成排名落后的主要原因是市属高校投入过低，2006 年市属高校生均拨款仅为 2370 元。各市一定要下决心调整财政支出结构，努力加大对高等教育的投入，尽最大力量提高生均拨款定额，同时多渠道化解高校债务危机，帮助高校尽快走出困境。省委、省政府高度重视高校困难学生生活问题，近日出台了伙食补贴政策。各市要千方百计筹措资金，确保市属高校（包括民办高校）困难学生补贴政策落实到位，确保每位学生都能吃得饱，尽量吃得好。

五、进一步加强师资建设，切实提高教师队伍整体素质

教育大计，教师为本。教师是人类灵魂的工程师，是人类文明的传播者。我们要牢固树立教师为本的思想，落实教师主体地位，以提高教师思想政治素质和职业道德水平、职业技能水平为重点，以调动教师工作积极性、创造性为目的，深化改革，创新机制，改善管理，努力建设一支志存高远、爱岗敬业，教书育人、为人师表，严谨笃学、与时俱进的教师队伍。一要重视师德建设。师德是教师的灵魂，是教师最重要的素质。要加强和改进思想政治教育、职业理想和职业道德教育、法制教育和心理健康教育，不断提高教师的道德修养。二要加强教师培训。围绕全面实施素质教育的要求，以新课程、新理念、新技术培训为重点，调整教师教育布局，改革教师教育培养模式，积极推进教育创新，提高教师整体素质和业务水平。基础教育阶段要以农村教师为重点，以提高新课程实施水平为目标，组织实施好中小学教师素质提高工程；职业教育阶段要重点培养高水平的“双师型”教师；高等教育阶段要实施好教学名师工程、“青年教师成长计划”等，努力培养中青年骨干教师和学科带头人。三要优化师资配置。改革和完善教师管理制度，严格教师资格准入制度，健全教师考核评价机制，合理配置教师资源。制定切实可行的政策措施，吸引优秀人才充实教师队伍，鼓励优秀人才长期从教、终身从教，鼓励有志青年到农村、到边远地区建功立业。要高度重视农村教师队伍建设，进一步组织好城镇教师支援农村教育工作，积极组织农村教师到城镇学校跟岗学习、进修提高，促进城乡之间师资力量均衡。四要进一步营造尊师重教的社会风气。大力宣传优秀教师先进事迹，营造良好舆论氛围，让全社会了解和认识教师工作的重要性和特殊性，真正让教师成为社会上最受尊敬的职业，让尊师重教蔚然成风。

六、进一步提高领导水平，推动教育事业又好又快发展

教育事业规模大，涉及面广，家长时刻关心，社会普遍关切。作为各市教育局长，责任重大，任务艰巨，要做好本职工作，必须不断提高领导能力和水平，真正承担起人民的重托和历史的使命。一是要增强责任心。责任意识是一种高尚的政治品格，是领导干部履行职责的基本要求。领导意味着责任。教育无小事，任何时候、任何事情都不能掉以轻心、漫不经心。学校安全稳定是社会稳定的重要组成部分。大家一定要牢固树立安全重于泰山、稳定压倒一切的思想，克服麻痹松懈和侥幸心理，进一步强化各项措施，切实做到警钟长鸣、防患于未然，确保学校长期安全稳定。希望同志们进一步树立强烈的事业心和责任感，真正把教育事业放在高于一切的位置，全身心投入工作，带着感情抓教育，恪尽职守，兢兢业业，不断推动教育事业发展。二是要拥有求实心。做好教育工作，需要实事求是的科学精神、脚踏实地的实干精神、不计得失的奉献精神。要坚持从实际出发，遵循教育规律，求真务实办实事，立足实际办大事。要深入学校、深入课堂、深入师生，坚持群众路线，倾听群众呼声，反映群众意愿，集中群众智慧，民主决策，科学决策。要坚持不懈抓落实，完善工作机制，强化督导检查，加大责任追究，严格考核奖惩，提高工作效率。三是要保持进取心。古人说：“心弱则志衰，志衰则不达。”实践证明，保持奋发进取的精神状态，才能形成干事创业的强大动力，才能敏锐地抓住和用好机遇，才能有效地克服前进中的困难。改革创新是推进事业发展的强大动力。全省教育战线的同志们一定要在思想观念上求创新，在发展思路上求创新，在工作办法上求创新，让一切有利于教育发展的思想充分活跃起来，把一切有利于教育发展的资源充分利用起来，使一切有利于教育发展的积极性充分发挥出来，更进一步地解放和发展教育生产力。人是要有一点精神的。希望同志们

在新形势下继续发扬勇于创新、开拓进取的精神，发扬求真务实、真抓实干的精神，发扬全力以赴、锲而不舍的精神，努力开创工作新局面，推动各级各类教育又好又快发展，为建设人力资源强省做出更大的贡献！

（2008 年 3 月 4 日）

正确认识实施素质教育中的九个关系

山东省教育厅厅长　齐　涛

对于素质教育问题这几年大家一直在探索，各市、县，各中小学的校长和老师们都付出了艰苦的劳动，也取得了很大的成绩。如果讲素质教育如何进行，校长和老师们最有发言权；如果讲素质教育如何推进，各市县的教育局长最有发言权。对这个问题，我只能就自己的一些思考和大家交流一下，供大家在推进素质教育工作中加以参考。

一、如何认识素质教育和教育本质的关系

最近我集中看了一些文章，有的同志认为素质教育这个概念已经表达得很明确了，素质教育的定义、基本内涵已经说清楚了，不用讨论。但也有的同志认为，素质教育到目前为止还没有一个明确概念，比如素质教育这个词在英语里面就没有对应的词汇，没法翻译，在教育学的经典理论中也没有完整的表述。那么，究竟什么是素质教育？关键是要弄清楚它和教育本质的关系。我想，素质教育是中国特色的问题，是立足于几千年来特别是最近若干年来中国教育的特定发展道路，针对教育内涵提出的一个概念。它实际上讲的还是教育本质的功能，讲的是教育的应有样式。因此，实施素质教育应该是如何使教育回归它的本来，如何使教育发挥它应有的作用，这就是所谓的素质教育。

教育的功能是什么？康德的一句话表达得最清楚："教育的目的是使人成为人。"这是教育的目的，也是教育的首要功能和最终功能。就是要使"人之初"的人发展成为一个健全的人，一个有文化、有精神的真正意义上的社会人，把人和动物、其他的机器完整地区分开。素质教育也应该体现出教育的这种最本来的功能。

从这个角度理解，素质教育究竟包括什么内容？在新的历史时期、新的形势下，素质教育的内涵是什么？教育的内涵或者说素质教育的内涵，我过去在一些会上也讲过。我是这么理解的，应该是"三个层面，五个要点"。

第一个层面是高尚人格的造就。高尚的人格首先当然是由社会主义的核心价值体系塑造而成，在此基础上，还要让我们的学生明确人与社会的关系，人与自然的关系，树立以人为本的平等的人生观、价值观和世界观等等。以往的教育中，通常关注的是如何志存高远，如何功成名就，但高尚理想并不一定是要有雄心壮志的理想，"高尚"其涵义很宽泛。现在咱们一般地讲，从小要立大志，立志要当科学家，立志要当比尔·盖茨等等，没有人说立志要当环卫工人，这里面隐含着巨大的思维偏差，当科学家是立志，难道当环卫工人就不高尚了吗？昨晚我看了一个电视节目，讲安徽一个农村山顶上的学校，一个老师教五个孩子，这个老师真正的动力来源于哪里呢？源自教他的一位老教师的人格力量。当年他的这位老师给他批改一篇作文，批语中曾写道，这个孩子是有理想、有抱负的好学生。后来这个孩子上了师范学校，毕业后又自愿回到农村任教。老师告诉他："你是我最引以为骄傲的学生。"我们很多学校很多老师最引以为骄傲的学生不一定是这个类型的学生，而是成长为院士、高级领导、成名成家的那部分学生。这里面是不是有一些需要认真讨论的问题？昨天晚上那个电视采访让我很感动。五个孩子，一个老师，住在山顶上一个破庙里面。就教五个学生，绝不是为了某种利益的驱使，他的心态非常平和，精神非常崇高，这就是献身。在这里面他感到幸福，感到人生价值的实现。他就是一位高尚的人。

第二个层面是知识能力的赋予。这里有两个要点，知识获取的能力和知识创新的能力。七八年来我一直讲这个观点，今天就不多讲了。黄胜副省长讲"鱼"和"渔"的关系，是非常有道理的。素质教育的关键是让孩子们，让下一代知道怎样去获取知识，怎么去进行知识的创造。

第三个层面是基本素养的养成。其中也包括两个要点,第一是人文素质的养成,第二是科学精神的养成。人文素质和科学精神不仅仅是会背几首唐诗宋词,不仅仅是会做几个物理实验。牛顿是个大科学家,他最终丧失了科学精神,因为他把整个宇宙的运动归结为第一推动力,他认为第一推动力的来源是上帝,那他就是没有科学精神了。前些年个别搞物理学的,搞科学研究的,仍然去信法轮功,也是科学精神的缺失。

我曾经看过一篇文章《2007,基础教育精神价值的回归》,文中开篇引用了温家宝总理的一首诗。诗中这样写道:"我仰望星空/它是那样寥廓而深邃/它无穷的真理/让我苦苦地求索、追随。我仰望星空/它是那样壮丽而光辉,那永恒的炽热/让我心中燃起希望的烈焰/响起春雷。"温家宝总理曾这样阐述诗外之意:"一个民族有一些关注天空的人,他们才有希望;一个民族只是关心脚下的事情,那是没有未来的。"温总理胸怀之博大,精神之高远可圈可点。这篇文章里面讲到的就是,教育要心中有"星空",教育的精神价值,应该直接指向"人",指向人的幸福安康,指向一个国家和民族的未来。这篇文章发表在《人民教育》2007 年第 24 期,文章写得非常好,它讲的就是教育的真正价值在哪儿。我们能不能撇开那些具体的事情,也像总理一样仰望"星空",关注一下教育的未来,关注一下教育真正长远的价值所在。

二、如何认识实施素质教育与满足群众升学诉求的关系

"引领社会,服务社会",是我在 2005 年的一个会上讲的观点。针对高等教育的功能,我概括了八个字,就是"引领社会,服务社会"。如果高等教育只是一味地服务社会,需要什么人才就培养什么人才,那只算是发挥了一半的功能。对高等学校而言,更重要的是引领社会。高校要靠先进的思想、先进的科学、先进的技术引导社会进步与发展,同时要靠大学精神、大学文化,靠大学师生的行为表现和价值追求,引导社会的前行,这是更重要的功能。

记得也是 2005 年,在一次"职业学校,理性的选择"座谈会上,大家讨论为什么都不愿意上职业学校?我举了自己认识误区的一个例子:我刚到教育厅工作的时候,在一次办公会上,大家说职业教育应该讲普职比例,应该 1∶1。因为我当时不了解情况,就讲了一个观点,我说孩子愿意上什么就上什么,为什么非要给普通高中和中职学校一个比例呢?我总觉得这个观点没错。当时有的同志说我的观点不妥。我还不太理解。现在想想,"愿意上什么就上什么"的观点究竟错在哪儿?那就是把自己混同于一般的家长了。从家长的角度讲无可厚非。但是作为教育主管部门、作为校长、作为老师就不能够这样一味迎合社会,迎合家长。你的职责是引领社会,引导家长。要立足国家民族的长远发展,立足社会的真正需求,来构筑起我们教育的发展框架。这个道理很简单,如同一个医院,如果大家都拿手术刀当医生,这个医院怎么开?从家长角度,他希望孩子进入最高层次,都去动口不动手,都去当白领,是可以理解的。但是作为教育工作者,应该是客观地、科学地给家长和学生一个正确的引导。这就要求我们要明确自己的角色定位,不能混同为一个普通的学生家长,而是积极加以正确引导。

不仅高等教育和职业教育如此,素质教育也存在如何处理好引领和服务的关系问题。引领与满足或者引导与服务,是推进素质教育的一个重要内容。在这个问题把握上,一方面应该最大限度地满足人民群众不断增长的受教育需求,但另一方面,又要适时、及时地引导家长、学生和社会走向健康的成才之路,二者缺一不可。

现在一说素质教育,必然谈到应试教育,谈到学生压力越来越大,推进素质教育举步维艰,困难重重。这些年大家一直在探讨、在讨论,包括很多市、县、学校身体力行,探索出很多好的经验。但实事求是地说,素质教育实质性、全局性的突破目前还没有达到,孩子的负担反倒有越来越重的趋向。学生的压力越来越大,负担越来越重,问题究竟出在哪儿?我想主要有这样几个方面的原因:

第一还是传统的问题。中国的传统与文化背景和欧美国家是不一样的。我曾讲过类似的观点,学生压力大,在中国自古就是这样。"头悬梁,锥刺股","十年寒窗苦",那不是压力大么?中国的学生自古以来就缺少轻松快乐地学习,往往是为了某种目标而去拼命地学习。为什么?这是中国传统使然。比如中国古代的社会结构有分层,但又没有明显的层次界限,各个阶层是不平等的,但各个阶层之间又是开放的,可流动、可转换的。"朝为布衣,夕为相卿","皇帝轮流做,明日到我家"。陈胜、吴广在佣耕时,还在讨论"苟富贵,勿相忘",还在抒发"燕雀安知鸿鹄之志哉?"的胸臆,后来造反了,当了王,一举成名。刘邦也是由一个社会下层人物而当了皇帝。这就是中国特色,人人都有可能通过奋斗成为社会的上层。但在欧洲中世纪,社会分层明显,社会界限也明确,且很难逾越。我经常举一个例子,有时候到国外,接待我们的职员往往有一些头发花白的老公务员,乐呵呵地给你倒水,接待你,很是安心,但在国内一些地方就未必如此。这就是传统。这种传统对中国传统文化中的进取意识、功名意识都有较大影响。

在这个传统下带来了第二个问题，就是几乎所有的家长都是望子成龙、望女成凤。特别是现在独生子女情况下，谁也不希望自己的教育甘居人后，总是努力再努力，拼命再拼命，不管孩子有没有这个禀赋，有没有这个条件。我们并不是说孩子有优劣之分，但要承认孩子是有差异的。每个孩子都是好孩子，没有高下之分，但其思维方式、接受能力是存在差异的。有的孩子适合做数学，有的孩子动手能力强，有的孩子善于交际，这就是差异。现在所有的家长都要求自己的孩子考高分，上北大、清华，实在不行也要上大学，这个心态是很普遍的。这就给素质教育带来了很大的压力，也给孩子们带来非常巨大的压力。

第三个原因是社会对学历的盲目消费。为什么现在孩子不惜一切追求高学历、高文凭？原因就是社会上存在着不平等的学历要求。前不久我看过一个教育专家的文章，提出不能把学生压力大的板子统统打到教育部门身上。比如考公务员就是，有的地方明文规定，专升本的文凭就不行，本科不是第一学历的不行。为什么不行？为什么不重视他已拿到文凭，而去关注其获取的过程？一个人三年中学、三年大专，再上继续教育怎么就不对了呢？否则，继续教育就没有存在的余地了。现在一些单位招聘人员往往要求第一学历全日制本科，有博士不用硕士，有硕士不用本科。这是一种社会需求的错位，是对学历的盲目消费，既不公平，也不正常。

第四个问题是体制问题。体制问题说到底是现在社会分层越来越清晰，不同社会阶层之间差距明显。城乡差别、脑体差别在某种情况下有越拉越大的趋势，要实现不同阶层之间不同人群之间的社会公平在中国还有很长一段路要走。这种情况下，作为家长、孩子的选择是什么呢？只能拼命地往上层挤，拼命地摆脱原有的不太适合他生存的那个阶层、群体，整个社会上明显存在着"学习改变命运"的心理趋同。我们经常听到家长吓唬孩子："再不好好学，看看街上住大棚的农民工"。这就说明一种社会的环境、氛围，说明一种体制性差别的存在。

最后一个问题是高等教育资源的供不应求。从中国的教育史就能看出，教育资源的供需不平衡和学生的负担重、压力大是密切相关联的。中小学负担最轻的时候是1955年以前。当时有个报告说，当年毕业的高中生远远满足不了大学招生的需求，那时候的学生没有什么负担和压力，学和不学一样，都能上大学。但是之后就发生变化了。1955年3月，分管文教工作的副总理陆定一就严肃提出了中小学学生负担过重的问题。教育部也在1955年7月专门下发文件指出："中小学学生负担过重，是几年来存在的一个问题。1954年秋季以后，在部分地区和部分学校，这个问题变得更严重。在提高教育质量的工作中指导思想有偏差的地方……一般是大中城市的学校比小城市和农村的学校负担重，中学比小学重，高年级比低年级重。……目前学生负担过重，主要是课业负担过重。……教材不完善，教师水平不高，学校领导不深入教学，这是形成过重的基本原因。"教育部这个文件和现在的文件基本一样。1958年之后，高等学校急速扩张的阶段，学生负担好了几年。之后呢，到1963、1964年，学生的负担又开始重了。1963年1月24号教育部又发了一个文《关于当前中学教学工作的几点意见》，分析了当时中学"应试教育"迅速滋长蔓延的主要表现："集中领导力量和骨干教师于毕业班，致使其他年级的教学工作大大地被削弱了；压缩教学进度，提前结束课程，致使学生所得知识不能很好地巩固与消化；任意停授一部分高考不考试的科目，削减某些课程的内容，或将某些必修课程改为选修课程，致使学生不能完全学到一般中学生应有的知识；频繁地举行考试、测验，致使学生为应付考试、测验而疲于奔命，损害了健康；故意提高评分标准，使不应留级的学生留级，擅自动员所谓成绩不好的学生退学或不参加升学考试，致使有些学生失去学习信心，引起思想混乱。"从以上可以看出，教育的周期规律性还是非常明显的，对我们现在考虑问题有很大的借鉴作用。

以上分析了学生压力大、负担重的五个方面的原因，对这些问题大家要有客观冷静的认识。不要一说学生压力大、负担重，好像都是教育系统的事，都是老师的责任。其实不是这样的，老师辛辛苦苦为了什么？老师就愿意这么辛苦吗？就该加班加点吗？不是的。以往的加班加点从某种意义上说，是来自于对学生的负责，是一种责任心的表现，然后才是其他的种种原因。决不能因为这个挫伤老师的积极性。但是现在为什么要减轻学生过重负担，全面推进素质教育？宏观说，就是为了我们的民族，我们的未来，就是为了培养有高尚人格、健康体魄、有创新精神和动手能力的一代接班人。具体一点说，就是现在全面推进素质教育的条件已逐步成熟，主要有这样几个前提：

第一个前提是，高等教育的规模扩张大大缓解了教育的供求矛盾，各类教育的升学压力明显得到舒缓或者即将得到舒缓。山东普通高校在校生人数1998年是18.7万人，现在是144.4万人。这种规模扩张，使高等教育供需矛盾大大缓解，这是素质教育推进非常重要的前提。

第二个前提是，整个的社会需求和社会评价标准已经开始出现多元价值取向。随着时代进步，社会已经逐步开始接受、欢迎其多样化的选择了。前些年的时候，大学毕业生回农村养猪那是爆炸性新闻，现在有哪个毕业生回家乡办个养猪场、养鸡场已经不会产生什么轰动效应了。未必一定要"学而优则仕"，整个社会建功立业的机会很多。随着社会主义新农村的建设，随着国家经济的持续增长，随着社会上人力资源的分布和社会各阶层、各群体的越来越平等，社会需求的多样化和多元化会进一步加大，这是实施素质教育又一个重要的前提和保障。

第三个前提是，政府正在承担起越来越多的责任，教育经费保障机制不断完善。过去我们从局长到校长，大家忙什么呢？最多的还是学校的经费问题，盖房子、工资欠债、筹措公用经费……，花费教育部门相当大的精力。现在农村义务教育保障机制的初步建立，逐步走向完善，而整个城乡义务教育的一体化，城市义务教育保障机制的建立也是势在必行，指日可待。这种情况下，我们的局长、校长、老师就能够安下心来关注、关心一下自己份内的事情。教学怎么做，课程怎么开，孩子怎么教，我们有精力、有余力、有条件抓抓教育内涵的发展了。

第四个前提是，家长和学生已经开始觉悟、觉醒，可以说在某种程度上已经走在了我们教育主管部门、走在了我们校长和老师的前面。我记得并且印象很深的是江泽民同志 2000 年春节前夕谈话，关注学生过重课业负担。当时我们制订了关于减轻课业负担的种种文件、规定，但遇到了很大的阻力。这阻力来自于社会，主要来自于家长。这边把作业减下来了，家长又给加上去了。我们所面临的家长、社会的压力格外多。但现在不同了，真的发生变化了。过去家长写信是如何加强学校管理，如何保障高考升学率。2007 年我收到家长和学生来信最多的是要求减负、减压的信。这里有一封学生的信、一封家长的信，都很典型。学生的信是学生自己写的，字歪歪扭扭的，这是研究中国教育史非常好的第一手资料。

尊敬的各位领导：

我是××市实验中学的一名学生，我谨代表我校全体学生向您反映一些情况。

1. 我校在法定节日和暑假、寒假从未正常放过假，每次都以补课为由，假期则压缩至能少就少，法定节假日最多放一天，甚至寒暑假也只有十几天假期，这无疑对我们施加了太大的负担。

2. 我校早晨到校时间过早，学校规定 5:50 到校，而晚上放学时间太晚，10:00 放学。而且每天睡眠时间不到 6 个小时，每天在校时间长达 13 个小时，对学生的身体健康造成了危害……学生下晚自习时间太晚，导致一些走读学生回家的路上不安全。

3. 我校实施一月放一次假的制度，每次只有 2 天，并且每次在放假前后都有一次月考，这对每位学生造成太大的心理负担以及思想压力。一个月的紧张学习，在两天中根本得不到放松和休息。

以上的情况如实反映了我校的情况，……恳求各位领导来我校调查。

某某学校全体学生

2007 年 5 月 27 日收到一位家长的来信。信中说教育局统一规定，小学早上到校时间不早于 7:30，上课时间不早于 8:20，每天在校时间不超过 6 小时。这些规定根本没有得到执行，反而因为考试科目过多，每个孩子每天至少要上十四五节课，在校时间长达 12 至 13 个小时。晚上还有大量课后作业，四门功课做完可想而知要到几点！看到孩子忍受这么大的压力和摧残，家长们虽然心疼，却无计可施。……局长在召开校长会时强调，各学校抓分数一定要抓出血来！

这两封信都是真的，我留了很多这样的信，凡有价值的我都保留下来了。从这两封来信可以看出，家长、学生他们的价值取向、观念已经改变了，起码一部分已经变了，已经走在我们的前面。

基于上面几点考虑，在 2007 年我们充分酝酿，做了大量准备、调研、试点，2008 年在全省范围内全面推进素质教育。

三、如何处理素质教育观念和素质教育实践的关系

前几天我看了一篇文章，说素质教育重在实践，关键是怎么做。但是从目前情况看，观念和实践都有待于讨论、有待于探索。我不敢说素质教育的观念已深入人心，也不敢说每一个教育工作者都已经掌握了素质教育应有的要义，我认为，在素质教育推进中，观念转变与实践进行是并行不悖的，转变观念依旧是实践的重要前提。比如说，前几天一份比较权威的报纸上，头版头条有一篇文章，介绍某个城市全面推进素质教育的做法，很多做法值得我们借鉴、学习。但是“鸡蛋里找骨头”，我发现文章中的教育观念仍然存在着一定的认识偏颇。比如，文章讲素质教育在不同的学校里群芳竞艳，充分发挥了学生的特长。有个例子就是某个学校和某天文台创建了“娃娃科学院”，评选“小院士”、“小研究生”，从 1999 年至今，这个城市产生了 16 名“小院士”，这所小学有 5 名，并且罗列许多类似的“精英”事例。我们教育的目的是什么？人人都去当“院士”？义务教育最根本的功能在于它的基础性、基本素质，在于关注全体学生。文章在讲“既全面发展又个性化发展”时，举例证明说，今年 6 月，某外国语学校“高三学生某某被剑桥大学录取，获得 9 万元人民币的奖学金。几乎同时，另一名高三学生被耶鲁大学录取，获得

每年5.1万美金的奖学金”。作为个性教育的第一追求是这个吗？这和素质教育的精神、理念是不是还有点差距呢？是让个别孩子上最好的大学，还是让多数孩子接受均衡的教育？是为了个别孩子一枝独秀，还是应该为多数孩子的全面发展？

还有一个例子，一家媒体报道《小学生考95分等于没及格?》。文章说，一学生家长接到孩子老师发来的短信，说孩子上小学考95分等于不及格。这个家长很纳闷，为什么不及格呢？结果老师把家长喊来说了一顿：一年级就考不了100分将来怎么办？还有一次孩子考了98分，结果老师也是把家长叫到学校，告诫说：一年级必须考100分将来才有出息。为此，家长如临大敌，天天督促孩子学习，陪着做作业，有次忘了在作业本上签字，结果又让老师给罚写了一篇课文。“上小学必须考100分”，导致了孩子特怕考试也害怕学习。一辅导孩子就问：“妈妈，我要是考不了100分，是不是就等于不及格?”稚嫩的心灵何以承受如此之重？这是大城市的一所知名的小学，这是什么观念？

还有一个报道，《学生一日三读“励志信”》，报道一所高中每天让全体学生集体朗读“神秘信”：“今天，我要开始新的生活；今天，我找到了自己；今天，我要精心塑造自己。”20日下午1:40某某学校里响起了这样的声音。集体站立，高声诵读。这封信中还有这样的内容，“成功与失败的最大区别，来自不同的习惯。我能科学用脑，一天有四个记忆高峰，分别是早上起床后1小时，上午8～10时，傍晚18～20时，睡前一小时，我在这四个最佳记忆时刻记忆知识。考试前我总有愉快乐观的心情……这类“励志信”大家可以讨论一下能起什么作用呢？这是不是也反映出一种认识和理念的误区。周恩来总理曾经“大江歌罢掉头东”，为中华之崛起而读书。而现在的“励志信”却是“什么时间我背诵，什么能够考好”。所以说，素质教育的观念、认识的问题，仍有讨论、转变和深化的必要。

四、如何处理中小学教育的基础性和预备性的关系

中小学教育是一种基础性教育，它的根本任务就是全面发展学生素质，教育学生学会做人，为培养学生成人成才夯实基础。同时考虑其继续升学或就业问题，考虑学生的可持续成长，不可避免地也带有了预备性。中小学教育的基础性和预备性形成了一种张力，如何恰当地处理二者之间的关系，是关系到中小学推进素质教育成败的重大问题。基础性是按照教育本来的规律实施教育教学，而不考虑其他因素。预备性往往要侧重考虑升学、就业等相关问题，为下一步的升学或就业提供准备。二者关系问题如果摆不正，处理不好，在素质教育推进中很容易出现偏颇。

早在上个世纪初，新式小学、新式中学刚刚出现的时候，就开始讲基础性和预备性的关系，那时大部分小学毕业就走向社会。到了1909年的时候，基础性和预备性的关系之争就延伸到中学了。1909年5月，学部给宣统皇帝上了个奏折称：“小学堂之宗旨，在养其人伦之道德，启其普通之知识；不论其长成以后，或习文学、或习实业，皆须以小学立其基，此不能分也。”而中学“毕业之后，其不能升学之学生，于普通智识、道德当足应用；惟学生毕业有志升学者，其所志既有殊异，而所升之学堂亦有文科实科之不同”，故建议中学“于一堂之内分设两科”，分别侧重文科、实科(即理科)课程。这段话说明，当时的小学，百分之百地考虑基础性，而中学就有了文课和理科之分了。基础性和预备性从1909年开始争论不休。现在对基础性和预备性怎么看？我认为，第一阶段，从小学到初中，应该是比较完整的基础性教育。为什么？因为根据国家的教育发展规划和山东的教育发展规划，2010年要基本普及高中阶段教育，初中毕业生绝大多数都能够进入更高学段学习，所以这种情况下，初中和小学应该不具备什么预备性的特征，或者说基本上应该侧重于基础性。今年我省准备开始重点推进中考评价制度改革，正是基于这一点考虑。

初中和小学作为比较完整的基础性教育，但也不能随意地再往下延伸，不能再往幼儿园延伸。对于幼儿教育的性质，100年前就有讨论。清朝末年，有一个幼儿园(蒙养院)的教育法章程，其中讨论的问题一个是保育，一个是教导。这两个概念实际上在幼儿教育中是非常重要的。保育和教导谁轻谁重？到底怎么做？有种种争论，也有种种流派和实践。在新中国成立之后，幼儿教育就出现了一个不太好的倾向，就是“轻保育重教导”，把幼儿教育真正办成了学前“教育”了，带有基础性和预备性，二者兼备，为升入小学做准备了。1954年《人民教育》有篇文章：“有的幼儿园作业的次数既多，时间又长(有的一天四次，每次时间长到四十至四十五分钟)；而对幼儿所需要的游戏，却很少进行。在某些教养员的思想上，认为幼儿的作业就是上课。因而在进行作业时，除了不用课本外，其他完全与小学低年级的上课相同。有些幼儿园的教材过深，如给中班幼儿认识苍蝇和蚊子的特征时，告诉幼儿“单眼”、“复眼”等名称；语文课里，灌输“社会主义建设”、“日内瓦会议”、“朝鲜谈判”……室内的课桌、课椅一排排向着教养员……

高中阶段基础性和预备性两者的关系如何？谁轻谁重？哪个为先哪个为后？尤其是职普比稳定之后对高中阶段怎么看？过去高中毕业实际是一分为二：一部分升学，或上中专学校，或进入大学学习；相当一部分的高中生毕业之后直接就业了。现在初中之后就一分为二，在高中阶段，要就业的就上中职了，而普通高中主要目的是升学。而在若干年之后，高中毕业生只要想上大学的基本上都能上大学。这种情况下，重新探讨一下高中阶段特别是普通高中基础性和预备性的关系，非常有意义。

五、如何处理发展学生个性和基础教育规范性的关系

个性与规范性，大家讲得比较多。发展学生的个性，就是怎样以学生为中心，给学生留足空间，给学生充分施展才能的天地，让他们的个性得以张扬。

1909 年，有个教育家谈教育时说："小学校教育之要，当以学生为本位，为教员者无时不当筹思学生之在学校，如何则心志欢乐，如何则道德优美，如何则学业精进，事事必就小学生之心理以推究。"这就是以学生为中心，怎样让孩子高高兴兴地学习，怎么样结合孩子的心理研究教育结合的规律。但是当时相当一部分学校不顾及学生的个性发展，这篇文章专门批评这件事情。当时，多数学校对学生纪律要求十分严格，有的学校制订了详密的讲堂规则、自修室规则、食堂规则、寝室规则、盥所规则、茶水规则、休息规则、会晤规则、阅报处规则、图书器械所规则等。1903 年《湖南明德学堂规则》甚至要求学生上课时"两手不得置于桌上，且宜正襟危坐，两足不得伸出，并禁时露倦容"，比古代官私学有过之无不及。100 年前这样，现在的孩子不大多也这样？但另一方面的声音一直很强烈，要求尊重学生个性的发展。比如 1923 年，当时北洋政府教育部制订的新学制课程标准就体现了学生自主的原则。当时的规定，中学采用分科选科和学科制、学分制，学生可以选课、选科。1924 年，全国教育会联合会第十届大会议决，"中等学校宜采用弹性升级考试方法以宏造就而励自动教育"。到上世纪 50 年代和 80 年代，还提出来高中要搞选修制。这些原则和要求并不是教育部门突发奇想，而是和教育思想相贯通的。

保护孩子的个性，尊重孩子的个性，同时又能恰当地规范，保障教育教学工作顺利开展，这对教师和校长提出了更高的要求。上午中央教科所袁振国所长讲，过去总是把学者和良师划等号。这句话是对的。现在看，学者未必就是良师，学者也未必能成为良师，但良师一定能成为学者。因为作为好的老师他必须对本学科的知识、理论有自己独到的见解和认识，才会成为良师。去年到西班牙去，西班牙教育部中午本来想请一个著名的教育哲学家同我们见面，这个教育哲学家正好有课不能来，而这个知名的哲学家却是西班牙的一个中学老师。问对方这种现象时，回答说，西班牙有不少这样的学者老师，在国内非常有影响，但让他当大学教授，他不去。他的理念就认为，真正的教育研究就在中小学，真正的教育家应该在中小学执教。这是真正地把教育当事业的一个学者，他肯定也是一个良师。所以说，教师应该有自己的理念、追求、个性，这样你教出来的学生才能有自己的个性，你从业的学校才能成为有个性、有特色的学校，这是相辅相成的。

六、如何处理教育传统与教育变革的关系

传统与变革的关系，对教育而言，与其他行业有些不一样。教育属于上层建筑，应该是最尊重历史、传统的一个行业，因为任何的教育思想、教育内容和教育方法都不是凭空产生的，也不可能从国外直接移植，必须植根于我们自己原有的传统。因此，处理好传统与变革的关系对教育发展至关重要。

现在有两种倾向值得讨论：一种是盲目复古，一味地让孩子们回到"过去"。比如很多学校把一些《三字经》《弟子规》《神童诗》都拿出来让孩子背诵，"万般皆下品，唯有读书高"，"书中自有颜如玉，书中自有黄金屋"。如果孩子整天背诵这些，素质怎么提高？总是教育孩子们作人上人，走向社会分层的最高端，如何追求一种以人为本，人人平等的和谐社会？《三字经》《弟子规》《神童诗》都有这个东西，这是传统文化中的封建性糟粕，值得讨论。还是毛主席老人家说得对，对于传统文化，要吸收其民主性的精华，剔除其封建性的糟粕。如何充分吸收传统文化中的精华，从教育主管部门到校长老师都应该有清醒地认识，并不是说越复古越好，越回到过去越好。

还有另一个倾向，越变革越好，把过去甩得越干净越好。尤其在一些经济发达、开放的大都市里面开始盛行。前几天看一篇文章，讲某市高中语文"大换血"，以各种理由把《阿 Q 正传》换下来，还有一些地方把武侠小说搬到中学语文课本里。这种做法恰当不恰当？给孩子到底要灌输什么？这个问题同样值得深思和讨论。这篇文章很多观点我是认同的，比如说，教材编写组的理由是"根据学生的领悟和接受程度，最后放弃了《阿 Q 正传》等名篇"。文章说："这种说法实在是似是而非。小儿背唐诗，其义也渺渺，是不是都要长大了再学，小时就不用背了呢？看看美国高中生必读书目吧，共 21 种，只选 2 部现当代精品，其余 19 部全是千百年的经典，光古希腊古罗马

就占5部，真是太古老太艰深了！而且还有一条规定更绝：书目几十年不变，且要参加相关内容的考试。因为他们深知：不站在文化巨人的肩上，就无法创新，就不能推动历史！"在传统与变革的问题上，我们也应该认真讨论、慎重对待。

七、如何处理教育内容和教育形式的关系

内容与形式的关系，比较浅显易懂，但如何把握好尺度，不偏离本质也很重要。回顾梳理我们的素质教育，虽然在全省范围内没有取得实质性、突破性进展，但在各地区、各学校还是进行了很多成功的探索，积累了很多好的经验，这在下一步素质教育推进过程中必须认真地加以吸取，尤其是要吸收其本质与精髓。

谈内容与形式的关系，新课改中出现的问题值得我们思考。有些地方在新课改的过程中，就发生了一些偏差，老师们不是把工夫花在课程、课堂和课本本身，而是对外在的、形式的东西花费工夫太大。有篇文章《怎样看待新课改给"好课"带来的变化》谈到："好课不能在教学方式的创新面前迷失自己。一些教师花费在设计教学环节和准备教学手段上的时间和精力远远超过对教材和学情的分析研究。""过于热衷形式的创新导致一些教师疏于研究挖掘课程和教学中那些更有价值的东西，一些课堂出现了华而不实的倾向。"一些被誉为"好课"的标志是：博采众长、引经据典、融会贯通、大容量、多信息、快节奏，标新立异、自成一家等等。过去我也听过类似的课，语文课上，老师四面八方、古今中外，把能收集到的知识全收集到。比如有篇课文《爬山虎的脚》，那位老师讲得真不错，准备了大量材料。但是他把重点放在哪儿？爬山虎是什么？为什么能爬在墙上？大量的图片演示、学生问答等等，可语文课究竟是干什么的，这位老师却忽略了。语文课就是教给孩子怎么说话，怎么写文章，怎么欣赏文章的美，而不是其他的。把语文课讲成科普课，就有些偏离。现在很多课都讲成这样，语文课成了老师展示"才华"的课，特别是一些示范课，成了老师的才艺大比拼。一位老师在讲朱自清的《背影》，别出心裁给学生布置一个作业：每人回家给父亲或母亲照一张背影照片。课上，大家拿出照片，分组交流讨论，然后写一篇作文。这是培养孩子的摄影爱好还是培养孩子写作情怀呢？还有《荷塘月色》，简直成了关于荷花和月色的图片、音乐的欣赏课了，还有分析荷塘、青蛙的，月下荷塘奇妙的意境却被忽略了，被那些展示给冲得七零八落。这些热热闹闹的过于注重形式的东西是否值得大家关注和讨论？

八、如何处理中国特色和国外经验的关系

基础教育的中国特色和国外经验，这对关系说起来往往有两个观点，并且经常针锋相对。一种观点认为中国基础教育好，学校管理规范，中国学生聪明，学习刻苦，基础知识扎实。正如有人评价的，中国学生有"三好"：基本功好、书本知识好、考试成绩好；外国学生有"三强"：创新能力强、动手能力强、演说能力强。另一种观点认为中国基础教育有问题，创新不足、创新能力弱。对这个问题到底怎么看？我想可借用诸葛亮《出师表》中的话，对中国教育既不能"妄自菲薄"，也不能"引喻失义"。中国教育和国外教育的关系，实际上有很大互补性，应该互相借鉴，充分开展交流，但借鉴时仍要中学为体，西学为用。因为教育和技术不一样，技术可以引进，可以是规范化、标准化的，一个茶杯、一个录音机到哪个国家都可以是通用的标准，但教育不行，教育必须立足于自己的文化和传统，有自己的培养标准。过分地讲什么国际化、通用化人才，这是不可取的。在这一点上，千万不能迷失了自我，这是教育的民族性，是万万不可放弃的。所以在和国外交流的时候，我们很有体会。比如我们和美国康州的交往，双方彼此都感觉收获很大。到美国，美国称赞我们的基础教育确实做得扎实，我们也确实感觉美国有很多值得我们借鉴的地方，如孩子的动手能力、创新精神、个性的发挥确实比我们强。在这里，就是一个相互学习，而且是以我为主、吸收他人的做法。当时我和康州教育厅长交谈时就说，咱们合作的基点在哪儿？就在于两国教育制度的不同，教育特色的不同，正因为有差异，才有合作的余地，才有合作的价值。如果都一样，就谈不上要合作了。教育和文化是一样的，是有差异性的，不能简单地以优劣而论。

九、如何处理素质教育与高考改革的关系

素质教育和高考改革的关系是大家比较关心的话题。前段时间有个同志去学汽车驾照，跟我说是怎么学的。我一听跟中国的教育很有些相似之处。方向盘打到什么刻度，拐弯拐到什么地方，学这个花了很多工夫，规范地按照考试的要求去学，结果拿到驾照未必能上路。美国考驾照直接拉到马路上，开过去就给驾照，开不过去就不给驾照，直接上路考。这就是观念的不同。回过头来说高考，只要有高考，必然有压力，只要有竞争，必然有压力。有人说高考是素质教育的瓶颈，是素质教育的最大障碍。对不对呢？又对又不对。这里面有几个问题大家要明

确:第一,高考能不能取消?很明确,不可能取消。高考是保障教育公平、维护社会公平的最重要的一个基石。尽管有这样那样的问题,但如果没有了高考,教育公平和社会公平就无从谈起。最近报纸上有关恢复高考30周年的报道和讨论比较多。1977年恢复高考制度,实际上为中国的现代化建设,为中国的腾飞奠定了坚实的教育基础,提供了充足的人力资源和智力保障,如果没有高考制度的恢复,中国30年的崛起可以说是不可能的。在其他国家,大学的入学也都有种种的测试、考核、评估的办法,有的国家有统一的高考,有的国家有联考,还有的是申请入学,但是总要通过一定的考核途径入学。

第二,既然高考不能取消,我们怎么看待这个问题?高考的确是学生压力过重、负担过重的一个重要的因素。在这种情况下,只有通过对高考的稳步改革调解过重的压力,而不可能通过取消高考来解除这种压力。这些年来,教育理论界有过种种探讨,提出过种种思路。

有人提出,减少考试科目。过去是7门,后来减少到5门,再后来是3+X,但是,考试科目的减少并不能减轻压力和负担。这如同练百米赛跑的人和练七项全能的人,是不是前者比后者更轻松一点呢?不可能吧。只要想拿冠军,练百米跑的和练全能的压力、付出的劳动基本是等量的。这个例子很典型,减少考试科目并不解决问题。

还有人提出,降低高考试题难度。这个有一定道理,应该适当降低,但是这个降低又和必要的区分度联系在一起,和整个高中课程改革联系在一起,一味地降低仍然不能减轻学生的压力,而且会带来一些副作用。有人举例说,2001年北京降低了高考难度了,结果清华录取线从600分一下升到620分,家长不干了,因为北京是先报志愿后出分数。大概在去年吧,一个地方的分数线一变再变,高考计划试题区分度没做好,出现了问题。

还有人提出,增加考试次数,这个提得比较多。可行不可行呢?安徽等几个地方是这么做的。春夏两次考试,现在看也偃旗息鼓了。这个也不解决问题。

还有人提出,把高中学业水平考试的成绩在高考中占有比较大比重,这倒是一个可以探讨的方向,但有个前提是保证会考的严肃性和公正性。学业水平考试,本身给学生带来的压力也很大,需要认真讨论,到底怎么做?如果搞来搞去又搞成小高考了,也是个问题。

还有人提出,高考计划分指标,有几个市在积极呼吁,也有专家慷慨陈词。但是分指标的依据在哪儿呢?指标分到各市,各县就没有竞争了吗?所以分指标也不是解决压力的好办法。更何况目前的招生计划安排是经过认真研究的,是有法理依据的:凡是省外高校的招生计划,面向全省统一划录取线;省属高校也是面向全省考生统一划录取线(填志愿线和录取线不是一个概念);有市属高校的统一划一个分数段,因为本市财政拿钱办了大学了,本市的纳税人就要受益。

再一个说法,以学校为单位,扩大学校的招生自主权,方向是对的。我曾谈过这个观点,将来的高考是多考多取,就是多种考核评价的渠道,多种途径和录取主体,既可以参加高考又可以参加自主考试,方式很多,这是必然的,而且将来必然要走到这条路上去,但是现在只能是稳步推进,就是扩大招生自主权,也有一个漫长的过程,短期内不可能推开,目前只能在部分学校小范围推行。每个学校都自己命题,自己招生是不现实的,中国这么大的人口量,铁路也压跨了。自主招生的改革,有个漫长的历史过程。即使将来,统一的高考仍然存在,大部分孩子还要参加高考。

第三,高考怎么样通过它的改革调解高中的压力和包袱。主要考虑有四个方面:1. 这次素质教育各项行动全省齐步走。因为山东省是一个高考录取的单元,可以让全省的孩子在同一个平台上竞争,一起进行衡量,这样"齐步走",提供一个公平的"竞争"环境,就能保证素质教育扎实地推进。2. 充分发挥高中学生综合素质评价作用。这个问题,2007年初步做了测试,2008年要实质性地引入高考录取的环节,让高中综合素质评价真正在高考录取中发挥一定的作用,即在一定分数段范围内,高校可以考虑录取高中综合素质评价高的。3. 严禁各地、各学校进行高考录取的排名竞争,要通过制度措施加以保障,严格保密各种考试信息,除招生考试机构之外,任何市县和学校不能统计、不能发布。4. 高中学校从报名到录取,这些高考环节要逐步和高中的办学相脱钩,高中教育是高中教育,高考是高考,这两个分开,这样一步一步地往前走,也许可以减轻一下高中的升学压力。

素质教育是个老问题、大问题、难问题,涉及到的"关系"还有很多,真正理清应该是一个大课题、一篇大文章。今天,我只是出了几个题目,抛砖引玉,希望全省教育工作者一起来讨论,来思考。只有把这些"关系"理清楚,我们在推进实施过程中就可以少走弯路,少付代价。

仰望星空,使人眼界高远;脚踏实地,更知使命重大。全面实施素质教育是时代赋予我们的一份厚重责任,我们没有推脱的遁词,也没有回避的理由。让我们大家齐心协力,负重前行,做出无愧于时代的努力!

(据2008年1月16日在全省中小学素质教育工作会议上的讲话整理而成)

认真做好教师职称评审工作　全面贯彻落实科学发展观

山东省教育厅副厅长　张兴民

今天，我们按照省人事厅的统一安排，召开2008年全省中专、中学教师职务高级评审委员会评审会议。在座的都是省人事厅批准成立的2008年山东省中专、中学教师职务高级评审委员会委员和学科组成员。各位都是基础教育和中等职业教育教学方面的专家，有着较高的政治业务素质和学术水平，积累了丰富的教育教学经验，是教育教学工作的骨干。大家都承担着繁重的工作任务，能在百忙之中参加这次评审工作，是对全省教育系统教师职务评聘工作的大力支持。在此，我代表省教育厅对大家能在百忙之中参加这次会议表示热烈欢迎，对大家为全省教育系统专业技术职务评聘工作做出的贡献表示衷心感谢！

这次会议的主要任务是，根据国家和省有关专业技术职务评聘工作的要求，对各市、各学校、各单位上报的拟晋升中专高级讲师和中学高级教师人员的申报材料进行审查、评议，从中遴选出符合相应职务任职条件的人员。这项工作事关全省广大中小学教师的切身利益，事关中小学教师队伍建设的成败，事关全省教育系统的和谐稳定和持续发展的大局，一直为各级政府、教育部门、各级各类学校和广大教职员工所关注。特别是当前，在全党开展深入学习实践科学发展观活动的形势下，我们这次会议如何贯彻落实科学发展观的要求，更加顺利和出色地圆满完成任务，将更为大家所瞩目。希望大家集中精力，把会议开好。下面，我讲几点意见。

一、要充分认识做好中专中学教师高级职务评审工作的重要意义

中专中学教师高级职务评审是一年一度的常规性工作。多年来，我们始终强调评审工作的重要性，一贯坚持做好评审工作，取得了良好的成绩。随着经济社会的发展，随着素质教育的全面推进和基础教育新课改的推行，随着国家推进中等职业教育发展的力度不断加大，我们应当从新的角度，从新的理论高度来重新审视和认识教师高级职务评审工作的重要意义。

1. 做好教师高级职务评审工作是贯彻落实科学发展观的具体行动

根据党的十七大的部署，中央决定，从今年9月起，在全党开展深入学习实践科学发展观活动。省委召开了动员大会，做出了总体部署。目前第一批单位已经进入学习阶段，各市、各级各类学校明年也将开展学习实践活动。深入学习实践科学发展观活动，是当前我党政治生活中的头等大事。在实际工作中自觉实践科学发展观，是时代对我们的要求，也是我们的义务和职责。我们要通过对科学发展观的学习，进一步提高思想认识，解放思想，转变观念，形成科学发展的共识。要善于总结分析问题，找出影响和制约科学发展的问题，从根本上加以解决，完善科学规划，理清科学发展的思路，建立健全规章制度，创新工作机制和体制，坚持求真务实，促进科学发展。我们这次会议，就要坚持科学发展观，体现和实践科学发展观的理念，要按照科学发展观的要求去工作，去解决问题，要以公正、客观地选拔高层次人才为根本，在评审工作中，不断探索，使用有益、有效的各种方法和手段，促进人才成长、促进学校发展、促进知识探索、促进科技进步。

2. 做好教师高级职务评审工作是办好人民满意的教育的具体措施

党的十七大提出了办好人民满意的教育的目标。教育大计，教师为本，教师是教育的第一资源，教师是实施素质教育的基本保证。办好人民满意的教育，首先必须建设一支高素质、专业化，能让人民群众满意和信赖的教师队伍，使广大教师能够真正承担起教书育人、传承文明的历史使命。我们必须把教师队伍建设和进一步提高教师队伍整体素质摆在核心位置，作为教育工作的永恒的主题。搞好教师职务评审工作就是搞好教育系统人才建设的重要举措。我们要自觉地运用科学的人才观统一思想，指导教师职务评审工作，营造人尽其才、才尽其用、优秀人才脱颖而出的机制和环境，吸引更多的优秀人才从事基础教育和中等职业教育教学工作，为基础教育和中等职业教育的改革和发展提供强有力的人才和智力保障。

3. 教师职称评聘是教育系统落实和推进事业单位改革的重要步骤

早在2004年5月，省委、省政府就制定了《关于推进事业单位改革的意见》，国家人事部、教育部、财政部等部委也陆续出台了关于事业单位收入分配制度改革、事业单位人员聘用制度改革、事业单位岗位设置管理办法改革等政策文件，全省事业单位改革正在积极稳妥地进行。我们教育系统事业单位占全省事业单位的"半壁江山"，各级各类学校进行事业单位改革的好坏快慢，关系着全省事业单位改革的进程和成败。这一方面说明了我们中专和中小学校改革的重要程度，另一方面也说明了中专和中小学校改革的责任重大。省人事厅、省教育厅已经下发了各级各类学校的岗位结构比例指导意见，各市县正按照这个意见规定的比例进行中小学教师岗位设置和聘任工作。而岗位设置和聘任工作，就与教师职务评审工作密切相关。就今天我们这个评审会议来说，一方面我们要认真执行省人事厅有关教师职务评审工作的文件精神，扎扎实实地做好工作，另一方面也要前瞻性、预见性地考虑教师职务评审与岗位设置和人员聘用的关系，把好评审关。我们要从推进全省事业单位整体改革的高度，充分认识搞好教师职务评审工作的重要意义，以高度的责任感和事业心搞好评审工作，为建立我省事业单位新的管理体制、用人制度和分配激励机制发挥积极作用。

4. 搞好职称评审工作也是为构建社会主义和谐社会做贡献

胡锦涛同志指出，构建社会主义和谐社会，是我们党从全面建设小康社会、开创中国特色社会主义事业新局面的全局出发提出的一项重大任务。社会主义和谐社会目标的实现，需要各行各业，需要每一个人共同努力，需要贯彻落实到每一项工作中，需要人人都有从我做起、从现在做起的自觉意识和思想觉悟。我们这个会议开好了，教师职务评审工作做好了，就会促进校园的和谐，促进教育的和谐，进而也就促进了社会主义和谐社会的建设。近几年来，我省义务教育保障机制得到建立和完善；高中规模不断扩大，教育质量和办学效益不断提高；职业教育有了较快的发展。这一切，都是与广大教师努力工作、辛勤劳动密不可分的。对广大教师的工作积极性、主动性、创造性，我们应进一步地采取措施予以保护，并使之发扬光大，激励广大教师满腔热情地投身教育教学工作。通过我们的评审工作，给教师一个合适的职称，就是对长期为教育事业辛勤奉献、做出积极贡献的教师的一种肯定和鼓励，就是为广大教师树立一批德、能、勤、绩俱佳的榜样，形成一种讲正气、比贡献的正确导向，使他们相信，只要在自己的教育教学岗位上努力工作，不断创新，自己的成绩和能力就一定能在教师职务晋升上得到肯定和体现，这样就能引导广大教师铺下身子、心无旁骛、踏踏实实地从事基础教育和中职教育教学工作。因此，我们要从构建社会主义和谐社会和发展教育事业的战略高度认识教师职务评审工作。通过评审，评出团结和谐，评出积极上进，为和谐校园建设做出贡献，为和谐社会建设贡献力量。

二、自觉地运用科学发展观指导评审工作

科学发展的第一要义是发展，核心是以人为本，基本要求是全面协调可持续，根本方法是统筹兼顾。我们要认真学习和贯彻落实科学发展观的精神实质，并将科学发展观的理论同我们评审工作的具体实践相结合，根据我省中专中学教师高级职务评审工作的实际情况，前瞻性、创造性地提出和落实切实可行的举措，推动我们的评审工作向更高的水平和层次迈进。

1. 细心领会科学发展观的精神实质，认真实践科学发展观的要求

科学发展观有其深刻的思想内涵。通过认真学习中央有关文件精神和胡锦涛总书记、温家宝总理的有关讲话，我对科学发展观"以人为本"、"全面协调发展"、"统筹兼顾"和"可持续发展"最根本的四个方面有了更加深刻的认识。

"以人为本"是贯彻我们党的宗旨"全心全意为人民服务"的具体体现，是新形势下我党理论建设和组织建设的重大思想成果。密切联系群众，了解民情，顺应民意，关注民生，维护全体利益，尊重和兼顾个体利益，保障社会的和谐安定，要使每一个人都能在平等自由的环境下得到全面发展、和谐发展。这也是对每一个单位，每一个组织，每一名党员的要求。我们的评审工作，审阅的是一份份的材料，但涉及到的却是一个个的工作在教育教学一线的教师。要求大家以高度的责任感、使命感和公平公正的事业心来对待评审工作，公正公平地对评审材料做出评价，使评上的同志心情舒畅，没有评上的同志心悦诚服，找出存在的不足和努力的方向，维护每一名教师的合法权益，促进教师队伍建设。

"全面协调发展"是我们奋斗的目标和方向。就中小学教师队伍建设来说，要更加重视和关注教师队伍数量和各类结构的全面协调发展，更加重视和关注全省中小学教师队伍建设总量和结构，不同地区、不同学校之间的协调发展。要着力解决和杜绝片面发展，盲目发展，单纯追求数量，以高级职称人员数量和每年能评上多少高级

职称人员为政绩和荣誉的错误思想。由于中小学校实行以县为主的管理体制，不同市县之间，不同学校之间在岗位设置、人员申报、材料审核等方面存在一些不平衡。会议期间省教育厅和高评委办事机构对此会有一些解释和安排。希望大会秘书组及时与各学科组做好沟通，通过我们的评审工作为全省中小学教师队伍的全面发展做出贡献。

"统筹兼顾"是为历史和现实证实了的最为行之有效的工作方法，是我们做好工作的法宝。要重申和强调全局意识，考虑问题要从全省大局出发，同时又要顾及局部的利益、学校的利益。注意工作方式和方法，要讲党性、讲原则、讲道理，不能简单武断地处理问题，造成全局和局部的冲突，而要做到真正的全局一盘棋。评审过程中，首先要执行省人事厅、省教育厅和高评委办事机构关于评审工作的有关规定的指导性意见，又要实事求是，认真负责地评审每一份材料。真正做到既全面执行有关规定，落实全局性的指导意见，又能妥善解决各市之间、学校之间、学科之间等多方面的问题，促进工作的健康顺利开展。

"可持续发展"是科学发展观的基本要求，要着力处理好当前利益和长远利益的关系。要有长远的眼光，从长计议。不能一哄而上，也不能固步自封，裹足不前，这是一个既简单又深奥的道理。从教育长远发展出发，从制度化、机制化建设方面考虑，由于多年来中专、中学教师职务评审实行评聘分开的政策，致使现在各市中专中学教师高级职务资格人员比较普遍地存在超比例的实际情况。虽然造成这种现象的原因是多方面的，但从合理调控高校教师年龄、职称结构比例，合理有序地有计划、有步骤地开展教师职称评审，有利于教师队伍长久的可持续发展的大局出发，今年大多数市申报的数量比以往略有降低。这是科学的、负责的、可持续发展的一个举措，希望大家在评审中仔细领会这方面的精神，并在实际工作中加以贯彻落实。

2. 认真探索人才评价和教师职务评审工作的新办法

什么是人才？什么是高层次人才？我们这次会议怎么来评审和评价人才？这是我们应当首先求得共识的问题。高层次人才一般应当具有三个方面的基本条件。一是具有较高的知识水平。知识是成才的基础，学历学位作为知识水平的一个外在标志，代表了人才的基础知识和信息总量，代表了人才的思维角度和方式，代表了人才的发展潜质，应当得到充分重视和尊重。二是具有较强的创新能力。高层次人才更多地担负着知识创新、科技创新、技术创新的责任，是民族进步和国家昌盛的脊梁。创新能力是高层次人才应当具有的基本素质，创新能力越高，就越应当成为高层次人才。三是具有良好的敬业精神。也就是说高层次人才应当热爱本职工作，勤劳敬业，积极贡献。

科学的人才评价方法是人才评价的基本要求。人才的评价方式有两种，一是定量评价，一是定性评价。定量评价标准清晰，便于操作，是评价中、初级人才的一种科学的办法。但对于评价高层次人才来说，还是应当采取定性评价，也就是我们常说的模糊评价的办法，因为高层次人才的创新能力和业绩贡献很难用数量来说明。当然，我们提倡模糊评价，并不是完全否定和抛弃量化评价。需要指出的是我们许多市县、学校和单位对教师的评价，多数仍然是采用以量化为主的评价，这应当及时地纠正和改进。从前年开始，我省高等学校教师高评委会学科组评议过程中，连续三年采取了模糊评价方法，效果不错，得到了多方面的好评。我们从去年开始也在中专、中学教师职务评审工作中引进了模糊评价的因素，这次评审，我们将继续借鉴和推广其中切合中专中学实际的一些好的做法。

3. 在全面推进素质教育的大命题下认识教师高级职务评审工作

素质教育是一个比较广泛的命题，是一项系统的综合工程，在教育发展与转型中处于最基础、最根本的地位，是当前教育工作的头等大事。学校和教师能够真正按照教育自身规律去传道、授业和解惑，学生能够真正排除功利性的色彩，从各自的特点出发自主性学习，这是教育的最高境界，也是教育的本意所在。经过近几年的快速发展，我省基础教育和中等职业教育面临的形势发生了根本变化，高中课程改革正大力推进，中职教育的多项改革措施已经或正在出台，实施素质教育的外部环境很好，素质教育改革到了关键时期。抓住机遇，努力工作，再创佳绩，需要广大教师和全体教育工作者的共同努力。而工作的好坏，快慢、成败，无一不与学校广大师生员工的教育思想、办学理念、业务水平等的转变和提高密切相关，与学校人才队伍密切相关。可以说加强教师队伍的建设是推进素质教育最根本的需要。大家要认真研究和领会素质教育的实质，充分认识这次评审工作的重要意义，切实将具备科学精神和创新能力的人才选拔出来，为促进全省教育教学质量做出贡献。

4. 要形成更加重视教学水平和教学实绩的评审政策导向

我们崇尚学术自由发展，尊重知识自主创新。从管理的角度讲，学术的发展是有目标的，人才的成长也是有标准的，并且这个目标和标准也是随着学术的进步和人才的成长不断前进的，对学术的进步和人才的成长进行分段评价和目标管理无疑也是正确的。但问题的关键是我们不能简单地、机械地、甚至说是僵化地进行评价和管理,而应当正确区分不同学术课题的发展规律,不同类型人才的成长规律,制定切实可行的人才评价和目标管理办法。对于中专、中学教师来说,他们的主要职责就是“传道、授业、解惑”,主要的工作任务就是教学。我们鼓励支持广大教师潜心教学研究,热爱教学工作,但我们不强求每一个教师都必须拿出什么样的研究成果,因为这本身就是违反教育规律的拔苗助长的做法。我认为教师职务评审工作应当贯彻“教学为主、鼓励创新、综合评价”的原则。具体来讲是要处理好四个方面的关系。

第一,要处理好教学能力、教学实绩与论文、著作、获奖等之间的关系。前些年,中专中学职称评审工作中,比较多地应用了量化的做法,对于发表的论文、著作以及获奖等易于量化的指标,在数量、发表或颁发的层次上都有详细的规定,越多越好。对于论文的学术价值反而不去考量,更为严重的是对于教学能力、教学态度、教学实绩等这些更为重要的指标却因无法量化而淡化甚至忽略了。对于论文、著作和获奖有所要求,本来也是对的,国家和省有关职称工作的文件中对此也有明确的规定。但多年来,由于对职称评审工作缺乏系统、全面和深入的研究,人们习惯性地过多考虑可操作性,致使对于论文、著作和获奖的要求过于强调了。这就造成了三种不正常的现象。一是更加冲淡了对教学能力、教学态度、教学实绩的评价,使我们的评审工作更多地流于形式,不能真正地选拔人才,不能起到应有的作用,甚至走向反面。二是过于强调论文、著作和获奖,造成了非法刊物泛滥、获奖证书成灾,畸形的市场需求给造假贩假的不法分子以可乘之机,加剧了学术的腐败。三是让越来越多的老师把精力放在论文和获奖上,影响了教学工作。有条件的在正规刊物上发,越多越好。条件差的就买假的、造假的。基层的、农村的、没有条件的老师就只能忍了、认了。这种现象是极其有害的!为了创造职称评审工作正常的工作秩序,回归中专中学教师职称评审重教学、重能力、重实绩的本质,从去年开始,我们就对申报的论文、著作、获奖进行了数量的限制,目的是要引导广大教师将精力集中到教学工作中来。今年,我们在广泛调研和征求意见的基础上进一步提出了几条意见:一是继续坚持对论文、著作和获奖的数量限制。二是对论文获奖不再认可,获奖证书不再收审,论文的水平交由学科组专家认定,且对论文、获奖等评价权重进行调整。三是要求提交规定年度的备课本,加强对教师授课能力和态度的评价。这些举措是一个很好的政策导向,希望各位专家细心领会我们实行这些措施的本意和其深远影响,认真做好评审工作,使我们的评审工作真正能够起到引领全省中专中学教师队伍建设的作用。

第二,要处理好教书与育人之间的关系。高级讲师和中学高级教师既要有良好的政治思想表现,又要具备较高的文化业务素质和教育教学能力,必须坚持思想政治条件与教育教学业务条件的有机结合,做到政治条件与业务条件并重。在审查、评议时,要根据文件中规定的标准条件,既要认真把好业务条件关,更要严格把好政治思想关,政治表现差、违反教师职业道德或业务水平低的人员都不能晋升中专、中学教师高级职务。评审出的高级讲师和中学高级教师必须真正是教育教学工作中政治上过硬、业务上过硬的优秀人才。在严格要求政治思想与教学业务条件的同时,还要特别强调育人工作成绩。在评审中要把评审对象教书育人的自觉性、工作水平和成绩作为重要方面予以体现。要通过教师职务评聘,发挥政策导向作用,引导广大中专、中小学教师不仅搞好课堂教学工作,更要积极关心、爱护学生,做好学生的思想政治教育和品德修养教育工作。

第三,要处理好教学与教研之间的关系。这也是我要重点强调和要求同志们需要重点把握的一条。中专、中小学教师的工作重心在课堂教学。教学质量、教育水平和教学工作量是衡量高级讲师、中学高级教师业务方面的基本条件和主要依据。要把教师能不能培养和强化学生的创新意识、培养学生实践能力作为评价教师教学水平和教育质量的一个重要指标。同时,为适应新时期教育改革和发展的需要,还要求高级讲师和中学高级教师富有创新精神,在教改、教研方面进行积极的探索,科学总结在教育教学、教改方面的经验,开展理论研究。教改和教研方面的成果,也是我们衡量中专、中学高级教师业务方面的重要条件之一。在政策导向上,要引导广大教师把主要精力投入到教育教学实际工作中去,努力提高教育教学水平和教学质量,同时也要引导广大教师勤奋学习,刻苦钻研,开拓创新,不断提高自己的学术水平和理论研究素养。当然,鼓励教研并不是要求老师们必须发表论文著作,这与我前面讲的并不矛盾。老师们的教学心得、教研成果,有条件的当然可以发表,农村教师等条件达不到的,只要教有所得,认真地进行总结和交流,当然也应当给予鼓励和肯定。今年材料中,就审收了一些教师的手写或打印的没有正式发表的教学心得体会,请专家们认真参考。

第四,要处理好城市学校和农村学校的关系。教育是社会公益性事业,教育公平是社会公平的基石。公平的思想已经深入人心。新的《义务教育法》中明确规定,义务教育阶段学校不分重点,班级不分快慢,确立了公平的导向。教育资源、教学条件、师资水平、教学水平等方面的统一和公平,是基础教育改革和发展的趋势。但在目前，由于客观条件的制约和历史的原因，农村的教育资源和水平相对低一些，农村教师的工作条件相对艰苦一些，达到同样的工作目标，农村的教师需要付出更多的努力。广大农村教师在艰苦的条件下，为教育事业的发展做出了贡献，应当得到全社会的尊重。党和国家一直十分重视农村教育工作，我们必须充分认识农村教育在全面建设小康社会中的基础性、先导性、全局性作用，在中小学教师职务评聘工作中实行向农村一线教师倾斜的政策。在这方面，过去我们做过大量的工作，对农村中小学教师实行了一些优惠措施。但是，力度还很不够。广大农村学校的教学、教研条件和生活条件都比较差，由于条件所限，教师的教研成果相对较少，所以，对在乡镇以下学校工作的教师应着重看其实际教学业务水平、教学工作量、工作态度、履行职责的能力、教书育人成绩和社会贡献等，而不能过分强调对论文、著作及教研成果的要求，对 50 岁以上的老同志也应适当予以照顾。在评审过程中，我们要真正把向农村教师倾斜的政策落到实处，从政策导向上鼓励教师到农村条件艰苦的地区工作。

5. 要注重倡导和鼓励优良的校风、学风、教风

当前，社会上存在着一种功利性倾向。这种功利性的倾向不可避免地影响到学校和教师。一部分思想修养不够高、意志品质不够坚定的教师，为了一己之私，为了眼前利益，确有一些人在职称评审过程中弄虚作假，雇用枪手、故意造假、学术剽窃等现象屡有发生。年年专业技术职务评审过程中我们都会接到一些举报弄虚作假、违规违纪的人民来信来访。前几年每年都有一批违规违纪人员受到处分通报。同时，还有一种不容忽视的学术浮躁现象存在。一部分人急功近利，置教学工作于不顾，发表一些粗制滥造的垃圾文章。这种对自己不负责，对国家和社会不负责任的做法更是十分有害的。关于加强校风、学风、教风建设，教育部和省教育厅多次下发文件进行整改，但收效不是很大，问题的关键还是在机制上。弄虚作假和浮躁之风之所以能够存在，主要是有市场，由于人才评价的体系和机制不够完善，致使他们有机可乘。如果我们建立了科学有效的人才评价体系和机制，弄虚作假和浮躁之风就无藏身之地，就会实现校风、学风、教风的好转。在今年的材料审收过程中，由于时间紧张和工作人员水平所限，可能还会有一些非法出版物、假证书混在评审的材料袋中，大家在评审过程中，一定要认真审阅、仔细甄别，决不能让他们混水摸鱼。要发现一个处理一个，通过我们的工作，弘扬正气，抵制歪风，引领校风、学风、教风的健康发展。

三、要自觉遵守大会纪律，认真做好评审工作

开好这次会议，需要各位专家较高的工作热忱和较强的工作能力。正是基于这个考虑，我们优中选优，请在座的各位来参加这次会议。这次会议期间的有关操作性的规定，稍后高磊同志还要向大家做出详细的说明，这里我强调四点。

1. 要熟悉掌握并严格坚持标准条件。教师职务评审的标准条件包括政治条件和业务条件。这两方面的条件，国家和省有关文件中已经有了明确的规定，省人事厅每年下发的专业技术职务评审工作文件中也都有具体的说明。条件的内容比较多，特别是业务条件中，有许多细节问题，如何认定，如何把握，如何评价，都有具体的要求。今天上午的全体会议结束后，工作人员会及时把有关的材料送给大家。标准条件是把尺子，掌握不好尺子的刻度就没法丈量。请大家首先要认真学习和领会标准条件，做到心中有数。当然，不能机械地使用标准条件，实际评审中，在严格执行标准条件的前提下，请大家结合我刚才讲的一些原则，创造性地开展评审工作。

2. 要严格规范和履行工作程序。评审教师职务，是一项政策性很强的工作，必须严格按照国家和省有关文件中规定的工作程序，公正合理地进行评审，这是保证评审结果公正合理的重要环节。会议的工作程序，由工作人员按照有关规定安排落实并及时通知大家，具体材料评审中的程序由学科评议组秘书传达，各学科评议组组长负责落实。程序问题是个大事，请大家认真对待，不能有任何地疏忽大意。程序问题出了纰漏，即使标准条件执行得再恰当，评审的结果也就失去了法律的效力，带来的负面影响是不可想象的。

3. 要自觉履行评审工作规范。一是如前面所讲的，要正确处理好学科组评审与秘书组协调之间的关系，全面协调发展、统筹兼顾、可持续发展的问题由秘书组负责，学术的评价由学科组负责，二者要做好协调，请各位专家给予支持和配合。二是加大引进和运用模糊评价因素，需要各位评委、专家具有较高的学术水平、个人修养，更需要各位评委、专家的相互配合和协作。希望大家在评审过程中，在学科组长的协调下，既有个人充分发表意见的气氛，又有基本统一协调的氛围，做到各位专家相互包容，原则上求得一致，又能畅所欲言，充分表达个人学术评价观点。求大同，存小异，才是积极、正确的工作规范。

4. 请大家自觉遵守工作纪律。第一，要树立全局观念。大家都是作为全省中专、中学教师高级评审委员会及学科评议组的成员来履行职责的，因此，要从全省教育事业的发展和教师队伍建设的大局出发，不能只考虑某

个市、某个学校、某个单位的局部利益和部分人的利益。第二，要增强组织观念。为保证评审工作的顺利进行，请大家自觉服从大会统一安排。各学科评议组组长具体负责本学科组的评审工作，希望各位专家积极配合。工作中一定要遵循“公正、合理、准确、守密”的原则，审慎行使权力，认真履行自己的职责。第三，要遵守评审纪律。大家对评委会和学科评议组的情况，对评议讨论的情况等都要严格保密，不得以任何形式向外泄露。第四，要排除干扰，认真工作。希望同志们正确对待、正确处理外来因素的干扰，一定从大局利益出发，排除人为因素干扰，自觉维护评审工作的严肃性，客观公正地评审。

同志们，教师职务评审是加强我省基础教育和职业教育人才队伍建设的重要措施，政策性强、涉及面广，备受广大中专、中小学教师的关注，任务光荣而艰巨。大家都是由组织推荐，受省教育厅委托，经省人事厅批准，参加这次评审工作的，相信大家都有很高的政治素质、思想觉悟和工作能力。希望同志们按照会议的要求，坚持原则、标准，遵守纪律，排除干扰，努力工作，公平、公正地完成这次职称评审工作，为人才强省、科教兴鲁做出应有的贡献。

（据 2008 年 11 月 14 日在全省中专中学教师职务高评委会评审会议上的讲话整理而成）

以科学发展观为统领
不断开创语言文字工作新局面

山东省教育厅副厅长　杨　瑛

今天，我们召开这次语言文字工作会议暨评估现场会，主要任务是贯彻十七大精神，落实科学发展观，总结工作，交流经验，分析问题，部署任务，开创全省语言文字工作新局面。刚才，胶南市高田义副市长介绍了评估经验，省语办韩述梅同志传达了全国语言文字工作年度工作会议精神，济南、青岛和济宁三市教育局的负责同志和滨州市文明办的负责同志作了很好的发言。下面，我就我省语言文字工作讲几点意见。

一、分析形势，进一步提高对语言文字工作重要性的认识

近年来，特别是 2007 年，我省语言文字工作在教育部、国家语委的指导下，在省委、省政府的领导下，坚持以城市为中心，以党政机关为龙头、以学校为基础、以新闻媒体为榜样、以公共服务行业为窗口，大力宣传落实《国家通用语言文字法》和《山东省实施〈国家通用语言文字法〉办法》，积极推进城市语言文字工作评估，建立健全条块结合、运转协调的管理体制，各项工作取得了很大成效。一是坚持依法管理，工作网络基本建立。我省以宣传贯彻《国家通用语言文字法》和《实施办法》为主线，不断强化政府职能，建立统筹协调、齐抓共管的工作体制。各级语言文字工作机构不断完善，与各行业主管部门的联系不断加强，基本形成了横向到边、纵向到底的工作格局。全省 17 市和 90％的高校成立了语委，语言文字规范化工作已作为创建文明城市、文明单位的重要内容，形成了协调有效的管理体制和工作机制，语言文字工作得到了不断深化和持续发展。二是积极开展城市语言文字工作评估，全社会语言文字规范化水平明显提高。青岛市成为第一个通过国家一类城市评估的计划单列市，他们创建语言文字示范街和示范社区活动的经验在全国大会上进行了交流。城阳区、崂山区先后完成了二类城市的评估工作，即墨市、胶南市完成了三类城市的评估工作。济南市、滨州市正在全力准备迎接语言文字工作达标检查。莱芜等 6 市正在认真进行自检自查工作。三是普通话培训测试工作蓬勃开展，覆盖面不断扩大。“十五”期间，全省普通话测试年均 20 万人，2007 年达到 36 万余人。在测试过程中，我省不断加强管理，规范程序，建立了《山东省普通话水平测试规程》等一系列配套制度，坚持全程录音、全程视导的管理措施，严格对普通话测试机构进行审批和监管，确保了测试质量。四是扎实开展语言文字规范化示范校创建活动，学校语言文字规范化工作逐步深化。坚持“重在建设、重在过程、重在实效”的原则，开展山东省语言文字规范化示范校的创建工作，已有济南、青岛等 10 市的 3000 余所学校开展了创建活动，117 所学校被授予首批“山东省语言文字规范化示范校”称号。已认

定25所高等学校语言文字工作达标单位。11所学校获得了“国家级语言文字规范化示范校”称号。五是发挥语言文字专家作用，积极开展语言文字应用科研。出台《山东省语言文字应用科研管理暂行规定》，争取并确定了一定数量的科研项目经费。完成了国家语委“十五”科研项目5项及普通话水平测试研究子课题——普通话与山东方言对比及在普通话水平测试中的作用。在高校、市地开展了普通话测试论文评选活动，与省语言学会联合召开语言学术会议，促进了科研活动的开展。六是广泛开展推普宣传活动，形成了良好的社会舆论氛围。我省已经成功举办了10届推广普通话宣传周活动，产生了广泛的影响。特别是去年曲阜市承办了第十届全国推广普通话宣传周闭幕式活动，举行了以“构建和谐语言生活，弘扬中华优秀文化”为主题，以推普为主线的大型文艺演出，全国人大常委会副委员长许嘉璐发了贺信，赵沁平副部长等领导同志出席并讲话。我省连续多年开展的讲普通话说英语双语大赛、语言文字规范化知识大赛等活动，都取得很好的宣传效果，极大地激发了民众参与推普的积极性和创造性。在肯定成绩的同时，我们也要清醒地认识到，某些地方和部门对语言文字工作的重要性还缺乏应有的认识，存在机构不健全、人员少、经费投入不足的情况；语言文字工作在地区间、城乡间发展还很不平衡，国家通用语言文字的普及程度和规范化水平还不能完全适应经济社会发展的需要。

站在新的起点，面对新的形势，我们要有与落实科学发展观和构建和谐社会相适应的宏观视野，深刻认识加强语言文字工作的重要意义和基础作用。第一，做好语言文字工作，是构建和谐社会的需要。语言文字是人们传递信息和沟通的工具，是社会、历史和文化的载体。在政治上，它有利于维护国家的主权和尊严，有利于民族团结，有利于政令畅通；在经济上，它有利于商品流通和培育统一的大市场，促进市场的健康和不断完善、繁荣；在文化上，有利于继承和弘扬民族传统文化；在科技上，它推动了中文信息处理技术的发展和应用；它还有利于培养高素质人才，是社会前进和发展的基础和先导工程。第二，做好语言文字工作，是提升山东文化软实力的需要。党的十七大报告指出，要弘扬中华文化，建设中华民族共有精神家园。努力为建设中华民族共有精神家园做出积极贡献，是时代赋予语言文字工作者义不容辞的光荣使命。山东是孔孟之乡，中华文明的主要发源地，省政府工作报告强调要实现山东由文化资源大省向文化强省的跨越。我们要以语言文字的规范、发展，提升齐鲁文化的影响力和感召力，以对文化的继承弘扬，增强语言文字的生命力，扩大语言文字工作的社会影响。第三，做好语言文字工作，是全面推进素质教育的需要。全面实施素质教育是当前我省教育改革发展的核心任务。我们要把提升学生的语言文字能力，作为提高学生人文素质，深化素质教育的有效形式，创造良好环境使学生掌握好社会交际工具为社会发展服务。面对新形势、新任务，全省语言文字工作者要进一步提高认识，切实增强责任感和使命感，增强公共服务意识，保持良好的精神状态和工作热情，切实推动我省语言文字工作再上新台阶。

二、明确目标，扎扎实实做好各项语言文字工作

2008年，是全面贯彻落实党的十七大精神的第一年，也是奥运会举办之年，语言文字工作面临着前所未有的大好机遇。我们要解放思想，抢抓机遇，乘势而上，重点突破，着力做好以下几个方面工作：

（一）继续做好城市语言文字评估工作。一是要精心组织。今年要完成一类城市语言文字工作评估，精心组织好3～5个二类城市的语言文字工作评估。有关市要尽快提交评估认定申请，确定评估时间。已经启动城市评估的市，要分解工作任务，明确各单位职责，对照《评估实施细则》，逐个区、逐个系统进行全面检查整改。仍未启动评估工作的市，要切实增强紧迫感，抓紧时间制定自评方案。二是要加强协调配合。要加强同本市人大、文明办、工商局等部门的联系和合作，分工负责、齐抓共管，严格按照要求开展工作，确保圆满完成语言文字工作达标任务。三是要注重典型引领。各市要在城市评估工作中，将好的做法、好的经验进行总结，并加以宣传推广。要创建一批语言文字规范化示范街和语言文字规范化示范社区，促进语言文字工作在基层扎实开展。

（二）不断强化学校语言文字工作。一是要以全面推进素质教育为契机，将语言文字规范化渗透到德、智、体、美各项教育教学活动中，提升广大师生语言文字素质。二是要重点加强对农村学校语言文字工作的督导检查和支持帮助，加强农村中小学教师普通话培训，引导“推普下乡”社会实践活动。三是要切实抓好语言文字规范化示范校建设。今年省教育厅将开展第二批省级示范校的申报、考察和认定工作，并向教育部、国家语委申报一批国家级示范校。要发挥国家级、省级、市级示范校的引领、带动和辐射作用，进一步提升我省学校语言文字工作整体水平。要坚持“重在过程、重在建设、重在实效”的原则，使示范校建设真正成为推动学校语言文字规范化的动力。

（三）努力提升普通话水平测试信息化程度。我省普通话水平测试的年测试人数已达36万人，并且保持着逐年上升的趋势，测试过程中的质量和管理问题逐渐显现，借助信息化手段加强测试管理成为当务之急。我省已

被教育部语用司正式批准为计算机辅助测试试点省，将在全省稳步推进这项工作。测试手段的现代化和规范化，将会大幅提高测试规模、质量效益和社会信誉。各市要抓住有利时机，积极争取在人员、经费、场地、设备上的支持，组织人员学习新的测试方法，做好新旧测试方法的衔接工作。

（四）广泛开展推广普通话宣传周等系列活动。今年的推普周活动，要注重形式和内容上的创新，注重对社会风尚的引导。今年教育部、国家语委与中宣部、中央文明办、民政部、文化部将共同开展以清明、端午、中秋和春节四个传统节日为主题的“中华诵——经典诵读”和“中华赞——诗词歌赋创作与象征物征集”活动。中秋节专场经典诗文诵读活动晚会很可能安排在我省举办，省语委将会同有关部门及有关市语委全力做好组织工作。省委宣传部也将诵读活动纳入了今年文博会的活动之一，体现了对这项工作的重视。各市要按照“政府主导、社会参与、媒体组织”的运作模式，发动社会各界积极参与，突出语言文字工作的社会性和广泛的群众性。

三、完善措施，努力提高语言文字工作水平

（一）进一步加强法制建设和执法监督，不断提高依法管理能力。各级语委要协助各级政府和有关部门抓紧制定配套的地方法规、规章和规范性文件。要积极与相关部门进行沟通和协商，对已有的与语言文字工作相关的法规做出必要的重申和修改。要努力探索语言文字工作监督检查长效机制，构建执法监督体系，不断提高依法管理的能力和水平。省语委将配合省人大开展《山东省实施〈国家通用语言文字法〉办法》执法检查，深入了解一法一办法的贯彻实施情况，研究解决各行业、系统语言文字依法管理的有关问题。

（二）加强机构和队伍建设。要督促各级政府建立健全市、县（市、区）语言文字工作机构，充实工作队伍，健全管理网络。各级教育行政部门要把建设高素质语言文字工作队伍摆上重要议事日程，科学规划，积极培养。省教育厅、省语委将通过举办研讨班、专题研讨会以及现场会等方式，加强各市之间的工作交流。通过“走出去”、“引进来”等方式，加强相关政策和业务培训，拓宽语言文字工作干部的视野。

（三）继续加强语言文字应用科研工作，积极引导社会语言生活。要加强对社会语言生活中新情况、新问题的调查研究，引导社会树立正确的语言观，正确认识、妥善处理社会语文生活的新问题。深入开展语言文字应用科研工作，为语言文字工作的深入发展提供理论支撑，促进语言文字的规范、丰富和发展。各级语言文字工作机构要积极组织科研力量，在语言文字政策法规、语言文字应用、社会语言生活状况监测、语言文字信息化等方面开展研究工作，争取取得一批科研成果。

（四）进一步加强宣传工作，营造良好的语言文字规范化氛围。要以广播、电视、报纸、网络等媒体为依托，在全社会广泛宣传《国家通用语言文字法》和《山东省实施〈国家通用语言文字法〉办法》，不断提高语言文字法律法规的社会知晓度和广大人民群众的语言文字规范意识。要积极推动宣传手段和组织形式的创新，广泛开展形式多样、丰富多彩的宣传活动，以活动为载体，扩大宣传范围，增强宣传效果。

同志们，新的一年，语言文字工作的艰巨任务已经摆在我们面前。让我们携起手来，团结协作，共同努力，积极主动做好语言文字工作，为建设文化强省，创建和谐山东做出应有的贡献！

（据 2008 年 3 月 18 日在全省 2008 年语言文字工作会议暨胶南市三类城市语言文字工作评估现场会上的讲话整理）

在 2008 年度全省教育财务工作会议上的讲话

山东省教育厅副厅长　陈光华

同志们：

今天，我们在这里召开 2008 年度全省教育财务工作会议，请各市分管局长和计财科长（处长）参加，主要是总结、交流 2007 年度教育财务工作经验和做法，部署 2008 年全省教育财务重点工作。2007 年，经过全省教育财务

工作者的共同努力，我省教育财务工作成效显著，农村义务教育经费保障机制改革、中小学危房改造、家庭经济困难学生资助等方面取得历史性突破。下面，我就2007年财务工作进行简要回顾，并就2008年财务重点工作讲几点意见。

一、2007年我省教育财务工作成绩显著

2007年，我省各级教育财务部门认真履行职责，努力开拓进取，各项工作取得显著成效。农村义务教育经费保障机制改革扎实推进，中小学D级危房改造任务按期完成，家庭经济困难学生政府资助政策体系基本建立，教育经费投入大幅度增长，中小学财务管理进一步加强，服务和保障水平进一步提高，有力促进了全省各类教育事业的持续健康发展。

（一）农村义务教育经费保障机制改革扎实推进。全省各级财政投入资金43亿元（含青岛），建立了各级政府分项目、按比例分担的农村义务教育经费保障机制。全部免除了农村义务教育阶段学生杂费和教科书费，提高了农村中小学公用经费保障水平，对家庭经济困难的寄宿生补助生活费。从2007年秋季开始免除了城市义务教育阶段学生杂费。

（二）农村中小学D级危房改造任务按期完成，中小学校舍维修改造长效机制初步建立。全省筹集资金15.65亿元，改造校舍324万平方米。2005年底前普查的村中小学D级危房改造任务按期完成。在校舍集中建设改造基本完成之后，适时转入校舍维修改造长效机制。四级财政安排校舍维修资金9.6亿元，为我省建立校舍维修改造长效机制提供了资金保障。编制并开始实施了农村中小学校舍维修改造三年规划。

（三）以政府投入为主的学生资助政策体系基本建立，在全国率先实现了各类学校贫困学生政府资助政策全覆盖。我省地方高校（含民办高校）均享受国家奖、助学金政策，资助面平均占在校生的17%，22.8万名大学生享受到政府资助。中等职业学校国家助学金享受面平均达90%，教育部门管理的中等职业学校有57万多名中职学生得到国家助学金的资助，补助金额4亿多元。普通高中学生中有8%共13万多名学生享受到政府助学金7200多万元。三年来13万多名大学生获得国家助学贷款8.6亿元，占高校在校生数的9.38%，较好地解决了我省高校家庭经济困难学生的实际困难。

（四）教育经费投入大幅度增长。2007年，全省教育经费总收入达到680亿元，比上年增长24.33%。其中财政性教育经费475亿元，比上年增长36.39%，占GDP的比例为1.84%，比上年提高0.24个百分点。财政预算内教育经费达到419亿元，比上年增长39.61%，预算内教育经费占财政支出的比例为20.25%，比上年提高了2.24个百分点。两项教育费附加征收达到51亿元，比上年增长31.61%。

（五）农村中小学课桌凳更新工程按期完成。全省共投资2.9亿元，更新课桌凳336万余套，农村中小学办学条件得到进一步改善。农村中小学、特殊教育学校教学仪器配备工程正在实施。

（六）"以县为主"的财务管理体制初步建立，中小学财务管理进一步加强。全省有130个县（市、区）义务教育学校的财务工作实现了"校财局管"，走在了全国前列，得到教育部、财政部的肯定。

（七）山东省教育基金会成立，当年筹措资金4800多万元，启动了"三育资助工程"，实施了多种形式资助，社会反响良好。

尽管我们的工作取得了很大的成绩，但与国家和省的要求相比仍存在一些问题和不足。一是部分地方义务教育经费保障机制还不够完善，少数地方配套资金不到位、校舍维修改造计划完成情况较差。二是有些地方对学生资助工作重视不够，管理机构和专职人员不落实。三是教育投入政策落实还不到位，两项附加征收、拨付不完全到位，生均预算内教育经费与全国、全省平均水平仍有较大差距。四是中小学财务管理、资产管理和专项经费管理还存在薄弱环节，有待进一步加强。五是学校奖、助学金的评审、发放还不同程度地存在一些问题等。这需要今后认真研究解决。

二、2008年我省教育财务的重点工作

2008年，我省教育财务（审计）、学生资助工作要紧紧围绕省厅确定的工作目标，巩固和完善农村义务教育经费保障机制，全面推进贫困家庭学生资助各项政策落实，努力增加经费投入，切实加强财务管理，提高经费使用效益，支持和促进各级各类教育健康发展。

（一）巩固和完善农村义务教育经费保障机制。

从2008年春季学期开始，全部免除农村义务教育阶段学生杂费和教科书费。提高农村义务教育阶段家庭经

济困难寄宿生生活费补助标准，由每生每年补助300元提高到小学生500元、初中生750元，补助面提高到寄宿生的8%。提高生均公用经费定额，小学达到295元，初中达到445元。已经达到或高于上述标准的地方，应该在当地标准的基础上适当提高。各地教育部门要主动配合财政部门落实各项资金，切实加强财务管理，管好用好教育经费，保障学校办学的正常经费需求。

1. 做好农村中小学校预算编制和执行工作。要指导中小学做好预算编制工作，根据现行工资政策、公用经费、校舍维修等标准和事业发展需要，编制好年度经费需求预算，教育部门进行认真审核和汇总，形成全县(市、区)的教育经费预算，统一报同级财政部门审批。

2. 管好、用好义务教育经费保障专项资金。财政安排的义务教育经费保障专项资金来之不易，教育部门和学校必须管好、用好。教育主管部门要按照省关于义务教育学校公用经费、校舍维修资金和专项资金支付管理等办法的规定，切实做好资金的拨付，加强经费的管理，严格按规定使用。任何部门和单位不得挤占、挪用中小学的公用经费。

3. 继续完善"校财局管"的财务管理体制，加强县级教育财务管理核算中心的监管和制度建设。今年全省要全部实现"校财局管"。市级教育部门要高度重视这项工作。尚未实行"校财局管"的地方，要采取切实措施完成任务。已实行"校财局管"的地方，要进一步加强和完善。一是完善管理范围，实行统管以后，学校(乡镇教委)实行报账制，所有财务收支必须通过县教育财务核算中心统一管理，学校不得私自组织收入。二是完善各项管理制度，包括岗位责任制度、资金管理制度、报销单位管理制度、内部控制制度等，通过建立和完善相关制度，保证教育财务核算中心各项工作规范有序地开展。三是加强对教育财务核算中心的监管，市、县教育部门要定期对教育财务核算中心进行检查或审计，及时发现并解决存在的问题，确保教育财务核算中心的健康运行。

4. 加强对中小学收费的管理。城市、农村中小学免除杂费、农村免除教科书费后，要全面清理收费政策，除按规定收取课本、作业本、住宿生住宿费外，学校不得强行向学生代收其他费用。

(二) 完善农村中小学校舍维修改造长效机制。

去年，我省中小学校舍存量危房集中建设改造任务已完成，并转入校舍维修改造长效机制。各地都要认真总结经验，促使这个机制不断完善。

1. 努力实施好校舍维修改造三年规划。按照2007～2009年农村中小学校舍维修改造三年规划的目标，落实好2008年的项目学校和项目资金。今年，省里的计划额度已经下达，希望各地按要求尽快落实项目学校和地方配套资金，并按省的要求组织好项目的实施，按时保质保量完成改造任务，省将对各地完成情况进行考核，并予以通报。

2. 落实校舍定期查勘鉴定制度。各地要加强对中小学校舍的日常安全检查，完善在第一时间发现险情并采取科学应急避险措施的机制。省将根据各地对中小学危房的检查鉴定情况，发布《2008年山东省中小学校舍安全警报》，以引起各级高度重视，及时组织维修改造或采取相应的安全防范措施，避免校舍倒塌伤亡事故发生。

3. 建立奖惩机制。对省财政安排的校舍维修资金和中央财政奖励资金的分配，实行与工作成效挂钩的分配办法。根据各地工作考评结果，省对地方资金落实到位和维修改造成效突出的地区给予资金奖励；反之，则扣减其资金分配。

(三) 全面推进家庭经济困难学生资助政策落实。

家庭经济困难学生资助工作是党和政府关注民生的重要内容，政策性强、涉及面广，各市教育部门的领导同志，务必引起高度重视，把家庭经济困难学生资助工作作为一项政治任务和大事来抓，采取得力措施抓紧抓好。

1. 尽快建立管理机构，配备专职人员。家庭经济困难学生资助工作涵盖高等学校、中职学校、普通高中和中小学等各类公办和民办学校，包括国家奖学金、助学金、国家助学贷款和勤工助学、特困补助、学费减免、社会资助等若干内容，工作范围广、工作量巨大，必须设立专门机构和人员进行管理。为此，中央编办批准全国学生资助中心人员编制由20名增加到40名，省编办批准山东省学生资助中心编制由8名增加到12名。目前，我省德州、日照、临沂、滨州、泰安、青岛、济南等7个市经当地编委正式批准成立了学生资助管理中心，为正科(处)级事业单位，增加了人员编制；烟台市编委批复增加人员编制两名；其他市尚未批准成立机构，也未增加人员编制。

今年的教育督导，省已经把学生资助工作纳入对市级政府教育督导的重要指标。希望各地积极做好争取协调工作，务必在上半年全部建立专门管理机构，增加人员编制。同时，根据教育部、财政部的要求，要抓好县级学生资助中心的建设，要选配政治坚定、素质全面、业务精湛、作风优良的专职工作人员，形成一支适应资助工作需要的管理队伍，在全省形成自上而下、高效快捷的学生资助工作管理网络。

2. 统筹管理属地高校家庭经济困难学生资助工作。由于各种原因，各地高校管理体制不尽相同，但对于高校的家庭经济困难学生资助工作，市级教育行政管理部门要统一管理（包括属地的民办高校），由学生资助管理中心具体负责。一是统筹管理高校国家助学贷款的贴息和风险补偿金，由市教育局汇总高校数据向财政局申报经费列入年度预算，并向银行（信用社）支付贴息和风险补偿金。二是统筹管理国家奖学金、助学金的评审和资金的申请拨付，由市教育局部署属地高校的评审工作，将有关评审资料汇总上报省厅；所需资金由市教育局向同级财政申报列入年度预算，并将资金拨付属地高校。三是负责属地高校资助政策落实和资助资金使用情况的监督和检查。四是负责属地高校国家助学贷款报表和学生资助工作报表的部署、汇总和上报。

3. 做好家庭经济困难学生的认定和管理工作，统筹用好各项资助政策。家庭经济困难学生认定是学生资助工作的基础。各市要督促、指导高校、中职学校、普通高中做好家庭经济困难学生的认定工作，建立健全家庭经济困难学生档案和信息数据库，统筹用好各项资助政策。普校的资助政策最多，包括奖、贷、助、补、减等若干项目，高校应根据家庭经济困难学生的情况，综合运用以上政策，特别要做好国家奖学金、省政府奖学金、国家励志奖学金的评审工作，完善评审办法，规范评审程序，做到公开、公正、公平。中等职业学校要尽快建立电子学籍档案，为中等职业学校国家助学金的发放和管理提供支持。普通高中要做好家庭经济困难学生认定的基础工作，建立健全家庭经济困难学生档案，市、县两级要能够及时掌握辖区内普通高中家庭经济困难学生的信息资料，为今后开展生源地信用助学贷款提供支持。

（四）积极落实中央和省出台的教育投入政策。

要努力落实好教育经费“三个增长”政策、两项教育附加政策、义务教育经费保障机制投入政策，切实防止“挤出效应”。省主要通过发布教育经费执行情况通报、对市级政府教育综合督导，敦促各地政府加快落实教育经费法定增长政策。各地也要采取措施做好相关工作。

1. 开展“义务教育经费保障”专项资金审计调查。为促进义务教育经费保障机制投入政策的落实，确保资金的专款专用，提高经费使用效益，我们将会同省审计厅对全省农村义务教育经费保障机制实施情况和农村中小学危房改造资金使用情况进行专项审计调查。请各地做好相关准备工作。

2. 切实做好两项教育费附加的征管工作。随着经济的不断发展，两项附加的征收基数越来越大，成为教育经费的重要补充来源。因此，各地都要认真研究加强两项附加征收和管理的有效措施，切实防止“挤出效应”。今年，我们将会同省财政厅对各地“两项附加”征收、使用管理情况进行调研，制定出台加强两项教育费附加征收使用管理的意见。

3. 提高市属高校生均财政拨款定额。2007 年，全省普通高校生均预算内教育事业费 4587 元，市属高校平均 2928 元，只有 3 个市平均超过 4600 元，3 个市平均在 2000 元以下，严重影响了我省高校预算内教育投入的平均增长。经厅研究，从今年开始对市属高校实行财政投入与招生计划挂钩政策，对生均预算内教育事业费拨款定额低于平均水平的市属高校，将分别情况减少招生计划指标。

（五）加强重大资金项目的管理。

1. 农村中小学两项工程，即农村中小学和特殊教育学校教学仪器配备工程。各市要根据省财政厅、教育厅鲁财教[2006]67 号、68 号和[2007]51 号通知要求，制定本地区农村中小学和特殊教育学校教学仪器配备工程规划投资方案和教学仪器配发采购工作实施方案，落实市、县配套资金，组织实施政府采购，做好教学仪器验收、配发工作，保证产品质量，提高资金使用效益。

此项工作已列入教育督导评估指标，希望各市引起重视，安排专人负责该项工作，切实把好规划、招标、验收等关口，确保按时完成规划目标，工作进展情况要按季度报告省教育厅、财政厅。省厅将加强对该项工作的管理和协调，组织人员对各地工程招标采购、资金落实、设备验收配发等情况进行检查，根据各地工作情况将对以后年度资金安排进行调整。

2. 职业教育实训基地建设项目。2005 年以来，中央和省财政重点支持职业教育实训基地项目 76 个，各市要切实做好这些实训基地项目的建设实施工作。一是按要求落实地方配套资金，凡是地方配套资金不能落实的，省不再向中央申报该市其他实训基地项目。二是履行好中央集中采购项目的付款工作，完成省采购项目招投标及付款工作。三是迎接中央对 2007 年职业教育实训基地项目的检查。

3. 其他专款项目。凡是中央和省财政安排的专款项目都要认真组织实施，落实配套资金，及时将完成和效益情况报省。

（六）发挥教育基金会的作用，支持教育事业发展。

山东省教育基金会今年主要任务是:继续筹集捐赠资金,增加资金总量,扩大原始基金数量,全面开展各项资助活动,重点抓好“三育资助工程”。希望各地大力支持、认真组织“一日捐”活动,捐赠的资金仍然用于各市家庭经济困难学生的资助。各地也要积极筹建教育基金会,利用社会资金资助贫困家庭学生、奖励优秀教师和学生,支持教育事业发展。

最后,我讲一下关于加强对财务工作的领导,发挥财务部门作用的问题。教育财务工作是保障各类教育发展的基础。随着各级财政保障能力的不断加强和教育改革的不断深化,教育财务的工作重心已由筹措教育经费为主,转变为筹措和管理并重,工作任务越来越重,对教育发展的保障作用越来越重要,希望各地教育部门一定要切实加强对财务工作的领导,充分发挥财务部门的作用。一是加强对财务工作的领导,建立和完善自上而下的工作机制和管理机构,充实配备专职人员。对财务管理部门要给予更多的理解和支持;对从事财务工作的同志,工作上要严要求,政治上要多关心,生活上要多关怀。二是要发挥财务部门的职能作用,当好领导的参谋助手,为教育管好家、理好财。财务工作也要坚持“完善规范、强化管理、抓好落实”的工作理念,完善各项财务管理制度,强化各项财务管理措施,抓好各专项工作任务的具体落实,全面完成各级政府确定的工作任务。三是财务部门要加强自身建设,强化职业道德建设、能力建设和廉政建设,强化全局意识、服务意识和责任意识,努力做到能干事、会干事、干好事、不出事。

同志们,过去的一年我们的财务工作取得了令人瞩目的成绩,今年摆在我们面前的工作任务既繁重又光荣,希望大家能再接再厉、勤奋工作,为我省教育事业的持续健康发展做出新贡献。

谢谢大家。

(2008年3月13日)

明确目标 突出重点 强化落实 全面推进素质教育工作

山东省教育厅副厅长 张志勇

这次全省推进素质教育要统一部署,统一行动,这是全省全面推进素质教育工作的保障。按照省厅对这次会议的统筹安排,下面我就今年及今后若干年我省如何推进素质教育谈三个问题:一是推进素质教育的基本目标,二是实施素质教育的工作重点,三是推进素质教育的工作策略。

一、全省推进素质教育的基本目标

省教育厅党组把全面推进素质教育作为今后一个阶段全省教育工作的重点,确立了素质教育在基础教育中的重中之重的地位。那么,全省推进素质教育的基本目标是什么?经过反复研究,我们把全省推进素质教育的基本目标概括为“三个全面”和“三个还给”。

什么叫“三个全面”?一是“全面建设合格学校”。推进素质教育,首先要坚持教育优先发展的战略方针。在这里,我们把全面建设合格学校作为加快教育发展的着力点。促进教育均衡发展,推进教育公平,缩小城乡教育差距,它的基点就是要把每一所学校都建设成为符合国家办学标准的学校。要把“全面建设合格学校”作为各级政府教育工作应该达到的基本目标,这是推进素质教育的基本前提、条件。

二是“全面贯彻课程方案”。全面贯彻课程方案是作为学校这个办学主体应该完成的基本任务。对于每所学校,国家课程方案是具有法定意义的,必须全面贯彻。在推进素质教育方面,我们有一个基本主张:素质教育首先体现在国家课程方案里。国家课程方案是素质教育的课程方案,是一个保障学生素质全面发展的课程方案。因此,把国家课程方案落实好了,素质教育就有了基本保障。

三是“全面培育合格学生”。我们推进素质教育的落脚点在哪里?什么叫“教育公平”?我认为,教育公平应该是面向全体学生的,而且教育质量的公平是最重要的教育公平。但是,目前一些学校为了片面追求升学率,却放弃了相当一部分学生，这既违背党的教育方针，更违背教育公平原则。什么叫合格的学生？就是达到国家课程标准基本要求的学生。我们必须把教育发展、教育质量、学校办学的着力点放在面向每一个学生上，并要特别关注学习相对后进的学生。我国自古以来就有“有教无类”的教育理想，说到底，就是要求教育者不能放弃任何一位学生。我们提出“全面培育合格学生”，并不意味着不重视优秀学生的发展，并不意味着不重视学生的个性发展，而是突出强调要把教师教育的重心转到全面关注每一位学生，特别是关注后进学生上来。

总之，我省推进素质教育的三个基本目标，概括起来说，就是政府要办好每一所学校，学校要全面贯彻课程方案，教师要全面培育合格学生。这就是“三个全面”。

如果说，“三个全面”集中体现了我省推进素质教育的整体目标的话，那么，“三个还给”则具体体现了我们对学生发展的期望目标。

一是“把时间还给孩子”。现在，有不少学校学生从早晨5:30起床，不仅有早读、午读、晚读，甚至连吃饭的时候还要安排自习。大家算算看，上午上课之前有一节早读，45分钟，上午有4节课，下午4节课，晚上还有4节自习，学生还有什么自主学习的时间？我到一些学校里去，校长说，我们学校没有课外作业。问题是时间全部都让你给占满了，哪还有课外时间？学校当然不可能再布置课外作业了，因为学生完成学校安排的功课他就要上床睡觉了。再加上，很多学校学生一个月才能回一次家。孩子们还有一点个性发展的空间吗？有一点自主学习的时间吗？因此，我们主张要把时间还给孩子，给孩子一点自主学习的时间。

二是“把健康还给孩子”。这是素质教育应该关注的重点。中小学生课业负担过重，成了全社会劳动时间最长的群体，严重危害了广大青少年的身体健康。相当数量的学生作业多、补课多、考试多。有的普通高中甚至采取半军事化、军事化管理，早上5点多就开始上自习，晚上10点多才睡觉，拼时间、拼精力、拼健康，高耗低效。体育活动普遍偏少，学生速度、力量、耐力、爆发力、肺活量等身体素质指标持续下降，超重及肥胖检出率上升，全国初中生、高中生视力不良检出率分别达到58%、76%，而我们山东省初中、高中分别是78.62%、90.35%，比全国高了15个百分点左右。长此以往，谁来驾机翱翔蓝天，谁来保家卫国？实施素质教育，说到底是为了每个家庭，为了民族，为了国家。

三是“把能力还给孩子”。我国基础教育确实有自己的传统和优势，这就是学生们对基础知识的掌握比较扎实，但是知识和能力的协调发展不够。从国际范围内来看，我们的学生，创新能力、实践能力、独立生活能力确实不高。

正是基于以上认识，我们把未来三五年全省推进素质教育的基本目标定位于“三个全面”、“三个还给”，希望经过三五年的努力，能够实现这些目标。这是我要讲的第一个问题。

二、全省推进素质教育的主要任务

围绕上述目标，我们把未来三五年全省推进素质教育的主要任务确定以下七个方面：

（一）全面规范办学行为

省教育厅把2008年作为规范办学行为的关键一年，规范全省中小学办学行为是2008年推进素质教育的首要任务。也可以说，2008年是山东省办学基本规范的落实年。规范什么？《山东省普通中小学办学管理基本规范》共计40条，说到底，关键有五个核心问题。

第一要规范课程，全面开齐课程。第二要规范课时，开足开好课时。国家规定开多少课时你就开多少，超了不行少了也不行。当前，中小学普遍存在的问题是应考的科目大大增加了课时，不考的科目要么不开，要么大大减少课时，这本身就破坏了国家课程结构的完整性，削弱了保障学生全面发展的课程结构。国家规定的课时是一定的，你在语文方面多开了，你的音乐体育等课程可能就要少开，这是一个辩证的关系。所以，省教育厅之所以规定，不能够随意增删课时，增加也不行，减少也不行，道理就在这里。第三要规范学生的作业量。我们希望按照国家的要求，把书面作业量控制下来。第四要规范学生的作息时间。小学、初中、高中什么时候进校，什么时候开始上课，什么时候要休息，一天中小学生要保证多少小时的睡眠时间、在校时间，等等，都做出了非常明确的规定。第五个要规范评价考试招生制度。总之，全面规范山东省中小学的办学行为，至少要全面规范这五个问题。这是全省规范办学行为的重点。省教育厅希望通过2008年的努力，使全省办学行为规范能够得到比较好的贯彻落实。

（二）全面深化课程改革

课程改革是全省推进素质教育的有效载体。省教育厅《关于深化基础教育课程改革全面提高教育质量的意

见》,对未来几年全省如何深化课程改革做出了全面部署。这里我想强调以下五点:

一是深化文化课教学改革,着力提高课堂教学效率。推进素质教育不意味着教育质量的降低,我们也不希望教育质量降低。当然,这里的教育质量是全面的,不仅是知识的掌握水平。必须以提高文化学科的教学效率为前提,把学生的学习时间更有效地利用起来。在这里,我们希望各个市、各个县(市区)要把提高课堂教学效率作为深化课程改革的主要任务。现在,不少学校的教学,学生会的教师可能还在教,滔滔不绝地讲,学生不会的教师也不知道。这是当前课堂教学中普遍存在的浪费现象。学生们有些时候为什么开小差,不就是教师讲的不是他的兴奋点,他不愿意听么?其实,并不是这些孩子学习不认真。所以,全省教研系统要把提高课堂教学效率作为重要任务,认真做好指导教学改革的工作。

二是要把开齐音乐、体育、美术课程作为2008年的重要任务,全面推动音乐、体育、美术课程的开设。刚才,齐厅长谈到国外的经验和中国特色的问题,在这些问题上我们可以互相借鉴。国外的音乐、美术、体育在义务教育阶段是专业课程,老师都是专业的,数理化可以一个人教,但是音乐、体育、美术绝对是一个人不能教多个学科的。这跟我们有极大的不同。我们说,中国学生的创造性差,为什么差?国外高中里面有戏剧节、艺术节,开戏剧课,为什么?因为这些课程是激发人的创造想象的重要课程。可是,在我国,中小学这些课程都没有得到很好地开设。音乐、美术、体育课程有很多东西可以去激发学生的灵感,我们要把开齐音乐、美术、体育课程作为重要的基础教育改革任务抓起来。

三要加强实践类课程的教学。要把劳动技术、通用技术、研究型学习、社会实践、社区服务真正作为课程来对待。我希望教育局局长、校长们要真正认真地再学习一下国家课程方案。按照国家课程方案要求,这些课程绝不是搞一两次活动,就可以完成的。在国家颁布的高中课程方案中,综合实践活动占了至少20%的课时。1999年以来,教育界一直强调要重视培养学生的创新精神和实践能力,但没有实践类课程怎么培养学生的创新精神和实践能力?人的创造性是在实践中培养的,是在实践中激发的,是在实践中形成的。仅仅依靠文化课教学,是不可能全面承担起培养创新型人才任务的。现在,大家都在学习十七大精神。十七大报告对教育提出了四个目标:一是完善现代国民教育体系,二是基本建立终身教育体系,三是提高全民的受教育程度,四是提高创新人才培养的水平。大家看一看,在全面建设小康社会新的奋斗目标中,首次提出要提高培养创新人才的水平。在这里,我们要强调指出的是:党的17大提出要优先发展教育,建立人力资源强国。那么,究竟什么是人力资源强国?毫无疑问,是不是人力资源强国要放在世界范围内进行比较。所以,我们说培养创新人才没有这些实践类的课程,我国教育是很难承担起培养创新人才、建设创新型国家这一历史使命的。

四是从2008年秋季开始,全面规范地方课程。省教育厅颁布的《关于深化基础教育课程改革全面提高教育质量的意见》讲得非常清楚,我们将把五个板块统一纳入中小学地方必修课程。哪五个板块?安全教育、法制教育、环境教育、传统文化、人生指导。这是我省2008年课程改革的一个重要任务。

五是从2008年开始,要解决好高中文理分科问题。《规范》要求,高中指导学生选择发展方向不早于第二学年末,尊重、保障学生通过选择课程实现选择发展方向和发展水平的权利,不强迫学生选择文、理或艺、体发展方向。规范分科,是从现在的高一还是从2008年秋季新高一开始,省教育厅正在做深入研究,至少要从2008年新高一开始。

(三) 改革评价考试招生制度

建构一个什么样的评价考试招生制度,始终是影响素质教育实施的一个关键问题。为了全面推进素质教育,教育厅将在改革评价、考试、招生制度方面采取一系列切实有效的措施。概括起来,这些措施包括以下几个方面:

一是从2008年春季开学开始,实施中小学日常考试无分数评价。教育教学评价有两种类型,一是诊断性评价,一是终结性评价。像学业水平考试,一个阶段的语文考试,比如小学六年下来,语文学科学得怎么样要有个评价,这叫终结性评价。平常的单元测试,学期中的测试叫诊断性评价,它不是为了排名,而是为了了解学生们对课程的掌握情况,分析老师在教学中有哪些薄弱环节,等等。日常考试就承担着这样的评价功能。现在的中小学呢?周考、月考、段考、期中考,五花八门,九个学科如果都这么考的话,孩子们岂不是每天都处在考试之中吗?因此,我们说现在中小学考试多,可不是一般的多。我们希望中小学生的日常考试评价要还其本来面目,不要再给学生打分数。在日常考试中,学生一张试卷做下来,哪个地方出了问题你就指出来。一篇作文60分,老师给他40分为什么?你不要笼统地给他40分。你就说,他存在什么问题?偏离中心了,论据不充分,逻辑混乱,……如此评价,学生就知道今后该怎么做了,知道怎么改了。如果你像平常的评价方法那样,给他40分有什么用呢?这样,我们把孩子的兴趣点都引到得了多少分上了,而没有真正把他的注意力引到他哪里错了。所以,我们要全面推行中小学日常考试无分数评价，不要再给孩子打分数。

二是2008年要着力制止违规通考、考试排名等违规办学行为。现在，不少学校在违规搞通考、给孩子排名、给教师排名。在这个问题上，我们要统一思想，必须把制止违规统考、给学生排名、给教师排名，作为全省教育战线2008年规范办学行为的一项重要任务。

三是2008年要从初中一年级开始，启动初中学业水平考试和综合素质评价工作。从2007级初一学生开始，每个市地都要启动初中学业水平考试和综合素质评价工作。这是必须要做的一件事情，以便为2010年启动新高中招生制度做准备。在这里，我想提醒大家，2008年4月底以前，各个市都要及时把具体贯彻省政府《关于实施初中学生综合评价制度，深化高中阶段学生招生制度的实施意见》的方案报省教育厅审核备案，大家一定要记住这个时间。今年、明年，要逐步扩大把高中招生指标按照初中人数和初中实施素质教育的评价情况分到初中学校的招生改革。目前，一些市也在做这项工作，但是有一个问题，虽然把高中招生名额分给初中学校了，但同时又划一道分数线，达不到这个线的又把指标再收回来。这样分指标有什么意义呢？有人说，因为初中之间学生学业成绩有一定差别，分数线不能差距太大。其实，招远市改革的实践已经证明，一所高中招收的学生，比如招远一中，学校之间入校成绩差距最大的达到80分、90分，但是高中三年下来差距就不大了。为什么？造成初中学生入学成绩差异的原因各式各样，但师资水平、办学条件不能不说是一个主要的原因，一旦学生们来到同一学校，在同样的条件下接受教育，学生之间的学业成绩差距就会逐渐缩小。

四是继续深化高等学校招生制度改革。刚才，齐厅长按照黄省长的讲话，给大家做了一些说明。我们今年要进一步完善高中学生素质发展报告，要让高中学生素质发展报告对高校招生产生作用。这个改革的目的就是要打破单纯按分数从高到低录取学生的办法，承认综合素质评价在高校招生中的价值和作用。还有高考报名社会化问题，今年要深化这项改革。更重要的是要告诉大家，教育厅、考试院今年要严肃纪律，严禁把每个地市的高考录取数据向任何地市提供，只有考生本人知道。如果各市、各县再搞考试排名，就完全是造假。这是一项重大的改革。我们要从根本上解决各地、各校炒作升学率的问题，让所有市和县、高中学校再说考了多少学生，考了什么什么样的学校，都是没有依据的。因而，作为纪律要严禁把2008年高考录取信息向外公布，要作为学生的隐私保护起来，做到只有学生自己知道自己的考试分数和录取去向。

（四）加强教师队伍建设

我们必须承认，教师队伍是素质教育实施的根本。在我看来，山东省推进素质教育，总体上要做到"一堵""一疏"。"堵"什么？就是要在全省堵住加班加点的办学行为。"疏"什么？就是要靠提高教师队伍素质，提高校长队伍素质，提高管理效能，通过改革创新，等等，来提高教育质量。这里，提醒大家要高度关注的几项工作：一是高度重视农村教师队伍补充。现在，全省从总体上讲，农村中小学教师中民办教师转正的占到50%多，这一批人对于我省普及九年义务教育贡献很大，但是他们已经进入了集中退出的时候，五年左右恐怕大部分都要退出。如果我们不未雨绸缪，很可能在一些农村出现教师荒。我们要怀着高度的政治责任感，高度重视农村教师的补充。有些县十年都不进人了，你说教育怎么办？所以我们要把每年补充农村教师队伍的状况作为考核各市教育的重要指标。二是切实加强教师培训工作。希望各市积极争取，把教师培训经费列入财政预算。50万也好，100万也好，先做起来，争取每年都能有所增加。三是继续完善"齐鲁名师建设工程"，这里今天不展开谈。四是今年要启动"齐鲁名校长建设工程"。我们希望把校长队伍建设作为今后教育工作的一个非常重要的方面，努力提高全省校长队伍的素质和水平。五是加强教师培养工作。2007年，很重要的一项任务就是整合教师教育资源，把中师向高校整合，这项工作还有点尾巴，教育厅正在最后敲定文件，最后划一个句号，然后在2008年启动"山东省教师教育基地建设计划"。也就是说，在未来三五年山东省要分批建设20个左右的教师培养培训基地。为此，无论师范院校，还是非师范院校，今后只要想承担教师培养培训任务，就必须整合教育学、心理学、教学法等方面的力量，在高校内部建立教师教育学院，以便重新建立教师教育体系。六是要采取有力措施遏制有偿家教，努力加强师德建设。为此，要把全省的"齐鲁名师人选"、特级教师、教学能手、优质课获得者、高级教师等等管住。因为只有这些人才有资格去做家教，这些人才是加强教师职业道德建设的重点。这些教师的荣誉称号、专业称号都是我们教育行政部门和人事部门给的，如果他们违规从事有偿家教，我们为什么不可以把这些称号拿回来呢！我们完全有权力、有能力管住这些老师。特别是下一步规范办学行为之后，把节假日和周末还给孩子之后，更要管住这些教师，坚决禁止这些教师从事有偿家教。

（五）全面启动标准化学校建设工程

按照省长的要求，我们会尽快颁布《山东省普通中小学办学标准》，并尽快以省政府名义颁发这个标准，然后各市要根据这个最低标准启动标准化学校建设，争取用三五年的时间实现全面建设合格学校的目标。

（六）建立素质教育运行监督机制

一是从2008年起，启动山东省中小学课程实施水平评估制度。省市县三级要全面启动学校课程实施水平评估工作，推动学校、保障学校、督促学校全面贯彻国家课程方案。小学、初中课程实施水平评估由市县来组织，省教育厅将进行抽查，高中课程实施水平评估由省教育厅直接组织，省教育厅每年将抽查1/3高中学校。要按照省教育厅公布的课程实施水平评估方案，全省每年发布一次课程实施水平评估报告，要在全省公布课程实施合格学校和不合格学校。

二是从2008年起，实施全省基础教育质量检测制度。基础教育监测不是为了给学校、各地教育排队，而是要在全省抽样的基础上，对我省或各市、县基础教育质量进行科学的监测和评价。我们希望通过建立基础教育质量监测制度，科学诊断全省教育教学中存在的问题，并据此改进全省教师培养、培训工作、教研工作和教育教学管理工作。

三是要强化高中学业水平考试制度。对这个问题，有的市至今可能有不同的看法，认为高中学业水平考试没有必要。但我要强调的是，高中学业水平考试不是要不要的问题，而是要全面加强的问题。按照国家教育部高考改革的设想，要全面建立高中学业水平考试制度，以便为今后的高考改革奠定基础。有些省本来前几年已经取消了高中会考制度，但现在正在研究如何尽快恢复这一制度。因为国家要建立基于高中学业水平考试和综合素质评价的高考改革方案。在这里，我想强调的是，要切实加强全省高中学业水平考试的考风考纪工作。同时，我希望把学业水平考试合格率作为评价高中教育质量的基本指标。刚才我们讲，不让高考排名，但是我们要引导高中学校树立新的教育质量观评价指标，那就是高中学业水平合格率。也就是说，在严格高中学业水平考试考风考纪的基础上，要把学业水平考试合格率作为评价高中教育质量的重要指标，由此要把整个教育的重心，逐步转移到培养合格学生上来。什么叫办人民满意的教育？我们总不能让一部分人民满意，一部分人民不满意吧！

四是2008年起，每个县（市区）都要建立素质教育随访责任区制度。要全面推广潍坊市建立素质教育随访责任区的制度，就是每个县（市区）都要把所属学校划分为若干责任区，委派专兼职督学负责某一责任区或若干所学校办学行为的监管工作。

五是自2008年起实施对市级政府素质教育工作专项督导。关于有关实施方案大家已经拿到了，省政府办公厅已经转发了省教育厅等四个部门的文件。在这里，我就不进行专门阐述了。

六是建立素质教育运行监督机制。各级教育行政部门都要设立公开电话、电子信箱，接受社会各界对违规办学的举报。要协调各方面的力量共同推进素质教育，特别要加强宣传，引导社会舆论。新闻界的朋友今天来的不少，对山东推进素质教育给予了很大的舆论支持。省教育厅、各市教育局要善于利用舆论阵地。今天上午，宣传部有关领导跟我说，可以共同搞一个素质教育宣传方案，发布到全省各新闻媒体。这是一个很好的建议，省教育厅新闻中心要抓紧起草。要推广典型，引领素质教育的实施。这次会议我们经过严格筛选，决定推广57项经验，各地要认真学习推广这些经验。要引导家长树立正确的人才观、教育观。这个引导不是虚的，我们要加强与宣传、团委、妇联等部门的合作。在这里，我们拟与团省委、省妇联联合发布《致家长的一封信》，目的就是为了推行素质教育，要共同做好舆论宣传工作，要通过家长共同做好对学生的教育。在这方面，潍坊市做的非常好，希望大家能够学习借鉴潍坊的经验，搞好与家长的沟通，这非常重要。另外，为了形成合力，还要推动社会教育资源向学校开放。我们都说要努力开设综合实践活动课程，但仅仅依靠现有的学校教育资源是远远不够的。所以，我们要争取更多的社会教育资源有计划地逐步免费向学校开放。这是需要引起教育行政部门高度重视的一项工作。

三、全省推进素质教育工作的基本策略

（一）采取分级管理、分工负责的体制

我们希望在全面规范办学行为、全面推进素质教育方面，采取分级管理、分工负责的管理体制。什么叫“分级管理、分工负责”？市县级教育行政部门要负责义务教育阶段学校贯彻执行《规范》的全面责任，省级教育行政部门对义务教育阶段规范办学采取抽查督导的办法。也就是说，各市县要切实负起义务教育阶段学校全面规范办学行为的责任。同时，要高度重视对高中规范办学行为的监管。在这里，我要强调指出的是，教育厅将把高中作为办学行为监管的重点。

（二）以高中为突破口，全面推进素质教育

这是省教育厅全面推进素质教育的一个重大决策。有人讲，素质教育在义务教育阶段搞搞就行了。但省教

育厅经过反复研究，认为如果不从高中开始，素质教育是难以真正突破的。为什么？办学行为如果高中规范不起来，小学、初中就很难得到真正有效的规范。齐厅长讲，为了孩子，为了民族，为了国家，要推进素质教育。同志们，高中是素质教育的关键阶段，高中是人才培养的关键阶段。任何一个国家都特别重视高中教育，但任何一个国家都没有像我国这样办高中教育的。世界上，许多国家都把高中教育看作是国家实施人才战略的核心阶段。很多国家人才战略实施的重点并不在高等教育，而是在高中教育。许多国家，像美国也好，德国也好，韩国也好，都有精英高中教育体制，他们的高中教育是有特色的，不一样的，多元的。可我们是不同素质、禀赋的所有学生，都采取一个办法、一个模式培养。这种教育无论如何也承担不起建设创新型国家和人力资源强国的重任。这一段时间，我采取不打招呼，不用陪同，不接受地方接待的办法跑了一些高中学校。到了哪里，我也不听汇报，直接就到高中教室里去，高一、高二、高三，每个年级我都看，看你高中教学的原生态究竟是什么样子。当然，我也到了一些备课组。同志们！这样看下来，高中教育确实不能再这样办下去了。现在，许多学校是万人高中，七八千人的高中，可不管你什么时候去，操场上都没有上体育课的，你说学校开齐了体育课，那学生们都到哪里去上体育课啦！八九十个班，体育课怎么排？同时，我们有些学校怎么对付基本能力考试呢？可以说，基本能力考试已经完全搞成知识训练了。而且，我竟然在一所学校看到，学校的黑板上写着："我不是贵族，但我可以做贵族的祖先！"一些学校一周一节班会，每次都要宣誓，让学生呼喊"我要考什么大学"之类的口号。我们怎么去认识这种教育？一些学校的教室里写着"零抬头无声音"的标语。写这个口号的用意，就是要告诉每位学生，任何人来了都不能抬头，都不能出声音。再者，我看到，一所学校的每个班都有自己的口号，什么"怕吃苦莫进此门"，等等。想想吧，我们的高中学校这到底是在进行一种什么样的教化？高考有倒计时，期末考试也有倒计时，金榜题名，……还有的学校，从高二甚至高一开始，就让学生在墙壁填写自己希望考什么大学！一些学校，要求考生对每次考试都要做考试分析，你看看这些学生们都写了些什么？什么"我这次考××名次，下次我必须超过某某，我一定要考到第几名"，等等。走进学校，闯入你眼帘的到处是优秀试卷展评、段考、月考，成绩排名榜，等等。我还看到一个正在进行期末考试的教室里边有一个考生没有课桌，正在腿上答卷子。我说你干什么呢？他说我愿意这样。其实，后来我了解到那是老师在惩罚他。同志们，他期末考试，你让他在腿上答卷子，这究竟是为了什么？不说了，这些事太多了。省里不抓高中，不抓高中办学行为的规范，素质教育的推进就不可能真正起步，所以我们下决心要抓好高中素质教育，抓高中办学行为的规范。怎么抓？必须做到以下几条：

一是2008年春季开学之后对全部高中校长进行贯彻落实《规范》、推进素质教育培训，全部高中校长，一个都不能请假。要请所有高中校长庄严承诺切实推进素质教育，遵守教育基本规范。如果做不到，你就别当校长。

二是从2008年起全面规范高中招生行为。一方面，以经过各级教育行政部门批准的招生范围为依据，另一方面，以学籍管理系统为依据，全面制止高中恶性生源竞争。为此，2008年4月底之前，要把所有初中学生的学籍信息纳入学籍管理系统。

三是从2008年新高一开始，统一全省高中课程计划。省教研室面临的紧迫任务就是要马上动员起来研究新的高中课程实施计划，从高一开始全省统一执行。

四是进一步完善高中学生素质发展报告电子管理系统。这个管理系统包括哪些内容？至少要包括高中学生每个学期的选课、学分记录、标志性成果，等等，每个学期都要填报。建立和完善这个管理系统干什么？一方面，可作为教育行政部门监管学校办学行为的依据。省教育厅有关同志下去时就把发展报告带着，对号入座，考察学生到底做得如何？另一方面，要作为高校招生的依据。

（三）要强化随机督导

省教育厅将会不定期地组织落实办学规范的督查组，到各市、各学校进行督导检查。督导组的工作采取"三不政策"：不打招呼，不用当地同志陪同，不接受地方接待。被督导的学校，凡看到省教育厅统一的督导标志，必须履行接受督导的义务，否则视同该校存在违规办学行为。校长要告诉门卫，不能出现任何讨价还价现象。督导组可以要求学校对已经查明的违规事实予以现场签字确认。为此，请各市教育局基础教育科把所属市直、各县区高中的办学地点、高中校长和第一副校长的名字、手机、办公电话等，于25号之前报省教育厅基础教育处。2008年落实《规范》的重点有两条：首先要落实作息时间，制止周末、节假日上课问题。这里有两点要明确告诉大家：其一，坚决让全省中小学生过好2008寒假。各市在25号之前要把中小学寒假放假时间报告省教育厅基础教育处。小学、初中、高一、高二，至少要放三周假，不允许以任何理由让学生上课、补课，特别是高一、高二学生，正月十五之前一律不准上课。高三一般要放假三周，至少要让学生休满两周，正月初十之前不能上课。这些时间安排请各位局长、各位校长务必记住，这是全省统一行动。在这里，我想进一步强调指出的是，各市高中放假时间必须统一起来，不能各县（市区）各自为政。其二，从2008年春季学期开学之日起，义务教育阶段中小学、高中学校的作息时间全面执行《规范》的要求。

（四）要强化对违规办学行为的处罚

各级教育行政部门要加大对教育违规行为的查处力度，对违反规范的各种行为要采取通报批评，取消评优资格，撤销先进称号，包括规范化学校、教育工作示范县称号，用这样一系列的措施来制止违规办学的行为。对因违反规范造成严重影响的或重大损失的，要追究学校责任人或直接责任人的相关行政或法律责任，教育行政部门将根据干部人事管理权限对相关责任人建议给予相关处分。

（五）要强化分工合作，形成内部工作合力

2007年，省教育厅成立了由齐厅长担任组长、有关同志担任副组长的素质教育工作领导小组，成员单位包括人事、督导、基教、师范、体卫艺、纪检、监察、教研、科研等处室负责人。在这里，我要强调的是，各级教研部门从2008年起，要停止违规组织各学段的通考、给中小学考试成绩排名等错误做法。这要作为全省教研系统的一个纪律。

（2008年1月16日在全省中小学素质教育工作会议上的讲话，根据录音整理）

在2008年山东省教育招生考试工作会议上的讲话

山东省教育厅副厅长 宋承祥

我们今天召开全省的招生考试工作会议，主要任务是总结、交流2007年招生考试工作的经验和做法，认真贯彻落实教育部2008年全国普通高校招生省级招办主任联席工作会议精神，研究部署2008年我省的招生考试工作。

一、总结2007年我省的招生考试工作

2007年我省的招生考试工作，在教育部、省委和省政府的正确领导下，全省招生考试系统以邓小平理论和“三个代表”重要思想为指导，全面贯彻和落实科学发展观，大力推进招生考试事业的改革与发展，全省招生考试事业呈现了持续稳定健康的良好发展势头。2007年省招考院共组织各类考试32次，录取新生83.5万人，自学考试和证书考试参加人数达242.6万人次。自学考试全年累计报考考生51.1万人次，报考科次92.1万科次，比2006年报考人数增加了2.7%，报考科次增加了1.2%。教育部考试中心开考的全国非学历证书考试报考人数近130万人，比去年增加13.2万人，增长11.3%，创历史新高。五年制高职、三二连读高职和普通中专招生录取的新生实际报到12.8万人。研究生招生考试报名人数占全国报考总数的11%，同比增加8.2%，位居全国第一。成人高考报名26.1万人，报考人数仍居全国之首。普通高考录取考生51.9万人，录取总量为全国第一。主要工作这里从以下九个方面作简要概括：

（一）阳光工程全面实施，高考规则公正严明。结合阳光工程制度化建设，在已有工作基础上，从内容、方式、程序等方面建立和完善报名、考试、录取三个主要工作阶段招生信息的公布、公告和公示制度，将招生信息全面、及时、准确地向社会公开。各项选拔条件明确，规则科学公正，程序公开透明。阳光工程组织细致、严密、扎实，受到了社会的广泛认可。如我省所有特殊考生名单，一律上网公示接受人大、政协、纪检、社会各界的监督，无一举报，无一上访。阳光工程已经成为民心工程、品牌工程。

（二）考试安全平稳进行，考风考纪明显好转。各类考试保密工作做到了条件达标、培训到岗、措施到位、责任到人，确保了安全保密工作万无一失。考试环境综合治理进一步发挥了招生委员会、自考委员会和教育考试环境综合整治联席会议制度的职能，加强了与公安、武警、信息产业、保密、宣传、监察、无委会等部门的协调配合，明

确部门职责，细化工作环节，规范操作程序，"人防"与"机防"并举，"严防"与"严打"并重，形成了职责明确、分工协作、齐抓共管的良好局面。2007年各项考试均未发生群体舞弊事件，违规违纪案件明显下降。

（三）积极实施高考改革，促进中学素质教育。2007年我省普通高校招生考试自行组织各科目命题，采用3＋X＋1模式。我省的高考方案体现了素质教育和课程改革的要求，注重对考生素质的综合考查和全面考查，既在考试内容的要求、题型结构的设计上，体现了新课改的选择性要求，更注重考查能力，又增加了"基本能力"测试，开始对考生应具备的适应社会生活最基本的基础知识、基本技能、学习能力及科学与人文素养的考查，这对引导学校全面推进素质教育，纠正文理偏科，开齐课程，提高学生运用所学知识解决生活和社会实际问题的能力，促进学生全面发展，具有积极的作用。将考生的综合素质评价信息以电子档案的形式与高考成绩在投档时一并提供给高校，供高校在录取时参考，实现录取标准的多元化。在高考中增加"基本能力"测试，这是配合新课改，推进素质教育的重要措施。

（四）高教自学考试命题工作再上新台阶。我省共承担自考全国统考课程16门的命题任务。本年度共在四、七、十、一月份的全国自考统考中向全国各省及单位供应我省所承担的全国统考课程试题36套标准式样的试题，供应量比2006年翻了一番还多；高教自考省内全年共命制试题200套，中小学教师自考命制试题28套，学历文凭考试命制了14门课程28套试题。没有发生任何安全保密和试题质量方面的问题。

（五）网上阅卷增加科目，阅卷质量不断提高。近几年来网上评卷在系统运行、质量控制和流程管理方面充分展现了良好的稳定性、科学性和规范性。2007年普通高考增加了基本能力测试科目网上阅卷，成人高考全部实行了网上阅卷。

（六）自考领域不断拓展，服务质量同步提高。努力完善自学考试的服务功能，积极探索自学考试向职业教育、向普通高校、向广大农村延伸，不断调整专业开考计划，积极开考适应社会发展需求的专业，考试规模不断扩大。加强了技能及毕业环节的考核工作，加强了考试的检查、监督，及时通报工作情况并加强了宣传和服务工作，较好地促进了高校学生参加自学考试，增加了生源数量，提高了生源质量。学历文凭试点工作的收尾工作进展顺利。加强了自学考试统分录分网络平台建设，实现了抱卷上机录分。全年累计录入试卷92.3万份，误差率控制在万分之二以内。规范合格试卷的归档工作，严格管理违纪作弊试卷以及不合格试卷。全年颁发毕业证书3.1万份。积极做好自考生的学位申请工作。热情为考生办理转考、出具证明等工作。自考助学工作中完成自学考试学习服务中心调研工作，制定了过程性考核试点院校评估办法，做好社会助学组织的登记备案和信息报送工作，协助助学单位解决实际问题，探索开展农村乡镇自学考试社会助学工作的新路子。

（七）证书考试开拓进取，规模效益同步增长。我省证书考试规模一直名列前茅，2007年比2006年考试总人数新增12.9万人，增长10%。成功开考了山东省中国书画艺术等级考试。我省有14个市参加了中小学信息技术等级考试，菏泽、济宁、潍坊考试规模超过6万人。证书考试每年考2次，除个别项目安排在一个时间同时考试外，全年较大规模的考试有8次，从报名、编场到考试阅卷的每一个环节都精心组织，实现了考试的科学化、规范管理，确保了考试质量，顺利完成了考试各项任务，多次受到教育部考试中心领导和主管处室的表扬。山东多次在全国会议上进行经验介绍。

（八）加强教育招生考试科学研究和宣传，为招生考试改革提供理论和舆论支持。2007年征集论文100余篇，组织专家评选出27篇优秀论文报教育部考试中心参加教育考试改革与发展高层论坛暨第七届全国教育考试科研讨论会。研究制定了《山东省教育招生考试科学研究规划要点（2007～2010）》，提出了针对现实问题进行科研的计划，共117个课题。已经上报教育部考试中心9项研究计划，《高中新课程标准下的高考制度研究》被批准列为部一级课题，预计2008年结题。在宣传工作中变被动报道为主动宣传。通过宣传部加强和各驻鲁新闻媒体的联系，及时公布招生考试宣传方案；组织好情况通报会，及时向新闻媒体通报工作进展情况，及时解答社会关注的问题；安排好新闻发布会，及时就招生考试发生的重大事件向社会发布。根据工作重点，随时关注舆情，对于与事实不符的报道，及时联系有关部门，及时予以纠正；抓住舆论热点，把握适当时机，对于突发事件的宣传报道及时有效引导，按规范程序及时、客观地向媒体和社会公布，避免渲染炒作，维护了良好的招生舆论环境和社会稳定。

（九）优化招生考试服务措施，提高人民群众满意度。重点采取了以下措施：第一是继续加强对考生填报志愿的指导，印发了《2007年在鲁招生高等院校通览》50万册，免费赠送给考生；充分利用山东招生考试院网站，大力宣传各项招生考试的政策、法规。第二是采取有效措施，保护高分考生利益。鼓励部分名牌高校拿出部分招生计划录取二志愿高分考生，尽量将高分的考生调剂到名牌或层次较高的学校。对部分成绩特别高的不服从调剂的考生采取电话重新征求考生志愿的办法，准许在未满计划的好学校中进行重新选择。第三是对于专科二批未完成计划的学校，空额计划重新征求考生志愿进行补录，既帮助学校完成计划，又给落榜的考生增加上学的机会。第四是加强市、县（区）两级招生考试办公室的职能，抓住报名、考试、填报志愿、录取等几个关键环节，结合阳光工程做好政策宣传、咨询信访等工作。

总之，2007年我省的招生考试工作取得了令人满意的成绩。这些成绩的取得，得益于各级党委、政府高度重视招生考试工作，将其作为事关经济社会发展、事关社会稳定和谐的大事来抓，组织领导和管理保障工作进一步落实，招生考试环境进一步优化；得益于各级招生委员会、自考委员会进一步发挥了组织协调作用，各成员单位密切配合，齐抓共管，形成了工作的合力；更是得益于各级教育主管部门和招生考试工作机构注重自身建设，兢兢业业，无私奉献，为圆满完成招生考试的各项任务做出了重要贡献。在此，我代表省教育厅向大家并通过大家，向全省招生考试战线的全体同志表示衷心地感谢和崇高的敬意！

在成绩面前，在不断变化的外部环境的影响下，我们必须清醒地认识到，我们的招生考试工作还存在一些困难和问题。主要有以下五个方面：一是个别地区仍有个别考生存在舞弊行为，维护考试公平和保护广大考生的合法权益仍然是我们的一项长期的、艰巨的任务，特别是现代高科技被别有用心的人作为作弊的手段，给我们的管理增加了难度，而且大大增加了我们的办考成本，我们的防舞弊措施还有待进一步加大。二是少数院校还存在虚假广告宣传、招生不规范等行为，严重破坏了招生工作正常秩序。在这方面，省教育厅将进一步加大监管和惩处的力度。三是个别地方的个别学校仍然存在片面追求升学率现象。四是个别成人高校招生工作尚须进一步规范。五是我们的招生考试管理与服务队伍自身建设有待于进一步加强。上述这些问题，虽然只是个别现象，但其潜在的危害极大，影响极坏，我们必须高度重视，必须认真分析原因，深入研究解决的办法，并不断加大工作力度，认真改进我们的工作。

二、2008年我省招生考试的重点工作

简单地说，2008年的招生考试工作，要认真贯彻落实好三个会议的精神。大家知道，全省的素质教育工作会议1月16日在潍坊召开，3月4日全省教育工作会议在济南召开，这两次会议特别突出和引人注目的议题就是大力推进中小学实施素质教育。两次会议上，黄胜副省长、齐涛厅长分别就高考如何配合推进素质教育问题提出了明确的要求，我们一定要认真贯彻落实好！还有一次重要会议就是教育部1月15日至16日在深圳召开的2008年全国普通高校招生省级招办主任联席工作会议。会议就2008年的普通高校招生工作进行了周密部署。教育部学生司林蕙青司长、考试中心戴家干主任到会并讲话。我省教育招生考试院王坦院长、董良军副院长参加了会议。会议总结通报了2007年全国的普通高校招生考试工作情况。2007年全国有1010万名考生报名参加普通高考，实际报到注册大学新生人数570万。2007年考试安全平稳运行，考风考纪明显好转；招生阳光工程进一步深入推进；加强了对民办高校的监管；打击中介招生诈骗、综合治理招生环境取得成效；为考生服务力度加强；高考改革平稳顺利进行。林司长代表教育部对进行高考改革的山东、广东等4省区取得的成绩给予充分肯定。会议对今后的招生工作提出了明确要求，即面对建设人力资源强国的重任，招生工作要担负起三大历史任务：选拔各类具有潜质的创新人才，引导提高综合素质教育，进一步推进招生公平公正。

教育部会议公布了2008年普通高考10项比较大的变化：1. 自主招生增加9所高校，成为68所；生源较好的高校自主招生计划可以突破5%。2. 自主招生对于学科突出的考生录取时可以突破批次线。3. 首次允许非应届高中毕业生参加自主招生考试。4. 师范类高校的自主招生计划重点向免费师范生倾斜。5. 保送生中外国语中学不再按20%比例推荐，由教育部确定下达推荐名额，也是20%。6. 高校招收保送生时要加强文化测试和考核，自主与保送测试可以有机结合起来。7. 艺术招生来源计划编制范围微调，中央部门艺术院校非美术类专业可以不编制分省来源计划；各省招生办在省统考结束后应向有关高校提供信息查询服务；江南大学、天津工业大学、复旦大学影视学院等3所院校参照独立专门艺术院校办法进行招生；中戏、北影艺术高职专业招生同意在统测合格的基础上再进行专业测试。8. 招收小语种新增6所高校。9. 普通高考对试题答案密级进行解释，保密时间延长到使用结束。10. 加大对招生考试中4类违规违纪人员的惩处力度。

根据以上会议精神，我省2008年教育招生考试工作的总的指导思想和总体目标是：以“三个代表”重要思想和科学发展观为指导，认真学习贯彻落实十七大精神，继续深入实施阳光工程，坚持依法治招、依法治考，严肃考风考纪，加强考试环境综合治理，切实维护招生考试的公平、公正，确保考试安全和招生秩序，努力办好让人民满意的招生考试。积极配合推进素质教育，重点做好新课程改革后的高考工作，积极稳妥地探索和建立以国家统一

考试为主，多元化评价方式和多样化录取模式相结合，学校自我约束、政府宏观指导、社会有效监督的符合山东实际的高校招生制度。

（一）稳定考试科目，坚持正确的导向。按照“保持稳定，体现新课程理念和要求”的原则，继续实行“3＋X＋1”科目考试。根据教育部2008年《考试大纲》和我省实际对我省2007年的《考试说明》进行修订。各学科考试内容范围或难度要求在较小程度上有增有减，相对于增加的内容或要求来说，删除的或降低难度的更多些。总体上调整幅度不大，在一定程度上减轻了考生备考负担。通过《考试说明》的修订，主要目的就是要充分发挥高考的导向作用，从考试内容上对高中教学进行积极的引导，进一步促进中学全面实施素质教育。

（二）进一步创新和改进高校招生录取工作。为促进新课程改革的实施，使学生全面而有个性地发展，更好地促进素质教育，今年我省将积极稳妥地推进多项招生录取工作改革。一是积极探索多元化录取模式，逐步推进注册录取改革试点；二是改进和完善向院校提供综合评价信息的方式，将综合评价信息内容和原电子档案内容结合好，以方便高校在录取时使用；三是继续强化学生综合素质评价信息在学校录取中的作用，在投档比例以内的考生，招生院校在确定录取名单时可把综合评价信息作为重要的参考依据。各高校可在录取过程中根据综合评价信息和考生成绩进行全面衡量，择优录取考生。

（三）改进和完善高考报名工作。多年以来，我省认真执行教育部高考报名工作有关规定，并结合我省实际情况不断完善，已形成了比较科学、高效的报名工作流程和以县（市、区）招生办公室为主体的报名工作管理体系。2008年各市要在总结以往我省高考报名工作经验的基础上，结合全省素质教育工作会议的有关要求，积极深化和探索高考报名工作改革。所有的考生必须到户籍所在县（市、区）招生办公室进行报名，其中往届生和同等学力者应直接到县（市、区）招生办公室进行信息采集，应届生可在县（市、区）招生办公室分设的报名点进行信息采集。对口高职、体育单招（运动训练、民族传统体育专业招生）、保送生、小语种招生的报名时间是1月7日～8日，已经顺利完成了。

（四）认真做好高考信息保密工作。依据《教育部国家保密局关于印发〈教育工作中国家秘密及其密级具体范围的规定〉的通知》（教密［2001］2号）有关规定，考生分数、录取结果等个人信息应属教育工作中不宜公开的内部文件和资料。我省中小学素质教育工作会议对做好2008年高考信息保密工作又提出了明确要求，考生的报名信息、考试成绩以及录取信息除各级招生机构内部工作使用和向考生本人提供外，一律不允许向其他任何单位和个人提供。为加强对考生个人信息的保护工作，今年在通过168信息台公布高考成绩和录取结果时，将采取切实的措施，保护考生个人高考信息的安全。各市、各高校在通知高考成绩和录取结果时，也要采取相应的措施，确保将考生成绩和录取通知书直接发放给考生本人。各市招生机构要加强对高考信息的保密工作，严禁利用考试成绩和录取信息进行排名和统计升学率，对违反规定泄露高考信息的有关责任人将视情况给予严肃处理。

（五）继续加强艺术类招生管理工作。一方面要继续实行艺术类专科（高职）专业认可本科相同专业合格证的办法，同时允许个别有特殊要求的本科院校的专科（高职）艺术专业只认可本校同类本科合格证。学校必须通过招生章程向社会公布，并在报送招生来源计划时详细注明。其他专科（高职）院校认证办法不变。另一方面要按照教育部的统一要求，积极筹备艺术类专业统考。成立艺术类专业省级统考领导机构，部署、检查艺术类全省统一考试的各项工作。明确2009年的艺术类专业招生省级统考类别、内容和办法，使广大考生、学校能够较好地接受和适应艺术类专业统考。

（六）增加科技投入，积极推进网上评卷工作。2008年高考网上阅卷的科目增加理科综合和数学两科，对口高职所有5个科目全部实行网上阅卷，普通类剩余两科（外语和文科综合）争取在2009年实现网上阅卷。为确保网上阅卷改革顺利实施，要求各市高考前组织考生进行适应性训练，做好相关宣传工作。有关高校要做好阅卷准备工作，确保网上阅卷改革取得成功。

（七）确保考试安全，严肃考风考纪。2008年在我国举办奥运会，高考在前，要讲政治、讲大局，把考试安全工作抓严、抓实、抓好。教育部学生司林蕙青司长说：“安全是头等要务，对于招生来说是天大的事。安全问题无处不在，所有环节都作为一把手工程。”因此，我们要做好以下八个方面的工作。1. 加强诚信教育。解决好广大考生的思想认识问题，树立正确的人生观、价值观。2. 加大反高科技作弊的力度。要求各地认真分析近年来考试作弊的特点，加大资金投入，有针对性地购置一些现代化的设备来防范高科技作弊。3. 加大对舞弊者的惩处力度。2008年，对于利用高科技手段舞弊和替考的考生将给予下一年不准报考的处罚，对于高一、高二冲线生将给予有资格报考年度取消资格的处罚，大学在校生替考开除学籍。4. 坚决杜绝大面积群体舞弊事件的发生。5. 加强内部管理，严防出现教育系统内部工作人员协同作弊的现象。6. 加强信息采集地确认和监督，加强报名资格审查，加大报名公示力度。7. 对考风考纪重灾区进行重点指导和监督。8. 做好考风考纪的应对预案。继续坚持"三严"要求，严格管理，严肃法纪，严防舞弊，切实维护各类全国教育统一考试的公正性和严肃性。

（八）从严治招，重点治理违规招生和中介诈骗。各市、各有关部门和高等学校要加强综合治理高校招生环境，在巩固对招生乱收费、体制外招生、高考移民等治理成果的基础上，要疏堵结合、标本兼治，进一步采取有效措施解决高校违规招生和非法招生中介诈骗等突出问题，确保招生录取公正、有序。一是加强对高校招生章程的审核工作，重点对民办高校、独立学院、中外合作办学机构（学校）及项目的招生章程及广告加强审核与监督，经省教育厅核准备案的招生章程及广告方可在媒体刊发并不得更改或有意使用简称以混淆办学性质、层次等关键信息；对已公布或刊发的章程、广告，有关主管部门要进行抽查复核。二是要严格规范高校特别是部分高职院校、民办高校招生管理，坚决禁止计划外招生，严禁擅自抢揽生源、擅自寄发录取通知书。三是要协调公安机关开展打击非法招生中介专项整治行动，通过媒体等多种形式及时发布违规招生和诈骗案件及处理结果，完善招生预警制度。四是要加强新生入学资格审查工作，继续坚持报到后全面复查和进行相关科目文化测试的办法，严查冒名顶替的学生，严防不法分子利用假通知书对考生进行诈骗。五是对于高校由于欺诈性招生、损害学生利益并造成严重后果的，将追究有关人员责任，并视情节严重程度削减其下一年度招生计划直至责令高校停止招生；对游离于招生录取体制外自行招收的学生，以及未经省教育招生考试院办理录取手续擅自招收的考生，将一律不予新生学籍电子注册和今后的学历证书电子注册。各有关成人高校也要加强自我约束，对函授站点进行全面整顿，避免在成人高考中发生生源恶性竞争事件。

（九）继续深入实施招生考试工作阳光工程。今年实施阳光工程的重点是进一步推进阳光工程的规范化、制度化、系统化、科学化、现代化、常态化，要着力建设好各单位的阳光服务平台。健全公开透明的招生工作体系，进一步加大信息公开力度，把学校的办学资格、招生计划、学费标准、录取规则、录取过程、录取结果向社会公开。加强对保送生、艺术特长生、高水平运动员和优秀运动员等考生考试资格和录取名单的公示和监督。从内容到形式上不留空间，消灭灰色地带，进一步规范管理，强化公众服务，不断提高社会的满意度。

（十）拓宽自学考试服务领域，探讨大高等教育理念下面向全体考生提供好自学考试服务的模式。过去我们的自考不向高校在校生提供服务，这几年考试院的同志们作了很好的尝试，取得了很好的社会效益。将来的大高教理念应该包括两个方面，普通高校的大学教育资源可以服务于非全日制的社会学生，以自学考试为代表的其他非普通高校的教育资源也可以服务于全日制在校学生。目前考试院研究开考具有职业特点的专业，调整专业培养目标，改革专业课程设置，适当减少理论课程，增加实践技能课程，培养社会需要的高素质劳动者，又是一个很有现实意义的探索。与此同时，我们还要研究和探讨自学考试向农村延伸问题，总结和推广自学考试农村实验区经验，开考现代农村经济管理等适农专业。积极探讨自学考试与职业院校相结合的路子，鼓励职业学校、技校学生参加自学考试，在2007年开考2个职业类自考专业的基础上，2008年加快职业类专业的论证与开考速度。向全国考办申请自学考试专科专业审批权。调整专业结构，停考部分社会需求少的专业，开考社会需要专业，重新修订《山东省高等教育自学考试专业考试计划手册》，使山东自学考试更好地适应社会经济发展的需要。针对2008年我省开考的部分新专业，在不改变基础数据库的前提下，对现有的录分校对软件进行二次开发，对毕业生管理程序进行必要的升级，规范数据结构，完善打印和统计功能。积极推进高职院校学生参加自学考试，深入到每一所高校组织专题宣传活动，扩大过程性考核试点专业和学校，加强试点院校管理，年底前对过程性考核院校进行检查和评比。继续抓好考务、考籍管理的规范化建设，进一步调整规章制度，完善教育部考试中心下发的《考务考籍管理指标体系》的要求。主动协调有关部门，积极出台自学考试的毕业生政策，提高自学考试毕业生的待遇和竞争能力，提高自学考试的吸引力。加强命题的过程管理及题库建设，提高命题的质量和水平，保质保量地向全国供应试题。

（十一）做好成人招生和证书考试工作。总结成人高考网上报名经验，完善报名办法，为考生报考提供便捷的服务。2008年全国计算机等级考试的考试内容进行较大调整并进行部分软件升级，要有计划地对全省所有考点的考务系统管理员分批培训，更换新的上岗证，要把调整后的考试内容向考生、向社会公布。中小学信息技术等级考试要进一步搞好调研，做好管理、服务和宣传工作，立足于提高质量和社会信度，吸引更多的初中学生参加考试。山东省书画艺术等级考试项目要在规范管理、确保质量的基础上，加大宣传力度，稳步扩大考试规模。同时不断完善充实考试内容，根据市各考点的要求，增加硬笔书法内容，为学习型社会的建立做出贡献。

（十二）内强素质，外树形象，加强招生考试队伍自身建设。无论是管理还是服务，都离不开人，人永远都是关键因素！一方面，省招考院要进一步加强机关建设。我省教育招生考试工作要按照教育部"招生考试队伍建设年”和教育厅“机关作风建设年”的要求，进一步加强考试队伍的思想建设、组织建设、作风建设，完善各项规章制度，细化各项改革措施，继续开展创建文明机关、文明单位活动，增强服务意识，提高服务水平，为考生和院校提供优良的考试环境和便利的服务。抓好考试科研的管理和教育考试评价工作。加强与相关新闻媒体的联系与协作，积极稳妥地做好我省教育招生考试宣传工作。另一方面作为我们整个系统的自身建设工作的重要组成部分，各个市的同志们的工作任务更具体，更重要，更关键，也更辛苦。因此，更需要我们加强招生考试队伍建设，强化、细化内部管理，建立健全各项规章制度，开展多种多样的培训学习活动，提高队伍的整体素质。队伍素养的好坏，将直接决定我们事业的成败！例如，我们的监考人员队伍建设问题，有的市已经总结出了一整套管理办法，从政治条件、业务条件、基本素质的要求，到在考场的动作姿势等等都有明确的要求，同时把参加监考作为老师必须履行的任务，监考的表现作为年终考核的重要组成部分。成效非常明显。事实上，监考老师的严肃认真，才是杜绝作弊行为的关键所在！

三、高度重视，加强领导，确保我省招生考试工作万无一失

（一）充分认识深入推进招生制度改革对推进素质教育的重要意义和作用。我们的高考改革是综合改革，是以科学发展观为指导，加强对考试、录取、综合评价三方统筹，促进高考改革与高中课程改革、统一考试改革与高中综合评价改革、考试改革与录取模式改革三个结合，逐步建立和完善在国家统一考试基础上的全面、综合、多元化的考试评价制度和高等学校多样化的选拔录取制度。我们的高考改革目的是要进一步做到三个适应：适应以普通高中新课程逐步推广为标志的素质教育的深入开展，适应建设创新型国家对培养各类创新人才的迫切需要，适应人民群众对教育公平的殷切期待。由此不难看出，高考的综合改革是从机制和体制的层面上对中学素质教育产生强大作用的。根据教育部的统一部署，教育厅组织基础教育、高等教育、招生考试方面的专家研究出台了我省的高考改革方案，经过去年一年的实施，证明这个方案符合我省的实际，实现了改革的目标。在去年高考改革方案的基础上，今年在个别地方做了适当调整，这些调整是本着“三有利”原则进行的，既能满足高校选拔新生的要求，又会进一步促进素质教育的实施。

高考改革的政治性、政策性、专业性都很强，这就要求我们教育局和招考办的领导同志们一定要转变观念，跟上形势发展的脉搏，我们自己首先要跳出过去那种眼睛只盯着录取率的小圈子，一定要从国家、民族前程命运的战略高度，从大教育观念出发，来认识素质教育的重要意义，不以考分排队，不以高考升学情况论中学之优劣，认真把握和遵循教育规律，认真抓好素质教育。

（二）切实加强管理，全面搞好服务。要寓服务于管理中，加强服务和加强管理互动，要对弱势群体提供特殊服务。充分认识自学考试事业在整个教育事业中的地位和经济社会发展中的作用。一要从实施科教兴鲁和人才强省战略的高度，认识高教自学考试的重要性。完善自学考试制度，形成社会化、开放式的教育网络，为适应多层次、多形式的教育需求开辟更为广阔的途径，为更多的人创造成才的机会和条件。二要从构建学习型社会和终身教育体系的高度，确定高教自学考试的位置。三要从建设高教大省和高教强省的高度，发挥自学考试制度的作用。从 1985 年到 2007 年，我省已经有 58.1 万名自考生获得毕业证书。高教自考要加强与各类高等教育形式的沟通，为社会培养更多更好的高学历人才。自学考试办考机构要牢固树立“以人为本、以考生为关注焦点”的办考理念，把考生利益放在首位，真诚地善待每一位考生，进一步提高自学考试各项工作的服务质量，维护自学考试良好的社会信誉。在办好自考学历教育的同时，要积极拓展非学历教育的证书考试。学历考试与证书考试并重发展，是我们改革和发展的方向，要正确处理好招生、学历考试与证书考试的关系，在重视招生、学历考试的同时，要将证书考试提高到应有的高度去重视、对待，要将证书考试的管理纳入各市招考办工作目标考评的范围。

招生、自考和证书考试是我们构建学习型社会的立交桥，这里既有高考的多种考试多元录取，又有自学考试的不同渠道，还有多种证书考试供考生选择，这是教育为社会提供的超市型的服务。有服务就有管理，管理跟不上，优质服务就谈不上。要进一步加强和改进招生考试服务工作，牢固树立以考生为本、为考生服务的意识，不断改进服务方式、提升服务质量，切实解决好考试期间考点照明供电、医疗保障、安全保卫、考生食宿以及防止噪声干扰等问题，为考生考试发挥水平、实现报考意愿积极创造和谐、良好的条件和氛围。要加强对考生填报志愿的辅导，引导考生从实际出发，增强针对性，合理填报志愿，填报志愿要充分尊重和体现考生个人的意愿。要妥善处理好残障等困难考生的考试和录取问题。

（三）认真履行职责，提高工作水平。各有关部门一定要加强对招生考试工作的领导，要把招生考试工作作为头等大事来抓。考试期间，主管领导要亲自过问，亲自坐阵指挥、亲自主持研究部署，深入细致地做好指导协调

工作，及时帮助解决考试工作中存在的困难和问题，认真落实好每一项工作措施。

1. 各级招生委员会和自学考试委员会要充分发挥职能作用，认真做好联席单位的组织协调工作。要实行严格的工作责任制，各市与各县(市、区)、各县(市、区)与各考点、各考点与各监考教师都要签订责任状，一级抓一级，层层抓落实，谁出问题就追究谁的责任。各级教育行政部门、招生考试机构、高等学校和中学考点的党政主要领导是本部门、本地区、本校招生考试工作的第一责任人，要坚持科学民主决策和“谁主管、谁负责”的原则，重大问题实行集体议事制度。

2. 各地各部门要认真抓好举报和信访工作。在统一考试和录取期间公布举报电话和举报信箱，设立信访接待室，认真做好信访工作，广泛接受社会监督，把维护考生的合法权益真正落到实处。各市、县(市、区)要在考试前公布举报电话和信箱。教育纪检监察部门要履行考试招生执法监察职责，加强对考试招生全过程特别是重点岗位、重点时段、重点人群的监督，严肃查处违规行为。

3. 要加强对全体工作人员的诚信教育、责任教育、警示教育及业务培训。加快建立健全科学、合理、可行的招生考试岗位工作质量评估体系和对工作人员的考核评价体系及奖惩机制；对参加招生考试组织工作的人员要实行“业务培训、考试合格、持证上岗”，逐步建立招生考试岗位资格证书制度。对各级招生考试机构和高等学校的政策落实、计划执行情况以及招生考试宣传、信息数据报送等工作情况实行逐级检查和通报制度。进一步实化、细化高校招生“六不准”要求，严格落实招生考试工作责任制和责任追究办法，严肃查处招生考试工作人员各类违规行为和渎职行为。对纵容、参与、组织考试作弊、录取舞弊等弄虚作假行为的，要给予批评教育或进行行政处理；严重的要依照有关规定坚决清除出招生考试队伍；构成犯罪的，依法追究刑事责任。

4. 克服麻痹思想，巩固取得的成绩，深入做好各项工作。要紧紧抓住管好招生考试管理工作的各个环节。每一个同志都要像第一次从事这项工作一样，严肃认真、一丝不苟、扎扎实实地履行岗位职责，切实将每一项工作落到实处。重复性很强的工作最容易产生麻痹思想，这是我们招生考试工作中的最大的隐患！因此希望我们各市分管局长，我们招考办的负责同志一定认清楚我们的工作性质和肩负的重任，增强责任感和危机感，要养成超前考虑问题的习惯，力求能预见到一切可能发生的问题，确保把我们的工作要求落实到我们的每一个工作人员身上！不要嫌麻烦，不要怕别人说闲话，一定要善于抓深层次的、细致的管理工作。一定要狠抓落实，要具体，要深入！

5. 高度重视、通力协作，做好招生考试的宣传工作。要充分发挥主流媒体的导向作用，主动强化正面宣传引导。同时结合招生考试工作进程和舆论关注的实际，把握宣传的时机、重点和方式，及时地、实事求是地把政策规定、报考条件、学校情况、诚信考试、录取规则、助学通道、防欺诈警示等招生考试各个阶段考生须知、应知的基本内容和要求，告知广大考生。

招生考试工作，是重要的国计民生问题，事关广大人民群众的切身利益，事关山东的社会稳定。一个小的地方出了问题，就有可能改变一个考生、一个家庭的命运，就有可能给整个招生考试工作带来巨大损失，就有可能影响到整个山东省的良好声誉。我们必须从对党和人民、对国家事业的前途命运的战略高度来提高认识，进一步增强使命感和责任心，恪尽职守，扎实工作，心系群众、服务人民，关怀每一位考生，服务每一位考生，确保各类教育考试的安全，维护教育公平，高标准、高质量地完成2008年各项招生考试任务，努力办好让人民满意的招生考试。

(2008年3月31日)

在2008年度职成教工作会上的讲话

山东省教育厅总督学　徐曙光

新春伊始，我们相聚在泰山脚下，召开职成教年度工作会议，总结、交流、研讨、部署工作。厅党组对这次会议十分重视，要求我们以科学发展观总揽全局，进一步分析形势，把握机遇，针对职成教各项工作，抓好规范、管理和落实，推动全省职成教工作更好更快地发展。

一、2007年全省职成教育工作回顾

2007年，我省职成教育工作全面贯彻科学发展观，进一步落实全国全省职教工作会议精神，以服务为宗旨、就业为导向，加强领导，强化措施，扩大投入，创新管理，取得较为显著的成绩，进入了一个新的发展阶段，主要体现在四个方面：

（一）事业有了新发展。中等职业教育保持良好发展势头，并实现新的突破。2007年全省中职招生61.8万人（其中普通中专11.39万人，职业高中28.30万人，成人中专6.21万人，技工学校15.9万人），比上年增加4.5万人；在校生153.6万人（其中普通中专36.1万人，成人中专13万人，职业高中72.5万人，技工学校32万人），比上年增加4.3万人，均创历史新高。全省中职学校在校生占高中阶段在校生总数的比例为45.88%，比上年增加了2个百分点，其中青岛、烟台、济南、枣庄、泰安、德州、淄博的普职比（不含技校）超过40%。民办教育进一步壮大。2007年，全省共有各级各类民办学校（教育机构）6900多所（不含劳动与社会保障部门管理的民办培训机构），在校（在园）学生249.9万人。其中民办中等职业学校146所，民办高职院校36所，全省民办学校教职工18.2万人，民办教育机构总资产达到280多亿元。农村成人教育及社区教育工作得到进一步加强，到2007年，我省已有国家级社区教育实验区7个，省级实验区38个。各类培训广泛开展。2007年完成农村富余劳动力转移培训400万人，其他类培训达800万人次。成人高等教育有了新发展，到2007年，我省举办成人高等教育的高等院校有114所（42所本科院校，15个成人高校，57所高职院）。全省高校成人高等学历教育在籍学生40余万人，占全省普通高等教育规模的近30%。开设专业达300多个，为全省高等教育实现大众化作出了重要贡献。

（二）财政投入有所增长，基础能力建设得到进一步改善。职教"五大工程"建设进展迅速。全省通过新一轮的布局调整，在"十、百、千"工程（10处实训基地，100所骨干中职，1000个示范专业）、实训基地建设工程、基础能力建设工程等专项投资计划的实施下，创建了一批起示范作用的骨干学校、专业和实训基地。到2007年底，已确定了42所国家级和34所省级实训基地学校，共拨付扶持资金1.088亿元；67所国家示范性中职学校和县级职教中心，拨付扶持资金1.13亿元；确定了1000个骨干示范中职专业。在骨干学校、专业建设方面，组织向教育部申报了9所国家级重点职业学校。对原省级重点职业学校进行了部分调整认定，并将在近期复查后公布。对30个经济欠发达县职教中心建设工程进行了调度。目前，省财政投入资金全部到位，项目建设基本完成。公布了第三批中等职业学校省级教学改革试点专业，并已启动第四批的相关工作。制定下发了《山东省成人高等教育品牌专业建设标准》，启动了该项专业建设工作，并确定了首批22个成人高等教育品牌专业建设点。在实训基地、师资队伍建设方面，到2007年底，全省又有25所职业院校被教育部批准为国家级职教实训基地，得到国家财政专项资金2100万元，16所职业院校被确定为省级职教实训基地，得到省财政专项资金2000万元；师资培训国家财政拨付1291万元，省财政拨付500万元已全部用于中职专业骨干教师培训。组织全省专业骨干教师880人参加了教育部安排的国家级培训，1700人参加了省级培训，2006～2007年共培训10971人。另组织了109名专业骨干教师和中职校长赴德国进修学习。2007年，全省中职"双师型"教师所占比例比2006年增长2%。农村成人教育及扫盲工作稳步推进。通过召开全省农村成人教育工作经验交流会，加强了农村成人教育工作的推进及扫盲队伍建设。2007年还得到中央财政扫盲专项经费100万元。国家和省市2007年用于我省中职学校贫困生救助经费约6亿元。

（三）结构布局逐步调整。办学主体多元化。全省776所中职（不含技工学校）中，除教育部门举办的457所外，非教育部门及民办319所，已占到1/3以上。各类短期培训机构中，民办教育机构已占主体。区域布局进一步优化。全省17个市都有国家级重点中等职业学校，多数县（市、区）有一所起骨干示范作用的中职学校，全省建成国家级重点职业中专168所（不含2007年新申报学校）。2007年，全省中职学校所数由2006年1027所调整为1001所，减少26所，中职学校校均办学规模由2006年1453人增加到1533人，办学效益不断提高。职教内部专业教育、培训层次齐全。全省已有独立设置的高职院校62所，以中职为重心，中高职相衔接、专业配套并与其他教育相沟通的现代职业教育体系初步形成。同时，城乡、东西部职业学校进一步融合互通，学历教育与技能培训初步呈现并重并举。2007年，我省中职学校与西部甘肃、宁夏、青海、新疆等8省区联合招生1.8万人。城市中职校与农村中职校合作办学招生3万人。

专业设置更加灵活，服务社会能力逐步增强。围绕经济结构调整和劳动力需求变化，特别是围绕建设八大支柱产业和山东半岛制造业基地的目标，职业学校专业结构不断调整和更新，针对新型建材、汽车及零部件和电子

电器等产业的快速发展，开设了数控技术应用、应用电子技术、汽车运用技术、新型建材等专业，并调整了市场需求萎缩的财务会计等专业。目前，全省中职共有15个专业大类，218个专业，4716个专业点，基本覆盖我省经济社会文化发展各个领域。

（四）改革取得新成效。通过扩大“双元制”办学模式，大力推进校企合作、工学结合，积极开展订单培养，突出实践教学环节，推行弹性学制，试行学分制，改革招生制度等体制与机制的改革与创新，职业教育与社会、经济、文化发展越来越贴近，与企业的关系越来越密切，办学活力不断增加，社会信誉明显提高。全省中职学校就业率保持在96%以上，国家级重点职业学校超过98%，职业学校已成为当地实用技术人才和高素质劳动者的摇篮。

2007年还做了以下具体工作：一是继教育部在我省胶南召开全国职教半工半读试点工作会议后，结合省情在全省推广了胶南半工半读试点工作经验。二是与有关部门联手组建了山东省现代服务业职业教育集团。三是本着点上深入、面上扩大的原则，委托平度职教师资培训中心举办了“双元制”办学模式培训班，培训1687人次。四是与省劳动与社会保障部门联合确定了68所“双证互通”备选学校。五是为突出专业特色，创新办学模式，对全省中职专业设置和办学模式进行了专题调研，并提出了建议。完成了山东省成人高等教育人才培养模式和教学内容体系改革与建设研究总课题任务。六是协助财务部门完成了2007年中等职业学校贫困生救助资金划拨到市的工作。

总之，从整体上看，我省职成教工作已经形成了全面推进的良好势头，这为我省职成教事业持续、快速、健康、稳步发展打下了坚实的基础。

二、全省职成教育存在的主要问题

从总体上看，我省职成教育在整个教育大系统中仍是薄弱环节，发展不平衡，投入不足，办学条件较差，办学机制及人才培养规模、结构、质量还不能全面适应经济社会文化发展的需要。

（一）职业教育的战略地位和作用认识仍有待提高。有些地方的主要领导对职业教育的重要性仍然缺乏足够的认识，重视程度不够。没有把职业教育纳入当地经济、社会和文化发展的总体规划之中，没有作为人才培养基础性、先导性的工作和招商引资环境建设来超前投入和实施。中职教育工作跟着上面走得较多，自主创新性的改革和举措较少。有的地方把发展高中阶段教育片面理解为就是发展普通高中，迎合部分群众对普通高中教育求学的盲目性，而缺乏普高职高均衡发展的统筹调控和指导策略。在教育内部同样也存在着重视普通高中教育，忽视职业教育的倾向。由于缺乏对职业教育发展的全面定位和宏观调控力度，导致普通教育和职业教育不能协调发展，扭曲了当地高中教育的基本结构，从长远来讲也就制约了当地社会、文化和经济发展对人才的结构性需求，也加大了政府、社会和群众对高中教育资源以及高中人才培养成本的损耗和浪费。

（二）扶持职业教育发展的政策落实不到位。为促进职业教育发展，国家、省出台了若干法律、法规、政策，如《职业教育法》和《山东省人民政府关于大力推进职业教育改革与发展的决定》（鲁政发[2002]66号）都明确规定，确保用于职业教育的财政性经费和生均事业费逐年增长，但很多地方没能做到。2006年，山东省人民政府办公厅转发的省教育厅等部门《关于进一步加强职业教育工作的意见》重申：“地方财政按每班农村4000元、城市5000元拨付职业高中（中专）专业教学经费；一般企业按照职工工资总额的1.5%、经济效益比较好的企业按照2.5%足额提取教育培训经费，列入成本费用，专项用于职工教育和培训。”这些政策许多地方没有落实到位。根据《省委省政府关于大力发展职业教育的决定》要求，全省城市教育费附加的30%和地方教育附加的20%用于职业教育的政策仍然落实不到位。2006年度（2007年度数据4月份才能出来），全省城市教育费附加用于职教的比例仅16.29%，其中滨州为6.46%，菏泽为8.43%，东营为10%。地方教育附加全省用于职业教育的仅为8.04%，其中东营为0.3%，青岛为1.96%，日照为2.57%，莱芜为3.2%。国家对中职贫困生1500元的资助，个别县仍未落实到位，或者没有发到学生手中。另外，近3年来，国家、省加大了对职教的投入，如实训基地、骨干教师培训等专项投入，但配套不足，挤占挪用现象在个别市县也偶有发生。

（三）职业教育与区域经济发展的结合层次较低。主要表现为：学校在制定发展规划过程中缺乏对区域经济发展的思考和参照，忽视与社会、经济、文化发展的协调；获取产业人才需求信息的渠道狭窄；区域经济管理部门对职业教育发展规划的制定参与度不高；主要行业企业对职业教育的影响度较小，委托订单培养相对也较少；职业学校偏重自我发展、规模发展，仍在热衷于上专科、转高职，缺乏立足特色和本位支持经济，促进社会、文化发展的贡献评估；内部的课程设置、教学方法、教学模式与现代经济、现代应用技术、现代企业管理标准等也存在着较大的差距。在调研中，企业界普遍反映，我省中等职业教育总量不足，质量不高，与区域经济发展联系和结合仍然不够。

（四）成人教育中的农村扫盲教育工作没能很好地重视和开展。2005年全国1%人口抽样调查，我省15周岁以上成人文盲人口数为961.8万（青壮年人口数7760万），文盲率12.38%，文盲人口数居全国第二（四川第一）。按照国务院印发的《国家教育事业发展"十一五"规划纲要》，落实教育部等12部门关于进一步加强扫盲工作的指导意见，到2010年，成人文盲率要下降到8%以下，2015年，下降到6%以下。我省扫盲任务十分艰巨，2008、2009、2010三年，每年要完成扫盲人口115万，2011至2015年，每年完成扫盲人口40万才能达到国家规定的标准。

对于这些内外部存在的问题，我们要高度地重视，并应采取切实有效的措施，认真加以解决。

三、开拓创新，狠抓落实，推动职成教工作更好更快发展

2008年我省职成教工作总的指导思想是：牢固树立科学发展观，深入贯彻党的十七大精神和省第九次党代会精神，进一步完善省内职业与成人教育行政管理、教学研究和理论探讨等工作的运行机制。以大力发展和提高质量为主线，以基础能力建设、师资队伍建设、骨干示范学校建设为重点，进一步优化中职教育结构布局，推进体制机制创新，改革并健全职业教育培训制度，加强农村富余劳动力转移就业培训。积极促进和规范各类民办教育的发展，构建终生教育体系。用完善的规范，创新的管理，细致的落实，来积极推动全省职业与成人教育又好又快发展。

（一）注重调查研究，做好发展规划。凡事预则立，不预则废。在职业教育大发展的今天，坚持科学发展观，认真做好发展趋势预测和科学规划非常重要。科学规划一定要以当地经济社会文化为背景，准确把握我省职业教育发展以市为主，市县两级统筹的原则，根据当地主流经济发展对人才的需求，做出认真的思考和部署。中等职业教育以市为主，主什么？市县两级统筹，统筹什么？年内省里准备拿出一个意见，也希望各市结合自身的情况，创新性地开展工作，把我们职业教育发展的责任落实到位，承担起来。这次会议青岛、泰安等市分别提交了一个专题调研报告，我做了初步的阅读，收获不小！调查研究是我们做出规划、部署开展工作的基本前提，也是行政管理工作最基本的工作方法和模式。职成教的工作，面大点散，涉及到每一个公民和乡村（街道），没有深入细致的调查研究，就很难做细、做准我们的工作。我们必须认真做好调查研究，尤其是提倡科学的、理性的调查和分析区域职成教工作，运用第一手数据资料和符合现代统计分析理论规范的方法，在调查研究的基础上，认真遵循国家确定的职成教育发展路线和方针，切实提出推进本地区职成教育为经济社会文化事业发展和服务的相关举措。

（二）进一步深化理解和落实大力发展中等职业教育。今年，教育部进一步明确提出"要把大力发展职业教育放在更加突出的位置"，进一步明确职业教育的办学思想是"以服务为宗旨，以就业为导向，以质量建设为重点，大力发展职业教育"。工作方针和办学思想多了一个"以质量建设为重点"，就是进一步明确了职业教育要如何围绕科学发展观，统筹兼顾规模和效益，学校和市场，技能和素养，层次和类型，学历和培训等深层次的问题，如何做到"两手抓"，两手都要硬的问题。这也就是要求我们提高中等职业教育硬实力——扩大招生规模、搞好基础能力建设的同时，更加注重软实力——职业教育教学的内涵建设。作为教育战线的管理部门，我们要依靠各级政府强有力的政策支持和资金投入，扩大硬实力。但更要依靠我们自身，从解决内部问题入手，完善职业教育管理服务体系，改革教育教学方法，开拓实验实习环境，创新劳务就业机制，努力扩大贡献率和影响率。用质量提高信誉，以服务寻求市场，办好社会和人民认可和满意、学生能自食其力和安身立命的职业教育。

教育部提出中等职业教育办学体制和运行机制要做到"政府主导，面向市场，多元化办学"，这几年各地的许多好的做法我们要继续探索。以县为主办好一所中等职业学校（县级职教中心），许多县区打破行政管理界限，对辖区内的各类职业技术教育、教学资源进行了积极的优化和整合，探索办学体制创新。烟台市在不改变职业学校现行管理体制的同时，积极探索组建职业教育集团，把不同部门之间的办学实体、工矿企业通过非法人的职教集团联系起来，在办学运行机制和产教研结合上开展互补和合作，形成了从招生、教学到订单培养、合作开展课程研究，如同"商会、协会、加工贸易服务联盟"模式的职业教育联盟体系。这种集团化办学模式体现了"政府主导，面向市场"的原则，给职业教育带来了活力和生命力。希望各地在创新中等职业教育办学体制和运行机制方面继续进行积极的探索。

在办学模式上，我们提倡校企合作，工学结合，学历教育与培训教育并重，就是要求各个学校要贴近"市场"办职业教育。如果说学历教育是"长"，培训教育是"短"，中等职业教育就是无长不稳，无短不活。北京的新东方"英语教育"和山东的蓝翔技校有许多我们职业教育可以学习和借鉴的办学方法。当然啦，我们有些学校完全是学历

教育或者完全是培训教育，这也无可厚非，关键是要辩证地看问题，"长"要避免死，"短"要避免散。职业教育就是要紧密贴近经济、社会和文化发展的"市场"来做文章。我们将紧紧围绕十七大精神，进一步解放思想，改革创新，结合山东不同区域的实际情况推动我省职业教育又好又快发展。

（三）2008年重点抓好的几项工作。

1. 职业教育工作

一是稳定中职招生规模，强化高中段职普比例统筹，加强招生改革和制度建设。进一步推进以市为主的统筹高中阶段招生工作管理模式，规范招生秩序和招生行为。各市应根据鲁政办发[2008]2号文件精神，积极探索本市辖区内教育行政部门统筹，以初中学业考试取代升学考试，以综合素质评价结果为依据录取新生取代单纯以中考成绩为依据录取新生，逐步取消录取考试，积极探索注册录取，完善统一的普高和职高招生录取工作管理模式和运行机制，使普通高中与中等职业教育招生工作有序进行，招生规模达到大体相当，通过扩大和稳定中职招生，不断提高高中段教育普及率。

二是加大职业学校、专业布局调整力度，进一步理顺关系，扩大职教优质资源。制定我省《中等职业学校办学标准》及《高水平示范性中等职业学校建设标准》，加强骨干学校建设，为每县办好1所示范性职业学校提供强有力的政策支持和财政投入。积极鼓励和规范发展职教集团和联合（集团化）办学。继续推进职业教育"五大工程"的实施，组织申报国家优秀中等职业学校建设计划，进一步强化职业教育基础能力建设。

三是深化教学改革，提高职业教育质量，结合区域经济社会发展特色，逐步建立和完善工学结合制度，扩大半工半读试点范围，大力推动校企合作、顶岗实习、"双证"互通。全面推进素质教育，提高学生的职业道德水平和综合职业技能。总结推广学分制、弹性学制试点学校典型经验，继续扩大试点范围。加快课程改革和教材建设，突出与岗位标准紧密衔接，构建适应产业调整、科技进步、个性发展的具有职业教育特色的课程体系。完善职业教育教学、研究组织机构和队伍建设，加强职业教育教学、理论研究，年内举办职业教育发展论坛。

四是加大师资队伍建设力度。抓好"双师型"教师培训工程的实施，建立专业教师定期轮训制度。加强职教师资基地建设和培训体制改革，试验推行职业教育师资培训项目承揽招标，政府"购买"师资培训任务等多种中职教师培训管理模式。鼓励各市依托省级职教培训基地开展地方职教师资培训工作。继续组织好国家级、省级骨干专业教师培训工作。加快中职校长和专业带头人培养，继续选拔和组织骨干教师、校长到企业和出国进修。

五是积极推进职业教育办学思想、管理模式转变，从粗放型向精细化转变。加强宏观调控和政策引导，依法保障职业教育发展，修订《山东省职业教育条例》，与省直有关部门共同监督落实"城市教育费附加安排用于职业教育的比例不低于30%和地方教育附加用于职业教育20%"及国家、省有关职教投入的规定。逐步建立起中职教育家庭困难学生资助政策体系，并加强监督检查，使得各项专项经费落实到位。运用现代信息技术改造传统管理手段，建立职业学校招生、学籍、档案电子信息管理系统和综合素质评价体系。

2. 农村成人教育、社区教育及扫盲工作

一是认真落实《中共中央办公厅国务院办公厅关于加强农村实用人才队伍建设和农村人力资源开发的意见》，制定我省的贯彻意见。加强"三教统筹"，促进"农科教结合"。以加强县、乡（镇）、村成人教育机构网络建设、基础能力建设为中心，构建农村实用技术培训和富余劳动力转移培训综合教育服务平台，强化农村成人教育的服务功能。进一步完善职业教育培训体系，年培训城乡劳动者达1500万人次以上。

二是召开社区教育（七个国家级实验区）工作座谈会，以创建全国社区教育示范区活动为动力，总结、推广济南、青岛开展社区教育示范区创建活动的经验，带动全省创建国家级社区教育实验区、示范区工作，探索构建终生教育社区服务体系。

三是调整充实省扫盲教育工作领导小组机构和成员。调查研究、摸清情况，制定全省扫盲工作计划、方案。成立扫盲教育专家组，启动扫盲教材的编写、印刷。召开会议、培训队伍、广泛宣传，把扫盲工作启动起来。管好用好2007年中央财政拨给我省的100万元扫盲专项经费并协助厅财务处、省财政厅分别向教育部、财政部上报2008年的扫盲专项经费申请。

3. 成人高等教育

以品牌专业建设为契机，深化教学改革，进一步提高成人高等教育教学质量。继续开展成人高等教育品牌专业立项工作，对已立项的22个品牌专业建设项目进行中期绩效考核。完成"山东省成人高等教育人才培养模式和教学内容体系改革与建设研究"总课题任务。配合品牌专业建设，开展成人高等教育公共基础课、专业基础课特色教材编写工作和骨干教师培训工作。进一步完善成人高等教育的质量保障和监督体系。拟进行全省成人高等教育部分课程抽查考试和全省成人教育课程考试内容质量、难易度评审活动。

4. 民办教育工作

加强学校管理，规范办学行为，提高综合管理水平。建立和完善民办学校招生广告网上申报、批复制度，利用网络平台，建立和完善民办学校资质、年度审检和规范办学等相关业务的管理、公示、监督等运行机制。

同志们，职成教育改革与发展面临良好的发展机遇，我们一定要充满信心，提高认识，转变观念，开拓创新，在现有的基础上把职成教工作再推向一个新台阶，为我省教育事业发展，为我省经济建设和社会发展做出积极贡献。

（2008 年 3 月 1 日）

以科学发展观为指导　全力推进教育科研发展与创新

山东省教育厅总督学　孟庆旭

当前，全国全省深入学习实践科学发展观活动正在逐步推进，教育要全面适应建设小康社会的新要求，面临着教育体制亟待改革，教育水平亟待提高，教育投入亟待增加的新形势、新任务。这也是对教育科研工作提出了新任务、新要求。今天我们召开全省第四届教育科研工作会议，回顾、总结第三届会议以来教育科研工作取得的成绩和存在的不足，分析、研究教育科研工作面临的形势和目标任务，理清改革思路与制订政策措施，对于开创我省教育科研工作的新局面具有十分重要的意义。这次会议，我们特别请到了中央教科所的领导作了重要讲话，会议安排了表彰教育科研工作先进集体和个人，公布表彰教育科研优秀成果，总结交流经验，实地考察济南市中小学教科研现场，特别是对中央教研所领导的重要讲话精神，我们要结合山东教育实际认真贯彻落实。这次会议必将为进一步推动我省教育科研工作发展产生深远影响。下面，根据会议安排，我谈几点意见，供大家参考。

一、“十五”末以来，我省教育科研工作取得了显著成效

2004 年 10 月全省第三届教育科研工作会议以来，全省教育事业又有了新的发展，基础教育、职业教育、高等教育从规模结构、普及程度、办学水平、教育质量上都有了新的提升。全省 70 个县市区的“两基”巩固提高复查任务基本完成，义务教育实施水平有了新的提高。初中毕业生升入高中段的升学率由 67%上升到 83%。普通高校由 97 所增加到 114 所，在校生由 94.6 万人增加到 144 万人，高等教育的毛入学率由 17.8%上升到 22%。4 年间，改革也有新举措。农村义务教育“以县为主”的管理体制进一步落实，义务教育经费保障机制全面实施，真正意义上的城乡义务教育免费教育得以实现，面向各级各类教育的学生资助政策体系实现全覆盖并逐步完善，城乡义务教育均衡发展逐步推进，基础教育课程改革全面实施，素质教育有了重点突破，“3＋X＋1”的新高考方案顺利过度，职业教育的教学改革和面向市场就业指导机制不断取得新进展，高中教育和高等教育的内涵发展被摆上重要议事日程。4 年的改革与发展，跨越了两个“五年计划”，取得令人瞩目的成就。

我省教育改革与发展取得的成就与教育科研工作提供的支持是分不开的。自“十五”末以来，我省教育科研工作有了很大发展，主要表现在以下几个方面：

（一）进一步确立了教育科研在教育改革和发展中的先导地位

随着教育事业的不断发展和教育信息化程度的不断提高，各级教育行政部门、学校领导和广大教育管理工作者对教育科研工作重要性的认识不断提高，注重发挥教育科研在教育改革与发展中的先导作用。一是在教育决策和管理过程中，注重运用科研成果的影响力，增加了需要科研参与和学者参与的自觉性。二是教育科研注重研究教育的方式方法，在不同区域范围促进了教育质量的提高。正所谓：有了教育科学，才会有科学的教育；注重教育研究，才会认真研究教育。教育科研是教育发展的第一生产力的作用和影响越来越大。三是教育科研研究教育教学规律，引导教育的按规律办事，可持续发展。从我省情况看，教育基础好，整体发展水平较高的地方，教育

科研受重视的程度也高，教育科研的水平和影响力也较高。同样，教育科研成果多、力量强、教育科研工作开展较好的地方，教育发展的水平和质量也相对较好。二者相辅相成，成果显著。

与此同时，把研究教育政策列为教育科研的重要课题，把为教育决策服务作为教育科研工作的重要职能。我省的教育科学规划增加了有关项目研究，加大了研究力度，进行了高等职业教育、中等职业教育、师范教育、义务教育、研究生教育、教育投入、高校科研等专项调查和研究，研究成果在近几年我省教育改革与发展的一系列政策中被有效吸纳，充分体现了教育科研为教育决策的科学化、民主化服务的功能。许多地方教育科研机构也十分重视本区域内的重大课题研究，积极为教育决策服务，如农村中小学布局现状及调整策略研究、区域教育均衡发展研究、区域教育现代化研究、农村教育发展战略研究等。青岛市教科所在一年多的时间里先后组织了外来务工人员子女上学问题、中小学体质健康问题等4个专题调研并分别形成报告，为教育行政决策提供参考。教育科研参与教育决策，既提高了教育决策的科学性，也提高了教育科研的实效性和社会声誉。

（二）教育科研网络基本形成，教育科研队伍不断壮大

随着教育科研机构的不断充实和加强，我省教育科研队伍正逐步壮大，队伍素质不断提高。目前，全省已有15个市成立了教科所或教育研究中心，其中烟台市、潍坊市、东营市成立了教育科学研究院，90%以上的县市区成立了教科室，规模较大的中小学也设立了教科室。全省基本形成了省、市、县、校四级教育科研网络，为教育科研工作的开展打下了良好的组织基础。在市、县两级教育科研机构内，大都配备了独立编制的教科研人员，教育科研队伍的学历层次不断提高，一批博士、硕士加入到了教育科研队伍中来，专业素质明显提高。各级教育科研机构还聘请了一定数量的兼职教育科研人员，从而形成了专兼职相结合的教育科研队伍，有力地带动和促进了教育科研活动的开展和科研水平的逐步提高。

（三）以校本研究为载体，有效地促进了校长和教师的专业发展

校本研究的开展有力地提高了一线教师参与研究的积极性和研究的实效性。自2005年3月以来，省教科所先后在青岛、烟台、济南和泰安肥城组织全省性的动员会、培训会、经验交流会，推动校本研究的开展。围绕校本管理、校本教研、校本课程、校本培训、学校文化建设和教师专业发展等内容，落实管理、科研、教研、学校、教师不同的科研任务，形成合力，建立了行政支持、专业指导、分级管理、合作交流、基地先行、逐步扩展的校本研究组织形式与运行机制。通过几年的努力，我省校本研究工作全面展开，扎实推进，取得了丰硕的成果。主要是发挥理论提升功能，提高了校本研究的理论水平；倡导全员参与，促进了群众性教育科研工作的开展；立足校本教研，推进了基础教育课程改革和校本课程建设；注重校本培训，促进了校长和教师专业发展；不断探索和构建了校本研究新机制。

教师成为研究者是教育改革向纵深发展的结果，是教育专业化的要求。在校本研究中，教师既是科学实践者，又是成果的享有者，教师的研究在教育活动中展开，以直接解决教育问题为任务，把读书学习、自主反思、同伴互助作为研究的主要方式，把课题研究的立足点放在解决教育教学工作的实际问题上，放在理论与实践的结合上，放在改革创新的精品意识上，做到课题研究与课堂教学密切结合、课题研究与学校工作密切结合。他们在研究教育所面临的诸多问题的同时，自身的专业水平也不断得到提升。各地都注重以科研为平台，鼓励学校教师积极投身教育科研，促进了广大校长和教师的专业成长。校本研究发展成为区域推进教育科研的新生长点。

（四）不断总结、发现、推广、应用新的教育科研成果，成为不断提高教育质量和水平的强大推动力

"十五"末以来，省教科所承担的《山东高等教育中长期发展战略研究》、《山东基础教育均衡发展实证研究》等重点课题，以及一批原创性的、有较大影响的教育科研成果，为全省教育改革与发展提供了支持。其中，"创新教育研究"课题组提出的活动建构教学论等学术观点在全国产生了较好影响；"山东省普通高中新课程背景下的教育评价与考试制度改革研究"在探讨建立教育评价与考试方法和制度方面初步形成了一系列研究成果，并已有四项成果作为山东省2007年高考改革的重要内容付诸实施；"合作学习研究"开拓了现代教学研究的新领域，丰富了教学互动理论；"中小学现代科技教育研究"也取得了初步成果，产生了较好影响。与此同时，各市地适应教育改革发展的需要，在选题上也有新的拓展，教育理念更加先进，研究向着纵深发展。其中，聊城杜郎口中学的课堂教学改革试验与研究在全国产生了广泛影响；烟台市的"中小学语文'双轨教学'实验"的研究成果已经转化为烟台市中小学语文教学的新常规，成为全国中小学语文教学改革的先进经验。这些成果，不同程度上都为教育改革的深化产生了深刻影响，为教育质量的提高发挥了重要作用，为教育决策的科学化形成了重要支持，也产生了良好的社会反响，值得充分肯定。

二、当前的形势和今后的任务

胡锦涛总书记在党的十七大报告中分析我国基本国情时强调“两个没有变”：我国仍将长期处于社会主义初级阶段的基本国情没有变，人民日益增长的物质文化需要同落后的社会生产之间的矛盾这一社会主要矛盾没有变。“两个没有变”反映到教育领域，就是“穷国办大教育”所引发的各种矛盾将长期存在。从总体上讲，这些矛盾突出表现在，有学上的问题已经基本解决，上好学的问题成为突出矛盾；数量和规模的问题已经基本解决，质量和结构的问题成为突出矛盾；国民教育体系已经基本形成，中国特色社会主义现代化教育体系还有待进一步发展和完善。就义务教育来讲，全国范围内99%的人口地区已经实现普及九年义务教育，但义务教育的巩固提高和均衡发展的任务极为艰巨；就职业教育来讲，多头管理的体制仍然影响了职业教育的发展，提高技能型人才培养质量的要求日益迫切；就高等教育来讲，提高质量尤其是提高拔尖创新人才的培养水平，始终是高等教育的工作重点。因此，尽管教育的规模仍然有一定的发展空间，但从总体上看，今后各级各类教育的发展重点都要放在提高质量上，放在内涵发展上。在新的历史阶段，教育面临的各种矛盾都在转化，教育改革发展的深层次矛盾正在显现，如改革教育体制的问题，提高教育水平的问题，增加教育投入的问题，深入实施素质教育的问题，义务教育均衡发展的问题，高素质教师队伍建设的问题，创新型人才培养的问题等。这些问题既有教育体制性制度性因素制约，又受到教育外部经济社会文化环境的深刻影响，需要教育科研工作者进行系统的、深入的调查研究，提出解决问题和科学发展的思路和办法。

要进一步明确当前教育科研工作的指导思想和目标任务。实践证明，教育科研是教育事业沿着正确方向发展、教育改革不断取得成效的一个先导性条件。教育科研已越来越广泛地渗透到教育教学的各个领域。教育质量和效益的提高，越来越依赖于教育科研，教育科研对教育发展的贡献越来越大，在教育改革和发展中越来越具有“第一生产力”的功能。新形势下的教育科研工作，就是要更好地发挥第一生产力的作用。要在特色理论和“三个代表”重要思想指导下，认真贯彻党的十七大精神和科学发展观，深刻学习领会温家宝总理今年9月20日在中央学习实践科学发展观动员大会和省部级领导干部研讨班上，就教育如何适应全面建设小康社会要求提出的“教育体制亟待改革，教育水平亟待提高，教育投入亟待增加”的讲话精神，落实省委工作会议部署，采取切实措施，建立科学、有序、高效的教育科研管理体制和运行机制，加强对实现教育优先发展的政策和制度研究，要特别重视关于教育体制如何改革、教育水平如何提高、教育投入如何增加的制度机制方面的问题研究，重视关于素质教育有效推进问题的研究，促进教育公平的阶段性目标与政策措施研究，中小学师资队伍建设研究等。为教育决策和宏观政策提供智力支持，促进教育事业又好又快发展，为建设教育强省作出新的更大的贡献！

今后一段时期我省教育科研工作的基本思路和工作方针要注意把握以下几个方面：

一是加强教育改革发展战略与政策研究。教育在大改革大发展的同时，新问题、新情况、新挑战也层出不穷，教育科研工作必须跟上，要树立为重大教育决策服务的意识，加强教育改革与发展战略与政策研究，研究教育发展中出现的热点、难点问题，提出新思路、新办法，为教育决策当好参谋。

二是加强应用课题研究。教育科研要遵循理论联系实际的原则，紧紧围绕着教育改革和发展的实践，突出对当前教育发展迫切需要解决的现实问题的研究。研究这样的问题，不仅要研究“为什么”，还要研究“怎么办”，不仅要研究现象，还要研究本质。如研究素质教育问题，不仅要研究方式方法，还有研究制约和影响素质教育成效的体制机制方面的因素，研究出可行性对策。这样才有利于解决实际问题。

三是做好理论与实践结合的文章。在搞好宏观研究、应用研究的同时，教育科研工作者要本着为教育教学服务、为基层教师服务、为学生发展服务的宗旨，把研究的领域和侧重点转向基层学校、基层教师，注重解决教育教学的实际问题，做好教育理论与实践结合文章，研究教育教学方法，提倡教师改革创新，积极推进校本研究。

四是在研究组织形式上大力提倡集体攻关。教育领域的很多问题，不是单单一个部门就能解决的，有效的集体攻关能整合优化资源，加快课题研究进程。实践证明，多层次、多领域、不同部门协作攻关是开展教育科研的一种很好的组织形式。特别是开展教育战略和政策研究，必须进一步建立和完善重大课题协作攻关的工作格局和工作机制，才能最大可能地提高研究成果的科学性、可行性。

围绕上述指导思想和工作思路，下一步要突出抓好以下几个方面的工作。

（一）以科学发展观统领教育科研工作，加强对教育科研工作的组织领导

科学发展观的科学内涵和精神实质，给教育科研事业的发展指明了新的方向。教育科研工作要取得新的突破，必须坚持以科学发展观为指导，认真总结审视我省教育事业改革发展30年的经验与教训，回答教育改革与发

展的重大理论和实践问题，进一步明确教育改革发展的新目标和新方略，坚持科研引领和科研指导的以人为本，努力推动教育科研事业的科学发展、和谐发展。

各级教育行政部门要高度重视教育科研工作，切实加强领导，把教育科研工作摆在优先发展、超前发展位置，充分发挥教育科研的基础性先导性作用。各级教育行政部门要明确负责同志分管教育科研工作，明确责任，结合当地经济社会发展实际，围绕教育改革和发展的中心工作，确定所属教育科研机构的任务，纳入教育发展规划，摆上重要议事日程，切实抓好落实。要采取有力措施，切实解决好教育科研机构资源优化、人员配备、队伍建设、条件保障等问题，确保教育科研工作的顺利开展。

（二）进一步加强教育科研机构和队伍建设

各级教育行政部门要高度重视教育科研机构建设。省、市、县（市、区）教育科研机构建设都应从需要和实际出发，以有利于加强和促进教育科研为原则，进一步落实教育科研机构资源优化和人员调配，安排一定数量的教科研专职人员。在加强和完善市、县（市、区）教育科研机构建设的同时，应在有条件的中小学设立教科室或配备专兼职人员做好教科研工作，进一步完善省、市、县、校四级教育科研网络。

各地要加强教育科研队伍建设，重点是要组建一支以专职教育科研人员为骨干，专、兼、群相结合的教育科研队伍。各级教育行政部门要严格专职教育科研人员任职资格标准，规范教育科研人员的选拔任用管理办法，要建立和不断完善教育科研人员的继续教育制度，大力提高专职教育科研人员的专业素养。各级教育科研机构要创造条件，鼓励科研人员采取在职进修培训等灵活多样的方式，不断提高专业理论素养和研究能力。要建立教育科研人员与学校联系制度，鼓励教育科研人员与第一线教育工作者合作开展研究。要重视中青年教育科研骨干力量的培养，有计划地通过短期培训、进修和到基层调研等形式，为广大中青年教育科研骨干提供学习、交流的平台，对缺乏基层教育管理和教育教学实践经验的教育科研人员，可适当安排到学校挂职锻炼机会。鼓励中青年科研人员承担重大课题、合作研究课题，开展学术交流，提升科研素质和水平。各级教育行政部门应支持教育科研机构从校长、教师以及教育行政干部中聘任一定数量的兼职教育科研人员。要引导和鼓励全体教师积极参与教育科研工作，为教师队伍的专业发展和教育科研的全面普及搭建更为宽广的平台。要进一步发挥各级教育学会等群众性学术性组织的作用，营造良好的教育科研氛围，推动群众性教育科研活动的开展。通过努力，逐步建立专、兼、群相结合的高素质的教育科研队伍。

（三）不断创新教育科研工作机制，提高教育科研管理水平

各级教育行政部门要重视加强教育科研项目管理，健全教育科研管理机制。做好教育科研课题立项、评审、鉴定、评奖、推广等工作。要建立教育科研工作交流机制。各类教育科研机构和学校应主动组织或承办各种教育科研学术交流、成果展示、专题研讨和讲座等学术活动，积极支持教育科研人员参与学术交流活动，学习、借鉴和引进教育科研的先进成果，推进我省教育科研的学术化进程。要建立教育科研表彰奖励制度。继续完善山东省省级教学成果奖评选制度，要积极宣传、推广优秀的教育科研成果，促进教育科研成果在教育实践中的应用。要继续完善教育科研工作督导评估制度。各市、县（市、区）要参照省政府教育工作督导评估方案，把教育科研工作列入同级政府教育督导评估内容，对教育科研机构和队伍建设、经费投入、科研成果质量等进行督导评估。要将评估结果作为考核教育工作总体发展水平的重要内容。

（四）进一步明确研究方向和研究重点，不断提高教育科研水平和质量

教育科研工作要紧紧围绕教育改革和发展的中心工作确定研究方向，突出研究重点。当前，在战略与政策方面要紧紧围绕教育体制如何改革，教育水平如何提高，教育投入如何增加开展研究。在基础教育方面要着力加强全面推进素质教育的课题研究，重视基础教育课程目标多样化的研究，深化新课程改革及新课程开发与实施研究，加强学科教学研究和教学策略研究，重视课堂教学体系及模式的创新研究，关注基础教育的均衡发展问题。在职业教育方面要加强职业教育办学体制和管理体制改革研究，加强职业教育实践教学研究，注意中职与高职之间的衔接研究，注重职校生的基本素质和能力培养研究。在成人教育方面要以建设终身教育体系和构建学习型组织为核心，注重成人学习需求、学习风格、学习策略和施教条件的研究，要关注成人教育资源整合的研究。在高等教育方面要重视高等学校的内涵发展研究，加强高等学校发展定位、特色及发展战略研究。要加强高校教育教学内容体系改革和课程教材建设研究，关注重点学科建设，重视学生学习质量研究，加强高校招生与毕业生就业制度改革创新研究。

各级教育科研机构，要紧紧围绕教育改革与发展大局和当地实际开展教育科研。省级教育科研机构要对全省教育改革与发展中的重大课题进行理论研究，为教育行政决策提供咨询服务，为地方和区域教育教学提供理论

引导和实践指导，对全省教育科研机构进行业务指导，组织先进教育理论的学习、推广和普及，组织教育科研成果的交流、推广和应用，进行教育科研培训，开展教育信息服务。市级教育科研机构要结合当地教育改革与发展中的突出问题进行调研和攻关，为当地教育行政决策提供咨询服务，为指导县域或学校提高教育教学质量和办学效益提供理论支持和方法指导，要做好协调本地教育科研网络组织工作，组织先进教育理论的学习、推广和普及，搞好教育科研成果的交流、推广和应用工作。县级教育科研机构要侧重对区域内教育发展的重要问题，如教育投入、学校规模布局调整、乡镇间、校际间的均衡发展进行调研，为教育行政决策提供参考，组织教育教学经验交流，指导教学实践，指导校本研究。高等学校的教育科研要在教育科学的基础理论研究方面承担更多的责任，积极参与我省教育发展和改革实践，对相关重大问题开展基础性和应用性研究，应注重做好为提高本校的教育教学质量服务的课题研究。各类中小学校的教育科研人员应当立足本校实际开展校本研究，努力提高校本研究质量和水平。

（五）解放思想，大胆创新，倡导和营造教育科研的优良学风

教育科研需要树立良好学风，教育科研工作者需要养成良好作风。学风和作风都是党风建设的基本要求。认真学习实践科学发展观，首先就要解放思想，实事求是，就要求我们必须针对新情况、新问题、新挑战、新要求作调查研究，提出新的理论、观点和方法。因此我们应该把理论创新、实践创新作为加快发展教育科研事业的重要内容和目标。要紧紧结合我国及我省经济社会的发展，紧紧结合人民群众对优质教育的要求，紧紧结合我省教育改革发展的新任务、新课题努力创新，力争拿出一系列有深度、有价值的优秀成果。教育实践是教育科学最深厚的源泉和最强大的动力，教育科研工作者一定要主动深入实际，“闭门造车”是出不了有价值的成果的。要改进传统的学院派研究模式，克服脱离实际、唯书唯上的学术作风，牢固树立科研服务于教育实践、服务于教育决策的意识。要建立教育科研人员与学校的联系制度，鼓励教育科研人员与第一线教育工作者合作研究。要注意及时发现教育改革实践中鲜活的有价值的先进典型，总结经验，积极推广。《当代教育科学》曾经刊发过不同地区教育改革的先进经验，有效引导了不同地区相互学习，发挥了良好的社会效益。要继续做好这项工作。交流与合作是发展教育科研事业的重要途径，也是教育科研工作的需要。我省地区间教育科研发展水平不平衡，一些带有全局性的教育问题，需要不同层次、不同地区的教育科研人员加强交流与合作，需要和省内外教育科研机构的联系与合作，有计划地开展省内外教育科研学术交流和考察活动，注重吸收学习兄弟省市的先进经验和优秀成果，吸收世界各国教育研究的优秀成果。要关注和把握当代教育科学的发展方向和趋势，有志于站在教育科学发展的前沿，注意当今教育科学在研究思想和范式上科学主义和人文主义理念的融合，在研究内容上更加表现为多样性、丰富性。要努力改进学风，改进文风，注重实际，讲求实效。要注重科研成果的转化和有效开发。我们既要倡导由广大教师参加的校本研究，有效地解决学校教育教学改革的实际问题，同时也要力争多出有重大影响的课题成果，在更广的范围和领域为教育改革实践和教育理论发展作出贡献。

新形势下的教育科研事业肩负重大使命，任重而道远。这次全省教育科研工作会议还将对有关问题进行交流和研究，对工作进行安排部署，出台了省教育厅关于进一步加强教育科研工作的意见，对全省教育科研工作将产生积极推动作用。各级教育行政部门、各级科研机构、广大科研工作者、学校的管理者和与会代表们要认真贯彻落实这次会议精神，以科学发展观为指导，解放思想，实事求是，不断推动教育科研发展与创新，努力开创我省教育科研工作的新局面。

（据 2008 年 11 月 26 日在山东省第四届教育科研工作会议上的讲话整理而成）

发扬成绩　真抓实干
努力开创学校国防教育工作新局面

山东省教育厅副巡视员　张海泉

在举国上下认真学习贯彻党的十七大和两会精神，喜迎奥运、庆祝改革开放三十周年的大好形势下，我们在

美丽的海滨城市烟台召开2008年山东省学校国防教育工作会议。这次会议对于全面总结我省2007年度学校国防教育工作经验，发扬成绩，不断提高学生集中军训和军事理论教学质量，做好2008年度乃至今后的学校国防教育工作具有十分重要的意义。首先，我代表省教育厅向前来参加、指导本次会议的济南军区、山东省军区、山东省人防办、烟台市政府有关领导、各位代表表示热烈的欢迎和衷心的感谢！

这次会议的主要任务是，以党的十七大精神为指导，深入贯彻落实科学发展观，认真学习教育部、总参谋部、总政治部2007年度颁发的《学生军事训练工作规定》、《普通高等学校军事课教学大纲》和教育部2008年学生军训工作要点，总结交流我省2007年度军训工作经验，部署2008年度学生军训和军事理论教学工作任务；大学生国防教育协会换届选举、召开第二届一次会议。通过本次会议，统一思想、提高认识、交流经验、明确任务、振奋精神，为全面落实国办发48号文件精神，实现我省学校国防教育工作新的突破，继续开创我省学校军训工作的新局面。下面我讲三个方面的问题：

一、2007年度我省学校国防教育工作取得了突出的成绩

过去的一年，各级教育行政部门和学校，认真学习党的十七大精神和国防教育法律、法规及文件，认真贯彻2007年度全省学校国防教育会议精神，从加强国防建设和实施素质教育的战略高度，充分认识在我省高校和高级中学开展学生军训工作的重要意义，真正把学生军训工作作为加强国防后备力量建设和高素质人才培养的重要环节，纳入学校教学计划之中，统筹规划、整体推进、协调发展，使以学生军训为主要内容的国防教育逐步走向制度化、规范化。

2007年，我省高等院校和高级中学按照规划要求全部开展了学生集中军训。受训的大、中学生，占入学新生的90%以上，达110余万人。学生军训受到了学校、学生和家长的普遍欢迎，迎得了社会的广泛赞誉，开创了学生军训基本普及的大好局面。教育部对我省学校军训工作的领导体制、计划落实、军训教学的数量和质量给予了很高的评价，认为我省以学生军训为主要内容的学校国防教育工作走在了全国的前列。去年，经过同志们地不懈努力，我省学校的国防教育分别在组织领导、形式内容、师资队伍建设、训练管理和工作保障等方面都取得了突出的成绩，积累了许多成功经验，摸索了一套适合我省省情且行之有效的军训模式，取得了突破性的进展，归纳起来主要有以下几点：

（一）各级领导高度重视，把学生军训工作列入学校工作议事日程

学生军训工作，是国防现代化建设和党的教育事业的重要组成部分，是加强人才培养和国防后备力量建设的重要举措。去年济宁会议以来，教育局和各高校对学生军训工作非常关心和重视，把学生军训工作作为全面推进素质教育，强化国防观念列入议事日程，摆上重要位置，切实加强组织领导。一是高校领导亲自挂帅。90%的高校都成立了校领导亲自挂帅的军训领导小组，定期召开专题会议，及早安排部署军训工作，及时研究解决军训中的问题，统一协调军训中所需的人力、物力、财力。二是普遍建立了工作机构。去年有16所高校设立了武装部，14所高校增加了军事教研室，5所高校增设了国防教育办公室，目前，全省设有武装部的高校已达36所，设有军事教研室的28所，设有国防教育办公室11所，其他高校都有专人负责军训工作。各市教育局体卫艺处（科）有专人分管学校国防教育工作。高级中学都有校长亲自分管学生军训工作，为学生军训和国防教育工作提供了机构保障。三是制定了具体的实施意见。各市和高校根据教育部、总参谋部、总政治部颁发的《学生军事训练工作规定》及《普通高等学校军事课教学大纲》、《高级中学学生军事训练大纲》的要求，紧密结合各自的实际，以市、学校名义制定了《军训工作实施意见》，保证军训工作的顺利开展。

（二）立足实际，创造条件，抓好学生军训规划的落实

为搞好2007年度学生军训工作，军地双方加强了协调、联系。去年与济南军区、省军区积极配合，对重点高校军训重点保障，并积极协调驻鲁各兵种部队解决全省学生军训帮训官兵、枪支弹药等问题。2007年，在部队训练十分紧张的情况下，派出大批的人力帮助学校实施军训，我省军训重点保障院校达50余所，其他学校大部分发挥主观能动性，积极创造条件组织了学生军训，保证我省军训普及工作的顺利完成。

2007年为了逐步实现"技能训练规范化、理论教学系统化、教学手段现代化、军训保障制度化"的目标，有42所院校开设了军事理论教学，其中32所作为学校必修课或选修课，纳入了教学计划，计算学分。军事理论课立足军事教学的自身特点，根据《高等学校学生军事训练教学大纲》的要求，把握时代脉搏，普遍设置了以国防历史、国防战略、国防法规和国防力量建设为主要内容的国防理论课，以毛泽东军事思想、邓小平、江泽民、胡锦涛新时期军队建设思想、中国古代军事思想和外国军事思想为主要内容的军事思想课，以世界军事形势的演变及特点、世

界军事形势的发展趋势、当今世界政治军事战略格局、台海局势、达赖分裂祖国以及对外政策为主要内容的军事形势课，以高技术战争、军事高科技和高技术武器装备为主要内容的军事科技课等。这些课程深受学生的喜爱，成为高等学校最受学生欢迎的课程之一。积极组织军事理论教学研究活动，部分学校的军事课还获得了不同档次的教学、科研成果奖。今年在全国普通高等院校军事理论课授课竞赛中，中国海洋大学干焱平教授获全国一等奖（第一名）。

集中训练期间，根据省委高校工委、省教育厅的通知要求，山东大学、烟台大学、聊城大学、山东科技大学等56所高校，都进行了防火、逃生、自救等内容的演练教育，取得了很好的效果，既巩固了军训成果又使学生得到了安全教育。实践证明：在学生军训中增加防火灭火、逃生自救、公共突发事件的处置与自救等内容，是军训内容的扩展和延伸，是从高中生向大学生转变时期的特殊需要，是去年我省军训工作一大亮点，我们要认真总结这方面的经验，扎实开展下去。

为了把学生军训工作落到实处，省教育厅和省军区坚持对各市、高等院校学生军训工作进行重点检查、督导，受到了学校领导的好评。去年以山东省学校国防教育协会为主的军训抽查组分别对8所高校军训工作的组织领导、机构设置、规范训练、理论教学、训练保障、安全管理6个方面，进行了一次抽查。通过检查督导，交流了工作，推广了经验，巩固了军训成果。

高级中学的学生军训工作，各市教育行政部门按照《高级中学学生军事训练大纲》要求统一纳入教学计划，加强了组织领导，认真抓好落实，保证了中、小学校学生军训工作正常开展。

（三）基本建立了一支较强的军事教师队伍

去年以来，各教育行政部门和高校，坚持把军事教师队伍建设纳入学校师资队伍建设的总体规划中，军事教师队伍不断得到加强，专兼聘的教师队伍结构愈来愈发挥着骨干作用。一是军训教师的数量增加。许多学校根据军事训练和教学任务的需要，按照1∶500的比例，配备了军事教师和教辅人员。不少学校还注意从毕业学生中挑选那些热爱军训、关心国防、思想好、素质高、有发展前途的学生，充实到教师队伍中。山东大学、山东科技大学、山东中医药大学、烟台大学、聊城大学、潍坊学院、中国海洋大学、曲阜师范大学、潍坊医学院等高校，在军训期间将辅导员老师纳入军事教师队伍，协助组织军事训练和军事理论课教学。目前，我省高校专职军事教师已达190人，兼职200多人，其中高级职称的占20%，中级职称的占60%，部队转业干部所占的比例占85%。形成了一支结构基本合理、思想素质好、业务能力较强的军事教师队伍，保障了军事课教学任务的完成。二是聘请部队军事理论教员。济南军区军事理论教研室、山东省军区军事理论教研室到高校担负部分军事课教学任务，解决了高校军事理论教师不足的问题。军事理论教员政治素质好，军事知识丰富，教学方法灵活，在学校教学中严格要求自己，克服困难，扎实工作，教书育人，关爱学生，深受广大学生的欢迎。三是加强了军训教师的培训。为提高军事教师的思想素质和业务素质，注重了教师的培训，教育厅在烟台举办了两期中学军训教师培训班和高校军事教师培训班。在去年四月份组织了部分高校的教师和武装部部长赴四川学习考察，还有的高校对军训教师在校内进行不同形式的参观见学、听课试讲、交流教学经验等形式的培训。通过不同形式的培训，使广大军训教师提高了业务素质，掌握了教学方法，扩大了信息渠道，开阔了视野，拓宽了思路。对提高学校的国防教育质量，进一步完善教师队伍的结构，起到了重要的促进作用，保证了2007年度学生军事理论课任务的圆满完成。

（四）学生集中军训的内容与学生日常养成教育有机结合，有效地巩固军训成果

集中军训结束后，如何把集中军训的成果巩固下来，是很多高校面临的新课题。去年很多高校的同志们结合学校实际开动脑筋、科学安排，把学生集中军训的内容与学生日常养成教育有机结合起来，走出了一条巩固军训成果的新路。如青岛科技大学、济南大学、鲁东大学、山东艺术学院、滨州医学院、潍坊学院等高校坚持学生在校期间的全程军训养成教育。通过日常的早操训练、内务养成、行为规范培养，把大学生集中军事训练形成的优良作风和毅力锤炼与学生的综合素质提高紧密结合起来，形成了军训养成教育鲜明的工作特色，有力地促进了德育和校园基础文明建设。烟台大学、青岛大学、山东中医药大学、潍坊医学院、泰山医学院等26所高校在武装部和军事教研室指导下，成立大学生国防教育协会，通过开展学生日常国防教育活动，使本校大学生自发主动地组织国防教育活动，增强国防观念，发扬爱国精神，树立服务祖国热爱人民的崇高思想。中国石油大学、聊城大学的国防生仪仗队，山东大学、中国海洋大学的国防生国旗班，曲阜师范大学等27个高校的国旗护卫队，承担学校重大活动的升旗仪式等，以此激发大学生的国防意识和责任感，增强了大学生爱党爱国爱社会主义爱人民的大国防观念。

另外，去年，我们与武警山东省总队联合商定并报武警总部批准山东省实验中学等四所中学为武警部队国防

生生源基地；与省军区先后两次确定山师附中等19所普通中学为济南军区国防生生源基地；与省军区确定增加烟台大学招收国防生。我省现已有山东大学、中国海洋大学、中国石油大学、山东理工大学、聊城大学、烟台大学等高校招收选拔国防生。国防生教育为我省学校国防教育注入了新的教育要素和亮点。

（五）国防教育在中小学普遍展开，不断取得新进展

2007年，各中、小学大力弘扬爱国主义主旋律，将国防教育纳入素质教育的范畴，全省17市的中小学都较好地坚持了每周一的升国旗制度；清明节前后组织学生瞻仰烈士陵园，祭扫革命先烈；利用寒暑假组织学生走进军营，开展军营一日活动，通过参观部队的军营，亲身体验军人的生活，感悟军营气息，在参观活动中培养爱国主义；不少市的学校紧紧围绕"宝岛台湾在我心中"这一主题，开展了形式多样的国防教育。在去年"国防教育日"有13个市的中小学都开展了不同形式的活动。通过这些活动，了解了国防知识，增强了国防观念。在全国"2007青少年学生国防教育网络知识竞赛活动"中，我省获教育行政部门优秀组织奖（前八名）、滨州医学院获"学校组织奖"（前四名），受到教育部的表彰。

（六）积极创造条件，保障学生军训工作圆满完成

去年以来，军地开拓进取，积极为学生军训工作创造有利条件，注重发挥了军事机关、地方政府和院校三个方面的主观能动性，积极想办法，多方面做工作，有效地为学生军训工作提供了比较好的物资和经费保障，基本达到了保障有力，确保军训工作圆满完成。1. 军地合作，形成齐抓共管的运行机制。军训工作取得的成绩离不开济南军区、山东省军区的大力支持，无私帮助。为把学生军训工作做好，已形成军地合作，上下协调的组织领导体系和工作运行机制，建立了定期的工作联系制度，及时通气、共同研究、密切配合，增强了友谊、加深了感情，仅去年一年部队派出官兵2600人次，枪支5000多支，子弹100多万发，济南军区学生军训教研室、山东省军区军事教研室积极配合了学校军事理论课教学。部队为学生军训工作的开展做出了突出的贡献。2. 学生训练经费保障基本到位。很多学校的武装部积极向领导汇报，多方做工作，保证了军费的落实。有的高校拿出专项经费用于保障学生军训工作，如山东大学、中国石油大学、中国海洋大学、山东财政学院、烟台大学、潍坊学院、山东艺术学院、曲阜师范大学、山东轻工业学院、滨州职业学院等做得比较好，目前，全省高校都有一定的军训经费，保证军训工作顺利开展。3. 军事理论教材内容新颖充实，保证了军事课的教学质量。山东人民出版社等几家出版社先后出版了高校军训教程和高级中学军训教材。教材内容新颖充实，符合山东高校和高级中学学生集中军训和军事理论课的实际。我们本着一纲多本、自主选择的原则，为各学校进行推荐使用。为军事理论课的高质量的开展提供了教材保证。4. 装备、器材、场地基本落实。去年，大部分高校建立了武器库、训练器材库、电教室、资料室，较好地保障了训练和教学。部队的轻武器射击靶场、战术训练场和民兵预备役训练基地，在保证部队和民兵预备役训练任务完成的前提下，积极为学生军训提供方便，逐步使学生军事技能训练能在民兵预备役训练基地集中进行。如驻青岛、烟台、威海的高校和中小学的学生军训就是依托当地驻军军事训练的场地，利用训练间隙，进行学生集中军训，收到了较好的效果。

（七）高度重视、落实责任，全年学生军训安全无事故

在去年的学生军训中，各高校都把安全工作放在首位，同志们怀着强烈的事业心责任感，人人事事讲安全，而且把安全教育和军训内容有机结合起来，取得了满意的效果。2007年度由于各级领导的高度重视，全体参训干部、学生的共同努力，全省有110多万学生参训，2600多教官训练，动用万余辆车辆，使用枪支5000支、子弹100多万发，没有发生一起事故，保持了我省连续23年的无重大事故的荣誉。我们要认真总结组织军训安全的经验，制订切实可行的保证措施，使这一荣誉保持发扬下去。

（八）山东省学校国防教育协会成立以来做了大量卓有成效的工作

协会成立以来，在各级领导的关怀下，经过全体会员的努力，协助教育厅体卫艺处报批军训计划、落实每年的军训官兵，开展军事理论教学，检查落实军训工作的情况，调研8个有较高参考价值的课题，编制文件，出版简报，走访接待上级领导检查团，协助筹集召开协会会议等等，成为我省学校国防教育工作的得力助手，为我省学校国防教育的开展做出了应有的贡献。

二、存在的主要问题

我省2007年度的学生军训工作虽然取得了很大的成绩和许多宝贵的经验，但也存在一些问题和困难。一是学生军训的资金投入与实际需要有一定的差距；二是适应学校军事教育的教学体系尚未完全建立起来；三是师资的来源和队伍建设尚未完全走上正轨，担负军事理论教学的教师还存在数量偏少、年龄偏大、学历偏低的问题；四

是承训部队能力与学生军训需求的矛盾仍然突出等。所有这些，都有待于我们在今后的工作中加以认真研究解决。

三、2008年学校国防教育工作的任务

同志们，在当前形势下，大力加强学校国防教育工作，既是捍卫国家安全和统一的必然要求，也是提高学生综合素质的需要。各教育行政部门和高校必须牢固树立国防观念，切实提高对学校国防教育工作的认识，进一步增强责任感和使命感，圆满完成2008年学校国防教育工作任务。

（一）扎实推进学生军训工作规范化建设

2008年，是我省军训工作发展的重要阶段，要适应全省学生军训工作全面展开的新形势，下大力抓好学生军训工作规范化建设，不断提高学生军训工作质量。一是加大力度，进一步健全学生军训工作机构。我省普通高等学校年招收新生40多万人，高级中学年招收新生70多万人。每年参加军事训练的学生约100多万人。因此，必须按照《国防教育法》、《兵役法》和国办48号文件的要求，进一步健全学生军训的工作机构。高校必须设立武装部，军事教研室，并配备专职人员，各高校要切实加强对学生军训工作的指导，保证学生军训的持续、稳定、健康开展。二是建章立制，加大学生军训工作规范化的力度。建立、健全各项规章制度是推进学生军训工作规范化、制度化进程的前提和客观要求。各市教育局和各有关学校要按照国务院和省教育厅有关文件精神，结合本单位实际，进一步制定和完善学生军训的工作联系、评教评学、保安全防事故、派遣军官管理、武器弹药使用、监督检查、训练保障的规章制度。同时还要制定学生军训部门和人员的工作职责，普通高等学校要把36学时的军事理论课和不少于3周学生军事技能课作为本、专科学生的必修课纳入学校的整体教学计划，统筹安排，认真组织实施，纳入学籍管理，计入学生学分。推动学生军训工作的规范化、制度化，确保学生军训人数、时间、内容、质量的落实。三是坚持学生军训工作检查指导制度。对学生军训工作检查指导是我们落实学生军训质量的重要手段，必须坚持下去，今年仍安排在12月上旬对大学、高级中学进行学生集中军训和理论教学检查，围绕组织领导、机构设置、规范训练、理论教学、训练保障、安全管理等6个方面评比、表彰。县级教育行政部门、军事部门要加强对高级中学学生军训的管理和指导。

（二）进一步加强学生军训师资队伍建设

军事教师队伍建设是做好学生军训理论教学工作的关键。各级教育行政部门和学校，要把军事教师队伍建设纳入学校师资队伍建设的总体规划，统筹考虑。要加强与军队的合作，构建军地密切配合的军事教学队伍，并依托军方加强师资培养和教学研究。普通高等学校配备军事教师的数量，应根据学生人数军事训练任务和军事教学时数予以确定，专职教师力量不足的可采取专、兼、聘相结合的方式解决。普通高校要认真解决军事课专职教师职称的评聘问题，要把军事教师职称评聘工作纳入正常管理渠道，实施规范化管理。要加强对现有专职教师的培养，研究制定军事教师培训规划。要采取多种形式，对军事教师进行普遍轮训，今年在适当时间再组织两期军事教师的培训，提高他们的专业理论水平和综合素质，以适应军事课教学的需要。

（三）切实加强军事理论课教学改革

加强和改进军事理论教学，是学生军训全面展开之后的一项重要任务，应该引起我们的高度重视。要加大军事理论课的改革力度，使军事理论课教学内容和形式更具有时代特征，更适应素质教育的要求。要进一步探索军事理论课教学规律，适合青年学生的知识结构和身心特点。要注重理论与实践的结合，培养学生的科学思维和创新能力。要推广先进的教学方法和现代教学手段进行军事理论课教学。根据2007年新修订的大纲和新教材，尽快研制开发相应的军事理论课教学软件。要利用校园网络系统，构建国防教育平台，拓宽军事理论教育途径，增强军事理论课教学的辐射力和感染力。要加强对军事教师现代教学手段的培训，使他们能够熟练地运用多媒体进行教学，增强教学效果。

（四）密切军民关系，赢得部队支持和帮助

搞好学生军训，济南军区、省军区是我们依靠的重要力量。二十多年来他们无私奉献，不求所取的大力支持我省学校军训工作，为学生军训工作的开展做出了巨大贡献，在全面普及的关键时期，我们更需要济南军区、省军区大力无私的支持和帮助。所以各教育行政单位和学校，要协调承训部门和教研室的关系，关心他们的生活，支持他们的工作，在条件允许的情况下，力所能及地解决他们的困难，军民携手并肩，努力工作，使我省学生军训工作再上一个新台阶。

（五）努力做好学生军训保障和安全防事故工作

军训实践表明，必要的军训经费和有效的保障措施对做好学生军训工作是非常重要的。财政厅已将学校的学生军训经费纳入学校总体经费预算内，统筹安排，各学校要根据学生军训工作的实际需要予以保障。要切实加强军训工作的硬件建设，保证必要的经费投入和设备器材供应。各地要将军训基地建设作为学生军训工作的一项重要内容予以重视，采取有效措施，有计划、有步骤地建立和完善学生军训基地，使普通高等学校和高级中学学生军训的军事技能训练逐步向基地化方向发展。全省现有的民兵训练基地，能在承担学生军训任务上发挥重要作用，解决学生军事技能训练场地不足问题。学校应尽力争取学校所在地县(市、区)人民武装部支持，请他们尽可能地为学生军训提供训练场地、训练器材及其他便利条件。

安全工作十分重要，军训工作责任重大，我们一定要以对学生高度负责的精神和强烈的事业心、责任感，做好安全防事故工作，杜绝各类事故的发生。要建立切实可行的规章制度，责任到人，确保人员、武器、弹药、器材的安全，这是保证军训顺利进行的首要条件，务必高度重视，以保持我省连续23年的无重大事故的荣誉。

同志们，2008年教育部要求全面落实《普通高等学校高校军训教学大纲》、《学生军训工作管理规定》和《小学初中国防教育纲要》。教育厅要举办学校国防教育科学论文报告会和军事理论课多媒体课件展示活动；组织全省军事理论评课及有关教学观摩；开展各种形式的大中小学国防知识竞赛，利用“八一建军节”、第八个“国防教育日”等节日，举办丰富多彩的宣传庆祝活动，加大对学生国防教育的宣传力度；编辑出版《山东学校国防教育优秀成果巡礼》一书，继续做好国防生培养、大学生入伍和拥军优属工作等等。大家面临的任务十分繁重，我们一定要认真学习党的十七大精神，高举中国特色社会主义伟大旗帜，以科学发展观统领学校国防教育工作的全局，振奋精神，发扬成绩，真抓实干，充分发挥山东省国防教育协会的作用，继续开创我省学校国防教育工作的新局面。

(本文系在2008年度山东省学校国防教育会议上的讲话)

在全省教育政策法制工作会议上的讲话

山东省教育厅副巡视员　杜希福

这次教育政策法制工作会议，主要议题是总结2007年我省教育政策研究与法制建设工作情况，研究部署2008年工作。

一、2007年教育政策法制工作的基本情况

2007年，我们按照依法治国基本方略和依法治省战略的总体要求，围绕全省教育工作全局，团结一致，努力工作，教育政策研究和法制建设取得了明显成绩，为我省教育事业的持续健康发展创造了良好的环境。

(一) 教育普法工作扎实推进

在普法方面，我们实施全省教育系统“五五”普法规划，推进法律进学校、进课堂，不断加强师生的法制教育。我们会同省司法厅、省综治办、共青团山东省委，决定举办“山东省首届中小学生法律知识竞赛”，努力提高青少年学生的法治意识和法律素质。转发了教育部普法办《关于贯彻全国教育系统“五五”普法规划　切实加强教师法制教育工作的通知》，对落实“五五”普法规划、加强教师法制教育做出了具体部署。

(二) 教育立法规划重点明确

拟定了《山东省教育厅2008～2012年教育立法规划建议项目》，将修订《山东省实施〈义务教育法〉办法》、《山东省职业教育条例》和制订《山东省实施〈民办教育促进法〉办法》、《山东省学前教育条例》作为下一步地方立法工作的重点。

(三) 调查研究广泛深入

对2006年度的131篇调研成果进行了评选表彰，共评选出一等奖20篇，二等奖33篇，三等奖43篇；对2007年度全省教育系统调研工作做出部署，将“教育公平体制创新与评估制度研究”等作为调研重点参考题目。根据

调研题目，全省教育系统深入调研，形成了一批调研成果，共申报120篇，评选出一等奖18篇，二等奖30篇，三等奖44篇。

根据教育部要求，对党的十六大以来我省教育改革和发展所取得的成就和经验、存在的突出矛盾与问题、今后一个时期的目标任务和政策措施等进行了分析研究，形成了《落实教育优先发展战略地位 推进科教兴鲁和人才强省战略实施》的分析报告。根据陈至立国务委员和省领导的批示，对我省辍学少年犯罪情况进行了调查研究，形成了调查报告。对我省中小学生法制教育进行专题调研，召开了调研座谈会，分析了我省中小学生法制教育的现状，提出了加强和改进我省中小学生法制教育工作的对策建议。两篇调研报告获全省政府系统优秀调研成果奖，其中政策法规处主持的《山东省义务教育均衡发展调研报告》获得一等奖。

(四) 行政行为不断规范

参与组织全省义务教育法执法检查。协助省人大常委会拟定了执法检查工作重点，编印了执法手册，设计了执法检查工作用表等，参与起草了省政府贯彻实施义务教育法情况汇报稿，为执法检查做了大量基础工作。我厅四位副厅长和四位处长全程参加了检查工作，有力促进了义务教育法的学习宣传和贯彻落实。

组织清理了教育部和省政府制定的规章22件，向上级部门提出了废止、失效或修改的建议。

对厅内有关处室起草的规范性文件和我厅对外签订的招标、采购、基建等有关经济合同进行法律审查把关，按照规定将规范性文件向省政府法制办备案。妥善处理行政和民事案件。会同相关处室办理学生申诉3件，教师申诉3件，其他行政相对人申诉1件，处理涉及我厅的民事诉讼1件。

对我厅贯彻执行《行政许可法》情况和贯彻实施《山东省规章和规范性文件备案规定》情况进行了严格自查。为其他处室处理相关事务提供法律咨询，使我厅行政行为在法律法规框架内进行。

尽管我省教育政策法制工作取得了明显成绩，但是与全面实行依法治教的要求相比，还有一定的差距，在一定程度上影响了我省教育事业改革与发展的进程。主要问题是：

对依法治教重要性的认识有待于进一步深化，一些通知仍然对教育法制工作的重要性认识不足，各地依法治教工作不平衡。依法行政、依法处理社会事务的意识还不强。存在着用观点代替政策、用政策代替法律的现象。法律进学校、进课堂进展不明显。青少年法制教育"四落实"情况不尽人意，有些学校虽然将法制教育列入了教学计划，但是实际教学中却没有落实课时、教材和教师。法制工作机构和队伍还不健全。我省教育行政部门政策法规机构比较薄弱，任务重、责任大而人手比较少，与目前政策法规机构所承担的任务和发挥的作用是不相称的。

二、2008年教育政策法制工作的重点任务

2008年，我省教育政策研究与法制建设要高举中国特色社会主义伟大旗帜，以邓小平理论和"三个代表"重要思想为指导，认真贯彻党的十七大精神和省第九次党代会精神，树立和落实科学发展观。要立足于新的实践和新的发展，围绕中心，服务大局，求真务实，开拓创新，围绕推进教育优先发展的目标任务，研究我省教育法制工作的新思路、新举措；围绕保障教育事业科学发展的需要，进一步完善我省地方性教育法规体系；围绕办好人民满意的教育的目标，进一步开展教育热点难点问题研究；围绕"完善规范、强化管理、抓好落实"的工作理念，进一步推进依法治教、依法治校。

(一) 以实施"五五"普法规划为重点，深入开展法制宣传教育活动

中小学生是国家和民族的未来。我国国民素质的提高，社会经济文化的发展，国家民主与法制的推进，寄希望于青少年学生。各级教育行政部门和各级各类学校的主要领导应该从贯彻落实科学发展观和依法治国方略的高度，从建设和谐社会的全局出发，深刻认识加强中小学生法制教育的重要意义，增强责任感和紧迫感，努力提高青少年学生法律素质，为国家的繁荣稳定和长治久安做出积极贡献。

加强青少年学生法治教育，需要进行常规法律知识的教育，更重要的是法治意识的教育。首先要使青少年学生对法律法规有畏惧感，自觉用法律约束自己的行为；同时，当其合法权益受到侵害时，要让他们学会用法律手段而不是其他极端的手段维护自己的合法权益。

要落实学校课堂法制教育主渠道地位，发挥义务教育地方课程《法治教育》的作用，使所有的学生都能接受基本的法制教育。要把法制教育切实纳入教学计划，统一设置、统一要求、统一调配、统一安排，确保计划到位、课时到位、教材到位。要积极开设《法治教育》地方课程，选用义务教育地方课程学习指导书目录中的《法治教育》教材，课时数量不少于18学时。在考试评价过程中，要建立学生法律素质的评价标准，适时将学生法律素质的内容列入学生成长记录中。要加强中小学法制教育专任教师的培养、培训，建设满足法制教育需要的专兼职教师相结

合的师资队伍。

中小学校的学科教学、团队活动和班级管理都要渗透法制教育，采取法制讲座、法制展览、普法征文、知识竞赛、模拟法庭、节目展演等多种形式，广泛地普及法律知识。要充分发挥学校管理在法制教育中的示范作用。

要充分发挥电视台、报刊、互联网络、校园宣传栏、校园广播电视等舆论宣传阵地的作用，充分发挥公安、检察、法院和司法等政法机关在青少年学生法制教育工作中的特殊作用，进一步强化学校、家庭、社会三方面联动的青少年学生法制教育运行机制。

要抓好青少年学生法制教育基地建设，建立多种形式的青少年学生法制教育活动基地（中心）；要广泛开展教师法律知识培训，特别是中小学法制教育专任教师的培养；要继续探索中小学法制教育行政推动的措施，探索建立相关监督激励机制。

（二）推进依法治校，开展第三批山东省依法治校示范学校评选工作

依法治校的价值在哪里？至少体现在两个方面：一是通过依法治校，使学校的办学和管理行为有据、稳定、高效，符合法治精神，不与国家法律法规相冲突，为教书育人创造良好的环境。二是通过学校管理中遵法守法的行为示范和对青少年学生的法治教育，增强青少年学生的法律意识和法治观念，培养他们用法律调整和规范各种社会关系、维护自身合法权益的意识和能力，为建设富强、民主、文明的社会主义国家、实现中华民族的伟大复兴奠定坚实的基础。

2004年以来，我们先后两次在全省开展了“山东省依法治校示范学校”创建活动，依法加强学校管理，规范办学行为，全面推进依法治校进程，取得了显著成效。按照计划，2008年将开展第三批依法治校示范学校创建活动。各市教育行政部门要按照《山东省依法治校示范学校评选与管理办法》规定的工作程序和具体要求，认真组织本地区依法治校示范学校的创建活动，向我厅推荐第三批省级依法治校示范校候选学校。同时，要认真组织本地区省级依法治校示范学校的复查工作，形成复查报告。在今年的评选和复查工作中，要把《法治教育》课程开设情况作为重要考查内容。

下一步推进依法治校工作的主要任务，一是认真总结依法治校示范校的经验，加大宣传力度，及时推广典型经验；二是以指导和督促学校章程建设为重点，推进学校建章立制；三是加大对依法治校示范校的指导和监督，要在依法治校示范学校数量不断增加的同时，努力提高依法治校的水平，使其充分发挥示范、辐射和带动作用，真正成为学校依法自主办学的榜样、依法规范管理的榜样、大力实施素质教育的榜样，为其他学校树立起学习的标杆。

（三）强化依法行政，认真处理教育申诉、行政复议和诉讼案件

一是要努力完善依法科学民主决策机制，完善规范性文件的制定程序。要建立健全事前咨询论证、事后评价监督的决策机制。凡是涉及教育改革与发展的重大决策，或者教育行政部门受委托起草的法规、规章草案，事先要组织专家进行必要性和可行性论证，通过办公会议进行集体讨论和决策，并进行法律和政策性审查把关，做到有件必审、有审必严、有错必纠。要建立公众参与的决策机制，尊重不同阶层的话语权，特别要注意听取弱势群体的意见。对于社会涉及面广、与人民群众利益密切相关的决策事项，应当向社会公布，或者通过举行座谈会、听证会等形式广泛听取意见。

二是要贯彻落实《行政许可法》，进一步规范和转变政府职能。要进一步明确和规范教育行政部门的管理职责和行为，依法实施教育行政部门的社会管理和公共服务职能，严格按照法律法规的授权、依据法定程序组织实施教育行政管理工作。法规处拟编印《教育法律法规规章汇编》，全面收录国家和我省现行的教育法律、法规、章和规范性文件，供大家在工作决策中参考，力争做到行政管理行为规范、合法有据。

三是要重视行政复议和应诉工作。行政复议是行政机关内部的一项监督纠错制度，也是权利救济机制，在化解社会矛盾和解决行政争议方面起着重要的作用。要充分认识到，行政复议和诉讼是公民法律素质提高的表现，一定要认真对待、耐心处理，对复议申请人和诉讼原告给予充分尊重。要依法明确教育行政复议的范围，规范被申请人的职责，特别是要明确并严格执行行政复议工作程序，加大对落实行政复议决定的监督力度，切实维护人民群众的受教育权。

（四）进一步加强立法工作，积极配合有关部门做好《山东省实施〈义务教育法〉办法》的修订工作

完善地方教育立法是深化教育改革、巩固教育事业发展成果的重要形式。有地方立法权的市要积极做好立法调研、起草、会签等相关工作；没有地方立法权的，也要对地方立法提出积极的意见和建议，抓好法律法规的贯彻落实，使地方教育立法更加完善，更加富有实效性。

（五）深入开展调查研究工作，组织开展2008年度全省教育系统调查研究

今年的调查研究工作，要重点围绕“规范教育行政管理的制度、措施和保障机制”、“促进各级各类教育持续协调发展的政策措施和保障机制”、“提高教育质量的政策措施和保障机制”、“深入实施素质教育的政策措施和保障机制”、“资助家庭经济困难学生的政策措施和保障机制”、“加强教师队伍建设的政策措施和保障机制”等方面进行，力争形成调查全面、分析深入、观点鲜明、对策建议可行的调研成果。我们也将对17个市的依法治教、依法治校情况进行调研。

搞好调查研究，一是要未雨绸缪，把着力点放在超前调研上，对教育发展战略以及倾向性问题进行超前的调查和分析；二是要着眼全局，强化针对性，抓住省委、省政府所关注的、教育实际工作中迫切需要解决的问题开展调查研究，注意搜集来自各方面的意见和反映，使决策更符合实际，更具针对性和指导性；三是要求真务实，强化实效性，着力研究解决人民群众最关心、最直接、最现实的教育热点、难点问题，促进民生改善与社会和谐。

三、提高教育政策法制工作水平的几点要求

随着依法治国方略和依法治省战略的深入实施，教育政策法制建设面临的工作越来越多，依法治教的任务越来越繁重。同志们还要扑下身子，多动脑子，多出点子，多找路子，进一步推动我省教育政策研究与法制建设扎扎实实向前发展。

一是要进一步加强机构建设，理顺工作关系。健全法制工作机构，加强教育法制队伍建设，努力提高普法执法水平，是加强教育法制建设的重要条件。目前政策法规工作已经成为教育改革发展全局中十分重要的一环，是教育重大决策的直接参与者，是各级领导的智囊和参谋、助手，是本部门依法行政的统筹规划、综合协调者。尚未设立法制工作机构的市级教育行政部门要继续努力争取；已经设立的，要努力加强自身建设，充分发挥作用。

二是要全面提高自身整体素质和能力，提高工作水平。从事法制工作的同志，要进一步增强责任感和使命感，保持对工作的热情，积极创造各种有利条件，千方百计把工作干好、干扎实、干出成效，为依法治教做出贡献，同时也为自身发展创造良好的环境。大家在从事具体繁琐的事务性工作的同时，还要不断提高自己的能力和水平。

要树立六种意识。一是学习意识，着眼于全面发展、着眼于社会热点、着眼于素质教育，多读书，多做关于教育内涵发展的思考。二是调研意识，深入实际、深入基层、深入群众，了解教育发展实际情况，找出存在的问题和不足，研究教育政策和理论，寻找问题的根源，提出解决问题的对策和建议，为领导决策提供有益的参考。三是创新意识，要敢于创新，善于创新，在法律框架下做到推进改革有新思路，开展工作有新方法，解决问题有新对策，事业发展有新成绩。四是大局意识，把政策法规工作始终放在教育改革发展的大局来考虑，善于发现并及时研究事关教育改革发展稳定大局的问题，不断提高工作的科学性和预见性。五是服务意识，自觉树立为领导服务、为群众服务、为业务部门服务、为基层服务的思想。六是效能意识，转变工作作风，规范行政行为，完善执法程序，提高行政效率。

要提高三种能力。一是理论思维能力。要善于运用马克思主义的立场、观点和方法观察事物、分析形势、透过现象看本质。二是综合协调能力。政策法规机构的大量工作需要与人大、政府法制机构部门、有关业务部门打交道，协调工作好坏直接影响工作成效。我们要学会善于与立法机关、司法机关，与专家学者，与其他业务部门进行沟通和协调。三是业务处理能力，要熟悉教育法律法规和有关政策，明确教育行政复议、诉讼的程序和教育行政执法的权限；要提高文字表达能力，能够从容驾驭综合文字材料等等。

三是要加强对政策法制工作的宣传，创造良好发展环境。没有教育行政部门领导的重视和支持，没有学校和广大师生的认同与参与，没有社会各界的广泛理解和热心帮助，教育政策法制工作很难取得较快发展。政策法规工作很清苦，很辛苦，我们要甘于奉献、甘于寂寞，但是一定要有所作为，有作为才能有地位。要加大对这项工作的宣传力度，通过报纸等媒体大力宣传教育政策法制工作的成功经验和先进典型，创造良好的发展环境。

（2008年4月14日）

大事记

1月

14日 省政府办公厅印发《转发省教育厅等部门〈关于进一步做好教育工作督导评估推动教育又好又快发展的意见〉的通知》(鲁政办发〔2008〕1号)。

同日 省教育厅在济南举行中小学素质教育新闻发布会。省教育厅副厅长张志勇出席会议并发布相关情况。新华社、《光明日报》、《中国教育报》、《大众日报》、山东人民广播电台、山东电视台等近30家新闻媒体记者出席了新闻发布会。

15日 省政府办公厅印发《转发省教育厅等部门〈关于实施初中学生综合素质评价制度深化高中阶段学校招生制度改革的意见〉的通知》(鲁政办发〔2008〕2号)。

16～17日 全省中小学素质教育工作会议暨"2008山东素质教育论坛"在潍坊召开。副省长黄胜、教育部基础教育司司长姜沛民、中央教育科学研究所所长袁振国出席会议并讲话。省教育厅厅长齐涛,副厅长张兴民、张志勇和副巡视员张海泉出席会议。黄胜在讲话中强调,要树立正确的教育政绩观,不以分数、升学率为主要标准来评价学校和教师的工作成绩,推动全面深入实施素质教育,关注学生健康成长和全面发展,努力开创实施素质教育新局面。齐涛在讲话中阐释了实施素质教育需要关注的几大关系。张志勇代表省教育厅就全省推进素质教育的基本目标、主要任务和策略思路进行了工作部署。各市分管副市长,教育局局长、分管副局长,部分县(市、区)政府主要负责人、教育局局长,省直有关部门负责同志以及参加"2008山东素质教育论坛"的代表共计500余人参加了会议。

18日 2008年全省高校师范类毕业生就业工作会议在临沂召开。会议总结了全省2007年师范类毕业生就业工作并部署了2008年的就业工作,省教育厅副厅长张志勇出席会议并讲话,临沂市副市长左沛廷、临沂师范学院党委书记徐同文到会并致辞。烟台市教育局、潍坊市教育局、莱芜市教育局和山东理工大学、临沂师范学院在会上作了典型发言,会议还分别组织了教育局和有关高校负责同志召开了研讨会。各市教育局分管负责人和人事科(处)长,有关高校学生处(招生就业处)处长和就业指导中心主任70余人参加了会议。

同日 山东省治理教育乱收费联席会议第七次会议在济南召开。会议听取了联席会议派出的6个检查组对11个市申报的25个规范教育收费示范县(市、区)进行检查评审工作情况的汇报,商讨了联席会议办公室关于第三批规范教育收费示范县(市、区)进行审核公示的初步意见,研究确定了山东省第三批规范教育收费示范县(市、区))公示名单。会议由省教育厅党组副书记、副厅长、纪检组长、监察专员张兴民主持。省政府纠风办副主任、省纪委纠风办主任徐国力,省财政厅、省物价局、省审计局、省新闻出版局等联席会议领导成员和办公室成员以及参加检查评审工作的全体同志参加了会议。

下旬 中国教科文卫体工会主席王晓龙一行在省教育厅副厅长杨瑛等陪同下,先后到济南市洪家楼小学、山东经济学院、德州市齐河县职业中专,走访慰问了部分困难教职工家庭,代表中国教科文卫体工会向困难职工送去了慰问金。省总工会副主席齐太生一行在省教育工会有关人员陪同下,到山东师范大学走访慰问了部分困难教职工家庭,代表省总工会为困难职工送去了慰问金。省教育工会积极筹措帮扶资金,走访直属高校困难教职工家庭51户、发放慰问金51000元,走访教师劳模13人、发放慰问金13000元。各高校工会也分别走访慰问了本单位困难教职工并送去了慰问金。

22 日 由省教育厅编印的大型画册《崛起的希望——山东省高等学校建设巡礼》举行发行仪式。省教育厅副厅长陈光华在致辞中指出，1999 年以来，在省委、省政府的正确领导下，山东省抢抓高校扩招的历史机遇，加快高校发展，取得了显著成就。为充分展示山东高校建设取得的巨大成就，并为今后高校建设提供借鉴，省教育厅组织编印了这本画册。

24 日 全省农村中小学教师素质提高工程首期培训班开学典礼在山东师范大学举行。省教育厅副厅长张志勇、山东师范大学副校长王志民出席开学典礼并讲话。“十一五”期间，省财政将连续 4 年安排专项经费，每年为农村培训 5000 名中小学教师。本次举办的首批培训对象为 51 个财政困难县的乡镇及以下农村小学语文、数学、英语学科骨干教师。培训任务由省教育厅通过邀标选定的山东师范大学等 8 所高等学校承担。至此，全省农村中小学教师素质提高工程已全面启动。

30 日 由国家语言文字工作委员会和北京大学出版社举办的中华经典诗文诵读比赛全国总决赛于本日晚结束，山东参赛选手曲阜一中教师蒋文祥名列第一，获特等奖。12 岁的刘慧雪获唯一的诵读表演优秀奖和三等奖。山东省是唯一有 2 人进入 10 强的省份。

31 日 由《中国教育报》、中国教育电视台联合主办，教育科学出版社协办的 2007 中国教育年度新闻人物评选揭晓并在北京举行了隆重颁奖晚会。教育部党组书记、部长周济，教育部副部长李卫红等出席颁奖晚会并为获奖者颁奖。山东省庆云县教育局原纪检组长、教研室主任周主信光荣入选。周主信生前在每个岗位上，均恪尽职守，忘我工作，致力于教育教学改革，做出了突出业绩，因劳累过度，于 2007 年 4 月病逝于工作岗位上，年仅 44 岁。

2 月

1 日 为推动全省对台交流工作的发展，省台办对全省各地、各部门 2007 年开展的对台交流项目进行汇总，从中评选出 45 项“2007 年度山东省优秀对台交流项目”，其中省教育系统有 16 个对台交流项目入选。

3 日 经山东省人才工作领导小组审定，省委、省政府批准新聘 60 名 2008 年度泰山学者。在新聘的 60 名泰山学者中，高校领域 30 人，企业院所领域 30 人，平均年龄 43.9 岁，最小的为 31 岁。至此，山东省泰山学者建设工程已先后分五批设置泰山学者岗位 196 个，选聘 169 名泰山学者特聘教授（专家）。

中旬 为贯彻全省中小学素质教育会议精神，落实《山东省普通中小学管理基本规范（试行）》等有关规定，切实规范全省中小学办学行为，省教育厅组织规范办学行为检查组，结合收到的群众举报，兵分 6 路对全省中小学 2007 至 2008 学年寒假安排落实情况进行了检查，共检查 46 个县（市、区）70 余所中小学校。对检查中发现的违规组织学生在假期到校上课的桓台一中、济宁市实验中学、嘉祥一中和五莲县管帅中学校长给予严肃处理。

22 日 为贯彻落实山东省中小学素质教育工作会议精神，在全省普通高中全面推进素质教育，省教育厅于本日举办全省普通高中校长素质教育专题培训。省教育厅厅长齐涛、副厅长张志勇出席开班仪式并讲话。齐涛在讲话中指出，山东全面实施素质教育，不是改革，不是“新政”，更不是革命，而是一种“回归”，是按照党和国家的教育方针，从基本的规范做起，让山东的各类教育回归到教育的基本规律上来，回归到新课程的基本要求上来。齐涛深刻阐述了高中教育的基本功能，高中推进素质教育的基点和如何推进等问题。他明确指出，高中素质教育的基点就是按照国家规定的高中新课程方案组织实施教育教学工作。张志勇在讲话中对全省高中推进素质教育进行了部署。他强调要统一思想，坚定信心，正确理解和把握素质教育“育人”的本质，积极进取，做好调整，强化管理，确保将素质教育工作落到实处。专题培训通过山东教育学院远程视频会议系统进行。省教育厅有关处室负责人，各市教育局局长、分管基础教育和教师教育的副局长，基础教育科（处）长、教师教育科（处）长、市教研室主任，全省普通高中校长，省各大新闻单位记者参加了会议。

25 日 省教育厅、省财政厅联合下发通知，对教育部、财政部关于落实高校学生食堂补贴措施的通知进行部署，要求各高校要切实承担起稳定学生饭菜价格的责任，继续巩固和完善已经出台的各项对学生食堂的优惠政策和资金支持。进一步完善学生参与学生食堂监管的制度，使同学们及时了解学生食堂的运行情况，加深对学生食堂工作的理解和支持。对家庭经济困难学生实行伙食补贴。2008 年，对全日制普通本专科在校生中家庭经济困难学生，按每生 300 元的标准给予补助，补助面达到全部在校生的 14%，专项用于学生的伙食补贴。

29 日 省政府办公厅印发《转发省教育厅等部门〈关于进一步加强和改进中小学教材建设与管理工作的意见〉的通知》（鲁政办发〔2008〕9 号）。

3 月

4 日 全省教育工作会议在济南召开，副省长黄胜出席会议并讲话，省教育厅厅长齐涛主持会议并做总结讲话。黄胜指出，要用党的十七大精神统领教育事业发展，坚持教育科学发展、和谐发展、优先发展，推进教育事业全面协调可持续发展，加快人力资源强省建设步伐。全省各市教育局长，省教育厅机关各处室、厅属各单位主要负责人参加了会议。

6 日 教育部组织专家组对山东科技大学“矿山灾害预防控制”省部共建教育部重点实验室建设项目进行了检查验收。专家组一致认为，“矿山灾害预防控制”实验室定位准确，方向明确，重点突出，特色鲜明，全面完成了各项建设任务，达到了建设目标，一致同意通过验收，正式成为教育部重点实验室。来自全国的 7 位知名专家和教育部科技司调研员雷忠良、省教育厅副巡视员杜希福等参加了验收会。

13 日 全省 2008 年度教育财务工作会议在济南召开，各市教育局分管局长、计财科（处）长参加了会议，省教育厅副厅长陈光华到会并讲话。陈光华指出，教育财务工作是保障各类教育发展工作的基础，随着各级财政保障能力的不断增强和教育改革工作的不断深化，教育财务工作的重心已由筹措教育经费为主，转变为筹措和管理并重，财务工作要在管理上不断规范、在规范中提高资金效益。青岛、滨州、威海、济南、枣庄、泰安、日照等市分别就义务教育经费保障机制改革、家庭经济困难学生资助工作、校舍维修改造和教育费附加征收管理使用等工作作了典型发言。

同日 省教育厅在济南召开学校安全工作会议，省教育厅总督学孟庆旭出席并讲话。孟庆旭总结了 2007 年全省中小学安全工作取得的成绩，分析了面临的形势和任务，对做好 2008 年的工作提出了明确要求。各市交流了 2007 年学校安全工作情况和 2008 年的工作打算，对如何做好学校的安全工作进行了认真讨论。省教育厅有关处室、17 市教育局安全科（处）长参加了会议。

14 日 全省普通高等教育招生计划工作会议在济南召开，省教育厅副厅长陈光华出席会议并讲话，省教育招生考试院院长王坦出席了会议。会议传达了 2008 年全国高等教育招生计划工作会议精神，总结了 2007 年山东省普通高等教育招生计划执行情况，对 2008 年全省普通高等教育招生计划工作进行了部署。各高校负责招生计划工作的校长、处长参加了会议。

18～19 日 省教育厅、省语委在胶南市召开 2008 年度全省语言文字工作会议暨胶南市三类城市语言文字工作评估现场会。省人大教科文卫委员会副主任委员王天瑞，省教育厅党组副书记、副厅长杨瑛，部分省语委单位成员，17 市教育局分管局长、语办主任及部分市的县（市、区）语办负责人共 70 余人出席了会议。

20～21 日 全省教育纪检监察工作会议暨创建规范教育收费示范县（市、区）表彰大会在济南召开。会议传达学习了省纪委九届三次全会、全国教育纪检监察工作会议精神，回顾总结了近 5 年来全省教育系统党风廉政建设和纪检监察工作，研究部署了当前和今后一个时期的反腐倡廉工作任务，部署了全省中小学教育行风民主评议工作，对全省教育行风建设提出了明确要求和意见。会议还对第三批规范教育收费示范县（市、区）进行了表彰，部分高校、市和规范教育收费示范县（市、区）的代表在会上作了典型发言。省委高校工委书记、省教育厅党组书记、厅长齐涛，省纪委常委王凯祥，省政府纠风办副主任、省监察厅副厅长孙继业，省教育厅党组副书记、副厅长、纪检组长、监察专员张兴民，省委高校工委副书记宋焕新以及省财政厅、省审计厅、省物价局、省新闻出版局等部门有关负责同志出席了会议。齐涛、王凯祥、孙继业分别在会上讲话，张兴民作了工作报告。全省各高校纪委书记，各市教育局局长、纪委书记、监察室主任，省教育厅机关各处室和各直属单位负责人，第三批全省规范教育收费示范县（市、区）的分管县（市、区）长和教育局长参加了会议。

同日 2008 年度全省学科建设与研究生教育工作会议在济南召开。省教育厅副厅长宋承祥到会并讲话。山东大学、青岛大学、山东师范大学、中国石油大学、山东科技大学、青岛理工大学分别就学科建设、实施研究生教育创新计划、研究生培养以及专业学位教育作了典型发言。省教育厅学位管理与研究生处对 2008 年学科建设与研究生教育管理的具体工作作了安排。全省各普通本科院校、研究生培养单位负责学科建设和研究生教育工作的处室主要负责人共100余人参加了会议。

28日　省教育厅召开全省规范中小学办学行为工作调度会。省教育厅厅长齐涛出席并讲话，副厅长张志勇作会议总结，副巡视员张海泉出席会议。会上，各市汇报交流了贯彻全省中小学素质教育工作会议精神、规范办学行为的工作情况。张志勇在会议总结中强调，要进一步提高认识，加大工作力度，切实规范中小学办学行为。

31日　省暨济南市未成年人"知荣辱、树新风、我行动"道德实践活动在济南舜耕中学启动。省委常委、宣传部长李群，副省长黄胜，中央文明办未成年人思想道德建设工作局局长张英伟，济南市委常委、宣传部长王良，济南市副市长巩宪群以及省市文明办、教育、共青团、妇联等部门负责人出席了活动并与同学们一起在"我向祖国承诺，做一个有道德的人"横幅上签名。启动仪式结束后，张英伟等还到济南市南上山街小学、济南五中、历下区千佛山办事处考察了未成年人思想道德建设工作。

同日　2008年山东省教育招生考试工作会议在济南召开。省教育厅副厅长宋承祥、省纪委二室副主任刘志青出席并讲话，省教育招生考试院院长王坦主持会议。省教育招生考试院有关负责人分别就山东省2008年的普通高校招生考试、成人高校招生考试、自学考试、社会证书考试及各项考试的监督检查等工作进行了部署。各市教育局分管局长、招生考试机构负责人，省内相关高校招生及自学考试工作负责人，省教育招生考试院相关处室负责人共300余人参加了会议。

同日　在第13个全国中小学生安全教育日到来之际，省暨济南市在泉城中学举行了中小学"迎人文奥运，建和谐校园"安全教育宣传活动启动仪式。省教育厅、济南市教育局领导和各县(市)区教育局、省城部分中小学学校安全部门负责同志及泉城中学的师生参加了启动仪式。

本月　由省教育厅主办、省内5所本科师范类院校承办的山东省2008年师范类毕业生供需见面会圆满结束。聊城大学、曲阜师范大学、山东师范大学、临沂师范学院、鲁东大学先后组织举办了共计六场师范类毕业生供需见面会。参会的省内外各级各类用人单位1200余家，累计发布需求岗位38000余个(次)，参会毕业生累计近12万人次，与用人单位达成签约意向或协议约9400余人。其中，参会的教育类用人单位401家，较往年同期的参会数量有大幅增加。

4月

2日　全省教育审计工作会议在潍坊召开。省教育厅副厅长陈光华出席并讲话。陈光华在讲话中总结了近两年来山东省教育审计工作取得的成绩，分析了教育审计工作面临的新形势，对改进和加强教育内部审计工作提出了新的要求。会议还进行了典型发言并分组讨论交流了各地、各单位教育内部审计工作的经验和做法，并对2008年的审计工作进行了部署。全省各高等学校审计处处长、各市教育局审计科科长共100余人参加了会议。

7日　山东省学生资助管理网上办公系统正式启用。该系统包括学生资助在线办公系统、学生资助数据报送系统等，具有文件通告、报表数据网上报送等功能。

同日　应省教育厅邀请，以戈兰·凡·哈特先生为团长的南非西开普省教师代表团一行11人来山东省进行友好访问。代表团成员来自西开普省7所中学及相关学区，以数学、物理及自然科学教师或教研员为主。来访主要目的是通过对有关中学实地观摩考察，了解和考察山东省中学理科教学情况。

9日　省教育厅厅长齐涛、副巡视员杜希福及省教育厅相关处室负责人和部分高校代表同苏格兰教育及终身教育部长菲奥纳·希斯罗普女士一行11人在贵和皇冠假日酒店共同召开了"山东—苏格兰教育政策对话"会议，就双方共同关心的教育问题进行了愉快的会谈与交流。

同日　省教育厅副巡视员杜希福到济南市进行依法治校专项调研。省教育厅政策法规处、济南市教育局、济南市市中区教育局有关同志参加了调研。

12日　教育部组织专家组对山东中医药大学"中医药经典理论"省部共建教育部重点实验室建设项目进行了检查验收。专家组一致认为，"中医药经典理论"实验室围绕中医、中药经典理论中的关键科学问题开展理论与实验研究，特色鲜明，成效显著，全面完成了各项建设任务，达到了建设目标，一致同意通过验收，正式成为教育部重点实验室。来自全国的7位知名专家，教育部科技司有关处室负责人，省教育厅副厅长宋承祥等参加了验收会。

13日　应省教育厅邀请，以美国康州教育厅葛丹先生为团长的学监、中小学校长、教师一行36人来山东省访问。省教育厅副巡视员杜希福会见了美国客人，并就近几年两省州教育交流与合作所取得的成果以及未来的交流与合作交换了意见。

14～15日　2008年度教育政策法制工作会议在莱芜市召开，省教育厅副巡视员杜希福出席并讲话。会议对2007年度山东省教育政策研究与法制建设工作情况进行了全面总结，研究部署了2008年度工作。各市教育局政策法规科(处)进行了工作交流。省教育厅政策法规处和各市教育局政策法规科(处)的负责人参加了会议。

15～17日　山东省高等学校财务管理工作研讨会在泰安召开，会议总结交流了高校在加强财务管理、拓宽筹资渠道、防范财务风险等方面的经验和做法，认真分析了当前高校财务管理工作面临的形势和任务，研讨了缓解高校资金压力、化解高校贷款风险、改善高校财务状况的途径和措施。会议特别邀请了教育部财务司王俊就我国高等教育投入政策等问题作了专题报告。省教育厅副厅长陈光华到会看望了与会代表。会议由省教育厅财务处和省教育会计学会联合举办。全省各级各类高等学校财务机构负责人参加了会议。山东大学、中国海洋大学、石油大学(华东)3所教育部直属高校的财务处长应邀参加了会议。

17日　山东省学校国防教育工作会议暨山东省学校国防教育协会二届一次会议在烟台召开。省教育厅副巡视员张海泉出席会议并讲话。此次会议的主要任务是认真学习教育部、总参谋部、总政治部2007年度颁发的《学生军事训练工作规定》、《普通高等学校军事课教学大纲》和教育部2008年学生军训工作要点，总结交流山东省2007年度军训工作经验，部署2008年度学生军训和军事理论教学工作任务，召开山东省学校国防教育协会第二届一次会议并进行换届选举。济南军区、省军区、烟台警备区、省人防办、烟台市人民政府、烟台市教育局、省教育厅体卫艺处、省国防教育协会、各市教育局体卫艺处(科)负责同志，各高校武装部长、学生处长、公安保卫处长，部分中等职业学校、中小学分管校长170余人参加了会议。

21日　省委书记姜异康在省委常委、秘书长王敏陪同下到聊城大学进行工作调研。

同日　2008年山东中美教育研讨会在泰安市成功举行。省教育厅副厅长张志勇出席会议并发表了题为《寻找教育回家的路》的主题演讲，来自美国佛蒙特州的11名地区学监和中小学校长前来参加研讨会，省教育厅副巡视员杜希福在会前亲切会见了美国代表团。济南、济宁、泰安、莱芜、聊城、菏泽等地区的教育局长、中小学校长、教师、教研室研究人员等60多人参加了研讨会。本次研讨会的主题是“基础教育课程改革”。美方代表团团长詹姆斯·沃尔诺克先生发表了题为《教学与施教队伍的知识基础》的主题演讲。大会主题演讲后，中美双方教育工作者就共同感兴趣的问题开展了充分交流与研讨。大家普遍认为，中美两国的基础教育具有互补性，各具特色，但也面临着共同的问题。通过双方的交流，了解了对方的一些经验和做法，相互取长补短，为今后各自的教学改革提供了宝贵的经验，受益匪浅。中美双方还就今后拓展教育交流领域与合作形式交换了意见。

22日　全省独立学院工作会议在曲阜召开。省教育厅副厅长陈光华出席会议并讲话。陈光华强调，贯彻好教育部颁布的《独立学院设置与管理办法》，关键就是稳定规模、规范管理、提高质量。在新的形势下，独立学院必须切实把重点放到提高办学质量上。陈光华要求，各举办学校和独立学院要深刻领会、认真贯彻实施《独立学院设置与管理办法》，切实做好过渡期的工作。会上，曲阜师范大学杏坛学院、青岛理工大学琴岛学院作了典型发言，各院校进行了工作交流，与会代表考察了曲阜师范大学杏坛学院。各举办独立学院的普通高校分管校长、独立学院院长及省教育厅发展规划处、高教处、研究生处(学位办)、职成教处的负责同志参加了会议。

22～23日　全省职业教育集团化办学工作会议在烟台召开，省教育厅党组成员、总督学徐曙光出席会议并讲话。徐曙光指出，职业教育集团化办学是适应社会主义市场经济体制，做大做强职业院校，实现职业教育又好又快发展的必然选择。今后要继续大力推进职业教育集团化办学工作，围绕当地经济社会发展和产业结构调整的需要，依托国家级重点中等职业学校或示范性高职，以专业为纽带，组建由相关行业企业、职业院校、县级职教中心参加的职业教育集团，实现资源共享、优势互补、互惠互利、共同发展。会上，烟台、青岛、淄博等三地市分别就职业教育集团化办学工作进行了经验交流，与会人员还参观考察了烟台第一职业中专、福山区高级职业学校、开发区高级职业学校等

3个职教集团牵头学校和上海通用东岳汽车制造有限公司、鸿富泰精密电子(烟台)有限公司、大宇造船海洋(山东)有限公司、浪潮LG(烟台)数字移动通信有限公司等4个成员企业。各市教育局分管局长、职成教科科长和校长共90余人参加了会议。

23～24日 山东省高等学校教务处长工作会议暨教务与教学管理学会第十八届年会在青岛市召开，省教育厅厅长齐涛、副厅长宋承祥，教育部高教司司长助理、综合处处长宋毅，青岛市委常委、副市长张惠出席会议并分别讲话。齐涛就全面提高高等教育质量作了专题报告。宋毅助理作了"建设高等教育强国，必须把提高人才培养质量作为首要任务"的报告。宋承祥全面总结了近年来山东省高等教育取得的成绩以及存在的问题，对今年及今后的工作安排作了部署。中国石油大学等11所高校的相关负责同志就本校内涵建设中取得的经验进行了典型发言。会议由青岛科技大学承办，全省普通高等学校、独立学院以及举办普通高等教育的成人高等学校和其他高等教育机构的教务处长参加了会议，省教育厅相关处室负责同志和高教处全体同志也参加了会议。

26～27日 山东省高等职业教育课程建设专题研讨会在威海职业学院举行。中国高教培训中心主任张钊源，教育部高职高专处国家精品课程、规划教材评审专家李贤政应邀出席了会议。会议由山东省高等学校教务与教学管理学会、高等职业教育院校工作委员会和威海职业学院共同主办，来自全省60多所高等职业院校的140多名院(校)长和教务处长参加了会议。省教育厅高等教育处全体同志参加了会议。

28日 省委、省政府在济南隆重召开山东省劳动模范和先进工作者表彰大会，由省教育厅推荐的5位"山东省先进工作者"王瑞明(山东轻工学院教授)、董育斌(山东师范大学教授)、曹茂永(山东科技大学教授)、杨朝合(石油大学教授)、于树增(山东师范大学附属中学校长)出席了表彰大会，被省政府授予"山东省先进工作者"荣誉称号。会前，省教育厅党组副书记、副厅长杨瑛看望了出席省劳模和先进工作者表彰大会的5位同志，高度评价了他们多年来在教育教学、科研和学校管理工作中做出的优异成绩。

29日 山东省中等职业学校技能大赛在山东省商业职业技术学院隆重举行。省教育厅党组成员、总督学徐曙光出席开幕式并讲话，省有关部门领导出席开幕式并参观视察了大赛现场。此次技能大赛是省教育厅直接组织的全省第一次职业教育技能大赛，由山东省商业职业技术学院承办。本次大赛共设计算机、数控技术、电工电子技术、烹饪、汽车运用与维修、服装设计制作与模特表演6个专业的15个项目。全省共有省直和16个市共17个代表队、260名选手参赛。此次全省中等职业学校技能大赛，将进一步促进职业学校职业技能训练的开展，也将为全省进一步深化教学改革，强化职业学校的技能训练，提高学生的就业能力提供很好的经验。

本月 经教育部批准，山东省3所民办专科学校升格为本科高校，分别是：潍坊科技职业学院升格为潍坊科技学院、民办山东万杰医学高等专科学校升格为山东万杰医学院、山东英才职业技术学院升格为山东英才学院。经省政府批准，报教育部备案，山东省新增5所高职院校，分别是：德州职业技术学院、烟台工程职业技术学院、山东传媒职业学院、临沂职业学院、枣庄职业学院。

5月

5～9日 教育部总督学顾问、教育部原副部长张天保率国家教育督导团调研组来山东省调研免除城市义务教育阶段学生杂费工作。其间，调研组在济南山东大厦听取了山东省的工作汇报。副省长黄胜，省教育厅厅长齐涛、总督学孟庆旭和省发改委、省财政厅、省人事厅等部门负责同志参加了汇报会。国家教育督导团调研组对我省义务教育工作给予充分肯定，认为山东省坚持教育优先发展，在全国较早免除城市义务教育阶段学生杂费，切实减轻了群众负担，促进了义务教育的健康发展。黄胜指出，建立健全义务教育经费保障机制，是推动教育事业又好又快发展的重大举措。各级各部门要以这次调研为契机，进一步完善政策措施，健全完善义务教育经费保障机制，不断提高义务教育公用经费标准，健全校舍维修改造长效机制，落实免费提供教科书政策，加大对困难学生的资助力度，加强薄弱学校建设，保障教育事业健康发展，努力办好人民满意的教育。国家教育督导团调研组还将赴济南、青岛两市进行调研，实地考察我省免除城市义务教育阶段学生杂费工作情况。

6日 全省普通高等学校招生考试工作电视会议在济南召开，副省长黄胜出席并讲话。他要求确保高考招生安全稳定和公平公正，坚定不移地推动素质教育深入实施。会前，与会代表收看了全国普通高校招生工作电视电话会议。

7日 《山东省普通中小学基本办学条件标准（试行）》正式出台，这对于中小学校建设标准化、科学化、规范化，适应基础教育课程改革和全面实施素质教育的需要，促进基础教育又好又快发展具有十分重要的意义。

同日 山东省教育厅印发《山东省省级规范化学校建设与管理办法》，强调在达到办学条件标准的基础上注重内涵发展，同时，改变了省级规范化学校终身制，实行动态管理，对办学行为不规范的学校实行一票否决。

12日 山东省2007年度教育工作专项督导评估动员大会在济南召开。督导团各分团团长、全体督导评估人员共计100余人参加了会议。省教育厅厅长齐涛出席会议并作动员讲话。会后，8个督导分团将分赴各市，全面开展综合督导评估工作。

同日 山东省教育系统广大干部、师生通过新华网、中央电视台等媒体密切关注四川汶川地震灾情和抗震救灾工作的进展情况。同时，全省教育系统迅速行动起来，大力发扬"一方有难，八方支援"的优良传统，踊跃为地震灾区捐款捐物，悉心关爱在鲁的灾区学生。

14日 山东省教育厅向四川省教育厅发去慰问信，向灾区教育干部和学校师生表示深切慰问，并表示将最大限度给予灾区支持和帮助，即日将山东省教育战线广大干部师生的捐款汇往四川省教育厅，用于灾区学校建设。山东省委高校工委、山东省教育厅、山东省教育基金会专门下发通知，号召全省教育系统奉献爱心，积极组织向灾区捐款捐物。

20日 2008年度全省教育科学规划课题立项评审会在济南市召开。省教育厅副厅长宋承祥、省教育厅总督学孟庆旭出席会议。孟庆旭代表评审委员会主任齐涛在会上作了讲话。他强调，要进一步认清教育科学研究在新形势下的重要地位，以科学发展观为指导，认真落实教育科学"十一五"规划，促进全省教育科研事业健康和谐发展，要做好课题的评审立项工作，高质量完成这次评审任务。评审专家分12个组，对全省各高校、各市教育局组织申报的教育科学规划课题进行了评审，共评出立项课题635项，其中重点课题194项，规划课题441项。评审结果将经山东省教育科学规划领导小组审核后公示。省社会科学规划办公室、山东师范大学、山东教育学院、省教育厅相关处室负责同志及由山东省教育科学规划领导小组办公室聘请的省内外教育专家共50余人出席了会议。

同日 全省专业学位研究生教育工作座谈会在青岛举行。全省26个研究生培养单位的研究生处处长和分管同志参加了会议。会议强调，当前和今后一个阶段，全省专业学位研究生教育工作的发展思路为：一是要解放思想，提高认识，抢抓机遇，大力发展专业学位研究生教育。二是要加强专业学位学科建设，专业学位导师队伍建设，积极创造条件，增列培养单位，拓宽培养领域。三是要规范管理，树立品牌意识，大力提高专业学位研究生教育培养质量。四是要加强专业学位研究生教育规律的探讨和理论研究。五是要下大气力抓好专业学位教育优质生源组织工作，进一步加大、加强专业学位研究生教育组织宣传、基地建设工作，吸引优质生源攻读专业学位研究生。会议还就2008年同等学力考试组织工作、学科等省重点建设项目中期检查、研究生教育创新计划立项项目研究和实施等工作作了部署和通报。

20～21日 由山东省高等学校图书情报工作委员会主办，山东农业大学承办的2008年山东省高等学校图书馆工作会议在泰安市召开。会议的主要议题是高校图书馆建设与资源共享。省高校图工委秘书长韩子军作了工作报告，总结了2007年的工作，对2008年的工作进行了部署。烟台大学、中国海洋大学、山东师范大学、山东农业大学、图工委文献资源建设专业委员会和CALIS省中心、CASHL学科中心分别介绍了开展馆际互借与文献传递、数据库集团采购、全省馆际互借与文献传递状况及问题等情况。会议期间，代表们还参观了山东农业大学南校区图书馆。全省99所高校图书馆的125位馆长参加了会议。

22日 由省教育厅高教处组织、山东大学承办的2008年实验教学工作研讨会在济南召开。研讨会以实验示范中心建设和实验教学工作为主题，对实验教学在高校教学中的地位和提高教学质量的作用，实验教学示范实验中心建设的重要性及如何发挥其作用，实验室职能、利用与开放，实验教学内容、模式改革，理顺理论教学与实验教学的关系，建立实验教学监控保障体系，实验教师队伍建设，高职高专实验实训工作，山东省高校实验教学研究会成立及研究会的职能、作用和内容等多方面进行了积极的研讨。

24日 山东省人民政府与武汉大学在济南签署

《科技与人才全面战略合作协议书》，决定从 2008 年开始，双方在科技与人才方面建立全面和长期的战略合作关系。中共山东省委常委、副省长王军民出席了签约仪式。

同日　副省长郭兆信率领省建设厅、省民政厅、省卫生厅、省交通厅、省教育厅、省通讯管理局、省电力集团等 7 个单位负责人赶赴四川绵阳市，成立了山东省对口支援绵阳地震灾区前线指挥部。省教育厅参与前线指挥部工作的副厅长陈光华和发展规划处副处长江新政一到绵阳，就与绵阳市及北川县教育部门取得了联系，建立了专门的联络工作班子，展开了援建北川教育的工作。24 日下午，指挥部全体成员专门听取绵阳市教育局领导就北川县教育系统受灾情况、灾后学校重建规划和组织学生复课等工作开展情况汇报。经过紧张工作，确定了《北川羌族自治县“5.12”地震救灾过渡安置房规划方案汇总表》中的“中、小学建设”的规划方案，为省对口支援绵阳地震灾区前线指挥部迅速、科学决策提供了重要意见和建议。

26 日　由全国招考网站行业协作会联合江苏、河南、江西、浙江等十余省教育招生网站构筑的全国招生咨询统一平台的山东频道正式开通。目前，统一平台已汇集了全国千余所高校的最新招生信息，同时汇集考生及家长的大量提问，成为高考招生录取的“信息咨询超市”。此次由十余省级高招网站构筑的统一平台整合了资源，实现了考生咨询和招生院校答疑的“双集中”。

28 日　省教育厅组织召开驻济部分高校学生处处长和校园网管理负责人座谈会。会议主题是交流各校加强校园网建设与管理情况，研讨加强大学生网络行为规范应采取的措施等。省教育厅高教处、办公室有关负责同志和山东大学、山东师范大学、山东轻工业学院、山东工艺美术学院、山东政法学院、山东商业职业技术学院 6 所院校的学生处处长、校园网管理负责人参加了座谈会。

29～30 日　省审计厅、省教育厅在济南召开专题会议，安排部署全省农村义务教育经费保障机制改革实施情况专项审计工作。会议根据省审计厅、省教育厅印发的《全省农村义务教育经费保障机制改革实施情况专项审计工作方案》要求，对 2008 年全省农村义务教育经费保障机制改革实施情况专项审计工作进行了全面安排部署。各市审计局行政事业处(科)长、各市教育局计财(审计)处(科)长及参与专项审计的人员近 80 人参加了会议。

30 日　副省长黄胜来到济南市友谊小学，与师生们共同欢庆“六一”国际儿童节。黄胜观看了学生们的书法、绘画展示和文体表演，并来到孩子们中间，一起互动表演。他鼓励同学们好好学习，天天向上，将来服务社会，报效祖国。济南市友谊小学是一所接收外来务工人员子女就读的定点学校，外来务工人员子女占在校生的一半以上。黄胜在这里看望慰问了来自四川地震灾区的学生，与他们亲切交谈，勉励他们努力学习，安心生活，学好本领，重建美好家园。黄胜要求市区有关方面要像对待自己的子女一样爱护他们，既要热情关心，又要考虑学生身心感受，为他们创造安定的学习环境。

6 月

1 日　由淄博市援建的北川县香泉中心小学开学。这是北川县灾后复课的第一所临时板房小学，于 5 月 25 日正式开工建设，淄博援建北川的援建人员连续加班四天三夜，5 月 31 日上午，香泉中心小学的校舍完工。学校占地面积 350 平方米，共有 6 间教室，每间教室宽 6.9 米，长 8.4 米，高 3.6 米，能容纳 50 个学生。重新戴上崭新红领巾的孩子们，看着漂亮的新校舍，高兴地说：“这是我们六一节收到的最好的礼物。”

2 日　四川汶川特大地震发生后，针对灾区家庭前来山东投亲靠友的情况，山东省教育系统立即行动起来，各地教育行政部门和中小学校都立即建立灾区学生入学“绿色通道”，简化手续，减免一切费用，尽一切可能安置来自灾区的孩子入学随班就读。据不完全统计，截至 6 月 2 日下午 3 点，山东全省已接纳 273 名灾区学生免费就读。

4 日　省政府办公厅印发《关于进一步加强普通高中教育管理工作的通知》(鲁政办发〔2008〕36 号)。

7 日　山东省 2008 年普通高考第一天。副省长、省招生委员会主任黄胜来到省教育招生考试院总值班室，视察了山东省教育招生考试信息化远程考务管理平台，调取查看了部分考点、考场的考试组织实施情况。

9 日　山东省 2008 年全国普通高校招生考试圆满结束。山东省本次考试组织严密，考场秩序井然，安全平稳，没有出现试题失密、集体舞弊等重大事件，试题命制完全达到了预期的目标和要求，实现了平安高考、诚信高考和人民满意高考的目标。全省报名参加2008年普通高考的人数共为781477人，比2007年增加4746人。其中，参加全国普通高校招生统一考试人数为742642人，比2007年增加24689人。对口高职报名38835人，比2007年减少19943人。

12～14日 省教育厅党组副书记、副厅长杨瑛赴四川参加教育部教育系统对口支援地震灾区恢复重建工作会议。此次会议，主要是部署教育系统对口支援地震灾区恢复重建工作，全国18个省市与援建的18个重灾县进行了援助工作对接。杨瑛来到绵阳市山东省援建北川县前线指挥部，向前指领导、省长助理陈光汇报了教育援建工作设想，并亲赴北川灾区实地考察灾情，与四川省教育厅、北川羌族自治县政府和教育局的有关领导就教育援助工作进行了深入的交谈，初步确定了教育援助的内容、步骤和具体方式。北川职业中学的300多名学生将于近期来山东复课就读，首批111名学生已于16日到达德州交通职业中专复课。

18日 为深入贯彻落实全省素质教育工作会议精神，进一步推进普通高中课程改革，规范普通高中办学行为，不断提高高中校长在新形势下加强学校管理、全面推进素质教育的能力和水平，全省普通高中校长素质教育专题培训班在长清大学城正式开班。省教育厅党组副书记、副厅长张兴民出席开班仪式并讲话。省教育厅副厅长张志勇主持开班仪式。全省各市教育局分管基础教育的副局长、各普通高中学校的校长将分两期集中培训，省教育厅为此次培训班特邀知名专家学者解读素质教育法律、法规，解读如何深化高中课程改革，解读《山东省普通高中课程设置与指导意见(征求意见稿)》，邀请全国知名校长就“新课程背景下学校管理与素质教育”作专题报告，并将部署山东省普通高中规范办学行为、推进素质教育工作。

同日 全省独立学院教学工作研讨会暨山东省高教学会独立学院分会成立大会在济南舜德大厦召开，省教育厅副厅长宋承祥出席并讲话。宋承祥指出：我国高等教育改革和发展进入了新的历史时期，独立学院也由试办阶段进入了新的发展阶段。作为民办高等教育的一种模式，独立学院的发展重点将转移到稳定规模、提高质量、规范管理上来。要加强教学管理，确保人才培养质量，使独立学院真正成为我省高等教育的新生力量，为我省高等教育的发展做出更大的贡献。全省12所独立学院交流了教学工作经验。本次会议成立了山东省高等教育学会独立学院分会。全省12所独立学院的主要领导和分管教学工作的负责人出席了会议。

19日 省教育厅在济南召开全省学生资助工作会议，省教育厅副厅长陈光华到会并讲话。陈光华总结了全省前一段资助工作的成绩，对下一步全省学生资助工作作了重点部署。鲁东大学、济南市教育局、青岛大学、滨州职业学院、烟台大学在会上分别作了典型发言。各市教育局分管局长和学生资助中心主任，省属高校分管校长和学生资助中心主任参加了会议。

21～22日 由山东省教育学会、上海市教育学会主办，青岛市城阳区教育体育局、当代教育科学杂志社、现代教育报社承办的2008年沪鲁基础教育发展论坛在青岛市城阳区举行。中国教育学会副会长、上海市教育学会会长张民生，山东省教育厅总督学、党组成员孟庆旭，上海市和山东省有关学校的校长、教师代表400余人参加了会议。会上，中国教育学会副会长、上海市教育学会会长张民生作了“提升校长课程领导力，创新人才培养模式”的报告，山东省教育厅总督学、党组成员孟庆旭作了“以教育科研为先导，引领基础教育发展”的报告，上海市和山东省的8位优秀校长就他们的办学理念、学校管理、课程改革、有效教学、素质教育、学校文化建设等热点话题和与会代表进行了交流互动。

24～27日 应山东省教育厅邀请，以美国康州教育厅马克·迈奎伦厅长为团长的代表团一行9人来山东省访问。25日，省教育厅厅长齐涛在济南会见了来访客人，双方进行了友好深入的交流，续签了两省州教育交流与合作协议，讨论了山东省校长、教师赴康州培训项目和姊妹学校师生交流等合作事宜。代表团还先后到济南、泰安等地访问姊妹学校，进行了教育交流。

27～30日 2008年全国职业院校技能大赛在天津举行，来自全国37个省、自治区、直辖市、计划单列市和新疆建设兵团的2000余名选手参加了激烈角逐。本次大赛由教育部、天津市政府、人力资源和社会保障部、农业部、国务院扶贫办、工业和信息化部、住房和城乡建设部、交通运输部、中华全国总工会、共青团中央、中华职教社等11个部门联合举办。山东省选派73名选手参赛，经过激烈角逐，共取得11个一等奖、24个二等奖、29个三等奖的好成绩。山东省教育厅获优秀组织奖。大赛期间，山东省代表团还参加了“2008年中国职业教育改革与发展高峰论坛”、“第六届全国职业教育现代化技术装备展览会”等活动。

30日　全省高中教师新课程全员培训课程专家会议在济南召开。省教育厅副厅长张志勇，教育部课程与教材发展中心主任刘坚出席了会议。来自全国各地的30多位国家级课程专家以及山东省教研系统骨干、高中教育一线的90多位省级专家参加了会议。

7月

2日　全省教育系统信访工作座谈会在济南召开，省教育厅副厅长、党组副书记杨瑛，总督学、党组成员孟庆旭出席并讲话。省教育厅部分处室和各市教育局相关负责人参加了会议。会议主要任务是传达学习省委近日召开的全省信访工作会议精神，通报今年上半年全省教育信访情况，分析目前面临的形势和任务，对下一步的工作进行安排部署。

8～9日　教育部督查组来济南对2008年山东省高校招生管理工作进行督查。省教育厅副厅长陈光华向督查组汇报了有关工作情况。督查组在审查了山东省2008年招生管理方面的有关文件资料，与部分高校进行了座谈后表示，山东省在2008年招生计划安排以及执行工作方面，顾全大局，措施到位，管理规范，较好地贯彻了国务院关于高等教育的工作部署。督查组同时要求山东省进一步加强对招生计划的管理，继续推进高校招生"阳光工程"，切实把高等教育发展的重点放在提高办学质量上。

12日　"山东省高中教师远程研修"启动暨"山东省教师教育网"开通仪式在济南隆重举行，省教育厅厅长齐涛出席并讲话，省教育厅副厅长张志勇主持启动仪式。山东省教师教育网作为山东省教师远程研修和专业成长的平台，有望办成全省中小学教师共同向往的"网上家园"。全省106719名高中教师、1122个班级的2193名指导教师、130多名课程专家已经做好了相关准备。山东省十万高中教师远程研修正式启动。

16日　鲁东大学、聊城大学、临沂师范学院举办的农村中小学教师素质提高工程2008年培训班正式开班，标志着山东省农村中小学教师素质提高工程2008年培训工作全面启动。按照省教育厅的安排，山东教育学院、山东师范大学、青岛大学、曲阜师范大学、淄博师范专科学校等培训院校，也将于8月初陆续开班。此次培训对象是全省农村初中语文、数学、英语、体育学科和小学语文、数学、英语、体育学科的骨干教师。本期计划培训5000人，其中，乡镇以下(含乡镇)农村初中、小学教师不少于50%。全省农村中小学教师素质提高工程由省教育厅、省财政厅联合实施，是促进城乡教育公平、均衡发展的一项重要举措，对提高全省农村教师整体素质、促进山东省素质教育深入实施具有深远意义。

18日　首届"汉语桥"世界中学生中文比赛在青岛二中开幕，各国选手通过抽签决定了各自的比赛顺序。山东省教育厅副巡视员杜希福出席开幕式并宣布比赛开幕，国家汉办对外交流处处长王鲁新在开幕式上致辞。山东省教育厅外事处、基教处、山东教育电视台和青岛市教育局相关负责人出席了开幕式。本次比赛由国家汉办和山东省人民政府主办，山东省教育厅承办，旨在为各国学习汉语的青少年学生提供一个展示汉语能力的舞台，并创造一个互相学习和交流的平台，以激励其学习汉语的热情和兴趣，增进对中国语言和中华文化的理解。

23日　全省"禁毒宣传进校园"活动在济南启动。启动仪式后，"禁毒宣传进校园"活动将面向全省17市，为区、县级初中以上院校学生免费发放《禁毒法》宣传手册，免费组织在校学生观看禁毒教育影片《缉毒警》。全省17市的所有初中以上学校都将陆续开展以"不让毒品进校园"为主题的教育活动。

27日　副省长黄胜在济南山东大厦会见了前来参加"汉语桥"世界中学生中文比赛的各国代表团领队。国家汉办副主任胡志平、省教育厅厅长齐涛、省政府副秘书长司安民、省教育厅副巡视员杜希福、国家汉办重大项目与交流处副处长李瑗和省教育厅、省外办有关处室负责同志参加了会见。

30日　首届"汉语桥"世界中学生中文比赛决赛在济南举行。新加坡代表队获一等奖，越南代表队和美国纽约代表队获二等奖，蒙古代表队、朝鲜代表队和加拿大温哥华代表队获三等奖。副省长黄胜、国家汉办主任许琳、省教育厅厅长齐涛等出席闭幕仪式并为获奖选手颁奖。

8月

1～2日 “广播电视大学现状调研”课题工作研讨会在济南珍珠泉宾馆召开。中央电大校长葛道凯，校长助理李林曙出席会议并讲话。山东省教育厅副厅长、山东电大党委书记张兴民出席会议并致词。山东电大校长王卫东、副校长陈骥参加了会议。来自中央电大及北京、山东、贵州、云南、甘肃、新疆、辽宁、宁夏8省市电大的代表27人参加了会议。

6日 省教育厅举行“高中课程设置及教学指导意见与高中教师全员培训”新闻通气会，省教育厅副厅长张志勇出席会议。会上，省教育厅基础教育处、师范教育处、省教研室负责同志通报介绍了相关情况。张志勇分析了《高中课程设置及教学指导意见》出台的背景，他提出，上半年在规范办学行为，创设环境条件的基础下，下半年要聚焦课程改革，进入规范、改革、发展的新阶段。他解读了《意见》的纲领性、规范性、开放性、创造性等特征，提出了《意见》的几个关键节点，并对贯彻《意见》的切入点和保证《意见》实施的六项制度做了充分说明。新华社、《大众日报》、山东人民广播电台、《齐鲁晚报》等近20家新闻单位记者参加了新闻通气会。

6～8日 全省高校党建工作会议暨高校党委书记校长暑期研讨会在济南召开。省委常委、组织部长李玉妹，副省长黄胜出席会议并讲话。李玉妹强调，要深入学习贯彻党的十七大、第十六次全国高校党建工作会议和省委工作会议精神，以改革创新精神推进全省高校党建工作，为建设经济文化强省做出新的更大贡献。副省长黄胜在讲话中就推动内涵发展，打造高教强省，发挥高校在建设经济文化强省中的基础性、先导性作用提出明确要求。省委组织部、省委高校工委、省教育厅等有关部门负责同志，各市分管教育工作负责同志，全省高校党委书记、校长共230余人参加了会议。会议期间，青岛市委宣传部、山东大学等10个单位作了大会交流发言。

8日 山东省10万名高中教师新课程全员培训圆满结束。自7月12日，山东省高中教师远程研修项目正式启动以来，来自全省17市、1122个班级的106719名高中教师和2193名指导教师、132名课程专家一起，历经26天的研修，收获不菲。山东省首次运用远程网络技术开展大规模教师培训取得了圆满成功。

12～14日 全省县级教师培训机构建设现场会在威海召开，省教育厅副厅长张志勇出席并讲话。张志勇指出，在基础教育全面实现由外延向内涵推进过程中，在全省大力推进素质教育的背景下，进一步强化县级教师培训机构建设具有重大意义。县级教师培训机构建设不仅对义务教育阶段教师培训发挥着基础性作用，同时也是构建政府主导、统一平台、分级管理、共同实施的教师培养培训格局的重要措施。张志勇认为，威海市的县级教师培训机构建设工作走在全省的前列，在政府加大投入，资源整合，实现“研、训、教”一体化，构建现代化网络平台等方面探索了很好的经验。会议参观了威海市环翠区、文登市、荣成市县级教师培训机构建设的现场，还进行了大会典型经验交流与研讨。会议认为，县域内整合教研、培训、电教等部门，实现“研、训、教”一体化的教师培训模式，是新形势下县域教师培训的必由之路。各市教育局分管局长、科长，部分市县教育局局长，34所省级示范性县级教师培训机构主要负责人参加了会议。

19日 省政府新闻办公室在济南举行新闻发布会，邀请省教育招生考试院院长王坦及相关部门负责人介绍山东省2008年普通高考招生录取工作情况。发布会由省委外宣办、省政府新闻办主任黄泽存主持。中央驻鲁、香港驻鲁、省直及济南市等20多家新闻媒体的记者出席新闻发布会。会上，王坦介绍了山东省2008年普通高校招生录取的计划完成情况、政策执行情况和录取工作特点。之后，新华社、《大众日报》、山东电视台、《生活日报》、《山东商报》等媒体记者分别就中外合作办学、复读生、艺术招生、录取率、素质教育在招生工作中的体现等方面提出问题，相关部门负责人一一作答。

25日 由省教育厅主办的“山东省教师出版基金杯”2008年度教育创新人物(校长系列)评选活动结束。在各市认真选拔推荐的基础上，产生了50名候选人，经过网络投票，专家组讨论、评选，评审委员会严格审定和公示，最终产生10名年度教育创新校长和24名提名奖获得者。

26～28日 全省教学研究工作研讨会在泰安召开。会议分析研讨了山东省教研工作面临的形势和任务，总结了各地工作经验，同时深入探索教研工作新机制，研究如何为全省推进素质教育提供教研支持。省教育厅副厅长张志勇，厅党组成员、总督学徐曙光出席会议并讲话。各市普教教研室主任、职教教研室主任和省教育厅有关处室负责人参加了会议。

28～29日　全省各市教育局局长调度会在淄博召开。省教育厅全体领导班子成员出席会议并讲话。此次会议的主要任务是贯彻落实省委工作会议精神，以科学发展观为指导，总结规划工作，加快各级各类教育向内涵发展深层推进。会上，各市教育局长分别介绍了本市教育工作情况和下一步打算，并提出了很好的建议。省教育厅各分管领导通报了上半年的工作，安排部署了下半年的工作。省教育厅厅长齐涛进行了会议总结。各市教育局局长，省教育厅机关有关处室、有关厅属单位主要负责人参加了会议。

9月

4日　省教育厅召开部分高校学生资助工作调度座谈会，省教育厅副厅长陈光华出席会议并讲话。会上，各高校汇报了本校学生资助工作开展情况，介绍了为确保新生顺利入学提供的保障措施以及政策宣传工作，表示一定认真贯彻落实好国家和省的各项学生资助政策，确保贫困家庭新生能够顺利入学并完成学业。陈光华指出，高校学生资助工作意义重大，责任重大，各高校一定要带着感情，切实落实好各项措施，确保让党和政府的学生资助政策落到实处。山东科技大学、山东经济学院等10所高校的分管校长、学生资助中心主任，省教育厅相关部门负责同志参加了会议。

4～5日　省教育厅召开各市教育局安全科（处）长会议。省教育厅总督学孟庆旭出席会议并讲话。孟庆旭强调，2008年，我们国家大事多、重要事情多、自然灾害多，全省各级教育行政部门和各级各类学校要认真贯彻落实中央和省委的一系列指示和部署，牢固树立政治意识、大局意识，将学校安全工作列入重要议事日程，全力维护学校安全稳定，保证师生员工安全。

8日　省政府召开山东省庆祝2008年教师节电视会议，副省长黄胜出席会议并讲话。他指出，要坚持教育优先发展，发扬人民教师优良传统，弘扬伟大师德师魂，营造尊师重教社会风尚，推动教育事业又好又快发展，为建设经济文化强省做出应有贡献。黄胜强调：教育具有基础性、先导性、全局性的战略地位。各级政府要坚持教育优先发展，以更大的决心、更多的财力、更强的措施支持教育事业，全面提升教育发展水平。要坚持党的教育方针，全面推进素质教育，促进学生全面发展、健康成长。要坚持教育公益性质，促进均衡发展，完善困难学生资助制度，努力实现教育公平。黄胜要求，大力弘扬尊师重教优良传统，加大教师培养培训，强化农村教师队伍建设，切实保障教师合法权益，努力建设高水平师资队伍。黄胜希望广大教师要做社会主义核心价值体系的积极传播者，素质教育的坚定实践者，学生成长的悉心引路者，高尚师德的大力弘扬者，成为人民满意的教师。会议收看了全国教育系统抗震救灾先进集体和先进个人表彰大会，表彰了2008年山东省教学名师和年度教育创新人物。

9日　在第二十四个教师节来临之际，副省长黄胜代表省委、省政府走访慰问济南中小学教师，向辛勤耕耘在教育战线的全省广大教师致以节日的问候。黄胜先后来到济南市济钢中学、经五路小学，与学校师生亲切交谈。省教育厅厅长齐涛，副厅长张兴民、张志勇陪同走访慰问。

12日　全省农村中小学“211工程”（“两热一暖一厕”，即热水、热饭、取暖、改厕）试点工作会议在济南召开，省教育厅党组副书记、副厅长张兴民，省财政厅副厅长庞敦之，省农业厅副厅长李占祥出席会议并讲话。会议指出，近年来山东省先后实施了农村中小学危房改造、课桌凳更新、教学仪器更新等一系列教育惠民工程，农村中小学的办学条件得到极大改善，特别是全面实施农村义务教育经费保障机制改革以来，农村中小学经费保障水平明显提高，农村义务教育进入了快速发展的轨道，但部分农村中小学办学条件仍然较差。为此，山东省决定自2008年起，启动农村中小学“211工程”试点，主要是综合利用新型能源，解决师生饮水、做饭问题，改造取暖设施，综合利用沼气技术，解决农村中小学旱厕卫生、生活垃圾处理问题，从根本上改善农村中小学的卫生和生活条件。为保障试点工作顺利实施，2008年起省财政结合中央资金安排专项经费5000万元对试点工作给予补助，各地也要安排专项资金与省专项资金形成合力，努力扩大试点范围，增强试点成效。“两热一暖”试点学校不少于20所，改厕试点学校不少于120所。试点工作由省级教育、财政和农业部门统一领导和部署。试点学校年底前要完成，并投入使用。各市教育局、财政局、农业局有关负责同志参加了会议。

同日　山东省第十一届“全国推广普通话宣传周”

新闻发布会在济南举行。9月14日至20日，是第十一届“全国推广普通话宣传周”。全省各地将围绕“构建和谐语言生活，营造共有精神家园”这一宣传主题，开展内容丰富、形式多样、群众喜闻乐见的推广普通话宣传活动。省教育厅党组副书记、副厅长杨瑛出席了“中华经典诵读”山东赛区选拔赛及决赛晚会暨第十一届“推普周”启动仪式并致辞。

16日 山东省第三届教学仪器设备展示会在潍坊市开幕，省教育厅副厅长陈光华出席。本届展示会由省教育厅和潍坊市人民政府主办。展示会每两年举办一届，本届展示会到会代表(企业)以及产品数量、展位数量均创历史新高。本届展示会还安排了6场“主题报告”、“专题报告”及产品推介。国家教育部教学仪器研究所所长王富作了中小学图书馆建设专题报告，陈光华作了题为《认清形势，抢抓机遇，努力开创我省教育技术装备工作新局面》的工作报告。来自全省各地的5000多名教育工作者代表参加了会议，全国200多家生产企业到会布展近500个展位。

17～18日 山东省高等职业院校人才培养工作评估培训会在济南召开。省教育厅副厅长宋承祥出席会议并讲话。宋承祥指出，进一步贯彻落实《教育部关于全面提高高等职业教育教学质量的若干意见》和《高等职业院校人才培养工作评估方案》精神，对促进我省高等职业教育发展有重要意义。培训会上，教育部专家朱传礼、何锡涛、王成方、于雷、匡奕珍等分别做了题为《高等职业教育面临的形势和发展趋势》、《人才培养工作状态数据采集平台的建设与使用》、《以人才培养评估为抓手，全面提高高等职业教育教学质量》、《高等职业院校人才培养工作评估方案解读》、《高等职业院校内涵建设》等专题报告。专家们还围绕“高等职业院校新方案人才培养评估工作”进行了答疑，并与代表就一些共性问题进行了探讨。本次会议由山东商业职业技术学院承办。来自全省80余所高等职业院校和成人高校的院长、教学副院长、教务处长、评建办主任等共180多人参加了培训。

中旬 省教育厅认真安排部署纪念改革开放30周年系列活动，决定成立“山东省教育厅(省委高校工委)纪念改革开放30周年活动”组委会。全省教育系统纪念活动于9月下旬启动，12月份整项活动达到高潮。具体活动主要有：系统回顾和梳理山东省教育改革发展30年成就，并结集出版。开展大型“网络纪念活动”，发挥教育系统网络优势，要求各级教育行政部门门户网站、校园网开设“纪念改革开放30周年”专栏，通过图片、文字、数据等内容的展示，在全省教育系统中集中开展一次主题教育活动。以“身边的变化”为主题，在全省中小学师生中开展一次纪念改革开放30周年大型征文活动，特别优秀征文在教育相关媒体发表，优秀征文颁发证书予以奖励。组织全省中等职业学校开展一次“纪念改革开放30周年技能展示活动”，在全省职业学校师生中确立创新创造的理念。制作反映山东教育改革开放30年伟大历程的电视专题片，或开辟专栏节目进行系列报道。厅属各类报刊、杂志开辟“纪念教育改革开放30周年专栏”，发表纪念文章，刊登相关资料、图片等。厅机关将召开座谈会、举办书画展等活动，由省委高校工委组织高等院校同时开展纪念活动。

22～23日 全省农村学前教育工作研讨会在泰安召开。省教育厅副厅长张志勇出席会议并讲话。会议明确了今后5年全省农村学前教育改革发展目标。会上，泰安市教育局、宁阳县政府、东营市教育局、临沂市罗庄区政府、淄博市临淄区辛店街道中心校、招远市教育局、日照市岚山区教育局、无棣县教育局、临清市教育局等9个单位作了典型发言，各市教育局分管局长及基教、学前科(处)长参加了会议。会议期间，与会代表还参观了宁阳县和岱岳区的8所农村幼儿园。

25日 全省职业教育与成人教育工作研讨会在淄博召开，省教育厅党组成员、总督学徐曙光出席并讲话。徐曙光指出，要进一步认识和理解大力发展职业教育的意义和重要性，把职业教育作为调整优化教育结构、促进各级各类教育协调均衡发展的关键环节，作为整个教育事业改革和发展的战略重点，继续坚持大力发展。各市教育局职成教科(处)长、职教室主任参加了会议。

26～28日 作为第十四届鲁台经贸洽谈会内容之一的“海峡两岸职业教育院校长研讨会”在潍坊举行。来自海峡两岸的职业教育工作者100余人参加了研讨会。本次“海峡两岸职业教育院校长研讨会”是山东省首次举办的海峡两岸职业教育大型研讨活动，旨在借助鲁台经贸洽谈会这一平台，加强山东职业院校与台湾职业院校之间的交流与合作，促进两岸职业院校向高层次、高水平合作迈进。本次研讨会突出职业教育“特色与定位”这一主题，对两岸职业教育的合作与发展进行广泛研讨和交流，举办了“海峡两岸职业院校成果展”，组织相关专家实地考察了部分职业院校。根据两岸职业院校办学性质及特色，还分组进行了深层次的交流、洽谈与对接。

27 日　2008 中国(曲阜)国际孔子文化节开幕式暨第三届联合国教科文组织孔子教育奖颁奖典礼在曲阜隆重举行。2008 年度,该奖项授予南非和埃塞俄比亚的两家教育机构。全国人大常委会原副委员长许嘉璐,山东省委副书记、省长姜大明为获奖者颁奖。第三届联合国教科文组织孔子教育奖的主题为"扫盲与卫生保健"。据介绍,获奖的南非"科瓦尼贝拉"项目利用成人识字和成人基础教育来促进当地社会变革发展。科瓦尼贝拉是一个不通水电、遥远偏僻的农村社区,文盲率高,该项目通过培训扫盲辅导员,提高农村妇女识字水平,促进其对艾滋病的了解,改善家庭营养和收入,完善卫生设施,取得了突出成绩。另一个获奖的埃塞俄比亚成人和非正规教育协会,通过"识字与更多"项目,服务于边缘化社会群体特别是贫穷的农村妇女,帮助其掌握生活技能、商业技能,传授解决冲突、预防疾病特别是控制疟疾的能力。孔子教育奖是联合国教科文组织首个以中国人名字命名的奖项,旨在用于奖励世界范围内在全民教育领域取得突出成就的政府机构、非政府组织和具有杰出贡献的个人。

本月　根据《教育部、财政部关于实施高等学校本科教学质量与教学改革工程的意见》,教育部、财政部联合开展了第四届高等学校教学名师奖的评选工作。经过地方推荐、同行专家网络评审和会议评审,决定对北京大学温儒敏等 100 名高等学校教师予以表彰。教育部向获奖者颁发"第四届高等学校教学名师奖"证书、奖章和奖杯。山东省有 6 名教师在此次评选中获奖,分别是:山东师范大学戚万学、山东大学于修平、济南大学魏琴、中国石油大学(华东)蒋有录、淄博职业学院曾照香、山东英才学院杨文。

本月　根据教育部《关于 2008 年度国家精品课程上网公示的通知》(教高司函[2008]175 号),2008 年山东省高等学校 30 门课程入围国家精品课程,其中本科课程 16 门,高职高专课程 12 门,网络课程 2 门。至此,山东省高等学校国家精品课程总数达到 96 门。同时,有 4 所高校(1 所本科院校、3 所高职院校)实现了国家精品课程零的突破,使山东省国家精品课程覆盖学校达到 31 所。

本月　"山东教育人事管理"网站正式开通。该网站是由省教育厅人事处主办的公共事务管理和服务性网站。网站集政策发布、信息公布、项目介绍、网上报名等多项功能于一体,旨在探索利用先进的现代化网络技术搭设信息管理和交流平台,提高工作效率,简化办事程序,有效实施教育系统人事工作的指导和管理职能,为学校、教师和公众提供高质量的便捷服务。

10 月

8 日　省教育厅开展深入学习实践科学发展观活动领导小组及领导小组办公室全体成员召开会议,贯彻学习全省深入学习实践科学发展观活动动员大会暨市厅级主要领导干部专题研讨班精神,研究部署省教育厅深入学习实践科学发展观活动方案。党组书记、厅长齐涛传达了全省相关会议精神并提出了工作要求,厅党组副书记、副厅长张兴民安排部署了开展活动的相关方案。齐涛指出,开展深入学习实践科学发展观活动是党中央的一项战略部署,具有重大的战略意义,我们要充分认识开展深入学习实践科学发展观活动的重要性、必要性、紧迫性,把思想高度统一到中央的决策部署上来,切实增强搞好学习实践活动的政治责任感、现实紧迫感和历史使命感。齐涛强调,要紧密联系山东教育实际扎实开展深入学习实践科学发展观活动。在学习调研阶段,要对全省重大教育问题逐一梳理,确定重点题目,深入开展调查研究,摸清情况,理清思路。在学习实践中,以教育体制改革和办学水平提高为侧重点,深入查找相关的突出问题,及时制定整改方案,尽快落实解决。要结合重点调研题目,立即组织工作班子,着手制定《山东省中长期教育改革和发展规划纲要》,理清山东今后一个时期教育发展总体思路,推动教育事业再上新台阶,为山东建设经济文化强省做出贡献。

9～10 日　省教育厅、省财政厅在济南联合召开省属高校财务工作座谈会,对当前省属高校财务工作中存在的突出问题,重点就化解高校财务工作难题特别是债务危机的途径和方法进行了深入研讨。省教育厅副厅长陈光华,省财政厅副厅长庞敦之出席会议并分别讲话。会上,省财政厅和省教育厅相关处室负责同志还通报了国库集中支付改革、政府采购和化解高校贷款、优化贷款结构等情况。与会代表参观考察了济南长清大学科技园的 6 所省属普通高校。26 所省属高校的校领导、财务处长以及省教育厅、省财政厅相关处室的同志参加了座谈会。

11 日　由省教育厅、高等教育出版社主办,山东大学外语教学研究会和山东交通学院承办的 2008 年"高教社杯"山东省第五届高职高专院校实用英语口语大赛在山东交通学院隆重举行。来自全省 49 所高职高专类院校的 49 名选手参加了比赛。本次大赛是贯彻教育部对高职高专英语课程教学提出的“以应用为目的，以实用为主”的指导思想和培养目标的一项重大赛事，旨在展示山东省高职高专院校英语教学改革成果，以期促进全省高职高专英语教学水平的提高。

14 日　省教育厅举办全省中小学学生信息管理系统应用培训班，省教育厅副厅长张志勇出席并讲话。为进一步规范全省普通中小学学籍管理工作，促进学籍管理的信息化、科学化建设，实现全省中小学学生学籍基本信息的共享，省教育厅组织开发了山东省中小学学生信息管理系统，建立全省中小学校标准代码数据库，对全省普通中小学学生信息实行统一的电子化管理。省教育厅要求各市教育局要按照教育部《中小学学生学籍信息化管理基本信息规范》要求，对属地内中小学学生学籍信息实行标准化、规范化管理，按规定时间每年两次向省报送更新学籍信息。培训班通过山东省教师培训远程视频会议系统进行，有关专家对“山东省中小学学生信息管理系统”使用操作方法进行了培训。全省各市、县教育局分管学籍的同志，市、县教育局直属学校、乡镇中心校和其他中小学负责学籍管理的人员共 4380 多人参加了培训。

15 日　中国教育会计学会义务教育经费保障机制改革研讨会在济南召开。教育部财务司副司长田祖荫、中国教育会计学会会长张光明、教育部财务司办公室主任宋家乐出席会议，山东省教育厅副厅长陈光华出席会议并致辞。全国 21 个省、市、自治区教育会计学会的负责同志参加了会议。田祖荫在会上作了题为《义务教育经费的有效保障和科学管理》的专题报告，介绍了近年来中央在义务教育经费保障机制改革中的有关做法和当前义务教育经费保障状况，强调要明确农村教育在全面建设小康社会中的重要地位，把农村教育作为教育工作的重中之重，进一步增加义务教育投入和强化管理，落实好“依法、优先、务实、规范”的八字方针。会上，黑龙江、山东、上海等省市分别作了典型发言。与会代表还就当前义务教育经费保障机制有关工作问题进行了座谈和研讨。

16 日　省教育厅召开开展深入学习实践科学发展观活动动员大会。厅党组书记、厅长齐涛作动员报告，省委指导检查组组长牛启忠讲话。厅党组副书记、副厅长张兴民主持会议。齐涛指出：开展深入学习实践科学发展观活动，是党的十七大做出的重大战略部署，是当前世情、国情和党情的必然要求，是推动教育事业又好又快发展的现实需要；要深入学习领会中央、省委有关文件和领导同志重要讲话精神，进一步提高对搞好学习实践活动重要性、必要性和紧迫性的认识，把思想高度统一到中央、省委部署要求上来，进一步深化对科学发展观内涵、精神实质和根本要求的认识，增强贯彻落实科学发展观的自觉性和坚定性，在新的历史起点上继续解放思想、坚持改革开放、推动科学发展。省教育厅党组成员、副厅长陈光华宣读了省教育厅深入学习实践科学发展观活动领导小组成员名单，省教育厅党组成员、副厅长宋承祥传达了省教育厅深入学习实践科学发展观活动方案。省委指导检查组第七组全体成员出席了会议。厅机关全体党员、干部，厅属各单位领导班子成员，离退休干部党支部书记、副书记，济南铁道职业技术学院党委班子成员参加了会议。

20～21 日　省委书记姜异康到山东大学和山东师范大学调查研究工作，他强调，要以改革创新精神，大力实施科教兴鲁和人才强省战略，繁荣发展高等教育，着力提高办学质量，培养造就更多的适用人才，为加快推进经济文化强省建设做出新贡献。省委常委、秘书长王敏，省教育厅厅长齐涛等参加了调研活动。

24 日　省委高校工委、省教育厅召开民办高校督导专员、党建工作联络员座谈会。省教育厅党组副书记、副厅长张兴民出席会议并讲话，省委高校工委副书记傅华峰主持会议，省教育厅副厅长陈光华、总督学徐曙光出席会议。由省委高校工委、省教育厅委派的 24 名党建工作联络员、督导专员分别介绍了他们在民办高校开展工作的情况。张兴民在讲话中进一步阐述了委派党建工作联络员、督导专员的重大意义，并对他们的工作提出了具体指导意见。省委高校工委、省教育厅有关处室负责人参加了会议。

28～29 日　国家教育督导团办公室在济南召开教育督导工作规程研讨会，山东省教育厅总督学孟庆旭到会祝贺，教育部督导办副巡视员程锦慧，教育督导分会理事长白景龙、副理事长高玉琛和马钊，部分省、市、县教育督导室主任参加了研讨。与会代表围绕《教育督导工作规程（初稿）》进行了热烈讨论，从规程的结构、体例、内容、内涵、组织实施等各方面提出了许多启发性、建设性的修改、补充意见，为《教育督导工作规程》的早日出台奠定了基础。

同日　第二届山东省高等教育高层论坛在济南市举办，来自全省高等学校的院（校）长 140 余人参加了本次论坛。省教育厅副厅长宋承祥出席论坛并讲话，他回顾了山东高等教育在过去 30 年里取得的辉煌成绩，分析了当前高等教育面临的形势和任务，指出山东省高等教育学会应在科学发展观的指导下，进一步加强高等教育研究，积极推进全省高等教育健康、协调、持续发展。会议邀请部分高等教育专家分别就高等学校如何发挥大学学术委员会的作用、如何在科学发展观的指导下按规律办学、如何建立教学质量保障体系、如何发挥功能承担历史使命以及如何推进高等职业教育改革与发展等议题作了专题报告。参加高层论坛会议的各高等学校的院（校）长还就高等教育发展过程中的其他经验和问题进行了分组交流发言和研讨。

29日　省教育厅举行学习实践科学发展观辅导报告会，厅党组书记、厅长齐涛作了辅导报告，厅党组副书记、副厅长张兴民主持报告会。齐涛系统阐释了改革开放30年来，教育事业取得的跨越性发展和巨大变化，深刻分析了教育在发展中所带来的一些问题，对偏离教育规律的一些现象进行了点评。齐涛强调，尊重教育规律，回归教育本来，按照教育规律来办学就是教育系统落实科学发展观最具体最鲜明的体现。在辅导报告中，齐涛还针对山东省教育目前面临的问题和长远发展涉及到的重大问题，提出了11个重点调研题目，包括素质教育如何进一步推进，如何构建适应新形势要求的教师教育体系，农村义务教育保障机制如何进一步健全和完善，高校债务结构调整问题，高等教育内涵发展问题，稳步推进高考招生制度改革问题，职业教育与民办教育管理体系构建问题，职业教育内涵发展问题，成人教育转型问题，教育法规建设问题和中小学德育如何进一步深化问题等。齐涛要求，要深入实践搞好调研，理清工作思路，使教育事业切实转到科学发展的轨道上来。厅机关全体人员，厅属各单位班子成员参加了报告会。

31日　全省高校办公室工作座谈会在东营召开，全省高校办公室主任130余人参加了会议。省教育厅副厅长、厅党组副书记杨瑛到会并讲话。杨瑛在讲话中指出，多年来，全省高校办公室的同志紧紧围绕高等教育工作的大局，积极主动开展工作，付出了很多心血和汗水，很好地履行了职责，圆满地完成了各项工作任务，保证了工作的高效有序运转，为全省高等教育事业的改革发展和稳定提供了有力的保障，做出了很大的贡献。杨瑛指出，在当前的形势下，要充分认识办公室的重要地位和作用，发挥好办公室作为高校的参谋部、组织联络部、信息中心部、作战部和排忧解难服务部的作用。要紧紧围绕党和国家发展大局以及高等教育的中心工作来谋划办公室工作，以服务为出发点提高办公室工作水平。

11月

1日　全省教育新闻宣传工作研讨会在济南召开，省教育厅党组副书记、副厅长张兴民，《中国教育报》副总编辑李功毅，中国教育报刊社副社长张新洲出席并讲话。张兴民在讲话中指出，要进一步密切与《中国教育报》等主流媒体的联系，宣传好山东的各项教育工作。要加强与各地教育主管部门及各级各类学校的联系，密切了解各地教育工作的动态，及时将各地的工作经验和先进典型宣传出去，宣传到位。张兴民要求各地负责宣传工作的同志要从全局角度出发，把宣传工作作为教育事业发展的重要环节，切实抓紧抓好，不断提升教育新闻宣传的水平。要进一步加强教育类报刊的宣传通联工作，订好、学好、用好教育类报刊，以此推进教育事业的发展。《中国教育报》副总编辑李功毅介绍了教育报道的相关选题要求。中国教育报刊社副社长张新洲对学好用好《中国教育报》提出了相关建议。全省各市教育局及相关县（市、区）负责宣传工作的负责人、部分高职院校宣传部长等参加了会议。

2～6日　由国务院纠风办、教育部等七部门组成的全国教育收费专项检查组对山东省的教育收费情况进行了专项检查。其间，专项检查组一行分别听取了山东省治理教育乱收费和有关单位关于加强教育收费管理、规范收费行为的工作汇报，实地检查了山东经济学院、临沂师范学院2所高校以及济南市、临沂市和青岛市下属5个区的10所中小学，共听取有关部门和单位的工作汇报15次，查阅了各级教育收费相关文件资料，调阅结算中心和学校的财务账目及收据，与部分学生进行座谈并电话征求了学生家长的意见。11月6日下午，专项检查组组长施泽华在青岛向山东省作了意见反馈。施泽华在肯定山东省近年来取得成绩的同时，指出了山东省教育收费工作中存在的主要问题，提出了进一步推进规范教育收费工作的建议。省教育厅党组副书记、副厅长张兴民，省政府纠风办副主任、省纪委纠风室主任徐国力表示，对专项检查组的反馈意见要及时整改，举一反三，加强督查，清源治本。

3日　西藏日喀则地区教育行政干部培训班在山东教育学院举办。省教育厅副巡视员张海泉代表山东省教育厅表示祝贺，并对来自西藏日喀则地区的教育局长、校长们表示热烈欢迎。张海泉在讲话中要求培训院校要牢固树立政治意识、大局意识和责任意识，切实加强领导、明确分工、密切协作，充分了解学员的培训需求，有针对性地开展培训，确保培训工作取得圆满成功。他希望参加培训的学员能够尽快地适应新环境，以饱满的热情和积极的态度投入到培训工作中来，充分发挥主动性和能动性，做培训工作的积极参与者，力求学有所获，学有所成，以良好的形象和优异的成绩展示西藏日喀则地区教育行政部门领导干部的素质和风采。省教育厅办公室、师范教育处负责同志和省教育学院领导参加了开班仪式。

同日 省教育厅在济南召开全省教育国际交流与合作工作座谈会，省教育厅副巡视员杜希福到会并讲话。17市教育局分管局长、外事工作部门负责人，6所“国家汉语国际推广中小学基地”校长参加了会议。会议介绍了省教育厅近期国际交流合作工作思路，研究讨论山东省下一步国际交流与合作工作，尤其是中小学国际交流与合作工作的目标和措施。会议听取了各市教育国际交流与合作工作汇报、建议以及济南、青岛、潍坊、泰安四市和济宁学院附属中学典型经验介绍，并征求了对“关于设立山东省教育国际交流与合作基地的意见”、“关于举办国际教育展览会的管理办法”等文件的修改建议。会议期间，省教育厅受国家汉办委托，为山东省实验中学、青岛二中、泰山教育集团（泰山中学与泰山外国语学校）、烟台二中、济宁师专附中、山东省实验小学等6所学校举行了“国家汉语国际推广中小学基地”授牌仪式。

6日 山东省教育基金会第一届理事会第二次会议召开。基金会理事长、原省人大常委会副主任邵桂芳出席会议并讲话。基金会常务副理事长、原省教育厅巡视员马庆水作了基金会工作报告，对基金会成立以来募集、救助等各项工作进行了全面总结，并对今后如何进一步开展好基金会的工作提出了建议。会议审议表决通过了《汶川地震抗震救灾募集资金支出预算方案》《山东省教育基金会2009年支出预算方案》《2009年“爱心一日捐”活动方案》等3个方案，选举刁钦义、艾万发为山东省教育基金会副理事长，确定刘秀琴、吴建华、刘洪德为理事，司金贵，刘振鹏为监事，吴建华任副秘书长。基金会理事、监事及基金会办公室工作人员出席了会议。

6～7日 山东省外国文教专家“教学奖”授奖仪式暨山东省第四届中外教师外语教学研讨会在聊城大学举办。省教育厅副巡视员杜希福到会并讲话，省政府外事办公室、省外国专家局、聊城大学等部门有关领导出席会议并为获奖中外专家颁奖。来自省内25所高校的外国专家和外籍教师，获研讨会优秀论文奖的中外教师，省教育厅高教处、外事处以及有关高校外事处负责同志参加了会议。

7日 山东省人民政府办公厅转发省教育厅等部门《关于进一步加强专业学位研究生教育工作的意见》（鲁政办发[2008]62号），要求各地、各部门、各研究生培养单位，要从全面建设小康社会、认真贯彻落实科学发展观、加快推进经济文化强省建设的高度，充分认识加强高层次、应用型、复合型专门人才培养、发展专业学位研究生教育的重要意义，坚持改革创新，加大工作力度，积极推动专业学位研究生教育的发展。

9日 加拿大不列颠哥伦比亚省(BC)教育厅副厅长彼得·欧文先生和执行总监苏珊·彭纳女士一行访问山东。省教育厅厅长齐涛会见了加拿大客人，双方展望了开展教育交流与合作的领域与前景。省教育厅副巡视员杜希福向BC省客人介绍了山东省教育发展情况，双方探讨了在远程教育、民办教育、高中后教育质量认证等领域进行合作的可能性。会谈后，双方签署了《中华人民共和国山东省教育厅与加拿大不列颠哥伦比亚省教育厅关于建立和加强教育交流与合作关系的谅解备忘录》。

14日 山东省人民政府办公厅《转发省教育厅等部门〈关于对2008年度教育工作进行综合督导的实施意见〉》（鲁政办发[2008]64号），就进一步做好对政府教育工作督导评估做出部署。

同日 为深入学习实践科学发展观，推动我省高等教育内涵发展，加强和改进山东省本科高校实践教学工作，不断提高人才培养质量。省教育厅邀请山东大学、山东理工大学、山东农业大学、聊城大学、山东经济学院、泰山医学院、滨州学院、烟台南山学院等8所本科高校分管实践教学工作的校长、教务处长，在聊城大学召开了本科高校实践教学工作研讨会。宋承祥副厅长到会并讲话。会议期间，各高校分别交流了近年来加强和深化实践教学改革的做法和成功经验，同时深入探讨了全省本科高校实践教学面临的新形势和有待解决的问题。会议加深了对实践教学重要性的认识，理清了工作思路，明确了工作重点，为下一步实践教学的开展进行了有益的探讨。

20日 省教育厅党组书记、厅长齐涛一行，根据深入开展学习实践科学发展观活动的安排，到武城二中就高中教育改革发展情况进行工作调研。

同日 山东省高校中外合作办学研讨会在青岛召

开。省教育厅副巡视员杜希福出席研讨会，66所高校的国际处(外事处)处长参加了研讨会。教育部国际司副司长徐永吉应邀出席研讨会，并在会上做了“加强规范管理，促进中外合作办学健康稳步发展”的专题报告，重点从依法办学、规范管理等几个方面分析了当前中外合作办学面临的形势、存在的问题，阐述了下一步工作的任务和方向。会议通报了山东省中外合作办学的情况，征求了对《山东省教育厅关于进一步加强我省中外合作办学管理的意见(草稿)》的修改建议。根据教育部的要求，大会向获得教育部批准和备案的中外合作办学机构和项目颁发了许可证和项目批准书。

21日　山东省首届高等学校教师队伍建设论坛在山东经济学院举行。省教育厅党组书记、厅长齐涛出席论坛并讲话，论坛由省教育厅党组副书记、副厅长张兴民主持。论坛总结了山东省高校教师职务高级评审委员会连续三年的评审情况，客观分析了全省高校教师队伍建设中存在的问题，并就师资队伍结构、专业教师素养、教师综合评价、改革职称评审机制等方面进行了深入研讨。省高校教师职务高级评审委员会执行委员26人参加了此次论坛。

21～24日　教育部、住房城乡建设部、国家安全监管总局组成联合督查组，对山东省学校及周边建筑安全工作进行督查。督查组先后听取了省政府和济南、淄博市政府及有关部门的情况汇报，并到济南、淄博两市各类学校及部分建设工地实地查看。24日上午，督查组对检查情况进行了反馈，副省长黄胜出席了汇报会和反馈会。督查组对山东省学校安全工作给予了充分肯定，同时要求进一步提高认识，加强领导，强化监管，细化措施，扎扎实实做好学校及周边安全各项工作。副省长黄胜就如何贯彻督查组意见，加强全省学校安全工作，提出了明确要求，强调要深刻认识做好学校及周边安全工作的重要性和紧迫性，牢固树立安全重于泰山的思想，时刻做到警钟长鸣、常抓不懈，防患于未然，确保学校安全平安，为广大师生营造一个安全健康的环境。

22日　2008年山东省普通高中课程实施水平评估培训会议在济南召开。省教育厅副厅长张志勇出席会议并讲话。省教育厅基础教育处、省教研室等部门负责人参加了会议，并分别就学生综合素质评价档案、教材和教辅使用、课程设置与管理、课程实施效果等内容作了专题解读报告。各评估组结合评估任务和评估程序进行了讨论和模拟演练。来自全省的102名专家参加了会议。

24日　省政府办公厅印发《转发省教育厅等部门〈关于做好我省生源地信用助学贷款工作的意见〉的通知》(鲁政办发[2008]66号)。

25～28日　新华社、《人民日报》、《光明日报》、《中国教育报》等中央媒体记者组成采访团来山东省就素质教育推进情况进行调研采访。副省长黄胜接见了各位记者并与其亲切交谈。在26日举行的座谈会上，省教育厅厅长齐涛、副厅长张志勇向采访团系统介绍了山东推进素质教育的基本思路和做法。其间，采访团先后深入山东省实验中学、枣庄三中、枣庄十五中、泰安市泰山区省庄二中、莱芜市钢城区丈八丘联小、莱芜十七中等学校，与各市教育局、学校领导、教师、学生和家长进行座谈、讨论，了解素质教育理念给师生带来的变化。记者们还深入课堂听课，查阅大量资料，对山东省素质教育推进情况进行了详尽采访和调研。

26～27日　全省教育科研工作会议在济南市召开。中央教科所、全国教育科学规划办常务副主任曾天山，山东省教育厅党组成员、总督学孟庆旭出席会议并讲话。本次会议的主题是回顾和总结四年来全省教育科研工作取得的成绩和经验，正确分析教育科研工作所面临的形势和任务，明确今后一段时间全省教育科研工作的指导思想和思路，表彰教育科研先进单位、先进个人及优秀科研成果，进一步统一思想，提高认识，振奋精神，全力推进全省教育科研事业持续发展。全省17市教育局分管局长、教科所(院)长、师范院校代表，部分省级教学成果奖及省教育科研优秀成果获奖者代表200余人参加了会议。

30日　山东省普通高中课程改革省级定点联系学校工作会议在济南召开。省教育厅副厅长张志勇出席会议并讲话。会议安排与会人员分五组赴北京、广东、海南、浙江和福建五省市考察普通高中课程改革工作，学习先进地区的课程改革经验。各市教育局分管局长及基础教育科(处)长、全省50所省级定点联系学校校长、省级基础教育课程研究中心和省教育厅有关处室负责同志参加了会议。

12月

1日　山东省生源地信用助学贷款签约仪式在济南举行，标志着山东省生源地信用助学贷款工作正式启动。在签约仪式上，山东省教育厅与国家开发银行山东省分行和青岛市分行分别签订了《山东省生源地信用助学贷款省级合作协议》，国家开发银行山东省分行与中国邮政储蓄银行山东省分行签订了《山东省生源地信用助学贷款代理结算协议》。省财政厅副厅长庞敦之、省教育厅副厅长陈光华、山东银监局副局长葛彬、国家开发银行山东省分行行长于泽水、国家开发银行青岛市分行副行长王磊、中国邮政储蓄银行山东省分行行长韩广岳出席签约仪式并致辞。部分新闻媒体单位参加了签约仪式。

2日 省教育厅在济南召开山东省高等职业院校人才培养工作评估新方案研讨会，正式启动高等职业教育新方案评估工作。

12日 省教育厅党组副书记、副厅长张兴民到省教育厅学习实践科学发展观活动联系点禹城市进行工作调研。

15日 山东建筑大学与山东省科学院在济南签订合作协议。副省长黄胜出席签字仪式并讲话。

18～19日 2008年度全省教育督导工作会议在济南召开，省教育厅总督学孟庆旭出席会议并讲话。会议学习研究了2008年度教育工作综合督导评估细则，对市、县(市、区)自查自评工作进行了初步部署。各市代表相互交流了2008年度教育督导工作情况和2009年度工作打算，省政府教育督导室主任刘振鹏总结了全省2008年度教育督导工作，并对2009年度教育督导工作提出了安排意见。各市教育局分管局长、督导室主任40余人参加了会议。

26日 山东省教育厅和中国建设银行股份有限公司山东省分行签订战略合作协议。副省长黄胜、山东省教育基金会理事长邵桂芳及合作双方领导参加了协议签字仪式。协议的签订标志着双方的合作达到了新的阶段，双方均将对方视为业务发展重要的战略合作伙伴，并将进一步扩大合作范围，持续推动在教育、金融及相关领域的沟通与交流，确保战略合作的长期性、稳定性和有效性。

28日 山东省举办2009年普通高校招生考试美术类专业统一考试。教育部学生司副司长姜钢、处长周利明在省教育厅副厅长宋承祥、省教育招生考试院院长王坦陪同下到泰安、济南两个考区察看了考试组织实施情况。本次考试是山东省普通高考美术类专业的首次全省统考。

30日 2008山东教育十大新闻发布会暨《山东教育改革发展三十年》首发式在济南举行。省教育厅党组书记、厅长齐涛出席并讲话，省教育厅党组成员、总督学孟庆旭主持仪式。在发布会和首发式上，省教育厅办公室主任王积众介绍了2008山东教育十大新闻的评选和主要内容，省教科所所长亓殿强介绍了《山东教育改革发展三十年》课题立项、编写、出版情况及内容概要。会上还向部分单位赠送了《山东教育改革发展三十年》一书。省暨济南市主要媒体记者、省教育厅机关处室、部分厅属单位负责人参加了发布会和首发式。

教育发展概况

2008 年山东省教育事业发展情况

义务教育

2008 年全省小学 13503 所，比上年减少 561 所；招生 104.6 万人，比上年减少 6.8 万人；在校生 633.0 万人，比上年减少 1.0 万人。小学毕业生 107.5 万人，比上年增加 3.6 万人。小学学龄儿童净入学率 99.95%。小学五年巩固率 101.71%。

全省小学专任教师 38.8 万人，比上年增加 0.1 万人。教师学历达标率为 99.77%，比上年提高了 0.12 个百分点。小学生师比为16.32∶1，比上年的16.40∶1 略有降低。

2008 年全省普通初中 3211 所，比上年减少 78 所；招生 108.2 万人，比上年增加 2.8 万人；在校生 333.8 万人，比上年减少 3.0 万人。普通初中学龄儿童净入学率 99.89%。普通初中毕业生 108.0 万人，比上年减少 18.5 万人。

全省普通初中专任教师 25.5 万人，比上年减少 0.2 万人，教师学历达标率为 98.22%，比上年提高了 0.48 个百分点。普通初中生师比为 13.07∶1，与上年相同。

学前教育与特殊教育

2008 年全省共有幼儿园 15839 所，比上年增加 925 所；在园幼儿(含学前班)175.1 万人，比上年增加 11.8 万人。全省幼儿教师 76635 人，比上年增加 6988 人。幼儿教师中具有专科及以上学历的 35100 人，占幼儿教师总数的 45.80%，比上年增长了 2.47 个百分点。

2008 年全省共有特殊教育学校 144 所，招生 2471 人，比上年减少 612 人；在校 19659 人，比上年减少 449 人；毕业生 2085 人，比上年减少 327 人。在普通学校随班就读和附设特教班就读的残疾儿童招生数和在校生数分别占特殊教育招生总数和在校生总数的 24.04%和 23.66%。

高中阶段教育

2008 年全省共有普通高中 682 所，比上年减少 68 所；招生52.3万人，比上年减少4.7万人；在校生168.4万人，比上年减少15.1万人。毕业生64.9万人，比上年增加0.3万人。

全省普通高中专任教师11.2万人，比上年减少0.04万人，教师学历达标率为94.44%，比上年提高了2.83个百分点。普通高中生师比为15.00∶1，比上年的16.29∶1明显降低。

2008 年全省共有中等职业教育学校(包括普通中等专业学校、职业高中、成人中等专业学校)761 所，比上年减少 21 所。中职招生 41.8 万人，比上年减少 4.1 万人；中职在校生 122.0 万人，比上年减少 0.5 万人。

2008 年全省共有职业技术培训机构 13565 所，当年已结业 429.37 万人次，教职工 4.2 万人，专任教师 2.7 万人。

高等教育

2008 年，全省共有普通高等学校 114 所，比上年增加 3 所，成人高等学校 22 所，比上年减少 1 所。普通高校中本科院校 45 所，高职(专科)院校 69 所。全省共有培养研究生单位 31 个，其中高等学校 27 个，科研机构 4 个。

2008 年全省招收研究生 1.85 万人，比上年增加 0.17 万人，招生中博士生 0.18 万人，硕士生 1.67 万人；在校研究生 5.07 万人，比上年增加 0.40 万人，在校生中博士生 0.67 万人，硕士生 4.40 万人；毕业研究生 1.32 万人，比上年增加 0.19 万人，毕业生中博士生 0.14 万人，硕士生 1.18 万人。

全省普通本专科招生 51.4 万人，比上年增加 6.1 万人，本专科招生数占招生总数的比例分别为38.45%和61.55%。地方所属高校普通本专招生49.4万人，比上年增加6.0万人,本专科招生数所占比例分别为36.04%和63.96%。

普通本专科在校生153.4万人,比上年增加9.4万人,本专科在校生占在校生总数的比例分别为47.49%和52.51%,地方所属普通本专科在校生145.6万人,比上年增加9.3万人,本专科在校生数所占比例分别为44.74%和55.26%。

普通高等教育本专科毕业生41.1万人,比上年增加5.5万人,本专科毕业生所占比例分别为41.39%和58.61%;地方所属高校普通本专科毕业生39.3万人,比上年增加5.5万人,本专科毕业生所占比例分别为38.73%和61.27%。

2008年全省成人高等教育本专科招生15.3万人,比上年增加4.6万人;在校生35.5万人,比上年增加5.8万人;毕业生9.3万人,比上年减少0.5万人。

2008年全省普通高等学校教职工13.4万人,比上年增加0.5万人,其中专任教师8.7万人,比上年增加0.5万人。成人高等学校教职工0.7万人,比上年减少0.5万人,其中专任教师0.5万人,比上年减少0.3万人。

民办教育

2008年全省共有各级各类民办学校(教育机构)6369所,在校学生170.6万人。其中:民办幼儿园5349所,在园儿童52.3万人;民办普通小学260所,在校生22.1万人;民办普通初中242所,在校生25.0万人;民办普通高中135所,在校生15.4万人;民办中等职业学校191所,在校生23.2万人;民办职业技术培训机构68所,注册学生2.6万人;民办的其他高等教育机构100所,各类注册学生3.1万人;民办普通高等学校24所,在校生26.9万人,其中本科生6.2万人,专科生20.7万人。

2008年全省有独立学院12所,在校生7.1万人,其中本科生5.3万人,专科生1.8万人。

2008年山东省地方教育经费统计情况

(鲁教财字[2009]54号)

一、全省地方教育经费收入情况

2008年全省地方教育经费总收入为774.91亿元,比上年的680.24亿元增加94.67亿元,增长13.92%。

(一)财政性教育经费。2008年财政性教育经费收入574.7亿元,比上年增加99.14亿元,增长20.85%。其中财政预算内教育经费(不含城市教育费附加)510.3亿元,比上年增长21.83%;各级政府征收用于教育的税费为59.41亿元,比上年增长16.51%。企业办学中的企业拨款4.44亿元,比上年降低11.38%。校办产业和社会服务收入等用于教育的经费0.55亿元,比上年降低20.16%。

(二)非财政性教育经费。2008年非财政性教育经费收入200.21亿元,比上年减少4.47亿元,减幅为3.22%。其中民办学校中举办者投入2.31亿元,比上年增长39.16%;社会捐赠经费2.41亿元(农村捐资0.62亿元),比上年降低19.68%;事业收入180.13亿元,比上年增长2.49%,其中学费、杂费收入129.44亿元,比上年降低2.42%;其他收入15.36亿元,比上年降低36.71%。

2008年全省地方教育经费总收入中,财政性教育经费所占比例为74.16%,比上年增长4.25个百分点,非财政性教育经费占25.84%,比上年降低4.25个百分点。

二、教育经费"三个增长"情况

(一)2008年全省地方财政预算内教育经费收入比上年增长21.83%,高于同期经常性财政收入10.5%的增长速度。

(二)各类学校生均预算内教育事业费增长情况。

1. 普通高等学校由上年的4587元增加到5459元,增长19.02%。

2. 职业高中由上年的3326元增加到4286元,增长28.87%。

3. 普通高中由上年的2572元增加到3208元,增长24.74%。

4. 普通初中由上年的3387元增加到4389元,增长29.6%。

5. 普通小学由上年的2397元增加到2909元,增长21.36%。

(三)各类学校生均预算内公用经费情况。

1. 普通高等学校由上年的957元增加到1136元,增长18.66%。

2. 职业高中由上年的352元增加到557元,增长58.3%。

3. 普通高中由上年的314元增加到381元,增长21.38%。

4. 普通初中由上年的568元增加到829元,增长45.85%。

5. 普通小学由上年的 371 元增加到 505 元，增长 36.27%。

三、“两个比例”的增长情况

（一）国家财政性教育经费占山东省生产总值(GDP)的比重。2008 年，全省 GDP 31072.06 亿元，同年全省财政性教育经费(包括各级政府的教育拨款，各级政府征收用于教育的税费，企业办学中的企业拨款和校办产业用于教育的部分等)574.7 亿元，占地区生产总值的 1.85%，比上年增长 0.01 个百分点。

（二）预算内教育经费占财政支出比重。2008 年，全省财政一般预算支出 2704.66 亿元，预算内教育经费(含城市教育费附加)555.82 亿元，占全省财政一般预算支出的 20.55%，比上年提高了 0.3 个百分点。

四、全省地方教育税费的征收拨付情况

2008 年全省地方各级政府征收用于教育的税费(拨付各级各类学校数额，下同)59.41 亿元，比上年增加 8.42 亿元，增长 16.51%。

（一）城市教育费附加 45.52 亿元，比上年增加 6.18亿元，增长 15.72%。

（二）地方教育附加 12.81 亿元，比上年增加 1.16 亿元，增长 9.97%。

五、农村义务教育经费收入情况

2008 年，全省教育和其他部门办农村义务教育学校经费总收入 258.07 亿元，比上年增加 43.27 亿元，增长 20.14%。其中，财政预算内教育经费拨款 238.33亿元，比上年增加 43.37 亿元，增长 22.25%；事业收入 2.16 亿元，比上年减少 0.6 亿元，降低 21.74%。财政预算内经费拨款占总收入的比例由上年的 90.76%上升到 92.35%，增长了 1.59 个百分点；事业收入则由上年的 1.28%降低到 0.84%，降低了 0.44个百分点。

2008 年全省教育经费统计结果表明，义务教育经费保障机制改革的实施、各类学校学生资助政策的逐步完善、高校生均拨款定额的提高等政策的落实，全省教育经费大幅度增加，有力地促进了全省各级各类教育的和谐发展。各市还要严格按照国家和省的有关规定，采取切实措施，继续努力增加教育投入，提高教育经费使用效益，为我省教育事业持续、健康发展提供强有力的保障。

附件：1. 2008 年各市预算内教育经费占财政支出比重增长情况分析图
2. 2008 年各市城市教育费附加及地方教育附加拨付情况分析图
3. 2008 年普通高等学校生均预算内教育事业费及预算内公用经费支出情况分析图
4. 2008 年普通高中生均预算内教育事业费及预算内公用经费支出情况分析图
5. 2008 年职业高中生均预算内教育事业费及预算内公用经费支出情况分析图
6. 2008 年普通初中生均预算内教育事业费及预算内公用经费支出情况分析图
7. 2008 年普通小学生均预算内教育事业费及预算内公用经费支出情况分析图

附件 1：

2008 年各市预算内教育经费占财政支出比重增长情况分析图

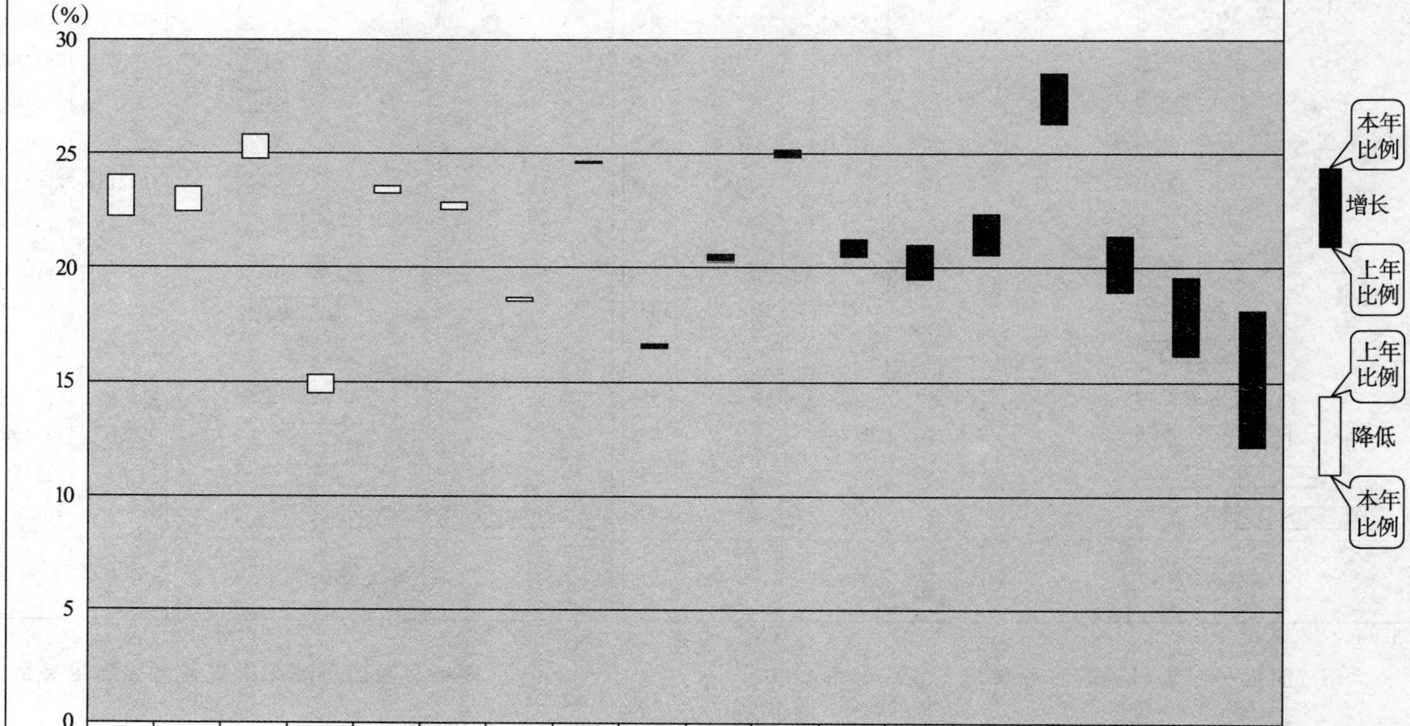

	东营	淄博	临沂	济南	聊城	菏泽	烟台	莱芜	威海	全省平均	济宁	德州	枣庄	日照	潍坊	滨州	泰安	青岛
2007 年	24.02	23.56	25.81	15.34	23.63	22.90	18.84	24.62	16.68	20.25	24.76	20.56	19.57	20.64	26.32	19.09	16.37	12.49
2008 年	22.31	22.52	24.81	14.48	23.26	22.62	18.68	24.64	16.95	20.55	25.16	21.35	21.10	22.40	28.55	21.44	19.68	18.29

附件 2:

2008 年各市城市教育费附加及地方教育附加拨付情况分析图

2008 年各市城市教育费附加拨付情况分析图

单位:千元

单位	上年	本年	增长(%)	增长比例位次
青岛	411,961	699,999	69.92	
聊城	94,993	122,175	28.61	
泰安	131,193	166,084	26.60	
菏泽	90,130	110,999	23.15	
日照	60,840	74,667	22.73	
临沂	156,210	188,335	20.57	
潍坊	339,791	393,206	15.72	
莱芜	117,373	132,831	13.17	
济宁	322,789	361,562	12.01	
德州	122,303	135,470	10.77	
东营	437,738	480,766	9.83	
烟台	305,961	324,791	6.15	
济南	507,878	539,034	6.13	
威海	153,104	161,900	5.75	
滨州	194,400	203,163	4.51	
枣庄	157,977	160,748	1.75	
淄博	329,187	292,372	−11.18	

2008 年各市地方教育费附加拨付情况分析图

单位:千元

单位	上年	本年	增长(%)	增长比例位次
枣庄	29,754	48,145	61.81	
滨州	46,552	74,215	59.42	
泰安	37,618	53,440	42.06	
聊城	45,259	61,669	36.26	
临沂	56,180	71,485	27.24	
日照	22,825	28,303	24.00	
烟台	69,369	83,551	20.44	
潍坊	101,956	117,272	15.02	
德州	36,986	41,420	11.99	
济南	137,138	151,246	10.29	
济宁	103,747	110,793	6.79	
莱芜	40,763	43,318	6.27	
威海	39,986	42,141	5.39	
青岛	166,756	165,823	−0.56	
东营	66,539	61,389	−7.74	
淄博	85,512	73,713	−13.80	
菏泽	41,345	29,464	−28.74	

附件3：

2008年普通高等学校生均预算内教育事业费及预算内公用经费支出情况分析图

2008年普通高等学校生均预算内教育事业费支出情况分析图

单位：元

单位	增长（%）	上年	本年	本年位次
青岛	44.96	14081.91	20412.50	
威海	7.76	6595.99	7107.99	
临沂	81.39	3527.60	6398.63	
淄博	27.31	4498.34	5726.62	
济宁	14.17	4800.13	5480.40	
全省平均	19.02	4587.12	5459.48	
枣庄	33.11	3948.60	5256.07	
滨州	17.31	4415.87	5180.26	
菏泽	8.24	4111.19	4449.93	
东营	38.94	3122.59	4338.66	
潍坊	36.94	2702.19	3700.42	
日照	130.08	1603.87	3690.12	
济南	15.67	2782.86	3218.87	
烟台	0.66	3179.05	3200.15	
莱芜	−18.06	3725.94	3053.02	
德州	53.69	1965.09	3020.17	
泰安	24.97	2203.55	2753.83	
聊城	−4.59	1904.77	1817.30	

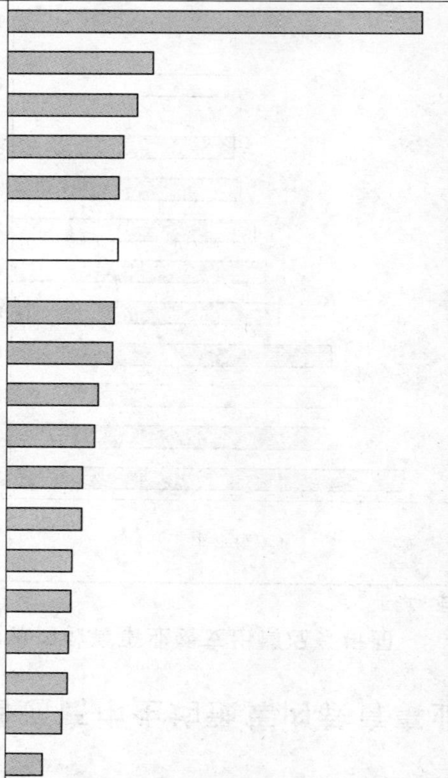

2008年普通高等学校生均预算内公用经费支出情况分析图

单位：元

单位	增长（%）	上年	本年	本年位次
青岛	236.56	3873.89	13037.78	
威海	13.00	3918.81	4428.20	
临沂	81.79	2236.28	4065.34	
日照	191.56	664.07	1936.13	
枣庄	557.91	226.92	1492.92	
淄博	55.45	958.58	1490.14	
滨州	−23.92	1774.65	1350.18	
全省平均	18.66	956.92	1135.52	
菏泽	−5.17	1146.02	1086.78	
济南	−21.78	614.21	480.44	
东营	−57.45	891.71	379.40	
泰安	−16.01	329.32	276.60	
济宁	108.39	114.92	239.48	
潍坊	68.19	134.73	226.60	
莱芜	−71.09	205.63	59.44	
聊城	−80.84	231.13	44.28	
烟台	−77.55	81.40	18.28	
德州				

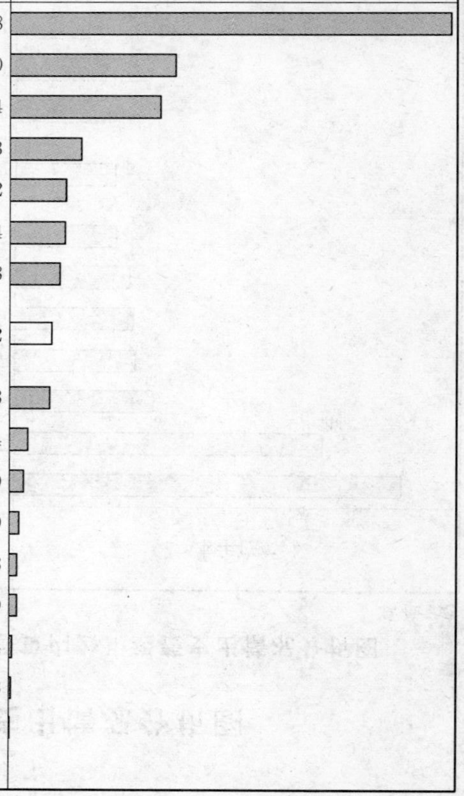

附件 4：

2008 年普通高中生均预算内教育事业费及预算内公用经费支出情况分析图

2008 年普通高中生均预算内教育事业费支出情况分析图

单位：元

单位	增长（%）	上年	本年	本年位次
威海	23.14	4809.91	5922.76	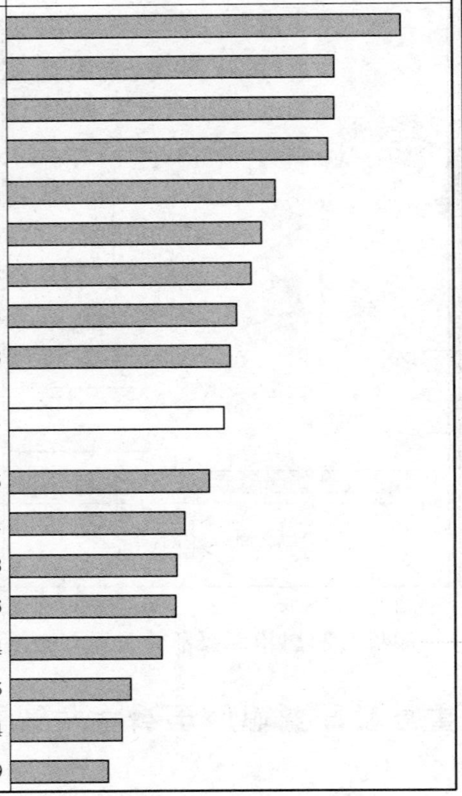
淄博	15.80	4238.85	4908.41	
青岛	19.64	4091.47	4894.86	
东营	4.64	4590.71	4803.84	
莱芜	18.31	3388.26	4008.63	
潍坊	54.11	2471.37	3808.74	
济宁	37.30	2647.81	3635.52	
滨州	38.40	2460.57	3405.43	
烟台	10.88	2985.95	3310.88	
全省平均	24.74	2571.72	3207.91	
济南	12.14	2659.58	2982.55	
枣庄	43.67	1822.93	2619.01	
聊城	29.92	1929.61	2506.93	
泰安	35.34	1826.13	2471.46	
临沂	14.16	1988.78	2270.44	
德州	14.53	1584.67	1814.95	
日照	33.40	1255.88	1675.34	
菏泽	10.63	1319.49	1459.69	

2008 年普通高中生均预算内公用经费支出情况分析图

单位：元

单位	增长（%）	上年	本年	本年位次
威海	6.20	1374.91	1460.22	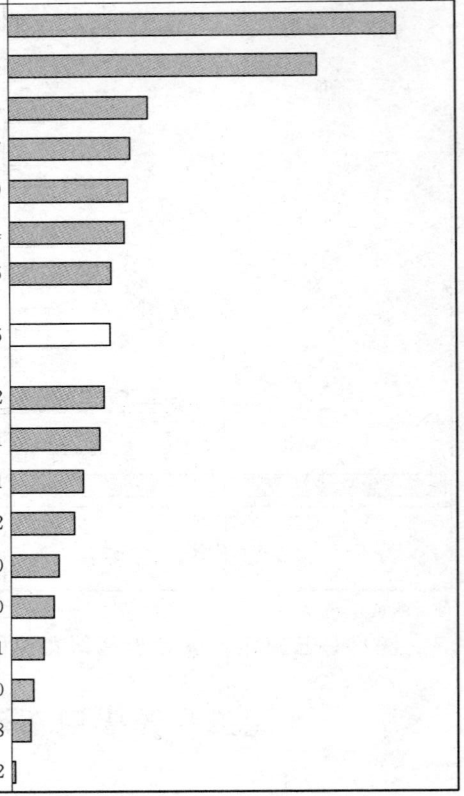
淄博	45.61	799.21	1163.75	
济宁	148.70	211.93	527.06	
东营	−19.73	569.56	457.17	
德州	19.89	376.43	451.29	
聊城	53.28	282.51	433.04	
滨州	−39.82	643.97	387.55	
全省平均	21.38	314.01	381.15	
潍坊	130.99	154.43	356.72	
泰安	125.31	153.13	345.01	
济南	−6.18	297.17	278.81	
枣庄	266.89	68.01	249.52	
临沂	12.96	165.82	187.30	
烟台	−62.71	454.27	169.40	
青岛	−61.69	339.41	130.01	
日照	59.56	58.91	94.00	
菏泽	37.24	62.43	85.68	
莱芜	−26.68	30.30	22.22	

附件 5：

2008 年职业高中生均预算内教育事业费及预算内公用经费支出情况分析图

2008 年职业高中生均预算内教育事业费支出情况分析图

单位：元

单位	增长（%）	上年	本年	本年位次
威海	71.09	8018.51	13719.05	
青岛	46.25	4142.12	6058.01	
莱芜	18.83	5050.46	6001.38	
东营	10.08	4651.02	5119.98	
淄博	13.82	3946.85	4492.50	
全省平均	28.87	3325.92	4286.03	
济宁	41.81	2861.96	4058.53	
聊城	45.32	2776.89	4035.27	
烟台	20.87	3273.42	3956.63	
济南	10.14	3460.31	3811.27	
临沂	44.21	2641.09	3808.71	
滨州	38.51	2697.81	3736.62	
潍坊	21.81	3023.44	3682.95	
枣庄	33.82	2452.79	3282.31	
日照	−13.08	3689.43	3206.91	
德州	9.01	2563.07	2793.92	
菏泽	11.25	1982.27	2205.34	
泰安	16.07	1433.13	1663.37	

2008 年职业高中生均预算内公用经费支出情况分析图

单位：元

单位	增长（%）	上年	本年	本年位次
威海	135.81	3490.82	8231.86	
聊城	2477.91	67.36	1736.48	
淄博	34.56	438.45	589.99	
全省平均	58.30	352.06	557.32	
东营	−1.27	557.54	550.48	
青岛	106.64	256.72	530.49	
临沂	207.12	165.03	506.83	
日照	−5.85	456.90	430.17	
济南	−23.70	524.48	400.17	
烟台	−9.42	391.10	354.28	
济宁	85.10	142.38	263.55	
菏泽	−5.65	267.35	252.24	
滨州	10.16	216.36	238.34	
枣庄	27.82	111.60	142.65	
潍坊	−26.56	134.35	98.66	
德州	−69.41	311.74	95.35	
泰安	−30.40	59.08	41.12	
莱芜	−24.61	26.11	19.69	

附件 6：

2008 年普通初中生均预算内教育事业费及预算内公用经费支出情况分析图

2008 年普通初中生均预算内教育事业费支出情况分析图

单位：元

单位	增长（%）	上年	本年	本年位次
青岛	10.00	5968.55	6565.35	
东营	25.25	4898.76	6135.61	
威海	23.55	4709.89	5818.84	
莱芜	9.28	5229.03	5714.54	
泰安	54.35	3436.42	5304.25	
淄博	12.17	4727.70	5303.19	
潍坊	33.55	3961.02	5290.09	
滨州	63.20	3093.13	5047.92	
烟台	26.61	3948.61	4999.15	
日照	34.41	3377.56	4539.84	
济南	23.23	3644.92	4491.46	
全省平均	29.60	3387.00	4389.46	
济宁	31.64	3250.59	4279.20	
临沂	20.07	2865.97	3441.07	
德州	30.87	2336.20	3057.49	
枣庄	49.30	1999.75	2985.58	
聊城	35.68	2109.22	2861.75	
菏泽	45.53	1578.65	2297.43	

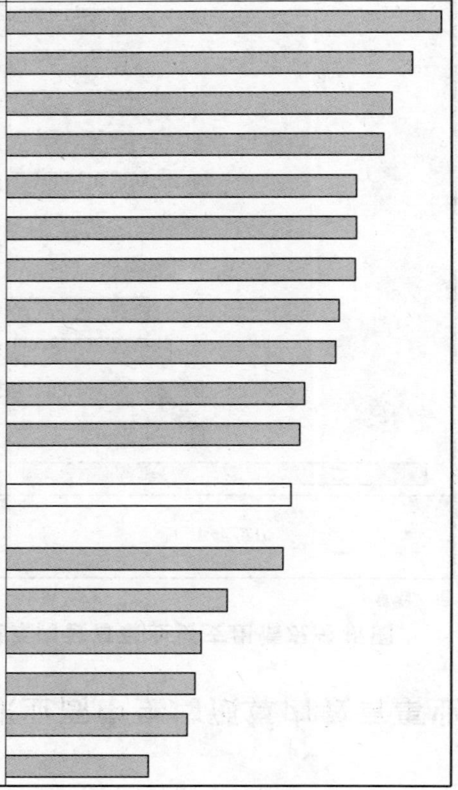

2008 年普通初中生均预算内公用经费支出情况分析图

单位：元

单位	增长（%）	上年	本年	本年位次
威海	60.91	918.45	1477.90	
滨州	39.96	861.22	1205.40	
烟台	43.23	810.71	1161.16	
青岛	51.46	633.35	959.26	
潍坊	48.34	606.57	899.81	
全省平均	45.85	568.10	828.60	
济南	35.37	566.43	766.79	
淄博	38.81	536.75	745.08	
临沂	27.24	584.97	744.31	
泰安	53.16	474.30	726.43	
东营	67.43	430.27	720.41	
日照	54.57	460.97	712.50	
聊城	51.14	456.55	690.03	
德州	23.71	556.49	688.43	
济宁	32.30	516.35	683.15	
菏泽	91.63	356.41	682.98	
枣庄	52.70	401.14	612.54	
莱芜	−4.20	568.49	544.64	

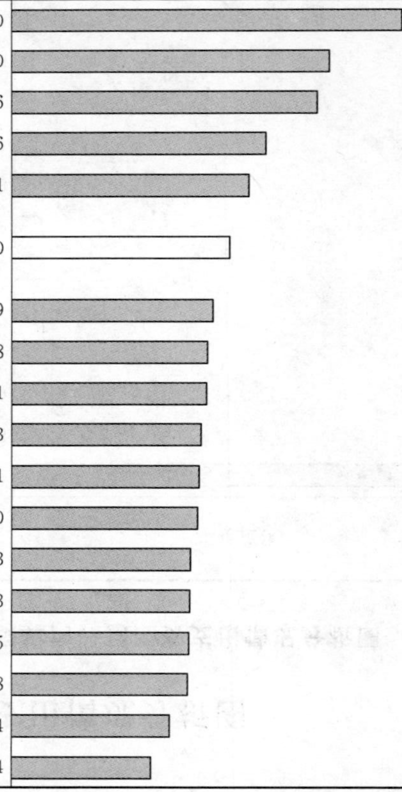

附件 7：

2008 年普通小学生均预算内教育事业费及预算内公用经费支出情况分析图

2008 年普通小学生均预算内教育事业费支出情况分析图

单位：元

单位	增长（%）	上年	本年	本年位次
青岛	8.57	4528.63	4916.67	
威海	28.00	3778.90	4837.04	
莱芜	12.15	3978.33	4461.76	
东营	19.42	3703.00	4422.26	
淄博	18.41	3241.91	3838.63	
烟台	19.13	2879.85	3430.74	
潍坊	41.10	2287.40	3227.45	
滨州	39.75	2261.68	3160.67	
济宁	23.16	2541.58	3130.13	
全省平均	21.36	2396.58	2908.50	
济南	13.85	2357.35	2683.78	
日照	29.08	2023.72	2612.30	
泰安	29.98	1949.37	2533.71	
枣庄	32.31	1832.71	2424.79	
德州	22.01	1952.56	2382.40	
聊城	22.01	1937.77	2364.32	
临沂	15.35	1895.03	2185.91	
菏泽	17.95	1402.85	1654.66	

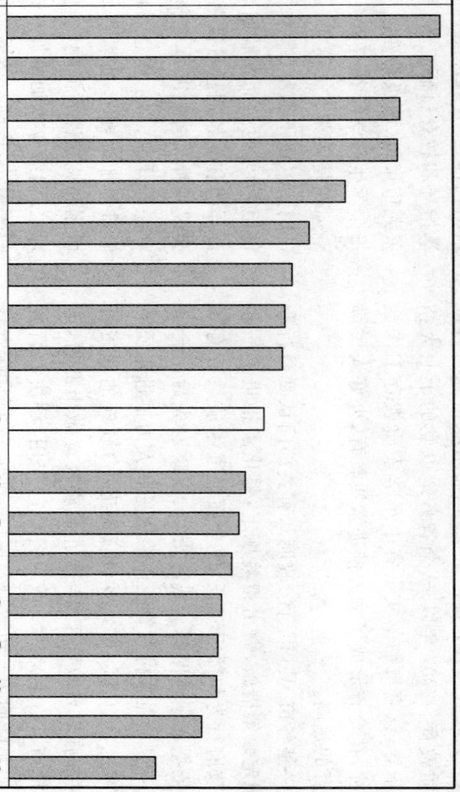

2008 年普通小学生均预算内公用经费支出情况分析图

单位：元

单位	增长（%）	上年	本年	本年位次
威海	110.15	727.41	1528.68	
滨州	32.16	498.20	658.40	
日照	64.84	361.15	595.32	
青岛	12.40	508.20	571.21	
东营	39.58	364.44	508.69	
全省平均	36.27	370.82	505.32	
德州	39.36	353.39	492.49	
潍坊	48.68	326.58	485.55	
济宁	27.99	373.29	477.79	
烟台	42.79	332.31	474.50	
聊城	31.30	359.22	471.66	
菏泽	36.23	336.85	458.90	
泰安	52.46	300.73	458.49	
临沂	24.20	366.57	455.26	
淄博	39.96	313.15	438.29	
莱芜	2.64	421.46	432.58	
济南	33.86	320.60	429.16	
枣庄	41.57	294.64	417.13	

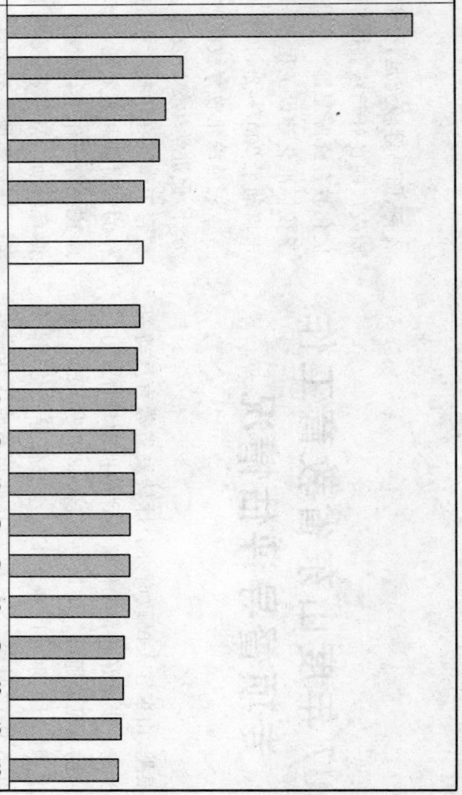

2007年度山东省教育工作专项督导评估情况

根据《山东省人民政府办公厅转发省教育厅等部门关于进一步做好教育工作督导评估推动教育又好又快发展的意见的通知》(鲁政办发〔2008〕1号)要求,省教育厅、财政厅、审计厅和监察厅组成督导评估团,于2008年5月12日至28日对2007年度教育工作进行了专项督导评估。督导评估分8个分团,随机抽查了17市及其33个县(市、区)、66个乡镇、578所学校(幼儿园);与各市及抽样县(市、区)政府和有关部门负责同志进行了座谈;查阅了有关档案资料和账表,进行了调查问卷。主要对推进素质教育、教育经费保障和督导整改情况进行了督导评估。经汇总分析,现将有关情况报告如下:

一、主要成绩和做法

(一)政府和有关部门重视,积极采取措施大力推进素质教育。2007年以来,全省各地以党的十七大精神为指导,认真贯彻落实全省中小学素质教育工作会议精神,在全省形成了大力推进素质教育,办好人民满意教育的热潮。

一是各市、县(市、区)政府和有关部门认真履行职责,制定政策措施,做出相关规定,强化了推进素质教育的政府行为和部门责任,使全面推进素质教育有了政策依据和领导保障。威海市委、市政府先后出台关于进一步加强农村教育工作的意见和大力推进素质教育的意见,细化区(市)、乡(镇、街道办)政府的职责任务,对加强农村教育工作,推进素质教育做出部署,充分发挥市、区(市)党委、政府各部门作用,解决教育发展中的实际问题。市政府与区(市)政府签订目标责任书,把教育发展的目标、责任纳入对区(市)工作的考核,有效保证了推进素质教育各项政策措施的落实。其他各市也都印发了关于本市推进素质教育的实施意见。各市均加强了对素质教育工作的督导。临沂市政府成立了教育督导团,分管副市长任团长,26个部门负责同志任成员,认真开展教育工作督导评估,推进了全市教育改革与发展。

二是采取有效措施推进义务教育均衡发展,为全面实施素质教育创建良好的办学条件。本次督导抽样显示,威海市城、乡学校的办学条件普遍较好,学校布局调整已基本到位,常规教学仪器设备、信息技术教育装备、图书等较充足,全市各类教育呈现协调、均衡、优质发展的良好趋势。临沂市积极推进学校布局调整,优化教育资源配置。枣庄市实施了"三亮三改"工程、学校标准化建设工程,促进了教育的均衡发展。聊城市启动了2007～2009年新一轮校舍改造工程。

三是深化教育教学改革,全面贯彻落实党的教育方针,促进学生健康发展。从抽查学校看,普遍注重把德育工作放在学校工作的首位,积极探索增强德育工作的针对性和实效性,把法制教育、心理健康教育纳入学校德育工作中,将德育贯穿于学校工作的各个方面,德育活动丰富多彩,效果良好。大力实施素质教育推动了课程和课堂教学改革。各市、县(市、区)教育行政部门和学校加紧开展新课程改革实验,努力开全开齐国家课程,创造条件开设好地方课程和校本课程。青岛市立足本地实际构建起"政府统筹,以教研部门为主干,以骨干学校为示范,以学校和教师为主体,以社会舆论为监督"的课程改革运行机制。潍坊市坚持以培养学生的创新精神和实践能力为重点,积极推进课堂教学改革,构建起"自主互助学习型"课堂。烟台市在全市进一步深入推广招远市"一评二挂"的经验,探索建立有利于实施素质教育的招生录取机制。日照市紧紧围绕构建"有效课堂、高效课堂",开展教学研究、教学指导和教育科研工作,促进了素质教育的深入实施。莱芜市市、区两级都建立了中小学校外活动基地,确保每个学生每学年都有机会参加校外基地实践。

四是认真贯彻落实《山东省中小学管理基本规范(试行)》(以下简称《基本规范》),减轻学生过重的课业负担,为学生全面发展创造和谐、宽松的环境。各地教育部门和学校通过贯彻落实全省中小学素质教育工作会议精神,实施《基本规范》,按照国家和省规定要求,对课程开设、学生作息时间、作业量、考试、双休日、节假日等加以规范,加强督导检查,取得良好效果。随意增删和调减课时问题,音体美等课程开不齐开不足的现象,组织学生加班加点、侵占学生休息和体育活动时间等做法,得到有效遏制或纠正,学生过重的课业负担明显减轻。据抽查,凡具备条件的学校基本能够按要求开全开齐国家课程,较好地开设地方课程,部分学校开设了校本课程。各学校都坚持了"大课间"活动,绝大多数学校能够保证学生每天集体体育锻炼1小时,学校教育教学活动规范有序。

(二)加强教师队伍建设,为全面实施素质教育提供师资保障。一是抓教师资源的合理配置。各地积极探索构建新的教师补充机制,依法管理教师队伍,严格教师录用制度,坚持"凡进必考",防止不合格和无证人员上岗。据各市自评,2007年17市中小学教师自然减员17921人,补充新教师18254人。其中城市中小学补充人数大于减员人数，农村中小学补充人数小于减员人数。二是抓师德建设。各市认真落实《中小学教师职业道德规范》，规范教师从教行为，提高了教师的职业道德水平。三是加强教师培训。2007年各市公用经费预算中安排教师培训经费2亿多元，市、县级财政和教育部门安排教师培训专项经费8000多万元。多数市重视县级教师培训机构建设，全省15个市已建有省级示范性县级教师培训机构34处，其中威海市就有3处。淄博市市、县两级政府把教师培训基地建设作为政府工程进行规划立项，正在积极搞好建设。各地教师培训机构发挥整合后的资源优势，借助区域内教学网络，面向全体教师开展多种形式的教师培训工作，有效提高了教师实施素质教育的能力。

（三）农村义务教育经费保障机制改革政策基本落实，教育经费保障机制基本建立。一是教师工资管理体制进一步完善，教师工资水平进一步提高。教师工资纳入县本级财政预算的县（市、区）由2006年的119个增加到136个。各市农村中小学教师人均月工资均比2006年有较大提高。济宁市、青岛市分别增加693元、688元；济宁市、菏泽市提高幅度较大，分别为51.49%、47.35%。东营市对农村中小学教师每人每月给予100元的补助。二是将义务教育阶段免杂费、免费提供教科书、补助寄宿生生活费纳入公共财政范围予以保障。各市均按要求建立了市、县（市、区）分项目、按比例分担的义务教育经费保障机制。滨州市统筹安排省市专项资金，向所辖4个财政困难县倾斜，市级承担了4县的免杂费和公用经费全部资金。根据对33个县（市、区）抽查，有32个县（市、区）农村初中、小学的生均公用经费达到或高于省定标准下限；城市初中、小学和特殊教育学校全部达到或高于省定标准下限。三是多数市城市教育费附加、地方教育附加（简称"两项附加"）做到足额征收、管理使用较规范。全省各级税务部门加大征收力度，积极追缴以前陈欠，城市教育费附加有11个市、地方教育附加有8个市2007年征收率超过了100%。全省城市教育费附加实征40.97亿元，地方教育附加实征12.36亿元，分别比2006年增加了7.17亿元和2.65亿元。"两项附加"拨付额占征收额比率均比2006年有提高，拨付数额比2006年增加了20.92亿元。用于职业教育的比例，城市教育费附加由16.29%提高到18.5%，地方教育附加由8.04%提高到15.32%，总金额由6.15亿元增加到9.1亿元。四是学生资助管理体系基本建立，资助政策基本落实。有15个市建立了学生资助管理机构、配备了专职人员。多数市对学生的资助比例和资助标准达到省规定要求。五是教育财务"校财局管"基本实现。全省各县（市、区）均建立了教育财务管理核算中心，对中小学的财务工作实行统一管理。六是农村中小学教学仪器更新工程和特殊教育学校教学仪器配备工程（以下简称"两项工程"）均已启动实施。市、县两级财政落实配套资金2.22亿元，全部实施了政府采购，进展快的地方，教学仪器设备已配送到学校。

（四）狠抓落实，督导整改取得实效。多数市、县（市、区）对督导整改高度重视，采取切实措施进行整改。整改效果较好的有威海、烟台、潍坊、枣庄、青岛、聊城、泰安、日照、临沂等市。

关于"两项附加"存在问题的整改，省督导团对17市及抽查县（市、区）累计提出101条整改意见，各市、县（市、区）已整改到位的累计56条，约占应整改问题的55%。日照市委、市政府领导高度重视，对做好整改工作提出明确要求，将2006年欠拨的"两项附加"资金全部拨付教育使用，"两项附加"的征收率比2006年有较大增长，城市教育费附加由93.29%提高到110.03%，地方教育附加由93.47%提高到107.57%；城市教育费附加的拨付率由58.54%提高到95.37%。东营市财政、教育、地税三部门联合出台了城市教育费附加管理暂行办法，对教育费附加的征收、管理、使用及各部门的职责等作出规定。

关于职业教育存在问题的整改，多数市很重视，认真研究整改措施，促进职业教育发展。一是加快职业学校基础能力建设。烟台市在全市实施"242"工程，即在每个县（市、区）重点建设1所占地200亩、建筑面积4万平方米、在校生2000人以上的高级职业学校，到2007年已有10个县（市、区）相继建起了规模相当的县级骨干职业教育中心。潍坊市2007年职业教育设备投入达1400万元。青岛市已建成了1所大型综合性的和7所小型的职业教育实训基地，均在实践中发挥了作用。临沂市完成了广播电视大学、职业中专、技术学校等3处学校的合并，进一步扩大了职业教育招生规模。菏泽市、枣庄市都投资加强了职业学校的实训基地建设。二是加强职业教育专业师资队伍建设。威海市财政每年拨款20万元专门用于职业教育教师的培训工作。允许职业学校从教职工定编数额中拿出10%～20%的指标，从企业和社会上自主聘请能工巧匠和技师任教，所需工资和经费由财政按照核定编制数额按时拨付。烟台市从多个方面多种渠道加强教师培训和培养，每年组织优秀教师到高校和企业进行交流学习，先后派出多名骨干教师到美国、德国、英国等职业教育发达国家进修。三是努力抓好职业学校招生与就业工作。2007年各市职业学校（含技工学校）在校生占高中段在校生比例普遍有提高，全省达46.56%，有9个市超过了45%，其中青岛市、济南市分别达63%、60%。通过校企合作、国外研修、出国劳务等方式，拓展毕业生就业渠道，多数市职业学校毕业生就业率保持在95%以上。青岛旅游学校等职业学校的毕业生已经走向美国、日本、韩国等海外就业市场。

二、存在的主要问题

（一）大力推进素质教育的思想认识需要进一步提高。片面追求升学率，主要用升学率评价学校的观念和做法并没有完全消除，还制约着学校素质教育的实施，良好的社会舆论氛围和环境还没有完全形成，政府、教育、社会、家长的思想认识仍需进一步提高和统一，推进素质教育的具体措施还需要进一步完善。本次督查中发现，少数学校体育课开设达不到规定课时（每周少1节），小学学生在校时间超过了规定时间。还有的市、县教研部门编写印发的学科练习题、考试题较多，学生的课外作业量较大，学生的学习负担仍较重。

（二）教师素质亟需提高，教师队伍建设亟需加强。教师队伍素质不能够适应素质教育的要求，已成为影响素质教育质量的重要因素。据抽查，当前全省17市中有11个市的农村小学教师年龄老化问题和学科教师结构性缺编问题比较严重。其中有的县多数农村小学的教师，年龄在50岁以上的占半数多；农村小学中音、体、美、英语教师专职教师少，甚至没有，无法开齐开全课程。多数县（市、区）教师教育基地设施配备落后、培训力量不足，难以发挥作用。

（三）部分学校办学条件薄弱制约了素质教育的全面实施，影响了学生的全面发展。在各地都发现有图书陈旧、复本多、可读性差，音体美器材、计算机数量少等办学条件薄弱学校。对33个县（市、区）抽查发现，有5个市的6个县仍存有水泥檩条校舍，有些已超过使用期限，存有安全隐患。多数城区中小学超班额。部分农村学校学生生活设施简陋，食宿拥挤，有的缺少学生宿舍、餐厅。部分职业学校的实验实习设备不足，实训条件较差，现有的仪器设备陈旧落后。办学条件简陋、不完善已严重制约了素质教育的全面实施。

（四）教育经费保障机制有待进一步完善。全省还有55个县（市、区）县域内城乡教师工资、津贴补贴和保障政策不统一，执行两个标准；还有四个县（市）的农村教师工资没有纳入县本级财政预算。少数县（市、区）生均公用经费偏低，没有完全达到省定标准下限。少数市对学生资助仅依靠中央和省的专项资金，而本级财政没有安排配套资金，因此资助比例达不到省规定要求。据对33个县（市、区）的抽查，部分县（市、区）财政分担的中小学免杂费资金和公用经费没有按季度及时拨付学校，有年终一次性拨付甚至在本次省督导检查前夕才拨付到学校的情况。“两项附加”征收不足、管理使用不规范现象仍存在。全省城市教育费附加和地方教育附加分别欠征4034万元、9883万元。征收率低于95%的市，城市教育费附加有两个、地方教育附加有六个。“两项附加”拨付到位率仍有一定差距。拨付率低于85%的市，城市教育费附加有四个，地方教育附加有九个。“两项附加”用于职业教育的比例多数市达不到省规定要求。个别市义务教育“两免一补”所需资金从“两项附加”中列支；个别县用城市教育费附加支付人员工资；还有少数县（市、区）将教育费附加分配到乡（镇）财政所，不能保证这部分资金全部用于教育。

三、整改措施

（一）进一步全面深入推进素质教育。在教育工作中坚持素质教育的主题地位，深入贯彻落实党中央、国务院有关素质教育的指示和全省中小学素质教育工作会议精神，通过加强宣传，加强科学研究和对校长、教师、干部的培训，加深对素质教育和新课改理念的理解，使推进实施素质教育成为全社会的共识，促进素质教育全面、深入实施，不断提高素质教育水平，以良好的素质教育效果取得社会认同。

（二）进一步采取有力措施加强教师队伍建设。要建立适应教育发展需要的中小学教师补充机制。根据中小学教学工作需要和教师自然减员情况，有计划地招聘一定数量的大中专毕业生充实到农村中小学，逐步改善农村中小学教师年龄、学科结构不合理的状况。要加强中小学音乐、体育、美术、英语、信息技术教育等学科教师的配备。加大培训力度，提高校长、教师素质。建立完善、规范、切实有效的城乡中小学教师交流制度，促进城乡中小学教师队伍共同发展。

（三）为全面实施素质教育创设良好的办学条件。加快“两项工程”实施步伐。各地应按照《山东省中小学基本办学条件标准（试行）》和新课改要求，完善中小学教学仪器、音体美器材、图书、生活设施等基本办学条件，加快普及信息技术教育。统筹规划建设城乡学校，切实解决中小学大班额问题。大力加强中等职业学校基础设施建设，提高职业学校办学水平。

（四）建立健全教育经费保障长效机制。继续完善“以县为主”教育管理体制，帮助和促使55个县（市、区）尽快在县域内统一中小学教师工资标准、统一津贴补贴和社会保障政策；督促4个县（市）尽快调整县、乡财政体制，将中小学教师工资全额纳入县本级财政预算，建立完善的中小学教师工资保障机制。要进一步增加教育经费投入，加强教育经费管理。按照国家和省有关规定，加强对“两项附加”的预算管理，由教育部门按照部门预算的要求提出用款计划，经财政部门同意后列入当年财政预算，财政部门应根据入库进度及时拨付，并按规定管理使用。同时，尽快制定出台适应教育发展需要的教育费附加征收、管理、使用办法。加强县(市、区)级教育财务核算中心的管理，完善各项规章制度，严格教育经费管理，确保教育经费规范使用。

(五) 进一步加大对存在问题的整改力度。本次督导对各市的具体意见由省政府教育督导室反馈各市。各市对存在问题要高度重视，采取有效措施加强整改，对近期能够解决的问题，要限期加快解决；对暂时难以解决的问题，要制定整改规划措施，逐步予以解决。省政府教育督导室将对整改情况跟踪督查，并将整改情况纳入对2008年度教育工作综合督导评估内容。

附件：1. 2007年度各市教育工作专项督导评估结果

2. 2007年度各市农村中小学教师工资管理及发放情况

3. 2007年度各市生均公用经费抽查情况

4. 2007年度城市教育费附加征收拨付情况

5. 2007年度地方教育附加征收拨付情况

山东省教育厅

山东省财政厅

山东省监察厅

山东省审计厅

2008年8月29日

附件 1

2007 年度各市教育工作专项督导评估结果

市	威海市	潍坊市	青岛市	泰安市	莱芜市	烟台市	济南市	日照市	德州市	东营市
总得分	939.88	930.51	898.36	888.74	876.79	874.36	862.28	861.06	859.88	854.63
A1 推进素质教育(500 分)	474.78	483.1	482.43	479.15	465	444.25	473.6	463.96	472.49	469.2
B1 组织领导(100 分)	89	87	88.6	86.8	74	78	85	80	84	80
B2 教育教学管理(280 分)	273	280	275.5	279	276	261	277	279	277.2	271
B3 教师队伍建设(120 分)	112.78	116.1	118.33	113.35	115	105.25	111.6	104.96	111.29	118.2
A2 教育经费保障(420 分)	390.1	378.41	355.93	351.59	360.46	358.11	329.68	339.1	331.89	336.43
B4 教师工资(50 分)	50	43.34	39.6	46.66	40	50	40	40	34.22	50
B5 公用经费(70 分)	60	58.5	40	53.48	56.85	47.94	46.99	46.8	49.68	40
B6 校舍维修改造资金(30 分)	25.1	19.5	30	8.4	15.78	14.7	11.55	19	17.8	16.4
B7 学生资助(30 分)	30	30	30	30	30	28.62	27	30	29.1	27
B8 经费管理(120 分)	120	120	115	116.67	115	120	102	117.5	110	113
B9 教育附加征收管理与使用(60 分)	52	47.07	41.33	45.38	42.83	41.85	48.64	39.8	33.09	30.03
B10 两项工程实施(60 分)	53	60	60	51	60	55	53.5	46	58	60
A3 督导整改(80 分)	75	69	60	58	53	72	59	58	55.5	49
B11 教育附加问题整改(40 分)	40	32	20	20	22	32	20	32	28	18
B12 职业教育问题整改(40 分)	35	37	40	38	31	40	39	26	27.5	31

2007 年度各市教育工作专项督导评估结果(续表)

市	淄博市	枣庄市	聊城市	临沂市	滨州市	济宁市	菏泽市
总得分	853.34	840.34	838.94	831.9	829.2	805.83	790.99
A1 推进素质教育(500 分)	454.25	447.8	449.3	453.3	444.5	411.6	435.5
B1 组织领导(100 分)	81	89	77.8	77	73	75	82
B2 教育教学管理(280 分)	265	252	259	268	255	241	251
B3 教师队伍建设(120 分)	108.25	106.8	112.5	108.3	116.5	95.6	102.5
A2 教育经费保障(420 分)	344.09	329.54	330.14	324.6	341.7	345.12	301.49
B4 教师工资(50 分)	45	28.33	40.69	33.4	32.86	40.83	34.44
B5 公用经费(70 分)	53.6	54.37	52.96	48.8	57.06	56.08	40.42
B6 校舍维修改造资金(30 分)	18.22	15	12.5	12	15.9	15.1	6.3
B7 学生资助(30 分)	27.13	30	27.75	28	29	25	25.33
B8 经费管理(120 分)	103.25	114	103.75	117.5	120	108.5	118.89
B9 教育附加征收管理与使用(60 分)	40.01	35.7	32.49	33.9	26.88	44.61	29
B10 两项工程实施(60 分)	56.88	52.14	60	51	60	55	47.11
A3 督导整改(80 分)	55	63	59.5	54	43	49.11	54
B11 教育附加问题整改(40 分)	16	28	22	21	16	23.11	20
B12 职业教育问题整改(40 分)	39	35	37.5	33	27	26	34

附件 2

2007 年度各市农村中小学教师工资管理及发放情况

	全市农村教师人均月工资（元）			县域内统一标准情况			纳入县本级财政预算情况			
				县市区数小计	其中		县市区数小计	其中		未纳入预算县市区
	2007 年	2006 年	增加额		1 个标准县市区	2 个标准县市区		1 个标准纳入县市区	2 个标准纳入县市区	
全省	——	——	——	140	85	55	136	82	54	4
济南市	2090	1552	538	10	全市所有县市区		9	历下区、市中区、槐荫区、天桥区、历城区、长清区、章丘市、平阴县、济阳县		商河县
青岛市	2736	2048	688	12	全市所有县市区		10	市南区、市北区、四方区、李沧区、崂山区、城阳区、黄岛区、胶州市、平度市、莱西市		即墨市、胶南市
淄博市	2718	2284	434	8	淄川区、张店区、博山区、临淄区、周村区、桓台县	沂源县、高青县	8	淄川区、张店区、博山区、临淄区、周村区、桓台县	沂源县、高青县	
枣庄市	1592	1189	403	6		市中区、峄城区、山亭区、台儿庄区、薛城区、滕州市	5		市中区、峄城区、山亭区、台儿庄区、薛城区	滕州市
东营市	2944	2364	580	5	全市所有县市区		5	全市所有县市区		
烟台市	2247	2004	243	12	全市所有县市区		12	全市所有县市区		
潍坊市	1794	1432	362	12	潍城区、寒亭区、坊子区、奎文区、青州市、诸城市、寿光市、昌邑市	临朐县、昌乐县、安丘市、高密市	12	潍城区、寒亭区、坊子区、奎文区、青州市、诸城市、寿光市、昌邑市	临朐县、昌乐县、安丘市、高密市	
济宁市	2039	1346	693	12	市中区、任城区、金乡县、汶上县、梁山县、兖州市、邹城市	鱼台县、嘉祥县、泗水县、曲阜市、微山县	12	市中区、任城区、金乡县、汶上县、兖州市、邹城市、梁山县	鱼台县、嘉祥县、泗水县、曲阜市、微山县	

2007 年度各市农村中小学教师工资管理及发放情况(续表)

	全市农村教师人均月工资(元)			县域内统一标准情况			纳入县本级财政预算情况			
				县市区数	其中		县市区数	其中		未纳入预算县市区
	2007 年	2006 年	增加额		1 个标准县市区	2 个标准县市区		1 个标准纳入县市区	2 个标准纳入县市区	
泰安市	1561	1154	407	6	泰山区、新泰市、肥城市、宁阳县、东平县	岱岳区	6	泰山区、新泰市、肥城市、宁阳县、东平县	岱岳区	
威海市	2737	2241	496	4	全市所有县市区		4	全市所有县市区		
日照市	1775	1338	437	4	东港区、岚山区	莒县、五莲县	4	岚山区、东港区	莒县、五莲县	
莱芜市	2067	1663	404	2	钢城区	莱城区	2	钢城区	莱城区	
临沂市	1643	1158	485	12	兰山区、罗庄区	临沭县、河东区、郯城县、苍山县、莒南县、沂水县、蒙阴县、平邑县、沂南县、费县	12	兰山区、罗庄区	临沭县、河东区、郯城县、苍山县、莒南县、沂水县、蒙阴县、平邑县、沂南县、费县	
德州市	1300	944	356	11	德城区、平原县、庆云县、禹城市	陵县、临邑县、乐陵市、武城县、夏津县、齐河县、宁津县	11	德城区、平原县、庆云县、禹城市	陵县、临邑县、乐陵市、武城县、夏津县、齐河县、宁津县	
聊城市	1378	1057	321	8	茌平县、东阿县、冠县、高唐县	阳谷县、莘县、东昌府区、临清市	8	茌平县、东阿县、冠县、高唐县	阳谷县、莘县、东昌府区、临清市	
滨州市	1800	1383	417	7	邹平县	滨城区、惠民县、阳信县、无棣县、沾化县、博兴县	7	邹平县	滨城区、惠民县、阳信县、无棣县、沾化县、博兴县	
菏泽市	1370	930	440	9	郓城县、东明县	牡丹区、曹县、单县、成武县、巨野县、鄄城县、定陶县	9	郓城县、东明县	牡丹区、曹县、单县、成武县、巨野县、鄄城县、定陶县	

附件 3:

2007 年度各市生均公用经费抽查情况

单位:元

市	抽查县市区	农村初中	农村小学	城市初中（9～12月）	城市小学（9～12月）	特教学校
济南市	市中区	472	300	225	127	1541
	商河县	432	253			1099
青岛市	即墨市	417	328	216	137	2531
	四方区			505	237	1176
淄博市	桓台县	427	293			1659
	沂源县	359	257			1106
枣庄市	市中区	344	260	308	200	1697
	山亭区	367	260			
东营市	广饶县	403	282	293	148	
	河口区	444	302	298	164	
烟台市	莱山区	459	322	283	147	1237
	莱州市	399	310	191	111	1124
潍坊市	高密市	409	292	184	135	1506
	昌乐县	461	293			2614
济宁市	微山县	396	294			1765
	梁山县	392	276			2119
泰安市	宁阳县	411	259			2972
	岱岳区	343	241	382	139	1111
威海市	荣成市	466	326	242	231	1582
	乳山市	457	384	255	210	1122
日照市	岚山区	340	244			4098
	东港区	340	240	208	144	1100
莱芜市	钢城区	399	299	234	129	
临沂市	兰山区	564	329	288	182	
	临沭县	359	270	147	100	1303
德州市	陵　县	340	251			1100
	齐河县	340	245			1255
聊城市	临清市	347	270	214	143	1927
	阳谷县	353	266			1482
滨州市	惠民县	378	242			1276
	邹平县	464	297			2618
菏泽市	定陶县	297	216	188	139	1100
	郓城县	410	263	164	127	1100

2007 年生均公用经费省定标准:农村初中上限 390 元、下限 340 元,小学上限 300 元、下限 240 元。城市(9～12 月份)初中上限 223 元、下限 146 元,小学上限 126 元、下限 100 元。特殊教育学校 1100 元。

附件 4

2007 年度城市教育费附加征收拨付情况

单位：万元

市	三税总额	征收				上年未拨	拨付教育							未拨付小计	用于职业教育	用于职业教育占当年实征额比例%
		应征额	实征额	实征占应征%	欠征额		已拨付小计	本年征收			上年未拨		拨付率%			
								实际拨付	未拨付		实际拨付	未拨付				
									计	其中因工程进度慢未拨						
	1	2	3	4	5	6	7	8	9	10	11	12	13	14	15	16
全　省	13140772	394223	409664	103.92	4034	54489	404548	374153	35511	254	30395	24095	87.16	59606	75782	18.50
济南市	1569519	47086	47800	101.52		8662	53535	44873	2927		8662		94.82	2927	11045	23.11
青岛市	1805559	54167	55025	101.58		15208	49084	46974	8051		2111	13097	69.89	21149	10809	19.64
淄博市	1117617	33529	36917	110.11		2828	34780	32995	3922		1785	1043	87.51	4965	5858	15.87
枣庄市	358194	10746	15172	141.19		2339	15824	13513	1659		2311	28	90.37	1687	2557	16.85
东营市	1533310	45999	45623	99.18	376	7894	42727	42727	2896			7894	79.84	10790	2592	5.68
烟台市	863636	25909	29130	112.43		2710	31033	28322	808		2711		97.47	808	8346	28.65
潍坊市	1089998	32700	33862	103.55		3318	36782	33464	398		3318		98.93	398	6840	20.20
济宁市	942228	28267	29885	105.72		3510	31646	28273	1612		3373	137	94.76	1749	5215	17.45
泰安市	438979	13169	12841	97.51	328	13	12638	12625	216		13		98.32	216	2656	20.68
威海市	430047	12901	14807	114.77		331	14860	14529	278		331		98.16	278	6113	41.28
日照市	199548	5986	6587	110.03		515	6773	6258	329	254	515		95.37	329	1495	22.70
莱芜市	436699	13101	12765	97.44	336		11689	11689	1076				91.57	1076	1026	8.04
临沂市	533192	15996	16859	105.40		1644	17271	15627	1232		1644		93.34	1232	3111	18.46
德州市	368109	11043	11760	106.49		1131	12312	11181	579		1131		95.51	579	1792	15.23
聊城市	405591	12168	11717	96.30	451	414	10819	10405	1312		414		89.18	1312	2311	19.72
滨州市	730624	21919	20105	91.73	1814	2461	14383	13818	6287		565	1896	63.74	8183	2316	11.52
菏泽市	317922	9538	8809	92.36	729	1511	8392	6881	1928		1511		81.32	1928	1701	19.31

附件 5

2007 年度地方教育附加征收拨付情况

单位：万元

市	征收				上年未拨	本年征收应拨付教育（扣除上解和手续费）	拨付教育								未拨付小计	用于职业教育	用于职业教育占当年实征额比例%
	应征额	实征额	欠征额	实征占应征%			已拨付小计	本年征收			上年未拨			拨付率%			
								实际拨付	未拨付		实际拨付	未拨付					
									计	其中因工程进度慢未拨		计	其中因工程进度慢未拨				
	1	2	3	4	5	6	7	8	9	10	11	12	13	14	15	16	17
全　省	131574	123588	9883	93.93	21243	99257	98874	79734	19562	505	19140	2103	228	82.05	21665	15205	15.32
济南市	15865	15989		100.78	1207	12151	12883	11676	475		1207			96.44	475	1937	15.94
青岛市	18055	18294		101.32	4879	17334	17524	13492	3842		4032	847		78.89	4689	1973	11.38
淄博市	11176	11748		105.12	1502	9399	8851	7349	2050		1502			81.19	2050	443	4.71
枣庄市	3582	3463	119	96.68	1280	2770	2550	1270	1500		1280			62.96	1500	840	30.32
东营市	15333	9190	6143	59.94	1003	7144	6007	6007	1137			1003		73.73	2140	10	0.14
烟台市	8636	7760	876	89.86	506	6128	6384	5901	227		483	23		96.23	250	1940	31.66
潍坊市	10899	11087		101.72	1161	8544	9688	8529	15		1159	2		99.82	17	1512	17.70
济宁市	9422	9532		101.17	1548	7259	8475	6927	332		1548			96.23	332	1336	18.40
泰安市	4389	4351	38	99.13		3335	3374	3374						101.17	0	747	22.40
威海市	4300	4730		110.00	68	3784	3772	3704	80		68			97.92	80	1577	41.68
日照市	1996	2147		107.57	425	1501	1193	996	505	505	197	228	228	61.93	733	207	13.79
莱芜市	4367	4450		101.90	665	3560	3782	3117	443		665			89.51	443	37	1.04
临沂市	5332	4963	369	93.08	2024	3971	2826	802	3169		2024			47.14	3169	530	13.35
德州市	3681	3669	12	99.67	477	2935	2971	2494	441		477			87.08	441	488	16.63
聊城市	4056	3740	316	92.21	2466	2804	2544	78	2726		2466			48.27	2726	517	18.44
滨州市	7306	5731	1575	78.44	713	4443	3540	2827	1616		713			68.66	1616	610	13.73
菏泽市	3179	2744	435	86.32	1319	2195	2510	1191	1004		1319			71.43	1004	501	22.82

（摘自山东省人民政府办公厅鲁政办发〔2008〕52 号文件）

2008 年山东省各级各类教育基本情况

2008 年山东省各级各类教育基本情况(一)

	在校生			毕业生			招　生		
	2007 年	2008 年	2008 比 2007 增减	2007 年	2008 年	2008 比 2007 增减	2007 年	2008 年	2008 比 2007 增减
一、高等教育	1784173	1940036	155863	464612	517434	52822	577196	685420	108224
1. 研究生	46710	50720	4010	11293	13212	1919	16860	18531	1671
博士	6108	6707	599	1433	1423	－10	1763	1822	59
硕士	40602	44013	3411	9860	11789	1929	15097	16709	1612
2. 普通本专科	1440378	1534009	93631	355735	411143	55408	453479	514176	60697
本科	688816	728474	39658	166901	170160	3259	171474	197689	26215
专科	751562	805535	53973	188834	240983	52149	282005	316487	34482
3. 成人本专科	297085	355307	58222	97584	93079	－4505	106857	152713	45856
本科	134109	159797	25688	44065	39866	－4199	48369	65088	16719
专科	162976	195510	32534	53519	53213	－306	58488	87625	29137
二、高中阶段教育	3435369	3314039	－121330	1149824	1178700	28876	1189907	1102789	－87118
1. 普通高中	1834835	1683530	－151305	645455	648601	3146	570774	523354	－47420
2. 中等职业教育	1215209	1220469	5260	394091	396785	2694	459179	418472	－40707
3. 技工学校	385325	410040	24715	110278	133314	23036	159954	160963	1009
三、义务教育	9708413	9667563	－40850	2303489	2154949	－148540	2168683	2128145	－40538
1. 普通初中	3368280	3337815	－30465	1264743	1080149	－184594	1054126	1082028	27902
2. 普通小学	6340133	6329748	－10385	1038746	1074800	36054	1114557	1046117	－68440
四、特殊教育	20108	19659	－449	2412	2085	－327	3083	2471	－612
五、学前教育	1633199	1751317	118118	659295	680265	20970	876296	916662	40366
六、成人基础教育	6524	0	－6524	58086	0	－58086	0	0	

2008 年山东省各级各类教育基本情况(二)

	学校数			教职工			专任教师		
	2007 年	2008 年	2008 比 2007 增减	2007 年	2008 年	2008 比 2007 增减	2007 年	2008 年	2008 比 2007 增减
一、高等教育									
1. 研究生培养单位	32	31	－1						
其中:科研机构	5	4	－1						
2. 普通高等学校	123	126	3	128761	134072	5311	81889	87432	5543
本科院校(含独立学院)	54	57	3	83155	88141	4986	51243	56157	4914
其中:独立学院	12	12	0	4497	5306	809	2907	3521	614
专科院校	69	69	0	42562	45218	2656	29436	30851	1415
其他机构	—	—	—	3044	713	－2331	1210	424	－786
3. 成人高等学校	23	22	－1	12627	7390	－5237	7537	4840	－2697
二、高中阶段教育	1718	1627	－91	565499	554535	－10964	187529	189587	2058
1. 普通高中	750	682	－68	454940[注]	445545[注]	－9395[注]	112627	112250	－377
2. 中等职业学校	782	761	－21	83815	84290	475	57491	58490	999
3. 技工学校	186	184	－2	26744	24700	－2044	17411	18847	1436
三、义务教育	17353	16714	－639				644269	643365	－904
1. 普通初中	3289	3211	－78	—	—	—	257628	255408	－2220
2. 普通小学	14064	13503	－561	420353	420552	199	386641	387957	1316
四、特殊教育	144	144	0	5548	5567	19	4136	4238	102
五、幼儿园	14914	15839	925	98834	109092	10258	69647	76635	6988
六、成人基础教育	29	0	－29	513	0	－513	431	0	－431

注:普通高中教职工数中包含普通初中教职工

2008 年各市平均每十万人口中各类在校生数

单位：人

	2007 年人口数（万人）	各市平均每十万人口中各类在校学生数				
		中等职业学校（不含技工学校）	普通高中	普通初中	小学	幼儿园
合计	9366.97	1303	1797	3563	6758	1870
济南市	657.15	1323	1584	2761	6013	2034
青岛市	838.67	2166	1340	3118	5690	1996
淄博市	448.39	1146	1796	4528	5429	2315
枣庄市	364.04	1555	2168	4552	7619	1910
东营市	199.09	980	2245	3405	7081	2897
烟台市	699.45	1541	1554	4055	4034	1723
潍坊市	883.61	1391	1973	3337	6591	2091
济宁市	791.66	1112	1799	3689	6969	1799
泰安市	543.34	1316	1690	2031	6777	2445
威海市	279.96	1203	1558	4070	3960	1597
日照市	272.29	986	1912	3377	7077	2823
莱芜市	126.78	816	1896	4201	6131	2522
临沂市	979.94	847	1870	3461	7472	1632
德州市	545.28	1376	1800	3054	7401	1549
聊城市	553.66	1111	1866	3603	7013	1342
滨州市	367.12	1128	1850	3204	7254	1880
菏泽市	816.55	1254	2123	4844	10282	1194

注：本表中人口数为统计局人口抽样调查数

2008 年各市普通中学基本情况

单位：人

	学校数（所）		学生数						教职工数		
	计	其中：初中	初中			高中			计	专任教师	
			毕业生数	招生数	在校生数	毕业生数	招生数	在校生数		初中	高中
合　计	3893	3211	1080149	1082028	3337815	648601	523354	1683530	445545	255408	112250
济南市	221	179	58932	64987	181441	33741	34292	104119	26766	14684	6838
青岛市	307	240	64372	91007	261496	43840	32947	112388	36058	20805	9103
淄博市	211	169	40975	53705	203048	28128	26563	80515	23886	14381	5399
枣庄市	159	131	62337	51739	165696	26409	27008	78921	18095	10352	4120
东营市	98	77	20438	23426	67791	15245	14036	44704	12086	6999	3255
烟台市	336	275	66330	67807	283646	40691	34178	108695	37074	23503	8287
潍坊市	411	348	88646	110825	294817	69743	52886	174360	46019	25300	13255
济宁市	322	265	101066	93374	292037	56767	43521	142438	36899	20546	9239
泰安市	189	154	42457	43297	110354	40216	23970	91811	24288	12867	6887
威海市	112	91	26255	26720	113949	16984	13739	43628	15045	9110	3796
日照市	126	103	31126	32678	91948	19904	15149	52052	14095	7944	3522
莱芜市	60	51	11799	16593	53260	9489	6356	24038	7829	4259	1831
临沂市	367	306	121544	127238	339171	70401	54716	183205	46135	25225	11492
德州市	219	192	72688	52164	166530	36040	29502	98138	22754	14041	5794
聊城市	213	167	87870	59269	199457	44176	34837	103295	24318	13759	6254
滨州市	161	143	46898	41114	117610	23688	21576	67908	17237	9621	4436
菏泽市	381	320	136416	126085	395564	73139	58078	173315	36961	22012	8742

2008 年各市中等职业学校、小学基本情况

单位:人

	中等职业学校						小学					
	学校数(所)	毕业生数	招生数	在校生数	教职工数		学校数(所)	毕业生数	招生数	在校生数	教职工数	
					计	专任教师					计	专任教师
合计	761	396785	418472	1220469	84290	58490	13503	1074800	1046117	6329748	420552	387957
济南市	76	35432	30660	86961	6989	4505	699	64436	62195	395115	27244	24746
青岛市	99	48221	56273	181628	13111	9171	961	90096	78890	477230	34870	32403
淄博市	40	21955	17273	51403	4352	3003	379	53607	45428	243413	17415	15878
枣庄市	25	14923	20338	56599	3146	2034	668	51139	42907	277344	19639	18117
东营市	10	5780	6188	19508	1375	1087	185	23613	23299	140984	8951	8249
烟台市	63	36843	36882	107802	7294	5226	703	67478	51611	282136	23340	21619
潍坊市	53	43773	46756	122885	8464	6078	1347	109039	85336	582385	39798	37228
济宁市	61	27092	23210	87998	5473	3845	1319	93008	85965	551729	36118	33225
泰安市	30	24817	20564	71502	3901	2903	691	42547	67042	368232	24269	22449
威海市	38	10820	12207	33685	3275	2239	139	26779	20305	110852	8287	7584
日照市	17	6795	9397	26853	1898	1446	473	32386	29562	192690	12117	10997
莱芜市	14	4513	3305	10340	906	645	193	16510	12968	77730	6767	5810
临沂市	59	28793	29726	82977	6159	4426	1739	123710	119031	732225	44696	39987
德州市	41	23206	26422	75020	4951	3265	975	52177	72805	403559	29003	27154
聊城市	39	18439	22331	61502	4309	2892	811	57229	70065	388264	24043	22365
滨州市	16	13421	21435	41397	2340	1419	481	41130	41233	266299	17311	15926
菏泽市	80	31962	35505	102409	6347	4306	1740	129916	137475	839561	46684	44220

2008年各市高中阶段在校学生构成

单位：人

	在校学生数			所占(%)	
	计	普通高中	中等职业学校	普通高中	中等职业学校
合计	2903999	1683530	1220469	57.97%	42.03%
济南市	191080	104119	86961	54.49%	45.51%
青岛市	294016	112388	181628	38.23%	61.77%
淄博市	131918	80515	51403	61.03%	38.97%
枣庄市	135520	78921	56599	58.24%	41.76%
东营市	64212	44704	19508	69.62%	30.38%
烟台市	216497	108695	107802	50.21%	49.79%
潍坊市	297245	174360	122885	58.66%	41.34%
济宁市	230436	142438	87998	61.81%	38.19%
泰安市	163313	91811	71502	56.22%	43.78%
威海市	77313	43628	33685	56.43%	43.57%
日照市	78905	52052	26853	65.97%	34.03%
莱芜市	34378	24038	10340	69.92%	30.08%
临沂市	266182	183205	82977	68.83%	31.17%
德州市	173158	98138	75020	56.68%	43.32%
聊城市	164797	103295	61502	62.68%	37.32%
滨州市	109305	67908	41397	62.13%	37.87%
菏泽市	275724	173315	102409	62.86%	37.14%

注：不含技工学校

2008年各市中小学入学率和升学率

	小学学龄儿童入学率	小学毕业生升学率	初中适龄人口入学率	初中毕业生升学率（不含技工学校）	
				计	其中:升入普通高中
合计	99.95%	100.67%	99.89%	81.47%	48.45%
济南市	100.00%	100.86%	100.00%	91.10%	58.19%
青岛市	100.00%	101.01%	100.00%	90.75%	51.18%
淄博市	99.54%	100.18%	100.00%	72.88%	64.83%
枣庄市	99.98%	101.17%	99.90%	88.69%	43.33%
东营市	99.99%	99.21%	100.00%	81.09%	68.68%
烟台市	100.00%	100.49%	100.00%	98.60%	51.53%
潍坊市	100.00%	101.64%	100.00%	80.06%	59.66%
济宁市	100.00%	100.39%	100.00%	68.85%	43.06%
泰安市	100.00%	101.76%	100.00%	95.14%	56.46%
威海市	100.00%	99.78%	100.00%	94.16%	52.33%
日照市	100.00%	100.90%	100.00%	70.41%	48.67%
莱芜市	100.00%	100.50%	100.00%	52.41%	53.87%
临沂市	100.00%	102.85%	100.00%	63.35%	45.02%
德州市	100.00%	99.98%	99.97%	105.38%	40.59%
聊城市	99.78%	103.56%	99.34%	90.31%	39.65%
滨州市	99.51%	99.96%	99.94%	95.37%	46.01%
菏泽市	99.99%	97.05%	99.55%	70.96%	42.57%

2008 年山东高校科研情况综述

2008 年，山东省高校科技人员 39830 人，其中教授 3692 人，副教授 6603 人，其他技术职务系列高级人员 4508 人，具有博士学位 5279 人，具有硕士学位 12506 人。人文社科活动人员 24533 人，其中教授 2731 人，副教授 6218 人，具有博士学位 1809 人，硕士学位 8242 人。

2008 年，高校科技活动经费 217299 万元，人文社科经费 17154 万元。2008 年全省高校承担科技课题 12549 项，其中国家“973”计划项目 113 项，国家科技计划项目 163 项，国家“863”计划项目 248 项，国家自然科学基金项目 1062 项，企事业单位委托科技项目 3992 项，国际合作项目 45 项；承担人文社科课题 8392 项，其中国家社科基金项目 294 项，教育部项目 370 项。

2008 年，全省高校出版科技著作 144 部，发表科技学术论文 34361 篇，被 SCI、EI、ISTP 三大检索系统收录论文 9343 篇；鉴定科技成果 797 项，其中国际水平 327 项。获国家科技奖励 15 项，省部级科技奖励 326 项。出版人文社科著作 996 部，发表论文 15946 篇，获得省部级以上奖励 203 项。签订技术转让合同 350 项，合同金额 9931 万元，当年实际收入 5855 万元。申请专利 1475 项，其中发明专利 970 项，实用新型 474 项；授权专利 697 项，其中发明专利 352 项，实用新型 334 项。

综合管理

综合工作

[姜异康到山东大学和山东师范大学调研] 10月20日下午，姜异康来到山东大学，参观了校史馆、热科学与工程研究中心和晶体研究所展室，与教职工进行交谈，详细了解学校教学、科研情况，并召开座谈会，山东大学党委书记朱正昌、校长展涛分别介绍了学校情况。座谈会上，姜异康指出，山东大学作为一所百年名校，在教育部和山东省委、省政府的领导下，校领导班子带领全校师生员工开拓创新，积极进取，培养了大批人才，取得了大量科研成果，为高等教育事业和经济社会发展作出了贡献。他希望学校进一步增强责任感和使命感，改革创新，锐意进取，努力把山东大学建设成国内一流、国际上具有重要影响的大学。21日上午，姜异康来到山东师范大学，先后到学校图书馆、齐鲁文化研究中心和植物耐逆实验室，看望慰问教职员工，向大家详细了解学校改革发展情况，随后，召开座谈会，听取了学校情况汇报。他指出，山东师范大学是山东省著名高校，在省内外有着重要影响。近年来，校领导班子带领全校师生员工，抓住机遇，加快改革发展，各项工作都取得了显著成绩，特别是为山东省教育事业培养造就了大批优秀教师，作出了重要贡献。山东师范大学作为山东省重点大学，在山东高等教育格局中具有重要地位。姜异康希望山师大认真总结经验，进一步认清新的机遇和挑战，做好各项工作，为经济社会发展作出新的贡献。姜异康在调研中指出：全省正在全面贯彻十七大精神，深入落实科学发展观，按照胡锦涛总书记对山东工作的总要求，加快推进经济文化强省建设。建设经济文化强省，必须以科教兴鲁为支撑，必须培养造就大批具有创新创业创优能力的优秀人才，这对山东省高等教育发展和高校工作提出了新的更高要求。要以科学发展观统领高等教育工作，把握新时期新任务对高等院校的新要求，坚持正确的办学方向，围绕中心，服务大局，抓住机遇，努力促进全省高校的科学发展，更好地为建设经济文化强省、实现富民强省新跨越服务。姜异康要求：要以改革创新精神做好高校各项工作，进一步提高办学质量和水平。要适应形势任务发展变化，围绕建设高水平大学，解放思想，与时俱进，不断创新发展思路，深化教学改革和其他各项改革。要适时调整优化高校和学科结构，继续办好传统优势学科，办出水平和特色。同时，要开阔视野，学人之长，补己之短，勇于创新，发展新兴学科和专业门类，打造新的优势，形成新的品牌。要着眼于培养合格人才，着眼于创造一流科研学术成果，大力培养、引进和使用人才，造就一批高水平学科带头人，努力推出更多的原创性科技、学术成果。要面向经济建设主战场，调整专业设置，加强产学研结合，加强与企业的衔接合作，尽快把科研成果转化为现实生产力，促进全省经济又好又快发展。姜异康强调：要全面贯彻党的教育方针，坚持正确的办学方向，坚持用马克思主义中国化的最新理论成果武装头脑，特别要扎实开展深入学习实践科学发展观活动，不断加强学校领导班子建设，努力提高领导高校工作的能力和水平。要更加扎实地做好思想政治工作，强化师德教育，加强大学生思想政治建设，建设平安校园。要坚持以人为本，关心师生员工的工作和生活，对那些老教授、名教授以及重点培养的人才要给予更多的关心，对家庭困难的教师要及时给予帮助。要高度重视做好贫困大学生的资助工作，保证贫困学生顺利完成学业。省委常委、秘书长王敏，省有关方面负责人参加调研，山东大学党委书记朱正昌、校长展涛和山师大负责人分别陪同调研。

[组织开展学习实践科学发展观活动] 按照中央和省委的要求和部署，10月8日，山东省教育厅开展深入学习实践科学发展观活动领导小组及领导小组办公室全体成员召开会议，贯彻学习全省深入学习实践科学发展观活动动员大会暨市厅级主要领导干部专题研讨班精神，研究部署教育厅深入学习实践科学发展观活动方案。10月16日召开开展深入学习实践科学发展观活动动员大会，主要任务是学习党中央及省委对开

展深入学习实践科学发展观活动的重要意见，对省教育厅开展学习实践活动进行动员和部署。省委指导检查组组长牛启忠同志作了重要讲话，厅长齐涛随后也作了重要讲话并部署了工作，要求从今年10月上旬开始，厅机关先行一步，厅属各单位随后跟进，到2009年2月基本完成。学习实践活动分学习调研、分析检查、整改落实3个阶段，每个阶段包含3个环节，加上活动开始前的准备环节和活动结束时的总结测评环节，共有11个环节。学习活动结合教育实际，紧扣“科学发展、富民强省”主题，围绕“全面推进素质教育、建设人力资源强省”这一实践载体，着力转变不适应不符合科学发展观的思想观念，着力解决教育工作中影响和制约科学发展及群众反映强烈的突出问题，着力构建有利于教育事业科学发展的体制与机制，提高领导科学发展、促进社会和谐的能力。学习活动重点就11个社会和群众关心的教育问题展开调研，提出了以素质教育为重点，推进基础教育“基础化”；以就业为导向，推进职业教育“职业化”；以内涵发展为重心，推进高等教育“多元化”；以普通高校为依托，推进成人教育“成人化”的工作思路。

[组织开展“山东教育改革30年”系列活动] 纪念改革开放30周年，是我省政治生活中的一件大事，也是教育系统开展主题教育活动的一个大好机会。根据省委有关文件精神，省教育厅在全省教育系统开展了一次大型“网络纪念活动”，利用网络的空间大、传播广、形式多样、节约资源等优点，使广大师生充分认识改革开放的伟大意义、巨大成就、成功经验和前进方向，也充分认识我省教育系统改革开放30年取得的巨大成就；各级教育行政部门门户网站，大、中、小学校校园网自10月起均开设了“纪念改革开放30周年”专栏，结合本地、本校实际，广泛发动师生，通过图片、文字、数据、视频等内容汇集，充分展示当地和教育系统改革开放30年来取得的巨大成就。教育厅还与山东教育社联合举办“山东基础教育改革发展30年”征文活动，组织广大教育工作者、中小学师生通过撰写文章的形式，多层面、多角度地反映基础教育事业的巨大变化和成就。省内各高校组织广大师生收看“纪念中国共产党十一届三中全会召开30周年”大会现场直播，师生们对胡锦涛总书记的重要讲话反响热烈；各高校还通过征文、专题学术报告会、大型文艺演出、主题演讲比赛、大型网络展等形式，扎实开展纪念改革开放30周年的丰富活动。省教科所发挥省级教育科研部门优势，加强教育科研重大课题攻关研究，为教育决策服务，完成了山东教育改革发展30年研究课题，组织出版《山东教育改革发展三十年》一书。

[第三届联合国教科文组织“孔子教育奖”颁奖典礼在曲阜举行] 9月27日，2008中国(曲阜)国际孔子文化节开幕式暨第三届联合国教科文组织孔子教育奖颁奖典礼在曲阜举行。全国人大常委会副委员长蒋树声，全国人大常委会原副委员长许嘉璐，省委副书记、省长姜大明，省政协主席孙淑义出席开幕式。蒋树声宣布2008中国(曲阜)国际孔子文化节开幕，姜大明致辞，副省长黄胜主持。我国著名书画家范曾向山东人民赠送了巨幅国画《孔子像》，省委常委、宣传部长李群接受赠送。国家有关部委领导周和平、杜江、孙寿山、杨周复、唐闻生，省领导高新亭、温孚江出席开幕式。

[教育部等部委对山东省学校及周边建筑安全工作进行督查] 10月21至24日，教育部、住房和城乡建设部、国家安监总局组成联合督查组，对山东省学校及周边建筑安全工作进行督查。督查组先后听取省政府和济南、淄博市政府及有关部门的情况汇报，并到济南、淄博两市各类学校及部分建设工地实地查看。24日上午，督查组对检查情况进行了反馈。副省长黄胜出席汇报会和反馈会。

教育法制建设

[推进教育普法及依法治校工作] 一是召开了教育政策研究与法制建设年度工作会，总结2007年工作，研究部署了2008年教育政策研究和法制建设工作。各市教育局政策法规科(处)长参加了会议，并进行了工作交流。二是加强青少年学生法制教育。5月，会同省司法厅、综治办、团省委举办山东省首届中小学生法律知识竞赛，在各市教育局认真组织动员下，全省广大中小学生踊跃参加竞赛，认真进行答题，竞赛组委会共收到参赛答题卡近18万份。按照竞赛有关规定，组委会从成绩优秀的答卷中抽出优秀奖获得者100名、纪念奖获得者400名，分别予以奖励。这次竞赛使山东省广大中小学生接受了一次法律知识集中学习，是山东省教育系统落实“五五”普法规划，推进法律进学校，加强青少年法制教育，大力实施素质教育的重要举措，对于提高青少年学生的法治意识和综合素质，维护青少年合法权益，预防和减少青少年学生违法犯罪，努力培养具有现代法制观念和法律意识、德智体美全面发展的社会主义建设者和接班人，具有重要意义。三是继续开展第三批山东省依法治校示范学校创建工作。按照《山东省依法治校示范学校评选与管理办法》的有

关规定，2 月，下发通知布置第三批省级依法治校示范学校的创建工作，计划评选山东省依法治校示范学校 140 所左右。四是重视高等学校规章制度建设。3 月，民盟山东省委向教育厅提出关于《高校规章制度建设存在的问题及对策》的提案，对提案进行了认真研究和答复，同时对高等学校规章制度进行清理、高等学校制定修改章程、完善高校规章制度的体系提出了建议。

[协调教育立法相关工作]　一是积极配合业务处室和省人大、省政府法制办等有关部门，召开了立法座谈会，做好《山东省实施〈义务教育法〉办法》的修订工作。二是按照省政府法制办要求，组织有关处室对《山东省高等教育自学考试若干规定》和《山东省实施〈幼儿园管理条例〉办法》进行修改。三是向教育部报送山东省制定的教育地方法规政府规章。四是参加省政府促进山东省文化发展与繁荣立法论证工作。对《山东省文化市场条例》、《山东省消费者权益保护条例》、《高校消防安全管理规定(征求意见稿)》、《中华人民共和国消防法(修订草案)》、《青岛市志愿服务条例(草案)》、《淄博市志愿服务条例》、《山东省清洁生产促进条例》等提出修改意见建议。

[组织开展调查研究]　一是做好调查研究工作。对山东省教育系统依法行政的情况进行调研，通过下达通知、发放调查问卷、实地考查、举行座谈会等方式，广泛听取各方意见和建议，在掌握第一手资料的基础上，形成《关于我省教育系统依法行政情况的调研报告》。进行教育法制建设三十年课题研究和教育优先发展课题研究。完成教育法制建设三十年课题研究，共约 5 万余字。按照教育部部署，对山东省教育优先发展情况进行研究。二是组织开展系统年度调研工作。组织各市教育局、高校和厅机关处室、厅属单位重点围绕“规范教育行政管理的制度、措施和保障机制”、“促进各级各类教育持续协调发展的政策措施和保障机制”、“提高教育质量的政策措施和保障机制”、“深入实施素质教育的政策措施和保障机制”、“资助家庭经济困难学生的政策措施和保障机制”、“加强教师队伍建设的政策措施和保障机制”等方面进行调查研究。三是做好教育系统优秀调研成果评选工作。组织专家对 2007 年度各市教育局、高校和厅机关处室、厅属单位申报的 120 篇调研成果进行了评选，共评出一等奖 18 篇，二等奖 30 篇，三等奖 44 篇。四是向省政府调查研究室申报全省政府系统优秀调研成果奖。其中《山东省中小学素质教育调研报告》获得一等奖，《山东省中等职业教育专业设置与培养模式调查报告》获得三等奖。

[规范行政行为]　一是按照省人大常委会关于开展《未成年人保护法》执法检查要求，向省人大常委会汇报省教育系统贯彻实施《未成年人保护法》工作情况。二是做好规范性文件审查和备案工作。按照法律、法规和规章的规定，对厅内有关处室起草的规范性文件进行法律审查把关，目前共审查 12 件，对法律法规依据不充分、管理越权等不合理的文件内容，都认真提出书面修改意见或建议，保证其合法性，按照规定将教育厅规范性文件及时向省政府法制办进行备案，2008 年已向省政府备案了 8 件。同时，会签厅内处室和外单位其他文件 30 余件。三是妥善处理行政和民事案件。按照相关法律法规，对申诉的处理程序等进行审查把关，对诉讼案件积极应诉、上诉，维护广大师生、群众和教育厅的合法权益。对北京澳视宏业技术有限公司因青岛市教育局学校装备政府采购提起的行政复议、对烟台市教育局提出由教育厅撤销烟台华颖学校的请求、鲁东大学起诉沂水师范学校的请示等案件，都认真分析案情，妥善进行了处理。

人事管理

[教师职称评聘工作]　经山东省中学教师职务高级评审委员会、山东省中等专业学校教师职务高级评审委员会、山东省高等学校教师职务高级评审委员会、山东省高校图书资料专业职务高级评审委员会、山东省高校工程技术职务高级评审委员会、山东省实验技术职务高级评审委员会评审，2008 年共晋升教授 348 人、副教授 383 人、研究馆员 7 人、副研究馆员 32 人、高级工程师 26 人、高级实验师 41 人、高级讲师 305 人、中学高级教师 3274 人。

[举办“高校教师队伍建设论坛”]　11 月 21 日，省教育厅举办“高校教师队伍建设论坛”，论坛与 2008 年度山东省高校教师职务高评委会结合进行，高评委会委员参加会议。与会委员从 2008 年度高校教师职务资格评审中各学科体现出的各自不同特点和问题，分析山东省相关学科专业师资队伍现状和发展趋势，并提出学科建设意见和建议。省教育厅厅长齐涛做的《高校学术建设面临的八个问题》主题讲话，从“职称评审何去何从”、“学术评价的非学术化倾向”等八个方面对山东省高校教师职务资格评审、师资队伍建设和学术建设进行现状分析和问题剖析，指出问题所在，点明发展趋势和改进方向。论坛的举办，标志着山东省高校

师资队伍建设和学术队伍、水平建设新的评价机制的建立。

[“泰山学者”建设工程] 2008年是“泰山学者”建设工程第一期的最后一年，根据省委组织部要求，省教育厅人事处于8月组织了高校领域第三批“泰山学者”岗位设置的初选工作，25个岗位通过初评。经省委组织部遴选，最终有11个岗位通过设岗评审。至此，全省高校“泰山学者”建设工程第一期共设岗111个。在此之前，为了解、掌握山东省高校领域“泰山学者”特聘教授履职、学术团队科研开展和岗位管理情况，2008年5月，省教育厅配合省委组织部就全省高校领域的100个“泰山学者”建设工程岗位设置和设岗学校开展督导检查。考察主要以召集召开管理人员、“泰山学者”特聘教授、团队和学校部分教师座谈形式进行。通过检查，基本掌握了全省高校“泰山学者”建设工程特聘教授岗位工作开展情况，促进了岗位管理规范化建设，达到了预期目的。

[“山东省高校青年教师成长计划”实施情况] 本年度，继续实施“山东省高校青年教师成长计划”。一是继续依托山东省教育厅高校师资培训5个中心开展现代教育技术项目培训，全年培训教师共计11600人次。二是继续实施“山东省高等学校优秀青年教师国内访问学者”和“山东省高等学校优秀骨干教师国际合作培养”项目，分别有66所高校的154名教师和42所高校的176名教师得到“国内访问学者”和“国际合作培养”项目资助。

发展规划

[高等教育招生计划管理工作] 认真贯彻国务院对高等教育的工作部署，结合山东省高等教育发展实际和社会需求状况，坚持以科学发展观为指导，切实抓好招生计划的落实工作。提出山东省学校招生计划的安排，要服从和服务于山东省高等教育内涵发展为主的大局，从有利于提高高校办学水平出发，通过计划编制、实施和管理，充分发挥招生计划的调控作用，推动我省高等教育学科专业结构和层次结构的调整，进一步规范高校的办学行为，促进办学条件的改善，实现高等教育规模、结构、质量、效益的协调发展。进一步增强了计划编制的科学性，按照以条件定发展的原则，广泛深入学校调查研究，进一步完善了计划编制的数学模型。同时在计划编制过程中加强了与相关处室的沟通与联系，广泛征求意见，计划编制工作更加公开透明，提高了计划编制的科学性、合理性。2008年，山东省省属高校2008年普通本专科招生计划总量为43.74万人，比上年计划增加2.45万人，增幅5.9%。其中本科招生计划17.54万人，比上年增加1.75万人，增幅11.1%；高职(专科)计划26.2万人，比上年增加0.7万人，增幅2.7%。山东省属高等学校研究生招生计划总数为9971人，比2007年增加1539人，增长18.3%。其中硕士研究生招生计划9585人，比2007年增加1512人，增长18.7%；博士研究生招生计划为386人，比2007年增加26人，增长7.3%。山东省省属高校成人本专科招生计划12万人，比2007年减少0.43万人。其中本科招生计划为5.4万人，与上年持平。鉴于山东省成人高等教育招生计划与预计生源数量差距较大，2008年山东省成人高等教育学校招生计划的安排，在国家下达计划总量基础上多安排了10%左右，大部分用于专科层次招生。

[民办专科学校升本科] 4月，教育部正式批准潍坊科技职业学院升格为潍坊科技学院、民办山东万杰医学高等专科学校升格为山东万杰医学院、山东英才职业技术学院升格为山东英才学院；5月份，山东省教育厅代省府起草文件，分别下发了3所学校的建校通知。3所民办专科高校升格为本科层次，进一步优化了山东省民办高校的层次结构，提高了山东省民办高校的办学层次和办学水平，推动了高等教育办学体制改革的进一步深化。目前，山东省学历教育民办高校共25所，其中本科层次5所。

[高等职业学校设置审批] 2008年初，经省政府批准并报教育部备案，山东省新成立了山东传媒职业学院、临沂职业学院、枣庄职业学院3所高等职业学校。同时，经过各方面的努力，2005年经省政府审批成立的德州职业技术学院和烟台工程职业技术学院2所高等职业学校，教育部批准于2008年正式备案招生。这批高等职业学校的建立，填补了山东省高等职业学校区域及科类布局的空白点和薄弱环节，进一步增强了经济欠发达地区对高级技能型、应用型人才的培养能力。

[普通高校独立学院管理] 按照“稳定规模、规范管理、提高质量”的原则，切实做好独立学院的规范管理工作。4月，在曲阜召开了全省独立学院工作会议，交流了独立学院规范管理的经验，宣传贯彻《独立学院设置与管理办法》，并对独立学院今后发展提出了要求。9月，按照独立学院的设置审批程序，经省高校设置评

议委员会专家评审，将北京电影学院与青岛满天下教育投资有限公司合作在青岛筹建北京电影学院青岛创意媒体学院的申请报教育部。

[中外合作办学工作] 深入贯彻《中外合作办学条例》及其实施办法，支持高校参与国际教育合作，并按照依法治教和规范管理的精神，加强对中外合作办学的监督管理。2008 年底，向第一批通过教育部复核的 9 个中外合作机构颁发了《中外合作办学许可证》。

[学校基本建设工作] 一是基建管理方面。结合高校的实际情况认真做好厅直属 24 所高校 2008 年度预算内投资计划以及本年度高校自筹计划的申报、落实工作，按照省政府常务会议的要求，按照学校发展规划和资金状况严格控制新开工项目，保证学校急需项目的建设，促进学校由硬件建设向内涵建设转化；完成了厅直属 24 所高校和 2 所高中学校 7586 万元基建拨款的拨付工作；完成了山东农业大学等 4 所高校 5182 万元国债项目转贷转拨款的工作；配合省发改委对山东教育学院等部分高校建设项目进行督查，组织专家对山东工艺美术学院等部分高校 2015 年建设规划进行评估，为确定今后建设项目和规模提供依据；组织了全省《农村中小学校舍建设标准》培训班，提高基础教育基建管理水平，认真部署学校及周边建筑安全排查治理工作，组成督查组进行检查指导，得到国家教育部、建设部、安全监督总局的充分肯定；完成了省发改委部署的“四川北川学校重建规划草案。二是高校贷款风险化解工作。认真做好高校贷款的统计、分析工作，在此基础上，及时向省政府汇报高校调整债务结构的情况，为省政府出台政策提供资料；完成了 2008 年前三季度高校负债统计与分析，为 7 月 30 日省政府高校化解贷款风险专题会议和 8 月 18 日第 19 次省政府常务会议准备了目前高校贷款的具体情况以及相关建议，向省政府常务会议写出高校贷款情况汇报，协助省政府办公厅编写了两次会议的会议纪要，对下一步工作起到了重要的指导作用；完成了“山东省高校建设与债务情况分析与对策研究”的调研报告；提出了 59 所省属高校调整债务结构实施方案，对每所高校的贷款、负债情况进行了具体分析，并提出了解决办法；按照第 19 次省政府常务会议要求，选派专人，组建了高校调整债务结构工作领导小组办公室，协调有关部门、单位，加强对工作调度，及时通报工作进展情况、推广先进经验，编写了 4 期工作情况简报；配合省银监局，推进济南大学授信银行俱乐部试点工作，向省政府提交了“关于济南大学贷款重组情况的报告”，基本确定了济南大学贷款的重组方案，对于重组工作中遇到的“四证”不全的问题，按照省政府专题会议的要求，及时将该校的情况呈报省政府，加快了工作进程。

[“明德小学”建设工作] 完成了与捐赠方以前年度资金对账工作；完成了 2008 年度山东省“明德小学”项目的选址、定点工作以及项目学校的规划、设计审查、报送工作；完成了 2008 年项目的预算编制、配套资金落实工作；完成了在建项目进度的报送工作；完成了上年度获奖学校、学生奖金的发放工作；完成了大部分 2006 年度完工项目的整改工作；完成了本年度项目学生智能竞赛的评奖、申报工作；完成了本年度网上资料的录入工作；聘请了 18 名专家，分成 6 组，对以前年度所有“明德小学”项目进行了全面检查验收。“明德小学”项目 2005 年开始在山东省实施，4 年来新建和改造了 193 所农村小学。项目涉及 14 个市，62 个县(区)，在校学生数已超过 10 万人。项目总投资超过 2 亿元，其中接受赠款 8500 万元，各地配套近 1.3 亿元；建成校舍面积 36 万平方米，生均校舍面积由原来的 2.72 平方米提高到 3.54 平方米。目前，2007 年以前项目全部完工，2008 年项目正在建设，已有 8 个项目竣工。2008 年“明德小学”项目年会上，由于山东省在“明德小学”软件建设和组织管理方面做得较好，被评选为年度全国示范省。

[教育事业统计工作] 2008 年进一步加强了对全省教育事业统计工作的综合协调和管理，进一步完善统计制度，加强基层统计人员的业务培训，使全省各级各类教育统计服务水平得到进一步提升。进一步强化统计监测预警意识，切实做好统计分析研究工作，及时发现教育事业发展中的新情况、新问题、新动向，针对一些“热点”、“难点”和“重点”问题，抓好专项统计分析，为全省教育决策和教育管理工作提供可靠依据。撰写了《2007 年山东省教育事业发展状况》、《2007 年山东省主要教育指标与全国平均水平的对比分析》等分析报告。编写了《山东省教育事业统计简明资料》、《2007 年山东省教育事业统计资料》等统计资料。上报省统计局教育事业统计的年报表，上报国家统计局山东调查总队城市及县(市)社会经济基本情况教育部分的报表。为其他各有关部门和单位提供数据查询和数据分析服务。整理分析改革开放三十年各级各类教育的统计数据。与济南大学信息中心联合开发教育事业统计辅助校验系统，加强统计数据的审核力度，为统计查询和分析提供了有利的技术支持。

财务　审计

[深入落实科学发展观　全面扎实做好财务工作]　根据中央要求学习和实践科学发展观的精神，按照教育厅领导的部署，认真学习了科学发展观理论，并联系教育财务工作实际，推动教育公平，落实民生政策，促进教育内涵发展，提高教育财务工作的服务和管理水平。针对当前工作的重点和热点问题，选择了完善义务教育经费保障机制，加强高校财务管理，化解债务风险，完善全省学生资助政策体系，调整教育收费政策，义务教育经费保障审计等六项工作作为学习实践科学发展观的课题进行调研。其中完善义务教育经费保障机制作为全厅的课题重点进行调研，且取得阶段性成果。

[山东省 2008 年度教育财务工作会议]　3 月 13 日，山东省 2008 年度教育财务工作会议在济南召开，各市教育局分管财务工作的副局长、计财科(处)长参加了会议。在会议中确定了 2008 年教育财务工作的重点内容：一是进一步巩固和完善农村义务教育经费保障机制，进一步提高经费保障水平，完善校舍维修改造长效机制；二是要全面推进家庭经济困难学生资助工作，建立和完善学生资助工作机制和管理机构，统筹使用各项学生资助政策；三是积极落实中央和省出台的教育投入政策，开展专项资金审计检查，切实做好两项教育费附加的征管工作；四是加强重大资金项目的使用管理工作；五是继续发挥教育基金会的作用，利用社会资金支持教育事业发展。

[继续推进义务教育经费保障机制改革]　为了推进农村义务教育经费保障机制改革，会同山东省财政厅印发了《关于调整完善农村义务教育经费保障机制改革有关政策的通知》，进一步完善了农村义务教育经费保障机制改革政策，加大了保障经费投入。一是提高农村中小学生均公用经费基本标准，共安排补助公用经费资金 27 亿元。二是为农村义务教育阶段学生免费提供教科书，并适当提高国家及地方课程免费教科书补助标准，减轻农民负担 10.9 亿元。城市义务教育学校按"一费制"标准，对享受城市低保家庭的学生免费提供教科书。三是进一步落实家庭经济困难寄宿生生活费补助政策，提高补助标准，各级财政补助寄宿生生活费资金达到 5886 万元。四是新增农村中小学取暖补助经费，筹措各级财政资金 3.55 亿元。2008 年，全省各级财政共筹措改革经费 52.45 亿元，其中省财政结合中央财政支持筹措 35.93 亿元，确保了改革资金需求。

[加强校舍危房改造　促进平安校园建设]　进一步做好中小学校舍维修改造工作，联合山东省财政厅对全省中小学校舍安全状况进行了全面普查。本年竣工校舍面积 271 万平方米，其中新建 169 万平方米，大修 44 万平方米，维修 58 万平方米。

[加强农村义务教育经费保障专项经费审计工作]　为贯彻落实国务院、山东省政府关于实施农村义务教育经费保障机制改革精神，促进农村义务教育经费保障机制改革顺利实施，联合山东省审计厅进行了全省农村义务教育经费保障机制改革实施情况专项审计工作。在此次审计工作中，对全省 16 个市(青岛除外)和所辖全部县(市、区)及所属农村中小学农村义务教育经费保障机制改革实施情况进行审计，重点审计了以下内容：农村义务教育经费保障机制改革组织实施情况；教育经费纳入财政预算情况；农村中小学教师工资保障情况；免除农村公办义务教育阶段学杂费及教科书费情况；免除农村民办义务教育阶段学杂费情况；免除农村贫困家庭学生课本费和补助寄宿生生活费情况；收费情况；义务教育专项资金管理支付情况；学校管理使用教育经费情况；校舍维修长效机制建设等。

[核定高校经费　加大资金投入]　自 2008 年开始，山东省科学确定经费核拨办法，由按学校类别改变为按专业类别确定学生拨款定额。同时，积极争取财政支持，在安排 2008 年初预算时，各专业学生拨款定额平均增加 600 元。

[掌握高校财务状况　规范财务行为]　为了解高校财务状况，规范财务行为，防范财务风险，分别于 4 月 15 日召开了山东省高等学校财务管理工作研讨会，于 10 月 9 日召开了省属高校财务工作座谈会。在这两次会议中总结交流了高校在加强财务管理、拓宽筹资渠道、防范财务风险等方面的经验和做法，认真分析了当前高校财务管理工作面临的形势和任务，研讨了缓解高校资金压力、化解高校贷款风险、改善高校财务状况的途径和措施。

[加强高等学校经营性资产管理]　为规范高等学校经营性资产管理行为，维护学校合法权益，防止国有资产流失，确保国有资产保值增值，保障和促进高校各项事业健康发展，印发了《山东省教育厅关于开展高等学校

经营性资产清查工作的通知》,对全省高校经营性资产开展了全面清查。通过清查,掌握了真实情况,进一步明确了今后加强全省高校经营性资产管理工作的重点和努力方向。

[健全各级学生资助管理机构] 为保证学生资助工作的顺利开展,根据国务院和省政府规定,积极推进各地市政府、各高校成立学生资助管理机构,各地市学生资助机构增加人员编制 67 名,县级成立学生资助机构 71 个,增加编制 235 名。各高校和中职院校学生资助机构也基本建立。

[推进国家助学贷款业务　开办信用助学贷款] 一是加强与农村信用合作联社合作,稳步推进生源地国家助学贷款业务。二是多方协调,积极做好生源地信用助学贷款的开办工作。以山东省政府名义印发了《关于做好我省生源地信用助学贷款工作的意见》,制定了生源地信用助学贷款资格认定办法和生源地信用助学贷款操作规程,完成了各市、县级学生资助管理中心关于生源地信用助学贷款管理的培训工作。三是加强助学贷款贴息和风险补偿金的核实、支付等工作。

[开发应用学生资助网站和学生信息管理系统] 一是为加强全省学生资助工作管理,提高工作效率和水平,研制开发了山东省学生资助网站,并对全省 17 市教育局、74 所省属高校、43 所中职学校进行了培训。二是会同省农信社启动了助学贷款信息管理系统的开发工作。三是会同开发银行建设了开行助学贷款信息管理系统。四是召开培训会议,积极推动使用教育部开发的"全国中等职业学校学生信息管理系统"。

[探索推进教育内部审计工作转型] 为适应教育改革和发展形势的要求,召开了全省教育审计工作会议,并印发了《山东省教育厅关于积极推进全省教育系统内部审计工作全面转型,促进和保障我省教育事业又好又快发展的通知》,明确了以下几项内容:一是全省教育内部审计工作要以党的十七大精神为指导,工作中深入贯彻落实科学发展观;二是有重点地抓好重大经济事项的审计,深化经济责任审计;三是积极探索管理效益审计和内控审计,实现教育内部审计工作的全面转型,促进全省教育事业又好又快发展;四是要求各级教育行政部门和各类学校要真正树立管理效益意识,结合系统和单位实际,积极开展管理效益审计试点工作。

[开展审计和财务检查工作] 一是配合省审计厅对教育厅预算单位进行 2007 年度预算执行及其他财政收支审计。二是配合审计署济南特派办进行 2007 年度预算执行审计调查。三是配合财政部山东专员办进行中央财政专项资金项目检查。

[争取收费政策　规范各项收费行为] 一是为认真贯彻落实中纪委十七届二次全会、省纪委九届三次全会和全国教育纪检监察工作会议精神,根据《教育部国务院纠风办监察部国家发展改革委财政部审计署新闻出版总署关于 2008 年规范教育收费进一步治理教育乱收费工作的实施意见》(教监〔2008〕7 号)要求,为切实做好 2008 年全省规范教育收费工作,会同山东省政府纠风办、山东省监察厅、山东省物价局、山东省财政厅、山东省审计厅、山东省新闻出版局共同起草了《山东省教育厅等 7 部门关于 2008 年规范教育收费工作的实施意见》,确定了 2008 年收费工作的指导思想、主要任务和主要措施。二是根据国家有关规定,经过大量调研,会同山东省物价局、山东省财政厅起草了《山东省高等学校收费管理暂行办法》,规定了高等学校收费管理工作的任务,明确了高校收费项目范围和高校收费标准的核定,提出了高校收费管理的要求。

[启动农村中小学"211 工程"试点工作] 为改善农村中小学卫生和生活条件,保障师生身体健康和生命安全,建设现代、和谐、生态校园,结合中央专项经费及山东省财政补助,开展了试点工作,并于年底竣工验收。

[募集资金推进各项救助活动] 通过组织"爱心一日捐"活动,加强与社会各界的合作,多方拓展,积极开展社会募捐工作,筹得大量善款。同时,把经常性救助与专项救助相结合,实施多种形式的资助活动,继续推进"三育资助"工程。

[支援四川汶川地震灾区] 5 月 12 日汶川地震发生后,迅速做出反应,展开对受灾学生的救助,山东省学生资助管理中心共为 533 人发放国家助学金 223.16 万元,为 1617 人发放临时困难补助和伙食补助,为 112 人减免学费,安排勤工助学 785 人;山东省教育基金会向四川省教育厅划拨 200 万元支援北川,购买越野车一辆用于北川抗震救灾,对在山东省高校就读的灾区困难学生给予每人 2000 元的资金救助。

教育督导

[对市级政府教育工作进行专项督导评估] 根据省政府办公厅转发的省教育厅等部门《关于进一步做好教育工作督导评估推动教育又好又快发展的意见》(鲁政办发〔2008〕1号),制定了配套文件和评估实施方案,包括市、县自评汇总表、自评纪实和省督导评估实施方案、实施细则和省评估纪实等,编印了《督导评估工作手册》,为实施督导评估做好充分准备。同时,向省政府领导报送了关于《2007年度教育工作专项督导评估筹备情况》的呈阅件,副省长黄胜于4月28日审阅后做出批示,要求突出对实施素质教育的督导评估,发现存在的问题,研究提出加强和改进的意见,借以继续强力推进、完善这项重要工作。专项督导评估于5月11～29日进行,督导评估分8个分团,省人大教科文卫委、省政协科教文卫体委、省财政厅、审计厅、监察厅的分管领导和教育厅领导担任督导分团团长,期间共抽查了17市及其33个县(市、区)、66个乡镇、578所学校(幼儿园)。

[对教育工作示范县(市、区)进行督导评估] 在总结以往对教育工作示范县(市、区)督导评估工作的基础上,根据国家和省新出台的政策规定,修订完善了《山东省教育工作示范县(市、区)督导评估方案》,并以鲁教督[2008]6号文印发。新的标准内容更加全面,程序更加严格,要求进一步提高。根据各地的申报,2008年对文登市、德州市德城区、青岛市崂山区、青岛市城阳区、济南市历城区等5个县(市、区)进行了验收,对威海市环翠区、诸城市、龙口市进行了复查,对肥城市进行了预查。到2008年末,全省教育工作示范县(市、区)已达30个。

[完成"两基"巩固提高工作的督导评估] 下发了对庆云县、夏津县、成武县等3县"两基"巩固提高复查的反馈意见。同时,因曹县教育工作与"两基"巩固提高的标准差距较大,存在问题较多,对曹县下发了"两基"巩固提高工作限期整改通知,要求其认真整改。从2002年至2008年初,共对有"两基"复查任务的69个县(市、区)的"两基"巩固提高工作进行了复查,除曹县因条件较差责成限期整改外,68个县(市、区)先后通过了复查,其中有3个县(市、区)还步入了"教育工作示范县(市、区)"的行列。山东省自2000年实现"两基"目标后,对"两基"巩固提高工作的首轮复查顺利完成。

[启动对中小学体育卫生工作的专项督导] 出台了《山东省中小学体育卫生工作专项督导评估方案》(以下简称《方案》),并制定了相关附表。《方案》评估指标共分两级:一级指标5项,二级指标12项,共38项评估要点。指标总分1000分,得分达到900分及以上为优秀等级,同时也设立了"一票否决"项,即如果出现"学生体质健康状况连续三年持续下降,随意占用学校体育场地、挪作他用,发生重大体育安全和卫生责任事故"三种情形之一的,不能被评为优秀等级。《方案》的5项一级指标分别是:组织领导、教育管理、条件保障、评价机制、体质状况。其中,组织领导包括建立联席会议制度、巡查制度、督导评估制度和制定学校体育卫生发展规划等内容,教育管理包括落实一小时体育锻炼时间、实行大课间体育活动制度、召开运动会和建立学校卫生制度、注重学生科学用眼及保健等内容,条件保障包括师资配备与培训、体育卫生设施设备和公共体育卫生服务等内容,评价机制包括体育考试制度、体质健康检测制度、新生入学体质查验制度等内容,学生体质状况包括学生体质健康标准达标率、视力不良率等内容。这是山东省首次启动对学校体育卫生工作的专项督导。

[召开年度教育督导工作会议] 12月,召开了2008年度全省教育督导工作会议。会议学习研究了2008年度教育工作综合督导评估细则,对市、县(市、区)自查自评工作进行了初步部署;交流了各市教育督导工作情况和下一步工作打算。各市教育局分管局长、督导室主任,省督导室全体共计40余人参加了会议。省教育厅总督学孟庆旭出席会议并作了重要讲话。

国际交流与港澳台工作

[加强教育外事管理工作] 2008年11月,召开了全省教育国际交流与合作工作座谈会。17个市地教育局分管局长、外事工作负责人、6所"汉语国际推广中小学基地"学校参加了会议。会议介绍了省教育厅近期国际交流合作工作思路,研究讨论山东省下一步工作的目标和措施。4月,召开了一次22家自费出国留学中介机构负责人会议,对中介机构提出规范管理的要求,确保其依法运作。9月19日召开了一次外籍人员子女学校校长和相关地市教育局会议,就规范外籍

人员子女学校事宜进行了座谈，统一了要求。研究制定了《山东省教育厅因公出国（境）管理规定》、《山东省教育厅关于设立山东省教育国际交流与合作基地的意见》等规范性文件，加强了对因公出国、中小学国际合作与交流等工作的指导和管理。

[扩大以友好省州、友好城市为重点的对外交流] 2008年4月，山东省教育厅同苏格兰教育及终身教育部长菲奥纳·希斯罗普女士一行11人在贵和皇冠假日酒店共同召开了“山东—苏格兰教育政策对话”会议，就双方共同关心的教育问题进行了交流。6月，美国康州教育厅以马克·迈奎伦厅长为团长的代表团一行9人来山东省访问。山东省教育厅厅长齐涛会见了来访的客人，双方续签了两省州教育交流与合作协议，讨论了山东省校长、教师赴康州培训项目和姊妹学校师生交流等问题。11月，加拿大不列颠哥伦比亚省(BC)教育厅副厅长彼得·欧文先生和执行总监苏珊·彭纳女士一行访问山东。省教育厅厅长齐涛、副巡视员杜希福会见了加拿大客人，双方签署了《中华人民共和国山东省教育厅与加拿大不列颠哥伦比亚省教育厅关于建立和加强教育交流与合作关系的谅解备忘录》。2008年，本着热情友好、多做工作的原则，接待来自美国、英国、加拿大、澳大利亚及香港、澳门等国家和地区、30多个境内外访鲁团、近300人次来山东省访问，加深了友谊，树立了山东教育的良好形象。

[教育国际交流与合作重点项目进展顺利] 与美国佛蒙特州的合作项目顺利开展。根据省教育厅与美国佛蒙特大学教育交流与合作计划，山东中美“基础教育课程改革”教育研讨会于4月21日在泰安市成功举行。与美国康州的合作项目继续推进，根据双方协议，年内双方互派两个培训团。与新加坡的政府间合作项目也取得了良好进展。高二奖学金项目招生人数从去年25人增加到27人，初三项目招生达到20余人。

[中外合作办学工作稳步推进] 11月20日，在青岛召开了山东省高校中外合作办学研讨会，66所高校的国际处(外事处)处长参会，教育部国际司徐永吉副司长应邀出席了研讨会，并做了专题报告，与会代表就山东省中外合作办学工作进行了研讨。会上还向获得教育部批准和备案编号的15个中外合作办学机构和41个中外合作办学项目颁发了办学许可证和项目批准书。全年共受理30所学校申报74个中外合作项目，其中本科项目9个，专科项目62个，高级中等学历项目1个，非学历项目2个。经过专家预审和实地考察论证，同意4个本科项目上报教育部审批，同意17所高校举办20个专科项目。

[组织首届“汉语桥”世界中学生中文比赛] 7月，由山东省人民政府和国家汉办主办的首届“汉语桥”世界中学生中文比赛在山东省举行，来自24个国家的29支代表队的87名选手和29位领队教师参加了大赛以及各种文化体验活动。在时间短、任务重、奥运前夕等特殊情况下，通过相关部门的共同努力，取得圆满成功，受到国家汉办的充分肯定和表扬。通过此次比赛，激励了各国中学生学习汉语的热情和兴趣，为他们提供了一个展示汉语能力和互相学习交流的平台，增进了他们对中国语言和中华文化的理解，增强了他们来华学习和交流的兴趣。此项活动入选2008年度山东教育十大新闻。

[汉语国际推广工作再上新台阶] 孔子学院建设取得新进展。5月，山东省教育厅与加拿大新布伦瑞克省合作建立的孔子学院、山东省与加拿大埃德蒙顿市合作建设的孔子学院揭牌，教育厅专门派出考察团参加了揭牌仪式。6月，埃德蒙顿孔子学院代表团一行12人对山东省进行了友好访问，具体商讨了孔子学院项目合作事宜，双方选出了13对学校建立校际友好合作关系。为6个国家汉语国际推广中小学基地揭牌并开始建设，每个基地20万元经费到位。成功接待了美国中小学校长46人访华之旅、英国学生金秋营60人、韩国庆尚南道中学生访问团22人、英国教师团10人等汉语桥项目团组，受到国家汉办好评。

[全省教育对外交流管理与服务进一步加强] 11月6日至7日，山东省外国文教专家“教学奖”授奖仪式暨山东省第四届中外教师外语教学研讨会在聊城大学成功举办。24位外国专家及外籍教师获得“教学奖”，52位中外教师获得研讨会论文奖；受理国家公派留学申请150份，并上报国家留学基金委；受理省自筹经费自助出国留学申请110份，录取80人；年内批复同意泰安长城中学等29所学校接收外国学生(留学生)，具有接收外国学生(留学生)的资格，受理省内各大中小学校申请来华留学签证申请表近4000份，来山东省就学的外国学生达到1万多人；受理港澳台侨学生来山东省就学23人次，总人数达到142人。

语言文字工作

[城市语言文字工作评估取得进展] 11月24日至26日和11月27日至29日，山东省教育厅、省文明办、省语委组成语言文字工作评估专家团，分别对济南市和莱芜市党政机关、学校、新闻媒体、公共服务行业四大领域进行了实地检查评估。国家语委副主任、教育部语用司司长王登峰，教育部语用司副司长张世平等作为观察员对济南市评估进行了督查。评估团认定：济南市和莱芜市实现了“普通话初步普及，汉字的社会应用基本规范”的工作目标。2008年，济南市、莱芜市、青岛胶州市和青岛开发区通过语言文字工作评估达标；召开了二类城市、三类城市语言文字工作评估现场观摩会，树立典型，推广经验；滨州、潍坊、淄博、日照、烟台、泰安已全面启动自评工作。

[社会用字管理工作实现突破] 社会用字管理工作是城市语言文字评估工作的重点和难点。省语委因势利导，同省文明办、省建设厅、省工商局积极沟通，联合下发了《关于在全省户外广告牌匾专项整治工作中加强用字规范管理的通知》，将社会用字管理纳入文明城市创建活动、全省城乡环境综合整治活动和户外广告牌匾统一整治工作；与省工商局联合召开全省社会用字管理调度会，部署全省社会用字管理工作。各市积极落实，仅济南市半年来就整治广告牌匾几万块，青岛、莱芜、滨州等市也积极行动，成效显著。社会用字管理的难点得到重大突破，城市语言文字评估达标的含金量明显增大，受到教育部的肯定和赞扬。

[语言文字规范化示范校创建活动有序进行] 全省广泛开展了语言文字规范化示范校创建活动，委托青岛、烟台、淄博、泰安、济宁、日照等13个市初选出239所省级示范校。另有5所高等学校通过评估达标，4家普通话培训测试机构通过评估达标。

[第十一届“全国推广普通话宣传周”活动] 9月14～20日，是第十一届“全国推广普通话宣传周”。9月12日上午，山东省第十一届“全国推广普通话宣传周”新闻发布会在济南举行。推普周期间，山东省组织发动全省大中小学学生和社会各界人士参加“我们的节日—中华赞·诗词歌赋创作征集活动”，开展“我与汉语拼音”征文活动和“汉语拼音的推行与应用”论文评选等活动。各地围绕“构建和谐语言生活，营造共有精神家园”的宣传主题，开展了内容丰富、形式多样、群众喜闻乐见的推广普通话宣传活动。山东电视台等媒体制作、播放了公益广告，印制了国家推普周宣传画下发到各市、各高等学校等基层单位广泛张贴。

[中华经典诵读活动蓬勃开展] 2008年，语言文字规范化宣传工作与弘扬中华优秀文化相结合，重点开展了声势浩大的中华经典诵读活动。山东省语委与省委宣传部、省文明办、省委高校工委、教育厅、民政厅、文化厅、广电局等联合下文部署第二届中华经典诵读山东赛区活动。济南、滨州、淄博、青岛、东营、济宁、泰安等市和潍坊学院、青岛农业大学、曲阜师范大学、泰山学院、德州学院、山东师范大学、青岛港湾职业技术学院、青岛远洋船员学院等学校积极组织、认真录像。其中滨州、桓台、曲阜的经验受到中宣部和教育部领导的肯定和赞扬，莱西的经典诵读活动得到专家的充分肯定。经过市、高校选拔比赛、全省网络预赛、全省选拔赛及决赛，社会各界的诵读优秀选手脱颖而出，有6人获省级一等奖。参加全国决赛的选手全部获奖，其中徐文红获教师组第4名，山东省语委办获组织奖。

[语言文字水平测试工作稳步推进] 加强测试管理力度。2008年全省参加普通话水平测试人数超过40万，测试量再居全国之首，并占全国的1/6。作为教育部确定的计算机辅助普通话测试试点省，推行了智能化语音测试。全省已有青岛、淄博市和山东大学等4所高校开展试点并取得令人满意的效果，2008年测试量达35023人次。汉字应用水平测试试点成功举行。11月16日，教育、新闻、机关共12个考点、118个考场的3397人参加了测试。省语委办精心部署，确保测试工作严肃、规范、有序进行。

[“十一五”语言文字应用科研项目立项工作正式启动]

为加强科研工作力度，提升科研水平，制订下发了《山东省语言文字应用科研项目管理暂行规定》《山东省语言文字应用科研项目(范围)指南》等文件，开展语言文字科研项目立项，收到申报课题77项。

机关党建

[加强思想政治建设 提高领导班子的凝聚力和战斗力] 一是在全面开展争创“两好一高”机关活动的基

础上，深入学习贯彻十七大、十七届三中全会精神，积极开展“勤政廉政、科学发展”活动，狠抓党风廉政建设。认真学习贯彻中央纪委十七届二次全会、省纪委九届三次全会精神，积极开展反腐倡廉工作，进一步推进机关党风廉政建设、行风建设和反腐败工作。年初，厅党组专门研究机关党建工作，全厅广大干部群众解放思想，开拓进取，工作扎实有效，有力地推动了机关全面建设和全省教育事业的发展。二是加强领导班子政治理论学习，建立了中心组学习制度、领导班子成员自学制度、调研制度。制定党组理论学习中心组学习计划，定期举办理论学习读书会，结合学习研讨教育改革发展中急需解决的重大问题。年初，制定了厅理论中心组年度学习配档，明确学习时间、书目和达到的效果，举办了暑期处室单位主要负责人读书班，通过学习，提高了贯彻落实“三个代表”重要思想和科学发展观的自觉性，增强执行党的路线、方针、政策的坚定性，自觉地把促进生产力发展、建设先进文化、满足人民群众的教育需求作为教育改革与发展的根本任务，全面贯彻党的教育方针。三是坚持贯彻民主集中制，建立了重大问题、重大决策领导班子集体研究的制度。领导班子成员分工明确，既分工负责，又相互协作。平时多沟通，遇事多商量，大事讲原则，小事讲风格，在班子内部树立起了互相信任、互相尊重、互相谅解的良好风气；定期召开民主生活会，广泛征求意见，积极开展批评与自我批评，广泛征求意见，并将征求到的意见原汁原味向班子各成员反馈，做到了有的放矢，深刻查找不符合科学发展观要求的因素，限期整改；严格执行《党政领导干部选拔任用工作条例》，做到用人上的公开透明。四是坚持三个文明一起抓，建立了机关党建责任制、党风廉政责任制，明确领导干部实行“一岗双责”。在创建“两好一高”机关活动的基础上，严格落实党风廉政责任制，认真贯彻落实科学发展观，加强机关作风建设、提高行政效率，建设一支政治合格、业务精通、作风过硬、廉洁勤政的干部职工队伍。

[贯彻落实科学发展观　推进“两好一高”机关创建活动]　党的十七大召开以后，教育厅上半年召开贯彻学习十七大精神研讨会三次，请专家做专题报告两次。年初，教育厅提出明确要求，学习十七大精神要紧密联系教育工作实际，要在讲求实效上下功夫。深入贯彻落实科学发展观，坚持好字当头、好中求快、又好又快，进一步深化教育重大问题调查研究，着力把握教育发展规律、创新教育发展理念，切实落实教育优先发展战略。促进教育公平，坚持育人为本、德育为先，实施素质教育，提高教育现代化水平。优化教育结构，促进义务教育均衡发展，加快普及高中阶段教育，大力发展职业教育，提高高等教育质量。下半年，教育厅积极开展贯彻落实科学发展观活动，每周一定期召开理论中心组学习，班子成员和处室、单位负责人轮流发言。各处室、单位根据各自情况，制定了详细的学习计划，并严格抓好落实，每周安排不少于两个半天集中学习讨论；采取集中学习与自学相结合，通过报告会、观看辅导录像、办培训班等多种形式抓好十七大精神的学习宣传贯彻工作。各级领导干部，切实负起领导责任，做好表率。一级抓一级，一级带一级，一级促一级，层层抓落实。在集中学习期间，厅里邀请有关专家作专题辅导或观看辅导录像五次，举办学习党的十七大精神经验交流会两次，厅班子成员作辅导报告九次。在学习活动中，教育厅大兴求真务实之风，力戒形式主义，深入基层，深入群众开展调查研究，及时了解和解决了学习贯彻过程中出现的新情况和新问题。把学习贯彻党的十七大精神与“两好一高”创建活动紧密结合起来，以学习贯彻党的十七大精神为动力，深入贯彻落实科学发展观，进一步推动创建“两好一高”机关活动的深入开展，促进机关作风的进一步好转。3月初，教育厅被评为省直机关创建“两好一高”活动先进单位。

[促进领导干部作风建设]　3月至10月，在全厅党员干部中开展“做勤廉表率、促科学发展”教育活动。紧紧围绕全省教育工作大局，教育引导广大党员干部认真学习实践科学发展观，深入贯彻落实科学发展观。以保持同人民群众血肉联系为重点，大力加强作风建设。坚持廉政建设与勤政建设相结合，既要一刻不放松地加强廉政建设，又要持之以恒地抓好勤政建设，使各项工作更加符合科学发展观的要求，为促进全省教育工作科学发展、和谐发展、率先发展，在新起点上实现富民强省新跨越提供可靠的政治和组织保障。一是以自我教育、正面教育为主，通过学习文件、查摆问题、总结提高三个阶段，主题教育活动取得了预期的效果。二是在下半年认真贯彻学习全国落实党风廉政建设责任制电视电话会议，在新形势下继续推进党风廉政建设责任制的贯彻落实，深入开展反腐倡廉建设。要求厅班子正职认真准备述职述廉报告，其他班子成员结合年终工作总结、述职述廉，认真总结个人一年来履行党风廉政建设情况，并形成书面材料。同时要求机关各处室负责人和厅属单位班子成员形成书面述职述廉报告，报分管厅领导审阅。

[发挥党员先锋模范作用　积极参加抗震救灾活动]
5月12日，四川省汶川县发生强烈地震，教育厅各级党组织积极响应党中央和省委的号召，精心组织党员干部群众向地震灾区捐款献爱心活动，厅党组高度重

视，厅长齐涛就开展捐助活动提出明确要求，带头捐款，全厅干部群众积极响应，踊跃向灾区捐款。正在美国探亲的退休职工、山东教育社原副社长贾庆祥同志打电话到教育社里，提出从自己的工资卡里扣除5000元钱，捐给灾区人民；山东教育社退休职工韩高安同志在自己居住的社区捐出2000元钱以后，再次拿出500元钱参加单位组织的捐赠；参加全省教育督导的各处室同志也委托在家的人员代为捐赠；教育电视台在组织个人捐款24495元的基础上，台里又捐出10万元。另外，有一些离退休老干部都80多岁高龄也积极参加捐赠，表现出很高的觉悟。另外，厅党组还精心组织"特殊党费"的收缴工作，广大党员同志们积极响应，积极向灾区再献爱心。实验小学党员同志们在第一次向慈善总会捐款的基础上，党员带头在全校范围内又组织了第二次捐款，接到通知后，党员同志们又再次参加了"特殊党费"的交纳。省留学服务中心三名入党积极分子在听到交纳特殊党费的消息后，积极向党组织要求参加捐献爱心。离退休干部孟春蓉同志在自身患重病的情况下，拿出10000元作为"特殊党费"捐助灾区。

[机关党的建设进一步加强] 认真贯彻落实《中国共产党党和国家机关基层组织工作条例》，在干部任免、奖惩时注意听取机关党委的意见；切实保障机关党团组织经费，每年都有正常办公经费，重大活动追加经费，严格党费管理，每年初公布上年度党费收支情况，并设有党费专用账户，专人专管，防止在党费的使用上存在漏洞；机关党委及各党总支、支部和广大党员的组织生活坚持"三会一课"制度，定期召开民主生活会，开展民主评议党员活动，党组书记坚持上党课制度，严格党员发展程序和标准，按规定及时上缴党费，认真做好党员年度统计工作。在创建"两好一高"机关的基础上，在机关深入开展创建"五个好"基层党组织和"五个好"党员活动，开展"创文明机关（和谐机关）和文明处室（和谐处室）"活动，大力弘扬"六种精神"（勤奋学习之风、开拓创新之风、严谨务实之风、团结协作之风、艰苦奋斗之风、争先创优之风），努力营造团结、气顺、心齐，想干、会干、干好的工作局面，努力为机关各处室、每一个工作人员创造性地开展工作提供强大的动力和支持。认真搞好省直机关党员信息系统建设工作，按照工委要求，经过3个月的信息采集登记，年初教育厅党员信息管理系统已初步建成，顺利通过省直机关的检查验收。

纪检监察

[推进全省教育系统党风廉政建设和反腐败工作] 一是认真筹备、组织召开2008年全省教育纪检监察工作会议，全面总结了全省教育系统5年来党风廉政建设和反腐败工作取得的经验、成效，对当前反腐倡廉存在的问题和面临的形势进行了深刻分析，研究部署了2008年和今后一个时期全省教育系统党风廉政建设和反腐败工作任务。二是积极配合省纪委召开省属高校反腐倡廉工作座谈会。为开好会议，分别在济南、泰安、青岛召开部分高校纪委书记座谈会，对高校开展反腐倡廉工作进行了调研，形成了省纪委的工作报告和杨传升书记的讲话，而且通过会议和会后的征求意见，最终出台中共山东省纪委、高校工委、监察厅、教育厅《关于山东省高等院校党员领导干部廉洁自律八项规定》（鲁纪发[2008]25号），会后还编发了《省属高校反腐倡廉工作座谈会材料汇编》，收纳了46所高校的工作经验介绍，下发省属高等院校，在高校引起较大反响，效果很好。三是进一步贯彻落实《关于严格禁止利用职务上的便利谋求不正当利益的若干规定》，加强监督检查，促进党员干部廉洁自律，按照省纪委《关于清理纠正个人"小灵通"捆绑单位办公电话问题的通知》要求，认真组织厅各处室、各直属单位进行自查自纠，清理注销了8部"小灵通"。四是积极开展党风廉政教育。按照教育部监察局要求，主动会同高校纪工委组织全省高校、各市教育行政部门、厅机关和直属单位收看教育部监察局录制的《警示与反思》警示教育片。五是积极组织参加省政府纠风办、省广播电台举办的"阳光政务热线"节目，宣传教育工作的方针政策，解决群众关心的热点、难点问题19件，维护了群众的切身利益。

[构建具有教育系统特点的惩防体系] 山东省贯彻落实《建立健全惩治和预防腐败体系2008～2012年工作规划》和《山东省建立健全惩治和预防腐败体系2008～2012年实施办法》会议后，根据厅党组的安排部署，厅纪检组、高校纪工委经过反复研讨，制定了《山东省委高校工委山东省教育厅党组关于贯彻落实〈山东省建立健全惩治和预防腐败体系2008～2010年实施办法〉责任分工方案》，并按职责分工把《工作规划》和《实施办法》提出的各项任务进行细化分解，明确牵头单位、协办单位和时间进度。分为"构建拒腐防变教育长效机制"、"完善反腐倡廉制度体系"、"强化监督制约、

确保权力正确行使”、“推进体制机制创新”、“促进教育行风建设”、“查处违规违纪案件”六项主要内容。制定的《责任分工方案》紧密结合教育工作实际，融入监督考核内容，把各处室、单位落实《责任分工方案》情况列入年度考核，列入对处室、单位和干部的奖惩依据。切实把《工作规划》和《实施办法》落到实处，为促进全省教育事业健康和谐发展提供了有力保障。

[促进教育系统行风建设] 一是采取措施，加大教育乱收费治理力度。研究制定下发了《山东省教育厅等7部门关于2008年规范教育收费工作的实施意见》(鲁教监[2008]6号)，确定了今年开展规范教育收费工作的各项任务，提出了明确的措施和要求，并认真组织实施。二是开展春、秋季教育收费检查，坚决把好收费关口。按照教育部等7部门要求，4月和9月，全省春秋季收费检查活动全面展开，重点检查收费情况、教辅资料征订、规范办学行为和收费公示制度落实情况等。全省共组织检查组217个，检查高等院校7所，高中362所，义务教育学校9525所，查处并清退违规收费金额129.5万元。三是积极开展全省规范教育收费示范县评比表彰活动。召开全省规范教育收费示范县表彰大会，对2007年涌现出的23个规范教育收费示范县(市、区)进行了表彰。四是广泛组织开展教育收费政策宣传。2008年全省各级举办电视台专题节目156次、报纸专栏355次，各级领导解答政策性问题358次，印发简报291期。五是积极配合全国教育收费专项检查组对山东省的教育收费情况进行检查。11月2日至6日，由国务院纠风办、教育部等7部门组成的全国教育收费专项检查组对山东省的教育收费情况进行了专项检查，检查组充分肯定了山东省在近几年教育收费方面取得的成绩。六是组织开展全省中小学教育行风民主评议工作。制定下发了《山东省教育厅关于开展中小学教育行风民主评议工作的实施意见》，省教育厅成立了评议工作领导小组，各市、县(市、区)教育行政部门也成立了相应的工作领导小组和办事机构。10月15日，全省中小学教育行风民主评议工作座谈会在淄博市临淄区召开。

[开展专项执法检查和行政效能监察] 一是继续推进实施“阳光招生”工程，严格规范招生考试工作程序。按照《山东省普通高等学校招生监察工作实施细则》，积极组织开展考风考纪检查工作，对2008年全省普通高校招生体育专业统一考试、高水平运动员专项测试和普通高考招生录取工作进行了现场监督，参与了大学英语四、六级考试、专升本考试、学业水平考试等多项考试的巡考。二是加大对突发事件查处力度。6月17日至7月2日，按照省委、省政府领导批示，在省政府、省纪委、厅党组的正确领导下，以厅纪检组为主组织了有省监察厅、省公安厅、省教育招生考试院派员参加的联合调查组，先后赴阳谷和甘肃天水，对阳谷考生在甘肃天水高考替考事件开展了认真调查，查清了事实真相，严肃处理了当事人。三是积极参与对重大事项的执法检查和监督检查。主要参与的事项有：厅机关和直属单位招聘工作人员和干部选拔任用工作，省政府教育专项督导评估工作，中小学电教软件推荐竞争评选工作，全省高校后勤物资供应厂家招投标工作，落实素质教育规范中小学办学行为工作，高考信息管理宣传工作，对口支援地震灾区资金物资监督检查工作等。四是协助党组督促落实好机关作风建设。根据省政府纠风办《关于反馈民主评议行风活动中社会各界所提意见建议的函》要求，认真对待部分群众对教育厅工作提出的一些意见和建议，协调相关处室认真做好调查回复，提出整改方案，抓好工作实施，促进了职能转变，改进了作风，带动了行风。

[做好群众来信来访处理工作和信息报送工作] 2008年前11个月中，厅纪检组监察室受理教育收费信件举报361件，教育收费电话举报178件，受理全国治理教育乱收费联席会议办公室1～11月转办件36件。另外，厅纪检组监察室受理其他信访举报共计380件次，能够做到事事有回音，件件有落实。另外，还重点办理上级转办要结果信件2件，其中1件涉及的当事人受到纪律处分，1件澄清了事实。

[学习实践科学发展观活动] 纪检组成立了深入学习实践科学发展观活动领导小组，研究制定具体活动方案，确定了“做党的忠诚卫士，当群众的贴心人”实践载体，建立健全学习制度、周报制度等，定于每周二、四下午定期开展学习活动。在学习调研阶段，按照厅活动领导小组的统一要求，已经进行了学习培训、调查研究和思想解放大讨论三个环节，基本达到了理论学习有新举措，开展调研有新要求，创新体制有新突破，破解难题有新成果，纪检效能有新提高。一是认真梳理教育纪检监察工作在落实科学发展观方面存在的问题，着力转变不适应不符合科学发展观的思想观念，广泛开展思想大讨论，各抒己见，集思广益，收到较好的效果。二是切实做好调查研究，根据我省教育纪检工作实际，针对群众反映的热点、难点问题，确定了《积极探索教育行风民主评议有效途径进一步加强教育系统行风建设》调研题目，对涉及的调研内容指定了负责人，要求责任人深入基层，调查研究，及时高质量完成调研任务。

[加强全省教育纪检监察干部队伍自身建设] 上半年,组织全省教育纪检监察干部 118 人,参加了教育部监察学会举办的教育纪检监察干部培训班。厅纪检组监察室积极参加省纪委、省监察学会、教育部组织的调研活动,围绕纪念党的纪律监察机关恢复重建 30 周年、执法监察、预防腐败、领导干部廉洁自律、违纪案件查处、规范教育收费、党风廉政建设等主题开展调研活动,促进了纪检监察干部整体素质和纪检监察理论素养的提高。纪检组、监察室《关于廉政文化进校园的探索和思考》获省监察学会 2008 年度优秀论文二等奖,《贯彻落实科学发展观,深入推进全省教育系统反腐倡廉建设》获省纪委征文优秀奖。

教育工会

[贯彻落实科学发展观] 按照各级党委的统一部署在各级教育工会组织和广大工会干部中开展深入学习实践科学发展观活动,全面领会、准确把握科学发展观的精神实质,用中国特色社会主义理论体系武装头脑、统一思想,指导工作。结合开展深入学习实践科学发展观活动,着眼于把工会建设成为学习型、服务型、创新型的工人阶级群众组织,不断创新组织体制、运行机制和活动方式。紧紧围绕教育中心任务,服务教育发展大局,在广大教职工中以创建"工人先锋号"活动为载体,深入开展"当好主力军、建功'十一五'、和谐奔小康"等群众性建功立业活动,团结动员全省广大教职工为推进山东省教育事业的科学发展、又好又快发展做出新的更大的贡献。

[用社会主义核心价值体系引领广大教职工] 充分发挥工会"大学校"的作用,引导广大教职工牢固树立中国特色社会主义共同理想和实现中华民族伟大复兴的坚定信念,努力提高教职工队伍的思想政治素质和文化业务素质。坚持在全省教职工中深入开展教师职业道德教育活动,把教育部、中国教科文卫体工会重新修订颁发的《中小学教师职业道德规范》作为主要学习内容,开展好 9 月份的师德建设教育月活动,紧密联系教育和教师的实际,不断改进和创新学习方式,要继续把 9 月份作为师德建设教育月,把平常性学习和集中学习结合起来,积极争取党政支持,建立学习制度,保证学习时间,落实活动措施,确保教育活动的实效。

[依法为教职工维权] 积极应对工会维权工作面临的新情况新变化,切实履行神圣职责,维护教职工合法权益。以教职工最关心、最直接、最现实的利益问题为重点,深入调查研究,反映教职工意愿,就教师聘任制、工人合同制的实施情况、职称评定、农村中小学教师工资发放和医疗保障等热点问题进行调研,及时向有关部门反映存在的问题和教职工的合理要求,发挥好桥梁纽带作用,构建和谐劳动人事关系,为建设和谐校园做贡献。

[加强学校的民主管理] 坚持和完善学校教代会制度,建立健全教代会基本制度和落实教代会四项职权。高校教代会制度建设,以未参加省里教代会评估的学校为工作重点,深入学校调查研究,摸清情况,有针对性地进行指导和督促。中小学教代会制度建设,以落实省里制定的中小学教代会评估意见为工作重点,由各市具体组织实施中小学教代会评估。通过调研指导和实施评估促进各级各类学校教代会制度建设。积极配合教育行政和纪检监察部门做好校务公开工作。进一步落实党委统一领导,学校行政主持,纪检、监察工会协调监督,业务部门各负其责,教职工积极参与的领导体制和工作体制。落实学校行政的主体地位,明确纪检、监察、工会协调监督的职责,编制校务公开目录,规范公开内容,加强检查监督,注重实效。

[加强工会自身建设] 一是加强干部教育培训工作,进一步提高工会干部的政治素质和业务素质,以党的十七大、中国工会十五大精神作为学习培训重点举办 1～2 期全省教育工会干部培训班。二是加强工会理论和工会工作的研讨,充分发挥学校工运研究会的优势和作用。开好工运研究会专题研讨会,办好《学校工运研究》文集,开展年度优秀社科成果评选和优秀调研成果评选活动。三是加强直属高校工会工作。做好直属高校工会干部协管工作,协助党委配齐、配好工会干部;规范直属高校工会委员会、工会主席的审批制度。健全和完善直属高校工会财务预算、决算、审计等基本制度;加大工会经费收缴和管理的力度,收好、管好、用好工会经费,确保完成工会经费年度上解任务。四是广泛开展群众性文体活动,丰富教职工文化生活,推动校园文化建设。以"庆祝建国 60 周年,歌颂祖国"为主题,在直属高校工会组织一次教职工歌咏比赛。组织一次全省高校教职工棋类比赛。

各级各类教育

基础教育

[概况] 2008年，全省小学13503所，比上年减少561所；在校生633.0万人，比上年增加1.0万人；学龄儿童净入学率99.95%；专任教师38.8万人，比上年增加0.1万人；师生比为16.32∶1，比上年的16.40∶1略有降低。全省普通初中3211所，比上年减少78所；在校生333.8万人，比上年减少3.0万人；学龄儿童净入学率99.89%；专任教师25.5万人，比上年减少0.2万人；师生比为13.07∶1，与上年相同。全省普通高中682所，比上年减少68所；在校生168.4万人，比上年减少15.1万人；专任教师11.2万人，比上年减少0.04万人；师生比为15.00∶1，比上年的16.29∶1明显降低。全省幼儿园15839所，比上年增加925所；在园幼儿（含学前班）175.1万人，比上年增加11.8万人；幼儿教师76635人，比上年增加6988人。全省特殊教育学校144所，与上年相同；在校残疾儿童19659人，比上年减少449人。

[全省中小学素质教育工作会议召开] 1月16～17日，全省中小学素质教育工作会议在潍坊召开。副省长黄胜出席会议并讲话。教育部基础教育司司长姜沛民、中央教科所所长袁振国专程到会并讲话。省委宣传部、省人事厅、财政厅、团省委、省妇联等部门、单位有关负责同志出席会议。省教育厅厅长、教育厅素质教育工作领导小组组长齐涛，副厅长、副组长张兴民、张志勇和副巡视员张海泉出席会议。黄胜全面分析了山东省中小学素质教育工作面临的形势，明确指出全省中小学素质教育已进入了整体推进、重点突破、全面展开的新阶段。齐涛就处理好素质教育观念与实践、引领社会和满足社会需求等实施素质教育需要处理的若干关系作了重要阐释。张志勇代表省教育厅就全省推进素质教育的基本目标、主要任务和策略思路进行了工作部署。会议进行了典型经验交流，举办了“2008年山东素质教育论坛”，推广57项素质教育优秀成果。各市分管教育副市长，各市教育局局长、分管基础教育副局长，部分县（市、区）政府主要负责人、教育局局长，以及参加“2008年山东素质教育论坛”的代表共计500余人参加会议。

[山东中小学素质教育工作取得阶段性成果] 经过一年的努力与实践，素质教育观念深入人心，全省中小学作息时间基本规范，节假日、双休日上课补课的错误做法得到有效遏制，学生的课业负担得到有效减轻，广大师生的休息权得到有效保证，基础教育课程改革不断深化，广大教育工作者深化教育改革、推进教育创新的积极性逐步得到释放，中小学素质教育工作成为一项影响大、效果好、涉及范围广的教育“民心工程”，受到广泛关注。一是教育部高度评价山东省中小学素质教育工作。全国基础教育工作会议、教育部2009年度工作会议上，山东省以推进素质教育为题作了典型发言。二是中央新闻媒体高度关注。一年来，《人民日报》、新华社、《光明日报》、《中国教育报》等报道山东素质教育工作的文章达200余篇次。三是“山东强力推进素质教育”案例获得全国首届地方教育制度创新奖。评审专家认为，山东省推行素质教育的最大价值在于，政府通过强有力的政策措施，充分实现了政府举办教育的作为，为全国推进素质教育提供了宝贵经验。

[全省农村学前教育工作研讨会召开] 9月22～23日，省教育厅在泰安召开全省农村学前教育工作研讨会。会上，下发了《关于进一步加强农村学前教育工作的意见》（鲁教基字[2008]22号），听取了泰安市教育局等9个单位的经验介绍，参观了宁阳县和岱岳区8处农村幼儿园，并就加快全省农村学前教育发展进行了研讨，明确提出了全省农村学前教育发展规划，副厅长张志勇作了工作报告。同时，系统汇总分析了全省2007年度学前教育调研结果，整理出版了《山东学前教育——现状、问题、对策》。

[公布第六届省级"十佳"幼儿园和第九批省级示范幼儿园] 为扩大学前教育优质资源,省教育厅开展了第六届"十佳"幼儿园和第九届省级示范幼儿园的验收工作。经过评审公示,共有10处省级十佳幼儿园和157处省级示范幼儿园得到认定,11处"十佳"幼儿园通过复评。

[开展全省义务教育均衡发展状况主题调研] 5月6日,省教育厅下发了《关于在全省开展义务教育均衡发展调研活动的通知》(鲁教基函(2008)12号),要求在全省范围内系统开展义务教育均衡发展状况主题调研,调研范围涉及全省所有县(市、区)。通过调研,较为全面地摸清了各地义务教育发展的现状,形成了一批优秀调研成果。根据调研情况,代省政府起草了《关于进一步推进义务教育均衡发展促进教育公平的意见(征求意见稿)》;启动《山东省义务教育条例》制订工作,形成《山东省义务教育条例(草案)》,并向基层教育行政部门、义务教育学校、教师、专家等广泛征求了意见。

[全面规范清理义务教育改制学校] 7月3日,省教育厅下发《关于进一步做好义务教育阶段改制学校清理工作的通知》(鲁教基字[2008]19号),组织各地对义务教育阶段现有改制学校的性质进行认真审查,凡按照民办机制运行的义务教育学校,必须达到"法人独立、校舍独立、教学独立、财务独立"(以下简称"四独立")的要求。凡未做到"四独立"的义务教育改制学校和未取得民办学校资格的学校,必须完善相关手续,否则一律执行公办学校的招生和收费政策或者停办。

[开展特殊教育学校课程改革] 4月25日至26日、9月25日至26日,全省盲校课程改革与管理现场会、全省聋校课程改革与管理现场会分别在潍坊、东营召开,就课程、教学、评价、管理等进行了研讨、交流。5月23日至24日,举办全省特殊教育学校新理念与新技术培训班,邀请华东师范大学黄昭明博士、原上海第四聋校校长季佩玉等作专题报告。12月25日至26日,全省特殊教育资源库应用培训班在淄博举行,北京师范大学庄秀丽博士作主题报告,山东省爱书人图书音像公司为全省特殊教育学校免费录制了三类特殊教育资源库。

[推进残疾儿童随班就读建设工作] 6月10日至18日,对济南市中区、青岛平度市、淄博临淄区、潍坊昌乐县等4个国家级残疾儿童少年随班就读支持保障实验区进行专题调研,共调查走访12所学校。8月1日至3日,全省残疾儿童少年随班就读工作培训班举行,各县(市、区)随班就读巡回指导教师及骨干教师,共计150人参加培训。北京联合大学特殊教育学院刘全礼教授等举办专题讲座,对济南市中区、潍坊昌乐县随班就读巡回指导教师进行了专题培训,促进了全省随班就读工作的制度化、规范化和科学化。

[把普通高中作为规范中小学办学行为的突破口] 以高中为突破口,推动全省所有中小学校统一给学生减负。3月28日,省教育厅召开全省规范中小学办学行为工作调度会,厅长齐涛要求坚定信心、义无反顾地将素质教育推进下去;6月4日,省政府办公厅下发《关于进一步加强普通高中教育管理工作的通知》(鲁政办发〔2008〕36号);10月13日,省教育厅下发《2008年度中小学办学行为督导评估方案》(鲁教督字[2008]3号),将规范办学行为作为对各市人民政府2008年度教育工作综合督导的重要内容,占总分的20%,把规范办学上升为政府意志。一年中,仅省教育厅就组织100余次督查,采取不打招呼、随机确定时间、地点的方式督查学校3000余所,12所违规学校被撤销省级规范化学校称号,2所学校被暂停招生资格,40名校长、2名县教育局长受到行政处分,3名校长被免职,全省中小学办学行为得到有效规范。

[解决公办高中招收往届生复读问题] 在严禁普通高中违规进行招生宣传、擅自提前招生、擅自扩大招生范围、超规模招生、以各种不正当手段招生的基础上,重点治理公办普通高中举办复读班或者招收往届生插班复读问题。6月13日省教育厅基教处下发《关于严禁公办普通高中学校举办复读班有关问题的通知》(鲁教基处函(2008)29号),7月11日省教育厅下发《关于规范高考补习学校(班)管理工作的通知》(鲁教基函(2008)24号),坚决禁止普通高中利用公共教育资源举办复读班或招收往届生插班复读,支持民办教育机构举办高考补习学校,允许基层教育行政部门采取举办高考补习学校等临时性措施满足往届生复读需要,按照普通高中标准规范高考补习学校办学行为,公办高中招收复读班和往届生插班复读问题得到解决。

[规范普通高中过早文理分科现象] 尊重、保障学生通过选择课程实现选择发展方向和发展水平的权利,不强迫学生选择文、理或艺、体发展方向,规定高中指导学生选择发展方向不早于第二学年末。从2008级高中新生开始,在第二年级末以前不得安排学生分科。到2011年,在落实国家课程标准的基础上,完全实行走班制和学分制管理,凡因过早分科造成学生不能通

过学业水平考试的，追究相关单位及人员责任。

[**启动新一轮高中招生考试制度改革**] 1月15日，省政府办公厅转发了《山东省教育厅等部门关于实行初中学生学业水平考试制度深化高中阶段学校招生制度改革的指导意见》(鲁政办发〔2008〕2号)，全面实行初中学生综合素质评价制度，以学业考试取代升学考试，以综合素质评价结果取代中考成绩录取新生，从2008年起各地将普通高中特别是优质高中或省级规范化高中招生指标的50%以上分配到服务区内各初中学校。10月16日，省教育厅召开工作调度会议，厅长齐涛要求深化高中招生考试制度改革。在全国中考改革工作研讨暨经验交流会上，山东省作典型发言。

[**规范基础教育阶段各类考试**] 9月24日，省教育厅下发《关于进一步规范中小学办学行为推进素质教育有关问题的通知》(鲁教基函(2008)32号)，规定在义务教育阶段，除市级以上教育行政部门批准的考试、竞赛及学校自行组织的期中、期末检测以外，义务教育阶段学校不得参加、组织任何统一考试、竞赛。各种社会证书、等级认定考试成绩作为体现学生综合素质的内容可记入学生成长档案，供高中学校录取新生时参考，但不得作为刚性指标量化赋分。12月31日，省教育厅下发《关于严格普通高中考试管理工作的通知》(鲁教基函(2008)42号)，要求高中阶段牢固树立模块考试理念，不再沿用"期中考试"、"期末考试"的提法。除学业水平考试外，市级教育行政部门可在第一学年末组织一次统一模块考试，在第三学年第二学期统一组织一次高考模拟考试。严禁其他任何单位组织其他任何形式的统考统练。在学校自行组织的模块考试中，对不具备命题条件的学校，教研机构仅可免费提供一套电子版试题供学校使用。

[**完善普通高中学业水平考试及综合素质评价制度**] 6月5日、8日，省教育厅先后分别下发《关于普通高中学生综合素质评价工作中违规行为处理结果的通报》(鲁教基函(2008)18号)、《关于印发普通高中学生学业水平考试违纪作弊考生及工作人员处理办法的通知》(鲁教基字[2008]18号)，要求大力加强学业水平考试考风考纪建设，完善综合素质评价制度。在本年度两次学业水平考试中，在普通高考考点设置学业水平考试考点，共对1579名违纪考生进行了处理。同时，严肃查处学分认定工作中的弄虚作假和不负责任行为。根据全省普通中小学学籍管理工作统一要求，将《普通高中学生发展报告》管理系统学籍由12位升级为19位，向招生考试机构提供近60万份《普通高中学生综合素质评价表》，作为高校录取的重要参考。11月18日，全省普通高中学生综合素质评价现场会暨普通高中学生学业水平考试工作会议在莱芜召开，现场观摩了该市普通高中学生综合素质评价工作，对下一步工作提出了明确要求。

[**严格普通高考信息管理**] 为坚决纠正片面追求升学率的错误倾向，6月5日，省政府办公厅下发《关于切实加强高考信息管理纠正片面追求升学率倾向的通知》(鲁政办发明电(2008)125号)，严禁违规统计、公布、宣传高考成绩，严禁按照高考成绩排名排队和考核；7月3日，省政府办公厅下发《关于鲁政办发明电(2008)125号电报落实情况的通报》(鲁政办发明电(2008)138号)，要求进一步加强高考信息管理工作；7月9日，省政府召开全省招生管理工作电视会议，对违规处理高考信息的德州、烟台、威海等3市教育局、寿光市和德州一中等10所学校进行通报批评，有效减轻了学校及教师的压力。

[**统一全省普通中小学寒暑假时间安排**] 为保证师生的休息时间，3月26日，省教育厅下发《关于规范全省中小学寒暑假有关事项的通知》(鲁教基字[2008]12号)，统一全省中小学寒暑假安排。其中，义务教育阶段学校：寒假时间4周，暑假时间8周。具体放假日期由各市教育局统一规定。普通高中：寒假时间3周，暑假时间7周。全省每年普通高中寒假放假时间(按照农历计)为当年腊月24日至次年正月16日，暑假放假时间(按照公历计)为7月11日至9月1日。

[**取消中小学教师节假日、双休日及晚自习坐班制度**] 9月24日，省教育厅下发《关于进一步规范中小学办学行为推进素质教育有关问题的通知》(鲁教基函(2008)32号)，要求关心教师生活，科学合理安排教育教学活动，各中小学校除按照规范办学要求在双休日及晚上安排少量值班教师以外，严禁组织教师在双休日和晚上坐班，严禁以"自愿"、"集中备课"、"开会"、"培训"等名义变相要求教师坐班，切实保障广大教师的休息权。

[**组织开展德育活动**] 利用彩票公益金，8月18日至22日，组织全省中小学生代表到北京观看奥运会比赛。9月5日，省教育厅、省委宣传部、省文明办、团省委转发《教育部　中央宣传部　中央文明办　共青团中央关于组织开展2008年"中小学弘扬和培育民族精神月"活动的通知》，组织第五个"中小学弘扬和培育民族精神月"，主题是"学习英雄少年，弘扬抗震救灾精

神，做一个有道德的人”。为纪念改革开放30年来全省基础教育事业取得的历史性成就，与山东教育社联合举办“山东基础教育教育改革发展30年”征文活动。

［强化基础教育课程改革的组织管理］ 1月3日，省教育厅出台《关于深化基础教育课程改革全面提高教育质量的意见》（鲁教基字［2008］1号），就全面推进基础教育课程改革提出系统意见。推进普通高中课程建设，8月5日，省教育厅下发《关于印发山东省普通高中课程设置及教学指导意见（试行）的通知》（鲁教基字［2008］21号），对课程设置和教学内容作了统一规定，从2008级高一新生开始在全省统一实施；完善省级定点联系学校制度，重新遴选50所普通高中为省级定点联系学校，并召开全省普通高中课程改革省级定点联系学校工作会议，以点带面。推进义务教育地方课程建设，4月3日、7日，省教育厅分别下发《关于进一步加强义务教育地方课程建设与管理工作的通知》（鲁教基字［2008］9号）、《关于印发山东省义务教育地方课程安全教育、环境教育、传统文化和人生规划课程实施指导意见（试行）的通知》（鲁教基字［2008］14号），实行统一与分散相结合的地方课程管理制度，构建必修课程和选修课程相结合的地方课程体系，在全省统一开设安全教育、环境教育、传统文化和人生指导必修课程。构建中小学课程实施水平评估制度，从11月22日开始，启动全省普通高中课程实施水平评估，积极筹备义务教育阶段课程实施情况的评估抽查，并将课程实施情况纳入中小学办学行为督导评估，推动全面落实课程方案。

［加强教材建设和管理的省级统筹］ 2月29日，省政府办公厅转发《省教育厅等部门关于进一步加强和改进中小学教材建设与管理工作的意见》（鲁政办发〔2008〕9号），明确了中小学教材建设和管理的工作思路。加强对新课程实验教材的管理，对2008年《教学用书目录》进一步精简，每学科不超过三种教材。加大教材选用的宏观调控力度，按照末位淘汰的原则对各地义务教育教科书选用情况进行统筹，淘汰选用率较低的教材，每学科保留两种，最终确定各市使用的义务教育阶段教科书品种并下达教科书使用计划。

［做好农村义务教育教科书免费提供及循环使用工作］

在2007年秋季免除国家课程教科书费的基础上，山东省于2008年春季免除农村义务教育阶段地方课程教科书费，全年共免除农村义务教育阶段学生教科书费约9亿元。积极推进中小学教科书循环使用工作，2月19日，省教育厅下发《关于做好农村义务教育阶段国家课程部分学科教科书循环使用工作的通知》（鲁教基函（2008）3号），对农村义务教育阶段部分学科教科书循环使用工作作出统一安排，确定从2008年春季开始，对农村义务教育阶段部分教科书实行循环使用，具体学科包括：小学《科学》、《音乐》、《美术》、《信息技术》，初中《音乐》、《美术》、《体育与健康》、《信息技术》。

［组织实施义务教育阶段教科书采购工作］ 从2008年秋季开学起，全省义务教育阶段教科书由省统一组织政府采购，其中，农村义务教育阶段教科书由财政免费提供，城市义务教育阶段教科书由学生按照“一费制”标准缴费购买。省教育厅与省财政厅、省级机关政府采购中心合作组织了2008年秋季全省义务教育教科书采购工作。采取单一来源采购方式，经教材发行采购评标委员会评审，确定了山东省新华书店作为发行中标人，发行费率在国家规定的基础上下浮了3个百分点。到11月，政府采购教材发行完毕，全省2008年秋季（含青岛市）义务教育阶段采购教科书费约为5.63亿元，全省（含青岛市）农村义务教育阶段教科书费约为4.43亿元。

［统一组织编写义务教育阶段配套练习册并予以审查］

为进一步提高农村义务教育质量，决定为全省农村义务教育阶段部分年级学生统一提供配套练习册，与教材一并纳入政府采购范围，免费提供给农村学生。配套练习册包括：小学三至六年级语文、数学、英语三科，初中语文、数学、英语、物理和化学五科，其容量、出版质量和定价按照教科书的有关标准执行，每学期每册在2元左右。配套练习册主要由教材原创单位编写出版，经省中小学教材审定委员会审查通过后随同教材一并发行。5月和10月，省中小学教材审定委员会办公室组织了对配套练习册的审查。

［做好民族教育及中小学安全教育工作］ 在各地、各校的精心安排下，内地班毕业生全部安全返回家乡，顺利参加高考、中考。内地班招生任务圆满完成，其中，济南西藏中学招收140名学生，威海一中等4所高中招收20名西藏散插班学生，青岛崂山二中等4所高中招收480名新疆班学生。切实加强内地班思想政治教育工作和安全工作，加强“四观两论”教育，组织丰富多彩的文体活动，使学生愉快学习和生活。同时，强化中小学、幼儿园安全教育工作，开展安全教育日主题教育活动，提高广大师生安全意识和自救自护能力，减少意外伤害。

[**全省农村中小学现代远程教育工程集中建设任务基本完成**]　组织协调中标企业和各市教育局完成工程集成施工。1月25日，省教育厅、省发展和改革委员会、省财政厅下发了《关于做好我省农村中小学现代远程教育工程验收工作的通知》(鲁教基函(2008)2号)，并组织验收了淄博等11市的远程教育工程。全省农村中小学现代远程教育工程硬件建设基本完成，各项目学校已开始在教育教学中广泛使用。

[**颁布《山东省普通中小学基本办学条件标准(试行)》**]
为提高全省普通中小学办学水平，改善办学条件，推进学校建设的标准化、科学化、规范化，促进全省基础教育均衡发展，5月7日，省教育厅出台了《山东省普通中小学基本办学条件标准(试行)》(鲁教基字[2008]15号)，对学校设置与规划、用地与校舍、设施与设备、师资与经费保障等方面作出明确的量化要求和具体的发展标准，改变了山东省中小学多年来设置水平低、分类管理、标准不一的状况。

[**组织第14批省级规范化学校验收工作**]　为进一步加强规范化学校的建设与管理，全面实施素质教育，促进基础教育均衡发展，省教育厅在总结经验的基础上，5月7日，出台了《山东省省级规范化学校建设与管理办法》，修订了《山东省省级规范化学校评估标准与实施细则(试行)》(鲁教基字[2008]16号)，首次确定实行省级规范化学校动态管理制度，有效期5年。12月，按照新标准对申报第14批省级规范化学校的学校和部分复评学校进行了评估，有3所高中、34初中、7所九年制学校、72所小学、2所特殊教育学校取得第14批省级规范化学校称号，有70所学校通过复评。

[**完成全省中小学生信息管理系统开发和信息采集建库工作**]　依据教育部《中小学学生学籍信息化管理基本信息规范》和《山东省普通中小学学籍管理规定》(鲁教基字[2007]26号)，组织开发了山东省中小学学生信息管理系统，集学籍管理、考试管理和综合素质评价管理功能于一体，为中小学学生信息管理提供了一个较为完善的方案。目前，该系统已在全省所有中小学推广使用，完成义务教育段和高一共950多万学生学籍信息采集建库工作。

[**开展普通高中数字探究实验室建设试点工作**]　按照《山东省普通高中探究实验室配置标准(试行)》(鲁教基字[2007]15号)，申请省财政资金270万，在山东省实验中学和山东师大附属中学进行数字探究实验室配备试点工作，为下一步全省数字探究实验室建设提供了经验。

(供稿　基教处　核稿　关延平)

职业教育与成人教育

[**职业教育规模进一步扩大**]　根据教育部《关于做好2008年中等职业教育招生工作的通知》精神，下发了《山东省教育厅关于进一步做好2008年中等职业教育招生工作的通知》(鲁教职字[2008]8号)，加强对高中段招生工作的统筹规划和领导，并召开中职招生工作调度会进行部署、督导。在工作中，创新招生机制，扩大招生范围，启动中职招生信息管理系统，建立健全贫困生资助制度，以点带面，加强招生工作的规范管理，推进联合办学、东西部合作办学。2008年，在初中毕业生比2007年减少18.47万人的情况下，全省中职招生仍完成了57.6万人(普通高中招生约52万人)，职普比为48.86∶51.14，比2007年提高了3.26个百分点。在扩大招生的同时，也注重加强从业前培训、在岗培训、转岗培训等多形式、多层次的职业培训。2008年全省中职学校共举办各种培训教育429万人。另外，还在加强农村劳动力转移培训、农村实用人才培训、再就业培训上加大了工作力度，根据教育部的要求，做好返乡农民工的职业教育培训，提高他们就业再就业和创业的能力。

[**推动职业教育管理上水平**]　出台了《山东省教育厅关于规范中等职业教育管理工作的意见》(鲁教职字[2008]13号)，要求各市进一步加大统筹管理本地中等职业教育的力度，规范办学行为、转变管理方式、理顺管理体制、深化人才培养模式的改革。切实解决好由于部门分头管理、学校布点分散等原因导致与社会需求脱节、有限的教育资源得不到利用等问题，不断扩大学校的办学自主权，逐步建立起结构合理、运转协调、灵活高效的职业教育管理体制。进一步完善职业学校招生、学籍、教学、资助、就业等管理制度，正式启动全省中等职业学校招生、学籍、档案电子信息管理系统，建立省、市、县、学校四级信息管理运行体系。2008年培训两期共300人骨干信息系统和学生自主管理人员，基本完成2006、2007年学生学籍校验和统计工作。

[**深化中等职业教育体制改革**]　继续落实以服务为宗旨、以就业为导向的办学方针，大力推行“工学结合、校企合作、顶岗实习”的办学模式，鼓励学校与企业组建

职教集团,面向社会、面向市场办学。开通校企直通车,把毕业生就业率作为评价中等职业学校办学效益的主要标准,与企业签订长期用人合同,帮助学生取得职业从业资格,学生毕业后直接就业上岗。2008 年 4 月 22 日至 23 日,在烟台召开了山东省中职教育集团化办学现场经验交流会议,配合有关部门审批了船舶制造、汽车制造、软件、建筑等 4 个省级职教集团。在全省推广了烟台、青岛、淄博等市中等职业教育集团化办学、校企合作、订单式培养的经验和做法。根据《山东省教育厅山东省劳动和社会保障厅关于积极推进职业学校"双证互通"试点工作的意见》要求,遴选、公布了第二批 68 所中职学校和 6 所技工学校"双证互通"试点学校。进一步促进了职业教育的专业学科教学和技术操作能力的贯通和融合。

[提高职业教育办学质量] 一是把提高质量、加强内涵发展放在最重要的位置。2008 年,在抓规模的同时,也注重了教育质量的提高,做到每个学校都有自己的重点专业和特色专业,同时要求学校在设置专业的时候,要统筹考虑、广泛调研,重点加强为我省支柱产业、特色产业、高新技术产业、新兴服务业、文化产业等发展服务的专业,以及经济社会发展急需和紧缺的其他专业。二是把德育工作放在更加突出的位置,深入推进以敬业和诚信为重点的职业道德教育,把立德树人的任务落实到教育教学的各个环节。三是强化实践教学,加强课程与教材建设,实现学生的"学中做,做中学"。要关注行业的最新发展,根据企业需要及时调整课程的设置和教学内容,使课程体系、教学内容、教学方法、评价机制等与企业需求对接起来,形成教学、科研、生产、实习、就业、服务一体化的办学格局。

[加强职业教育基础能力建设] 2008 年,继续认真做好"十一五"期间职业教育基础能力建设项目和国家、省关于拉动内需、加强职业教育基础能力建设的项目,在中央财政和省财政的支持下,通过多渠道筹措职业教育经费,努力改善了职业学校办学条件,会同省财政厅、厅财务处遴选、推荐了第三批国家级实训基地建设学校 25 所,安排 32 所中职学校国家发改委基础能力建设资金 5800 万。加大师资队伍建设力度,积极开展以骨干教师为重点的中职教师培训,选拔 395 人参加了国家级师资培训,18 人赴德国培训。安排 190 万用于中职紧缺专业特聘兼职教师资助计划的实施。

[举办全省中等职业学校技能大赛并在国家技能大赛中获优异成绩] 为了进一步促进全省中等职业学校技能训练的开展,提高学生的就业能力,并选拔优秀选手参加全国职业院校技能大赛,2008 年 4 月 29 日,山东省中等职业学校技能大赛在山东省商业职业技术学院隆重举行。本次大赛共设计算机、数控技术、电工电子技术、烹饪、汽车运用与维修、服装设计制作与模特表演 6 个专业的 15 个项目,全省共有 17 个代表队(16 个市加省直)260 名选手参赛。这次技能大赛,是由省教育厅直接组织的全省第一次职业教育技能大赛。6 月 27 日至 30 日,山东省组团参加教育部、劳动和社会保障部等 8 部委联合在天津举行的全国职业院校技能大赛。山东省派出的 73 名选手参加了电工电子技术等 10 个专业类别的 24 个竞赛项目,共取得 11 个一等奖、24 个二等奖、29 个三等奖的好成绩,山东省教育厅获优秀组织奖。陈至立、刘延东、张高丽等领导同志出席大赛,今后全国每年都要举办技能大赛,这是我国教育工作的一次重大制度设计与创新,也是新时期职业教育改革与发展的重要推进器,要在全国形成"普通教育有高考,职业教育有技能大赛"的局面。

[接收北川职高 415 名受灾学生复课就读] 根据教育部和省委、省政府关于山东援助北川县的工作要求,山东省接收北川职高 415 名受灾学生复课就读,并在学习、生活等方面提供良好的条件和保障。为使灾区学生尽快复课,山东省教育厅与四川省教育厅及绵阳市北川县教育局协商,决定将北川职业中学愿意来山东就读的学生全部安排复课就读。其中,德州交通职业中专接收 111 名学生,济南历城职业中专接收 104 名学生,青岛信息学校和山东轻工工程学校接收 100 名学生,潍坊商校接受 100 名学生。来山东复课的 415 名职业学校学生在山东完成教学计划规定的全部理论和实践课学习,成绩合格并愿意在山东就业的,全部由学校安排在山东就业。根据灾区学生的实际情况,接收灾区学生的学校将免除学生在校期间的一切费用,并发放生活补助费,让灾区学生生活安心,学习专心,学业有成,自食其力,回报社会。

[成人教育教学改革和专业建设] 完成了 2008 年度 38 所高校新增的 205 个成人高教专业的审核备案工作和 20 所高校新增的 38 个现代远程教育校外学习中心的检查审批工作。组织开展了 2008 年全省成人高等教育品牌专业建设点申报工作和评审工作,确定并公布品牌专业建设点 17 个,完成了 2007 年立项的 22 个成人高等教育品牌专业建设点的中期绩效检查工作。

[成人教育办学管理与师资培训] 组织完成了对全省 650 余所成人教育函授站的年检工作,并在厅网站上

对年检结果进行了公布。加强对现代远程教育校外学习中心的监管，开展了学习中心的清理整顿工作。与厅发展规划处一起召开了部分高校成教院长座谈会，研究探讨进一步深化山东省成人高等教育改革和发展的思路。学籍管理方面，积极与教育部协调，妥善处理解决了省成人高等教育毕业生学历证书电子注册的遗留问题和新生学籍电子注册等有关问题。组织完成了2008级成人高等教育和网络教育19万新生的学籍电子注册的审核任务。在成人教育师资培训方面，组织了两期全省成人高等教育教学管理人员培训班，共有60余所学校的百余人参加了培训。

[成人教育理论研究]　组织申报并承担了教育部改革和发展战略与政策研究重大课题"继续教育改革和发展战略与政策研究"之子课题的研究工作，完成了调研报告初稿。对省独立设置成人高校发展状况及高校成人高等教育发展现状进行了专题调研，形成了《山东省独立设置成人高校发展状况调研报告》及《山东省高校成人高等教育现状、问题和发展思路调研报告》。制定下发了《山东省教育厅关于进一步加强我省五年制高等职业技术教育管理意见》，完成了教育部《五年制高职教学现状研究》课题的研究工作。开展了全省三二连读高等职业教育办学情况调研工作和三二连读高等职业教育学生转段资格的审核任务。

[进一步加强民办教育管理]　下发了《山东省教育厅关于严格规范民办学校办学秩序的通知》等文件，在严格执行有关收、退费政策、依法取得土地使用权、校舍产权、不得面向中小学生举办各类文化同步培训班、招生广告必须到批准办学的审批机关进行备案等方面进一步规范，明确了监督运行机制。对民办学校、机构进行了检查评估，对不合格的学校、机构给以停止办学、缓发办学许可证、吊销办学许可证、取消办学资格等处罚。采取网络公示、规范、透明的方式，依靠社会监督来约束民办学校的办学行为。下发了《山东省教育厅关于核发有关民办高校办学许可证的通知》，对36所民办高等院校(其中民办本科学校5所、独立学院12所、高职院校19所)进行了初步核查，上报教育部批准设立的民办高校核查材料，并将省民办高校基本信息登在教育厅网站。

[社区教育与扫盲教育]　召开了2008年社区教育工作座谈会，全省49个市辖区已有27个省级社区教育实验区，3个国家级社区教育试验区，31个县级市已有4个省级社区教育实验区。根据教育部的部署，开展了全国社区教育成果展览、评选社区教育示范街道、特色项目和社区教育先进工作者活动。制定并印发了山东省2008至2015年扫盲规划，会同有关部门积极做好扫盲教育中央专项资金申请与拨付。在日照举办了全省扫盲教育管理干部培训班，进一步推动扫盲教育工作的开展。

高等教育

[引导高校加强内涵建设的认识]　积极引导高校解放思想、转变观念、科学定位、加强内涵建设、提高教学质量。分别召开了全省高等学校教务与教学管理工作会议、教务科长工作会议、普通高等教育学籍学历管理工作研讨会、山东省高等职业教育课程建设专题研讨会、独立学院教学工作研讨会、高校实践教学研讨会、网络管理座谈会、图书馆馆长会、校报工作会、第二届高等教育论坛等会议，就加强内涵发展、深化教学改革、加强高校教务管理和实践教学等工作进行了深入研讨，交流了经验，统一了思想，提高了认识，有力地促进了高等教育工作重心向内涵发展的转移，促进了学校各项工作的开展。

[以精品课程工程促进优质教育资源共享]　2008年山东省高等学校共计396门合格课程参加省级精品课程评审，经专家网上初审和行政终审，共评选出171门2008年度省级精品课程。经教育部评审，30门课程入围国家精品课程。全省高等学校国家精品课程总数达到了96门，国家精品课程覆盖学校达到了31所。

[专业设置面向经济建设]　积极贯彻省政府[2005]133号文件精神，深化改革，优化结构，服务全省经济和社会发展，共增设和调整本科专业110余个，专科专业190余个。评选出100个品牌专业和特色专业。有25个专业被确定为教育部第二类特色专业建设点。

[加强实验教学示范中心建设]　确立30个省级实验教学示范中心，其中有6个被教育部确立为国家级实验教学示范中心立项建设项目。目前全省共有66个省级实验教学示范中心，15个国家级实验教学示范中心。

[加强双语教学示范课程建设]　山东大学、青岛理工大学、山东财政学院的3门课程被评选为双语教学示范课程。12月份山东省开展了省级双语教学示范课

程评选工作，促进课程改革不断深入，提高教学质量。

[加大教材建设和教材改革力度] 组织2008年省级优秀教材申报评审工作，山东省高等学校2002年至2006年共计出版教材3235本，其中694本申报参加2008年省级优秀教材评审，评审出300本省级优秀教材，其中一等奖100本，二等奖200本。

[以示范性高职院校建设引领高等职业教育健康发展] 积极组织创建示范性高职院校工作。2008年山东省又有两所高职院校（日照职业技术学院和山东科技职业学院）被教育部和财政部列入国家示范性高职院校建设计划，使山东省列入该计划的高职院校达到了6所，在全国仅列江苏（7所）之后，与四川、浙江并列全国第二位。充分发挥国家示范性高职院校在发展定位和办学方向上的模范带动作用，在人才培养模式、课程建设、校内外生产性实训基地建设上的改革先锋作用，在学生职业技能和素质的全面养成、人才培养质量保障体系、就业指导与服务上的标杆示范作用。山东省已形成了一批办学水平高、有鲜明特色、在全国有一定影响的高职院校。

[加强师资队伍建设] 为提高高校教师素质和教学能力，建立团队合作的机制，促进教学研讨和教学经验交流，推进教学工作的传、帮、带和老中青相结合，提高教师的教学水平，全省评选出51个省级教学团队，10个教学团队被教育部评为国家级教学团队；评选省级教学名师40人，有6名教师入选国家教学名师；利用寒暑假期组织了高校思想政治理论课教师的培训工作，为提高全省高校思想政治理论课教师的教育教学水平起到了积极的推动作用。

[构建高等教育质量保障体系] 上半年积极配合教育部认真做好对济南大学等5所院校的本科教学工作水平评估工作，促进高校进一步明确办学指导思想、改善办学条件、加强基本建设、强化教学管理、深化教学改革、全面提高教育教学质量和办学效益；组织专家对山东济南职业学院等15所高等职业院校进行人才培养工作水平评估；促进高校建立自我约束、自我发展的机制，构建教学质量监控体系，促进教学质量不断提高；制订了2009～2013年高职院校人才培养工作评估规划、新方案评估实施细则和专家组工作规程，为今后实施高职院校人才培养工作评估奠定了良好的基础。

学位与研究生教育

[加强研究生指导教师队伍建设] 为深入实施科教兴鲁和人才强省战略，进一步推进山东省"高教强省"行动计划和山东省研究生教育创新计划的实施，切实提高研究生教育质量，山东省教育厅、山东省财政厅和山东省学位委员会于2008年2月29日颁布了《关于加强我省研究生指导教师队伍建设意见》。主要内容：一、充分认识加强研究生导师队伍建设的紧迫性和重要性；二、我省研究生导师队伍建设的指导思想和目标；三、研究生导师队伍建设的主要措施；四、加强研究生导师队伍建设的政策保障。

[研究生教育创新计划项目立项计划] 根据《山东省研究生教育创新计划》（鲁学位[2006]5号印发）、《山东省研究生教育创新计划项目管理暂行办法》（鲁教研字[2006]2号印发）精神，经单位推荐申报，专家评审，研究确定研究生教育创新计划项目，2008年153个项目予以立项，其中资助项目101个，自筹经费项目52个。

[山东省研究生教育省级教学成果奖励实施办法] 为了做好山东省研究生教育省级教学成果奖励工作，调动与鼓励研究生教育工作者从事研究生教育创新研究与实践的积极性，进一步加强研究生创新能力的培养，全面提高研究生教育质量，保障与推动山东省研究生教育持续、健康、快速的发展，根据国务院《教学成果奖励条例》、《山东省省级教学成果奖励办法》等相关文件，山东省教育厅、山东省财政厅2008年6月5日印发了《山东省研究生教育省级教学成果奖励实施办法》。

[颁布《山东省研究生联合培养基地建设实施与管理办法》] 为加快推进山东省经济文化强省建设步伐，广泛吸收和整合社会资源参与研究生培养，创新研究生培养模式，进一步提高研究生创新能力和培养质量，根据教育部《关于加强研究生创新计划区域合作的意见》（教研司[2006]10号）和《山东省研究生教育创新计划》（鲁学位[2006]5号印发），2008年8月27日印发《山东省研究生联合培养基地建设实施与管理办法》。

["十一五"省级重点建设项目中期评估情况通报] 根据《山东省教育厅　山东省财政厅关于公布山东省"十

一五"高教强省行动计划重点建设项目的通知》(鲁教研字[2006]4 号)和《山东省"十一五"重点学科建设管理办法》(鲁教研字[2007]2 号)、《山东省"十一五"高等学校重点实验室　人文社会科学研究基地建设管理办法》(鲁教科字[2008]1 号),组织专家于 2008 年 3～9 月,对山东省"十一五"高教强省行动计划重点建设的 397 个项目进行了中期评估并将评估情况进行通报。

[公布 2008 年新增学士学位授予专业]　根据国务院学位委员会关于学士学位的管理规定和山东省学位委员会《关于新增学士学位授予专业审核备案的意见》(鲁学位[2004]12 号),省学位委员会对各学士学位授予单位申报的 2008 年新增学士学位授予专业进行了审核。经审核,山东大学等 33 个学士学位授予单位申报的 165 个本科专业均达到了授予学士学位的有关要求,同意增列为学士学位授予权专业。增列的 165 个学士学位授予权专业,涉及学士学位 12 个学科门类中的 11 个学科门类,其中哲学 1 个点,经济学 7 个点,法学 8 个点,教育学 8 个点,文学 23 个点,历史学 1 个点,理学 32 个点,工学 50 个点,农学 3 个点,医学 5 个点,管理学 27 个点。

[批准山东警察学院等五所高等院校新增为学士学位授予单位]　根据《山东省学士学位授予单位及授权专业审批办法》(鲁学位[2002]6 号印发)和专家评审组评审意见,经山东省学位委员会审核,批准山东警察学院、山东政法学院、菏泽学院、枣庄学院、滨州学院新增为学士学位授予单位,山东警察学院的侦查学等 20 个本科专业新增为学士学位授权专业。

[研究生优秀科技创新成果奖]　根据《山东省研究生教育创新计划》(鲁学位[2006]5 号)和《山东省研究生优秀科技创新成果奖评选暂行办法》(鲁教研字[2006]2 号),进行 2008 年研究生教育创新计划立项项目申报工作。经单位推荐、专家评审、社会公示,批准山东大学博士生王彬的《法律解释的本体与方法》等 10 项成果为山东省 2008 年研究生优秀科技创新成果一等奖,山东师范大学博士生吉标的《困惑与抉择:当前教学论研究三问》等 28 项成果为二等奖,聊城大学硕士生李士峰的《论"文明冲突论"的实质及对中国文化建设的启示》等 62 项成果为三等奖,对获奖者授予荣誉称号,并给予奖励。

[优秀博士　硕士　学士学位论文评定]　为做好优秀学位论文和研究生优秀科技创新成果奖评选工作,根据《山东省研究生教育创新计划》和《山东省优秀博士、硕士、学士学位论文评选办法》,决定 2008 年继续开展山东省优秀博士、硕士、学士学位论文和研究生优秀科技创新成果评选奖励工作。山东省优秀博士、硕士、学士学位论文的推荐评选范围为 2006 年 9 月 1 日至 2007 年 8 月 31 日在省内学位授予单位获得博士、硕士、学士学位者(含科学学位和专业学位)的学位论文。经单位推荐、专家评审和社会公示,批准张香兰的《从实体到过程:现代教育的思维转向》等 30 篇博士论文为 2008 年山东省优秀博士论文,蒋震的《中国国有经济战略性退出研究——基于转轨市场结构和产业性质的视角》等 69 篇硕士论文为 2008 年山东省优秀硕士论文,石颖伟的《CMOS 工艺低电压带隙参考源》等 261 篇学士论文为 2008 年山东省优秀学士论文。对获得表彰的学位论文的作者和指导教师颁发证书,并给予一定的物质奖励。

[山东省医学科学院硕士学位授权学科专业并入济南大学]　山东省人民政府于 2008 年 3 月 20 日批复同意将山东省医学科学院硕士学位授权学科专业并入济南大学(鲁政字[2008]68 号):经研究并商国务院学位委员会、教育部同意,决定将山东省医学科学院硕士学位授权学科专业并入济南大学。

[专业学位研究生教育工作座谈会]　为加快山东省专业学位研究生教育发展,研究和解决当前专业学位研究生教育工作中存在的困难和问题,提高专业学位研究生教育质量和专业学位授予质量,2008 年 5 月 19～21 日,山东省教育厅研究生处在青岛召开了全省专业学位研究生教育工作座谈会,就专业学位学科建设及专业学位研究生招生、培养、管理和学位授予等工作进行交流、研讨,就加快山东省专业学位研究生教育发展的政策和措施进行座谈。全省有关研究生处负责人和负责专业学位教育管理的人员参加了会议。

[召开 2008 年度全省学科建设与研究生教育工作会议]　全省学科建设与研究生教育工作会议于 2008 年 3 月 20～21 日在济南召开。会议主要内容为总结、交流 2007 年全省学科建设与研究生教育工作,研究、部署 2008 年度工作。各普通本科院校、研究生培养单位负责学科建设和研究生教育工作的处室主要负责人参加了会议。

[推进"高教强省"计划]　2008 年,组织专家对"十一五"高校重点实验室、人文社科基地建设项目计划任务书进行了审核,聘任了 104 名"十一五"高校重点实验室主任和 104 名学术委员会主任,聘任了 21 名"十一五"高校人文社科基地主任和 21 名学术委员会主任。

组织专家对11个筹建的省重点建设项目进行了考察，对省重点建设项目进行了中期评估。

教师教育

[开展中小学教师职业道德教育] 根据《教育部关于重新修订和印发〈中小学教师职业道德规范〉的通知》的要求，转发了教育部文件，并结合山东省实际对全省中小学贯彻落实《规范》提出了具体要求。根据省政府的意见，又下发了《山东省教育厅关于开展师德师风教育专项活动的通知》(鲁教师字[2008]5号)，对师德师风建设工作进行了部署，各市结合当地实际，开展了师德师风教育活动，形成了全省上下联动、齐抓共管的良好局面。针对实施素质教育、规范办学方面社会反映强烈的问题，下发了《山东省教育厅关于大力开展师德教育，禁止中小学教师从事有偿家教的通知》(鲁教师字[2008]9号)等文件。

[推进教师教育改革] 针对师范类专业设置和招生中的问题，对师范类专业设置提出意见；根据教育厅的意见，与有关处室协调，采取标注方式加强对师范类专业招生的规范，提出规模调控的意见，下发了有关高等学校师范生培养的建议计划。配合有关处室推进中师调整，有4所学校并入高校。组织研究修订五年制小学教师综合培养方案，完成了修订意见初稿。

[提高教师队伍整体素质] 为加强山东省农村中小学教师队伍建设，带动农村中小学教师队伍整体水平的提高，根据《山东省教育厅山东省财政厅关于实施全省中小学教师素质提高工程的意见》(鲁教财字[2007]30号)精神，采取邀标的形式，委托省内8所师范类高等学校承担培训任务，面向全省乡镇以下农村义务教育学段的5000名一线教师开展了为期10天的集中培训，实施农村教师素质提高工程。项目的实施得到了广大农村中小学教师的热烈欢迎和高度赞誉。根据学员座谈会和调查问卷分析，广大农村小学教师对此次培训“非常满意”达到75.7%，“满意”21.4%，“基本满意”2.1%。在抽样的804名调查学员中总体满意率高达99.2%。同时，为提高全省农村中小学校长队伍整体素质，大力实施农村小学校长素质提高工程，举办了4期农村中小学校长培训班，培训农村中小学校长400人。

[省教师教育学会第十八次学术年会召开] 山东省教师教育学会第十八次学术年会11月13～14日在临沂召开。会议以探讨教师成长与专业发展为主题，学会理事、会员单位代表、各市教育局分管局长、师范科(处)长，各教师培养、培训院校校长和职能部门负责人，部分中小学校长、教师等140余人出席了会议。学会常务副会长、省教育学院院长李清民主持会议，学会会长、省教育厅副厅长张志勇在会上作了题为《从教学走向教育——当代中小学教师的职业意识》的报告，副会长、临沂师范学院院长韩延明在会上作了《关于我国教师教育的现状、问题及对策》的报告，会议还邀请2006年度山东省教育创新人物、临沂八中教师王立华作了题为《中小学教师专业成长的日常追求——基于我的成长问题与心路历程》的报告。与会理事通过分组讨论对学会下步的工作提出了建设性的意见和建议，为今后学会工作的健康开展奠定了基础。

[完成县级教师培训机构省级示范校创建活动] 对各市申报的第四批县级教师培训机构省级示范校争创单位，省教师教育学会组织他们到前三年已通过验收并被省教育厅命名为示范校的部分学校参观考察，学习创建和迎评工作经验，以达到学习借鉴、共同提高的目的。10月中旬，省教师教育学会积极配合省教育厅师范处，组织部分专家参加了由省教育厅组织的全省第四批县级教师培训机构省级示范校的检查评估工作。通过验收达到县级教师培训机构省级示范校标准的9所县区教师进修学校，成为全省第四批县级教师培训机构省级示范校，由省教育厅予以挂牌并给予每校30万元的奖励。

[召开班主任专业化与现代班集体建设研讨会] 5月17～18日，为进一步落实教育部《关于进一步加强中小学班主任工作的意见》，加强我省中小学班主任队伍建设，提高班主任整体素质和管理水平，创造性地开展现代班集体建设，省教师教育学会班主任工作研究专业委员会在青岛召开了“班主任专业化与现代班集体建设研讨会”。省教师教育学会会长、省教育厅副厅长张志勇在会上作了题为《谈班主任在全面实施素质教育中的重要作用》的学术报告，部分中小学班主任工作典型在会上作了经验交流与研究课件展示，学会副秘书长、班主任工作研究专业委员会主任翟广顺作了《如何推进班主任专业化与现代班集体建设》的主题发言，会议还就省教育厅委托本专业委员会研究制订的《山东省中小学班主任工作规范(讨论稿)》《山东省中小学班主任工因图谱评量(讨论稿)》进行了研讨。学会副会长兼秘书长徐兴文，常务副秘书长孟华，副秘书长韩乃旭、郭力出席了会议。学会部分会员单位代表以及来自全省各市的中小学优秀班主任代表、青岛市承担

中国教育学会"中小学班主任专业化与现代班集体建设研究"课题子课题研究的各实验学校校长及班主任代表等共 230 余人出席了会议。

[年度教师教育科学研究成果评选] 省教师教育学会 8 月 27～30 日在聊城市进行了 2008 年度全省教师教育科学研究优秀成果评奖。学会教师教育研究优秀成果评选委员会对各理事单位选送和学会师资培训专业委员会、学会教师教育管理专业委员会推荐参评的学术论文等研究成果进行了认真评审，评出 2008 年度全省教师教育研究优秀成果一、二、三等奖。

[通过新课程培训提高中小学教师教育教学水平] 组织实施了义务教育新课程骨干培训者省级培训。一是按照全省义务教育新课程师资培训计划，对 98 个县市区小学语文、数学、英语、科学等学科的 1568 名骨干培训者进行了 4 天的省级集中培训。二是组织开展了十万高中教师全员培训，取得了显著成果。为推进高中教育以课程为载体实施素质教育工作，采取远程研修的方式，组织全省高中 15 个学科 106719 名教师分成 1122 个虚拟班级，进行了第二轮的新课程全员培训，培训分 2 期，每期 13 天，采取网上集中研修的方式。培训聘请了 34 位国家课标专家和 98 位省高中课程专家组成专家团队，同时选聘了 2193 名指导教师。集中研修期间，山东教师教育网高中教师远程研修平台访问量达到 115262026 次，24 小时访问量峰值达到 800 多万人次，日均访问量 500 万人次，在线峰值达到 48000 多人。学员参训率达到 99%以上，合格率达到 96%以上。集中研修期间，课程专家点评学员作业 28622 篇，文章 10479 篇，推荐作业和文章 8749 篇，编辑课程简报 250 期；指导教师团队编辑《指导教师工作简报》26 期，推荐作业和文章 74805 篇，点评学员作业和文章 1534200 篇，人均 699 篇。参训教师共提交作业 1052569 篇，人均 10 篇；发表文章 571499 篇，人均 5 篇；发表评论 11342579 条，人均达 110 条；日发帖量 170 万以上。培训结束后每天仍有上万教师在这个网站学习。三是开展了骨干班主任省级培训，推动班主任全员培训。根据《山东省教育厅办公室转发教育部办公厅关于启动实施全国中小学班主任培训计划的通知》(鲁教师办字[2006]2 号)精神，3 月，举办了第二期骨干班主任省级集中培训，采取集中培训与网上培训结合的形式，培训骨干班主任 150 人，为各市开展班主任培训提供人员支持。四是开展中小学教师教育技术能力省级培训，推动各市开展培训。根据《山东省中小学教师教育技术能力建设计划实施方案》(鲁教师字[2006]9 号)要求，组织开展了第二期骨干培训者教育技术能力省级培训，为各市培训骨干教师(培训者)300 人。五是举办了体育省级骨干教师培训班，培训骨干教师 200 人。举办了中小学心理教师培训班，培训教师 100 人。

[通过名师建设工程打造高水平骨干教师队伍] 组织了第三批齐鲁名师建设工程人选赴美培训。至此，5 年一轮的名师人选培养周期即将结束，山东省已初步制订了名师认定的意见和办法，对名师人选 5 年的工作实绩进行总结和认定。启动了新一轮年度创新人物评选活动，今年共评选出 10 名年度教育创新人物(校长系列)，并在庆祝全省教师节大会上予以表彰。

[开展教师教育科学研究] 进一步加强了对全省教师教育的研究，先后开展了中小学教师评价研究和提高中小学教师队伍质量课题研究，形成了《山东省中小学教师评价指导意见》，广泛征求意见，受到社会高度关注，年内将修改下发；开展了山东省教师教育现状与教师教育体系建设调研，初步形成了山东省教师教育体系建设的思路；开展了五年制小学教师综合培养方案的研究，为修订小学教师综合培养方案提供了依据。结合庆祝改革开放三十周年活动，撰写了《山东教育改革发展三十年报告》一书"从学历教育到教师专业发展"部分；组织完成了《山东教育志》"教师教育"部分的编写工作。

[加强县级教师培训机构建设　完善教师教育体系] 为进一步推动全省县级教师培训机构建设，2008 年 8 月在威海市召开了县级教师培训机构建设现场会，推广了威海市加大投入、整合资源、"研、训"一体化、构建现代化教研培训网络平台等方面取得的成功经验，有力地推动了县级教师培训机构建设工作。开展了省级示范性县级教师培训机构评估。

[组织实施教育援藏项目] 按照山东省教育援藏项目要求，免费为日喀则举办了第二期培训班，为搞好培训，精心设计培训方案，并对培训后期的实践环节作了精心安排，日喀则地区部分县教育局长、教育行政管理人员 25 人参加了培训。

[完成 2008 年度教师资格认定工作] 大力加强教师资格组织机构建设，大力加强教师资格认定信息化建设，认真做好教育学、心理学两科补修培训工作，认真做好教育学、心理学两科考试工作，认真做好教育教学能力测试工作。组织了全省面向社会教师资格认定考试、阅卷工作。2008 年共有 67507 人参加了中等职业学校、中小学、幼儿园教师资格认定考试，考试合格人员 17227 余人，合格率为25.52%，依法认定 68427 人。

另外还组织了高等学校教师资格认定工作，全省共认定合格7965人。认定工作重点抓了以下五个环节：一是教师资格认定准备工作；二是教育教学能力测试方案的审核备案工作；三是严格认定条件，认真进行材料审核工作；四是证书打印及发放工作；五是对认定过程中可疑毕业证书的处理工作。

体育卫生艺术国防教育

[推进阳光体育运动] 与省教育电视台合作，在全省各市地开展了“阳光体育大擂台”活动，取得了良好的社会效益。10月26日，按照教育部的统一部署和要求，在济南市成功举行了山东省暨济南市“亿万学生阳光体育运动冬季长跑”起跑仪式，进一步推动了群众性体育活动的深入开展。

[配合北京奥组委和省体育局做好2008北京奥运会火炬接力工作] 经过认真组织选拔和推荐，代表山东省教育系统的6名火炬手和数百名护跑手参加了火炬在山东境内的传递，取得了圆满成功。

[体育优质课评选] 组织开展了全省中小学体育优质课评选工作，并在此基础上上报参加国家级评审，获得一等奖5名、二等奖6名、三等奖9名的全国最好成绩。

[加强体育教师队伍培训] 积极配合师范处在鲁东大学组织了全省农村中小学体育教师素质提高工程；年初组织举办了全省教育系统健美操裁判员培训班，经过考核21名教师获得了国家一级健美操裁判员资格，50名教师获得拉拉队国家中级评判员资格；11月中旬举办了山东省《第三套全国中小学生系列广播体操》培训班，来自全省17个市及16所普通高等体育师范类院校的体育教师参加了培训，为《第三套全国中小学生系列广播体操》在全省的推广奠定了良好的基础。

[组织丰富的学生体育竞赛活动] 年内成功组织举办了2008年山东省“学校杯”中学生运动会、山东省大学生田径锦标赛、山东省大学生乒乓球锦标赛、山东省大学生五人制足球联赛、中国高中篮球联赛山东省比赛等一系列学生体育赛事，有力地促进了学校课余训练与竞赛工作的开展。

[开展卫生工作的宣传及培训研讨活动] 继续“开展预防艾滋病宣传进校园活动”，组织专家对部分市重点县学校进行督导检查，学生对预防艾滋知识的知晓率有明显提高；举办了全省青春期教育师资培训、全省中小学骨干校医培训、全省高校医院管理工作研讨会、全省中小学生近视防控师资培训等。进一步提高了学校卫生工作人员素质和水平，为做好学校卫生工作打下了良好基础。

[开展全省学校卫生专项检查指导工作] 以教育厅的名义和山东省卫生厅联合下发了《关于印发全省学校卫生专项检查工作实施方案的通知》，与卫生厅联合组成了三个督查组，分别对烟台、临沂、德州等7市的学校卫生工作开展情况进行了检查。切实加强学校食品卫生、饮用水卫生及传染病防治工作，规范学校卫生及传染病防治管理工作，确保了全省各级各类学校年内未发生卫生重大安全事故。

[组织各类艺术活动] 根据教育部的要求，成功举办了山东省第二届大学生艺术展演活动，并做好了参加全国大学生艺术展演的各项准备工作；举办了首届高校美术专业基本功大赛和第三届高校音乐专业基本功大赛、全国高校音乐专业学生基本功大赛山东选拔赛；举办了全省第三届大中专院校服装模特大赛及第六届中小学音乐、美术基本功比赛等。

[开展高雅艺术进校园活动] 依托山东艺术学院等高校，充分发挥厅艺教委作用，举办了首届全省艺术教育论坛、第十三届中小学生绘画书法大赛（山东赛区），举办了中小学教师技能培训，完成了2008年全省学生艺术水平考试工作；组织了高校音乐、美术院长协作会等。

[学校国防教育工作] 一是召开了2008年度学校国防教育工作会议暨学校国防教育协会一届五次、二届一次会议，总结了过去一年的工作，结合贯彻落实学生军事训练规定，对新一年的工作进行了部署，会后组织部分高校武装部长赴湖南、湖北、安徽等地学习考察，开阔了视野，拓宽了思路。二是与济南军区、省军区积极配合，对重点高校军训重点保障，并积极协调驻鲁各兵种部队解决全省学生军训帮训官兵、枪支弹药等问题，受到教育部、总参谋部、总政治部联合检查组的充分肯定。三是与省军区商定联合批准十五所中学为国防生生源基地；在高校国防生培养、学生参军、拥军优属等方面与军事部门积极配合，主动参与，得到军事部门好评。

科学研究

高等学校科学研究

[**加强重点建设项目管理**] 为规范和加强高校重点实验室、人文社会科学研究基地的建设管理工作，1月27日，省教育厅制定下发了《山东省“十一五”高等学校重点实验室、人文社会科学研究基地建设管理办法》。

[**获批6个2008年度教育部科学技术研究重点项目**] 3月17日，山东轻工业学院“二乙基-2,3-环氧丙基-[3-(甲基二甲氧基)]硅丙基氯化铵的合成”、曲阜师范大学“随机跳变不确定切换系统的控制问题研究”、聊城大学“新型高性能无铅压电单晶材料的探索研究”、青岛科技大学“碳纳米管上非晶态合金的可控合成及其催化NaBH4水解制氢”、山东理工大学“文昌鱼下丘脑-腺垂体-甲状腺调控轴相关基因的克隆、表达和进化分析”、山东农业大学“禽白血病-J亚群诊断试剂盒的研制”等6个项目，获批2008年度教育部科学技术研究重点项目(地方高校)立项。

[**161项高校科技成果获2007年度山东省科学技术奖励**] 4月23日，省委、省政府在济南召开2007年度全省科学技术奖励大会。全省高校共获奖161项，占全省获奖总数的32.79%，其中自然科学一等奖2项(山东师范大学1项、中国海洋大学1项)，二等奖5项，三等奖10项；技术发明二等奖3项，三等奖2项；科技进步一等奖8项(山东大学3项、青岛科技大学1项、山东农业大学1项、青岛理工大学1项、山东科技大学1项、山东建筑大学1项)，二等奖42项，三等奖89项。

[**加强科研经费管理**] 为进一步加强高校科研专项经费的监督管理，确保经费科学、合理、有效使用，提高高校科研工作保障水平，5月21日，省财政厅、省教育厅联合下发了《山东省高校科研专项经费管理办法》。

[**2008年山东省产学研暨节能新技术新产品展洽会成功举办**] 5月25～26日，2008年山东省产学研暨节能新技术新产品展洽会在济南舜耕国际会展中心召开。此届展洽会汇集了科技成果13000多项，企业技术难题800多项，节能节水示范项目216项，节能节水新技术新产品356项，招商引资项目360项，共达成项目合作协议548项，总金额79亿元。省教育厅作为洽谈会主要承办单位之一，组织了省内外100余所高校参展，提供有推广价值的科技成果1000余项。

[**203项成果获省社会科学优秀成果奖**] 6月，在2008年山东省第22次社会科学优秀成果奖评选中，全省高校共获奖203项，占全省获奖总数的79.2%，其中，获重大成果奖3项(山东大学2项、烟台大学1项)，一等奖9项(山东大学1项、山东警察学院1项、山东经济学院2项、烟台大学1项、山东工艺美术学院1项、山东师范大学2项、曲阜师范大学1项)，占一等奖总数的69.2%(著作类一等奖全部被高校包揽)。

[**2004年度教育部新世纪优秀人才顺利通过结题验收**] 6月，受教育部科技司委托，组织了山东省属高校的教育部2004年度“新世纪优秀人才入选者”结题验收工作。经验收专家组评议，6名入选者全部优秀通过。

[**2008年度高校科研计划项目立项606个**] 2008年度高校科研计划项目评审会议于8月在济南召开，经专家评审，共立项606个项目，其中资助经费项目276个(科技类147个、社科类129个)，自筹经费项目330个(科技类177个、社科类153个)。

[**6个项目申报2009年度教育部科学技术研究重点项目**] 根据教育部要求，经评审，9月19日，省教育厅向教育部推荐了山东科技大学“轴流式通风机压力脉动及气动噪声分布特性研究”、山东师范大学“奇异脉

冲泛函微分系统的基本理论及其应用”、济南大学“有机膨润土吸附水中化学防腐剂的性能及机理研究”、山东轻工业学院“PML/RARα液相芯片生化组装研究”、山东建筑大学“混凝土废弃物的综合利用”、烟台大学“20(S)-人参皂苷Rg3神经保护的线粒体机制”等6个项目，申报2009年度教育部科学技术研究重点项目。

[组织申报教育部人文社科项目] 2008年，山东省有18所高校50项课题获得教育部一般项目资助(包括专项任务、规划基金、青年基金)，1所高校参加重大攻关项目，4所高校获后期资助课题4项，创山东省历年新高。

[组织申报山东省软科学课题] 2008年，组织申报了山东省软科学课题近300项，有252项获批准立项，获准率达84%。

[新增1个省部共建教育部重点实验室] 经省教育厅申报，教育部于10月20日批准青岛理工大学“工业流体节能与污染控制”实验室，作为省部共建教育部重点实验室立项建设。

[新增26个山东省重点实验室] 4月，省教育厅组织了26所高校的71个实验室申报新建山东省重点实验室，11月10日，省科技厅、省财政厅批准26个实验室立项建设，占新批准立项的78.8%。目前，全省高校共有山东省重点实验室35个，占全省总数的42.7%。

[申报2个教育部工程研究中心] 根据教育部要求，11月6日，省教育厅组织山东中医药大学“中药材”和青岛理工大学“混凝土技术”2个工程中心申报了教育部工程研究中心。

[3个教育部重点实验室顺利通过验收] 山东科技大学“矿山灾害预防控制”、山东中医药大学“中医药经典理论”、青岛科技大学“生态化工”等3个省部共建教育部重点实验室，顺利通过了教育部组织的专家组验收。

[申报10名2008年度教育部新世纪优秀人才候选人] 根据教育部要求，经认真筛选，11月6日，省教育厅向教育部推荐了10名2008年度教育部“新世纪优秀人才”候选人(济南大学、青岛科技大学、青岛理工大学、山东工商学院、山东轻工业学院、山东建筑大学、山东科技大学、山东经济学院、临沂师范学院、滨州医学院各1人)。

[16项成果获教育部高等学校科学研究优秀成果奖(科学技术)] 在2008年度教育部高等学校科学研究优秀成果奖(科学技术)评审中，山东高校共获奖16项，其中自然科学一等奖4项(山东大学2项、中国海洋大学2项)，二等奖2项；技术发明二等奖2项；科技进步一等奖3项(山东大学1项、中国海洋大学1项、中国石油大学[华东]1项)，二等奖4项；专利奖二等奖1项。

[山东省高校获得多项国家科学技术奖励] 在2008年度国家科学技术奖的评审中，山东省高校作为第一完成单位的科技成果获4项国家科学技术奖，其中国家自然科学二等奖1项(山东大学“国际通用Hash函数的破解”)，国家科技进步二等奖3项(中国海洋大学“栉孔扇贝健康苗种培育技术体系建立与应用”、山东科技大学“等离子控制原位冶金反应技术与工程应用”、青岛理工大学“沿海混凝土结构耐久性理论及应用技术”)；作为协作完成单位的6项科技成果也获得了国家科学技术奖(山东农业大学、中国石油大学[华东]、山东理工大学、烟台大学、山东中医药大学、青岛农业大学)。

[532项成果获2008年山东高等学校优秀科研成果奖] 2008年山东高等学校优秀科研成果奖评审会议于12月在聊城大学举行，经过专家评议，共有532项成果获奖，其中，自然科学类成果225项，一等奖33项、二等奖56项、三等奖136项；人文社会科学类成果307项，一等奖43项、二等奖74项、三等奖190项。

教育科学研究

[开展教育科研重大课题攻关和研究] 一是开展高等教育中长期发展战略研究。2008年，根据全省高等教育发展的现实和问题，教科所提出并建议开展“山东高等教育中长期战略研究”，受到了省教育厅的肯定和重视，成立了课题领导小组和研究小组，从山东高等教育现状、制度创新、科技创新、评价制度、评价体系、学术定位、办学理念、办学质量、专业设置、课程体系、教学内容、创新人才培养、高考制度创新等方面开展研究，为省教育厅决策服务，为山东省高等教育发展服务。二是开展义务教育均衡发展研究。基础教育均衡发展是教育研究的热点之一，为进一步推进山东省义务教育均衡发展，学习、借鉴济南历城区教育均衡发展的成

功做法，2008 年 9 月教科所组织召开了区域教育均衡发展高端论坛暨现场研讨会，300 多名代表参加并参观了历城一中、二中、职业中专等学校。三是开展山东教育改革开放三十年研究。山东省教育厅成立了由厅主要负责人牵头的山东教育改革发展三十年课题组。山东省教科所组织精干人员参与编纂工作。该书长达 70 余万字，分概论和 13 个专题、1978～2007 年大事记以及山东教育基本情况图表，对全省1978～2008 山东三十年来的教育发展进行了一个系统回顾和总结。四是开展具有本所特色的专题研究。教科所科研人员承担的"创新教育实验与研究"、"合作学习的理论与实践研究"、"现代科技教育实验研究"、"中小学心理健康教育研究"、"中小学学生评价研究"、"中小学探究学习的理论与实践研究"、"中小学综合实践活动研究"等一批重大课题研究取得突破性进展，有效地实现了教育科研工作为基层教育教学改革与发展服务的宗旨。

[加大对基层经验的提升和宣传推广力度]　2008 年 1 月 5 日，教科所在邹平县组织召开全省中小学校本研究总结表彰暨现场研讨会。本次会议目的有四个：一是认真总结三年来山东省校本研究工作经验，推出一批校本研究的先进典型，进一步推动和引领全省校本研究工作；二是交流校本研究的做法和思路，使所有参会人员相互借鉴、取长补短，共同进步；三是认真学习、考察邹平县校本研究专题化、系列化的成功经验，进一步提升山东省校本研究质量和水平；四是根据十七大精神，结合山东省教育工作实际，就全省教育科研工作提出要求，作出部署。

[发挥省教育学会对全省群众性教育科研工作的促进作用]　一是于 2008 年 3 月 14 日山东省教育学会工作会议在济南市召开年度工作调度会议，会议总结交流了 2007 年全省教育学会工作经验，进一步加强教育学会管理与建设，布置 2008 年学会工作。二是于 2008 年 6 月 21 日与上海教育学会联合召开了"2008 沪鲁基础教育发展论坛"，本次会议搭建了沪鲁基础教育交流与沟通的平台，拓展了沪鲁基础教育合作、交流的主渠道，为逐步建立沪鲁基础教育交流、合作和共谋发展的长效机制奠定了基础。

[办好《当代教育科学》杂志]　一是教科所主办的《当代教育科学》杂志在坚持学术品位的同时，努力实现重心下移，使之更加贴近中小学教育教学改革的实际，加大了基层作者的发稿量，特别是一线教师的教育叙事稿件；高质量地开辟了市地教育科研专页，推介市地教育科研工作的典型；宣传提升了杜郎口中学等一批极具推广学习价值的教改典型；开展了"学刊用刊评刊"活动，扩大了刊物在中小学教师中的影响；充分发挥了特约通讯员队伍的作用，初步建立起了教育信息和基层优秀稿件的网络系统。二是结合"十一五"课题结题工作，推出了一批代表山东省教育科研水平的优秀成果；深入基层采访，挖掘我省教改典型，做好理论提升，新推出了威海环翠区学科素质教育经验和青岛胶南市新农村教育的探索和实践；推出了一批优秀校本研究成果，努力反映一线教师的所思所悟、所作所为。三是加强完善了编辑流程，确保编校质量，严格监督制度，保持了《当代教育科学》在全国教育学术刊物中的领先地位，目前发行数量两万余份，遍及世界 22 个国家和地区。

[编撰《2008 年山东教育绿皮书》与《教育决策参考》]

以内容新、资料全、权威性高为思想指导，省教科所编著出版了《2008 年山东教育绿皮书》，体现了教育科研为教育决策的科学化、民主化服务的要求，使之成为各级领导进行教育决策时的一个重要参谋。另外，2008 年教科所还编撰出版了《教育决策参考》7 期，包括："高校负债问题的现实、困惑与前景"、"山东'普九'的伟大创举"、"山东高等教育的历史性跨越"、"山东职业教育的历史性突破"、"从教育大省迈向教育强省"等重要文献，为教育行政领导科学决策提供了依据。

教育教学研究

[组织建设]　一是抓学习培训。进一步完善了党总支成员、行政班子和全体人员的学习制度，按照厅里要求确定不同阶段的学习专题，采取多种方式学习十七大精神和胡锦涛总书记的重要讲话，努力用先进理论武装头脑、指导实践、推动工作。尤其是学习实践科学发展观活动以来，及时下发了学习文件和学习材料，按要求组织了各种学习活动，创办了活动简报，开展了各种调研活动，同时精心组织了班子成员的民主生活会和各支部的组织生活会。围绕活动的主题，召开市地教研室主任、课程专家、中小学校长和室内的各种座谈会，发放了征询意见函，广泛征求意见，查找制约教研科学发展的问题，剖析根源，明确今后的工作方向。举办了由各市教研室主任参加的暑期读书会。组织教研员赴外省学习考察，并引入外部经验，接待外省学习考察团 20 多个。二是抓管理理念转变。树立以人为本的理念，把尊重人、关心人、信任心、不整人作为管理的

出发点，提出了工作上的严格要求，鼓励大家在实际工作中出成绩、出人才。开展了全省先进教研室和优秀教研员评选活动，共评出山东省先进教研室93个，优秀教研员370名。2008年省级以上刊物共发表文章15篇，论著2部，调研报告20多个、30多万字，为市县教研部门、基层学校和教师作了大量的指导、引领工作，为上级领导决策提供了科学的理论依据。三是抓和谐单位建设。理顺工作关系，加强情感交流，树立和谐理念。大力倡导团结互助的良好风尚，通过"两好一高"和"文明单位"建设促进了单位民主和谐气氛的形成。进一步规范办文程序，提高办事效率，日常政务健康有序运转。制定了《省教研室关于文件材料归档范围和文书档案保管期限的规定》，档案管理晋升为省二级。认真做好财政国库集中支付的改革工作和日常会计核算工作，并做好2007年财务决算工作、2008年的预算执行工作和2009年的预算编制工作。重视工会、老干部工作，积极为群众办实事，关心和照顾老干部，依法规范临时用工。进一步落实党风廉政建设，努力创建民主和谐的单位发展氛围。

［教学管理］　一是参与了全省中小学素质教育工作会议的筹备和组织工作。主要负责了先进经验的推荐和审查，并主持了素质教育的教学改革论坛。二是参与素质教育有关文件的研究制定工作，加强素质教育推进的制度建设。研究制定了《山东省教育厅关于建立基础教育课程改革学科教学跟进式指导制度的意见》，确定了首批普通高中学科教学改革省级教学联系学校和高中学科教学改革省级骨干教师团队，并制定了日常工作方案；在调研的基础上，起草了《山东省实施日常考试无分数评价方案》和《关于推进我省九年义务教育阶段作业改革的意见》。三是落实中小学办学行为规范。根据厅里的统一安排，省教研室组成检查巡视组，参与厅里统一的巡视活动，查处违规办学行为。同时结合规范中涉及的教学层面问题，组织了两个调查组深入烟台、潍坊等市进行调研，核心内容是课程开设、作业管理、考试行为规范和无分数评价等问题，并根据调研情况，拟定了规范教学行为的具体意见。四是召开全省中小学暨职业学校综合教学改革与研究工作会议。邀请专家作了关于教师专业发展和科研方法的报告，有关市教研室介绍了教学改革与教学研究方面的经验。五是在充分调研论证的基础上，起草了《山东省中等职业学校教学管理规程》，协助厅职成教处撰写了《中等职业教育内涵发展研究报告》。六是开展了省级示范校的评比工作。从2004年开始省教研室组织了省级教学示范校的评审工作，每两年一届，2008年是第三届，共评出小学99所、初中58所、高中35所。目前全省小学、初中、高中和职业学校的省级示范校数量累计达到600多所。

［课程改革］　一是组织了大规模的全省课程实施水平评估工作。根据厅里上半年抓在校时间规范，下半年抓课程规范的要求，组织山东省多方面专业力量，研究制定了评估工作方案和工作程序手册，召开了评估动员会议和评估人员培训会议。采取全省联动，省、市、县、校四级参与，高中、初中、小学三段覆盖的方式，以学校自查、县区评小学、市评初中、省评高中为重点进行了全省中小学课程实施水平的评估。省级的评估共抽调100多位专家，组成17个组分赴各市，对50多所高中学校进行了评估，写出了《山东省普通高中课程实施水平评估报告》和15个学科的评估报告，基本达到了摸清情况、找出问题、研究对策的目的，为厅领导决策提供了重要依据。二是在借鉴外地经验、广泛研究论证的基础上，起草下发了《关于建立基础教育质量检测制度的意见》。积极开展了2008年度监测工作，在教育部基础质量监测中心的指导下，完成了对山东省8个样本县区、144所学校、5760名学生数学和心理健康情况的监测任务。三是在认真总结高中四年多课改经验的基础上，组织力量研究制定了《山东省普通高中课程设置及教学指导意见》。从课程设置、课时安排、教学计划、文理分科、学业水平考试和综合评价等方面，对高中教学提出了明确的指导意见。同时，为了确保意见的落实，还分15个学科制定了普通高中各科目的教学实施意见。

［教材建设］　一是加强了山东省地方课程的建设。调集了部分省内外专家，研究制定了地方必修科目传统文化、环境教育、人生指导和安全教育4门课的课程大纲，为教材的审查和学科的教学提供了科学的依据。二是继续编写和修订了语文、数学、化学、生物、政治、地理、科学等国家课标教科书及教师参考书，并帮助基层学校选好、用好适合地方特色的教材。三是初中和小学完成了《寒假生活指导》的立项和编写工作；学前教育完成了《山东省幼儿园课程指导》系列教材的编写、审查和出版工作。四是起草了《关于山东省中等职业学校教材管理及使用意见》，部分职教教研员参加了教育部职成教司组织的中等职业学校公共课程与专业课教材及教学大纲编写修订工作。

［教师培训］　一是参与了两次全省高中校长的全员培训工作。在校长培训会上，省教研室重点介绍了《山东省普通高中课程设置及教学指导意见(试行)》的研制背景和实施要求；配合有关处室组织了全省十万高中

教师的全员培训，主要负责省级专家指导工作。组成15个学科团队，100多人的学科骨干参加，不分昼夜，全身心地投入网上教研培训，积极做好交流和指导工作。二是开展了教学视导和送课助教活动。基础教育和职业教育分别组织了学科和专业的教学视导，部分学科还组织了送课下乡和省教学能手、优质课获奖教师的西部巡讲活动。各学科、学段利用集中培训和重点指导、网上教研等形式，开展了丰富多彩的新课程、新教材培训和备课研讨活动。三是实行了教研员联系学校制度。研究制定了课程改革的学科跟进式指导方案，每个学科确定10所联系学校和50名学科骨干教师，通过与教师和学校的联系及时了解掌握学科教学情况，总结典型，发现问题，指导工作。据统计，全年各学科专业调研活动10余次，科室集中调研活动5次以上，平均每人年听课时数80多节。在全国组织的优质课、优秀论文和优秀课例评选中，山东省有45名教师获全国优质课一等奖，有50多名教师的论文、课件、案例获全国一等奖，20多名教师在全国学科会议上执教公开课或作典型发言。

[考试命题与研究]　一是圆满完成了中考命题工作。在对每年试题分析评价的基础上，进一步加强了命题完善措施，使命题组织工作更加严密，内容更加科学合理，质量进一步提高，较好地体现了课程标准的要求。考试结束后，对自主命题市的中考试题进行分析研究，写出了评价报告。二是改革完善了普通高中学生学业水平考试命题工作。围绕建立新课程标准下科学的学生评价体系，进一步修订了《普通高中学业水平考试纲要》，改革了命题组织办法和审题环节，保证了命题工作顺利进行和命题质量的逐年提高。三是继续组织高职对口升学考试命题工作。为适应2008年开始的网上阅卷，3月份组织部分学科、专业进行了模拟命题，5月份组织了15个专业、3门文化课、共33门课程的命题工作。命题结束后组织修订了2009年考纲和语文、数学、英语三科高职考试辅导资料。

[课题研究与管理]　先后承担了国家和省级基础教育和教研课题18项、国家级职成教和师范教育课题5项，在课程教学模式、教法学法、教师专业化发展、网络教研机制等方面开展了广泛研究。完成各类教研研究课题报告10多个，撰写文字40多万字。

[网络教研]　扩大了教研网络的对接数量和范围，初步形成了网上教学对话系统和网络教研的交流平台、备课平台、培训平台和展示平台。

[竞赛活动]　一是组织了初中数、理、化、生、英语竞赛活动，并选拔推荐选手参加了全国竞赛。二是举办了全省中等职业教育技能选拔赛，组队参加全国技能大赛，取得了较好成绩。全省17个代表队260名选手参加的计算机、数控技术、电工电子技术、烹饪等6个专业的15个竞赛项目的技能大赛，参加了7个专业21个项目的全国职业技能大赛，共取得2个一等奖、4个二等奖、15个三等奖的好成绩。

（审稿：王景华；撰稿：孙立春　王运贵）

教育宣传

教育电视

[加强教育宣传工作]　紧紧围绕党的教育方针和全国教育大局，根据教育厅的中心工作，把教育宣传作为山东教育电视台工作的重中之重，切实加强领导，牢牢把握正确舆论导向，弘扬主旋律，坚持宣传例会制度和严格的节目审查制度，不断拓展宣传领域，突出宣传重点，注重宣传时效，积极创造良好的舆论氛围，全年采编播发教育新闻3000余条，新闻专题50余部。一是突出宣传报道了汶川大地震后党和政府及社会各界众志成城、抗震救灾的新闻，开辟了“抗震救灾教师英雄榜”、“抗震救灾英雄少年”、“为党添彩”等专题版块，采编抗震救灾新闻200余条，有效地宣传并推动了全省教育系统的抗震救灾工作。二是大力宣传山东省出台的一系列推进素质教育的新举措。以宣传全省中小学素质教育工作会议精神为重点，采编播报包括高考改革、促进高校内涵发展等相关内容报道600余条。三是重点宣传了教育系统涌现的先进模范人物，宣传报道包括五一表彰的先进工作者、全省十佳创新教师和教育系统优秀党员等人物专题40多个。四是突出了喜迎和欢庆北京奥运会的相关报道，播出奥运新闻和专题上百条。

[加强频道规划与节目建设]　坚持“弘扬先进文化，服务现代教育”的办台理念，秉承教育立台、特色办台的方针，进一步加强了频道规划和节目建设，严格节目审查与编播，强化频道与节目包装宣传，突出了频道的定位与特色。在频道与节目规划方面，进一步强化了教育电视的频道定位与内容定位，优化了节目内容，充分挖掘省内外教育资源，突破关键节目，突出节目亮点。努力建设品牌栏目，重点加强了《名家论坛》、《留洋故事》、《教育新闻》、《教育资讯》、《教育时话》、《高校考生面对面》、《见义勇为》、《七彩虹》及新开办的《问教》等栏目建设，节目质量进一步提高。在引进节目方面，注意力求体现教育专业特色，引进了科教片栏目《奇趣大自然》、人文纪录片栏目《纪录·探索》、教育栏目《育婴专家》、《世界名校》和反映20世纪著名教育家的《大师》等一批广受好评的节目。对电视剧的引进，坚持以主旋律剧和人文历史经典名著剧为主，安排播出了《中国命运的决战》、《长征》、《红岩》、《青春之歌》、《钢铁是怎样炼成的》、《铁道游击队》等经典剧目。2008年度山东教育电视台的日平均收视率在全国所有频道中排名第47位，在省级卫视中排名第22位。山东教育电视台推荐参加中国教育电视协会的评奖作品，获优秀教育电视节目一等奖3项，二等奖3项，三等奖3项；获优秀论文一等奖1项，二等奖2项。

[切实加强安全播出工作]　为强化安全播出，针对过去安全播出设备配置方面存在的漏洞，先后投资近1000万元完成了播控中心数字硬盘和地球站设备的建设，使节目全部实现数字化硬盘播出，电视信号质量有了明显的提高，各项技术指标均达到国家广电总局的标准要求，确保了安全、优质播出。在安全播出管理工作中，坚持以优质播出、安全发射为中心，不断加强对技术人员的安全播出培训和设备管理工作，修订完善了各项工作制度。根据国家广电总局和省有关部门的要求，为应对突发事件的发生，建立了突发事件应急制度，并与卫星公司制订反干扰应急处理预案，有效预防了“法轮功”等非法信号的干扰，确保了设备的正常运行和电视信号的安全播出。根据国家广电总局的部署要求，圆满完成了抗震救灾、举办奥运会等重要新闻的转播任务。由于安全播出工作做得扎实有效，2008年山东教育电视台荣获国家广播电影电视总局颁发的《北京奥运会广播电视安全播出保障工作先进单位》称号。

[加强广告经营管理　节目落地工作取得新进展]　坚持认真贯彻执行国家有关广告管理的各项规定，严格广告播放管理，杜绝播出虚假违规广告。坚持社会效益第一的原则，建立科学经营管理机制，积极探索各种

经营模式，制定科学、合理、切实可行的广告价格政策，重视开发广告资源，充分挖掘潜力，积极探索适合山东教育电视台发展的广告经营管理模式，扩大经营创收，取得了较为显著的经济效益，与2007年同期相比广告额增长了40%，为山东教育电视台事业发展提供了可靠的经济保障。节目落地覆盖工作在坚持力保省内和北京两个重点区域的基础上，进一步拓展了省内外覆盖区域。省外在实现了广州、武汉等大城市节目落地的基础上，2008年又在上海、天津两市实现节目入网。省内落地工作在教育厅领导的大力支持下取得重大进展，解决了在烟台、威海两市的节目入网问题，实现了节目在全省17个市地级城市的全部覆盖落地。

［电化教育］　积极发挥电教馆的职能作用，大力开展农村中小学现代远程教育工程建设、电教教材建设和信息技术应用等重点工作。一是组织开展了全省中小学电脑制作活动和电脑机器人竞赛活动。推荐参加全国评比的中小学生电脑作品，获一等奖22项、二等奖12项、三等奖10项；电脑机器人竞赛获一等奖5项、二等奖1项。山东省获奖总数位列全国各省市自治区之首。二是组织对山东省"十一五"教育技术重点研究课题及省教育科学"十一五"重点课题"信息技术在中小学优质教育中运用策略与方法的研究"子课题的中期评估及阶段性研究成果的评选工作。三是积极开展了常规性教研活动。先后组织了全省小学、初中信息技术与课程整合观摩课评选、电化教学优质课及农村现代远程教育工程应用优质课评选和全省电教论文评选活动。四是开展了电教软件产品的初审、软件推荐目录的征订发行等工作，组织了全省中小学多媒体网络课件评选活动。

［远程教育］　按照省委组织部要求，圆满完成了山东省农村党员干部现代远程教育专用频道节目采集、制作和播出工作。进一步加强了与山东省农村党员干部远程教育中心的业务工作交流，调整了采集任务和课件交接的流程规范，明晰了职责，提高了工作效率。

教育报刊

［概况］　山东教育社是山东省教育厅的直属事业单位和新闻宣传机构，编辑出版《山东教育》(旬刊)、《当代小学生》(旬刊)和《现代教育导报》(周三报)等报刊。《现代教育导报》是山东省教育厅主管、山东教育社主办的综合类教育专业报纸，山东教育新闻主流媒体。读者对象为各级党政干部、广大教育工作者和大中学校学生，旨在宣传党和国家的教育方针、政策、法规，报道教育改革和发展的动态、经验，推广教育战线的先进典型，具有很强的指导性和时效性。一版为要闻版，二版为综合新闻版，三版为教育理论版，四版为副刊版。《现代教育导报》设有"中学生刊"，是以初中生为主要读者对象的综合类报纸，分初一、初二和中考三个版本。《现代教育导报》设有"高考指导刊"，以高三学生为主要读者对象，其宗旨是关注高考改革，研究高考命题规律，向高中生提供高水平的具有使用价值的高考复习指导和权威、准确、及时的高考信息。《现代教育导报》设有"中学生英语"刊，是以初中生为主要读者对象的学科指导类专业报纸，分中考、初一、初二版三个版本。作为初中生英语学习的入门读物，强调英语学习和应用的灵活性和广泛的延展性，设有"阅读冲浪"、"名师点拨"、"能力训练"、"课外娱乐"等板块，为学生复原活生生的英语氛围，让学生在原汁原味的英语阅读中提高学习兴趣、增长英语知识。《山东教育》是省教育厅主管、山东教育社出版发行的指导教育教学工作的综合性期刊。该刊创刊于1945年，是全国创刊最早、发行量最大的教育刊物之一，分中学刊、小学刊、幼教刊三个版本。其主要读者对象是教育行政干部、中小学和幼儿园教师及教研人员，旨在宣传党和国家的教育方针、政策，探讨教育的重点、难点、热点问题，报道教改典型经验，研究课程、教材、教法。主要栏目有"教改风景线"、"杏坛星座"、"新论语"、"课堂教学艺术"、"优质课实录"、"教师文苑"、"卫生保健"、"报刊撷英"等。《当代小学生》是山东教育社主办的以小学生为读者对象的综合性期刊，分中高年级刊、低年级刊和快乐作文刊。它坚持"三个面向"，以推进素质教育为核心，融思想性、知识性、科学性、趣味性于一炉。其栏目设计新颖独特，主要有"全国十佳少先队员风采录"、"小星星"、"伙伴的作品"、"佳作赏析"、"小数学家论坛"、"大自然与小博士"、"科普连环画"等。该刊深受广大小学生欢迎，月发行量超过100万份。《小学生文摘》是一本面向小学3～6年级学生的文摘类杂志，图文并茂，除摘选全国2000多种学生、科普报刊的精彩文章外，还有师生动手撰写的"'话题'作文指点"、"名篇欣赏"、"同步作文"等提升学生作文层次的独家栏目。2008年，山东教育社在省教育厅党组的正确领导下，以邓小平理论和"三个代表"重要思想为指导，以构建社会主义和谐社会为目标，坚持科学发展观，努力提高报刊质量，各项工作都有新的突破。2008年12月，山东教育社顺利通过山东省省级文明单位复查。

[坚持正确舆论导向] 2008年，山东教育社所办报刊牢牢把握正确的舆论导向，贴近实际，贴近生活，贴近广大教师和学生，努力提高报刊质量，积极宣传党的路线方针政策，宣传教育教学经验，宣传党的十七大精神，宣传全省教育界支援四川抗震救灾的先进典型和优秀事迹，宣传奥运、关注奥运、参与奥运，宣传全省教育系统深入学习和实践科学发展观的先进典型、经验，积极探讨教育教学的重点、难点和热点问题，为全省教育改革和发展创造了良好的舆论环境。一是2008年初，《现代教育导报》开设了"学习贯彻十七大精神"专栏，系统报道全省教育系统学习贯彻十七大精神的各项举措。二是5月四川省汶川特大地震后，《现代教育导报》重点报道了两所职业学校接收灾区学子、实施"教育救灾"的事迹，文艺副刊刊发了整版的诗歌歌颂舍生忘死、救护学生的英雄教师。《现代教育导报》(中学生刊)及时推出了"抗震知识和抗震小英雄"专刊，系统介绍抗震防震知识。三是8月北京奥运举办时，山东教育社编辑出版的"一报两刊"(《现代教育导报》、《山东教育》、《当代小学生》)精心组织稿件，进行重点报道，取得了良好效果。《现代教育导报》(中学生刊)开设了"奥运知识系列讲座"专栏，向广大中学生朋友系统介绍奥运知识。《当代小学生》杂志借举办奥运会的机会，对小读者进行爱国主义教育，开辟了一系列栏目，向读者介绍奥运知识，反映中国健儿在体育方面取得的重大成就，激发读者的爱国热情。《当代小学生》编辑部还与山东福瑞达制药集团联合举办了"迎奥运爱中华小学生健康故事作文、书画大奖赛"，共收到稿件数十万份，在小学生读者中产生了较大影响。《山东教育》(幼教刊)2008年1、2期合刊刊发了《今生有我》长篇通讯，重点报道淄博市以奥运会为契机而进行的幼儿快乐体育活动的做法和经验，目的是培养幼儿一生喜爱运动的好习惯。四是10月省教育厅深入学习实践科学发展观活动全面开展时，《现代教育导报》及时开设了"贯彻落实科学发展观，促进义务教育又好又快发展"专栏，报道省教育厅和各地教育系统学习和实践科学发展观的经验，并围绕贯彻科学发展观促进教育事业又好又快发展刊发了系列评论员文章，为全省教育系统深入学习实践科学发展观活动创造了良好的舆论氛围。

[宣传素质教育] 2008年，为配合全省素质教育深入开展，大力宣传素质教育的重要意义，山东教育社把素质教育典型宣传作为全社的一项重点工作，加大了宣传力度。山东教育社编辑出版的"一报两刊"及时报道了省教育厅召开的山东省中小学素质教育工作会议精神和省教育厅出台的各项举措，深入报道了各地实施素质教育的探索和经验。《现代教育导报》先后推出了烟台市支农田小学自主性作业改革、博兴县实验中学考试评价改革、临清市构建实施素质教育机制等实施素质教育的典型经验。《山东教育》杂志策划了"素质教育大家谈"专题，组织专家撰写文章从不同角度探讨实施素质教育的理论问题，并开设"素质教育齐鲁展"专栏，共刊发通讯20余篇，充分展示了全省实施素质教育的成果和经验。

[开展丰富多彩的宣传活动] 一是为展示30年来山东基础教育的巨大变化，按照省教育厅的部署，山东教育社与厅基教处联合，开展了"山东基础教育改革发展30年"征文活动，共收到征文8000余篇。二是山东教育社继续与厅基教处联合，组织开展山东省第十三届教育教学"百佳"论文评选活动，共收到论文7000余篇，涉及学科达23个，给广大教师提供了一个展示个人教学、科研水平的平台，在广大教师中营造了良好的教学研究氛围。三是《山东教育》杂志举办了山东省第二届"教育叙事"征文活动，共收到稿件5000余件，提升了刊物在广大教师心目中的地位。四是《现代教育导报》(中学生刊)举办的2007～2008年中国中学生作文大赛，由全国学联和中国少儿报刊协会中学专业委员会主办，全国70多家中学生报刊承办，北京大学、中国人民大学、南开大学、山东大学、香港理工大学、香港浸会大学等著名高校为后援单位，香港地区也组织学生参加。五是《当代小学生》编辑部成功举办了"小数学家论坛"、"数学通讯赛"等征文比赛活动，并继续在全省各小学建立记者站，对小记者进行培训，在小读者中产生了较大影响。

[提高报刊质量] 为了不断提高报刊质量，山东教育社从加强编采人员业务学习，努力提高编采人员素质入手，作了一系列工作。一是出台优惠政策，鼓励职工在职进修、脱产学习。山东教育社把职工的业务学习和技能培训放到重要议事日程，多层次、多形式加强对职工的业务培训，出台政策鼓励职工通过多种途径提高自己的学历层次和知识水平。二是走出去，请进来，不断开阔职工思路。为了不断提高报刊质量，山东教育社从加强编采人员业务学习、努力提高编采人员素质入手，做了一系列工作，效果明显。2008年，认真组织编辑记者学习了胡锦涛总书记视察人民日报社时的讲话精神，积极参加省记协组织的三项教育学习活动，提高了编辑记者的思想、业务素质。2008年11月，由社领导带队、25名干部职工组成的山东教育社调研组赴江西教育期刊社学习调研。调研组就编采业务、广告经营、业务培训、人事管理等方面与江西同行进行了

深入交流、探讨，受益匪浅。2008 年底，在中国期刊协会举办的“期刊编校无差错承诺活动”中，《山东教育》杂志荣获“编校质量优秀期刊”称号。

［拓展图书报刊发行业务］ 一是山东教育社连续召开了四次全省地市分管局长和教育图书代办站长参加的教育图书、报刊宣传发行工作会议，通过印制、发放报刊宣传手册，采取责任到人、全员发行、全天候发行、编辑部门和发行部门联合等措施，营造了轰轰烈烈的宣传发行氛围，使山东教育社主办的“一报两刊”和经营的教育图书、报刊的发行数量稳中有升，实现了社会效益、经济效益双丰收。据统计，社内报刊同期期发量增长了 22.95%。《暑期生活》增加到了 160 多个品种，总码洋比 2007 年增长了 260 余万元。二是为贯彻中央关于抓好党的十七大精神进教材、进课堂、进学生头脑工作的要求，高教出版社对思想政治课教材进行了修订，并要求从 2008 年春季开始统一使用修订版教材。由于改版的原因，致使新版教材出版时间延后，各高校开学后等新教材开课。山东教育社一方面做好解释工作，另一方面积极与出版社协调，在第一时间调货入库，及时把教材送到各学校。在做好新版教材供应的同时，及时做好旧版教材退货及退款工作，做到款货相符、账账相符。全年共发行高校教材 70 余万册，同比增长 9%。三是 2008 年春季义务教育阶段农村学生使用地方课程教材开始由“一费制”进入免费阶段。上半年山东教育社地方课程教材征订数与去年同期相比增加了 12%，码洋增加了 20%。2008 年下半年山东省农村中小学地方课程教材由政府采购，由山东教育社负责发行，城市中小学生使用地方课程教材仍由学生出资购买。山东教育社通过积极努力，2008 年下半年，全省秋季地方课程教材的征订发行工作已全面完成，让全省中小学生新学期都按时用上了地方课程教材用书。

［威海教师之家顺利划转］ 2008 年，在省教育厅的正确领导下，在省教育厅有关处室的积极运作下，山东教育社全力配合，把威海教师之家顺利整体划转给省商业集团，为威海教师之家职工找到了一个比较好的出路，为威海教师之家的未来发展打下了良好基础。

［民主决策　严格管理］ 山东教育社现有正式职工 97 名。在实际工作中，单位进行各项决策力求民主、公正、公平，对同志们尊重信任，遇事多与同志们商量，虚心听取大家的意见。2008 年，山东教育社在召开的四次市地教育局分管局长和代办站长会议上，每次都就如何改进全社的工作和服务水平广泛听取大家的意见，对大家的意见和建议，认真进行分类整理，责成有关科室，从每一个环节入手，从每一个细节抓起，及时加以改进，单位管理、服务水平得到进一步提高。对离退休的老干部，定期向他们通报工作情况；重大问题，注意征求他们的意见。几年来，还制定和完善了财务管理、会议管理、接待管理、资产管理等十几项规章制度，进一步强化了管理，节约了支出，提高了单位经济效益。多种努力下，全社已形成了和谐融洽、上下同心、团结友爱、干事创业的可喜局面。

（撰稿：荆戈　魏学成）

招生 考试

[**概况**] 2008年山东省教育招生考试院(简称"省招考院")狠抓招考系统的党风廉政建设,深入学习实践科学发展观,继续开展创建文明单位活动,全面实施"阳光工程",以人为本,坚持依法治招、依法治考,严肃考风考纪,加强考试环境综合治理,确保考试安全和招生秩序,顺利实现了平安高考和人民满意的招生考试的工作目标。2008年共组织各级各类教育考试33次,参加人数3692054人次,为各级各类学校录取新生858839人。其中,组织各类证书考试总人数达到2032408人次,比2007年增加117464人次;高等教育自学考试开考专科专业45个,本科专业57个,全年累计报名515283人次,报考902533科次。

各类招生录取情况统计表

类别＼人数	报名人数				录取人数			
	合计	普通高考	对口高职		合计	本科	专科	
普通高校招生	781477	742642	38835		566328	222430	343898	
	合计	硕士	博士		合计	硕士	博士	
研究生招生	133665	128273	5392		18192	16364	1828	
	合计	专升本	高起本	高起专	合计	专升本	高起本	高起专
成人高校招生	229221	80461	9848	138912	168807	67231	6452	95124
中专招生						105512		

[**"阳光工程"成为品牌**] 山东省招生考试"阳光工程"已成为社会的品牌工程。2008年继续全面深入实施,重点加强制度化建设,在已有工作基础上,从内容、方式、程序等方面建立和完善报名、考试、录取三个主要工作阶段招生信息的公布、公告和公示制度,将招生信息全面、及时、准确地向社会公开。

[**考试环境综合治理**] 进一步发挥省招生委员会和教育考试环境综合整治联席会议制度的职能,加强与公安(武警)、信息产业、保密、宣传、监察等各部门的协调配合,明确部门职责,细化工作环节,规范操作程序,形成了齐抓共管的有效机制和局面。教育厅下发了《关于高考期间加强防范打击利用无线电通讯工具作弊的通知》,省无线电管理办公室下发了《关于加强全国高考期间无线电监测工作的通知》,省公安厅下发了《关于做好2008年普通高等学校招生全国统一考试安全保卫工作的通知》,重点防范和打击有组织、有预谋的"团伙舞弊"、雇人代考或替考以及利用现代通讯工具作弊等严重舞弊行为,确保不发生大面积群体舞弊事件。采取有效技术手段,层层设防,加强对互联网有害高考信息的封堵,净化网络环境。加强考点周边环境治理,切实保障考点秩序和安全。坚决杜绝招生考试工作人员参与、组织、纵容考试作弊、录取舞弊等恶性行为。在考试管理方面,采取8项措施,加大考试管理力度,确保考风考纪的根本好转。一、考试期间所有考点必须实施电子监控。针对高科技作弊问题,有条件的市购进现代化的高科技设备,如指纹检测仪、手机探测狗、无线屏蔽仪等。二、加大统考检查力度。省、市两级向考点派遣统考检查组。普通高考期间,教育厅全体班子成员分8路在各市检查巡视指导高考工作,考试院的主要领导带队到全省检查考试工作,包片蹲点,进行巡视检查。三、继续由省教育招生考试院统一编排考场。四、对2007年发现问题的县区,或发现来信举报有作弊苗头的县区,要求其拿出整改方案,并加大重点检查力度。五、继续采取考务管理中防止作弊的好做法,如按手印、对调监考员、考前临时抽签

决定考场、答完试题考生不允许出考场或考点等。六、认真选派和培训监考工作人员，杜绝考试工作人员协同舞弊的行为。七、加强对考生的思想教育和考风考纪教育。八、建成并开通国家教育考试考务指挥平台，对部分考场进行远程监控，顺利实现和教育部考试指挥平台对接。一年来，共接待群众来访700人次，办理人民来信和举报信122件，其中查实违纪作弊47件，接听答疑咨询电话1300多人次，查处违纪舞弊考生3148人(普通高考427人、对口高职126人、研究生154人、体育专业测试74人、高水平及优秀运动员测试41人、艺术专业考试633人次、成人高考1729人次)。

[落实四个严防　招生考试平安顺利]　认真落实教育部部长周济在全国普通高校招生考试电视电话会议上提出的“四个严防”要求。严防试题泄密，严防大规模舞弊事件的发生，严防违规录取和体制外招生，严防因自身工作失误造成大的社会影响。对招生考试的安全保密工作常抓不懈，严防死守。按照“分级管理，逐级负责”的原则，进一步健全和完善招生考试的各项保密措施，狠抓考试命题和试卷印制、运输、保管以及考试实施、评卷等每个环节的安全管理与监控，做到条件达标、培训到岗、措施到位、责任到人，确保安全保密工作万无一失。切实加强对命题工作的组织和领导，选好命题教师，实行全程封闭式管理，确保命题安全和试题质量。各县、市、区评卷点和试卷印制单位严格执行安全保密规定，杜绝了试卷印制、运输、保管方面的事故发生。

[扩大网上阅卷规模]　普通高考语文、基本能力测试科目、数学和理科综合4个科目实施网上阅卷，数量比2007年翻一番。3月份组织了10万人规模的模拟测试阅卷工作，为6月份正式评卷积累经验。对口高职和成人高考全部实行网上阅卷。

[顺利完成注册录取改革试点工作]　为了探索和建立以国家统一考试为主，多元化的评价方式和多样化的录取模式相结合，学校自我约束、政府宏观指导、社会有效监督的符合山东实际的高校招生录取制度，促进普通高中认真实施新课程改革，促进学生全面而有个性地发展，根据教育部有关高中课程改革和高校招生改革的精神，在青岛滨海学院、山东英才学院、潍坊科技学院、山东协和职业技术学院、山东凯文科技职业学院、青岛黄海职业学院等6所院校进行注册录取改革试点。从录取结果看，考生认可，生源充足，试点取得了圆满成功。

[积极把握导向　宣传工作到位]　一是由山东省教育厅新闻中心牵头，联合省委宣传部召开了驻鲁新闻媒体座谈会，对2008年全省普通高考宣传工作提出了具体要求。二是省政府和山东人民广播电台推出的“阳光政务热线”栏目，将高考内容列为重点之一，省招考院领导率相关业务处室工作人员到广播电台现场接听热线电话，介绍高考政策，解答考生和家长关心的热点问题。三是与大众报业集团的《齐鲁晚报》合作于6月25日、7月28日召开了两次招生考试大型咨询会。四是8月19日山东省人民政府新闻办公室举行新闻发布会，通报2008年高考录取情况，取得了较好的宣传效果。人民网、新华社、大众日报社、山东电视台等新闻单位对发布会做了相关报道。

[命题工作]　普通高考命题工作坚持“有利于高等学校选拔新生、有利于中学推进素质教育、有利于扩大高等学校办学自主权、有利于考试科学公正安全规范”的原则，认真贯彻落实省委、省政府关于大力促进素质教育的指示精神，在命题工作中既保证平稳过渡，又体现新课程理念。高教自学考试命题。全年共承担自考全国统考课程16门的命题任务。共在1、4、7、10月的全国自考统考中向全国各省及单位提供30套标准式样的试题，高教自考省内全年共命制试题352套，中小学教师自考命制试题64套，自学考试职业类专业全年命制试题20套，没有发生任何安全保密和试题质量方面的问题。

[自学考试开拓新空间]　适应山东经济社会发展对高素质技能型、应用型人才的需要，充分发挥高等教育自学考试开放、灵活的优势，更好地发挥高等院校、高等职业院校在自学考试中的作用。2008年研究制定了《山东省高等职业院校学生参加高等教育自学考试本科专业考试试点方案》，考察批准22所高职院校参加试点考试工作。拓宽自学考试服务功能，开发自学考试范围，积极推进高级技工院校参加自学考试。调整专业结构，完善开考计划。努力拓展自学考试的服务功能，积极探索自学考试向职业教育、向普通高校、向广大农村延伸，考试规模不断扩大。

[以科研促创新　年科研立项近百]　对驻鲁高校、各市招考办上报的山东省教育招生考试科学研究规划课题进行系统归类，制定了《山东省教育招生考试2007～2010科研规划课题评审立项原则和评审程序》、《山东省教育招生考试2007～2010年科研规划课题立项评审要求》、《山东省教育招生考试科研规划立项课题资金使用管理办法》、《科研规划资金资助办法》等规章

制度。根据《山东省教育招生考试科学研究规划要点2007～2010》要求，组织省内外教育专家对申报的131项科研规划课题进行了集中、匿名评审，共评审出重点课题21项、一般课题62项，作为山东省教育科研规划课题立项，向相关课题组下发了立项通知书。

[**招生考试服务措施优化**] 一是继续加强对填报志愿的指导，举办面对面咨询会、网络咨询和书面指导等，印刷《2008年在鲁招生高等院校通览》，免费赠送给考生。充分发挥网络宣传的时效性和覆盖率，利用山东招生考试信息网站大力宣传省招生考试院所涉及的各项考试的政策、法规。使广大考生在第一时间了解这些考试的各项要求，及时掌握考试的时间安排、考试内容要求等信息。二是采取有效措施，保护高分考生利益。鼓励部分名牌高校拿出部分计划录取二志愿高分考生，尽量将高分的考生调剂到名牌或层次较高的学校。对部分成绩特别高的不服从调剂的考生采取电话重新征求考生志愿的办法，准许在未满计划的好学校中进行重新选择。三是对于专科二批未完成计划的学校，空额计划重新征求考生志愿进行补录，既帮助学校完成计划，又给落榜的考生增加上学的机会。四是按时出版《2008年山东省普通高校招生填报志愿指南》，帮助考生正确选择志愿。五是加强市、县（区）两级招生考试办公室的职能，抓住报名、考试、填报志愿、录取等几个关键环节，结合“阳光工程”做好政策宣传、咨询信访等工作，努力把招生考试工作做成老百姓满意的品牌工程。

（撰稿人：卢岩红　审稿人：王　坦）

各市教育

济南市

[概况] 2008年，济南市教育系统紧紧围绕年初确定的工作目标，以评价机制改革为抓手，在实施素质教育、提高教育质量、提升办学条件、推进教育公平、加强队伍建设、促进事业发展等方面，不断增强省会意识和责任意识，加大工作力度，圆满完成了各项工作任务。全市各类教育的入学率、录取率均保持在全省领先水平。全市学前一年儿童入园率达到99.67%，适龄儿童入学率、小学在校生巩固率、小学毕业生升学率均达到100%，各类残疾儿童入学有充分保障，初中在校生巩固率达到99.06%，高中阶段普及率达到90.1%，职业教育学生就业率达到95%，普通高考录取率达到73.71%，高出全省平均水平8.71个百分点，有2460余名学生在全国、全省学科竞赛和体育、艺术、劳技、电脑制作等各类素质技能展示中获奖，获奖位次和获奖人数均位居全省第一。2008年，济南市教育局被中央文明委授予"全国未成年人思想道德建设工作先进单位"，被教育部评为"抗震救灾先进集体"，各县市区教育局和各级各类学校也多次获国家级称号。

1. 改革评价机制，引领全市教育健康发展。为更好地引领全市教育改革与发展，进一步提高办学效率，教育局以改革评价机制为抓手，在大量调研的基础上，制定了《济南市学校"发展性评价"指标体系》，建立和完善了科学的教育评价机制，创新评价方式方法，形成了以综合评价为主，以日常评价与专项评价为辅，以社会评价为印证的评价体系，促进各类教育不断改善教育管理体制，形成自我约束、自我完善、自我发展、可持续发展的内在机制，为全市教育又好又快发展奠定制度基础。

2. 全面实施素质教育，全面提高教育质量。紧紧扭住教育教学中心工作，采取有力措施，确保"教好、教会"学生。① 围绕"教好学生"，初步构建了大中小学纵向衔接、学校社会家庭横向沟通的大德育体系，形成了贴近生活、贴近社会、贴近学生的学校德育工作新机制。实施学生发展"六个一"工程，让学生在校期间读懂并推荐一本感动心灵的好书、留下一件值得珍藏的作品、擅长一项体育活动、掌握一门艺术特长、获得一次登台表演的机会、参与一次有意义的社会实践，学生校园文化参与率保持在100%。② 围绕"教会学生"，深入推进教学改革。改革课程管理制度，完善国家、地方和学校课程协调发展的三级课程管理体系，实现课程的多样化。加强教体结合，增强学生体质及用眼卫生的监测力度，积极推进"大课间"活动和冬季长跑运动，学生体质进一步增强。改革课堂教学模式，"以学定教"，创设高效课堂，逐步减轻学生过重的课业负担。改革考试评价制度，减少中考考试科目，增加体育分值，实施文科综合等级制，把学生的成长记录作为初中毕业与升学的依据。改革高中招生录取办法，取消普通高中学校录取批次设置，将计划内指标生分配数额增加到75%，积极探索优秀初中毕业生推荐等多样化的录取方式。通过上述措施的落实，教学行为进一步规范、教育教学质量不断提高。

3. 整体推进各类教育，力促均衡协调发展。一是在发展中规范学前教育办园和保教行为，加强对学前教育的专项指导检查，纠正违规办园行为，保护幼童合法权益。二是大力发展职业教育。全年共投入14896.6万元，加快职业教育资源优化和实训基地建设。继续实施"农村职业教育振兴五个一工程"。积极推行"订单培养"、"工学交替"、"三段式"人才培养模式，引企入校，校企合作，实现校企全面对接。大力开展技能展示，进一步健全完善顶岗实习制度。注重对职业学校学生职业道德教育和爱岗敬业培训，积极营造以诚实劳动、技艺精湛、忠诚岗位、勤奋工作为荣的良好育人氛围。三是围绕"迎和谐全运，建美丽泉城"市民文明主题实践教育活动，建立市民课堂，开展社会公德、文明礼仪、法律常识、科普教育、网络信息"五进社区"活动，居民受教育覆盖面达到92%以上。全年市属规模以上企业职工培训率达69.3%。积极开展农村成人教育，全年完成农村劳动力转移和农业实用技术培训达23.1万人，农村成人全员教育培训113万人次。加大民办学校监管力度，在全国首创性地推行了以民办学校办学注册资金承诺监管为重点的风险防范机制。

4. 加大投入力度，强力推进教育公平。一是全面贯彻落实义务教育经费保障机制，截至2008年11月份，全部免除义务教育阶段杂费（含补助公用经费）20339.14万元。农村义务教育经费保障机制改革有效推进，38万多农村义务教育阶段学生受益，全部免除农村义务教育教科书费4929.12万元，补助寄宿生生活费317.51万元。建立农村中小学校舍维修改造长效机制，提高农村中小学教师工资保障水平。城市义务教育免杂费工作落实到位，免除19.5万多学生的杂费。二是切实解决弱势群体子女就学问题。继续坚持外来务工人员子女接受教育享受市民待遇原则，进一步加强对定点学校的管理，大力实施内涵提升发展战略，使外来务工人员子女同样享受到优质教育。扩大“一免一补”范围，提高经济困难家庭寄宿学生生活费补助标准，截至11月底，共发放城市义务教育“一免一补”资金70.13万元。精心组织中等职业教育、高等职业教育、高中阶段教育学生资助工作和生源地助学贷款贴息工作，资助资金总额达1.01亿元，资助各类学生11.97万人次。三是加快农村学校建设步伐，整体提升学校办学条件。启动“走下山来，共享优质教育”工程，对历城、章丘、长清、平阴境内山区里面学生少、条件差的9所学校进行了撤并改造，让山上的孩子走下山来接受优质教育。加快农村学校实验室设备、仪器的标准化配备，逐步建立和完善农村中小学教学仪器更新投入保障机制，市本级投入2000万元推进农村中小学教学仪器更新工程，完成460所农村中小学教学仪器更新任务，占全部农村中小学的65%。实施“跨级整体改造”项目，集中资金重建、拆建、扩建一批农村中小学，推进农村校舍建设的标准化、规范化。积极推进“211”工程试点工作，逐步解决农村中小学生喝热水、吃热饭和冬季取暖问题。四是发挥优质教育资源的辐射拉动作用，促进优质学校与薄弱学校共同发展，深入推进第二轮“城乡对口”帮扶行动。

5. 开展“教师素质提升年”活动，促进教师专业化发展。一是启动济南名校长培养工程，组织开展名校长远程培训。二是创新教师培训模式方法，围绕提高课堂教学能力，积极开展各类教师培训。2008年暑期，组织358名乡镇以下农村小学、初中教师参加了全省“农村中小学教师素质提高工程”专题培训，组织400名初中英语教师参加与美国加州理工大学联合开展的暑期培训，组织100名高中英语骨干教师到南京进行专业培训，组织7300多名高中教师参加了新一轮新课程全员培训，组织83名市级名师到海南、江苏等地进行高级研修，组织200名义务教育阶段骨干班主任和1000名高中学校班主任开展了岗位培训，组织380名高中新任教师进行了试用期培训。市教育局代表山东省参加了全国农村教师队伍建设经验交流会。三是深化教师专业技术职务评审改革，继续实行岗位数额控制的办法，加强教师专业技术职务竞争聘任管理。四是深入推进事业单位收入分配制度改革，积极稳妥地推进直属学校教职工实施规范绩效补贴工作，在财政投入体制上规范并提高了教职工的待遇，逐步建立起宏观上注重公平，微观上体现激励，关系合理、秩序规范的收入分配制度。

6. 加强党风廉政建设，切实解决教育热点难点问题。一是全面加强教育系统党风廉政建设。2008年初，市局与所属单位签订了《党风廉政建设和规范教育收费责任书》，制定了《济南市教育局关于贯彻落实构筑惩治预防体系打造廉洁高效教育任务分解方案》。充分发挥纪检部门的职能作用，对中考招生市直学校规范补贴发放等重点工作进行全过程监督。不断加大对财务收支的管理和规范力度，强化对基建、修缮工程和大宗物资采购的审计监督，加大干部离任经济责任审计力度，高度重视教育系统预防职务犯罪工作。二是注重加强领导班子建设，为教育改革和发展提供组织保障。按照年轻化、知识化、专业化的要求，通过竞聘上岗选拔了8人充实到机关处室和事业单位负责人岗位上，通过民主测评、民主推荐对21名直属学校领导班子成员进行了合理调整，使机关和直属单位县处级干部队伍的年龄与知识结构更加优化。三是大力加强机关党建工作，深入开展“两好一高”机关创建活动。高度重视宣传思想工作，加强教育宣传网络和队伍建设，加强先进典型宣传、教育政策解读、舆情分析引导工作，完善教育新闻发布制度，营造教育改革与发展的良好舆论环境。四是切实做好纠风工作。积极参与“政务监督热线”和“政务面对面”，大力推进政务公开。全市867所公办中小学开展了“学校开放日”活动，向家长和社会公开征求对教育工作的意见和建议，进行有效整改。五是加大治理教育乱收费工作力度，定期组织召开济南市治理教育乱收费联席会议，确定治理工作重点，对教育乱收费问题发现一起，查处一起。六是切实加强安全稳定工作。创新思路，完善“三维互动、层级调控”学校安全工作新格局，不断规范学校安全管理环节，加强应急管理工作，强化快速反应机制；严格落实岗位责任，积极开展安全教育和培训，全面提高学生安全防范意识；全面排查学校安全隐患，及时督促整改发现的问题。坚持学校稳定工作领导、制度、督查、应急、宣传、联动“六到位”，实行群众工作联络员制度、周报制度、不定期调度制度，及时公开事关群众切身利益的事项，更好地维护广大群众的合法权益。

7. 精心组织，圆满完成灾区师生过渡复学工作。四川地震灾害发生后，共接受来自灾区的学生1629人，随行教师70人，其中济南市对口支援的北川县擂鼓镇中小学师生1455名，北川县职业学校师生104名，妥善安置到了济南师范学校等5所学校进行过渡复学。专门抽调教研人员和教学骨干到各安置学校指导教学，配备优秀教师组织学生开展丰富多彩的课外活动。作为地震发生后规模最大、行动最迅速、组织最严密的灾区学生转移外地集体过渡复学行动，济南市得到了各级领导、灾区师生和社会各界的好评。

[组织开展幼儿园自制教玩具评比和作品观摩展示活动] 为增强对幼儿园教育教学指导的针对性、有效性，通过利用乡土材料和废旧物品，9月27～28日，济南市教育局组织开展了幼儿园自制教玩具评比和作品观摩展示活动，全市3000多名幼儿教师参加了选拔评选，1000余件作品参加了县级评选。获奖作品在济钢中心幼儿园和育贤第一幼儿园同时对全市幼儿园开放展示，130余件作品参加了展示。近千人次参加了为期3天的观摩展示活动。自制教玩具活动提高了广大教师的动手能力，以实际行动落实《幼儿园教育指导纲要（试行）》精神，体现环保和废物利用的现代理念，为幼儿提供了更加丰富的游戏活动材料。

[举办学前教育行政执法干部培训班] 4月19日，济南市学前教育行政执法干部培训班开班。市政府法制办公室党组成员、纪检组长郑玉岭为培训班授课，市教育局副局长黄祖杰出席开班仪式并讲话。本次培训班旨在提高学前教育行政干部依法行政意识，全面提高行政执法人员的素质，规范执法程序，强化幼儿园管理工作。郑玉岭从法制视野下的教育行政、学前教育执法处罚要注意的一些问题以及行政指导如何对学前教育产生更大的作用等几个方面详细阐述了依法治国、依法行政和学前教育行政之间的密切关系，并以翔实的事例对学前教育行政执法的相关法律法规进行详细讲解。

[济南市3所幼儿园获"省级十佳幼儿园"称号] 经山东省教育厅组织专家评估，济南市经五路幼儿园、山东大学第二幼儿园、济南军区空军机关幼儿园等3所幼儿园获得"省级十佳幼儿园"荣誉称号。专家组对3所幼儿园进行了全方位检查，通过查看教育环境、档案资料、推门听课、园长交流等形式，对经五路幼儿园的名师培养，山大第二幼儿园的和谐教育，济南军区空军机关幼儿园部队办园特色、安全管理等项工作，给予了充分肯定。截至2008年底，济南市共有省级十佳幼儿园6所，居全省首位。

[济南市农村中小学"211工程"启动] 9月27日，济南市农村中小学"211工程"试点工作启动，长清区被确定为济南市"211工程"试点县，重点实施"211工程"中"改厕治污"项目。据悉，山东省农村中小学"211工程"，即"两热（热水、热饭）一暖（取暖）一改（改厕）"的试点工程，以改善农村中小学办学条件，主要是综合利用太阳能、沼气等新型能源，解决师生课间饮水、热饭及冬季取暖问题，以及推进改厕治污问题，改善农村中小学生的生活和学习环境。长清区试点项目学校考察工作已完成，初步确定了试点项目的改造程序、改造模式，完成工程投资测算，将成立"专家领导小组"进行项目招标。

[全国人大调研组来济调研《义务教育法》实施情况] 5月7～9日，由全国人大常委会委员、教科文卫委员会副主任委员、民进中央副主席王佐书率领的全国人大调研组对济南市贯彻实施《中华人民共和国义务教育法》的情况进行了为期3天的调研。调研组听取了关于济南市贯彻实施《中华人民共和国义务教育法》情况的汇报，并对商河县贯彻实施《义务教育法》的情况展开调研，实地考察了商河县怀仁镇中学、杨庄铺小学，还对历下区汇波小学义务教育工作的开展情况进行了调研。调研组对济南市贯彻落实《义务教育法》的工作给予充分肯定。全国人大教科文卫委员会委员王文荣，全国人大常委会委员、教科文卫委员会委员庞丽娟等有关领导参加了调研。省人大常委会委员、教科文卫委员会主任委员李新泰，市人大常委会主任徐华东，市人大常委会副主任、教科文卫委员会主任委员牟陆阳，市政府副市长邹世平，市人大常委会秘书长朱新海等有关领导参加了活动。

[济南市中小学启动"春雨读书活动"] 为深化基础教育课程改革，扎实推进素质教育，促进学生全面、健康、和谐发展，全市中小学将开展"春雨读书活动"。4月25日，在"世界读书日"到来之际，市教育局举行活动启动仪式。这次读书活动的主题是"以好书为伴，与经典为友"。通过开展活动，进一步落实基础教育课程改革对语文学科的要求，增加学生的课外阅读量，培养学生良好的阅读习惯，让中小学生多读书、读好书，并在阅读中开阔视野，增加阅历，提高文学鉴赏能力和自主学习能力，引导学生在读书中思考人生价值，树立远大理想，培养高尚情操，提升思想境界。

[济南市中等职业学校实习管理暨实训安全现场会召开] 4月10日，济南市在历城二职专召开济南市中等职业学校实习管理暨实训安全现场会。本次会议旨在进一步促进济南市职业学校的实训建设，规范实训管理，强化实训安全意识，确保实践教学安全有序开展。会议要求各职业学校要从3个方面抓好学生实习实训工作：一是健全完善各项实习实训管理制度。二是狠抓落实，确保管理的无缝衔接。三是切实做好校园安全文化建设，实现校企文化对接。

[济南市规范中职学校联合办学行为] 4月7日，济南市出台了《济南市中等职业学校联合办学管理暂行规定》，就规范中等职业学校联合办学行为作出明确规定。《规定》明确，济南市国办中等职业学校（含普通中专、职业中专、成人中专）与经省、市级人民政府或教育、劳动保障部门批准成立的各类教育（培训）学校（机构）进行联合办学，须依法签订办学协议，主办方必须是国办学校，联办方应当具备法人资格，并具有相应的办学资质。协议中应包含合作办学的层次、专业、毕（结）业证书的性质和发放院校，双方的权利义务，教育收费、合作起止时间等。年度联合招生计划由主办方制定，春、秋季招生计划须上报教育主管部门，县区学校由县区教育局审核后报市教育局，经市教育局统一审核后公布。联合办学的招生广告内容须经县（市）区、市教育局审批，不得擅自变更，并标注广告审批文号。联合办学的联办方属非学历教育学校的，其招生简章等材料一律以联办方为主，不得以主办方的名义开展招生、宣传，更不得假借主办方的名义招收中专生。主办方不得与中介机构和个人联合招生、挂靠学籍，不得与不具备办学资质的学校（机构）以校外校、校内校、校外班等形式合作，严禁实行委托招生和代理招生。规定强调，主办方要加强对联办方的检查与指导，加强联办学生的学籍管理，保证学历教育质量。联办学生修业合格，由主办方颁发经市教育局验印的中等职业学校毕业证书。经批准的非学历教育联办方无权发放中专毕业证书，更不得滥发学历证书。

[济南市中师音乐教材入选普通高等教育"十一五"国家级规划教材] 由济南幼儿师范学校教师高希主编的《音乐赏析》教材正式入选普通高等教育"十一五"国家级规划教材。普通高等教育"十一五"国家级教材规划补充评审活动由教育部主持，各出版社和各高校组织申报。全国共计186个出版社参与，申报9735种教材，经专家评审和网上公示，最后确定2049种选题补充列入"十一五"国家级教材规划。

《音乐赏析》教材由复旦大学出版社出版，主编高希系济南幼儿师范学校教科研室副主任，济南市专业技术拔尖人才。该教材较好地解决了幼师院校采用普通中师音乐教材带来的不适用性问题，具备较高的针对性和实用性，出版以来受到全国各幼儿师范院校及幼教专业师生的欢迎及好评。该教材适应三年制、五年制幼儿师范院校教学的需要，主要内容涵盖声乐知识与体裁及声乐作品赏析、中外民歌、创作歌曲及合唱作品赏析、歌剧音乐和舞剧音乐赏析、曲艺音乐和戏剧音乐赏析、中国民族乐器简介和器乐曲赏析、西方乐器简介和器乐曲的赏析等方面。特别是在声乐作品的欣赏方面，提供了较完整的欣赏曲目谱例，便于教师教学中进行完整的谱例分析，解决了以往教材曲目谱例不完整的问题，并可成为学生的实用音乐资料。

[举行"推进全民教育、满足村民学习需求、促进乡村发展"国际研讨会暨中国CLC项目协作会] 9月23～25日，中国联合国教科文组织全委会、中国成人教育协会、济南市教育局共同举办的"推进全民教育、满足村民学习需求、促进乡村发展"国际研讨会暨中国CLC项目协作会在济南市举行，来自澳大利亚、印度尼西亚、尼泊尔、孟加拉、泰国等8个国家教育部门领导专家和国内60余名代表参加了会议。联合国教科文组织项目官员矢野智子以及中国联合国教科文组织全委会、教育部职成教司、中国成人教育协会等领导同志出席会议。市委教育工委书记、市教育局局长陈东生做了《济南市农村成人教育中心学校建设的几点做法》的主题发言，历城区教育局、济阳县政府先后专题发言，介绍了推广乡镇成教中心学校和新农村大学堂建设的经验。中外与会人员实地参观考察了济阳县孙耿镇新农村大学堂、历城区遥墙镇、柳埠镇成教中心学校。

国际研讨会期间，中外与会人员分析了亚太地区国家农村非正规教育的现状、问题与趋势；探讨了各国农村村民多样化学习需求以及满足村民学习需求的政策措施；研究了变革农村非正规教育现有学习途径和学习模式问题。本次会议对中国农村社区学习中心实验点推进工作进行了总结，同时对农村社区学习中心试验点工作进行调整部署。会议研究确定了中国CLC项目第二批实验点，其中历城区、济阳县被联合国教科文组织亚太地区教育局、中国教科文组织全委会、中国成人教育协会确定为联合国教科文组织农村社区学习中心（CLC）项目实验区。

[市教育局出席联合国教科文组织"社区学习中心建设国际研讨会"] 8月4日联合国教科文组织在印度尼西亚西爪哇省万隆市召开以推进全民教育与扫盲为主

题的“社区学习中心建设国际研讨会”。受联合国教科文组织邀请，济南市教育局副局长李宪辰出席本次会议并作了题目为《加强乡镇成人教育中心学校功能建设的实践》的发言，得到与会各国代表的一致好评。会议期间，联合国教科文组织亚太地区总办事处主任舍弗尔和项目官员丹汝尼、大安喜一分别介绍了联合国推进全民教育及 MDA、联合国十年扫盲计划、发展社区学习中心(CLC)和全民教育南南合作的情况；会议交流了各国 CLC 建设、扫盲、南南合作的经验以及面临的问题、对策规划，分两组实地考察了印尼万隆市普哇加达区、镇、村和基地卡里姆中心、西爪哇省监狱等不同层次的城乡社区学习中心。来自中国、印尼、印度、日本、斯里兰卡、菲律宾、泰国、越南、巴基斯坦、哈萨克斯坦、乌兹别克斯坦、蒙古、埃及、苏丹等 23 个国家教育部副部长或其非正规教育司(局)负责人、非正规教育中心负责人共 60 多人参加了会议。

[济南市获“2007 年全民终身学习宣传周”活动优秀组织城市称号]　2 月 15 日中国成人教育协会对在 2007 年全民终身学习宣传周活动中作出突出成绩的城市(区)进行表彰，济南市获优秀奖，并荣获 2007 年全民终身学习宣传周活动优秀组织城市。“2007 年全民终身学习宣传周”活动由市委宣传部、市文明办、市教育局、市民政局、市劳动和社会保障局等 17 个部门联合开展。活动以市直有关部门实行联动、市内 5 区及街道社区实行联动、新闻单位实行联动为主要特点，广泛深入地开展了公益培训、科普教育、妇女家庭教育、教育义工行动、成果展示、演讲比赛、才艺展示、知识竞赛、书法比赛等 352 场次形式多样、内容丰富的学习教育活动，刊登黑板报、宣传栏 163 期，受益居民、农民 5.4 万余人。活动的开展，进一步营造了全民学习、终身学习的舆论氛围，强化了广大市民的终身教育理念，有效地推动了政府机构和社会团体积极参与全民终身教育活动，推进了各类教育资源向社区开放的步伐。

[济阳县被联合国教科文组织确定为“CLC 项目实验区”]　9 月 24 日，济阳县被联合国教科文组织正式确定为“CLC 项目实验区”，并举行授牌仪式。联合国教科文组织启动的 CLC(农村社区学习中心)实验项目，是以农村社区为基本单位，以受教育者实际需求为导向的非正式教育、培训体系。中心除为社区内成员提供学习和交流场所外，还将为学员提供信息交流的平台，通过教育培训和信息共享来促进农村社区发展。在为期两年的实验工作中，联合国教科文组织、中国联合国教科文组织全委会和中国成人教育协会将对济阳县项目进展情况进行跟踪调查。

[山东省暨济南市未成年人“知荣辱、树新风、我行动”道德实践活动启动]　3 月 31 日，山东省暨济南市未成年人“知荣辱、树新风、我行动”道德实践活动在济南舜耕中学启动。中共山东省委常委、宣传部长李群，山东省副省长黄胜，中央文明办未成年人思想道德建设工作局局长张英伟，中共济南市委常委、宣传部长王良，济南市副市长巩宪群以及省市文明办、教育、共青团、妇联等部门负责人出席了活动并与同学们一起在“我向祖国承诺，做一个有道德的人”横幅上签名。济南市结合实际，重点开展“六个一”活动：一是唱响一首道德歌曲。面向全国征集“做一个有道德的人”主题歌曲，举行未成年人“做一个有道德的人”主题歌曲大赛。二是签订好一个承诺。在全市推广槐荫区“争当道德先锋”三位一体签约经验，倡导未成年人与班主任、家长共同践行社会主义荣辱观道德自律公约。三是每天做一次家务。让孩子在体验中感受父母的辛苦和付出，让家长感受“做一个有道德的人”主题活动对孩子的益处。四是拜访一次道德模范，学习道德模范。五是每月参加一次泉城义工志愿服务活动。秉承“倾我热情、展我之长、尽我所能、回报社会”的理念，积极参加义工志愿活动，服务社会。六是开展一次道德建设征文活动。计划从 2008 年 10 月开始，在全市未成年人中开展“我为未成年人思想道德建设建言献策”征文活动。

[文化部授予山东省实验中学“京剧艺术传承基地”称号]　10 月 21 日，文化部“京剧艺术传承基地”授牌仪式在山东省实验中学举行。这是第五届中国京剧节活动中的一个重要内容。文化部副部长陈晓光等为学校授牌。授牌仪式上，新一届京昆社同学张梅茹为大家表演了京剧曲牌《夜深沉》，社长李昕原同学彩妆演唱了《百花赠剑》，京剧选修课的指导教师刘庆华带领同学们进行了开课以来的第一次学唱练习《三家店》，著名京剧表演艺术家杜鹏也登上舞台给大家作示范。

[第五届“齐鲁风·两岸情”济南台湾中学生共享奥运夏令营暨海峡两岸(济南)青少年教育研讨会圆满结束]　7 月 20 日，由济南市教育局、济南市台办、济南市科学技术协会、济南市青年联合会联合主办的第五届“齐鲁风·两岸情”济南台湾中学生共享奥运夏令营暨海峡两岸(济南)青少年教育研讨会在济南落下帷幕。此次夏令营暨研讨会于 7 月 15 日开幕，共有来自台湾“大陆青年研究文教基金会”、台北市成功高中、台中明台高中、新竹忠信学校、高雄县凤山高中等 10 余个台湾教育机构以及济南一中、济南二中、山东省实验中学、济南外国语学校、章丘中学等学校共 400 余名师

生参加。

在会期间，济台师生一起参加了夏令营开营仪式，济台校长教师共同举办了海峡两岸（济南）青少年教育研讨会，对如何做好青少年教育问题进行了深入交流。台湾学生参访了济南一中，并与济南一中学生联袂举行奥运知识竞答比赛和“同一个世界，同一个奥运”济台中学生联欢晚会。台湾师生还访问了章丘中学，与章丘中学学生进行了联谊交流，共叙两岸友情，对济南市学校开展素质教育所取得的成果给予了高度的评价。台湾师生还参观了山东省科技馆、济南市科技活动中心、济南市青少年宫等青少年活动场所，齐鲁名士廊、趵突泉、大明湖、百脉泉等济南市著名景观以及黄河、泰山、孔子故里等齐鲁历史文化名胜，充分领略齐鲁文化的魅力。

[第二届全国中小学主题班(团、队)会课大赛在市中区举行] 5月23～25日，第二届全国中小学主题班（团、队）会课大赛在济南第十四中学举行。教育部国家督学、中国教育学会中学德育专业委员会理事长兰宏生，中国教育学会中学德育专业委员会常务副理事长兼秘书长董柏林、副秘书长李本初，全国班主任工作学术委员会主任苏学恕、省教育厅副厅长陈光华、市教育局局长陈东生等领导参加了开幕式。本次大赛由中国教育学会中学德育专业委员会、全国班主任工作学术委员会主办，市中区教育局、全国班主任工作学术委员会班（团、队）活动研究中心联合承办。在历时两天半的活动中，来自全国17个省份、48个县（市、区）的代表全程参与了对现场班会课的观摩与研讨，36名班主任围绕“弘扬奥运精神”、“弘扬中华民族优良传统”主题，分别参加了高中组、初中组、小学组的现场班（团、队）会课比赛。本次大赛针对性强，既促进了班（团、队）会课的理论研究，又为各地提供了互相学习交流的平台，推动了班队活动课的均衡发展，同时也向全国教育同行展示了济南市扎实有效、富于创新的德育工作。各省、直辖市、自治区教育学会及其德育专业委员会的负责同志、教研员、学校校长、德育主任、骨干班主任、团委书记、少先队辅导员，大中专院校德育工作的有关领导和任课老师，出版社、报刊社编辑等500余人参加了大赛活动。

[济南市举行中小学生“中华经典诗文”专题诵读活动] 4月4日，济南市中小学生“中华经典诗文”专题诵读比赛在济南市大明湖公园举行。国家语委副主任、教育部语用司司长王登峰应邀到济南参加了此次比赛并给予了高度评价。山东省语委办主任尹建国，省语委办副主任韩述梅，济南市委教育工委书记、市教育局局长陈东生出席了诵读活动。本次比赛是以国家通用语言文字和中华经典诗文互为载体，旨在提高国民的语文素质、普通话和规范汉字的应用水平，激发全社会对祖国语言文字和中华优秀文化的热爱，使人民群众特别是广大青少年进一步加深对民族精神和优秀传统文化的理解。济南市中小学生“中华经典诗文”专题诵读活动由市语委办与市电视台新闻节目中心《今晚20分》板块联合举办，活动吸引了社会各年龄段、各行业、各阶层人士和青少年学生踊跃参加，掀起了一股中华经典诗文诵读的热潮。活动现场，主持人与260多名选手及观众不时地进行互动提问，将比赛活动气氛推向了高潮。比赛最后评选出个人与团体一等奖2名、二等奖3名、三等奖5名。

[济南市中小学生交通安全手抄报(绘画)大赛圆满结束] 1月23日，“山东省暨济南市2008年春运安全工作启动仪式”在济南长途汽车总站举行，“济南市中小学交通安全手抄报（绘画）大赛”颁奖活动同时进行。为广泛开展全市中小学生交通安全宣传教育，增强学生交通安全意识，丰富交通安全常识，提高自我保护能力，由济南市教育局、济南市公安局交通警察支队、山东省疾病预防控制中心共同举办了以“倡导文明礼让共建和谐交通”为主题的“济南市中小学交通安全手抄报（绘画）大赛”，全市万余名中小学生提交了参赛作品，经过层层评选，共评出特等奖2名、一等奖10名、二等奖20名、三等奖30名、优秀奖60名。获奖学生来自全市8个县（市）区和部分市直学校。

[山东省学生冬季长跑启动暨济南市首届学生运动会开幕式举行] 10月26日，全国亿万学生冬季长跑山东省起跑启动仪式暨济南市首届学生运动会开幕式在山东大学南校区体育场举行。副市长邹世平宣布活动开始，省教育厅副巡视员张海泉鸣枪启动长跑，市政府副秘书长张伟参加活动。这次冬季长跑山东省启动仪式，是全国亿万学生阳光体育运动的延续和深化，是对学生耐力体质和意志品质的锻炼和考验，对发挥体育对学生进行思想品德教育功能具有实际而重要的意义。首届学生运动会是对本市学校阳光体育活动、学校体育新课程改革和学生竞技体育运动项目的一次集中检阅和展示，也是对全面实施素质教育、增强学生体质和健康水平的一次促进和提高。本次运动会共设展示、健身和竞技三大类，共分14个项目207个单项，参赛学校、代表队、运动员人数、举办项目和覆盖面都是空前的，充分体现了学校体育的群众性、广泛性和娱乐性特点。从校园青春健身操、学校大课间创新体育活动、体育艺术“2+1”实验和校本课程开发项目展示，以

及篮球、排球、足球、乒乓球、网球等单项比赛来看，各县市区和直属学校高度重视、积极备战参赛，运动员参与热情高涨、成绩突出，各项赛事进展有序。来自历下区、市中区、槐荫区、天桥区的同学们展示了大课间体育活动成果，3000多名中学生现场参加长跑。

[济南市现代家庭教育现场会在市中区召开]　12月5日，济南市关心下一代工作委员会(市关工委)、市教育局在纬二路小学召开了济南市现代家庭教育现场会，总结推广市中区经验，交流各县(市、区)和部分学校开展现代家庭教育工作的好做法。这次会议是深入贯彻落实《中共中央国务院关于进一步加强和改进未成年人思想道德建设的若干意见》和《山东省家庭教育工作“十一五”规划》，开展家校联合共同促进未成年人教育的一次重要会议。会上，介绍了市中区教育局开展家庭教育的经验，交流了市中区关工委实施现代家庭教育工作开展情况。参会人员参加了纬二路小学丰富多彩的亲子节活动。大家与“幸福妈妈俱乐部”的家长们进行座谈交流，品尝了孩子们亲手制作的精美面点，与孩子和家长在操场上一起跳“一家欢”集体舞等。省关工委副主任廉守昌评价指出，市中区现代家庭教育实验工作做得好，纬二路小学的“幸福妈妈俱乐部”是提升家长教子水平的一种创新形式，经验值得在全省推广。

[济南市学校体育特色教育现场会在槐荫区召开]　12月6日，济南市学校体育特色教育现场会在槐荫区召开。副市长邹世平出席并作重要讲话，他要求全市教育系统要大力推广学习槐荫区开展学校特色体育活动经验和做法，扎实做好体教结合的文章，推进素质教育深入开展。现场会上，槐荫区中小学师生展示了济南第26中学学区柔道特色体育课展示，以及道德街小学开展的柔力球、机场小学的击剑、济南第37中学学区的藤球，段店镇学生的花样跳绳、轮滑、篮球、排球、刘庄小学的瑜伽、周官屯小学的抖空竹、板球等特色体育课程展示。

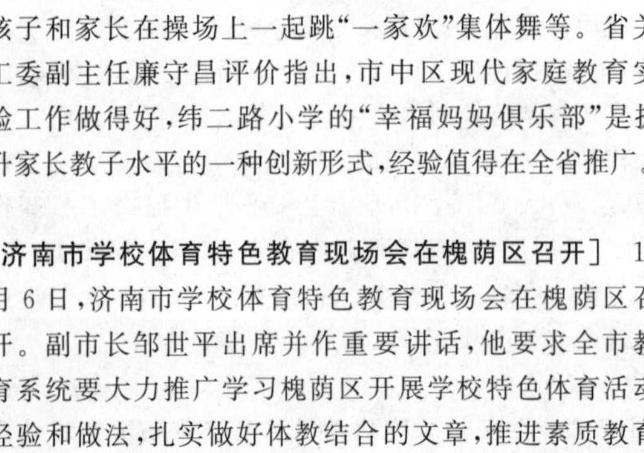

[济南市28名学生获2008年全国信息学奥赛一等奖]

12月19日，经过全国计算机学会科学委员会进行复测及追加数据评测，第十四届全国青少年信息学奥林匹克联赛(NOIP山东赛区)复赛成绩公布，济南市28名学生喜获全国联赛山东赛区提高组一等奖，并取得了2009年高校保送资格。本次大赛还评出6个大赛“优秀组织奖”和10个高中“金牌学校”，济南市教研室获得大赛优秀组织奖，山东师范大学附属中学和山东省实验中学获得金牌学校称号。

[济南市5名中学生参加第十届国际机器人奥林匹克大赛]　12月17～21日，第十届国际机器人奥林匹克大赛在马来西亚吉隆坡举行，济南市育文中学5名选手代表国家参赛，夺得2枚金牌、1枚银牌和1个特别奖，实现了济南市选手在历届大赛中金牌零的突破。来自18个国家近700名参赛选手、260多名指导教师以及300多名观摩人员参加了本次大赛。大赛共设中小学机器人搬运、障碍、托球、运球、爬楼五个大项10个小项竞技类比赛，以及8岁及以下不编程轨迹、中小学机器人跳舞和创意5个表演设计类项目共计15个项目的比赛。市中区5名选手参加了人数较为集中，竞争非常激烈的搬运、障碍、托球、运球项目的比赛，每个项目均有百余名参赛选手参加，而且每个项目只设金牌、银牌、铜牌和特别奖，更增加了比赛的竞争性和残酷性，获奖机会基本上是百里挑一。12月21日下午，国际奥组委、马来西亚教育部、商务部、科技部隆重举行了盛大的宴会和颁奖仪式，市中区选手代表中国上台领奖。本届比赛中，中国代表团有80名队员组成共获得3枚金牌、5枚银牌和1枚铜牌，其中市中区选手就夺得2金1银和1个特别奖，受到了国家奥组委领导、各参赛选手的好评。

[济南市电化教育馆荣获“全国电化教育先进单位”称号]　12月6日，由中央电化教育馆、教育部基础资源

中心主办的纪念邓小平同志倡导发展电化教育 30 年暨全国电教系统表彰大会在北京举行。济南市电化教育馆获得“全国电化教育先进单位”称号。济南市电化教育馆在“校校通”工程建设、信息技术课的普及、教育资源建设以及现代教育技术研究等方面取得了突出成绩，信息技术与课程整合研究成果显著，多位教师的整合课和课件在全国评比中荣获一等奖。

[山东省实验中学付佳同学获“绿色奥运”——全国青少年 Flash 大赛一等奖]　12 月 15 日，由环境保护部宣传教育中心和大众汽车集团（中国）共同发起的“绿色奥运——全国青少年 Flash 大赛”颁奖典礼在京隆重举行。山东省实验中学付佳同学的参赛作品《奥运风》在全国 19 个省、市、自治区的 369 部作品中脱颖而出，荣获“绿色奥运——全国青少年 Flash 大赛”一等奖，这是大赛仅有的 3 名一等奖之一，也是山东省惟一的 1 个一等奖。

“绿色奥运——全国青少年 Flash 大赛”是“大众汽车畅想绿色未来”环境教育行动 2008 年重要子项目之一，旨在通过 Flash 这一新颖、时尚和创新的表现形式，传承 2008 年北京奥运会的精神，激发广大青少年用带有故事性的动漫短片，来表现学生心中对奥运、对环境价值观的诉求。

[济南特教中心选手崔娜夺取残奥会盲人柔道女子 52 公斤级金牌]　9 月 7 日，北京残奥会盲人柔道女子 52 公斤级决赛在北京工人体育馆结束。济南选手崔娜击败法国选手桑德里娜 · 奥里埃 · 马蒂内获得冠军，这也是济南市学生运动员首次在残奥会赛场上获得金牌。崔娜系济南特教中心职教部学生运动员，现年 19 岁，2002 年推荐到济南特教中心柔道队，后入选省、国家柔道队，曾获全国盲人柔道锦标赛上女子 57 公斤级金牌、全国第七届残运会上 52 公斤级盲人柔道金牌等。

[中央媒体集中采访山东省实验中学全面推进素质教育的办学实践]　11 月 25 日，新华社、《人民日报》、《光明日报》、《中国教育报》等中央媒体 6 名编辑记者在省教育厅副厅长张志勇、省教育厅办公室副主任朱传纲、省教育厅新闻中心主任宋全政等的陪同下来到山东省实验中学，集中采访山东省实验中学实施高中新课程、全面推进素质教育的办学实践。市教育局副局长王春光首先介绍了济南市规范办学行为的落实情况。山东省实验中学党委书记、校长刘堃全面介绍了山东省实验中学实施高中新课改思路与做法，展示了近年来推进素质教育的成果。采访组全体人员现场观摩了山东省实验中学校本课程走班教学的情况。中央媒体采访组成员对实验中学全面落实新课改，大力实施素质教育的做法及成果给予了报道。

[济南育文中学参加第十届国际奥林匹克机器人全国选拔赛获佳绩]　10 月 29 日，在第十届国际奥林匹克机器人全国选拔赛中，济南育文中学机器人俱乐部取得了 4 金 2 银的优异成绩，获得中学组和小学组的团体总分一等奖，并有 7 名队员入选中国国家队，获得在 12 月份代表中国赴马来西亚参加国际比赛的资格。育文中学一直十分重视培养学生的创新能力，多次在各级各类比赛中获佳绩。2006 年在澳大利亚举行的第八届国际机器人奥林匹克竞赛中代表国家队参赛，获得机器人最佳设计奖和机器人竞赛铜牌，被团中央授予“全国青少年科普创新示范学校”称号。

[省领导到济南市走访学校慰问教师]　9 月 9 日，在第二十四个教师节来临之际，副省长黄胜代表省委、省政府到济南市走访学校慰问教师，向辛勤耕耘在教育战线的广大教师致以节日的问候。黄胜首先来到济钢高中，观摩了化学实验课、音乐欣赏课、信息技术课等，察看了学生宿舍楼、学生餐厅，慰问了正在工作的教师。随后，又来到经五路小学，参观了科技创新工作室、心理咨询室、陶艺室、棋艺室、茶艺轩等学校社团活动室，听取了有关负责人的工作汇报。黄胜代表省委、省政府向两所学校分别送去 10 万元慰问金，王良代表市委、市政府向两所学校分别送去 10 万元慰问金。

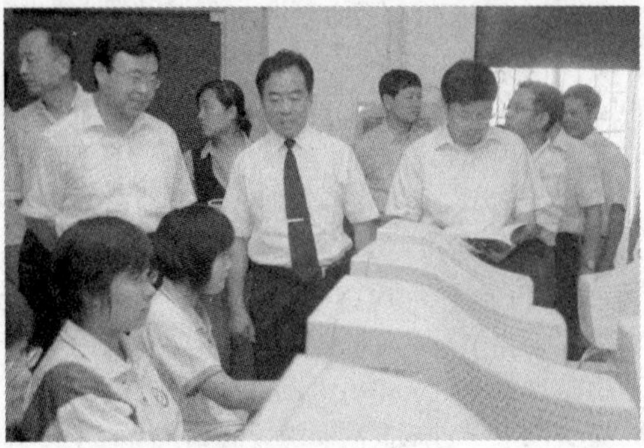

9月9日，副省长黄胜代表省委、省政府到济钢高中走访学校慰问教师

9月9日，副省长黄胜代表省委、省政府到济南市经五路小学走访学校慰问教师

[黄胜等省、市领导观看槐荫区中小学生阳光体育展示活动]　4月3日，2008年槐荫区春季运动会暨中小学生阳光体育展示活动在济南第十二中学举行。副省长黄胜等省市领导观看了中小学生阳光体育展示活动。槐荫区教育系统以"让教育成为完整的教育，让学生成为完全的人"为宗旨，坚持把活跃文体生活、增强学生体魄作为推进素质教育的重要内容，广泛开展中小学生每天锻炼一小时活动，有力地促进了学生的全面发展，并为深化全民健身运动奠定了良好的群众基础。

槐荫区中小学生阳光体育展示

槐荫区中小学生阳光体育展示

[省委常委、济南市委书记焉荣竹视察商河职业中专新校建设]　8月15日，省委常委、市委书记焉荣竹在参加商河县委民主生活会期间，视察了县职业中专新校区建设。职业中专新校区建设是商河县委、县政府为大力发展中等职业教育、普及高中阶段教育和加快人力资源开发而确定的重点建设项目之一，也是全市4.10会议确定的重点帮扶项目之一。规划占地8.73公顷，计划总投资4177万元，主要包括37529.4平方米的新建、改造和配套工程建设。配套工程和后续建设全部完成后，预计投入将达到6000万元。设计规模为年招生1000人、在校生3000人。

[山东省副总督学徐曙光视察济南市农村成人教育工作]　1月4日，山东省副总督学徐曙光实地察看了济阳县孙耿镇、垛石镇"新农村大学堂"和历城区遥墙镇、董家镇、郭店镇成教中心学校建设情况，对济阳县依托乡镇成教中心学校、建设新农村大学堂，历城区加强乡镇成教中心学校建设、推进三教统筹的做法给予充分肯定，并就在新形势下如何加快农村成人教育发展做了重要指示。

[济南市人大常委会调研义务教育工作]　10月21日，济南市人大常委会主任徐华东调研义务教育工作。市人大常委会调研组先后来到历城四中和高新区第二实验学校，深入实验室、教室、多功能室查看办学条件，了解新课改教学成果。徐华东听取了市教育局《义务教育法》贯彻实施情况的汇报，并给予充分肯定。

[济南市委副书记、市长张建国走访慰问教师]　9月8日，济南市委副书记、市长张建国走访学校，察看教育工作。张建国先后来到济南市阳光100小学和济南第九中学，仔细察看学校建设及教学工作开展等情况，并认真听取有关负责人的工作汇报，询问教师们的工作生活情况。张建国非常关心教师的工作生活，要求相

关单位一定要落实有关政策规定，保障教师工资福利和社会保障待遇，切实维护广大教师的合法权益，千方百计为教师办好事、办实事，不断改善教师的工作、学习和生活条件。全社会都要弘扬尊师重教的良好风尚，重视教育、关心教育、支持教育，为教育发展创造良好的社会环境。各级党委、政府要把发展教育作为战略任务，认真研究解决教育发展中的重大问题，努力办人民满意的教育。

9月8日，市委副书记、市长张建国视察济南九中

[济南市委常委、宣传部长王良调研高校工作] 4月26日，市委常委、宣传部长王良到驻济高校调研大学生思想政治工作和高校稳定工作。王良在山东英才职业技术学院察看大学生活动中心和学生宿舍，观看学生运动会。王良要求各高校要切实加强稳定工作，加强大学生思想政治建设工作，加强高校安全工作，确保济南市高等教育健康发展。要努力做好高校稳定工作，针对当前国际和国内形势，开展大学生形势教育活动，保护好、引导好大学生爱国热情，让大学生们以理智的方式表达爱国情感。要创新大学生思想政治建设新思路新途径，在继承的基础上开创新的教育方式和方法，围绕社会主义核心价值体系增强大学生思想政治教育活动的针对性、实效性。一定要加强学校安全工作，加大重点部位重要场所的防控力度，确保师生和学校安全。

[美国康州教育厅及国际青年成就组织访问济南市] 12月10日，济南市教育局局长陈东生在龙奥大厦会见了来访的美国康涅狄格州教育厅官员葛丹、国际青年成就组织(Junior Achievement)美国康州部总裁路易斯·戈登及国际青年成就组织中国部董事长兼总裁周保罗、中国部执行总裁高阳一行。陈东生回顾了2008年10月份葛丹先生来访时就国际青年成就项目在济南开展实验达成的意向。宾主双方就学生如何参与国际青年成就项目、市教育局如何在项目开展方面与该组织进行合作以及济南市学校与美国康州姊妹学校间在项目方面开展合作进行了商谈。周保罗先生、高阳女士分别就国际青年成就组织中国部的创立、发展以及在国内北京、上海、广州等地开展活动的情况作了介绍。周保罗表示国际青年成就组织中国部将全力支持该项目在济南市的落户及发展。

[英国考文垂市代表团访问济南外国语学校] 10月22日，英国考文垂市市长安德鲁·马特查特先生及夫人和议长肯·泰勒先生一行6人访问济南外国语学校。2008年是济南市与考文垂市结为友好城市25周年，代表团此次来访的主要目的是庆祝两市结好25周年，商谈进一步加强与济南市的全面交流与合作事宜。济南市自1998年开始与英国考文垂市开展师生互访交流，两市已派出了9个师生代表团200余人进行了互访交流。

[美国康涅狄格州教育部官员来济访问] 10月16日，美国康涅狄格州教育部官员葛丹先生来济访问，济南市教育局局长陈东生就济南市与美国康州开展教育交流与合作问题进行了会谈，宾主双方就在友好学校间合作开展青年领袖项目(JA)、教师培训以及12月份康州教育代表团的来访等问题进行了商讨。截至2008年，济南市共有22所中小学校与美国康涅狄格州的25所学校开展了友好交流活动，有9所学校与美国康涅狄格州的学校签署了友好学校协议。通过交流，增进了双方学校间的互信和友谊，进一步加深了对彼此教育发展状况的了解和认识，为推动济南教育国际化，提升学校办学水平起到了积极作用。

[济南第十一中学与韩国百济高等学校签署友好校际关系意向书] 7月29日，韩国百济高等学校校长率团到济南第十一中学进行友好访问，两校就结为友好学校进行了磋商，签署了友好校际关系意向书。韩国百济高等学校为私立高中，手球是该校特色，已为韩国国家手球队输送了16名队员，有8人曾参加过奥运会，并获得金牌。

[香港天主教教区学校代表团来济访问交流] 5月12日，香港天主教教区学校访问团一行39人分组访问济南九中、济南市新苑小学。济南市教育局副局长胡晓卉会见访问团一行并在济南市新苑小学参加活动。香港天主教教区学校访问团一行是应国家教育部邀请，于5月9～13日来山东省开展访问交流活动的。该访问团是教育部港澳台办首次邀请组织的天主教教区学校团组，教区高层亲自参加，团员层次高、影响大。其

间，代表团分别观摩了两校师生的升旗仪式，就学校办学特色和教育教学方面的内容进行了座谈交流。访问团还深入课堂听课，与济南市教师研讨教学。5月12日，代表团分别就课改新时期课堂教学理念和方法改革创新的情况及其效果、生源"一孩化"背景和网络时代学校管理面对的挑战和出路等与访问学校进行了专题研讨。通过交流活动，进一步加强了济南市与香港学校间的沟通和了解，增进了友谊，为未来深化合作与交流奠定了基础。

[美国康州姊妹学校代表团来济访问]　4月14～18日，应山东省教育厅邀请，根据山东省与美国康州教育交流与合作计划，美国康州中小学校长、教师一行26人来济南市17所学校进行友好访问。省教育厅副巡视员杜希福、美国康州教育代表团团长葛丹先生赴济南九中考察项目交流情况，参加师生座谈会。济南市教育局副局长胡晓卉会见美国客人，并就进一步加强与美国康州间的教育交流与合作与客人交换了意见。其间，来自康州17所中小学的校长、教师们深入课堂，观摩教学，与师生就教育教学中的问题进行座谈研讨，并观看了学生文艺演出，参加学校社团活动，观摩了陶艺、剪纸、武术、面塑、书法、民族音乐等具有鲜明民族文化特色的课程，近距离考察了济南市学生的学习状况。美国客人对济南市教育发展状况、高素质的教师队伍以及师生良好的精神面貌给予很高的评价，对市教育局的精心安排和在学校所受到的热情接待表示由衷地感动和衷心的感谢。

此次中美教育交流活动，规模大，时间长，交流深入，进一步增进了美国客人对中国社会经济发展状况、中华传统文化以及本市教育发展状况的了解和认识，加深了双方学校间的互信和友谊，开启了美国康州与济南市教育交流的新篇章。

[美国华盛顿州半岛高中访问团来济南市进行友好访问]　4月2～13日，美国华盛顿州半岛高中访问团一行18人到济南市进行友好访问。访问团在友好学校济南一中开展了为期10天的教育交流活动，并访问济南二中、济南外国语学校、济南特殊教育中心等学校，充分了解济南市教育发展的情况。在济期间，代表团师生深入课堂，与学生一起听课、讨论，参加学校教育教学活动。太极拳、乒乓球比赛、书法练习、民乐欣赏等活动深深地吸引了来自美国的客人，让客人们充分感受到中华文化的魅力。代表团的老师还为济南一中的学生授课，与老师交流课堂教学的经验。

[南非西开普省教师代表团来济访问]　4月9～10日，南非西开普省教师代表团一行11人来济访问。在济南期间，代表团分组访问了山东省实验中学、济南第七中学、济南外国语学校、济南泉城中学等4所学校，深入课堂观摩教学活动，与教师座谈，参观学校，全面了解本市学校在教育教学方面的经验和做法。

[济南市顺利通过国家一类城市语言文字评估检查]　11月23～26日，教育部、国家语委和省语委对济南市城市语言文字工作进行评估检查。通过对政府机关、学校、新闻媒体、公共服务和公共设施等方面的综合现场检查，认定济南市为国家一类城市语言文字规范化达标城市。国家语委语言文字应用司副司长张世平在检查反馈座谈中表示，济南市语言文字规范化工作在全国通过评估检查的32个一类城市中位居前列。

由省教育厅、省文明办、省语委组成的国家一类城市语言文字工作评估团，对济南市贯彻实施《国家通用语言文字法》的工作情况和城区语言文字的应用情况进行了全面、深入、细致的考查评估。评估团听取了市语委副主任陈东生代表市语委所做的汇报，分4个小组对驻济南市中心城区的党政机关、学校、新闻媒体、公共服务行业4个重点领域的19个单位和3条街道进行了实地考查评估。共听取各单位汇报21次，召开座谈会20次，查阅档案资料500余卷，发放并收回调查问卷70人次，随机抽查访谈近百人，听课12班次。评估团一致认定，济南市经过不懈努力，做了大量卓有成效的工作，现阶段语言文字的社会应用符合《国家通用语言文字法》和《山东省实施〈国家通用语言文字法〉办法》的规定和要求，实现了"普通话初步普及，汉字的社会应用基本规范"的工作目标，达到了较高的规范化水平，营造了与济南经济和社会发展相适应的良好语言文字环境，为进一步提高语言文字工作水平和群众语文素质打下了良好基础，也为2009年举办全运会提供了良好的人文和语言环境。

[济南市教育系统深入开展"讲文明　树新风　创品牌　办人民满意教育"活动]　10月31日，济南市教育系统"讲文明、树新风、创品牌，办人民满意教育"动员大会在济南中学召开，会议对活动进行动员部署。济南市委宣传部常务副部长、市"讲文明、树新风、创品牌"活动领导小组办公室主任凌安中，市委教育工委书记、市教育局局长陈东生以及市委教育工委、市教育局领导班子全体成员出席了动员大会。会上，分别向大、中小学授予了"济南市大学生志愿服务团"和"泉城小义工服务队"旗帜。市政府教育督导室副主任督学、山东省实验中学校长刘堃，大学生、中学生学生代表分别做了表态发言。

为深入开展“讲文明、树新风、创品牌，办人民满意教育”活动，市委教育工委成立了创建活动领导小组，制定下发了实施意见。一是在全市教育系统开展“建美丽泉城，迎和谐全运，做文明学生”主题教育活动，进一步加强学生文明礼仪教育和行为习惯养成教育。二是实施校企合作人才培养计划。三是开展以“民校为民”为主题的公益培训进社区活动。四是实施“农村中小学提升工程”。市教育局将每3年确定一批创建重点，形成阶段性创建规划，力争通过3年的创建活动，总结一批先进单位的创建经验，树立全市教育系统创建品牌，推出一批在全市乃至全省、全国具有一定知名度和影响力的品牌活动，推动全市教育事业的新发展。

[济南市教育局直属学校5000多名师生参与2008北京奥运火炬济南站传递活动] 7月23日，2008北京奥运会火炬传递活动到达济南站。济南市教育局直属学校的5000多名师生直接参与火炬传递活动。按照济南市奥组委统一部署，济南师范学校、济南幼儿师范学校、济南电子机械工程学校(济南第二职业中专)280多名学生分别在火炬启动和收火现场作为演员参与火炬传递。山东省实验学校、山东师范大学附属中学、济南一中、济南二中、济南三中、济南七中、济南九中、济南中学、济南电子机械工程学校(济南二职专)、济南信息工程学校(济南五职专)共10所直属高中阶段学校的5000多名师生，作为观众直接参与了奥运火炬在燕山立交桥路段的传递活动。济南西藏中学的藏族师生也早早地在火炬途径现场，穿上民族服装，跳起欢快的锅庄迎接火炬。

[济南市教育系统有2人入选奥运圣火传递济南站火炬手] 7月23日，2008北京奥运火炬传递活动在济南市举行，这也是山东省奥运火炬传递的最后一站。市教育系统有2人入选火炬手，分别是217号火炬手刘堃和208号火炬手杨文。

[圆满完成灾区师生过渡复学工作] 5·12地震灾害发生后，济南市把妥善安置擂鼓镇灾区学生来济复学作为支持灾区重建的重要举措，共接受来自四川灾区的学生1629人，随行教师70人，其中济南市对口支援的北川县擂鼓镇中小学师生1455名，北川县职业学校师生104名，分别安置到了济南师范学校、幼儿师范学校、明珠小学、济南市素质教育中心(章丘三职专)和历城职专，进行过渡复学。济南市教育局专门抽调了教研人员和教学骨干到各安置学校指导教学，与北川擂鼓学校教师进行衔接，共同研究教材、教学进度、教学计划，并配备优秀教师，组织学生开展丰富多彩的课外活动。为让灾区学生尽快从灾害的阴影中走出来，特别邀请山东大学的专家，与学校配备的心理教师一起，有针对性地对学生进行教育和心理疏导，并录制了擂鼓镇来济复学学生的学习生活情况，刻成光盘，送给灾区学校或家长。作为地震发生后规模最大、行动最迅速、组织最严密的灾区学生转移外地集体过渡复学，济南市得到了各级领导、灾区师生和社会各界的好评。

6月7日，“济南—北川擂鼓阳光学校”揭牌

开学典礼现场

6月6日，省委书记姜异康在省委常委、济南市委书记焉荣竹，市长张建国陪同下到济南明珠小学看望来济过渡复学师生

[济南市教育局机关直属事业单位干部职工向南方雪灾地区献爱心] 2月4日，市教育局机关和直属事业单位干部职工积极向南方遭受雪灾地区爱心捐款，共计捐款45300元。进入2008年，我国南方出现持续大范围雨雪和低温冰冻天气，部分省份暴雪成灾，已经造成直接经济损失达500多亿元，给灾区人民生产生活带来巨大困难。为了让南方受灾人民也能过一个温暖欢乐祥和的春节，济南市委教育工委、市教育局积极响应省市直机关工委号召，切实把爱心捐助作为一项重要的政治任务来抓，全面动员机关和直属事业单位广大干部职工在第一时间开展了爱心捐助活动。

[济南市教育系统离退休干部工作表彰暨老教协成立20周年大会召开] 11月28日，市委教育工委、市教育局召开全市教育系统离退休干部表彰暨老教协成立20周年纪念大会。省老教协会长马庆水、秘书长徐兴文到会祝贺，济南市委教育工委书记、市教育局局长陈东生出席会议并讲话。会上，对全市教育系统22个“尊老敬老”先进集体、35名“尊老敬老”先进个人，19个“老有所为”先进集体和47名“老有所为”先进个人进行了表彰。省实验中学离休老教师胡宏智、济南育英中学校长王泽贤先后发言。会后，教育系统系统离退休老干部演出了精彩的文艺节目。1988年，市老教育工作者协会成立以来，在市委教育工委的领导下，坚持“以人为本”，在提高老教育工作者生命、生活质量，培养关心下一代的同时，动员和组织广大老教育工作者积极参与有益于身心健康、有益于社会的各项活动，为构建和谐社会、和谐校园做出了突出贡献。2007年度，被省教育厅授予“全省教育系统老教协工作先进集体”称号。

[济南市教育局机关直属单位捐“特殊党费”过百万] 汶川特大地震灾难发生后，济南市教育系统的党员积极采取多种形式支援灾区，积极贡献自己的力量。济南市教育局机关和各单位党员领导干部在主动捐款的同时，又交纳“特殊党费”，以支援灾区重建。各直属党组织也按照“自觉自愿、量力而行”的原则，在广大党员干部中广泛开展了自愿交纳“特殊党费”支援灾区活动。据统计，济南市教育局系统199名党员缴纳了1000元以上的党费，其中含局机关党员21名。济南市教育局直属43个单位党组织和机关党委的近4000名党员交纳了“特殊党费”1001341.51元。

济南市分管教育领导人

副市长：邹世平

济南市教育局负责人

书记、局长：陈东生

副书记：刘向伟

副局长：张克明　胡晓卉　朋　星　李宪辰
杨全海　黄祖杰　王春光　任泽焕

教育局办公室地址：济南市历下区龙洞路龙奥大厦

邮政编码：250099

联系电话：0531－66608028

E-mail：lgssjyj@jn.gov.cn

（撰稿人：李千三　审稿人：陈东生）

青岛市

[概况]

2008年青岛市各级各类学校校数、教职工、专任教师情况

	学校数（所）	教职工数（人）	专任教师（人）
一、高等教育			
（一）研究生培养机构（不计校数）			
1. 普通高校			
2. 科研机构			

（续表）

	学校数（所）	教职工数（人）	专任教师（人）
（二）普通高等学校	18	25939	16437
1. 本科院校	10	19876	12094
2. 专科院校	8	6063	4343
其中:职业技术学院	8	6063	4343
（三）成人高等学校	2	1288	745
（四）民办的其他高等教育机构	60	4026	1024
二、中等教育			
（一）高中阶段教育			
1. 高中			
普通高中	67	10662	9103
成人高中			
2. 中等职业教育	99	13111	9171
普通中专	7	988	609
成人中专	20	994	676
职业高中	72	10588	7468
技工学校			
其他机构(教学点)(不计校数)	3		
（二）初中阶段教育			
1. 普通初中	240	25396	20805
2. 职业初中			
3. 成人初中			
三、初等教育			
（一）普通小学	961	34870	32403
（二）成人小学			
四、工读学校			
五、特殊教育	13	547	404
六、学前教育	2249	14344	10297

注:普通高等学校中两所军事院校未作统计。

2008 年青岛市各级各类学历教育学生情况

	毕业生数(人)	招生数（人）	在校生数(人)
一、高等教育	92530	120833	352475
（一）研究生	3561	6424	16386
博士	357	558	1986
硕士	3204	5866	14400
（二）普通本专科	73049	84399	263749
本科	32299	43153	158115
专科	40750	41246	105634
（三）成人本专科	15920	30010	72340
二、中等教育			
（一）高中阶段教育			
1. 高中	43840	32947	112388
普通高中	43840	32947	112388
成人高中			
2. 中等职业教育	48221	56273	181628
普通中专	3207	3203	10954
成人中专	3126	6097	12702
职业高中	41053	46636	156169
技工学校			
（二）初中阶段教育	64372	91007	261496
1. 普通初中	64372	91007	261496
2. 职业初中			
3. 成人初中			
三、初等教育			
（一）普通小学	90096	78890	477230
（二）成人小学			
四、工读学校			
五、特殊教育	266	255	1488
六、学前教育	60734	53834	167382

2008年青岛市各级各类民办教育基本情况						
	学校数（所）	毕业生数（人）	招生数（人）	在校生数（人）	教职工数（人）	专任教师（人）
一、民办高等教育						
（一）民办高校	5	20267	18426	46570	5108	3509
（二）独立学院（不计校数）	2	2716	6513	18765	1728	973
（三）民办其他高等教育机构	60	20089	110000	19147	4026	1024
二、民办中等教育					8230	4900
（一）高中阶段教育						
1. 民办普通高中	20	1698	3571	3300		
2. 民办中等职业教育	39	15633	21636	77100		
（二）初中阶段教育						
1. 民办普通初中	14	1900	4865	9871		
2. 民办职业初中						
三、民办普通小学	12	1160	2400	6915	693	600
另有：民办培训机构（不计校数）			296000	156000	11330	2745

[统筹城乡教育发展] 为促进义务教育城乡均衡发展，缩小城乡差别，年内出台了《关于建立城区教师到农村支教补贴制度的通知》和《青岛市教育局关于进一步推进城区教师支援农村义务教育学校教育工作的实施意见》，设立城区教师支教专项补贴，对支教教师生活费和交通费等予以经费保障。青岛市教育局拨款1000万元，用以奖代补的形式，重点对农村五市约40所中小学进行资助。在2008年教师招聘中，单列支教指标，对各区市下达支教计划，招聘支教教师近500名，在招聘录用教师时向农村学校倾斜，五市公开招聘682人，派往农村学校578人。对长期在农村任教的一线教师在评优、晋升职称方面实行倾斜政策。继续开展"特级教师巡回讲学"活动，组织省、市级特级教师讲学团到农村中小学、偏远学校巡回讲学100余场次。

[教育法制建设] 完善依法行政制度。修订青岛市教育局规范性文件制定程序和管理办法，重点增强规范性文件制定的计划性，自2008年起，每年9月将结合地方法规、政府规章年度计划的制定和申报，同步做好规范性文件规划、备案、清理工作。年内完成了3个规范性文件送审工作，制订《青岛市教育局合同审查暂行办法》，对20份合同进行了合法性审查。深入推进行政执法责任制，修订市教育局行政执法和行政执法监督暂行工作办法，并完成市教育局行政许可事项和非行政许可审批事项的清理工作。建立了法律咨询委员专家库，增聘清泰律师事务所邵守刚为法律顾问，发挥法律专家的作用，加强教育政策、法规的合法性论证和普法工作。做好地方立法工作，青岛市教育局有5个项目列入青岛市2008年地方法规制定及修订计划，《青岛市实施〈民办教育促进法〉办法》已经出台，其他4个项目的修订调研工作已完成。参与处理5个诉讼案件，2个复议案件。12所学校被确定为第三批山东省依法治校示范校。

[教育督导] 落实政府教育投入政策、完善义务教育经费保障机制、促进义务教育均衡发展和全面推进素质教育工作是2008年的重点督导内容。制定了《2008年青岛市区市政府教育工作目标管理绩效考核办法》，进一步引导区（市）政府加大教育投入、推进义务教育均衡发展、落实素质教育等方面的责任。根据山东省素质教育会议精神，对原有的督导评估方案进行了修订，加大了规范办学行为、落实课程方案、实施"阳光体育"以及教师学生评价制度改革等方面考核评估力度。按照评估方案，对13所区（市）所属普通高中和8所局属普通高中进行了办学水平督导评估，同时加强对全市中小学校规范办学行为情况督导检查，对违规学校

进行了查处。首次大面积对五市三区和局属职业学校开展了以专业建设、办学模式改革、教师队伍建设和德育工作为主要内容的专项督导评估。

5月30日,山东省教育厅厅长齐涛到青岛市教育局调研

[思想品德教育和校外教育基地建设] 深入开展改革开放三十周年和“百万学生迎奥运”主题教育活动:开展了“形势教育大课堂”、“纪念改革开放三十年”征文评选(共收到各类征文8300余篇)、第四届“走近档案,认识青岛”中学生迎奥运夏令营、“做奥帆小主人,为奥帆添光彩”和“学英雄少年,做奥运主人”活动。安排市内四区初中、高中近4.6万名学生参加了学工、学农实践活动。在全国同类城市中率先制订了“普通中小学德育工作评估方案”,作为全市中小学德育工作的指导意见和评价依据。中等职业学校继续实施“文明修身”工程,开展“文明行动公约”征集活动,编制了“文明行动公约”28条。10月,中国职业教育学会德育工作委员会第二次理事会、中等职业教育德育工作实验基地学校协作会成立大会在城阳职教中心召开,城阳职教中心、青岛旅游学校在会上做了典型发言。青少年校外活动场所建设取得新进展,即墨市中小学生素质教育实践基地投入使用,城阳区素质教育实践基地开工兴建。青少年校外活动场所建设作为对各区(市)政府年度教育工作目标绩效考核的重要内容。

7月21日,教育系统参加全市奥运火炬和残奥火炬接力活动

[体育、卫生、艺术工作] 为贯彻落实《中共中央国务院关于加强青少年体育增强青少年体质的意见》,拟订青岛市委市政府《关于加强青少年体育增强青少年体质的贯彻实施意见(讨论稿)》,成立青岛市加强青少年体育工作联席会议,起草完成了《市委市政府〈加强青少年体育增强青少年体质的意见〉各部门职责分工》和《加强青少年体育联席会议制度》。制定并完善了体育中考实施办法、体育中考现场工作纪律十项措施、体育中考缓考考生标准、体育中考复议等。组织帆船特色学校、帆船俱乐部的队员和教练观摩克利伯大帆船活动,组织了帆船夏令营活动,举办了2008年青岛市帆船特色学校(院)、中小学帆船俱乐部学校帆船对抗赛、第三届全市帆船帆板公开赛和第二届“市长杯”大中小学生帆船比赛。进一步推进“阳光体育运动、每天锻炼一小时”和“加强中小学美育、进一步推动2+1文体活动开展”活动。成功组织了教育系统参加全市奥运火炬和残奥火炬接力活动。加强了预防控制手足口病等春夏季传染病工作。

[共青团、少先队工作] 开展了“我微笑,我承诺”迎奥运活动誓师大会、“校内火炬传递”、“庆祝奥运倒计时100天”、“志愿者宣誓”、“奥运知识书面竞赛答题”等百万师生迎奥运系列活动。志愿奥运、服务奥帆成果显著,青岛市教育局所属学校志愿者队伍785支,注册志愿者14826人,服务点324个,培育了“箐箐义教”、“志愿向导”、“爱心接力”等省市级志愿服务品牌;组织了12支青年突击队400余名青年教师赶赴三浴、六浴,参与了清理浒苔战斗;60名志愿者获奥帆赛志愿服务奖章,5人荣获“市优秀志愿者”称号,2支特色服务队获得“市优秀志愿服务集体”称号。中学生团校开设初级班272期,发展新团员2289人;开设中级班140期,对6172名团员进行了团后教育;评选了314名优秀团员、96个先进团支部。局属31所中学生党校开设党课74期,对2107名优秀团员进行了党的基本知识教育,发展青年教工党员6人,学生党员28人。3月初应青岛市委宣传部要求,为在青岛召开的“全国省市区国防教育办公室主任会议”组织军校文艺演出。为确保奥帆赛工作,初中未组织军训活动,局属高一新生13906名分三个批次进行了军训。

3月18日，“情系国防，共筑长城”青岛市中学生军校成果汇报文艺演出在青岛市人民会堂举行

[教育科学研究] 组织了全国、省、市“十一五”滚动课题的申报立项工作，市级课题滚动立项162项，除市级课题滚动立项外，上半年有2项课题被批准立项为全国教育科学“十一五”规划教育部规划课题，5项被立项为省“十一五”教育科学规划重点课题、18项被立项为省规划课题，其中“青岛地方教育史志与岛城历史名校研究”被确定为省重点课题。“以经典阅读为支持的教师职后教育模式的研究”在全市城乡中小学教师专业成长中起到了重要推动作用，取得阶段性研究成果。《每周一读》2008年卷编辑出版，2009年卷选编工作已近完成。为推动中小学教师的经典阅读活动，组织了以“传播·互信·分享·成长”为主题的青岛市中小学校千册(种)教育图书漂流活动，1037册教育图书开始在遍布全市城乡中小学校的12个漂流圈同时传漂。“以校为本的教育科研模式构建研究”课题扎实推进，《教学论基础问题概论》一书，由言实出版社出版发行，总结和深化了“教学研一体化”教育科研模式。中小学教师科研工作站招收了第二期访学教师58人，在平度、青岛经济技术开发区、城阳和市北区各办一个分站。

[干部教师队伍建设] 启动了农村五市小学教师素质提升全员培训工程，首期培训五市教师共计1900人。举办了两期农村初中校长培训班，五市三区共98名农村初中校长参加了培训。举办了第16期初中校长提高培训班和第23期高中校长任职资格培训班，全市近120名校长参加了培训。7月27日至8月8日，青岛市教育局组织全市67所普通高中学校、15个学科、8740名教师参加了省教育厅组织的全省普通高中教师新课程全员培训。青岛市教育局师范处与市教育发展研究会合作编制《青岛市中小学班主任校本培训读本》，向全市1.9万名班主任免费赠阅。组织进行了较大规模的校级副职任职资格竞争，共有178人报名参加，经过笔试、面试、民主测评和组织考察，局党委研究确定了25名同志担任校级副职，圆满完成了局属单位中层换届工作。换届后，中层干部学历结构优化比较明显，具有学士以上学位占35%，提高了9.2个百分点，具有全日制大学以上学历的占42%，提高了10.8个百分点。组织评选青岛市中小学学科带头人86名、青年教师优秀专业人才468名。青岛市教育局属单位有8人被评为青岛市拔尖人才，是历次入选人数最多的。南京路小学校长杨屹荣获山东省2008年度校长系列十大教育创新人物称号。

年内，全市公办中小学新任教师实行公开招聘，局属学校录用毕业生66人。职业学校用选聘方式录用专业课毕业生21人，另有选聘达成意向19人。全市共有636人参加教师资格认定教育教学能力测试，通过542人，通过率85.2%；分3批次分别为1310名师范类毕业生认定了教师资格。

[教育经费和教育基本建设] 2008年共安排教育专项资金3.7亿元，增幅37.52%，再创历史新高。共安排4500万元为农村义务教育阶段32万学生免费提供教科书。调整了完善农村义务教育经费保障机制改革有关政策，会同市财政局下发《关于调整完善农村义务教育经费保障机制改革有关政策的通知》，各区(市)共投入166万元，进一步提高农村义务教育阶段家庭经济困难寄宿生的生活费补助标准，达到小学每生每年补助500元，初中补助750元；全市投入17635万元(其中市本级安排8656万元)，提高农村义务教育阶段中小学的生均公用经费基本标准，达到每生每年小学325元、初中470元；全市投入资金3946万元(其中市本级投入资金1936万元)，建立健全农村义务教育阶段校舍维修长效机制，将农村义务教育阶段中小学校舍维修改造测算单价标准每平方米由300元提高为500元。市区中小学取暖设施改造工程是2008年市办实事之一，本年共投资4122.3万元改造49所学校，筹措市财力资金2220万元。从教育专项资金中安排591万元专项用于全市中小学校校方责任险。安排专项资金4502万元，对青岛市职业教育现代制造业公共实训基地室外环境、学生活动场地和电增容及内部教学设备等进行改造和配备。全年各级财政用于资助市属高校、普高、中职家庭经济困难学生的奖助学金达1.8亿余元，惠及全市近14万在校学生。全市免除义务教育阶段71万余名在校生杂费，安排资金近2.4亿元。投入资金81万元，提高全市义务教育段特殊教育1600名学生生活补助标准，提高至小学500元每人每年，初中750元每人每年。共投入全市农村中小学危

房及水泥檩梁改造资金7400万元，市财力安排专项资金4650万元，改造农村中小学D级危房6.8万平方米，水泥檩梁校舍14.3万平方米。共安排资金8723万元，其中加快推进农村中小学（含特教）教学仪器更新工程安排3000万元，保障合格学校建设1000万元、农村中小学创建省市规范化学校150万元、积极稳步推行特色学校200万元、继续推进新一轮初中学校建设500万元、加快市区高中学校建设的工作顺利开展共安排3873万元。制定了《青岛市中小学财务管理细则》，建立了"青岛市中小学财务核算监管系统"，与全市12个区（市）教体局会计核算中心进行联网对接。

[教育基金] 2008年接收捐赠和增值收入共1211.39万元（含向灾区捐款182.71万元），其中捐资和增值1167.20万元，捐物44.19万元；投放资金和实物778.32万元。年内接收的最大一笔善款是山东赛赛集团捐赠的200万元。投放48.7万元向市内四区3379名义务教育阶段家庭困难学生发放资助金，其中中学生1491人，每人200元；小学生1888人，每人100元。投放寒窗基金54.9万元，资助了全市183名考入普通高校的家庭贫困学生。向平度、黄岛、胶南、即墨等农村学校捐赠价值1万5千多元的复读机等学习用品；为胶南、平度等农村学校提供了电脑、课桌椅等帮助；为平度崮山后小学提供20万元资金改造危房。市教育发展基金会设立专户，对教育系统抗震救灾捐款实行专户管理，全市教育系统共为灾区捐款44604545.74元，其中各区、市教体局30899821.86元，驻青高校10270108.94元；局属单位3371548.94元，社会其他63066元。为北川来青岛过渡复课的100名学生募集社会各界捐赠资金20余万元，学生人均2000元。

[勤工俭学] 全面启动全市节约型学校创建活动，对12区（市）和局属学校的学校食堂、学生配餐、学生公寓、学校商店、农村校园经济等节约型学校建设工作情况进行了调研，成功运作了局属学校公寓用品首次集中采购工作。创新农村校园经济新模式，平度、莱西、胶州、即墨均形成了经营模式多样、种植项目丰富、育人创收结合和学校与社会互动的良性发展模式。全市共评选10个农村校园经济先进单位，20名农村校园经济先进个人。因学校布局调整，对青岛第十中学和青岛市中心聋校校办工厂的欠款进行了及时清收。完成1个校办企业的注销工作。

[现代教育技术装备配备与教育信息网络建设] 实施"青岛市农村中小学校教学仪器更新和特殊教育学校教学仪器配备工程"，从2008年起，用三年时间按照教育部和山东省教育厅发布的教学仪器配备标准，对农村义务教育学校和全市特殊教育学校的教学仪器未达到规范化标准的进行更新和配备。全市已有203所中小学图书馆实现了计算机网络化管理，局属学校普及率达100%，市南区、四方区、李沧区普及率达70%以上。全面实施农村中小学现代远程教育工程，完成该工程的设备、软件招标采购，及设备、软件的调拨、安装、调试工作，市教育局网络中心通过镜像服务器与国家教育部基础教育资源中心资源库联网，实现"农远"教学资源远程同步和实时自动更新（在全国是首家）。实施青岛教育信息网改版工作，完成青岛市小学升初中、初中升高中、初中升职业学校联网报名程序的修改、运行、数据统计等工作，开通中考、会考成绩网上查询系统。新建校园网59个，新建校园网站52个，新开通光纤接入教育城域网学校114个，至此全市共计建成校园网682个，建成开通学校门户网站542个，专题网站205个，557所学校实现光纤接入教育城域网。在区、市学校逐步配备网络流量控制和上网行为日志记录等设备、软件，依托技术手段加强网络运行管理。开展了"e网平安——网络文明学校创建"活动。

[电化教育与信息技术教育] 以信息技术基本能力考核及网络化考试为抓手，加强信息技术课程管理，中小学生信息技术基本技能得到普遍提高。加强信息技术技能培训，促进学生个性化发展。在全国第十三届信息学奥赛中，青岛市普及组、提高组共20人获得一等奖，占山东省一等奖获奖总数的1/6，其中提高组一等奖获得者具备了保送上大学的资格。青岛二中学生刘聪被推荐参加了第25届全国信息学奥赛（NOI2008），以优异的成绩摘取金牌，实现了山东省二十多年来该项赛事金牌零的突破。

[报考大、中专学校情况] 组织各类国家教育考试24类41次，考生596644人，比2007年增加19431人。

2008年青岛市大中专升学考试报名情况

类别		报名人数	增加人数	比上年增加(%)
硕士研究生		12758	2348	22.5
本、专科	普通高考	48221	73	0.1
	对口高职	4130	－2206	－34.8
成人高考		51276	－3627	－6.6
普通中专		8742	－1320	－13.1

[自学考试和社会证书考试] 组织社会证书类考试14类28次，考生315311人。少儿NIT考试、全市干部实用英语考试、青岛市直机关MPA核心课程考试未举行。自2008年起，高等教育学历文凭考试将全部停考。

2008年青岛市自学考试、主要社会证书举办次数和报名人数一览表

考试名称	举办次数	报考人数	上年人数
高等教育自学考试	4	117847	100204
民办高校学历文凭考试	2	0	7302
中学教师助学自考	2	222	680
全国计算机等级考试	2	66948	68731
全国英语等级考试	2	12382	16228
全国剑桥少儿英语考试	2	419	431
大学英语四、六级考试	2	192755	160197
NIT考试	2	237	200
少儿NIT考试	0	0	0
全省中小学信息技术等级证书考试	2	35519	35876
全市干部实用英语考试	0	0	1242
山东省社会职业类证书考试	2	7877	7941
青岛市直机关MPA核心课程考试	0	0	10540
山东省中国书画艺术等级考试	2	161	273

[语言文字工作] 建立普通话计算机辅助测试系统和管理系统，实现了由人工测试方法转变为计算机辅助测试方法和普通话测试过程的信息化管理。对胶南市、即墨市和崂山区进行了国家二、三类城市语言文字评估复查工作；青岛经济技术开发区、胶州市顺利通过了山东省语言文字工作委员会的国家二、三类城市语言文字评估认定。对各区(市)申报的语言文字规范化示范街进行了评估和复查，12条街(路)被评为青岛市语言文字规范化示范街，15所学校被评为青岛市语言文字规范化示范校，18所幼儿园被评为青岛市语言文字规范化示范园。全年共组织普通话水平测试近3万人次。

[市区学校布局调整工作] 10月20日，青岛市政府对市区部分学校布局进行调整，方案如下：

青岛第十一中学的普通高中部、女专部分别并入青岛第九中学和青岛艺术学校。青岛十一中普通高中部(含综合高中)教职工(含离退休教职工)、学生并入青岛第九中学；女专部教职工、学生并入青岛艺术学校，青岛艺术学校加挂青岛女子职业中等专业学校牌子。青岛第十一中学现有场地、校舍、资产及债权债务并入青岛第九中学，女专部教学仪器、设备及有关经费划转青岛艺术学校；青岛十一中停办。

青岛第十中学并入青岛外事服务职业学校。青岛第十中学教职工分流安置，离退休教职工由青岛外事服务职业学校管理，场地、校舍、资产、债权债务等并入青岛外事服务职业学校，现有初三年级学生由青岛外事服务职业学校负责教学和管理至2009年7月，青岛第十中学停办。

青岛第十三中学并入青岛艺术学校。青岛第十三中学教职工分流安置，离退休教职工由青岛艺术学校管理，场地、校舍、资产、债权债务等并入青岛艺术学校，现有初三年级学生由青岛艺术学校负责教学和管理至2009年7月，青岛第十三中学停办。

青岛中心聋校迁至青岛第六十中学校址办学。青岛第六十中学教职工分流，离退休教职工由青岛中心聋校管理，资产和债权债务等并入青岛中心聋校。青岛第六十中学停办。青岛中心聋校现址改建为青岛市教育科学研究、教学研究、教育培训等办公场所。

青岛佩斯培训中心腾出归还青岛旅游学校，补充学校实训场地，改善学校办学条件。

[基础教育概况] 认真贯彻落实山东省中小学素质教育工作会议精神，对12区(市)教体局分管局长、教育科、教研室等有关科室负责人、全市68所普通高中学校校长进行培训。建立了规范办学行为督察制度，将各级教育行政部门的违规办学举报电话、信箱在学校宣传栏等公共场所张贴公布，接受社会各界的监督，先后对5所违规学校进行了严肃处理。以市政府名义制定了《青岛市人民政府全面推进素质教育的决定》，明确了全面推进中小学素质教育的总体思路和目标，提出全面推进素质教育的重点工作和保障措施。制定了

新一轮中小学办学条件标准化建设工作方案，计划用5年时间全面完成全市新一轮中小学标准化建设任务。加快规范化学校建设步伐，申报省、市级规范化学校的中小学分别有39所和36所。确定了10所重点加强的特色学校，以此带动全市新一轮中小学特色学校的创建工作。

[**学前教育**] 完善托幼园所收费政策，提出了改革托幼园所收费政策的方案报告。以12区(市)为主、市教育局抽查的原则，启动非法学前教育机构的清理工作，对全市城乡非法举办的学前教育机构进行一次全面检查，对经整改不符合条件的予以取缔。推广城阳区、黄岛区加强政府统筹，出台学前教育经费投入比例和落实农村幼儿教师待遇的经验。推广胶南市、胶州市加大市、镇政府投入力度，将改善农村幼儿园办园条件列入政府实事的经验。推广即墨市加强农村幼儿教师队伍管理，规范农村幼儿教师工资发放的比例和标准，为50周岁以下农村幼儿教师办理养老保险，解决50周岁以上未能参加养老保险农村幼儿教师退休问题的经验。

[**义务教育**] 确定了市内四区第二批加强建设的5所初中学校，它们是青岛第五十七中学、青岛第三十四中学、青岛第五十中学、青岛第二十二中学、青岛第六十三中学，组织专家逐一对上述5所学校三年发展规划进行论证指导。制定了全市义务教育阶段改制学校清理工作方案并组织实施。将全市义务教育阶段特殊教育学校纳入合格学校建设范围，进一步改善全市特殊教育学校办学条件。出台了《关于进一步加强残疾儿童少年随班就读工作的通知》，在增强区、市管理职能、完善规章制度、加强教师队伍建设等方面提出明确要求。

[**普通高中教育**] 组织实施新颁布的《山东省普通高中课程设置及教学指导意见(试行)》，重新确定了普通高中课程改革4所省级、20所市级定点联系学校。积极推进初中学业水平考试和普通高中招生制度改革：扩大了将优质高中招生指标分配到初中学校的比例；实行一、二志愿作为平行志愿的政策；以市教育局名义下达文件，严格控制各区、市高中招生普职招生比例；将学生学业水平考试作为学生隐私保护起来；规范招生班额和招生秩序。

[**教学研究与基础教育课程改革**] 义务教育学段，在原有的地方教材《蓝色家园》和《生命教育》的基础上，组织开发了《环境教育》并顺利通过省教育厅审查。制定了《高初中教学实施与指导意见》、《教师教学常规》和《学生学习常规》，从制度上规范教学，从机制上科学实施教学，为深入推进素质教育的提高有力保障。出台了《青岛市新课程各学科课堂教学指导意见》，对课堂教学如何落实知识与能力，过程与方法，情感、态度与价值观的三维目标提出了具体要求。在各学段大力推行学案导学教学法和先行课制度，着力解决教学重点和难点，努力提高课堂教学效益。总结提炼"教学金点子"近90个汇编成册，提炼来自教学一线的李沧区目标导学、即墨二十八中和谐互助教学、胶南一中学案导学、崂山二中自然分材教学法4个优秀教学方法向全市推广。针对高中课改要求，制定了《青岛市普通高中新课程各学科各模块开设意见》，协助学校进行课程规划与开发，教学管理和学生选课指导。教师在国家、省优质课评选活动中，有8人获得全国一等奖，56人获山东省一等奖。学生在全国高、初中学科竞赛中，有182人获全国一等奖，206人获全国二等奖，100人获全国三等奖。

[**中等职业教育概况**] 青岛市职业教育公共实训基地正式投入使用，确定了实训基地"公益性服务为主，市场化运作为辅，计划统筹与市场运作相结合"的运行模式。中央财政给予480万元的支持，青岛黄海职业学校、青岛工贸职业学校和莱西职教中心被列为国家级实训基地。崂山、城阳和黄岛三区的职业学校布局调整工作已基本完成。胶南市五校合并、整合新建职业教育中心开始建设，总投资将达到5亿元。胶州市三校合一、异地重建、预算总投资2.7亿元的职教中心项目也动工开建。即墨、平度也制定了布局调整方案，全市职业学校布局调整框架基本形成。确定了市内四区、三个郊市区、农村五市三个层面的职业学校专业布局调整的目标，明年开始全面实施。全市一、二、三产业专业在校生比例已调整到5∶50∶45，与青岛产业结构基本匹配。进行集团化办学模式改革，组建了电子信息业、金融财会业和汽车维修业等三个职教集团。出台《中等职业学校学生实习管理办法》，对实习工作进行了全面规范。2008年全市中等职业学校共招生6.5万人，其中招收外地生源3.2万人，顺利实现高中阶段职普比例4.9∶5.1的目标。12月中旬，全国职业教育校企合作、工学结合、顶岗实习工作会议在青岛市召开。接收100名北川职业高中的学生到青岛电子学校和山东省轻工工程学校复学，接受甘肃天水市40名学生到青岛经济职业学校就读。

4月24日，青岛市委常委、副市长张惠在青岛市教育局党委书记、局长徐剑波陪同下，到青岛市职业教育公共实训基地调研

［职业教育教学研究与改革］　制定《青岛市中等职业学校德育课贯彻党的十七大精神的指导意见》，组织德育课教师培训，开展德育课观摩、道德讲堂、立业创业等活动，探索有效的德育课教学模式。围绕公共实训基地建设，及时制定出台了汽车运用与维修、数控技术应用等五大专业的实训教学计划，确保了公共实训基地教学工作的顺利运转。深入研究工学结合、校企合作、顶岗实习办学模式下专业教学的有效模式。对山东省轻工工程学校、胶南高职校等学校的教学模式进行研究，积极探索相关专业工学一体化教学方案。青岛市教育局在教育部2008年度职业教育与成人教育工作会议上做《积极推进"工学结合、半工半读"提升职业教育办学水平》经验介绍。

3月31日，青岛市教育局副局长李振江在教育部2008年度职业教育与成人教育工作会议上做《积极推进"工学结合、半工半读"提升职业教育办学水平》经验介绍

［学生技能考核、竞赛］　组队参加2008年全国中等职业教育技能大赛，共有42位选手参加了中等职业组7个专业20个项目的比赛，取得10个一等奖、17个二等奖、10个三等奖，并以团体总分第六名的成绩荣获团体三等奖，位列计划单列市第一名。出台《关于进一步加强青岛市中等职业学校职业技能竞赛工作的意见》，建立每年举办市级职业技能竞赛制度。

［农村成人教育］　实施农村实用人才培训工程，促进农村"三教"统筹，"农科教"结合，全年完成对5万名农民的实用技术培训目标。实施农村劳动力转移培训工程，面向农民开展订单式培训，提高进城农民工的职业技能。发挥乡镇成人教育学校作用，实施以提高职业技能为重点的成人继续教育和再就业培训工程。

［社区教育］　积极开展社区教育，召开全市社区教育工作交流会，承办全省社区教育座谈会，参观市南区、四方区、市北区和城阳区现场。重视发挥社区教育在构建终身教育体系，促进学习型社会建立中的作用。

［民办教育］　《青岛市实施民办教育促进法办法(草案)》顺利通过第十四届市政府第四次常务会议和第十四届市人大常委会第六次会议的审议。出台《关于进一步明确青岛市民办教育管理体制的通知》、《关于明确青岛市教育局各处室对民办学校的主要管理职责的通知》两个文件，提出民办学校实行分级审批、属地管理以及教育部门内部归口管理的原则。新批中等职业学校1所，1所高职增加中职办学层次，新批成人中等专业学校1所，新批中等非学历学校17所，试办中等非学历学校转正11所。依法规范民办学校管理，25所学校因生源枯竭或后续办学资金不足停办，3所学校存在违规办学等问题被限期整改，10所学校因达不到规定的办学条件停止招生。

［中外合作办学］　新批中外合作办学项目5个，2008年全市共有中外合作办学机构19个，中外合作办学项目31个。5月21日，经教育部同意批准设立青岛青云韩国学校，完成选址工作；8月19日，青岛日本人学校建成并开始搬迁；8月28日，青岛第一国际学校举行了开工奠基仪式，该校规划占地100亩，办学规模2000人，计划2009年9月招生。

4 月 10 日,青岛市委常委、副市长张惠会见前往青岛第一国际学校进行 WASC 认证的美国 WASC 认证机构副理事长玛瑞琳·乔治女士一行

[高等教育概况] 青岛地区共有学历高校 22 所,其中普通本科高校 8 所,独立学院 2 所,普通高职院校 8 所,成人高校 2 所,军事院校 2 所。各高校共有全日制普通在校生 28 万人,比 2007 年增加 1.2 万人。各高校共占地面积 2.7 万亩,建筑面积 888 万平方米,比 2007 年增加 22 万平方米,固定资产总值 130.8 亿元,比 2007 年增加5.8亿元,其中教学仪器设备总值23.84 亿元,比 2007 年增加 1.84 亿元。中国石油大学(华东)、山东科技大学、青岛农业大学三所高校办学功能进一步完善、办学规模继续扩大、办学优势进一步显现,三所高校普通在校生规模超过 6.5 万人。中国海洋大学二期工程扎实推进,青岛远洋船员学院与胶南市签署建设新校区项目合作协议,北京电影学院青岛创意媒体学院主体工程基本完工且通过山东省教育厅验收。

各高校共有专任教师 17182 人,比 2007 年增加 1754 人,其中正高级职称 2003 人,比 2007 年增加 23 人,副高级职称 4572 人,比 2007 年增加 302 人。专任教师中共有专职院士 13 名,双聘院士 30 人,比 2007 年增加 5 人,博士生导师 632 人,比 2007 年增加 74 人,具有博士研究生学历的教师 2530 人,比 2007 年增加 176 人,具有硕士研究生学历的教师 6361 人,比 2007 年增加 80 人。

各高校共有博士后流动站 22 个,博士点 114 个,硕士点 486 个。共有国家级重点学科 13 个,省部级重点学科 71 个,省部级以上研究中心、重点实验室 111 个。各高校图书馆共有藏书 2136.92 万册,比 2007 年新增 136.92 万册。

科研能力进一步增强。2008 年各高校共承担国家级科研课题 314 项,省部级科研课题 583 项,市级科研课题 383 项;8 项科技成果达到国际领先水平,65 项达到国际先进水平,51 项在国内领先,8 项属国内先进;高校科技成果获国家级科技进步奖 6 项、省部级科技进步奖 111 项。共向地方转让科技成果 118 项,有力推动了地方经济建设和社会发展。中国海洋大学海洋生物技术产业化基地和海洋探测技术中试基地完成整个项目建设。青岛大学将学校的教学科研工作与青岛市经济社会发展紧密结合,围绕青岛市经济、教育、文化科技等领域确立了 70 项研究课题,在科技成果转化、咨询服务、人才培训、资源共享等方面全方位与青岛市进行对接,服务青岛的各项建设事业。

高等职业教育注重内涵提升,彰显办学特色。形成校企联动的机制和格局,实现优势互补、互利双赢,以校企双赢促进校企合作。酒店管理学院完善人才培养模式,以酒店管理等十个重点专业建设为抓手,丰富和完善了“三位一体”育人模式,“订单式”、“项目化教学”、“工学交替”等教学方式得到进一步推广。青岛港湾职业技术学院依托港口,突出特色,顺利通过了国家海事局教育资质评估和省教育厅人才培养工作水平评估,获国家技能人才培育突出贡献奖,12 月 5 日该院与台北海洋技术学院签订合作办学协议,积极开拓两岸高职教育交流。

民办高等教育得到规范、加强。2008 年,全市共有具有颁发学历资格的民办高校 5 所,独立二级学院 2 所,7 所学历民办高校的普通在校生 7.4 万人。

各高校继续加强与其他国家的合作与交流,有合作关系的国家达到 192 个。在各高校任教的外籍教师共有 346 名,有 2325 名外籍专家、学者来青进行学术交流,有 2551 名外籍留学生在各高校留学深造。同时,有 742 人出国访问、讲学。建立多种形式的联合培养、合作科研项目,拓宽了人才培养平台,为学生提供良好的实习机会和就业基础。

成立了学生资助管理中心,建立健全了普通本科高校、高等职业学校和中等职业学校家庭经济困难学生国家助学资助体系,2008 年共有高校学生 23680 人受到奖励和资助,资助金额 2491 万元,其中市级财政投入 2376 万元。对 2008～2009 学年在青岛市就读的 390 名四川地震重灾区学生实施特别资助政策,助学金和免除学费共 165.82 万元。

[市南区教育概况] 学前教育。全区有幼儿园 48 所,托儿所 8 所,在园幼儿 10049 名,学前一年入园率为 100%。有省、市级示范幼儿园 34 所,占全区幼儿园总数的 70.8%。山东省十佳幼儿园 4 所、青岛市十佳幼儿园 6 所、青岛市教育改革十面红旗单位 1 个。

义务教育。全区中小学共42所,其中小学31所,初中11所,拥有省、市级规范化小学29所,占全区小学的93.5%。初中省、市级规范化学校8所,占全区初中学校的72.7%,青岛市教育改革十面红旗单位3个。在校小学生29046名,初中生10083名。小学和初中普及率为100%。全区智障儿童少年入学率为100%。全年共接收外来务工人员子女1573名,对符合条件者全部免收借读费。全区28所小学、初中接纳382名外籍学生就读。

民办教育。全区共有民办学校7所,其中小学4所,在校学生3485名,初中2所,在校学生2070名。九年一贯制学校1所,在校学生404人。所有民办学校均严格按照《民办教育促进法》及其实施条例的规定进行了审批、登记,严格执行民办学校招生收费政策,达到了"法人独立、校舍独立、教学独立、财务独立"的要求。

社区教育。社区教育工作立足社区、依靠社区、服务社区,有力地促进了社区居民整体素质和生活质量的提高,推进了和谐市南的建设步伐,被评为"全国社区教育示范区"。区政府划拨专项经费92万元用于开展社区教育工作。社区教育工作专职人员203人,义工、志愿者13721人。以"学习提升素质·携手共创文明·大爱援建家园"为主题举办了第三届社区教育节,历时半个月,参与单位近30个,面向居民发放了4万份知识口袋书,先后组织社区公益培训近4000节次,受益居民达20万人次。市南中专招收进城务工人员,提高其学历层次,有成人中专学员80名,大专学员329名,本科学员114名,开设企业管理、形象设计、财务会计等专业。对有关人员进行了计算机技能培训,并与市南区卫生检疫所联合对公共场所从业人员及餐饮从业人员进行卫生知识、英语培训,培训人数400余人。

教师队伍建设。全区有教师2424人,其中小学教师1623人,初中教师801人。小学教师中具有大专以上学历的占96.6%,其中本科学历者占53.5%,硕士研究生5名。中学教师中,本科学历者占89.7%,大专学历者占8.9%,硕士研究生8名。在干部队伍建设中,加大了选拔和轮岗的力度,80%的小学更换了校长,32名副校级以上干部被提拔或轮岗,局属校级干部中具有本科学历的占校级干部的83.33%。在教师队伍建设中,与中国教育学会、驻青高校等合作建立了11所教师发展学校,对教师进行各类高层次培训,仅2008年上半年教师参与各级各类培训的人数就达9800人次。各校区级以上骨干教师人数均达到30%以上,比例基本均衡。启动了"优秀教师轮岗交流"工作,7名优秀教师参与首批流动。评选了11名"市南名师"。

改善办学条件。全年投入800万元解决了学校冬季采暖问题;投入近200万元改造了各学校、幼儿园的防雷设施;投入67万元为区属34个中小学、幼儿园配备了餐具消毒柜和保洁厨,消除了食品安全隐患;投入1287万元为全区学校配备了液晶电视666个,计算机879台,视频展台764个,投影机90个,使各校的现代化教育装备趋于均衡,满足现代教育教学的需要。

[市北区教育概况] 学前教育。全区有幼儿园43所,托儿所66所,在园幼儿8500名,学前一年入园率为100%。拥有山东省十佳幼儿园1所,青岛市十佳幼儿园3所,省、市级示范幼儿园由"九五"的20所增至2008年的32所。

义务教育。全区中小学共52所,其中小学40所,初中12所,拥有省级规范化学校6所,市级规范化学校33所,山东省教学示范学校2所,青岛市教育改革十面红旗单位2个。在校小学生、初中生有3.1万名,小学和初中普及率均为100%。全区智残障儿童少年入学率为98%。积极解决外来务工人员、外籍人员子女的就学问题,全区所有中小学均接纳外来学生就读,并对符合条件者全部免收借读费。2008年市区中小学共接收外来务工人员子女7200名。

社区教育。2008年,全区共建有社区教育阵地560多所,16支社区教育专职队伍,500多支社区教育志愿者队伍。在全区成员中大力倡导"把学习融入您的生活,让学习伴随您的一生"的终身教育理念。面向老年人创设、推行"学、教、乐、爱"国家级社区教育课题的实验成果;面向青少年强化思想道德建设和心理健康教育;面向社区居民分层施教。全年各类讲座1800余场15万余人次,其中居民培训1000余场10万余人次,失业人员技能培训300余场15000余人次,新市民培训500余场3000余人次。全区大型社区教育活动80余次,参与人数32余万人次。社区教育为市北区精神文明、和谐社区建设奠定了良好的人文基础。

民办教育。2008年全区共有各类民办学校6所,其中改制学校3所,私立学校3所,共有在校生3338名,占中小学生总数的11%。全区形成了国有民办、私立等多种办学格局。

教师队伍建设。2008年全区在职教职工3328人,其中中学973人,小学2355人。教师学历层次不断提升,中小学教师有硕士13人(中学9人,小学4人),本科1463人(中学590人,小学873人),专科743人(中学47人,小学696人)。实施名师名校长培养工作,精心打造高层次人才,首批10位名校长、25位名师培养人选正在接受培训。课例研修培训不断完善与发展，503名教师顺利结业。全面启动"市北区菜单点击式培训"，四年来送教上门360余次，在线点击30000余次。87名教师参与校际间骨干教师交流，优化了市北区教师人才资源的配置，促进了优秀人才的合理流动。

改善办学条件。加大学校基础设施改造力度，不断改善全区学校的办学条件。80%的学校铺设了塑胶跑道和操场，15所学校铺设了人造草皮或草皮操场，5所学校建有体育训练馆，1所学校拥有游泳馆。加大教育装备现代化进度，实现校园网校校通、班班通。全区中小学共配备计算机6492台，小学生机比11.6∶1，中学生机比7.6∶1，中、小学教师人机比1∶1。共有山东省电化教育示范学校15所。

[四方区教育概况] 学前教育。全区有幼儿园30所，其中公办园22所，民办园8所，家庭托儿班70余个。30个幼儿园中省、市级示范园23所（其中有9所是省级示范园），示范园的比例占四方区幼儿园的76%。在园幼儿8000余名。3～6岁幼儿入园率达120%（含20%左右的新市民子女），80%以上的幼儿园实施了学前四年以上教育。基本形成了一条以教育办园为示范，街道、企、事业办园为主体，个人办园为补充的，公办与民办相结合，与四方区经济社会发展相适应，具有四方特色的幼教发展格局。

义务教育。中小学共35所，其中小学28所，初中7所，拥有省级规范化学校8所，市级规范化学校19所，区级规范化学校7所，山东省教学示范学校2所，青岛市教育改革十面红旗单位1个。在校小学生、初中生有2.7万名，小学和初中普及率均为100%。全区智残障儿童少年入学率为98%。积极解决外来务工人员、外籍人员子女的就学问题，全区所有中小学均接纳外来学生就读，并对符合条件者全部免收借读费。2008年全区中小学共有外来务工人员子女7663名，占在校生总数的28.5%。

民办教育。2008年全区共有各类民办学校3所，其中改制学校1所，私立学校2所，共有1946名在校生，占中小学生总数的7%，形成了多种办学格局。

社区教育。2008年2月被国家教育部"全国社区教育示范区"。海伦路、洛阳路两个街道于2006年1月被评为青岛市首批社区教育示范街道。坚持在全区市民中树立"在生活中学习，在学习中生活"的终身学习理念。在实践探索中形成了"党委政府发动，主管部门推动，相关部门联动，社区组织活动，联合督查促动"的"五动"社区教育管理模式，"一个中心、两大体系、三级网络、四大基地、五支队伍"的社区教育运行机制。打造"社区大课堂，文明传四方"社区教育工作品牌。建有区一级社区教育活动中心5个，街道社区学校32所，社区教育教学站点92所，社区教育专职队伍人员达到162人，社区教育兼职队伍人员达到546人，社区教育志愿者队伍500余人。开发汇编了《四方区社区教育市民读本》一套，涉及普通话、计生知识、健康教育等9个类别。举办读书节、邻居节、社区教育宣传月、社区教育职业技能观摩会等大型宣传活动，参与人数达30万人次。2007年全年举办各级各类教育班次1500余个，三级网络阵地全年教育培训人数达到35.3万人次。妇联组织、街道办事处、学校创建学习型家庭数1114个，创建学习型企事业45个，创建学习型单位43个。社区教育成为全区精神文明建设、和谐社区建设的重要抓手和实施平台。

教师队伍建设。全区义务教育阶段共有在职教职工2144人，其中初中687人，小学1457人。35岁以下占54%，36岁至45岁占27%，45岁以上占19%；教师学历达标率在95%以上，其中硕士学历9人（中学5人，小学4人），本科以上学历的占53%，专科学历的占39%，具有中专及以下学历的占8%；教师队伍中，省特级教师3人，市特级教师1人，全国模范、优秀教师各1人，省优秀教师4人，市优秀教师22人，市教学能手（04～07年）39人，市学科带头人17人。

改善办学条件。坚持教育优先发展战略，确保教育投入持续增长，加大学校基础设施改造力度，不断改善全区学校的办学条件。铺设塑胶的学校23所，占全区66%。20所学校铺设人造草或草皮球场，2所学校建有体育馆，一所学校建有游泳馆。加大教育装备现代化进度，实现校园网校校通、班班通。全区中小学共配备计算机5390台，小学生机比10∶1，中学生机比8∶1，中、小学教师人机比1∶1。共有6所学校是山东省电化教育示范学校。

[李沧区教育概况] 学前教育。全区有幼儿园45处，托儿所54处，在园幼儿9482名，学前一年入园率为100%。拥有青岛市十佳示范幼儿园两处，省、市示范幼儿园17处。

义务教育。共有中小学44所（包括初中9所、小学31所，私立学校4所），在校学生30774人（其中流动人口子女为9758人）。全区现有省级规范化学校4所，市级规范化学校21所，省市级教学示范学校5所，青岛市"教育改革十面红旗"学校1所。

民办教育。认真贯彻执行《民办教育促进法》，加强民办学校的管理，加大扶持力度，严格审批程序，规范办学行为，采取切实有效的措施，不断提高民办学校教育教学质量和办学水平，促进了民办教育的健康发展。共有46所民办学校，其中学历教育学校4所。

社区教育。以“让红领巾飘起来”、“千名教师进万家，万名学生进社区”和“让素质教育走进千家万户”等德育品牌活动为抓手，全面推进社区教育。全区共建有社区教育阵地400多处，11支社区教育专职队伍，500多支社区教育志愿者队伍。坚持落实依法治区和以德治区的战略思想，在全区大力开展以“诵读经典，书香李沧”和“好歌伴我行”等主题活动，促进了全区的精神文明建设。

教师队伍建设。有中小学专任教师2063人，其中中学695人，小学1368人。专任教师学历达标率为100%，其中硕士研究生5人(中学4人，小学1人)，本科1408人(中学618人，小学790人)，占专任教师总数的68%，专科552人(中学72人，小学480人)。区级以上教学能手、学科带头人等各类骨干教师占到教师总数的20%以上。

改善办学条件。改建、扩建了17处学校，改变了以往校园狭小、教学设施落后、教育资源匮乏的面貌；投资2000余万元铺设了17处学校塑胶操场，全区学校实现了信息技术校校通、班班通，全面优化了学校教育资源；投资6000万元新建、改建、扩建了科技馆、素质教育实践基地、游泳馆、少年宫等校外活动场所，为全区少年儿童校外实践搭建了平台。

[崂山区教育概况]　学前教育。全区有90所幼儿园，其中集体办(含政府办)幼儿园61所，民办幼儿园29所。在园幼儿4650名，学前三年入园率为95%以上，省、市级示范幼儿园12所。全区幼儿园100%达到省颁三类以上水平。

义务教育。现有小学26所，初中8所(不含民办学校)。在校小学生14431人，在校初中生7187人。小学和初中的入学率和巩固率均为100%。积极解决外来务工人员，外籍人员子女的就学问题，全区共接收外来务工人员子女2400多人，全区有16所(含4所民办学校)中小学有资质接收外籍学生，在校学生285人。全区中小学均已创建为青岛市义务教育标准化学校，并创建省、市级规范化学校23所。

普通高中教育。现有普通高中2所(不含民办学校)，在校学生3105人，教职工314人。高中以提高质量和效益为重点，以新课程改革为契机，走内涵发展之路，深入落实素质教育理念，重视加强普通高中业务骨干、薄弱学科教师培训和高考策略的研究，稳步提高了教育教学质量。

职业教育与成人教育。有中等职业学校1所，为国家级重点学校，省级劳务培训基地。共有教职工245人，“双师型”教师达到44人，占专业教师总数的88%；在校生2457人。专业设置由13个调整为5个专业部。学校积极推广“双元制”办学模式，实施“校企合作、工学结合”教学改革，加强师资培养和实习基地建设，深入实施“双证制度”，毕业生职业资格证入考率达到95%，初级职业资格合格率达到100%，中级职业资格合格率达到90%以上，有效提高了人才培养的针对性和实用性。共有4所成人教育中心。大力开展农村劳动力转移的引导性培训和职业技能培训，每年完成2000多人次培训。

民办教育。共有民办中小学6所，在校生1494名。私立海山学校、私立白珊学校连续多年被评为青岛市A级学校。

教师队伍建设。全区中小学在编在岗教职工2382人，其中专任教师1856人，其他人员526人。专任教师学历合格率情况为：幼儿园达96.7%，小学达100%，初中达99.8%，普通高中达99.6%，职业高中达96.8%。全区中小学专任教师具有本科以上学历人员比例为：小学44.3%，初中82.7%，高中99.7%。有全国教育系统劳动模范1人，全国优秀教师6人，齐鲁名师1人，山东省特级教师6人，省优秀教师14人。

改善办学条件。新建改建了35个综合校园网，101个多媒体、微机网络教室和10个数字语音室，按照省市规定标准充实了学校实验设施、理科仪器设备等，高标准建成了崂山教育信息中心。区属所有学校均接入教育信息网，全区师、生人机比达到省定标准。为全区38所中小学安装了安全饮水设备、防雷设施、视频监控系统。投入500万元解决了义务教育阶段学生乘车难问题。

[青岛经济技术开发区(黄岛区)教育概况]　学前教育。全区幼儿园86所，在园幼儿10213名，学前一年入园率为100%。省十佳幼儿园1所，省示范幼儿园12所、市十佳幼儿园2所，市示范幼儿园16所。全区六个街道办事处全部建有中心幼儿园，100%的中心园达到市级示范以上幼儿园标准。

义务教育。共有小学、初中分别为31所、8所，在校小学生25300名、初中生10500名，小学和初中普及率为100%。全区视、听、智残障儿童少年入学率分别为99%、98%和97%。中小学共接收外来务工人员子女11000名。有省市级规范化学校22所。

普通高中教育。共有普通高中3所，其中2所公办高中，1所民办高中，在校生共4600余名。优质高中资源不断扩大，第一中学与中国石油大学、致远中学与山东科技大学联手共建力度不断加大。

职业教育与成人教育。职业教育实施“双名牌”工程，职教招生人数与高中阶段招生总数的比例大致相当。共有中等职业学校14所，其中公办2所，民办12

所,在校生共6.9万名。创建国家级重点职业学校2所。3所学校被评为青岛市A级学校,9所学校被评为青岛市规范化学校。全区高中阶段毛入学率98.6%,基本普及了高中阶段教育。积极推进"三教统筹",2008年全区利用职成教育资源开展农民培训4000多人次。

社区教育。建成了一支由20多名社区教育工作者、200多名社区教育志愿者组成的社区教育队伍。依托社区教育,大力推进学习型组织建设,组织开展了"全民读书月"、"学习型城区创建"等活动,创建了书香家庭、学习型社区、学习型企业等200多个。

民办教育。有各级各类民办学校65所,其中高等学历教育学校2所,中等学历教育学校13所(中等职业学校12所,民办高中1所),中等非学历培训学校50所。民办学校占地总面积2140余亩,建筑面积90余万平方米,基础设施投资8亿多元。在校生过万人的民办学校有2所,有教职工4570人,其中有专职教师3120人,外教50余人。

教师队伍建设。在职教职工2860人,其中义务教育段2237人,高中段623人。普通中学教职工403人,学历达标率为97.27%;小学教职工1347人,学历达标率为100%;幼儿园教师999人,学历达标率100%;中职专任教师491人,学历达标率100%;全区教师中有硕士研究生32人,研究生课程班结业253人。全国优秀教师2人,省优秀教师3人,获青岛市优秀教师以上荣誉称号24人。

[城阳区教育概况] 学前教育。全区有107所幼儿园,其中青岛市十佳幼儿园1所,省市示范幼儿园48所,青岛市一类幼儿园36所,市级一类以上幼儿园占园所总数的78.5%,适龄儿童学前三年入园率达97.6%。全区在园幼儿13774人。

义务教育。有初中13所、小学67所,在校生分别为17750人和35908人。全区有韩国学生647人,其中小学460人,初中187人。小学、初中适龄人口入学率为100%,在校生年巩固率分别为100%和99.9%。中小学校均达到区级"园林式"学校标准,其中省级花园式单位1所,市级花园式单位33所,市级绿化先进单位61所,市级花园式学校13所,绿化覆盖率已达到44%以上。

普通高中教育。共有普通高中3所,在校学生6515人。3所学校均为省级规范化学校,高中阶段教育普及率一直保持在97%以上。学校深入落实素质教育理念,牢牢把握课堂教学这个关键,全面优化教学过程和教学环节,总结推广新型教学模式,形成了探索、挖掘课堂教学内涵,引领学生决胜课堂的浓厚氛围,促进了教育教学质量的稳步提升。

职业教育与成人教育。按照"优质加特色,高水平均衡发展"的原则,积极实施"双名牌"建设工程,在青岛市率先完成职业教育布局调整工作,现有市级骨干专业6个,省级教学改革试点专业3个,其中,机电、汽修两专业被确定为省级职业教育实训基地。骨干专业在校生数达到75%以上,毕业生就业率始终保持在98%以上。各街道成教中心对接社会需求,广泛开展各级各类培训活动,农村新增劳动力接受实用技术培训率达94%以上。

社区教育。出台了《城阳区关于进一步加强社区教育工作的意见》,区政府每年划拨专款用于社区教育基础建设和活动开展,初步形成了以区社区教育管理指导中心为龙头,以区委党校、区成人中专、区老年大学、区妇女儿童活动中心为载体的具有城阳特色的社区教育模式。

民办教育。各类民办学校在校生8770人,投资过千万的有3所,初步形成了以公办教育为主,公办教育与民办教育相互促进、共同发展的良好格局。

教师队伍建设。共有教师5215人,其中,普通高中846人,职业学校740人,初中1465人,小学2164人。幼儿园、小学和初中专任教师学历合格率均为100%,普通高中为98%,职业高中为93%。各级青年教师优秀专业人才、优秀教师、教学能手、学科带头人、学科首席教师已达600余名,其中全国优秀教师6人,省优秀教师、教学能手19人,市优秀教师、教学能手、学科带头人等148人。

改善办学条件。区政府实施社区小学办学条件改善工程,先后投资560万元和600万元,在校园网建设、图书装备、配套设施等方面改善了34所社区小学的办学条件;年内,区、街道和学校又投入资金1700万元用于改善办学条件。

[即墨市教育概况] 共有各类学校264所,其中小学187所,初中34所,高中8所,中等职业学校7所,镇(办事处)成人中心校23所,广播电视大学1所,特教中心1所,教师进修学校1所,体育学校1所,青少年实践教育基地1所。幼儿园391处。有即墨市规范化学校203所,青岛市规范化学校68所,山东省规范化学校10所。全市小学入学率、巩固率、初中入学率均达到100%,初中巩固率达99.55%,残疾儿童入学率达96%,高中入学率92.09%。在校学生总数137485人,教职工12403人。年内,即墨市被确认为山东省规范教育收费示范县。即墨市教育体育局先后荣获为第二十九届奥运会作出贡献集体三等功、青岛市关心下一代工作先进集体、青岛市安全工作先进单位、即墨市

人口和计划生育工作先进单位等多项荣誉称号。

扎实推进教育均衡发展。出台了《关于加快调整学校布局优化教育资源的实施意见》，计划三年总投入4.8亿元，新建、改扩建学校45处。投入6600余万元，新建、改建、扩建了段泊岚中学、店集中学和金口小学。全市初中由36处调整为34处，学校布局日益优化。投资3600万元的长江路小学建设工程顺利开工，2009年秋季投人使用，将有力缓解城区西部学生入学难问题。投入400多万元将原三职高中改建为青少年校外教育实践基地，5月正式启用。完善农村中小学内设配备，投入资金600余万元，为学校装备计算机、图书和多媒体教学设施。出台《即墨市中小学危房改造实施方案》，计划由市、镇两级政府投资3300余万元，2009年底全面消除现存中小学危房。2008年，即墨市财政出资1520余万元，改造农村中小学C、D级危房3.6万平方米。镇级政府投入655万元，改造农村中小学B级危房6.6万平方米。

提高高中教育质量。调整充实了《即墨市普通高中教育教学成绩考核办法》，印发了《关于进一步提高全市普通高中课堂教学质量的指导意见》，致力于构建高效课堂。立足于从根本上解决问题，用科研的办法破解教育发展中的难题。共组织全市293名校长、教师参加了国家、省市教育科研课题培训。重点指导好义务教育学校定准立项研究课题，21项课题顺利立项为青岛市教育科学“十一五”规划滚动课题。到2008年底，即墨市共立项国家、省、市级课题81项。

学前教育和民办教育保持良好发展势头。投入3500多万元，新、改扩建幼儿园80处。5处幼儿园通过青岛市示范幼儿园验收。拥有省、市示范园和青岛市城区一类园比例，在郊区五市中名列第一。学前一年入园率达100%，学前三年入园率达93%。规范民办教育发展，全年实地查验民办学校36所，取缔非法办学4所，新批准成立非学历教育学校2所，调解办学纠纷20次。全市累计开展非学历类培训1.3万人次，较好地满足了社会需求。2008年，即墨市教育体育局被评为青岛市民办教育先进单位。

突出职业教育发展特色。投入3750多万元将即墨市第一职业中专扩建为市职教中心，二期工程已竣工。争取中央等上级财政资金支持400万元，在即墨市第一职业中专建成数控专业实训基地，教学设备达到青岛市同类学校一流水平。创新办学模式，开展了订单式、半工半读等多形式校企联合办学。即墨市第一职业中专与青岛新海钢科技有限公司联合办学，走出了一条学校出校舍，公司出技师、设备的引企入校合股办学路子。即墨市第二职业中专与日资企业青岛开拓青木时装有限公司、红领集团联合办学，学生在校学习两周后，再到企业进行为期两周的学习和实践，边学理论，边进行实践操作，形成了“办校进厂”的办学模式，实现了学校、学生、企业“三赢”。各成校按照要求扎扎实实做好农村劳动力培训工作，2008年全市共培训农村劳动力6400人。即墨市蓝村镇教育办公室等8个单位被评为全市成人教育工作先进单位。

教师队伍建设。2008年到省内外师范类高校公开选聘了20名师范类应届本科毕业生，招考师范类本科毕业生186名，全部充实到农村教学一线。立足建设学习型教师队伍，2008年重点开展了以提高教师能力为主要内容的各类业务知识培训。制定下发《2008年干部教育培训意见》，举办了即墨市第七期中小学校长任职资格培训班。组织29名校长参加了青岛市农村初中校长更新知识培训、15名初中校长参加了青岛市第十六期初中校长提高培训班、10名高中校长参加了青岛市高中校长任职资格培训班。2008年，全市专任教师学历达标率普通高中是99.3%，职业高中为89.2%，初中是99.4%，小学为100%。

［胶州市教育概况］　学前教育。全市有436处幼儿园，在园幼儿22700名，入园率为100%，省、市级示范幼儿园21处。镇(处)均建成中心幼儿园，全部达到青岛市一类幼儿园标准。

义务教育。共有小学113所，初中21所，九年一贯制民办学校3所。在校小学生55628人，在校初中生27135人。小学和初中的普及率均为100%。视、听、智残障儿童少年入学率分别为98.3%、97.2%和95%。积极解决外来务工人员，外籍人员子女的就学问题，全市共接收外来务工人员子女3311人，有5所中小学接收外籍学生，在校学生65人。中小学均已创建为青岛市义务教育标准化学校，并创建省、青岛市级规范化学校30处。

普通高中教育。共有普通高中5所，在校学生13348人，教职工1451人。高中深入落实素质教育理念，在尊重教育规律和学生成长规律的前提下，科学提高教育竞争力，坚持向管理创新要质量、向教育科研要质量、向高效课堂要质量的原则。

职业教育与成人教育。有中等职业学校3所，其中国家级重点1所，青岛市级重点1所。共有教职工585人，“双师型”教师占80%以上；在校生8000余人。设有计算机、财会、机电、数控、制冷、幼师等30多个专业，其中青岛市级骨干专业3个。全市共有18个镇(处)成人教育中心校，其中青岛市农村成人教育A级学校1处，B级学校3处，青岛市社区教育实验区1处，青岛市教育局确定的农村劳动力转移培训基地2个，胶州市社区教育实验区8处，胶州市农民工素质教育基地1处。年开展各级各类培训15000余人次。

民办教育。在“积极鼓励、大力支持、正确引导、依法管理”的方针指导下，民办教育健康发展，共有民办教育机构29所，其中九年一贯制学历教育学校3所，占地90亩，建筑面积7000平方米，固定资产总额达2000万元，专职教师87人；非学历教育培训学校26所，培训内容为文化、艺术、语言和初等职业技能培训，年培训人数超过1万人次。

改善办学条件。2008年计划总改造危房面积61516平方米，实际完成新建与改造面积80268平方米，总投资约5800万元，为全市广大师生的工作学习环境提供了安全保障。投入1000余万元专项资金加强基础教育教学设施配备，各高中、初中镇驻地小学及局属初中、小学教学仪器基本达到原部颁一类标准，其他小学达到二类标准。全市小学共有图书104万余册，生均达20册，初中现有图书41万余册，生均达到25册，高中共有图书26万余册，生均达到30册，全市109所小学、21所初中每校至少建有1个多媒体教室，5所高中及城区部分学校多媒体已进入教室，实现了班班通。

教师队伍建设。在职教职工8826人，其中普通中学教职工3838人，学历达标率为98.8%；小学教职工4193人，学历达标率为99.6%；幼儿园教师1285人，学历达标率93%；中职教职工585人，专任教师491人，学历达标率100%；胶州电大、教师进修学校、成人中专210人。全市教师拥有硕士研究生22人，研究生课程班结业300人。全国优秀教师1人，全国优秀教育工作者1人，山东省特级教师3人，省优秀教师8人，有68人获青岛市优秀教师以上荣誉称号。

[胶南市教育概况] 学前教育。全市有249处幼儿园，在园幼儿21447名，入园率为100%，省、市级示范幼儿园71处。全市镇(处)均建成中心幼儿园，全部达到青岛市示范幼儿园标准。

义务教育。普通小学有91处，初中26处，在校生分别为53412名、28995名，小学和初中入学率为100%。有特殊教育学校1处，全市残疾儿童少年入学率达98.8%。积极解决外来务工人员、外籍人员子女的就学问题，对符合条件者全部免收借读费。城乡中小学接纳24名外国籍学生就读。共有省规范化学校7处，青岛市规范化学校35处。

普通高中教育。有普通高中6所，全部为省级规范化学校，在校生13472名。全面普及高中段教育，高中段教育入学率达95%以上。高中学校坚持走内涵发展、质量立教之路，积极推进素质教育，进一步规范办学行为，不断优化教师的教育行为和学生每天的学习生活，教育教学质量稳步提升。

职业教育与成人教育。有中等职业教育学校3所，全部为国家级重点职业学校和全国半工半读试点学校。在校生2.3万名，2008年共开设专业23个，其中有教育部重点建设专业1个，省级教育教学改革试点专业3个，青岛市骨干专业5个，加工制造类专业等骨干专业就读学生占在校生的80%以上。投资4.5亿元对市职业中专、电子学校等5所国办职校进行跨行业、跨部门整合重组，按万人规模规划建设占地面积410亩，建筑面积16万平方米的综合性职教中心。以课程改革为切入点，实施了分层次、模块化教学，强化技能训练与综合实践能力培养，不断优化企业与学校共同教育管理和训练学生的人才培养模式，实现了职业教育“校企合作办学、工学结合育人”的特色化品牌发展。学生技能鉴定合格率、优质就业率均在98%以上。积极发挥政府主导作用，大力推进涉农教育资源整合，以19处乡镇成教中心校为载体，开办融社区教育、文化传播、职业培训、创业指导、科技推广和信息服务等六大职能于一身“农民大学堂”，创办农民教育培训超市，大力开展“订单式培养、菜单式教学、递进式就业”劳动力转移培训。全市有山东省规范化学校12个，青岛市示范成教中心3个，青岛市成教办学水平A级学校6个、B级学校7个，年内开展各类农民教育培训3万人次。

民办教育。有民办高等学历教育学校1所(青岛黄海职业学院)，高等非学历教育学校3所(青岛明天职业技术专修学院、青岛临港职业技术专修学院、青岛文海管理技术培训学院)，中等学历教育学校10所，中等非学历短期培训类学校21所。有高等学历教育在校生1.6万人，中等学历教育在校生2.5万人，年短期培训1.2万人次，基本形成了“高中职优势互补、公民办良性竞争、错位发展”的格局。

教师队伍建设。在职教职工9857人，其中专任教师8582人。普通高中专任教师1145人，学历达标率为99.3%；初中专任教师2497人，学历达标率为98.8%；小学专任教师3920人，学历达标率为99.2%；幼儿园专任教师183人，学历达标率98.3%；职业学校专任教师468人，学历达标率92.6%。全市获青岛市级以上荣誉称号的教师占全市专任教师的13.2%，其中有全国优秀教师4人，山东省特级教师5人，省优秀教师、教育工作者37人，青岛市优秀教师、优秀教育工作者301人。

改善办学条件。市镇财政安排专项资金6000万元以上，用于义务教育阶段学校基础设施、教学设施建设和校舍改造。2008年出台并实施了《关于全面加强合格学校建设，推进中小学办学水平提高的实施意见》，市财政安排500万元实施农村薄弱小学改造工程，改造后的村级小学达到胶南市级以上规范化学校办学标准，中心小学达到青岛市级规范化学校办学标准。全市中小学装备计算机累计1.15万台，所有学校建有多媒体教室，农村中小学现代远程教育工程顺利实施。

［平度市教育概况］ 学前教育。在落实办园单位责任，理顺投入管理体制方面实现重大突破。9月份平度市政府出台了《关于加快学前教育发展的意见》，进一步明确了市、镇、村三级的管理与投入责任。积极搞好幼儿园升类达标工作，推动全市幼儿园整体办园水平的提高。11处青岛市示范幼儿园通过青岛市验收。加强幼儿教育教研工作。深化了幼儿一日活动研究，举行了幼儿教师优秀教学法与教学经验研讨活动，评选出一批平度市学前教育优秀教学法。

义务教育。共有普通中小学学校251处。其中小学205所，在校生88164人，教职工6104人；初中45所，在校生45535人、教职工4653人；青岛市以上规范化学校64所。完善义务教育经费保障机制。全部免除了农村义务教育段学生杂费、教科书费，提高了家庭困难寄宿生补助生活费标准，将农村中小学公用经费提高到小学每生每年310元，初中460元。努力改善办学条件，改造水泥梁檩校舍88324平方米；拆除重建D级危房32842平方米，全市共计改造、拆建不安全校舍121166平方米，是历年来实施危房改造面积最大的一年，改造资金3653.77万元。进行了工资套改并补发工资，教师的薪级工资从2008年1月份进行了调整补发。以薄弱学校改造、合格学校建设和提高学校管理水平为重点，大力推进义务教育均衡发展。年内改造薄弱小学30处、初中6处；创建青岛市级以上规范化学校6处，平度市级规范化学校14处；研究制定了《平度市中小学办学条件标准化规划》。

普通高中教育。认真落实办学规范，走内涵发展之路，深入落实素质教育理念，重视加强业务骨干、薄弱学科教师培训和高考策略的研究，稳步提高了教育教学质量。

职业教育。中等职业学校6处(含行业办1处)，在校生1.8万人，其中国家级重点3所，青岛市级重点1所，青岛市级以上骨干专业12个，专业设置53个，在校生1.8万人。2008年全市各级各类职业学校招生5189人(含普专)，高中段普及率达86%，职普比例为50.4%∶49.6%。全市职业学校深入推广“双元制”办学，积极实施校企合作、工学结合的有效形式。平度职教中心全部专业实施了“双元制”办学模式，电子职专与海信集团空调集团探讨实施融工学结合、顶岗实习、订单培养于一体的人才培养模式，在校内建立空调装配维修实训车间。全市职业学校年内与130多家企业建立了校企合作关系，共安排2000多名学生到企业半工半读，3820多名学生进厂顶岗实习。积极争取资金改善职业学校基础和实训条件。启动了职教中心一期扩建工程，投资1000万元建成数控技术实训基地并投入使用。投资600万元建成职专分校生物技术实训基地，电子职专投资50万元建成焊接实训车间。

成人教育。有镇(街道)成教中心30处，省示范(规范化)学校23处。2008年全市成人教育以经营机制创新为抓手，深入推广了技术承包、科技推广、规模经营、社区服务等办学模式，有效推动了当地农村产业结构的调整，积极服务于社会主义新农村建设。继续探讨职成教育一体化发展的路子，整合职成教育优势，积极参与农村劳动力转移培训。

民办教育。共有各级各类民办学校14所，教职工总数560余人。其中，非学历民办高校2处，普通中等学历教育学校1处，普通初等学历教育学校1处，中等非学历培训学校10处。2008年，平度双语学校被评为青岛市民办教育先进集体，私立平度剑桥外国语培训学校和平度大众小记者培训学校被评为青岛市民办非学历教育规范化学校。

教育投人。2008年，全市教育总投入8.51亿元，比上年度增长20.7%。义务教育段经费投入5.95亿元，其中农村中小学公用经费补助资金4508万元(公用经费拨付标准小学1～2年级由每生每年250元提高到310元，4～6年级由290元提高到310元；初中每生每年由376元提高到460元)，免除农村中小学教科书资金1354万元。另外按每生35元标准拨付了冬季取暖费，年内发放中职学校学生助学金809.3万元，高中学校学生助学金171.4万元。全市教师人均月工资由2007年2322元提高到2540元。

加强干部、教师队伍建设。通过笔试、面试、组织考察等程序选拔了50名2008年教育后备人才，并送到上海华东师范大学进行了脱产培训。安排5名初中副校长、18名初中校长赴青岛参加了提高培训班和任职资格培训班。先后举办中小学校长任职资格培训46人次，提高培训104人次，专题培训214人次。年内新招考教师101名，支教教师42名，充实城区中小学优秀教师110名。市财政预算内安排了100万元专项资金用于教师培训。组织了220余名教学名师到农村中小学开展送课下乡活动，组织中小学订单式培训100多次，邀请青岛市级以上学科教研员和教育专家40多人次来平度市举办培训讲座，15000多人次参加了学习培训，有效提高了教师的整体素质，促进了教育教学质量的持续提升。

德育工作。全市中小学坚持育人为本，德育为先，有效增强了德育工作的针对性和实效性。全市涌现出省市优秀干部和三好学生715名，青岛市优秀班主任和德育工作先进个人35名，15处学校被评为青岛市德育先进集体。完善德育机制，建立全市普通中小学德育人员定期调度会制度，召开了全市中小学德育工作会议，修订了《平度市中小学德育工作实施规范》。广泛开展了“知荣明耻大家谈”、“我与奥运共成长，争做奥帆小主人”、“勤俭节约万人行”等主题实践活动，取得了良好的教育效果。积极实施“家长教育素质工程”，在青岛市家长学校研究会年会上交流了经验。全市涌现出青岛市优秀干部和三好学生715名，青岛市优秀班主任和德育工作先进个人35名，15处学校荣获青岛市德育先进集体称号。

安全工作。下发了《关于在全市中小学幼儿园深入开展创建平安和谐校园活动的通知》，大力推进平安和谐校园创建活动，形成了预防先行、反应迅速、防范有效的学校安全防控机制。全市82所学校申报了青岛市首批平安和谐校园，40处学校参加青岛市验收。通过专项检查、随访督查、跟踪督查等形式，加大了对学校安全隐患的检查与整改力度，杜绝了因学校责任而引发的重大安全事故。围绕奥帆安保和防震减灾工作，强化了安全防范措施。继续以警教共建平安和谐校园为抓手，加强了对学生的法制纪律和思想道德教育，与公安、文化、执法局等部门合作，切实优化了校园及周边环境。

教育督导工作。教育督导评估工作坚持督政与督学相结合，建立了随访督导检查制度，有效促进了素质教育的深入实施。制定下发了《2008年度平度市素质教育工作督导评估方案》，组织对2008年度各镇(街道)政府履行教育职责及全市中小学实施素质教育情况进行了考核评估，分别组织了对申报“青规”、“省规”的学校和30处薄弱小学进行了办学水平评估。采取责任控辍、制度控辍、督查控辍等措施，有效控制义务教育段学生辍学，2008年平度市小学生巩固率达到100%，初中生巩固率达到99%。

[莱西市教育概况] 学前教育。全市有245处幼儿园，在园幼儿13500名，入园率为100%，省、市级示范幼儿园6处。93%的镇办建成中心幼儿园，其中100%的中心园达到市级一类以上幼儿园标准。

义务教育。全市共有小学107所，初中33所，特殊教育学校1所。在校小学生34774人，在校初中生34396人，特殊教育在校生131人。小学和初中的普及率均为100%。全市视、听、智残障儿童少年入学率均为100%。积极解决外来务工人员、外籍人员子女的就学问题，2005年在公办中小学对符合条件者全部免收借读费。全市共接收外来务工人员子女1099名。全市有10所中小学接收外籍学生，在校学生48人。全市中小学均已创建为青岛市义务教育标准化学校，并创建省、市级规范化学校31处。

普通高中教育。共有普通高中4所，在校学生11576人，教职工1057人。全市高中以提高质量和效益为重点，以新课程改革为契机，走内涵发展之路，深入落实素质教育理念，重视加强普通高中业务骨干、薄弱学科教师培训和高考策略的研究，重点开展教育教学精细化管理活动，稳步提高了教育教学质量。

职业教育与成人教育。共有中等职业学校4所，其中国家级重点2所。共有教职工637人，“双师型”教师达到309人，占教师总数的48.5%；在校生6330人。专业设置50个，其中有青岛市级以上骨干专业5个，有2个专业被确定为全国重点建设实训基地。近年来，用于改善职业学校办学条件的资金达678万元。全市职业学校积极实施“校企合作、半工半读、工学结合”教学改革，加强师资培养和实习基地建设，深入实施“双证制度”，毕业生职业资格证入考率达到96%，初级职业资格合格率达到100%，中级职业资格合格率达到89%以上。职校毕业生以理论素质高、操作能力强、职业道德好而深受企业欢迎，毕业生安置率达到98%以上，90%以上的学生成为企业的技术骨干。形成以15个镇(街道、经济开发区)成教中心为主体、600多所村办农民文化技术学校为补充的两级办学网络。有青岛市A级学校3处，B级学校2处，市教育局、市劳动保障局确定的劳动力转移培训基地9个，每年开展农民培训1.3万人次。

民办教育。民办教育健康发展，共有各级各类民办学校16处，其中学历教育学校3处，在校生1700余名。民办中小学2处，在校生1050名。培训类学校13处。

教师队伍建设。在职教职工8100人，其中：普通高中1057人，学历达标率为94.7%；职业高中647人，学历达标率为90.5%；初中3067人，学历达标率为100%；小学(含特教中心47人、机关幼儿园43人)3228人，学历达标率为100%；教体局机关101人。现有专业技术人员7813人，其中：副高433人，中级2239人，助级4579人，员级55人，未评507人。全市教师中有硕士研究生13人，研究生课程班结业76人。全国优秀教师1人，山东省特级教师2人，省优秀教师8人，有42人获青岛市优秀教师以上荣誉称号。

改善办学条件。局属高中、初中、小学及镇中心中小学教学仪器基本达到原部颁一类标准，其他小学达到二类标准。全市小学共有图书56.1万册，生均16

册；初中现有图书 52.7 万册，生均 17 册；高中共有图书 21.2 万册，生均 18 册。全市拥有多媒体计算机教室 157 个，多媒体电教室 362 个（局属初中、小学及农村中小学每校至少建有 1 个多媒体教室，莱西一中实现了班班有多媒体），语音教室 87 个，校园网 85 个，校园网站 118 个，35 处中小学接通光纤，计算机总数达到 14600 多台，其中学生用计算机 9500 台，平均人机比为 9.7∶1，教师用计算机 5100 台，一线教师人手一机。

青岛市分管教育领导

副市长：张　惠

青岛市教育局负责人

书记、局长：徐剑波

副局长：王金生　李振江　隋志强　金柯寿　张锡科

纪委书记：邹　静

教育局办公地址：青岛市闽江路 7 号

联系电话：0532－85912901

邮政编码：266071

联系人：王宪廷

联系电话：0532－82751162

E-mail：wangxt@qdedu.net

联系地址：青岛市延安一路 29 号乙佩斯中心青岛市教育科学研究所

邮政编码：266023

总撰稿人：翟广顺　王宪廷　审稿人：徐剑波　王金生　撰稿人：贺　鑫　王海青　徐海滨　张　勇　迟　欣　刘　蕾　陈　欣　马子一　李成阳　刘钦聚　张　健　张　锋　王　金

淄博市

［概况］　淄博市共有各级各类学校 1457 所，班级 15088 个，在校生 821593 人，专任教师 50736 人，其中高等院校（含成人高校）专任教师 5367 人，中等及中等以下学校专任教师 45369 人。全市学校占地面积共 2791.21 万平方米，校舍建筑面积 945.28 万平方米。

学前教育。共有幼儿园 795 所，在园儿童10.38万人。专任幼儿教师 5097 人，学历合格率达到97.49%。学前三年幼儿入园率达 96.37%。已建成省十佳幼儿园 3 处，省级实验、示范幼儿园 79 处，市级城乡十佳幼儿园 40 处，市级示范幼儿园 118 处。

基础教育。淄博市共有小学 379 所，在校生24.34万人；初中 169 所，在校生 20.30 万人；普通高中 42 所，在校生 8.05 万人（其中民办高中 11 所，在校生 3940 人）。全市小学学龄儿童入学率 100%，小学毕业生升学率 100.18%，初中毕业生升入普通高中升学率 64.83%，小学在校生辍学率为 0，普通初中在校生辍学率为 0.98%。全市已建成省级规范化学校 139 所，占全市中小学总数的 23.6%。共有特殊教育学校 10 所，其中省级规范化学校 4 处，市级规范化学校 4 处，教职工 384 人，其中专任教师 305 人。占地总面积 117915 平方米，校舍建筑总面积 31277 平方米。教学班 105 个，在校生 1374 人，其中随班就读残疾学生 450 人。残疾儿童入学率逐年提高，盲、聋、弱智儿童入学率分别达到 98.11%、97.01%和 87.72%。淄博市特殊教育中心已经开工建设。

职业教育。淄博市中等职业学校（职业高中、普通中专、成人中专）40 所，在校生 5.14 万人；技工学校 11 所，在校生 2.59 万人。2008 年，共招生 1.02 万人。普通高中、中等职业学校和技工学校占高中段在校学生总数比例分别为 51.01%、32.57%和 16.42%。职教实训基地和职教集团建设初步形成规模，已先后创立淄博市创业职教集团、建筑职教集团、机电职教集团、纺织服装职教集团。

高等（成人）教育。淄博市共有高等教育机构 11 处，其中普通高校 9 所，在校生 9.32 万人。全年共招收本专科生 33591 人，比上年增加 5352 人。2008 年，山东万杰医学高等专科学校经国家教育部批准改建为山东万杰医学院。淄博职业学院被中央文明委表彰为全国精神文明建设工作先进单位。全市成人高等教育本专科年内招生 8585 人，在校生 18813 人。全年报考高等教育自学考试 20646 人、33617 科（次），共有 9479 人次取得单科合格证书，172 人获专科毕业证书，411 人获本科毕业证书。

民办教育。全市民办教育机构共有 290 余所，其中民办普通高校 1 所，非学历民办高校 4 所，民办高中段学历教育 14 所，民办初中小学 27 所，民办幼儿园 23 所，民办培训类教育机构 223 余所。全市各级各类民办学校教职工总数为 4779 人，专任教师数 3551 人，在校生数 67903 人；全市民办学校占地面积约为 260 万平方米，校舍面积约为 59 万平方米，仪器设备总价值约 8805 万元，学校资产总值约 53634 万元。

教育投入。逐步建立起政府投入为主，其他渠道投入为补充的教育投入体制。2008 年淄博市地方教育总投入达 43.95 亿元，其中地方国家财政性教育经费投入33亿元。全市地方财政预算内教育经费(含教育费附加)支出32.55亿元,财政预算内教育经费占同期地方财政支出的22.96%;社会捐、集资办学经费95万元。

全面实行免费义务教育。从2007年春季、秋季开学起,先后全部免除农村和城市义务教育阶段学生杂费。2008年,淄博市共安排义务教育经费保障资金2.3亿元,为全市43.8万名学生免除杂费、课本费,为1.5万名家庭经济困难学生补助寄宿生活费。

完善家庭经济困难学生资助体系。协调落实资助资金2.77亿元,比2007年增加8700万元,提高了资助范围和标准,受益学生达48.5万人,比2007年增加2.2万人。设立普通高中政府助学金,投入资金660万元,救助贫困生约1万名。淄博市负责的7所地方高校,按规定评审出享受国家奖学金学生70名,享受省政府奖学金学生32名,1235名大学生享受国家励志奖学金,5764名家庭经济困难大学生享受国家助学金,2.9万名中职在校生享受中等职业学校国家助学金,累计发放资金近4000万元。各高校累计为2260名贫困家庭学生办理助学贷款1634万元。

着力改善农村中小学办学条件。实施农村中小学教学仪器更新工程,年内完成136所项目学校教学仪器更新工作。全市农村中小学现代远程教育工程全面完成。开展农村中小学"211"试点工程,6所"热水、热饭、取暖"工程试点学校项目改造圆满完成,10所"改厕治污"工程试点学校已完成主体工程。完成农村校舍危房改造项目82个,投资9697万元,竣工面积3.5万平方米。在对口支援高青、沂源的同时,积极支持淄川、博山、周村3个老工业区教育发展,年内共补助五区县经费1.26亿元。

全面启动城区中小学布局调整。2004～2006年,全面完成农村中小学布局调整,共计投资3.3亿元,农村中小学改扩建110处,完全撤并268处,新建11处,新增校舍面积36万平方米,农村中小学由2003年的778处减少到528处。2008年,市政府印发《淄博市城区中小学布局调整规划(2007～2011)》,全面启动全市城区中小学布局调整。年内全市累计完成改扩建学校5处,累计投资2.21亿元,新增校舍建筑面积25万平方米、操场1万平方米。淄博市特殊教育中心、高新区实验中学、高青县第四中学、周村三中新校区、淄博柳泉艺术学校暨乔庄小学新校开工建设。新城第一中学、张店区祥瑞园小学、科技苑小学均完成许可审批和校园规划方案设计。临淄区新建高中举行了奠基仪式。

加强教育装备建设。全面实施全市中小学教育技术装备标准化工程、农村中小学教学仪器更新工程、特殊教育教学仪器更新工程、中小学体育艺术设施达标工程。全市普通初中小学校舍建筑面积308.22万平方米,比上年增加8.72万平方米。小学体育运动场(馆)面积达标学校为78.36%,体育器械配备达标学校为75.46%,音乐器械配备达标学校为71.24%,美术器械配备达标学校为71.77%,数学自然实验仪器达标学校为73.61%。普通初中体育运动场(馆)面积达标学校为76.33%,体育器械配备达标学校为78.70%,音乐器械配备达标学校为72.78%,美术器械配备达标学校为74.56%,理科实验仪器达标学校为81.07%。

基本设施建设。淄博市共有476所学校建立校园网,占学校总数的78%,且全部为宽带接入互联网。共建有计算机网络教室664间,全市高中学校均实现多媒体进教室。区县全部成立教育信息中心,总计投入2400余万元,构建了光纤直连或虚拟VLAN的独立教育网,实现与淄博教育网的连接。全市普通中小学计算机装机总台数(不包括2003年之前配备的计算机)达到47817台,中小学学生用计算机为30761台,生机比为15∶1;中小学专任教师用计算机为17056台,师机比为1.7∶1。

教育资源库建设。各区县教育信息中心投资200余万元购置了包括K12、清华同方、同方思科等国内知名的十数家教学资源库,约计5T的资源量,对本区县联网学校教师开放共享。到目前为止,全市已建设包括教学资源库、教学视频案例资源、数字图书馆、教学软件、网络教学系统、试题库等多种类型的教育教学资源,有效支持了教师的信息化教学。

教学及应用。全市中小学均开设了信息技术课,普及了中小学信息技术学科教学。80%以上的教师能够进行电子备课,并将信息技术有效应用于课堂教学。"利用智能工具软件促进英语学习的研究"等一批教育技术课题及交互电子白板的利用极大地提高了课堂教学效益。大力开展网络教研,中小学教师普遍通过博客开展教育叙事、教学反思和交流,有效促进了资源共享和教师专业发展。

着力提升中小学教师专业化水平。幼儿园、小学、初中、高中专任教师学历合格率分别达到97.49%、99.77%、98.07%和97.52%。普通高中教师具有研究生以上学历的达到3.13%,初中教师具有本科以上学历的达到76.25%,小学教师具有专科以上学历的达到81.99%。普通中专、成人中专、职业高中专任教师学历合格率分别达到77.30%、90.10%和85.38%。

加强教师职业道德建设。组织全市教职工深入学习四川地震灾区英雄教师事迹,深入学习新修订的《中小学教师职业道德规范》。广泛开展形式多样的"学英雄、讲奉献、铸师魂、树形象”等学习教育活动。继续深化向李振华学习活动,配合省电视台、市委宣传部完成以李振华为原型的电影《留住青山》拍摄工作,组织了影片全市公映活动。

推进教育人事制度改革。严格执行教师资格认定和教师聘用制度,严密组织新教师公开招聘,扎实推进高层次人才队伍建设。年内组织推荐教师高级职称申报,评审通过299人,组织教师中级职称评审,评审通过921人,组织评选淄博市特级教师20人、优秀校长10人。启动新的核编办法试点,积极引导各单位认真落实《劳动合同法》及相关法规、制度,事业单位用人制度改革取得新进展。

加强教师培训。依托中国教师研修网,以网络远程研修为主要形式,举办农村中小学骨干教师集中培训和岗位研修、第二期农村初中教师全员网络远程研修,年内培训农村教师7000余名。组织全市4004名小学班主任参加了教育部举办的全员网络远程研修。

教育质量。落实《山东省普通中小学办学行为基本规范》,开展“素质教育工作制度落实年”活动。先后承办全省各市教育局长调度会,召开全市教育工作会议、全市中小学德育暨教学工作会、全市素质教育现场经验交流会等,研究制定全面实施素质教育的新举措,着力调整与全面实施素质教育不符的制度规定,大力推广桓台县“乡村少年宫”建设、国学经典诵读等70余项典型经验和特色工作。通过抓思想、抓学习、抓宣传、抓制度、抓课改、抓督查,全市素质教育取得实质性进展。

规范全市中小学办学行为。加大对学校规范办学行为的检查力度,重申并严格落实各项刚性减负规定,严格控制学生在校学习时间、课外书面作业、考试次数,节假日、晚自习严格按照省规定执行。学校加班加点、双休日和节假日上课现象得到有效整治,学生休息时间和体育活动时间得到保证。

全面提高教育教学质量。深入开展“教育创新年”,“学先进、赶先进、超先进”等活动;积极探索提高教师素质、改革课堂教学模式、提高学生学习效率、提高教育教学质量的方式方法;深化课堂教学改革,教育质量稳中有升。2008年高考本专科共录取24185人,其中本科录取12595人,录取率分别比2007年增长2.54%、1.99%,28名考生被北大、清华录取。

完善评价考核体系。实行过程性评价和终结性评价相结合,全面科学评价学校。建立教师业务档案,着重从师德、业务技能角度评价教师,引领教师专业化成长。全面推行日常考试无分数评价,实行学生学业成绩与成长记录相结合的综合评价方式,逐步构建起学生发展性评价体系。改革中考命题内容和形式,科学设置中考科目,降低考试难度,推行多种录取形式,中考招生更加适应素质教育的要求。

学生身心健康素质得到提高。坚持“德育为首”,启动“和谐德育体系”,出台《淄博市德育三年规划》,深入实施“德育十大工程”,深入开展纪念“改革开放30年”等主题教育活动。坚持“健康第一”,开全开足体育课程课时,广泛开展学生阳光体育运动,着力普及“四操四球一拳一泳”,推动亚足联中国展望淄博市青少年足球项目。全市国家学生体质健康标准及格率小学生为94.5%,初中生为93.1%,高中生为96%,均明显高于全省和全国平均水平。与2007年相比,小学生近视率下降1.98%,初中生下降1.63%,学生近视率连续3年下降。

中小学生创新实践能力进一步增强。全面深化科技教育,在第九届全国中小学电脑制作活动中,淄博市获1个一等奖,1个二等奖;在第十届国际机器人奥林匹克中国区竞赛中,淄博市中小学生共获金牌2枚、银牌2枚、铜牌4枚;在第六届全国中小学信息技术创新与实践活动中,淄博市师生共荣获“恩欧希教育信息化发明创新奖”8个,37名师生获得一等奖,23位师生获得二等奖;在第五届全国少年儿童“争当小实验家”总决赛中,淄博市22名选手被评为“五星级小实验家”,近400人分获金、银、铜奖。广泛开展以掌握两项艺术技能为目标的艺术普及达标活动,全市65%的在校中小学生实现达标。社会实践基地建设取得显著进展,学生综合实践教育深入开展。

教育对外交流。淄博市20所学校与美、英、日、韩等十几个国家的学校建立了友好合作关系,28所学校获得了聘请外籍教师、专家资格,20所学校获得了接受外国留学生资格。进一步规范出国留学程序,加强全市留学中介机构管理,积极向国家留学基金委预科学院推荐淄博市实验中学、淄博一中、国际大学预备学校、临淄区雪宫中学等省市级重点中学建立美国保送生选拔基地。

淄博师专附小学生访日

[家庭经济困难学生资助] 根据《关于建立健全普通高校和中等职业学校家庭经济困难学生资助政策体系的实施意见》(淄政发[2007]70号)和《关于实施高中家庭经济困难学生资助政策的意见》(淄政办发[2007]101号)文件精神,全市家庭经济困难学生资助体系以"奖、贷、助、补、减、免"为主要内容,根据不同学校、不同年龄学生情况实施分类资助。2008年,全市共有70名大学生享受国家奖学金,30名大学生享受省政府奖学金,1235名大学生享受国家励志奖学金,5764名家庭经济困难大学生享受国家助学金,各级财政投入约1200万元。全市共有2.9万中职学生享受国家助学金,各级各类政府投入资金约2800万元。全市共有1万多名普通高中的学生享受高中政府助学金,各级政府投入资金达660万元。全市城乡义务教育学校约43.8万名学生享受免杂费政策,其中农村义务教育学校31万名学生享受免费提供教科书政策,城乡义务教育学校1.1万名家庭经济困难学生享受减免书费并补助寄宿生生活费,各级财政投入资金2.31亿元。

自淄博市开展高校国家助学贷款以来,市财政安排贴息经费和风险补偿累计110万元,市属高校从事业经费中共提取风险补偿金56万元,保证国家助学贷款的稳定、持续开展。纳入贷款范围的3所高校中,向信用社提报贷款学生信息名单3355人,贷款金额3203万元。截至2008年底,全市各级农村信用社累计审批贷款学生人数2373名,审批贷款合同金额2101万元。累计有2260名学生实际获得贷款(到帐资金额)1634万元。贷款人数和金额再创新高,充分发挥了国家助学贷款在学生资助体系中的主体作用。

2008年,市属高校按规定从事业收入中提取379.00万元,争取社会捐赠12万元,用于家庭经济困难学生资助。高校发放校内奖学金260万元,受奖学生达9377人次;为1656名学生提供勤工俭学岗位,发放补助费151万元;为1137名学生发放特困补助38万元;为1661名学生减免学费97万元,通过绿色通道入学的学生达1072人。

[中小学生体质健康水平明显提高] 根据《教育部国家体育总局关于实施〈国家学生体质健康标准〉的通知》(教体艺字[2007]8号)和《2008年淄博市初中毕业生升学体育考试工作实施方案》要求,年底,淄博市教育局认真组织2008年全市中小学生体质测试和初中毕业生升学体育考试工作,并对全市中小学生体质测试和初中毕业生升学体育考试工作进行情况分析。

全市共有中小学生471077人参加体质测试。体质测试结果显示:小学生合格率为94.5%,良好率65.2%,优秀率25.3%;初中学生合格率为93.1%,良好率59.2%,优秀率22.1%;高中学生合格率为96%,良好率65.4%,优秀率21.5%。全市小学、初中、高中学生合格率分别比省定标准高出9.5、8.1、11个百分点。淄博市2008年初中毕业生体育考试共报名31322人,实际参加体育考试31172人,及格率达97.41%,优秀率达66.94%;满分9802人,占实际参加体育考试人数的31.44%。

[城乡义务教育经费保障机制改革实施] 2008年淄博市农村义务教育经费保障机制改革预算资金约1.8亿元。其中免杂费及补助公用经费约1.2亿元,校舍维修改造约1600万元、免费教科书约4100万元、家庭经济困难学生寄宿生活补助约400万元。城市义务教育免杂费等预算资金约5400万元,其中免杂费约4200万元、补助公用经费约1000万元、免费教科书约80万元、家庭经济困难学生补助约50万元。全市城乡义务教育学校约43.8万名学生享受免杂费政策,其中农村义务教育学校31万名学生享受免费提供教科书政策,城乡义务教育学校1.1万名家庭经济困难享受学生减免书费并补助寄宿生生活费,全市各级财政实际投入城乡义务教育保障资金约2.3亿元,预算收支基本平衡。

[农村中小学"211工程"试点工作全面启动] 淄博市教育局采取有力措施切实解决农村学校生活条件,全面启动"211工程"试点。在学习实践活动中,淄博市教育局深入贯彻落实十七届三中全会精神,全面加大农村教育工作力度,采取一系列措施,切实解决农村学校师生学习、生活条件。为此,把解决部分农村中小学生喝生水、吃冷饭和冬季取暖等问题作为重点,全面启动全市农村中小学"两热一暖一改(热水、热饭、取暖、改厕)"即"211工程"试点工作。"两热一暖"通过安装太阳能集热装置辅助加热,为师生提供饮用热水和洗澡热水;利用沼气、液化气,供师生烧水、热饭;综合利用太阳能和地热资源取暖,并配备热泵或暖风机、空调,在太阳能不足时提供辅助加热。"改厕"则是综合利用沼气等技术,在提供洁净能源的同时,全方位优化校园环境,确保师生的身体健康和生命安全。

["平安校园"建设] 一是深化安全教育,增强安全意识。全市中小学普遍开设安全教育课,并将每年的寒暑假作为开展安全教育工作的重点。二是加强中小学校车管理。为确保学生上学、放学途中的安全和校车承运人的切实利益,和市财政局联合制定《关于在全市推行校车统一投保承运人责任保险工作的意见》,5个区县全部为校车办理承运人责任险,投保车辆300辆,

核定座位1380个，为全市555辆专用校车统一颜色和标志。同时，按照《淄博市校车管理规定》，教育学生不乘黑车、不乘超载车和不合格车；要求校车承运人认真落实定线路行车、定点停车等制度，规范填写行车日志。三是印发《淄博市中小学幼儿园突发公共事件应急预案》，组织师生开展消防、地震等应急专项演练1460次，常规演练无数次，受教育师生达80余万人次，增强师生安全防范意识，提高自防自救能力。四是结合季节特点，突出防汛、防溺水、防雷、防电、防火、防震等防控重点，加强安全常识教育和检查指导。五是围绕"安全隐患治理年"活动，以隐患排查和问题整治为重点，以"10.10"事故教训为契机，多次召开学校安全工作专题会议，并制定学校及周边安全隐患排查方案，要求各学校与周边企业签订安全目标责任书，对全市80余所学校进行安全隐患排查和整治，每到一处，详细询问，现场勘查，对发现的隐患，立即下达整改通知书，要求限期整改，确保教育教学的有序进行。

[**中小学师生参与全国中小学信息技术创新实践活动成绩优异**] 在第六届全国中小学信息技术创新与实践活动中，淄博市师生共荣获"恩欧希教育信息化发明创新奖"8个，其中网络英语项目获奖者为周村区北门里小学的陈天瑜、淄博一中的邵长水；机器人竞赛项目获奖者为周村和平学校的袁睿坤、张店七中的初明钰、张店三中的秦钟浩；教师项目奖获奖者为张店区潘南小学的赵国防、淄博十一中的张敏、张店七中陈蓉芳。37位师生获得一等奖，23位师生获得二等奖，淄博市获得全国中小学信息技术创新与实践活动组织工作先进单位，全国组委会为此专门给淄博市发贺信。

[**实践学校分段教学**] 2008年，高青县社会实践学校研发高青文化教育、礼仪教育、军事教育、艺术教育、科学教育等不同类别的综合实践教育课程，小学阶段开设模拟射击、电脑机器人、五金小工厂、风筝扎制、彩泥制作、质量测量、剪贴画、美点新秀、生命科学、电工实习、细胞观察、刺绣工艺；初中阶段开设高青文化教育、模拟驾驶、刻瓷艺术、手工编织、电子制作、烹饪、剪纸艺术、礼仪教育、性格塑造、趣味数学、电烙画、体能拓展。

[**残疾学生贾倩倩获省政府表彰**] 1月，淄博市淄川一中残疾学生贾倩倩在第七届全国残疾人运动会上取得F37级标枪金牌、铁饼铜牌，并打破标枪世界记录，被山东省政府荣记一等功。9月，贾倩倩参加在北京举行的第十三届残奥会，取得铁饼第五、标枪第六和铅球第七的成绩，被省人事厅和省残联荣记二等功。

[**山东省十佳幼儿园、省级示范幼儿园验收评估组对淄博市进行验收检查**] 1月6日，山东省教育厅组织的省"十佳幼儿园、省示范幼儿园"验收评估组，对淄博市市直机关第一幼儿园、市实验幼儿园、临淄齐都幼儿园、桓台周家镇幼儿园等进行为期两天的验收评估。

[**教育工作会议召开**] 1月25日，淄博市教育工作会议召开，会议传达山东省素质教育工作会议精神，表彰全市"全面实施素质教育先进区县"。会议要求，全市教育系统要充分把握素质教育工作的新形势，迅速将工作重心转移到全面实施素质教育轨道上来。2月13日，教育局局长张洪亮发表《致全市区县教育局长和中小学校长的公开信》，提出局长和校长要做全面实施素质教育的坚定推进者、忠实实践者和积极探索者，将全面实施素质教育摆在学校工作的核心位置。

[**中小学集中举行开学升国旗仪式暨温总理诗作颂诵活动**] 2月25日上午，中共淄博市委常委、团市委书记魏艳菊在淄博市教育局张洪亮、刘英学、唐勋、赵泮利等领导的陪同下出席全市中小学新学期开学升国旗仪式暨温总理诗作颂诵活动，与广大师生一起颂诵温家宝总理诗作《仰望星空》，并视察了淄博实验中学素质教育开展情况。

魏艳菊听取全市总理诗作颂诵活动和素质教育工作情况汇报后，对在全市开展总理诗作颂诵活动，并作为全市实施素质教育的主要内容，进一步加强未成年人思想道德建设的做法给予肯定，要求按照全面实施素质教育的要求将活动进一步深化。

[**"基于Web的自适应学习测评系统的设计与评价研究"课题开题**] 3月12日，全国教育技术研究"十一五"规划重点课题"基于Web的自适应学习测评系统的设计与评价研究"开题会在淄博桓台实验学校召开，中央电教馆、山东省电教馆领导及有关专家出席开幕式，江苏、内蒙古、甘肃等地参与课题单位的领导及老师近百人参加会议。课题负责人、中央电教馆研究部副主任、博士黄天元主持会议并做开题报告，桓台实验学校教师出示两节"基于Web自适应学习测评系统"的课堂教学示范，得到与会专家和教师的一致赞同。

[**市教育局与美国爱丁堡大学首次视频会议圆满成功**] 3月13日，淄博市教育局在市电教馆三楼会议室与美国宾夕法尼亚州爱丁堡大学举行首次视频会议。中方人员主要有淄博市教育局党委书记、局长张洪亮，教育局党委副书记刘英学，有关科室领导以及相关高校负责人；美方人员主要有爱丁堡大学校长杰罗米·

D·布朗等10余位高级主管。

[信息技术与英语教学整合创新实践活动彰显成效] 淄博市"敏特"网络英语学习平台应用得到普遍认同，在全省规范高中办学行为，实施素质教育的背景下，淄博市英语高考成绩普遍提升。组织开展"一百易"网络英语教学应用实践活动，着力网络环境中学生听力、口语能力的培养。分别于3月份、5月份组织"一百易"网络英语教学应用研讨会，研讨实施方案和推进策略，交流应用经验和成果，加强课题学校之间的交流，同时结合教学，组织开展学生英语口语比赛活动，提高学生的英语学习兴趣。两个应用项目为英语学科教学创新提供了有效的技术支持。

[规范中小学办学行为工作调度会召开] 4月1日，淄博市教育局召开全市规范中小学办学行为工作调度会，教育局党委书记、局长张洪亮，副局长、调研员张景春出席会议。

张洪亮在讲话中指出，自全省中小学素质教育工作会议召开以来，淄博市在贯彻落实上级素质教育会议精神方面，态度坚决，工作积极，措施有力，效果明显，发展健康。他强调，下一步工作中，要注意把握推进素质教育三个关键点：第一，素质教育的基础在于规范办学行为，要进一步端正态度、强化学习、提高认识，适应各种变化。第二，实施素质教育的重点在于转变教育方式，要使全市素质教育向纵深发展，提高教育水平，保持教育的后劲和活力。第三，实施素质教育的难点在于解决制约教育发展的瓶颈问题，要努力研究和解决这些困难，使全市素质教育朝着更加健康的方向发展。

淄博六中爱国主义教育基地揭牌仪式

[山东省"游戏与幼儿园特色发展"研讨会在淄博召开] 4月6日，山东省"游戏与幼儿园特色发展"专题研讨会在淄博鲁中宾馆召开，全省400多名学前教育专家与课题组成员参与研讨活动，课题组主要负责人中华女子学院教授董旭花主持并做主题发言，淄博市教育局党委委员、副局长唐勋出席并讲话。课题组成员对淄博市学前教育工作给予充分肯定。

[职业教育集团化办学] 淄博市坚持不懈地抓好职业教育集团化办学工作。根据当地政府的财力支持水平、企业用工需求和学校实际特点，本着"成熟一个，发展一个"的原则，在已成立的淄博市创业职教集团等三大职教集团的基础上，完成对淄博市纺织服装职教集团的批复与指导工作。另外，淄博市数控技术职教集团等六大职教集团也在积极筹划建设中。在具体工作中，充分发挥淄博市职业教育发展战略研究会的作用，把职业教育发展战略研究会和已成立的各职教集团打造成同一个服务体系，构建起同一个服务网络，通过组织集团交流、校企合作、校际合作等活动，使职教集团"转动"起来，成为校企合作的纽带，创造具有淄博特色的集团化发展模式，成效显著。4月22～23日，组织部分优秀中职学校参加省教育厅在烟台召开的全省职业教育集团化办学工作会议，淄博市就职教集团化办学的经验和下一步的设想作典型发言。

[深圳、甘肃、淄博教师共同研讨] 4月24、25日，全国"十一五"教育技术重点课题"信息技术支持下的小学语文提前读写教学研究"课题研讨会在淄博市举行，深圳、甘肃、淄博参与课题的学校教师共同参与。中央电教馆研究部副主任黄天元参加研讨会，并与老师们一起交流。

[农村中小学现代远程教育工程通过省级验收] 5月9～10日，山东省农村中小学现代远程教育工程验收组对淄博市农村中小学现代远程教育工程实施情况进行检查验收。验收组听取淄博市教育局副局长张景春和桓台县、高青县的农村中小学现代远程教育实施情况汇报，分3路对桓台县、高青县6个乡镇的17所工程项目学校，从工程建设、教师培训、教学应用、管理模式、运行机制等方面对工程实施情况进行全面的实地检查。

[亚足联主席哈曼为淄博市中小学亚足联足球俱乐部揭牌] 为贯彻落实《中共中央国务院关于加强青少年体育增强青少年体质的意见》和全省素质教育工作会议精神，确保亚足联中国展望淄博青少年项目的顺利实施，淄博市教育局在全市各级各类中小学成立淄博市中小学亚足联足球俱乐部，并于5月10日下午在淄博市亚洲足球展望办公室举行揭牌仪式。亚洲足球联合会主席穆罕默德·宾·哈曼与淄博市领导共同为市中小学亚足联足球俱乐部揭牌。12个国家的37位足

球官员和国际友人，国家体育总局、中国足协、教育部学校体育协会、省体育局的有关领导，市政协主席岳长志，市人大副主任薛安胜，市政府副市长段立武，市教育局、市体育局、市足球协会的负责人参加揭牌仪式。淄博市教育局党委书记、局长张洪亮为中小学亚足联足球俱乐部题字。

［“奉献爱心　关爱生命”主题教育活动］　5月中旬，淄博市教育局团委按照局党委统一部署，在全市教育系统共青团员、少先队员中广泛开展“奉献爱心、关爱生命”主题教育活动，充分发挥共青团员、少先队员在抗震救灾中的积极作用。一是广泛开展“节约零用钱、捐赠爱心款”活动。通过主题团日、主题队日、集中行动日等多种形式开展“节约零用钱、捐赠爱心款”活动，给灾区困难青少年力所能及的帮助，进一步培养和增强广大共青团员、少先队员的爱国主义、集体主义精神。二是积极开展“手拉手心连心”活动。广泛动员共青团员、少先队员与受灾地区困难青少年结成“手拉手心连心”爱心互助对子，开展爱心传递活动，采取书信往来、电话交流等形式，为灾区青少年提供精神鼓励和切实帮助，与受灾地区困难青少年互助共勉、坚定信心、度过难关。三是广泛开展抗震救灾宣传教育活动。发挥团队组织优势，组织团员青年、少先队员开展抗震救灾知识宣传教育、安全避险演练等活动，同时，引导广大团员青年、少先队员正确面对自然灾害，坚定战胜灾害的信心，不散布、传播谣言，积极投入到维护社会稳定的工作中。四是扎实开展生命教育活动。扎实开展“关爱生命”教育活动，提高广大青少年学生的生存技能和生命质量，激发他们树立为祖国的繁荣富强而努力学习、奋发成才的志向，引导他们理解生命的意义，学会珍惜健康，热爱生活，培养勇敢、自信、坚强的品格，努力成长为充满生命活力，具有健全人格和创新智慧的一代新人。

［美国爱丁堡大学校长布朗博士访问淄博实验中学］

5月26日上午，美国爱丁堡大学校长布朗博士一行在淄博市教育局党委书记、局长张洪亮、党委副书记刘英学等的陪同下到淄博实验中学访问。校长程德权与布朗博士相互介绍了各自学校基本情况，就双方师生互访、交流等事宜进行磋商并达成意向。布朗博士一行参观淄博实验中学探究性实验室、数字星球实验室和体育馆、琴房等设施，程德权与布朗博士互赠纪念品。

［农村教师素质提高工程］　根据2008年农村教师素质提高工程工作计划安排，年内，举办第四期、第五期初中骨干教师培训班，对初中5个学科的805名教师进行培训。各区县培训小学骨干教师2599名。组织有关人员对农村骨干教师培训对象在岗实践研修和第一期网络远程研修进行调研和跟踪指导，对农村教师素质提高工程进行中期评估。6月，语文、数学等8个学科的1070名骨干教师结业。9月，启动第二期农村初中教师全员网络远程研修，对初中政治、英语、物理、化学、生物5个学科的2733名教师开展全员培训，完成90学时的网上研修，全面完成初中骨干和全员培训任务。

［名师下乡活动］　根据淄博市教育局《关于开展名师送教下乡活动的通知》精神，积极推进城乡教育对口支援，促进义务教育均衡发展，全面提高教育教学质量。6月、11月组织16位省市名师到高青、博山送教下乡。16位省市名师分别作专题报告，上示范课，并与听课的教师进行互动交流，受到区县、学校、听课教师的广泛好评。

［教育部“十一五”重点课题“数字星球系统”应用研究开题报告会］　6月2日，新课程、新标准、新技术教学应用研讨会暨全国教育科学规划“十一五”教育部重点课题“基于数字星球系统的教学资源开发、教学模式及其应用效果研究”开题报告会在淄博市召开，会议由教育部教学仪器研究所主办，淄博市教育服务中心承办。教育部教学仪器研究所所长王富，国家督学、中小学信息技术教育专业委员会理事长郑增仪，教育部基础教育课程教材发展中心副主任曹志祥，教育部教学仪器研究所副所长刘诗海，山东省教育厅学校生产供应处处长彭学善，淄博市教育局党委书记、局长张洪亮出席会议。王富、郑增仪、彭学善、张洪亮分别致辞，会议由刘诗海主持，来自全国各省市的教育装备部门负责人、课题实验学校教师共150人参加会议。美国专家Mike Foody做数字星球系统现场演示，教育部教学仪器研究所理科室主任刘强代表总课题组作开题报告，淄博市教育服务中心主任李安盈代表淄博市在会上作数字星球系统使用及教学研究工作经验交流发言。淄博市教育局、淄博四中、淄博五中、淄博七中被授予首批课题实验区和实验校。淄博五中聂隽、淄博四中杜亚春、淄博七中郭宝庆等教师分别获得首届现代教育新技术—数字星球系统应用优质课评选一、二、三等奖。

［淄博市援建的北川县香泉乡黄江学校举行落成典礼］

6月21日，由淄博市援建的北川羌族自治县黄江学校正式落成。山东省省长助理陈光，省援川前线指挥部秘书长、省司法厅副厅长王本群，省民政厅副厅长秦守政，省建设厅助理巡视员耿庆海，省电力集团纪委书记李培林，淄博市副市长刘有先，绵阳市副市长万连坡，淄博市教育局党委书记、局长张洪亮，淄博市民政局局长耿衍飞，淄博市援川前线总指挥沙向东，淄博市援川前线政委门玉海及淄博援川前线指挥部、北川县等有关领导出席落成典礼。

周村区中和街小学部分师生赴四川省北川县香泉乡中心小学慰问，张洪亮挥毫写下"淄香教育心连心手拉手"。

[淄博教育系统积极推广"太极拳"运动] 为迎接2008北京奥运会，进一步落实《全民健身计划纲要》精神，推进全民健身运动，丰富广大教职工的业余生活，强健教职工体魄，提高广大教职工的身体素质，促进教育教学工作，7月份，淄博市教育局、教育工会组织全市教育系统"迎奥运"教职工太极拳表演赛，积极推广普及太极拳运动。淄博实验中学、淄博一中、淄博三中、淄博五中、淄博六中、淄博十八中、淄博盲校、淄博聋校、淄博市实验幼儿园等学校组织汇报表演，博山区教育局、周村区教体局、临淄区教育局也分别在本区域内组织太极拳表演赛。

[淄博市大学生心理健康教育专业委员会成立] 7月8日，淄博市委高校工委(市高教办)在淄博科技职业学院举行在淄高校大学生心理健康教育专业委员会成立暨2008年全市大学生心理健康教育活动月总结大会。大会通过淄博市职业教育战略研究会大学生心理健康教育专业委员会章程(草案)和常务委员会组成建议名单，对全市高校大学生心理健康教育活动月作总结，同时进行论文研讨，对2008年心理健康教育活动月获奖论文进行通报。此次活动共征集论文31篇，经过评委评审，评出一等奖论文5篇，二等奖论文7篇，三等奖论文9篇，优秀奖论文10篇。

["科学与技术教育研究"课题研讨活动在淄博举行] 7月9日，全国十一五重点课题"科学与技术教育研究"淄博片区课题研讨活动在市直机关第一幼儿园举行。淄博市八音河幼儿园、淄博市妇联实验幼儿园两所课题协作单位参加本次研讨活动。本次活动，特别邀请到了中央教科所科技教育研究幼教项目组中心主任徐子煜教授作现场指导。活动期间，3所幼儿园的5位教师进行科技教育活动展示，徐子煜教授就教育活动进行了深入全面、精彩独到地点评，并就幼儿科技教育学习环境的创设以及如何开展课题研究进行具体指导。

[第十届中小学百灵艺术节] "相约文博会"淄博市第十届中小学生百灵艺术节音乐类比赛于7月13～31日举行。为期18天的比赛分声乐、器乐、舞蹈、戏曲、相声小品5大类，1000多个节目，分高中、初中、小学和特殊教育4个组别进行。分别在张店建桥实验学校、淄博柳泉艺术学校、临淄区实验中学、周村凤鸣小学、桓台世纪中学举行专场比赛。参加本届艺术节的美术作品共计10000多幅，在淄博市少儿美术中心进行评比。

学生参加声乐比赛

[全国冶金职教研讨会在山东工业职业学院召开] 2008年全国冶金职教研讨会暨书记、院(校)长联谊会于2008年7月20日在山东工业职业学院召开，全国22所院校的46名代表参加会议。山东省教育厅副厅长陈光华，山东钢铁集团有限公司党委书记谭庆华，淄博市副市长段立武出席会议并讲话，山东工业职业学院党委书记吕正平致欢迎词。中国冶金教育学会副理事长徐文海作《高等职业教育的现状及发展趋势》的专题报告，中国冶金职业技术教育学会会长高忠武作工作报告。

研讨会现场

［山东省教育厅副厅长陈光华视察淄博高等教育］ 7月20日上午，山东省教育厅副厅长陈光华、省教育厅发展规划处处长刘士祥等分别到山东理工大学、山东工业职业学院、淄博市教育局检查指导工作，实地察看了学校教育教学设施、图书馆、学生服务中心等，听取了有关情况的汇报。在查看山东理工大学普通本专科招生录取现场时，陈光华详细了解录取进程、招生政策、录取规则，审阅了考生电子档案，并对全体录取工作人员表示亲切慰问。淄博市委副书记、市长周清利，副市长、市委高校工委书记段立武，市委高校工委副书记、市教育局党委书记、局长张洪亮及有关学校负责人出面接待并陪同检查。

山东省教育厅副厅长陈光华查看考生电子档案

［普通高中课程设置解读暨学业水平考试总结会］ 8月11日，淄博市普通高中课程设置解读暨学业水平考试总结会召开。会议邀请省教研室副主任高洪德作课程设置及教学指导专题报告，淄博市教研室就2008年6月份高中学业水平考试作质量分析报告。各区县教育(体)局分管局长、教研室主任，全市各普通高中校长、分管校长，市及区县教研室的高中教研员等200余人参加会议。

［市教育局举办第二期局属单位中层干部培训班］ 8月20～23日，淄博市教育局举办第二期局属单位中层干部培训班，18个单位的61名学员参加培训。首先进行2天的拓展培训，随后进行2天的集中学习培训。集中学习邀请省教育学院教授王维作题为《当代教育理论和教学改革》的教育理论辅导报告，邀请省委党校教授、硕士研究生导师魏恩政作题为《科学发展观研究》的政治理论辅导报告，邀请教育局党委委员、市教研室主任苏明光作题为《教育回归的挑战与对策》的教育形势报告。

［普通高中课程设置暨综合素质评价工作研讨会召开］ 8月26日，淄博市教育局组织召开全市普通高中课程设置暨综合素质评价工作研讨会。会议分别就高中综合素质评价工作的组织实施和课程设置进行交流讨论，分析存在的问题。淄博市教育局副局长、调研员张景春就今后课程设置和综合素质评价工作提出要求。

2008年6月7日，山东省教育厅副巡视员张海泉(中)到淄博七中视察高考。

［中小学德育暨教学工作会议］ 8月27日，淄博市中小学德育暨教学工作会在张店召开。会议以德育和教学工作为主题，下发《淄博市2008～2010年中小学德育工作规划》等10个文件。淄博市教育局党委书记、局长张洪亮在讲话中分析素质教育新形势下德育及教学工作的特点，论述了全面提升德育工作的层次和水平、全面加强教学工作所面临的任务、问题和对策。

［教育部教学仪器研究所到淄博指导中小学社会实践活动基地建设］ 8月28～29日，国家教育部教学仪器研究所副所长李玉先到淄博市指导工作，先后视察张店区和淄川区的中小学社会实践活动基地。淄博市教育局党委成员、副局长牛瑞洲陪同参加视察。

李玉先在听取两区“基地”情况汇报并认真进行现场考察后，对淄博中小学社会实践活动基地建设、管理工作给予充分肯定，并就基地建设标准、投资渠道、运行模式等提出很好的建议。

[全省各市教育局局长调度会]　8月28～29日，山东省各市教育局局长调度会在淄博召开。山东省教育厅全体厅领导出席会议。淄博市委书记、市人大常委会主任刘慧晏，市长周清利，市委常委、秘书长宋军继，副市长段立武等看望与会人员。此次会议的主要任务是贯彻落实省委工作会议精神，以科学发展观为指导，总结规划工作，加快各级各类教育向内涵发展的深层推进。会上，各市教育局长分别介绍本市教育工作情况和下一步工作打算，并提出意见建议。教育厅各分管领导通报上半年和安排部署下半年的工作。教育厅厅长齐涛进行会议总结。

山东省教育厅长齐涛进行会议总结

[刘延云赴港交流工作汇报会]　9月27日，张店区公园新村小学举行"全国模范教师刘延云赴港交流一年工作汇报会"，淄博市和张店区教育局领导及刘延云工作室的老师代表参加会议。会上，刘延云用生动的照片和文字资料系统介绍香港教师的工作学习情况以及自己在香港工作一年的深刻体会。淄博市教育局副局长尹玉法和张店区教育局局长张秀德在讲话中对刘老师圆满完成在港支教工作给予高度评价，并鼓励刘老师要将自己的经历和感受整理成篇，与大家共享。

刘延云老师

[淄博市教师在全国"十一五"教育技术重点课题阶段成果评选中成绩突出]　"十一五"全国教育技术研究规划重点课题"基于交互白板的混合式学习研究"中期交流会于2008年10月10～13日在河南郑州召开，淄博师专附小、周村、张店、沂源等区县的课题学校近20名实验教师参加会议。本次会议由中央电教馆主办，中央电教馆副馆长王晓芜、中央电教馆研究部主任陈庆贵等专家席会议。会上有16位教师现场展示白板课、15位教师进行说课决赛，8个课题学校进行课题研究成果交流。淄博师专附小校长郭先星做课题研究成果的交流，高令峰老师执教现场展示课《有趣的搭配》，周村北门里小学毕玉娜老师参加现场说课决赛。周村北门里小学的毕玉娜老师获一等奖，张店区潘南小学张雪梅等6位教师获二等奖，张店区铁路小学的解孝玉等8位教师获三等奖。

[高中复读生学校工作研讨会召开]　为进一步规范全市高中复读生学校管理，加强复读生学校教育教学工作，10月中旬，市教育局组织召开全市高中复读生学校工作研讨会。会议结合省教育厅《关于规范高考补习学校(班)管理工作的通知》的要求，对复读生学校的招生和教育教学管理工作进一步提出了要求，各复读学校交流学校招生和教师选聘及学校管理情况、学校课程设置与实施以及学校教育教学工作的开展情况、下一步做好复读生教育教学工作、提高教育教学质量的意见、建议和措施。

[两教师获国家教育部大奖]　2008年11月，在国家教育部《农村中小学教师队伍建设对策研究》课题组组织的优秀课程资源评比活动中，高青县常家镇教研站于水制作的课件《统计》与福彩小学王建良制作的课件《年月日》分别获得一等奖和三等奖。

["119"大型消防灭火疏散逃生演练在莲池学校举行]

11月7日，淄博市暨张店区"119"大型消防灭火疏散逃生演练在张店区莲池学校举行，张店区副区长岳杰等领导观看演练活动。"火灾"警报一响，1600余名师生用湿毛巾掩住口鼻迅速疏散到安全区域。紧接着，9辆消防车呼啸着赶到现场，通过举高车、消防梯、救生气垫等多种方式，成功救出被困4楼和2楼平台的人员，同时部署4支水枪迅速进行灭火。这是"119"消防安全宣传月期间，淄博市公安消防、教育部门为突出"关注消防，共享平安"这一主题开展的一场大规模消防灭火疏散演练活动。演练结束后，领导及师生观看消防宣传展板，学习防火、灭火、疏散逃生常识。

张店区进行全区火警疏散演练

[“成长在线”节目开播]　为进一步加强和改进中小学德育工作，营造关心中小学生健康成长的良好社会氛围，淄博市教育局与淄博人民广播电台经济频道联合举办的“成长在线”周播节目于11月16日正式开播。

[教育部住房城乡建设部和国家安监总局到淄博市督查学校及周边建筑安全管理工作]　11月22～23日，教育部、住房城乡建设部和国家安监总局组成联合督查组，对淄博市学校及周边建筑安全管理工作进行专项督查。22日下午，淄博市政府在鲁中宾馆召开汇报会，会议由市长周清利主持，副市长段立武代表市政府向督查组作学校安全工作情况综合汇报，市教育、安监、建设等部门的主要负责人作了专题汇报。23日督查组先后督查了淄博世纪英才外语学校、桓台职业中专、桓台实验学校、淄博十一中和淄博师专等学校及周边建筑工地。督查组对淄博市贯彻落实国务院指示精神，加强学校及周边建筑安全管理工作给予充分肯定，同时，对工程施工和学校管理中存在的薄弱环节提出了整改建议。山东省教育厅副厅长陈光华、省直有关部门负责同志，以及市政府和市教育、安监、建设等部门的负责同志陪同督查。

[“情暖北川”大型公益活动成功举行]　11月22～23日，“情暖北川——帮灾区的孩子度过灾后第一个寒冬”大型公益捐助活动拉开帷幕。淄博市广播电视总台(局)长吴兆金，教育局党委委员、副局长唐勋，广播电台台长赵立新出席公益活动。

本次活动由淄博人民广播电台、市教育局、市红十字会主办，活动救助的对象是淄博市对口支援的北川县香泉乡，重点是为香泉小学和黄江中学的孩子们募集必要的生活和学习用品。在短短两天的时间里，共收到社会各界捐赠的棉被近2000床，棉衣、羽绒服等5000件，棉鞋手套袜子2000多双，各类文具书籍及文体用品近15000件，雨伞雨衣300多件，所有物资总价值约823000余元。

[刘慧晏、周清利、段立武对全市参加全国“争当小实验家”活动作出批示]　12月3日，第五届全国少年儿童“争当小实验家”科学体验活动总决赛表彰颁奖大会在北京落下帷幕。淄博市选派395名选手参加总决赛，共有22名选手被评为五星级小实验家，127人获金奖，129人获银奖，139人获铜奖，淄博市教育局被评为“优秀组织奖”。中国少年科学院、全国少年儿童“争当小实验家”科学体验活动组委会专门发贺信祝贺。中共淄博市委书记、市人大常委会主任刘慧晏，市委副书记、市长周清利，副市长段立武获悉后作出批示。刘慧晏批示：“素质教育的落脚点在于培育学生的创新精神和实践能力，请坚持不断地抓下去，经验总结好，工作做扎实。”周清利批示：“表示祝贺，要再接再厉。”段立武批示：“该成绩充分展示了淄博市素质教育的成果，可喜可贺，望再接再厉，再创佳绩。”

[山东省深化“法律五进”工作现场经验交流会]　12月9日，全省深化“法律五进”工作现场经验交流会在中和街小学召开。司法部法制宣传司副司长姜金方，省司法厅厅长程辉，副厅长王本群，市委副书记侯法生，市委常委、政法委书记陈家金，市司法局局长王正全及全省各市的副书记、政法委书记、司法局局长共150余人参加会议。

参会领导视察中和街小学

[山东省特殊教育资源库应用培训会在淄博召开]　12月下旬，山东省教育厅基教处在淄博市举办了全省特殊教育资源库应用培训班，对全省特殊教育学校骨干教师进行学科资源库应用培训，来自全省138所特教学校的150余名教师参加培训，培训内容为视障、听障、智障三类资源库的基本特点和内容结构介绍，资源

的浏览、搜索和下载，资源库系统平台的安装和配置，资源库的后台资源管理，资源的远程上传等。淄博盲校校长路荣喜作了题为《特教学校教学资源探索与思考》专题报告。作为本次培训的承办单位，淄博盲校实施“课题带动”战略，积极实践和探索信息技术在特殊教育中的应用，历时3年完成了教育部委托的全国盲校学科资源库开发项目，已由教育部推广至全国盲校在教学中应用。

[朱丽红获山大奖学金] 12月25日，高青一中2006级学生朱丽红获得山东大学第二届“优秀中学生奖学金”。此次共有省内外58所中学的60名优秀中学生获奖，每人奖金2000元人民币，同时山东大学还向奖学金获得者颁发荣誉证书。

[张店区教育概况] 2008年张店地区共有各级各类学校179所，2304个教学班，99714名在校生，7935名教职工，其中专任教师6307名，学校总占地面积2062461平方米，校舍建筑面积809903平方米。其中各类幼儿园94处，占地面积289098平方米，园舍建筑面积146757平方米，总班数为555个，入园儿童总数为16164人；教职工总数为1752人，幼儿教师总数为1023人，学历合格率99.56%。小学45所，学校占地面积692860平方米，校舍建筑面积221033平方米，总班数为846个，在校学生总数为38948人，是年招生7185人，毕业7740人；教职工总数为2596人，其中专任教师2313人，学历合格率99.91%。初中27所，学校占地面积610671平方米，校舍建筑面积213733平方米，总班数为595个，在校学生总数为29585人，是年招生7668人，毕业6252人；教职工总数为2309人，专任教师2064人，学历合格率98.21%。高中8所，学校占地面积359374平方米，校舍建筑面积187719平方米，总班数为209个，在校学生数为11389人，2008年招生3680人，毕业3447人；教职工总数为928人，专任教师总数为595人，学历合格率98.56%。职业、成人中专学校3处，学校占地面积78153平方米，校舍建筑面积29792平方米，总班数为68个，在校学生总数为3264人，2008年招生843人，毕业963人；教职工总数为242人，专任教师221人，学历合格率99.1%。特殊教育学校2处，学校占地面积32305平方米，校舍建筑面积10869平方米，总班数为31个，在校学生总数为364人，是年招生48人，毕业50人；教职工总数为108人，专任教师91人，学历合格率100%。

3月20日，张店城区中小学建设奠基仪式在祥瑞苑小区举行，淄博市领导刘慧晏、周清利、周连华、薛安胜、段立武、王同和、张洪亮，区领导许建国、王咏等出席

[淄川区教育概况] 淄川区共有各级各类学校101所，在校生8.5万人，教职工6894人。

学前教育。淄川区共有幼儿园99所，省级示范园13所，市级示范园14所。在园幼儿1.7万人，幼儿教师900人。规范发展学前教育，组织开展幼儿园规范化管理达标检查验收，加强幼儿园精细化管理，全面提高保教质量。构建“区—片区—乡镇—幼儿园”四位一体的教育科研网络，通过组织参加全市教学评优活动，广泛开展业务交流、岗位培训，加快幼儿教师专业成长。

九年义务教育。淄川区共有小学63所，初中18所，九年一贯制学校8所。小学在校生35681人，初中在校生31230人。在免除义务教育段学生杂费的基础上，投入专项资金450万元，全部免除农村义务教育段学生课本费。投入专项资金1920万元，实施农村中小学远程教育、教学仪器更新、校舍维修改造、改厕治污四大工程。发挥城区中小学优质资源的辐射带动作用，开展城乡中小学“手拉手、心连心”活动，通过城乡校长互访、教师互访、学生互访、通信交流等形式，加快农村教育发展，进一步缩小城乡办学差距，促进城乡教育均衡发展。制定落实进城务工人员子女的优惠措施，切实解决进城务工人员子女上学问题。全区有省级规范化学校19所，市级规范化学校64所。

高中教育。共有普通高中4所，其中市属普通高中1所，区属普通高中3所，在校生12717人，其中，2008年新招生4036人。开展规范学校管理年活动、学校文化建设活动，提升学校管理水平，丰富学校文化建设内涵。强化高中区域化管理，高质量、精细化地落实市教育局关于“区域管理”的有关要求，定期开展有针对性的教研活动，加大交流协作和指导力度，搭建区域竞争平台，扩大优质高中资源覆盖面，促进教育教学水平提高。

特殊教育。淄川区共有特殊教育中心1处，教职工28人，在校生107人，其中聋生29人、弱智生78人，有19名残疾学生随班就读，涉及全区10处中小学。加大随班就读工作力度，把残疾儿童教育纳入九年义务教育轨道。开展特殊教育发展现状调研，推进全区中小学特殊教育工作科学化、规范化、制度化建设。2008年，淄川区特教中心投资84万元进行教学仪器设备更新工程，全面提升学校现代化办学水平。

职业教育。8月底将二分校(原淄川职业中专)全部迁入校本部。学校总占地面积14.66公顷，教职工460人，设有4个校区，在校生6000余人。设大专部、中专部、实训部和培训部，开设国际贸易、纺织工程、服装纺织、计算机、机电、化工、建筑、艺术等36个专业。始终抓招生工作不放松，加大对职业学校招生工作的考核力度，对初中教育教学评价方案进行适当调整，年内区域内职业学校、成人中专实现招生2534人。

成人教育。淄川区各乡镇和开发区建有高标准成教中心19处。其中，15处省级规范化学校，4处市级规范化学校。有108所村成人学校为市级规范化学校，全区办学率达100%。年内，各乡镇成教中心先后开办了机电、企管、果树栽培、农作物管理、煤矿安全知识等长短期培训班200余期，培训2万余人次。

民办教育。2008年，淄川区有民办教育机构(学校)34处，其中学历类学校7处，培训机构25处，幼儿园2处。25处培训机构中有市属6处，外区县设教学点3处。年检期间，有1处学校主动终止办学。全区27所区属民办学校教师总数为348人，在校学生数达6166人，学校资产总值达1211.16万元，基本上满足了全区人民对教育多样化的需求。全区有8处学校分别参加了名牌学校和名牌专业的复评及申报工作，有2处民办学校被淄博市教育局命名为“淄博市中小学生艺体培训基地”。12月，对民办学校进行了年检，对存在的问题下发《年检通知书》，有11处民办学校被确定为年检优秀单位。

[博山区教育概况] 博山区义务教育段共拨付公用经费1526万元，惠及学生43349人；发放救助金149.5万元，对2822名家庭经济困难学生实施救助，实现了免费九年义务教育城乡全覆盖和家庭经济困难学生资助政策全覆盖。全年投入学校公用经费和建设经费达到4003万元，成为自1997年以来财政性教育投入最大的一年。完成八陡镇中心学校建设工程和博山十三中综合楼、博山八中学生餐厅、博山区实验中学综合办公楼建设；实施中小学校舍维修改造工程、中小学课桌凳更新工程，完成2008年校舍危房改造任务。为全区中小学办理校方责任险，参保学生43525人，解决了教师医疗保险和养老保险问题。完成农村中小学现代远程教育工程、农村中小学教学仪器更新二期工程、特殊教育学校教学仪器配备一期工程，启动中小学教育技术装备标准化工程，全区教育现代化、信息化、均衡化建设成效明显。教育资源配置更加优化，合并区一职专和区技校，在12个镇、开发区设立中心学校，真正建立起了“以县为主”的义务教育管理体制。坚持走教育内涵发展之路，深入推进素质教育，开展学校基础管理年活动，实施教师素质提高工程，教育教学质量逐年提升。2008年，博山区高考本专科共录取3523人，达到历史最高水平，其中本科录取1524人，专科录取1999人。学科竞赛成绩优异，在全国初中数学竞赛中，博山区有3人获全国一等奖(全市共4人)，1人获全市第一名；在第五届全国少年儿童“争当小实验家”科学体验活动中，博山区有13人获金奖，12人获银奖，18人获铜奖，其中有1人以满分的优异成绩获全国第一名，4人被评为“五星级小实验家”，博山区在全国表彰大会上作典型经验介绍；在第十届国际机器人奥林匹克竞赛全国选拔赛中，博山区有3人获金奖，3人获一等奖，2人获二等奖，1所学校获出国参赛资格。艺体教育成果显著，在全国及省、市各类科技艺体比赛中屡获佳绩，在淄博市第十三届中学生运动会上，博山区教育局获“突出贡献奖”。

学前教育。博山区共有幼儿园108处，在园学生数9781人。加强依法办园、依法治教，大力推进幼儿园的标准化、特色化、现代化建设，提高保教质量，发展学前教育。通过邀请区外专家、区内相互交流等形式，挖掘学前教育办园经验，共同提高办园水平，积极推进0～3岁婴幼儿教育。组织开展形式多样的业务比赛，促进了幼儿教师的专业成长。

义务教育。博山区小学在校生22538人，初中在校生20116人。2008年全区基础教育工作坚持以提高教育质量，办让人民满意的教育为核心，优化教育资源。以加强德育建设为抓手，提高教师素质，注重培养学生的全面发展，开展一系列活动。继续加强学籍管理，实现了学籍管理的信息化。

普通高中。博山区普通高中共有5处，在校生9172人。其中市属高中2处，区属高中1处，民办高中2处。全区共招高中一年级新生3022人。

职业教育。博山区驻地职业学校共有5处(国办4处，民办1处)，其中高等职业教育学校1处，中等职业教育学校4处。总占地面积25.3公顷，建筑面积15万平方米，固定资产3亿余元，在校学生7800余人，教师520余人。主要开设数控、金切、车工、电工、陶琉艺术、美术装潢、计算机、财会等30余个专业。

成人教育。开展职业技能和岗位培训,围绕项目搞培训,围绕资源搞开发,取得了良好效果。博山区成教中心基本完成了对全区中小学教师计算机中级应用培训任务。积极开展阳光工程培训,全区年内培训在岗、下岗职工和农村进城务工人员4000余人次,进一步提高了职工的岗位技能和农民吸收、运用科学技术的能力。

民办教育。到2008年底,博山区各级各类民办教育机构已达63处,其中民办大学1处,普通中小学7处,职业学校1处,幼儿园13处,培训学校41处。建筑面积达15万平方米,总资产达8亿余元,在校生达12000余人,教职工达1100余人。面向社会招聘了一批德才兼备的教师。民办职业和专业培训学校开设的专业有医学影像、临床医学、微机、财会、美术、声乐、舞蹈、物业管理、旅游服务、市场营销等20余个,毕业生就业率达90%以上。

[临淄区教育概况] 学前教育。临淄区共有幼儿教育机构(包含幼儿园和亲子园)共计117处,在园幼儿15200余名,在园教职工1171人。6月,联合临淄区消防大队、区卫生监督所、区疾控中心,对全区58家未登记注册幼儿园进行了集中整治和检查,净化了学前教育环境。9月份,临淄区政府重新调整了"临淄区托幼工作领导小组",同时,制定下发了《关于学前教育改革与发展的意见》,明确提出:"完善农村学前教育日常投入机制,实行教育券制度"。临淄区学前教育典型经验,在全国、省、市教育行政部门组织的学前教育工作会议中进行交流,并在《中国消费报》、《大众日报》等多家媒体进行报道。

九年义务教育。蜂山小学撤并到虎山小学,全区区属小学共有10处,在校生33860人。区属初中共有7处,在校生29677人。临淄区中小学招生按照义务教育法"适龄儿童少年在户籍所在地学校就近入学"的规定,根据学生及法定监护人户口、住房,严格实行划片招生,严肃招生纪律,从根本上制止了小龄入学等违规招生现象,保证了中小学招生工作的公正性和严肃性,招生秩序进一步规范,全区小学招生6137人,初中招生8028人,入学率100%,超班额现象得到了有效控制。

普通高中。临淄区共有区属高中5处,学生9537人。高中招生继续实行全市统一组织,按照省市精神,充分发挥中考对实施素质教育的导向作用。积极进行中考改革,探索实施了指标分配录取方式,将体育由考查科目变为考试科目。不断扩大招生计划,满足群众对高中教育的需求,全区普通高中共录取4413人,普通高中升学率70.37%。

特殊教育。临淄区特殊教育中心学校成立于1993年,占地面积12732平方米,建筑面积3780平方米,操场面积5808平方米。共有16个教学班,在校听障、智障学生183名,在岗教职工40名(其中研究生学历1人,本科学历23人,专科学历18人,中师学历6人)。是一所集听障、智障教育为一体的综合性国办特殊教育学校,开设听觉言语训练、启音基础教育、启智康复教育、启智教育、职业教育等专项学科教育。学生实行寄宿制育导管理,以确保学生安全、健康的成长,达到补偿缺陷、矫正行为、康复身心、自食其力的教育目的。

职业教育。临淄区共有中等职业学校3所,在校生6000余人。坚持职业教育面向人人、面向社会的发展方向,以服务为宗旨、以就业为导向、以能力为本位。组织参加市级优质课比赛,3人获一等奖,4人获二等奖;参加淄博市教案评选,7人获一等奖,12人获二等奖。对口高等职业教育升学,被评为"对口高职升学先进区县"。全区本科上线45人,名列全市第三。组织参加淄博市第二届中等职业学校学生创业方案设计大赛,共有11人次获一等奖,12人获得二等奖。组织参加淄博市中等职业学校师生美术作品评比,共有4人获一等奖,3人获二等奖。职教科被评为山东省职教先进教研室。

成人教育。根据临淄区教育局工作目标,围绕建设经济强区这一宗旨,以巩固教育初步现代化成果为主线,以规范管理为动力,以大力实施农村劳动力转移培训工程为重点,以创建和谐新农村为载体,紧紧围绕"科技富民培训工程",坚持"实际、实用、实效"的原则,面向三农,勇于创新,实施品牌战略,坚持科学发展观,不断整合教育资源,不断探索成教发展新思路,努力构建乡村两级农村教育和培训网络,不断提高新时期农村劳动者的整体素质,为构建和谐社会、建设社会主义新农村服务。

民办教育。临淄区各级各类民办学校28所,在校生6142人,教职工474人。其中:学历类民办学校6所,在校生4142人;民办培训机构22所,在校人数2000余人。一年来,认真落实《中华人民共和国民办教育促进法》及《实施条例》精神,制定下发《临淄区民办培训机构安全管理制度》和《临淄区民办培训机构安全责任追究办法》,增强学校的安全责任意识。齐鲁武术学校学生许明虎、孙晓梅、刘超在全国青少年武术锦标赛中,获得武术套路6项全国冠军;临淄区英才中学、临淄齐鲁武术学校、临淄区外国语实验学校、临淄区现代双语学校被评为淄博市民办教育名牌学校;临淄区美典艺术培训学校、齐都艺术培训学校、文化艺术培训学校和齐鲁幼教集团等学校的相关专业被评为

"淄博市民办教育名牌专业"。

督导评估。综合全年的评估结果,经临淄区教育局党委审议,分别评选出素质教育示范学校 20 处(其中高中 3 处,职业高中 1 处,初中 8 处,小学 8 处),素质教育先进学校 20 处(其中高中 1 处,职业高中 1 处,初中 8 处,小学 10 处),教育管理示范单位 5 个,教育管理先进单位 7 个。

[周村区教育概况]　周村区教育体育局辖 4 个镇教委,1 个街道教委,20 处直属学校,19 处镇(街道)属学校。教职工 3100 名,在校生总数 41765 名;先后获得山东省规范教育收费示范区、山东省未成年人思想道德建设先进集体、山东省教育科研先进单位等集体荣誉 40 余项。

素质教育。深化基础教育课程改革,加强校本课程研究,7 处学校通过淄博市第三批校本培训示范学校验收,2 处学校被评为省级校本研究先进单位。抓好德育管理干部和班主任的培训、指导和管理。深化"三结合"教育,抓好家庭教育指导工作。组织 32000 名中小学生参加了体育、艺术、科技、读书"四节"活动,深入开展阳光体育运动,推行"快乐大课间",建立了中小学足球联赛制,普及了"四操四球一拳"活动,确保学生每天锻炼 1 小时。做好"十一五"滚动课题的立项工作,新申报课题 72 项,全区有"十一五"国家级课题 4 项,省级课题 4 项;承办了全省教育科学"十五"规划重点课题"多元智能理论在小学语文教学中的应用研究"成果展示会,"游戏与幼儿智力发展的研究"课题获省教学成果评选三等奖。

教育保障。提高生均公用经费标准,小学由 252 元提高至 300 元,初中由 352 元提高至 445 元。对农村义务教育段困难家庭寄宿学生和乘校车学生实施资助 868 人次;对城区义务教育段家庭困难学生资助 468 人次。对普通高中家庭困难学生实施政府资助 458 人次,资助资金 22.9 万元;对全日制中等职业学校在校农村学生和城区贫困家庭学生实行国家资助 1143 人次,资助资金 85.73 万元。

学校布局调整和教育基本现代化建设。占地8.53 公顷的周村三中新校区开工建设,职业中专学生公寓和市南路小学教学实验楼建成投入使用,萌山李年洙小学教学楼投入使用。周村二中 300 米塑胶运动场地投入使用。实施农村中小学教学仪器更新工程和现代远程教育工程,顺利通过省市农远工程验收。召开周村区"交互式电子白板在课堂教学中的应用研究"课题研讨会,承办全市电子白板教学应用研讨会。共装配电子白板 40 块,新上液晶投影设施 28 台,购置教学用计算机 542 台,建成远程教育工程站点 21 个。开展学校办学条件标准化普查,对各学校的现代化建设内配情况进行了调查摸底和统计分析。

其他各类教育。职业中专建立校内外实训基地 30 余处,筹建了能够对外开放的汽车维修实习工厂,在校生突破 1800 人。阳光工程培训、新型农民培训、下岗职工再就业培训 7600 人,全区 85%的新增劳动者接受了职业技能培训。加大民办教育规范力度,重点整治了各种违法文化教育类培训机构;民办淄博灵峰双语学校、淄博和平学校在校生 1375 人。调整充实了全区托幼工作领导小组,对各级各类幼儿园进行了普查,组织区实验幼儿园等市级示范园和城乡幼儿园结对子,帮助农村园所提高保教质量。

教师队伍建设。开展继续解放思想大讨论和学习实践科学发展观活动,健全教师职业道德考核评价机制,修订完善了"教师十不准",针对教师从事第二职业和有偿家教进行了专项督导。开展"践行师德规范,争当人民满意教师"大讨论、向地震灾区英雄教师学习师德建设系列教育活动。组建周村区第三届优秀教师事迹报告团,在全区举行报告会 11 场。完善新教师招考聘用制度,对新招聘的 59 名教师,进行笔试、面试、体检,政审工作。狠抓干部教师素质提高,组织 296 人参加了市级以上培训研修。

平安校园建设。继续实行党委成员安全挂包制度,广泛开展应急逃生、疏散演练等活动,制定突发地质灾害应急预案和防汛应急预案。做好奥运安保工作。为全区校车统一喷涂颜色,召开了校车安全培训会议,协调有关部门减免校车年检费、上线检测费等。与有关部门积极配合,抓好手足口病等流行性传染病防控工作。开展法律进学校集中推进年活动,为全区 42 处学校聘任了法制副校长和法制辅导员;先后作为现场迎接了省司法厅、市司法局的"法律五进"活动调研和新华社记者采访,提高师生法律素质。

4 月 12 日,第一次全市法律进学校集中推进年活动现场调度会在周村区中和街小学举行

[桓台县教育概况] 2008年,桓台县共有各级各类学校71处,在校学生67394人,教职工5080人,其中小学44处,在校生30243人;初中22处,在校生24569人;普通高中2处,在校生8439人;职业学校2处,在校生4080人;特教中心1处,在校生63人。共有各级各类幼儿园111处,3～6周岁在园幼儿15196人。

学前教育。2008年,桓台县共有注册幼儿园108处(个体幼儿园21处),其中省级实验示范幼儿园7处,市级十佳幼儿园4处,市级示范幼儿园18处,一类幼儿园31处,二类幼儿园22处,三类幼儿园33处,幼儿教师1193人。全县3～6周岁在园幼儿总数15196人,入园率98.7%;城区3～6周岁入园率达到99.5%;0～3周岁幼儿入园1188人,入园率达10%。为40周岁以上的幼儿教师办理了养老保险。幼儿教师工资大部分镇能达到全县最低工资标准620元。50%以上的幼儿园拥有现代化的教学设备,40%的幼儿园开始为幼儿加餐、加点并配齐了消毒设备,大部分园所暖气或空调供暖。

九年义务教育。桓台县小学44处,694个教学班,在校学生30243人。初中22处,482个教学班,在校学生24569人。2008年小学入学率和巩固率均100%,初中入学率100%,巩固率99.9%。6月份,4159名考生参加中考,向高中段输送合格学生4117名,高中段入学率达到99.0%。

高中教育。共有普通高中3处,160个教学班,在校学生8439人。2008年全县高考本科上线录取1510人,3人升入北京大学、清华大学。桓台一中本科上线录取1071人,桓台二中本科上线录取439人。高职本科院校录取49人。取消桓台二中招收高中复读生的资格,民办学校桓台中学独立招收复读生。

职业教育。共有职业学校1处,1990年改建为桓台县职业中专,2005年被批准为淄博建筑工程学校,一校两牌,学校占地7公顷,校舍建筑面积51059平方米,共有教职工184人,专任教师157人,其中高级教师42人,学校实验仪器设备总价值600余万元,藏书62000余册,报刊杂志81种。学校共有58个教学班,在校学生3128人。

成人教育。桓台县共有成人中专学校1处,镇成人教育中心学校11处,村级农民技术学校209处(其中154处独立设置)。桓台县成人中专与桓台县渔洋中学、桓台县教师进修学校为一校三牌,占地4.6公顷,校舍建筑面积25600平方米,教职工161人,在校学生2983人,其中函授学员1800人,全日制在校学生1183人,学校总资产1491万元,全年共计举办各类培训达3010人次。11处镇成人教育中心学校校园占地12.47公顷,建筑面积共计12155平方米,教职工121人,在校学生2234人,学校总资产570余万元,镇成人教育中心学校全年开展农村劳动力转移培训73期,计5298人次,农村实用技术培训78期,计22249人次,科普知识培训43期,计12099人次,引进项目4个,实验实习项目13个,村级农民技术文化学校总资产约924余万元。全县镇成人教育中心学校均有固定的办公场所,配备专职的教师队伍,建有规范的文字、电子档案,各项管理制度健全,各类功能室比较齐全,且能发挥应有的作用。

民办教育。桓台县共有民办学历类学校4处,教职工107人,在校学生675人,民办培训类学校17处,教职工272人,在校学生10311人,全县民办学校校舍建筑面积共计50850平方米,占地共约22公顷,图书23400余册,仪器设备总价值约979万元。

[高青县教育概况] 2008年高青县中小学幼儿园共有120处,其中普通高中2处,初级中学12处(含民办1处),小学43处,职业学校1处,特殊教育学校1处,幼儿园60处(含民办3处);在校生52289人(含民办1899人),其中高中生4449人,初中生16102人(含民办1425人),小学生21803人,职校生1201人,特校生41人,幼儿8693人(含民办474人);教职工3960人(含民办18人),其中高中教师521人,初中教师1089人(含民办14人),小学教师1494人,职业学校教师199人,特校教师10人,幼儿园教师647人(含民办4人);校舍面积410344平方米,其中高中80529平方米,初中170380平方米,小学104486平方米,职业学校9620平方米,特殊教育学校529平方米,幼儿园44800平方米;占地面积1907494平方米,其中高中246758平方米初中699268平方米,小学741424平方米,职业学校38974平方米,特殊学校1500平方米,幼儿园179570平方米。

农村义务教育经费保障。投入1298万元全面实施免费义务教育,投资443万元对义务教育段教科书实行免费发放。2008年共落实农村义务教育贫困住宿生生活补助金72万元,救助学生1545人;职业学校救助金81万元,资助学生686人;普通高中助学金44万元,资助学生460人。通过各种措施的落实,全县没有一个孩子因家庭贫困而辍学,学龄儿童入学率达100%,小学毕业生升学率达100%,初中生毕业率达100%,初中升入高中段比例达到98.85%。

教师队伍建设。实施名师带动工程,加大教师培训力度,实施青年教师1000人培训计划。先后组织了188人的青年教师信息技术高级培训、98人的小学班主任培训、270人的小学骨干教师培训、38人的小学校长(含18名小学教导主任)任职资格县级培训、50人参加的骨干教师省级培训、50名市级骨干培养对象的市级培训、初中392名教师参加的网络远程研修、小学215名班主任参加的市级网络远程研修活动等。全年各种教育培训累计2345人次。2008年招聘教师41人,其中硕士研究生4人,本科毕业生22人,专科毕业生15人,充实了教师队伍。组织38名中小学校长、教育领导干部,参加了由国家教育行政学院举办的专题理论研修班。

现代远程教育和教学仪器更新。对全县48处"农村中小学现代远程教育工程"项目学校进行全面验收,重点检查薄弱环节,发现问题书面反馈,限期整改,使"农村现代远程教育工程"管理规范化、应用常态化。5月份顺利通过由省教育厅、发改委、财政厅联合组成的省农村中小学现代远程教育工程验收组的检查验收,获得优秀等级。推进全县中小学教学仪器更新工程,投资54万元,9处镇中心小学完成了更新任务,其他8处农村小学仪器核查已经结束,正准备组织仪器设备招标。

社会综合治理。推行政务公开制度和法律进机关活动;及时处理人民群众来访,解决群众关心的热点问题;加强民办学校的监管力度,规范民办学校办学行为,保证教育公平;联合相关部门对学校周边环境进行整改,保证学校良好的教学氛围。编制《高青县学校处置紧急突发事故预案》,对学生开展多种多样的安全教育,培养学生关爱生命,自我保护的意识。2008年共开展安全应急演练135次,参加学生52200余人次;组织开展全县校舍危房大检查,查出危房39000平方米,危墙2029米;D级危房坚决拆除,B、C级危房进行加固维修;并联合高青县交警队对校车进行统一管理,保障师生人身安全。

招商引资。引进淄博永祥建筑工程公司,注册资本500万元,累计投资3000万元。淄博市教育局召开支持高青教育发展专题会议,研究2008年支持高青教育发展的具体举措,2008年共落实上级补助资金2111万元,其中:公用经费补助资金879万元,免费教科书补助资金443万元,贫困住宿生生活补助32万元,农村中小学校舍维修改造资金337万元,中小学生取暖补贴130万元;仪器更新补助200万元;职业学校助学金41.4万元;普通高中助学金27.6万元;职业教育补助6万元;课桌凳更新15万元。

中小学布局调整。高青三中依托原常家中学改扩建,工程总投资5700万元,学校新增建筑面积4万平方米,规模由原来的24个教学班扩大到60个教学班,2008年秋季正式招生开学,常家、木李、赵店、樊林4处农村初中率先进城,在校生达到3100人。依托原高青县职教中心校址改建为高青四中,田镇初中整体搬迁到高青四中,扩建工作规划完成并开工建设。高青一中、中心路小学的扩建已经完成规划,预计2010年全面完成初中进城工程。年初将全县原3处职业学校整合为高青县职业中专学校,扩大办学规模,不断加大以纺织服装为支柱专业、以机电一体化为重点专业的培训基地建设投入。现已建成拥有电动缝纫机100台的实习车间1个;多媒体教室3个,配备高档计算机150台;机械保全实验室1个,装配钳工、焊工实习设备各20套,数控机床2台,满足了学生机械保全维修技术的实践训练。同时投入8万元加大对实训指导教师的培养培训力度,组织12名年轻教师进行了为期1年的专业操作技能培训。11月12日,鲁泰纺织技术学校在高青县职业中专挂牌。与各镇成教中心配合,做好以"阳光工程"为主的农村劳动力转移培训,2008年累计开展专业培训4296人次、多种实用技术培训及农民转岗培训2万余人次,推动农村劳动力向二、三产业转移,实现了农业增效、农民增收。

课堂教学改革。高青县教育局领导班子成员到各镇、学校进行督导检查,发现问题及时整改,收到明显成效。学校办学行为进一步规范,全面落实课程标准,开全课程,开足课时,积极探索适合素质教育要求的评价方案,学生素质得到全面发展。同时,深化课堂教学改革,创立了"五步导学法"课堂教学模式,减轻学生负担,促进学生全面发展,大众日报、北京现代教育报等媒体对高效的课堂教学模式作了专题报道。组织全县中小学生运动会及第十届百灵艺术节等活动,促进学校艺术教学和课外艺术教育活动的开展,丰富中小学校园文化生活,提高中小学生的审美能力和艺术修养。

[沂源县教育概况] 学前教育。沂源县共有幼儿园89处,在园幼儿14000人,教职工732人。年内,县教体局联合县物价局、卫生局对107处申请注册年检及登记注册的幼儿园进行了全面检查,年检合格幼儿园89处,同时对达到注册标准的幼儿园进行评估定类。

九年义务教育。沂源县共有完全小学53所,教学分部52处,在校生31343人;初中17所(含九年一贯制学校5所,十二年一贯制民办学校1所),在校生30101人。全县小学、初中入学率均达到100%,巩固率分别达到100%、98%以上。

普通高中教育。沂源县共有普通高中学校3所,其中公办普通高中2所,民办学校1所,在校生11735人。初中毕业生升入各类高中比例为95%(普通高中占52.6%)。年内,根据淄博市教育局招生计划安排,全县普通高中共招收62个班、3537名学生。其中,沂源一中招收38个班、2221名学生;沂源二中招收20个班、1054名学生;鲁山学校招收4个班、262名学生。

特殊教育。沂源县各类残疾儿童(义务教育段)共174名,其中沂源特殊教育中心95名,9个教学班,其中聋生25名,弱智生70名,随班就读75名,在家残疾儿童4名。学校教职工37名,其中专任教师24名。全县残疾儿童入学率达97.7%。全县初步形成以特教中心为龙头,以普通学校随班就读为主体的特殊教育新格局。全县残疾儿童在校生巩固率达100%。

职业教育。沂源县职工教育中心共占地10公顷,建筑面积达3.5万平方米,有65口教室,25口实验实习室,实验实习设备价值达1000多万元。学校有教职工352人,其中高级职称教师96人,中级职称教师127人;9人获"金蓝领"技师资格,33人获高级技工职业资格。学校有全日制教学班56个,在校生4172人,年完成各类短训学员2000多人。年内完成招生1600人。毕业生安置率达100%,一次就业满意率98%以上。

成人教育。年内,启动"市级教育基本现代化学校"创建工程,加大投入,完善配备。截至2008年底,13个乡镇全部独立设置了成教中心学校,共占地10公顷,总建筑面积达2万平方米,配备多媒体投影仪12部、微机196台、电视机31台、放像机19台、VCD22台、电影机20部、土壤检测仪2台、配备图书43170册、农村实用技术录像资料2850套。共有专职教师165人,兼职教师158人。全县村级成人教育办学面达到100%,有村级成人学校398处,基本达到省级规范化学校标准。

民办教育。沂源县共有民办学校46所,其中民办幼儿园37所,小学、初中、高中多学段式学校1所,集小学、武术培训的综合学校1所,培训类学校7所,民办学校总占地面积22.3公顷,总建筑面积115980平方米,资产总值10006万元。民办学校共有教职工452名,在校学生(含学员、幼儿)8804人,其中全日制学校在校生(幼儿)6862人,培训类学校在校学员1942人;民办幼儿园在园幼儿占全县在园幼儿总数的21%,民办高中学校在校生占全县高中段学生的20%。8月,民办英华学校终止办学,师生分流安置问题得到妥善解决。

[高新区教育概况] 高新区共有高级中学1所,初级中学4所,九年一贯制学校2所,小学10所,成教中心3所,幼儿园26所,民办学校3所。其中省级规范化学校3所,市级规范化学校10所,省电教示范学校3所,市级电化教育示范学校3所。全区国办、民办中小学、幼儿园教师共计1738名。在校高中生3399人,初中学生3557人,小学生6121人,在园幼儿2887人。

学前教育。高新区共有幼儿园26所,幼儿教师320名,在园幼儿2887人。2008年高新区教委联合工商、行政执法局、消防、公安等八部门对高新区范围内的不规范民办幼儿园进行了联合执法。进一步整治高新区不规范办园情况,杜绝不安全隐患,规范幼儿教育办学行为。加强幼儿教师课堂教学交流,不断提高教师素质。组织高新区在市优质课评选中获奖的教师出示研讨课,公开课,使老师在教研活动中转变了教育观念,交流了教学方法,为老师们更好的做好幼儿教育工作提供了发展的平台。各级各类幼儿园在园所管理、师资队伍、保教质量、家长工作等方面均受到社会和家长高度评价。付山幼儿园通过了省级示范幼儿园验收,八音河幼儿园以过硬的办园质量分别荣获了市示范幼儿园、市十佳幼儿园、市基本现代化幼儿园等称号,成为民办园所的标兵。民办园所成了高新区幼儿教育发展的有益补充,促进了高新区幼儿教育的整体发展。

九年义务教育。高新区共有初中学校4所,九年一贯制学校2所,小学10所。在校生13085人。小学、初中适龄儿童入学率达到100%,无辍学现象,高中段普及率97.4%。认真执行《高新区外来务工就业人员子女入学实施办法》解决了高新区外来务工就业人员子女入学问题。建立了残疾儿童随班就读保障体系。

普通高中教育。高新区共有普通高中学校淄博第十一中学1处,共有60个高中教学班,在校学生3399余人,教职工319人。其中,全国模范教师1人,省特级教师1人,淄博名师2人,省市级学科带头人、教学能手和优秀教师25人,取得研究生学历或学位的45人,40余人获得"市区学科带头人"、"教学能手"、"优秀班主任"、"优秀教师"、"市级高考突出贡献奖获得者"等荣誉称号。学校承担中央教科所及省教育科学"十五"规划重点课题子课题3个,市教育科学规划重点课题4个,教育科研气氛浓厚。

成人教育。以新农村建设为核心,以政府"阳光培训"工程为抓手,积极与各职能部门联系,拓宽培训渠道,创新培训内容,积极推进农民培训。四宝山组织阳光工程培训,石桥组织企业职工培训,卫固开展远程教育培训,培训丰富内容,切实提高了当地农民的素质。各成人教育宣传工作制度健全,建立了自己的网站,通过网站加强宣传工作。特别是四宝山成教中心的网站(http://www.sbscj.net),内容丰富,在宣传的同时还承载了网上培训的任务,取得了较好的社会效益。

民办教育。高新区审批的社会力量办学机构共有16处，其中全日制民办中小学4所，培训类学校5所，幼儿园7所，中小学在校生2369人，占中小学在校生总人数的15%。高新区的民办学校各种形式有机配合，有力地推动了区内乃至市民办教育的发展；各学校的办学形式和特点也各有所长，相互补充，构建成了高新区多样化的民办教育体系。2008年民办学校年检中，评选出办学优秀单位2所（世纪英才外语学校和八音河新概念幼稚园），合格单位13所，光彩软件培训学校为办学不合格单位。

〔淄博教育大事记〕

1月7～9日　中国红十字会第八届理事会第四次会议暨全国红十字模范校表彰会议在杭州隆重举行。100所全国红十字模范校受表彰，其中山东省3所，淄博一中光荣入围，并代表山东省受表彰学校领取奖牌。

3月21日　全国职业教育"半工半读"课题研究组山东省研讨会在淄博市淄川职业教育中心举行，与会专家、学者对淄川区的校企合作、半工半读经验给予肯定。

4月9日　山东万杰医学高等专科学校被教育部批准同意在民办山东万杰医学高等专科学校基础上建立山东万杰医学院。

5月19日　山东省小学体育健康教育优质课评选活动在淄博市淄川区实验小学举行，全省17个地市的50余名选手参加了比赛。

5月24日　2008年山东省"全民健身　共享全运"健身气功展示活动、2008年全国百县千村健身气功系列活动山东大会、周村区首届全民健身节、周村区职工运动会开幕式举行。

6月20日　淄博市周村区中和街小学部分师生远赴四川省北川县香泉乡中心小学，送去全校2300多名师生的问候与祝福。仪式上，张洪亮局长挥毫写下"淄香教育心连心手拉手，大难兴教共创美好明天"的寄语。

12月9日　山东省深化"法律五进"工作现场经验交流会在周村召开。

12月12日　诺贝尔奖获得者丁肇中先生致函淄博一中，殷切叮嘱全体同学要文理兼容，在全面发展的基础上，培养兴趣特长，促进个性发展。

淄博市分管教育领导人

淄博市人民政府副市长：段立武

淄博市人民政府副秘书长：张鲁辛

淄博市教育局负责人

书　记：张洪亮（兼任市委高校工委副书记，主持日常工作）

局　长：张洪亮

副书记：刘英学

副局长：张景春　尹玉法　牛瑞洲　唐　勋

纪委书记：谷　虹

教育局办公地址：淄博市张店区人民西路16号

联系电话：0533－3184086

邮政编码：255031

（审稿人：刘英学　供稿人：王毓岭）

枣庄市

［概况］　枣庄市共有普通高校3所，在校生17922人，其中本科生7248人；中等职业学校25所，在校生56599人；普通高中25所，在校生78921人；普通初中131所，其中民办学校18所，普通初中在校生165696人，其中民办初中33883人；普通小学668所，其中民办学校9所，普通小学在校生277344人，其中民办小学13301人；特殊教育学校4所，在校生905人。13所学校通过省级规范化学校评估，24所学校被评为"农村学校环境育人优秀学校"，12所学校成为枣庄市首批"普通话示范学校"。

2008年，枣庄教育工作坚持以重点工作突破带动全局工作开展，狠抓二十项重点工作落实，努力推进学校布局调整、教师队伍建设、大职教格局构建、城乡教师工资发放、教师队伍培训、素质教育深化、新城实验学校建设、城市基础设施（教育）配套费、教育系统安全稳定等热点难点问题的破解，在农村教育、大职教格局、队伍建设、高考升学、行风建设、文明机关等工作上取得了新的突破，开创了教育工作的新局面。枣庄市教育局先后被授予全市年度工作先进集体及招商引资、抗震救灾、奥运期间维稳工作、林业工作、提案办理、调研工作、党委信息工作先进单位，被省厅授予"省十届中学生运动会突出贡献单位"，被推荐为全省、全市的政务公开试点单位，被评为全市政风行风建设先进单位和省级文明机关。在枣庄市59个部门行评中列全市第七名、服务部门第一名。

［教育经费投入］　2008年全市教育经费总投入23.82

亿元,比 2007 年增加 4.76 亿元,增长 25%,其中国家财政性教育经费投入为 17.72 亿元,非财政性教育经费收入 6.10 亿元。国家财政性经费中,预算内教育经费 15.28 亿元,各级政府征收用于教育的税费 2.10 亿元。非财政性经费中,事业收入 5.79 亿元。预算内教育经费中,教育事业费拨款 15.10 亿元。教育经费实现了"三个增长"和"两个比例"的提高。

[招生考试] 全市高中招生 26811 人,初中招生 46927 人,小学招生 40577 人。高考报名 30470 人,比 2007 年增加 1150 人;对口高职招生报名 740 人,比 2007 年减少 581 人;成人高考报名 6624,比 2007 年减少 1982 人;研究生报名 3969 人。自学和各类证书考试报考 69496 人;高教函授报名 750 余人。全市普通高考录取 22433 人,录取率为 73.62%。本科录取人数 8984 人,比 2007 年增加 16.3%;北大清华录取 32 人,列潍坊市之后,居全省第二位,继续保持万人比全省第一;本科一批录取 3607 人,本科二批 3348 人,本科三批 1307 人;专科录取 13451 人。

[义务教育经费保障] 各区(市)部分落实了阳光工资,工资发放标准有了新的提高,城乡教师平均月工资达到 2082 元,农村教师平均月工资达到 1962 元,基本工资已全部拉平。城市、地方教育费两项附加拨付比例提高到 93.67%和 89.9%。从 2008 年春季学期起,投入资金 3261 万元,对全市农村初中、小学学生免费提供国家课程及地方课程教科书,秋季由省根据学校实际在校生情况直接免费提供。投入资金 316.18 万元,将农村义务教育家庭经济困难寄宿生生活补助标准提高到每生每年小学 500 元、初中 750 元。落实中央、省资金 1295 万元,按在校生为每人追加取暖费 50 元,解决了农村中小学冬季取暖问题。投入资金 14185 万元,将农村义务教育学校生均公用经费标准初中和小学分别提高到 445 元和 295 元。投入资金 1428 万元,免除了城市义务教育段学校学杂费。核实确认农村义务教育"普九"欠债 2.49 亿元。

[黄胜来枣庄调研] 3 月 14 日,山东省副省长黄胜到枣庄调研素质教育工作情况,并在枣庄市委书记刘玉祥,市领导蒋英建、梁宪廷、赵联冠及市政府秘书长张鲁军陪同下参观了枣庄三中。

2008 年 3 月 14 日,山东省副省长黄胜(右二)在枣庄市委书记刘玉祥(左二),市教育局长张磊(左一)等陪同下,到枣庄三中视察指导工作

[农村学前教育] 全市公办学前机构达到 85%以上,农村在园幼儿由 2007 年的 52741 人增加到 62021 人,30%以上的乡镇学前三年入园率达到 85%以上。全市学前一年幼儿入园率 99.3%,学前三年幼儿入园率 75%。

[农村中小学布局调整] 市政府下达了《枣庄市 2008～2010 年农村中小学布局调整规划》,决定从 2008 年起,用 3～4 年时间在全市实施新一轮农村中小学校布局调整。枣庄市教育局会同市财政局下达了 2008 年～2010 年农村中小学布局调整年度目标任务。全年共调减学校 97 所,其中中学 11 所,小学 86 所。

[三亮三改工程] 2008 年初,市教育局会同市财政局下达了"三亮三改工程"年度目标任务,确定项目学校 40 个,实行项目跟踪管理,市财政列 300 万元专项资金使用计划,对实施该工程的每所农村初中 10 万元、每所农村小学 5 万元的专项补助。截止到 12 月底,40 个项目学校计划全部完成。

[农村中小学危房改造] 2008 年年初,省确定全市危改项目学校 61 所,需拆除 D 级危房 13364 万平方米,新建 9.2 万平方米,共需资金 5837 万元。全年争取到位中央危改资金 780 万元,食堂厕所改造资金 125 万元,省级危改资金 1340 万元,农村中小学"211 工程"试点专项资金 200 万元,明德小学建设资金 90 万元;市级财政安排危改专项资金 350 万元。截至 12 月底,全年完成危改项目 59 个,新建面积 8.96 万平方米,在建项目 2 个,建筑面积 2400 平方米。

[农村中小学仪器更新配套工程] 农村中小学仪器更新工程和特殊教育学校教学仪器配备工程被枣庄市政府列为2008年为老百姓做好的“十件实事”之一。2008年为工程实施的第二年度，投入资金1342.6万元，通过政府采购购买了320余种教学仪器，完成了443所农村小学仪器更新任务。

[学校校舍抗震安全排查] 市教育局会同市建委于2008年7月～9月，对全市406万平方米校舍进行了全面排查，形成了《全市学校校舍抗震安全排查情况报告》。同时，紧密结合校舍建设实际，对2008年在建、新建危改项目学校的抗震设防等级进行了调整。

[学生资助管理] 全市教育系统共发放各类资助资金1.05亿元，其中，发放中职、高职、普通高校国家助学金8413.8万元，普通高中政府助学金937万元，高校国家奖学金380万元，国家助学贷款贴息和风险补偿金196万元。发放校内奖助学金484.7万元，减免学费312.1万元，特困补助94.3万元。全市各类学校享受国家奖助学金学生5.3万人，民办学校被全部纳入资助范围。

[城市基础设施(教育)配套费] 2008年9月，枣庄市政府下达了《关于调整城市基础设施配套费标准的通知》(枣政办发[2008]80号)，决定从2008年11月1日起，在征收的城市基础设施配套费中列20元，专项用于城市中小学建设。

[素质教育实施] 制定和下发文件21个、通报10多个，重点围绕学校“课程设置、作息时间不规范，违规统考、进行成绩排名”等问题，组织了规范办学行为专项检查，采取明察暗访等方式，查处了11所存在违规办学行为的学校。

[中央媒体采访枣庄素质教育] 2008年11月26～27日，新华社、《光明日报》、《中国教育报》等中央媒体4名记者在省教育厅副厅长张志勇等陪同下来到枣庄，集中采访枣庄三中、枣庄十五中全面推进素质教育的办学实践。

2008年11月26日，新华社、《光明日报》、《中国教育报》等4家中央媒体记者在省教育厅副厅长张志勇等陪同下来到枣庄采访素质教育。

[深入推进中小学素质教育工作会议] 2008年9月18日，枣庄市深入推进中小学素质教育工作会议召开，出台了《关于深化教育改革大力推进素质教育的意见》(枣教发〔2008〕68号)，从抓规范、抓德育、抓新课程改、抓考试与招生改革、抓队伍建设、抓条件保障、抓机制保障等七个方面提出深入推进中小学素质教育工作的具体措施；确立了经过三至五年，基本形成创造性推动素质教育区域发展格局的总体目标。

[高中招生制度改革] 适度降低考试难度，扩大基础知识面，语数英三科试卷分值由原来的每科150分改为120分，体育、实验操作、信息技术等三科考试改变为等级考试，实行指标生政策的学校，由2007年的3所(枣庄三中、枣庄八中、滕州一中)扩大到6所(新增枣庄一中、枣庄二中、滕州二中)。

[大职教格局创建] 累计投资5600万元用于中职学校校舍和实训基地建设，新征土地267亩，新开工建设项目6个，施工面积1.78万平方米。枣庄市申报的6所职业院校的7个专业被纳入全省“十一五”期间重点建设的200个实训基地建设项目。率先启动了枣庄市创建2～3所全国千所示范性中职学校规划，市职业中专创建方案已呈报市政府审批，薛城区职业中专完成了迁址新建规划。新上校企合作项目26个，在30多个企业建立了中等职业学校学生实习车间，成功组建了枣庄市乃至鲁南地区第一个职教集团——枣庄市机械电子职业教育集团。职业学校招生持续增加，职普比例位于全省前列，推介就业率达到95%以上。

2008 年 12 月 16 日，枣庄市副市长赵联冠（右一）和省教育厅职成教处处长刘凤山（左一）为鲁南地区第一个职教集团——枣庄市机械电子职业教育集团揭牌。

[行政权力公开透明网上运行试点] 根据法定授权和"三定方案"，对市教育局的行政权力和行政职能进行了清理，确定了 16 项首批公开透明运行的项目，并编制了行政权力项目表，逐项绘制了工作流程，正在进行软件开发。电子政务平台和行政办公系统已正式启动建设。

[新城实验学校] 通过倒排工期、优选施工队伍、争取民营企业家垫资的形式克服了资金短缺、时间紧迫等问题，仅用 10 个月完成了学校一期工程建设，高标准配备了管理和教师队伍，首批招生四个年级 328 人，于 2008 年 9 月 1 日正式正式投入使用。

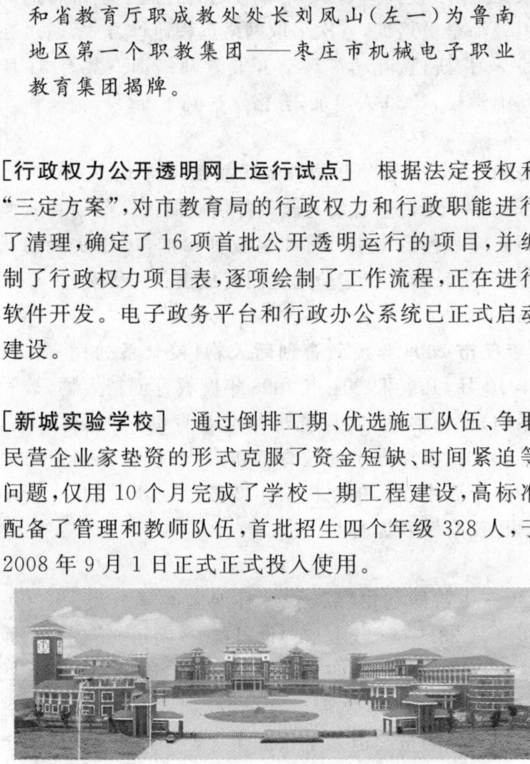

2008 年 9 月 1 日，枣庄市新城实验学校正式投入使用。

[《关于进一步加强中小学教师队伍建设的意见》] 针对枣庄市教师队伍建设的新问题，尤其是农村教师队伍存在的年龄结构偏大、知识结构老化的问题，2008 年 9 月，枣庄市政府印发了《关于进一步加强中小学教师队伍建设的意见》（枣政发[2008]50 号），确定了教师队伍建设的指导思想和总体目标，对进一步完善中小学教师队伍补充优化、评价激励、培训管理机制提出了明确要求。

[中小学内部管理体制改革] 全面推行教师聘用制度，在定编定岗的前提下，实行平等竞争、竞聘上岗、定期考核、合同管理，共有 30416 名教师参加竞聘；1306 人报名参与中层以上岗位竞争，其中 472 人落选。528 名教职工内退。

[教师职称多元化评审] 坚持向课堂教学倾斜、向一线教师倾斜、向农村教师倾斜的政策导向，将多元化评审范围扩大到所有晋升中专、中小学教师专业技术职务人员，提高了多元化考核在各单位推荐量化总分中的比重和分量，细化了教学实绩考核。

[市直学校教师招聘] 2008 年 4～7 月，枣庄市教育局面向全国公开招聘高校毕业生，共 2048 人报考，其中本科生 1907 名，硕士研究生 141 名。坚持各环节从外地聘请评委，市纪委、市人事局全程监督等方式，经过笔试、面试、讲课层层选拔，最终招聘录用新教师 50 名。全市共招聘新教师 371 人。

[聘任专兼职教研员] 2008 年 7 月 12 日，枣庄市教育局举行专兼职教研员聘任仪式，从枣庄三中、枣庄八中、滕州一中等学校的一线高中教师中聘任 12 名专兼职教研员充实高中教研力量。

[山东省"学校杯"中学生运动会] 10 月 24～28 日，2008 年山东省"学校杯"中学生运动会在枣庄市举行。24 日上午在枣庄三中西校体育场隆重举行了开幕式，省教育厅副厅长张海泉致开幕词，副市长赵联冠宣布运动会开幕，市政协副主席李华中、市政府办公室副主任王其勇、市教育局副局长颜承华等出席开幕式。市教育局局长张磊致欢迎辞，省教育厅体卫艺处副处长梅亚宁主持开幕式。28 日下午，运动会闭幕，省教育厅体卫艺处处长任兰平、副处长梅亚宁，市教育局局长张磊、副局长颜承华等领导出席闭幕式并为获奖学校和运动员颁奖。此次运动会共有来自全省 15 个地市的 87 所学校的 2151 名运动员，分别参加了田径、健美操、篮球、羽毛球、乒乓球和足球六个大项的比赛。山东省实验中学、山师大附属中学、潍坊一中、济南一中、枣庄三中、滕州一中、济钢高级中学、枣庄十六中分别获得团体总分前八名。

2008 年 10 月 24 日，2008 年山东省“学校杯”中学生运动会在枣庄市第三中学西校区隆重开幕

2008 年 10 月 24 日，2008 年山东省“学校杯”中学生运动会在枣庄市第三中学西校区隆重开幕。图为省教育厅副巡视员张海泉在开幕式上致开幕词。

[山东省中小学生“阳光体育大擂台”活动]　2008 年 10 月 24～26 日，山东省中小学生“阳光体育大擂台”在枣庄市举行。滕州市、薛城区、市中区还分别选出中小学的 40 名运动员进行了跳绳、踢毽子、仰卧起坐、立定跳远等四个项目的个人竞技类比赛。

[隐患治理年]　根据国务院总体部署，枣庄市教育局于 2008 年 4 月启动了隐患治理年活动，全市 1400 多所学校（含幼儿园）累计查出安全隐患及各类问题 2854 处，整改 2657 处，整改率达到 93%；全市学校累计制定应急预案 8600 多个，开展防火、防震等安全逃生演练 1500 余次，参与学生 58 万多人次。

[平安和谐校园建设]　2008 年 12 月 2～9 日，市教育局对各区（市）推荐的 72 所学校进行评估验收，其中 67 所被评选为第二批“市级平安和谐校园”。自 2007 年以来全市已有 109 所学校被授予“市级平安和谐校园”称号。

[抗震救灾]　2008 年 5 月 12 日四川汶川大地震后，全市教育系统捐款 520 余万元，市直教育系统缴纳特殊党费 23.1 万元，捐建活动板房 20 万元，接纳灾区 21 名学生来枣庄市就读，在全市教育系统开展了向抗震救灾英雄教师学习活动。

[普通高中教师新课程全员培训]　根据省教育厅要求，枣庄市教育局 2008 年暑假期间开展了全市普通高中教师全员培训，首次采取网络远程研修方式，通过在线学习、研讨、互动等环节开展教师培训。共有 31 所高中学校、4330 人参加，合格率达到了 92%。

[2008 年山东省幼儿园教师优质课评选]　2008 年 11 月 18～21 日，全省幼儿园教师优质课评选活动在实验幼儿园举行。枣庄市有 4 名教师参加，枣庄实验幼儿园郝言蕾、台儿庄实验幼儿园贺成杰获一等奖。

[枣庄市 2008 年度教育创新人物（校长系列）]　2008 年 10 月，开展了枣庄市 2008 年度教育创新人物（校长系列）评选活动，共评选出年度教育创新人物 10 人。推荐 3 人参加省年度教育创新人物（校长系列）评选，枣庄十五中校长张立栋获年度教育创新人物，立新小学校长李敬获提名奖。

[山东省首届初中“新语文”杯课堂教学大赛]　2008 年 9 月 23～24 日，山东省首届初中“新语文”杯课堂教学大赛在枣庄市第四十一中学举行。这次大赛的主题是“文本解读与语文课堂有效教学”，由全国语文学习科学专业委员会山东工作部主办，来自全省 9 个地市的 10 名优秀教师参加了比赛。

[枣庄市普通话示范校园]　2007 年 3 月，教育局下发了《关于开展普及普通话和创建“普通话示范校园”活动的通知》（枣教发[2007]11 号），拟用三年左右的时间，在全市各级各类中小学（含中专）和幼儿园中，开展普及普通话和创建“普通话示范校园”活动。2008 年 10 月，市教育局对全市首批申报的 19 所中小学校进行了评估验收，最终评选了薛城区临山小学等 12 所首批枣庄市“普通话示范校园”。

[学校安全防控体系建设]　全市 891 所学校和幼儿园的近 40 万名学生参加了保险，保费收入近 200 万元，

赔款支出70余万元。义务教育阶段学校及中专、高中学校的覆盖率达到100%。

[市中区教育概况] 2008年,市中区教育工作紧紧围绕改善办学条件、促进城乡教育均衡和谐发展、深入推进素质教育、提高教育教学质量等全年工作重点,加大教育投入,加快改善城乡办学条件,大力培植优质教育和特色学校,城乡教育呈现出均衡和谐发展的良好局面。

完善保障机制,加大教育投入,城乡办学条件进一步改善。全年义务教育投入6495.12万元,全面落实了义务教育阶段学校"一免一补"政策,免除农村中小学生教科书费170万元,补助家庭经济困难学生生活费18万元。提高农村义务教育阶段家庭经济困难寄宿生生活费,由每生每年补助300元提高到小学生500元、初中生750元,补助面提高到寄宿生的8%。生均公用经费最低标准小学达到295元,初中达到445元。从2008年3月起,农村教师阳光工资优先发放,全区乡镇在职教职工人均月工资2160元。投资1000余万元,用于农村危房改造和城区学校扩容工程,拆除D级危房5959平方米,新建校舍12300平方米,维修C级危房3492平方米。农村学校"三亮三改"工程投资450万元,完成了18所学校的改造任务。投入195万的农村远程教育工程、投入425万元的农村教学仪器更新工程全部完成。

深化学校管理,加强特色建设,全区优质教育资源进一步扩大。出台了《关于大力推进素质教育巩固发展区域性教育中心的实施意见》,对全区学校新课程实施水平进行评估,达标率100%。全区小学招生5682人、初中招生3351人、高中招生2081人,小学入学率、巩固率达到100%,初中入学率100%、巩固率达到99%。实行"三账制度",即"年初建账,作出承诺;年中查账,督促改进;年底交账,落实兑现",对全局重大工作或上级交办的紧急工作实行限时制、报告制和责任追究制,推动工作落实。对全区各学校进行了专项督导评估,狠抓督查整改,形成了近2万字的督导评估意见,通报到各类学校。组织开展了以"关爱灾区儿童"、"改革开放与成长"等为主题的教育活动,开展了给灾区小伙伴捐款"一元钱"活动,着力培养少年儿童的爱心与责任。开展了"第五批德育示范化学校"及"环境育人优秀学校"评选活动,区教师进修学校等5所学校获得"第五批德育示范化学校",光明路街道沙河子小学等8所学校获"环境育人优秀学校"。

抓好教学常规落实,推进新课程改革,教育教学质量进一步攀升。深入推进新课程改革,开展了第三批"新课程达标课"验收活动,教学优质课、教学新秀、教学骨干、教学能手、学科带头人评选和优秀教学论文评比活动。1项省级课题、4项市级课题顺利结题,163项中央教科所子课题参加中央教科所总课题组的验收。教育教学质量稳步提升,高考提前批和本一、本二录取464人,比2007年提高12%,初中和小学教学质量稳中有升。

强化师德建设,促进专业化发展,教师队伍整体素质进一步提高。2008年,考录本专科毕业生40人充实到区直小学,组织开展城乡教师"互学互促双提高"活动,共派出102名农村教师到城区学校挂职,41名城区教师到农村学校交流任教。加强校长队伍建设,完善校长责任制和校长培训方式,举办了两期农村小学校长岗位培训班和教育干部教改论坛。完善校长挂职锻炼制度,分批选派校长赴教育发达地区锻炼学习,完善动态管理和对口交流培养制度,调整交流中小学校长近30人。积极实施市中区教师培养"三·五工程"和"青蓝工程",强化以校为本的教师培训工作,发挥区、乡、校三级师资培训网络的作用。

加强党的建设,推进行风建设,教育整体形象进一步提升。在四川汶川大地震发生后,累计为灾区捐款104万元,交纳特殊党费10.7万元,捐棉衣被1200余件(套),免费接纳7名灾区中小学生来市中区就读。抓好"平安和谐校园"建设工作,下达安全隐患整改意见200多条;抓好行风建设,聘请社会各界代表担任行风监督员,广泛征求社会各界意见并认真整改;进一步规范学校办学行为,对社会各界反映较为强烈的在职教师有偿家教等问题切实整改,在全区行风民主评议中再次位列服务行业第一名。

[薛城区教育概况] 薛城区共有各类学校82所,高中2所,初中13所(农村中学9所,区直4所),小学62所(农村56所,区直四所,民办学校2所),区直幼儿园1所,在校学生69841人。小学招生4791人,在校生31784人;初中招生6974人,在校生21656人;高中招生4320人,在校生12658人。初中毕业生升入高中段教育的比率为53%。

有中等职业学校2所,其中国家级重点1所。全年招生2146人,在校学生3683人,初中毕业生升入高中段比率为75%,中等职业学校招生占高中段教育招生的43%,教职工2352人,1所学校被确定为山东省职业教育骨干示范学校,1个专业和3个专业分别被确定为山东省职业教育示范专业和枣庄市重点专业。职业学校学生推介就业921人,就业率达90.2%。全区有成人教育中心7所,新增建筑面积780平方米,新增实验基地50亩,增加建设投资120万元,引进推广科技示范项目20余项,创直接经济效益16万元,间接经济效益260万元。举办各类短期培训班15期，培训农民11000人次。共有各类民办教育机构7所，总资产23565万元，教职工1167人，在校生15965人，占全区中小学在校生总数的22.7%。

全区共有在职教师4403人，内退教职工610人，离退休教职工755人，镇街分流127人，临时代课教师617人。全年共获各级综合奖109项，其中国家级8项，省级15项，市区级86项。成功创建各级各类学校(幼儿园)42项，10所学校成功创建市级“平安和谐校园”。

2008年，薛城教育工作认真落实省、市中小学素质教育会议要求，把规范办学作为推进素质教育的首要任务，着重规范课程，规范课时，规范作业量，规范学生在校时间，规范考试评价和招生，不断深化教育教学改革，坚持教学中心地位，狠抓教学常规管理，以新课程达标活动和学查纠活动为切入点，完善教学质量检测反馈机制。5名同学被清华、北大录取，608人考取全国一本院校。本科录取1712人，比2007年增长112人，高考升学万人比居全市前列。

发放义务教育经费保障机制改革资金2239万元，减免全区义务教育阶段学生杂费和课本费，补助学校公用经费。筹集资金97万元，对8%的高中学生进行困难资助；筹集资金358万元，为2757名职业教育学生发放助学金。筹措资金200万元，用于青少年活动中心建设。全区教师工资支出11767万元，农村教师工资全额纳入区级财政预算管理，镇(街)人均月工资水平达到1922元，区直教师人均月工资水平达到2224元。

开展了首期农村小学校长分片研讨活动，召开区直小学校长研讨会，举办小学特色学校建设和初中校长“教师专业发展实践与思考”主题论坛活动，选派全区农村小学校长分期分批到区直小学挂职学习，不断提高校长素质；评选出40名首批薛城名师和学科带头人，启动首批薛城名师和学科带头人“送教下乡”活动，送课146节，专题讲座210次。搭建信息化培训平台，建立了薛城教育资源库，总量达3000G，开设“网络教研平台”，构建了以教研博客、网络课程、虚拟教研组三大模块为主要内容的教师发展网上家园。组织120余名班主任参加区级骨干培训，通过考选方式，选拔55名优秀师范类毕业生充实农村教师队伍。

2008年，争取省、市级专项资金近150万元，为42所中小学实施仪器更新工程；投入资金311万元，完成8所学校“三亮三改”目标任务；投入资金495万元，改造学校5所，新建校舍面积1.1万平方米；调减小学4所。全区中小学现拥有计算机4517台，多媒体教室535口，实现班班通的学校10所，全区农村所有完小以上学校均安装了多媒体教室，消除了计算机空白学校，是薛城区基础教育史上的一个里程碑。

[峄城区教育概况] 2008年，峄城区教育工作围绕“规范办学行为，促进内涵发展，构建和谐教育”的工作目标，遵循“规范办学行为，促进内涵发展，全面构建和谐教育”的工作思路，严格规范学校校务、德育、教学、学生、教师、评价、财务、安全和卫生等九大方面管理，促进学校建设、设施建设、安全建设、文化建设、队伍建设、课程建设、学校管理、教育质量等八个方面的内涵发展。

努力规范办学行为，全面推进素质教育。实行重点工作线制度，成立了教育安全、稳定、党风廉政建设、计划生育、全面推进素质教育等七条工作线。举办了由全区中小学校长参加的规范办学行为培训班，对群众普遍关注的学校办学行为不规范、违规收费、教师搞有偿家教等问题予以重点整治，对4名违规违纪的校长进行了处理，对2名违反教师职业道德规范的教师进行了组织处理。建立健全了中小学精细化管理机制、教学质量检测机制、教学评价机制、教师专业发展长效机制，强化教学常规落实，开展了有效课堂教学研究活动、“新课程达标课”和“学、查、纠”活动，全区共有220位初中教师达标。李长忠同志被评为全国十佳民办校长；3位校长被评为枣庄市2008年度教育创新校长；1人获第六届全国中小学外语教师园丁奖。

多措并举，努力抓好教师队伍建设。全面实施了以骨干教师、教学能手、学科带头人和专家型教师的培养与评选为主要内容的名师工程，开展了以“读好书、厚底蕴、增素养”为主题的读书活动，选派部分农村小学教师赴青岛大学参加培训，邀请名家名师对全区小学800余名班主任进行了培训。开展作风集中教育整顿活动，加强教师职业道德教育，出台了《关于加强教育干部和教职工管理的暂行规定》。在部分学科中采取走教模式，确保了全区农村小学“小五门”课程的正常开设。为枣庄一中招聘教师25人，接收从民办学校回流教师43人。

不断加大投入，努力改善办学条件。2008年共拨资金1772万元，其中免杂费补助公用经费1423万元，免书本费321万元，补助贫困家庭寄宿生生活补助费28万元。投入265万元实施农村中小学现代远程教育工程，投入100多万元完成区教育信息中心建设。完成7所中小学危房改造项目，消除危房面积5000平方米，新建校舍12500平方米，累计完成投资1000余万元。撤并农村小学5所，投资约100万元完成5所“三亮三改”项目学校工程。投资100余万元对峄城区职业中专进行了改造，新建了微机室，加强了电子、机电两个重点专业建设。勤工俭学经验在2008年度全省勤工俭学会议上做典型经验发言，其中教育物资统管的做法在全省推广。

招商引资工作取得明显成效。2008年，全区教育系统计划向上争取资金共1203万元，实际到位533.5万元，吸收社会资金519.6万元，完成了全年招商引资任务。

[山亭区教育概况] 山亭区共有各级各类学校149所，其中普通高中3所，职业中专1所，初中16所，小学129所，设学点41个，共有在校生61341人(不含职业中专生)。各类幼儿园136所，其中独立设置幼儿园18所，省级实验园1所，市一类幼儿园10所，市级示范幼儿园2所，在园幼儿6562人，学前三年幼儿入园率达到52%。小学129所(民办2所)，设学点41个，在校生34514人，全区小学适龄儿童入学率100%，巩固率100%；初中16所(民办5所)，在校生2万人，初中阶段适龄青少年入学率99.04%，巩固率99.72%，残疾儿童少年毛入学率达到97.6%。高中3所(民办1所)，在校生6796人，高中招生2352人，本专科录取1248人(不含枣庄十八中)。职业成人教育累计招生894人，为企业输送400余名专业技能人才，转移农村剩余劳动力3000余人。成功申报桑村镇成教中心"黑木耳养殖加工"骨干示范基地建设项目。

2008年，全区共拨付义务教育经费3073.80万元，其中公用经费2279.80万元，住宿生生活补助费用35万元，免教科书759万元，实现了义务教育阶段学生免杂费和免费提供教科书全覆盖，为贫困家庭寄宿生提供生活补助金934人次。公用经费标准农村小学由240元提高到345元，农村中学由340元提高到495元。累计拨付资金238万元，落实了高中和职业学校贫困家庭学生救助和资助政策，惠及3596人次。

2008年，学校布局调整累计撤并中小学48所，其中初中撤销5所，提前两年完成初中布局调整目标。启动建设了总投资1.2亿元，主体建筑面积9.6万平方米，规划108个教学班，容纳在校生6000人的新枣庄十八中优质高中建设工程。投入资金340余万元，新建冯卯镇中心小学和城头镇明德小学。投资1100万元，完成11所农村中小学1.8万平方米校舍维修改造项目工程。投资190万元，完成了7所农村中小学"三亮三改"工程项目。投资398万元为小学配备78个多媒体教室。投资1100万元(初中220万元、小学880万元)，累计更新106.7万件教学仪器，农村初中全部完成了更新任务，农村小学完成了50%。投资179.6万元，建设区教育信息中心，集中采购552台计算机，充实到中小学微机室。创建市级规范化学校3所、花园式单位3个、绿色学校3所、农村环境育人优秀学校4所、文明校园2所、优秀家长学校3所、关爱留守儿童先进单位2个、民办教育先进单位5个。新建徐庄镇钰鑫电子技术培训基地、徐庄建银小学和店子镇尚河小学等学生劳动教育实践示范基地并通过第一批"枣庄市中小学劳动实践场所建设示范学校"验收。

面向社会公开招考9名本科以上学历大学生、招募10名支教工作人员充实到教师队伍。两次对乡镇(街道)教委主任、中学以上校级干部进行调整，实现教育干部队伍归口管理。推进校长负责制、岗位目标责任制、教职工全员聘任制和等级工资制改革，制定岗位设置管理工作实施方案，推进事业单位人事改革。充实4名学科教研员，加强小学部和高中语文科教研力量。逐步完善"以县为主"的教师工资管理体制，人均月工资由1383元提高到1790元，为乡镇(街道)教师落实了养老金，完成停薪留职返岗教师工资上划。组织中小学校长、教委主任20余人参加教育干部专题培训；组织中小学校长培训班，累计260余人次；选派中小学骨干教师110多名参加省一、二期农村中小学教师素质提高工程专题培训，200多名参加国家、省、市级培训。2008年累计培训9634人次。

在全区范围内推行"目标导学、诱思探究、当堂达标"教学模式，提高课堂效率。召开全区素质教育教学工作现场会，推广翼云中学"两课两评一反思"教学经验。枣庄四十中孙云山、山亭区翼云中学褚方钢获山东省优质课评选一等奖，实验小学王秀菊等8人获得枣庄市优质课评选一等奖，枣庄三十一中薛永、北庄镇半湖小学李艳丽、吕奉臣等获得山东省综合论文评比一等奖。

制定下发《关于大力推进素质教育规范中小学办学行为的意见》，开展"平安和谐校园"创建工作，8所学校被评为"枣庄市平安和谐校园"。清理核实出农村义务教育债务478笔，债务余额4000余万元。将民办教育纳入国办教育管理体系，同等对待。研究制定了《山亭区中小学2008年度素质教育工作督导评估方案》，和对区直学校、学校教学工作的考核意见，并组织完成对乡镇(街道)及中小学教育工作的全面督导。

[台儿庄区教育概况] 规范办学行为，扎实推进素质教育。举办了两期全区教育干部研讨班，开展教育方针和法规的学习。两次召开"双推"(推进新课程改革，推进素质教育)工作会议，严格规范办学行为，严格学校日常管理以及招生、收费和学籍管理。制订下发了《关于大力推进素质教育规范中小学办学行为的意见》等文件，严格控制学生在校时间和作业总量，保证每天

一小时的阳光体育活动。成功举办了全区中小学首届“阳光体育与奥运同行”传统项目比赛和“心系奥运、健康成长”全区中小学校园集体舞大赛。台儿庄区三十九中、彭楼中学、实验小学联合编练的大型团体操《运河风韵》在全市七运会上荣获金奖。

加大资源整合力度,促进教育均衡发展。小学调减至51所,完成3中学的撤并,超额完成任务;新建校舍1.3万平方米,新建教学楼、宿舍楼16座、“三亮三改”学校8所,改造薄弱学校12所。投入198万元的农村现代远程教育工程、投入120万元的全区农村3000名中小学教师办公桌椅一次性更新工程和投入68万元的中小学印刷器械更新工程全部完成;投入138万元的农村小学仪器更新工程已完成招投标。下发了《关于加强全区学前教育工作的意见》,对办园基本条件和注册管理办法提出了明确要求。从春季开学起全部免除义务教育阶段学生杂费和书费;对农村贫困家庭和城市低保家庭学生实施“两免一补”;在全区农村中小学落实了生均公用经费。完成台儿庄区职业中专实训工厂一期工程4350平方米厂房建设。

加快教学改革步伐,创新“三六五”课堂教学模式。在全区范围内开展“新课程系列课达标”活动,强力启动第二轮新课程改革,全学年进行了两次跟踪验收,效果良好。结合全区实际,下发了《关于“三六五”11～12月份的实施意见》,推出了“三六五”课堂教学新模式。

大力加强干部队伍建设,提高教师队伍整体素质。利用寒暑假对全区教育干部、教师集中开展了教育管理、新教材和师德全员培训活动,选送了107名教育干部和骨干教师赴潍坊挂职学习。集中开展了“加强师德修养,争做合格教师”主题教育活动,成立了优秀师德报告团和理论宣讲团。开展了“加强执政能力和作风建设年”以及“讲党性、重品行、做表率”等系列活动。

强化校园和人财物的管理,全面提升管理水平。在全区师生中深入开展“强化五项教育,创建和谐优秀校园”活动、“心系奥运,健康成长”读书系列活动、“校园文化建设”创建等活动,全面启动了以春季绿化和秋季美容为主要内容的中小学园林化学校建设工程。对全区教师、中小学校长及专业技术人员情况进行了调研、普查,为进一步规范教职工管理奠定了坚实基础。

关注教育“热点”问题,打造全新教育形象。加强师德和行风建设,在全区教育系统开展了干部执政能力建设年活动,启动教育系统行风建设活动。加强教职工师德修养,制订下发了《教育系统十条禁令》等文件,严肃查处违规违纪行为。全力推进平安校园建设,建立学校安全定期通报制度和应急处置预案。加强学校教育工会组织建设,推进政务和校务公开,增强学校管理工作的透明度。薄弱村、农村劳动力转移等村级帮扶均圆满完成任务。

[滕州市教育概况] 滕州市共有各级各类学校393处,在校学生22.2万人,在职在编教职工1.3万人,其中小学302处,学生10.2万人;初中48处,学生6.6万人;普通高中13处,在校学生3.4万人;特教中心1处,在校生88人;职业学院1处,学生1.67万人;职业中专(高中)7处,学生4268人;镇街职业成人教育中心21处。

2008年,滕州市财政性教育总投入达7.1亿元,比2007年增长26%,其中教育重点项目建设专项资金达9000万元,比2007年增长50%。小学、初中入学率均达到100%,高中段教育普及率达87.4%,中职中技招生数占升入高中段的比率达45.2%,残疾儿童入学率达90%以上。全市有省级规范化学校23处,枣庄市级规范化学校107处,滕州市级规范化学校112处。市教育局先后获得“全国教科研先进单位”、“全国农村成人教育先进单位”、“全国爱国主义读书活动优秀组织奖”、“山东省优秀教研室”、“山东省教育工会先进集体”、“山东省未成年人思想道德建设工作先进单位”、“山东省团队工作红旗单位”等荣誉称号。

教育基础设施建设明显加快。市政府把学校布局调整、校舍维修改造和腾云希望小学建设列入市“十件实事”之一。投资1910万元维修改造校舍15处,新建腾云希望小学10处,新建校舍面积35645平方米,完成42处小学、3处初中布局调整任务,改造薄弱学校35处。投资4000万元,完成了至善学校一期工程建设和一中、二中、墨子中学扩建任务。投入300万元实施“三亮三改”工程13处,投资345万元实施教学仪器更新配套工程,为37处初中学校和特教中心配齐了教学仪器,新建、改建标准实验室186个。投入968万元,实施农村中小学现代远程教育工程。全市教育系统共建成微机室270处,教学用计算机16400台,已接入互联网的学校达到320处,占学校总数的88.1%。新建幼儿园5处,改建幼儿园5处,增加园舍面积1.7万平方米,投入255万元,配备了教玩具。

各类教育事业持续健康发展。义务教育实现全部免费、全面普及。中小学招生按照“划片招生、就近入学”的原则,高中招生继续采取“指标生”和“统招”相结合的办法,促进学校间均衡。全年小学招生15172人,初中招生20431人,高中招生11647人。新创滕州市级一类幼儿园7处,新登记注册8处,年检合格幼儿园170处,清理非法民办学前教育机构164处。特教中心招收残疾儿童18人,全市残疾儿童入学人数达261人。投入1.5亿元用于枣庄科技职业学院建设,投资200万元为第一职业高中新建实习实训车间。职业成人教育完成中职招生6991人,中技招生2600人,专科招生2203人。举行了"青年励志创业巡回报告会",成功承办了枣庄市农村职成教工作现场会,创建滕州市骨干示范职成教中心11个,示范村级农民文化技术学校43个,有25个课题确定为省级课题。大坞、级索、张汪等3个镇职成教中心被确定为枣庄市骨干示范基地。龙阳、东郭、官桥、界河等镇完成了职成教中心新址搬迁任务。滕州市教育局和洪绪镇职成教中心被确定为全国农村成人教育协会理事单位,并在11月召开的全国农村成人教育协会年会上进行了经验推广,农村职业成人教育进入全国先进行列。

教师队伍建设进一步加强。出台了《滕州市人民政府关于进一步加强教师队伍建设的意见》等10个文件,在全市教师中广泛开展了师德宣誓、"贯彻师德规范、弘扬伟大师魂"等活动,建立了教职工个人师德档案。评出首届"滕州名师"、"十佳校长"、"十佳班主任"、"十佳师德标兵、"、"十佳青年教师"共95名。建立了教师职称多元化评价机制,年内共有142名教师通过了高级职称评审,424名教师通过中级职称评审,345名教师通过初级职称评审。考录补充了新教师211名。进一步完善了农村中小学教师工资保障机制,规范了津贴补贴政策,发放了阳光工资,农村教师人均月工资达到2431元,比2007年月增512元。对评选出的"滕州名师"、"十佳校长"、"十佳班主任"届期内给予每人每月300元的政府特别津贴。在"五一二"四川汶川抗震救灾中,全市教师共捐款425.3万元,棉衣被1万余件,党员教师缴纳特殊党费14.7万元,局机关老干部捐款3万元,缴纳特殊党费1.94万元。

现代化教育体制不断完善。从2008年春季开始,为近19万名义务教育阶段学生免费提供教科书,资金达3100万元。小学、初中生均公用经费标准240元、340元,分别提高到295元、445元。全年免除杂费和补助公用经费6694万元。继续实行全员聘任制,全市共有231人参加竞聘校长岗位,竞争上岗123人;394人参加学校中层干部竞聘,竞争上岗278人;1.2万余名教职工参加竞聘,落聘81人;中学教师下小学任教67人,前勤教师转后勤94人。继续开展城乡学校支教活动,城区教师到农村学校支教29人,中小学进行学区联校89处,"走教"教师132人;15处市直学校和国有民办学校全年累计向结对偏远学校提供帮扶物质和资金90余万元。加大了学校财务统管力度,将原来的486个账号合并为229个。教育对外合作交流取得新成效,菲律宾计顺市菲华中学与市墨子中学、实验小学进行了教师互派交流。

素质教育全面实施。在全市中小学中广泛开展了文明礼仪教育、民族精神教育和"滕州精神"、"携手迎奥运,文明我先行"等宣传教育活动。龙泉小学获全国文明礼仪教育示范基地称号,滕西中学孙希祥同学获山东省读书征文比赛一等奖。大坞镇中心中学、姜屯镇姜屯小学等4处学校被确定为枣庄市首批中小学劳动实践场所建设示范学校。11月份成功承办了全国第二届中小学人文教育研讨会暨山东省实验现场观摩会。成立了市家庭教育协会和家庭教育指导中心,全市538处中小学、幼儿园都成立了家长学校。组织编印了《廉洁教育读本》系列教材,在全省率先开展了"廉洁教育进课堂"活动。对中小学课程管理、课程开设、作息时间、学生课业负担等情况进行了专项督查,组织了第三批"课改标兵"评选和第四批新课程教学达标验收。高中的导学案、初中的"自主探究,主体参与"、小学的"3010"教学模式在全市推广。推出了"诊断式"、"订单式"、"协作式"等教研新模式,开通了滕州教研网站,落实了教研员联系学校、联系特长生、联系外地名校的"三联系"制度。洪绪镇中心中学的"1∶3"教学改革获枣庄市首届教学成果一等奖,墨子中学冯斌等7位教师被评为山东省第五批教学能手,邵长青等5位教师获山东省心理健康教育录像课一等奖,张忠莉等21位教师获山东省心理健康教育论文一等奖。实验小学俞琳璐等20位教师被评为枣庄市教学能手。在2008年高考中,全市共考取本科3659人,比2007年增加332人,其中升入北大、清华14人,比2007年增加8人。

学校安全稳定工作稳步提升。全市深入推进"平安和谐校园"建设,开展了"安全教育日"、"学校安全月"、举办安全管理培训班和安全疏散演练活动。全年共组织专项安全检查12次,综合检查4次,下达整改意见书285份,整改意见317条,整改复查20次。全市中小学全部参加了校方责任保险,全年共赔付保险金33.9万元。成立了学生资助管理中心,为2.6万名普通高校学生、中职学生、普通高中家庭困难学生、义务教育阶段贫困寄宿学生发放各类助学金2243万元。成立了市慈善分会教育基金会,开展了"慈善一日捐"、"爱心一日捐"活动,共捐款104.4万元,对191人进行了救助,对家庭经济困难的教师发放慰问金近15万元。

民办学校管理进一步规范。对15处民办学校和13处民办短期培训机构进行了年检;稳妥处理了华美中学终止办学、师生分流、资产处理等工作;为民办学校528名教师办理了养老保险手续,为1123名民办学校教师办理了人事代理手续。二中新校由股份制成功改制为国有民办学校。

[高新区教育概况] 高新区下辖两个街道办事处,有

公办初中2所，在校学生2556名，在编教师175名；公办全日制小学10所，在校学生3347名，在编教师305名；公办幼儿园11所，在园人数456人，在编教师39人；另外有2所民办中小学，在校学生1669名，教师208名；2所民办幼儿园，在园人数756人，教师89名；1所武校，在校学生299名，教师23名。

农村义务教育经费保障机制进一步完善。落实资金413万元免除了全区7000余名农村中小学生的杂费及教科书款，给予51名寄宿学生每生每年750元生活费补助，补助比例达到8%。全面落实了省规定中小学生均公用经费标准。抽调专门人员成立了教育财务管理中心，统一管理中小学财务工作，各校成立了民主理财小组，实行财务公开

学校办学条件得到较大改善。争取资金80万元投入危改项目学校建设，盘龙小学投资120万元建设一座综合办公楼。投资80万元完成了四所学校的三亮三改工程。争取省市补助资金12万元，配置60余台计算机，全区农村中小学远程教育工程全部完工。初中仪器更新工程总计购置3657件仪器设备。全区15所学校中，已有3所省级规范化学校，8所市级规范化学校；全区12所幼儿园中，有7所市级一类幼儿园。高新区省级规范化学校占学校总数的20%，超过全省平均水平。

教师业务素质不断增强，党风廉政和行风建设取得新成效。启动了教干、教师读书培训班，深化了“新课程达标课”验收活动，扩大了对外交流和影响。深入开展了教育干部学习读书会、“修师德正教风”专项教育和“铸师魂、树形象”师德师风整顿活动。严查学校乱收费，规范学校办学行为，获得山东省规范教育收费示范县称号。

安全工作常抓不懈，校园文化建设扎实有效。制定了集体活动备案制、突发事件上报制等相关制度措施，开展专项整治活动10余次，“校校到”排查9次，查出隐患100余条，下达限期整改30余条。全区所有学校实施了校方责任保险制度。制定了全区校园文化建设实施意见，举办了全区校园集体舞大赛，开展了一系列丰富校园文化、提升学校文化内涵的活动。

枣庄市分管教育领导人

副市长：赵联冠

枣庄市教育局负责人

书记、局长：张　磊

副局长：颜承华　王胜黎　冯仰军　李怀金（调研员）　杨庆东

纪委书记：于卫东

教育局办公地址：枣庄市光明大道2369号

联系电话：0632－8688368　3321480

邮政编码：277800

（撰稿：李玉勇　梁克忠　杜松保　冯统伟　于　梅　渠　宏　刘建武　孙长泉　单　波　刘彦辉　邱艳丽　沈宏娟　张颖梅　张　允　曹　婧　忠明哲　张保国　孙　静　王　平　许来枫　薛　永　殷永丰　陈允立　柳春生　姜长杰　王浩楠　审稿：张　磊）

东营市

［概况］　截至2008年底，东营市共有各级各类学校831所，其中幼儿园524所、小学185所、初中81所、普通高中23所、特殊教育学校2所、中等职业学校10所、技术学院1所、高等院校5所（其中市属高等院校2所）；在校生39.4万人；专任教师2.6万人。

2008年，东营市大力推进素质教育，强化教育管理，切实规范中小学办学行为，不断提升教育队伍施教水平，着力改善城乡教育条件，各项工作扎实推进，全市教育正进入注重内涵、提高质量的新阶段。

基础教育质量稳步提高。学前三年入园率达到97%。2008年，3所幼儿园被评为山东省第六届十佳幼儿园，6所幼儿园被评为山东省第九批省级示范幼儿园，全市88.9%的乡镇中心幼儿园、58.2%的学区中心幼儿园、64.3%的小康文明村幼儿园分别达到市级一类及以上标准、市级二类及以上标准和市级三类及以上标准。有省级规范化学校38处，市级规范化学校109处，省、市级规范化学校占全市中小学总数的49.67%。全市普通高中、中等职业学校录取新生20622人，初中毕业生综合升学率为95.51%，比2007年增加4.18个百分点。

职业教育发展步伐加快。2008年，全市中等职业学校学历招生6964人，免费专业技能培训招收1596人（其中初中毕业生1137人、高中毕业生459人），高等职业院校招生6323人（比2007年增加1245人）。全市职业院校总体办学水平有了较大提高。2008年，东营区职业中专被省教育厅评估认定为山东省重点中等职业学校。

成人教育取得新的进展。2008年，全市各类职业院校和乡镇中心成人学校共举办各类培训3.4万余人次。全市高教自考报考9397人次、16164科次，共有3427人获得4432科合格科目证书；中小学教师自学

考试报考 430 人次，660 科次，共有 350 人获得 344 科合格科目证书；46279 人参加了社会证书考试。成人高考报考 5268 人，硕士研究生全国统一考试报考 1761 人。

[农村义务教育经费保障机制改革]　2008 年，东营市全面建立起了市、县政府分项目、按比例分担的农村义务教育经费保障机制。年初，为进一步推进和深化义务教育改革，促进教育事业快速健康发展，市财政局、市教育局联合印发《关于调整完善农村义务教育经费保障机制改革有关政策的通知》，一是完善了教育救助体系，从 2008 年春季开学起，义务教育教育阶段家庭经济困难学生生活费补贴由每生每年 400 元，提高到每生每年小学 500 元、初中 750 元。全市全年计划安排补助贫困寄宿生生活费 254 万元，其中省 46 万元、市 208 万元，比 2007 年增长近一倍。二是提高中小学生均公用经费基本标准，从 2008 年春季开学起，农村小学生均公用经费由 300 元提高到 320 元，初中由 400 元提高到 470 元。全年安排公用经费 4707 万元，其中中央 1383 万元、省级 750 万元、市级 729 万元、县级 1845 万元，比 2007 年增长 12.86%；县域内中小学教师工资统一标准且全额纳入县区本级财政预算，住房公积金、养老保险金、医疗保险和失业保险均也纳入了年度财政预算。各县区政府也出台了《关于实施农村义务教育经费保障机制改革的通知》。农村教师工资全额纳入县级财政预算；免除农村义务教育阶段学校在校生“三费”和预算内生均公用经费的拨付更加规范有序。

[市直义务教育阶段学校基建债务全部化解]　2008 年，由市财政安排资金彻底化解了市直义务教育学校所欠的基建债务。近年来，东营市市直义务教育学校在加快基础设施建设、提高办学条件、改善校园环境等过程中，由于建设任务重、资金到位不及时等原因，出现了较大数额基建债务，并在一定程度上影响了学校的正常教育教学活动。截至 2007 年底，市直义务教育阶段学校基本建设欠债 7226 万元。在 2008 年 9 月 10 日市长张建华主持召开的市政府常务会议上，市教育局专题汇报了市直义务教育学校基建债务等问题，建议市政府按照“明确责任、先急后缓、集中资金、重点解决”的原则，分期解决债务问题。市政府对此高度重视，会议决定：由市财政局负责搞好资金测算，计划用两年时间全部解决市直义务教育学校基建债务。截至 2008 年底，市直义务教育学校所欠的基建债务由市财政安排资金彻底化解。

[建立教师补充机制]　东营市根据教育事业发展规划和学校班额、生源等情况，每年核定一次教师编制。按照国家课程方案和实施素质教育的要求，以农村学校教师和紧缺学科教师补充为重点，及时招考教师，逐步建立了规范有序的教师补充机制，使全市中小学教职工队伍结构不断得到优化。2008 年，全市共招考教师 322 名，其中县区 212 名，有 155 名新教师充实到农村中小学，占县区新招考教师总数的 73%。

[首期农村中小学低标准建材校舍改造工程]　为进一步改善农村中小学校舍条件，2008 年，启动实施了首期农村中小学低标准建材校舍改造工程，并把该项目列为市委、市政府 2008 年度便民实事之一。全年全市共改造 147 所农村中小学低标准建材校舍 195459 平方米，其中拆除校舍 122090 平方米，新建校舍 72184 平方米，维修校舍 73369 平方米。

[农村中小学教学仪器更新工程]　2008 年，继续实施了农村中小学教学仪器更新工程，为部分农村中小学配备了价值 208 万元的教学仪器。同时，安排 25 万元为全市 268 所中小学校统一安装了《山东省教育技术装备管理系统》网络管理软件，并初步实现了全市教育装备管理信息化。

[农村中小学“两热一暖一改”工程试点]　为进一步改善农村中小学的卫生和生活条件，推进农村中小学改厕治污，保障师生身体健康和生命安全，建设现代、和谐、生态校园，2008 年，按照省教育厅的统一部署，启动实施了农村中小学“两热一暖一改”工程试点工作，广饶县被确定为 2008 年全省农村中小学“两热一暖一改”改厕试点县。河口区投入资金 780 余万元，为全区 14 所农村中小学安装了 791 套空调，成为全省第一个实施农村中小学“温暖工程”的县区。

[开展加强师德建设主题实践活动]　2008 年 9 月至 11 月，东营市在全市开展了加强师德建设主题实践活动。通过学习宣传、倡树典型、查摆整改和建立机制等环节，广泛开展多种形式的师德教育活动。倡树任兰英、刘红霞等 47 名师德先进典型人物，整理师德先进事迹材料 13 万字；举办了师德巡回报告会 7 场，近 3000 人聆听了报告，掀起了一场“尚师德、学模范、争先进、做表率”的师德教育热潮；将教师是否参与有偿家教纳入对教师考评考核的重要内容，实行“一票否决”制；组织开展了暑期家访活动，共有 1.5 万名教师走访了 12 万个学生家庭。

[全力支援灾区抗震救灾] 2008年，组织全市教育系统广大师生员工为灾区捐款1071.3万元。为东营市对口支援的绵阳市北川县坝底乡配备了价值70万元的课桌椅、讲桌、黑板、双层床等教育教学设施，保证了坝底乡1289名学生于2008年9月1日前全面复课。迅速开辟了灾区学生入学“绿色通道”，安置来自灾区的学生来东营市入学随班就读，全市共接收了来自地震灾区的89名学生到47所学校就读。

为灾区捐款

“爱心传递”百米长卷绘画活动

安置接收灾区学生

为灾区绵阳市北川县坝底乡板房教室配备的桌椅等

[选派7名教师赴新疆喀什地区疏勒县支教] 为支持新疆发展教育事业，根据省、市委组织部选派第二批援疆干部的要求，东营市于2008年7月份选派高中教师7名，赴新疆疏勒县八一中学开展为期3年的支教工作，这是全市选派的第二批赴疏勒县支教人员，也是自2001年以来第五批援疆支教人员。这7名援疆教师分别是：东营区教师苏照峰，垦利县教师李道刚，广饶县教师张明波，利津县教师王明泉，河口区教师王英华，胜利教育管理中心教师吕廷洁，市育才学校教师张立波。

[《市域教育创新研究书系》正式出版发行] 2008 年 7 月，由东营市教育局局长张洪生主编的《市域教育创新研究书系》由济南出版社正式出版发行。该丛书是全市教育科研学术团队和实践研究群体合力探索的劳动成果，也是近年来全市教育科研实绩的一次集中检阅。它由《市域教育创新研究与实践——东营市教育科研“十五”课题成果》、《学校管理创新研究与实践》、《理论·实践：残疾学生实践能力培养研究》、《研究·经验·案例：中小学德育新路探索》、《生活德育的实践探索》、《幸福教育的叙事研究》、《教育教学新思维》等 7 本书组成，每本书从不同侧面展现了全市教师职业生活的方式和状态，展示了全市教育创新研究与实践的风貌。

[全市中小学素质教育工作会议召开] 2008 年 1 月 29 日，东营市人民政府召开全市中小学素质教育工作会议，贯彻落实全省中小学素质教育工作会议精神，安排部署全市素质教育工作。会议传达了全省中小学素质教育工作会议精神，6 个单位交流了实施素质教育的典型经验并作表态发言，市教育局局长张洪生对全市整体推进素质教育工作作了安排部署，副市长王吉能同志出席会议并讲话，各县（区）分管县（区）长、教育局长、财政局长、人事局长，胜利教育管理中心主任、分管副主任，各乡镇（街道办）教育办主任，市直有关部门负责同志，各县（区）教育局、胜利教育管理中心相关科室负责人，全市中小学校长及市教育局全体干部 500 余人参加了会议。

[举办第五届“黄河口之秋”全国课堂教学观摩活动] 2008 年 10 月 17 日，东营市在东营市实验小学举办了第五届“黄河口之秋”全国课堂教学观摩活动。本次活动分专家报告、名师课堂教学观摩、青年教师课堂教学研讨三部分内容，邀请到了于永正、高林生、付大明、徐云鸿等教育名师和教育专家。于永正老师带来了《给予树》的精彩示范课，其他专家名师也各自展示了自己精湛的教学技艺，传授了丰富的教学经验，做了精彩的专题讲座和学术报告。

于永正老师带来的《给予树》精彩示范课

[全国城市教育电视台优秀节目、论文评审会议在东营市召开] 2008 年 7 月 4 日至 5 日，全国城市教育电视台优秀节目、论文评审会议在东营市召开，中国教育电视协会会长宋成栋等专家出席会议。本届全国教育电视台优秀节目评审会议共收到作品 83 部、论文 21 篇。会上，中国教育电视协会授予东营教育电视台“全国教育电视台的一面旗帜”锦旗，并到东营教育电视台进行了参观。

[全国首届“幸福课”名师教学观摩大会暨“幸福教育”教学成果展示现场会在东营市召开] 2008年5月17～18日，由中国教育学会教育实验分会新学校研究中心主办、上海教育出版社《小学语文教师》编辑部和山东省课程与教学专业委员会协办，东营市教育科学研究院承办的“全国首届‘幸福课’名师教学观摩暨‘幸福教育’教学成果展示现场会”在东营市召开。联合国教科文国际农村教育研究与培训中心主任、中国教育学会副会长、原中央教科所所长朱小蔓教授等专家出席了会议。来自全国各地的800余名与会代表先后观摩、欣赏了全国名师于永正、王崧舟、窦桂梅、贾志敏、薛法根和胜利四小朱春梅、吴非老师建构的幸福课，聆听了专家的精彩点评，观摩了胜利四小师生呈现的“让幸福溢满校园”大型专题文艺晚会，实地感受了胜利四小营建的幸福校园和教育幸福，现场参观了“幸福教育”教学成果展示。

全国首届“幸福课”名师教学观摩大会暨“幸福教育”教学成果展示现场会

[东营区教育概况] 2008年，全区有各级各类学校38处，其中普通高中1处，职业中专1处，初中11处，小学25处。幼儿园112处(其中国办1处)。中小学专任教师1743人，在校生26141人。全区学前三年儿童受教育率97.69%，小学正常适龄儿童入学率达100%，残疾儿童入学率为100%，小学毕业生合格率、升学率均为100%，基本普及了高中段教育。

城乡学校配套完善工程扎实推进。区政府把“城乡学校配套完善工程”列为2008年“八件利民实事”之一。首期农村中小学低标准建材校舍改造任务全面完成。共改造18处农村中小学低标准建材校舍面积17366平方米，新建2592平方米，完成固定资产投资713.36万元。为全区中小学统一配备价值47.6万元的教学仪器和教具，新配备微机309台。购置100多万元图书13万册，协调价值8万元的工具书，全部充实到了中小学图书阅览室。区三中、区实验学校标准化操场开工建设，完成投资100万元。

认真贯彻省市精神，深入推进素质教育。全区认真贯彻落实《山东省普通中小学管理基本规范(试行)》和市教育局《关于印发落实〈规范〉推进素质教育十五条刚性规定的通知》精神，积极规范中小学校办学行为，努力推进义务教育均衡发展和各类教育协调发展，形成了全面实施素质教育的良好氛围。区政府出台了《关于进一步完善农村义务教育经费保障机制改革的通知》，为素质教育的顺利推进提供了政策和经费保障。区政府教育督导室坚持督政与督学相结合，将素质教育实施情况纳入了对镇级政府教育工作督导评估的重要内容。全面规范学校作息时间、学生家庭作业数量和考试管理，为素质教育的深入实施创造了良好条件。坚决落实国家课程方案，严格按照省《规范》和市《十五条刚性规定》的要求，强化课程设置管理。明确规定任何学校、任何个人都无权随意增删和调减课程、课时，尤其是音乐、体育、美术、通用技术和综合实践活动课程，必须开齐开全，努力深化基础教育课程改革。改革评价办法，要求全区义务教育阶段学校全面实施日程考试无分数评价，任何学校、班级不得以任何形式公布学生考试成绩、按考试成绩给学生排名。

“推门听课”和“大教研”工作深入开展。将“推门听课”和“一站式”教学常规评价结果纳入教师个人常规考核，加大教学过程检查力度。改革教师备课方式，进一步完善了教学“公案”制，破解了教师备课负担重、效率低的问题。暑期，组织全区教师撰写3945篇教案，择优2247篇形成“公案”，充实了备课“公案”库。出台全区“大教研”实施方案，实行“区片—镇域—校际—校本”四级教研网络新模式。全年开展“大教研”活动50余次，有效开阔了教师视野，提高了教师业务水平。

“四大工程”稳步实施。读研听评工程，为全区教管干部统一配备了《学校管理理论与实践》、《管理心理学》两本书，印制了专用读书笔记本。外挂内联工程，从局机关和区直学校安排8名教育干部到镇街教育办公室、农村中小学挂实职，选派8名教育管理干部外出学习。安排6名区直学校骨干教师到农村中小学支教，选拔23名优秀教师到局机关、区直和街道学校上挂一年。招考20名大学本科生，优化全区教师结构。名师培养工程，加强首届名师培养对象的针对性培训、动态管理力度，组织他们参与全区送课下乡、沙龙论坛、外出观摩学习、大教研等活动，加快其成长步伐。成功启动了第二届名师培养对象选拔工作，60名优秀教师脱颖而出。校园文化建设工程，结合校舍改造，对校园物质文化进行整体规划，有力地推动了全区学校校园文化上水平。丰富师生校园文化生活，组织开展了全区第七届中小学生运动会、第八届中小学生文艺表演、第六届中学生足球赛等特色活动300余次。

2008年，市级文明校园达到16处，4所学校被评为全市群众满意的基层站所，3所学校的网站荣获山东省2008年度优秀教育网站一等奖，区教育局先后获得市级文明单位、市级宣传先进单位等市区荣誉称号50多项，全区教育工作实现了持续健康快速发展。

[河口区教育概况] 2008年，全区有幼儿园37所、小学11处、初中4处、九年一贯制学校1处、职业学校1处、普通高中1处；在园幼儿3315人、小学在校生6420人、初中在校生4510人、高中在校生2652人；职业技术学校在校生256人；在职教职员工1198人，其中专任教师902人。

落实政策法规，"以区为主"的管理体制进一步健全完善。建立健全了中等职业学校和普通高中家庭经济困难学生资助办法。2008年，救助高中生74人，发放救助金4.5万元；救助高考大学生54人，发放救助金11.6万元，实现了区委、区政府"不让一名学生因贫困而失学"的庄严承诺。提高了教师待遇，落实了教师特殊岗位津贴，进一步调动了广大教师教书育人的积极性。为学前教育阶段、义务教育和高中阶段的学生建立了"校方责任保险"机制，自2008年开始，区政府每年安排10万元专项资金，并列入了财政预算，积极化解学生安全风险。预算内安排15万元专项资金为全区所有中小学生免费体检，为学生身体健康提供了良好的预防措施。

教育投入力度不断加大，办学条件显著改善。组织实施了农村中小学"温暖工程"，投资780万元，为全区14处农村中小学，安装空调791套，全区农村中小学告别了冬季无取暖设施的历史。组织实施了中小学低标准建材校舍改造工程，并在全市率先完成，累计投资566.5万元，共拆除农村低标准建材校舍面积1548平方米，维修面积17174平方米，新建校舍面积1459平方米。投资600万元，新建职教中心教学试验综合楼1幢。积极争取上级专项资金90万元，区乡配套资金280万元，新建农村小学教学楼2幢，建筑面积4000平方米。争取省级扶持项目1个，配备各类教学仪器设施1400余套。全区教育经费保障水平进一步提高，办学条件得到了显著改善。

统筹各级各类教育协调发展，教育结构不断优化。全面落实《幼儿园管理条例》，狠抓园所管理，强化幼教工作指导，加强幼儿教师学习、培训，全区办园水平和办园效益不断提高。全区办园覆盖率达到99%。2008年，有2所幼儿园被评为"市级一类幼儿园"。继续坚持"两基"工作重中之重，加强义务教育指标监测和自查评估，"两基"水平稳步提高。全区小学适龄儿童入学率达100%，小学、初中在校生年巩固率保持在100%和98%以上。2008年，有1所学校被评为"市级规范化学校"，有2所学校被授予"市级文明校园"，2所学校被授予"市级绿色学校"。加快高中教育发展步伐。区一中不断加大精细化管理力度，大力实施素质教育，学校教学质量大幅提升。2008年，被中国教育管理协会、中国行业管理研究院评为"全国教育教学管理先进学校"。全区高中毛入学率达到了95%，基本普及了高中阶段教育。

狠抓教师培训和教研工作，教学质量稳步提高。开展各种优质课评选17次，入选省级优质课6节，入选市级优质课21节。围绕现代教育理论、基础教育课程改革、教师专业化发展等开展培养培训活动19期，培训教师920人次，进一步提高了教师队伍整体素质和教育教学质量。2008年，全区教育系统有35人受到省级表彰，129人受到市级表彰。高考录取本科生485人，本科录取率达到47%。

加强学校安全工作，教育教学环境进一步优化。坚持"预防为主"的方针，强化了学校安全工作负责制和责任追究制，逐步形成了学校自查、定期督查与随时抽查相结合的学校安全隐患预警机制。加强学生的安全教育，举办了全区教育系统安全知识讲座、安全征文比赛、学校安全主题倡议书签名等教育活动；开展了师生消防演练及突发安全事故自防、自保、自救、逃生演练，提高了广大师生的安全意识和防范能力。加大了学校安全工作的监督检查力度。协调公安、消防、卫生、防疫等部门对中小学幼儿园进行了9次拉网式安全大检查，查找安全隐患217处，并及时整改，有效杜绝了各类安全事故的发生，进一步优化了育人环境。

[广饶县教育概况] 2008年，全县有中小学校61所，在校学生60605人，教职员工5417人。其中，小学43所，教职工1842人，在校生27639人；初中9所，教师

1230人，在校生9506人；九年一贯制学校8所，教职工1410人，在校生12660人；普通高中1所，教师935人，在校生10800人。职业院校4所，教职工705人，中、高职在校生分别5788人、4060人。乡镇教育办人员41人。幼儿园149所，幼儿教师997人，在园幼儿15631人。

2008年全县教育工作按照“高点定位、内涵建设、均衡发展、特色创新”的工作思路，着力推进“义务教育保障机制、教育组团发展模式、内涵建设和素质教育”创新，加强内涵建设，全面实施特色立校，实现发展模式、发展定位的新突破。

“以县为主”义务教育管理体制进一步落实，为25525名寄宿学生免除134.1万元住宿费，对171辆接送学生专用车辆实施补贴，所需资金全额纳入县财政年度预算，在全省率先建立起“免学杂费、免课本费、免作业本费、免寄宿生住宿费，补助寄宿贫困家庭学生生活费、补助乘车学生乘车费，包校方责任险”的“四免两补一包”义务教育保障机制。按照东营市新定标准，全部落实义务教育生均公用经费并全额纳入县财政年度预算，预算内生均公用经费农村小学、初中分别提高到110元和170元；中小学生均公用经费县直初中每生每年提高到670元，县直小学一、二年级每生每年提高到320元、三四五年级每生每年提高到380元。乡镇初中、小学每生每年分别提高到470元和320元。实施津贴补贴改革，全县教师月增资800元以上。

城乡教育均衡发展实现新提升。完成城区英才学校初中部和同和小学建设工程，进一步完善了城区东西两大教育组团功能；推进乡镇教育园区建设，撤并中小学11所，2个乡镇建成教育园区。完成76825平方米首期低标准建材校舍改造任务，其中拆除校舍72945平方米，大修校舍3880平方米；新建校舍40597平方米。实施中小学多媒体教学“班班通”和中小学仪器更新工程，投资650万元建成多媒体教室458个，大王镇、稻庄镇教师实现“1师1机”目标，全县31所中小学、幼儿园实现多媒体教学“班班通”；投资46万多元为农村中小学更新仪器25059件(套)。3所学校创建为市级规范化学校，全县市级以上规范化学校占普通中小学的比例提高到42.7%。

教师队伍素质进一步提高。启动中小学教师培训和名师名校长建设工程，着力强化“校长、骨干教师、班主任、教研员”四支队伍建设。加强师德建设，开展“站在新起点、定位更高远、全员齐奋进、再创新辉煌”专题大讨论活动、“立师德、强师能、树师风”主题实践活动和行风评议活动。通过“素质教育专家讲座”、“全国名师报告会”、“教育开讲”、校本培训、网络研修、到名校挂职学习、到教育院校进修培训等形式，组织教育干部、教师培训11000人次。与国家行政学院联合建立“山东广饶中小学校长培训中心”，实现教师培训网络化。组织5个乡镇对37名校长和中层领导进行公开竞聘，实行任期管理制，打破能上不能下的干部任用体制。招聘65名本专科毕业生充实到教学一线。有64项科研成果荣获全省优秀成果一等奖。有614名教师被重新认定为县教学能手，229名教师新评定为县教学能手。

2008年广饶县被评为“全国深化实施素质教育典型县”，被教育部确定为全国首批“万名班主任培训项目县”，县教育局荣获“省校园素质教育成果展示活动最佳组织奖”、“省级文明单位”，“市维护稳定安全‘百日行动’先进单位”，“县维护稳定安全‘百日行动’先进单位”、“县综合考核先进单位”等35项荣誉称号。区域教育均衡发展的经验在国家最高级专业期刊《教育研究》上刊登推广。《现代教育报》、《新教育报》推介了广饶县发展经验。

[垦利县概况]　2008年，全县有各级各类学校39处，教职工2749人，专任教师2106人，在校学生30450人。其中：小学30处，专任教师922人，在校学生14907人；初中7处，专任教师722人，在校学生8002人；高中段学校2处，专任教师462人，在校学生7541人。幼儿园53处，在园幼儿5931人，公办幼儿教师90人。

全面实施素质教育，推动教育教学改革向纵深发展。深入学习贯彻省市中小学素质教育工作会议精神，加大督查力度，全面规范学校办学行为，全力推进素质教育。加大教育资源整合力度，2008年暑假期间将垦利镇大河小学并入县第二实验小学，西宋乡初一学生全部到县实验中学就读。教学质量稳步提升。2008年高考录取本科943人，比2007年增加166人。高中段学校招生2230人。开展了丰富多彩的德育实践活动，加大“书香校园”、“和谐校园”建设力度。加强学校体卫艺教育。全面启动了《快乐大课间、健康每一天》的小学大课间活动，举办了形式多样、内容丰富的文体活动。2名教师分别在山东省音乐、美术基本功比赛中获一等奖，1人在山东省美术优质课评选中获一等奖。在东营市体育与健康优质课评选中有2人获一等奖，4人获二等奖，1人获三等奖。在东营市美术教师基本功比赛中有1人获一等奖，5人获二等奖，1人获三等奖。在东营市音乐教师基本功比赛中，有2人获一等奖，4人获二等奖，2人获三等奖。一大批学生在各级各类体育美术比赛中获奖。

教育投入不断加大，办学条件持续改善。严格落实“三免一补”政策，建立健全了贫困学生救助长效机制。救助贫困学生 487 人,救助资金 35.5 万元。为中等职业学校学生发放补助资金 105.3 万元。将农村中小学预算内生均公用经费全额纳入了县级财政预算,连续三年由县财政安排专项资金 18 万元为全县农村义务教育阶段学生进行了免费查体。大力实施教育设施改善工程。全县投资 1400 多万元,维修校舍 12551.4 平方米、新建校舍 3346 平方米。投资 539.6 万元,为农村中小学装配多媒体教室 143 个,同时为农村中小学配备教师用微机 579 台。投资 300 多万元,为垦利县第二实验小学建设了 13000 平方米的高标准塑胶场地。从秋季开学始,对农村远距离乘车小学生实行了乘车补贴,并对新购学生专用车实行了财政补贴。

突出办学特色,大力发展职业教育。扩大职业教育招生规模,2007 年共招生中等职业学生 552 人。深化职业教育教学改革,以组织开展技能比赛为依托,着力提高学生实践能力,对口高职升学率稳定在全市乃至全省前列。加强就业技能培训,107 名初高中毕业未升学学生接受免费技能培训。

学前教育工作取得显著成绩。积极推进学前教育的发展,在坚持政府办学为主导前提下,积极创造条件,吸纳社会资金进行多元化办学,依法鼓励发展民办学前教育。全县共有学前教育机构 53 处,其中省级实验示范幼儿园 2 处,3 至 6 周岁入园率 95%。

加强学校管理,创建平安和谐校园。扎实开展"法律进学校"活动,深入开展文明校园、和谐校园、和谐班级创建活动。深入开展"隐患排查治理年"和安全"百日行动",坚持定期或不定期的组织学校安全大检查。积极配合公安交警等部门,进一步加强校车管理工作。加强对学生的安全教育、应急演练,确保学生安全。

强化教师职业道德建设,提高教师队伍素质。在全县教育系统开展了形式多样的师德建设主题实践活动,健全完善了教职工考核制度和学校考评机制。严格执行教师资格认定和教师聘用制度,严把新教师入口关。44 名师范类毕业生通过招聘充实到教学一线。12 人通过高级职称评审,67 人通过中级职称评审。完成了新一轮次的乡镇中学、县属学校中层干部竞争上岗和教职工聘任。强化岗位管理,定期组织全县中小学管理人员和教师理论和专业知识考试,浓厚教师读书氛围。评选教坛新秀 91 名,举办了音体美教师基本功比赛、中小学学科带头人巡回展示课活动及各类教学评选及展示活动,县乡教研员互动式教研活动,促进了教师专业化成长。

[利津县教育概况] 2008 年,全县有普通高中学校 2 处,职业学校 1 处,九年一贯制学校 6 处,初中 10 处,小学 45 处,民办学校 6 处,各类幼儿园 79 处。教职工总计 3767 人,其中在岗教职工 3380 人,专任教师 2855 人。在校学生 40174 人,其中普通高中 8146 人,职教中心 1404 人,初中 9242 人,小学 21382 人。3～6 岁儿童入园率达 97.6%,义务教育阶段适龄儿童入学率保持 100%,在校生巩固率达 100%,残疾儿童入学率达 96%,高中段普及率达到 91.02%。实验二幼为省"十佳"幼儿园,实验一幼 2008 年通过了省"十佳"幼儿园复评,乡镇中心幼儿园有 5 处为省级示范幼儿园,其他全部达到市级一类标准。创办高水平政府办幼儿园和"三动"发展模式两项工作,在 2008 年全省学前教育工作会议上进行经验交流。义务教育段现有市级规范化学校、市级文明校园各 17 处,高中学校均为省级规范化学校。职教中心积极探索校企合作发展模式,大力加强骨干学科建设,2008 届职业班毕业学生全部得到安置,学校被评为省级教师教育科研先进单位。

教育改革实现新突破。2008 年,积极推进干部分级管理、分级选任机制改革,出台了《全县教育系统事业单位股级以下干部选拔任用暂行办法》,下放了基层干部的管理权限,组织了部分县直学校和乡镇教育办等基层单位教育干部竞争上岗工作,最大限度的激发调动了干部的工作积极性,同时优化了干部队伍结构。积极探索乡镇教育管理体制改革的新路子,以北岭乡为试点,撤销北岭乡教育办公室,将其人财物及管理职能整体移交给北岭乡中心学校,实行中心学校校长负责制的管理新模式。公开招考新教师 50 名,在一定程度上缓解了师资紧缺的局面;同时进一步加强队伍管理,严格控制人员逆向流动,年内依照合同解聘教师 5 名,在编教师总数纯减少 13 人,连续三年保持在编教师人数负增长。进一步加大农村中小学布局调整力度,优化学校资源配置,对农村中小学进行合并,使北宋镇一中、三中成为九年一贯制学校。

实施素质教育取得新进展。2008 年初全县教育工作会议上,对上级规范办学行为各项要求进行了全面传达,出台了一系列文件,对课程开设、课时安排、作息时间和作业布置等进行了有效规范。学年工作中,逐步修订了教学工作评价办法,认真落实学生每天锻炼一小时的要求,加强了对考试的管理,积极探索无分数评价和等级制评价办法。同时,实行局领导班子听课和调研制度,加强对规范办学行为的督查。各学校大胆探索实施素质教育的有效途径。明集中学以独具黄河三角洲特色的"综合实践课课程研究"为切入点,加强对校本教材的开发,初步实现教师教学思想与学生学习行为两方面的转变;北宋一中大胆摸索减轻学生课业负担的新路子,通过课堂以外"零作业"的刚性做法,推动课堂教学方式的转变,极大地提高了课堂教学效率，在全省引起了一定反响，成为东营市实施素质教育的典型。

师德师风建设迈上新台阶。2008 年，组织开展了"师德建设主题实践活动"。通过四个阶段，十项活动载体，组织了师德案例和感言征文评选、师德规范大讨论、今天我们怎样做教师大讨论、争做合格教师、"爱的奉献"师德演讲比赛、师德巡回报告会等活动，开展了民主评议学校、教师满意率测评活动，查找出了师德建设中存在的问题，制定出了整改措施。评选出了 103 篇优秀师德感言、案例，共巡回报告 9 场次，受教育教职工 2400 多人。评选了 5 个师德建设示范学校和 10 名师德建设先进个人，制定了《关于进一步加强和改进教师职业道德建设的意见》和《利津县教师职业道德考核办法(试行)》两个文件，建立了师德建设长效机制。

教师素质提高工程取得新成效。2008 年，以"教研年"为活动主题，紧紧围绕提高课堂教学效率这个目的，以校本教研、课堂教学改革为着力点，深入开展了构建"和谐课堂"活动，探索完善了多种课型的教学模式。部分学校借鉴推广了"导学案"、小组互助教学等先进教学模式，全县组织了教师读书工程、教学反思、优质课评选等活动，召开了校本教研经验交流会议和小学教学管理工作经验交流现场会，承办了全市学科教学与信息技术整合研究现场会。大力开展"请进来，走出去"学习活动，邀请到陶继新、肖川、王淑文等著名教育专家来传经送宝。在 2008 年省市教师优质课评选中，共有 3 人获省一等奖，10 人获省二等奖，17 人获市一等奖。评选表彰了县级教坛新秀 9 人，骨干教师 187 人，优秀班主任 113 名。立项课题国家级 2 项、省级 2 项、市级 6 项，征集校本教研课题 2305 项。县教研室再次被评为"山东省先进教研室"。

办学条件实现新改善。不断加大教育投入，积极完善农村义务教育经费保障机制。2008 年拨付农村义务教育阶段三免资金 993.149 万元、预算内生均公用经费 346.266 万元；义务教育阶段县直及民办学校两免资金 192.3 万元、预算内生均公用经费 101.12 万元；发放救助金 472.275 万元，救助贫困生 2865 人；投资 1055 万元启动了实验一校综合楼建设工程。总投资 1860 万元，顺利完成农村中小学低标准建材校舍改造任务，共改造低标准建材校舍 39213 平方米；县乡两级财政投资 193 万元，启动了信息化教学设备配备工程，配备教室多媒体设备 174 套；完成总投资 60 万元的农村学校教学仪器更新工程；投资 10 万元实施了暑期教师全员培训。

2008 年，利津县教育局先后荣获全省高考优秀考点、东营市先进基层党组织、党风廉政建设工作先进单位、全县精神文明建设工作先进单位、机关党建工作示范点、先进基层党组织等二十二项荣誉称号，连续第 7 年保持了"省级文明单位"称号。全县教育系统共荣获国家和省、市、县各类荣誉称号 400 余项。

[胜利教育管理中心概况]　截至 2008 年底，东营市胜利教育管理中心共有中小学 47 所，其中小学 22 所，九年一贯制学校 15 所，初级中学 6 所，完全中学 4 所，在校生 63822 人；教职工总数 8281 人，其中在岗人员 5334 人(专任教师 3897 人)，离退休 2947 人。中心机关 109 人，11 个科室，科级干部 24 人，中心领导 7 人。

学校布局、规模更趋合理，资源配置进一步优化。对 11 所学校进行了优化整合，其中撤并高中学校 3 所、义务教育学校 6 所。学校总数由 2007 年的 53 所调整到 47 所，其中高中学校由 7 所调整到 4 所，移交以来共有 6 所高中学校的教学资源转为义务教育阶段招生，义务教育资源得到充实。规模以上学校已达 89.4%，比移交时提高 23.7%，资源配置更加优化，规模效益进一步显现。

规范化建设有新突破，学校发展更加均衡。薄弱学校改造基本完成，办学层次显著提升，中心申报的 3 所市级、4 所省级规范化学校和 6 所全市义务教育十佳学校、9 所市级"实验室及实验教学管理示范学校"顺利通过验收，8 所省、市级规范化学校顺利通过复验。中心所属学校已经拥有省级规范化学校 17 所，占中心全部学校的 36%；市级规范化学校 23 所，市级以上规范化学校比例达到了 85%，提前完成了"十一五"规划目标。

队伍建设全面加强，整体素质明显提高。校长办学理念先进、治校方略科学，在全市获得了高度认可。教师队伍的教育能力明显增强，梯次分明的骨干教师队伍基本形成。教师全员培训率达到了 100%，高层次骨干培训 5%以上。98 名教师在全省或全国优质课比赛中获奖，其中 2 人代表山东省参加全国教学观摩赛，1 人荣获一等奖的第一名。

素质教育成果显著，教学竞争力大幅增强。信息学奥赛连续 21 年在山东省夺冠。41 名高中生因学科竞赛和创新大赛成绩突出，喜获重点大学保送资格，其中数、理、化、生物、信息技术 5 科奥赛，全市共 25 人获省级一等奖，中心就有 24 人。占全市获奖人数的 96%。全国中学英语竞赛，全市 2 人进入全省前 10 名，全部是管理中心的学生。全国初中化学竞赛全市有 12 人获奖，中心包揽了前 9 名。全国初中数学竞赛全市有 18 人获奖，中心 14 人榜上有名，并囊括了前 11 名。学生艺体特长充分发展，有 687 人次在省级以上参赛中获奖，其中有 546 人次在国家级比赛中获奖。普通高考，在生源严重流失的情况下，一本上线率创全省分批次以来的最好水平,清华、北大全市录取12人,中心7人占全市人数的58%。

大力开展教育科学研究,取得了显著成果。全年共有12项课题被确立为市“十一五”滚动课题,5项课题被确立为省“十一五”滚动课题。在全省教育科研优秀成果评选中,中心共有216项获奖,其中一等奖52项,胜利教育管理中心荣获山东省教育科研先进单位称号。

加强胜利教育文化建设,为事业发展添动力。2008年,胜利管理中心聘请清华大学、北京师范大学的专家教授,成立了胜利教育文化体系咨询服务团队,开展胜利教育文化体系项目的研究工作。专家组通过专题研究,初步形成了胜利教育管理中心核心文化框架体系。12月27日～28日,举办首期胜利教育文化建设激发式培训班,管理中心全体领导班子成员和机关科室长共计30多人参加了培训活动。

东营市分管教育领导人

副市长:王吉能

东营市教育局负责人

局长、书记:张洪生

副局长、副书记:刘晋伦

副局长:李从涛　张义泉　马立怀

纪委书记:李殿义

教育局办公地址:东营市东城府前大街118号

联系电话:0546－8331917

邮编编码:257091

电子邮箱:lzj@dyjy.net

联系人:李志杰

联系电话:0546－8330727

(总撰稿人:仲卫部　撰稿人:李志杰　宫钟华　刘　波　蒋厚东　褚学旺　王国兴　朱学平　审稿人:张洪生)

烟台市

[概况]　2008年底,全市有各级各类学校1061所,在校生80.89万人,教职工6.83万人。其中小学703所,在校生28.2万人;初中275所,在校生28.36万人;普通高中61所,在校生10.87万人;中等职业学校65所,在校生10.78万人;驻烟普通高校9所,在校生12.15万人;特殊教育学校9所,在校生926人。有幼儿园1338所,在园幼儿12.05万人,教职工8967人。2008年,全市学前三年教育普及率为98.2%,小学入学率、巩固率为100%,初中入学率为100%,初中三年巩固率100%,高中段入学率为100%,高等教育毛入学率41.2%。

[义务教育经费保障机制改革]　从2008年秋季学期开始,免除了城乡义务教育阶段学生课本费,全市每年免除义务教育阶段学生学杂费1.56亿元、课本费0.85亿元。从2008年春季开始,农村义务教育阶段家庭经济困难寄宿生生活费补助标准由每生每年补助300元提高到小学每生每年500元、初中每生每年750元,享受补助的困难学生占寄宿生的比例达到了8%以上。2008年农村小学生均公用经费定额由240元提高至345元,农村初中生均公用经费定额由340元提高至495元。

从2008年起,各县(市、区)财政局按规定将本级安排的义保专项资金全额拨入地方专项资金特设专户,通过特设专户办理支付业务,在收到中央、省、市级补助资金后10个工作日内将资金全额落实到学校账户,县级配套资金于每季度最后一个月底前全额落实到学校账户,并区分专项资金的支出类型,确保专款专用。

据统计,全市各级财政预算安排义务教育经费保障机制改革资金32366.19万元,其中免杂费和补助公用经费资金22192.65万元,免费提供教科书资金8451.18万元,惠及学生57.22万人;补助寄宿生生活费资金658.7万元,惠及学生1.03万人;校舍维修改造资金4663.66万元。

[校舍维修改造]　2008年,共筹集资金5560万元、完成项目105个,改造面积5.32万平方米,在建项目11个,面积33877平方米。2月,对辖区内的所有学校、幼儿园逐校逐排逐间进行全面细致检查,不留死角,不走过场。针对普查中鉴定出的危房校舍,认真研究改造方案,抓紧实施,确保广大师生的生命安全。3～5月,对全市2007年校舍维修改造竣工项目进行了检查验收,共验收270所学校的1118个项目,建筑面积24.13万平方米,其中维修10.05万平方米、大修11.76万平方米、新建2.32万平方米。7月,召开了全市中小学校标准化建设暨中小学布局调整、校舍维修改造现场会,要求各县(市、区)通过汶川大地震的警示和省市有关要求,确保项目建设中所有相关资料的完整性和真实性,对新建和改造的校舍要严格执行国家有关建设标准,尤其是抗震设防标准要高于当地一般建筑标准,使中小学校舍成为当地最坚固、最安全的地方。

[学生资助]　建立了烟台市学生资助网，专门用于资助工作的政策宣传、工作安排、文件下载、经验交流等。筹集资金387.282万元，用于高校学生生活补助，惠及学生3.6万多名。2008年，全市共发放普通高校和高中段学校助学金12445万元。其中为9390名普通高中学生发放省政府助学金，共计939万元；为6.6万名中职学生发放国家助学金，共计9900万元；为61名高校学生发放高校国家奖学金，共计49万元；为28名高校学生发放省政府奖学金，共计17万元；为1075名高校学生发放国家励志奖学金，共计537万元；为5015名高校学生发放国家助学金，共计1003万元。

[梯次补充教师]　针对中小学教师总量超编和部分学科教师短缺，尤其是农村中小学教师队伍中存在的结构不合理、年龄老化和英语、计算机、音体美教师短缺等问题，根据教师编制情况、自然减员情况和教育事业发展的需要，采取多种方式加大教师补充力度。到2008年底，全市共补充新教师861名。

[城乡学校结对帮扶]　充分利用城区学校的师资、管理、资源优势，针对农村中小学当前最迫切需要解决的困难和问题，全方位开展对农村薄弱学校的帮扶。2008年，全市有362对学校结成帮扶关系，有349名城镇教师到农村支教，农村教师到城镇学校顶班上课2102人次，城镇教师送课下乡、到农村学校开展教研活动2435人次。

[中小学布局调整]　按照“方便群众、规模办学、增强效益、提高质量、避免浪费”的原则，把资金重点投向长期保留的中小学，加大薄弱学校的调整力度，积极采取有效措施，重点扶持中心学校，大力发展寄宿制学校。2008年，全市共调整学校114所，其中，撤并学校78所(小学73所、初中5所)、改扩建学校29所(小学19所、初中10所)、异地新建学校7所(小学5所、初中2所)，累计投资8253.56万元。

[教师培训]　按照年初制定的一揽子教师培训计划，通过新课程学科教师远程研修，培训教师达8000人次；通过境外培训，在英国培训骨干英语教师34人次；通过引进外籍教师培训，培训初中英语教师100人次；通过异地举办高级研修班，在上海培训中小学骨干校长160人次；通过提高培训、资格培训等，培训中小学校长、幼儿园长460余人次；通过“顶岗实习—置换培训”模式，培训农村中小学教师400余人次；通过利用国家优质课程资源，以校本培训的形式，对全市中小学教师进行了全员培训；通过实施农村中小学教师素质提高工程，培训农村中小学教师936人次；通过实践技能培训，培训职业学校专业课教师700余人次；通过课程指导培训，培训幼儿教师600人次。

[构建高校课堂推进作业改革]　分别于4月和5月召开了“义务教育阶段作业改革实验与研究”和构建“和谐高效、思维对话”型课堂研究的启动会议，分别确定实验学校和实验教师、解读实验方案、明确分工研究任务。积极进行各学段各学科的教师培训工作和教学观摩研讨会，提升各县(市、区)和学校、教师的执行力。确立了《烟台市“和谐高效、思维对话”型课堂教学设计与实施案例精选》和《作业改革与实践》两本书的编写框架和内容，确定了《和谐高效思维对话型教学理论简明读本》的编写工作。制定了《烟台市“和谐高效，思维对话”型课堂教学评价指导意见》有关标准，各学段各学科也据此修订了各自的学科评价标准，并依此来进行优质课的评选和教学观摩研讨会，为课堂教学进一步改革提供了基本参照。

[规范教育教学行为]　始终坚持素质教育体现在课程里的教育理念，对国家规定的课程实行刚性管理，实行课程表审查制度，强调任何学校、任何个人都无权随意增删和调减课时，确保音体美等课程的开齐、开足。出台了《关于加强中小学常规管理的意见》和《烟台市普通中小学课程实施水平评估方案》。设立了举报投诉电话，做到有报必查，查实必究。对各县(市、区)学校(幼儿园)规范办学情况进行暗访，先后抽查了80余所小学、50余所初中、10余所高中，对存在的问题均当场作出处理，限期纠正。以明传电报的形式将省厅规范办学行为通报转发至各县(市、区)、各中小学，要求各学校引以为戒、自查自纠。在《烟台市2008年县(市、区)教育行政部门落实重点工作情况考核意见》中，将规范办学行为、开齐开足课程、减轻学生负担等列为核心考核内容并加大分值比例，同时纳入对县(市、区)政府教育工作综合督导和专项督导体系，加大督导和整改力度。

[考试评价和招生制度改革]　制定科学的评估标准，建立科学的评估体系，加大评估结果与中考招生指标分配挂钩的力度，分配指标达到统招生招生计划的85%以上。将自主招生学校范围扩大到所有高中，将公办省级规范化高中自主招生比例提高到10%，将其他公办普通高中自主招生比例提高到5%。强化音体美课程考核，中考体育科目由30分增加到40分，音乐、美术各为10分，列入中考总成绩。规范特长加分，对可能加重学生负担和大量占用学生校外活动时间的

项目，不作为标志性成果和认定特长生的依据，不与升学挂钩。

[农村中小学现代远程教育工程] 进一步完善农村中小学现代远程教育工程配套设施。制订具体的资源建设技术规范，充实教学资源库，为农村中小学提供优质教学资源。加强技术人员培训，开展远程教育应用研究，进一步提高农村中小学现代远程教育系统的管理及应用水平。11月20～22日，省农远工程验收组对烟台市的农远工程进行了检查验收，专家组硬件基础建设、直播节目的清晰流畅、教学资源的建设，特别是教学点资源的配备，以及农村学校教师的信息技术应用水平给予高度评价，烟台农村中小学现代远程教育工程高水平通过省级验收。

[农村中小学仪器更新工程] 确定2008年度农更工程项目学校234所，将工程实施情况纳入教育督导范围，对年度计划配备的项目学校进行仪器设备集中采购、验收以及应用培训。2008年全市农村中小学教学仪器更新工程共完成投资1364万元，所有项目学校均验收合格。

[中小学"班班通"工程] 制定了《烟台市中小学"班班通"工程建设标准(试行)》，全市投入资金4000多万元，首批34所"班班通"项目学校通过验收。

[职业教育集团化办学] 经省教育厅、省经贸委批准，成立了汽车工程、船舶制造2个省级职业教育集团，组建了"招远市职业教育集团"。至此，全市已建成省级职教集团2个，市级职教集团11个，县级职教集团6个。在全市开展了以"加快职教改革，推动集团化办学持续健康发展"为主题的大研讨活动，不断把职业教育集团化办学推向深入。出台了《烟台市职业教育集团运行管理办法(试行)》，明确了市级职教集团的目标任务、审批程序、机构设置与职责、权利义务和考核评估程序等，加强了市级职教集团运行管理工作，规范了各成员单位的行为，为推动校企合作和校校融合奠定基础。一年来，通过职业教育集团化办学促成5万多名中职生、未升学高中毕业生、未就业大中专毕业生、下岗职工和农村剩余劳动力就业。4月份，全省职业教育集团化办学现场会在烟台召开，烟台市做了典型经验交流，职业教育集团化办学的经验在全省推广。

[职业教育改革] 在面向应届初中毕业生再造劳动大军的同时，逐步转向搞好在岗职工和下岗职工、农民培训两大任务上，全市各级各类职业学校面向行业、企业、农民开展各种社会培训9万多人次。通过向国家、省和当地财政争取资金和向职教集团成员企业争取资金、设备支持等多条途径，不断加强实训基地建设。积极推行"双证互通"试点工作，烟台护士学校等17所学校提前3年被省里确认为"双证互通"试点学校，试点学校均建立了职业技能鉴定站，使职业学校的毕业生在获得学历证书的同时，经考核合格，也能方便地取得相应的职业资格证书。以编写实训教材为突破口，逐步推广项目教学，提高教学质量，完成了数控、汽修、烹饪、服装四个专业六本实训教材的编写，并已投入使用。大力推广学分制和弹性学制，加快专业调整和教材改革，突出办学特色，实现职业教育办学模式、办学形式的多样化，职业教育办学活力进一步增强。

[学校安全] 按照防震的要求，对辖区内的所有学校、幼儿园逐校逐排逐间进行全面细致检查，不留死角，不走过场，对排查出的不符合要求的校舍根据不同情况加大维修改造力度，需要加固的立即加固，隐患严重的坚决停用或者拆除重建。对新建和改造的校舍严格执行国家有关建设标准，尤其是抗震设防标准高于当地一般建筑标准，使中小学校舍成为当地最坚固、最安全的地方，并按这样的要求对2007年竣工项目进行了检查验收。全面开展"安全文明校园"创建、"安全生产隐患治理年"、"安全生产百日督查专项行动"、"安全责任落实月"、"中小学安全教育日"、应急演练等一系列活动。与公安部门联合下发了《关于全市中小学、幼儿园接送学生车辆的实施意见》，对检验合格的专用校车，由各县(市、区)教育部门统一组织按照标准车样式统一喷涂。对检验合格的非专用校车由各级公安机关交通管理部门统一发放了非专用校车标志牌。积极推进校方责任险，为全市各级各类学校共计78万余名学生投保了校方责任保险。

[招生考试] 以安全保密和严肃考风考纪为重点，认真组织了各类招生考试工作，实现了"三个确保"：确保试卷安全保密万无一失，确保考务管理严格周密，确保考风考纪井然有序。及时公开各项考试信息、录取信息，实现"阳光招生"。2008年，组织普通高考、研究生考试、自学考试、社会证书考试等各类考试达32万余人次，没有出现任何纰漏。

[2008～2009学年度中小学收费项目和标准] 义务教育阶段收费。住宿费，每生每学期50元。借读费，小学每生每学期300元，初中每生每学期500元。对进城务工就业人员的子女接受义务教育的，符合烟政办发[2004]40号文件规定的，不收取借读费，其他收

费与当地学生一视同仁。中考招生收费，考务费每生每科5元，报名费每生10元。作业本费，小学每生每学期1至2年级为7.5元，3至5年级为10元，初中为15元，作业本费实行“据实结算，多退少补”的管理办法，按学期进行清算。

普通高中。学费，省级规范化学校每生每学期800元，非省级规范化学校每生每学期500元；住宿费，普通学生宿舍每生每学期70元，实行公寓化管理的学生宿舍按烟价[2005]61号文件规定由市物价局、财政局、教育局审批。取暖费，农村每生每年30元，城市每生每年60元，不能为学生供暖的不得收取取暖费；预订下学期课本费，按国家订价收取；查体费，每生每学年5元；毕业会考报名费，每生每科5元；考籍管理、会考合格审定费，每生3年共10元；电教教材费每生每学期16元，只限于省、市、县三级电化教育示范(试点)学校收取，其他学校严禁收取此项费用；择校生收费，按照国家关于“限分数、限人数、限钱数”的规定原则，以学校为单位计算，每个学校招收择校生比例(含音、体、美特长生)最高不得超过当年招生总额的30%。低于录取分数线10分以内(含10分)缴纳6500元，20分以内(含20分)缴纳9000元，20分以上缴纳11500元。学生缴纳择校费后，不再缴纳学费，其他费用仍按规定收取。“三限生”择校费采取分期付款的方式。新生入学时，低于录取分数线10分以内(含10分)缴纳1700元；20分以内(含20分)缴纳4200元，20分以上缴纳6700元；剩余4800元择校费按学期缴纳，即每生每学期缴纳800元。职业中专(含职业高中)。学费，职业中专每生每学期800元，职业高中每生每学期500元；住宿费，普通学生宿舍每生每学期70元，实行公寓化管理的学生宿舍按烟价[2005]61号文件规定由市物价局、财政局、教育局审批。取暖费，农村每生每年30元，城市每生每年60元，不能为学生供暖的不得收取取暖费；预订下学期课本费，按国家订价收取；查体费，每生每学年5元；毕业会考报名费，每生每科5元；考籍管理、会考合格审定费，每生3年共10元。

[芝罘区教育概况]　芝罘区共有中小学68处，在校学生近8万人。各种民办机构78所，托幼园所143处。全区省级规范化学校16所，约占全区学校总数的1/4。义务教育阶段，小学、初中入学率均达到100%，巩固率分别达到100%和99.9%。非义务教育阶段，学前三年儿童受教育率99%，学前一年儿童受教育率达到100%；高中阶段入学率达到98.8%。全区在职教职工5305人，离退休人员2956人。小学和初中专任教师学历达标率达到100%，高中专任教师学历达标率达到97.8%。

深入推进教育内涵发展。有22所学校被市教科院确定为“和谐高效课堂建设”市控点校，占全区学校总数的1/3。充分发挥教育督导在规范办学中的作用，围绕提高教与学两个积极性，形成了以“两个中心，两个延展”为特色的教育督导评估经验，并在全国教育督导研修班经验交流会上交流。

大力加强教师队伍建设。积极推行中小学中层干部竞聘工作，共选拔中小学中层干部324名，其中125名青年教师在竞聘中脱颖而出，占到总数的38.6%。先后组织74名中小学校长、教研员到北京、上海等地学习考察。完成了全区中小学教师全员培训工作。对城郊学校360余名教师逐人听课、评课，进行面对面指导，开展“一对一互助共进”帮扶教育活动，实现城区学校和郊区学校“捆绑一体”共同发展。

努力改善办学条件。投入780万元，用于学校校舍建设和办学条件的改善。完成了总投资310余万元的农村教学仪器更新工作和农村中小学现代远程教育工程，城郊学校仪器配备全部达到了国家二类普教仪器配备标准。总投资5600万元的“班班通”工程全面启动，已完成16所学校500间教室的建设任务。

切实做好学校安全工作，全年共组织各类应急演练98次，有效地提高了师生的自我保护能力。全面推行校方责任险，134所学校、幼儿园参加投保，受益学生达8万多人。

积极落实义务教育经费保障机制，全部免除义务教育段学生杂费、课本费，共计1985万元，惠及学生5.3万人。进一步建立健全了普通高中和中等职业学校家庭困难学生资助体系，累计发放助学金304.6万元，惠及720多名高中学生和3600多名中职学生，实现了全区无一名学生因家庭经济困难而辍学的目标。

[莱山区教育概况]　莱山区有公办中小学27所，其中，普通高中1所、职业中专1所、九年一贯制学校1所，初中6所、小学18所，在校生共计1.7万人，教职工1213人。义务阶段适龄儿童入学率100%，高中段教育普及率为96%；小学、初中在校生巩固率分别为100%和99.2%。有中等职业学校7处，在校生2967人，职普比为1.3∶1。

教师队伍建设进一步加强。通过脱产轮训、业余自修、以会代训、外出学习等形式，加大对校长的培训力度，先后组织4名小学副校长到芝罘区进行为期6个周的挂职培训、组织全区20名小学校长赴上海参加烟台“十一五”小学骨干校长研修班、组织高中校长参加全省普通高中校长素质教育专题培训班，开展了暑期全区中小学中层以上领导干部培训班。深入落实

《教师职业道德规范》和《关于进一步加强全区教育系统师德师风建设意见》，将师德考核结果与评先树优和晋升职称挂钩。先后组织89名中学骨干教师赴外地学校参观学习，组织54名初中和小学教师参加了全区中小学教师职务培训。

教育教学行为进一步规范。组织开展了构建“和谐高效，思维对话”课堂研究活动，下发了《莱山区关于开展构建“和谐高效”课堂研究活动的实施意见》和《莱山区九年义务教育阶段作业改革意见》，出台了《莱山区中小学教育发展水平综合督导评估办法》，下发了《莱山区关于进一步规范教学秩序的通知》，统一了全区各学段的作息时间，开齐开足课程；认真落实市教育局《关于控制初中学生辍学的十条意见》，重新修正和完善了《莱山区中小学学籍管理规定》。

职业教育加速发展。不断加大对区职业高中的扶持力度，投资71万余元改善办学条件。与内蒙古林西县职教中心考察团初步达成了联合办学事宜，与海鼎机械、海山机械等公司签订了联合办学协议。区职业高中由区人事劳动局批准为“农民工暨失地农民工培训定点单位”，截止2008年底，共培训失地居民49人，培训农民工650人。

教育信息化水平不断提高。出台了《莱山区中小学教育技术装备管理实施细则》。投资40余万元，为区一中增加了高考电子监控设备，安装了多媒体微机教室。

学校安全工作扎实到位。明确提出教委主任和学校校长是学校安全工作第一责任人，按照“谁主管、谁负责”的原则，层层落实责任制，逐级签订责任状。修订了《莱山区学校重特大安全事故应急救援预案》，建立完善了安全应急预警机制，组织了全区中小学防震防火演练观摩会，组织和指导各中小学校防震、消防等应急救援演练60余次。

[牟平区教育概况] 牟平区共有教职工5778名。各级各类学校55处，在校生50482名。其中，小学26处，在校生16648名；初中17处，在校生19903名；普通高中6处，在校生8664名；职业学校5处，在校生5067名；体校1处，在校生200名。有幼儿园63处，幼儿教师382名，在园幼儿7423名。民办教育机构13处。

素质教育进一步深化。积极探索德育工作的新途径、新方法，把德育有机融入各学科教育教学和学生的日常生活中，构建起家庭、学校、社会“三位一体”的德育工作体系。及时研究确定在新课改条件下教学工作的新路子，深入探索小学、初中、高中教学衔接的研究工作，从高学段回望低学段教学中存在的问题，通过开展课堂教学效益年等系列活动，切实改进教学方式，优化教学过程，提高课堂教学效率，形成了小学基础好，初中腰杆硬，高中起点高的良性运行机制。教育教学模式不断创新，分层次教学法在探索中前进，教育教学质量稳居全市前茅。

职业教育快速发展。在优化调整专业设置的基础上，致力于做大做强骨干专业，多个专业成为全市骨干专业。其中，服装、烹饪、动漫设计与制作3个专业被定为代表市参加国家级比赛的专业。“以出口拉动入口”，职业学校招生1787人，学生就业率达到99%，部分专业毕业生供不应求。进一步加强了对各类民办教育机构的监管力度，积极协调有关执法部门对民办教育机构进行经常性的排查，依法取缔了4所非法民办教育机构，指导民办教育机构充分发挥职能作用，为社会培养各类专业技术人员2865人。

教师队伍建设不断加强。通过一系列师德主题教育活动，使广大教师进一步增强了教书育人的责任感和使命感。通过选拔82名农村中青年领导干部到区内优秀学校脱岗培训、组织43名校长参加沪鲁基础教育发展论坛、请专家对所有中层以上领导干部进行培训，加大了对干部的培养、考察、考核力度。通过校本研训、高中全员培训和义务教育阶段教师的学科培训、“顶岗培训”、“名师”工程和专家讲座等多种途径，进一步提高了教师队伍整体素质和执教能力。

办学条件进一步改善。投资1.8亿元、占地300多亩、规模为92个教学班的一中新校区已投入使用。投入600多万元，对校舍危房和电气线路进行了改造，解决了20所中小学学生宿舍取暖问题。继续加强了教育现代化教学设施设备的配备，大多数学校实现了“班班通”，充分利用牟平区卫星地面接收站四套教育节目，开展远程教育。把引进的近900万元区外无偿资金，用于农村中小学教学楼、宿舍楼建设和旱厕改造等工程。

[开发区教育概况] 教育均衡发展实现新突破。积极稳妥地推进中小学布局调整。顺利完成了古现东片区学校布局调整，周边18个村居400多名学生实现了农村教育城市化。大力推进学校建设。全年共完成投资2000万元，建筑面积达1.5万平方米。投入资金300万元，对28所学校62个工程项目进行了维修改造，改造校舍面积1.7万平方米。全区“安全文明校园”已达到22所，占全区各级各类学校的60%。全年落实资金180万元，用于农村中小学教育仪器设备更新、远程教育和班班通工程。

教育内涵发展创出新亮点。出台了《“校园文化建设”活动实施方案》，校园文化建设成绩斐然。突出教学常规视导功能，加大了对教学质量、作业改革和课题实验监控力度。高中新课程改革工作实现新突破，高中新课程选课指导及走班制经验在全省推广。

职业教育发展实现大跨越。在着力抓好重点专业、“双证互通”和国家、省级培训基地建设的同时，牵头组建了省船舶制造职业教育集团，申报了国家级电子信息实训基地，并获得国家和省支持资金200万元。在校生规模达到了7000人，毕业生就业率达到98%以上。

队伍建设再上新水平。以提高机关干部业务素养和专业理论为重点，组织集中学习活动20余次，参与面100%。面向全国组织实施了应届毕业生和在职骨干教师招聘，新招聘高职教师18人，中小学教师55人，补充支教教师40人。各级各类校长、园长分赴北京、上海等地进行了多批次培训。通过邀请专家、教学观摩、选派教师外出学习、远程教育等形式，全面启动了教师各类培训。

[福山区教育概况]　福山区有各级各类学校53所(含教学点)，在校学生共计35490人，教职工2824人，其中普通高中2所，初中10所(不含格中初中部)，小学39所(含教学点)，职业学院1所，公办省级实验幼儿园1所。2008年，全区小学、初中入学率分别为100%，小学生巩固率为100%，初中学生巩固率为98.16%，高中段教育的普及率为98.17%，职业学校毕业生就业率达99.6%，部分专业达到100%。

教育教学质量显著提高。义务教育段4所学校被评为“市级教学示范校”，6所学校获省级单项表彰，30多名学生获国家级奖励，170多名学生获省市级奖励；高考本科上线率和本科上线万人比均创历史新高，音体美教学工作取得新突破，被市教育局授予“烟台市音体美教学工作先进单位”荣誉称号；由烟台汽车工程职业学院牵头组建了山东省汽车工程职教集团，成为烟台市职业院校牵头组建的两所首批省级职教集团之一。

素质教育进一步深化。制定了《福山区初中学生综合素质评价方案》等文件，组织了中小学课程实施水平评估，积极开展集体备课、教学观摩和城乡学校联谊等活动，使创建和谐高效课堂成为学校教学工作的主旋律。围绕推进文化建设，制定了《关于全面推进文化建设的意见》，配套完善了《未成年人思想道德建设序列化教育方案》等7个相关的文件，在实验中学和东华小学分别进行了美育教育和家长学堂工作试点，召开了家长学堂工作和学校文化建设现场会，组织了“三风一训”修订和评比活动。

办学条件进一步改善。总投资5亿元的烟台汽车工程职业学院新校区建设项目一期主体工程基本完工。完成了投资100万元的烟台二十三中省项目工程建设。不断加快教育信息化建设步伐，投资12万元对网络结构进行了升级改造，投资24万元完成了农村远程教育工程。投资600多万元完成了“班班通”试点工作和城区学校的“班班通”工程，基本实现了“教师人手一机”。

队伍整体素质进一步提高。建立了学校班子跟踪考察和述职评议制度，考察评议结果作为干部选拔任用的重要依据。设立校长培训基金，先后组织校长赴北京、上海、浙江等地考察学习。创办了校长沙龙，围绕学校文化建设和评价制度改革等主题，举办了6次校长沙龙研讨活动。扎实开展各类教师培训和教研活动，组织了新教师专项培训和假期中小学教师专题培训，积极开展校本教研、新课程远程研修和教师读书活动，激励教师不断提升专业素质。

[蓬莱市教育概况]　蓬莱市共有各级各类学校94所，其中普通高中4所，职业学校2所，初中18所，小学67所，特殊教育学校、竞技体校、教师进修学校各1所。共有教职工4316人，在校生49873人。

改善中小学办学条件。撤并1所初中6所小学，对布局调整后闲置校舍特别是城区内的土地，转变土地属性，最大限度地增加土地收益，年内盘活存量土地70多亩，增加收益708万元。总投资1.03亿元新建、改建、扩建项目已经完成5项工程。投入资金248.83万元为全市中小学配备电脑、教学仪器、学生课桌凳，大大改善了办学条件。

推进素质教育。突出抓好“五个规范”，规范课程开设、规范作息时间、规范作业量、规范课时计划、规范评价考试招生制度，全市中小学办学行为得到较好规范。扎实开展德育工作，使德育工作生活化、活动化、社会化，加强学校、家庭、社会的联系，形成学校、家庭教育的合力。高中段围绕“提高教学成绩，强化出口功能”，以教研会为先导，以考试为总抓手，规范课堂教学模式，深化教学管理研究，实行问题教研和处方教研，加强对教师的业务和理论指导，加大模块测试力度，狠抓高中教学质量的提升。义务教育段启动了“和谐高效思维对话”型课堂建设，组织各个学科的课堂教学示范课评选活动，提高了课堂教学整体水平。出台了《关于积极推进作业改革的指导意见》，引导广大教师进一步转变作业观念，不断丰富和创新作业的内容和形式。

发展职业教育。制定一系列规章制度，强化对职业学校的日常行为、学籍、教师授课等各个环节的管理，通过定期的“百名教师集中家访”和初中教师回访活动，强化家校互联；结合专业特点开展文体活动，不断丰富校园生活;通过“校园开放月”,加强对职业学校办学特色的宣传,提高职业学校的吸引力。以集团化发展为依托,搭建校企合作平台,高职与张裕酒文化博物馆合作推行了“企业冠名班”试点,烟台市现代服务业职教集团联合有关企业在高职设立了烹饪、旅游职业技能鉴定站,促进了职业学校办学水平,扩展了学生就业途径。实施订单教育,年内共拿到企业用工订单1.6万个。其中,交纳三金并且月薪1000元以上的优质订单8000多个。组织各种短训4000多人次。

[栖霞市教育概况] 栖霞市共有中小学93处,其中普高4处、职校3处、初中28处、小学56处、体校1处、聋哑学校1处。幼儿园(所)63处。中小学在校生69622人,在职教职工7222人。

以全面提高教育教学质量为中心,全面推行中小学素质教育。落实了省定义务教育最低公用经费标准。落实了义务教育段学生免教科书费资金401万元,提高了寄宿生生活费补助标准。成立了学生资助中心,落实职校和普通高中助学金97万元,确保全市家庭困难学生上得起学。严格规范办学行为,开展教育收费专项督查,重点治理教育乱收费行为,取得明显成效,3月份被山东省授予“山东省规范教育收费示范县”称号。共投入170多万元,建成“农远”项目学校84处,完成“农远”工程建设,为提高农村教育教学质量搭建了良好的信息化发展平台。以“作风建设年”活动为契机加强局机关作风建设,严格执行“禁酒令”等各项工作制度,努力打造作风正、素质高、活力足、形象好的新型机关。积极开展为四川地震救灾捐款活动,局机关干部捐款近4万元,局机关党员捐款3.08万元,全系统在2天时间内近8000教职工共捐款360万元。

[招远市教育概况] 招远市有各级各类学校214处,其中普通高中6处,职业学校6处,九年一贯制学校9处,普通初中18处、小学66处,特校1处,体校1处,幼儿园107处,全市中小学共有在校生68532人,在园幼儿9860多人;中小学教职工6112名,其中高级职称652名,中级职称2796名,初级职称2325名。

素质教育深入实施,不断推进“一评二挂”中考招生制度改革,全面推进和实施中小学生综合素质评价制度改革,强化了常规管理,促进了全市教育工作良性循环。

队伍建设全面加强。考选了65名新教师到农村任教,选派了80名城区教师到农村支教,进一步完善了城乡校长交流制度、城乡学校结对帮扶制度等,大力加强了师德建设和教师教育工作,举办各类培训班20多期、3000多人次。

城乡教育均衡发展。在城区启动了九年一贯制丽湖学校建设工程,年内完成投资1540万元;在农村撤中小学3处,农村中小学、幼儿园规模效益不断增强;投入资金500多万元,实施了农村中小学教学仪器更新工程、远程教育工程,推进了全市中小学校教育技术手段的平衡发展,全市79%的中小学已成为省、烟台市级规范化学校。深入开展校舍维护改造工作。投入资金506万元,改造校舍面积达6000平方米,并提高了新改造校舍的抗震能力;深入开展了“安全隐患治理年”活动,投入资金150多万元,整改学校安全隐患120多处,广大师生的人身生命安全得到切实保障。建立健全了学生资助政策体系,通过国家助学金、政府助学金、“爱心捐款”等途径资助学生7022人次、476.1万元,家庭经济困难学生“上学难”问题得到有效解决。

基础教育质量稳步提高。全市适龄儿童入学率、小学在校生巩固率、小学毕业生直升初中率均保持100%,初中在校生年巩固率连续12年保持在99%以上;建立健全了城区外来务工就业人员子女义务教育保障制度、残疾儿童年度统计报告制度、特殊教育随班就读制度;高中段普及率达到98.3%。学前教育三周岁以上幼儿入园率达到100%。

职业教育健康发展。投入资金340多万元,进行了大规模的实习车间建设和设备配套;学生“双证书”通过率达96%,职业资格参考率达97%,毕业生就业率达到99.5%以上。

[莱阳市教育概况] 莱阳市教育体育局以办人民满意的教育为目标,加大投入力度,深化教育教学改革,各项教育事业健康、快速发展。教育体育局参加莱阳市委、莱阳市政府组织的2008年度民主评议,在37个热点政府部门中列第二名,在烟台市教育局重点工作考核中,总分列各县(市、区)第二名。

稳步实施素质教育。全市中小学统一作息时间,严格控制课外作业量,杜绝了节假日、星期天补课现象。开齐开足英语、信息技术、音体美等课程。扎实开展阳光体育活动,保证学生每天至少集体体育锻炼1小时。积极推进“和谐高效、思维对话”型课堂建设。

教师队伍素质明显提高。采取“梯次补充、多退少补、自然消肿”的办法,逐步解决中小学教师队伍结构性超编和缺编问题。组织镇街中心初中校长、常务副校长和教体局机关中层干部竞争上岗。组织城乡中小学结对帮扶活动,安排城区中小学206名教师送教下乡。以“校本培训”为主要抓手,构建起了国家、省、地、市多层次有机结合的新课程培训体系,组织参加国家、省、市组织的各类培训4500多人次,充分利用互联网等先进手段进行全员培训，引导他们积极参与课题研究。

办学条件得到较大改善。撤并农村小学5所；撤销莱阳三中、莱阳五中，高中教育资源得到了优化。开工建设河东学校，一期工程总投资3200万元，计划在2009年7月底前完成并交付使用。争取省财政拨付中小学校舍改造专项资金280万元，完成了省级支持项目4个，新建校舍3300多平方米，校舍状况明显改善。全面开展了中小学仪器更新工程。2008年，投入234万元，完成了15处项目学校的仪器配备工作。

职业教育快速发展。共投资500多万元，新建汽修及电气焊车间，新上电工、PLC、机床电气、液压气压传动四个高标准的实训室和一批汽修专业实训设备，新建设的1700平方米的汽修、电气焊车间正式投入使用。积极开展职工短期培训和返乡农民工培训工作。高职与市安监局联合，举办了6期培训班，培训1000多人次；组织570名返乡农民工参加职业培训，并注册了职业中专学籍。

[海阳市教育概况] 海阳市共有各级各类学校151处、幼儿园169处，其中小学104处、初中25处、普通高中7处、职业学校1处、全日制民办学校12处、教师进修学校1处、特殊教育学校1处。共有教职工6337人，学生6.69万人。

义务教育经费保障机制改革进一步深化。专题召开了农村义务教育经费保障机制改革会议，全面落实了烟台市确定的生均公用经费标准，进一步提高了义务教育经费保障标准，确保义务教育经费足额、按时发放，推动全市教育事业持续、健康、和谐发展。加强对教育经费的审计和监督力度，进一步完善了中小学财务集中核算制度，海阳市被评为山东省规范教育收费示范县。

素质教育扎实有效推进。出台了《关于全面实施素质教育的意见》等一系列文件，严格落实了国家课程标准，开齐开全了必修课程；大力开展“阳光体育运动”，确保了学生每天锻炼一小时；坚决纠正了随意加班加点、侵占学生休息和体育活动时间等不规范的办学行为，切实减轻了学生过重的课业负担；进一步规范了民办学校办学行为，基本杜绝举办或变相举办文化课程补习班的现象。

义务教育普及水平全面提高。学前一年受教育率100%，适龄儿童入学率100%，小学毕业生全部免试就近直升初中，初中巩固率达到99.1%，初中毕业生升入高一级学校比率为82%，残疾儿童入学率100%。2008年，市财政共安排资金近480万元，对全市5200多名小学、初中、高中、职业学校、升入大学的学生进行了救助；同时，争取社会救助资金100多万元，救助各类学生2600余人。

教师队伍建设不断加强。对全市中小学教师进行了专题职业道德教育，组织教师自查自纠，维护教育良好形象；加强新课程全员培训，促进教师专业成长；面向社会公开招考了40名中小学教师充实到教学一线；组织全市教师及社会人员参加教师资格认定工作。全市小学、中学教师学历达标率分别达到99.5%、89.6%，教师资格认证率100%。

教育科研成果显著。对190多项小课题进行了结题鉴定，其中22项课题被烟台市教科院批准立项；重点加强省、市级课题研究，组织3所学校参加省级课题申报，均通过了省专家评审；共申报省级教育科研成果169篇、烟台市级成果41篇，参选烟台优秀教学案例33篇、中国教育学刊校本教研论文140多篇，均全部获奖，海阳市评为山东省教育科研先进工作单位。

[龙口市教育概况] 龙口市共有中小学137所，其中普通高中4所，初中29所，小学82所，九年一贯制学校10所，完全中学1所，聋哑学校1所，中等职业学校10所，在校生9.2万人；共有幼儿园128所，在园幼儿1.2万人。全市3周岁以上幼儿入园率、小学和初中入学率均保持100%，高中段教育普及率达到90%以上，小学、初中、高中、职校专任教师学历合格率分别为100%、99.7%、98%、96%。

基础教育质量不断提高。高度重视德育工作，以活动为载体，开展丰富多彩的教育活动。注重德育科研，全国教育科学“十一五”规划课题“和谐德育研究与实验”2008年年会暨第十一届学术研讨会、中国伦理学会德育专业委员会第四届学术研讨会在龙口市召开，肯定并推广了龙口市“和谐德育研究与实验”课题研究成果。严格规范办学行为，大力推进课程改革，不断深化素质教育，教育教学质量全面提高。市教育体育局获得“烟台市普通高中教学工作先进单位”称号，2处学校获“烟台市普通高中教学工作先进学校”称号。

职业教育稳步发展。认真做好招生工作，全年共招生4900余人，中等职业学校在校生保持在1.3万人以上。进一步加强校企联合办学，成立龙口市职业教育集团，拥有成员单位25个。积极开展集团化办学大讨论活动，对职业教育集团化办学理论与实践进行认真研究和积极探讨，在烟台市职业教育与成人教育工作会议上作了典型发言，介绍了推进集团化办学的相关经验。

学校安全工作扎实推进。牢固树立“安全第一，预防为主”的工作方针，把学校安全当成第一要务来抓。制定了安全工作目标责任制，层层签订了责任状，积极开展各种教育活动，并定期组织演练，强化督导检查，确保各项措施落实到位。组织开展“防震减灾宣传年”活动，进一步增强师生防震意识和能力。按抗震设防要求，排查校舍安全状况，并结合学校布局调整工作，切实抓好整改工作。年内，新创建烟台市“安全文明校园”9所，总数已达36所。

[莱州市教育概况]　莱州市共有各级各类学校139处，其中普通高中6处，职业成人学校4处，初中35处，小学90处，九年一贯制学校2处，特殊教育学校1处，业余体校1处。各级各类学校在校生10.1万人，在编教职工7952人。各级各类幼儿园261处，在园幼儿1.7万人，教职工1037人。

在办学条件方面，义务教育经费保障机制不断完善，农村义务教育阶段学生课本费全部免除，学生资助体系进一步健全。农村义务教育学校债务全部化解，作为山东省清理化解农村义务教育债务三个试点县之一，提前一年完成了试点任务。优质教育资源进一步整合，全年共新建改建中小学7处，撤并中小学18处，高中1处，成人中专1处。

在办学质量方面，突出“整合课程资源”、“创建高效课堂”、“创新作业设计”三大科研重点，有2项课题获省政府教学成果奖，3项课题获省教育厅教育科学优秀成果奖，1项课题获烟台市社科优秀成果奖，莱州市教体局被授予山东省教育科研工作先进单位。在烟台市首届中小学合唱节中，莱州市获团体总分第一名。城港路街道中心小学的“滴滴清泉要珍惜，节约用水我先行”项目在全国第23届青少年科技创新大赛中获一等奖，1名教师获全国十佳优秀科技教师。莱州市为烟台市职成教工作会议提供现场并作典型发言，社会培训工作经验在烟台市推广。莱州中华武校组团参加北京奥运会开闭幕式表演，出色地完成各项演出任务。

在教育管理方面，面向社会公开考选教师58名，考选“三支一扶”大学生15名，缓解了农村学校专业课教师紧缺的矛盾。有1名教师被评为山东省劳模，1名教师被评为烟台市劳模，1名教师获得烟台市“五一”劳动奖章。廉政文化进校园活动深入开展，有两处学校被命名为“烟台市廉政文化建设示范点”。法制教育成效显著，有3处学校被评为“烟台市依法治校示范校”。学校安全教育不断加强，校方责任险全面实施，有58处学校被评为烟台市级“安全文明校园”。

[长岛县教育概况]　长岛县共有各级各类学校12所、各类幼儿园12所，全县在校中小学生5169人，中小学教师540名。初中段巩固率达99.6%，初中升学率达91%，中职就业率达95%。

不断规范办学行为。修订完善了《长岛县各类学校年度办学水平评估标准》，促使学校开齐开足各类课程；制定《长岛县中小学作业设计指导意见》，减轻了学生的课业负担；出台了《加强音体美教学的指导意见》和《加强信息技术教学的指导意见》，加强了薄弱学科的教学。在全县中小学广泛开展“和谐高效、思维对话”型课堂建设、“阳光体育运动”、校园传统“三节”和常规艺体活动等，推动学生全面发展。大力推进中考招生制度改革，完善《长岛县初四学生分流意见》等文件，提高高中段入学率，促进职普协调发展；职业教育积极推行跨省招生、联合办学的新策略，相继开设了风电设施检测与维护、数控和动漫制作等专业。

继续改善教育发展环境。投资42万元的农村中小学教学仪器更新工程全面完成；县财政投入近50万元，为各学校采购160台微机；制定了《长岛县2007～2009年农村中小学校舍维修改造总体规划和分年度实施计划》，彻底清查全县各中小学校舍情况。为全县所有义务教育阶段中小学生免除了杂费、课本费；为义务教育阶段、普通高中贫困家庭中小学生的资助和高职学生的助学金累计发放20余万元。争取县政府出台了从2008年开始全县北五岛和西三岛在县城区就读学生寒暑假期间乘船实行半价的优惠政策，使700余名学生受益。

科学应对安全稳定工作，做好全县各校的防火、防盗以及在校期间的学生安全，加强道路交通安全教育和法制教育，成立了“安全生产月”活动领导小组，开展重大事故隐患百日集中整治活动，重视信访工作，实现了全县教育系统“无学生伤害责任事故、无群访集团访事件、无学生校园暴力事件”的“三无”目标。

烟台市分管教育领导人

张广波（副市长）

烟台市教育局负责人

局长、党委书记：刘连基

副局长：崔远思　宋作新　徐　杰

教育局办公地址：烟台市芝罘区同合里43号

联系电话：0535－2118663

邮政编码：264001

撰稿：白新奎　审稿：姜传文

潍坊市

[概况]　2008年，潍坊市有各级各类学校3999所，在校生149.3万人，教职工11.38万人，高等院校13所，普通高中63所，中等职业学校53所，初中348所，小学1347所，幼儿园2163所，特殊教育学校12所。全市教育系统坚持以科学发展观统领教育发展全局，解放思想、更新观念、转变职能、改革创新，不断改进领导与管理方式，奋力实现工作指导的转变，全市教育事业呈现出蓬勃发展的良好局面。

实现素质教育与质量提高双赢局面。以促进学生全面发展、个性发展为重点，全面规范中小学办学行为，深入推进课程改革、课堂改革，减轻学生过重课业负担，强化学生创新实践能力培养，实现素质教育与提高教育质量双丰收。省政府在潍坊市召开全省中小学素质教育工作会议，推广潍坊市9个方面的素质教育经验，中考制度改革获全国首届“地方教育制度创新优胜奖”，“全国初中教育改革现场经验会议”、“全国中小学社会实践基地建设研讨会”等5个全国会议在潍坊市召开，中央政治局委员、中组部李源潮部长对教师培训机制改革给予高度评价，新华社内参清样向中央领导呈报了潍坊市素质教育经验做法。在全国中小学电脑机器人竞赛中连续5年位居全国地市级首位。

2008年1月，全省中小学素质教育工作会议在潍坊市召开

教育服务经济社会发展的能力显著增强。市政府召开第二届驻潍高校联席会议，促进驻潍高中职院校与全市2000多家规模以上企业全面开展校企合作，帮助企业招聘19075名急需人才，帮助高校解决56个现实问题，成立2个省级职教集团。潍坊科技学院成功实现专升本，山东科技学院创办为全国示范性高职院校，滨海新城职教园区建设进入实质操作状态，潍坊市被省交通厅确定为“全省航海教育培训基地”，山东半岛高技能人才培养基地建设迈上新台阶。民办教育全年投入16.4亿元，新成立民办学校和培训机构48家。全市具有“聘请外国文教专家资格”的学校达到59所，9所学校具有招收外籍学生资质，海峡两岸职业院校长论坛签约项目20个，教育对外开放水平进一步提高。成功承办全国最大规模艺术专业考试，带来直接经济效益2.1亿元。

教育惠民工程成效显著。2008年全部免除城乡义务教育阶段学生杂费和农村义务教育阶段学生课本费。建立了中心城区中小学生大病医疗统筹制度，为全市中小学统一办理了校方责任险，各项困难学生资助政策得到全面落实。进城务工人员子女义务教育入学率达到100%。投资3亿元，实施农村中小学危房改造、仪器更新、“一通二热三改”等工程，城乡办学条件明显改善，保障水平显著提高。

潍坊市副市长王桂英、市政协副主任王冰芬在潍坊市教育局局长张国华的陪同下视察教育惠民服务中心

[课程体系日益完善]　开发了“励志修身、体验感悟、实践探究、心理疏导与家庭教育课程”等四大系列560多种课程，满足了学生个性化成长需求。其中，“人生规划与职业指导课程”、“千名名家进校园课程”、“学生心理导航课程”等，成为品牌课程。在全市初中毕业年级全部开设12课时的“人生规划与职业指导”课程，指导学生正确认识自我，选择适合自己的人生道路。大力开发“千名名家进校园”课程，把民间知名艺人、非物质文化遗产代表性传承人等请进校园，让学生从成功人生中吸取人生成长的动力，已有4586位名人专家走进了初中校园，全市建立名人档案8590份。大力开展社团课程建设，所有城区初中和一半以上的农村初中分别达到每100人、150人拥有一个社团的目标。

80%以上的学校开发了体育节、艺术节、读书节、风筝节等节日课程。开发社区服务课程，组织中小学生“走进社区，服务社会，感悟人生，成就未来”。多元化课程体系构建了学生成长的立交桥。

[**办学行为日益规范**] 由市政府牵头，先后召开了高中素质教育会议和规范办学行为两个会议，率先建立了普通高中督导责任区制度，成立了教育督导巡视团，以规范中小学节假日和双休日活动等办学行为为重点，及时查处通报违规行为，将素质教育要求落到实处。

[**社会力量办学进入加快发展的新阶段**] 与劳动部门协作，整合全市各类培训机构359家，建立了涵盖65个专业、年培训10万人次的“潍坊市社会培训机构信息资源库”，为社会各界人士提供全方位服务。年内民办教育投入达16.4亿元，新成立民办义务教育学校和民办培训机构48家，在市区初步实现择校找民校的格局。“百名外教进校园工程”深入实施，全市具有“聘请外国文教专家资格”的学校达到了59所。

[**实施教育惠民工程，努力改善城乡办学条件**] 筹资1100多万元消除水泥檩条校舍3537间，水泥檩条校舍在潍坊市成为历史。投资4400万元，改扩建农村初中宿舍、餐厅、厕所分别为49处、61处和64处。为农村中小学和特殊教育学校投资2565万元配备了数百万件教学仪器；投入1382万元推进了农远教工程，97%的农村中小学建成了现代远程教育站点。

2008年8月，山东省第三届教学仪器设备展示会在潍坊市举行

[**大力实施市区中小学解困工程**] 投资2亿多元，新建、改建公、民办义务教育学校5所，新增优质初中学位6600个、小学学位4140个。截至2008年底，投资1.67亿元，基本完成市区14处列入解困工程系列中小学的改造，新建13个运动场地，20000多名中小学生直接受益，中心市区中小学大班额择校热问题得到初步缓解。

[**深入实施“农村高中进城战略”**] 85%以上高中段学生在城区学校就学。通过学校合并、异地建立新校、调控普通高中招生计划，减少农村高中招生数量，扩大城区高中招生计划，加快农村高中进城步伐等措施，使在城区学校就读的高中段学生比例达到了85.74%。

[**建立全国首家教育惠民服务中心**] 拓展职能，扩大公共服务，建立了教育惠民服务中心。整合了市教育局8个科室、3个直属单位的服务职能，将事关群众切身利益、事关人才需求等社会高度关注的教育服务事项全部集中起来，抽调21名工作人员，建立了包括校企合作、产学研结合、社会培训、家庭教育与心理咨询、校友资源开发、出国留学、学生资助救助、政策咨询与投诉等8个服务中心，设立了网上咨询电脑、连接呼叫台和热线电话，处理来自社会各界的咨询服务。只要涉及教育方面的需求，都有求必应一站服务到位。潍坊市委召开“创新公共服务，深入和谐创建工作会议”，推广了潍坊市教育局的做法，《中国教育报》、《人民教育》等对潍坊市组建教育惠民服务中心的举措进行了深入报道。

教育惠民服务中心启动揭牌仪式

[**完善中考改革荣膺首届“全国地方教育制度创新奖”**]

以“多次考试、综合评价、诚信推荐、自主录取、社会参与”为核心的中考招生制度，在首届“全国地方教育制度创新奖”评选活动中，荣获“优胜奖”，在全省素质教育工作会议上推广，在教育部召开的全国中考改革工作会议上介绍经验。

[高等教育发展实现新突破，本科院校增至3所] 潍坊科技学院成功升格为本科院校。山东科技职业学院被评为全国百所示范性高职。组建山东省纺织服装和软件产业两大省级职业教育集团。潍坊市政府召开第二次高校联席会议，促进中高职院校与全市2000多家规模以上企业建立密切合作关系，得到教育部充分肯定。

[统筹基础教育与职业教育发展，中职招生实现重大突破] 2008年潍坊市中等职业教育学校多渠道招生54601人，占高中段招生数的比例为50.97%，比2007年提高了25.86个百分点，首次提前实现国家规定的职普招生比例大体相当的招生目标。

[教育保障机制不断完善，全省督导评估获优异成绩] 义务教育经费保障体系基本建立，资助各类家庭经济困难学生15万人。在省政府年度教育督导评估中，总分在17个地市中名列第二，比2007年提高4个位次。

[破解热点难点问题长效机制基本形成] 对事关全局的41项重点难点工作实施项目管理，对社会有需求，但依靠自身办不好办不了的事项实行购买服务，一批社会关注的热点、难点问题得到有效解决，社会满意度进一步提高，潍坊市委、市政府主要领导先后19次做出批示，对教育工作予以指导、肯定和鼓励。

[奎文区教育概况] 2008年，奎文区共有各级各类学校35处，其中，职业中专1处，初中9处，小学24处，特殊教育学校1处；有教职工2697人，在校学生33961人。各类幼儿园64处，在园幼儿9381人，幼儿园教职工1018人。荣获“山东省教育科研先进单位”、“2008年度潍坊市教育督导工作先进单位”等荣誉称号。

编制完成《奎文区基础教育布局规划》。撤并原潍坊十四中和民生街学校初中部，对潍坊工业干校教职工分流使用，对上述三处学校近300名教职工顺利进行安置，教师队伍整体稳定，全区师资力量更加均衡。

民办教育和集团化办学取得新突破。结合教育布局调整，吸引社会资金，创建了全区第一所民办全日制初中学校；将潍坊市实验小学和民生街学校进行整合，以名校带弱校，走集团化办学之路，促进了区域教育的均衡化、优质化。

绿色生态校园建设工程成效显著。奎文区校园绿化建设工作得到张新起书记等市、区领导的高度评价，制定的全市首部《奎文区中小学校园绿化实施规范（试行）》，经潍坊市委书记张新起亲自批示，由潍坊市教育局在全市教育系统转发推广。

坚持全面育人，素质教育实施水平显著提高。(1)创新活动载体，增强德育工作的针对性和实效性。3处学校被评为“潍坊市实施亲子共成长工程先进单位”，3处学校被评为“潍坊市德育工作先进集体”，3名教师被评为“潍坊市优秀班主任”，7名教师被评为“潍坊市优秀德育工作者”，3处学校被命名为“潍坊市中小学素质教育传统项目学校”。(2)深化“自主互助学习型”课堂教学改革，形成了奎文区教学特色，该成果在全市范围内推广。成功承办全国初中教育改革经验现场会，全面展示了奎文区自主互助学习型课堂教学改革的成功经验。(3)完善教育督导评估机制，全面完成各项督导任务。在2008年全市重点教育工作督导评估中奎文区获得全市第二、四区第一的好成绩。

加强队伍建设，教师整体素质全面提高。加大师资招录力度，2008年考选招录小学专任教师40名。制定《奎文区“名师培养工程”实施意见》，完善教师研训机制，努力打造研究型教师队伍，涌现了一批创新性校长和教师。3名教师获“潍坊市特级教师”荣誉称号，1名校长获“潍坊市年度教育创新型校长”和“山东省创新型校长提名奖”，1名校长获“潍坊市年度教育创新型校长提名奖”。

落实义务教育经费保障机制，构建城乡均衡发展的基础教育体系。落实义务教育经费保障机制改革资金1243万元，全部免除了城乡义务教育阶段学生杂费和农村义务教育阶段学生课本费976万元，建立和完善了经济困难家庭和进城务工子女救助体系，实现了困难学生救助的全覆盖。

完成校舍改造重点工程。潍坊中新双语学校教学楼建设全部完成并交付使用；潍坊十一中改扩建工程、潍坊十中操场建设项目进展顺利，基本完成。

[潍城区教育概况] 2008年，潍城区有义务教育学校54处，在校学生38370人，教职工3338人。全区学前三年幼儿入园率、适龄儿童入学率、初中入学率均达到100%。

一是素质教育深入实施。2008年，潍城区在课堂教学改革方面，全面构建“自主·互助·学习型”课堂，不断推进“语文主题学习实验”，有效提高了课堂教学质量效益。大力实施青少年“五个一”成长工程、学校社区共建工程、“亲子共成长”工程，增强了学校德育工作实效。特别是结合青少年思想实际，深入开展“纪念改革开放30年”、“争做社区志愿者”、“千名名家进校园”等主题活动，青少年的思想道德水平不断提高。

二是改革创新纵深推进。2008年，潍城区获得潍坊市“政府优秀成果奖”20项，潍坊市“2008年中小学（幼儿园）教育教学金点子成功案例奖”42项。在潍坊市教育局举办的“潍坊市中小学素质教育传统项目学校”评选中，潍城区5处学校榜上有名，占了全市的1/7。2008年，潍城区教科研中心被评为“全国教科研先进单位”、“山东省先进教研室”。《中国教育报》专题报道了潍城区教育局构建师资流动机制、潍坊五中深化课堂教学改革、潍坊三中加强校园文化建设的工作经验。

三是队伍素质不断提高。2008年，潍城区面向社会招考新教师43名，引进优秀教师5名；大力实施师德提高工程、名师培养工程，对52名校长、副校长，199名骨干教师，78名骨干班主任进行了高强度培训，提高了教师专业水平。

四是工程项目进展顺利。2008年春季开始，累计投资400余万元，组织19处学校实施“城区学校提升工程”，建设绿色校园，配齐教学设施，改善了校容校貌。2008年，农村学校“一通二热三改”工程完成投资148万元，农村学校办学条件有了较大改善。

五是重点工作成效明显。按照《山东省普通中小学管理基本规范（试行）》40条的要求，全面规范办学行为，大力实施素质教育。教育行风建设力度大，群众满意度高。

[坊子区教育概况] 坊子区共有公办学校84处，其中高中2处、初中11处、完全小学71处；在校学生28296人，在职教师3305人，其中在岗的有2855人。幼儿园133处，在园幼儿6523人，幼儿教师412人。

优化资源配置，均衡发展城乡教育。免除义务教育阶段学生的学杂费、课本费，补助贫困家庭学生的寄宿生活费。2008年共落实义务教育经费保障资金1824.5万元。区政府出台意见，计划到2010年底，每个镇（街道）保留1处较大规模的初中，2～4处规模在500人以上的标准化小学，全区农村小学由67处调整为41处。投资15000万元按省级规范化标准建设崇文中学，投资600万元新建了九龙街道邓村、杨庄两处标准化小学。潍坊市北海双语学校投资1700万元建设了小学教学楼和幼儿园楼并投入使用，承办了“全国第四届中华经典诗文诵读研讨大会暨第二届新经典诵读节”。

加强队伍建设，增强教育发展活力。对全区校长和骨干教师进行业务培训，组织全区80多名中小学校长举办了首届校长论坛，组建了坊子区“名师工作室”，投入26万元选拔35名英语教师参加亚美欧英语培训。潍坊市北海双语学校高峰校长、潍坊第四中学韩忠玉被评为2008年潍坊市十大创新型校长；区委区政府为高峰成立“幸福教育研究中心”，为韩忠玉成立“信心教育研究中心”。为潍坊四中考选了11名硕士研究生；为潍坊市北海双语学校公开考选了21名师范类本科毕业生，充实教师队伍；会同人事局考选了30名教师，充实到了镇街学校。教师人事档案管理被中组部评为“干部人事档案工作目标管理一级单位”。

推进改革创新，提高教育教学质量。教育教学创新工作。获得13项潍坊市政府教学成果奖，中小学（幼儿园）金点子成功案例获市级奖励37项，课题研究立项市级9项、省级2项、国家级3项。初中科实施“自主互助学习型”课堂教学方法，小学科实施“区域推进小学自主高效课堂”教学模式。利用“坊子教研在线网站”全面服务于教研、教学、教育工作，提高教育教学质量，全区实现网上教研。

实施素质教育，促进学生全面发展。出台了《坊子区中小学规范办学奖惩办法》，全面规范各级各类学校办学行为。加强德育工作，立德树人。“亲子共成长”工程进一步推进，家长到校听课率达到95.8%；深入实施“五个一”成长工程，建立了学生成长服务热线；2008年被评为省级未成年人思想道德建设工作先进单位，被市委、市政府评为潍坊市妇女儿童工作先进集体。深化素质教育，学生全面发展。开展“阳光60”，各校形成了冬夏不同、上下午不同的“菜单式”大课间；在各类竞赛中，学生获国家级奖励65人次，省级奖励142人次；中小学生电脑制作活动中，作品《放飞》获得了全国一等奖，并获市政府教学成果一等奖。

[寒亭区教育概况] 2008年，寒亭区有各级各类学校77处，其中，小学62处，初中13处，普通高中1处，成人教育中心1处；在职教职工3207人；在校生35020人，其中小学20127人，初中10077人，普通高中4816人。幼儿园111处，幼儿教师369人，在园幼儿5214人。各项教育工作都取得了较快进步，全区教育呈现出优先发展、均衡发展和特色发展的良好态势。

学校建设步伐加快，办学条件有较大改善。寒亭区外国语学校小学部、固堤街道中心学校新校建成并投入使用，新阳光幼儿园主体工程竣工，寒亭外国语学校初中部、高里镇中心学校等学校顺利开工建设；寒亭一中新校建设总体规划设计完成，即将开工建设。校舍改造加强，更换水泥檩条任务全部完成；农村学校“211工程”（即两热一暖一改）试点工作顺利推进；“绿色生态校园建设”成效显著；改善了办学条件，全区教育事业发展的后劲进一步增强。

加强教师队伍建设，教师队伍整体素质有较大提升。对学校领导班子进行了调整和优化，新招聘中小学校长、副校长12名；深化校长职级制改革，完善目标考核奖惩机制。通过考试，新招聘教师30名；强化教师业务培训，组织骨干教师参加省、市、区三级培训，举办全区英语教师培训班，着力提升农村师资队伍水平；

选派部分非教学一线教师到农村进行挂职锻炼，帮助新农村建设，全区教师队伍素质有了较大提升。

课堂教学改革进一步深化，教学质量稳步提高。狠抓教学常规的落实，对中小学教学工作实行了教学工作精细化管理，让每一位教师教学工作要做到“日清周结”；在义务教育阶段推广了“自主、互助、学习型”课堂，在高中段推广了“自主、合作、优质高效”课堂；制定了《寒亭区中小学教学工作评价方案》和《寒亭区中小学教学工作评价细则》，完善了中小学教学质量评价体系；重视地方课程开发建设，形成有特色的课程体系。2008年，全区有省市教育科学“十一五”规划立项课题22项；333篇论文获山东省教科研成果奖，潍坊市金点子案例奖26个；中美合作项目一等奖1个、二等奖1个、三等奖2个；在全国英语、数学、物理、化学、生物奥赛决赛中，有90人获全国奖，23人获省奖励。

构建育人新模式，深入实施素质教育。以抓好班主任工作为切入点改进学校管理，在全区中小学中推行精细化管理模式，召开了全区德育工作暨班主任工作经验交流会，对60名优秀班主任进行了表彰；在全区中小学实施了学生成长“五个一”工程、“亲子共成长”工程、学校社区共建工程，加强了对八类特殊群体学生的教育、中学生人生规划与指导教育、学生心理健康教育、学生社团建设等，90%以上的学生参加了各种社团活动，有效地提高了学生的素质和能力。

扎实开展民生工程，确保学校安全稳定。由区财政投资130多万元，为义务教育阶段学生更换课桌凳工作18870套，并为全区37587名在校中小学生购买了平安责任保险；积极开展家庭贫困学生的救助工作，资助普通高中学生828人，中等职业学校学生99人，并通过区政府扶贫助学基金和教育爱心基金救助165名贫困家庭的中小学生和考入大学的学生，没有一名学生因贫而失学；牢固树立安全第一的思想，对学生进行安全教育，加强监督检查，强化安全措施，消除安全隐患，保障了学生人身安全，维护了全区学校的安全稳定。

[青州市教育概况]　青州市共有普通高中7处，职教中心1处，初中39处，小学181处，幼儿园285所，在职教职工9000多人，在校生13余万人。

2008年以来，全市教育事业持续健康快速发展，取得了丰硕成果。青州市教育局先后被授予中华传统文化与青少年素质教育实践基地、全国信息技术教学研究优秀组织奖、全国干部人事档案工作目标管理一级达标单位、全国体育与健康新课程资源科研基地、山东省文明单位、山东省卫生工作先进单位、山东省规范教育收费示范县(市)、山东省第三届学生文艺艺术博览会优秀组织奖、山东省教育科研先进单位、山东省亲情教育基地、山东省会计基础先进单位等荣誉称号。

办学条件明显改善。山东民族技师学院一期工程顺利建成并投入使用，全市职业学校实现了七校合一。青州一中完成了新校选址和初步规划。新建成青州实验小学新校、口埠初中新校、谭坊小学、庙子小学、小营小学、张孟口小学6处学校，总建筑面积25769平方米，共投入资金5000多万元。大力实施“123工程”，建成口埠初中学生宿舍楼2栋，口埠初中、南张楼初中、黄楼初中、石河初中学生餐厅4个。新建成高标准塑胶操场5个，投入资金700多万元。积极推进省“211”工程试点工作，经验做法在全省推广。新上微机300多台，新建多媒体教室60个，为26处初中、42处小学和1处特教学校新配备了教学仪器设备，共投入资金500多万元。

教师队伍素质不断提升。考选聘用了120名新教师，为教师队伍增添了新鲜血液。启动实施了教师培养培训“1125”工程，首批6名英语教师完成了在新加坡的培训；110人参加了研究生课程班学习；392名教师参加了本科学历函授；全部高中教师参加了暑期网络研修培训，1000名初中、小学骨干教师参加了暑期封闭培训，500名中小学校长、班主任接受了专家培训。评选表彰了40名第二届青州市特级教师。

素质教育深入实施。大力推进素质教育实施，严格规范办学行为，切实减轻学生课业负担，为学生全面发展营造了宽松环境。深入实施“亲子共成长”工程、千名名家进校园工程，承办了潍坊市深入实施“亲子共成长”工程现场会议，在潍坊市推广了青州的成功经验和做法。有32件科技创新作品在潍坊市大赛上获奖，7件作品在省大赛中获奖，4件作品在全国获大奖。成功举办了全市第三届中小学古诗文诵读比赛。

教育改革与创新成果丰硕。大力推进教学科研与创新，2008年以来有3项课题获准省级立项，29项教学成果奖获潍坊市创新成果奖。积极拓宽教育科研领域，青州市被确定为全国体育与健康新课程资源科研基地。大力加强课堂教学改革，全市27所市级以上初中规范化学校全部推行了“自主·互助·学习型”课堂模式，3所潍坊市重点调度普通高中全部进行了“自主·合作·高效”课堂教学改革。

[诸城市教育概况]　2008年，诸城市教育系统以科学发展观为统领，以办人民满意的教育为宗旨，大力实施素质教育，全面提高教育质量，全市教育发展改革实现了新的跨越。

加大投入力度，改善办学条件。高效推进两大重点项目。2008年，投资2.4亿元、完成建筑面积13万平方米潍坊工商职业学院(诸城市职教中心)新校区一期工程,于9月20日投入使用;投资1.7亿元建设诸城一中新校区,已完成主体工程。全面落实教育惠民政策。全年落实农村中小学公用经费3410万元,城市义务教育学校免杂费721万元,免费为农村中小学提供国家课程和地方课程的教科书,为农村家庭经济困难寄宿生补助生活费76万元,为城乡在校学生发放助学金698.6万元。提高教育装备水平。深入推进"二通二热三改"工程,2008年投入760万元完成1.3万平方米的4个省级校舍维修改造项目;积极推进农村中小学现代远程教育工程和农村中小学教学仪器更新工程,为农村学校和特殊教育学校招标配备597万元的教学仪器,改善实验教学条件。

统筹城乡资源,促进均衡发展。统筹城乡学校布局。出台《城区学校布局规划方案》,整合城区教育资源,将繁华中学高中部迁入原经济学校校区,组建繁华中学初中部,将三处城区义务教育学校并入。启动乡镇(街道)初中学校调整工程,先后撤消了大屯初中、朱家村初中、寿塔初中等,异地开工新建密州街道芦山初中,扩建石桥子初中。建立城乡教育协作发展机制。建立城乡教研联合体,让城乡学校结成帮扶对子,定期进行教学科研活动,有效解决城乡学校间、教师间的教研差异;启动网络教研,搭建合作发展平台,创建教学资源共享机制;组建讲师团送课下乡,将新的教育理念、教育模式、课改信息送进农村学校,促进了城乡教育的均衡和谐发展。

实施素质教育,提升教育质量。全面落实《山东省普通中小学管理基本规范》。坚定不移地规范办学行为,坚定不移地提升教育教学质量。深化课堂教学改革,教师教学方式和学生学习方式实现根本性转变,教学质量稳步提高。获"山东省教育科研先进单位",初中、高中在潍坊市课堂教学专项督导中获第一名。获潍坊市第六届政府教学成果奖64项,均列潍坊市第二名。在山东省学校杯田径比赛中,诸城市获得19枚金牌、21枚银牌、12枚铜牌,奖牌总数居全省第一。在全省中等职业学校学生技能大赛上,获奖等次和数量位居潍坊市各县(市、区)第一。积极组织社区社会实践体验等教育活动,为全国中小学社会实践基地建设研讨会提供观摩现场。

协调教育发展,服务经济建设。规范城区义务教育学校招生,努力解决城区学生和进城务工人员子女入学难问题;实行初中毕业升学目标责任制,升入普通高中7000人,到职业学校报到6300人,高中段教育普及率进一步提高;高职教育发展迅速,完成招生2100人;探索实施"政府行政监管、学校直管、幼儿园自管"三位一体的幼儿园安全立体管理机制。按照"成教牵头,三教联动,全面推进农村社区教育"思路,积极探索农村社区教育模式,在市、乡、社区分别成立社区学院、社区教育中心和社区居民学校。万余名教育干部教师走进社区做志愿者,为家长和学生提供优质服务。成功承办潍坊市社区教育现场会,并在全国成人教育工作会议上典型发言。

加强师德建设,打造名师群体。注重师德和师能建设。从2008年起,对教师职业道德建设进行考核,结果存入教师个人档案,作为教师职务晋升、评先树优等工作的依据。严把教师录用"入关口",从698名毕业生中公开招考录用46人,由人事部门招录研究生16人。招募"三支一扶"大学生25人到缺编乡镇任教。深入实施名师造就工程。3名教师当选首批潍坊市名师工作室带头人,6人获"潍坊市特级教师",2人获"潍坊市拔尖人才",29人获"诸城市特级教师"。

[寿光市教育概况] 寿光市共有大中小学校222处,其中高校1处,普通高中7处,职业学校5处,初中35处,小学173处,聋哑学校1处;教职工13462人(其中专任教师11677人),在校生184980人,其中高校13588人,普通高中18936人,职业中专10350人,初中36830人,小学79738人。幼儿园204处,在园幼儿25393人。

2008年,寿光市有37名学生获全国奥赛一等奖,30多人次在全国青少年科技创新、机器人大赛和中小学电脑制作比赛中获奖,连续四年列全国县级市之首。2008年潍坊市县(市、区)重点教育工作评估,寿光市列潍坊市第一。有11处学校荣获潍坊市"教学创新50强学校"或"个性发展50强学校"称号,初中各学科奥赛70人次获全国一等奖。2008年潍坊市政府教学成果奖评选,寿光市共有73项获奖,其中获集体和个人一等奖33个。

寿光一中新校建设。2008年8月20日,寿光一中新校投入使用。寿光一中新校占地面积33万多平方米,建筑面积18万平方米,总投资4亿多元,可容纳140个教学班7000名学生。

潍坊科技学院"专升本"。2008年4月10日,教育部教发函[2008]107号,2008年4月20日,山东省人民政府鲁政字[2008]87号文件批准,在潍坊科技职业学院的基础上建立潍坊科技学院。2008年4月21日,潍坊科技学院举行挂牌仪式。

实施教师安居工程。2008年,寿光市教育局先后开工建设了世纪花园、德仁苑、文汇园、寿光一中和潍坊科技学院教师居住区,解决了教师住房3300多户。

山东省软件产业职业教育集团。12月29日,经山东省教育厅、山东省经贸委批准,由潍坊科技学院牵头组建的山东省软件产业职业教育集团揭牌仪式在潍坊科技学院举行。潍坊科技学院与寿光市政府合作建设寿光市软件园，规划占地面积47万多平方米，总建筑面积30万平方米，总投资8.2亿元，现已完成投资32224万元。

素质教育特色示范学校。2008年4月23～30日，寿光市教育局组织开展了"素质教育特色示范学校"评选，经过申报评选，首批10处小学上榜，分别是寿光世纪学校小学部、文家街道西城小学、寿光市实验小学、稻田实验小学、文家街道逢源小学、纪台镇中心小学、古城街道垒村小学、羊口镇杨庄小学、化龙镇辛家小学、洛城街道寒桥小学。

全省中小学信息技术应用会议。2008年12月29日～30日，全省中小学信息技术应用暨农村现代远程教育工程应用经验交流会在寿光召开。来自全省各市的电教馆长、电教研究人员、部分县(市、区)教育局局长、电教站站长等共200多人参加了会议。寿光市教育局在会议上做了典型经验介绍，并为会议提供了现场。

[安丘市教育概况]　安丘市共有幼儿园(所)279处，小学194处，初中35处，九年一贯制学校7处，特殊教育学校1处，普通高中7处，职业学校4处，普通中专1处，教师进修学校1处，在校学生10.52万人，教职工1.05万人。

学前教育。认真贯彻落实《幼儿园教育指导纲要(试行)》精神，3～6周岁幼儿入园率达到85%，学前一年幼儿入园率达到98%。同时，紧紧围绕"童心文化园"建设，在优化一日活动的基础上，逐步克服和纠正了学前教育"小学化"倾向，在幼儿园规范化管理、提升办园水平，提高保教质量、建设师资队伍、安全及卫生保健等方面做出了较大成绩，促进了全市学前教育的健康发展。

基础教育。认真贯彻落实《中华人民共和国义务教育法》，做好控辍工作，提高学生巩固率，小学适龄儿童少年入学率达到100%，初中学生年巩固率保持在98%以上，适龄残疾儿童少年入学率达到95%以上。在学生中开展"知识改变命运，学习成就未来"主题教育、信心教育、养成教育和感恩教育，加强对学生的学法指导，组织学习竞赛活动，培养学生良好的学习兴趣和学习习惯，教会学生正确的学习方法，提高学生的思想道德水平，全面提高学生的综合素质。

职业教育。加快推进职业学校教育教学改革，积极推行工学交替、理实一体化教学模式，加强学生技能培训，以实训技能教学为中心，规范招生秩序，实行职教中心统一招生。2008年，职业学校招生2225人；毕业生的毕业证和技能合格证"双证"离校率达90%以上；毕业生对口安置率达98%以上；学生就业率达99%以上；校企联合办学，实行"订单教育"，订单率达90%以上。

成人教育。巩固提高了以市成人中专为龙头，镇(街、区)成教学校为依托的市、镇、村三级成人教育网络，全年共招收成人中专学生731人。同时，积极开展"教育惠民"工程，开展形式多样的科技致富培训、科技信息送村送户、科技致富户调查等活动，年内培训在职职工和农村劳动力达15万人次。

教育投入。为改善全市教育办学条件，全市进一步加大了教育投入。从大中专毕业生中招考了127名教师充实农村中小学教师队伍，拨付义务教育阶段学校公用经费3703万元，2008年春季免课本资金828万元，补助寄宿生生活费73万元，投入882万元维修改造校舍3.6万平方米，发放职业学校、普通高中学生政府助学金577万元，投资200万元加强了信息技术设备配备，投资150万元加强了中小学现代远程教育工程设施的配备，投资370万元为全市中小学配备了图书，投资180万元为农村中小学配备了教学仪器。

成果与获奖。被中共中央组织部评为干部人事档案工作目标管理一级单位，被山东省第二次农业普查领导小组办公室山东省统计局评为山东省第二次农业普查先进集体，被山东省教育厅、山东省总工会评为工会工作先进集体，被山东省文明办、山东省教育厅共青团山东省委、山东省妇联、山东省关工委办公室评为未成年人思想道德建设先进单位。

[昌邑市教育概况]　昌邑市共有各级各类学校113处，在校生73622人，教职工5633人。2008年，以"办好人民满意的教育"为目标，全面推进素质教育，持续促进教育公平，着力提高教育质量，精心打造教育品牌，各项工作实现了新跨越，开创了新局面。

教育改革继续深化。义务教育经费保障机制改革稳步推进，全部免除义务教育阶段学生杂费，并为农村义务教育阶段学生和城市低保家庭学生免费提供教科书。职业教育改革步伐加快，整合8处职业学校组建了职业教育中心。人事制度改革不断深化，公开考选教育领导干部22人、在职教师157人、大中专毕业生80人。中考招生制度改革进展顺利，全面推行了"一评二挂"中考招生办法，教育评价机制更加科学合理。

办学条件明显改善。外国语学校9月份建成并投入使用。一中新校全面开工建设。文山中学投资1.2亿元进行了扩建。将三中合并到文山中学、六中合并到一中，实现了"高中进城"。投资672万元，新建农村校(园)舍9871平方米。投资460万元，实施了"211"工程，为省、潍坊市推广提供了经验。"农村中小学教学仪器更新工程"和"特教学校教学仪器配备工程"全面启动，投资295万元，配备教学仪器设备18.8万件(套)。市青少年科技创新实践基地整体搬迁城区，投资30万元新建了食堂。

教育管理全面加强。德育工作不断强化，建立了170处校外实践基地，组织了"百名专家农村行"活动，实施了"千名名家进校园"工程。常规管理日益完善，健全了督学责任区制度，对课程设置、学生作业、作息时间等实行刚性管理。和谐教育创建逐步深入，市教育局被评为潍坊市和谐创建先进单位。师德师风建设常抓不懈，师德水平不断提高。教育收费日趋规范，顺利通过省规范教育收费示范县验收。文明生态校园创建力度加大，"平安校园"建设扎实有效，环境育人功能明显增强。

教育科研整体推进。课题研究实现突破，13项课题在省、潍坊市立项，2项成果获省教学成果奖，23个案例获潍坊市"金点子"案例奖，昌邑市教研室被评为全国教育科研先进单位。教学改革富有成效，高中课改经验在潍坊市推广，潍坊市"自主互助学习型"课堂观摩研讨会在昌邑市召开；2人被评为省优秀科技教师，38人荣获省、潍坊市优质课，11人被评为潍坊市教学能手，4人被评为潍坊市特级教师，1人被评为潍坊市专业技术拔尖人才，10人被评为昌邑市"十佳"教师，受到市政府表彰。

教学质量稳步提高。普通高考再创佳绩，上线率高。对口高职报考388人，上线352人。第25届全国中学生奥林匹克物理竞赛，2名同学获一等奖。全国初中数学、英语、物理、化学、生物竞赛，5名同学获一等奖。第14届全国青少年信息学奥林匹克联赛，2名同学获一等奖。省、潍坊市中小学电脑制作竞赛，21件作品获奖；潍坊市机器人大赛，2支代表队获一等奖；第23届全国青少年科技创新大赛，1件作品获一等奖。

[高密市教育概况] 2008年高密市有各级各类学校150所，在校生111716人。其中普通高中、职业学校10所，在校生24028人(其中高中17418人)；初中35所，在校生28998人；小学105所，在校生58690人。教职工9913人，其中高级职称924人，中级职称6283人；大专以上学历达到85.6%以上。

树立先进理念，营造风清气正的发展氛围。确立"用文化凝心聚力，靠学研富脑修身"的理念，大力加强教育文化建设。在全市组织开展了"用文化凝心聚力"大讨论，引导广大干部教师为教育发展建言献计；启动读书工程，成立读书中心组，广泛开展"读、品、悟"等学习交流活动，在高密教育资讯网站创办"教育社区"专栏，鼓励引导干部教师学习研究、展示特长，营造了风清气正、健康向上、干事创业的良好氛围。

建立健全制度，实现对整个系统的有效管理。实施"抓重点促全局、抓机关促基层、抓干部促教师、抓学习促修养"的管理策略，推行领导干部包片、工作人员包校制度，倡导"一线工作法"，定期深入基层，工作效率和质量明显提高。制定《机关工作人员十要十忌》、《每日工作七要求》、《教育干部廉洁自律若干规定》等二十多个规章制度；推行工作日中午"禁酒令"，实行机关干部、职级管理干部挂牌上岗，转变了干部作风。完善机关工作人员年度考核办法，引导工作人员遵守常规，创新工作，发展特长。把"有偿家教、乱收费、影响安全稳定"作为三条红线，有效规范了干部教师的从教行为。

搭建发展平台，盘活各类教育资源。建立了以高中为龙头的教学管理区，发挥高中优势，拉动区域内义务教育学校管理水平和教育质量；组建教育艺术团，将全市艺术师资整合起来，发挥最大效益，推动农村学校素质教育水平提高；组建名校联合体，发挥名校对薄弱学校的帮扶拉动作用；实施城区学校与农村学校结对工程，开展优秀教师送课下乡活动，促进农村学校办学水平和教学质量的提高；对边远小学实行区域化职级管理，推动边远小学管理水平提高，从而促进了全市教育均衡发展。

理清工作思路，突出各学段发展重点。坚持内涵发展，按照幼儿教育规模化、小学教育均衡化、初中教育规范化、高中教育优质化、职业教育一体化的工作思路，不断加大幼儿教育投入，改善幼儿教育办学条件；加强农村薄弱小学建设，深化小学养成教育；实施初中发展提高工程，稳定初中教学秩序；狠抓高中内部管理，提升高中教学水平；加快职教资源整合，有效促进了各类教育均衡协调发展。

规范办学行为，深入扎实推进素质教育。以落实《山东省普通中小学管理基本规范》为抓手，深化教育教学改革，提高课堂教学效益，减轻学生课业负担。以养成教育和家庭教育为切入点，家校联手强化学生道德教育；深化学校社区共建、名家进校园工程的实施，服务农村社区建设，促进了学生身心健康和全面发展。

加强农村教育工作，努力实现城乡教育均衡优质发展。加大农村教育的投入，进一步改善了农村中小学办学条件；启动了农村中小学现代远程教育工程，为农村学校配备了计算机等远程教育设备；加强城乡教师交流工作，实现了优质教育资源的有效互动和共享；建立贫困学生救助资助管理中心，实现了"不让一个孩子因家贫而失学"；继续落实经费保障机制改革，让人民群众享受改革发展成果。

[临朐县教育概况]　2008年，临朐县有各级各类学校219处，在校生94006人，在职教职工7621人。2008年，临朐县紧紧围绕素质教育的实施和教育教学质量的提高，突出抓好教学改革创新、师资队伍建设、教育均衡发展等工作，县教育局被临朐县委、县政府表彰为绩效考评先进单位，县教育局机关党支部表彰为潍坊市先进基层党组织。

狠抓教学改革创新，争创多项优秀成果。完善激励机制，设立了临朐县政府教学成果奖，在全县中小学开展了“教学改革创新年”活动，获山东省优秀科研成果奖2项，潍坊市政府教学成果奖27项，潍坊市教育局课程改革研究成果奖4项、创新项目奖6项、金点子成功案例奖51项、优秀校本课程奖9项、素质教育优秀项目6个，21处学校被定为潍坊市素质教育示范建设校、重点推进校，4处学校被命名为潍坊市素质教育传统项目学校，3处学校被评为潍坊市语言文字规范化学校。加强青少年法德教育，被评为山东省关心下一代工作先进单位。

启动新一轮布局调整，学校改扩建实现突破。对全县中小学布局进行重新规划，启动了一中、新华中学扩建工程，筹建了高考补习学校，改组了临朐朐阳中学，确定了双语学校建设方案。加快农村标准化学校建设，撤并2处初中、11处小学。维修改造校舍10万平方米，完成投资1378万元，其中争取中央和山东省危改专款360万元，资金投入和改造面积均创临朐县历年之最。投资136万元，24个农村初中食堂、宿舍、厕所改造项目全部通过潍坊市验收。加快教育信息化建设，建成教学光盘播放点42个、网络教学收视点145个、模式三学校30处，“农远教”工程顺利通过山东省验收。添置了385万元的教学仪器，启动了县级实验教学示范校创建工程。投资50万元加强绿色校园建设，5处学校创建为潍坊市绿色学校。

深入实施教师素质提升工程，推出多项师资建设新举措。扩大准入渠道，接收、考录10名非师范类毕业生。2008年共招聘、考录新教师196名，其中向农村充实120名。引进硕士研究生9名，创临朐县引进高层次人才历年之最。建立城乡教师交流制度，组织36名城乡教师双向挂职交流。加快名师培养，启动了“十百千”名优师建设工程，选拔出676名教学骨干。全县中小学教师提供市级以上公开课、示范课50节次，5人获山东省优质课奖、39人获潍坊市优质课奖，45人被授予潍坊市终身教学能手荣誉称号，创立3个潍坊市名师工作室，培养出6名潍坊市特级教师，在潍坊市教师队伍建设暨名师名校长培养工作会议上作了典型发言。

加强人才区域培养基地建设，进一步密切与当地经济建设的联系。加强“人生规划与指导”教育，统一组织春季招生，划片进行夏季定向招生，逐人落实初中毕业生去向，2008年3处职业学校招生1498人，完成计划的124.8%。跨省招生取得突破，西部招生65人。围绕当地经济建设加强实用技能人才培养，与县内20家知名企业签订了校企合作或联合办学协议，建立了旅游、铝型材等4个校企合作基地，破解了实训条件落后和专业师资匮乏等难题。大力推行“订单式”人才培养模式和“工学交替、半工半读”办学模式，2处职业学校被定为潍坊市首批“半工半读”试点校。

[昌乐县教育概况]　昌乐县共有普通高中6处、初中23处、小学83处、中等职业学校2处、特殊教育学校2处、进修学校1处，在校学生75000名，教职工7000余人。2008年全县教育事业取得了突破性进展，昌乐县教育局被评为潍坊和谐创建示范单位、山东省文明机关。

素质教育成绩显著。以开展“规范办学行为年”活动为抓手，全面推进素质教育，教育教学质量再攀新高。扎实推进教育创新项目实施，学生综合素质评价制度改革、中小学作业改革、三好学生评价机制改革、艺术教育等成效显著，潍坊市政府教学成果获奖35项，居全市前列。昌乐县教育局获山东省青少年科普系列活动先进单位、潍坊市电化教育工作先进单位。

教育经费保障机制日益完善。全部免除义务教育阶段学生杂费、教科书费，提高了义务教育学校公用经费标准，为贫困家庭寄宿生补助了生活费。2008年，全县中小学公用经费到位资金2100万元，义务教育阶段学生免教科书费428万元，贫困家庭寄宿生生活补助标准由每生每年300元提高到了小学500元、初中750元。按照每生每年1500元标准落实了职业学校学生助学金；按照人均每生每年1000元标准，对普通高中贫困家庭学生进行了补助。多渠道筹资30余万元，对200多名新考入大学的贫困生进行了资助。

办学条件明显改善。义务教育校舍维修改造长效机制不断完善，多渠道筹资1300余万元，完成校舍改造新建7500多平方米，新建餐厅、宿舍、厕所9000多平方米，新建院墙4000多米，更换水泥檩条校舍1800多间，在建楼房12000平方米。城区学校解困工程进展顺利。昌乐一中投资6000万元实施了扩建，并成功举办70年校庆；特师附小新建了教学楼，县实验小学新建了操场，三中、四中基本进城，全县办学条件有了明显改善。大力推进农村学校现代远程教育工程和数字化学校建设，完全小学以上高标准实现了“校校通”，41处学校被评为潍坊市数字化特色学校。

各类教育协调发展。深化职业教育教学改革，中职招生比例实现较大幅度增长。多渠道、多形式开展成人教育培训，为服务“三农”做出了应有贡献。加强学前教育管理，社区及以上中心园所全部达到了市级实验园标准。进一步加强特教中心基础设施建设，积极推进弱智儿童随班就读保障机制和特殊教育教学改革，提高了特教办学档次和水平。

教师素质日益提高。坚持把新时期师德建设放在教师队伍建设的首位，评选表彰了第二批县特级教师；分期、分批开展中小学教师全员培训、骨干教师培训和校长提升培训近万人次。深化中小学人事制度改革，全面推行教师全员聘任制，实行教师专业技术职务竞争上岗，择优聘用，增强了教育内部活力。大幅提高教师待遇，全县教师人均增资709元，进一步激发了广大教职员工干事创业的热情。

[高新技术产业开发区教育概况] 2008年，潍坊高新技术产业开发区(简称高新区)文化教育局坚持以科学发展观为统领，以“让高新区孩子享受最优质的教育”为目标，整体推进素质教育进程，增创亮点、打造品牌，教育事业发展驶入了快车道。

全面建设合格学校。2008年，高新区投入1000多万元改造提升了东明学校等7所学校，又投入200多万元为北海、高新双语学校配齐了教育教学设备，免除中小学生杂费318.95万元，免除借读费27.6万元，按小学每生每年130元、初中每生每年205元的标准拨付中小学预算内公用经费。

引进师资，整体提高教师素质。高新区2008年引进67名教师，研究生占20%，为其中31名教师办理调动手续，为2005～2007年引进的教师全部转正。文教局推行名师带教带徒、送教下乡，扎实推进“124青蓝工程”，通过开展课堂大比武等活动，不断提高教师业务素质和水平。

改革创新，整体推进素质教育。2008年高新区以日常考试无分数评价为突破口，区域性整体推进素质教育，被市教育局评为“2008年度县(市、区)教育创新工作项目”，获得优胜奖。在高新区召开了潍坊市“中小学日常考试无分数评价”现场推介会，山东省教育厅将此项目确定为2008年向全省推介的20个素质教育宣传典型，人生规划与职业指导纳入山东省地方教材。

完善机制，不断凝聚教育合力。(一)坚持政府主导。2008年高新区党工委、管委会重奖“尊师重教先进单位”，设立“教育教学突出贡献奖”、“高新教育促进基金”。(二)坚持全社会参与。各学校通过给家长企业一封信、落实“亲子共成长工程”、“千名名家进校园工程”，调集家长、企业、社会等资源参与教育实践，为教育发展提供了良好的舆论支持和外部环境。

规范办学，扎实搞好教育督导。高新区规范办学行为连续两年在教育督导中得满分，还被评为“山东省规范教育收费示范县(市、区)”，作为全省四个典型之一在颁奖大会上发言。在市教育局组织的市区中小学校园文化建设、学校管理和绿色生态校园观摩点评中，高新区取得了全市第一的好成绩，东明初中在全市初中科学发展评价督导评估中获得第一名，高新区在全市教育督导评估中列15个县(市、区)第四。

创办名校，全力打造教育品牌。高新区努力提升教育内涵，全面提升教育教学质量，将北海、高新双语、东明初中、东明小学等学校打造成为市区的品牌学校，学生回流多，外商子女、高层次人才子女及慕名到高新区上学的学生越来越多。

[滨海经济开发区教育概况] 2008年滨海经济开发区教育工作围绕“办人民满意的教育，积极建设富强、文明、和谐的滨海新城”这一中心目标，以科学发展观为指导，深化素质教育，发展均衡教育，创建和谐教育，打造特色教育，实现了教育又好又快发展。

大力改善办学条件，促进教育均衡发展。加快滨海中学新校区建设。占地360亩，投资2.6亿元的滨海中学新校区工程进展顺利，主体工程完工，工程被潍坊市教育局列为全市教育重点工程。滨海第二初中改造扩建工程基本完工，部分工程已经投入使用。该工程投资6000万元，是滨海经济区改造薄弱学校、加快社会事业发展的重点工程。大力实施绿色生态校园工程。2008年，滨海经济区财政投入500多万元，对学校进行绿化美化建设。

深化人事制度改革，加强教师队伍建设。滨海经济区2008年继续面向社会为中小学、幼儿园公开招聘全日制大学本科毕业生41名、硕士研究生4名，进一步优化了教师队伍。设立师资培训专项资金。全年共派出教师1300多人次参加各级教师业务培训。继续深化校长职级制改革。建立教师骨干系列激励机制。组织了第二届特级教师、学科带头人、骨干教师评选。

加大投入，健全和完善教育经费保障机制。切实加强义务教育经费保障机制建设，生均公用经费标准高于省定标准。设立校舍维修改造专项资金，建立中小学校舍维修改造长效机制。大力实施农村中小学教学仪器更新工程，2008年投资42万元对中小学教学仪器进行了更新，投资31.1万元为部分农村学校添置更新微机81台。高度重视对贫困学生的资助工作，2008年区财政拨款15.1万元资助高中贫困学生170名，资助比例9.1%；拨款3万元对义务教育阶段住宿生进行生活补助；吸纳社会捐助资金6.8万元资助26名贫困学生。

规范办学行为，大力推进素质教育。深化督导责任区建设，切实规范办学行为。成立督导巡视团，通过随机督查，促使办学行为不断规范。规范招生行为，深化中考招生制度改革。实施初中生综合素质评价和普通高中招生等级录取制度，中等职业学校入学率有较大提高，全区高中学段普及率达到92.45%，立足课堂改革，完善教学创新机制。创建了小学语文，初中语文、数学、英语等课程的"自主、互助、高效"课堂教学模式，大大提高了课堂教学质量。

深化教育教学改革，全面提高教育教学质量。教育教学改革成果丰硕。2008年共获得潍坊市政府成果奖7项，金点子成功创新案例奖18项，教育创新工作项目奖三项；素质教育优秀活动项目奖三项，教育教学改革成果人均获奖点数居全市第一。《山东教育》、《现代教育导报》、《齐鲁晚报》、《潍坊日报》、《潍坊晚报》等媒体均对滨海经济开发区的素质教育经验作了典型报道。特色教育成绩喜人。一是青少年科技创新大赛实现新突破。科技创新论文获得全省二等奖，科幻绘画获得全省三等奖；二是中小学生机器人、电脑制作活动再创佳绩。在2008年全国中小学生机器人大赛暨第九届全国中小学生电脑制作活动中，中心小学的机器人灭火队获全国冠军，滨海一中侯丁瑞同学的电脑动画《折翼的天使》荣获全国一等奖。三是积极推进竞技体育工作。向上级运动队输送运动员16名，在潍坊市级以上比赛中获1金1银1铜三枚奖牌，体育事业指标考核获全市第一，实现了滨海经济区体育工作的历史性突破。

[经济技术开发区教育概况]　潍坊经济开发区共有初中1处：潍坊锦程初中。在校初中生1093人，寄宿生860余人，在校初中生年巩固率98%。初中教职工78人，专任教师学历合格率100%。有完全小学1处：潍坊锦程小学。教学点1处：实验小学。在校生共计2257人，其中锦程小学2132人，实验小学125人。小学在校生年辍学率为零。教职工121人，专任教师学历达标合格率100%。有幼儿园6处，在园幼儿1492人，在园教师89人。

打造绿色和谐校园。2008年春季，经济技术开发区文教局投入100万元，对锦程中学进行了上标准、上档次的再绿化。学校新栽大型乔木3000余棵，花灌木2万余株，设置了开放式的学校植物园，绿化了整个校园，学校绿化覆盖率达到60%。

建设锦绣学校破解学生上学难。2008年，经济开发区管委会投资5000万元建设了锦绣学校。学校占地20亩，建设教研综合楼1座，建筑面积2万平方米，水电暖管网、围墙、硬化、绿化等附属设施以及教学仪器、设备、图书均按省级规范化学校标准配套。2008年底，锦绣学校已经完成主体建设，2009年计划招生1000余名，服务覆盖近20个住宅小区和30多家企业，将彻底解决开发区城区孩子的"上学难"问题。

深化信息技术与课程整合改革。2008年，经济技术开发区文教局以课程改革为契机，以科研为先导，着力把多媒体、光盘、课件、校园网络全面融入课堂教学，推进了学生学习方式和教师教学方式的改变，受到省市及国家教学专家的高度评价。2008年5月，第十二届全国小学信息技术与课程整合观摩展示会在经济开发区成功召开，为全区课程改革信息化的发展带来了新的课题和驱动力。

深入实施素质教育，促进教育质量全面提升。经济区2008年大力推进教科研工作，牢固树立以"教学工作为中心"的理念，全面提高教育教学质量。一是区内中小学校全面实行"快乐大课间"、"校园集体舞"等活动，保证了中小学生每天至少有1小时的锻炼时间；二是全区中小学严格执行国家素质教育的各项规定，按教育部课程计划开全课程、上足课时；三是学校内都配备了专职或兼职心理健康教育教师，配备率达到了66%，并定期或不定期的开展心理健康教育活动，效果显著；四是深入实施了"亲子共成长"工程，开设家长课堂，每月半天，参加学习的家长1000多人次，形成了学校、家庭、社会的教育合力，提高了德育效果。

切实加强教育管理严格规范办学行为。2008年，经济技术开发区文教局对学校办学行为、教学行为、收费购书行为、校园管理、财务管理、中小学收费行为等进行了严格规范。经济开发区被评为"山东省规范教育收费示范县(市、区)"。

[峡山生态经济发展区教育概况]　峡山生态经济发展区有2处高中，8处初中，30处完全小学，14处小学教学点，其中，省级规范化学校9处，市级规范化学校4处。在校中小学生2万人，教师1794人。

优化教育资源，改善办学条件。区划调整后，按照"统筹规划、合理布局、整合资源、优化结构"的总体思路，对全区教育进行整体规划，撤消原昌邑市丈岭镇教育管理办公室和原安丘市赵戈镇教育管理办公室。对中小学危房进行改造，全区2008年共投入资金555万元，改造校舍9458平方米；筹措资金21万元，更换水泥檩条98间，消除了由校舍产生的安全隐患。积极筹措资金，为中小学配备60万元教学仪器和15万元图书，用于实验、阅读教学，改善了全区办学条件。

加强队伍建设，增强发展活力。一是加强干部管理，不断提高领导水平，增强教育干部的政治意识、责任意识和大局意识。二是加强法制教育，不断提高教育干部和教职工的依法治教水平。三是强化师德教育和技能培训，提高教师队伍整体素质。四是引进优秀师范毕业生，优化教师队伍结构。按照“公开、公正、按需、择优”的原则，从全国各大专院校招考了70名优秀毕业生，充实全区教师队伍，缓解了全区农村中小学教师紧缺的现象，教师的年龄结构、知识结构和学历水平得到优化提高。

推进改革创新，全面提升内涵。全区初中、小学围绕“自主·互助·学习型”课堂，高中围绕“自主合作、优质高效”课堂教学模式，采取多种措施推进课堂教学改革，举行了全区课堂教学大赛，评选出了课堂教学改革示范学校和先进个人。多次举办学术交流、典型推介活动，推广有价值的教研成果，共有10所学校的教育教学管理项目成功举行了推介会，3所学校的教育教学管理项目参加潍坊市教育教学管理创新燎原奖项目推介会。聘请小学、初中、高中各学科兼职教研员，加强了各学段的学科教学研究，提高了全区的整体教育教研水平。

规范办学行为，落实素质教育。根据素质教育要求，对全区中小学作息时间、开全课程、开足课时、科学评价教师学生等提出了明确要求。设立全区规范办学举报电话，建立完善规范办学督导责任区制度，加强工作督查，有效杜绝了违规办学行为的发生。

潍坊市分管教育领导人

副市长：王桂英

潍坊市教育局负责人

局长、书记：张国华

教育局办公地址：潍坊市奎文区民生东街70号

联系电话：0536－8799335

邮政编码：261041

（撰稿：郭治平　赵　徽　宋炳华　审稿：曹红旗）

济宁市

[**概况**]　济宁市共有各级各类学校2927所，在校生131.3万人，教职工9.4万人。高等院校8所，普通高中57所，普通中专10所，职业高中30所，成人中专21所，普通初中265所，普通小学1319所，特殊教育学校13所，学前教育机构1204所，形成各级各类学校相互促进、协调发展的办学格局。

2008年全市教育发展环境优化、全面推进、亮点增多、成绩显著。在市委、市政府的正确领导下，坚持以科学发展观为统领，按照“学苏北精神、促济宁跨越”决策部署，深入实施教育优先战略，扎实推进教育改革创新，突出抓好重点项目建设，教育工作总体水平上了新台阶。

[**义务教育**]　义务教育巩固提高，小学、初中入学率达到99.9%。学前三年儿童入园率达到81.6%，共有省级实验示范幼儿园58处。市政府出台《关于深入贯彻〈义务教育法〉大力推进素质教育的实施意见》，成立以市委常委、副市长侯端敏为组长的济宁市中小学素质教育工作领导小组，召开了全市推进中小学素质教育动员大会，真正把素质教育作为教育工作的第一要务，全面推进、全面落实。深化基础教育课程改革，强化教学管理，规范办学行为，严格按省定课程计划组织教学，开全课程，开足课时，学生综合素质不断提高。教学研究与教育科研工作成绩显著。建立了教研员联系学校制度，每个教研员联系1所学校，切实履行教学研究、课程指导的工作职责。召开了全市初中“创新教学模式，构建高效课堂”研讨会，在全市高中推广了《学案导学》。国家级实验课题“因学定教实践模式的实践与研究”、教育科研“五大行动计划”取得阶段性成果。开展了“济宁市教育教学创新工作项目”评选活动。深入开展“学校管理年”活动，市政府召开全市中小学管理工作现场观摩会，制定了《济宁市中小学学校管理考核评估办法》，以《山东省普通中小学管理基本规范》为抓手，以“规范、创新、提升”为主题，以“建立实施一个章程、十项制度”为主要内容，建立了符合教育发展规律、素质教育要求和学校工作实际的管理体制和运行机制。坚持把规范办学行为作为推进素质教育的首要任务。市教育局成立6个督查组，对12县（市、区）和市直学校规范办学行为情况进行了10多次明察暗访，发现问题，立即整改。教育对外交流与合作不断扩大，26名教师赴外国交流任教，33所学校与美国、日本等国家学校结为友好学校。

健全扶困助学机制。成立了“济宁市学生资助管理中心”，建立了覆盖城乡的贫困学生资助体系。农村免费义务教育全面实现，城市义务教育阶段学生全部免除学杂费。农村义务教育阶段家庭经济困难寄宿生生活费补助标准由每生每年300元提高到小学每生每年500元、初中每生每年750元。2008年全市资助各级各类学校家庭困难学生16.8万人次，发放助学金1.2亿元。其中义务教育阶段2.2万人，发放生活补助1370万元；普通高中2.6万人，发放助学金1280万元；中等职业学校11.2万人，发放助学金6650万元；

普通高校7400人，发放奖助学金1120万元。资助家庭困难高考大学新生1700多人，发放助学金330多万元；落实普通高校助学贷款1100万元。

[高中阶段教育]　高中入学率达到86%。职业教育形成以5所高职院校为龙头、61所中职学校为主体、168所职业培训机构为依托的办学格局；争取中央预算内资金600万元，用于全市3个职业教育实训基地项目建设。成功举办50所职业学校参加的“济宁市首届职业教育节”和第七届全市职业院校技能大赛；职业学校和培训机构每年向社会输送毕业生5万人，各类培训规模达70万人次，毕业生就业率达95%以上。市政府下发《关于实行初中学生综合素质评价制度高中阶段学校招生制度改革的实施意见》，启动了初中学生学业水平考试，将高中招生指标半数以上分配到初中学校，完善了对政府、学校、校长、教师和学生的评价机制和评价标准。2008年11月份，对全市高中学校课程实施水平进行了检查评估。高考本科录取1.5万人，比上年增加2000多人；专科以上录取率达到71.2%，高于全省4.2个百分点。济宁一中新校区规划选址基本确定，规划占地面积500亩。11月中旬，济宁学院举行揭牌庆典。调整中等师范学校布局结构，将曲阜师范学校、金乡师范学校整建制并入济宁学院，实现由三级师范向二级师范的过渡。实施“2513”工程，邹城、曲阜、汶上、嘉祥职教中心建设初具规模，兖州高标准职教中心完成规划，金乡、鱼台、梁山、泗水、高新区职教中心改扩建工程在紧张实施。

[高等教育]　高等教育在校生达到9万人，济宁学院、济宁职业技术学院、山东省贸易职工大学在校生均达到1万人。山东省贸易职工大学、山东省机电学校、济宁商业学校整合组建为新的“山东省贸易职工大学”，新校规划占地1022亩，建筑面积40万平方米。总建筑面积14万平方米的一期工程全部完工，二期工程全面开工。济宁职业技术学院办学规模不断扩大，新增占地210亩。济宁技术学院完成整合迁建，已迁入新校区，3000多名学生入校。初步确定在北湖度假区征地1500亩，用于济宁医学院建设。

[中小学思想道德建设]　建立了大中小学相衔接的德育工作体系和学校、家庭、社会相配合的德育工作机制，充分发挥“青少年法制教育宣讲团”、“现代家庭教育讲师团”的作用，加强学生思想品德教育、法制教育和心理健康教育。关心下一代工作成效明显，家庭教育创新提高，全市12个县(市、区)、73个乡镇、186个学校进入家庭教育实验工作，实验区人口覆盖率达到50%，学生覆盖率达到40%。落实教育“五五”普法规划，全面推进“法律进学校”，评选表彰了30所市级依法治校示范校。丰富校园文化建设内涵，推动“廉政文化进校园”、“儒家文化进校园”，在全市中小学开展了“中华经典诵读活动”、“弘扬优秀传统文化教育”和“校徽、校旗、校歌、校训评选”活动。开展“百万学生阳光体育运动”，确保学生每天锻炼一小时，成功举办济宁市第18届中学生运动会和“中小学生阳光体育擂台赛”，青少年体质健康水平逐步提升。

[办学条件]　展开新一轮规划布局调整，市政府召开全市中小学规划调整暨危房改造工作现场会，出台了中小学校规划调整意见。近几年全市投入危改资金6亿元，消除危房及结构缺陷校舍117万平方米，其中D级危房42万平方米，新改扩建校舍160万平方米，其中新建校舍102万平方米。2008年投入危改资金1.03亿元，新改扩建校舍25万平方米，其中新建校舍10万平方米。5所“明德小学”建设项目基本完工。1500所学校现代远程教育工程全部完成，共装备教学光盘播放设备254套，建设地面卫星接收站171个，计算机4585台，微机室412口，多媒体教室126口。11月中旬，济宁市农远工程顺利通过省检查组验收。全市有1600所学校接入教育网，中小学配备微机7.5万台。市政府颁布了“济宁教育信息化三年行动计划”，利用3年左右时间在全市建设300个网络资源基地，推动城市与农村教育信息资源的开发应用与共建共享。全市农村中小学更新配备30万套课桌凳，农村中小学仪器更新完成500所学校，新增仪器设备总值2600万元；图书配备完成200所学校，新增图书300万册。实施“百所学校精品配备工程”，100所农村小学教学仪器完成更新设备。全市中小学实验室及各种功能室达到6560个，仪器设备总值达3.8亿元。实施农村寄宿制学校取暖、学生宿舍、食堂、厕所改造“一暖三改”工程，财政投入3500万元，采用集中供暖、锅炉供暖、空调取暖等方式，保障全市中小学冬季取暖。实施省“211”工程试点工作，在汶上县首批选定10所乡镇中小学开展“两热一暖一改”工程试点(即热水热饭、取暖、改厕)，综合利用地热、太阳能等新型能源，为师生提供取暖、饮用热水和洗澡热水，学生生活条件得到明显改善。

[师资队伍建设]　坚持“面向全员、突出骨干、倾斜农村”的原则，抓好各类师资培训。市级财政每年安排教师培训经费200万元。深入开展了以“守道守责守业”为主题的师德师风建设活动。举办了“教育名师博客沙龙”。组织60名高中校长参加全省素质教育专题培

训,12名高中校长参加省级提高培训,选派2名中学校长赴美国进行骨干校长研修。对全市"杏坛名师"和"特级教师"进行年度考核,安排50名"杏坛名师"赴北师大、华师大进行培训;组织一批齐鲁名师和特级教师开展"名师送教下乡"活动;暑期集中培训1.2万名中小学校长和教师。建立了"国家教育行政学院济宁培训中心",培训校长1000名,3年内计划培训3000名。落实"千名教育硕士人才培养计划",3年内与山大、山师大、曲师大等高校联合培养1000名教育硕士,2008年培养350名。教师节表彰了30名教育创新型校长、创新型教师和创新型班主任。做好"三支一扶"大学生支教工作,117名优秀教师充实到农村学校。抓好师范类大中专毕业生就业指导工作,安置就业生毕业1663人。今年全市补充教师2300多名,其中博士生、硕士生300多名,教师队伍年龄结构、知识结构逐步优化。

[经费保障] 健全经费保障机制。2008年全市教育总投入54.07亿元,比上年增加8.13亿元,增长17.69%;财政预算内教育经费拨款40.32亿元,比上年增加8.16亿元,增长25.37%;各级政府征收用于教育的税费5.26亿元,比上年增加0.99亿元,增长23.39%。生均公用经费基本定额农村小学由240元提高至345元,农村初中由340元提高至495元。全市城乡教师工资全部纳入县级财政预算实现统一标准发放,教师人均月工资由2006年的1340元增长到2355元;班主任津贴义务教育阶段由每月15元增加到80元,高中阶段由15元增加到100元;市属高校具有博士学位和正高级专业技术职务的高层次教育人才,每月享受市政府津贴2000元。

[安全保障] 市教育局下发了《关于切实加强学校安全工作的意见》、《关于做好学校安全隐患排查治理工作的通知》等文件,在全市中小学开展了"学校安全稳定百日行动",突出抓好了全市校舍抗震安全排查、学校食品卫生专项检查、冬季取暖用电安全检查等活动,确保了师生生命安全。在全市中小学推行了校方责任险,1275所中小学参加责任保险,投保金额350万元。

[行风建设] 依法规范收费行为,深入开展"廉政文化进校园"和创建规范教育收费示范县活动,3个县(市、区)被评为全省规范教育收费示范县。实施招生考试"阳光工程",全市高考报名6.8万人,中考报名6.1万人,严密组织、严格管理、严明法纪、严防死守,确保了高考中考安全平稳有序进行,35个考点被评为省优秀考点。认真办理人大代表建议和政协委员提案,答复满意率达到100%。自觉接收社会监督,开通32部举报电话,组织参加"行风热线"5次,对群众举报和新闻媒体反映的问题,认真调查核实,及时做出处理。

[督导考核] 市政府下发了《关于加强和改进教育督导工作的意见》、《关于加强教育工作督导工作的通知》,建立了同级督政制度和教育督导责任区制度,聘请了56名督学,在全市划分了7个督导责任区。2008年3月,市人大、市政府、市政协组成4个督导组,对12县(市、区)素质教育实施情况进行了督导评估,将督导结果作为考核各级领导干部的重要依据。11月初,市教育局组成5个督导组,对各县(市、区)和市直学校规范办学行为、加强学校管理、教育经费投入、课程设置评估等进行了综合督导检查。从全市党代表、人大代表、政协委员、老干部和群众代表中聘请了100名教育监督员,在全市中小学开展了教育行风民主评议活动。

济宁市分管教育领导人

副市长:侯端敏

济宁市教育局负责人

市长助理、市教育局党委书记、局长:李心善

副局长:闫志强　郝　民　刘加庚

纪委书记:徐　慧

教育局办公地址:济宁市光河路358号

联系电话:0537-2314365

邮政编码:272000

(撰稿人:李宏伟　审稿人:宫玉新)

泰安市

[概况] 年内,全市共有各级各类学校(幼儿园)2038所,在校生86.6万人。其中,幼儿园1114所,在园幼儿13.3万人;小学691所,在校生36.8万人;初中154所,在校生11万人;普通高中35所,在校生9.2万人;特教学校7所,在校生1004人;各类中等职业学校30所,在校生7.2万人;省属和市属高校7所,在校生9万人。全市3～6周岁幼儿入园率89.4%;学前一年入园率98.6%,小学适龄人口入学率100%,初中入学率100%,高中段入学率92.9%,比2007年提高3.6个百分点;小学、初中年辍学率分别为0.12%、1.08%。小学巩固率100%,初中巩固率99.2%。

全市共有教职工52458人(专任教师45106人),

其中,小学教职工 24269 人(专任教师 22449 人),普通中学教职工 24288 人(专任教师 19754 人),职业中学教职工 3901 人(专任教师 2903 人)。全市小学、初中、高中、职业学校专任教师学历合格率分别为 99.66%、97.08%、92.01%、86.7%。

全市共有县级以上规范化中小学 653 处,占中小学总数 73.5%,其中省级规范化学校 119 所,占 13.4%;市级 307 所,占 38.8%。省级示范(实验)幼儿园 68 所,占幼儿园总数的 6.9%;市规范化幼儿园 244 所,占幼儿园总数的 24.7%。全市共创建学校文化建设 4A 级学校 17 所,3A 级以上学校 377 所。

全市共有国家级重点职业学校 14 处,省级重点职业学校 17 处,省级骨干示范职业学校 7 处,省级示范专业 15 个。全市高中段招生职普比为 4.7∶5.3,职业学校毕业生就业率达 97%,2008 年高质量就业率达 51%。

全市教育经费总投入 28.5 亿元,比上年增长 17.3%,其中预算内教育经费 20.31 亿元,比上年增长 28.5%。征收两项教育附加 2.2 亿元,比上年增长 30.2%。

全市教育工作以办人民满意的教育为目标,以全面实施素质教育和推进区域教育均衡发展为重点,狠抓目标任务的落实,扎实推进各项工作,全市教育事业继续保持了良好的发展势头。在省政府对市级政府 2007 年度教育工作专项督导评估中,泰安市居全省第四位,泰安市教育局被中央文明委评为全国未成年人思想道德建设工作先进单位,被省政府评山东省政风行风建设先进单位,被评为泰安市改革开放 30 年杰出成就奖、泰安市创建文明行业工作标兵行业、市教育局机关连续第六年保持了省级文明机关称号,宁阳县鹤山乡成教中心校被教育部评为全国农村成人教育先进单位。

泰安市委书记杨鲁豫(中)在市教育局长桑新华(左)陪同下到泰安一中检查指导教育工作

[2007 年度教育工作专项督导评估居全省第四位]　3 月 4～12 日,由市委组织部、市人事局、财政局、审计局、建设局和教育局六部门组成市政府教育督导评估团,对各县(市、区)2007 年度教育工作进行了综合督导评估,对各县(市、区)自评结果进行了核实验证,对各个县市区 2007 年度教育工作做出了定性、定量评价。5 月 17～22 日,省政府教育督导团对全市 2007 年教育工作进行了专项督导评估。省督导团查阅了有关资料、数据,到随机抽样的市直学校、岱岳区、宁阳县及其所属区、县直部门和 4 个乡镇、55 所学校、幼儿园实地考查,对全市的自评结果进行了验证。根据省督导评估结果,全市 2007 年度教育工作专项督导评估成绩居全省第四位,比上年提高一个位次,自省政府开展对市级教育工作督导评估以来连年保持位次上升。市委、市委政府和社会各界对全市教育工作成绩给予充分肯定,市委书记杨鲁豫、市长李洪峰分别做出批示,高度评价取得的成绩。根据省政府教育专项督导反馈意见和市委、市政府主要领导批示精神,市政府召开了全市教育督导整改工作会议,组织市政府督查室和市有关部门组成督查组,对各县(市、区)督导整改工作进行了专项督查。对东平县教育热点、难点问题进行了专题调研,提出了整改意见和要求。12 月 9～17 日,市政府组织市政府督查室和市财政、人事、税务、建设、教育等部门,对六个县(市、区)以及高新区教育督导整改工作进行专项督查。在各级的共同努力下,全市教育督导整改工作成效显著:继泰山区、东平县、新泰市、肥城市、宁阳县之后,岱岳区基本实现了县域内教师工资统一标准发放;全市农村教师人均月工资 2008 年底达到 2035 元,比 2007 年底提高 474 元;农村中小学预算内公用经费全部纳入财政预算并比上年有所提高;两项教育附加征收、管理进一步规范;教育财务管理中心运转良好,教育投入大部分指标均比上年有所提高,“以县为主”的教育管理体制进一步完善。

[教育强乡镇创建活动成效显著]　根据《关于印发泰安市教育工作强乡(镇、办事处)评估细则(修订稿)的通知》(泰政教督字[2005]5 号)和关于加强对泰安市教育工作强乡镇管理的有关意见要求,6 月 16～19 日,市政府教育督导室对新申报的教育工作强乡镇的

单位进行了验收，对第三批19个强乡镇进行了复检。教师节期间，市政府命名表彰了第五批9处教育工作强乡镇。自2003年开展泰安市教育工作强乡镇创建活动以来，全市有70处乡镇创建为泰安市教育工作强乡镇，占全市乡镇总数的81.4%。引导和支持新泰市、肥城市、宁阳县积极申报省"教育示范县"验收，肥城市、宁阳县已接受省初验。通过以县(市、区)、乡(镇)为单位的创强争优，推动了全市县域教育均衡发展。

[加强中小学危房改造工作] 组织开展了全市中小学危房排查鉴定和编制规划工作，对现有项目进行认真梳理，逐项抓好落实。市政府召开了全市危房改造调度会，积极推进了危改进程。在汶川地震发生后，根据上级有关要求，提高了校舍建设标准，加大了排查监督力度。全年全部完成了119处新建项目，完成投资1.3亿元，消除危房16.3万平方米，新建校舍17.8万平方米，维修校舍10万平方米。全市累计消除农村中小学危房70.8万平方米，完成危改项目806个，完成危改投资5.92亿元，新建校舍104.8万平方米。2001年以来，全市共消除危房70.8万平方米，完成危改项目806个，完成危改投资5.92亿元，新建校舍104.8万平方米。

[完善农村义务教育经费保障新机制] 自2008年春季学期起，提高农村义务教育阶段家庭经济困难寄宿生生活费补助标准，全市基本补助标准由每生每年补助300元提高到小学每生每年500元、初中每生每年750元，享受补助的困难学生占寄宿生的比例应不低于8%；向全市农村义务教育阶段学生免费提供国家课程和地方课程的教科书，并适当提高国家课程免费教科书补助标准；提高农村中小学生均公用经费标准，农村小学生均公用经费定额由240元提高至295元，农村初中生均公用经费定额由340元提高至445元。为缓解煤价上涨导致农村学校公用经费紧张的矛盾，自2008年起，对农村义务教育阶段学校公用经费补助标准每生每年提高50元，专项用于学校取暖费支出。2008年各级财政共拨付义务教育经费保障机制改革资金2.8亿元。其中免杂费及公用经费补助资金1.8亿元，校舍维修改造资金4917万元，免费教科书资金4883万元，补助寄宿生生活费资金285万元。全市45.9万名义务教育阶段学生全部免除学杂费，农村义务教育阶段36万名学生全部免费提供教科书，城市义务教育阶段3748名家庭贫困学生免费提供教科书，4121名贫困生享受寄宿生生活费补助。

[健全学生资助政策体系] 学生资助管理工作进一步加强，市县两级均成立了学生资助管理中心，配备了专职或兼职工作人员，各学校也设立了学生资助工作领导小组。学生资助政策制度建设进一步完善，市、县均结合实际制订了有关政府助学金管理办法和实施方案。各级积极筹措社会资金，加大了对家庭经济困难学生的资助力度，以政府资助为主、社会积极参与的多渠道资助政策体系初步建立。评审并发放了政府助学金。2008年共资助普通高中、中等职业学校、高校学生7.12万人次，发放资助资金3928.5万元，其中普通高中政府助学金1.73万人次573.9万元，中等职业学校家庭经济困难学生4万人次1977.6万元，高校国家奖学金和国家助学金1万人次1295.9万元，高校困难学生临时伙食补贴及灾区学生资助0.4万人次81.2万元。协调做好生源地国家助学贷款工作，三处高校累计申请贷款6534人，实际发放贷款人数4005人，发放贷款3025万元。

[中央新闻采访团来泰安市开展资助学生政策宣讲采访活动] 8月18日，由《人民日报》、新华社山东分社、新华每日电讯、《光明日报》、中央人民广播电台、中央电视台、《中国教育报》、《中国青年报》、《农民日报》、中国教育电视台、中国教育新闻网等新闻媒体组成的中央新闻采访团来泰安市宣讲学生资助政策，接受政策咨询，深入到学生家中进行采访。18日下午，中央新闻采访团在泰安市召开山东省学生资助工作座谈会，全国学生资助管理中心副主任马文华、山东省教育厅副厅长陈光华、泰安市政协副主席赵成道出席会议，山东省教育厅、山东省农村信用联社、开发银行山东省分行、泰安市教育局、泰山医学院参加座谈会。8月19日，中央新闻采访团在东平县举行了学生资助工作座谈会，深入到东平县经济困难学生家中进行了实地采访。

[加强教师队伍建设] 组织实施了全市第二批教育系统人才递进培养选拔推荐工作，评选出泰山教学新星300名，泰山教坛英才200名，泰山名师100名，泰山名校长10名，泰山功勋教师30名，泰山功勋校长5名，教师节期间进行了隆重表彰。全市教育系统人才递进工程人选达到1364人。组织了全市高中教师新课程全员培训，培训教师7124人；组织了全市第二期中小学骨干班主任培训，培训普通初中和乡镇中心小学骨干班主任400人；组织了第二期山东省农村中小学教师素质提高工程专题培训项目第二期培训，培训农村中小学教师242人；组织10名高中校长参加了全省第23期高中校长提高培训，37名高中校长参加了

全省普通高中校长素质教育专题培训，20 名农村中小学校长参加了全省第一批农村骨干校长培训。城镇教师支援农村教育工作全面深入，2609 名县(市、区)教科研人员和城镇学校中层以上干部、骨干教师参加了各种形式的支教活动。年内全市中小学补充新教师 645 人，其中，补充农村学校教师 413 人，占补充师资总量的 64%。组织了全市第六批教育系统援疆干部选拔工作，选派 10 名干部到新疆援教。全市认定教师资格 3529 人，接收师范类毕业生 2200 人。全市教师职称评审通过中专讲师职务 25 人，中学高级教师职务 212 人，中学一级教师职务 549 人，小学高级教师职务 206 人，实验师职务 5 人。做好教师荣誉证书的审核发放工作，年内共为教龄满 30 年的老教师发放荣誉证书 1725 人。建立了全市优秀人才信息库，对 2300 名市级以上优秀人才进行了信息采集。全面做好了新一轮中小学岗位设置工作，按照新的中小学岗位设置办法，完成了市直 11 所学校岗位设置方案的设置、审核和上报工作。

泰安市召开教师节庆祝暨表彰大会，隆重表彰全市教育先进集体、先进个人

[加强教育信息化和教学条件装备建设]　全市累计建成校园网 347 个，计算机网络教室 1213 口，计算机 40115 台，多媒体教室 1465 个。高中、初中、小学(三年级以上)均开设信息技术课，基本普及信息技术教育。积极落实《泰安市教育信息化应用项目管理实施意见》，电子政务、教育博客、网络教研等项目顺利开展，提高了全市教育信息化应用水平。认真落实《泰安市教育城域网三级网络改造实施方案》，指导县(市、区)教育城域网改造工作，6 个县(市、区)已基本完成三级网络改造工程，教育城域网络架构明显改善。建成以全市教育网管中心为平台、6 个县(市、区)网管中心互通互连的教育城域网。实施了网上办公、网络教科研、教育博客等 12 个信息化应用项目。全市 858 处农村中小学实施了现代远程教育工程，381 处农村中小学和 7 处特殊教育学校完成了教学仪器更新和配备工程。完成了电子政务系统建设，实现了电子公文和信息传输。农村中小学现代远程教育工程已完成，准备迎接省级验收。结合远程教育工程实施，加强网管中心硬件配备，增加专业技术人员，保证全市教育城域网时时全线贯通，为教育教学应用提供优质服务。

[教育行风和精神文明建设]　按照市委统一部署，泰安市教育局在市直教育系统深入开展了“继续解放思想推进科学发展”学习教育活动；积极开展了“创文明机关，做优秀公仆”活动、文明单位创建活动、“倡正气、促教风、树形象”活动；市直教育系统党员干部、师生向四川汶川地震灾区累计捐款 506 万余元；制定了《泰安市教育局与宁阳县鹤山乡赵庄村文明共建活动方案》，对新农村建设、教育事业等进行对口帮扶，在赵庄小学选择了 22 名贫困女生资助到她们完成小学学业。认真组织开展了创建文明行业和民主评议政风行风活动，连续第 3 年被评为泰安市创建文明行业工作标兵行业，被评为山东省政风行风建设先进单位。市教育局党委理论学习中心组被表彰为泰安市先进县级党委理论学习中心组，市教育局局机关党委被市委表彰为先进基层党组织，局机关连续第六年获得“省级文明机关”称号。截至 2008 年底，全市教育系统共有省、市级文明机关、文明单位 64 个。

[2008 年山东中美教育研讨会在泰安市举行]　根据山东省教育厅与美国佛蒙特大学教育交流与合作计划，2008 年山东中美教育研讨会于 4 月 21 日在泰安市华侨大厦举行。山东省教育厅副厅长张志勇、副巡视员杜希福，泰安市教育局局长桑新华出席会议，会见了与会的美方代表。来自美国佛蒙特州的 11 名地区学监和中小学校长，济南、济宁、泰安、莱芜、聊城、菏泽等市的教育局分管局长、中小学校长、教师、教研室研究人员等 60 多人参加了研讨会。泰安一中、泰安二中、泰山中学、市实验学校、泰山外国语学校、泰山学院附中、泰师附校、泰安六中、肥城龙山中学、新泰一中、岱岳区粥店小学校长参加了会议。本次研讨会的主题是“基础教育课程改革”，张志勇和美方代表团团长詹姆斯·沃尔诺克先生分别发表了题目为《寻找教育回家的路》和《教学与施教队伍的知识基础》的主题演讲。大会主题演讲后，中美双方教育工作者就共同感兴趣的问题开展了充分地交流与研讨。

[基础教育概况]　全市共有中小学校 887 所，在校生 57.1 万人，专任教师 4.5 万人。全市有独立设置的幼儿园 1114 所，在园幼儿 13.3 人，比上年增加 6492 人；3～6 周岁幼儿入园率达到 89.4%；全市学前一年入园

率达到98.6%。小学691所,教学点94处,在校学生36.8万人,小学适龄儿童入学率继续保持100%,小学在校学生年巩固率为100%,有专任教师2.2万人,教师学历达到国家规定合格学历的比例为99.67%。初中154所,在校学生11万人,初中适龄儿童入学率100%,在校学生年巩固率达99.2%,有专任教师1.3万人,教师学历达到国家规定合格学历的比例为97.77%。普通高中35所,在校生9.2万人,初中毕业生升入普通高中比率为54.46%,专任教师6887人,教师学历达到国家规定合格学历的比例为92.01%。特殊教育学校7所,在校生996人,教师298人,全市残疾儿童义务教育入学率达95.2%。

[学前教育] 全市有独立设置的幼儿园1114处,在园幼儿132821人。大力加强对各级政府学前教育工作的督导评估,把学前教育作为附加指标列入对县(市、区)政府教育工作综合督导评估体系。落实乡镇人民政府举办学前教育的责任,开展了第三批乡镇中心幼儿园认定工作,岱岳区大汶口镇中心幼儿园等8处幼儿园通过认定。大力开展幼儿园建设工作,泰师附小幼儿园通过省"十佳"幼儿园复评,岱岳区良庄镇中心幼儿园等5处幼儿园通过省示范幼儿园复评,泰山区灵芝幼儿园复评时未达到标准被取消省级示范幼儿园称号,泰安市青少年宫幼儿园等18个幼儿园被泰安市命名为泰安市级规范化幼儿园。1月在岱岳区召开了全市农村学前教育工作现场会,参观了道朗镇中心幼儿园等3处幼儿园。9月承担了全省农村学前教育工作研讨会,宁阳县宁阳镇临邑幼儿园、岱岳区粥店办事处中心幼儿园等8处幼儿园作为现场接受了会议代表的参观考察,会议肯定推广了泰安市积极扶持学校办园、大力发展公办幼儿园的经验,市教育局局长桑新华作了"加强政府统筹、突出两个重点,推动农村学前教育健康均衡发展"的典型发言。

[义务教育] 全市共有小学691所,比上年增加13所,有教学点94个,减少26个,招收一年级新生67042人,比上年增加2193人,入学率继续保持100%;在校生368232人,比上年增加25509人。共有初中154所,比上年减少5所,招收一年级新生43297人,比上年增加9914人,入学率100%;在校生110354人,比上年增加893人。小学、初中巩固率分别达100%、99.2%。认真学习贯彻新《义务教育法》,进一步规范教育教学行为和办学行为,严格执行义务教育阶段免试就近入学政策,以及义务教育阶段不得举办重点学校或重点班的规定。坚持以流入地政府为主,以公办中小学为主,保障进城务工就业人员子女接受同等水平的义务教育。加强义务教育学籍管理,借助学籍电子注册系统,建立市、县、乡、校四级管理监控网络。

[高中教育] 全市有高中学校35处,年内招收学生23970人、毕业生40216人、在校生91811人。依据《山东省普通高中课程设置及教学指导意见(试行)》,从2008级学生开始实施新一轮课程改革。加强对高中校长的管理与培训,两次组织全市所有高中学校校长参加全省普通高中素质教育专题培训。按照省政府和省教育厅的有关要求,印发了《关于切实加强高考信息管理纠正片面追求升学率倾向的通知》,要求各级政府及有关部门不得以任何形式向县(市、区)教育局及所属高中学校下达升学指标,不得以任何形式统计、公布各县(市、区)及所属高中学校的升学人数、升学率、升入重点大学的情况等高考信息,不得用高考成绩对各县(市、区)及高中学校进行排名排队,不得以任何形式对各市、县(市、区)及高中学校进行高考表彰奖励,不得以升学考试成绩为标准奖惩局长、校长、教师等,切实减轻各级教育行政部门及学校的高考压力。市教育局印发了《关于转发山东省教育厅关于规范高考补习学校(班)管理工作的通知的紧急通知》,公办普通高中不得招收复读班,不得招收往届生插班复读。经省、市、县教育行政部门批准,泰山现代中学、泰山外国语学校、岱岳区高考补习学校等8所学校可以招生高考复习班。高考补习学校(班)节假日安排、学期内作息时间与公办普通高中同样要求,不得使用公办普通高中正常教育资源,不得抽调公办普通高中教师到高考补习学校授课或辅导。国有公办普通高中骨干教师不得调入高考补习学校,非骨干普通高中教师进入高考补习学校任教,必须经县级以上教育行政部门办理工作调动手续。泰安二中、泰山中学等7所高中学校通过省教育厅组织的省级规范化学校复评。

[特殊教育] 制定下发了《关于2008年特殊教育学校招生和残疾儿童少年随班就读工作的通知》,2008年毕业残疾儿童157人、招生78人,在校生1087人,入学率达96.05%。特教学校办学条件不断改善,办学水平不断提高。宁阳县特教中心作为首批接受省级规范化复评的学校,得到了省专家组的一致好评。

[全面推进中小学素质教育] 认真贯彻1月16日全省中小学素质教育工作会议精神,把全面实施素质教育作为教育改革发展的核心任务,将教育工作的重心转移到全面实施素质教育上来。1月23日,市教育局召开了全市贯彻全省中小学素质教育会议精神会议,4月24日,市政府召开了全市教育工作会议,会议突出

了素质教育的主题，出台了《泰安市人民政府关于全面推进中小学素质教育的意见》（泰政发［2008］20 号）。年内重点抓好了四个方面的工作，推进全市素质教育健康有序发展：一是以制止节假日、双休日集体上课或补课为重点，规范办学行为，减轻学生课业负担。要求各学校严格执行《山东省普通中小学管理基本规范（试行）》，严格控制学生作息时间，学生家庭书面作业实行总量控制；双休日和节假日，禁止学校组织学生补习班或为其他单位或人员组织学生补习班提供方便，禁止教师进行有偿家教。二是进一步深化课程改革，提高教育教学质量。严格落实国家课程标准，开齐开全必修课程，积极开设选修课程，加强综合实践活动课程的开设，积极开展研究性学习和社区活动。深化教学方法改革，提高课堂效益，切实发挥课堂的主阵地作用。继续加强校长教师队伍建设，努力提高广大教师的综合素质和教学水平。三是规范高中招生行为。把规范招生行为作为规范办学的基本要求，严格执行省市中考招生的各项纪律和规定，提高执行招生政策的自觉性，杜绝发生扰乱招生秩序的一切违规违纪行为。自 2008 年暑假起，各公办高中严禁招收复读班。四是健全素质教育运行的监督和保障机制。市教育局成立了素质教育工作督查组，定期、不定期组织专项督导检查。督查组工作时不打招呼，不用当地人员陪同，不接受地方接待，并设置了举报电话、举报邮箱等多种举报方式，督查结果及时向社会公布。

泰安市贯彻落实全省中小学素质教育工作会议精神会议

［高中段学校招生考试制度改革］　泰安市教育局制定了《关于深化高中段学校招生制度改革的意见》（泰教发［2008］11 号），明确了全市中招制度改革实行"一评二挂"、"一考多取"的目标任务，到 2010 年（实行五四学制的到 2011 年）以初中学业考试取代升学考试、以综合素质评价结果为依据录取新生取代单纯以中考成绩为依据录取新生。"一评二挂"，是指通过建立科学的评估体系，在对初中学校素质教育工作全面评估和对初中学生综合素质评价的基础上，将评估结果与普通高中招生计划分配挂钩，与普通高中录取挂钩。"一考多取"，是指普通高中、普通中专、职业中专等，采取使用同一套试题统一考试，按统一考试的成绩分别录取。实行了普通高中指标生分配到初中制度，根据初中学校素质教育工作的评估成绩和合格毕业生人数，将普通高中招生计划分配到各初中学校。有 24 所普通高中学校参加指标生分配，指标生计划总数为 7631 人。按新课改的要求调整了命题的指导思想和原则，按照各学科《课程标准》，全面体现基础教育课改精神和要求，增加了一定分值的地方课程内容。规范普通高中学校招生行为，下发了《泰安市教育局关于印发泰安市规范高中段学校招生行为规定的通知》（泰教发［2008］15 号）。全市共有 28514 人报名参加中招考试，设 6 个考区、24 个考点、956 个考场，阅卷工作在泰安一中进行。全市年内注册新生学籍 23970 人，初中毕业生升入普通高中的入学率为 56.5%。全市高中段入学率为 92.9%，比上年提高 3.6 个百分点。

［规范化学校建设］　制定下发了《关于做好省级规范化学校复评准备工作的通知》、《关于做好市级规范化学校建设与评估工作的通知》、《关于做好第 14 批省级规范化学校申报和满 5 年省级规范化学校复评工作的通知》。年内，创建省级规范化学校 8 处：宁阳县实验中学、宁阳县东疏镇中学、宁阳县第二十五中学、泰山区省庄镇宦家峪小学、新泰市汶南镇实验学校、宁阳县东庄镇中心小学、东平县古台寺小学、泰安高新区凤凰小学；期满复评的省级规范化学校 10 处：泰安二中、泰山中学、泰安三中、泰安四中、泰安十九中、肥城市泰西中学、肥城六中、宁阳二十四中、宁阳十中、宁阳县特教中心。创建市级规范化学校 19 处，期满复评的市级规范化学校 45 处。

［深化基础教育课程改革］　2008 年，全市小学、初中、高中学生全部实施新课程，共计学生 57.04 万人。4.85万名中小学管理者和教师参与了新课程改革。2008 年 5 月，泰安市教育局印发了《关于加强中小学综合实践活动课程实施的意见》。泰山中学等 3 所高中分别代表市直、县（市、区）、农村高中接受了山东省课程评估小组的评估，泰安一中、泰山中学、宁阳一中被山东省教育厅确定为省级高中课程改革定点联系学校。全市高中依据《关于印发山东省普通高中课程设置及教学指导意见（试行）的通知》（鲁教基字［2008］21 号），进行了又一轮新课程改革。12 月 29 日，组织开展了泰安市第二届中小学优秀校本课程评比活动，共

评出《泰山美术作品选》、《五大行动系列课程》等小学组、中学组一等奖各15项，另评出二等奖各25项、三等奖各30项，同时，评选了泰山区教育局等30个全市中小学校本课程建设先进单位。继续深入开展“教育教学管理质量效益年”活动，全面部署实施了高中、初中、小学三个学段的课程实施水平评估工作，深化课堂教学改革，提高课堂教学效率，调整完善课堂教学评价方案，不断探索完善学校、教师、学生评价办法。部分中央媒体对泰安市课堂教学改革情况进行了集中采访，并作为素质教育先进典型向全国全省推广。

[全省农村学前教育工作研讨会在泰安市召开]　9月22～23日，全省农村学前教育工作研讨会在泰安市召开。省教育厅副厅长张志勇、省教育厅基教处处长关延平出席会议，泰安市委常委、副市长邹斌芳到会并致辞，全省各市教育局分管局长、幼教科长、典型发言代表共计80余人参加了会议。会上，泰安市教育局局长桑新华作了题为《加强政府统筹，突出两个重点，推动农村学前教育健康均衡发展》，宁阳县政府作了题为《统筹规划，夯实基础，城乡互动，整体推进县域学前教育和谐发展》的典型发言，宁阳县宁阳镇政府、岱岳区范镇政府、肥城市教育局的经验材料进行了会议交流。大会组织参观了宁阳县宁阳镇临邑村幼儿园、岱岳区道朗镇鱼池村幼儿园等八处幼儿园现场，与会领导和代表对泰安市在农村学前教育办园模式和师资培养模式创新方面所取得的成绩和经验给予了高度评价。副厅长张志勇作了总结讲话，总结了全省农村学前教育工作取得的成绩，客观地分析了全省农村学前教育存在的问题，并对今后农村学前教育工作的发展目标、任务进行了安排部署。

[山东省创新教育课堂教学观摩研讨会在泰安市召开]　11月8日至9日，山东省创新教育课堂教学观摩研讨会在泰安市召开。山东省教育厅副厅长、省创新教育总课题组组长张志勇，泰安市教育局长桑新华出席大会，课题研究核心成员、教师代表600余人参加了会议。“齐鲁名师”史建柱、刘青分别执教了公开课，与会代表进行了课堂教学观摩研讨。高中分会场设在泰安一中，泰安一中教师王春华和泰山中学教师杨洪莉分别为大会提供了体现高中课程改革新理念的研讨课。泰山区省庄一中、二中分别提供初中文科和理科教学研讨会现场，泰安第一实验小学和迎胜小学为大会提供小学文、理科现场，泰山区省庄二中焦圣玉和杨建华、省庄一中李静、泰安第一实验小学陈炳峰分别提供了初中和小学的公开课，与会代表与执教老师、学生代表进行了深入而热烈的对话和交流。

[妥善安置16名地震灾区学生就读]　四川汶川地震发生后，市教育局积极开展支援地震灾区抗震救灾工作，开启灾区学生入学“爱心通道”，妥善安置来泰安市就读的地震灾区学生。全市共接收16名来自地震灾区的学生，这些学生分别来自四川、陕西和甘肃，小学10人，初中5人，高中1人，安置在市直学校3人，泰山区7人，宁阳县4人，肥城市1人，东平县1人。对于通过各种渠道来泰安市联系就读的地震灾区学生，各级教育行政部门和学校认真组织，积极协调，安排就近入学随班就读，并免除全部学习费用，免费提供教科书，提供一定的学习用品和生活费用，帮助他们解决生活、学习上的困难。各学校认真做好灾区学生的卫生保健工作，专门安排心理老师进行心理扶助，设立专职责任老师进行对口辅导。

教师关心爱护地震灾区来泰安就读的学生

[职业成人教育概况]　全市中等职业学校完成招生2.5万人(其中教育系统2.1万人)，招生职普比达5.2∶4.8(其中教育系统4.7∶5.3)，在校生职普比达到4.4∶5.6，中等职业学校在校生占高中段比例比2007年提高3个百分点，高中段入学率达到92.9%，比2007年提高3.6个百分点。各职业学校“双师型”教师占专业课教师的比例达85%，技师占专业课教师的28%。突出学生实践技能培养，毕业生获“四证”(普通话、英语、计算机、职业资格)率达98.56%，全市中职毕业生就业率为97%，高质量就业率达51%。严格对拟举办民办学校进行办学审查和评估，审批成立6处民办学校。规范对民办学校的管理，重点监控办学条件、教学质量、招生秩序、收费管理和安全教育。加强对驻泰高校函授站的管理，对36处函授站进行了年检。泰山职业技术学院顺利通过教育部高职高专人才培养工作水平评估。

[职业教育基础能力建设]　进一步优化职业教育资源配置，提高办学水平。泰安卫生学校新校区已经开工建设；新泰市将原来四处职业学校合并成一处职业技

术学校，优化了资源配置，提升了办学能力；东平县职业中专与东平县三中实现资源整合，扩大了职业教育办学规模。各职业学校多渠道筹措办学资金，不断改善办学条件。全市各职业学校累计投入近3000万元，用于改善办学条件。其中，新泰市职业技术学校投入1000万元，新建成4个数控、机加工、焊接实习实训车间；宁阳县职教中心投入近200万元，新建成5个以机加工为主的实习实训车间。继续对全市职业学校进行办学水平评估，完善职业学校办学水平评估方案，对全市25处职业学校进行评估。

[职业教育教学改革] 借鉴“双元制”办学模式，大力推行工学结合、校企合作，起草下发了《关于在全市中等职业学校开展半工半读工作的通知》(泰教发[2008]49号)文件，2008年暑假期间所有职业学校开展“工学结合、半工半读”教学改革试点。进一步深化职业学校学分制改革，加强学生实习的考核，总结经验，推广典型，做好专业技能实践模块学分管理。充分发挥课堂主渠道的作用，进一步深化“自主合作式课堂教学模式”改革，由文化课向专业课渗透，探索制定课堂教学评价标准和办法，提高课堂效率，以课题研究推动教学和教研工作。举办了全市职业学校课堂教学改革骨干教师培训班，400余名教师参加培训。承办了全国中等职业学校服装专业教师说课比赛及全国中等职业学校商贸财经专业教师说课比赛，泰安市岱岳区职业中专的史勇老师获全国服装专业教师说课比赛一等奖。进一步探索完善职业教育教学质量分析监测机制。进一步完善了以就业率(对口就业率)、就业质量(就业工资、就业保险、对口升学等)为主要内容的量化评价管理办法。

[成人教育] 以创建示范性乡镇成教中心校活动为抓手，推动全市农村成人教育健康发展。下发了《关于切实做好市级示范性乡镇成教中心学校创建工作的通知》，对2007年度市级示范性乡镇成教中心校进行了复查，针对存在的问题提出了进一步整改意见；在学校申报、县(市、区)初验的基础上，对2008年度市级示范性乡镇成教中心校进行了指导、调度和评估验收。宁阳鹤山乡成教中心校被评为全国成人教育先进单位。立足服务“三农”，积极开展各类培训活动，全年进行在职职工、下岗失业人员再就业、农村实用技术培训22余万人次；开展农村劳动力转移培训达5.4万人次。

[语言文字工作] 组织开展市级普及普通话示范校(园)评比工作，创建市级普及普通话示范校27所，对已获得市级普及普通话示范校称号的20所学校进行复评。组织全市中小学生开展泰安市“规范社会用字建设文明城市”综合社会实践活动，对全市户外广告不规范用字情况进行调查。开展中华文化经典诵读试点工作，下发了《泰安市小学中华文化经典诵读活动实施方案》。深入开展第十一届全国推广普通话宣传周活动。组织近万名教师参加了“第三届全国教师语言文字基本功大赛暨优秀论文评选活动”、“我与汉语拼音”征文活动和“汉语拼音的推行与应用”论文评选活动。组织广大师生参加了全省校园“语言、才艺”素质教育成果展示活动，获得小学团体组、个人组第一名的好成绩，市教育局获最佳组织奖。加大教师普通话培训力度，全市3543名教师参加了普通话培训。做好普通话测试工作，共测试师生12640人次。补充扩大测试员队伍，先后组织23名教师参加省普通话水平测试员培训班和考核验证班。

[泰山区教育概况] 2008年，泰山区加强领导，加大投入，加快发展，全面落实“以县为主”农村义务教育管理体制，全面提高办学效益和水平，推动全区教育事业全面发展。被命名为山东省家庭教育现代化实验工作示范区，被评为山东省教育科研先进单位、泰安市教育工作先进单位，连续第五年获得市教育综合督导评估第一名。

国家教育发展中心课题组到泰山区调研教育发展工作

各类教育协调发展。2008年全区小学适龄人口入学率、在校生巩固率及小学升初中入学率均保持在100%，初中生在校生巩固率达到99.7%。全区登记注册幼儿园共99处，有省级示范园8处，占全区幼儿园总数8.1%，市级规范化幼儿园31所，占全区幼儿园总数的31.3%；在全区7个镇中，有1处政府办中心幼儿园已通过市教育局验收；原有省级实验园1处，拆迁异地新建，新园已破土动工。职业学校办学水平评估和示范性专业评估成绩显著，职专毕业生就业率达96%，毕业生“四证”考核过关率达100%。成人教育坚持以成教中心为龙头，加强培训基地建设，全区7个镇已有5个通过市“示范成教中心校”验收，占总数的

71.4%。

素质教育全面推进。积极推进德育课程改革，加强青少年法制教育，邀请法院等部门到区直、农村中学举行法制教育报告。加强中小学生的心理健康教育，组织兼职心理健康教师参加了全省的培训。健全了学校、家庭、社会组织网络，组织开展家校活动。12月，泰山区顺利通过全省家庭教育现代化实验区验收，成为全省第一个获此殊荣的县(市、区)。学校文化建设不断加强。先后投资1200余万元，用于学校校舍规划建设、整饰、文化设施建设；全区有市3A级学校32处，占全区学校总数的46.4%，5所学校获市4A级学校。开展阳光体育、艺术教育活动。坚持学生每天体育锻炼不低于1小时，顺利承办全市“中小学生跆拳道”比赛、全市中小学生“乒乓球比赛”等多项赛事，先后开展了全区中小学生篮球、羽毛球、书法、摄影等29项比赛。成立了全区青少年综合实践教育基地，设置图书馆、青少年科技展厅、综合演出厅等设施，组建了泰山教育艺术团。

办学水平全面提高。把学校建设列入市区建设规划，以点带面，整体推进。泰安六中新校区建设列入建设规划，徐家楼栗家庄小学、王家店小学教学楼主体完工，省庄镇中心小学教学楼开工建设。2008年，创建市级规范化学校2所、区级规范化学校3所。全区省、市、区级规范化学校数量分别达到了17所、32所和20所，分别占全区中小学总数的24.6%、46.3%和27.5%。制订了《泰山区中小学标准化建设规划》和年度计划，分步实施。全区各学校积极调整校舍用房，完善各类实验室、科学实验室建设，增配各类教学仪器，积极落实农村中小学教学仪器更新和特殊教育学校仪器更新工程。投入57万元，新增教学仪器142800件；投入70余万元，新增图书136100册。学校信息化建设步伐加快。全区中小学2008年新增微机668台，新上多媒体教室64口，新建学校网站3处。全区中小学学生用微机4042台，学生用微机配备达到10.26人/台。教师用微机2546台，专任教师人均1台。微机室达到89个，所有初中、完全小学均建成校园网或网络教室，全区中小学均开设信息技术课。成立了学生资助管理中心，全部免除义务教育段低保家庭在校生书本费，按照每生每年1000元的标准，拨付高中政府助学金4.6万元，救助比例占在校生的8.61%；职业中专的农村学生和城市困难学生按照每生每学年1500元的标准全部得到资助，共资助41.4万元。

教育教学质量不断提高。深化课堂教学改革。2008年在全市第一届优秀校本课程评比活动中取得优异成绩，获得三项一等奖，六项二等奖，四个单位获得校本课程建设先进单位称号。全区中学开发实施校本课程已达到100%，小学开发实施校本课程达到93.3%。侧重与一线教师进行面对面的交流、探讨，加强了专业引领，以省庄二中为代表的“精彩主讲，智慧生成”创新课堂教学模式改革，得到国家、省市教育部门的肯定。山东省教育厅副厅长张志勇和泰安市教育局局长桑新华分别到省庄二中听课、调研，新华社、《人民日报》、《光明日报》、《中国教育报》等中央、省级媒体来省庄二中采访。注重师资配备培训。2008年新补充教师63名，45人到农村任教，占71.43%，进一步调整了教师的年龄结构、学科结构、学历结构。加强培训评估与考核，全年共培训管理干部400余名、班主任353名、骨干教师500余名，1900余名中小学教师参与了全员培训、教育技术能力培训，专任教师全部取得了继续教育证书。印发了《关于城乡教师交流的意见》，2008年城乡交流43人，每年组织进行两次骨干教师送教下乡活动。

[岱岳区教育概况] 岱岳区共有各级各类学校、幼儿园467所，其中小学122所，初中27所，普通高中5所，职业中专3所，成人中专1所，乡镇成教中心校17所，特教学校1处(聋哑学校)，幼儿园288所。各类学校、幼儿园学生122914人，其中小学61629人，初中16362人，普通高中12308人，职业中专5470人，成教1746人，特教学生109人，幼儿园25290人。共有在编在职教职工7493人，其中专任教师7283人，专任教师合格率，高中段96%，初中99%，小学100%。

全区共有16个乡镇、街道创建成为泰安市“教育工作强乡镇”。全区普通中小学共有省级规范化学校18处，市级规范化学校69处。全区小学入学率达到100%，初中入学率达到100%，高中段入学率达到80.5%。共有省级示范幼儿园10处，市级规范化幼儿园78处。学前三年儿童受教育率达到96%以上。有国家级重点职业中专1处，省级重点实训基地两处，省级重点专业两个。职业学校毕业生就业率达到100%，高质量就业率达到85%。区成人中专和各乡镇、街道成教中心校积极组织开展各种短期培训，年培训人数达14万人次，农村剩余劳动力转移培训5100多人，有3200人得到转移安置。有14处乡镇成教中心校被评为市级示范学校。2008年9月，为全省农村学前教育工作研讨会提供了现场。

逐步完善“以县为主”管理体制。从2008年7月份起为农村教师增发了20%的住房补贴，为区直学校教师增发了10%住房补贴，为离退休教师增发了15%的住房补贴和人均220元的生活补贴。区政府每年投入近百万元，对接送学生车辆实行“一返一补两奖励”政策，逐步建立起接送学生车辆安全的长效机制。

全面提高义务教育保障水平。2008 年共落实义务教育保障资金 3440 万元，全区共有 79023 名学生享受到了政府的免杂费政策，为 78209 名学生免费提供了教科书，为 1710 名学生发放了寄宿生生活费。

认真做好学生资助工作。2008 年共落实中等职业学校国家助学金 383 万元，普通高中政府助学金 105 万元；资助中等职业学校学生 5102 人次，资助普通高中家庭经济困难学生 2100 人次。组织了“同在蓝天下，城乡手拉手”等捐资助学活动共筹集资金 60 余万元，救助贫困学生 1000 多人次。

大力加强教师队伍建设。以抗震救灾、迎奥运等为契机，加强教师政治思想教育，涌现出了以申洪英、戚兆金为代表的一大批优秀教师。评选出区级骨干教师 220 名，区级拔尖人才 1 名、学科带头人 3 名，84 名教师入选泰安市人才递进工程。向社会公开招录 24 名新教师充实到农村中小学，农村中小学教师队伍的学科结构和年龄结构得到进一步调整。

努力改善办学条件。2008 年全区新建校舍 25 处(其中楼房 15 处，平房 10 处)，完成新建面积 45525 平方米；维修校舍 13 处，维修面积 35886 平方米；改造水泥檩校舍 1.2 万平方米(水泥檩校舍改造任务全部完成)，危房改造总投资 3260 万元。实施教学仪器更新工程，投资 170 多万元为 36 所中小学和聋哑学校配备了教学仪器。英雄山中学等 4 处学校被命名为泰安市首批学校文化建设 AAAA 级单位。

全面实施素质教育。认真落实全省中小学素质教育工作会议精神，大力规范办学行为；积极探索素质教育背景下的教学方法和学习方式，完善素质教育评价体系，素质教育理念得到有效体现。有数十名教师在全国和省市优质课中获奖或被评为省市教学能手，有多项课题在全国和省市立项并获奖。举行了素质教育流动现场会、素质教育示范校建设活动和学校文化艺术体育节，促进了学生的全面发展和健康成长。

[新泰市教育概况]　新泰市共有各级各类学校 216 处，其中，小学 174 处，初中 34 处，高中 3 处，职教中心 1 处，教育培训中心、特殊教育学校、实验幼儿园各 1 处，在校中小学生 15.6 万人，在职教职工 10914 人。

积极完善“以县为主”农村义务教育管理体制。2008 年 1 月，教师的各项福利待遇实现了新泰市统一标准，教师月平均工资达到 2516 元。落实 2008 年农村小学预算内生均教育事业费 2449.88 万元，农村中学预算内生均教育事业费 6131.29 万元；农村小学预算内生均公用经费 345 元，较上年增长 94.17 元，农村中学预算内生均公用经费 497 元，较上年增长 142.61 元，全部纳入了财政预算并按时足额拨付。安排资金 53.2 万元，对家庭经济困难寄宿生进行生活补助，享受补助的困难学生占寄宿生的比例分别为初中 8.14%、小学 8.34%。安排资金 8.92 万元，对城市义务教育阶段低保家庭学生免费提供教科书，其中免费提供教科书人数比例分别为 193.83%、578.63%。安排普通高中政府助学金 188 万元，资助比例占在校生总数的 8.03%；所有职业学校在校农村学生和城市家庭经济困难学生，均享受每生 1500 元补助，资助总额计 307 万元。

全国人大常委会教科文卫委员会副主任委员、原黑龙江省委书记宋法棠(左二)，在泰安市和新泰市有关领导同志陪同下视察新泰一中

不断加大教育投入，大力改善办学条件。2008 年教育总投入 61318 万元，比 2007 年增长 7.7%；2008 年预算内教育经费支出 43471 万元，占地方财政总支出的 17.6%，比 2007 年增加 0.75 个百分点。加大危改和校建力度，总投资 3000 万元，新建改造学校 20 处。对职业学校和新泰、新汶的城区学校进行整合调整，成立了新的职业中专、新汶实验学校、新兴初级中学、高中文化补习学校，向阳实验小学正式招生，启动了青云二中重建项目。新泰市财政先后拨付 757.2 万元，落实了农村中小学课桌凳更新、农村中小学仪器更新、特教学校仪器配备、中小学音体美劳卫器材配备和图书室、探究室建设“五项工程”；拨付 1000 万元，为新泰一中配备设施、图书，使该校达到了省级规范化学校标准。抓好网管中心和校园网建设，投资 292 万元，基本配齐配全了教学用计算机，新泰市中小学微机室、电子备课室、多媒体电教室、远程教育设施进一步完善。新泰市中学物理、化学、生物和小学实验教学仪器配备基本达到了标准要求。已建成省级规范化学校 23 处、泰安市级规范化学校 71 处。14 个乡镇通过泰安市教育工作强乡镇验收。

大力加强教育教学管理，全面推进素质教育。全面落实新课改精神，办学行为进一步规范。大力加强教科研工作，拿出100万元加强了团队、课题、学科基地建设；进一步健全了教科研网络，加强了教科研力量。义务教育段实行三级课程管理。统一部署中小学教材教辅资料工作，均衡配置校内教育教学资源。学生家庭书面作业实行总量控制，严格规定了各学段作业数量；提倡布置探究性、实践性家庭作业。普通高中基本建设和招生行为进一步规范。重视学生思想道德建设，学校安全工作成效显著。以德育创新为突破口，建立了“抓首位，促到位，顾全方位”的工作格局，开辟了多处教育阵地。认真落实了安全目标责任制，加强了安全应急演练，加大了校园内外综合治理力度，2008年新泰市学校没有发生安全责任事故。大力加强学校文化建设，体艺卫等工作效果明显。有84处学校被泰安市认定为校园文化建设AAA级学校，3处成为AAAA级学校。加强了体育、艺术、卫生教育工作，突出抓好薄弱学科建设。新泰市实验幼儿园的舞蹈《京韵花翎》获全国金奖；新泰市第一实验小学在中央文明委举办的“敬老、爱老、助老”“八个一”活动中获大奖，在山东省小公民道德建设中获创新奖；燕鸣希望小学参加全国希望工程快乐体育运动会获特等奖。

新泰市“阳光体育”展示大会

大力加强教师队伍建设，统筹发展教育各项事业。建立教师补充的协调机制和长效机制。2008年进一步扩大了招聘范围、数量，对2007、2008两年的大学毕业生一并招考，新招聘352名教师中的286人到农村学校任教。继续完善城乡教师交流制度，安排327名教师参加了支教活动，组织教育系统52名名师、拔尖人才“送课下乡”。新泰市财政先后投入280万元，进一步加强和完善了教师培训基地建设，共培训干部、教师11039人次，师资队伍整体水平大幅度提高。推进高中段教育协调发展。制定了高中段教育事业发展规划，大力推进普高和中职协调发展。以重点学校、重点专业建设为抓手，努力提高中职办学水平，先期投入2000万元，加强了新泰市职业中专重点专业和实习实训基地建设，计划2009年再列支3000万元，力争建成国家级千所重点职业学校。2008年各种职业类招生数达到4796人，组织333人参加了职业资格中级技能鉴定，500多人参加了英语等级EST证书考核，240人被高职院校录取，4000多人参加了各种专业技术培训，培训转移农村富余劳动力3112人。积极发展壮大成教中心校，20个乡镇均建有成人教育中心学校，9817个行政村全部建有农民文化技术学校，办学面达100%。通过实施“富民培训工程”，2008年共培训农村劳动力22.5万人次，通过实施农民工转移阳光工程，培训转移农村剩余劳动力累计2万人次。

[肥城市教育概况] 加大教科研力度，促进了各类教育教学质量的持续提升。有16项课题全部通过山东省“十一五”规划的立项评审，有52项课题确立为泰安市重点和规划课题。教研工作的加强促进了教育质量的持续提升。一是学前教育学前一年入园率达到100%，学前三年入园率达到93.4%，提前完成了“到2012年学前三年入园率达到85%、学前一年入园率达到99%以上”的目标。二是义务教育段大力实施素质教育，学生综合素质进一步提升，入学率和巩固率都超过省定标准。三是普通高中认真落实省市素质教育会议精神，规范办学行为，促进内涵发展。四是职成教育成绩优异，学生就业率和高考对口升学率均居泰安市第一位。

全面加强了师德师能建设，队伍素质有了新提高。扎实开展了“继续解放思想、推动科学发展”学习教育活动，组织了师德报告团，巡回报告16场，建立完善了长效工作机制。继续加强教师继续教育，加大了师训干训的培训力度，开展了业务技能竞赛，实施“骨干带动”战略，培训干部教师6000余人次，涌现出一大批名师群体，有116人分别被评为泰安市教学新星、教坛人才、泰山名师、泰山名校长和泰山功勋教师（校长）。

注重学校管理的精致化，学校管理又上新水平。

把肥城市政府开展的"落实年"活动要求全面贯彻到学校管理的各个环节和每个方面，以健全完善"五大机制"，即德法并举、以人为本的管理机制，奖优罚劣、优劳优酬的竞争机制，任人唯贤、能上能下的用人机制，客观公正、公平合理的评价机制，全员参与、逐级追责的安全机制，全面推进管理创新。重点是把"五大机制"的完善建立有机渗透到各学段的教学工作中，以每个机制作为管理的经线，以丰富每个机制所建立的各项制度要求作为管理的纬线，形成学校管理的网络化和常态化。实施了教师支教工程，首期安排了193名教师支教，完善了教师资源的布局结构。

推动教育优质均衡发展，办学条件有了新改善。坚持不懈地抓好农村中小学危房改造，新建项目12个，实际开工17个，新建面积3.7万平方米。继续加大规范化学校创建力度，不断加强学校环境建设，申报AAA学校17处，AAAA学校5处，4处学校顺利通过泰安市文字示范校验收。落实了"以县为主"的管理体制，保证了全市教师工资统一标准、及时足额发放。免除了城市义务教育学生课本费7.9万元，补助农村贫困寄宿生生活费32.6万元。继续搞好肥城教育基金会助学金的发放工作，分别对家庭特别困难的595名学生进行资助，对高考成绩特别优秀的20名学生进行奖励，共发放资金17.3万元。全面完成了农村中小学远程教育工程，启动了农村中小学教育仪器更新工程，完成了应配备数量的40%。以"肥城教育网"为枢纽的教育网络建设水平全面提高，肥城教育网络已经成为教育系统面向社会的重要宣传窗口。

全面加强了机关建设，机关服务更加优质高效。组织开展了"继续解放思想、推进科学发展"和"鲜花送文明"、"诚信肥城"、"五个好"部门创建活动，全面落实教育系统"八要八不要"和"十条禁令"，努力落实"两个面对"要求，创建"六型"和谐机关，促进了机关建设水平的不断提高。

做好了学校安全工作，完成了招商引资年度任务。大力开展安全排查，挂账消号，组织专人对全市中小学、幼儿园进行了5次拉网式安全大检查，及时消除了存在的安全隐患，杜绝了安全事故的发生。2008年完成肥城市认定任务2300多万元，占全年任务的153.3%，其中考核认定385万元，实际争取省以上无偿资金3479万元。

[宁阳县教育概况] 宁阳县共有普通中小学129处，职业学校2处、特殊教育学校1处、乡镇成人教育中心12处，幼儿园69处，民办学校4处，在校生普通高中15075人、初中13138人、小学46991人、职业学校10607人、特殊教育学校142人，在园幼儿19507人，在编在岗教职工7621人。2008年，被泰安市政府命名为全市"教育工作先进单位"，被山东省教育厅命名为"教育科研工作先进单位"；在2008年9月22日召开的山东省农村学前教育工作研讨会上作典型发言，并为会议提供现场。1月10日，泰安市教育局、市政府教育督导室在宁阳召开泰安市督学工作现场会议，总结和推广宁阳县的督学工作经验，7月召开的全国教育督导研修会议也推介了宁阳的这一做法。

学前教育。2008年，共有幼儿园69所(不含学校附设园)，占地面积230146平方米，建筑面积82278平方米。在园幼儿19507人，入园幼儿10508人；学前一年和三年入园率分别达到100%、92.6%；教职工559名，其中专任教师393人，学历达标率为95.2%。

特殊教育。2008年，共有特殊教育学校1所，占地面积13320平方米，建筑面积3427平方米，为省级规范化学校。在校生142人，招生40人，毕业29人；"三残"儿童总体入学率为98.9%。教职工47人，其中专任教师25人，学历达标率100%。

义务教育。2008年，共有小学106所(含33处教学点)，占地面积1443455平方米、建筑面积274290平方米，省、市、县级规范化学校分别为8所、28所、46所，总在校生46991人，招生9125人，毕业4447人。小学入学率、在校生巩固率、15周岁人口初等教育完成率均达到100%。教职工3861人，其中专任教师3414人，学历达标率99.38%。共有初中19所，占地面积1299834平方米、建筑面积476256平方米，省、市、县级规范化学校分别为10所、8所、2所，总在校生13138人，招生4514人，毕业6454人。初中正常适龄人口入学率99.7%，在校生年巩固率99%，17周岁人口初级中等教育完成率达到99.4%。教职工2224人，其中专任教师1521人，学历达标率100%。

宁阳县农村小学的孩子们在上语音课

普通高中教育。2008年，共有普通高中4所，占地面积539911平方米、建筑面积308735平方米，省级规范化学校3所、市级规范化学校1所，总在校学生

15075人，招生3421人，毕业5913人。教职工1348人，其中专任教师1059人，学历达标率91.12%。

中等职业教育。2008年，有中等职业学校2所，占地面积422085平方米、建筑面积217102平方米，总在校生10607人，招生3253人(其中初中毕业生2105人)，安置毕业生3139人，安置率96.5%。职普比48.74∶51.26，高中段入学率85.62%。教职工413人，其中专任教师300人，学历达标率90%。

成人教育。2008年，有县级成人教育中心1所，乡镇成人教育中心学校12所，村农民文化技术学校566所。成人高等教育本、专科招生331人，其中本科127人，专科204人；成人教育各项培训14万人次；农村劳动力转移3100人次，农业科技推广项目29项；非盲率达到98.7%。

教育改革。继续推进义务教育经费保障机制改革，在免除初中、小学学生杂费和国家课程教材费的基础上，2008年，免除地方课程教材费326万元。小学、初中的生均公用经费分别由30元、40元，提高到85元和145元，生均预算内日常公用经费分别达到390元和534.31元。统一标准发放教师住房补贴，农村教师月平均工资达到1668元。建立起政府、学校、社会三个层面的学生资助网络，全年救助学生14817人次，金额702.9万元。

队伍建设。为乡镇选聘11名教育干部，面向社会公开招考录用80名具有教师资格的师范类专科以上学历毕业生到中小学任教，132人取得各类学校教师资格。评选出县级16个师德建设先进集体和50名师德标兵，125名教师被评为“泰山教学新星”、“泰山教坛英才”、“泰山名师”和“泰山功勋教师”；县委、县政府命名第二届“宁阳名师”26名、“宁阳名校长”7名。

办学条件。2008年，全县教育经费总投入35592.4万元，比上年增长16.89%；教育事业费拨款25832万元，比上年增长19.34%；预算内教育拨款的增长高于经常性财政收入增长7.74个百分点。预算内教育经费27542.3万元，占财政支出的25.16%，比上年提高0.06个百分点。完成投资2101.25万元，新建和维修校舍52361平方米。实施城区学校布局调整工程，将宁阳实验高中、宁阳五中合并搬迁至原宁阳行知学校，将实验中学搬迁至实验高中原址，新建宁阳第一小学，改善了1万多名学生的学习条件。投资1079万元，加强内部设施建设。教育城域网覆盖全县所有学校，实现了办公信息化。

[东平县教育概况] 东平县有各级各类学校196处，其中小学152处，初中19处，成教中心14处，普通高中6处，职业中专、教师进修学校、技工学校、聋哑学校、县直机关幼儿园各1处。小学在校生48731人，初中在校生16686人，高中段在校生21373人。中小学专任教师6044人，其中，小学2959人，初中1982人，高中1103人。

“以县为主”管理体制逐步规范。继续巩固和完善“以县为主”管理体制，在全市率先实现了全县教师工资统一发放，提高了工资标准。成立了教育经费财务管理中心，对全县各级各类学校实行“校财局管”，规范了收支行为。成立了县学生资助管理中心，认真落实各项教育免费政策，大力实施贫困生救助工程，健全了学生资助情况档案，为义务教育段学生免费提供了教科书，为家庭贫困寄宿学生发放了生活补助金，按时发放普通高中和中等职业学校政府助学金。

东平县启动“有效达标课堂改进行动计划”教学活动

素质教育进程扎实推进。健全了学校、家庭、社会“三位一体”的德育工作网络，加强了德育与学生生活实践的联系。严格执行《山东省普通中小学管理基本规范》。启动了“有效达标课堂改进行动计划”。加强体卫艺工作，建立健全了学校卫生制度，做好了健康教育和传染病预防工作，开展了阳光体育活动。各中小学积极组织音体美各种兴趣小组，举办文体活动。积极构建了符合素质教育的教育质量监测和评价体系。

师资队伍建设持续加强。对部分乡镇教办主任进行了调整，提高了干部队伍素质。组织了教育行风建设集中活动，实施了教师读书成长工程，教师的政治思想素质得到明显提升。组织全县中小学校长参加了校长任职资格培训，对全县小学、高中教师、班主任进行了全员培训，先后多次邀请教育专家来做学术报告，进一步提高了教师业务素质。开展了骨干教师赴乡镇讲课、教育系统专家服务团送课下乡等活动。实施了城乡教师交流制度，提高了农村教育教学水平。

各类教育均衡协调发展。义务教育实施水平继续提高。明确财政投入的主渠道地位，加大对教育的多元化投入，完成了26个校舍维修改造项目和第三实验小学二期改建工程。实施了中小学现代远程教育工程，启动了中小学教学仪器更新工程和特殊教育学校教学仪器配备工程。全县初中以上学校均建起了多媒体教室，43处中小学建成了校园网，32处小学实现了校校通。高中段教育稳步推进。建设了高级中学科技楼，进一步加强了高中学校管理，完善了内部设施装备，注重了教师业务培训，教育教学质量逐步提高。突出抓好职业教育，加强"双师型"教师培养，提高教师业务水平，申请欧元贷款建起了焊接、机械加工、汽修、体育器材加工等实训车间，建立了多元化合作办学机制，东平县职业中专被教育部认定为国家级重点职业学校，被山东省政府确定为山东省劳动力转移培训基地，正在创建"全国千所职业教育示范学校"。建设了乡镇中心幼儿园，完成县直机关幼儿园西园二期工程。全县学前1年、3年入园率分别达到96%、78%。

东平县接山乡退休教师颜廷润荣获由共青团中央、国家人事部、教育部、全国妇联、全国少工委五部委联合表彰的第九届"全国十佳志愿者辅导员"称号

教育督导工作成效明显。加强了教育督导队伍建设，建立并实施了对乡镇政府及各级各类学校的督导制度。充分发挥专兼职督学作用，建立了督学责任区制度。县政府督导室充分发挥职能作用，组织有关部门对各乡镇、各级各类学校进行了督导评估，评估结果在网上公示，并逐一反馈，跟踪整改。

2008年，新湖、斑鸠店、老湖三个乡镇新创建为泰安市教育工作强乡镇，彭集镇中心小学、东平镇古台寺小学通过省级规范化学校验收，高级中学被评为泰安市教学工作先进单位、办学水平先进单位，明湖中学被评为山东省未成年思想道德工作先进单位，接山教师颜廷润被评为全国十佳志愿辅导员。东平县教育局先后获得市级文明单位、县十大文明诚信行业、十佳机关优秀党组织、先进党支部、对上争取工作先进单位等荣誉称号。

泰安市分管教育领导人

市委常委、副市长　白玉翠

泰安市教育局负责人

局长：党委书记　桑新华

副局长、党委副书记、市政府教育督导室主任：张　伟

党委副书记：成坤志

副局长：高　峰　朱树椿　刘应新

纪委书记：张志俭

教育局办公地址：泰安市政大楼A区7楼

联系电话：0538－6991561　6991414(传真)

邮政编码：271000

（撰稿：丁连厚　审稿：朱树椿）

威海市

[概况]　2008年，威海市共有幼儿园333所，在园幼儿4.47万人；小学139所，在校生11.09万人；初中91所，在校生11.39万人；普通高中21所，在校生4.36万人；各类中等职业学校45所(其中普通中专8所，职业高中20所，技工学校9所，成人中专8所)，在校生4.26万人；高等院校6所，全日制在校大专以上学生4.97万人；特殊教育学校4所，在校生408人。全市3～5岁幼儿入园率为96.6%，小学和初中适龄人口入学率均为100%，小学和初中在校生巩固率均为100%，初中毕业生升学率为97.9%。

[学前教育]　2008年全市幼儿园333所，比2007年减少13所，有教学班1580个，在园幼儿44702人，比2007年增加643人，其中女幼儿20971人；教职工4211人，其中园长388人，专任幼儿教师2845人；园长中具有高中段以上学历的381人，占总数的98.20%。专任教师中具有高中段以上学历的2763人，占幼儿教师总数的97.12%，较2007年分别增长0.5%和0.41%。做好学前教育机构登记注册工作，全市学前教育机构中已登记合格的160所，暂缓登记的172所，不合格的7所。积极开展争创省、市级示范、一类幼儿园活动，2008年1所省级"十佳"幼儿园通过验收，创建市级示范、一类幼儿园分别为11所、2所。全市省级示范幼儿园累计达到41所(含省级"十佳"幼儿园2所)，市级示范幼儿园累计达到145所，一

类幼儿园累计达到59所。进一步加强教学研究，下发了《关于举办威海市幼儿教师优质课评选活动的通知》，共评出威海市幼儿教师优质课一、二、三等奖各10名。建立以威海市教育实验幼儿园为首的幼儿交通安全培训基地，向全市所有托幼机构免费发放示范课光盘346盘。继续开展城乡幼儿园结对子活动，全市共有41所省级幼儿园与136所幼儿园结帮扶对子，活动开展以来累计捐赠物品1859件、图书2830套，送课339节，听课932节，教研活动281次。

设立幼儿教师专项培训经费。在威海市政府出台的《关于深入贯彻〈中华人民共和国义务教育法〉大力推进素质教育的意见》中，规定自2008年起，市级财政每年安排学前教育专项经费20万元，各市区、开发区财政每年安排不低于10万元的专项经费，用于提高幼儿教师的专业素质等，并做到逐年增长。2008年，市级学前教育专项经费20万元落实到位，50名省级示范园园长到华东师大进行了提高培训。各市区、开发区也都设立了10万元学前教育专项经费。

[基础教育] 2008年全市有普通中小学251所，其中高中21所，普通初中91所(含九年一贯制学校11所，农村初中64所)，小学139所(其中农村小学90所)。小学招生2.03万人，招收女生9732人，女生比重为47.93%。在校生11.09万人(其中农村5.26万人)，比2007年减少6573人；在校女生5.28万人，比重为47.67%，比2007年略有下降。全市小学学龄儿童入学率100%，与2007年持平。小学毕业生2.68万人，小学毕业生升学率保持100%。小学在校生辍学率(休学、退学、死亡、转出及其他原因减少的学生数之和减去复学、转入及其他原因增加学生数的差与2007年学生数之比，下同)为零。全市小学专任教师7584人，比2007年减少511人。专任教师中高中及以上学历的7577人，学历达标率99.91%，比2007年上升0.12个百分点；其中专科及以上6377人，比例为84.08%，比2007年增长8.01个百分点。小学生师比为14.62，高于2007学年的14.51。初中招生2.67万人，招收女生1.28万人，比重为48.02%。在校生11.39万人(其中农村6.27万人)，其中女生5.51万人，占48.38%。毕业生2.63万人，比2007年减少449人，普通初中毕业生升入普通高中的升学率为52.35%，与2007年比较降低了1.41个百分点。初中在校生辍学率为零。普通初中专任教师9110人，比2007年增加78人。专任教师专科及以上学历的8988人，学历达标率为98.66%，比2007年提高了0.49个百分点；本科及以上学历7444人，比例为81.71%，比2007年增长7.57个百分点。普通初中生师比为12.51，低于2007学年的12.60。普通高中招生1.37万人，比2007年减少611人，其中女生7514人，比重为54.67%。在校生4.36万人，比2007年减少4289人；其中女生2.38万人，占54.55%。全市普通高中专任教师3796人，比2007年减少7人。普通高中专任教师本科及以上学历3698人，学历达标率为97.42%，比2007年提高了0.71个百分点。普通高中生师比为11.49，低于2007年的12.60。普通中小学平均在校生规模为：小学797人，初中1252人(九年一贯制学校按初中计校数，下同)，高中2078人，小学、初中、高中平均班数为：17、25、39，平均班额分别为：47人、50人、53人。小学班额中46人以上的超员班有1185个，占全市小学总班数的49.50%；其中城市小学班额中46人以上超员班有845个，占城市总班数的比例为77.03%，比2007年降低了6.55个百分点，66人以上的严重超员班有64个，占城市总班数的5.83%，比2007年下降了0.46个百分点。25人以下的小班有64个，占到2.67%，主要分布农村。全市初中66人以上的严重超员班有106个，占总班数的4.67%，比2007年略有下降。城市初中班额56人以上的占到57.21%，比2007年降低了5.42个百分点，66人以上的占到11.75%，比2007年下降0.94个百分点。

基础教育科研。实施“课堂教学改革深化工程”和“学生综合素质提高工程”两大工程。即在小学实施“小班化教学”实验研究，在初中开展“构建生命化课堂”实验研究，在高中全面推行“有效教学”实验研究；在全市中小学开展“培养学生良好习惯”、“体育大课间”和“实践与创新”三项课题研究。截至2008年底，课题实验学校达到182所。通过“教研、科研、培训、装备”的有机结合，把推进素质教育的要求落实到中小学具体教育教学活动之中。在山东省第四届教育科研工作会议上，全市2个教育科研先进单位、4名教育科研先进个人、12项教育科研优秀成果和11项教学成果奖受到表彰。威海市教育教学研究中心获得全国“教育科研先进单位”和“电化教育先进单位”荣誉称号。

[职业教育] 2008年全市有各类中等职业学校45所，其中普通中等专业学校8所(包括威海职业学院中专部)，职业高级中学20所，成人中等专业学校8所，技工学校9所，共有在校生4.26万人。普通中专共招生3540人，在校生9642人；职业高中招生6266人，在校生1.74万人；成人中专招生1546人，在校生3728人；技工学校招生4196人，在校生1.18万人。普通中专学校专任教师690人，其中具有高、中级职称的教师分别占专任教师总数的36.09%和33.33%。职业高中专任教师1205人，其中文化课教师485人，专业课

教师720人。成人中专专任教师252人。2008年全市职业高中、普通中专、技工学校、成人中专共招生1.55万人，比2007年增加1315人；全市高中段学校（含普通高中、职业高中、普通中专、技工学校、成人中专）共招生2.93万人，比2007年增加744人。普通高中招生占高中阶段学校招生总数的46.92%，职业学校招生占53.08%。初中毕业生升学率（指以上五类学校）为97.94%。高中段学校在校生8.62万人，较2007年减少5670人。普通高中、职业高中、普通中专、技工学校、成人中专占高中阶段在校学生总数的比例分别为50.61%、20.24%、11.19%、13.64%、4.32%。全市普通高中与职业学校在校生之比为50.61∶49.39。

职业学校骨干学校建设。按照市直和每个县级市都要办好1所示范性中等职业学校的目标，2008年继续整合优质职教资源，不断提升办学层次，威海工业技术学校和威海艺术学校创建为国家级重点职业学校，全市国家级重点学校、省级重点学校分别达到10所。乳山市将全部4所职业技术学校合并组建了乳山市职教中心，文登市将公办职业学校由原来的5所合并为3所，新的职教中心正在开工建设。

职业学校重点专业建设。2008年实行招生计划编报与办学水平挂钩，对省级示范性和教学改革试点专业、实训设施投入较大的专业适当增加招生计划，对近两年内招生数量大幅度减少、招生数量达不到办班要求、办学条件较差的专业，缩减招生计划或停止招生。年内有22所学校的34个专业停止了招生，有15所学校对专业设置进行了调整。新增船舶驾驶、轮机管理等7个新专业，加强了物流管理、旅游与酒店服务等需求较旺的专业建设，对服装、计算机应用等数量多、招生难的专业进行了适当调整，进一步促进了专业的特色与品牌建设。各专业教学指导委员会先后制订了服装、计算机、数控、财会、餐旅、电气焊、韩语、汽修等8个专业的教学指导方案，为职业学校教学计划、课程安排、教学评价等工作提供了重要的参考依据。

职业学校招生。2008年针对生源缩减和用工增加的实际，进一步加强对职业学校招生工作的指导与管理，按照普高与中职招生规模大体相当的要求，确定了职业学校1万人的招生任务（不含技工学校），将招生计划层层分解到各市和职业学校，落实责任。发挥区域、政策、就业等优势，积极开展东西联合招生。组织全市13所职业学校，与山西的忻州、甘肃的庆阳和天水等地市举办了两地职业教育合作办学洽谈会，共签订合作意向36份，并邀请宁夏、辽宁、吉林、黑龙江等省市的教育行政部门、职业学校来威海市考察和合作，使招生工作取得了显著成绩。全年各类中等职业学校共招生15548人，比2007年增加1315人，其中外地生源近3000人。

技能教育与短期培训。威海市先后组织了中等职业学校财会、计算机、电气焊、汽车、数控、烹饪专业的技能大赛，在全省职业教育技能大赛中，威海市选派的计算机应用技术、烹饪专业的师生分获一、二、三等奖，全国技能大赛威海市有1名选手获得了三等奖。积极开展各类职业技能培训，全年共开展文化、技术、技能、证书等培训达8.64万人次。

[民办教育]　2008年全市有民办幼儿园139处，招生4817人，在园幼儿1.58万人，比2007年增加689人；民办小学1处，招生284人，在校生884人；九年一贯制学校1处，其中小学招生27人，在校生142人，初中招生53人，在校生180人；民办职业高中12处、普通中专1处、成人中专2处，共招生2464人，在校生7927人，比2007年增加38人。为加强民办教育的管理，市教育局下发了《关于进一步规范民办教育管理程序的通知》，进一步细化了民办学校的审批、招生管理、学籍备案、学校的变更与终止的有关程序，健全了市、市区两级共同管理的工作机制。12月，威海市人民政府办公室印发《关于进一步明确中等职业教育管理职责的意见》的通知，结合威海市中等职业学校尤其是民办职业学校办学主体复杂、层次类别多样的实际，进一步明确了市、市区两级教育行政部门对中等职业学校的管理范围和管理职责，规范了管理秩序，解决了管理中尤其是威海市区民办职业教育管理的责权不清等问题。年内，各级教育行政部门还重点加强了民办教育机构招生广告的监管，招生广告必须经教育行政部门批准（备案），不得擅自超出专业门类和招生范围招生，并对4起违规招生宣传的学校进行了查处。

[高等教育]　2008年全市有高等院校6所，即山东大学威海分校、哈尔滨工业大学（威海）、威海职业（技术）学院、山东药品食品职业学院、山东交通学院海运学院和山东外事翻译职业学院。在校全日制大专以上学生4.97万人。2008年山东大学威海分校招生3468人，在校生1.39万人。哈尔滨工业大学（威海）招生2435人，在校生9691人。威海职业（技术）学院招收高职生4933人，在校生1.29万人。山东药品食品职业学院招生2287人，在校生5445人。山东交通学院海运学院招生512人，在校生1900人。山东外事翻译职业学院招生1800人，在校生5800人。

[教育经费投入]　2008年全市地方教育经费总收入25.74亿元，比2007年增加3.19亿元，增长14.15%；

地方教育总支出25.65亿元,较2007年增加3.3亿元,增长14.77%。地方财政预算内教育经费19.1亿元(不含城市教育费附加),较2007年增加3.38亿元,增长21.53%,高于同期经常性财政收入12.27%的增长速度,实现了法定增长。普通高等学校生均预算内教育事业费由2007年的6596元增加到7108元,增长7.76%;普通中等职业学校由2007年的5586元增加到8555元,增长53.17%;其中职业高中由2007年的8018元增加到13719元,增长了71.09%;普通高中由2007年的4810元增加到5923元,增长23.14%;普通初中由2007年的4710元增加到5819元,增长23.55%,其中农村初中由2007年的5155元增加到6897元,增长33.80%;小学由2007年的3779元增加到4837元,增长28.00%,其中农村小学由2007年的4249元增加到4931元,增长16.04%。生均预算内公用经费普通高等学校由2007年的3919元增加到4428元,增长13%;普通中等职业学校由2007年的1860元增加到3968元,增长113.34%;其中职业高中由2007年的3491元增加到8232元,增长135.81%;普通高中由2007年的1375元增加到1460元,增长6.2%;普通初中由2007年的918元增加到1478元,增长60.91%,其中农村初中由2007年的821元增加到1727元,增长110.23%;小学由2007年的727元增加到1529元,增长110.15%,其中农村小学由2007年的393元增加到855元,增长117.76%。生均预算内日常公用经费普通高等学校由2007年的676元增加到3925元,增长480.27%;普通中等职业学校由2007年的229元增加到406元,增长77.63%;其中职业高中由2007年的226元增加到345元,增长52.76%;普通高中由2007年的275元增加到314元,增长14.32%;普通初中由2007年的582元增加到769元,增长32.09%,其中农村初中由2007年的552元增加到751元,增长36.06%;小学由2007年的402元增加到503元,增长25.18%,其中农村小学由2007年的360元增加到499元,增长38.55%。2008年,威海市教育部门及其他部门预算内教育事业费总支出为18.90亿元,其中人员经费支出12.86亿元,占总支出的68.07%,较2007年降低了5.53个百分点;公用经费支出6.04万元,占总支出的31.93%,较2007年增加了5.53个百分点。2008年预算内教育经费支出结构中,学校人员支出比重逐年下降,而公用支出所占比重逐年上升,说明近几年来义务教育经费保障机制改革的逐步实施,义务教育学校公用经费不断提高,从而促使威海市教育支出结构趋于稳定合理。

[中小学素质教育] 3月18日,威海市政府召开了以素质教育为主题的全市教育工作会议,下发了《威海市人民政府关于深入贯彻〈中华人民共和国义务教育法〉大力推进素质教育的意见》,明确了今后全市素质教育工作的目标和措施。主要内容:一是把德育摆在素质教育的首要位置。把传授知识同陶冶情操、习惯养成、道德素养与民族精神培育等有机结合起来。建立校外实践教育社会义务制度,各类机关、企事业单位要普遍承担学生参观学习、社会实践、毕业实习等责任,各类未成年人校外活动场所,要对未成年人免费开放。二是深化基础教育课程改革,依法规范办学行为。严格按照国家课程方案和标准组织教学,开全课程,开足课时。大力推进课堂教学改革,实施小学"小班化教学"、初中"生命化课堂"和普通高中"有效教学"三项课题研究,开展了"培养学生良好习惯"、"体育大课间"和"实践与创新"三大主题活动。大力实施"阳光体育运动",确保学生每天集体体育锻炼的时间不少于1小时。开展好社会实践和社区服务活动,每所义务教育阶段学校要联系2处固定实践基地和若干处非固定实践基地,小学三年级以上学生参与项目生均达到2项以上;每所普通高中要联系4处固定实践基地和若干处非固定实践基地,学生参与项目生均达到4项以上。每学年参加实践活动的时间,小学生不少于10天,初中生不少于20天,高中生不少于30天。切实减轻中小学生的课业负担。严格控制学生在校学习时间,学生每天(白天)在校时间,小学为6小时,中学为8小时;合理安排学生的学习生活,保证小学生每天不少于10小时、初中生每天不少于9小时、高中生每天不少于8小时的睡眠时间。按规定安排寒暑假期和其他法定节假日,禁止收费上课和有偿补课。严格控制课后作业量,小学一、二年级不留书面家庭作业,小学其他年级除语文、数学外不留书面家庭作业,语文、数学书面作业总量每天不超过1小时;初中书面作业总量不超过1.5小时;高中布置作业要涵盖所有学习领域,总量不超过2小时。三是深化评价制度改革,完善招生考试制度。建立科学的学校办学评价机制,不得向学校下达升学指标,不得以升学率为主要标准来评价学校和校长的工作成绩。完善以素质教育理念为核心的教师评价体系,不以考试成绩和升学率为主要标准来评价与奖惩教师。建立促进学生全面发展的评价体系,全面推行学生日常考试无分数评价,不公布学生的考试成绩,不排列学生名次。义务教育阶段学校实行学生学业成绩与成长纪录相结合的综合评价方式,小学生实行等级制评定,初中生实行以学业考试成绩和基础性发展目标评价为主要内容的综合素质评价制度。普通高中实行全省统一的学业水平考试和规范的高中学生素质发展报告制度。改革和完善中小学招生制度。继续实行

小学就近入学、初中划片招生的办法。积极推进高中招生制度改革,实行初中学生综合素质评价制度和初中实施素质教育工作评价制度,在评价的基础上将高中招生指标逐步分配到初中学校。市教育局为推进素质教育,2008 年上半年重点规范学校办学行为,出台了《关于规范普通中小学作息时间的通知》,对不同季节中小学生到校、上课、放学时间做了详细安排。先后 6 次对 40 多所中小学办学行为进行检查,发放师生调查问卷 1000 多份。下半年重点推进课程改革,以《山东省普通中小学课程实施水平评价方案》为基本参照,规范了课程课时,严格落实《山东省普通高中课程设置及教学指导意见》,出台了《威海市义务教育阶段课程设置及教学指导意见》,提升课程实施水平。进一步提高校长、教师实施素质教育的能力和水平,对全市高中校长进行了 2 次素质教育专题培训,对全市 4044 名普通高中专业教师进行了暑期网络全员培训。

[农村教育]　认真贯彻落实 2007 年全市农村教育工作会议出台的各项政策措施,按照威海市政府与各市区政府签订的《2007～2010 年农村教育工作目标责任书》的要求,不断加大农村教育发展力度。一是健全农村教育经费保障机制。提高农村中小学生均公用经费标准,农村小学由 240 元提高至 295 元,农村初中由 340 元提高至 445 元,全市全年共安排农村中小学公用经费预算资金 5313 万元。提高农村义务教育阶段家庭经济困难寄宿生生活费补助标准,从 2008 年春季学期起基本补助标准由每生每年补助 300 元提高到小学每生每年 500 元、初中每生每年 750 元,享受补助的困难学生占寄宿生的比例应不低于 8%。继续对农村贫困家庭学生乘班车学生给予补助,补助标准为每生每年 300 元,达到乘班车人数的 5%。对农村义务教育阶段学生免费提供教科书,2008 年春季学期支付专项资金 1093 万元,秋季学期 872.6 万元。二是改善农村学校办学条件。以农村教育"四大工程"建设为重点,全面改善农村学校办学条件。加大规范化学校建设力度,2008 年新创建市级规范化学校 11 所,全市市级以上规范化学校达到 244 所,规范化学校建成率由 2007 年的 91.3%提高到 97.2%,其中农村规范化学校建成率达到 95.8%,比 2007 年提高了 10.5 个百分点;加大农村"食暖行"工程建设力度,投入 5158 万元,完成了 70 所农村学校食堂改造,超额完成年度任务 30 所。投资 510 万元,完成 47 所学校取暖设施改造,超额完成年度任务 27 所。投资 391 万元,新增农村学生班车 35 辆,超额完成年度任务 10 辆,总数达到 600 辆,农村中小学生中午吃饭、冬季取暖和上下学交通问题得到了根本缓解;加快教学仪器配备工程进度,2008 年共招标采购农村中小学教学仪器 843 万元,92 所学校提前完成了配备目标,超出年度配备目标 10 个百分点;加大信息化工程建设力度,新增微机 7249 台,全市农村初中和小学生机比分别是 13.1∶1 和 13.5∶1,师机比分别是 1.34∶1 和 1.2∶1,其中农村小学的生机比和师机比提前 2 年达到 2010 年配备目标。中学"校校通"保持 100%,小学"校校通"建成率由 2007 年底的 88%提高到 92%。环翠区、高技术产业开发区、经济技术开发区所有中小学的普通教室都改造成了多媒体教室,实现了"班班通"。三是加大农村教师队伍建设。加大农村超编教师分流力度,按照市委、市政府《关于进一步加强农村教育工作的意见》,对超编学校中工作年限满 30 年或距法定退休年龄 5 年以内且工作满 20 年的教师,其本人申请并经批准后,可提前办理退休手续。加强农村中小学校长和教师的培养培训,积极开展校长任职资格培训、教育干部网络培训、班主任主题培训与网络研修、教师教育技术能力培训和暑期农村骨干教师网络研修活动。以定期交流培训、联合举办教研活动等为重点,积极探索中心校、学区制、伙伴校等城乡教师发展合作机制,不断健全城乡学校领导干部挂职、优秀教师支教任教制度,采取师徒结对、巡回讲学、送教下乡、进城取经等方式,逐步把初中、小学教师在农村任教 1 年以上的经历,作为高级教师职务聘任的必要条件。全市城乡学校结对帮扶率达到 85%,城镇教师支教人数累计达到 2879 人次。

[教师队伍建设]　2008 年,全市小学、初中和普通高中专任教师学历达标率分别为 99.91%、98.66%、97.42%,其中小学达到专科以上和初中达到本科以上的分别为 84.08%、81.71%。年内组织了 2 期高中校长素质教育专题培训,750 名市级骨干班主任培训,94 名教育干部、50 名省级示范园园长到华东师大提高培训,130 名职业教育管理干部培训和全市 4044 名普通高中专业教师暑期网络全员培训;选拔市级中小学学科带头人 97 名、教学能手 120 名。8 月 11～14 日,全省县级教师培训机构建设现场会在威海市召开,威海市的经验得到省教育厅的充分肯定并在全省推广。开展了以"规范行为,塑造职业形象"为主题的师德教育活动,组织师德报告团到各市区进行了 9 场巡回演讲,巩固和加强师德建设活动成果,促进良好师德师风的形成。严格教师职称评审,2008 年共评审小学高级教师 233 人,通过 140 人,通过率为 60%;评审中学一级教师 443 人,通过 254 人,通过率为 57.3%;评审高校讲师 11 人,通过 8 人,通过率为 72.7%;评审中专讲师 15 人,通过 10 人,通过率为 66.7%;评审小学初级教师 6 人,通过 2 人,通过率为 33.3%;评审中专初级 3

人，通过3人，通过率为100%；评审中学高级教师274人，通过150人，通过率为54.7%。面向社会人员认定教师资格，共有725人取得了相应的教师资格，其中高级中学教师资格143人，中等职业学校教师资格51人，中等职业学校实习指导教师资格2人，初级中学教师资格169人，小学教师资格325人，幼儿园教师资格35人。在全市教育工作会议上评选表彰了7名素质教育优秀校长、13名中小学素质教育优秀班主任和30名中小学素质教育优秀教师。举办了威海市庆祝第24个教师节表彰大会，200名市级师德标兵、60名市直教育系统优秀教师受得通报表彰。

山东省县级教师培训机构建设现场会在威海召开

[教育专项督导评估] 2008年5月18～22日，由山东省教育厅、财政厅、审计厅和监察厅组成的山东省政府教育督导团，对威海市2007年度教育工作进行了专项督导评估。本次督导评估采取随机抽样验证的方法，重点抽查了市直和荣成市、乳山市及其4个乡镇，共计23所中小学(幼儿园)。与市及抽样县(市、区)、乡(镇)政府领导和教育、财政、人事、税务等有关部门负责同志进行了座谈，查阅了有关档案资料和账表。9月22日，省政府办公厅转发了《省教育厅等部门关于2007年度教育工作专项督导评估情况的报告》，通报了全省17市2007年教育工作专项督导评估情况，经督导团核实验证、综合分析，作出了定性、定量评价，威海市教育工作专项督导评估成绩939.88分，列全省首位。

[学校安全工作] 以奥运安保为重点，加强安全教育、应急演练、隐患排查和各种专项整治活动，组织开展了隐患排查治理年、安全生产百日督查、食品安全专项行动、火灾隐患排查、校舍抗震排查、幼儿园手足口病防疫等20多项专项活动。加强了学校应急管理工作，强化了学校应急预案建设和消防、防震等演练工作。积极推广校方责任险，规避了学校的办学风险。10月、11月，分别承接了教育部、公安部全国中小学校车现场会和教育部、国家地震局全国地震科普示范学校现场会两个国家级现场会，威海市的经验得到了充分肯定和推广。

学生上下学喜乘“放心车”

[招生考试工作] 全年共组织普通高考、对口高等职业院校录取考试、初中毕业升学考试、成人高考和硕士研究生考试等，应考考生21万余人。其中，普通高考报名人数为1.81万人，对口高等职业院校考试报名人数788人，初中毕业升学考试报名人数2.46万人，初中结业考试报名人数为5.58万人，成人高考报名人数6240人，其中专科升本科1823人，高中起点本科217人，高中起点专科4200人；硕士研究生考试报名人数3285人，比2007年减少128人。海军招飞全面检测合格4人，录取4人；民航招飞体检合格13人，录取10人。共组织各类自学考试和社会考试22次，达到90060科(人)次。其中，高等教育自学考试4次，有9793人次报考19141科次，4520人次取得了6549科合格成绩；中小学教师自学考试2次，有244人次报考420科次，215人次取得331科合格成绩；全国计算机等级考试2次，13917人报考，5585人获得合格证书；全国英语等级考试2次，4360人报考，1804人获得合格证书；剑桥少儿英语考试1次，688人报考，668人获得证书；全国计算机应用技术证书考试2次，40人报考，37人获得合格证书；山东省中小学信息技术等级证书考试3次，35235人报考；大学英语四、六级考试2次，36279人参加考试；餐饮职业经理人、调查分析师、物流职业经理人证书考试2次，331人报考701科次。

[家庭经济困难学生资助工作] 2008年成立了威海市学生资助管理中心，进一步完善覆盖义务教育、普通高中、中等职业学校、市属高校的全方位的经济困难家庭学生助学体系，全年救助贫困学生4.2万人，其中义

务教育阶段 12097 人、普通高中 4000 人、中等职业学校 24186 人、市属高校 1976 人，总金额达到 4353.6 万元。在继续为外来务工人员子女免除杂费、免收借读费的基础上，采取城区学校挖潜、扩建离中心市区较近公办学校规模，进一步扩大外来务工人员子女入学范围，市区接收外来务工人员子女的公办学校由 12 所增加到 20 所，全市共接收外来务工人员子女 27164 名，免收借读费 2029.08 万元。

[市区教育重点建设工程]　2008 年市区新建和扩建中小学 9 所，其中新建学校 2 所(经区凤林学校、环翠区千山路小学)，扩建学校 7 所(环翠区威海十中，高技区威海十五中，经区蒿泊小学、崮山中学、泊于中学、实验小学、西苑学校)，新增校舍面积达到 64400 平方米，总投资 8064 万元，市区中小学的布局得到进一步优化，办学条件进一步改善。

[文登市创建为山东省教育工作示范市]　2007 年 1 月 22～24 日，山东省政府教育督导组对文登市创建山东省教育工作示范市工作进行了预查，在充分肯定成绩的同时，也提出了具体的整改意见。文登市政府高度重视，把创建工作作为整体推进区域教育快速发展的重要抓手，采取得力措施，全面落实各项整改意见，进一步加大教育投入，进一步优化教育发展环境，不断完善教育管理体制，教育发展水平和办学质量得到进一步提高。2008 年 1 月 9～11 日，文登市顺利通过了省督导组的检查和验收。这是继荣成市、环翠区、乳山市之后，威海市又一个荣获“山东省教育示范县(市、区)”称号的市(区)。至此，威海市所辖市区全部创建为山东省教育工作示范县。

[荣成市教育概况]　2008 年，荣成市有各级各类学校 82 所，在校学生 7.8 万人。其中小学 43 所，在校生 3.22万人；初中 28 所，在校生 3.04 万人；普通高中 6 所，在校生 1.34 万人；中等职业学校 4 所，在校生0.45 万人；特殊教育学校 1 所，在校生 152 人；拥有幼儿园 93 所，在园幼儿 1.2 万人。共有教职工 7040 人。

学校规范化建设。将城区学校扩建工程列为市政府为民办十件实事的重点工程，投资 1050 万元，建筑面积 1 万平方米，有效解决城区群众子女上学难的问题。大力推进“农村中小学教学仪器更新工程”，共筹措资金 380 万元，完成了部分仪器的招标，按计划逐步使所有中小学教学仪器达到教育部新颁布的配备标准。

农村中小学“食暖行”工程。投资 400 万元为 11 所学校安装空调 314 台，为 1 所学校安装集中供暖设施；新增 24 辆学生班车，使全市学生班车总数达到 157 辆，将车辆运营补贴由每车每年 3000 元增加到 8000 元；投入资金 767 万元，完成 20 所学校的食堂改造，建筑总面积 8500 多平方米。基本解决了农村学生中午吃饭、冬季取暖和上学交通问题。

弱势群体就学保障机制。成立专门学生资助管理机构，落实各项减免和资助政策，上半年共发放中职助学金 294 万元，受助学生 3922 人，发放普通高中助学金 47 万元，受助学生 940 人；协助市政府及相关部门，拨付慈善资金 100 多万元，资助了 264 名应届贫困大学生。发动全系统干部职工为四川地震灾区群众捐款 500 多万元，并妥善安置灾区群众子女在荣借读。

职业教育建设。大力推进校企合作办学，全面启动“校企联手，共赢发展”活动，组织全市职业学校走访了多家市属重点企业，了解企业用工需求状况，探讨校企合作的方向、措施，确定了一批企业作为职业学校实习实训基地，并签订校企合作协议 30 多份，在定单培养、共建实习实训基地、工学结合、师资建设等多方面开展了广泛深入的合作。加大联合办学力度，重点同甘肃庆阳、天水等地区的教育交流合作，并达成了部分合作办学意向。强化专业技能教学，严格落实双证书制度，毕业生参加初级职业资格鉴定，合格率超过 97%，在全国职业教育技能大赛中，获得了 2 个三等奖、2 个优秀奖。

教师队伍建设。大力开展“强师德、正校风、做楷模、树形象”专题教育活动，严格落实了教育系统“作风纪律建设十不准”，对师德规范划定了明确的制度红线，坚决杜绝有偿家教、体罚和变相体罚等违规行为。加强业务培训，先后组织 130 多名校长及骨干教师参加校本研修培训和班主任培训，认真组织暑期农村中小学素质提高工程专项培训以及高中新课程全员培训，投入资金 140 万元对远程研修设施设备进行了更新和升级，确保了培训质量和效果。

实施素质教育。制订实施《关于加强中小学生课外校外管理工作的实施意见》，形成适应形势发展需要、具有荣成特色的课外校外管理体系。对全市 40 余所中小学校素质教育工作情况进行调研，涉及师生近 2000 人，征求意见和建议 500 多条，形成有价值的工作参考 20 条。全面启动“感受社会，体验人生”实践活动、“优秀影片进学校”展映活动、“优秀主题教育方案”、“优秀社区活动”评选活动等。举办全市中小学素质教育成果展览，共展出书法、绘画、摄影、发明创造和手工制作等作品 1200 多件。成功召开了国家级重点课题《学校德育生活化的实践与研究》的全国经验现场会暨学术报告会。

[文登市教育概况] 2008年,文登市有各级各类学校60处,在校生61094人。其中小学32处,在校生21102人;初中16处,在校生24553人;普通高中5处,在校生9027人;职业学校3处,在校生4087人;特殊教育学校1处,在校生78人。共有幼儿园56处,在园幼儿8161人。全市共有教职工6617人,其中专任教师5212人。

教育投入。建立了以财政拨款为主,多渠道筹措为补充的教育经费保障机制,确保教育经费持续增长。2008年预算内教育经费投入比2007年增加24.5%。继续深入推进义务教育经费保障机制改革,落实各项经费。公用经费方面,农村初中、小学实际分别达到802元、513元;城市初中、小学实际分别达到743元、452元,均超过省定基本标准上限。公用经费总额达到3258万元,保证了学校正常运转。进一步完善困难学生资助体系,投入180多万元资助高中学生2000多人;投入600余万元资助中职学生4000多人;投入88万元为义务教育阶段2600名学生免收课本费、补助生活费和乘车费;投入25.1万元补助乘班车学生乘车费837人,占乘班车学生总数的9%;投入47.7万元补助寄宿生生活费636人,占寄宿生总人数的7%。

教师队伍建设。深入开展讲诚心、讲爱心、讲责任心、讲感恩心为主题的"四心"活动,举办了全系统职工运动会、四川灾区大爱教育师德报告会、教师节文艺晚会。全市教育系统向四川灾区共计捐款1200万元。实施教师读书工程,首批赠书1600多类、1.6万多册;组织家庭教育报告会和教师专业成长报告会,邀请知名教育专家做专题报告;推进教研工作,建立了31个学科网站、32个教育论坛、4500多个教师博客,促进了教师知识共享与经验交流。一年来,28人次执教省级以上公开课,208人次在威海市优质课及论文评选中获奖。

教育设施建设。2008年全市教育总投入达1.2亿。其中投资2500万实施农村中小学"食暖住"工程,20处食堂改造工程完工并投入使用,8处学校取暖设施安装已全部完工,9处学生宿舍改造大通铺已完工,新加工5085张单人双层铁床已安装并投入使用;投资1300万实施城区学校扩建工程;投资6000多万实施学校新建工程;投资120万为12处学校安装闭路电视监控系统;投资220万新增学生班车28辆、总数达139辆。投资2.2亿的文登市职教中心开工,2009年可完成主体工程并投入使用。

[乳山市教育概况] 2008年,乳山市共有各类学校51所,在校生52230人。其中,小学23所,在校生16448人;初中20所,在校生22449人;普通高中6所,在校生10124人;职业学校1所,在校生3133人;特殊教育学校1所,在校生76人。学前教育共有幼儿园37所,在园幼儿6574人。全市有教职工5149人,其中专任教师4050人。

校舍建设和仪器设施配套工程。乳山市政府投资3500万元、建设占地113亩、总建筑面积2.9万平米的海阳所镇九年一贯制中心校。在圆满完成仪器设施三年配套建设工程的基础上,投资500多万元,实施农村初中、市直中小学多媒体进教室的"班班通"工程。完善微机、仪器、多媒体、图书等设施的管理使用制度,研究出台《关于进一步加强教学设施管理使用工作意见及评估细则》,举办三期管理人员培训班,加大专项检查力度,全面提升仪器设施的管理使用效益。

中小学"食暖"工程。乳山市政府将这一惠民工程列入2008年承诺办理的便民利民实事之中,将工程"两年规划,一年实施",一次性投资1400万元,高水平地完成总建筑面积1.1万平方米的27所学生食堂和17所学校的取暖设施配置。整个工程提前一年完成"食暖"工程的建设任务。举办了基建知识、质量监督、食堂管理等专题培训班,保证工程质量,提高管理水平。

教育经费。全市教育经费总投入3.99亿元,比2007年增长14.58%;教育经费总支出3.99亿元,比2007年增长16.04%。进一步健全教育经费保障机制,继续提高初中、小学预算内公用经费标准,初中、小学实际生均公用经费分别达到农村666元和426元,城市720元和460元;继续落实贫困家庭学生资助政策,全免农村义务教育阶段学生教科书费,为城乡1200多名义务教育阶段家庭贫困学生补助寄宿生生活费和乘班车费,减免城市义务教育阶段部分学生课本费;继续落实普通高中贫困学生学费减免和政府助学金政策,资助学生2500多人。

教师队伍建设。在全市教育系统开展了以"规范行为,塑造职业形象"为主题的师德教育活动,开展了师德标兵评选和以"学先进、学规范、树形象"为主题的"两学一树"师德教育活动,全市41人被评为威海市师德标兵。通过"走出去,请进来",分4批外派中小学校长、教导主任及幼儿园园长到华东师大学习培训,邀请专家来乳山市举办"学校ISO9000质量管理"专题讲座。进一步完善骨干教师送课下乡、城乡联谊教研、网上互动教研等教研、培训制度,举办骨干班主任及教导主任培训班,开展系列课达标、"学案导学"、高中教师暑期新课程培训和初中小学地方课程师资培训等活动。2008年全市18人被评为威海市学科带头人,18人获威海市教学能手称号。

教育教学管理。全市中小学开展以"强化教学管理,提升课堂效益;强化师生管理,提升育人效益;强化设施管理,提升使用效益"为主要内容的"管理效益年"活动,坚持"抓大放小,提质增效"的原则,全面推行"责任明确、责权下放、各司其职、各负其责"的自主管理模式,充分调动各学校主动发展、特色发展的积极性、创造性,全面提高管理效能。不断强化民主管理,组织各学校健全落实教职工代表大会制度,强化教职工对重点工作、重大事项知晓度、认同度的考核,切实增强工作决策的科学性和工作落实的执行力。

教育科研工作。一是强化集体教研。出台《关于加强集体备课、集体教研工作的指导意见及其评估办法》,完善落实学科组长负责制及骨干教师导师制,突出团队优势,形成以强扶弱、互动共促的教研局面。二是突出重点课题研究。集中骨干力量,发挥集体优势,对立项的4个国家级、27个省级、66个威海市级课改课题进行重点研究,6个课题研究成果获省级以上奖励。三是抓实"有效教学"研究。以"小学小班化教学"、"初中生命化大课堂"、"高中有效教学"等课题研究为重点,引导教师广泛开展教育教学热点、难点问题调研活动,采取联合攻关、校际联动、成果推广等有效形式,有针对性地强化研究,充分发挥教研对实施素质教育、推进教学改革、提升教育质量的助推作用。

[环翠区教育概况]　2008年,环翠区有中小学校33所,中小学教师2685人,在校学生39510人。其中,初中11所,专任教师1225人,在校学生18346人;小学22所,专任教师1027人,在校学生21164人。小学入学率、巩固率均为100%,初中入学率100%,巩固率99.8%,高中段升学率为95%。小学、初中专任教师学历达标率分别为99.6%、98.6%,其中,研究生学历的达到10%。共有幼儿园52处,在园幼儿7782人,学前三年幼儿入园率为96%,学前一年幼儿入园率为100%。教职工882人,其中专任教师666人,专任教师学历、专业达标率分别为98%、90%。

教育经费投入。完善以政府投入为主、多渠道筹措教育经费的教育投入保障机制,把教育经费单独列项,优先安排财政预算,保持了教育财政拨款的增长高于财政经常性收入的增长和生均预算内公用经费逐年增长。2008年,生均预算内教育公用经费城区小学达到541.56元、初中达到893元;农村小学达到749.42元、初中达到1021.04元。教师工资全额纳入区财政预算,实行"四统一"发放,并逐年增长,年平均增幅为15%。为城市义务教育阶段15908名小学生免除杂费381.24万元,为14207名初中生免除杂费525.66万元。发放国家中等职业学校贫困生助学金43500元,资助贫困生58人。

学校基础建设。投资1800万元,完成威海市第十中学二期扩建工程;投资4000万,新建占地面积37176平方米的威海市千山路小学。投资554.71万元用于塑胶操场、幼儿园改造、购买音体美器材和桌椅等,投资1985万元用于维修校舍、改造和新建食堂、绿化校园。投资82.6万元完成实验教学仪器配备,全区中小学实验教学仪器的配备全部达到新课程规定的标准。筹资200万元新购校车17辆,全区校车达到64辆。全部完成威海市羊亭学校、威海市第十三中学、威海市桥头小学、威海市第七中学、威海市锦华小学、威海市千山路小学、威海市第八中学、威海市孙家疃小学的厕所改造工作。创建了2所市级规范化学校,全区学校全部为市级规范化学校,其中省级规范化学校18处,占学校总数的54%;省级电教示范学校8处,占学校总数的24%;市级电化教育示范学校20处,市级以上电化教育示范学校占学校总数的84%。

教师队伍建设。制定《环翠区中小学教师2008～2010年区本培训方案》、《环翠区2008～2010年中小学教师远程培训方案》。先后开展了校长进修培训、教师全员培训、领导干部集中培训和新教师岗前培训等活动。通过开展"如何做一名有作为的素质教育实践者和推动者"大讨论、优秀教师演讲比赛、师德标兵评选等活动,进一步强化师德师风建设。出台了《关于在全区教育系统实行全员聘用合同制的实施意见》,启动新一轮内部管理体制改革。进一步推进名师工程建设,2008年共评选出学科带头人62名,教学能手41名,其中17人、15人分别被评为市级教学能手、市级学科带头人。制定了《环翠区关于实施城乡教师交流的意见》,积极推进城乡教师交流,年内共有88名城区教师到农村中小学转任交流。

信息化建设。投入382.5万元,购置计算机1046台,使教师用机达到人手一台,学生、教师人机比均达到省定教育工作示范区标准;加大远程教育观摩评估系统建设,新安装室内摄像头174个,室外摄像头60个;开发和启用新的办公自动化系统,实现区域内无纸办公;投入70多万元,购置电化教材132套,使资源总量达到3000G。围绕"信息技术环境下的教与学方式的变革与学习绩效"的课题研究,通过开展网络课件全员培训、网络课件制作评选、信息技术与学科整合优质课评选等活动,进一步促进学科教学与信息技术的整合。

素质教育。通过开展第二轮"同研一节课"活动,深化了课堂教学改革。通过开展以心理健康教育为重点,融安全教育、法制教育、环境教育和青春期教育为一体的系列主题教育活动,深化了德育常规管理;通过开展以人生观教育为主题、以感恩教育和品格教育为主要内容的“家庭道德实践活动”，举办阳光家庭、书香家庭和优秀家长评选，促进了家庭教育与学校教育的有机整合。制定了《环翠区关于进一步加强和改进中小学体育艺术教育工作实施意见》、《环翠区中小学校落实学校艺术教育工作规程》和《学校体育工作条例检查评估细则》，举办了中小学生田径运动会、课间操和校园集体舞、篮球、乒乓球和器乐比赛，召开了陶艺制作现场会。出台了《关于进一步加强实验教学和科技创新工作的指导意见》，通过开展“科普大篷车”进校园、“科普报告百校行”、中小学生科技创新大赛等活动，进一步提高了学生的实践和创新能力。在全省中小学电脑动画制作比赛中，环翠区4项作品荣获一等奖，13项作品荣获二等奖，总成绩全省排名第二。

[高技术产业开发区教育概况] 2008年，高技术产业开发区有各级各类学校20所。其中，小学12所，在校生9273人；初中3所，在校生5153人；各类职业学校5所，在校生2002人。有幼儿园51所，在园幼儿5603人。学前幼儿入园率为98%；九年义务教育学龄人口入学率为100%，初中毕业生升学率为98%。有教职工817人，其中专任教师793人。

校舍改造建设。2008年，投资1.5亿元规划建设占地138亩，总建筑面积63966平方米的神道口学校，2009年9月1日正式招生。投入540万元建设了柴峰、钦村塑胶操场。投资500余万元建设了2648平方米的威海十五中餐厅，新增学生班车2辆。投入42万完善农村中小学实验室建设。全区95%的教室改造成多媒体教室，实现了“校校通”、“班班通”。

教育教学管理。开展了“学校管理规范创新”活动，确保每所学校做到五个严格：严格控制学生到校时间和上课时间；严格保证每天集体体育锻炼不少于1小时；严格按照国家课程方案开全课程、开足课时；严格控制学生的课业负担；严格开展综合实践活动。构建“区校”联动的教师培训机制，制定实施了《威海火炬高技术产业开发区教师专业化成长计划》。以“走进教师、走进学校、走进新课程实践”为重点，开展切实有效的教育科研活动，组织师生5000多人次到金猴集团、华东数控和哈尔滨工业大学（威海）、山东大学威海分校等企业和高校参观学习。大力开展体育大课间和阳光体育活动，校园集体舞活动的开展情况分别被国家和省级媒体宣传报道。

师资队伍建设。2008年招聘教师54名，累计招聘优秀教师达450多名，占教师总数的55%，小学、中学教师学历达标率均达100%。推行教育系统内部管理体制改革，通过合理定岗、双向选择，建立了“能进能出、能上能下”的新型用人机制。开展了“正师德，铸师魂”师德建设活动，8名教师获得市级师德标兵荣誉称号。召开了教师节表彰大会，73名个人和23个单位被授予优秀教师、优秀教育工作者和尊师重教先进个人和单位称号。投入40万元外派教师学习培训1800多人次，全区教师共有立项课题44个，其中省级以上课题1个，市级课题43个；有75篇论文在市级以上刊物发表并获奖，有33人次优质课、公开课获得市级以上奖励。

义务教育经费保障机制。2008年共免除中小学生杂费402万元，补助19万元用于农村义务教育免课本费、补助贫困家庭寄宿生生活费和学生乘班车费等。通过政府补助和社会捐助等形式，全年发放困难补助金162万元，1100名学生享受困难补助。共发放中职助学金147万元。做好外来务工人员子女平等接受义务教育工作，2008年全区在校就读的外来务工人员子女5000多人，超过学生总数的三分之一。接纳了5名地震灾区学生入学，师生向灾区自发组织捐款200余万元。

[经济技术开发区教育概况] 2008年，经济技术开发区共有中小学12所，其中小学6所，中学1所，九年一贯制学校5所。教职工854人，在校学生13682人。小学适龄儿童入学率、初中入学率、九年义务教育普及率均保持100%。小学专任教师学历合格率为100%，普通初中专任教师学历合格率为99.88%。幼儿园38所，在园幼儿4039人，教职工420人。中等职业学校1所，在校生575人，教职工77人。

教育投入。2008年全区教育基础建设累计投入近8000万元，新建改建了总建筑面积5.1万平方米的12项校舍工程，建设新校舍、塑胶操场和学生餐厅等涉及10所学校20多个项目。截至2008年底，泊于中学小学部教学楼和塑胶操场、崮山中学多功能厅、西苑学校多功能厅、海埠小学餐厅、皇冠中学办公楼与教学楼连廊、皇冠小学多功能厅、实验小学操场、西苑学校操场都已投入使用；实验小学和蒿泊小学综合楼已完工；长峰小学教学楼已开工建设。投入336万元，为学校采购了图书、厨房设备、餐厅桌椅、阅览桌、教学多媒体等设备。

教学教研。2008年共评出区级“教学能手”、“学科带头人”和“教坛新秀”各20人，7人被评为市级“教学能手”、8人被评为市级“学科带头人”。全区新增市级实验课题18个，共有国家级课题2个、省级课题15个、市级课题42个；市级以上优质课24节，其中省级优质课4节；新课程改革成果显著，6所中小学被省、市教研部门确定为“教科研优秀试验学校”及“十一五规划重大课题研究试验基地”和“基础教育课程改革先进集体”。

教师队伍建设。一是领导班子建设。建立了教育系统单位负责人年度工作目标考核制度，组织了31名校长、副校长参加了中国干部培训网威海培训分院的网上培训；组织了28名学校德育工作负责人赴上海培训学习。二是班主任队伍建设。印发了《关于加强中小学班主任队伍建设的意见》，成立了“班主任专业化发展研究会”，组织全区25名优秀班主任赴上海进行封闭培训，30名骨干班主任参加全市集中培训，聘请专家对班主任进行专题培训。三是教师队伍建设。在全区教育系统开展了解放思想和师德建设活动，评选区级师德标兵30名、市级师德标兵7名；开展了教师业务比武活动，786名教师参加24人获奖；组织进行教师全员培训4次；新招聘中小学及幼儿园教师50名，并进行了新教师岗前培训。

威海市分管教育领导人

副市长：梁　良

威海市教育局负责人

局长、书记：李树纯

教育局地址：威海市文化中路72号

联系电话：0631－5819831

邮政编码：264200

（审稿人：李树纯　撰稿人：程　斌）

日照市

[综述]　全市共有各级各类学校623所，在校生38.89万人，教职工2.99万人。义务教育学校576所，在校生28.46万人。其中，小学473所，在校生19.27万人，教职工1.21万人；初中103所，在校生9.19万人，教职工9200人。普通高中22所，在校生5.21万人，教职工4849人。各类中等职业学校14所，在校生2.69万人，教职工2172人。市属高校3所，在校生2.48万人，教职工1600余人。共有各级各类幼儿园845所，其中政府办园57所；在园幼儿7.69万人，教职工4413人。

[素质教育全面实施]　实施素质教育是教育工作的主题。2008年，全市各级教育部门和学校按照山东省中小学素质教育工作会议的精神要求，把推进素质教育摆在教育工作的首要位置。4月1日，召开了全市中小学素质教育工作会议，全面部署中小学实施素质教育工作。12月16日，召开了全市中小学素质教育现场会，总结推广实施素质教育的创新举措和先进经验。坚持教育与检查治理相结合，《山东省普通中小学管理基本规范》等管理规定得到较好落实，规范办学行为工作成效显著。特别是普通高中招生，实行了指标生分配、艺体特长生单独划线、市区“五统一”等改革措施，同时严格执行“六条禁令”，保持了良好的招生秩序。广泛开展“阳光体育运动”，确保了中小学生每天锻炼一小时。成功举办了中小学生“阳光体育大擂台”比赛、迎奥运书画比赛等一系列中小学生广泛参与的文体活动，提高了学生综合素质。

[农村教育得到健康发展]　农村教育是教育事业发展的重点，做好农村教育工作对推进教育均衡发展和教育公平意义重大。一是加强了对学前教育的规范管理。2008年，完成了全市幼儿园重新审批注册工作，共整改幼儿园356所，取缔不合格幼儿园189所。有60多所幼儿园被认定为山东省学前教育信息化建设基地园。全市学前三年幼儿入园率达87%，学前一年幼儿入园率达99%。二是进一步深化义务教育经费保障机制改革，全市已实现免费义务教育。三是农村中小学校舍维修改造工作成绩显著。2008年，全市共竣工项目学校116处，竣工面积15.8万平方米，完成全年任务目标的263%，是多年来工作力度最大的一年。四是认真实施农村中小学教学仪器更新和特殊教育学校教学仪器配套工程，全市所有初中和特殊教育学校的工作任务完成。五是农村中小学“211工程”11个试点项目顺利推进。六是全市连续第二年大规模录用新教师。2008年，市和各区（县）通过招考共补充新教师503名，充实到农村教学第一线，基本实现了农村中小学特别是联小、村小校校都有大学生，有力地改善了农村中小学教师年龄结构和知识结构。

[职业教育实现快速发展]　职业教育是经济社会发展的重要基础和教育工作的战略重点。一是加强了职业学校基础能力建设。莒县职教中心创建为国家级重点中等职业学校，全市国家级、省级重点中等职业学校已达6所。二是职业教育招生工作实现较大突破。2008年，高职招生6440人，中职招生1.11万人，中职占高中段比例大幅度提升，推进了高中段教育协调发展，全市已实现基本普及高中段教育的目标。三是对全市职业教育改革发展进行了调研。研究提出了《关于加强中等职业学校专业建设的意见》和《关于全市职业教育布局调整资源整合的实施意见》，为今后职业教育科学

发展奠定了基础。

[城区义务教育办学水平整体提升] 一是做好城区新学校建设工作。为适应城市化进程加快的现状和市民对优质教育资源的需求,市、区两级投巨资在城区建设高标准学校6所,其中新建市金海岸小学被列为市政府2008年为民办实事项目之一。二是市财政投入400万元组织实施了城区薄弱学校改造和内部设施配套工程,对推动城区义务教育均衡发展起到了积极作用。三是抓好了城区义务教育特色创建工作,如市实验小学的“绿色育人”教育理念,新营小学“1加1”、“1选1”、“1展1”的自主发展模式等等,为全市中小学高水平实施素质教育提供了样板和经验,充分发挥了优质教育学校的骨干、带头和辐射作用。

[教师专业化成长成效显著] 没有高水平的教师,就没有高质量的教育。日照市教育局创新工作机制,探索并建立起了内容专业化、课题订单化、形式多元化、管理跟踪化的“四化”新模式,对各级各类学校教师开展了33个项目的培训共达2万人次,增强了教师教育工作的针对性、实效性。2008年,有2人在教师业务比赛中获全国一等奖,89人获省一等奖;有16项课题被立项为省级课题,14项课题获省优秀教科研成果奖。全市已有省级教学能手79人,特级教师30人。

[高中教育教学质量显著提高] 根据全市高中发展现状和国家、省政策,及时将普通高中工作重心从规模扩张转移到规范办学、质量提高和特色创建上来,在全面实施素质教育的同时,进一步提高了教育质量。2008年,在全国中学生物理、化学、数学、生物、信息技术奥林匹克竞赛中,全市有5名学生获全国一等奖,78名学生获全国二等奖。

[抗震救灾及接收安置灾区学生工作稳妥开展] 四川汶川地震发生后,日照市教育局迅速行动,积极组织开展为灾区献爱心活动,全市教育部门和学校共捐款和交纳“特殊党费”573万元。为在日照高校和中职就读的18名灾区学生建立档案,并发放生活补助金14.6万元。坚持特事特办、就近入学、简化手续的原则,为灾区孩子就学铺设“绿色通道”,并做好学习用具配置、补课、生活照顾和心理疏导工作,灾区学生接收安置工作实现了平稳安全。全市先后接收安置灾区学生691人,仍有524名灾区学生在市实验学校集中就读。

[学校安全稳定工作局面良好] 2008年是奥运年,是改革开放30周年,也是自然灾害多发的年份。全市各级教育部门和学校坚持“迎奥运、除隐患、保安全”的指导思想,认真开展“隐患治理年”活动,努力创建平安和谐校园。一是加强奥运安保工作。全市中小学生参加应急演练达20多万人次。二是组织开展了食品卫生安全大检查,共限期整改9家,责令停业1家,取缔校内超市和非法经营小摊点20处。三是开展校园周边环境集中整治,共排查、整治安全隐患1200余项。四是开展了接送学生车辆集中整治,对审核合格的发放了专用标志。五是积极做好预防和抗击自然灾害工作,对发现存有泥石流、滑坡、山洪等危险隐患的58处学校,全部落实了排险和防范措施。六是认真开展校园矛盾纠纷排查和调处工作,确保了全市教育系统无去省进京集体上访。

[教育考试工作圆满顺利] 教育考试是教育部门重要的常规工作,任务艰巨,责任重大。2008年,日照市教育局共组织各类考试共26次,仅社会考试参考人数就达103820人(次)。工作中,做到精心组织,严格程序,确保了各项工作万无一失。同时,运用综合手段,充分发挥各种现代化仪器的作用,下大力治理各种考试作弊行为,进一步严肃了考风考纪,实现了打造平安考试、诚信考试和人民满意考试的目标,切实维护了广大考生的合法权益和考试工作的权威、信誉。

[科学发展的工作思路进一步确立] 2008年,进一步转变工作作风,局领导班子成员分头带队,围绕各类教育和重点工作,深入基层开展了十多次调查研究。同时,主动走出去,到省内外学习教育改革发展的先进经验。在充分摸清工作实情的基础上,通过与先进地区比较、与全省总体水平比较、对照国家政策要求,进一步明确了今后教育改革发展的方向和目标,即学前教育抓管理、义务教育抓均衡、高中教育抓质量、职业教育抓规模、高等教育抓内涵的工作思路,为推进全市教育事业优先发展、科学发展、和谐发展奠定了基础。

[东港区教育概况] 中小学校舍维修改造取得显著成绩。年内全区农村中小学共投入了3671万元,新建校舍35873平方米,维修校舍8399平方米,消除危房29983平方米。农村中小学远程教育工程顺利通过省、市验收。通过勤俭办学,节约资金,一次性投入537万元,新添学生微机569台,教师微机642台,装备多媒体教室167套。全区共建设镇街道教育信息中心10处,校园网106个,多媒体教室667个,配备微机5994台,创建省、市级电化教育示范学校45处,完善了教育城域网,实现了“校校通”,高标准通过了市级、省级验收。另外,还启动了教学仪器和图书更新工程,

有 90.78 万元的初中学校教学仪器和 65.3 万元的特殊教育学校教学仪器器材配备到位，完成中小学课桌凳更新 20000 套，讲桌更新 1200 个，并更新了部分办公桌椅，全区中小学办学条件得到较大改善。在全区教育干部和教师中开展了“责任与纪律”主题教育。以责任教育、纪律教育、区情教育、思想观念教育、文明礼仪与道德新风教育为主要内容，采取学习讨论、查摆交流、民主测评、整改提高等方法措施，在广大教师中扎实开展了“八查八看”和“三评一承诺”活动，取得良好效果。在此基础上，进一步完善教干教师管理的各项规章制度，建立师德建设的长效机制，开展述职述廉民主评议活动，实施师德考核一票否决制。教师专业成长有了新的发展。利用寒暑假等时间，先后集中开展了各学科教师新课改理论培训、教学基本功培训、信息技术技能培训，举办了教育干部、班主任、骨干教师培训班，广泛开展了音体美教师基本功比赛、各科教师优质课评选等各种形式的教学大比武活动，教师教学技能和专业水平有了明显提高，有 112 人次获市级优质课奖，17 人次获省级优质课奖。实验高中尚积成老师荣获全国优质课一等奖。公开招考了 60 名小学教师补充到小学教学第一线，进一步改善了小学教师年龄结构。在全区中小学中广泛开展感恩教育。把全面开展感恩教育活动当作建设社会主义核心价值体系的切入点和中小学生思想道德教育的基础工程，感恩教育成为德育工作的一大特色。东港区教育局《“知恩　感恩　报恩”，做一个有责任心的学生》、实验高中《全员育人导师制》被市、区推荐参加省文明办的文明创新案例评选，在省政府召开的全省中小学素质教育工作会议上向全省推广。实验二小、两城一中等 4 处学校典型材料在全市素质教育工作会议上作了交流，秦楼一中、实验三小为全市素质教育现场会提供了观摩现场。进一步规范办学行为。按照省、市的统一部署，以规范中小学办学行为、减轻中小学负担为突破口，全面推进素质教育。在课程方面，落实课程标准，按照国家规定的教育教学内容和课程设置开展教学活动，不随意增减课程和课时。在作息时间上，统一了全区中小学起床、到校、上课、放学、晚自习结束时间，做到晚间、双休日和其他法定节假日不上课，学生每天集体体育锻炼不少于 1 小时。在评价管理上，逐步建立完善了促进学生全面发展的评价体系。取得了一批国家和省市级教科研成果。在全国发展性教学研讨会上，教育科研工作的成果作了经验交流。东港区教育局还被评为全国教育科研先进单位，教研室被评为全省先进教研室。举行了全区中小学生艺术教育才艺展示比赛，召开了全区中学生春季田径运动会，在全市中学生春运会上，东港区连续三年取得初中、高中组团体总分“双第一”。强化学校安全管理。落实一岗双责和谁主管谁负责的责任体系，进一步健全管理网络，加强督查和考核，推行“七时段”安全管理模式，构建全天候、全方位、无缝隙的安全管理机制。全面落实“安全隐患治理年”的有关工作，在全区中小学继续深化平安校园、法制校园、文明校园、和谐校园创建活动，举行面向中小学生的法制教育巡回报告会，确保了校园安宁、师生平安。加强依法治教和廉政行风建设。制定出台了《廉政和行风建设工作实施意见》，组织开展了全区教育行风评议活动，以评促建，评建结合，推动了教育行风建设。推进政务、校务和财务公开，落实教代会制度，实行民主管理，接受群众监督。坚持依法治教，认真落实收费政策和收费公示制度，坚决治理乱收费，顺利通过了省规范教育收费管理工作示范区验收。教育品牌建设取得丰硕成果。实验高中“全员育人导师制”管理创新成果已在全省、全国打出了知名度，多次受到上级部门表彰。职教中心顺利通过了省教育厅重点职业学校复验。实验二小被省文明办、省教育厅等五部门联合表彰为“未成年人思想道德建设先进单位”。实验三小、日照四中等一批学校分别被表彰为省级教学示范校、绿色学校、依法治校先进单位等荣誉称号。年内全区中小学获得国家、省、市级表彰奖励 73 项。东港区教育局也被授予“全国教育科研先进单位”“2008 年度全省军队招飞工作先进单位”等 10 几项国家、省、市级荣誉称号。

[莒县教育概况]　2008 年，坚持以“三个代表”重要思想为指导，以“教育教学质量年”活动为主线，全面贯彻党的教育方针，深入推进素质教育，实现了教育规模、质量、结构、效益的协调发展，全县教育事业保持了良好的发展态势。

各级各类教育协调发展，教育整体水平不断提升。义务教育实施水平稳步提高。探讨实施了义务教育九年一贯制管理模式，将部分小学六年级学生集中到乡镇驻地就读，缓解了农村小学师资紧缺带来的办学压力。认真落实义务教育就近免试入学政策，有效控制了城区义务教育学校班额过大现象。招考了 200 名新教师充实到农村中小学，使全县中小学教师队伍的年龄、学科结构都发生了较大变化。普通高中教育注重内涵发展。严格按照省、市、县规定，规范高中办学行为，推行精细化管理，充实完善内部配套设施，办学条件得到一定的改善。加强了对高中学校的教学视导和质量监控，建立了教学调研视导制度，积极开展教学方式和学习方式的研究，提高课堂教学效率，教学质量得到明显提升。职业教育办学实力不断增强。2008 年职业学校共招收新生 3198 人。县职教中心投资 1200 万元新建了汽修、服装专业实训基地，学生实训条件得到明显改善。2008年县职教中心被认定为国家级重点中等职业学校。学前教育和民办教育在规范管理中得到健康发展。对全县初验合格的幼儿园进行了复验并予以重新登记注册,有效遏制了非法办园行为。全县学前教育建设总投入达到614万元,办园条件得到较大改善。对全县11处民办学校和按民办机制运行的学校进行了清理规范,达到了"四独立"要求。

扎实推进素质教育,全面提高办学质量。加强教学教研工作。完善了县、片、校三级教研网络,组织了课堂教学分片研讨、业务校长讲课比赛、优秀教师送教下乡等活动。对全县1030名高中教师进行了新课程培训,组织1300余名学科教师、骨干教师、教导主任、政教主任、总务主任、幼儿园长参加了市级培训,邀请华东师范大学戚业国教授为全县高中教师作了素质教育专题报告。完善评价和考核体系。修订和完善了各学校教学工作评价方案等一系列配套措施,加强了对学校工作的过程性评测。建立了教学视导、课堂调研和教学质量随机检查制度,制定了中小学专项工作评估细则、教师评价、学生评价等相应的考评措施。规范教师队伍管理,集中对教育系统从事第二职业教职工进行了清理规范。在2008年全县教师节庆祝大会上,县财政拨付30万元,对10处先进学校、10名优秀班主任、10名优秀学科带头人进行了表彰奖励。德育和体卫艺工作取得一定成效。建立了29处青少年学生校外社会实践活动基地,成功举办了中学生田径运动会、中学生篮球赛等一系列活动,在全县中小学广泛开展了全员参与的"阳光体育运动",全面推行大课间体育活动,确保了中小学生每天锻炼一小时。认真做好学生健康查体和手足口病防控工作。普遍开展了多种形式的文艺汇演、书法绘画比赛、校园艺术节等活动。

教育投入不断增加,办学条件得到改善。校舍维修改造力度加大。2008年共落实中央补助资金项目10处,争取补助资金217万元;落实省级补助资金项目15处,争取补助资金300万元;落实市级补助资金项目15处,争取补助资金250万元。县财政拨付650万元专项资金,各乡镇也多方筹措资金,确保了校舍维修改造工作的顺利进行。2008年完成校舍维修改造项目学校53处,竣工面积8.2万平方米,完成投资2088万元。有38处学校计划外开工建设,实际完成投资585万元。2008年校舍维修改造共计完成投资2673万元,超计划投资919万元。教育现代化建设取得较大进展。投资174.4万元实施了农村中小学教学仪器更新工程,完成了36处初中学校的教学仪器采购和更新。投资615万元实施了"农远工程"及相关设施建设,2008年10月顺利通过了省级验收。全县农村中小学共配备卫星接收系统50套,建设多媒体教室816口,微机室156口,微机总数达到5952台,10处学校达到现代教育技术应用示范学校标准。启动了城域网第三期工程,村完全小学以上学校实现了与县教育信息中心的宽带链接。农村义务教育经费保障机制和各项资助政策得到全面落实。2008年义务教育阶段免杂费和补助公用经费3403万元,落实免费课程教科书1366.3万元。从2008年春季起,提高了农村义务教育阶段家庭经济困难寄宿生生活费补助标准,按照8%的比例为2327名学生补助寄宿生生活费83.25万元。为普通高中学校1683名家庭经济困难学生发放政府助学金155.95万元;为职业学校3569名在校农村学生及城市家庭经济困难学生发放国家助学金427.8万元。

坚持依法治教,优化教育发展环境。开展了"隐患治理年"活动,会同公安、交警、交通、卫生、建设等部门多次对接送学生车辆、饮食饮水、校园周边环境等进行了清理整顿。会同消防、地震等部门在各中小学校组织开展了安全知识培训暨逃生应急演练活动。开展了全县教育系统重点信访不稳定因素的摸底排查,突出抓好了特殊和敏感时期的稳控,使一些问题得到提前预防和有效解决。开展了行风民主评议工作,满意率达到95%以上。认真组织了高考、中考、普通高中学业水平考试等一系列考试工作,考风考纪良好。全县教育系统师生向四川地震灾区爱心捐款151.8万元,局机关和县直学校全体党员交纳特殊党费29.27万元。

[五莲县教育概况] 2008年,坚持以"办人民满意的教育"为宗旨,以"质量立校、安全为要、和谐发展"为目标,凝心聚力抓落实,一心一意谋发展,教育事业持续健康快速发展。五莲县教育局先后被日照市委表彰为"五个好"区县涉农部门,被市委、市政府表彰为妇女儿童工作先进集体等10余项市级以上称号,学校安全工作经验先后被省市政府应急办、市县安委会刊发推广。

坚持学校内涵发展,教育运行机制不断完善。突出加强了校长队伍办学理念的提升,先后组织29名中小学校长到华东师范大学参加校长提高培训班,组织高中校长、农技校校长、幼儿园园长分别到河北衡水、日照岚山等省内外兄弟县市参观学习,开展"我(想)这样当校长"岗位反思活动,提升校长的办学理念。2008年12月,实验小学的"让有效占领素质教育全程"被省教育厅确定为全省首批20处素质教育典型经验之一;1月,学校以《专业提升,让教师成为"科学种田"的能手》为题在省素质教育工作会议上作典型发言。加大对各学段办学行为规范力度,成立规范办学行为领导小组和包乡镇工作组,采取多种形式对学校自习课安排、学生起床、晚休时间进行突击检查近百人次，确保各学校依法办学。

落实教学中心地位，新课程改革全面推进。积极推进课程方案落实，开齐课程，上足课时，努力克服师资紧张的困难，通过兼课、走教、送课下乡等方式，保证了薄弱学科开课质量，全县小学3～6年级全部开齐英语课，音体美学科开课率达100%。五莲一中被省教育厅确定为全省50所高中课改联系校之一。扎实开展课堂教学研究，积极组织中小学课型研究与达标活动，分学段组织县级骨干教师送教下乡，进一步提高教师把握教材和驾驭课堂的能力。加强校本教研，积极探索有效教学模式，教师新课程理念下的教学水平明显提高。继续深化大阅读教学，针对学生年龄特点，分年级分学期对阅读的内容、时间、方法作出要求。加大校本课程研究开发力度，各学校立足地方特色，组织专门人员研发校本课程，全县已初步形成了地域特色鲜明、教育效果良好的校本和地方课程体系。

加强教师培训学习，教师队伍素质不断提高。利用暑假组织全县所有学段、全部学科的骨干教师、中层干部、幼儿园园长进行了新课程培训，参与人员达4600余人次，教师学历达标率小学、初中、高中分别达99.7%、99.1%和92%。在全县开展了“十佳青年园丁”、“巾帼标兵”等评选活动，利用教师节在市县电视台宣传全县师德典型20余人次。加强师德教育和考核，进一步规范教师从教行为，体罚学生、有偿家教等不良行为得到有效遏制。积极参与各级发起的献爱心活动，为汶川地震灾区捐款65万元，缴纳特殊党费10余万元。坚持以人为本，突出人文关怀，年内为全县4000名教职工办理了工会会员卡，建立特困职工档案，为36户特困职工发放救助金8000元。

夯实学生成长根基，学生素质进一步提高。不断完善德育工作制度，健全队伍，改进方法，开辟了177处校外活动基地，使德育工作经常化、社会化、活动化。结合时事组织开展了各类文体比赛和“迎奥运、讲文明、树新风”知识竞赛、汶川地震捐助、改革开放30年征文比赛、神七问天感想等活动。五莲县教育局进一步细化了《五莲县中小学生行为规范细则》，针对不同学段学生年龄特点，对学习、生活等行为习惯提出了明确要求。积极改革学生评价方式，大力加强学生情感意志、道德观念、个性特长等非智力因素培养，普遍开展了“校园群星”评比，多方面评价学生，促进了学生综合素质的提高。有35名学生被评为省级优秀学生，108名学生被评为市级优秀学生，5919名学生在各类竞赛中获奖。

空前重视学校安全工作，平安校园建设成绩突出。全面实行安全职责一岗双责制，局班子成员全部包乡镇挂靠安全工作，明确学校校长是学校安全工作第一责任人，广大教师人人负有安全责任，形成分级承包，齐抓共管的良好局面。召开全县中小学安全教育课程研讨会，规范安全课程设置。开展了“安全教育日”及向叶志平校长学习和观看《开学第一课》等活动，定期进行消防、地震等应急演练，提高师生的避险意识和自救自护能力。根据季节特点组织了三次拉网式安全大检查，并会同公安、卫生、城建等部门先后开展了食品卫生、学校及周边建筑安全、校办企业、校园上空高压线四次专项检查，当场下达整改通知书，监督学校限期整改，全年共整治隐患265处，取缔不合格校车49辆。

狠抓信息化管理与应用，教育现代化迈出新步伐。为全县中小学开通了“校园博客”，建立起网上教研平台，促进了信息技术在教学中的应用，全县中小学多媒体利用率达35%以上。先后在山东省中小学信息技术试验区工作座谈会和山东省中小学信息技术暨农远资源应用交流会上作典型发言。加大信息技术基础建设力度，年内全县共投入150万元，新装备多媒体教室108个，新增微机357台，新建、改建微机室21个，全县60%以上的中心校实现“班班通”。

不断提高服务水平，后勤保障坚强有力。积极争取各级投入资金978.4万元，高标准改造学校42处，新建维修校舍32000平方米。全面实施“三亮”工程，各学校共投入134万元，对门窗、墙壁、厕所进行了粉刷亮化。实行后勤人员“一岗多责制”，变被动服务为主动服务，努力提高服务水平。深入开展食堂量化分级管理达标活动，加强对食堂、小卖部从业人员的培训，年内，有7处学校食堂达到食品量化分级管理B级标准。

坚持多教统筹，各类教育蓬勃发展。学前教育确立了“抓规范、育名师、创亮点”的工作思路，制定了《加强幼儿园管理规范办园行为的实施意见》，举办幼儿园园长、幼教辅导员培训班和骨干幼儿教师“送课下乡”活动，全面提高保教质量，全县三至学龄前幼儿入园率达90%，学前一年幼儿入园率达100%。严格义务教育学校特别是城区学校的招生秩序，严格控制班额。年内适龄残疾儿童入学率达98%，初中适龄儿童少年入学率达98.7%，初中三年巩固率达98.5%以上，中小学生思想品德评定率达99%。职业教育继续深化招生改革，实行春、秋两季招生，成立了职业教育宣讲团，大力宣传职业教育，全年实现招生2100人。加强教师职业技能培训，全年外派教师到省内外知名职业学校参观学习达100余人次，提高了教师业务水平。充分发挥劳动就业培训功能，年内完成各类培训11000余人次。加强农民急需急盼的致富科技、土地增产、优质苗种培育等知识的培训，年内共举办各类培训班近300期,培训3万余人次,拓宽了农民的创收致富门路。

[日照经济开发区教育概况] 素质教育各项制度进一步落实。认真落实素质教育各项工作制度,印发了《关于认真贯彻落实山东省普通中小学管理基本规范的通知》等10个文件,编印了《素质教育资料汇编》,坚持开足开全课程,严格作息时间,改革考试评价方式,理顺了招生秩序,规范了中小学办学行为。加大宣传力度,出台了《关于加强家长学校建设的意见》,通过举办家长培训班、组织家长会议、举行素质教育专题讲座等形式,使广大学生家长转变教育观念,赢得了家长对开展素质教育的理解、支持,形成了学校、家庭、社会共同促进素质教育的强大合力。

教育教学质量进一步提高。坚持科研兴教、质量兴教,采取得力措施加大校本调研和校本课程的开发。出台了《日照经济开发区课程实施水平评价方案》等9个文件,进一步巩固落实了教研员、教干"推门听课"制度和优质课公开评、巡回讲制度,选拔了23名获得市级以上优质课奖的教师开展巡回讲课活动,组织了"与新课程一道成长"为主题的演讲比赛、说课比赛、课堂风采展示系列活动,促进了优质教学资源的共享。中考成绩实现历史新高。

教育管理更加规范,学生文体活动丰富多彩。全年共举办了阳光大擂台比赛、"六一"文艺汇演、首届中小学读书节、中小学生秋季运动会、科普知识系列讲座等大型活动8次。书香校园、绿色学校创建氛围日渐浓厚,校园文化开始各具特色,在上半年全市素质教育工作会议上,1所学校做了典型发言,1所学校提供了交流材料。

教育为民办实事重点项目扎实推进。严格落实项目推进责任制,加快项目建设进度,连云港路小学、桂林路小学于9月1日建成投入使用。投资100余万元,利用暑期对危旧校舍进行了维修改造,消除了校舍安全隐患。新购买课桌凳2200余套,改善了学生学习条件。投资55万元,在秋季开学后为全区中小学生统一配发了校服,举行了全区2008年大学生欢送仪式,并向53名贫困大学生发放救助金近8万元,投资150万元建成了区教育信息中心,开通了教育局网站,全面构筑教育信息化平台,以教育信息化推动教育现代化,有力地推动了教育资源的网络共享。

教师队伍建设取得新成绩。以德育教育和新理念、新课程、新技术培训为重点,认真组织实施中小学教师素质提高工程。将师训经费列入了财政预算,为教师培训工作提供了资金保障。制定了教师全员培训计划,暑假期间组织全区教师集中培训3次,外派教师参加国家、省、市组织的学习培训活动150余人次。一批青年骨干教师开始在国家级、省级优质课比赛中崭露头角,17名教师在国家、省、市优质课评比中获奖。经过层层推荐、党委考察研究,有55名优秀教师通过竞争走上了中层干部岗位。建立教育后备干部选拔培养机制,选拔8名优秀后备干部到市区先进学校挂职锻炼,经综合考核,任命5名同志担任了校长、副校长职务,激活了教育内部活力,得到了区党工委、市教育局的充分肯定。新招聘22名教师,并全部充实到奎山街道辖区学校工作,进一步优化了教师年龄结构、学科结构。在教育系统继续开展师德作风建设集中教育活动、以"学先进、找差距、促发展"为主题的解放思想大讨论,取得了很好的成效。召开了全区庆祝第24个教师节座谈会,对全区教育工作进一步部署,鼓舞了广大教师工作积极性。有15名教师晋升中级职称,1名教师被评为山东省优秀工作者。

努力为推动教育发展提供坚强保障。局机关自身建设进一步加强。扎实开展了"软环境建设年"活动和"学先进、找差距、促发展"解放思想大讨论活动。认真落实局机关工作规范和工作制度,严格按制度办事,继续开展"双满意"服务品牌和节约型机关创建活动,坚持"每周一课、每人一讲"活动,进一步强化了机关工作人员岗位意识、效率意识和服务意识,顺利通过了市级文明机关考核验收。学校党的建设成效显著。积极探索学校党建工作新路子,扎实开展"双结双培双促"工程,充分发挥了学校教师党员、骨干教师在提高素质教育质量、推进教育发展中的模范带头作用。"五一二"汶川大地震后,认真组织开展抗震救灾献爱心活动,全区师生捐款达21万元,党员缴纳"特殊党费"达近3万元,在全市首批安置3名灾区学生免费就读,得到了党工委、管委会和社会各界的一致肯定和好评。认真开展教育行风民主评议工作,采取学生评议教师、教师互评、学生家长评议学校,强化教育监督,保证了全区教育事业健康发展。教育局关于加强党风廉政建设、办人民满意的教育的做法在全区党风廉政建设会议上作了典型发言。学校安全工作扎实有效。深入推动平安和谐校园创建活动,开展了汛期安全、交通安全、食品安全等安全知识教育和抗震、消防逃生应急演练,与区卫生局联合对区内幼儿园、小学进行拉网式大检查,有效遏制了手足口病等传染性疾病的蔓延。广大师生的健康意识、安全意识和应变能力进一步增强。

日照市分管教育领导人

副市长:徐　清

日照市教育局负责人

局长:张传若

党委委员、日照一中校长:许崇文
副局长:刘　伟　庄乾友　朱先亮
纪委书记:梁　平

教育局办公地址:日照市北京路132号
联系电话:0633－8779302
邮政编码:276826
电子邮箱:rzsjyjbgs@163.com

(撰稿:李见伟　申延祝　孙葆春　刘敬祥　许崇昌)

莱芜市

[概况]　全市有中小学251所,在校生155028人。其中,小学193所,在校生77730人;初中51所,在校生53260人;普通高中7所,在校生24038人。中等职业学校14所,在校生10340人。特殊教育学校1所,在校生(含随班就读)250人。职业技术学院1所,在校生11300人。乡镇成人文化技术学校19所。幼儿园469所,在园幼儿31975人。

[学前教育]　莱城区羊里镇中心幼儿园建成并投入使用。钢城区黄庄镇中心幼儿园投资300万元,建筑面积近3000平方米,艾山中心幼儿园投资400万元,建筑面积3600平方米。启动幼儿园"结对帮扶"工程,全市共确定18所市级以上示范园结对帮扶相对薄弱的41所农村幼儿园,较好地发挥了辐射带动作用。加强规范幼儿园建设,全市学前三年幼儿入园率达到96%,居全省前列。

[基础教育]　有3所学校创建为省级规范化学校,7所学校创建为市级规范化学校。素质教育全面实施,涌现出全国基础教育先进集体丈八丘联小等一批先进典型,莱芜市被省教育厅确定为深入实施素质教育、探索"走班制"教学改革试验区。全市小学、初中入学率均保持100%,巩固率小学100%,初中99.8%,残疾儿童入学率达到99.4%,高中阶段教育普及率达到95%,各项指标均居全省前列。在2008年度全省教育专项督导评估中,莱芜市取得第5名的好成绩。

[职业教育、成人教育]　中等职业教育进一步加大投入和管理力度,办学水平不断提高,招生规模不断扩大,2008年完成招生3305人。大力开展"订单式"培养,加强就业指导,4513名毕业生顺利就业。同时,认真抓好家庭经济困难学生资助政策体系的贯彻落实。成人教育全年计划培训农民25000人次,实际完成培训37000人次,推广应用新技术、新工艺70余项。

[高等教育]　莱芜职业技术学院新校区投入资金8000万元,建成校舍面积6万平方米,已累计投入3.91亿元,完成建筑面积19万平方米。在校生达到11300人,开设专业37个,毕业生就业率达到90%以上,先后被评为山东省高职高专人才培养工作优秀学院、山东省职业教育先进单位和山东省职教师资队伍建设工作先进集体。

[成人高考、自学考试等各类考试人数上了新台阶]　2008年成人高考报名3162人,自学考试人数达4389人、8083科次。全国计算机等级考试617人参加,全国公共英语等级考试864人参加,研究生报名298人。有618名考生获得了本、专科毕业证书。

[民办教育]　各类民办机构达到119处。其中民办中小学10处,在校生2206人;民办学前教育机构60处,在园幼儿8000多人;民办培训机构49处,每年培养培训13230人次。依法加强对民办学校的管理,加大年检力度,促进民办教育规范健康发展。

[教育经费收入与支出]　2008年,全市各项教育经费总收入为118895.3万元,其中国家财政性教育经费103033.6万元,社会捐、集资办学经费208万元,事业收入15075.4元,其他收入479.6万元。全市各项教育经费总支出为117261.7万元,人均教育经费总支出943.61元,其中用于个人部分81090.3万元,公用部分36171.4万元,基建支出1015万元。在教育经费总支出中,财政性教育经费91%,小学生均预算内教育事业费4461.76元,其中生均预算内公用经费432.58元;初中生均预算内教育事业费5714.54元,其中生均预算内公用经费544.64元;高中生均预算内教育事业费4008.63元,其中生均预算内公用经费22.22元。

[城乡教育一体化]　不断加大教育投入,努力推进城乡教育一体化发展。一是以创建省、市级规范化学校为抓手,大力推进农村中小学建设。主要是规划建设莱城区苗山镇、羊里镇、杨庄镇、高庄街道办和莱城工业区的5所标准化学校。2008年,积极争取中央、省农村中小学校舍维修改造资金1270万元,大大加快了农村学校建设步伐。其中,苗山中心中学一期工程计划投资1000万元,12000平方米的教学楼、综合楼、两

座学生宿舍楼和学生餐厅,全部建成并投入使用。羊里中心中学扩建为占地120亩的标准化寄宿制初中,覆盖人口5.8万,办学规模50个教学班,学生2500人。羊里中心中学二期工程7630平方米的两栋学生宿舍楼和学生餐厅投入使用。杨庄镇在姜蒜加工区新建一所占地52亩的标准化小学,一期工程5200平方米的教学楼完成四层。高庄街道办新建一所占地45亩的标准化小学。一期工程计划投资584万元,7300平方米的教学楼、实验办公楼完成主体工程。莱城工业区新建一所占地120亩的标准化小学。一期工程计划投资700万元,7200平方米的综合楼已完成基础施工。同时,加快了农村规范化学校创建步伐。3所学校成功创建为省级规范化学校,7处学校成功创建为市级规范化学校。二是继续推进农村中小学布局调整。在连续几年推进农村中小学布局调整的基础上,重点抓了莱城区口镇、羊里、杨庄、高庄、苗山,钢城区辛庄、里辛等乡镇(办事处)以及雪野旅游区的学校布局调整工作,年初确定的新建、改扩建农村中小学18处,维修34处,撤并12处的任务顺利完成。三是全面推进教育信息化进程。5月份,莱芜市农村中小学现代远程教育工程顺利通过首批省级验收,省专家组认为莱芜市农村中小学现代远程教育工作认识到位,工作扎实,硬件配备水平高,工程管理培训好。全市有166所学校联入教育城域网,88所学校建成校园网,共建有微机室325个,全市教学用微机达到16881台,全市高中已实现"班班通",中小学信息技术教育的普及率达到100%。四是大力实施农村中小学教学仪器更新工程和课桌凳更新工程。2008年投入资金280万元,进一步改善了农村中小学实验教学条件。投入资金155万元,为农村中小学配备课桌凳2万余套,已连续实施三年的近7万套农村中小学课桌凳更新工程全面完成。五是继续抓好城内义务教育阶段学校建设。市、区各级不断加大工作力度,多次督查调度,有力地促进了城内义务教育阶段学校建设步伐。高新区滨河小学内部配套不断完善,莱城区莲河学校二期工程基本完成;汶源学校市级投入1500万元,区级投入1100万元,2008年招生规模达到5个班。

[教师队伍建设] 努力构建教师队伍建设新机制。市、区各级在充分挖掘现有教师队伍潜力的基础上,初步建立起科学正常的教师补充机制。市直学校面向教育部直属的6所师范院校以及具有硕士研究生以上学历的莱芜生源,招聘教师52人,各区招聘77人。

进一步完善了区域内城乡学校校长、教师交流机制。市区教育行政部门从实际出发,积极探索,逐步完善教师流动机制,实现了新增教师优先补充到农村学校。深入开展"城乡学校一体共建"活动,积极构建教育干部交流机制,逐步实现城乡学校管理一体化。选派一批骨干教师下乡支教,实现城乡学校教学一体化。组织"送课下乡"和"课题下乡"活动,实现城乡学校教科研一体化。全市先后从区教育行政部门和城内学校选派了50名教育干部到农村中小学任职,选派了105名优秀教师到农村学校支教。

继续推进以校长和教师聘任制、岗位责任制为主要内容的学校内部管理体制改革。10月份,按照公开报名、民主测评、答辩、组织考察、公示等程序,提拔和调整市直学校管理干部38人,进一步加强了市直学校的管理力量。同时,继续推进教师评价制度改革,逐步完善有利于促进教师职业道德和专业水平提高的科学的教师评价体系,调动了广大教职工的工作积极性。

切实加强师德建设和思想政治工作。组织广大教师认真学习新修订的《中小学教师职业道德规范》,大力弘扬"学为人师,行为世范"的高尚精神,不断探索师德建设的途径和方法。9月份,在各级各学校层层选拔的基础上,组织开展了全市青年教师师德论坛观摩会。汶川大地震发生后,全市教育系统广大干部职工认真学习抗震救灾英模的先进事迹,积极开展"无偿献血"、"慈心一日捐"、"冬衣暖人心"等捐款捐物活动。其中,上交省教育厅捐款105万元,位居全省前列。市直教育系统广大党员缴纳特殊党费24.9万余元,充分展示了全市人民教师的良好形象。

大力实施教师素质提高工程。不断完善任课教师学历教育、集中培训、校本培训、学术交流"四位一体"的教师教育体系,培训的形式、方法和内容不断创新和完善。全年共完成中小学校长培训363人次,教师新课程培训12000人次,信息技术培训6500人次,骨干教师培训1400人次,班主任培训1800人次。暑假期间,集中组织全市1600名高中教师进行了网上远程研修,大大提升了培训质量。充分发挥全市18个片区研训基地的作用,不断提高农村教师的专业水平。深入开展了多种形式的教研活动,组织市级以上教学示范学校举办了"教学开放周"活动,组织"名师论坛"和"送课下乡",全年市级以上优秀教师送课下乡达到600节以上。

继续推进"中小学名师工程"建设。不断完善市、区、学校三级骨干教师及学科带头人网络,培养了一批富有莱芜市特色的专家型教育名师。评选表彰了第四届"十佳校长",100名"市级学科带头人"。有1名校长荣获山东省"十大创新校长"称号。

[素质教育] 坚持规范办学,不断提高管理水平。按照省教育厅统一部署,年初召开了全市中小学素质教

育工作会议，深入开展了“素质教育工作落实年”系列活动，以规范办学行为为切入点，认真落实国家课程方案，开全课程，开足课时。进一步落实“减负”工作的有关规定，通过严格控制作业量和学生在校学习时间等措施，切实减轻了学生过重的课业负担。成立了全市推进中小学素质教育工作领导小组和督察小组，建立了素质教育责任区，根据行政区划和学校分布，将全市划分为7个素质教育责任区，严格落实责任制。形成了一批具有较大影响和良好带动力的素质教育示范学校，涌现出了钢城区黄庄镇丈八丘联小等一批先进典型。3月13日，副省长黄胜来莱芜市调研素质教育工作情况，先后到口镇中心中学、市实验小学、莱芜一中等学校考察，对莱芜市大力推进素质教育取得的成绩给予了充分肯定。11月27～28日，经省教育厅推荐，新华社、《人民日报》、《光明日报》、《中国教育报》等媒体在省教育厅副厅长张志勇陪同下，专程来莱芜市采访了推进素质教育的典型经验。

坚持育人为本、德育为先。各级各学校不断加强对德育工作的领导，把德育渗透到教学、管理、后勤等各个环节，形成了比较完善的工作体系，德育工作的计划性、针对性和实效性不断增强。充分发挥课堂的主渠道、主阵地作用，把德育有机贯穿于课堂教学活动中，积极开发德育地方课程和校本课程，丰富了德育课程体系。以创建“德育特色学校”为抓手，积极打造特色德育品牌，形成了一批具有较大影响和示范带动作用的德育特色学校。充分发挥社会和家庭的作用，进一步完善了学校、家庭、社会“三位一体”的育人体系。各级各学校进一步健全了关工委组织机构，建立了各项工作制度，组织“五老”志愿者深入学校开展宣传教育活动，为实施德育工作创设了良好的育人环境。8月份，在全省未成年人思想道德建设现场会上，市教育局以《建设“三四五”工作机制，优化学校德育工作》为题作了书面交流。

认真落实“健康第一”的方针，大力开展“阳光体育”运动。制定出台了《学校体育工作目标管理办法》，印发了《关于进一步加强学校体育工作，切实提高学生健康素质的意见》。各学校因地制宜，推广了学生“整体与自主”活动相结合的大课间体育活动模式，确保了学生“每天锻炼一小时”。

积极开展丰富多彩的文化艺术活动。坚持“普及与提高并重”的原则，大力推进“校校有艺术团队，人人有艺术项目”工作，改革学校文化艺术节的内容与形式。成功举办了莱芜市第四届学校文化艺术节汇报演出，充分展示了近年来全市学校艺术教育的丰硕成果和师生昂扬向上的精神风貌。认真落实《学校卫生工作条例》，切实加强了学校卫生工作。

安全工作，以创建“和谐平安校园”为抓手，以安全教育为基础，严格实行学校安全工作岗位责任制，并开展了经常性安全检查，构建了中小学安全长效管理机制和防范体系。各级各学校进一步完善了学校安全工作应急预案，加强了针对突发事件和自然灾害的应急演练，增强了师生的安全意识，提高了学生的自救自护能力。5月和12月，联合有关部门对全市中小学进行了两次安全大检查，对发现的问题及时提出整改意见，并限期整改。同时还组织开展了专项检查，切实消除了安全隐患。进一步加强了对学校及周边社会治安综合治理工作，净化了校园环境。组织了“2008年山东省青少年科普报告百校行”活动，开展经常性的反邪教警示教育。

［基础教育新课程改革］ 深化基础教育课程改革，加强教材管理，强化教学研究，不断提高课程实施质量和水平。完成了义务教育地方课程选用工作，进一步完善了三级课程管理体系。制订了《关于进一步加强普通高中学生学分认定管理工作的通知》，严密组织普通高中学生学业水平考试，学生综合素质评价工作扎实推进。与新课程改革相配套，以加强教育管理、优化教学环节为核心，突出内涵发展，开展“中小学教育教学创优年”活动，不断探索高效教学的方式和方法，进一步加强了对教育教学规律和学习规律的研究，教师的教学方式和学生的学习方式发生了明显转变。

深化课堂教学改革，努力构建优质高效课堂。各级教研部门和各学校把探索“轻负担、高质量”、建设“自主合作高效”的课堂作为推进素质教育的关键，扎实开展了一系列富有成效的活动。大力倡导“启发式”、“探究式”、“自主合作”教学，努力构建自主、高效、优质课堂。推广了“以学定教，学案导学”教学模式。11月24日至29日，山东省普通高中课程实施水平评估专家组来检查评估，对莱芜市三所高中认真贯彻课程方案、积极进行课堂教学改革、不断完善学生综合素养评价等做法给予了较高评价。

深化评价考试制度改革，努力构建符合素质教育要求的评价体系。完善以素质教育理念为核心的教师评价体系，逐步建立有利于促进教师职业道德和专业水平提高的科学的教师评价体系；完善学生评价机制，逐步建立和完善学生综合素质评价制度；进一步改革和完善中考招生制度。中考招生在继续实行划片与片外统招相结合的基础上，首次实行片内指标生办法，将各高中招生计划的50％根据片内各初中学校2007年办学水平和2008年毕业生人数进行分配。扎实推进普通高中学生基础素养评价工作。

[教育保障体系] 大力实施教育公平保障工程，努力构建覆盖城乡的教育保障体系。认真抓好市委、市政府为民办的涉及教育的实事。从春季学期开始，在已全部免除城乡义务教育阶段学生杂费的基础上，全部免除了9万多名农村义务教育阶段学生的课本费，共计1400余万元。从秋季学期开始，又为农村义务教育阶段学生免费提供了配套练习册。同时，将普通高中家庭经济困难学生的救助比例由省规定的在校生的8%提高到12%，全市符合资助条件的有3125人，平均资助标准为每生每年1000元，共计资金312.5万元。

进一步加大家庭经济困难学生救助力度。按照市委、市政府《关于建立十大民生保障体系的决定》要求，对义务教育阶段家庭经济困难寄宿生生活费补助人数的比例市直执行10%，莱城区、钢城区、雪野旅游区执行16%的标准，都高于省政府规定的8%的比例。全年共列支资金221万元，资助学生2882人。

继续对中等职业学校和高校学生实施资助政策。按照每生每年1500元，政府资助2年的政策，对农村户口的全部中职生和城镇家庭经济困难中职生实行资助，列支资金761万元，共资助学生5073人。国家励志奖学金资助面为高校在校生的3%，资助标准为每生每年5000元，列支资金61万元，共资助学生122人。国家助学金资助面为在校生的14%，平均资助标准为每生每年2000元，列支资金209万元，共资助学生1045人。

提高农村中小学生均公用经费(含免杂费)基准定额。山东省2008年农村小学生均公用经费定额由240元提高至295元，农村初中由340元提高至445元。共拨付资金3293万元，其中省级以上财政负担2133万元，市级负担695万元。

[教育行风建设] 大力实施“阳光收费”，建立了治理教育乱收费的长效机制。进一步健全了领导体系、组织网络、工作规程，定期召开调度会进行督查调度，及时通报全市教育行风建设工作情况，不断把行风建设引向深入。大力推行“阳光政务”。加大政务公开、信息公开力度，积极推行服务承诺制度，切实维护好广大群众的知情权和监督权。进一步完善市长公开电话交办事项、“政府在线”、“行风热线”办理机制，形成了市、区各级上下贯通、快速反应的组织体系，畅通了群众诉求渠道。努力抓好校务公开和学校教代会工作，推进学校管理的民主化、规范化、制度化。大力实施“阳光招生”，从严治招，依法治考。全年共组织国家各类考试18次，各有关单位高度重视，认真组织，较好地完成了任务，所有高考考点都被省招委评为优秀考点，受到省教育厅的表彰。充分发挥行风监督员的监督作用，认真听取他们的意见和建议，不断改进工作。加大对违规收费行为的查处力度。及时接受群众来信、来电、来访，定期或不定期地对学校工作进行检查，对热线电话或群众来信来访反映的问题，都进行了调查核实和处理。全年共收到市长公开电话转办件23个，行风热线20个，政府在线1000余条，办结率100%。

[机关作风建设] 按照市委要求，深入开展了“在新起点上实现科学发展新跨越”主题教育活动、“解放思想、改革创新、勇争一流”教育实践活动和学习实践科学发展观为主题的解放思想大讨论活动。围绕“在新起点上实现科学发展新跨越”这一活动，通过集中学习、教育查摆、整改提高，引导各级各学校和广大教育工作者在深入实施素质教育、推进城乡教育一体化、关注和保障民生等六个方面进一步理清了思路、实现了突破。围绕“解放思想、改革创新、勇争一流”这一活动，机关党员干部发扬“有红旗就扛，有第一就争”的精神，保持一流的精神状态，树立一流的工作目标，争创一流的工作业绩，在新形势下管理教育工作的水平不断提高。围绕“学习实践科学发展观为主题的解放思想大讨论活动”，下发了《关于在市直教育系统开展以学习实践科学发展观为主题的解放思想大讨论活动方案》，重点在联系实际、解决问题、改进作风、推动工作上下功夫，切实为群众办实事、解难题，努力实现各项工作上台阶。市政府确定今年为“制度建设年”，按照要求，对原有的规章制度进行了认真梳理，并抓好落实，通过抓制度建设，有力地推动了各项工作再上新水平。狠抓党风廉政建设责任制，与市直各学校签订了《党风廉政建设和反腐败工作目标责任书》，坚持“标本兼治，综合治理，惩防并举，注重预防”的方针，实行教育干部“一岗双责”。积极开展廉洁勤政教育和廉洁文化进校园活动。各级各学校通过廉洁教育班团会、签订廉洁从教承诺书等形式，开展了丰富多彩的廉洁教育活动，营造了浓厚的廉洁校园文化氛围。举办了中小学校长廉政教育学习班，组织全市100多名教育干部参加了学习培训。组织局机关和市直学校党员干部参观了“警钟长鸣，拒腐防变”——反腐倡廉警示教育图片展，受到了深刻教育。

[市委、市政府分配的重点工作] 招商引资工作成效显著。共引进项目10个，到位资金6000余万元。按照“创建省级文明城市”的要求，认真做好教育部门所承担的工作，圆满完成各项任务，为创建省级文明城市做出了积极贡献。积极参与“城乡文明牵手共建活动”和“为企业排忧解难服务月”活动，积极帮助所联系的

民营企业解决困难，促进了企业快速发展。努力做好包村工作，深入开展文化科技拥军活动。定期到部队慰问官兵，通过军训等形式对学生加强国防教育，优先解决部队子女入学入托问题，为莱芜市“双拥共建”工作做出了积极的贡献。

[规范教育收费暨治理教育乱收费工作会议]　1月25日，在收听收看了全国、全省规范教育收费暨治理教育乱收费工作电视电话会议后，莱芜市组织召开规范教育收费暨治理教育乱收费工作会议，副市长魏春香出席并讲话。会议要求，各级各部门要全面落实治理教育乱收费工作领导责任制，突出重点，强化措施，确保治理教育乱收费工作取得实效。各级教育行政部门要认真把关，各级各类学校要严格执行收费管理要求，严格执行“收支两条线”的收费管理规定，确保农村义务教育经费机制改革落到实处。

[教育督导工作会议]　2月29日，莱芜市召开教育督导工作会议，副市长刘杰出席会议并讲话。刘杰充分肯定了2005年至2007年莱芜市教育工作取得的成绩，并就落实省政府2007年度教育专项督导评估工作精神，进一步做好莱芜市教育督导工作讲了重要意见。要进一步统一思想，提高认识，明确工作任务，理清工作思路。要找准莱芜市目前存在的主要问题，增强工作的针对性和主动性。要加大工作力度，进一步做好教育督导评估工作，促进莱芜市教育事业又好又快发展。各级各部门要发挥职能作用，通力协作，打好团体战，积极主动地把工作做细、做实、做好，以优异成绩迎接省政府对莱芜市2007年度教育工作专项督导评估。

[全市中小学素质教育工作会议]　3月6日，全市中小学素质教育工作会议召开，贯彻落实全省中小学素质教育工作会议精神，安排部署2008年工作任务。莱芜市副市长刘杰、市教育局局长陈灿群出席会议并讲话。

[副省长黄胜视察莱芜素质教育工作]　3月13日，副省长黄胜一行来莱芜市调研素质教育工作情况，先后到口镇中心中学、市实验小学、莱芜一中新校、莱芜职业技术学院新校进行实地视察，并听取了莱芜市的有关工作情况汇报。

市委书记、市人大常委会主任于建成，市委常委、常务副市长单增德，市委常委、宣传部长毕玉惠，市委常委、秘书长刘建良，副市长丁习文、刘杰，市教育局局长陈灿群等陪同调研。

黄胜对莱芜市贯彻落实全省中小学素质教育工作会议情况给予了充分肯定，指出，各级要高度重视素质教育，从基础教育开始，把素质教育作为重点。要积极探索教育体制改革，创造有利于素质教育的环境。要重视宣传工作，形成推进素质教育的强大合力，真正把好事办好、实事办实。

市委书记于建成表示，莱芜市将按照省委、省政府的要求，始终把素质教育作为教育工作的主题，着眼于办好人民满意的教育，立足于加快建设人力资源强省，全面实施素质教育，推动全市教育事业又好又快发展。

[全市教育纪检监察暨行风建设工作会议]　3月28日，全市教育纪检监察暨行风建设工作会议召开。市教育局党委书记、局长陈灿群和市纪委常委、市监察局副局长张训军出席会议。

会上，表彰了2007年全市学校行风民主评议优秀单位和2007年度行风建设先进单位。

[原莱钢集团七所学校移交钢城区政府管理]　4月10日，莱芜市人民政府和钢城区人民政府举行中小学校移交协议签字仪式，将山东省莱芜市钢城新兴路等七所学校移交给钢城区人民政府管理。这七所学校是：山东省莱芜市钢城新兴路学校、山东省莱芜市钢城双泉路学校、山东省莱芜市钢城铁铜沟学校、山东省莱芜市钢城共建路学校、山东省莱芜市钢城育才路中学、山东省莱芜市钢城友谊路小学、山东省莱芜市钢城万和小学。《协议书》的签字，标志莱钢集团在莱芜市境内中小学移交地方管理工作全部到位。

[全省教育政策法制工作会议]　4月14～15日，全省教育政策法制工作会议在莱芜市召开，来自全省17市的教育政策法制工作负责人参加了会议，省教育厅副巡视员杜希福到会讲话，副市长刘杰致欢迎辞。会议总结了2007年度教育政策研究与法制建设工作情况，表彰了全省教育系统优秀调研成果，就做好2008年度教育政策法制工作进行了部署，对莱芜市教育政策研究与法制建设给予了充分肯定。

[全市招生工作会议]　4月30日，全市招生工作会议召开，市政府副市长刘杰、市教育局局长陈灿群出席会议。

刘杰全面总结了2007年全市招生工作取得的成绩，深入分析了今年招生工作面临的新形势、新任务，同时对今年的招生工作提出了明确具体的要求。市、区两级教育职能部门和各有关学校要认真做好高考、中考前的各项准备工作，积极适应高考改革的新形势。要切实抓好中职招生，大力发展职业教育。继续对各区、各有关单位实行中职招生责任制，将中职入学指标完成情况纳入年度综合督导评估。要严格执行普通高中招生的各项政策。要依法治考，从严治招，切实维护招生考试的公平公正。要加快规范化考场建设，大力实施招生考试“阳光工程”，严肃查处违法违纪案件。要充分发挥高考联席会议制度的作用，各部门要通力协作，积极主动地做好招生期间各方面的工作，确保招生考试工作顺利进行。

[全市教育系统为四川地震灾区踊跃捐款] 5月12日四川汶川地震发生后，根据省教育厅和市委、市政府要求，市教育局立即安排部署在全市教育系统组织开展捐款活动。同时，在全体师生中广泛进行防震知识宣传教育。从15日开始，在全市教育系统开展抗震救灾捐赠三日大行动，发动广大师生为灾区群众捐款。各级各学校立即行动起来，掀起了赈灾捐款热潮，许多离退休老干部也自动自发纷纷慷慨解囊。全市教育系统先后捐款达1271525元。

[农村中小学现代远程教育工程通过省级验收] 5月12～13日，山东省农村中小学现代远程教育工程验收组对莱芜市农村中小学现代远程教育工程进行了检查验收。验收组对莱芜市的农村中小学现代远程教育工程给予了充分肯定和高度评价，认为莱芜市各级领导重视，认识到位，措施到位，硬件配备水平高，工程管理培训好，重视应用，渗透新课改理念。至此，从2006年10月启动的莱芜市农村中小学现代远程教育工程，经过一年半的精心规划、严密组织，顺利完成并通过省级验收，成为全省首批验收通过的市地之一。

[省政府教育督导团来莱芜市督导教育工作] 5月25～28日，省政府教育督导团一行11人在省副总督学、滨州市政协副主席王乃信带领下，对莱芜市2007年度教育工作进行了专项督导评估。市政府副市长刘杰，市教育局局长陈灿群陪同督导。

督导评估工作期间，省政府教育督导团先后听取了市政府和钢城区关于教育工作基本情况的汇报，分别召开了市、区两级教育、财政、人事等部门的座谈会，查阅了市、区两级教育、财政、国税、地税的档案资料和相关经费账表，检查了钢城区、钢城区黄庄镇和颜庄镇教育工作情况，实地查看了莱芜职业技术学院、莱芜一中、莱芜十七中、市实验学校、市特殊教育学校、颜庄中学、黄庄中学、丈八丘小学等20多处学校。

[全市高考联席会议] 6月2日，莱芜市召开2008年普通高考联席会议，市政府副市长、市招委主任刘杰出席会议并讲话。会议要求，要进一步加强对招生考试工作的领导，宣传、监察、公安、教育、信息化工作领导小组办公室、卫生、交通、无线电管理、保密、执法、邮政、网通、建设、水电、武警、消防武警等部门要协调配合，明确责任，积极主动地做好招生考试期间各方面的工作，确保高考顺利进行。要依法治考，努力做好招生考试的各项准备工作。要大力实施“阳光工程”，切实做到招生政策、招生计划、招生办法、办事程序、接待来访、举报电话、举报信箱、接受咨询等方面公开。要加强监督检查，严肃查处违法违纪案件。

[市委书记于建成到莱芜市高级技工学校走访慰问] 9月9日，市委书记、市人大常委会主任于建成到莱芜高级技工学校走访，代表市委、市政府向全市广大教育工作者致以节日的祝贺。

[市委副书记、市长马平昌到钢城区走访慰问] 9月9日，市委副书记、市长马平昌走访了莱钢高中和钢城区黄庄镇丈八丘联小，向教师们表示节日的祝贺和慰问。市教育局局长陈灿群陪同走访。

马平昌分别与莱钢高中和钢城区黄庄镇丈八丘联小学校负责人进行了交谈，详细了解了学校的建设和发展情况，看望了学校师生，视察了丈八丘联小校园环境建设和素质教育开展情况。

[全市未成年人思想道德建设现场会] 10月31日，全市未成年人思想道德建设现场会召开。全体与会人员实地参观了丈八丘联小、口镇中学、市实验小学等现场，大家对近年来全市中小学大力加强青少年思想道德建设，全面推进素质教育所取得的成绩给予了高度评价。市教育局、口镇中学、丈八丘联小等六个单位作了典型发言。市委常委、宣传部长毕玉惠出席会议并作重要讲话。

[全市学校文化艺术节汇演] 为充分展示本届艺术节取得的丰硕成果，11月6日，在会展中心凤凰剧院主办了“人寿保险杯”全市学校文化艺术节汇报演出，整场演出共分五彩校园、园丁之歌、幸福城乡、托起希望四个板块，演出以“积极构建校园文化，全面推进素质教育”为主题，荟萃了莱芜市各级各学校的众多精品节目，节目异彩纷呈、高潮迭起、组织紧凑，表现出了较高的艺术水平。市委常委、宣传部长毕玉惠，市人大常委会副主任谢宜民，副市长刘杰，市政协副主席殷秀林观看了演出。

[部分中央媒体采访素质教育推进情况] 11月27～

28日，新华社、《人民日报》、《光明日报》、《中国教育报》等媒体在省教育厅副厅长张志勇、省基教处处长关延平等领导陪同下采访莱芜素质教育推进情况。

记者团先后采访了钢城区黄庄镇丈八丘小学和莱芜市第十七中学，对丈八丘小学教师通过开发第二技能在农村小学开全开足课程的做法给予了高度评价；记者团与十七中校长、教师、学生进行了面对面的交流，十七中规范办学后学生的变化和高二语文选修模块走班教学引起了记者的极大兴趣。记者团还采访了市教育局局长陈灿群和莱城区区委书记郑金启，对莱芜近几年来特别是今年以来实施素质教育取得的成绩给予了充分肯定。

[国家二类城市语言文字工作评估团来莱芜市评估] 11月26～29日，国家二类城市语言文字工作评估专家团和观摩团，在省教育厅党组副书记、副厅长、省语委副主任杨瑛带领下，来莱芜市评估语言文字工作。市政府副市长刘杰、市语委全体成员、17个受检单位的领导参加了评估汇报会和总结会。

市政府副市长、市语委主任刘杰代表莱芜市语言文字工作委员会向省专家组作工作汇报。刘杰汇报了莱芜市语言文字工作委员会自2002年成立以来开展的各项工作和取得的成绩，莱芜市语委在市委、市政府的正确领导和省语委的关心、指导下，语言文字工作取得了长足的进步，语言文字规范化水平有了显著提高，基本形成"人人参与，层层负责"的语言文字规范化格局，基本实现了"普通话初步普及，汉字社会应用基本规范"的目标。

专家组分赴党政机关、新闻媒体、学校、公共服务行业四大重点领域进行实地检查。评估组充分肯定了莱芜市语委在"推广普通话，规范社会用字"方面所取得的成绩，认为莱芜市委、市政府高度重视语言文字工作，认识到位，积极主动；工作思路清晰，组织网络健全；注重宣传发动，自查自评工作扎实有序；机制健全，措施到位，创造了很好的经验，营造了与经济社会发展相适应的语言文字环境，高标准达到了二类城市语言文字工作评估标准。

[省教育厅与市政府签署合作协议] 12月4日上午，省教育厅与莱芜市人民政府签署《关于深化教育改革共同推进莱芜城乡教育一体化发展的合作协议》。省教育厅党组书记、厅长齐涛，省教育厅副厅长、党组成员宋承祥，莱芜市委书记、市人大常委会主任于建成，莱芜市委副书记、市长马平昌，莱芜市委常委、秘书长刘建良，莱芜市副市长刘杰，莱芜市教育局局长陈灿群等出席签字仪式。

协议规定，省教育厅和莱芜市将在共同推进城乡教育布局机构改革、基础教育改革与发展、职业教育改革与发展、师资队伍建设、教育信息资源共享机制、招生考试评价制度改革、教育科研和教学研究的改革与发展、教育经费保障机制改革等方面进行深入合作。

[市政协教育界委员新年茶话会] 12月26日，市政协教育界委员新年茶话会在莱芜一中召开。市政协主席牛志春作重要讲话，副主席尹贻明主持会议，副主席周重礼、吕鲁平、苏文德、殷秀林，秘书长李传成，市教育局局长陈灿群，副局长吕玲参加了会议。

[成果与获奖] 2008年，莱芜市教育局荣获"省级文明机关""全市工作实绩考核先进单位""市级文明行业""全市安全生产先进单位""履行人口和计划生育工作职责先进单位""全市信访工作先进单位""全市森林防火工作先进单位""交通安全工作先进单位""全市信息工作先进单位""全市先进县级党委(党组)中心组"等荣誉称号，还被授予"山东省教育科研工作先进单位""山东省语言文字工作先进单位""山东省教师培训工作先进单位""山东省电化教育先进单位""勤工俭学先进集体"等荣誉称号。

[莱城区] 莱城区现有中小学169处，其中小学146处，初中23处，普通高中4处，区直职业学校2处，民办学校2处。在校学生92091人，其中小学49201人，初中32839人，普通高中10051人，职业学校2117人(辖区内共9851人)，教职工11754人。

2008年，在各级党委政府的正确领导下，在教育主管部门的具体指导下，全面贯彻落实科学发展观和党的十七大会议精神，以建设教育强区、办好让人民满意的教育为目标，以统筹城乡教育发展一体化、提高办学质量和效益为重点，着力整合优化教育资源配置，改善办学条件，强化管理，深化人事制度改革，加强队伍建设，扎实推进素质教育，促进了全区教育事业又好又快发展。区教育局被评为区工作实绩突出单位、服务经济最佳单位、行风建设十佳单位、双拥工作先进单位、安全生产先进单位、消防工作先进单位、爱国卫生先进单位、履行计划生育职责先进单位、莱城区妇女工作先进单位，全区行风评议名列第二，计财科被评为全市会计工作先进集体，教研室被评为全国教育科研工作先进单位，教育系统被评为计划生育工作先进系统，教育局被评为全国孝亲敬老优秀组织单位、山东省文明单位，为莱城区唯一新增省级文明单位。

[钢城区] 2008年，全区共有普通中小学58所(九年

一贯制学校7所),在校生30925人,教职工2638人。其中,小学43所,教职工1131人,专任教师1085人,在校生17443人;初中14所,教职工862人,专任教师764人,在校生10644人;普通高中1所(与职业中专合并),教职工275人,专任教师219人,在校生2838人。教师进修学校1处,教职工38人,其中专任教师29人。幼儿园53所,在园幼儿5750人。乡镇成人文化技术学校5处,教职工56人。

全面落实"以区为主"的义务教育经费管理体制。进一步完善义务教育经费保障机制,将教师工资、公用经费、特困生救助基金、校舍改造及布局调整资金、其他专项资金全部纳入区级财政预算,确保教育投入"三个增长"。加强教育经费统管,严格实行"校财局管",提高了经费使用效益。全区预算内教育经费支出14111.1万元,增长32%。义务教育阶段公用经费1004.27万元全部足额拨付到位;全区教师人均月工资达到了3526元;在校学生生均教育经费,小学达到4272.35元,初中达到7094.83元,农村中小学生均公用经费,小学每生达到351元、初中每生达到495元。在全省率先全部免除城乡义务教育阶段学生的课本费334.36万元和教辅资料费147.27万元。贫困生救助力度进一步加大。全年补助义务教育阶段困难寄宿生304人,发放资金22.58万元。救助高中贫困生317人,发放救助资金31.7万元。救助职业中专贫困生347人,发放救助资金52.05万元。

标准化学校建设步伐加快。全区校舍新建、维修改造累计投入1186.4万元,新建学校5处,新建学校面积8380平方米,消除危房528间。投资1070万元,新建四处学校教学楼、黄庄中学餐厅;投资207万元,为26处中小学更换水泥檩、杨木梁;投资500万元,新建莱芜四中塑胶运动场并承办了全市中学生运动会。加强学校内配建设。投资40.7万元为26处中小学更换课桌凳4910套;投资232万元,充实了58台教师用机,340台学生用机,8套多媒体教室,4台服务器和一个区级信息中心,42处小学建立了卫星接收站点,实现了远程教育全覆盖。投资72万元,为8处镇(街道)中学配备了物理、化学、数学、地理教学仪器,为全区小学配齐了数学教学仪器。

[**高新区**] 全区共有初中1所,小学11所,民办学校1所,在校生5206人,在职教师393人。幼儿园29处,在园幼儿2325人。全区学龄前幼儿入园率达100%,小学适龄儿童入学率和在校生巩固率均达到100%,初中入学率和巩固率分别达到100%、99.2%,残疾儿童接受义务教育普及率达100%,实现了"双高普九"的目标任务,今年被评为"山东省规范教育收费示范县"。

加强精细化管理 努力提高教育质量。狠抓教学常规精细化管理,促进管理水平和教育质量的提高。区教育主管部门加大了教学常规管理力度,健全完善了教学常规管理细则,强化了精细化管理措施,教育教学管理水平不断提高,学校管理日趋规范,办学水平有了长足进步。学校严格落实"规范管理,促进学生全面发展"的办学理念,教会学生做人、做事,学会生活,树立正确的人生观、价值观,广大青少年呈现出积极奋进、健康向上的精神风貌,有多名学生被授予省、市级"雏鹰"奖章称号。

加强教师队伍建设 夯实教育根基。一是加大了教师队伍的充实力度。针对全区教师队伍老化现象严重,教师缺乏的现状,积极争取管委会和办事处领导的支持,2008年招录了27名优秀毕业生,从区外调入6名优秀教师充实到教师队伍中,改善了教师的年龄结构和知识结构,优化了教师队伍,全区35岁以下教师占总教师数的35%以上。二是狠抓了教师队伍培训。教育办公室先后组织教育干部和骨干教师多次到外地学习和参加省级培训,并积极与有关市区教育局协办,聘请专家讲学,组织教师参加新课程培训,提升了教师的教学理念,提高了教师队伍的整体素质。三是强化了师德教育。充分利用假期组织教师参加政治学习,学习《教师职业道德规范》、《教师法》、《义务教育法》和新形势下国家对教师提出的新要求,观看全国优秀教师师德报告会,并组织了青年教师师德论坛,激发了广大教师爱岗敬业,无私奉献的精神。四是实施了三大工程,即继续教育工程、业务达标工程和名师工程,开展了听课、评课、讲课、说课比赛和优质课评选,举行了"教师基本功大比武"、"课堂教学月"等活动,促进了教师的成长。在市教育局组织的各种教学比赛中,先后有40人次获奖,有两名教师被推选代表莱芜参加省优质课评选并取得优异成绩。

规范办学行为,扎实推进素质教育。全区以深入实施素质教育,规范办学行为为切入点,以促进学生全面发展为目标,严格按照《山东省中小学管理基本规范》的要求,认真落实国家课程方案,开全开好课程,开足课时,为学生的全面发展奠定了基础。特别是强化了学校的艺体教育,让广大中小学生在活动中得到全面锻炼,增长才干,促进发展。全区根据国家"阳光体育一小时、幸福人一生"的要求,积极开展了形式多样的"大课间活动",并组织了丰富多彩的文体活动,各中小学在实施素质教育的进程中,也各显特色,结合本校实际,因地制宜开展了剪纸、书法、绘画、摄影等特色教育,各学校正朝着"学生有专长,学校有特色"的方向迈进。滨河小学的"沸腾的滨河",程故事小学的"中国节日文化”，吴伯箫学校的“传承伯箫文韵”等校本课程已成雏形，特色明显。裕丰小学开设的葫芦丝，笛子两门器乐课，已形成学科特色，成为学校教育教学工作的亮点。

[雪野旅游区] 雪野旅游区共有教职工391人，其中本科学历148人，专科学历123人，中专学历118人，其他2人。中学高级教师15人，中级教师151人，初级教师225人。有初中3处，38个教学班，1653名学生；完全小学13处，75个教学班，2324名学生。有集体幼儿园29处，个体园所6处，入园幼儿1020人。有成人文化技术学校1所。

全面推进素质教育。认真落实《山东省普通中小学管理基本规范》，落实国家课程方案，建立素质教育责任校制度，规范了办学行为。认真落实“健康第一”的方针，扎实开展“阳光体育”运动，推广了学生“整体与自主”活动相结合的大课间体育活动模式，学生素质明显提高。上游中学获市中学生运动会体育道德风尚奖。深化基础教育课程改革，不断完善三级课程管理制度，推进校外教育和实践活动的开展，学生学业水平不断提高。制定了《中学生基础素养评价实施方案》，逐步建立和完善了学生综合素质评价制度。

城乡教育一体化建设。投资450余万元，进行了学校建设和内部设施配套。三处中学、中心小学翻修各类用房116间，新建水冲式厕256平方米，硬化篮球场996平方米，硬化路面1340平方米，更换门窗1289平方米，进行楼顶渗水处理644平方米；新建传达室、大门、体育器材室，更换锅炉，电路更修等。北栾宫小学投资106万元，新建一所建筑面积856平方米的教学楼。大厂小学计划投资100万元，新建一座建筑面积985平方米的教学楼，正在建设中。争取资金80万元，为两处中学和十一处小学进行了教学仪器更新。中小学更新课桌1580套。投入资金17.5万余元，新配备图书15125册。北栾宫小学、抬头小学顺利通过了市级规范化学校验收。中心小学被评为市级办学水平先进单位。撤并完全小学1所，小学减少到13所，异地新建小学1所。

中小学远程教育工程全部开通使用。全区建有微机室17个，有学生用机339台，教师用机183台，多媒体教室17个，三处中学、所有小学联入教育城域网，建学校网站4个。

[泰钢工业园区] 泰钢工业园有五处学校：汶水学校（九年一贯制学校）、泰钢小学、马庄小学、沙家庄小学、古石沟小学，其中汶水学校为市级规范化学校。在校生共1640人，其中初中650人，小学990人。核编教师147人，其中初中教师64人，小学教师83人。

继续推进学校建设步伐，特别是加大薄弱校建设力度。根据省市规范化学校标准，制定了《泰钢工业园2008～2012年学校改造建设规划》，对园区内的学校布局重新进行了规划，拟将有五所学校合并为三所，把学校、幼儿园建设列入工作日程。根据规划，泰钢小学异地新建工作全面展开。规划投资150万元的汶水学校办公楼建设工程破土动工，新增校舍面积1640平方米。完成了蔺家庄小学撤并到汶水学校的合校并校工作，将教师重新分流补充到其他学校，优化了教育资源。新配备课桌凳600余套，课桌凳全部更新一遍。

落实国家经费保障机制改革会议精神，提高了预算内公用经费标准。对城市低保家庭学生及时进行了资助，全年免除农村义务教育阶段学生课本费共计21万元。制定了资金拨付办法及经费管理制度，所有经费都纳入专户管理，加强收支预算管理，及时进行内部审计，各项经费及时拨付，杜绝了各种违规行为。

优化教师队伍结构。一是利用好内退政策，对女50岁，男53岁的教师坚决办理内退；二是对不适应新课改要求的教师，妥善地进行合理分流；三是积极引进、招聘部分高学历年轻教师，充实教师力量。2008年分流3名教师，新进教师5人。

大力实施素质教育。对学校作息时间、作业量、课外活动、课程管理、学生评价体系作了明确规定。为确保开足开全课程，加大了教师校际间交流，并充实了师资力量。同时，加强监督检查，以查促改，加大了违规行为的查处力度。

莱芜市分管教育领导人

副市长：刘　杰

莱芜市教育局负责人

局长：陈灿群

莱芜市人民政府教育督导室主任、局党委委员：刘万利

副局长：张　勇　吕　玲　王其海

纪委书记：陶锡荣

办公地址：山东省莱芜市文化北路20号

联系电话：0634－6213926　6213927

邮政编码：271100

（总撰稿人：任甲斌　审稿人：鹿忠勤）

临沂市

[概况] 2008年,临沂市教育局在市委、市政府正确领导和省教育厅有力指导下,认真学习贯彻党的十七大和十七届三中全会精神,以邓小平理论和“三个代表”重要思想为指导,以科学发展观统领全市教育工作全局,坚持“规范、深化、巩固、发展、提高”方针和“四个统筹、四个促进”的原则,按照“一二三四五六七”的工作思路,坚持教育优先发展,全面贯彻党的教育方针,全面推进素质教育,全面提高教育质量,各级各类教育保持了持续健康协调发展。

2008年,全市有各级各类学校3486所,在校学生156.55万人。其中幼儿园有1291所,在园幼儿15.98万人;特教学校16所,在校学生2366人;义务教育阶段有小学1739所,在校学生73.22万人,初中306所,在校学生33.91万人;普通高中61所,在校学生18.32万人;中等职业学校70所,在校生人数10.41万人;普通高等学校3所,在校学生4.71万人。2008年,全市适龄儿童入学率100%,小学毕业生升学率100%,初中毕业生升入高中阶段升学率为77%;普通高中招生54716人,全市高考录取本科23034人,比2007年增加了1003人,专科(高职)招生37807人,中专学校招生7557人。

全市各级各类学校共有专任教师90233人。其中,小学专任教师39987人,初中专任教师25225人,普通高中专任教师11492人,职业中专(高中)学校专任教师1346人,特殊教育学校专任教师401人。

[义务教育经费保障机制改革] 2008年,全市共落实义务教育保障经费5.95亿元,惠及义务教育阶段学生107万人。其中,落实公用经费3.62亿元,将农村小学公用经费从240元提高到295元,初中由340元提高到445元;落实资金1.27亿元,为90.8万名农村义务教育阶段学生免费提供国家课程和地方课程教科书;为全市2851名特教学生落实“三免一补”资金308万元;落实资金960万元,为1.5万名困难寄宿生发放生活补助,标准由每生每年300元提高到小学每生每年500元,初中每生每年750元;落实资金4278万元用于农村中小学冬季取暖;落实资金4733万元为16.4万名城市义务教育阶段学生免除杂费;落实资金88万元,为2万名城市低保家庭学生免费提供教科书并为寄宿的低保家庭学生发放生活补助。

[学生资助政策] 市、县(区)和市直学校全部成立了学生资助专门机构,配备了专职人员,资助信息数据库已经初步建立,学生资助工作逐步规范。2008年,全市共落实各类学校家庭经济困难学生资助资金1.16亿元。其中,发放各类奖、助学金1393万元,资助普通高校学生11597名;发放国家助学金6898万元,资助中等职业学校学生47379人;发放政府助学金1754万元,资助普通高中学生14712人;落实“一免一补”资金222万元,资助城市低保家庭的义务教育阶段学生8354人。

[中央新闻媒体集中报道家庭困难学生资助情况] 8月20日,《人民日报》、新华社、中央电视台、《中国教育报》等13家新闻媒体的20余名记者在国家学生资助管理中心副主任马文华的带领下,深入蒙阴县宣讲国家学生资助政策,并集中报道了全市家庭经济困难学生资助情况,社会影响较好。

[全市中小学布局调整] 出台了《临沂市人民政府关于加强城市教育设施配套建设工作的意见》,启动了临沂市城区教育发展专项规划。2008年全市小学调整到1739所,比上年减少46所;初中调整到306所,比上年减少5所;普通高中调整到61所,比上年减少16所。

[学前教育] 调整全市幼儿园布局,幼儿园总数调整到3243处;在园人数达到16万人,3～6周岁幼儿入园率和学前一年幼儿入园率分别达到75%和97%。验收第二批市十佳和市级一、二类幼儿园43处。全市有省级十佳幼儿园3处,省级实验(示范)幼儿园49处,学前教育质量稳步提高。

[义务教育] 全面落实了省政府《关于进一步推进义务教育均衡发展促进教育公平的意见》,义务教育实施水平在巩固中提高。2008年全市小学1739所,比上年减少46所;招生119031人,比上年减少1980人;在校生732225人,比上年减少6413人。全市初中306所,比上年减少5所;招生127238人,比上年增加12273人;在校生339171人,比上年增加2038人。全市小学适龄儿童入学率、小学毕业生升初中率均达到100%,全市初中毕业生升入普通高中的升学率为45%,初中毕业生升入高中段的升学率为77%。小学、初中年巩固率分别为99.77%和98.92%。确定农村义务教育债务4.38亿元,为债务化解奠定了基础。

[普通高中教育] 全市高中61所,比上年减少16所;

招生 54716 人，比上年减少 15510 人；在校生 183205 人，比上年减少 22903 人。贯彻落实省政府《关于加强普通高中管理的通知》，规范了普通高中管理体制，合理制定了全市高中招生计划。加强了高中学校的教育教学管理，印发了《临沂市高中教学评估办法》，对高中学校的课程实施水平进行了评估，普通高中教育水平进一步提高。全市高考录取 68398 人，比上年增加 1559 人，其中，本科 23034 人，比 2007 年增加 1003 人。

[市直学校建设]　2008 年，临沂一中南校区一期工程全部完成，2400 多名学生入住新校区。临沂二中与临沂师范学院商学院资产置换，并顺利完成了整体搬迁工作，使办学条件得以提升。

[中等职业教育]　加大了职业教育宣传和招生力度，制定印发了《临沂市二〇〇八年中等职业学校招生工作意见》，召开了招生工作专题会议，市、县(区)、校分别签订了招生责任书。2008 年，全市中等职业学校招生 38445 人，其中职业中专(高中)、成人中专招生 22169 人，普通中专招生 7557 人，技工学校招生 8719 人，超额完成省教育厅下达的招生任务。

加大了中等职业教育主体建设，2008 年新审批了临沂科技中专和临沂信息中专为普通中专。中职学生信息管理实现了全省、全国联网。印发了《临沂市职业学校教学管理规范(试行)》等一系列教学管理文件，职业教育质量进一步提高。在全省职业院校技能大赛中，全市 18 名参赛选手在计算机、数控技术、电工电子技术等比赛项目中取得了优异成绩。2008 年中等职业学校就业率达到 96％以上，部分国家级重点学校学生就业安置率达 100％。

[组建临沂职业学院]　2008 年 5 月，临沂广播电视大学、临沂市职业中专、临沂商业学校、临沂经济学校等四处学校合并，搬迁至原临沂双月园学校，组建的临沂职业学院，顺利通过了省专家评议委员会的评估，在教育部成功备案，并获批 700 名招生计划，成为独立设置的、国民教育序列的、学历教育的全日制高等职业教育学校，填补了临沂市没有高等职业学校的空白，完善了全市职业教育体系。

[特殊教育]　大力扶持发展高中段特殊教育，扎实做好组织残疾儿童入学和控制辍学工作，在普通中小学开展了残疾儿童随班就读工作，适龄残疾儿童少年入学率达到 94％。

[民办教育]　认真贯彻落实《民办教育促进法》等精神，加强了对民办学校的管理，对全市 220 处民办学校办学行为进行了检查整顿，进一步规范了民办学校办学行为。加强了民办学校党建工作，有 42 处民办学校建立了党组织。2008 年，民建山东省委主办的山东中华职业学校落户临沂，全市民办教育规模进一步壮大。

[成人教育和社区教育]　积极发挥乡镇成人教育中心校的作用，农村实用技术培训取得显著成效。2008 年全市各级职业、成人学校共培训学员 20 万人次，有 2338 人获得了专科、本科毕业证书。社区教育取得新的进展，兰山、罗庄、河东三区被列为省级社区教育实验区。

[危房改造]　2008 年，全市投入资金 2 亿余元，新建中小学校舍 30 万平方米，维修校舍 11 万平方米，消除 D 级危房 13.6 万平方米。落实明德小学项目 11 个，新建明德教学楼 7 座，进一步推动了全市校舍建设的规范化和标准化。

[农村中小学“211 工程”]　农村中小学“两热一暖一改”工程全面启动。落实资金 950 万元在兰山、罗庄、临沭、蒙阴四县区开展改厕治污和取暖工作试点。

[仪器更新工程]　2008 年，落实资金 2528 万元，为全市农村中小学和特殊教育学校配备教学仪器设备，涉及校园网络、计算机、语文、数学、理化、劳动技术、音体美、语训和康复设备等 9 个学科，使广大农村中小学和特教教学仪器配备得到整体提升。加强了仪器更新工程验收和管理，编写了《仪器设备验收技术文件汇编》，对全部教学仪器逐校逐室对照检查、测试验证，验收率达到 100％。

[教育信息化]　2008 年全市各县(区)共筹集资金 4000 万元，配置计算机 10000 台，装备多媒体教室 1000 口，建成校园网 300 个，有 4 个县(区)建成教育城域网，全市教育城域网已初步建成。落实资金 2912 万元，为全市 2146 所农村中小学配备了远程教育设备。全市农村中小学现代远程教育工程三种模式的 150 余处项目学校，顺利通过了省、市级验收。加强农村远程教育应用和管理，全面提升全市农村远程教育应用水平。

[素质教育]　全面落实《山东省普通中小学管理基本规范》，广泛开展了“规范管理落实年”活动，规范课程开设、课时计划、作息时间、作业量和评价制度。先后组织 8 次规范办学行为检查，对部分违规学校进行了

调查处理，全市中小学办学行为进一步规范。全部开齐了音、体、美以及劳动技术、社会实践等课程。全面实施国家学生体质健康标准，广泛开展“阳光体育运动”和大课间活动，确保学生每天体育锻炼一小时。坚持义务教育就近、免试入学制度，制定了义务教育阶段学生综合评价办法，开展了学生综合素质评价培训。深化初中学业考试制度改革，将50％的高中招生名额分配到初中学校，有效调动了部分薄弱初中学校依法规范办学的积极性。制定印发《关于进一步加强家长学校建设推进素质教育的意见》，成立了临沂市家庭教育工作领导小组和家庭教育指导中心，在全市广泛开展了“素质教育家校行”活动。举行了230场“素质教育家校行”专家报告会，对全市800多名中小学校长、1.8万名小学班主任、61万名小学生家长进行了培训，学校、家庭和社会紧密结合共同推进素质教育的良好局面逐步形成。

[全市教育工作电视会议] 2008年3月8日，全市教育工作电视会议在临沂广电大厦主会场召开，各县（区）设分会场。市教育局党委书记、局长卢立海主持会议，市政府副市长左沛廷出席会议并讲话。市直相关部门负责人及各县（区）分管副县（区）长、教育局局长、财政局局长及相关部门负责人参加会议。会议贯彻落实了全省素质教育工作会议精神，总结回顾了2007年全市教育工作，部署了2008年教育工作任务。副市长左沛廷对2007年全市教育事业取得的成绩给予了充分肯定，并对全市教育工作提出了具体要求。局长卢立海对推进素质教育工作进行了强调和部署。兰山区政府、蒙阴县政府、罗庄区教育局、沂南县依汶中学先后作了典型发言。

[教师队伍建设] “以县为主”的管理体制基本理顺，兰山、罗庄、临沭、沂水、费县等5个县（区）和临沂高新技术产业开发区、临沂经济开发区将农村中小学教师工资全额纳入县区本级财政预算，实现了县域内教师工资统一标准发放。农村中小学教师工资待遇有了明显提高，12个县（区）农村教师人均月工资达到1774元，比2006年平均增加了616元，教师工资全部超过省定最低标准。

加强教师队伍管理。完成了6470名小学高级教师、中学一级教师以及3148名中学高级教师的职称评审工作。认真做好教师资格认定工作，8000余人取得了教师资格。

加大教师教干培训。组织了220名中小学校长参加新课程培训及素质提高培训；组织农村中小学骨干教师、“双师型”教师1200余人参加了省级培训，对全市12632名高中教师进行了全员培训。通过一系列培训，在职教师学历达标率进一步提高，全市小学、初中、高中阶段专任教师学历达标率分别为99.65％、99.65％、94.12％。2008年，全市有1名校长当选为2008年山东省年度教育创新人物，1名校长获得山东省年度教育创新人物提名奖。

提高教研、科研水平。成立副县级建制的临沂教育科学研究中心。召开了全市教学工作会议，组织开展了“如何进一步做好新形势下全市教科研工作”的大讨论。注重研究人员的提高与培训，逐步建立了全市自己的教育资源专家库。一批重点课题在省、国家立项，一批科研成果在国家、省、市获奖，课题的针对性、实效性逐步增强。全市教师参加全省、全国课堂教学、教学技能比赛和教学能手评比，获奖人数和获奖档次在全省居于先进行列。

[中小学教育行风民主评议] 认真开展了中小学教育行风民主评议工作和民主评议机关科室工作，促进了全市中小学教育行风和机关科室作风建设。2008年，市教育局先后荣获市“行风热线十佳单位”“行风建设先进单位”“廉政文化进机关先进单位”等荣誉称号。

[教育督导] 在全省率先成立了以分管市长任团长的市政府教育督导团。对各县（区）政府2007年度教育工作进行了专项督导评估，共检查了14个县（区）、27个乡镇办事处、186所学校，高质量地完成了督导任务。组织了对临沭、蒙阴等8个县（区）教师工资县乡统一标准发放情况专项督导。迎接了省政府教育督导团对兰山、临沭等县（区）的专项督导，省督导团对全市教育工作给予了充分肯定。加强“五五”普法宣传教育，全市有53所学校被评为依法治校示范校。2008年市教育局荣获“全省普法工作先进单位”、“全省中小学生法律知识竞赛优秀组织奖”等荣誉称号。

[招生考试] 完善公开透明的招生工作体系，坚决杜绝与招生挂钩的乱收费。加强了对高考、中考、学业水平考试、自学考试、研究生考试等各类考试的监管力度，修建了高标准的保密室，健全完善了各项设施。加大技术预防的力度，进一步防范和杜绝考生在考场上的违纪舞弊行为。先后成功组织了8.5万名考生参加的初中毕业生学业考试，6.8万名考生参加的普通高中学业水平考试，14961人参加的成人高考，89545人参加的普通高校招生考试，58422人的高等教育自学考试和社会证书考试以及6141人参加的研究生招生考试。

［中央7部委检查教育收费］ 11月4日至5日，由中纪委、教育部、国务院纠风办、国家发改委、财政部、国家审计署、新闻出版总署等7部委组成的全国教育收费检查组一行7人在中央纪委监察部纠风室副主任、国务院纠风办机关组组长施泽华的带领下，对临沂市教育收费工作进行了专项检查。省政府纠风办主任徐国力，市委副书记、市长张少军，市委副书记范耀庚，市委常委、市纪委书记徐涛，副市长左沛廷等领导陪同。通过明察暗访等多种形式，对全市落实农村义务教育经费保障机制和农村义务教育阶段学校收费情况、家庭经济困难学生资助情况、公办高中招收择校生“三限”政策的落实情况、学校收费资金管理和资金使用公示情况等进行了详细检查。检查组对全市规范教育收费工作取得的成绩给予充分肯定。2008年11月份，费县、临沂经济开发区初步通过全省规范教育收费示范县区检查验收。

［学校安全］ 成立了市教育局学校安全管理科，完善了相关安全管理制度。指导各县（区）、市直各学校建立健全了学校安全机构，理顺了工作机制。组织开展“迎奥运安全检查”、“安全生产百日督查”等专项行动，全市共排查出各类学校安全隐患1560处，均按照程序得到及时整改。制定学校安全工作应急预案，广泛开展了应急演练，规范了学校安全管理工作档案，加强学校设施设备的管理与维护，确保全市学校整体稳定和师生人身安全。

［抗震救灾］ “5·12”四川汶川特大地震发生后，全市教育系统广大师生共向地震灾区捐款1496.7万元，其中市直教育系统捐款32.8万余元，交纳特殊党费38.6万余元。做好灾区学生来全市就学工作，全市共接收四川、陕西地震灾区27名学生来全市上学，并在学习用品、心理调适等方面给予大力帮助。

［兰山区教育概况］ 辖区内共有区属公办中小学107处，其中区直学校14处（高中3处、初中4处、小学5处、九年一贯制学校2处），镇（街道）办学校93处（初中11处、中心小学11处、村居小学71处）。另有区办职业中专、教师进修学校、电大分校、高考补习学校各1处，区直实验幼儿园2处，民办中小学10处、民办职业中专9处，各类幼儿园226处。全区在职公办教职工9539人，民办教职工780人，各类学校在校生14万余人，在园幼儿3.4万人。2008年，全区教育工作先后荣获省级表彰8项、市级表彰16项、区级表彰19项，5次为市级以上现场会提供现场并作经验介绍，承办市级以上研讨会22次。

教育投入持续增长。2008年，全区预算内教育经费53633.9万元，占全区财政支出的36.85%。安排预算内中小学公用经费6569万元，农村小学和初中分别达到445元和905元。教育费附加应征3083.40万元，实征6389万元，全额拨付教育。地方教育附加应征1027.8万元，实征1027.8万元，除按规定上解部分外，拨付教育822万元。全部免除了农村义务教育阶段学生的课本费，对各类家庭困难学生给予补助，受助面达全部达到或超过上级规定标准。

办学条件逐步改善。年内全区建成了教学楼、实验楼、学生公寓和学生餐厅5栋，完成了4处学校的扩校建设任务，完成了10000平方米的危改工程。争取省级“211”工程（两热、一暖、一改）项目学校4个，投入资金近500万元。投资500余万元，用于购置图书、实验仪器及音体美劳器材等设备。投资250万余元，充实了现代教育技术设施。投资158万元，推进农村中小学远程教育工程建设。李官镇、义堂镇、白沙埠镇、金雀山办事处通过了教育工作强镇（街道）验收。又有2处农村中学通过了省级规范化学校验收，3处学校通过了省级教学示范校的验收。

新建、重建、改建中心幼儿园6处，实现投资1800万元，2处分别被评为省级示范幼儿园、省级十佳幼儿园。投资6500万元，积极推进区职业教育中心建设，民办职业学校已达9处，职业教育在校生占高中段在校生的47.8%。民办教育规范有序发展。

教师队伍建设得到加强。制定下发《关于进一步加强中小学教师队伍建设的意见》，公开考聘师范类毕业生和区外优秀教师307人，其中到农村任教250人。加强行风建设，做好“行风热线”的上线工作，在省教育厅召开的行风建设经验交流会上作经验介绍。

素质教育深入推进。临沂市兰山区中小学素质教育实践基地建设进展顺利。全区小学、初中适龄人口入学率均达100%，小学年巩固率为100%，初中年巩固率保持在98%以上，残疾儿童少年小学及初中入学率均达到95%以上。为华东六省一市勤工俭学工作会议、全省学校后勤工作会议和全省勤工俭学工作会议等提供了现场，并作典型经验介绍。九中代表全市接受中央610办公室检查，三中和白沙埠小学代表全省接受全国规范教育收费检查。三中在全国第二届新课程改革研讨会、全国第六届校长峰会和山东省高级中学协会年会上作典型经验介绍。

［河东区教育概况］ 全区共有公办中小学校90处，其中小学74处，初中11处，高中5处，另有职业中专1处；民办学校6处；幼儿园（所）155处。在校中小学生54405人，在园幼儿13203人。教职工4420人，专任教

师 3880 人。

深化义务教育经费保障机制改革，提高经费保障水平。2008 年为义务教育阶段拨付公用经费 1595 万元，免除课本费 427 万元，为 694 名家庭经济困难寄宿生补助生活费 52 万元，占全部住宿生的 11.4%。全区小学入学率、巩固率为 100%，初中入学率为 100%，巩固率达到规定要求。

高中阶段素质教育改革有序开展，教育教学质量稳步提升。新创建了高考补习学校，满足了群众享受优质教育的需要。制定下发了《关于进一步规范高中招生行为的意见》，出台了高中招生七条禁令，高中段招生秩序进一步规范。认真落实贫困生资助政策，对 960 名高中阶段家庭经济困难的学生提供助学金 96 万元，占全部在校生的 13.9%。

大力发展公办职业教育。采取了“零学费”入学等灵活多样的方式，认真落实国家对职业学校学生助学金政策，使更多的初中毕业生接受职业教育，大幅度提升职普比例。切实管好国债项目资金，加强河东区职业中等专业学校实训楼建设。大力推行订单式培养、工学结合、顶岗实习等办学模式，不断加强学生实训实习和社会实践，提高学生就业和创业能力。全区职业学校共招收新生 2300 多人，毕业学生的就业安置率达到了 97%以上。

加大学前教育建设。基本完成了乡镇(街道)公办中心幼儿园建设任务。大力提倡学区办园模式，积极举办标准化幼儿园。加大了办园行为监督检查力度，办园行为得到进一步规范。河东区机关幼儿园和育杰幼儿园被评为省级示范幼儿园。全区学前一年入园率达到 100%，学前三年入园率达到 80%以上，基本普及学前三年教育。

积极推进素质教育。以全面贯彻落实《山东省普通中小学管理基本规范》为抓手，推进素质教育改革深入实施。在全区各中小学校实行了统一的课程方案、作息时间，制定并执行了统一规定的家庭书面作业量标准，学生过重的课业负担得到有效减轻，办学行为进一步规范。2008 年，区实验小学被中国中小学幼儿教师奖励基金会评为教育科研先进单位，河东区一中被省教育厅确定为新课改实验联系点学校。在临沂市第四届“明基杯”中小学生机器人竞赛中，河东区获得了 1 个一等奖，5 个二等奖；在山东省中小学电脑制作活动中，河东区有 2 件作品获省一等奖。

办学条件得到改善。认真组织实施了危房改造、信息化建设和教学仪器更新三项工程，办学条件进一步改善。全年投资 823 万元，完成危房维修面积 1955 平方米，新建项目面积 11311 平方米。投资 153 万元为 95 处学校安装了现代远程教育接收播放系统，全年新增微机 1200 台，河东一中、实验小学、益民小学、九曲中学等学校实现了一线教干教师人手一台电脑。河东一中、实验小学、八湖中学等学校在农远工程资源开发应用方面初见成效，分别在全市教学工作和电教工作会议以及苏鲁豫皖四省电教研究会上作了典型发言。2008 年 10 月，临沂市远程教育应用工作现场会在河东区召开。制定了三年投资 944 万元分步完成中小学教学仪器更新任务的规划，2008 年，一期投入 236 万元，对全区 20 处学校进行了分批供货。

高度重视教师队伍建设。扎实组织开展了向谭千秋等汶川教师英模学习的活动，师德建设进一步加强。先后组织全区教干、教师赴杜郎口中学、江苏东庐中学等学校考察学习，组织召开课堂教学改革现场观摩交流会、中小学学科研讨会，开展教师基本功比赛、优质课评比等活动，对全区广大教师进行大范围、经常性的培训，全区广大教干教师的综合素质和专业水平得到明显提高。公开招聘了 112 名河东籍普通高校毕业生到农村中小学校任教，师资队伍得到进一步充实。

深入开展“平安校园”创建活动。积极落实措施，开展校园周边环境综合治理工作，为青少年学生的健康成长创造良好的社会环境。认真组织开展了地震、消防等安全演练活动，学生的安全意识和自救能力进一步增强。2008 年，全区所有学校无安全责任事故发生。

治理教育乱收费。2008 年 2 月，受到省教育厅等七部门“山东省规范教育收费示范区”命名表彰奖励。严格贯彻执行义务教育阶段学校免费政策、公办高中招生“三限政策”，继续实行了“一证、一卡、两公开、四统一”制度、收费公示制度、责任追究制和一票否决制度，与有关部门定期对教育收费开展检查，巩固了规范教育收费创建成果。

[罗庄区教育概况] 2008 年，罗庄区有各级各类学校 65 处，其中公办高中 2 处、初中 9 处、小学 37 处，民办中小学 5 处，公办职业学校 1 处，民办职业学校 3 处，特殊教育学校 1 处，街道成教中心校 7 处，中小学在校生 50028 人。有幼儿园 81 处，入园幼儿 11890 人。中小学教职工 3837 人。

认真落实“以县为主”经费保障机制，为教育均衡发展提供保障。提高了生均公用经费标准，城乡统一，小学达到 395 元、初中达到 660 元；同步免除了城乡义务教育阶段学生的课本费；全区城乡学校教师工资全额纳入区本级财政，教职工平均工资达到 3046 元；成立了学生资助管理中心，落实各类贫困家庭学生资助政策，实施了“校财局管”。

改善办学条件，学校标准化建设得到加强。投入

2508.5万元，完成校舍改造面积34989平方米。投入110万元，对部分中小学的教学仪器进行了更新，新建12口实验室，全区中学、街道中心小学都建成了校园网，中小学实验课和信息技术课开出率达100%。6处学校完成了标准化塑胶操场建设。2所学校通过了省规范化学校验收，3处学校通过了市电化教学示范学校验收。

大力推行素质教育，全面提高教育教学质量。构建以文明礼仪、好习惯养成教育为主要内容的"实效德育"。建立了教学质量发展性评价体系，推行了日常考试"无分数评价"，成绩评定坚持实行"等级制"，全区学校均建立了学生学业成绩与成长记录相结合的综合评价制度。加强了艺术和体育教育，深入开展大课间体育活动，5月份1400余名师生集中参与了省举办的"阳光体育大擂台"活动。重视家庭教育，开展了"素质教育家校行"活动，全区先后组织了40余场家庭教育专家报告会，促进了家校结合。

创新教育科研机制，增强教育科研服务教学的实效性。实行了"教学问题课题化"策略，启动了"重大问题研究行动"。开展了"重大教学问题"征集活动，征集到314条问题案例。新立项2个省级课题，26个市级课题。探索实施了问题征集、价值鉴定、分析论证、课题认领、课题开题、过程实施、现场结题、成果推介"八步式"课题管理办法，有效克服了教育科研"重立项轻研究、重结果轻过程、盲目追求级别档次"的现象。2008年，罗庄区有34个科研课题市级结题，1项科研成果获得省教育科研成果二等奖。

各类教育协调发展。区财政投入350万元，各街道基本建起了标准化中心幼儿园。小学、初中适龄儿童、少年入学率均达100%，残疾儿童入学率达97%，小学、初中在校学生巩固率分别达100%、98.4%。高中段教育普及率达85%。加强了对职业教育招生力度，与各初中学校签订了职业学校招生目标责任书，中等职业学校在校生占高中段教育在校生的比例达25.02%。规范民办教育发展，进一步规范了对民办教育机构的立项审批管理教育监管，积极做好协调工作，有计划、按步骤偿还原双月园学校、美澳学校和现代实验学校的"教育储备金"。

加强教师教干队伍建设。一是加强师德教育。举办了"优秀教师先进事迹报告会"，开展了"微笑面对学生"和"千名教师进万家"师德主题教育活动；修订完善了师德考核办法，建立了师德考核档案，坚持"一票否决"，规范了教师从教行为。二是重视教干培训。举办了学校中层教干和村小校长培训班，组织中小学校长赴江苏名校进行考察学习，开展教育干部读书会活动，教干的管理素养和管理水平得到有效提高。三是促进教师专业发展。制定了教师专业发展三年规划和年度计划，建立了"名师工作室"运行机制，为四个"名师工作室"举行了挂牌仪式，评选了42名罗庄区首届中小学"首席学科教师"。四是深化教育人事制度改革。实行了教师全员合同管理，增强了教职工的岗位意识和责任意识；完善了教师绩效工资发放办法，调动了教职工的积极性；教师调配优先保证农村学校和村级小学，新选招的119名毕业生大多数充实到了村级小学和边远街道学校；试行了城区中小学教师到农村学校任教服务期制度，促进了城乡师资队伍的合理流动。

加强督导队伍建设，成立了首届"罗庄区教育督导团"，聘任了罗庄区第二届督学，加强了规范办学行为督导检查，年内有2所学校被评为"临沂市依法治校示范学校"，1所学校被评为"山东省依法治校示范学校"。

平安创建工作取得实效。区教育局设立了安全科，开展安全工作双月督查活动，配合有关部门围绕学校校舍、消防、交通、饮食卫生、校园治安等工作进行了三次督查，确保学校安全稳定。

2008年，罗庄教育先后获得"山东省教育科研先进单位""临沂市小学、初中、高中教学工作先进县区"、"临沂市全民科学素质工作先进集体""罗庄区最佳服务单位"等20余个荣誉称号。

[郯城县教育概况]　2008年，郯城县教育事业进一步发展。全县共有各级各类学校243处，其中小学190处，初中25处，普通高中4处，职业中专5处，乡镇成人教育中心校17处，县教师进修学校1处，特殊教育学校1处，在校中小学生13.3万人，教职工9195人。全县乡镇中心幼儿园达标率为82%，3～6周岁幼儿入园率89.8%，学前一年人园率99.8%，小学一年级、初中一年级学生入学率均达到100%，小学、初中在校生巩固率达到98.7%。2008年郯城四中、郯城镇实验小学顺利通过"省级规范化学校"验收。

扎实推进农村义务教育经费保障机制改革。2008年共免除农村义务教育阶段学生杂费3821.5万元，城镇义务教育阶段学生杂费422万元，受益学生10.8万人。为农村义务教育贫困家庭寄宿学生发放补助金81万元；发放城市低保家庭学生救助金27万元；发放职业学校学生国家助学金496万元；发放普通高中贫困学生救助金116.95万元。

加强教育督导，承办了全市督导档案建设现场会。5月19日，省政府教育督导团对红花、花园两个乡镇2007年度教育工作整改情况进行了专项督导。

加强教师队伍建设。扎实开展"教师素质提高年"活动。组织专题讲座、报告260场(次)，教师上公开课、观摩课6239节。抓好教干教师的教育培训，2600名教师参加了全县中小学教师职级培训，培训中小学班主任5806人。积极做好师资补充工作，2008年新招聘师范类毕业生280人，从乡镇教师中择优考选83名教师进入县直学校工作，激发乡镇教师的工作积极性。继续开展城镇教师支援农村教育工作，选派70名教师，到10个乡镇的17处农村小学开展支教工作。2008年有64所学校被评为县级教书育人先进单位，4所学校被评为郯城县支教工作先进单位，290人被评为县级优秀教师，53人被评为县级优秀教育工作者。

规范办学行为，全面推进素质教育。全面贯彻落实《山东省中小学管理基本规范》，在全县开展了"规范管理年"活动，突出抓好了规范课程、规范课时计划、规范学生休息、规范学生作业量、规范考试评价制度等各个方面的工作，有效消除了周末、节假日补课现象，学生学习时间、休息时间得到保障。认真开展"素质教育家校行"活动，邀请省内外13位知名专家、教授做报告24场(次)，培训校长、班主任250人次，4800多名教干教师和16000多名家长参加了培训。推进素质教育成效明显，美澳学校教师杨明荣获全国数学讲课一等奖；在全市中学生春季田径运动会上，郯城县荣获全市团体总分第一名；职业中专在全市职业学校电子电器专业学生技能大赛中获团体一等奖。全市推进素质教育现场会选取了郯城县实验一小、四中两所学校作为现场。

大力发展职业教育。全县共有国办职业中专2处，民办职业中专3处，共占地294亩，建筑面积67000平方米，教职工458人，在校生6680人，2007年毕业2400人，招生2840人，开设的专业有服装、计算机、幼师、机电、电气焊、电子、数控车床等专业。重视职业教育发展，严格按照市规定的职普招生3.5∶6.5的比例要求，调控高中阶段的招生，确保了职业教育的稳定发展。认真落实国家关于中职生的扶助政策，有2800名学生享受到年1500元的生活补助金。各职业学校大力开展学校管理年和职业技能教学质量年活动，在全市职业学校评估中取得了优异的成绩，郯城县教育局被评为全市职业教育和成人教育先进单位，郯城县职教教研室被评为全市职业教育教研工作先进单位，郯城县职业中专被评为全市首届十佳职业学校。

大力实施"农远教"工程和教学仪器更新工程。11月份郯城县"农远教"工程通过省级验收。教学仪器更新工程进展顺利，投入资金74万元，顺利完成县特殊教育学校更新任务。全县落实仪器更新项目学校39处，完成更新工程款228万元，农村中小学教学条件进一步改善。

认真抓好学校安全工作。扎实开展"隐患治理年"活动，县教育局、建设局、供电局、交警大队、防疫站抽调41名业务骨干组成联合检查组，对全县127所中小学、幼儿园的秋季安全工作组织检查。排查出安全隐患206处，先后下达了20份安全隐患整改通知书，对各类安全隐患及时整改。不断加大农村中小学危房改造力度，全年完成投资1360万元，新建面积8180平方米，在建面积13995平方米。

[苍山县教育概况] 截至2008年底，全县共有普通中小学298所，其中普通小学261所，初级中学33所，高级中学4所；另有职业学校2所，教师进修学校、临沂电大苍山分校、聋哑学校各1所，民办中小学21所，各级各类幼儿园233所。全县中小学在校生总数为15.2万人，占全县总人口的13%。全县教职工总数为9350人。

素质教育实施水平进一步提升。把全面推进素质教育作为2008年全县教育工作的重点，在全县教育系统开展了"育人为本，德育为先，实施素质教育"教育新理念大讨论活动，先后制定出台了《苍山县教育局关于落实〈山东省普通中小学管理基本规范(试行)〉深入推进素质教育的实施意见》等文件，全面规范办学行为，促进学生全面健康和谐发展。加强家长学校建设，聘请专家举行家庭教育报告会，举行全县中小学生春季田径运动会、摄影比赛、诗歌朗诵比赛、小发明小制作比赛、征文比赛等形式，促进了学生的个性发展、全面发展。2008年11月，临沂市教育局在全县召开了"推进素质教育工作"现场会。

义务教育经费保障机制逐步完善。2008年，投资4841万元全部免除了义务教育阶段12.9万学生的杂费；投资986万元免除了农村义务教育阶段12万学生的课本费；投资404万元实施了中小学仪器更新改造工程，投资800万元完成了农村中小学现代远程教育工程。建立健全了家庭经济困难学生的资助政策体系，先后落实全县中小学家庭经济困难学生补助资金和职业教育阶段学生救助资金268万元，救助家庭经济困难学生4226人次。

办学条件进一步改善。2008年6月，县六大班子联席会议作出了整合城区教育资源的决策，实施"两建两改一合作一完善"工程。苍山县第二实验小学教学楼、办公楼和图书实验楼的主体工程已经完成；一中新校三期工程顺利施工；苍山五中与德州汽车摩托车专修学院联合成立了德州汽车摩托车专修学院苍山分院；将原苍山一中老校改造为高考补习学校、实验中学改造为县教育局直属的纯初中学校，结束了全县高初中混合办学和高中应届生与复读生混合办学的历史。

2008年，车辋镇中心小学顺利通过省级规范化学校验收，打破了全县省级规范化学校为零的记录；鲁城中学、守义中学、沂堂明德小学等7处学校被评为市级规范化学校。

5月份召开了全县危房改造工作现场会，进一步加快了校舍改造进度。截止到2008年底，全县共有23处学校完成改造任务，完成改造面积2.9万平方米。其中，新建学校21处，完成改造面积1.89万平方米；在建面积3.1万平方米，总计完成投资4655万元。

教育教学管理水平明显提高。教育局和金星国际教育集团联合承担了教育部“十一·五”教育规划课题——“学案导学提高课堂教学实效性教学策略研究”，苍山县作为全国中学教育科研联合体理事单位和全国第一个县级实验区与金星国际教育集团联合承担了“新新学案”教学指导丛书的研发工作。涵盖高中三个年级的57种教学指导用书已经出版，并已进入全国20余个省、市教育图书发行目录，有效提升了全县的教育科研水平，各级各类学校的管理水平明显提高。

教师队伍建设得到加强。组织开展多层次、多角度、多种形式的全员性集中培训，共培训教干教师2万人次。选拔了150名本科毕业生到农村小学任教，充实了基层学校的师资力量。实行了城乡教师定期交流制度，通过实行“支教”、“帮扶”、“顶岗进修”等措施，组织300多名教师加强城乡教师的交流，缓解了现行编制实名制制度下的学科教师不配套和小学阶段师资紧张的矛盾。

2008年，苍山县教育局先后被评为“山东省文明机关”、“山东省教育科研工作先进单位”、“苍山县人口和计划生育工作先进单位”、“苍山县提案办理工作先进单位”等荣誉称号。

[莒南县教育概况]　2008年，莒南县认真贯彻落实全省素质教育工作会议精神，以“课堂教学效益年”活动为抓手，全面规范办学行为，大力推进素质教育，启动争创“山东省教育示范县”工程，全县教育事业保持了健康和谐快速发展。

义务教育经费保障机制进一步完善。全部免除了农村义务教育阶段学生杂费、课本费，提高了中小学生均公用经费标准；全面完成了化解“普九”债务的调研、确认等工作，全县幼儿园财务纳入教育财务核算结算中心管理，提高了资金使用效益。成立学生资助管理中心，发放补助资金860多万元，受助学生1.5万人次。

危房改造成效显著。全部完成了2007年上报的危改任务，改造农村中小学校舍24处，消除D级危房8894平方米、C级危房3340平方米，维修校舍1.5万平方米，新建农村中小学教学楼6栋，新建平房校舍17处，更换杨木梁500余架。根据国家、省、市部署，全面开展学校校舍抗震安全排查鉴定工作，全县鉴定出不符合抗震要求的建筑面积为58万平方米。

素质教育深入推进，“课堂教学效益年”活动取得显著成果。全面落实《山东省普通中小学管理基本规范》，严格规范办学行为，将素质教育作为评估乡镇政府和学校工作的重要内容。同时，县教育局把课堂作为实施素质教育的主渠道，在全县中小学扎实开展了“课堂教学效益年”活动，有效确保了学生减负不减质。各学段教育教学质量继续保持全市领先地位，全市素质教育工作现场会和学前教育工作现场会在莒南县召开，实验中学在全市教学工作会议上作了典型发言。

教育资源配置更趋合理，办学条件明显改善。学校标准化建设工程有效推进，大店一中教学楼、相沟中小教学楼、大店星伟希望小学教学楼等一批高标准亮点工程相继投入使用。全县第一处寄宿制小学——莒南焕章希望小学建成启用，标志着新一轮学校布局调整工程取得重大突破。实施教学仪器更新工程，第一批投入资金371万元，配备了37处学校，提高了学校的仪器配备水平。全面完成农村中小学现代远程教育工程建设任务，覆盖了全县100%的农村中小学和学生。

教师队伍建设进一步加强。从应届师范毕业生中考选了270人，充实到农村中小学，为基层学校补充了新力量。对8751名中小学教师分期分批进行了班主任任职资格培训，培训合格率达100%。1306名高中教师参加了新课程网上远程教育，120多名职业教育教师参加了各级组织的培训，进一步提高了教师的教学教研能力。

职业教育快速发展。中等职业教育招收新生2300多人，“一村一名大学生计划”扎实推进，在籍学员达到807人，电大开放教育专科、本科班在校学员2369人，受到中央电大的表彰。县职业教育中心分别在国家、省电大工作会议上作了典型发言。

乡镇成人教育培训能力进一步增强。乡镇成人教育中心校全部设立职业教育校外班，举办培训班167个，培训人员13200人，有力地促进了社区教育和新农村建设。

行风建设进一步优化。2008年，莒南县教育局行风评议获免评一年褒奖。乡镇中学、中心小学在乡(镇)直部门行风评议中均居前列。

[沂水县教育概况]　2008年，在各级党委政府的正确领导和上级主管部门的具体指导下，沂水县教育系统广大干部职工认真落实科学发展观，以办好让人民满意的教育为目标，积极推进教育创新，不断深化教育改

革,全县教育各项工作保持了又好又快发展。

各类教育统筹发展。2008 年,全县义务教育综合实施水平显著提高,儿童小学入学率达 100%,初中毕业率达 99.8%,义务教育工作综合成绩指标跃居全市第二,创历史最好成绩。2008 年,共完成 3 处省级规范化学校、15 处市级规范化学校的验收工作,新建、改建市级二类以上幼儿园 13 处,学校整体规范化水平得到较大提升。全县 253 处学校全部达到县级以上规范化标准,其中市级规范化学校 64 处,省级规范化学校 16 处,省级规范化学校涵盖了学前教育、义务教育、高中教育、职业教育、特殊教育等各级各类学校。职业教育快速发展,职教招生工作取得新突破,2008 年共招收新生 2850 人。学前教育水平进一步提升,有 8 处幼儿园被评为市级"十佳幼儿园"。

办学条件不断改善。2008 年累计投资 1021 万元,改造中小学 D 级危房 28 处,新建校舍 22000 余平,更新、配备课桌椅凳 9300 套;配备数字接收系统、多媒体、微机等现代化教学设施 1700 余台(套),实现县直初中、乡镇驻地小学两个年级,乡镇初中一个年级普通教室多媒体化,全县初中以上教师两人一台机,完全小学全部接入教育城域网,并装载农村远程教育卫星接收系统。截至 2008 年,全县拥有省级电教示范学校 9 处,市级 11 处。

教师队伍建设不断加强。确定 2008 年为"队伍管理年",全面加强教干教师队伍的思想作风、职业道德、业务能力建设。组织教师 10800 人次分别进行了班主任任职资格、信息技术、岗前任职等各类培训;组织 6 万余名教师、学生家长开展了"素质教育家校行"活动;公开考选教师 117 名,充实了短缺学科师资力量;组织县城学校教师异校交流、乡镇驻地学校教师支教分流,工作实绩与人事管理相挂钩。

教育均衡发展深入推进。2008 年,全县共改造薄弱学校 7 处,全部达到县级规范化水平,其中 4 处上报参与市级规范化验收,城乡教育发展差距进一步缩小。优化学校布局,对停办闲置的齐鲁博苑学校依法进行破产处置,将长虹中学迁至博苑学校,同时增加县直编制 116 名,将于家官庄中学并入,成立沂蒙中学,驻城学校布局更加合理,教育资源得到充分、合理利用。

教育教学质量持续提升。2008 年,全县教育系统深入贯彻、落实省市素质教育会议精神,坚持一手抓办学规范,一手抓教学质量的提高,有力地推进了全县教育事业的健康发展。认真落实课程方案,严格执行课程标准,开全课程,开足课时,促进学生全面发展。狠抓课堂教学,面向全体学生,坚持因材施教,大面积提高教学质量。加强教学研究,完善教学模式,改进教学方法,不断提高教学效率。通过一系列强有力措施,学校办学水平、教学质量持续提升。

[蒙阴县教育概况] 全县共有各级各类学校 159 处,其中小学 134 处,初中 17 处,高中 2 处,职业中专 1 处,特殊教育学校 1 处,民办学校 4 处。另有乡镇成教中心校 11 处,幼儿园 206 处。义务教育阶段在校生 53420 人,教职工 5062 人。

办学条件进一步改善,"教育民生工程"稳步推进。经过连续四年的努力,全县农村标准化学校开工建成教学楼、学生公寓楼、伙房餐厅 46 栋,总建筑面积 11.5 万平方米,累计投资 9929 万元,整合学校 112 处,基本实现了全县 3~6 年级的学生在标准化学校集中寄宿就读的目标。标准化学校建设从根本上改善了农村办学条件,优化了资源配置,使农村的孩子享受到了和城里孩子同等的教育条件,为均衡发展义务教育奠定了基础,产生了纲举目张的综合效应,形成了富有成效的"蒙阴模式"。中央电视台、《人民日报》、新华社、《中国教育报》等先后进行了采访报道。蒙阴县委、县政府 2008 年十大为民工程之一的蒙阴三中搬迁建设项目,规划占地面积 102.5 亩,一期开工建设教学楼、实验楼、学生公寓楼、餐厅 6 栋,49072 平方米,主体工程已全部完工。同时,"以县为主"的义务教育管理体制日趋完善,义务教育经费保障机制改革工作得以落实,危房改造工作稳步实施,学生资助工作规范有序,作为全市唯一首批试点县的农村中小学"211 工程"试点工作进展顺利,教育发展的环境和条件越来越优化。

信息化步伐进一步加快,教育现代化水平大幅提升。大力实施农远工程,先后投资 460 多万元,配备了 620 台微机,建成了 168 口多媒体教室,建成模式一学校 83 处,模式二学校 25 处,模式三学校 28 处,覆盖了全县所有农村中小学,实现了城乡教育资源共享。

教育教学管理进一步规范,素质教育扎实推进。制定下发了《关于开展学校管理规范落实年活动的通知》,将 2008 年确定为"学校管理规范落实年",在全县中小学实行了《课程表》和《作息时间表》报批制度,各学校严格按要求开足、开齐、开全课程,对学生在校时间、睡眠时间、到校时间、晚自习结束时间、体育锻炼时间和家庭作业量作了硬性规定。制定出台了《关于标准化学校寄宿制学生管理的实施意见》和《标准化学校实践活动试验与研究课题实施方案》,从吃、住、行、医、学、娱乐、安全七个方面实施全方位系统化培养教育,把学生的学习与生活能力的培养、生存能力的培养、基本技能的培养、广泛性爱好的培养、良好行为习惯的培养紧密结合起来,努力培养学生的各种能力和团结意识、团队意识、集体主义观念,以及创新精神和实践活动能力。加强校园文化建设,广泛开展爱国主义教育、革命传统教育和民族精神教育。

学校安全工作进一步细化，长效机制逐步建立。牢固树立"安全第一，以人为本"的管理理念，制定出台了《关于进一步加强中小学、幼儿园安全工作的意见》等文件，按照"一岗双责"的要求，不断健全各类规章制度，抓好各项防范工作。联合建设、国土资源、气象等有关部门，对全县所有中小学校舍进行了一次全面排查，并逐校、逐栋、逐项建立了完整规范的排查档案，确保师生生命安全。与公安交警部门联合对全县中小学生上下学需要乘坐的车辆进行排查摸底，对乘用车所经线路沿途、学校周边交通状况建立了管理台帐，消除了由此引起的交通安全隐患。加强了学校食品卫生监管，强化对广大师生尤其是学生的安全教育。

2008年，蒙阴县教育局被临沂市委、市政府命名为市级文明机关，被蒙阴县委、县政府表彰为全县综合评比先进单位、两个文明建设先进单位、平安创建工作先进单位、信访工作先进单位、安全工作先进单位、计划生育工作先进单位、招商引资先进单位。

[平邑县教育概况]　2008年，平邑县共有各级各类学校217处，其中普通高中11处，初级中学22处，小学180处，职业学校2处，特殊教育学校1处，教师进修学校1处；在校学生120675人，其中高中22479人，初中28951人，小学69245人；在编教师工8323人。

素质教育扎实推进。3月20日，县政府召开了全县中小学素质教育工作会议，制定了《关于大力推进素质教育提高教育质量的意见》(平政发〔2008〕22号)。县教育局下发了《关于开展了学校管理规范落实年活动的通知》(平教发〔2008〕7号)和《关于统一全县中小学作息时间的通知》(平教发〔2008〕5号)，保证了中小学生睡眠时间、体育锻炼时间。加大了规范办学力度和检查力度，及时纠正了违规办学行为。不断深化素质教育内涵发展，积极开展课程实施水平评估活动。加大了素质教育培训力度，聘请专家对全县2000余名班主任进行了素质教育培训；开展了素质教育家校行活动，举办家庭教育报告会22场，开办家长学校181处，素质教育观念深入人心。

义务教育经费保障机制改革扎实推进。2008年，平邑县共投入义务教育经费4943万元，全部免除了义务教育阶段学生杂费，免除了农村义务教育阶段学生课本费，提高了农村中小学生均公用经费。重视和加强了对义务教育经费的管理，不断完善预算审批、民主理财、就地审计等制度，平邑县的义务教育经费管理模式在全市得到推广。筹措资金250余万元，积极化解农村中小学债务，扶持薄弱学校发展。

加大农村中小学危房改造。2008年，平邑县共完成改造项目学校25处，改造D级危房面积2.7万平方米，新建3.2万平方米，累计投资1938万元，基本完成了全年的危改任务。在危房改造过程中，统一规划设计、工程招标、质量监督、资金支付、竣工验收，确保了工程质量和工程进度。

积极推进农村中小学现代远程教育工程、仪器更新工程。先后在保太、仲村、流峪等乡镇召开了农远工程施工和农远应用现场会，全县共有农村中小学现代远程教育工程项目学校214处，其中模式一教学点30处，模式二学校163处，模式三学校21处，工程覆盖面已达100%，工程建设已全部完成并投入使用。2008年，投资285万元，为全县35处中小学配齐了实验仪器。平邑县教育局采取"以奖代补"的办法，投资40余万元，为34处中小学配备仪器橱513个，药品橱137个，标本橱87个，危险品橱7个，全县实验仪器装备水平进一步提高。

落实家庭经济困难学生资助政策。建立了贫困生救助机制，对农村义务教育阶段学生免费提供教科书；发放普通高中政府助学金198.3万元，1748人受益，受助比例达8.7%；发放中等职业学校政府助学金244万元；发放农村义务教育阶段家庭困难寄宿学生生活补助费57.95万元，1826人受益；发放城市义务教育阶段家庭困难学生"一免一补"32万元，3722人受益。进一步扩大了香港爱德基金和孔子奖学金的资助范围，为企业、个人捐资助学牵线搭桥，使更多家庭困难、品学兼优的学生顺利完成学业。

加强教师队伍建设，实施了教师素质提高工程。对全县7800余名教师进行了班主任全员培训，举办专家讲座25场；对新考选的160余名教师进行了培训；采取公开课、示范课、教材通研、经验交流等形式，对全县中小学教师进行了同步培训；组织900多名高中教师参加了远程网络新课改培训；组织实施了农村中小学教师素质提高工程培训；加强了教干培训。举办了小学校长素质提高培训班，组织全县小学校长参加集中学习和培训，邀请原山东教育社主编陶继新等省内外知名教育专家作专题报告，全县共有210名校长参加了培训，累计培训达240学时。

[费县教育概况]　全县有公办全日制中小学188处，其中，普通高中3处，初中24处，职业中专1处，小学160处。另有教师进修学校1处，特殊教育学校1处，乡镇成人教育学校18处。全县公办学校在校中小学生98326人，其中普通高中学生12830人，职业中专学生5281人，初中生26335人，小学生53880人。幼儿园、学前班274处，在园幼儿21000人。

义务教育成果进一步巩固，实施水平不断提高。

认真贯彻落实“两全”要求，确保适龄儿童全部入小学，小学六年级毕业生全部入初中学习，全县义务教育辍学率控制在国家规定的范围内。2008年，全县共有六周岁儿童8518人，全部入小学；共有小学毕业生10791人，全部免试直升初中学习。

高中教育快速发展，办学水平明显提高。2008年暑假，对县直学校的招生范围进行了合理的调整，成立了高考补习学校，有效整合了县直教育资源。费县一中新校建设取得新进展，投资360万元，加强了基础设施建设和绿化、硬化、美化工作；筹资5000万元，建设了富贵花园小区，解决了390户教职工的住宿问题。进一步加强了高中学校管理，办学规模稳步扩大，共招收高一新生4486人，有力地推动了高中阶段教育的基本普及。

职业教育水平稳步提升，其他各类教育协调发展。2008年，费县职业中专招生1479人，招生数量居全市前列。职业教育教学质量不断提高，毕业生全部得到妥善安置，就业满意率达95%以上，费县职业中专被评为“临沂市职业教育十佳学校”。民办教育、学前教育、成人教育和特殊教育进一步发展。

素质教育强力推进，学生综合素质全面提高。认真落实《山东省普通中小学管理基本规范》。积极开展了“素质教育家校行”活动，邀请专家教授召开了60多场报告会，10万余名家长和教师参与。高度重视音体美教育，4月份组织召开了全县中小学生春季田径运动会，10月份召开了全县小学、初中音体美教学工作现场会。

义务教育经费保障机制不断完善，教育公平进一步彰显。2008年安排农村义务教育保障经费2976万元，生均公用经费标准农村小学由240元提高到295元，农村初中由340元提高到445元。4月份，认真落实义务教育“一免一补”政策，累计全县发放补助资金105.8万元，退还2007年秋季国家课程教科书款460万元。费县教育局成立了学生资助管理中心，累计全年发放高中学校助学金134万元、职业学校助学金404.5万元。2008年，各学校接收社会资助112万元，受助学生1194人。

高度重视学校安全工作，校舍危房改造步伐大大加快。制定了2008年度安全隐患排查治理方案，建立了全县教育系统安全档案，实行安全隐患消号制度。全年共消除危房55397平方米，其中D级37643平方米，改造C级危房17754平方米；新建楼房18座23357平方米，平房8190平方米，维修校舍5040平方米，完成总投资2418万元，危房改造质量大大提高。

教师队伍管理不断加强，教师人事制度改革不断深化。全年2000余名教干教师参加了各类培训，有力地提高了教干教师队伍的素质。不断加强师德建设，评选表彰了师德建设“十佳学校”、“十佳校长”和100名“师德标兵”。开展了全县教育系统“五个好”学校领导班子创建活动。对全县乡镇中小学领导班子进行了年度考察考核，调整交流了19名乡镇中小学校长、副校长，进一步调顺、调活、调强了学校领导班子。

教育装备水平全面提升，教育现代化建设迈上新台阶。全县共配备现代远程教育接收设备150套，学生用微机1280台，DVD播放设备216套，累计总投入1000多万元。11月份，代表临沂市顺利通过了山东省农村中小学现代远程教育工程验收。全年共投入800多万元用于更新教学仪器，大大改善了学校的办学条件。

大力规范教育收费，和谐文明系统创建有力。11月份，顺利通过省级“规范教育收费示范县”检查验收。2008年“五一二”汶川大地震后，全县教育系统累计捐款213万元，仅费县教育局捐款就达15万元，被临沂市委授予“全市支援抗震救灾先进基层党组织”称号。

[沂南县教育概况] 沂南县共有公办各级各类学校177处，其中小学145处，初中27处，普通高中2处，职业高中2处，特殊教育学校1处。另有民办学校12处，幼儿园(学前班)249处。全县在校学生13.3万人，教职工8776人。

学前教育得到加强。2008年，全县有2处幼儿园验收为全市十佳幼儿园，1处幼儿园验收为市级一类幼儿园。加强了幼儿用书管理，青驼中心幼儿园的经验在全市推广。

基础教育得到巩固。将中小学辍学率控制在国家规定的标准范围内，全县适龄儿童入学率和六年级学生升入初中比率均达到100%。加强基础教育常规管理，加大薄弱学校扶持力度，促进了全县义务教育阶段学校均衡发展。加大了普通高中资金投入力度，积极改善高中学校办学条件，沂南县一中、山大华特卧龙学校教育教学设施进一步完善，教育现代化水平进一步提高。

大力发展职业教育。争取资金200万元，加快了职业教育实训基地二期工程建设，职业教育实训条件进一步改善，学生实训水平进一步提升。做好了高职对口升学考试工作，全县96名职业高中学生参加考试，有7人达到本科录取分数线，75人达到专科录取分数线。

依法加强民办学校的办学管理，组织开展全县民办教育机构检查，规范了民办学校办学行为。认真做好成人学历教育工作和中小学教师自学助考工作，全年共招收开放教育学员300人，“奥鹏”成人学历教育

70人，自学助考学员80人，拓宽了成人教育领域，科学调整成人教育办学方向和专业设置，与临沂师范学院和滨州医学院联合办学，形成11个教学班的办学规模。

办学条件得到改善。加大学校标准化建设，全年完成投资1800万元，新建楼房14座，建筑面积24101平方米，其中11座已经基本建成；新建平房3335平方米，全县办学条件得到较大改善。全县共争创省级规范化学校7处，市级62处，县级102处。

投入400万元，为全县182处项目学校配备了远程教育设备。加强教育信息化建设，全年投入资金198万元，添置学生电脑467台，办公电脑115台，全县有67处学校建起了“电脑教室”，12处学校建起了校园网，38处学校建立起了学校局域网，全部中学和多数中心小学完成了多媒体教室建设。投入259万元用于仪器更新，所有县直学校、乡镇中心小学均按国家一类标准配备了教学仪器，25处乡镇初中和58处联村小按国家二类标准配备了教学仪器，教育现代化水平全面提升。

教学改革与管理得到加强。制定下发了《关于进一步加强校本教研深化课堂教学改革的意见》等系列文件，引导各中小学和广大教师积极开展课堂教学改革。2008年，全县有立项课题省级2项、市级64项、县级60项；有1项省级课题、12项市级课题、29项县级课题通过验收。岸堤中学的“整体推进大语文教学改革”研究课题获得第二届山东省优秀教学成果奖。2008年，县教育局教研室被评为“全省先进教研室”。

把“立德树人”作为教育的根本任务，开展了第23届沂南县青少年科技创新大赛活动，其中1项学生发明获山东省青少年科技创新大赛一等奖；开展了全县中小学生“迎奥运、促和谐”读书教育活动知识竞赛，在山东省“迎奥运、促和谐”演讲比赛中，有1名学生取得全省第四名的优异成绩；同时，开展全县中小学生书信文化活动，选送参评的作品中有18件获得省级奖励。2008年，县教育局继续荣获“山东省少先队工作红旗单位”荣誉称号，这是连续第10年获得该项荣誉。

深入推进“大课间体育活动”。6月30日，代表临沂市参加了山东教育电视台组织的“阳光体育大擂台”的节目录制。2008年，举办了全县中学生田径运动会、全县中学生艺术节等文体活动，全县中小学生艺体素质进一步提高。

加强师资队伍建设。2008年12月，实现了县域内城乡教师工资统一标准发放，广大乡镇教师的工作积极性极大调动。进一步优化教师队伍结构，招聘硕士研究生6人、本科毕业生120人、专科毕业生40人。积极开展评优树先活动，评选县级优秀教师174名。认真开展职称评聘工作，有113人通过高级评审，150人通过中级评审，50人通过初级评审。认定教师资格145人，其中高中81人。组织1012人高中教师新课程网上全员培训，对全县1950名中小学班主任进行集中培训，进一步提高了全县班主任工作水平。

加强师德建设。扎实开展“十佳师德标兵”和“教育系统十大道德模范”评选。2008年，青驼中学被评为“临沂市师德建设十佳集体”，里庄小学被评为“临沂市师德建设先进集体”，双堠中学崔茂奎被评为“感动临沂十大新闻人物”，岱庄中心小学张长德被评为“临沂市十佳师德标兵”，卧龙学校李英红、沂南三小于伟芳被评为“临沂市师德标兵”。

积极开展抗震救灾捐款活动，全县教育系统共为四川汶川地震灾区捐款200余万元。

[临沭县教育概况]　全县共有教职工6564名，普通中小学113所，学生81722人，其中小学91所，学生48443人，初中19所，学生22086人，高中3所，学生11193人。幼儿园182所，在园幼儿18037人。成教中心校12处，学员1200人。特殊教育学校1所，学生134人。教师进修学校1所。职业学校1所，学生5810人，占高中段在校生34.17%。2008年学前一年入园率99.8%，义务教育入学率小学100%，初中100%，巩固率小学100%，初中99.83%。临沭县先后被授予“山东省教育科研先进单位”、“山东省先进教研室”、“全市普通高中教学工作先进县区”、“全市初中教学工作先进县区”、“全市小学教学工作先进县区”等30余项荣誉称号。

办学条件进一步完善。教学设施设备配置齐全，各校体育、艺术、技术、实验、图书、网络等设施设备能满足课程实施的需要。全县中小学学生用计算机配备达标学校数及相应占各类学校总校数比例均为100%。中学、小学专任教师用计算机达到每人1台。全年共完成校舍维修改造26处，总建筑面积32354平方米，总投资2155万元。学校布局得到调整优化，撤消了设在乡镇的三中、四中、职专分校，成立了临沭县高考补习学校，将青云初级中学合并到青云镇中心中学。依托旧城改造腾空土地，在城西促成了规划62个班、占地100.9亩、建筑面积3万平方米、总投资约3400万元的县第三初中的规划建设。在城区黄金地段临沭镇一小、县府幼儿园改扩建校园面积39亩。

教师队伍建设进一步加强。全县2008年教师自然减员88人；新补充教师153人，其中142名教师到农村任教。制订了《关于开展城镇教师支援农村教育工作的实施意见》，建立实施了城乡教师交流制度，组织开展了多种形式的城镇教师支援农村教育工作，临沭镇的支教工作尤为突出。先后聘请了省教科所所长亓殿强等多名专家为全县教干做了专题报告。组织了小学、初中、高中校长参加任职资格、提高培训或素质教育专项培训。组织了骨干教师培训和新课改专题培训，开展了校本培训。135 名新教师接受了试用期培训。以乡镇、县直学校为单位开展了 3500 余名教师参加的全员班主任集中培训。重视了高中教师远程研修，发帖数、作业数、关注度等综合结果均居全市前列。

素质教育进一步推进。认真贯彻执行《山东省普通中小学管理基本规范》，积极开展学生自主实践性学习，严格控制学生作息时间，统一安排寒暑假和其他法定假日，学生每天集体体育锻炼不少于 1 小时。积极开展了春季田径运动会、冬季越野比赛、广播操比赛、三人制篮球赛、大课间活动现场会等丰富多彩的体育活动。严格遵守国家和省关于规范招生行为的要求，逐步扩大高中学校的招生自主权。综合评价教学质量，不以考试成绩给师生排名次，减轻了学生负担，使学生爱学乐学，创新精神与实践能力得到培养。11 月 28 日，全市推进素质教育工作现场会在临沭县召开。

大力发展职业教育。县职业中专投资 80 余万元，新建或改造充实了保护焊、服装、车工等车间和计算机房，启动了 2400 m^2 实训楼、5256 m^2 学生公寓楼建设项目。重点加强了机电技术应用、电工电子与自动化、数控技术三个专业建设，启动了市级“教学示范专业创建”活动，完成职业教育招生 1969 人，安置毕业学生 1344 人，就业安置率达 98%以上。2008 年全县中等职业学校在校生 5810 人，占高中段(含技工学校)在校生比例为 34.17%。临沭县青云镇成人教育中心校被评为“全国农村成人教育先进单位”。

落实学生资助政策。按小学每生每年 500 元、初中每生每年 750 元的标准资助农村义务教育阶段家庭经济困难寄宿生 945 人，占寄宿生的 8.02%。全县均对城市低保家庭小学和初中学生免费提供教科书，对寄宿生补助生活费。免费为全县城市低保家庭小学和初中学生共 222 人提供教科书。设立普通高中政府助学金，平均资助标准不低于每生每年 1000 元，资助学生 962 人，占普通高中在校生总人数的 8.1%。全县按每生每年 1500 元资助所有中职在校农村学生 2730 人。

[经济开发区教育概况] 2008 年 9 月 22 日前，开发区有中小学校 20 处，其中小学 18 处、初中 2 处。教职工 648 人，其中中学教师 297 人，小学教师 351 人。在校中小学生 9497 人，其中初中生 2792 人，小学生 6705 人。另有幼儿园 29 处，入园幼儿 2739 人。2008 年 9 月 22 日，由于重沟镇由河东区划归经济开发区，开发区中小学校增加到 29 处，其中小学 26 处、初中 3 处。教职工增加到 915 人，其中中学教师 402 人，小学教师 513 人。在校中小学生增加到 13408 人，其中初中生 3768 人，小学生 9640 人。幼儿园增加到 54 所，入园幼儿达到 4925 人。2008 年经济开发区成功创建“山东省规范教育收费示范区”。

完成教育体制调整。开发区教育局成立，明确了教育发展工作的职责和任务；芝麻墩初级中学、梅家埠初级中学、芝麻墩中心小学、梅家埠初级小学分别更名为开发区第一中学、第二中学、第一实验小学、第二实验小学，理顺了义务教育办学体制。

调整基础教育布局。编制了《临沂经济开发区基础教育阶段学校布局整体规划(初稿)》，对幼儿园、中小学校进行了重新布局调整。到 2020 年，一次性规划初级中学 6 所，容纳初中生 1.2 万名；规划完全小学(含小学部、幼儿部)14 所，可容纳小学生 1.76 万名；规划幼儿园 15 所，连同 14 处小学幼儿部可容纳幼儿 8700 名。规划校(园)占地面积 888444 余平方米，建筑总面积 25.61 万平方米。

深化教育教学改革。《多元智能理论在初中英语课堂教学改革中的应用研究》被确定为省级规划重点课题，13 项课题市级立项。加强课堂教学改革研究力度，开发区第二中学的教学改革侧记《春风化雨　和谐契心》在《沂蒙教育 · 2009 年第九期》全文发表，开发区第一实验小学的音乐教师张海云获山东省小学音乐优质课评选一等奖。

加强师资队伍建设。开展《我的教育故事》征文，塑造开发区教师新形象。专题调研所有在编教师，摸清了师资队伍的现状与底子。考察调整中小学校领导班子及成员，提拔充实后备干部 25 名(首次设置安全办主任)，10 名老同志到龄离岗。

深入实施素质教育。严格按照《山东省普通中小学管理基本规范(试行)》要求各中小学组织教育教学，统一学生在校作息时间，将原课间操时间增加到 40 分钟，开展多种形式的大课间活动。举办家庭教育专家报告会和家长学校活动，共有 1.3 万余人次的家长参加。

确保教育经费投入。2007 年预算内教育经费 3557 万元，占财政总收入的 54.54%，比 2007 年提高 3.91%。拨入全年义务教育经费 564 万元，生均拨款初中 572 元，小学 376 元，分别比省定标准高出 77 元和 31 元。为 149 名贫困寄宿生发放生活补助费 11.4 万元，超过寄宿学生总数的 8%。发放教师工资 2992 万元，同比 2007 年人均每月增长 543.90 元。

加强基础设施建设。投入校舍改造资金 1000 余万元，其中校容校貌整治 104 万元，新建第二实验小学 500 万元，新建皇山小学 151 万元，新建校舍面积 1.26 万平方米。开发区第二实验小学和皇山小学已建成竣工。拆除了开发区第三中学的危房,完成了该校新教学楼的规划。投入资金 22 万元,为开发区第二中学建成符合省级标准的实验室。

[临沂高新技术产业开发区教育概况]　2008 年 3 月,市委、市政府做出了调整高新区区划、推进高新区“二次创业”的重大决策,将原兰山区马厂湖镇、罗庄区罗西办事处、兰山区银雀山办事处西部 11 个行政村划归高新区管理。区划调整后,高新区总规划面积 197.8 平方公里,区内实行“一区多园”的管理体制,下辖两个乡镇(办事处),52 个村居(社区),总人口 12 万人。

高新区党工委、管委会在 2008 年 3 月份对罗西街道办事处、马厂湖镇教育工作进行了对接。区划调整后高新区下辖初级中学 3 处,小学 14 处,幼儿园 49 处(含民办幼儿园),中小学在校生 10676 人,中小学教干、教师 823 人。教育由高新区社会发展局分管,局长赵国亮,社会发展局下设教育办公室管理具体业务。

成立教育卫生工作办公室。2008 年 12 月 10 日,成立教育卫生工作办公室,教育从社会发展局分离,纳入教育卫生工作办公室管理。

自区划调整后,高新区党工委、管委会高度重视教育工作,突出工作重点,促进义务教育均衡发展;坚持德育为首,提升素质教育实施水平;深化课程改革,提高教学质量;加强教育管理,规范义务教育阶段办学行为,促进精细化管理水平的提高。全区有省级规范化学校 2 所,市级规范化学校 2 所,市级一类幼儿园 2 所,市级二类幼儿园 3 所。

临沂市分管教育领导人

副市长:左沛廷

临沂市教育局负责人

书记、局长:卢立海

副书记、副局长(12 月兼任临沂二中党委书记):陈爱军

副局长:谭运举(12 月到任)　丁成建　杜以坚　李云凌　马自杰(12 月离任)　陈景山(12 月到任)

纪委书记:王培成

教育局办公地址:临沂市沂蒙路中段 204 号

联系电话:0539－8313687　8309722(传真)

邮政编码:276001

(撰稿:史庆潮　李恩建　李振波　邢翊翔　姜玉田　杨祥瑞　葛桂昌　刘汉昔　李卫锋　朱学良　陈秋升　胡传玺　李　磊　李永启　朱林海　审稿:卢立海)

德州市

[概况]　2008 年,全市各级各类学校 1751 所,在校生 874179 人。其中,高等学校 4 所,在校生 45158 人;中等职业学校 41 所,在校生 75020 人;普通高中 27 所,在校生 98138 人;初中 192 所,在校生 166530 人;小学 1013 所(含 38 个教学点),在校生 403559 人;特殊教育学校 12 所,在校生 1313 人;幼儿园 462 所,在校生 84461 人。各级各类学校教职工共计 64292 人,其中高等学校 4117 人,中等职业学校 4951 人,普通中学 22754 人,小学 29003 人,特殊教育学校 232 人,幼儿园 3235 人。

[领导调研]　9 月 2 日,全国人大代表一行 22 人在省委委员、省人大常委会委员、省总工会常务副主席吕明辰带领下来德城区就中小学校园安全工作进行调研。查看了学校的校舍建设、阅览室、多媒体教室,详细询问了学校安全工作情况,并与部分中小学校长、学生家长进行了座谈。

11 月 20 日,省教育厅党组书记、厅长齐涛一行,根据学习实践科学发展观活动安排,到武城二中就高中教育改革发展情况进行调研。齐涛一行首先深入课堂听取教师授课,查看学校办学环境、文化建设和学生学习生活情况。随后召开教师座谈会,听取了武城县工作情况汇报,与部分高中教师就新课程实施、素质教育推进等情况进行了交流与座谈。

山东省教育厅厅长齐涛(左二)在武城县调研

12 月 12 日,省教育厅党组副书记、副厅长张兴民带领调研组到禹城进行学习实践科学发展观专题调研。张兴民一行实地考察了禹城一中、特校综合楼工

地、职业中专、步云小学等单位，现场听取各校的有关情况汇报，参观了经济社会成就展厅。考察结束后，调研组收看了禹城市教育工作专题片，对教育发展问题进行调研座谈。

[国内外交流] 3月22日，北京大学山东招生组组长于年才教授和匡国鑫博士一行到德州一中举行招生座谈会，市教育局有关负责领导与会。卢吉光和冯驰同学被确定为北京大学保送生，另有闫寒同学也顺利通过清华大学的自主招生考试。

4月14日，美国康州友人玛丽·伯克女士到德州一中交流考察。市人大副主任夏荣恩、市政协副主席张跃中、市政协科教文卫主任王桂芹、市教育局局长刘志祥和德州一中校长张有来等出席了欢迎仪式。

5月27日，山东农业大学姚来昌校长一行到德州一中，授予德州一中"山东农业大学优秀生源基地"。

7月23日，韩国始兴市育成系长严癸镕率青少年交流团到德州访问，德州市副市长陈福祯、市教育局局长刘志祥等接见了韩国客人。始兴市青少年交流团10名学生用5天时间深入到10名青少年家中体验生活，并到苏禄王御园、德州扒鸡文博馆、德州京剧团、梁子黑陶等地进行了参观。

10月14日，新疆维吾尔自治区昌吉市外国语学校来德州一中学校考察交流。

[改革开放30周年] 为庆祝改革开放30周年，德州市教育局在媒体进行了广泛深入的报道，《现代教育导报》给德州出了专版。举办了改革开放30周年大型文艺汇演和书画展，市教育局荣获纪念改革开放30周年书画摄影展优秀组织奖。

德州市教育局举办纪念改革开放30周年暨文艺汇演

[北京奥运] 陵县职业中等专业学校、德州交通职专两所学校的867名学生被选拔为北京奥运会志愿者。其中陵县职专263名学生被安排到首都机场、北京邮电大学等7个单位做安保工作；德州交通职专的604名学生负责部分奥运场馆和重点部位200公里供电线路的维护工作。奥运期间，德州市教育局维护稳定工作成绩突出，被德州市委、市政府荣记"集体三等功"。有两名同志被德州市委、市政府荣记个人三等功，一名同志受嘉奖。

[抗震救灾] 汶川大地震后，德州市教育系统举办了"崇文尚德、大爱无疆"抗震救灾募捐义演文艺晚会，累计捐款捐物达1000多万元。德州教育局荣获"德州市抗震救灾先进集体"称号，有3名同志受到表彰。6月16日，德州汽车摩托车专修学院率先在全省职业院校无偿资助111名北川羌族自治县职业高中学生来德州复读，30多家中外媒体进行了采访报道。8月11日，德州市援建北川职业中学板房移交仪式在北川职业中学举行，仅用20多天的时间建设板房159套(共计3181平方米)。由德州市对口支援北川县白什乡灾后恢复重建领导小组办公室前线指挥部协调引进，深圳齐心文具股份有限公司向北川教体局捐赠了价值21.4万元的文具。

[孟祥斌英雄事迹报告会] 1月9日，由中共浙江省委宣传部、中共金华市委、中国人民解放军96151部队政治部、中共齐河县委联合举办的孟祥斌英雄事迹报告会在齐河县文化中心举行，市领导李艳华、邹德家以及该县领导翟长生、王玉华、邵清泽出席报告会，齐河县500多名中小学生聆听了报告会。

["聋儿妈妈"袁敬华] 袁敬华，1992年开始从事聋儿语训工作，并创办了夏津县精华聋儿语训希望学校，被当地群众亲切的称为"聋儿妈妈"。袁敬华当选为全国人大十届、十一届代表，先后被授予第五届国际青少年消除贫困奖一等奖、"全国五一劳动奖章"、全国助残先进工作者、山东省青年志愿标兵、山东省新长征突击手标兵、山东省"青春立功"活动特等功、山东省"五四"青年奖章、山东省"三八"红旗手、山东省助残先进个人、山东省优秀共产党员、德州市双十佳好公仆、市优秀人大代表等荣誉称号。2008年，北京星光视线影视传播有限公司将她的事迹改编成电影《花开有声》并举行了首映。

[教育信息采编] 2008年，各县(市、区)教育局、市直各学校和各科室站馆高度重视信息工作，向德州市教育局报送了大量有价值的教育信息，为推动全市教育工作、加强与兄弟市间的交流、展示教育形象做出了贡

献。全年共采编教育信息650篇，被省教育厅和市委、市政府采用105篇，被德州市教育局采用545篇。

[学前教育]　全市初步形成了以政府办园为示范，社会力量办园为主体的办园格局。幼儿园园长、教师学历合格率达到86%，专业合格率达到47%，399人取得了学前教育大专学历。3～6岁幼儿入园率81%，学前一年幼儿入园(班)率96%，比2007年分别提高了5%和2%。2008年，德州市新创建省级"十佳"幼儿园1处，省级示范幼儿园1处，市级一类幼儿园6处。

2008年，共有26篇学前教育论文获奖，德州市托幼办主持的研究课题"3～6岁幼儿社会适应能力的培养"荣获山东省第二届省级教学成果二等奖。4月份，全市共有44名幼儿教师分别获市级优质课一、二、三等奖。7月底，组织教研员及省教学能手一行6人到禹城市进行了4天的送课下乡活动，300多名农村幼教干部、一线幼儿教师接受了培训。组织近40名幼儿教师赴青岛、枣庄现场观摩。

[义务教育]　九年义务教育学校招生12.5万人，入学率99.66%，毕业生升学率94.61%。4月份，全市义务教育阶段学籍管理同全省学籍管理系统顺利接轨，完成了全市48万义务教育阶段学生的电子信息采集工作。8月30日，德州市召开推进素质教育工作会议，市委书记、市人大常委会主任雷建国，市委副书记、市长吴翠云向会议致信，市委常委、宣传部长李艳华出席会议，副市长陈福祯发表重要讲话。9月21日，统一组织各县(市、区)教育局、直属各学校、各民办学校集中开展了"学校开放日"活动，邀请包括学生家长在内的社会各界群众代表参观学校，通过公开栏、公开信、文艺演出、座谈会、展览会、教学公开课等丰富多彩的形式，宣传学校的招生、收费、救助等有关的教育政策法规，加强与社会各界人士的交流和沟通。各县(市、区)教育局邀请地方媒体进行宣传报道，并根据本地实际开展了"家长评学校、学生评教师、教师评校长、校长评机关、机关评班子、社会评教育"活动。

[普通高中教育]　全市普通高中招生29502人。严格高中学籍管理，规范各项变更手续。结合山东省高中学业水平考试管理系统的使用，制定了校学籍管理员任用申报制度、学籍变动实行月报制度，按照省厅规定，严格规范学籍变更手续。3次聘请外地专家到德州市讲课，建立和落实校长听课、副校长兼课、高三任课教师与学生一同考试制度。

[中等职业教育]　全年共安置毕业生2.2万人，毕业生就业率达97.7%。通过"东西合作办学""跨区域招生""订单式培养""校企合作"等多种办法，在生源减少的情况下，全市中职学校仍招生24572人，其中民办职业学校招生12853人，占招生总数的52.3%。对全市中职64092名在校生实行了学籍和资助信息化管理。德州市多名中职生荣获全省和全国"武状元"。4月份举行的全省技能大赛，5人获一等奖，列全省第一名，占全省19%。6名学生参加了6月份在天津举办的全国大赛，3人获一等奖，3人获二、三等奖和优秀奖。

[成人教育与民办教育]　成人中等专业学校招生295人，毕业生461人；成人高校招生2213人，毕业生905人。9月份，省教育厅和省高校工委分别在德州科技职业学院和山东华宇职业学院派遣了督导专员和党建联络员。10月份，德州市教育局向德州汽车摩托车专修学院派遣了督导专员和党建联络员。加强对民办教育管理，对全市110所民办学校和培训机构进行了年检，对高校驻德州市函授站进行了检查评估。

[高等教育]　高等学校招生16500人，毕业生13530人。5月20日，山东省教育厅党组副书记、副厅长杨瑛，在德州市委常委、宣传部长李艳华，禹城市委书记黄金忠及市有关部门负责同志陪同下，来德州科技职业学院调研。9月21日，由中央电视台和外语教学与研究出版社联合主办的2008年"CCTV杯"全国英语演讲大赛山东省赛区决赛在山东师范大学举行，德州学院农学系2006级园艺专业的王伟伟同学喜获山东省赛区一等奖(第三名)，将代表山东省赴北京参加中央电视台举行的全国决赛。10月19日，德州职业技术学院举行建校50周年庆典活动，副市长陈福祯参加并做了重要讲话。12月初，山东华宇职业技术学院通过了山东省教育厅高职院校人才培养工作评估专家组一行9人为期3天的评估，是山东省在教育部发布《高等职业院校人才培养工作评估方案》后第一所接受新方案试评估的高等职业院校。

[特殊教育]　德州盲校始建于1994年，坐落于德州市电大院内，占地3.8亩，拥有教学楼一座，建筑面积1500平方米。新校区位于德州市经济开发区，按省级规范化特殊教育学校总体设计，2007年11月开工建设，2008年12月基础工程全部竣工。一期工程征地61.7亩，总投资1200万元，教学楼2185平方米，综合楼2573平方米。设计规模36个教学班，设有专业按摩教室、实践操作教室、实验室、仪器室等专业教室，食宿配套设施完备，可容纳在校生350人。

5月18日，在全国助残日当天，组织人员前往市中心广场进行宣传活动。将德州市特殊学校建设的情况制作成展板,图文并茂的向群众宣传。

[关注农村留守儿童] 德州市教育局下发专门文件,建立五项制度,加强对农村留守儿童的教育与管理:建立农村留守儿童登记备案制度;建立留守儿童监护人联系制度;建立留守儿童结对帮扶制度;完善留守儿童心理健康教育制度;建立留守儿童寄宿优先制度。

[政府助学金和义保经费] 全市投入资金 18477 万元,提高了农村义务教育阶段学校生均公用经费标准和免杂费,每生每年小学达到 295 元、初中达到 445 元。投入资金 1610 万元,免除了城市义务教育阶段学生的学杂费。投入资金 400 万元,提高了农村义务教育阶段经济困难寄宿生的生活费标准,每生每年小学生达到 500 元、初中生达到 750 元。投入资金 3764 万元,全部免除农村义务教育阶段学生教科书费,建立了部分科目免费教科书的循环使用制度。全市农村中小学教师月平均工资达到 1513 元。全面推进各类学校、各项资助政策的落实,8%的高中生每生每年获得补助 1000 元,所有来自农村的中职生每生每年获得补助 1500 元,保障了经济困难家庭学生、留守儿童等就学、完成学业。

[资金帮扶] 争取上级职业教育专项资金 447 万元。其中在 2008 年和 2009 年的"十一五"期间山东省的 30 个中等职业教育基础能力建设规划项目中,德州市共争取 2 个,分别是德州二职专实习车间项目和夏津职业中专实训楼建设及设备购置项目。这两个项目的中央专项资金分别为 200 万元,超过全省平均数近 2 个百分点。另外,省财政厅还下达德州市 2008 年中等职业学校教师素质提高计划中央专项资金 47 万元,列全省第 7 位。德州市教育局被市委、市政府评为"2008 年度争取上级无偿资金、新增中央投资项目先进单位"。

[师资培训] 组织教职工认真学习贯彻修订后的《中小学教师教师职业道德规范》,大力宣传一线优秀教师、优秀教育工作者的先进事迹,广泛开展了"解放思想、提升素质、创新教育"为主题的教育活动。由山东省教育厅主办的"山东省教师出版基金杯"2008 年度教育创新校长评选中,德州市两名校长荣获山东省创新校长提名奖,分别是德城区第十中学的王宗和、乐陵市第一实验小学的李升勇。

全年共选派 1132 名中小学教师参加省级培训,1 名小学校长参加国家级培训,参训人数列全省第 6 位。实施了"教师暑期培训工程",对全市中小学教师进行大规模培训,并制定了《德州市 2008 年教师和校长培训工作方案》,参加市、县两级培训的教师突破 2 万人,参加乡级培训和校本培训的教师有 2.5 万人,全市教师参训率达 91.7%。全市 22 所高中的 5168 名教师参加了全省暑期高中教师新课程远程培训,占应训教师的 95%,有 11 个学科的班级"关注度"列全省第一名。8 月 18 日组织了高中教师全员业务技能考试,检验全员培训的效果。大力开展市级培训,举办了骨干班主任和教育技术能力骨干教师培训班,每期 500 人。8 月 21～22 日,分别在德州一中和禹城一中举行了高中 14 个学科的说课对抗赛。80 名教师参加了在德州职业技术学院举办的"数控机械加工"和"电气电子自动化控制"2 个专业的省级骨干教师培训班。

[教师招聘] 全市共招考补充中小学教师 703 人,为直属学校招聘教师 39 名。10 月份,2005 级教师自学考试课程全部结束,组织 966 人参加论文答辩。全市教师自考毕业率达 95%以上。配合人事部门选拔支教教师 48 名,分别派往 5 个县农村中学进行支教。

[教师培训与技术职务晋升挂钩] 德州市教育局和人事局于 2008 年 10 月联合发文,制定了《德州市中小学教师培训学分管理办法》,将培训学分作为教师专业技术职务晋升的依据。今后,凡未按规定完成年度学分的教师,所在学校不得推荐其晋升教师专业技术职务。

[教师资格认定与职称评审] 2008 年度全市共认定教师资格 2908 人,其中高中段 1508 人、初中段 849 人、小学段 536 人,幼儿园段 15 人。6 月份,组织了 2006、2007 两个年度的教师职务评审工作;12 月份组织了 2008 年度教师职务评审工作。通过评审,2006、2007、2008 年度分别有 685 人、1034 人、1073 人通过了中、高级教师职务评审。

[师范类毕业生就业] 组织全市部分县(市、区)教育局及有关学校参加了聊城大学、山东师范大学、鲁东大学组织的毕业生供需见面会,现场签订协议 100 多人,并推荐了 300 多名毕业生到县(市、区)高中参加应聘;2008 年度全市共接收师范类毕业生 1320 名,其中研究生 34 名,本科生 818 名,专科生 468 名。

[德育工作] 开展了中小学德育论文评选活动,探索班主任专业化发展,交流优秀的班级和学生管理经验;在清明节、端午节等传统节日和革命纪念日期间,组织

学校开展主题日活动，对青少年进行民族教育和爱国主义教育；结合文明城市创建活动，在学校开展了“迎奥运　讲文明　树新风　文明行车　文明行路”、“我推荐，我评议身边好人”和“我承诺：做一个有道德的人”的网上推荐和签名活动。德州二中宋扬同学在中韩友好交流活动中，勇救韩国落水少年的英雄事迹在《德州日报》报道。

[艺术教育]　建设街小学代表德州市参加了全省电脑机器人竞赛，获小学灭火组二等奖。这是德州市第2次组队参加、第1次获奖。在山东省首届校园语言才艺素质大赛中，德州二中获得全省总分第四名，才艺第一名。4月上旬，在庆云一中举办了“全市高中男子篮球赛”，全市共有17所高中学校参加，本次大赛规模和参赛人数均创历史新高；9月27～28日，德州市教育局邀请了山东省校园青少年橄榄球中心主任李静涛等4名专家，在德城区实验小学为各县（市、区）选派的体育教师进行了腰旗橄榄球技战术和比赛规则培训。

德州市庆云县中澳杯篮球赛

[田径运动会]　10月16日，在禹城一中顺利举办了“全市中学生田径运动会”，本次比赛共有13个县（市、区）、16处高中学校共29个代表队报名参加。省教育厅副巡视员张海泉，体卫艺处处长任兰平，德州市委常委，宣传部长李艳华，德州市人大副主任夏荣恩，德州市副市长陈福祯，禹城市委书记黄金忠，德州市人民政府副秘书长董国辉，禹城市体育局局长李庆丰，禹城市教育局局长刘志祥、副局长韩炳军等领导同志受邀参加了开幕式。

德州市中学生田径运动会

[教育科研与基地建设]　“山东省教育科学规划2008年度课题”立项评审活动中，德州市有23项课题被列为省级课题：其中重点课题8项，规划课题15项。在宁津县召开了“全市当堂达标教学改革现场研训活动”，设立了“德州市当堂达标教学研究中心”。《当堂达标教学课题研究报告》被评为“全国目标教学20年‘十佳成果’之一”，受到中国教育学会教育学分会目标教学专业委员会表彰，荣获“山东省第二届省级教学成果（中等以下教育）一等奖”，成为山东省中小学教学改革的一项典型成果。11月，在山东省教育厅召开的第四届教育科研工作会议中，宁津、德城、禹城、齐河四个县（市、区）教育局受到省教育厅表彰，被评为“山东省教育科研工作先进单位”；郑洁、韩良平等十人被评为“山东省教育科研工作先进个人”；王际海、舒长良主编的《“宁津现象”透视》一书荣获山东省第四届教育科研成果一等奖。

由德州市教育局选送的德州一中教师闫志良、康荣光、王晓艳制作的多媒体课件《电解质》，被山东省电化教育馆评选为一等奖，并推荐参加“第十二届全国多媒体教育软件大奖赛”，这是德州市高中学校教师作品首次被推荐中央参赛。德州二中教师贾才芳、张凯荣获“全国主题班会录像课”一等奖，优化“学案导学”的教学模式，全校有10位教师获省、市优质课一等奖。

学科教研基地的主要任务是：教育科学研究，教学质量监控和教师队伍建设。德州市政府拨付专项经费100万元搞学科基地建设，在6个重点中学建立了13个学科基地（德州一中：英语、生物、政治；德州二中：地理、化学、音美；平原一中：物理、基本能力；武城二中：语文、数学；齐河一中：历史；禹城一中：体育）。拨付专项经费150万元，为高中教学工作注入了新的活力。德州二中被授予德州市高中化学、地理和艺术教学基地。3月份，由德州市教育工会主办、临邑师范承办的德州市家庭教育指导中心在临邑师范挂牌成立。

[现代远程教育与实验技能考试] 全面完成了“农远工程”建设任务，顺利通过省级验收，成为全省第7个通过省验收的市。从2007年初实施以来，全市投入资金1880万元，为1190所农村中小学校装备计算机教室148个、卫星教学接收点644个、教学光盘播放点398个，覆盖农村中小学生48万人，覆盖100%的农村中小学和100%的农村中小学生。2008年参加全市实验技能考试的有43457人，其中优秀率42%，及格率94%。

[现代教育工作成果] 组织开展了市级中小学电脑制作、电教优质课、多媒体网络课件、现代教育技术优秀论文评选，共评出市级电化教学优质课238节，多媒体网络课件236件，现代教育技术论文192篇。送省电化教学优质课41节，有39节获奖；送省多媒体网络课件27件，获奖27件；送省现代教育技术论文20篇，获奖18篇；送省学生作品21件，获奖18件。

[校舍维修改造] 全市投入资金1.2亿元，竣工校舍面积21.18万平方米，其中维修校舍2.16万平方米、大修校舍2.69万平方米、新建校舍16.33万平方米，超额完成了市政府下达的15.4万平方米的校舍维修改造任务。6处明德小学建设项目中，1处基本完成，3处完成主体工程，1处开挖基槽，顺利通过了台塑集团和省教育厅对全市2005～2007年明德项目的检查验收；盲校迁建进展顺利，教学楼工程进入内外装饰阶段，餐厅、办公楼已建设到主体三层；启动了农村中小学“一通二热三化”(即通水、热水、热饭、硬化、绿化、美化)和“改厕治污”工程。9月10日，德州市第一中学隆重举行了校门等改造工程的竣工典礼剪彩仪式。德州市市委常委、常务副市长史好泉，市人大常委会副主任夏荣恩，市政协副主席陈焕然，教育局局长刘志祥和德州一中校长张有来出席了剪彩仪式。

[安全管理] 全年11次会同公安治安、交警、消防、安监、卫生防疫、文化、工商、建设等部门对936所学校进行了全面检查，加强对学校周边的治安环境治理，对查出的问题下发了整改意见，并在全市进行了通报。先后开展了中小学生安全教育日活动、“迎奥运、保平安”百日安全隐患整改活动、“安全教育月”等活动，对学生进行安全教育。全市教育系统共召开班会、团会1312次，举办宣传栏、黑板报6126期。1303所学校对学生进行了汛期防溺水事故及防雷知识的安全教育，受教育学生数达61.2万余人，有971处学校进行了防震和逃生疏散演练。

[教育督导] 5月，山东省教育督导团一行5人到德州市督导工作，就素质教育落实、教育投入、学校管理等各项工作进行了全面细致的检查和指导。督导团一行人深入德州二中等学校考察。通过这次督导评估，对德州市进行综合打分，并形成了《综合督导评估反馈意见》，德州位居全省第9名，比2007年提升了4个名次。

[行风建设] 为强化对教育系统行风建设的监督，局党委在人大代表、政协委员、民主党派、新闻媒体和市直党政机关中聘请了30名社会知名人士作为特邀监督员，并为特邀监督员统一订制了监督员卡，可以持卡随时到任何学校执行监督。德州市教育局被评为“2008年度全市科学发展综合考评先进单位”，跃居社会事业系统第七名，受到市委、市政府的表彰；同时被评为“2008年度‘三城联创’工作先进单位”。

德州市教育局召开特邀监督员座谈会

[招生考试] 全市普通高考共报名35090人，其中文科8124人，艺术文3741人，体育470人，理科21283人，艺术理1472人。考生总数比2007年增加3819人，共录取24147人，其中本科10004人，专科14143人。高职对口招生考试报名2195人，共录取1195人，其中本科72人，专科1123人。硕士研究生招生考试有3923人参加考试，有3515人报名参加2009年硕士研究生招生考试。成人高考共报考7038人。高中学业水平考试2次，共325512人次。自学考试和各类等级证书考试共15次，100758人次参加考试。为521名自学考试毕业生办理了毕业手续，为4573名考生办理了普通中专系列学校的录取手续。

1月份，组织了全市2004级、2005级学生学业水平考试文化课和信息技术十科综合重考工作，共有12343人报考，报考总科次数为21793科次。6月份，组织了全市普通高中学业水平考试文化课和信息技术十科考试，共有 30380 人报考，报考总科次为 303719 科次。

[走访慰问活动] 5 月 31 日，德州市委书记雷建国、市长吴翠云等主要领导及德州市托幼工作领导小组 16 个成员单位赴幼儿园进行了走访慰问。教师节前夕，市委书记、市人大主任雷建国等市委、市政府领导分别到德州一中、德州汽车摩托车专修学院等学校进行走访，看望慰问师生。

[新闻发布会] 4 月 16 日，德州市教育局召开首次新闻发布会，就中考信息进行新闻发布。德州日报、德州电视台等 5 家媒体及市直学校的代表参加了发布会。通报了 2008 年中考报名、招生录取办法、考试加分政策、考试时间、考试科目设置、阅卷及录取安排等情况。全年共召开教育新闻发布会 4 次，营造了良好的舆论氛围和发展环境，

[德城区教育概况] 2008 年，德城区教育局在区委、区政府的正确领导下，以办人民满意教育为目标，全面贯彻教育方针，扎实推进素质教育，努力打造教育品牌。先后荣获“2008 年度山东教育科研先进单位”“全省老教育工作协会工作先进集体”“山东省教育工会先进集体”“全市妇女儿童工作先进集体”“德州市五一劳动奖状”“德州市基层先进工会”等荣誉称号。

德州市副市长陈福祯(左三)到黄河涯一中建设工地视察

素质教育。启动了“素质教育工作制度落实年”，积极推进学生阳光体育运动，建成启用了 8 处校外学生实践基地。开展了围棋、京剧进校园活动，实施了中小学生读书行动计划和诗文素养教育活动。

教育工作与管理。顺利通过并成为鲁西北首个省教育工作示范区。投资 790 万新建教学楼 7560 平方米，投资 321 万元，完成农村教学仪器配备更新工程、农村远程教育工程。启动了“管理规范年”活动，狠抓了以单元达标教学集体备课制度，举办了“有效课堂教学研讨活动”。3 所学校被评为“山东省少先队规范化学校”。

德城区教育工作示范区会场

教师队伍建设。强化师德教育，启动了青年教师培养计划，举办了“校长任职资格培训班”，建立了“兼职教师资源库”。市级以上教学、论文比赛中 72 人获一等奖。

行风建设。在全区中小学开展了教育行风民主评议工作和“学校开放日”活动，完善和实施了外来务工、投资人员入学办法，加强了机关效能建设。

[德州经济开发区教育概况] 2008 年德州经济开发区教育局根据山东省及教育部制定的政策法规，立足全区经济和教育事业发展的实际，积极落实推进素质教育改革，制订了《德州经济开发区关于全面推进素质教育做好“减负”工作的实施意见》。注重不同区域教育之间的全面、协调发展，强调教育结构的优化和教育资源的合理配置，制订了《关于进一步推进均衡发展的若干意见》。为加强教师队伍建设，制订了《关于加强教师职业道德建设的若干规定》。为做好校园安全工作研究，制定了《德州经济开发区教育系统突发事件应急预案》。成立了区教育局资助中心，进一步完善了学生救助体系。

德州经济开发区教育局成立及教研室成立一周年。1 月 5 日，德州经济开发区教育局成立，由党工委委员曲彦侠任局长。下设办公室、财务核算中心、学生资助中心等十个科室，其中教学研究室于 2007 年 9 月 1 日成立，下设语文、数学、外语、文科综合、理科综合、音体美等教研员负责全区教学研究工作。一年来，区教育局坚持一个宗旨(办人民满意的教育)，抓好三项重点(学校安全、教育教学质量提高和办学条件的改善)，搞好三项服务(服务学生、服务教师、服务学校)，进一步规范了办学行为。

校园建设。共投资124万元对全区中小学教学仪器设备进行了更新，为5所乡镇中学建设了省级标准的理、化、生实验室，为5所中心小学建设了省级标准的科学探究实验室。投资5000万元，于4月8日开始建设德州经济开发区实验小学，10月9日投入使用，并按省级规范化学校标准配备师资及教学设施，是经济开发区第一所区直省级规范化学校。

[乐陵市教育概况] 乐陵市共有完全小学110处，小学在校生48184人；初中25处，初中在校生20798人；高中1处，完全中学2处，高中在校生7518人；成职教中心1处，在校生1560人。全市共有教职工5911人。投资238.5万元，为高中学校配备笔记本电脑439台，多媒体教室30个，全面完成高中信息化建设任务。先后获得了“山东省规范教育收费示范县”“德州市离退休干部先进集体”“德州市暑期高中教师新课程全员培训优秀组织单位”“乐陵市精神文明建设先进单位”“乐陵市信访工作先进单位”“乐陵市奥运维稳暨安保工作先进单位”“乐陵市科学发展社会和谐先进奖”一等奖等荣誉称号，教育局党委被评为“乐陵市先进基层党组织”。

干部教师队伍建设。公开招聘中小学教师150人，打破城乡界限公开选拔教育干部12人。4月份和5月份，先后两次公开招考中小学教师150人。2008年，有1人获山东省创新校长提名奖。

乐陵市教育局招考教师

学校管理。深入开展学校创建活动，乐陵市实验小学被推荐为“山东省教学示范校”候选学校，有10处学校通过了“德州市规范化学校”验收。不断规范财务管理，乐陵市被评为“山东省规范教育收费示范县”。稳步发展职业教育和民办教育，成职教中心被确定为德州县(市、区)唯一一处全国计算机能力水平等级考试考点，山东省师范大学附属小学在乐陵市开设了分校。

教育科研。成立了“特级教师、名师工作室”，聘任兼职教研员，推进“学案导学”和“目标教学”改革，开展“送教下乡”、“经典诵读”等教研活动。乐陵市现承担着1项国家级实验课题，3项省级实验课题。11月22～23日，山东省“语文大课堂”教学研讨会在乐陵市召开，来自全省各地市的教科研专家和骨干教师参加了会议。

乐陵市语文大课堂教学研讨会

校园维修改造。投入中小学危改资金29821.1万元，在乡镇新开工建设教学楼和学生宿舍楼21栋，新建校舍面积31433平方米，维修校舍面积8320平方米；投资5280万元，新建楼房27061平方米，完成了实验小学新校、三中体育场、一中学生公寓楼和学生餐厅以及杨安镇中学一期工程建设。8月底，投资1200万元、建筑面积8586平方米的实验小学新校和投资980万元、占地2.16万平方米的三中体育场竣工并交付使用。

[禹城市教育概况] 2008年，禹城市教育局大力推进素质教育，全面提高教学质量，学生德、智、体、美全面发展，学校办学行为进一步规范。学前教育取得新成绩，全市5处乡镇幼儿园被评为德州市农村一类幼儿园，小学、初中学生入学率和巩固率均达100%，中职教育稳步发展，高考成绩实现历史性突破。先后荣获“德州市办人民满意的教育先进市”“山东省招生工作先进单位”“山东省教育科研先进单位”等称号，被省教育厅确定为学习实践科学发展观活动联系点。

领导调研。10月31日，省委书记姜异康到禹城市对深入学习实践科学发展观活动开展情况进行调研，并在禹城市学习实践活动党员干部大会上发表重要讲话，着重指出：“要优先发展教育事业”。

素质教育。围绕“一切活动都是育人”理念，举办了“创文明城市，迎奥运盛会”文艺演出和知识竞赛，承办了德州市中学生田径运动会，组织了由中国作家协会诗刊社、山东省高级中学协会、禹城一中共同举办的“春天送你一首诗”诗歌朗诵会等活动。

干部教师队伍。暑假期间，禹城市教育局举办了教育干部、高中教师、班主任、骨干教师等10类培训班，共计2400多人参加了培训，教育干部参训率达100%，专任教师参训率达50%。

关注教育。12月21日，禹城举行了“房寺镇中学建校50周年”座谈会。曾经就读于房寺镇中学(原禹城四中)的省委常委、省纪委书记杨传升发来贺信。禹城市委书记黄金忠等和房寺镇负责同志，以及房寺镇中学校友、房寺籍各界人士参观了房寺镇中学并参加了座谈会。

校园维修改造。编制了《禹城市2008～2010年校舍维修改造规划》，全年投入学校改造资金1815万元，完成17处平房学校和5处教学楼建设工程，总建筑面积1.9万平方米。争取到全省农村中小学“211工程”试点项目建设资金245万元，为8处农村中小学进行“两热(热水、热饭)一暖(暖气)一改(改厕)”改造工程。

“三三四”教育发展模式。夯实“三基”：深入基层，强化基础，大练基本功；突出“三化”：人本化管理，特色化发展，精细化考核；实现“四大目标”：办学效益显著，学校文化先进，教学质量突出，社会形象良好。

[陵县教育概况] 2008年，陵县以全面、协调、可持续的科学发展观为指导，不断改善办学条件、加快学校布局调整及基础设施建设，教育教学质量不断提高，教育工作得到全面快速发展。按照省、市素质教育工作会议精神，结合全县实际，坚持“内外一起抓，加减一起做，标本一起治”，使省、市会议精神不折不扣地在全县得以落实。一是内抓贯彻，外抓宣传，努力营造素质教育的良好氛围。二是把握“减”与“加”的辩证法，努力做好减负增效的文章。三是治标与治本相结合，建立新的素质教育评价体系。全年先后选聘补充177名新教师，为2869名教师落实了职称工资，人均月增资190元。全县省级、市级、县级规范化学校分别达到了1处、16处和34处。在2008年的省、市政府教育督导中，均位居前列，获得了省级规范教育收费示范县荣誉称号，并在全省推广经验。

教育工作会议。12月24日，县委、县府组织召开了第二次由几大班子领导、各乡镇党委政府及县直部门一把手、教育系统中层以上干部及优秀教师代表参加的全县教育工作会议，表彰了10名优秀校长、100名优秀班主任、100名优秀教师以及26个教育教学工作先进单位。

关注教育。陵城镇福和希望小学是1998年陈廷华基金会在团省委的联系下修建的，是陵县唯一的一所福和希望小学。6月25日，共青团山东省委、德州市委领导同志在县教育局、团县委负责同志的陪同下到陵县陵城镇福和希望小学视察工作。

政府助学金。先后免除了义务教育阶段学生的学杂费、课本费，高中、职专逐步健全完善了新的资助体系，对全县5万多名义务教育阶段学生全部免除学杂费，对1085名贫困生发放寄宿生生活补助费，对1500多名普通高中学生发放政府助学金60余万元，落实了中等职业学校学生国家助学金政策。

社会捐助。5月27日，民建山东省委、德州市委一行在陵县教育局、县妇联负责同志陪同下，来到陵城镇春蕾小学捐资助学。民建德州市委捐款1万元，救助20名春蕾女童，并购置了文具等学习用品，赠送给贫困女童，县妇联还把陵县一中附属中学、实验中学、城关中学、实验小学、县进修附属小学捐赠的书籍12000册赠给学校，建成“小手拉小手，共建爱心书屋”。

校园维修改造。先后投资758万元，新建了徽王中学、陵城镇刘泮小学等5处教学楼，对丁庄河刘小学、边镇中心校等11处学校拆旧建新，对城区的西关小学、西街小学、马厂街小学、北关小学、东关小学等5处学校进行了校舍整修，改善了城乡中小学办学条件。

[平原县教育概况] 平原县共有各级各类国办学校109处。其中普通高中1处，在校生8209人；职业中等专业学校1处，在校生1080人；成人中专(教师进修学校)1处，在校生291人；初级中学5处(包括民办初中1处)，在校生12104人；小学83处(包括民办小学8处)在校生33240人；少儿竞技体育学校1处，在校生215人；聋哑学校1处，在校生29人。全县各级各类学校在校生共55168人。教职工4133人，其中普通高中515人，职业中专、成人中专131人，初中751人，小学2736人。平原县再获“全市办人民满意教育先进单位”称号，并获得30万元奖励。

教师队伍建设。8月份，由县人事局、监察局、财政局、教体局共同组织实施，面向县内外，共选招教师89人，其中新增中小学教师74人(小学47人、初中27人)。从4月份至9月份，先后开展了初中、小学教师教学基本功比赛活动，高中教师学科知识考试活动，小学音乐、美术、计算机专项培训活动；10月份，组织38名教育干部赴北京进行学习考察。

教育科研。2008年，全县有4项课题被确立为省级重点课题，2项课题被确立为市级重点课题，有389篇教育科研成果获得省优秀成果奖，40篇获市优秀成果奖；平原师范附属小学张荣芹同志获得“山东省科研创新校长”称号。

校园建设。9月份，平原五中二期工程和东关小学建设工程全面完成并投入使用，总投资2000万元。平原五中二期工程新建楼房3幢，其中学生公寓楼2幢、实验楼1幢，总建筑面积16726平方米，可容纳

5000名在校生寄宿就读。东关小学新建工程征地65亩,新建教学楼2幢,建筑面积8240平方米,学校已达到2000人办学规模。

教育工作会议。9月份,平原县委、县政府隆重召开全县教育工作会议,拨款110万元,对全县48个先进单位和120名先进个人进行表彰奖励。

关注留守儿童。龙门街道办鲁庄留守儿童活动站是平原县唯一一个省级"留守流动儿童快乐成长活动站",现有留守儿童100余名。7月18日,山东建筑大学"情系留守儿童,共迎和谐奥运"暑期社会实践团到平原县进行社会实践活动。社会实践团学生一行19人在平原县龙门街道办鲁庄留守儿童活动站,与留守儿童一起联欢。此次活动是由省妇联、省文明办、齐鲁电视台发起,山东广播文艺频道、乡村频道、山东商报、山东广播电视报、百灵网、祝你幸福杂志社联合发起举办,山东建筑大学承办的。

资金帮扶。省信息产业厅向平原一中捐赠了30台电脑和300套正版软件。省信息产业厅巡视员石明泉、平原县委副书记李安义出席了捐赠仪式。

[夏津县教育概况] 夏津县共有公办中小学118处,在校生55744人。其中小学97处,在校生38243人;初中20处,在校生11521万人;普通高中2处,在校生5980人;成人中专、教师进修、职业中专合署1处;民办公助特教学校1处,在校生159人。县直学校6处,均在城区。各乡镇、街道均设初中1处、中心小学1处。现有在职教职工4589人。夏津县教育局被德州市教育局授予"暑期高中教师新课程全员培训优秀组织单位";被中共夏津县委、夏津县人民政府授予"年度先进单位"和"年度平安夏津建设先进单位"。

学校管理。制定出台了"一守则两制度"(即:校长行为守则、学校行政例会制度和学校民主生活会制度),提出民主进校园的新思路和"大家说了算,校长领着干"的学校管理新理念。实施"六心工程",即用心、诚心、公心、责任心、进取心和包容心,用"六心"开展师德教育,约束教师行为。

教师队伍建设。全县聘任2649名教师,占教师总数的58%。7月份,邀请聊城大学5位教授现场授课,对全县400余名骨干教师进行培训。随后,各单位对全县4000余名专任教师进行全员培训。

校园建设。夏津一中投入9000万元,启动操场扩建、教师安居和教学楼建设三项工程。希望小学、银城街道实验小学、香赵庄镇莫庄小学投入资金270万元,改造、新建教学楼5100平方米,在郑保屯和银城街道新建两处明德小学,第二实验中学和第二实验小学的建设正在筹备,投入638万元,新建设一幢6300平方米的中等职业学校实训楼。投入资金256万元,在54处教学点建起教学光盘播放室,70所学区、中心小学建起卫星教学接收室,16所初中建起多媒体教室。

校园维修改造。建立了学校危房改造的长效机制,制定分年度实施计划,彻底消除全县校舍危房。2008年,夏津县中小学共投入危改资金900余万元,新建及维修改造校舍1.6万平方米。同时,提出教育工作"大安全"的概念,将信访、纪检、财物安全一并安排部署和考核。

"百佳"、"十佳"评选。打破只推不选的做法,通过学校、乡镇层层选拔,共评选出63名"百佳教师"和10名"十佳校长",由县委、县政府隆重表彰和奖励,并发放奖金。

[武城县教育概况] 武城县共有教职工3676人,各级各类学校92处,其中小学60处,初中14处,高中1处,职业中专1处,民办学校5处,教师进修学校、特教中心各1处,乡镇成人教育中心校9处。先后荣获"山东省基础教育先进单位"、"山东省规范教育收费示范县"、"山东省危房改造工作先进单位"、"山东省党员教育工作先进单位"、"山东省督导工作先进单位"、"德州市办人民满意教育先进县"、"德州市教育质量优胜单位"、"德州市文明单位"等荣誉称号,连续两年被县政府荣记集体三等功。

领导调研。10月17日,团中央常委、权益部部长王雪峰在团省委书记王磊、市委书记雷建国、市总工会主席陈永华等领导陪同下,分别到武城二中、育英学校、鲁能希望小学、武城镇中学和武城镇中心小学就学校团队建设工作进行调研,并于10月19日专门召开了学校团队建设工作座谈会。11月份,山东省教育厅厅长齐涛来武城县调研。

教育民生。免除义务教育学杂费、课本费近2000万元,救助贫困学校2000余名。投资300万元实施农村中小学远程教育工程,投资60万元,更换杨木檩梁,维修C级校舍,拆除D级危房;投资120万元修建广运中学宿舍楼,投资150万元新建滕庄镇明德小学教学楼;投资1000万元,加快第四实验小学的建设步伐,为进城务工子女上学提供保障。

教师队伍建设。新聘教师71名,举办了骨干教师培训会、任小艾教育理念报告会和魏书生教育思想报告会,组织中小学教师"说课对抗赛",大力实施"提质、提能、提效"工程、"教育塑名工程"、"读书富脑工程",努力培育一批名教师、名班主任、名校长。

学校建设。6月6日,齐鲁职业技术学院举行奠基仪式。全国人大常委、毛主席纪念堂管理局原局长徐静,人民大会堂管理局原副局长郑兴斌,毛主席原工作秘书张善兰，毛泽东思想研究会会长及秘书长杨庆生、蒲金凤，致公党中央秘书长曹鸿明以及教师代表500人等参加了奠基仪式。

行风建设。推进“平安校园”建设，推行《信访工作千分制考核制度》，被市、县两级授予“维稳工作先进单位”，教育局党委书记、局长韩涛荣记个人三等功。实施“禁酒令”、“禁烟令”，加强学校有学校的样子等“五个新样子”建设，深入开展“社会评教育”等“六评”活动和“教育管理规范年、教育质量提升年、干部作风整顿年、师德师风建设年”等“四个年”活动。10月份，成功举办了武城县首届校园文化艺术节。

招商引资。引进各类资金2600余万元，其中经费保障资金1800万元，危改专项资金510万元，资助救助学生资金260万元。台商王永庆捐资45万元，希望小学建设资金20万元，被授予“经济社会发展综合考核先进单位”“招商引资先进单位”“争取资金先进单位”“为民实事先进单位”等荣誉称号。

[齐河县教育概况] 齐河县共有各级各类学校155处，其中小学130处，初中20处，高中2处，职业中专1处，特殊教育学校1处，教师进修学校1处，在校学生72092人；共有各级各类幼儿园302所，在园幼儿16190人；共有教职工6100人。全县共有实验室193间，面积43000平方米，仪器572000件；图书室143间，面积28600平方米，藏书109万册；教育信息中心5个，微机室38个，电子备课室5个，配备电脑2398台，卫星接收系统53套。

2008年，先后获得“全省教育工会先进集体”“全省先进教研室”“全省教育科研先进单位”“全市素质教育先进县”“全市奥运维稳暨安保工作先进集体”等荣誉称号。

素质教育。成功举办了第六届教育艺术节、第三届中小学课本剧比赛等活动，促进了中小学生全面健康发展，集中展示了素质教育的丰硕成果，培养了中小学生健康的审美情趣和良好的艺术修养。

教育管理与教育科研。12月份，德州市学校精细化管理现场会在齐河县召开，各县(市、区)教育局有关负责人实地参观了部分学校精细化管理的情况。齐河县正在研究的县级重点课题39个，县级规划课题52个，市级课题3个，省级课题4个。组织参加省优质课评选5人次，均获得省级二等奖；论文评选中，29篇获国家级奖，120篇获省级奖；学科竞赛方面，145人获国家级奖，253人获省级奖。

危房改造工程。投入资金1355.92万元，新建维修校舍20455平方米，其中新建楼房六栋，面积13301平方米。

社会捐助。济南长途汽车总站泉城义工“黄河情”关爱小学生送温暖活动在齐河县祝阿镇顾房五里中心小学举行，为学校师生送来了价值2万余元的电脑、学具、体育器材、羽绒服等教学和生活用品。省运输总公司客运处处长杨中华、济南长途汽车总站站长孔繁锡、齐河县教育局副局长侯淑才等同志参加了活动。3月7日，北京华油燃气公司齐河分公司向齐河县直机关第一幼儿园捐赠了价值3000余元的玩具，齐河县教育局副局长刘晓霞等领导同志出席捐赠仪式。

[临邑县教育概况] 临邑县共有普通中小学92所。其中高中1所，在校生7657人；初中17所，在校生15267人，初中适龄少年入学率达99.2%，巩固率达98.8%；小学74所，在校生32214人，小学适龄儿童入学率达100%，巩固率达99.7%。市级规范化学校21所，省级规范化学校3所，5处乡镇中心幼儿园被评为市一类幼儿园，全县学前一年和学前三年入园率分别达到98.6%和85%。先后荣获“山东省规范教育收费示范县”“山东省教育技术装备管理工作先进单位”等多项荣誉称号。

素质教育。全县中小学取消周六和节假日上课，统一了作息时间、教师工作量和课程安排，将音、体、美等课程开设纳入对学校和教师的考核评价，确保开全开足课程。举行了校园文化艺术周和大课间体育活动展示比赛，组织了全县中学生运动会。重新修改了《临邑县教育教学督促评估办法》，对学校素质教育实施、办学水平、中职招生等情况进行千分考核，结果作为评价学校和聘任校长的主要依据。

干部队伍建设。2月，在临邑一中、临邑二中和临邑四中三所试点学校公开选拔校长的基础上，副校长和中层干部实行了竞争上岗。暑假，对县直学校校长和乡镇(街道)教育办主任进行了考核聘任，县直学校副校长和乡镇(街道)教育办副主任在精简职数的基础上也实行了竞争上岗。开展了学习“两报三刊”、“教学五项技能大比武”、教学能手评选等活动。

学校创建工作。投资885万元，维修校舍9336.28平方米，新建校舍12039.72平方米。其中翟家中学2356平方米的教学楼、临盘中学2607平方米的学生宿舍楼、临邑四中2200平方米的学生宿舍楼和临邑二中1000平方米的学生餐厅已竣工；新建平房校舍11处，建筑面积3876.72平方米。教学仪器更新工程已投入资金200万元，进一步改善了中小学办学条件。累计投资80余万元，重点加强了乡镇中心幼儿园建设。

学校整合。暑假期间，81名临邑五中高中教师全部调入临邑一中任教，整合了高中优秀教师资源。完成了德州市华忆职业技术学校与临邑县成职教中心的整合,原成职教中心教师全部进入华忆职业技术学校工作,并进行了内部管理改革。

资助体系。2008年,向义务教育阶段学生发放春季和秋季助学金达44.24万元,救助贫困寄宿生1293人次;投入专项资金230万元,对普通高中家庭经济困难学生和中等职业学校学生进行了资助,全县无一名学生因家庭经济困难而辍学。2008年临邑县被确定为大学生生源地信用助学贷款试点县,并正式启动了该项工作。

资金帮扶。12月10日,省致公党向临邑县邢侗中心校捐赠了价值6万余元的3000余册图书。省致公党秘书长安骊、宣传处副处长叶双池,德州市政协副主席、市致公党主委马传先、市委统战部副部长李胜来,临邑县政协主席张栋、县委副书记王拥军及该县教育局、邢侗街道办事处有关负责同志参加了捐赠仪式。

[宁津县教育概况] 宁津县有高中2所(含综合高中1所),在校生9035人,在职教职工556人;义务教育阶段学校103所,其中小学86所,初中17所;在校生共有48397人,其中小学32488人,初中15909人;在职教职工3173人,其中小学1865人,初中1308人。

学前教育。重新完善了加强学前教育管理工作的意见,实行园长持证上岗制度。加强对个体办园、村办园的资格审定,定期进行评估。全县各级各类幼儿园、学前班175处,3～6周岁幼儿入园率已达80.9%,学前一年入园率达到了98.6%。

素质教育。规范办学标准,统一制定了全县中小学课程设置,开展了2期全县600余人次参加的音、美、计算机教师培训。鼓励教师参加多种培训进修、授课说课比赛等活动,重新修订了对学校的评价方案,实行等级制。

职业教育。投入120万元建起了面积1300余平方米的学生实习基地,开设了数控机床、机电、计算机等8个专业,在校学生1800余人。先后承办了全县农村妇女劳动力再就业培训、卫生等5个系统职工计算机技能提高培训等成人培训活动。

教育科研。2008年,宁津县"当堂达标教学"被确定为山东省基础教育课程改革十大经验在全省推广,在省第四届教育科研工作会议上,被授予"山东省教育科研先进单位"荣誉称号;并被德州市教育局命名为"德州市办人民满意的教育先进集体"。

校舍维修改造。全县投入1180万元,新建教学楼、学生宿舍楼、餐厅等5栋,面积12130平方米,新建平房教室2150平方米,维修、改造校舍面积4600平方米。

资金帮扶。4月9日,宁津县实验中学学生公寓楼举行奠基仪式,省委统战部向宁津县实验中学捐赠了光彩学校建设资金100万元。省委统战部领导张传林、张心骥、孙传宏和市领导田玉茂、李艳华、陈建国等有关领导同志出席了奠基仪式。

[庆云县教育概况] 庆云县普通中小学在校生39769人。小学在校学生24349人,初中9723人,高中5697人。适龄儿童总数4345人,入学4345人,入学率100%;入园幼儿6248人(学前班2366人),3～6周岁幼儿入园率91%。在岗教职工3077人,任课教师2242人。其中,普通小学专任教师1273人,普通初中专任教师602人,普通高中专任教师367人。新分师范类本科毕业生34名,三支一扶5名,招聘教研员6名,充实了师资队伍。

2008年,有9处新建教学楼竣工投入使用或获加紧建设,总建筑面积达15711平方米,总投入达1290万元。全县中心小学操场达标29处,音体美器材达标20处,实验室达标21处;全县图书存量为:小学15.7万册、初中15.3万册、高中5.5万册。

师德建设。深入开展各项学习活动与师德建设相结合。除深入学习周主信同志的精神外,还适时开展了"向抗震救灾英雄教师学习"活动,"向奥运健儿学习"活动。开展了第一届"感动庆云教育"先进人物评选活动,3名同志被评为"感动庆云教育先进人物"。建立了师德师风档案,师德师风监督信箱和师德师风教育活动基地(展室)。

政府助学金。全年共拨付义保经费1211万元(含中央和省拨965万元、市拨62万元、县拨184万元);补发2007年下学期书款220万元,地方教材28万元,2008年免费书款直接由市结算;发放初中小学住宿生生活补助费21万元;高中学生补助费60万元,职专学生补助费57万元,中小学校舍改造长效机制资金178万元(含县拨20万元)。连同免费教科书在内,全县全年义保经费总支出达2027万元。

人物报道。《学习周主信》一文1月7日刊发在《现代教育导报》,被评为"2007年山东教育十大新闻"。1月23日,市委宣传部特邀长春电影制片厂国家一级演员、导演林强同志和解放军艺术学院文学系编剧林晓琳同志专程到庆云县采访挖掘周主信同志的先进事迹。1月31日,由《中国教育报》、中国教育电视台联合主办,教育科学出版社协办的2007中国教育年度新闻人物评选活动中,周主信荣膺2007年中国教育年度新闻人物。

德州市分管教育领导人

市委常委、宣传部长：李艳华

副市长：陈福祯

德州市教育局负责人

书记、局长：曹和书（3月离任）

书记、局长：刘志祥（3月任）

副局长：刘泽平　韩炳军　崔树华（11月离任）　王玉起　吕永忠（1月任）　莫明峰（11月任）

纪委书记：车联盟

教育局办公地址：湖滨北大道329号

联系电话：0534－2324939

邮政编码：253020

（撰稿人：尹品华　焦成君　审稿：王学东　莫明峰）

聊城市

［**概况**］　2008年，聊城市以“三个代表”重要思想为指导，认真落实科学发展观，大力实施“1338”工作计划，即把握“落实科学发展观，办人民群众满意的教育”这一根本要求，主攻“提高办学水平、推进素质教育、实现均衡协调发展”三大目标，开展“大培训、管理规范落实年、构建和谐师生关系研究”三项活动，突出做好提高基础教育实施水平、大力发展职业教育、扎实推进素质教育、加强教师队伍建设、努力改善办学条件、规范学校管理、强化教育督导、加强教育行风建设创建和谐机关和和谐校园等八项重点工作。

2008年，全市共有各级各类学校2671所，在校生82.77万人，教职工5.15万人，专任教师4.77万人。其中：幼儿园1600所，在园幼儿7.43万人，教职工2819人，专任教师2175人；小学811所，在校生38.83万人，教职工2.41万人，专任教师2.24万人；初中167所，在校生19.95万人，专任教师1.38万人；高中46所，在校生10.33万人，专任教师6254人；中等职业学校39处，在校生6.15万人，教职工4309人，专任教师2892人；特殊教育学校8所，在校生868人，教职工297人，专任教师226人。

学前教育快速发展。全市有省实验、示范幼儿园12所，市级实验、示范幼儿园14所，市级乡（镇）中心幼儿园80所，标准化幼儿园329所，学前三年入园率达68.3%。2008年5月22日，在临清召开了全市学前教育工作现场会，转变学前教育发展思路，加大公办幼儿园规模和数量，引导民办园逐步规范。

义务教育进一步巩固提高。经过布局调整，小学调减为811所，比2007年减少94所，初中调减为167所，比2007年减少8所，办学条件明显改善。小学教师学历达标率为99.49%，初中教师学历达标率为97.43%。小学学龄儿童入学率为99.78%、初中学龄人口入学率为99.34%。

普通高中招生规模稳定。通过优化艺体、突破文理等措施，学科结构进一步合理。

职业教育资源整合迈出新步伐。东阿、阳谷、冠县成立了职业教育培训中心，形成了以市级职业院校为龙头、县级职教中心校为骨干、乡镇职业技术学校为基础的职业教育培训网络。全市职业学校招生达到2.5万人，毕业生就业率达97%。

［**素质教育**］　2008年1月在聊城二中召开了聊城市中小学素质教育工作会议，省教育厅副厅长张志勇、聊城市副市长刘继恩出席会议并讲话，全市中小学校长等1600多人参加了会议，印发了《聊城市教育局关于认真落实山东省普通中小学管理基本规范大力推进素质教育的实施意见》等相关文件。

2008年1月30日，聊城市中小学素质教育工作会议在聊城二中召开

统一了全市中小学作息时间、放假日期和作业量，督促各级各类学校开齐、开足国家规定的课程。加强体卫艺教学管理，全面开展阳光体育60分活动，在茌平县成功举办了第三届全市中学生运动会。先后两次与市卫生局联合开展了学校的食品卫生、饮用水及学校环境卫生的大检查工作。对部分义务教育阶段的学生视力进行了普查与防治工作。

对学生评价体系和中考制度进行了改革。从学生的道德素养、学习能力、交流与合作能力、运动与健康、审美与表现、创新与实践能力等六个方面，进行基础性发展目标评价。考试不排名次，不单纯以考试成绩作为评价学生和教师的唯一标准。规范整顿了普通高中招生秩序，统一组织考试录取。

积极探索学校、家庭、社会三位一体的素质教育工作体系。下发了致全市学生家长的公开信、致全市教师的公开信，进一步完善了家长学校和家长会制度，各县(市、区)都成立了由工、青、妇、武、公安、司法等部门参加的素质教育联席会议。邀请"知心大姐"卢勤巡回为学生家长做报告，深受广大学生家长的欢迎。

[教育教学改革] 狠抓了杜郎口中学"开放式"教学和聊城一中"低重心"教学、体育自助餐等经验的推广，大力开展课堂教学改革，努力创建激情、活力、高效课堂。茌平实验小学、聊城实验中学、莘县实验高中等一大批学校在教学改革创新的进程中水平不断提高。先后在茌平县召开了小学教学改革现场会，在东昌府区召开了初中教学改革暨素质教育现场会，在临清市召开了高中教学改革现场会。杜郎口中学课改等八项科研项目获第二届山东省省级教学成果奖，至2008年底全国各省(市、自治区)到杜郎口中学参观人数达36万人。2008年11月14日，人民网、《大众日报》、山东电视台等12家媒体的20多名记者到茌平县杜郎口中学采风。

[规范学校管理] 以幼儿园重新登记注册为契机，进一步规范了幼儿园管理，取缔了15所不合格幼儿园，对809所幼儿园下达了限期整改通知书；对全市民办学校进行了两次检查评估，对7所学校下发了限期整改通知书，通报了13所。对改制学校进行了专项调查和清理。加强了对市直学校领导班子和干部人事管理，出台了《关于进一步加强市直学校领导班子建设和干部人事管理的意见》(聊教党字[2008]4号)，建立了统一的市直学校人事档案，对中层干部进行备案，对市直学校领导班子进行了充实调整和考核。

全面落实《山东省普通中小学管理基本规范》，引导各级各类学校在学生管理、教师管理、教学管理和后勤管理四个方面全面落实管理规范。在东阿县召开了学校日常管理现场会，在临清市召开了全市体育教学工作现场会、规范学前教育和中小学实践基地建设现场会，在组织全市职业学校进行大观摩的基础上，召开了全市职业学校管理座谈会。

[学校安全] 对全市学校安全工作领导小组进行了调整，健全了规章制度，加强安全教育和培训，开展了突发事故应急处置和自救疏散演练。开展了学校安全隐患排查整治活动，市、县两级共派出安全检查组137个，检查员389人次，查出各种隐患836处，并进行了督促整改。召开了全市中小学创建平安和谐校园工作现场会，先后开展了校舍安全集中排查整治、学校及周边环境专项整治、校车集中整治、平安和谐校园创建活动等四项专项活动。

[构建和谐师生关系研究活动] 构建和谐师生关系研究活动是聊城市教育局贯彻落实科学发展观、推进新课程改革、实施素质教育所做出的重要举措。2008年初，聊城市教育局下发了《关于在全市开展构建和谐师生关系研究活动的通知》，制定了活动实施方案，建立了活动领导小组，构建起和谐的师生关系研究活动正式启动。2008年9月份，在全市教育系统开展"构建和谐师生关系我该怎么办"大讨论活动。2008年12月25日，在聊城二中召开了构建和谐师生关系研究活动现场会。通过活动的开展，加强了学校管理者与教师之间、教师与教师之间、师生之间、生生之间的沟通交流，丰富了校园文化，营造了平安和谐、健康向上的工作学习环境。

构建和谐师生关系研究现场会之师生论坛

[校舍改造] 进一步完善了农村中小学校舍维护长效保障机制，筹集资金5591.6万元建设了62个农村中小学项目，其中楼房39栋，平房23座，新建校舍8万多平方米。在实施过程中，早安排，早开工，加强督促检查，及时解决建设过程中遇到的困难和问题。2008年底已完成工程的97%，茌平县冯屯中学一栋单体面积较大的教学楼将在2009年5月份竣工。开展了全市校舍安全排查整治工作。

[校园绿色工程] 2008年新增实践基地510亩，总面积达5700多亩，新增树木6.3万棵，植树总量达80多万棵，有20所学校被评为市级绿色工程学校。

[仪器更新] 利用仪器更新资金集中招标采购了

2000万元的普通中小学仪器设备、900万元的特殊教育学校仪器设备;重视教学仪器应用工程,通过会议动员、检查评估、实验操作考试等措施,引导各级各类学校重视实验操作,增强了学生的动手能力。

[教育信息化] 利用省农村现代远程教育资金1148万元,市配套2000万元,建成了现代远程教育网,覆盖全市1254所农村中小学和教学点,可提供信息发布、教育资源存储与共享、电子图书、电子邮件、教师交流互动、视频点播、视频直播等服务,全市小学教学会议、第三届运动会等实现了网内直播。2008年12月3日在东阿县召开了远程教育应用现场会,对进一步提高远程教育资源使用率,提升现代化教育水平起到了积极的促进作用。2008年11月3～6日,晋冀鲁豫四省市电教联谊会在聊城召开,并就实现四省市优质教育网络资源共享、优秀课程整合相互借鉴达成共识。

实施农村中小学远程教育工程装备的计算机教室

[全面落实惠民政策] 2008年开始农村中小学免课本费,提高了家庭贫困寄宿生生活费补助标准,从小学、初中、高中、职业学校到高等教育的资助体系基本形成。2008年全市为学生减负达3.5亿元。在各项惠民政策的落实过程中,通过不定期检查、督促指导、专项审计等措施,保障了各项资金及时足额拨付。

[校长教师队伍建设] 一是加强教师教育。开展了“学习十七大报告和胡锦涛总书记在优秀教师代表座谈会上的讲话逐级演讲活动”,各县(市、区)都举办了大型演讲活动,2008年6月30日在市电视台举办了全市师德演讲比赛。开展了师德师风集中教育活动,组织6名师德标兵在全市巡回演讲,受教育教师达1万人次。

二是实施教师大培训。以名师建设工程为龙头,推进高素质教师队伍建设。小学、初中、高中三个学段的14个主要学科面向全国聘请名师在聊城传经带徒,带徒总人数达550人;聊城市评选的水城名师和县级名师也通过带徒、开放课堂、送教下乡等措施提高专业化水平,带动了中小学教师队伍整体素质的提升。2008年完成省下达的免费培训任务714人,全市通过举办各种短训班、送教下乡等形式培训农村教师4.5万人。

以省内外师范院校为基地广泛开展各类高级研修,55名高中校长和部分教育行政干部参加了省教育厅举办的素质教育专题培训班;与北京师范大学联合举办了两期教育行政管理干部培训班,培训教育行政干部和中小学校长576人;暑假期间在聊城大学举办初中骨干班主任培训班、中小学教育技术能力培训班,在临清师范举办小学骨干教师培训班,培训教师516人;以山东教师教育网为平台,以远程研修为主要手段,开展了高中教师新课程全员培训;对初中教师分学科进行了全员培训;1800多名小学教师参加了分学科骨干教师培训。

聊城市教育局与北京师范大学联合举办的第二届教育行政干部培训班现场

三是狠抓教师充实。把充实新教师作为考核县(市、区)政绩教育工作的主要指标,明确提出每年充实教师的数量必须大于自然减员数量,2008年充实新教师846人。启动了“大学生顶岗支教双提高”工程,在聊城大学选拔了488名大学生到莘县、临清市、东昌府区、阳谷县4个县(市、区)的中小学顶岗支教半年。

四是狠抓班子调整。暑假期间全市对139处学校领导班子进行了调整,聊城市教育局对市直学校领导班子进行了调整。

五是选派了14名高中校长到寿光进行了为期3个月的挂职锻炼,再用两年可将高中校长挂职一轮。组织了小学教研室主任、部分小学校长赴上海观摩考察,学习外地先进经验。

[教育行风建设] 一是坚持依法行政和校务公开。2008年4月13日,在临清召开了校务公开现场会,出台了《聊城市教育局聊城市教育工会关于进一步推进

校务公开工作的意见》，规划、财务、教师聘任、招生的政策及录取情况、优秀生推荐、收费等项目均依法在一定范围内公开。

二是面向社会聘请了40名行风监督员，主动接受社会的监督。认真处理各种信访人访案件，努力为群众解决子女上学、教育收费等实际问题。切实做好聊城广播电台“行风热线”上线工作，截止到2008年12月，聊城市教育局已上线3次，接听热线电话37个，现场答复7个，线下调查处理问题30个。在《行风热线》栏目开播一周年现场咨询服务时，为18人次提供咨询服务，当场办理1件学生上学问题，群众满意率达100%。

三是进一步规范收费。在实行“两免一补”政策的同时，加大了乱收费检查治理力度。2008年4月份和9月份，分别进行了春、秋两季教育收费大检查，检查学校108所。对存在的问题进行了督促整改。开展了创建教育收费示范县活动，继在平县以后其他县(市、区)都被评为省级教育收费示范县。

四是狠抓考风考纪。在严格执行国家有关考试规定的基础上，制订了《聊城市高考实施方案》等，从组织领导、安全保密、考场管理、依法治考、从严治考、工作报告制度及突发事件的应急处理等方面严格要求。严把报名关，强化对涉考工作人员、监考教师和考生的宣传教育培训，严肃考场纪律。

[教育督导] 在搞好市、县年度综合督导评估的同时，重点对义务教育资金管理、学生救助政策落实、安全工作、治理教育乱收费、民办学校检查整顿、幼儿园重新登记注册、加强教师队伍建设等进行专项督导。开展了督学工作，促进各级各类学校办学水平的提高，完成了第二批11所普通高中教学水平的督导评估。督促各县(市、区)开展了对初中、小学和幼儿园的第二轮督导评估。积极探索开展督教工作，依据年度教育工作重点，将督教指标融入督政指标体系。

[第二十四个教师节] 2008年9月9日，聊城市政府在东昌宾馆召开庆祝第二十四个教师节座谈会，聊城市委副书记、市长林峰海出席会议并讲话。他要求各级各部门要真正把教育摆在优先发展的战略位置，着力提高办学质量和管理水平，切实加大对教育发展的支持力度，为全市加快建设强市名城实现新跨越培养更多全面发展的有用人才。市委、市政府领导先后到东昌府区、开发区部分中小学和技工学校慰问。

[东昌府区教育概况] 全区有各级各类学校185所，在校生125572人。177所公办学校中，职业学校2所，在校生4670人；高中3所，在校生20567人；初中23所，在校生31298人；小学145所，在校生68907人；特殊教育学校1所，在校生130人；幼儿园215所，在园幼儿20238人。全区共有在职教职工7377人，其中职业学校204人，普通高中572人，初中2331人，小学4270人。

学前教育。全区16所乡镇中心幼儿园全部成为市级中心园，东昌路幼儿园、北顺小学附设幼儿园成为市级规范园；开展了城乡规模幼儿园评估验收、环境创设活动，并对合格幼儿园进行了登记注册，规范学前教育办学行为。

基础教育。小学阶段入学率和巩固率为100%；初中阶段入学率为99.8%，巩固率为98.9%；高中阶段入学率为95.82%。侯营中学通过市级教学示范校验收；全市初中教育教学、构建和谐师生关系等五个现场会分别在东昌府区召开。

校舍改造。投资732万元，完成了郑家镇中学教学综合楼等14个项目、10804平方米的建设任务；争取财政资金140万元，对30处农村中小学校舍进行维修加固，确保师生安全；启动了建设路小学教学综合楼建设工作，完成了实验中学、聊城六中等学校的配套设施建设。

教育经费。全区义务教育阶段46884名学生享受到了免杂费和教科书费政策，资金达2668万元；602名寄宿学生享受生活补助43万元，补助比例达住宿生总数的9%。城区义务教育阶段学校学生免交杂费1577万元，150名低保家庭学生免交教科书费；为职业学校1890名学生、普通高中671名学生分别发放了1500元、1000元的生活补助。

特殊教育。残疾儿童少年普及程度进一步提高，课程开设更加齐全，小学高年级和初中阶段开设了职业教育课程，为毕业生就业奠定了基础。市委书记宋远方同志两次到学校视察工作，均给与高度评价。

职业教育。全区职业教育规模进一步扩大，各职业学校完成师训、劳动力转移等培训2300余人次；继续实行“工学交替”培养模式，构建了前厂后校的人才培养格局，实现了工学结合质的突破。

师资建设。从2008年7月份开始，分三年为农村教师增加住房补贴和交通费，公开招考了117名中小学教师，评选了第二届“东昌名师”45名，组织大规模的校长教师培训和业务评选活动，开展了向抗震救灾模范教师学习和“十佳师德标兵”评选等活动，提高师资队伍整体水平。

安全工作。继续开展“平安校园”创建活动，逐级签订安全工作目标责任书，认真落实稳定工作责任制，确保教育系统安全稳定。全年未发生一起重大安全责任事故，被区政府授予“安全生产目标管理先进单位”。

[临清市教育概况]　全市有各级各类学校145处，其中小学117处，1059个教学班，在校生42465人；初中21处，413个教学班，在校生18879人；普通高中4处，182个教学班，在校生9700人；职业中专1处，25个教学班，在校生1086人；特殊教育学校1处，5个教学班，在校生33人；实践基地1处。另有幼儿园115所，幼儿在园15486人。全市教师5896人。

素质教育。构建了实施素质教育的新体系。全面贯彻落实了《山东省普通中小学管理基本规范》，进一步健全了以实施素质教育为导向的教育教学评估机制，建立了实施素质教育的活动体系。2008年3月，在聊城市率先启动了中学生科技创新教育实践基地，共有6300余名初二学生在此进行了为期一周的社会实践活动；全面启动了建设书香校园、书香班级及中小学生课外阅读工程，投资了200余万元，为各学校每个教室配备了书橱和必读图书；充分利用临清市“京剧之乡”的优势，广泛开展了“京剧进校园”活动；举行了全市中小学生田径运动会和第二届中小学生课本剧大赛、鼓号队比赛、校园集体舞比赛、体育专项竞赛等活动。聊城市第三届中学生田径运动会，临清市代表队连续第三次夺得团体冠军。

教育质量。教育质量达到新高度。小学、初中通过加大课改，提高效率，及格率、优秀率均有大幅度提高。2008年12月，在临清市召开的聊城市高中教学改革工作会议上，临清市教育局被评为聊城市高中教育管理先进单位，临清一中、二中、三中和培训学校分别获得聊城市高中教学改革先进单位、聊城市高中特色办学先进单位和聊城市高考补习先进单位光荣称号。

学前教育。建立了“以政府为主体，社会力量为补充”的办园模式，城区呈现出“六花争艳”格局，各乡镇办事处实现了“135”配置，即：1所乡(镇、办事处)办中心幼儿园，3～5所学区中心幼儿园。全市形成了“市直幼儿园—乡镇中心幼儿园—学区幼儿园”的公办幼儿园发展体系。2008年5月，在临清市召开的聊城市幼儿园规范化建设现场会推广了这一办园经验；2008年9月，全省学前教育研讨会选取4个县(市、区)教育局作典型发言，临清是其中之一。2008年10月，临清市的办园经验又在全国学前教育会议上进行交流。同时，积极开展园所争先创优评选活动，努力提高园所的管理水平。2008年，在聊城市幼儿园环境创设评比活动中，临清市被抽检的5个幼儿园均获聊城市同类园所第一名，并且评比小组为临清特设了“绿色长廊”奖。全市已创建省级实验园1处、省级示范园1处、聊城市示范园5处、聊城市中心幼儿园16处，幼教明星幼儿园3处。

学校面貌。建立了农村校舍维修改造长效机制。安排农村中心中小学建设项目6个，为70余处学校校舍进行了维修改建，完成了农村远程教育工程，为全市147处农村中小学配备了多媒体教室、电子备课室和微机教室；实施了仪器更新工程，使全市所有的中学和中心小学在实现楼房化的基础上，仪器配备达到国家Ⅰ类标准。全市成功创建各级规范化学校达69处。

学校管理。2008年被定为“临清教育精细管理落实年”。进一步完善了对学校管理的千分制考核评估机制，分别对学校建设、管理与服务、教育工作、教学工作四个方面提出了明确的评价标准，并赋予一定的分值。重点加强了安全管理。建立了从政府到各中小学校长为主要负责人的校园安全网络，成立了安全科，健全了安全制度，层层签订了责任状，形成了齐抓共管、共同监督的责任体系。

队伍建设。教师整体素质明显提高。2008年，全市对87名校长进行了任职资格培训，安排35名校长参加了聊城市教育局与北师大合办的第三期教育行政干部和校长高级研修班，选派了部分高中校长到寿光进行挂职锻炼并进行经验交流，利用寒暑假对全市所有的任课教师进行了业务培训，组织了送教下乡、优秀教师巡回报告、中小学校长到江苏和浙江进行学习参观等活动，先后邀请邱学华、张熊飞、陶继新、于永正等全国著名教育专家出示示范课、作学术报告，评选了“临清名师”30名。这些措施提高了校长的管理能力，提高了教师进行教学改革、实施素质教育的水平。2008年，临清市教师有89人次在全国、全省和聊城市优质课评选中获奖。加强了聊城大学到临清市实习支教学生的培训工作，对他们进行业务培训。各支教点通过开展课堂教学大赛等活动，提高大学生的教育教学能力。

2008年，临清市被授予“山东省规范教育收费示范县”称号，临清市教育局被市政府评为行风建设优秀单位。临清教育局还获得了山东省教育督导先进集体、山东省教育纪检监察工作先进单位等光荣称号。在2008年度临清市经济和社会工作考核中，教育局获得目标管理考核先进集体(市直部门第二名)。

[冠县教育概况]　2008年，有中小学132处。其中小学107处，在校生41818人；初级中学19处，在校生17937人；普通高中4处，在校生14217人；职业教育中心1处，在校生3989人；特殊教育学校1处，在校生47人。幼儿园124处，在园幼儿15306人。

素质教育。各学校认真落实国家课程计划，严格执行学生作息时间和学生入学制度，改革学生评价体系，切实规范办学行为；积极开展阳光体育活动，增强学生体质；认真开展综合实践活动，增强了学生的创新意识，提高了各种社会生存能力。在国家林业局对外合作项目中心征集少年绘画作品活动中，有20余篇作品去国外参赛。招飞工作取得重大突破，山东、河南两省招收的四名女飞行员中，冠县占两名。

教学改革。大力推进“低重心教学”、“教学案”、“学法课”等课堂改革实验，课堂教学效率和学生自主学习能力得到明显提高。通过开展教师论坛、课题研究等活动，逐步提高教师的教科研能力。2008年申报国家级科研课题2项，省级8项，两项课题被聊城市教育局教研室确定为市级重点科研课题。

学校管理。通过实施学校管理星级示范校创建，多数学校管理步入制度化、规范化的轨道，办学理念、教育行为、日常管理水平都有了明显提高。改革幼儿园办园体制，形成了以社会力量办园为主、主管部门加强管理的办园新格局，改善了农村幼儿园管理混乱状况。

山东省武训教育基金会成立。2008年12月6日，山东省武训教育基金会成立大会召开，省人大常委会原副主任董凤基、省政协副主席王志民为基金会揭牌，共收到社会各界捐款860万元。

山东省武训教育基金会成立大会现场

队伍建设。开展“师德教育月”等活动，加强了师德教育。竞争聘任农村小学校长，调整基层干部队伍。招聘新教师106名，教师紧缺现状得到缓解。邀请教育专家，培训教育干部、骨干教师2000余人次，教育队伍素质明显提高。

办学条件。投资600万元的7处项目学校竣工并投入使用。规划投资8000万元的冠县职业教育中心一期工程完工，首次招生2000人，实现了冠县职业教育招生的历史性突破。投资400万元的农村现代远程教育工程竣工，全县信息化教学水平迈上新台阶。

新落成的冠县职业教育中心

[莘县教育概况] 全县现有各级各类学校492处，在校生177880人。其中：幼儿园238处，在园幼儿29707人；小学215处，在校生75447人；初中32处，在校生43174人；高中6处，在校生19358人；职业中专1处，在校生10194人。全县普通中小学在编教职工8304人，其中小学4401人，初中2810人，高中1093人。

教育投入不断增加，办学条件显著改善。08年新建15个项目学校，建筑面积21794平方米；维修校舍30000多平方米，总投资1700多万元。其中争取中央、省级专款761万元，台湾台塑公司捐款90万元，李来柱将军联系企业捐款140万元，县财政拨款300多万元，乡镇自筹410万元。

学校管理。学校管理规范，教学改革全面推进。落实学校规范化管理建设年活动，狠抓校园文化建设，培植典型，形成特色，学校规范化管理初显成效。全面贯彻落实省市素质会议精神，在全县范围内多层次组织开展了素质教育大学习、大讨论活动，学生在德智体等方面得到全面协调发展。3月份，确定了4处学校为初中课程改革实验学校，以点带面，全面启动新课程改革，素质教育正逐步走向深入。

素质教育。以高考为标志，全面推进素质教育，教学质量稳步提高。各级各类学校认真落实省素质教育会议精神，严格执行省普通中小学管理40条基本规范，办学方向进一步明确，办学行为进一步规范。以人为本，促进师生和谐发展，共同成长。全县中小学在狠抓合格率全面达标的同时，加强特优生培养，取得了优异成绩。

职业教育。职业教育规模、质量、效益均衡提高。08年以来，职业教育集团继续发展壮大，职业中专招生规模进一步扩大，打造了一批特色专业、精品课程。培养了大批社会需求的实用型人才。4月份，新筹建了一处实训基地，为学生半工半读打下了基础。10月份，职业中专本部计划南扩110亩，开通南门，为职业中专向更高层次发展奠定基础。

教师队伍建设。教师队伍素质明显提高。08年全县中小学教师自然减员168人，新招聘补充教师278人，其中农村229人。为加速推进教师专业水平的发展和提高，建设具有改革创新精神的干部教师队伍，进行教师全员培训，先后共计有4000名教师参加了省市县三级教师培训，教师的整体业务素质和教学水平有了一个明显提高。

[阳谷县教育概况]　2008年，全县共有学校187处，其中公办学校181处，民办学校6处。公办学校中，高中3处，初中21处，小学152处，职业学校3处，特殊教育学校1处，实验幼儿园1处。

落实惠民政策。全县教育工作者认真落实教育惠民政策。2008年全县农村义务教育经费共3699万元，其中公用经费2997万元，贫困寄宿生生活补助费69万元，春季教科书费633万元，免除了88813名学生的学杂费和教科书费，救助了1840人次贫困寄宿生。另外，春季开学前退付2007年秋季义务教育阶段教科书费435万元，投资59万元救助高中贫困生1180人。截至2008年底，分阶段清理化解"普九"债务2000余万元。2008年还争取到省职业教育专项资金200多万元，正在建设二职专数控技术实训基地，该项目已被列为国家"十一五"县级职业教育基础能力建设规划。为拉动内需，中央新增1000亿资金，全县争取到职教中心建设专项资金200万元。春季开学，为3055名职业学校学生发放助学金229.125万元。

教师队伍建设。继续推行"三制"改革。为优化教师队伍，2008年，全面实行教师业务考试制度，成绩与本人晋级聘任、评模选优相挂钩；公开招考教师110名，大部分充实到了乡镇中小学任教；聊城大学117名大学生来阳谷县农村中小学开展了为期近半年的实习支教活动。继续实施"三名"工程。评选出阳谷名师20名、县级学科带头人60名、县级骨干班主任50名、第二届"教坛新秀"10名。为充分发挥名师的示范带动作用，组织20位阳谷名师为全县农村中小学校送课100余节。

办学条件。2008年投资509万元建设4处项目学校，投资42万元为3处农村小学新建楼板房教室，投资58余万元维修校舍及项目学校附属项目工程1.6万余平方米。还争取到中央、省资金879万元，全部用于学校危房改造和项目学校建设。全县有省级规范化学校4处，市级规范化学校27处，县级规范化学校25处。大力实施"农远"工程，全县已形成县、乡、学校三级管理网络，实现了城乡优质教学资源共享。全县共有教师专用微机757台，学生专用微机2711台，微机室68座，多媒体教室117座，卫星地面接收站23座，教学专用电视373台，VCD 184台，配置及应用水平居聊城市前列，最早实现"校校通"。

素质教育。开展了"经典古诗词诵读"、纪念改革开放30周年读书教育活动及"构建和谐师生关系研究"等活动，抓好了四棚联校素质教育先进典型推广，强化了教育系统关工委职能作用，加大了青少年思想道德教育工作力度。

教育督导。2008年成立了阳谷县人民政府教育督导室，为正科级事业单位。

2008年县教育局被评为"聊城市电化教育先进单位"、"山东省招飞工作先进单位"、"聊城市十佳职业道德先进集体"。

[东阿县教育概况]　2008年，全县共有各级各类学校100处，在校生43179人，教职工3786人。其中高中2处，学生7481人；初中11处，学生11639人；小学86处，学生22835人（包含特殊教育学校1处，学生40人）；职业教育中心1处，在校生1224人。有省级规范化学校6处，市级规范化学校10处，县级规范化学校21处。

各类教育协调发展。小学、初中适龄人口入学率分别达到100%、100%。初中巩固率达到98%以上。加强优质幼儿园的建设，农村学前三年入园率达到95%以上。扩大优质高中建设，突出质量意识，教学质量稳步提高。职业教育、成人教育协调发展，高中阶段招生职普比达到省市要求。

素质教育。规范学校办学行为，严格执行学生在校时间和作息时间规定，减轻学生课业负担，完善教育质量评价机制，举办了四次全县中小学素质教育校长论坛，在全县大力推行中国传统文化教育，交流探讨素质教育经验，教学成果明显。

教师队伍建设。2008年8月，在全县范围内招聘了180中小学教师，补充到师资薄弱学校。结合汶川大地震中英雄教师群体的先进事迹，在全县开展师德师风集中教育活动；在20处中小学建立了"名师工作室"，开展"名师送教下乡"活动。全县共有20余人被评为市级教学能手；3人荣获山东省优质课一、二等奖；1人入选聊城市"十佳教师"；68篇论文获省级奖励，97篇论文获市级奖励，28项研究成果获省级科研成果奖。

办学条件。全年新建校舍7000平方米，总投资420万元，撤并5处乡镇初中和2处乡镇高中。投资91.8万余元完成了第一批中学、中心小学理科教学仪器的配备。东阿教育信息网被省电教馆评为"山东省优秀网站"。2008年11月，东阿农村中小学远程教育工程建设通过了省级验收。

落实帮扶政策。全年共计下拨公用经费1670万元,免受义务教育阶段学生课本费322万元,对贫困家庭寄宿学生补助生活费35万元,救助比例达到10%;发放助学金158.75万余元,救助贫困学生1493名。

[茌平县教育概况] 2008年全县共有小学92处,其中完全小学76处,教学点16处,教学班834个,在校生33702人;普通高中3处,教学班222个,在校生13081人;初中19处,教学班338个,在校生14965人;职业高中1处,在校生1444人;特殊教育学校1处,教学班9个,在校生79人;实验幼儿园1处,教学班20个,在园幼儿979人。全县共有教职工5752人。

义务教育经费保障机制。义务教育经费全部纳入县级财政预算,每月初按在校生人数由教育局结算中心拨付到学校。义务教育公用经费标准由原来的小学每人每年240元、初中340元,分别提高到295元和445元,并从2008年春季学期开始免费提供教科书,同时对义务教育阶段贫困家庭寄宿生和特殊教育所有在校生补助生活费,补助标准分别由原来的每人每年300元,提高到小学500元、初中750元。

办学条件。2007年投资1500万元规划的四处项目学校全部竣工并投入使用,2008年规划的项目学校主体工程已全部完工。实验小学分校、杜郎口中学的校园绿化及塑胶操场等配套建设,由县政府投资557万元完工。中小学教学仪器更新工程顺利实施,中小学更新37处,投资114万元。远程教育工程按计划完成并通过省级验收,共建立投入使用卫星地面接收站19个,教育城域网覆盖全县所有中小学。

素质教育。全县中小学"书香校园"创建活动全面启动,校园文化建设进一步加强。杜郎口中学的教学改革在全国受到进一步关注,被教育部所属的中国教育服务中心指定为全国教育培训基地。全市第三届中学生田径运动会和全市小学教育教学工作现场会先后在茌平召开。

教师队伍建设。为中小学招考急需学科教师46人,为教研室公开选聘兼职教研员11人。全县中小学教师参加市级以上培训2000人次,参加县级培训7000人次。组织参加县级教学观摩12次,市级及以上教学观摩9次,组织茌平名师和省级教学能手送课下乡1次,中小学教师队伍素质普遍提高。

人事制度改革。对全县高中学校和城区初中学校领导班子进行了调整,小学、初中和高中教学质量考核方案进一步修订完善。全县中小学教职工合理流动机制初步形成。

行风建设。结合党风廉政建设、机关作风建设和"师德师风建设年"活动,严格财经制度,加强经费管理,规范资金使用,中小学乱收费现象得到彻底遏制。

茌平县被评为省级教育收费示范县,全县有3所学校申报省级绿色学校,有112项科研课题获市级立项,有1项科研成果获省政府优秀教学成果一等奖、3项获省教育厅优秀教学成果奖,11名中小学教师获得省级优质课,64人市级优质课。杜郎口中学获山东省改革开放30年名校,校长崔其升获全国十佳名校长。

[高唐县教育概况] 2008年,全县共有学校74处,全县教职工4641人,在校生48553人。其中县直属高中2处,教职工483人,在校生6529人;职业高中1处,教职工245人,在校生1689人;初中13处,教职工1559人,在校生10850人;小学55处,教职工2284人,在校生27420人;另有民办文汇完全中学1处,在校生1656人;特殊教育学校1处,教职工36人,在校生84人;实验幼儿园1处,教职工34人,在园幼儿325人。

学前教育。3～6周岁幼儿入园率达到91%。小学适龄儿童入学率100%,初中入学率99.95%。高中教学质量不断提升,高考本科录取人数由2007年的852人提高到922人。职业教育保持良好态势,对口高职全省本科招生计划1300人,高唐县职教中心录取210人,占全省计划的16%,继续保持全省第一。特殊教育备受关注,残疾儿童少年随班就读工作开展顺利。

素质教育。各学校把德育工作放在首位,在5月底举行的抗震救灾活动中,全县师生踊跃捐款捐物。统一了各学段的时间表,开全课程,开足课时,引导全体师生参与阳光体育一小时活动,学生近视率明显下降。各学校学生成绩实行等级制,为每个学生建立了综合动态的成长档案,完善了考试评价制度。

办学条件。继续加快学校建设步伐,办学条件趋于现代化。一是各乡镇继续建设中心幼儿园,完善内部配套设施。二是实施学生课桌凳更新工程,对原来不符合标准的课桌凳全部更换。三是实验小学、鱼丘湖中心小学率先实现视频进教室,教师的授课活动可以通过电视台同步直播,接受社会和家长监督。

人文管理。落实科学发展观,实施以人为本的人文管理。暑假期间,面向全县教育行政干部和初中教师,公开选拔了两名校长和127名优秀教师,成立了县二实中、二实小。暑假后共有56名教师根据自己的申请调到了居住地附近的学校,实现了乡镇教师的合理流动。整合教育资源,合并小学校,探索九年一贯制的管理模式。

2008年,高唐县教育局在聊城市教育局和高唐县委、县政府的正确领导下,贯彻落实党的十七大会议精神,干事创业,成绩显著,县教育局被评为全国教科研先进单位、全省招飞工作先进单位、全市学校安全工作先进单位。

[聊城经济开发区教育概况] 2008年,全区共有小学10处,在校生3149人;初中2处,在校生810人;现有教职工382人,其中高级职称教师19人,中级职称教师166人。本科以上学历149人,学历达标率100%。另外有民办完全中学1处,在校生800人;中等职业教育学校1处,在校生400人;2008年全区小学、初中适龄儿童入学率100%,小学在校生巩固率为100%,初中在校生巩固率为99%。

落实农村义务教育经费保障机制改革。2008年,开发区建立健全了农村中小学预算资金支付管理制度;落实了农村义务教育阶段学生教科书免费发放及中等职业学校贫困生困难补助金政策;建立了农村义务教育阶段中小学校舍维修改造长效机制;并按照新《义务教育法》要求,巩固和完善了农村中小学教师工资保障机制,按国家和省、市标准将教师工资全部纳入了财政预算,统一了教师工资标准,2008年全区教师月工资平均1636元。

办学条件显著改善。2008年开发区教育总投入1991万元,比2007年增加了228万元。开发区是全市2008年危房改造工程按时完工的县区之一,2008年6月~9月投入资金40万元为5所学校进行了校舍维修和改造,并投资80万元新建了孟营小学教学办公楼。另外,2008年开发区结合中小学仪器更新工程财政投资20万元,按照省定标准为5处学校配备了教学仪器设施。还投资30万元完成了各中小学教育网连接工作,加快了全区教育现代化、信息化的步伐。

2000~2008年聊城经济开发区教育经费投入情况

年份	投入额(万元)
2000	482
2001	558
2002	659
2003	660
2004	901
2005	1045
2006	1153
2007	1663
2008	1991

深化教育改革。2008年,社会发展局在广泛征求意见的基础上拟定了"开发区教育事业发展改革方案",并成立了以开发区管委会主任为组长的"开发区教育改革领导小组",2008年12月11日形成文件并下发。这次改革方案从管理体制、人事制度奖励工资等方面提出了改革措施,政府为此每年拿出专项奖励资金70万元。

教育教学及教科研成果显著。2008年全区加强教师培训,有效提高了教师队伍的业务水平。在聊城市教育局举办的课堂教学优质课评选活动中,10名参赛教师有8名获得一等奖,2名获得二等奖。在全市教学示范化学校复评活动中,开发区实验小学、东城小学顺利通过复评。2008年11月开发区东城中学被新评为"聊城市教学示范化学校"。2008年全区教科研立项课题59个,其中省级2个,市级57个已结题32个。

2008年开发区被评为"山东省规范教育收费示范县";开发区社会发展局被评为"山东省安全生产先进单位"。

聊城市分管教育领导人

副书记:金维民

副市长:刘继恩(2008年12月离任)

李吉增(2008年12月就任)

聊城市教育局负责人

书记、局长:张聚传

副局长:史兆海(2008年8月离任)

李开双(2008年8月任正县级督学)

徐化忠

纪检组长:安云云

教育局办公地址:聊城市湖南路43号

办公电话:0635—8245506

邮政编码:252000

(撰稿人:李军祥　李素华　审稿人:安云云　杜长涛)

滨州市

［概况］

2008 年全市各级各类学校情况统计表

类别＼项目	学校数（所）	班数（个）	招生数（人）	在校生数（人）	教职工数（人）	专任教师数（人）
学前教育	405	2173	33008	69030	3626	2858
小　学	481	6803	41233	266299	17311	15926
普通中学	161	3569	62690	185518	17237	14057
初　中	143	2392	41114	117610	—	9621
普通高中	18	1177	21576	67908	—	4436
中等职业学校	16	—	21435	41397	2340	1419
特殊教育学校	8	56	77	658	243	175
普通高等学校	4	—	14909	45934	3317	2486
总　计	1075	12601	173352	608836	44074	36921

［举办首届幼儿园骨干园长研修班］　4 月 21 日至 4 月 30 日，滨州市首期幼儿园骨干园长高级研修班在华东师范大学举行。来自全市的 56 位省级实验示范幼儿园园长、部分规范化乡镇中心幼儿园园长参加了研修。华东师范大学的专家教授及上海市优秀名园长作了专题讲座。全体学员实地参观考察了中国福利会幼儿园、上海科技幼儿园。

［对学前教育机构重新登记注册］　为加强全市学前教育机构的管理，规范学前教育办学行为，滨州市教育局统一部署，遵照属地管理的原则，对辖区内学前教育机构进行了重新审核、登记。经重新审核登记，全市准予登记注册幼儿园 329 处，暂缓登记注册（暂缓期限一年）幼儿园 534 处，不予登记注册幼儿园 288 处。4 月 14 日，滨州市教育局对已通过审核准予登记注册的学前教育机构，在《鲁北晚报》上进行了集中公示，各县（区）也通过多种方式进行了公示。各审批机关对准予登记注册的幼儿园颁发了《办园许可证》。针对城区学校附设学前班对学前教育发展带来的弊端，滨州市教育局下发了《关于取消学校附设学前班进一步规范学前教育办学行为的通知》（滨教［2008］11 号文件），部署了取消城区学校附设学前班工作。

［召开全市素质教育暨教育督导工作会议］　3 月 18 日，滨州市政府召开了全市素质教育暨教育督导工作会议。会议表彰了全市教育督导工作先进集体、先进工作者和第三批市级示范学校，向新聘任的市政府第一届督学颁发了聘书。省教育厅党组成员、总督学孟庆旭，滨州市人大常委会副主任张冠文，副市长崔娅妮，市政协副主席李瑞平出席会议。孟庆旭、崔娅妮分别讲话。市教育局编印了《素质教育文件汇编》，下发了《滨州市教育局关于贯彻落实全省素质教育工作会议精神大力推进素质教育的通知》《关于进一步重申规范办学行为若干规定的通知》《关于对规范中小学办学行为实行领导包县区制度的通知》等文件，同时设立了规范办学行为举报电话和举报信箱，建立完善了素质教育督查制度，在全市中小学开展了不定期检查活动，对检查中发现的办学行为不规范的部分学校作出了严肃处理。

3 月 9 日，全市素质教育暨教育督导工作会议召开

2008 年 5 月 18 日省政府教育督导团对 2007 年度滨州市教育工作进行专项督导

[开展中小学课程实施水平评估活动]　2008 年，为不断深化基础教育课程改革，全面落实国家课程方案和《山东省普通高中课程设置及教学指导意见（试行）》，做到开全课程、开齐课时，滨州市教育局下发了《关于转发〈山东省教育厅关于印发山东省普通高中课程设置及教学指导意见（试行）的通知〉的通知》（滨教[2008]38 号），组织了中小学课程实施水平评估活动，稳步推进中小学评价制度改革，确保各中小学在现有条件下开齐课程。2008 年，滨州市实行初中学生学业水平考试制度，进一步深化了初中学生综合素质评价制度改革，开发了初中学生综合素质评价软件。11 月，举办了全市初中学校综合素质评价软件使用培训班。从 2009 年起，逐步将初中学生综合素质评价结果与普通高中学校招生录取挂钩。

[城区新建两所义务教育学校]　9 月 1 日，滨州经济开发区一中建成并投入使用。滨州经济开发区一中一期工程投资 7500 万元，建筑面积 4 万平方米。9 月 10 日，举行落成典礼，滨州市委书记、市人大常委会主任邓向阳等领导出席了庆典。9 月份，滨城区第六中学开工建设。截至 2008 年底，学校的主体工程全部竣工。滨城区第六中学是一所按照省级规范化学校标准建设的九年一贯制国办学校。学校占地面积约 10 万平方米，规划建筑面积 3.1 万平方米，总投资 9000 余万元，2009 年 8 月建成并投入使用。学校建成后，可容纳 72 个教学班，其中初中部 24 班，小学班 48 个班，可招生 3600 余名。

[开展"隐患治理年"活动]　为切实抓好学校安全工作，滨州市教育局开展了"隐患治理年"活动。市教育局与各县（区）教育局、市直各学校签订了《2008 年学校安全稳定工作目标责任书》，进一步明确了安全职责，分解了任务目标。2008 年，滨州市教育局先后下发了《关于做好校舍安全工作的紧急通知》（滨政办发明电[2008]89 号）等 18 个文件，多次召开全市中小学安全工作会议，研究部署学校安全工作。2 月至 6 月，市教育局配合市公安局在全市开展了学生乘车安全专项整治活动，共排查学校用车 771 辆，合格车辆 313 辆，为 204 辆校车发放了校车标志，查处非法运载学生车辆 35 辆，停止运营车辆 33 辆，处罚违章驾驶员 26 人，对 626 名司机开展道路交通安全教育。4 月，对全市校舍进行了全面的安全检查，共排查中小学幼儿园 1223 所，检出危房 279548.89 平方米、危墙 5801 米、危险大门 9 座。对排查出的 D 级危房立即进行了封闭停用，并限期拆除，对 B、C 级危房及时安排专项资金维修改造。7 至 8 月份，组织人员对全市中小学、幼儿园周边环境和治安秩序进行全面排查，发现有 58 所中小学、幼儿园不同程度存在治安安全隐患，及时下发文件进行了通报。10 至 11 月，全市中小学落实国办发[2008]38 号电报精神，对学校、幼儿园周边建筑进行了安全检查。全市中小学还开展了安全知识进课堂活动，共征订《安全知识读本》20 余万册，同时利用学校黑板报、宣传栏、校园网、校园广播电视系统等形式，宣传学校安全常识。2008 年，全市召开各种安全工作会议 450 余次，完善应急预案 852 个；举办安全讲座 267 期，受教育师生 38 万人次；组织逃生演练 898 次，参与师生 32.6 万人；组织安全征文比赛 286 次，参加学生 23 万人；组织安全知识竞赛 389 次，参加学生 30.2 万人。2008 年，全市中小学未发生重大群体性安全责任事故。

[规范清理义务教育阶段改制学校]　2008 年，根据省教育厅安排部署，滨州市开展了对义务教育阶段改制学校规范清理工作。市政府办公室下发了《滨州市人民政府办公室关于做好义务教育阶段改制学校规范清理工作的通知》（滨政办发[2008]56 号），对理顺办学体制、规范办学行为提出明确要求。截至 2008 年底，

全市原有 18 所义务教育改制学校中已有 12 所改为国办义务教育学校，进一步扩大了城区国办义务教育资源。

[学校体育卫生艺术与国防教育] 5 月份至 9 月份，滨州市教育局举办了以“奥林匹克之美”为主题的全市第十二届中小学艺术节，共展示优秀节目 178 个，展出书法、绘画作品 1509 幅。经专家评选，有 122 个优秀文艺节目，371 幅书法、绘画作品，68 篇优秀艺术论文分获一、二、三等奖。

滨州市教育局结合省、市中小学课程实施水平评估与普通高中教学视导活动的开展，对各中小学音乐、美术课程开设情况进行全面检查。各中小学严格按照新《课程标准》所规定的课时和所界定的教学内容进行教学，所检查到的学校无挤占，少开或停开音乐、美术课程的情况，纠正了在初中、高中毕业年级停开、少开艺术课程的不良现象。

为推动全国亿万学生阳光体育运动深入开展，丰富学校大课间体育活动形式和内容，11 月 21 日至 25 日，滨州市教育局举办了全市中小学第三套广播体操教师培训班。4 月 15 日至 25 日举办了全市首届中小学校园集体舞大赛，抽签确定参赛的 16 所小学、18 所初中、6 所高中中，共评出一等奖 15 名，二等奖 25 名。

滨州市教育局在全市中小学继续搞好“结合、渗透”为主的国防教育教学，进一步了增强学生的国防观念。在 4 月 17 日召开的全省学校国防教育工作会议上，北镇中学被山东省教育厅、山东省军区司令部命名为“国防生生源基地”。

[全省阳光体育运动擂台赛在滨州开擂] 5 月 26 日，由省教育厅体卫艺处、山东省教育电视台主办，滨州市教育局、滨城区教育局承办的“全省中小学生阳光体育大擂台”在滨城区第一中学打响了全省各地市巡回打擂第一站。活动分展示类和竞技类比赛。滨城区在展示类比赛中由滨城区第一中学、滨城区第四中学、滨城区逸夫小学分别展示了校园集体舞、健美操、快车奔奥运、车轮滚滚飞等阳光体育运动项目。竞技类比赛中同学们进行了双摇跳绳、仰卧起坐、踢毽子、立定跳远四个项目的比赛。共有 200 名学生参与竞技类比赛。5 月 27 日，“阳光体育大擂台”来到博兴县，全县 20 多个单位 3000 多名学生参加了开幕式，来自各县直学校的学生参加了跳绳、仰卧起坐、立定跳远、踢毽子、颠球等项目的比赛。青少年学生“阳光体育运动”在各县(区)、各学校蓬勃开展，在全社会形成了关心、支持青少年体育运动的氛围，也体现了对 2008 年北京奥运会的热烈欢迎和全力支持。

[中等职业教育招生突破 19638 人，职普比例首超省标准] 2008 年，滨州市中等职业学校招生 19638 人，比 2007 年增加 4502 人，在校生达到 4.14 万人。高中段职普招收比例达到 46%，首次超过省定 45% 的标准。职业教育基础能力建设进一步加强。2008 年 1 月，召开了全市职业教育与成人教育工作会议，滨州市教育局和财政局联合下发了《关于加强职业教育实训基地建设的通知》(滨教[2008]2 号)，全市职教总投资超过 1.5 亿元，有力地促进了职业学校基础能力建设。职业学校就业形势良好。与青岛海尔、青岛海信、魏桥纺织集团等 30 多家企业合作，多种形式安置毕业生 11344 人，中职毕业生就业率达到 98% 以上。

[组织中等职业学校“铁雄杯”职业技能大赛和职业学校教师四项教学技能大赛] 4 月 16～17 日，滨州市中等职业学校“铁雄杯”职业技能大赛在鲁中中等专业学校进行。全市共 203 名教师和学生参加了车工、维修电工、焊工、会计、计算机五个项目的比赛，所有职业工种全部采用实际操作竞赛方式。

5 月，选派 11 名选手参加了山东省第一届职业学校技能大赛，3 人获一等奖，6 人获二等奖。经过层层选拔，全省从 161 名选手中共选出 4 名选手代表山东省参加全国职业技能大赛机电一体化设备安装与调试比赛，滨州市 2 名学生入选，代表山东省参加 6 月在天津举办的全国职业技能大赛。11 月至 12 月，组织了全市职成学校教师优质课评选、多媒体课件设计制作比赛、优秀教学设计评选、优秀教学论文评选等四项教学技能比赛。通过层层选拔，有 218 名教师参加了优质课评选、97 名教师参加了优秀教案评选、111 名教师参加了多媒体课件设计制作比赛、57 名教师参加了优秀教学论文评选。比赛历时两个月，全市近千名教师参加了校、县、市的层层选拔，有 200 多名教师获奖。

[全市开展“有效教学”行动] 2008 年 9 月，滨州市教育局下发《关于开展有效教学行动全面提高教育教学质量的意见》，在全市中小学全面开展有效教学行动。全市开展有效教学行动，坚持以学生发展为本，以向有效教学要质量为核心，以市、县(区)、校三级研训为依托，以提升管理、教学两支队伍创新意识、实践能力为根本，统筹推进教学管理队伍、教学管理机制、课堂教学行为、校本研训制度、城乡互动发展五大建设，坚持抓重点与带一般相兼顾，抓创新与促落实相统一，抓品牌与打基础相结合，全面开展有效教学行动的研究与实践，切实转变教育教学质量的增长方式，促进全市中小学教学从有效走向高效，进一步推进素质教育的深

入实施，努力办人民满意的教育。

[全市普通高中教学质量进一步提高] 为全面贯彻落实全省中小学素质教育会议和《山东省普通高中课程设置指导意见》精神，大力推进全市普通高中课程的实施工作，滨州市教育局先后召开全市普通高中教育工作会议、全市普通高中教学工作会议、全市普通高中校长座谈会。市教研室组织召开学科教学专题研讨会共23次，先后对全市普通高中学校进行了为期一个半月的课程实施水平评估和教学视导活动，听课2100余节，召开各类座谈会220余次。2008年11月下旬迎接全省普通高中课程实施水平评估，省教育厅评估组抽评北镇中学、博兴一中、黄山中学，对滨州市的普通高中课程实施水平给予充分肯定。2008年全市普通高中教学质量持续攀升。

[启动"送教送研下乡"活动] 为全面提高教育质量，充分发挥骨干教师资源对农村广大教师的引领和带动作用，推进城乡义务教育教育均衡发展，3月27日，滨州市"送教送研下乡"活动在惠民县胡集镇启动。启动仪式后，市教研室在全市选调8名市级优秀青年教师分别执教了语文、数学、品德、科学、音乐、美术各学科的公开课，市教研室4名教研员分别就深化新课程教学改革进行专题讲座。这次启动的"送教送研下乡"活动，优秀教师执教观摩课、教研员举行专题讲座、一线老师互动评课，把课堂教学观摩和课堂教学研究有机结合起来，受到广大教师的欢迎。

[农村中小学校舍维修改造长效机制] 2008年，滨州市把推进农村中小学校舍维修改造机制健康运行作为着力点，努力改善农村中小学办学条件，积极推动全市义务教育均衡发展，进一步加大了财政专项资金的投入力度，全市共安排市级以上校舍维修改造专项资金3550万元，拉动了1.1亿元的工程投资，完成建设面积11万平方米。同时，用足用好农村中小学危房改造建设项目规费减免政策，节省建设成本3000余万元，最大限度的发挥了专项资金的效益，校舍改造环境得到全方位优化。在7月底全省校舍维修改造专项检查中，滨州市出台校舍建设规费减免政策、实行按工程进度拨款等做法，受到省教育厅的通报表扬。

["两热一暖一改"工程在滨州成功试点] 2008年，全省进行农村中小学"两热一暖一改"工程试点(即热水、热饭、取暖、改厕)。滨州作为全省首批5个试点市之一，在邹平、阳信两县安排省级试点项目11个，争取省级专项资金725万元。试点项目学校通过综合利用太阳能、地热等新型能源，解决师生饮水、做饭及冬季取暖问题；综合利用沼气技术，解决农村中小学旱厕卫生、生活垃圾处理问题。2008年底前全市11个项目全部完工。

[义务教育经费保障机制改革扎实推进] 2008年，全市以"优化机制运行、提高保障水平"为目标，扎实推进义务教育经费保障机制改革，规范化、制度化的管理经验在全省推广。一是调整完善政策，提高了经费补助标准。从2008年春季学期起，全市农村生均公用经费定额小学由240元提高至295元、初中由340元提高至445元；提高农村义务教育家庭困难寄宿生生活费补助标准，全市基本补助标准每生每年由300元提高到小学500元、初中750元，享受补助的困难学生比例不低于寄宿生的8%；对农村义务教育学校全部学生提供免费教科书。二是加大资金投入力度，确保政策执行到位。全年拨付义务教育经费保障专项资金2.1亿元。其中，补助学校公用经费1.59亿元，用于提供免费教科书资金4787万元，补助家庭经济困难寄宿生生活费资金396万元。三是强化检查督导，完善"校财局管"，促进了机制规范运行。在全省义保改革运行情况督查中，省教育厅对滨州市规范专项资金拨付管理的举措予以通报表扬。在2008年全省教育财务工作会议上，滨州作为各市代表就义务教育经费保障机制改革等工作作典型发言，经验在全省推广。

[家庭经济困难学生资助体系逐步完善] 2008年，全市普通高校、中等职业学校(技校)、普通高中家庭经济困难学生实际资助金额6436.6万元。其中：用于市属高校奖、助学金1218.3万元，实际资助学生1650人；用于中等职业学校(技校)国家助学金4638.3万元，实际资助学生35258人；用于普通高中政府资助金580万元，实际资助学生5808人。

[全省教育人事工作会议在滨州召开] 8月13至15日，全省教育人事工作座谈会议在滨州市召开，各市教育局人事科(处)长参加会议。省教育厅党组副书记、副厅长、纪检组长张兴民出席会议，省教育厅人事处处长陈国前主持会议。会议对中小学教师职称评审、农村支教以及中小学教师队伍建设和管理等工作作了部署，各市教育局人事科(处)负责人分别作了交流发言。

2008年8月13日，全省教育人事座谈会议在滨州举行

[教师队伍建设] 2008年，滨州市开展了第八批学科带头人评选，评出市级学科带头人220名。截至2008年底，滨州市共评选出市级学科带头人1133人，名师50人、名校长21人，优秀园丁100人，省特级教师70人，进一步壮大了骨干教师队伍。全市中小学共安置毕业生581人，其中研究生17人，本科生395人，专科生169人。认定中小学教师资格2653人，高质量地完成全市中、高级教师职称评审和推荐工作。全市共评出高级职务教师335名、中级职务教师1072名。市教育局被国家教育部表彰为"全国关心下一代工作先进集体"。

[抗震救灾和对口援建四川省北川县禹里乡] 四川汶川大地震后，滨州市教育局积极号召全市教育系统踊跃捐款捐物，无条件接收灾区学生前来滨州就读。全市教育系统为灾区捐款630多万元，其中市教育局机关党员干部向灾区人民捐款11.6万元，交纳特殊党费1.74万元，捐赠棉衣棉被626件。接收灾区32名来灾区学生就读。滨州市教育局派出刘连琦、巩向豪、王立新和谢玉清4人赴川参与灾后重建工作，对口援建四川省北川羌族自治县禹里乡中学和中心小学，并保证了灾区学生按时开学，巩向豪被滨州市委、市政府荣记三等功。

[教育法制工作和规范教育收费] 2008年，滨州市教育局重视教育法制工作，年内积极争取成立了政策法规科，认真做好滨州市第二批依法治校示范校申报、评估验收、命名等工作，做好省级依法治校示范校推选工作。全市又有15所中小学获得"滨州市依法治校示范校"称号，市级依法治校示范学校达27所。组织1000余名中小学生参加了全省中小学法律知识竞赛，有11名学生获奖，滨州市教育局办公室被省教育厅、省司法厅、省综治办、团省委授予优秀组织奖。

2008年，滨州市进一步加强了规范教育收费工作的制度建设，始终把治理教育收费作为教育部门党风廉政建设的一项重点工作，强化政策措施，加大工作力度，继续坚持和完善联席会议制度。7月，滨州市教育局等7部门(教育、市政府纠风办、监察、物价、财政、审计、新闻出版)印发了《关于转发山东省教育厅等7部门关于2008年规范教育收费工作的实施意见的通知》(滨教[2008]36号)，对2008年规范教育收费工作进行了全面部署；继续实行"一证、一卡、两公开、四统一"收费管理制度，强化收费公示制度建设，收费制度公示率达到100%。清理规范基础教育阶段改制学校18所，已还原为公办学校的12所，2008年群众信访、投诉案件办结率达到100%；在春秋两季开学时，组织有关人员进行收费检查，把好收费关口，对有令不行、有禁不止、顶风违纪的行为，依据《山东省中小学义务教育乱收费行为党纪处分暂行规定》严肃查处。滨州市教育局被省政府、市委表彰为"政风行风建设先进单位"。博兴县被授予"山东省规范教育收费示范县"。

[教师培训] 一是实施"农村教师素质提高工程"。全市选派490名义务教育学校教师参加了全省第一期、第二期"农村教师素质提高工程"专题培训，选派80名教师参加了2008年义务教育新课程骨干培训者省级培训。8月，争取北京今日园丁科技文化有限公司支持，全市组织29所中小学参加了新思考网免费研修学习活动。参加该活动的学校可获得长达10年的免费研修服务，学校教师可以进行研修学习、提交作业、发布感言，并与课程专家和全国数百万教师进行在线研讨，观看视频讲座。2008年，全市开展了普通中小学班主任全员培训工作，聘请全国优秀班主任和省内外专家，通过举办班主任培训报告会、网上研修等方式，培训中小学班主任5000余名。二是普通高中教师新课程全员培训。2008年暑期，山东省首次采用远程研修和校本培训相结合的模式，开展了高中任课教师新课程全员培训工作。全市有4297名高中教师参加了远程研修学习。市教育局建立和完善了教师信息数据库，配备了以教研员和一线优秀教师组成的指导教师队伍。三是多渠道开展职业学校教师培训。按照滨州市教育局《关于加强职业教育师资队伍队伍建设的意见》，选派1名专业教师到德国、14名专业教师到东风汽车集团、东南大学、天津大学、同济大学等高校、企业参加国家级骨干专业教师免费培训，组织教师参加了山东省职教师资培训中心、鲁巴职教师资培训中心、山东交通学院举办的电子电工、数控技术、机械加工、汽车修理等技能培训班。全市共组织211名教师参加培

训，切实提高了职业学校专业教师的专业实践能力。

[英特尔未来教育] 滨州市是山东省首批开展“英特尔未来教育培训”项目的城市，从2002年开始启动培训项目，逐年扩大培训范围。2008年，全市选派21名教师参加了省英特尔未来教育提高培训班，并完成了1500名教师的培训任务。到2008年底，全市已有2万余名中小学教师免费参加了培训，占全省培训总人数的50%，为全市教师节约培训经费500余万元。为对“英特尔未来教育”项目进行总结表彰和推广，2008年上半年，市教育局制定下发了《关于组织开展滨州市英特尔未来教育项目实施五周年总结表彰活动的通知》。10月份，召开了“山东省英特尔未来教育现场经验交流会暨滨州市项目实施五周年表彰会”，山东省英特尔未来教育项目组执行人、山东省广播电视大学直属学院院长单丛凯出席会议并讲话，来自全省部分市的项目负责人及全市获奖代表40余人参加了会议。

[校长培训] 2008年，市、县两级共举办中小学校长任职资格培训班、高级研修班、专题培训班和幼儿园长培训班共15期，培训校长(园长)850多人次，中小学校长和幼儿园长的办学理念、管理水平得到进一步提高。3月份，市教育局与华东师范大学继续教育学院联合举办了“十一五期间滨州市第一期初中校长高级研修班”，全市60名初中校长参加了为期两周的研修学习。研修班开设了国外教育改革与发展新趋势、学校管理中的法律问题等14个专题讲座。其间，学员考察了上海市进才实验学校和开元学校。10月份，举办了“十一五”期间全市第二期中小学校长任职资格培训班，全市113名新任初中和小学校长参加了理论培训学习。培训班聘请了原山东省中小学校长培训办公室主任李甲奎研究员等分别作了校长任职资格与岗位规范、现代西方教育理论与当代中国教育改革等8个专题报告，市教育局局长高中兴为校长学员作了关于滨州市基础教育改革与发展情况的报告。

[语言文字工作] 9月份，滨州市教育局、语委办制定了《第十一届全国推广普通话宣传周滨州市活动实施方案》，有计划地组织了丰富多彩的宣传活动。开展“山东省语言文字规范化示范校”创建工作，全市24所中小学申报了“山东省语言文字规范化示范校”。另外，组织450名学生参加了首届山东省校园语言才艺素质教育成果展示活动，推报《普通话与滨州方言对比研究》等3项课题申报山东省语委科研项目。9月份，滨州市教育局、语委办与市文明办、关工委联合主办了“高速公路杯”全市中小学第三届迎国庆中华经典诵读比赛活动，省关工委副主任王永清，文明办副主任王宏勇，语委办主任尹建国，滨州市委常委、宣传部长祁维华等领导参加开幕式，市直和滨城区直10所学校近万名中小学生参加了比赛。2008年，滨州市再次荣获“中华经典诵读山东赛区组织奖”荣誉称号。

汉字应用水平测试是教育部、国家语委组织实施的一项语言文字类标准化水平测试，是国家继普通话水平测试之后贯彻执行《中华人民共和国国家通用语言文字法》的又一重大举措，旨在考查衡量教师、文秘、编辑、记者等行业从业人员及部分高校学生汉字应用能力。2008年，山东省作为教育部、国家语委确定的汉字应用水平测试试点省份，选择滨州市与济南、青岛及部分高校首批进行试点。11月中旬，全市组织300名教师和210名公务员参加了测试。

[高桂荣当选山东省**2008**年度教育创新人物] 2008年，山东省组织第二轮年度教育创新人物评选，全省10名中小学校长荣获“山东省年度教育创新人物”称号，24名中小学校长荣获提名奖。经过层层推选，博兴县第一小学校长高桂荣荣获“山东省年度教育创新人物”称号，滨城区清怡中学校长李素香荣获提名奖。

[条件装备] 2008年，全市新建改建中小学实验室仪器室241个，装备教学仪器、音体美器材2363.5万元，装备微机5285套，语音设备6套，校园网48个，多媒体教室431个，全市中小学用于实验装备和信息技术装备建设的投资总额计5153.16万元。4月，滨州市教育局下发了《关于做好2008年初中毕业生实验技能考试工作的通知》(函[2008]第38号)，对全市31937名初中毕业生分现场操作和理论必答两种形式在132处考点进行实验技能考试。

为搞好农村中小学教学仪器更新及特殊教育学校仪器配备“两个工程”建设，滨州市教育局抽调专业技术人员组建验收队伍，在学校自查、县区复查的基础上至7月15日完成了对招标仪器的验收工作。全市首批更新工程学校仪器橱、架、水电源等相关设施更新配套投资550万元，基本达到“仪器齐全，设施完善，管理规范，应用普遍”的总体目标。

[滨城区教育概况] 2008年，滨城区有幼儿园107所，在园幼儿12704人，教职工972人；全区共有中小学91所，其中小学74所，招生5385人，在校生33877人，教职工2523人；初中16所，招生4580人，在校生12378人，教职工1812人；普通高中1所，招生1461人，在校生4213人，教职工714人。职业学校1所，招生1380人，在校生4611人，教职工557人。特殊教育

学校1处，招生4人，在校生18人，教职工21人。

加强基础设施建设，办学条件进一步改善。2008年，投资9800万元的滨城区第六中学主体竣工，投资1336万元完成了滨北赵集小学、小营中心小学、小营朱全小学、秦皇台中心校、堡集一中、尚集二中、旧镇举门联小等学校14756平方米的危房改造。全区中小学校舍设施维护管理工作“双优评估”验收合格率达95%。启动了教育现代化工程，新增图书30多万册，新购微机2000多台，中小学电化教育水平明显提高。

扎实促进教育公平，教育投入进一步加大。2008年，预算内教育经费支出为25991万元，财政总支出为105188万元，预算内教育经费支出占财政总支出的比例达到24.71%，比2007年提高3.55%。落实全区农村义务教育公用经费1076万元，落实城市义务教育公用经费96万元，免杂费538.7万元；建立和完善了学生资助管理体系，落实城乡义务教育学校贫困学生“一免一补”资金55.42万元；落实资助资金217.46万元，资助高中生1232人次，中职生1424名。

努力提高课堂教学效率，教学质量进一步提高。4月份，“全国高效课堂四名校”江苏省洋思中学、东庐中学，山东省杜郎口中学、清怡中学“同课异构”观摩活动在滨城区成功举办，全国知名专家和十余省市的校长、教师共1076人参加，清怡中学的课堂教学得到了与会专家的高度评价，其改革经验在《中国教育报》《现代教育导报》、山东教育电视台、新浪滨州等媒体上报道。11月份，滨城区教研室获“山东省教育科研先进单位”荣誉称号，清怡中学被评为“全国教科研先进单位”。

严格规范办学行为，素质教育百花齐放。2008年，修订完善了《滨城区中小学素质教育评估方案》，全面加强未成年人思想道德建设，逸夫小学被评为“山东省未成年人思想道德建设工作先进单位”。5月份，“阳光体育”登上全省擂台。10月份，成功举办了全区首届中小学生篮球赛。书法教育实现新突破，由滨城区教育局长张满堂发起的爱心助学基金出资近10万元为全区中小学生免费发放了《硬笔书法教程》和《毛笔书法教程》，开设了书法教育课。

拓宽办学渠道，职业教育再上新水平。盘活职教资源，拓宽办学渠道，大力推进职业教育。2月份，滨城区职教中心被教育部认定为“国家级重点技校”。10月份，学校与北大青鸟联合办学，培养实用软件开发人才。11月份，被授予“全国关心成长模范学校”称号。12月份，滨州高级技工学校(筹)申办通过省评估。数控车工专业和机电一体化专业荣获“山东省名牌重点专业”称号。

[滨州经济开发区教育概况] 2008年，滨州经济开发区共有幼儿园14处、在园幼儿1005名、幼儿教师75人；中小学16处、在校生8038人、专任教师613人。

“以县为主”义务教育管理体制进一步完善。在免除学生杂费、课本费的基础上，进一步提高全区中小学生均公用经费标准，小学达到生均每年419元，初中达到生均每年641元，继续实行为特困寄宿学生提供生活费补助政策，全年共发放7.1万元，救助面达到住宿学生的12%，为中职学生发放学费补助103.5万元。两次为退休民办教师提高工资待遇，教师工资实现区财政统一发放，落实了教师规范津补贴，2008年教师人均月工资达到3124.45元，位居全市前列。努力优化教师队伍结构，建立教师补充机制，面向社会公开招考了19名优秀教师，从各县(区)选调9名优秀教师，充实到教学一线。

基础设施建设强势推进。2008年，全区校舍改造建设成绩显著，3处项目学校全部实现预定建设目标，争取市级以上校舍维修改造专款106万元，区级配套资金112.28万元。9月1日，投资7500万元的开发区一中一期工程胜利完工，开发区第一中学顺利建成开学。10月24日，投资300万元、建筑面积2300平方米的西海小学投入使用，里则办事处全部校舍楼房化的目标得以实现，以此为依托，全区校舍楼房率达到了80%。投资42万元用于农村中小学仪器更新工程，学校内部设施进一步优化升级。

学校管理更趋规范。2008年，有1所学校跻身市级示范学校行列，填补了全区空白；创建市级教学示范学校2所，市级规范化学校2所。全区首届春季田径运动会、首届中小学艺术节、首届校园集体舞比赛、冬季越野赛、元旦联欢会等大型文体活动的举办，锻炼了队伍，培养了学生的综合素养，全面发展的观念深入人心，素质教育蔚然成风。

[惠民县教育概况] 2008年，惠民县有各级各类学校128所。小学103所，其中县直2所，农村完全小学100所(另辖28个教学点)，民办学校1所，在校生40582人；初中20所，其中县直2所，乡镇18所，在校生20334人；普通高中2所，在校生7335人；聋童学校1所，在校生36人；职业学校1所，在校生1600人。乡镇成人教育中心校14所；幼儿园(所)185处，在园幼儿15180人。全县现有教职工5190人，其中小学2842人，初中1641人，高中601人，职业学校106人。小学、初中、高中教师学历达标率分别为100%、97%、100%。

“以县为主”的义务教育管理体制得到进一步落实，为教师落实了基本工资的10%，发放了薪级工资，兑现了2001年以来受聘教师的职称工资；为乡镇教师落实了医疗保险；从师范类毕业生中招考教师141人充实县乡教师队伍，进一步优化了师资队伍结构。扎实开展"教师培训工程"，对500余名教育干部、4000余名中小学教师进行了素质提高培训。实施了"校舍维修改造工程"、"教育现代化建设工程"和"实验仪器更新工程"，争取到上级校舍维修改造资金745万元，全县共投入1600余万元新建校舍17644平方米，筹资260万元建起了全县教育信息资源中心，筹资122.4万元为16处中小学更新了仪器实验设备，办学条件得到极大改善。县职教中心顺利通过"国家级重点中等职业学校验收"，招生达到1600人，培训社会人员3060人，08届毕业生100%实现就业。和谐校园建设取得新成效，一年来，全县各学校没有发生一起安全责任事故。招商引资工作取得新进展，共争取到各种资金4283.025万元，助推了全县教育事业的发展。

[阳信县教育概况]　2008年，阳信县幼儿园有84处，在园幼儿7026人，教职工149人；全县共有中小学27处，其中小学10处、初级中学17处，小学招生4587人、毕业生4396人、在校生29672人、教职工1879人，初中招生4374人、毕业生5812人、在校生11952人、教职工1804人；普通高中学校2处，招生2057人，毕业生2346人，在校生6497人，教职工505人；特教学校1处，招生12人，毕业生11人，在校生79人，教职工26人；职业学校1处，招生1617人，毕业生1113人，在校生3398人，教职工161人。

教育投入进一步加大。2008年，全县教育经费总支出16974万元，预算内教育经费13877万元，比上年增长2.84%。为全县所有中小学教师增加了每月300元的生活补贴，农村教师人均月工资达到1890元，比2007年增加了311元。全部免除义务教育阶段39231名学生学杂费，为全县义务教育阶段学生提供553万元的国家免费教科书。全面提高预算内生均公用经费标准，小学生均由2007年的240元提高到345元，初中生均由2007的340元提高到495元，义务教育经费保障机制进一步完善。安排资金36万元，为义务教育阶段510名家庭经济困难寄宿生提供生活补助；安排资金53.2万元，为普通高中544名家庭经济困难寄宿生提供生活补助；安排资金343.3万元，资助农村职业中专学生2288名，确保了每个贫困生不因家庭经济困难而失学。

办学条件进一步改善。投资819万元，新建、维修校舍9354平方米，商店中学宿舍楼、洋湖中学宿舍楼、流坡坞中学教学楼、刘庙小学明德教学楼、阳信镇中心小学教室改造5处建设项目全部峻工，乡镇驻地学校全部拥有了楼房。投资360万元，完成职业中专教学楼扩建工程1800平方米、实训车间3000平方米。投资179万元，为22所中小学进行了教学仪器配备和更新。完成了新城区实验学校的规划评审，工程建设进展顺利。投资400万元，"两热一暖"试点工程顺利完工并投入使用。

队伍素质进一步提升。大力实施"教育干部硕士化工程"，10名教师顺利参加了在职研究生入学全国联考，368名中小学校长和骨干教师参加了研究生课程进修班学习。组织32名中小学校长参加了"十一五"期间滨州市第一期初中校长高级研修班和山东省农村小学校长提高培训班，广大教育干部管理水平进一步提高。组织344名中小学教师参加了英特尔未来教育培训，在10月17日山东省英特尔未来教育交流会暨滨州市英特尔未来教育五周年表彰会议上，阳信县教育局与水落坡乡教委、翟王镇教委、劳店乡教委、温店镇教委被评为先进集体。

各类教育进一步发展。扎实推进素质教育，努力打造高效课堂。整合教育资源，完善控辍机制，义务教育实施水平不断提高；依法取缔28处不合规定的民办幼儿园，学前教育得到了进一步规范；扩大职专办学规模，积极改进办学模式，职业教育得到加快发展；举办高中教育发展论坛，完善师生评价机制，高中教育管理和教学质量进一步提高。

[无棣县教育概况]　2008年，全县共有幼儿园187处，在园幼儿10536人，教职工256人。全县共有中小学121处。其中，完全小学68处、教学点31处，初中12处，九年一贯制学校6处，小学招生4502人、毕业生3164人、在校生28535人、教职工1836人，初中招生3138人、毕业生3971人、在校生8423人，教职工1215人。普通高中2处，招生2210人、毕业生3307人、在校生6820人、教职工555人。职业中专1处，在校生3085人，教职工150人。特殊教育学校1处，在校生54人、教职工30人。全县共有教职工4042人。

完小改造工程进展顺利。2008年，县委、县政府将农村完全小学改造列为执政为民"八件实事"之首，承诺用两年的时间改造全县42处农村完全小学。专门成立了由县长任组长的无棣县捐资助学工作领导小组，并召开了全县"爱在家乡，造福明天"捐资助学动员大会，出台了《无棣县"爱在家乡、造福明天"捐资助学活动实施方案》和《无棣县捐资助学资金管理暂行办法》。为促进完全小学改造工程及捐资助学进度，县委、县政府又专门召开了由主要领导参加的全县农村完全小学改造现场会议，有效地促进了全县农村完全小学校舍改造和捐资助学活动的开展。在县教育局的积极争取下，2008年，全县农村小学校舍改造项目共动工22处，已有18处完全小学改造工程竣工，4处已经进入最后收尾阶段，截至2008年底，全县共筹集捐资助学资金901万元，争取政策性资金470万元。

园区建设初见成效。设计规模100个教学班占地285亩的国家级重点职业中专新校已经建成并投入使用，顺利实现招生近千人的目标。第三实验学校用一年的时间实现了教育教学成绩的大跨越。建筑面积14.1万平方米的全县教师住宅小区——朝阳家园，主体已经全部完工，进入了最后施工阶段。

队伍建设不断加强。2008年，全县择优招聘了75名师范类专科以上优秀毕业生补充到了各高中、职业中专、县属初中和乡镇小学，有效缓解了各学校教师紧缺的问题。此外，通过落实为优秀高中教师解决家属进城工作的问题，稳定了高中骨干教师队伍。

义保机制逐步完善。免杂费和免课本费范围扩大到包括民办学校在内的所有义务教育阶段学校，2008年各级政府财政对无棣县义务教育公用经费全年拨款总额达2000余万元，较2007年有所提高；补助贫困寄宿生生活费标准继续提高，2008年共有1076人次受益，占寄宿生总人数的10%；生均公用经费较2007年大幅度提高；从2009年起开始全面取消住宿生住宿费；从2008年起分批次为各学校配备“两热一暖”设备，即解决学生喝上热水、吃上热饭、冬季取暖的问题。

幼教经验全国交流。因无棣县为幼儿教师核编定岗，在评优、晋级、表彰等活动中完全享受与中小学教师同等待遇的做法得到上级主管部门的好评，2008年9月，无棣县在全国农村学前教育工作会议上作典型发言，经验在全国推广。

教师培训再谱新篇。在顺利实施“双千名基础教育教师培训”的基础上，无棣县于2008年10月25日至12月15日又成功举办了全县中小学班主任培训。全县所有中小学共1033名班主任全部参加了培训。培训主要采取听取专家及优秀班主任的报告，骨干教师讲座，观摩主题班会、升旗仪式，班主任工作经验交流等形式进行。全县中小学班主任的教育教学水平和班级管理能力进一步提高。

修志工作全面启动。为总结改革开放以来无棣县教育事业改革和发展的成果，记录自1986年至2008年全县教育发展的大事和变化，按照国务院、省政府地方志编修的有关要求，无棣县从2008年8月开始，启动新一轮无棣县教育志续修工作。按照工作方案和进度要求，至2008年底，各项工作进展顺利，确保能够按时完成编撰工作。

[沾化县教育概况] 2008年，沾化县共有普通高中2处，职教中心1处，初中19处，小学93所，幼儿园82处，特殊教育学校1处。普通高中在校生8796人，初中在校生11016人，小学在校生19965人，在园幼儿5981人，特校在校生30人。在编在岗教职工3593人。

办学条件进一步改善。争取上级校舍维修改造资金800余万元，建成泊头中心小学教学楼、泊头第六小学、下洼二中教学楼等9处学校的15000多平方米校舍。县第二实验小学教学实验楼主体完工。西城区九年一贯制学校如期完成主体工程施工。教育小区工程建设稳步推进，局部三层完工，局部主体封顶。县实验幼儿园新园建成并如期投入使用。乡镇中心幼儿园已全部投入使用，学校附设园发展迅猛，保教质量迅速提高。加快规范化学校建设，争取上级资金83万元，为全县义务教育阶段中小学免费配备课桌凳9000套，解决了学生自带课桌凳问题。争取上级资金110余万元，购置图书20余万册，充实到义务教育阶段中小学，使县实验中学、第一、二实验小学、乡镇中学和中心小学的图书室全部达到一类图书室标准。争取上级专项资金194万元，完成了第二批农村中小学教学仪器更新工作。

职业教育实现重大突破。整合原职业中专、教师进修学校资源，合并成立了县职业教育中心，实现当年整合、当年招生400人，创历年招生之最，进一步满足了广大人民群众普及高中阶段教育的愿望。同时完善了初中学生实践技能培训教学设施，圆满完成了学年培训任务。占地300亩的新校址和新校建设总体方案确定。

中小学管理和队伍素质提高工程稳步推进。认真贯彻执行《山东省普通中小学管理基本规范》，全面推进素质教育，向科学管理要质量。开展了“中小学管理百校行”活动，历时近一个月的时间，走遍全县所有中小学，以端正办学思想、提升办学品格为主题进行实地调研和指导，深刻剖析全县中小学管理现状，查摆问题与不足，积极谋划整改措施；深化调研成果，推广先进管理经验。为改善学生活动器材相对短缺的现状，县教育局为所有中小学统一配备了高标准室外乒乓球台200余套。扎实落实省农村中小学教师素质提高工程，组织全县中小学骨干教师参加了省级集中培训；组织全县所有中小学校长、乡镇教研室主任及中心幼儿园园长百余人，分期赴上海华东师范大学进行了一至二周的封闭培训，感受先进办学理念，创新办学思路。招聘了10余名师范类本科大学生充实到两处高中、职教中心教学一线，为近50名乡镇教师落实了编制，激发了广大教师的工作热情。

教育科研工作成效显著。聘请华东师范大学五位教授对全县初中语文、数学教师进行了暑期课堂教学全员培训。历时一个学期,在全县中小学开展了"同课异构"协同教研活动,使教师各显风采,教出特色,为集体研讨提供研究平台。沾化县第一实验小学被评为省级第三批教学示范学校。

义务教育经费保障机制改革顺利推进。2008年,全县共拨付义务教育经费保障机制改革专项资金1650万元。启动了农村义务教育学校的债务清理核实工作,锁定债务3252万元,将逐步化解。

[博兴县教育概况]　2008年,博兴县共有学校103所。其中职业学校1所,在校生4500人;特校1所,128人;高中学校2所,在校生8628人(不含职中高中班);初级中学21所,在校生18374人,其中县直5所,在校生7326人;小学79所,包括4个教学点,在校生37540人,其中县直小学4所,在校生7932人;省级规范化学校11所,市级规范化学校45所。幼儿园149所,在园幼儿16422人,专职教师938人,学前教育工作者1032人。

创造性工作。一是创新师资建设机制。创造性地开展"发现名师"工程,让"真对孩子好"的核心价值观深入教师心灵;创新教育系统干部考察办法,出台了极具教育特色的《教育系统干部考核方案》。二是创新绩效评估方案。在广泛调研的基础上,出台了适应时代要求,彰显教育特色、突出公平合理的《博兴县中小学系统绩效评估方案(试行)》,调动广大教师投身教育的热情,提高了工作积极性。三是创新教育督导评估。成立了专门督导队伍,完善评估方案。依据方案对全县中小学幼儿园进行了全面督导评估检查,对规范办学行为起到了良好效果。

强化性工作。一是加强素质教育推进,全面落实课程方案。把开足课时、开全课程作为实施素质教育的重要抓手,充实师资队伍,落实"阳光体育"要求,提高德育实效,大力实施心理健康教育,促进学生全面健康发展。积极推进课堂教学改革,全面提高教育教学质量。二是加强重点项目建设,优化学校基础设施。三分之二以上的学校基本实现了"黄土不露天",三分之一的学校校园园林绿化格局基本形成。现有七个学校建设项目,建筑总面积33000平方米,均有不同程度进展。三是加强经费机制管理,不断完善帮扶工程。成立了学生资助管理中心,组成资助管理队伍。2008年度,共受理学生资助申请9133人,资助金额达477.2万元,并救助了300名优秀特困生,免费为他们解决了统一着装和报刊。为在校生办理了城镇居民基本医疗保险。截至2008年底,全县共受理生病住院学生药费报销手续200余份,报销金额20余万。同时,还为67118名学生加入了平安保险,投保金额达335590万元。

突破性工作。学校布局调整工作取得重要进展,县委常委会议通过《博兴县中小学布局调整方案》,博兴县第三小学的新建工作及伏田学校的改扩建、二中西校区的后期建设工作等均纳入规划;滨州第二高级技校筹建成为滨州技师学院工作顺利通过省劳动和社会保障厅专家组评估验收。

2008年,博兴县成功承办了3个市级现场会,举办了4项活动,通过了3个验收,荣获16项荣誉。其中山东省规范教育收费示范县验收的顺利通过,成为2008年度全国学校心理健康教育先进实验区。

[邹平县教育概况]　2008年,邹平县共有幼儿园89处,在园幼儿23237人,教职工1741人。全县共有中小学85处。其中,小学60处,初中19处,九年一贯制学校2处(含民办学校1处),小学招生8199人、毕业生9342人、在校生56873人、教职工2968人,初中招生9342人、毕业生7730人、在校生29345人、教职工2450人,高中4处、招生4643人、毕业生5860人、在校生16365人、教职工1223人,职教学校2处、在校生9885人、教职工513人。特殊教育学校1处,招生13人,毕业生15人,在校生184人,教职工45人。

重点工程建设进展顺利,办学条件进一步改善。全县学校基础设施建设全年累计完成投入1.36亿元,竣工面积8.24万平米,县职教中心投入使用;城南新区学校小学部完成投入3000万元,主体工程完工;投资400万元的职业中专综合技能实训车间等投入使用;投资300万元的特教学校学生公寓楼、投资2000万元的鲁中职业学院综合大楼即将完工。继续实施中小学维修改造工程,消除危房2268平方米,规划改造面积17700平方米,完成投资1690万元,长山镇范公小学、明集初中实验楼、码头广田小学实验楼、九户初中学术报告厅、台子镇店子小学实验楼、临池镇黄山小学实验楼等7处项目全部完工。

教育投入进一步加大。2008年,全县教育经费总支出62901.4万元,其中财政性经费52997.6万元,预算内教育经费46882.3万元,比上年增长49.73%。义务教育经费保障机制进一步完善,县财政累计投入4975.9万元用于义务教育经费保障,其中:实施"三免惠民政策"(免除义务教育阶段中小学作业费,免费为义务教育阶段中小学提供一套学具,免费为中小学生提供校方责任保险)资金411万元。继续对义务教育阶段学生免费提供教科书并补助寄宿生生活费,补助生活费标准小学生均每年500元,初中生均每年750元,享受人数1021人,预算安排102.6万元。全部免除义务教育阶段学校学生杂费(含民办学校),享受免杂费人数小学56033人,初中27733人,全县预算安排2123.8万元。提高全县义务教育阶段中小学公用经费保障水平,财政预算安排1908.5万元,小学、初中公用经费标准分别达到生均每年396元和生均每年604元。建立农村中小学校舍维修改造长效机制,实行校舍维修改造资金项目管理,县级配套资金300万元。继续实施"课桌凳更新工程",投资30万元,为农村中小学购置课桌凳4500套。实施农村义务教育阶段中小学"仪器配套工程",县财政配套资金100万元已到位。成立"学生救助管理中心",并充分发挥其作用。职业学校全部学生按照1500元/生。年标准补助生活费,普通高中贫困家庭学生(补助比例为在校生的8%)按照每生1000元。年标准补助生活费,全县所需资金为1167.5万元,县级配套资金467万元。积极筹措20万元对667名贫困中小学生进行救助,32万元专项用于160名考入本科院校的贫困高中学生的救助,确保了全县无一名在校生因家庭困难而辍学。

狠抓教育教学管理,教学质量稳步提升。在学校硬件设施和师资队伍基本实现均衡化的基础上,通过开展校科研活动和校本研究专题化活动,各学校逐步形成了自己的办学特色。6月份,《中国教育报》用3个专版刊登了邹平县中小学从均衡化向特色发展的纪实。承办了全省校本教研总结表彰暨现场研讨会,省教育厅总督学孟庆旭带领省教科所全体人员参会,来自全省各地市和县区的近600名代表实地考察了黛溪中学、明集初中等8处学校。承办了全省中小学作文教学研究年会暨"随笔化作文"现场研讨会,明集初中"师生同读同写,用随笔引爆作文"的成功经验引起广泛关注。认真落实省教育厅关于《山东省普通中小学管理基本规范(试行)》精神,修订完善学校相关管理制度,加强对作息时间和作业量的宏观监控,扭转教学中存在的低效高耗现象,打造高效率的课堂教学,高中教育教学质量进一步提高。

实施"金蓝领"培养培训工程,职教发展步伐进一步加快。两处职业学校累计投入1400万元用于实习实训基地建设,引进西班牙政府贷款3500万元建设实验实习基地项目通过国家计委和财政部批准。认真做好县内初中学生分流工作,加大西部招生力度,年内两处职业学校招收全日制学生5261人。承办全市职业学校师生操作技能大赛,选拔80余名选手参加比赛,获得10个奖项中的9个第一名,县教育局获优秀组织奖。

信息技术教育又创新成绩。代表滨州市参加全省农村远教工程验收,并于5月6日顺利通过验收。抓好机器人教育,承办了全市中小学电脑机器人大赛,邹平县选手包揽了全部比赛项目的第一名;邹平县实验中学代表队参加全省、全国中小学电脑机器人大赛,荣获全省第一名、全国一等奖。

滨州市分管教育领导人

副市长:崔娅妮

滨州市教育局负责人

书记、局长:高中兴

副书记、正县级督学:王萍(2008年5月30日转任调研员)

副局长:刘连琦　卢得欣(正县级督学)　刘福兴　任学武　侯学锋

纪检组长:王乃霞(2008年5月30日转任副调研员)

教育局地址:滨州市渤海十六路699号

邮政编码:256603

联系电话:0543—3188779

(撰稿:宴彭波　审稿:高中兴)

菏泽市

[概况] 2008年,菏泽市教育系统坚持以"三个代表"重要思想为指导,深入贯彻落实科学发展观,认真学习党的十七大和十七届三中全会精神,以办人民满意教育为目标,以提高教育教学质量为重点,以提升教育管理水平为手段,以增强教育保障能力为基础,不断加大教育投入,努力改善办学条件,大力推进素质教育,积极推进教育均衡发展,各项教育工作都取得了较好成绩,全市教育事业继续保持健康协调发展的良好局面。全市共有幼儿园2090处,在园幼儿10万人,教职工2899人;小学1740处,在校学生83.96万人,教职工4.67万人;初级中学320处,在校学生39.56万人;普通高中61处,在校学生17.33万人,中学教职工3.7万人;特殊教育学校9处,在校学生1381人,教职工331人;中等职业学校79处,在校学生9.8万人,教职工6265人;高等职业学校2处,在校学生8100人,教职工500人;普通高等学校2处,在校学生2.6万人,教职工1800人。

[学前教育] 根据《菏泽市幼儿园审批注册管理办法(试行)》,加大了对各类幼儿园的管理力度,整合、取消

一部分规模小、质量低的幼儿园，继续对幼儿园进行分级分类管理，做好了市级一、二类幼儿园申报验收及复评工作，全市幼儿园比上年减少 833 处。加强幼儿园教学管理，学前教育"小学化"倾向基本得到遏制，保教质量进一步提高。

[义务教育] 认真贯彻落实《义务教育法》，组织开展义务教育学校阶段办学行为检查活动，纠正了不规范的办学行为，促进了义务教育的健康发展。依法组织适龄儿童少年入学，采取多种措施控制学生辍学，积极推进义务教育保障机制改革，实施农村贫困家庭和城市低保家庭学生救助，义务教育普及水平进一步提高。全市小学、初中适龄人口入学率分别达到 99.99％和 99.17％，辍学率下降到 0.01％和 1.67％，初中毕业生升学率达到 80.02％，小学、初中教师学历达标率分别为 100％、98.19％，各项指标都比上年明显提高。进一步提高中小学学籍管理的规范化、精细化水平，实现了义务教育阶段学籍与中考招生及高中学籍的对接。继续实施中考招生制度改革，义务教育阶段学校按照免试就近入学的原则，全部实行划片招生，促进了义务教育的均衡发展。

[高中教育] 按照普通高中学校以政府办学为主的原则，大力整合高中教育资源，将以民办机制运营的菏泽一中分校收归国有，郓城、巨野等县(区)也把部分私立高中学校收归国有。中考继续实行"四统一"政策，首次实行了指标生招生办法，促进了高中学校和初中学校的均衡发展。进一步压缩普通高中招生规模，引导普通高中学校由规模扩张向内涵发展。全市普通高中招生 5.6 万人，比 2007 年减少 4000 人，初中毕业生升入高中阶段的比例达到 80.02％，高中阶段教育普及程度大大的提高。

[职业教育] 修订完善了《菏泽市县区职教招生工作考核办法》和《菏泽市中等职业学校招生工作考核办法》，完善了职业教育招生工作考核机制，以招生促发展。职业学校积极到市外、省外招生，招收往届初、高中毕业生，并实行免试注册入学，全市中等职业学校共招生 4 万人，完成了年初工作任务。积极组织职业学校学生参加全省技能大赛，在 15 个比赛项目中，菏泽市夺得两个第一，市教育局被评为全省职业学校技能大赛优秀组织奖。加强职业教育基础能力建设，大力推进职业教育实训基地建设，全市中等职业学校全年固定资产投入达 1 亿元，省级以上实训基地建设项目已达 7 处。加强职业学校师资队伍建设，积极组织专业骨干教师参加国家级省级培训，争取培训经费 36 万元。

省教育厅领导到菏泽交通职业中专调研

[成人教育] 按照省教育厅的要求，对省内外普通高校驻菏函授站和学习中心进行了集中清理整顿，对具备办学条件、手续齐全的 37 家函授站和学习中心进行了重新登记。对全市文盲人数进行了摸底统计，重新制定扫盲计划，将省下拨的扫盲专项经费合理分配到各县(区)，指导各县(区)积极开展扫盲工作。

[高等教育] 全年共组织高教自考和各类证书考试 12 次，总计报考 145930 人科次。其中，组织全国高等教育自学考试 4 次，报考 30756 科次，组织各类社会证书考试 8 次，报考 115174 人次。中小学信息技术考试报考人数位居全省首位，大学英语四六级考试报考人数增长率位居全省第三位。为 2287 名自考生办理了毕业手续，发各类单科合格证书 8 万余张。

[民办教育] 3 月份召开了全市民办教育规范化管理工作会议，出台了《菏泽市民办学校管理暂行规定》，修订了民办学校年检工作程序和年检评估细则，对全市民办学校进行了集中年检评估，完成了民办学校办学许可证的换发工作。下发了《关于进一步规范中等职业学校办学行为的通知》和《关于规范民办学校办学行为的通知》，对民办学校的招生、教学、收退费、联合办学等方面的办学行为提出了明确要求，对民办学校的招生广告进行审查并备案，规范了民办学校的校名，对部分违规学校进行了查处，民办学校的办学行为逐步规范。

[教育督导] 2008 年，各县(区)根据省市教育综合督导反馈意见，针对存在的问题，采取切实可行的整改措施，认真加以整改，取得了较好效果。同时结合本地实际，进一步完善督导评估方案，充实教育督导队伍，严格执行教育督导程序，认真开展各类教育督导活动，有

效地促进了教育工作的开展。11月11日至21日，市政府教育工作综合督导评估团，对各县(区)2008年度1～10月份教育工作进行综合督导评估，共抽查九县(区)50个相关部门、18个乡镇(办事处)和142处学校。督导显示，全市教育事业发展速度加快，特别是在经费投入、办学条件等方面明显改善。

[教育经费投入] 2008年教育投入进一步增长。一是各级财政预算内教育经费持续增长。全市教育经费总投入预计突破30亿元，两项教育附加分别征收9935万元和3214万元，同比增收1125万元、470万元，增幅17%。县区配套危房改造、职业教育、农村中小学仪器更新工程和远程教育工程资金1800余万元，投入城区学校建设资金8500余万元，农村中小学生均预算内公用经费大幅增加，教育经费基本实现了“三个增长”。二是争取上级资金大幅增加。全市共争取中央、省到位资金7.2亿元。其中，义务教育保障资金5亿元、校舍维修改造及其他教育专款12429万元、普通高中贫困生助学金1198万元、中等职业学校学生助学金2727万元、中等职业学校实训基地建设资金110万元、中等职业学校教师培训资金46万元、中小学冬季取暖工程4217万元、明德小学建设资金360万元，无论是争取项目还是争取资金都是历年来最多的一年。教师工资逐步提高，标准逐渐统一。各县(区)都按要求成立了教育经费核算中心，实现了真正意义上的“校财局管”。中小学教师工资全部纳入了县级财政预算，统一了县域内农村教师工资发放标准，其中东明、郓城、曹县还统一了城乡教育工资标准。各县区教师人均月工资达到1419.15元，比上年提高了101.59元。

[义务教育经费保障机制改革进展顺利] 2008年，全市共拨付义务教育保障资金5.8亿元，其中，公用经费及免杂费资金4.1亿元、免教科书费1.6亿元、贫困学生生活补助金860万元，全市123万名中小学生受惠。中央、省义务教育保障资金拨付到位后，各县(区)按照规定比例及时将分担资金拨付到学校，中小学生均公用经费达到了省定最低标准，中小学经费紧缺的矛盾大大缓解。进一步完善了贫困家庭学生资助体系。市及各县(区)成立了学生资助管理中心，全年共发放普通高中政府助学金1652万元，资助学生16525名；发放中等职业学校国家助学金6493万元，资助学生43289名。

[办学条件进一步改善] 危房改造效果明显。全市累计投入危改资金1.3亿元，消除危房25.6万平方米，维修改造校舍30万平方米，其中新建校舍23.5万平方米，超额完成了年初制定的工作目标任务。此外还投入资金955万元，建设高标准明德小学8所。投资5000多万元进行校园绿化美化，创建了一批规范化、花园式学校。

城区学校建设进展顺利。各县(区)按照市政府《关于加强全市城区义务教育学校建设的意见》要求，认真做好城区学校建设规划，积极筹措资金，加快城区学校建设。全市共开工建设城区学校16所，新建校舍面积9.5万平方米，完成投资8500万元，其中菏泽城区10所中小学建设任务已基本完成。

信息化建设加快。在完成市县两级信息中心建设的基础上，重点加强了城区中小学、乡镇初中学校和中心学校计算机装备和入网工程，全面加强教育信息化工作。2008年，全市中小学校新建成校园网、局域网104个，装备计算机17000余台，建成多媒体教室260口，2000余所中小学校接入了教育城域网，并全面完成了农村中小学校现代远程教育工程施工任务。

内部设施配备得到加强。2008年，全市共投资3300余万元，对农村中小学教学仪器进行了更新配备，同时在牡丹区实施了农村中小学“两热一暖一改”工程试点工作。

[规范办学行为] 召开了全市规范办学行为、办人民满意的教育工作会议和规范办学行为电视电话会议，转发了《山东省普通中小学管理规范》，组织人员不定期检查各县(区)和学校落实《规范》情况，对违规违纪的单位和个人进行了通报。全省中小学素质教育工作会议以来，各县(区)和中小学校较好地落实了国家课程标准和教学计划，做到开全课程、开足课时，音乐、体育、美术、信息技术、健康教育等课程开设较规范，作息时间、教辅资料、家庭作业量等得到控制，学生课业负担有所减轻，文体活动丰富多彩的，大课间体育活动执行较好，中小学生综合素质进一步增强，办学行为进一步规范。

[平安校园建设] 一是进一步落实安全责任。召开全市学校安全工作会议，下发了《关于做好2008年学校安全工作的意见》等一系列文件，对做好学校校车、食堂卫生、用水用电的安全工作提出了明确要求。市教育局与各县(区)、各县(区)与学校、学校与教职工层层签订安全工作目标责任书，将安全工作责任落实到每一位教职工，严格实行安全工作责任追究制，确保了安全工作落到实处。二是加强了安全教育。先后举办了两期学校校长安全管理培训班，全市300余名中小学校长参加了培训，组织了130余人参加的全市中小学校医(保健教师)培训班，选派12名校医参加了全省骨

干校医培训班,举办了全市乡镇学校食堂卫生管理培训班,下发了《关于学习贯彻中小学公共安全教育指导纲要的通知》,开展了学校安全月活动,发放学校安全法规 1000 余册,组织了学校防火逃生演练,将“平安校园”建设纳入年度目标管理考核内容,实行“一票否决”。三是加大学校安全检查力度。会同交警部门对接送学生车辆进行全面排查整治,共检查接送学生车辆 1238 台次,查处违规车辆 169 台次。与卫生部门联合开展两次全市学校食堂卫生专项检查,抽查了 110 所学校、幼儿园的 180 个食堂,没收不合格食品 168 公斤。四是加强学校周边环境综合治理。下发了《关于在全市中小学开展创建平安和谐校园的通知》、《关于全市学校及周边治安环境综合治理实施方案》,联合有关部门,出动车辆 560 余台次,查处网吧、游戏厅、歌舞厅和音像书刊零售摊点 65 家,限期整改 23 家,停业整顿 15 家。加强法制教育,开展法制讲座 1000 余课次,张贴法制宣传图片 2300 余幅,破获各类侵害师生合法权益的案件 199 起,有效地震慑了犯罪,保障了师生人身安全,全市年内未发生重大安全责任事故。

[强化素质教育,教育质量不断提高]　质教育全面推进。2008 年,全市各级教育行政部门统一思想,正确理解、准确把握省教育厅一系列会议、文件精神,严格落实省、市各项规定,按照省厅“三个还给”的目标要求,转变教育观念,改变教学思路,合理调整作息时间,努力提升教育教学质量,有力推动了全市素质教育工作的顺利开展。成立全市素质教育工作领导小组,召开了全市素质教育工作会议,印发了《关于深入贯彻义务教育法扎实推进素质教育的意见》,对全市素质教育工作进行了总体规划。开展了丰富多次的文体活动。参加了全省“学校杯”中学生运动会,取得了优异成绩。举办了菏泽市《第三套全国中小学生系列广播体操》培训班、全市中小学生艺术展演活动和中小学“阳光校园之歌”传唱活动,提高中小学生的素质,推动了素质教育的深入开展。

深化课堂教学改革。一是组织了各学科优质课评比,共评选市级优质课选手 679 名,同时选拔 125 名教师参加省级优质课的评选并取得优异成绩。二是积极开展课堂教学指导。为进一步发挥优质教育资源辐射带动作用,先后在市实验小学、牡丹区二完小、单县实验小学、菏泽市实验中学举行了教学开放周活动,以课堂教学展示、专家互动、学术报告、校本教研展示、活动室参观、学生才艺表演等形式向广大教师积极传播先进教学理念和管理经验,引领广大教师进一步更新教育理念,积极投身课题教学改革,参加活动的教研人员、管理人员和教师近万人。三是开展送课下乡活动。根据学校教学需要,组织教研人员分别赴成武县、东明县、开发区进行听课视导,组织省级教学能手进行“名师课堂教学观摩”活动,针对新课程下的课堂教学和课题研究等问题为基层学校教师、教研员进行了专题讲座,帮助他们解决实际问题。四是充实壮大教研力量。根据教学、教研需要,成立了高中、初中中心教研组,打造了一支教学经验丰富、有改革创新力的教研队伍,为全市教学教研活动的开展、教师素质和教育质量的提高打下了良好的基础。

加强教育科研。为提高课堂教学效率,举行了初中九个学科的课堂教学研讨会,积极为基层教师提供教学服务和教学指导,为广大教师搭建了一个“分享成果、研讨问题”的舞台。为了帮助教师更好的实施新课程,为他们提供新课程教学实施的典型范例,总结推广全市在课改中创造出优秀的课堂教学经验和生动教学案例,按照省教育厅统一部署,认真做好中小学优秀教学案例的征集工作,向省教研室报送优秀教学案例近千个。积极开展教育科学研究,加大科研力度,指导教师积极参与课题研究,全市共申报省级课题 27 项,15 项课题获全省教学成果奖。

质量评价标准逐渐完善。为引导学校深入实施素质教育,修订完善了《菏泽市初中学段县区教学工作评估方案》、《菏泽市初中学校教学工作评估方案》和《菏泽市小学教学质量评估方案》,依据方案对各县(区)初中、小学教学工作进行专项视导和评估检查,对教育均衡发展起到了一定的推动作用。认真开展普通中小学课程实施水平评估,通过学生综合素质发展报告,全面记录高中新课程改革中提出的新型课程发展成果,彻底改变过去以考试成绩为唯一评价标准的错误做法,坚持以学生为本的理念,促进了学生的全面发展。

教育质量不断提高。针对本年度的高考形势,全面抓好高考备考工作。组织教研人员对重点管理的 20 所高中进行了备考视导,要求专家召开备考研讨会,加强考试检测和分析,加强与先进市区教研机构和学校的联系,积极为学校收集、提供高考信息,改进备考措施，为高考取得好成绩打下了坚实的基础。2008年全市本专科共录取54125人，其中本科15230人，比2007年增加3141人，增幅为25.98%，超过全省平均增幅17个百分点，超额完成了高考本科录取人数比上年增长10%的工作目标。

[教师队伍建设得到加强] 加强师德教育。在全市开展了第七个师德建设教育月活动，组织广大教师认真学习《公民道德建设实施纲要》和《中小学教师职业道德规范》，开展全市优秀教师师德演讲比赛并组建师德演讲报告团，作巡回报告近30余场，受教育教师达2万多人，得到广大教师的好评，增强了教师的责任感和使命感，使广大教师师德和业务水平得到了进一步提高。

进一步建立完善教师补充机制。按照市政府《关于建立和完善教师补充机制的意见》，各县(区)根据各自教师队伍现状，制定招聘计划，完善招聘方案，认真做好面向社会公开招聘教师工作。全市各县(区)通过公开招考，共吸纳1294名毕业生充实到教师队伍，初步缓解了菏泽市学校尤其是农村中小学校师资紧张的压力。

积极开展农村支教活动，均衡配置城区教师资源。继续在城区学校实施教师资源均衡配置工程，选拔349名优秀教师到薄弱学校任教。继续实施城镇教师农村支教工程，对第一批支教教师进行了考核表彰，选派了第二批1036名城镇优秀教师到农村学校支教，促进了城乡教育的均衡发展，初步建立起农村支教工作的长效机制。

大力加强教师培训工作。全面加强教师培训工作的规范化建设。一是制定下发了《菏泽市2008年～2010年中小学校长培训和教师继续教育实施意见》，对培训任务进行了细化，健全完善了教师培养、培训制度，强化了对师训工作的管理和指导。二是下大力抓了校长培训工作。组织中小学校长参加各级素质提高培训班、任职资格培训班、法制培训班的，全年各级共培训校长1200余人次，提高了中小学校长的业务能力和管理水平。认真做好全市中小学校长参加远程研修培训的前期工作，继续组织"年度教育创新人物"的评选活动，全市两人获全省"年度教育创新人物"提名奖。三是加强班主任培训。选派优秀班主任参加全省中小学骨干班主任培训班，举办两期全市骨干班主任培训班，培训中小学班主任320人次。四是认真开展教师业务培训。全年共培训各类教师2万余人。其中，组织1008名农村中小学教师参加了全省素质提高工程专题培训和义务教育新课程骨干培训者省级培训，暑假期间组织了全市高中教师全员培训工作，培训教师5274人，组织了义务教育阶段的教材培训，培训教师一万余人。开展了教师全员读书活动，继续实施名师建设工程。

认真做好教师资格认定和教师专业技术职务评审工作。下发了《关于做好2008年面向社会认定中等职业学校中小学幼儿园教师工作的通知》和《关于加强教师资格证书管理的通知》，规范教师资格认定，加强教师资格证书管理。2008年全市共认定教师资格4934人。在教师专业技术职务评审工作中，切实做到了评审程序、评审结果的公开、透明，切实维护了职称评审工作的严肃性，发挥了职称评审工作的导向作用，逐步建立起"科学、合理、公平、公正"的评审机制。本年度全市共向省推荐申报高级职务865人，通过637人，通过率73.64%；评审申报中级职务1410人，通过1270人，通过率90%。

[教育普法工作] 全市加强了法制教育工作。为进一步提高广大师生的法律素质，以县(区)为单位认真开展了《义务教育法》和《未成年人保护法》的宣传学习，并对全市师生进行了考试。为强化全市依法治校工作，各县(区)相继开展了县(区)级依法治校示范校评选活动。5月份，组织全市中小学生参加了"山东省首届中小学生法律知识竞赛"，市教育局法规科获得了山东省首届中小学生法律知识竞赛优秀组织奖(全省8个优秀组织奖)，全市共有35名学生获得奖励。为进一步增强全市初级中学校长的法律意识，加快依法治校进程，11月24日至28日举办了全市初级中学校长法制培训班，就《义务教育法》、《学生伤害事故处理办法》和依法治校有关内容等进行了培训。参加培训人员共278人，整个培训效果良好。

全市初级中学校长法制培训班

[治理教育乱收费] 规范教育收费，加大教育乱收费查处力度。全市各级教育行政部门和各级各类学校积

极开展规范办学行为、办人民满意教育集中活动，认真搞好自查自纠和整改工作，进一步促进了义务教育学校免杂费政策的全面落实，有效预防和及时制止了教育乱收费行为的发生。按照市委、市政府《关于加强中小学乱收费治理工作的意见(试行)》，积极开展教育收费的治理工作，加大了对教育乱收费的查处力度，对重点案件进行了通报。全年共查处各类学校收费问题31起，清退违规资金48.6万元，有29名学校负责人受到党、政纪处分，有11名教师受到其他处理。下发了三期关于教育乱收费问题的通报，对23起教育乱收费案件进行了公开曝光，全市教育收费状况进一步好转。加强教辅资料管理。认真贯彻落实《山东省教育厅关于进一步加强义务教育地方课程建设与管理工作的通知》精神，做好地方课程教学用书的征订发行和教育图书代办监督与管理工作，组织人员对各地征订发行省《义务教育地方课程教学用书目录》之外的教育用书及教辅材料情况经营性清理检查，切实规范了教育图书市场。

[牡丹区教育概况]　2008年，全区共有义务教育学校227所，在校学生168772人，其中小学194所，在校学生107674人；普通初中33所，在校学生61098人。另外，普通高中4所，在校学生26829人；职业高中2所，在校900人；职业中专5所(含卫生中专、劳动技校)，在校学生6000多人。全区各类托幼园所453处，在园幼儿18500多名。全区中小学校舍建筑面积60多万平方米，教职工11000人，全区教育经费总投入365004000元。

幼儿教育。全区各类托幼园所已发展到400余处，在园幼儿2万多名，3～6周岁儿童入园率，全区城乡平均值已达60%以上。

基础教育。义务教育得到高标准普及，小学194所，在校学生107674人；普通初中33所，在校学生61098人。小学入学率、巩固率达100%，初中入学率为99%。

高中教育。全区现有普通高中4所，在校生26829人。初升高比例达到70%。

职业教育。职业高中2所，在校900人；职业中专5所，在校学生6000多人。牡丹区职业教育，面向市场，调整专业设置，改革课程结构，加大为农服务的力度，对学生进行了多种形式的实用技术教育。

民办教育。民办教育得到了巩固与发展。全区隶属教育部门管理的各类民办学校已发展到23处，在校生19535人。为全区义务教育的普及和提高做出了积极的贡献。

教育改革。教育管理体制和办学体制改革进一步深化。区政府召开了全区基础教育工作会议，吸收借鉴外地先进的办学经验和管理经验，积极鼓励支持社会力量举办各类不同体制的学校，逐步完善了以政府办学为主、多种形式办学并存的新格局。进一步深化了教育改革，促进了教师合理流动的机制，完善了领导干部竞争上岗的制度，实行科学了的收入分配办法，调动了广大教职工工作的积极性。按照新课程标准的要求，积极改革现有的教学内容、教学方式和教学手段，实现教育思想和教学方法改革的新突破。

教育经费收与支出。全区教育经费总收入为365004000元，其中财政预算内教育经费拨款316713000元；教育基本建设总投资13350000元，加上工资支出、业务、修缮、公务、设备购置费用等，全区教育经费基本达到了收支平衡。

学校建设。2008年，全区共安排学校建设项目17个，建筑面积17500平方米，总投资13350000元。

教育队伍建设。一是干部队伍建设。坚持任人唯贤的用人原则，严格选拔各基层单位负责人；坚持新任校长持证上岗制度，组织中小学校长参加各级举办的培训进修；坚持每年两次对各基层单位负责人进行考察测评，根据考察结果对其中部分干部进行调整，使全区教育干部队伍素质逐步提高。二是师资队伍建设。开展了“师德推进年”系列活动，对新教师进行了岗前培训，开展了音体美等短缺学科的师资培训，启动名师工程，继续实施“千名骨干教师培训计划”。积极支持教师参加自考等不同形式的培训进修。全区小学教师的学历全部达标，中学专任教师的学历达标率95%以上。

学校管理。积极实施素质教育工程，坚决按素质教育要求，强化学校管理工作。有计划地组织校长到省内外名校参观学习，汲取先进的办学经验和管理模式。指导各学校结合自身实际，建立健全素质教育各项管理规章制度。认真贯彻“两纲”“两范”，狠抓师生一日常规，严明学校纪律。狠抓学校育人环境建设，各学校绿化美化和校园文化建设各具特色。狠抓规范化学校建设，建成省级规范化学校1处，市级区级规范化学校近70处。

教育督导。12月中下旬，组织力量对全区素质教育实施工作进行了检查评估，总结了成功经验，客观分析了当前面临的困难和问题，进一步完善了《牡丹区教育先进乡镇督导评估方案》、《牡丹区中小学规范化管理(专项)督导评估方案》、《牡丹区中小学素质教育督导方案》。新增区教育先进乡镇办事处8个。

教育教学研究。全区共承担国家级课题15项，省级课题32项，区级课题329项。培养区级名师15人，市级骨干教师128人，区级骨干教师383人。开展了中小学教学示范学校的评选活动，评出第二批 15 处区级教学示范学校，2 处进入山东省教学示范学校的行列。2008 年，牡丹区荣获山东省教育科研先进单位，全区 256 项科研成果获奖。

招生与考试。高考情况，本科录取 3378 名，录取总数全市第一。

教育信息化。微机室 262 座，电子备课室 56 座，多媒体教室 412 座，装机总量达 13000 余台；有 100 多处中小学实现了“四机一幕”进课堂。牡丹区教育信息技术网络服务中心，连通了市教育局信息网和中小学校园网，全区 100 多所中小学实现了“校校通”，促进了教育教学工作。

［开发区教育概况］ 2008 年，全区共有义务教育学校 38 所，教学点 1 处，在校学生 17850 人，其中小学 34 所，在校学生 11474 人；初中 4 所，在校学生 6376 人；全区共有教职工 1525 人，其中专职教师 1309 人。

义务教育。高标准普及义务教育。全区共有小学 34 所，教学点 1 处，在校学生 17850 人，入学率 100%，巩固率为 99.9%，年辍学率控制在 1%以内；全区共有初中 4 所，在校学生 6376 人，入学率 99%，初中在校生年辍学率控制在 1%以内。

教育质量。2008 年，把规范办学行为、办人民满意教育作为当前教育工作的重中之重，切实做好集中整改活动，积极推进素质教育。通过开展的规范办学行为、办人民满意教育集中活动，提高了认识，科学地分析了全区在办学行为方面所面临的形势，认真查找自身存在的问题，明确任务，强化整改措施，狠抓落实，全面规范办学行为，净化了教育环境，教育行风明显好转，推动了开发区教育事业健康发展，为创建让人民群众满意、让党和政府放心的和谐教育，打下了坚实的基础。开发区成立了规范办学行为、办人民满意教育集中活动领导小组，负责对全区集中活动的统一领导、协调、指挥。明确了工作任务、目标和要求，实行严格的工作责任制，层层落实，及时解决集中活动中出现的重大问题和疑难问题。进一步完善学校管理的各项规章制度，用制度规范学校的办学行为，用制度规范教育管理人员的服务行为，用制度规范教师的言行，推进教育行风建设的制度化、规范化。教育教学质量全面提高。

教育改革。首先，加强教育教学管理，全面提升学校管理水平。2008 年暑假，对全区中小学校长进行培训，尤其是组织优秀校长，到外地学习考察，使校长更新了理念，提高了管理能力。其次，教育教学改革稳步推进，成效明显。加强量化考核，初步形成了教育教学评价机制，从而激发了广大教师工作的内在活力，调动了他们的积极性、主动性和创造性，教学质量明显提高；狠抓教学教研，使广大教师逐步更新了观念，提高了业务能力；充分发挥现代化教学设备的作用；同时，坚持集体备课与个人备课相结合，定期举行研讨会、观摩课等教研活动积极进行教学内容、教学方式、教学手段的改革，实现了教育思想和教学手段改革的新突破，有力的促进了全区教育教学质量的稳步提升。

教育投入。2008 年，全区加大了教育投入，农村学校危改实现了新突破。2006 年 9 月份以来，全区投资 1002 万元新建教学楼 12 座 21120 平方米，新建平房校舍 19 间、604 平方米，配套建设围墙 3900 米、厕所 1795 平方米、门岗 254 平方米、大门 7 个、硬化院内道路场地 18060 平方米。由此标志着开发区在全市率先彻底消除了学校 D 级危房。全区学校危改的主要特点是：教学楼建设标准高、功能用房配套齐全；围墙、厕所、大门、门岗、院内硬化、绿化等配套设施到位。

城区学校建设扎实推进。2006 年 9 月份以来，全区共有四处学校被市政府列为城区重点学校建设计划，一是投资 700 万元的丹阳办事处李大庙小学，到 2008 年底为止，8400 平方米的教学楼、480 米的围墙、270 平方米的厕所、7000 平方米的院内场地道路硬化、4000 平方米的塑胶操场及高标准大门、门岗的建设任务已全面完成，并交付使用。二是市实验中学，投资 360 万元（其中：市投资 320 万元、区处投资 40 万元），为实验中学新建教学楼 2200 平方米，改建原教学楼 4336 平方米，新建门岗 144 平方米，铁艺围墙 140 米，新建自行车棚 1700 平方米，硬化操场 9000 平方米，硬化道路 4092 平方米，新建厕所 200 平方米，并安装了电动大门，一个全新的实验中学在菏泽城区迅速崛起。三是开发区广州路中学及广州路小学建设，2008 年广州路中学的围墙、1 号、2 号教学楼竣工。其他工作也正在有序得进行，广州路小学主体已经竣工。

校硬件建设出现了新变化。按照国家一类标准，为实验中学配备现代化理、化、生实验室 5 个；二是投入 24.5 万元为佃户屯中学新建车棚 960 平方米，改造伙房 300 平方米；三是启动了中小学课桌凳更新工程，为中小学购置配备课桌凳 7000 套。

教师队伍建设。加强师德建设，大力弘扬爱岗敬业、无私奉献精神。把加强师德建设纳入教师培训计划。一是建立教师思想政治学习制度，做到“时间、地点、内容、人员”四落实。二是建立教师学习检查、考核制度，并将教师参加学习情况列入年度工作考核内容之一。三是开展丰富多彩的师德教育活动。通过举办师德报告会、师德建设先进经验交流会等形式，广泛宣传模范教师的先进事迹，充分发挥先进典型的示范作用，在广大教师中形成崇尚先进、学习先进、争当先进的浓厚氛围。暑假期间，对全区中小学教师进行了新课程全员培训;定期举行优质课评选、骨干教师评选等活动。使广大教师的业务能力和教学水平有了较大提高。8月,面向社会,公开招聘中小学教师50名。

教育信息化。充分利用国家实施远程教育的机遇,投入110万元新购置微机316台(其中:教师用机152台、学生用机164台)、电视机7台、DVD27台、投影仪5套、卫星接收服务器6套,为中小学配备学生微机室8个,为中学配备教师电子备课室4个,为34处小学配备教师用机80台。同时利用市教育局的教育信息网络平台,在节约资金50万元的情况下,实现了与教育部、省教育厅、市教育局的网络对接,使全区所有中小学全部实现了远程教育,大力推进了中小学教育资源的共享,教育现代化水平明显提高。信息技术课程开设率达100%。

教育督导。加强了教育督导评估制度建设,强化教育督导职能,完善了对中小学教育工作督导评估考核办法,增强了督导的效果,确保了教育教学各项工作任务保质保量按时完成。

[**曹县教育概况**] 2008年,曹县共有中心学校27处,公办中小学316处,其中高完中5处(包括职业高中2处),在校生18036人;初中39处,在校生43736人;小学271处,在校生124360人;聋哑学校1处,在校生57人。全县公办教职工10529人。民办学校35处,其中高中6处,初中14处,小学15处,在校学生40259名。托儿所幼儿园229处,在园幼儿10920人,幼儿教师650人。

加强了师德建设。组织广大教师认真学习贯彻《教育法》、《教师法》,重视对教师进行政治理论、革命理想、宗旨意识教育。积极开展"师德评议"活动,坚持对教职工从德、能、勤、绩四个方面进行综合考评,评选出县级优秀班主任143名,教师节期间受到表彰。同时,继续实行了中小学教师差额竞聘上岗。9858名中小学教师参与竞岗,落聘343名。落聘人员一边在本单位实习,一边自学提高,并参加县教育局组织的全年2次业务考试,考试不合格者在职称聘任时予以低聘或不予聘任或者转岗,同时降低工资标准。

加强教研队伍建设。按照"研究、管理、指导、评价"的工作目标,围绕新一轮课程改革,在教师队伍建设、课程实施与评价等方面开展了行之有效的工作。同时,成立了县中心教研组,吸收全县中小学各学科120名骨干教师为兼职教研员,大大加强了全县教研队伍建设,提高了教研能力。

加强"示范学校"建设。将2008年作为合格学校建设年,从加强"教学示范学校"和"管理示范校"建设入手,努力建设全县龙头学校。本年共评选出县级教学示范学校22处,其中小学16处、初中6处。凡被评为教学示范学校的,由教育局颁发匾牌,命名为"曹县教学示范学校",同时对教学示范学校进行动态管理,适时进行复评。

加强未成年人思想道德建设。认真落实《中共中央国务院关于深化教育改革,全面推进素质教育的决定》和《中共中央国务院关于进一步加强和改进未成年人思想道德建设的若干意见》。建立学校为主,家庭配合和社会参与的三结合德育工作网络。认真开展了"迎奥运促和谐"为主题的第十五届爱国主义读书教育活动。"坚持升国旗、唱国歌"制度,加强爱国主义和革命传统的教育;加强校园文化建设,营造良好育人氛围;同时严格控制学生课后作业总量,切实减轻学生课业负担。严格执行《菏泽市中小学作息时间表》,控制学生在校时间,严禁学校在节假日、双休日统一组织学生到校学习,严格禁止将自习时间分配到学科。把时间还给孩子,把健康还给孩子,把能力还给孩子。全县300多所中小学分别举行了少先队员入队仪式;发动全县20多万中小学生,参加了"迎奥运,促和谐"和"奥运知识,节能环保"为主题的爱国主义读书教育少活动和征文比赛活动,3名同学获全国征文一、二等奖,2名同学市级演讲比赛二等奖;开展了"我爱我家,我爱我村"有奖征文比赛和"我看改革开放30年——曹县的变迁"征文比赛活动;评选出省市县优秀学生干部、三好学生986名。

加强平安校园建设。层层落实学校安全责任,县教育局与各学校、学校与班主任签订《学校安全工作目标责任书》3568份,下发安全整改通知书135份,整改安全隐患253处。查处非法专门载送幼儿园儿童和学生车辆123辆,对批准的27辆校车签订了责任书,并挂省校车标识牌;对235名炊管人员进行健康查体。同时,安装避雷设施453个,校园内安装摄像头56个,配备消防设施1248具。加强校内设施安全,上下课期间楼梯口、体育设施等都有值班人员看守,确保了师生安全。

积极改善农村办学条件。积极利用现有政策,认真做好中小学危房排查鉴定工作,科学编制改造计划,多渠道筹措危改资金,加强资金管理,强化质量监督,切实推进了中小学危房改造。先后筹措危改资金6628.3万元,安排项目155个,规划面积12.9万平方米,全县64%的中小学实现了楼房化。全县筹集资金1400万元,完成了60252套双人课桌凳的更新任务,全县农村义务教育学校全部换上了崭新的课桌凳,彻底消除了土台子的课桌历史,办学条件得到了全面改善。

积极推进中小学教育信息化建设。坚持多渠道筹措资金，大力推进教育信息化基础设施建设；全面实施农村中小学现代远程教育工程。投入资金690万元，实施农村中小学远程教育工程，已建立模式一156处，模式二182处，模式三31处，建微机室80个，实现了校园网校校通的目标。

更新配备农村中小学和特殊教育学校教学仪器。筹集550万元仪器专款，按国家一类标准配备中小学100处。同时，争取70万元特殊教育学校教学仪器配备资金，投资50万元为聋哑学校兴建了多功能教育学楼，改善了特殊教育学校办学条件。

促进城乡教育均衡发展。选派109名城镇优秀教师支教农村，同时从农村学校选派49名教师到城内学校挂职。本年招聘的50名教师全部分配到农村小学任教。同时，危改项目学校三年来全部安排到农村学校，大大改善了农村中小学办学条件。通过支教挂职和改善办学条件的方式，农村中小学得到了加强，教育观念得到了转变，教育质量有了明显提高，办学行为得到了群众认可。

加快城区新学校建设。充分利用中央支持老区建设的1000万专款和曹县500万元教育附加，在开发区新建高标准的曹县四方初级中学1处。

加大中小学校长教师培训力度。聘请有关专家28人，分9批对全县982名中小学校长、3452名中小学班主任、6853名教师和187名仪器管理员、134名团队干部、235名美术教师分别进行了学校管理、法制教育和专业培训，进一步提高了教育工作者的整体素质。同时，积极开展骨干教师和优质课评选活动。一是评选县级“骨干教师”小学160名，初中100名，高中30名。“教学名师”小学16名，初中10名，高中3名。“骨干教师”每月补助20元，“教学名师”每月补助30元。二是评选县实验优质课61节。三是开展幼师优质课评选活动，评出一等奖10名，二等奖15名，三等奖16名，优秀奖14名。

完善义务教育投入保障机制。积极争取县政府的大力支持，按国家有关法律和政策要求，足额安排各项教育经费，做到了三个确保：确保教育经费的“三个增长”和两个比例达到法定要求，确保资金及时足额拨付学校，保障中小学正常运转；进一步加强经费管理，认真进行经费测算，确保资金使用合理。全年累计拨付义务教育经费74480442.67万元，公用经费56349700万元，教育附加300万元。

完善贫困学生救助机制。组建了学生资助中心，负责义务教育阶段“一补”资金、普通高中贫困生救助资金、中职学生生活补助金的发放工作。全年“一补”资金发放160多万元，救助特困寄宿生15330人；发放普通高中特困生救助金和中职学校助学金247万元，求助学生4074人，解决了家庭经济困难学生就学问题。

完善教师队伍补充机制。建立了教师队伍补充机制，本年全县招聘了50名小学教师，全部分配到农村小学任教。

[定陶县教育概况] 2008年，全县共有中小学校155所，在校学生102574人。其中，小学133所，在校学生50884人；初中18所，在校学生29927人；普通高中3所，在校学生17476人；职业高中1所，在校学生4287人。幼儿园所126处，在园幼儿7583人。全县在职教工6794人，其中小学教职工3199人，中学教职工3258人，中等职业学校教职工156人，幼儿园教职工181人。

各类教育。全县小学入学率达到了100%，初中入学率达到99%以上。义务教育学校按照就近入学原则，实行了划片招生，城区初中、小学大班额问题基本得到解决。高中阶段教育结构不断优化，普通高中平均班额趋于标准，职业学校招生比例达到高中阶段招生的36%。学前教育管理进一步规范。陈集镇、定陶镇、杜堂乡中心幼儿园达到市级规范化幼儿园标准，县实验小学幼儿园达到省级实验幼儿园标准。

办学条件。投入资金857万元，消除危房14623平方米，维修校舍9934平方米，新建校舍13562平方米。投资8000余万元，启动范蠡初级中学新建工程，在新城区开建一所规模为40个教学班的初级中学。投资150余万元，完成了农村中小学现代远程教育工程，全县所有农村中学、定点小学和90%的教学点，建立了相应模式的远程教育设备。筹措资金，进行了教师办公用微机配备。

学校管理。制发了《关于全县中小学执行统一作息时间的通知》。组织开展了“依法治校示范学校”评选活动和“常规管理百校行”活动，冉固镇二中等9个单位被评为“定陶县依法治校示范学校”。大力实施校园绿化、美化工程。对学校绿化带进行了重新规划，9处学校被评为“市校园绿化园林化学校”，获奖率居全市第一。学校安全工作进一步加强，10处学校被评为“市平安和谐校园”。

教学教研。各学校均建立教育科研制度。县教研室统一印制了教学设计活页，进一步规范教案撰写和作业批改。各中学积极实施“学案导学法”研究与改革，积极探索教改之路。陈集镇中学等6处中学的环节教学模式进入反思提升阶段。300余名教师被评为县骨干教师，80余名教师获“市骨干教师”称号。定陶镇东王店小学被评为“市教学示范学校”，实验中学、定陶镇中学被评为“省教学示范学校”。

素质教育。全面实行初中学业水平考试和初中学生综合素质评价制度。全面贯彻课程方案,全面培育合格学生,初步实现"把时间还给孩子"、"把健康还给孩子"、"把能力还给孩子"的基本目标。切实加强学校德育工作。开展了以"迎奥运、促和谐"为主题的爱国主义读书教育活动,组织了小学生讲故事比赛、中学生演讲比赛,汶川大地震发生后,在全县中小学校开展了募捐活动。相继举行了全县中小学校园集体舞比赛、中学生田径运动会、第四届中小学生艺术展演活动及书法、绘画比赛,学生综合素质明显提高。严格落实中小学教学常规。定陶镇东王店小学被评为"市教学示范学校",实验中学、定陶镇中学被评为"省教学示范学校"。

队伍建设。在全县广泛开展师德建设教育月活动,举行了中小学教师师德建设演讲比赛。建立教师队伍正常补充机制,招录100名充实到教学队伍。积极开展支教工作和"送课下乡"活动,选派城镇优秀教师30余名,继续开展支教工作,组织67名省、市、县级优秀教师积极开展了送课助教活动。大力开展教师培训活动,以县教师进修学校为中心,成立了县教师培训中心。继续实施"学历提高工程"。通过函授、自学考试等途径,提高教师的学历层次,完善了教师终身学习体系。

学生资助。成立了学生资助管理机构,健全了家庭经济困难学生资助政策体系。普通高中贫困生救助比例为在校生总数的8.2%,中等职业学校救助范围为在校生总数的80%。对家庭经济困难寄宿生补助生活费,享受补助的困难学生占寄宿生的8%;对城市低保家庭贫困生,按要求落实了救助资金。

教育行风。制发了《2008年全县教育系统党风廉政建设工作实施意见》和《关于坚决制止教育乱收费的通知》,开展了全县中小学教育行风民主评议工作活动。面向社会聘请了行风建设监督员,建立了校长廉政档案。县教育局先后荣获全国青少年爱国主义读书教育活动组织优秀奖、省工会工作先进集体、市先进基层党组织,市系统教育依法治校工作先进单位,市教育系统关心下一代工作先进集体,市老教育工作者协会工作先进集体等荣誉称号。

[成武县教育概况]　2008年,成武县共有中小学253处,其中高级中学2处,初级中学23处,小学203处,民办学校17处,职业学校7处,特教学校1处。全县中小学在校生94067人,其中,高中16532人,初中25731人,小学51804人。幼儿园231处,在园幼儿6560人。全县在职在编教职工5655人,其中县属中小学教职工1012人,农村中小学教职工4643人。

规范办学行为。2008年,是办学行为基本规范落实年。为做好这项工作,成武县教育局从依法行政、依法治校、依法治教入手,认真组织开展了《义务教育法》、《职业教育法》、《未成年人保护法》学习宣传活动,对幼儿教育和民办教育进行了教育行政执法专项检查。集中开展了"规范办学行为,办人民满意教育"活动,下发了《规范办学行为,办人民满意教育集中活动实施方案》和《关于规范办学行为的通知》,成立了专门领导小组,建立了局长联系乡镇、联系重点学校责任制,选派了57名局机关工作人员直接到学校,帮助学校排查、梳理行业作风建设中存在的突出问题。各学校都写出了规范办学行为承诺书,每位教师都写出了规范办学行为保证书,并聘请了部分学生家长和社会知名人士作为监督员。对排查出的问题,立即进行了整改,净化了教育发展环境。

推进素质教育。2008年,为加强对全县中小学素质教育工作的领导,成武县教育局及时传达贯彻了省、市素质教育工作会议精神,并多次召开中小学负责人会议,研究部署全县中小学素质教育工作。一是严格要求全县各中小学执行统一作息时间,规范学生的作业量。二是改革了中小学招生制度。高中招生实行"一考多取"和指标生分配制度。义务教育阶段招生,实行"划片、免试、就近"入学制。三是加强学校德育工作。深入开展了学习《规范》、《守则》以及其他一系列教育活动,加强了学生的养成教育。四是认真开展了一系列文体活动。4月下旬,成武县成功举办2008年迎奥运中学生田径运动会,全县20所中学的近400名运动员参加了48个项目的比赛。另外,每天不少于1小时的阳光体育活动得到了落实,文汇展演在全市获得了好的名次。五是普通高考再创佳绩。本年,成武县普通高考录取1191人,比2007年增加280人,增幅为30.74%,超过全市平均增幅5.09个百分点,超过全省平均增幅22.09个百分点。六是积极为灾区捐款,汶川地震发生后,县教育局迅速行动,积极组织全县师生为灾区捐款。5月15日一天,教育系统就捐款31.6万元。全县教育系统共为灾区捐款达91.6万元。

改善办学条件。2008年以来,成武县共投入危改资金1792.5万元,其中,教育局积极向上级争取危改专项资金599万元,新建校舍51处,新建校舍面积29157.2平方米,消除D级危房14236平方米。成武县中小学危房改造工作在全市成绩突出,得到省市领导和专家的肯定和表扬。为进一步改善实验教学条件,全年,成武县教育局争取省仪器更新专项资金230万元,用于20所初级中学、50处小学和聋哑学校的实验仪器更新和新置;争取市教育局150万元专项资金,为南鲁中学、伯乐中学配置了省级标准化实验室,为南鲁中心小学、伯乐小学新建了教学楼。为加快成武县教育信息化建设步伐,成武县教育局争取中央、省扶持资金 200 余万元,建多媒体教室 5 个,配备微机 2300 台。通过成武教育局的努力,共争取上级资金 1179 万元。另外,投资 182 万元,通过政府统一采购的方式,为全县义务教育阶段学生配备了课桌凳。同时,对义务教育阶段学生免杂费、教科书费共计 1180 万元,补助家庭困难住宿生生活费 62 万元;发放普通高中困难学生助学金 140 万元,发放职业高中学生助学金 270 万元。

狠抓学校安全。4 月中旬,成武县政府召开了全县学校安全工作会议,县政府与各乡镇及县直有关部门签订了《学校安全工作目标责任书》,县教育局与各中小学签订了《学校安全工作目标责任书》。同时,加大了对学校安全隐患排查整治力度,消除 D 级危房 14236 平方米,查扣不合格接送学生车辆 7 辆,取缔不合格幼儿园 51 处,向学校发放安全隐患整改通知书 68 份。各学校开设了安全教育课,成武县教育局举办了安全稳定培训班,在成武县一中举办了预防地震应急逃生演练。同时,加大了学校稳定工作力度,健全了学校稳控网络,确保了教育系统的安全稳定。

加强师资培训。2008 年暑假,成武县教育局对全县中小学校长和教师进行了分层次有重点的培训,其中,利用网络,配合省教育厅对高中教师进行了全员培训;聘请省教育学院和省教育社的教授、学者,对全县中小学校长及初中骨干教师进行了为期一周的暑期培训;各乡镇中心校对本乡镇小学教师进行了为期 10 天的暑期培训;组织 96 名非师范类学校毕业的年轻教师到菏泽学院脱产培训。为更好地实施素质教育,成武县教育局还相继举办了全县中小学音体美教师培训班和微机管理员培训班,共培训音体美教师和微机管理员 536 人。

校园绿化美化。为大力加强中小学绿化、美化及校园文化建设。4 月上旬,在佀县长的带领下,成武县教育局组织乡镇中心校校长、重点绿化的定点小学校长,乡镇中学校长及县实验中学、实验小学负责人,专程到郓城部分学校进行了参观学习,之后召开了专题会议,部署了校舍设施维护管理和校园绿化工作,提出了校园绿化总体原则和具体任务目标。2008 年,全县中小学绿化、美化、硬化及校园文化建设共投入资金 400 余万元,取得了明显成效。

职教中心建设。根据教育工作的行业特点和成武县实际,成武县教育局把招商引资的重点放在了建设职业技术教育中心上,成武县职教中心的成立,填补了该县无职教中心的空白。该中心占地 100 余亩,计划投资 2000 万元。职教中心建设工作已基本完成,成武二中职高部已顺利迁入,职教中心已正常运转。

[单县教育概况] 2008 年,全县共有各级各类学校 316 所,其中普通高中 6 所、初中 42 所、小学 262 所、聋哑学校 1 所、职业学校 4 所、教师进修学校 1 所,在校生 19 万余人,教职工 8908 人。幼儿园、学前班 286 所。

素质教育。一是坚持科学发展观,全面贯彻党的教育方针,努力做到让学生德、智、体、美全面发展。组织局机关干部入校入班,对各学校作息时间、课程开设、课时设置、学校环境卫生、安全工作、食堂卫生等情况进行详细查看。二是实施中考及义务教育招生制度改革,促进义务教育均衡发展。在中考招生中将县一中计划招生数的 50% 按学籍人数和综合评价成绩分配到各初中学校。以县政府的名义印发《单县义务教育阶段学校招生工作实施意见》,对义务教育阶段初中、小学入学制度进行改革,改革中按照“免试、就近、划片”的原则,科学、合理划分公办义务教育学校的学区,实行划片招生。三是切实把握好素质教育航向,深入推进中小学课程改革。2008 年,在全县中小学范围内开展了“教育教学管理年”活动,并以此为契机,大力推行素质教育,努力做到让学生德、智、体、美全面发展。自 10 月份开始,在全县教育系统开展了“素质教育百日大讨论”活动,全县广大教师积极参与,认真学习素质教育的相关理论,澄清了有关素质教育的模糊认识,积极探索实施素质教育的路径,各学校都结合教育教学实际,制订了素质教育实施办法,取得了明显的成效。在工作中,认真落实《山东省普通中小学办学管理基本规范》,深入推进中小学课程改革,严格按照国家规定开足开齐各类课程。加强教学研究,转变教育教学观念,提高课堂教学效率。组织开展了一系列丰富多彩的文体活动和课外实践活动,发展学生个性特长,促进学生全面发展,教育教学质量大幅度提高。本年高考本科上线总人数占全市的 1/4 强。在全市义务教育阶段教育教学专项评比中又创佳绩,取得了全市小学教育教学第一名、初中教育教学第三名、综合督导评估第三名的优异成绩,被授予全市教育工作先进县区荣誉称号。县教育局被县委、县政府评为全县争先创优先进单位。单县实验中学被评为“菏泽市第一批素质教育十佳学校”、黄岗镇中学被评为“菏泽市第一批农村素质教育十佳学校”。民办教育、幼儿教育、特殊教育等也都取得了较快发展,较好地完成了县政府确定的任务目标。

师资建设。按照《义务教育法》、《教师法》的要求,狠抓了教育干部队伍和教师队伍建设。一是建立教师管理机制。以县政府名义印发了《单县中小学教师管理暂行规定》，对中小学教师的录用、聘用、调配与交流、培训与考核、退休与辞退、奖励与惩罚作出了明确规定，增强了教师的纪律观念，严禁无序流动和违法违纪现象的发生。二是加强师德建设。全县9000多名教师针对群众反映的教育热点、焦点问题，庄重向社会做出承诺，保证做到教书育人、为人师表，贯彻党的教育方针，全面实施素质教育，切实减轻学生过重的课业负担，遵守教师职业道德，不搞有偿家教，不乱办辅导班，不向学生推销教辅资料，不向学生及家长索要财物，自觉维护教育的良好形象。邀请全国优秀教师田丽霞老师为单县中小学班主任作了"班主任工作艺术"报告会，取得了明显成效。三是加大对中小学校长、教师的管理力度，健全考核、监督制度。对工作事业心、责任感不强、教育观念陈旧、学校管理混乱甚至违法乱纪的学校领导干部和敬业精神差、违反教师职业道德规范的个别教师进行严肃处理。四是建立教师补充机制，招聘86名优秀毕业生进入教师队伍。全县共有606名大学以上毕业生报考，按照公平、公正、公开的原则，通过资格审查、文化课考试、说课面试、体检等程序进行。文化课考试后进行成绩公示，说课采取当场亮分的办法，做到了招考过程的阳光、透明。

危房改造。2008年加大对中小学校危房改造的力度，继续完善危改工作和校舍维护管理的责任体系。投入资金1238.9万元，新建项目学校33处，新建校舍19425.9平方米。已全部竣工。

经费保障。在2007年投入600万元的基础上，2008年又投入资金近1200余万元，用于中小学校园网、仪器室、微机室、多媒体室建设，为中小学校购买了各种软件设备，安装了卫星接收系统，各为学校远程教育的深入开展奠定了良好的基础。同时，认真落实好农村义务教育保障机制，免除全县所有农村义务教育阶段中小学学生全部杂费及补助公用经费5040万元，落实农村学校免费提供教科书资金991万元，落实农村学校寄宿生生活补助资金106万元。

城区学校建设。根据市加强城区学校建设的工作要求，本着既面对当前实际，又考虑社会长远发展、人口增长的要求，制定了单县城区2008～2012年发展规划方案，根据方案，在南城投入180余万元，建设了南城明德小学，占地40余亩；投资39万余元，扩建了南城南郊小学。

创建平安和谐校园。2008年围绕以创建和谐校园为目标、以建设平安校园为重点的"六大校园"建设活动，大力抓好学校安全工作。落实学校安全领导责任制和责任追究制，实行两条线管理机制。各学校都建立了安全预警机制和应急预案。在全县范围内广泛深入开展了"安全隐患治理年"和"百日安全整治活动"。4月，聘请菏泽市惠康安全培训中心人员，对全县82名中小学校长进行安全知识培训，10月，与县交警大队联合，对全县中小学幼儿园接送学生车辆进行了一次拉网式的排查，取缔了一批不合格车辆。四川汶川大地震发生后，为学生讲解有关地震方面的常识等，组织各中小学校进行地震模拟逃生演练等。由于措施得力，责任明确，全县中小学没有发生一起安全责任事故，18所学校被市综治委、市教育局命名为平安校园；13所学校被评为县级平安校园。

[巨野县教育概况]　2008年，全县共有义务教育学校220所，在校学生111794人，其中，小学187所，在校学生78038人；初中32所，在校学生33702人。有普通高中5处，在校学生15268人；职业高中2所，在校2150人。特教学校1处，在校生54人。全县各类幼儿园、学前班492处，在园幼儿15606名。全县共有教职工8364人，其中，专任教师7468人。

幼儿教育。重视幼儿教育。全县各类幼儿园、学前班492处，在园幼儿15606名，学前三年儿童入园率达到53%；学前一年入园幼儿9992名，入园率达到98%。

义务教育。高标准普及义务教育。全县共有小学187处，在校生78038人，入学率100%，巩固率为99.8%，年辍学率控制在2%以内。全县现有初中学校32处，在校生33702人，入学率98.6%，农村初中在校学生年辍学率控制在2%以内。

普通高中教育。加强高中教育。全县共有公办普通高中3处，民办普通高中2所，在校生15268人。

职业教育。职业教育得到发展。有职业高中2所，在校生2150人。2008年对口高职考试，全县共有380名职业学校毕业生参加，录取280人，录取率达到74%，其余全部安置就业。

民办教育。民办教育得到巩固。全县隶属教育部门管理的各类民办学校有6处，在校生11026人，为全县教育的普及和提高做出了积极的贡献。

成人教育。全县青壮年非文盲率达99.97%，成人识字率达99%以上，巩固和提高了"两基"成果，共有1100余人参加成人自学考试。

特殊教育。现有聋哑学校1处，全县共有适龄残疾儿童229人，随班就读或入学217人，入学率达到94.76%。

教育改革。进一步深化以县为主的义务教育管理体制改革，成立了县教育经费核算中心，实行"校财局管"的财务管理办法，合理配置教育资源。扎实推进农村义务教育经费保障机制，2008年全县共落实义务教育保障经费4494万元，保障了义务教育学校的生存与发展。资源整合初显成效，2008年，县委、县政府投资8000万元，将大成中学收归国有，与县实验中学成功实现整合。进一步深化"四制改革"，完善领导干部竞争上岗制度，调动了广大教职工工作的积极性。积极进行教学内容、教学方式和教学手段改革，实现了教育思想和教学方法改革的新突破。

教育投入。全县教育经费总投入2.56亿元，初中预算内生均教育事业费2458元，小学预算内生均教育事业费1504元，普通高中预算内生均教育事业费1908元，职业高中预算内生均教育事业费2724元。全县农村初中、小学预算内生均共用经费分别为855元、403元。2008年全县教师人均月工资达到1362元，其中，全县农村教师人均月工资达到1282元。投入资金315万元，新增图书25万册、实验装备26套。投入资金610万元，新增微机1920台，教育现代化水平明显提高。

危房改造。多渠道筹措教育经费，努力增加教育投入，改善办学条件。2008年，全年共投入危改资金980万元，改造了学校32处，新建、扩建和改建校舍面积21000平方米。投资500万元，在开发区建设了三里庙小学，进一步扩大了城区优质教育资源。

教育队伍建设。干部队伍建设。坚持任人唯贤的用人原则，严格选拔各基层单位负责人；坚持新任校长持证上岗制度，2008年全县有74名校长参加了中小学校长高级研修班，127名中小学校长参加了提高培训班，36名中小学校长参加了任职资格培训班。

师资队伍建设。开展了"师德建设年"系列活动，举行中小学教师师德演讲比赛；暑假期间对889名高中教师进行了新课程远程研修全员培训，对4942名义务教育阶段教师进行了半个月的全员集中培训，专任教师参训率达100%，取得实实在在的效果。定期举行优质课评选、教学基本技能比赛、骨干教师评选等活动，使广大中小学教师的业务能力和教学水平有了较大提高；启动名师工程，充分发挥骨干教师和学科带头人的作用。积极支持学历不达标的教师参加函授、自考或各种形式的培训进修。全县小学、初中、高中教师学历达标率分别为100%、98%、93%。

素质教育。素质教育扎实推进，教育质量稳步提高。以中小学文明礼仪教育为突破口，加强学生的养成教育，培养学生良好的行为习惯，增强了德育的实效性；以校园文化建设为突破口，开展全县中小学示范学校观摩评比活动，优化了育人环境，提升了学校管理水平。办学行为逐步规范，开全课程，开足课时，作息时间、教辅资料、家庭作业量等得到有效控制，学生课业负担明显减轻。组织开展了全县中学生春季田径运动会、小学生鼓号操比赛、中小学生艺术展演等丰富多彩的文体活动，促进了学生的全面发展。2008年9月，全县配合教育部顺利完成国家基础教育质量监测工作。巨野一中被省教育厅授予"山东省新课程改革样板学校"。

教育督导。加强了教育督导评估制度建设，强化教育督导职能，完善了对镇区教育工作督导评估和考核办法，增强了督导效果，确保了教育教学各项任务按时完成。

教育教学研究。加强校本培训，采取加强学科集备与校际教研、邀请专家授课等方式更新教师教育观念，努力构建"以校为本"的教研制度。充分发挥教学示范学校的作用，及时推广各校教育教学工作创造性的做法，增进各校间的沟通和协作。开展送教下乡活动。组织学科指导组成员开展中小学课堂示教活动，选派骨干教师送教下乡，不断提升课堂教学效率。

教育信息化。全县中小学已完成计算机装备5886台，全县共有微机室181个、多媒体教室42个，30处中小学实行了宽带接入，16处学校建成了局域网，70处小学采用了ADSL方式接入互联网，60处小学建立了地面卫星接收站，教育现代化水平明显提高。建成了县教育信息技术中心。中学全部开设信息技术课程，完全小学以上信息技术开课率为86%。

[郓城县教育概况] 2008年，郓城县有定点小学262处，教学点155处，小学在校生111760人；初中39处，在校生48994人；普通高中6处，在校生22166人；职业教育中心1处，在校生1358人；聋哑学校1处，在校生132人；民办学校18处，在校生19290人。教职工11366人，其中专任教师10873人。

教育教学。深入贯彻落实省、市素质教育会议精神，规范办学行为，规范课程，规范课时，规范学生作息时间，规范学生作业量，有效地减轻了学生课业负担。在规范办学的基础上，把深化教学改革作为推进素质教育的重要举措，积极探索提高课堂效益的有效方式，进一步完善了高中、初中、小学教学质量评估方案，狠抓教学管理，组织1500人次参加集体备课，1400人次参加教学开放周，2160人次参加学科观摩教学，教研员听课视导50批次。狠抓学校管理，18处学校被评为市、县级规范化学校，47处学校被评为县级特色学校。

办学条件。全县投资1230万元，完成校舍建筑面积3.2万平方米，农村中小学危房基本消除，全县90%以上的定点小学建起高标准的教学楼，农村中小学校舍面貌发生了巨大变化。在加快危房改造的同时，多方筹集资金，加强学校内部设施建设，配备电化教学设备331.4万元，教学仪器203万元，图书90万元，课桌凳46000套，为初中和定点小学教室配备空调712台，农村中小学办学条件得到明显改善。在此基础上，启动"百所重点学校建设工程"，全县投入资金680万元，绿化美化校园面积10万平方米，学校育人环境得到极大改善。4月1日，全市学校管理和绿化美化现场会在郓城县召开，与会人员现场参观了郓城县8处小学，受到市领导和兄弟县(区)一致好评。

师资队伍。组织611名高中教师参加省新课程培训，215名小学教师参加市新课程培训，6260名中小学教师参加县教材教法培训，264名小学校长参加集中培训，教师参训面达80%。继续实施城乡教师交流，从驻城中小学选拔优秀教师到农村中小学支教1年，从乡镇中小学选拔教师到城区学校任教学习1年，2008年共选拔132名教师。同时，选拔40名业务骨干组成讲师团，定期送课下乡，赴乡镇中小学上示范课，参加听课人数达4000多人次。城乡教师交流工作取得明显成效，得到市教育局充分肯定，郓城县被评为全市农村支教工作先进县。将2007年招聘的349名支教教师全部分配到农村中小学，有效地补充了农村学校师资。评选表彰了全县第二批教学能手820人、骨干教师375人、优质课执教人394人，教育教学工作先进个人368人，鼓舞带动了全县教职工争优创先。

优化城区教育资源配置。针对全县高中办学分散、城区初中紧张的现状，组织建设、财政、计划等部门进行深入论证、实地考察和多方征求意见，本着节省资金、务实高效的原则，对全县高中和城区初中进行了布局调整。由政府出资收购树人中学，将实验中学高中部整体搬迁至树人中学，原实验中学成为独立初中。通过这次调整，全县高中形成了以郓城一中、高级中学(原二中)、实验中学为重点的平等竞争、协调发展的格局；城区初中形成了以实验中学初中和郓城镇中学协调发展的格局，基本实现普及高中教育和城区儿童少年接受初中教育的任务目标。

经费保障机制改革。根据农村义务教育保障经费控制数额，及时制定了义务教育保障经费实施方案，严格按照各学校的实际人数，把杂费、公用经费全部分配到各学校。按照"公开、公平、公正"的原则，严格规范操作，积极做好免费提供教科书和救助贫困生工作。发放免教科书资金1190万元，落实补助初中贫困寄宿生生活费129万元、高中助学金78万元、职业学校学生助学金173万元。严格实行开支项目审批制度，全面推行财务收支公示制度，加强学校财务收支行为的监督、检查，杜绝一切违规收支行为，确保了资金使用效益。

热点问题治理。严格按照市委、市政府统一部署，深入开展治理乱收费集中整治活动。县教育局与各学校签订了治理中小学乱收费责任书，学校、班级、班主任、教师层层签订责任书，逐级写出保证书。实行领导干部包学校制度，定期或不定期深入所包学校检查督导。通过电视台向社会发出规范办学行为、治理中小学乱收费的公开承诺，在全县范围内聘请了13名同志担任教育乱收费监督员，自觉接受社会各界监督。通过集中整治，全县中小学乱收费治理工作取得了明显成效。进一步强化了安全管理，与各学校签订安全工作目标责任书，组织安全大检查，积极开展"安全生产月"活动，进一步完善校园安全防范机制和应急管理体系，学校安全工作得到进一步加强，确保了广大师生安全。

职业教育、民办教育和学前教育。认真做好职教宣传工作，大力营造全社会关心、支持、参与职业教育的良好氛围。扎实有效地做好职教招生考试，全县共招收输送职教新生4000多人。充分发挥职教中心的龙头作用，加强职教中心建设，投资60多万元建起了服装专业实训中心，购置价值30多万元的教学、实验实习设备，学校硬件设施得到进一步提高。针对市场需求，积极改革管理体制、办学模式、专业设置、招生方式和就业指导机制，实行联合办学、"订单"式培养等办学方式，促进了职业教育的良好发展。强化民办教育管理，组织力量对全县民办学校进行了综合性评估检查，从办学方向、办学条件、学校管理、社会效益及社会诚信度等方面严格评估，进一步规范了民办学校的办学行为。规范办园行为，依法清理整顿违规办园，强化幼儿教师职业道德教育和业务培训，大力提高保教质量；积极调动社会各方面办园积极性，大力改善办园条件，全县为改善办园条件投资300多万元。

[鄄城县教育概况]　2008年全县共有普通中小学190处，在校生130972人，其中小学158处(含教学点28个)，在校生70300人；初级中学27处，在校生43817人；完全中学4处，高级中学1处，普通高中在校生16935人；职业高中3处，在校生5900人；幼儿园(班)158处，在园(班)幼儿6846人。特殊教育学校1处，教师进修学校1处。

全县现有教职工6728人，其中专任教师6161人。

改善办学条件。2008年，全县新建危房改造项目学校20处，新建教学楼、综合楼和学生宿舍楼20幢，校舍建筑面积28000平方米，维修、改扩建校舍14000平方米，工程总投资2000余万元。全县累计投入资金900余万元，分期分批对部分中小学配备了实验室设施和电教设备。2008年，全县中小学新增教学用微机2000余台。

师资队伍建设。县教育局采取多种形式，在全县教育系统深入开展教育干部和教师队伍思想、作风、纪律集中整顿活动；在全县教育系统严格实行工作日“禁酒令”，严格规范广大教育干部和教师的工作行为。积极创新教育内部管理机制，在全县范围内推行以“校长选聘负责制、教职工定编聘任制、岗位目标责任制和绩效工资制”为主要内容的教育内部管理体制改革。大胆改革教育干部选拔任用制度，对中小学校长选拔任用实行“公开竞选、公平竞争、择优聘任、聘期管理”和“公推直选”改革。牢固坚持录用教师“凡进必考，择优聘任，合同管理”原则，严把教师入口关，下大力优化教师队伍资源配置。根据市政府办公室《关于进一步建立和完善教师补充机制的意见》中提出的“根据自然减员情况退一补一，最终做到在编制范围内足额配备教师”的要求，12月份，县教育局、县人事局、县监察局联合组织从在岗不在编的农村中小学教师中通过考试录用70人，面向社会公开招考具有教师资格的大中专毕业生90人，为全县教师队伍补充了新生力量。同时，进一步加强了函授、电大、自学考试、助学自考、脱产学习、短期培训等多渠道、多形式的师训、干训工作，使中小学教师继续教育培训工作更加科学化、系统化。制定了《鄄城县名师工程建设人选培养管理办法》，采取统一组织、集中培训、自我提升、外出考察等方式对工程人选进行培养，使工程人选在职业道德、业务能力、学术水平等方面得到了全面提升。组织50名中小学校长分批参加了省教育厅、市教育局举办的中学校长岗位培训和提高培训。进一步健全完善了教师业务素质测试制度，8月下旬，组织全县中小学2700多名专任教师，进行了年度业务素质测试，真正实现了“以考促教，以考促学”和“以考风正教风，以考风正学风”的工作目标。教师节期间，县委、县政府评选表彰了全县“十佳班主任”、“十大明星教师”和“十大师德标兵”，同时还对荣获教育工作突出贡献奖、教书育人特别贡献奖、教书育人优秀奖、教育教学质量先进单位、尊师重教先进单位、尊师重教先进个人荣誉称号的单位和个人进行了表彰奖励。全面启动了农村支教工程，从城区学校选拔100名优秀教师到农村中小学开展为期一年的支教活动，从农村中小学选拔相应数量的教师到城区优质学校进行为期一年的顶岗锻炼。选拔省、市、县级骨干教师、教学能手、学科带头人定期开展“送课下乡”活动，为优化城乡教师队伍资源配置，促进城乡教育均衡协调发展提供了保障。

教学管理及教育质量。县教育局坚持以先进的教育理念为指导，大力实施素质教育，下大力狠抓教育教学管理，先后召开了高中、初中和小学教学管理工作会议，制定了一系列加强教育教学管理的硬措施。集中开展了一系列专项教科研活动，采取“请进来和走出去”的办法，积极学习省内外的先进经验，促使教学质量实现了新突破。小学教学质量也实现了新突破。同时，中小学生的思想道德素质、身体素质和心理素质以及创新实践能力也明显提高，教育教学质量迈上了一个新台阶。

职业教育。为更好地适应经济社会的发展，进一步提高全县职业教育办学质量和社会影响力，县教育局紧密结合市场需求，针对全县职业教育学校专业技术教师缺乏和教学基础设施落后等问题，在学校管理方面做了一系列扎实有效的工作。一是组织职业教育学校领导和教师到先进地区学习先进的办学理念和管理经验；二是采取“走出去”和集中培训相结合的方法，积极组织教师参加国家和省、市职业教研室组织的教研与培训活动，全面提高教师的专业技术水平；三是县第一职业中专、县职业技术教育中心和民办双语职业学校在2007年的基础上，2008年又进一步加大了投资力度，进一步改善了办学条件。四是职业学校办学质量实现了新跨越。在2008年的对口高职考试中，鄄城县有4名学生考入本科高职院校。

县教育局积极采取措施，狠抓职业学校招生工作。2008年，县内职业教育学校共招生2526人，向市直职业学校输送新生1027人。全县高中阶段职业教育在校生已达5900人，占高中阶段在校生总量的近35%。全县的职普比、在校生总量、办学条件等多项职业教育考核指标均提高到了一个新水平。

民办教育和学前教育。全县各级政府认真贯彻落实《鄄城县人民政府关于大力发展民办教育的意见》（鄄政发[2003]46号）精神，积极鼓励、大力支持民办教育的改革与发展。截至2008年底，全县经市、县教育主管部门批准设立的民办学校共有5处，在校生3812人，办学层次涵盖高中、初中、小学、学前教育、职业教育等。各级各类民办学校认真贯彻落实党和国家的教育方针，大力改善办学条件，积极加强教师队伍建设，教育教学质量和办学水平逐步提高。高度重视学前教育。2008年，全县158所幼儿园全部注册，由县教育局统一管理，全县各级各类幼儿园办园条件有了明显改善，幼教质量明显提高。

规范教育收费。县教育局坚持把规范教育收费行为作为加强教育系统行业作风建设的重要工作来抓，坚持堵、查、纠、处并举，多管齐下，标本兼治，综合治理。坚定不移地在全县义务教育阶段中小学免除杂费、课本费及补助贫困住校生住宿费，对高中招收择校生实行“三限”政策，对职业学校在校生每生每学年补助1500元生活费。进一步健全完善收费公示制度，对群众来信反映和举报的乱收费案件发现一起查处一起，切实解决关系群众切身利益的实际问题。进一步健全完善扶贫助学、济危帮困运行机制和保障机制，2008年，县教育局多方募集专项资金80余万元，救助了1700余名高中阶段贫困生和50名考取大专院校的特困大学生。同时，多方筹资158.5万元，为2839名农村贫困家庭和城镇低保家庭在校住宿的学生补助了生活费，真正解决了农村和城镇贫困家庭子女的求学困难。

构建和谐教育。县教育局从讲政治、讲大局的高度出发，高度重视教育局势稳定和学校安全工作。为化解大龄退养民办教师、农村幼儿教师、1985年辞退的民办教师及教育系统个案人员的上访问题做了大量深入细致的工作，有效地化解了矛盾，维护了教育局势稳定。县教育局时刻把学校安全作为一项大事来抓，健全制度，落实责任，强化措施，狠抓落实。同时，狠抓平安校园建设，为确保全县中小学校安全，4月下旬和9月上旬，县教育局抽调专门力量组成检查组，采取校校到、班班到的方式，先后对全县中小学校舍进行了两次安全大检查，对D级危房进行了封停，对B、C级危房及有险情的厕所和校园围墙进行了修缮改造。同时，对全县所有接送学生的车辆重新交由交通、交警部门进行审验，对不合格车辆进行了封停，有效地保证了学生安全。

[东明县教育概况]　2008年，全县共有公办中小学168所，其中高中6所(含职业高中)，初中19所，小学143所(含县聋哑学校)，民办中小学20所。在职公办教职工6220人，民办学校教职工740人，各级各类学校在校生总数12.4万人。共有幼儿园(学前班)357处，在园幼儿12476人，其中教育部门举办的幼儿园27处，在园幼儿1156名，民办幼儿园330处，在园幼儿11320人，学前一年入园率达到98%。

教育投入。全县教育经费总投入达到1.83亿元，占财政支出的23.5%；征城市教育附加1416万元，征地方教育附加380万元，征收率为100%，全年义务教育保障金上级拨款3662万元，县财政配套500万元，共4162万元。

师资队伍建设。2008年，对全县中小学校286名中层干部进行了第三轮聘任，其中22名优秀班主任新走向了领导岗位。完成了对全县定点小学校长的第二轮聘任。继续实行中小学校长"三年任期目标责任制"，强化考核，兑现奖惩。完善《东明县中小学教师全员聘任制实施细则》，优化教育队伍结构，促进教师合理流动。按照省市有关文件精神，县政府公开招聘69名中小学教师，中小学教师短缺的矛盾得到相对缓解。利用暑假对全县中小学校长和434名中小学骨干班主任进行了业务培训。聘请知名专家对教师进行专题辅导，教师整体业务素质不断提高。

教育教学改革。大力实施素质教育，全面提高教育教学质量。全面贯彻落实《山东省普通中小学办学管理规范》，成立素质教育领导小组，严格执行全市学校统一作息时间。强化教研，推进课堂改革，在全县中小学积极开展听课、评课、教学视导和"送课下乡"活动。积极探索新的课堂评价方式和学生测试评分机制，教师教学理论进一步转变，业务水平得到提高。建立随机听课制度和高中教学联席会议制度，强化新课标培训，注重校本教研，大力实施"初中率先突破"和"突破高中"战略，教育教学成绩稳步提高。在全市初中县区教学工作评估中，整体教学工作成绩位居全市第五名。县一初中、第二初中被评为"菏泽市第一批素质教育十佳初中"，东明集镇第一初中被评为"菏泽市第一批素质教育十佳农村初中"。

职业教育。积极做好职教招生和初三分流工作，2008年，为职业学校输送初中毕业生2937人，职业学校在校生人数增加到6218人，中等职业学校在校生占高中段在校生比例明显提高。加快县职教中心建设步伐，在整合县二中、县三中、县职业高中的县职业中专的基础上，投资210万元建设一座3250平方米学生宿舍楼。投资11万元用于教学用微机等设备购置，投资1万余元购买了学生课桌凳，提升了县职教中心办学水平。

德育教育。积极开展文明礼仪教育，根据素质教育要求和东明县中小学思想道德教育实际情况，制定了《东明县教育局关于"讲文明，树新风，促和谐"活动实施方案》，举办了全县中小学生"迎奥运，促和谐"演讲及讲故事比赛和东明县首届"新华杯"青年教师经典美文朗诵电视大赛。发扬"一方有难，八方支援"的精神，全县教职工向四川地震灾区捐款67.7万元，捐赠棉衣、棉被4214件。

危房改造与教育信息化建设。2008年，落实危改资金2444万元，新建校舍4.1万平方米。大力实施农村中小学现代远程教育工程，落实配套资金280万元。新增多媒体教室21个，新配微机1300台，全县所有中小学全部接通教育教学网络。

贫困生救助。2008年共发放义务教育阶段住宿贫困生生活补助资金36万元，救助贫困生1046人次；发放普通高中贫困生救助金57.45万元，救助贫困生1149人次；发放职业学校在校生补助金80.475万元，补助学生1073人。县财政拿出32万元，资助贫困大学新生260名。

治理教育乱收费。全面加大治理教育乱收费力度，严肃处理违规的单位和个人，规范了学校收费行为，2008年3月份被省治理教育乱收费联席会议办公室授予“山东规范教育收费示范县”称号。

菏泽市分管教育领导人

副市长:张存金　黄秀玲(7月份)

菏泽市教育局负责人

局　长:张修田

副局长:袁洪升　徐秋梅　苗宁礼(11月份调离)
蒋银忠　王可正

纪委书记:朱　浩

教育局办公地址:菏泽市中华路1188号

联系电话:0530—5191082

邮政编码:274016

(总撰稿:李志伟　赵启法　审稿:张修田　蒋银忠)

普通高等学校(本科)

山东大学

[概况] 山东大学是一所历史悠久、学科齐全、学术实力雄厚、办学特色鲜明,在国内外具有重要影响的教育部直属全国重点综合性大学,是国家"211 工程"和"985 工程"重点建设的高水平大学之一,由朱正昌研究员任党委书记,著名法学家徐显明教授任校长。

徐显明任山东大学校长

山东大学校本部坐落在泉城济南,并在威海设有分校。学校总占地面积 5355 亩,现有 42 个教学学院(含分校 11 个院系),6 所附属医院(含 3 所非隶属附属医院),12 所教学、实习医院,并设有研究生院。本科生和研究生层次教育涉及文学、史学、哲学、经济学、管理学、法学、理学、工学、医学、教育学、军事学等十一大学科门类。拥有一级学科博士学位授权点 25 个,二级学科博士学位授权专业 189 个,博士后科研流动站 26 个,硕士学位授权专业 268 个,工程硕士专业学位授权点 8 个,本科专业 112 个,形成了完整的学历人才培养体系。拥有一支优秀的师资队伍,在近 4000 名专任教师中,有中国科学院和工程院院士 7 人,教育部"长江学者奖励计划"特聘教授、讲座教授 20 人,国家杰出青年基金获得者 16 人,"泰山学者"19 人;教授 959 人,博士生导师 732 人(含 198 名合作、兼职导师)。拥有一批高水平的教学科研平台:一级学科国家重点学科 2 个(涵盖 8 个二级学科),二级学科国家重点学科 14 个、二级学科国家重点学科培育学科 3 个,省级重点学科 60 个;国家级重点实验室 2 个,部级重点实验室 7 个,省高校重点实验室 19 个;国家工程技术研究中心和国家工程技术推广中心各 1 个,省级工程技术研究中心 27 个;教育部人文社会科学重点研究基地 4 个;国家基础学科人才培养基地 6 个;"985 工程"二期国家重点建设科技平台和人文社科基地 12 个;是国家大学生文化素质教育基地。

省委书记姜异康视察山东大学

[党的建设] 深入学习贯彻党的十七大精神。建立健全个人自学、中心组学习、脱产进修、成果交流"四位一体"的理论学习机制,坚持理论联系实际,认真组织学习贯彻十七大精神活动,积极推进党的十七大精神进教材、进课堂、进学生头脑工作,统一思想,提高认识。

加强领导班子和干部队伍建设。举办党委中心组学习实践科学发展观活动,进一步提高学校领导班子领导科学发展的能力。顺利完成学校中层领导班子换届,及时加强领导班子经常性的思想政治建设,大力推进干部教育培训,积极构建领导班子和领导干部管理监督体系。顺利通过教育部巡视组的监督检查。

加强基层党建和党员教育管理工作。认真贯彻落实《中共山东大学委员会关于以改革创新精神推进学校党的建设的意见》精神。顺利完成基层党组织换届选举,增强了基层党组织的战斗力。健全基层党组织目标任务的考核监督体系,创新工作形式,对 80 项活动方案进行基层党组织活动立项,增强了党建工作的针对性和实效性。

加强反腐倡廉建设。深入学习贯彻教育部加强高等学校反腐倡廉建设工作会议精神,完善制度,加强惩治和预防腐败体系建设,全面落实党风廉政建设责任制,积极推进干部离任审计工作,强化对招生、收费、基建、采购、后勤等的管理和监督,加强廉政文化建设。学校纪委监察处被评为全国教育纪检监察先进集体。

[思想政治工作] 结合庆祝改革开放 30 周年、北京奥运会举办、组织抗震救灾等重大活动及学校"人才年"建设,开展主题鲜明、丰富多彩的系列宣传教育活动,凝聚了力量。建立并完善党委统一领导、党政齐抓共管、专兼职队伍结合、注重学生自我教育的领导体制和工作机制,努力营造全员育人、全方位育人、全过程育人的良好局面。辅导员队伍的专业化、职业化建设进一步推进,全国高校辅导员工作研究会在我校成立,校党委书记朱正昌教授当选为研究会会长。注重人文关怀,把加强思想政治教育与解决实际问题相结合。实施助学育人"添翼"工程,进一步完善家庭经济困难学生资助体系,加强和改进心理健康教育。克服困难,及时兑现一次性住房补偿挂账。加强师生员工的预防保健工作,初步实施对学术骨干、管理骨干的全面健康管理,提高公费医疗管理水平和效益,认真解决广大师生学习、工作、生活中的实际问题。

山东大学纪念改革开放 30 周年理论研讨会

中国高教学会辅导员分会在山东大学成立

[学生培养工作] 全面实施本科教学"质量工程",本科教学工作取得丰硕成果。新增 2 个国家理科人才培养基地,4 个专业入选教育部高等学校特色专业建设点,1 人获国家教学名师奖,3 人获得山东省教学名师奖,8 门课程入选国家精品课程,1 门课程入选国家"双语教学示范课程",2 个团队获得国家级教学团队建设立项,新增 2 个"国家级实验教学示范中心",15 门课程被评为 2008 年山东省精品课程,3 部教材被评为 2008 年度普通高等教育精品教材。获得第六届"挑战杯"中国大学生创业计划竞赛决赛金奖和高校优秀组织奖;在全国大学生数学建模竞赛中获得一等奖 4 项、二等奖 6 项,获奖总数并列全国第一。

山东大学学生获"挑战杯"创业计划竞赛金奖

积极推进研究生培养模式与机制创新。落实《山东大学研究生培养机制改革方案》,稳妥推进"以科学研究为主导,以导师负责制和资助制为内容"的研究生培养机制改革。以增强创新能力为重点,制订实施《山东大学研究生教育质量工程(2008～2011)》,推进以"一个学生,两个导师,三种经历"为主要内容的研究生培养模式创新,研究生培养质量进一步提高,1 篇论文获得全国优秀博士论文奖,全国优秀博士论文总量居全国高校第 11 位。

继续教育和网络教育得到进一步发展。抓好“三个体系”建设，为实现可持续发展奠定坚实基础，继续教育和网络教育发展迅速，效益明显，为学校及地方经济社会发展做出了积极贡献。

[人才队伍建设]　大力实施人才强校战略，始终把人才队伍建设作为学校事业发展的根本问题和头等大事来抓。学校人事管理制度改革进一步深化。制订《山东大学岗位设置聘用管理实施办法》，顺利完成首次岗位聘用工作，逐步实现人事管理由身份管理向岗位管理的转变、由行政管理向法制管理的转变。制订《山东大学教师招聘管理办法》，全面推行教师岗位分类管理和公开招聘制度。

高层次人才队伍建设成效明显。制订《山东大学“教育部‘新世纪优秀人才支持计划’”实施细则》，启动“齐鲁青年学者”特聘教授计划，新聘“齐鲁青年学者”10人左右。新增国家杰出青年基金获得者3人，泰山学者特聘教授3人和泰山学者特聘专家2人，新增享受国务院颁发的政府特殊津贴人员10人，张运院士当选美国心脏病学院院士。

加大对青年教师培养力度。积极推进青年教师“三种经历”计划，完成首批“青年骨干教师海外培训计划”，顺利启动“山东大学杰出青年教师基金”计划，制订《山东大学工科青年教师参加社会实践实施办法》，实行青年教师新任教师导师制和助课制度，帮助青年教师做好学术生涯策划，培养了一批具有创新能力和发展潜力的青年教师。

做好博士后流动站工作。修订完善博士后工作管理办法，改善在站博士后结构，在站博士后超过400人。顺利通过人事部、博管会对学校博士后科研流动站的评估。2个博士后流动站被评为山东省优秀博士后科研流动站。

[学科建设与科研工作]　全面启动“211工程”三期建设。制订优势学科创新平台计划，继续建设国家重点(培育)学科。加强创新学术团队建设，两个创新团队荣获首批“山东省优秀创新团队”称号。

科技平台建设成绩显著。新增“煤燃烧污染物控制”国家工程实验室1个、部级重点实验室3个，其中“功能晶体材料与器件”、“特种功能聚集体材料”2个教育部重点实验室获得批准建设，实现了学校省、部级国防科技平台的重要突破。

科研能力显著增强。截至目前，实到科研经费总量3.2亿元。承担国防重大专项、军工863、军工973等国防科技任务20余项。获得国家“973”、“863”、科技支撑计划及其他各类纵向科研项目469项。获得国家基金各类资助204项，较2007年增长45.7%；获得省自然基金等省部级项目188项。年度签订横向技术合同830项，合同额15000万元。申请专利409项，授权专利205项。2007年发表SCI论文1262篇，较去年增长17.3%，SCI收录论文数量和引征次数继续保持在全国高校前10名，ISTP、MEDLINE收录全国高校排名明显提高。2008年获省部级以上奖励61项，包括国家自然科学奖二等奖4项、高等学校科学研究优秀成果奖8项、山东省科学技术奖50项。新建2个教育部重点实验室，实现了学校省、部级国防科技平台的重要突破。主持国家重大科学计划研究项目一项，立项经费2800余万元。围绕山东省政府“一体两翼”发展目标，牵头组织的国家科技支撑计划重点项目“黄河三角洲耐盐碱能源作物高效利用技术集成与示范”，现已进入指南发布阶段。

人文社会科研立项及经费稳定增长，科研成果数量、质量实现双丰收。2008年到账经费达1746万元，发表人文社科类论文1800余篇，著作200部。新增1个省级研究基地，获得2项省社会科学重大成果奖。国内外学术交流合作更加活跃，人文社科期刊建设得到进一步加强。

[国内合作与对外交流]　构建合作平台，服务区域经济社会发展。继续推动落实《山东大学服务山东行动方案》，发挥人才、智力优势，积极参与山东省战略课题研究，并提出具有可操作性的建议。探索政产学研合作的新模式、新途径，与济宁市、日照市、井冈山市签署合作协议，加强了与重庆科委、浙江金华等省外地市的合作。启动“山东大学AMD奖学金”项目，与山东省农村信用社联合社建立长期紧密的合作关系，与华电集团等行业龙头企业建立战略合作伙伴关系，与齐鲁证券有限公司联合建立“山东大学齐鲁证券金融研究院”，构建新的校企合作大平台。深入发展与山东高速集团、潍柴等原有合作伙伴的合作，全面推进学校与企业的双向互动与共赢，为学校争取经费2000余万元。开展对临沂师范学院的对口支援工作，加大对费县、新疆昌吉学院的对口帮扶力度，取得良好效果。

校际合作进一步加强。新增5个校际合作伙伴，校际合作构架初具规模，合作领域不断拓展。

社会筹资能力显著增强。新增加校董3人，召开校董会第三次会议。制订《2008～2011年山东大学社会筹资工作发展规划》，通过《山东大学教育基金会财务管理办法》、《山东大学教育基金会资金运作管理规定》，进一步完善基金会管理运作机制。校友工作得到改进，校院两级校友工作体系初步形成，校友工作覆盖面逐步扩大，有力支持了学校建设与发展。

山东大学召开校友工作会议与校友共商发展大计

对外合作交流进一步扩大。完善全球合作网络，与海外友好学校开展实质性合作，院系国际交流网络基本构建完成。成功申办中俄联合研究生院。积极挖掘海外教育资源，组织学生参加多种形式的短期海外访学、海外夏令营等活动，具有海外学习经历的学生人数达千人次，对港台开展的大型活动成为山东省和教育部的品牌活动。外国专家获得了“国家友谊奖”，长期专家和重点项目专家开始出现可持续效应。汉语国际推广工作稳步推进。承办第三届孔子学院大会，被批准成为国家汉语国际推广“十一五”重大项目“中华传统文化研究与体验基地”，招收第一批汉语国际教育硕士专业学位研究生，蒙古国立大学孔子学院、法国布列塔尼大区孔子学院分别揭牌，为满足当地的汉语学习需求和传播中华文化做出了贡献。

山东大学承办第三届孔子学院大会

山东大学合建的法国布列塔尼孔子学院正式开院

[学校管理与服务支撑] 强化规范管理，提高管理效益。加强信息化公共服务和管理体系建设，全面推进电子政务，开展管理团队提升执行力研讨活动，提高了机关工作效率。积极配合财政部、教育部做好资产管理信息系统试点工作。加强国有资产、特别是公房和设备的管理和使用监督，建立效益评价体系，进一步明确各校区楼宇使用功能定位，稳妥完成公房调整，执行超定额公房和科研用房有偿使用的规定，提高了资源使用效益。扎实做好实验安全管理工作，完善大型仪器设备共享平台建设。推进实验教学示范中心建设，新增2个“国家级实验教学示范中心”。加强财务管理，严格执行“收支两条线”，提高了资金使用效益。加强审计制度建设，强化对重点领域和重点环节的监督，抓好审计结论落实，切实维护学校利益。

保证东校区综合科研楼、南新区综合实验楼、高速公路研发中心等项目的顺利进行，完成基建投资2亿元，进一步加快校园基本建设。优化后勤机构设置和运行机制，建立起新型的后勤保障体系，全面落实《节能减排山大行动方案》，推进供电、供水收费制改革，实现学校用水、用电量较2007年降低10%；全面推行《山东大学教职工住宅区物业管理办法》，探索家属区管理体制和运行机制的新途径；进一步理顺公房物业管理经费的分担机制。

完善校园网网络系统和网络服务系统，加强信息化公共服务和管理体系建设。购置图书10万余册，与省图书馆签署了文献资源共建共享协议，加强了CALIS山东省中心建设，为师生提供了良好的借阅服务。学校博物馆通过国家文物局启动的博物馆质量认证工作，成为全国唯一进入二级馆行列的高校博物馆。

加强对校办产业的监管力度，促进资源整合，优化产业结构，改善资产质量，增强了校办产业的盈利能力，产业集团骨干企业的经营规模进一步扩大。山大鲁能、山大华天、地纬公司三家企业进入2008年“中国软件业务收入前百家企业”行列。

[安全稳定工作] 树立“科学发展、安全发展”、“稳定压倒一切”的观念，下大力气做好校园的安全稳定工作。特别是围绕北京奥运等重要时期的安全稳定，认真细致做好工作，为维护山东省高校的安全稳定作出了应有贡献。健全和完善《山东大学突发公共事件应急预案》、《山东大学校园秩序管理规定》，严格落实安全稳定工作责任制，加大安全检查和隐患整治力度。开展“安全教育月”活动，加强安全教育和法制教育，增强了师生员工维护安全稳定的责任意识，形成了党政工团、上下左右齐抓共管安全稳定的整体合力。加强校园网安全管理，推进校园公共安全体系建设，推动了

国家安全人民防线建设，加强传染病的预防与控制工作，做好食品卫生安全和公共卫生的监管，创造、维护了安全稳定的校园环境。

山东大学1000余名研究生参加高层公寓消防演习

[**威海分校工作**]　大力实施质量立校、特色兴校、人才强校和全方位开放等发展战略，各项事业快速发展。紧紧围绕本科教学中心工作，突出实践教学环节，进一步完善了"三学期制"改革实施方案和本科生培养方案，顺利实施了第一个小学期，提高了创新型人才培养质量。坚持重点学科建设优先发展的原则，强化"天"、"海"、"韩"特色建设，带动各学科协调发展。加强科研条件建设和产学研合作平台建设，增强承担国家级科研课题的能力，积极为环渤海区域经济发展与文化建设服务。获得国家杰出青年基金项目一项、省自然科学基金项目7项、申请专利13项；全年外来实到科研经费比去年增长43%以上；成为首批省级软件服务外包培训机构。顺利完成了中层干部换届，着力提高学校管理水平。

[**抗震救灾工作**]　积极贯彻落实党中央、教育部、山东省委、省政府有关文件和会议精神，举全校之力做好汶川大地震抗震救灾工作。全面部署对受震灾影响学生的各项帮扶工作，及时做好受震灾影响学生的心理指导工作和思想工作。全校师生踊跃捐款捐物1417.03万元(含威海分校121.09万元)。先后向灾区派出三批医疗急救队21名医疗人员及6名青年医疗志愿者赴灾区一线抗震救灾。第二医院收治37名灾区伤员，提供了最好的医疗条件和服务，学校招募组建山东大学"黄丝带"志愿服务队，照料灾区伤员。在抗震救灾工作中，3名党员荣获省抗震救灾优秀共产党员称号，校团委获得"全国抗震救灾先进团组织"称号，山东大学"黄丝带"志愿者服务队荣获"山东省抗震救灾十大杰出志愿服务队"荣誉称号。

山东大学抗震救灾大型报告会首场报告举行

山东大学与济南市培训灾后学生心理教育教师

学校党政领导人

书　记：朱正昌

副书记：尹　薇　李建军　方宏建　仝兴华

校　长：徐显明

副校长：王琪珑　樊丽明　张永兵　娄红祥　张　运　陈　炎　韩圣浩

纪委书记：方宏建(兼)

东校区地址：济南市山大南路27号

邮政编码：250100

西校区地址：济南市文化西路44号

邮政编码：250012

南校区地址：济南市经十路73号

邮政编码：250061

联系电话：0531－88364701

(撰稿：王明良　赵　娅　审稿：周　洁)

山东大学威海分校

[概况]　2008年,山东大学威海分校(简称山大威海分校)在职教职工1133人,专任教师688人,其中教授92人,副教授177人;博士211人,硕士358人;博士生、硕士生导师151人。全日制本科生13686人,高职生236人,成人高考及网络教育学生483人,留学生419人。全日制研究生627人,在职研究生115人。在全国28个省(市、自治区)共招收本、专科生3468人。本、专科毕业生3530人。学校设有韩国学院、商学院、法学院、新闻传播学院、翻译学院、艺术学院、海洋学院、信息工程学院、机电工程学院、空间科学与物理学院、数学与统计学院、继续教育学院(职业技术学院)、国际教育学院等13个学院,3个教学部,41个科研机构。

[山大威海天文台(威海市天文台)获得首颗小行星命名权]　山大威海天文台(威海市天文台)于2008年12月24日发现的临时编号为2008YM9的小行星,获得国际小行星中心永久编号207931,这是此座天文台发现的首颗获得小行星命名权的小行星,也是我国内地高校望远镜发现的第一颗小行星,山大威海天文台(威海市天文台)成为中国内地第三家具有小行星命名权的单位。中央电视台、《中国教育报》、《光明日报》、《大众日报》等都对这一成果进行了报道。

[党建与统战、群团工作]　以学习贯彻十七大、十七届三中全会精神为重点,系统开展全校思想政治理论学习。对党委理论中心组的学习机制、保障措施等进行加强和改进,进一步强化中心组的示范带动作用。

结合学校中层班子换届工作与思想解放大讨论活动,着力提高管理干部队伍服务意识和管理水平。通过换届调整,中层干部队伍的结构、层次、素质得到进一步优化,实现了工作的自然过渡和有序衔接,为学校发展提供了坚实的组织保证。通过开展解放思想研讨活动和中层干部培训活动,进一步拓宽中层干部的胸襟与视野,强化思想作风与工作作风,提高领导水平与办学治校能力。

全年共发展党员960人,其中学生党员952人,学生党员比例达到11%,学生建在班上的党支部达到28个;共有39名优秀党员,11名优秀党务工作者,18个先进基层党组织分别受到省高工委和山东大学党委等各级党委的表彰。

面对四川特大地震灾害,学校党委与各基层党组织充分发挥战斗堡垒作用和带头作用,踊跃捐款和缴纳特殊党费,全校师生累计捐款捐物超过120万元。

外宣工作着力加强对学校三学期制、公共教学改革、学生科技创新、校园文化建设等突出办学成果的宣传报道,不断扩大学校的社会影响力。积极利用校报、新闻网、广播站、宣传栏等主要宣传阵地,全方位、多角度宣传学校发展建设成就和先进事迹,增强凝聚力和战斗力。

坚持依法治校,深入推进校务公开,严格落实各单位目标责任制,充分发挥基层工会对学校建设的监督作用;重点加强行政管理人员的思想作风、工作作风与学风建设,督促机关工作人员不断提高业务素质与工作水平;充分调动各民主党派、离退休教职工和团委、学生会、研究生会、妇委会等群团组织的工作积极性,为学校各项事业的顺利开展保驾护航。

[教育教学改革]　学校实施首个夏季小学期,共开出课程396门,全校1万余名在校生人均选课达到3.2门次;承接学术会议20余个,举办前沿讲座48场,数十位院士、数百位学者来校访学,大大拓展了学生的学术视野。通过三学期制一个完整学年的运行,确立了夏季小学期的基本定位,即学术性假期和创新型学期。学术性假期是指充分利用学校的区位与环境优势,吸引专家学者来校讲学,承办国内外高水平学术会议,为教师开展学术研讨提供便利;创新型学期则是利用小学期的优质教学资源,多开前沿性、研究性、实践设计类课程,大力开展创新实践活动,全面提高学生的创新能力。

撤系建院,成立空间科学与物理学院、数学与统计学院;新建机电工程学院;恢复成立国际教育学院。校院两级管理体制更加完善,理工科专业建设得到更大程度重视,留学生管理机制进一步理顺。

发展本科专业建设,2008年新上"应用化学"、"翻译"和"艺术设计"3个本科专业,使本科专业数达到40个,已初步完成学校在"十一五"发展规划中提出的目标;9个本科专业通过山东大学优秀专业评估。专业评估的开展,标志着学校评估、专业评估、课程评估三级教学质量监控体系已趋于完善。

提升精品课程建设水平,《中国行政思想史》和《古代汉语》2门课程获评省级精品课程,省级以上精品课程已达9门;市场营销教学团队获评省级教学团队,市场营销专业被新评为省级特色专业,6名教师获评第四届山东大学教学名师和教学能手。

推进和规范双语教学课程,开展首批26门双语教学课程建设立项工作；启动马克思主义理论课教学改革实施方案，进一步扩大实践教学环节比重，丰富课堂教学形式，取得了良好效果。全年共立项35项教改项目，有10项教学成果分获山东大学校级教学成果一、二等奖。

本科招生省内录取线已连续三年稳定在全省前五名，2008年录取分数线高出重点线10分以上；其他27个招生省份中，一志愿录满省份达到60%，录取线高出当地重点线10分以上的省份占三分之一。

在开展大学生科研作品立项活动和创业教育活动中，学生参与比例达到40%；在第六届"挑战杯"全国大学生创业计划大赛中，参赛学生荣获全国铜奖两项，省级奖8项。此外，参加数学建模竞赛获国家二等奖4项，位列全省第四名；参加电子设计竞赛获奖总数列全省第三名；参加美国数学建模竞赛获一等奖3项；参加全国大学生智能汽车竞赛获一等奖1项；1名学生荣获第五届"中国青少年科技创新奖"等等。

结合"三学期制"改革对研究生培养方案进行了全面修订，重点加强了对研究生参与社会实践和课题研究的督导；全面贯彻"一个学生、两位导师、三种经历"的培养模式，与国内外高校和国家有关部委开展交流访学、课题合作和双学位等合作项目，为研究生提高科研创新能力提供广阔舞台。

继续教育注重开拓境外考试培训项目和国际合作办学项目，着力加强职业技能培训，不断扩展办学空间，取得良好的社会效益。

[学科建设与人才培养]　空间科学研究院、海洋科学研究院、软件研究院等科研平台相继建成，科研工作逐步走向团队化、规范化。

学科建设注重科学规划，确立扶持重点优先发展的政策，使法学理论、空间科学、语言学、文艺学、有机化学、马克思主义中国化等重点学科与学术团队迅速脱颖而出，展现出强劲的发展潜力。

"天"、"海"、"韩"特色建设有新进展。"山东省空间科学与物理实验教学示范中心"申报成功；空间科学方向正式成为"空间科学与技术"本科专业，于2009年正式招生。海洋科学确定了海洋生物保护、海洋生物制药、海水增养殖理论与技术、海洋微生物学、应用海洋化学、生化与分子生物学等6个研究方向和团队，进一步明确了发展思路；2008年以海洋研究院和研发中心为平台，着力加强了与当地企业的联合研发、技术跟踪与培训指导，直接为地方经济建设服务。恢复成立国际教育学院后，进一步理顺了对韩交流工作机制，调动起各方面的积极性，韩国特色建设形成了多平台、多渠道、协调发展的新格局。

紧扣"人才年"主题，集中力量构建学科梯队，集聚创新团队。继续以学科带头人和青年学术骨干为重点，加大人才引进力度。全年共引进专任教师32人，其中博士26人、教授8人。实施"柔性引进"政策，全年外聘教师123人次，其中正高职称41人次。

完成新一届学术委员会换届工作；新增2个在职攻读硕士学位专业；新增硕士生导师31人、博士生导师3人、博士生合作导师5人。

[科研与服务地方工作]　科研立项工作继续呈稳步上升态势。全年获国家级项目立项8项，其中国家杰出青年科学基金获准立项是学校科研工作的一项重大突破；获省部级项目立项27项，其中省自然基金获准项目达到7项；获地厅级项目立项12项；获横向项目立项48项。获地厅级以上成果奖励32项，申请发明专利12项。发表学术论文735篇，其中三大检索论文57篇，CSSCI论文212篇。

服务地方开创新局面。配合威海市"自主创新年"活动，加快推进"产学研"合作进程，组织有关专家、教授深入地方政府、企业、科研单位，主动联系合作项目，积极用好校地共建基金，扶持教师开展横向科研课题，与威海市多家企业建立了联合实验室或科研基地。学校获评威海市"自主创新年"活动先进单位。此外，学校还成为首批省级软件服务外包培训机构。

[对外交流与合作]　2008年共派遣9名师生出国访问交流、20名教师出境参加学术会议。全年共外派187名学生分赴6个国家21所高校学习，资助16名教师和管理干部海外研修；同时，聘请外籍专家85人次。

校园国际化氛围建设成效显著。成功举办了暑期国际学校、UNK教授英语培训、中国之路师生英语培训、韩日学生中华传统文化体验班、澳大利亚文化周等项目。海岸线讲坛全年举办30期，成为广受师生欢迎的品牌活动。

[大学生思想政治教育工作]　以纪念改革开放三十周年主题教育活动为抓手，大力开展理想信念与人生观、世界观教育；更加注重与学生家长的互动沟通，形成了学校教育、家长督促、学生自治的联动教育体系。

学校以提高在校学生创新创业能力为目标，以建设基础学术活动、科研训练计划、学术科技竞赛、创业实践教育四大平台为主线，把学生科技、文化、社会实践等各类活动贯通一体，进一步突出了拓展学生综合素质这一主题，为学生的多元化、个性化发展提供了广阔的空间。

与省内211高校结成就业联盟，形成合力，共同拓展就业市场。毕业生一次就业率继续稳定在85%以上。通过在困难学生中广泛建立自助团队,帮助贫困生摆脱心理困扰,自信面对生活,品学兼优、素质全面的优秀学生不断涌现,在学生中起到了很好的榜样与示范作用。

[校园公共服务体系优化升级] 成立网络与信息管理中心,校园一卡通覆盖全校,为广大师生学习、工作、生活等各个方面提供了极大便利。

根据学科建设与师生需求,调整馆藏图书结构,增加学术前沿类图书与优势特色学科藏书量,加强电子图书与实用数据库建设。

开展对综合实验平台、大型仪器设备和大型管理软件的使用培训工作,构建大型精密贵重仪器设备共享机制和网络共享平台,对学校分布在不同学院的仪器设备进行有效管理,提高实验仪器设备的使用效益,更好地为教学科研和威海地方服务。

完成学生生活服务楼的建设规划,于2009年正式动工;大力倡导节能减排,倡导集中办公,建设节约型校园。

加强对劳动用工的分类指导与规范管理,完成岗位设置与聘用工作。

后勤服务保障与平安校园建设工作更加关注师生日常生活,进一步健全快速反应工作机制,对校园重点部位加强卫生检查与安全防范。

学校党政领导人

书　记:仝兴华
校　长:韩圣浩
副书记:刘玉殿　柴月禄
副校长:陈金钊　韩建新　赵玉璞　陈冠军
纪委书记:谷源秘

学校地址:山东省威海市文化西路180号
邮政编码:264209
联系电话:0631－5688340

(撰稿:裴　水　审稿:郭培良)

中国石油大学(华东)

[概况] 中国石油大学是教育部直属全国重点大学,是国家"211工程"重点建设的高校,是建有研究生院的56所高校之一,也是国家重点支持开展"优势学科创新平台"建设的高校。中国石油大学(华东)是教育部和四大石油石化企业集团(中国石油天然气集团公司、中国石油化工集团公司、中国海洋石油总公司、中国中化集团公司)、教育部和山东省人民政府共建的普通高等学校。学校于1953年建校,时称北京石油学院,1969年迁校山东,改称华东石油学院。1988年,学校更名为石油大学,逐步形成山东、北京两地办学的格局。2005年1月,学校更名为中国石油大学。

中国石油大学(华东)现有东营、青岛两个校区,校园总面积300公顷,建筑面积110余万平方米,图书馆藏书总量378万册(含电子型图书)。学校建有研究生院,有地球资源与信息学院、石油工程学院、化学化工学院、机电工程学院、信息与控制工程学院、储运与建筑工程学院、计算机与通信工程学院、经济管理学院、数学与计算科学学院、物理科学与技术学院、外国语学院、人文社会科学学院、体育教学部、应用技术学院等14个教学学院(部),以及后备军官学院、远程与继续教育学院和培训学院。全日制在校本科生20000余人、研究生3800余人,留学生200人,函授网络在籍生62000人。学校现有专任教师1509人,其中教授、副教授736人。两院院士5人,博士生导师116人,硕士生导师623人。专任教师中有国家级教学名师1人、山东省教学名师8人,入选"国家百千万人才工程"3人,"泰山学者"5人,1人获教育部高校青年教师奖,9人入选"新世纪优秀人才支持计划",3人被评为"全国优秀教师",2人获霍英东青年教师奖,4人入选"山东省有突出贡献的中青年专家"。学校现已建立起一支由学术带头人、后备学术带头人、中青年骨干教师、责任教授和学术顾问组成的学术梯队。

中国石油大学(华东)是石油、石化高层次人才培养的重要基地,被誉为"石油科技人才的摇篮"。经过半个世纪的建设和发展,学校现已成为一所以工为主,多学科协调发展的大学。学校现有5个国家重点学科,2个国家重点(培育)学科,4个博士后流动站,4个博士学位授权一级学科,32个博士点,99个硕士点,11个工程硕士授权领域,54个本科专业,学科专业覆盖石油、石化工业的各个领域,石油主干学科总体水平处于国内领先地位。学校教育体系完备,以本科生教育为主,各类教育层次结构合理。毕业生就业率连续13年保持在90%以上,2004年被国务院授予"全国就业先进工作单位"荣誉称号。建校以来,为石油石化工业和国民经济建设输送了15万名各类毕业生,涌现出了吴仪、周永康等一大批杰出校友,走出了10多位两院院士,还涌现出了"新时期铁人"王启民、"当代青年的榜样"秦文贵、"石油科技楷模"苏永地等全国知名的英模人物。

中国石油大学(华东)是石油、石化行业科学研究的重要基地。具有良好的科研条件和稳固而又广阔的科研市场,在基础理论研究、应用研究等方面具有较强实力,已初步建立起有学校特色的科技创新体系,在10多个研究领域居国内领先水平,有些达到国际先进水平。学校现有重质油国家重点实验室、油气加工新技术教育部工程研究中心、石油石化新型装备与技术教育部工程研究中心等27个国家及省部重点实验室和研究机构。学校重视科技成果的产业化,骨干企业山东石大科技集团有限公司、山东石大胜华化工股份有限公司是国家级高新技术企业,也是石油石化行业重要的科研中试及工业试验基地。

[教育教学与人才培养]　深入实施教学质量与教学改革工程(简称"质量工程"),各项教学建设和改革取得良好成效,人才培养质量得到保证。

生源质量再创新高。2008年录取本科生5284人,第一志愿录取率为93.4%,全日制本科生总数为20476人。研究生招生在确保质量的基础上稳步扩大规模,共录取博士生、硕士生1282人,录取工程硕士、高校教师577人,各类在读研究生总数6024人,其中学历研究生3677人。

教学建设和改革取得一系列成果。新增4门国家精品课程(含2门国家网络精品课程)和5门山东省精品课程,3个专业入选国家级特色专业,石油工业训练中心成为国家级实验教学示范中心,另建成2个山东省实验教学示范中心。全面推进研究生培养机制改革,实行以科学研究为主导、突出创新教育的导师负责制,加大研究生奖助力度,试行"本硕一体化"培养,研究生教育质量保障机制和激励机制进一步完善。图书、网络两大公共服务体系建设得到有效加强,图书馆藏书新增35万册,总量达到367万册。

创新教育取得良好成效。国家大学生创新性实验计划4个项目被作为典型案例参加首届全国大学生创新论坛获得好评。大学生参加数学建模、创业、英语等竞赛获得国家级奖项118项,其中特等奖2项。继续实施研究生创新工程,1篇博士论文获得2008年全国优秀博士学位论文提名,2篇博士学位论文、5篇硕士学位论文入选山东省2008年优秀学位论文,研究生获山东省创新成果奖7项,以第一作者发表的论文被三大系统检索158篇。加强校企联合培养,进入19个研究生企业工作站学生达到120多人,启动3个山东省研究生联合培养基地建设。

学生教育与管理继续加强。通过开展纪念改革开放30周年、支持北京奥运等专题教育活动和宣传抗震救灾精神与奥运精神,大学生思想政治教育得到进一步加强。通过开展主题教育、心理健康教育、安全教育,加强网络教育阵地和辅导员队伍建设,营造大学生成长的和谐环境。充分发挥共青团六大活动平台和六大工作体系的作用,大学生综合素质不断提高。体育工作取得佳绩,男排荣获2008～2009全国大学生排球甲级联赛冠军,男子沙排荣获2008年全国大学生沙排锦标赛专业组亚军、普通组季军。国防生教育管理水平不断提高,依托培养工作受到部队高度肯定。发挥"五大支持系统"作用,对大学生的奖助力度进一步加大,全年发放各类奖助学金2146万元、勤工助学金370万元、国家助学贷款3277万元。

继续教育与培训工作实现新的发展。函授、网络教育全年招生2.3万余人,目前在籍学生达到6.2万人。全年各类培训5000人次,成人国际合作教育规模扩大至315人。

毕业生就业工作成绩突出。进一步完善校、院两级就业工作机制,加强就业教育和指导,巩固和拓宽就业渠道,以国家四大石油公司为主的多元化就业市场得到进一步扩展。在全国严峻的就业形势下,2008届毕业生就业率达91%,有571名毕业生志愿到西部工作。

[学科建设]　以优势学科创新平台建设为牵引,学科建设得到有力加强。完成创新平台设备购置计划论证,创新团队建设、高层次人才引进、学术交流、机制建设等相关工作正在展开。"211工程"三期建设项目通过教育部审批,进入实施阶段。三期建设项目以学科建设为龙头,以队伍建设为核心,着力实现重点突破。5个国家重点学科和2个国家重点(培育)学科得到重点建设,6个山东省重点学科顺利通过山东省教育厅中期评估。特色学科的优势更加突出,领域进一步拓展。

[科学研究]　以重大科研项目开展为依托,以高层次人才队伍为支撑,加强资源整合和机制创新,科技创新体系建设进一步加强,科技创新能力不断提高。全年新增纵向课题194项,其中863计划、973计划、国家科技支撑计划、国家自然科学基金项目等国家级课题46项,首次获批教育部重大培育项目1项,纵向课题中经费超百万元重大项目26项。横向科研市场继续拓展,签订技术合同564项,其中超百万元项目17项。文科科研取得较大进展,获批省部级以上纵向社科科研课题9项,其中国家自然科学基金项目2项。到位科研经费突破2.3亿元,比上年增长4000多万元。获省部级以上奖励37项,其中国家科技进步奖二等奖2

项,省部级科技进步奖一等奖 6 项。重点研究机构建设取得新成果,联合申报的“油气钻井技术国家工程实验室”获得发改委立项开始建设,8 个重点实验室纳入到中国石油天然气集团公司基础条件平台建设规划,6 个山东省高校重点实验室通过考核评估。申请专利 65 项,被 SCI、EI、ISTP 收录高水平论文 327 篇。

[人才队伍建设]　学校继续大力实施人才兴校战略,以高层次人才队伍建设为重点,努力做好培养和引进工作。2008 年新增教师 70 人,其中教授 2 人、博士(后)52 人。1 名教师获第四届高等学校教学名师奖,资源勘查工程核心课程教学团队入选国家级教学团队,均实现了零的突破。1 人获批享受政府特殊津贴,1 人获“山东十大杰出青年”称号,1 人获“山东省有突出贡献的中青年专家”称号,1 人获“山东省优秀青年知识分子标兵”称号,新增省级教学建设团队 2 个、山东省教学名师 1 人。新增博士生导师 21 名、硕士生导师 42 名,导师队伍的年龄结构、职称结构、学缘结构进一步改善。加强对青年教师的培养,加大教师派出访学、培训力度,做好骨干教师出国研修工作,积极选派青年教师到国内外名校进行深造,加强新增教师的入校教育和岗前培训,认真落实青年教师导师制,促进青年教师的业务素质提高。

[国内外合作与交流]　与中国石油天然气集团公司共建四个重点实验室项目扎实推进,完成设备购置论证。校企、校地合作不断拓宽,合作企业总数达到 30 家。继续推进国家大学科技园建设,与东营市、胜利油田联合完成东营基础园管理体制的调整。加强学校董事会、教育发展基金会工作,促进社会力量支持办学。召开了董事会第三次工作会议,新增 2 家董事单位。进一步加强与海内外校友的联系,召开了校友工作研讨会。

积极开展国际合作办学,与英国联合培养油藏管理硕士项目完成第五期招生。全年公派出访团组 12 个,其中 17 名教师分赴澳、英培训,14 名研究生获国家留学基金委批准留学攻读博士学位,18 名本科生分赴俄、韩学习。全年共聘请长期外籍语言教师 20 人,接待短期讲学外国专家 100 余人次。成功举办国际高等教育与能源学术论坛和中蒙俄学术研讨会。留学生教育实现较大增长,全年招收各类外国留学生 277 人次。

[党建和思想政治工作]　以纪念改革开放 30 周年活动为契机,认真总结学校发展和党的建设取得的成绩、经验,为今后加强与改进党建和思想政治工作提供了重要的指导和借鉴。

通过抓好党组织换届和党支部书记培训工作,学习宣传党的十七大精神和先进典型事迹,开展交纳“特殊党费”支援抗震救灾等活动,进一步加强了基层党组织建设和党员教育与管理工作。牢固树立质量意识,对党员发展工作进行督促检查,继续落实党的基本知识测试和入党材料抽检制度,确保了学生党建工作的健康有序开展。

强化纪检、监察、督察评价等各项监督职能,全面推进党风廉政建设,积极开展商业贿赂专项治理工作。

围绕建设和谐校园,进一步加强民主管理和民主监督,积极推进校务公开,实行新闻发布与新闻发言人制度。深化平安校园建设,确保了学校的安全稳定。统战工作围绕中心,服务大局,很好地发挥了各级人大代表、政协委员及民主党派成员的积极性。认真落实国家政策,做好离退休职工工作,注重发挥老同志在学校工作中的作用,老干部工作以优秀成绩通过山东省委组织的目标责任制考核。

[55 周年校庆]　经过精心筹备和组织,学校 55 周年校庆活动取得圆满成功。通过举行建校 55 周年庆祝大会暨董事会第三次工作会议、国际高等教育与能源学术论坛、校友工作座谈会和校庆文艺晚会、焰火晚会等活动,展示了学校的形象和实力,增进了校企合作,加强了校友工作,促进了校园文化建设,取得了良好的社会效益和经济效益,达到了“展示成果,弘扬精神,增进友谊,共谋发展”的目的,极大地鼓舞了全校师生干事创业的热情。

学校党政领导人

书　记:刘　珂

校　长:山红红

副书记:纪效田　王　勇

副校长:孙海峰　王瑞和　查　明　李兆敏　刘华东

纪委书记:纪效田(兼)

学校地址:山东省东营市东营区北二路 271 号

邮政编码:257061

联系电话:0546－8392241

(撰稿:王延波)

中国海洋大学

[概况]　中国海洋大学是以海洋和水产学科为特色的教育部直属重点综合性大学，是国家“211 工程”和“985 工程”重点建设高校。设有鱼山、浮山和崂山三个校区，占地面积 2533 亩，校部机关设在崂山校区。设有海洋环境学院、化学化工学院、海洋生命学院、水产学院、海洋地球科学学院、食品科学与工程学院、环境科学与工程学院、医药学院、信息科学与工程学院、工程学院、材料科学与工程研究院、管理学院、经济学院、外国语学院、文学与新闻传播学院、法政学院、数学科学学院、高等职业技术学院、国际教育学院、继续教育学院等 20 个院，1 个基础教学中心，67 个本科专业，涵盖理学、工学、农学、医学、经济学、管理学、文学、法学、教育学、历史学等学科门类。学校学科体系和学位点布局比较完善，现有 2 个一级学科国家重点学科、10 个二级学科国家重点学科（含 1 个培育学科），有 8 个博士后流动站，6 个博士学位授权一级学科点，44 个博士学位授权学科专业，17 个硕士学位授权一级学科点、131 个硕士学位授权学科专业，6 大类硕士专业学位授权点，即工商管理硕士（MBA）、公共管理硕士（MPA）、会计硕士（MPAcc）、法律硕士（J. M）、工程硕士（13 个专业授权领域）和农业推广硕士（5 个专业授权领域）。15 个授权点具有高校教师在职攻读硕士学位资格、4 个授权点具有中职教师在职攻读硕士学位资格。

学校图书馆馆舍面积近 6 万平方米，馆藏文献资源总量 278.66 万册，其中印刷型文献 173 万余册，电子图书 56 万余册，中、外文电子资源数据库 100 多个；拥有覆盖三校区的校园网络，是为教学、科研和管理服务的先进的数字化校园系统平台；拥有 8 个教育部重点实验室、3 个教育部工程研究中心，17 个山东省重点学科、2 个山东省工程研究中心、2 个山东省重点实验室、9 个山东省高校重点实验室、3 个市重点实验室，国家海洋药物工程技术研究中心；联合国教科文组织中国海洋生物工程中心以及由教育部和国家海洋局共建的中国海洋发展研究中心设在该校；学校还是青岛海洋科学与技术国家实验室的主要依托单位；拥有 2 个国家基础科学研究和教学人才培养基地、1 个国家生命科学与技术人才培养基地、1 个教育部人文社会科学重点研究基地、1 个国家文化产业研究中心和 4 个山东省人文社会科学研究基地；学校拥有的“东方红 2”号 3500 吨级海洋综合调查船，设施装备先进齐全，可满足海洋多学科综合调查需要。2008 年，学校重点建设继续稳步推进，国家教育部、山东省、国家海洋局、青岛市于 2007 年签署中国海洋大学“985 工程”二期共建协议后，共建经费 3 亿元全部到位，“985 工程”二期建设顺利实施；2008 年 9 月 27 日，教育部与国家发改委确定同意《中国海洋大学“211 工程”三期建设可行性研究报告》，学校“211 工程”三期建设全面展开；青岛海洋科学与技术国家实验室建设进展顺利，基本建设费 5000 万元已经到位，一期工程启动区建设项目可行性研究报告已通过专家论证，基本建设即将启动；中国海洋发展研究中心各项工作进展顺利，该中心对关系国家海洋事务管理和海洋主权维护的重大课题开展了相关研究工作，“我国海洋管理体制机制有关问题的思考和建议”课题得到中央领导肯定；“东海大陆架科学和法律问题研究”、“东海油气资源共同开发问题研究”及“图们江问题与对策研究”等的研究报告已初步形成。

学校现有教职工 2537 人，专任教师 1298 人，其中中国科学院院士 4 人，中国工程院院士 3 人，“长江学者奖励计划”特聘教授和讲座教授 12 人，省“泰山学者”特聘教授 6 人，“筑峰人才工程”、“绿卡人才工程”岗位教授 14 人，国家级有突出贡献的中青年专家 9 人，国家杰出青年基金获得者 12 人，享受国务院政府特殊津贴专家 101 人，入选国家“百千万人才工程”一二层次 9 人，博士生导师 252。外聘名誉教授、客座教授、兼职教授、境外教授 340 余人，著名作家王蒙先生、原国家海洋局局长王曙光、著名画家范曾等为学校顾问、教授。全年引进各类人才近 100 人，派出 265 名教师赴国内外一流大学进修或进行合作研究。

2008 年录取本科生 3815 人，硕士研究生 1716 人，博士研究生 333 人，研究生招生总规模比去年增长 10.4%，本科生源覆盖了国家授权的全部 15 个招生种类。截至 2008 年底，共有在册各类学生 30000 余人，其中，研究生 5900 余人，本科生 14000 人，留学生 1200 余人，继续教育生 8900 人。继续强化毕业生教育，积极引导广大同学到国家经济、科技、文化、国防的重点单位和西部基层建功立业，毕业生一次性就业率多年表现稳定，2008 年为 91.3%。张娟娟、姜琳等 9 位学子参加北京奥运会，张娟娟取得射箭比赛金牌，这是我国射箭队在奥运历史上拿到的首枚金牌，荣膺“山东十大杰出青年”；由本校学生组成的中国海洋大学 49 人级帆船队出征奥帆赛，填补了国家在该项目上的空白；由谭振、陈乐、张金玲、马蕾等组建的“海通创业团队”在共青团中央、中国科协、教育部和全国学联共同主办的第六届“挑战杯”中国大学生创业计划竞赛决赛中获得金奖;海洋科学06级本科生刘富彬、朱玉玺在11月7日国家海洋局、教育部、团中央联合举办的首届全国大中学生海洋知识竞赛决赛中,分别获夺得了"南极特别奖"和"北极特别奖"两个最高奖;公共事业管理专业2007届毕业生、北京市顺义区赵全营镇燕华营村党支部书记助理李伟当选首届"中国十佳大学生村官"。

2008年,学校通过实施经验总结、跟踪调查、加强通识课程建设、教学研讨、参与"高等学校本科教学质量与教学改革工程"等措施,继续加强本科教学工作,巩固本科教学评估成果,着力打造教学质量保障长效机制。"细胞生物学教学团队"、"食品保藏原理与技术系列课程教学团队"被评为第二批省级教学团队,"细胞生物学教学团队"还被评为国家级教学团队;"港口航道与海岸工程"、"会计学"专业被批准为教育部第三批特色专业建设点;"环境科学"被评为山东省品牌专业,"物理学"、"汉语言文学"、"信息与计算科学"被评为山东省特色专业。《海洋调查方法》、《环境海洋学》2门课程入选国家精品课程,《发育生物学》等8门课程入选山东省精品课程,到目前,学校拥有国家级精品课程和省级精品课程分别达到10门和31门。全年学校新立项教学研究课题34项,其中省级6项,验收结题课题62项。教学实验室建设取得较大进展,海洋学实验教学中心、水产科学实验教学中心及化学实验教学中心,被评为省级实验教学中心,海洋学实验教学中心还获批为国家级实验教学示范中心建设单位。至此,学校已建设国家级实验教学示范中心2个,省级实验教学示范中心5个。积极实施研究生教育创新计划,完成研究生教育创新计划2项;成功举办全国研究生暑期学校,有39名国内外专家与200余名研究生参与;2篇博士学位论文和5篇硕士学位论文被评为山东省优秀学位论文;中德海洋高层次人才培养项目稳步推进,有11名研究生获中德双硕士学位;专业学位教育发展迅速,已拥有专业领域39个,学生规模达到3200人;继续教育健康发展,英语专业入选山东省成人教育品牌(建设)专业。为彰显海洋人文精神,10月28日,学校隆重举行了赫崇本先生百年诞辰纪念大会,同时举行了第七届赫崇本优秀学生奖学金颁奖仪式及崂山校区赫崇本先生塑像落成揭牌仪式。

2008年,学校实到科技经费2.6亿元。863计划课题新增经费7500万元,其中重大专项课题1项,经费6000万元;其他863计划课题13项;承担的科技开发项目"南极磷虾的综合利用及相关衍生产品的技术开发及应用"合同经费达1200万元;获国家自然科学基金资助项目达67项,资助金额为2400万元,还获批国家自然科学基金重点项目、国际科技合作重点项目6项。学校参与国家重大科技专项,获得水体污染控制与治理专项项目2项,参与1项,合同经费2600万元。产学研结合再上新台阶,承担各类横向课题300项,实到经费6000万元。人文社科获全国教育科学"十一五"规划国家级课题1项,国家社科基金项目6项,研究经费较2007年增长50%。科技成果硕果累累。由包振民教授、王如才教授等领衔完成的"栉孔扇贝健康苗种培育技术体系建立与应用"项目获国际科技进步二等奖,另获教育部科技一等奖3项,省部级二等奖6项,人文社科类获省部级奖励5项。申请国家发明专利153项,其中发明专利132项,获授权国内专利54项,其中发明专利51项。全年发表SCI.EI.ISTP三大检索系统收录论文1187篇。学校新增糖科学与糖工程实验室、海洋工程实验室2个山东省重点实验室,海洋生物遗传学与基因资源利用教育部重点实验室亦获批立项建设,成为学校获准建设的第8个教育部重点实验室。

学校积极参与服务社会活动。北京奥运前,作为奥运帆船比赛场地的青岛海域突然遭遇大面积浒苔自然灾害,学校响应政府号召,投入了大量科技力量、师生志愿者等人力资源以及"调查船"等物质资源,积极参与清理浒苔战斗,并为入住学校的3762名参加清理浒苔的官兵提供了周全的后勤保障。学校为北京奥运的举行提供了有力的科技支持,学校自行研制的我国第一台车载多普勒测风激光雷达在奥帆赛期间投入使用并圆满完成各项实测任务,为比赛提供了精确的海风风场数据;学校承担的击剑项目奥运攻关课题力助国家击剑队获得24年来首枚金牌;学校研制的帆板摇帆模拟训练系统改变了我国帆板训练设备落后的局面,为中国代表团夺得奥运帆船首金提供了有效帮助。学校围绕青岛经济社会发展战略需求,积极开展针对性科学研究,形成了"胶州湾及邻近海域环境精细观测和实时预报系统"、"胶州湾海洋环境容量及总量控制"、"青岛市可持续发展与海洋空间资源综合利用"等重要成果。此外,学校还对胶州湾环境容量、岸带环境和海床演变进行了深入研究,向市政府提交了关于加强胶州湾环境保护的建议和胶州湾岸线变化及其对水沙运动的影响研究进展简报,为推进青岛市"环湾保护、拥湾发展"战略的实施提供了科学依据。作为2009年全国第十一届运动会比赛场地的崂山校区综合体育馆,其主体工程和网架工程基本完成,将如期投入使用。

学校外事活动活跃。全年与9个国家的22所高校和学术机构分别签署了合作协议或备忘录,其中包括首尔大学、新南威尔士大学、不来梅大学、根特大学、法国海洋开发研究院等世界名校与学术机构。截止到2008年底,校际合作院校和科研机构已达122所。学校首个孔子学院—美国得克萨斯 A&M 大学孔子学院正式挂牌运行，法语联盟、韩国研究中心及其世宗学堂项目工作稳步推进。全年有来自 51 个国家和地区近 1282 名留学生到校学习，其中学历生 459 人。

5.12 四川汶川特大地震后，学校进行了广泛动员和自发行动，向灾区提供了资金和物质支持，同时对灾区学生，采取发放慰问补助、返乡路费补助和心理疏导等形式，对有关学生进行了及时有效的抚慰。工程学院土木工程系教师迅速组成援建队伍奔赴灾区，利用专业知识为灾区重建贡献力量。

[中共中央政治局委员、国务委员刘延东来校视察] 5 月 16 日，中共中央政治局委员、国务委员刘延东在山东省省委书记姜异康，山东省省长姜大明，科技部党组书记、副部长李学勇，教育部副部长李卫红，山东省委常委、青岛市委书记阎启俊，山东省政府秘书长张万青，青岛市委常委、副市长张惠等陪同下来校视察工作。

[“211 工程”三期建设可行性报告获批] 9 月 27 日，教育部根据国务院批准的《高等教育“211 工程”三期建设总体方案》，结合专家评审意见，研究并商国家发改委后确定，原则同意中国海洋大学“211 工程”三期建设可行性研究报告。

[“栉孔扇贝健康苗种培育技术体系建立与应用”荣获 2008 年度国家科技进步二等奖] 11 月，包振民教授、王如才教授等领衔完成的“栉孔扇贝健康苗种培育技术体系建立与应用”项目获得国家科技进步二等奖，进一步彰显了学校在海洋、水产等优势特色学科领域的雄厚科技实力。

[隆重纪念赫崇本先生百年诞辰] 10 月 28 日，学校隆重举行了赫崇本先生百年诞辰纪念大会。国家海洋局原局长、中国海洋发展研究中心主任王曙光，国家海洋局副局长王宏，青岛市副市长王修林，中国科学院院士冯士筰、刘瑞玉，中国工程院院士方国洪，党委书记冯瑞龙、校长吴德星等出席了纪念大会。第七届赫崇本优秀学生奖学金颁奖仪式及崂山校区赫崇本先生塑像落成揭牌仪式同时举行。

[“细胞生物学”入选国家级教学团队] 10 月，教育部公布了 2008 年立项建设的国家级教学团队名单，“细胞生物学”入选，加上 2007 年入选的“海洋学课程”教学团队，已有国家级教学团队两个。

[获准建设两个山东省重点实验室] 11 月，糖科学与糖工程实验室、海洋工程实验室被批准为山东省重点实验室，标志着学校工科省部级重点实验室实现零的突破，为促进工科学科建设构建了新的平台。

[校部机关顺利搬迁崂山校区] 3 月 31 日，校部机关搬迁崂山校区暨行远楼启用仪式举行，学校建设发展掀开了崭新的一页。

[学生张娟娟摘取北京奥运会金牌] 8 月 14 日，运动训练专业学生张娟娟在 2008 北京奥运会女子个人射箭比赛中夺得金牌。这枚金牌打破了韩国人在这一项目上的长期垄断地位，是我国选手在这一项目上获得的首枚金牌，也是青岛市在奥运会上金牌零的突破。

[海大学子再夺全国“挑战杯”金奖] 11 月 16 日～18 日，由谭振、陈乐、张金玲、马蕾等组建的“海通创业团队”在共青团中央、中国科协、教育部和全国学联共同主办的第六届“挑战杯”中国大学生创业计划竞赛决赛中获得金奖。

学校党政领导人

书　记：冯瑞龙

校　长：吴德星

副书记：李耀臻　张　静　刘贵聚

副校长：于宜法　于志刚　翟世奎　董双林

纪委书记：刘贵聚(兼)

学校地址：青岛市崂山区松岭路 238 号

邮政编码：266100

联系电话：0532－66782730

传　真：0532－66782877

（撰稿：倪国江　审稿：陈　鹭）

济南大学

[概况] 济南大学是山东省重点建设的综合性大学，拥有学士、硕士学位授予权，面向全国招生。

学校前身之一原山东建材工业学院始建于 1948 年 8 月，是原国家建材工业部在全国按地域分布设立的四所部属高校之一，1998 年 7 月，学校划归山东省管理；原济南联合大学的前身为 1978 年建校的济南师范专科学校和1983年建校的济南职业大学;2000年10月,经教育部批准,山东建材工业学院和济南联合大学合并组建济南大学;2001年4月,原民政部济南民政学校和原山东省物资学校并入济南大学;2007年12月,经山东省人民政府决定、国务院学位委员会和教育部批准,山东省医学科学院硕士学位授权学科专业并入济南大学,实行科教一体化。

建校60年来,学校为国家培养了11万名毕业生,已成为地方和区域经济社会发展重要的人才培养基地。学校现设学院21个、教学中心2个。拥有本科专业67个,硕士学位授权一级学科5个,二级学科、专业61个,工程硕士专业学位授权领域5个,接受同等学力人员申请硕士学位学科、专业30个,学科专业涵盖经济学、法学、教育学、文学、历史学、理学、工学、医学和管理学等9个门类。全日制在校本专科生、研究生、留学生32000人。

学校建有一支以院士、"泰山学者"特聘教授、国家和省部级突贡专家为带头人的高水平师资队伍。现有专任教师1940人,其中教授288人、副教授583人,具有博士学位的388人、硕士学位的861人,中国工程院院士1人,"泰山学者"特聘岗位教授5人,教育部教学指导委员会委员3人,国家教学名师1人,省级教学名师4人,国家有突出贡献专家1人,省部级有突出贡献专家18人,享受国务院政府特殊津贴专家69人,兼职博士生导师24人,硕士生导师379人。

学校高度重视学科建设。建有省部级以上重点学科及研究基地31个,其中省部共建国家重点实验室培育基地1个、教育部工程研究中心1个、省部级重点实验室11个、山东省重点学科10个、山东省人文社科研究基地1个、山东省工程技术研究中心7个。

学校以教育教学为中心。近年来,建有国家级特色专业2个,国家级精品课程3门,省级品牌专业1个,省级特色专业7个,省级精品课程17门,省级优秀教学团队2个,省级实验教学示范中心2个;主持国家级教研教改课题6项,省部级课题45项,主编"十一五"国家级规划教材3部,获省部级教学研究成果奖32项。在"挑战杯"全国大学生创业计划大赛、全国大学生数学建模竞赛等各项创新活动中,共获得省部级以上奖励507项,其中国家一等奖5项,连续两届获得中国青少年科技创新奖。

学校重视科研工作。近年来,共承担国家科技支撑计划、国家"973计划"、"863计划"、国家自然科学基金、国家社会科学基金等国家级科研课题129项,其中国家自然科学基金87项;获得国家级科技奖励1项、省部级科研奖励143项、国家发明专利53项;学术论文被SCI、EI、ISTP收录1558篇,出版专著、译著和教材214部;主办《中国粉体技术》、《中华肿瘤防治杂志》、《济南大学学报》等8种学术期刊。

学校校园占地167万平方米,校舍建筑面积91.2万余平方米,固定资产总值12.9亿元,教学仪器设备总值3.7亿元。图书馆建筑面积5.4万平方米,藏书及电子文献396.9万册,期刊14149种,引进和自主开发大型网络数据库总容量达到16T。拥有现代化的校园计算机网络和数字化校园环境。

学校坚持开放式办学理念,积极扩大与国外教育机构的合作与交流,通过学者互访、学术交流、合作办学等多种方式与美、英、德、法、加、澳、俄、日、韩、新等国家的28所高校建立了校际合作关系,165名知名学者受聘担任学校客座教授。

近年来,济南大学在教学科研、人才培养、学科建设、师资队伍建设等方面取得了显著成绩,学校的综合实力、核心竞争力和社会影响力得到全面提升,学校的中长期发展目标是建成一所综合性、开放式、国际化、有特色的国内外知名大学。

现任党委书记范跃进教授,校长程新教授。中国科学院院士蒋民华教授任名誉校长,中国工程院院士谢立信教授任学校学术委员会主任。

[党建与精神文明建设]　学校认真抓好两级理论中心组学习,加强理论武装工作。积极推进"学习型、思考型、实干型、创新型"干部队伍建设,2008年培训处科级干部650余人次。加强基层党建工作,全年发展学生党员2250名,研究生所有班级建立了党支部,本科生12.8%的班级建立了党支部。开展"满意在师生质量服务年"活动,不断加强机关作风建设。继续落实党风廉政建设责任制,开展"做勤廉表率、促科学发展"等主题教育活动,对47个处级单位开展了党风廉政专项检查工作。认真落实治安防范措施,获得"平安山东"建设先进单位荣誉称号。引导无党派人士和民主党派成员为学校发展建言献策,荣获全省高校统战工作"争先创优"活动一等奖。

挖掘并宣传教职工爱岗敬业的典型事迹和师德建设典型,开展了"师德标兵"、"优秀教师"和"优秀教育工作者"的评选工作。教师刘海燕被评为"大众报业杯"山东高校十大优秀教师。深入开展改革开放30周年系列纪念活动。全年在省级以上媒体发表新闻400余条。教代会通过确定了校标、校风、校训。对全校网站进行改版建设,网络文化和阵地建设进一步加强。

汶川大地震发生后,学校师生为地震灾区捐款83万元,党员为地震灾区缴纳特殊党费71.78万元,学生团员缴纳特殊团费9.36万,学校为来自灾区的学生发放慰问金23万元,体现了学校师生积极支援灾区建设的博大爱心。

[教学工作] 2008年专业和课程建设不断加强。增设“药学”、“财务管理”、“社会体育”三个本科专业，使学校本科专业数量达到67个。1个专业被评为国家级特色专业，1个专业被评为省级特色专业，1个专业被评为省级品牌专业，5门课程被评为省级精品课程。实验室建制进一步规范，实验室条件建设、实验室管理和文化建设不断加强。新增教学实习基地17个，评选出校级优秀实习基地5个。

教学管理得到加强，通过迎评促建工作，形成了有效的教学质量监控体系。学生评教制度、教学检查制度执行有力，干部听课月活动开展有序。改变立项形式，实行申报教研项目必须与教学工作挂钩，评选校特等奖10项，校一等奖10项；确定教研立项107项。

召开教学工作会议，提出进一步巩固教学评估成果、建立与完善教学质量保障长效机制的意见，拟定出教学质量与教学改革工程实施方案，明确了教育教学改革的目标和方向。

[教育经费投入与支出] 加强财务管理和监督，开源节流，积极筹措办学资金，有效化解了财务风险，保证了学校的平稳运转。建立和巩固起良好的银校合作关系，积极争取中央和地方共建专项及省财政预算外专项资金；2008年全年实现收入比年初预算增收12%。

[科研工作] 2008年学校获得包括国家863项目、国家自然科学基金在内的纵向科研立项220项。签订国防科研项目2项、国防预研项目1项。2008年，科技纵向项目批准资助经费比2007年增长41.9%；横向项目到账经费比2007年增长90.3%。社科科研项目到账经费比上年翻了一番。获得省市级各种奖励81项。申报各类专利39项，授权发明专利12项、实用新型9项。教师论文被SCI、EI、ISTP、新华文摘、中国社科文摘、高等学校学术文摘、CSSCI、SSCI、ISSTP收录442篇，出版著作、教材41部。

组织参加各类展交活动，签订技术合同92项，同淄川区、梁山县等签订校地合作协议，组织专家赴招远、淄川、诸城开展科技服务活动，学校获得“山东省技术市场科技金桥奖先进集体”荣誉称号。成立“济南文化研究中心”、“社会治理研究中心”、“都市经济研究中心”。山东省社会心理学会挂靠学校成立。承办亚洲高分子学术会议、国际水泥与混凝土学术研讨会等国内外学术会议，浓厚了校园学术氛围。《中国粉体技术》、《济南大学学报》(自然科学版)被遴选为全国中文核心期刊，《济南大学学报》(社会科学版)入围CSSCI来源期刊。

[教师队伍建设] 杨萍教授被山东省委省政府确定为学校材料学岗位“泰山学者”特聘教授。学校2008年引进博士20人。学校博士学位教师数量达到388人，占专任教师总数的20%。加大出国访学选派工作力度，选派名额从10名增至20名。

在全体教师中开展“难忘一课”活动和优秀教学奖、青年教学能手和十大精品课件评选工作。举办了青年教师教学业务培训班，启动教学团队建设计划，1个教学团队被评为省级优秀教学团队。2008年，学校有1名教师被评为国家级教学名师，1名教师被评为省级教学名师。

2名教师获省第八届青年科技奖，3名教师获济南市第七届青年科技奖，4名教师被评为第九批济南市专业技术拔尖人才。有6名教师获山东省教育厅“青年教师成长计划”项目资助。1名教师被评为2008年度享受“政府特殊津贴”人员，2名教师被评为“山东省有突出贡献的中青年专家”。顺利完成职称评审工作，新增教授8人，副教授32人，讲师79人，教师外副高2人、中级3人。

[学科建设] 完成了新增博士学位授予单位立项建设单位申报材料和三个博士授权学科的申报材料和规划建设材料；做好第十一批新增硕士授权一级学科的申报工作。新增机械工程工程硕士授权领域。

学校对省级重点学科和省级重点实验室进行强化建设。“氟化学化工材料”实验室获批山东省省级重点实验室。召开学科建设规划研讨会和学科建设与科研工作会议，对2008～2015年学校和各学科的学科建设规划以及学科建设实施办法等进行了研讨，完善了相关规章制度。

[国际合作与交流] 全年共接待35个来访团，与英国格拉斯哥加利多尼亚大学等的交流与合作进一步加强，外派18名教师和38名在校生赴国外进修学习、参加项目合作、国际会议和文化交流活动；聘请国外专家50余人次来校任教或开展合作研究。

[学生工作] 围绕社会主义核心价值体系，深入开展诚信教育、励志教育、文明行为专项教育活动，完善了三级学生心理教育与预警网络体系。加强学风和考风教育，严肃考风考纪，学生学习风气进一步浓厚。

“奖、助、贷、补、减”和绿色通道多位一体的资助体系进一步完善，全年共奖、助学生22276人次。另外，还有2624名学生申请到了国家助学贷款1000多万。

举办第四届电脑科技文化艺术节、“庆祝建校 60 周年文艺晚会”等校园科技文化艺术活动。成立了第一届学生社团联合会,举办了第七届社团风采展示节活动。新野农村发展促进会获得全国“首届大学生参与新农村建设十大杰出团队”荣誉称号。在全国性体育运动竞赛中,学生有 6 人获得奖牌,其中 1 人获得“全国中国式摔跤竞标赛”男子 115 kg 级冠军;在山东省体育运动竞赛中,学生获得团体和个人冠军各一项。

济南大学青年志愿者服务队荣获“中国百个优秀志愿服务集体”称号,这是我省获此荣誉的唯一高校;一名学生获第七届“中国百名优秀志愿者”称号;学校获全省奥运会志愿者特殊贡献奖。学校第五次获得“全国大中专学生暑期‘三下乡’社会实践先进单位”荣誉称号,学校连续七年被评为省级社会实践优秀组织单位;16 名毕业生参加大学生志愿服务西部计划,学校连续 6 年被评为山东省西部计划志愿服务优秀组织单位。学校团委被授予 2008 年度山东省“红旗团委”荣誉称号。

学生全年在第六届“挑战杯”学生创业计划竞赛、“高教社杯”全国大学生数学建模竞赛、山东省大学生创办小企业商业计划竞赛等各类科技创新竞赛中共获得省部级以上奖励 96 项,其中国家级奖励 12 项,学校多次获优秀组织奖。闫静同学获第四届中国青少年科技创新奖。

[招生与就业] 2008 年共招收普通本专科学生 7554 人、泉城学院招生 1651 人,中外合作办学 239 人,各类专升本学生 484 人,招收研究生 386 人。2008 年毕业学生 9089 人,其中授予学士学位 7700 人、硕士学位 171 人。承办 2008 年山东省高考基本能力测试阅卷。学校举办“济南大学 2008 届毕业生就业双选会”及 200 余场各类专场招聘活动,建成就业基地 60 个,与 773 家用人单位保持着稳定的合作关系。

[信息与图书馆建设] 加强图书馆管理和服务,增加开放时间,开馆时间达到 108.5 小时/周。进一步强化信息素养教育保障平台建设,承办了山东高等学校图书馆信息素养教育学术研讨会,建立了学科馆员及学科联系人制度。

[研究生教育] 学校将导师资格和与当年的招生计划相关联,在全省率先实行导师动态管理模式。获省教育厅研究生教育创新计划项目 7 项、省研究生优秀科技创新成果奖 3 项、省优秀硕士学位论文 3 篇。先后与莱芜钢铁集团有限公司等大型企业和科研院所签订协议,建立 9 个校外研究生创新教育基地。

[基本建设] 两栋人才公寓顺利封顶。完成了化学化工楼、机械工程楼的地基强夯复检和三通工作。完成“齐园”等标志性景点建设,利用社会资金顺利完成泄洪沟综合治理工程,形成了校园的新景观。

[后勤管理] 按照“投资主体多元化、管理契约化、实体运行企业化”的总体要求,建立健全了与新体制相适应的政策及制度体系。以“阳光饮食”、“温馨家园”、“景观校园”、“整洁教室”、“节能降耗”为重点的后勤管理和服务建设工程深入开展。节约型校园建设取得显著成效,《光明日报》对学校节能降耗工作进行了报道。学校被评为全省标准化公寓建设评估示范单位。

[管理创新] 学校推进精益化管理,明确部门及岗位工作职责,完善各单位以及各类人员年度目标考核和任期目标考核体系。学校不断完善教代会制度,把依靠教职工民主办学落到实处。继续做好工作重心下移工作,发挥学院的管理优势。以 60 年校庆为契机,相继成立了北京、广西、四川、济南等 20 个地方校友会和济南大学校友总会,校友联谊平台建设得到加强。审计工作和依法治校工作成效明显。在全省老干部工作考核中,学校离退休工作取得优异成绩。完成《济南大学年鉴(2007)》(初稿)编纂和各类档案归档工作,保密工作、工会妇委会、校医院工作水平逐步提高。

[成教事业] 2008 年招生 6000 人,毕业学生 4764 人,实现招生规模历史性的突破。注重成教事业内涵建设,教育教学质量不断提高。

[教育部本科教学工作水平评估] 6 月 9～14 日,教育部本科教学工作水平评估专家组对学校本科教学工作进行了实地考察评估,对学校本科教学工作给予了高度评价。12 月学校在终评中获得了“优秀”的成绩。

[举办 60 周年校庆系列活动] 深入开展了校庆宣传、学术讲座、校区环境整治、校庆接待安排以及各项筹备工作。集中精力举办了校庆庆典大会、建校 60 周年文艺晚会等重大活动。学校杰出校友宋健院士为母校发来贺信,并捐献 100 万港元支持母校教育事业。

[人事制度改革] 人事制度与分配改革进一步深化。完成了全校 1255 名教师的竞聘上岗工作。创新教师岗位设置机制,有 59 人应聘到各级校聘岗位。修订完善了教师外专业技术岗位职责和任期目标以及管理和工勤人员岗位职责,规范了工作流程。

学校党政领导人

书　记：范跃进

副书记、校长：程　新

副书记：李　军　张金丽

副校长：党明德　韩　宏　胡世伟　张承芬
杨　波　蔡先金　车　滨

纪委书记：刘迎春

学校地址：济南市济微路106号

邮政编码：250022

联系电话：0531－2767670

电子邮箱：bgs@ujn.edu.cn

（撰稿：王　志　张晓霞　朱洪岩　审稿：程　新）

青岛大学

[概况]　青岛大学1993年由原青岛大学、青岛医学院、山东纺织工学院和青岛师范专科学校合并组建。截止到2008年底，学校占地2768亩，建筑面积109万平方米，固定资产18.8亿元。学校拥有国家重点学科2个、国家重点实验室培育基地1个，国家精品课程2门、国家级实验教学示范中心2个、国家特色专业4个、国家人才培养模式创新试验区2个、中央与地方共建高校基础实验室4个、中央与地方共建高校特色优势学科实验室7个。学校图书馆藏书339万册，电子图书65万册，订购中外文期刊2500余种。主办《青岛大学学报》、《齐鲁医学》、《东方论坛》等7种学术期刊。学校设有国家大学生文化素质教育基地、国务院侨办华文教育基地。

[学院与专业设置]　设有文学院、音乐学院、美术学院、数学科学学院、物理科学学院、机电工程学院、自动化工程学院、信息工程学院、化学化工与环境学院、纺织服装学院、医学院、师范学院、法学院、经济学院、国际商学院、旅游学院、汉语言学院、成教学院、国际学院、霍尔姆斯学院、高等职业技术学院、软件技术学院等23个学院，拥有84个本科专业，涵盖10大学科门类。有9个博士学位授权点、114个硕士学位授权点、3个博士后科研流动站、6种专业学位类型。眼科学是国家重点学科，生理学是国家重点培育学科，纤维新材料与现代纺织实验室是国家重点实验室培育基地。

[教师情况]　有专任教师2144人，其中教授323人、副教授1022人。教师中有两院院士2人，国家和山东省有突出贡献中青年专家11人，享受国务院特殊津贴者56人。学校还聘任"长江学者"2人。2008年，修订完善青岛大学特聘教授人才工程的相关政策，遴选120名青岛大学特聘教授。制定《青岛大学博士后工作管理暂行规定》，启动博士后招收工作。获准新设立人口资源与环境、微电子与固体电子学两个泰山学者特聘教授岗位。泰山学者特聘教授岗位已达8个，是山东省省属高校泰山学者特聘教授岗位设置数量最多的学校。2008年新引进具有博士学位的高层次人才31人，新增28人在职攻读博士学位，新增24人在职攻读硕士学位。有29人在职取得博士学位，73人在职取得硕士学位。

[学生情况]　现有全日制学生36000余人，研究生4000余人，留学生近1000人。2008年共招收博士研究生38人，硕士研究生1130人，录取本专科学生8795人，省内录取文理科一批次最低分数均超过重点线8分。省外计划招生1500人，在25个省份中11个省份的录取最低分数线，超过当地重点线15分，生源质量有了进一步提高。毕业生一次性就业率达到87.3%，年初制定的就业工作目标基本完成。

[教学工作]　学校修订教学计划，更加注重体现教育特色，举办首届实验教学大奖赛，全校30%的实验课教师参与比赛。加强人才培养模式创新实验区建设，博雅教育实验区——浮山书院被确定为学校人才培养模式创新实验区。全年有2000多名学生参加了全国及省市各级各类竞赛，在全国大学生英语竞赛、第三届全国大学生机械创新设计大赛决赛等国家级比赛中，获得79项奖励。在山东大学生电子设计竞赛等省级比赛中，获得近百项奖励。研究生获山东省教育创新计划项目9项，获山东省优秀研究生科技新成果奖5项，有3篇硕士学位论文被评为2008年山东省优秀硕士学位论文。

[科研情况]　修订和完善《青岛大学科研项目管理办法》等规章制度。设立并启动"齐鲁讲坛—青大分坛"和青岛大学年度学术论坛。围绕着科研立项、国家基金申请和科研奖励申报工作组织召开了一系列研讨会，营造了浓厚的学术氛围，科研项目申报和立项数量明显增多。新承担各类科研项目261项，其中，国家自然科学基金、山东省自然科学基金和山东省杰出青年基金项目获批数量均列省属高校第一。全年共获各级科研奖励173项，获批发明专利5项，其中获山东省技

术发明奖1项,山东省自然科学二等奖1项、山东省科技进步一等奖1项、科技进步二等奖3项,山东省社科二等奖4项。在省科技厅新建山东省重点实验室的申报中,纤维新材料与现代纺织实验室、微复合材料实验室、工业控制技术实验室、神经相关疾病的机制与防治实验室等4个实验室被批准为山东省重点实验室。

[对外交流与合作] 截止到2008年底,学校与美国、英国、德国、日本、韩国以及我国台湾、香港、澳门等20多个国家和地区130多所高校建立了交流合作关系。聘请了50多名长期外籍专家来校任教,聘任100余名海外著名学者为兼职教授或名誉教授。其中,2008年与国外12所高校建立了新的交流关系,新建教育合作项目16个,学生学习实习项目达到了30个。派出80余名教学人员赴境外研修、学习。有210余名学生被派往国外学习、实习。境外共有590人次来校开展学术交流活动。共接受来自42个国家和地区的留学生1200余人次来校学习。学校与韩国大佛大学合作建设孔子学院,各项建设工作稳步推进。

学校党政领导人

书　记:徐建培

副书记、校长:夏临华

副书记:谢德新

副校长:谢俊霞　邵峰晶　王大文　汪黎明

赵先星　邵　彬　徐宏力　张铁柱

纪委书记:曲效文

学校地址:青岛市宁夏路308号

邮政编码:266071

(撰稿:赵克祎　审稿:吴绍新)

烟台大学

[概况] 烟台大学创建于1984年7月,是由北京大学和清华大学直接援助和联袂建立的一所学科门类比较齐全、学科特色比较鲜明、本科教育基础扎实、研究生教育快速发展、科研实力不断增强、服务社会成效显著的省属重点综合性大学。1995年首批通过国家本科教学工作合格评价,2004年获教育部本科教学水平评估优秀。2007年被中国人民解放军总政治部批准为普通高等教育培养军队干部依托培养单位。

学校占地面积3200亩,建筑面积79万平方米,教学仪器设备总值1.6亿元。图书馆总面积4.38万平方米,藏书168万册、电子图书150万册、音像资料1.1万盘(盒),中外文工具书1万余种、引进中外文数据库30余个;校园内建有千兆以太网;大学生活动中心面积2.5万平方米。山东省CIMS培训中心设在我校,校园教育科研网是山东省内四大节点之一。

学校共有21个院(系、部),49个本科专业,52个二级学科硕士点和2个专业学位点,现有2个国家级技术研究中心、5个省级重点学科、6个省级重点实验室、2个省级人文社科重点研究基地、1个"泰山学者"岗位、1个省级研究院、1个省级大学科技园、6个省级工程技术研究中心、6个省级骨干学科教学实验中心。承担了国家"973"、"863"、国家"十五"重大科技专项、国家自然科学基金、国家社会科学基金等一大批高层次的科研项目,获多项国家科技进步奖、中国高校人文社会科学研究优秀成果奖,取得了一批有重要影响的科研成果。学校获"九五"全国普通高校科技管理先进团队、"十五"全国科技管理先进团队称号。

学校形成本科教育、研究生教育、留学生教育和继续教育等多类型、多层次的办学格局。2008年共招收本、专科生6112人,硕士研究生284人,在校研究生、本专科生共24270人,生源跨全国29个省(市、区),培养毕业生6066人,其中硕士研究生171人,本科5548人,专科347人。函授招生人数达到1830人,自考招生数440余人,在校生达800多人;在校留学生人数累计达616人。

学校拥有一支学历结构、年龄结构、职称结构、学缘结构、学科(专业)结构比较合理的师资队伍。2008年底教职工1970人,副高级以上专业技术职务人员593人,其中具有博士学位者284人、在读博士100多人,博士、硕士占专任教师的72%。现有中国工程院院士1人。在职专任教师中,"首届全国百名教学名师"1人,"新世纪百千万人才工程"国家级人选1人,国家有突出贡献的中青年专家1人,享受国务院政府特殊津贴专家12人,全国优秀教师2人,入选教育部青年骨干教师资助计划2人,山东省有突出贡献的中青年专家7人,"山东省教学名师"4名,山东省优秀教师1人。近300名知名学者担任名誉教授、客座教授和兼职教授,聘请兼职院士13名。

[质量工程建设] "质量工程"建设取得阶段性成果。法学、应用物理学专业先后获批国家级特色专业,民商法教学团队成为国家级教学团队,均实现历史性突破。中国法制史成为省级精品课程;药学专业获批省特色专业;计算机科学与技术专业教学团队成为省级教学

团队；省级教学名师增至3人；药学实验中心新增为省实验教学示范中心。

[**学生科技、创新能力**]　学生在科技、创新等竞赛中取得优异成绩。在全国大学生智能汽车竞赛、全国大学生机械创新设计大赛、全国第一届节能减排社会实践与科技竞赛等全国比赛中，共获一等奖3项，二等奖4项，三等奖（铜奖）11项；在齐鲁大学生软件设计大赛、“挑战杯”创业计划大赛山东省赛区等省级比赛中，共获奖40余项；10篇论文（设计）获省本科优秀学士学位论文。

[**现代化网络教学平台建设**]　整合网络与现代教育技术资源，成立网络与教育技术中心；建设完成网络辅助教学课程54门。获Greenhouse优秀示范课程国际大赛教学团队组织奖及内容资源组织单项奖。

[**教学督导与评价**]　进一步建立和完善两级管理的教学督导与评价体系，学生评教率、教师评学率、教师自评率均有较大提高，教师对教学质量的重视与关心进一步增强。

[**研究生教育与培养**]　为提高研究生培养质量，成立研究生培养工作小指导组，举办研究生导师培训会；为加强管理，提高学术道德修养，制定实施《烟台大学研究生违纪处分条例》、《烟台大学研究生学术道德规范实施细则》；为激发研究生创新精神，鼓励在校研究生积极参加创新性科学研究，积极实施研究生教育创新计划。获省优秀硕士学位论文3项，省研究生优秀科技创新成果5项，省研究生创新立项4项，在校研究生平均发表论文2篇以上。

[**继续教育和成人教育**]　面对严峻形势，及时调整专业设置，申报并获批航海技术和轮机工程函授教育资格。顺利通过省教育厅成教法学品牌专业建设中期检查。获批山东省教育科学“十一五”规划立项课题《高教自学考试与成人教育的比较研究》。组织近6000名考生参加全国计算机等级考试、30036人参加全国大学英语四六级考试。

[**国防生教育**]　积极探索招生宣传、教育管理、军政训练等方面的新路子，举办国防生综合素质展示汇报会，得到军区首长的肯定与好评，初步实现规范起步和健康发展。

[**留学生教育**]　作为全国首批获准接收外国留学生及可以邀请外国文教专家的院校之一，2008年是留学生工作迅速发展的重要一年，留学生教育已呈现规模化发展的趋势，全年共计616人次，其中春季学期在校生达309人次，秋季学期在校生达307人次，暑假短期班招生人数达40人次。由最初的单一国别扩大到十五个国别和地区，其中蒙古和泰国的学生在逐渐增加。

[**学科建设**]　围绕争取博士单位授予权，贯彻“择优扶重，有所为、有所不为”的原则，加大投入，加强特色学科、重点学科建设。认真进行省级重点学科中期评估工作。以非农业院校成功获批烟威地区唯一一家农业推广硕士授权单位，并设食品加工与安全领域专业学位点。

[**科研工作**]　全年科研总经费达2352万元，新上国家各类项目31个、省级项目57个、横向课题130个。共获省部级以上科研成果奖17项，获国家科技进步二等奖1项。

[**重点建设**]　化学工程与过程实验室入选山东省重点实验室行列，获批山东省知识产权软科学研究基地，均实现新突破。全年新增省重点科研基地数量，位列全省同类高校第一。5个省高校重点实验室、1个省高校人文社科研究基地以优异成绩通过教育厅中期考核。

[**人才引进**]　出台《烟台大学引进人才工作暂行办法》，按照“压缩数量、提高质量”的原则，坚持培养、引进、聘用并举，全校专任教师达1137人，其中副高级以上人员占42.3%；具有博士学位人员占24.3%，硕士以上学位人员占71.5%。完成民商法学“泰山学者”岗位特聘教授聘任工作。

[**师德师风建设**]　大力加强师德建设，出台《关于进一步加强和改进师德建设的实施意见》，建立师德考评制度和师德建设联席会议制度，制定《2008年师德建设活动方案》，印发《师德学习材料》，坚持典型引路，评出“烟台大学师德标兵”10名；从源头上加强师德建设，对新进教师的入校教育更加注重教风和学术规范教育，把好“入口关”。

[**学报工作**]　《烟台大学学报》（自然科学与工程版）首次入选“中文核心期刊”，国内外公开发行的《烟台大学学报》（哲学社会科学版）和《烟台大学学报》（自然科学与工程版）均成为全国核心期刊。

[**图书馆工作**]　加强网上文献传递工作，为教学科研

工作提供文献资源保证。

[北大、清华两校名师讲堂及高层次学术会议]　共举办"两校名师讲堂"7期,举办20余次有影响的学术会议,营造浓厚的学术氛围。

[服务地方]　实现与烟台市所有县(市、区)的全面合作。烟台大学食品检测检验中心资质认证申请获得通过;与烟台市知识产权局共建中国食品酒业知识产权信息中心;作为主体承担单位承接烟台市《胶东通史》文化工程;完成烟台市公务员培训,山东省英语口语考试认证等工作,公务员培训达到2500人次,配合烟台市知识产权局对国家知识产权审核员进行了三个专题多个班300余次的培训。被烟台市委、市政府授予"2008年度烟台发展突出贡献单位";"建立烟台大学"当选烟台改革开放30年十件大事之一。与东营市垦利县开展海洋渔业资源开发利用合作。

[对外交流合作]　学校高度注重发展国际间的学术交流和友好往来,国际交流与合作渠道得到全方位拓展。全年团组访问40人次,同比增长25%;出国出境学术交流教师、学生117人次,同比增长24.5%;接待46个团组,共计223人次,同比增长33.5%,签署各类交流协议14个,是去年的2.8倍。对台派出访问团组8个,14人次。

[国外引智及外国专家工作]　2008年共办理外国专家聘请手续50人次,在校外国专家总数44人,美国籍教师David McCreary获得山东省外国文教专家教学奖,美国籍教师Susan Partridge被评为感动山东人物。

[领导班子建设]　坚持两级中心组学习和民主集中制,加强各级领导班子建设;院系结合两级管理改革,坚持党政联席会议制度,党政互相沟通、协调配合,狠抓各项工作的落实,推进和谐院系建设。

[干部队伍建设]　加强后备干部队伍建设,选拔处级后备干部102人,初步建立后备干部队伍动态管理体系。深化干部制度改革,公开选拔科、处级干部62名,调整处、科级干部60名。完成51名处、科级干部试用期考核工作。出台加强辅导员队伍建设实施意见,辅导员选聘工作有所突破。2人分获省十佳和百优辅导员。

[基层党建工作]　不断推进党建工作创新,首批确定11个基层党建工作示范点创建单位。依托辅导员社区归属和学生党员示范岗,深入开展社区党建实践活动,进一步强化社区党工委工作。结合建党87周年,评选表彰8个先进基层党组织、5名校级优秀党务工作者、41名优秀共产党员;其中3个基层党组织和6名优秀党员、党务工作者分别被省高工委、烟台市委表彰。

[思想政治工作]　围绕改革开放30周年,结合学校办学历史,召开座谈会,进一步加强思想政治工作。修订和完善党建思想政治工作考核实施办法,首次进行党建思想政治工作双年度考核。获全省高校思想政治工作创新奖集体奖。获省高校思想政治教育研究优秀成果奖数量继续保持全省前列。认真对待部分教职工的诉求,积极调查研究,解决问题或做好说服解释工作。全体师生员工发扬"一方有难,八方支援"的精神,为汶川地震灾区捐款总额达166.56万元。

[统战和离退休工作]　重视并不断加强统战和离退休工作。获全省高校统战工作争先创优活动一等奖,顺利通过省委老干部局工作目标责任制考核,获优秀单位。1人获全国第四届"老教授事业贡献奖"。

[安全稳定工作]　大力加强平安校园建设,在政治安全与日常生活安全等方面齐抓共管,制定并落实安全隐患排查处置方案及工作责任制,圆满完成奥运期间的安保工作,认真准备了奥运火炬传递的各项筹备工作。全年共查处各类案件91起,发案率同比降低34%;侦破查处各类案件75起,破案率达到82.4%,同比提高11%。

[德育工作]　2008年底通过评比,成为山东省五所"德育示范高校"之一。

[审美教育]　依托山东省第一个高校审美教育研究基地,审美文化特色形成品牌,美育工作经验得到各方面的肯定与好评。成立美育研究所,召开"两岸大学美育研讨会",基本完成《大学美育概论》等美育系列教材的编写工作。获全国青少年书法美术大赛二等奖1项、三等奖2项、优秀奖10项,获省第十届大学生科技文化艺术节一等奖6项,二等奖5项,三等奖13项。

[学生教育管理]　结合迎奥运、改革开放30周年等重大时事要事,依托各种平台,加强学生理想信念教育和主旋律教育,开展形式多样的主题教育活动。认真落实国家资助政策,完善资助体系,开展订单式资助工作,做好各类奖、助、补、贷工作和困难生认定工作。"大学生素质形象工程"取得阶段性成果,学生综合素质不断提高,百余名学生获省级以上奖项。学校被评

为全国社会实践先进单位，34 名师生和 8 支社会实践队受到省级表彰。获“山东高校心理健康教育工作先进集体”。

[毕业生工作] 大力普及职业生涯规划教育，获省大学生职业生涯设计大赛 3 项奖。积极开展学生创业教育，进一步完善就业政策和服务体系，不断拓宽毕业生就业渠道，促进毕业生就业工作。在毕业生中开展“真情留母校、青春献社会”等主题教育活动，连续三年实现毕业生“安全、文明、有序、留恋”离校。

[财务、资产管理] 在财务形势十分严峻的情况下，积极深入院系调查研究，逐步建立健全院（系）财务管理制度。积极调整贷款结构，争取到国家开发银行 5000 万元长期贷款，基本完成银行贷款续贷工作，多渠道筹措办学经费，保证学校资金的正常运转和教职工待遇的落实。出台《关于加强学生收费管理的规定》，缴费率达 98%以上。全年共招（议）标 15 次，完成采购任务 33 项，采购金额达 1440 余万元，节约经费约 150 万元。完成经营性资产清查工作，全年共完成审计项目 130 项，资金总额达 10429.3 万元，节约资金 1217.58 万元，配合省审计组较好完成审计工作。

[基建、后勤] 工程实训中心项目获批，并争取到省投资 1200 万元。逸夫图书馆建设获逸夫基金二等奖。从关心教职工切身利益出发，努力抓好三高校小区二期建设，积极稳妥地推进生活区在建住宅楼建设及出售工作。正视困难，在经费不足的情况下，为学校的正常运转提供后勤保障。

学校党政领导人

书　记：韩向利

副书记、校长：崔明德

副书记：于文书

副校长：江林昌　韩晓玲　房绍坤　王吉法　郭善利

纪委书记：于文书（兼）

学校地址：烟台市莱山区清泉路 32 号

邮政编码：264005

联系电话：0535－6902232

传　真：0535－6903201

学校网址：http://www.ytu.edu.cn

电子邮箱：xiaozhang_email@ytu.edu.cn

（撰稿：马　群　赵久满　审稿：戴东风）

聊城大学

[概况] 聊城大学是山东省属综合性大学，始建于 1974 年，始称山东师范学院聊城分院，1981 年经国务院批准改建为聊城师范学院，2002 年 2 月经国家教育部批准更名为聊城大学。学校坐落在素有中国“江北水城”美誉的国家级历史文化名城——聊城。

学校拥有硕士、学士学位授予权和开展同等学历人员申请硕士学位、教育硕士专业学位培养资格。设有 26 个学院、3 个教学部、45 个硕士点、70 个本科专业、10 个专业研究所、拥有分析化学山东省“泰山学者”特聘教授设岗学科、5 个省级重点学科、1 个省级重点实验室、2 个省社会科学研究基地、2 个省级研究中心；全日制研究生、本专科在校生 2.68 万人，成人教育在校生 1.2 万余人。

学校现有专任教师 1600 多人，其中教授 201 人、副教授 328 人、博士 192 人、硕士 728 人。学校先后有 8 人享受国务院政府特殊津贴，8 人获全国优秀教师称号，40 人分别被评为山东省专业技术拔尖人才、山东省有突出贡献的中青年专家、山东省中青年学术骨干，校级专业技术拔尖人才和高层次培养人才 100 余人。并聘有 8 名外国文教专家和国学泰斗季羡林，两院院士张新时、薛群基等 200 余名著名学者任兼职教授。

学校占地 3000 余亩，校舍建筑面积 110 万平方米，教学仪器总值 1.97 亿元，图书馆藏书 170 多万册，订阅学术期刊 2400 余种，另有电子图书 60 多万种，电子期刊 2.1 万余种。建有现代化教学楼、实验楼、图书馆、网络中心、体育场馆等设施。校园环境幽雅，湖光山色，四季常青，获国家级、省级“全国绿化模范单位”、“花园式单位”、省级“文明校园”等称号。

[省、市领导来校视察] 1 月 30 日，聊城市委书记、市人大常委会主任宋远方一行 9 人来学校视察。2 月 12 日，省人大常委会原副主任、省关心下一代工作委员会主任王克玉一行来学校视察。4 月 21 日，山东省委书记姜异康在省委常委、秘书长王敏等陪同下来学校视察。11 月 17 日，山东省副省长黄胜等视察学校。12 月 7 日，山东省军区副政委鲁建华少将、总政干部部干部培训局王永志中校、济南军区政治部干部部人才办主任许向农大校、济南军区政治工作研究室主任赛宗国大校、济南军区《前卫报》社副社长张振江大校、山东省军区政治部副主任王德波大校、聊城军分区副政委

韩学义大校、山东省教育厅副巡视员张海泉来学校视察国防生培养工作。

[宣传奥运精神]　2008年,学校充分挖掘大学文化建设的内涵,结合学院专业特点,在整合校内文化和教育资源的基础上,在校报、广播台、新闻网开辟专栏、专题,大力宣传奥运知识、奥运精神,在校内外广泛解读奥运文化,阐述奥运精神,以奥运为契机,在全校开展了"学习奥运健儿、弘扬奥运精神"等主题教育活动。

[支援抗震救灾]　四川汶川特大地震发生后,学校以高度的政治意识、大局意识、责任意识,认真贯彻上级指示精神,积极参与社会救灾活动,开展对受灾学校、受灾师生的援助和关心活动;组织部分专家、学者研讨"万众一心、众志成城,不畏艰险、百折不挠,以人为本、尊重科学"的伟大抗震救灾精神。在抗震救灾工作中,全校师生自愿捐款120万元,其中"特殊党费"541913.70元,"特殊团费"76000余元,向灾区伸出援助之手,奉献爱心。

[纪念改革开放30周年]　5月,党委宣传部与社会科学处、文科学报等单位联合开展"纪念改革开放30周年"理论研讨征文活动并评出奖项。学校在《聊城大学报》、电视台、广播站、学校新闻网、"红旗在线"开辟专版、专栏,制作专题节目,利用宣传栏及时张贴相关图片资料,积极宣传改革开放的伟大意义、巨大成就、成功经验,宣传学校改革开放以来取得的成绩。10月26日和11月8日,先后举办以"当前国际形势与国际格局演进"和"纪念改革开放30周年"为主题的两期高端学术论坛,使学校思想理论和实际工作者加深了对中国特色社会主义理论的认识和理解,推动了中国特色社会主义理论研究和大学生思想政治教育工作的深入开展,并积极组织参加全省纪念改革开放30周年理论研讨活动。

[加强党组织建设]　2008年,学校共有20个党总支顺利完成换届选举工作,及时做好党支部的调整工作,党支部数量由2007年底的198个增加到232个。本年度,通过入党积极分子培训班培训入党积极分子1000余人,发展党员1429名。对11个学院的领导班子进行了调整,对全校科级以上干部进行了综合考核,并评选出校级先进基层党组织、优秀共产党员和党务工作者、优秀共产党员领导干部;其中受到市委和省委表彰的省级优秀党务工作者1人,市级优秀共产党员和党务工作者3人,先进基层党组织2个,省高校系统优秀共产党员和党务工作者6人,先进基层党组织2个。

[加强泰山学者学术团队建设]　3月,学校为"泰山学者"岗位特聘教授刘继峰博士配备4名专业骨干教授作为梯队成员,5月,通过省委组织部、省人才工作小组和省教育厅等单位组织的泰山学者岗位建设检查。

[共青团工作]　1月17日,校团委确定2008年寒假社会实践活动校级项目。1月18日,校团委对2007年度共青团工作先进集体和个人进行表彰。6月24日,举行2008年大学生志愿者服务西部计划表彰大会暨志愿者欢送仪式,表彰了法学院、农学院、化工学院三个"优秀组织单位",向西部计划志愿者颁发荣誉证书。组织开展大学生暑期社会实践活动——聊城大学灾区支教服务团支教活动、大学生赴基层(农村)挂职锻炼工程,启动暑期"大学生赴基层(农村)挂职锻炼工程"暨"大学生农业科技指导员"活动。7月14日至8月14日,聊城大学灾区支教服务团在四川安县宝林镇中学开展支教活动。评选"第十三届校园十佳",授予于路新等10名学生为"校园十佳"。

2月26日,校团委被团省委评为2007年度山东省"红旗团委"。学校被评为"2008年度全省大中专学生志愿者暑期'三下乡'社会实践活动优秀组织单位",有12名同志被评为"2008年度全省大中专学生志愿者暑期'三下乡'社会实践活动优秀指导者",22名学生被评为"2008年度全省大中专学生志愿者暑期'三下乡'社会实践活动优秀学生","聊城大学大学生赴基层(农村)挂职农业科技指导员服务团"等8支服务团(队)被评为"2008年度全省大中专学生志愿者暑期'三下乡'社会实践活动优秀服务队"。七件作品获"第六届'挑战杯'山东省大学生创业计划竞赛"奖。

12月20日,学校被评为"2008年全国大中专学生志愿者暑期'三下乡'社会实践活动先进单位",学校灾区支教服务团被评为"2008年全国大中专学生志愿者暑期'三下乡'社会实践活动赴地震灾区优秀团队"。

在21个学院分团委换届选举工作的基础上,于4月25日召开共青团聊城大学第八次代表大会。会议通过了"团结青年、服务青年、心系青年、引领青年,进一步提升共青团工作水平,为聊城大学的新发展贡献青春力量"的工作报告,选举产生了共青团聊城大学第八届委员会委员和团委书记、副书记。

[学生工作]　2008年,学生工作紧紧围绕学校党委提出的"三大历史任务"和"质量水平年"的目标要求,大力加强和改进大学生思想政治教育,积极构建学生工作科学管理体系,努力做好各项服务工作,制定了《大学生思想政治教育大纲》与《"大学生思想政治教育大纲"的指导意见》,组织全校辅导员分工协作,加强大学

生思想政治教育专题研究与工作，组织 2008 年全校优秀辅导员评选工作和全省“十佳百优”辅导员评选推荐工作，各有 1 名同志被评为全省“十佳”辅导员和“百优”辅导员，23 名同志被评为全校优秀辅导员。共推荐评选省级优秀学生 27 名、优秀学生干部 14 名、优秀毕业生 383 名、先进班集体 7 个。评选出 856 名 2008 届校级优秀毕业生。

2008 年度有 1126 名学生获得助学贷款。通过市公安局、市建行以及各学院筹集资助近 30 项资助 251 名 2008 级特困生。在山东省学生宿舍管理检查评比中，学校被评为“山东省学生宿舍管理示范单位”。

[第八届教代会暨工代会第一次会议]　2008 年 5 月 21 日至 22 日，召开第八届教代会暨工代会第一次会议。大会听取、审议并通过学校工作报告、学校第七届工会委员会工作报告，大会授予化学化工学院等 6 个单位“聊城大学师德建设先进集体”荣誉称号，授予朱印海等 6 名教授“聊城大学师德标兵”荣誉称号。

[教学工作]　为全面贯彻落实党中央、国务院关于高等教育要全面贯彻科学发展观、切实把重点放在提高质量上的战略部署和“巩固、深化、提高、发展”的工作方针，确定了“注重专业基础、拓宽培养口径、加强能力培养、提高综合素质、注重创新、突出特色”的指导思想，制定了《关于进一步推进和深化本科教学改革的若干意见》、《关于实施“本科教学质量工程”的意见(2007～2010 年)》和一系列有关实践教学改革的文件，形成符合各学科专业特点，课程结构更加合理，课程设置更加科学的人才培养方案。

5 月，社会体育、广播电视编导、环境科学、应用心理学、交通运输、园林和电子商务等七个本科专业被批准为新增学士学位授予专业。7 月，“拓扑学”被评为山东省精品课程。10 月，思想政治教育专业被评为国家级特色专业建设点。12 月，教育部批准我校申报的政治学与行政学、动画和工程管理 3 个本科专业，并于 2009 年招生。

经省教育厅专家组评议，四个教学教改项目均顺利结项。《电视摄像实验》和《现代教育技术实验》两门课件荣获第八届全国多媒体课件大赛三等奖。9 项成果获山东省教育科研优秀成果奖。

文学院石兴泽教授于 9 月份被评为山东省第四届教学名师。化学系列课程教学团队于 10 月入选山东省省级教学团队。

[科研工作]　2008 年共获得上级各类科研项目 99 项。其中，国家社科基金 4 项、全国高校古籍整理研究项目 1 项、国家自然科学基金 16 项(含与外单位合作 3 项)，国家级科研项目立项总数创下了学校历史最高纪录；获得省社科基金项目 17 项、省科技攻关项目 2 项、省自然科学基金项目 10 项、省优秀中青年科学家科研奖励基金项目 4 项、省软科学项目 9 项、省教育规划项目 3 项、省信息产业厅项目 1 项、省教育厅科研项目 21 项，山东省文化厅项目 6 项，聊城市社科规划项目 5 项。全年校内教师开展学术讲座 85 人次，聘请校外专家开展学术讲座与去年相比增长迅速，达 57 人次。全校共取得上级各类优秀科研成果奖励 46 项，其中山东省社会科学优秀成果奖 11 项(二等奖 4 项、三等奖 7 项)，首届山东省“泰山文艺奖”1 项，山东省科学技术奖 3 项(自然科学奖 2 项、科技进步奖 1 项)，山东高校优秀科研成果奖 24 项(一等奖 8 项、二等奖 4 项、三等奖 12 项)，山东省软科学奖 2 项，山东省文化艺术科学优秀成果奖 5 项。另有 1 人获山东省社会科学“学科新秀奖”。

光通信科学与技术实验室被省科技厅、省财政厅批准为山东省重点实验室，自 11 月起进入建设实施期；11 月，山东省光通信工程技术研究中心顺利地通过了省科技厅组织的验收。12 月，10 个山东省“十一五”高校重点学科(实验室)、人文社科研究基地顺利通过了省教育厅组织的中期评估，并取得优异成绩。

[师资队伍建设]　按照“公开、平等、竞争、择优”的原则，2008 年共引进紧缺专业的博士、硕士研究生 70 人。本年共聘请 26 名兼职教授从事教学、科研工作，其中博士生导师、教授 17 名，中国科学院院士吴培亨教授于 2008 年 3 月受聘学校。截至年底聘任中国科学院、中国工程院院士达到 4 名，特聘教授 8 名。

培训聊城、德州、泰安、潍坊等地区 20 余所院校教师 800 余人次，组织 2008 年度山东省高校教师现代教育技术培训工作，共培训聊城、德州等地区 15 所院校教师 1500 余人次；举办第三期骨干教师英语培训班暨 BFT 高级英语培训班与首期“雅思”培训班。

[机构调整]　为适应综合性大学发展的需要，完善校、院、系三级二元办学体制，进一步加强机构管理工作，学校机构进行了以下调整：1 月，成立思政与马克思主义学院、法学院；4 月，成立中共聊城大学委员会机关工作委员会(机关工委)；6 月，大学英语教学部更名为大学外语教育学院；7 月，组建成立聊城大学高新技术产业集团；12 月，成立传媒技术服务中心。

[招生与就业]　2008 年共录取各类新生 8349 人。学校以帮助毕业生充分就业为目标，强化就业教育、管

理、指导和服务等措施,积极为学生和用人单位搭建“双选”平台,成效显著,本专科初次就业率达到64%。

[函授与夜大学]　2008年新增成教专业5个,新增函授站(点)5个。录取新生2958人。2008年举办各类非学历教育培训班83个,培训人员6531人次,其中有5349人通过培训考试取得职业资格和社会等级证书。学校承担山东省农村中小学教师素质提高工程专题培训任务,完成语文、数学、英语三个专业的两期培训任务,共培训骨干教师950人。

[实验室建设与改革]　为建立实验室安全卫生综合治理的长效机制,制订《实验室综合治理管理细则》。物理实验教学中心被评为2008年山东省普通高等学校实验教学示范中心。

[学位与研究生教育]　2008届本科毕业生有8006人被授予学士学位。45个招生专业录取硕士研究生。进一步完善教学管理服务体系、培养体系、考评体系,聘请研究生课程教学督导员,召开了公共课教学改革研讨会,举办了研究生英语系列讲座、申论及写作能力等系列讲座,组织实施《研究生教育创新计划》,出台了“研究生教育创新计划”项目管理办法、优秀硕士论文评选及奖励办法。在2008届全日制毕业研究生中,有21人考取了博士研究生,有10人被评为省级优秀毕业生。获批6项省级研究生教育创新计划项目和2项山东学位与研究生教育学会研究生教育管理科学研究项目,获得3项山东省研究生优秀科技创新成果三等奖。

和山东师范大学、枣庄学院、东阿阿胶集团和国家橡胶助剂工程技术研究中心等联合,共建研究生联合培养基地。本年,新增5个教育硕士研究生招生学科领域。

[信息与图书馆建设]　截至2008年底,图书馆馆藏纸本图书总量已达到213万册,中外文全文电子期刊已逾2808种,电子图书178万种,各种全文电子文献数据库27个。图书馆全年平均接待读者190万人次,图书借还106.8万余册,图书馆主页点击量62.2万次,各类电子资源检索次数达50.3万次,全文期刊文章下载量8.78万篇。加强馆际资源共享建设,进一步拓宽与高等教育文献保障系统(CALIS)和全国性的人文社会科学外文期刊保障体系(CASHL)文献原文传递服务工作。

[基建与后勤工作]　争取“邵逸夫”基金500万港元,争取省政府投资图书馆工程100万元,获省政府投资和省财政补助建筑工程学院教学实验楼工程350万元;东校图书馆和医院工程获得了山东省工程质量最高奖——“泰山杯”。

4月,学校获“全国绿化模范单位”荣誉称号。5月,饮食服务中心通过北京中润兴认证公司颁证后第一次复审。12月,东校区饮食服务中心参加高校标准化食堂评估与验收,博苑、翰苑餐厅成为标准化餐厅。

[财务与审计]　全校实现总收入31753万元(不含基建建设项目,下同),其中:财政补助收入15695万元,事业收入14650万元,其他收入1208万元。实现总支出31612万元,其中:基本支出22175万元,项目支出9437万元。基本支出包括:工资福利支出9468万元,对个人和家庭补助支出4727万元,日常公用支出7980万元。项目支出包括:办公设备购置费432万元,专用设备购置费1563万元,其他资本性支出7442万元。

共开展各种工程审计130项,送审额2212万元,审减额374万元,审减率17%。其中:基本建设审计16项,送审额1528万元,审减额297万元,审减率19%。开展修缮工程审计共114项,送审额684万元,审减额77万元,审减率11%。

[产业开发工作]　构建校地合作平台:4月16日,学校于山东瑞利金属材料有限公司挂牌成立“聊城大学产学研基地”,并签订技术合作协议;4月25日,在汽车与交通工程学院挂牌成立了“中国科学院凯思博宏环保节能技术研究所(聊城)”,并签署共建协议。12月26日,在生命科学学院挂牌成立了“聊城大学—东阿阿胶研究院”。

计算机学院参与了国家信息中心的“新型跨域授权管理平台原型系统研究”国家高技术研究发展计划(863计划)子课题研究。理工学院与创通电子信息技术有限公司以“视频终端驱动器及双向掺铒光放大器的产业化研究”项目联合成功申报了“山东省信息产业专项发展资金”。材料学院与山东同利化工有限公司以“新型高性能非铅压电单晶材料的制备及性能研究”项目联合成功申报了“中小企业发展基金”。

[固定资产管理工作]　对全年出入库数据分析并形成数据分析报告,为后勤改革等提供依据。重点完成生物科学和材料科学与工程两个实验教学中心(600万)的政府采购及医院、国防生心理拓展训练设施、网络设备、供暖设施维修改造等项目。根据学校《关于开展2008年度固定资产清查工作的通知》精神,完成年度

资产清查工作。

[外事工作]　共接待来自美国、加拿大、英国、澳大利亚、瑞典、荷兰、菲律宾、韩国、日本、中国等国家和地区的 136 人次来访。组团出访 3 批次共 11 人。省自筹出国经费及省教育厅骨干教师出国留学项目资助出国留学 9 人次。外派汉语教师 3 人次。

与澳大利亚莫道克大学、伊迪斯科文大学，韩国大佛大学、极东大学，美国奥本大学、华伦威尔逊学院、德克萨斯 A&M 国际大学等 8 所院校新建校际关系并签订校际交流协议。本年度获批 2 个中外合作办学专科项目：土木工程专业专科项目（与韩国东新大学）、软件工程专科专业（与澳大利亚莫道克大学）。共聘任来自美国、英国、韩国、日本、菲律宾等国的长短期语言专家 14 人次。

共招收来自美国、英国、韩国、日本、西班牙、俄罗斯、坦桑尼亚等国长短期外国留学生 161 人次，引进专职对外汉语教师 1 人，接待短期中国语言文化研修团 2 个，派遣公派出国交换学生 22 人次。

[社会体育工作]　由 160 人组成的 10 个运动队中，在山东省注册的运动员达 82 人。在全国各类体育比赛中获得金牌 8 枚、铜牌 3 枚、第四名 1 个、第五名 2 个、第六名 2 个、第七名 1 个、第八名 2 个。在参加全省各类比赛中获得金牌 8 枚、银牌 10 枚、铜牌 14 枚、第四名 9 个、第五名 16 个、第六名 15 个、第七名 6 个、第八名 12 个。

[平安聊大建设]　学校被山东省安全厅评为“国家安全人民防线工作先进集体”。

学校党政领导人

书　记：程玉海
校　长：宋益乔
副书记：王昌松　张　桓
副校长：董泉增　李剑萍　冯　健　李军生
　　　　张贵桥　李　喆
纪委书记：徐传光

学校地址：聊城市湖南路 1 号
联系电话：0635－8239155
传　真：0635－8239040
电子邮箱：das@lcu.edu.cn

（撰稿：陈凡正　孟宪霞　李　琳　袁东慧　审稿：张　桓　张跃飞　邢培华）

山东科技大学

[概况]　山东科技大学是一所以工为主，矿业见长，工学、理学、管理学、文学、法学、经济学、教育学等多学科相互渗透、协调发展、特色鲜明的省属重点大学。

学校在青岛、泰安、济南三地办学，总占地面积 243.16 万平方米，建筑面积 135 万平方米。设有 16 个学院和 9 个教学系（部）以及 1 个独立学院。有 5 个博士后科研流动站，3 个博士学位授权一级学科，24 个博士学位授权学科、专业；9 个山东省“泰山学者”设岗学科；12 个硕士学位授权一级学科，77 个硕士学位授权学科、专业；14 个工程硕士专业学位授权领域；72 个本科专业。有国家重点（培育）学科 1 个，省部级重点学科（实验室）27 个，山东省强化建设人文社会科学研究基地 1 个，青岛市重点实验室 1 个，教育部工程研究中心 1 个，省级工程技术研究中心 7 个。学校设有国家制造业信息化培训中心授权业务中心、国家外专局外语培训中心、“山东—俄罗斯科技合作中心”、青岛市制造业信息化人才培训基地。俄罗斯自然科学院在学校设有中国唯一的“中国科学中心”。

学校现有在校生 4 万余人，其中博士、硕士研究生 4510 余人，独立学院学生 8580 余人。另有继续教育类学生 32000 余人。有教职工 2970 余人，其中专任教师 2000 余人，教授 257 名，副教授 411 名。有中国科学院院士 3 名，中国工程院院士 1 名，俄罗斯自然科学院外籍院士 5 名，“泰山学者”9 名，新世纪百千万人才工程国家级人选 3 名，教育部新世纪优秀人才支持计划人选 3 名，国家有突出贡献的中青年专家 6 名，享受国家政府特殊津贴教师 58 名，山东省有突出贡献的中青年专家 6 人，省部级专业技术拔尖人才 37 名，博士生导师 124 名。

学校有全国优秀教师 8 人，省级优秀教师 19 人，省级教学名师 5 人。国家级特色专业建设点 5 个，国家级实验教学示范中心建设点 1 个，山东省品牌专业建设点 3 个，山东省特色专业建设点 5 个；建有国家级精品课程 2 门，省级精品课程 17 门；获国家级教学成果二等奖 2 项，省级教学成果奖 31 项。学校已为社会培养了 10 万余名各类人才。毕业生就业率始终保持在全省高校前列。

[教学工作]　进教学改革，强化教学建设。校院两级分别制定了《本科教学建设与改革三年规划》。实施了

教学研究“群星计划”,投入经费100万元,资助200项研究课题。加强教学队伍建设,继续实施“青年教师教育教学导航计划”,制定了《关于加强青年教师社会实践锻炼的实施意见》。推进教学方法改革,现代教育技术得到广泛应用,建立了900G的教学视频资料库,在全国多媒体课件大赛中获奖22项。

开展整改工作,巩固评建成果。3月,教育部公布学校本科教学工作水平评估成绩优秀,学校召开了总结表彰大会。根据学校《本科教学工作水平评估整改方案》的要求,全面落实整改工作。加强教学制度建设,出台了10余项规章制度,规范办学行为。加强教学管理,修订本科专业培养方案,切实巩固评建成果。

加大实验室开放力度,强化实践教学环节。建立“一个基金,两个平台”,即建立实验室开放基金与开放实验平台和大型仪器设备服务平台,规范实验室管理,规范实验室管理,公布开放实验信息,提高使用效益。投入10万元,设立电工电子类“创新性实验研究项目”,鼓励教师参与创新性实验研究,营造良好的实验教学创新环境。

质量工程建设成效明显。加强教学内涵建设,开展“质量工程建设年”活动。加大课程建设力度,确立14个校级精品课程建设点和8个首批校级双语示范课程建设点。自动化、土木工程2个专业获批国家级特色专业建设点,地质工程、矿物加工工程2个专业获批山东省特色专业建设点;“数字图像处理”课程被评为国家级精品课程,“矿井通风与安全”和“数字图象处理”2门课程被评为山东省精品课程;电气与自动化实验教学中心、计算机实验教学中心被评为山东省实验教学示范中心;土建类专业力学系列课程教学团队被评为山东省教学团队;1人被评为山东省教学名师。

学生培养质量得到提高。组织学生参加“挑战杯”、数学建模等省级以上科技创新竞赛,获得全国奖励67项、山东省奖励110项。在山东省第二届文化艺术展演等校外文化艺术竞赛中,获得奖励47项。全国大学生英语四级统考一次通过率达92.51%,比2007年提高8.9%,10个班级通过率为100%。在全国大学生英语竞赛中,2人获特等奖、91人获一二三等奖。学生男篮荣获第十届CUBA全国第三名。

研究生教育管理成绩突出。完善教育管理体系,促进教育管理信息化。推进教学改革,合理设置课程,注重培养过程的监督和质量保障。强化指导教师队伍建设,严格指导教师条件。加强研究生创新能力培养,设立了科技创新基金,积极组织参加齐鲁研究生学术论坛活动。4篇论文被评为山东省优秀博士、硕士学位论文,3项成果被评为山东省优秀创新成果。完成了工程硕士工业工程领域的评估工作。承办了全国测量工程领域工程硕士培养工作研讨会、山东省学位与研究生教育学会研究生招生专业委员会成立大会暨招生工作研讨会。

加强继续教育采矿工程、矿山机电等品牌专业建设,做好教学管理工作,发挥远程教育优势,创新函授教育形式,确保培养质量。召开第十七次成人教育工作会,承办全国煤炭成人高等教育招生座谈会。

[学科建设]　加强“采矿工程”国家重点(培育)学科建设。“矿山灾害预防控制”省部共建教育部重点实验室通过验收并申报了国家重点实验室培育基地。“矿业安全工程与环境保护”顺利通过省重点实验室绩效评估。“机器人与智能技术”实验室获批为省重点实验室。与海南测绘局联合申报的“海岛(礁)测绘技术”实验室获批为国家测绘局重点实验室。“机器人工程技术研究中心”和“煤炭开采安全与环境保护工程技术研究中心”通过省科技厅的考评,其中“机器人工程技术研究中心”成绩优秀,获得55万元资助。8个省级强化建设重点项目通过省教育厅组织的山东省“十一五”高校重点建设项目中期评估。入网设备和实验室通过省科技厅的山东省大型科学仪器设备协作共用绩效考评并获得奖励。

校企联合实验室建设取得新进展,推动了相关学科领域的科研合作和技术开发。与新汶矿业集团联合成立了矿山机械实验室,首批获赠的490万元设备已到位;与青岛天信电气有限公司联合成立“矿山生产安全检测技术与设备教育部工程研究中心产业化基地”;与嘉祥县供电公司合作建立了环保复合纸中试实验室。

[科研工作]　科研立项和经费数量实现新突破。全年纵横向科研立项826项,计划与合同经费近1.82亿元,比去年增长20.5%,创历史新高;实到经费首次过亿元,达1.02亿元。其中,纵向项目265项,计划经费2481万元,实到3135万元。横向项目561项,合同经费1.57亿元,同比增长65%;实到经费7118万元,同比增长17.1%。获得国家级项目38项,资助经费1044万元,立项数量和资助经费为历年最高,其中国家自然科学基金项目22项,资助经费589万元。

科技获奖成绩斐然。获国家科技进步奖二等奖1项,省部级科技奖励36项,其中一等奖5项(含山东省社会科学优秀成果一等奖1项)。鉴定科研成果50项,获准授权专利44件,其中发明专利13件、实用新型专利31件。出版著作108部,发表论文1638篇,其中被三大检索收录301篇。

强化科技创新团队建设。初步形成了以院士领衔、中青年学术带头人为骨干的10余个优秀科技创新团队，在获得高等级奖励和争取重大科研项目中发挥了重要作用。投入173.5万元，实施科学研究"春蕾计划"，开展纵向小额、无资项目经费匹配工作。

促进交流合作，搭建产学研平台。先后与莒县政府、山东泰丰矿业集团等签订了全面科技合作协议，建立长期稳定的科技合作关系。组织参加国家、省市科技洽谈会10余次，举办了与泰安市煤炭企业科技合作交流会，促进科研成果转化。

[师资队伍建设] 高层次人才引进和培养成效明显。聘任2名院士、2名高级专家为特聘教授。完成了2个学科"泰山学者"遴选和2个"泰山学者"因人设岗学科的申报工作，新增4名"泰山学者"特聘教授。完成了3个学科"泰山学者"科研技术骨干团队遴选配备工作，核拨4个"泰山学者"设岗学科科研经费80万元。完成了"新光工程"217名学科带头人的聘期考核工作，考核合格210人。

加强师资培养。75人考取在职攻读学位研究生和进入博士后科研流动站，84名教师通过在职培养提高了学历(学位)层次。公开招聘新进人员74人。完成了2008年专业技术职务聘任资格评审工作，全校评审通过245人。1人被中组部批准为第九批"博士服务团"成员，挂职贵州省毕节学院院长助理。1人被评为"山东省优秀博士后"。

[对外交流与合作] 中外合作办学规模不断扩大。6个中外合作办学项目获得了国家教育部的办学许可，招收新生507人。完成了中德、中法、中韩等合作办学项目学生的派出工作。招收留学生42名，在校留学生达到110人。聘请外籍专家教师95人次，1名外籍专家荣获"山东省外国文教专家教学奖"。

对外交流与合作活跃，涉及17个国家和地区的88个高校、科研院所。全年派出145人，接待10个国家和地区的来宾118人次，签署合作协议和意向12项。5项国际科技合作项目和引进国外智力项目被批准立项，获资助经费201万元，其中1项经费达150万元，创历年新高。成功举办了"第五届中俄城市与矿山地面地下工程学术会议"。

港澳台交流更加紧密。组织参加了第八届"新世纪成功有约"海峡两岸大学生研习营活动。第七届研习营活动和第三届海峡两岸中小企业经营管理与发展战略研讨会被评为2007年度山东省优秀对台交流项目。

[学生工作] 继续推进"三结合"成才工程，促进学生健康成长。学校被山东省委高校工委命名为"德育示范高校"。开展学习十七大精神、纪念改革开放30周年、国防军训、文明安全、毕业生教育、大学生科技文化艺术节、奥帆赛志愿服务等活动。重视学生心理健康教育，开展2008级新生心理普查、心理素质网络测评工作，做好个体咨询、网络咨询工作。加强学生公寓管理服务，学校被省教育厅评为公寓管理先进单位。

切实做好困难学生资助工作。开展困难学生认定，夯实资助工作基础。为3444名学生办理国家助学贷款1736万元；5279名学生获得国家、省政府、企事业单位设立的奖、助学金1309万元；向8718名学生发放困难补助117万元；发放生活补助485万元；发放勤工助学报酬478万元；为258名新生办理"绿色通道"手续；为351名学生减免学费45万元；向2270余人次发放爱心物品4280余件；办理694起保险理赔案件，赔付金额52万元。

[招生与就业] 2008年共录取研究生1734人，其中录取硕士研究生825人、博士生65人、工程硕士801人、高校教师在职攻读硕士生43人，在校研究生已达4410人。2008年共招收本专科生11184人，其中招收普通本科生6134人、普通专科生891人、对口高职本科生202人、专升本709人，泰山科技学院招收本科生1957人、专科生1291人。在校本专科学生共计35756人。录取继续教育类学生10161人，连续6年招生过万人。办学规模保持32000人。

2008届毕业研究生、本科生、专科生一次就业率分别为97.3%、88.1%、86.5%，普通本科生一次就业率较2007年提高了1.9个百分点，在青岛地区就业的毕业生占省内就业人数的35.5%。考研率为25.6%，同比提高了3%。举办了山东省2008年秋冬高校毕业生理工类就业市场暨山东科技大学2009届毕业生供需见面会。

[抗震救灾工作] 全校师生员工(含离退休人员)自愿捐款52.62万元，捐赠棉被毛毯1513件。全校中共党员交纳特殊党费73.45万元，青年学生自愿捐款和交纳特殊团费102万元。为地震重灾区的55名学生免除全部学费20万元，向22名来自灾区的学生发放3.5万元慰问金，向23名新生赠送了学习生活用品大礼包。有6名师生赴灾区参加抗震救灾和灾后重建工作。

[其他工作] 拓宽筹资渠道，搞好资金运作。争取中央与地方共建6个项目专项经费，取得国家开发银行贷款资格。加强财务监管，提高工作效率和师生满意度。财务处被授予"山东省先进会计工作集体"荣誉称

号。完成学校经营性资产清查工作。实施"阳光采购"。举办了2008年山东省高校资产管理业务骨干培训班。

青岛校区建设项目获得山东省发改委批复。办学基本设施不断完善,济南校区教学楼加固等11550平方米工程竣工。启动了东部运动场区规划及方案设计工作。组织学生、教职工公益劳动。推进依法行政、廉政勤政建设。

优化图书文献馆藏结构,保障重点文献资源,做好读者服务工作。学报影响力有较大提升。学报编辑部荣获2008年中国高等学校自然科学学报研究会"高校科技期刊先进集体"称号。成立了山东科技大学教育发展基金会和2个校友分会。加强综合治理,创建平安校园。被青岛市公安局记集体三等功,1人被评为"平安山东建设"先进个人。

实施后勤管理创新,完善服务保障功能。年初,采取节约挖潜和学校补贴等方式,克服了物价上涨和用工成本大幅上升两大困难,确保了食堂基本饭菜价格不上涨。后勤总工资被评为全国高校后勤系统信息与宣传工作先进单位。加强科技产业规范化管理,促进科技成果转化。1项产品在国外投入使用,3项成果获得国家实用新型专利授权。科技园荣获"全国先进科技产业园"称号并被授予"民营科技发展贡献奖"。

学校党政领导人

书　记:刘向信

副书记、校长:王春秋

副书记:李武修　吕灵昌　李曙光

副校长:张云生　靳奉祥　陈维健　刘新民　王志刚　张士强

纪委书记:李道刚

校本部地址:青岛经济技术开发区前湾港路579号

邮政编码:266510

联系电话:0532-86057059

传　真:0532-86057001

泰安校区地址:泰安市岱宗大街223号

邮政编码:271019

联系电话:0538-3076235

传　真:0538-6227415

济南校区地址:济南市天桥区胜利庄路17号

邮政编码:250031

联系电话:0531-58863110

传　真:0531-58863161

(撰稿:李　森　审稿:张士强)

山东理工大学

[概况]

学校占地面积		240公顷
校舍建筑面积		109万平方米
学　院		21个
图书馆藏书		464.75万册(含电子图书206.39万种)
教学科研仪器设备资产值		2.8亿元
全日制在校学生		33405人
专任教师	总数	1796人
	教授	212人
	副教授	725人
	博士	258人
	硕士	897人
学科专业	本科专业	63个
	硕士学位授权点	43个
	省级重点学科	7个
	文化艺术科学省级重点学科	3个
科研机构	国家级研究中心	1个
	省级工程技术研究院	1个
	省级工程技术研究中心	12个
	省级社科研究基地	3个
	省软科学研究基地	1个
	省级重点实验室	6个(其中3个为省科技厅认定)
	中央与地方共建实验室	20个
2008年主要荣誉称号	山东省大中专学生暑期"三下乡"社会实践活动优秀组织单位 山东省首批大学生创业教育示范校	

11 月 28 日，山东省副省长黄胜到学校视察工作

[本科教育教学工作] 坚持以评促建，重在建设，制定本科教学工作水平评估整改方案和《本科教育优质工程建设方案》，初步构建保证本科教育教学质量的长效机制。不断深化教学内容、教学方法和教学手段改革，拟订《国家级人才培养模式创新实验区实施方案》，加强实践教学环节，"知识、能力、素质"三位一体人才培养体系日趋完善。加强专业、课程和教学团队建设，入选国家级特色专业 1 个，精品课程 1 门，教学团队 1 个；省级品牌、特色专业 2 个，精品课程 2 门，教学团队 1 个，实验教学示范中心 1 个；评选出校级品牌专业建设点 4 个，精品课程 15 门，实验教学示范中心 5 个。深入实施大学生研究与创新训练计划，加强学生创新创业教育，学生实践和创新能力得到提高，在全国"挑战杯"等重大赛事中取得优异成绩。

[学科建设和科研工作] 不断完善学科建设规划，调整学科布局，初步构建了适应经济社会需要、符合学科发展趋势，优势突出、特色鲜明、协调发展的学科体系。注重省校两级重点学科、重点实验室及人文社科研究基地内涵建设，10 个省级重点学科（实验室）以优异成绩通过中期评估。加大创新研究团队支持力度，完善团队评估管理办法，加强检查考核，团队建设取得新的进展。进一步拓展校地、校企合作，深入落实《山东理工大学服务制造业强省建设行动计划》，提升服务制造业强省建设水平，参加山东省产学研暨节能新技术新产品展洽会，推出 180 项科技成果、124 项专利、14 个科技服务平台，与多家企业达成 20 多项科技合作意向。积极开展人文社会科学研究，注重发掘和弘扬齐文化等传统地域文化，为地方经济社会发展提供服务，受到市委市政府领导充分肯定。全年获省部级以上科研立项 72 项，其中国家级 16 项；完成科研经费 3617.1 万元，其中纵向科研经费 1119.6 万元，横向经费 2497.5 万元，比上年有较大增长；发表核心期刊论文 1044 篇，被三大检索收录 368 篇；与企业联合申报的 1 项科技成果获国家科技进步二等奖，实现了科技奖励连续三年创造辉煌。

6 月 28 日，山东理工大学、山东时风集团校企合作签字仪式

[师资队伍建设] 加大高层次人才队伍建设力度，年内引进博士 18 人，新增山东省有突出贡献的中青年专家 2 人，省教学名师 1 人，省优秀科技工作者 2 人，省自然科学杰出青年基金 1 人。加强教师培养培训工作，全年考取定向博士研究生 23 人，定向培养毕业回校博士 13 人；申请山东省高校优秀青年教师国内访问学者项目 10 人，优秀骨干教师国际合作培养项目 6 人，选派 3 名教师到国外做校级访问学者。积极选派教师参加精品课程、思想政治理论课、辅导员实用技能等项目培训，到国内外高校和研究机构进行课程进修、短期访问、学科研讨或合作研究，对拓宽教师学术视野、优化知识结构、提高科研能力发挥了重要作用。

[学生教育管理] 坚持"育人为本，德育为先"，积极拓展大学生思想政治教育工作新途径，深入开展各类主题教育活动，弘扬"抗震救灾精神"、"奥运精神"等时代精神，推进学生思想政治教育进网络，"青春在线"网站获山东省优秀高校网站称号。积极探索学分制条件下学生教育管理新模式，加强学生校纪校规教育，加大表彰奖励力度，表彰先进集体 69 个，优秀个人 6246 人，为 12061 名学生发放奖助学金 1803.71 万元。进一步改善大学生事务中心硬件条件，完善学生服务体系，深入开展学生心理健康教育，落实"奖、贷、助、免、补"资助经济困难学生政策，帮助学生成才，解决学生困难，方便学生办事，维护学生权益。不断创新大学生社会实践活动，开展"勇担强国使命、共建和谐家园"、"坚持与改革开放同步、与北京奥运同行、与灾区人民同在"等主题实践活动，学校被评为全省"暑期'三下乡'社会实践活动优秀组织单位"，35 名师生、8 支服务团队受

到表彰。

[招生与就业]　进一步完善按文理大类招生有关制度,积极争取招生计划,全方位、多层面开展招生宣传及咨询活动,共录取本专科新生 8883 人,招生结构不断优化,招生管理日益加强,生源质量较往年有所提高,办学层次结构进一步优化。加大毕业生就业指导力度,大力宣传就业政策,广泛征集用人信息,积极拓展用人渠道,组织各类招聘会 533 场。非师范类本科学生一次就业率为89.71%,专科学生为77.06%;师范类本科学生一次就业率为 94.56%,专科学生为100%。坚持以创业促就业,学校被评为“山东省首批大学生创业教育示范校”,25 名毕业生成为志愿服务西部计划第五批志愿者。

[学位与研究生教育]　制定出台研究生校内优秀生源培养实施办法,加大招生宣传力度,录取硕士研究生296 人,生源质量稳步提高。以加强研究生创新能力的培养为核心,深化研究生教育教学改革,推进课程双语教学,加强研究生指导教师队伍建设,确保研究生培养质量。3 项成果获得山东省研究生优秀科技创新成果奖,6 个项目获准山东省研究生教育创新计划项目立项,5 个项目获准山东省研究生教育管理科研立项,13 个项目被确定为校级研究生创新计划项目,1 篇硕士学位论文荣获山东省优秀硕士学位论文。

[职业教育和成人教育]　2008 年录取成人高等教育第一志愿考生 6300 人,在校生规模达到 17000 余人。不断深化教学改革,加强成人教育品牌专业建设,计算机科学与技术专业获准山东省成人高等教育品牌专业建设立项,评选确定校级品牌专业 3 个。开拓继续教育领域,依托学校设立了淄博市人事局专业技术人员继续教育基地、淄博市工商行政管理局干部培训基地、淄博市统计局从业资格继续教育培训基地、淄博市再就业定点培训机构,年内培训计生干部 161 人、工商青年干部 407 人,为南定电厂、辛店电厂、桓台泰宝集团等企业培养、培训各类人员 5344 人次。

4 月 19 日,举行山东省职业技术教育师资培训中心成立 20 周年庆祝大会,中共山东省委原书记苏毅然,教育部职业教育与成人教育司副司长王继平,山东省教育厅党组成员、总督学徐曙光等出席大会。会后举办了职教发展论坛,省内外部分专家教授结合自己多年的研究成果进行了交流研讨。新增中心师资培训基地 3 个,完成国家级培训 3 个专业,培训专业骨干教师 82 人;完成省级专业骨干教师培训 34 个专业,培训专业骨干教师 1509 人;完成中职学校校长和管理干部培训 264 人。

[对外交流与合作]　坚持开放办学,国际交流与合作不断深化,与韩国、俄罗斯、澳大利亚、俄罗斯和美国的 8 所国外高等学校、教育机构新签交流协议。全年接待来自英国、美国、德国、俄罗斯、荷兰、英国、新西兰、韩国、奥地利等国家的团体和个人共计 126 人次,来访团数达 45 个,派出团体和个人 16 人次。进一步规范外籍教师聘用和管理工作,聘请外籍教师 43 人次,外教学历层次总体上升。完善外籍教师授课质量评估制度,提高聘请效益。留学服务和留学生教育工作进一步加强,留学生教育管理进一步规范,派出 363 名学生赴英国、德国、新西兰、韩国、俄罗斯及澳大利亚学习深造,招收外国留学生 296 人,组织 48 名留学生参加全国汉语水平考试。

[党建和思想政治工作]　加强理论学习,开展二级党总支理论学习中心组学习示范点创建活动,9 个二级中心组参与培育创建。加强基层党组织建设和干部队伍建设,首批评选出 10 个党总支、党支部作为基层党建工作示范点重点培育单位,第二批 14 个党支部创新活动获得立项;组织召开庆祝中国共产党成立 87 周年暨党内表彰大会,24 个党总支、党支部获校“先进基层党组织”称号,80 人获校“优秀共产党员”称号,6 人获校“优秀党务工作者”称号;1 人获“山东省优秀共产党员”称号;4 个党组织、10 位个人分别受到省委高校工委和淄博市委表彰。全年培训入党积极分子 4000 余人,培训首批学生预备党员 450 多人,发展新党员1013 人。结合国际国内时政,先后举办两会、抗震救灾、奥运会、科学发展观、神七问天、纪念改革开放 30 周年、走进 2009 等专题图片展,利用庆祝第 24 个教师节的时机,开展“学习英模教师,弘扬伟大师魂”主题学习宣传活动,获得淄博市第八届精神文明建设“精品工程”理论文章奖 2 项,图书奖 1 项,戏剧奖 1 项,学校荣获优秀组织奖。全面贯彻落实中共中央《建立健全教育、制度、监督并重的惩治和预防腐败体系实施纲要》,坚持党风廉政建设责任制,加强对党员领导干部的法律法规和廉洁勤政教育,着力建立教育、制度、监督并重的惩防体系和基本工作机制,从源头上预防和惩治腐败。

学校党政领导人

书　记:都光珍

副书记、校长:张新义(2008 年 12 月任职)

副书记:张宗新

副校长:贺连春　张元利　王学真　谭秀森

杜瑞成　姚　德

纪委书记：张宇声

学校地址：山东省淄博市张店区张周路 12 号

邮政编码：255049

联系电话：0533－2780510

传　　真：0533－2780513

（撰稿：张宗磊　郭万保　张雨田　审稿：张新义）

青岛科技大学

[概况]　青岛科技大学原名青岛化工学院，前身是 1950 年 9 月创建的沈阳轻工业高级职业学校，1956 年 8 月迁至青岛，改名为青岛橡胶工业学校，1958 年 9 月组建为山东化工学院，1984 年 9 月更名为青岛化工学院，1998 年由原国家化学工业部划转山东省领导，2002 年 3 月经教育部批准更名为青岛科技大学。

学校设有崂山和四方两个校区，占地共约 2550 余亩，校舍建筑总面积 63.55 余万平方米。现有教职工 2050 人，其中高级职称 736 人；全日制在校生 2.5 万余人，其中博士、硕士研究生 1494 人。

学校拥有学士、硕士、博士学位授予权和硕士研究生免试推荐权，现有 7 个博士点，2 个博士后流动站，5 个硕士学位授权一级学科，49 个硕士点，59 个本科专业，学科覆盖理、工、经、管、文、医、法七大学科门类；拥有 2 个教育部重点实验室，1 个教育部工程技术研究中心，16 个山东省重点学科、重点实验室，5 个省级工程技术研究中心，8 个青岛市重点实验室、工程技术研究中心和行业依托中心；有国家级教学团队 1 个，省级教学团队 2 个；拥有国家级特色专业 2 个，国家级人才培养模式创新实验区 1 个，省级品牌专业 1 个，省级特色专业 4 个。学校高质量的教学工作被教育部评估为“本科教学工作水平评估优秀高校”。

学校坚持教学工作的中心地位，建校以来为社会培养了近 8 万名高级专业技术人才。学校重视科学研究，创造了被社会广为关注的“科技大学现象”。10 余年来获得 13 项国家技术发明奖、国家科技进步奖和 1 项国家科技部杜邦科技创新奖。据由中国校友会网、《大学》杂志和 21 世纪人才报等联合研制的《2007 中国大学评价研究报告》公布的“2007 中国高校科技贡献力排行榜”、“2007 中国高校技术创新贡献力排行榜”、“1979～2006 中国高校获国家重大技术发明奖励情况”三项排名中，学校分别列全国高校第 39 位、第 27 位和第 22 位；据科技部中国科学技术信息研究所发布的统计数据，2007 年度被科学引文索引（SCI）收录 258 篇，排名第 58 位；被工程索引（EI）收录 137 篇，排名第 76 位。学校先后被评为青岛市科研成果转化先进单位，山东省“九五”企业技术进步先进单位。学校突出的科研成果转化能力被社会广为赞誉为“科技大学现象”。

学校重视对外交流与合作，目前已与美、日、俄、德、英、韩等国家和地区的 41 所高校建立了友好往来关系；同德、俄、加、美、韩、法等国 14 所高校广泛开展合作办学，尤其是与德国帕德博恩大学合作成立了中德科技学院，纳入中德两国政府合作项目，被誉为山东省中外合作办学的典范。

[党建与思想政治工作]　深入学习贯彻党的十七大精神，坚持用中国特色社会主义理论体系武装党员干部。充分利用理论学习中心组、民主生活会、学习报告会、研讨会、党课等多种形式，组织广大党员干部认真学习党的十七大精神，学习马克思主义中国化的最新理论成果，学习中央、省市委有关会议精神，不断增强贯彻落实党的基本理论的自觉性和坚定性。坚持学习理论与指导实践相结合，切实强化履行岗位职责的责任意识。

积极开展深入学习实践科学发展观活动，在全校范围内开展“解放思想”大讨论，教育和引导广大党员干部着力解决不适应、不符合科学发展观的思想观念，着力解决影响和制约科学发展的突出问题，健全落实和保障科学发展的体制机制。在处级党员干部中组织开展了以“学习和实践科学发展观”为主题的民主生活会，使领导干部进一步增强科学发展意识，不断提高科学发展的本领，做科学发展观的忠实执行者。

加强领导班子思想政治建设和干部队伍建设。全校处级干部调整后，及时把班子建设的重点转到抓好理论武装、民主集中制建设和思想作风建设上来。组织学习贯彻《青岛科技大学学院（部）党政领导干部职责及工作规则暂行规定》，完善党政分工负责、协调配合的运行机制，落实领导班子分工、议事、决策的规则和程序，提高决策的科学化、民主化水平。

按照“为民、务实、清廉”的要求，进一步加强领导干部作风建设。认真学习贯彻胡锦涛总书记在中纪委第二次全会上的重要讲话精神，学习《建立健全惩治和预防腐败体系 2008～2012 年工作规划》，使领导干部充分认识加强党风廉政建设的重要性，深刻领会加强党风廉政建设的精神实质，进一步增强自律意识。

以评选“优秀党日活动”和“特色党建工作”为抓

手,大力推进党建工作创新,首次开展了党建研究立项工作。加强党员队伍和基层组织建设。以践行社会主义核心价值体系为重点,加强党员道德建设,继续开展了"党性在岗位闪光"活动。进一步规范发展党员工作,积极吸收符合党员条件的青年教师特别是学科带头人和学术骨干入党。

思想政治工作不断加强。科学制定政治理论学习计划、党委中心组理论学习计划。深入开展理论研究工作,认真做好思想政治研究课题的立项、结项工作。认真贯彻落实中央16号文件精神,重点抓好学生的思想政治工作。进一步加强对思想政治理论课的指导,编写了形势政策课教材。

拓展宣传阵地,开通网络数字电视台、学校英文网和山东新闻网青科大视窗,为学校新闻宣传和思想文化工作提供了更广阔的平台,为校园高雅文化、特色文化与和谐文化的建设与发展提供了新的阵地,为加强和改进大学生思想政治教育工作开辟了新途径。在各级各类媒体发表宣传报道学校教学、科研、人才培养等各项工作的稿件760余篇,其中,光明日报、中央人民广播电台、中国教育报、中国青年报等20余家国家级媒体先后报道180余篇次。

学校2008年先后被评为"平安山东建设先进集体"、"青岛奥帆赛、残奥帆赛突出贡献单位"、"青岛市社科科普活动先进集体"。

[教学工作] 巩固学校本科教学工作水平评估成果,以教育部本科教学质量与教学改革工程为契机,全面实施本科教学质量与教学改革工程,取得丰硕成果,提升了学校的知名度和美誉度,为学校争取到中央和地方财政的专项资助经费260余万元。

基础化学原理被评为山东省精品课程,评出首批4门双语教学课程。成人教育学院高分子材料与工程专业被评为"山东省成人高等教育品牌专业建设点"。

国家级教学团队建设实现零的突破。"化工类专业化学系列课程教学团队"在被评为省级教学团队的基础上,又获批为国家级教学团队。高分子材料与工程专业被评为国家级特色专业,机械工程及自动化专业被评为省级特色专业。评出校级品牌与特色专业3个。

1名教师获得山东省教学名师称号。在学校开展的"教学效果优秀奖"评选活动中,5名教师获得一等奖,15名教师获得二等奖,10名教师获得青年教师教学效果优秀奖。组织30余名教师参加教育部举办的精品课程师资网络培训班,收到良好效果。

学校共有5项省级教改立项项目通过教育厅专家组的结题验收与成果鉴定,并被评为校级教学成果奖。全年共出版教材11部,组织开展优秀教材评选工作,推荐20部教材参加省级优秀教材奖的评选。

[科研工作] 新增国家自然科学基金22项,实现了国家自然科学基金重点项目零的突破。国家社科基金项目获批"863"计划主课题1项,子课题2项。获得国家环保总局立项经费近100万。山东省科技攻关计划4项,山东省杰出青年基金1项,山东省自主创新工程项目1项,山东省博士基金13项,山东省自然科学基金项目17项。全年纵向经费总额达到1500万元,横向项目经费达到3500万元。

科技成果获奖和论文发表再获佳绩。获山东省科技进步一等奖1项,二等奖1项,三等奖2项;山东省自然科学二等奖1项,三等奖1项;获第五届中国青年颗粒学奖1项,与兵器集团合作获甘肃省科技进步一等奖1项,获国防科技二等奖1项。SCI收录论文258篇,全国高校排名第58位。EI收录137篇,全国高校排名76位。ISTP52篇,全国排名第120位。发表advanced materials 1篇(影响因子9.0),Jacs 1篇(影响因子7.885)。

加强科技平台建设,促进产学研结合。德国朗盛公司青岛高性能橡胶研发中心正式启用,标志着德国朗盛公司与学校的科研合作取得了重要成果,也标志着学校与青岛市政府、四方区政府联手,为将四方校区周边打造成一个集橡胶领域人才培养、技术研发、机械制造等为一体的"橡胶谷",打下了坚实的基础。发挥学校在产学研合作方面的机制优势,有效地开展技术市场信息传递和科技中介服务,先后与青州、广饶、淄博等地开展了产学研合作,成功孵化学科型科技公司——隆腾科技公司。

成功召开学校科技工作暨奖励大会。对2003年以来教师取得的科技成果进行全面奖励,进一步激发了广大教师开展科研的积极性、主动性。修订了科技工作管理办法,充分体现出学校对科技工作的重视以及对纵向课题、横向大项目、文科项目的倾斜。全年邀请校内外专家举办各类学术讲座80余场,为广大师生提供了学习交流的机会,进一步浓厚了校园学术氛围。

学报(自然版)获得"中国高校特色科技期刊奖",学报(自然版)编辑部被中国高等学校自然科学学报研究会评为"高校科技期刊先进集体"。学报(社科版)被山东省新闻出版局评为"山东省优秀期刊"。

[师资队伍建设] 聘任中国科学院院士、上海交通大学颜德岳教授为学校高分子学科聘任院士。高分子材料加工机械学科"泰山学者"杨卫民教授正式聘任上岗,选聘天津大学张宝泉教授作为材料物理化学学科

“泰山学者”特聘教授，推荐并获批德国洪堡资深研究员张建明博士作为因人设岗高分子化学与物理岗位“泰山学者”特聘教授，使学校泰山学者增至5人。全年共引进急需专业博士学位教师27人。实施“青年教师成长计划”，对新引进的教师集中进行培训。按照“提高水平、提升层次、提高素质”的要求，有计划、分层次地送教师到国外和国内重点大学进行培训。8名教师出国进修，20余名教师参加各种形式的国内进修，34名教师在职攻读学位，组织38名新上岗教师参加岗前培训。为树立典型，评选了首届12名学校优秀教师，在教师节大会上进行了表彰。

[学科建设]　2008年，生态化工教育部重点实验室通过教育部的专家验收，并顺利挂牌。三个省级工程技术中心通过省科技厅验收，其中塑料高性能化工程技术中心成绩优秀，获得了科技厅资金支持。新增塑料高性能化技术省级重点实验室。成功申报了复合材料与工程等3个本科专业，专业总数达到59个。成功获得硕士研究生推免权。

[国际交流与合作]　2008年度培养长期留学生达160名，学历留学生约占22%。与韩国昌原大学、庆尚大学、全州大学、新罗大学共交换学生10名；与俄罗斯沃罗涅尔大学交换学生6名。接收德国交换学生10余人。英语授课专业（English Medium Programs）留学生教学趋于正规，能用英语授课的教师不断巩固和扩大，留学生生源覆盖韩国、俄罗斯、巴基斯坦、哈萨克斯坦、加拿大、德国、日本、荷兰、法国、澳大利亚等十几个国家。友好学校达到41所，2008年新增加了11所。

2008年共聘请长期外籍语言、专业专家及教师20多名。共接待短期讲学、学术交流、顺访客人约200人次。教师出访近20人次，教师出国进修约10人次。在原有的中德、中加、中韩、中法、中美、中爱等12个合作办学项目的基础上，又增加了与法国土伦大学1个专科合作办学项目。

2008年学校承办了第四届青岛国际橡塑论坛、第四届两岸能源与环境永续发展学术研讨会、IEEE自动化与物流国际会议。进一步巩固与日本ALPS株式会社、三菱电机株式会社、COSMOS株式会社、韩国金刚油化工业株式会社、澳大利亚PicblokCorporation等公司的合作，除传统的科研合作外，更加重视人员交流，重视合作中的人才培养和毕业生就业。

[学生工作]　辅导员队伍建设成绩突出。搭建了辅导员工作交流、学习沟通的互动平台“辅导员之家”和“辅导员论坛”。举办暑期学生工作研讨会，组织辅导员积极参加“国家心理咨询师”和“就业指导师”培训，不断扩大对外交流和理论研究，评出15名校级优秀辅导员，46名优秀班主任，1人被评为“山东高校十佳辅导员”，2人被评为“山东高校百优辅导员”。

以全面成长成才为目标，做好扶困助学工作。通过举办“5.25心理健康教育宣传月”和首届“心理健康教育活动月”，开展各种形式的心理咨询和新生心理普查，建立了学生心理档案。完善“奖、贷、助、补、减”五位一体的家庭经济困难学生资助政策体系，学生国家助学贷款人次2018人，贷款金额940余万，学费收缴率达到98%，发放各类奖、助学金和经济资助金额达到1300余万。学生资助工作获国家专项奖补资金100万元。

以弘扬科大精神和践行橡胶品格为核心，营造高雅文明的校园文化氛围，加强学生自我管理。广泛开展了内容丰富、形式多样、全年不断线的校园文化活动，其中“挑战杯”、求思得论坛、大学生论坛、化工原理实验技能竞赛、化学实验设计大赛、化学知识竞赛、电脑文化节等大型科技类活动，将文化活动与专业学习相结合，成为巩固课堂教学成果，提高学生自身素质，加强学生自我管理的重要途径。全年共有17000余名大学生参加了自己喜爱的活动，参与率达到80%以上。校团委被评选为第九批“全国五四红旗团委创建单位”。大学生足球队荣获2009年中国大学生足球锦标赛冠军。

[招生与就业]　以社会需求为导向，扎实推进招生就业工作。招生工作取得新突破，全力实施招生录取“阳光工程”，生源整体质量不断提升。山东省本科一批一志愿投档数首次超过录取计划数，本科二批文理科录取分数再攀新高，在山东省属高校排名第二，省外本科报考尤为火爆，中外合作办学得到广泛认可。积极推进“1234”就业工作新模式，不断开拓国际化就业渠道，2008年，就业率为94.84%，在省属高校签约率名列第一，实现了就业率和就业质量的双提高。

[实验室建设]　推动创新，规范程序，提升实验室建设水平。变过程管理为目标管理，修订了相关规章制度。组织山东省及国家实验教学示范中心的申报工作。化工过程实验中心被认定为2008年山东省省级实验教学示范中心，并被评为国家级实验教学示范中心。

[信息与图书馆建设]　结合专业设置特点，丰富图书馆藏，建设特色图书馆，现有纸质图书148.29万册，电子图书94.8万册。档案馆紧紧围绕学校中心工作，积

极做好档案的收集、整理、编研等工作,完善档案信息化,提高服务水平,被评为"全国巾帼文明岗"。

[校区建设] 二期土地征用工作是学校确定的2008年重点工作,学校加强与当地政府和土地主管部门的沟通和联系。目前崂山区政府已研究通过土地补偿方案,即将组织实施。崂山校区公共浴室和食堂工程完成论证与规划,即将开工建设。

学校党政领导人

书记:高　青

副书记、校长:马连湘

副书记:苏同岭　王瑞芳　韩兆会

副校长:王文哲　罗公利　李庆领　刘光烨

纪委书记:王瑞芳(兼)

崂山校区地址:青岛市崂山区松岭路69号

邮政编码:266061

联系电话:0532-88956333

四方校区地址:青岛市四方区郑州路53号

邮政编码:266042

联系电话:0532-84023114(查号台)

(撰稿:纪正尚　审稿:高　青)

青岛理工大学

[概况] 青岛理工大学是一所以工为主,理工结合,土木建筑、机械制造、能源环境学科特色鲜明,理、工、经、管、文、法多学科协调发展,科学教育与人文教育相结合的多科性大学。1993年获硕士学位授予权,2005年获博士学位授予权。

学校设有四方、黄岛、费县三个校区,占地面积172.94万平方米,校舍建筑面积83.46万平方米。图书馆藏书151.70万册,电子图书50万种。教学科研仪器设备总值1.75亿元。

学校现有教职工1994人,其中专任教师1375人。师资队伍中具有博士学位的202人,具有硕士学位的680人;教授161人,副教授440人;博士生导师23人,硕士生导师253人。特聘中国工程院院士5人,外籍俄罗斯联邦科学院院士1人。有全国高校教学名师1人,"泰山学者"特聘教授2人,"百千万人才工程"国家级人选3人,全国优秀教师6人,山东省教学名师5人,享受国务院政府特殊津贴的专家27人。

学校下设18个教学院部和1个独立学院。设有55个本科专业,拥有2个二级学科博士点,3个硕士学位授权一级学科,33个二级学科硕士点,5个工程硕士专业学位培养领域,9个同等学力申请硕士学位专业;20个省部级重点学科、重点实验室和工程技术研究中心,1个博士后工作站研发基地(联合设立)。截至2008年12月,在校普通本科生20357人,专科生5675人(含五年制高职),全日制硕士研究生815人,博士研究生14人。

学校获国家级优秀教学成果二等奖1项,建成国家级精品课程1门、省级精品课程12门、省级基础学科建设课程9门。有全国高等学校特色专业建设点2个,山东省品牌专业建设点1个、山东省特色专业建设点4个。

学校大力凝炼学科方向,积极扶持新兴学科和交叉学科,学科布局结构趋于合理,学科建设整体水平不断提高。在山东省"九五"省级重点学科评估验收中,结构工程学科、机械设计及理论学科、暖通与热泵实验室被评为优秀。暖通与热泵实验室、环境科学与工程实验室分别于2001年、2005年被列为省重点强化建设实验室。机械设计及理论学科、能源与环境装备实验室、混凝土实验室被列为山东省"十一五"重点强化建设学科、实验室。工业流体节能与污染控制重点实验室获批教育部省部共建重点实验室。

学校在科研工作中注重发挥自身优势和特色,整体科研水平和实力明显增强。近年来获国家科技进步奖5项,"十五"以来共承担国家"973""863""十五"科技攻关重大项目、"十一五"科技支撑计划项目、国家自然科学基金及重点项目等各类省部级以上纵向课题250余项,其中既有涉及长江三峡、南水北调、青藏铁路高原列车、青岛跨海大桥、青岛海底隧道等国家重大工程建设的技术项目,也有关注山东构建"半岛城市群""半岛制造业基地"发展战略的应用研究项目。

学校一贯注重科学教育与人文教育的结合,确立了注重素质教育,涵养人文精神,融知识传授、能力培养与人文素质提高于一体,相互协调、共同发展的培养目标,高质量地培养高素质人才。2008年初,机械学院学生聂名勇因其艰苦创业的事迹被评为首届"中国大学生自强之星",汽车学院研究生薛晶创作的《多投了四块钱》被改编成春晚小品《公交协奏曲》。近3年,在全国大学生数学建模竞赛、电子设计竞赛、"挑战杯"全国大学生课外科技作品大赛等竞赛中,获国家级奖励90余项,省部级奖励100余项。

[教学工作] 按照上报教育部的评估整改方案,进一

步明确整改任务,细化整改措施,落实整改责任,以评估整改为契机,扎实推进教学质量工程,教学建设成果显著,人才培养质量显著提升。

修订新一轮培养计划。2008 年 11 月,学校召开第二届教学工作大会,全面总结回顾学校近年来教育教学工作的基本经验,深入分析面临的教育、就业形势及存在的问题,阐明下一步教学工作的主要任务和今后几年加强内涵建设的基本思路,提出进一步贯彻落实教育部深化本科教学改革、实施教学质量工程的措施,制定《青岛理工大学关于修订新一轮培养计划的原则性意见》(讨论稿)及相关程序,组织修订新一轮人才培养计划。配合研究生培养机制改革,重新修订研究生培养方案,注重研究生创新能力和社会实践能力的培养,增设体育专项课和人文艺术选修课,着力提高研究生的综合素质。

教学建设成果显著。建成国家特色专业建设点 1 个,省级特色专业建设点 1 个,校级品牌专业建设点 1 个,校级特色专业建设点 4 个。新增信息安全、房地产经营管理、音乐表演 3 个本科专业。以精品课程与双语教学示范课程建设为重点,加强课程内涵建设,土木工程材料课程被评为国家双语教学示范课程,汽车设计课程被评为省级精品课程。以省级实验示范中心评审为契机,组织开展校级实验教学示范中心评建,实验室建设水平得到很大提高,工程训练中心被评为山东省实验教学示范中心。

人才培养质量显著提升。2008 年度在各类比赛中,共获得国家级奖项 37 项、省级奖项 58 项、市级奖项 66 项。其中,在"挑战杯"大学生创业计划大赛中,获省级特等奖 1 项并推荐到全国评审、省级一等奖 1 项、省级二等奖 4 项、省级三等奖 4 项。在数学建模竞赛中获全国二等奖 1 项、山东省一等奖 4 项、二等奖 2 项、三等奖 2 项。在电子设计竞赛中获山东省一等奖 5 项、二等奖 2 项。获批 2 篇省级优秀硕士学位论文,获"山东省研究生教育创新计划"4 项、"山东省研究生科技创新成果奖"2 项。

[学科建设] 工业流体节能与污染控制重点实验室获批教育部省部共建重点实验室。混凝土技术教育部省部共建工程研究中心已通过山东省教育厅评审并上报教育部审批。企业余热利用与节能装备实验室通过省重点实验室评审。完成并通过财政部对学校工程结构振动台实验系统、化学与环境实验中心、岩土工程实验室、机械工程实验室、车辆工程实验室等 5 个中央与地方共建特色实验室的评审。

[科研工作] 科研立项方面,争取纵向项目 84 项,其中新上国家自然科学基金项目 15 项、国家重点基础研究项目(973 前期)1 项,国家科技支撑计划子课题、863 子项等 9 项,省科技攻关、省自然基金、博士基金 11 项,青岛市科技计划项目 5 项、教育厅科技计划项目 8 项。纵向课题项目中国家项目经费 880 万元,占纵向经费的 73.3%。横向科研立项 432 项,合同经费稳定增长。山东省社科规划项目猛增到 9 项,实现了教育部社科项目零的突破。

科研获奖方面,以第一单位获得国家科技进步二等奖 1 项,以第一单位获山东省科学技术二等奖及中国冶金矿山企业协会科技进步二等奖 3 项,以第一单位获得青岛市科技进步二等奖 2 项。作为参与单位获得山东省科技进步二等奖 1 项、教育部高校科学技术二等奖 1 项,再次获得山东省社科三等奖 1 项。

[队伍建设] 扎实推进人员聘用制度和收入分配制度改革,根据《关于高等学校岗位设置办法实施意见》和《高等学校岗位设置结构比例指导标准》,完成了《青岛理工大学岗位设置方案》,逐步改革人员管理模式,强化岗位意识,推行岗位聘任制。适应学校发展需要,探索新的用人模式,对部分急需岗位试行《人员派遣制》,新增派遣制工作人员 18 人。

师资队伍建设不断加强。2008 年度引进教师 61 人,其中以学生辅导员计划公开招聘硕士 18 人,其他均具有博士学位。坚持引进与培养并重,教师队伍整体素质逐步提高,3 人在职取得博士学位,24 人取得硕士学位,15 人在职攻读博士学位研究生,28 名骨干教师分别参加国家留学基金委和省政府留学项目、教育部高级访问、省教育厅国际合作培养和国内访问学习。新增享受政府特贴专家 1 人,获山东省优秀博士后荣誉称号 1 人。新增硕士研究生导师 44 名。

学校高度重视高层次人才引进,出台了《青岛理工大学高层次优秀人才引进管理办法(暂行)》,进一步加大高层次人才引进力度。设立专项资金,落实高层次人才的安家费、科研启动费、购房补贴、博士留房及人才引进周转房等鼓励优惠政策,引进 C-F 类高层次优秀人才 13 人,新聘兼职院士 2 人,续聘 2 人,聘任兼职、客座教授 14 人。按照省委省政府要求,积极落实"结构工程""机械设计及理论"两个"泰山学者"设岗学科的梯队建设,新增"泰山学者"设岗岗位一个。

[新校区建设] 新校区前期 676369 平方米建设用地的土地证手续已办理完毕。单体规划设计和一期施工图设计已报批,施工图设计通过了消防审查,已报送审图中心。教育小区一期工程 4 号、5 号楼已封顶,建筑面积约 2.75 万平方米,提供住房 240 套。完成了四方

校区1号、2号实验楼及附属网点房外饰改造工程。

[学生工作]　制定、修订奖学金管理办法等方面的文件9个,增设了新生奖学金、校长奖学金、社会奖学金和校董奖学金。以三大主题教育和新生入学、毕业生教育活动为载体,建立长效教育机制,加强学生事务管理,创新形式,丰富内容,使学生教育管理工作做到日常教育有主线,全年管理有目标。在完善"一个中心,六个平台"的学生工作体系的基础上,充实平台内容,丰富平台展示形式,发挥二级管理的作用,推进六大平台的科学化、系统化建设。

[招生与就业]　学校教育信誉和社会影响力不断提升,招生工作持续保持良好势头。2008年录取新生7800人,山东省本科一批首次一志愿完成招生计划,理科录取新生重点线上生源占录取学生数的54%。内蒙古、吉林、河南、山西、贵州、安徽、山东、黑龙江等8省进入本科一批次录取。中外合作办学本科首次实现一志愿爆满。费县校区首届招收本科生。首次进行订单式培养招生。招收全日制硕士研究生316人,招收博士生8人,招收工程硕士等非全日制研究生160人。

就业创业工作成效显著。2008届本科毕业生一次就业率为91.94%,实际签约率为75.35%,比2007年提高10个百分点,创近5年新高。修订《青岛理工大学创业教育实施纲要》、《青岛理工大学阶段性创业教育计划》,积极打造以创业教育为特色的多姿多彩的校园文化。着力打造"六个一"工程,建立创业基地2个,出版《创业报》两期,与青岛文艺广播电台合办每周一期的《赢在创业》节目,组织青岛市大学生创业计划大赛,邀请中国创业扶持体系"三联创业系"创始人马炳建等知名人士来校演讲10余场次,定期组织各学院院长及学生工作干部进行创业论坛教育研讨,指导、支持创业社团100多个,正在创业的学生团队47支。

[对外交流与合作]　先后与德国德累斯顿工业大学、克劳斯塔尔工业大学、马格德堡-施腾达尔应用技术大学、韩国生产技术研究院、美国蒙特克莱尔州立大学建立合作关系,就文化交流、人才培养、交换学生、交换学者与师资培训等方面达成协议。招收20名外国留学生。聘请外籍教师42人次,接待国外专家学者100多人次来校访问讲学。完成与美国蒙特克莱尔州立大学联合建立孔子学院的筹备工作。先后派出4个代表团分别赴英国、澳大利亚、美国和台湾地区学习、交流。

[校董会工作]　采取单独招生订单式培养的方式,为校董企业培养矿山机械、矿山测量、矿山机电等方向急需的工程技术人才,以全日制脱产培训的方式为冶金矿山企业培养采矿、选矿、地质、测量四个急需专业的人才。经过认真选拔,接受四家冶金矿山企业的138名学员来校培训。年内新增校董单位1个、校友分会2个。

学校党政领导人

书　记:耿喜华

校　长:仪垂杰

副书记:赵怀明　杨向荣　刘龙海

副校长:张光兴　胡培基　张　健　赵铁军　李　东　李国华

纪委书记:杨向荣(兼)

学校地址:青岛市抚顺路11号

邮政编码:266033

联系电话:0532-85071062

传　真:0532-85071000

(撰稿:王子坤)

山东建筑大学

[概况]　山东建筑大学前身是始建于1956年隶属原国家城市建设部的济南城市建设学校。1958年升格为本科院校,定名为山东建筑学院,划归山东省政府管理。1978年经国务院批准更名为山东建筑工程学院,是国家首批学士学位授权单位。1997年通过国家本科教学工作合格评价,1998年获得硕士学位授予权资格。1998年、2001年原山东省机械工业学校、山东省地质学校、山东省建设学校先后并入原山东建筑工程学院。2006年,学校被教育部正式批准更名为"山东建筑大学"。

学校占地2000余亩,校舍面积60余万平方米。现有2个山东省"泰山学者"设岗学科,8个山东省重点学科、2个山东省重点实验室、3个山东省高校重点实验室、5个省级工程技术研究中心、1个山东省首批非物质文化遗产研究基地。设有43个本科专业,31个硕士点,1个工程硕士培养领域。拥有专任教师

1108 人，全日制在校生 2.2 万人。

近年来，学校牢固树立“以人为本、自强不息、经世致用、造福桑梓”的办学理念，深入贯彻落实科学发展观，坚持以人才培养为根本任务，不断强化教学中心地位，切实增强科技创新实力，加快实施内涵发展战略，深化内部管理体制改革，加强党建和思想政治工作，人才培养、科学研究和社会服务等各项工作均取得了显著成绩。山东建筑大学已经发展成为一所以工科为主，以土木建筑学科专业为优势，多学科交叉渗透、协调发展的多科性大学。

山东省省委常委、组织部长李玉妹(中)到山东建筑大学调研学习实践科学发展观活动

[深入学习实践科学发展观活动取得圆满成功] 根据省委的统一部署，学校作为全省开展深入学习实践科学发展观活动的试点高校，自 2008 年 10 月上旬开始，在全校各级党组织和广大党员干部中开展了学习实践活动。学校党委紧紧围绕“党员干部受教育、科学发展上水平、人民群众得实惠”的目标要求，按照“坚持科学发展、强化内涵建设”的活动主题和“解放思想、改革创新，加快推进高水平多科性大学建设”的实践载体，健全机构、强化领导、科学谋划、周密部署，深入开展学习调研，深刻进行分析检查，切实抓好整改落实，圆满完成了各项工作任务。通过开展学习实践活动，全校广大党员干部进一步加深了对科学发展观的认识和理解，提高了贯彻落实科学发展观的自觉性和坚定性，增强了加快发展的责任感和紧迫感，为学校长远可持续发展提供了重要的政治思想和组织保证。在学校召开的满意度测评大会上，广大师生对学习实践活动的成效充分认可，满意和比较满意率达到了 100%。山东卫视、大众日报等媒体多次对学校学习实践活动开展情况进行报道，省委常委、组织部部长李玉妹，副省长黄胜先后来校视察调研，对学习实践活动试点工作和学校改革发展情况给予充分肯定。

[教学建设富有成效] 不断强化专业建设，“建筑环境与设备工程”专业被评为省级品牌专业，“电气工程与自动化”专业被列为第三批国家级特色专业建设点，至此，学校国家级特色专业达到 2 个，省级品牌(特色)专业达到 6 个；建筑学、城市规划、给水排水工程、土木工程和工程管理专业顺利通过国家专业评估或复评，成为全国建筑类 6 个特色专业均通过国家评估的 8 所高校之一，土建类专业建设水平步入全国高校先进行列。积极推进课程建设，《电子技术基础》和《空气调节》课程被评为省级精品课程。加强教学名师和教学团队建设，崔艳秋教授被评选为山东省教学名师，“房屋建筑学系列课程教学团队”被评为省级教学团队。新增 5 部教材列入教育部普通高等教育“十一五”国家级规划教材，在首届省级优秀教材评选中有 11 部教材获奖，在全省同类高校名列前茅。

[加大实验室和图书资料建设力度] 加强实验室建设，机械基础、土木工程实验教学示范中心被评为省级实验教学示范中心，其中机械基础实验教学示范中心被省教育厅推荐评选国家级实验教学示范中心。积极推进实验室校企联合共建，全年争取共建设备及软件价值 200 余万元。规范实验室管理，开展大型仪器设备投资效益、开放率等项目专项检查，实验设备利用率明显提高。进一步加强图书资源信息化与网络化建设，文献资料服务层次和效率明显提高。

[重点学科建设取得新突破] 坚持以省级重点学科和重点实验室建设为龙头，保障经费投入，强化管理考核，开展省级重点学科(实验室)校内评估检查，对学科方向、条件建设、保障措施等进行了充分论证，为提升学科建设水平奠定了良好基础。“城市规划与设计”省级强化建设重点学科、“结构工程”省级强化建设重点实验室顺利通过省级项目中期评估。认真做好重点建设的项目组织和申报工作，“智能建筑技术实验室”和“建筑节能技术实验室”被确定为山东省重点实验室，实现了学校重点建设的历史性突破。

[科研立项和获奖取得新进展] 健全激励和竞争机制，强化项目申报的组织指导、任务分解和量化考核，广大教师从事科研工作的积极性和主动性不断提高。全年获批纵向科研立项 97 项，横向科研立项 82 项，其中国家自然科学基金项目 5 项，“863”科技计划项目子课题 2 项，省自然科学基金项目 11 项。全年获厅局级以上科研成果奖 77 项，方肇洪教授主持的《浅层地热能利用优化技术的研究与应用》项目获得教育部高校优秀科研成果二等奖。教师获发明专利授权 12 项，发

表学术论文968篇,被SCI、EI、ISTP检索124篇,出版教材著作86部。

[人才队伍建设水平明显提高]　加大人才培养和引进力度,先后选派20名骨干教师到国内外名牌高校开展学术交流和进修访学;新增博士学位人员16人,新聘教授(含正高)10人,副教授(含副高)30人;聘请香港理工大学杨洪兴教授担任供热供燃气通风及空调工程学科"泰山学者"特聘教授。加强对中青年学术骨干、学科带头人培养对象的管理与考核,15名教师被确定为第五批校级中青年学术骨干;许斌教授被评为山东省有突出贡献的中青年专家,周学军教授被评为"大众报业杯"山东高校十大优秀教师。

[社会服务能力不断增强]　成功实施济南宏济堂古建筑保护平移等工程,主持参与奥体中心、小清河综合治理等重点工程的项目管理工作,为区域经济社会发展提供了重要的人才和智力支持。齐鲁建筑文化研究中心被确定为首批山东省非物质遗产研究基地,现正积极开展全省古建筑普查和保护工作。汶川地震发生后,学校主持了援建灾区板房设计工作,并受科技部委托组建太阳能设计团队援建灾区,学校被评为全省建设系统抗震援川工作先进集体。

[学生思想政治教育扎实有效]　深入开展"三育三德"主题教育活动,着力加强思想政治教育的针对性和实效性。加强学生工作专题研究,针对教育管理中的热点问题开展广泛调研和理论探索,主持国家、省级学生工作课题10余项。加强辅导员队伍建设与管理,完善考评激励机制,辅导员队伍专业化、专家化、职业化建设取得明显成效,有3人分别被评为全省"十佳"、"百优"辅导员。经省委高校工委批准,山东省唯一辅导员培训和研修基地在学校设立。

[学生创新和实践能力不断提高]　加强校园文化建设,突出"实践类、体验式和建筑特色",举办第十四届大学生文化艺术节、学术科技节等活动,活跃和浓郁了校园文化氛围。积极推进素质教育,实施"本科生研究实践计划",深入开展大学生社会实践活动,支持学生参加科技创新活动和社会实践锻炼,有力提高了学生的创新实践能力。2008年,学生参加"挑战杯"、电子设计、艺术设计等学术竞赛获得省级以上奖励100余项,学校第17次被团中央评为全国社会实践活动优秀组织单位。

[完善学生管理服务体系]　强化学生日常行为管理,教育和引导学生遵守校规校纪,勤奋学习、励志成才,营造了良好的校风学风。加强学生心理健康教育,建立学生心理健康电子档案,开展心理咨询和危机干预,预防了心理危机事件的发生。健全完善资困育人体系,全年发放勤工助学费247万元、助学金570万元,专项资助灾区学生10万元,基本保证了贫困学生的学习和生活。获得省资助中心专项奖励100万元,奖励数额在全省高校名列前茅。巩固学生公寓"三优四室五进"的工作特色,严格管理、主动服务,被省教育厅授予"山东高校宿舍管理示范单位"。

山东省副省长黄胜(中)出席山东建筑大学与山东省科学院全面合作协议签订仪式

[推进研究生和成人教育]　积极扩大研究生教育规模,在校生达到960人。加强导师队伍管理,强化导师后备队伍的建设与培养,遴选副导师34人。深入开展研究生创新实践计划,强化中期筛选与考核,修订培养方案,规范培养行为,研究生工程实践能力和科研水平明显提高。成人教育充分依托学校学科优势,强化专业课程建设,严格教学管理,成功举办成教50周年庆典,办学品牌得到了社会的广泛认可。不断拓宽办学渠道,多方争取与企事业单位和政府的合作,积极开展订单式培养,办学规模稳步扩大,为学校创造了显著的经济效益。

[招生就业工作成绩显著]　加大宣传力度,合理调配招生计划,2008年学校面向29个省、市(自治区)录取新生5322人,文理专业最低录取分均大幅高于省属分数线,生源质量显著提高。高度重视学生就业工作,强化就业工作目标责任制,全员关心就业工作格局在学生就业中发挥了积极作用,2008届毕业生总体就业率达到95.4%,同比增长2.3个百分点,学校被评为全省就业工作创新教育示范高校。

[内部管理水平不断提高]　认真做好制度规定的系统清理和废改立工作，对人才队伍建设、干部考核、科研管理等方面的30余项制度规定进行了修订完善，论证制定了教学建设与管理、基层党组织建设等方面的10余项规章制度。按照精简高效、优化结构、提高效率的原则，顺利完成科员、工勤人员竞聘工作，录用调整595人，进一步激活了用人机制，实现了人员结构的整体优化和人力资源的合理配置。

[增强后勤服务与保障能力]　后勤广大干部职工切实强化服务意识，规范日常管理，主动为广大师生员工服务、为教学科研服务。针对物价大幅上涨的实际情况，严格落实后勤经费包干责任制，采取粮油菜集中采购、淡季购煤、中水利用等措施，节能降耗、挖潜增效，提高了运行效益，学校先后被授予"全国城市节水工作示范校园"、"全省卫生先进单位"等荣誉称号。深化医疗改革方案，规范医疗经费使用和管理，为师生提供了良好的医疗保健服务。

[新校区功能日趋完善]　新校区教工住宅建设——"建大教授花园"各单体主体施工已基本完成，市政道路及绿化正同步展开。学校邵逸夫教学楼已交付使用，校园内太阳能路灯安装、中水线路改造等工程顺利完成，校园周边指示路牌、市政管网等相继配套建成。

学校党政领导人

书记：薛允洲

副书记、校长：王崇杰

副书记：卜令元　张书明

副校长：范素华　鹿晓阳　韩　锋

纪委书记：张　宁

学校地址：济南市临港开发区凤鸣路山东建筑大学新校区

邮政编码：250101

联系电话：0531－86367173

（撰稿：孙　薇　审稿：刘运动）

山东轻工业学院

[概况]　山东轻工业学院是山东省唯一一所以轻工为特色的省属普通高校，建校历史可以追溯到1948年。学校以本科教育为主，积极发展研究生教育，面向全国招生。学校占地2232亩，现有全日制在校生18622人，其中，全日制普通本科生16122人，全日制硕士研究生559人。现有专任教师1097人，其中教授132人，副教授370人，高级职称教师占师资总数的45.76%。硕士以上学位的教师691人，其中博士199人，硕士492人。学校有双聘院士3人，"泰山学者"岗位特聘教授2人。学校现设14个二级学院，1个教学部，1个教学中心。开设55个本科专业，涉及工学、理学、文学、经济学、管理学、法学等学科门类。学校是国务院批准的硕士学位及工程硕士学位授予单位，拥有1个硕士学位授权一级学科点，19个硕士点，3个工程硕士授权领域；学校现有1个省部共建教育部重点实验室，5个省级重点实验室，4个省级重点学科，5个与企业共建的省级工程技术中心，38个校内研究所（中心）；另有网络中心、电教中心、计算中心等供教学科研使用。

[党建和校园文化建设]　基层党建工作扎实有效。上半年，完成了基层党组织的换届选举工作，调整了基层党组织支部设置，将学生党建工作向学生公寓延伸，提高了学生党建工作的覆盖面，拓展了学生党建工作的阵地和载体。11月，召开了学生党建工作研讨会，总结交流了学生党建进公寓、学生党员队伍建设等方面的经验，展示了相关成果。紧密结合实际，加强对基层党组织和党务工作人员的指导和培训。全年发展教工党员19人，学生党员1131人。组织召开了"庆祝建党87周年暨七一表彰大会"，对党建工作先优集体和个人进行了隆重表彰。推荐评选出山东省高校先进基层党组织1个、山东省高校优秀共产党员1名、山东省高校优秀党务工作者1名，政法学院马列党支部被评为山东省优秀基层党组织。圆满完成了特殊党费的收缴任务，全校共有1607名党员缴纳"特殊党费"67.77万元。

党校教育培训工作不断加强。完成了新一届党校工作委员会以及两级党校组织机构人员的调整充实工作，组织召开专题会议研究党校工作。加强对入党积极分子、党员和干部教育培训工作。全年共组织党员发展对象培训班2期，入党积极分子培训班20班次。选送6名同志参加省委党校、省委高校工委干部培训班的学习，组织全校党员党的十七大精神学习活动和党风廉政建设报告会，举办全校科级以上干部党的十七大精神培训班、党总支（直属支部）书记培训班和学生党建工作培训班。实施党课教学改革，党课的整体质量明显提高。

干部队伍建设稳步推进。3月和10月,先后对部分科级干部进行了调整,提拔正科级干部51人,副科级干部46人,岗位交流14人。3月和12月,先后对40名试用期满的处级干部进行了考察。考察工作真正深入到各基层单位、深入群众,谈话人次达到800余人次,广泛听取了各方面的反映。举办多种形式的学习培训班,加强对干部的培训教育力度。

继续加强校园文化建设。举办了庆祝改革开放30周年歌会、运动会、风筝比赛、摄影书画展等多种形式的文体活动,丰富和活跃师生的业余文化生活。建立齐鲁讲坛山东轻工业学院分坛,组织开展社会科学普及周活动,邀请知名专家学者来校作专题报告,弘扬齐鲁文化,营造文化氛围。该活动被省委宣传部、省社科联评为"先进单位"和"示范项目"。

1月4日,齐鲁讲坛山东轻工业学院分坛揭牌仪式举行

[六十周年校庆] 按照"回顾学校历史,展示办学成就,弘扬轻院精神,汇聚智慧力量,共谋发展大计,探索共赢机制"的指导思想,以"聚心聚力聚智,共享共赢共进"为主题,成功举办了六十周年校庆活动。创造性地举办了四大主题活动:即"山东轻工业学院校友总会成立大会"、"齐鲁企业创新与发展论坛开坛仪式"、"倡议筹建校企产学研联盟"、"山东轻工业学院五代大学生对话"。同时,紧密围绕主题,又成功举办了校友、学术、文体、展示四大版块80余场次校庆系列活动。通过六十周年校庆,全面回顾了学校的发展历程,集中展示了学校的办学成果,加强了学校与社会的互动,促进了校园文化建设,增强了学校的凝聚力、向心力和社会影响力。

10月17日,山东轻工业学院60周年校庆系列活动拉开序幕

[教学工作] 教学质量与改革工程成效显著。无机非金属材料工程专业被评为国家级特色专业建设点,制浆造纸工艺学课程被批准为国家精品课程,新增1个省级品牌特色专业,2门省级精品课程。大学英语教学改革成效显著,2006级英语四级考试一次通过率达到67.42%,较2005级提高了17.49%。双语教学工作稳步推进,双语教学课程已达27门。全年获山东省教育科学"十一五"规划重点课题1项,批准校级教研项目55项,其中重点项目10项。主持完成的2项山东省高等学校教学改革立项项目完成结项验收和成果鉴定工作,整体水平均达到国内同类院校的领先水平。组织参加了第八届全国多媒体课件大赛,共获三等奖2项,优秀奖7项。

名师工程与教学团队建设卓有成效。1名教师获得省级"教学名师奖",10名教师获得校级"青年教学优秀奖"。制定了《山东轻工业学院关于校级教学团队建设的实施意见》,并首次开展了校级优秀教学团队的评选工作,评选出校级优秀教学团队3个,其中,制浆造纸工程专业教学团队获得省级优秀教学团队荣誉称号。

强化实践教学建设。高度重视毕业设计(论文)环节,实施学校实践教学督导组的全程跟踪检查指导,有效保证了毕业设计(论文)的质量,全年获省级优秀学士学位论文6篇。强化实验教学示范中心建设,生物工程实验教学中心被评为省级实验教学示范中心。加大实验室向学生开放的力度,全年共开放实验项目67项,首次实现了开放实验学生网上选课工作。学生科技竞赛成绩斐然,全年在数学建模、电子设计、机电产品创新等竞赛活动中共获得省级以上奖励102项。

全面落实评估整改工作方案,初步建立教学工作长效机制。各项整改工作取得显著成效,教学管理的规范化、制度化和科学化得到进一步加强。2007/2008学年评价结果表明,督导评价优良率比上一学年提高

8.65%，学生评教成绩比上一学年提高3.17分，表现出较高的满意率。组织召开了第四次教学工作会议暨二级学院教学工作评价总结表彰大会，隆重表彰了一大批在教学工作中取得突出成绩的先进集体和先进个人，明确了今后教学工作的发展思路和目标。

完善教学质量监控体系，不断深化二级学院教学评价工作。重新修订并下发了《关于印发山东轻工业学院二级学院教学工作评价指标体系(修订)及其等级标准的通知》，进一步完善了评价指标体系，增强了各项评价的科学性和可操作性。制定了《山东轻工业学院关于进一步完善二级学院内部教学质量监控体系的实施意见》，并在2007/2008学年二级学院教学工作评价中作为重点内容首次对该项内容进行了全面考核评价，起到了良好的导向作用。

[学科专业建设]　重点学科(实验室)建设取得新进展，新增2个省级重点实验室。新增统计学、安全工程、文化产业管理等3个本科专业。制浆造纸学科"十五"重点建设成效显著，以超额一倍的数量完成了学校预定建设任务，通过评估验收。

[科技工作]　科研经费达到4587万元。其中，横向科研经费为4007万元，纵向科研经费为580万元。科研立项成绩显著，签订横向科技开发合同92项，纵向科研项目立项88项。其中，国家自然科学基金项目4项、科技支撑计划2项；教育部新世纪优秀人才支持计划1项、重点项目1项、回国人员科研启动基金1项、社科规划项目2项；国家知识产权局项目1项；山东省科技厅项目36项，社科规划项目7项，软科学项目5项，教育科学规划课题3项，教育厅科研计划项目17项，信息产业厅项目2项；济南市科技计划项目6项。本年度是国家级项目立项最多的一年，并首次获得教育部的社科规划项目。

科技奖励取得新突破。获山东省科技奖励8项，其中一等奖1项、二等奖3项、三等奖4项；教育部优秀成果奖自然科学二等奖1项；山东省教育厅优秀成果奖9项，其中一等奖3项、二等奖2项、三等奖4项；文化厅文化艺术优秀成果奖3项，其中一等奖1项、二等奖2项；省软科学优秀成果三等奖1项。

2月20日，山东省委、省政府在济南市南郊宾馆召开全省科学技术奖励大会，陈嘉川(前排右二)获山东省科技进步一等奖

[师资队伍建设]　实施高层次人才计划，支持重点建设。完成玻璃与陶瓷材料"泰山学者"岗位海内外招聘工作，丹麦奥尔堡大学教授岳远征入选。完成两名院士的续聘工作。积极做好高层次人才引进工作，继续提高硕博比。全年共引进博士9人(含泰山学者1人)、硕士5人，其中正高级职称1人，与2007年相比，职称结构、学缘结构、新上专业师资结构均有了明显改善。

岳远征教授(前排右一)受聘学校"泰山学者"岗位特聘教授

加大师资培养力度。全年接收培养已毕业回校博士9名，硕士36名；送培博士14名，硕士7名。计划内送出9人做博士后研究工作，做博士后研究归来的有3人。1人入选教育部国内访问学者资助人选，6人入选省教育厅国际合作培养项目资助人选且均已成行，14人列入下年度国际合作培养项目资助人选，2人列入国内访问学者项目资助人选。全年1人入选"享受政府特殊津贴人员"，2人入选"山东省有突出贡献中青年专家"，1人荣获"山东省优秀青年知识分子"荣誉称号。

圆满完成本年度职称评聘工作。共评聘正高级专业技术职务 10 名,副高级专业技术职务 31 名,中级专业技术职务 109 名。

[人事与分配制度改革] 稳步推进用人制度改革。本年度新进人员全面实行聘用制,制定了有利学校发展的岗位设置方案。继续完善考核制度,突出评估整改的要求,通过采用量化评价方法,强化考核的导向作用。加强编制外用工管理,编制外用工人数由 2007 年年底的 325 人减至 2008 年 9 月的 272 人。

[招生与就业] 招生工作再创佳绩。招生规模不断扩大,本年度本专科招生计划达到 5200 人,招生省份扩大至 24 个,其中在山东省以外的 23 个省市本科招生计划 800 人。本年度省内本科二批招生一志愿上线率继续达到 100%,是山东省唯一一所连续三年本科二批招生一志愿上线率达到 100%的高校。招收成人函授学生 3723 人。

完善"全程指导、整体覆盖、群体引导、重点支援"的多层次就业指导工作体系。开拓网上就业市场,加强实习就业基地建设,实施"优秀贫困毕业生就业助力计划",举办"企业家论坛"等大型就业指导讲座。2008 年全校一次综合就业率为 88.90%,其中 413 名同学考取研究生,考研率 12.74%;66 名同学考取国家公务员或参加志愿西部计划。

[研究生教育] 深化研究生培养机制改革,积极实施研究生教育创新计划。加大联合培养研究生的力度,扩大研究生到企业、科研单位和高水平大学做学位论文或访学的比例,实施联合培养。加强导师队伍建设,优化师资结构,实施导师动态管理。完善研究生科研创新激励机制,加大对指导教师和学生的奖励力度。加强研究生教育创新培养基地建设,新建 9 个校外教育创新培养基地,3 个工程技术中心(实验室)。建立健全管理制度,更新研究生教育管理手段。全年获省研究生教育创新计划项目立项 3 项,省级研究生优秀科技创新成果奖 3 项,省级优秀硕士论文 2 篇。本年度招收全日制硕士研究生 229 人;工程硕士专业学位研究生招生实现了报名人数和录取人数的历史性突破,报考人数近 300 人,其中 120 余人通过国家录取分数线。

[学生工作] 不断加强大学生思想政治教育工作,继续深入开展评优创先活动,以评估整改为契机,深化学风建设机制。一年来,共涌现出省级先进班集体 4 个,省级优秀学生 17 名,省级优秀学生干部 9 名。不断加大贫困学生资助力度,完善资困助学体系。全年发放国家和学校各类奖助学金 1113.9 余万元。

全面实施大学生素质拓展计划,积极开展学生学术科技创新竞赛活动。成功举办了第十七届大学生科技文化艺术节,组织参加全国、全省各类科技文化竞赛成绩喜人。在第六届山东省"挑战杯"大学生创业计划大赛中,获山东省一等奖 1 项、三等奖 2 项,并获"优秀组织单位"奖。在共青团中央等联合举办的征集"保护生物多样性"公益活动方案活动中,获"国家级最佳组织奖"。在山东省第二届大学生艺术展演活动中,获一等奖 5 项,二等奖 5 项,三等奖 7 项,并获得优秀组织奖。大力加强人文素质和科学精神教育,深入开展大学生暑期"三下乡"社会实践活动,在本年度社会实践活动中,1 人被评为"全国社会实践活动先进个人",7 支团队被评为"山东省优秀服务队",9 名教师被评为"山东省社会实践优秀指导者",16 名学生被评为"山东省社会实践优秀学生",同时学校被评为"山东省社会实践优秀组织单位"。

[对外交流与合作] 国际交流与合作进一步扩大。先后与英国、加拿大、澳大利亚、芬兰、法国、德国等十几个国家的高等院校及教育团体进行了交流访问,接待来访外宾近 100 人次,签订合作意向协议近 30 份,成功举办了第二届中日造纸技术交流会。中外合作办学项目两年来运行良好,中英联合办学艺术设计专业专科项目首次招生,超额完成计划,取得了良好的社会效益及经济效益。

5 月 20 日,中日造纸技术交流会在学校召开

[信息与图书馆建设] 优化文献资源布局,强化特色建设。确立了建设基于优秀文化传承之上的具有轻工特色的馆藏体系,在优化文献资源布局的前提下,实施"舍书保刊—舍刊保库"的文献信息资源建设可持续发展应急方案,增强为教学科研服务的针对性与有效性。

［节约型校园建设］　突出成本观念，加大节能降耗力度，节约型校园建设活动取得显著成效。对教学楼、实验楼走廊及校园路灯照明实施有效控制，合理调整中央空调机组运行状态。改进和完善2008/2009采暖季供热方案，长清校区冬季采取分时段弹性供暖，并对蒸汽管道加装300 mm钢阀门，减少热能损失，与2007年冬季供暖同期相比，节约大量天然气。重新确定南校区用房性质和面积，全年节省采暖费近10万元。天然气、生活垃圾清运费同比2007年减少近50%。对市区宿舍非我校人员住户用电全部实施智能控制，确保了今后水电暖气费的正常收缴。安装太阳能射频卡洗浴系统及蒸汽减少凝结回收系统，节约自来水、蒸汽费约65.70万元，校园绿化、学生公寓冲厕使用中水，节约水费约计60.41万元（运行按10个月核算）。本年度学校荣获全国高校节水科技创新先进单位。

［后勤服务与保障］　学校始终把民生问题放到突出位置来抓。积极帮助教职工解决子女入学问题，为35岁以上教职工进行了健康查体。完成百花园宿舍多年来未解决的四邻认证工作，取得了百花园宿舍土地证。完成二教工宿舍拆迁工作。本次拆迁涉及职工宿舍楼4幢156位住户，收回补偿资金1570余万元。改造疏通葡萄园宿舍地下水主管道；完成一宿舍架空电缆抢修，电缆人二环东路地下改造工程；完成市区三宿舍自来水并表工作，解决了多年来水压不稳问题。

［财务与资产管理］　加大筹资工作力度，科学调配资金，提高资金使用效益和管理效益，确保学校持续健康地发展。本年度偿还到期银行贷款1.33亿元，并将短期流动资金贷款全部贷回，同时新增银行贷款0.7亿元，实现了贷款存量不减、资金链不断的目标，避免了财务风险的出现。加强预算控制，实行“三保一低”预算方针，同时积极争取政府的财政支持。争取各种临时专项经费545万元，是历年争取临时专项经费数额最多的一年。通过各种理财方式和理财产品，增加利息收入52.9万元。完善资产管理系统，提高资产管理效益。通过开展效益考核，全面摸清了学校仪器设备使用现状，为下一步深化效益管理奠定了基础。

［安全稳定］　认真开展“平安校园”建设活动，努力构建和谐稳定的校园环境。完善校园安全防控体系和应急管理体系，认真排查并及时整改工作薄弱环节，妥善处理校内突发公共事件。开展形式多样的治安、消防、交通安全教育活动，定期和不定期进行以消防安全、饮食安全、交通安全、校舍安全等为重点内容的安全大检查，并将安全责任落实到各部门、单位。本年度学校保卫处被济南市公安局记“集体二等功”。

学校党政领导人

书记：闫秉科

副书记、校长：陈嘉川

副书记：刘韶华（女，2008年6月离职）　舒永庆

副校长：秦梦华　傅东良　匡维武　王西奎

纪委书记：舒永庆（兼）

学校地址：山东省济南市西部新城大学科技园

邮政编码：250353

联系电话：0531－89631999

传　真：0531－89631111

网　址：http://www.sdili.edu.cn

（撰稿：刘福政　邵晓薇　审稿：陈嘉川）

山东交通学院

［概况］　山东交通学院始建于1956年，2000年由交通运输部划转山东省，实行中央与地方共建、以地方管理为主的管理体制。学校面向全国招生，以实施本科教育为主，坚持“立足交通、突出特色、强化素能”的办学方针，现已成为一所以工学学科为主，以交通类专业为骨干，培养应用型高级人才的多科性普通高等学校。

学校占地面积2800亩，两地三址（两地：济南、威海；三址：校本部、长清校区、威海校区）办学，目前，学校有全日制本专科在校生16000余人，在职教职工1200余人，专任教师858人，其中具有高级专业技术职务人员356人，专任教师中博士45人，硕士512人，享受国务院政府特殊津贴者12名，省部级优秀教师20名。学校具有留学生招生资格和中外合作办学资质。学校图书馆是中国学术期刊网（cnki知识网络）一级站点，建成了超星数字图书馆镜像站，藏书205万册。固定资产总值10.69亿元，教学科研仪器设备总值1.18亿元。

学校设有汽车工程系、土木工程系、交通与物流工程系、工程机械系、管理系、信息工程系、经济系、外语系、人文科学系、数理系、北方国际学院、海运学院、成人教育学院、职业技术学院等14个院系和社会科学教学部、体育教学部、现代教育中心等教学单位。开设车辆工程、交通运输、交通工程、物流管理、土木工程、测绘工程、轮机工程、航海技术、船舶与海洋工程、机械设

计制造及其自动化、计算机科学与技术、电气工程及其自动化、英语、金融学、市场营销等69个本专科专业，专业设置涵盖工、理、管、经、文、法6大学科门类，其中道路与铁道工程学科为省级重点学科，汽车运用技术专业为交通运输部重点专业，交通运输专业被评为省级特色专业。学校还是全国重点建设职业技术教育师资培训基地。

学校具备良好的工程环境，建有70余个实验室，其中省级重点实验室1个——汽车运用技术实验室；中央与地方共建实验室4个——汽车结构与测试实验室、道路工程实验室、电子信息与智能交通实验室、现代制造技术实验室；交通部重点建设实验室2个——汽车故障测试诊断实验室、工程机械电液控制实验室；省级实验教学示范中心2个——交通土建实验中心、工程训练中心(筹)；校级重点实验室6个——机动车实验中心、ITS(智能交通系统)实验室、土木工程实验中心、工程机械实验中心、电气电子实验中心、基础实验中心，其中机动车实验中心是国家级计量认证合格单位；ITS实验室居国内领先水平。

学校积极开展科学研究和技术开发，重视科研成果的转化和推广。现有车辆·再制造工程研究中心、公路环境与工程试验研究中心、中国嵌入式系统·智能交通技术工程研究中心、交通事故司法鉴定所、交通材料与结构研究所、汽车技术研究所、公路勘察设计研究所、工程机械研究所等多家科研机构，成为交通应用型科学研究的重要基地，特别是在汽车及发动机应用技术、机动车综合测试技术、公路与桥梁的规划设计、专用车设计与改装、现代物流技术等研究领域达到了国内领先水平，能够承担处于学科前沿，对交通科技具有前瞻性的重大科研项目。近年来，学校共计完成省、部级等科研项目90余项、横向课题110余项，获省部级科技进步奖10余项、厅级(市级)科技奖励30余项，获国家发明专利和实用新型专利50余项，90%以上转化到企业进行生产，获得了良好的经济效益和社会效益。学校注重理论研究，近年来，教师在公开发行的学术刊物上发表论文3500余篇，《SCI》、《EI》、《ISTP》收录115余篇，出版教材和专著300余部。

学校坚持“以学生为中心，以教师为主体”的办学思想，以“明德至善格物致知”为校训，以“严尊勤全”为校风，构建了“素能本位”的人才培养模式和“大平台、小模块”的课程体系，注重培养学生的创新精神和实践能力，全面提高学生的综合素质。毕业生就业形势良好，主干专业就业率达到100%，平均一次性就业率达到90%以上，居同类院校前列。建校52年来，学校共为国家培养毕业生55000余名，并为交通行业培训各种管理干部和工程技术人员45000余名。他们以坚实的专业理论和较强的实践应用能力，成为交通战线上的业务技术和管理骨干。

[党建与思想政治工作] 认真学习贯彻党的路线方针政策，开创党建工作新局面。坚持党委中心组学习制度，制定《关于进一步加强和改进学校党委、系(院)党总支中心组学习的意见》，党委成员每两周集中学习一次。组织开展全校干部教师解放思想大讨论。加强领导班子思想政治建设，党委制定《关于加强领导班子思想政治建设和干部教育培训的实施意见》。加强工作作风建设，党委制定《关于进一步加强和改进工作作风提高管理水平的意见》。

充实优化干部队伍，选拔配备系党总支书记4名，副处级干部3名，选拔团委副书记2名、团总支书记10名，提拔正副科级干部47名，形成了良好的用人导向和激励作用。实施了处级干部交流制和任期制，党委制定了《关于实行处级干部任期制交流制的实施方案》，根据工作需要，对多名处级干部进行交流换岗，对全体处级干部实行了任期制度。改进了干部考核办法，党委制定了《关于做好2008年度处级干部考核工作的实施意见》，从德、能、勤、绩、廉五个方面对处级干部的政治素质和工作表现进行考核，将考核结果同干部的奖惩和任用挂钩。重视干部培训工作，制定了《干部教育培训意见》。

加强基层党组织和党员队伍建设，开展了党员民主评议、“争先创优”、党组织民主生活会工作和建党87周年庆祝活动。发展学生党员573名，教工党员12名；预备党员转正学生350名，教工23名。加强党风廉政建设，在全校党员领导干部中开展了“做勤廉表率、促科学发展”教育活动。

加大对外宣传力度，积极创造良好的舆论环境，及时展示学校教育教学发展成就，一年来，70余篇(次)有关学校改革与发展等方面的报道见诸于省内外新闻媒体，组织参加了中国(青岛)国际海事展览会，有效地扩大了学校的社会影响力，提升了学校的社会知名度。

[本科教学评建] 本科教学评建工作稳步推进，重点进行了制度建设、执行检查、资料归集。开展了实践教学检查评估，重点检查了各系(院)实验、实习、课程设计等实践教学环节；开展了试卷专项检查评估；制定了《教材质量评估方案》，对各专业所使用的教材进行了全面评估，查找存在的问题，提出了改进措施。邀请教育部评建专家来校逐个部门进行指导评建工作，收到了明显实效。

[学科专业和课程建设] 交通运输专业获批教育部、

财政部第二批“第一类特色专业建设点”,成为我校第一项国家级教学质量与教学改革工程建设项目;土木工程专业获批省级特色专业,成为学校第二个省级特色专业。热能与动力工程专业通过评审,本科专业达到了39个。确定了交通运输等7个本科专业及汽车运用技术等2个专科专业为2008年招生热门专业。与俄罗斯罗斯托夫国立建筑大学合作开展工程机械控制技术专业专科办学项目获得省教育厅审批,纳入2008年招生计划。与山东科技大学等兄弟院校达成了研究生联合培养协议,并完成了申报工作。车辆工程等6个本科专业获得学士学位授予专业资格。认真做好新增硕士学位授予单位申报工作,将交通运输工程、船舶与海洋工程作为我校申报硕士学位授权单位的一级学科。大学物理实验确定为省级精品课程,省级精品课程达到6门。积极开展双语教学和网络教学课程建设,已开出双语教学课程26门。在2008级管理、信息、电气、机械、财审五大类12个本科专业中开展了按大类培养改革试点工作,采取“2+2”人才培养模式,构建“大平台、小模块”课程结构体系。

[实验室建设] 汽车运用技术实验室正式列为省级重点实验室,实现了学校省级重点实验室零的突破。中央与地方共建特色优势学科实验室——港口结构实验室、船舶工程实验室获取资金1000万元。获取交通运输部交通运输安全环保教学实验设备购置费1800万元。山东省高校实验教学示范中心——交通土建实验中心通过检查验收。工程训练中心被确定为省级实验教学示范中心。完成了船舶工程实验中心、交通经济基础实验室建设项目。年内共投入150万元用于物理实验中心、船舱电气实验室、语音室及模拟法庭的新建和改建,实验教学条件有了明显改善。

[教学质量管理] 加强教学质量管理及监控,提高教学管理水平。在全校范围内开展了“课堂教学质量年”活动。完成了年度系、部(院)工作目标责任制考核,土木工程系、工程机械系、汽车工程系、信息工程系和管理系被评为优秀单位。顺利通过了国家海事局对学校船员教育和培训质量体系的再有效审核。

[师资队伍建设] 组织2008年度专业技术职务评审工作,评出教授5人,副教授24人,其他系列高级职务4人;讲师88人,其他系列中级职务4人。教师招聘录用60余人,其中博士6人。

有针对性地实施“教育教学、科学研究、实验室建设、实践锻炼、进修提高”五个岗位轮岗培养措施;采用多种形式加强教师培训工作,5人博士毕业,10余人考入国内重点院校攻读博士学位;87人新获高校教师任职资格证书,对新教师进行“三级试讲”。制定了实验人员岗位设置及管理办法,组织实验人员进行技能选拔测试,竞聘上岗。选拔推荐优秀青年教师赴日本、俄罗斯、老挝等国任教。

[科学研究] 积极推动学校与地方和企事业单位的科研与全方位合作,学校被评为“山东省校企合作先进单位”、“山东省船舶工业校企合作示范单位”;成功举办“齐鲁讲坛山东交通学院分坛”;成立山东省汽车行业培训基地。承办“2008危险品运输国际论坛”;主办“2008中国—南非公路科技创新国际论坛”。

培育高水平科研队伍,精心组织和落实项目申报,高水平科研项目立项取得新突破。获国家西部交通建设科技项目立项1项、交通部交通应用基础研究项目立项1项、山东省自然科学基金项目立项两项、山东省青年科学家奖励基金项目立项两项、济南市科技明星计划项目立项1项、省交通科技计划项目7项、省教育厅科技计划项目4项、省国防科工办项目1项、省软科学研究计划项目3项、国家专利21项,其中国家发明专利4项。全校共有47篇学术论文被SCI、EI和ISTP收录;发表国际学术会议论文20篇,发表全国中文核心期刊论文121篇。

[学生教育与管理] 正确引导学生的爱国热情和支持奥运的行动。推广大学生思想政治教育项目化运作,该项工作被高校工委评为思想政治工作创新奖,学校首次在高校学生教育年会上做典型发言。组织开展了山东交通学院“十佳青年”评选活动,组建“优秀大学生事迹报告团”并巡回演讲。

校园文化活动丰富多彩,学生科技活动深入开展。“影山人文讲坛”举办影山人文讲座17讲。在长清校区启动了5讲“影山讲坛·土木纵横”。大学生影视制作协会拍摄完成的第三部电影《星星草》引起了山东电视台、齐鲁晚报等媒体的广泛关注。举办了山东交通学院第九届大学生科技文化艺术节。

努力推进学生学术科技活动的深入开展,逐渐形成了良好的校园学术氛围。举办了大学生机电产品创新设计竞赛、大学生第二届结构设计竞赛、第五届大学生数学建模竞赛、大学生证券模拟大赛、首届大学生物流设计大赛、计算机日语大赛、大学生英语竞赛等活动。

[招生与就业] 2008年,学校面向全国30个省份市招生,招生计划共计4600人,实际录取4612人,其中普通本科3051人,对口高职本科100人,专科一批

1161人,跨校专升本300人。学校总体一志愿录取率为96.1%。

2008届毕业生总体就业率为91.51%。组织2次10支队伍赴12个省份100余家单位进行就业市场调研。建立多处就业见习基地。承办了省人事厅主办的全省交通类、航海类大中专毕业生就业市场专场3次。在全省高校率先举行特困家庭毕业生求职补贴发放仪式。成立了就业指导教研室,建立就业指导与服务工作信息管理系统,举办6期以成功校友为讲授主体的"创业讲坛"。学校在今年全省高校毕业生就业工作会议上做了典型发言。

[图书资料建设] 新增中外文图书和期刊合订本247071册,馆藏总量1372625册,生均83.42册。馆藏电子图书总量69万种,目前,馆藏纸质书刊和电子图书总量已超过206万册,生均已超过125册。

[职业技术教育、继续教育和培训工作] 共招收新生2898人,其中成人高教招生2242人,职教师资培训招生656人,再创历史新高。积极开拓非学历教育和职业培训市场,共完成11000余人的各类职业资格教育培训,机动车教练员、二手车评估师的培训考试取得突破性进展,交通系统特有工种的职业鉴定、培训项目成为新的增长点。

[国际交流与合作] 加强实质性的国际合作与交流,学校与俄罗斯国立远东交通大学、俄罗斯罗斯托夫国立建筑大学和瑞典布罗斯大学学院等院校签订了8个协议。发展和建立新的友好校际关系,组团访问了法国、荷兰、德国、南非、英国等国的大学,并签订了合作协议。接待来访团组共计13个,39人次。聘请外籍语言和专业专家18人次。在校留学生共计6人。选派18名学生赴国外交流。

[校办产业] 校办产业经济效益稳定增长。完成了对工程机械公司的调整重组;组建了山东交院交通司法鉴定中心。进一步加大对科研的投入,机械厂"智能型矿用巷道掘进机器人"科研项目列入山东省高新技术自主创新工程专项计划。由运达设备公司济南应用技术研究所承担的国内最大型汽车抗侧倾试验台项目在中国三江航天集团特种车辆技术中心通过验收。检测实验中心通过了中国合格评定国家认可委员会(CNAS)实验室认可和国家认监委资质认定(计量认证)。

[基建与后勤] 长清校区南区公寓工程于4月中旬全部完成并交付使用;3号学生公寓工程7月底竣工交付使用,并被济南市质监站评为"精品工程";文体馆于2月份通过主体验收,目前已完成总工程量的95%;图书馆工程主馆主体结构已完成五层;运动场看台于6月底竣工交付使用。积极进行校园基础设施建设及维修改造工作。组织完成了拆迁场地整治工作;完成了校本部住宅区一户一表水、电计量设施的改造等各项工作。学生饮食管理改革不断深化。加强校园绿化、美化。

[行政管理] 学校管理进一步规范,服务管理水平不断提高,不断加强机关工作作风建设,创建服务型机关,逐步形成了服务热情、办事高效、运转协调、行为规范的良好工作作风,提高了工作效率。

加强财务管理与固定资产管理,严格预算管理,合理安排收支;积极筹措资金,努力争取各种专项资金;加强学费、住宿费收缴,年末收费率达到96.86%。认真进行基建财务核算。完善固定资产管理,确保资产保值、增值。强化审计监督,全年共完成审计项目123个,提出审计建议42条,审计资金总额10.7亿元,充分发挥了内部审计监督职能。加强档案、保密管理。加强数字化校园建设。安全防范措施进一步强化。

校区管理科学运行正常,长清校区运行良好,教学、管理、后勤保障等各项工作顺利开展。海运学院发展稳定,突出海运行业特色,工作取得新成绩。

学校党政领导人

书记:谭晓防(女)

副书记、院长:冯晋祥

副书记:张祖斌

副院长:唐　勇　徐晓红(女)　顾一中　张　诚

纪委书记:单淑芬(女)

学校地址:济南市交校路5号

邮政编码:250023

联系电话:0531－80687622　80683186

传　　真:0531－80687611

(撰稿:李西田　王洪鹏　审稿:尹光庆)

山东农业大学

[概况] 山东农业大学坐落在雄伟壮丽的泰山脚下,

前身是1906年创办于济南的山东高等农业学堂，后几经变迁，1952年经全国院系调整，成立山东农学院，1958年由济南迁至泰安，1983年更名为山东农业大学。1999年7月，经山东省人民政府批准，将山东农业大学、山东水利专科学校合并，同时将山东省林业学校并入，组建新的山东农业大学。目前，学校已经发展成为一所以农业科学与生命科学为优势和特色，融农、理、工、管、经、文、法、医、教育学等于一体的多科性大学。

学校现有在校生29375人，其中博士、硕士研究生2071人，设有19个学院、68个本科专业。

学校在职职工2550人，专任教师1594人，中国科学院院士2人、中国工程院院士4人，教授276人，副教授613人。入选国家"百千万人才工程"专家7人，国家有突出贡献的中青年专家4人，享受政府特贴人员78人。

学校有7个博士后流动站、6个一级学科博士学位授权点、42个二级学科博士学位授权点、10个一级学科硕士学位授权点、59个二级学科硕士学位授权点，3个硕士专业学位授权点，研究生教育涵盖了经济学、法学、文学、理学、工学、农学、管理学等7个学科门类。拥有2个国家重点学科，1个国家重点实验室，1个国家工程技术研究中心，2个农业部重点学科，2个农业部重点开放实验室，16个省级重点学科，10个省级重点实验室，1个省级软科学研究基地，1个国家小麦改良分中心，1个农业部谷物品质检测中心，1个黄淮海区域玉米技术创新中心，1个省农村经济研究基地，7个省级工程技术研究中心。

学校占地354万平方米，其中校园占地225.5万平方米，建筑面积117.7万平方米(包括站园实验室、新胜公寓、南校区学生公寓)。教学、科研仪器设备资产总值2.8亿元。办有《山东农业大学学报》(自然科学版、社会科学版)、《山东畜牧兽医》等学术刊物，设有山东农业大学电子音像出版社。

"九五"以来，学校共承担各级各类科技项目2770项，其中主持和参加省部级以上项目1358项。共获得省部级以上科技成果奖励204项，其中国家级奖励10项，省部级一等奖9项，"冬小麦矮秆、多抗、高产新种质'矮孟牛'的创造及利用"研究成果获1997年国家技术发明一等奖。此外，还获得69项国家专利和9项植物新品种权。学校先后获得省级以上教学成果奖51项，其中国家级教学成果特等奖1项、一等奖2项。

学校与美国普渡大学、肯塔基大学、夏威夷大学、英国皇家农学院、德国埃森经济管理与应用技术大学、日本千叶大学、荷兰万豪农学院、乌克兰白教堂国立农业大学等国外25所院校建立了友好校际关系，并与德国埃森经济管理与应用技术大学、英国皇家农学院开展合作办学。

[研究生教育] 2008年，录取博士研究生106人，硕士研究生703人，专业学位研究生145人。毕业并获得博士学位96人；毕业全日制硕士研究生507人，有1人没通过学位论文答辩；同等学力申请硕士5人，高校教师在职申请硕士学位11人，硕士专业学位共159人(其中农业推广硕士专业学位139人，兽医硕士专业学位20人)。

研究生的培养质量和学位论文的水平有所提高，高水平论文数量有了大幅增加。博士生发表论文中SCI和EI收录26篇，较去年生均提高36%，一级学报79篇，加上其他刊物共发表138篇；硕士研究生发表论文中SCI和EI收录36篇，较去年生均提高133%，一级学报174篇，加上其他刊物共发表514篇。博士和硕士研究生生均发表SCI和EI论文数量和质量大幅度提高，博士生发表论文影响因子有的接近了6。

[重点学科建设] 作物生物学国家重点实验室通过对实验室进行结构调整和资源整合，制定了实验室开放运行、自主研究课题经费使用和管理办法、实验室五年工作规划。10月，在省科技厅组织专家对实验室建设工作进行绩效考评时，专家对实验室在人才队伍建设、研究成果、运行机制等方面取得的成绩给予高度评价。在第五轮农业部重点开放实验室申报工作中，学校整合学术队伍，调整研究方向，认真组织申报材料。7月，农业部发布第五轮农业部重点开放实验室建设名单，学校作物生理生态与栽培、园艺作物生物学实验室名列其中。9月，"十一五"山东省重点建设项目顺利通过了专家现场考察评估，圆满完成中期建设任务。11月，动物生物工程与疾病防治重点实验室被批准筹建山东省重点实验室。

[本专科教育] 积极组织申报高等学校二期质量工程项目，生物技术专业评为省级品牌专业，农业资源与环境专业被评为省级特色专业，植物科学与技术专业被评为国家特色专业；园艺本科专业教学团队、蚕学本科专业教学团队被评为省级教学团队；《农业机械学》、《植物化学保护》被评为省级精品课程，《普通园艺学》被评为国家级精品课程；动物科学与动物医学实验教学中心被批准为国家级实验教学示范中心建设单位。至此，学校已有国家级特色专业4个，省级品牌专业3个，省级特色专业5个，国家级精品课程4门，省级精品课程12门，国家级教学团队1个，省级教学团队2个，国家级实验教学示范中心2个。申报成功第二批

实施大学生创新性实验计划项目,成为山东省唯一一所实施大学生创新性实验计划项目的省属高校。20项由学生主持、教育部批准备案的项目,将参加1至3年的创新性实验研究。该计划实验项目是迄今为止我国大学生参与的最高级别的科研项目,也是经费最多、影响力最大的科研项目。在去年到位教学项目研究经费175万元的基础上,本年度实际到位经费235万元,再创历史新高。新增环境工程(工)、遥感科学与技术(工)、森林资源保护与游憩(农)、俄语、经济学、空间信息与数字技术等6个本科专业,进一步优化了专业结构,拓展了人才培养类型。

[学生教育管理] 坚持“以人为本,德育为先”的教育理念,积极践行科学发展观。针对80、90后特点,注重教育实效。一是氛围感染教育。通过文化艺术进校园、校友回校作报告等形式,营造浓郁的校园文化氛围。二是纪念日教育。通过改革开学典礼、毕业典礼行政化模式,体现人本关怀;通过学校迁址50周年,改革开放30周年等活动,加强对学生爱国、爱校、爱家的教育。三是大事件教育。在汶川地震抗灾中,学生为地震灾区捐款20余万元。四是课程教育。通过形势政策三个板块教育,使大学生坚定理想信念。五是环节教育。通过考试、还贷、就业三个管理环节,进行诚信教育,累计发送短信19万条。六是专家教育。充分发挥关工委的作用,启发学生,立志成才,322名学生获得省级优秀毕业生称号。创建“五三式”学风建设新模式,即“教学、管理、督导”三位一体听课,以教风促学风;“教学、科研、就业”三结合基地建设,以实践带学风;“校、院、学生组织”三级联动,营造氛围引学风;“学校、社会、家庭”三方互补,抓教育领学风;“自我教育、自我管理、自我服务”,以自律践学风。启动十项学风建设精品项目——《学生手册》竞赛、消防演练、学风辩论赛、生涯调研、课堂笔记展、公务员培训、标兵评选、博客评选、英语大赛,全过程贯穿“教育、励志、成才”,营造浓郁的学习氛围,取得明显成效。学生两次以上不及格人次比上年下降74%。共1565人获得校级三好学生、优秀学生干部,42人获得省级以上荣誉称号,7个班级获省级优秀班集体称号。

[招生与就业] 2008年,完成了美术艺术类考试、优秀运动员考试、招生宣传、高考录取、新生报到等各项工作。顺利完成了28个省市自治区,5个批次7511名新生的录取、5440名美术艺术类考生考试工作。建立优秀生源基地10个,生源地为学校输送学生413人。对生源进口进行四年情况分析,建议调整批次结构,省内一批数量比去年翻一番,扩大到4549人,平均一批生源比二批高出29分,生源质量明显好转。招生批次由过去九个减为五个,取消对口高职本科和普通专科生。中外合作办学进入二批招生。年内,顺利派遣毕业生6488人。考取国家、省公务员45人,省委组织部选调22人,“三支一扶”83人。考取研究生1683人,考研率27.4%,比上年提高5.7%,其中考取91所“211”院校687人,占考研人数的56.6%。主动应对形势,拉动学生就业。采取以市场拉动就业,通过全省农林水大型市场、周末中小型市场,共提供需求岗位2.4万个,供需比1∶3.8;培训促进就业,通过公务员培训、考研引导,促进高端就业,公务员、考研、组织部选调占毕业生28%;创业带动就业,本年度就业指导课率先增加创业内容,与泰安市创业协会建立创业实践基地,被授予“山东省首批大学生创业教育示范学校”称号。涌现了“中国大学生自强之星”谢思慧和创业带动就业王凤刚等创业典型;教育引领就业,通过课程引领、企业家引领、事迹引领、主题教育引领,“三支一扶”报名达1863人。

[图书管理] 加强了资源和服务宣传,促进了读者服务工作。着力做好馆藏文献信息资源的宣传推介工作,努力实现文献信息资源的共知共享。举办了以“构建文献保障体系,实现共建共管共知共享”为主题的“图书馆文献资源保障体系建设巡礼展”。面向全校读者,现场进行咨询服务,共发放数据库宣传材料2000余份,图书馆服务指南1500余份,宣传了图书馆的文献信息资源、服务项目、服务手段、服务形式等,吸引读者走进图书馆、利用图书馆。年内,借还图书56余万册次,读者阅览(含电子阅览)近220万人次,图书馆主页访问53万人次,数据库访问350万人次,文献下载近200万篇,读者咨询1200人次。数据库中1400G、1200种、710万余篇的数据信息得到更新。按照学校创新平台建设的总要求,着力搞好数据库及应用服务平台建设。对已经引进的40个数据库的使用情况进行了全面的分析和论证,与各数据库商进行谈判,增加新的服务条款,明细了各个数据库的所有权、使用权。新增了CASHL原文传递服务项目,社科类读者可以快速获取国际最新文献。开通了40个数据库的试用,弥补了数字文献资源的不足,丰富了数字文献资源。经过一年的调试运行,数据库平台建设项目引进的6个应用系统已经投入使用,基本达到了预期效果。加强了对图书馆自动化系统和数据库运行情况检测,做到了技术保障准确到位。完成了对非书资料系统、万方数据库系统升级,完成了馆藏的两万余张光盘、磁带、磁盘等电子、数字文献资源的分类、整理、统计、上架等建档工作。探索制定了利用ILAS系统对外文文

献的西文著录办法，并在实践当中得以应用。形成了《数字资源建设历史状况调查报告》，有利于指导数字图书馆建设，图书馆设备维护保障制度建设已经起步。上传随书光盘 1172 种，签收公款购书 3154 种 4262 册。图书馆藏书 205.6 万册，拥有中外文数据库总库 27 个(子库 44 个)。

[科研与科技开发] 2008 年，到位和立项科研经费双双过亿元，到位经费 1.13 亿元，立项经费 1.28 亿元。共新上各级各类课题 379 项，其中：国家级课题 159 项，立项经费 9502 万元，占课题经费的 73.98%，比上年增加 5634 万元。首次主持国家农业行业科技专项，经费达 1475 万元。34 个国家自然基金项目获得立项，比去年增加 14 项。基础研究经费大幅度上升，占年度立项总经费的 22%。省级课题 120 项，立项经费 2281 万元。鉴定科技成果 32 项，发表论文 1471 篇，其中 SCI 收录 208 篇。获得各级各类科技奖励 35 项，其中国家科技进步二等奖(第二完成单位)2 项，省科技进步一等奖 2 项(第二完成单位 1 项)，二等奖 5 项(第二完成单位 1 项)，三等奖 5 项(第二完成单位 2 项)，省自然科学三等奖 1 项，省社科优秀成果三等奖 3 项，山东高校优秀科研成果二等奖 3 项，省文化艺术科学优秀成果奖 5 项，泰安市社科成果奖 9 项。国家苹果工程技术研究中心获准在我校建设，批复建设投资 2500 万元，其中国家和省拨付建设经费 1200 万元。在省级工程技术研究中心考核验收中，学校参验的三个中心通过验收并获得好评。学校重点建设的 6 个实验室基本建成，在提升基础研究能力方面发挥了重要作用。

[师资队伍建设] 增加享受国务院政府特殊津贴专家 3 人，入选 2007 年度山东省有突出贡献的中青年专家 2 人，入选“大众报业杯”山东高校十大优秀教师 1 人，获山东省优秀博士后科研流动站 1 个，山东省优秀博士后 1 人。聘任兼职教授 11 人、讲座教授 2 人、客座教授 1 人、名誉教授 1 人，其中国外专家 4 人。遴选泰山学者特聘教授 2 人，新增 2 个因人设岗泰山学者岗位。完成了届中专业技术职务聘任和“1512”工程遴选工作，聘任副高级专业技术职务 73 人，中级专业技术职务 175 人，117 人入选“1512”工程，其中一层次 2 人，二层次 13 人，三层次 52 人，四层次 50 人。公开招聘专业技术人员 47 人。21 名教师参加高校教师岗前培训并获得合格证书，31 名教师获得高等学校教师资格证书，25 名教师参加 WSK 和 BFT 考试，93 名专业技术人员参加职称外语考试，99 名专业技术人员参加计算机水平考试，358 名教师参加现代教育技术培训。

[国际合作与交流] 2008 年，共接待来自 11 个国家和地区的外宾 46 批共 159 人次，交流活动涉及 13 个学院。共聘请外教 45 人次，其中美、英、德语言教师 10 人次，专业课教师 35 人次，对外语专业建设、合作办学等均发挥了积极的作用。有三位教师公派出国进修，有 22 人次出国参加学术会议和合作科研。派出 3 个代表团共 9 人赴美国、德国等国考察。中德项目现有在校生 1130 余人，其中 05 级 260 人在德国学习，校内现有 870 余人。“国际交流学院中德项目”作为山东省第一批通过教育部复核的中外合作办学机构，正式获得教育部颁发的《中外合作办学许可证书》。与德国埃森经济管理应用技术大学签订了第二期合作协议。中英项目现有在校生 250 人，其中 2007 级招生 112 人，2008 级招生 138 人。2007 级学生中有 109 人顺利通过了英方的英语水平考试和入学面试，取得了英国皇家农学院的正式学籍，成为英国皇家农学院第一批海外学生。

学校党政领导人

书　记：盖国强(3 月离职)　苗仲华(6 月任职)
校　长：温孚江
副书记：于留成
副书记、副校长：周　林
副校长：张敬合　董树亭　张宪省
纪委书记：董新胜

学校地址：泰安市岱宗大街 61 号
邮政编码：271018
联系电话：0538－8242291

(撰稿：王延耀　审稿：温孚江)

青岛农业大学

[概况] 青岛农业大学始建于 1951 年，2001 年经山东省政府批准创建青岛校区，2007 年 3 月经教育部批准由莱阳农学院更名为“青岛农业大学”，办学地址变更为青岛市城阳区。

建校以来学校已为社会培养全日制毕业生 5 万余名，农业部部长孙政才、玉米育种专家李登海是他们中的杰出代表。学校在长期的办学历程中，形成了“矢志三农、勤奋求实，自强不息、追求卓越，培养高素质应用型人才”的鲜明办学特色。学校在 1997 年原国家教委组织的本科教学工作合格评估和2007年教育部组织的本科教学工作水平评估中均获得“优秀”。

目前,学校已经发展成为一所农科特色鲜明,农、工、理、经、管、文等学科协调发展的多科性大学。设有14个教学学院和1个体育教学部,另设有继续教育学院、合作社学院、中加商务学院、国际教育学院和海都学院(独立学院)。举办55个本科专业,拥有4个一级学科硕士点,31个二级学科硕士点。现有全日制在校本专科生22748人,硕士研究生968人。

学校拥有青岛和莱阳两个校区,占地252.87万平方米,校舍建筑面积108.90平方米,图书馆纸质藏书172.5万册,国内外期刊10727种,电子图书90.7万册。

学校现有教学科研人员1078人,其中正高级职称178人,副高级职称326人,博士262人,硕士638人,博士占专任教师总数的24.3%,硕士以上教师占83.5%。有“泰山学者”特聘教授2人,享受国务院特殊津贴专家20人,全国优秀教师5人,山东省有突出贡献中青年专家9人,山东省教学名师5人,博士生导师22人。

学校拥有5个省级重点学科,4个省级重点实验室,2个省级工程技术研究中心,3个省级实验教学示范中心,42个研究所。设有国家动漫创意产业基地人才培养与研发基地、中国鸵鸟疫病防治中心、青岛市农机化高级人才培训基地等研发培训机构和康奈尔大学BTI——青岛农业大学无脊椎动物细胞培养和细胞工程中心、国际合作经济发展研究中心、中韩食品生物技术研究所、中英食品研究所等中外合作研究机构。

[党建和思想政治建设] 认真贯彻落实党的十七大、十七届三中全会精神,深入落实科学发展观。以改革开放三十周年为契机,积极开展丰富多彩的纪念活动,组织全体党员学习胡锦涛同志在改革开放三十周年纪念大会上的讲话,总结回顾改革开放取得的伟大成就,增强了对中国特色社会主义的信心,强化了广大党员干部的大局意识和责任意识。认真开展了解放思想大讨论和贯彻落实科学发展观等一系列专题教育培训工作,大力加强了党的思想建设、组织建设、制度建设和作风建设,为学校的改革发展稳定提供了坚强的政治和思想保证。顺利完成了党总支和党支部的调整和换届选举工作,党总支的数量由原来的23个调整为19个,党支部的数量有原来的109个调整为125个。全年发展党员989名,其中7名教工党员,982名学生党员。汶川大地震发生后,全校师生员工积极开展各种献爱心活动,共为灾区捐款和交纳特殊党费、团费达1043844.22元人民币,有力支援了灾区的抗震救灾工作。

[院系学科结构调整] 按照有利于学生培养、有利于学科发展的原则,经过充分调研和论证,调整了学科专业布局。调整后,学校设有农学与植物保护学院、资源与环境学院、园林园艺学院、动物科技学院、机电工程学院、建筑工程学院、生命科学学院、食品科学与工程学院、经济与管理学院、人文社科学院、理学与信息科学学院、艺术与传媒学院、外国语学院、化学与药学院等14个教学学院和1个体育教学部,另设有继续教育学院、合作社学院、中加商务学院、国际教育学院和海都学院(独立学院)。调整后的学科专业布局有效地整合了学校的办学资源,加强了学科建设,更好地顺应了经济社会发展的趋势。

[干部考核和竞争上岗] 进行处级领导班子和处级干部任期届满考核。在此基础上,按照新的干部岗位设置,按照公开、公平、公正和党管干部、德才兼备的原则,组织开展了第二轮处、科级干部竞争上岗和调整,有59名正处级干部、91名副处级干部、172名正科级干部、81名副科级干部通过公开竞聘上岗。

[教育教学] 有5项省级教改课题通过验收;“食品科学与工程”专业被评为国家级第二类特色专业建设点,“动物科学专业”被评为省级品牌专业,“园林专业”被评为省级特色专业;《兽医产科学》课程被评为省级精品课程,9门课程被评为省专项资金课程。“植物保护实验教学示范中心”被评为省级实验教学示范中心。“传播学专业”教学团队被评为省级教学团队,一名教师被评为省级教学名师。目前学校有2个国家级特色专业、2个省级教学团队、1个省级品牌专业,5个省级特色专业,3个省级试点专业、4门省级试点课程、9门省级精品课程,9门省专项资金课程,3个省级实验教学示范中心,5名省级教学名师。有3部教材获2008年全国高等农业院校优秀教材奖。新增“风景园林”和“土地资源管理”2个本科专业。全年中,学生在全国大学生数学竞赛、电子设计竞赛、ITAT教育工程就业技能大赛等竞赛活动中获得国家级二等奖1项、三等奖5项,省级一等奖5项、二等奖5项、三等奖8项。大学英语四级一次性通过率达到82.7%。

[学位与研究生教育] 以博士授权单位的申报工作为契机,积极推进学科建设。新增了农业资源利用、农业信息化、食品加工与安全3个农业推广硕士专业学位招生领域,农业推广硕士专业学位的领域总数增加到8个。研究生教育规模进一步扩大,共招收全日制硕

士研究生277人，专业学位研究生78人，目前全日制在校研究生722人，专业学位研究生260人，在读研究生总数达982人。2008年共授予学位182人，研究生发表论文403篇，1名导师被评为山东省优秀研究生指导教师。

[科技活动与科技成果] 2008年，新增科研经费4847.6万元，有196项科研课题获得经费资助；国家级课题45项，项目经费3797万元，其中，国家自然科学基金项目17项。社会科学研究取得新的突破，“中国农村合作经济特色体系与运行机制研究”被列为国家软科学研究课题。6名专家被聘为国家现代农业产业技术体系岗位专家。科研成果奖励取得新的突破。2008年，共获得各类科技奖励43项，其中省级以上奖励13项，学校参与的“花生高产高效栽培技术体系建立与应用”项目获得2008年国家科技进步二等奖。与山东省农科院合作完成的“猪蓝耳病病原分子遗传变异与诊断和系统防治技术”获山东省科技进步一等奖，此外，“豁眼鹅快长系选育及配套技术”获山东省科技进步二等奖，“猪附红细胞体生物学特性和诊断技术的研究”获山东省科技进步三等奖。科技服务在广度和深度上都有了新的拓展。乐义实验室科技特派员李庆典教授在新疆各地开展的科技培训活动，受到当地部门和群众的热烈欢迎，中央媒体和地方媒体给予连续报道。加强了校地、校企合作，与青岛市政府及有关部门和县市区签署了《实施科教兴农战略、推进现代农业建设的全面合作协议书》；2008年10月，与利津县政府签署了全面战略合作协议，为学校参与黄河三角洲的开发建设奠定了基础。开展了与青岛红领集团、即墨妙府老酒有限公司等企业的横向合作，校企联系更加紧密。

受山东省农业厅委托举办了第二期“山东省新型农民创业培训班”，分4批培训了农民企业家730人；受青岛市和城阳区的委托分别举办了“青岛市农产品加工技术对接培训班”和城阳区科级干部培训班。2008年共培训社会各类人员2200人。

[招生与就业] 成功实行部分本科专业按大类招生改革，有13个学院的46个专业实行了大类招生。2008年招收本专科生5879人，所有类别和录取批次第一志愿生源充足，招生计划完成率超过100%。毕业生就业率为91.1%，正式就业率达到62.5%，比上年提高6.2个百分点。

[学生工作] 针对拉萨“三一四”事件、汶川大地震、奥运会等重大事件开展了一系列主题教育活动。开展了丰富多彩的心理咨询工作，出台了大学生心理危机干预实施办法。推进了学生宿舍精细化管理，加强了宿舍管理规范化建设。组织学生参加了奥帆赛、残奥帆赛的宣传、火炬传递和奥运会志愿服务活动，4名学生被团省委授予“山东省先进志愿者”称号，30多名志愿者受到青岛市表彰，学校被评为青岛市奥帆赛、残奥帆赛突出贡献单位。在2008年中国科技创业计划大赛中，校团委被评为优秀组织单位，1个参赛项目获“新苗奖”。积极做好家庭困难学生和家庭受灾学生的帮助工作，建立了校园“绿卡”制度，全年安排学生参加勤工助学活动达3600余人次，累计发放助学报酬170余万元，发放临时困难补助12万余元。成功操作了两批国家助学贷款审批工作，贷款学生1443人，贷款金额1700余万元。发放各类奖助学金1020万元，获得者3968人，占在校学生总数的17.8%，占学校家庭经济困难学生人数的61.5%。

[综合管理与改革] 深化管理工作改革，制定颁布了非学历教育管理办法、教职工考勤管理实施细则、招待费管理办法、差旅费管理办法等新的制度措施，调整了校内教职工津贴分配办法，加强了对财务支出的约束和管理，加强了对工程项目和各级财务管理的内部审计工作，促进了学校管理工作的规范化和精细化。全面实施后勤服务外包，推进非合同用工制度改革，精简临时用工人员200多名。水电暖、绿化和办公经费大幅度缩减，全年节约水费300万元、冬季供暖费200万元，节约型校园建设成效显著。

[师资队伍建设] 公开招聘教师49人，其中博士22人，硕士27人。调整了专业技术职务任职资格量化标准，有8人晋升为正高职称，24人晋升为副高级职称，117人晋升为中级职称。有1人获得国务院政府特殊津贴，新增省级有突出贡献中青年专家1人。全年组织29名教师参加国外培训和交流，推荐4名教师参加省高校青年教师成长并资助计划培养。

[国际交流与开放办学] 与国外8所知名高校签订合作协议9项。成功举办了首届中外大学校长论坛；与韩国首尔大学共同组织举办了农业与生物技术学术研讨会；与韩国昌原大学合作举办了第二届CEO培训班，培训驻青韩资企业CEO70多人。与英国、德国、法国、澳大利亚等国大学开展了学生交流项目，为学生提供了丰富的国外学习机会。全年接待了53个国外团队来访计257人次，聘请9名国外知名专家为学校客座教授或顾问。

[新校名揭牌仪式] 5月18日,青岛农业大学揭牌仪式成功举行,山东省人民政府特邀咨询张昭福和中国农科院院长、中共十七届中央候补委员翟虎渠共同为"青岛农业大学"揭牌,学校发展掀开了崭新的一页。学校的更名,受到了社会各界的广泛关注。

[合作社学院成立大会] 3月,学校成立了国内高校第一个合作社学院。3月16日举办了合作社学院成立大会,农业部副部长危朝安等重要领导和学者来校祝贺。一年来,合作社学院面向社会开展了一系列培训活动,为即墨、胶南、淄川等地方的合作社发展提供了强有力的智力支持和技术指导,社会影响迅速扩大。合作社学院将从2009年开始招收本科生。

学校党政领导人

书记:周学宝

副书记、校长:李宝笃

副书记:刁新华 张铭锦

副校长:戴洪义 宋希云 刘军国 王 伟
李欣章 原永兵

纪委书记:刘国秋

学校地址:青岛市城阳区长城路700号

邮政编码:266109

联系电话:0532－86080221

(撰稿:孙贵山 审稿:李宝笃)

山东中医药大学

[概况] 山东中医药大学原名山东中医学院,创建于1958年,1978年被列为全国重点建设的中医院校,1981年成为山东省重点高校,1996年更名为山东中医药大学,2007年由济南市历下区主体迁至长清大学科技园,是山东省唯一一所独立设置的医药科大学,教育部本科教学工作水平评估优秀学校。

"功能齐全、数字化、园林化、现代化、有特色"的新校区办学条件优越,总占地1829亩,建筑面积50.4万平方米,仪器设备总值7816万元,馆藏纸质图书98万册、电子图书47万册,有配置完善的计算机校园网和现代教育技术设施。学校设13个二级学院,有2所直属附属医院和8所非直属附属医院、23所教学医院、50处临床教学基地。

学校拥有完备的教育层次。有中医学七年制、中医学、中西医临床医学、针灸推拿学、康复治疗学、护理学、眼视光学、营养学、应用心理学、中药学、中草药栽培与鉴定、药学、制药工程、生物医学工程、计算机科学与技术、信息管理与信息系统、市场营销、英语、法学、运动人体科学、社会体育21个本科专业,涉及医、理、文、工、管等学科门类。有中医学、中药学、中西医结合3个博士学位授权一级学科,15个博士点;中医学、中药学、中西医结合、药学、生物医学工程5个硕士学位授权一级学科,26个硕士点;硕士点涵盖了中医学、中西医结合、中药学全部二级学科,并开始向周边学科渗透;拥有临床医学专业博士和硕士学位授予权。至2008年底,全日制在校生13236人,其中本专科生11255人,研究生1623人。学校十分注重对外交流与合作,先后与亚洲、欧美、非洲、澳洲等国家和地区的十余所大学、医疗机构建立并保持长期友好合作关系,合作办学、合作办医,有外国留学生、境外合作办学学生、港澳台学生300余人。

学校注重加强学科建设,形成了一批优势和特色学科。现有中医基础理论、中医医史文献2个国家重点学科和中医内科学1个国家重点(培育)学科,2个国家中医药管理局重点学科;国家中医药管理局重点专科(专病)4个、重点建设专科4个,6个国家中医药管理局三级实验室;有山东省"泰山学者"岗位学科6个,山东省人文社科研究基地1个,省级重点学科、重点专科、重点实验室等23个。

学校具有较强的科技创新能力。有中医学、中药学、中西医结合3个博士后科研流动站,设有4个研究所、6个研究室,1个教育部重点实验室,2个国家中医药管理局重点研究室,3个山东省工程技术研究中心。近3年以来获国家科技进步二等奖2项、山东省科技进步一等奖1项;2007年在省属高校中首次主持国家"973"项目1项,承担"973"项目课题2项,牵头国家"十一五"科技支撑计划项目3项。是科技部认定的"国家科技成果重点推广项目技术依托单位"、"国家中药现代化、产业化规范种植项目承担单位"。

学校拥有实力雄厚的师资队伍。现有教职医护员工3325人,其中校本部1013人,博士生导师59人,硕士生导师288人。1人先后荣获国家"国医楷模"、"国医大师"荣誉称号,有国家"973"项目首席科学家1人,享受国务院特殊津贴44人,省部级有突出贡献的中青年专家10人,入选教育部新世纪优秀人才支持计划3人,山东省"泰山学者"特聘教授6人,1个团队入选山东省十大优秀创新团队,山东省教学名师2人,山东省有突出贡献的名老中医药专家6人,山东省名中医药专家45人。

[党建与政治思想工作]　认真组织学习贯彻党的十七大、十七届三中全会精神，全面推进党建和思想政治工作。高度重视校处级领导班子和领导干部思想政治建设，认真抓好中心组学习，举办了2期处级干部学习班。广泛开展了纪念改革开放30周年系列活动、解放思想大讨论和以“弘扬奥运精神”为主题的教育活动以及各类文体活动。积极参与抗震救灾，全校党员缴纳“特殊党费”61万多元，其中千元以上的有276人，附属医院分别捐赠药品和选派医护人员援赴灾区，3人荣获上级表彰。坚持“围绕中心抓党建、抓好党建促工作”，按期完成了干部竞聘调整和基层党组织的换届工作；校本部全年发展党员779名，按期转正党员393名，培训入党积极分子13期、1800人次；28个先进基层党组织、133名优秀共产党员和29名优秀党务工作者获表彰，1个基层党委被授予山东省高校先进基层党组织，3人被评为山东省高校优秀共产党员和优秀党务工作者。

加强勤政廉政和预防职务犯罪警示教育，层层签订了党风廉政建设责任书；审计监察全面介入干部考核任用、招生录取、工程建设等工作。

[民主政治建设]　认真贯彻落实党的统战工作政策，积极支持各民主党派工作，成功协办了华东六省一市高校统战工作研讨会。扎实做好退离休工作，经常向老同志通报情况。进一步增强了校务公开，成功召开四届五次教代会，拓展了民主监督和信息渠道。

[学生工作]　坚持德育首位，教育与管理相结合，学生思想政治教育、心理健康教育、日常管理、学风建设等工作扎实有效，贫困生资助工作落实到位，校园文化活动丰富多彩，学生思想稳定、积极向上。一大批班集体和个人荣获省级及以上表彰，学校再次被评为全省大学生暑期“三下乡”社会实践和“挑战杯”竞赛活动优秀组织单位，校团委被授予山东省红旗团委。

[招生与就业]　招收统招硕士生450人、博士生65人，硕士招生数较2007年增长近10%。招收本专科生3486人，较计划增长11.7%，比上年增加35%，新生报到率达94.4%。招收留学生及台港澳学生62人，学历生人数再创新高；继续教育招收学生1579名。本专科年终就业率达到85.02%。

[教学工作]　内涵建设进一步加强，圆满完成评建整改，全面推进了专业建设、课程建设、教学管理建设。“质量工程”取得新进展，针灸推拿学入选国家第一类特色专业建设点，成功立项3个国家级特色专业，中医药综合教学实验中心成为“山东省高等学校实验教学示范中心”，成功申报3门省级精品课程，新增1个省级教学团队和1名省级教学名师。不断深化教学改革，优秀生转专业比例由5%提高到10%，启动了双专业、双学位教育工作，进一步完善了传统班培养模式，首批确立5个人才培养模式创新实验区；完成6项省级以上教学研究项目结题验收和成果鉴定，新增省级教学研究项目7项。进一步完善了实验课程体系，制定了实验教学质量标准，健全了实践教学管理规范。深化了教学质量保障长效机制，注重发挥教学督导委员会的作用，推进评教工作，实施了学业警示管理办法。成功承办了全国中医药高等教育学会教学管理专业委员会和教学研究专业委员会理事长、秘书长会议。

以博士质量调研为契机，切实加强导师队伍建设、质量管理和条件建设，修订完善了学位论文质量评价制度，全面提高了研究生培养质量。积极推进开门办学，除做好研究生在职教育外，与4家地市中医院联合举办了研究生课程班，并首次面向省外与宁夏医学院联合开办了高校教师课程班，扩大了学校影响，提高了办学效益。顺利通过了全省成人高等教育中医学品牌专业建设中期检查，当选中国成人教育杂志理事会常务理事单位。举办了乡医培训等多种形式的培训，培训1400余人次。

[科技工作]　科技工作取得重大突破。重点建设有新发展，教育部重点实验室“中医药经典理论”建设项目顺利通过专家组验收，国家中医药管理局重点学科、三级实验室通过评估验收，新上1个山东省重点建设实验室，“十一五”省级重点建设项目和山东省医药卫生重点建设单位通过专家组中期评估；“泰山学者”岗位增至6个，“泰山学者”特聘教授增至6人，情志病证研究团队入选山东省十大优秀创新团队，并荣立集体一等功。项目申报有新进展，共申报16大类156项科研项目，其中获批国家“重大新药创制”科技重大专项“十一五”计划项目2项、“十一五”科技重大专项课题3项、国家自然科学基金项目7项。成果奖励有新突破，继2006年之后再次荣获国家科技进步二等奖1项，获山东省科技进步二等奖2项、三等奖1项，山东省软科学奖励一等奖1项，山东省中医药学会科技奖励一等奖2项。有8项科技成果完成专利申请工作，1项成果取得了发明专利授权。学报被评为全国高校优秀期刊，杂志编辑部设立的“齐鲁中医健康宣传中心”被评为全国优秀中医健康俱乐部，2人荣获全国优秀中医健康信使称号。举办各种科研学术报告54场次。成功承办了中华中医药学会科研产业化分会年会暨第三

届中医药产学研高层论坛。

[师资队伍建设]　师资队伍进一步优化。继续全面落实"人才强校"方略,以创新团队建设为龙头,积极推进了师资队伍的内涵建设。进一步优化了师资队伍结构,年龄、学历、职称、学缘等结构更趋合理。扎实推进青年教师培养工程,青年教师的教学、科研及思想素质等方面有了较大提高,有 10 人被评为优秀青年教师,56 人通过了教师资格认定。加强博士后科研流动站建设,中医学流动站被省政府授予"山东省优秀博士后科研流动站"。

[国际合作与交流]　大力发展对外交流与国际教育,分别与埃及苏伊士运河大学、德意志联邦医疗集团等达成合作办学或医疗合作协议,顺利完成中韩合作办学项目的招生工作,派出 21 人次出国进行交流、讲学和行医,接待境外 98 人次来校访问、培训和学术交流;成功承办国家科技部传统中医药国际培训班,20 名学员涉及 8 个国家;顺利报批国家中医药管理局中医药国际合作基地,使学校成为承担政府间合作项目、高水平国际合作的骨干机构。

[50 周年校庆]　圆满完成 50 周年校庆工作。校庆工作围绕学校发展的主题,按照"校院两级办校庆"的方针和"热情、务实、俭朴、凝聚人心"的原则,与大学文化建设紧密结合,系统总结了 50 年办学经验,进一步深化了办学传统,凝炼了办学精神;与和谐大学建设紧密结合,进一步鼓舞了士气,统一了思想,凝聚了力量;与管理效益年工作紧密结合起来,节约办校庆,向社会和广大校友充分展示了学校艰苦奋斗干事业的精神风貌。通过校庆工作,进一步梳理了办学理念和办学思路,深入探讨了 50 年实现三次大突破的丰富内涵和长远意义,充分认识了解放思想、改革开放对推进学校发展的重大意义。大力宣传学校 50 年办学成就,提升了学校的品牌和形象。

[后勤与基建工作]　在资金困难情况下积极推进社会化改革,后勤基建合一、三大组团的大后勤体制模式形成雏形,出台了七个方面的改革方案,正在分步实施;初步迈开了社会化的步子,启动了市场驱动的机制,水、电、气、暖、餐饮、物流、维修等方面产生了良好经济效益。加强与施工单位的沟通协调,积极推进了新校区二期工程收尾,做好工程质保维修工作,完成了图书馆室外配套、教师公寓部分配套工程,准备好了图书馆搬迁;调解电力、天然气、施工单位诉讼等各类矛盾纠纷 10 余起。经十路校区管委会充分发挥职能,较好解决了两地办学的问题。

[财务与资产工作]　计财工作紧紧围绕两大再创业工程,不断深化财务管理体制改革,加大资金筹措力度,克服重重困难,多方筹资;强化预算管理,统筹兼顾,突出重点安排资金,既保证了办学运转和稳定,也有效推进了基本建设;成立了经济管理委员会,建立健全经费使用监督、考核和评价机制,资金的使用更加合理透明。资产与设备工作克服资金困难,及时解决日常急需教学耗材和设备的供应,保证了运转。

[内部管理体制改革与和谐校园建设]　以管理效益年为切入点,全面促进了科学管理水平,提高了办学效益。把以人为本作为工作的出发点和落脚点,注重调查研究,重大决策请广大教职工参与,加大监督和考核的力度,促进了依法治校。进一步健全了制度建设,强化了职能部门、学院的管理职能,科学管理体系初具规模。继续深化各项改革,充分发挥和调动了广大教职工的积极性。新建了师东路商业楼 2100 平方米,为学校积累了优良固定资产。进一步整合优化配置教育资源,降低办学运行成本,最大限度地推进了增收节支和效益最大化。

积极推进了和谐大学建设、平安校园建设和节约型校园建设,关注民生,努力解决群众反映较为集中的问题;社会治安综合治理常抓不懈,认真抓好安全教育培训,制订完善了多种紧急应对预案,完善了校园巡逻制度,较好完成了奥运期间的安全保卫任务;完成了 3100 多名学生集中军训、军事理论课教学,选送 5 名在校大学生应征入伍。积极开展群众体育活动和竞技体育运动,组队参加"全国中医院校传统保健运动会"、"全国国际跳棋锦标赛"获得佳绩。保密、档案、公文处理、语言文字、爱国卫生、计划生育等工作扎实推进。

[附属医院办院水平进一步提升]　两所直属附属医院以科学发展观为指导,理清发展思路,不断深化改革,进一步强化医院管理,提高医教研水平,改善服务质量,办院水平得到进一步提升,为人才培养提供了强力支持。

一附院坚持以科学发展观为指导,抢抓机遇,在全国率先成立了"山东省中医临床研究基地";成功申报国家中医临床研究基地;并获准升格为副厅级单位。积极推进东区建设,东区建设病房楼改造工程基本完成,新建工程项目正在积极论证规划。

2008 年医院各项业务指标再创新高。全年门、急诊人次数为 871188 人次,比去年增加了 8.0%;入院人次数为 14779 人次,出院人次数为 14813 人次,分别比去年增加了10.3%和10.7%；实际病床使用率为108.4%，比去年提高了4.2%；平均病床周转次数21.6次，比去年提高了2.1次；出院者平均住院日为18.5天，比去年减少1.0天。医院业务总收入实现4.27亿元，较2007年增长19.14%，增加收入6866万元。

二附院坚持"人才强院、名科立院、科技兴院"方略，突出中西医结合特色，以"两好一满意"活动、医院管理年、医院管理效益年和"平安医院"建设为契机，全面推进现代化中西医结合医院的创建工作。经省政府批准，眼科成为山东省泰山学者设岗单位，1人被聘为山东省泰山学者特聘教授。成立了山东中医药大学眼科研究所。

全年共完成：总诊次35万余人次（不含眼科医院），同比增长148.59%；病床使用率75.6%，同比增长12.67%；入院病人数7307人，同比增长31.30%；出院病人7256人次，同比增长31.78%；病床周转次数12.4次，同比增长31.08%；手术次数1091，同比增长19.10%。

学校党政领导人

书　记：孙增良

校　长：王新陆

副书记：周丽敏　徐承萍

副校长：吴富东　欧阳兵　郭伟星　高　毅

纪委书记：姜少华

学校地址：山东省济南市长清大学科技园

邮政编码：250355

联系电话：0531－89628012　89628013

传　真：0531－89628015

网　址：http://www.sdutcm.edu.cn

（撰稿：李　莹　审稿：朱　琛　马传江）

潍坊医学院

[概况]　潍坊医学院是一所具有58年办学历史的省属普通高等医学院校，现有15个教学部、系（院），16个本科专业，2个专业为全国高等学校特色专业，4个专业为山东省高等学校特色或品牌专业，1个专业为省级教学改革试点专业；设有24个硕士学位授权二级学科，有"泰山学者"设岗学科1个、省级重点学科（实验室）7个、省医药卫生重点学科2个、省级带头人设岗学科2个；有省高校实验教学示范中心2个，省级精品课程8门，省级教学改革试点课程2门；有省级教学团队1个。学校聘请国内眼科学界唯一的中国工程院院士谢立信教授为名誉院长、首席专家。学校是同等学力人员在职申请硕士学位和临床医学硕士专业学位授予单位，是山东省高等教育自学考试护理学专业（独立本科段）主考院校和中国汉语水平考试（HSK）考点。山东省医学科技教育中心、山东省基层卫生管理干部培训中心设在学校。

[本科教学评建工作]　学校紧紧围绕迎接教育部本科教学工作水平评估这一中心任务，加强领导，强化责任，统筹谋划，狠抓落实，不断加大教学投入，强化教学管理，深化教学改革，提高教学质量，开创了教学工作新局面。上半年，全院广大师生发扬"和衷共济、攻坚破难、争先创优、共促发展"的评估精神，扎实工作，全力评建，学校软硬件建设均取得历史性突破，整个事业发展进入一个新的历史时期。4月6日至11日，学校以显著的办学成绩、鲜明的办学特色赢得了教育部专家组的充分肯定和高度评价，最终学校的本科教学工作水平评估结果被确定为优秀。下半年着力加强了教学评估整改工作，进一步巩固和扩大评建成果，深入实施教学质量与教学改革工程，推进教学工作取得新的发展。

[教育教学工作]　进一步加强制度建设，强化教学管理，完善教学质量监控体系，严格落实"三查"、"四评"制度，集中开展系列专项教学检查活动，保证了教学质量监控和保障措施落到实处；修订完善了各专业人才培养方案和教学大纲、实验大纲、考试大纲等。扎实推进专业和精品课程建设。其中，临床医学专业和公共事业管理专业被批准为教育部高等学校特色专业建设点；护理学专业被批准为省高等学校品牌专业；护理管理学被评为省级精品课程。加强教学基本建设，改善实验条件，公共卫生实验教学中心被批准为省普通高等学校实验教学示范中心（筹建）。开展了校级教学优秀奖、优秀教师及教学名师的评选工作。成人教育稳步发展。2008年以优秀的成绩顺利通过了省教育厅对学校成人高等教育护理学品牌专业建设的中期检查。成人教育报名人数和录取人数列省内高校前列。全面巩固和提高实践教学质量和水平。加强了各类实践教学基地建设，新增1家非直属附属医院、2家非直属附属医院（筹建）、2家临床学院；新开辟4家教学医院、其他专业实践教学基地4处，进一步改进和完善了实践教学基地的教学条件，较好地满足了实践教学需要。

[德育工作] 学校贯彻“育人为本、德育为先”的理念，把德育工作渗透到教学、科研、管理等各个方面，进一步构建和完善了全员育人、全过程育人、全方位育人的工作体系，形成了具有学校特色的德育工作运行长效机制，取得了德育工作建设的新突破。2008年6月，学校以优秀的成绩顺利通过了省高校德育工作检查评估组的全面检查评估，荣获“山东省德育工作优秀高校”称号。

[学生工作] 不断强化学生的教育和管理工作，促进学生素质的全面提高。深入开展丰富多彩的主题教育活动、志愿者服务和社会实践活动，组织参加了山东省第二届大学生艺术展演活动，举办了第22届文化艺术节等丰富多彩的校园文化活动；组织开展了大学生社会实践活动，有4名同学入选2008大学生志愿服务西部计划志愿者，其中1名同学作为大学生志愿服务西部计划抗震救灾专项行动志愿者前往四川省北川县，开展灾后重建服务工作。学校被评为全省大学生暑期“三下乡”社会实践活动优秀组织单位。以优秀的成绩，顺利通过了省教育厅组织的学生宿舍检查评估。在全省宿舍文化节评比中，获一等奖6项；在全国高校公寓文化建设成果展示中，获专题片类一等奖(全国共评8个一等奖)。招生工作实现新突破，新生生源范围、外省人数和专业投放数量和比例不断扩大，生源明显好于往年，其中山东省理科本科一志愿报考率居山东省同类院校首位。高度重视毕业生就业工作，多次召开专题会议，及时解决毕业生就业工作中出现的问题，保证了毕业生就业工作的顺利进行。

[重点学科建设] 以“泰山学者”设岗学科为核心，全面加强了重点学科和优势学科建设，完成了省、院级重点学科、实验室和院级研究机构建设规划和年度建设计划执行情况的全面评估和检查工作，进一步提升了重点建设水平。积极做好各级重点学科(实验室)的组织申报、论证、实施和评估工作。不断强化了优势学科科技队伍建设，建设团结协作、充满活力的科技“创新团队”。

[科研工作] 科研立项层次明显提高，共获得科研课题50项，科研经费220万元。完成国家自然科学基金、省自然科学基金等项目58项，课题完成率进一步提高。积极组织各级各类成果奖的申报工作，科技成果获奖数量和层次明显提高。共获得各级奖项50项，其中省科技进步三等奖2项，省医学科技进步奖2项，省中医药科技奖1项，省软科学奖10项。申报了以学校为挂靠单位的“山东省医学影像学研究会分子影像学分会”和“山东省医学会放射学分会分子影像学学组”等学术组织。

[研究生教育] 切实做好博士学位授予单位、新增硕士点和公共卫生硕士专业学位(MPH)的申报工作。加强研究生导师队伍建设，完成了新一轮导师遴选和聘期届满导师续聘、导师年度的审核等工作。认真组织实施了2008年研究生招生、复试、录取等工作，录取新生289人。认真落实研究生教育创新计划，保证研究生培养和学位授予的质量，有315人毕业获得硕士学位，13篇论文被评为校级优秀硕士学位论文；获省研究生创新计划项目和教育管理科学研究项目立项课题8项，有1项成果获省研究生优秀科技创新成果奖。积极推进在职申请学位工作，新开设了10家研究生培养基地。

[师资队伍建设] 不断加大高层次人才培养、引进力度，强化人才管理，建立激励约束机制，充分发挥了高层次人才的作用。积极引进高层次的拔尖创新人才，聘任中国工程院院士谢立信教授为名誉院长和首席专家。加大人才的培养和引进力度，接收博士、硕士35人，师资队伍结构得到进一步优化。有1名教师入选第五批山东省卫生系统杰出学科带头人和中青年重点科技人才(1020工程)，1名教师被聘任为“鸢都学者”特聘教授；有8名教师获得山东省国际合作项目培养，2名教师获得国内访问学者资格。顺利完成2008年专业技术职务评审工作，一批教学科研水平高的教师脱颖而出。

[全面加快新校区建设，后勤服务水平明显提升] 全面完成了新校区一期工程建设任务，基本办学条件显著改善。完成了14万平方米教职工周转房的建设和分配工作，教职工的住房条件得到进一步改善。启动了新校区二期工程建设，专业实验楼、学生公寓楼、南大门、人工湖、中水处理厂等顺利施工。全面加快校区配套设施建设，推进校园绿化、硬化工作，不断完善新校区功能，学校育人环境得到显著改善。进一步加大资金筹措力度，强化内部审计监督，优先保证教学、科研经费的使用，继续加大教学、科研和重点学科及实验室建设经费的投入。强化后勤保障服务功能的完善，为教学、科研、医疗提供优质的服务。加强伙食管理，改善食堂环境卫生条件，营造浓郁的食堂文化氛围，新校区餐厅顺利通过省卫生厅食品卫生监督量化分级管理信誉度A级食堂的评审。学校被评为全国高校后勤系统信息与宣传工作先进单位。

[对外交流与合作] 学校积极开展与国外高校交流与合作，先后与韩国、美国、日本、荷兰等国的高等院校达成了合作意向，扩大了留学生教育领域的合作。留学生生源国不断扩大，招收来自尼泊尔、印度、加拿大的留学生 89 人，招收乌克兰第聂伯临床学院学生 14 人，在校留学生达 400 人。健全了留学生教育管理机构，进一步加强了留学生管理和教育工作。聘请来自美国、澳大利亚、乌克兰、尼泊尔的文教专家及医学专家共 7 人次。1 人获得 2008 年山东省外国文教专家“教学奖”，1 人获得潍坊市“鸢都友谊奖”。组织完成了国家汉语水平考试(HSK)工作。积极组织申报国家及地方留学基金出国留学推荐工作，有 4 人获省自筹经费资助。

[党建和思想政治工作] 学校切实加强了基层党组织建设和干部队伍建设。组织开展了以“学习十七大精神，进一步解放思想，加快事业发展”为主题的暑期处级干部培训班，全面提高了领导干部的素质和水平。加大干部考核力度，根据工作需要进行了部门调整，进一步理顺工作机制，提高工作效率。充分调动各基层党组织和广大党员的积极性，踊跃向地震灾区奉献爱心，全院师生员工共为灾区人民捐款 30 万元、广大党员自发交纳特殊党费 28 万余元。附属医院多名党员奔赴灾区参与医疗救援，为夺取抗震救灾斗争的阶段性胜利作出了应有的贡献。

以改革创新精神推进学校思想政治工作。广泛开展纪念建党 87 周年系列活动。充分发挥新闻和宣传的舆论导向作用，通过多种形式学习贯彻党的十七大精神，把深入学习十七大精神与开展教育思想大讨论有机结合，进一步转变教育观念，理清办学思路，弘扬办学传统，发挥办学优势。

积极推进了惩治和预防腐败体系的建设和完善。召开了党风廉政建设工作会议，签订了党风廉政建设责任书。进一步强化监督制约机制，切实加强监督监察。积极推进依法治校进程，完成了规章制度清理、修订和完善工作，使全院工作事事有规可循，有法可依，切实提高了学校的管理水平。

扎实开展平安校园建设。重视和加强“三防”建设，开展了系列安全教育活动。组织开展了学校安全稳定调研工作，在深入了解安全稳定工作现状、分析问题的基础上，提出了加强学校安全稳定工作的意见和建议，并进行了责任分解和督察落实，保证了学校的安全稳定，营造了和谐发展的良好氛围。学校荣获“全省国家安全人民防线建设先进集体”荣誉称号。

学校党政领导人

书记、院长：于富华

副院长：王敬春　秦玉明　王　滨　张潍华　孙宏伟

学校地址：潍坊市潍城区宝通西街 7166 号

邮政编码：261053

联系电话：0536－2602082

传　真：0536－2602083

电子邮箱：msk@wfmc.edu.cn

（撰稿：李向辉　审稿：朱　军）

泰山医学院

[概况] 泰山医学院是省属高等医学院校，2008 年，学校在职教职工 1589 人，专任教师 1118 人，13 名院士受聘为学校教授。现有全日制普通在校生 19713 人，其中硕士研究生 513 人。学校占地总面积 3000 亩，校舍建筑面积 77.25 万平方米，固定资产总值达 11 亿元，各类图书 256 万册。设有 16 个教学院部系，16 个硕士学位授权点，29 个本科专业，专业门类涵盖医学、工学、文学、理学、管理学等学科门类。有 3 个省重点学科，2 个医药卫生重点学科和 1 个山东省重点强化建设实验室。有各类实践教学基地 182 个，其中附属医院 10 所(直属附院 1 所、非直属附院 9 所)，预防医学教学基地 9 个。学校主办的《泰山医学院学报》为山东省优秀期刊，向国内外公开发行。

[党建和思想政治工作] 大力加强思想政治建设。召开宣传思想政治工作会议，继续抓好对党的十七大和十七届三中全会精神的深入学习和贯彻落实。在全校深入开展以贯彻落实科学发展观为主要内容的解放思想大讨论活动，进一步破除影响科学发展的思想障碍、体制障碍。广泛开展了纪念改革开放 30 周年系列活动，更加明确了解放思想、改革开放在学校发展过程中的重要作用，有力推进了工作创新。“5.12”汶川大地震发生后，全校广大共产党员充分发挥模范带头作用，积极投身抗震救灾，共交纳“特殊党费”140 余万元。广大师生也积极捐款，全校共捐款 189 万元。直属附院派出 3 名医疗专家赴四川支援抗震救灾，医疗队被山东省卫生厅授予全省卫生系统抗震救灾先进集体荣誉称号。

加强干部队伍和基层党组织建设。加强学校领导班子自身建设,提高了班子的创造力、凝聚力和战斗力,其中1名同志被提拔为高校行政正职。举办党总支书记学习班,加强对党务工作者的教育培训,切实提高做好党建工作的基本素养。大力加强干部教育培训工作,选派1名厅级干部、5名处级干部分别到省委党校、省委高校工委举办的培训班学习。做好党建工作考核,表彰7个先进党总支、27个先进党支部、51名优秀共产党员和19名优秀党务工作者,有3个基层党组织、5名共产党员和2名党务工作者受到省委高校工委和泰安市委表彰。坚持党管人才,完成"泰山学者"的遴选推荐工作。做好组织发展工作,共培训入党积极分子3949名,发展党员841名,预备党员按期转正460名。

进一步改进党的作风。认真贯彻落实党的民主集中制原则,健全集体领导与个人分工负责相结合的制度,推进决策的科学化、民主化、制度化。召开全校纪检监察工作会议,认真学习和贯彻落实省纪委九次全会、全省教育纪检监察工作会议精神。在全校党员领导干部中组织开展"做勤廉表率、促科学发展"主题教育活动。校党政主要领导与全校部门(单位)党政主要负责人签订了党风廉政建设责任书,与新任职副处级干部进行廉政谈话,全体处级干部填写廉政档案,党风廉政建设责任制得到进一步落实。通过全面加强党的建设和思想政治工作,为学校科学发展提供有力保证。

[**大学生德育工作和校园文明建设**] 深入做好学生教育管理工作。通过举办改革三十周年图片展、十七大在我心中主题演讲赛等活动,寓教于乐,提高学生的思想政治素质。加强国防教育,有14名学生光荣入伍。扎实做好帮困助学工作,共有6500余人次获得各类奖助学金共计800余万元,省学生资助管理中心对学校的资助工作给予高度评价。学校被山东省教育厅授予公寓管理示范单位,5人被评为山东省公寓管理先进个人。

加强大学文化建设。积极打造学校文化建设和德育工作新的品牌——"泰山讲坛"。组织开展了"强国之路,青春使命"主题教育活动、"弘扬爱国精神,建设和谐文化"系列宣传活动"等40余项活动。完善志愿服务体系,大力开展青年志愿服务活动。7名学生参加了志愿服务西部计划、抗震救灾专项行动和服务山东计划,1名学生被评为山东省优秀青年消防志愿者。15件作品在省第六届"挑战杯"创业计划大赛中获奖,6件作品在第五届机电产品创新设计竞赛中获奖。连续四年顺利通过省级文明单位复审。

深入推进"和谐校园"建设。以提高师生员工素质、促进学校与师生发展为目的,以实现师生员工和谐、人与环境和谐、学校与外部环境和谐为主要内容,坚持全面建设、全员参与、循序渐进的方针,稳步推进和谐校园建设。召开第七届教代会暨第八届工代会第三次会议,广泛征集提案,并及时处理反馈,充分发挥了"双代会"民主参与的主渠道作用。组织召开了"建设教职工之家活动"经验交流会,进一步推动了教职工之家的建设。以"讲师德,共建共享和谐校园"为主题,开展了"师德建设月",评选出"十大师德标兵"。

继续搞好"平安校园"创建活动,召开治安综合治理工作会议,表彰了16个先进单位。深入开展"安全月"活动,增强师生安全观念,提高防范意识,消除安全隐患。成立了校园警务区,进一步加强了校内治安防范工作。

[**教育教学**] 教学管理水平不断提高,教学管理和运行全面实现网络化,制定了《关于进一步加强学生考试成绩两级管理的实施意见(试行)》和《泰山医学院关于实施学生学业警示制度的暂行办法》。加强了教学质量工程建设,病理生理学被评为省级精品课程,至此学校省级精品课程达到9门,校级精品课程37门;临床医学被评为国家级特色专业,至此国家级特色专业已有2个;生理学被评为省级优秀教学团队。实验室建设不断完善,山东省财政资助2300多万的实验室建设经费,其中首批临床技能中心700万元的设备本学期基本到位,大幅度提高了实验室的教学、科研条件。

成人教育不断发展。组织召开2008年度成人高等教育教学研讨会和成人教育教学工作会议,制定《泰山医学院关于成人教育学院教学站点年检工作的实施意见》。医学影像学专业荣获山东省成人高等教育品牌专业建设立项并顺利通过中期检查。增设口腔医学、中西医结合医学、临床医学(计划生育医学方向)、生物工程、社会工作、劳动与社会保障6个本科专业,统计学、旅游管理2个专科专业。非学历继续教育培训工作进展顺利,"山东省职业技术教育师资培训中心培训基地"、"生殖健康咨询师培训基地"、"泰安市卫生社区技术骨干理论培训基地"相继成立,相关培训已成功开展。

加强实践教学基地建设,积极开拓省外实习基地,在北京、上海等地40余家高水平的医院建立了实践教学基地。非医学类基地在数量和质量上都有了较大发展,北京微软、济南浪潮、北京饭店、国家女子举重队等都成为学校实习基地,现在所有专业都已经建立了较为稳定的实习基地。

[**学位与研究生教育**] 增设研究生创新计划项目6

项，另有三项获得省研究生教育创新计划专项资助。积极构建研究生综合素质保障和评估体系，制定了《研究生综合素质保障和测评体系实施意见(讨论稿)》。严格在职研究生教育管理工作，保证了在职研究生的培养质量，取得了比较好的社会效益和经济效益。

[招生与就业] 圆满完成普通本专科招生工作，本科招生3317人，专科招生1735人，普通专升本招生510人。录取普通硕士研究生211人，在职研究生200余人。招收成人教育学生4607人。2008年共有5641名毕业生，其中，硕士毕业生120名，本科毕业生4549名，专科毕业生972名。硕士毕业生一次就业率为97.5%，本科毕业生一次就业率为86.19%，年底就业率达96.52%。

[科技活动和科技成果] 强化重点建设，老年病科和影像医学学科两个医药卫生重点学科顺利通过山东省卫生厅检查复评；药理学和影像医学与核医学两个山东省教育厅重点学科以及省教育厅重点实验室—脑微循环实验室顺利通过中期建设评估。省委、省政府在病理学与病理生理学专业设置"泰山学者"特聘教授岗位，秦树存博士被评选为特聘教授。加强计划课题和成果管理，2008年获得上级科技主管部门立项科研课题69项，其中国家自然科学基金课题4项，山东省自然科学基金等省部级课题14项；科研成果获上级奖励21项，其中省部级奖励2项；对33项科研成果进行了鉴定，其中4项达到国际领先水平，10项达到国际先进水平。加强知识产权管理，共申报专利12项，其中授权职务发明专利1项，实用新型专利3项。《泰山医学院学报》在第六届山东省出版质量综合评估中获优秀期刊奖。

[综合管理] 加强人力资源管理。根据省人事厅、教育厅的统一部署和要求，起草了《泰山医学院人事制度改革实施意见(草案)》等有关岗位设置实施的一系列文件，积极稳妥地推进人事制度改革。加大人才引进力度，公开招聘硕士以上人员33人。

深化财务和国有资产管理。制定了《泰山医学院经费收支审批暂行管理规定》，进一步规范了财务工作。充分发挥结算中心作用，实行内部银行收支统管，有效加强了财务控制和监督，确保了"收支两条线"，提高了资金的使用效率。严格采购程序，完成政府采购1030万元；自主采购214万元。全面开展固定资产网络化管理工作，资产管理水平上了一个新的台阶。

加强图书、网络、对外交流等工作。继续加强图书文献资源建设，不断改进读者服务工作，图书借阅79.26万册次，读者阅览13.52万人次。制订了"泰山医学院校园网络信息发布管理规定"和"部门网管员职责"，使各项工作有章可依。做好28名外籍教师聘用管理与留学生的招生宣传工作，接待了韩国全北大学、延世大学和英国华威大学教授的来访和讲学。韩国延世大学保健学院与学校签订了医学影像专业的合作办学协议书。

学校党政领导人

书　记：王家富

院　长：王学春

副书记：郭爱英　孙永华

副院长：王庆宝　张成利

纪委书记：付朝广

学校地址：泰安市高新开发区长城路中段

邮政编码：271000

联系电话：0538－6229958

传　真：0538－6229953

电子邮箱：msk@tsmc.edu.cn

（撰稿：李安庆　审稿：郭爱英）

滨州医学院

[概况] 滨州医学院是省属普通高等院校，有滨州、烟台两个校区，占地92.7万平方米，总建筑面积48万平方米；设有10个院(系)，17个本科专业和方向，12个硕士学位授权点。现有2个国家级特色专业，3个省级特色专业，6个省级重点学科，7门省级精品课程；全日制在校生14268人；教职工976人，其中专任教师685人，教授90人，副教授226人；近年来，先后承担国家攻关项目和国家重点课题2项，国家、省部级课题104项，获省部级奖励38项；固定资产总值10亿元，教学科研仪器设备总值1.05亿元；图书馆藏书190余万册，中外文期刊1500种；编辑出版学术期刊《中国医院统计》和《滨州医学院学报》；有直属附属医院1所，非直属附属医院8所，教学医院、实践教学医院60所，教学实习用病床16000张；直属附属医院建筑面积12.7万平方米，固定资产总值7亿元，其中仪器设备总值2.1亿元，开放床位976张，是鲁北地区医疗、教学、科研、保健、康复中心。

[教学工作]　11月22日～12月5日召开全校第五次教学工作会议。进一步明确了教学工作的思想理念、方向目标和工作思路,牢固树立了人才培养是高校的根本任务、教学工作是高校工作的中心、质量是高等学校生命线的意识,确立了经过3～5年的建设,逐步构建起具有我校特色的人才培养体系和教学质量监控与保障体系,努力实现"以高质量的教育培养高素质的人才"。

教学改革不断深化。积极推进教学内容和课程体系改革,根据高等医学教育和国际国内医学教育标准的新要求,完成17个本科专业的人才培养方案修订工作;积极推进教学方法和手段改革,首次将多站式考试纳入毕业考试,开展PBL教学试点工作;推进案例式教学,组织全国高等医药院校案例版规划教材《医学影像学》编委会会议;推进多媒体教学认证和评估,初步建成网络课程教学平台;推进实验教学改革,加强实验教学示范中心建设;加强教学研究立项工作,2项课题获山东省教育科学"十一五"规划课题。

质量工程项目建设取得较好成绩。1人被确定为省级教学名师(现有3人);临床护理学教学团队被评为省级教学团队(现有2个);临床医学、护理学被评为省级特色专业(现有3个),临床医学专业被评为国家级特色专业建设点(现有2个);外科护理学被定为省级精品课程(现有7门);口腔医学实验教学中心被评为省级实验教学示范中心(现有2个)。

教学管理更加规范。认真落实教学管理制度,教学运行秩序良好;继续从抓考风入手,狠抓学风、校风建设,成效显著;覆盖教学全过程的教学质量监控体系不断完善;加强校院(系)两级教学管理队伍和信息系统建设,教学管理现代化水平不断提高。

实践教学工作进一步强化。加强实践教学基地建设,完成了3所非直属附属医院和3所教学医院的评审认可,新增三级以上实践教学医院7所,省外实践教学基地5所,设立滨州医学院临沂临床学院并挂牌;规范实践教学管理,修订完善《临床教学规范》,出台《滨州医学院临床教学基地建设与管理办法》等制度;加强对临床教学管理人员与教师的培训,扎实开展实习见习中期检查工作。

教学条件进一步改善。省卫生厅、财政厅立项的8个实践教学中心项目建设进展顺利,药学实验中心建设完成,公共基础、医技、口腔和形态学等4个中心开始建设。

顺利完成2008年招生工作。录取研究生60人,录取本专科生3169人;成人教育招生达5617人。

积极发展研究生教育。规范研究生培养过程管理,修改完善教学计划,加强研究生导师队伍建设,努力提高研究生培养质量。

稳步发展成人教育。新上药学、临床检验2个专业,成人教育专业数达到12个;临床医学专业被确定为全省首批成人高等教育品牌专业;开办研究生课程进修班,招收学员98人。

[教育经费收入与支出]　实现总收入15675万元,比2007年减少465万元,减少2.9%。其中,财政补助收入6628万元,比2007年增加1031万元,增长18.4%;教育事业收入8620万元,比2007年减少1466万元,减少14.5%。全年学校总支出13334万元,比2007年增长616万元,增长4.8%,其中,教育事业支出12410万元,比2007年增长526万元,增长4.4%;科研支出209万元。在2008年预算安排中,学校安排3399万元用于教学、科研设备购置,205万元用于图书资料购置,100万元用于人才引进;同时压缩一般开支,努力做到收支平衡或略有结余,全年业务收支结余2341万元。

[学科专业建设]　加强重点学科建设。4个学科入选学校重点学科强化工程,开始第一周期的强化建设;内科学、病理学与病理生理学顺利通过省教育厅"十一五"省级重点学科中期评估。

加大专业建设力度。注重品牌特色专业建设,临床医学专业被评为教育部高等学校特色专业建设点;优化专业结构,稳步发展新上专业。

新一轮硕士学位点申报工作扎实推进,在充分调研论证的基础上,上报14个二级学科为初选学科申报硕士点;积极做好专业学位硕士研究生培养单位申报工作。

[科研工作]　坚持科研重点地位,高度重视科研工作。科研立项、获奖层次和数量实现新突破,立项科研课题189项,其中国家级4项,省部级26项,厅局级23项,上级课题拨款经费213.7万元,科研课题总经费达460万余元。申报各级各类科技成果奖励57项,获奖28项。开展在研课题中期检查工作,科研课题结题62项,其中国家级1项,省级5项,厅局级9项,达到国际领先水平2项,达到国内领先水平2项。

加强学科实验室建设,各学科实验室运转良好,制定了学科研究室建设规划方案,完成了省级重点实验室的申报工作。

期刊工作取得较好成绩。《中国医院统计》影响因子达到1.207,居国内同类杂志第2位,英文版出版发行;《滨州医学院学报》成功举办创刊30周年庆典活动,影响进一步扩大。

[师资队伍建设]　学校学科带头人学术骨干支持计划、创新团队建设计划、青年骨干教师培养计划等“三大计划”今年评选出创新团队5个，开始第一周期的支持、建设和培养。坚持培养、引进、聘用并举的方针，按需录用博士8人、硕士14人。加大师资队伍培养工作力度，推荐2人申报国务院政府特殊津贴，2人获滨州市有突出贡献的专业技术人员称号；举办2008年度暑期教研室主任、青年教职工培训班。顺利完成2008年职称评审工作。

[学生工作]　加强学生思想政治教育工作，深入开展“感恩、责任、奋斗”、“强国之路，青春使命”等主题教育活动和学风建设“十百千”工程，举办第二期团学干部培训班，积极开展“抗震救灾”活动，全面推动校风学风建设。

通过举办第20届大学生科技文化艺术节、首届大学生体育节、第7届社团活动月，开展“名人论坛”、“每周一讲”、“滨医优秀学子论坛”、德育基地、社会实践、志愿服务等活动，积极推进大学生素质拓展；建成3所青春创业实践基地，与8家企事业单位达成“学士后流动站”合作意向；学校被评为全省高校大学生社会实践优秀组织单位。

进一步加强学生管理、服务工作。坚持“以学生为本”，强力推进就业指导、服务、管理工作，成功举办各类招聘会20余场，毕业生就业工作取得较大成效；完善学生评奖评优办法，加大学生资助力度，及时为家庭遭受冰雪和地震灾害的学生发放慰问金；积极开展大学生心理健康教育，不断提高心理咨询、治疗与服务水平；强化学生宿舍管理，学校被评为“山东省高校学生宿舍管理工作先进单位”。

加强对学生工作人员的教育和管理，开展了6届辅导员工作论坛和首届辅导员技能大赛，推荐辅导员21人参加职业指导师培训，10人参加心理咨询师培训，辅导员队伍的整体素质不断提高。

2008届3452名本专科毕业生顺利毕业，其中，391人加入了中国共产党，172人被评为省级优秀毕业生，757人考取硕士研究生，7人参加了“大学生志愿服务西部计划”，硕士研究生就业率100%，本科生综合就业率91.96%。

[校内管理体制改革]　健全完善校院(系)两级管理体制，加强调研论证，明确目标任务，院(系)管理权限进一步扩大，院(系)逐步成为相对独立的办学实体；进一步完善院(系)工作年度考核办法，建立竞争激励机制，充分调动院(系)的积极性、创造性。

设立烟台附属医院筹建处，为推进医院建设提供组织保障。积极推进人事制度改革，稳步推进专业技术岗位届满考核和新一轮聘任工作。校内分配制度进一步深化，教职工收入水平有较大幅度提高。

[办学基本条件建设]　烟台校区教学区建设基本完成，大学生艺体中心投入使用，绿化景观建设进展顺利；烟台校区立项和烟台附属医院筹建工作积极推进；教职工购房二期工程开工建设，进展顺利；烟台校区被评为烟台市“花园式单位”。

加强财源建设、财务管理，对全校财务工作进行全面检查，认真规避财务风险，保证了学校基本建设和正常运转的资金需求；国有资产管理工作保证资产供应，确保实验室建设工作顺利进行；加强内部审计工作，完成107项基建、维修工程的竣工决算工作。

后勤保障各服务中心、校医院运转良好。2个餐厅获“省食品卫生信誉度量化分级管理等级评审A级单位”，烟台校区学生餐厅获得“烟台市食品卫生管理笑脸单位”、“烟台市食品卫生工作样板单位”等称号；校医院全年完成门诊量36411人次，无医疗事故发生；幼教服务中心办园质量和办园效益进一步提高。

加强文献信息资源建设，认真做好图书订购、专题数据库使用工作，选购图书3000余种，签到期刊22000册，专业覆盖率达100%；积极推进图书信息系统升级，服务能力进一步提高。

数字化校园建设扎实推进，完成新网络教学平台安装调试工作，加强网络安全管理，网络功能不断完善，学校整体信息服务能力进一步提高。

“节约型”校园建设成效显著，被中国水协评为“2008年全国城市节水基础管理工作先进校园”，太阳能供水系统节能效果显著，被山东卫视等多家媒体报道。

[对外交流与合作]　组团出访韩国加图立医科大学、延世大学等高校，接待5个来访团组；出国人员27人次，1人前往塞舌尔执行援外任务；与全北齿科大学和医科大学签订建立友好校际关系意向书。

选派9名教师、2名在读研究生赴韩国，1名研究生赴丹麦攻读博士学位或进修学习，首批赴韩学习的3名研究生完成毕业论文答辩；与韩国友校共建塑化标本室进入正式工作阶段，共建分子生物学实验室项目积极推进；与美国佛罗里达海湾海岸大学的护理学合作办学项目获省教育厅批准，进入实质性阶段；附院1名管理人员赴美攻读医院管理MBA，10名管理人员赴新加坡完成短期培训。

加强与驻地政府和兄弟院校的联系合作，于10月23～28日成功承办2008年全国省(市、区)属高等医学院校协作会年会,10 月 31 日～11 月 2 日承办中国高等教育学会特殊教育研究分会 2008 年学术年会等全国性会议。

[附属医院工作] 加强医院管理,深入开展“两好一满意”等活动,医疗质量和管理服务水平不断提高,取得了较好地社会效益和经济效益;胜利召开附属医院第一次党代会,明确发展目标和工作思路,为今后发展奠定了坚实基础;强化教学意识,加强临床教学管理和师资队伍建设,教学质量不断提高;坚持重点突破、项目带动的科研战略,加强学科建设,科研创新能力有所提升;加快基本建设步伐,外科综合病房楼建设完成工程量的 90%,将于明年春天投入使用;加强宏观指导,规范经营管理,无棣医院保持良好发展势头;加强学生管理和服务,学生实习、见习质量明显提高。全年完成门诊量 59.5 万人次,出院病人 3.26 万人次,分别较上一年度增长 11.8%、9.5%;实现业务收入 3.76 亿元,较上一年度增长 25.12%;实际开放病床 976 张,床位使用率达到了 113%。

[党建和思想政治工作] 深入开展十七大精神集中培训和解放思想大讨论活动,加强对十七届三中全会精神的学习,用科学发展观武装头脑、指导实践、推动工作取得新进展、新成果。

加大督查工作力度,出台《滨州医学院关于加强督查工作的意见(试行)》,进一步规范督查工作程序;进一步加大保密工作力度,加强条件建设,完善保密规程,确保全校无泄密事件发生。

全力做好支援四川等灾区抗震救灾工作,广大师生医护员工捐款、交纳党费 90 万余元支援灾区;派出 3 名医务人员赴抗震救灾一线,123 名志愿服务者陪护在烟台就医的地震灾区伤员,受到了上级部门和社会的良好评价。

党的组织建设加强,根据学校工作需要,完成了 11 名正处级干部、9 名副处级干部、21 名科级干部的调整;完善基层党组织和分党校设置,基层党建工作队伍结构进一步优化;做好党员发展和入党积极分子教育培训工作,完善了班级、院(系)、学校三级培养教育体系,发展党员 400 人;1 人被评为山东省优秀共产党员,2 人被评为全省高校优秀共产党员和优秀党务工作者。

加强大学文化建设,在充分考察、论证的基础上,起草完成《滨州医学院大学文化建设方案》,全面推动校园文化建设。

加强舆论宣传工作,召开宣传工作会议;加大对外宣传力度,中央电视台、《光明日报》等多家新闻媒体对我校宣传报道 140 余次,提升了学校的社会知名度和影响力。

统战、工会和老干部工作取得新成绩。召开首次统战工作会议,深入开展无党派人士政治交接主题教育活动,成立无党派知识分子联谊会,获得全省统战工作争先创优活动二等奖;以优异成绩通过全省老干部工作目标责任制考核;工会认真筹备四届三次“双代会”,围绕学校中心工作,开展了丰富多彩的文体活动,女工委获“滨州市女职工先进集体”荣誉称号。

强化党风廉政建设,在全校深入学习贯彻《建立健全惩治和预防腐败体系 2008～2012 年工作规划》,认真落实党风廉政建设责任制;召开了 2008 年党风廉政建设工作会议,校领导与各部门负责人签订了《落实党风廉政建设责任制责任书》;开展了“做勤廉表率、促科学发展”教育活动。

认真落实“平安校园”建设目标责任制,深入开展“安全教育月”活动,加强奥运会期间和重大活动的安全稳定工作,营造了安全稳定和谐的校园环境。保卫处荣记山东省公安厅集体二等功。

学校党政领导人

书记:石增立

副书记、院长:袁俊平

副书记:唐　军　王长松

副院长:张培功　李一鸣　白咸勇　李克祥　马爱武

纪委书记:岳卫国

滨州校区地址:山东省滨州市黄河三路 522 号

邮政编码:256603

联系电话:0543－3256044

传　真:0543－3257752

烟台校区地址:山东省烟台市莱山区观海路 346 号

邮政编码:264003

联系电话:0535－6913017

传　真:0535－6913024

(撰稿:颜廷海　审稿:张玉龙)

济宁医学院

[概况] 济宁医学院前身是创建于 1952 年的山东省济宁医士学校;1958 年更名为济宁医学院;1959 年全

国院系调整改为济宁医学专科学校；1987 年 1 月，经原国家教委批准，重新定名为济宁医学院；1997 年以优异成绩通过了教育部本科教学合格评价；2008 年 4 月通过教育部本科教学工作水平评估；2008 年 12 月通过省高工委德育工作评估，获得优秀成绩。

学校现设有临床学院、基础学院、公共卫生学院、精神卫生学院、护理学院、信息工程学院、药学院、管理学院 8 个二级学院；开设临床医学、预防医学、护理学等 20 个本科专业和方向。面向全国 14 个省(市、自治区)招生，现有全日制本专科在校生 12956 人。学校现有教职工 1072 人，专任教师 580 人，其中教授 54 人，副教授 121 人；具有硕士以上学位教师 313 人，占专任教师的 53.96%。学校设有山东省行为医学教育研究所等 22 个省级、厅(局)级、校级研究机构，其中山东省重点实验室 3 个，省级重点学科 4 个，省级特色专业 1 个，省级教学改革试点专业 1 个。

中华医学会行为医学分会和山东省行为医学专业委员会挂靠学校，中华医学会行为医学分会主任委员和山东省行为医学会主任委员均由学校教授担任。学校主办的全国性核心期刊——《中国行为医学科学》和《济宁医学院学报》，面向国内外公开发行。

学校现有济宁和日照两个校区，占地 1198.3 亩，教学行政用房面积 156544.62 万平方米，教学科研仪器设备总值 7429.63 万元，馆藏图书总量为 150 余万册。学校拥有 112 个实践教学基地，附属医院 10 所，其中直属附属医院 1 所，非直属附属医院 9 所。

[党的思想建设] 开展校院两级中心组理论学习活动。以贯彻学习党的十七大和十七届三中全会精神为重点，以学习实践科学发展观为突破，以纪念改革开放 30 周年为契机，结合上级有关文件精神和部署要求，紧密联系学校工作实际，适时进行了高等教育的基本理论、相关法律法规、人力资源管理等内容的学习。以学习贯彻党的十七大和省第九次党代会精神为主要内容、以深入贯彻落实科学发展观为主题，开展了解放思想大讨论活动。在做好校内宣传工作的同时，加强了与校外各新闻媒体的联系，积极开展了富有成效的对外宣传活动。认真做好了对校园网站的监管和维护，学校校园网站被评为“2008 年度山东省优秀网站”。全面启动校园“一卡通”工程建设，为教育、教学、科研等提供及时有效的服务。切实加强了校园文化建设，坚持正面引导，结合党和国家的各项重大活动，组织开展了一系列主题宣传教育活动，增强了师生的凝聚力和向心力，积极营造良好的校园文化氛围。

[组织和干部队伍建设] 从加强制度建设、改革机构设置和加大培训力度等方面入手，大力加强了组织和干部队伍建设。健全完善规章制度，出台了《关于进一步加强和改进干部队伍管理监督的意见》，设计了《处级干部任职考核评价要点》，正在制定出台关于处级干部年度考核、干部请销假、个人重大事项报告、述职述廉等方面的制度，真正从制度的层面规范干部行为，加强对干部的品行和业绩考核；调整了部分机构和岗位，进一步理顺工作隶属关系。对外事处和实践教学部职能归属进行了调整，成立了招投标管理办公室。对现代教育技术中心、房屋租赁科、环境绿化科等 3 个处(科)级单位的挂靠和隶属关系进行了调整。新提拔副处级干部 1 名，平职调整处级干部 8 名、科级干部 3 名，1 名正处级干部和 10 名科级干部改任非领导职务；认真做好了干部教育培训工作。制定了教育培训工作计划，订购了辅导教材，协助上级组织部门完成了 3 名厅级领导干部外出学习培训工作，选派 4 名处级干部参加了省、市举办的培训进修班；组织召开了处以上领导干部民主生活会和老干部座谈会；按要求完成了干部双向挂职考选、民办高校党建工作联络员(督导专员)选派和选调生报名考察工作。完成了“山东省高层次人才库”人选推荐报名工作。

[基层组织和党员队伍建设] 注重以制度创新推进基层组织建设。研究制定了《关于做好在高知识群体和青年教师中发展党员工作的意见》《关于进一步加强和改进学生党建工作的意见》和《关于“优秀党日活动”评选办法》等，改进党员发展薄弱环节，调动基层组织工作的积极性和主动性；加强了对党员的教育管理，对部分党支部进行了调整，选举出了新的支部书记；制定了具体的党日活动计划。充分发挥党员干部的先锋模范作用，认真做好“抗震救灾”工作。全校共有 2073 名党员交纳“特殊党费”共计 835208 元。先后有 5 名党员干部、教师赴灾区，开展了心理医疗救助工作；组织召开了“七 · 一”表彰大会。1 人被省委评为山东省优秀共产党员，有 1 个基层党组织和 4 人获省委高校工委和济宁市委表彰。2 人在抗震救灾工作中表现突出，分别被评为山东省和济宁市“支援抗震救灾优秀共产党员”。

[本科教学工作水平评估] 2008 年，学校把迎接教育部本科教学工作水平评估作为工作重点，严格按照“以评促建、以评促改、以评促管、评建结合、重在建设”的原则，进一步更新教育思想观念，深化教育教学改革，创新人才培养体系，不断提高人才培养质量和办学水平。2008 年 4 月 13 日至 18 日，教育部组织的评估专家组对学校本科教学工作进行全面、客观、准确的评

价,形成了《教育部普通高等学校本科教学工作水平评估专家组对济宁医学院本科教学工作水平评估的考察意见》,并及时向全校师生员工代表进行了反馈。专家评估工作结束后,学校本科教学工作水平评估进入了全面整改阶段。学校高度重视并十分珍惜教育部专家组的意见和建议,在专家组考察结束后,立即启动了整改工作。根据教育部专家组提出的宝贵意见和建议,针对专家组在评估考察中发现的问题和不足,通过认真研究、讨论,提出了评估整改的指导思想、整改思路、整改内容、整改步骤和整改安排意见,结合学校"十一五"发展规划,制定了《济宁医学院本科教学工作水平评估整改方案》,并在注重整改工作的针对性和实效性的基础上,建立了整改工作的长效机制,全面落实各项整改任务。

[**德育工作评估**] 遵照中共山东省委高校工委关于在全省普通高等学校开展德育工作评估的文件精神要求,学校于2002年下半年启动了德育迎评工作,认真贯彻"以评促建、以评促改、评建结合、重在建设"的方针,德育工作和办学质量不断提高。2008年12月9日至12日,山东省委高校工委德育评估专家组进驻学校进行检查评估,专家组充分肯定了学校德育工作取得的成绩,达到了山东省高等学校德育工作评估优秀标准。

[**师资队伍建设**] 不断提升师资素质,师资队伍建设得到明显加强。积极开展各类师资培训工作,采取多项举措,开展多项活动,切实提高了青年教师教学能力和课堂教学质量。严格程序和标准,组织开展了第二届"济宁医学院教学名师奖评选活动",评选出校级教学名师5名。崔文获得山东省教学名师称号,刘传新被评为"山东省优秀青年知识分子"。组织开展了2008年度校级教学团队的评审及省级教学团队的推荐工作,卫生检验专业课程教学团队被评为山东省高等学校省级教学团队。

[**人事分配改革**] 坚持尊重劳动、尊重知识、尊重人才、尊重创造的方针,按照党管人才的原则,切实抓好了以高层次人才和高技能人才为重点的各类人才队伍建设。积极推进人事分配制度改革,进一步加强了人事工作的制度化、规范化建设。起草并制订了《济宁医学院专业技术职务任职资格评审暂行规定》《济宁医学院关于公开招聘工作的暂行规定》《济宁医学院校内待岗人员管理办法》《济宁医学院引进高层次人才考核办法》《济宁医学院校内岗位调动管理办法》《关于进一步加强考勤工作的通知》《济宁医学院关于日照校区工作人员发放补贴的暂行规定》;修订并完善《济宁医学院校内津贴分配暂行办法》《济宁医学院关于评审专业技术职务资格量化计分暂行规定》等规章制度,并与收入分配制度有机结合,逐步实现了由人事向人力资源管理观念的转变。严格政策要求、评审程序、评审条件,坚持公平、公正、公开的原则,组织实施了专业技术职务的评审工作。进一步完善人才引进政策,加大人才引进力度,全年共引进研究生26人,其中博士3人,硕士23人。

[**大学生思想政治教育**] 继续深入贯彻落实中共中央、国务院《关于进一步加强和改进大学生思想政治教育的意见》精神,积极探索大学生思想政治教育的有效途径和方法,积极开展一系列的主题教育活动。以理想信念教育为核心,深入进行"三观"教育;以爱国主义为重点,深入进行弘扬和培育民族精神教育;以严格"一日生活制度"和创建"优良学风班"活动为主线,加强校风学风班风建设。以贯彻落实科学发展观、构建和谐社会为主线,以理想信念为核心,以爱国主义教育为重点,切实用社会主义核心价值体系教育引导青年学生。充分利用抗震救灾、北京奥运会、纪念改革开放三十周年等重大时机,先后组织开展了一系列丰富多彩、富有成效的工作和文体活动。全面活跃校园文化活动,积极开展大学生科技创新竞赛活动、社会实践和青年志愿服务活动,着力提高了大学生的创新精神、实践能力和人文素质。

[**学生管理体制改革**] 在认真做好学生日常教育管理工作的同时,切实加强了辅导员队伍、班团组织和学生骨干队伍建设,并着重强化辅导员队伍建设,积极推进学生管理体制改革。举办辅导员培训班,进一步提高辅导员的综合素质、管理水平和实际工作能力。对日照校区学生管理体制进行了改革,将临床学院、公共卫生学院、精神卫生学院、护理学院一、二年级的本科学生和一年级的专科学生划归基础学院统一管理。按照公开、公正、公平和择优的原则,以应聘人员工作表现和工作考核成绩为基础,结合其综合素质情况,面向学校内组织实施了基础学院辅导员竞聘上岗工作。

[**专业和课程建设**] 积极向教育部成功申报了英语、生物技术、精神医学3个新专业,组织完成教育部高等学校特色专业建设点和山东省省级品牌专业、特色专业的申报工作。预防医学专业获得教育部高等学校特色专业建设点,临床医学(精神病与精神卫生方向)被评为山东省省级特色专业。建成校级精品课程16门,其中省级精品课程5门。学校《诊断学》获2008年山

东省高等学校省级精品课程。认真研究两校区办学、学年制、学分制并行的教材管理，切实加强了教材建设。

[科研创新] 学校坚持以科研为先导，以科研促进教学，取得显著成效。采取有效激励措施，加强科研规章制度建设，修订了《科研经费管理办法》《科研计划管理办法》，起草了《博士启动基金管理办法》《青年科学基金管理办法》。加强了重点实验室、重点学科的管理，学校省级重点学科、重点实验室顺利通过了省教育厅、卫生厅的检查评估，取得了优秀成绩。2008 年开展科研项目 169 项，其中新上项目 64 项，结转项目 105 项。全年完成科研项目 60 项，其中 48 项科研成果通过上级各部门组织的鉴定或评审。鉴定项目中，达到国际先进水平 2 项，达到国内领先水平 43 项，达到国内先进水平 3 项。获市级以上科技进步奖和社会科学成果奖成果 57 项，发表学术论文 505 篇，主编著作 27 部。

[实践教学] 在注重加强实践教学工作各环节，努力提高教育教学质量的基础上，切实大力加强了实践教学基地建设。根据教学任务需要，新开辟了平邑县中医院、济宁市中医院、任城区中医院、临沂市中医院、长清区人民医院、蓬莱市人民医院、胶南开发区医院、微山县人民医院等 25 所实践教学基地，进一步拓展了后期实践教学空间。

[附属医院工作] 不断加强对附属医院的管理和指导，进一步实施有效经营和规范管理，医疗质量、服务水平、管理创新、教学科研等方面再上新台阶，社会效益和经济效益成果丰硕。2008 年完成门诊 82.6 万人次，较 2007 年增长 22.2%，其中急诊门诊量 80917 次，增长 57.7%；院前急救 9790 人次，增长 12.6%，出院病人 51481 人次，增长 16.2%，病房手术 20917 例，增长 14.4%，其中大手术增长 14.8%。

[研究生教育] 根据国务院学位委员会对硕士点授权单位申报工作程序作出调整和改革的实际，认真组织硕士点授权单位申报材料的收集、汇总和整理，并于 2008 年 12 月 20 日报至省教育厅学位办。做好与山东大学联合培养研究生的教育教学和管理工作。进一步拓展研究生教育空间，与天津医科大学和山东大学医学院进行了积极协商，就 2009 年合作举办研究生课程班工作达成了初步意向。

[日照校区管理] 针对在实际运转过程中反映出来两校区运转工作不理顺的现象和日照校区学生较多，教学任务重的实际，在深入进行调查研究和广泛征求意见建议的基础上，适时对日照校区管理体制进行改革。将原“条块结合”改为了“条条管理，条块结合，以条为主”管理体制，通过管理体制的改革，确保了日照校区的运转顺畅和各项工作的顺利开展。

[统战和对台工作] 切实加强了统战和对台工作的领导，为民主党派、无党派人士和广大群众发挥作用，参与学校民主管理、民主监督创造积极条件。建立了党外干部名录库，实行动态管理。认真落实党的侨务工作政策，加强了与港澳台同胞、侨胞的联系。积极配合各级各部门认真做好人大、政协、民主党派换届和推荐工作。其中，经民主推荐，党委书记武广华当选全国人大代表。经省、市、区政协委员会协商在学校选出山东省政协委员 3 人、济宁市政协委员 12 人、日照市政协委员 1 人、济宁市中区政协委员 3 人。

[对外交流] 坚持改革开放，以开放促发展，多层次、多渠道开展对外交流与合作，学校办学活力进一步增强。全年共接待来自四个国家和地区的十几位专家、学者来校讲学、访问、洽谈合作。与台湾慈济大学医学院开展了学术交流和互访，与美国太平洋联合医学护理中心、爱尔兰都柏林格里菲斯学院建立了学术交流与合作关系，与新加坡新康国际卫生学院发展部签署了合作办学协议。聘请外国客座教授 2 名，外国专家 2 名，其中外教 LEON(利奥恩)先生获得济宁市“孔子友谊”奖。

学校党政领导人

书记：武广华

副书记、院长：白　波

副书记：姜继玉　刘学景

副院长：杨志寅　高哲学　温杭东

纪委书记：姜继玉(兼)

学校地址：山东省济宁市中区建设南路 45 号

邮政编码：272013

联系电话：0537－2203978

电子邮箱：yb@jnmc. edu. cn

(撰稿：刘本军　刘寅春　审稿：常洪义)

山东师范大学

[概况]　山东师范大学的前身山东师范学院成立于1950年10月，系建国后山东省成立最早的高校之一。1952年院系调整时，原齐鲁大学物理、化学、生物三系同时并入。1981年8月，经教育部、山东省人民政府批准，学校更名为山东师范大学。经过几代人的不懈努力，学校现已发展成为一所学科专业齐全、办学层次较高、办学条件较好的综合性高等师范院校。建校58年来，为国家和社会培养了17万多名合格人才。现有全日制在校生32500人，其中博士、硕士研究生3700多人。

认真贯彻党和国家的教育方针，坚持改革发展并举，追求科学真理，传承齐鲁文化，培育优秀人才，熔铸了“尊贤尚功、奋发有为”的校园精神，形成了“弘德明志、博学笃行”的校训和“爱国爱校，为人师表，勤奋严谨，求实创新”的优良校风，彰显了鲜明的办学特色。学校现已成为齐鲁文化的重要传承地和山东人文学术重镇。

学校分校本部、长清校区两个校区办学。学校总占地面积近4000亩(约258.78万平方米)，建筑面积120.66万平方米。教学科研仪器设备总值19748.46万元。有省部共建教育部重点实验室1个，中央与地方共建高校基础实验室4个，国家级实验教学示范中心1个，山东省“十一五”重点实验室5个，山东省高等学校实验教学示范中心6个。图书馆总面积25000多平方米，藏书330多万册。学校附属中学、第二附属中学、附属小学都是山东省基础教育的名牌学校。

学校现设有23个学院，68个本科专业，拥有7个博士后科研流动站，2个博士学位授权一级学科，31个博士学位授权二级学科，15个硕士学位授权一级学科，126个硕士学位授权二级学科。覆盖哲学、经济学、法学等九大学科门类。形成了学科门类较为齐全、层次完备的人才培养体系。有1个国家重点学科(中国现当代文学)、1个国家重点(培育)学科(教育学原理)、17个山东省“十一五”重点学科。是国务院学位委员会、教育部批准的首批教育硕士专业学位、公共管理硕士专业学位(MPA)培养单位。设有教育部人文社会科学重点研究基地——齐鲁文化研究中心等5个教育部研究培训中心。设有山东省高校师资培训中心、山东省外语培训中心等19个省级研究、培训机构。

现有2602名教职工，其中专任教师1809人，教授、研究员339人，副教授、副研究员544人。设有6个山东省“泰山学者”特聘教授岗位。学校有1人入选全国“百千万人才工程”第一、二层次，1人入选“新世纪百千万人才工程”国家级人选，3人获得国家级教学名师奖，3人获国家有突出贡献的中青年专家称号，13人分别获全国先进工作者、全国模范教师、全国优秀教师称号，1人获全国师德先进个人称号，3人入选教育部中青年骨干教师资助计划，3人入选教育部新世纪优秀人才支持计划，1人入选教育部优秀青年教师资助计划，1人获中国青年科技奖，81人次享受国务院政府特殊津贴。5位院士为学校双聘院士。聘任100多位国内外著名学者专家为兼职教授。

近年来，共获得国家级教学成果奖10项、省级教学成果奖90项，获奖总数位居山东省属高校首位。建成国家级精品课程2门，教育学、生物科学2个专业分别被教育部、财政部批准为第一、二批特色专业建设点，省级精品课程19门，省级品牌专业8个。主编、参编教材564部，其中国家“十五”、“十一五”规划教材28部，教育部面向21世纪课程教材15部，有126部教材获省部级以上奖励。学校被评为全国普通高等学校招生工作先进单位、全国成人高校招生工作先进单位、全国高等教育自学考试工作先进集体、全国高等教育学历证书电子注册管理工作先进单位、山东省语言文字工作先进单位等，并在2007年教育部组织的本科教学工作水平评估中获得优秀。

“十五”以来，学校承担地市级以上科研项目1400余项，主持承担国家“863”、“973”、国家科技攻关、国家社科基金和自然科学基金等项目174项。高层次获奖成果数量位居省属高校前列，先后获国家级、省部级科研奖励200多项。获国家发明专利73项，1人荣获全国“发明创业奖”。获国家杰出青年科学基金项目1项，国家科技进步二等奖2项。鲁迅文学奖1项。学校主办6种公开发行的学术期刊，其中核心期刊5种。中国核学会计算物理学会计算原子与分子物理专业委员会等19个省级以上学会挂靠我校。学校与企事业单位签订技术转让合同100多项，与企业联合建立8个研究所和中试研究基地，与山东省东营市联合建立了中国千亩盐生植物园。学校被评为全国高校科研管理工作先进单位、社科研究管理先进集体。

1999年启动的“新世纪讲坛”活动，成为学校推进大学生素质教育的品牌，荣获山东省高校校园文化建设优秀成果一等奖。学校先后以优异成绩通过全省高校文明校园建设评估、德育工作评估、就业工作评估、平安校园建设评估。连续19年被评为全国大学生社会实践活动先进单位。2000年学校团委被评为“全国五四红旗团委”。2006年,学校组队参加第五届海峡两岸大学生辩论赛,获得亚军。

先后与美国、英国等13个国家和台湾地区的51所院校建立了校际交流合作关系。在联合办学、教师和学生互派、文化学术交流、共同举办国际会议等方面建立了广泛而深入的合作,成为山东省对外开放的窗口学校。

学校被评为全国高校毕业生就业工作先进单位。在历次全省优秀学位论文评选中,学校学士论文、硕士论文获奖的数量、层次均列山东省属高校首位。近年来,先后有3个班集体获“全国先进班集体标兵”、“全国先进班集体”称号,1名学生获中国青年五四杰出贡献奖章,5名学生获全国三好学生、全国优秀共青团员等称号。1名学生获第12届雅典残奥会男子TT9级乒乓球比赛冠军,实现了中国队残奥会该项目金牌零的突破。1名学生获第13届北京残奥会乒乓球男团M9-10级比赛冠军。近年来学生平均考研录取率为24%,个别专业达到50%。本科毕业生就业率保持较高水平,受到用人单位的普遍好评。

[党建和思想政治工作]　学校认真传达、学习两会精神,全校上下兴起了学习宣传贯彻十七大精神的热潮。学校作为省属高校代表参加了第十七次全国高校党建工作会议。学校坚持社会主义核心价值体系建设,切实加强改进大学生和研究生思想政治教育,被评为“全省德育示范高校”。学校加强市场开拓力度,全面开展就业指导,成为“山东省首批大学生创业教育示范高校”。学校连续19年被评为全国大学生社会实践先进单位。3人被评为山东高校“十佳”、“百优”辅导员,1人获“山东省高校十大优秀学生”称号。学生在国际、国家及省部级各项文体活动比赛中获奖320余人次。心理健康教育工作获得了创新性发展,山东省大学生心理健康教育专业委员会秘书处移师我校。校工会荣获“全国模范职工之家”荣誉称号。

[抗震救灾工作]　全校师生发扬“一方有难、八方支援”的精神,为四川地震灾区捐款近280万元,派出心理援助专家和青年志愿者赴灾区一线参与救灾和灾后重建,1人被评为“山东省十大责任公民”,1人获“山东省抗震救灾十大杰出志愿者”。

[迎奥运活动]　全校师生积极参与奥运志愿服务、火炬传递、清理奥帆赛海域浒苔等各项活动。运动员、教练员、裁判员在北京奥运会、残奥会上表现出色,吕晓磊获残奥会金牌,袁锋获“北京奥运会、残奥会先进个人”称号,学校荣获“振兴山东残疾人体育突出贡献奖”。

[本科教学工作]　学校召开第七次教学工作会议,全面总结几年来的本科教学工作,并提出了今后几年教学工作思路。教育部正式公布学校本科教学工作水平评估成绩优秀。物理学、汉语言文学专业通过教育部财政部第三批特色专业建设点立项建设评审,化学、美术学专业被评为省级品牌专业。学校省级品牌专业达到8个。学校新增物流管理专业和历山学院化学工程与工艺、动画等3个专业。新增1门国家级精品课程和4门省级精品课程。学校国家级精品课程达到2门,省级精品课程达到19门。我校学生在全国“挑战杯”大学生创业计划大赛中获全国铜奖1项,山东省特等奖1项、一等奖3项、二等奖3项、三等奖1项,2名教师被评为山东省优秀指导者。实验教学中心建设取得新进展,心理学、计算机科学实验教学示范中心获“省级实验教学示范中心”称号,学校省级实验教学示范中心数量达到6个,列省属高校首位。

[学科学位点建设与研究生教育]　学校以优异成绩顺利通过山东省“十一五”重点学科建设中期评估,圆满完成了“十一五”中期规划的目标。学校新增2个博士学位授权点和1个硕士学位授权点,博士点、硕士点总数分别达到31个、126个。新增1个省级研究、培训机构,总数达到19个。研究生教育质量不断提高,学术、学位论文成果丰硕。2008届毕业研究生共发表学术论文2600余篇,其中在SCI、EI收录期刊上发表240余篇。有9名研究生在山东省研究生优秀科技创新成果奖评选中脱颖而出;有5篇博士学位论文、9篇硕士学位论文获2008年山东省优秀学位论文,获奖数量居省属高校首位。

[科研工作]　学校获各级各类科研项目295项,其中国家自然科学基金和国家社科基金项目30项。年度落实科研经费4139.05万元,创历史新高。科研获奖层次和数量进一步提高,获省部级科研奖励25项,2项成果获山东省自然科学一等奖,2项成果获山东省社会科学一等奖,1人获首届山东省自然科学杰出青年基金资助,1人获山东省社会科学突出贡献奖,1项成果获山东省技术发明二等奖,1项成果获省科技进步二等奖,12项成果获山东软科学优秀成果奖。3个实验室进入省重点实验室建设行列,逆境植物省重点实验室顺利通过现场绩效考评和验收,精细化学品清洁合成和分布式计算机软件新技术2个山东省“十一五”高校重点实验室圆满完成中期建设任务。在对外科技方面继续保持稳定增长态势,本年度共签订横向

科技合同111项，增强了学校为山东省经济、社会发展服务的能力。

[师资队伍建设]　招聘学科带头人、博士后、博士毕业生27人，硕士11人。学校新增2个“泰山学者”特聘教授岗位。先后有3名教师荣获山东省有突出贡献中青年专家称号，3人分别获山东省先进工作者、山东高校十大优秀教师等荣誉称号。戚万学教授荣获第四届全国高等学校教学名师奖。全校国家级教学名师达到3人，省级教学名师5人。切实做好高水平师资培养工作，选拔17名教师赴国外进修、11名教师为国内访问学者。21人获“国际合作培养”项目资助，2人获“国内访学”项目资助，321人参加“现代教育技术培训”，外聘兼职教授、客座教授21名。学校博士后科研流动站总数达到7个，位列省属高校前列，有1人获第44批国家博士后科学基金二等资助，实现学校零的突破。

[后勤保障工作]　学校努力增强资金运作及防范风险能力，确保了财务平稳运行。财务处先后获得“山东省先进会计工作集体”、“山东省巾帼文明岗”、“济南市统计工作先进单位”等荣誉称号。学校国有资产管理和招标管理工作稳步推进，校办产业和经营用房管理工作不断加强。后勤部门进一步深化拓展细节服务，围绕师生关心的热点、难点问题，继续深化改革，完善服务，师生满意度显著提高，为学校的稳定和发展提供了有力的保障。图书馆继续深化细节服务，加强用户培训，采取远程访问、通借通还、馆际互借、文献传递的有效途径，为广大师生提供了便利。龙泉山庄师大新村各项配套功能建设进一步完善，管理和服务水平逐步提升，居住环境更加和谐。

[对外交流与合作]　学校与肯尼亚肯雅塔大学签署合作设立孔子学院协议，实现学校对非交流的重大突破。与法国埃夫里大学合作办学迈出重要步伐；继续与美国东田纳西州立大学、韩国成均馆大学、加拿大皇家汉楳大学开展“2+2”合作项目、研究生合作培养项目，国际合作培养项目再上新台阶。成功举办“东北亚未来与中韩合作发展”国际研讨会等多次重要学术会议。

[附属中小学工作]　附中教育教学质量明显提高，素质教育硕果累累，高考又创历史最好成绩，学科竞赛实现新突破。二附中教育教学水平不断提高，素质教育全面推进，各方面成果丰硕。附小泰安奥林匹克花园分校、幼儿园分园主体工程相继完工，明年将投入使用。乐陵合作学校揭牌，并于9月1日正式开学投入使用。

[教育经费收支情况]　学校严格执行省财政“票款分离”及“收支两条线”的有关规定，加强财经管理，增收节支，加强审计。本年度总收入4.69亿元，其中财政拨款2.20亿元，教育事业收入2.24亿元，其他收入0.25亿元。年度总支出4.71亿元，其中人员经费支出2.37亿元，教学和科研支出0.82亿元，后勤保障支出0.44亿元，行政管理经费支出0.09亿元，自筹基建支出0.99亿元。

学校党政领导人

书记：宫志峰

副书记、校长：赵彦修

副书记：李荣升　向来生

副校长：张庆刚　王志民　戚万学　于　涛　钟读仁　唐　波　王少华

纪委书记：李荣升(兼)

学校本部地址：济南市历下区文化东路88号

邮政编码：250014

联系电话：0531－86182215　86182216(党办)

0531－86182220　86182222(校办)

传　真：0531－86180017(校办)　86180066(党办)

长清校区地址：济南市长清区大学科技园大学路1号

邮政编码：250358

联系电话：0531－89611805　89611808

传　真：0531－89611808

学校网址：www.sdnu.edu.cn

(撰稿：王国宁　史志远　审稿：赵彦修)

曲阜师范大学

[概况]　曲阜师范大学设学于孔子故里曲阜，在美丽的海滨城市日照建有新校区。建校52年来，曲阜师范大学扎根孔孟桑梓之地，汲取传统文化精华，秉承“学而不厌，诲人不倦”的校训，坚持创新进取的时代精神，已经发展成为山东省文化学术重镇和人才培养基地。学校现有在校本专科学生22491人，博士、硕士研究生2331人，成人教育在读生16167人，外国留学生83人。学校现有本科专业64个，硕士点78个，其中硕士一级学科7个，博士点6个，博士后科研流动站1个，

学科专业覆盖了文、理、工、法等10大学科门类。设有26个院(系),29个研究所,14个省级重点学科,其中包括6个省级重点强化建设项目。3个省级重点实验室,1个省级强化人文社会科学研究基地。设有国家体育总局体育社会科学重点研究基地、教育部曲阜师范大学基础教育课程研究中心、山东省激光偏光工程技术研究中心、山东省儒学研究基地、山东省体育人文社会科学研究基地和山东省马克思主义中国化研究基地。在孔子儒学研究领域形成了自己的特色和优势。办有《儒学研究动态》,每年出版《孔子儒学研究文丛》,举办国内外儒学学术会议,广泛进行学术交流,和数十个国家和地区的专家学者建立了学术联系。

[**学科结构调整重在突出特色优势**]　2008年学校抓住学科建设这个龙头,整合资源,调整结构,学校的科研水平和学术实力进一步增强。遵循学科发展规律,对部分相同相近学科和学术类机构进行了调整归并,建立了儒学研究中心、山东新农村建设研究中心,学术平台更加厚重,优势和竞争力进一步突出。重点建设进一步加强,全校18个省级重点建设项目均以高分顺利通过"十一五"省级重点建设项目中期评估。

[**科学研究取得重大进展**]　2008年学校以科研项目为纽带,以创新团队为重点,以提高研究质量和社会服务能力为目标,全面提升科研实力和整体创新能力,在科研课题申报、评奖方面取得重大进展。获得国家级项目11项,其中国家社科项目4项,国家古籍整理项目1项,国家自然科学基金6项。省部级项目85项,在2008年度山东省社科规划项目评审中,全校33项课题获准立项。立项数量和经费资助都创历史新高,在省属同类高校中名列前茅。获得省部级奖励17项,已连续3年获得山东省社科一等奖,人文社科研究的实力和水平明显提升。

[**人才培养质量有了新提升**]　2008年学校深入实施本科教学质量与教学改革工程,以提高教育质量为核心的一系列创新举措取得新成效。召开全校教学工作会议,修订本科专业指导性人才培养方案,制订学分制管理模式下新的学士学位授予细则。制定了《曲阜师范大学双专业双学位人才培养实施办法(试行)》《曲阜师范大学学科类招生学生择选专业办法(试行)》。通过品牌特色专业建设、教学团队建设、网络课程建设、精品课程建设和实验教学示范中心建设,大力提升学校人才培养能力;通过大学生创新性实验计划、科研训练计划项目和实施创新性奖励学分等实践教学方面的改革,大力培养学生的实践能力与创新能力。2008年教学精品项目建设取得阶段性成果,获得国家级特色专业1个,省级实验教学示范中心1个,省级品牌特色专业3个,省级精品课建设立项1门,新增省级教学团队1个,省级教学名师1名。在山东省大学生数学建模与电子设计大赛中,获一等奖5项,二等奖4项,三等奖3项。

[**人才队伍建设取得新进展**]　2008年新增体育人文社会学"泰山学者"岗位1个,国务院特殊津贴人员1名,山东省有突出贡献的中青年专家1名;第二批"161"人才工程遴选第二层次人才9人、第三层次人才19人;引进博士15人;第一批博士后人员进站研究。

[**建设服务型和谐校园**]　2008年学校致力于创新节约型校园建设工作,重服务,促和谐。推行家属区水电卡管理和教学区水电定量管理,完善了医疗费管理办法,对全校公有商业用房进行公开招租,节约效果明显。据初步匡算,为学校节约资金近千万元。落实综合治理目标责任制,建设平安校园。召开了校园综合治理工作会议,学校与各单位签定了综合治理责任书,进一步理顺体制机制,落实工作责任。开展了安全教育月活动,加大校园秩序整顿力度,拆除违章建筑16处。较好地完成了奥运会期间的安全稳定工作,成功防治了"手足口病"疫情,开展了反邪教斗争,加强了密码和机要保密工作。

[**校园文化建设与学生德育工作相结合**]　2008年学校出台了《曲阜师范大学文化建设规划和行动计划》,启动了特色文化品牌建设和文化精品工程创建评选活动,面向全校征集校歌和路名,完成了高校校园文化建设课题的研究。改进德育工作,创新学生教育和管理,积极推进十七大精神"三进"工作,加强对德育骨干教师培养和培训,推进思政课程改革。动员全校师生积极参与抗震救灾、北京奥运等重大活动,激发爱国情怀,弘扬民族精神。加强校园文化建设,开展"迎奥运盛会·承改革伟业·立核心价值"主题教育活动和科技创新活动,在山东省率先推行大学生素质拓展计划,举办"挑战杯"大学生创业计划大赛和课外学术科技作品竞赛、独具特色的"人文讲坛"、"曲阜师范大学科技文化艺术节"等活动,不断提高青年学生的综合素质。

[**社会服务得到稳步发展**]　2008年学校服务地方工作逐步深入,稳步推进与日照、济宁、曲阜、庆云、青州等地方政府的交流合作。学校积极推动服务地方行动计划的实施,制定了《服务济宁地方行动计划》和《服务日照地方行动计划》,发挥基础教育资源和学科优势,

为基础教育的改革和发展服务,与费县实验中学结成对口帮扶关系。修订了《科技开发与服务管理办法》,鼓励教师积极进行应用研究,力促优秀成果的产生;征集新的应用成果,编辑成册,并通过网络,报纸,参加高新技术博览会等形式,积极向社会推介;加强和地方职能部门沟通与联系,搭建科研平台,拓宽服务地方的渠道;继续落实和日照市、济宁市科技局的各项协议;与济宁市民委达成合作意向,通过民委将学校科技成果下发到其下属企业,落实了部分项目,为下一步科技成果服务生产建设打下了良好基础;积极为教师转化成果和技术开发牵线搭桥。

[对外交流工作拓展新领域]　2008 年学校继续坚持开放办学战略,扩大国际交流合作,与韩国的韩京大学签订了友好交流协议,与美国明尼苏达大学联合培养学生,与佛罗里达国际大学等达成新的合作意向。在加拿大设立第一所孔子学院,为汉语国际推广工作提供了良好平台。到 2008 年为止,连续 12 年与美国佛蒙特州州立大学亚洲问题中心共同举办了美国教师中国历史文化学习班、高中生互访项目、中美教育研讨会等活动。学校每年还举行各种类型和层次的学术研讨会、报告会和学术讲座,承办了“传统与现代　东方与西方”国际奥林匹克高级论坛等多次国际、国内高级学术会议,日益广泛的学术交流营造了浓厚的学术氛围和良好的育人环境,塑造了圣地学府独特的学术品性。

学校党政领导人

书　记:荆兆勋

副书记、校长:任廷琦

副书记:夏耀明　刘新生

副校长:傅永聚　马东骅　康淑敏　扈庆学

纪委书记:孙文亮

曲阜校区地址:曲阜市静轩西路 57 号

邮政编码:273165

联系电话:0537－4455669　4455697

日照校区地址:山东省日照市烟台路 80 号

邮政编码:276826

联系电话:0633－3980088

鲁东大学

[概况]　鲁东大学是山东省省属综合性大学,建校于1958 年;1961 年,校址由莱阳迁至烟台,校名由莱阳师范专科学校变更为烟台师范专科学校;1984 年更名为烟台师范学院,成为省属本科院校;2006 年经教育部和山东省人民政府批准,更名为鲁东大学。更名后的学校是一所文、理、工为主体,多学科协调发展的综合性大学。

学校占地 2134 亩,校舍建筑面积 78 万多平方米,固定资产总值 7.9 亿元,教学科研仪器设备总值 1.63 亿元;图书馆馆藏纸质图书 187.6 万册,电子图书 188 万种,中外文、特色数据库 40 余个。有 9 个学科门类,31 个一级学科,其中有汉语言文字学、原子与分子物理等 9 个省级重点学科和重点实验室,34 个硕士学位授权点,同时是同等学力人员申请硕士学位和教育硕士专业学位研究生培养单位。有教育部汉语辞书研究中心、山东省食用菌工程技术研究中心等多个科研机构。编辑出版以校名冠名的哲学社会科学学报、自然科学学报以及校报。

学校现设有 21 个学院、3 个教学部,拥有 56 个本科专业;有生物科学、汉语言等国家级特色专业建设点 2 个,省级特色专业 6 个,建成省级精品课程 13 门。2008 年,各类全日制在校生 23587 人,其中硕士研究生 582 人、本专科生 23005 人;另有在职硕士研究生 217 人,在读继续教育学生 14200 人,长、短期外国留学生 526 人。现有专任教师 1316 人,其中教授 159 人、副教授 324 人,具有博士学位者 235 人、硕士学位者 613 人,“泰山学者”岗位 1 个,山东省有突出贡献的中青年专家 4 人,享受国务院政府特殊津贴者 4 人,省级教学名师 4 人,研究生导师 179 人,省级教学团队 1 个;聘有陆大道、赵尔宓等 9 名院士担任客座、兼职教授。

学校是原国家教委首批公布的具有接收外国留学生资格的 200 所高校之一,已与韩、日、美、俄等 10 多个国家的 40 余所大学建立了校际友好交流关系,在学生交流互派、学分互认及“2＋2”、“3＋1”模式的本科生培养等方面开展了交流与合作。

[党建与思想政治工作]　以建设政治坚定、求真务实、开拓创新、廉政勤政、团结协作的领导集体为奋斗目标,建设学习型党委,建设民主务实、清正廉洁的领导班子。本年度提拔科级干部 64 人,交流调整科处级干部 12 人次;举办入党积极分子培训班 2 期,培训学员 2230 人;结对帮扶捐款 5 万多元,接收并转交“特殊党费”46 万余元。

开展了历时两个半月的解放思想大讨论活动,该活动得到了省委高校工委的充分肯定,4 月底在学校召开了驻烟高校开展解放思想大讨论活动座谈会。制定了《关于建立健全惩治和预防腐败体系的实施意见》等文件，促进了党风廉政建设工作制度化、规范化；完成各类审计项目266项，审计资金3.15亿元，审减资金1040万元。

对学生主要抓了新生入学教育、心理健康教育、校风学风建设等思想政治工作环节。利用北京奥运、纪念改革开放30周年等重大契机，组织开展了"强国之路，青春使命"等一系列主题教育活动和丰富多彩的校园文化活动。大学生科技创新工作获"挑战杯"山东省竞赛特等奖，在机电大赛、"博创杯"全国大学生嵌入式设计大赛等活动中均取得优异成绩。暑期"三下乡"社会实践活动，本校"川鲁相连·心手相牵"赴绵阳支教培训服务团获"2008年全国大中专学生志愿者暑期'三下乡'社会实践活动赴地震灾区优秀团队"称号，另有8支服务队、22名学生、10名指导教师获得省级表彰，学校被评为全国、山东省大中专学生志愿者暑期"三下乡"社会实践活动先进单位。全校团员青年以慈善义工、青年志愿者等形式服务社会、磨练意志，有3名志愿者赴新疆和田地区、1名志愿者深入四川灾区开展志愿服务工作，学校再次获得"山东省大学生志愿服务西部计划实施工作优秀组织单位"荣誉称号。"5.12"汶川地震发生后，全校学生捐款187207.23元，衣物30678件，特殊团费102680.47元。

[教学工作] 2008年4月教育部公布，学校本科教学工作水平评估为优秀。学校以评估整改为契机，进一步强化教学管理，深化教学改革，推进教学建设。对本科人才培养方案的修订开展了论证；建立或深化了"按学科招生，分阶段培养"、"3＋1"或"2＋2"中外合作培养、第二专业与双学位式复合型培养、与企业合作的应用型培养等多元化人才培养模式。出台实施了《鲁东大学第二专业、双学位管理办法》，全校有472人参加了英语、法学以及国际经济与贸易等第二专业或双学位的学习。在教学团队建设上，确定了3名教师为校级教学名师，评出校级教学团队3个。在实践教学上，组织教学督导专家对实验课、毕业论文(设计)答辩环节等开展了专项检查；发挥学校教师教育办学优势，开展了"顶岗实习"工作，先后有12个学院2746名师范类应届毕业生分赴烟台市12个县(市、区)286所农村中学顶岗实习，345名农村中学教师分4批来校"置换培训"，得到了省教育厅领导的充分肯定，《中国教育报》等多家媒体做了报道。在课程教学建设上，有1个专业被评为国家级特色专业建设点、3门课程被评为省级精品课程。成功申报了应用物理等3个本科专业和制冷与冷藏技术等2个专科专业；新增网上课程50门，网络课程资源数量超过了300门。首批向本科生开放了《中国古代史专题研究》等研究生课程，为优秀本科生提供了更为丰富的课程资源。在教材建设上，本年度编写出版教材21部(套)，其中有11部(套)由国家著名出版社出版，2部被评为普通高等教育"十一五"国家规划教材，在山东省2008年高等学校优秀教材评审中，有2部获一等奖、4部获二等奖。聘请了17位国内外教学名师、知名教授、博士生导师来校为本科生授课；组织安排骨干教师28人外出进修访学。举办了三级观摩教学大赛，评出了20名获奖人员。

2008年全校考取研究生1330人，其中普通本科毕业生考取1050人，考取率为31.31%；普通本科非英语专业学生3835人参加全国大学英语四级统考，上线率为87.7%，其中有3364人达到报考六级资格；有11篇论文被评为山东省优秀学士学位论文，非英语专业学生参加全国大学生英语竞赛，有2人获特等奖、6人获一等奖。

[科研工作] 以高层次科研项目的申报为核心，广开申报渠道，共获得各级各类纵横向项目91项，资助经费658.8万元。其中国家级项目15项，资助经费391.5万元；省部级项目24项，资助经费98.5万元。横向课题立项资助经费106万元。校科研基金拨出专项经费27.1万元，共资助科研立项43项。有190个研究项目通过鉴定结题，188个在研项目按计划继续开展研究工作。本年度，在国内外学术刊物上发表论文近2000篇，其中被SCI收录115篇、EI收录119篇、ISTP收录95篇、ISSHP收录5篇；出版学术著作46部；4项科技成果通过鉴定；24项获得授权专利；共获得各级各类奖励86项，其中有9项为山东省社科优秀成果奖。根据《鲁东大学创新团队建设项目实施办法》，投入60余万元启动创新团队建设项目。获得授权专利24项，其中发明专利2项。邀请著名专家学者来校讲学近130场。举办了"鲁东大学第六届学术报告月"，举办学术报告近400场，举办学术沙龙近80场。

[学科建设与研究生教育培养工作] 成立了校长任组长、分管副校长任副组长的重点学科建设领导小组，在研究生工作部(处)设立了重点建设办公室。学校投入260万元专项经费用于省级重点学科建设。各学科顺利通过了省教育厅组织的"十一五"省级重点学科中期评估。对"中国语言文学"等13个校级重点学科投入了149万元进行强化建设，对"区域经济学"等13个二级学科投入了68.05万元进行重点建设。组织完成了对39个校级重点学科的年度检查及所有硕士点学科建设的阶段性检查，学科建设成果获得山东省自然科学二等奖1项，山东省社会科学优秀成果二等奖3项、

三等奖 6 项。

成功申报了思想政治教育学科教学论等 4 个教育硕士专业。录取全日制硕士研究生 231 名（较上年增长了 13.2%），教育硕士专业学位研究生 120 名，注册同等学力申请硕士学位人员 24 人，使研究生教育总体规模达到 930 人。修订和出台了 18 个有关研究生培养与管理方面的文件，有 4 项省研究生教育创新计划项目立项。严格研究生导师遴选条件和选聘程序，改革师生互选办法，择优选聘上岗研究生导师 113 名。积极探索研究生培养的新模式，与万松浦书院、烟台农科院等 6 个单位共同申报了研究生联合培养基地，扩大了学校研究生培养教育资源。在读研究生本年度发表学术论文 276 篇，其中在核心及其以上期刊发表 75 篇，被 SCI、EI、ISTP 收录 17 篇，这些计量指标均比上年有了较大幅度的提高。获得山东省研究生优秀科技创新成果二等奖 2 项，三等奖 1 项。有 2 名教育硕士研究生被评为全国教育硕士优秀学员。

[继续教育工作]　积极寻找新的企业生源，适度扩大校外班的设置数量，共招收函授生 5400 多人。根据学员的岗位特点，严格按《函授教育各专业课程设置》组织教学。出台了《鲁东大学成人教育学员作业管理暂行办法》等制度。10 月，"学前教育专业"被省教育厅确定为"山东省成人高等教育品牌专业建设点"。完成了第二期山东省农村中小学教师素质提高工程专题培训任务，为全省 17 个地市的 1026 名教师分别培训了中小学语文、数学、英语、体育等课程。承担了山东省农村中小学教师心理健康教育专题培训任务，培训了全省中小学心理教师 385 人。作为省劳动和社会保障厅国家职业资格证书培训基地，开展了心理咨询师、物流师、人力资源管理师、秘书、化学检验员等项目的培训，并进一步完善了国家职业资格证书培训纳入学生学分管理的制度。

[师资队伍建设]　严格执行省政府岗位设置及结构比例指导文件，结合实际，制订了学校总体岗位设置方案，获得省人事厅核准。积极推进省级以上人才工程建设，推荐的"食用菌技术"泰山学者特聘教授人选获省政府批准，同时引进和调配了博士生导师、博士等 5 人，以打造高水平团队。有 2 名教师当选"享受国务院颁发政府特殊津贴人员"，2 名教师通过"山东省有突出贡献的中青年专家"评审。引进专业技术人员 60 人，其中泰山学者特聘教授 1 人，博士生导师 2 人；聘任兼职教授 13 人，其中博士生导师 6 人。

[学生奖励与资助]　有 24 名学生被评为省级优秀学生，12 名学生被评为省级优秀学生干部，6 个班级被评为省级先进班集体。评出校级三好学生 828 名，院级三好学生 1674 名。

继续巩固以奖、贷、补、助、减、扶和绿色通道、爱心超市为主体的"6＋2"模式的贫困学生资助体系，出台了《鲁东大学国家奖学金评选办法》等 4 份文件。为学生提供校内外各类勤工助学岗位 2000 多个，家教 270 多份；为 8000 余人次发放奖优助学金 1125 万元，为 2217 名贫困生办理助学贷款 988 万余元，为特困生发放困难补助、减免各项费用 350.2 万余元。爱心超市共收到来自全校师生和社会捐赠物品 3 万余件，2300 多名学生直接受益，成功举办了"冬装专场"等活动。这一活动获中国"金话筒"爱心传播活动最高奖"爱心大使"奖，《中央电视台》、《齐鲁晚报》等媒体对此做了报道。

[招生与就业]　共录取新生 6552 人，其中本科 5596 人，专科 846 人，跨校专升本 80 人，招生范围由去年的 28 个省区扩大到 31 个。不断完善就业工作机制，联合就业信息网为毕业生提供有效、快捷的信息服务；通过"百家企业走访活动"、举办毕业生与用人单位供需见面会等，为学生搭建好的就业平台；以"订单式培养"促进学生就业，扩展毕业生的就业渠道；做好优秀毕业生的就业推荐工作。2008 年共有本、专科毕业生 5457 人，其中师范类毕业生 2690 人，非师范类毕业生 2767 人，总体就业率为 85.02%。

[条件保证]　教育经费全年收入 27327 万元，较上年增加了 120 万元，增幅 0.44%；全年支出 26836.84 万元，较上年减少了 1438.65 万元，减幅 5.09%。图书资料建设，本年度采购图书 3 万余册，订购中外文期刊 2800 余种，续订数据库 30 余个，新增外文电子图书 1 万余种，中文电子教学参考书 6400 余种；建立了公文资料中心，收藏公文写作方面的图书、期刊及政府公报等 2000 余种。实验室与设备管理，投入资金 670 多万元，购置仪器设备 616 台（件），其中 5 万元以上的大型仪器设备 18 台（件）；维修仪器设备 278 台（件），总值约 196 万元，设备完好率达到 95%以上。新增地理和数字化外语两个校级实验教学中心；数字化外语实验教学中心被确定为省级实验教学示范中心（筹建）。

[服务地方工作]　与福山区、招远市政府建立了全面合作关系；成立了环渤海发展研究中心、东方海上丝绸之路研究所、软件学院等紧密联系服务地方工作的专门机构；与芝罘区政府、蓬莱市政府、牟平区科技局等举办科技项目洽谈会 9 场次。为烟台企事业单位培

养、培训各级各类专业人才5800多人次。与烟台氨纶集团共同承担国家863项目“对位芳纶(PPAT)纤维的产业化关键技术”并开展了研究工作;承担了“烟台市城市交通管理规划交通调查”等多个项目的研究工作;为烟台舒驰客车有限责任公司等企业单位开展了科技开发研究项目;为烟台大洋制药公司等多家单位提供了技术服务。与烟台市政府合作举办了“第三届冰心国际学术研讨会”;与牟平区政府、蓬莱市政府等合作举办了专题学术研讨会。举办了“渤海海峡跨海通道对环渤海发展战略及振兴东北老工业基地的影响”高层论坛,会后,国务院领导在有关专家的建议上做了重要批示。

[国际交流与合作] 派出6个代表团40人次访问了韩、日、法、美、加拿大等国家的高校或教育机构。成功申请国家留学基金委、中国教育国际交流协会等教师出国研修交流名额6个。接待来自法国、加拿大、美国等国家的来访团组40个共171人次。与国外高校签订合作交流协议11份,达成项目意向4个,涉及教师、学生、专业、学术等多个方面。聘请外籍专家和教师31人,其中教授3人,博士3人,硕士7人,促进了本校外语教学和双语教学。

有来自韩、日、俄罗斯等国家的526名留学生在校学习,其中硕士研究生8人、本科生172人、专科生48人。全年毕业外国留学生64人,其中硕士研究生1人、本科生53人、专科生10人。有来自韩国圆光大学和群山大学的36名“2+2双学位”项目留学生顺利完成学习任务,取得鲁东大学的毕业证书和学位证书。民族传统体育专业(中国武术)开始招生。年内共派出128名学生赴韩、美、俄、日、法等国家接受学历教育。

学校党政领导人

书　记:刘建东(2008年11月离职)
　　　　毕宪顺(2008年11月任职)
校　长:李清山
副书记:李清山　刘凤鸣　乔万敏
副校长:冯金信(2008年8月离职)　王　庆
　　　　柳新华
纪委书记:乔万敏(兼)

学校地址:烟台市芝罘区红旗中路186号
邮政编码:264025
联系电话:0535－6672723　6681128
传　真:0535－6014101

(撰稿:迟玉华　审稿:丁瑞忠)

山东财政学院

[概况] 山东财政学院是由财政部和山东省人民政府共同创办的普通高等财经院校,实行中央与地方共建,以地方管理为主的领导管理体制。学校始建于1986年,邓小平同志题写校名。学校面向全国招生,是国务院学位委员会批准的硕士学位、学士学位授予单位。

学校现占地148万平方米(含新征地98万平方米),建筑面积43万余平方米。学校现有在校硕士研究生、全日制普通本、专科生等各类在校生14000余人,其中,本科生13000余人,成人教育学生9000余人。学校现设14个二级学院,现有41个本科专业,其中5个专业可选为辅修第二专业(学士学位),拥有应用经济学、工商管理、管理科学与工程3个一级学科硕士学位授予权,22个硕士学位授权点,拥有工商管理硕士(MBA)专业学位授予权、公共管理硕士(MPA)专业学位授予权和同等学力申请硕士学位的资格。财政学、会计学、金融学、企业管理、国际贸易学、管理科学与工程为山东省重点学科。其中,财政学、企业管理为省级重点强化建设学科,是山东省财政学、金融学“泰山学者”岗设置单位,已形成以经济学、管理学为主,文、法、理、工等六大学科门类相结合的学科结构。

学校现有教职工千余人,专任教师771人。教授、副教授365人,占专任教师总数的47%,具有硕士以上学位的579人,占专任教师总数的75%,具有博士学位的139人。教师队伍中,国家和省有突出贡献的中青年专家、享受国务院政府特殊津贴专家、财政部跨世纪学术带头人、省部级专业技术拔尖人才、山东省高校中青年学术骨干等各类人才23人,校级学科带头人及学科带头人培养对象46人。现有硕士生导师138人,博士生导师10人。

学校下设独立学院——东方学院,坐落于山东省泰安市,占地800亩,现有在校生4000余人,设有7个部系,14个本科专业,6个专科专业。

[党建工作] 全面准确学习领会党的十七大精神,坚持理论联系实际,指导实践、推动工作,以科学发展观指导学校各项工作,提高科学、民主、前瞻性决策的能力,推动学校事业科学发展。举办了处级干部党的十七大精神理论学习班,分三次集中收看了党的十七大专题辅导录像。组织开展了以深入贯彻落实科学发展观为主题的解放思想大讨论活动,全面了解全院教职

工的思想状况。加强了对干部的管理、监督和考核，制订印发了处级领导班子三年任期目标责任书，加强对领导班子、干部的目标管理和监督。在全校党支部中实施了“支部建设工程”，推动了党支部自身建设，促进了党支部在各项工作中战斗堡垒作用的发挥；深入开展党风廉政宣传教育，筑牢拒腐防变思想道德防线。在全校党员干部中开展了“做勤廉表率、促和谐发展”主题教育活动；广泛开展廉政文化进校园活动；编印了《党风廉政建设手册——党员干部廉政勤政须知》，创办了《纪检监察信息》；认真抓好《山东财政学院构建惩治和预防腐败体系实施办法》的贯彻落实；制定了《山东财政学院二级学院党务、院务公开实施办法》和《山东财政学院惩治和预防腐败体系 2008～2012 年工作细则》。

[教学工作] 继续实施本科教学质量与教学改革工程建设，并取得了一定成效。会计学专业为 2008 年度教育部第三批特色专业建设点；工商管理专业被确定为省级品牌专业建设点；国际经济与贸易专业被确定为省级特色专业建设点；新增信用管理、社会体育 2 个本科专业；新增《国际经济学》被评为教育部双语示范课程；《微观经济学》被评为省级精品课程；评选出 10 门校级精品课程，100 门校级优秀课程；11 本教材选题列入了 2008 年学校精品教材建设规划；对 2008 级本科人才培养方案进行了全面修订；实施了大学英语改革；细化了教学质量工程管理；成功举办了教学工作会议，促进了“教学质量工程”顺利开展。

[研究生教育] 全面贯彻落实《山东财政学院“研究生学位点建设工程”项目规划方案》。通过对拟培植为博士学位点的学科专业实施强化建设，尽快达到博士学位点的水平，进一步优化和完善硕士学位点学科专业的结构和体系；建设开放式研究生教育体系，加强研究生培养过程中的对外合作和跨文化交流，采取双导师制、校校联合、校企联合、产学研结合、对外交流等方式，创新研究生培养模式；落实“研究生教育创新计划”，以培养研究生“创新意识、创造能力、创业精神和能力”为核心，深化研究生教育教学改革，建设完善研究生培养质量监控体系，加强研究生学位课程建设，强化研究生的素质教育，全面提高研究生教育质量；2008 年度增补了校内年轻导师 23 人、校外兼职导师 13 人和合作导师 43 人，优化了研究生教育师资结构。

《山东财政学院学术文丛》正式出版

[学科建设与科研工作] 加强优势学科建设，组建的 7 个科研团队，对于整合全校教育资源，凝练学科方向的效果日益显著，有力地促进了重点学科和优势学科建设。2008 年，金融学被山东省人民政府批准为“泰山学者”岗位；全年共有 155 项课题立项，获得资助 500 多万元，其中国家社科基金项目、国家自然科学基金项目、教育部、国家软科学项目 7 项，省社科规划项目、省科学发展计划项目、省软科学项目、省自然基金项目等共 83 项，厅局级项目等其它 65 项；与济南市市中区开展了战略合作，“服务外包创新工程”项目取得较好进展；全年共发表学术论文 716 篇，B 级以上论文 255 篇（其中 A 级及以上论文 92 篇），著作 36 部，结项研究报告 71 项；获省社会科学优秀成果奖 7 项，其中二等奖 2 项，三等奖 5 项。

[教师队伍建设] 以高层次人才队伍为抓手，师资队伍建设富有成效。2008 年共引进 24 名博士，2 名海外留学归国硕士，1 名重点学科博士后；聘任西南财经大学博士生导师刘锡良教授为学校金融学泰山学者；制定了《山东财政学院关于提高教师学历学位层次若干问题的通知》，严格教师准入制度，鼓励教师在职攻读博士、硕士学位，委托培养博士 22 人；开展了教学名师评选工作，朱庆华等 5 名教师被评选为校级教学名师；陈晓兰教授被评选为第四届山东省教学名师；遴选出国际经济与贸易双语教学团队等 5 个教学团队为首批校级教学团队，其中国际经济与贸易双语教学团队被评为省级教学团队。

与美国哈特福德大学签订合作备忘录

[国际合作与交流]　继续做好合作办学项目和学生交流项目。与美国哈特福德大学签署了两校合作交流备忘录;与北荷兰应用科学大学签署了《物流管理专业合作协议书》;与加拿大达尔豪斯大学经济学专业本科合作办学项目进行试招生。共派出出访团组 6 个,25 人次,回国后均按规定提交了出访报告;共接待来访团组 14 个,45 人次。其中接待合作交流考察团组 10 个,39 人次;合作实习团组 1 个,2 人次;短期讲学团组 2 个,4 人次。中英专科项目 2008 年招生 209 人,项目学生总数达 528 人;中加本科项目 190 人;全年在校自费留学生 27 人,来自韩国、乌兹别克斯坦、蒙古等国家。交流学生 10 人。

"中国服务业创新与发展"全国学术研讨会

[学术会议]　成功举办了"国家产业安全与贸易救济"全国学术研讨会和"中国服务业创新与发展"全国学术研讨会;组织学术报告 115 场次,组织特色论坛、系列讲座等 20 余场次。吸引了多名国内外著名的专家学者来校讲学,营造了浓厚的学术氛围,开阔了师生的学术视野,拓展了学校对外学术交流的渠道。召开了全校科研工作会议,对于浓厚学校科研氛围,改善学校科研环境,提高科研水平具有重要的推进作用。

[学生工作]　紧紧围绕大学生思想政治教育开展丰富多彩的活动,并取得丰硕成果。在 2008 年全国暑期大学生"三下乡"社会实践活动中,获得省级"社会实践优秀组织单位"称号,校大学生改革开放成就宣讲团荣获"全国优秀社会实践团队"称号,7 支服务队获得了省级"社会实践优秀服务队"称号,15 名学生获得省级"社会实践先进个人"称号,9 名教师荣获省级"社会实践优秀指导教师"称号等。奥运火炬传递和奥运会举办期间,先后 4 次组织全体学生工作人员利用节假日在市内重点场所值班,对学生宿舍开展了全面的检查工作,发出了"致全体同学的信",引导学生开展积极、正面的爱国活动,全体学生思想稳定、学习氛围浓厚。鼓励培养青年团员积极投身于志愿服务西部的队伍。学校 6 名应届毕业生通过严格选拔,参加了 2008 年全国大学生志愿服务西部计划,并赴新疆进行为期 1 年的志愿服务。充分发挥学生评奖评优的激励作用,不断完善以"奖、贷、助、补、减"为主要内容的资助政策体系。通过日常心理辅导与专项心理健康情况调查相结合、心理健康讲座与网络宣传相结合、专职学生工作者管理与"人生导师"辅导相结合的方式,加强大学生心理健康教育,邀请了知名教授开展讲座,建立了心理健康网站,完善了三级心理网络,开展了心理测试和调查等,进一步丰富了心理健康教育手段,提高了心理健康教育成效。

[招生与就业]　2008 年共招生 4395 人,其中,研究生 238 人,本科生 3932 人,本科一志愿录取率为 96.02%,普通专科 463 人,中英班 235 人。学生就业质量和就业率一直在较高水平,名列山东省高校前列。2008 届毕业生一次就业率 62.5%。

[信息与图书馆建设]　学校在校园网全面升级的基础上继续深化信息化建设。完成了内网网站的开发并投入使用,将内外网网站有机结合,信息发布和资源共享更为方便快捷;东校区校园网整体建设方案完全确定并进入采购程序;与济南市对外贸易经济合作局达成"济南服务外包网委托开发和维护项目"合作协议,推动了学校外包人才培养和济南服务外包业的发展;完成了网上办公和网上课堂系统 3.0 版本的开发和升级转换,面向全校师生服务,提高了学校信息化建设水平。不断加强图书资料建设,安排图书资料购置费 300 万元,新增纸制图书 8.5 万册(截止今年 11 月 10 日),电子图书 10.52 万册,续订相关报刊 1200 余种、数据库 11 种。财政学、会计学、金融学等学科馆藏图书品种数量已处在省内高校图书馆领先地位,自身特色馆藏建设已见成效。

[实验室建设]　以创建"国家实验教学示范中心"为重

点,加强了中央与地方共建基础实验室以及3个省级教学实验中心的建设,管理学实验教学中心被评为山东省高等学校实验教学示范中心;实验教学示范中心建设工程中ERP软件操作、ERP沙盘综合实验和企业行为综合模拟实习等3门课程被评选为2007年度综合实验实训课程建设项目;完成了2008年国际结算实验室等5个中央与地方共建优势学科实验室的申报工作,获取建设经费1300万元;为强化学生的实践能力、创新能力,在经济学和管理学2大学科内各评选出4个校企合作基础比较扎实、实践教学效果比较突出的校级校外专业实习基地。

[新校区建设与后勤] 校党委坚持科学发展观,在重点实施"两大工程"的前提下,量力而行,积极稳妥地推进新校区建设。新校区已完成工程建设面积92131平方米,其中:教学楼三栋26982平方米;学生公寓三栋43545平方米,容纳5000人;学生食堂(含浴室)一座8907平方米;教学实验楼一栋10697平方米。室外道路、管网、中水、环境等工程量已完成40%。理顺了后勤集团、水电暖中心的管理体制,强化岗位职责;狠抓节能降耗工作,减少了运行成本;强化日常管理,提高服务质量,建立了比较完善的检查、监督、考核体系,努力做到让全体师生员工满意。

[函授、夜大学] 成人教育在校生9000余人。现有省内外函授站28个,直属教学点5个。稳定学历教育的同时,大力开展非学历教育,为地区经济和社会发展培养急需人才,为莱芜万祥矿业公司举办企业管理人员培训班,承办了首期省直教科文部门财务管理工作培训班;重视自身内涵发展,启动了成人教育品牌专业教学大纲和系列教材编写;2008年被山东省教育厅确立为成人高等教育金融学品牌专业建设点,会计学品牌专业顺利通过专家评估。

山东财政学院学生为地震灾区积极捐款

[抗震救灾] 5月12日,四川汶川地区发生强烈地震,灾情牵动着学校广大师生的心,在学校党委的统一领导和部署下,全校师生踊跃捐款,积极为灾区贡献爱心。仅两天时间一万多名师生共捐款32万余元;师生们还通过发短信的方式向灾区人民献爱心;学校妥善安置了131名家处灾区学生的生活,并为他们进行了捐助;新校区指挥部为四川籍工人送上慰问金三万元;学校组织为汶川地震遇难同胞集体默哀;学校师生党员自愿缴纳特殊党费累计金额达51万余元;举办了纪念汶川大地震诗歌朗诵会等活动,以各种形式纪念这个特殊的日子,用爱心为灾区人民带去光明和希望。

学校党政领导人

书　记:袁一堂
院　长:黄　琦(女)
副书记:董维杰　张建玲(女)
副院长:刘兴云(正厅级)　聂培尧　王玉华
　　　　綦好东　胡文波
纪委书记:张建玲(女)(兼)

学校地址:济南市舜耕路40号
邮政编码:250014
联系电话:0531—82911012　82911019
传　真:0531—82952521　82955021

(撰稿:石　伟　审稿:袁一堂)

山东经济学院

[概况] 山东经济学院是山东省人民政府主办的全日制普通高等学校。经过五十多年的发展与积淀,现已成为以经管学科为主,文、法、理、工、教育等多学科协调发展、办学水平较高、办学规模较大的普通高等财经院校。

山东经济学院的前身是山东财经学院,创建于1952年,由齐鲁大学经济系与山东会计专科学校合并组成,是山东省建校最早的财经类普通高校。1978年国务院批准,更名为山东经济学院,并成为全国首批获得学士学位授予权单位。1993年经国务院学位委员会批准,成为硕士学位授予权单位。1997年通过了国家教委组织的本科教学工作合格评价,学校步入快速发展阶段。2000年达到了万人以上的办学规模。学校今后的发展目标是:坚持以邓小平理论和"三个代表”重要思想为指导，以科学发展观为统领，以我国经济和社会发展需要为导向，以人才培养为根本，以教学工作为中心，以科学研究为先导，以学科建设为龙头，以师资队伍建设为关键，以教学条件和环境建设及公共服务体系建设为基础，以深化改革和制度创新为动力，以党的建设、思想政治工作和科学管理为保证，通过实施“教学强校、学科强校、科研强校、人才强校”战略，经过八年至十年乃至更长一段时间的不懈努力，把山东经济学院建设成为整体办学水平省内一流、部分学科在国内有较高学术地位、少数学科在国际上有一定影响的高水平财经大学。

学校现有全日制在校生18527人，其中全日制本、专科生17670人，全日制硕士研究生857人。成人学历教育学生5160人。学校现有在职教职工1339人，其中专任教师991人。具有高级职称的教师441人，占专任教师总数的45%；具有博士学位的教师169人，占专任教师总数的17%，另有在读博士141人，具有博士、硕士学位的教师所占比例为83%；拥有博士生导师8人，硕士生导师160人；享受国务院政府特殊津贴4人，全国和省级优秀教师13人，山东省有突出贡献的中青年专家1人，山东省教学名师2人，省部级学术骨干学科带头人11人。聘任国内外兼职教授、名誉教授60人。2008年，新增1位享受政府特殊津贴专家，1位教育部新世纪创新人才，1人获山东省教学名师。

学校设有16个学院(部)，44个本科专业，拥有2个国家级特色专业建设点、2个省级品牌专业、4个省级特色专业；拥有3个一级学科硕士学位授权点，23个(含MBA)二级学科硕士学位授权点；拥有6个省级重点学科、1个省级重点实验室、7个省级重点研究基地和1个省级工程技术中心；设有企业管理和会计学2个“泰山学者”特聘教授岗位，形成了以经济与管理学科为主，文、法、理、工、教育等7个学科门类相互支撑、相互渗透的学科体系，是目前山东省规模最大、综合实力最强、多学科协调发展的普通高等财经院校。

学校现有两个校区，占地1580亩，在明水校区另有规划建设用地2422亩；校舍总建筑面积50万平方米，固定资产总值10亿元，拥有完备的教学设施和公共服务体系，教学科研仪器设备总值7716万元。建成了覆盖全校的千兆以太计算机网络；图书馆藏书173万册，另有电子图书40万册，中外文期刊13279种(其中电子期刊8230种)；体育场所与生活服务设施齐备，运动场面积10.3万平方米，满足了人才培养的需要。

学校实行开放式办学，与美国、澳大利亚、英国等十多个国家的大学开展了多方位的合作，与山东大学、山东社会科学院等知名高校、科研机构建立了全面合作关系，对外交流与合作日趋扩大。

学校2008年度工作实现了七个方面创新突破。一是党建方面，2008年第20期《高教领导参考》对学校“以人成就事业，以事业成就人”的理念和做法作了专题报道。2005年学校党委对管理干部提出的“五个一”要求、做法和经验，2008年先后被《高教领导参考》和《山东干部教育简讯》刊登。在大学生思想政治教育方面，编写出版了全国高校第一本诚信教育教材《大学生诚信修养概论》，出版了专著《构建大学生思想政治教育体系的探索与实践》，受到教育部和高教界的关注。二是围绕学校内涵发展，在办学方略方面，通过赴南方6所财经高校考察学习，出台了提高人才培养质量、加强学科建设、提高科研水平、加强师资队伍建设等四个文件，学校内涵发展措施得到加强。三是人才培养方面，招生数量突破7000人，新上3个本科专业，新上教育部高等学校特色专业建设点、省级实验教学示范中心、省级品牌专业、省级特色专业、省级教学团队、省级精品课程各一个(门)。四是燕山学院建设方面，解决了立项、土地证、规划证、报建证等问题，为工程招标和开工建设扫清了道路，为燕山学院的健康发展、规范办学创造了基础条件。五是学科建设实现方面，申报博士学位授权建设单位，整合了学校的学科、科研、人才、条件资源。六是学校管理方面，获得财政部较大额度经费支持，水电管理节省经费240多万元，高压线入地工程突破瓶颈。七是对外合作办学方面，与美国明尼苏达大学，与台湾高雄大学建立全面合作关系，标志着学校合作办学在水平和区域上有了突破。

学校与明尼苏达大学等美国名校签订合作协议

[全校深入开展解放思想大讨论活动] 以纪念改革开放30周年为契机，学校开展了解放思想大讨论活动。活动自3月24日举行动员大会开始，至7月4日召开总结大会结束，历时三个半月时间，分三个阶段进行。围绕实现内涵发展新跨越，由学校领导带队、组织部分学院和部门主要负责人到南方六所财经院校学习考

察,广泛征求师生员工意见,制定出台了提高人才培养质量、加强学科建设、提高科学研究水平、加强教师队伍建设等四个实施意见。

[纪念中国共产党成立87周年] 在纪念中国共产党成立87周年之际,学校隆重表彰2006～2007年度先进基层党组织、优秀共产党员、优秀党务工作者。6个党总支,17个党支部,68名优秀共产党员,10名优秀党务工作者受到表彰;11个基层党组织受到通报表扬。

[纪委监察处被评为"全国教育纪检监察先进集体"] 1月24日,教育部召开全国教育纪检监察先进集体和先进个人表彰大会,对十六大以来在教育系统党风廉政建设和反腐败斗争中做出突出成绩的81个先进集体和98名先进个人予以表彰。山东经济学院纪委监察处被评为"全国教育纪检监察先进集体"。

[师生踊跃向四川地震灾区奉献爱心] 师生员工积极捐款,支援地震灾区人民。师生在校内捐款302619.3元。党员交纳特殊党费503163.2元,团员交纳特殊团费44901.1元。学校对本校家在地震灾区的学生给予补助。

[承办抗震救灾大型图片展山东校园展] 7月7日上午,由山东省委宣传部、新华社山东分社共同主办,山东经济学院承办的"抗震救灾　众志成城——2008中国抗震救灾大型新闻图片展山东校园展"在图书馆二层大厅举行。此次展出的200余幅图片分为"关怀"、"灾情"、"营救"、"援助"和"恢复"五个专题,全景式再现了汶川特大地震发生后中华民族波澜壮阔、气壮山河的伟大抗震救灾斗争。

[诚信教育品牌进一步彰显] 学校编写出版了诚信教材,诚信教育纳入2008级新生教学计划,列为必修课,进教材、进课堂、计学分,引起较大反响。教育部简报、省委办公厅简报、人民日报、光明日报、中国教育报、高教领导参考等40余家媒体予以报道。

[《构建大学生思想政治教育体系的探索和实践》出版并获奖] 党委书记张体勤、党委副书记牟思伦等同志撰著的《构建大学生思想政治教育体系的探索和实践》一书,5月由山东人民出版社正式出版。11月,在天津举行的全国高校学生工作年会上,该书荣获2008年度全国高校学生工作优秀学术成果特等奖。

[省政协(教育组)委员来校视察] 1月23日,正在济南参加省政协十届一次会议的(教育组)委员一行20余人莅临学校视察指导。省政协委员参观考察了学校逸夫教学楼、图书馆和明水新校区沙盘模型、电教楼、学生公寓、体育场。

[副省长贾万志视察明水校区] 8月21日上午,山东省副省长贾万志带领出席全省县域经济发展工作会议的各级领导230余人,来学校明水校区视察工作。党委书记张体勤、院长郝书辰陪同视察。

[教育部师范教育司司长管培俊参观考察明水校区] 10月28日上午,教育部师范教育司司长管培俊在省教育厅厅长齐涛的陪同下参观考察学校明水校区。

国家教育部师范司司长管培俊视察明水校区

[省政协副主席齐乃贵考察明水校区] 12月3日上午,省政协副主席齐乃贵一行赴明水校区考察工作,参观了明水校区总体规划沙盘模型、燕山学院实验教学中心、"110"指挥中心,实地考察了教学区、学生生活区、体育运动区和大学生综合服务中心等配套设施。

[王乃静当选山东省政协副主席] 1月25日,山东省政协十届一次会议举行全体会议,选举产生新一届山东省政协领导人。山东经济学院副院长王乃静当选政协第十届山东省委员会副主席。

[13人当选各级人大代表和政协委员] 在2008年的各级人大、政协换届工作中,全校共有13人当选各级人大代表和政协委员。其中,王乃静当选为山东省政协副主席。

[教学质量工程取得硕果] 国际经济与贸易专业被教育部、财政部批准为国家级特色专业建设点,经济学被

评为省级品牌专业，金融学被评为省级特色专业，会计实验教学中心被评为省级实验教学示范中心，信息管理与信息系统专业教学团队被评为省级教学团队，《管理决策的计算机方法》被评为省级精品课程，在2008级新生中创办了经济学和管理学创新人才实验班，董长瑞被评为山东省教学名师。

[学校新增三个本科专业] 教育部公布2008年度高等学校专业设置审批结果，学校申报增设的三个本科专业——金融工程、对外汉语、数字媒体艺术均获教育部审批通过，准予设置。至此，全校本科专业数量达到47个。

[学校新增四个双专业双学位招生资格] 经山东省教育厅批准，学校信息管理与信息系统、国际经济与贸易、工商管理、经济学4个本科专业新获双专业双学位招生资格。至此，全校已有9个专业可以招收双专业双学位学生。

[招生工作] 2008年学校招生共录取新生6684人（不含专升本347人），比原计划多录取新生721人，其中山东经济学院录取5135人，超计划322人；山东经济学院燕山学院录取1549人，超计划399人。

全国高校财政学教学研讨会

[主办全国高校财政学教学研讨会] 8月25日，第十九次全国高校财政学教学研讨会在学校召开。会议由山东经济学院和山东大学共同主办。来自45所国内高校，以及中国社会科学院、财政部科研所、中国财经出版社等单位的109名财政学专家、学者参加了会议。这次研讨会汇聚了全国财政学界的众多权威专家，近20名专家学者作了大会发言。

山东省高等学校教师队伍建设论坛

[举行首次省高校教师队伍建设论坛] 11月21日上午，首次"山东省高等学校教师队伍建设论坛"在学校举行。论坛就师资队伍结构、专业教师素养、教师综合评价、改革专业技术职务评审机制等方面问题进行了深入的研讨。省教育厅厅长齐涛，副厅长张兴民，学校党委书记张体勤出席论坛。省高校教师职务高级评审委员会执行委员26人参加了论坛。

[科研工作取得新突破] 2008年申报成功国家级科研项目11项、省级科研项目106项；获得省部级奖励35项，其中省社科一等奖2项；发表论文1200余篇，出版著作52部；年内共有47项省部级以上课题结项（含国家级课题2项），其中1项国家级课题以"优秀"评议结果结项并入选国家社科规划办《成果要报》。全学校新增设了数字媒体技术省级重点实验室。年科研经费达到1400余万元。

省级人文社科研究基地揭牌

[两个省级人文社科研究基地揭牌] 10月23日上午，山东省文化产业经营管理研究基地、山东省政府规制与经济社会发展研究基地揭牌仪式在学校举行。省委宣传部副部长高玉清、校党委书记张体勤为基地揭牌。至此，全校的研究基地总数增至7个。

[学校再获一“泰山学者”岗位]　山东省人民政府办公厅公布了2007年度泰山学者特聘教授岗位名单,学校“会计学”学科获准设立“泰山学者”特聘教授岗位。至此,学校共拥有泰山学者岗位2个,已选聘泰山学者特聘教授1人。

[召开全国财经类高校图书馆长会议]　5月18日上午,第七届全国高等财经院校图书馆馆长工作会议在学校办公楼七层会议室召开。学校党委书记张体勤、副院长聂炳华,山东省高校图工委秘书长、山东大学图书馆馆长韩子军,来自全国28所高等财经院校图书馆的44名代表及北京龙戴特等数据库公司的代表参加了会议。

[举行信息经济学会信管专委会成立大会　张新当选第一届专委会主任]　7月18日上午,中国信息经济学会信息管理专业委员会成立大会在学校国际交流中心举行。来自北京、上海、成都、西安、济南、青岛等地的30多所高校及部分企业、出版机构的共80余名代表参加了会议。山东经济学院信息管理学院为第一届专委会主任单位,信息管理学院院长张新教授为第一届专委会主任。

[四项课题获得国家社会科学基金资助]　2008年学校四项课题获得国家社会科学基金资助。这次申报成功的四项课题分别是:张新教授主持的“心理契约视角下企业内部隐性知识共享机理及绩效评价研究”;金玉国教授主持的“交易费用计量测度的理论与方法研究”;冯继康教授主持的“新时期我国东部沿海地区村域现代农业建设的路径及政策选择”;刘兴华副教授主持的“基于计算金融学的证券价格和交易量联动机理研究”。

[张新获“山东省有突出贡献的中青年专家”殊荣]　山东经济学院信息管理学院张新教授荣获“山东省有突出贡献的中青年专家”称号,成为全校第一位获此荣誉的教师。

[张红凤荣获“山东省优秀青年知识分子”称号]　11月,“山东省优秀青年知识分子”评选结果揭晓。学校经济研究所副所长张红凤教授榜上有名。

[国内外交流与合作进一步深入]　2008年,学校先后派代表团出访日本、韩国、印度、菲律宾、瑞典、西班牙、捷克、俄罗斯、德国、英国、美国、台湾地区等国内外高校,签订了多项合作协议,开辟了学校国内外交流合作的新领域。6月与德州学院鉴订全面合作协议,两校将在学科建设、师资队伍建设、研究生教育、本科生教育、学生交流等七个方面展开全面合作。

[学校高等教育研究室获评“全国第二届优秀高等教育研究机构”]　中国高等教育学会表彰了全国第二届优秀高等教育研究机构。学校高等教育研究室榜上有名。山东省有3所研究机构获此荣誉,分别隶属于山东经济学院、中国海洋大学和山东科技大学。

[中美合作山壮学院MBA项目十周年庆典举行]　2008年9月29日下午,山东经济学院中美合作山壮学院MBA项目十周年庆典在学校举行。

[全国高校首张原创歌曲专辑问世]　6月16日,首张大学生校园原创音乐专辑《校园小路》出版发行新闻发布会隆重举行,《光明日报》等8家媒体报道。该原创成果被评选为山东省校园文化创新成果,并代表山东省参加教育部评选。大学生文化活动成果获得全国高校优秀校园文化3个二等奖。

[第七届海峡两岸大学生辩论赛落下帷幕,学校辩手喜获佳绩]　7月23日,第七届海峡两岸大学生辩论赛在榕城福州落下帷幕。山东经济学院辩论队作为山东省唯一的参赛高校,经过三天的角逐,取得了突破,初赛成绩在16支参赛队伍中位列第九。学生辛星荣获“优秀辩手”称号。赛后学校与台湾大学、台湾中山大学、台湾文藻外语学院、台北大学等多所院校互赠礼品。

[“挑战杯”竞赛获铜奖]　第六届“挑战杯”全国大学生创业计划竞赛复赛闭幕。山东经济学院法学院邵文涛等老师指导、法学院2005级本科李扬等各专业学生团队的作品《爱诺基新型太阳能电池有限责任公司》创业计划书获铜奖。

[首次参加CUVA全国大学生排球甲级联赛,学校男排勇夺第八名]　12月14日,学校男子排球队在明水校区体育馆迎战吉林大学男子排球队,最终山东经济学院男子排球队以3∶0的成绩战胜对手,夺得全国第八名的好成绩,实现了历史性突破。

[学生教育管理工作六项成果获奖]　学校六项成果获全省高校学生教育管理工作优秀科研成果奖。张体勤、牟思伦等撰写的著作《构建大学生思想政治教育体系的探索和实践》,刘向信、牟思伦等撰写的著作《高校

育人新机制探索:情感、激励、嫁接三结合》分获著作类一等奖;李洪星撰写的《实施情感育人机制的哲学依据》获论文类一等奖。

[学生公寓管理工作获殊荣]　在12月25日至27日召开的全省高校学生公寓管理工作四届四次年会上,学校被山东省教育厅评为"高校学生宿舍管理工作示范单位",王伟、宋红旗、王树春、李为举被评为先进个人。全省共有113所高校参评,其中评出示范单位14家,先进单位42家,达标单位57家。

[召开六届教代会暨第四次工代会]　12月29日～30日,学校召开第六届教职工代表大会第一次会议暨第四次工会会员代表大会,大会审议通过了院长工作报告、山东经济学院教职工个人委托贷款暂行办法和工会工作报告,选举产生了新一届工会委员会和经费审查委员会。

[学校出台《关于加强节约型校园建设的实施意见》]
学校制订《关于加强节约型校园建设的实施意见》,成立了节约型校园建设领导小组。节约型校园建设取得明显成效,2008年水电、供热经费比上一年度节约245万元。6月16日,学校开展能源短缺体验日活动,全校师生员工坚持"四个停开",能源短缺体验日活动成效显著。

学校党政领导人

书记:张体勤

副书记、院长:郝书辰

副书记:刘清乐　牟思伦

副院长:王乃静　聂炳华　张东超　崔友平

纪委书记:尹燕玲(女)

学校地址:山东省济南市二环东路7366号

邮政编码:250014

(撰稿:齐　浚　王　芳　审稿:郝书辰)

山东工商学院

[概况]　山东工商学院原名中国煤炭经济学院,始建于1985年12月,2003年2月更为现名。学校以经济、管理学科为主,兼有文、法、理、工等6个学科门类,是一所教学型、多科性、有特色的财经类高等学校,是硕士学位授权立项建设单位。

学校占地1392亩,校舍建筑面积47万余平方米,图书馆藏书123万册,中外文期刊2000余种,编辑出版有《山东工商学院学报》《煤炭经济情报》2种学术期刊。学校面向全国招生,现有工商管理等40个本科专业,全日制在校生17100人。教职工1144人,其中教师755人,教授95人,副教授199人,博士118人。享受国务院特殊津贴专家4人,山东省有突出贡献的中青年专家4人,全国优秀教师、山东省教学名师、山东省十大中青年法学家、山东高校十大优秀教师、山东省"百人工程"理论人才等20名。学校下设管理科学与工程学院、工商管理学院、会计学院、公共管理学院、经济学院、统计学院、法学院、政治与社会发展学院、外国语学院、数学与信息科学学院、信息与电子工程学院、计算机科学与技术学院、国际商学院、中加高等应用技术学院14个二级学院,社会科学部、体育部、计算机基础教学部和大学外语教学部等4个基础课教学部,煤炭经济研究院、半岛经济研究院等22个科学研究院(中心、所)。有管理科学与工程、企业管理、产业经济学、统计学、宪法学与行政法学等5个省级重点建设学科,煤炭企业发展与创新研究、半岛经济研究2个省级重点研究基地,煤炭经济和半岛经济研究具有明显的行业特色和区域优势。有经济数学基础(一)、计算机学科导论、市场营销学、管理学、统计学、行政法学、操作系统、基础会计、技术经济学等9门省级精品课程,工程管理、统计学、市场营销、计算机科学与技术等4个省级特色专业。

[办学条件建设]　认真贯彻党的教育方针,遵循高等教育的发展规律,主动适应、有效服务于地方经济建设和社会发展,着重于内涵建设,较好地保证了规模、质量、结构、效益的协调发展。2008年,根据社会对人才的宏观需求和各专业的学生就业情况,适当调整现有各专业招生规模,面向全国26个省、直辖市、自治区招收新生5005人(其中本科3954人,专科643人,专升本408人),本专科生源比例、各专业生源比例、省内外生源比例结构较往年都有了明显优化,生源质量有了明显提高。2008年,学校立足于办学实际,优先考虑教学科研需要和教职工住房需求,稳步推进校园基本建设,新增建筑面积3万余平方米,完成图书馆扩建工程和图书馆东广场建设,新建并完成西校区教学楼和学生公寓各一栋,完成三滩住宅区三期G12楼主体工程。图书馆在场馆扩建的基础上,进一步优化馆藏结构,基本形成了与学科发展相适应的具有一定数字功能的馆藏结构体系。投入资金1100余万元,加强教学

科研仪器设备建设,建成商学实验教学中心、计算机学院与信电学院实验室、网络中心、多媒体教室等。

[教育教学工作] 以培养厚基础、宽口径、高素质、强能力具有创新精神和创新能力的复合型、应用型人才为目标,不断深化教学改革,完善以第一专业为主体,第二专业、第二学位和辅修专业为补充的人才培养模式,推进按院(部)二级学科大类培养、订单式培养等人才培养模式改革。召开第十次教学工作会议,出台加强实践教学、提高学生创新能力、加强教学研究、本科教学团队建设、教学运行基本状态通报制度、实验室建设与管理、实验教学管理等七项教学管理文件。狠抓"质量工程"项目建设,2008 年获得省级特色专业建设立项 1 项、精品课程 1 门、教学团队 1 个、教学名师 1 人,评选出校级精品课程 10 门、教学团队 5 个、教学名师 5 人。加强实践性教学环节,注重学生的创新精神和能力培养,高度重视、精心准备国家、省组织的大学生数学建模竞赛、电子设计大赛、英语竞赛、大学生创业计划大赛等活动,取得了较好成绩。教育教学质量进一步提高,截至 2008 年 9 月 1 日,本专科毕业生一次就业率为 85.39%,本科毕业生的网签协议就业率(即省人事厅的评比就业率)比 2007 年增加了 10.22%,专科毕业生的网签协议就业率比 2007 年增加了 4.4%。2008 届毕业生共考取硕士研究生 363 人,比 2007 年增加了 111 人。

[学科建设和科研工作] 紧密结合申列和建设硕士授权单位强化省、校两级重点学科建设,系统规划、分层建设、重点突破、整体推进,产生了一批标志性成果。管理科学与工程等 4 个省级重点建设学科中期检查成绩均在 60 分以上,被评价为具有较大的发展潜力。确定管理科学与工程、工商管理、应用经济学 3 个一级学科为申请硕士授权点建设学科。2008 年,共获批国家级课题 7 项,省部级项目 73 项,厅局级项目 23 项,到账经费 564.09 万元。首次获批国家中小企业创新基金项目、国家火炬计划项目;获批 2 项山东省优秀中青年科学家科研奖励基金计划;获批 15 项省自然科学基金项目,资助经费 45 万元;省社会科学规划研究项目获批 19 项,其中有资项目 16 项,经费资助总额 18.5 万元;首次申报住房和城乡建设部科学技术项目并获批 8 项。2008 年获省级科研奖励 20 项,烟台市社科优秀成果奖 30 项。在学校规定的 E 类以上刊物发表学术论文共 1158 篇,其中被国际四大检索收录 66 篇。出版著作 19 部,项目结题 20 项,通过省级鉴定 29 项。《山东工商学院学报》增设了煤炭经济研究、半岛经济研究等特色栏目,办刊质量进一步提高,被评为山东省优秀社科期刊。

[师资队伍建设] 坚持培养和引进并重,在量的扩大过程中更加注重优化师资队伍结构、提高师资队伍质量。加大人才进力度,严格人才引进程序。多渠道加大培养力度,对具有较高学术水平、突出创新能力和发展潜力的骨干教师给予重点培养,对教师培训、考硕、考博进行计划管理,使人才培训逐步与学科建设、专业建设紧密结合,使教师在学科、学术方面形成梯队。目前专任教师中硕士学位以上人员比例达 70%以上。优化人员结构,保证教学科研编制,教学与科研队伍规模和结构显著改善。完成了 2008 年度专业技术职务评审及推荐工作,128 人晋升中级以上专业技术职务资格,师资队伍职称结构进一步优化。

[对外交流与合作] 设有国际交流学院,具有中外合作办学和招收外国留学生的资格,已与加拿大、俄罗斯、德国、澳大利亚、韩国、日本、新加坡等国高等院校建立了校际友好合作关系。2008 年顺利通过了教育部对中外合作办学机构——国际商学院、中加高等应用技术学院的复核,获得《中华人民共和国中外合作办学许可证》,是山东省通过教育部复核的中外合作办学机构本科层次三所高校之一,专科层次六所高校之一,是山东省唯一一所兼具本专科层次的中外合作办学机构。中加高等应用技术学院继续深化现有合作办学项目,探索新的合作领域,与加拿大圣力嘉高等应用艺术与技术学院修订了项目合作协议,完善了与温哥华岛大学本科合作项目的教学计划。2008 年学校教师出访和外事来访进一步加强,2 名教师申请山东省公积金留学资助并获得批准。国际商学院首批学生赴韩国学习交流,俄罗斯、韩国高校的留学生 80 人次来我校交流。韩中国际项目开始实施,开启了与韩国政府人力资源公团合作的先河。

[德育和思想政治教育] 以庆祝第 24 个教师节为契机,以"学习英模教师,弘扬伟大师魂"为主题,开展了学习抗震救灾英模老师事迹等活动。加强学生教育管理,组织开展爱心助岗、志愿服务、社会实践、校园文化活动,引导学生以学习为中心,走全面发展之路。普及心理健康知识,开展心理咨询,加强学生心理健康教育,学校被评为山东高校心理健康教育先进单位。做好贫困生资助帮扶工作,出台了校内助学贷款管理办法,帮助未开通生源地助学贷款的外省市家庭经济困难学生顺利完成学业。为 160 名遭受雪灾学生和地震灾区学生发放近 10 万元补助,为经济困难学生发放 140 万元伙食补贴。选派 11 名学生分赴新疆、青海和

四川开展西部计划志愿服务，学校被评为优秀组织单位。2008 年涌现出一大批见义勇为、志愿服务的先进事迹，先后 6 名师生勇救落水人员，112 名学生在烟台汽车站、烟台国际动漫艺术节开展志愿服务活动，获得社会各界好评。在四川汶川特大地震灾难面前，全校师生积极支援灾区抗震救灾，通过集中捐款、“特殊党费”、“特殊团费”、“爱心一日捐”、红十字会和慈善总会捐款等多种形式和渠道，为灾区捐款累计 118 余万元。

山东工商学院 2008 年出版学术专著统计表

著作名称	出版单位	出版时间	作者及位次
财经院校高水平教育教学研究	吉林人民出版社	2008.08	刘全顺第一
矿区生态工业共生模式与发展演变研究	煤炭工业出版社	2008.06	席旭东
基于心里契约的企业默会知识管理	经济管理出版社	2008.04	梁启华
预算权研究	中国民主法制出版社	2008.08	张献勇
煤炭生产系统风险评价理论与方法	经济管理出版社	2008.05	马谦杰
FRP 加固混凝土结构受弯构件	煤炭工业出版社	2008.08	李贵炳第一（2 人）
我国网络文化产业组织研究与实践	中国商务出版社	2008.07	姬　宇
综采工作面自动化监控网络	煤炭工业出版社	2008.9	张守祥 范红霞
中国沿海开发区生态工业园建设模式研究	煤炭工业出版社	2008.07	林云莲

学校党政领导人

书　记：魏金陵

院　长：刘全顺

副书记：杜文华　郭金创

副院长：盛国军　隋松智　孙祥斌

学校地址：烟台市莱山区滨海中路 191 号

邮政编码：264005

联系电话：0535－6904023

（撰稿：于　波　审稿：张京磊　范文斌）

山东体育学院

［概况］　2008 年，山东体育学院设有 16 个教学部门，18 个本科专业。有省级重点强化建设学科 1 个（运动人体科学学科），省级重点实验室（运动人体机能评定与训练监控实验室）和省高校基础课实验教学示范中心立项建设实验室（运动人体科学实验室）各 1 个，省级教学改革试点专业 1 个（民族传统体育专业），省级教学改革试点课程 2 门（运动生理学和健美操），省级精品课程 3 门（运动生理学、运动医学和篮球）。学院总占地面积 2300 亩，校舍总建筑面积 44.37 万平方米，教学行政用房总面积 16.21 万平方米，室内运动场地面积 8.6 万平方米，室外运动场地面积 35.57 万平方米，多媒体教室、计算机教室、校园宽带网等基本设施齐全。拥有室内体育场馆 41 个，室外训练场 37 个。全院教学科研仪器设备总值为 5136 万元。建有 13 个体育及相关学科的实验室，99 个校外实习基地。图书馆馆藏文献量（含电子图书）70.65 万册，纸质类图书 56.65 万册，中外文期刊（纸质类）666 种。拥有 2 个文献检索系统。学院现有在编教职工 718 名，其中专任教师 417 名，有正高级专业技术人员 42 名，副高级专业技术人员 171 名；有博士 15 名、硕士 136 名、健将以上等级教师 78 名；第四届国务院学位委员会体育学科评议组成员 1 名、山东省有突出贡献的中青年专家 2 名、全国优秀教师 6 名、省级优秀教师 5 名、博士生导师 2 名、硕士生导师 48 名。2008 年 2 月 3 日，学院被批准设立了体育教育训练学“泰山学者”岗位。学院学术期刊《山东体育学院学报》和《山东体育科技》被中国《中文社会科学引文索引》、《中国社会科学精品数据库》等国内外检索机构收录为来源刊，并为山东省优秀期刊。《山东体育学院学报》为全国中文体育类核心期刊。

［精神文明建设工作］　一是认真抓好集中学习教育。根据中央和省委的部署，以中国特色社会主义道路、中国特色社会主义理论体系和十七大提出的一系列新思想、新观点、新论断，以及胡锦涛 9.19 讲话精神为重点，组织全院师生员工进行了认真的学习。党委中心

组率先垂范，先后集体学习了两次，结合实际，召开了专题民主生活会。二是在全院范围内组织开展了以深入贯彻落实科学发展观为主题的解放思想大讨论活动。通过学习研讨，查找出了影响学院科学发展的思想障碍和体制机制障碍，提出了破除影响学院科学发展难题的措施，使解放思想大讨论活动达到了"在解放思想上实现新突破，在坚持改革发展上迈出新步伐，在推动科学发展上取得新进展，在促进校园和谐上见到新成效"的目的。三是加强了形势政策教育。充分利用南方发生冰雪灾害，汶川发生大地震，奥运会火炬传递和奥运会胜利举办，中国航天员首次太空行走，中共中央隆重召开纪念十一届三中全会30周年大会等重大事件，对师生员工进行爱国主义、集体主义、社会主义和中华民族优良传统教育，激发师生员工的爱党、爱国热情，增强政治敏锐性、社会责任感和工作积极性。

[干部调整和党员教育发展工作] 2008年共提拔任用处级干部8名、科级干部7名，调整交流处级干部11人次、科级干部11人次。通过干部的提拔任用和调整交流，进一步优化了干部队伍结构，加强了基层领导班子建设。把党日活动作为党员教育和学习的主要阵地，有布置、有落实、常检查、讲创新，常抓不懈；及时做好党员对新形势、新理论、新政策和党中央提出的一系列重大战略思想的学习安排，提高全院党员的政治理论水平。认真落实《山东体育学院发展党员工作细则》，正确处理数量与质量的关系，以坚持标准、保证质量为核心，严格程序、严格把关，在注重年龄结构、性别比例和知识层次的基础上，加大在教学、训练、科研、管理第一线和学生、高知识群体中发展党员工作的力度，共发展党员301名，其中干部职工19名、一线教师11名、学生281名。

[校庆工作] 9月25～26日，在日照校区隆重举行了建院50周年系列庆典活动。9月25日，先后举行了3场学术讲座；9月25日晚，学院在篮球馆举办了庆祝建院50周年文艺晚会和焰火晚会；9月26日上午的庆祝大会开幕前，又组织了精彩的大型团体操和文艺表演，国家体育总局和省政府的领导、有关部门和全国体院、全省高校的负责同志，以及各有关单位的朋友、嘉宾和校友们参加了庆祝大会。通过这一系列活动，进一步凝聚了人心，鼓舞了士气，为学院的科学发展、和谐发展、创新发展创造了条件。

[抗震救灾工作] 从5月14日开始，学院先后组织全院师生员工开展了"抗震救灾爱心一日捐"活动和缴纳"特殊党费"、"特殊团费"活动，共捐款70多万元、爱心衣物300余件。其中，缴纳"特殊党费"活动共有733名党员参加，有189名党员缴纳"特殊党费"超过1000元。

[招生工作] 截至2008年底，各类全日制在校生9630名，其中研究生113名、本科生6674名、五年制专科生1926名、普通中专生917名。除此以外，还有体育硕士专业学位研究生91名、函授生245名。

[训练工作] 2008年北京奥运会，共有24名运动员参加比赛，获得1金、1银、2铜、1个第四名、1个第五名的好成绩，其中刘春红勇夺女子举重69公斤级金牌并五破世界纪录；周雅菲、徐田龙子夺得女子4×100米混合游泳接力铜牌。另外，软式网球代表队、中国跤代表队、空手道代表队在全国软式网球锦标赛、全国软式网球冠军赛、全国青少年软式网球锦标赛、中国式摔跤锦标赛、中国式摔跤冠军赛、全国空手道锦标赛中，共获得15枚金牌、13枚银牌和10枚铜牌。

[科研工作] 2008年承担各级各类立项课题31项，其中国家科技部项目(系国家支撑科研项目子项目)1项、国家体育总局社科项目1项、省科技厅重特大科技攻关项目1项、省社会科学规划研究项目2项、省科技厅软科学研究计划项目1项、省教育厅科研项目5项，获科研经费394.6万元。督促在研项目按时、保质完成，12项课题通过了项目鉴定，其中省部级5项，厅局级3项，院级4项。

[专业和课程建设] 一是搞好新上专业检查。针对学院新上专业较多，其经费投入、师资配备、教学研究及管理等方面较薄弱等情况，认真开展了新上专业检查工作。经认真评审，评审专家组肯定了新上专业建设的成绩，指出了存在的主要问题，学院将在2009年全面展开新上专业的整改工作。二是积极申报新专业。2008年申报了新闻学、播音与主持和休闲体育3个本科专业，并通过了教育部审批具备了招生资格，本科专业达到了18个。三是传统专业改造工作取得进展。民族传统体育专业在开设安保文秘方向的基础上，根据老龄化社会和现代人身心健康需求，从中医、太极、养生保健相结合的角度，正式开设了传统体育与中医养生新方向。四是做好了特色专业和辅修专业建设工作。10月23日，体育教育专业被评为山东省高等院校特色专业，省级特色专业增加到3个。积极组织开展了辅修专业和跨专业课程的选修工作，开设了运动心理、计算机2门辅修专业和散打、跆拳道、网球3门跨专业选修。

[**研究生教育培养工作**]　共招收全日制硕士研究生46名、在职体育硕士53名。在教育培养过程中，学院进一步完善教学管理规章制度，以教材为核心，启动了部分课程的教学模式改革，依靠并配合导师把质量意识融入研究生培养管理的各个环节，认真审查并严格执行研究生培养计划；重视公共课的教学效果；坚持中期检查制度；强调学位论文选题的前沿性、学术性和应用性，进一步提高了研究生的科研和实践能力。2007届硕士毕业生韩炜的学位论文《优秀摔跤运动员赛前竞技状态的评定与训练学调节策略初探》被评为2008年度山东省优秀硕士论文。2008年有26名全日制硕士研究生和28名体育硕士完成了学业，顺利毕业并取得了硕士学位。其中，26名全日制硕士研究生中有6人在省外高校就业，7人在省内高校就业，3人在省体育局事业单位工作，1人在地市教育局工作，研究生基本上都找到了比较满意的工作。经统计，学院研究生在高校和事业单位的就业率已达到65%，整体就业率达到92%。

[**毕业生就业工作**]　加强就业指导课的建设，聘请经验丰富的教师承担就业指导课教学。开设名人讲坛专题讲座，邀请知名校友回校作专题报告，积极帮助毕业生了解就业形势和政策，树立正确的就业观、择业观和创业观。建立就业工作岗位目标责任制，责任到人，一级抓一级，层层抓落实，逐渐形成了职能部门具体负责，各系部通力合作，学生辅导员和任课教师全程参与的就业工作新格局。深入贯彻落实就业工作的“四化”方针和“三到位”的原则，积极拓宽就业渠道，调动一切积极因素，顺利完成了毕业生就业工作任务，2008年共有毕业生2129名(其中研究生26名、本科生1541名、专科生562名)，本科生平均一次性就业率达到了87.5%，专科生平均一次性就业率达到了77%。

[**期刊工作**]　经新闻出版局批准，自2008年第一期开始，《山东体育学院学报》改为月刊，页码为96页。并在2008年全国中文核心期刊评审中，再次被评为中文体育类核心期刊(第五届)。

[**图书馆建设工作**]　采购中文图书9483种(22407册)、外文图书4000册；征订体育类期刊190种(比上年增加25种)、综合期刊396种、外文期刊34种。继续加强各类电子图书资源建设，新增电子图书5万册，新增中华医学期刊电子版数据库，为读者提供专业的医学科研资料；继续使用万方外文文献数据库，为读者提供国际先进科研资料支持；继续购买维普网络学习资源数据库，更新了最新题库，保证学生能够获得足够的学习资源。增加阅览时间，期刊阅览室日开放时间达10小时，全年接待读者46180人次；电子阅览室日开放时间达13小时，仅CNKI自4月至12月就下载论文92633篇，基本满足了广大师生的借阅需求。

[**人才队伍建设**]　加大人才引进力度，鼓励青年教师在职攻读博士、硕士学位。2008年引进海外留学人员1人、硕士10人、运动健将4人，培养博士2名、硕士11名；送出攻读博士5、硕士学位教师90名；教师系列晋升教授2名、副教授5名、讲师39名；其它系列晋升副高级专业技术职务1名、中级专业技术职务1名。2008年，孙健教授被评为全国优秀教师；张珺老师在第八届亚太聋人体育联合会代表中国当选国际亚太聋人体育联合会执委。根据省政府办公厅《关于公布泰山学者岗位和泰山学者特聘专家教授名单的通知》(鲁政办发〔2008〕5号)，学院被批准设立体育教育训练学“泰山学者”岗位，经过认真调研，出台了相关设立“泰山学者”岗位的实施细则和招聘细则，并确定了拟聘任专家人选。

[**青年志愿者服务工作**]　有2名毕业生到新疆地区工作，80余名毕业生积极报名志愿到四川地震灾区参加救灾工作。组织开展了“奥运路、改革颂、和谐行”为主题的“三下乡”暑期社会实践活动，基础理论系团总支的“阳光·奥运”服务团队，体育系的“迎奥运，创和谐”宣传团队，体育社会科学系社区服务小组和社区服务团队，五专部的“走进新农村，宣教颂和谐”三下乡社会实践团队，表现突出，成绩优异，被团省委授予全省高校社会实践优秀团队。有30名优秀学生分别承担了北京奥运会赛场安检和国外皇室的保安任务，他们大力弘扬“奉献、友爱、互助、进步”的志愿精神，高标准、高质量地完成了各项任务，赢得了参赛运动员和国际官员的一致好评。

[**校园文化建设**]　先后举办了“志愿中国，人文奥运”第三届大学生体育文化艺术节，“情系奥运，心系世界”英语演讲比赛，“迎接绿色奥运，共建和谐社会”师生书法、绘画、篆刻、摄影大赛，趣味吉尼斯大赛，第三届师生棋类联谊赛，素质拓展大赛，十大歌手比赛，主持人大赛，民间体育展示赛(风筝、空竹、花毽)，烹饪大赛等40余项活动。在山东省第二届大学生艺术展演活动中，学院选送的舞蹈《花腰花》、《织之织》、《弦歌悠悠》、《毕业歌》分获舞蹈类二等奖，在全省艺术教育论文评比中有2篇论文获得二等奖。通过各项文化艺术活动，极大地陶冶了广大学生的情操，提升了综合素质和实践能力。

[济贫助学工作]　认真贯彻国家针对贫困生的各项优惠政策,2008年学院审批上报助学贷款学生总计达到1745人,已办理贷款学生达到918人,院学费账户收到学生贷款学费905万余元。评审各类奖学金256人,助学金1088人,奖助学金金额达300余万元;发放困难学生生活补贴超一万人次,金额100余万元;提供助学岗位150余个,发放助学补贴20余万元,院级奖学金金额近90万元。受理学生医疗保险赔案113人次,保险金额达15万余元。在"西部计划"、"三支一扶"名额推荐上向贫困毕业生倾斜,进一步解除了经济困难毕业生的后顾之忧。

[对外交流和档案、保密工作]　应邀组团访问了美国印第安纳波利斯大学、德国科隆体育学院和法国国家体育学院,应台北市体育总会邀请赴台进行了体育交流;接待了3批10余位来自欧美和台湾高校师生的访问。加强了出国境手续审查工作,全年共有20余人次办理了出国手续赴美国、法国、英国、德国开展体育文化交流等各项活动。2008年共完成上级下发的1000余份文件的接收、登记、传阅和保管工作,完成了学院150余份文件的起草、修改、编号、行文和发文工作。同时还完成了2007年度541份文件的存档、十大类594卷档案的预立、装订成卷工作,并根据《山东体育学院校史》编写工作需要,先后调阅档案623卷次。严格文件传阅制度,保证了机要文件传阅的及时、安全、保密。

[济南新校区建设工作]　新校区办公楼、3栋教学楼、学生食堂、6栋学生公寓等12个单体已竣工并完成验收。综合教学楼和图书馆正在进行内装、设备安装和二次装修工作,广场、道路、围墙、室外田径场等项目正在组织施工,争取2009年上半年投入使用。综合训练馆正在进行钢结构施工,拟于2009年年底完成验收。目前,学院已启动设备购置和搬迁筹备工作,将在2009年5月底陆续开始组织搬迁。

[日照校区宿舍楼的审批和建设工作]　积极与日照市各建设相关部门协调,搞好了日照校区3栋多层、4栋高层教师公寓的规划审批、设计更改和建设施工工作。截至2008年底,3栋多层教师公寓主体已经竣工,现已进入安装、装饰阶段,4栋高层教师公寓已完成基础,春节后即可全面开工建设。

[教职工住房搬迁工作]　从3月底到8月中旬,"体育嘉苑"6栋宿舍楼住户领到了新房钥匙并开始住房搬迁工作。同时学院各腾空房住户也相继拿到钥匙开始搬迁。截至2008年底,学院总共676套住房完成调整,教职工的住房条件得到了较大改善。

学校党政领导人

书记:张洪涛

副书记、院长:叶国雄

副书记:郑仲孝　潘耀滨

副院长:韩　冬　张艳霞　谷忠德　葛新发　王　毅

纪委书记:郑仲孝(兼)

济南校区地址:济南市文化西路10号

邮政编码:250063

联系电话:0531－82617111　82617112　82617113

日照校区地址:日照市山东路685号

邮政编码:276826

联系电话:0633－8773111

招生办电话:0531－82617346　82617343

(撰稿:张佃波　核稿:闫立亮)

山东艺术学院

[概况]　山东艺术学院始建于1958年。学院设有音乐学院、美术学院、戏剧学院、音乐教育学院、设计学院、艺术文化学院、舞蹈学院、戏曲学院及成人教育、职业教育学院、国际艺术交流学院、国际创意设计学院等12个教学单位,共有50多个本专科专业和方向。学院具有艺术学硕士学位一级学科授予权,有8个硕士学位点。成为全国首批"艺术硕士专业学位"(MFA)试点单位和同等学历在职人员申请硕士学位授予单位。现在已形成了以本科教育为主,研究生、本科生、专科生、中专生全面发展的多层次办学格局。现有教职工750人,其中专任教师406人,高级职称人员239人。在校学生7000余人。建校以来,向社会输送了12000多名毕业生,其中一大批在各自艺术专业领域取得了突出成绩,如彭丽媛、倪萍、陈瑾、刘曦林等,为我省乃至我国的文化艺术事业做出了贡献。

[党的建设工作]　学院党委始终把加强理论学习作为思想政治工作的首要任务。坚持和完善党委中心组、处级干部及教职工学习制度,认真学习贯彻党的十七

大和十七届三中会议精神，深入贯彻落实科学发展观。抓大事，谋大局，坚决贯彻执行党委领导下的院长负责制和民主集中制原则，对重大问题和重要事项集体讨论决定。紧紧围绕学院中心工作，采取有力措施，狠抓党的组织建设，充分发挥党总支、党支部的政治核心、战斗堡垒和党员的先锋模范作用。加强了对干部特别是处级干部的教育、考核和监管力度，不断提高各级领导班子和干部队伍的管理能力水平，为学院改革发展提供了坚强有力的政治组织和骨干力量保障。

[高度重视党风廉政建设] 不断加强党风廉政和反腐倡廉的宣传教育，在全院开展了“做勤廉表率，促科学发展”主题教育活动，进一步提高党员领导干部的廉政勤政意识。重视建章立制，狠抓党风廉政建设责任制的落实，切实加强了对领导班子和干部廉洁自律行为的规范监督。充分发挥纪检、监察部门的职能作用，继续加大对招生、人员调配、职称评聘、物资采购及工程招标有关重要事项的监督检查力度，为学院的稳定发展创造了风正气顺的良好环境。

[深入贯彻落实科学发展观，推动学院又好又快发展] 学院党政领导班子深刻理解科学发展观对高等教育提出的要求，牢牢把握发展是硬道理的战略思想，切实把科学发展观的要求，转化为正确的办学理念、发展思路和改革措施。根据我省经济社会和高等教育发展的新趋势，特别根据高等艺术教育发展规律，在认真研究和准确把握学院客观实际的基础上，坚持规模、质量、效益协调发展，明确提出一手抓外延发展，扩大办学规模，加强硬件设施建设，彻底突破束缚学院发展的办学瓶颈；一手抓质量内涵，把教育教学、科研、艺术实践及管理作为一项系统工程来抓，全面提高办学质量水平。在这一办学思路指导下，学院凝聚力量，克服各种困难阻力，仅用两年多的时间，建起了占地 1200 亩，建筑面积达 22 万平方米的新校区。学院的图书馆总面积达到 2.7 万多平方米，馆藏图书达 68 万多册，体育场地总面积 4 万多平方米，各类教学、科研仪器设备总值 7600 多万元。高度重视并大力推进以网络建设为重点的校园信息化进程，建立起了快速高效的网络平台。先进完备的教学设施为学院教学、艺术实践、学科及人才队伍建设创造了良好的条件。学院引进接收博士、硕士 32 名。推荐选送 24 人进行在职提高学历层次教育，9 人进入博士后流动站或出国访学。现在具有硕士以上学位的教师占师资总数的 40%以上，人才队伍结构、层次得到较大提升和优化。有全日制在校本专科生 8140 人，研究生 470 人。初步形成了有特色、有优势的重点学科群和以本科教育为主多层次艺术人才培养体系。

[本科教学评建工作] 迎接教育部本科教学工作水平评估工作，是学院工作的重中之重。自启动评建工作以来，学院根据总体方案，每年都进行全面自查自评，做了大量艰苦细致的工作。增加了在仪器设备、图书资料、师资队伍和专业建设等方面的投入，确保办学基本条件全面达标。广泛征求意见，几易其稿，研究修改自评报告，凝练办学特色。在 2008 年 6 月份的正式评估中，学院评建工作得到了教育部专家组的高度评价，并获得优秀等级。专家组一致认为：山东艺术学院作为山东省唯一一所综合性本科高等艺术院校，在学校与区域社会及文化事业的良性互动中实现了跨越式发展。

[教学工作成绩显著] 教学工作紧紧围绕评建工作要求，坚持以评促建，以评促改，突出教学管理的科学化、规范化建设，坚持领导听课、教学督导和教学工作例会和检查制度，狠抓教育教学质量的提高。学院美术学院的“美术学科自主成才培养模式实验区”项目被教育部、财政部评为国家级人才培养模式创新实验区。绘画专业被教育部、财政部批准为第三批高等学校特色专业建设点。公共事业管理教学团队被评为“山东省高等学校省级教学团队”。学院用于教学的资金投入 3633 万元，占年度全院总支出的 22%，有力地促进了教育教学工作的开展。

[科研工作] 共获国家社科基金项目 2 项、山东省教育科学“十一五”规划项目 5 项、山东省社科规划项目 3 项、省教育厅科研立项 1 项、省艺术科学重点项目 11 项。科研成果水平和获奖数量不断提高，荣获山东省社会科学优秀成果奖二等奖 3 项；第五届山东省刘勰文艺评论奖 4 项；山东省文化艺术科学优秀成果奖 49 项。

[重点学科建设] 在学术队伍、设施条件、学术交流、人才培养、经费投入等方面稳步推进。学院先后成功举办了全国第四届艺术学学科年会、全国西方音乐学年会，学院民间艺术研究所被评定为“山东省非物质文化遗产研究基地”。学院依托泰山学者岗位、省级重点学科和文化研究基地，集中骨干力量开展齐鲁地域特色科研项目，取得了具有广泛影响的重要艺术研究成果。研究生培养工作稳步发展，艺术硕士培养三年试点工作成绩显著，在全国艺术硕士优秀作品选展中，学院民乐作品笛子独奏入选国家大剧院演出，16 件美术、设计作品入选中国美术馆展览，艺术硕士培养工作

受到全国艺术硕士教育指导委员会试点检查专家组的高度评价和肯定。

[艺术实践与创作工作] 采取有力措施,鼓励教师开展艺术实践与创作活动。结合50年校庆活动,举办了第三届“艺苑金秋”艺术节。在首届山东省“泰山文艺奖”评选中,学院获奖9项,在山东省第三届高校音乐专业师生基本功比赛中,获奖35项。在山东省首届美术专业基本功比赛中,学院师生共35人获奖。在教育部主办的第二届全国大学生艺术展演活动中,获演出及指导教师奖8项;承办了艺术展演山东赛区的组织工作,获优秀创作奖、表演节目奖、指导教师奖等40余项,同时被教育部授予“优秀组织奖”。学院代表山东省高校参加首届中国校园戏剧节,获得艺术类院校组优秀导演奖、剧目奖和活动组织奖,并被选为中国高校唯一剧目参加在俄罗斯举行的国际大赛。学院学生在第六届全国篆刻艺术大展上荣获一等奖。在文化部主办的2008年“文华艺术院校奖·全国民族乐器演奏比赛”及“中国大学生广告艺术节”中,学院师生取得多项奖励。立足山东,服务社会,积极参加文化强省建设,承办了山东省“纪念改革开放三十周年”首场演出活动,山东电视台进行了录播,引起了极大反响。学院被山东上海世博会领导小组确定为主题创意和山东馆设计团队,并出色完成了工作任务,受到领导小组的多次表彰。由学院师生组成的山东青年交响乐团参加了中国教育部、文化部、财政部主办“2008年高雅艺术进校园”活动。学院师生参加了山东电视台录制的“大爱无疆——齐鲁儿女抗震救灾”特别演出及省委宣传部、省文联主办的“儒风泰山·首届山东(国际)大众艺术节”民族音乐会等重要演出活动,荣获演出一等奖和“优秀组织奖”。学院学生承担了2008首届世界智力运动会大型开幕式的整场演出任务,并参加了2009年山东军民春节联欢晚会的演出,受到广泛赞誉和好评。

学院在新校区专设了校史展馆、汉画像石馆、剪纸艺术馆、鲁锦艺术馆和于希宁绘画艺术纪念馆。尤其是珍藏的52块画像原石的汉画像石馆,在全国高校中是唯一的,这些展馆已成为展示学院办学传统、办学实力水平的重要窗口。

[校庆、安全稳定及各项管理工作] 五十周年校庆是学院今年的一项重要工作。学院先后在北京、济南、青岛、烟台、东营及省直系统建立起了校友分会,在济南成立了校友总会。隆重召开了建校50周年庆典大会,举办了一系列高水平的文艺演出、展览、学术研讨会和丰富多彩的校园文化活动。通过校庆充分展示了学院50年的巨大发展变化和办学成果,团结了一大批海内外校友,凝聚了社会各方面力量,很大地提升了学院社会影响力。

学院领导班子高度重视安全稳定工作,不断增强政治敏锐性和政治鉴别力,及时掌握、认真分析师生思想状况和校园舆情动态。坚决抵制各种错误思想的影响。根据两校区办学实际,坚持工作重心下移,健全完善规章制度,加强安全宣传教育,狠抓校园综合治理,增加了重点部位的防控治理力度,切实做好防范工作,把不稳定因素解决在萌芽状态。积极创建平安校园、和谐校园,杜绝了较大治安案件和责任事故的发生。

进一步加强学生思想政治教育工作,狠抓学生管理队伍建设。结合本科教学评建、50年校庆等工作,开展了丰富多彩的校园文化及社团活动,营造良好的育人氛围。全年有21名学生获得国家级、省级奖学金和助学金。学生公寓管理工作在全省高校检查评比中荣获先进集体称号。学院组织7000余名学生深入开展社会实践活动,被评为“山东省社会实践先进单位”。进一步加大毕业生就业指导力度,就业率稳步提高。

切实加强财务监管力度和财务预算管理,坚持勤俭办一切事业,坚决反对铺张浪费。严格把关,紧缩开支,精打细算,积极拓宽多种融资渠道,加大资金筹措力度,保证了学院发展建设需要。实行后勤工作目标责任管理,加强核算,严格管理,杜绝浪费,积极做好以食堂、水、电、暖为重点的后勤保障工作。严格采购计划、严格预算管理和招标程序,设备资产管理工作得到进一步加强。图书馆、老干部工作等也不断取得新成绩、新进展。

学校党政领导人

书记:柳文敏

副书记、院长:张志民

副书记:朱德强 刘致兴

副院长:胡德定 郭跃进 刘大力 王力克

纪委书记:刘致兴(兼)

学校地址:济南市文化东路91号

邮政编码:250014

联系电话:0531-86423601 86522012

(撰稿:山东艺术学院党委办公室 院长办公室)

山东工艺美术学院

[概况] 山东工艺美术学院位于山东省济南市,始建

于 1973 年，是目前我国 31 所普通高等艺术院校之一，也是全国唯一一所独立建制的工艺美术学院，是学士学位、硕士学位授予单位。现已形成本科教育、研究生教育、高等职业教育和继续教育的多层次办学格局。经过多年建设，学校逐渐发展成为特色鲜明的设计艺术院校，在 2007 年教育部本科教学工作水平评估中取得优秀成绩。

学校现有千佛山校区和长清校区两个校区。千佛山校区位于济南市千佛山风景区，长清校区位于济南市长清大学科技园区，占地面积 900 余亩。学校基础设施齐全，建有综合实验中心、数字艺术与传媒实验中心、特种工艺实验中心等 33 个实验室，并建有 25 个校级校外实习基地；拥有功能齐全的现代化图书馆，馆内纸质藏书 53 万余册，电子图书 18 万册，中外文期刊 490 余种；拥有覆盖全校的计算机网络。建有博物馆（含孙长林艺术馆）、美术馆，其中孙长林艺术馆收藏新石器时代以来的文物和艺术品 3600 余件（套）。创办有学报《设计艺术》、校报《山东工艺美院报》、学校网站及《设计·中国》专业网站等。

学校拥有数量充足、结构合理、素质较高的师资队伍。其中，享受国务院政府特殊津贴专家 7 人，中宣部“四个一批”人才 1 人，全国非物质文化遗产保护先进工作者 1 人，全国优秀教师 5 人，全国先进教育工作者 1 人，中国设计业十大杰出青年 1 人；山东省有突出贡献中青年专家 2 人，山东省德艺双馨中青年艺术家 5 人，山东省专业技术拔尖人才 5 人，山东省优秀青年知识分子 2 人，山东省设计业十大杰出青年 1 人。聘任国内外名誉教授、客座教授、兼职教授 50 余人。学校面向全国 22 个省（自治区、直辖市）招生。学校现有在校学生 6100 余人。

学校现设视觉传达设计学院、建筑与景观设计学院、工业设计学院、服装学院、造型艺术学院、现代手工艺术学院、数字艺术与传媒学院、人文艺术学院、应用设计学院、继续教育学院和公共课教学部 11 个教学单位，设有山东省非物质文化遗产研究中心、中国民艺研究所、国家动漫产业发展基地、家具设计研究所、图像艺术研究所、艺术与科学研究中心、墨子小孔成像研究中心和建筑与景观设计研究院等研究机构，其中山东省非物质文化遗产研究中心为山东省人文社会科学研究基地，学校还是山东省文化创意产业研发基地。学校现有艺术设计、动画等 16 个本科专业，51 个专业方向。设计艺术学、艺术学为山东省“十一五”重点学科，设计艺术学科为山东省“泰山学者”岗位，艺术设计专业为山东省品牌专业，设计艺术学、艺术学、美术学为硕士学位授权学科。

学校坚持以教学为中心，走产学研相结合、教学科研、创作为经济文化建设服务的道路，取得显著的经济和社会效益。学校先后举办了 2008“抗震救灾　重建家园”主题宣传画展览，“2008 齐鲁国际摄影周暨中国济南当代国际摄影双年展”；承办了中国工艺美术学会理论委员会年会，2008 年中国美术家协会平面设计艺术委员会年会等活动；积极参与设计第十一届全国运动会会徽、吉祥物、奖牌以及中华文化标志城建设项目，并与淄博市政府、莱芜市政府建立全面合作关系。

学校实施开放办学战略，积极开展国内外教育合作与学术文化交流。2008 年 7 月，学校成功举办“国际设计艺术院校联盟 2008 济南会议”，此次会议系国际设计艺术院校联盟会议自 1990 年成立以来首次在中国举办。2008 年，学校加入国际平面设计协会联合会，进一步拓展了国际交流与合作平台。

2008 年，学校深入实施 2006～2010 年发展规划，完善学科布局、增进国际交流与合作、推进产学研结合、提高教学质量。围绕“国际交流合作年”和“社会服务年”，成功开展系列学术交流活动，切实深化实践教学体系，在教学建设、合作交流、产学研结合、人才培养等方面，大力提高学校办学效益，全面提高教育管理水平。

6 月 18 日，省委常委、宣传部长李群（左五）视察山东工艺美术学院，并参观“抗震救灾　重建家园”主题宣传画展

［党建和思想政治工作］　学校以科学发展观为指导，学习贯彻省委工作会议和高校党建工作会议精神，紧紧围绕建设经济文化强省战略的新任务、新要求，组织“解放思想大讨论”活动，加强师德、师风建设，提高教师的思想道德素质。为落实《党委理论学习中心组学习计划》和《教职工政治理论学习安排》，坚持党委理论中心组学习制度，开展时代性较强的政治理论学习教育活动，进一步增强领导干部的宏观决策能力、开拓创新能力、组织管理能力。

加强干部培训、培养、考核工作。坚持并深化干部学习培训制度，认真组织干部培训，整理相关学习资料并上网;组织部分党务干部参加党外人士主题教育活动专家讲座,提高了干部的理论政策水平。配合省委组织部完成学校领导班子及成员考核,并完成了67名处级干部2008年度考核和45名科级干部试用期满考核工作,对处、科级考核结果进行了反馈。加强基层党组织建设,抓好党员发展工作。对入党培训、考察培养、发展转正、公示等重点环节,做到严肃纪律、加强监督检查、严格材料审查,确保程序规范。

高度重视党风廉政建设。围绕学校中心工作,按照中央、省委有关决策部署,切实加强党风廉政建设,深入构建反腐倡廉工作体系。不断加强纪检干部队伍建设,认真开展纪检监察工作,开展廉政教育活动。紧密结合实际,加强政策落实,切实提高党员干部的领导水平和拒腐防变能力,保证学校健康协调发展。

[教学评估整改] 12月23日至28日,由教育部对学校进行了本科教学工作水平评估。2008年4月9日,教育部《关于公布北京大学、清华大学等198所普通高等学校本科教学工作水平评估结论的通知》下发,山东工艺美术学院本科教学工作水平的评估结论为优秀。

学校在接受教育部本科教学评估之后,根据上级要求,积极深入地开展了教学整改工作。教学整改是学校教学评建整体工作的总体推进和深化,是新一轮的自评自查和自我完善的过程。全校教职员工高度重视整改工作,召开了6次专题会议,抽查了近10个专题项目,走访了各教学单位和有关职能部门,将考评机制内化为了常态工作机制。按照国家的评价机制,全面排查了学校建设中存在的不足。在教学改进和提高的过程中,逐步建立起更加优化、完善的工作机制,从而使评估体系、评建要求成为学校建设和发展的严格标准和持续动力,提高教学管理水平。

[师资队伍建设] 切实加强学科及师资队伍建设,不断提高人才培养质量。以教学为中心,学校切实加强学科建设及师资队伍建设,从科研水平和教学水平等核心出发,提高人才培养质量。同时,学生管理工作、本科生教育、研究生教育等各项工作取得积极进展。学校从今后发展和重点学科建设的需要出发,进一步充实师资力量,坚持和完善公开引进制度,加强人才引进,开展教师培训。有效实现了扩大师资规模、提高师资素质、改善师资结构的发展目标,进一步充实了能够适应教学科研工作需要的、稳定的人才队伍。学校以学科专业建设为中心,积极推进职称评聘工作。本学年共评聘教授4人,副教授7人,讲师及以下41人,并聘请了18名国内外知名的专家学者担任学校的名誉教授、客座教授或兼职教授,加强交流与合作,创造了良好的氛围。

[本科生与研究生培养] 2008年,学校继续发挥往年招生工作的优良传统和成功经验,履行公开、透明的招考原则,招生工作有序进行,共招收学生1987余人。学校在认真开展学生日常管理工作的同时,重视学风建设,组织学风督导等多种形式,树立良好学风。积极开展学生道德教育,加强心理健康教育,培育学生的公民意识、奉献意识,塑造健全人格。关心学生生活,组织丰富的文化活动,开展社会实践,营造良好的校园文化氛围。做好勤工助学工作,加大贫困学生资助力度。2008年,学校本专科毕业生规模达1700余人,学校以“设计艺术博览会”的形式举办毕业作品展,展示学校在人才培养、校企合作、教学建设方面取得的成果,产生了积极的社会影响。

稳步推进研究生教育。2008年,学校录取研究生33人,全部为第一志愿考生。学校加强研究生培养,开设论坛、讲座,搭建交流平台,组织申报山东省研究生教育创新计划项目,调动科研创新积极性。增加硕士研究生指导教师5名,进一步完善硕士生导师队伍结构,为学校研究生教育的持续健康发展提供师资保障。

[产学研一体化服务社会] 2008年,根据科技部、山东省社科规划办公室、山东省科技厅软科学办公室、山东省教育厅、山东省文化厅及我校的工作安排和要求,组织学校教师申报了各级科研项目。设计艺术学被确立为“泰山学者”岗位,并面向海内外选聘“泰山学者”特聘教授。学术成果较为显著,在首届“泰山文艺奖”评选中,获民间艺术著作一等奖1项,美术作品一等奖1项,摄影作品一等奖1项,美术作品奖二等奖2项,美术作品和电影作品三等奖各1项。

在国内的学术交流中,学校作为主办单位之一,于2008年1月,在上海大学美术学院举办了“第三届中国现代手工艺术学院展及研讨会”并获奖。当月,“中国工艺美术保护与发展”论坛暨中国工艺美术学会理论委员会年度会议在学校举办,众多知名专家学者参加会议,围绕非物质文化遗产保护的主题展开深入讨论,对于增强文化遗产保护意识、加强相关学术研究起到了积极作用。承办了中国美术家协会平面设计艺术委员会2008年年会、中国高等教育学会设计教育专业委员会成立大会,积极增进全国性学术交流。同时,积极加强与国外院校的交流与合作,在人才培养、项目合作等方面取得明显成效。积极组织师生参加了2008山东文化产业博览会、“山东省首届工艺美术精品展览会”,充分展示了学校师生的创意设计水平。

继续推进“山东省文化创意产业研发基地”建设，加强“国家动漫产业发展基地”、“山东省人文社科研究基地”、“山东省文化创意产业研发基地”、浪潮集团“网络游戏研发中心”等一系列产学研结合的教学实习基地建设，增加学生深入生产实际的锻炼机会，提高产学研结合水平和实践教学水平。2008 年 10 月，学校与中国艺术摄影学会、齐鲁实业家摄影文化促进会和东方国际摄影艺术促进联合会，联合主办“2008 中国济南·当代国际摄影双年展暨第二届齐鲁国际摄影周”活动，对于打造山东文化品牌，推动山东省文化产业发展起到了积极作用。

学校确定 2008～2009 学年为“社会服务年”，积极开展与国家部委、地方政府和有关机构的合作与交流，承担社会重要项目，打造齐鲁文化品牌，为建设经济文化强省提供文化创意资源支持。5 月 5 日，国家动漫产业发展基地挂牌山东工艺美术学院，是学校加强动漫专业人才培养、促进动漫领域产学研结合、服务山东省动漫产业发展的重要里程碑。继与淄博市政府签署合作协议后，学校又先后与莱芜市政府、山东省经济贸易委员会签署全面合作协议，对学校深化实践教学、服务经济社会发展产生积极成效。12 月 26 日，与齐鲁文化产业园签署合作协议，利用学校专业优势，为师生提供教学科研的平台，同时，促进山东省文化产业研究的开展和文化产品的开发，将齐鲁文化产业园打造成山东省文化创意产业的典范。

继学校教师团队成功完成“第十一届全国运动会”会徽设计之后，学校教师设计的十一届全运会吉祥物“泰山童子”、奖牌“璇宝”、官方海报等形象标识系列作品相继向社会正式公布；设计的“全国书博会”会徽也成功入围，充分体现了学校的科研创作实力，提高了学校的社会知名度。

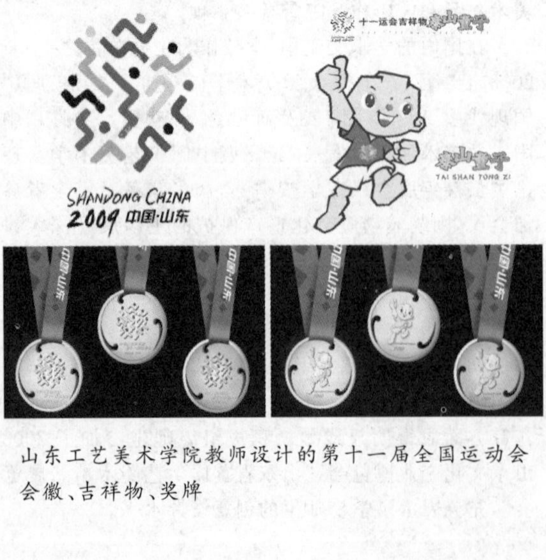

山东工艺美术学院教师设计的第十一届全国运动会会徽、吉祥物、奖牌

[国际交流与合作]　学校坚持开放的办学理念，将 2007～2008 学年确定为“国际合作交流年”，充分利用国际教育与学术资源，增进与国际高等院校和学术团体的交流与合作，为人才培养，提供更为广阔、优越的国际化学术环境和条件。2008 年 7 月 3 日至 5 日，由山东工艺美术学院主办的“国际设计艺术院校联盟 2008(济南)会议”成功举办。会议汇集中国、美国、法国、意大利等 16 个国家和地区 50 多所设计艺术院校的 150 余名专家学者，围绕“设计·奥运·和谐”的主题，通过主题报告、学术讲座、大学校长论坛、国际展览、文化考察等多种形式，就奥运设计、艺术教育发展等问题，展开探讨和交流，促进了学校与国际设计艺术院校的交流合作，提升了学校在国际设计艺术教育领域的影响力，促进了中华文化、齐鲁文化的国际传播。

山东工艺美术学院主办“国际设计艺术院校联盟 2008(济南)会议”

学校立足设计艺术学科的前沿领域，广泛开展国际学术交流与合作。2008 年学校共接待来访团组 18 个，包括联盟会议外国参会人员以及国际摄影双年展来宾在内的来访客人共计约 200 人次；来访国家和地区包括意大利、法国、德国、瑞士、希腊、美国、澳大利亚、韩国、日本、芬兰、荷兰、加拿大、挪威、新加坡等 25 个国家，以及台湾、香港、澳门地区、派出出访团组 8 个，共 42 人次，其中包括学生 17 人。与国外友好院校共签署合作协议 6 份，邀请国外人士来校举办 6 场讲座。学校教师在国外举办画展 1 次；派出师生出访日本、韩国、希腊、瑞士、法国、美国、加拿大等国，开展学术交流活动，为人才培养搭建了国际化平台，提升了学校的国际知名度和影响力。

[全力支持抗震救灾]　四川汶川特大地震发生后，学校迅速组织了“抗震救灾，慈心一日捐”活动，宣传引导教职工发扬爱心，向受灾地区、贫困地区人民积极救助奉献自己一份力量。全校 675 名党员交纳“抗震救灾特殊党费”，共计 197393.5 元，其中 99 人一次性交纳

1000 元以上,共计 112100 元。

山东工艺美术学院主办"抗震救灾重建家园"主题宣传画展

同时,积极发挥专业优势组织创作,学校迅速组织广大师生开展宣传画创作,从 2000 余幅设计作品中评选出 200 余幅,在山东省委宣传部、中国美术家协会、山东省文联指导支持下,联合举办了"抗震救灾 重建家园"主题宣传画展,发挥专业优势,为灾区的家园重建、文化重建工作服务。

[成立 35 周年校庆] 以 2008 年 10 月中旬建校 35 周年系列活动为契机,深入总结学校办学经验、研究设计艺术教育教学规律,深化教育理论研究和校史研究。组织了校友返校、校友捐建、校庆晚会等系列庆祝活动,编纂出版了《匠心文脉》校史图鉴、《工艺之道》纪念文集、《设计引领生活》专题片和《校友名录》等纪念出版物。通过校庆活动,落实学校办学指导思想和类型定位,回顾发展进程,总结办学经验,加强校史研究,增进校友感情,进一步明确了发展思路和办学理念,增强了学校的向心力和凝聚力。

《匠心文脉》校史图鉴、《工艺之道》纪念文集首发式暨校友座谈会

[附属中学成立并招生] 山东工艺美术学院附属中学,是隶属于山东工艺美术学院的一所国办高级艺术中学,经山东省教育厅和济南市教育局批准,于 2008 年开始招生,学制三年,文化课程教学与普通高中同步。附属中学以培养文科类美术学生为主,以为国内各大美术院校、艺术院校输送优秀的美术人才,培养优秀的美术考生为目标。创办附中是学校党委和行政在全面考虑当前中等艺术教育现状,适应提升中等艺术教育水平、为高等艺术教育培养优秀人才的需要作出的战略决策。

学校党政领导人

书记:于茂阳

副书记、院长:潘鲁生

副书记:郭兆志 李世平

副院长:王秀存 李 新 刁在祥 张云龙

纪委书记:李世平(兼)

千佛山校区地址:济南市千佛山东路 23 号

邮政编码:250014

长清校区地址:济南市长清区大学路

邮政编码:250300

联系电话:0531—89626868

传 真:0531—89626619

电子邮箱:wlg@sdada.edu.cn

(撰稿:王 任 张 洁 殷 波 审稿:王立果)

山东政法学院

[概况] 山东政法学院是山东省人民政府领导、山东省教育厅主管的以法学教育为特色的普通本科高等院校。1955 年,经山东省人民委员会批准成立山东省政法干部学校[鲁人丁(55)字第 1618 号]。1959 年,经中共山东省委批准成立山东政法学院[鲁发(59)字 169 号]。1961 年停办。1979 年恢复重建山东省政法干校,1985 年更名为山东省司法管理干部学院,1987 年更名为山东省政法管理干部学院,2007 年经教育部批准建立山东政法学院。

学校占地 853 亩,校舍建筑面积 19.6 万平方米。图书馆馆藏纸质图书 88 万册,电子图书 100 万册,是山东省自动化建设先进图书馆。另有 8000 平方米的文体馆和 1.2 万平方米的学术交流中心。学校现有教职工 668 人,专任教师 445 人,其中教授、副教授 150

人，博士、硕士238人，享受国务院政府特殊津贴3人，11名博士、硕士研究生导师，40余名教师被选定为山东省法学人才库成员，18名教师担任国际、国内仲裁机构的仲裁员，有1名教师被评为山东省优秀中青年法学家和3名省、市人大常委会立法咨询委员。学校下设12个教学院、系、部，专业以法学类专业为主，涵盖法学、经济学、文学、管理学四大学科门类，开设本、专科专业34个。全日制在校学生规模达到9500余人。

学校坚持"以学科建设为龙头、以教师为主体、以学生为中心"的办学理念，弘扬"博学笃行、刚健中正"校训精神，以培养应用型、复合型人才为基本定位，遵循以人才建设为根本、以内涵建设为主线、以机制环境建设为保障的办学规律，用贡献求得社会支持、用作为求得社会地位、用现代管理理念办现代化大学。

[学习贯彻十七大精神] 十七大以来，学校党委高度重视十七大精神的学习贯彻，坚持用科学发展观武装头脑、指导实践、推动工作，精心组织开展了学习十七大精神系列活动。在人民日报社、光明日报社、中组部党建读物出版社、中宣部党建杂志社等八家单位联合举办的"学习党的十七大文件知识竞赛活动"中，由于学校党委思想重视，组织得力，广大党员积极参与，取得了良好效果，学校荣获先进集体奖，成为全省获奖的三所高校之一。

[学习实践科学发展观] 坚持"围绕发展抓党建，抓好党建促发展"的党建工作理念，组织开展了"学习实践科学发展观、解放思想大讨论"活动，举办了"实践科学发展观，加强山政特色建设"研讨班，把学习活动与解决实际问题相结合，真正用科学发展观推动思想解放，指导工作实践，确定了"错位竞争，特色发展"的发展战略，从人才培养，办学理念，教学改革，学科建设，学生管理，制度建设，校园文化七个方面入手，整体构建山东政法学院特色体系，积极探索出一条特色兴校的办学新路。

[抗震救灾工作] 积极响应中央号召，支援灾区抗震救灾、重建家园。2008年5月12日四川汶川县大地震发生后，学校教职工积极响应党中央的号召，在学校党委组织领导下迅速行动起来，以多种形式支援灾区人民抗震救灾、重建家园，共计捐款27万余元，表达了心系灾区、支援灾区、为灾区重建做贡献的美好心愿。

[加强师资队伍建设] 学校党委十分重视师资队伍建设工作，根据学科建设、人才队伍和职称结构的需要，充分发挥政策杠杆的引导作用，重新修订了《职称评审办法》，使职称评审更加科学、合理、透明、公正。进一步修订、完善了《校内津贴分配方案》，组织了进岗晋级工作，对教学、科研工作起到了良好的引导作用。全年共招聘6名博士，18名硕士研究生来校工作，充实壮大了师资队伍。

[获准学士学位授予权] 自山东政法学院成立以来，学校党委和行政一直以建设高水平普通本科院校为目标，以本科教学质量工程和学科建设工程为抓手，不断加强教学科研工作，努力夯实普通本科教育教学基础。2008年6月，接受了省学位办专家组评估，各项办学条件、办学水平均已达到学士学位授予单位标准，经山东省学位办批准，取得了学士学位授予单位资格和法学专业学士学位授予资格。

[启动"课堂教学质量年活动"] 为了实施本科教学质量工程，全面推动学校内涵发展，学校决定将2008年"质量工程"的重点定位于开展"课堂教学质量年"活动。学校成立了"课堂教学质量年活动"领导小组和专家组，整体规划，精心组织。各院、系、部狠抓落实，开展了以全面听课、重点帮扶为主要内容的课堂教学质量检查和建设活动，组织了全校首次教师授课大赛，收效显著。通过"课堂教学质量年活动"，增强了教师的责任意识和质量意识，规范了教师课堂教学行为，为全面提高教育教学质量奠定了基础。不断加强教学质量监控体系建设，学校成立了常规化运行的教学督导专家组，对教学过程进行全面督导。2008年底，已经建成了学校领导轮值督导、学校专家组常规督导、院系部听课检查、学生评教四位一体的教学质量监控体系。修改了教学督导办法，建立了期中教学检查制度，充分发挥各级教学督导组织的作用，教学质量得到进一步提高。

[加强专业建设] 按照突出法学类专业、不断拓展经济学类、管理学类、计算机类、文学类、文化传播类等专业群的目标要求，继续加强新专业建设。目前，新闻学(法制新闻方向)本科专业和保安保卫管理专科专业已经获得批准，从2009年开始招生。

[加强教学团队建设] 按照本科教学质量工程的要求，学校加强教学团队建设，充分发挥学科带头人在教学队伍建设中的骨干作用，逐步形成合理的年龄和职称结构、教学成果突出、教学质量优良的教学团队。2008年，刑法学教学团队被批准为"山东省省级优秀教学团队"。

[加强精品课程建设和教改研究工作]　积极组织申报省级精品课程,经教育厅专家组评选,《经济法学》(本科课程)和《国际经济法原理与实务》(专科课程)被评为2008年度省级精品课程。《山东政法学院特色教学体系研究》教改项目的研究工作按照学校改革发展的要求稳步开展。学校承担的两项省级教改项目已顺利通过成果鉴定验收结项。

[加强实践教学基地建设]　为使学校的法学教育校内实践教学设施、场所相对集中,形成规模,使校内实践教学环节规范化、秩序化,切实提高实践教学效果,学校组织了"法学实践教学中心"建设方案的论证工作,形成了初步建设方案。目前,按照建成山东省法学实践教学示范中心的标准,法学实践教学中心建设工作已经正式启动。

[认真组织司法考试辅导培训工作]　为加强内涵建设,打造"山政"特色,学校不断探索深化人才培养模式和教学体系改革,与社会知名司法考试培训机构合作,成功开展了司法考试辅导培训工作,成绩喜人。2008年国家司法资格考试通过学生人数159名,其中有43人取得了400分以上的优秀成绩,2005级法学本科报考学生的通过率更是达到了38.8%。

[招生工作]　学校高度重视招生宣传工作,精心组织,狠抓落实,成效显著。2008年共录取新生3774人,比原计划超出724人,生源素质较往年也有了大幅度的提高。

[学科建设工作]　组织召开了学科建设会议,开展了对各院、系、部的学科情况和各学科教学科研人员情况的摸底调研,开展了学术骨干遴选工作,组织了重点建设学科的申报,与各院、系、部领导班子签订了学科建设任务书,为下一步学科建设工作开展打下了坚实的基础。进一步加大与其它高校、科研单位的合作力度。在继续巩固与青岛大学合作基础上,2008年又有七位教师被聘为该校硕士生导师,为下一步合作培养研究生、培养自己的导师队伍奠定了基础。与山东科技大学签署了建立联合培养研究生基地协议,与山东社会科学院达成了建立全面合作关系的合作意向,科学研究、人才培养等各项合作工作陆续展开。

[科研工作]　加强政策引导,推动科研工作又上新水平。学校党委、行政高度重视科研在学科专业建设中的重要支撑作用,陆续出台了加强科研工作的系列文件,重新调整了科研工作政策,把以数量激励为主,转为以注重质量为主的政策导向,学校科研成果的质量和数量较往年有了大幅度的提高。

2008年已获准立项的科研项目有:省部级26项,其中教育部人文社科规划基金项目1项,青年基金项目1项;省社科规划项目19项;省软科学项目5项。厅局级15项,其中省教育厅人文社科项目4项,教育科学规划项目9项,科技计划项目1项;横向课题1项。合计各类纵向、横向课题立项41项,同比增长115.8%。完成科研课题9项,省社科规划办项目4项、省软科学项目1项、省教育厅项目4项已经结项并通过鉴定。获省级奖励5项,其中获省社科优秀科研成果二等奖1项,三等奖1项;省软科学优秀成果三等奖2项;省艺术科学优秀成果三等奖1项。发表论文499篇,同比增长35.2%。其中Cssci来源期刊70篇,全国中文核心期刊55篇。出版学术专著18本,同比增长157.1%。

[《政法论丛》办刊工作]　进一步提高了《政法论丛》的刊物质量,围绕入选全国中文核心期刊目标,采取多种有效措施,强化办刊质量,提高影响因子。据清华大学"中国学术期刊综合引证年度报告(2008)"提供的数据,与去年相比,《政法论丛》"影响因子"由0.276提高到了0.433,"五年影响因子"由0.230提高到了0.399,刊物的社会影响力和认可度大幅度提高。

[大学生思想政治教育工作]　积极探索思想政治教育的途径和方法,大力加强大学生社会主义核心价值体系的宣传教育,组织广大学生学习了胡锦涛总书记在北大建校110周年座谈会上的讲话,开展了"告别不良课堂行为,全面提高课堂学习质量"主题教育活动、"我为奥运增光添彩,立足实际奉献青春"征文比赛和以"知恩、感恩、报恩"为主要内容的"三恩"教育活动等系列学生教育活动,收到良好效果。

[毕业生就业工作]　积极开拓就业市场,促进毕业生充分就业。全年共举办各种形式的校园招聘活动57次,在就业指导网站发布就业信息一万余条。积极做好毕业生报考选调生、公务员、研究生、"三支一扶"等工作,共有15名毕业生录用为选调生;142名同学通过了公务员考试,74名被正式录用;91名毕业生考取研究生;24名毕业生通过了事业单位招考;40名毕业生考取了"一村(社区)一名大学生工程";有60余名毕业生报考了"三支一扶",11名被正式录用。2008年毕业生总体就业率达到84%。

[学生奖励、资助工作]　加大资助力度,保障困难学生

顺利完成学业。一是扎实做好国家助学贷款工作，全年共办理两批次国家助学贷款，1322 人次申请贷款，申请金额 1410.4630 万元。截止到 11 月底，539 人次申请成功，银行审批金额794.70万元，实际到账264.09万元；二是做好学生奖助学金的评选发放工作，评选国家奖学金 11 人，省政府奖学金 5 人，国家励志奖学金 186 人，国家助学金 862 人，院长奖学金 9 人，校内综合奖学金 770 人，全省慈善“朝阳助学”银光助学基金优秀特困生 4 人，奖助学金总额达 298 万元，落实和发放春、秋两季临时生活补贴 95.24 万元；三是落实“绿色通道”政策，保障家庭经济困难学生顺利入学，为 77 名困难新生办理“绿色通道”手续，缓交学费33.496万元。根据《财政部教育部关于对汶川地震重灾区家庭经济困难学生实施特别资助政策的通知》的文件要求，免除地震重灾区 3 名学生的学费 1.122 万元。学校“奖、贷、助、补、减”政策受益面逐年扩大，2008 年达到 29.6%。

[对外合作交流工作]　经省教育厅批准，学校获得接收培养外国留学生资格。学校不断健全完善各项外事工作制度，对外合作交流各项工作稳步开展。按照学校与韩国中部大学签订的合作办学协议各项规定，办理了外籍教师、学生来校的相关批准手续，组织学生赴中部大学留学的报名、语言培训、选拔等工作，对学校接受的韩国留学生和外教的学习、工作、生活进行了妥善安排，为学校对外合作办学工作开展打下了坚实的基础。2008 年 11 月，学校代表团赴韩国中部大学访问，双方建立了友好院校关系，合作关系进一步深化发展。

[图书、网络和教学仪器设备工作]　围绕学校学科建设和新上专业开展文献资源建设。2008 年年共采购新书 41942 册，10162 种，光盘 1652 张，征订期刊 952 种、报纸 42 种。与“中国知网”合作建立了机构数字图书馆和个人数字图书馆项目，通过提供漫游方式实现了教师校外远程访问“中国知网”全文期刊论文的目标，为教学科研工作提供了有力的文献保障。

不断加强校园网建设力度，2008 年新建部门网站 12 个，主题网站 2 个，改版网站 9 个。截止到年底，全校 35 个二级部门、单位网站全部开通运行。全面更新了办公自动化平台，网上办公基本实现，极大地提高了工作效率，降低了管理成本。知行楼新增 25 套多媒体教学设备，现已投入使用。

[党建工作]　不断加强党建工作，充分发挥基层党组织的政治核心和战斗堡垒作用。根据工作需要和人员调整变动情况，对 8 个党总支和直属党支部、14 个基层党支部的人员组成进行了调整，健全了党的工作网络，较好地保证了党委工作意图和工作部署在基层的贯彻落实。有 1 个先进党支部，1 名优秀党员，1 名优秀党务工作者获省委高校工委表彰。严格发展党员程序，积极而慎重地做好发展党员工作。全年发展学生党员 400 名，预备党员转正 110 名；在教职工中发展党员 9 名，预备党员转正 7 名。

[干部队伍建设]　切实加强领导班子和干部队伍建设。一是建立干部选拔任用工作规范。根据中央《党政领导干部选拔任用工作条例》，制订了《处科级干部选拔任用工作暂行办法》。严格按照规定的程序，对处级干部进行了调整选聘，同时调整了科级干部，组织了科级干部培训工作。二是建立责任传递机制。在充分调研、反复论证的基础上，与中层领导班子签订了《中层领导班子任期目标责任书》，实行了中层领导班子目标责任制。三是对中层领导班子、领导干部进行了试用期满考核和年度工作考核。这一系列工作的开展，为打造一支政治合格、干事创业的干部队伍打下了坚实基础。

[德育评估工作]　学校党委十分重视德育评估工作，先后召开党委会研究制定迎接德育评估工作方案，组织召开迎接德育评估工作会议，对相关工作进行了检查部署。各部门、单位认真贯彻落实党委工作部署，各项迎评准备工作落实到位，以优秀成绩通过评估，获得省委高校工委授予的“德育工作优秀高校”称号。

[工会工作]　充分发挥教代会制度的作用，成功组织召开了第一届“教职工暨工会会员代表大会”，积极推进民主治校、依法治校，确保教职工享有学校重大决策的知情权、参与权、审议权、监督权。

加强各级工会组织建设，建立、建全了基层工会组织。组织开展了丰富多彩的文体活动，在 2008 年山东省“浪潮杯”高校教职工乒乓球比赛中，学校代表队被大会组委会评为优秀组织奖。校工会被山东省总工会评为“全省信得过基层工会”先进单位，1 人被山东省妇联授予“省三八红旗手”称号，1 人被评为“山东省优秀教育工会工作者”。

[安全稳定工作]　学校党委、行政高度重视校园安全稳定，按照上级要求，坚持“稳定压倒一切”，正确处理改革、稳定、发展的关系，重点围绕“迎奥运，保安全”开展各项校园安全稳定工作，成立了奥运会安全稳定工作领导小组，制定出台了《关于做好奥运会前后安全稳

定工作的意见》、《关于加强奥运会前后反恐预防和处置工作的意见》和《恐怖事件处置预案》，签订了《2008年度学校治安综合治理暨建设"平安校园"目标责任书》和《消防安全责任书》。严格落实值班制度，加强巡逻，认真排查安全隐患，切实抓好消防安全教育，在全校范围内开展了"119"消防安全宣传月活动，进行了应急疏散逃生演练。这一系列工作的开展，为学校各项事业发展提供了安全稳定的校园环境。

学校党政领导人

书记：张士昌

副书记、院长：李玉福

副书记：刘继恩　李光宝

副院长：张卫华　周　伟　宋云峰　徐文谋

学校地址：济南市历下区解放东路63号

邮政编码：250014

联系电话：0531－88599811

电子邮箱：yujing@sdpisl.edu.cn

（撰稿：于　敬　审稿：张士昌　李玉福）

临沂师范学院

[概况]　临沂师范学院是全日制普通高等学校，学校占地面积484.56万平方米，总建筑面积147.13万平方米，教职工2653人，专任教师2001人，全日制在校生34455人，本科专业61个，教学仪器设备总值2.27亿元，馆藏纸质图书375.51万册，电子图书265.25万册。学校品牌影响力进一步扩大，成功举办了中国高等教育学会高等教育管理研究会2008学术年会暨第三届大学经营国际论坛、全国新建本科院校联席会议暨第八次工作研讨会、山东省教师教育学会第十八次年会等国内外学术会议，累计参会高校300余所。《光明日报》、《中国教育报》等各级新闻媒体报道学校办学创新亮点和经验200余次。

[教学工作]　在2008年国家教育部对学校进行的本科教学工作水平评估中，获得了"优秀"最高等级的优异成绩。通过评估，办学指导思想更加明确，教学中心地位进一步强化，教学管理更加规范，教风和学风实现了根本性转变。实现了以评促建、以评促改、以评促管的预期目的，使教学工作实现了向规范化内涵性本科办学的历史性提升。

立足于应用型人才国际化培养模式改革需要，作为学校一号工程，全面启动创新课程建设，确立了新课程体系框架，课程要素配置工作全面展开。获得2008年度省级精品课程2门；建成校级创新精品课程45门，引进外聘高级课程29门，引进地方课程80余门次，建设校级双语示范课程5门，引进网络课程2000余门，面向社会开放课程272门；立项出版校本教材6部。强力推进留级制度，留级学生262人。强化实践教学体系建设，建立教学实习基地262个，实验开出率达到99%，建成示范性实验课程58门。

教学学习资源保持高速增长。完成4000万元教学仪器设备的购置与1700万元设备的验收，投入1000万元新购图书18.28万册、期刊3602种，新增数据库2个；新增实验室面积约16万平方米。启动了数字化校园建设，现已投入1200万元。信息网络已实现上星节目接收国内外频道26套，完成沂水、费县分校校园网并网接入。

专业建设取得历史性突破。数学与应用数学专业被评为"国家特色专业建设点"，该专业课程教学团队被评为省级教学团队；新增本科专业3个，完成申报第二学位专业7个；新增省级成人高等教育品牌建设专业2个。

[教师队伍建设]　实施了学术休假制度，设立了攻读博士学位人员助学基金。招聘博士19人，在职申请博士学位49人，新增教授19人，副教授73人。外聘高级课程教师91人。举行各类教学和管理骨干校内培训7500余人次，校外培训(含境外)53人次。李红婷教授获得第四届山东省教学名师奖。

[学生工作]　推进辅导员、班主任和学士学位导师"三位一体"学生工作协调机制，举办基层团建专题研讨班，参加辅导员技能培训，提高服务学生学习能力。认定专兼职辅导员115人，班主任76人，学士学位导师299人，辅导员各级培训322人次。编制《临沂师范学院大学生课外科技文化活动框架性规划》；成功策划举办第四届大学生科技文化节，确认了首批20个"精品校园文化活动"；举办6期骄子论坛；第三、四届"我的专业、我来show"；故事2008；第四届大学生外文歌曲大赛；"青春校园"迎新生文艺晚会；高雅艺术进校园；"首届新生演讲比赛"等系列活动。共获得国家级奖励5项(11人次)，省级奖励50项(108人次)，省级集体奖项16项。投入80万元，建立新校区学生公寓数字化管理系统。出台《临沂师范学院2008年学生奖学金发放办法指导意见(试行)》、《临沂师范学院奖学金项

目备案通知》等文件，指导学生奖学金用于学习资源的使用上，着重为优秀学生拓展非本校学习经历。共评出13314人次，评审金额1907.99万元，将资助学生完成21000余个学习项目。加大学生资助力度，提升服务质量。

[招生与就业]　面向全国25个省市共录取新生10657人，其中本科4875人（专升本744人），专科5782人。注册报到新生9523人，其中本科4718人（专升本698人），专科4805人；本科生报到率96.78%，专科生报到率83.10%。招生工作实现了三个方面的突破，一是招生计划数名列省属高校第一；二是本科招生计划第一次超过专科招生计划；三是新学期在校生规模继续保持省属高校第一。正式就业率达45.21%，其中非师范类本科49.16%，专科46.75%；师范类本科38.93%，专科23.58%。年底就业率为，非师范类本科88.24%，专科83.96%；师范类本科83.14%，专科91.25%。

[职业教育与成人教育]　录取成人教育新生1960人。培训全市初中校长135人，培训山东省农村中小学骨干教师950人，完成各类社会证书考试共计8100余人。挂牌成立“山东省技能人才培训鉴定基地”。化学专业被评为省级成人教育品牌建设专业。多体制办学取得新进展，新增山东大学、华东师范大学等14所对口帮扶与合作高校。与华中科技大学、山东科技大学等院校合作培养在职硕士研究生202名。与青岛华仁世纪集团、澳大利亚国际高尔夫学院合作共建高尔夫学院，完成了合作专业和招生计划申报。沂水分校、费县分校、附中各项事业实现了协调发展。

[学科建设与科研]　学科建设和学术科研工作取得新进展。新增省级行业重点学科2个、重点实验室1个、省级研究基地1个，省级重点学科增加到7个，省级重点实验室增加到2个，省级研究基地增加到3个。确定了18个校级重点学科，3个校级重点实验室，组织开展了硕士学位立项建设单位申报工作。分别与山东大学、中国海洋大学等5校联合建设山东省研究生联合培养基地，与华中科技大学、山东科技大学合作培养在职硕士研究生202名。全校教师发表学术论文950篇，其中被SCI、EI、ISTP检索收录52篇，出版教材、专著26部。获得省级科研奖励10项，市厅级奖励133项。获得市厅级及以上科研项目129项，其中国家社会科学基金项目3项、全国教育科学规划教育部重点项目2项、教育部人文社会科学研究计划项目2项，省部级项目达到39项，到位科研经费485.19万元。

[国际合作与交流]　国际合作办学开拓新的领域。大力推进小语种教学；2006级专科生700余人选择“国际生培养模式”；赴外留学学生96人，聘任外籍教师97人次，招收外籍留学生91人次。不断拓展国际交流工作的领域和层次，接待来访团组28个，组团出访5个，与美国德克萨斯农工国际大学、德国不莱梅大学、印度SRM大学、瑞典布莱津理工大学等九所高校签署了姊妹友好合作协议。

[体制创新]　按使用管理一体化的原则，改革教学楼管理体制，教学、实验、办公、图书楼房委托各系（院）及相关职能部门管理，实现了教学楼管理主体的转移，各单位由原来的被动节能转化为了主动节能，提高了资源利用效率和节能效果。深化后勤社会化改革，改造了原有的运营成本高、能效低的供水锅炉，引进社会力量承租，在较好的满足了学生饮水需求的同时，本年度为学校节约资金达97.18万元。各校区教职工生活区实行了物业化管理。

[新校区建设]　完成建设投资2.7亿元，“两馆三中心”、内环路、供水等工程建设进一步推进，新增绿化面积7万平方米。竣工交付单体工程29组，建筑面积41.88万平方米，绿化面积30.3万平方米，体育运动场5.2万平方米，综合服务设施日益完善，入住学生2.2万名。教职工住宅区建设进展顺利，部分多层区、复式区住宅基本达到竣工验收条件。

学校党政领导人

书记：徐同文

副书记、院长：韩延明　石立岩

副院长：杨树祥　谢亚非　李培江　姜同松

纪委书记：石立岩（兼）

学校地址：临沂市双岭路中段北侧

联系电话：0539－2060025

邮政编码：276000

（撰稿：刘　强　审稿：李培苍）

潍坊学院

[概况]　潍坊学院是2000年3月经教育部批准，由原昌潍师范专科学校和潍坊高等专科学校合并、并入原

山东渤海进修学院教育资源组建而成的一所全日制普通本科院校。

学校现占地面积1800余亩，校舍建筑面积75万平方米，教学科研仪器设备总值1.3亿元，学校建有集文献借阅、信息咨询、文献检索等多功能于一体的数字化图书馆，馆藏图书300余万册。建有反映潍坊悠久历史文化的潍坊文化名人馆、古籍馆；建有高标准的大型体育运动场、面积40000平方米的现代化多功能体育馆。建有北海文化研究院、山东半岛经济社会发展研究院、量子物理与量子信息研究所、比较文学研究所等20多个研究院所和山东省民俗文化产业开发研究基地等集教学、科研和社会服务于一体的220余个校内外教学实践基地。建有国内同类院校领先水平的校园网，是中国教育科研网(CERNET)潍坊地区网络中心、全国教育信息化理事会副理事长单位。

学校现设23个教学院(系、部)，51个本科专业，涉及理、工、文、经、管、农、法、历史和教育9大学科门类。有省级重点实验室，有省级重点学科、省级一类教学实验室和多门省级精品课程、省级教学改革试点课程，有多个国家级、省级教学改革试点专业和教育部新世纪高等教育教学改革工程项目。

学校现有教职工1737人，其中专任教师1166人，博士、硕士717人，高级职称人员557人，研究生导师30余人。近年来，有50余人被评为省学术骨干和省、市级拔尖人才，多名教师享受国务院特殊津贴，20余名教师分别荣获“全国优秀教师”、“山东省首届高等学校教学名师”等荣誉称号。中国科学院刘以训、刘振兴、肖纪美、钱逸泰等院士及国内外著名专家、学者135人任学校特聘教授或兼职教授。

学校现面向全国27个省(市、自治区)招生，全日制在校学生20000余人，接收多个国家的留学生来校学习。

[党建和思想政治工作]　深入开展学习十七大精神系列活动，认真开展解放思想大讨论，适时调整了“一二三六五”的工作思路，为今后发展奠定了更好的思想基础。高度重视干部队伍建设，完善干部考核、培训制度，调整了67名处、科级干部。

积极配合上级完成人大、政协的换届工作，学校共有16人当选为各级人大代表、政协委员。调整充实了21个基层党组织，建立了18个党校分校。图书馆党支部被授予“山东高校先进基层党组织”称号。全校党员踊跃为地震灾区奉献爱心，共缴纳特殊党费156277.4元。举办了两期入党积极分子培训班，发展党员725名。加强党风廉政建设和反腐败工作，全面贯彻落实中央建立健全惩治和预防腐败体系5年《工作规划》和省委《实施办法》。召开了2008年度党风廉政建设工作会议，层层签订了党风廉政建设责任书。对干部提拔任用、职称评定、招投标、招生等工作实行了全程有效的监督监察，妥善处理了群众来信来访。

宣传工作进一步加强。校报、校园广播、网站以多种形式反映了学校建设、发展的成就和广大师生员工热爱学校的精神风貌。对外宣传工作有新突破，由学校和中央电视台联合录制的MTV《记着老百姓》荣获首届山东省“泰山文艺奖”二等奖。校歌《腾飞的梦》获全国校歌大赛创作、演唱七项大奖。学校大学文化建设经验被省委高校工委以文件(鲁高工委〔2008〕13号)的形式转发，在全省各高校推广。校报2008年被山东省新闻出版局授予“优秀报纸”，成为全省同类院校唯一入选的校报。新华社、中央电视台等各级各类媒体近千次报道了学校建设、发展的成就，进一步提高了学校的知名度和美誉度。

潍坊学院校歌《腾飞的梦》获全国校歌大赛七项大奖

老干部工作、统战工作、工会工作不断加强。认真落实离退休干部的政治待遇和生活待遇，开展了丰富多彩的活动，进一步发挥了离退休老同志在学校改革发展中的作用。2008年，离退休人员党总支被省委、省政府表彰为“全省离退休干部先进集体”。统战工作紧紧围绕学校中心工作，组织开展了无党派人士主题教育活动，充分发挥无党派人士在学校建设发展中的积极作用。各级工会组织认真履行教育教职员工、维护教职员工合法权益的职能，开展了创建“和谐家庭”活动、“加强师德建设”主题教育活动和一系列文体活动。组织教职员工积极为灾区人民奉献爱心，共捐款38.5万元。学校关工委工作成绩突出，2008年被省教育厅评为“全省教育系统关心下一代工作先进集体”。

11 月 20 日，潍坊学院三届二次“双代会”隆重召开

山东省教育厅专家组考察潍坊学院 2008 年新上本科专业

[“双评”工作成绩优异]　2008 年，潍坊学院全校上下围绕“迎评促建”这一主题，扎实工作，做好各项准备工作。4 月 23 日～26 日，学校正式接受山东省委高校工委评估专家组的检查评估，专家组一致认为潍坊学院的德育工作和校园文明建设工作成效显著，亮点突出，学校“双评”获得了“高分双优”的好成绩，成为全省高校中这两项评估工作最为优秀的学校之一。

4 月 23 日，省委高校工委对潍坊学院德育工作和校园文明建设工作进行检查评估

[教学工作]　结合本科教学水平评估整改工作，学校启动了“教学质量工程”，大力推进各项教学改革。加大教学质量监控力度，深入开展教学督导和网上评教活动，组织了第二届青年教师教学技能比赛活动。

实施了“教学名师”培养工程，评选出 10 名校级优秀教学名师，建成了 5 支由教学水平高、学术造诣深的学科带头人领衔的优秀教学团队。组织实施了 2006 级 2＋2 本专科学分互认改革。继续推进学生访学教学改革，第 3 批 20 名学生到青岛大学访学。新上 3 个本科专业，新增 3 个授予学士学位专业，学校本科专业达到了 51 个，学士学位授予权专业达到 29 个。

数学与应用数学和计算机科学与技术专业被评为山东省特色专业，有 2 门课程被评为山东省精品课程，4 部教材入选“十一五”国家级规划（补充选题）。新启动教学立项 83 项，两项省级教研立项通过结题验收鉴定，并达到了国内领先水平。启动了 5 个创新实验区的建设，新建了种子加工、种子监测等 4 个实验室。组织了校级实验教学示范中心的评审，共评出重点建设校级实验教学示范中心 4 个，筹建校级实验教学示范中心 2 个。目前，已有 1 个校级实验教学示范中心获批筹建省级实验教学示范中心。新购图书近 8 万册，科学规划图书、报刊和数字资源的比例，形成了结构合理、特色鲜明的藏书体系。学校语委被评为“全国语言文字工作先进集体”。在省教育厅组织的音乐、美术专业师生基本功大赛中，获得教师一等奖 3 项、二等奖 5 项，学生一等奖 2 项、二等奖 5 项；组织参加了“中华经典诵读”活动，学校获山东省二等奖 2 个，三等奖 1 个，并有 1 名选手代表山东省参加了全国比赛，获优秀奖和最佳才艺展示奖。

成人教育、远程教育、国际合作与交流开创新局面。成人高等教育在校生达到 1 万余人，实现了规模、质量、效益的协调发展。专业建设实现新突破，汉语言文学专业成为山东省首批成人高等教育品牌专业。积极开展以岗位培训为主的各种非学历教育，被山东省经贸委授予 2007 年度“山东省企业教育培训先进单位”称号。远程教育积极探索人才培养新模式，加快远程教育向农村延伸进程，加大了“一村一名大学生”工程的招生力度。2008 年开放教育招生人数列全省第一，被评为“全省电大开放教育招生先进单位”。国际合作与交流有新发展，分别与 3 所国外大学签订了合作交流协议书，与日本全日空航空公司签订了联合培养海外空乘人员意向书。中奥维也纳音乐学院顺利通过教育部中外合作办学机构复核。会计电算化专业合作办学项目通过教育厅评审，成为今年全省高校获得批准的 20 个项目之一。外国专家工作成绩突出，顺利通过了上级主管部门的年度考核，1 名外籍教师荣获"山东省外国专家教学奖"。外国留学生工作在招生规模和国家来源上都有新突破。学校被评为潍坊市外事工作先进单位。

[科研工作]　加大学科建设力度，组织完成了校级重点学科的年度考核及新申报校级重点学科的评审工作，共评出校级重点学科 10 个，校级筹建学科 3 个。山东省民俗文化产业开发研究基地被省委宣传部确定为省级研究基地，多光子纠缠与操纵实验室被省科技厅批准成为省市共建重点实验室。

7 月 15 日，山东省民俗文化产业研究基地在潍坊学院揭牌

积极申报硕士学位授予单位，学校遴选出电子科学与技术、植物保护学、社会学三个上报学科，上报到省教育厅。科研成果和获奖的数量与质量全面提高，得上级各类科研计划立项 80 项，其中国家自然科学基金 2 项，国家星火计划项目 6 项，教育部科研计划项目 2 项，省科技发展计划项目 4 项，省自然科学基金项目 6 项，省社科规划项目 13 项。出版教材著作 43 部，发表论文 1304 篇，本学年度被 SCI、EI、ISTP、SSCI 收录检索达到 177 篇，创今年来最好成绩，其中 SCI 收录的论文数在全国高校中排名第 132 位。获得潍坊市科技进步奖 9 项，山东高校优秀科研成果奖 5 项，山东省文化艺术科学优秀成果奖 7 项，山东省计算机应用优秀成果奖 1 项，潍坊市社会科学优秀成果奖 142 项，3 项实用新型专利获得授权。

产学研结合取得新进展，积极组织、参加第四届海峡两岸人才与科技交流洽谈会暨"百名博士潍坊行"活动。与开美化学科技有限公司、潍坊恒安散热器集团有限公司、海龙股份有限公司签订的技术转让合同额已超过 100 万元。学术交流工作不断加强，成功承办了"'新时期比较文学 30 年'国际学术研讨会暨山东省比较文学学会年会"、"中华姓氏研究高层论坛"等大型国际、国内学术会议。聘请钱逸泰院士等 29 人为学校特聘教授、客座教授和兼职教授。

"新时期比较文学 30 年"国际学术研讨会暨山东省比较文学学会年会在潍坊学院召开

[人事管理工作]　按照学校人才建设规划，出台了《潍坊学院"人才工程"规划实施方案》，修订了人才引进优惠政策，加大高层次人才引进力度。重新修定了《潍坊学院教师培训进修管理规定》，加大了教师外出进修、攻读学位、岗前培训等工作力度。2008 年，共引进和培养博士、硕士研究生 201 人，6 人被评为潍坊市第九批专业技术拔尖人才，5 位教师获"潍坊青年科技奖"，9 位教师被外校聘为硕士生导师。选派了 30 余名基础较好、有发展潜力的教师外出进修学习，360 多名教师参加了现代教育技术培训，大大提高了师资队伍的整体素质。

进一步深化人事制度改革，完成了"三梯队"人才的届中考核，完成了岗位年度目标责任制考核和先进集体、先进个人的评选工作。人事档案管理更加规范，2008 年被中央组织部授予"档案管理一级单位"荣誉称号。

潍坊学院举行庆祝教师节新教师座谈会

[学生工作]　进一步加强大学生思想政治教育和管理

工作,学生的日常教育与管理工作更加规范和有效。召开了共青团潍坊学院第一次代表大会。举办了第八届大学生科技文化艺术节和第四届宿舍文化节。学校4名学生入选北京2008奥运会“中国故事”文化展示活动中英文讲解员,学校成为山东省唯一一所参与这一活动的高校;7名学生成为奥帆赛志愿者。做好“西部计划”大学生招募工作,5名毕业生赴新疆志愿服务、1名毕业生赴四川志愿服务。学校关心、帮助地震灾区学生的做法得到了山东省委高校工委的肯定。学校宿舍文化亮点突出,被山东省教育厅作为经验向全省高校推广。学校团委被共青团山东省委评为省级“先进团委”、全省大中专志愿者暑期“三下乡”社会实践活动优秀组织单位、“西部计划优秀组织单位”,被共青团潍坊市委评为市级“红旗团委”,大学生志愿者服务队被评为“潍坊市优秀青年志愿服务集体标兵”。学生素质不断提高。学生参加全国、省各类竞赛取得了优异成绩。共计获得国家级一等奖3项,二等奖3项,三等奖3项。省级各类竞赛活动中先后获得20余项奖项。11名学生获得13项专利。

潍坊学院举行预防艾滋病万人签名仪式

潍坊学院领导看望慰问带着癌症父亲上大学的唐晓青及其父亲

[招生就业工作]　进一步加大招生宣传力度,3次在齐鲁电视台“金榜工程”招生咨询节目中宣传学校建设与发展的成就,成功举办了“招生录取开放日”活动。2008年新生报考志愿率、生源总体质量均好于往年,志愿率和报到率都位居省内同类高校之首。

加强就业指导工作,完善各种就业服务,积极开拓就业市场,加大了就业推介力度,开展了“就业直通车进校园”等多项活动,举办了20余场潍坊学院毕业生专场招聘活动,13场校内隔周一次的招聘会,共有1000余家用人单位前来招聘,提供就业岗位20000余个,在就业形势日趋严峻的情况下,初次就业率达90%以上。编辑出版了《绿叶对根的情怀——2008届毕业生心语》文集,表现了毕业生对母校的眷恋之情。

潍坊学院举办高校艺考专业推介会

[后勤保障工作]　继续完善后勤工作承诺服务制度,进一步落实了后勤保障责任制,推进后勤工作的制度化、规范化、科学化。加强饮食卫生管理,被潍坊市卫生监督专家组评为食品卫生A级单位。积极做好节能减排工作,被授予“2008年全国城市节水示范校园”荣誉称号。实施校园绿化美化工程,学校被山东省建设厅授予省级“花园式单位”称号。学校公寓中心被评为山东省高校学生宿舍管理工作示范单位。在大学生中开展了预防艾滋病、乙型肝炎和肺结核等健康教育活动。

加强固定资产管理,以优异成绩通过了山东省专家组对学校固定资产管理工作的检查验收,在全市行政事业单位资产清查工作中被评为先进单位。进一步加强对中层领导干部经济责任审计、招标投标组织管理、经济合同审签、基建与修缮工程预决算审计,学校被山东省审计厅授予“2005～2007年山东省内部审计先进单位”荣誉称号。开展隐患治理年活动,被潍坊市评为2007年度消防平安创建先进单位,潍坊市涉外安全保卫工作先进单位,荣立2008年度潍坊市企事业单位内部治安保卫工作集体三等功。

学校党政领导人

书记:李庆芝

副书记、院长:王守伦

副书记:牛钟顺　鞠献利

副院长:王慧汉　冯滨鲁　李宗步　王清明　丁子信

纪委书记:鞠献利(兼)

学校地址:山东省潍坊市东风东街 5147 号

邮政编码:261061

联系电话:0536－8785256

电子邮箱:mrzhwf@163.com

(撰稿:马荣舟　孙创业　审稿:王守伦)

德州学院

[概况]　德州学院是经国家教育部批准建立的综合性普通本科院校。学校占地 131 万平方米,校舍建筑面积 66.09 万平方米,教学行政用房 28.6 万平方米,教学科研仪器设备总值 1.017 亿元,馆藏图书 178 万册,建有 41 个研究所(中心)。拥有设备先进的电视教学编辑系统和电视演播室及新闻中心,校园网是山东省教育科研计算机网的五个分中心之一。生物物理实验室是山东省高校生物物理重点实验室。学校现有教职工 1727 人,专任教师 1180 人。其中教授 74 人,副教授 496 人,已经取得博士学位教师 69 人,已经取得硕士学位教师 440 人,在读博士学位教师 33 人,在读硕士学位教师 32 人。学院现设有 21 个教学系,2 个教学部,1 个成人教育学院,1 个中专部。设有普通本科专业 49 个,专业设置涵盖了经济学、法学、教育学、文学、历史学、理学、工学、农学、医学和管理学等十大学科门类。现有全日制在校生 17525 人,成人教育在校生 8250 余人。

[党建与思想政治工作]　加强了思想政治教育,加快了工作指导转变。深入学习贯彻党的十七大和十七届三中全会精神,坚持"三个一"学习制度,抓好四个层面的学习,举办了寒、暑假处级干部研讨班和党务干部培训班,广泛开展了"讲党性、重品行、作表率"活动,全校各级党组织和广大师生在 5.12 汶川大地震发生后,自愿捐款 91.7 万元,捐棉被 256 床;共产党员主动交纳"特殊党费"35.97 万元,充分展现了一方有难、八方支援的中华美德。学校以改革开放三十周年为契机,认真贯彻落实科学发展观,开展了进一步解放思想大讨论活动,围绕学校的发展目标,着力解决阻碍学校发展的思想认识、工作作风、体制机制问题,破解发展难题,增强了发展意识,推动了学校又好又快发展。

加强了基层党组织建设和党员队伍建设。从学校党的建设的实际出发,根据学校机构改革和党员人数的变化,及时调整、组建党的基层组织,先后组建了医学系、农学系、中专部党总支和所属党支部,建立了卫校附属医院党支部,将纺织系、图书馆等六个直属党支部改建为党总支。创新基层党组织工作方式和活动方式,充分发挥党组织的政治核心和战斗堡垒作用。加大了在优秀中青年教师、教学骨干、学术带头人和大学生中发展党员的力度。2008 年共发展教职工党员 17 人,学生党员 399 人。组织"七.一"表彰大会,表彰先进基层党组织 19 个,优秀党员 109 人,激励各级党组织和广大党员争先创优、建功立业。

进一步加强基层领导班子建设。新组建了医学系、农学系、中专部和附院领导班子,调整充实了经管系、数学系、化学系等 11 个单位的领导班子,加强了基层部门的战斗力。按照党政领导干部选拔任用工作条例有关规定,调整选拔任用处级干部 56 名,其中,公开选拔处级干部 8 名;调整选拔任用科级干部 152 名。通过各类培训班,培训干部 550 人次,有效提高了干部队伍的整体素质。

加强了党风廉政建设。召开了全校反腐倡廉工作会议,全面落实党风廉政建设责任制,强调"一岗双责",建立健全教育、制度、监督并重的惩治和预防腐败体系,进行了警示教育,注重从源头上堵塞漏洞,收到了明显效果。

[综合管理]　坚持依法治校、科学管理、民主管理。召开了五届二次教代会,完善了领导干部联系系、班制度,学校领导接访制度,加强了书记、院长信箱的管理,进一步修订完善了教学、科研、学生管理、后勤、基建、财务、资产等各项规章制度,加强了平安校园和和谐校园建设,确保了奥运会、残奥会等重大活动、重要时段的安全稳定,被德州市委、市政府表彰为"奥运维稳暨安保工作先进集体"。

加强财务管理。本着实事求是、科学发展、和谐发展的原则,以"保工资、保运转、保稳定,促教学、促科研、促发展"为重点,客观科学统筹各项经费,增强院级资金调控能力,加大教学、科研投入,努力增收节支,实现了预算编制的预期目标。充分发挥会计核算工作的审核和监督作用,做好学校各项经济业务的核算和结算工作。努力规避财务风险、保障资金安全,积极做好各类资金的管理工作。积极筹措基本建设资金，2008年度共归还银行贷款本息4448万元，并以有限的资金保证了理科公教楼和两栋学生公寓的顺利竣工。加强了学费、住宿费的收缴管理工作，缴费率较2007年提高0.3个百分点。不断夯实会计基础，扎实做好会计工作，财务处被山东省委宣传部、山东省财政厅、山东省总工会授予山东省“会计工作先进集体”荣誉称号。2008年实现总收入19180.3万元，其中：财政拨款8085.89万元，教育事业收入10086.5万元；总支出20993.59万元，保障了各项教学、科研工作的正常开展。

加强资产管理，按照“建立权利、义务和责任相统一，管资产和管人、管事相结合的国有资产管理体制”要求，进一步加强“高等学校固定资产管理系统”的使用，落实管理责任。科学规划，精心组织，对德州学院教学行政及学生生活资源进行了充分调研，圆满完成了农校、卫校实质性合并及资产清查交接工作，使两校教学、科研尽快融入了德州学院的办学体系。加强实验室建设与管理，理顺实验室管理体制，完善出台了《德州学院实验维持费管理办法》、《德州学院仪器设备管理办法》。按照《实验教学示范中心建设标准》进行省级和校级示范中心建设，服装设计与工程实验教学中心被省教育厅评为省级实验教学示范中心筹建单位；聘请校外专家现场指导，由专家多次评议、评审推荐出四个校级实验教学示范中心。制定了《德州学院招标管理办法补充意见》和《德州学院评标文件》，进一步规范招标采购行为，同时加强招标信息库（评标专家库和供应商信息库）建设，努力提高招标采购的质量和效益。完成了校内物资招标采购和630万元仪器设备政府采购计划的编制、招标和安装验收工作。

加强后勤和产业管理。按照“严格管理、确保质量、好事办好”的总体目标，圆满完成了我校经济适用房“两证”办理和职工购房款的结算工作。着力保障和改善民生，一是原卫校教职工实现了集中供暖；二是投资42万元，与德州市委党校联合购买了新锅炉，解决了原农校教职工宿舍冬季供暖问题。全面落实责任制，确保饮食安全；加强水电暖设施的检查和维修，确保设备良性运行；严格管理，完善设施，加快技术改造，落实节约能源措施，继续对经营单位，社会化服务单位分类定量收费，实行预收费卡式水、电表管理模式，今年投资40余万元把职工宿舍的水表全部更换为卡式水表。提高服务质量，做好后勤保障工作：投资40万元新增一台400KVA变压器，保证了新工科楼和20、21号学生宿舍楼的供电，对南区办公楼总电线路进行更换，保证了教学工作的顺利进行。绿化、美化校园，创造优质的学习工作和生活环境，投资5万元对鉴塘湖进行了防渗改造，并种植了莲藕；全院新增种植树苗1500余棵，被德州市委、市政府授予“城区绿化先进单位”光荣称号。

加强民主管理。充分发挥教代会的各项职能，认真做好教代会代表提案的征集、督察、落实工作。对五届一次教代会暨工代会代表提出的涉及学院建设与发展、教学、科研、组织人事、财务、学生、后勤管理、安全保卫等工作的101条提案，进行了认真的分类整理和研究落实，开展了对五届一次教代会代表提案落实情况的督查工作。召开了五届二次教代会暨工代会，听取并审议了《院长工作报告》、《财务工作报告》、《工会工作报告》、《五届一次教代会暨工代会代表提案落实情况报告》。同时征集代表提案93份，并按提案内容整理分解为12大类，由各相关职能部门负责具体落实。

学生管理和就业。坚持科学发展观，全面贯彻落实中共中央、国务院16号文件精神，突出德育首位，以生为本，以“文明、诚信、求知、创新”为目标，强化教育，科学管理，突出服务，努力开创学生工作新局面。出台和落实了《德州学院辅导员工作条例》、《德州学院大学生思想政治教育工作教师专业技术职务晋升量化评价暂行办法》、《德州学院“辅导员名师工程”实施办法》等文件，完善了考核机制，解决了辅导员在职务晋升、职称评定方面的后顾之忧，极大地提高了辅导员的工作热情；建立了“校为主导、系为主体”的工作机制，为学生工作创造了较好的发展环境；修订实施了《德州学院系级综合测评办法》、《德州学院学生综合素质测评办法》、《校园卫生管理规定》、《奖学金评定管理条例》、《学生校内申诉处理规定》、《学生违纪处分条例》、《德州学院大学生科技竞赛项目管理办法》等规章制度，使学生工作进入了一个稳定健康的发展阶段。2008年获得省级先进班集体5个、省级优秀学生干部10人、省级优秀学生21人；省级优秀社会实践集体7个，优秀指导教师8人，优秀学生15人。评选出团学工作先进系7个，学生工作创新单位2个，就业工作先进单位6个，红旗团总支8个，先进班集体58个，优秀团支部47个。完善学生奖助体系，为4940名学生办理了生源地国家助学贷款申请手续，总到帐金额达2134.19万元，发放各类奖、助学金、学生临时生活补贴等1240余万元，提供勤工助学岗位1000多个，发放勤工助学金16万元。学生公寓的管理服务职能不断加强，举办了第四届宿舍文化艺术节和征文、演讲、寝室设计等各种竞赛活动，丰富了宿舍文化。学生社团快速发展，建立学生社团151个，其中院级社团37个，系级社团114个，开展文体、教育和科技创新活动500余次。

高度重视学生就业工作。把毕业生就业率做为考核各院系工作的重要指标,加大经费投入,加强就业基地建设。就业指导中心积极开展了就业指导、就业咨询、开拓就业市场、培训就业指导教师、加强就业网络服务和开设就业指导课等卓有成效的工作,成功举办山东省 2008 年大中专毕业生就业市场,就业率达到了 87.49%,位居全省高校前列。

[**教育教学**]　2008 年,学校在巩固评建成果的基础上,以人才培养模式改革和教学质量工程建设为重点,积极开展教育教学工作,取得显著成绩。

巩固评建工作成果扎实有效。进一步健全教学管理机构、完善各项规章制度、规范教务教学管理,实现了教学秩序稳定,工作程序规范,信息反馈迅速,问题处理及时。学校巩固评建成果的做法,在 2008 年山东省高等学校教务处长工作会议和山东省本科院校教务管理研讨会上,进行了大会交流。

人才培养模式改革成绩显著。学校以加强实践教学为重点的人才培养模式改革逐步深化,2008 年,考研录取 916 人;在第一届全国大学生节能减排社会实践与科技竞赛中,获国家一等奖 1 项、三等奖 1 项、优秀奖 1 项;在全国大学生数学建模竞赛中,获国家一等奖 1 项、二等奖 1 项,省一等奖 3 项、二等奖 1 项、三等奖 4 项;在山东省大学生电子设计竞赛中,获一等奖 4 项,二等奖 1 项,三等奖 2 项;在"毕昇杯"全国电子创新设计竞赛中,获国家一等奖 1 项、二等奖 1 项;在 2008 年"CCTV 杯"全国英语演讲比赛中,获国家优胜奖 1 项,省一等奖 1 项;2008 年"全国大学生英语竞赛"复赛,5 人获省一等奖,14 人获省二等奖,23 人获省三等奖;在山东省大学生机电产品创新设计竞赛中,获一等奖 2 项、二等奖 3 项、三等奖 3 项;在第 3 届"山东省高校音乐专业学生基本功比赛"中,获一等奖 1 项、二等奖 7 项,获学生全能本科组总分第二名;在山东省首届高校美术专业学生基本功比赛中,获二等奖 2 名,三等奖 5 名;在山东省校园语言才艺素质教育成果展示比赛中,6 人获 1 等奖,2 人获"十佳奖",学校综合成绩名列参赛各高校第一,并获团体冠军。

教学质量工程建设稳步开展。在省级精品课程、省级教学团队和省级特色专业的建设上实现了新突破。教师和教学管理人员发表教学研究论文 165 篇,其中核心期刊 40 篇。2 项省级教改课题通过鉴定,8 项教改课题被确定为山东省"十一五"教育科学研究课题,29 项被确定为"十一五"国家教育研究课题《我国高校应用型人才培养模式研究》子课题,《离散数学》被确定为 2008 年度省级精品课程,朱秀英为带头人的教学团队被确定为省级教学团队,思想政治教育专业被确定为山东省高等学校特色专业,实现了省级特色专业零的突破。

[**教师管理**]　坚持引进和培养并举方针,打造高素质的教师队伍。根据学校发展和教学科研的需要,积极采取各种措施,大力加强人才引进和教师培养力度,努力建设一支高水平、高素质的教师队伍。2008 年共引进博士研究生 13 人,硕士研究生 15 人;外出进修博士、硕士和国内外访问学者等 62 人,其中山东省教育厅资助国际合作、国内访问学者 10 人;回校博士研究生 6 人,硕士研究生 16 人;参加山东省高校教师现代教育技术培训并合格人员 206 人。涌现出山东省优秀共产党员 1 人、先进工作者 1 人;德州市优秀共产党员 2 人、优秀教育工作者 1 人、劳动模范 1 人。严格按照上级文件的规定和程序,遵循公开、公正、公平的评审原则,顺利完成了职称评聘工作,评审通过教授 10 人,副教授 21 人,讲师 126 人;教师外系列高级职称 2 人、中级 4 人。

建立、健全激励与约束措施,创新人才工作的机制。不断调整和完善各种津贴发放等激励机制,不断建立健全科学的人才管理机制和客观、公正的教师考核、评价机制,充分调动了教师的积极性和创造性。

强化服务意识,营造良好的用人环境。进一步强化服务意识和责任意识,不断转变工作作风,创新工作思路,多次召开各层次人才座谈会,协调有关部门切实关心人才的工作和生活,为人才的成长创造宽松和谐的人文环境。在教学科研上创造条件,努力让高层次人才有用武之地。加强重点学科的建设,拓展学科领域,为人才的成长与发展搭建平台;根据高层次人才教学、科研的需求,加大重点实验室建设,为高层次人才进行重点研究提供条件。

[**招生工作与学位**]　进一步扩大招生范围,优化生源结构,提高生源质量,扩大招生规模。生源范围扩大到 22 个省(市、自治区),一、二志愿报考率达到 100%。招收新生 5245 人(其中本科生 3860 人,专科生 1385 人),学院普通全日制本专科在校生达 17525 人(其中本科生 14156 人)。成人教育、中外合作办学快速发展,成人教育在校生 8250 人,中外合作办学在校生 231 人。

4 月份,学校顺利通过会计学、国际经济与贸易、新闻学、化学、生物技术、动物科学、学前教育七个专业学士学位授予权资格评估,目前,学校具有学士学位授予权资格的专业达到 30 个。

[**科技活动与科技成果**]　2008 年,德州学院通过对科研与学科建设进行科学定位,统筹规划,明确发展目标

与任务，采取优化资源、调整政策、建设平台、创新机制等措施调动全体教工科研与学科建设的积极性、主动性，推动科研与学科建设向高水平、高层次、高效益与突出特色的方向发展。

山东省高校重点实验室—生物物理实验室，2008年3月通过了山东省高校重点实验室专家组的评审检查，并得到专家组的高度评价。

学校积极拓展对外学术交流渠道，与众多国内外高校建立了广泛的合作关系，分别与西北农林科技大学、山东师范大学、山东科技大学、青岛科技大学、济南大学、山东经济学院等高校联合培养研究生，培养质量得到依托学校和用人单位的充分认可，为学校今后的研究生培养奠定了坚实基础。

广大教师的科研水平不断提高，学校科研实力不断增强，在国内外学术刊物上发表科研论文1086(首位)，其中在核心期刊发表532篇，被SCI收录55篇，EI收录12篇，ISTP收录17篇，在CSSCI来源期刊上发表53篇；出版专著10部，取得发明专利授权1项，实用新型专利授权1项；获得各级各类课题立项86项，其中国家社科规划课题1项，省部级课题立项11项(山东省自然科学基金课题5项，山东省社科规划课题6项)，市厅级课题立项57项(山东省教育厅课题7项，山东省文化厅课题6项，德州市科技发展计划项目21项，德州市社科规划课题23项)，国家级联合研究课题5项，横向课题12项；共争取科研经费191.58万元，其中横向课题经费151.2万元；通过省级课题鉴定2项，市厅级以上课题鉴定28项，获各级各类成果奖励147项，其中山东省社会科学优秀成果奖1项，山东省刘勰文艺评论奖1项，山东省高校优秀科研成果奖7项，山东省软科学优秀成果奖8项，山东省文化艺术科学优秀成果奖11项，德州市社科优秀成果奖70项，德州市科技进步奖13项，校级优秀科研成果奖30项，德州学院青年专业技术人员优秀科研成果奖6项。

学校重视学生创新精神和实践能力的培养，通过积极开展“挑战杯”科技竞赛、举办各类学术讲座营造浓厚的校园科技创新氛围，极大地激发了学生的个性发展和创新意识，学生积极参加科技创新和实践活动，创新意识和实践能力明显增强，取得了显著成绩，在全国第六届“挑战杯”大学生创业计竞赛中，获得省级特等奖1项、一等奖1项、二等奖1项、三等奖2项的优异成绩，学校荣获“省级优秀组织单位”的荣誉称号。

[服务德州行动计划全面展开] 制定并启动《德州学院服务德州行动计划(2007～2010)》，成立服务德州办公室，确立五大类服务德州的首批研发服务项目。以重点项目为载体，主要在科技支持、咨询服务、人才培养培训、地域文化研究等方面为地方提供服务与支持。该计划被德州市委副书记、市长吴翠云称赞为是一个“为地方经济社会发展服务的好计划”，并批转到县、市、区有关部门和单位。德州学院与德州市的11个县(市、区)签订了全面合作协议，直接服务于地方经济建设和社会发展的课题达380项，能够直接为地方经济开展研究的经费近千万元。学校在承担德州市中学教师和校长培训任务的同时，与德百集团、中化平原化工有限公司联合招收了200多名专科学员，

[对外交流与合作] 继续加强与俄罗斯、澳大利亚、美国、英国等国家的15所高校开展国际交流与合作关系。院长贺金玉与英国格林多大学(威尔士大学成员)人文学院院长理查德博士签署的教育合作项目作为山东省重点项目于11月25日在“中国山东第五届海内外高端人才交流暨技术项目洽谈会”上签约。中俄、中澳合作举办高等教育项目被批准，6个中外合作办学项目共招收学生104人，中外合作办学在校生231人。派出8位教师赴美国、澳大利亚做访问学者、参加国际学术会议，扩大了学校的国际影响力。

学院党政领导人

书记：任运河

副书记、院长：贺金玉

副院长：荆学松(2008年2月28日免职)

季桂起　巩建闽　李章泉　孙海滨

纪委书记：王凤良(2008年6月27日免职)

学院地址：德州市德城区大学西路566号

邮政编码：253023

联系电话：0534－8985800

(撰稿：李向阳　王红梅　审稿：贺金玉)

泰山学院

[概况] 泰山学院是2002年3月经国家教育部批准设立的一所全日制普通本科高等学校。学校坐落在泰山南麓，南邻省级旅游度假区——天平湖，占地面积1045亩，校舍建筑面积44万平方米，教学科研仪器设备总值7300万元，图书馆藏书132万册，各类期刊2200余种，建有电子文献资源库。学校有教职工1170人，其中专任教师799人，具有高级职称的教师360

人,具有博士、硕士学位的教师419人,有山东省教学名师、中青年学术骨干及各类专业技术拔尖人才15人。学校学科涵盖文学、理学、工学、管理学、法学、历史学、教育学、经济学等8个门类,其中文学、理学、教育学、管理学等有着几十年的办学历史,形成了在全省乃至全国较有影响的学科群。学校内设20个教学单位,47个本科专业,34个专科专业,面向全国招生,有全日制普通在校生1.5万余人,成人高等学历教育在籍学员3000余人。

2008年,是泰山学院举办高等教育50周年,也是学校确定的"教学评建年"。年内,学校加强党建和思想政治教育工作,广泛深入开展"解放思想大讨论"活动,回顾总结50年高等教育办学历程,进一步明确了办学指导思想和学校定位,凝炼弘扬了"勇攀奋进"的大学精神和"向善向上"的优良校风。学校坚持"服务地方、特色发展"的办学理念,以教学为中心,扎实推进教学质量与教学改革工程,加强内涵建设,切实做好迎接教育部本科教学工作水平评估准备工作,人才培养质量、科学研究水平和社会服务能力都有新提高,综合办学实力和竞争力不断增强。

[教学工作] 学校年初召开了第二次教学工作会议,进一步明确了今后两年学校教学工作的发展目标、基本思路和措施。为切实搞好迎接教育部本科教学工作水平评估工作,学校确定2008年为"教学评建年",并组织实施了32项"教学评建年"活动实施项目。通过在全校开展课堂教学达标创优竞赛、中青年教师教学竞赛和中老年教师教学观摩竞赛等活动,促进了教师课堂教学水平、学生基本技能训练水平和教学工作规范化管理水平的提高。加强了课程建设、教材建设和专业建设,新增省级精品课程1门,使全校省级精品课程达到了8门,在全省同类院校中位居前列;举办了首届优秀自编教材评选活动;新上本科专业3个;新增学士学位授权专业6个。加强了实践教学,组织开展了教师教育类专业应届毕业生教学技能竞赛活动,为3300余名学生进行了普通话测试。加强了教育技术资源建设和教改、教研工作,基本完成了全体专任教师的教育技术培训任务,举办了第二届优秀多媒体教学课件竞赛,省级精品课程及多数校级精品课程实现了网络共享;组织评定校级教学改革立项50余项,4项省级以上教改立项课题按期完成并结题,编印了教育教学研究论文集。进一步规范了教学管理,构建完善以日常教学保障体系、教学质量监控体系、教学研究运行体系、系级教学评估体系为主体的规范化管理机制;加强考风考纪建设,高职高专英语应用能力考试连续5年受到省教育厅通报表扬;开展试卷专项检查,加强了常规教学文档建设;严格学籍管理,首次对全体在校生实行了网上电子注册。学生学科竞赛成绩突出,共获国家级一等奖2个、二等奖2个、三等奖1个,省级特等奖1个、一等奖11个、二等奖2个。美术系、音乐系师生参加全省高校美术、音乐专业师生基本功比赛,获奖总数均居同类院校前列。学生考研再创佳绩,在全校1789名参加考研的同学中,上线925人,录取702人,上线率达51.7%,录取率达39.2%。圆满完成了普通类招生工作,从全国25个省市录取新生4777人(其中本科2905人,"3+2"专升本508人,专科1364人),稳定了普通教育办学规模。4773名本专科毕业生如期毕业,其中3746名本科毕业生获授学士学位。

[学生工作] 在学生思想教育方面,组织实施了理论武装、基础文明建设、大学生涯规划、法制安全教育四项工程。在学生管理方面,以院系学生工作考核为抓手,着力加强学生工作规范化、学风、班集体、先进典型示范四项建设。全年共评选出省级先进班集体4个,省级三好学生15个,省级优秀学生干部8个。在学生服务方面,坚持以学生为本,强化毕业生就业指导服务、心理健康教育与咨询、学生宿舍管理与服务、帮困助学四项工作。全年举办各种形式的招聘会150余场,为毕业生提供就业岗位万余个;为特困家庭234名毕业生发放求职补贴11.7万;学校被评为山东省高校心理健康教育工作先进集体,顺利通过了山东省高校学生宿舍检查评估;共有3445名学生获各类奖学金、助学金645.2万元;共争取社会奖学金16.2万元;为学生累计申办贷款达2258.15万余元;设立校内勤工助学岗位700多个,有3600名学生参加了校内劳动实践,共发放助学金53万余元;为1960名困难学生发放临时伙食补贴39.2万元,为地震灾区学生发放临时困难补助2万余元。在校园文化建设方面,着力打造校园文化工程、周末文化工程、"奥运风、泰山情"文化活动、校庆文化活动周四大文化活动品牌。在大学生素质拓展方面,以强化基地建设为重点,突出大学生志愿行动、大学生暑期社会实践活动、大学生科技创新活动、大学生社团活动四项特色工作。共有6名学生志愿服务新疆和四川灾区,学校连续五年被评为山东省大学生志愿服务西部计划优秀组织单位、连续四年被评为全国大中专学生志愿者暑期"三下乡"社会实践活动先进单位;在山东省"挑战杯"赛事中,学校获一等奖和三等奖各1项,并被评为优秀组织单位;岱蕾文学社喜获全国十佳文学社团称号。学校团委先后被授予山东省先进团委、泰安市五四红旗团委、"泰安市'泰山红叶'志愿服务先进单位"等称号。

[科研工作]　对上对外争取科研立项获得重大突破，全年共申报338个项目，有105项批准立项，其中国际合作1项，国家级3项(其中国家社科基金项目立项实现零的突破)，省、部级29项。立项数量比2007年翻一番，争取科研经费210.9万元，是2007年的7倍。大学生项目46项，获科研经费17.3万元，项目数和经费数名列驻泰高校首位。科研成果质量明显提高，全年共取得各类科研成果786项，其中专利6项，著作16部，被SCI、EI等收录论文116篇，1项成果获山东省社科二等奖；评出校内优秀科研成果50项、"抓科研促教学"优秀征文50篇。全年组织举办学术报告118场次、《泰山讲坛》14场，还举办了校内《博士论坛》、校庆"学术交流活动周"等活动。科研服务地方工作取得实效，搜集筛选了学校服务地方的有关项目，形成了服务地方的有关资料及学科介绍材料，与泰安市岱岳区签署了《科技合作协议》，与泰安市宁阳县进行了广泛交流，探讨了校地合作的有效形式与机制建设问题，承担了泰安市泰山区旅游规划、文物普查等项目。稳步推进信息化建设，拓展了教职工家庭联入校园网的范围，加强了校园网络管理，规范了二级网站建设，促进了校园网络的安全畅通和健康发展。

[师资队伍建设]　加强人才引进工作，全年共引进博士8人、硕士研究生36人，学校在职培养的7名博士、13名硕士研究生学成返校。加强智力引进工作，全年共聘请兼职教授、名誉教授31人。加强在职培养工作，8名教师考取了定向或委托培养博士研究生；开展了新教师的岗前培训和试用期满考核工作，58名符合条件的新教师转正定级；为66名符合条件的教师认定了高校教师资格。1名教师当选山东省旅游专家委员会成员；1名教师被评为省级教学名师，使全校省级教学名师达到了3人；1名教师荣获全省高校十大优秀教师称号；1名教师荣获山东省十佳大学外语青年教师教学能手称号；1名教师获泰安市首届优秀社科人才称号，2名教师获泰安市十佳社科人才称号；1名教师成为北京奥运会和残奥会裁判。加强优秀教学团队建设，组织完成了第二批校级优秀教学团队培养对象的评选工作，新增优秀教学团队培养对象7个。组织做好职称评聘工作，共评审通过教授6名、副教授17名、讲师41名，其他系列副高2名、中级3名；加强了师德考核；完成了2007年职称晋升人员的聘任工作。

[学科建设]　推进实施优势学科培育工程，学科建设水平得到有力提升。学校省级重点学科"计算机应用技术"顺利通过了山东省教育厅组织的考核验收，"有机化学"学科同时参加了此次验收汇报，专家组对学校的学科建设工作给予了充分肯定与积极评价。是年，学校还对首批6个校级优势学科培养对象进行了建设期满检查验收，在此基础上，学校遴选出"计算机科学与技术""化学""历史学"3个一级学科作为授权学科点，组织开展了硕士学位授予单位和学位点建设申报工作。

[成人教育]　继续教育方面，加强了校外函授站和网络教学辅导平台的建设与管理，完成了全年的面授教学任务。2005级有1043名学员合格毕业；2006级824名学员通过了毕业证电子注册。加大了开拓外地市生源工作力度，在全省成人教育学历招生报考人数下降3万多人的情况下，学校第一志愿报考人数和第一志愿上线人数都有大幅度增加，最后录取人数达到1150人。开放教育方面，成立了专门的招生办公室和网络教研室，下载整合课程教学资源100门；招生注册21个专业966人，比上一年增加401人。

[图书、学报工作]　图书馆全年投入276万余元购买图书7万余册，订期刊1538种，报纸55种；多方收集泰山文献567种、913册；接受社会捐赠图书340种、510册。组织广大师生捐赠图书5万余册。图书文献利用率不断提高，流通部借还图书65.8万册，接待读者近70万人次；阅览部接待读者40万人次，各种数据库检索量为28.8万人次，下载量达11.5万余篇。学报编辑部坚持正确的办刊方向，全年共编辑出版15期刊物，刊登文章689篇。据中国科学文献计量评价研究中心资料显示，《泰山学院学报》的"总被引频次""影响因子"等重要指标在山东省同类高校学报中，均名列前茅。

[综合管理]　人事管理制度改革进一步深化，初步形成了"按岗定责、按责考核、择优聘任"的人事管理运行机制，为建立"能进能出、能上能下、能高能低"的竞争激励机制，实现人事管理由"身份管理"向"岗位管理"的转变奠定了基础。加强了机构设置、岗位设置和人员编制管理，将6个系更名为二级学院，对两个专业设置进行了调整；积极争取新增教学、管理机构各一个，使全校内设机构达到了39个；根据上级要求，科学编制了管理、专业技术、工勤三类人员设岗方案，完成教职工编制实名制管理工作。认真做好工资、津贴调整发放和养老保险审核工作，学校被评为泰安市社会保险工作先进集体。

财务工作方面，加强预算管理，全年实际完成预算收入近1.3亿元，超预算完成11.5%，全年缴费额为7500万元，缴费率达98%，为历史最好水平；从严控制非教学性支出,继续加大对教学、科研、设备图书经费的投入力度,确保了教学科研和行政办公的正常运转;大力争取银行支持,全年办理续贷资金8200万元,新增贷款5960万元。审计工作方面,全年共参与招投标项目、物资采购验收项目、维修工程验收签证项目160余项;监督签订经济合同60余份;涉及资金近5000万元,实现了降本增效。国有资产管理处被评为2007年度泰安市行政事业单位资产清查先进单位。

学校党委办公室、院长办公室积极发挥调查研究、参谋助手、综合协调的作用,认真做好文字起草、公文处理、机要保密、信息报送、督查督办、法律事务、信访、接待、会务、车辆管理、印章管理、值班、收发等工作,管理服务水平进一步提高。综合档案管理与服务工作进一步加强,继续保持了山东省一级档案管理先进单位的荣誉称号。计划生育工作认真执行目标管理责任制,顺利通过了属地计划生育工作年终考核,获得了一等奖的好成绩。外事、侨务、港澳台事务工作进一步加强,外专外教工作顺利通过了省、市外专局的检查评估。

[办学条件建设] 加强实验室建设,全年共确定实验室建设项目54项,建设立项资金1081.1万元,完成36项,基本保证了教学工作的正常开展。化学实验教学示范中心被省教育厅评定为省级实验教学示范中心。切实做好物资采购供应工作,全年共组织招标41批次,签订合同64项,合同金额937万元,组织验收86次,其中新到设备验收51次、质保期满验收35次,出具验收报告105份。

在资金困难、建设用地不足的情况下,克服困难,实施了综合教学楼和实验楼两项校内插建工程,并于年内完成了主体工程。积极争取地方协调支持,继续开展了二期教职工公寓筹建工作。配合泰安市环山路建设工程指挥部,认真开展了占用土地置换、学校出入口选址定位等对接协调工作。后勤工作方面,投资90余万元,实施了岱园餐厅标准化改造;投资47.4万元,对岱园餐厅开水房燃煤锅炉实施了燃气锅炉改造;积极争取省财政补贴,在学生浴室顶层安装了日产热水22吨的太阳能集热系统。饮食、水电暖、维修、医疗、交通运输、卫生绿化、宿舍区管理等各项后勤日常保障工作及时到位,学校先后被评为泰安市"城市节水先进单位""食品卫生先进单位",并顺利通过了山东省节水先进单位验收和泰安市年度安全生产工作检查。

[平安校园、和谐校园建设] 规范和加强校门管理、车辆管理和外来人员管理,完善校园治安及突发事件快速反应机制建设。"5110"全年接、处警346起,其中伤病救助90起,联动服务100余起,维护了校园的安全稳定。做好大型活动的安全保卫工作,共审批各种大型活动100余次。强化消防安全管理,全面落实防火安全责任制,及时消除火灾隐患。全面做好政保工作,有力维护了学校的政治稳定。2008年,学校被授予泰安市"泰山防火先进单位"和"火炬传递先进单位"荣誉称号,被泰安市公安局岱岳区分局评为2007年度企事业内部安全保卫工作先进单位,警务区建设经验被公安部推广。加强学校民主管理,成功召开了一届三次教职工代表暨工会会员代表大会,有效维护了教职工的合法权益。积极组织开展了丰富多彩的文体活动和抗震救灾捐助、节假日慰问等"献爱心,送温暖"活动。加强教职工职业道德建设,组织开展了"十佳师德建设先进集体""十佳师德标兵""十佳职业道德先进个人"和"师德先进个人"等先进典型的评选表彰活动。学校工会被泰安市总工会评为2007年度全市工会财务工作先进单位,被泰安市市直工会评为2007年度工会工作先进单位。加强离退休人员管理和服务,关心老同志的生活和健康,开展大学生"人生导师"工程,发挥了老同志在大学生思想政治教育和教学督导等方面的积极性。

[庆祝建校50周年] 10月25日,泰山学院建校50周年庆典大会在学校体育场隆重举行。山东省人大常委会副主任鲍志强,山东省人民政府副秘书长、新闻发言人、应急办主任张德宽,中共泰安市委书记杨鲁豫,原山东省民政厅厅长王彦善,山东省教育厅副厅长陈光华,原泰安市政协副主席、原泰山学院党委书记张树禹,泰安市政协主席、原泰山学院党委书记高儒林,山东农业大学党委书记苗仲华,泰安市人大常委会副主任唐家品,山东财政学院党委书记、原泰山学院院长袁一堂,泰安军分区司令员刘士平,泰山学院党委书记田德全,泰山学院党委副书记、院长马春林在主席台前排就坐,学校领导韩兴印、刘克宽、韩兆东、张建东、高德海、王雷亭及各级领导、各界人士、广大校友、全体师生员工18000余人参加了庆祝大会。教育部,原河南省省委书记、中央财经领导小组副秘书长、泰山学院校友马忠臣,山东省副省长黄胜,以及韩国大邱大学、俄罗斯圣彼得堡人文大学、美国河滨加州大学等国际友好学校发来了贺信。田德全主持庆典大会,马春林致辞,刘克宽介绍与会领导和来宾。杨鲁豫、陈光华先后讲话,苗仲华代表兄弟院校致辞,教师代表、校友代表先后发言,学生代表献词。庆祝大会后,省市领导和来宾到校史馆观看了学校办学成就展。当晚,学校领导和广大校友、师生在文体馆共同观看了学校50周年校庆文艺晚会。

校庆期间，学校还举办了建校 50 周年书画展、座谈会等活动，各院系也结合各自实际组织广大校友和师生开展了内容丰富、形式多样的活动。整个 50 周年校庆活动坚持“隆重、热烈、节俭、务实”的原则，赢得了地方各级政府和广大校友及社会各界的大力支持，达到了“回顾历史、规划未来，彰显成就、扩大影响，加强联络、增进友谊，凝聚人心、加快发展”的目的，获得了圆满成功。

[全国近代物理研究会年会在学校召开]　7 月 18～19 日，由全国近代物理研究会、教育部高等学校物理学与天文学教学指导委员会、中国核物理学会教学专业组、山东省物理学会联合主办，泰山学院承办的第十七次全国原子、原子核物理研讨会暨全国近代物理研究会第十届年会在泰山学院召开。来自全国的近 150 名近代物理学界的代表出席会议并进行学术交流。泰安市人民政府副市长徐恩虎，泰山学院党委副书记、院长马春林出席开幕式并分别致辞。

[“纪念党的十一届三中全会召开 30 周年暨农村改革与中国现代化研讨会”成功举办]　12 月 26 日，由泰山学院主办的“纪念党的十一届三中全会召开 30 周年暨农村改革与中国现代化研讨会”在学校国际交流中心报告厅隆重举行。学校领导田德全、马春林、韩兴印、王雷亭，中央党校教授王海光，国防大学教授肖冬连，安徽省党史研究室原主任聂皖辉，《炎黄春秋》杂志社执行主编徐庆全，北京大学民营研究院特约研究员、河北大午集团监事长孙大午，山东省委党史研究室原副主任、教授丁龙嘉，诸城市委副秘书长、党史研究室主任许莉，泰安市委党史研究室原主任牛之营等应邀与会的专家出席开幕式。田德全在开幕式上讲话，韩兴印、王雷亭分别主持了上午和下午的研讨会。历史系蒋铁生教授及学生代表在研讨会上发言。与会专家分别就“农村改革的全局意义”“农村改革因何始于安徽、成于安徽”“万里在中国农村改革与发展中的历史性贡献”等问题作了主题报告。

学校党政领导人

书记：田德全

副书记、院长：马春林

副书记：韩兴印

副院长：刘克宽　韩兆东　张建东　高德海　王雷亭

学校地址：泰安市迎宾大道中段

邮政编码：271021

联系电话：0538－6715511　6715599　6715577

传　真：0538－6715521

（撰稿：田兆胜　许兆宝　审稿：刘太来）

枣庄学院

[概况]　枣庄学院是一所经教育部批准的全日制普通本科院校，学院占地面积 1083 亩，建筑面积约 30 万平方米，仪器设备总值 6568 万元，馆藏图书 108 万册；设有中文、政法与历史学、外国语、数学与信息科学、物理与电子工程、化学化工、生命科学、旅游与资源环境、体育、音乐、美术、财经、教育技术与传播、计算机科学等 14 个系，33 个本科专业，34 个专科专业；教职工 890 人，其中专任教师 565 人，教师中具有硕士、博士学位的 313 人，在读硕士、博士教师 118 人，具有副高级以上职称的 193 人；在校生来自美国、韩国和全国 24 个省 12000 余人。

学院公开出版《枣庄学院学报》和《枣庄学院报》，成立了煤化工学院、墨子研究院、运河文化研究院、煤化工研究所、学习科学研究所、古文化研究所和机电工程研究所等 14 个系级研究所，有些成果在国内学术界产生了较大影响。

学院积极开展国际教育交流合作，与美国、俄罗斯、日本、韩国的多所大学建立了友好学校关系，与澳大利亚南岸职业技术及继续教育学院、法国南特大学合作办学。

学院坚持“求知重能，求新重实，求精重质”的办学理念，明确了“立足枣庄、服务山东、面向全国、走向世界，把学院建设成为特色鲜明、规模适度、结构合理、质量优异、效益显著的教学型高水平地方综合性大学”的办学定位，确立了“合格、强校、名校”三步走的发展战略，并扎扎实实迈出了第一步。秉承“兼爱、尚贤、博物、戴行”的校训，大力弘扬学院精神：即艰苦奋斗的创业精神，敢为人先的创新精神，爱校如家的主人精神，求同存异的团结精神，令行禁止的忠诚精神，努力在全院形成一家人，一条心，一股劲，干事创业的良好氛围。按照“一二三四五”的工作目标和工作思路：“一”是明确一个奋斗目标，即坚定不移地创建特色名校；“二”是坚持两项创新，即思想观念和办学机制创新；“三”是强化三项措施，即以评估为契机、以改革为动力、以考核为抓手；“四”是实施四大战略，即质量立校、科技强校、人才兴校、服务活校；“五”是实现五大新突破，即教育教学质量、学科专业建设、科研水平、校园文化建设、基本建设新突破;努力实现学院科学发展、和谐发展、创新发展。

近年来,学院以其优异的教育教学质量和管理水平,先后荣获"枣庄市突出贡献单位""山东省党建和思想政治工作先进高等学校""山东省德育工作优秀高校",省级"花园式单位";连续 11 年被评为省级文明单位,15 次被中宣部、教育部、团中央和全国学联授予"全国大学生社会实践活动先进单位"称号,连续 14 年保持全国"模范职工之家"荣誉称号。

[党建与思想政治工作] 学院党委不断加强自身建设,完善了党委中心组理论学习制度,相继举办了十七大精神辅导报告和理论研讨会,组织全体师生认真学习十七大和十七届三中全会精神;为进一步提高教职工的政治理论水平,请院领导为教职工做了三场精彩的理论学习专题报告。修订完善了系、部门工作考核和处、科级干部考核办法,认真做好考核工作;举办了寒暑假处级干部培训班和首届科级干部培训班,收到了良好效果;结合纪念改革开放 30 周年活动,举办了纪念改革开放 30 周年"和谐枣院"师生书画展、解放思想大讨论和建党 87 周年庆祝大会,开展了无党派人士政治交接主题教育活动;中央电视台与我院联合拍摄的专题片《凤鸣九龙山上学兴墨子故里》在中央电视台、山东卫视、山东有线电视台播出,在社会上引起广泛影响;学院拍摄的专题片《春风化雨谱和谐》获得山东高校"党建和思想政治工作优秀新闻"奖;举办了第二届"学生心目中的十大优秀教师"评选表彰和青年教师职业道德知识竞赛;在抗震救灾活动中,我院积极开展捐款、捐物、献血等爱心捐助活动,捐款金额达到 61 万余元,1 名同学入选"抗震救灾专项行动"志愿者。

学院认真贯彻落实中央和省委关于党风廉政建设的规定,多措并举,认真落实党风廉政建设责任制;进一步加强党内监督、行政监督、群众监督和舆论监督,加大审计工作力度,大力实施阳光工程,关口前移,防微杜渐。

枣庄学院省级计算机实验教学示范中心挂牌仪式

[教育教学] 2008 年,学院大力实施教学质量工程,按照本科教学工作水平评估的指标要求,重点推进系级本科教学工作水平评估,聘请校外专家到校指导,组织有关部门和系进一步完善了系级本科教学水平评估工作实施方案;对照系级本科教学工作水平评估指标体系,大力加强系级内部管理,初步建立了各系自查和院级评估相结合的系级规范化建设的长效机制,进一步规范了院系教学管理,本科教学工作水平评估的各项准备工作扎实有效。学院顺利通过了学士学位授予单位评估,成为学士学位授予单位;语文教育、数学教育专业获省级特色专业,数学分析、光学获省级精品课程;首届本科生考研成绩优异,全院录取率达 36%,生命科学系考研录取率高达 77%,全院考研学生中被 211 工程院校、中国科学院、中国军事医学科学院、985 院校录取 126 人,有 3 名学生被确定为硕博连读;为推动实验教学改革和实验技术创新,促进新的实验教学体系建设,加强学生实践能力与创新能力培养,学院开展了实验教学、实验技术改革立项,取得良好效果。计算机实验教学中心被评为省级实验教学示范中心,在山东省地方本科院校中率先突破。2008 年,学院面向全国 24 个省招生 4238 人,在校生达 12438 人,其中本科生 7248 人;学院大力加强教学团队建设,遴选建设了首批 3 个优秀教学团队,评选了第二届教学名师 4 人;加大了教研室建设力度,调整充实了 71 个教研室,召开了第一次教研室工作会议;新增对外汉语、应用化学、市场营销、学前教育等专业;深入开展了"教风学风建设月"活动,对教学评价后 5%的教师开展了督导听课,各系广泛开展了教学研究周活动,学院在生命科学系召开了教学管理现场会,推广生命科学系教学管理经验,收到了很好的效果;举办了首届优秀毕业论文(设计)展览;积极组织大学生参加各级、各类科技大赛并取得优异成绩:在全省首届高校美术专业师生基本功比赛中,美术系参赛师生大获全胜,载誉而归;体育系在山东省高校首届田径锦标赛上获 17 枚金牌,在山东省大学生健美体操大赛上获团体总分第三名;在山东省第五届大学生机电产品创新设计竞赛、齐鲁大学生软件设计大赛、大学生电子设计大赛、山东省第二届挑战杯创业计划竞赛、数学建模比赛和全国 ITAT 技能大赛中获国家、省级奖励 22 项并获优秀组织单位称号。

枣庄学院学士学位授予单位评审汇报会

[人才队伍建设]　按照"136"人才工程建设方案，加快师资队伍建设步伐，引进博士研究生7人，其中博士后1人，硕士研究生33人；选派4人定向攻读博士研究生，在职申请硕士学位教师32人，中青年骨干教师培训13人；新增特聘教授8名，系级特聘教授总数达到了25人；专业技术人员职称评审，学院想方设法，增设岗位，积极争取上级支持，4人获得教授职务资格，11人获得副教授职务资格，31人获得讲师职务资格；与聊城大学合作培养硕士研究生，有4人被聘为硕士研究生导师；有6人参加枣庄市有突出贡献中青年专家评选；有3位教师获省教育厅国际合作培养项目资助、1人获国内访问学者项目资助、2人当选枣庄市2008年度有突出贡献中青年专家。同时，按照事业单位改革的要求，积极稳妥地做好学院岗位设置、人员分类管理的上报工作。

枣庄学院煤化工学院、运河文化研究院揭牌仪式

[学科建设与科研工作]　全面实施"三高促进计划"，科研工作取得重大突破。课程与教学论获省级重点学科；全面落实"服务枣庄行动计划"，紧紧围绕"江北水乡·运河古城"建设和枣庄市八大产业集群，启动了11个服务社会项目，在光明日报刊登了"墨子研究系列丛书"与"运河文化研究系列丛书"招标公告，选派优秀专业技术人员到地方企业挂职，加强了与鲁化、国泰、海化等多家企业的合作，成功举行了煤化工学院、运河文化研究院揭牌仪式，加强运河文化、台儿庄大战研究，充分发挥学院人才、智力优势，以服务做贡献，以贡献求支持；为鼓励教师多出成果、出高水平成果，召开了科研工作奖励大会，对2007年度科研工作的先进单位和先进个人表彰奖励。2008年科研立项工作取得大丰收，获国家级科研课题3项，获省部级科研课题15项，获市厅级和横向科研课题21项。在科研成果方面，有19项成果获山东省第22次社科优秀成果奖、山东省文化艺术科学优秀成果奖和枣庄市第十六次社会科学优秀成果奖，有11项上级科研课题通过鉴定。

[精细化管理]　学院全面实施精细化管理，每一个步骤都精心，每一个环节都精细，每一项工作都做成精品，不断提高管理水平。大力加强制度和规范化建设，用制度管人管事，使管理工作科学、协调、高效。推进节约型校园建设，学院出台了进一步加强节约型校园建设的意见，并加强了督促检查，节约型校园建设扎实有效。结合创建"两好一高"活动，加强机关作风建设，进一步增强了服务意识，提高了服务水平。严格财经纪律，加强了财务预算和管理。稳步推进后勤社会化改革，后勤服务质量进一步提高。清理规范临时用工，规避用工风险。首次对实验室建设项目和教学科研仪器设备使用效益进行了考核，推动了实验室建设与管理水平的提高。加强国有资产管理，实现了国有资产管理的规范化、制度化、信息化；妥善做好了国有资产的处置工作，维护了学院利益；全面做好了全省固定资产检查验收的各项准备工作，理清了家底。坚持对项目招投标、经济活动的全过程监督和经济责任审计，提高了民主监督和决策工作的透明度。

[德育工作]　始终把德育放在学生教育工作的首位，坚持以理想信念教育为核心，以科技创新和社会实践活动为载体，强化大学生素质教育。大力加强学生的文明感恩教育，毕业生文明离校、安全离校教育活动丰富多彩，扎实有效，全体毕业生满怀对学院的感恩眷恋之情文明离校；毕业生为母校捐赠的感恩石、栽种的铭恩林已成为学院靓丽风景；隆重举行2008届毕业典礼暨学位授予仪式，为首届1537名本科毕业生颁发学士学位；成功举办了2008届毕业生就业供需见面会，初次总体就业率为77.5%；不断完善以"奖、贷、助、补、减"为主要内容的学生资助政策体系，对11名四川地震灾区的学生减免了学费，并注重做好了他们的心理帮扶工作。2008年山东志达化工有限公司向我院提供20万元的助学金，用于资助或奖励家庭经济困难且品学兼优的学生。加强学院与家长沟通，坚持《学生家庭报告书》制度。召开了第二届"十大自强自立学生标

兵”表彰会和文明礼仪风采大赛,11名同学被选拔为2008年服务西部计划志愿者。在山东省第二届大学生艺术展演活动中获一等奖1项、二等奖11项、三等奖19项、校长风采奖1项,同时获优秀组织奖和精神风貌奖。

[平安和谐校园建设] 学院加大了综合治理工作力度,与各系、各部门负责人签订了年度安全工作责任书和消防安全工作责任书,出台了《枣庄学院奥运安保工作方案》,举行了新生消防演习和2008年消防疏散实战演习,“平安校园”建设取得明显成效;为加强学生的安全教育,成立了大学生安全协会,提高了学生自我管理的能力;加强国防教育和征兵宣传,有14名大学生应征入伍。进一步加强了校园文体活动,举办了首届教职工登山比赛和第三届教职工趣味运动会,全员、全院、全年开展的文体活动,增强了教职工的凝聚力,学院氛围更加和谐。

召开了一届三次教代会暨工代会,调动了广大教职工参与学校管理的积极性。实行了院领导接访日制度加强校务公开,广泛听取民意,集中民智,院领导坚持深入到联系系和分管部门加强调研指导。学院把实现好、维护好、发展好教职工的根本利益作为一切工作的出发点和落脚点,多方协调,想方设法解决了教职工子女跨辖区入托和上学问题,努力为教职工配偶和子女就业提供帮助,千方百计筹措资金,提高教职工待遇。

[对外交流与合作] 大力加强与国外高水平大学和科研机构的学术交流与合作,与韩国平泽大学建立了友好学校关系,与北京涉外经济学院就国际合作办学进行了广泛合作;本年度共聘请了8名外教来校任教;接待了韩国平泽大学艺术访问团和台湾文艺界大陆访问团,与台湾勤益科技大学签署了学术交流协议;韩国独资企业枣庄新韩乐器有限公司在学院设立了“新韩乐器基金”;涉外留学和留学生教育取得新进展,与法国南特大学联合举办的中法合作班进展顺利。

学校党政领导人

书记、院长:张良成

副书记:胡小林

副院长:曹胜强　曾宪明　李进京　颜世昌

纪委书记:高庆喜

学校地址:枣庄市市中区学院路

邮政编码:277160

联系电话:0632—3786716　3786715

传　真:0632—3786700

(撰稿:仝锡文　审稿:王维忠)

菏泽学院

[概况] 菏泽学院位于菏泽市北郊,是全市唯一的综合性全日制普通本科高校。2008年,学校有校本部、东校区、西校区3个教学生活区,占地面积1400余亩,建筑面积47万余平方米,仪器设备总值6000多万元,馆藏纸质图书100余万册、电子图书75.5万册,并有现代化电子图书阅览系统。共设中层机构46个,其中党政机构15个、群团机构2个、教学单位24个、教辅部门3个、附属单位2个。教职工1300余人,全日制在校生18000余人,成人教育、远程教育和职业教育在籍生13000余人。

[党建工作] 按照中央和省市委统一部署和要求,全校党员干部深入学习了党的十七大和十七届三中全会精神。2月,党委召开全校工作会议,对学校“353”发展战略第一阶段工作进行总结,对“353”发展战略第二阶段的任务进行了部署,对2008年的各项工作做了安排。贯彻省委高校工委《关于在全省高校开展解放思想大讨论的通知》精神,开展了解放思想大讨论活动。

9月18日,党委召开2008～2009学年工作会议,党委书记张存金作了题为《务实高效改革创新努力推进学校各项事业科学发展》的重要讲话,认真总结了学校建院升本以来取得的成绩,深刻分析了学校发展面临的困难和机遇,进一步明确了学校办学思路和发展目标。

为深入贯彻党的十七大精神,推动改革开放30周年纪念活动的广泛开展,9月,学校下发《关于组织开展纪念改革开放30周年活动的通知》,对改革开放30周年纪念活动进行安排部署。为深入贯彻落实科学发展观,进一步加强干部队伍思想作风建设,按照“高境界、高标准、高效率、高效益”的工作要求,11月份,在全校开展了为期一个月的干部队伍思想作风集中教育活动。通过集中教育活动,广大干部学习上得到启迪,思想上得到警悟,作风上得到改善,工作上得到促进。12月18日,全校师生认真收听收看了“纪念党的十一届三中全会召开30周年大会”实况。

全年举办两期入党积极分子培训班,培训入党积极分子3600余人，发展党员922名，截至年底，共有26个党总支，53个教工党支部，32个学生党支部，党员1996名。6月，隆重召开庆祝建党87周年大会，对16个先进基层党组织、171名优秀共产党员、30名优秀党务工作者进行了表彰。

[专业建设] 1月，教育部批准新设日语、音乐表演、信息与计算科学、农学4个本科专业，新设的4个本科专业当年招生。12月，教育部批准新设小学教育、学前教育、广播电视新闻学3个本科专业。截至年底，学校共有本专科专业72个，其中本科专业35个、专科专业37个，涵盖经济学、文学、理学、工学、农学、教育学、管理学、历史学、法学9大学科门类。《写作》课程被评为省级精品课程，学校省级精品课程达到5门。5月，学校顺利通过了学士学位授予权资格单位评审，汉语言文学、数学与应用数学、物理学、生物学4个本科专业取得学士学位授予权。

[教学科研] 坚持以教学为中心，全面加强教学管理，提高教育质量。916名专科学生升入本科学习，首届995名本科毕业生考研录取325人，考研率达24%。6月，学校举行了首届本科毕业生学士学位授予仪式。学生积极参加省内有关综合性比赛和专项竞赛，如山东省高校音乐专业师生基本功大赛、美术专业师生基本功大赛、大学生物理教学大赛、大学生机电产品创新设计大赛、大学生电子设计竞赛、大学生创业计划竞赛、大学生科技文化艺术节等，均取得优异成绩。出台《优秀教学团队建设实施办法(试行)》，评出6个校级优秀教学团队，物理学主干课程教学团队被确定为省级优秀教学团队。

为迎接本科教学工作水平评估，学校制订了《菏泽学院2008年教学工作水平评估自评工作方案》，本着“以评促建、以评促改、以评促管、评建结合、重在建设”的原则，正式启动了教学水平自查自评工作。年底前，学校初步完成了对各单位自查自评工作的检查，对发现的问题进行了梳理，并组织有关部门对照标准进行积极整改。

广泛开展学术交流活动，40余位专家学者前来讲学。承办了山东省心理学会第十届会员代表大会、菏泽市心理学会第六次会员大会等重要学术会议。积极组织申报各类科研立项，全年共申报了省部级立项6项，厅、市级项目18项，获省级奖励4项，厅、市级奖励45项，校级奖励50项，校级奖励29项。研究课题《黑洞的热效应及量子效应》荣获全省自然科学三等奖。研究项目“量子光学中连续变量纠缠态新表象的构建及应用”获省自然科学基金项目支持，理论物理被正式列为山东省“十一五”省级重点学科。

[招生就业] 2008年学校普通本、专科招生计划5120人，实际报到新生5516人，超出计划396人。2008届本、专科毕业生3701人，在就业压力较往年更大的情况下，学校积极实施就业工作“一把手”工程，及时解决就业工作中出现的问题。进一步拓宽就业渠道，想方设法促进毕业生就业，毕业生初次总就业率达到了92.9%，在全省同类院校中名列前茅。积极为毕业生就业搭建平台，3月，承办了菏泽市2008年大中专毕业生暨人才交流会，省内外230个用人单位参加本次招聘会，提供就业岗位3160个，共接洽毕业生1.5万人次，3850人次达成就业意向。

[办学条件] 新建1.2万平方米机电楼投入使用，机电系自西校区搬出迁至机电楼。投入300万元用于图书资料购置，投入700万元用于教学实验仪器设备购置，进一步完善了办学条件。积极办理二期工程首批260亩建设用地征地手续，运作西校区置换。教工小区建设进展顺利。

通过公开招考招聘，共引进硕士以上高层次人才28名。截至2008年底，学校具有硕士、博士学位的教师389人。对近年来引进的人才进行了期满考核，制定了《2008～2009年引进硕士以上专业技术人才的实施办法》，启动了引进90名各专业人才工作。开展了首届“大学生心目中的十佳教师”评选活动，10位教师当选为大学生心目中的“十佳教师”，10位教师当选为大学生心目中的“优秀教师”。1名教师被评为第四届山东省高校教学名师，1名教师被评为山东省青年知识分子标兵。

[民主管理] 3月，郁章玉院长参加了十一届全国人大一次会议，并在会上积极建言献策。4月28日，学校组织召开了一届三次教代会，大会审议通过了学校工作报告和财务工作报告、工会经费收支情况审查报告、提案处理情况审查报告及教职工住宅小区选房办法。会议充分发扬民主，为教职工参与学校重大决策和民主管理提供了平台。举行了在校工作的省市人大代表、政协委员座谈会，鼓励大家为学校和地方经济社会发展献计献策。高度重视团结稳定工作，召开了宣传思想与安全稳定工作会议，平安校园、文明校园、和谐校园建设工作取得了显著成绩。

[开放办学] 接待了韩国成明大学、山东工商学院、潍坊医学院等多所高校访问，与美国格瑞贝特森学院16名来访师生进行了交流。山东省柳子剧团为师生送来

了戏曲文化。党委书记张存金同志参加了在临沂师范学院召开的全国新建本科院校联席会议暨第八次工作研讨会,与来自全国各地124所新建本科院校的党委书记、校长等共谋新建本科院校建设发展大计。12月,评出改革开放30年学校10件大事。“菏泽学院成立”入选“菏泽改革开放30年30事暨10件大事”。

[领导关怀] 山东省市各级领导十分关注菏泽学院的建设与发展。4月6日,山东省委书记姜异康莅临学校视察工作,受到师生的热烈欢迎。4月10日,副省长郭兆信来校视察,对学校的工作给予了充分肯定。4月19日,副省长黄胜莅临学校考察调研。

9月10日,菏泽市市长刘士合带领市直有关部门及金融单位的负责同志一行26人,专门来校召开了现场办公会,对学校发展及迎评工作提出了具体明确的希望和要求,对资金、人才引进、西校区置换和征地、二期工程建设等事关学校长远和大局的重要问题,提出了明确的意见。

[思想政治教育] 学校坚持把思想政治工作放在各项工作的首位,进一步增强了思想政治教育的实效性。全校师生积极参加汶川大地震抗震救灾捐助活动,向地震灾区捐款共计103.3万余元。加强辅导员建设,选拔15名辅导员参加省委高校工委举办的辅导员培训班,两位同志被授予“第二届山东高校优秀辅导员”荣誉称号。加强学生工作制度建设,出台了加强学生教育管理的实施意见。加强中国特色社会主义理论体系和社会主义核心价值体系教育,帮助学生树立正确的世界观、人生观、价值观,1名学生被评为山东高校十大优秀学生。广泛开展了“迎奥运、讲文明、树新风”活动,营造了浓郁的奥运氛围,有效保障了奥运前后的安全稳定。召开优秀学生表彰大会,15名舍己救人、见义勇为、拾金不昧、助人为乐的优秀学生受到隆重表彰。召开学生管理工作调度会,总结新学期开学以来学生管理工作的经验教训,对今后做好学生管理工作提出了明确要求。积极开展心理健康周活动,培养学生良好的人格和健康的心理品格,共青团中央首位“青少年网络文明爱心大使”陶宏开教授来校与学生进行了交流。进一步加大学生资助力度,办理学生贷款808万元,发放国家、省和学校奖助学金822万元,发放学生勤工助学岗位酬金30余万元。加强学生就业指导,新东方总裁俞敏洪为学生作了就业指导讲座。组织开展了大学生“三下乡”、“四进社区”社会实践活动,举行了第四届大学生科技文化艺术节、第三届大学生读书节等活动。31名毕业生应征士官入伍。学校被评为全国大中专学生志愿者暑期“三下乡”社会实践活动先进单位、山东省高校德育工作优秀高校、山东省国家安全人民防线工作先进单位、山东省职工迎奥运先进单位、山东省大学生志愿服务西部计划实施工作优秀组织单位、全省高校学生宿舍管理工作先进单位,菏泽市“十佳职业道德先进单位”。

学校党政领导人

书记:韩广洁(2008年6月离职)

张存金(2008年6月任职)

副书记、院长:郁章玉

副书记:霍保银

副院长:刘从连　朱保华　于福存　刘春华

纪委书记:王宗科

学校地址:菏泽市大学路2269号

邮政编码:274015

联系电话:0530－5525775　5525952

传　真:0530－5529585

(撰稿:武尚民　审稿:孟令美)

济宁学院

[概况] 济宁学院是2007年3月经教育部批准,由济宁师专改建成立的一所普通高等本科院校。学院坐落在孔子故里,沂水之滨,环境优美,文化氛围浓厚。经过近60年的办学砥砺,学校已形成鲜明的办学特色。

学校现占地1427亩,建筑面积35.8万平方米。其中,教学区建筑单体11个,18.9万平方米。图书馆藏有纸质图书94.93万册,中外文期刊5800余种、8.92万册,电子图书22.13万册,近10年国内中文全文电子期刊和硕、博士论文数据库共计2800万篇。

学校教学仪器设备固定资产总值5200余万元。拥有电脑音乐制作系统、激光拉曼光谱仪、啤酒自酿设备、全自动凝胶成像系统等一批较为先进的大型仪器设备;拥有多媒体教室54口、语音室8口;拥有大学生心理咨询中心、学生体质健康标准测试中心和8个实验中心、91个实验室。拥有2所附属中学、2所附属小学。校园网使用千兆以太网技术,集网络管理、教学管理、教学资源、远程教育、教师培训等功能于一体。

学校设有13个教学系、2个公共教学部和2个内设学院。学校设有46个专业(其中本科专业14个,专科专业32个),涵盖文学、历史学、法学、教育学、理学、工学、管理学7大学科门类，初步形成了文理工协调发展、教师教育与非教师教育并举的办学格局。学校现有教职工936人，专任教师647人。其中教授32人，副教授140人；博士23人，硕士318人。现有全日制在校生9677人。

[党建和精神文明建设] 把深入学习贯彻党的十七大精神和科学发展观作为首要的政治任务。落实党委中心组学习制度；加强对教职工日常政治理论学习的检查、督导和考核；做好党的十七大精神进课堂、进教材、进学生头脑的工作。

加强党委班子自身建设。校党委把班子自身建设作为党建工作的重中之重，形成了济宁学院首届强有力的领导核心。制订《济宁学院党委会议事规则》《济宁学院党委书记办公会会议制度》《济宁学院院长办公会议事制度》，推进了党务、行政工作的制度化、民主化、科学化、规范化进程。

抓好党的基层组织建设和党员队伍建设。坚持理论学习，组织全体党员干部认真学习党和各级政府的重要文献、文件。做好基层党组织的调整和设置工作，将各系党支部改建为党总支。认真做好党员发展工作，共发展党员376名。推进党校主阵地建设，做好党校培训工作。举办党校第二十七期普遍培训班，培训学员2400余人；举办党校第六、七期重点培训班，培训学员500余人。开展党内创先争优评比表彰工作。学校表彰先进基层党组织11个，优秀共产党员58人，优秀党务工作者11人；2人获山东省高校优秀共产党员称号，2人获市优秀共产党员称号；机关六支部获省先进基层党组织称号，附中党委获市先进基层党组织称号。做好党员信息库的维护更新工作，完成了2008年度党员信息上报工作。出台了《中共济宁学院委员会关于进一步做好新时期在大学生中发展党员工作的意见》《中共济宁学院委员会关于加强党总支、党支部建设的暂行规定》《中共济宁学院委员会关于建立大学生党支部的意见》等5个党建工作文件。积极有效地组织党员干部开展了支援抗震救灾活动。

认真学习贯彻落实胡锦涛同志“6.25”讲话和在中央纪委七次全委会上的讲话精神以及《中共山东省委关于加强领导干部作风建设的意见》，严格实行党风廉政建设责任制，高度重视落实群众来信来访，着力抓好干部作风建设，切实抓好干部的廉洁自律，切实从源头上杜绝了腐败的滋生。

学校坚持“以人为本、德育为先”，结合地域文化优势，实施以儒家文化为主要内容的特色德育，取得了显著的德育效果。以科学发展观统领全局，以社会主义核心价值体系为引领，以加强大学生人文素质教育为重点，以举办学院首届大学生科技文化艺术节和揭牌庆典文艺演出为契机，广泛开展形式多样、积极向上的校园文化活动，努力实施校园文化建设工程，创建“文明校园”。在学院首届大学生科技文化艺术节中，隆重举行了千人大合唱比赛、“奥运杯”首届大学生足球联赛以及美国高中生来校演出等17项丰富多彩的校园文化活动，直接参与的学生达16000余人次。在学院揭牌庆典系列活动中，成功举办了“庆揭牌迎评估”第三届校园主持人大赛、第二届校园“十佳歌手”大赛、“庆揭牌展风采”迎新杯大学生篮球联赛、“庆揭牌展风采”济宁学院万人冬季长跑活动、济宁学院首届志愿者形象大使比赛、“圣地希望”揭牌庆典暨本科教学迎评启动文艺晚会，极大地丰富了学生校园文化生活，营造了健康高雅的校园文化环境。

[教学工作] 继续贯彻落实教育部、财政部《关于实施本科教学质量与教学改革工程的意见》，坚持质量立校。学校以迎接教育部本科教学评估为契机，积极探索专业发展新模式，提升专业建设水平；加强教学管理，规范教学行为，提高教学质量；加强精品课程建设，加大省级精品课程的督查和监管力度；探索以能力培养为核心的教学模式，完善人才培养方案，积极推进素质教育。评选出2008年度校级精品课程6门，校级优秀网络课程2门；《现代汉语》被评为2008年度省级精品课程，使学校省级精品课程达到了6门。成立大学外语教学部，争取省教育厅在学校设立大学英语四、六级考点，加强了大学外语教学。建立校内无线播音电台，每天定时播放英语和普通话节目，提高学生的英语听说能力和普通话水平。注重学生综合素质的培养、提高，积极组织学生参加全省、全国各类竞赛。在全国第二届语言文字基本功大赛中，2人获一等奖，4人获二等奖，6人获三等奖；在全国大学英语竞赛中获专科组1个特等奖，2个一等奖；在山东省高校首届美术专业师生基本功比赛和第二届音乐专业师生基本功比赛中分获优秀组织奖。2008年“专生本”中，有702名同学升入本科深造，升本率达34%。

[科研工作] 科研管理工作更加规范化、制度化、程序化、科学化，科研成果的数量、质量得到进一步提升。2008年度共发表论文近600篇，其中核心期刊241篇；申报成功国家级课题7项，省厅级科研立项22项，学校立项23项；省厅级科研获奖13项，市级获奖8项，校级获奖31项。这是建校以来获得国家、省、厅级项目最多的一年。

[教师队伍建设] 认真学习贯彻胡锦涛总书记在全国

优秀教师代表座谈会上的重要讲话精神,加强师德教育,提升师德水平。按本科院校师资队伍建设标准和学校向应用学科拓展的学科建设实际,进一步改进选人用人机制,制定优惠政策,培养、吸引高层次人才、急需人才,优化教师结构,提高教师队伍的整体素质。先后选派 19 名教师参加 9 门全国精品课程培训;开展"济宁学院第一届教学优秀奖"评选活动;1 人被评为"山东省教学名师";开展了"青年教师优秀教案展评"活动,提高青年教师的教学能力;加强教学团队建设,做好院级学科带头人的遴选工作;进一步制定优惠政策,改善教师办公条件,凝聚了教师队伍。

[干部人事工作] 加强干部队伍建设。积极选派干部到省、市委党校学习。共有 2 名干部到省委高校工委、5 名干部到省委党校学习;38 名干部到市委党校学习培训。认真组织实施了正处级干部的选拔调整工作和副处级干部竞争上岗工作。共提拔正处级干部 29 人,副处级干部 41 人,平级调整 22 人,改任非领导职务 14 人,为学校建设了一支政治强、业务精、效率高、能够推动学校健康快速发展的中层干部队伍。根据教育部、山东省关于高等学校内部机构设置的有关规定,按照济宁市编制机构委员会《关于济宁学院内部机构设置和人员编制核定的批复》,圆满完成学校 35 个中层机构的设置和重大调整。围绕学校工作大局,积极推进人事和分配制度改革,认真做好了工资变动、人事安排、职称评定、教师资格认定等项工作。

[学生工作] 加强思想政治教育工作。充分利用举办 2008 年北京奥运会、纪念改革开放 30 周年、新生军训和入学教育等时机,扎实开展主题教育活动。进一步加强"两课"建设,切实发挥了"两课"的主渠道作用,积极探索和改进思想政治教育的新思路、新途径、新方法。在全省高校优秀思想政治教育论文评比中,学校获三等奖 3 项。发挥校园网络思想政治教育功能,高度重视大学生网络虚拟群体的思想政治教育工作。组织学生为四川灾区积极捐款捐物,组建大学生党员心理援助队奔赴四川灾区进行心理疏导、支教等工作,被团市委授予"抗震救灾先进集体"称号。加大服务大学生就业创业的工作力度,深入实施"大学生素质拓展计划"。本年度新增学生创业实践基地 12 个,广泛开展科技创新竞赛活动,2 份创业计划获省级三等奖。深入实施"心理阳光工程",为大学生心理健康教育服务。继续贯彻执行"志愿服务西部计划",做好毕业生去西部地区志愿服务工作。鼓励、促进学生社会实践活动。在 2008 年暑期大学生志愿者"三下乡"社会实践活动中,经省委宣传部、高校工委、团省委、省文明办、教育厅、省学联联合评选表彰,学校大学生党员灾区志愿服务队、"用爱点亮未来"大学生支教服务队、寿光三元朱村现代农业产业的社会调查服务队、"星火传递、牵手和谐"义务支教队、"Green Dream"科普宣传志愿服务队等 5 支服务队被评为省优秀服务队,5 名教师被评为省社会实践优秀指导者,11 名学生被评为省社会实践优秀学生。在奥运祥云火炬曲阜站传递、曲阜国际孔子文化节等大型活动中,300 余名学生志愿者以出色的表现赢得了各级领导和外宾的好评,学校为此被授予市"创城期间青年志愿者工作先进集体"称号。

健全各项学生资助工作制度和管理办法,采取多种措施加强对贫困生的扶持救助力度。建立了完备的贫困生救助档案信息,为 300 余名新生办理了绿色通道手续;加强国家助学贷款工作的力度,积极协调市教育、财政部门落实贴息资金;更加重视勤工助学工作,努力拓展岗位设置数量。

[招生与就业] 2008 年招生 4713 人,基本完成了年度招生计划。2008 年普通毕业生 2924 人,一次性就业率为 82%,圆满完成了 2008 届毕业生就业工作。

[成人教育] 不断转变培训理念,创新培训形式,坚持开放式办学,加强与外界的交流,走出了多层次、多形式的办学路子。同时,完成了汉语言文学等 5 个专业的升本申报和评估验收工作,结束了建校以来成人教育没有本科专业的历史。

[实验室建设] 制定学校实验室布局及建设规划,审定现有实验室的命名、改建、扩建、合并、撤销、维修等计划,验收实验室的各项建设和安装工程,增加实验室建设投入,购置了新的仪器设备。

[信息与图书馆建设] 加大了校园网络的投入力度,健全了校园网络管理制度,逐步实现了网上办公,加快了办公信息化进程。加强了图书馆软、硬件建设,提高馆藏质量,提高文献资源利用率,优化管理机制,提高服务水平。

[基建与后勤工作] 设置了基建处,加大了学校基础设施建设的力度和投入,在曲阜校区积极筹建教职工公寓。不断加强后勤管理,管理人员的整体素质不断增强,管理服务水平不断提高。校园维护、维修服务工作做到了文明、热情、主动;学生食堂及时采取措施,积极应对经济危机的冲击,缓解了供需矛盾,稳定了学生情绪,促进安定团结。

[安全稳定工作]　由于地处乡村,学校强化安全措施,进一步健全校园治安防范体系,全面提升了维护安全稳定工作的整体水平,促进了学校安全稳定;严格通勤管理,确保了通勤车辆的安全运行,为办学提供了强有力的后勤保障,“平安校园”建设再上一个新的台阶。

[国际交流与合作]　努力提升国际合作和交流的层次,深化国际合作的内容。本年度先后同美国、德国、韩国、日本等国家以及我国澳门地区的高校进行了广泛交流,共接待来校的外宾近110人次;特聘了美国圣托马斯大学教授黄桂友博士为学院名誉教授。学校先后5人次出国(境)进行考察、学术交流或学习深造。在学校工作的英籍专家布尔·杰瑞米先生荣获济宁市“孔子友谊奖”。

[曲师和艺校并入]　顺利接收了百年老校曲阜师范学校的并入,在此基础上,挂牌成立了“济宁学院初等教育学院”。将原济宁艺术学校实质性并入,完成其教职工合理地分流安排,对其财、物及时进行查验、接收、登记和封存。

[揭牌庆典]　在市委、市政府的正确领导和大力支持下,于11月16日,学校成功举办了揭牌庆典和迎接本科教学水平评估启动活动。这次活动的成功举办扩大了济宁学院的社会影响,凝聚了广大师生的力量,为学院提供了一个快速发展的契机,搭建了一个快速发展的平台。

学校党政领导人

书记:王应进

副书记、院长:罗家英

副书记:谢安庆

副院长:王庆成　刘德胜　朱松涛

纪委书记:张生贤

学校地址:曲阜市新区杏坛路1号

邮政编码:273155

联系电话:0537－3196006　3196006(传真)

(撰稿:李洪伟　审稿:王庆成　李　岩)

普通高等学校(高职高专)

山东电力高等专科学校

［概况］ 山东电力高等专科学校坐落于济南市二环南路500号，占地1245亩，建筑面积28万平方米。设有电气工程系、动力工程系、控制工程系、工商管理系、信息工程系、化学与环境工程系、材料科学与工程系、计量工程系、基础部等9个系部。开设发电厂及电力系统、电厂热能动力装置、热工检测与控制技术、电厂化学、市场营销、会计与审计、电力工程管理、应用英语等24个专业，涉及工、管、文、商等学科门类。拥有电气、热能、热控、化环、锅检、信息、计量等7个研究所、中心，和全国电力行业劳动环境检测监督总站、山东省电力行业安全评价中心、山东省发电用煤质量监督检验中心等11个检测检验中心(站)。建有校外实习基地25个，校内教学实训基地35个，各类实验室65个，其中，国家电网公司重点实验室1个，山东省工程技术中心3个，山东电力集团公司重点实验室14个，教学仪器设备总值达1.85亿元。现有全日制在校生4800余人，专科函授生760余人；教职员工619人，专任教师342人，其中，教授45人、副教授158人，占专任教师总数的59.4%；博士12人，硕士155人，占专任教师总数的48.8%；入选国家百千万人才工程1人，享受国务院政府特殊津贴的专家5人，山东省有突出贡献中青年专家1人，国家电网公司工程技术专家2人，山东电力集团公司高级技术人才17人。通过了中质协质量、环境、职业健康安全三体系合一认证。学校实行院校合一、产学研一体化办学模式。还承担着山东电力技术监督与服务、电力基建工程调试、行业党校培训、科研开发等职能，是国家电网公司高素质应用型人才培训基地，全国首批火电机组仿真培训基地，全省电力技术监督服务中心，山东电力集团公司人才培养中心、科研开发中心和科技信息中心。

［校企合作］ 12月30日，依托山东电专资源和办学优势，挂牌成立了国家电网技术学院，加快国家电网公司系统高素质应用型技术、技能人才培养。以技术学院挂牌成立为契机，学校办学条件、实训设施将大幅提高，工学结合、校企合作广度和深度将进一步提升，为探索建立以工作过程为导向的“双元制”人才培养模式，形成产学结合、校企双方合作共赢的局面，奠定了坚实基础。

［党建与精神文明建设］ 坚持以党的十七大精神为指导，加快实施“1351”党建示范工程，开展电网先锋党支部创建、“实践、创新在支部”、集中学习新党章等活动，制定“五好”党支部、“五好”党员考评标准，建立党员数据信息库。贯彻国有企业领导人员廉洁自律七项要求，开展了岗位廉洁风险防范、领导干部作风建设集中整治、廉洁文化“四进”等活动。深化和谐院校建设，开展了“迎奥运、促和谐”、“人人讲诚信”等系列主题活动。加强院校文化建设，编写了《三元一体文化》读本。关爱职工健康，实施了“职工健康关爱工程”，开展了系列职工文体活动。加强民主管理，开展了“合理化建议月”活动。积极履行社会责任，广大教职员工踊跃支援四川抗震救灾，先后捐款33.7万元、缴纳特殊党费26.9万元。评选出了首届“院校十大感人事迹”。加强职工、学生思想政治工作，荣获“省级劳动关系和谐企业”称号，学校保持了和谐稳定。

［教学工作］ “电厂锅炉”被评为省级精品课程，“热工测量及仪表”、“公共英语”被教育部教学指导委员会评为精品课程，10部教材被评为省级优秀教材，荣获中电联教育教学成果奖5项。学校选手荣获2008年“高教社杯”全国大学生数学建模竞赛国家一等奖1项、二等奖1项和省一等奖1项；荣获全国大学生英语竞赛一等奖3项；荣获2008年山东省大学生电子设计竞赛一等奖1项、二等奖3项、三等奖1项；荣获第四届“用友杯”全国大学生创业设计暨沙盘模拟经营大赛(山东赛区)团体二等奖；荣获“第六届齐鲁大学生软件设计大赛”三等奖。

[学生工作]　学校团委被授予国家电网公司"五四红旗团委"称号。荣获国家奖学金 9 人、国家励志奖学金 162 人、山东省政府奖学金 4 人，省级"优秀学生干部""优秀学生"8 人，山东电力集团公司教育基金会"优秀学生"10 人。

[科研工作]　2008 年承担科技计划项目 75 项。其中，山东省、国家电网公司项目 8 项，集团公司新立重大项目 7 项。44 项科技项目完成结题验收，9 项科技成果通过鉴定。国家电网公司重大科技项目——"变电站巡检机器人实用化技术研究"顺利通过结题验收和成果鉴定，达到了国际领先水平；"基于 GPRS 技术自动抄表和配电监控管理系统研究开发"通过国网公司结题验收。全年发表核心期刊论文 69 篇、国家级行业学会论文 22 篇，SCI/EI/ISTP 收录论文 14 篇。加强创新绩效考核和知识产权管理，申报专利 45 项，获专利授权 19 项。

[师资队伍建设]　制定下发了职工《在职学历教育管理办法》、《教育培训管理制度》，组织参加各类专题培训、技术交流、资格取证 962 人次。2008 年度，选拔优秀专业技术人才 20 人；聘任专业技术（学术）职务 45 人；聘用专业工程师（主讲教师）170 人。

[招生与就业]　2008 年输送普通毕业生 2296 人，毕业生一次就业率达到了 93%。新招普通专科生 1779 人，函授专科生 160 余人。

[实验室建设]　学校检测/校准实验室具有国家"实验室认可、检查机构认可、计量认证"三证合一资质，具备 80 余项检测、校准和检查的技术能力。与德国卡塞尔大学合作，加快建设新能源及并网技术实验室，取得积极进展。加快电力机器人实验室建设与相关技术开发，与莫斯科国立科技大学就引进变电站巡检机器人行走装置达成初步意向；与加拿大魁北克水电研究院就线路除冰机器人项目签署了合作协议，并开展了现场技术交接与培训。

[信息与图书馆建设]　建成了覆盖院区楼宇的光纤网、万兆信息内外网络以及通信系统，实现了信息内外网的物理隔离，确保了信息安全。建立了院校网站、教学管理、科技管理、监督服务管理、办公自动化以及多媒体教学系统。图书馆建筑面积 8648 平方米，馆藏图书 57.2 万册、电子图书 11.71 万种、中外文期刊 684 种、电子期刊 6800 余种，为中国知识基础设施（CNKI）工程数据库一级中心。建有 100M 馆域网络、ILAS 图书馆管理系统、山东电力数字图书馆、山东电力标准化管理信息系统、以及中国学术期刊与博硕士论文全文检索系统等。

[产业开发]　中实易通调试投产发电机组 10 台 2700MW，再次获得中国电建企协"优秀调试企业"称号。彼岸公司先后中标华润菏泽电厂、印度项目电流互感器 270 台，特高压套管通过了型式试验。控制公司加大具有自主知识产权的产品推广，签订各类合同 44 项。智能公司被认定为"国家火炬计划软件产业基地骨干企业"、"齐鲁软件园优秀企业"，累计生产"变电站设备巡检机器人"7 台。节能公司加大节能技术产品的推广应用，循环水余热利用、磨辊堆焊、材料表面喷涂等成为新的效益增长点。软件公司积极参与国家电网公司 SG186 工程，承担了山东电力集团公司电网实时数据中心项目。中实科技公司积极开展了节能改造和小机组调试业务。培训中心加强"精细化班组"建设，提高了管理和服务质量。2008 年，产业实现总收入 4.2 亿元，利润 4000 万元。

[社会技术服务]　协助省经贸委召开了全省电力技术监督工作会议。编制了《电力电缆运行规程》、《电气设备状态检修与评价导则》等技术标准和规程。协助山东电力集团公司、鲁能发展集团公司、华电国际电力有限公司制定了 2008 年反事故技术措施。组织开展了电源侧技术监督和安全检查，电网侧高电压、继电保护、防污闪及冬季"四防"检查。完成了 500kV 长清、济南、日照变电站扩建，寿光—莱州—栖霞—昆嵛开关站等七站三线输变电工程调试，共计变电容量 225 万千伏安，线路 298.8 公里。在巩固原有监督服务合同的基础上，与泰山抽水蓄能、巨野、高唐、单县生物质能发电公司签订了监督服务合同。电能计量中心获得山东省质监局"法定计量检定机构"资质，并指导全省 17 个市供电公司及 95 个县供电公司获得授权。全年完成各类监督服务项目 2000 余项，机组大（小）修 78 台，新建输变电工程竣工环保验收 49 项，并网机组安全性评价 7 台，为发供电单位分析处理了大量疑难问题和设备异常，确保了电网安全稳定运行。2008 年，监督服务实现收入 1.7 亿元。

[培训工作]　全年举办各类培训班 96 期，培训学员 4413 人次，计划完成率 100%，综合满意率 93%以上。其中，举办国家电网公司专业技术强化班 5 期，培训学员 278 人次；举办山东电力集团公司培训班 58 期，培训学员 3703 人次；举办计划外培训班 38 期，培训学员 710 人次。由学校承训的山东电力集团公司代表队，

在国家电网公司通信专业技术比武中,取得了个人第一名的好成绩。

[成果与获奖]　获得全国五一劳动奖章1人;荣获国家电网公司科技进步奖1项,山东省科技进步奖5项,山东电力科学技术奖11项、专利奖3项、技术革新奖3项,获国家授权专利19项。

学校党政领导人

校长、副书记:赵建国

书记、副校长:邹本国

副校长、党委副书记:刘云厚

副校长:曹守信

副书记:王忠谋

副校长:张志明　李勤道　王照晨

纪委书记:王忠谋(兼)

学校地址:济南市二环南路500号

邮政编码:250002

联系电话:0531－82999035

(撰稿:刘庆刚　宋荣杰　审稿:李勤道　范永忠)

山东医学高等专科学校

[概况]　山东医学高等专科学校是一所省属全日制普通高等学校。设临沂、济南两个校区,校本部设在临沂。学校占地121公顷,建筑总面积32.06万平方米;固定资产总值4.33亿元,其中教学科研仪器设备总值5702.29万元;图书馆藏书76.7万册。设临床医学、麻醉学、妇幼保健学、眼视光学、超声医学、康复医学、口腔医学、护理、药学、中药、医学检验技术、卫生检验与检疫技术、医学影像技术、放射治疗技术、口腔医学技术、康复治疗技术、卫生信息管理、病理检验技术、助产等24个专业和专业方向;有附属医院、附属眼科医院各1所,非隶属附属医院3所,教学医院、实践教学医院68所。现有全日制在校生10532人。教职工791人,其中,具有教授、副教授等高级专业技术职务人员261人;博士18人、硕士131人;有外籍客座教授11人,外籍教师3人。2008年,学校被授予"全省消防安全工作先进单位"、"山东省德育工作优秀高校"、"全国高校节水示范学校"、"全国模范职工之家"等荣誉称号。

[教学工作]　加强制度化建设。制定、修订了一系列教学管理文件,进一步强化教学督导和教学纪律,坚持听课制度和教学环节的质量监控。全省大学生计算机文化基础课程统考和英语应用能力考试均取得了优异成绩,有1000多名学生通过了全国大学英语四级水平考试。加强了专升本工作,今年共有568名学生考取本科院校,占报考总人数的32%。加强学科建设。初步形成适销对路、结构合理、特色鲜明、重点突出、协调发展的专业体系,培养目标不断适应学生就业岗位群需求。2008年医学检验技术被评为省级特色专业,临床检验基础被评为省级精品课程,基本护理技能被评为国家级精品课程。加大教学经费投入,加强了实验室、多媒体教室和图书馆建设,办学条件明显改善。临沂校本部投资近700万元的医技专业技能实践教学中心正在建设,济南校区临床技能中心建设正在实施。

[教师队伍建设]　按照公开、平等、竞争、择优的原则,引进、培养博士、硕士17人,选派12名优秀教师到美国、日本等国家和国内外著名高校研修,推荐10名教师兼职本科院校的硕士生导师。现有国内访问学者4名。目前学校在职攻读硕博研究生20余人。职称评聘方面,推荐通过正教授4名,副教授7名,教师外系列正高级1名,副高级5名。聘用各类人员200余名,组成了客座教授群和专家指导委员会,有效地解决了学校发展中人力不足的瓶颈问题。

[学生工作]　坚持德育为先,不断完善各项管理制度和综合测评体系,建立了学生管理长效机制、预警机制。进一步充实了辅导员队伍。在全校学生中开展了"迎奥运、讲文明、树新风"主题实践活动和"学习十七大、争做四有新人"等一系列主题教育活动,加强了校园精神文明建设,创建了优良育人环境。高度关注学生心理健康,心理健康教育中心全年辅导及配合治疗30人次。积极开展大学生"三下乡"社会实践活动和丰富多彩的第二课堂活动,8名学生获省级"大学生暑期三下乡社会实践活动先进个人"称号,3个专业服务队获得了省级"优秀服务队"称号,3名学生被选派到新疆参加服务活动。高度重视特困生工作,开通了新生入学绿色通道,不断扩大和完善勤工助学体系。全年全校没有一名学生因家庭经济困难而辍学。

[招生与就业]　与北京、天津、浙江、山西等12个省市实施对等招生。争取普通专科生招生计划3800名,五年一贯制高职专科计划100名,实际录取并报到4788人,被录取新生的高考平均分数在全省同类学校中最高,生源质量明显提高,新生报到率达到了99.21%。

加大成人夜大学招生力度，加强联合办学，职业教育和成人教育健康稳步发展。济南校区首次与中国人民大学、山东大学网络教育学院联合开办了研究生班、专升本班，招收学生 150 名。为出国学生举办各类外语培训班，培训学生 688 名。分别承担了全省 9913 人次的全科医学人员、社区卫生人员、“1127 工程”技术骨干岗位培训任务，对 2008 年山东省援塞舌尔医疗队、第二十一期援坦桑尼亚医疗队、第二批山东省和淄博市高层次卫生技术人员进行了外语培训。重点推动毕业生进入国际市场，组织 138 名学生到英国、日本、新加坡等国家留学、就业或带薪实习。举办了就业供需见面洽谈会，毕业生 3800 人，用人单位 373 个，提供就业岗位约 5 千个，毕业生一次就业率达 90%以上，部分专业毕业生供不应求。

[科研工作]　全年组织申报科研计划项目 38 项，批准立项课题 27 项，其中包括全国教育科学“十一五”规划课题、省自然基金课题和省优秀中青年科学家科研奖励基金项目、医药卫生科技发展计划项目；完成省、市科技计划立项课题 15 项，通过鉴定均达国内领先水平；获得成果奖励 39 项。承办 2008 年国际护理学术会议，来自 4 个国家和地区，以及国内专家教授共计 150 余人参加会议。55 名教师成为全国规划教材的编委，其中主编 10 人、副主编 13 人。学报荣获“第二届中国高校优秀科技期刊奖”，在全国高职高专学报三优评比中，被评为《中国高职高专核心期刊》。

[抗震救灾工作]　汶川地震发生后，全校师生员工踊跃捐款共计 234069 元，党员交纳特殊党费 153559 元。选派两名学生参加团省委组织的抗震救灾志愿者服务队，奔赴灾区一线实施救援，组织 80 余名大学生志愿者到省立医院等单位进行护理服务，中央电视台、山东卫视等多家媒体予以报道，学校被授予“山东省抗震救灾优秀志愿服务集体”荣誉称号，两名学生被授予“山东省抗震救灾优秀志愿者”荣誉称号。

[济南校区]　济南校区占地面积 1061 亩，建筑面积 17.9 万平方米，固定资产总值 2.7 亿元，教学科研仪器设备总值 30340 万元。现有教职工 444 人，其中专任教师 366 人，博士、硕士 90 人，教授、副教授及其他高级职称人员 86 人，硕士生导师 10 人，外籍客座教授 10 人，外籍教师 3 人。2 人获全国优秀教师称号，8 人获省级劳动模范、省级优秀教师称号。

设有 11 个教学系(部)，开设 20 个专业及专业化方向，全日制在校生 6199 人。建有山东省特色专业 1 个。拥有 7 个实验中心和 62 个专业实验室。有非隶属附属医院 2 所，实践教学实习基地 63 处。建有现代化的计算机中心、多媒体教室等。图书馆藏书 22.7 万册。建有国家级精品课程 1 门、省级精品课程 4 门、校级精品课程 11 门。承担全国教育科学“十一五”规划课题、省自然基金等科研立项 20 余项，主编或参编国家规划教材 37 部。

重视对外交流与合作，先后与 10 余个国家和地区的院校、医疗科研机构开展了合作交流，成立了国际护士培训中心，已输送 200 余名学生到国外实习、就业或学习深造。

学校党政领导人

书记：伊廷夫

副书记、校长：王兴武

副书记、副校长：赵可军

副校长：赵惟呈　秦敬民　顾润国

纪委书记：谭西文

临沂校区：山东省临沂市青年路 39 号

邮政编码：276002

联系电话：0539－8225584

传　真：0539－8211552

济南校区：济南市二环南路 5460 号

办公电话：0531－86305678

邮政编码：250002

（撰稿：高曰超　高　军）

山东中医药高等专科学校

[概况]　山东中医药高等专科学校是一所省属全日制普通高等专科学校，原名山东省中医药学校，始建于 1958 年 10 月，2004 年 5 月经教育部批准改建为山东中医药高等专科学校。

学校有烟台养马岛和莱阳两个校区。现为国家中医药管理局重点建设的高等专科学校，是国家中医药管理局职业技能鉴定中心、乡村医生学历教育基地，为全国中医药职业技术教育学会副理事长单位。学校在全国率先实施中医药农村 50 项适宜技术推广项目，其成果和经验被国家中医药管理局向全国推广应用。先后荣获国家中医药管理局中医药教育先进集体、省级卫生先进单位、山东省医学教育工作先进集体、山东省中医工作先进集体等荣誉称号。2008 年学校被山东省总工会、省精神文明办、省人事厅等单位联合授予“创建学习型组织先进单位”称号。学校共占地49.1万平方米,校舍建筑面积15万平方米,固定资产4.8亿元。图书馆藏书40万余册,其中珍藏《四库全书》一套和一批中医古籍善本。

学校现有教授、副教授等高级专业技术人员151人,博士、硕士研究生98人,卫生部突出贡献中青年专家1人,山东省突出贡献中青年专家1人,山东省名中医药专家3人,省、市级教学名师、教学能手32人。学校聘任中国工程院院士、“泰山学者”等十几位著名博士生导师为客座教授。学校下设中医系、中药系、护理系、针灸推拿与康复保健系、公共教学部、西医教学部、针灸推拿研究所、中药研究所等教学、科研机构。开设中医学、针灸推拿、护理、中药、中药制药技术、药学、医药营销、康复治疗技术、医疗美容技术、家政服务(康复保健方向)、连锁经营与管理、医学营养等12个专业,其中,中药专业为省级特色专业。学校面向全国招生,现有在校生7000余人,毕业生分布全国各地,就业状况良好,毕业生就业率达90%以上。同时,各专业毕业生还可按照省教育厅的有关政策升入本科院校继续学习两年,成绩合格取得普通大学本科学历文凭和学士学位。

学校拥有省级教学团队——中药实践教学团队1个。中药制剂分析技术1门国家级精品课程,中药制剂分析技术、针灸推拿学、经络腧穴学、中药鉴定学、中药炮制学等5门省级精品课程。

学校建有护理技能中心、临床技能中心、针推康复实验中心、机能学实验教学中心、公共基础实验教学中心、形态学实验教学中心、中药学实验教学中心等各类专业实验实训室45个,配备了液相色谱分析仪、薄层扫描仪、显微图像分析仪、药理生理工作站、护士智能化培训中心等先进的教学、科研设备,总值达5000万元。学校拥有附属医院2所、附属实验药厂1个,其他教学医院、医药企业等教学实习基地120处。中药标本陈列馆馆藏中药材标本、浸液标本2700余种,腊叶标本1万余份,是全国中医药院校中规模较大的中药标本陈列馆之一。教育技术中心拥有先进的闭路双控电化教学系统、校园电视台、卫星地面接收站、非线性编辑系统等,具有摄、录、编、播相配套的功能。

[学习实践科学发展观活动]　10月,学校党委根据上级党组织的部署,紧紧围绕“扎实开展‘两好一满意’活动,创新学校工作机制”这一主题,以“深化‘两好一满意’活动,抢抓新机遇、建设新高专、实现新跨越”为实践载体,组织广大干部职工认真开展深入学习实践科学发展观活动,并坚持边学边改、边查边改,把学习实践科学发展观活动不断推向深入。

[机构设置]　学校党委高度重视机构设置和干部调整配备工作,根据学校实际,设立了针灸推拿与康复保健系、招生就业处(原为招生就业办公室)、宣传统战部、监察审计处等部门。学校党委严格按照中央《党政领导干部选拔任用工作条例》的要求,调整和配备了13名干部。

[参加“中医中药中国行”活动]　4月12日,学校参加“中医中药中国行”在山东济南正式启动活动。同时学校团委举办了“中医中药中国行”大型签名活动,拉开了学校中医中药科普宣传活动的帷幕。学校陆续举办了科普讲座、专家义诊、健康咨询、文化展示、文体表演、知识竞答、发放健康科普资料等活动。11月6日～9日,学校参加了在北京由卫生部、国家中医药管理局等联合主办的中国中医药展。

[为四川汶川地震灾区捐款]　5月12日四川汶川特大地震发生后。学校党委组织广大师生开展“情系灾区,心手相连”的赈灾捐助活动,捐助现金累计42万余元并及时转送到灾区人民手中。广大党员充分发挥党员先锋模范作用,自愿交纳特殊党费59245元用于支援抗震救灾。

[举办50年校庆系列活动]　2008年是山东中医药高等专科学校建校50周年,学校举办建校50周年系列庆祝活动。完成学校校史(1998～2008)的续写工作;出版一套以校园文化为主题,图文并茂的纪念画册;遴选确定山东中医药高等专科学校的校训和校徽,校训为“励志笃学　厚德济生”,校徽为“中医”两字的变体图案;成功举办校庆庆典晚会“流金岁月”。

[承办全省中医药学术研讨会]　9月27日至28日,2008年全省中医药学术研讨会在山东中医药高等专科学校召开。世界著名中医针灸学专家、中国工程院院士石学敏教授,南京中医药大学基础医学院名誉院长、博士生导师黄煌教授受邀参加了学术研讨会并作学术报告。

[开展“教学质量年”活动]　2月,学校召开以“深入贯彻落实科学发展观,全面提高教育教学质量”为主题的四届七次教代会,确定2008年为学校的“教学质量年”。

[建设省级特色专业和精品课程]　2008 年中药专业被评为省级特色专业。课程建设作为专业建设的重要内容，学校根据学校专业的布局，突出专业、人才培养定位与特色，致力打造课程精品，中药鉴定学、中药炮制学、经络腧穴学等 3 门课程被评为 2008 年度省级精品课程，加上已有的中药制剂分析技术 1 门国家级精品课程和中药制剂分析技术、针灸推拿学 2 门省级精品课程，学校目前拥有 1 门国家级精品课程和 5 门省级精品课程。

[获取专科层次成人继续教育办学资格]　经山东省教育厅批准，学校获得专科层次成人函授教育办学资格，开设中医学、中药、护理、针灸推拿 4 个专业。从 2008 年起，学校按国家计划，面向全国招收高中(或中专)起点的三年制专科成人学历继续教育学生。

[建立临床教学实习基地 10 个]　2008 年学校新建临床教学实习基地 10 个，学校临床教学实习基地达到了 120 个，为增强学生的实践能力和就业能力提供重要平台。

[就业工作]　2008 年毕业生 1938 人，就业率 92.2%，保持了就业率的平稳态势。

[新校区建设]　7 月 2 日，学校在烟台市牟平区举行了新校区奠基开工仪式。2008 年底，新校区第一期土建工程基本完工。新校区通信线路、供水、供电线路的维修改造工作也已顺利完成。新校区一期工程将于 2009 年 9 月启用，能容纳 3000 余名学生的学习和生活。同时，教职工公寓也将于 2009 年初动工建设。

学校党政领导人

书记：段其胜

副书记、校长：武继彪

副书记：郑世存

副校长：盖一峰　刘作功　金鲁明

纪委书记：郑世存(兼)

烟台校区：山东省烟台市养马岛跨海大桥东 1000 米
莱阳校区：山东省莱阳市文化路 6 号
邮政编码：265200
联系电话：0535－7215148
传　真：0535－7217062
电子邮箱：wxc9933@163.com

(撰稿：汪新超　审稿：武继彪)

淄博师范高等专科学校

[概况]　淄博师范高等专科学校是经国家教育部批准的全日制普通高校，是山东省目前唯一一所以培养、培训专科层次小学及幼儿教师为主的高等学校。学校校园总体规划占地 2300 亩，计划投资 5 亿元。2005 年以来，学校投资 3 亿元，完成了校园一期工程建设任务，校舍规模达到 30 万平方米，固定资产 4 亿多元。校园绿化面积 800 余亩，绿化覆盖率达到 95%。学校拥有各类藏书 60 余万册，运动场馆 3.5 万平方米。

学校实行校系两级管理体制。现有人文科学、数理科学、信息科学、教育科学、外语教育、艺体教育和基础教育七个系，设有成人教育中心、聊斋文化研究中心、课程研究所、心理健康教育研究中心等教学科研机构，拥有附属中学、附属小学、附属幼儿园以及百余处实习实训基地。学校以师范类教育为主，兼有非师范类教育，拥有 20 余个专业。现有各类在校生近 7000 人，附属类学生 4000 余人。教职员工 600 余人，教授、副教授 100 余人。

12 月 23 日，教育部、住房城乡建设部、国家安全监管总局联合督查组到校检查

2008 年学校修订完善了学校“十一五”发展规划及其子规划，进一步明确了学校办学定位、办学特色和发展目标。加强了重点专业和课程规范化建设，坚持科研兴校战略，举办了“提高淄博市小学教师队伍质量研讨会”等学术研讨会。积极推进开放式办学，承担并完成了全省农村中小学教师素质提高工程的培训任务，全年完成各类培训、函授 2300 余人。不断加强对外交流与合作，与巴基斯坦雷斯顿大学、临沂师院等国内外高校签订了合作办学协议。认真开展了“节约型

校园"创建活动。完成了5400多件资产的分配与登记入库工作,调整资产1600多件,优化了资源配置。高标准建设装配了计算机教室、电子阅览室、语音教室、微格教室等各类教学功能用房20余个,新建了一批设施先进的教学实验室。进一步加强了图书资料建设,新增纸质图书6万余册、电子图书22万余册,图书馆的服务水平和能力得到了新的提升。

近年来,学校在教育教学、思想政治工作、德育、精神文明建设等方面取得了显著成绩。先后被评为全国精神文明建设先进单位、全国教育网络系统示范单位、全国百所德育科研名校、山东省思想政治工作先进单位,连续17年保持了省级文明单位称号。2008年出色完成了校园文明建设复评任务,被省教育厅授予"文明校园"称号。

学校秉承"立德树人"的校训精神,坚持"质量立校,特色强校"的办学理念,争创一流的办学条件,设一流的育人环境,建一流的师资队伍,育一流的基础教育人才,努力把学校建成全国知名师专。

[领导视察]　9月9日,省委书记姜异康,省委常委、秘书长王敏,市委书记、市人大常委会主任刘慧晏,市委副书记、市长周清利,市委常委、秘书长宋军继一同到学校看望慰问教师,并向广大教师和教育工作者祝贺节日。姜异康等省市领导参观考察了学校数字校园控制中心、学校图书馆,向学校赠送图书资料。

9月9日,山东省省委书记姜异康到校视察并代表省委省政府向全省教师祝贺教师节

[专业和课程建设]　评选产生了首批7个校级重点专业和重点专业建设对象,发挥了重点专业的示范带动作用。修订完善了全校700余门课程的教学大纲,近200门课程被评定为校级合格课程和优秀课程,6门课程分别获得省级和校级精品课程称号。推选产生了首批校级优秀教学团队。6个省级和校级教改项目顺利结题,18个校级教改项目获得立项,建立了90处实习实训基地,初步形成了较为完整的实践教学体系。校系两级教学管理日臻完善。

[科研工作]　13项省市级课题和16项校级课题获得立项,受山东省教育厅委托,编制全省三年制小学教师培养方案,并承担了"全省小学教师培养质量研究"课题。一批省市级和校级课题顺利结题,多项成果获省市科研成果奖。《学报》被评为山东省优秀内部出版物。

[招生工作]　2008年学校实际录取新生2150人,超额完成了招生计划,新生报到率、第一志愿录取分数均为历年来最好。建立了200余个省内生源基地,省外招生由去年的8个省份扩大到了14个省份。

[教学设施]　高标准建设装配了计算机教室、电子阅览室、语音教室、微格教室等各类教学功能用房20余个,新建了一批设施先进的教学实验室。进一步加强了图书资料建设,新增纸质图书6万余册、电子图书22万余册。初步估算,学校教学仪器设备和图书资料总值达到4千余万元,固定资产总值近4亿元。

[人才兴校]　召开了学校首届人才工作会议,加强了高层次人才的引进工作,引进2名博士,一批高素质硕士研究生加盟学校。开展了较大规模的师资培训,加强了对"双师型"教师、骨干教师等的培养工作,5名教师获得省教育厅资助,作为访问学者到国内知名高校深造学习。60余名教师通过了职称评审,其中15名教师获得了教授、副教授职称。评选了学校第一届有突出贡献的中青年专家,近20名教师获得市级以上荣誉表彰。

[学生工作]　召开学校首次学生工作会议,建立系学生管理机构,完善校系两级学生工作体系。分批组织辅导员参加了全省高校辅导员岗前培训和技能培训,加强了辅导员、班主任队伍的建设。进一步加强了学生宿舍管理工作,学校被省教育厅表彰为学生宿舍管理达标单位。完善多渠道助学体系,全年发放各类奖、助学金300余万元。成立了学校红十字会,搭建了学生教育和实践的新平台。80余名学生被评为省级优秀毕业生、优秀大学生和优秀学生干部。

[校园文明]　以"纪念改革开放三十周年"主题系列活动为主线,全校开展了丰富多彩、积极向上的校园文化活动,有力地带动了精神文明和校风、学风、教风建设。出色完成了校园文明建设复评任务,进一步培育提炼

了校园文明建设特色，完善了校园文明建设长效机制，巩固和深化了评建成果，学校被省高校工委授予“文明校园”称号。

学校党政领导人

书记：张秀清

副书记、校长：李传章

副校长：秦克铸　李永敏

纪委书记：赵晓明

学校地址：淄博市淄川经济开发区

邮政编码：255130

联系电话：0533－3821000

传　真：0533－3821001

（撰稿：张　群　审稿：赵晓明）

菏泽医学专科学校

［**概况**］　菏泽医学专科学校是一所省属普通高等医学院校，创建于1950年。学校占地面积48.32万 m^2，校舍面积22.9万 m^2，现有校本部和新校区等两个校区。学校固定资产2亿多元，教学仪器设备总值3700万元。图书馆纸质藏书52万册，电子图书60万册，并建立了中国期刊（医药卫生）学术文献二级检索站。有附属医院3所，教学医院、实践教学医院62所，实习病床31000余张，另有药厂、药检所等药学专业实习基地5处。

现有教授、副教授99人，硕士研究生及以上学历68人，其中山东省教学名师1人、山东省优秀教师10人。现有全日制在校生8183人，各类成人教育在校生1000余人。设有临床医学、护理、麻醉学、口腔医学、药学、医药营销、助产、医学检验技术、医疗保险实务等9个医药专业，其中临床医学专业含中西医结合方向、全科医学方向和超声医学方向，护理含ICU方向和涉外护理方向。麻醉学专业为省级教学改革试点专业，“药理学”、“诊断学”为省级教学改革试点课程；“药理学”、“生理学”、“诊断学”为省级精品课程。

几年来，先后承担教育部及省、市级科研课题206项，其中，2项达国际先进水平，88项达国内领先水平，92项达国内先进水平，获国家专利25项；编写教材、教学参考书及学术专著140余部，发表论文1200余篇，其中主编或参编“十一五国家级规划教材”32部。学校定期出版发行《菏泽医专学报》和《菏泽医专报》。

［**新校区建设**］　完成投资1.2亿多元，顺利完成了教学楼、实验楼、1号2号学生宿舍、学生餐厅以及水电暖服务中心等建筑的建设任务，完成建筑面积近6万平方米。顺利完成了该期道路、管网、水电暖等配套设施的建筑任务，基本满足了2300多名学生学生的生活、学习需要。

［**招生工作**］　2008年在总结前几年招生工作经验教训的基础上，通过争取招生计划、调整文理设置、扩大招生宣传、电话沟通等途径顺利完成招生任务，实际报到3150多人，超额完成招生计划，在校生人数达到8100余人。

［**实验室建设**］　以省卫生厅、省财政厅提供的医学院校实践教学中心项目为契机，投入配套专项资金1171万元，新进了大型精密仪器设备60多台件。为临床护理实验中心购置了中央视频监控系统，新建了口腔模拟系统、心肺听诊模拟系统、麻醉专业和ICU等4个实验室。在新校区新建微机实验室和语音实验室，所有教室全部配备了多媒体系统，为促进教师提高教学科研水平创造了良好条件。在图书馆建设方面，投入资金60万元，购买图书、杂志2.8万册。与光华基金会建立稳定的合作关系，接受其捐赠图书2.5万册，价值达110万元，丰富了图书馆馆藏。

［**教学工作**］　学校党委采取多种措施，确保教学工作的人员配备、资金投入、管理运行等优先安排，突出教学工作中心地位。

组织青年教师教案评比大赛、青年教师实践技能竞赛和青年教师讲课大赛，完善督导组听课制度、学生评价教师制度，狠抓学风、考风建设。加强专业和学科建设，新上医疗保险实务和医学检验技术两个专业。诊断学被评为省级精品课程，生化和病理被评为校级精品课程，药理教研室被评为校级优秀教学团队。全面提高教育教学质量，全力做好“专升本”工作，2008年专升本人数达到657人，升本率远远超过全省平均水平。

［**毕业生就业**］　针对就业工作中出现的新情况、新问题，积极开拓就业渠道，举办就业讲座，将就业指导课列为必选课程，加强毕业生就业观念教育；组织鼓励学生参加“三支一服”，先后两次举办大型人才招聘会；与北京、上海等全国各地大中型医疗机构进行交流沟通，建立良好的合作关系；开设了针灸推拿、护理等多门辅

修专业,培养“一种专业,多种技能”的实用人才,保证毕业生一次性就业率达到80.76%,实现了毕业生就业率稳中有升。

[**提高学生管理水平**] 坚持以人为本的教育理念,引入人性化管理模式,不断提高管理水平。深入分析80后、90后学生生理和心理特点,及时调整学生管理体制方面与之不相适应的内容,健全完善管理制度,以“爱的教育”和“赏识教育”为主线,开展丰富多彩的文体活动。加强辅导员队伍建设,选拔一批优秀的中青年教师充实到辅导员队伍。坚持周一辅导员例会制度,组织辅导员开展经验交流活动,严格辅导员考核制度。加强学生宿舍管理,积极开展宿舍文化创建活动,被评为“全省高校宿舍管理工作先进单位”。落实国家的各项规定,做好国家奖学金、国家助学金等的发放工作,共发放金额266.8万元。

[**干部队伍建设**] 校党委理论学习中心组坚持政治理论学习制度,深入学习了十七大和十七届三中全会精神和科学发展观的相关内容,增强了构建社会主义和谐社会的积极性和落实科学发展观的主动性,提高了驾驭全局、促进发展的能力。坚持用人标准和用人条件,认真执行干部选拔任用规定,提拔调整6名副处级领导干部,提拔调整24名科级领导干部。推荐2名处级干部参加了省委高校工委举办的高校处级领导干部培训班。按期做好积极分子入党前培训工作,有900多人参加了培训。发展新党员227名,为98名预备党员办理了转正手续,壮大了党组织力量。

[**后勤工作**] 在后勤各个岗位实行目标管理,提高后勤的总体服务水平,创造出了良好的经济效益,节约电费20余万元,节约取暖经费近20万元。加强学生食堂管理,在物价大幅上涨的情况下,学校投入资金进行补贴,在饭菜数量和质量保持不变的基础上,维持饭菜价格的稳定,受到学生的好评。

[**和谐校园建设**] 加强平安校园建设,增强了治安保卫力量,坚持校园24小时值班巡逻制度。加强师生安全教育,聘请菏泽市公安消防大队专业人员为师生举办消防安全知识讲座。加大对违规电器的查处没收力度,确保学生宿舍安全。努力创造条件增加教职工的福利待遇,不断提高大家的生活质量和生活水平,让大家共享发展成果。

[**学习实践科学发展观活动**] 按照中央和省卫生厅的统一部署,集中开展深入学习实践科学发展观活动,收到了良好效果。深入学习实践科学发展观活动以“建好新校区,全面提高教学质量”为实践载体,历经学习调研、分析检查、整改落实3个阶段,各项工作顺利推进,圆满完成了各阶段的任务,初步实现了“党员干部受教育、科学发展上水平、人民群众得实惠”总体要求。还在卫生厅的领导下,顺利开展了“两好一满意”活动。

学校党政领导人

书记:付章丽

副书记、校长:于信民

副校长:赵洪展　冯　瑜　李玉林　孔晓霞

纪委书记:王海祥

学校地址:山东省菏泽市康复路2988号

联系电话:0530－5925703

邮政编码:274000

电子信箱:hzyzbgs@126.com

(撰稿:李　铮　审稿:于信民)

中华女子学院山东分院

[**概况**] 中华女子学院山东分院是由原国家教委和山东省人民政府批准,由全国妇联和山东省人民政府领导,按正厅级建制配备的全日制女子高等院校。学院以普通高等教育、成人本专科学历教育为主,兼有妇女干部岗位培训及各种职业资格培训、中外合作办学、自考助学等多种职能。同时,学院在落实男女平等基本国策、促进女子高等教育发展等方面起到了积极作用。学院总占地面积1076.47亩,现有建筑面积18.3万平方米。学院现有教职工689人,专任教师417人,其中教授、副教授128人,占30.69%,;具有硕士以上学位者184人,占专任教师总数的44%。学院的教学及研究机构有外语学院、教育学院、文化艺术学院、管理学院、会计学院、旅游学院、社会与法学院、信息技术学院、基础部、继续教育学院、齐鲁国际培训学院、妇女研究所、儿童心理与教育研究所、社区建设与发展研究所、妇女法律研究与服务中心、国际商务实习与培训中心、旅游开发与研究中心等。现开设43个普通高等教育专科专业、33个成人本、专科专业和2个中外合作项目。

[**综合管理**] 学院广拓渠道筹集资金,合理安排各项

收支。2008年,圆满完成了学费集中收缴工作;通过多种形式较好地完成融资工作;同时,积极协调上级财政部门,最大限度地争取财政支持。在学院内部,做好包干预算的管理工作,压缩边缘性开支,将资金向教学和基建倾斜,较好地保障了学院的正常运转。注重加强预算管理和财务监督,被省财政厅评为2008年决算先进单位,2名同志分别被省财政厅评为会计先进个人和资产管理先进个人。积极做好房款收缴统计工作。

学院在后勤保障服务上坚持"三服务"、"二育人"的宗旨,努力提高服务质量。学院努力克服物价上涨等因素,采取积极措施,稳定饭菜价格;同时强化食品卫生监督,被济南市卫生局评为"食品卫生A级达标单位"。全年建成景点8处、休读点10处,移栽苗木6300余株,绿化美化了校园,被评为济南市绿化先进单位。认真做好公有车辆维护及使用工作;积极做好公共财物的维护和修理;注重开源节流,节约办公经费,全年节约资金约650余万元。

2008年学院完成了南大门广场工程、教职工住宅楼工程和二期道路管网工程,铺设沥青路、人行道、安装路灯;基本完成培训楼工程和玉函路沿街商业房工程,一定程度上改善了学院的硬件条件。

狠抓资产监督管理制度落实,做好资产管理工作。认真对全院固定资产的占有使用情况、价值变化和使用效益等情况进行了彻底清查,做到了"四清三符"。以有效配置闲置资源为出发点,合理处置废旧资产,杜绝国有资产浪费、流失现象。遵循公开、公平、公正和诚信的原则,狠抓招标运作和评标专家管理,2008年度共完成180项招议标、询价、考察等工作。

学院坚持经营与管理两手抓的工作思路,完善了学生超市商品质量管理体系,改革调整了运营机制;完成了教学辅助用房2期的招租工作;同时处理好管理、经营、服务的关系,实现了规范化工作与人性化管理的有机结合;注重抓好教学辅助用房的消防和治安工作。配合学院迎新以及其他庆祝活动,积极寻求有关厂商协商赞助,为学院节省经费3万元。

完善校园治安工作机制,为建设平安校园提供有力支持。组织学生进行安全教育,由专人逐个院系进行演讲并组织现场演练,提高学生的法制意识、安全意识、自我保护能力和防骗防盗意识。进一步加强校园治安建设,在校内新安装摄像头4部、立式报警电话5部,协同公安机关,妥善处理了5起学生斗殴及学生被盗、被骗事件,切实维护了校园的稳定。结合消防宣传月,强化消防宣传教育。明确消防安全责任制度,更换灭火器、二氧化碳灭火器材、消防水龙带、场地消防栓500余具,进行消防安全大检查5次,查处安全隐患12起。2008年度,保卫处被济南市公安局评为高校治安管理先进单位;保安队获得济南市保安系统青年文明岗称号。

[教育教学] 学院不断推进教学质量工程建设与教学改革,以着力营建和打造"招生—教学—就业"人才培养生态链为工作主导,以全力深化"2+1"人才培养模式改革为主线,以大力落实教学质量工程和创新常规教学管理为主体,不断深化教学改革,切实提高了教学水平。在专业建设方面,完成申报2009年5个新增专业工作,拟定了下一个5年的专业建设规划。评选出2008年度院级品牌(特色)专业4个,其中计算机应用技术被山东省教育厅评为2008年度省级特色专业。在课程建设方面,完成已有的国家级精品课程1门、省级精品课程2门及院级精品课程的建设工作;做好本年度院级精品课程的立项工作,评审确立院级精品课程9门,幼儿园玩教具制作、包装构成与设计成功被评为2008年度省级精品课程。在教师队伍建设方面,依据有关规定,从学院承担主干课程的教师中选拔确定了院级教学名师3名,推荐申报省级教学名师1名。加强优秀教学团队的建设,完成2008年度2个院级优秀教学团队的评选工作,并推选申报省级教学团队1项。验收院级教改立项结项项目8项,中期检查验收教改立项6项。启动优秀自编教材评选工作,评选出2008年度院级优秀教材2本,推选省级优秀教材1本。继续加强了"双基地"建设,使校外实习实训基地增至190多处,并评选出校外示范性实训、就业双基地14个。

建设完善各项教学管理制度,积极创新常规的教务教学管理办法。结合"2+1"订单式人才培养方案改革,加大"双师型"师资队伍建设,出台了指导实习与顶岗挂职锻炼相结合的双师素质培养办法。引入了先进的青果教务管理系统,提高了工作效率,保证了工作质量。

积极推进素质教育,深化了校园文化建设。学院始终把素质教育作为重要工作抓紧、抓好,并抓出了实效。各院系积极采取措施,有效丰富和延伸了第一课堂的的教学内容,提升了学生的综合素质,促进了校园文化建设。成功举办了"第一届文化艺术学院教师作品展"、"外语商务学院大型外语角"活动;选送学生参加各级各类竞赛活动,第五届全国高职高专业应用英语口语大赛、山东省第二届大学生艺术展演、全国数学建模比赛等;积极组织会计从业资格证、珠算初级和会计电算化合格证书等考试。通过各种活动锻炼了学生的动手能力,培养了学生的一技之长,也为学生拓宽了就业渠道。此外,社会工作系和基础部还开展了"学习十七大精神,行动在社区"、抗震救灾的专题教学等活动,对学生树立科学的人生观、价值观、道德观以及增强爱国主义信念起到了良好的教育作用。

学院不断深化继续教育工作,取得了社会效益和经济效益的双提高。2008 年度录取成人高等教育新生 752 人。在充分论证的前提下,申报并获准了 2008 年新上的 3 个本科专业;积极开拓办学渠道,与 6 个单位签订了联合办学协议书。成功举办了全省各办学点的"成人教育招生教学工作研讨会"。加强自考助学工作,组织了 4 次大型考试,参加人数 12127 人、20867 科次。全年举办了 3 期妇联女干部培训班,共培训 84 人;育婴师培训全年共招生 9 期,共培训、鉴定 1900 余人。积极开拓"婚姻家庭咨询师"职业资格培训新项目,获得了婚姻家庭咨询师培训以及考试鉴定权,成为山东省首家具有此项目合法资质的单位。

在图书馆和校园网络等教学辅助设施方面,学院不断加强建设,强化服务质量。图书馆完成了新书的选购、上架工作,征订新刊 1102 种;设计制作了 5 个检索台,增加了 3 台检索机器;创造性地提出"首问负责制",这些都更好地方便了师生的借阅。全年借阅书刊人次为 28.15 万人次,阅览人次为 17.14 万人次,电子阅览室上机人次为 47 万人次。同方、超星电子资源点击量为 3.6 万人次,下载文献 1.77 万次,先后免费开通试用了考试平台等 6 个电子资源数据库,为师生提供了更多更实用的网络资源。研发部进一步更新优化了智能办公系统,完善了原有的校园网络框架,为学院内部信息的传达提供了一个安全、稳定的平台。重点配合各部门做好网络信息的更新与发布、网络教学的建设以及招生、迎新网络宣传等工作。

[教师管理] 学院树立了适应新形势新要求的科学人才观,加大力度培养人才、引进人才、留住人才。认真做好教师队伍、管理干部队伍和其他专业技术人员队伍这三支队伍建设,并使之协调发展。本年度通过公开招聘等途径引进博士、硕士、副教授等 48 人。认真组织了职称评审工作,共评审通过了教授 4 名、副教授 8 名、讲师 65 名,副研究馆员 1 名,馆员 2 名等,进一步优化了教职工队伍职称结构。修订《教职工出国、进修、培训的相关规定》等文件,组织了 52 名教师参加高校教师现代教育技术培训,完成了 2008 年的高校教师资格认定工作,组织 2008 年新进博士等人员岗前培训。加强高层次人员的培养工作,推荐 2 名国内访问学者和 1 名国际访问学者去其他高等学校学习深造。召开了新老教工座谈会,有力地推动了新教工的成长。

学院积极推进人事制度改革,围绕专业技术职务岗位设置和事业单位编制实名制工作,进行了大量的前期准备。对现有聘用人员基本情况进行了摸底调查,拟定了初步的设岗方案。为适应学院发展需要,在 2007 年院系及其所属专业进行调整的基础上,又对部分院系及其所属专业作了科学调整,包括系部主要领导的调整,各学院工作呈现出蓬勃的生机,进一步推动了学院的内涵发展。进一步改革完善院内津贴分配制度,修订并贯彻实施了《关于调整院内津贴的暂行规定》。进一步规范外来务工人员的管理工作,与骨干人员签订协议,提高工作待遇。重视做好退休人员工作,新成立了退休干部处,为更好地做好服务工作提供了有利条件。

[招生与就业] 进一步规范招生程序,加强毕业生就业指导和管理工作。本着"完成任务、提升质量、社会需求、兼顾效益"的指导思想,对分专业招生计划进行了科学、合理的编排,并把艺术类和中外合作办学确定为本次招生工作的重点及难点,着重加大招生宣传的力度,取得了显著效果。本年度共计录取 3650 人,报到 3246 人,报到率 88.94%,完成计划的 101.44%,比 2007 年提高了 1.85%。努力提高毕业生就业率和就业质量。针对当前不容乐观的就业形势,对在校生开设了就业指导课、专题讲座、就业指导咨询、就业形势报告会等,提高他们的职业生涯规划和求职能力。通过建设就业信息网、举办校园招聘会、承办山东省 2008 年冬季大型招聘会、增加实训基地和就业基地等形式,促进毕业生就业。2008 年共有毕业生 3216 名,总体一次性就业率达 92.2%。

[科研成果] 科研管理水平不断提高,各类成果不断涌现。2008 年学院着重加强了科研管理。胜利召开了学院首届科研工作会议,修订、补充和完善了多项科研规章制度,科研管理工作更加科学规范。课题申报的层次和数量都有了显著提高,获批带资课题明显增多。2008 年度,学院获批了 2 项国家教育部教育科学规划课题(其中带资 1 项);获批 1 项国家民政部招标项目,并获资助经费 8 万元,这是课题申报的重大历史突破。申报了省社科规划办、省软科学规划办等各类省级课题共 22 项,获批 13 项,获批的各级各类课题中有 6 项为带资课题。进一步加大了研科研课题的检查、结题力度,全年有 4 项课题完成结题。科研成果的质量、数量都有了很大提高。有 1 项科研成果获省社科二等奖,2 项科研成果获省社科三等奖,2 项科研成果获教育厅优秀成果三等奖。全院有 81 项科研成果获得科研奖励,其中被 SCI 收录的论文 1 篇,各级全国中文核心期刊发表的论文 35 篇,个人主编专著 7 本。此外,依托各院系部、研究所,联合院外有关研究部门

的科研人员建立了社会性别理论研究与实践基地、女性文化研究基地、女性人力资源开发与研究基地、女性法律研究基地和先进社会性别研究基地共5个研究基地，切实加强了妇女研究所建设。

学报发展踏上新台阶。经山东省新闻出版局批准，学报由季刊改版为双月刊，加强了妇女研究的理论阵地，扩大了学报在学术界的影响力。在全国高职成高学报研究会年会上，学报荣获“全国高职成高优秀学报”称号；学报栏目“性别平等理论研究”因其独特的研究视角和研究内容获“特色栏目”荣誉称号。召开了首届学报编委会会议，明确了编委会成员的权责和学报的发展方向，对进一步提高学报层次，提升学院科研水平具有重要推动作用。

[对外交流与合作]　巩固中外合作办学成果，在合作办学质量与效益上下功夫。2008年，大学项目、十年级项目及剑桥少儿英语项目在招生和市场开拓方面稳步发展。与澳大利亚启思蒙继续教育与技术学院合作举办的会计专业双文凭项目获得国家教育部备案；旅游管理专业中澳合作办学项目获得省教育厅批复，并顺利开展招生与教学等工作。与韩国光州女子大学的合作项目日趋完善，完成“光大班”的组建与部分教学工作。顺利完成合作院校教师来校的教学与测试、师资培训、外籍教师的聘请、生活安排等工作。

学院党政领导人

书记：胡升秀

副书记、院长：孙秀丽

副书记：王光芝

副院长：常立学　王淑霞　林玉贵　宋兆静　尹桂瓒

纪委书记：王光芝(兼)

老校地址：济南市玉函路45号

邮政编码：250002

新校地址：济南市长清区大学科技园大学路2399号

邮政编码：250300

联系电话：0531－86526788

传　真：0531－86526786

（撰稿：杨　荣　审稿：孙秀丽）

山东外贸职业学院

[概况]　山东外贸职业学院始创于1964年，是省属国办全日制普通高等职业院校，隶属于山东省对外贸易经济合作厅，是山东省外经贸类专业办学历史最悠久的学校，地处青岛。学院以实施高等职业教育为主，兼顾短期培训及网络教育。学院由南校区（江西路62号）和北校区（中崂路967号）组成，截至2008年底，占地面积24公顷，校舍建筑面积9.8万平方米。

学院施行ISO9000质量管理体系，立足外经贸行业，突出“外”字特色，以培养学生的创新精神和实践能力为重点，以培养“外语过关、专业过硬、计算机操作熟练、基础知识扎实、动手能力强”的外经贸行业需要的实用型、技能型的人才为宗旨，坚持“以学生为中心，以质量求生存，以特色谋发展”的质量管理方针。

学院建有56个校内实训室，校外建有山东海丰国际航运集团、海程邦达国际货运有限公司、青岛益佳国际贸易有限公司、交通银行青岛分行、青岛崂山区档案馆等四十九个实训基地。同时加强和企业的联系与合作，“海程邦达国际货运代理有限公司”、“如隆集团”分别在该院设立“海程邦达奖学金”和“如隆奖学金”。

[专业设置]　开设有国际贸易实务、物流管理、报关与国际货运、会计、会计电算化、市场营销、文秘、涉外旅游、商务英语、商务日语、商务韩语、计算机技术与应用、电子商务、信息管理、软件技术、法律文秘、国际商务、金融保险、旅游英语和民航商务等20个专业。国际贸易实务专业和商务英语（2008年新评）为省级特色专业。

[师资情况]　有教职工近400人，在编247人，其中专任教师超过75%，正高级职称11名、副高级职称56名，具有中级职称的专业技术人员136名，“双师型”教师66名；出国深造并学成归来教师6人，赴澳大利亚留学教师1人，公费赴日留学考试教师4人。学院常年聘请9名外籍教师，同时还从专业公司和有关院校聘请了大批专家教授与“双师型”教师来校任教。

外语师资力量雄厚，6名教师先后在欧盟接受同声传译培训。在青岛市承办的奥帆赛和残奥帆赛运动会上，该院有两位老师分别担任奥帆委中心办公室领导口译员和语言服务助理。

学院高度重视教学科研工作。有50多名教师主编或参编全国高职规划教材；“外贸英语函电”、“国际贸易法”、“VB 程序设计”、“C 语言程序设计”和“国际贸易实务”被评为省级精品课程；商务英语教学研究荣获山东省优秀教学成果二等奖，外贸英语制单课程教学改革荣获山东省优秀教学成果三等奖；为保证教学内容与工作一线的紧密结合，各专业的教学计划和大纲每年均由各行业专家委员会审定。

[学生情况]　2008 年，学院有全日制在校生 7011 人。2008 年毕业生就业率达 89.6%，其中 80%以上在青岛就业。

学生肖雨在 2008 年山东省高职高专实用英语口语大赛和全国高职高专实用英语口语大赛中均获得特等奖。学生金延财凭借优异的综合素质被选为青岛市仅有的两名大学生奥运火炬手之一。

[继续教育培训]　与北京外国语大学、哈尔滨工业大学合作开展远程和函授专升本学历教育；对滨州、潍坊、烟台、日照、威海等地外贸企业员工进行外贸业务知识培训；作为中国航空运输协会在山东省指定的唯一航空运输销售代理业务培训机构，负责对全省航空运输代理企业上岗证的培训及考试；作为山东报关协会培训基地，2008 年共举办报关业务培训班 12 期，培训报关员 1700 余人。经批准承担的国家级考试考点和被指定设立的社会考试考点 12 个，受相关部门委托建立的业务培训基地 3 个。

[对外交流与合作]　继续保持与美国的南密苏里州立大学、日本 MERIC 外国语学校的友好校际交往，互派学生进行交流。2008 年 6 月与日本神户电子专门学校建立了友好合作关系。

学校党政领导人

书记：李良斋

副书记、院长：王荣昌

副书记：魏长征

副院长：周树玲　王柏钟　刁建东

纪委书记：魏长征

南校区地址：青岛市江西路 62 号

北校区地址：青岛市李沧区中崂路 967 号

邮政编码：266071　266100

联系电话：0532－87692918

传　真：0532－87692968

网　址：www.sdwm.cn

(撰稿：黄　维　审稿：李　兴)

青岛职业技术学院

[概况]　青岛职业技术学院是一所全日制普通高校，主要从事全日制高等职业教育和职业培训，兼有成人本科、专科层次学历教育及中小学教师、校长培训等，是中央财政重点支持建设的示范性职业院校、山东省骨干示范性职业技术学院、首届“中国职业教育杰出校长”获得院校、全国职业教育先进单位、青岛市“十一五”规划支持建设学院、首批“国家示范性高职院校建设计划”立项建设学院。现有西校区(青岛市黄岛区)、南校区(青岛市市南区)和中校区(青岛市市北区)三个校区，占地 54 万平方米，校舍建筑面积 24 万平方米，绿化面积 27 万平方米，湿地面积 7.5 万平方米。建有校内实训基地(室)112 个，校外教学基地 163 个；教学仪器设备总值 7531 万元，固定资产 3.8 亿元；各类语音室、多媒体教室 3637 座，教学微机 2831 台；图书馆藏书 46 万册，电子图书 44 万册，期刊 500 种，报纸 100 种；展藏品 4383 件。

学院现设有 9 个二级学院，38 个全日制高职专业；教职工 753 人，专任教师 511 人，具有硕士以上学位教师 163 人，高级职称教师 188 人，“双师”素质教师 330 人，专业带头人 25 人，骨干教师 98 人，兼职教师 462 人；聘请校外专家、教授 58 人，外籍教师 9 人。全日制高职在校生 8255 人，成人教育在校生 4344 人，留学生 185 人，每年完成各类培训近万人。

学院党委下设党委办公室、组织部(统战部、老干处)、宣传部、纪委(监察室)、学生工作部。全院共有 11 个党总支，35 个基层党支部，460 名党员。

[党建工作]　2008 年共审批发展新党员 190 人，审批预备党员转正 65 人。积极开展抗震救灾活动，共缴纳抗震救灾“特殊党费”14 万余元，“特殊团费”46800 余元。作为全省唯一的高职院校代表，党委书记谭森德研究员出席全国第 17 次党建工作会议。

[学生情况]　2008 年，全日制高职招生 3363 人，完成面向省外和面向西部的招生任务；毕业 2524 人，最终从业率为 99%。101 名学生作为 IT 设备、视频设备技术工程师负责奥运会期间的 IT 设备、视频设备的维护工作。14 名学生担任城市运行志愿者，其中 2 名为荷兰留学生。4 名学生担任奥帆赛开幕式礼仪志愿者。112 名师生参与奥运火炬传递现场展示活动。216 余

人次学生参加了浒苔清理工作。学院被市委、市政府授予奥帆赛、残奥帆赛“突出贡献单位”称号，院团委获团省委“志愿服务北京奥运会、残奥会突出贡献奖”。2008年，学院被省委高校工委评为“山东省心理健康教育先进集体”。

[教学与产学研结合]　各专业根据自身特征，落实“五基”流程（基于职业能力的培养目标—基于工作过程的课程体系—基于实际项目的训教内容—基于行动导向的训教方法—基于等级制度的考核方式）和“三化”目标（学习过程工作化、工作过程学习化和实习就业一体化），并使之成为“实境耦合”的实施框架，形成基于实境化训教的课程体系。与企业合作开发68门优质核心课程，开展18个训教方法改革项目的建设，编写58种特色教材或讲义，建立10个教学资源库，收集训教案例6000余例。建立国家、省、学院三级精品课程，《采购与供应管理》被评为国家级精品课程，《JAVA WEB应用程序设计》等3门被评为省级精品课程，《营销沟通技巧》被评为教指委精品课程。机电一体化技术、计算机网络技术被评为省级特色专业。

在实训基地引入6S现场管理办法，逐步建立起生产性实训基地的运行机制和监控机制。“制度建设跟进示范建设发展”和“物流岗位标准研发案例”入选教育部两周年案例。与山东标准化研究院合作制定的“口岸通关物流单证数据元规范”确定为山东省地方标准。被山东省家用电器行业协会批准为山东省家电行业高技能人才培训基地；在院内设立省物流专业委员会秘书处。建立校外公益服务基地14个。

2008年组织市级以上课题的申报8次，结题4次，市级以上科研优秀成果奖的申报工作3次。其中，2项研究课题获省级立项，1项研究成果获省级奖。

[对外合作交流]　学院与美国、荷兰、日本、韩国等10个国家和地区的26所高校和教育机构建立了稳固的合作关系，2008年共接待来访62批次、533人次，有12个国家和地区的34所高校或研究机构47批次共计245名专家、学者来学院参观访问讲学。组织13批代表团共计38人次赴荷、德、英、法、韩、加拿大等11个国(境)外的高校或机构考察访问和研修。成功主办奥地利莫扎特交响乐团新春音乐会。全年共有12家报刊、5家电视台、30个网站对学院的工作情况进行了218次报道。

先后承办、组织、服务国家示范院校项目建设工作研讨会、中德高职师资培训、海峡两岸职业教育研讨会以及教育部“双百”论坛等8个重要会议和培训项目，“全国高职高专教育骨干师资培训项目”作为示范建设项目获得教育部批准。学报获全国高职高专学报一等奖，单位读者分布到22个国家和地区，个人读者分布到27个国家和地区。

学院党政领导人

书记：谭森德

副书记、院长：史忠健

副院长：刘甲珉　覃　川　薛玉平　孔宪思　邢广陆

纪委书记：刘　伟

西校区地址：青岛市黄岛区钱塘江路369号

邮政编码：266555

联系电话：0532－86105216

传　真：0532－86105219

电子邮箱：bgs@qtc.edu.cn

南校区地址：青岛市市南区金坛路17号

邮政编码：266071

联系电话：0532－86101330

传　真：0532－86101331

中校区地址：青岛市市北区郭口路2号

邮政编码：266021

联系电话：0532－86101216

传　真：0532－86101220

（撰稿：谭森德　李　娜　审稿：吕建华）

济宁职业技术学院

[概况]　济宁职业技术学院是2000年10月经山东省人民政府批准成立的全日制普通高等专科学校，其前身是具有20多年办学历史的济宁职工大学与济宁广播电视大学。学院设有7系1部和3个研究所，开设高职专业47个，全日制高职在校生万余人，教职工900人。2003年首批通过教育部人才培养工作水平评估；2004年被评为全省技能人才培养先进单位、全省最受企业欢迎的职业院校；2005年被确定为全省骨干示范性职业技术学院建设单位。2008年校区扩建工程的210亩土地供地到位交付使用，教工住宅区建设启动，世界银行中国职教贷款项目进一步调整完善。4个新专业顺利通过山东省教育厅批准。《数控编程》被评为省级精品课程。建立了沃尔沃、华威冠名班和思科网络学院。2008年2月，学院被授予济宁市职业道

德建设十佳单位和“五一”劳动奖状,12 月被评为山东省高校学生宿舍管理工作达标单位。

电工实训室

[校区建设] 圆满完成 210 亩土地的征用工作。采取有力措施,协调各方关系,全力落实了 210 亩土地的征用。完成补偿金的发放、地面附着物清理和围墙的圈建,210 亩土地全面交付使用。

科学规划校区建设。按照生态校园、数字校园、人文校园建设目标要求,本着规划一步到位、建设分步实施的原则,对新老校区进行了整体规划。经过反复修改论证,“金钥匙”方案已通过济宁市规划委会审批,单体设计完毕。

积极做好世行项目贷款工作。结合当前实际,经过研究论证,调整世行贷款项目,确定建设一处建筑面积 2.9 万平方米实验实训中心,满足机电、汽车和建筑等专业的实验实训需要。编制完成可行性研究报告、项目建议书。

[教育教学改革] 旅游管理、工程造价、汽车应用电子技术、煤炭深加工应用技术 4 个新专业顺利通过省教育厅批准,学院专业总数达到 47 个,初步形成了富有特色的 10 个专业群。

12 月 5 日,山东省委高校工委常务副书记田建国教授到学院就教育改革作学术报告

不断探索高职教育规律,推行课程体系改革,推进精品课程建设,强化课程设置,加快人才培养由专业知识本位向岗位能力本位的转变。《数控编程》被评为省级精品课程。

强化教学过程管理,健全管理规章制度,建立教育部人才培养工作信息采集平台,出台深化教学改革提高教学质量的实施意见、学生顶岗实习若干意见、青年教师到企业一线锻炼的实施意见。通过青年教师教学评优活动、举办专家讲座等措施,提升教学管理水平。

重视提高学生综合素质,广泛开展素质拓展和社会实践活动。生化系两名学生在“首届全国高职高专生物技术技能大赛”中分获一、二等奖,在“第三届石油化工职业院校化学检验工全国大赛”中获团体三等奖;在全市职业院校 2008 年技能竞赛中,学院代表队荣获 4 项团体一等奖和多项个人一、二等奖。在第九届“挑战杯”山东省大学生创业计划竞赛中,学院荣获 2 个二等奖、2 个三等奖。

11 月 23 日,举行校企合作启动仪式

积极探索校企合作新模式,建立“互动双赢”机制,实现校中有厂、厂中有校。努力构建科学有效的实践教学体系,完善实践教学质量督导与监控机制。将盛源汽车维修服务有限公司引进校园,建立了沃尔沃、华威冠名班,实习实训基地增至 120 余处。

[师资队伍建设] 1 人被评为山东省劳动模范,1 人被评为济宁市职业院校十佳“双师型”教师,1 人被评为济宁市中青年专家,1 人被市总工会评为知识型职工,1 个单位被评为学习型组织。

落实济宁市“千名人才引进计划”,经过试讲和面试,择优录用了 28 名硕士研究生充实教师队伍。积极推荐优秀教师晋升专业技术职务,有 2 人晋升为教授,5 人晋升为副教授,43 人晋升为中级职称。鼓励教师在职攻读学位,有 7 人获得硕士学位。学院博士、硕士超过 200 人。

对近三年来进校的 184 名青年教师组织了培训。

选派7名教师作为访问学者到国内相关高校交流学习。投资7万余元，组织了39名教师、学生政工干部和辅导员参加心理咨询师培训班。

列支15万元专项经费，表彰奖励在科研中取得优异成绩的教职工。全年在各类学术期刊发表论文270余篇，4项成果获山东省软科学优秀成果二等奖，2项课题获山东省教育科学“十一五”规划重点课题立项，3项课题获山东省教育厅科研课题立项，6项科研课题申报省级课题立项。

[招生就业工作]　招生计划比2007年增加11.8%，在全省同类院校中增幅最高。进一步加大招生宣传力度，充分发挥招生组的工作积极性，招生质量进一步提高。实际录取注册学籍3842人，比2007年增加540人，全日制高职在校生突破万人规模。

拓宽就业渠道，为毕业生提供更多的就业机会。40名应届毕业生被录用为部队士官，11名应届毕业生被录用为空军及武警战士，毕业生就业质量稳步提高。

[双评估工作]　启动迎接德育工作评估和校园文明建设检查评估工作，召开迎评动员大会，成立迎评工作领导小组、迎评办公室和迎评工作组，邀请评估专家举办迎评专题培训，开展一系列基础性工作。

落实评建方针。全面贯彻落实“以评促建、以评促管、以评促改、评建结合、重在建设”的方针，以迎评工作为抓手，强化“人人都是学院形象，事事都关三个评估”的观念，开展制定意见分解任务、深入发动落实责任、对照标准严格自查等阶段性工作，取得阶段性成效。

[深化党建思想政治教育]　加强基层党组织和干部队伍建设。坚持党委中心组学习、干部职工政治学习和寒暑假教师培训制度。按照干部人事制度改革，推行全员合同聘任制，实施新一轮中层干部聘任。规范基层党组织活动，重视在青年教师和学生中发展党员工作，发展教工党员8名、学生党员243名。

学院举办大型迎新晚会

积极推动邓小平理论、“三个代表”重要思想、科学发展观和党的十七大精神的“三进”工作。开展人生价值观、荣辱观和理想信念教育。开展纪念改革开放30周年、迎新生文艺演出、大学生“三下乡”等各类文体活动。

11月，学院师生参加山东省暨济宁市纪念改革开放30周年大型文艺演出

认真贯彻标本兼治、综合治理、惩防并举、注重预防的方针，深入开展反腐倡廉教育。坚持依法治校、院务公开、集体决策、照章办事。认真落实党风廉政建设责任制，拓展从源头上防止腐败的工作领域，开创党风廉政建设的新局面。

学校党政领导人

书记：祝爱华

副书记、院长：于建民

副书记：李世荣

副院长：张　军　李邦志　徐　峰　孙志春

纪委书记：李世荣（兼）

学校地址：济宁市金宇路3号

邮政编码：272137

联系电话：0537－2226919

传　真：0537－2236068

（撰稿：梁玉振　方　丹　审稿：于建民　李邦志）

日照职业技术学院

[概况]　日照职业技术学院地处日照大学科技园，建筑面积38.5万平方米，固定资产总值6.6亿元，教学仪器设备总值1.3亿元，在校生14925人，教职工904人。

[完成“三件大事”] 5月26～28日,山东省委高校工委对学院进行德育工作和校园文明建设检查评估。学院德育工作与校园文明建设达到评估标准,成绩优秀。11月28日,学顺利通过校园文明建设检查评估复审,成为全省最为优秀学校之一。

7月11日,学院参加国家教育部、财政部共同组织的国家示范性高等职业院校建设项目的评审答辩,被确定为“国家示范性高等职业院校建设计划”立项单位,成为全国高职院校百强校。

日照职业技术学院办学20周年暨新校区落成庆典

9月26日,学院隆重举行办学20周年暨新校区落成典礼。校庆期间,举办了奥地利政府贷款项目设备启用剪彩仪式,举行了“风好正扬帆”办学20周年暨新校区落成大型文艺汇演。山东省委高校工委、山东省教育厅、中共日照市委、日照市人民政府、山东大学、中国海洋大学等政府部门和高校及众多校友分会、校友个人发来贺信、贺电。

[队伍建设] 3月30日,学院隆重召开第二届教职工代表大会暨工会会员代表大会第四次会议。大会讨论并通过了《学院工作报告》《关于学院2007年预算执行情况和2008年预算草案的报告》和《学院工会工作报告》等。4月25日,学院召开2008年党建工作会议,总结2007年党建工作取得的成绩,安排部署2008年和今后一个时期党建工作的思路和主要任务。会上成立了中共日照职业技术学院委员会党校。7月21～25日,学院党委理论学习中心组在岚山鲁圣酒店举办第三期暑期读书会,学院中层副职以上干部进行了为期五天的封闭学习。12月30日,学院正科及以上干部参加了2008～2009学年第一学期理论学习考试。

[教育教学改革] 2008年9月,学院申报的“食品加工技术”“建筑结构”两课程通过国家教育部评审,课程建设再添2门国家精品课程。至此,学院共建成国家精品课程3门、省精品课程9门、院精品课程53门,国家、省、院三级精品课程体系进一步夯实。6月,学院推荐的建筑工程技术专业教学团队顺利通过山东省2008年普通高等学校省级教学团队评审工作,成为学院第一支省级教学团队。6月,学院申报的“建筑结构”“市场营销策划与实务”成功入选省级精品课程,至此,学院已建成9门省级精品课程。10月,学院选送的17件作品在第二届中国实践教学方案设计大赛中全部获奖。其中,一等奖1项,二等奖4项,三等奖10项,优秀奖2项。学院被大赛组委会授予“最佳组织奖”,成为本次大赛获奖最多的高职院校之一。

[招生与就业工作] 学院2008年面向全国26个省份,共招收2008级新生4700余人。12月31日,学院召开2009届毕业生就业工作会议。会议总结了2008届毕业生就业工作情况,表彰了就业工作标兵单位、就业工作先进单位以及就业工作先进个人和优秀就业引导员,并对2009届毕业生就业工作做出部署。

[科研工作] 2008年10月,学院与国家海洋局第一研究所、日照市海洋水产资源增殖站共同完成的“星斑川鲽全人工育苗技术研究”获国家海洋局科技进步二等奖。学院作为技术依托单位,申请的“省级星斑川鲽良种场”已于2008年4月份获批并挂牌,为星斑川鲽养殖的可持续发展奠定了基础。

10月25日,学院研究完成的“裂壶藻多不饱和脂肪酸提取工艺优化及功能食品研制初试”通过鉴定。11月16日,学院和日照市海洋工程技术研究中心、国家海洋局第一海洋研究所承担的日照市重点课题“优良鱼类健康苗种繁育技术研究”项目通过技术鉴定。12月3日,学院主持的“日照市宏观经济监测预警理论与实证研究”通过鉴定。

[校企合作] 6月5日,学院与日照市产品质量监督检验局合办的日照质检中心揭牌成立。11月12日,山东蓝海酒店集团和学院签约,设立人才培养基地。

[国际交流合作] 10月1日,学院名誉院长、世界知名企业家、韩国现代汽车集团副会长薛荣兴一行到学院参观访问。11月11日,墨西哥维拉克鲁斯州州长贝尔特朗、夸察夸尔科斯市市长蒙铁尔一行访问学院。双方签署了友好交流协议。10月12～16日,学院院长冯新广经教育部推荐参加在韩国举办的第二届中韩职业教育论坛。冯新广在论坛上做了“树立国际化教育观念 面向世界 建设中国特色高职院校”的主题发言,与参加论坛的11所韩国高校进行了友好交流,并与部分院校签署了合作意向书。

[校园文化建设]　12月5日，日照日报社《黄海晨刊》驻学院记者站揭牌。9月～11月，学院举办第四届校园文化艺术节。本届艺术节分为科技类、文化类、艺术类、学术类四大板块，共计35项活动，颁发单项奖28项，组织奖2项，精英奖1项。5月14日，学院师生为汶川地震赈灾捐款13万余元。5月23日，学院410名党员交纳"特殊党费"143315.12元。

[学院取得多项荣誉成果]　4月22日，学院选送的《美丽的日照，我们的家乡》配乐诗歌朗诵荣获日照市迎"五一"诗歌朗诵比赛一等奖。6月，学院党委被山东省委表彰为"先进基层党组织"。12月5日，在山东省高等教育管理科学研究会2008年学术年会上，学院党委书记王森勋当选为山东省高等教育管理科学研究会常务理事。12月，学院主编的《高职学生人文素质教育》一书获全省高校学生教育与管理工作优秀著作一等奖。12月3日，学院荣获"山东省节水型企业（单位）"荣誉称号。

学校党政领导人

书记：王森勋

副书记、院长：冯新广

副书记、副院长：丁惟生

副院长：牟善德　许先军

纪委书记：韩　振

学校地址：山东省日照市烟台北路16号

邮政编码：276826

联系电话：0633－8172345　8172666

电子邮箱：rzptmsk@126.com

（撰稿：李　波　郭庆志）

莱芜职业技术学院

[概况]　莱芜职业技术学院是山东省人民政府批准建立的全日制普通高等专科学校，面向全国招生。学院占地2406亩，建筑面积33万平方米。现有固定资产4.5亿元，仪器设备总值4650万元，馆藏图书61万册，建有105个专业实验及实训室，68个校外实习实训基地。学院在职教职工635人，全日制在校生11300人。现设有机电系、经济管理系、计算机系、师范教育系、信息工程系、艺术系6个系和粉末冶金学院、软件学院2个学院以及新材料与新能源、智能玩具、生物技术、投资与理财、软件技术5个研究所。开设机电一体化技术、数控技术、冶金技术、模具设计与制造、电子信息工程技术、计算机应用技术、计算机辅助设计与制造、微电子技术、应用电子技术、汽车检测与维修技术、生物制药技术、软件技术、食品生物技术、电子商务、会计电算化、小学教育、文物鉴定与修复、房地产经营与估价等39个专业。

学院成立以来，坚持"以创新求生存，以改革促发展，以质量创名校，以服务做贡献"的办学理念，努力实践"诚信、自强、务实、创新"的校训。机电一体化技术、冶金技术被评为山东省高职高专示范专业，机电一体化技术、生物制药技术被评为山东省高校特色专业，《机械制图》、《物理学》、《药用植物学》、《机械设计基础》、《数据结构》5门课程被评为山东省精品课程，生物制药技术专业教学团队被评为山东省高等学校省级教学团队，生物制药技术专业被评为中央职业教育生物制药技术专业实训基地建设项目，电工电子实训中心被评为山东省教育厅、财政厅重点支持的实训基地项目。学院先后被评为山东省高职高专人才培养工作水平评估优秀学院、山东省职业教育先进单位和山东省职教师资队伍建设先进集体。

[教学管理]　2008年，引进硕士及硕士以上学位教师34名，聘任5名教师为兼职教授，选派6名教师到浙江大学、南开大学、美国哈佛大学等国内外知名院校进修学习，邀请教育部评估专家、昆明冶金高等专科学校校长夏昌祥教授等专家学者来学院作报告，生物制药技术专业教学团队被评为省级优秀教学团队。加强专业和课程建设，生物制药技术被评为省级特色专业，《数据结构》被评为省级精品课程。稳步推进合作办学，与上海大数智能系统有限公司、中南大学粉末研究院、莱芜钢铁集团有限公司等7家单位签订联合办学协议。投资400多万元，建立了ERP实验室、文化艺术实训室、电子阅览室、文化艺术中心等15个校内外实验实训室。

[学生管理]　举办第七届科技文化艺术节、第六届社团活动月和快乐周末等活动。大学生艺术团举行泰山登山节专场文艺演出、莱芜市第十七届青年文化艺术节开幕式文艺演出等多项活动，完善大学生奖助体系，全年发放奖学金、勤工助学金、助学贷款、国家奖学金累计总额973.2万元，受惠学生达到15396人次。

[科研创新]　申报省级课题8项，市级课题10项，到位科研经费110万元。何丰昌老师的"并网型太阳能

光伏逆变器”项目获省财政厅、科技厅30万元的经费支持。孙霞、亓翠英、孟宪超三位老师获得了省科技厅、信息产业厅自然科学基金、博士基金各5万元的经费资助。

[招生就业] 共招生4300人,在校生达到11300多人,挤进全省高职院校万人大学的行列,实现了历史性突破。

学院不断巩固莱芜钢铁集团有限公司、鲁南制药有限公司、泰山钢铁集团有限公司等就业基地,同时积极拓宽就业渠道。8月,30名毕业生被选拔录用为中国人民解放军士官。11月,召开了第三届大专毕业生双向选聘会,165家企业参会,共为毕业生提供1250多个就业岗位。

[新校建设] 新校建设完成了综合楼、4个篮球场的施工,艺术楼演播厅进入后期装修,实验楼、实训楼、图书馆、2号餐厅和2座学生公寓正在建设阶段。移植和新栽各类花卉苗木3万多株,种植草皮2万多平方米。2008年,山东省委副书记、省长姜大明,副省长黄胜,省政协副主席、党组副书记乔延春,团省委副书记张辉,省委高校工委副书记宋焕新,莱芜市委书记、市人大常委会主任于建成等领导同志来学院检查指导工作。省政协考察团、省教育厅、市委党校县级干部十六期、十七期研修班学员,山东医学专科学校、枣庄职业学院、聊城职业技术学院、泰山职业技术学院等党政考察团及兄弟院校也到学院参观考察。

[安全稳定] 遵循“安全第一、预防为主”、“谁主管谁负责”的原则,围绕“消防安全”、“饮食安全”、“人身安全”等重点工作,健全完善学院领导带班、分组检查和专人巡逻相结合的安全保卫制度,确保师生员工的人身安全和财产安全。

学院党委、纪委与各系、各处室签订党风廉政建设责任书,制定《莱芜职业技术学院党风廉政建设责任制实施细则》、《莱芜职业技术学院反腐倡廉实施意见》等规章制度,组织广大党员干部开展参观反腐倡廉警示教育图片展、观看《忏悔录》警示电教片等教育活动,提高了党员和党员干部拒腐防变的自觉性。

学校党政领导人

书记、院长:张保卫

副书记、副院长:李俊海

副院长:周广亮 吕鲁平 魏广舜

副书记:刘 霞

纪委书记:毕玉海

学院地址:莱芜市高新区凤凰路北首

邮政编码:271100

联系电话:0634—6267615

电子邮箱:776488161@qq.com

(撰稿:李允实 王元河 审稿:张保卫)

聊城职业技术学院

[概况] 聊城职业技术学院是经山东省人民政府批准的专科层次的公办全日制普通高等学校,学院占地面积535253平方米,建筑面积222075平方米,固定资产2.5亿元。现有教职工533人,副高以上职称的125人,具有博士、硕士学位的教师130人,山东省高等学校教学名师1人。聘任中科院院士陈达担任学院名誉院长,聘任海内外知名学者56名为学院客座教授。

学院现设8个系部和1个继续教育学院,36个专科专业。护理学和计算机及应用两个专业被评审为省级特色专业,“母婴护理”“计算机应用基础”“房屋建筑学”“成人护理”四门课程被评为省级精品课程,全日制在校生11247人。学院先后被教育部等六部委确定为“全国护理专业技能型紧缺人才培养学校”,被教育部、财政部确定为“中央财政支持的护理专业实验实训基地”,顺利通过了高职高专院校人才培养工作水平评估。

公开发表学术论文587篇,出版学术论著50部,编写教材108部,其中,有8部教材被列为教育部高职高专院校“十一五”规划教材。先后承担国家省市级课题96项,获得省部级、厅市级的各类科研奖励94项。学院被授予“全国文化创新示范学校”,被省委高校工委评为“文明校园”“德育工作优秀高校”,被省教育厅授予“国防教育先进单位”“高校学生军训工作先进单位”,被省委宣传部授予“党员教育工作先进单位”称号,被聊城市评为“市级文明单位”“德育工作先进单位”“职工职业道德建设先进单位”“先进基层党校”等荣誉称号。《光明日报》、《大众日报》、山东电视台、人民网、教育部网、教育厅网等媒体都对学院的办学成绩进行了报道。2008年,《中国教育报》分别以头版重要位置和整版的形式介绍了学院在经济欠发达地区兴办职业教育的先进理念和办学成就。

[人才培养] 出台《聊城职业技术学院学生综合测评

实施细则》(聊职院字[2008]5号),《聊城职业技术学院系部学生工作考核细则》(试行),组织开展了大学生文明礼仪表演、主持人大赛、大学生风采大赛、"做文明大学生,创和谐校园"诚实守信大型签名活动;以重大节日、纪念日和重大事件为依托,开展了民族传统教育、爱国情操教育和感恩教育。开展了向陈春龙烈士学习系列活动、和市公安局共同举办"警民鱼水情"文艺晚会。汶川大地震发生后,发动全院师生捐款并组织师生为汶川大地震遇难者默哀。在迎奥运活动中,组织学生开展义务服务和"弘扬爱国情"知识竞赛活动。

加强"三生"(新生、毕业生和贫困生)教育。对新生进行为期一个月的入学教育,涉及国际形势政策教育、大学生修身教育、就业教育、法制教育、生涯规划等;立足创业就业教育,举办大学生创业论坛,邀请成功人士作报告等;开展毕业生文明离校教育活动。在资助学生方面,制定和修订了《关于资助困难学生的暂行办法》《学生勤工助学管理规定》《生源地国家助学贷款暂行规定》等制度,设立了"资助管理中心",完善了"奖、助、贷、补、免"五大资助体系。学院减免232名学生学费17.65万元,发放奖助学金560.65万元,助学贷款208.85万元。

在山东省2008大学生电子竞赛中获得二等奖。在2008年"正保教育杯"第四届全国ITAT教育工程就业技能大赛复赛中,有3名学生荣获三等奖,11名学生获优秀奖。6月,在第四届"用友杯"全国大学生创业设计暨沙盘模拟经营大赛中,获山东地区半决赛团体二等奖和最佳理财奖。11月,在第二届"用友杯"全国大学生管理信息化应用技能与创业大赛中获得山东区三等奖。4月,在由中央电视台与山东省旅游局联合举办的迎奥运"希望之星"英语风采大赛中分获二等奖、三等奖。在全国青少年英语技能大赛中分获特等奖、二等奖、三等奖和优秀指导教师奖。在全国大学生英语竞赛中获D类一等奖及优秀奖,获B类三等奖。在山东省大学生机电产品创新设计竞赛中分获一等奖、二等奖和三等奖。

[招生与就业]　共报到新生4343人,涉及15个省份,比2007年增加435人。学院2008届高职毕业生2424人,相比2007届增幅为62.03%。截至6月28日,通过协议就业和灵活方式就业人数2259人,专升本通过62人,初次就业率为94.84%。

[师资队伍建设]　组织第三届教师教学竞赛活动,开展"师德建设活动月"活动,评选出"十佳教师""师德标兵""服务之星""学生最喜爱的教师"。加强教学团队建设,开展优秀教学团队建设活动。暑假期间组织46名教师参加教育部主办的骨干教师培训班。全院有3人晋升为正教授,5人晋升为副教授,1人晋升为高级实验师;有2名教师被山东省教育厅、山东省人事厅选拔、录取为省政府资助出国留学的访问学者;在聊城市"水城英才"培养人选评选中,学院有1名教师被确定为第二层次培养人选,4名教师被评定为第三层次培养人选;学院副院长孙菁当选为第十一届全国人民代表大会代表,受到胡锦涛总书记的接见。

[教学科研能力]　教学工作稳步提升。进一步改革学生评价体系,启动了课程形成性考核,推行了考试改革,共有117门课程制定了课程形成性考核细则。进一步加强课程建设,评选出8门院级精品课程,《成人护理》《房屋建筑学》两门课程被评为2008年度省级精品课程。

召开第一届科研工作会议,组织申报院级以上科研项目17项,有9项课题获得立项,其中有4项获山东省教育科学"十一五"规划课题立项;申报62项成果参加各级评奖工作,有37项成果获奖,其中山东高等学校优秀科研成果三等奖3项,山东省科研成果二等奖1项;山东省理论创新优秀成果一等奖2项,二等奖1项,三等奖1项;省软科学成果三等奖1项;聊城市科技进步一等奖2项,二等奖4项,三等奖2项;聊城市社科优秀成果二等奖1项,社科新秀奖1项,获奖数量和等级比2007年明显提高。2008年申请专利3项,授权专利3项,其中有1项被国家安全局采用。

[校园文化建设]　举办第二届大学生科技文化艺术节,历时两个月,各类比赛、讲座和文体活动达60个项目。开展迎新晚会、"温情使者"评选、各系的趣味运动会、宿舍文化节等活动,进行了学院第二届"校园十佳"的评选活动,全院共评选出各级各类优秀学生、优秀学生干部2780人,先进班集体58个,受奖比例达30%。有1名学生获山东省大学生自强之星提名奖。2008年,学院大学生宣传服务队被团省委评为先进服务队,两名学生被评为省级社会实践先进个人,一名教师被评为优秀指导者。

[社会服务能力]　进一步创新校企合作模式。召开了校企合作论坛暨产学合作顾问委员会第一次会议,加大了校企合作力度。与菲律宾伊密里欧学院签订合作协议,与山东蓝海酒店集团等企事业单位签订校企合作协议,与10余家高校和研究机构新建立了联系,与部分企业实行了"订单培养";坚持与区域经济社会发展紧密结合办学,与时风集团、山东迅力、中通客车股

份有限公司等大型企业集团开展合作。2008年,数控车、数控铣和普通车三个实验室具有了为社会服务的能力,并已经给东海铸锻厂加工了200多个后轮箍和一批模具零件。

[**对外交流**] 学院面向海外进行学术、人才资源及学科建设等多方面、多层次的交流与合作,探索全方位开放式办学模式。学院先后与新西兰北方理工学院、新西兰塔士兰农学院、菲律宾伊密里欧学院、台湾忠信学校等结为友好院校;与中国人民大学、北京师范大学、浙江大学、山东大学等高校联合开办了研究生班和现代远程教育本科班。

[**办学条件**] 2008年,投资4000余万元新建了面积15000平方米的图书楼、楼前广场、南大门。进一步加强实验室建设的规划设计,规范项目立项程序。投资600余万元加强护理系、机电工程系、农牧科技系、计算机系实验实训室建设。为了改善职工住房条件,投资建成了26000平方米的职工二、三期住宅楼,加之团购冠达开发商的176户,共解决366户职工住房问题。外部环境进一步优化,市政府出台多项措施支持学院发展。

[**党建和思想政治工作**] 加强理论武装,提高政治素养。认真组织党委理论学习中心组深入学习党的十七大精神,学习胡锦涛总书记等中央和省部领导的重要讲话及有关文件精神。把理论宣传与学习活动同推进示范院校建设结合起来,同构建社会主义和谐校园结合起来,用马克思主义中国化的最新成果武装头脑、指导党的建设与各项工作。通过系统、深刻的理论学习,广大党员干部的认识进一步提高,思想进一步统一,增强了贯彻落实科学发展观的坚定性和自觉性。

加强对党员干部反腐倡廉教育,进一步促进干部队伍作风建设。学院全面落实中央纪委二次全会和省纪委三次全会精神,以科学发展观为统领,围绕学院中心工作,对党员干部开展了中国特色社会主义理论体系教育和党性党风党纪教育,增强了党员干部队伍的廉洁自律意识,筑牢了拒腐防变思想道德防线,为实现学院又好又快发展提供了纪律和思想保障。

加强领导班子与干部队伍建设。根据省委高校工委和市委组织部要求,13名县级干部参加了学习十七届中央纪委第二次全会精神培训班,20名县级干部参加了县级领导干部学习实践科学发展观与十七届三中全会精神培训班,1名县级干部到市委党校参加县级干部培训,1名科级干部到市委党校参加了科级干部培训,2名县级干部参加省委高校工委举办的全省高校处级干部培训班。

根据中共中央《党政领导干部选拔任用工作条例》,坚持干部"四化"方针和德才兼备原则,结合学院实际,经市委考察,提拔3名正处级干部、1名副处级干部,学院还聘任4名中层正职干部、9名中层副职干部,调整中层正职8人次、中层副职5人次,提拔调整科级干部16人次。组织符合条件的干部参与聊城市公开选拔副县级领导干部工作。协助市委组织部进行了省管干部年度考核和提拔干部考察。选派1名干部到冠县参加支援社会主义新农村建设工作。

加强基层党组织和党员队伍建设。深入贯彻中央保持共产党员先进性四个长效机制文件精神,健全完善基层党建工作责任制,扎实开展党员经常性教育;做好党员联系服务群众工作;重点做好在优秀大学生和青年教师中发展党员工作,保证了发展党员质量;开展了丰富多彩的主题党日和主题实践活动,党组织和党员队伍的作用得到进一步发挥,被中共聊城市委命名为"先进基层党校"。

2008年上半年,按照省委高校工委的部署,围绕"观念上有新飞跃、思想上有新突破、作风上有新改进、环境上有新改善、工作上有新局面"的目标要求,学院党委积极组织实施解放思想大讨论活动,完成了各阶段的工作任务,达到了预期目标。

扎实做好思想政治工作。深入贯彻中央16号文件精神,围绕融"知识学习"和"人格培育"为一体的人才培养体系建设,加强和改进大学生思想政治教育工作。完善了党委统一领导,形成了院长及行政系统为主实施的德育工作领导体制和工作机制,构建了全员育人、全方位育人、全过程育人的工作格局。师生精神面貌健康向上,学院各项事业蓬勃发展。"三育人"工作扎实有效,促进了"三育人"工作的落实。坚持以学生为本的教育理念,加强学生教育管理服务工作,学生得到全面发展。发扬"敬业　奉献　拼搏　团队　创新"的办学精神,坚持"厚德　博学　求精　创新"的校训和"尊师爱生　教学相长"的校风,形成了布局合理、功能完善、整洁卫生的校园环境,营造了良好的育人氛围。2008年4月以优秀成绩通过山东省高校德育工作评估验收。

学院高度重视离退休、工会、共青团、学生会等群众组织的工作,凝聚各方力量,促进学院事业发展。汶川地震后,学院组织教职工捐款14.7万元,其中交纳特殊党费5.86万元。

学院党政领导人

书记:孙庆珠

副书记、院长:王　强

副书记：房庆厚

副院长：孙　菁　李英民　刘庆起　徐龙海

纪委书记：刘德云

学校地址：聊城市花园北路133号

联系电话：0635－8334982

电子邮箱：ldfax@sina.com

（撰稿：张文甫　刘德芳）

山东劳动职业技术学院

[概况]　山东劳动职业技术学院（山东省高级技工学校）是山东省劳动保障厅直属的全日制普通高等专科学校，1955年建校，始称山东省劳动局济南工人技术学校，是山东省第一所公办技工学校；1979～1985年试办山东技工师范学院（本科）；1990年成立山东省高级技工学校，是全国第一所高级技工学校；2000年改建山东劳动职业技术学院，是全国第一所由高级技校整建制提升为高职院校的学校，构建了技校学生上大学的立交桥。学院现有济南和长清两个校区，总占地面积1050亩，济南校区位于济南市经十路23266号，长清校区位于济南市长清大学科技园区海棠路北首，资产总值4.5亿元，实验实训设备总值6000余万元，图书馆藏书50万册。现有全日制在校学生18000余人。

学院拥有全日制高职大专教育、技师教育、技工教育3个主要办学类型和培养层次，下设机械工程系、机械制造系、机制工艺系、机械装备系、电气及自动化系、电气工程系、信息工程与艺术设计系、经济管理系、汽车工程系和基础部共10个系部。开设39个专业（工种），其中高职大专25个专业，技师8个专业，高级技工6个专业。济南市名牌重点专业4个，山东省百强名牌重点专业2个，山东省特色专业2个，山东省精品课程3门，山东省高职高专示范专业1个，全国高职高专教学改革试点专业1个。

学院现有教职工743人，其中专任教师334人，教授、研究员20名，副教授、高级工程师74名，拥有双师型的师资力量。学院教师和工程技术人员合作研发了机床和非标准机械装备两大系列60多个品种的产品，其中感光材料、高档纸张、双向拉伸塑料薄膜及包装材料等多条大型生产线填补国内空白，取得省部级以上科研成果25项、国家"八五"攻关项目一项。近几年，学院积极推行一体化教学改革、恢复学院产训结合的高技能人才培养模式，在近5年的国家级、省级技能大赛中，学院团体获得全国技能大赛突出贡献奖、优秀教学组织奖、团体三等奖各1次；获山东省技能大赛技能人才培养先进单位、最佳组织奖，获省级团体一等奖2次、团体三等奖各1次。学生选手3人获国家雏鹰奖，10人获全国前10名，获全国一等奖3个、二等奖6个、三等奖8个；全省第1名12次、第2名12次、第3名14次，金奖1个、银奖3个、铜奖1个、优秀奖35个；30人获山东省技术能手称号并获技师资格。教师选手获全国前10名2次；全省第1名6次、第2名5次、第3名3次，一等奖1个、二等奖1个、三等奖4个，21人获山东省技术能手称号、14人获富民兴鲁奖章、1人获山东省首席技师称号。

学院实行"双证书"制度，高职大专学生合格毕业可取得高职大专学历证书和预备技师证书（或高技证）。建校50年来，学院共培养各类毕业生68000多名，培训鉴定各类人员52000多名，应届毕业生的就业安置率一直保持在93%以上，2009年学院被评为山东省"改革开放30年最具就业推动力高职院校"。学院是山东省骨干示范性职业技术学院、山东省技师培训基地、山东省高校文明校园、山东省德育工作优秀高校、济南市花园式单位；是国家高技能人才培养示范基地、国家职业技能鉴定所、国家级职业培训师资培训基地、国家级数控技术实训基地、国家级高等职业教育机电类实训基地、国家高技能人才骨干师资示范培训实施单位、全国技工学校师资培训基地、全国职业教育先进单位、国家抗震救灾突出贡献学校。

[长清校区1205万元实训设备配备到位]　1月15日，党委书记孙云早主持召开中心组会议，动员部署2008年春季开学准备工作。会议宣读了《关于做好2008年春季开学准备工作的意见》，布置了实训设备的采购进场工作。至2008年年底，长清校区1205万元实训设备全部配备、调整到位，长清校区实训教学条件进一步完善。

[省劳动保障厅新任党组书记、厅长董国勋来院视察]　3月10日下午，省劳动保障厅新任厅党组书记、厅长董国勋来院视察工作，要求学院要充分利用历史悠久、办学实力强的优势，在全省技工院校中发挥龙头作用。董国勋又于4月8日到学院长清校区视察，于12月31日到学院看望慰问师生员工。

[获济南市花园式单位称号]　3月15日，济南市绿化委员会授予学院花园式单位称号。

[开展"十一五"第三次解放思想大讨论活动] 3月28日,学院召开了开展"十一五"第三次思想解放大讨论活动暨进一步深化一体化教学改革动员大会,会议由党委书记孙云早主持,学院党委理论学习中心组全体成员参加。

[成立公共培训基地] 4月26日,学院党委公布了关于进行管理组织结构调整的决定,整合成教处、鉴定中心、实验中心成立了公共培训基地,全力开展短期培训。

[教学改革] 4月27日,学院召开了全院深化一体化教学改革专题大会,全面启动了实训教学划归系部管理、深化在职职工分配制度改革、深化部门办学经费改革、深化增收节支改革、深化院系两级管理改革、加快两个校区功能定位调整等6项改革任务。

[获国家高技能人才培养示范基地称号] 5月13日,党委书记孙云早主持召开了创建国家高技能人才培养示范基地动员大会。8月12日,人力资源和社会保障部确定学院为国家高技能人才培养示范基地。

[多项科研项目获得国家、省级奖项] 6月1日,2个课题获省教育科学"十一五"规划课题立项。3个课题获得教育厅科技计划项目立项,2个工程项目获国家二等奖,2个工程项目获得国家优秀奖,1个工程项目获省三等奖。

[获德育工作优秀高校称号] 6月23日～6月25日,山东省委高校工委德育工作评估专家组一行7人对学院德育工作进行检查评估。专家组对高技能人才的德育工作体系、工作队伍、工作特色给予高度评价,德育评估成绩获得优秀,获"德育工作优秀高校"称号。

[19名四川灾区学生到校学习　学院获抗震救灾突出贡献学校称号] 6月28日,学院迎来四川地震灾区东汽高级技工学校19名学生。学院被人力资源和社会保障部授予"抗震救灾突出贡献学校"荣誉称号。

[开展讲党性　重品行　作躬耕为民表率和加强作风建设活动] 8月12～14日,学院党委理论学习中心组2008年暑期读书会在长清举行。9月5日,学院召开了讲党性、重品行、作躬耕为民表率和加强作风建设活动动员大会,党委书记孙云早作了动员讲话。

[技能大赛获佳绩] 8月25日～9月2日,第三届全国数控技能大赛山东省选拔赛在学院和山东技师学院举行。教师潘强获数铣第2名,李传波获数车第3名;学生庄友斌、陈立东获数铣第1、3名,刘鹏林、崔忠卫获加工中心第2、3名。李传波在全国决赛中获数车第10名。学院获省劳动保障厅颁发的"最佳组织奖"。其他赛事中,获全省数学建模大赛一等奖;获"注塑模具CAD设计与主要零件加工"专业全国技能大赛团体三等奖;在全国高校学生语言文字基本功大赛中,获全国一等奖3名、二等奖6名、三等奖8名。

[学科专业建设] 8月26日,金属切削、机械装配与修理、电气工程、计算机应用与维修4个专业获济南市技工院校名牌重点专业。金属切削、电气工程2个专业被评为省级百强名牌重点专业。电子商务专业被省教育厅评为省级特色专业,焊接方法与设备课程被省教育厅评为省级精品课程,增设机械制造与自动化、机电设备维修与管理、房地产经营与估价、建筑装饰工程技术4个专业,高职专业增至25个。

[招生就业工作] 9月10日,长清校区5300余名大专、技师、高技新生报到,实现高职、技师、高技三个层次当年招生6600名,在校生达18000多人。毕业生就业率保持在92%以上,焊接、电气、数控等专业毕业生的社会需求大、就业形势好。

[启动由做大向做强的战略转移] 10月13日、14日,学院分别在党委理论中心组、济南校区在职职工、长清校区在职职工、离退休职工范围召开了形势分析大会,指明了"十一五"后2年学院发展的方向,明确了加强内涵建设、提高教学质量的主要任务,启动了学院由"做大"到"做强"的战略转移。

[学习实践科学发展观活动] 10月20日,学院召开深入学习实践科学发展观活动动员大会,省厅党组副书记、副厅长曹可元参加大会并讲话,党委书记孙云早进行了动员讲话。学习实践活动以"解放思想、开拓创新,强化内涵建设,努力构建技能人才高地"为实践载体。在整改落实阶段,学院党委组织实施了系部结构调整,将原有的5系1部扩充为9系1部,新建了汽车工程系、机械制造系、机械装备系、电气工程系4个系。

[开展学习竞赛月活动] 11月7日～12月11日,学院开展了首届学习竞赛月活动。活动设计了车、钳、电等十几项专业技能竞赛。

学院党政领导人
书记：孙云早
副书记、院长：张友山（2009 年 5 月 6 日任职）
马义荣（2009 年 5 月 6 日离职）
副书记：王兴军　方成健
副院长：王韶明　胡　涌　周　峥
纪委书记：方成健（兼）

学院地址：济南市经十路 23266 号（济南校区）
济南市长清大学科技园区海棠路北首（长清校区）
邮政编码：250022（济南校区）
250300（长清校区）
联系电话：0531－87954489　89638888
传　真：0531－87968542
网　址：www.sdlvtc.cn

（撰稿：宋爱全　审稿：李华宾　许有才）

潍坊职业学院

[概况]　潍坊职业学院是 2001 年 7 月经山东省人民政府批准成立的国办全日制普通高职院校，其前身为创建于 1956 年的国家级重点中专——昌潍农业学校和 1978 年的全国工会系统示范性职工高校——潍坊市职工大学。

学院坐落于潍坊市，分为主校区、东校区、西校区和一处实训基地，占地 1400 余亩，建筑面积 20 余万平方米，图书馆藏书 80 余万册；建有 7 个实验实训中心、50 个专业实验室、14 个教学辅助试验室、1286 座多媒体教室，教学科研仪器设备总值 5000 余万元。

学院现设 8 个系，39 个专业，全日制在校生 11000 余人，毕业生当年就业率达 98％以上。

学院现有教职工总数 517 人，其中副高级职称以上 131 人，硕士以上学历 134 人，“双师型”教师占现有专业课和专业基础课教师的 71％，2 名教师被评为山东省高校教学名师，有 50 多人次荣获全国或省、市优秀教师、专业技术拔尖人才等荣誉称号。

[各项评估取得优异成绩]　在全省高校德育和校园文明建设评估中取得优异成绩，并被授予“山东省德育工作优秀高校”、“文明校园”荣誉称号。在潍坊市首家通过了山东省语言文字委员会组织的语言文字工作和普通话测试机构评估评估，成绩优秀。在山东省教育厅组织的学生公寓管理工作检查评比中，被授予“先进集体”荣誉称号。

潍坊职业学院园林技术教学团队被评为国家级教学团队

[实施“4321”工程成果显著]　2008 年，学院按照“发展内涵、提升质量”的办学思路，大力推进“4321”工程，即实施“四个计划”（教师素质提高计划、品牌专业建设计划、精品课程建设计划、实训基地建设计划），完善“三个体系”（院系两级教学管理体系、教学质量监控与评价体系、职业技能训练与鉴定体系），推进“二项改革”（人才培养模式改革、考试制度改革），构建“一个平台”（教学资源信息化平台），全面加强教育教学内涵建设，取得了丰硕成果。在教师队伍建设上，1 人被评为山东省高校十大优秀教师，1 人被评为山东省第四届高校教学名师，3 人新评为市专业技术拔尖人才，1 人被评为潍坊市首届会计领军人物，1 名外教荣获山东省第 11 届外国文教专家教学奖，园林技术专业教学团队被评为国家级教学团队。在专业建设上，新上了社会需求旺盛的食品加工技术、动漫设计、工程监理 3 个专业，数控技术专业被新评为省级特色专业。在课程建设上，“食用菌栽培”课程被评为国家级精品课程，“机械设计基础”、“财务管理”、“商务英语函电”3 门课程被评为省级精品课程，国家、省级精品课程分别增至 2 门和 10 门。同时，学院还完成了“植物保护”等 10 门院级专业核心课程建设，编写了“商务英语综合教程”等 6 门特色实用教材及教学课件。在职业技能鉴定上，2008 年完成 32 个工种 3342 人次的职业技能鉴定任务，毕业生取得职业资格证书比率达 95％以上。加强教学资源信息化平台建设，新建 2 个精品课程录播室和 1 个电子阅览室，开通电子图书，增购 7.6 万册图书。2008 年在全国、全省大学生机电产品创新设计、电子设计、数学建模、英语、ITAT 教育工程就业技

能、及田径锦标赛等活动中连创佳绩，共获得一等奖12项，二等奖15项，三等奖若干。

潍坊职业学院学生在全国省市各级大赛中屡获佳绩

[实训基地建设]　在校内基地建设上，全年投入620余万元，在加强机电、汽车、化工、农业等工程实训中心建设的基础上，完成了生物园艺、计算机网络、食品加工与农产品制量检测、物流、会计电算化等实验室和实训中心的改建和扩建，装备水平达到了同类院校先进行列；在校外基地建设上，学院通过加强校企合作，以接受实习生为主、以联合培养、订单培养等形式为辅，新增加了东营胜大园林工程有限公司、高路动画（济南）公司等9个稳定的条件优良、合作紧密的实习实训基地，为加强学生职业素养的培养、办出高职教育特色提供了保证。

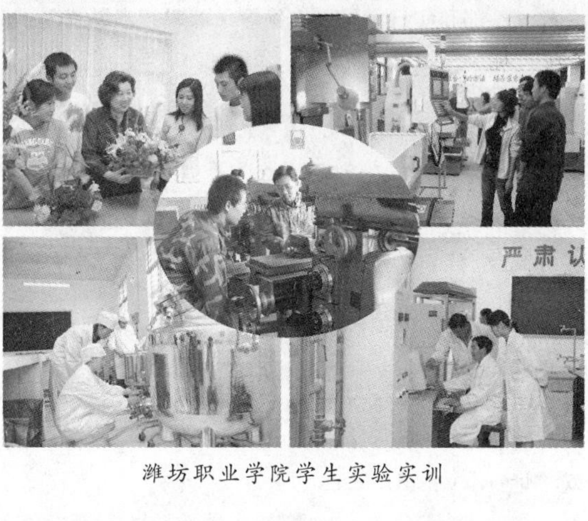

潍坊职业学院学生实验实训

[科技创新]　2008年新立项市级以上纵向课题27项，其中国家级星火项目2项，省博士科技基金项目1项，省规划办3项，省星火4项，省教育厅3项，省文化厅5项，市科技局科研项目5项。进一步加强校企合作，立项9项横向课题，先后与青岛软件园、阿里巴巴开展了2项软件开发类攻关课题，与山东农业大学、青岛嘉璐园艺有限公司、潍坊贵人景观工程公司等开展了3项蚕桑、园林合作开发课题，与昌乐鑫源碳化硅微分公司、潍坊顺风阳光橡胶有限公司、潍坊星火培训联盟等公司开展了4项化工、数控等合作课题，完成合作攻关技术成果13项。加大专利申报力度，新申报国家级专利2项；积极争取科研经费，完成科技到款额30余万元；狠抓学报办刊质量，被省新闻出版局确定为优秀等级；全年主（参）编著作、教材24本，发表学术论文212篇，获得市级以上科研成果奖励26项；充分发挥学院科协、老科协和老教协的平台作用，深入行业、企业、社会开展科技成果转化、推广和服务，学院被授予"潍坊市社会科学普及工作先进集体"荣誉称号。

国家、省级课题结题验收

[学生管理]　推行辅导员管理手册制度；抓好辅导员队伍和学生干部培训与管理，2008年评选表彰了"十佳优秀辅导员（班主任）"和百名优秀大学生；抓好大学生科技、文化、艺术、体育等活动；在全省第二届大学生艺术展演活动中取得优异成绩，并荣获"优秀组织奖"；举办第三届"大学生勤工助学双选会"，为1000多名学生提供了假期助学岗位；做好国家助学贷款和奖学金发放工作，为910多名家庭经济困难学生办结助学贷款511万元，发放各类助学奖学金和伙食补贴、就业补贴等871万元；评审发放首届"国华奖学金"；利用教职工爱心基金为经济困难学生发放爱心棉衣200余件；组织师生员工为2名身患重病学生捐款12万余元。

[招生就业工作]　2008年从全国11省市录取新生3644人，在校生达到11278人。举办毕业生专场招聘会、就业服务周等为毕业生搭建就业平台，2008年，3747名毕业生一次性签约就业率达72.83%，总体就业率达到97.33%。

潍坊职业学院 2008 届毕业生供需洽谈会

[开放办学与社会服务]　同韩国光州女子大学等学校签定合作办学协议，第二批 19 名学生赴韩国天安莲庵大学研修学习；获批招收外国来华留学生资格，为拓展教育交流与合作搭建了新的平台；先后派 9 名同志赴美、加、韩等国及台湾地区考察职业教育，开展教育交流与互动；先后聘请 6 名外籍教师来院任教，接待外国友人 50 多人次。同时，学院大力开展继续教育和职业培训，积极拓展成人继续教育办学规模，1000 名在校生参加了试点本科阶段学习；同青岛科技大学合作，设立了本科生和在职硕士培养基地；为福田雷沃重工等各类企业培训专业技术人员 1500 余人，农村劳动力转移培训 344 人，培训承担农村科技致富带头人 13 期 1700 人，组织专家深入寿光、青州、诸城等县市区对农民进行技术指导 1000 多人次。

潍坊职业学院第二批学生赴韩国天安莲庵大学研修学习

[民主政治与和谐校园建设]　组织召开二届二次教代会、工代会；广泛开展“创建文明处室、文明系部，争当师德标兵、服务标兵”等多形式文明和谐创建活动；积极举办大学生科技文化艺术节、春季田径运动会等系列活动；汶川大地震后，全院师生通过“爱心募捐”、特殊党费、团费等形式，踊跃捐款 26 万余元；组织参加 25 届潍坊国际风筝会放飞比赛、市直机关职工拔河比赛、市乒乓球比赛等活动，分获放飞一等奖、拔河冠军、体育风尚奖等荣誉称号；广泛开展适合老年人特点的文体娱乐活动；积极创建“和谐校园”，深入开展“安全教育月”活动。

潍坊职业学院 2008 年度大学生科技文化艺术节

[党建与思想政治工作]　广泛开展解放思想大讨论活动；组织召开全院党建工作会议；优化配置基层党组织；举办暑假副处级以上干部读书班，组织考察兄弟院校和北汽福田等大型企业；安排 6 名中层以上干部参加省、市委党校举办的干部培训；吸收优秀青年教师和学生 175 人加入党组织；建立健全党风廉政责任制执行体系和责任追究体系，顺利通过市委 2008 年落实党风廉政建设责任制专项检查；认真落实领导班子成员联系教学系部和实行中层以上领导干部联系班级制度。

学院党政领导人

书记：王维盛

副书记、院长：王家爱

副书记：刘玉理

副院长：娄树军　宋桂言　赵君堂

纪委书记：贺志强

学院地址：山东省潍坊市奎文区东风东街 243 号

邮政编码：261031

联系电话：0536－8527101

传　真：0536－8527100

网　址：www.sdwfvc.cn

（撰稿：葛树强　审稿：王家爱）

烟台职业学院

[概况] 烟台职业学院是经山东省人民政府批准,烟台市人民政府主办的全日制普通高校。学院由原烟台职工大学、烟台教育学院、烟台广播电视大学等3所省内一流成人高校,山东省烟台财政学校、山东省轻工业经济管理学校、山东省对外经济学校、烟台工业学校等4所国家、省部级重点中专合并组建而成。1946年学院前身之一原青岛私立商业职业学校建校;1996年被教育部确定为全国18所、山东省唯一一所高等职业教育试点院校;2003年被教育部确定为"国家技能型紧缺人才培养项目"试点院校;2004年被省政府确定为"山东省制造业人才培训基地",拥有62年职业教育办学历史,30多年专科办学历史,12年高职办学历史。

学院占地1100余亩,校舍建筑面积36万平方米,在校生18000余人,教职工1200余人,专任教师817人,其中正高级53人,副高级387人,硕、博士298人,双师素质教师509人;设有16个系部、6个二级学院,开设64个专业;固定资产8.5亿元,教学仪器设备总值8500余万元,馆藏图书134万册。学院拥有1个国家级试点专业,1个中央财政支持的职业教育实训基地,1个省级实训基地,1门国家级精品课程,6门省级精品课程,2个省级示范专业,2个省级特色专业,2个省级教学团队,1名省级教学名师。

[创新人才培养模式] 学院遵循高职教育办学规律,创新人才培养模式,大力推行教育教学改革,形成了特色鲜明的四个模式。

"区域融合"的办学模式。学院秉承"服务地方经济建设,培养新型实用人才"的办学宗旨,主动融入区域经济和社会发展,形成了与社会互融、与行业互通、与企业互动的"区域融合"的开放式办学模式。组建由政府职能部门、行业协会负责人和大型企业的董事长、总经理组成的"学院建设与发展顾问委员会",紧贴产业需求,服务区域经济建设;牵头组建由企业、行业协会和学校三方组成的烟台市机电、电子、食品等职教集团,实施制造业人才培养行动计划,校企共建产学研合作平台,获得烟台市2007年政府创新成果奖。

"以岗定教"的人才培养模式。学院在每个系组建由教学专家和企业技术专家组成的"专业教学指导委员会",根据每个专业所对应的岗位群,分析确定学生应形成的能力结构体系,并由专业带头人组织教师开发课程,编写教学大纲及校本教材,从而形成了基于生产过程的专业教学计划。有3部教材进入国家"十一五"规划教材行列。

"学做一体"的教学模式。2007年以来,投资2000余万元,建立了76个理论与实践教学融为一体的一体化教室。按照真实职业氛围组织教学,实现学习与就业岗位间"零距离"接触,真正做到了教室和车间一样,学生和员工一样,上课和上岗一样。

"校企共管"的育人模式。根据高技能人才的职业素质要求,不断创新德育工作模式。2005年,在全省高职院校中率先成立"德育教学部",大力开展以诚信敬业为主要内容的职业素质教育,融入以竞争、团队、效益、创新为核心的企业文化教育,实现了德育工作从课堂向车间、从校内向校外的拓展和延伸,增强学生的职业素质和适应能力。

[教育教学改革] 成立课程改革专家组和课程开发小组,召开课程改革经验交流会,举办课程改革成果展示、一体化教学观摩课等深化课程改革系列活动,人才培养模式创新和教学模式改革扎实推进。全院进行课改的专业达到34个,占专业总数的53%,参与课改班级219个,占班级总数的54%,教改试点课程147门,《统计学原理》被评为省高校优秀教材一等奖。修订出台了专业建设、师资建设、精品课程建设、实训基地建设等方面的改革配套制度。《数据库应用技术》被评为省级精品课程,皮革制品设计与工艺专业被评为省级特色专业,计算机应用技术专业教学团队被评为省级优秀教学团队,电工电子与自动化技术实训基地获得中央、市财政资金支持340万元,现代技术制造中心被评为省级实训基地。

上海通用教学基地

[校企合作] 先后与一汽丰田、上海通用、烟台张裕等知名企业共建合作项目24项,将国内外知名大企业的

教育培训理念、方法、教材、企业文化等整体纳入专业教学，建立起与行业前沿理论与技术接轨的专业体系；引进企业资金、设备总值3200余万元，与企业共建T—TEP、ASEP教学基地、数控车间、富士康实训基地、服装实训车间、烟台特种作业培训基地、食品实训车间、软件实训工厂等十余个校内生产性实训车间；开办企业冠名班38个，全院完成订单教育3900人，占在校生总数的25%；与企业共建图像信息研究所、电气自动化研究所、食品研究所等4个研究所，开展新产品、新技术的研发，为企业创造经济效益2000余万元。与美国宾夕法尼亚大学合作，成功举办了高职教育校企合作（中外）研讨会，深入探索校企合作的新思路、新模式，推动学院校企合作工作向更深层次迈进。

与企业共建的占地10200平方米的实训工厂

省级实训基地数控模具制造实训车间一角

[招生就业] 报到新生4919人，较去年增长14%，中专招收新生860人。08届学院毕业生共5513名，总体就业率达97%，正式就业率82%，有413人赴省外就业，较去年增长59%。境外就业成为一大特色品牌，在美国、阿联酋、新加坡等11个国家累计实现境外就业1000余人。在首届全国高等职业院校就业"星级示范校"评选中被评为"星级示范校"。

[学生工作] 制订了《关于进一步加强学生安全教育管理的意见》，定期召开学生安全教育管理工作会议，推行学生重大活动审批制度、重大事项报告制度。开展了辅导员（班主任）优秀主题班会教案评比和展评活动，举办辅导员（班主任）培训班、访千家等活动，辅导员整体素质进一步提高。完善了学生奖学金、助学金评审发放办法，组织发放国家、省级奖助学金769万元，办理学生助学贷款500余万元，使贫困生得到了有效资助。成功举办了人文素质讲坛、心理健康教育宣传月、首届学生社团科技节等系列活动。组织学生向灾区捐款17.9万元，被授予"山东省抗震救灾优秀志愿服务集体"称号；在全省第二届大学生艺术展演活动中，囊括了优秀组织奖和精神风貌奖，是全省高职院校中唯一一所获得两个奖项的高校，艺术系的《走山东、看山东》获得艺术表演类一等奖、全国第二届大学生艺术展演二等奖。

[社会服务和培训工作] 与韩国东明大学、草堂大学、日本大阪产业大学、澳大利亚昆士兰科技大学开展密切交流，共接待国外高校来访20余人次，派送留学生20余名。08年成人教育共录取新生3300余人，在校生达到9100余人，较去年增长7%，在全省职业院校中位居前列。开展各类培训18000余人次，较去年增长20%。建成国家职业技能鉴定考试培训中心，目前，学院共设立职业技能鉴定和职业资格证书培训站点38个，可培训、鉴定工种达到84个，08年组织各种职业资格认证5000多人次。设立"山东省服务外包人才培训机构"并获得省财政25万元扶持资金。

[科研工作] 完成省级科研课题4项，立项科研课题9项；获得省级科研奖励1项，市级22项；有9项专利获得国家专利局授权；教师发表论文212篇，其中核心期刊93篇，占论文总数的44%，课题获奖比例、数量、专利授权数目均为历年最好成绩。

[党建工作] 组织全体党员领导干部学习党的十七大和十七届三中全会精神，贯彻落实科学发展观，深入研究和把握高职教育办学规律，为学院的发展提供了坚实的思想保障。在抗震救灾活动中，全院教职工共捐款92万元，其中，党员捐赠特殊党费44万元。制订下发了《2008年党风廉政建设工作意见》，召开廉政建设工作会议，组织签订了党风廉政建设责任书，严格考核廉政建设落实情况，在党员领导干部中开展"做勤廉表率、促科学发展"廉政影视教育月等活动。学院党建工作成绩突出，连续两年作为高职院校的唯一代表在全省高校党建工作会议上做典型交流发言。

学院党政领导人

书记：潘玉耕

副书记、院长：王永民

副院长：温金祥

副书记：柳国昌　周剑华

副院长：于培庆　徐永汉　秦万山　刘惠玲

纪委书记：王人富

学院地址：烟台市莱山区滨海中路2018号

邮政编码：264670

联系电话:0535－6927001

(撰稿:宿亚琳　邓　婷　审稿:柳国昌)

东营职业学院

[概况]　东营职业学院是东营市人民政府举办的一所全日制普通高等专科学校。学院占地近 3000 亩,已有建筑面积 34.2 万平方米,教学仪器设备总值 5468 万元。学院设有文法、经济、教育、艺体、计算机、工业工程、农业工程七个系、一个中专部和一个农业科学研究所,现有教职工 810 人,专任教师 658 人,全日制在校生 13121 人,各类成人教育学员 2000 余人。2004 年,在省人事厅、省教育厅组织的全省高校毕业生就业工作评估中,学院被评为优秀等次。2005 年,省教育厅对全省高职高专院校的人才培养工作水平进行评估,学院获得优秀等次。2006 年,学院被省教育厅授予"山东省依法治校示范校"荣誉称号。2008 年,学院荣获东营市社会治安综合治理先进单位荣誉称号。

副省长黄胜莅临学院检查指导工作

[教学改革]　完善专业建设总体规划,制定加强重点专业建设的意见,调整优化专业结构,计算机网络技术专业被评为省级特色专业。以促进学生实践操作能力为核心,着力构建符合高职教育培训目标、适应学生个性发展的课程体系。建成国家级精品课程 1 门、省级精品课程 1 门。加强实验实训室建设,新建成 18 个实验实训室。组织学生参加各类技能大赛,有 22 人次在省级以上技能竞赛中获奖,其中国家级一等奖 1 个、二等奖 9 个、三等奖 8 个,省级二等奖 3 个、三等奖 1 个。有 3 名学生获得东营市技术能手称号。有 1043 名学生参加省内专升本考试,其中 289 人被本科院校录取,报考录取率达到 27.71%。

[师资队伍建设]　启动教学名师评选工作,共评出院级教学名师 8 名。打造优秀教学团队,应用化工专业教学团队被评为省级优秀教学团队。实施"人才引进工程""学历提升工程"和"继续教育工程"。新录用硕士研究生 7 人,从企业一线和社会上外聘教师 100 余名,组织 38 人报考了在职研究生,在读硕士研究生中有 1 人取得了博士学位,有 59 人取得了硕士学位。学院具有硕士以上学位人员达到 257 人,占专任教师总数的 39%。具有副高级以上职称的有 173 人,占专任教师总数的 26%。

毕业生供需见面会

[招生就业工作]　2008 年,学院共录取高职新生 5070 人,报到 4416 人,计划报到率为 94%,录取报到率为 85.6%,均位居全省同类院校第一位。招生数比 2007 年增幅 22%,增幅列全省第一位。2008 届大专毕业生 3210 人,正式签约就业 1522 人,正式就业率 56.14%,整体就业率为 98.33%,各项主要指标均居全省同类院校前列。

[学生管理工作]　2008 年被评为全省高校学生思想政治教育创新工作十佳集体、全省高校学生公寓管理示范单位。《高职辅导员工作理论与实践》获全省高校思想政治工作优秀研究成果一等奖。加强辅导员、班主任业务技能培训,组织全院首届"十佳辅导员、班主任评选",有 1 名辅导员被评为"第二届山东高校十佳辅导员"。加强"学院领导联系系部,处室机关联系学生班级宿舍,骨干人员联系学生"制度。完善以国家助学贷款为主体,包括助学奖学金、勤工助学金、特殊困难补助、学费减免和社会捐助在内的帮困助学体系。

全年有 1200 余名在校生获得助学贷款 663.46 万元，发放国家、省政府和市政府奖助学金 860 余万元，落实学院奖助学金、勤工助学和学费减免等资金 200 余万元。

[科研工作] 成立“黄河三角洲旅游文化研究所”，为学院开展较高层次研究提供了研究平台。开展学术交流，全年共组织全院性的学术活动 2 次，中小型学术报告活动 40 余次。立项市级以上项目 16 个，其中国家级项目 3 个，省教育科学“十一五”规划课题 7 个。

[成教工作] 2008 年共招生 705 人，其中各联办高校网络教育、开放教育本专科招生 639 人，本校成人函授教育招生 34 人，与电子科技大学联办在职软件工程硕士学位研究生招生 32 人。出台《东营职业学院自考本科试点方案》，面向学院在校生招生 398 人，招收在校生过程性考核生 208 人。共组织各类社会培训 3096 人次，各类社会证书报名考试和学历考试 940 余场，参考人员达 2.8 万人次。对 70 名未升学高中毕业生开展免费专业技能培训。

[党建工作] 组织开展“解放思想大讨论”和“实践科学发展观，争当黄河三角洲开发建设排头兵”学习教育活动。培训入党积极分子 1800 余人次，发展新党员 258 名，发展数量比 2007 年增加 29%，评选表彰先进基层党组织 5 个、优秀共产党员 45 名、优秀党务工作者 13 名，有 2 名党员被山东省高校工委和东营市委表彰为优秀共产党员。组织科级以上干部参加省、市组织的干部教育培训 52 人次。全体党员和广大教职工捐款 47 万余元支援地震灾区。

学院党政领导人

书记：聂肇正

副书记、院长：杜金亮

副书记：解本功

副院长：巩汝训　郭宗诚　张松叶

纪委书记：解本功(兼)

学校地址：东营市黄河路 569 号

联系电话：0546－8060039

（撰稿：王晶东　审稿：赵华君）

山东胜利职业学院

[概况] 山东胜利职业学院是经山东省人民政府批准于 2003 年 6 月正式挂牌成立的一所高等职业学院，隶属胜利石油管理局，实行山东省教育厅与胜利石油管理局双重领导、以胜利石油管理局为主的管理体制。学院本部位于东营市北二路 504 号。

学院占地 744.8 亩，建筑面积 20.7 万平方米，建有实习工厂、职业技能训练中心、汽车驾驶与维修中心等 3 大校内实习训练基地和钻井工程实训室、油气开采实训室、油气储运实训室等 56 个综合性专业实训室，拥有各类教学仪器设备 4610 台(套)，固定资产 1.87亿元。学院下设 11 个机关职能部门，7 个直属科级单位，12 个科级单位和 3 个三级单位；其中，三所分院均为独立院落，与院本部共同形成了“一本三分”的办学格局。学院现有在岗职工 867 人，专任教师 345 人。在专任教师中，有教授 2 人、副教授 87 人、高级讲师 63 人；硕士 51 人，在读博士 3 人，在读硕士 54 人；全国优秀教师 2 人，山东省优秀教师 5 人，局级专业技术拔尖人才 12 人，局级优秀青年知识分子 16 人。

学院设有油气开采技术、钻井技术、油气储运技术、机械制造及自动化、机电一体化技术、生产过程自动化技术、应用化工技术、数控技术、护理、药学、汽车检测与维修技术、汽车技术服务与营销、电气自动化技术、应用电子技术、建筑工程技术、建筑装饰工程技术、焊接技术及自动化、市场营销、计算机应用技术、酒店管理、会计电算化、电子商务等 22 个普通高职专业；可以承担资源勘查工程、石油工程、油气储运工程、油田地面建设安装、机电工程、公共管理、社区服务、医疗卫生等 300 多个培训项目的岗前培训、技能培训和赛前培训等培训工作任务，现有各类全日制在校生 3000 余人，年均职业培训总规模达 10000 余人次。学院先后被评为“全国职业指导与创业教育先进单位”、“山东省职业教育与创业教育先进学校”、“山东省职教师资队伍建设工作先进集体”、“山东省大中专学生暑期三下乡社会实践优秀组织单位”、“山东省职业教育与成人教育科研基地”、“胜利油田双文明先进单位”、“胜利油田先进培训学校”、“胜利油田教育培训先进单位”、“胜利油田技能人才开发工作先进单位”、“胜利油田职工培训工作先进单位”等荣誉称号。

[迎评工作] 学院从提高教学质量、增强职工的凝聚

力和向心力、确保高职教育办学资质和“建设中石化培训基地,创办示范性职业学院”工作目标的实际需要出发,于2008年10月启动了迎接高职高专院校人才培养工作水平评估工作。为切实做好迎评工作,全院上下认真学习《关于全面提高高等职业教育教学质量的若干意见》(教高〔2006〕16号)及山东省教育厅有关评估工作的文件和指示精神,全面贯彻“以评促建、以评促改、以评促管、评建结合、重在建设”的二十字评估方针,紧密结合学院面临的新形势和新任务,对举办高职教育以来所取得的办学经验进行了认真总结,对查找出的问题和不足进行了认真整改和优化。经过全体师生员工的共同努力,学院以评促建工作取得明显实效,办学指导思想和办学定位更加明确,双师结构教学团队基本形成,办学条件明显改善,教学管理更加科学,教学改革得到深化,具有石油特色的校园文化基本形成,整体管理水平有了进一步提升,赢得了山东省教育厅评估专家组的高度评价,为学院的进一步改革发展创造了有利条件。

[**教学工作**] 教学工作以稳定教学秩序、强化实践教学、加强教风学风建设、提高教育教学质量为重点,以开展高职高专院校人才培养工作水平评估为动力,通过加强听课、开展教学检查、严肃考风考纪等措施,确保了教学工作稳定有序地开展。加强了专业建设与课程建设,完善了各专业的人才培养方案;完成了22个高职专业的专业剖析工作,对所有专业的论证报告、教学计划、教学大纲、教改资料、教学成果等基础资料进行了规范;对全体任课教师的教案(讲稿)进行了检查;对学生进行了计算机基本技能、专业技能训练与考核;建立了各专业技能测试题库;组织了学生专题研讨训练。积极推进教材建设和精品课程建设工作,推荐《油气储运》等6部教材参加了山东省高等学校优秀教材评选;推荐《可视化编程》和《油田化学》参加了省级精品课程评选;推荐两位教师参加了国家教育部高校思想政治理论课“精彩教案”和“精彩多媒体课件”的评选。继续推行一书多证制,先后组织学生4000余人次参加了多项技能鉴定考核和全国大学生英语等级考试,为学生继续深造和就业打下了坚实基础。

[**教科研工作**] 2008年,共完成了3项山东省职业院校协会课题、2项山东省高等教育学会课题、1项管理局重点科技攻关项目的研究任务,承担了1项中国职工教育和职业培训协会科研课题、6项山东省职业教育与成人教育“十一五”规划研究课题的研究工作,受山东省教育厅委托对省教育厅教学改革课题《油气储运技术专业课程设置及教材建设研究》进行了结题鉴定,组织了3项山东省科学“十一五”规划2008年度课题、1项全国教育科学“十一五”规划教育部重点课题《职业教育价值观教育的比较研究与实验》山东实验子课题、2项山东省教育厅2008年科技项目、3项管理局2009年科技攻关项目的立项工作。

[**职业培训工作**] 实施工作重点向职业培训转移是2008年学院的一项重点工作。为确保职业培训工作的平稳顺利运行,学院多次召开培训工作专题会议,调整了培训工作机构,配备了专职工作人员,加强了教师培训能力建设,制定完善了培训工作的各项规章制度和工作流程,研究出台了实行培训项目负责制的政策和机制,培训规模不断扩大,培训效益显著提高,承训能力和培训水平有了明显提升。全年完成“中石化集团公司职业技能竞赛井下作业工胜利油田参赛选手培训”、“金蓝领采油工和汽驾工技师考前培训”、“油田技术能手培训”、“钻井队长、技术员和井下作业技术员培训”、“钻井柴油机技师轮训”等各类培训项目80余个,共计200余班次、10000余人次。其中,承训的胜利油田井下作业工参赛选手在“中石化集团公司2008年职业技能竞赛”中荣获团体总分第一名和个人2金、2银、2铜的好成绩,职业培训工作实现了新跨越。

[**内部管理体制**] 以加强职业培训工作和强化经营管理理念为重点,对内部管理体制进行了进一步调整和完善。按照《胜利石油管理局机构编制管理办法》的有关规定,对组织机构进行了调整。新设立了培训管理部、培训市场开发部、培训项目开发部、学员服务中心和技术开发中心;将原7个专业教学系(部)重组整合为6个专业教学系,6个专业教学系和三所分院同时使用相应培训部名称;将行政管理部更名为经营管理部(行政事务部);撤销了校报校刊编辑部、校园建设管理中心和校办产业中心。随着机构变化,院党委对基层党组织和各机构岗位及人员也进行了重新调整。制定出台了《关于调整和明确院属各机构培训工作职能的通知》、《山东胜利职业学院培训工作流程》、《山东胜利职业学院关于培训项目管理的办法》等多项规章制度,对各机构的培训工作职能进行了调整和明确,对培训工作流程进行了研究设计。

[**校园文化建设**] 为了充分体现学院的办学特色和育人理念,努力构建和谐文化,不断提升文化品位,根据校园文化建设总体规划,以集中体现学院精神为重点,以建立具有时代特征和学院个性的校园文化体系为目标,调动和集中了全院师生员工的智慧,通过广泛征集、充分酝酿,完成了学院总体文化氛围的布局设计工

作,提炼了"精钻博采、立志笃行"的校训、"惟真求实、严谨创新"的校风、"身正学高、传道授业"的教风和"知行合一、专博并进"的学风,确定了以"油海冲浪"为主题的校标,创作了《托起能源的太阳》校歌,编印了《校园文化手册》,创作了学院电视宣传片。

[思想政治工作]　院党委和学院紧紧围绕油田和学院的发展目标和改革任务,坚持把形势任务教育贯彻在"双促"、"双讲"主题活动中,教育引导广大干部职工充分认识油田和学院深化改革的必然性和重要意义,不断解放思想,转变观念,树立"企业办学为企业服务"的思想,增强大教育、大培训观念,克服重视职业教育、轻视职业培训的思维定势,使党员干部真正把思想统一到了上级的指示精神上来,统一到了学院改革发展目标上来,保证了学院政令畅通。进一步加强了机关作风建设,努力创建"学习型、服务型、创新型、廉洁型"机关。坚持发展与关注民生同重的原则,认真做好职工群众、特别是特殊群体人员的思想政治工作,努力做职工群众的贴心人,让他们感受大家庭的温暖,确保了学院的整体稳定。

学院党政领导人

书　记:徐钦智
院　长:马存栋
副书记:赵宪强
副院长:范德民　殷树清　廉庆存　丁桂田
乔　军　刘恩辉　单方利　单连金

学校地址:东营市北二路 504 号
邮政编码:257097
电子邮箱:sdslvc@slof.com

(撰稿:赵学忠　杨　峰　鞠美珠)

山东科技职业学院

[概况]　山东科技职业学院创建于 1978 年,2001 年 8 月,成建制升为"山东纺织职业学院",2006 年 4 月更名为"山东科技职业学院",隶属省经贸委、省教育厅双重领导,以省经贸委管理为主。学院设置专业 40 个,在校生 11000 余人,专任教师 456 人,占地 2121 亩,建筑面积 34 万平方米,教学仪器 6036 万元,纸质藏书 64 万余册,固定资产 4.2 亿元。30 年来,学院为国家培养了各类人才近 5 万人,首次就业率五年平均 98%,位居全省同类院校首位,为山东省建设半岛先进制造业基地和地方经济发展做出了积极贡献。

2008 年,学院积极开展学习实践科学发展观,进行思想解放大讨论,坚持以改革促发展,在上级有关部门的大力支持下,经过全院师生为期两年的艰苦努力,学院跨入国家示范性高职院校建设的行列,实现了学院历史性的跨越。学院将工作重心顺利过渡转移至国家示范性院校建设上来,开创了学校全新的发展阶段。学院被省教育厅评为全省高校学生公寓管理先进单位、"中国特色教育理念与实践项目学校"和"中国企业教育百强",成为山东省高等教育管理科学研究会常务理事单位,被中国高等教育学会、中国职业技术教育学会等授中国西部教育顾问单位。在潍坊市委举行的"改革开放三十年系列宣传活动"上,将学院树为职业教育改革发展的典型。

[成功申办国家示范性高职院校]　从 2006 年开始,财政部、教育部为落实中共中央、国务院关于大力发展职业教育的决定,实施了国家示范性高等职业院校建设计划,三年内在全国评选 100 所高职院校,予以重点支持,引领我国高等职业教育的改革与发展,被称为高职院校的"211"工程,是高职院校发展的重大机遇。2008 年 6 月 14 日,学院在全省示范院校遴选初评中夺得第二名,获得了进京答辩的资格。7 月 18 日,省经贸委主任郭述禹、潍坊市副市长刘伟与徐建明院长共同组成答辩小组,在北京参加了由财政部、教育部共同举行的"国家示范性高职院校建设项目"的答辩。9 月 24 日,教育部、财政部以教高函[2008]17 号文公布,学院被正式确定为 2008 年度"国家示范性高等职业院校建设计划"立项建设院校。

[教学实践与改革]　组织参与省级精品课程评选工作,其中韩语口语被评为省级精品课程;组织省级教学团队的推荐与评选工作,纺织工程教学团队被评为省级教学团队。

教学研究活动,发表论文 86 篇,出版教材 17 部,论文 50 篇,主副编及参编教材 19 部,省级鉴定科技成果 1 项,市厅级鉴定科技成果 6 项,厅级教研立项 25 项。

成立学院赛事工作委员会,规范学生参加校内外各类比赛,用赛事来促进育人质量的提高。学生在各项重大赛事中取得了优异成绩。在 2008 年"青纺联杯"迎奥运家纺设计大赛中,纺织学院与服装美术系师生参加的《欧式卷草》、《云中漫步》等作品,荣获二等奖、三等奖各 3 名。第四届"用友杯"全国大学生 ERP 沙盘模拟对抗赛山东赛区比赛中,学院代表队荣获专科组二等奖。在由教育部高职高专教学指导委员会组织的“2008年度全国大学生企业经营管理沙盘模拟大赛”山东赛区决赛中荣获二等奖,并取得参加全国决赛的复赛资格。在由山东省教育厅、山东省人事厅、山东省中小企业办公室主办的“工商银行杯”第一届山东省大学生创办小企业商业计划竞赛总决赛中,学院成为唯一进入决赛的高职院校,最终在总决赛中获得铜奖和优秀组织奖。在第五届山东省大学生机电产品创新设计竞赛中,获高职组一等奖一个、二等奖两个、三等奖一个。在“第二届中国实践教学方案设计大赛”中获一等奖2项、二等奖6项、三等奖7项、优秀奖2项,学院被大赛组委会授予“最佳组织奖”。2008年山东省外国文教专家“教学奖”评选结果揭晓,韩籍外教罗英钦老师获“教学奖”荣誉称号。

[专业建设] 以国家示范性高职院校建设工作为中心,进行重点专业关键岗位的调研,通过到企业调研明确本专业人才需求的关键岗位,最终形成调研材料,并进行了研讨论证。开展示范专业基础课改革,推出适合新的人才培养模式的基础课教法,为示范专业改革奠定基础。

起草拟定建设项目的监控规章制度,加强示范院校建设监控管理,如《山东科技职业学院示范性院校建设监控实施办法》、《重点专业建设子项目内涵建设监测客观评价分析参考(第一阶段)》等,建立起了监控工作机制。

通过“国家示范性高等职业院校建设方案和项目预算”专家论证,召开了示范院校专业学生动员大会,制定示范院校相关专业和相关部门责任书,将示范专业建设落实到全院各部门。

[科研与校企合作] 学院组织申报全国教育科学“十一五”规划课题、国家社会科学基金项目等科研项目45项,争取2007年省软科学计划项目1项,带资2万;山东省企业培训与职工教育重点研究课题立项课题25项并开题;2008年潍坊市科技发展计划立项项目5项,其中1项带资3万。积极开展专利工作,截至目前申报专利38项。

校企合作方面。潍坊华脉信息技术有限公司向学校捐赠了1000套价值320万元的企事业信息化管理平台。由学院纺织学院、中心实验室和潍坊金蟀机械有限公司共同完成的科技成果《研制JSA8210型喷气织机改型机》(升级版)获市科学技术进步二等奖。

[党建工作] 2008年学院党委成立活动领导小组及办公室,制定了《关于在全院开展解放思想大讨论活动的实施方案》,开展解放思想大讨论活动。把解放思想大讨论活动与深入贯彻落实科学发展观相结合,与加强学院党的建设结合起来,以推动学院的健康发展。

加强基层党组织建设。为学院和部门的健康发展提供强有力的组织保障。根据学院机构调整后的实际情况,为便于开展党建工作,学院于4月份对现有支部进行了适时调整,共增加党支部5个,由原来的21个党支部增加为26个,全年共发展党员两批,计162人。四川大地震后,组织了党员“特殊党费”的缴纳工作,共有275名党员自觉缴纳党费28172元。由于学院在党建方面的突出工作成绩,学院党委被市经贸委连续评为“先进基层党委”荣誉称号。

重视和加强干部培训工作。制定实施了《中共山东科技职业学院委员会关于举办科级及以上干部学习贯彻党的十七大精神培训班的通知》,通过组织学习,提高了广大干部的理论水平和思想认识水平。组织党务工作者75人进行了培训并组织了闭卷考试,提高了业务水平和为广大师生服务的能力。

[招生就业] 2008年大中专共招生3650人,高职招生录取分数线再居潍坊市各高职院校之首,实现了三连冠,生源质量逐年提高。截止到2008年9月1日,高职毕业生一次就业率为96.88%。在积极促进毕业生充分就业和优质就业等方面做了大量工作,获得了社会认可。在由劳动和社会保障部《职业》杂志社主办、相关机构及媒体协办的“全国职技院校‘就业之星’暨先进培养单位评选”活动中,学院被评为全国职技校“就业之星”先进培养单位。

[国际交流与合作] 2008年接待加拿大、韩国、英国等国内外来访111人次,出访韩国、台湾地区友好院校7人次。新增友好院校7所,与台湾地区5所院校签署了友好院校协议,并分别在9月和11月实现了双方的互访。加强外派劳务工作,与十几家大型国际公司建立合作关系,探索学生境外就业实习订单教学。组织赴日本酒店研修项目,国际交流与合作的范围和形式得以进一步拓展。5月,学院被潍坊市人民政府外事与侨务办公室评选2007年度全市外事工作先进单位。6月6日,在潍坊市委、市政府召开的全市外事工作会议上,学院被表彰为2007年度潍坊市外事工作先进单位。学院专家沈在弼获潍坊市首届外国专家“鸢都友谊奖”。

[大学生思想政治教育] 创新大学生思想政治教育理念,将校企文化相融的素质教育贯穿于人才培养全过程,着力培养学生的思想品德、职业素质与人文素质,

形成了“一二三四”职业素养培育新模式:即创新实施了指导教师工作模式,以强化学生个性化培养;启动了诚信教育和大学生心理健康教育“两项工程”,以强化学生的品德培养;坚持开展“讲普通话、说外语、用计算机”的“三热”活动,以强化学生的基本素质培养;加强学生的学习能力、协作能力、创新能力、创业能力“四种能力”培养,以强化学生可持续发展能力。

学院男篮在中国大学生篮球联赛山东赛区乙组比赛中夺得四连冠。在第四届全国大学生跆拳道锦标赛上,共获得两金、一银、两铜的优异成绩,并获得优秀组织奖。学院舞狮队参加了在青岛举行的第四届“齐鲁狮王争霸赛”,获得优异成绩,并且应德国政府有关部门邀请,赴德国参加为期半个月的中国文化巡演。在由山东省教育厅、山东教育电视台主办的山东省第三届大中专院校学生服装模特大赛中,学院服装系学生杨阳荣获专业组十佳模特称号,服装系学生李春红、吕佳、纺织学院学生邵希凤荣获业余组十佳模特称号。

[社会服务] 学院成为潍坊市“农村劳动力转移阳光工程”培训基地。中国企业教育百强评选大赛组委会授予学院“第四届中国企业教育先进单位百强”荣誉称号。学院相继成为山东省高等职业专业自学考试试点院校,外贸跟单员认证培训考试点。成功组织了来自全国十几个省市的4410名考生参加的韩国语等级能力考试,受到教育部考试中心、韩国大使馆以及考生的高度评价。

[成功举办学院30年校庆暨国家示范性高职院校建设启动仪式活动] 2008年是学院建校30周年。学院精心组织,周密安排,全院师生员工和广大校友的积极参与支持,社会各界的关心关注以及校庆工作的严谨扎实,10月31日,学院校庆活动取得了圆满成功。此次校庆为学院建校以来举办的最成功的大型活动,是学院历史上一个继往开来具有里程碑意义的盛举。

北京奥运志愿者庆功暨总结表彰大会

[学院参与奥运安保工作获好评] 奥运会期间,学院承担了近3000名奥运志愿者的任务。学生们的出色表现赢得了社会各界的广泛赞誉,全面展示了学院素质教育的成绩。10月22日,北京奥运志愿者庆功暨总结表彰大会隆重举行,北京市奥组委海淀安保分支主任段楠向山东科技职业学院颁发“奥运安保突出贡献单位”奖并赠送锦旗。

[学习实践科学发展观活动] 按照中央和省委的部署,2008年9月,学院被省经贸委列为“学习实践科学发展观活动”第一批学习实践单位。这次活动的开展学习贯彻十七大精神的重要举措,不仅是当前高职教育现状所提出的迫切要求,更是推进学院更好更快发展的保证。学院党委对此高度重视,立即组织专人全力投入了有关组织和准备活动,使学习实践活动有条不紊地开展,目前已完成第一阶段动员学习和第二阶段分析检查的工作。

党委领导班子带领全体党员认真学习有关文献和理论文章,总结了学院当前发展的成绩和问题,认真查摆在贯彻落实科学发展观方面存在的突出问题以及深层次原因。根据活动日程的安排,学院领导深入各单位调研,召开了领导班子专题民主生活会、支部党员组织生活会,通过召开座谈会、发放征求意见表、个别谈心等多种形式,向广大师生员工广泛征求了意见。通过深入调研,对照科学发展观的要求,分析梳理出了学院实现又好又快发展需要解决的四个方面的问题,进一步理清了科学发展的思路,并制定了促进学院健康和谐科学发展的思路和工作措施,开展了建设示范院校、建校30周年校庆等工程,把建设国家示范高职院校作为学习实践活动的重大举措。真正把学习实践活动的成果体现到科学决策上,转化为解决问题、促进工作的实际行动,进一步了明确学院科学发展、和谐发展的理念,对学院未来的健康发展将起到积极的推动作用,受到了上级有关部门的肯定。

[打造一流团队执行力] 山东科技职业学院与深圳中旭教育集团共建西点执行力启动大会于2008年4月22日在一号教学楼C206多媒体教室拉开序幕。学院全体教职工参加了这次启动大会。此次执行力培训活动旨在打造一支高效、团结、奉献的团队,以此整体推进学院各项工作的顺利开展与落实。

[情系灾区,师生踊跃献爱心] 5月15日,四川汶川地震牵动着学院广大干部群众的心。为支持灾区的抗震救灾工作,全体师生员工积极响应学院党委号召,立足本职,心系灾区,以实际行动为地震灾区百姓献上自

己的一份爱心,踊跃参与捐赠活动,并组织了党员"特殊党费"的缴纳工作,共组织捐款24余万元。

[海峡两岸职业教育交流初见成效]　9月27日,海峡两岸职业教育院校长交流会在学院举行,学院作为2008海峡两岸职业教育院校长研讨会分会场,组织了共有5所台湾地区科技大学、省内7所职业院校和济南星科有限公司共18人参加的交流对接会。通过交流与研讨,两岸院校都表现出了良好的合作愿望,并对今后能够进一步加强交流与合作、共谋高等职业教育的发展寄予了深切的期望,前来参加交流的5所台湾科技大学均与学院签署了合作意向书。

[潍坊市"人文科学名师讲坛"开讲]　12月20日,疯狂英语的创始人李阳先生来到山东科技职业学院,以精彩生动的大型演讲拉开了"人文科学名师讲坛"系列演讲的序幕。"人文科学名师讲坛"是由中共潍坊市委宣传部、组织部主办,潍坊市科协、山东科技职业学院承办的大型系列演讲,旨在引导人们树立正确的人生观、价值观、世界观,提升广大师生的人文素质,是潍坊市大力开展人文科学教育,全面贯彻落实科学发展观,构建和谐社会的一项重要举措。

学校党政领导人

书　记:夏志林

院　长:徐建明

副书记:林勇祥

副院长:王永智　赵　军　孙爱荣

纪委书记:王永智(兼)

学校地址:潍坊市西环路6388号

邮政编码:261053

联系电话:0536－8187766

传　真:0536－8285136

(撰稿:于品丹　审稿:秦建坤)

滨州职业学院

[概述]　滨州职业学院是2001年7月经山东省人民政府批准,在合并滨州农业学校、滨州卫生学校、滨州工业学校、滨州经济学校以及滨州市农业科学研究所的基础上组建的全日制普通高职院校。

学院现占地面积3832亩,建筑面积63.53万平方米,图书馆藏书183.95万册,教学仪器设备总值8592.58万元,总资产6.68亿元。全日制高职在校生15000余人。学院现设3个二级学院、6个系和3个教学部,现有51个高职专业,涵盖了农林牧渔、生化与药品、土建、交通、制造业、电子信息、轻纺食品、财经、医药卫生、旅游、艺术设计传媒等11个专业门类。

学院现有教职工1118人,专任教师884人。专任教师中,享有国务院特殊津贴的专家7人,国家有突出贡献的中青年专家1人,正高级职称教师32人,副高级职称教师265人,获博士学位6人,获硕士学位251人,双师型教师443人。建立了616人的生产一线兼职教师资源库。

学院已建成2个省级示范专业(点)、3个省高校特色专业、2个省级主体专业,国家级精品课程2门、省级精品课程7门;2个教学团队被评为省级优秀教学团队,1名教师被评为山东省高校十大优秀教师。获省高校优秀教学成果奖一等奖1项,二等奖5项,三等奖1项;省高校实验教学与实验技术成果奖3项;全国首届实践教学设计奖3项。学生在全国数学建模、ERP沙盘、英语大赛及全省数控、机器人、电子设计、软件设计、计算机操作等技能大赛中获得一等奖7项,二等奖23项。

学院与企事业单位合作,吸引社会投资近2亿元建成了产学研紧密结合的7大系列14个院内实训基地。先后与500多家企事业单位建立了长期稳定的就业合作关系,毕业生首次就业率保持在98%以上,高职毕业生的当年年底就业率达100%,用人单位综合评价称职率为98.6%。

学院先后通过了高职高专人才培养工作水平评估等7项评估并均获优秀等级;先后获得全国师德建设先进集体等8项国家级荣誉称号,山东省职业教育先进集体、富民兴鲁劳动奖状、省级文明单位等23项省级荣誉称号,集体二等功等30余项市级荣誉称号。

[师资队伍建设]　评选出13名第二届专业带头人、基础课教学带头人,23名第二届教学与科研骨干教师,15名首届青年骨干教师。落实了1名教师省政府自筹经费资助出国和6名教师国内访问学者项目。引进教师5名,3名同志被评为市有贡献的专业技术人员,生物技术专业教学团队被评为省优秀教学团队。

[专业建设]　制定专业教学标准工作规范,进行专业教学标准开发工作。完善专业建设规划和专业建设方案,确定了10个院级重点专业。航海技术专业申办船员教育培训机构资质和质量体系建设获省海事局通过

并报国家海事局的审批。评选出16门院级精品课程，《数控加工工艺与编程》《审计实训》《JAWA程序设计》《植物组织培养应用技术》四门课程被评为省级精品课程，《植物组织培养应用技术》被评为国家级精品课程，生物技术专业被评为省级特色专业。

[**教学改革**]　以重点专业主干课程的工学结合改革为切入点，推动课程建设、实训基地建设、教学手段和考核方式等方面进行全面改革；组织开展了形式多样的课程建设等经验交流和研讨活动。实行了教学例会制度，规范了课堂教学、实践教学、实验实训等教学环节，建立起专兼结合的教学督导员队伍，设立教学督导热线，教学管理日趋规范。

[**师生实践技能**]　强化对教师的实践技能锻炼管理，制订了《专任教师到行业企业研修和实践锻炼管理暂行办法》，暑假期间选派教师到专业对口单位进行社会实践锻炼。成功承办全省高职院校实践教学研讨会，并作主题发言。教师在第二届中国实践教学大赛、第八届全国多媒体课件大赛、家纺手工精品创意大赛获一等奖3项、二等奖4项、三等奖8项；学生参加全国机器人大赛、ERP沙盘对抗赛和省级数学建模、电子设计、染整专业技能大赛、生物技术专业技能大赛等大赛获一等奖3项、二等奖9项。

[**学生管理**]　举办“文明·诚信”主题教育活动和文明校风活动、“五重”活动，在山东省学校国防教育年会和全省学生资助工作会议上作典型发言。举办辅导员(班主任)和学生干部培训班，组织辅导员(班主任)工作论坛和学生教育与管理工作经验交流会，完善心理健康咨询队伍与辅导员(班主任)队伍结合机制。

[**招生就业工作**]　巩固扩大省内、市内就业市场，稳定发展长三角和京津唐就业市场，积极开辟境外就业市场。2008届毕业生就业率达到97.34%，在全省就业工作会议上做了典型发言。成功举办了滨州职业学院校企合作论坛和滨州市春季人才交流大会暨驻滨高校毕业生就业洽谈会。招生5301人，其中高职生4492人，中专生685人，乡村医士中专生124人。

[**科研工作**]　争取各级各类课题14项，获资金支持近50万元；获各级各类成果奖励101项，其中，省软科学优秀成果11项，滨州市科学技术进步奖4项，市社科优秀成果46项，市自然科学优秀学术成果奖40项。组织技术研发项目和社会服务项目40余项，参与产学研校企合作人员近200余人，成果推广和转让预计实现经济社会效益3亿余元。教职工发表学术论文400余篇，编写论著10余部。学报在全国高职高专学报“三优”评比中荣获优秀期刊一等奖和省新闻出版局“内部资料出版物出版质量综合评估”优秀等级。

[**社会培训**]　共完成社会培训5164人次，巩固和完善了省内外院校在学院设立的5个函授站点，成人继续教育的规模不断扩大，学院被确定为全省首批在校学生参加自考本科专业试点单位。积极组织开展“三下乡”活动，获2008年山东省大中专学生志愿者暑期“三下乡”社会实践活动先进集体等荣誉称号。

[**校园文化建设**]　形成了“与市场共舞，助群雁起飞”的基本办学理念。“服务区域经济，贴近产业发展，培养雁型人才，助推社会进步”的办学定位，“着眼发展，优化服务，明晰责权，注重绩效”的管理理念，“知行并重，学做合一”的教学理念。确定了“以培养高技能人才为目标，以校企合作为平台，以专业建设为龙头，以工学结合为切入点，创新人才培养模式，加强课程体系、实训基地和师资队伍建设”的办学思路，进一步实践了“大雁型”人才培养模式。中国教育报以《与市场共舞　助群雁飞翔》为题，对学院的办学理念予以报道。院报荣获全省高校校报好新闻一等奖1项、二等奖4项。获“全国校园文化先进单位”称号。《创新办学基本理念　提升办学文化品位》荣获全国校园文化建设优秀成果奖。

[**党建工作**]　组织党委中心组(扩大)专题调研活动，开展贯彻实践科学发展观学习活动、“解放思想，提升理念”大讨论活动、“五学五好”活动、庆“七一”和纪念改革开放30周年系列活动和“做勤廉表率、促科学发展”教育活动。全体师生为地震灾区捐款近27万元，捐赠棉被300套，党员交纳“特殊党费”10万余元。建立科级以上干部档案225份，对非法人校办企业、经济实体及系、部门的财务账目、资金统一纳入财务处管理；完成了校办企业经济效益审计、二线干部和调整干部的离任审计，完成审计18项，涉及资金6773.7万元。修订完善了《滨州职业学院治理商业贿赂专项工作实施意见》等配套文件，初步形成了惩治和预防腐败的基本框架。严格执行《党政领导干部选拔任用工作条例》，提拔和调整了部分领导干部的职务。

[**2008年全省高职院校实践性教学研讨会**]　2008年12月9日至10日，由山东省教育厅高教处和高等职业教育院校工作委员会主办、滨州职业学院承办的“2008年全省高职院校实践性教学研讨会”在滨州举

行。省教育厅高教处处长宋伯宁到会讲话,滨州职业学院党委书记王观庆致欢迎辞。聊城大学、滨州学院和部分高职院校分管实践教学工作的院长、教务处长等40余人参加会议。会议指出,各高职院校要进一步深化高职教育的办学理念,全面贯彻落实《教育部关于全面提高高等职业教育教学质量的若干意见》(教高[2006]16号)等文件精神,并对《山东省教育厅关于加强高等职业院校学生顶岗实习的指导意见》进行了讨论。

学院党政领导人

书记:王观庆

副书记、院长:石　忠

副书记:孙华良

副院长:张成斌　李黎明　刁万祥　刘　祥

纪委书记:于大恒

学校地址:滨州市滨城区黄河12路919号

邮政编码:256603

联系电话:0543－3278000

电子邮箱:xueyuanxinxi@yahoo.com.cn

(撰稿:吴树罡　李　燕　张　强　审稿:孙华良)

山东交通职业学院

[概况]　山东交通职业学院创建于1973年,是经山东省人民政府批准成立的专科层次的全日制普通高等院校,实行山东省教育厅与山东省交通厅双重领导、以山东省交通厅为主的管理体制。学院占地1044亩,规划建筑面积30余万平方米,现有校舍建筑面积25余万平方米。全院共有南校区、北校区、东校区和泰山校区等四个校园区。南校区为学院主校区,位于潍坊市高新技术开发区的凤凰山,校园建设总体规划方案由清华大学建筑规划设计研究院完成,校区分为校前广场区、教学区、学生生活区、体育活动区、实验室及实习车间、景观区等六部分构成。在交通脉络上做到了完整有序,在功能分区上做到了以学生为本,方便合理,在绿化景观上做到了生态和谐,最终体现一个生态校园、文化校园、活力校园和和谐校园的设计理念。

[党建工作]　加强理论学习,确保思想统一。结合工作实际分别组织了"讲党性、重品行、作表率,树组工干部新形象"、十七大报告、胡锦涛总书记在北京大学师生代表座谈会上讲话等教育活动意见的学习。通过集中学习与个人学习、学习文件精神与专题研讨、辅导讲座、开办形式任务教育课等形式,提高了学习的积极性、增强了学习的有效性。通过学习与研讨活动,统一了党员的思想,提高了学习的积极性,增强了学习的有效性,全院党员、教职工思想稳定,为推动全院工作起到了积极作用。

集中开展解放思想大讨论活动。按照省委、省高校工委工作部署,2008年5月,在全院教职工范围内集中开展了以增强责任心、事业心,提高工作效率,破除影响学院发展的旧观念为主题的解放思想大讨论。学院专门召开专题会议,讨论研究学院在发展过程中存在的问题,并提出了解决的办法。这次集中开展的思想解放大讨论活动,政治性强,内容丰富,效果良好,对学院的各项工作起到了促进作用。

集中开展了深入学习实践科学发展观活动。按照省交通厅统一安排和部署,学院深入学习实践科学发展观活动,从10月15日启动,圆满完成了学习动员、分析评议两个阶段的各项工作。在整个教育活动期间,学院22个基层党支部,245名共产党员、127名入党积极分子及全体教职员工,参加了教育活动,参学率为100%。学院党委开门纳谏,教职工献言献策,针对学院目前的现状及存在的问题开展了深度调研,通过召开组织生活会、职工座谈会、发放书面征求意见通知书广泛征求干部群众的意见建议,组织领导班子和广大党员干部深刻反思自己的工作。在此基础上,召开以贯彻落实科学发展观为主体的领导班子民主生活会,查找了影响学院发展的突出问题,分析了问题产生的深层次原因,理清了下一步发展的工作思路,研究制定了相应的整改措施。通过学习实践科学发展观活动,学院基层党组织建设得到新的加强,解决问题的能力进一步提高,创造力、凝聚力和战斗力进一步增强;全院党员干部思想更加统一、行动更加自觉、机制更加完善、发展更加协调;在解放思想上有新飞跃,在提升能力上有新进步,在解决问题上有新成效,在创新机制上有新突破的预期目标。

[德育工作]　为了全面做好迎评促建工作,2008年3月,学院重新调整了迎评促建工作方案,先后多次召开不同形式的会议进行评估动员,号召全院教职员工全力投入迎评促建工作。在半年多的时间内,党、政、工、团密切配合,全院教职工牺牲节假日,加班加点,全身心投入评估。2008年5月,学院在德育暨校园文明建设检查评估取得了双优的好成绩。

学院全面贯彻党的教育方针,坚持把德育工作摆在学院工作的重要位置,加强德育队伍建设,充实德育内容,改进德育方法,丰富德育载体,拓宽德育渠道,创新德育途径,构建了全员育人、全过程育人、全方位育人的德育工作格局,形成了富有职业学院特色的、符合高职学生成长规律的德育工作思路,学院德育工作呈现出崭新面貌。学院以主校区建设为契机,不断加大软硬件设施建设,丰富校园文化活动,优化育人环境,弘扬民族精神,构建校园文化,把校园文明建设与学院各项工作紧密结合,全院师生员工主人翁意识明显增强,学生精神面貌焕然一新,学院文化氛围愈加浓厚,推动了校园文明建设的深入发展,校园文明建设机制得到了进一步优化强化,大力推动了学院的健康、持续、快速发展。

[**教学管理、专业建设**] 2008 年 6 月经省教育厅评审,"汽车底盘构造与维修"和"现代仓储管理"两门课程全部通过省级精品课程评审。截至目前,已有 4 门省级精品课程,13 门院级精品课程。

学院重视教学基础设施建设,资金使用重点放在改善办学条件上。2008 年,学院投入设备购置费 1000 余万元,用于购买教学仪器设备,截至目前,学院教学仪器设备总值已增至 6000 余万元。2008 年,学院投资 1500 万元新建四个大型实训车间,建筑面积达 10000 多平方米,将主要用于引进大型企业进入校园,共建实验实训基地。目前,学院已拥有各类实验(训)室 115 个,综合实训中心 10 个,各专业都有自己的校内实训基地,校内实训教学条件得到进一步改善,为品牌专业建设奠定了基础。

[**师资队伍建设**] 专业教师队伍得到加强。2008 年共引进专职教师 27 人,其中博士研究生 1 人、硕士研究生 8 人,教师队伍的专业结构和学历结构进一步改善。

努力培养双师型素质教师。学院坚持以提高教师综合素质为核心,加强教师的师德、教风、学风和创新能力的培养;坚持以"双师型"教师培养为重点,加快师资培养力度,有计划地安排年轻教师到企业进行挂职锻炼,培养双师素质教师,增强年轻教师的企业实践能力。

[**学生管理工作**] 务实创新,积极推进学生管理机制改革。学院积极推进学生管理制度建设,进一步完善了学生工作管理办法。重新修订了《学生手册》、规范了助学贷款评审办法和困难补助评选办法,提高了工作效率。学院积极探索新形势下的学生工作和学生干部培养途径,创造性地开展了助理辅导员队伍建设,出台了《山东交通职业学院助理辅导员实施办法》。该办法对助理辅导员的选拔程序、任职条件、工作职责、业务考核等作了明确要求。学院选拔的 83 名助理辅导员全面参与了新生军训、班级干部的选拔与培训、日常班级活动开展、入学教育、调解矛盾、沟通信息等各项学生管理工作,尤其是学院 2008 级新生军训教官全部由助理辅导员担任,收到了良好效果。学院在助理辅导员工作上的积极探索,受到了省高校工委的高度重视和好评。

积极开设绿色通道,帮助家庭困难的学生顺利完成学业。落实国家政策,按时按质把国家政府对困难学生的补助发给学生,及时做好国家困难补助的宣传工作。对欠费学生进行跟踪调查,建立特困生档案,制订帮助特困生计划。根据 2006、2007 级新生欠费较多的情况,积极与省教育厅助学领导小组联系,成功争取了第二次助学贷款。在银行的支持下,为 2006、2007 级学生争取银行贷款 290 人,贷款金额达 280 多万元。另外,学院还在校内设立了 150 多个勤工助学岗位,为贫困学生提供生活保障。

积极开展第二课堂和社会实践活动,学生社会实践能力和综合素质取得新的突破和进展。2008 年,学生教育培养工作坚持以育人为中心、以德育为先导、以活动为载体、以培养高素质的合格建设者和可靠接班人为目标,切实加强和推进素质教育。继续加强大学生社会实践活动,为青年学生锻炼成长搭建平台,在奥运会召开之际,学院选拔出一批乐于奉献、综合素质高、服务能力强、外语水平突出的 1170 名优秀学生参与北京奥运的安保工作。志愿者们满怀"为国效力、为校争光"的豪情,发扬不怕疲劳、顽强拼搏的精神,圆满完成了各项任务,为北京奥运会、残奥会的举办做出了应有的贡献。北京海淀区政法委、第 29 届奥运保卫指挥中心等单位领导专程到学院隆重召开表彰大会,对学院师生进行表彰、奖励。北京市海淀区委、区政府授予学院"奥运安保突出贡献单位"称号;授予学院"携手保障奥运,真情铸就平安"的锦旗一面,各类奖金 38 万元;授予学院 8 个辅警团队"优秀安保团队"称号;授予 33 名同志"优秀管理干部"称号;授予 16 个岗位"奥运安保示范岗"荣誉称号;授予 200 名同学"奥运安保标兵"荣誉称号;293 名同学受到嘉奖。

奥运志愿者载誉而归

积极推进大学生心理健康教育工作,举办“心理健康月活动”,帮助学生化解思想困惑;不断加强学生干部队伍和学生社团建设,创建有品牌特色的校园文化,营造良好的育人环境。通过组织开展社团活动周、课外科技作品竞赛、文化艺术节等系列活动,构建具有特色的第二课堂体系,推动学生社团的健康发展,营造健康高雅的校园文化氛围。

[就业与招生工作]　加强就业指导,做好就业服务工作。学院和各系分别邀请有关专家和企业负责人进行就业形势、就业技巧、就业政策和程序等方面的指导,使学生充分认识就业形势的严峻,引导学生树立正确的择业观,认真选择就业岗位。学院坚持对用人单位严格把关,先审查、后派教职工护送上岗,解除了毕业生的后顾之忧。

强化以就业为导向的理念,努力开拓就业市场。学院始终坚持以就业为导向的办学理念,继续加强对毕业生的教育、管理和服务工作。在具体工作中,学院主要领导和分管院领导坚持定期召集各系、有关部门研究部署就业工作,协调解决各种问题并多次带队考察调研,了解市场需求,开拓就业市场、建立实习基地。学院充分发挥各系部、党团组织、班主任、专业教师的作用,全院、全员主动了解就业市场需求、主动参与就业。

2008 年 11 月,学院成功举办了 2009 届大中专毕业生就业双选洽谈会,来自省内外 277 家企事业单位提供就业岗位 7741 个,供需比达 1∶2.63。双选会后又有一些用人单位陆续来学院挑选学生。

双选会现场

招生工作平稳有序,生源质量稳中有升。面对生源竞争日趋剧烈的形势,组织精干力量,参加全省各市的高考咨询会,并深入全省各地上百所中学与考生进行面对面交流。同时加强了在媒体上的宣传力度,在《现代交通》、《2008 年招生报考指南》、《大众日报》、《新校园》、《山东高教》、《山东政报》等媒体刊登招生信息,2008 年整体招生录取工作运行平稳,生源质量稳步提升,顺利完成了各类生源的招生工作任务。

[成人教育]　2008 年,学院继续贯彻“服务在校生成才与就业”和“充分利用学院教育资源,积极为社会做更多更好服务”的工作宗旨,努力扩大成人函授教育、职业资格鉴定、中短期培训规模,进一步提高办学质量和办学效益。全年共完成职业资格鉴定、社会短期培训、全国英语等级考试、全国计算机等级考试等各类培训 10759 人次。其中,职业资格鉴定 4400 人次,毕业生资格鉴定率达到 142%;汽车驾驶实训中心在激烈的市场竞争下,不等不靠,主动出击,共完成 3300 名驾驶员的培训任务,总及格率达到 95%以上。

[基础建设]　2008 年是学院实施主校区扩建工程的重要一年,先后有学生宿舍楼 16111 m^2、实训中心 10451 m^2、后勤服务用房 2790 m^2 开工建设,共新增建筑面积近 2.9 万平方米;凤凰山绿化改造工程顺利完成,改造绿地面积 76 亩。在主校区工程建设中,全面加强了新开工项目的招投标、质量监督等工作,严把工程质量关,确保工程保质保量如期顺利完成,将实现教学、实训、生活等硬件设施功能配套,逐步形成特色鲜明、个性突出、内涵充实、底蕴丰厚的校园文化环境和人文环境。

[交流合作]　大力加强校企合作力度。学院非常重视国内、国际的交流与合作,兼收并蓄,博采众长,大力吸纳国际先进技术、优秀教育资源和先进的教学理念。2008 年先后与国内 12 家企业建立了校企合作的关系,与日本德岛工业短期大学建立了校际交流合作关系。2008 年 6 月,东风雪铁龙公司又向学院捐赠 3 辆新型汽车作为教学用具。目前,已初步形成了以东风雪铁龙、中通客车、德国博世公司等一批稳定的校企合作伙伴,在合作办学的内容、形式等多方面开展了积极的探索,并取得显著成效。

积极开展对外交流活动。学院以组织各类学科竞赛为着力点,培养大学生实践创新能力,取得了显著成效,形成了一套以相关学科为依托,以实践基地建设和政策制度建设为保障、以培养学生创新精神和实践动手能力为目标的全新运作机制。2008 年,学院参加东风雪铁龙举办的全国第二届服务顾问技能大赛全国总决赛获一等奖 1 人,二等奖 1 人;参加全国大学生英语竞赛决赛中一等奖 1 人,2008 年“ZLG 杯”山东省大学生电子设计竞赛二等奖一项;2008 年全国大学生数学建模竞赛二等奖一项。2008 年 12 月,学院教师刘文国在东风雪铁龙举办的全国培训教师授课大赛中获特等奖。全院师生的优异表现为学院走出山东、面向全国，与全国一流院校同台竞技赢得了机会，进一步扩大了学院的知名度和社会影响力，为学院赢得了荣誉。2008年，学院在强化外部交流的同时，加强了向上级部门的信息报送工作，上报信息紧紧围绕学院中心工作展开，共向省交通厅和省教育厅报送信息42条，被省交通厅采纳1条，被省教育厅采纳14条。

学校党政领导人

院　长：陈留彬

副书记：楚卫涛

副院长：崔振民　单志强

纪委书记：楚卫涛（兼）

学校地址：山东省潍坊市坊子区凤山路608号

邮政编码：261206

联系电话：0536－8781803

传　真：0536－8781803

（撰稿：于林林　审稿：刘明霞）

山东工业职业学院

[概况]　2003年5月，山东省人民政府以鲁政发[2003]185号文批准由原山东冶金职工大学与山东省工业学校组建山东工业职业学院。

山东省工业学校始建于1959年，最初称张店有色金属工业学校，隶属于冶金工业部。1977年，学校划归山东省冶金工业厅（现为山东省冶金工业总公司）管理，同时更名为山东省有色金属工业学校，1980年更名山东省冶金工业学校，1993年8月被评为“省部级重点普通中专”，1999年再次更名为山东省工业学校，2000年3月被教育部批准为“国家级重点普通中专”。

山东冶金职工大学创建于1975年，其前身是济南钢铁总厂工业大学。1988年根据行业发展需要，划归山东省冶金工业总公司领导。是一所包括学历教育、岗位培训、函授等为一体的成人高等学校。

1999年9月山东省冶金工业总公司党组决定，山东省工业学校与山东冶金职工大学两校合并，按照“两个校区、两块牌子、一套班子”的体制共同管理学校。2002年8月，山东冶金职工大学由济南迁到淄博，实现了“一套班子、两块牌子、一个校区”。同年12月，学校向省政府递交了建立山东工业职业学院的请示报告，新校区同时开工建设。2003年5月，山东工业职业学院正式组建。

目前，学院占地面积77.95万平米，建筑面积29.89万平米，其中教学行政用房面积12.31万平米，图书馆藏书48.5万册（不含电子图书），校内实训基地建筑面积5.98万平方米，建有国内先进水平的数控操作实训室、电工基础实验室、电子技术实验室、现代控制系统实验室、耐火材料、综合实训室、汽车驾驶与训练等94个实验、实训教学场所，教学仪器设备总值累计6750万元。现有在校生12000余人。

学院依托冶金、面向社会、服务地方，初步形成了布局合理、特色鲜明、适应社会经济发展需求的专业群体。目前设有“数控技术”、“机械制造与自动化技术”、“电气自动化技术”、“应用电子技术”、“冶金技术”、“材料工程技术”、“建筑工程技术”、“汽车检测与维修技术”等31个专业。

学院以市场为导向，以服务为宗旨，以培养生产、建设、管理和服务一线的高素质技能型专门人才为目标，提出了“为学生的学习和就业服务、为企业的生产和发展服务”的办学理念，与省内外百余家优秀大中型企业签订长期的人才供需协议，全面开展“订单式培养”，毕业生大都提前一年以上被济南钢铁集团、莱芜钢铁集团、金晶集团、博汇集团、日照钢铁集团等企业预定，成为职业教育界的一大亮点。

学院现为国家信息产业部电子行业职业技能鉴定中心确定的“IT职业技术教育工程定点院校”，设有“全国计算机等级考试考点”、“国家职业技能鉴定所”等。经省教育厅、国家劳动和社会保障部等部门授权，学院具有多种职业技能的培训、考评与发证资格，学生在取得毕业证书的同时还可取得相应的专业资格证书。

[党建与思想政治工作]　学院党委结合工作实际，组织广大党员干部认真学习党的十七大精神，学习马克思主义中国化的最新理论成果，学习中央、省市委有关会议精神，准确把握十七大精神，深刻领会十七大提出的重大理论观点、重大战略思想、重大战略部署，增强了贯彻执行中央和省委省政府重大战略部署的自觉性。

开展了以深入贯彻落实科学发展观为主题的“解放思想大讨论”活动，并结合山东钢铁集团有限公司正式组建，适时地开展了“山钢需要我们做什么、我们能够为山钢做什么”的大讨论。通过大讨论活动，各级领导干部受到了教育，教职工受到了启发，触及了灵魂、受到了震撼，找准了差距、理清了思路、明确了目标，在院上下形成了坚定不移抓改革、千方百计促开放、聚精会神搞建设、一心一意谋发展,人人为加快学院发展做贡献的浓厚氛围,为实现学院新一轮的更大发展奠定了坚实的思想基础。

加强了新形势下马克思主义理论研究、高校思想政治工作和和谐校园建设理论研究。组织召开了职工思想政治工作研究会 2008 年年会,共收到论文 235 篇,内容涉及学习贯彻十七大精神的体会、解放思想大讨论的体会、评估整改工作以及和谐校园建设、校园文化建设、大学生思想政治教育、心理健康教育、美育、公寓文化建设和"三风"建设等工作,充分反映了广大教职员工心系学院的主人翁意识以及强烈的责任感和使命感。

积极推进党的十七大精神进课堂、进教材、进学生头脑。注意发挥好思想政治理论课功能,加强思想政治理论课的针对性、时效性,加强教学改革,全面灌输马克思主义的基本立场、观点和方法,帮助学生树立正确的世界观、人生观、价值观。组织开展了十七大精神宣讲活动,从思想认识上把全院师生统一到十七大精神上来。

2008 年 3 月被中共山东省委讲师团授予学习贯彻"三个代表"重要思想和科学发展观宣教基地。

12 月 25 日至 27 日,接受了省委高校工委专家组对学院"德育与校园文明建设工作"进行的检查评估,并获"双优"。

[教科研工作] 迎接教育部专家组对学院人才培养工作水平评估。1 月 12 日～17 日,以教育部评估专家库专家、山东省高职院校和成人学校人才培养工作水平评估工作委员会主任委员、山东商业职业技术学院副院长匡亦珍教授为组长的专家组莅临山东工业职业学院进行了人才培养工作水平评估。专家组通过听取汇报、实地考察、问卷调查、专业剖析等程序,对学院的人才培养工作水平进行了全方位的评估,充分肯定了学院的办学成绩。

学院主持和参与省级科研课题 14 项,其中山东省高等学校教学改革立项项目——《完善"订单式"培养教学体系,建立"订单式"培养的长效机制》和《工科类学生工程实践能力培养的研究与实践》通过省教育厅专家组的结项验收和成果鉴定;李德家教授的《构建校企互惠双赢的人才培养新模式》等 9 项研究课题被批准为山东省职工教育与职业教育理论研究重点课题。院级科研课题立项 30 项,已全部结题验收。学院教师编写出版了高职高专教材 27 部,其中主编 13 部,参编 14 部;在省级以上刊物发表教科研论文 81 篇,其中核心期刊 17 篇。学院获得了"2008 年度山东省职教协会先进单位"荣誉称号。

学院共评审出《工厂电气设备》等六门课程为院级精品课程。《机械制造工艺学基础》被山东省教育厅评为"省级精品课程"。

学院"冶金技术"专业被山东省教育厅评为"2008 年度山东省高等学校特色专业"。

[师资队伍建设] 学院继续实施高层次人才引进计划。根据师资队伍建设"十一五"规划,通过公开招考,引进博士后 1 人,硕士研究生 16 人。

开展"教学名师"评选活动。制定了"教学名师"评选办法,开展了第一届校级"教学名师"评选工作。在此基础上,王庆春被省教育厅评审为省级"教学名师"。

白星良副教授被教育部高等学校高职高专材料类专业教学指导委员会聘请为"2006～2010 年教育部高等学校高职高专材料类专业教学指导委员会工程材料与成型工艺分委员会专家"和"2006～2010 年教育部高等学校高职高专材料类专业教学指导委员会金属材料分委员会专家"。

推进"双师型"教学团队建设。选派了 1 名骨干教师到企业挂职锻炼,组织了 94 名青年教师利用暑假到济钢、莱钢和张钢参加生产过程培训,引导青年教师积累实际工作经历,提高实践教学能力。

[招生与就业工作] 学院以"为学生的学习和就业服务、为企业的生产和发展服务"的办学宗旨,扎实推进招生就业工作。

2008 年,学院招生 4600 余人,其中高职大专生 3900 余人,招生人数上实现了新的突破,有效地改善了生源结构,取得办学效益和社会效益的双丰收。

不断加大就业指导力度,加强了院系两级就业指导工作,建立了主要领导亲自抓,系部和招生就业办共同抓的就业工作体系。通过增加"订单式"培养的挂靠企业、重视零星就业单位的联系等途径,为毕业生提供更多的就业单位,扩大毕业生的就业渠道,就业率达到 96.59%。

[学生工作] 坚持育人为本,德育为先,把立德树人作为根本任务,进一步加强了大学生的思想政治教育。按照上级要求和党委统一部署,落实好党的十七大精神进课堂、进教材、进学生头脑的工作,发挥好思想政治理论课的主阵地作用。

加强对辅导员队伍的业务培训学习,树立以人为本的教育理念。定期召开学生工作交流会、专题讲座,使学生工作人员在学习交流中提高工作水平。

加强学生教育管理服务机构建设。加强和完善了学生工作网站、社团管理指导中心、学生活动中心的建设，对学生校园文化活动提供活动场所和加强管理指导。充分发挥现有学生心理健康咨询中心、就业指导中心、勤工助学中心的教育指导作用。

开展校园文明创建活动。为引导全院学生胸怀祖国、心系社会、关爱他人、孝敬父母、自信自强，切实增强责任感和竞争力，促进大学生成长成才，在全院学生中开展了"忠心献给祖国、爱心献给社会、关心献给他人、孝心献给父母、信心留给自己"为主题的"五心"教育活动、向在工作岗位上舍己救人的学院毕业生、莱钢集团烟台钢管厂能动分厂煤气炉操作工商超、李富贵学习的活动和"知荣明耻重礼，争做文明大学生"为主题的教育活动。

加强精神文明建设，活跃校园文化生活。开展了为四川汶川地震灾区捐款活动、建党 87 周年纪念活动、山钢集团企业文化征集活动、弘扬奥运精神活动、纪念改革开放 30 周年活动等，努力为莘莘学子营造一种清新优雅的人文环境，为青年学生提供更为广阔的锻炼和展示青春风采的舞台，既满足大学生日益增长的文化需求，增强他们的艺术修养，提高他们的综合素质，同时也展示了学院校园文化建设的丰厚成果，推动了和谐校园建设。

[校校合作与交流]　根据教学、科研工作的需要，选派 5 名教师为国内"访问学者"到高校进修。

4 月，"青岛理工大学　山东冶金研究生培训基地"在学院挂牌。

7 月，2008 年全国冶金职教研讨会暨书记、院长(校)长联谊会在学院召开，来自全国 22 所院校的 46 名代表参加了会议。山东省教育厅副厅长陈光华、山东钢铁集团有限公司党委书记谭庆华、淄博市副市长段立武出席了会议并讲话。会议期间，中共淄博市委副书记、市长周清利会见了与会代表。

2 月 17 日下午，山东省教育厅副厅长宋承祥、省招生考试院院长王坦等领导一行在淄博市政府副秘书长张鲁辛、市教育局局长张洪亮、市教育局副书记长王世军、市招办主任谢汝新等领导陪同下，莅临山东工业职业学院检查指导 2008 年普通高校艺术招生专业测试报名和组考工作，并视察了校园，高度评价了学院的办学成绩。

学院党政领导人

书记：吕正平

副书记、院长：朱怀忠

副书记：李有政

副院长：李克勇　王庆义　赵红军　许庆祝

纪委书记：李有政(兼)

学校地址：山东淄博桓台张北路 69 号

邮政编码：256414

联系电话：0533－8407066

(撰稿：毛瑞萍　审稿：郭信聚)

泰山职业技术学院

[概况]　泰山职业技术学院是一所为区域经济和社会发展培养适应生产、建设、服务和管理第一线需要的高素质技能型专门人才的高等院校。

学校 2004 年 7 月经山东省人民政府批准建校。截至目前，有机电、数控、园艺、电工电子、会计电算化、园艺、工程造价等 28 个专业，在校生 7400 余人。

现有专任教师 368 人，其中，教授 8 人，副教授 119 人，"双师型"教师 118 人，从行业企业引进或聘请专兼职教师 52 人。

学校现有固定资产 3.5 亿元，其中教学仪器设备总值 3300 余万元。有 87 个实验实训室、39 个校外实习基地，教学用计算机 1403 台，多媒体教室和语音室座位 3895 个，校园网、无线网覆盖全校，馆藏图书35.6 万册、电子图书 20 万册、电子期刊 1 万册。

2008 年，学院党委积极贯彻落实"十七大"精神，认真学习实践科学发展观，以迎接教育部人才培养工作水平评估为契机，紧紧围绕迎评促建中心工作，继续解放思想，创新人才培养工作体制和机制，深化教育教学改革，努力实现从规模发展向内涵发展质的转变，学院教育教学质量得到显著提升，顺利通过了教育部专家评估，获泰安市改革开放三十周年杰出成就奖。

[党建和思想政治工作]　学院党委以改革创新精神，扎实推进党建和党风廉政建设，大力加强教风、学风和校风建设，切实加强大学生思想政治工作。在全市开展"继续解放思想，推进科学发展"学习教育活动中，把学习教育活动与学院迎评促建中心工作结合起来，取得了显著成效，被市直教育系统树立为学教活动先进典型单位，并在经验交流会上作了重点发言。2008 年，有 4 名教职工、10 名学生顺利转为中共正式党员，有 6 名教职工、12 名学生发展为中共预备党员；有 3 个先进党支部、30 名优秀党员、12 名优秀党务工作者在学院建党八十七周年大会上受到表彰；有 1 名优秀

党务工作者、3名优秀党员受到上级部门的表彰。

[人才培养工作水平评估] 11月9～13日，教育部专家组对学院进行人才培养工作水平评估。泰安市委、市政府和市教育局高度重视，切实按照教育部“二十字”方针的评估要求，精心组织、加紧建设、结合实际、逐项对照、认真整改，成效显著。通过迎评促建，学院“质量立校、特色兴校、人才强校”的发展理念更加深入人心，以就业为导向的办学指导思想进一步明确，质量意识、精品意识进一步增强，全院师生员工爱岗敬业、努力工作的热情高涨，教学基本建设的步伐加快，教育教学改革进一步深化，各项管理规范、教学质量监控和保障体系进一步健全，学院人才培养工作水平又跃上了一个新的台阶。

[教学科研工作] 2008年，实训中心开工建设，招标采购了500万元的教学仪器设备和图书，加大了教学投入力度，进一步完善了办学条件。引进了9名硕士研究生，面向企业招聘了5名有实践经验的教师，有8名教师参加了教育部高职高专骨干教师培训、9名教师在职攻读硕士学位、234名中青年教师参加现代教育技术培训；有23名同志被推荐参加中级以上职称评审，通过了21人，通过率为91.3%；全年共申报立项国家、省、市级课题13项，申请市级科研经费17万元；大学生科技创新项目11项，获科研经费3.9万元；按计划完成了省、市和院级规划科研项目13项，有十项科研成果获省市级科研奖励，在各类期刊上发表学术论文61篇。

[招生就业和培训工作] 2008年，实际报到新生2505人，超额完成省定2400人的招生计划，录取中专、五年制学生110人，在校生总数达到了7447人；2008届高职毕业生2034人、中专和五年制毕业生255人，就业率达到了96.45%；成人本科在校生达到了350人；面向企业在职职工、新录员工、下岗职工再就业、农村劳动力转移培训和农业技术培训达到2000人次。

[学生工作] 全年共发放国家励志奖学金、助学金、生活补贴、特困生补贴共计466.804万元，办理学生助学贷款296.72元。在山东省大学生高职高专英语口语比赛中获二等奖，山东省高职高专田径运动会上获团体第3名、山东省高职高专CUBA篮球赛上获男子第6名、女子第3名。

[基建、后勤与财务管理工作] 2008年，顺利实现了大学生生活中心经营新一轮招标；积极争取市财政资金735万元，招标采购了教学仪器设备和图书；完善了经费院系两级管理体制，保证经费向教学一线倾斜；积极筹措资金为教职工招标采购了450台笔记本电脑；争取中央财政支持职业教育专项经费200万元，用于实训中心建设；教师公寓和一栋学生公寓正在建设当中、实训中心也正在建设准备当中。

学院党政领导人

书　记：薛云东

院　长：毕于民

副书记、副院长：张宪群

纪委书记：颜　锋

学校地址：泰安市泰山区泰明路九号

邮政编码：271000

联系电话：0538－8628114

传　真：0538－8628114

网　址：http://www.mtotc.com.cn

（撰稿：张　勇）

山东旅游职业学院

[概况] 山东旅游职业学院(以下简称学院)，前身为山东省旅游学校，1988年由国家旅游局、山东省人民政府共同投资建设，由山东省旅游局直接管理，1991年开始招生。2004年7月，改建为专科层次的全日制普通高等学校，实行山东省教育厅与山东省旅游局双重领导、以省旅游局为主的管理体制。2005年10月迁至目前所在的章丘新校区。新校区占地1000亩，现有建筑面积97000多平方米，环境幽雅，设计风格独特，校区绿化覆盖率达到40%以上，被评为“济南市花园式庭院单位”。

学院秉承“我们的天职是创造幸福”的校训和教育学生“学会求知，学会做事，学会共处，学会做人”的办学理念，致力于建设“人文化、生态化、数字化、国际化”的国内一流、世界知名的旅游高等院校，努力打造现代旅游管理服务精英的摇篮。

学院设有：饭店管理系、旅游外语系、旅行社管理系、休闲产业管理系、营养与烹饪系、计算机网络中心、基础部等7个教学机构，18个高职专业。图书馆有印刷本文献资源17.9万册，电子文献12.5万册，年订报刊470多种。学院教学仪器设备总价值2537万元。

自1991年招生办学以来，学院累计向社会输送12000余名合格的各类旅游专业毕业生，毕业生连年供不应求，近几年更是出现供求1∶8的比例，一次就业率在全省大、中专院校中名列前茅。毕业生主要分布在全国各地4星级以上饭店、4A级以上旅游景区、国际机场和各类旅行社，多数成长为旅游行业的骨干，受到了社会各界的肯定和赞誉，毕业生国外就业率超过10%。

山东旅游职业学院荣获美国优质服务科学学会国际“五星钻石奖”

近年来，学院先后获得“全国职业技术学校职业指导工作先进学校”、“山东教育总评榜最具就业推动力奖”、“省直文明单位”、“全省旅游系统先进集体”、“平安建设先进基层单位”等荣誉称号，在全国旅游行业及旅游职业教育界享有较高声誉。2008年8月8日，美国优质服务科学学会在北京将世界服务业最高奖项国际“五星钻石奖”授予学院，这是世界上第一家教育机构获得这一奖项。党委书记狄保荣同志2007年荣获“全国旅游系统先进工作者”称号，2008年被聘为教育部高等学校高职高专旅游管理类专业教学指导委员会委员，8月获颁美国优质服务科学学会“个人杰出贡献奖”。

[迎评促建工作]　2008年9月，评估专家组及秘书一行9人对学院进行了为期四天的人才培养工作水平评估。专家组通过座谈、听课、问卷调查、实地参观等多种渠道的考察，一致认为：山东旅游职业学院办学指导思想明确、准确，办学特色鲜明；领导班子团结协作，勇于创新，在师生中有着较高的威信；学院重视师资队伍建设和教学条件的改善，校园优美和谐，育人氛围浓厚；国际化的办学特色已基本形成，人才培养工作水平达到优秀标准。

[教学工作]　2008年，在各部门的共同努力下，教学改革稳步推进，成效显著。英语教学改革按照既定步骤，实现了预期目标，学生的英语交际应用能力大幅度提高，得到了用人单位的高度认可。酒店管理专业课改工作初见成效。结合酒店管理专业实践能力要求强的特点，充分利用百川花园酒店先进的实训条件，将酒店管理专业的实训操作课全部放在百川花园酒店进行。在实训老师的带领下，学生直接参与对客服务，参与实际经营。教学改革出现了多点开花的新气象，全院各部门掀起了研究和推动教学改革的新热潮。旅行社管理系尝试按语种分班教学、探索建立产学研新模式；营养与烹饪系通过承包学生餐厅和职工餐厅的方式，大力探索烹饪教学新路子；基础部对“两课”教学也进行了成功的改革，取得了不错的成效。

[国际交流与合作]　2008年，学院先后组织接待了美国旧金山州立大学校长访问团、法国拉罗谢尔商学院院长访问团、韩国信兴大学访问团、韩国波尔多葡萄酒学院访问团、韩国首尔经济报社访问团，与英国波恩茅斯—普尔学院、韩国信兴大学互派了访问教师和交流学生。学院海外实习研修基地也在稳步增加，为学生海外就业提供了更多机会。2008年，学院还积极争取了加拿大就业移民项目，先后举办了面向2008届毕业生的澳门新濠博亚集团推介会、阿联酋高星级豪华酒店推介会、新加坡餐饮公会及珍宝餐饮集团推介会等。部分学生通过这种渠道实现了海外就业。

[管理工作]　2008年，山东旅游职业学院以深入学习实践科学发展观活动为契机，以管理制度创新工程为龙头，对管理制度、职责划分、工作流程进行全面的梳理，制定一系列新的规章制度。通过努力，学院的管理体制、运作机制更加协调顺畅，网络管理创新工程逐步展开。学院网站内容更加丰富及时，部门二级网页和专题网页建设初见成效，网站的互动性、即时性和开放性大大增强。校园内网建设也取得突破性的进展，初步建立起学生管理、财务管理、教学管理、科研管理、图书阅览、校园服务等电子办公系统，并尝试进行各系统的有效整合。

[行业培训]　山东省旅游局确定2008年是山东旅游系统培训年，提出依托山东旅游职业学院建立山东旅游培训中心，组织全行业开展大规模的人才培训。经过一年来的努力工作，完成饭店行业培训班共15期，其中饭店高级管理人员培训班两期；中层管理人员培训班包括：饭店营销管理人员培训班两期、饭店前厅与房务管理人员培训班、饭店餐饮管理人员培训班、饭店人力资源管理人员培训班、饭店财务管理人员培训班等各一期；服务人员培训班两期、还有《中国饭店行业服务礼仪规范》宣贯培训班一期，葡萄酒高级鉴赏培训班三期；旅行社培训班2期，分别是全省旅行社“双十

强"高级管理人员培训班一期,全省旅行社中高层管理人员培训班一期;旅游景区培训共4期,分别是:全省旅游资源开发与旅游产业发展专题研讨班、龙岗集团高层管理人员培训班、全省景区中高层管理人员培训班和沂水天上王城景区管理人员培训班;全省旅游局长培训班和高尔夫旅游培训班各一期。2008年,学院还针对市场需求,整合培训资源,多方面拓宽教育培训渠道,共派往临沂旅游局、枣庄市旅游局、山东大厦、舜耕山庄、贵友大酒店、学府大酒店、菏泽和平大酒店、威海石岛宾馆、章丘宾馆等十余家单位进行饭店管理、旅行社管理、礼仪和普通话等知识的培训。

[**校区建设与维护**] 在资金紧张的情况下,通过银行贷款、职工集资、内部挖潜、与企业合作融资等渠道,多方筹措资金,保证了学院的正常运转和校园绿化的不断投入,并根据学院发展需要开工建设了一些新项目。上半年建设的工程有外教专家2号楼、临时学生公寓、平房教室、塑胶网球场和排球场。学院中水处理系统投入使用,利用中水进行校园绿化浇灌成效显著,安装中水管道1000多米,覆盖绿化面积2万多平方米,每天节水达150立方,每月节约资金上万元。后勤大物业管理逐渐步入正轨。以后勤服务创新工程为突破口,本着降低运行成本、提高服务质量的原则,引进了山东华特物业全面负责学院的后勤服务工作,建立起具有学院特色的后勤服务管理新模式。经过一段时间的磨合,山大华特物业公司已全面接管学院后勤管理服务工作,学院与物业公司之间的沟通协调机制和监督检查机制也已建立起来。

学校党政领导人

书　记:狄保荣

院　长:宋德利

副书记:张树俭

副院长:陈增红　刘建波

学校地址:山东省济南市经十东路3556号

邮政编码:250200

联系电话:0531-81920000

电子邮箱:sdts1991@sina.com

(撰稿:潘婷婷　审稿:孙育红)

山东商务职业学院

[**概况**] 山东商务职业学院位于烟台市高新技术产业园区,占地面积1492亩,建筑面积近30万平方米。2008年招收普通专科生2289人,在校生7000多人。学院连续12年被评为省级文明单位,2008年被省人事厅、省粮食局授予全省粮食系统先进集体荣誉称号。

[**办学特色和办学条件**] 学院以独具优势的现代商务、食品科技和现代制造业教育特色,以"提供行业人才智力支持,服务当地经济社会发展,奠定学生人生事业基础"为办学宗旨,积极推进商务现代化教育。学院设会计系、经济管理系、食品工程系、机械工程系、信息工程与艺术设计系、商务外语系和基础课教学部等7个教学职能部门,设图书信息中心、实训中心、教学研究室等3个教学辅助机构。开设会计、会计电算化、审计实务、投资与理财、国际经济与贸易、连锁经营管理、商务经纪与代理、物流管理、粮食工程、食品营养与检测、粮油储藏与检测技术、食品生物工艺、机械制造与自动化、计算机应用技术、计算机网络技术、软件开发与项目管理、装潢艺术设计、应用韩语、商务日语、应用英语等20多个大专专业。

学院现有专任教师320多人,其中教授、副教授100多人,讲师近200人,"双师型"教师占51%。专任教师中硕士以上研究生学历占56%。近年来,学院先后取得省部级以上科研成果奖4项,国家专利12项,出版专著、教材110多种,公开发表论文400多篇。

学院建有3.1万多平方米的实验实训中心,中央财政支持建设的粮油质量检测中心和制粉工艺实训中心两个现代化实训基地,并设有隶属于国家粮食局、国家劳动保障部等部门的12个技能鉴定站,2008年新设数控中级工技能鉴定站。建有高标准的专业实验室、实训室79个,教学仪器设备总值达3500多万元。

[**贯彻落实科学发展观与学院工作重点转移**] 2008年初,学院党委提出推动学校工作重点的两个转变。4月8日,学院印发《关于全面推进学校工作重点转移的意见》(鲁商务政发[2008]7号),召开"推动学院工作重点转移动员大会",推动了学校办学理念、运行机制、教学改革、队伍建设和行政管理的根本性转变。

按照省委、省政府、省粮食局部署要求,于10月下旬开始，深入开展了学习实践科学发展观活动。10月28日，学院召开开展深入学习实践科学发展观活动动员大会，党委书记张大好作了动员讲话。大会确定这次学习实践活动的主题为“科学发展、富民强校”，实践载体是“推动工作重点转移、搞好“两个评估”、促进学校事业又好又快发展”。

11月下旬，学习实践活动进入第二阶段——分析检查阶段。全校分口、分层次，召开了职工、教师、学生干部、学生代表等方面的12场专题座谈会。12月15日，学院党委召开了党委扩大会议，专题对学习实践科学发展观存在的问题，进行“四对照、四检查”。

12月2日，学院召开落实科学发展观、推动工作重点转移经验交流大会。党委书记张大好总结了近一年来学院落实科学发展观、推动工作重点转移取得的成绩与经验，并提出下一步将重点推进院系两级管理体制改革、教学管理综合配套改革、后勤社会化改革、岗位设置和用人制度改革。教务处等12个部门作了典型发言。12月9日，学院印发《关于表彰学院工作重点转移先进单位的通报》(鲁商务办字[2008]18号)，对在推动工作重点转移中成绩突出的教务处、会计系、招生办公室、组织人事处予以通报表彰。

12月30日，学院召开分析检查阶段总结大会。党委书记张大好代表领导班子作了学院贯彻落实科学发展观分析检查报告。报告肯定了近年来学院发展的成绩，指出了目前存在的五大问题，提出了五项整改措施。

[“两个”评估工作]　按照省高校工委有关文件要求，将于2009年上半年进行德育工作及校园文明建设检查评估。为做好迎接检查评估的准备工作，学校先后组织3批次有关人员到青岛等地高校参观学习，为组织好自评工作取得了宝贵经验。学院德育工作评估办公室按照有关文件要求，制定了学院《德育工作评估暨校园文明建设检查评估实施方案》、《评估工作任务分解表》和《评估工作组织方案》。按照德育工作及校园文明建设检查评估的标准和要求，学校有关部门进一步改进了9个方面的德育工作，完善了11个方面的校园文化建设项目，整理、补充、完善有关评估资料4500多份。

根据教育部和省教育厅有关文件精神，将于2010年下半年进行人才培养工作评估。按照“以评促建，以评促改，以评促管，评建结合，重在建设”的指导方针，从2008年初开始，学校全面启动了人才培养工作评估自评工作，以从源头上规范教育教学过程。

[教育教学工作与教学改革]　2008年新增学院全面启动精品课程建设计划，筛选10门主干课程作为重点建设课程。制订校级精品课程建设实施方案，按照每个专业3～5门课程的比例，安排了校级精品课程建设计划。

组织学生参加内部审计员、中级粮油质量检验员、英语等级考试、计算机等级考试、机械制图员等各种专业技能和职业资格考试，总人数5000多人次。加快校企合作步伐，建立国家食品安全管理体系人才培养基地，并新建立学生校外实习基地55个。

2008年共招聘教师39人，其中硕士研究生占70%以上。学校正式聘任副教授39人，推荐评选正教授2人。教师公开发表论文30多篇，组织编写教材10部，有10名教师参加了2项厅局级以上的课题研究，取得1项省级科研成果奖。

12月份，学院出台《教学综合配套改革方案》，涉及教学计划修订、教学大纲调整、教学过程控制、教学目标考核、学生素质教育、教学资源配置和行政管理机制、后勤服务保障等一系列重大改革。该项改革从2009年开始全面实施。

[德育工作与校园文化建设]　以教学育人、管理育人、服务育人为宗旨，大力倡导更新观念、讲求方法、平等交流、和谐共赢的管理教育理念。围绕校园文化建设，学校各部门开展了一系列丰富多彩的、富有成效的德育主题实践活动。2008年学校组织志愿者服务、慈善义工等大型公益专题活动90余次，收到社会表扬信150余封。有6个班级获得志愿服务先进集体，10名学生获得十佳青年志愿者称号，50名学生获得优秀青年志愿者称号。4月，组织200多名学生参加第二届全国高等院校学生语言文字基本功大赛，有4名学生获得二等奖，3名学生获得三等奖。37名学生被评为省级优秀毕业生，4名学生被评为省级优秀学生干部，5名学生被评为省级三好学生，2个班级被评为省级优秀班集体。

[党建工作与组织管理体系建设]　10月份，学院党委进一步调整完善党的基层组织。成立院部党总支等5个党总支，设立12个党支部。

建立健全学生党组织，筹备建立学生业余党校。600多名学生向党组织递交了入党申请书，有80名学生光荣加入中国共产党。

学院新增设了教学研究室和教学督导室部门，先后提拔任命教学相关部门17名科级干部，配备了各教学系部的教研室主任。

[招生与就业]　2008年学院实际招生达到2630人，

报到率达到92%,均创历史最高水平。以办出人民满意的高等教育的责任感,学院加强学生就业工作力度,重点完善了院系两级负责的毕业生就业工作新机制。2008年学校毕业生941人,6月底已顺利就业884人,一次就业率达到93.9%,其中大专毕业生最终就业率达到了98%。

[基本建设] 2008年,学院完成1.3万平方米教学楼、2.1万平方米学生公寓的基本建设。校园绿化、硬化及其他配套设施逐步完善,现已完成绿化带15万平方米,硬化道路12万平方米,管网配套设施、太阳能洗澡系统、塑胶跑道运动场、体操场等全面投入使用。新校区已建成教学设施16万多平方米,可容纳在校生9000人。11月中旬,学院老校区的学生全部迁入了新校区,实现了新老校区的整体转换。

[后勤社会化改革] 第3、4学生餐厅实行社会化改革,保证了办学规模急剧扩大的需要。2008年2个学生餐厅获得省级"食品卫生监督量化管理A级单位"称号。学生公寓管理实行了准社会化改革,提高了效率,节约了开支。

[重大事件] 7月11日,省政协副主席乔延春,省委常委孙庆传、邹大民等一行来校视察,对学院近年来的改革发展给予充分肯定,并对学院内涵化发展道路提出诸多建设性意见。

10月21～23日,学院作为会长单位在烟台市主持召开中国职教学会(商科)粮食研究会四届二次会员大会,来自全国各地20余所学校的40多名代表参加了会议。会上在职业院校专业建设、教学模式、实践教学等方面进行了交流与研讨。学院党委书记张大好作了工作报告。

[抗震救灾] 5月15日,学院举行全院师生赈灾捐赠活动。学生代表作了"伸出你的手,献出你的爱"的演讲。党委副书记耿建敏、副院长窦中华、王永宝带头捐赠,广大师生慷慨解囊,纷纷向灾区人民表达最真挚的情谊。本次共捐款78794.77元。随后1个月,学院持续开展了捐款、捐物、献血等爱心捐助活动。5月20日,学院党委再次号召广大党员干部交纳"特殊"党费,支援灾区重建家园。100多名党员共捐助"特殊党费"19400元。山东商务职业学院师生共为灾区累计捐款10万余元。

学院党政领导人

书记:张大好

副书记、副院长:耿建敏

副院长:窦中华　王永宝　杨新春(2008年9月16日,从山东理工大学到学院挂职副院长)

纪委书记:窦中华(兼)

学院地址:烟台市高新技术产业园区金海路1001号

邮政编码:264670

联系电话:0535－6925000

传　真:0535－6925011

电子邮箱:anren0115@126.com

(撰稿:赵安仁　审稿:吕昭江)

山东丝绸纺织职业学院

[概况] 山东丝绸纺织职业学院是全日制公办专科院校,其前身山东省丝绸工业学校,始建于1960年,先后隶属于省纺织厅、省丝绸总公司,2001年划归淄博市政府管理。

<table>
<tr><td>占地面积</td><td>333510平方米</td><td>校舍建筑面积</td><td>93356平方米</td></tr>
<tr><td>学院数</td><td>7个</td><td>专科专业数</td><td>20个</td></tr>
<tr><td rowspan="2">在校学生数</td><td rowspan="2">5518人</td><td colspan="2">专科生数:2978人</td></tr>
<tr><td colspan="2">中职生数:2540人
(含五年制高职中专段900人)</td></tr>
<tr><td>师资队伍</td><td colspan="3">教职工数:340人,其中,专任教师240人,副高以上技术职称60人,硕士研究生52人</td></tr>
<tr><td>国有资产情况</td><td colspan="3">仪器设备总值:1574.1万元
固定资产总值:8556.62万元</td></tr>
<tr><td>学校获得的主要荣誉</td><td colspan="3">省级文明单位
省级花园式单位
省级卫生先进单位
省"质量服务满意单位"</td></tr>
</table>

[综合管理] 2008年,学院坚持以科学发展观为指导,按照"十一五"发展规划的既定目标和要求,稳定办

学规模，优化专业结构，强化办学特色，在学科建设、人才培养、教育管理和科研等诸多方面取得了新的成绩，为推进学院又好又快和可持续发展打下了坚实基础。

2008年2月，学院二届三次教代会隆重举行。会议系统总结了2007年及学院升格以来的建设与发展，对学院"十一五"发展规划所确定的总体思路和积极成效给予了充分肯定，并结合实际对2008年学院的工作目标和任务作出总体部署。随后，各职能部门按照总的目标任务和要求，科学合理、实事求是地制定了年度工作计划，提出了具体的工作措施和实施步骤。

推进新校区建设。受土地影响调整了学院总体规划方案，新征140亩土地，完成了三期工程建设的初步准备工作。

2008年10月，学院主要领导配备到位。原淄博市纪委副书记高素贞被山东省省委组织部任命为学院党委书记，原山东省丝绸工业学校校长孙志斌被任命为学院院长。10月9日，淄博市教育局党委书记、局长张洪亮到校，对学院的隶属关系进行正式交接。

财务管理规范有序。9月，淄博市审计局对领导任期内的财务进行了审计，审计认为，学院财务开支严格规范，会计核算准确无纰漏。11月，配合淄博市物价局完成了学院物价检查、物价收费年度检查等审验工作。

淄博市副市长林建宁(右二)在山东丝绸纺织职业学院院长孙志斌(右一)和英籍影像艺术家柏谢尔·玛库(左二)陪同下参观展览

加强理论学习，坚持以科学发展观统领工作全局。10月，根据淄博市委统一部署和要求，学院被确定为第一批开展深入学习实践科学发展观活动试点单位，确定了"评建并举，抓特色、创品牌，打造社会满意竞争力强的高等职业院校"活动的实践载体。学校先后组织开展以学院转型发展为主题的"问计求智大调研""学习科学发展观征文"等活动；12月召开了领导班子专题民主生活会，以检查分析问题和理清科学发展思路为重点，充分吸收前段学习调研所取得成果，通过了《贯彻落实科学发展观情况的分析检查报告》，报告确定了为师生员工要办的12件实事，梳理出25个重点解决的问题，分工到各主管领导和处室，要求逐项抓好落实。

学生工作不断跃上新台阶。进一步完善了学生工作规章制度，3月份学院出台了关于加强辅导员队伍建设一系列文件，推动辅导员队伍职业化建设；6月，通过开展"学风建设活动月"和"诚信考试月"活动，进一步促进学风建设；建立了大学生心理咨询室，开展"心理阳光工程"，加强大学生心理健康教育，全年举办心理健康教育讲座13次，参加学生1800余人；进一步健全学生资助制度，加大奖学金、助学金和就业补贴的发放力度，2008年，共资助困难学生1319人次，发放各类奖学金、助学金214万元，学生受助面达23%；成立校园红十字会，先后开展"志愿服务月"、纪念"五四"、纪念改革开放30周年等系列活动，丰富学生业余生活，弘扬校园文明正气，进一步推进校风建设。

淄博市副市长刘有先(前排中)在学院党委书记高素贞(前排左一)与学院院长孙志斌(前排右一)的陪同下参观校园

不断提高后勤服务质量，创建平安和谐校园。加强后勤管理，不断提升服务水平。5月，学院食堂被评为淄博市教育系统"十佳"食堂；10月，学生公寓被评为"全省高校学生宿舍管理工作检查评估达标单位"，学院被评为"省级卫生先进单位"；12月，第三食堂顺利通过淄博市卫生监督局对高校A级食堂的复查。开展"交通安全知识讲座""消防安全知识讲座""安全生产月"活动，提高师生员工的安全防范意识；落实安全责任制，实行安全责任追究制度，加强值班管理，强化教职工的安全责任意识。10月、12月淄博市委高校工委先后两次对学院安全工作进行检查，对学院一手抓发展建设，一手抓安全稳定工作的做法给予了充分肯定。学院被驻地政府评为“安全保卫和社会治安综合治理工作先进单位”“安全生产先进单位”。

加强党的组织建设,充分发挥党员的先锋模范作用。学校党委组织各基层党支部开展了一系列学习教育活动,2008年全年共发展新党员22人,有177人参加了业余党校学习。在为四川地震灾区捐助活动中,全院129名党员交纳特殊党费67650元,其中有38名党员缴纳了1000元以上的特殊党费。在建党八十七周年党内评比表彰活动中,有8名党员被评为市教育系统优秀党员,1人被评为优秀党务工作者,1个党支部被评为先进基层党组织。

[**教育教学**] 牢固确立教学中心地位,稳步提高人才培养质量。学院实行《院领导教育教学联系点制度》,把加强教学工作列入学院及各系、各专业工作的重要议事日程,确保教学的中心地位不动摇。

坚持德育为先。以建立学生德育评价体系为切入点,编印下发了《学生思想品德行为教育》教材,并纳入教学计划;建立和完善了学生思想品德行为考核办法,将品德考核纳入学业考核,注重学生“品德+技能”培养;通过形式多样的文体活动,将爱国主义、社会主义核心价值体系融入学院教育教学的全过程。

加强教育管理。通过定期督导、深入调研、集中检查等形式,对教学准备、教学过程、教学效果等方面进行严格管理,发现问题,及时处理,促进了教风建设。

积极推行教学改革,逐步建立适合高校管理的教学质量评估体系。积极推行学分制改革,试行课程重修制,出台了《课程教学质量评估制》、《实践教学环节评估制》、《优秀课程评估制》等制度,逐步建立健全教学质量评估体系。

建立实践教学体系,提高实践教学水平。继续采用半工半读、工学结合的教学模式,逐步加大实践教学和选修课课时比例,抓好实验教学、技能训练和实践活动三个环节,着力培养和提高学生的职业道德、专业技能、创新精神和创业能力,突出职业教育特色。

2008年,学校师生在参加全国及省、市各类技能大赛中屡获嘉奖。在“首届全国高职高专院校染整专业学生技能大赛”上获二等奖一个、三等奖两个、优秀奖两个,在“2008年全国大学生数学建模、电子设计竞赛”中获山东省一等奖一个、二等奖一个,在“山东省十佳时装设计决赛”中获“十佳设计师”荣誉称号,在第三届淄博市歌手大赛中获青年通俗组铜奖。

[**专业建设**] 以山东省专业评估指标为主要参考,建立二级管理考核体系。学院专业建设以创丝绸纺织行业品牌和精华为发展方向,坚持走大力发展丝绸、服装行业的发展道路。7月份,学院组织对16个高职专业进行校内评估,确定了校内的优势和特色专业。8月份,4个新申报专业顺利通过审批,学院高职专业设置达到20个。9月份,各系在总结经验和广泛深入的市场调研的基础上,开展了专业定位研讨工作,使专业教学更有针对性和实效性,确保了专业教学的质量和专业生命力。

[**师资建设**] 进一步强化教师在教育教学过程的主导作用,按照高等职业教育要求和学院教学改革发展实际,加大青年教师、骨干教师培养力度,加大聘用行业、企业专业人才,加大引进学科高端人才;鼓励教师提高专业实践教学能力,建立实践技能课程由相应高技能兼职教师担任指导教师的机制,建设真正“双师”结构教学团队。

2008年共引进具有硕士研究生学历专职教师11人,聘任了1名外籍教师。30名教师通过省高等学校师资培训中心的审查,取得高校教师资格。29人顺利通过苏州大学硕士论文答辩,取得硕士学位。2名教师被省教育厅批准为2009年国内访问学者。

修订颁布了《教师培训(培养)考核管理办法》、《青年教师培训方案》、《教师科研成果奖励办法》,提出了全方位师资建设的具体规划和措施。成功组织了第三届青年教师教学基本功比赛。全年共派出60余人次到校外科研机构或学术团体参加学术会议、进行技能培训或专业进修。

[**招生与就业**] 加大招生宣传力度,拓宽招生渠道。先后出台了《山东丝绸纺织职业学院招生章程》、《山东丝绸纺织职业学院校企合作协议书》,成为山东省首批高等职业院校专业自学考试试点院校,顺利通过山东省成人函授教育资格审查,逐步确立多层次、多样化的招生模式。2008年各类招生1936人,其中普通专科1430人,招生总数比2007年增长25%。普通专科报到率达到98.9%。

通过就业咨询、建立毕业生就业基地、与省内部分企业签订联合招生、招工协议等形式,进一步提高毕业生就业率。建立了以就业办公室、各系为主体的就业考评指标体系。6月20日、11月28日分别召开毕业生供需见面会,300多家用人单位参加招聘。2008年学院大专毕业生287人,初次就业率为99%。其中正式就业率为50%,比2007年增长32%。中专毕业生777人,初次就业率达到100%。

[**科技成果**] 有4项课题通过了省“十一五规划”课题申报,6项课题通过市科技项目申报。承担了全国教

育科学"十一五"规划重点课题《我国职业教育半工半读制度研究》子课题研究任务。有两项科研成果获淄博市社会科学研究成果三等奖，16 篇职教论文获国家级奖项，1 人获得国家"EB"专利项目称号，全年在国家、省、市级各类刊物发表论文作品 134 篇(幅)。

[对外交流与合作]　学校坚持开放办学，加强对外交流与合作，2008 年共接待英国、美国、日本等国家的访问团体和个人 37 人次。外籍教师聘用和管理工作进一步规范。3 月，在淄博市博物馆举办"山东丝绸纺织职业学院师生美术作品展暨英籍艺术家 Bashir Makhoui 影像艺术展"。

艺术设计系主任任光辉(右一)在英国南安普顿大学温彻斯特美术学院参观访问

对外合作办学取得新进展。2008 年 9 月，学院应邀赴英国南安普顿大学温彻斯特美术学院参观访问，签署了友好合作办学意向书。至此，学院已与加拿大、日本、韩国、英国等多个国家的学校或教育团体开展了不同形式的友好合作关系。

学院党政领导人

书　记：高素贞

院　长：孙志斌

学校地址：山东省淄博市米山路 30 号

邮政编码：255300

联系电话：0533－6811918

电子邮箱：scfz6811918@163.com

(撰稿：张为乐　审稿：孙志斌)

烟台汽车工程职业学院

[概况]　烟台汽车工程职业学院(以下简称学院)是一所经山东省政府批准、国家教育部备案的高等职业院校。2008 年，学院开设了汽车制造与装配技术、机械制造与自动化、数控技术、汽车电子技术、电子信息工程技术、汽车技术服务与营销、汽车检测与维修技术、模具设计与制造、计算机控制技术等 9 个专业。

[师资队伍建设]　2008 年引进教师 72 名，及时地充实到教学第一线，进一步优化了学院的师资队伍结构。为充分提高教师的教学技能和水平，2008 年度重点加强了教师的专业技能训练，如授课技能、实训技能、人文教育技能等，教师的教学能力和教学水平得到了显著的提高，并取得了优异成绩。1 名教师在全省教师讲课大赛中荣获省级优质课，2 名教师在全市教师讲课大赛中荣获市级优质课，2 名教师在全市职业学校教学录像课评选中荣获"市级示范课"，3 名教师在全市专业教师技能大赛中分获个人二等奖，15 名教师获区级优质课。

[教学工作]　重视学生实践教学，强化学生动手能力的培养，重视学生参加各级职业资格证书的考试，职业资格证书的参考率和通过率均有大幅提高。鼓励学生参加各种竞赛，通过这种方式，锻炼学生实际操作的能力，并且取得了优异的竞赛成绩。电子工程系大专学生参加全国大学生电子技能大赛(山东赛区)获得团体一等奖，机电工程系大专学生参加全国大学生数学建模大赛(山东赛区)获得团体三等奖，汽车工程系中专学生参加全省汽车运用与维修技能大赛获得团体三等奖。

[教学改革]　学院 2007 年开始探索"项目教育法"，汽车专业自编了"汽车构造与拆装调整"、"汽车电器"两门课程的实训教材，并运用到实际教学中，学生反映良好，效果显著，取得了一定的教学经验。2008 年逐渐完善了"项目教学法"在教学中的实际应用，为进一步积累"项目教学法"在高职教育中的教学经验，深化教学方法的改革，起到示范作用。在"项目教学法"的教学活动中，改变了传统教学方法中教师为主体的局面，变学生的被动学习为主动的探究性学习。学生划分成若干个项目小组，按照项目任务的要求，通过小组的分

工协作,学生独立制定计划并实施计划,完成项目任务,教师在整个教学活动中仅仅起一个指导和辅助的作用。"项目教学法"最大程度地调动了学生学习的主动性、参与性,使其独立学习,独立思考,团结协作,发挥想象力和创造力,有效地锻炼和提高学生的社会能力、方法能力和综合职业能力。

[科研工作] 2008年,学院教师先后在国家级刊物和"核心期刊"上发表论文20余篇;汽车工程系教师自己编写的两门实训教材被市职教室统一发行,在全市职业学校推广使用;教务处参与的市"十一五"规划课题研究,"以'项目教学法'为引导,构建注重实践、技能为未来工作而学习的教学体系"和"建立适应区域经济发展的教学质量评价体系"两项课题取得成果并被立项;研究室参与的"十一五"教育部重点课题研究有一项课题取得成果并被立项。

[学生教育与管理] 加强大学生道德教育和学生日常管理,做好贫困生工作,加强奖、贷、补、减等措施的落实工作,加强大学生心理健康素质教育中心建设,开设了心理健康素质教育课;加大毕业生就业工作力度,探索产学研结合模式,发挥烟台汽车工业职教集团的平台作用,以增强学生实训能力为重点,通过建立就业信息网络、召开毕业生就业洽谈会、完善"订单式培养"制度等多种形式,为学生提供就业信息。

[校企合作] 学院在多年的办学实践中,坚持以市场为依托,以就业为导向,以培养学生实际操作技能为重点,坚持走校企合作、产教结合办学之路,2008年积极实施"订单培养"、"工学交替、半工半读"的办学模式,和浪潮LG数字移动通信有限公司、富士康科技集团、德宝数字通讯(烟台)有限公司联合举办了定向培养"冠名班"。冠名班的设置,为学生就业提供了出路,同时为鼓励学生努力学习,这些企业还向优秀学生发放了奖学金。此外,学院还和多家企业签订了用工协议,实现了职业院校的教育与企业的零距离对接,在校企合作、产教结合方面积累了成功经验。

[发挥龙头带动作用,做好职教集团工作] 2008年,学院作为烟台汽车工业职业教育集团的龙头单位,在招生、就业、校企合作、校校合作、课改及教材开发、师资培训等集团运营中,做了大量工作。继续保持了与行业、企业、政府职能部门和社会各界不同层面的密切联系,及时掌握了山东省产业政策与产业结构调整的情况,定期进行了人才需求的市场调查和人才预测,及时了解高级应用型专业技术人才需求状况,适时调整了专业建设规划,优化人才培养方案,做到了专业建设与人才培养不断适应经济社会发展的需要。2008年10月,为认真贯彻全国、省职教工作会议精神,加快职业教育改革与发展步伐,经山东省教育厅、山东省经贸委批准,由学院牵头,相关职业院校、企业和行业协会共37个成员单位共同发起组建了山东省汽车工程职业教育集团。集团成立后,将充分发挥群体优势、组合效应和规模效应,打造职业教育品牌,提升职业教育的综合实力,为全省汽车制造业发展培养更多、更好的技能型人才。

[基建工作] 6月5日,学院一期工程开工,主要建设大专教学楼四栋、学生宿舍楼四栋、教职工周转房五栋、学生活动中心一栋、学生餐厅一栋及体育场一处。到年底,一期工程所有单体已完成主体框架和砌体工程,正在进行内部装饰。两万平米的塑胶体育场正在进行基础回填。

学院党政领导人

书记、院长:赵传勇

副书记:于　波

副院长:于　波(兼)　孙　涛　姜义昌

学院地址:烟台市福山区崇文街88号

邮政编码:265500

联系电话:0535－6323938

电子邮箱:ytqcxy@163.com

(撰稿:孙　涛　姜义昌　审稿:于　波)

山东服装职业学院

[概况] 山东服装职业学院是经山东省人民政府批准、国家教育部备案的山东省惟一的一所全日制普通服装高等院校,也是全国第一所国办服装高等职业院校。学院创建于2000年,占地600亩,建筑面积20万平方米,在校生8000余人。

学院现有普通专科(高职)、对口专科(高职)、五年制大专及成人大专、成人本科、在职攻读硕士学位研究生等多个办学层次。设有服装工程与管理系、服装艺术系、装潢与艺术设计系、国际贸易系、信息工程系、旅游系、机电系、基础部等教学单位,28个专业。面向全国28个省(市、区)招生。在职职工498人,其中专任教师351人，硕士研究生以上75人，教授、副教授108人；聘请了81位专家、教授和外籍教师到校执教。年内，学院招收专科学生2978人，毕业生1722人。学院装备了高标准的多媒体电教室、语音室、微机室、会计模拟实验室、服装工艺实验室、服装CAD设计工作室、工艺美术实验室、服装表演室及形体训练室等，有日本重机等国外名牌服装、机电设备1000台件，教学用计算机1000余台，多媒体电教设备20套，图书资料34万册。

学院以教学为中心，以社会需求为导向，致力于培养德智体全面发展的、具有创新精神和实践能力的高素质人才。不断创新教学模式，改革教育理念，引入了哈佛大学的案例教学、本科教育的导师制培养和学分制试点。近三年来，学院承担省级科研课题20余项，“服装结构设计”等多个课程被评为省级精品课程，有近100名学生在省级服装表演、服装技能、信息、机电等大赛中获奖。学院不断创新学生管理工作模式，积极推行学生辅导员制，构建起了“靠教育抓管理，靠教学抓管理，靠活动抓管理，靠服务抓管理，靠制度抓管理”的学生管理立体通道，加强“班组”和“楼舍”管理，形成了良好的校风、学风。建立了国家、省政府奖助学金，院长奖励基金，“567”特别奖励基金，助学贷款，特困生定期困难补助，教职工与学生结对帮扶等为内容的“五金”、“六助”、“一帮扶”学生奖励资助体系。

学院实施“工学结合、学研合作、订单培养、校企合作”等人才培养模式，与中国联通、江苏舜天集团、青岛红领服饰、新郎希努尔集团、中国国人西服等知名企业建立了良好的合作关系，在上海、苏州、宁波、广州、深圳等地设立了60余家教学实习基地；与山东琴雅服饰集团联合建立“山东服装职业学院琴雅学院”；与多家知名企业联合举办技术培训班，实行订单式培养。积极探索开放式联合办学的路子，与国内外高校、企业广泛建立友好合作关系，与美国、加拿大、澳大利亚、俄罗斯、日本、韩国、马来西亚、泰国的多所知名大学及国际企业、研究机构建立了友好合作关系，与青岛大学、青岛科技大学等高校联合举办成人、函授教育。

学院为学生成功成才开辟了“四条通道”。一是进入省内外大中型企、事业单位工作。毕业生基础知识扎实，动手能力强，深受用人单位和社会各界好评，就业率达到了98%以上，用人单位满意率达到95%以上；二是升入本科院校继续深造。1000余名毕业生考取了南京大学、东华大学、江南大学、山东大学等高校的硕士研究生、本科生；三是赴国外研修。200余名同学现在日本、韩国、俄罗斯等国家留学、研修；四是自主创业。100余同学创办了自己的公司。实现了“让所有毕业生有适合的工作岗位，让多数毕业生有满意的工作岗位，让部分毕业生有理想的工作岗位”的就业目标。

学院立足于高等职业教育，始终坚持正确的办学方向，以发展为主题，以改革为动力，走质量、规模、结构和效益协调发展的道路。学院确立了“质量立校、特色兴校、创新强校”的办学理念，明确了“为当地经济建设和社会发展服务，为全省服装职业教育服务，为省内外服装行业服务”的办学定位，提出了“建特色高职院校”的发展目标和“培养高素质、高技能、创新型人才”的培养目标，在实践中探索出了一套成功的办学模式。学院是山东省职业教育学会服装教育专业委员会、山东省教育厅综合艺术工作委员会、泰安市服装服饰文化协会主任（会长）单位。学院先后被评为“全国最具特色高等职业院校”、“全省职业教育先进单位”、“最受企业欢迎的山东职业技术院校”、“最受山东家长欢迎的十大学院”、“全省高职院校最具就业推动力奖”、“山东省服装行业人才培养贡献奖”、“市级文明单位”、“泰安市职业教育先进单位”等。《人民日报》、《光明日报》、《中国教育报》、《大众日报》、山东电视台等新闻媒体先后30余次介绍推广了学院的办学成就和办学经验。

[创新特色办学理念] 学院认真学习实践科学发展观，进一步丰富完善了特色办学理念，明确了“上规模、上层次、上水平”的三大任务，科学规划了发展方向。学院提出了新的三步走发展战略，到2010年，实现在校生1万人的规模；用5年左右的时间达到高职本科的水平；到2020年，建成全省一流、全国最具特色的高职院校。学院提出了“坚定不移地走内涵建设与外延扩张并重的科学发展之路，努力提高综合办学实力；坚定不移地走创名牌、树品牌的精品发展之路，努力提高核心竞争力”的发展理念，提出了“从就业教育走向创业教育，从技能培养转向能力培养”、“从课程体系培养转向知识技能体系培养”等育人理念，更加注重发展质量和水平。学院深入开展了建特色院校大讨论，进一步完善了办学定位、发展目标、培养目标、山服精神、教学理念等办学理念，深刻总结了建校八年来的办学经验，进一步坚定了走“科学决策、精品建设、创新发展”之路。

[大力推进精品建设] 为进一步加强内涵建设，提升核心竞争力，学院自2008年起全面实施精品战略，积极打造精品工程。学院提出了创建10个重点学科、20个特色专业、30门精品课程的“一二三”工程，打造10个教学团队、100名优秀教师、1000名知名学生的“十百千”工程，建设10个实训基地、10个实习基地、10个

教学基地的“310”工程。学院制定了活动实施方案、五年发展规划和年度计划,本年度完成了3门省级精品课程、1名省级教学名师、2支省级优秀教学团队、1门特色(品牌)专业的评选、申报工作,确定了5门院级精品课程、4支院级教学团队。

[毕业生就业工作]　学院进一步拓宽了进入国内大中型企事业单位、专升本、出国研修、自主创业的“四条通道”。积极走订单、半订单式的路子,校外实训基地增加到61个。3月21日,学院举行2008届毕业生供需见面会,来自北京、上海、浙江、江苏、山东等省(市、区)80多家用人单位的300多名代表参加了招聘会。在本次供需见面会上,红领服饰集团、好事中服饰集团、波司登服饰有限公司、山东魏桥创业集团有限公司、北京迪奥世家服饰集团等国内外知名企业共提供了3000多个就业岗位。成功举办了2008毕业设计作品发布会,28家大中型企业负责人前来观摩,收到了良好效果。截至年底,学院毕业生就业率达到了98%,实现了毕业生最大限度就业。

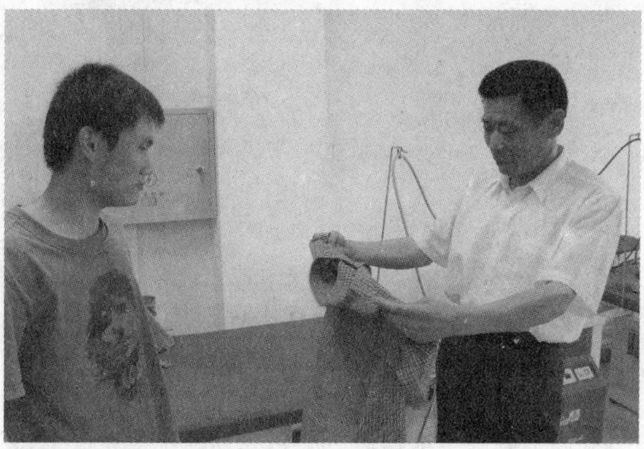

院长孙京家(右)看望正在为四川灾区赶制衬衣的学生吴永财(左)

[人才培养]　学院不断深化教学改革,加强师资队伍和设备建设,全面提高人才培养质量。推广并不断完善重点专业建设、导师制培养、案例教学、学分制等改革。《分层施教在高职高专英语教学中的实践与研究》已被山东省教育厅立项。聘任了我国知名军事专家杨鸿问研究员、中科院博士王守国、总政歌剧团女高音歌唱家王静等一批知名专家、高层次人才担任学院客座教授,引进了10余名硕士研究生充实教师队伍,人才强校战略迈出了坚实一步。投入400余万元购入微机、多媒体设备等教学实训设备。全院有140余人通过专升本考入本科院校,比去年翻了一番。2008届毕业生全部通过职业技能鉴定考试,取得高级职业资格证书,通过率达到100%。5月13日,四川汶川地震发生的第二天,服装工程与管理系2005级学生吴永财捐出一年的实习工资1.2万元购买布料,与同学们一起制作衬衫1250件送往灾区。《中国教育报》、《齐鲁晚报》、《大众日报》、山东电视台等新闻媒体进行了宣传报道。

院长与学生面对面活动现场

[举行院长与学生面对面活动]　12月16日,学院领导班子成员与600名学生齐聚一堂,交流思想情感,畅谈发展前景。院长孙京家就学院办学思路、发展成果及学生关心的学习、生活、就业等问题与大家进行推心置腹的交谈,以自身的成长经历来教育学生立志奋斗成才。领导班子成员分别解答了学生提问,化解了学生疑问,有利于营造健康和谐的师生关系。

学校党政领导人

书记:孔祥湖

副书记、院长:孙京家

副书记:王林青

副院长:侯长城　马腾文

纪委书记:王林青(兼)

学校地址:泰安高新区东区佛光路16号

邮政编码:271000

联系电话:0538－2182333　2182366

电子邮箱:sdfzzyxy@163.com

(撰稿:吴士锋　审稿:张鲁玉)

山东大王职业学院

[概况]　山东大王职业学院是在原广饶县成人中等专

业学院的基础上，由山东大王集团投资创办。2002年列入全国高校招生序列，是一所以理工科为主的全日制高等职业院校。

学院地处东营市广饶县大王镇。学院设成人教育处、轻化工程系、机电工程系、经济贸易系、中专教学部和山东大王工业科学研究院等教学科研单位及相关行政、服务处室。开设各类专业37个，其中石油化工、数控技术与应用是省级示范专业。目前全日制普通专科在校生4000余人，中专生1200人，各类短期培训人员800余人。2008年毕业生就业率位居山东省同类职业院校第一名。

学院现已发展成为一所文理结合，理、工、经、文协调发展的多科性重点职业院校。学院2006年10月顺利通过了全国高职高专院校人才培养工作水平评估。学院重视教学研究，已编写使用多种校本教材，教师编写的论文在国家级刊物上发表，学生科研作品多次荣获省级一等奖。学院先后荣获“山东省成人教育先进单位”、“山东省职业教育与成人教育科研先进单位”、“省级文明单位”等荣誉称号。2008年3月，在中国青年报社“星级示范校”评选中，荣获“就业进步奖”。

[党团工作]　以党的十七大精神为指导，以坚持科学发展观构建和谐校园为基本要求，抓好党建工作。召开学院加强和改进大学生思想政治教育工作动员大会，继续开展学院团委向刘集党支部旧址捐献特殊团费活动。学院党委组织领导干部开展救助贫困大学生活动，与28名大学生结成帮扶对子。按照东营市委部署，认真落实“三联一促”活动。邀请山东大学党校刘玉萍博士到学院作思想政治教育专题讲座，1200多名大学生接受教育。开展清明节革命传统教育活动，党委安排、团委组织大学生到莱芜战役纪念馆、焦裕禄纪念馆接受革命传统教育。组织学院师生为“5.12”地震灾区募捐，全体党员交纳特殊党费。组织收看十七届三中全会，制订学习计划，深入开展认真学习贯彻十七届三中全会精神活动。2008年大学生党校培训班培训学员达282人。组织开展纪念党的纪律检查机关恢复和重建30周年暨《关于实行党风廉政建设责任制的规定》实施10周年活动。

学院团委以学校德育工作、教学工作为轴心，弘扬奥运精神，开展适合学生的各种团体学习和活动。结合纪念建国59周年和纪念“一二九”运动73周年开展系列活动。开展校园十佳、文明班级、文明宿舍、优秀团员、优秀团干部、“感动校园”典型人物等评选活动。以第十届校园艺术节为平台开展了系列丰富多彩的校园活动。扎实做好了推优等工作。2008年团委在学生社团、校园文化、科技创新、社会实践、素质拓展、志愿服务、组织建设等工作方面推进到新层次，努力开创共青团员工作新局面，充分发挥共青团组织在高校大学生思想政治教育工作中的作用。

[招生就业]　2008年共录取专科高职新生1703人，中专层次820人。2008年安置毕业生447人，就业率91.79%，全省就业安置率排名第一位(见鲁人办发[2009]58号文件)。

[教学科研]　教务教学管理科学化、规范化。进一步完善教务教学管理制度，完成教学计划及课表的编制和调整；部署落实各类常规教学检查和评比工作，强化教学过程管理与督导，做好教务管理系统使用、维护。以特色专业与精品课程建设为龙头，全面推进学校专业与课程建设。专兼结合，努力打造优秀教学团队。

坚持以学生为本，借助信息化手段做好学籍管理与服务工作，提升服务水平，进一步完善学籍注册信息统计工作。2008年共完成485名毕业生的数据审核、信息采集和证书办理工作。圆满完成了1539人参加的高职高专英语应用能力考试、734人参加的全国英语四六级考试、122人参加的专升本考试、计算机文化基础考试、2008级大专新生入学考试等各级各类考试的组织、信息审核及证书办理等工作。

采取多种方式鼓励教师参加培养、进修，提高教师整体业务素质。组织教师培训学习先进教学理念与经验；参加各级教学能手、优质课等评选活动，组织评选校级学科带头人与骨干教师。通过组织教师演讲比赛、学生主持大赛等系列活动，大力宣传推进普通话工作，提高全院师生的普通话水平。2008年共完成1233人的普通话测试、成绩整理、证书发放工作。

2008年度学院教科研成绩显著，有65篇论文获奖，其中27篇获各级各类论文评选一等奖；在全国核心期刊发表论文3篇；东营市第十七次社会科学优秀成果评选一等奖1项，二等奖2项；省教育科学优秀成果评选三等奖1项；参编、自编教材8项；省级教学研究课题立项9项，省“十一五”规划课题1项，教育部“十一五”规划课题1项，中国职业技术教育学会科研规划课题1项已结题；课堂教学水平逐步提高，1人获东营市优质课一等奖，1人获省优质课二等奖，1人获省首届高职高专英语课件设计大赛优胜奖；学院先后获得省教育厅颁发的首届高职高专英语课件设计大赛荣誉奖牌和全国管理科学论文征集与评选办公室颁发的全国高校管理科学论文征文活动优秀组织奖等荣誉。

[成人教育]　学院按照石油大学和山东财政学院函授教学要求,认真组织上课、毕业论文设计、收缴作业、发放教材等有关常规工作。严把考试关,认真组织考务工作。加强职业资格证书鉴定工作,充分发挥学院劳动技能鉴定基地的作用,积极开展毕业生职业技能鉴定工作,2008 年毕业生鉴定 600 多人,企业职工 150 多人。搞好企业短期培训工作,2008 年 12 月与广饶县工会联合组建车工培训班,培训人数 100 人。加强自学考试的宣传和报名工作,2008 年 6 月、12 月报名人数分别达到 520 人、750 人。积极做好免费技能培训招生宣传工作,2008 年报名人数 150 人。做好东营市教育局对学院函授站的年检工作和免费技能的验收工作。认真准备山东省科技厅对学院星火培训基地的评核工作,整理培训材料和培训档案,并上报培训总结,培训各种技术人员 3500 多人,12 月份参加了在潍坊举行的总结表彰大会。

[迎评工作]　2008 年顺利完成山东省教育厅对学院人才培养评估信息平台数据的采集工作。在上报评估各项数据中基本办学指标达到合格要求,学生教学用计算机台数,语音室、多媒体教室座位数都达到优秀,新增仪器设备和图书均达评估标准。以评促建,在专业建设、精品课程建设、校内外实践实训教学基地专职管理人员培训等方面加大力度,提升水平。以评促改,通过专任教师到企业一线实践学习、教科研课题申报、论著发表等方式强化教师水平。

[后勤保障]　学校食堂、茶炉房等服务场所及设施进行全方位改造,10 月份完成师生浴室锅炉和太阳能供热相结合方式的改造。学生公寓配电装备整修,保证用电安全和节约。完成供暖管道改装工作。

进行餐厅经营改革,逐步提升竞争层次,解决饮食质量安全问题。制订学院经费预决算,保障经费供给,对学院各部门的活动进行总体控制,在保证教育教学工作顺利进行的前提下,按照年度预算支出,决不超支。

学院党政领导人

书记、院长:李剑童

副书记、副院长:马建民

学院地址:东营市大王高新技术开发区文化路 1 号

邮政编码:257335

联系电话:0546－6881318

传　真:0546－6881616

电子邮箱:dwb1318@163.com

(撰稿:闫魁成　宋惠中　审稿:李剑童)

山东力明科技职业学院

[概况]　山东力明科技职业学院是经教育部备案、山东省人民政府批准成立的一所独立颁发学历文凭的普通民办高校,是在山东中西医结合大学办学 20 年的基础上建立的,是山东省建校最早的民办高校之一。学院位于山东省省会济南市市中区济微路 389 号,现有南北两个校区,占地面积 780 余亩。学院实行校、院(系)两级管理,建有中医药学院、临床医学院、口腔医学院、护理学院、针推学院、外国语学院、理工学院、军护学院八个二级学院。开设了临床医学、口腔医学、护理、针灸推拿、旅游管理、物流管理、数控、汽车维修技术等 36 个国家计划内统招专业。学院建有建筑面积 20000 平方米的图书馆,藏有各类图书 74 万册,电子图书 62 万册,满足了师生教学和学习的需要。学院现有教职工 600 余名,各类在校生 10000 余人,总资产 6 亿元。

[教学改革]　2008 年,学院坚持"以教学为中心"的办学理念,结合实际不断深化教学改革。一是坚持自然班上课的主体形式,突出以学生为主体,教师为主导。改革后,在出勤率、课堂纪律、自习辅导和实验课等方面都取得了明显的进步,使教学工作实现了根本好转。二是调整了上课时间。由原来的三、三制授课改为二、二、二制授课,改革后既保证了学生的课间休息时间,又为各学院、各班级开展丰富多彩的文体活动提供了充足的时间,丰富了学生的第二课堂。三是采取了专家听课、点评,检查教案等形式,加强了对教师授课情况的检查和考核。四是实施联合办学,学院与济南市 106 医院签订了联合办学协议,济南市 106 医院成为学院的附属医院。五是建立健全了教学检查制度。2008 年学院在每学期的开始和期中组织了大规模的教学检查。包括教学计划的执行情况,自然班级和实验课的授课情况,考试考场纪律的执行情况等。

李建秀教授带领学生上山采药

加强精品课程建设。6月28日，学院申报的《中药鉴定学》被省教育厅批准为省级精品课。中药鉴定学，是学院中药专业学生学习的一门课程，由学院李建秀教授主讲。加强精品课程建设对于实现优质教学资源的共享，提升教学质量具有重要意义。

学院坚持专家治校、人才兴校的战略。2008年2月份从全国及驻济高校中聘请了一大批专家教授担任学科带头人。学院成立了教研部，同时成立了解剖与组胚教研室、生理学教研室、病理学教研室、生化教研室、临床教研室、德育教研室等17个教研室。

为形成一种尊师重教的良好氛围，学院每年在教师节前夕，开展优秀教师评选活动。2008年评选出优秀教师20人，并进行了表彰，为广大教师树立了学习的榜样。

［**精神文明建设**］ 2008年学院党委始终坚持“以德育为首位”的办学理念，采取多种措施加强大学生的思想道德建设和精神文明建设。成立了德育教研室，落实了德育课的授课计划，开展了思想道德建设的研究工作；建立健全了思想政治工作队伍，并深入到班级宿舍开展思想政治工作；各二级学院（系）广泛开展大学生思想道德建设和精神文明建设的实践活动等，全院大学生的思想道德建设和精神文明建设取得丰硕成果。

学院重视宣传工作，建立健全了宣传管理制度，充分发挥校报、校刊、网站、广播站的宣传作用，大力宣传了党的路线、方针、政策和教学管理、学生管理、大学生思想道德建设、校园文化建设等方面的典型事迹，有利地促进了学院的各项管理工作。

3月2日晚6点，学院邀请山东省委高校工委常务副书记、博士生导师田建国教授作了《创新、道德与人才》的学术报告，学院数千名学生通过参加报告会，受到了一次深刻的思想道德教育。

为保障震后灾区孩子们的正常学习，5月20日，学院召开紧急会议并郑重作出决定，面向灾区的孩子提供免费助学行动计划，对来自四川灾区的100名大专生、200名中专生进行学费资助。计划实施后共为灾区学生减免学费200余万元。

4月27日，临床医学院师生代表山东力明科技职业学院赴党家镇相家村举行了大型义诊活动及德育教育基地的挂牌仪式。

德育教育基地挂牌仪式

［**学术交流**］ 9月26日上午，澳大利亚中央技术与继续教育学院副院长腾可桢、高级研究员卜红军来学院参观访问。客人们参观了学院的数控技术实训中心、汽车实训中心等教学实验实训基地，双方对合作办学事宜进行了商谈。

10月18日下午5点，美国爱丁堡罗大学校长布朗博士来山东力明科技职业学院作学术报告，学院领导和护理学院500余名师生在第二阶梯教室听取了布朗校长的报告。

［**招生就业**］ 2008年学院招生工作取得丰硕成果。招收各类学生5000余人，创历史新高。为提高学生的职业技能水平和就业能力，学院于2005年起，对在校生开展了15个工种的职业技能培训工作。截止到2008年，已培训学生9500余人。为了保证培训质量，学院成立了职业技能培训办公室，聘请了双师型教师，加强了教学管理工作和职业技能考试鉴定工作。现在校生已有80%以上均获得了职业资格证书。

校企合作定单培养签字仪式

学院重视学生的就业工作,成立了就业指导中心,为毕业生就业进行指导和服务工作。就业指导中心每年与上千家用人单位签订就业协议,每年召开毕业生与用人单位双选会。学院还重视自身实习就业基地建设,注册资金2000万元,建立了全国最大的医院社区护理服务公司,注册了中华护理网,为护理及相关专业的学生打造了一条绿色就业通道。通过采取以上措施,学院毕业生的初次就业率达到90%以上。

4月20日,学院召开了2008年就业双选会,来自全国各地的200多家用人单位前来学院招聘人才,学院有4200多名应往届毕业生参加了双选会。这次双选会毕业生与用人单位签订劳动就业协议1200多份,50余家用人单位与学院签订了校企合作人才供需协议书。在双选会上,护理、口腔、针灸推拿专业的毕业生受到了用人单位的青睐。双选会取得圆满成功。

校庆20周年开幕式现场

[校庆20周年]　9月8日至11月8日,开展了庆祝建校20周年系列活动。在此期间,学校举行了"我爱我校"主题班会,举办了教师交谊舞会、书法展览、诗词朗诵会、体育运动会、文艺联欢会等活动。

[华夏匾额博物馆]　2008年,学院依托董事长王力一先生历经20余年从全国各地收集的3100余块匾额,经文化部门和民政部门批准,建立了全国唯一的木质匾额博物馆——华夏匾额博物馆。11月9日,学院董事长王力一先生在山东省首届国际大众艺术节上荣获古匾收藏金奖。

国家博物馆馆长吕章申(右三)到学院视察匾额博物馆

[后勤保障工作]　2008年,学院坚持了"以后勤为保障"、"以人为本"的服务理念,积极做好后勤工作,为完成教学任务提供了必要的物质条件。学院完善了公寓管理、食堂管理、卫生所管理、维修管理和车队管理等各项后勤管理制度。在水、电、暖、安全、卫生、交通等方面为师生提供了充分的保障和优质服务,创造了一个安全、舒适、文明、清洁的学习和生活环境。2008年10月,学院通过了山东省教育厅学生公寓管理工作评估。11月,济南市教育局对学院进行了安全工作大检查,对安全管理工作给予了较高的评价。

学院党政领导人

董事长:王力一

院长:刘大文

书记:郝铁柱

纪委书记:曹剑宝

学院地址:山东省济南市济微路389号

邮政编码:250116

联系电话:0531—88333678

电子邮箱:xuanchuan6789@163.com

(撰稿:魏本江　谷善龙　审稿:刘晓臣)

青岛飞洋职业技术学院

[概况] 青岛飞洋职业技术学院始建于1996年，位于青岛市城阳区青大工业园，1999年经山东省教育厅批准为高等学历文凭考试试点学校，2002年被批准并报教育部备案为全日制普通高等职业学校。

学院现占地约1500亩，总建筑面积32.29万平方米，教学科研仪器设备总值7960万元，教学科研用计算机1790台，学院拥有国内先进的校园千兆网络，实现了远程网络教学、网上点播、视频会议、图书借阅、校园监控、一卡通等数字化校园建设。设有多媒体教室123个，语音教学教室15个，语音室座位1132个，计算机教学教室43个，400米标准塑胶跑道体育场一座。

学院现有图书馆一座，馆藏图书105万册，特别是计算机工程、机电工程、工业自动化和电子信息类图书馆藏丰富。有电子图书100万册，并建有计算机网络服务系统和现代电子图书系统。

学院下设外国语学院、韩国语学院、信息工程学院、汽车工程学院等15个教学学院及公共学院，开设了计算机信息管理、计算机应用技术、应用俄语、应用法语、商务日语、应用韩语、国际贸易实务、物流管理、会计电算化、旅游管理、工程造价、机电一体化、汽车电子技术、汽车检测与维修技术、环境艺术设计等39个社会热门专业。

学院现有全日制高职专科学生10086人，现有专任教师635人，兼职教师38人。教师中具有副高以上职称者254人，占专任教师40%；硕士以上教师222人，硕士以上学历者占专任教师35%。学院还拥有全国优秀教师1人，享受国务院特殊津贴的4人，特聘海外博士做客座教授、客座研究员的390人。

[教学工作] 学院始终坚持以教学为工作为中心，课程改革、引进人才、教学督导等多个方面都有新的创新，全年引进高素质教师142人，其中正高级职称4人，副高级职称5人，硕士研究生78人，博士研究生2人，双师型教师6人。在引进新人才的同时，积极支持鼓励在职教师不断进行学习，全年教师在职攻读硕士学位21人，MBA学位28人，EMBA学位15人。实施了教学督导制度，在全院范围内选拔一些具有丰富教学经验的老教师，参与到新教师的教学课堂中，通过听课与交流，极大地提高了新教师提升自身教学水平的积极性，推动了新老教师的融合与交流，提高了学院整体的教学水平。以社会市场需求为前提，积极进行课程改革，创新出了一些特色课程和精品课程，按照因材施教的原则，推出了三阶段九级别的教学模式，根据学生实际的学习能力、知识接收能力和实践动手能力设置不同阶段的、针对性的培养教育，不仅极大地激发了学生的学习热情，同时也推动了各个不同层次和水平的学生共同成长。学生在德、智、体、美等方面得到全面发展，不少学生在完成本专业学习的基础上，积极参加升本、外语及各种社会技能考试。

[科研工作] 承担了“民办职业技术教育中信息与计算机人才培养模式的研究”、“民办高等院校和谐校园文化建设的研究”、“民办高校心理健康教育的有效途径与研究”等七项课题，其中“民办高校教师的幸福人生与专业成长研究”已经结题。旅游酒店管理学院林永坚老师撰写的《从校企合作谈高职教育发展的新趋势》在“工学结合、校企合作与职业教育质量”论坛上获三等奖。学院编辑出版了教学研究论文集，58名同志撰写了论文，其中10名同志的论文分别获得一、二、三等奖。

[对外合作与交流] 对外合作交流办学项目进一步拓展。组建了飞洋对外教育交流培训学院，与国外知名高校继续推进“互认学分，升本升研、互派交留生、教师互访交流培训研讨”等内容的合作交流。为实现毕业生国外升本、升研、实习、就业，在去年开展毕业生到新加坡升本、升研、实习、就业的基础上，又与韩国亚洲大学校、世明大学校、京畿道大学校、昌信大学校和日本萩国际大学等高校签定合作办学协议，成功地开辟了毕业生到韩国和日本升本、升研以及打工就业的市场。

[招生与就业] 2008年招收新生4000多名，较好地保持了在校生近万名的好局面。针对2009年全国高考报名政策的调整，学院领导及时进行工作思路和政策的调整，重新编写招生简章，新录制招生宣传片，制定建立生源基地的措施。目前，全院师生共建了700多个生源基地，为2009年的招生打下了良好的基础。截至2008年12月底，2005级毕业生网上实际签约就业率达82.06%，总体就业率达89.01%，在全省同类院校中名列前茅。

[创建和谐校园] 以和谐校园建设为主题，安全稳定工作落到实处。坚持从加强教育、规范制度入手，实施严格管理，严格“一卡通”出入校门打卡制度，投入近万元在所有学生宿舍安装了消防应急灯，确保了学院安

全无事故。扎扎实实做好各项后勤管理工作,保证水、电、暖、伙食的供给和车辆的正常运行,为教学、管理、科研等各项工作的顺利开展提供了有力保障。

[规范基层党支部建设]　认真贯彻落实科学发展观,召开了学院第二次党员大会,选举产生了新一届学院领导班子,建立健全了党组织建设和理论学习的制度和措施,在提高班子成员理论水平的同时,也提高了班子成员驾驭全局和运用科学发展观理论分析研究解决学院管理、教学等工作问题的能力。根据党的十七大修改后的《党章》以及有关高校党建工作的文件和实践经验,汇编了《高校党支部工作问答》,进一步规范了基层党支部的建设,党支部的战斗堡垒作用得到较好地发挥。认真做好党员的管理教育和培养工作,全年发展新党员88名,组织117名新党员进行了入党宣誓,在学院的各项工作中较好地发挥了党员的先锋模范作用。四川汶川特大地震发生后,学院师生在党员的倡导和影响下,发扬"一方有难、八方支援"的传统美德,慷慨解囊,奉献爱心,交纳特殊党费,共计捐款40余万元。

[领导视察指导]　5月8日,山东省副省长黄胜来学院视察指导工作。2008年6月20日,山东省教育厅副厅长孟庆旭莅临学院检查指导工作。

[参加活动及取得的主要荣誉]　3月,在"北京—青岛迎奥运英语口语比赛中,学生王霞和于海洋获得金奖、十佳选手奖"。9月,自动化工程学院李玉旺、贾绪言、谭文威组成的代表队,获全国电子大奖赛二等奖,周新灯、周彩霞、代洪溢和赵峰、冯森、郭栋组成的代表队,获全国电子大奖赛优秀奖。5月,由《齐鲁晚报》——今日青岛举办的青岛教育品牌评选活动中,被评为青岛市最佳品牌就业奖。9月,优秀教师、先进教育工作者表彰大会在学院多功能学术报告厅隆重举行。12月,学院董事长卢飞成被青岛市教育局表彰为优秀党员、职业教育先进个人、浙商理事会主席;被青岛财经日报社和青岛电视台评为青岛市行业风云人物,被中国经济信息杂志社和中国企业报社评为中国经济百名杰出人物。

[公益事业与捐款]　学院始终坚持公益为民、造福社会,尤其注重帮助弱势群体和贫困学生,多次开展扶贫助学活动,学院连续多年被授予"西部地区教育顾问单位"。5月18日,在新加坡企业实习的近260多名学生和指导教师为四川大地震受灾地区进行了赈灾捐款活动,自发捐款约合人民币2万8千多元,交中华人民共和国驻新加坡大使馆转四川地震灾区,表达身在海外的中国学子对受灾祖国同胞的关切之情。5月24日,院长陈光勇在新加坡大使馆为四川地震灾区捐款并与新加坡驻华大使交流。2008年5月,学院各级领导向四川地震灾区捐款,共计捐款40余万元。

[加强国际交流与合作]　3月26日,新加坡经济发展局驻北京办事处领导来学院访问;4月12日,日本名古屋语言校长莅临学院访问;4月19日,日本北陆大学主任莅临学院参观访问;4月21日,中国青岛飞洋学院、韩国亚洲大学校合作办学举行签字仪式;5月12日,日本情报专科学校领导莅临学院访问;5月13日,学院与中国海洋大学合作,开办了MBA中心,并先后与华中科技大学、电子科技大学合作,开办了EMBA中心。6月2日,日本城西国际大学领导访问学院;9月17日,日本情报专门学校校长瓶井刚莅临学院访问;9月18日,日本关西国际学院领导一行莅临学院访问;10月17日,美国华盛顿州经济贸易促进厅驻中国代表处官员及美国华盛顿州教育代表团来访;10月24日,新加坡三星集团人力部官员莅临学院访问;11月3日美国阿波罗教育集团来访;12月5日,韩国世明大学校国际交流学院院长访问学院。

学校党政领导人

书记:王程林

董事长兼院长:卢飞成

名誉院长:王益姝

常务副院长:姜志荣

副院长:杜金生　谢汀兰　邵兆娜

纪委书记:杜金生(兼)

学校地址:青岛市城阳区青大工业园韩海路中段16号

邮政编码:266111

联系电话:0532－87905580

电子邮箱:feiyangcollege@vip.163.com

(撰稿:刘其华　马庆华　审稿:姜志荣)

淄博科技职业学院

[概况]　淄博科技职业学院是在淄博卫生学校、淄博稷下专修学院合作办学的基础上,于2002年8月经山东省人民政府批准成立的一所民办普通高等职业院

校。

学院占地面积 44.77 万平方米，建筑面积 18.77 万平方米，教学行政用房面积 11.14 万平方米，固定资产 2.42 亿元。

学院在岗教职工 486 人，其中专任教师 333 人。专任教师中具有正高职称 11 人，副高级职称 106 人；40 岁以下青年教师 171 人，其中 45 人已取得研究生或硕士学位及以上学历；有“双师”素质教师 91 人。29 名教师分别在 37 个市级以上学术团体和研究机构任职。

学院设有护理、助产、临床医学、口腔医学技术、康复治疗技术、药学、中药、会计、电子商务等 9 个专业；立足山东，面向全国 19 个省市招生。截至 2008 年 6 月 30 日，学院全日制在校生 6647 人，其中高职生 6068 人，五年制学生 579 人。

建院来，学院始终围绕区域经济社会发展需求，不断扩大办学规模，提高办学水平，培养了大批高素质技能型人才，为区域经济社会发展特别是卫生事业发展提供了有力的人才支撑，学院各项事业也取得了跨越式发展。先后获得山东省“省级文明单位”、“全省卫生系统先进集体”、“山东省大学生‘三下乡’实践活动先进单位”、“山东省高等职业院校体育优秀单位”、省级“食品卫生等级 A 级单位”、“淄博市科教兴医先进集体”、“淄博市职业技能鉴定工作先进单位”、“全市理论宣教研究基地”、“淄博市创新学院思想政治工作先进单位”等荣誉称号。

[基础建设]　学院投资 220 万元新进纸质图书 22.06 万册，图书总藏量 69.5 万册。新增 3 个书库，扩充 1 个 210 座的电子阅览室。投资 60 余万元，建设了比较齐全的球类场地及健身设备。投入 1000 余万元，改善实验实训条件，校内实验实训室达 130 个，整体达到省内先进水平。充分利用社会资源，与行业广泛合作，先后与中国人民解放军总医院、北京友谊医院、上海中山医院、上海龙华医院、淄博市中心医院等 67 个医疗卫生单位或企业签订长期合作协议，为学生实习、就业创造了条件。

[师资队伍建设]　评选出院级以上各种荣誉称号教师 51 人次。招考引进师资 8 人，其中博士研究生 1 人，硕士研究生 7 人。教职工在读研究生人数达 27 人。选拔专业带头人 8 名、骨干教师 51 名，聘请行业、医院等实践教学单位的专家 100 余人为兼职教师，初步形成了结构、梯队合理的师资队伍。学院共派出 70 余人次赴省内外高校参观、考察和交流，参加各级各类学术会议 26 人次，3 名教师参加了国家级骨干教师培训。举办各种学术讲座 20 场。2008 年，1 名教师荣获省级教学能手。学院制订了《关于学术论文著作和科研成果、精品课程的奖励办法》等，激励教师教科研活动。“急危重症护理学”建设为省级精品课程，现有“护理学”、“药学”2 个市级重点学科（专业），结转科研项目 7 项，11 项院级科研课题立项课题，其中 1 项课题列入教育部“十一五”重点课题项目单位、5 项省教育科学课题立项课题、3 项申报市科技局课题，发表较高水平论文 50 余篇。

[教育教学改革]　推行产学结合，深化专业改革。加强重点特色专业建设。加大护理、药学、口腔技术、会计等专业改革力度，积极推进“工学交替”、“订单式培养”、“产学结合”等办学模式。发挥专业优势服务社会。全市全科医生岗位培训基地、乡村医生岗位培训基地、红十字会初级急救员培训基地在学院挂牌。2008 年，承担社会培训 600 余人，积极为地方经济社会发展服务。

完善培养方案，突出实践教学。学院制定了《关于制定（修订）教学大纲、实验实训大纲的原则意见》、《实践教学工作规范》等制度。重视人才培养方案的实践性、开放性和职业性，设有行业专家参加的专业建设与教学指导委员会，结合职业资格标准改革课程内容、体系，重点抓好实验、实训、实习三个关键环节。建立了基本技能、专业技能、综合技能构成的实践课程教学体系和评价反馈体系。实验实训场所对学生开放，实验实训课开出率达 100%。护理、康复治疗技术等专业组织实践班，探索 1∶1 在校学习和用人单位实习的培养模式。

优化课程体系，完善教学内容。积极推行“双证书”制度，推动专业与职业相贴近、课程与岗位相贴近、学业标准与职业标准相贴近的“三贴近”工程。实施公共基础课、职业基础课、职业技术课＋毕业实习前专业综合训练＋顶岗实习的“3＋1＋1”的培养模式。优化整合课程体系，充分体现“1223”的设置思路，即：设计 1 套“知识学习、能力培养、素质教育一体化和全程化”的培养方案；注重 2 突出：突出职业思想培养，突出专业技能训练；体现 2 优化：优化课程结构，优化教学内容；做到 3 加强：加强外语教学，加强计算机教学，加强人文社会科学教学。学院注重教材建设，2008 年建设省级精品课程 1 门、院级精品课程 6 门，主编和参编全国通用教材、教学参考书 6 部。

健全教学监控体系。总结形成了“一目标、两体系、三查、四评、五抓”的教学质量监控机制。“一目标”即确立培养高素质技能型专门人才为目标；“两体系”即建立学院内部教学监控体系和社会信息反馈体系；

“三查”即教学督查、教学检查、领导抽查;“四评”即学生评教、教师评教、督导评教、领导评价;“五抓”即抓教学规章制度建设、抓理论教学环节、抓实践教学环节、抓技能考核鉴定、抓质量信息反馈。这一机制为人才培养质量的提高起到了很好的保障作用。学生对教师授课总体满意率为97.84%。

[迎接教育厅人才培养工作水平评估]　10月,国家评估专家组对学院进行4天的认真考察、深度剖析后,认为淄博科技职业学院人才培养工作水平达到优秀标准。

[学生能力和素质培养]　积极开展职业能力训练。制定了《学生职业资格(技能鉴定)认证管理办法》、《职业技能鉴定制度及管理办法》、《学生持证毕业规定》等制度,积极推行“多证书”教育,将职业技能理论和实践贯穿于教学过程中。2008届毕业生职业技能鉴定合格率达90%以上。卫生部医护英语水平考试基地在学校挂牌,首次组织学生考试通过率达到68.68%,山东省教育厅统一组织的计算机文化基础考试通过率为95%以上,“山东省高职高专英语应用能力考试”通过率为71.46%。

高度重视学生身心健康。2008年学院当选为淄博市大学生心理健康教育专业委员会秘书长单位,多次组织全市高校大学生心理健康教育研讨会议。设有大学生心理健康教育中心,配置了大学生心理健康测评系统,建立了大学生心理档案、心理健康教育网站,形成了比较完整的大学生心理健康教育体系,学生受教育面达到100%。认真贯彻《学生体质健康标准》,学生体质健康测试合格率为99.86%。在全省大学生田径锦标赛上,学校11名学生组成的代表队获得2金、4银、7铜、总分第5名的好成绩。

2008届毕业生就业率已达95.12%。毕业生质量抽样跟踪调查,用人单位对毕业生的评价称职率达到100%。

学生素质得到了社会肯定。先后有10余名学生在市级以上各类竞赛中取得佳绩;30余名学生获得省市级优秀班干部、优秀学生、优秀毕业生等称号;有39名学生光荣地加入了中国共产党。实习生受到实践教学单位好评,在中国人民解放军总医院实习的学生综合考核优秀,列20余家专科实习院校第一;许多实习生被中国人民解放军总医院、上海龙华医院、济南军区总医院、淄博市中心医院等单位录用。60余名学生承担了劳动保障部组织的“国务院城镇居民基本医疗保险试点评估”淄博社会调查活动,得到课题组的高度评价。

2008年,承办了山东省少年足球赛、淄博市足球联赛部分赛事、全市大学生心理健康专业委员会年会、周村区北郊镇农民运动会、“生命的守望”四川抗震救灾摄影展等大型活动。

[修订完善“十一五”发展规划]　淄博科技职业学院通过内外调研,修订完善“十一五”发展规划,明确了学院的办学目标、办学理念、办学思路、办学指导思想、办学形式定位、服务面向定位、专业发展定位、人才培养规格定位等,确立了校风、校训、教风、学风等,邀请专业人士完成了校园文化形象设计方案。

山东省教育厅副厅长杨瑛到学院视察

[省教育厅副厅长杨瑛来学院视察]　3月12日,省教育厅党组副书记、副厅长杨瑛在省教育厅职成处副处长姜玉亭、淄博市政府副秘书长张鲁辛、市教育局副局长牛瑞州等领导陪同下到学院视察工作。杨瑛仔细询问了学院体制、招生生源、专业设置、就业等方面的问题。随后,杨瑛一行参观了口腔医学技术实训基地、心肺模拟实验室、解剖标本室,对学院取得的成绩,特别是在教学改革、工企结合等方面的做法,给予了高度评价。

[教育部高教司办公室主任康凯到学院参观指导工作]　2月10日,教育部高教司办公室主任康凯到淄博科技职业学院参观指导工作。他充分肯定了学院确立的办学理念和办学目标的现实意义,建议学院要认真总结工作中的特色和亮点,加强对学生实践能力和综合素质的培养,把评估工作做细做实,实现跨越式发展。

[淄博市副市长段立武到学院调研]　3月17日,淄博市副市长段立武在市政府副秘书长张鲁辛、市教育局局长张洪亮、副局长牛瑞洲的陪同下到淄博科技职业学院调研。

[口腔医学技术专业校内生产性实训基地正式启用] 3月，口腔医学技术专业积极探索校内生产性实训基地建设的校企组合新模式，由学院提供场地和管理，企业提供设备、技术和师资支持，以企业为主组织实训，面积达 310 m^2，设备齐全、先进，基本能满足生产和教学两方面的需要，为义齿生产行业一线培养高素质技能型人才奠定了基础。

[学院成为医护英语水平考试(METS)考点] 3月27日至29日，在由全国卫生职业教育教学指导委员会、教育部考试中心、中华医学会、卫生部护理中心、中华护理学会、中国国际人才交流协会等单位共同主办的"《全国医护英语综合等级证书》2008年全国METS考试工作会议"上，医护英语水平考试办公室授权淄博科技职业学院成为METS考试在淄博市的唯一正式考点。

[解放军总医院到学院选拔护理专业实习生] 4月16日，中国人民解放军总医院(301医院)护理部两位专家专程来学院选拔2008级护理专业实习生，这是解放军总医院连续第三年来学院选拔实习生。前两届实习生由于表现优异，大部分学生已留在该院工作。护理专业实习生的良好表现给院方留下了深刻的印象，为今后的实习合作打下了良好的基础。

[淄博市政协主席岳长志到学院参观视察] 5月6日上午，市政协主席岳长志来学院参观视察，参观了图书信息中心、护理实验室和口腔医学技术专业生产性实训基地等。

[淄博市高校心理健康教育月启动仪式在学院举行] 5月15日上午9时，淄博市高校大学生心理健康教育月活动启动仪式暨专家报告会在学院学术报告厅隆重举行。市委高校工委副书记、市高教办主任黄志兴，市高教办副主任刘万岭，驻淄十二所高校分管学生工作的领导、心理学专兼职教师、辅导员等近200人参加了启动仪式。专家报告会邀请了中国科学院心理研究所教授、博士后宋国萍做了《高校大学生心理健康三级预防系统的建立与实施》的精彩报告。

[师生捐款支援地震灾区] 5月16日，全体师生积极为救助灾区捐款，帮助灾区人民重建家园。学院各学生社团、各班级也纷纷组织同学们进行爱心捐款，很多师生通过手机短信、媒体或红十字会等社会渠道进行了捐助，实习同学参加了实习单位的捐助活动，部分同学还自愿加入到义务献血的队伍中。下午两点，85662.8元捐助款项在最短时间内通过有关组织送往灾区。

[为赴灾区采访学生举办摄影展] 5月27日，为自费赴灾区采访的学生倪玉星举办了个人摄影展。影展吸引了淄博多家媒体的关注，淄博日报、鲁中晨报、淄博新闻网、淄博电视台在第一时间对活动进行了报道；淄博《声屏报》在第1060期在"社会·影像"专栏作了整版图片；淄博电视台"小语访谈"节目也邀请倪玉星同学作嘉宾访谈，并用影展图片布置演播大厅，学院近50名同学参与了节目制作；部分图片还将参加由淄博市摄影家协会于6月12日举办的大型影展。这些由影展引发的活动为淄博科技职业学院赢得了较好的社会声誉。

学院与澳洲护理学院友好学院签字仪式

[与澳洲护理学院缔结友好学院] 经与澳洲护理学院代表多次磋商，就两校建立友好学院事宜达成合作意向，6月4日，在学院举行了友好学院签字仪式。澳方计划在护理课程教学方面提供咨询和帮助，加强彼此间的学术交流与合作。

[淄博市大学生心理健康教育专业委员会成立大会在学院召开] 7月8日，淄博市职业教育发展战略研究会大学生心理健康教育专业委员会成立暨活动月总结大会在学院召开，首届专业委员会秘书处设在大学生心理健康教育中心，副院长王绍玉当选为首届专业委员会副主任委员。

[五项课题获省教育科学"十一五"规划年度课题立项] 10月，经山东省教育科学研究课题专家评审委员会评审，山东省教育科学规划领导小组批准，学院五项课题获山东省教育科学"十一五"规划2008年度课题立项。

[淄博市首期社区卫生技术骨干培训班开班] 10月7

日上午,淄博市首期社区卫生技术骨干培训班在学院举行了隆重的开学典礼。省卫生厅科技教育与国际合作处副处长梁军,市卫生局副局长肖洪涛等出席了开学典礼。此次培训共有来自各区县的147名学员参加。

[省委高校工委副书记田建国到学院视察指导工作] 11月30日上午,中共山东省委高校工委副书记、中国高等教育管理研究会副理事长、国家教育发展专家咨询委员田建国在省教育厅督导专员于庆臣和学院院长、党委副书记孙晓东的陪同下参观了图书信息中心、护理系实验实训室及校园环境设施。

[学院食堂被省卫生厅授予食品卫生监督量化分级管理A级单位] 淄博科技职业学院食堂的运行管理始终执行食品卫生监督量化分级管理A级单位标准,经省卫生专家组检查验收,12月,省卫生监督局授予淄博科技职业学院食堂食品卫生监督量化分级管理A级达标单位称号。

学院党政领导人

副书记、院长:孙晓东

副书记、副院长:张继红

副院长:王绍玉　赵增福　高振中　勾丽军

纪委书记:侯善俊

学院地址:山东省淄博市张店区联通路西首

邮政编码:255314

联系电话:0533－2570720

(撰稿:王晓红　审稿:刘宝俊)

青岛恒星职业技术学院

[概况] 青岛恒星职业技术学院由青岛恒星集团有限公司投资创办,是一所经山东省政府批准,教育部备案的具有大专统招和本科试点资格的多学科、全日制普通高校。学院占地1400亩,建筑面积40.5万平方米,在校生近3万人,教职工1450人;教学实习实训生产设备总值达7000万元,其中计算机3200台,图书60万册;学院下设信息、商务、经济、国贸、数控(印刷)、建筑、汽车、国际、外国语、旅游(标业)、动画、艺术(服装)、教育等16个二级学院,开设35个专科专业,15个本科试点专业,72个专业方向,面向全国招生。

[师资情况] 根据"引进、培养、淘汰"相统一的师资队伍建设原则,2008年学院的师资队伍建设取得了良好成绩,副高级职称占专任教师32%,具有双师素质教师占专业课和专业基础课教师的比例为71%。学院出台了《青岛恒星职业技术学院专业带头人和骨干教师选拔、培养暂行办法》、《青岛恒星职业技术学院双师素质认定管理办法》等文件。与中国海洋大学联合举办在职研究生班。

[学生工作] 遵循"培养感恩品德,学会自我学习,精练专业技能"的恒星职教"十八字"方针,对学生进行全面素质教育:推行学生素质表现分管理机制,学生管理由"他律"变"自律"。32名学生荣获青岛市优秀团员,11名学生荣获"山东省优秀学生"、"山东省优秀学生干部"等荣誉称号。切实开展"实践月"活动。全年共组织参加社会实践学生2万人次;在学院54个学生社团之中,专业类社团29个,实践类社团9个,全年共组织参加勤工俭学人数16548人。2008年4月～6月,学院在"放飞青春·激情奥运"青岛市第三届大学生科技文化艺术节中荣获优秀组织奖。其中,在"动感青岛"街舞大赛中,学院荣获团体一等奖,学生张超荣获最佳技巧奖;在"激情演绎"动漫创意大赛中,恒星学院有2名学生荣获三等奖,7名学生荣获优秀奖;在"赢在青岛"大学生创业精英赛中,"享瘦生活"团队荣获三等奖。在奥帆赛过程中,恒星学院共有12名志愿者被第29届奥林匹克运动会组织委员会帆船委员会(青岛)、青岛市政府授予"奥运会城市奖章"荣誉称号,学生盛春柳被授予"奥运会、残奥会优秀志愿者"荣誉称号。

[教学工作] 3月,学校从教学内容与课程体系改革入手,依据培养目标,优化课程体系,加强实践教学环节,启动新一轮教学计划及教学大纲的修订工作。11月25～11月29日,学校顺利通过山东省教育厅高职高专评估工作。学校通过改革教学方法和教学手段来提高教学质量,3月开始在全校推广"激发潜能教学法"和"单元测试",并为每个学院配备移动多媒体教学设施。同时重视教材建设,组织编写实训指导书、实训讲义、复习指南等自编教材18本。根据"以产业上专业、以专业带产业"的发展思路,在校内建立了与相关专业对应的软件技术实训基地、电子仪表实训基地、印刷实训基地、服装实训基地、动画实训基地、数控实训基地、商贸实训基地、学前教育实训基地。另外,与浙江盾安精工集团、济南高路传媒科技有限公司、青岛丽晶大酒店等60余家企事业单位建立校外实训基地,探索出了校企合一的办学模式。6月,建立普通话测试

工作站。11月,被工业和信息化部批准为通信行业职业技能鉴定指导中心。

[科研工作]　7月,学院与北京大学公共经济管理研究中心合作成立“北京大学公共经济管理中心职业教育研究所”,下设5个教研室,配备5名专职人员和6名特聘研究员。学校领导和教师撰写、发表论文80余篇,其中陈昌金校长的论文《基于市场环境的中国民办高职教育发展定位与模式创新研究》连载在《现代教育报》65～83期;动画学院杨鲁新教授承担的国家教育部“十一五重点科研课题”项目的子课题《高等职业教育中双师型人才问题研究》获得2008年“全国教育科研优秀成果二等奖”,该论文发表在《教育前沿》2008年第四期,并收录到2008年的《中国教育科研论文集》。学校编辑出版了《恒星教苑》、《教学简报》、《恒星大学报》等校内刊物,为教职工开展科研成果交流、推广和应用提供了平台。

[学术交流情况]　5月31日,山东省高高校工作委员会副书记田建国来学院参观讲学。田建国在听取了学院校长陈昌金汇报学校工作、参观校园后对学院发展尤其是师资队伍建设提出了宝贵意见,并对学院员工和学生分别作了名为《关于创新人才培养的思考》及《创新、道德与人才》的主题报告会。6月14日,新加坡华盛顿学院董事长黄金顺一行来学院洽谈联合办学事宜,签订《合作办学意向书》。10月19日～10月22日,加拿大莱桥学院副校长RICKBUIS先生一行来学院看望国际合作班的学生,并参加他们的开学典礼,并就双方的进一步合作展开会谈。

12月28日,深圳职业技术学院原院长于仲文来学院参观指导工作,与学院高层管理人员共同商讨学院十年发展规划。

[特色学科与专业建设]　4月,电脑动画专业的《二维动画》课程申报省级精品课程。4月,应用电子技术专业申报省特色专业建设点。10月,学校确定应用电子技术、汽车技术服务与营销、连锁经营管理、旅游与酒店管理、电脑动画五个专业为校级重点专业。

学院党政领导人

书　记:陈昌军

校　长:陈昌金

副书记:李福顺

副校长:王　裕(女)　李　静(女)　陈　杰
　　　　傅延欣

纪委主任:崇庆文

学校地址:青岛市九水东路588号

联系电话:0532－87063310

邮政编码:266100

传　真:0532－87063303

(撰稿:黄　岩　审稿:法良山)

青岛黄海职业学院

[概况]　青岛黄海职业学院创建于1996年,是由山东省人民政府批准成立、国家教育部备案、面向全国招生的全日制普通高等学校。到2008年为止,学院已建成33余万平方米,共开设11个本科专业,37个专科专业和8个中职专业,有中外教授、高级工程师和年轻骨干教师1400余人,全日制在校生近3万人,其中中职生12000人。2008年,学院以全面提高教育教学质量为工作中心,通过改革促进发展,内强素质,外树形象,全方位地打造育人平台,教育教学质量实现了稳步提高。

[教学质量稳步提高]　2008年学院陆续制定、修订了一系列行之有效的规章制度,通过量化管理,使教学管理工作逐步制度化、规范化,评价考核体系渐趋完备。2008年初,学院不断探索适合自身实际的人才培养模式,进行教育教学体制创新,在一些系部实施“技能＋人文＋专业”的教学模式,探索“课程＋社团”人才培养路子,经过10个月的运转,教育教学改革成效显著,学生满意率大大提高,在全院产生了广泛影响。

[管理机构整合]　为进一步整合学院教育资源,充分发挥现有教育资源效用,学院于2月29日召开机构调整工作会议,对实训中心、华东培训学校进行机构和领导班子整合。这是学院发展形势的需要,调整后的机构运作将更符合学院教学实际,更有利于优化学院教育资源。

[校产管理网络建成]　3月8日,学院校产管理初步实现电脑网络软件系统管理,该管理形式科技含量高,严密性、规范性强,达到同等院校先进水平,完成了各校区的网络互联。

[干部队伍建设]　3月21日,学院中层干部培训班开班,来自各校区的中层干部及年轻骨干教师140余人

参加了培训。本次培训内容由拓展训练、专家讲座、读书活动三部分构成,培训结束后,结合年终考评进行奖惩。通过本次培训,学院干部的事业心和责任感大大增强,营造出一种"争做师生信得过的好干部"的良好氛围。

[建成主干专业群]　2008年学院申报的旅游英语、应用韩语、商务日语、旅游管理、会计电算化、电子信息工程技术、检测技术及应用、数控技术、模具设计与制造、船舶工程技术10个成人专科专业获省教育厅批准设置,与自考本科专业、高职专业实现了完全对接。高职学院申报的报关与国际货运、工程造价、轮机工程技术等3个专业也通过了省教育厅的批准,学院机电、船舶、建筑、商务、信息技术等主干专业群逐渐形成。

[通过国家高职高专人才培养工作水平评估]　6月9～13日,国家高职高专人才培养工作水平评估专家组对学院高职人才培养进行了评估,专家们对学院几年来在教育教学、事业发展、改革创新等方面取得的成绩给予了充分肯定,并在教育教学管理与改革、教研科研等方面提出了希望和建议。院领导及各系部负责人对专家的意见建议进行了认真研究,制定了改进工作的措施,抓好整改落实,希望借评估东风促进学院各项工作再上一个新台阶。

[健全学生资助体系]　2008年,学院依据国家、省、市学生资助工作有关政策,组织成立了以院长刘常青为主要负责人的领导小组和评审委员会,下设学生资助管理中心,并配备专、兼职工作人员。依据相关文件要求,对08级新生进行家庭经济困难认定,特别是对汶川地震重灾区的家庭经济困难新生入学采取有效措施,减免全部学费,此外积极部署安排2008～2009年的秋季国家奖、助学工作及生源地信用助学贷款工作,同时对国家奖助学的评审坚持综合测评、民主评议,真正做到了公平、公正、公开。

[科研工作]　10月17日,来自各系部的15名教授、中青年骨干教师被学院科研处聘为首批兼职研究员。11月12日,教师王景柱、司林梅的两项科研课题获得山东省教育厅批准立项。11月28日,高职学院编辑出版了《科学与教育研究论文》内部交流刊物,促进学院师生学术交流。

[国际交流与合作]　2008年,学院着力拓展国际合作渠道,扩大与国际友好院校的接触和联络。2008年度学院完成了21次的国际交流项目人员接待,其中,与日本大和语言学院等院校进行洽谈,韩国首尔大学等高校来校交流,4月8日与菲律宾羊井国际学校签定了合作办学协议。

[校园精神文明建设]　3月,学院成立了校园文化建设工作小组,启动了以向全院师生征集校训、校歌为主要内容的新一轮校园文化建设工作,师生踊跃参加本次活动,共收到校训300余条,校歌歌词60余篇,使校训校歌征集活动成为"师生齐参与,共铸黄海魂"的主题教育活动。此外,学院还组织开展了丰富多彩的活动,先后组织了计算机科技文化节、地震知识专题报告、雅言经典天下传——中华美文朗诵比赛、著名教育演讲艺术家彭清一教授报告会等,承办了青岛市第三届大学生文化艺术节"心随帆动"书画大赛作品展等活动。

[抗震救灾]　5月23日,学院党员自觉缴纳"特殊党费"为灾区献爱心,全院200余名党员缴纳了"特殊党费"32985元,学院团员共缴纳特殊团费36694元。此外,学院外籍师生也积极表达爱心,捐款11000余元,全院师生共捐款239315.70元,四项共计近30万元。同时,学院积极调查摸底灾区生源学生家庭受灾情况,通过思想政治工作和生活救济,帮助他们渡过难关。为帮助灾区人民安全越冬,学院开展了"送温暖,献爱心——向汶川地震灾区捐赠衣被活动",向灾区人民捐出衣被1384件(套)。

[系列活动庆祝改革开放三十周年]　在举国欢庆改革开放三十周年之际,学院先后组织了一系列活动赞颂改革开放30年所取得的辉煌成就。学院党委组织了"纪念改革开放三十周年师生书画展",学院党委宣传部组织了"纪念改革开放三十周年专题征文"活动,学院团委组织了"纪念改革开放三十周年大型文艺晚会",院直机关党总支组织走访学院周围社区,共忆改革开放三十周年伟大成就座谈会等。

[助力新农村建设]　2008年学院采取新举措助力农村劳动力转移。5月14日,学院与胶南市六汪镇就建立"青岛黄海职业学院、胶南市六汪镇人民政府农村劳动力转移培训基地"等事项达成意向并积极筹备建设。2008年度,学院依然坚持举办电气焊、汽修、车工等培训班,600余名受训农民走上了致富的道路。

[国家部委领导来院调研]　7月24日,民政部民间组织管理局巡视员廖鸿、国务院办公厅副处长卜志勇、国家发改委社会发展司处长郝福庆、民政部民间组织管理局处长赵泳、民政部民间组织管理局副处长李露寒、

民政部民间组织管理局副处长余永龙一行六人，就制定国家促进民办非企业组织发展政策来学院进行调查研究。

民政部民间组织管理局巡视员廖鸿(右三)等领导视察学院实训中心

[民建山东省委领导到学院视察]　5月11日，山东民建山东省委副主委王福泰、副主委亓久平、组织处长潘文光在民建青岛市委领导等陪同下到学院视察指导工作。

[出版发行首本自编画集]　由青岛市第三届大学生文化艺术节组委会组织编印，学院具体组织承印的《心随帆动书画大赛作品集》成集出版，这也是学院首次编印出版专业画册。“心随帆动”书画大赛是由学院承办的“2008年青岛市第三届大学生文化艺术节”中的一项重要赛事。本画集收录了本次比赛的部分优秀作品。

[卢永华大使应邀来院作国际形势报告]　10月8日，中国原驻奥地利特命全权大使卢永华同志应邀到学院作国际形势报告。

卢永华大使来学院作报告

[省民办高校党建工作联络员兼督导专员进驻学院]　10月8日，省委高校工委、省教育厅选派青岛理工大学原后勤处长、党总支书记孙思经到学院担任党建工作联络员兼督导专员。

[院长接待日解决师生难题]　10月23日，高职学院首个院长接待日举行，高职学院院长贺永宜接待了来访师生。师生们向贺院长反映了在工作、生活中所遇到的问题，同时对学科建设、教学改革、学习生活等方面提出了许多建设性的意见。院长接待日活动在师生中引起了强烈反响，预约师生已排至一个月后。

[师生在国家级、省级竞赛中获佳绩]　8月，高职电子系学生荣获2008年“全国大学生电子设计竞赛”三等奖和成功参赛奖；同月，高职学院电子系学生在山东省大学生机电产品创新设计大赛中，自行开发设计的“微型自控控制臭氧发生器”和“煤气检测报警控制系统”分别获得二、三等奖；10月，“高教杯”山东省第五届高职高专英语口语大赛，高职学院外语系学生获一等奖；12月，在全省第二届大学生艺术展演中，分别获得了绘画作品、篆刻类的一、二、三等奖。

[学院获得的荣誉称号]　5月26日，学院及院长刘常青被青岛市民政局、青岛市社会组织发展促进会授予“青岛市2007年度最具影响力社会组织”、“社会组织领军人物”称号；5月18日，在《齐鲁晚报》推出的新闻调查及大型品牌评选活动中，学院获得“最佳品牌就业奖”；6月18日，学院获得青岛市民政局颁发的“2007年度青岛市优秀民办非企业单位”；8月29日，由青岛市民办教育协会、青岛日报报业集团联合主办的“改革开放三十周年　为民办教育喝彩”评选活动中，学院获得“青岛综合性教育集团成就奖”，院长刘常青获得“民办教育风云人物”称号；12月24日，刘常青院长在全区人才会议上当选为青岛市经济技术开发区拔尖人才；12月26日，学院荣获青岛市民办教育非企业单位“自律与诚信建设先进单位”称号。

学校党政领导人

院长：刘常青

书记：冯宜明

副院长：刘泽坤　贺永宜　杨春联

副书记：陈玉水　宋庆泽

学校地址：青岛黄海职业学院(灵山卫)

邮政编码：266427

联系电话:0532－83175976
(撰稿:王慧靖　审稿:宋庆泽　李镇江　李绍国)

山东协和职业技术学院

[概况]　山东协和职业技术学院创办于1993年,2003年筹建高职,2004年经省政府批准、教育部备案正式设立高职院校。

学院现有3个校区,占地面积588394平方米(合882.68亩),校舍建筑面积近30万平方米;藏书总量158.6万册,其中纸质藏书93.6万册;教学科研仪器设备总值6474.84万元,教学用计算机1200台,多媒体教室和语音室座位数3030个。有中央财政支持的职业教育实训基地1个、山东省"十一五"期间重点建设的职业教育实训基地1个、国家职业技能鉴定站4个;有济阳第一附属医院(济阳县人民医院)、济阳第二附属医院(济阳县中医院)、齐河附属医院(齐河县人民医院)等3所附属医院和87个校外实训、实习基地;专任教师687名,其中具有高级职称的310人。

学院下设医学院、护理学院、计算机学院、外国语学院、经济管理学院、建筑工程学院、机电工程学院和基础部等8个二级院部;设有实验中心、网络中心、现代技术教育中心等教学中心;开设临床医学、护理、软件技术、市场营销、商务英语、工程监理、机电一体化技术等35个专业。

学院获省级优秀教学成果奖一等奖1项、三等奖3项;获山东省高等学校优秀科研成果二等奖4项、三等奖9项;获中国解剖学会科研成果二等奖、三等奖各1项;承担国家社会科学基金项目1项、省级教改项目2项、厅级科研项目9项;承担山东省高等教育学会教育科学研究课题2项;有省级示范专业1个、省级特色专业1个、省级精品课程6门,推荐参评国家级精品课程1门。

学院先后被省人事厅、教育厅评为山东省民办教育先进集体、山东省"三十佳品牌学校",院长盛振文被授予山东省"十佳校长"、山东省"十大"责任公民称号;自2003年以来,年年都被省民政厅评为"优秀民办非企业单位";学院获济南市党建工作先进单位、济南市公益培训进社区示范学校等荣誉称号。

[创优迎评工作]　11月25日至11月29日,教育部专家组对学院人才培养工作水平进行了考察评估。专家组从8个方面肯定和高度评价学院人才培养工作取得的成绩和特色。专家组认为,学院在长期的办学过程中始终坚持"立足山东区域经济社会发展,坚持面向农村,面向社区,培养生产、建设、服务和管理一线的高素质技能型人才"的办学定位,践行"德慧至善、明道致远"的校训,贯彻"以评促建、以评促改、以评促管、评建结合、重在建设"的方针,确立了"以评促学、以评促干、学干结合、重在提高"的评建工作思路,艰苦奋斗、拼搏创新、强化特色,逐步探索出了一条健康发展之路,总评选等级为"优秀"高职院校。

[召开教学工作会议]　5月24日,学院召开教学工作会议,总结两年来教学工作取得的成绩,分析存在的问题,并对下一步的教学工作作出部署。全体教师,教学管理人员及教辅人员参加了会议。会议的主题:规范管理、提高质量、办出特色、和谐发展,努力把学校办成人民满意的民办高校。会议的任务:总结专业建设、课程建设、师资队伍建设、规章制度建设、教学质量监控保障体系运转情况、教学研究情况、科学研究情况等方面的经验,分析在教学管理工作中存在的问题,研讨今后进一步加强教学基本建设和教学改革的思路,强化职业教育和教学中心地位的意识,稳步提升人才培养水平。

[师资队伍建设]　全面落实"人才强校"方略,师资队伍进一步优化。通过引进教师,使师资队伍的学历、职称、年龄结构得到进一步改善。1人被评为省级教学名师,1个教学团队被评为省级优秀教学团队。扎实推进青年教师培养工作,评选出28名优秀青年教师,开展优秀青年教师教学观摩评比,成效显著。

[专业课程建设]　立足区域经济发展需要,新增了电气自动化技术、机电一体化技术、给排水工程技术、会计电算化等4个专业,专业总数达到35个,专业结构进一步优化;成立专业教学指导委员会,定期到用人、实习单位调研,加强专业建设指导与监督;从企事业单位聘请29名专家、教授担任专业带头人。2008年护理专业被评为省级特色专业。构建了由通识教育课、职业素质课、职业技能课三大模块构成的新的课程体系,兼顾理论知识与实践技能、文化修养与职业素质。2008年"电子商务概论"被评为省级精品课程。

[校企合作办学]　学院依托临港经济开发区,发挥区位优势,通过举办校企合作洽谈会,与11家生产、加工、制造、服务类企事业单位建立了人才培养定向合作

关系，为安排学生到企业顶岗实习创造积极条件。学院与联想集团共建“笔记本电脑大学”，联合举办计算机专业服务课程培训教育，订单培养计算机类专业学生。同时，联想集团在学院设立了“昭阳奖学金”，对奖学金获得者优先录用。

7月2日，学院与联想集团签定校企合作办学协议

［科研工作］　“经带类四诊信息内涵规范研究”“活血补髓汤对激素性股骨头坏死的实验研究”“基于医案数据库及临床流行病学调查的疼痛类症状规范研究”等3个课题被山东省教育厅评为科技计划项目；《中医课程教学模式的构建与实践》获得山东省优秀教学成果奖一等奖，《民办高职教育人性化教与学方法改革与研究》《社会环境因素对大学生恋爱、性行为的影响及对在校大学生怀孕引发的若干问题的最佳解决办法》获山东省优秀教学成果奖三等奖；《肝硬化病理分期舌色变化与微循环的相关性研究》《滋阴药物防治急性中风的作用及其机理研究》《中专生人格特征、成就目标与心理健康之间的SEM研究》获得山东省高校优秀科研成果奖三等奖。

［学生工作］　坚持“育人为本、德育为先”，加强学生理想信念教育、爱国主义教育、职业道德教育，帮助学生牢固树立正确的世界观、人生观、价值观；加强学生心理健康教育，建立和完善了6000余份学生心理档案；开展了形式多样、内容丰富的心理健康教育活动，提高了学生的心理素质；加强辅导员队伍建设，选派辅导员外出进修、学习，调整充实了辅导员队伍，完善了辅导员队伍建设规章制度；加强了公寓管理工作，开展了宿舍文化艺术节，被山东省教育厅评为宿舍管理达标单位；落实国家助学贷款政策，有637名学生375.35万元贷款到位；有2608名学生获得各类困难学生资助和奖助学金399.32万元；承办济南市第二届大学生文化艺术节暨首届大学生旅游节并荣获演讲比赛第一名、第三名，摄影比赛一等奖、二等奖、三等奖各一项及两项优秀奖，征文比赛一等奖、二等奖各一项、优秀奖二十项。

［招生与就业］　坚持依法招生、诚信招生，进一步完善招生模式，提高生源质量，提升综合办学效益，面向全国12个省录取新生4000余人。学院被山东省教育厅列为山东省专科（高职）二批注册录取改革试点院校。

转变就业工作思路，创新就业工作观念，加大就业指导力度，广开就业渠道，把保障学生成功就业，提高毕业生的就业竞争力摆在首要位置。通过二级学院设立就业副院长、举办就业指导专题讲座、举办校内人才招聘会、开设就业指导课、引导毕业生参加省政府开展的“三支一扶”活动等措施，毕业生初次就业率达84.41%，年底就业率达91%，居同类院校前列。

6月15日，学院举办校内人才招聘会

［党建工作］　9月，院党委以学习、落实十七大、十七届三中全会精神为主线，以创建“党建工作示范岗”、“党员示范岗”为载体，围绕中心工作，加强党员队伍的理想信念教育，提高党员队伍的整体素质。2008年，共发展党员34名，新建党支部2个。其中1名党员被评为“山东省优秀共产党员”，5名党员被市委教育工委授予“党员示范岗”荣誉称号；学院党委被市委教育工委评为先进党组织；医学院党支部、护理学院党支部被市委教育工委评为“党建工作示范点”。

［对口帮扶］　9月，根据山东省委高校工委、山东省教育厅关于国办高校对口帮扶民办高职院校会议精神，山东建筑大学对口帮扶山东协和职业技术学院。学院紧紧抓住与山东建筑大学对口帮扶关系这一机遇，充分利用其资源优势，学习其成功经验，借脑生智、借力发展。先后举办了经验交流会，组织相关部门对口学习，组织教师观摩听课等一系列活动，与山东建筑大学的对口帮扶关系更加紧密。

学院与山东建筑大学对口帮扶工作联席会

[建设职工住房]　为解决教职员工住房问题,学院先期垫付700余万元,与济南市郭店镇曹家馆村联合开发2栋职工楼,目前已基本竣工,为教职员工奉献教育事业解决了后顾之忧。

[培训工作]　2008年举办乡村医生培训班7期,对菏泽、德州、枣庄、济南等地的近2000名乡村医生进行了免费培训。

学院党政领导人

董事长、院长:盛振文

书记:李敦清

副院长:王桂云(女)　刘鹏林　张　鑑　周传安

副书记:张兆松　宁世庆　肖广营

东校区地址:济南市济青路6277号
邮政编码:250109
西校区地址:济南市历山北路3号
邮政编码:250100
北校区地址:济南市临港经济开发区临港路2号
邮政编码:250107
联系电话:0531－88795601
传　真:0531－88795601

(撰稿:徐会吉　王春玉　审稿:王桂云)

山东外事翻译职业学院

[概况]　山东外事翻译职业学院是经山东省人民政府批准、教育部备案的全日制普通高等职业院校,创办于1999年。学院现有济南、威海两个校区,总占地面积1800余亩,建筑面积33万余平方米。教学配套设施完善,所有教室均能接收美国、日本、韩国、英国、德国、意大利、法国等七个国家的外语原版电视教学节目。图书馆现有纸质图书59万册,电子图书39.57万册,期刊300余种。为提升学生实践与就业能力,学院建有近万平米的实训中心,拥有实验实训室33个,签订校外实习实训基地71个。学院现有全日制在校生7500人,专兼职教师590余人。

学院下设外国语学院、经济管理学院、国际商学院、继续教育学院、国际交流学院、基础教学部及语言文化研究所、韩国语研究所。根据社会需求,开设了商务英语、商务日语、应用韩语、应用俄语、应用德语、应用法语、应用西班牙语、应用阿拉伯语等包括8个语种的应用外语专业以及国际贸易实务、报关与国际货运、电子商务、旅游管理、物流管理、会展策划与管理、计算机应用技术(动漫设计与制作方向和网络应用技术方向)等25个专业。商务英语专业于2005年被列入高职示范专业。

学院在办学过程中,形成了"教学是生命,管理是基础,后勤是保障,创新教育和素质教育是永恒的座右铭"的办学指导思想,"知行合一,中西合璧"的育人目标(校训),使学生"学好一个专业、学习两门外语、掌握多项技能"的办学特色也逐步形成。

学院大力发展"双证教育"。已获批设立全国计算机等级考试考点、全国大学英语四六级考试考点、高等教育自学考试考点、全国外语翻译证书考试考点,建立了职业资格鉴定站。

学院2008年招收高职学生2716人,当年毕业学生1831人,就业率为94.81%。

李肇星应聘担任山东外事翻译职业学院名誉院长

[李肇星应聘担任山东外事翻译职业学院名誉院长]　8月31日,全国人大外事委员会主任、中国国际友好协会会长、外交部原部长李肇星偕夫人秦小梅来山东

外事翻译职业学院威海校区视察指导工作，并受邀担任学院名誉院长。

[陈光华到威海校区检查指导工作] 7月30日，山东省教育厅副厅长陈光华一行到山东外事翻译职业学院威海校区检查指导工作。孙承武院长、李滨利副书记向陈光华副厅长汇报了学院的基本情况，并陪同陈副厅长一行参观了威海校区。陈光华副厅长详细询问了学院的规划、发展以及教育教学等情况，对威海校区优美的自然环境和良好的基础设施建设大加赞赏。陈光华副厅长还就高职院校的办学思路、校区规划、发展方向等提出了富有针对性的指导意见和建议。

人才培养工作水平评估

[人才培养工作水平评估] 10月19至24日，山东省教育厅组织的评估专家组一行9人，进驻威海校区对山东外事翻译职业学院人才培养工作水平进行评估。专家组通过听取汇报、问卷调查、专业剖析、访谈、听课、查阅资料等渠道，对学院工作进行了全面考察评价，学院以良好成绩顺利通过评估。

[山译外语模式] 山译外语模式的全称是山东外事翻译学院外语学习模式。山译外语模式由张介公博士基于其对语言和记忆规律的研究成果，在教育实践中创立。该模式强调和尊重外语学习自身的规律和特点，对传统外语教育进行了战略性调整和战术性改造，主张抓住外语学习中词汇和口语两个关键节点，大大提高外语教与学的效率。张介公博士自2008年秋季在山译英语新生中举办实验班，取得显著效果。对于外语学习过程的三大任务，即词汇、阅读、口语，分段集中授课，每个学期集中突破一项内容。实践证明，外语的教和学需要集中，需要强化，强度和密度越大，效果越好。实验班开始一个月的词汇强化训练，学生就掌握了高达6000的词汇量（相当于大学英语六级的词汇量），一个月后又追加到10000个。这一模式计划2009年在全院外语类学生中全面展开。

[对外交流与合作] 2008年度，先后与韩国京东大学和中部大学签订了《学术、教育交流协议书》及《补充协议书》。7月26日，韩国大使馆教育官殷熙辛先生偕夫人来学院参观访问。9月23日，韩国圆光财团代表黄熙镜先生一行三人来院洽谈合作办学事宜（该财团所属的韩国圆光大学和圆光保健大学是韩国两所历史悠久、办学实力雄厚的大学）。11月25日至30日，应韩国中部大学和京东大学的邀请，院长孙承武、副院长赵中宁赴韩对两校进行了为期六天的友好访问。12月18～19日，韩国中部大学李普渊董事长一行，对学院威海校区进行了为期2天的友好访问。

7月2日，美国驻华大使馆国际教育协会教育总监莫华璋在学院威海校区举行了题为《美国留学面面观》的专题讲座。9月19日，日本梅光学院大学教授、博士生导师宫田尚先生，在学院济南校区举办了一场题为《投向败者的目光——关于平家物语的艺术审美》的学术报告会。

[院长孙承武给学生的系列信件受欢迎] 院长孙承武高度重视学生的思想品德教育和全面素质培养。2007年9月～2008年12月，他针对学生的思想动态，结合当前政治经济和就业形势，连续撰写发表了20封系列公开信。这些信件以朋友的身份，与学生平等交流，摆事实，讲道理，析根源，提要求，触动着学生的心灵，受到学生的普遍欢迎，促进了学生的健康成长。韩国大使馆教育官殷熙辛先生偕夫人来学院参观访问时看到这些信件十分感慨，表示要将这些信件转到韩国教育部，翻译成韩文，然后发到韩国各学校学习。

[基本建设] 2008年度，威海校区继续进行基本建设。建筑面积6683平方米的钢架结构图书馆和建筑面积22750平方米的综合大楼分别于8月、9月竣工交付使用，共投资3000多万元，使威海校区办学条件更趋完善。与此同时，通过修建道路、绿化校园，校园环境更加优美。

学校党政领导人

董事长、院长：孙承武

书记：山作启

副书记：李滨利

副院长：陈晓燕　张介公　赵中宁

纪委书记：李滨利（兼）

济南校区：济南市历山北路2号

邮政编码:250100
联系电话:0531－83164018
威海校区:乳山银滩
邮政编码:264504
联系电话:0631－6771788
传　真:0531－82635414

(撰稿:魏伯河　审稿:孙承武)

山东凯文科技职业学院

[概况]　山东凯文科技职业学院是经山东省人民政府批准、教育部备案的以信息和工程类专业为特色的全日制普通高等院校。学院位于济南市东部大学城,占地604亩,现有校舍建筑面积15.4万平方米,在校生达7500多人。设有机械学院、电子信息学院、计算机学院、工商管理学院、建筑工程学院、汽车工程学院、外国语学院、技术学院和基础教学部。设置26个专业,涵盖机械、电子、计算机、建筑、汽车、以及经贸、管理、人文等专业门类。

学院先后被《大众日报》、《农村大众报》评为"2006年山东家长最喜爱的十大院校之一";被《齐鲁晚报》、大众网评为"2006年山东教育总评榜,高职院校最具成长力奖";被中国高等教育学会、中国职业技术学会、中国教育报等单位评为"西部教育顾问单位";被山东职业技能鉴定中心批准为"山东省数控机床操作职业技能鉴定试点单位";被中国民办教育协会评为"全国民办教育先进单位";被山东省中小企业与高校协作联盟评为"山东高等学校创新实践基地";被济南市红十字会评为"抗震救灾先进集体";被"回响中国"2008中国教育年度总评榜评为"社会满意度十佳民办高校""中国就业质量十强民办大学";被《齐鲁晚报》、大众网评为"教育改革30年山东教育总评榜,最具就业推动力十大高职院校之一"。院长吴梦军被评为"教育改革30年山东教育总评榜,职业教育创新人物""支援抗震救灾先进个人""中国风云人物"等等,并入选《中华名人铭鉴》。

[综合管理]　加强领导班子建设。2008年初,学院领导班子任届期满,学院及时召开会议,选举产生了新一届董事会,实现了新老领导班子的顺利交接,保证了学院事业的持续稳定发展。同时,着手制定领导班子三年任期目标,使班子成员明确工作目标,增强做好工作的事业心和责任感。修订完善院长办公会议议事规则,保证了领导决策的民主化和科学化。为了充分发挥学院领导班子的作用,根据领导班子人员变动及时调整分工,校领导在抓好分管工作的同时,要密切联系一到两个二级学院,关注联系学院的建设和发展,及时解决遇到的实际问题。

加强干部队伍建设。先后招聘14名处级领导干部,加强充实党政办公室、总务处、图书馆、学生处、招生办等处室和二级学院。按照"民主公开、机会均等、竞争上岗、择优聘用"的原则,学院在校内公开选拔招聘技术学院院长、副院长。经过自愿报名、人事审核、个人演讲、民主推荐、组织批准等程序,配齐配强了技术学院领导班子。采取公开竞聘的方式,将招生工作中素质比较高、业绩突出的临时聘用人员,正式录用到招生办公室等工作岗位.

完善规章制度。陆续出台《教职工暑期工资待遇规定》《关于进一步加强考勤的办法》《教学工作量计算办法》《关于二级学院相关岗位补贴调整的规定》等新的规章。组织教育教学、行政管理和后勤服务等部门进行定岗、定责,建立部门和岗位责任制。进一步明确各部门的职责范围和各级领导干部的工作职责,避免了职责交叉和管理空档,使教职员工增强了责任感,管理水平、服务意识明显提高。

加强设施建设。学院加大了对教学设施、设备的资金投入,用于实验室、实训中心的建设,充实了现有实验室、实训中心的仪器设备。根据新增专业教学需要,新建了多媒体实验室、程控交换和光纤实验室、移动通信实验室、电子商务实验室、汽车电器实验室、机电一体化实验室,使学校实验室总数达到35个。公教楼在已建成8个多媒体教室的基础上,将其余的19个教室全部改造成为多媒体教室。完成了3号学生公寓的改造任务,新建10号学生公寓、第二餐厅、第二学生浴池已交付使用,进一步改善了学院的办学条件。

[教育教学]　精心组织教育教学。根据人才培养工作评估的要求,对开设的22个专业的教学计划、400余门课程的教学大纲进行了精心修订。新学期全部按新的教学计划和教学大纲组织教学,受到广大学生的欢迎,取得了较好的教学效果。在教学过程中,各二级学院(部)组织教师大胆探索新的教学方法,融"教、学、做"为一体,注重发挥学生的主观能动性,调动了师生两个方面的积极性,促进了教学质量的提高。在专业建设上,学院根据产业结构调整和企业的需求,积极申报新的专业,经省教育厅批准,物业设施管理、模具设计与制造、微电子技术、计算机网络技术等4个专业列

入 2009 年招生计划，使学院的专业设置更加科学合理。在办好高职教育、技工教育和试点本科的同时，积极拓展新的办学渠道。先后与新加坡博伟工商管理学院、澳大利亚职业教育中国办事处、济南知金教育济南学习中心和上海大数集团等进行了密切的交流，达成了合作意向。各二级学院(部)围绕教学开展教研活动，取得了丰硕的成果。机械学院主编的教材《机械制造基础》，已由冶金出版社正式出版，参编教材《可编程序控制器》，也由邮电出版社正式出版；基础教学部编写的《高等数学练习册》，已运用到教学之中，编写的《高等数学》教材，已进入审稿阶段。另外，机械学院承担的中国高等教育学会教育科学十一五规划重点研究课题《对高职"数控技术"专业实践教学体系构建及基地建设的探索》，以及山东省科协科研项目《油田抽油杆防偏磨机构二次开发》已顺利结题，实现了学院教研课题的新突破。

认真做好评估准备。2008 年，学院把人才培养工作评估作为工作的头等大事，认真抓好评估的各项准备工作。先后召开了专题会议和教学工作会议，成立了由院长任组长、副院长为副组长、各二院(部、馆)和机关各处室主要负责人为成员的人才培养工作评估领导小组，下设办公室，具体组织、协调全校的评估工作。出台了实施方案，将评估指标分解细化并下达到各个部门，明确了责任人和工作目标。各二级学院(部、馆)和机关各处室根据与本部门有关的评估指标、关键要素和重点考察内容，从修订教学计划、教学大纲入手，制定完善了各自的专业建设与发展规划、课程建设规划、实验实习管理规定、毕业设计管理规定和师资队伍建设规划等教学文件。圆满完成《高等职业院校人才培养工作状态数据采集平台》的填报工作。

探索人才培养模式。学院把工学结合、校企合作作为改革的切入点，积极探索人才培养的新模式。建筑工程学院在建筑工程技术和建筑工程管理专业试行"2+1"的教学模式，用两年的时间在校完成基础理论和专业理论的学习与实验，最后一年在建筑企业顶岗实习，参加省建工局"土建施工员"和"土建预算员"岗位资格培训并完成毕业设计和毕业答辩，在取得学历证书的同时拿到岗位资格证书。机械学院注重校企合作，先后与山东滨州天虹橱柜有限公司、山东三铭国际机械有限公司、山东法因数控机床有限公司等 7 家单位签署实习就业合作办学协议，组织学生到企业进行实习实训，提高了学生动手和实做能力。在 2008 年《山东省大学生机电产品创新设计竞赛》中，机械学院参赛的 4 个项目全部获奖，姜积中教授被评为"2008 年山东省大学生机电产品创新设计竞赛"优秀指导教师。其中获一等奖的《车床安全卡盘锁》在学院实训中心 30 台车床安装使用，收到了显著的效果。计算机学院安排学生到浪潮集团进行实习，提高了学生的动手能力和实际操作水平。汽车工程学院安排应届毕业生考取汽车驾驶执照和汽车高级修理工职业资格证书，为学生顺利走上就业岗位创造了条件。

建立健全教学制度。按照高职教育的人才培养要求，教务处先后整理与修订了考试管理办法、加强若干教学环节管理的规定、教学工作委员会章程、高职(专科)毕业设计(论文)管理的规定等 47 个教学管理文件，并组织各二级学院(部)依据学院文件精神，制定或完善了专业建设与发展规划、师资队伍建设规划、特色专业建设规划、课程建设规划、精品课程建设规划、课程设计管理规定、毕业设计(论文)管理规定、实习实训管理规定、教研室活动计划等教学管理文件，进一步规范了教学环节，促进了教学质量的提高，使教学管理走上了制度化、科学化和规范化的轨道。

科学调整机构设置。为适应新形势下教学管理的需要，学院及时调整教学机构的设置。将原继续教育学院、中专部和技工学校合并，组建了技术学院；成立了毕业生就业工作领导小组，在就业指导办公室增设了外联科、认证科，进一步加强了毕业生就业水平和就业质量；成立了外事工作领导小组，下设国际合作办公室，提升了国际交流和校际合作的空间和力度；教务处增设了教学研究科和实验实训科，加强了对教学研究和实验实训的管理；基础教学部成立了思政教育教研室、数学教研室和体育教研室，为加强对学生的思想政治教育和基础教学创造了条件。

[教师管理]　2008 年共招聘教师 47 人，充实加强了教师队伍。在新聘教师岗前培训中，学院的领导、教授亲自授课，增强了新教师做好工作的信心。学院分两批组织 58 名教师参加山东省大学教师岗前培训，57 名获得了大学教师资格证书，进一步提高了教师的业务水平和教学能力。全年有 44 名教师被聘为助教，教师专业技术结构得到了优化。学院十分重视教师的普通话培训和测试工作，把普通话合格作为教师录用和上岗的必备条件，聘任的青年教师均取得了普通话合格证书。2008 年学院顺利通过了山东省语委组织的语言文字工作评估，成为语言文字工作达标单位。电子信息学院针对青年教师教学经验不足、教学方法单一等实际情况，认真做好"传、帮、带"工作，为每一位青年教师安排了骨干教师对其进行具体指导，使青年教师很快适应教学岗位的需要。外国语学院、基础教学部等二级学院重视青年教师的培养工作，帮助青年教师根据个人的特长和专业发展方向制定个人进修计划，创造条件选派青年教师参加师资培训或短期进修，

不断提高青年教师的业务能力和教学水平。

[学生管理] 学院始终把对学生的思想政治教育放在学生管理工作的首位,坚持德育为先的原则,加强理想信念教育和爱国主义教育,提高学生自我教育、自我管理、自我服务的能力。重新修订了《学生手册》。完善班级综合测评量化管理评分标准。在学生中积极开展"创优争先"活动,认真落实贫困大学生资助政策,在2006级、2007级学生中共有5人获得国家奖学金,94人获得国家励志奖学金,2人获得省政府奖学金,604人获得国家助学金,64人获得优秀贫困大学生奖学金,5人获得院长奖学金,569人获得优秀学生奖学金,94人被评为"优秀学生干部"。总计1437位学子获得国家、省政府、三庆集团、学院等各类奖助学金总计183.18万元。学院召开了颁奖表彰大会,吴立春董事长莅临大会,为获奖学生颁奖。经常组织演讲、书法、歌咏、健身、篮球、羽毛球、足球、乒乓球等形式多样的文体活动,丰富大学生的业余生活,让学生在自娱自乐中受到触动和教育。在每个班级都配备了政治素质高、业务能力强和有责任心的辅导员,不仅与学生们学习在一起,而且入住学生公寓,与学生们生活在一起,抓好内务卫生,加强安全检查,组织月度"星级宿舍"评选,为学生创造了一个良好的学习和生活环境。学院顺利通过了教育厅专家组的检查评估,学生宿舍管理被省教育厅授予达标单位,两名同志被评为学生宿舍管理先进个人。

[党建与思想政治工作] 加强理论学习,不断提高师生员工的思想政治素质。党总支按照每学期有学习计划、每周有安排、处室抓落实、支部督促检查的要求,采取集中学习、专题辅导、收看录像、座谈讨论的形式,紧紧抓住广大党员、师生员工关注的热点、难点问题,组织党员和全院师生认真学习贯彻党的十七大精神和科学发展观。为了提高学习效果,在全体党员和入党积极分子中开展了《党的知识、时事政治、法律知识》试卷答题活动,使学校形成了浓厚的学习氛围,进一步提高了党员、师生员工的政治理论素质,为学院的改革发展提供了可靠的思想保证。

加强党组织建设。针对人员工作变动出现的党总支、支部成员缺员的实际情况,及时召开会议进行补选,配齐配强了党总支、支部班子成员。同时,认真落实党员发展计划,做好从师生员工中发展党员的工作,及时把他们中的优秀分子吸收进党组织中来,2008年共发展教师党员6名,学生党员4名,发展壮大了党员队伍。

坚持以人为本,不断改进和加强思想政治工作。党总支认真抓好师生员工的思想政治工作,每一位老师都把课堂作为加强学生思想政治工作的主渠道,切实把思想教育融入到教学之中,培养当代大学生"做人、做事、做学问"的能力。学生处、团委和学生会通过开展文明班级、文明宿舍、优秀班干部、优秀团支部、优秀团员评选活动,以及业余党校、各类学生社团和青年志愿者活动的开展,很好地将思想政治工作与学生行为养成教育相结合。结合思想政治工作"深入课堂、深入公寓、深入社团"的"三深入"活动,在学院大力倡导和践行"志存高远,追求卓越"的校训,"诚信敬业,求实创新"的校风,"身正学高,为人师表"的教风和"学无止境,勤勉致知"的学风,大力开展丰富多彩、喜闻乐见的校园文化和体育活动,以学生们喜闻乐见的方式加大思想政治工作的力度,在寓教于乐、潜移默化之中培养社会主义一代新人。在2008年4月中旬开展的"爱心一日捐"活动中,学院教职员工积极响应,踊跃捐款62330元。四川汶川大地震发生后,全院教职员工和学生以实际行动支援灾区,自愿捐款58264.90元,党员自愿缴纳特殊党费5200元,团员自愿缴纳特殊团费5800余元,被济南市红十字会评为"抗震救灾先进集体",院长吴梦军被评为"抗震救灾先进个人"。在"献真情尽责任、我为全运会做贡献"活动启动仪式上,全校师生为十一届全运会捐赠40212.95元,其中吴立春董事长、吴梦军院长分别捐款1万元,受到十一届全运会组委会的表彰,授予学院"社会捐赠优秀组织奖"牌匾。

[招生就业] 高职新生报到注册2995人,超额完成统招计划,新生报到率达到98.51%。同时,学院还招收了一年制中专生(预科生)142名,五年一贯制高职68名,试点本科生214名,高级技工学生1000名。2008年共计新增在校生4419名,学院在校生规模达到了7500余人,创历史新高。2008届毕业生就业率达95%以上。

学院党政领导人

董事长:吴立春

院长:吴梦军

副书记:丁元利

副院长:刘 伟 芦宪英 姜积中 孙传森 丁元利

学院地址:山东省济南市经十东路6196号

邮政编码:250200

联系电话:0531—86385222

传　真:0531－86385333

（撰稿:魏志宣　审稿:徐　杰）

山东外国语职业学院

[概况]　山东外国语职业学院是2005年经山东省人民政府批准的一所民办高等职业院校。学院位于日照市大学科技园。

学院占地面积886亩,规划总建筑面积约31万平方米,设计在校生规模10000人。学院现有外语系、经济管理系、计算机系、人文艺术系4个系,构建以应用外语类专业为主体、以经济管理类和计算机信息类专业为两翼、以人文艺术类和涉外服务类专业为支撑的专业建设格局。现开设应用英语、应用韩语、应用日语、应用俄语、应用德语、应用西班牙语、商务日语、国际经济与贸易、工商企业管理、市场营销、报关与国际货运、会计电算化、金融保险、酒店管理、涉外旅游、计算机信息管理、动漫设计与制作、软件技术、艺术设计、文秘等28个专业。

学院致力于培养"一专多能"的外向型、复合型、应用型高素质、高技能人才。全面推行1＋3＋1人才培养模式,也即一项贯穿始终的德育与人文素质教育,三项通用技能教育(外语口语、计算机应用和汽车驾驶)和一项专业职业技能教育,积极推行双语、双证教学,使学生具备高水平的人文素养、过硬的现代化通用技能和扎实的职业技能素质,提升学生社会适应能力和可持续发展能力,提高学生竞争力。

学生管理中,实行"三全"(全天候、全过程、全方位)的管理模式,落实辅导员管理制度,对学生严格管理,为学生素质的全面发展和练就过硬的技能提供热情周到的服务。通过深入细致的思想政治工作、形式多样的人文素质教育、学生喜闻乐见的第二课堂活动,积极营造学生奋发向上的精神风貌,团结协作的团队意识和较强的沟通谈判能力,组织协调能力和自主创业能力。

学院坚持学生为本,发展为本,质量为本的宗旨,坚持语境建校、特色立校、人才强校、结构兴校、开放活校的办学方针,以外语语言教学环境建设和先进、完善的办学条件建设为基础,以"1＋3＋1"培养模式培养外语类复合型、应用型人才为特色,以"双师型"、"双语型"师资队伍建设为龙头,积极改善办学结构提高办学效益为手段,努力扩大对外开放,推进"国际化"进程为动力,努力把学院建设成为一所环境优美、特色鲜明、人才优化、结构合理的开放型、国际化的高等职业院校,成为山东省外向型、复合型、应用型高素质、高技能人才培养基地,出国人员外语培训基地,港口城市国际资讯研究基地。

[王修智到学院视察]　11月28日上午,中共山东省委原副书记、省政协原副主席王修智到山东外国语职业学院视察。中共日照市委副秘书长、日照大学科技园工委书记、山东外国语职业学院党委书记马强,山东外国语职业学院院长王敏向王修智汇报了学院的发展和建设情况,并介绍了学院校园建设规划。在离开学院前,王修智应邀为学院题词。

中共山东省委原副书记、省政协原副主席王修智到学院视察

[宋焕新莅临检查党建及思想政治工作]　1月9日下午,中共山东省委高校工委副书记宋焕新、组织统战处处长裴新峰莅临山东外国语职业学院检查指导党建及思想政治工作。院党委副书记姜书明、副院长郑成刚、杜琳、程花林,省高校工委驻学院党建与思想政治工作联络员曹明亮、高鸿等出席会议。

[省教育厅专家组进行专业评估]　8月15日,省教育厅专家组一行三人到学院对2009年新申报专业进行评估。经省教育厅审核批准的新上专业为应用西班牙语、国际商务、电子商务、软件外包服务。

[举行教学研究课题鉴定会]　12月21日,山东外国语职业学院举行教学研究课题鉴定会。山东省教育厅高教处副处长曾宪文主持鉴定会,中国海洋大学原常务副校长秦启仁,济南大学党委书记范跃进,山东商业

职业技术学院院长助理、教务处长亓俊忠,临沂师范学院外国语学院院长高德新组成鉴定委员会对两个教学研究成果进行了课题鉴定,院长王敏致欢迎词。会议最终通过了《山东外国语职业学院发展战略研究》和《应用英语专业人才培养模式创新研究》两个教学研究课题的鉴定。

[省高校学生公寓管理检查专家组莅临检查]　10月14日下午,山东省高校学生公寓管理检查专家组一行5人莅临山东外国语职业学院,对学生公寓管理、床上用品采购等工作进行检查。院长王敏简要介绍了学院的情况,副院长程花林向专家组成员汇报了学生公寓的管理情况。随后,专家组成员实地察看了学生公寓,并与学生进行了座谈。

[在职硕士学位研究生培养基地揭牌仪式举行]　7月1日,山东外国语职业学院与中国海洋大学合建的在职硕士学位研究生培养基地揭牌仪式在校区隆重举行。日照市人民政府副市长解世增、中国海洋大学副校长于宜法分别致词并为研究生培养基地揭牌。中共日照市委副秘书长、日照大学科技园工委书记马强,山东外国语职业学院院长王敏,副院长郑成刚、程花林及日照市有关部门的负责同志出席揭牌仪式。揭牌仪式由山东外国语职业学院副院长杜琳主持。

山东外国语职业学院与中国海洋大学合建的在职硕士学位研究生培养基地揭牌仪式

[日照大学科技园和山东工贸有限公司合作办学会议召开]　5月20日下午,中共日照市委副秘书长、日照大学科技园工委书记马强主持召开日照大学科技园和山东华信工贸有限公司合作办学会议。会议就开展合作办学事宜进行了洽谈。随后,山东外国语职业学院召开了副科级以上干部会议,通报了合作办学会议的内容。

[新董事会成立]　8月9日,新一届董事会正式成立,拜文汇任董事长并出任学院法人代表,王敏、秦改进、鲁朝晖、杜琳、封海东、赵凡青等任董事。

[召开首届教学工作会议暨迎评促建动员大会]　11月15日,山东外国语职业学院首届教学工作会议暨迎评促建动员大会召开。中共日照市委副秘书长、日照大学科技园工委书记、山东外国语职业学院党委书记马强,山东华信工贸有限公司总经理、学院董事长拜文汇,学院院长王敏,省高校工委党建工作联络员、省教育厅督导专员杨守存出席会议并分别讲话,常务副院长秦改进主持会议,副院长杜琳、程花林及全体教职工参加了会议。

[赴济南高校考察学习]　11月20～21日,在院长王敏和副院长程花林的带领下,山东外国语职业学院一行17人分别到山东商业职业技术学院、山东英才学院针对人才培养评估、工学结合、教学实训等方面的工作进行考察学习。

在山东商业职业技术学院现场考察

[师资队伍建设]　全年分两次通过公开招聘、严格考核,招聘学院急需的教学人员20名,其中有硕士学位的17名,充实到教师队伍。

[招生就业工作]　2008年,招生录取人数2118人,实际报到人数1500人,目前在校生人数达3500余人,比暑假前净增加学生1000余人。2005级毕业生离校稳定,就业率达到89.66%以上。

[开展教学比赛]　11月30日,山东外国语职业学院举行第三届教学比赛,院长王敏、常务副院长秦改进、副院长程花林出席了比赛。基础教学部教师邵燕燕获得一等奖。

[首届教科研项目立项答辩暨评审会召开]　6月20日，山东外国语职业学院举办了首届教科研项目立项答辩暨评审会。院长王敏、常务副院长秦改进、副院长程花林出席了会议并参加了评审。最终选出“山东外国语职业学院应用英语专业学生培养目标初探”等10项作为院级科研项目立项课题。

[与泰康人寿保险公司青岛分公司签订金融保险专业定向委培协议书]　9月19日上午，山东外国语职业学院和泰康人寿保险公司青岛分公司在会议室签订了金融保险专业定向委培协议书，院长王敏和泰康人寿青岛分公司副经理贺亮出席了签字仪式。

[国际交流]　9月24～25日，韩国又石大学韩国语教育院院长宋俊鎬等人莅临山东外国语职业学院访问。常务副院长秦改进在行政楼二楼会议室会见了两位韩国客人，并向他们详细介绍了学院的概况、师资队伍建设及学科建设状况等。双方初步达成了合作意向，就派遣教师、学分互认、赴韩留学等方面签署了备忘录。12月9日，韩国湖西大学副院长李圭泽，驻威海代表处金春明到访学院，常务副院长秦改进出席了见面会。

[举办首届学术讲座活动月]　10月，举办学院首届学术讲座活动月，先后邀请国内外知名学者来学院为教师和学生举办学术讲座10次，本校教师开展学术交流活动或对学生举办学术讲座24次。

[竞聘工作]　12月17～31日，山东外国语职业学院竞聘工作全面展开。本次竞聘分处级岗位人员竞聘、科级岗位人员竞聘和普通岗位人员竞聘(专任教师、辅导员、行政、后勤、教辅岗位)三个阶段依次进行。通过公平竞争，全面考核，经学院研究通过，12人竞聘到处级岗位，26人竞聘到科级岗位。

[后勤基建工作稳步推进]　4月12日，行政办公区由1号教学楼搬迁至学院宾馆办公楼，实现了集中办公；8月10日，1号教职工公寓开工；9月15日，教职工餐厅开始营业，解决了广大教职工的就餐问题；10月16日，3栋学生公寓楼和2栋专家公寓楼全部开工；11月13日，学院所有暖气管道全部开通，并完成了征地345亩；12月28日，由华南理工大学负责设计的学院新建设规划被日照市政府批准。

[举行“相亲相爱一家人”抗震救灾捐款活动]　5月16日，学院组织全体师生举行“相亲相爱一家人”抗震救灾捐款活动。学院领导、党员积极带头，教师、学生踊跃捐款，献出爱心，向受灾群众伸出温暖的援助之手，以实际行动表达对灾区人民的深切关心。

“相亲相爱一家人”抗震救灾捐款活动

[承办日照市物流协会迎春晚会]　12月26日晚，由山东外国语职业学院承办的日照市物流协会迎春晚会在市会展中心隆重举行，日照市委、市政府及有关部门的领导，山东外国语职业学院领导班子成员、广大师生及社会各界共1000余名观众观看了演出。

承办日照市物流协会迎春晚会

学院党政领导人

书记：马　强

副书记、院长：王敏

副院长：秦改进　郑成刚　杜　琳　程花林

学院地址：日照市山海路99号

邮政编码：276826

联系电话：0633－8109001

传　　真：0633－8109002

网　　址：www.sdflc.com

（撰稿：杨宜丰　丁　然　审稿：韩　磊　辛　科）

枣庄科技职业学院

[概况]　枣庄科技职业学院是经山东省人民政府批准、教育部备案的全日制普通高等学校。2005年学院在原枣庄工业学校、枣庄第二卫生学校、滕州市高级职业学校三所国家级重点中专的基础上创建,其后又吸纳了原滕州技工学校和枣庄市艺术职业中专。截至2008年底,学院占地1000亩,建筑面积15.8万平方米,固定资产总值1.97亿元,实验仪器设备总值1846万元。学院面向市场办学,开设电气自动化、建筑工程、数控技术、汽车检测与维修、高级护理、康复治疗技术、助产等26个大专专业和32个中职、技工专业,涵盖机械、建筑、医学、艺体等门类。校内建有实验实训室78个,多功能电教室98处,设有多媒体教学中心、网络信息中心、对外劳务培训基地、普通话测试站、校内实习工厂、校园超市和附属医院,同时拥有校外实习实训基地136处。学院拥有教职工786人,其中专任老师428人,副教授、高级讲师203人。全日制在校生15000人,其中高职5000人,中职、高技、中技10000多人,另有成教学员3000余人。学院以优异的教育管理和过硬的教学质量,成为山东省教学示范学校、山东省教育科研示范学校和山东省职业技能鉴定中心,被省教育厅、劳动和社会保障厅评为"就业服务先进单位"和山东省就业明星学校,是集高职、中职、技工、成人教育和短期培训于一体、培养高技能人才的基地。

[院系管理]　实施院系两级管理,根据"整合、融合、重建"的思路,对专业设置和教学机构进行了调整,理顺了内部管理关系,实现了教育资源的优化共享。学院目前设有12个党政群机构,6个教学机构(机械工程系、电气工程系、信息工程系、建筑工程系、医学技术系、高中技工部等五系一部)和2个教辅机构。加强制度建设,健全了部门岗位职责和内部管理制度,党建和思想政治、行政后勤、教学科研、财务管理、安全保卫、学生管理等各项制度不断完善,制度管理的框架已经成型,学院管理更趋科学、规范。同时全面总结建院以来的办学经验,围绕学院办学目标、宗旨、理念等进行了广泛调研和认真思考,确立了"省内一流、国内知名"的办学目标和"名、特、活、优"的办学理念,形成了较为成熟的办学思想体系,为学院可持续发展奠定了基础。

[招生就业]　2008年共录取各类新生7400人。大专第一志愿报考人数3800人,文科录取提档线381分,理科录取线374分。全年录取大专新生2203人,"三二连读"生430人,中专、技工新生5100余人,超额完成各类招生任务,再创历史新高。学院高度重视毕业生就业工作,成立了江南、胶东、鲁南等就业办事处,选配人员专项负责就业工作。积极开展校企合作、订单培养工作,出台了《关于推进校企合作工作的实施方案》《"院长进企业"活动方案》,先后与浪潮集团、上海长宁区中心医院、日照钢铁有限公司、新汶矿务局、鲁南机床厂等大中型企业建立了合作关系,与鹰普(中国)有限公司合作举办了订单培养冠名班。同时加入了中国南方、上海、北京等人才市场,建立了毕业生就业跟踪服务和召回制度,积极参加省内外技能人才推介会,多次组织毕业生供需见面会。在2008年毕业生就业见面会上,全国各地的百余家企业来院招聘人才,一次性签订就业协议1500余份,保证了毕业生98%以上的高就业率和高就业质量。

[人才培养工作]　以迎接省高等职业院校人才培养工作评估为主线,按照"专业建设贴近市场、教学计划贴近服务、课堂教学贴近实践、教学质量贴近学生"的原则推进教学改革,不断规范教学管理,调整教学计划,加强专业建设,开发校本教材,改善实训条件,积极构建校企合作、工学结合、顶岗实习、双证互通的人才培养模式,人才培养质量有效提升。同时采取政策引领、行政推动、机制施压等措施加强师资队伍建设,通过"引进、培养、培训、聘任"等形式优化师资结构,培养双师型教师、学科带头人和学术骨干。2008年申报了煤炭深加工与利用、模具设计与制造、建筑工程管理、医学检验技术、计算机网络技术等五个新专业,大专专业增至26个,中专专业调整为32个。

[内涵建设]　实施"让教师成为一面旗帜、让学生成为一张名片、让卫生成为一面镜子"的"三个一"工程,开展了节约型学院、学习型学院和服务型学院建设活动,加强了院报、院刊、校园网等阵地建设,推进校园文化建设,引领"尊重劳动、追求知识、热爱科研、崇尚创造、珍惜人才"的价值取向,促进了学院的思想整合和管理的一体化。

[学生管理工作]　实行学生工作的民主化、人性化管理,重视行为养成教育、心理健康教育和理想信念教育,加强日常管理,形成了思想品德教育、社会家庭督导、健康心理咨询、文化艺术熏陶、封闭规范管理"五位一体"的管理体系。加强辅导员、班主任队伍和学生干

部队伍建设，成立了各级学生会，开展多种学生社团活动。建立了滕州慈善总会枣庄科技职业学院助学基金会、山东移动公司滕州分公司助学基金会，健全了帮困助学体系。2008 年 12 月 26 日，在东营召开的山东省高校学生公寓管理专业委员会第四届四次年会暨山东省高校学生公寓管理工作检查评比表彰大会上，学院荣获"山东省高校学生宿舍管理工作先进单位"称号。

[安全稳定工作]　学院高度重视安全稳定工作，以"平安和谐校园"建设为主题，健全各项管理制度，落实岗位责任制，开展多种安全讲座和培训，构建起人防、物防、技防相结合的防范体系，确保了全年无安全责任事故发生，被评为"枣庄市平安和谐校园"。

[成人教育]　重视非学历教育的培训工作，与省内多所高校联办五年制大专、本专科在校函授教育，与中国海洋大学、山大、山轻工、曲阜师范大学联合举办在职研究生教育。全年新录取成教学员 1056 人，开展各类短期培训 1000 余人次。

[校区建设]　2008 年，学院完成了新增 700 亩土地的依法征用工作，制定了占地 1000 亩、总建筑面积 35 万平米的发展规划。全年累计投资 7000 余万元用于校区建设，完成了投资 1000 万元的高标准运动场和 1.3 万平米的学生宿舍楼建设工程，启动了 2.7 万平方米综合楼、2.5 万平方米图书馆、信息中心和 4 号、5 号教学楼建设工程。同时对餐厅、供水设备进行了升级改造，加大了对实验实训设备和办公设备的投入，实施了校园绿化、美化、亮化、硬化工程，改善了校容校貌，优化了办学环境。

[教育部职成教司第一副司长王继平来院视察调研工作]　4 月 18 日，教育部职成教司第一副司长王继平、教育部师资处处长郭春鸣、教育部师资处科长刘宏杰在山东省教育厅党组成员、总督学徐曙光、山东省教育厅职成教处处长刘凤山、山东省教育厅职成教处副处长孙永海的陪同下到学院视察调研工作。枣庄市市长助理颜景安、枣庄市教育局局长张磊、枣庄市政府办公室副秘书长王其勇、枣庄市教育局副局长冯仰军、滕州市政协主席、学院党委书记刘新生、滕州市政府副市长李春英、滕州市教育局局长孙金存等陪同视察。王继平指出，教育部当前开展的大学习、大调研、大讨论，目的在于广泛听取意见和建议，明确下一步教育发展的方向和目标。滕州是伟大的科学家和教育家墨子的故里，研究考察其教育思想对于办好我国的职业教育具有很好的借鉴作用。

教育部职成教司副司长王继平到院视察

学校党政领导人

书记：刘　杰

副书记、院长：侯同运

副院长：杜金坪　郭启柱　黄绍龙　谷道宗

纪委书记：邵明顺

学院地址：滕州市学院东路 888 号

邮政编码：277500

联系电话：0632－5650518　5650565

电子邮箱：tzsldh123@163.com

（撰稿：满其伟　戴　利　刘东海　审稿：满其伟）

德州职业技术学院

[概述]　德州职业技术学院于 2005 年 11 月 1 日经山东省人民政府批准成立，是德州市唯一一所国办高职学院。学院以德州市技术学院、德州广播电视大学、德州财贸经济学校、德州粮食学校、德州经济学校整合组建而成。学院位于德州市大学东路 689 号，占地面积 7.5 万平方米，规划建筑面积 40 万平方米，预算投资 4.4 亿元。已完成教学楼、实习实训楼、图书信息楼、学生公寓楼等第一期工程建设 20 万平方米。现有在职教职工 897 人，其中专兼职教师 622 人，具有硕士研究生以上学历的 32 人；具有高、中级职称的 504 人；"双师型"教师占教师总数的 43%。聘请省内外客座教授 50 人。学院设有机械、电气电子、计算机、经济管理、化轻、汽车工程 6 系，开设高职专业 25 个，电大专业 8 个，技师专业 3 个，高级技工专业 17 个，中职（中级技工）专业 22 个。各类全日制在校生近 10000 人。学院建有高标准实验室、实训室 100 多个，电子阅览室、多媒体教室 20 多个，另设有机械综合实习工厂、德

州双元机动车驾驶员培训有限公司。其中:机械数控、电气电子、汽车工程实训基地达到或超过国家级实习基地标准,实验实训课开出率和实现率均达到100%。

[学院备案]　2008年4月8日教育部下发《教育部关于公布备案的高等职业学校名单的通知》(教发[2008]12号),同意学院备案,学院代码13389,列入全国高等教育统一招生计划。

[深化教学改革]　为深化教育教学改革,学院成立了“德州职业技术学院学术委员会”。新增加4个高职专业。车削加工专业被评为山东省技工教育百强专业,电气维修专业被评为重点建设专业。“Photoshop平面设计”被评为“2008年度山东省高等学校省级精品课程”(鲁教高字[2008]7号)。

[新建汽车工程系(筹建办公室)]　2008年8月21日,汽车工程系(筹)成立,下设综合科、学生科、汽车运用技术教研室、汽车整形技术教研室、汽车技术服务与营销教研室,开设汽车运用技术、汽车技术服务与营销、汽车检测与维修等专业。8月25日,汽车工程系(筹)实训基地建成投入使用。注册350万元成立了“德州市双高汽车技术服务有限公司”,加盟德国博世国际集团有限公司汽车维修网络,拥有德州市范围内博世维修网络的加盟发展权和汽车零配件经销权。

[荣获全省“高校学生公寓管理工作先进单位”]　继通过省高校标准化学生公寓评估之后,11月份在全省高校学生公寓检查评比中,学院被评为全省“高校学生公寓管理工作先进单位”。

[首届高职学生毕业]　首届高职毕业生187人,全部安置就业;中职应届毕业生2192人已安置2138人。全院毕业生当年就业率达到98%以上。

[开展“教学质量年”、“作风效能建设年”、“文化建设年”活动]　为切实落实“质量立校”计划,推进学院内涵建设,提高办学效益,今年学院开展了“教学质量年”、“作风效能建设年”、“文化建设年”活动。通过开展师德建设系列活动,实施“教师提高工程”、“技师培训工程”,教育教学质量稳步提高。开展以“为教学一线服务,为师生员工服务”为宗旨的“作风效能建设年”主题活动,工作效能和办学效益明显提高。以教风、学风、校风“三风建设”为主线,以学生人文素质教育为重点,以特色活动为载体的“文化建设年”活动,推进了校园文化建设,“一训三风”和“学院精神”更加深入人心。

[“德州双元机动车驾驶员培训有限公司”成立]　德州双元机动车驾驶员培训有限公司(以下简称驾校)系采用社会融资,以股份制形式投资建设的一所集教学实践和社会机动车驾驶员培训为一体的新型学校。筹建于2007年1月,占地60余亩,建筑面积2560平方米,预算总投资900万元。2008年5月23日通过了省专家组评估验收,确定为省一级驾校,当年招生828人,实现净利润28万余元。

[首届教职工代表大会和工会会员代表大会召开]　2008年11月15日,学院第一届教职工代表大会暨第一次工会会员代表大会召开。大会选举产生了第一届工会委员会、工会经费审查委员会和女职工委员会。提出了今后三年的工作目标、任务和措施。“双代会”的召开,标志着学院在民主管理道路上迈出了坚实的一步。

[抗震救灾,接受四川灾区学生来校就读]　四川汶川特大地震灾害发生后,全院师生采取多种形式为灾区人民捐款捐物,累计捐款达30余万元。6月28日,接收四川灾区中国东方电气高级技工学校2007级数控班18名学生来校就读。

[举办庆祝建校50周年系列活动]　2008年10月18~19日,学院举行建校50周年庆祝活动。校庆期间举办了优秀技能人才论坛等系列活动,为企业和校友捐建的校园文化景观举行了揭牌仪式。

[学院校友总会成立]　2008年10月18日,校友总会成立大会在学院召开,德州职业技术学院校友总会正式成立,选举李炳勇院长担任会长。在全省设立校友分会13个。

学院党政领导人

书记:郭宝庆

副书记、院长:李炳勇

副书记、副院长:李　跃

副书记:崔兴泰

副院长:张恒斌　刘　娟　袁学峰　李建华

纪委书记:纪曰岭

学校地址:德州市德城区大学东路689号

邮政编码:253034

联系电话:0534-2557158

传　真:0534-2557157

电子邮箱:dezhou689@163.com

（撰稿:张维杰　审稿:李炳勇　袁学峰）

烟台工程职业技术学院

[概况]　烟台工程职业技术学院是经山东省人民政府批准建立的公立专科全日制普通高校。学院以烟台市技术学院为基础创办,始建于1957年。1989年成立烟台市高级技工学校,是全国首批试办的两所高级技工学校之一;2002年成立烟台市技术学院;2005年烟台市轻工技校和烟台市纺织中专整体并入;2006年2月,山东省人民政府批准建立烟台工程职业技术学院。学院是"国家高技能人才培训基地"、"山东省技师培训基地"、"山东省首批金蓝领培训基地"、"山东省特种作业操作证培训基地"、"烟台市高技能人才培训基地",曾荣获"全国职业教育先进单位"、"国家重点技工学校"、"科教兴鲁先进单位"、"烟台市职业教育先进单位"等荣誉称号。

学院占地面积56.2公顷,建筑面积22万平方米,在校生11825人,其中高职生2534人,技校生9291人。教职工670人,专任教师394人,其中具有副高以上职称135人,"双师型"教师占专业教师总数的50%以上。

学院设机制工艺、机械工程、机电工程、数控技术、汽车工程、管理工程6个系,开设16个高职专业、19个技工专业。教学仪器设备总值3595万元,图书馆藏书9.2万册,校办实习工厂总资产1.2亿元,为实训教学提供有力保障。建校以来,学院为社会培养了4万多名高技能人才。

学院积极探索教体结合的办学新模式。2006年9月与山东省体育局联合创办山东省乒乓球学校,在校生已达101人,与山东体育学院合办的运动训练专业单招本科班首次招生,实现了体教结合的新突破。

[教学工作]　加强专业建设。新增了4个高职专业,出台了《特色专业评选办法》,命名了2个院级特色专业,"数控技术应用"被省劳动和社会保障厅确定为全省百强专业。加强校企合作,推进工学结合人才培养模式,新建了3个校外实训基地,成立了3个订单培训班。

参加各类比赛取得新成绩。在"全国ITAT教育工程就业技能大赛"中,全院有19人分获二等奖、三等奖和优秀奖,学院获得教育部信息中心颁发的组织奖。在"全国大学生数学建模竞赛"中,学院获得山东省一等奖。在"全国大学生企业经营管理沙盘模拟大赛"中,获得省级团体第三名,学院被教育部高职高专工商管理类教学指导委员会命名为"经济管理示范实训中心"。

[学生工作]　加强学生工作队伍建设,2008年举办了两次辅导员(班主任)培训班,建立了辅导员三级工作站制度。继续抓好机关人员联系班级制度的落实,实行了班级导师和辅导员助理制度。举行了学生会主席直选,开办了学生干部培训班,提升学生自我管理和服务的能力。着力解决学生实际困难,通过开设公选课、举办教育讲座、开展心理健康普测、建立心理健康档案等方式,帮助学生解决和消除心理困惑和压力。有13600人次获得资助,累计发放奖学金、助学金、特困生生活补贴等共计729.2万元,累计为2800余人次提供了勤工助学岗位和顶岗实习。大力开展社会实践活动,建立了7个校外志愿者服务基地。邀请青年企业家到学院参加"就业·创业"论坛,引导学生树立正确的就业观。学生公寓管理顺利通过省教育厅专家组的评估,被授予"高校学生宿舍管理工作达标单位"。2008年共青团山东省委授予学院团委2007年度"山东省五四红旗团委标兵"荣誉称号。

[招生就业工作]　2008年招生3967人,其中高职生1215人,技校生2752人;招收成人函授670人,"金蓝领"培训、鉴定568人,短期培训3960人,职业鉴定2200人。学院积极探索院、系、班主任立体就业新模式,技校毕业生就业率87.9%,首届230名高职毕业生就业率达到90%,居全省同类院校前列。

[科研工作]　2008年教职工发表论文115篇,科研立项11项,其中院级课题6项,省级规划课题2项、中国教育专家委员会科研课题3项。"高等职业教育与职业资格证书紧密融合的研究与实验"课题,被评为山东省教育科学"十一五"规划2008年度重点课题,并予以立项。由院长王杰恩主编的《现代职业技术教育——理论与实践》一书荣获烟台市社会科学优秀成果一等奖。创办了《烟台工程职业技术学院学报》,并加入山东省高校校报研究会。

[支援抗震救灾]　全院师生为地震灾区捐款47万余元,同时对1名四川籍和2名甘肃籍家庭受灾的教职工各发放了5000元救助金。6月28日,学院接收四

川中国东方电气高级技工学校21名学生来院转移就读,免除了灾区学生所有学习费用,免费提供生活日用品,每月为灾区学生提供400元生活费,并为他们提供勤工助学机会。学院组织43名志愿者采取"四对一"对口服务的方式,为3名到烟台治疗的地震伤员及家属实行24小时陪护,帮助伤员尽快康复。国家人力资源和社会保障部授予学院"抗震救灾突出贡献学校",共青团山东省委、山东省青年联合会、山东省青年志愿者协会授予学院"山东省抗震优秀志愿服务集体"称号。

学院党政领导人

书记:高　琦

副书记、院长:王杰恩

副书记、副院长:于元涛

副院长:梁聪敏　姜志远　孙忠利　李平刚

纪委书记:孙武令

学院地址:烟台市经济技术开发区珠江路92号

邮政编码:264006

联系电话:0535－6937290

传　真:0535－6937278

(撰稿:汤俊明　王俞森　审稿:孙忠利)

枣庄职业学院

[概况]　枣庄职业学院是经山东省人民政府批准设立、国家教育部备案的专科层次国办全日制普通高等学校。学院规划占地面积850亩,一期建成521亩,建筑面积14万平方米,仪器设备总值2600余万元,馆藏纸质图书22万余册,电子图书10万册。建有数控、汽车、化工、旅游、口腔、解剖、畜牧兽医等专业实验实训室106个,设有校外实习基地50多家、附属医院1个,与省内外近百家大、中型企业及二级甲等以上医院建立了合作关系。学院坚持高起点起步,高标准建设,规范化管理,秉承"以服务为宗旨,以就业为导向"的办学理念,主动适应社会需求,突出办学特色,全面构筑先进职教模式,努力打造职教名牌。

[职业学院创建]　创建枣庄职业学院是枣庄市委、市政府从全市经济社会发展大局出发作出的战略决策。2008年,在创建工作攻坚阶段,市政府主要领导亲自挂帅督导,市各有关部门大力支持配合,枣庄职业学院筹建处全力以赴,使创建工作又好又快,获得省高等学校设置评议委员会全票通过。3月28日,省政府批复同意设立枣庄职业学院;4月8日,教育部正式备案。随后,省教育厅下达了2008年专科(高职)招生计划,实现了当年创建、当年招生。

山东省副省长黄胜视察新校区建设

[副省长黄胜来校视察]　3月14日,山东省副省长黄胜一行在枣庄市委书记刘玉祥等领导陪同下莅临学院视察新校区建设,对新校区建设工作给予充分肯定,认为新校区整体规划设计合理,建设速度快、质量好。

[新校区建设]　新校区建设是省、市两级重点工程。枣庄市委、市政府高度重视,将其纳入全市城市转型战略大局和国民经济发展总体规划。建设中,科学调度,规范施工,严格管理,确保了工程进度和质量。按照"生态化、现代化、整体化、可持续"的现代理念规划建造校园,注重发挥现代大学引领社会作用。修建中水处理工程回收废水处理后二次利用,以太阳能热水器为主供应洗浴热水,安装太阳能、风能路灯节约能源,构建起全面现代化、数字化校园网络。目前,建成主要建筑17座,总面积14万平方米,完成总投资2.7亿元。工程建设中注重搞好廉政建设,主动接受上级纪检监察和检察机关的监督,通过建立职工代表参与建设工程监督制度、设立监审部、严格执行国家工程招投标制度等措施,确保建设人员在廉洁自律上未出现任何问题,实现了工程优质、干部优秀的"双优"目标。

[教学及专业建设]　召开了全院教学工作会议,全面规划未来教学改革与发展,制定了《枣庄职业学院2008～2011年教学改革与发展规划》及《枣庄职业学院人才培养工作评估实施方案》。明确提出了人才强校战略、质量立校战略、特色兴校战略、开放活校战略

等四大发展战略，全面实施师资提升工程、名师带动工程、团队建设工程等十项工程。以学科专业建设作为发展主线，以工科为主，多学科并举，着力构建以现代制造业、煤化工工业和现代服务业为主的专业体系。深化教育教学改革，创新人才培养模式，坚持走"政企校合作，产学研结合"的技术应用型人才培养之路。

[师资队伍建设] 加大师资培训培养力度，选派骨干教师到相关院校、企业学习锻炼。邀请知名专家教授到校举办专题讲座，设立"枣庄职业学院人才基金"，从省内外高校聘请知名专家教授担任学科建设顾问、特聘教授，聘任企业技术骨干担任学院兼职教师。突出抓好名师、"双师"培养，学院多名教师多次在全国、省级各类大赛中获奖。2008年，全国数控技能大赛山东省选拔赛，2名教师分获一、二等奖；全省计算机技术技能大赛，获得教师组团体二等奖。

[学生管理工作] 贯彻以学生为本的思想，坚持教书育人，管理育人，服务育人，构建和谐校园。建立完善学生资助体系，为特困学生提供勤工助学岗位，设立奖学金对优秀学生进行奖励。注重学生职业能力、就业能力、创业能力和创新能力培养，全面提高学生综合素质。全省计算机技术技能大赛，获得学生组团体二等奖，2名同学获二等奖；4个实践服务队被分别评为省、市"大中专学生暑期社会实践优秀服务团队"。

[招生工作] 2008年，学院圆满完成首届大专（高职）招生录取工作，共录取新生661人。

[教研科研工作] 围绕教学、生产实际，组织开展教研科研工作，实现产学研有机结合。2008年，1项课题获教育部规划课题成果一等奖，学院被评为"全国教育科学'十五'规划实验研究先进集体"。

[培训鉴定工作] 作为国家级农民工培训示范基地、山东省阳光工程培训基地，承担省级培训任务800人；全年累计培训鉴定学生1835人，面向社会培训鉴定各类人才1192人。

学校党政领导人

书记：常永坤

副书记、院长：张胜来

副书记：孙式灵

副院长：王洪龄　高念文　陈　力

纪委书记：郑开阳

学校地址：枣庄市高新技术产业开发区祁连山路中段

邮政编码：277800

联系电话：0632－8693368

传　真：0632－8698466

（撰稿：徐德水　审稿：尹旭彬）

成人高等学校

山东省教育学院

[概况] 山东省教育学院是一所以教师教育为办学特色的省属成人本科师范院校，不仅承担着培养本专科学生的任务，还是全省中小学教师、中小学校长和教育行政干部培训的重要基地。山东省教育行政干部培训办公室、山东省中小学校长培训办公室、山东省中小学师资培训中心、山东省教育厅基础教育课程研究中心、山东省中小学教师资格认证指导中心、山东省教育干部普通话培训测试中心及山东省教育史志办公室均设在学院。

章丘校区外大门

学院创建于1948年9月，是我党创办最早的省级教育学院。建校60年来，学院始终贯彻党的教育方针，立足全省基础教育发展的需要，服务全省经济社会建设的大局，确立了“创特色、扩规模、上水平”的发展思路和“高水平管理、高标准建设、高质量办学”的办学理念，不断深化内部体制改革，大力推进教育创新，师资队伍、学科专业、教学科研、管理服务、校区建设等各项事业都取得了明显成效，许多领域取得了新的突破，为全省经济社会特别是基础教育事业的发展培养和输送了大批优秀人才，受到了国家教育部和省教育厅的高度评价，赢得了社会的广泛赞誉。学院先后被授予“全国成人高等教育评估优秀学校”、“全省成人高等教育先进单位”、山东省“文明校园”、“平安校园”、“德育工作优秀高校”等荣誉称号。在全省高校人才培养工作和毕业生就业工作等各项评估中，均获得了优秀成绩。

截至2008年底，学院设有13个分院、系，47个成人本专科专业、34个高职专科专业和1个中澳联合办学专业，形成了学科门类比较齐全的学历教育体系；在职教职工490余人，其中高级专业技术职务的160余人，博士、硕士学位获得者160余人，终身享有国务院特殊津贴者4人，“曾宪梓奖”获得者2人，“富民兴鲁”劳动奖章获得者2人，在普通本科高校兼任硕士生导师的11人，全国优秀教师2人，山东省优秀教师、教学名师和中青年学术骨干19人；全日制在校生6900余人，在籍函授学员和中小学教师自考学员各1万余人；学院先后获得国家社会科学基金项目1项，“齐鲁文学奖”、“齐鲁人口奖”、“泰山文艺奖”、山东省哲学社会科学优秀成果奖、自然科学优秀成果奖等40多项。

章丘校区图书馆楼奠基

[章丘新校区顺利投入使用] 学院高度重视章丘新校区建设、入住和管理工作，加强领导，统筹协调。新校区建设指挥部不辱使命，超常规、快速度、高质量建设，截至年底，一期工程规划的12.5万平方米建筑，教学楼、实验楼、后勤服务楼、学生公寓、学生食堂、公共浴室及运动场已全部投入使用；图书馆楼主体已封顶；1200亩校区的管网铺设工作基本完成；道路和水电气

暖等各项附属设施、配套建设基本到位，一个崭新的大学园区已初具规模。圆满完成了学院历史上最大规模的一次校区搬迁，5000多名师生顺利入住了章丘校区，并及时成立了章丘校区管理委员会，较好地实行了“条块结合、以条为主”的两校区办学管理体制，目前各项工作运转开局良好。

[改建准备工作富有成效] 2008年，学院根据改建需要，正式设立了改建办公室，派出调研考察小组，实地学习了关于改建的成功经验；多次召开改建工作专题会议，先后制定并实施了改建迎评实施方案及迎评材料建档指南，迎评的九项工程建设已全面展开、扎实推进，各分院、系迎评材料建档工作不断完善。从3月份开始，在全院范围广泛开展了以“更新发展观念，加快发展步伐，实现发展目标”为主题的教育改革大讨论，对新形势下学院的办学指导思想、发展定位、办学特色等重大问题进行了深入研讨，形成了全院上下在解放思想中真抓实干，在更新观念中破解难题，在奋发有为中寻求新突破的良好局面。

[师资队伍建设取得新进展] 学院坚持把师资队伍建设作为内涵发展的关键，加强了对第二届教院名师、中青年学科带头人、中青年学术骨干培养对象的管理和届中考核，鼓励在职教师考硕、考博、进修培训，选派出2名国内访问学者。通过公开招聘，新引进12名硕士以上学位的专任教师，其中博士学位的6名；新增中、高级专业技术职务人员45名，师资队伍的学历层次不断提高，职称结构不断优化，一支适应改建发展需要的教师队伍逐步打造形成。

学院附属小学——洪家楼小学挂牌仪式

[教学工作取得新突破] 经过科学论证，新增了新闻采编与制作、体育服务与管理2个高职专业；学院首个中外联合办学专业——学前教育专业招生喜获丰收，在拓展办学形式方面实现了又一个历史性的突破；教育学专业被评为成人高等教育省级品牌专业；应用化工技术专业被确定为高职教育省级特色专业，实现了学院特色专业建设的首次突破。精品课程建设步伐加快，《现代汉语》课程被评为省级精品课程。以改建迎评为目标，以学生职业技能提高为导向，完成了新一轮课程改革工作。在历城一中等18所城乡中小学建立了师范专业教育教学实践基地，并将洪家楼小学设立为学院附属小学，实习、实训基地建设得到明显强化。举办了“推普周”活动，受推荐接受了国家一类城市济南市语言文字工作评估，促进了学院语言文字、普通话的规范和推广。

[科研工作取得新成果] 着力实施科研兴校战略，进一步突出了科研特色，提高了科研成果的层次和水平。完成了学院复办30年来科研目录汇编和2003年以来科研成果统计、建档工作；全年组织申报厅局级以上科研项目近20项，有4项科研成果荣获山东省首届“泰山文艺奖”和社会科学优秀成果奖。

[图书与学报取得新成绩] 2008年购书12万余册，馆藏图书达到60万册；在章丘校区筹建了2个临时书库和2个阅览室；学院图书资料的借阅率和期刊数据库的利用率不断提高。学报办刊与教育史志编撰工作取得新成绩，在新一届学报评比中，学院学报连续被评为“全国教育学院十佳学报”。

[招生、就业与人才培养工作取得新成效] 2008年，学院继续面向全国5省招生，录取普通高考学生2678人，在校生规模稳步扩大。高度重视新形势下毕业生的就业工作，召开就业工作协调会，转变学生就业观念，拓宽就业渠道，举办了30多场次校内招聘会，2008届毕业生总体就业率达到95%，首届普通本科毕业生研究生录取率达30%。积极组织学生参加各种竞赛并取得了优异成绩，先后荣获第三届中国青少年艺术节声乐组全国金奖和第三届全国电子创新设计竞赛二等奖，等等，人才培养质量进一步提高。

[教师教育办学特色和优势充分彰显] 为实现教师教育和全日制学历教育的协调发展，学院将原师训干训中心、继续教育中心、网络教育分院三个处级单位整合组建为教师教育学院，优化配置了校内资源，开创了教师教育工作的新局面。2008年，学院举办了2期高中校长提高培训班和2期高中校长素质教育专题培训班，培训高中校长1000余人；受广州市、济南市、枣庄市和济宁市教育局委托，完成了5期中小学校长600多人培训的任务；举办了4期2000多人参加的全省农

村中小学教师素质提高工程专题培训班，2期近200人参加的全省高中教务主任培训班，首次启动了全省普通高中政教主任培训工作；由学院承办的第二批山东省教育援藏项目西藏日喀则地区县市教育局长、教育行政干部培训工作取得圆满成功，得到了省教育厅充分肯定。特别是2008年暑期，对全省普通高中教师进行了新课程全员网络研修培训，十万多名高中教师参加培训并获得了巨大成功，这在山东教育史乃至国家教育史上具有重大突破，充分彰显了学院教师教育的办学特色与优势，赢得了良好的社会效益。

[人事分配管理体制不断改进] 对学院新进人员执行了严格的公开招聘制度，并按照省里统一部署，继续稳妥地推进了学院全员聘用和岗位设置工作；开展了教职工年度考核和人才代理聘用制人员考核工作，规范了临聘人员管理，进一步营造了竞争环境，激活了人才管理机制。完成了全院教职工工资的薪级普调工作，对现行的分配方案已着手调研改革，分配管理机制将不断完善。

[学生教育管理工作扎实有效] 学院认真落实“育人为本、德育为先”的育人理念，紧紧抓住社会主义核心价值体系这一根本，将其落实到思想政治理论课之中，并有效开展了“将爱国之情转化为效国之力”、“热爱新校、建设新校”等宣传教育活动。9月份，举办了首届校内辅导员培训班，学生工作队伍整体素质得到提高，1名辅导员被评为“全省高校百优辅导员”。11月初，顺利通过了省教育厅对学生公寓管理工作的检查评估，学院被评为“全省高校学生公寓管理工作先进集体”；2名同志被评为“全省高校学生公寓管理工作先进个人”。继续加大了对贫困家庭优秀学生的资助力度，一年来，先后发放国家、省政府奖助学金190多万元、学生伙食补贴80多万元、毕业生求职补贴近6万元，受资助学生占在校生总数的37%。大学生心理健康教育工作取得新成绩，学院被授予“山东省高校心理健康教育工作先进集体”荣誉称号。有1名同志荣获“全省高校大学生思想政治教育工作个人创新奖”。

[财务、后勤服务保障有力] 学院进一步完善了《山东教育学院票据管理办法》等规章制度，财务管理更加严格规范；开展了以节约水电、节约办公开支为重点的节约型校园建设活动，开源节流、增收节支收到成效。精心组织，科学调度，抓好了两个校区水电气暖供应、班车运行、餐饮、医疗、绿化、卫生等各项工作；深入调研，反复论证，完成了两个校区教学、实验、办公、住宿等所需用具的采购、配备工作，为章丘校区入住管理、60年校庆及改建迎评工作提供了有力的保障和支撑。

[办学条件得到极大改善] 与2007年相比，学院校园土地使用面积增加了1100多亩，校舍面积增加了7万多平方米，学院固定资产总值增加了近1500万元，已超过2.4亿元；新建了27个实验室、3个微机房，新增多媒体教室12个。成功转让了北校区，顺利完成了黄台宾馆、黄台小区学生公寓及北校区资产交接的各项工作。

[党建与思想政治工作坚强有力] 学院以学习领会党的十七大精神和深化对科学发展观的认识作为学习提高的重点，认真抓好了党委中心组和全院的政治理论学习，各级班子和干部队伍贯彻落实科学发展观和党委决策的自觉性、坚定性，以及服务学院改建发展的大局意识，党性观念明显增强。学院领导班子有力地贯彻了民主集中制和党委领导下的院长负责制，院党委把方向、抓大事、谋全局的决策能力和院行政保质量、增效益、提水平的执行能力进一步提高；处科级干部服务改建和校区建设、驾驭复杂局面、领导科学发展的能力不断增强。1个党总支被评为全省高校先进基层党组织；1名共产党员被评为全省高校优秀共产党员；1名党务工作者被评为全省高校优秀党务工作者。深入开展了历时一年的“做勤廉表率，促科学发展”主题教育活动，党员干部勤俭持家、奉献意识有了新的提高，工作重心进一步下移，树立了良好形象，既增进了团结，改进了作风，又促进了工作。

五届二次教代会召开

[依法治校、民主管理水平不断提高] 圆满召开了五届二次教代会，进一步拓宽了教职工参政议政的渠道，充分体现了教职工的意愿。无论是教学、管理、服务一线的在职员工，还是离退休老同志，无论是共产党员，还是民主党派、无党派人士，都以主人翁的姿态，心系学院改建发展，情系章丘校区建设，积极参与意见，主

动建言献策，以实际行动有力地支持了学院的改革发展事业。学院离退休工作目标责任制考核综合成绩99分，在省属高校中并列第一；离退休工作处党总支被评为“山东省高校先进基层党组织”；离退休工作处被评为“山东省老干部工作先进集体”。统战工作喜获佳绩，荣获“全省高校统战工作争先创优活动”先进单位三等奖。

[60周年校庆活动取得圆满成功]　10月28日，5000多名师生代表和有关省领导、兄弟院校代表齐聚在章丘校区共同庆祝了学院建校60周年。通过校庆这一有力契机，进一步提升了学院办学理念，密切了与校友及社会各界的联系，争取了更多社会力量的关注和支持，扩大了学院的知名度和社会影响力，进一步统一了思想，凝聚了力量，激发了全院教职工敬业奉献的工作热情和师生共谋发展的爱校情结。

山东省教育学院建校60周年庆典

[和谐校园长效机制建设收获丰硕成果]　召开了构建和谐教院宣传教育活动总结大会，制定并实施了《关于和谐校园长效机制建设的实施意见》，巩固扩大了“和谐教院”创建成果。加强了对敏感事件、突发事件和意外事故的应急管理，正常的教学、工作、生活秩序得到了有力保障；成立了体育运动委员会，举办了大学生科技文化艺术节和社团文化节，师生校园文化生活更加丰富多彩；开展了师德建设月活动，校风、教风和学风建设取得新成效；国际交流合作更加活跃，与爱德基金会联合举办了第10期山东省中学英语骨干教师暑期培训班并取得成功；对外宣传力度加大，山东卫视、山东教育电视台、《大众日报》、《齐鲁晚报》等多家媒体宣传报道了学院改革发展动态；凝炼了以新校区建设指挥部为先进典型的教院人共同培育和发扬的“团结拼搏、无私奉献、克服困难、勇往直前”的新校区建设精神，丰富了新时期“教院精神”的时代内涵，具有学院特色的校园文化进一步锤炼。

学院党政领导人

书记：周桂珍

副书记、院长：李清民

副书记：刘殿毅

副院长：徐以铭　刘德增　陈立江

纪委书记：牟树勋

学校地址：济南市历山路36号

邮政编码：250013

联系电话：0531－86401273

传　真：0531－86956889

（撰稿：邱忠华　贾　龙　审稿：李清民）

山东广播电视大学

[概况]　山东广播电视大学是以现代信息技术为主要手段，采用广播、电视、音像教材和计算机网络等多种媒体，面向全省进行现代远程开放教育的高等学校。

学校创办于1979年，目前已形成了由省电大、21所市级电大、100多所县级电大组成的覆盖全省城乡的远程教育网络，组成了统筹规划、分级办学、分级管理的现代远程开放教育教学系统，举办本科、专科、中专层次学历教育和多种形式的非学历教育、继续教育和岗位培训，形成了多层次、多规格、多功能、多种形式办学，学历教育与非学历教育协调发展的教育格局。

学校先后开设了理学、工学、文学、法学、教育学、经济学、管理学、医学等10个学科25类100多个专业，全省电大各类大专、本科累计招生48万余人，毕业生31万余人，非学历教育近300万人次。现有各类在校生10万多人，招生规模和在校生规模都达到了历史最高水平。

全省电大系统现有教职工4221人，其中专任教师2413人，在专任教师中，具有高级职称的687人，占专任教师的28.47%。兼任教师中具有高级职称的109人，占兼任教师的46.98%。

全省电大系统现有固定资产总值122407.19万元，其中教学科研仪器设备23779.01万元，拥有教学用计算机13316台、语音实验室座位数3276个、多媒体教室座位数21941个，网上教学课程数2257种，图书资料255.49万册，电子图书81.35万册。

[学校综合管理]　深入学习贯彻党的十七大精神，全

面加强学校党的建设和思想政治工作。认真组织全校教职工的政治理论学习，坚持和完善了学习制度。在全校组织开展了解放思想大讨论和开放教育发展大讨论等活动，进步一明确了学校的定位和发展方向：坚持“一体多元”的办学思路，以开放教育为主体，大力发展高等、中等职业教育、3＋2 教育、成人教育、继续教育和各类短期培训，坚持学历教育与非学历教育协调发展，办学与服务并举，多层次、多形式、多渠道、多功能、多元化办学，深入开展现代远程教育条件下职业人教育与培养的模式探索，全面推进电大教育改革与发展，发挥电大教育的优势和特点，实现办学由粗放型向集约型，由外延式向内涵式发展的转变，打造全民终身学习的平台，满足各类人员不同的学习需求，为社会培养应用型人才，推动电大教育再上新的台阶。制定了发展开放教育的具体落实意见。加强了党的组织建设和思想建设，提高了党组织的战斗力、凝聚力。党委总揽全局，坚持正确的发展观和政绩观，坚持和完善了党委领导下的校长负责制，抓大事，议大事，团结协作，干事创业。加强党风廉政建设，在做好经常性教育工作的同时，在全校党员领导干部中开展了“做勤廉表率、促科学发展”教育等活动，取得了良好效果。

教学管理水平不断提高。坚持“以教学为中心，以质量为核心”的办学指导思想，进一步巩固教学工作的中心地位，加强教学管理，深化教学改革，保证了教学质量的不断提高。召开了开放教育教学现场会，推广了开放教育教学工作先进经验。开展了网上教学检查，对开放教育 600 余门课程网上教学资源进行了全部检查和反馈。对网上教研活动、网上答疑活动、网上直播课堂进行了全面检查。对全省电大开放教育工作进行了自查。制定了《关于进一步加强实践教学工作意见》、《关于进一步加强网上教学工作意见》等一系列文件，编印了《开放教育教学文件汇编》，使每个教学点系统了解开放教育教学各环节的教学要求和具体操作规程，满足了基层教学点的迫切需要。中职的教学工作也得到了加强。

积极做好开放教育专业教学规则试点工作，调试用好新版教务管理系统软件。大力加强考风考纪建设，加快考试改革，将开放教育省开课半开卷考试门数扩大到 30％，积极进行网上考试改革工作试点。严格各个考试环节管理，组织完成了 20 次较大规模的全省电大考试，累计考生 80 余万人次。配合半开卷考试改革，科学命题，不断提高命题质量。大力做好开放教育管理工作，认真做好全省电大学籍工作。妥善做好高职挂靠招生后的学籍管理工作。努力做好教材发行工作，总码洋达 700 余万元，进一步提高了课前到书率和服务水平。中专的教学管理工作水平逐步提高。

强化技术支持服务。为了充分调动教学点的办学积极性，加大了对经济欠发达地区教学点的扶持力度。2008 年继续向教学点免费赠送了 20 个教学平台、20 个 OA 平台和 30 多台服务器，建立了“技术支持服务 QQ 群”，举办了全省电大在线教学平台管理员培训班，不断提高教学点技术人员的水平。

强化内部管理，校本部实体办学成效明显。加强了基层党组织建设，对原有的党总支和基层党支部进行了调整健全。开展了评优活动，表彰了 4 个先进党支部、10 名优秀共产党员、3 名优秀党务工作者。发展教职工党员 3 名，发展学生党员 76 名，46 名预备党员按期转正。加强了干部队伍建设。按程序和要求完成了职称评审工作。不断健全教代会制度，召开了学校第三届教职工代表大会暨工会委员代表大会第一次会议，通过了《山东广播电视大学 2009～2013 年发展规划》。积极发挥工会、妇委会的作用，组织开展丰富多彩的文化活动，开展了以“奉献一片爱心，构建和谐社会”为主题的“爱心一日捐”活动。全校教职工踊跃为四川地震灾区捐献爱心，共捐款近 16 万元。认真做好离退休老干部工作。努力营造积极健康的校园文化，积极开展对外宣传，扩大了学校的知名度，树立了良好的社会形象。严格财务管理和审计监督。认真落实财务预算，严格执行规章制度。努力催缴各地电大欠费。多渠道争取财政资金近 300 万元。加强了固定资产管理。充分发挥审计监督职能，实施过程审计，规范审计程序，不断拓宽审计范围，全年基建工程、维修类项目审计金额 3 千多万元，审减率 14.81％。认真做好后勤保障工作，坚持精打细算，减少浪费，提高效益加强了用电、用水管理。落实目标责任制，提高服务质量和水平。进一步加强了安全保卫工作，规范消防管理，落实安全责任人，落实检查巡查制度，顺利通过消防部门的检查，达到“六化”标准。加强安全教育，认真开展“安全教育月”活动。确保了学校的安全稳定。启动了 30 周年校庆的筹备工作。

经省教育厅批准，东校区加挂“济南铁道职业技术学院高新校区”的牌子，以铁道职业技术学院高新校区的名义进行独立招生。这是学校高职办学的新开端，也为今后的生存与发展奠定了良好的基础。在东校区综合管理服务办公室的领导下，强化值班工作，加强了服务和管理，保证了校本部良好的教学和工作秩序。加强教风学风建设，坚持听课制度。狠抓学生规范管理，进一步完善了学生工作规章制度和管理规定，加强对辅导员、班主任工作的检查指导。认真完成学生综合测评、学费减免、勤工助学、医疗保险、奖助学金的评定工作。全年共评选出校级“三好学生”100 名、“优秀学生干部”107 名；评选省级优秀学生 10 人，省级优秀学生干部5人,优秀班集体2个。加强学生公寓管理规范化、制度化建设。加强了校团委建设,公开选拔调整学生干部,调动和发挥了学生干部的积极性。校园文化生活丰富多彩。学生社团工作有了新进展。加强了图书馆建设,开展了读书征文、捐赠图书、好书推荐等活动,不断提高服务质量。

[招生与就业] 坚持以开放教育为主体,多层次、多规格、多种形式办学。全年开放教育招生3万多人,进入全国省级电大先进行列。三二连读和中专招生3800多人。专升本录取580人,毕业生录取率7.4%,其中校本部录取68人,毕业生录取率8%。校本部高职注册915人。非学历继续教育、培训考核10万人次。各类在校生10万多人。

不断完善毕业生就业工作体系,加大毕业生就业指导力度。毕业生就业指导工作由静态管理向动态管理转变,建立毕业时段月报制度,及时下发就业形势分析。共组织举办校内招聘会4次,与20余家企事业单位建立了合作关系,为毕业生争取1000多个岗位,确保了毕业生文明离校。

[科技活动与科技成果] 完善科研管理制度,制定下发了《山东广播电视大学科研奖励暂行办法》。组织开展了全省电大2008年网上课程教学评比活动。组织开展了全省电大2008年"教学创新奖"评选活动,2人获得全国电大教学创新奖。组织开展了山东广播电视大学第四届多媒体课件大赛。积极参与教育部重大课题《继续教育改革和发展战略与政策研究》之子课题,开展广播电视大学现状调研。组织申报2008年度山东省社会科学规划研究项目,3项课题立项,获得资助经费3.5万元。1项课题获山东省教育科学"十一五"规划2008年度重点课题立项。积极参加中央电大开展的优秀科研成果评选活动。《山东电大学报》坚持规范化办刊,积极加强开放教育教学与理论研究。

学校党政领导人

书记:张兴民

副书记、校长:王卫东

副书记、副校长:刘步俊

副校长:陈　骥　周子健

纪委书记:薛伟平

学校地址:济南市经十一路21号

济南市舜耕路10号

济南市新泺路85号(东校区)

邮政编码:250014

联系电话:0531－82626612

传　真:0531－82600740

学校网址:www.sdtvu.com.cn

(撰稿:赵生宝　审稿:王卫东)

山东省经济管理干部学院(山东行政学院)

[概况] 山东省经济管理干部学院是参照《公务员法》管理的省政府直属事业单位。学院承担着山东省高中级公务员培训、省属企业干部培训和学历教育三大任务。

学院前身为1980年2月建立的山东省工业干部学校,1983年10月改建为山东省工业管理干部学院,1986年6月更名为山东省经济管理干部学院。1992年12月,省政府为适应建立公务员制度的需要,在山东省经济管理干部学院的基础上扩建成立山东行政学院,实行"一个机构,挂两块牌子"。省政府常务副省长任院长、院务委员会主任。院务委员会由省直有关部门组成,每年召开一次会议,研究解决学院建设发展中的重大问题。

2008年,学院含在建新校区共占地103.43万平方米,校舍建筑面积13万平方米,在建工程14.6万平方米。办学基础设施完备,固定资产14974万元。建有功能齐全、档次较高的公务员培训楼和培训中心,能为干部培训提供较好服务。各类实验实训室、多媒体教室、语音室等50多个。馆藏图书、资料130余万册,期刊700余种。内部机构25个,其中党务行政管理部门13个,教学系部11个,教辅机构1个。设有党建与政治体制改革研究中心、区域发展研究中心等10个研究中心(所),山东省行为科学学会、山东县域经济研究会两个省级学会挂靠在学院。开设有计算机信息管理、电子商务、电脑艺术设计、国际经济与贸易、金融管理与实务、金融与证券、会计、会计电算化、财务管理、法律事务、旅游管理、涉外旅游、市场营销、国际金融、工商企业管理、商务管理、行政管理、人力资源管理、文秘、商务英语、保险实务、公共关系等31个普通专科(高职)专业;同时设有7个成人本科专业、24个成人专科专业;与天津财经大学、大连理工大学等合作举办MBA、软件工程硕士等研究生教育。逐步形成了以管理学、经济学、法学为重点,以文、史、理、工为基础,多学科相互交叉、相互渗透的学科体系。年度培训公务员 1063 人次，企业干部 1773 人次。现有在校生 7300 余人。建院以来，累计培训各类干部学员 5 万余人次，培养学历教育本、专科生 2 万余名。

[学习型校园建设] 注重学习型班子建设。坚持党委中心组学习制度，全年集中学习 9 次。学习中发扬理论联系实际的优良学风，认真研究学院发展中遇到的新情况、新问题，积极探索加快发展的新路子。着眼于提高执政能力，加强中层班子建设。举办了处级干部学习培训班，通过学习培训，处级干部进一步认清了形势，明确了任务，坚定了学院建设发展的信心。坚持抓好理论学习。以理论学习促进思想政治工作，增强工作的针对性和实效性。利用政治学习日等形式，精心部署师生员工的理论学习，重点安排了科学发展观、党的十七大、十七届三中全会以及中央、省委和省政府领导重要讲话精神的学习贯彻。按要求在处以上干部中组织开展了新一轮解放思想大讨论活动，大讨论与贯彻落实省委巡视组巡视工作的反馈意见相结合，增强了针对性。

[教学改革创新] 加强教学内涵建设，认真研究教学规律，提高教学质量，推进教学改革创新，圆满完成了全年各项教学任务。重视教学日常管理工作。统筹抓好校本部及东、西两个教学区的教学组织管理。加强教学质量监控，健全完善教学评价体系。制订了《教研室建设实施办法》。加强学科专业及课程建设，重新修订教学计划，改革实践教学模式，积极组织省级精品课程验收，切实抓好特色专业建设。加强教学硬件建设，投入 200 余万元，新建了 4 个多媒体教室、4 个实验室，更新了教学仪器设备。2008 年录取新生 1808 人，专科一批升本 227 人，专科二批毕业学生 1860 人。成立了迎接人才培养工作评估领导小组，按时完成了年度评估数据采集、上报任务。加强师资队伍建设。按程序招录硕士以上学历、中级职称以上专任教师 9 人，聘请了具有丰富实践经验和较高理论水平的领导、专家为学院特聘教授。举办了新进教师岗前培训班，组织开展了中青年教师讲课大赛、多媒体课件大赛等活动，组织相关教师参加了现代教育技术培训班、岗前培训班及井冈山骨干教师进修培训班等。成人教育办学进一步规范。加强学生学籍注册、审查工作，规范档案资料管理，调整了教学站布局，召开了全省教学站工作会议。录取新生 2811 人，毕业学生 3707 人。图书管理服务水平逐步提高。建立了典藏书库。引进了清华同方数据库。顺利完成了年度教材征订和发放。加强专业图书的采购。开展了“图书预借”、“新书到馆反馈”等工作。上架新书 16247 册，装订上架报刊 1399 册，新增电子图书 86.29 万册。

[干部培训工作] 紧紧围绕我省经济建设和社会发展需要，不断加强行政学院品牌建设，大力开展多层次、多形式、高质量的干部培训。2008 年 2 月 29 日，省委常委、常务副省长王仁元主持召开了新一届院务委员会会议。会议就改造和提升老校区功能，合理配置办学资源，优化培训环境，打造行政学院品牌等问题进行了专题研究。学院校区改造提升工程得到省发改委正式批复，项目总投资 15092 万元。公务员培训，举办培训班 19 期，培训学员 1063 人次。按照党的十七大“联系实际创新路，加强培训求实效”的要求，紧密结合山东实际，加大新内容进课堂力度，完善“一个核心、三个重点”的培训课程体系，进一步研究、深化教学改革。强化专题培训，举办了市厅级公务员推动文化大发展大繁荣专题研讨班、处级公务员发展服务业专题培训班等班次；不断创新教学形式，组织编写有关案例并开展了案例教学，积极探索异地教学和现场教学方式，提高了培训质量。企业干部培训，努力抓品牌、创特色，坚持大客户战略思路。坚持走市场化路子，注重贴近市场需求，积极开拓、培植新项目。以企业中高层工商管理培训为核心，开展了企业经营管理能力培训、卓越中层管理者技能培训等班次，全年举办培训班 26 期，培训学员 1773 人次。加快高层次企业人才培养，在职 MBA、MPAcc 研究生教育班次有序开展。重视与企业的深度合作，积极运用研究成果为企业提供管理咨询服务，完成了 2 项企业横向课题研究。积极开展与兄弟省市和地方行政学院的交流合作。与省委党校合作，共同承办了全国行政学院华东片区后勤工作会议。加强与地方行政学院的联系，交流经验，探讨合作，分头走访了青岛、烟台、日照、莱芜、枣庄、泰安等 6 市行政学院。培训中心加强管理，改善设施，改进服务，保证了干部培训需要。

[科研工作] 加强科研管理，抓好科研立项工作。高层次课题的立项数量有了新提升，立项全国行政学院科研合作基金课题 3 项，省社科规划课题 2 项，省软科学研究项目 1 项，其他省、厅级课题 6 项。出版著作教材 13 部，发表论文 86 篇次。组织召开了科研工作座谈会。组织了 2007 年度科研成果的评奖工作，评出获奖项目 34 项，并首次进行了科研组织奖的评选工作。注重发挥科研管理网络办公系统的作用。学报办刊质量不断提升，全年累计出版 7 期。据中国学术期刊综合引证年度报告统计，学院学报在各项计量指标上都有了显著提高。科研咨询服务、学术交流工作进一步加强。首创编印了《调研与咨政》内部参阅资料，送省

领导传阅。积极组织参加国家行政学院等有关单位的学术研讨会议及学术交流活动。充分发挥院内研究中心(所)和挂靠学术团体的作用,组织开展学术研讨活动。2008 年 12 月,主办了"山东县域改革 30 年高峰论坛"。

[办学运行机制]　积极探索一校两制下的办学模式,稳步推进各项改革。坚持依法治校。切实发挥《规章制度汇编》的作用,用制度规范管理,促进管理工作的科学化、规范化。为适应新形势、新任务的要求,进一步保证决策的科学性,成立了法律顾问小组。

干部人事工作,在省人事厅的支持下,参照公务员法管理工作顺利完成。根据需要增设、调整了部分内设机构。严格程序,任免、调整处级干部近 30 人次,科级干部 50 余人次。组织开展了 2008 年度职称评审工作,评出正高级职称 3 人,副高级职称 8 人,中级职称 37 人。接收军转干部 4 人。根据《劳动法》的要求,对合同制工人进行了情况摸底和规范管理。协办了省委组织部全省公开选拔考试工作。加强老干部工作班子建设,顺利通过全省老干部工作目标责任制检查,取得优秀。

财务工作,坚持"统一领导、集中管理"的财务运行体制。采取有效措施,下大力气抓好学费收缴工作,学费收缴率达到 99%。积极协调外部关系,争取到财政专项经费 950 万元。全年共取得各项收入 7237.9 万元。在资金紧张情况下,严格预算管理和财务监督,坚持有保有压,积极调度资金,努力开源节流,确保了工资、津贴的按时发放,保证了教学培训和办公、生活服务的正常运转。

学生工作,坚持管理育人、服务育人的理念,加强学生的思想政治教育。健全完善制度,制订了《关于进一步加强学生管理工作的实施意见》,修订了《学生手册》。注重加强辅导员队伍建设,评审表彰了优秀辅导员、班主任。统筹做好学生回迁、迎接新生、毕业生离校、学生资助、就业指导、心理健康教育等项工作。东、西教学区克服困难,集中精力抓学生日常管理,成效明显。顺利通过省教育厅组织的宿舍管理工作检查,被评为学生宿舍管理先进单位。

基建工作,新校区建设根据实际情况有计划地推进,现场工作规范有序。健全完善管理制度,严格规范财务、监督审计、材料采购等各项工作程序。加强与章丘市有关部门、双山镇政府等单位的联系与协调。四栋学生公寓主体封顶,完成了法政大楼、中心广场和主干道路基础回填、泄洪沟工程砌(浇)筑等项工作。老校区完成了校园建筑物抗震排查加固、图书馆地下室消防消火栓改造、南大门石材维修等工程。

后勤工作,继续深化后勤改革,进一步提高后勤管理与服务水平。按照"小机关、多实体"运作模式,逐步建立后勤工作长效运行体制。修订编印了《后勤服务工作管理制度汇编》。强调和谐后勤,努力打造一支有战斗力的后勤工作团队。抓节约、挖潜力,后勤经费同比节约 20%左右,高标准、严要求,努力完成保障任务。完成地下管网和地上照明设施改造,保证了水、电、暖、气安全运行和正常供应,积极争取调整用电比例,减少支出;完善车辆管理办法,车辆安全、有序运转;伙食工作采取原料源头采购、比价采购,克服上半年物价上涨压力,保证了食堂饭菜价格稳定;物业保洁,坚持日检查、周总结、月评比,教室及公共卫生环境保持良好,新增绿化面积 3500 m^2;计划生育工作有效开展;医疗保健任务圆满完成。积极发挥主观能动性,多办实事、好事,完成了自来水管网连接工程,根本上解决了师生员工饮用水卫生安全;采取内部挖潜、对外有偿服务,降低取暖价格。2008 年,顺利通过了省级卫生先进单位和计划生育先进单位的检查验收。

资产工作,加强管理,规范程序。认真做好房产管理,检查、修缮了校内部分建筑。全面提高国有资产管理水平,逐步建立起资产管理与财务管理、预算管理相结合的机制。按时完成了国有资产管理信息统计报表汇总上报工作。进一步做好固定资产增加、资产处置归口审核工作,2008 年新增固定资产 428.23 万元。严格物资设备采购及招投标程序,全年召开 8 次招标会议,采购合同金额 700 余万元。

安全保卫工作,严格落实安全工作责任制。健全完善安全工作规章制度。加强治安综合治理。优化户籍管理软件系统。认真做好消防设施的检查。广泛开展安全防范教育活动,编发了《安全工作简报》。加强技防建设,投入近 40 万元安装了闭路电视监控系统,对重点要害部位进行 24 小时监控。完善网络管理规章制度,保证了网络安全。档案、机要保密、文印室工作运转规范、安全有序。

加强校园环境综合治理。成立专门班子,积极协调济南市有关部门,进行学院门前两侧道路的整治、改造,学院正门面貌焕然一新;完成了南院沥青路面铺设,校园环境得到较大改观。

[党建和精神文明建设]　重视和谐校园建设。努力建设和谐班子、和谐队伍以及安定、文明、健康向上的和谐校园。坚持院领导接待日制度和院领导联系系部制度,安排接待日 17 个。班子成员实行听课制度,密切了同群众的联系,主动深入教学科研一线调查研究,了解情况,帮助解决实际问题。

加强基层党组织建设。坚持抓好各党总支、党支部的政治学习。完成了任期届满的9个党总支、37个党支部换届工作。组织开展了民主评议党员、表彰先优工作,评选表彰优秀基层党组织4个,优秀党务工作者4人,优秀共产党员47人。举办2期入党积极分子培训班,培训400余人次。发展党员178人,其中教职工党员7人。

加强党风廉政建设。认真学习贯彻落实中纪委十七届二次全会、省纪委九届三次会议精神和中央、省委《建立健全惩治和预防腐败体系2008～2012年工作规划》。坚持标本兼治,综合治理,惩防并举,预防为主的方针,积极推进教育、制度、监督并重的惩治和预防腐败体系建设。认真做好干部选任、职称评聘、预算管理、物资采购、招生录取和学费收缴等环节的监督工作。按计划对部分参照公务员法管理部门、经济独立核算单位开展了内部财务检查和审计工作。

切实抓好精神文明建设。注重引导,强化指导,做好群团工作。加强基层工会组织建设。组织开展了爱心一日捐、师德建设月、送温暖等活动。积极组织抗震救灾工作。面对5·12汶川地震灾害,师生员工捐款11万余元,全院党员交纳了12万余元"特殊党费",为灾区献上了一份爱心。成立了书画艺术研究会。深入开展了改革开放30周年纪念活动。共青团、院体委、学生会、学生社团活动积极,营造了良好的校园文化氛围。

学院党政领导人

山东行政学院院长:王仁元(兼)

山东行政学院、山东省经济管理干部学院党委书记:孙　矩

山东行政学院常务副院长、山东省经济管理干部学院院长:马殿平

党委副书记:马殿平　王建国　高焕喜

副院长:王宜韧　赵　丽　朱光明　刘增营

纪委书记:刘少杰

学院地址:济南市燕子山东路1号

邮政编码:250014

联系电话:0531－88513799　88933721(传真)

网　址:www.sdai.gov.cn

(撰稿:李坤轩　郝勇强　审稿:李淑云)

山东省农业管理干部学院

[概况]　山东省农业管理干部学院是1983年经山东省人民政府批准、原国家教委备案成立的全日制国办成人高等院校,其前身是1971年6月组建的山东省"五七"干部学校,目前主要承担着干部教育、高职教育、成人高等教育和农业技术短期培训等任务。学院建有济南校区、北校区两个校区,校园占地面积958亩,校舍建筑总面积28.8万平方米。现有在职教职工553人,其中教授、副教授148人,博士、硕士112人。高等职业教育设有8个教学系部,45个专业,在校生9802人;成人教育设有41个本、专科专业,在全省各地市均设有教学点;干部教育承担着国家人事部、省委组织部、省人事厅下达的培训任务和省农业厅、省财政厅联合举办的新型创业农民培训及兄弟省市的委托培训任务,年培训规模1340人。学院建有78个教学实验实训室,48个校外实习实训基地,图书馆藏书96万册(包括电子图书),教学仪器设备总值5021万元。

[综合管理]　2008年,在省委、省政府的正确领导下,院党委、院行政团结带领全院教职员工,认真学习贯彻党的十七大、十七届三中全会精神和省九次党代会精神,以科学发展观统领学院工作全局,以深化内部管理体制改革为中心,以教学改革、人才培养质量建设为重点,以干部队伍建设为保证,创新工作机制,规范管理程序,强化服务意识,推动学院各项事业稳步、健康发展。

学院认真贯彻落实中共山东省委、山东省人民政府和山东省教育厅一系列工作会议精神,深入分析论证学院发展面临形势、优势和山东省高等教育改革发展趋势,全面启动学院转制升本筹备工作。成立学院转制工作领导机构,制订转制计划、报告、章程、建设规划等文件,并及时组织上报给山东省人民政府分管领导和山东省教育厅领导及主管部门,得到省领导和山东省教育厅重视并做出了明确批复。截至2008年底,各项迎评准备工作已全面、深入展开。

健全内部管理体制。财务管理方面,严格预算编制的执行,加强各项经费开支的管理和审计,以增强内部管理效能为目的,进一步加大监察和审计工作力度。重点加强了对学院基本建设投资的审计工作,全年共完成对5项基建主体工程和59项零星工程的审计工作,审计金额8400余万元,审减金额1590余万元,平

均审减率达到 18.97%；对全院 28 个处级单位和 5 个科级单位财务管理情况进行了检查，针对发现的问题，进行整改，推进财务管理的规范化，有效减少跑冒滴漏。对学院 2001 年以来的资产实物和账目进行全面清查登记，并利用资产管理软件，初步实现动态管理。围绕增收节支，加强部门经费管理和后勤市场化改革，改革食堂、培训中心、幼儿园、门头房、宿管中心、水、电、暖、电子阅览室等管理办法；对各部门日常办公经费、业务活动费、公务用车费以及学院班车经费、公务接待经费、招生经费等实行包干、切块、分类管理，这两方面措施为学院一年增收节支 500 余万元。

校区建设，启动北校区 500 亩园林、园艺实训基地建设工程，做好功能规划、土质检测和基础设施建设工作，种植苗木、蔬菜等；完成 1000 平方米机电实训车间和 220 平方米动物医院建设工作，依据规划，初步完成对北校区水面整治建设任务，校园水面景观已具雏形，校园环境进一步改善。

深入开展解放思想大讨论活动和党风廉政建设责任制教育活动，加强对广大党员干部的廉政、勤政考核和作风监督，确保广大党员干部受教育、长才干；积极做好抗震救灾"特殊党费"捐助工作，全院 429 位共产党员共缴纳"特殊党费"461325 元，以实际行动支援灾区。组织师生员工开展一系列纪念改革开放 30 周年宣传教育活动。老干部工作，倡导亲情服务，与济南市急救中心联系，为 68 名老同志建立《120 家庭急救档案》，为 16 名离休老同志发放"亲情服务联系卡"，被山东省委老干部局评为"山东省直单位老干部工作目标责任制考核优秀单位"。

[教育教学改革]　紧紧抓住高等职业教育发展机遇，强化教学中心地位，深化教学改革。根据市场人才需求，新上 4 个专业一食品质量与安全、焊接技术与自动化、农村能源与环境技术、社区管理，学院高等职业教育专业总数达到 45 个。检查 2007 年确定的 8 个院级重点专业和 23 门院级精品课程建设情况，组织申报省级精品课程、省级特色专业。学院土地资源管理系"土地估价"课程被评为省级精品课程，实现学院省级精品课程零的突破。结合学院转制，修订完善 38 个专业教学大纲、教学计划。选择国土资源管理、畜牧兽医、机电一体化等 9 个专业推行大专业平台、小专业方向人才培养试点改革，在土地资源与房地产管理系、现代农业技术系试行工学交替、顶岗实习改革，在经济管理系物流管理专业试行订单培养改革。调整、新建教研室 17 个，新建实验实训室 5 个，添置图书 5 万册。确立 48 个校外实习、就业基地，大大改善了专业学习配套的实验实训实习条件。

教学质量进一步提高。2008 年学院有 15 名学生获得国家奖学金，1327 名学生获得国家助学金，287 名学生获得国家励志奖学金，7 名学生获得省政府助学金，2 个班级被评为省级先进班集体，15 名学生被评为省级优秀学生和优秀学生干部，151 名学生被团省委评为优秀毕业生。

[干部培训]　围绕"发展现代农业，推进新农村建设"主题，2008 年共举办省内外农业领导干部培训班 17 期，培训县处级农业领导干部 180 人，科局级业务干部 40 人，农民企业家 1120 人，为现代农业的发展和新农村建设提供了强有力的智力保障，培训工作受到了国家人事部、省委组织部、省农业厅、省财政厅等部门和参训学员的一致好评。

[师资队伍建设]　重视师资队伍建设，坚持引进与培养并重，着力打造一支满足教学培训需要的师资队伍。2008 年共引进教师 24 人，组织新任教师和辅导员培训班，培训教师 28 人。严格职称评定，通过教授资格评审 2 人，副教授资格 3 人，讲师资格 18 人，教外副高 1 人，中级 3 人，确定助教职务 17 人。组织参加高校教师资格岗前培训 37 人，专业技术外语、计算机等级考试 59 人，国内访问学者 5 人，高校教师现代教育技术培训 45 人。采取以老带新、实践锻炼、培训提高等方式，完善对年轻教师培养，重点提高青年教师的教学和实践指导能力；积极鼓励教师在职进修深造、攻读更高层次学位、拓展专业领域，提高教学科研水平。

[招生与就业]　2008 年学院录取专科(高职)新生 3314 人，毕业学生 3015 人，在校生规模扩大到 9802 人。成人教育录取新生 1710 人。充实就业指导工作人员，加强对学生就业观念、就业形势、就业技巧等方面的教育和指导，加强与社会用人单位的交流、沟通与合作，初步建立了毕业生实习就业相结合体系，进一步加强毕业生"双证"制度，2008 年毕业生初次就业率为 94.86%。

[科技活动与科技成果]　本着科研为教学服务的原则，学院将实践性教学研究作为 2008 年科研工作重点。全年争取上级科研立项课题 15 项，其中国家级 2 项，省级 6 项，厅级 6 项，横向协作 1 项。完成院级立项课题 13 项，荣获国家发明专利 2 项，制定省地方标准 2 项，争取科研配套经费 33 万。论文"中国传统细菌型豆豉溶栓酶的提取纯化技术研究"被 EI 收录，是学院在学术研究上的历史性突破。与山东省社科联联合在学院设立了"齐鲁讲坛——山东省农干院分坛"，

定期组织专题学术报告会，校园学术研究氛围浓厚。

学院党政领导人

书记：魏昌启

副书记、院长：董忠堂

副书记：曲云宏

副院长：温传富　李允祥　林松柏

纪委书记：王向军

济南校区地址：济南市历城区祝甸东首农干院路866号

联系电话：0531－88117897

传　真：0531－88117809

齐河校区地址：德州市齐河县城西（晏华路）

联系电话：0534－5626996

学院网址：www.sdngy.edu.cn

（撰稿：周安忠　审稿：董忠堂）

山东省工会管理干部学院

[概况]　山东省工会管理干部学院是1987年经原国家教委和山东省人民政府批准成立的全日制成人高等学校，前身是1938年创建的山东省总工会干部学校。目前学院以高等专科教育为主，兼有成人本、专科教育、工会干部培训和中外合作办学等多种职能。学院下设8个教学系部和1个院属二级国际交流学院，开设高职教学专业28个，成人本、专科教学专业19个，在校生10174人。2008年学院在省委高校工委、省教育厅的正确领导下，以邓小平理论和"三个代表"重要思想为指导，深入学习贯彻党的十七大精神，按照科学发展观的要求，坚持走外延与内涵发展之路，以迎接德育评估和转制升本工作为契机，不断解放思想，开拓创新，经过全体教职工的奋发努力，各项工作稳步推进。

[认真学习贯彻党的十七大精神]　学院党委把学习贯彻党的十七大精神作为首要政治任务，制定了学习计划，按照突出重点、分层推进的原则，在全院开展了形式多样、内容丰富的学习教育活动。在学习过程中，注重在深刻领会党的十七大精神实质上下功夫，在推动学院各项工作上见实效，紧密联系学院改革和发展的实际，紧密联系广大教职工的思想实际，通过开展解放思想大讨论，使全院教职工思想进一步解放，创新意识进一步增强，科学发展理念进一步深化，破解发展难题的能力进一步提高，为全面提高办学水平打下了坚实的基础。

[教学和科研工作]　学院进一步深化教学改革，办学规模、办学质量、办学特色都有了新的提高。一是招生工作稳步发展。按照"稳定数量、提高质量"的指导思想，通过加大招生工作力度，进一步提高了生源数量和质量。2008年共录取新生3641人，是建院以来招生数量最多的一年，学院在校生首次突破万人规模。随着成人招生政策的变化，学院主动探索新办法、新机制，积极做好成人招生工作，2008年录取成人本专科学生1175人。二是人才培养质量不断提高。通过实施"质量工程"，创新人才培养模式，强化素质教育，着力培养学生的学习能力、实践能力和创新能力，学生综合素质全面提高。学生在省级以上的各项比赛中共获67个奖项，在省高校音乐、美术专业师生基本功比赛中，获优秀组织奖和全能组优秀奖。三是师资力量进一步增强。学院把建设一支素质良好、结构合理的教师队伍作为提高教育质量的关键，通过实施"青年教师成长计划"，提高了教师队伍的整体水平。严格按照规定程序和进人条件，选聘、招聘了部分教师，确保了进人质量。有15名教师取得了高校教师资格，60余名青年教师参加了省高校教师教育技术培训。艺术设计专业教学团队被山东省教育厅评为"2008年山东省省级教学团队"，1名教师获山东高校十大优秀教师提名奖，1名教师获山东省大学英语青年教师教学能手一等奖。根据上级要求和有关规定，圆满完成了2008年教师职称评聘工作。四是科研水平不断提升。科研工作紧紧围绕学院发展和教学工作开展，在上档次、上水平上下功夫，形成了较为浓厚的学术氛围。2008年学院共申报省级科研课题5项，正式立项3项。学报《工会论坛》创新了工作思路，提高了办刊质量，扩大了办刊影响。图书馆在时间紧、任务重、人员少的情况下，克服种种困难，在西校区建立了图书馆分馆，为广大师生提供了较为方便的学习、研究场所。

[专业结构]　专业建设是立校之基、强校之本。学院结合自身优势和办学特色，突出专科专业和本科专业的对接，积极做好新上专业申报工作。2008年学院申报了四个专业，已获山东省教育厅批准，学院现有专业涉及经济学、法学、管理学、工学、艺术、文学、教育学7个学科门类，基本形成了多学科协调发展、结构合理的专业体系。

[办学条件]　学院进一步加大对教学的投入，积极改

善办学条件，新建多媒体教室34个、网络监控点38个、实验实训室5个，安装了多媒体网络控制系统，更新了大礼堂的教学、演出设施、设备，构成了一个集开放型教学、智能化管理、多媒体应用等功能于一体的现代化教学环境，使教学和实训条件得到了明显改善。

[对外交流与合作] 学院积极引进和吸收国外优质的教育资源和先进的管理理念，在巩固、做好与现有友好院校合作的基础上，探索灵活多样的合作办学机制，充分调动中外教师的积极性，教学质量不断提高。目前在校生达668人，中外合作办学规模在全省同类院校中名列前茅。在中法关系敏感时期，学院多方联系、积极争取，不仅有效化解了学生出国留学的危机，还争取到了与法国更多公立大学合作的机会。

[干部培训工作] 学院充分发挥主阵地、主渠道的作用，紧紧围绕新形势下工会工作的中心任务，努力做好各项培训工作。全年举办各类培训班20期，培训、轮训各类干部近两千人次，派出教师到市、县党校和工会讲课80多人次，听课人数达2万人次，保质保量地完成了各项培训任务。学院以“探索创新工会理论教学，推进院校干部培训工作”为主题，成功举办了华东地区工会院校工会理论教学研讨会，七个省市的工会院校领导和教师参加了会议，对于推动工会理论建设和教学改革，加强工会兄弟院校的合作与交流，发挥了积极的作用。

[德育工作] 学院以迎接德育评估为契机，注重以评促改、以评促建，德育特色逐步形成，广大学生思想政治素质不断提升，展示出新时期大学生的风采。学院两名学生勇救坠楼儿童的事迹，齐鲁电视台进行了专题报道。在汶川发生大地震后，全院师生积极主动捐款11万余元，交纳特殊党费近8万元，300余名师生自发献血，用实际行动表达了对灾区人民的爱心。经过全体师生的共同努力，学院德育工作受到了专家组的好评，被评为德育工作优秀院校。

[育人工作] 学院始终坚持以人为本的工作理念，牢记“学生利益无小事”的工作宗旨，通过采取各种得力措施，拓宽了学生就业渠道，学生带薪实习的专业和人数不断增加，就业率大幅度提高。健全完善了以政府资助为主导，国家助学贷款为主体，“奖、贷、助、补”四位一体的助学体系，近两千名学生受到了资助，切实解决了部分贫困生的实际困难。建立了院、系、班三级认定机构，将各项资助政策落实到位，受到了省教育厅学生资助管理中心的表扬。学院热爱、关心学生蔚然成风，艺术系教师们主动捐款4万多元救助受伤的学生，齐鲁电视台对此进行了跟踪报道，在社会上产生了积极影响。学院积极发挥学生组织作用，以科技创新、校园文化活动、第二课堂、社会实践、学生会自身建设为重点，开展了各种健康有益的活动，使学生在参与中经受了锻炼，增长了才干，提高了素质。通过开展丰富多样的校园活动，既美化了环境又启迪了学生。

[管理服务工作] 一是稳步推进内部机构改革。学院根据发展需要，按照有利于整合资源、有利于明确职责、有利于调动工作人员积极性的原则，调整和完善了现有机构设置，使工作分工更加合理，运行更加顺畅。二是努力做好财务工作。学院牢固树立科学理财的观念，坚持依法理财，强化了各项财经纪律，提高了资金使用效益。加强了对资金使用和运转情况的监控，对学院资产进行了认真清点，登记造册，定期核查，有效防止了流失，确保了资金良好运转。顺利通过了省审计厅对原法人代表的离任审计工作，审计组对学院的财务管理、资金运行、资产积累等情况给予了充分肯定。三是不断提高服务保障能力。对校园进行了整治改善，进一步美化了教书育人和学生成长成才的环境。培训服务中心认真履行了目标管理责任制，为参训干部提供了高效、优质的保障服务。对老干部活动中心进行了改造，添置了部分活动器械，改善了老同志的活动环境和场所。西校区中心广场基础工程已经完成，新增绿化面积6万多平方米，绿树成荫、山水相映的环境已初步形成。四是切实做好校园安全稳定工作。学院加强了安全稳定教育，认真落实安全稳定责任制，把各项安全工作做细做实。在迎奥运活动中，全院师生没有发生任何政治事件和群体安全问题，确保了校园的安全稳定。加强了对互联网的管理与监控，多层面促进了网络安全，顺利通过了济南市公安局组织的网络信息安全检查。五是积极加强节约型校园建设。学院认真贯彻落实省委、省政府关于建设节约型社会的一系列文件精神和部署要求，采取有效措施，大力开展节能降耗、勤俭节约活动，积极推动节约型校园建设。在全国节水工作会议上，被中国城镇供、排水工作委员会评为节水工作示范校园。

[党建工作] 学院把党的执政能力建设作为主线，加强宗旨教育，全面推进党的建设。一是进一步加强了干部队伍建设，完善了干部任用、考核、评价体系，按照德才兼备、注重实绩、群众公认原则调整和充实了处级干部队伍；引导和督促干部讲真话、出实招、办实事、求实效，想干事、会干事、干成事，把注意力放在干事创业谋发展上。二是进一步强化了宗旨教育，努力增强党

员的发展意识和服务能力，充分发挥党员在学院改革、发展、稳定中的先锋模范作用；积极做好在中青年教师和学生中发展党员工作，壮大了党员队伍力量。三是进一步加强了党风廉政建设，各级领导干部能够牢记胡锦涛总书记倡导的八个方面的良好风气，珍惜自己的形象，珍惜自己的声誉，珍惜党组织和群众的信任，老老实实做人，干干净净做事，清清白白生活；坚持标本兼治、综合治理、惩防并举、注重预防的反腐倡廉方针，推进教育、制度、监督并重的惩治和预防腐败体系建设，认真落实党风廉政建设责任制，进一步加强了党风、教风、学风、校风建设。

学校党政领导人

书　记：何莲阁

院　长：王祝玉(兼)

副书记：曹广东

副院长：荀方杰　梁守兰　艾思同　安立志　杨西国

纪委书记：李本宽

东校区地址：济南市历城区桑园路 60 号

邮政编码：250100

西校区地址：济南市长清区大学科技园丁香路 3500 号

邮政编码：250359

联系电话：0531－88602644

传　真：0531－88604243

电子邮箱：ghxy7718@163.com

(撰稿：李本宽　潘　峰　审稿：王俊梅)

山东省青年管理干部学院

[概况]　山东省青年管理干部学院是 1987 年建立的一所全日制成人高等学校，其办学基础是创建于 1949 年的山东省团校。1988 年开始举办成人高等学历教育，1998 年开始承担普通专科生的招生与教育教学任务。学院东校区位于济南市历城区港沟镇经十东路 31669 号，西校区位于济南市历下区经十路 27 号。校园占地总面积 1070 亩，校舍建筑总面积 27.5 万平方米，资产总值 4.7 亿元。学院现设政法系、管理科学系、经济系、国际贸易系、文化传播系、外语系、旅游系、舞蹈系、工艺美术系、信息工程系和体育部、培训部等 12 个教学系、部，24 个专业，涉及到社会科学、人文科学、管理科学、工学四大学科门类。普通专科和成人全日制在校生 10088 人。图书馆藏纸质图书 85.1 万册，电子图书 38 万册，各类纸质中外文期刊 1400 余种，电子期刊 3600 余种，电子阅览室 300 台座。有各种实验、实训室 74 个，教学用计算机 2128 台，教练汽车 131 辆，语音室 736 座，多媒体教室 4318 座，建有现代化校园计算机信息网络系统，仪器设备总值 4084 万元。有教职工 756 人，专任教师 513 人，兼任教师 137 人(含外籍教师 12 人)。专任教师中有教授、副教授 179 人；博士、硕士 255 人；具有研究员、副研究员等其它系列高级专业技术职务人员 41 人。

[教学工作]　以升本创建为动力，全力完善基础建设，促进内涵发展，注重质量提升。学科专业建设取得新成绩，评选院级特色专业 5 个，新闻采编与制作、文秘两个专业被省教育厅批准为省级特色专业和品牌专业；评选院级精品课程 11 门，前厅服务与管理课被批准为省级精品课程。加强教学团队建设，文秘、会计、旅游管理专业三个教学团队被评为院级优秀教学团队。验收省级教改课题 1 个，完成学院教学改革立项结题 16 个，组织教学改革课题立项 22 个。加强实习和实践教学力度，新建校外实习实训基地 23 个，新建金融专业等 5 个专业实验室。进一步加强教材建设，提高选用教材的质量，组织教师自编新编教材 19 部，满足了教学急需。修订完善部分专业和新增专业教学计划，尝试改革“学分制”教学计划，在物业管理等专业开始进行“2＋1”培养模式的改革，并在部分专业实行突出专业技能培养、以就业为导向的分方向教学改革。干部教育克服本年度培训任务不足的困难，组织培训青年干部和青少年工作者 33 期，培训 3126 人，圆满完成团干部培训任务。

加强师资队伍建设。年内有 9 名教师分别取得博士、硕士学位，新引进的教师中有博士 2 名。重视做好新任教师的岗前培训，充实培训内容，对 196 名新进及年轻教师进行了系统培训，选派 2 名教师出国进修。严格落实新开课程和新任教师试讲制度，对所有新开课程和新任课教师进行了统一试讲。各教学系、部坚持以老带新、以新促教的教师培养模式，加强对青年教师的培养教育，促进了教师队伍的整体素质明显提高。有 5 名教师被学院评为教学名师。

教学改革成效显著。2008 届毕业生中有 455 名同学在专升本考试中分别被省内有关院校录取，录取率列全省同类高校前列。有 30 多位教师和学生分别在全国和全省专业技能竞赛比赛中获得优异成绩。其中外语系韩云霞老师获山东省青年教师课堂教学比赛一等奖，国贸系 2006 级学生郭丹在全国性的英语学科权威赛事"全国大学生英语竞赛"中获一等奖。舞蹈系应邀参加了中央电视台春节联欢晚会、中央电视台公安部春节联欢晚会和山东电视台春节联欢晚会等重要演出任务;10月份,由舞蹈系师生创作表演的群舞《水鸣》在中国舞蹈"荷花奖"校园舞蹈大赛暨首届青年舞蹈节上,荣获中国舞蹈"荷花奖"校园舞蹈大赛表演金奖,实现了山东舞蹈界在全国重大专业比赛中获奖的又一次突破;男子群舞《矿道深处》获首届山东省"泰山文艺奖"舞蹈类二等奖。学院舞蹈专业教学得到国内专家学者的高度评价,中国《舞蹈》杂志为学院舞蹈系做了专题报道,受到省委、省政府及相关部门的高度重视和表扬。各系、各专业结合实际情况,分别推出了订单教育、技能展示、校际交流、合作培养等各种强化专业建设的新举措,努力提高办学特色和人才培养水平。加大了教学仪器设备的投入,更新升级了语音室、微机室等电化教学设备,确保了教学需要。新建图书馆、电子阅览室投入使用,加大了对电子阅览室的管理力度,有力地保障了教学需要。

[科研工作]　坚持以科研促教学,认真落实《科研计划管理办法》、《科研工作量考核办法》等文件,加大科研工作管理力度,首次对具有专业技术职称的人员进行科研成果考核,并将考核结果纳入专业技术人员年终考核和职称评聘体系,调动了专业技术人员队伍特别是中高级职务人员开展科研工作的积极性。积极做好科研课题立项、结项工作,有1项课题被全国教育科学"十一五"规划2008年度规划课题立项;2项课题被山东省社会科学规划研究项目立项,其中1项为省规划办批准的带资项目;另有14项课题分别获得省级科研规划项目立项。完成省级科研课题结题10项,其中省级重点课题2项,立项结项课题数量、层次创历史新高。年内,出版发表研究报告、著作、论文及其他成果499篇(部)。其中研究报告26篇,教材50本,论文345篇,其他作品78件,著作、论文总计达513万字。获得省级优秀科研成果一等奖1项、二等奖2项、三等奖9项,申报省级高校优秀科研成果奖7项。学报《青年工作论坛》坚持向知名专家、教授约稿制度,重视扩大研究生作者群,进一步提高了稿件分量和编辑质量,取得了很好的社会影响,年内被评为首届"全国高职成高学报核心期刊"、"山东省优秀期刊"。《青少年研究》改为双月刊后,不仅蝉联山东省优秀期刊,在年度又创新了复印索引率,在全国报刊索引率达到100%。

[学生工作]　重视发挥青年干部院校的政治优势,始终把提高大学生的思想政治素质放在首位。坚持以科学的理论武装学生、以正确的舆论引导学生、以高尚的精神塑造学生、以先进的文化引领学生,不断深化学生思想政治教育工作。开展了十七大精神学习、大学生文明修身工程、纪念改革开放30周年和迎奥运为主题的爱国主义教育等一系列活动。成功召开了第一次团代会和春季田径运动会,组织开展了以抗震救灾为主题的爱心教育,以诚信交纳学费、诚信贷款和诚信考试为目的的诚信教育,以加强学生科技素质与人文精神为主题的"百名名师进山青、名人名家进校园"活动,以提高学生明辨是非和自我防护能力的安全教育等活动,均取得良好效果。进一步修订完善学生教育管理各项规章制度,坚持严抓课堂纪律、宿舍纪律和食堂就餐秩序,严厉惩处打架酗酒等违纪行为,倡导文明礼貌的校园行为。举办了第二届宿舍文化节,突出了学生公寓的育人功能。加强大学生心理健康教育中心建设,扎实开展大学生心理健康教育,建立了心理健康教育工作的长效机制,心理咨询中心累计接待来访学生1000多人次。多方筹措资金,加大对贫困生帮扶力度,建立健全了奖、助、勤、贷、补和医保"六位一体"的学生资助体系,全年学生资助资金超过500万,生均近600元。

重视加强辅导员队伍建设。加强对辅导员队伍的教育培训工作,关心辅导员的工作、学习和生活,适当提高辅导员生活待遇,辅导员队伍的整体素质不断提高。全体辅导员都能以对学院建设和学生成长高度负责的态度,兢兢业业,甘于奉献,克服困难,忘我工作,为学生成长进步倾注了大量的汗水和心血,确保了全体学生的思想稳定。有1名同志被评为山东高校优秀辅导员,23名同志受到学院表彰。

[招生与就业]　适应高校招生新形势,利用各种形式和媒介,搞好招生宣传工作。年内录取普通高考新生、"三二连读"专科新生、成人高考本专科新生共计4735人,其中普通高考新生3954人,录取人数、录取分数、学生质量为历年最高。2008届毕业3400余人,是学院毕业生最多的一年。重视做好毕业生就业工作,在扎实做好就业培训的基础上,成功组织了毕业生供需见面会,邀请省内外近200家用人单位来校招聘人才,提供就业岗位2000多个。各教学系积极发挥资源优势,组织各类小型招聘会60余场,发布就业信息数百条,共为学生联系400余家就业单位,推荐毕业生1000余人次,毕业生初次就业率达89%,年终就业率达到95.6%。管理科学系、政法系、旅游系和国际贸易系等积极探索校企合作办学和订单式教育新模式,为学生就业探索新途径,获学院毕业生就业工作先进单位表彰。

[经费保障]　加强财务管理，多方筹集资金，为学院建设发展提供有力保障。今年是学院建设新校区以来资金困难压力最大的一年，一期建设贷款陆续到期，二期建设投入资金较大，加之银行利率高，后期受到全球金融危机的影响，新贷和续贷资金十分困难，学院建设面临着前所未有的巨大压力。为了缓解经济困难，减少资金风险，学院党委和全体教职工同舟共济，齐心协力，艰苦奋斗，想方设法筹措资金，寻求担保，拓展来源，全年运作续借续贷资金 1.5 亿元，保证了正常的事业开支和部分到期基建款支付，确保了教职工生活、学院教学与创建工作正常运转。深化财务管理制度改革，对教学系、部经费预算进行了切块方式管理，严格预算管理，在保障系部教学需要的基础上，严格控制支出，从运行情况看，多数系部经费使用均控制在预算范围之内，没有经费超支现象。积极争取省财政改变拨款渠道，新年度财政预算已经实现了由原来的按干部教育拨款渠道改为按普通高校生均拨款渠道。加强审计监督，配合省审计厅圆满完成了对 2007 年预算执行情况审计工作，彻底清理了部分部门账外账户，进一步健全财务管理制度，学院财务管理情况得到了省审计厅的充分肯定。

[后勤建设]　坚持“三服务”、“三育人”的工作宗旨，以加强后勤文化建设为载体，努力提高后勤人员综合素质，全面提升管理与服务水平。认真落实《后勤文化建设规划》，以文化建设促进队伍素质、管理水平和服务质量的不断提高，后勤人员的精神面貌焕然一新。完成了一期绿化工程交接，召开绿化工作专家论证会，顺利完成了一期绿化工程托管工作，按要求做好了东、西两个校区树木病虫害防护工作。加强对生活、热力、电力、房产、物业、物资等方面的管理工作，严格落实操作规程和各项制度，精打细算，厉行节约，确保了安全生产，两个学生食堂被历城区授予食堂卫生示范单位。坚持预防为主的方针，努力做好医疗卫生服务。正式启动了数字化校园建设工作，完成了网络中心机房建设，所需设备的购置、安装、原有设备的升级改造基本完成，教务管理、学工管理、邮件、OA、新闻发布等应用系统调研、开发和试运行工作进展顺利，交通、通讯服务等各项保障工作扎实有效开展，有力地保证了各项工作的顺利运行。

[平安校园]　坚持预防为主，加大教育和综合治理力度，确保校园安全稳定。认真贯彻落实建设“平安校园”、“和谐校园”要求，注重加强安全教育，以安全宣传月活动为载体，举办专题安全教育讲座 10 次，进行了消防实战演练，提高师生的安全防范意识。加强人防、物防、技防建设，逐步形成了网状、立体化的校园安全防范体系，及时处理扰乱校园秩序和师生安全的违法违纪事件，净化校园周边环境。认真落实治安综合治理工作目标责任制，签定了《综合治理责任书》、《防火安全责任书》，严格落实校区治安案件周报制度。充分发挥信息网络组织的作用，做好安全情报信息收集工作，确保了学院安全稳定。学院被山东省社会治安综合治理委员会授予 2008 年平安山东建设先进单位。

[教育外事工作]　加强对外籍教师的管理和服务，根据教学需要，聘请了来自美国、澳大利亚等八个国家的 12 名外籍教师来校任教，接待了来自英国、澳大利亚等 10 多个国家的高等教育机构和组织的来访，邀请多名国外大学的专家学者来学院做专题讲座。推荐留学工作稳步发展，年内共向国外输送留学生 60 余名。与英国普茨茅斯大学合作办学协议获得了省教育厅的许可并完成首期招生，标志着学院对外合作办学取得新成果。

[职业技能鉴定]　组织在校生参加全国计算机等级考试 1944 人，山东省高职高专英语应用能力考试 3420 人，英语四六级考试 4100 人、职业技能鉴定 375 人。省直普通话培训测试中心测试 13089 人，测试面覆盖全省高校、省直单位 102 个，年度测试规模再创新高。

[党的建设]　重视抓好师生特别是党员队伍的思想政治教育工作，组织职工、党员系统地学习了党的十七大精神，学习了胡锦涛总书记的一系列重要讲话，邀请专家来校对教职工进行十七大精神和科学发展观理论辅导及开展形势政策教育，提高了全体教职工和党员队伍的思想理论水平。重视加强基层党组织班子建设，按照要求完成了基层党支部的换届选举工作，基层党组织班子结构进一步优化，凝聚力、战斗力进一步增强，党员队伍的先锋模范作用进一步提高。加强对党员队伍的教育，切实做好党员的培养和发展工作，年内共培训入党积极分子 724 人，发展学生党员 231 人，严格党内组织生活制度，坚持“三会一课”制度，定期部署召开民主生活会，开展健康的批评和自我批评。四川汶川地震期间，广大党员心系灾区，踊跃交纳“特殊党费”20.526 万元，得到了上级组织部门的充分肯定。加强纪检监察工作，认真贯彻执行中纪委、教育部《关于加强高校廉政建设的意见》，各级干部特别是领导干部，严格遵守纪律和各项规定，党风廉政建设得到进一步加强。

[干部队伍]　加强对干部的教育管理，进一步完善教

育管理机制，坚持政治坚定、品行端正、业绩突出、群众公认、作风优良的选人用人原则，树立良好风气。认真做好人才引进、培养和专业技术职务评审工作，年内评审通过教授3人，副教授8人，讲师30人，其他系列副高2人，中级1人，使教师的学历、职称结构进一步优化。认真贯彻新《劳动法》，实行临时用工托管分流，进一步规范了临时用工的使用与管理。认真做好老干部工作，在首届驻济高校离退休干部柔力球表演赛中，学院代表队荣获集体三等奖，年终被省委老干部局表彰为"山东省省直单位老干部工作目标责任制调查考核优秀单位"。

学院党政领导人

书记：孙爱军（2008年2月任职）
张光峰（2008年2月离职）
副书记、院长：尹　方（女）
副书记：赵熙山
副院长：刘先义　李长文　周晓波
吴裕根（2008年10月离职）
纪委书记：化　旭

学校地址：济南市经十路27号（西校区）
济南市经十东路31699号（东校区）
邮政编码：250014
联系电话：0531－85857472
电子邮箱：bgs@sdyu.edu.cn

（撰稿：王彦军　审稿：彭继东）

先进个人与先进单位

山东省先进工作者

王瑞明　山东轻工学院教授
董育斌　山东师范大学教授
曹茂永　山东科技大学教授
杨朝合　石油大学教授
于树增　山东师范大学附属中学校长

2008年度教育创新人物（校长系列）名单

（按学段排序）

姓　名	学　校
杨　屹	青岛市实验小学
董春玲	莱芜市钢城区黄庄镇丈八丘联合小学
夏建娟	威海市鲸园小学
高桂荣	滨州市博兴县第一小学
崔其升	聊城市茌平县杜郎口中学
刘玉祥	潍坊市寿光世纪学校
张立栋	枣庄市第十五中学
李世良	山东省临沂市第一中学
王品木	济南市济钢高级中学
杜金山	济宁兖州市第一中学

2008年度教育创新人物（校长系列）提名奖名单

（按市地排序）

姓　名	学　校
张　萍	济南师范学校附属小学
李志刚	青岛即墨市第二十八中学
单连芬	淄博市沂源县实验小学
刘绍华	山东省淄博市第四中学
李　敬	枣庄市立新小学
张广利	东营市胜利四中
宋卫忠	东营河口一中
王洪利	烟台市芝罘区凤凰台小学
郭美娟	烟台招远第一中学
王秀芹	潍坊市奎文区孙家小学
刘煜宁	济宁市第十三中学
柳昭强	泰安市宁阳县实验小学
程和方	泰山学院附属中学
乔文京	威海市荣成第十四中学
刘翠珍	日照市新营小学
郑　强	日照市新营中学
陈传军	莱芜市第一中学
李素香	滨州市滨城区清怡中学
李升勇	德州乐陵市第一实验小学
王宗和	德州市第十中学

（续表）

姓　名	学　校
崔秀山	聊城第一中学
姜怀顺	临沂市罗庄第二中学
张中华	菏泽市单县实验小学
刁颜青	菏泽市牡丹区第二十一中学

（资料来源：鲁教师字[2008]8号）

2008年山东省师范类优秀毕业生名单

编号	姓名	性别	学校名称
01001	丁晓菲	女	山东师范大学
01002	张　琦	男	山东师范大学
01003	高　超	女	山东师范大学
01004	张俊涛	男	山东师范大学
01005	王艳艳	女	山东师范大学
01006	王金燕	女	山东师范大学
01007	李莹莹	女	山东师范大学
01008	王　鹤	女	山东师范大学
01009	孔凡云	女	山东师范大学
01010	王　雁	女	山东师范大学
01011	彭立华	女	山东师范大学
01012	张春梅	女	山东师范大学
01013	高燕燕	女	山东师范大学
01014	任朋利	女	山东师范大学
01015	朱莲莲	女	山东师范大学
01016	纪　平	女	山东师范大学
01017	刘立群	女	山东师范大学
01018	任文文	女	山东师范大学
01019	王亚丽	女	山东师范大学
01020	王　瑜	女	山东师范大学
01021	张丽芳	女	山东师范大学
01022	田晓玮	女	山东师范大学
01023	智　刚	男	山东师范大学
01024	咸　婧	女	山东师范大学
01025	袁福传	男	山东师范大学
01026	杨　娜	女	山东师范大学
01027	林玉花	女	山东师范大学
01028	于英姿	女	山东师范大学
01029	王　斌	男	山东师范大学
01030	崔文婷	女	山东师范大学
01031	王　静	女	山东师范大学
01032	沈　涛	男	山东师范大学
01033	沈智勇	男	山东师范大学
01034	田　颖	女	山东师范大学
01035	王　丽	女	山东师范大学
01036	刘安逸	女	山东师范大学
01037	孙英男	女	山东师范大学
01038	任娟娟	女	山东师范大学
01039	张玉香	女	山东师范大学
01040	陈了了	女	山东师范大学
01041	贺晓芹	女	山东师范大学
01042	孙玲玲	女	山东师范大学
01043	张秋菊	女	山东师范大学
01044	宋明媚	女	山东师范大学
01045	王衍军	男	山东师范大学
01046	汪　洋	女	山东师范大学
01047	乔　波	男	山东师范大学
01048	黄　晨	女	山东师范大学
01049	刘艳芳	女	山东师范大学
01050	房淑娟	女	山东师范大学
01051	岳秋菊	女	山东师范大学
01052	朱　翠	女	山东师范大学
01053	林　琳	女	山东师范大学
01054	申秀云	女	山东师范大学
01055	何　静	女	山东师范大学
01056	齐莉莉	女	山东师范大学
01057	马　菲	女	山东师范大学
01058	娄　敏	女	山东师范大学
01059	王　旭	女	山东师范大学
01060	王欣欣	女	山东师范大学
01061	徐　牧	女	山东师范大学
01062	刘　佳	女	山东师范大学
01063	李大海	男	山东师范大学
01064	王　娟	女	山东师范大学
01065	徐妍茹	女	山东师范大学
01066	李　慧	女	山东师范大学
01067	刘菲菲	女	山东师范大学
01068	杨雪涵	女	山东师范大学
01069	谢晓琼	女	山东师范大学
01070	吴文双	女	山东师范大学
01071	王　峰	男	山东师范大学
01072	任方旭	男	山东师范大学
01073	裴雯雯	女	山东师范大学
01074	毕兴玉	男	山东师范大学

01075	卢进满	男	山东师范大学
01076	王　茜	女	山东师范大学
01077	郭宗磊	男	山东师范大学
01078	王　静	女	山东师范大学
01079	何丽伟	男	山东师范大学
01080	宋　奇	男	山东师范大学
01081	孙绍琴	女	山东师范大学
01082	姜艳艳	女	山东师范大学
01083	管西荣	女	山东师范大学
01084	杨青玲	女	山东师范大学
01085	张　静	女	山东师范大学
01086	李真真	女	山东师范大学
01087	田士银	男	山东师范大学
01088	赵生平	男	山东师范大学
01089	付文文	女	山东师范大学
01090	张　颖	女	山东师范大学
01091	侯　青	女	山东师范大学
01092	王　斌	男	山东师范大学
01093	原晓萍	女	山东师范大学
01094	张文娜	女	山东师范大学
01095	韩　振	男	山东师范大学
01096	丁艳芳	女	山东师范大学
01097	颜炳杰	男	山东师范大学
01098	刘成保	男	山东师范大学
01099	侯普伦	男	山东师范大学
01100	苗　苗	女	山东师范大学
01101	屈会军	男	山东师范大学
01102	张菁菁	女	山东师范大学
01103	席思花	女	山东师范大学
01104	曹　昱	男	山东师范大学
01105	梁海红	女	山东师范大学
01106	丁明翠	女	山东师范大学
01107	张广平	男	山东师范大学
01108	李明珠	女	山东师范大学
01109	李　凯	男	山东师范大学
01110	王丽娟	女	山东师范大学
01111	王　锋	男	山东师范大学
01112	刘　宾	女	山东师范大学
01113	苏慧君	女	山东师范大学
01114	厉彦忠	男	山东师范大学
01115	周志红	女	山东师范大学
01116	朱静师	男	山东师范大学
01117	张　珍	女	山东师范大学
01118	黄启前	男	山东师范大学
01119	孙　跃	女	山东师范大学
01120	郭　玮	女	山东师范大学
01121	高　源	女	山东师范大学
01122	杨　娜	女	山东师范大学
01123	张　静	女	山东师范大学
01124	任尚阳	女	山东师范大学
01125	孙中战	男	山东师范大学
01126	王　芳	女	山东师范大学
01127	王　辉	女	山东师范大学
01128	焦　楠	女	山东师范大学
01129	张　禾	女	山东师范大学
01130	王　婷	女	山东师范大学
01131	潘艳会	女	山东师范大学
01132	刘　晓	女	山东师范大学
01133	车洪杰	男	山东师范大学
01134	张运芹	女	山东师范大学
01135	刘志红	女	山东师范大学
01136	吕新芳	女	山东师范大学
01137	徐秀美	女	山东师范大学
01138	刘　娟	女	山东师范大学
01139	薛红霞	女	山东师范大学
01140	石素华	女	山东师范大学
01141	于艳艳	女	山东师范大学
01142	李　丽	女	山东师范大学
01143	王　晶	女	山东师范大学
01144	刘　宁	女	山东师范大学
01145	程　静	女	山东师范大学
01146	毕振华	男	山东师范大学
01147	程　钰	男	山东师范大学
01148	邵　倩	女	山东师范大学
01149	常　辉	男	山东师范大学
01150	王　巍	男	山东师范大学
01151	葛雪芹	女	山东师范大学
01152	李　晓	女	山东师范大学
01153	刘　教	女	山东师范大学
01154	靳永辉	男	山东师范大学
01155	吴立新	男	山东师范大学
01156	牛金刚	男	山东师范大学
01157	李云涛	男	山东师范大学
01158	杜文娅	女	山东师范大学
01159	冯　晟	女	山东师范大学
01160	韩俊华	女	山东师范大学
01161	姜　冲	女	山东师范大学
01162	赵　威	男	山东师范大学
01163	李树伟	男	山东师范大学
01164	杜德春	男	山东师范大学
01165	杨立云	女	山东师范大学
01166	安保兴	男	山东师范大学

01167 何召敏 女 山东师范大学
01168 孙志伟 女 山东师范大学
01169 王增福 男 山东师范大学
01170 孙婷艳 女 山东师范大学
01171 孙余余 女 山东师范大学
01172 李 拉 男 山东师范大学
01173 刘正正 女 山东师范大学
01174 冯永刚 男 山东师范大学
01175 韩 磊 男 山东师范大学
01176 曹 娜 女 山东师范大学
01177 赵晓艳 女 山东师范大学
01178 刘 涛 男 山东师范大学
01179 吴闻博 男 山东师范大学
01180 韩冬梅 女 山东师范大学
01181 常 梅 女 山东师范大学
01182 唐 娟 女 山东师范大学
01183 刘 芳 女 山东师范大学
01184 姚晓霞 女 山东师范大学
01185 曹振华 男 山东师范大学
01186 修 祎 女 山东师范大学
01187 张建华 男 山东师范大学
01188 刘 君 女 山东师范大学
01189 陈文亮 男 山东师范大学
01190 张 鹏 男 山东师范大学
01191 董金艳 女 山东师范大学
01192 刘震宇 女 山东师范大学
01193 曹晶晶 女 山东师范大学
01194 尹 弢 男 山东师范大学
01195 李领娣 女 山东师范大学
01196 胡文艺 男 山东师范大学
01197 刘 阳 女 山东师范大学
01198 赵 宁 女 山东师范大学
01199 高丽丽 女 山东师范大学
01200 李田来 男 山东师范大学
01201 张德香 女 山东师范大学
01202 孙 艳 女 山东师范大学
01203 薛运强 男 山东师范大学
01204 张圣文 女 山东师范大学
01205 尚延山 男 山东师范大学
01206 宋秀能 女 山东师范大学
01207 吴媛媛 女 山东师范大学
01208 宋琳莹 女 山东师范大学
01209 张 敏 女 山东师范大学
01210 彭建云 女 山东师范大学
01211 边金艳 女 山东师范大学
01212 李 然 女 山东师范大学
01213 黄 勇 男 山东师范大学
01214 郭玉晓 女 山东师范大学
01215 刁琳琳 女 山东师范大学
01216 王红波 男 山东师范大学
01217 王炳花 女 山东师范大学
01218 满晓霞 女 山东师范大学
01219 邱兆雷 男 山东师范大学
01220 王 军 男 山东师范大学
02001 张玉磊 男 曲阜师范大学
02002 程龙梅 女 曲阜师范大学
02003 邢巍巍 男 曲阜师范大学
02004 郑元晶 女 曲阜师范大学
02005 王 潘 女 曲阜师范大学
02006 张 萃 女 曲阜师范大学
02007 王建峰 男 曲阜师范大学
02008 李 琳 女 曲阜师范大学
02009 任桂苓 女 曲阜师范大学
02010 赵书铭 男 曲阜师范大学
02011 任绪义 男 曲阜师范大学
02012 张凡强 男 曲阜师范大学
02013 丁 钢 男 曲阜师范大学
02014 颜丙博 男 曲阜师范大学
02015 曹亨泽 女 曲阜师范大学
02016 孔 宁 女 曲阜师范大学
02017 齐影影 女 曲阜师范大学
02018 左丽丽 女 曲阜师范大学
02019 孔会芬 女 曲阜师范大学
02020 孙冠英 女 曲阜师范大学
02021 刘桂娟 女 曲阜师范大学
02022 崔维娜 女 曲阜师范大学
02023 王爱玲 女 曲阜师范大学
02024 魏随意 男 曲阜师范大学
02025 姜 茜 女 曲阜师范大学
02026 任 洁 女 曲阜师范大学
02027 张俊红 女 曲阜师范大学
02028 戴传秀 女 曲阜师范大学
02029 徐丽春 女 曲阜师范大学
02030 姜德水 男 曲阜师范大学
02031 袁兴花 女 曲阜师范大学
02032 齐迎迎 女 曲阜师范大学
02033 周 强 男 曲阜师范大学
02034 张德才 男 曲阜师范大学
02035 孙 宏 女 曲阜师范大学
02036 詹承霖 男 曲阜师范大学
02037 李桂青 女 曲阜师范大学
02038 李中伟 男 曲阜师范大学

02039	孙娟娟	女	曲阜师范大学
02040	张　伟	女	曲阜师范大学
02041	闫淑婧	女	曲阜师范大学
02042	王启燕	女	曲阜师范大学
02043	何　青	男	曲阜师范大学
02044	钟　寒	女	曲阜师范大学
02045	魏　娟	女	曲阜师范大学
02046	徐振国	男	曲阜师范大学
02047	高雪玉	女	曲阜师范大学
02048	李伟艳	女	曲阜师范大学
02049	李彦景	男	曲阜师范大学
02050	陈艺心	女	曲阜师范大学
02051	高小芳	女	曲阜师范大学
02052	陈　晨	女	曲阜师范大学
02053	韩　辉	男	曲阜师范大学
02054	刘　伟	女	曲阜师范大学
02055	牟　宁	女	曲阜师范大学
02056	王晓菲	女	曲阜师范大学
02057	王云霞	女	曲阜师范大学
02058	高　兴	女	曲阜师范大学
02059	褚　涛	男	曲阜师范大学
02060	窦传文	男	曲阜师范大学
02061	徐燕燕	女	曲阜师范大学
02062	王秋荣	女	曲阜师范大学
02063	梁　璐	男	曲阜师范大学
02064	徐明梅	女	曲阜师范大学
02065	张彩彩	女	曲阜师范大学
02066	张　宏	男	曲阜师范大学
02067	纪凡建	男	曲阜师范大学
02068	张　岩	男	曲阜师范大学
02069	刘　岩	女	曲阜师范大学
02070	杨　冲	女	曲阜师范大学
02071	王德临	男	曲阜师范大学
02072	李海峰	男	曲阜师范大学
02073	刘文英	女	曲阜师范大学
02074	钱艳蕊	女	曲阜师范大学
02075	曹科伟	女	曲阜师范大学
02076	胡争艳	女	曲阜师范大学
02077	代国帅	男	曲阜师范大学
02078	李晓雨	女	曲阜师范大学
02079	冯　坤	男	曲阜师范大学
02080	赵　静	女	曲阜师范大学
02081	刘丙芳	女	曲阜师范大学
02082	郝　爽	女	曲阜师范大学
02083	许艳婷	女	曲阜师范大学
02084	徐　晴	女	曲阜师范大学
02085	徐向丽	女	曲阜师范大学
02086	时　祺	女	曲阜师范大学
02087	陈宾宾	男	曲阜师范大学
02088	张　叶	女	曲阜师范大学
02089	温永翠	女	曲阜师范大学
02090	杨　翠	女	曲阜师范大学
02091	徐秉忠	男	曲阜师范大学
02092	张唐伟	男	曲阜师范大学
02093	肖　璐	女	曲阜师范大学
02094	钱文明	男	曲阜师范大学
02095	宋玉霞	女	曲阜师范大学
02096	王安娜	女	曲阜师范大学
02097	陈焕林	女	曲阜师范大学
02098	王之艳	女	曲阜师范大学
02099	张　侠	男	曲阜师范大学
02100	孔　彤	男	曲阜师范大学
02101	安　磊	女	曲阜师范大学
02102	刘　敏	女	曲阜师范大学
02103	吴　慧	女	曲阜师范大学
02104	李国敏	女	曲阜师范大学
02105	岳　超	男	曲阜师范大学
02106	常　伟	男	曲阜师范大学
02107	苏建军	女	曲阜师范大学
02108	刘开振	男	曲阜师范大学
02109	孟令君	男	曲阜师范大学
02110	高中滨	男	曲阜师范大学
02111	季丹丹	女	曲阜师范大学
02112	刘　超	男	曲阜师范大学
02113	王　忠	男	曲阜师范大学
02114	韩　美	女	曲阜师范大学
02115	李晓雪	女	曲阜师范大学
02116	刘金红	女	曲阜师范大学
02117	董召倩	女	曲阜师范大学
02118	张玉政	男	曲阜师范大学
02119	张　珍	女	曲阜师范大学
02120	阚颖慧	女	曲阜师范大学
02121	蔡晓丽	女	曲阜师范大学
02122	宋琳琳	女	曲阜师范大学
02123	秦　海	男	曲阜师范大学
02124	亓　凯	男	曲阜师范大学
02125	梁达之	女	曲阜师范大学
02126	王　婧	女	曲阜师范大学
02127	王　瑾	女	曲阜师范大学
02128	李红琳	女	曲阜师范大学
02129	杜程程	女	曲阜师范大学
02130	孙娈娈	女	曲阜师范大学

02131	潘晓霞	女	曲阜师范大学
02132	张冬	女	曲阜师范大学
02133	李卫卫	女	曲阜师范大学
02134	张梅	女	曲阜师范大学
02135	韩明	女	曲阜师范大学
02136	孙姗姗	女	曲阜师范大学
02137	董明媛	女	曲阜师范大学
02138	周伟	女	曲阜师范大学
02139	张崇敬	女	曲阜师范大学
02140	李晓燕	女	曲阜师范大学
02141	郑娟娟	女	曲阜师范大学
02142	马莉莉	女	曲阜师范大学
02143	关月月	女	曲阜师范大学
02144	王佳	女	曲阜师范大学
02145	韩珊	女	曲阜师范大学
02146	杨丽红	女	曲阜师范大学
02147	张平	女	曲阜师范大学
02148	张丛辉	女	曲阜师范大学
02149	姜亮芹	女	曲阜师范大学
02150	任倩楠	女	曲阜师范大学
02151	马宁宁	女	曲阜师范大学
02152	房婷婷	女	曲阜师范大学
02153	高欣	女	曲阜师范大学
02154	崔丽梅	女	曲阜师范大学
02155	闫群	女	曲阜师范大学
02156	张天石	男	曲阜师范大学
02157	范海宁	男	曲阜师范大学
02158	任传宁	女	曲阜师范大学
02159	纪海英	女	曲阜师范大学
02160	夏鹏	女	曲阜师范大学
02161	法佳	女	曲阜师范大学
02162	袁俊妹	女	曲阜师范大学
02163	王友君	女	曲阜师范大学
02164	李倩	女	曲阜师范大学
02165	孙珊珊	女	曲阜师范大学
02166	陈司悦	女	曲阜师范大学
02167	杨楠	女	曲阜师范大学
02168	刘崇丽	女	曲阜师范大学
02169	居秀娜	女	曲阜师范大学
02170	邢电岩	男	曲阜师范大学
02171	江吉玲	女	曲阜师范大学
02172	王永超	女	曲阜师范大学
02173	臧敏	女	曲阜师范大学
02174	王连升	男	曲阜师范大学
02175	李培	男	曲阜师范大学
02176	张蓓蓓	女	曲阜师范大学
02177	刘娟	女	曲阜师范大学
02178	杨阳	女	曲阜师范大学
02179	李国燕	女	曲阜师范大学
02180	许巍	女	曲阜师范大学
02181	李丽	女	曲阜师范大学
02182	杨照蓬	男	曲阜师范大学
02183	刘芳	女	曲阜师范大学
02184	黄婷	女	曲阜师范大学
02185	张洪秀	女	曲阜师范大学
02186	崔兴凯	男	曲阜师范大学
02187	鹿红宁	男	曲阜师范大学
02188	郑姗姗	女	曲阜师范大学
02189	房景军	女	曲阜师范大学
02190	郭学成	男	曲阜师范大学
02191	桑圣聪	男	曲阜师范大学
02192	杨佩	女	曲阜师范大学
02193	李霞	女	曲阜师范大学
02194	葛学敏	女	曲阜师范大学
02195	孙清霞	女	曲阜师范大学
02196	田艳丽	女	曲阜师范大学
02197	徐丽君	女	曲阜师范大学
02198	马骜	男	曲阜师范大学
02199	王辉	女	曲阜师范大学
02200	王秋兰	女	曲阜师范大学
02201	赵丽斌	女	曲阜师范大学
02202	宋璐	女	曲阜师范大学
02203	林雪	女	曲阜师范大学
02204	宋晓东	男	曲阜师范大学
02205	宋美霞	女	曲阜师范大学
02206	张猛	男	曲阜师范大学
02207	范梦	女	曲阜师范大学
02208	陈园园	女	曲阜师范大学
02209	焦伟	男	曲阜师范大学
02210	姬士鹏	男	曲阜师范大学
02211	牟朋朋	男	曲阜师范大学
02212	亓翠利	男	曲阜师范大学
02213	李金锋	女	曲阜师范大学
02214	李伟	女	曲阜师范大学
02215	张迎	女	曲阜师范大学
02216	于忠海	男	曲阜师范大学
02217	宋留静	女	曲阜师范大学
02218	刘菲菲	女	曲阜师范大学
02219	任成瑜	女	曲阜师范大学
02220	辛丽霞	女	曲阜师范大学
02221	袁杨杨	女	曲阜师范大学
02222	付玉洁	女	曲阜师范大学

02223	单联超	男	曲阜师范大学
02224	杜子鑫	男	曲阜师范大学
02225	许崇亮	男	曲阜师范大学
02226	曹平平	女	曲阜师范大学
02227	秦　燕	女	曲阜师范大学
02228	丁　洁	女	曲阜师范大学
02229	高伟琪	女	曲阜师范大学
02230	杜　洁	女	曲阜师范大学
02231	别慧娜	女	曲阜师范大学
02232	焦海涛	男	曲阜师范大学
02233	张乐华	男	曲阜师范大学
02234	杨义涛	男	曲阜师范大学
02235	赵修洪	男	曲阜师范大学
02236	王胜男	女	曲阜师范大学
02237	张　敏	女	曲阜师范大学
02238	徐　婷	女	曲阜师范大学
02239	张国红	男	曲阜师范大学
02240	刘海东	男	曲阜师范大学
02241	谭宝民	男	曲阜师范大学
02242	孔德斌	男	曲阜师范大学
02243	刁国炎	男	曲阜师范大学
02244	赵德彦	男	曲阜师范大学
02245	吴　晓	女	曲阜师范大学
02246	王　波	男	曲阜师范大学
02247	王　芳	女	曲阜师范大学
02248	原宝东	男	曲阜师范大学
02249	袁振堂	男	曲阜师范大学
02250	姜晓清	男	曲阜师范大学
02251	乔仁洁	男	曲阜师范大学
02252	吴吉霞	女	曲阜师范大学
02253	高中扬	男	曲阜师范大学
02254	贾　朋	男	曲阜师范大学
02255	魏忠强	男	曲阜师范大学
02256	王　丽	女	曲阜师范大学
02257	宋静静	女	曲阜师范大学
02258	王海庆	男	曲阜师范大学
02259	刘　勇	男	曲阜师范大学
02260	赵丽雯	女	曲阜师范大学
02261	兰传麒	男	曲阜师范大学
02262	陈　思	女	曲阜师范大学
02263	张恒鹏	男	曲阜师范大学
02264	邱　晶	女	曲阜师范大学
03001	谷　慧	女	聊城大学
03002	刘　玲	女	聊城大学
03003	扈　静	女	聊城大学
03004	史秀芹	女	聊城大学
03005	林立荣	女	聊城大学
03006	肖怀坤	男	聊城大学
03007	刘　飞	男	聊城大学
03008	马　前	女	聊城大学
03009	杨　歌	女	聊城大学
03010	张仕玲	女	聊城大学
03011	车美娜	女	聊城大学
03012	黄书坤	男	聊城大学
03013	洪之文	男	聊城大学
03014	王　伟	男	聊城大学
03015	姜永生	男	聊城大学
03016	李　娟	女	聊城大学
03017	李　伟	男	聊城大学
03018	冯志强	男	聊城大学
03019	郭志彬	男	聊城大学
03020	李　明	男	聊城大学
03021	张型锋	男	聊城大学
03022	张祥龙	男	聊城大学
03023	王丽然	女	聊城大学
03024	王　群	女	聊城大学
03025	惠正琳	男	聊城大学
03026	翟　飞	女	聊城大学
03027	周国芹	女	聊城大学
03028	邵　冰	男	聊城大学
03029	魏之臣	男	聊城大学
03030	赵明国	男	聊城大学
03031	刘文华	女	聊城大学
03032	王德生	男	聊城大学
03033	赵庆妹	女	聊城大学
03034	王　锐	女	聊城大学
03035	付花蕾	女	聊城大学
03036	夏佳莉	女	聊城大学
03037	沈　浩	男	聊城大学
03038	刘　鹏	男	聊城大学
03039	齐红波	男	聊城大学
03040	乔建芳	女	聊城大学
03041	江　璐	女	聊城大学
03042	仇帅帅	女	聊城大学
03043	张占波	男	聊城大学
03044	赵　敏	女	聊城大学
03045	赵　娟	女	聊城大学
03046	张金华	女	聊城大学
03047	杨　健	男	聊城大学
03048	关　青	女	聊城大学
03049	魏志红	女	聊城大学
03050	翟洪丽	女	聊城大学

03051	鹿慧君	女	聊城大学	03097	徐　萌	女	聊城大学
03052	王　芹	女	聊城大学	03098	焦　伟	男	聊城大学
03053	孟　文	女	聊城大学	03099	张　寅	男	聊城大学
03054	吕阿娜	女	聊城大学	03100	姜珊珊	女	聊城大学
03055	蔡彬彬	女	聊城大学	03101	宋　鹏	男	聊城大学
03056	李　明	女	聊城大学	03102	刘延振	男	聊城大学
03057	任　昕	女	聊城大学	03103	彭玉萍	女	聊城大学
03058	巩　芮	女	聊城大学	03104	赵晓燕	女	聊城大学
03059	刘　革	女	聊城大学	03105	单　朋	男	聊城大学
03060	胡文秀	女	聊城大学	03106	苏　伟	男	聊城大学
03061	陶　玉	女	聊城大学	03107	董金楠	女	聊城大学
03062	黄龙龙	男	聊城大学	03108	姜克勤	男	聊城大学
03063	张　杰	女	聊城大学	03109	孙靖涛	男	聊城大学
03064	苏　媛	女	聊城大学	03110	陈慧芳	女	聊城大学
03065	李　杨	女	聊城大学	03111	翟雪蕾	女	聊城大学
03066	杜　娟	女	聊城大学	03112	杜　军	男	聊城大学
03067	李　宁	男	聊城大学	03113	王　翰	男	聊城大学
03068	宫　茜	女	聊城大学	03114	石丽娟	女	聊城大学
03069	孙会亮	男	聊城大学	03115	吕西国	男	聊城大学
03070	孙艳丽	女	聊城大学	03116	刘庆栋	男	聊城大学
03071	杨丽敏	女	聊城大学	03117	殷冒鲁	男	聊城大学
03072	孟丽丽	女	聊城大学	03118	张传秀	男	聊城大学
03073	张智稳	女	聊城大学	03119	刘　凯	男	聊城大学
03074	曾宪丽	女	聊城大学	03120	曹莹莹	女	聊城大学
03075	王春潇	女	聊城大学	03121	王　振	男	聊城大学
03076	崔鑫媛	女	聊城大学	03122	邹玲玲	女	聊城大学
03077	周公帅	女	聊城大学	03123	张善涛	男	聊城大学
03078	张　慧	女	聊城大学	03124	胡　超	男	聊城大学
03079	朱学文	男	聊城大学	03125	徐建峰	男	聊城大学
03080	王　晋	男	聊城大学	03126	胡　振	男	聊城大学
03081	段小姣	女	聊城大学	03127	龙连尚	男	聊城大学
03082	张　磊	男	聊城大学	03128	冷　涛	男	聊城大学
03083	岳　强	男	聊城大学	03129	王莎莎	女	聊城大学
03084	张巍巍	女	聊城大学	03130	娄冠群	男	聊城大学
03085	王现杰	男	聊城大学	03131	万春生	男	聊城大学
03086	蒋亚飞	男	聊城大学	03132	郝连禄	男	聊城大学
03087	武　雁	女	聊城大学	03133	顾　娜	女	聊城大学
03088	樊　振	男	聊城大学	03134	靳媛媛	女	聊城大学
03089	张道振	男	聊城大学	03135	房　超	男	聊城大学
03090	王连波	男	聊城大学	03136	张　宁	女	聊城大学
03091	张　曼	女	聊城大学	03137	徐增强	男	聊城大学
03092	李明亮	男	聊城大学	03138	王洪宇	男	聊城大学
03093	林　静	女	聊城大学	03139	郭忠敏	女	聊城大学
03094	曹桂花	女	聊城大学	03140	袁　心	男	聊城大学
03095	张方方	女	聊城大学	03141	李　霞	女	聊城大学
03096	杨娜娜	女	聊城大学	03142	于　硕	女	聊城大学

03143	刘　芳	女	聊城大学
03144	刘丽丽	女	聊城大学
03145	赵学昌	男	聊城大学
03146	杜玉光	男	聊城大学
03147	安　萌	女	聊城大学
03148	李　振	男	聊城大学
03149	孙晓梅	女	聊城大学
03150	孔　程	男	聊城大学
03151	苏　雪	女	聊城大学
03152	尹海峰	男	聊城大学
03153	郑义恒	男	聊城大学
03154	董　磊	男	聊城大学
03155	公　雪	女	聊城大学
03156	朱亭亭	女	聊城大学
03157	曹　震	男	聊城大学
03158	崔志华	男	聊城大学
03159	高革利	女	聊城大学
03160	王　然	女	聊城大学
03161	李兴武	男	聊城大学
03162	刘西岭	男	聊城大学
03163	李　伟	女	聊城大学
03164	孙再冉	女	聊城大学
03165	亓希武	男	聊城大学
03166	朱　彪	男	聊城大学
03167	陈之海	男	聊城大学
03168	宋　慧	女	聊城大学
03169	李　燕	女	聊城大学
03170	赵鑫娜	女	聊城大学
03171	蔡晓腾	男	聊城大学
03172	李　志	女	聊城大学
03173	曲明川	男	聊城大学
03174	念东东	男	聊城大学
03175	王　丽	女	聊城大学
03176	曹艳敏	女	聊城大学
03177	孙　娜	女	聊城大学
03178	杨雪丽	女	聊城大学
03179	管莹莹	女	聊城大学
03180	张士硕	男	聊城大学
03181	崔秀平	女	聊城大学
03182	秦振刚	男	聊城大学
03183	谢颂芳	女	聊城大学
03184	李　宁	男	聊城大学
03185	姜慧慧	女	聊城大学
03186	田继磊	男	聊城大学
03187	朱　梅	女	聊城大学
03188	张淑芳	女	聊城大学
03189	赵希格	女	聊城大学
03190	万国英	女	聊城大学
03191	李安水	男	聊城大学
03192	魏　娟	女	聊城大学
03193	郭新哲	男	聊城大学
03194	闫　娟	女	聊城大学
03195	倪学金	男	聊城大学
03196	赵　岩	女	聊城大学
03197	吕延玲	女	聊城大学
03198	孙学栋	男	聊城大学
03199	王凤杰	女	聊城大学
03200	辛　丰	男	聊城大学
03201	沈　涛	男	聊城大学
03202	毕伟华	男	聊城大学
03203	徐俊保	男	聊城大学
03204	王　蕾	女	聊城大学
03205	安会峰	女	聊城大学
03206	都君平	男	聊城大学
03207	李振华	男	聊城大学
03208	杨代云	男	聊城大学
03209	张万鹏	男	聊城大学
03210	胡宁宁	女	聊城大学
03211	刘良瑞	男	聊城大学
03212	房继涛	男	聊城大学
03213	魏　民	男	聊城大学
03214	刘　成	男	聊城大学
03215	岳　倩	女	聊城大学
03216	韩俊杰	女	聊城大学
03217	侯孟伟	男	聊城大学
03218	邹少爽	女	聊城大学
03219	董丽娜	女	聊城大学
03220	王　昆	女	聊城大学
03221	王延让	男	聊城大学
03222	于　跃	男	聊城大学
03223	米　菊	女	聊城大学
03224	梁　洁	女	聊城大学
03225	朱金蕾	女	聊城大学
03226	成洪渠	男	聊城大学
03227	王亚平	女	聊城大学
03228	金广鑫	男	聊城大学
03229	华殿森	男	聊城大学
03230	石艳芝	女	聊城大学
03231	冯　旭	男	聊城大学
03232	田永振	男	聊城大学
03233	张志磊	男	聊城大学
03234	董军妮	女	聊城大学

03235	赵建伟	男	聊城大学
03236	王　娟	女	聊城大学
03237	薛瑞婷	女	聊城大学
03238	周春萍	女	聊城大学
03239	罗小利	女	聊城大学
03240	李宏然	男	聊城大学
03241	郑彩华	女	聊城大学
03242	沙志慧	女	聊城大学
03243	孙守斌	男	聊城大学
03244	周玉欣	男	聊城大学
03245	宋侃侃	女	聊城大学
03246	张　荣	女	聊城大学
03247	刘新华	女	聊城大学
03248	宋　强	男	聊城大学
03249	吕美甜	女	聊城大学
03250	吴　杰	女	聊城大学
03251	冀国敏	女	聊城大学
03252	赵晓娜	女	聊城大学
03253	孙彦乾	男	聊城大学
03254	马海云	女	聊城大学
03255	刘秀芳	女	聊城大学
03256	张　聪	女	聊城大学
03257	郭楠楠	女	聊城大学
03258	杨　鹏	女	聊城大学
03259	宁洪军	男	聊城大学
03260	于　哲	女	聊城大学
03261	杜松兰	女	聊城大学
03262	周　军	女	聊城大学
03263	张　娜	女	聊城大学
03264	刘　晨	女	聊城大学
03265	李珊珊	女	聊城大学
03266	刘荣君	女	聊城大学
03267	田瑞明	男	聊城大学
03268	崔云生	男	聊城大学
03269	赵乾倩	女	聊城大学
03270	仝慧媛	女	聊城大学
03271	王新新	女	聊城大学
03272	王鲁静	女	聊城大学
03273	张银辉	男	聊城大学
03274	杨凤丽	女	聊城大学
03275	任　新	女	聊城大学
03276	许玉波	男	聊城大学
03277	朱正宝	男	聊城大学
03278	赵晓旭	女	聊城大学
03279	韩明燕	女	聊城大学
03280	杨彩霞	女	聊城大学
03281	杨　燕	女	聊城大学
03282	梁四季	女	聊城大学
03283	杨梅英	女	聊城大学
03284	苏小林	男	聊城大学
03285	张　彦	女	聊城大学
03286	司丽莎	女	聊城大学
03287	李俊杰	女	聊城大学
03288	徐晓利	女	聊城大学
03289	张　镇	男	聊城大学
04001	刘云同	男	鲁东大学
04002	仇　倩	女	鲁东大学
04003	战　超	女	鲁东大学
04004	殷东标	男	鲁东大学
04005	李春东	男	鲁东大学
04006	史瑞芳	女	鲁东大学
04007	唐　伟	女	鲁东大学
04008	刘建华	男	鲁东大学
04009	胡浩祥	男	鲁东大学
04010	郁　强	女	鲁东大学
04011	李凤梅	女	鲁东大学
04012	高善琴	女	鲁东大学
04013	王　洁	女	鲁东大学
04014	左文萍	女	鲁东大学
04015	罗　军	男	鲁东大学
04016	韩爱侠	女	鲁东大学
04017	赵　晨	女	鲁东大学
04018	王欣芳	女	鲁东大学
04019	王　娟	女	鲁东大学
04020	赵媛媛	女	鲁东大学
04021	丛利平	女	鲁东大学
04022	丁秀玲	女	鲁东大学
04023	张纪云	女	鲁东大学
04024	杨　雪	女	鲁东大学
04025	王保清	男	鲁东大学
04026	王　旎	女	鲁东大学
04027	陈宝会	男	鲁东大学
04028	刘　敏	女	鲁东大学
04029	王　静	女	鲁东大学
04030	刘雪梅	女	鲁东大学
04031	孙崇霞	女	鲁东大学
04032	孙　霞	女	鲁东大学
04033	辛　利	女	鲁东大学
04034	王艳平	女	鲁东大学
04035	付岩岩	女	鲁东大学
04036	代忠祥	男	鲁东大学
04037	李　素	女	鲁东大学

04038	郭其奈	男	鲁东大学
04039	杨　琼	女	鲁东大学
04040	唐国涛	男	鲁东大学
04041	尹学慧	女	鲁东大学
04042	崔亨利	男	鲁东大学
04043	王阳锋	男	鲁东大学
04044	张　婷	女	鲁东大学
04045	李文娜	女	鲁东大学
04046	陈　华	女	鲁东大学
04047	孙慧慧	女	鲁东大学
04048	张明伟	男	鲁东大学
04049	解　冰	男	鲁东大学
04050	韩　华	男	鲁东大学
04051	李　义	男	鲁东大学
04052	李　虎	男	鲁东大学
04053	杨　波	男	鲁东大学
04054	赵书山	男	鲁东大学
04055	迟芳蕊	女	鲁东大学
04056	梁永强	男	鲁东大学
04057	李晓莉	女	鲁东大学
04058	陈吉峰	男	鲁东大学
04059	黄宜冉	男	鲁东大学
04060	门志松	男	鲁东大学
04061	李新提	男	鲁东大学
04062	刘执平	男	鲁东大学
04063	李荣荣	女	鲁东大学
04064	张婷婷	女	鲁东大学
04065	刘飞飞	女	鲁东大学
04066	管　艳	女	鲁东大学
04067	梁君玲	女	鲁东大学
04068	陈一凯	男	鲁东大学
04069	张　英	女	鲁东大学
04070	谢丽莉	女	鲁东大学
04071	刘超楠	女	鲁东大学
04072	侯衍霞	女	鲁东大学
04073	于小成	男	鲁东大学
04074	张　玲	女	鲁东大学
04075	董庆云	女	鲁东大学
04076	孙杏园	女	鲁东大学
04077	吴文超	女	鲁东大学
04078	王宗芳	女	鲁东大学
04079	林广玉	女	鲁东大学
04080	侯鹏飞	男	鲁东大学
04081	张　月	女	鲁东大学
04082	刘　景	女	鲁东大学
04083	李　华	女	鲁东大学
04084	田　丽	女	鲁东大学
04085	毛丕鹏	男	鲁东大学
04086	郭天真	女	鲁东大学
04087	王薇薇	女	鲁东大学
04088	杨芹芹	女	鲁东大学
04089	张航英	女	鲁东大学
04090	张洪松	男	鲁东大学
04091	朱晓阳	女	鲁东大学
04092	樊冬梅	女	鲁东大学
04093	张　燕	女	鲁东大学
04094	王军庆	男	鲁东大学
04095	许　卫	男	鲁东大学
04096	娇　颖	女	鲁东大学
04097	马献功	男	鲁东大学
04098	张丽娟	女	鲁东大学
04099	李　娟	女	鲁东大学
04100	林　静	女	鲁东大学
04101	孙　勇	男	鲁东大学
04102	龙英娜	女	鲁东大学
04103	刘　晓	女	鲁东大学
04104	齐玉秀	女	鲁东大学
04105	李　敏	女	鲁东大学
04106	邱晓霞	女	鲁东大学
04107	陈　慧	女	鲁东大学
04108	姜　萍	女	鲁东大学
04109	王莹莹	女	鲁东大学
04110	王　娇	女	鲁东大学
04111	孙海萍	女	鲁东大学
04112	张　德	男	鲁东大学
04113	王延平	女	鲁东大学
04114	孙金涛	男	鲁东大学
04115	唐小梅	女	鲁东大学
04116	蔡海林	男	鲁东大学
04117	安现伟	男	鲁东大学
04118	徐　红	女	鲁东大学
04119	范雯雯	女	鲁东大学
04120	李肖肖	女	鲁东大学
04121	王晓萍	女	鲁东大学
04122	高海英	女	鲁东大学
04123	孙守保	男	鲁东大学
04124	李春花	女	鲁东大学
04125	朱丽芳	女	鲁东大学
04126	周　娟	女	鲁东大学
04127	潘　丽	女	鲁东大学
04128	周清华	女	鲁东大学
04129	秦荣彩	女	鲁东大学

04130	宋宜琪	女	鲁东大学	04176	谭丹丹	女	鲁东大学
04131	宋伟娜	女	鲁东大学	04177	王　瑜	女	鲁东大学
04132	王玉剑	男	鲁东大学	04178	李　健	男	鲁东大学
04133	赵　君	男	鲁东大学	04179	周晓艳	女	鲁东大学
04134	徐梁山	男	鲁东大学	04180	吕莎莎	女	鲁东大学
04135	赵建青	女	鲁东大学	04181	李冬彩	女	鲁东大学
04136	张学燕	女	鲁东大学	04182	张家富	男	鲁东大学
04137	逄　琪	女	鲁东大学	04183	于海宁	女	鲁东大学
04138	戈亚鲁	男	鲁东大学	04184	周妙妙	女	鲁东大学
04139	张念传	男	鲁东大学	04185	陈梅华	女	鲁东大学
04140	张　磊	男	鲁东大学	04186	马媛媛	女	鲁东大学
04141	宋晓奇	男	鲁东大学	04187	张丽莎	女	鲁东大学
04142	王中兴	男	鲁东大学	04188	王波健	男	鲁东大学
04143	翟艳艳	女	鲁东大学	05001	李振海	男	临沂师范学院
04144	顾连君	女	鲁东大学	05002	孟庆龙	男	临沂师范学院
04145	徐巧梅	女	鲁东大学	05003	吴士伟	男	临沂师范学院
04146	刘桂汝	女	鲁东大学	05004	张文娟	女	临沂师范学院
04147	王　阳	女	鲁东大学	05005	石　倩	女	临沂师范学院
04148	于　腾	男	鲁东大学	05006	宋明玲	女	临沂师范学院
04149	范艳巧	女	鲁东大学	05007	孙　萍	女	临沂师范学院
04150	季金晓	女	鲁东大学	05008	陈金龙	男	临沂师范学院
04151	田　林	女	鲁东大学	05009	张文静	女	临沂师范学院
04152	韩淑红	女	鲁东大学	05010	周　杨	女	临沂师范学院
04153	李　娟	女	鲁东大学	05011	石　伟	男	临沂师范学院
04154	张　静	女	鲁东大学	05012	狄崇利	女	临沂师范学院
04155	周学全	女	鲁东大学	05013	李　柱	男	临沂师范学院
04156	李大鹏	男	鲁东大学	05014	赵　亮	男	临沂师范学院
04157	李咏妍	女	鲁东大学	05015	王小超	男	临沂师范学院
04158	路晓丽	女	鲁东大学	05016	姚东森	女	临沂师范学院
04159	王晓楠	女	鲁东大学	05017	高艳艳	女	临沂师范学院
04160	李　超	女	鲁东大学	05018	刘　峰	男	临沂师范学院
04161	杨　璐	女	鲁东大学	05019	吴沙沙	女	临沂师范学院
04162	闫云霞	女	鲁东大学	05020	万　凡	女	临沂师范学院
04163	娄伟芳	女	鲁东大学	05021	王胜美	女	临沂师范学院
04164	于义红	女	鲁东大学	05022	刘　艳	女	临沂师范学院
04165	刘巧娜	女	鲁东大学	05023	李明美	女	临沂师范学院
04166	苗胜琳	女	鲁东大学	05024	宋振伟	男	临沂师范学院
04167	吴新玉	女	鲁东大学	05025	朱　琳	男	临沂师范学院
04168	王晓蕾	女	鲁东大学	05026	贺晓琦	女	临沂师范学院
04169	王　君	女	鲁东大学	05027	姜大朋	男	临沂师范学院
04170	程　杰	女	鲁东大学	05028	石　猛	男	临沂师范学院
04171	王　超	女	鲁东大学	05029	王　凯	男	临沂师范学院
04172	孙菡潞	女	鲁东大学	05030	刘鹏宇	女	临沂师范学院
04173	闫红滨	女	鲁东大学	05031	吕芳芳	女	临沂师范学院
04174	姜乃文	女	鲁东大学	05032	秦玉才	男	临沂师范学院
04175	段云云	女	鲁东大学	05033	张运秋	女	临沂师范学院

05034	李臣星	男	临沂师范学院
05035	刘　欢	女	临沂师范学院
05036	陈圆圆	女	临沂师范学院
05037	王存斌	男	临沂师范学院
05038	刘艳花	女	临沂师范学院
05039	林　鹏	男	临沂师范学院
05040	高　飞	女	临沂师范学院
05041	巩方杰	男	临沂师范学院
05042	孙国刚	男	临沂师范学院
05043	张树腾	男	临沂师范学院
05044	任宏梅	女	临沂师范学院
05045	王　佳	男	临沂师范学院
05046	周慧君	女	临沂师范学院
05047	王翠翠	女	临沂师范学院
05048	王升典	男	临沂师范学院
05049	冯丽艳	女	临沂师范学院
05050	张　妮	女	临沂师范学院
05051	刘珊珊	女	临沂师范学院
05052	刘春花	女	临沂师范学院
05053	温　蕾	女	临沂师范学院
05054	孙　强	男	临沂师范学院
05055	于莹莹	女	临沂师范学院
05056	王　念	男	临沂师范学院
05057	申明芳	女	临沂师范学院
05058	庄艳国	男	临沂师范学院
05059	李金虎	男	临沂师范学院
05060	韩洪伟	男	临沂师范学院
05061	李倩倩	女	临沂师范学院
05062	王维庆	男	临沂师范学院
05063	王　蕾	女	临沂师范学院
05064	高　琳	女	临沂师范学院
05065	曹亚萍	女	临沂师范学院
05066	李　陶	男	临沂师范学院
05067	杨金科	男	临沂师范学院
05068	李长鑫	男	临沂师范学院
05069	何　锋	男	临沂师范学院
05070	侯玉平	男	临沂师范学院
05071	李　娜	女	临沂师范学院
05072	郑　飞	男	临沂师范学院
05073	辛春波	男	临沂师范学院
05074	徐玉洁	女	临沂师范学院
05075	国长龙	男	临沂师范学院
05076	禚昌敏	女	临沂师范学院
05077	左　晶	女	临沂师范学院
05078	孙　玮	女	临沂师范学院
05079	王正金	男	临沂师范学院
05080	王　迎	女	临沂师范学院
05081	陈海荣	女	临沂师范学院
05082	郑书存	男	临沂师范学院
05083	张会霞	女	临沂师范学院
05084	朱建锋	男	临沂师范学院
05085	胡晶晶	女	临沂师范学院
05086	常洪泉	男	临沂师范学院
05087	李冬青	女	临沂师范学院
05088	赵艺妃	女	临沂师范学院
05089	张艳群	女	临沂师范学院
05090	朱　迪	女	临沂师范学院
05091	侯　洁	女	临沂师范学院
05092	李建辉	男	临沂师范学院
05093	孙贤峰	女	临沂师范学院
05094	孙宪伟	男	临沂师范学院
05095	史仁停	男	临沂师范学院
05096	李楠楠	女	临沂师范学院
05097	陈海玲	女	临沂师范学院
05098	扈　猛	男	临沂师范学院
05099	贾　晓	女	临沂师范学院
05100	李采梅	女	临沂师范学院
05101	乔义文	男	临沂师范学院
05102	刘秀飞	男	临沂师范学院
05103	张文娜	女	临沂师范学院
05104	孟　琼	女	临沂师范学院
05105	雷　倩	女	临沂师范学院
05106	吴卫川	男	临沂师范学院
05107	谢燕峰	女	临沂师范学院
05108	王君珺	女	临沂师范学院
05109	高玉洁	女	临沂师范学院
05110	刘　钊	男	临沂师范学院
05111	况毅然	女	临沂师范学院
05112	黄凤娟	女	临沂师范学院
05113	杨　倩	女	临沂师范学院
05114	黄　欣	男	临沂师范学院
05115	陈　茜	女	临沂师范学院
05116	曲宗芹	女	临沂师范学院
05117	崔国慧	女	临沂师范学院
05118	王希敏	女	临沂师范学院
05119	宋燕燕	女	临沂师范学院
05120	乔　祺	男	临沂师范学院
05121	曹淑蕾	女	临沂师范学院
05122	郭凤霞	女	临沂师范学院
05123	王佃宝	男	临沂师范学院
05124	马庆田	女	临沂师范学院
05125	于丽丽	女	临沂师范学院

05126	张胜伟	男	临沂师范学院
05127	王迎春	女	临沂师范学院
05128	王雪芹	女	临沂师范学院
05129	徐　侠	女	临沂师范学院
05130	王群群	女	临沂师范学院
05131	李德鹏	男	临沂师范学院
05132	李珊珊	女	临沂师范学院
05133	岳　麟	女	临沂师范学院
05134	姜朝霞	女	临沂师范学院
05135	李　华	女	临沂师范学院
05136	朱祝何	男	临沂师范学院
05137	陈　伟	女	临沂师范学院
05138	李国霞	女	临沂师范学院
05139	王娜娜	女	临沂师范学院
05140	张　宇	男	临沂师范学院
05141	郗　程	女	临沂师范学院
05142	伏圣真	女	临沂师范学院
05143	张成华	男	临沂师范学院
05144	杨佳红	女	临沂师范学院
05145	崔海燕	女	临沂师范学院
05146	赵福刚	男	临沂师范学院
05147	王晓燕	女	临沂师范学院
05148	韦福鹏	男	临沂师范学院
05149	张　良	男	临沂师范学院
05150	钟翠红	女	临沂师范学院
05151	柳鑫磊	女	临沂师范学院
05152	黄艳丽	女	临沂师范学院
05153	王晓菲	女	临沂师范学院
05154	张欣欣	女	临沂师范学院
05155	李云云	女	临沂师范学院
05156	王丹丹	女	临沂师范学院
05157	陈琴琴	女	临沂师范学院
05158	秦冬梅	女	临沂师范学院
05159	曹永勇	男	临沂师范学院
05160	诸葛绪彩	女	临沂师范学院
05161	李　瑞	女	临沂师范学院
05162	宋　彪	男	临沂师范学院
05163	牛爱芸	女	临沂师范学院
05164	郭雅雯	女	临沂师范学院
05165	郭亚琼	女	临沂师范学院
05166	王文科	男	临沂师范学院
05167	侯培丽	女	临沂师范学院
05168	吴成艳	女	临沂师范学院
05169	刘清娟	女	临沂师范学院
05170	王有成	男	临沂师范学院
05171	聂宁宁	女	临沂师范学院
05172	尤　静	女	临沂师范学院
05173	王　军	女	临沂师范学院
05174	许仕慧	女	临沂师范学院
05175	刘丽萍	女	临沂师范学院
05176	郑　清	女	临沂师范学院
05177	李　娜	女	临沂师范学院
05178	戴景军	男	临沂师范学院
05179	胡晓敏	女	临沂师范学院
05180	马维津	女	临沂师范学院
05181	翟丽华	女	临沂师范学院
05182	杨　盼	女	临沂师范学院
05183	杨　霞	女	临沂师范学院
05184	谢文慧	女	临沂师范学院
05185	秦婷婷	女	临沂师范学院
05186	张　利	女	临沂师范学院
05187	郭文娜	女	临沂师范学院
05188	段银虹	女	临沂师范学院
05189	孔祥凤	女	临沂师范学院
05190	张　荀	女	临沂师范学院
05191	秦　莹	女	临沂师范学院
05192	毛东升	男	临沂师范学院
05193	房　芳	女	临沂师范学院
05194	王　娟	女	临沂师范学院
05195	郑　婷	女	临沂师范学院
05196	鲁昌燕	女	临沂师范学院
05197	杨本官	男	临沂师范学院
05198	伊丽莎	女	临沂师范学院
05199	严婷婷	女	临沂师范学院
05200	韩丽萍	女	临沂师范学院
05201	凌宗斌	男	临沂师范学院
05202	刘英涛	男	临沂师范学院
05203	张丛丛	女	临沂师范学院
05204	梁　亚	女	临沂师范学院
05205	常　雯	女	临沂师范学院
05206	于　玮	女	临沂师范学院
05207	王晓磊	男	临沂师范学院
05208	闫汶徽	女	临沂师范学院
05209	潘　娟	女	临沂师范学院
05210	王雪梅	女	临沂师范学院
05211	李长艳	女	临沂师范学院
05212	李宁馨	女	临沂师范学院
05213	张业盛	男	临沂师范学院
05214	刘春艳	女	临沂师范学院
05215	靳飞飞	女	临沂师范学院
05216	崔新聪	女	临沂师范学院
05217	赵　民	女	临沂师范学院

05218	侯建军	男	临沂师范学院
05219	房　磊	男	临沂师范学院
05220	崔向丽	女	临沂师范学院
05221	刘晓霞	女	临沂师范学院
05222	王　晓	女	临沂师范学院
05223	胡宗星	男	临沂师范学院
05224	王石磊	男	临沂师范学院
05225	张永启	男	临沂师范学院
05226	曲盛杰	男	临沂师范学院
05227	宋　敏	女	临沂师范学院
05228	姜　娜	女	临沂师范学院
05229	薛玉婷	女	临沂师范学院
05230	王勇翔	男	临沂师范学院
05231	王君帅	男	临沂师范学院
05232	解志伟	男	临沂师范学院
05233	李士云	女	临沂师范学院
05234	苗桂玲	女	临沂师范学院
05235	郑红丽	女	临沂师范学院
05236	李晓文	女	临沂师范学院
05237	郑淑伟	女	临沂师范学院
05238	张　帅	男	临沂师范学院
05239	赵丽红	女	临沂师范学院
05240	王雪艳	女	临沂师范学院
05241	乔友雪	女	临沂师范学院
05242	张　艳	女	临沂师范学院
05243	闫婷婷	女	临沂师范学院
05244	刘　璐	女	临沂师范学院
05245	杜姊安	男	临沂师范学院
05246	杨丹丹	女	临沂师范学院
05247	李　宁	女	临沂师范学院
05248	刘宝玲	女	临沂师范学院
05249	刘宝兰	女	临沂师范学院
05250	张西丽	女	临沂师范学院
05251	闫　翠	女	临沂师范学院
05252	杨倩倩	女	临沂师范学院
05253	刘昌晓	女	临沂师范学院
05254	宋亚男	女	临沂师范学院
05255	文善兰	女	临沂师范学院
05256	孙兆花	女	临沂师范学院
05257	周爱晓	女	临沂师范学院
05258	徐会艳	女	临沂师范学院
05259	赵玉尚	男	临沂师范学院
05260	刘太峰	男	临沂师范学院
05261	王华静	女	临沂师范学院
05262	李文正	女	临沂师范学院
05263	杨　伟	男	临沂师范学院
05264	王玉云	女	临沂师范学院
05265	郭　庆	男	临沂师范学院
05266	王振山	男	临沂师范学院
05267	彭宝良	男	临沂师范学院
05268	王　亚	女	临沂师范学院
05269	贾希芬	女	临沂师范学院
05270	季相敏	女	临沂师范学院
05271	夏明丽	女	临沂师范学院
05272	宋晓芹	女	临沂师范学院
05273	李妮娜	女	临沂师范学院
05274	董青云	女	临沂师范学院
05275	颜培娟	女	临沂师范学院
05276	王花玉	女	临沂师范学院
05277	卢　娟	女	临沂师范学院
05278	李慧英	女	临沂师范学院
05279	陈运花	女	临沂师范学院
05280	张宗法	男	临沂师范学院
05281	肖凤芹	女	临沂师范学院
05282	姜良娟	女	临沂师范学院
05283	邢晓梅	女	临沂师范学院
05284	刘长艳	女	临沂师范学院
05285	李　辉	女	临沂师范学院
05286	马守芳	女	临沂师范学院
05287	谢瑞玲	女	临沂师范学院
05288	解　杰	男	临沂师范学院
05289	沈召艳	女	临沂师范学院
05290	刘庆芳	女	临沂师范学院
05291	马文霞	女	临沂师范学院
05292	刘文艳	女	临沂师范学院
05293	夏凯丽	女	临沂师范学院
06001	胡蕊蕊	女	济南大学
06002	丁　晴	女	济南大学
06003	荆荣妹	女	济南大学
06004	刘永焕	女	济南大学
06005	张爱祯	男	济南大学
06006	辛明慧	女	济南大学
06007	王　青	女	济南大学
06008	高彦景	女	济南大学
06009	蔡应利	女	济南大学
06010	张　萌	女	济南大学
06011	刘洋洋	女	济南大学
06012	张　腾	女	济南大学
06013	张盼盼	女	济南大学
06014	范英超	女	济南大学
06015	赵　辉	男	济南大学
06016	李俊香	女	济南大学

06017	宋　倩	女	济南大学	06063	杨红晓	女	济南大学
06018	彭真真	女	济南大学	06064	刘晓贞	女	济南大学
06019	徐亚男	女	济南大学	06065	侯学文	男	济南大学
06020	林　娜	女	济南大学	06066	潘　良	男	济南大学
06021	魏建斌	男	济南大学	06067	张风艳	女	济南大学
06022	赵冬雪	女	济南大学	06068	王国亮	男	济南大学
06023	蔡　敏	女	济南大学	06069	司加宝	男	济南大学
06024	段翠莉	女	济南大学	06070	赵万光	男	济南大学
06025	王丽君	女	济南大学	06071	顾智超	男	济南大学
06026	李　敏	女	济南大学	06072	孙靖斌	男	济南大学
06027	王　康	男	济南大学	06073	郎海雨	女	济南大学
06028	曹盼盼	女	济南大学	06074	贾希富	男	济南大学
06029	张　云	女	济南大学	06075	于淑维	男	济南大学
06030	潘宗鲁	男	济南大学	06076	安　扬	男	济南大学
06031	杨　晶	女	济南大学	06077	张　鹏	男	济南大学
06032	孙蒙萌	女	济南大学	06078	于　刚	男	济南大学
06033	张鹏飞	男	济南大学	06079	范静浩	男	济南大学
06034	王长香	女	济南大学	06080	孙梁柱	男	济南大学
06035	王　楠	女	济南大学	06081	尚晓玲	女	济南大学
06036	陈　波	男	济南大学	06082	张世明	男	济南大学
06037	冯　洁	女	济南大学	06083	张建明	男	济南大学
06038	李慧萍	女	济南大学	07001	刘　妮	女	青岛大学
06039	张　娜	女	济南大学	07002	孙　帅	女	青岛大学
06040	毛明霞	女	济南大学	07003	杜　娟	女	青岛大学
06041	刘　丽	女	济南大学	07004	江　靓	男	青岛大学
06042	冀增花	女	济南大学	07005	陈安邦	男	青岛大学
06043	肖　颖	女	济南大学	07006	苏　珊	女	青岛大学
06044	张晓娟	女	济南大学	07007	张　甜	女	青岛大学
06045	刘忠莉	女	济南大学	07008	王前前	女	青岛大学
06046	魏虎宝	男	济南大学	07009	管　妮	女	青岛大学
06047	张　颖	女	济南大学	07010	孙海莎	女	青岛大学
06048	王娟娟	女	济南大学	07011	孙　璐	女	青岛大学
06049	石红菊	女	济南大学	07012	胡云斐	女	青岛大学
06050	黄亚芳	女	济南大学	07013	刘佳珺	女	青岛大学
06051	李长春	男	济南大学	07014	姜永健	男	青岛大学
06052	李　涛	男	济南大学	07015	柳　青	女	青岛大学
06053	高丽娜	女	济南大学	07016	李欣同	男	青岛大学
06054	单继岭	男	济南大学	07017	万雪潇	女	青岛大学
06055	鞠瑞艳	女	济南大学	07018	李　娜	女	青岛大学
06056	别凌洁	女	济南大学	07019	赵　林	男	青岛大学
06057	王芳芳	女	济南大学	07020	高　伟	男	青岛大学
06058	李　娜	女	济南大学	07021	刘　敏	女	青岛大学
06059	贾京京	男	济南大学	07022	鲍瑞海	男	青岛大学
06060	丁　丁	女	济南大学	07023	王春梅	女	青岛大学
06061	陈　璐	女	济南大学	07024	刘　强	男	青岛大学
06062	韩爽爽	女	济南大学	07025	杨丰艳	女	青岛大学

编号	姓名	性别	单位
07026	张 静	女	青岛大学
07027	杨 波	男	青岛大学
07028	于 洁	女	青岛大学
07029	张铣军	男	青岛大学
07030	于令涛	男	青岛大学
07031	刘甜甜	女	青岛大学
07032	王亚楠	女	青岛大学
07033	徐文君	女	青岛大学
07034	高啸峰	男	青岛大学
07035	李 刚	男	青岛大学
07036	甄 伟	女	青岛大学
07037	薛灵芝	女	青岛大学
07038	刘 翔	女	青岛大学
07039	薛 艳	女	青岛大学
07040	纪 伟	女	青岛大学
07041	宋姗姗	女	青岛大学
07042	王艳华	女	青岛大学
07043	刘 倩	女	青岛大学
07044	苏 顺	女	青岛大学
07045	纪倩倩	女	青岛大学
07046	李 敏	女	青岛大学
07047	杜伟平	女	青岛大学
07048	管夏青	女	青岛大学
07049	袁晓宏	女	青岛大学
07050	吕晓萌	女	青岛大学
07051	郑 潇	男	青岛大学
07052	刘莎莎	女	青岛大学
07053	杜林萍	女	青岛大学
07054	刘 雪	女	青岛大学
07055	耿准英	女	青岛大学
07056	庄 芳	女	青岛大学
07057	朱小飞	女	青岛大学
07058	尚 斐	女	青岛大学
07059	侯亚萍	女	青岛大学
07060	邵 帅	女	青岛大学
07061	尚鲁璐	女	青岛大学
07062	刘 毅	男	青岛大学
07063	袁晓君	女	青岛大学
07064	孙相如	男	青岛大学
07065	王罗敏	女	青岛大学
07066	祝 琛	女	青岛大学
07067	江珍环	女	青岛大学
07068	管珍珍	女	青岛大学
07069	荆亚星	女	青岛大学
07070	孙丽娜	女	青岛大学
07071	陈丽君	女	青岛大学
07072	刘翠莲	女	青岛大学
07073	牟海燕	女	青岛大学
07074	刘晓丽	女	青岛大学
07075	姜培培	女	青岛大学
07076	张正嫔	女	青岛大学
07077	宋 军	女	青岛大学
08001	高 寒	女	山东理工大学
08002	孙启艳	女	山东理工大学
08003	郑晓伟	男	山东理工大学
08004	杨明旺	男	山东理工大学
08005	黄建萍	女	山东理工大学
08006	张东光	男	山东理工大学
08007	郑世超	女	山东理工大学
08008	邓 超	女	山东理工大学
08009	李 奎	男	山东理工大学
08010	丁晓红	女	山东理工大学
08011	李 倩	女	山东理工大学
08012	程莹莹	女	山东理工大学
08013	肖真真	女	山东理工大学
08014	马连花	女	山东理工大学
08015	阿克拜·于赛音	男	山东理工大学
08016	帕吾孜牙·夏帕依	女	山东理工大学
08017	穆晓慧	女	山东理工大学
08018	阿地兰·木拉肯木	女	山东理工大学
08019	贾 斌	男	山东理工大学
08020	管洪梅	女	山东理工大学
08021	赵 建	男	山东理工大学
08022	马素琴	女	山东理工大学
08023	杨春宝	男	山东理工大学
08024	李贝贝	女	山东理工大学
08025	张 霞	女	山东理工大学
08026	高 旗	女	山东理工大学
08027	侯俊霞	女	山东理工大学
08028	陈海涛	男	山东理工大学
08029	曹 顺	男	山东理工大学
08030	陈恩娜	女	山东理工大学
08031	杨民平	男	山东理工大学
08032	艾孜提艾力	男	山东理工大学
08033	热孜艳·依达洪	女	山东理工大学
08034	陈来香	女	山东理工大学
08035	哈力木拉提	男	山东理工大学
08036	马琳娜	女	山东理工大学

08037	郑亚楠	男	山东理工大学
08038	徐　斐	男	山东理工大学
08039	扈才军	男	山东理工大学
08040	杨雪朋	男	山东理工大学
08041	孙履冰	女	山东理工大学
08042	杨素军	女	山东理工大学
08043	张建磊	男	山东理工大学
08044	魏洪涛	男	山东理工大学
08045	王寿生	男	山东理工大学
08046	庄绪龙	男	山东理工大学
08047	刘　岩	男	山东理工大学
08048	高　月	男	山东理工大学
08049	田　杰	女	山东理工大学
08050	冯国娜	女	山东理工大学
08051	丁继彪	男	山东理工大学
08052	曹汝冲	男	山东理工大学
09001	鞠文亭	男	潍坊学院
09002	李　鹏	男	潍坊学院
09003	苗　宁	男	潍坊学院
09004	王　鸿	女	潍坊学院
09005	马　敬	女	潍坊学院
09006	管恩朋	男	潍坊学院
09007	苏德山	男	潍坊学院
09008	马　媛	女	潍坊学院
09009	罗　兰	女	潍坊学院
09010	胡顺伟	男	潍坊学院
09011	颜孟楠	女	潍坊学院
09012	路贵梅	女	潍坊学院
09013	刘广福	男	潍坊学院
09014	臧伟强	女	潍坊学院
09015	刘其霞	女	潍坊学院
09016	陈　晓	女	潍坊学院
09017	李秀美	女	潍坊学院
09018	陈　伟	男	潍坊学院
09019	管婕妤	女	潍坊学院
09020	刘永涛	男	潍坊学院
09021	高青青	女	潍坊学院
09022	李　峰	女	潍坊学院
09023	李　婧	女	潍坊学院
09024	倪建雪	女	潍坊学院
09025	王施冉	女	潍坊学院
09026	王　健	女	潍坊学院
09027	崔登江	男	潍坊学院
09028	刘洪臻	女	潍坊学院
09029	赵娜娜	女	潍坊学院
09030	惠　莉	女	潍坊学院
09031	刘金敏	女	潍坊学院
09032	王翔宇	女	潍坊学院
09033	丁娜娜	女	潍坊学院
09034	李雅楠	女	潍坊学院
09035	田英倩	女	潍坊学院
09036	吴夏霏	女	潍坊学院
09037	马　倩	女	潍坊学院
09038	马丽莎	女	潍坊学院
09039	孙俭美	女	潍坊学院
09040	董良源	男	潍坊学院
09041	王雪颖	女	潍坊学院
09042	郭　雪	女	潍坊学院
09043	单映梓	女	潍坊学院
09044	柳玲玲	女	潍坊学院
09045	纪俊杰	男	潍坊学院
09046	刘　涛	男	潍坊学院
09047	马　明	男	潍坊学院
09048	孙庆伟	男	潍坊学院
09049	李宜宾	男	潍坊学院
09050	刘海波	男	潍坊学院
09051	田　林	男	潍坊学院
09052	刘　辉	男	潍坊学院
09053	陈　亮	男	潍坊学院
09054	张　辉	女	潍坊学院
09055	姚洪涛	男	潍坊学院
09056	程　浩	男	潍坊学院
09057	谢　艳	女	潍坊学院
09058	郝九俊	男	潍坊学院
09059	王珊珊	女	潍坊学院
09060	韩　芳	女	潍坊学院
09061	孙传金	男	潍坊学院
09062	李　凯	男	潍坊学院
09063	卜凡春	男	潍坊学院
09064	张子军	男	潍坊学院
09065	冷晓军	女	潍坊学院
09066	王志伟	男	潍坊学院
09067	李嘉勉	女	潍坊学院
09068	王　征	男	潍坊学院
09069	呼晓丽	女	潍坊学院
09070	季安青	男	潍坊学院
09071	刘明清	男	潍坊学院
09072	李晓阁	女	潍坊学院
09073	刘　礼	男	潍坊学院
09074	顾守超	男	潍坊学院
09075	刘雪莹	女	潍坊学院
09076	胡　菊	女	潍坊学院

09077	相立新	男	潍坊学院
09078	张海涛	男	潍坊学院
09079	王　泳	男	潍坊学院
09080	劳明明	女	潍坊学院
09081	王　颖	女	潍坊学院
09082	刘玉娥	女	潍坊学院
09083	姜国霞	女	潍坊学院
09084	范怀峰	男	潍坊学院
09085	马宽厚	男	潍坊学院
09086	孙杭州	男	潍坊学院
09087	孙　鑫	男	潍坊学院
09088	邱圣坤	男	潍坊学院
09089	杨铸伟	男	潍坊学院
09090	左杨杨	女	潍坊学院
09091	肖占魁	男	潍坊学院
09092	罗　菲	女	潍坊学院
09093	刘　菁	女	潍坊学院
09094	李倩倩	女	潍坊学院
09095	杨　靖	女	潍坊学院
09096	王　娟	女	潍坊学院
09097	张　芳	女	潍坊学院
09098	马舰迪	女	潍坊学院
09099	刘　洋	女	潍坊学院
09100	刘文强	男	潍坊学院
09101	刘晓萌	女	潍坊学院
09102	考鑫婷	女	潍坊学院
09103	李瑞瑞	女	潍坊学院
09104	王翠莉	女	潍坊学院
09105	窦　娜	女	潍坊学院
09106	林　森	男	潍坊学院
09107	宋倩倩	女	潍坊学院
09108	王作毅	男	潍坊学院
09109	王任任	女	潍坊学院
09110	刘　霞	女	潍坊学院
09111	马丽丽	女	潍坊学院
09112	杜　洋	女	潍坊学院
09113	李晓英	女	潍坊学院
09114	张　艳	女	潍坊学院
09115	毛倩倩	女	潍坊学院
09116	王英敏	女	潍坊学院
09117	吴　玥	女	潍坊学院
09118	郑　筱	女	潍坊学院
09119	李　洋	女	潍坊学院
09120	董迎迎	女	潍坊学院
09121	王存美	女	潍坊学院
09122	李敬一	女	潍坊学院

09123	薛　杨	女	潍坊学院
09124	李沙沙	女	潍坊学院
09125	岳　静	女	潍坊学院
09126	吕青林	女	潍坊学院
09127	刘占文	女	潍坊学院
09128	刘美霞	女	潍坊学院
09129	高婷婷	女	潍坊学院
10001	巩玉霞	女	济宁学院
10002	孔　鑫	女	济宁学院
10003	张亚男	男	济宁学院
10004	杨悦彤	女	济宁学院
10005	孙进鹏	男	济宁学院
10006	闫雪婷	女	济宁学院
10007	罗新慧	女	济宁学院
10008	杨传翠	女	济宁学院
10009	赵相强	男	济宁学院
10010	程柏恒	男	济宁学院
10011	邵　衡	男	济宁学院
10012	吴　丽	女	济宁学院
10013	邹沁芳	女	济宁学院
10014	尚明宝	男	济宁学院
10015	郭百清	男	济宁学院
10016	常秀交	男	济宁学院
10017	吴　婷	女	济宁学院
10018	高　鹏	女	济宁学院
10019	陈燕飞	女	济宁学院
10020	仲　乾	男	济宁学院
10021	李姗姗	女	济宁学院
10022	华　心	女	济宁学院
10023	张文静	女	济宁学院
10024	仲　任	女	济宁学院
10025	刘睿珂	女	济宁学院
10026	宋　璐	女	济宁学院
10027	李　娜	女	济宁学院
10028	郭　艳	女	济宁学院
10029	刘红英	女	济宁学院
10030	周新新	女	济宁学院
10031	王雪美	女	济宁学院
10032	刘　源	男	济宁学院
10033	马　宁	女	济宁学院
10034	季文勇	男	济宁学院
10035	王永勇	男	济宁学院
10036	袁　帅	女	济宁学院
10037	孙胜敏	女	济宁学院
10038	贺明月	女	济宁学院
10039	马　云	女	济宁学院

10040	渠阳静	女	济宁学院	10086	韩　波	男	济宁学院
10041	张　腾	男	济宁学院	10087	孔倩倩	女	济宁学院
10042	颜　春	女	济宁学院	10088	李彦君	男	济宁学院
10043	路婵婵	女	济宁学院	10089	刘文莉	女	济宁学院
10044	陈姣姣	女	济宁学院	10090	范贝贝	女	济宁学院
10045	孟芬芬	女	济宁学院	10091	孙　飞	男	济宁学院
10046	杨　勇	男	济宁学院	10092	聂瑞柱	男	济宁学院
10047	华　林	男	济宁学院	10093	李晓娴	女	济宁学院
10048	马　磊	男	济宁学院	10094	胡海宝	男	济宁学院
10049	闫西彩	女	济宁学院	10095	李振伟	男	济宁学院
10050	仲青文	女	济宁学院	10096	孔德霞	女	济宁学院
10051	盛　珍	女	济宁学院	10097	步　聪	女	济宁学院
10052	万璐璐	女	济宁学院	10098	韦　明	男	济宁学院
10053	徐　莉	女	济宁学院	10099	雷明娟	女	济宁学院
10054	于波峰	男	济宁学院	10100	周　超	男	济宁学院
10055	孙后洋	男	济宁学院	10101	田兴江	男	济宁学院
10056	时　瑞	女	济宁学院	10102	陶东巧	女	济宁学院
10057	季小燕	女	济宁学院	10103	王金凤	女	济宁学院
10058	王新潮	男	济宁学院	10104	孙　云	女	济宁学院
10059	刘　洋	女	济宁学院	10105	周升华	女	济宁学院
10060	毕思强	男	济宁学院	10106	唐献铖	男	济宁学院
10061	陆艳敏	女	济宁学院	10107	刘艳波	男	济宁学院
10062	仲鹏昊	男	济宁学院	10108	盛　慧	女	济宁学院
10063	郭丽丽	女	济宁学院	10109	关冬夏	女	济宁学院
10064	孙焕焕	女	济宁学院	10110	唐　敏	女	济宁学院
10065	许苏娟	女	济宁学院	10111	苏蒙蒙	女	济宁学院
10066	殷昭起	男	济宁学院	10112	刘海艳	女	济宁学院
10067	宋　晔	女	济宁学院	10113	李　帅	男	济宁学院
10068	吕焕妍	女	济宁学院	10114	陈　琳	女	济宁学院
10069	薛令振	男	济宁学院	10115	张昌珑	男	济宁学院
10070	牛德然	女	济宁学院	10116	赵　申	女	济宁学院
10071	马晓楠	女	济宁学院	10117	苏龙姣	女	济宁学院
10072	陈夏凌	女	济宁学院	10118	陈　腾	女	济宁学院
10073	赵慧冉	女	济宁学院	10119	单　森	男	济宁学院
10074	张　琳	女	济宁学院	10120	程　诚	女	济宁学院
10075	李　雪	女	济宁学院	10121	张　硕	女	济宁学院
10076	陆莎莎	女	济宁学院	10122	焦丹丹	女	济宁学院
10077	李超高	男	济宁学院	11001	刘善辉	女	泰山学院
10078	赵　虎	男	济宁学院	11002	郭　静	女	泰山学院
10079	李明前	女	济宁学院	11003	魏　敏	女	泰山学院
10080	马　潺	男	济宁学院	11004	谢斯斯	女	泰山学院
10081	吕品艳	女	济宁学院	11005	汤艺清	女	泰山学院
10082	欧阳雯倩	女	济宁学院	11006	梁　翠	女	泰山学院
10083	田芬芬	女	济宁学院	11007	孙周洋子	女	泰山学院
10084	赵丽媛	女	济宁学院	11008	姚　娟	女	泰山学院
10085	王立荣	女	济宁学院	11009	刘奎彩	女	泰山学院

11010	王　娜	女	泰山学院	11056	高长江	男	泰山学院
11011	周秀丽	女	泰山学院	11057	王　芳	女	泰山学院
11012	李红星	男	泰山学院	11058	储金坡	男	泰山学院
11013	刘长婧	女	泰山学院	11059	张爱华	男	泰山学院
11014	栾芳超	女	泰山学院	11060	裴志星	男	泰山学院
11015	张恒芹	女	泰山学院	11061	褚　燕	女	泰山学院
11016	张　晴	男	泰山学院	11062	吴新芹	女	泰山学院
11017	于倩倩	女	泰山学院	11063	韩　冰	女	泰山学院
11018	李　强	男	泰山学院	11064	李新翔	男	泰山学院
11019	李铭婧	女	泰山学院	11065	王素千	男	泰山学院
11020	武保鹏	男	泰山学院	11066	毕元元	女	泰山学院
11021	刘静静	女	泰山学院	11067	陈翠翠	女	泰山学院
11022	李　进	男	泰山学院	11068	张　瑜	女	泰山学院
11023	刘　宁	男	泰山学院	11069	毛　静	女	泰山学院
11024	高婷婷	女	泰山学院	11070	李　凡	女	泰山学院
11025	李　倩	女	泰山学院	11071	张　强	男	泰山学院
11026	马德国	男	泰山学院	11072	胡天虹	女	泰山学院
11027	安砚房	男	泰山学院	11073	王兴宝	男	泰山学院
11028	路丰霞	女	泰山学院	11074	王　冠	男	泰山学院
11029	范　强	男	泰山学院	11075	储凤杰	女	泰山学院
11030	王福军	男	泰山学院	11076	彭向敏	女	泰山学院
11031	赵伟建	男	泰山学院	11077	徐晶琨	女	泰山学院
11032	蔡鲁宁	男	泰山学院	11078	叶春玲	女	泰山学院
11033	韩伟杰	男	泰山学院	11079	毛家坤	男	泰山学院
11034	闫利军	男	泰山学院	11080	王玉雷	男	泰山学院
11035	李　燕	女	泰山学院	11081	赵　卫	女	泰山学院
11036	辛　振	男	泰山学院	11082	曹英华	女	泰山学院
11037	付云生	男	泰山学院	11083	尹婷婷	女	泰山学院
11038	顾宗帅	男	泰山学院	11084	李　燕	女	泰山学院
11039	袁绍锋	男	泰山学院	11085	刘广生	男	泰山学院
11040	杜志翔	男	泰山学院	11086	刘铁军	男	泰山学院
11041	王　盈	男	泰山学院	11087	刘晓文	男	泰山学院
11042	赵　龙	男	泰山学院	11088	邱桂兰	女	泰山学院
11043	丁庆洁	女	泰山学院	11089	赵庆华	女	泰山学院
11044	王德友	男	泰山学院	11090	刘　婷	女	泰山学院
11045	王婷婷	女	泰山学院	11091	薛其红	女	泰山学院
11046	张　强	男	泰山学院	11092	曲　波	男	泰山学院
11047	吴　峻	女	泰山学院	11093	王晓燕	女	泰山学院
11048	徐　涛	男	泰山学院	11094	宋　朋	男	泰山学院
11049	张　景	女	泰山学院	11095	薛　虎	男	泰山学院
11050	邵长涛	男	泰山学院	11096	李　萍	女	泰山学院
11051	任宝园	男	泰山学院	11097	宋小雨	女	泰山学院
11052	朱　泉	男	泰山学院	11098	张军伟	女	泰山学院
11053	李敬玉	女	泰山学院	11099	于　敏	女	泰山学院
11054	周建国	男	泰山学院	11100	崔传刚	男	泰山学院
11055	潘丙艳	女	泰山学院	11101	胡培培	女	泰山学院

11102	解金玲	女	泰山学院	12017	丁　辉	男	德州学院
11103	闫　安	女	泰山学院	12018	冯延鹏	男	德州学院
11104	梁　帅	男	泰山学院	12019	高　飞	男	德州学院
11105	王昌安	男	泰山学院	12020	刘雅汝	女	德州学院
11106	王　楠	女	泰山学院	12021	孙　明	男	德州学院
11107	陈　珂	女	泰山学院	12022	王慧丽	女	德州学院
11108	卢传君	女	泰山学院	12023	董衍飞	男	德州学院
11109	宫飞飞	男	泰山学院	12024	冯延刚	男	德州学院
11110	陈金鹏	男	泰山学院	12025	刘春琳	女	德州学院
11111	姜新会	男	泰山学院	12026	袁　勤	男	德州学院
11112	陈燕和	男	泰山学院	12027	杨海涛	男	德州学院
11113	孙　莎	女	泰山学院	12028	范军伟	男	德州学院
11114	王文涛	男	泰山学院	12029	李杰白	男	德州学院
11115	郑小明	男	泰山学院	12030	李树青	男	德州学院
11116	范修喜	男	泰山学院	12031	王经刚	男	德州学院
11117	许蓉蓉	女	泰山学院	12032	袁　慧	女	德州学院
11118	李晓佩	女	泰山学院	12033	张　珺	女	德州学院
11119	贾友燕	女	泰山学院	12034	石海涛	男	德州学院
11120	范衍强	男	泰山学院	12035	常雪娜	女	德州学院
11121	蒋　鹏	男	泰山学院	12036	史晓莎	女	德州学院
11122	庄志凯	男	泰山学院	12037	王　聪	女	德州学院
11123	闫真真	女	泰山学院	12038	徐　静	女	德州学院
11124	刘　宁	男	泰山学院	12039	张　敏	男	德州学院
11125	王岚岚	女	泰山学院	12040	黄桂雪	女	德州学院
11126	孟庆刚	男	泰山学院	12041	王目光	男	德州学院
11127	宋正超	男	泰山学院	12042	王瑞博	男	德州学院
11128	张建国	男	泰山学院	12043	张　霞	女	德州学院
11129	范秀明	女	泰山学院	12044	陈　爽	女	德州学院
11130	李　翠	女	泰山学院	12045	刘　勇	男	德州学院
11131	臧雯雯	女	泰山学院	12046	刘　龙	男	德州学院
12001	常永兴	男	德州学院	12047	杨芳芳	女	德州学院
12002	李东军	男	德州学院	12048	张　伟	男	德州学院
12003	张艳梅	女	德州学院	12049	董　峰	男	德州学院
12004	郝　飞	男	德州学院	12050	李欣朋	男	德州学院
12005	路　珊	女	德州学院	12051	刘　刚	男	德州学院
12006	张　瑛	女	德州学院	12052	李　娜	女	德州学院
12007	王克富	男	德州学院	12053	窦　斌	男	德州学院
12008	杲　静	女	德州学院	12054	高文倩	女	德州学院
12009	雷继辉	男	德州学院	12055	顾启洲	男	德州学院
12010	张　静	女	德州学院	12056	郭连勇	男	德州学院
12011	刘行彪	男	德州学院	12057	刘玉君	女	德州学院
12012	邱洪坤	男	德州学院	12058	马　永	男	德州学院
12013	于　浩	男	德州学院	12059	齐爱磊	男	德州学院
12014	刘志强	男	德州学院	12060	司国红	女	德州学院
12015	苏永理	男	德州学院	12061	孙升峰	男	德州学院
12016	张　涛	男	德州学院	12062	田强强	男	德州学院

12063	王　雪	女	德州学院
12064	王　燕	女	德州学院
12065	张京京	女	德州学院
12066	张月昕	女	德州学院
12067	宋秀华	女	德州学院
12068	于志磊	男	德州学院
12069	张　雁	女	德州学院
12070	郭　纹	女	德州学院
12071	郝　涛	男	德州学院
12072	李冉冉	女	德州学院
12073	杨晓蕾	女	德州学院
12074	张晶晶	女	德州学院
12075	张　倩	女	德州学院
12076	张　倩	女	德州学院
12077	李桂云	女	德州学院
12078	王　栋	男	德州学院
12079	吴　彬	男	德州学院
12080	董龙祥	男	德州学院
12081	李雪芹	女	德州学院
12082	刘　超	男	德州学院
12083	李玖栋	男	德州学院
12084	牛文蕙	女	德州学院
12085	辛加凯	男	德州学院
12086	陈　莹	女	德州学院
12087	鞠　伟	男	德州学院
12088	刘　芳	女	德州学院
12089	王　贞	女	德州学院
12090	李玉国	男	德州学院
13001	李　浦	男	枣庄学院
13002	李　红	女	枣庄学院
13003	王聪聪	女	枣庄学院
13004	孙光锋	男	枣庄学院
13005	刘　艳	女	枣庄学院
13006	张文涛	女	枣庄学院
13007	张　洁	女	枣庄学院
13008	孙淑敏	女	枣庄学院
13009	王　卿	女	枣庄学院
13010	孙洪扬	女	枣庄学院
13011	李　彬	女	枣庄学院
13012	曹澄澄	女	枣庄学院
13013	王　娜	女	枣庄学院
13014	郭　卿	男	枣庄学院
13015	朱广武	男	枣庄学院
13016	高婷婷	女	枣庄学院
13017	高　霞	女	枣庄学院
13018	徐　波	男	枣庄学院
13019	刘　会	男	枣庄学院
13020	梁小娇	女	枣庄学院
13021	邱化菊	女	枣庄学院
13022	丁　欣	女	枣庄学院
13023	王　丽	女	枣庄学院
13024	刘小波	男	枣庄学院
13025	刘开强	男	枣庄学院
13026	王金臣	男	枣庄学院
13027	王大刚	男	枣庄学院
13028	朱继田	男	枣庄学院
13029	田中玉	男	枣庄学院
13030	高　韵	女	枣庄学院
13031	华　静	女	枣庄学院
13032	王　峰	男	枣庄学院
13033	王慎谦	男	枣庄学院
13034	张娅丽	女	枣庄学院
13035	华　璐	女	枣庄学院
13036	刘晓林	男	枣庄学院
13037	马维娟	女	枣庄学院
13038	闫大伟	男	枣庄学院
13039	孔令贵	男	枣庄学院
13040	王　珂	男	枣庄学院
13041	王　冉	女	枣庄学院
13042	孙晋柱	男	枣庄学院
13043	章婷婷	女	枣庄学院
13044	王　颖	女	枣庄学院
13045	王文波	女	枣庄学院
13046	李　涛	男	枣庄学院
13047	张扬扬	女	枣庄学院
13048	贾胜真	男	枣庄学院
13049	丁冬洁	女	枣庄学院
13050	徐永康	男	枣庄学院
13051	张　超	男	枣庄学院
13052	郝宏伟	男	枣庄学院
13053	刘芳芳	女	枣庄学院
13054	武红刚	男	枣庄学院
13055	王　佩	女	枣庄学院
13056	赵明晓	男	枣庄学院
13057	邵长青	男	枣庄学院
13058	孙　强	男	枣庄学院
13059	马永芳	女	枣庄学院
13060	左淑平	女	枣庄学院
13061	赵　莹	男	枣庄学院
13062	李　娜	女	枣庄学院
13063	张云川	男	枣庄学院
13064	王晓菲	女	枣庄学院

13065	田洪芝	女	枣庄学院	14015	宋维丽	女	滨州学院
13066	张　爽	女	枣庄学院	14016	薛　洁	女	滨州学院
13067	刘化玲	女	枣庄学院	14017	何明明	女	滨州学院
13068	张　兵	男	枣庄学院	14018	王静静	女	滨州学院
13069	胡艳慈	女	枣庄学院	14019	李坤晓	男	滨州学院
13070	杨　飞	男	枣庄学院	14020	黄亚利	女	滨州学院
13071	郝大浩	男	枣庄学院	14021	巩道学	男	滨州学院
13072	孙玲玲	女	枣庄学院	14022	毕文秀	女	滨州学院
13073	吕　慧	女	枣庄学院	14023	李　君	女	滨州学院
13074	康茂萍	女	枣庄学院	14024	高　栋	男	滨州学院
13075	赵　倩	女	枣庄学院	14025	曹霞业	女	滨州学院
13076	马　晴	女	枣庄学院	14026	沙　乐	女	滨州学院
13077	韩　莹	女	枣庄学院	14027	周　蓉	女	滨州学院
13078	王臣臣	女	枣庄学院	14028	武兴凤	女	滨州学院
13079	陈　伟	女	枣庄学院	14029	辛　妮	女	滨州学院
13080	邓桂亮	男	枣庄学院	14030	于　莉	女	滨州学院
13081	王　倩	女	枣庄学院	14031	牟　鑫	女	滨州学院
13082	徐　强	男	枣庄学院	14032	赵晓坤	女	滨州学院
13083	陈　阳	女	枣庄学院	14033	咸　珍	女	滨州学院
13084	吴　玲	女	枣庄学院	14034	张　楄	女	滨州学院
13085	郭辛园	女	枣庄学院	14035	扈　静	女	滨州学院
13086	华宏姿	女	枣庄学院	14036	张丽娜	女	滨州学院
13087	李　敏	女	枣庄学院	14037	赵文超	男	滨州学院
13088	赵　鹏	男	枣庄学院	14038	李文峰	女	滨州学院
13089	王启珍	女	枣庄学院	14039	张　雷	男	滨州学院
13090	王　瑛	女	枣庄学院	14040	任　欢	女	滨州学院
13091	张　聪	女	枣庄学院	14041	王丹彤	女	滨州学院
13092	胡云飞	女	枣庄学院	14042	王宗国	女	滨州学院
13093	郑晓君	女	枣庄学院	14043	郭卫卫	女	滨州学院
13094	房　强	男	枣庄学院	14044	郭玉荣	女	滨州学院
13095	马文娟	女	枣庄学院	14045	孙自敏	女	滨州学院
13096	黄常秀	女	枣庄学院	14046	周营营	女	滨州学院
14001	李小涛	男	滨州学院	14047	崔荣芹	女	滨州学院
14002	王　倩	女	滨州学院	14048	魏秀静	女	滨州学院
14003	贺俊杰	男	滨州学院	14049	韩学旭	男	滨州学院
14004	张　伟	女	滨州学院	14050	杨　洁	女	滨州学院
14005	郭　新	男	滨州学院	14051	郭桂梅	女	滨州学院
14006	马文静	女	滨州学院	14052	王莉莉	女	滨州学院
14007	孙　娟	女	滨州学院	14053	侯呈凤	女	滨州学院
14008	刘婷婷	女	滨州学院	14054	朱　琳	男	滨州学院
14009	刘　涛	男	滨州学院	14055	陈培培	女	滨州学院
14010	赵玉娜	女	滨州学院	14056	崔坤青	女	滨州学院
14011	王　颖	女	滨州学院	14057	李永晓	男	滨州学院
14012	迟晓健	女	滨州学院	14058	亓　琳	女	滨州学院
14013	李　顺	男	滨州学院	14059	杜淑芬	女	滨州学院
14014	刘苗苗	女	滨州学院	14060	王　艳	女	滨州学院

14061 王美艳 女 滨州学院
14062 王 倩 女 滨州学院
14063 王晓华 女 滨州学院
14064 尹 杰 女 滨州学院
14065 赵海燕 女 滨州学院
14066 赵 曼 女 滨州学院
14067 邓芸芸 女 滨州学院
14068 张 帅 女 滨州学院
14069 张秀红 女 滨州学院
14070 赵金平 女 滨州学院
14071 宋 文 女 滨州学院
14072 周东亮 男 滨州学院
14073 张 甜 女 滨州学院
14074 贾莎莎 女 滨州学院
14075 杨姗姗 女 滨州学院
14076 张爱杰 女 滨州学院
14077 马盼盼 女 滨州学院
14078 刘莉莉 女 滨州学院
14079 郑 培 女 滨州学院
14080 王利霞 女 滨州学院
14081 穆广菲 女 滨州学院
14082 由少丽 女 滨州学院
14083 刘 晓 女 滨州学院
14084 韩 敏 女 滨州学院
14085 钟晓丽 女 滨州学院
14086 许飞飞 女 滨州学院
15001 吴金松 男 菏泽学院
15002 袁 萍 女 菏泽学院
15003 史玉浩 男 菏泽学院
15004 张德丽 女 菏泽学院
15005 冯连营 男 菏泽学院
15006 张珊妮 女 菏泽学院
15007 邵泽鹏 男 菏泽学院
15008 张妮妮 女 菏泽学院
15009 侯正亮 男 菏泽学院
15010 时双双 女 菏泽学院
15011 刘 军 男 菏泽学院
15012 叶 宏 女 菏泽学院
15013 李 晓 男 菏泽学院
15014 时连湘 男 菏泽学院
15015 薛 怡 女 菏泽学院
15016 温 萍 女 菏泽学院
15017 张 杰 男 菏泽学院
15018 董国民 男 菏泽学院
15019 孙卓勇 男 菏泽学院
15020 刘 琨 女 菏泽学院
15021 赵国栋 男 菏泽学院
15022 张 萍 女 菏泽学院
15023 刘传剑 男 菏泽学院
15024 吴 为 女 菏泽学院
15025 尉 辉 女 菏泽学院
15026 钟 波 男 菏泽学院
15027 徐文峰 男 菏泽学院
15028 赵 欣 女 菏泽学院
15029 黄 岩 男 菏泽学院
15030 丁 玲 女 菏泽学院
15031 刘翔翔 男 菏泽学院
15032 李保华 男 菏泽学院
15033 陈冰冰 女 菏泽学院
15034 王通达 男 菏泽学院
15035 王 琨 女 菏泽学院
15036 任福会 男 菏泽学院
15037 张 宁 女 菏泽学院
15038 孙婷婷 女 菏泽学院
15039 姚莉珍 女 菏泽学院
15040 周胜海 男 菏泽学院
15041 张 慧 女 菏泽学院
15042 王庆芳 女 菏泽学院
15043 刘青平 男 菏泽学院
15044 孟 蕊 女 菏泽学院
15045 张 敬 女 菏泽学院
15046 王从磊 男 菏泽学院
15047 苏 蕾 女 菏泽学院
15048 赵 帅 男 菏泽学院
15049 刘 仪 女 菏泽学院
15050 田德路 男 菏泽学院
15051 宋益顺 男 菏泽学院
15052 刘其兴 男 菏泽学院
15053 朱东旭 男 菏泽学院
15054 刘园园 女 菏泽学院
15055 韩芳芳 女 菏泽学院
15056 杨寅寅 女 菏泽学院
15057 李 坤 女 菏泽学院
15058 杨秀玉 女 菏泽学院
15059 蒋慧琳 女 菏泽学院
15060 王倩倩 女 菏泽学院
15061 于文健 男 菏泽学院
15062 王永涛 男 菏泽学院
15063 王玉梅 女 菏泽学院
15064 康训涛 男 菏泽学院
15065 刘军磊 男 菏泽学院
15066 张 勇 男 菏泽学院

15067	杜　云	女	菏泽学院
15068	陶永忠	男	菏泽学院
15069	杜厚福	男	菏泽学院
15070	侯方丽	女	菏泽学院
15071	刘　波	男	菏泽学院
15072	朱楠楠	女	菏泽学院
15073	李　青	女	菏泽学院
15074	管晓娟	女	菏泽学院
15075	孙良金	男	菏泽学院
15076	孟庆超	女	菏泽学院
15077	宋玉华	男	菏泽学院
15078	姜晓琴	女	菏泽学院
15079	杨翠华	女	菏泽学院
15080	王亚楠	女	菏泽学院
15081	杜延军	男	菏泽学院
15082	董岩岩	女	菏泽学院
15083	侯　敏	女	菏泽学院
15084	陈全森	男	菏泽学院
15085	赵伟涛	男	菏泽学院
15086	高　敏	女	菏泽学院
15087	高　冰	男	菏泽学院
15088	毕鑫鑫	女	菏泽学院
15089	宋旭波	男	菏泽学院
15090	赵学华	男	菏泽学院
15091	王丽娟	女	菏泽学院
15092	王继伟	男	菏泽学院
15093	王圣业	男	菏泽学院
15094	杨　柳	女	菏泽学院
15095	冯　丹	女	菏泽学院
15096	周鲁西	男	菏泽学院
15097	张文爽	女	菏泽学院
15098	杨晓慧	女	菏泽学院
15099	辛国旺	男	菏泽学院
15100	贺国福	男	菏泽学院
15101	张　贝	女	菏泽学院
15102	李　婷	女	菏泽学院
15103	王　杰	女	菏泽学院
15104	刘慧慧	女	菏泽学院
15105	赵贵丽	女	菏泽学院
15106	王佳梅	女	菏泽学院
15107	江云燕	女	菏泽学院
15108	李　亚	男	菏泽学院
15109	孙丹丹	女	菏泽学院
15110	赵圆圆	女	菏泽学院
15111	江晓丽	女	菏泽学院
15112	王卫华	女	菏泽学院
15113	李宗鹏	男	菏泽学院
15114	樊　亚	男	菏泽学院
15115	魏玉翠	女	菏泽学院
15116	田秀平	女	菏泽学院
15117	黄　倩	女	菏泽学院
15118	马本营	男	菏泽学院
15119	张永灵	女	菏泽学院
15120	孙彬栋	男	菏泽学院
15121	李　栋	男	菏泽学院
15122	丁伍征	男	菏泽学院
15123	赵利星	男	菏泽学院
15124	刘　涛	男	菏泽学院
15125	孟令华	女	菏泽学院
15126	侯普常	男	菏泽学院
15127	王单单	女	菏泽学院
15128	秦法明	男	菏泽学院
16001	杨华蓉	女	泰山医学院
16002	刘　超	女	泰山医学院
16003	王冰冰	女	泰山医学院
17001	董贞贞	女	山东体育学院
17002	马旭凤	女	山东体育学院
17003	赵书芹	女	山东体育学院
17004	陈　峰	男	山东体育学院
17005	魏　娜	女	山东体育学院
17006	张振国	男	山东体育学院
17007	亓成红	女	山东体育学院
17008	孟祥号	男	山东体育学院
17009	张　笑	女	山东体育学院
17010	陆　鲁	男	山东体育学院
17011	张朝北	男	山东体育学院
17012	陈忠厚	男	山东体育学院
17013	周　柯	男	山东体育学院
17014	张　鑫	女	山东体育学院
17015	苏昱宁	女	山东体育学院
17016	季　明	男	山东体育学院
17017	孟洪伟	女	山东体育学院
17018	孙莉莉	女	山东体育学院
17019	王军鹏	男	山东体育学院
17020	于振磊	男	山东体育学院
17021	宋守强	男	山东体育学院
17022	王晓旭	女	山东体育学院
17023	鞠天龙	男	山东体育学院
17024	李玉涛	男	山东体育学院
17025	张海胜	男	山东体育学院
18001	吕　丽	女	山东艺术学院
18002	黄少晨	男	山东艺术学院

18003	马建华	女	山东艺术学院	19043	曲　源	男	淄博师范高等专科学校
18004	李　洋	男	山东艺术学院	19044	张　睿	女	淄博师范高等专科学校
18005	毛　瑜	女	山东艺术学院	19045	孔颜颜	女	淄博师范高等专科学校
18006	王　欢	女	山东艺术学院	19046	张婧慧	女	淄博师范高等专科学校
19001	孙小青	女	淄博师范高等专科学校	19047	齐　迪	男	淄博师范高等专科学校
19002	王　萍	女	淄博师范高等专科学校	19048	孙云峰	男	淄博师范高等专科学校
19003	刘　倩	女	淄博师范高等专科学校	19049	范文文	女	淄博师范高等专科学校
19004	高沈君	女	淄博师范高等专科学校	19050	亓玉芳	女	淄博师范高等专科学校
19005	段　伟	女	淄博师范高等专科学校	19051	石　静	女	淄博师范高等专科学校
19006	田齐美	女	淄博师范高等专科学校	19052	赵鸿羽	男	淄博师范高等专科学校
19007	李　洼	男	淄博师范高等专科学校	19053	李　欣	女	淄博师范高等专科学校
19008	罗澎涛	男	淄博师范高等专科学校	19054	孙甜甜	女	淄博师范高等专科学校
19009	司维栋	男	淄博师范高等专科学校	19055	路　祎	女	淄博师范高等专科学校
19010	耿晓霞	女	淄博师范高等专科学校	19056	宋乐萍	女	淄博师范高等专科学校
19011	王　津	女	淄博师范高等专科学校	19057	张莲芝	女	淄博师范高等专科学校
19012	仲娜娜	女	淄博师范高等专科学校	19058	石　慧	女	淄博师范高等专科学校
19013	杨　青	女	淄博师范高等专科学校	19059	王志伟	男	淄博师范高等专科学校
19014	李程程	女	淄博师范高等专科学校	19060	高　丹	女	淄博师范高等专科学校
19015	魏　来	男	淄博师范高等专科学校	19061	李　燕	女	淄博师范高等专科学校
19016	侯兴发	男	淄博师范高等专科学校	19062	高文娟	女	淄博师范高等专科学校
19017	任　雪	女	淄博师范高等专科学校	19063	高　娜	女	淄博师范高等专科学校
19018	王　琪	女	淄博师范高等专科学校	19064	许群群	女	淄博师范高等专科学校
19019	王路伟	女	淄博师范高等专科学校	19065	崔雪萍	女	淄博师范高等专科学校
19020	刘真真	女	淄博师范高等专科学校	19066	张　秀	女	淄博师范高等专科学校
19021	李　洁	女	淄博师范高等专科学校	19067	朱玉芳	女	淄博师范高等专科学校
19022	王文秀	女	淄博师范高等专科学校	19068	张纪伟	男	淄博师范高等专科学校
19023	陈丽娜	女	淄博师范高等专科学校	19069	孙廷廷	女	淄博师范高等专科学校
19024	王　丽	女	淄博师范高等专科学校	19070	马玲玲	女	淄博师范高等专科学校
19025	叶桂仓	男	淄博师范高等专科学校	19071	马　欣	女	淄博师范高等专科学校
19026	张　北	男	淄博师范高等专科学校	19072	李艳萍	女	淄博师范高等专科学校
19027	王　真	女	淄博师范高等专科学校	19073	杨传瑞	男	淄博师范高等专科学校
19028	王楠楠	女	淄博师范高等专科学校	19074	王　蒙	女	淄博师范高等专科学校
19029	张　佩	女	淄博师范高等专科学校	20001	张译文	女	东营职业学院
19030	巩晓明	女	淄博师范高等专科学校	20002	李雪山	男	东营职业学院
19031	桑　伟	女	淄博师范高等专科学校	20003	崔志娜	女	东营职业学院
19032	尚新欣	女	淄博师范高等专科学校	20004	孙晓敏	女	东营职业学院
19033	张　鹏	女	淄博师范高等专科学校	20005	薛　洁	女	东营职业学院
19034	孟　晨	女	淄博师范高等专科学校	20006	杨　静	女	东营职业学院
19035	王天惠	女	淄博师范高等专科学校	20007	马雯婷	女	东营职业学院
19036	穆昌慧	女	淄博师范高等专科学校	20008	尹　娜	女	东营职业学院
19037	张　磊	女	淄博师范高等专科学校	20009	李秀芝	女	东营职业学院
19038	魏巧慧	女	淄博师范高等专科学校	20010	李洪云	女	东营职业学院
19039	陈传华	男	淄博师范高等专科学校	20011	盖艳玲	女	东营职业学院
19040	李　静	女	淄博师范高等专科学校	20012	宫盈盈	女	东营职业学院
19041	耿　雪	女	淄博师范高等专科学校	20013	王家家	女	东营职业学院
19042	王媛媛	女	淄博师范高等专科学校	20014	张爽爽	女	东营职业学院

20015　何象君　男　东营职业学院
20016　贾传红　女　东营职业学院
20017　逯潘潘　女　东营职业学院
20018　宁翠玲　女　东营职业学院
20019　关　博　女　东营职业学院
20020　陈　娟　女　东营职业学院
20021　牛丽丽　女　东营职业学院
20022　邓兰芝　女　东营职业学院
20023　祝秀莉　女　东营职业学院
20024　付盼盼　女　东营职业学院
21001　周　蓉　女　日照职业技术学院
21002　焦　丽　女　日照职业技术学院
21003　丁晓坤　女　日照职业技术学院
21004　赵鹏阁　男　日照职业技术学院
21005　王洪彪　男　日照职业技术学院
21006　吕翠翠　女　日照职业技术学院
21007　任静娜　女　日照职业技术学院
21008　陈香颖　女　日照职业技术学院
22001　毕研菊　女　莱芜职业技术学院
22002　穆兴华　女　莱芜职业技术学院
22003　吕慧梅　女　莱芜职业技术学院
22004　赵燕燕　女　莱芜职业技术学院
22005　韩　静　女　莱芜职业技术学院
22006　谭永玲　女　莱芜职业技术学院
22007　吕翠玲　女　莱芜职业技术学院
22008　张国玲　女　莱芜职业技术学院
22009　亓文杰　女　莱芜职业技术学院
23001　吕绪雨　男　山东广播电视大学
23002　王书娟　女　山东广播电视大学
23003　崔富琦　男　山东广播电视大学
23004　王　君　女　山东广播电视大学
23005　李秀娟　女　山东广播电视大学
23006　徐凤媛　女　山东广播电视大学
23007　李迎春　女　山东广播电视大学
23008　郑　丽　女　山东广播电视大学
23009　孔然然　女　山东广播电视大学
23010　褚盼盼　女　山东广播电视大学
23011　韩晶晶　女　山东广播电视大学
23012　种云飞　女　山东广播电视大学
23013　燕　琳　女　山东广播电视大学
23014　高仲文　男　山东广播电视大学
23015　韩晓曼　女　山东广播电视大学
23016　赵　丹　女　山东广播电视大学
23017　王丽娟　女　山东广播电视大学
23018　林红梅　女　山东广播电视大学
23019　王晓光　女　山东广播电视大学
23020　张　旭　男　山东广播电视大学
23021　王　超　男　山东广播电视大学
23022　张景超　男　山东广播电视大学
23023　解艳艳　女　山东广播电视大学
23024　常艳洁　女　山东广播电视大学
23025　王德伟　男　山东广播电视大学
23026　吕　寒　女　山东广播电视大学
23027　祝　景　女　山东广播电视大学
23028　彭提孝　男　山东广播电视大学
23029　于秀香　女　山东广播电视大学
23030　陈冉冉　女　山东广播电视大学
23031　厉　斐　女　山东广播电视大学
23032　刘忠峰　男　山东广播电视大学
23033　丁　杰　女　山东广播电视大学
23034　郑遵雷　男　山东广播电视大学
23035　侯璐璐　女　山东广播电视大学
23036　常　翔　女　山东广播电视大学
23037　王让丽　女　山东广播电视大学
23038　陈　静　女　山东广播电视大学
23039　邢淑敏　女　山东广播电视大学
23040　陈　可　男　山东广播电视大学
23041　杨　阳　女　山东广播电视大学
23042　王雪萍　女　山东广播电视大学
23043　刘利军　男　山东广播电视大学
23044　张　波　男　山东广播电视大学
23045　霍　静　女　山东广播电视大学
23046　边康宁　男　山东广播电视大学
23047　密　鹏　女　山东广播电视大学
23048　韩庆玲　女　山东广播电视大学
23049　王周慧　女　山东广播电视大学
23050　宋治军　男　山东广播电视大学
23051　张康宁　女　山东广播电视大学

山东省第九批示范幼儿园名单(共 157 所)

(鲁教基字[2008]17 号 2008 年 5 月 22 日)

济南市(18 所)

山东省军区机关幼儿园
济南生辉幼儿园
济南生辉幼儿园(分园)
山东省石油化学工业办公室幼儿园

济南市金太阳幼儿园
历下区姚家中心幼儿园
济南卓雅大风车幼儿园
济南军区联勤部幼儿园
山东财政学院幼儿园
济南金阁幼儿园
王舍人镇实验幼儿园
郭店中心幼儿园
港沟中心幼儿园
董家中心幼儿园
仲宫红山生态幼儿园
唐王中心幼儿园
市中区舜玉南区幼儿园
历下区解放路一小幼儿园

青岛市(28所)

青岛市新贵都幼儿园
市南区七色花幼儿园
市南区教育第二幼儿园
91286部队幼儿园(市北区)
市北区皮卡丘幼儿园
市北区延吉路幼儿园
四方区海云幼儿园
李沧区阳光苗苗幼儿园
崂山区中韩办事处西韩幼儿园
青岛开发区天泰阳光海岸幼儿园
青岛开发区星展幼儿园
城阳区城阳街道小北曲幼儿园
城阳区流亭街道苇山幼儿园
城阳区夏庄街道中心幼儿园
青岛文燕嘉尔幼儿园
城阳区城阳街道小寨子幼儿园
城阳区夏庄街道中黄埠幼儿园
即墨市经济开发区中心幼儿园
胶南市商业总公司幼儿园
胶南市珠海办事处世纪新星幼儿园
胶南市阳光童年幼儿园
胶南市铁山办事处中心幼儿园
胶南市宝山镇中心幼儿园
胶南市六汪镇中心幼儿园
胶南市启蒙幼儿园
胶南市张家楼镇中心幼儿园
胶南市泊里镇中心幼儿园
平度市经济技术开发区实验幼儿园

淄博市(16所)

张店区希望幼儿园紫荆园
张店区儿童活动中心
周村区玉景幼儿园
周村区实验小学附属幼儿园
淄川区东大幼儿园
桓台县第二小学附属幼儿园
桓台县起凤镇乌河幼儿园
桓台县周家镇实验幼儿园
桓台县果里镇实验幼儿园
沂源县南麻镇中心幼儿园
高青县县委机关幼儿园
齐鲁幼教集团齐都花园幼儿园
淄博市实验恒星幼儿园
淄博市实验建业幼儿园
淄博市实验南定幼儿园
淄博市世纪花园幼儿园

枣庄市(6所)

滕州市北辛街道中心幼儿园
滕州市龙泉苑幼儿园
滕州市姜屯镇中心幼儿园
薛城区北临城小学幼儿园
薛城区临城街道中心幼儿园
枣庄现代幼儿园·高新区园

东营市(6所)

广饶县第二实验小学附属幼儿园
广饶县第一中学幼儿园
广饶县第一实验小学附属幼儿园
广饶县丁庄镇中心幼儿园
利津县明集乡中心幼儿园
利津县汀罗镇中心幼儿园

烟台市(7所)

开发区金色年华幼儿园
莱山区清泉幼儿园
牟平区育博学堂幼儿园
龙口市童乐幼儿园
莱州市汇泉幼儿园
栖霞市桃村幼儿中心
栖霞市唐家泊镇中心幼儿园

潍坊市(8所)

潍坊幼教特教师范学校幼儿园

潍坊市坊子区实验学校幼儿园
潍坊市寒亭区央子街道央子幼儿园
青州市东夏镇中心幼儿园
青州市东夏镇小金鼎幼儿园
诸城市实验幼儿园
安丘市早慧幼儿园
昌乐县尧沟新月幼儿园

济宁市(9所)

邹城市匡衡路小学幼儿园
曲阜市鲁城街道办事处民族幼儿园
邹城市中心店镇中心幼儿园
兖州市小孟镇中心幼儿园
兖州市漕河镇管口幼儿园
济宁市明珠中心小学附属幼儿园
济宁市北门小学附属幼儿园
邹城市西关幼儿园
鱼台县实验小学附属幼儿园

泰安市(20所)

宁阳县宁阳镇临邑幼儿园
宁阳县宁阳镇青川幼儿园
宁阳县华丰镇中心幼儿园
宁阳县宁阳东庄乡中心幼儿园
宁阳县泗店镇中心幼儿园
宁阳县东疏镇中心幼儿园
宁阳县伏山镇27中幼儿园
宁阳县鹤山乡中心幼儿园
宁阳县罡城镇中心幼儿园
宁阳县蒋集镇中心幼儿园
宁阳县磁窑镇中心幼儿园
宁阳县磁窑镇六中幼儿园
岱岳区山口镇油坊幼儿园
岱岳区满庄镇育城花园幼儿园
肥城市老城镇中心幼儿园
东平县直机关幼儿园
新泰市华乐幼儿园
新泰市平阳实验幼儿园
新泰市青云实验幼儿园
泰安市泰山五岳幼儿园

威海市(3所)

荣成市鲁艺幼儿园
文登市西娄幼儿园
威海市高新区金螺号幼儿园

日照市(1所)

日照市新营小学幼儿园

德州市(1所)

德州市德城区天华幼儿园

聊城市(3所)

临清市八岔路乡中心幼儿园
茌平县实验幼儿园
莘县明天幼儿园

临沂市(21所)

莒南县第三实验小学附属幼儿园
郯城县第三实验小学附属幼儿园
沂水师范附属小学幼儿园
临沭县人民政府机关幼儿园
临沂铁路幼儿园
罗庄区启蒙幼儿园
兰山区金雀山办事处中心幼儿园
河东区机关幼儿园
沂水县许家湖镇中心幼儿园
沂水县马站镇中心幼儿园
临沭县青云镇中心幼儿园
临沭县玉山镇中心幼儿园
郯城县妇联蓓蕾艺术幼儿园
沂水县姚店子镇中心幼儿园
平邑县蒙林幼儿园
临沭县朱仓乡中心幼儿园
临沭县曹庄镇中心幼儿园
临沂市大地艺术学校附属天桥幼儿园
临沂市育杰学校实验幼儿园
郯城县李庄镇中心幼儿园
莒南县实验幼儿园

滨州市(4所)

滨城区梁才实验幼儿园
无棣小天使幼儿园
博兴县柳桥幼儿园
山东魏桥创业集团幼儿园

胜利油田(6所)

胜滨幼儿园
胜利油田胜东瑞东幼儿园
泵公司幼儿园
胜北社区电力幼儿园
胜利油田胜东胜利幼儿园
华滨幼儿园

山东省省级规范化学校名单

义务教育学校 888 所(数据来源:教育厅已公布的 13 批规范化学校)

地　区	学校名称	批　次	通过时间	备注
济南市	济南市经五路小学	第一批	1993 年 6 月 17 日	
济南市	济南市制锦市街小学	第一批	1993 年 6 月 17 日	
济南市	济南师范附属小学	第一批	1993 年 6 月 17 日	
济南市	济南市纬十路小学	第二批	1994 年 1 月 31 日	
济南市	章丘市实验小学	第二批	1994 年 1 月 31 日	
济南市	济南钢铁厂第一小学	第二批	1994 年 1 月 31 日	
济南市	济南市胜利大街小学	第二批	1994 年 1 月 31 日	
济南市	山东师范大学附属小学	第二批	1994 年 1 月 31 日	
济南市	长清县东城小学	第二批	1994 年 1 月 31 日	
济南市	平阴实验小学	第五批	1997 年 12 月 31 日	
济南市	济南铁路第四小学	第六批	1999 年 5 月 31 日	
济南市	历下区青龙街小学	第七批	1999 年 12 月 30 日	
济南市	工人新村一小	第八批	2001 年 8 月 3 日	
济南市	章丘宁埠镇中学	第八批	2001 年 8 月 3 日	
济南市	大纬二路小学	第九批	2002 年 6 月 21 日	
济南市	舜玉路小学	第九批	2002 年 6 月 21 日	
济南市	解放路第一小学	第九批	2002 年 6 月 21 日	
济南市	山东省实验小学	第九批	2002 年 6 月 21 日	
济南市	济南五中	第九批	2002 年 6 月 21 日	
济南市	历下区实验小学	第十批	2003 年 6 月 5 日	
济南市	长清石麟小学	第十批	2003 年 6 月 5 日	
济南市	甸柳新村第一小学	第十批	2003 年 6 月 5 日	
济南市	山东大学附属中学	第十批	2003 年 6 月 5 日	
济南市	济南甸柳第一中学	第十批	2003 年 6 月 5 日	
济南市	济阳实验小学	第十一批	2004 年 7 月 28 日	
济南市	刁镇中心小学	第十一批	2004 年 7 月 28 日	

（续表）

地 区	学校名称	批 次	通过时间	备注
济南市	济南市育贤小学	第十一批	2004年7月28日	
济南市	济南市经十一路小学	第十一批	2004年7月28日	
济南市	济南市甸柳新村第二小学	第十一批	2004年7月28日	
济南市	姚家镇窑头小学	第十一批	2004年7月28日	
济南市	济南市影壁后小学	第十一批	2004年7月28日	
济南市	济南新苑小学	第十一批	2004年7月28日	
济南市	济南铁路职工子弟第三小学	第十一批	2004年7月28日	
济南市	济南市舜耕小学	第十一批	2004年7月28日	
济南市	历城区洪楼小学	第十一批	2004年7月28日	
济南市	章丘市第二实验小学	第十一批	2004年7月28日	
济南市	济南铁路职工子弟第二小学	第十一批	2004年7月28日	
济南市	济南市经七路第一小学	第十一批	2004年7月28日	
济南市	济阳实验中学	第十一批	2004年7月28日	
济南市	历城区第三中学	第十一批	2004年7月28日	
济南市	济南市第十九中学	第十一批	2004年7月28日	
济南市	山东师范大学附属第二中学	第十一批	2004年7月28日	
济南市	济南汇文学校	第十一批	2004年7月28日	
济南市	济阳第十中学	第十一批	2004年7月28日	
济南市	章丘市实验中学	第十一批	2004年7月28日	
济南市	章丘市第二实验中学	第十一批	2004年7月28日	
济南市	平阴县第四中学	第十一批	2004年7月28日	
济南市	济南外国语学校开元分校	第十一批	2004年7月28日	
济南市	济南市第十一中学	第十一批	2004年7月28日	
济南市	长清区万德镇中心小学	第十二批	2005年6月29日	
济南市	长清区五峰山街道中心小学	第十二批	2005年6月29日	
济南市	平阴县龙山小学	第十二批	2005年6月29日	
济南市	历城区洪家楼第三小学	第十二批	2005年6月29日	
济南市	历城仲宫镇并渡口民族小学	第十二批	2005年6月29日	
济南市	姚家小学	第十二批	2005年6月29日	
济南市	济南南上山街小学	第十二批	2005年6月29日	
济南市	历城区王舍人镇中心小学	第十二批	2005年6月29日	
济南市	济南东城实验小学	第十二批	2005年6月29日	

（续表）

地 区	学校名称	批 次	通过时间	备注
济南市	历城区王舍人镇张马屯小学	第十二批	2005年6月29日	
济南市	济钢第二中小学	第十二批	2005年6月29日	
济南市	济南第34中学	第十二批	2005年6月29日	
济南市	长清区孝里中心中学	第十二批	2005年6月29日	
济南市	章丘市绣水中学	第十二批	2005年6月29日	
济南市	燕山学校	第十二批	2005年6月29日	
济南市	济南育英中学	第十二批	2005年6月29日	
济南市	济南14中学	第十二批	2005年6月29日	
济南市	济南实验初中	第十二批	2005年6月29日	
济南市	历城区柳埠中心中学	第十二批	2005年6月29日	
济南市	历城区港沟镇港沟中学	第十二批	2005年6月29日	
济南市	历城区董家镇中心中学	第十二批	2005年6月29日	
济南市	历城区华山中心中学	第十二批	2005年6月29日	
济南市	历城区遥墙镇中心中学	第十二批	2005年6月29日	
济南市	平阴县实验中学	第十二批	2005年6月29日	
济南市	济南第13中学	第十二批	2005年6月29日	
济南市	天桥区北园杨庄小学	第十三批	2006年6月28日	
济南市	天桥区北园黄台小学	第十三批	2006年6月28日	
济南市	济南市锦缠街小学	第十三批	2006年6月28日	
济南市	天桥区实验小学	第十三批	2006年6月28日	
济南市	长清区万德镇界首小学	第十三批	2006年6月28日	
济南市	历城区港沟镇实验小学	第十三批	2006年6月28日	
济南市	济南市六里山小学	第十三批	2006年6月28日	
济南市	济南市文化东路小学	第十三批	2006年6月28日	
济南市	济南市解放路第二小学	第十三批	2006年6月28日	
济南市	济南市白马山小学	第十三批	2006年6月28日	
济南市	章丘市清照小学	第十三批	2006年6月28日	
济南市	槐荫区段店镇大金小学	第十三批	2006年6月28日	
济南市	槐荫区实验小学	第十三批	2006年6月28日	
济南市	历城区港沟镇中心小学	第十三批	2006年6月28日	
济南市	章丘市绣惠镇中心小学	第十三批	2006年6月28日	
济南市	济阳县济北小学	第十三批	2006年6月28日	

（续表）

地　区	学校名称	批　次	通过时间	备注
济南市	历城区孙村镇中心小学	第十三批	2006 年 6 月 28 日	
济南市	历城区董家镇中心小学	第十三批	2006 年 6 月 28 日	
济南市	章丘市实验小学	第十三批	2006 年 6 月 28 日	
济南市	济南市匡山小学	第十三批	2006 年 6 月 28 日	
济南市	历城区郭店镇郭店中学	第十三批	2006 年 6 月 28 日	
济南市	济南 68 中	第十三批	2006 年 6 月 28 日	
济南市	历城区王舍人镇实验中学	第十三批	2006 年 6 月 28 日	
济南市	长清区实验中学	第十三批	2006 年 6 月 28 日	
济南市	长清区归德镇月庄中学	第十三批	2006 年 6 月 28 日	
济南市	济南市育贤中学	第十三批	2006 年 6 月 28 日	
济南市	历城区仲宫二中	第十三批	2006 年 6 月 28 日	
济南市	历下区姚家镇第二中学	第十三批	2006 年 6 月 28 日	
济南市	济南历元中学	第十三批	2006 年 6 月 28 日	
济南市	济南开元中学	第十三批	2006 年 6 月 28 日	
济南市	济南东方双语实验学校	第十三批	2006 年 6 月 28 日	
济南市	济南 12 中	第十三批	2006 年 6 月 28 日	
济南市	章丘市埠村中学	第十三批	2006 年 6 月 28 日	
济南市	章丘六中	第十三批	2006 年 6 月 28 日	
济南市	章丘市官庄乡官庄中学	第十三批	2006 年 6 月 28 日	
济南市	历城区双语实验学校	第十三批	2006 年 6 月 28 日	
济南市	山东大学第二附属中学	第十三批	2006 年 6 月 28 日	
青岛市	青岛市嘉峪关学校	第一批	1993 年 6 月 17 日	
青岛市	莱西市实验小学	第一批	1993 年 6 月 17 日	
青岛市	即墨市第一实验小学	第四批	1996 年 9 月 23 日	
青岛市	平度市实验小学	第四批	1996 年 9 月 23 日	
青岛市	胶南市实验小学	第四批	1996 年 9 月 23 日	
青岛市	青岛市小白干路第二小学	第四批	1996 年 9 月 23 日	
青岛市	莱西市绕岭乡中心中学	第四批	1996 年 9 月 23 日	
青岛市	市南区实验小学	第五批	1997 年 12 月 31 日	
青岛市	市北区上清路小学	第五批	1997 年 12 月 31 日	
青岛市	四方区实验小学	第五批	1997 年 12 月 31 日	
青岛市	四方区河西小学	第五批	1997 年 12 月 31 日	

（续表）

地 区	学校名称	批 次	通过时间	备注
青岛市	开发区实验小学	第五批	1997 年 12 月 31 日	
青岛市	即墨二十八中	第五批	1997 年 12 月 31 日	
青岛市	即墨市第三实验小学	第六批	1999 年 5 月 31 日	
青岛市	崂山区王哥镇双台中学	第六批	1999 年 5 月 31 日	
青岛市	胶州市振华中学	第六批	1999 年 5 月 31 日	
青岛市	城阳区实验小学	第八批	2001 年 8 月 3 日	
青岛市	胶南实验小学	第八批	2001 年 8 月 3 日	
青岛市	长沙路小学	第八批	2001 年 8 月 3 日	
青岛市	平安路二小	第八批	2001 年 8 月 3 日	
青岛市	青岛永和路小学	第八批	2001 年 8 月 3 日	
青岛市	高新开发区中韩小学	第九批	2002 年 6 月 21 日	
青岛市	市北区台东六路小学	第九批	2002 年 6 月 21 日	
青岛市	开发区崇明岛路第二小学	第九批	2002 年 6 月 21 日	
青岛市	胶州市北关中心小学	第九批	2002 年 6 月 21 日	
青岛市	胶州市初级实验小学	第九批	2002 年 6 月 21 日	
青岛市	夏庄镇夏庄小学	第九批	2002 年 6 月 21 日	
青岛市	夏庄镇云头固小学	第九批	2002 年 6 月 21 日	
青岛市	平度同和街道办事处朝阳中学	第九批	2002 年 6 月 21 日	
青岛市	市南区三江学校	第九批	2002 年 6 月 21 日	
青岛市	城阳区五中	第九批	2002 年 6 月 21 日	
青岛市	城阳流亭小学	第十批	2003 年 6 月 5 日	
青岛市	城阳长城路小学	第十批	2003 年 6 月 5 日	
青岛市	平度市南京路小学	第十批	2003 年 6 月 5 日	
青岛市	四方区郑州路小学	第十批	2003 年 6 月 5 日	
青岛市	市北区富源路小学	第十批	2003 年 6 月 5 日	
青岛市	市南区定陶路小学	第十批	2003 年 6 月 5 日	
青岛市	青岛市实验小学	第十批	2003 年 6 月 5 日	
青岛市	莱西市滨河小学	第十批	2003 年 6 月 5 日	
青岛市	即墨市实验学校	第十批	2003 年 6 月 5 日	
青岛市	平度市西关中学	第十批	2003 年 6 月 5 日	
青岛市	城阳实验中学	第十批	2003 年 6 月 5 日	
青岛市	平度市开发区实验学校	第十批	2003 年 6 月 5 日	

（续表）

地　区	学校名称	批　次	通过时间	备注
青岛市	青岛市黄浦江路小学	第十一批	2004 年 7 月 28 日	
青岛市	青岛市新昌路小学	第十一批	2004 年 7 月 28 日	
青岛市	青岛市南京路小学	第十一批	2004 年 7 月 28 日	
青岛市	青岛市福州路小学	第十一批	2004 年 7 月 28 日	
青岛市	青岛市同安路小学	第十一批	2004 年 7 月 28 日	
青岛市	青岛市大枣园小学	第十一批	2004 年 7 月 28 日	
青岛市	城阳街道田村小学	第十一批	2004 年 7 月 28 日	
青岛市	青岛市华楼海尔希望小学	第十一批	2004 年 7 月 28 日	
青岛市	胶南市隐珠镇中心小学	第十一批	2004 年 7 月 28 日	
青岛市	南村镇南村小学	第十一批	2004 年 7 月 28 日	
青岛市	灰埠镇大庄子小学	第十一批	2004 年 7 月 28 日	
青岛市	同和街道办事处同和小学	第十一批	2004 年 7 月 28 日	
青岛市	胶南市博文中学	第十一批	2004 年 7 月 28 日	
青岛市	青岛贵州路小学	第十二批	2005 年 6 月 29 日	
青岛市	青岛基隆路小学	第十二批	2005 年 6 月 29 日	
青岛市	青岛桦川路小学	第十二批	2005 年 6 月 29 日	
青岛市	城阳区流亭街道空港小学	第十二批	2005 年 6 月 29 日	
青岛市	黄岛开发区香江三路小学	第十二批	2005 年 6 月 29 日	
青岛市	莱西市月湖小学	第十二批	2005 年 6 月 29 日	
青岛市	四方区嘉定路小学	第十二批	2005 年 6 月 29 日	
青岛市	胶南市藏南镇中心小学	第十二批	2005 年 6 月 29 日	
青岛市	李沧区第二实验小学	第十二批	2005 年 6 月 29 日	
青岛市	城阳区正阳路小学	第十二批	2005 年 6 月 29 日	
青岛市	黄岛开发区富春江路小学	第十二批	2005 年 6 月 29 日	
青岛市	青岛育才中学	第十二批	2005 年 6 月 29 日	
青岛市	胶州市第六中学	第十二批	2005 年 6 月 29 日	
青岛市	青岛第五十一中学	第十二批	2005 年 6 月 29 日	
青岛市	城阳区第六中学	第十二批	2005 年 6 月 29 日	
青岛市	平度市城关办事处杭州路中学	第十二批	2005 年 6 月 29 日	
青岛市	城阳区第十五中学	第十二批	2005 年 6 月 29 日	
青岛市	黄岛开发区第四中学	第十二批	2005 年 6 月 29 日	
青岛市	平度市南村镇洪兰小学	第十三批	2006 年 6 月 28 日	

（续表）

地 区	学校名称	批 次	通过时间	备注
青岛市	胶南市海滨工业园海滨小学	第十三批	2006年6月28日	
青岛市	城阳区夏庄街道三台小学	第十三批	2006年6月28日	
青岛市	城阳区惜福镇惜福小学	第十三批	2006年6月28日	
青岛市	城阳区流亭街道双埠小学	第十三批	2006年6月28日	
青岛市	莱西第二实验小学	第十三批	2006年6月28日	
青岛市	青岛开发区香江路第一小学	第十三批	2006年6月28日	
青岛市	崂山区王哥庄街道晓望小学	第十三批	2006年6月28日	
青岛市	青岛东川路小学	第十三批	2006年6月28日	
青岛市	青岛鞍山二路小学	第十三批	2006年6月28日	
青岛市	城阳区流亭街道赵红路小学	第十三批	2006年6月28日	
青岛市	青岛国基外语学校	第十三批	2006年6月28日	
青岛市	平度市实验中学	第十三批	2006年6月28日	
青岛市	胶南市隐珠街道办中心中学	第十三批	2006年6月28日	
青岛市	胶南市藏珠镇中心中学	第十三批	2006年6月28日	
青岛市	城阳9中	第十三批	2006年6月28日	
青岛市	城阳8中	第十三批	2006年6月28日	
青岛市	青岛银海学校	第十三批	2006年6月28日	
青岛市	青岛海利丰学校	第十三批	2006年6月28日	
淄博市	临淄区实验小学	第一批	1993年6月17日	
淄博市	周村区实验学校	第一批	1993年6月17日	
淄博市	淄博师范附属小学	第二批	1994年1月31日	
淄博市	淄博市桓台县实验小学	第二批	1994年1月31日	
淄博市	淄博市周村区市南路小学	第二批	1994年1月31日	
淄博市	淄博市张店区田家小学	第二批	1994年1月31日	
淄博市	淄博市张店区城中小学	第二批	1994年1月31日	
淄博市	淄博市张店区科苑小学	第二批	1994年1月31日	
淄博市	临淄区第一中学	第二批	1994年1月31日	
淄博市	张店区兴学街小学	第三批	1995年4月5日	
淄博市	临淄区稷下小学	第三批	1995年4月5日	
淄博市	沂源县实验小学	第三批	1995年4月5日	
淄博市	淄博市第十九中学	第三批	1995年4月5日	
淄博市	沂源县历山中学	第三批	1995年4月5日	

（续表）

地　区	学校名称	批　次	通过时间	备注
淄博市	沂源县实验中学	第三批	1995 年 4 月 5 日	
淄博市	博山区实验小学	第四批	1996 年 9 月 23 日	
淄博市	高青县实验小学	第四批	1996 年 9 月 23 日	
淄博市	博山区石炭坞小学	第四批	1996 年 9 月 23 日	
淄博市	齐鲁石化公司第三小学	第四批	1996 年 9 月 23 日	
淄博市	张店区第二中学	第四批	1996 年 9 月 23 日	
淄博市	桓台县周家镇初级中学	第四批	1996 年 9 月 23 日	
淄博市	桓台县实验中学	第四批	1996 年 9 月 23 日	
淄博市	高青中心路小学	第五批	1997 年 12 月 31 日	
淄博市	齐鲁石化第二中学	第五批	1997 年 12 月 31 日	
淄博市	博山九中	第五批	1997 年 12 月 31 日	
淄博市	周村南闫路中学	第五批	1997 年 12 月 31 日	
淄博市	桓台唐山二中	第五批	1997 年 12 月 31 日	
淄博市	桓台县索镇中心小学	第六批	1999 年 5 月 31 日	
淄博市	临淄区实验中学	第六批	1999 年 5 月 31 日	
淄博市	淄川区淄城中学	第六批	1999 年 5 月 31 日	
淄博市	张店区南定中学	第六批	1999 年 5 月 31 日	
淄博市	临淄区辛店王朱小学	第八批	2001 年 8 月 3 日	
淄博市	开发区实验小学	第八批	2001 年 8 月 3 日	
淄博市	淄川区东平中心小学	第八批	2001 年 8 月 3 日	
淄博市	沂源县鲁村中心小学	第八批	2001 年 8 月 3 日	
淄博市	桓台县第二小学	第八批	2001 年 8 月 3 日	
淄博市	齐鲁石化第六小学	第八批	2001 年 8 月 3 日	
淄博市	淄川区昆仑中学	第八批	2001 年 8 月 3 日	
淄博市	临淄区齐都镇稷下中学	第八批	2001 年 8 月 3 日	
淄博市	张店区实验中学	第八批	2001 年 8 月 3 日	
淄博市	淄川区黉阳中学	第八批	2001 年 8 月 3 日	
淄博市	淄川区东平中学	第八批	2001 年 8 月 3 日	
淄博市	高青实验中学	第八批	2001 年 8 月 3 日	
淄博市	桓台二中	第八批	2001 年 8 月 3 日	
淄博市	桓台县侯庄中学	第八批	2001 年 8 月 3 日	
淄博市	淄川区实验中学	第八批	2001 年 8 月 3 日	

（续表）

地　区	学校名称	批　次	通过时间	备注
淄博市	周村区新建路小学	第九批	2002年6月21日	
淄博市	临淄区稷下街道中心小学	第九批	2002年6月21日	
淄博市	淄川实验小学	第九批	2002年6月21日	
淄博市	临淄区金茵小学	第九批	2002年6月21日	
淄博市	淄川区双沟中心小学	第九批	2002年6月21日	
淄博市	桓台县世纪中学	第九批	2002年6月21日	
淄博市	沂源县韩旺中学	第九批	2002年6月21日	
淄博市	沂源县南麻中学	第九批	2002年6月21日	
淄博市	桓台马桥中学	第九批	2002年6月21日	
淄博市	桓台县刑家中学	第九批	2002年6月21日	
淄博市	桓台田庄一中	第九批	2002年6月21日	
淄博市	开发区石桥中学	第九批	2002年6月21日	
淄博市	临淄区敬仲镇中学	第九批	2002年6月21日	
淄博市	临淄区孙楼镇中学	第九批	2002年6月21日	
淄博市	临淄区梧台镇中学	第九批	2002年6月21日	
淄博市	临淄区朱台镇高阳中学	第九批	2002年6月21日	
淄博市	淄川区杨寨一中	第九批	2002年6月21日	
淄博市	张店三中	第九批	2002年6月21日	
淄博市	齐鲁石化六中	第九批	2002年6月21日	
淄博市	张店区西六路小学	第十批	2003年6月5日	
淄博市	张店区莲池小学	第十批	2003年6月5日	
淄博市	张店区潘南小学	第十批	2003年6月5日	
淄博市	张店区公园新村小学	第十批	2003年6月5日	
淄博市	湖田第二小学	第十批	2003年6月5日	
淄博市	山东铝业公司第一小学	第十批	2003年6月5日	
淄博市	临淄区金岭中心小学	第十批	2003年6月5日	
淄博市	张店区南定小学	第十批	2003年6月5日	
淄博市	张店傅家中心小学	第十批	2003年6月5日	
淄博市	临淄区大武中学	第十批	2003年6月5日	
淄博市	桓台县果里中学	第十批	2003年6月5日	
淄博市	临淄区皇城中学	第十批	2003年6月5日	
淄博市	临淄区西单实验学校	第十批	2003年6月5日	

（续表）

地　区	学校名称	批　次	通过时间	备注
淄博市	临淄区敬仲镇第二中学	第十批	2003 年 6 月 5 日	
淄博市	张店第七中学	第十批	2003 年 6 月 5 日	
淄博市	张店区房镇镇中心小学	第十一批	2004 年 7 月 28 日	
淄博市	张店区东一路小学	第十一批	2004 年 7 月 28 日	
淄博市	张店区沣水镇第一小学	第十一批	2004 年 7 月 28 日	
淄博市	山东铝业公司第二小学	第十一批	2004 年 7 月 28 日	
淄博市	淄川区昆仑镇实验小学	第十一批	2004 年 7 月 28 日	
淄博市	淄川区寨里镇中心小学	第十一批	2004 年 7 月 28 日	
淄博市	桓台县起凤镇鱼龙中心小学	第十一批	2004 年 7 月 28 日	
淄博市	高青县花沟镇中心小学	第十一批	2004 年 7 月 28 日	
淄博市	高青县田镇中心小学	第十一批	2004 年 7 月 28 日	
淄博市	张店区马尚镇九级塔小学	第十一批	2004 年 7 月 28 日	
淄博市	张店区中埠中学	第十一批	2004 年 7 月 28 日	
淄博市	淄川区太河乡中学	第十一批	2004 年 7 月 28 日	
淄博市	桓台县起凤镇第一中学	第十一批	2004 年 7 月 28 日	
淄博市	桓台县新城中学	第十一批	2004 年 7 月 28 日	
淄博市	桓台县邢家镇中心小学	第十二批	2005 年 6 月 29 日	
淄博市	淄川区双沟中学	第十二批	2005 年 6 月 29 日	
淄博市	临淄区南王镇中学	第十二批	2005 年 6 月 29 日	
淄博市	淄川区龙泉中学	第十二批	2005 年 6 月 29 日	
淄博市	张店区柳泉小学	第十三批	2006 年 6 月 28 日	
淄博市	淄博市世纪英才外语学校	第十三批	2006 年 6 月 28 日	
淄博市	张店区沣水中学	第十三批	2006 年 6 月 28 日	
淄博市	张店区湖田中学	第十三批	2006 年 6 月 28 日	
枣庄市	枣庄市立新小学	第一批	1993 年 6 月 17 日	
枣庄市	枣庄 15 中	第一批	1993 年 6 月 17 日	
枣庄市	滕州市实验小学	第二批	1994 年 1 月 31 日	
枣庄市	市中区逸夫小学	第五批	1997 年 12 月 31 日	
枣庄市	市中区回民小学	第五批	1997 年 12 月 31 日	
枣庄市	滕州市级索镇中心小学	第六批	1999 年 5 月 31 日	
枣庄市	峄城区刘村张店联办小学	第八批	2001 年 8 月 3 日	
枣庄市	滕州市级索镇姚庄小学	第八批	2001 年 8 月 3 日	

（续表）

地　区	学校名称	批　次	通过时间	备注
枣庄市	峄城区吴林中学	第八批	2001年8月3日	
枣庄市	枣庄28中	第八批	2001年8月3日	
枣庄市	枣庄41中	第八批	2001年8月3日	
枣庄市	光明路街道办中心小学	第九批	2002年6月21日	
枣庄市	市中区建设路小学	第九批	2002年6月21日	
枣庄市	台儿庄区实验小学	第九批	2002年6月21日	
枣庄市	开发区兴仁中学	第九批	2002年6月21日	
枣庄市	峄城区古邵镇一中	第九批	2002年6月21日	
枣庄市	峄城区阴平中学	第九批	2002年6月21日	
枣庄市	枣庄30中	第九批	2002年6月21日	
枣庄市	台儿庄涧头集镇一中	第九批	2002年6月21日	
枣庄市	滕州博文中学	第九批	2002年6月21日	
枣庄市	薛城区舜耕中学	第九批	2002年6月21日	
枣庄市	枣庄29中	第九批	2002年6月21日	
枣庄市	薛城实验小学	第十批	2003年6月5日	
枣庄市	枣庄市文化路小学	第十批	2003年6月5日	
枣庄市	枣庄市第20中学	第十批	2003年6月5日	
枣庄市	薛城区实验中学	第十批	2003年6月5日	
枣庄市	枣庄市西王庄中学	第十批	2003年6月5日	
枣庄市	滕州市张汪镇小学	第十一批	2004年7月28日	
枣庄市	枣庄薛城区双语实验小学	第十一批	2004年7月28日	
枣庄市	枣庄薛城区临山小学	第十一批	2004年7月28日	
枣庄市	市中区永安乡黄庄中心小学	第十一批	2004年7月28日	
枣庄市	枣庄市第十三中学	第十一批	2004年7月28日	
枣庄市	滕州市张汪镇大宗村小学	第十二批	2005年6月29日	
枣庄市	枣矿集团柴里矿小学	第十二批	2005年6月29日	
枣庄市	市中区实验小学	第十二批	2005年6月29日	
枣庄市	薛城区陶庄镇井亭小学	第十三批	2006年6月28日	
枣庄市	市中区中兴小学	第十三批	2006年6月28日	
枣庄市	市中区君山小学	第十三批	2006年6月28日	
枣庄市	高新区龙潭小学	第十三批	2006年6月28日	
枣庄市	滕州西岗镇中心中学	第十三批	2006年6月28日	

（续表）

地　区	学校名称	批　次	通过时间	备注
枣庄市	滕州育才中学	第十三批	2006 年 6 月 28 日	
枣庄市	滕州尚贤中学	第十三批	2006 年 6 月 28 日	
东营市	孤东新华村小学	第一批	1993 年 6 月 17 日	
东营市	孤岛小学	第一批	1993 年 6 月 17 日	
东营市	东营市实验小学	第四批	1996 年 9 月 23 日	
东营市	东营市实验中学	第六批	1999 年 5 月 31 日	
东营市	油田 52 中	第六批	1999 年 5 月 31 日	
东营市	油田 55 中	第六批	1999 年 5 月 31 日	
东营市	胜利油田第二小学	第八批	2001 年 8 月 3 日	
东营市	广饶县大马头乡中心初中	第八批	2001 年 8 月 3 日	
东营市	广饶县大王镇中心初中	第八批	2001 年 8 月 3 日	
东营市	东营市海河小学	第十批	2003 年 6 月 5 日	
东营市	东营市育才学校	第十批	2003 年 6 月 5 日	
东营市	胜利油田实验小学	第十一批	2004 年 7 月 28 日	
东营市	东营英华园学校	第十一批	2004 年 7 月 28 日	
东营市	山东大王国华学校	第十一批	2004 年 7 月 28 日	
东营市	广饶县第一实验小学	第十三批	2006 年 6 月 28 日	
东营市	广饶县实验中学	第十三批	2006 年 6 月 28 日	
东营市	广饶县丁庄镇中心初中	第十三批	2006 年 6 月 28 日	
东营市	东营区第三中学	第十三批	2006 年 6 月 28 日	
东营市	东营区实验中学	第十三批	2006 年 6 月 28 日	
烟台市	烟台市东沟路小学	第一批	1993 年 6 月 17 日	
烟台市	牟平县实验小学	第一批	1993 年 6 月 17 日	
烟台市	龙口中村中心小学	第一批	1993 年 6 月 17 日	
烟台市	海阳县榆山街学校	第一批	1993 年 6 月 17 日	
烟台市	蓬莱郝斌中学	第一批	1993 年 6 月 17 日	2007 年 12 月 26 日撤销（鲁教基字[2007]23 号）
烟台市	龙口中村中心中学	第一批	1993 年 6 月 17 日	
烟台市	栖霞县实验中学	第三批	1995 年 4 月 5 日	
烟台市	龙口市实验小学	第四批	1996 年 9 月 23 日	
烟台市	龙口市新港路学校	第四批	1996 年 9 月 23 日	
烟台市	招远市招城镇第二初级中学	第四批	1996 年 9 月 23 日	

（续表）

地　区	学校名称	批　次	通过时间	备注
烟台市	牟平区大窑镇初级中学	第四批	1996年9月23日	
烟台市	莱州市郭店初级中学	第四批	1996年9月23日	
烟台市	招远市机关子弟中学	第四批	1996年9月23日	
烟台市	招远市招城镇第三初级中学	第四批	1996年9月23日	
烟台市	龙口市羊岚镇初级中学	第四批	1996年9月23日	
烟台市	莱州市金城镇吕世祥中心小学	第五批	1997年12月31日	
烟台市	莱州市莱城镇中心小学	第五批	1997年12月31日	
烟台市	芝罘区工人子女小学	第五批	1997年12月31日	
烟台市	蓬莱市第二实验中学	第五批	1997年12月31日	
烟台市	莱州市平里店小学	第七批	1999年12月30日	
烟台市	莱州市驿道小学	第七批	1999年12月30日	
烟台市	莱州市苗家小学	第七批	1999年12月30日	
烟台市	龙口市南山集团完全小学	第七批	1999年12月30日	
烟台市	招远市实验小学	第七批	1999年12月30日	
烟台市	龙口市戏旗中心小学	第七批	1999年12月30日	
烟台市	牟平区第二实验小学	第七批	1999年12月30日	
烟台市	开发区第一小学	第七批	1999年12月30日	
烟台市	莱州市文峰中学	第七批	1999年12月30日	
烟台市	莱州市夏邱中学	第七批	1999年12月30日	
烟台市	莱州市苗家中学	第七批	1999年12月30日	
烟台市	龙口市北马镇中学	第七批	1999年12月30日	
烟台市	莱阳市团旺镇初中	第七批	1999年12月30日	
烟台市	招远市聋童学校	第七批	1999年12月30日	
烟台市	招远市北关实验学校	第七批	1999年12月30日	
烟台市	招远市东关实验学校	第七批	1999年12月30日	
烟台市	芝罘区华侨中学	第七批	1999年12月30日	
烟台市	牟平区实验中学	第七批	1999年12月30日	
烟台市	牟平四中	第七批	1999年12月30日	
烟台市	莱山区莱山镇初中	第七批	1999年12月30日	
烟台市	莱山区解甲庄一中	第七批	1999年12月30日	
烟台市	莱州双语实验小学	第八批	2001年8月3日	
烟台市	莱州市经区玉皇小学	第八批	2001年8月3日	

（续表）

地　区	学校名称	批　次	通过时间	备注
烟台市	福山区东华小学	第八批	2001 年 8 月 3 日	
烟台市	经区实验小学	第八批	2001 年 8 月 3 日	
烟台市	莱州西由镇初中	第八批	2001 年 8 月 3 日	2007 年 12 月 26 日撤销（鲁教基字[2007]23 号）
烟台市	莱州东宋镇中学	第八批	2001 年 8 月 3 日	
烟台市	莱州实验中学	第八批	2001 年 8 月 3 日	
烟台市	蓬莱易三小学	第九批	2002 年 6 月 21 日	
烟台市	龙口五中	第九批	2002 年 6 月 21 日	
烟台市	烟台市芝罘区毓璜顶小学	第十一批	2004 年 7 月 28 日	
烟台市	烟台市芝罘区养正小学	第十一批	2004 年 7 月 28 日	
烟台市	莱州市三山岛街道西由小学	第十一批	2004 年 7 月 28 日	2007 年 12 月 26 日撤销（鲁教基字[2007]23 号）
烟台市	蓬莱市第二实验小学	第十一批	2004 年 7 月 28 日	
烟台市	烟台大学附属中学	第十一批	2004 年 7 月 28 日	
烟台市	烟台第十中学	第十一批	2004 年 7 月 28 日	
烟台市	烟台第十二中学	第十一批	2004 年 7 月 28 日	
烟台市	烟台清泉学校	第十一批	2004 年 7 月 28 日	
烟台市	莱州市莱州镇中学	第十一批	2004 年 7 月 28 日	
烟台市	烟台市双语实验学校	第十一批	2004 年 7 月 28 日	
烟台市	蓬莱市司家庄杨林实验小学	第十二批	2005 年 6 月 29 日	
烟台市	烟台十一中	第十二批	2005 年 6 月 29 日	
烟台市	烟台十四中	第十二批	2005 年 6 月 29 日	
烟台市	龙口龙港经济开发区龙口中学	第十二批	2005 年 6 月 29 日	
烟台市	芝罘区凤凰台小学	第十三批	2006 年 6 月 28 日	
烟台市	烟台十三中	第十三批	2006 年 6 月 28 日	
潍坊市	高密河崖乡中心小学	第一批	1993 年 6 月 17 日	
潍坊市	潍坊工人新村小学	第一批	1993 年 6 月 17 日	
潍坊市	诸城吕标乡中学	第一批	1993 年 6 月 17 日	
潍坊市	寿光县北洛乡中心初中	第一批	1993 年 6 月 17 日	
潍坊市	诸城箭口乡中学	第一批	1993 年 6 月 17 日	
潍坊市	潍坊五中	第一批	1993 年 6 月 17 日	
潍坊市	潍城区烟潍路小学	第二批	1994 年 1 月 31 日	

（续表）

地　区	学校名称	批　次	通过时间	备注
潍坊市	潍坊柴油机厂子弟小学	第二批	1994年1月31日	
潍坊市	诸城市实验小学	第二批	1994年1月31日	
潍坊市	昌邑市都昌镇辛置小学	第三批	1995年4月5日	
潍坊市	昌邑市卜庄镇初级中学	第三批	1995年4月5日	
潍坊市	潍坊市第十三中学	第三批	1995年4月5日	
潍坊市	寿光市张建桥乡初级中学	第三批	1995年4月5日	
潍坊市	安丘市南流镇中心中学	第三批	1995年4月5日	
潍坊市	诸城市贾悦镇中心中学	第三批	1995年4月5日	
潍坊市	诸城市相州镇中心中学	第三批	1995年4月5日	
潍坊市	诸城市石桥子镇中心中学	第三批	1995年4月5日	
潍坊市	诸城市程戈庄镇中心中学	第三批	1995年4月5日	
潍坊市	诸城市万家庄乡吕兑初中	第三批	1995年4月5日	
潍坊市	诸城市朱解乡中心中学	第三批	1995年4月5日	
潍坊市	寿光市中日友好学校	第四批	1996年9月23日	
潍坊市	寿光市实验小学	第四批	1996年9月23日	
潍坊市	昌邑市李家埠中心小学	第四批	1996年9月23日	
潍坊市	昌邑市卜庄镇中心小学	第四批	1996年9月23日	
潍坊市	诸城市石桥子镇中心小学	第四批	1996年9月23日	
潍坊市	诸城市积沟镇中心小学	第四批	1996年9月23日	
潍坊市	高密市蒋庄镇中心小学	第四批	1996年9月23日	
潍坊市	安丘市赵戈镇中心小学	第四批	1996年9月23日	
潍坊市	寿光市留吕乡第一初级中学	第四批	1996年9月23日	
潍坊市	昌邑市流河乡中心初中	第四批	1996年9月23日	
潍坊市	昌邑市丈岭镇初级中学	第四批	1996年9月23日	
潍坊市	昌邑市夏店镇初级中学	第四批	1996年9月23日	
潍坊市	寿光市王旺镇第一初级中学	第四批	1996年9月23日	
潍坊市	昌乐县实验中学	第四批	1996年9月23日	
潍坊市	诸城市白尺河镇中心初中	第四批	1996年9月23日	
潍坊市	诸城市昌城镇镇南初级中学	第四批	1996年9月23日	
潍坊市	高密市河崖镇第一初级中学	第四批	1996年9月23日	
潍坊市	安丘市黄旗埠镇中心初中	第四批	1996年9月23日	
潍坊市	昌邑市岞山中心小学	第五批	1997年12月31日	

（续表）

地 区	学校名称	批 次	通过时间	备注
潍坊市	昌邑市太保庄乡中心小学	第五批	1997年12月31日	
潍坊市	昌邑市丈岭镇中心小学	第五批	1997年12月31日	
潍坊市	昌邑柳疃镇中心小学	第五批	1997年12月31日	
潍坊市	青州市弥河镇第一初级中学	第五批	1997年12月31日	
潍坊市	诸城市辛兴镇中心初级中学	第五批	1997年12月31日	
潍坊市	昌邑市青乡镇初级中学	第五批	1997年12月31日	
潍坊市	昌邑市宋庄乡初级中学	第五批	1997年12月31日	
潍坊市	临朐县第二实验小学	第六批	1999年5月31日	
潍坊市	寿光市寿光镇九巷小学	第六批	1999年5月31日	
潍坊市	昌邑市饮马中心小学	第六批	1999年5月31日	
潍坊市	临朐县白沙乡中心小学	第六批	1999年5月31日	
潍坊市	昌邑市塔耳堡镇中心小学	第六批	1999年5月31日	
潍坊市	高密大牟家镇中心小学	第六批	1999年5月31日	
潍坊市	高密市夏庄镇中心小学	第六批	1999年5月31日	
潍坊市	临朐县龙泉中学	第六批	1999年5月31日	
潍坊市	临朐县营子初中	第六批	1999年5月31日	
潍坊市	寿光市羊口初中	第六批	1999年5月31日	
潍坊市	寿光市圣城中学	第六批	1999年5月31日	
潍坊市	寿光市丰城乡初中	第六批	1999年5月31日	
潍坊市	寿光市洛城镇初中	第六批	1999年5月31日	
潍坊市	昌邑市北孟镇第一初中	第六批	1999年5月31日	
潍坊市	昌邑市双台乡中心初中	第六批	1999年5月31日	
潍坊市	寿光市马店初中	第六批	1999年5月31日	
潍坊市	诸城市枳沟镇初中	第六批	1999年5月31日	
潍坊市	昌邑市太保乡中心初中	第六批	1999年5月31日	
潍坊市	寿光市胡营乡第一初中	第六批	1999年5月31日	
潍坊市	青州市东坝镇初中	第六批	1999年5月31日	
潍坊市	青州市邵庄镇初中	第六批	1999年5月31日	
潍坊市	安丘市赵戈镇初中	第六批	1999年5月31日	
潍坊市	寿光市田柳镇二中	第六批	1999年5月31日	
潍坊市	寿光市寒桥镇二中	第六批	1999年5月31日	
潍坊市	诸城市皇华镇中心初中	第六批	1999年5月31日	

（续表）

地　区	学校名称	批　次	通过时间	备注
潍坊市	昌邑市夏店中心小学	第八批	2001 年 8 月 3 日	
潍坊市	青州市昭德办事处云门山南路回民小学	第八批	2001 年 8 月 3 日	
潍坊市	寒亭区实验小学	第八批	2001 年 8 月 3 日	
潍坊市	潍城区永安路小学	第八批	2001 年 8 月 3 日	
潍坊市	诸城市百尺河中心小学	第八批	2001 年 8 月 3 日	
潍坊市	奎文区先锋小学	第八批	2001 年 8 月 3 日	
潍坊市	寿光市羊口一小	第八批	2001 年 8 月 3 日	
潍坊市	寿光市东岔河小学	第八批	2001 年 8 月 3 日	
潍坊市	诸城市箭口中心小学	第八批	2001 年 8 月 3 日	
潍坊市	诸城市贾悦小学	第八批	2001 年 8 月 3 日	
潍坊市	高密立新中学	第八批	2001 年 8 月 3 日	
潍坊市	临朐县蒋浴中心初中	第八批	2001 年 8 月 3 日	
潍坊市	柏城镇初中	第八批	2001 年 8 月 3 日	
潍坊市	马庄中心初中	第八批	2001 年 8 月 3 日	
潍坊市	龙源学校	第八批	2001 年 8 月 3 日	
潍坊市	昌邑市仓街中心初中	第八批	2001 年 8 月 3 日	
潍坊市	昌邑市柞山一中	第八批	2001 年 8 月 3 日	
潍坊市	孟疃中心初中	第八批	2001 年 8 月 3 日	
潍坊市	昌邑市围子中心初中	第八批	2001 年 8 月 3 日	
潍坊市	夏庄一中	第八批	2001 年 8 月 3 日	
潍坊市	大牟家镇初中	第八批	2001 年 8 月 3 日	
潍坊市	柴沟镇初中	第八批	2001 年 8 月 3 日	
潍坊市	高密城南中学	第八批	2001 年 8 月 3 日	
潍坊市	高密镇曙光中学	第八批	2001 年 8 月 3 日	
潍坊市	昌邑市实验中学	第八批	2001 年 8 月 3 日	
潍坊市	姜庄一中	第八批	2001 年 8 月 3 日	
潍坊市	潍坊日向友好学校	第八批	2001 年 8 月 3 日	
潍坊市	潍坊四中	第八批	2001 年 8 月 3 日	
潍坊市	寿光市牛头初中	第八批	2001 年 8 月 3 日	
潍坊市	寿光市样庄初中	第八批	2001 年 8 月 3 日	
潍坊市	寿光市纪台一中	第八批	2001 年 8 月 3 日	
潍坊市	寿光市台头镇牛头小学	第九批	2002 年 6 月 21 日	

（续表）

地　区	学校名称	批　次	通过时间	备注
潍坊市	高密市开发区中心小学	第九批	2002年6月21日	
潍坊市	高密市第二实验小学	第九批	2002年6月21日	
潍坊市	寿光市北洛镇中心小学	第九批	2002年6月21日	
潍坊市	潍城区杏埠镇中心小学	第九批	2002年6月21日	
潍坊市	临朐县九山镇中心小学	第九批	2002年6月21日	
潍坊市	高密市向阳中学	第九批	2002年6月21日	
潍坊市	寿光市侯镇第四初中	第九批	2002年6月21日	
潍坊市	潍坊外国语学校	第九批	2002年6月21日	
潍坊市	临朐县龙岗初级中学	第九批	2002年6月21日	
潍坊市	昌邑市北孟镇中心小学	第十批	2003年6月5日	
潍坊市	高密康城小学	第十批	2003年6月5日	
潍坊市	安丘市兴华学校	第十批	2003年6月5日	
潍坊市	昌邑都昌街办南逄初级中学	第十批	2003年6月5日	
潍坊市	寿光王高镇第一中学	第十批	2003年6月5日	
潍坊市	昌邑市柳疃中心初级中学	第十批	2003年6月5日	
潍坊市	潍坊新华中学	第十批	2003年6月5日	
潍坊市	寿光营里镇第二初级中学	第十批	2003年6月5日	
潍坊市	寿光市留吕镇实验小学	第十一批	2004年7月28日	
潍坊市	昌邑市石埠镇石埠小学	第十一批	2004年7月28日	
潍坊市	寿光市台头镇中心小学	第十一批	2004年7月28日	
潍坊市	安丘王家庄镇王家庄初中	第十一批	2004年7月28日	
潍坊市	寿光市圣城街道第一初中	第十一批	2004年7月28日	
潍坊市	昌乐县尧沟镇中学	第十一批	2004年7月28日	
潍坊市	寿光圣城街道西关小学	第十二批	2005年6月29日	
潍坊市	诸城市府前街小学	第十二批	2005年6月29日	
潍坊市	诸城市大马庄小学	第十二批	2005年6月29日	
潍坊市	寿光营里镇实验小学	第十二批	2005年6月29日	
潍坊市	寿光世纪学校	第十二批	2005年6月29日	
潍坊市	诸城市相州镇中心小学	第十三批	2006年6月28日	
潍坊市	潍坊经济技术开发区锦城中学	第十三批	2006年6月28日	
潍坊市	诸城市府前街新艺学校	第十三批	2006年6月28日	
潍坊市	寿光市侯镇一中	第十三批	2006年6月28日	

（续表）

地区	学校名称	批次	通过时间	备注
潍坊市	潍坊市中新双语实验学校	第十三批	2006年6月28日	
济宁市	兖州实验小学	第一批	1993年6月17日	
济宁市	济宁师范附属小学	第一批	1993年6月17日	
济宁市	邹城第二实验小学	第一批	1993年6月17日	
济宁市	曲阜陵城中学	第一批	1993年6月17日	
济宁市	济宁十三中	第一批	1993年6月17日	
济宁市	曲阜市实验小学	第二批	1994年1月31日	
济宁市	微山县实验小学	第四批	1996年9月23日	
济宁市	南屯煤矿职工子弟学校	第四批	1996年9月23日	
济宁市	鲍店煤矿职工子弟学校	第四批	1996年9月23日	
济宁市	兖矿集团公司一小	第六批	1999年5月31日	
济宁市	兖矿集团公司东滩矿校	第六批	1999年5月31日	
济宁市	兖州市新兖镇中心小学	第七批	1999年12月30日	
济宁市	兖州市第九中学	第七批	1999年12月30日	
济宁市	兖州市第十九中学	第七批	1999年12月30日	
济宁市	兖州市大安镇中心中学	第七批	1999年12月30日	
济宁市	微山县实验中学	第七批	1999年12月30日	
济宁市	兖矿集团兴隆庄煤矿职工子弟学校	第八批	2001年8月3日	
济宁市	兖州15中	第八批	2001年8月3日	
济宁市	邹城市第八中学	第八批	2001年8月3日	
济宁市	微山岛一中	第八批	2001年8月3日	
济宁市	市中区实验小学	第九批	2002年6月21日	
济宁市	兖州十一中	第九批	2002年6月21日	
济宁市	邹城七中	第九批	2002年6月21日	
济宁市	邹城六中	第九批	2002年6月21日	
济宁市	鱼台县实验小学	第十一批	2004年7月28日	
济宁市	金乡县羊山镇中心小学	第十一批	2004年7月28日	
济宁市	邹城市第一实验小学	第十一批	2004年7月28日	
济宁市	邹城市匡衡路小学	第十一批	2004年7月28日	
济宁市	邹城市西关小学	第十一批	2004年7月28日	
济宁市	邹城市第四中学	第十一批	2004年7月28日	
济宁市	邹城市第五中学	第十一批	2004年7月28日	

（续表）

地　区	学校名称	批　次	通过时间	备注
济宁市	济宁师专附属中学	第十一批	2004 年 7 月 28 日	
济宁市	嘉祥镇第一中学	第十一批	2004 年 7 月 28 日	
济宁市	任城区石桥镇中心小学	第十二批	2005 年 6 月 29 日	
济宁市	曲阜市田家炳小学	第十二批	2005 年 6 月 29 日	
济宁市	邹城市城前镇中心小学	第十二批	2005 年 6 月 29 日	
济宁市	金乡师范附属小学	第十二批	2005 年 6 月 29 日	
济宁市	济宁洸河路小学	第十二批	2005 年 6 月 29 日	
济宁市	邹城市北宿镇鑫星小学	第十二批	2005 年 6 月 29 日	
济宁市	济宁明珠中心小学	第十二批	2005 年 6 月 29 日	
济宁市	兖州十四中	第十二批	2005 年 6 月 29 日	
济宁市	鱼台县王鲁镇张庙小学	第十三批	2006 年 6 月 28 日	
济宁市	邹城市城前镇岔河小学	第十三批	2006 年 6 月 28 日	
济宁市	邹城市北宿镇落陵小学	第十三批	2006 年 6 月 28 日	
济宁市	兖州市文化路小学	第十三批	2006 年 6 月 28 日	
济宁市	任城区许庄街道新白小学	第十三批	2006 年 6 月 28 日	
济宁市	任城区辛店小学	第十三批	2006 年 6 月 28 日	
济宁市	济宁丰泰中学	第十三批	2006 年 6 月 28 日	
济宁市	兖州市孔子学府	第十三批	2006 年 6 月 28 日	
泰安市	泰山区岱道庵小学	第二批	1994 年 1 月 31 日	
泰安市	泰安御碑楼中学	第二批	1994 年 1 月 31 日	
泰安市	新汶矿务局实验小学	第三批	1995 年 4 月 5 日	
泰安市	新汶矿务局协庄矿中学	第三批	1995 年 4 月 5 日	
泰安市	泰安市东岳中学	第三批	1995 年 4 月 5 日	
泰安市	宁阳县实验小学	第四批	1996 年 9 月 23 日	
泰安市	泰安师范附小	第四批	1996 年 9 月 23 日	
泰安市	泰安第一实验小学	第四批	1996 年 9 月 23 日	
泰安市	郊区省庄镇第一初级中学	第四批	1996 年 9 月 23 日	
泰安市	郊区道朗镇第一初级中学	第四批	1996 年 9 月 23 日	
泰安市	郊区满庄镇第二中学	第六批	1999 年 5 月 31 日	
泰安市	肥城实验小学	第八批	2001 年 8 月 3 日	
泰安市	宁阳 10 中	第八批	2001 年 8 月 3 日	
泰安市	宁阳 24 中	第八批	2001 年 8 月 3 日	

（续表）

地 区	学校名称	批 次	通过时间	备注
泰安市	泰山区上高乡中心小学	第九批	2002 年 6 月 21 日	
泰安市	泰山区上高乡凤台小学	第九批	2002 年 6 月 21 日	
泰安市	宁阳县伏山中心小学	第九批	2002 年 6 月 21 日	
泰安市	岱岳区出财源办事处七里埠学校	第九批	2002 年 6 月 21 日	
泰安市	石横电厂子弟学校	第九批	2002 年 6 月 21 日	
泰安市	宁阳罡城镇成里完小	第十批	2003 年 6 月 5 日	
泰安市	宁阳磁窑实验小学	第十批	2003 年 6 月 5 日	
泰安市	新泰平阳小学	第十批	2003 年 6 月 5 日	
泰安市	肥城龙山中学	第十批	2003 年 6 月 5 日	
泰安市	宁阳 21 中	第十批	2003 年 6 月 5 日	
泰安市	肥城桃园第一中学	第十批	2003 年 6 月 5 日	
泰安市	肥城新城中学	第十批	2003 年 6 月 5 日	
泰安市	新汶矿业集团协庄小学	第十一批	2004 年 7 月 28 日	
泰安市	新泰市燕鸣希望小学	第十一批	2004 年 7 月 28 日	
泰安市	东平县实验小学	第十一批	2004 年 7 月 28 日	
泰安市	肥城市孙伯镇中心小学	第十一批	2004 年 7 月 28 日	
泰安市	岱岳区道朗镇鱼池小学	第十一批	2004 年 7 月 28 日	
泰安市	岱岳区房村镇涝坡小学	第十一批	2004 年 7 月 28 日	
泰安市	岱庙办事处三友小学	第十一批	2004 年 7 月 28 日	
泰安市	丘家店镇颜张小学	第十一批	2004 年 7 月 28 日	
泰安市	宁阳县东疏镇花园完小	第十一批	2004 年 7 月 28 日	
泰安市	泰山学院附属中学	第十一批	2004 年 7 月 28 日	
泰安市	新汶办事处第一初级中学	第十一批	2004 年 7 月 28 日	
泰安市	新泰市福田学校	第十一批	2004 年 7 月 28 日	
泰安市	肥城市实验初级中学	第十一批	2004 年 7 月 28 日	
泰安市	肥城市潮泉镇初级中学	第十一批	2004 年 7 月 28 日	
泰安市	肥城市石横镇初级中学	第十一批	2004 年 7 月 28 日	
泰安市	宁阳第二十中学	第十一批	2004 年 7 月 28 日	
泰安市	岱岳区西良庄小学	第十二批	2005 年 6 月 29 日	
泰安市	新泰市禹村镇南峪联小	第十二批	2005 年 6 月 29 日	
泰安市	新泰第一实验小学	第十二批	2005 年 6 月 29 日	
泰安市	肥城市王瓜店中心小学	第十二批	2005 年 6 月 29 日	

（续表）

地　区	学校名称	批　次	通过时间	备注
泰安市	宁阳镇临邑完小	第十二批	2005 年 6 月 29 日	
泰安市	肥城市老城镇中心小学	第十二批	2005 年 6 月 29 日	
泰安市	肥城市安庄镇马埠中学	第十二批	2005 年 6 月 29 日	
泰安市	宁阳二十七中	第十二批	2005 年 6 月 29 日	
泰安市	肥矿公司查庄煤矿子弟学校	第十二批	2005 年 6 月 29 日	
泰安市	泰安南关中学	第十二批	2005 年 6 月 29 日	
泰安市	泰安十中	第十二批	2005 年 6 月 29 日	
泰安市	肥矿公司白庄煤矿子弟学校	第十二批	2005 年 6 月 29 日	
泰安市	肥城市汶阳镇中心中学	第十二批	2005 年 6 月 29 日	
泰安市	肥城市仪阳乡二中	第十二批	2005 年 6 月 29 日	
泰安市	宁阳三中	第十二批	2005 年 6 月 29 日	
泰安市	泰山区丘家店镇第二中学	第十二批	2005 年 6 月 29 日	
泰安市	泰山区泰前办事处黄山中学	第十二批	2005 年 6 月 29 日	
泰安市	新泰市东都镇实验学校	第十二批	2005 年 6 月 29 日	
泰安市	肥城市潮泉镇中心小学	第十三批	2006 年 6 月 28 日	
泰安市	泰山区徐家楼街道大白峪小学	第十三批	2006 年 6 月 28 日	
泰安市	岱岳区良庄镇石楼小学	第十三批	2006 年 6 月 28 日	
泰安市	岱岳区大汶口镇侯村小学	第十三批	2006 年 6 月 28 日	
泰安市	岱岳区马庄镇民族小学	第十三批	2006 年 6 月 28 日	
泰安市	岱岳区黄前镇中心小学	第十三批	2006 年 6 月 28 日	
泰安市	岱岳区粥店办事处六郎坟小学	第十三批	2006 年 6 月 28 日	
泰安市	岱岳区粥店办事处杜家庄小学	第十三批	2006 年 6 月 28 日	
泰安市	新泰市汶南镇第二中心小学	第十三批	2006 年 6 月 28 日	
泰安市	新泰市果都镇中心小学	第十三批	2006 年 6 月 28 日	
泰安市	新泰市东都镇中心小学	第十三批	2006 年 6 月 28 日	
泰安市	肥城市石横镇北高余小学	第十三批	2006 年 6 月 28 日	
泰安市	新泰市新汶办事处志成小学	第十三批	2006 年 6 月 28 日	
泰安市	肥城市边院镇鲁云小学	第十三批	2006 年 6 月 28 日	
泰安市	新泰市宫里镇汶城完小	第十三批	2006 年 6 月 28 日	
泰安市	新泰市小协镇中心小学	第十三批	2006 年 6 月 28 日	
泰安市	新泰市楼德镇辛庄联小	第十三批	2006 年 6 月 28 日	
泰安市	宁阳县鹤山乡中心小学	第十三批	2006 年 6 月 28 日	

（续表）

地 区	学校名称	批 次	通过时间	备注
泰安市	宁阳县蒋集镇中心小学	第十三批	2006年6月28日	
泰安市	肥城市新城办事处沙沟小学	第十三批	2006年6月28日	
泰安市	泰山民族中学	第十三批	2006年6月28日	
泰安市	泰安十六中	第十三批	2006年6月28日	
泰安市	肥城市孙泊中学	第十三批	2006年6月28日	
泰安市	新泰市泉沟镇初中	第十三批	2006年6月28日	
泰安市	宁阳十一中	第十三批	2006年6月28日	
泰安市	宁阳八中	第十三批	2006年6月28日	
泰安市	新泰市新汶办事处实验学校	第十三批	2006年6月28日	
威海市	文登实验小学	第一批	1993年6月17日	
威海市	威海九中	第一批	1993年6月17日	
威海市	环翠区城里中学	第二批	1994年1月31日	
威海市	文登市第二实验小学	第三批	1995年4月5日	
威海市	威海市实验中学	第三批	1995年4月5日	
威海市	经济技术开发区皇冠小学	第五批	1997年12月31日	
威海市	环翠区长征路小学	第五批	1997年12月31日	
威海市	荣成十二中	第五批	1997年12月31日	
威海市	荣成27中	第七批	1999年12月30日	
威海市	荣成28中	第七批	1999年12月30日	
威海市	环翠区鲸园小学	第八批	2001年8月3日	
威海市	乳山市第一实验小学	第八批	2001年8月3日	
威海市	环翠区塔山中学	第八批	2001年8月3日	
威海市	威海七中	第八批	2001年8月3日	
威海市	文登二中	第八批	2001年8月3日	
威海市	环翠区古寨小学	第九批	2002年6月21日	
威海市	荣成东山中心完小	第九批	2002年6月21日	
威海市	荣成第二实验小学	第九批	2002年6月21日	
威海市	环翠区古寨中学	第九批	2002年6月21日	
威海市	环翠区草庙子镇中心小学	第十批	2003年6月5日	
威海市	文登市文峰小学	第十批	2003年6月5日	
威海市	威海市锦华小学	第十批	2003年6月5日	
威海市	威海市统一路小学	第十批	2003年6月5日	

（续表）

地 区	学校名称	批 次	通过时间	备注
威海市	威海市塔山小学	第十批	2003年6月5日	
威海市	威海市实验小学	第十批	2003年6月5日	
威海市	经区皇冠中学	第十批	2003年6月5日	
威海市	高新开发区第一中学	第十批	2003年6月5日	
威海市	经区新都中学	第十批	2003年6月5日	
威海市	文登初级实验中学	第十一批	2004年7月28日	
威海市	荣成市第九中学	第十一批	2004年7月28日	
威海市	文登市三里河中学	第十一批	2004年7月28日	
威海市	荣成市第三十七中学	第十一批	2004年7月28日	
威海市	文登市茼山中学	第十一批	2004年7月28日	
威海市	威海市第五中学	第十一批	2004年7月28日	
威海市	威海北竹岛小学	第十二批	2005年6月29日	
威海市	威海火炬高新技术产业开发区第一小学	第十二批	2005年6月29日	
威海市	文登市汪疃中学	第十二批	2005年6月29日	
威海市	威海环翠国际学校	第十二批	2005年6月29日	
威海市	文登市七里中学	第十二批	2005年6月29日	
威海市	乳山市城关初中	第十二批	2005年6月29日	
威海市	威海十中	第十二批	2005年6月29日	
威海市	威海羊亭学校	第十二批	2005年6月29日	
威海市	文登市泽库中学	第十二批	2005年6月29日	
威海市	荣成市蜊江中学	第十二批	2005年6月29日	
威海市	文登米山中学	第十三批	2006年6月28日	
威海市	文登张家产中学	第十三批	2006年6月28日	
威海市	文登泽头中学	第十三批	2006年6月28日	
威海市	文登葛家中学	第十三批	2006年6月28日	
威海市	荣成石岛实验中学	第十三批	2006年6月28日	
日照市	日照市实验小学	第五批	1997年12月31日	
日照市	莒县城阳镇中心小学	第五批	1997年12月31日	
日照市	莒县长岭镇中心小学	第七批	1999年12月30日	
日照市	东港区两城中心小学	第九批	2002年6月21日	
日照市	莒县三中	第九批	2002年6月21日	
日照市	东港区奎山街道二中	第九批	2002年6月21日	

（续表）

地　区	学校名称	批　次	通过时间	备注
日照市	岚山碑郭中学	第十批	2003年6月5日	
日照市	莒县闫庄镇中心小学	第十一批	2004年7月28日	
日照市	日照市新营中学	第十一批	2004年7月28日	
日照市	日照市经济开发区中学	第十三批	2006年6月28日	
日照市	日照市实验中学	第十三批	2006年6月28日	
莱芜市	莱城区大王镇中心小学	第三批	1995年4月5日	
莱芜市	莱城区实验中学	第三批	1995年4月5日	
莱芜市	莱城区杨庄镇中心小学	第六批	1999年5月31日	
莱芜市	莱城区南冶镇中心小学	第六批	1999年5月31日	
莱芜市	钢城区城子坡中心小学	第六批	1999年5月31日	
临沂市	平邑县仲村中心小学	第一批	1993年6月17日	
临沂市	平邑县资邱中心小学	第一批	1993年6月17日	
临沂市	临沂市汤头镇中心小学	第一批	1993年6月17日	
临沂市	临沂实验小学	第一批	1993年6月17日	
临沂市	莒南县团林乡中心初中	第一批	1993年6月17日	
临沂市	郯城高峰头镇第一初级中学	第五批	1997年12月31日	
临沂市	罗庄区罗庄镇中心中学	第五批	1997年12月31日	
临沂市	沂水第二实验小学	第十一批	2004年7月28日	
临沂市	临沂美澳国际学校	第十一批	2004年7月28日	
临沂市	沂水沂新中学	第十一批	2004年7月28日	
临沂市	郯城第三实验小学	第十二批	2005年6月29日	
临沂市	郯城育才中学	第十二批	2005年6月29日	
临沂市	临沭县青云镇中心小学	第十三批	2006年6月28日	
临沂市	临沭县玉山镇玉山完小	第十三批	2006年6月28日	
临沂市	临沭县临沭镇于店完小	第十三批	2006年6月28日	
临沂市	临沭县实验小学	第十三批	2006年6月28日	
临沂市	临沂第4实验小学	第十三批	2006年6月28日	
临沂市	临沂第3实验小学	第十三批	2006年6月28日	
临沂市	临沂第2实验小学	第十三批	2006年6月28日	
临沂市	临沭县三株希望小学	第十三批	2006年6月28日	
临沂市	临沭县蛟龙镇初中	第十三批	2006年6月28日	
临沂市	临沭县临沭镇中心中学	第十三批	2006年6月28日	

（续表）

地 区	学校名称	批 次	通过时间	备注
临沂市	临沭县第一初级中学	第十三批	2006 年 6 月 28 日	
临沂市	临沭县玉山镇中学	第十三批	2006 年 6 月 28 日	
临沂市	河东区益民实验中学	第十三批	2006 年 6 月 28 日	
临沂市	兰山区义堂中学	第十三批	2006 年 6 月 28 日	
德州市	德州市棉纺厂子弟小学	第二批	1994 年 1 月 31 日	
德州市	德州市建设小学	第二批	1994 年 1 月 31 日	
德州市	德州市北园小学	第二批	1994 年 1 月 31 日	
德州市	德州市实验小学	第二批	1994 年 1 月 31 日	
德州市	临邑县临盘镇中学	第六批	1999 年 5 月 31 日	
德州市	禹城市实验小学	第八批	2001 年 8 月 3 日	
德州市	夏津县实验小学	第八批	2001 年 8 月 3 日	
德州市	德城区天衢小学	第八批	2001 年 8 月 3 日	
德州市	夏津县实验中学	第八批	2001 年 8 月 3 日	
德州市	夏津县 6 中	第八批	2001 年 8 月 3 日	
德州市	德城区黎明街小学	第九批	2002 年 6 月 21 日	
德州市	临邑实验小学	第九批	2002 年 6 月 21 日	
德州市	禹城市齐鲁中学	第九批	2002 年 6 月 21 日	
德州市	武城县实验小学	第十一批	2004 年 7 月 28 日	
德州市	德州市湖滨北路小学	第十一批	2004 年 7 月 28 日	
德州市	武城镇中学	第十一批	2004 年 7 月 28 日	
德州市	齐河县晏城镇晏城小学	第十二批	2005 年 6 月 29 日	
德州市	德州十中	第十二批	2005 年 6 月 29 日	
德州市	德州英汉双语学校	第十二批	2005 年 6 月 29 日	
德州市	德州五中	第十二批	2005 年 6 月 29 日	
德州市	齐河县第一实验小学	第十三批	2006 年 6 月 28 日	
德州市	武城县实验中学	第十三批	2006 年 6 月 28 日	
德州市	德州九中	第十三批	2006 年 6 月 28 日	
聊城市	临清实验中学	第九批	2002 年 6 月 21 日	
聊城市	阿城镇范海中心小学	第十批	2003 年 6 月 5 日	
聊城市	临清市逸夫实验小学	第十批	2003 年 6 月 5 日	
聊城市	临清市京华中学	第十批	2003 年 6 月 5 日	
聊城市	东昌府区新区小学	第十一批	2004 年 7 月 28 日	

（续表）

地　区	学校名称	批　次	通过时间	备注
聊城市	高唐县实验小学	第十一批	2004年7月28日	
聊城市	聊城市民主小学	第十一批	2004年7月28日	
聊城市	聊城市堂邑中学	第十一批	2004年7月28日	
聊城市	东阿县实验中学	第十一批	2004年7月28日	
聊城市	聊城市实验中学	第十一批	2004年7月28日	
聊城市	东阿县单庄中心小学	第十二批	2005年6月29日	
聊城市	冠县北陶希望小学	第十二批	2005年6月29日	
聊城市	东昌府区河东小学	第十二批	2005年6月29日	
聊城市	东阿县单庄第二中心小学	第十二批	2005年6月29日	
聊城市	茌平县茌平镇中学	第十二批	2005年6月29日	
聊城市	茌平实验中学	第十二批	2005年6月29日	
聊城市	冠县实验中学	第十二批	2005年6月29日	
聊城市	临清市丕介中学	第十二批	2005年6月29日	
聊城市	阳谷县安乐镇中心小学	第十三批	2006年6月28日	
聊城市	东阿县实验小学	第十三批	2006年6月28日	
滨州市	博兴县寨郝乡寨郝村小学	第一批	1993年6月17日	
滨州市	博兴县实验小学	第一批	1993年6月17日	
滨州市	站化县实验小学	第三批	1995年4月5日	
滨州市	滨州市逸夫小学	第三批	1995年4月5日	
滨州市	滨州市实验小学	第四批	1996年9月23日	
滨州市	滨州市第一小学	第五批	1997年12月31日	
滨州市	博兴县第一实验小学	第五批	1997年12月31日	
滨州市	邹平县实验中学	第六批	1999年5月31日	
滨州市	滨州市第三中学	第六批	1999年5月31日	
滨州市	邹平县临池镇中心初中	第六批	1999年5月31日	
滨州市	滨州第六小学	第八批	2001年8月3日	
滨州市	邹平镇第一初中	第八批	2001年8月3日	
滨州市	滨城区第七小学	第九批	2002年6月21日	
滨州市	无棣县实验小学	第九批	2002年6月21日	
滨州市	邹平县第二实验小学	第九批	2002年6月21日	
滨州市	邹平县第一实验小学	第九批	2002年6月21日	
滨州市	无棣县实验中学	第九批	2002年6月21日	

（续表）

地 区	学校名称	批 次	通过时间	备注
滨州市	博兴县实验中学	第九批	2002年6月21日	
滨州市	邹平县黛溪中学	第九批	2002年6月21日	
滨州市	邹平县台子乡中心初中	第九批	2002年6月21日	
滨州市	邹平长山镇第二初中	第十批	2003年6月5日	
滨州市	阳信县阳信镇中学	第十批	2003年6月5日	
滨州市	惠民县惠民镇中学	第十批	2003年6月5日	
滨州市	滨州市清怡中学	第十批	2003年6月5日	
滨州市	邹平青阳镇中心初中	第十批	2003年6月5日	
滨州市	邹平县台子镇中心小学	第十一批	2004年7月28日	
滨州市	邹平县明集镇第一小学	第十一批	2004年7月28日	
滨州市	邹平县孙镇第一小学	第十一批	2004年7月28日	
滨州市	邹平县临池镇南北寺小学	第十一批	2004年7月28日	
滨州市	博兴县曹王镇第一中学	第十一批	2004年7月28日	
滨州市	博兴县湖滨镇第一中学	第十一批	2004年7月28日	
滨州市	邹平县焦桥镇中心小学	第十二批	2005年6月29日	
滨州市	邹平县经济区第一小学	第十二批	2005年6月29日	
滨州市	滨城第三小学	第十二批	2005年6月29日	
滨州市	滨城第四小学	第十二批	2005年6月29日	
滨州市	邹平台子镇店子小学	第十二批	2005年6月29日	
滨州市	邹平县九户镇初中	第十二批	2005年6月29日	
滨州市	博兴县博奥学校	第十二批	2005年6月29日	
滨州市	邹平县焦桥镇初中	第十二批	2005年6月29日	
滨州市	邹平县九户中心小学	第十三批	2006年6月28日	
滨州市	邹平县台子镇马家小学	第十三批	2006年6月28日	
滨州市	阳信县实验中学	第十三批	2006年6月28日	
滨州市	博兴县乐安实验学校	第十三批	2006年6月28日	
滨州市	滨城区堡集镇实验学校	第十三批	2006年6月28日	
滨州市	滨城区小营镇实验学校	第十三批	2006年6月28日	
滨州市	滨城区小营镇中心中学	第十三批	2006年6月28日	
滨州市	滨城区四中	第十三批	2006年6月28日	
菏泽市	菏泽市牡丹区第二小学	第十一批	2004年7月28日	
菏泽市	定陶县陈集镇中学	第十一批	2004年7月28日	
莱钢莱	钢集团有限公司第二中学	第十一批	2004年7月28日	

高中(完中)371所(数据来源:教育厅已公布的13批规范化学校)

地区	学校名称	批次	通过时间	备注
济南市	济南一中	第一批	1993年6月17日	
济南市	山东师范大学附属中学	第一批	1993年6月17日	
济南市	山东省实验中学	第一批	1993年6月17日	
济南市	章丘市第四中学	第二批	1994年1月31日	
济南市	济南市第七中学	第二批	1994年1月31日	
济南市	济南三中	第五批	1997年12月31日	
济南市	历城二中	第五批	1997年12月31日	
济南市	章丘一中	第五批	1997年12月31日	
济南市	济南二中	第六批	1999年5月21日	
济南市	济南九中	第六批	1999年5月21日	
济南市	平阴县第一中学	第七批	1999年12月30日	
济南市	章丘七中	第八批	2001年8月3日	
济南市	济南铁一中	第八批	2001年8月3日	
济南市	历城四中	第九批	2002年6月21日	
济南市	济北中学	第九批	2002年6月21日	
济南市	章丘五中	第九批	2002年6月21日	
济南市	历城一中	第九批	2002年6月21日	
济南市	济阳一中	第九批	2002年6月21日	
济南市	济南钢铁公司高级中学	第十批	2003年6月5日	
济南市	济南市回民中学	第十批	2003年6月5日	
济南市	历城区第五中学	第十一批	2004年7月28日	
济南市	长清区第一中学	第十一批	2004年7月28日	
济南市	济南钢铁集团公司第一中学	第十一批	2004年7月28日	
济南市	章丘中学	第十二批	2005年6月29日	
济南市	平阴县第三中学	第十二批	2005年6月29日	
济南市	长清中学	第十二批	2005年6月29日	
济南市	长清三中	第十二批	2005年6月29日	
济南市	平阴县第二中学	第十二批	2005年6月29日	
济南市	历城区洪家楼高级中学	第十三批	2006年6月28日	
济南市	商河二中	第十三批	2006年6月28日	
济南市	商河一中	第十三批	2006年6月28日	

（续表）

地　区	学校名称	批　次	通过时间	备注
青岛市	即墨一中	第一批	1993 年 6 月 17 日	
青岛市	平度一中	第一批	1993 年 6 月 17 日	
青岛市	青岛市第十七中学	第四批	1996 年 9 月 23 日	
青岛市	胶南市第二中学	第四批	1996 年 9 月 23 日	
青岛市	青岛市第十六中学	第四批	1996 年 9 月 23 日	
青岛市	青岛铁一中	第五批	1997 年 12 月 31 日	
青岛市	即墨二中	第五批	1997 年 12 月 31 日	
青岛市	胶南市第三中学	第六批	1999 年 5 月 21 日	
青岛市	胶南市第五中学	第六批	1999 年 5 月 21 日	
青岛市	莱西市第一中学	第六批	1999 年 5 月 21 日	2008 年 5 月 7 日撤销（鲁教基函[2008]13 号）
青岛市	开发区实验中学	第八批	2001 年 8 月 3 日	
青岛市	青岛二中	第八批	2001 年 8 月 3 日	
青岛市	胶南一中	第八批	2001 年 8 月 3 日	
青岛市	青岛 58 中	第九批	2002 年 6 月 21 日	
青岛市	青岛一中	第九批	2002 年 6 月 21 日	
青岛市	胶南实验中学	第九批	2002 年 6 月 21 日	
青岛市	莱西二中	第九批	2002 年 6 月 21 日	2008 年 5 月 7 日撤销（鲁教基函[2008]13 号）
青岛市	平度九中	第九批	2002 年 6 月 21 日	
青岛市	城阳第一中学	第十批	2003 年 6 月 5 日	
青岛市	胶州市第一中学	第十批	2003 年 6 月 5 日	
青岛市	胶州市实验中学	第十批	2003 年 6 月 5 日	
青岛市	胶南市第八中学	第十批	2003 年 6 月 5 日	
青岛市	高科园第二中学	第十批	2003 年 6 月 5 日	
青岛市	高科园第一中学	第十批	2003 年 6 月 5 日	
青岛市	青岛市第 19 中学	第十批	2003 年 6 月 5 日	
青岛市	青岛第十一中学	第十一批	2004 年 7 月 28 日	
青岛市	青岛第十五中学	第十一批	2004 年 7 月 28 日	
青岛市	城阳区第二中学	第十一批	2004 年 7 月 28 日	
青岛市	胶州市第三中学	第十一批	2004 年 7 月 28 日	
青岛市	城阳区第三中学	第十一批	2004 年 7 月 28 日	
青岛市	青岛第九中学	第十二批	2005 年 6 月 29 日	

（续表）

地　区	学校名称	批　次	通过时间	备注
青岛市	胶州二中	第十二批	2005年6月29日	
青岛市	胶州四中	第十三批	2006年6月28日	
淄博市	淄博一中	第一批	1993年6月17日	
淄博市	淄博五中	第一批	1993年6月17日	
淄博市	淄博七中	第一批	1993年6月17日	
淄博市	临淄三中	第一批	1993年6月17日	
淄博市	中国石化第十建筑公司学校	第二批	1994年1月31日	
淄博市	沂源县第一中学	第二批	1994年1月31日	
淄博市	桓台县第一中学	第二批	1994年1月31日	
淄博市	淄博第十一中学	第二批	1994年1月31日	
淄博市	淄博第六中学	第二批	1994年1月31日	2008年4月2日撤销（鲁教基函[2008]6号）
淄博市	淄博市第四中学	第二批	1994年1月31日	
淄博市	淄川区第一中学	第二批	1994年1月31日	
淄博市	沂源县第二中学	第三批	1995年4月5日	
淄博市	淄博市第十五中学	第三批	1995年4月5日	
淄博市	淄博市第十八中学	第三批	1995年4月5日	
淄博市	周村区第二中学	第四批	1996年9月23日	
淄博市	齐鲁石化公司第五中学	第四批	1996年9月23日	
淄博市	周村区实验中学	第四批	1996年9月23日	
淄博市	淄博十七中	第五批	1997年12月31日	
淄博市	淄博三中	第五批	1997年12月31日	
淄博市	淄博十中	第八批	2001年8月3日	
淄博市	临淄二中	第八批	2001年8月3日	
淄博市	山东铝业公司第一中学	第十批	2003年6月5日	
淄博市	博山万杰朝阳学校	第十批	2003年6月5日	
淄博市	沂源县综合高中	第十一批	2004年7月28日	
淄博市	临淄区第四中学	第十一批	2004年7月28日	
淄博市	博山区实验中学	第十一批	2004年7月28日	
淄博市	高青第一中学	第十一批	2004年7月28日	
淄博市	高青第二中学	第十一批	2004年7月28日	
淄博市	桓台县渔洋中学	第十二批	2005年6月29日	

（续表）

地　区	学校名称	批　次	通过时间	备注
枣庄市	枣庄三中	第一批	1993年6月17日	
枣庄市	滕州一中	第一批	1993年6月17日	
枣庄市	枣庄八中	第六批	1999年5月21日	
枣庄市	枣庄二中	第九批	2002年6月21日	
枣庄市	滕州二中	第九批	2002年6月21日	
枣庄市	滕州市英才学校	第十批	2003年6月5日	
枣庄市	滕州市善国中学	第十批	2003年6月5日	
枣庄市	枣庄市第五中学	第十批	2003年6月5日	
枣庄市	枣庄市第一中学	第十批	2003年6月5日	
枣庄市	滕州二中新校	第十一批	2004年7月28日	
枣庄市	滕州市第五中学	第十一批	2004年7月28日	
枣庄市	滕州市第三中学	第十一批	2004年7月28日	
枣庄市	枣庄市第四十中学	第十一批	2004年7月28日	
枣庄市	枣庄市第四中学	第十一批	2004年7月28日	
枣庄市	枣庄十六中	第十二批	2005年6月29日	
枣庄市	枣庄现代实验学校	第十二批	2005年6月29日	
枣庄市	枣庄十八中	第十二批	2005年6月29日	
枣庄市	枣矿集团一中	第十二批	2005年6月29日	
枣庄市	枣庄九中	第十二批	2005年6月29日	
枣庄市	滕州七中	第十三批	2006年6月28日	
枣庄市	山亭区实验中学	第十三批	2006年6月28日	
枣庄市	滕州十一中	第十三批	2006年6月28日	
枣庄市	枣庄六中	第十三批	2006年6月28日	
枣庄市	滕州华美高级中学	第十三批	2006年6月28日	
枣庄市	滕州实验高中	第十三批	2006年6月28日	
东营市	油田一中	第一批	1993年6月17日	
东营市	垦利县第一中学	第二批	1994年1月31日	
东营市	东营市第一中学	第二批	1994年1月31日	2007年12月28日撤销（鲁教基字[2007]24号）
东营市	油田二中	第四批	1996年9月23日	
东营市	利津一中	第五批	1997年12月31日	
东营市	油田三中	第六批	1999年5月21日	

（续表）

地　区	学校名称	批　次	通过时间	备注
东营市	胜利油田第二高中	第八批	2001 年 8 月 3 日	
东营市	广饶一中	第九批	2002 年 6 月 21 日	
东营市	胜利油田 17 中	第十批	2003 年 6 月 5 日	
东营市	胜利油田 13 中	第十批	2003 年 6 月 5 日	
东营市	胜利油田第三高级中学	第十一批	2004 年 7 月 28 日	
东营市	胜利油田七中	第十二批	2005 年 6 月 29 日	
东营市	胜利油田十中	第十二批	2005 年 6 月 29 日	
东营市	河口一中	第十二批	2005 年 6 月 29 日	
东营市	利津二中	第十二批	2005 年 6 月 29 日	
烟台市	烟台一中	第一批	1993 年 6 月 17 日	
烟台市	烟台二中	第一批	1993 年 6 月 17 日	
烟台市	烟台三中	第一批	1993 年 6 月 17 日	
烟台市	烟台四中	第一批	1993 年 6 月 17 日	
烟台市	莱州一中	第一批	1993 年 6 月 17 日	
烟台市	牟平县第一中学	第二批	1994 年 1 月 31 日	
烟台市	莱阳市第一中学	第三批	1995 年 4 月 5 日	
烟台市	海阳县第一中学	第三批	1995 年 4 月 5 日	
烟台市	蓬莱市第一中学	第三批	1995 年 4 月 5 日	
烟台市	招远市第一中学	第三批	1995 年 4 月 5 日	
烟台市	龙口市第一中学	第三批	1995 年 4 月 5 日	
烟台市	中国烟台格迈纳尔中学	第三批	1995 年 4 月 5 日	
烟台市	莱州市第六中学	第四批	1996 年 9 月 23 日	2008 年 4 月 2 日撤销（鲁教基函[2008]6 号）
烟台市	长岛县中学	第四批	1996 年 9 月 23 日	
烟台市	福山区第一中学	第四批	1996 年 9 月 23 日	
烟台市	栖霞一中	第五批	1997 年 12 月 31 日	
烟台市	龙口市第三中学	第五批	1997 年 12 月 31 日	
烟台市	莱州五中	第七批	1999 年 12 月 30 日	
烟台市	莱山一中	第七批	1999 年 12 月 30 日	
烟台市	龙口二中	第十批	2003 年 6 月 5 日	
烟台市	龙口六中	第十批	2003 年 6 月 5 日	
烟台市	莱阳市第九中学	第十批	2003 年 6 月 5 日	

（续表）

地　区	学校名称	批　次	通过时间	备注
烟台市	招远市第九中学	第十批	2003 年 6 月 5 日	
烟台市	莱州市第十三中学	第十批	2003 年 6 月 5 日	
烟台市	烟台经济开发区高级中学	第十一批	2004 年 7 月 28 日	
潍坊市	诸城一中	第一批	1993 年 6 月 17 日	
潍坊市	青州一中	第一批	1993 年 6 月 17 日	
潍坊市	寒亭区第一中学	第三批	1995 年 4 月 5 日	
潍坊市	潍坊市第一中学	第三批	1995 年 4 月 5 日	
潍坊市	潍坊市第二中学	第四批	1996 年 9 月 23 日	
潍坊市	寿光一中	第五批	1997 年 12 月 31 日	
潍坊市	临朐县第一中学	第六批	1999 年 5 月 21 日	
潍坊市	高密市第一中学	第六批	1999 年 5 月 21 日	
潍坊市	安丘一中	第六批	1999 年 5 月 21 日	
潍坊市	高密五中	第八批	2001 年 8 月 3 日	
潍坊市	繁华中学	第八批	2001 年 8 月 3 日	
潍坊市	密州学村	第八批	2001 年 8 月 3 日	
潍坊市	高密市康城中学	第八批	2001 年 8 月 3 日	
潍坊市	潍坊七中	第八批	2001 年 8 月 3 日	
潍坊市	寿光中学	第八批	2001 年 8 月 3 日	
潍坊市	寿光现代中学	第八批	2001 年 8 月 3 日	
潍坊市	寿光二中	第八批	2001 年 8 月 3 日	
潍坊市	海化新城中学	第八批	2001 年 8 月 3 日	
潍坊市	诸城市实验中学	第九批	2002 年 6 月 21 日	
潍坊市	临朐县实验中学	第十批	2003 年 6 月 5 日	
潍坊市	临朐县第六中学	第十批	2003 年 6 月 5 日	
潍坊市	青州市第五中学	第十批	2003 年 6 月 5 日	
潍坊市	青州市实验中学	第十批	2003 年 6 月 5 日	2008 年 6 月 10 日黄牌警告（鲁教基函(2008)19 号）
潍坊市	诸城市第九中学	第十批	2003 年 6 月 5 日	
潍坊市	奎文实验中学	第十批	2003 年 6 月 5 日	
潍坊市	高密市第二中学	第十批	2003 年 6 月 5 日	
潍坊市	昌邑市第一中学	第十批	2003 年 6 月 5 日	
潍坊市	昌邑市文山中学	第十批	2003 年 6 月 5 日	

（续表）

地 区	学校名称	批 次	通过时间	备注
潍坊市	高新开发区东明高级中学	第十一批	2004年7月28日	
潍坊市	青州第六中学	第十一批	2004年7月28日	
潍坊市	昌乐第一中学	第十一批	2004年7月28日	
潍坊市	青州三中	第十二批	2005年6月29日	
潍坊市	高密实验中学	第十二批	2005年6月29日	
潍坊市	临朐二中	第十二批	2005年6月29日	
潍坊市	昌乐四中	第十二批	2005年6月29日	
潍坊市	昌乐二中	第十二批	2005年6月29日	
潍坊市	临朐四中	第十二批	2005年6月29日	
潍坊市	临朐五中	第十三批	2006年6月28日	
潍坊市	潍坊三中	第十三批	2006年6月28日	
潍坊市	昌乐县实验高中	第十三批	2006年6月28日	
济宁市	兖州一中	第一批	1993年6月17日	
济宁市	济宁一中	第一批	1993年6月17日	
济宁市	曲阜师范大学附中	第四批	1996年9月23日	
济宁市	兖州矿一中	第五批	1997年12月31日	
济宁市	育才中学	第七批	1999年12月30日	
济宁市	曲阜一中	第七批	1999年12月30日	
济宁市	嘉祥四中	第七批	1999年12月30日	
济宁市	兖州实验高中	第八批	2001年8月3日	2008年3月19日撤销（鲁教基函[2008]5号）
济宁市	邹城市第一中学	第八批	2001年8月3日	
济宁市	邹城市第二中学	第八批	2001年8月3日	
济宁市	邹城市实验中学	第八批	2001年8月3日	
济宁市	嘉祥一中	第九批	2002年6月21日	
济宁市	嘉祥三中	第九批	2002年6月21日	
济宁市	济宁市实验中学	第十批	2003年6月5日	
济宁市	金乡县第一中学	第十批	2003年6月5日	
济宁市	汶上第一中学	第十一批	2004年7月28日	
济宁市	金乡县第二中学	第十一批	2004年7月28日	
济宁市	曲阜市杏坛中学	第十一批	2004年7月28日	
济宁市	任城区第一中学	第十一批	2004年7月28日	

（续表）

地　区	学校名称	批　次	通过时间	备注
济宁市	济宁师专附属高级中学	第十一批	2004 年 7 月 28 日	
济宁市	兖州二中	第十二批	2005 年 6 月 29 日	
济宁市	泗水一中	第十二批	2005 年 6 月 29 日	
济宁市	鱼台一中	第十二批	2005 年 6 月 29 日	
济宁市	鱼台二中	第十二批	2005 年 6 月 29 日	
济宁市	梁山一中	第十三批	2006 年 6 月 28 日	
济宁市	金乡县金育高中	第十三批	2006 年 6 月 28 日	
济宁市	微山三中	第十三批	2006 年 6 月 28 日	
泰安市	泰安第一中学	第二批	1994 年 1 月 31 日	
泰安市	泰安第二中学	第二批	1994 年 1 月 31 日	
泰安市	新泰市第一中学	第二批	1994 年 1 月 31 日	
泰安市	新汶矿务局第一中学	第三批	1995 年 4 月 5 日	
泰安市	泰安三中	第四批	1996 年 9 月 23 日	
泰安市	宁阳县第一中学	第六批	1999 年 5 月 21 日	
泰安市	新汶矿业集团二中	第八批	2001 年 8 月 3 日	
泰安市	泰安四中	第九批	2002 年 6 月 21 日	
泰安市	肥城市泰西中学	第九批	2002 年 6 月 21 日	
泰安市	肥城市六中	第九批	2002 年 6 月 21 日	
泰安市	宁阳四中	第九批	2002 年 6 月 21 日	
泰安市	肥城市第一中学	第十批	2003 年 6 月 5 日	
泰安市	泰安 19 中	第十批	2003 年 6 月 5 日	
泰安市	泰山中学	第十批	2003 年 6 月 5 日	
泰安市	泰山外国语学校	第十一批	2004 年 7 月 28 日	
泰安市	泰山现代中学	第十一批	2004 年 7 月 28 日	
泰安市	新泰市新汶中学	第十一批	2004 年 7 月 28 日	
泰安市	东平县实验高中	第十一批	2004 年 7 月 28 日	
泰安市	泰安第五中学	第十一批	2004 年 7 月 28 日	
泰安市	肥城市第二高级中学	第十一批	2004 年 7 月 28 日	
泰安市	宁阳五中	第十二批	2005 年 6 月 29 日	
泰安市	宁阳二中	第十二批	2005 年 6 月 29 日	
泰安市	泰安长城中学	第十二批	2005 年 6 月 29 日	
泰安市	肥城三中	第十二批	2005 年 6 月 29 日	

（续表）

地　区	学校名称	批　次	通过时间	备注
泰安市	新泰二中	第十二批	2005年6月29日	
泰安市	肥城矿业集团公司中学	第十二批	2005年6月29日	
泰安市	泰安英雄山中学	第十三批	2006年6月28日	
泰安市	东平县明湖中学	第十三批	2006年6月28日	
威海市	文登一中	第一批	1993年6月17日	
威海市	乳山市第一中学	第二批	1994年1月31日	
威海市	荣成市第一中学	第二批	1994年1月31日	
威海市	威海一中	第七批	1999年12月30日	
威海市	荣成六中	第七批	1999年12月30日	
威海市	威海二中	第八批	2001年8月3日	
威海市	荣成五中	第九批	2002年6月21日	
威海市	文登三中	第九批	2002年6月21日	
威海市	文登十一中	第九批	2002年6月21日	
威海市	文登天福山中学	第九批	2002年6月21日	
威海市	文登四中	第九批	2002年6月21日	
威海市	威海四中	第九批	2002年6月21日	
威海市	荣成二中	第九批	2002年6月21日	
威海市	乳山市金岭中学	第十批	2003年6月5日	
威海市	荣成市第四中学	第十批	2003年6月5日	
威海市	荣成市第三中学	第十批	2003年6月5日	
威海市	文登新一中	第十三批	2006年6月28日	
威海市	乳山六中	第十三批	2006年6月28日	
日照市	日照市第一中学	第二批	1994年1月31日	
日照市	五莲三中	第七批	1999年12月30日	
日照市	五莲一中	第九批	2002年6月21日	
日照市	莒县第一中学	第十批	2003年6月5日	
日照市	日照市实验高中	第十批	2003年6月5日	
日照市	日照第一中学岚山分校	第十一批	2004年7月28日	
日照市	日照第五中学	第十一批	2004年7月28日	
日照市	日照第四中学	第十一批	2004年7月28日	
莱芜市	莱芜市第十七中学	第二批	1994年1月31日	
莱芜市	莱芜市第一中学	第二批	1994年1月31日	

（续表）

地　区	学校名称	批　次	通过时间	备注
莱芜市	莱芜二中	第八批	2001 年 8 月 3 日	
莱芜市	莱芜五中	第九批	2002 年 6 月 21 日	
莱芜市	莱芜凤城高级中学	第九批	2002 年 6 月 21 日	
莱芜市	莱芜四中	第九批	2002 年 6 月 21 日	
临沂市	临沂一中	第一批	1993 年 6 月 17 日	
临沂市	平邑县实验中学	第八批	2001 年 8 月 3 日	
临沂市	罗庄区双月园学校	第八批	2001 年 8 月 3 日	
临沂市	平邑县一中	第八批	2001 年 8 月 3 日	
临沂市	临沂三中	第九批	2002 年 6 月 21 日	
临沂市	罗庄一中	第九批	2002 年 6 月 21 日	
临沂市	沂水县第二中学	第十批	2003 年 6 月 5 日	
临沂市	沂水县第一中学	第十批	2003 年 6 月 5 日	
临沂市	平邑县第二中学	第十批	2003 年 6 月 5 日	
临沂市	齐鲁博苑学校	第十批	2003 年 6 月 5 日	
临沂市	临沭县第一中学	第十批	2003 年 6 月 5 日	
临沂市	费县实验中学	第十一批	2004 年 7 月 28 日	
临沂市	莒南第一中学	第十一批	2004 年 7 月 28 日	
临沂市	沂南第二中学	第十一批	2004 年 7 月 28 日	
临沂市	沂南第一中学	第十一批	2004 年 7 月 28 日	
临沂市	临沭第二中学	第十一批	2004 年 7 月 28 日	
临沂市	临沂第二中学	第十一批	2004 年 7 月 28 日	
临沂市	河东一中	第十二批	2005 年 6 月 29 日	
临沂市	郯城二中	第十二批	2005 年 6 月 29 日	
临沂市	沂水三中	第十二批	2005 年 6 月 29 日	
临沂市	莒南三中	第十二批	2005 年 6 月 29 日	
临沂市	临沂四中分校	第十三批	2006 年 6 月 28 日	
临沂市	莒南二中	第十三批	2006 年 6 月 28 日	
临沂市	临沂七中	第十三批	2006 年 6 月 28 日	
临沂市	临沂九中	第十三批	2006 年 6 月 28 日	
临沂市	临沂师范学院附属中学	第十三批	2006 年 6 月 28 日	
临沂市	莒南四中	第十三批	2006 年 6 月 28 日	
临沂市	沂水四中	第十三批	2006 年 6 月 28 日	

（续表）

地 区	学校名称	批 次	通过时间	备注
临沂市	平邑县金城中学	第十三批	2006年6月28日	
德州市	陵县第一中学	第二批	1994年1月31日	
德州市	宁津县第一中学	第二批	1994年1月31日	2008年3月19日撤销（鲁教基函[2008]5号）
德州市	武城县第二中学	第二批	1994年1月31日	
德州市	齐河县第一中学	第三批	1995年4月5日	
德州市	夏津县一中	第八批	2001年8月3日	
德州市	禹城一中	第八批	2001年8月3日	
德州市	临邑一中	第八批	2001年8月3日	
德州市	平原县第一中学	第十批	2003年6月5日	
德州市	德州市跃华学校	第十批	2003年6月5日	
德州市	德州市第一中学	第十批	2003年6月5日	
德州市	庆云第一中学	第十一批	2004年7月28日	
德州市	齐河县实验中学	第十二批	2005年6月29日	2007年12月28日撤销（鲁教基字[2007]25号）
德州市	禹城市综合高中	第十三批	2006年6月28日	
聊城市	聊城一中	第八批	2001年8月3日	
聊城市	东阿一中	第九批	2002年6月21日	
聊城市	聊城三中	第九批	2002年6月21日	
聊城市	临清一中	第九批	2002年6月21日	
聊城市	高唐县第二中学	第十批	2003年6月5日	
聊城市	在平县第一中学	第十一批	2004年7月28日	
聊城市	莘县实验高级中学	第十一批	2004年7月28日	
聊城市	东阿县实验高中	第十一批	2004年7月28日	
聊城市	临清市第二中学	第十一批	2004年7月28日	
聊城市	聊城第二中学	第十一批	2004年7月28日	
聊城市	冠县一中	第十二批	2005年6月29日	
聊城市	莘县一中	第十二批	2005年6月29日	
聊城市	莘县二中	第十二批	2005年6月29日	
聊城市	冠县武训高级中学	第十二批	2005年6月29日	
聊城市	在平实验高中	第十二批	2005年6月29日	
聊城市	阳谷三中	第十三批	2006年6月28日	
聊城市	阳谷一中	第十三批	2006年6月28日	

（续表）

地　区	学校名称	批　次	通过时间	备注
聊城市	临清三中	第十三批	2006 年 6 月 28 日	
聊城市	聊城市水城中学	第十三批	2006 年 6 月 28 日	
滨州市	邹平县长山中学	第三批	1995 年 4 月 5 日	
滨州市	邹平县第一中学	第四批	1996 年 9 月 23 日	
滨州市	惠民县第一中学	第四批	1996 年 9 月 23 日	
滨州市	北镇中学	第五批	1997 年 12 月 31 日	
滨州市	博兴一中	第六批	1999 年 5 月 21 日	
滨州市	邹平县黄山中学	第九批	2002 年 6 月 21 日	
滨州市	滨城区一中	第九批	2002 年 6 月 21 日	
滨州市	阳信县第一中学	第十批	2003 年 6 月 5 日	
滨州市	博兴县第二中学	第十批	2003 年 6 月 5 日	
滨州市	邹平县魏桥中学	第十二批	2005 年 6 月 29 日	
滨州市	滨城区第二中学	第十二批	2005 年 6 月 29 日	
滨州市	无棣县第二中学	第十三批	2006 年 6 月 28 日	
菏泽市	郓城一中	第四批	1996 年 9 月 23 日	
菏泽市	单县一中	第八批	2001 年 8 月 3 日	
菏泽市	菏泽一中	第八批	2001 年 8 月 3 日	
菏泽市	鄄城县一中	第九批	2002 年 6 月 21 日	
菏泽市	成武县第二中学	第十批	2003 年 6 月 5 日	
菏泽市	巨野县中学	第十批	2003 年 6 月 5 日	
菏泽市	曹县第一中学	第十批	2003 年 6 月 5 日	
菏泽市	巨野县第一中学	第十批	2003 年 6 月 5 日	
菏泽市	东明县第一中学	第十一批	2004 年 7 月 28 日	
菏泽市	东明县实验中学	第十一批	2004 年 7 月 28 日	
菏泽市	成武一中	第十二批	2005 年 6 月 29 日	
菏泽市	定陶一中	第十二批	2005 年 6 月 29 日	
莱钢	莱钢一中	第八批	2001 年 8 月 3 日	

特殊教育学校33所(数据来源:教育厅已公布的13批规范化学校)

地　区	学校名称	批　次	通过时间	备注
济南市	济南市聋哑学校	第三批	1995年4月5日	
济南市	章丘聋校	第五批	1997年12月31日	
济南市	长清聋校	第五批	1997年12月31日	
济南市	泺源学校	第八批	2001年8月3日	
济南市	历城区聋童学校	第十一批	2004年7月28日	
济南市	平阴县盲聋学校	第十二批	2005年6月29日	
济南市	黎明学校	第十二批	2005年6月29日	
青岛市	青岛市聋哑学校	第四批	1996年9月23日	
青岛市	青岛盲校	第十二批	2005年6月29日	
青岛市	平度特教中心	第十二批	2005年6月29日	
淄博市	张店区辅读学校	第三批	1995年4月5日	
淄博市	临淄区特殊教育中心	第四批	1996年9月23日	
淄博市	淄博市聋人学校	第六批	1999年5月21日	
淄博市	淄博盲校	第八批	2001年8月3日	
枣庄市	市中区特教中心	第五批	1997年12月31日	
东营市	东营市盲童学校	第八批	2001年8月3日	
烟台市	龙口市聋哑学校	第三批	1995年4月5日	
烟台市	烟台市芝罘区辅读学校	第五批	1997年12月31日	
烟台市	烟台市聋哑中心学校	第五批	1997年12月31日	
潍坊市	寿光市聋哑学校	第三批	1995年4月5日	
济宁市	微山县特殊教育学校	第十三批	2006年6月28日	
泰安市	宁阳县聋哑学校	第九批	2002年6月21日	
泰安市	泰安盲童学校	第十一批	2004年7月28日	
泰安市	肥城市特殊教育学校	第十一批	2004年7月28日	
威海市	荣成市聋哑学校	第三批	1995年4月5日	
日照市	五莲县聋哑学校	第三批	1995年4月5日	
临沂市	沂水聋哑学校	第十一批	2004年7月28日	
临沂市	河东区天使国际特教学校	第十三批	2006年6月28日	
临沂市	临沭县聋哑学校	第十三批	2006年6月28日	
聊城市	高唐县特殊教育学校	第十三批	2006年6月28日	
滨州市	博兴县特殊教育学校	第十批	2003年6月5日	
滨州市	邹平县特殊教育学校	第十批	2003年6月5日	
滨州市	滨州市盲童学校	第十批	2003年6月5日	

山东省第二批“双证互通”试点技工学校名单

一、济南市

济南市交通局技工学校

二、枣庄市

滕州市技工学校

三、泰安市

肥城市技工学校

四、威海市

威海市环翠技工学校

五、滨州市

滨城区技工学校

六、省直部门

山东省安装技工学校

山东省第二批“双证互通”试点中等专业学校名单

序号	单位	学校		主体专业名称		备注
1	济南市	1	历城第二职业中专学校	1	服装制作与营销	
				2	家电与制冷设备维修	
				3	汽车运用与维修	
				4	数控加工技术	
		2	章丘市第二职业中专	1	电子电器应用与维修	
				2	服装设计与制作	
				3	机电技术应用	
				4	计算机技术应用	
		3	章丘市第三职业中专	1	烹饪	
				2	畜牧兽医	
				3	计算机及应用	
				4	电子	

（续表）

序号	单位	学 校		主体专业名称		备注
2	烟台市	4	山东省烟台护士学校	1	护理	
		5	山东省莱阳卫生学校	1	药剂	
				2	护理	
		6	烟台信息工程学校	1	计算机及应用	
		7	烟台二轻工业学校	1	机电技术应用	
		8	烟台第二职业中专	1	机电一体化	
		9	烟台开发区高级职业学校	1	焊接	
				2	数控模具加工	
		10	烟台南山职业技术学校	1	机电	
				2	旅游管理	
		11	莱州市第二职业中专	1	机电技术应用	
				2	机械加工技术	
		12	蓬莱市高级职业学校	1	旅游服务与管理	
				2	烹饪	
		13	莱阳市高级职业学校	1	机电	
				2	汽车修理	
		14	招远市高级职业学校	1	计算机及应用	
				2	服装设计与制作	
		15	栖霞市高级职业学校	1	计算机及应用	
				2	机电技术	
3	滨州市	16	邹平县成人中专	1	计算机应用	
				2	机电	
4	枣庄市	17	枣庄市台儿庄区职业中专	1	计算机及应用	
				2	机电一体化	
				3	汽车运用与维修	
		18	枣庄市第二卫生学校	1	美容技术	
				2	护理	
		19	山东煤炭卫生学校	1	护理	
5	菏泽市	20	菏泽卫生学校	1	家政卫生服务	
				2	美容技术	
				3	按摩	
				4	足疗	
6	济宁市	21	邹城高级职业技术学校	1	机电技术应用	
				2	计算机及应用	
				3	服装设计与工艺	
		22	嘉祥县职业中等专业学校	1	计算机技术及应用	
				2	应用电子技术	

（续表）

序号	单位	学 校		主体专业名称		备注
7	泰安市	23	肥城市第一职业中专	1	机电技术及应用	
				2	服装设计与工艺	
				3	计算机及应用	
8	威海市	24	文登市高级职业技术学校	1	服装设计与工艺	
				2	计算机及应用	
		25	荣成市第四职业中专	1	烹饪	
				2	餐旅服务	
9	临沂市	26	莒南县职业教育中心	1	机电	
				2	计算机	
				3	畜禽养殖	
		27	沂水县职业教育中心	1	电子电器专业	
				2	计算机及应用专业	
		28	沂南县职业中专	1	机械加工	
				2	计算机	
		29	平邑县职业中专	1	微机	
				2	电子	
		30	山东省临沂商业学校	1	计算机及应用	
				2	餐旅管理	
				3	市场营销	
		31	山东临沂经贸学院	1	计算机及应用	
				2	市场营销	
				3	粮油饲料加工与储检	
10	日照市	32	日照市农业学校	1	机电技术及应用	

（续表）

序号	单位	学	校	主体专业名称		备注
11	淄博市	33	淄博市淄川区职业中等专业学校	1	机电	
				2	建筑	
		34	淄博市淄川区第三职业中等专业学校	1	幼师	
				2	计算机及应用	
		35	高青县职业教育中心	1	服装	
				2	计算机	
		36	沂源县职业教育中心	1	机械制造	
				2	电工电子	
		37	山东轻工美术学校	1	陶瓷美术设计	
				2	室内美术设计	
		38	桓台县职业中等专业学校	1	建筑技术专业	
				2	计算机类专业	
12	聊城市	39	聊城市第二职业中专	1	计算机及应用	
				2	数控技术应用	
				3	电子与信息技术	
		40	阳谷县职业中等专业学校	1	计算机及应用	
		41	高唐县职业教育中心	1	数控技术应用	
13	德州市	42	德州农校	1	园林	
				2	畜牧兽医	
				3	电子信息技术	
				4	计算机及应用	
		43	德州卫生学校	1	视光专业	
		44	德州经济学校	1	计算机及应用	
				2	机电技术应用	
				3	化工工艺	
				4	数控机床(车削加工)	
		45	德州粮食学校	1	粮油饲料加工与储检	
				2	电子技术及应用	
				3	电子商务	
				4	食品卫生工艺	

（续表）

序号	单位	学校		主体专业名称		备注
14	青岛市	46	青岛电子学校	1	计算机及应用	
				2	电子技术应用	
		47	青岛华夏职业教育中心	1	服装制作与营销	
		48	青岛旅游学校	1	饭店服务与管理	
				2	烹饪	
		49	青岛烹饪职业学校	1	饭店服务与管理	
				2	烹饪	
		50	青岛女子职业中专	1	美容美发与形象设计	
				2	文秘	
		51	青岛外事服务学校	1	饭店服务与管理	
		52	青岛交通职业高中	1	汽车维修	
		53	青岛经济职业学校	1	珠宝鉴定	
		54	青岛艺术学校	1	音乐	
		55	青岛卫生学校	1	护理	
		56	平度职业教育中心	1	机电技术应用	
				2	汽车维修	
		57	平度职业中专分校	1	畜牧兽医	
				2	果树栽培与果品加工	
		58	平度第二职业高中	1	机电技术应用	
		59	平度电子职业中专	1	电子技术应用	
		60	平度服装职业高中	1	服装制作与营销	
		61	胶南职业中专	1	计算机应用	
		62	胶南第二职业高中	1	电子技术应用	
		63	胶南第四职业高中	1	电子技术应用	
		64	即墨第一职业中专	1	畜牧兽医	
				2	种植	
		65	即墨第二职业中专	1	计算机及应用	
				2	服装制作与营销	
		66	莱西职业中专	1	畜牧兽医	
				2	果树栽培	
		67	莱西职业教育中心	1	计算机及应用	
		68	城阳职业教育中心	1	计算机及应用	

教学与科研成果获奖

全国第四届高等学校教学名师(山东部分)

于修平　山东大学
戚万学　山东师范大学
魏　琴　济南大学
曾照香　淄博职业学院
杨　文　山东英才学院

第四届山东省教学名师名单

黄万华　山东大学
孔北华　山东大学
秦　静　山东大学
刘永红　中国石油大学(华东)
王绍波　青岛大学
徐淑华　青岛大学
郭明瑞　烟台大学
炅向博　济南大学
周鼎武　山东科技大学
汪传生　青岛科技大学
时　伟　青岛理工大学
张为春　山东理工大学
王开运　山东农业大学
曲宝涵　青岛农业大学
崔艳秋　山东建筑大学
张全之　曲阜师范大学
石兴泽　聊城大学
李红婷　临沂师范学院
马万勇　山东轻工业学院
梁志强　山东交通学院
董长瑞　山东经济学院
陈晓兰　山东财政学院
孟鸿志　山东工商学院
孙秀梅　山东中医药大学
崔　文　济宁医学院
冯学斌　滨州医学院
景学安　泰山医学院
岳海波　山东艺术学院
张全信　滨州学院
李传银　济宁学院
刘　欣　泰山学院
王尚荣　菏泽学院
徐　红　山东商业职业技术学院
李　文　威海职业学院
王庆春　山东工业职业学院
张钦德　山东中医药高等专科学校
丁世民　潍坊职业学院
盛振文　山东协和职业技术学院
齐海鹰　山东城建职业学院
徐建义　山东畜牧兽医职业学院

山东省第三批泰山学者特聘专家教授名单

李予国　中国石油大学(华东)地球探测与信息技术岗位泰山学者特聘教授
郑冠宇　烟台大学民商法学岗位泰山学者特聘教授
党亚民　山东科技大学大地测量学与测量工程岗位泰山学者特聘教授
王振国　山东中医药大学中医医史文献岗位泰山学者特聘教授
杨卫民　青岛科技大学化工过程机械岗位泰山学者特聘教授

张　杰　山东建筑大学城市规划与设计岗位泰山学者特聘教授

高　扬　华泰集团有限公司废纸综合利用技术岗位泰山学者特聘专家

张利民　山东省海洋水产研究所水生动物营养与饲料岗位泰山学者特聘专家

杜　勇　山东大学齐鲁医院医学影像学岗位泰山学者特聘专家

谭远超　文登整骨医院、山东文登骨伤研究所骨外科学岗位泰山学者特聘专家

史大卓　山东省中医院、山东中医药大学附属医院中医内科学岗位泰山学者特聘专家

（选自鲁政办发[2008]5号）

2008年全国国家级教学团队（山东部分）

团队名称	带头人	所在高校
人体解剖与组织胚胎系列课程教学团队	高英茂	山东大学
细胞生物学教学团队	樊廷俊	中国海洋大学
资源勘查工程专业核心课程教学团队	蒋有录	中国石油大学（华东）
运筹学系列课程教学团队	刘桂真	山东大学
民商法教学团队	房绍坤	烟台大学
化工类专业化学系列课程教学团队	张书圣	青岛科技大学
车辆工程专业教学团队	张学义	山东理工大学
园林技术专业教学团队	曹春英	潍坊职业学院
应用电子技术专业教学团队	王亚盛	威海职业学院
电气自动化技术专业教学团队	曾照香	淄博职业学院

2008年山东省省级教学团队

团队名称	带头人姓名	所在学校	类别（本科/高职高专）
运筹学系列课程教学团队	刘桂真	山东大学	本科
“政治经济学”课程教学团队	于良春	山东大学	本科
工商管理专业教学团队	徐向艺	山东大学	本科
食品保藏原理与技术系列课程教学团队	曾名湧	中国海洋大学	本科
细胞生物学教学团队	樊廷俊	中国海洋大学	本科
机械设计制造及其自动化专业教学团队	刘永红	中国石油大学（华东）	本科
大学英语教学团队	栾述文	中国石油大学（华东）	本科
市场营销教学团队	梁文玲	山大威海分校	本科
自动化专业教学团队	于海生	青岛大学	本科
计算机科学与技术专业教学团队	宋宜斌	烟台大学	本科
无机非金属材料工艺系列课程教学团队	王　琦	济南大学	本科
化学系列课程教学团队	尹汉东	聊城大学	本科
土建类专业力学系列课程教学团队	王　来	山东科技大学	本科

车辆工程教学团队	张学义	山东理工大学	本科
化工类专业化学系列课程教学团队	张书圣	青岛科技大学	本科
工程材料系列课程教学团队	吕　平	青岛理工大学	本科
房屋建筑学系列课程教学团队	崔艳秋	山东建筑大学	本科
制浆造纸工程	谢益民	山东轻工业学院	本科
交通土建工程教学团队	唐　勇	山东交通学院	本科
园艺本科专业教学团队	王秀峰	山东农业大学	本科
蚕学本科专业教学团队	牟志美	山东农业大学	本科
传播学专业教学团队	赵晓春	青岛农业大学	本科
中医诊断学教学团队	刘家义	山东中医药大学	本科
生理学教学团队	白　波	泰山医学院	本科
临床护理学教学团队	王兴华	滨州医学院	本科
卫生检验专业课程教学团队	陈　廷	济宁医学院	本科
世界史教学团队	王　玮	山东师范大学	本科
运筹学教学团队	张玉忠	曲阜师范大学	本科
国际经济与贸易双语教学团队	刘新英	山东财政学院	本科
信息管理与信息系统专业教学团队	张　新	山东经济学院	本科
计算机科学与技术专业教学团队	范　辉	山东工商学院	本科
公共事业管理(文化艺术管理)	田川流	山东艺术学院	本科
品牌与企业形象教学团队	苗登宇	山东工艺美术学院	本科
刑法学教学团队	曲伶俐	山东政法学院	本科
“数学与应用数学”专业主干课程群教学团队	金银来	临沂师范学院	本科
哲学系列课程教学团队	朱秀英	德州学院	本科
数学建模教学团队	张全信	滨州学院	本科
物理学专业主干课程教学团队	李洪奇	菏泽学院	本科
制冷与空调专业教学团队	匡奕珍	山东商业职业技术学院	高职高专
机电一体化技术专业教学团队	刘　哲	青岛职业技术学院	高职高专
建筑工程技术专业教学团队	孙　刚	日照职业技术学院	高职高专
生物制药技术专业教学团队	魏光峰	莱芜职业技术学院	高职高专
应用电子技术专业教学团队	王亚盛	威海职业学院	高职高专
计算机应用技术专业教学团队	王　枚	烟台职业学院	高职高专
化工技术专业教学团队	李　勇	东营职业学院	高职高专
机电一体化技术教学团队	张桂云	山东科技职业学院	高职高专
生物技术及应用教学团队	孙国荣	滨州职业学院	高职高专
计算机应用技术教研室	高爱国	淄博职业学院	高职高专
港口机电专业群教学团队	王信友	青岛港湾职业技术学院	高职高专
艺术设计专业教学团队	戴丕昌	山东工会管理干部学院	高职高专
中医诊断学教学团队	盛振文	山东协和职业技术学院	高职高专

2008年山东高校优秀科研成果奖名单(人文社会科学类)

序号	成果名称	申报学校	第一完成人	第二完成人	第三完成人	第四完成人	第五完成人
1	生育意愿调查研究报告	济南大学	陈岱云	高功敬	于晓丽	刘静	
2	大学通识教育的理论与模式	济南大学	宋尚桂	王希标	张晓霞	张婷	杨旻
3	思想政治教育探本——关于其源起及本质的研究	聊城大学	李合亮				
4	中国现代作家语言观及文体研究	聊城大学	刘东方				
5	清代民事诉讼与社会秩序	聊城大学	吴欣				
6	预成性语文课程基点批判	聊城大学	于源溟				
7	论高等教育面向市场背景下大学精神的铸就	临沂师范学院	韩延明				
8	扰动文化的逆流——对“反文化”现象的哲学思考	鲁东大学	李丽				
9	传媒时代的文学	青岛大学	周海波				
10	基于区域龙头城市构建的青岛城市功能转型	青岛大学	赵建军				
11	利益相关者视野中大学的责任	青岛大学	李福华				
12	当前中国社会道德生活的变革及其基本趋势	曲阜师范大学	杜振吉	王晓彦			
13	汉语言文字文献学	曲阜师范大学	高尚榘				
14	优先关系及其在多属性决策中的应用	曲阜师范大学	魏翠萍	韩莉莉	李继乾		
15	学校体育人力资源开发与管理	曲阜师范大学	韩春利	孙晋海	王秋华	曹莉	
16	经济全球化进程中的就业研究	山东财政学院	王传荣				
17	加入WTO过渡期后对我国产业安全的影响研究	山东财政学院	王培志	刘新英	刘晶	李红	刘宁
18	山东软件产业发展中政府作用的研究	山东财政学院	方慧	王霞	张青	左昊华	杨玉洁
19	法律论证:一个关于司法过程的理论神话	山东大学	桑本谦				
20	荀子天论百年误读与反拨	山东大学	曾振宇				
21	政治生态论:政治发展的生态学考察	山东大学	刘京希				
22	日本近代浪漫主义文学与基督教	山东大学	肖霞				

（续表）

序号	成果名称	申报学校	第一完成人	第二完成人	第三完成人	第四完成人	第五完成人
23	王士禛全集	山东大学	袁世硕	阎宝恒	宫晓卫	王小舒	
24	基于半岛制造业基地建设的山东企业合争战略研究	山东大学	杨蕙馨				
25	政府规制理论与实践的变革	山东经济学院	张红凤	杨慧			
26	山东居民收入分配差距实证研究	山东经济学院	董长瑞	梁纪尧	崔友平	王旭东	张英
27	中小企业贷款:不同规模银行优势比较	山东经济学院	董彦岭				
28	基于科学发展观的科技管理创新研究	山东经济学院	宫丽华	王志田	崔友平	潘斌	康亚通
29	和谐社会视野中的公平与效率	山东警察学院	王庆功				
30	小城镇可持续发展法律问题研究	山东科技大学	李光禄	孙法柏	秘明杰	高升	郭雪军
31	企业战略成本管理研究	山东科技大学	张士强	丁红燕	张咏梅	姚庆国	付婷婷
32	会计契约本质研究	山东轻工业学院	刘丽娜				
33	经济全球化进程中的价值冲突与文化建设	山东师范大学	万光侠	贾英健			
34	冷战后的中美关系	山东师范大学	韩玉贵				
35	论块垒	山东师范大学	夏之放				
36	《新青年》与“新青年”	山东师范大学	魏建				
37	山东高校在实施人才强省、创新型省份建设战略中的取向与对策研究	山东师范大学	帅相志	吕芳	谢德仁	李皓	张威
38	室内装修材料与构造	山东师范大学	周长亮	张玉明	裴俊超		
39	戏剧情境论	山东艺术学院	高启光				
40	外国经典歌剧解读	山东艺术学院	虢胜龙	田文	陈涌	房思钊	张艳
41	权利位阶论—关于权利冲突化解机制的初步探讨	烟台大学	张平华				
42	语言学与文化人类学的边缘化及其交迭领域	烟台大学	陈忠华	韩晓玲			
43	中国学习思想通史(上下册)	枣庄学院	胡小林	袁伯诚			

2008 年山东高校优秀科研成果奖名单(自然科学类)

序号	成果名称	申报学校	第一完成人	第二完成人	第三完成人	第四完成人	第五完成人
1	金属零件注射成形模具 CAD 及连续烧结炉温控系统开发与应用	济南大学	曹树坤	刘鲁宁	昃向博	崔焕勇	曹欣
2	智能计算理论及其在信号处理中的应用研究	济南大学	尹建芹	孟庆芳	冯志全	李金屏	陈月辉
3	快速谐波抑制与无功功率补偿装置关键技术研究及应用	济南大学	张勇	程新功	耿新	张奉军	
4	某些功能金属配合物合成、性质及结构研究	聊城大学	窦建民	李大成	张如芬	尹汉东	马春林
5	新品种聊红槐培育研究及应用	聊城大学	邱艳昌	张秀省	黄勇	于守超	赵宏霞
6	均衡问题及其在微分方程中的应用	聊城大学	范丽亚	刘希强	桑波	张兴秋	刘利英
7	一些量子态的性质及含约瑟夫森结介观电路的量子化	聊城大学	孟祥国	梁宝龙	王继锁		
8	二价金属离子转运蛋白 1(DMT1)在帕金森病动物模型黑质铁聚积中的作用研究	青岛大学	姜宏	宋宁	徐华敏	王俊	张淑贞
9	PRP 在构建血管化口腔颌面部骨组织中作用机制的研究	青岛大学	李宁毅	金晓明	陈涛	贾暮云	陈立强
10	自体与同种异体组织重建膝关节韧带的基础与临床比较研究	青岛大学	孙康	徐强	徐光辉	田少奇	夏长所
11	非线性发展方程精确行波解和辅助方程法的相关问题	青岛大学	张辉群				
12	混杂非线性动力系统的控制及应用	青岛大学	纪志坚	于海生	董心壮	高军伟	何文雪
13	光电功能纳米材料的合成和性质研究	青岛科技大学	李桂村	杜芳林	郭志岩	彭红瑞	陈克正
14	DNA 生物传感器的研制及在生命科学中的应用	青岛科技大学	张书圣	李雪梅	丁彩凤	林洁华	王卫
15	乳腺组织特异表达 ht－PAm、h－LTF 转基因山羊研究	青岛农业大学	潘庆杰	李兰	闵令江	沈伟	李美玉

（续表）

序号	成果名称	申报学校	第一完成人	第二完成人	第三完成人	第四完成人	第五完成人
16	非线性泛函分析方法及其应用的若干研究	曲阜师范大学	刘立山	张新光	杜一宏	刘炳妹	郝兆才
17	多体纠缠态的性质及其在量子信息中的应用	曲阜师范大学	夏云杰	满忠晓	单传家	刘玉玲	张英杰
18	梯度功能陶瓷喷嘴及其相关基础研究	山东大学	邓建新	刘莉莉	丁明伟	宋文龙	
19	金属纳米多孔金属催化剂的可控构筑及其催化特性	山东大学	丁铁	徐彩霞	许效红	马厚义	张冬菊
20	提高新生儿出生质量综合技术研究	山东大学	陈子江	刘奇	赵跃然	颜军昊	汪翼
21	全固化调 Q、调 Q—锁模激光特性研究及参数优化	山东大学	杨克建	赵圣之	李德春	李桂秋	李明
22	基于医学图像数据挖掘的拟合技术及其在医学图像处理系统中的应用	山东经济学院	张彩明	张才擎	王铠	刘慧	高珊珊
23	惠民凹陷商河砂体沉积－构造耦合、成藏控制及勘探实践	山东科技大学	韩作振	杨仁超	樊爱萍	常象春	林玉祥
24	挤压加酶和不加酶脱胚玉米生产淀粉糖浆的试验研究	山东理工大学	申德超	王乃强	马成业	栾庆民	王友林
25	神经退行性疾病的致病机理及药物设计	山东理工大学	纪洪芳	申亮	张红雨		
26	介孔功能材料合成新技术的研究	山东轻工业学院	何文	张旭东	崔静洁	贾兴涛	赵洪石
27	微波细胞破碎提取中药中有效成分的研究	山东轻工业学院	马烽	陈明辉	魏英勤	刘玉美	解乐福
28	可调谐发光超分子体系的设计、合成及性质研究	山东师范大学	董育斌	王鹏	马建平	张强	蒋友运
29	抗肿瘤转移中药新药(5类)—罗勒胶囊的研制	山东中医药大学	郑广娟	张丹	刘福利	齐冬梅	王玉娟
30	钩藤提取物抗高血压血管重塑的分子机制研究	山东中医药大学	李运伦	齐冬梅	孙敬昌	周洪雷	吴丽妍
31	慢性乙型肝炎患者树突状细胞功能的分析	泰山医学院	宋文刚	万宝美	李群伟	赵莉	张玉江
32	半枝莲二萜的化学及抗肿瘤活性研究	烟台大学	戴胜军	沈莉	李振	任燕	江永涛
33	受扰非线性时滞系统的最优减振控制研究	中国海洋大学	唐功友	高德欣	雷靖	张城明	张勇

2008 年山东省中等职业学校技能大赛获奖选手及优秀指导教师名单

（鲁教职字[2008]3 号 2008 年 5 月 8 日）

（一）计算机应用技术技能大赛

1. 动画片制作

参赛学校	参赛选手	优秀指导教师	奖励等级
菏泽信息工程学校	张玉鲁	高贤凤	一等奖
聊城市高唐职教中心	戴冠军	杨忠林	一等奖
淄博工业学校	王树良	王好军	二等奖
威海市荣成第四职业中专	慕艳秋	刘文峰	二等奖
德州经济学校	郝红英	郑　艳	二等奖
潍坊市寿光第二职业中专	张春生	李宝庭	二等奖
济南信息工程学校	程　晓	宋丽娜	二等奖
滨州市鲁中中等专业学校	刘晓龙	李　静	三等奖
济南信息工程学校	赵　凯	宋丽娜	三等奖
德州经济学校	梁　晶	郑　艳	三等奖
日照市东港区职业教育中心	苏文健	牟成光	三等奖
潍坊市寿光第二职业中专	李建真	李宝庭	三等奖
泰安市宁阳职教中心	杜　聪	杜　强	三等奖
枣庄市滕州高级职业学校	吕　旺	郑忠霞	三等奖
威海市荣成第四职业中专	尹晴晴	刘文峰	三等奖
淄博工业学校	相　赛		优秀奖
聊城市高唐职教中心	徐孝强		优秀奖
菏泽市定陶职教中心	牛　靖		优秀奖
泰安市宁阳职教中心	王　松		优秀奖
莱芜市职业中专	亓　敏		优秀奖
日照市东港区职业教育中心	崔朝阳		优秀奖
莱芜市职业中专	苏　凯		优秀奖
滨州市鲁中中等专业学校	高　权		优秀奖
枣庄市滕州高级职业学校	时浩然		优秀奖

2. 园区网互联及网站建设

参赛学校	参赛选手	优秀指导教师	奖励等级
潍坊商业学校	裴志翔	刘月海	一等奖
潍坊商业学校	郭进进	刘月海	一等奖
潍坊商业学校	郭艺春	刘月海	一等奖
济南信息工程学校	王升虎	张　冉	二等奖
济南信息工程学校	呼巍巍	张　冉	二等奖
济南信息工程学校	王　平	张　冉	二等奖
淄博信息工程学校	徐　健	姜　凯	二等奖
淄博信息工程学校	张　鹏	姜　凯	二等奖
淄博信息工程学校	孟凡凤	姜　凯	二等奖
滨州市鲁中中等专业学校	郑静静	刘　涛	三等奖
滨州市鲁中中等专业学校	张晓娟	刘　涛	三等奖
滨州市鲁中中等专业学校	王　浩	刘　涛	三等奖
日照市五莲职教中心	代伟超	王　燕	三等奖
日照市五莲职教中心	魏延涛	王　燕	三等奖
日照市五莲职教中心	朱金田	王　燕	三等奖
聊城市计算机成人中专	吴立强	王连师	三等奖
聊城市计算机成人中专	贾振强	王连师	三等奖
聊城市计算机成人中专	郭庆磊	王连师	三等奖
临沂第一职业中专	王金龙		优秀奖
临沂第一职业中专	李　杨		优秀奖
临沂第一职业中专	张　强		优秀奖
枣庄市滕州第一职业高中	徐　红		优秀奖
枣庄市滕州第一职业高中	徐东东		优秀奖
枣庄市滕州第一职业高中	杨详详		优秀奖
泰安市泰山第一职业中专	李　岳		优秀奖
泰安市泰山第一职业中专	杨　林		优秀奖
泰安市泰山第一职业中专	张俊杰		优奖秀

3. 企业网络搭建及应用

参赛学校	选手姓名	优秀指导教师	奖励等级
济南信息工程学校	杨其龙	马志善	一等奖
济南信息工程学校	孟令云	马志善	一等奖
潍坊经济学校	高兴佳	李金良	二等奖
潍坊经济学校	李春洁	李金良	二等奖
临沂市沂水职教中心	李增辉	李长胜	二等奖
临沂市沂水职教中心	张文勇	李长胜	二等奖
德州经济学校	杨继光	王立伟	三等奖
德州经济学校	王家帅	王立伟	三等奖
菏泽市交通职业中专	王书亮	张家福	三等奖
菏泽市交通职业中专	代建金	张家福	三等奖
淄博信息工程学校	邹晓璇	李大伟	三等奖
淄博信息工程学校	张　震	李大伟	三等奖
莱芜市综合高级中学	李　宁		优秀奖
莱芜市综合高级中学	赵才茂		优秀奖
聊城财政学校	孙林洋		优秀奖
聊城财政学校	李道瑞		优秀奖
枣庄市市中区职业中专	王付华		优秀奖
枣庄市市中区职业中专	褚福胜		优秀奖
泰安市泰山第一职业中专	房新新		优秀奖
泰安市泰山第一职业中专	谭培峰		优秀奖

（二）电工电子技能大赛

1. 电子产品装配与调试

参赛学校	参赛选手	优秀指导教师	奖励等级
菏泽市交通职业中专	祝新元	杨明华	一等奖
淄博信息工程学校	董亚明	何　伟	一等奖
枣庄经济学校	刘夫泉	张丛箴	二等奖
临沂市临沭职业中专	王传光	宋发扬	二等奖
淄博信息工程学校	李训国	何　伟	二等奖
德州工商中等专业学校	王厚喜	王德顺	二等奖
潍坊市寿光工贸职业中专	郑建全	唐培友	三等奖
德州工商中等专业学校	赵秀秀	王德顺	三等奖
山东省机电学校	张华丰	李　梅	三等奖

（续表）

参赛学校	参赛选手	优秀指导教师	奖励等级
济南第二职业中专	杨振忠	王代勇	三等奖
山东省机电学校	魏衍伟	李　梅	三等奖
菏泽市交通职业中专	胡建存	杨明华	三等奖
济南第二职业中专	刘来东	王代勇	三等奖
莱芜市职业中专	张延君		优秀奖
枣庄经济学校	张　超		优秀奖
莱芜市职业中专	李姝花		优秀奖
聊城市阳谷职业中专	高红伟		优秀奖
泰安市宁阳职教中心	王　彪		优秀奖
聊城市阳谷职业中专	张召常		优秀奖
泰安市宁阳职教中心	孟　光		优秀奖
潍坊市寿光工贸职业中专	侯冠群		优秀奖
临沂市临沭职业中专	张　震		优秀奖

2. 机电一体化设备组装与调试

参赛学校	学生姓名	优秀指导教师	奖励等级
泰安市宁阳职教中心	苏阳阳　齐　涛	郑振江	一等奖
滨州市鲁中中等专业学校	陶连富　巩　飞	孙学凤	二等奖
临沂市蒙阴职教中心	蹇木营　杨　琨	冀成祥	三等奖
济南第二职业中专	王　聪　张太平	赵珺蓉	三等奖
淄博信息工程学校	董仕果　董及林		优秀奖
聊城市莘县职业中专	李才臣　颜廷召		优秀奖
山东省对外贸易职业中专	张倩倩　李　超		优秀奖

（三）数控技术技能大赛

1. 数控车

参赛学校	参赛选手	优秀指导教师	奖励等级
济宁市山推职业中专	杨　志	马　健	一等奖
德州市华宇职业学校	李志龙	李延州	一等奖
聊城市现代技术职业中专	尹合磊	胡　震	一等奖
山东省交通运输学校	李明垒	陈开府	二等奖
德州市华宇职业学校	李胜雨	李延州	二等奖
聊城市现代技术职业中专	刘　超	胡　震	二等奖

（续表）

参赛学校	参赛选手	优秀指导教师	奖励等级
山东省交通运输学校	李春祥	陈开府	二等奖
临沂市沂水职教中心	李　平	朱先录	二等奖
济宁市山推职业中专	石　岩	马　健	三等奖
淄博工业学校	谢梦林	孙崇香	三等奖
临沂市沂水职教中心	武玉强	朱先录	三等奖
济南市历城职业中专	张　强	田恩胜	三等奖
潍坊市诸城经贸职业中专	乜兰军	王开良	三等奖
烟台市莱州高级职业学校	王　凡	孙　涛	三等奖
济南市历城职业中专	郑海盟	田恩胜	三等奖
烟台市莱州高级职业学校	邓　伟	孙　涛	三等奖
潍坊市诸城经贸职业中专	康永亿		优秀奖
淄博工业学校	张　振		优秀奖
枣庄市薛城区职业中专	张旭峰		优秀奖
枣庄市薛城区职业中专	种天刚		优秀奖
菏泽市交通职业中专	刘艳艳		优秀奖
泰安市肥城第一职业中专	武文迎		优秀奖
滨州市鲁中中等专业学校	李柱柱		优秀奖
泰安市肥城第一职业中专	胡相栋		优秀奖
滨州市鲁中中等专业学校	张　科		优秀奖

2. 数控铣

参赛学校	参赛选手	优秀指导教师	奖励等级
聊城市现代技术职业中专	吴洪昌	林继胜	一等奖
潍坊市诸城经贸职业中专	林兆海	王　建	一等奖
枣庄市薛城区职业中专	门崇梯	秦福强	二等奖
枣庄市薛城区职业中专	范振亚	秦福强	二等奖
潍坊市诸城经贸职业中专	周华升	王　建	二等奖
滨州市博兴职业技术学校	曹新忠	郑建强	二等奖
济宁市曲阜行知中专	刘明轩	盛保然	三等奖
济宁市曲阜行知中专	刘　然	盛保然	三等奖
山东省交通运输学校	刘　涛	王立新	三等奖
德州市华宇职业学校	高风松	李延洲	三等奖

（续表）

参赛学校	参赛选手	优秀指导教师	奖励等级
淄博工业学校	张美佳	刘　涛	三等奖
德州市华宇职业学校	潘志明	李延洲	三等奖
滨州市博兴职业技术学校	郝　杰	郑建强	三等奖
济南市历城职业中专	张　超		优秀奖
临沂市远大职业中专	王月钢		优秀奖
聊城市现代技术职业中专	孔德良		优秀奖
济南市历城职业中专	房玉春		优秀奖
山东省交通运输学校	曹云雷		优秀奖
菏泽信息工程学校	储明院		优秀奖
淄博工业学校	焦　源		优秀奖
临沂市远大职业中专	张文彬		优秀奖
菏泽市交通职业中专	王先发		优秀奖

（四）汽车运用与维修技能大赛

1. 汽车二级维护

参赛学校	参赛选手	优秀指导教师	奖励等级
德州市交通职业中专	宫海城　高希峰	王立志	一等奖
济宁市曲阜职业中专时庄分校	院鲁洋　唐　帅	孔玉柱	二等奖
山东省交通运输学校	邢　涛　姚龙建	程显兵	二等奖
山东省对外贸易职业中专	李　哲　郭　伟	范正平	三等奖
烟台市福山高级职业学校	刘福来　崔国付	刘宏峰	三等奖
济南第九职业中专	叶　明　汪明权	赵玉春	三等奖
泰安市东平县职业中专	杨传立　杨　陆		优秀奖
菏泽市交通职业中专	纪胜利　段金鹏		优秀奖
淄博交通工程学校	张　钺　李　聃		优秀奖

2. 汽车维修基本技能

参赛学校	参赛选手	优秀指导教师	奖励等级
德州交通职业中专	孙　波	王立志	一等奖
德州交通职业中专	李　亮	王立志	一等奖
山东省交通运输学校	徐　磊	张士江	二等奖
济南第九职业中专	刘肖肖	赵俊山	二等奖
临沂市莒南职教中心	张祥青	孙永健	二等奖

（续表）

参赛学校	参赛选手	优秀指导教师	奖励等级
山东民族中等专业学校	丁小礼	孙弘伟	二等奖
济南第九职业中专	孟维坤	赵俊山	二等奖
淄博市交通工程学校	田往伟	孙学武	三等奖
山东省机电学校	刘福申	王德明	三等奖
淄博市交通工程学校	董旭东	孙学武	三等奖
山东民族中等专业学校	田术平	黄新江	三等奖
山东省机电学校	张春海	王德明	三等奖
山东省交通运输学校	张宁昌	张士江	三等奖
泰安市东平县职业中专	林恩民	胡　哲	三等奖
菏泽市交通职业中专	孙高鹏		优秀奖
泰安市东平职业中专	李　珂		优秀奖
山东省对外贸易职业中专	郭　伟		优秀奖
临沂市莒南职教中心	张传杰		优秀奖
菏泽市交通职业中专	惠亚飞		优秀奖
滨州市鲁中中等专业学校	刘向阳		优秀奖
山东省对外贸易职业中专	李　哲		优秀奖
枣庄市滕州科技职业高中	杨忠亮		优秀奖
枣庄市滕州科技职业高中	张新州		优秀奖
滨州市鲁中中等专业学校	刘　浩		优秀奖

（五）服装设计制作与模特表演技能大赛

1. 女式夏裙套装电脑样板制作与缝制

参赛学校	参赛选手	优秀指导教师	奖励等级
烟台第一职业中专	车丹丹	隋　华	一等奖
烟台第一职业中专	马艺丹	王传丽	一等奖
烟台第一职业中专	赵　伟	史东升	二等奖
山东省特殊教育中等专业学校	孙亮亮	宋泮涛	二等奖
山东省特殊教育中等专业学校	王　亮	宋泮涛	二等奖
济宁市梁山县嘉诚职业中专	周中亮	贾富贵	二等奖
济宁市梁山县嘉诚职业中专	何敬艳	李　强	三等奖
山东省特殊教育中等专业学校	陈兆超	宋泮涛	三等奖
淄博建筑工程学校	王朝慧	封　超	三等奖
潍坊经济学校	矫安利	赵新英	三等奖

（续表）

参赛学校	参赛选手	优秀指导教师	奖励等级
淄博建筑工程学校	牛华颖	吕红校	三等奖
潍坊经济学校	刘红艳	赵新英	优秀奖
济宁市梁山县嘉诚职业中专	王先松	孙　玲	优秀奖
潍坊经济学校	于明洁	赵新英	优秀奖
淄博建筑工程学校	胡学艳	吕红校	优秀奖

2. 模特表演

参赛学校	参赛选手	优秀指导教师	奖励等级
淄博市淄川区职教中心	高　者	宋文庆	一等奖
淄博市淄川区职教中心	李　丹	宋文庆	二等奖
淄博市淄川区职教中心	姜衍萍	刘文丽	二等奖
潍坊市寿光第二职业中专	张　杰	张秀芳	三等奖
临沂市临沭职业中专	相　霞	王义宝	三等奖
济宁市任城区东方艺校	张蒙蒙	宋方丽	三等奖
潍坊市寿光第二职业中专	李玉玲	刘素华	三等奖
潍坊市寿光第二职业中专	王　芳	张新坤	优秀奖
济宁市任城区东方艺校	寻甜甜	宋方丽	优秀奖
临沂市临沭职业中专	袁爱维	王义宝	优秀奖
济宁市任城区东方艺校	侯淑芳	宋方丽	优秀奖
临沂市临沭职业中专	孙　静	王义宝	优秀奖

（六）烹饪技能大赛

1. 热菜

参赛学校	参赛选手	优秀指导教师	奖励等级
济南第三职业中专	李　洋	孟　勇	一等奖
济南第三职业中专	于宏涛	张冬梅	一等奖
潍坊商业学校	李成伟	康恩建	二等奖
济南第三职业中专	江　坤	孙洪英	二等奖
东营职业中专	李思帅	王永贵	二等奖
东营职业中专	高石磊	彭旭良	二等奖
东营职业中专	龚红日	胡兆泉	三等奖
烟台市莱州成人中专	王　源	崔天兴	三等奖
潍坊商业学校	吴学增	康恩建	三等奖

（续表）

参赛学校	参赛选手	优秀指导教师	奖励等级
东营职业中专	李志强	宋新峰	三等奖
威海市荣成第四职业中专	隋立志	刘黎明	三等奖
威海市荣成第四职业中专	崔明阳	刘黎明	三等奖
德州经济学校	刘林强		优秀奖
烟台市牟平第二职业中专	曲晓伟		优秀奖
德州经济学校	李金钊		优秀奖
德州经济学校	张德兴		优秀奖
德州经济学校	崔　军		优秀奖
德州经济学校	褚永刚		优秀奖
德州经济学校	马　博		优秀奖

2. 冷拼

参赛学校	参赛选手	优秀指导教师	奖励等级
威海市荣成第四职业中专	崔明阳	刘黎明	一等奖
潍坊商业学校	李红艳	郦兆德	二等奖
济南第三职业中专	胡延昊	张冬梅	二等奖
威海市荣成第四职业中专	宋佳伟	刘利刚	三等奖
烟台市蓬莱高级职业学校	初海波	王守巍	三等奖
潍坊商业学校	张宝红		优秀奖
烟台市莱州成人中专	王晓斌		优秀奖
烟台市牟平二职专	徐志敏		优秀奖

3. 面点

参赛学校	参赛选手	优秀指导教师	奖励等级
潍坊商业学校	于海强	李忠山	一等奖
东营职业中专	牛沙沙	刘　伟	二等奖
东营职业中专	张真真	刘　伟	三等奖
济南第三职业中专	刘　正	于亚明	三等奖
潍坊商业学校	李红艳		优秀奖

4. 果蔬雕

参赛学校	参赛选手	优秀指导教师	奖励等级
烟台市蓬莱高级职业学校	王　康	藏克勇	一等奖
济南第三职业中专	韩天雨	张　慧	二等奖
威海市荣成第四职业中专	万发明	刘利刚	三等奖
威海市荣成第四职业中专	宋佳伟		优秀奖

2008 年度山东省成人高等教育品牌专业建设点名单

立项专业名单	所属学校	层次	专业建设负责人
工商管理	山东大学	本科、专科	徐向艺
化学工程与工艺	中国石油大学(华东)	本科、专科	刘雪暖
英语	中国海洋大学	本科、专科	张德玉
汉语言文学	山东师范大学	本科、专科	周均平
机械设计制造及其自动化(矿山机电)	山东科技大学	本科、专科	肖林京
工程造价	山东建筑大学	本科、专科	陈起俊
水利水电工程	山东农业大学	本科、专科	王春堂
金融学	山东财政学院	本科、专科	刘瑞波
高分子材料与工程	青岛科技大学	本科、专科	辛振祥
计算机科学与技术	山东理工大学	本科、专科	田爱奎
学前教育	鲁东大学	本科、专科	孙承毅
工商管理	山东经济学院	本科、专科	刘　军
化学	临沂师范学院	本科、专科	王立斌
教育学	山东省教育学院	本科、专科	王　维
文秘	山东省青年管理干部学院	专科	宋影萍
机电一体化	济南职业学院	专科	荆　强
学前教育	潍坊教育学院	专科	王敬良

2008 年度山东省教育系统优秀调研成果获奖名单

鲁教法字[2009]2 号

一等奖(16 篇)

成果题目	完成单位	作　者
我省建立县级政府教育工作督导评估制度的实践与思考	山东省人民政府教育督导室	孟庆旭　刘振鹏　盖元华
我省教育系统依法行政工作情况调研报告	山东省教育厅政策法规处	秦　河　刘德玉　姜海洋

（续表）

成果题目	完成单位	作　者
潍坊市转变教育职能扩大公共服务的调研报告	潍坊市教育局	赵　徽　郭治平
烟台市中学教师专业化发展调研报告	鲁东大学 烟台市教育局	刘焕阳　刘连基　苏　勇 韩延伦　宋作新
山东经济学院加强和改进大学生诚信教育的调研报告	山东经济学院党委办公室	于洪良
济宁市推进职业教育跨越发展学习考察报告	济宁市教育局	济宁市教育局
山东省高职院校办学现状分析及对策研究	山东省教育厅高等教育处、滨州职业学院	宋伯宁　张鹏程　石　忠
关于进一步鼓励规范民办教育发展的对策研究	青岛市教育局	隋志强
山东省专业学位研究生教育调研报告	山东省教育厅学位管理与研究生教育处	巩守柳　仲红波　薛立魁 徐文广　魏鲁真
关于加快高教强省建设的调研报告	山东医学高等专科学校	秦敬民
关于大学生职业素质的调查报告 ——以德州学院计算机专业为例	德州学院	巩建闽　王付山　宁玉富 武　兵　董文娜　任传成
提高本科教育教学质量的政策措施和保障机制研究	山东科技大学	高建广　王　伟　李　森 薛　力　陈胜涛　柴世震
山东省义务教育均衡发展现状与策略	山东省教育厅基础教育处	关延平　李嘉庆　邵学伦
威海市城区初中生网络成瘾现状的调查研究	威海市教育局	张华燕　宋玉杰　高　杰
关于潍坊市中考制度改革情况的调研报告	潍坊市人民政府教育督导室	徐友礼　张学敬　马全铭 高彦霞
东营市学前教育经费投入状况调研报告	东营市教育局	李玉珍　杜　飞

二等奖(17 篇)

成果题目	完成单位	作者
新建本科院校服装专业应用型人才市场需求调研报告	德州学院	徐　静　阚兴芳　李永平　张秀琴
高校学生利用网络课程资源情况的调查与研究	中国石油大学(华东)	娄　晖　王旱祥　董发广　孙姚同
关于中荷物流专业合作实习的调研报告	山东财政学院	杨慧琴
创建团队是我校科研工作的当务之急	山东财政学院人事处	徐思生　姜　伟　田丽琴　王　暑
关于普通高中多元化培养人才的调研报告	威海市教育局	李树纯
关于山东省中学生校外教育补习的调查报告	德州市教育局 德州学院	刘永恒　张秀琴　王守军
临沂市义务教育均衡发展调研报告	临沂市教育局	卢立海
淄博市实施素质教育情况调研报告	淄博市教育局	张景春　吴景明
关于推进城乡教育一体化发展的对策研究	青岛市教育局	徐剑波
日照市农村中小学校舍安全状况调研报告	日照市教育局	张传若　庄乾友　徐宣清
关于学习实践科学发展观继续解放思想增创教育发展新优势的调研报告	淄博市教育局	张洪亮　程玉君
山东高校贫困生心理健康状况调查及教育对策	菏泽学院教育科学系 山东省教育厅学生处	赵玉英　王学军　石彩虹　张如柏　李金艳
济宁市普通高校毕业生就业状况调研报告	济宁市教育局 济宁市人事局	济宁市教育局 济宁市人事局
基于项目学习的高职计算机专业课教学改革调研报告	青岛酒店管理职业技术学院	姜玲玲

（续表）

成果题目	完成单位	作　者
提高潍坊市高等职业院校中外合作教育教学质量的调研报告	潍坊科技学院	张　涛　杨志勇
烟台市中等职业学校专业师资队伍基本情况调研报告	烟台市职业教育研究室	王松壮　李　峰　王利明
民办高校教学质量与改革工程开展情况分析	山东省教育厅高等教育处、山东英才学院	张鹏程　贾东荣

三等奖（21 篇）

成果题目	完成单位	作　者
高校教师队伍建设现状分析与建议——个案调研报告	山东财政学院	郝国彩
基于组织文化的大学学风建设研究	青岛理工大学	戴吉亮　杨向荣　王晓艳
德州学院大学生责任意识发展现状调查报告	德州学院	徐立明　刘洪玲　郝永发　李国华
大学生公关素质教育调查报告	德州学院	孟宪琴　王华丽　卜庆娟　张　锋　武　兵　冯立顺
加强教师队伍建设的政策措施和保障机制研究	山东科技大学	高建广　王　凯　韦　伟　李　勇　李建清　张歆然
关于《思想道德修养与法律基础》课程的问卷调查报告	德州学院社科部	孔　燕　蔡　青　孙乃龙　谈家水　杨　方　沙　飞
深入贯彻科学发展观、进一步加强和改进中小学德育工作——山东省中小学德育工作实施状况调研报告	省教育厅基础教育处	关延平　王忠民　李春光
威海市流动人口子女义务教育问题的探索与实践	威海市教育局	宋宗强　赵洪明
建立健全保障机制、统筹城乡教育均衡发展	威海市教育局基础教育科	王万琛　丛　娟

（续表）

成果题目	完成单位	作　者
莱芜市义务教育均衡发展调研报告	莱芜市教育局	赵怀进　王方纲
德州市中小学、幼儿园教师阅读教育名著的调查报告	德州市教育局 德州学院	王际海　钟　铧　王　萍 安石英
德州市学前儿童家庭教育功利取向的现状调查报告	德州市教育局 德州学院教育系	张兴峰　郑　洁　高国武 杜　蕾
统筹城乡教育促进全市义务教育均衡发展调研报告	淄博市教育局	王世军
东营市农村教育发展情况调研报告	东营市教育局	季俊昌　李志杰　吴金生
家庭经济困难学生资助工作情况调研报告	菏泽学院	武尚民　陈秀春
“以人为本”，全面贯彻落实科学发展观，不断提升烟台大学的核心竞争力 ——关于烟台大学提升核心竞争力的调研报告	烟台大学发展规划处	成　强　李国栋
非智力因素在高职学生管理中的综合运用研究	烟台工程职业技术学院	孙武令　段　炜
济南市高职院校人文素质教育现状调查研究	济南职业学院	蒋雪艳　付成波
大力推进校企合作，促进高职教育发展	山东商业职业技术学院	亓俊忠　沈一民
把握学生特点，做好职业院校辅导员工作的调研报告	泰山职业技术学院	张　丽　韩　玮　陈茂周 孙衍训
职业院校开展农村劳动力培训的调查研究	青岛酒店管理职业技术学院	唐文君

2008 年度山东省高等学校省级精品课程名单(本科)

序号	课程名称	所在学校	课程负责人	所属本科一级学科门类	所属本科二级学科门类
001	数字电路	山东大学	姜威	工学	电气信息类
002	微型计算机原理与应用	山东大学	赵建国	工学	电气信息类
003	通信原理	山东大学	袁东风	工学	电气信息类
004	工程材料与机械制造基础(金工)	山东大学	孙康宁 李爱菊	工学	机械类
005	数学建模与数学实验	山东大学	鲁统超	理学	数学类
006	无机及分析化学实验	山东大学	宋其圣	理学	化学类
007	医学免疫学	山东大学	孙汶生	医学	基础医学类
008	局部解剖学	山东大学	王怀经	医学	基础医学类
009	药物设计学	山东大学	徐文方	医学	药学类
010	战略管理	山东大学	陈志军	管理学	工商管理类
011	数据结构	山东大学	戚桂杰	管理学	管理科学与工程类
012	国际贸易学	山东大学	范爱军	经济学	经济学类
013	俄语翻译	山东大学	丛亚平	文学	外国语言文学类
014	中国行政思想史	山东大学威海分校	葛荃	法学	政治学类
015	古代汉语	山东大学威海分校	邵文利	文学	中国语言文学类
016	发育生物学	中国海洋大学	张志峰	理学	生物科学类
017	水产动物病害学	中国海洋大学	战文斌	农学	水产类
018	水产动物营养与饲料学	中国海洋大学	麦康森	农学	水产类
019	环境海洋学	中国海洋大学	高会旺	理学	环境科学类
020	管理信息系统	中国海洋大学	倪均援	管理学	工商管理类
021	环境法概论	中国海洋大学	徐祥民	法学	法学类
022	国际商法	中国海洋大学	刘惠荣	法学	法学类
023	社会调查理论与方法	中国海洋大学	同春芬	法学	社会学类
024	计算机组成原理	中国石油大学(华东)	郑秋梅	工学	电气信息类
025	电子技术基础	中国石油大学(华东)	刘润华	工学	电气信息类

（续表）

序号	课程名称	所在学校	课程负责人	所属本科一级学科门类	所属本科二级学科门类
026	油层物理	中国石油大学(华东)	李爱芬	工学	地矿类
027	油气集输	中国石油大学(华东)	曹学文	工学	交通运输类
028	数值计算方法	中国石油大学(华东)	同登科	理学	数学类
029	临床检验基础	青岛大学	刘成玉	医学	临床医学与医学技术类
030	社会学概论	青岛大学	孟天运	法学	社会学类
031	中国现代文学	青岛大学	周海波	文学	中国语言文学类
032	中国法制史	烟台大学	孙季萍	法学	法学类
033	热工过程与设备	济南大学	赵蔚琳	工学	能源动力类
034	无机非金属材料工艺学	济南大学	王琦	工学	材料类
035	心理学	济南大学	佟月华	理学	心理学类
036	分析化学	济南大学	于京华	理学	化学类
037	中国古代文学	济南大学	郭浩帆	文学	中国语言文学类
038	拓扑学	聊城大学	孟晗	理学	数学类
039	数字图像处理	山东科技大学	曹茂永	工学	电气信息类
040	矿井通风与安全	山东科技大学	程卫民	工学	环境与安全类
041	互换性与技术测量	山东理工大学	韩进宏	工学	机械类
042	国际经济学	山东理工大学	李平	经济学	经济学类
043	基础化学原理	青岛科技大学	许泳吉	理学	化学类
044	汽车设计	青岛理工大学	王丰元	工学	机械类
045	电子技术基础	山东建筑大学	王树昆	工学	电气信息类
046	空气调节	山东建筑大学	曲云霞	工学	土建类
047	大学物理实验	山东交通学院	原所佳	理学	物理学类
048	制浆造纸工艺学	山东轻工业学院	陈嘉川	工学	轻工纺织食品类
049	产品设计	山东轻工业学院	魏嘉	文学	艺术类
050	农业机械学	山东农业大学	张晓辉	工学	机械类
051	植物化学保护	山东农业大学	王开运	农学	植物生产类
052	兽医产科学	青岛农业大学	田文儒	农学	动物医学类
053	中药药剂学	山东中医药大学	田景振	医学	药学类
054	内经学	山东中医药大学	乔明琦	医学	中医学

（续表）

序号	课程名称	所在学校	课程负责人	所属本科一级学科门类	所属本科二级学科门类
055	中医古汉语基础	山东中医药大学	施观芬	文学	中国语言文学类
056	护理管理学	潍坊医学院	李秀艳	医学	临床医学与医学技术类
057	病理生理学	泰山医学院	王家富	医学	基础医学类
058	外科护理学	滨州医学院	王兴华	医学	护理学类
059	诊断学	济宁医学院	杨志寅	医学	临床医学与医学技术类
060	伦理学	山东师范大学	马永庆	哲学	哲学类
061	中国近代史	山东师范大学	李伟	历史学	历史学类
062	中国当代文学	山东师范大学	吴义勤	文学	中国语言文学类
063	运筹学	曲阜师范大学	张玉忠	理学	数学类
064	热力学与统计物理学	鲁东大学	杨传路	理学	物理学类
065	发展心理学	鲁东大学	王惠萍	理学	心理学类
066	基础和声学	鲁东大学	王瑞年	文学	艺术类
067	微观经济学	山东财政学院	于淑波	经济学	经济学类
068	管理决策的计算机方法	山东经济学院	李国锋	管理学	管理科学与工程类
069	技术经济学	山东工商学院	綦振平	管理学	管理科学与工程类
070	现代设计艺术史	山东工艺美术学院	董占军	文学	艺术类
071	动画形象设计	山东工艺美术学院	王传东	文学	艺术类
072	运动医学	山东体育学院	葛新发	教育学	体育学类
073	篮球	山东体育学院	姚维国	教育学	体育学类
074	经济法学	山东政法学院	隋洪明	法学	法学类
075	网络信息安全	山东警察学院	尉永清	理学	电子信息科学类
076	数学教学论	临沂师范学院	李红婷	教育学	教育学类
077	运动生理学	临沂师范学院	奚凤兰	教育学	体育学类
078	离散数学	德州学院	徐凤生	理学	数学类
079	量子力学	潍坊学院	逯怀新	理学	物理学类

（续表）

序号	课程名称	所在学校	课程负责人	所属本科一级学科门类	所属本科二级学科门类
080	工笔人物画	潍坊学院	何丽	文学	艺术类
081	大学国文	泰山学院	陈伟军	文学	中国语言文学类
082	遗传学	滨州学院	姚志刚	理学	生物科学类
083	光学	枣庄学院	田贵才	理学	物理学类
084	写作课	菏泽学院	石耿立	文学	中国语言文学类
085	植物学实验	山东师范大学历山学院	赵遵田	理学	生物科学类
086	大学英语	哈尔滨工业大学（威海）	韩哲　张敏	文学	外国语言文学类

2008 年度山东省高等学校省级精品课程名单(高职高专)

序号	课程名称	所在学校	课程负责人	所属专业大类	所属专业类
087	国际经济法原理与实务	山东政法学院	王志华	法律大类	法律实务类
088	现代汉语	济宁学院	马乃田	文化教育大类	语言文化类
089	数控加工工艺	青岛滨海学院	李莉芳	制造大类	机械设计制造类
090	人体解剖学	山东万杰医学院	马春	医药卫生大类	临床医学类
091	传感器与检测技术	山东英才学院	马文采	制造大类	自动化类
092	房屋建筑学	潍坊科技学院	张旺春	土建大类	建筑设计类
093	计算机电路	潍坊科技学院	张金宝	电子信息大类	计算机类
094	电厂锅炉原理	山东电力高等专科学校	丁立新	材料与能源大类	电力技术类
095	临床检验基础	山东医学高等专科学校	张纪云	医药卫生大类	医学技术类
096	病理学	山东医学高等专科学校	孙志军	医药卫生大类	临床医学类
097	经络腧穴学	山东中医药高等专科学校	王德敬	医药卫生大类	临床医学类
098	中药鉴定学	山东中医药高等专科学校	王苏丽	医药卫生大类	药学类
099	中药炮制学	山东中医药高等专科学校	刘波	医药卫生大类	药学类
100	书法	淄博师范高等专科学校	刘慧龙	文化教育大类	教育类
101	诊断学	菏泽医学专科学校	王克志	医药卫生大类	临床医学类
102	会计电算化实务与实训	山东商业职业技术学院	张洪波	财经大类	财务会计类
103	现代零售管理	山东商业职业技术学院	孙晓燕	财经大类	工商管理类
104	电子商务与网络营销	山东商业职业技术学院	韩西清	财经大类	工商管理类
105	NET 项目实战	山东商业职业技术学院	徐红	电子信息大类	计算机类
106	思想道德修养与法律基础	山东商业职业技术学院	王岳喜	公共基础课类	两课
107	国际贸易实务	山东外贸职业学院	刘珉	财经大类	经济贸易类
108	职业规划	青岛酒店管理职业技术学院	于敏	文化教育大类	教育类

109	自动控制技术	青岛职业技术学院	金龙国	制造大类	自动化类
110	Java Web 应用程序设计	青岛职业技术学院	胡杰	电子信息大类	计算机类
111	旅游社交礼仪	青岛职业技术学院	谭旻雁	旅游大类	旅游管理类
112	数控机床编程与操作	济宁职业技术学院	王申银	制造大类	机械设计制造类
113	建筑结构	日照职业技术学院	徐锡权	土建大类	土建施工类
114	市场营销策划与实务	日照职业技术学院	张晓	财经大类	市场营销类
115	数据结构	莱芜职业技术学院	李英明	电子信息大类	计算机类
116	成人护理	聊城职业技术学院	孙菁	医药卫生大类	护理类
117	房屋建筑学	聊城职业技术学院	赵庆双	土建大类	土建施工类
118	数控加工工艺与编程	威海职业学院	闫华明	制造大类	机械设计制造类
119	机床电气控制	威海职业学院	于涛	制造大类	机械设计制造类
120	可编程控制器技术应用	威海职业学院	李传伟	制造大类	自动化类
121	分析检验基础	威海职业学院	王映华	生化与药品大类	化工技术类
122	表面贴装工艺设计与管理	威海职业学院	王亚盛	电子信息大类	电子信息类
123	液压与气压传动	济南铁道职业技术学院	陈红康	制造大类	自动化类
124	SMT 生产线运行与维护	济南铁道职业技术学院	祝瑞花	电子信息大类	电子信息类
125	焊接方法与设备	山东劳动职业技术学院	陈俊华	制造大类	机械设计制造类
126	机械设计基础	潍坊职业学院	杜洪香	制造大类	机械设计制造类
127	财务管理	潍坊职业学院	杨桂洁	财经大类	财务会计类
128	商务英语函电	潍坊职业学院	张启途	公共基础课类	英语
129	数据库应用技术	烟台职业学院	周慧	电子信息大类	计算机类
130	石油加工生产技术	东营职业学院	李勇	生化与药品大类	化工技术类
131	韩语口语	山东科技职业学院	朴善钧	文化教育大类	语言文化类
132	数控加工工艺与编程	滨州职业学院	王亮德	制造大类	机械设计制造类
133	审计实训	滨州职业学院	傅智端	财经大类	财务会计类
134	Java 程序设计	滨州职业学院	李新	电子信息大类	计算机类
135	动物营养与饲料加工	山东畜牧兽医职业学院	刘建胜	农林牧渔大类	畜牧兽医类
136	动物药理与毒理	山东畜牧兽医职业学院	宋冶萍	农林牧渔大类	畜牧兽医类
137	水工建筑物	山东水利职业学院	冷爱国	水利大类	水利工程与管理类
138	机械识图与制图	淄博职业学院	李世伟	制造大类	机械设计制造类
139	可编程控制器	淄博职业学院	祝木田	制造大类	自动化类
140	统计原理与实务	淄博职业学院	王佐芳	财经大类	财务会计类
141	商务谈判	淄博职业学院	徐爱勤	财经大类	市场营销类
142	网络工程构建技术	淄博职业学院	高爱国	电子信息大类	计算机类
143	汽车底盘构造与维修	山东交通职业学院	张宏坤	交通运输大类	公路运输类
144	现代仓储管理	山东交通职业学院	王文华	财经大类	工商管理类
145	三维艺术设计(4DS MAX)	山东信息职业技术学院	王在云	电子信息大类	计算机类
146	数控加工实训	青岛港湾职业技术学院	王信友	制造大类	机械设计制造类
147	港口起重机械	青岛港湾职业技术学院	徐奎照	交通运输大类	港口运输类
148	连锁企业门店运营与管理	山东经贸职业学院	石鹏义	财经大类	工商管理类
149	机械制造工艺学基础	山东工业职业学院	孙希禄	制造大类	机械设计制造类
150	无机化学	山东化工职业学院	张春逢	生化与药品大类	化工技术类
151	统计学	山东化工职业学院	欧阳培峰	财经大类	市场营销类
152	ASP. NET 动态网页设计	济南职业学院	王秀红	电子信息大类	计算机类
153	大学语文	济南职业学院	蒋雪艳	文化教育大类	语言文化类

154	纺织材料学	济南工程职业技术学院	张洪亭	轻纺食品大类	纺织服装类
155	植物生长与环境	泰山职业技术学院	陈民生	农林牧渔大类	农业技术类
156	数字电路	山东电子职业技术学院	杨春华	电子信息大类	电子信息类
157	JAVA 程序设计	山东电子职业技术学院	赵国玲	电子信息大类	计算机类
158	机械制图与计算机绘图	德州科技职业学院	李桂花	制造大类	机械设计制造类
159	PHOTOSHOP 平面设计	德州职业技术学院	孙育红	电子信息大类	计算机类
160	中药鉴定学	山东力明科技职业学院	李建秀	医药卫生大类	药学类
161	汽车电器设备	青岛飞洋职业技术学院	王景卫	制造大类	汽车类
162	急危重症护理学	淄博科技职业学院	王卫	医药卫生大类	护理类
163	电子商务概论	山东协和职业技术学院	姜宗俊	财经大类	市场营销类
164	数控机床编程与操作	山东华宇职业技术学院	王艳雪	制造大类	机械设计制造类
165	船舶通信业务与新技术	青岛远洋船员学院	柳邦声	交通运输大类	水上运输类
166	土地估价	山东省农业管理干部学院	黄振轩	公共事业大类	公共管理类
167	前厅服务与管理	山东省青年管理干部学院	张青	旅游大类	旅游管理类
168	幼儿园玩教具制作	中华女子学院山东分院	高红星	文化教育大类	教育类
169	包装与构成设计	中华女子学院山东分院	张利	艺术设计传媒大类	艺术设计类
170	现代汉语	山东省教育学院	李清民	文化教育大类	语言文化类
171	果品蔬菜加工工艺学	潍坊教育学院	张玉清	轻纺食品大类	食品类

2008 年山东省高等学校国家精品课程入围名单

年度	课程名称	负责人	所属学校	层次
2008 年	工程材料与机械制造基础(金工)	孙康宁	山东大学	本科
2008 年	金融投资学	胡金焱	山东大学	本科
2008 年	大学计算机基础	郝兴伟	山东大学	本科
2008 年	组织学与胚胎学	高英茂	山东大学	本科
2008 年	局部解剖学	王怀经	山东大学	本科
2008 年	医学免疫学	孙汶生	山东大学	本科
2008 年	人体寄生虫学	何深一	山东大学	本科
2008 年	药物设计学	徐文方	山东大学	本科
2008 年	数字图像处理	曹茂永	山东科技大学	本科
2008 年	互换性与技术测量	韩进宏	山东理工大学	本科
2008 年	普通园艺学	高东升	山东农业大学	本科
2008 年	制浆造纸工艺学	陈嘉川	山东轻工业学院	本科
2008 年	海洋调查方法	鲍献文	中国海洋大学	本科
2008 年	环境海洋学	高会旺	中国海洋大学	本科

（续表）

年度	课程名称	负责人	所属学校	层次
2008年	钻井工程	管志川	中国石油大学（华东）	本科
2008年	电工电子学	刘润华	中国石油大学（华东）	本科
2008年	植物组织培养应用技术	石文山	滨州职业学院	高职
2008年	网络设备的安装与调试	杨欣斌	东营职业学院	高职
2008年	采购与供应管理	其日格夫	青岛职业技术学院	高职
2008年	食品加工技术	李秀娟	日照职业技术学院	高职
2008年	建筑结构	徐锡权	日照职业技术学院	高职
2008年	动物微生物	李舫	山东畜牧兽医职业学院	高职
2008年	基本护理技能	邢爱红	山东医学高等专科学校	高职
2008年	表面贴装工艺设计与管理	王亚盛	威海职业学院	高职
2008年	综合韩语	安美善	威海职业学院	高职
2008年	汽车底盘系统检修	戚晓霞	威海职业学院	高职
2008年	机械制图与测绘	李文	威海职业学院	高职
2008年	食用菌栽培	周希华	潍坊职业学院	高职
2008年	构造地质学	戴俊生	中国石油大学（华东）	网络
2008年	有机化学	姜翠玉	中国石油大学（华东）	网络

2008年山东省普通高等学校实验教学示范中心名单

1. 山东大学生物学实验教学示范中心
2. 山东大学机械基础实验教学示范中心
3. 山东大学材料科学与工程实验教学中心
4. 山东大学预防医学实验教学中心
5. 山东大学威海分校空间科学与物理实验教学中心
6. 中国海洋大学海洋学实验教学中心
7. 中国海洋大学化学实验教学中心
8. 中国海洋大学水产科学实验教学中心
9. 中国石油大学（华东）工业训练中心
10. 中国石油大学（华东）石油工程实验教学中心
11. 烟台大学药学实验教学中心
12. 聊城大学物理实验教学中心
13. 山东科技大学计算机实验教学中心
14. 山东科技大学电气与自动化实验教学中心
15. 山东理工大学车辆工程实验教学中心
16. 青岛科技大学化工过程实验教学中心
17. 青岛理工大学实训中心
18. 山东建筑大学机械基础实验教学中心
19. 山东建筑大学土木工程实验教学中心
20. 山东轻工业学院生物工程实验教学中心
21. 山东农业大学动物科学与动物医学实验教学中心
22. 青岛农业大学植物保护实验教学示范中心
23. 山东中医药大学中医药综合教学实验中心
24. 山东师范大学心理学实验教学中心
25. 山东师范大学计算机科学实验教学中心
26. 曲阜师范大学生物学实验教学中心
27. 山东财政学院管理学实验教学中心
28. 山东经济学院会计综合实验教学中心
29. 山东体育学院运动人体科学实验教学中心
30. 枣庄学院计算机实验教学中心

2008年山东省普通高等学校实验教学示范中心筹建名单

1. 山东交通学院工程训练中心
2. 潍坊医学院公共卫生实验教学中心
3. 滨州医学院口腔医学实验教学中心
4. 鲁东大学数字化外语实验教学中心
5. 山东工商学院计算机基础实验教学中心
6. 临沂师范学院生物实验教学示范中心
7. 潍坊学院物理实验教学中心
8. 德州学院服装设计与工程实验教学中心
9. 泰山学院化学实验教学示范中心
10. 滨州学院电子电工实验教学中心

2008年推荐参加国家级实验教学示范中心评审名单

1 山东大学物理实验教学中心
2 山东大学机械基础实验教学示范中心
3 山东大学化学实验教学中心
4 中国海洋大学海洋学实验教学中心
5 中国石油大学(华东)工业训练中心
6 青岛大学物理实验教学中心
7 青岛科技大学化工过程实验教学中心
8 山东建筑大学机械基础实验教学中心
9 山东农业大学动物科学与动物医学实验教学中心
10 青岛农业大学植物保护实验教学示范中心

山东省高校艺术教育论文获奖名单

一等奖40个(排名不分先后)

姓名	题　目	单位
黄明水	《论高师声乐硕士研究生人才的培养》	山东师范大学
夏　云	《"弹、用、写、教"——高师钢琴集体课教学设计暨实验报告》	山东师范大学
张旭东	《声乐风格特征与高师声乐教学内涵探究》	鲁东大学
程　倩	《感悟·启迪·借鉴——论波兰肖邦音乐学院钢琴音乐人才培养》	山东师范大学
罗艺丹	《论多元化与世界音乐教育》	青岛科技大学
唐　艺　唐　宁	《孔子的仁与礼乐》	山东理工大学
张建平	《合唱艺术功用性的音乐学思考》	曲阜师范大学
李玉龙　孙翔玲	《试论合唱艺术在构建和谐大学校园文化中的作用》	济南大学
李淑明　翟纯璐	《浅谈生态美育对音乐艺术生态理性的创构》	山东理工大学
朱宏昆	《十九世纪浪漫主义的艺术歌曲概览》	山东艺术学院
杨瑞萍	《戏曲发展学视角下的柳腔艺术》	曲阜师范大学
刘　琳	《歌中的"情"——浅谈歌唱中的情感表达》	山东艺术学院
赵　芹	《古诺歌剧〈浮士德〉戏剧与音乐结合手法之分析》	山东艺术学院

（续表）

姓名	题　目	单位
李恒军	《浅谈普通高等院校公共艺术教育发展现状与思考》	山东师范大学
查汪宏	《以科学发展观推进高校艺术教育新发展》	山东教育学院
祁慧民	《基础教学理念更新的意义》	青岛大学
丁继平	《国民音乐教育中的和谐发展路径》	山东农业大学
孙佩珊	《论公共音乐教育对大学生人文精神的塑造》	青岛科技大学
仲　丽	《浅谈在高校普及开设形体课，对大学生的重要性》	青岛科技大学
刘德亚	《实践中开拓　发展中创新——高职院校音乐教学方法探析》	潍坊职业学院
赵英水	《高职艺术设计类课程体系与学生就业技能的探究性报告》	山东教育学院
张晓雯	《论丢勒作品中的自我形象》	聊城大学
赵　进	《艺术设计中的创意走向》	山东工艺美术学院
郑良超	《论美术教育在学生素质培养中的价值》	淄博师范高等专科学校
马　燕	《文人画与时代理念》	聊城大学
梅玉洁	《对高师美术教育课程设置改革与学生未来就业从业的思考》	淄博师范高等专科学校
赵　青	《对高师美术教育培养目标定位的思考》	山东教育学院
董娅南	《浅谈现代城市视觉文化建设的思考与定位》	山东艺术学院
王福银	《高师舞蹈教学改革之我见》	山东理工大学
王丽娟	《论素质教育背景下的中小学舞蹈教育》	中华女子学院山东分院
吕云路	《运河底蕴酿瑰宝，岁月沧桑砺金石—运河文化之临清时调》	聊城大学
何　涛	《视听语言素养：影视艺术审美的枢机》	潍坊学院
张　静	《服装专业人才培养模式的改革探究》	山东省青年管理干部学院
吕文明	《现代化进程中的书法教育和学科建设问题研究》	山东师范大学
张拜依	《中国传统音乐的主流教育模式之解读》	曲阜师范大学
王翼亭	《非言语表情——声乐表演艺术的助燃剂》	曲阜师范大学
王　俊	《从城市形象发展谈户外广告的传播与审美》	山东交通学院
王福生	《敦煌壁画中的部分乐器考辩》	曲阜师范大学
宋小霞	《浅议民族声乐艺术情归何处》	中华女子学院山东分院
井　华	《声乐艺术意境与高校审美教育》	山东理工大学

二等奖60个(排名不分先后)

姓名	题目	单位
王宝德	《浅谈高校公共音乐艺术课的探索与创新——音乐审美教育促进情商的培养》	山东科技大学
李　猛　任允晓	《论音乐教育在高校人格教育中的地位与实施途径》	青岛科技大学
崔　琳	《当前高校艺术教育在发展中存在的问题及对策》	济南大学
张　怡	《浅述中国钢琴作品的产生及意义》	山东师范大学
丁　庆	《监狱内音乐感化教育的伦理学解读》	曲阜师范大学
刘　巍	《中国合唱音乐起源之我见》	山东大学威海分校
杨秀丽	《民族音乐与大学生民族精神培养的探索》	山东经济学院
王翼亭	《试论中国东夷文化中民族五声体系的滥觞》	曲阜师范大学
康　曦	《佛教手印与戏曲手姿》	山东艺术学院
王　辉	《我们需要什么样的古典音乐?》	聊城大学
赵雪晖	《试论〈诺尔玛〉音乐形象的悲剧美》	烟台职业学院
郇玖妹	《走进威尔第　走进〈弄臣〉》	山东师范大学
张娇阳	《庄子》	山东大学威海分校
刘媛媛	《浅析声乐艺术的表现技巧》	菏泽学院
陈　林　邹威特	《论艺术教育在大学生素质教育中的重要作用》	中国海洋大学
李艳萍	《浅谈综合性院校音乐学专业人才培养的定位》	山东农业大学
闫　震	《以乐感为基础的试唱练耳教学的审美体验研究》	聊城大学
卢爱华	《普通高校戏曲教育技术策略思考》	聊城大学
王　敏	《艺术教育发展的新方向和新境地之探析》	聊城大学
王　军	《音乐在构建大学生心理健康教育体系中的功能与机制》	曲阜师范大学
王　鹏	《加强高职院校艺术修养教育,完善高职院校人才思想教育体系结构》	山东商业职业技术学院
马小红	《论高校公共音乐教育的发展》	山东省农业管理干部学院
孙翔玲　吴晓冰	《"80后"大学生特征及艺术教育探究》	济南大学
闫海青　魏　娟	《普通高校艺术教育价值与功能初探》	滨州学院
唐得栋　周彩霞	《浅谈学校音乐教育在素质教育中的作用》	曲阜师范大学
李　华	《浅谈高校艺术教育》	山东省农业管理干部学院
杜　乡	《当代高校公共音乐教育内容选择的探索与实践》	德州学院
窦　青	《高校构建金字塔式的音乐教学管理模式之探索》	潍坊学院
张晓玮	《艺术设计教学模式及课程结构探索》	山东科技大学

（续表）

姓名	题　目	单位
郑　阳	《论艺术设计专业跨学科教育》	山东大学威海分校
程莹莹	《中国画色彩观探析》	聊城大学
代秀芳	《对当前我国包装文化的美学思考——论商品包装审美要求与实用功能的统一》	山东英才学院
王卫华	《如何提高美术教学中创造力的培养》	潍坊学院
李金生	《论新时期下高校美术教学中的创新教育》	滨州学院
刘庆庚	《山东省高等院校体育舞蹈运动发展的研究》	山东体育学院
李恩琦　董　丽	《我国高等体育院校艺术类专业设置发展的研究》	山东体育学院
耿　君	《解析历届春晚舞蹈》	山东经济学院
柳茜芷	《谈谈〈牡丹亭〉中"梦"的设置》	山东艺术学院
袁　雷	《加强大学生艺术社团建设　创建文明和谐校园》	山东丝绸纺织职业学院
刘光东　陈守学 张　红	《高职学生思想特点分析及对策》	山东科技职业学院
曲　涛　姜振栋	《把高校学生管理工作插上音乐的翅膀》	曲阜师范大学
秦大平	《缓缓的过去　慢慢的未来》	山东大学威海分校
刘　洋	《浅谈温可铮与苏石林对中国声乐教育的贡献》	德州学院
李志国	《谈高校公共音乐欣赏课教学》	济宁学院
胥正娜	《音乐教育与高素质人才的培养》	潍坊学院
赵鹏程	《大中小学音乐教育目标的整体设计》	枣庄学院
张　勇	《初探当代艺术感性》	枣庄学院
隋　震	《普通高等学校设计艺术专业教学方法初探》	山东轻工业学院
刘木森　谢如红	《从"艺考热"看艺术设计教育》	山东轻工业学院
孙　璐	《动态分形艺术与舞蹈动感美》	山东科技大学
孙佩珊	《对法国音乐学院专业等级考试过程的思考》	青岛科技大学
高　翯	《浅析高师音乐教育专业钢琴课教学内容与课程体系的拓展》	烟台职业学院
王绪峨	《植根中国文化土壤的〈茉莉花〉》	潍坊职业学院
马　力	《试论佳美兰音乐对德彪西钢琴音乐创作的影响》	曲阜师范大学
周彩霞	《浅谈音乐与道德》	曲阜师范大学
郇玖妹	《声乐教学启发·体验法解析》	山东师范大学
王丽响	《高职学前专业学生如何学好钢琴即兴伴奏》	山东英才学院
于　倩	《由〈双飞蝴蝶主题变奏曲〉看变奏曲在钢琴教学中的重要性》	山东师范大学
李　永	《论钢琴学习中"高原现象"之对策》	枣庄学院
王义茹	《20世纪我国扬琴形制改革与音乐创作之关系》	山东师范大学

三等奖31个(排名不分先后)

姓名	题　目	单位
李　斌　陈　俞	《现代媒体技术在课堂教学中的运用》	济南大学
崔连波	《孔子"乐教"研究》	曲阜师范大学
王福生	《论器乐教学的教材应用与实践训练》	曲阜师范大学
徐红磊	《关于高师声乐教学改革的几点建议》	曲阜师范大学
苏向东	《"听后感"——引导学生理解音乐作品的有效手段》	山东农业大学
王志成	《高校音乐审美素质教育课程标准原则初探》	烟台大学
张金娣	《大学生〈音乐鉴赏〉课的主动学习意识培养刍议》	山东大学威海分校
杨　梅　刘元法 王宝德	《发展高校艺术教育　促进和谐校园文化建设》	山东科技大学
于　玲	《高职院校音乐教育的现状及实施途径》	烟台职业学院
丁　凯	《浅谈普通高校素质教育与公共音乐教育》	菏泽学院
杨春丽	《音乐教育与和谐校园建设》	山东经济学院
郝丽华	《高职院校公共艺术教育实践现实与走向分析》	山东商业职业技术学院
孝　红　周　悦	《植根民族音乐之沃土,才为教育教学之根本》	山东农业大学
王华丽　肖月宁	《现代教育技术在摄影艺术教学中的探索与实践》	德州学院
李俊峰	《学以致用　寓教于乐——艺术设计教学模式新探》	山东英才学院
杨在斑	《中国漆画发展之我见》	山东大学威海分校
刘雁琳　张莉莉	《在3D教学中引入虚拟建模技术再现古代文化场景》	济南大学
薛慧莉　刘申亭 郭继鹏	《设计素描创新能力培养探索》	潍坊科技学院
崔宗祥　赵晚霞	《教育大计,教师为本——对山东省高校舞蹈专业师资队伍现状分析及发展对策的研究》	山东体育学院
杨　凯	《中国舞蹈文化产业发展的品牌之路》	山东经济学院
张莉莉　刘雁琳	《浅析中国古典园林意境的文化内蕴》	济南大学
王志成	《当代教育使命的必然选择——人文教育与科学教育的融合》	烟台大学
吴周强　黄爱文	《略论高等医学院校艺术类社团的建设和发展》	潍坊医学院
于龙泉　安蓬生 徐　艳	《新闻出版和谐文化建设研究》	济南大学
徐　艳	《重视音乐教育在基础教育中的作用》	潍坊学院
陈研言	《谈美术扩招下教学所面临的挑战》	菏泽学院
姜亦金	《浅谈高职艺术设计中的设计色彩教学》	潍坊科技学院

（续表）

姓名	题　目	单位
唐　宁	《备战2008音乐高考——钢琴考生应注意的几个问题》	山东师范大学
黄爱文	《浅谈音乐欣赏》	潍坊医学院
郭敏敏	《城市公共设施的个性化时代》	枣庄学院
胡晓琳　李　明	《“让和谐的声音融进心灵”——浅析合唱对大学生心理问题的疏导作用》	济宁医学院

山东省首届高校美术专业师生基本功比赛优秀组织奖名单

（26个，排名不分前后）

青岛大学　曲阜师范大学　德州学院　山东交通学院
济南大学　山东艺术学院　菏泽学院　烟台职业学院
烟台大学　山东科技大学　潍坊学院　山东工艺美术学院
鲁东大学　山东理工大学　淄博师专　山东经贸职业学院
泰山学院　山东建筑大学　济宁学院　日照市职业技术学院
聊城大学　青岛科技大学　滨州学院　山东工会干部管理学院
枣庄学院　淄博职业学院

山东省首届美术专业基本功比赛教师组获奖名单

一等奖25个（排名不分先后）

学　校	姓　名	学　校	姓　名
烟台职业学院	郭英华	青岛大学	窦凤至
青岛大学	周松林	青岛科技大学	孙伟
枣庄学院	冯兆杰	青岛酒店管理学院	付强
曲阜师范大学	扈鲁	枣庄学院	霍绪林
枣庄学院	陈涛	曲阜师范大学	刘卫平
烟台大学建筑系	王金花	烟台大学建筑系	许丽
青岛科技大学	杜鹃	山东省工会管理干部学院	相阳
曲阜师范大学	刘昌盛	山东建筑大学	沈鹏飞
鲁东大学	史峰	曲阜师范大学	苗红磊

（续表）

学　　校	姓　名	学　　校	姓　名
聊城大学艺术学院	刘春景	鲁东大学	张莉
德州学院	阴晓雪	聊城大学艺术学院	李凯
菏泽学院美术系	高卓	山东交通学院	王俊
泰山学院	刘绘中		

二等奖 87 个（排名不分先后）

学　　校	姓　名	学　　校	姓　名
山东艺术学院	张泰捷	潍坊科技学院	姜亦金
潍坊学院美术学院	刘晓平	枣庄学院	李伟
山东工艺美术学院	王鹏	山东工艺美术学院	刘宁
烟台职业学院	许国玉	淄博师范高等专科学校	张洪祥
山东理工大学	聂彦锋	青岛求实职业技术学院	张明刚
青岛酒店管理学院	王文	烟台大学建筑系	崔稼夫
泰山学院	陈军	青岛酒店管理学院	赵明富
青岛大学	杨仲全	山东建筑大学	刘宏奇
曲阜师范大学	张习印	青岛酒店管理学院	胡云霞
山东建筑大学	王磊	山东建筑大学	田原
青岛科技大学	林乐彬	山东教育学院	赵青
青岛大学	张大庆	山东工艺美术学院	刘付
德州学院	郭卫	山东工艺美术学院	曲展
曲阜师范大学	綦延君	枣庄学院	李鲁祥
泰山学院	卢东	山东教育学院	刘芳
菏泽学院美术系	周倩	曲阜师范大学	苗红磊
中国石油大学胜利学院	孙晓航	山东工艺美术学院	孙大刚
山东教育学院	李冉	枣庄学院	谢旭东
泰山学院	杨克仲	山东科技大学	呙智强
山东旅游职业学院	国际安	山东科技大学	甄珍
济南职业学院	吕晓东	山东交通学院	李煜
济南大学	陈炜	鲁东大学	王永波
山东工艺美术学院	刘劲蓬	枣庄学院	郭敏敏
潍坊学院美术学院	牟春风	泰山学院	陈芬
潍坊教育学院	杨勇	潍坊职业学院	韩传亮

（续表）

学　　校	姓　名	学　　校	姓　名
泰山学院	牛淑德	鲁东大学	龙真
滨州学院	关佳男	枣庄学院	赵平
泰山学院	赵振山	泰山学院	杜伟伟
鲁东大学	鲁光	山东艺术学院	栾清涛
临沂师范学院	马铁骊	山东交通学院	刘晓蓓
青岛大学	孙小娥	德州学院	李庚明
德州学院	程铁中	山东省工会管理干部学院	邵长青
烟台大学建筑系	王永国	潍坊教育学院	夏媛媛
烟台大学建筑系	董贵晗	山东省工会管理干部学院	范振坤
烟台大学建筑系	王岩松	菏泽学院美术系	郭李贤
潍坊学院美术学院	刘学智	山东省工会管理干部学院	李辉
山东省工会管理干部学院	廉一明	曲阜师范大学	解中宇
淄博师范高等专科学校	郝元峰	山东省工会管理干部学院	秦红卫
淄博师范高等专科学校	李健	潍坊教育学院	鞠晓玲
济南大学	王玉华	山东理工大学	徐婷婷
青岛科技大学	崔建军	青岛大学	黄钺
山东理工大学	王亚林	山东教育学院	刘芳
泰山学院	刘岱兵	山东工业职业学院	孙晗
聊城大学艺术学院	王东兵		

三等奖 115 个（排名不分先后）

学　　校	姓　名	学　　校	姓　名
济南大学	王志军	滨州学院	杨晨光
曲阜师范大学	岳冬	日照职业技术学院	孙健
山东工业职业学院	宋振海	鲁东大学	厉国军
淄博师范高等专科学校	于丛丛	淄博师范高等专科学校	骆超
山东工艺美术学院	谢其云	烟台南山学院	牛青山
济南大学	陈健	青岛理工大学琴岛学院	胡强
滨州学院	李振东	聊城大学艺术学院	李珂
淄博师范高等专科学校	郑良超	山东旅游职业学院	张敬斌
菏泽学院美术系	李世君	淄博师范高等专科学校	徐缓
滨州学院	程晓民	山东教育学院	李海涌

（续表）

学　　校	姓　名	学　　校	姓　名
淄博职业学院	亓玉权	枣庄学院	赵平
滨州学院	孙永奇	曲阜师范大学	胡颖杰
烟台大学建筑系	曲晓莉	曲阜师范大学	刘卫平
泰山学院	李天军	曲阜师范大学	马洁
泰山学院	宋艳丽	日照职业技术学院	吴玉峰
青岛滨海学院	王芳	枣庄学院	张丽娜
泰山学院	安娜	枣庄学院	孙文凯
滨州学院	张晓丽	枣庄学院	张勇
枣庄学院	王新章	山东科技大学	李妍
德州学院	刘文海	泰山学院	张明
潍坊学院美术学院	李建礼	山东科技大学	咼智强
德州学院	王始钧	山东教育学院	李海涌
泰山学院	张银军	淄博职业学院	张军
济南大学	梁振忠	淄博职业学院	脱忠伟
滨州学院	李天镐	日照职业技术学院	李晓雷
青岛科技大学	邢行	枣庄学院	李琳
滨州学院	孟令斌	德州学院	李庚明
青岛大学	厉晓东	山东省青年管理干部学院	王玉萍
青岛科技大学	管强	青岛科技大学	程霞
潍坊教育学院	刘建军	枣庄学院	奚传龙
淄博职业学院	董雪	烟台职业学院	司伟伟
德州学院	杨平	山东艺术学院	高庆刚
日照职业技术学院	王德聚	日照职业技术学院	葛磊
曲阜师范大学	毕敬虎	枣庄学院	徐明明
青岛大学	于晓冬	日照职业技术学院	葛赛
山东教育学院	李信斐	泰山学院	杜玉彩
菏泽学院	严建国	滨州学院	高俊凤
淄博职业学院	张军	淄博职业学院	崔慧
淄博职业学院	孙波	滨州学院	董少辉
滨州学院	王建峰	德州学院	王倩
枣庄学院	陈海鹏	山东艺术学院	董娅南
鲁东大学	张新征	莱芜职业技术学院	刘源源

（续表）

学　　校	姓　名	学　　校	姓　名
曲阜师范大学	杜海涛	枣庄学院	谢青君
淄博职业学院	綦峰	青岛科技大学	焦岩
淄博职业学院	高小立	山东经贸职业学院	李霞
济宁学院	鲁永	山东艺术学院	唐伟
潍坊学院美术学院	郎咸力	曲阜师范大学	沃野
枣庄学院	邢军	淄博职业学院	于萌萌
滨州学院	李建军	菏泽学院美术系	化东
滨州学院	别淑花	淄博职业学院	李艳勤
烟台大学建筑系	王丽娟	济宁学院	刘乾
山东工业职业学院	张艳	聊城大学艺术学院	张红英
聊城大学艺术学院	柳方林	潍坊学院美术学院	张磊
山东交通学院	孙龙杰	菏泽学院美术系	刘进
潍坊学院美术学院	宿峰	山东省青年管理干部学院	吴蔷薇
山东科技大学	乔磊	德州学院	宋其勇
淄博职业学院	许鹏程	山东经贸职业学院	郭弟强
山东理工大学	吕群星		

优秀奖192个(排名不分先后)

学　　校	姓　名	学　　校	姓　名
济南大学	任敬彬	滨州学院	秦永红
山东艺术学院	王法进	聊城大学	马昭银
潍坊学院美术学院	华杰	烟台南山学院	杨萍萍
德州学院	王玉民	山东经贸职业学院	王洁
淄博师范高等专科学校	赵红云	淄博职业学院	罗进
菏泽学院美术系	狄东占	日照职业技术学院	李晓雷
德州学院	李敏	青岛职业技术学院	庞玉生
泰山学院	赵婉如	滨州学院	李天镐
泰山职业技术学院	张林	山东教育学院	王岩
日照职业技术学院	王栋	枣庄学院	邢军
青岛理工大学琴岛学院	于东波	淄博职业学院	许鹏程
潍坊学院美术学院	程涛	德州学院	赵萌
淄博职业学院	李欣	菏泽学院	陈妍言

（续表）

学　校	姓　名	学　校	姓　名
滨州学院	王强	淄博职业技术学院	冯晋
滨州学院	赵洪军	山东商业职业学院	巩玉兰
潍坊教育学院	郇晶	青岛酒店管理学院	李磊
潍坊学院美术学院	王墉	菏泽学院	刘进
菏泽学院美术系	朱峰新	山东教育学院	朱海波
山东艺术学院	王福才	德州学院	傅志超
滨州学院	李凯	德州学院	李俊乾
山东商业职业技术学院	杨绍慧	山东科技大学	李强
山东工艺美术学院	陈佶生	青岛农业大学	王冲
菏泽学院美术系	文明红	中国石油大学胜利学院	肖慧
滨州学院	毛雪琴	德州学院	于中兴
菏泽学院美术系	赵庆丽	滨州学院	崔艳青
泰山学院	刘宝水	山东工艺美术学院	焦燕
日照职业技术学院	吴玉萍	枣庄学院	谢青君
青岛大学	季颂	青岛科技大学	郝文胜
淄博师范高等专科学校	张保玉	山东科技大学	王俊涛
曲阜师范大学	徐兰超	聊城大学	王青嵩
泰山学院	梁泰生	山东工业职业学院	杨艺
山东建筑大学	谭延祯	淄博师范高等专科学校	郭栋
潍坊科技学院	刘兴亮	德州学院	张莉莉
山东理工大学	孙超	烟台南山学院	张平青
日照职业技术学院	宋亮亮	泰山学院	牟英俊
青岛科技大学	肖鑫	青岛酒店管理学院	曲俊豪
山东教育学院	李术文	山东教育学院	王官旭
潍坊教育学院	张明堂	山东艺术学院	栾清涛
青岛理工大学琴岛学院	于东波	枣庄学院	李慧
青岛大学	张道宏	枣庄学院	车华中
滨州学院	薛勇	日照职业技术学院	薄燕
淄博师范高等专科学校	傅旭	山东省青年管理干部学院	张静
山东理工大学	杜士祥	山东商业职业技术学院	曹云亮
菏泽学院美术系	赵亮	日照职业技术学院	王玲
山东理工大学	赵永	山东省青年管理干部学院	徐彩

（续表）

学　　校	姓　名	学　　校	姓　名
淄博师范高等专科学校	耿秀秀	山东科技大学	王俊涛
潍坊学院美术学院	齐鲁宾	山东省工会管理干部学院	李明
淄博师范高等专科学校	刘燕	烟台南山学院	徐磊
烟台南山学院	盖小炜	泰山学院	刘鹏
济南职业学院	白培章	菏泽学院美术系	韩素娟
菏泽学院美术系	赵志旺	山东科技大学	胡永胜
山东交通学院	李胤杰	泰山学院	孙傲
青岛大学	刘伟	德州学院	王鹤
日照职业技术学院	庞维波	淄博师范高等专科学校	翟玮
山东教育学院	石蕊	济南职业学院	王韵
济宁学院	鲁永	山东经贸职业学院	王萌
潍坊学院美术学院	郎咸力	德州学院	李俊乾
滨州学院	孙兆俊	山东外国语职业学院	刘飞
烟台南山学院	刘广磊	淄博职业学院	徐海军
枣庄学院	张勇	山东交通学院	朱凯
泰山学院	巩新	山东省青年管理干部学院	毛可利
泰山学院	石新峰	青岛酒店管理学院	李磊
山东经贸职业学院	王海东	山东省青年管理干部学院	李晔
滨州学院	张春强	枣庄学院	孙文凯
山东理工大学	张雅娜	山东经贸职业学院	吴志明
山东理工大学	李雪松	潍坊职业学院	郭西燕
烟台南山学院	高圳	山东教育学院	李海涌
泰山学院	徐晓鹏	曲阜师范大学	李娜
青岛理工大学琴岛学院	滕群群	济南大学	王红梅
青岛酒店管理学院	周莉	山东商业职业技术学院	臧燕
淄博师范高等专科学校	陈玉静	日照职业技术学院	马洪春
山东工艺美术学院	齐敬峰	青岛大学	马君弟
青岛大学	才树新	曲阜师范大学	王琳
菏泽学院美术系	李顺亮	山东艺术学院	李大龙
滨州学院	季宏伟	泰山职业技术学院	孟祥勇
淄博职业学院	冯晋	山东理工大学	孙海燕
潍坊学院美术学院	张大鹏	菏泽学院美术系	刘颖

（续表）

学　校	姓　名	学　校	姓　名
烟台南山学院	代海峰	德州学院	尹杰
菏泽学院美术系	尹晓允	菏泽学院美术系	陈妍言
泰山学院	蒋力	菏泽学院美术系	赫明存
菏泽学院美术系	马超	青岛大学	王瑞荣
山东艺术学院	孙政	枣庄学院	宗兆莉
枣庄学院	李琳	山东经贸职业学院	邓明灿
菏泽学院美术系	李涛	山东省青年管理干部学院	宋瑞波
济南大学	林波	曲阜师范大学	殷允超
山东理工大学	陆浩鹏	淄博职业学院	于修国
山东商业职业技术学院	许金山	烟台职业学院	王传兴
日照职业技术学院	尹勇	滨州学院	王庆典
鲁东大学	李沛航	泰山学院	梁斌
烟台南山学院	林雨	菏泽学院美术系	林霞
山东交通学院	伊卫东	山东科技大学	刘佳
滨州学院	刘庆俊	烟台职业学院	于川东
烟台大学建筑系	王宏楠	泰山学院	于静源
日照职业技术学院	于宁	淄博职业学院	逯荣丽
青岛农业大学	王冲	潍坊职业学院	刘金刚
日照职业技术学院	崔冬云	山东教育学院	赵青

山东省首届美术专业基本功比赛学生组获奖名单

一等奖40个（排名不分先后）

学　校	姓　名	指导老师
曲阜师范大学	李德龙	徐正
山东艺术学院	王翠翠	党震
曲阜师范大学	李丽	茅林
枣庄学院	孔秀	王新章
曲阜师范大学	李静	刘昌盛

（续表）

学　　校	姓　名	指导老师
山东艺术学院	王立平	刘光
聊城大学艺术学院	李永辉	尚彬
山东工艺美术学院	杨国栋	于茂阳
曲阜师范大学	郭正义	霍绪德
鲁东大学	赵海明	史峰
鲁东大学	隋秀清	史峰
山东理工大学	张鹏	郑鲁青
曲阜师范大学	王斌	张炀
威海职业学院	石楠	
山东建筑大学	韩娜	张志强
青岛大学	邹茂春	孙小娥
曲阜师范大学	崔福康	綦延军
聊城大学艺术学院	叶成虎	李凯
山东艺术学院	王作鹏	董亚楠
山东建筑大学	陈洪健	崔凤东
山东大学艺术学院	刘瑶	王鹏
山东建筑大学	晁忠县	张志强
青岛大学	刘晓华	侯安智
青岛大学	刘红	侯安智
青岛农业大学	涂晓雯	马顺礼
山东大学	刘文峰	王鹏
青岛理工大学琴岛学院	陈玉	
山东工艺美术学院	包磊	陈佶生
山东工艺美术学院	王永辉	李霁
滨州学院	高文亚	董少辉
山东科技大学	安良永	王俊涛
潍坊学院美术学院	王熳	王勇
山东建筑大学	马艺峰	陈华新
青岛大学	樊力为	孙宝珍
山东建筑大学	金星	孙继国
山东建筑大学	刘兵	陈华新
山东艺术学院	陈家琼	董亚楠

(续表)

学　　校	姓　名	指导老师
青岛大学	冀庆全	陆平、杜晓红
青岛大学	杜楠楠	张大庆、牛尽、姜东昭
青岛大学	杨宁	王绍波、侯安智、王辉林

二等奖 89 个(排名不分先后)

学　　校	姓　名	指导老师
山东大学艺术学院	王蕾蕾	张乐毅
山东大学艺术学院	王彤彤	张乐毅、董梅
山东艺术学院	杨东萍	党震
青岛大学	唐莅淞	赵雨、姜东昭
曲阜师范大学	王启安	茅林
山东理工大学	刘海菊	齐永新
潍坊学院美术学院	刘青	张丽萍
山东艺术学院	吴月翔	马麟春
曲阜师范大学	郑建东	张习印
聊城大学艺术学院	张伟杰	
山东工艺美术学院	贾明哲	徐学标
山东工艺美术学院	王倚天	
山东艺术学院	田德水	王法进
山东科技大学	唐景莹	
曲阜师范大学	巩铖	刘昌盛
山东经贸职业学院	张园园	王海东、郭弟强
山东省工会管理干部学院	陈忠强	廉一明
鲁东大学	李佳	史峰
烟台职业学院	王韩翌	许国玉
山东建筑大学	孙宁宁	张志强
山东理工大学	邢敏	郑鲁青
鲁东大学	张晴晴	史峰
山东艺术学院	石峰	曲雷
山东艺术学院	魏甜甜	谢秋
曲阜师范大学	李兰振	杜海涛
潍坊学院美术学院	李海鹏	张大鹏

（续表）

学　　校	姓　名	指导老师
青岛大学	胡勇	
山东工艺美术学院	张旭磊	张春波
曲阜师范大学	董飞	陈英俊
山东艺术学院	高月	
烟台南山学院	仇晓琳	牛青山
曲阜师范大学	杜贞华	张炀
山东大学艺术学院	卢捷	王鹏
青岛大学	邵昱皓	陶世虎
青岛大学	陈瑞娟	王绍波
曲阜师范大学	刘鑫	刘英宏
鲁东大学	王国晖	史峰
曲阜师范大学	娄在富	杜海涛
滨州学院	梁金金	薛勇
德州学院	王建明	
曲阜师范大学	张子洋	霍绪德
鲁东大学	董振金	史峰
鲁东大学	鞠秋兰	史峰
青岛求实职业技术学院	李志凯	张明刚、苏明磊
淄博职业学院	张晓明	许鹏程
青岛滨海学院	谭猛	李守红
曲阜师范大学	霍冉	
山东省教育学院	刘臻	刘芳
菏泽学院	韩善勇	陈研言
山东理工大学	李萍	尹大中
青岛大学	李良	张成义
青岛滨海学院	韩赛儿	原化
青岛大学	吕龙	许雅可
枣庄学院	张宝莲	车华中
青岛大学	魏程程	许雅可
山东艺术学院	牛慕	栾清涛
山东工艺美术学院	于少飞	商长虹、孙勇
青岛大学	昌隽如	王瑞荣

（续表）

学　　校	姓　名	指导老师
青岛大学	张馨予	岳晓泉、田鑫
曲阜师范大学	郭潇璇	苗红磊
济南大学	穆晓琳	李红梅
山东建筑大学	孙建建	孙继国
山东建筑大学	王庆东	孙继国
济南大学	孟召凤	李红梅
山东艺术学院	李雅然	董亚楠
青岛大学	王锐	王瑞荣
青岛大学	温琳琳	孙晓娥
青岛大学	于跃	张军
曲阜师范大学	李修波	霍绪德
青岛科技大学	孙宝涛	高东方
青岛科技大学	刘儒波	李博
菏泽学院美术系	刘学超	高卓
滨州学院	程艳飞	杨晨光
山东大学艺术学院	王欣	王文灏
山东艺术学院	赵磊	董亚楠
山东商业职业技术学院	房凯	臧燕
山东建筑大学	栾德伟	倪鹏飞
山东建筑大学	王艺璇	倪鹏飞
青岛大学	熊婷璐	王瑞荣
山东交通学院	周兆鹏	王俊
山东建筑大学	刘雪莹	倪鹏飞
青岛大学	杨欣欣	王绍波、侯安智、王辉林
青岛大学	赵林	王绍波、侯安智、王辉林
青岛大学	朱可染	王绍波、侯安智、王辉林
青岛大学	徐晶	王绍波、侯安智、王辉林
青岛大学	滕飞	王绍波、侯安智、王辉林
青岛大学	张勇	雷虹、林毅、许雅可
青岛大学	刘艳艳	张大庆、牛尽、姜东昭
山东艺术学院	王沅桢	张大庆、季颁、周松林

三等奖 283 个(排名不分先后)

学　校	姓　名	学　校	姓　名
青岛大学	张亚云	曲阜师范大学	吴建伟
曲阜师范大学	柳杨	青岛大学	赵保营
青岛大学	毛美燕	山东工艺美术学院	崔雪飞
青岛大学	董芳芳	曲阜师范大学	王敏
曲阜师范大学	马琪超	山东工艺美术学院	王新奇
曲阜师范大学	王文平	青岛求实职业技术学院	邱元勋
青岛大学	邢素引	济南大学	怀特
曲阜师范大学	付荣华	山东艺术学院	李蕾
青岛大学	杜超	滨州学院	李凌燕
济宁学院	夏青	青岛求实职业技术学院	郑小慧
曲阜师范大学	邵美英	青岛滨海学院	刘娜
山东大学艺术学院	刘翠衍	山东科技大学	周波
青岛大学	阳世民	山东科技大学	宋建刚
曲阜师范大学	鲁文英	山东工艺美术学院	赵保波
泰山学院	路安民	青岛滨海学院	董小虎
青岛大学	卢加勇	山东科技大学	柳娜
淄博师范高等专科学校	鲁金芝	滨州学院	赵雷
德州学院	樊美芳	济宁学院	顾欣瑞
曲阜师范大学	李毅	山东工艺美术学院	郝雁南
德州学院	司冉	烟台大学建筑系	王子扬
滨州学院	房娜娜	菏泽学院美术系	张舵
滨州学院	孔小娇	青岛大学	张霞
菏泽学院美术系	李富红	青岛大学	周立明
滨州学院	孙飞	山东科技大学	朱伟伟
青岛科技大学	万国龙	曲阜师范大学	冯晓燕
菏泽学院美术系	翟明沛	菏泽学院美术系	高永
滨州学院	李玲	烟台大学建筑系	刘佳纬
山东艺术学院	谭帅	曲阜师范大学	秦振兴
聊城大学艺术学院	刘赟	滨州学院	杨凡
聊城大学艺术学院	李群辉	鲁东大学	赵虎
山东工艺美术学院	王胜贤	聊城大学艺术学院	陈玉娟

（续表）

学　　校	姓　名	学　　校	姓　名
曲阜师范大学	李栋	鲁东大学	孙林
曲阜师范大学	刘辛	曲阜师范大学	徐淑
山东艺术学院	徐磊	青岛大学	李建新
山东外国语职业学院	卢毅	青岛大学	林波
山东工艺美术学院	徐延波	青岛大学	裴威
泰山学院	卫珊珊	青岛大学	张宁
泰山学院	张勇勇	曲阜师范大学	岳昊铄
济南大学	孔德义	鲁东大学	李莲莲
曲阜师范大学	翟跃南	青岛大学	古全诚
山东建筑大学	陈法	青岛大学	郭盼
青岛大学	于昊田	山东理工大学	胡娜娜
德州学院	张瑛	山东交通学院	王文超
山东艺术学院	马广营	山东建筑大学	柳春
烟台职业学院	孙伟龙	山东建筑大学	解鹏
淄博师范高等专科学校	于晓梅	曲阜师范大学	高义坤
鲁东大学	韩童童	青岛酒店管理学院	韩静超
滨州学院	任元元	日照职业技术学院	张世超
济南大学	苏双	山东教育学院	李林
山东经贸职业学院	徐祥鹏	山东旅游职业学院	刘九敏
山东省工会管理干部学院	赵研	山东教育学院	宋鑫
滨州学院	王盼盼	山东旅游职业学院	刘金川
山东工艺美术学院	郭淑婷	山东理工大学	翟振
烟台南山学院	杨鹏	滨州学院	王录录
青岛酒店管理学院	刘振华	泰山学院	吕晓晋
枣庄学院	王倩	山东理工大学	陈程
烟台大学建筑系	刘琳	日照职业技术学院	李宁
烟台大学建筑系	李昆峰	菏泽学院	梁静
滨州学院	单海兰	山东科技大学	蔡晓萌
烟台大学建筑系	战仕彬	青岛大学	丁月茹
德州学院	张吉强	滨州学院	刘曼
青岛大学	刘嘉川	曲阜师范大学	刘振兴
曲阜师范大学	王晶晶	青岛大学	邓海平

（续表）

学　　校	姓　名	学　　校	姓　名
青岛大学	牛瑞坤	青岛大学	李庆
青岛大学	杨栋	青岛大学	孟凡宗
山东工艺美术学院	王欣伟	青岛大学	李振杨
山东教育学院	李梨梨	青岛酒店管理学院	王聪
山东工艺美术学院	彭本帅	青岛科技大学	闵中一
山东艺术学院	武晓钰	青岛大学	江文怡
鲁东大学	付聪	山东理工大学	梅梅
曲阜师范大学	徐丽媛	青岛大学	赵凯
山东艺术学院	孙凯	青岛酒店管理学院	李洁
山东大学艺术学院	王素云	青岛科技大学	涂丽
青岛大学	曾理聪	山东理工大学	柴晓静
菏泽学院美术系	李佳磊	枣庄学院	丁宝钰
山东工艺美术学院	刘杨	青岛科技大学	栾凤
山东科技大学	常斌	青岛科技大学	宋伟
青岛大学	王馨漫	青岛大学	李成文
山东艺术学院	孔德利	青岛大学	朱海啸
烟台南山学院	刘洁	山东工艺美术学院	杨晓东
山东艺术学院	薛庆慧	山东工艺美术学院	张照涛
青岛大学	李福利	青岛大学	顾延朝
济南职业学院	房文峰	山东工艺美术学院	冷明师
潍坊学院美术学院	马新皎	青岛大学	杨玲娣
泰山学院	王永亮	滨州学院	宋磊
山东艺术学院	杨新芝	青岛大学	陶宁广
山东理工大学	孙京杰	青岛大学	王琳
曲阜师范大学	毕磊杰	山东理工大学	韩永连
曲阜师范大学	刘苓	青岛大学	王彦
山东艺术学院	刘志伟	山东科技大学	李辉
山东工艺美术学院	衣潇婷	滨州学院	曹帅
山东科技大学	丁园	滨州学院	杨维香
山东科技大学	张恩华	潍坊职业学院	周紫娟
滨州学院	郭建坤	济南大学	杜淑敏
菏泽学院美术系	肖飞	泰山学院	王良生

（续表）

学　　校	姓　名	学　　校	姓　名
山东工艺美术学院	陈漪菲	山东建筑大学	吴伟
山东工艺美术学院	邓慧	济南大学	秦莹莹
山东建筑大学	崔立豹	济南大学	荣凤乐
鲁东大学	董振娜	青岛大学	赵亚菲
山东艺术学院	桑浩	青岛大学	管帅
曲阜师范大学	解媛媛	淄博职业学院	蒲小伟
曲阜师范大学	史靖	日照职业技术学院	王瑜
青岛大学	宗桥	潍坊学院美术学院	魏远凯
德州学院	刘靖	山东建筑大学	胡明
曲阜师范大学	曹淑君	青岛大学	刘堂
枣庄学院	贾晓兵	聊城大学艺术学院	鹿清然
曲阜师范大学	邵霞	青岛科技大学	孙颖
青岛科技大学	刘玉芹	山东省工会管理干部学院	孙权威
山东大学艺术学院	薛晔	青岛科技大学	王庆峰
潍坊学院美术学院	尹吉利	山东科技大学	吴丹
青岛科技大学	王庆磊	山东交通学院	张腾飞
青岛大学	朱司林	山东艺术学院	庄明杰
山东建筑大学	白玉青	潍坊学院美术学院	晋慧娟
山东工艺美术学院	胡东晖	曲阜师范大学	刘小凡
青岛大学	王爱妍	聊城大学艺术学院	邢生晨
滨州学院	王立成	青岛大学	尹妃妃
潍坊学院美术学院	李新卓	潍坊职业学院	韩晶晶
曲阜师范大学	陈波	青岛科技大学	黄勇
曲阜师范大学	赵睿	山东经贸职业学院	张璐
曲阜师范大学	陈辉	曲阜师范大学	赵洪波
曲阜师范大学	管国红	青岛大学	胡成伟
泰山学院	王磊	滨州学院	刘海刚
山东大学艺术学院	冯会彬	山东交通学院	宫惠
山东建筑大学	肖婷婷	淄博职业学院	梁娟娟
菏泽学院美术系	邓威	滨州学院	刘佩
青岛大学	陈凡	聊城大学艺术学院	范宪文
山东大学艺术学院	高华	泰山学院	王宁

（续表）

学　　校	姓　名	学　　校	姓　名
泰山学院	贾光辉	菏泽学院美术系	付坤
曲阜师范大学	张海涛	山东经贸职业学院	郝倩
枣庄学院	赵梅	山东交通学院	林颖
菏泽学院美术系	黄惠	山东艺术学院	马云飞
曲阜师范大学	刘子炎	滨州学院	孙其超
曲阜师范大学	王娜	滨州学院	胡燕
山东工艺美术学院	闫海玲	山东省工会管理干部学院	李腾
青岛大学	孟小迪	山东交通学院	刘晓峰
青岛大学	崔财强	淄博职业学院	刘新旭
青岛大学	杜平	青岛农业大学	金峰
滨州学院	任婷婷	山东交通学院	严业亮
青岛求实职业技术学院	柏少飞	山东艺术学院	曹红丽
青岛大学	丁辉	山东艺术学院	杨斌
日照职业技术学院	王兆伟	山东艺术学院	王光伟
青岛大学	翟蒙		

优秀奖340个（排名不分先后）

学　　校	姓　名	学　　校	姓　名
山东艺术学院	夏涛	日照职业技术学院	单志刚
山东艺术学院	宋冠龙	聊城大学艺术学院	高婷
烟台大学建筑系	孙枫翔	山东大学艺术学院	孔丽娟
曲阜师范大学	葛爽	山东工艺美术学院	刘尚
曲阜师范大学	张炳云	青岛大学	吴海燕
泰山学院	任聪	菏泽学院美术系	吴淑颖
曲阜师范大学	吕会丰	烟台大学建筑系	丁婕
泰山学院	牛凤柏	烟台大学建筑系	刘为卓
滨州学院	张倩倩	青岛大学	杨莎莎
滨州学院	王琮琮	烟台南山学院	王志刚
泰山学院	王丛丛	山东工艺美术学院	张敏
枣庄学院	刘丽苹	曲阜师范大学	阎培培
滨州学院	崔继莲	济南大学	崔国庆
滨州学院	薛冬海	日照职业技术学院	张立伟

（续表）

学　　校	姓　名	学　　校	姓　名
泰山学院	王庆敏	曲阜师范大学	隋圆
泰山学院	苗敏敏	山东艺术学院	范文婷
曲阜师范大学	杨肖	青岛滨海学院	高鹏
滨州学院	孙育兰	山东艺术学院	郭峰
曲阜师范大学	曲杨	德州学院	李涛
德州学院	王聪	山东科技大学	张旋
青岛科技大学	张华	青岛大学	李晗
济南大学	周扬	山东工艺美术学院	王志强
济南大学	满虎	济宁学院	张坤
聊城大学艺术学院	尹大伟	山东艺术学院	郑晓
德州学院	王志蒙	曲阜师范大学	崔玉銮
滨州学院	刘春霞	山东艺术学院	刘洁
滨州学院	马玉静	济南大学	赵蕊
山东理工大学	信苏珊	青岛大学	尹爽
山东理工大学	李晓曼	德州学院	陈鹏
菏泽学院美术系	王丹	济南大学	陈甜
泰山学院	李倩	滨州学院	王蕾
山东工艺美术学院	南文智	滨州学院	徐婷婷
曲阜师范大学	时迎春	烟台职业学院	张成成
曲阜师范大学	许崇飞	滨州学院	朱燕
淄博师范高等专科学校	赵鸿羽	烟台大学建筑系	李亭亭
滨州学院	梁浩远	青岛大学	马冉慧
德州学院	杨磊	山东艺术学院	张炯
山东建筑大学	吴洪兵	山东艺术学院	孔雷雷
山东艺术学院	蒋全顺	山东科技大学	刘延超
济南职业学院	宋庆鹏	烟台大学建筑系	栾霖
青岛科技大学	李广辉	曲阜师范大学	史青丽
青岛滨海学院	孙书林	德州学院	滕春乐
山东工艺美术学院	张海鹏	日照职业技术学院	吴慧青
德州学院	陈玺冰	鲁东大学	李菲
聊城大学艺术学院	李明涛	德州学院	刘伟
济南职业学院	杨丽丽	青岛大学	姜涵文

（续表）

学　　校	姓　名	学　　校	姓　名
山东理工大学	张锐	潍坊职业学院	杜帅
潍坊学院美术学院	张军	山东科技大学	葛昱辉
青岛大学	李荣华	聊城大学艺术学院	商思波
泰山学院	王学玲	山东旅游职业学院	沈东晓
泰山学院	崔永秀	山东旅游职业学院	谢益益
泰山学院	李聪	山东旅游职业学院	迟冰聪
泰山学院	马成春	青岛大学	李良
山东科技大学	王淦	曲阜师范大学	陈占慧
曲阜师范大学	褚涛	山东交通学院	刘潇、于强、李敏玉
山东教育学院	司慧	威海职业学院	李师韬
山东交通学院	邢岩	青岛大学	王欣斌
青岛大学	袁伟	山东商业职业技术学院	马珂
鲁东大学	彭媛	滨州学院	苏方剑
烟台南山学院	曾凡雯	山东理工大学	赵鹏
烟台大学建筑系	李建强	滨州学院	高文亚
烟台职业学院	王春萌	青岛滨海学院	孙蓉
曲阜师范大学	郭萍	青岛酒店管理学院	王家花
菏泽学院美术系	高磊	青岛大学	陈凯
烟台大学建筑系	王秀玲	曲阜师范大学	符美莲
山东艺术学院	马强	曲阜师范大学	李小梅
烟台大学建筑系	王硕	青岛滨海学院	于涛
烟台大学建筑系	于蕾	山东理工大学	鞠凯
烟台南山学院	张蒙	青岛酒店管理学院	李航
青岛大学	徐靖远	滨州学院	宋磊
烟台大学建筑系	马洪安	济南大学	张凯、丁凯
山东艺术学院	牛慕	山东科技大学	甄玺
烟台大学建筑系	于洋	山东理工大学	梁田
山东省工会管理干部学院	于钊	滨州学院	赵永
青岛大学	方砂砂	威海职业学院	常潇翔
烟台大学建筑系	徐彪	菏泽学院	李永娟
曲阜师范大学	丁悦	山东艺术学院	张雨荷
德州学院	马东超	青岛大学	张春建

（续表）

学　　校	姓　名	学　　校	姓　名
烟台大学建筑系	邵凯	青岛大学	张光月
枣庄学院	姜齐璠	青岛科技大学	孙雪婴
德州学院	李阳	青岛酒店管理学院	王靓妹
泰山学院	张仁海	青岛大学	张辉
山东工艺美术学院	武忱	山东理工大学	刘智勇
山东工艺美术学院	曹超	枣庄学院	苗佳学
山东工艺美术学院	贺亚男	青岛科技大学	唐苗苗
山东艺术学院	吴春艳	青岛大学	王宁
滨州学院	巩鑫	青岛科技大学	李丹阳
山东工艺美术学院	彭舒雅	青岛大学	陶芳
鲁东大学	邢梦瑶	青岛科技大学	余广阳
青岛大学	景晗	青岛大学	赵敏
潍坊学院美术学院	李磊	青岛科技大学	陈颖
山东艺术学院	朱磊	山东艺术学院	马云飞
菏泽学院美术系	姜莹	山东理工大学	赵玉峰
青岛科技大学	陈长星	青岛大学	朱峰
德州学院	康振刚	青岛大学	杜鹏
山东工艺美术学院	杨金明	青岛酒店管理学院	李琳
青岛滨海学院	李娜	山东工艺美术学院	朱胜江
德州学院	赵鹏	青岛大学	张健
泰山学院	袁雪莹	山东工艺美术学院	陈铁彪
山东艺术学院	崔海龙	青岛大学	戴玉珠
山东科技大学	林娟	青岛科技大学	魏继亮
泰山学院	张翠	青岛大学	王磊
青岛大学	战滢天	山东工艺美术学院	韩慧慧
德州学院	张天晓月	青岛大学	陈钰
青岛大学	赵瞳	滨州学院	李金玉
德州学院	庞业瑾	曲阜师范大学	董晨
泰山学院	董文强	曲阜师范大学	刘伟忠
青岛大学	高宇	滨州学院	宋金秀
济南职业学院	葛晓红	青岛科技大学	薛惠娟
鲁东大学	缪蒙蒙	青岛科技大学	周忠民

（续表）

学　　校	姓　名	学　　校	姓　名
山东艺术学院	朱桂永	山东交通学院	刘霞
山东工艺美术学院	周浩磊	山东科技大学	田青
青岛大学	樊永莱	山东科技大学	郭厚魁
山东工艺美术学院	赵娜娜	泰山学院	马建增
枣庄学院	巩常建	山东科技大学	王梦琦
曲阜师范大学	薛洁	泰山学院	李存镇
青岛大学	刘博	泰山学院	孔阁
山东工艺美术学院	曹宇鹏	青岛大学	王文菲
滨州学院	郭聪聪	济南大学	刘振财
菏泽学院美术系	杨晓丽	青岛大学	吕燕
曲阜师范大学	王彦红	枣庄学院	胡从銮
济南大学	吴金洋	青岛大学	李帅
德州学院	王杰	青岛大学	王珑
滨州学院	杨帅	青岛大学	李成魁
莱芜职业技术学院	周浩然	青岛大学	吕琳
枣庄学院	李宁	泰山学院	孙占瑞
德州学院	苏通	青岛大学	李宜勇
枣庄学院	公衍鹏	青岛大学	刘晓翠
曲阜师范大学	李文良	泰山学院	石琳
枣庄学院	杜灿	青岛大学	林海洋
山东教育学院	曹红艳	潍坊学院美术学院	戚伟
山东大学威海分校	傅相儒	山东理工大学	翟振
枣庄学院	王婷婷	青岛科技大学	刘翔
曲阜师范大学	颜刚	曲阜师范大学	刘洋
山东理工大学	王建玲	淄博职业学院	张伟光
曲阜师范大学	陈海燕	曲阜师范大学	李世艳
曲阜师范大学	陈小荃	山东交通学院	卢庆庆
曲阜师范大学	马刚	曲阜师范大学	魏辉
山东工艺美术学院	王菲	山东交通学院	张良
曲阜师范大学	王闯闯	泰山学院	郑月
曲阜师范大学	赵振平	德州学院	王琨
曲阜师范大学	陈继光	山东商业职业技术学院	张猛

（续表）

学　　校	姓　名	学　　校	姓　名
曲阜师范大学	吕林	日照职业技术学院	郝桂艳
青岛大学	彭先将	泰山学院	金浩
曲阜师范大学	翟文东	山东经贸职业学院	李铮
曲阜师范大学	靖伟伟	山东艺术学院	刘国栋
山东理工大学	张守振	聊城大学艺术学院	杜夏威
曲阜师范大学	张兆敏	青岛大学	房方
滨州学院	隋海涛	山东商业职业技术学院	类维海
山东工艺美术学院	王璇	山东商业职业技术学院	李进龙
泰山学院	侯彦丽	青岛大学	张雪梅
山东教育学院	徐腾腾	青岛科技大学	高玲玲
青岛大学	蒋锦	山东艺术学院	廉江
山东工艺美术学院	任静	山东经贸职业学院	刘冬
泰山学院	卢成轲	山东建筑大学	王春晖
滨州学院	卞倩倩	青岛酒店管理学院	王茜茜
菏泽学院美术系	苏兆领	山东经贸职业学院	陈媛媛
山东工艺美术学院	刘梦飞	青岛酒店管理学院	林欢
青岛大学	徐文杰	滨州学院	刘婷
菏泽学院美术系	刘敏	山东经贸职业学院	刘熙
山东工艺美术学院	孙思斯	山东经贸职业学院	孙娜娜
山东省工会管理干部学院	邢鹏鹏	山东商业职业技术学院	徐鑫
泰山学院	胡庆波	山东经贸职业学院	殷凯
山东科技大学	铁继超	山东艺术学院	张海波
山东工艺美术学院	李志	山东教育学院	张婧
青岛大学	范福振	德州学院	迟芳磊
青岛大学	乔振伟	山东经贸职业学院	郭雯雯
青岛大学	纪康	泰山学院	矫雪
青岛大学	张明倩	泰山学院	明茗
青岛滨海学院	王英珠	青岛大学	蒲帅

山东省2008年研究生优秀科技创新成果奖名单

奖次	成果名称	第一完成人	博士生/硕士生	指导教师	其他主要完成人	第一完成人所在培养单位
一等奖	法律解释的本体与方法	王　彬	博士生	谢晖		山东大学
一等奖	明代新词语研究	闫从发	博士生	杨端志		山东大学
一等奖	海洋潮间带贝壳生长纹层韵律与古环境变迁、地月轨道参数演化的关系	赵振宇	博士生	周瑶琪	马晓鸣	中国石油大学(华东)
一等奖	一新X连锁智力低下综合征致病基因的定位与克隆	邹永新	博士生	龚瑶琴	刘奇迹　邵常顺 张锡宇　陈丙玺	山东大学
一等奖	用于高性能光通讯的光子晶体全息制备与传输性质的研究	董国艳	博士生	蔡履中	王玉荣　杨修伦 沈晓霞	山东大学
一等奖	某型装备网络化模拟训练系统	刘志远	博士生	周晓东	刘卫星　刘七旬 肖阳辉	海军航空工程学院
一等奖	纤维复合无筛管防砂技术	齐　宁	博士生	张琪	李晓军　蔡文斌	中国石油大学(华东)
一等奖	等离子喷涂法制备碳/碳复合材料表面HA涂层技术的应用研究	曹　宁	博士生	李木森	马泉生　郝广政	山东大学
一等奖	TNFa通过抑制胶原酶P4Ha1导致斑块不稳定的分子机制研究	张　澄	博士生	王兴利	张　运　张铭湘 安丰双	山东大学
一等奖	厂商市场份额的品牌经济模型及其现实解释	刘华军	博士生	孙曰瑶		山东大学
二等奖	困惑与抉择：当前教学论研究三问	吉　标	博士生	徐继存		山东师范大学
二等奖	不同踢球技术运动生物力学信息特征系列研究	郜义峰	硕士生	李世明	秦玉鹏　熊安竹 韩　静　曹志飞	鲁东大学
二等奖	建立人力资本价值理念下的股票期权制度	刘文君	硕士生	姜一春		烟台大学

（续表）

奖次	成果名称	第一完成人	博士生/硕士生	指导教师	其他主要完成人	第一完成人所在培养单位
二等奖	德育叙事的异化及其改善对策	冯永刚	博士生	戚万学		山东师范大学
二等奖	清代新词新义位发展演变研究	周琳娜	博士生	杨端志		山东大学
二等奖	民族音乐学原生态民俗中的乐种研究	朱文鼎	硕士生	刘晓静		山东大学
二等奖	迟子建小说主题研究	田　媛	硕士生	吕周聚		山东师范大学
二等奖	Banach空间中非线性奇异微分方程解的存在性及其应用	苏　华	博士生	韦忠礼		山东大学
二等奖	加拿大圣劳伦斯河口水中一氧化碳光致生成效率的影响因素	张　永	博士生	陈国华 谢惠翔		中国海洋大学
二等奖	单分散交联聚苯乙烯微球的制备及性能研究	崔亨利	硕士生	曲荣君 陈　厚	王春华　纪春暖 孙昌梅　于猛萌	鲁东大学
二等奖	铁转运蛋白参与帕金森病异常铁聚积中的作用研究	宋　宁	博士生	谢俊霞	姜　宏　王　俊	青岛大学
二等奖	节能赛车的研制	於振华	硕士生	杨建国	於振华　卫　韬 王守军　许金辉 邵新锋	哈尔滨工业大学(威海)
二等奖	一种新型金属有机配合物材料的三阶非线性光学性能的研究	张　熹	硕士生	任　诠	孙香冰　杨洪亮 王新强	山东大学
二等奖	预应力混凝土结构后浇带试验研究与应用	付长春	硕士生	于德湖 张同波	陈德刚　王宇飞	青岛理工大学
二等奖	汽车用带真空泵的钕铁硼永磁发电装置可控整流稳压技术研究	韩永伟	硕士生	张学义	史立伟　马建伟 冯仁水	山东理工大学
二等奖	门限代理签名方案研究	蒋　瀚	博士生	徐秋亮	张　波　张　忠	山东大学
二等奖	不停车收费系统的研究与开发	张城明	博士生	唐功友	张　勇　韩士元 张云智　白　枚	中国海洋大学
二等奖	可重构计算平台研究及IRL实现	孙仁诚	博士生	邵峰晶	王霄鹏　孙更新 计晓斐　王国强	青岛大学

（续表）

奖次	成果名称	第一完成人	博士生/硕士生	指导教师	其他主要完成人	第一完成人所在培养单位
二等奖	振动调制工艺在等离子束表面冶金过程中的应用	陈　翔	硕士生	李惠琪	李　敏　任勇强　张乐鹏　冯　婷	山东科技大学
二等奖	一种新型钼系复合钢筋阻锈剂	邢士波	硕士生	许　斌	田清波　房娟娟	山东建筑大学
二等奖	仿生合成介孔二氧化钛	赵洪石	硕士生	何　文	马景云　李正茂　闫硕璞	山东轻工业学院
二等奖	纺织品色牢度自动评级仪	商大伟	硕士生	李　涛　邢明杰　姚伟敏	张守斌	青岛大学
二等奖	阻断核转录因子 STAT3 治疗肺癌及逆转耐药细胞对化疗药物敏感性的研究	张须龙	博士生	田志刚　张　建	王淑芬　包建玲	山东大学
二等奖	脑梗塞前期 MR 脑灌注成像和弥散成像诊断的研究	杨裕华	博士生	李　震	史　浩	山东中医药大学
二等奖	A—01 抗心肌缺血作用及机制研究	于　晨	硕士生	傅风华	范华英　于　昕　王　天　朱　梅	烟台大学
二等奖	转移支付与公共品均等化分析	解　垩	博士生	樊丽明		山东大学
二等奖	山东省农村信用社产权改革绩效评价的实证研究	宋　磊	博士生	王家传		山东农业大学
二等奖	会计管制与公司治理协同改进:美国经验与我国的机制构架	李　杰	硕士生	綦好东		山东财政学院
三等奖	论“文明冲突论”的实质及对中国文化建设的启示	李士峰	硕士生	程玉海		聊城大学
三等奖	实施以理解为本的中学化学教学	辛本春	硕士生	毕华林		山东师范大学
三等奖	高等教育大众化理论的大叙事特征及其影响	孙玉杰	博士生	赵承福		山东师范大学
三等奖	冲突与整合:学分制与学业水平考试的合理性透视	盛海萍	硕士生	张茂聪	黄书成　彭冠军	山东师范大学

（续表）

奖次	成果名称	第一完成人	博士生/硕士生	指导教师	其他主要完成人	第一完成人所在培养单位
三等奖	论奥运会埋伏营销的法律规制	徐　超	硕士生	崔立红 黄世席		山东大学
三等奖	高中阶段教师职业枯竭相关因素的研究	韩　磊	硕士生	高峰强	王　鹏　姜能志 曹　娜　焦迎娜 伊翠莹	山东师范大学
三等奖	摄影仿真实验系统	徐　媛	硕士生	刘成新	徐　媛　王玉田 陈长虎　褚晓红	曲阜师范大学
三等奖	“动＋个＋形”结构中“个”字的语义解释——以“我跑了个飞快”为例	孙洪波	硕士生	王广成	马艳颖	曲阜师范大学
三等奖	从关联理论的角度看跨文化交际中语篇信息度	宋严俠	硕士生	韩晓玲	孙伟伟	烟台大学
三等奖	中国近代合唱事业的先驱	曲文静	硕士生	刘再生		山东师范大学
三等奖	鲁锦的传承融合与发展创新	刘　乐	硕士生	杨永庆		山东轻工业学院
三等奖	传统文化、现代意识与本土化设计	朱小乐	硕士生	荆　雷		山东艺术学院
三等奖	略论司马光的民族关系思想	郑　炜	硕士生	崔明德		烟台大学
三等奖	油藏数值模拟的开发与应用	王凯欣	博士生	王　宏 芮洪兴	Ewing Mohamed Aleksey	山东大学
三等奖	几种半导体材料电子性质的第一性原理研究	龙　闰	博士生	戴　瑛		山东大学
三等奖	分子器件非弹性电子隧穿谱研究	邹　斌	博士生	王传奎	李宗良　孙秀能	山东师范大学
三等奖	玻色—爱因斯坦凝聚的量子光学性质的研究	周玉欣	硕士生	孙长勇	夏庆风　李书锋 赵建刚	聊城大学
三等奖	H－＋H2 及其同位素取代反应的动力学研究	李文亮	硕士生	王美山	杨传路	鲁东大学
三等奖	振动目标激光微多普勒效应的实验研究	原　帅	硕士生	张　骏	王学勤　夏克贵	烟台大学

（续表）

奖次	成果名称	第一完成人	博士生/硕士生	指导教师	其他主要完成人	第一完成人所在培养单位
三等奖	古菌修复蛋白 Mre11/Rad50 参与双链断裂修复及其关联蛋白解旋酶 HerA 和核酸酶 NurA 的研究	张松涛	博士生	申玉龙	魏　涛　梁鹏娟 朱珊珊	山东大学
三等奖	凝胶色谱法分离纯化中药有效成分的研究	黄艳艳	硕士生	柳仁民	孙爱玲　齐元英	聊城大学
三等奖	应用胚胎生物技术对北极狐（蓝狐）进行保种的技术研究	韦钦国	硕士生	张洪海	刘国世	曲阜师范大学
三等奖	大鼠苍白球 P 物质系统的形态学、电生理学和行为学研究	崔巧玲	硕士生	陈　蕾	薛　雁	青岛大学
三等奖	山东海岸木生海洋真菌的研究	孙素丽	硕士生	李宝笃	杨志多　刁立功	青岛农业大学
三等奖	基于准确路径的高速公路收费清分系统的设计与实现	赵艳红	硕士生	刘法胜 任传祥	王　琦　张　波 张建勇	山东科技大学
三等奖	CFB 锅炉旋风分离器内气固两相流动的研究	曹晴云	硕士生	金有海 王建军	惠胜利	中国石油大学（华东）
三等奖	两面顶磨具失效机理的研究与缠绕张力数值分析	王　鹏	硕士生	王　强	蔡冬梅　来小丽 刘营营　孟丽娟	济南大学
三等奖	乏油润滑理论的研究	谭洪恩	硕士生	杨沛然	宋怀文	青岛理工大学
三等奖	新型垂直旋转式立体车库	韩立芳	硕士生	张明勤	张瑞军　臧德江 石海龙　李　敏	山东建筑大学
三等奖	蒸汽管网水力热力耦合计算模型及应用研究	高鲁峰	硕士生	田贯三	王　东　孙玉宝 张宇晨　丁国玉	山东建筑大学
三等奖	含缺陷材料与加固结构的断裂强度实验和承载力计算分析	孙明远	硕士生	王利民	张东焕　戈晓霞 华　珍	山东理工大学
三等奖	西龙河峄山断层带水源地区域水文地质参数推求、可开采量评价及开采井位确定方法研究	刘志峰	硕士生	林洪孝	周　莹　刘治政 吴晓东	山东农业大学
三等奖	某系列装备通用训练集成装置	朱　敏	博士生	周晓东	奚晓梁　郭　明	海军航空工程学院

（续表）

奖次	成果名称	第一完成人	博士生/硕士生	指导教师	其他主要完成人	第一完成人所在培养单位
三等奖	超高压直流输电系统故障诊断理论的研究	魏婉韵	硕士生	刘喜梅	于　飞　魏婉韵　赵文仓　颜秉勇	青岛科技大学
三等奖	单兵负荷外骨骼机器人	杨智勇	博士生	顾文锦	刘建成　陈占伏　支　岳	海军航空工程学院
三等奖	多传感器数据关联与目标识别技术	王晓博	硕士生	王国宏	关成斌	海军航空工程学院
三等奖	矿井供电系统继电整定计算软件	朱贤圣	硕士生	徐文尚	于庆明　王文文　张　妮　车立志	山东科技大学
三等奖	基于CAN/LIN总线的载重汽车智能网络控制系统及诊断软件开发	王冬雪	硕士生	王中华	方　会　李佳蔚	济南大学
三等奖	指纹图像分割算法研究	任春晓	博士生	马　军　尹义龙		山东大学
三等奖	高光无熔痕注塑模温控制系统的开发与研制	王桂龙	博士生	赵国群	李辉平　管延锦　李熹平　刘继涛　张爱敏	山东大学
三等奖	用于生产超清洁柴油的预硫化型加氢催化剂制备技术	柴永明	博士生	刘晨光	安高军　相春娥	中国石油大学（华东）
三等奖	渗透汽化膜分离法脱除汽油中有机硫化物的技术研究	林立刚	博士生	孔　瑛	卢福伟　刘荣坤　郭　雷　邵　帅	中国石油大学（华东）
三等奖	多功能有机叶面肥的生产及应用研究	孙继鹏	博士生	汪东风	陈振德　刘洪武　薛长湖	中国海洋大学
三等奖	波浪驱动式海洋要素垂直剖面测量系统	陈永华	博士生	龚德俊		中国科学院海洋研究所
三等奖	环境友好型阳离子高分子絮凝剂的研制	毕建美	硕士生	武玉民	毕建美　王　犇　王晓香　陈庆芬	青岛科技大学
三等奖	三聚氰胺六乙酸的合成及其螯合物稳定性研究	王晓滨	硕士生	段洪东	孟　霞　秦大伟　宋永胜	山东轻工业学院
三等奖	合金钢轧辊表面宽带激光熔凝数值仿真及裂纹敏感性研究	占焕校	硕士生	王　勇	韩　涛	中国石油大学（华东）

（续表）

奖次	成果名称	第一完成人	博士生/硕士生	指导教师	其他主要完成人	第一完成人所在培养单位
三等奖	硬质合金覆层零件的液相烧结制备技术及其应用开发研究	赵　正	硕士生	刘福田	黄巍岭　李文虎 李义凯	济南大学
三等奖	经前期综合征肝气逆证辨证诊断标准研究	安　礼	硕士生	乔明琦	张惠云　高冬梅 于艳红	山东中医药大学
三等奖	儿童珠心算相关脑功能区的fMRI研究	龙金凤	硕士生	王　滨	李丽新　李秀艳 孙积宁	潍坊医学院
三等奖	葛花有效成分的提取、结构修饰及药理活性研究	王　姣	硕士生	仲　英	刘　鲁　王　菊 王福文　张春华	山东省医学科学院
三等奖	基于质谱的胰液差异表达谱分析在胰腺癌早期诊断中的应用	陈　彧	硕士生	韩金祥	崔亚洲　吴坚美 朱　波　张春华	山东省医学科学院
三等奖	经前期综合征肝气逆、肝气郁证动物模型、发病机制研究	孙　鹏	硕士生	张慧云	乔明琦　薛　玲	山东中医药大学
三等奖	胃肠道重组对糖尿病治疗作用及机制的动物实验研究	王甜甜	博士生	胡三元	Eldo E. Frezza 刘崇忠　张光永 高海东　冯进波	山东大学
三等奖	中间性组织网络中成员企业的学习模式研究	冯文娜	博士生	杨惠馨		山东大学
三等奖	规模效应、随机游走假说与市场有效性：基于马尔科夫链对上海A股市场的实证研究	韦　倩	博士生	黄少安		山东大学
三等奖	过度自信与风险溢价研究	姜　伟	博士生	杨春鹏	刘喜华	青岛大学
三等奖	循环经济视角下的黄河水资源集约利用研究	高志宏	硕士生	李来胜	李来胜	山东财政学院
三等奖	在美上市的国有企业对我国公司治理的启示	陶元磊	硕士生	孟凡利		山东经济学院
三等奖	城市土地空间优化配置模型及算法	孔祥强	硕士生	李新运		山东经济学院
三等奖	信息不对称、技术创新与中国民营企业	张庆昌	硕士生	李　平	颜　珲	山东理工大学
三等奖	油公司与服务公司在工程技术服务上的合作模式研究	朱颖超	博士生	张在旭	付　峰　安贵鑫 宋杰鲲　张晓慧 王晶玫	中国石油大学（华东）

2008年山东省优秀博士学位论文名单

序号	作者	论文题目	学科名称	指导教师	学位授予单位
1	张香兰	从实体到过程:现代教育的思维转向	教育学	戚万学	山东师范大学
2	张红军	共生与互动——对中国20世纪前期文学观念变革与语言变革关系的考察	中国语言文学	谭好哲	山东大学
3	孙　谦	论转型期中国小说中的知识分子叙事	中国语言文学	吴义勤	山东师范大学
4	韩吉绍	知识断裂与技术转移——炼丹术及其技术转移的历史考察	历史学	姜　生	山东大学
5	刘海霞	夏平科学编史学思想研究	哲学	马来平	山东大学
6	张新光	非线性微分方程中奇异和脉冲现象及其应用	数学	刘立山	曲阜师范大学
7	于红波	杂凑函数以及HMAC/NMAC的安全性分析	数学	王小云	山东大学
8	赵　珂	激光与有机分子材料的非线性相互作用	物理学	王传奎	山东师范大学
9	王　鹏	基于弯折型配体及富烯配体的有机一无机配位化合物的合成、结构及性质研究	化学	董育斌	山东师范大学
10	张庆利	中国明对虾免疫系统中抗氧化相关基因的克隆与表达分析	海洋科学	相建海	中国科学院海洋研究所
11	殷晓斌	海面风矢量、温度和盐度的被动微波遥感及风对温盐遥感的影响研究	海洋科学	刘玉光	中国海洋大学
12	刘树伟	小麦/长穗偃麦草体细胞杂种渐渗系基因组变异研究	生物学	夏光敏	山东大学
13	王长泉	盐地碱蓬甜菜红素的鉴定及其生物合成的生理机制研究	生物学	王宝山	山东师范大学
14	杜欣军	中国明对虾先天免疫的模式识别与效应分子	生物学	王金星	山东大学
15	刘长霞	Al2O3基大型结构陶瓷导轨材料及其摩擦磨损性能研究	机械工程	张建华	山东大学
16	樊炳辉	RPJ－D型喷砼机器人技术研究	机械工程	曾庆良	山东科技大学
17	刘世英	内燃机活塞机械疲劳损伤与可靠性研究	动力工程及工程热物理	王志明	山东大学
18	杨克建	全固化短脉冲调Q、锁模激光特性研究	☆光学工程	赵圣之	山东大学

（续表）

序号	作者	论文题目	学科名称	指导教师	学位授予单位
19	赵　岩	二元合金熔体凝固过程中的结构演化及团簇行为	材料科学与工程	边秀房	山东大学
20	关　欣	多源信息智能融合算法及其在辐射源识别中的应用研究	信息与通信工程	何　友	海军航空工程学院
21	晋玉强	块控不确定非线性系统鲁棒自适应控制研究	控制科学与工程	顾文锦	海军航空工程学院
22	韩来聚	调制式旋转导向钻井系统稳定平台控制技术研究	石油天然气工程	王瑞和	中国石油大学（华东）
23	程付启	天然气藏多源充注与散失的地质地球化学示踪研究的研究	地质资源与地质工程	金　强	中国石油大学（华东）
24	秦忠诚	3D－FSM.DDM间接边界元数值系统及其在矿山工程中的应用研究	矿业工程	刘承论	山东科技大学
25	赵　峡	聚古罗糖醛酸硫酸酯及其寡糖的制备、结构与活性研究	食品科学与工程	管华诗	中国海洋大学
26	薛超彬	菜青虫酚氧化酶抑制剂的抑制动力学及其构效关系（QSAR）研究	植物保护	罗万春	山东农业大学
27	秦莹莹	卵巢特异性转录因子NOBOX、NANOS3、LHX8在卵巢早衰发病机制中的作用研究	临床医学	陈子江	山东大学
28	左秀丽	肠易激综合征神经-免疫-内分泌网络失控分子机制的研究	临床医学	李延青	山东大学
29	王春燕	常用中药四性变化规律的文献研究	中医学	欧阳兵	山东中医药大学
30	马　磊	上市公司控制权安排及制度设计	工商管理	徐向艺	山东大学

2008年山东省优秀硕士学位论文名单

序号	作者	论文题目	学科名称	指导教师	学位授予单位
1	蒋　震	中国国有经济战略性退出研究—基于转轨市场结构和产业性质的视角	应用经济学	郝书辰	山东经济学院
2	王耀辉	公共投资的经济增长作用分析	应用经济学	武普照	山东财政学院

（续表）

序号	作者	论文题目	学科名称	指导教师	学位授予单位
3	徐　嘎	量刑规范化论	法学	周长军	山东大学
4	郭晓燕	转型期农村多元化纠纷解决机制研究	法学	孙季萍	烟台大学
5	刘　玲	TRIPS协议、美国关税法337条款及其关系研究——以对中国知识产权保护影响为视角	法学	刘惠荣	中国海洋大学
6	孙红霞	全球化背景下中国的文化外交	政治学	李爱华	山东师范大学
7	孙启军	论独联体国家的“颜色革命”	政治学	程玉海	聊城大学
8	孙书京	当代中国高中英语课程问题研究	教育学	李剑萍	聊城大学
9	刘俊晓	视频的内容分析与检索技术及其教育应用研究	教育学	孟祥增	山东师范大学
10	韩　炜	优秀摔跤运动员赛前竞技状态的评定与训练学调节策略初探	体育学	叶国雄	山东体育学院
11	杜　聪	大众传播视野下的“80后”文学现象研究	中国语言文学	王万森	山东师范大学
12	殷　杰	美在关系——曹禺《雷雨》新解	中国语言文学	魏韶华	青岛大学
13	王晓博	“光效应”绘画与当代光色信息艺术	艺术学	李广元	山东艺术学院
14	王德成	儒学与秦代社会	历史学	杨朝明	曲阜师范大学
15	孙　进	胶东古文化与古族古国	历史学	江林昌	烟台大学
16	张先敏	煤层气储层数值模拟及开采方式	数学	同登科	中国石油大学（华东）
17	李　柱	非线性发展方程的精确解与可积系统相关问题的研究	数学	董焕河	山东科技大学
18	薛洪涛	带对流项的一类次线性椭圆型方程整体解的存在性	数学	张志军	烟台大学
19	孟祥国	若干量子态的非经典性质及其Wigner函数	物理学	王继锁	聊城大学
20	韩　伟	e^＋e^－→ccbarqqbar→h&＃039；s过程中Diquark碎裂和Υ→J/Ψ＋X过程中伴随奇异粒子产生的研究	物理学	李世渊	山东大学
21	闫循旺	π共轭分子体系电输运性质的理论研究	物理学	王传奎	山东师范大学
22	夏丽莉	可控力学系统的对称性与守恒量	物理学	李元成	中国石油大学（华东）
23	丁　宁	非完整力学系统的对称性摄动与绝热不变量理论研究	物理学	方建会	中国石油大学（华东）
24	张　宁	纳米金复合体系荧光探针的设计、研制及应用	化学	唐　波	山东师范大学
25	郭冠伦	掺杂碳纳米管气敏性能的理论研究	化学	张冬菊	山东大学

（续表）

序号	作者	论文题目	学科名称	指导教师	学位授予单位
26	龙红岸	山东沿海部分沙隙及内共栖纤毛虫的形态分类学	海洋科学	宋微波	中国海洋大学
27	董婷婷	甲壳素黄原酸酯/聚丙烯腈复合纳滤膜的研究	海洋科学	陈国华	中国海洋大学
28	梁春玲	南四湖水资源承载力研究	地理学	张祖陆	山东师范大学
29	徐光平	人力资本空间集聚与产业集群发展互动研究	地理学	李玉江	山东师范大学
30	王玮玮	利用新的丁内酯衍生物研究血管内皮细胞凋亡与老化关联及空泡化的机制	生物学	苗俊英	山东大学
31	盖忠辉	鞘氨醇单胞菌代谢硫氮氧杂环化合物机理研究	生物学	许　平	山东大学
32	陈　磊	狼与家犬消化道形态学及其内分泌细胞免疫组织化学研究	生物学	张洪海	曲阜师范大学
33	付忠学	大滑滚比下弹性流体动力润滑中的界面滑移效应	机械工程	郭　峰	青岛理工大学
34	范志先	逆向工程中散乱数据点云型面特征分析理论、方法与应用研究	机械工程	孙殿柱	山东理工大学
35	郭庆悌	针对电子稳定程序的车辆状态估计的研究	机械工程	盖玉先	哈尔滨工业大学(威海)
36	张悦刊	基于虚拟样机技术的液压支架设计方法研究	机械工程	钟佩思	山东科技大学
37	时延梅	光子晶体光纤中超连续谱形成机制的理论研究	☆光学工程	王　晶	中国海洋大学
38	王丕龙	用于SrBi4Ti4O15基铁电电容的LaNiO3导电氧化物薄膜的取向控制与性能研究	材料科学与工程	胡广达	济南大学
39	高洪吉	合成工艺对触媒和金属包膜的影响及金刚石/包膜界面研究	材料科学与工程	许　斌	山东建筑大学
40	许晓锋	微合金钢针状铁素体相变理论研究	材料科学与工程	雷　毅	中国石油大学(华东)
41	何倩倩	水性高分子药物包衣薄膜包衣材料及可再分散聚合物乳胶粉的研制	材料科学与工程	姚金水	山东轻工业学院
42	薛守斌	硅基以ZnO为缓冲层制备GaN薄膜和一维纳米结构的研究	电子科学与技术	庄惠照	山东师范大学
43	郝宽胜	独立运行异步发电机电压稳定性的研究	电气工程	吴新振	青岛大学
44	刘云霞	离散脊波变换的算法改进及其在图像处理中的应用	信息与通信工程	彭玉华	山东大学

（续表）

序号	作者	论文题目	学科名称	指导教师	学位授予单位
45	宋 强	雷达组网实时误差配准技术研究	信息与通信工程	何 友	海军航空工程学院
46	吕冬梅	足球机器人路径规划算法的研究及其仿真	控制科学与工程	于 飞	青岛科技大学
47	雷 靖	含有控制时滞系统的最优扰动抑制方法研究	计算机科学与技术	唐功友	中国海洋大学
48	马如悦	CGSP 中网格执行管理系统的设计与实现	计算机科学与技术	孟祥旭	山东大学
49	杜 萍	基于角色的访问控制在协同设计系统中的应用研究	计算机科学与技术	刘 弘	山东师范大学
50	张明平	与环境协调的城市地下空间开发方案研究	土木工程	于广明	青岛理工大学
51	刘 铮	气动絮凝应用于污水强化一级处理的试验及理论研究	土木工程	王 龙	山东建筑大学
52	段彩虹	偶氮及金属卟啉化合物的合成及对药物与生物分子作用的研究	化学工程与技术	魏 琴	济南大学
53	张宪国	大港滩海地区地震油藏地质研究	地质资源与地质工程	林承焰	中国石油大学（华东）
54	董元锋	膨润土的中性改性及其微粒助留助滤效果	轻工技术与工程	刘温霞	山东轻工业学院
55	施闻明	基于重力软匹配的潜艇位置监测方法研究	交通运输工程	杨晓东	海军潜艇学院
56	刘贤伟	好氧颗粒污泥的培养及其在工业废水处理中的应用研究	环境科学与工程	高宝玉 *	山东大学
57	李慧芝	葱栽培品种的 SRAP 和 SSR 标记特征及其应用研究	作物学	尹燕枰	山东农业大学
58	李 兰	人 lactoferrin 转基因动物生物反应器模型的研究	畜牧学	潘庆杰	青岛农业大学
59	宁海强	上海地区猪戊型肝炎分子流行病学调查	兽医学	牛钟相	山东农业大学
60	刘成虎	NCPP 抗肿瘤作用机理及其对免疫性肝损伤的保护作用	基础医学	张利宁	山东大学
61	申红玉	新型转录抑制因子 ZHX2 对肝癌细胞系中 AFP 的抑制作用及其机制研究	基础医学	马春红	山东大学

（续表）

序号	作者	论文题目	学科名称	指导教师	学位授予单位
62	靳　琼	肿瘤相关抗原 CHP2 对卵巢癌细胞生物学行为的影响	临床医学	孔北华	山东大学
63	王金凤	宫颈癌及癌前病变组织中 HPV16E7 与 HLA－I 类分子表达相关性研究	临床医学	王传新	山东大学
64	于　杰	清热泻火法治疗青壮年原发性高血压的疗效评价及初步作用机制研究	中医学	郭伟星	山东中医药大学
65	李金莲	扇贝多肽调节 ROS/p38MAPK/Caspase－3 通路抑制 UVA 诱导的 HaCaT 细胞凋亡	药学	王春波	青岛大学
66	张　伟	基于复杂系统建模的知识联盟企业信息资源开发研究	☆管理科学与工程	戚桂杰	山东大学
67	周鲁柱	基于自主创新的创业投资政策研究	工商管理	张　伟	济南大学
68	孔晓婷	上市公司盈余管理的审计意见研究	工商管理	刘长翠	山东财政学院
69	卢宏亮	饭店战略性人力资源管理(SHRM)研究	工商管理	吉小青	山东大学

2008 年山东省优秀学士学位论文名单

序号	作者	论文题目	专业名称	指导教师	指导教师2姓名	学位授予单位
1	石颖伟	CMOS 工艺低电压带隙参考源	电子科学与技术	韩　良		哈尔滨工业大学(威海)
2	兰　豹	BJ202X 越野车虚拟造型逆向设计与快速成型	车辆工程	朱东华		哈尔滨工业大学(威海)
3	漆巍巍	基于 VISSIM 的信号交叉口仿真研究	交通工程	罗丽君		哈尔滨工业大学(威海)
4	刘宗政	无线 AD HOC 网络拓扑管理算法的研究	通信工程	仲英济		山东大学
5	马晓光	高效弥散型 Al－Ti－C 中间合金细化行为的研究	材料成型及控制工程	刘相法		山东大学
6	刘心恬	宋代“平淡”审美理想探微	汉语言文学	马龙潜		山东大学

（续表）

序号	作者	论文题目	专业名称	指导教师	指导教师2姓名	学位授予单位
7	柴超群	FDI对我国高技术产业出口贸易影响的实证研究	国际经济与贸易	范爱军		山东大学
8	李翠屏	知识管理环境下企业档案工作创新的思考	档案学	赵爱国		山东大学
9	焦丽媛	基于ITMF的医药行业信息系统的价值分析	信息管理与信息系统	戚桂杰		山东大学
10	郝文涛	热电材料的理论基础与氧化物热电材料的初步研究	物理学	张家良		山东大学
11	黄永棋	生物体钙离子通道(CA－ATP酶)传输机理的分子动力学研究	应用化学	步宇翔		山东大学
12	刘祥超	试论传统中国法的和谐理念——和谐之价值蜕变	法学	林　明		山东大学
13	滕少香	二氧化锰/活性氧化铝复合吸附材料的制备及其除氟性能研究	环境工程	王曙光		山东大学
14	熊志波	生物质掺煤再燃脱除NOx的实验研究	热能工程	路春美		山东大学
15	张晓晨	适合矿井工业的LEACH协议探讨及其改进	计算机科学与技术	张华忠		山东大学
16	夏　芬	深圳市华强花园深基坑支护设计	土木工程	张强勇	向　文	山东大学
17	陈　鑫	反相高效液相色谱法同时测定饮料和多维片中5种水溶性维生素	预防医学	邵丽华		山东大学
18	赵瑞建	表面含羧基的聚合物微球的制备	生物科学类	孟凡君		山东大学威海分校
19	陈　丹	基于公共通信网的车辆报警和监控对讲机	电子信息科学与技术	刘晓军		山东大学威海分校
20	崔　蕾	对西部大开发政策经济效果评价的实证研究	会计学	曲国霞		山东大学威海分校
21	杨圣坤	列车晚点赔偿制度研究——从法律经济学的视角分析	法学	桑本谦		山东大学威海分校
22	陈传强	黎曼流形上的热核	数学与应用数学	陈绍著		山东大学威海分校

（续表）

序号	作者	论文题目	专业名称	指导教师	指导教师2姓名	学位授予单位
23	张家煦	Coupled Ocean-Atmosphere Response to a North Pacific Freshning	海洋科学	吴立新		中国海洋大学
24	付　敏	大气湿沉降对长江口水域营养盐的贡献及与水域富营养化的关系	化学	王江涛		中国海洋大学
25	纪巧玲	SunSeeker 游艇休闲中心码头工程可行性研究	港口航道与海岸工程	史宏达		中国海洋大学
26	王政吉	《宠儿》中的集体无意识	英语	左金梅		中国海洋大学
27	郭静静	论安徒生童话的中和之美	汉语言文学	朱自强		中国海洋大学
28	曹　芳	人民币升值对青岛海产品出口的影响及对策	国际经济与贸易	侯贵生		山东科技大学
29	李文梅	济宁市采煤塌陷趋势预测与生态复垦研究	资源环境与城乡规划管理	张红日		山东科技大学
30	郑茂兴	七五生建煤矿下组煤开拓延深设计七五生建煤矿下组煤延深设计安全专篇(粉尘、防灭火、其它灾害)	采矿工程	樊克恭		山东科技大学
31	胡琳珊	正负离子表面活性剂混合体系相行为的研究	环境工程	滕弘霓		山东科技大学
32	丁国杰	嵌入式 SOPC 视频电话——视频采集与格式处理	电子信息科学与技术	陈新华		山东科技大学
33	李　光	青岛市文化娱乐中心	土木工程	邓　芃	孙跃东	山东科技大学
34	杜亚菲	浅谈和谐社会构建下的服务型政府建设	行政管理	费广胜		山东科技大学
35	吴金锋	汽车发动机罩外板设计及其有限元分析	机械设计制造及其自动化	韩善灵		山东科技大学
36	陈少华	直流电动机的自适应控制系统	自动化	徐文尚		山东科技大学
37	戚晓东	光整流产生 THz 辐射的理论研究	应用物理学	李德华		山东科技大学

（续表）

序号	作者	论文题目	专业名称	指导教师	指导教师2姓名	学位授予单位
38	李国磊	村上春树文学の精神世界——『ノルウェイの森』をめぐって	日语	林啸轩		山东科技大学
39	于　雷	燃烧合成NiAL多孔金属间化合物/陶瓷材料	材料科学与工程	崔洪芝		山东科技大学
40	马立民	平方王油田沙四上礁灰岩油藏三维地震资料解释	资源勘查工程	林承焰		中国石油大学(华东)
41	张小英	抽油泵柱塞防偏磨技术研究	石油工程	曲占庆		中国石油大学(华东)
42	杨炎生	钌离子催化氧化法对不同来源渣油组成结构的研究	应用化学	范维玉		中国石油大学(华东)
43	官长斌	管道内蠕动进给机器人的设计	机械设计制造及其自动化	刘永红		中国石油大学(华东)
44	王华明	基于自适应MPCA的间歇过程监控	自动化	田学民		中国石油大学(华东)
45	吕孝飞	混合气体热焓与露点及两相流压力降计算	油气储运工程	徐明海		中国石油大学(华东)
46	孙　海	压裂水平井非稳态条件下的产能分析	信息与计算科学	同登科		中国石油大学(华东)
47	张明江	相空间中力学系统的对称性摄动与绝热不变量	材料物理	方建会		中国石油大学(华东)
48	王红亮	城市污水污泥制备炭材料工艺研究	化学工程与工艺	郭庆杰		青岛科技大学
49	潘　磊	新型双吡咯二硫醚类化合物的合成及结构表征	应用化学	李　明		青岛科技大学
50	王晓亮	山东西王集团循环经济模式研究	工商管理	李　利		青岛科技大学
51	臧晓丹	水热合成低维二氧化锗纳米材料的研究	无机非金属材料工程	敬承斌		青岛科技大学
52	孟祥文	基于ADINA的三维滚动轮胎力学场和温度场的研究	热能工程	何　燕		青岛科技大学

（续表）

序号	作者	论文题目	专业名称	指导教师	指导教师2姓名	学位授予单位
53	张盼盼	基于手势识别的人机交互技术的研究	信息工程	刘　云		青岛科技大学
54	宋　君	复合生物滤池处理混合恶臭气体的微生物特性研究	环境工程	宫　磊		青岛科技大学
55	李笑寒	遇水崩解型聚苯乙烯的发泡研究	高分子材料	于善普		青岛科技大学
56	张丛丛	若丹宁衍生物流动注射化学发光法测定抗坏血酸	应用化学	于京华		济南大学
57	董建敏	汤川势束缚态性质的研究	物理学	张　仲		济南大学
58	解　筱	基于神经网络和支持向量机的蛋白质二级结构预测	计算机科学与技术	陈月辉		济南大学
59	石　斌	旋转式六料垛板料开垛机结构设计	机械工程及自动化	王　强		济南大学
60	张登伟	真空液相烧结法制备钢结硬质合金覆层材料	复合材料与工程	刘福田		济南大学
61	张玉蕊	企业核心员工激励机制研究——以山东天香纺织集团为例	工商管理	安强身		济南大学
62	王雪文	济南二中学综合办公楼施工组织设计	土木工程	裴现勇		济南大学
63	徐锋利	不完全信息条件下的产品价格变动趋势解析	经济学	王光玲		济南大学
64	田奇峰	基于ARM处理器和GPRS技术的远程数据采集系统设计	计算机科学与技术	蔡　镜		济南大学
65	孙颖颖	预应力水泥管稳压蒸养DCS系统上位机	电气工程及其自动化	王孝红		济南大学
66	张永峰	有源电力滤波器直流侧电压控制与优化	电气工程及其自动化	程新功		济南大学
67	董洪强	山东山区林业生态效益评价指标的筛选	资源环境与城乡规划管理	王　惠		济南大学
68	王立明	道路超载检测系统设计	交通工程	阎　岩		青岛理工大学

（续表）

序号	作者	论文题目	专业名称	指导教师	指导教师2姓名	学位授予单位
69	郭　峰	液晶显示器底座注塑模设计	材料成型及控制工程	褚　忠		青岛理工大学
70	王鹏飞	麦购百货	土木工程	王瑞萍		青岛理工大学
71	魏　涛	多层钢结构轻工业厂房——烟台开发区印刷厂	土木工程	李　军		青岛理工大学
72	陈卫祥	野营炉具设计	工业设计	候　伟		青岛理工大学
73	李钊群	青岛市中山路26、28号地块规划及方案设计	建筑学	毕　胜		青岛理工大学
74	林美丽	章丘市百脉泉4万吨/天供水工程设计	给水排水工程	于军亭		山东建筑大学
75	陈志端	基于城市视角的高校土地再开发设计研究——以山东建筑大学和平校区为例	城市规划	张军民		山东建筑大学
76	徐世姣	菏泽学院公寓楼工程项目投标文件	工程管理	陈起俊		山东建筑大学
77	惠庆坡	银滩之心度假俱乐部会所设计(方案七)	土木工程	逄鲁峰		山东建筑大学
78	陈　芳	济南信谊公司综合楼空调工程设计	建筑环境与设备工程	楚广明		山东建筑大学
79	石风鹤	某医院外科病房楼电气设计——照明及火灾自动报警系统	电气工程与自动化	谢秀颖		山东建筑大学
80	李梦一欣	大学城东风湖滨水区规划设计	园林	尚　红	周　鲁	山东建筑大学
81	李翠玲	失地农民生活方式的个案研究——以济南市郊区安家村某农户为例	社会工作	张培忠		山东建筑大学
82	王　勇	麦草DEP漂白工艺的研究	轻化工程	陈嘉川		山东轻工业学院
83	孙希军	含氢硅油的合成及其硅氢加成反应合成手性固定相	高分子材料与工程	姚金水		山东轻工业学院

（续表）

序号	作者	论文题目	专业名称	指导教师	指导教师2姓名	学位授予单位
84	杨加臣	基于SOM神经网络及小波技术的人脸识别	计算机科学与技术	刘毅慧		山东轻工业学院
85	石　坚	人机工程学在自行车设计中的运用	工业设计	李西运		山东轻工业学院
86	王金环	植酸酶高产菌株的选育	生物工程	王　燕		山东轻工业学院
87	仇帅新	当代日本电视广告创意分析	广告学	乔丽荣		山东轻工业学院
88	马明明	驱动电机侧置式六杆虚拟轴机床设计	机械设计制造及其自动化	王友林		山东理工大学
89	孙　潇	汽车废气能量回收利用技术研究	车辆工程	张学义		山东理工大学
90	邓　威	啤酒保鲜装置设计	工业设计	杨善东		山东理工大学
91	李红军	基于光电位置敏感器的新型液体浓度检测系统设计	电子信息科学与技术	李田泽		山东理工大学
92	茅维杰	100t尿苷酸/年项目生产装置设计	化学工程与工艺	傅忠君		山东理工大学
93	杜宁宁	博山区良庄生活小区修建性详细规划	城市规划	马　森		山东理工大学
94	翟　恺	硫酸渣脱硫试验研究	环境工程	董风芝		山东理工大学
95	焦圣明	金属离子协同二氧化钛抗菌自洁作用的研究与应用	材料科学与工程	刘曙光		山东理工大学
96	向锦宗	晶种诱导合成A型沸石分子筛膜	材料化学	杨赞中		山东理工大学
97	赵　霞	奥运会起源与古希腊原因探析	历史学教育	姜　颖		山东理工大学
98	张红亮	中国黑社会性质组织犯罪研究	法学	朱伯玉		山东理工大学

（续表）

序号	作者	论文题目	专业名称	指导教师	指导教师2姓名	学位授予单位
99	陈艳华	中国汽车产业内贸易分析	国际经济与贸易	曲建忠		山东理工大学
100	张大健	水稻 OsDEL 基因 RNAi 表达载体的构建及农杆菌介导的遗传转化	生物工程	张宪省		山东农业大学
101	刘　燕	药乡水库安全状况鉴定综合评价报告	水利水电工程	颜宏亮		山东农业大学
102	赵　瑾	小滨麦种质系山农 0096 抗条锈病基因的 SSR 分子标记筛选	农学	王洪刚		山东农业大学
103	刘长河	家兔不同卵泡内卵母细胞体外成熟及发育能力的研究	动物科学	谭景和		山东农业大学
104	李子扬	新型无磁热量表的研究与开发	电气工程及其自动化	侯加林		山东农业大学
105	邹红菊	肥料袋控缓释对桃氮素利用率与产量品质的影响	园艺学	彭福田		山东农业大学
106	杨　振	在平县主导产业发展问题研究	工商管理	胡继连		山东农业大学
107	吴银峰	求非线性代数方程全部实根的算法研究	信息与计算科学	王云诚		山东农业大学
108	闫　霞	不同品种小麦纹枯病菌遗传分化研究	植物保护	于金凤		山东农业大学
109	明英文	浅析有中国特色的首长负责制	行政管理	聂家华		山东农业大学
110	于小川	阴离子盐的包被	动物科学	王利华		青岛农业大学
111	王伟霞	Ca^{2+}、H^{+} 和 H_2O_2 参与乙烯调控蚕豆气孔运动的信号转导	生物科学	刘　新		青岛农业大学
112	景元芳	小麦醇溶蛋白的酸性聚丙烯酰胺凝胶电泳和高效液相色谱分析	生物技术	宋希云		青岛农业大学
113	原　欣	斯太尔铸钢驱动桥壳（150×170）有限元分析及其轻量化研究	机械设计制造及其自动化	周建强		青岛农业大学

（续表）

序号	作者	论文题目	专业名称	指导教师	指导教师2姓名	学位授予单位
114	高春艳	氮肥和花后土壤含水量对小麦干物质积累运转和产量的影响	植物科学与技术	王月福		青岛农业大学
115	李名洋	中小企业招聘行为的调查分析及对大学生就业的建议	农林经济管理	吴淑芳		青岛农业大学
116	王衍纯	苹果果实多酚氧化酶性质的研究	园艺	戴洪义		青岛农业大学
117	王　锋	基于MATLAB图像处理技术的苹果外观检测	食品科学与工程	张　岩		青岛农业大学
118	田丙强	我国企业年金制度分析	劳动与社会保障	王　波		潍坊医学院
119	毕倩茹	高校医学生艾滋病知信性调查及健康教育对策研究	公共事业管理	吴秀云		潍坊医学院
120	吴爱勇	论诱惑侦查	法学	于京珍		潍坊医学院
121	宋西勇	基于STC弹片机的超声距离测量	计算机科学与技术	李新约		泰山医学院
122	赵俊杰	某制革企业废水处理工艺的设计	环境工程	朱延美		泰山医学院
123	杜　敏	泰山四叶参多糖提取分离及其体外抗氧化活性的研究	生物技术	王德才		泰山医学院
124	孙兰兰	50吨/年扑热息痛原料药中试工艺设计	制药工程	郝立勇		泰山医学院
125	袁朝栋	我国新型农村合作医疗存在的问题及对策	公共事业管理	许彦彬		泰山医学院
126	刘桂花	老年高血压患者音乐护理干预的效果分析	护理学	李翠香		滨州医学院
127	荣　杰	激活的星形胶质细胞对脑内神经元雌、孕激素受体	生物技术	张树华		滨州医学院
128	赵光涛	猪链球菌的核糖体分型的研究	生物技术	管　宇		滨州医学院

（续表）

序号	作者	论文题目	专业名称	指导教师	指导教师2姓名	学位授予单位
129	段旭静	不同产地丹参中丹参酮IIA和丹酚酸B的含量测定	中药学	张永清		山东中医药大学
130	齐斯文	当代大学生焦虑心理分析及其干预的理论研究	应用心理学	张伯华		山东中医药大学
131	赵子超	Modernism in William Faulkner' the Sound and the Fury	英语	闵　玲		山东中医药大学
132	颜建华	家庭环境与已婚育龄妇女生命质量的关系研究	预防医学	宋爱芹		济宁医学院
133	胡丽美	从《中国行为医学科学》载文主题探析行为医学领域研究热点	信息管理与信息系统	任淑敏		济宁医学院
134	鲁贝贝	盐酸多奈哌齐透皮微乳的制备及初步质量评价	药剂学	王慧云		济宁医学院
135	王宗杰	夏枯草的生药学研究与化学成分研究	药学	刘玉凤		济宁医学院
136	刘士军	孟德斯鸠法律思想的地理学视野——兼论地理法学对当代中国立法的意义	法学	程汉大		山东师范大学
137	郑志军	泰勒课程评价目标模式及其启示	教育学	周海银		山东师范大学
138	高彩云	论生态视野下的幼儿园课程思考	学前教育	王　冰		山东师范大学
139	韩璇璇	面孔呈现顺序对局部表情识别的影响	心理学	王益文		山东师范大学
140	董龙昌	丑之崛起及现代审美意义探微	汉语言文学	周均平		山东师范大学
141	王　娜	山东运河文化区收视调查与观众文化取向分析	广播电视编导	陈　清		山东师范大学
142	任淑奎	1,2-双(2-甲氧基-6-甲酰基苯氧基)乙烷缩丙二腈的合成及其与Ag(Ⅰ)的自组装反应化学	化学	董育斌		山东师范大学
143	任　国	生长调节剂和光对盐地碱蓬愈伤组织中甜菜红素合成的影响	生物技术	王宝山		山东师范大学

（续表）

序号	作者	论文题目	专业名称	指导教师	指导教师2姓名	学位授予单位
144	乔　程	高分辨率遥感影像建筑物提取方法研究	地理信息系统	吴泉源		山东师范大学
145	李清伟	微粒群算法及其在任务调度中的应用研究	计算机科学与技术	刘　弘		山东师范大学
146	戴玉婷	苏小妹之考辨	对外汉语	曹志平		曲阜师范大学
147	许遵静	劳动力市场分割与农村迁移劳动力的收入决定	经济学	蔡　平		曲阜师范大学
148	李　颖	A Functionalist Approach to Translation of Tourism Texts	英语	王福祥		曲阜师范大学
149	杨　倩	大学生完美主义状况测量研究	心理学	杨昭宁		曲阜师范大学
150	蒋　玲	两种初中物理课堂提问模式的比较研究	电子信息工程	李新乡		曲阜师范大学
151	姜　娜	曲线法向流及其相关研究	数学与应用科学	王培合		曲阜师范大学
152	毕丹丹	离子交换树脂流动床催化合成1,4-二氧六环	应用化学	赵　斌		曲阜师范大学
153	张　岩	刺猬和小鼠腰骶髓一氧化氮合酶阳性神经元的分布比较	生物技术	郭炳冉		曲阜师范大学
154	赵俊杰	生态城市评价指标体系构建的理论与实践	地理科学	刘志刚		曲阜师范大学
155	李　欣	济宁市3～6岁幼儿体质现状城乡对比及对策研究	运动训练	房　蕊		曲阜师范大学
156	薛连刚	基于CPLD的交通灯控制系统	自动化	曹佃国		曲阜师范大学
157	张　鑫	基于AHP的网络化双语教学评价系统设计与开发	教育技术学	崔新春		曲阜师范大学
158	马　琳	小学语文课本中性别形象差异研究	小学教育	马开剑		聊城大学
159	沈　艳	《颜氏家训》伦理思想之探析	历史学	杨朝亮		聊城大学

（续表）

序号	作者	论文题目	专业名称	指导教师	指导教师2姓名	学位授予单位
160	张　阳	论我国刑事附带民事诉讼制度的缺陷及其完善	法学	付东年		聊城大学
161	梁　娜	信息技术环境下幼儿教育主题活动设计	教育技术学	冯天敏		聊城大学
162	李　静	论“枣木杠子乱弹”的艺术形式与发展	音乐学	吕云路		聊城大学
163	杜　楠	情愁一支女儿红——易安花语词情	汉语言文学	苗　菁		聊城大学
164	张吉清	细辛精油对7种玉米病害致病菌的离体抑制作用及抑菌机理研究	植物保护	王桂清		聊城大学
165	李　静	壳聚糖、羧甲基壳聚糖膜的制备及性质研究	生物科学	桑　青		聊城大学
166	申忠伟	基于GIS的聊城市居民点空间分布研究	地理信息系统	朱瑜馨		聊城大学
167	郭　明	阴、阳离子表面活性剂混合体系水溶液与烷烃动态界面张力研究	化学	魏西莲		聊城大学
168	董善辉	基因诱导剂对番茄光合特性影响的研究	园艺	王明友		德州学院
169	巩春红	麻机织面料的舒适性研究	服装设计与工程	徐　静		德州学院
170	谢　勇	WEB服务器的常见安全隐患与防护	计算机科学与技术	武　兵		德州学院
171	张　幸	在曲折中发展的中国原生态民歌	音乐学	解淑红		德州学院
172	杨光朋	单片机控制的步进电机系统	自动化	贺廉云		德州学院
173	孙恒存	论曹文轩的成人仪式观——以《根鸟》为例解读曹文轩成长小说	汉语言文学	何志钧		鲁东大学
174	胡昌辉	地方慈善总会中专业社会工作的介入——职业化前景下社会工作的突破点之一	社会工作	陈为雷		鲁东大学
175	刘本才	平邑方言亲属称谓词调查研究	汉语言文学	张绍麒		鲁东大学
176	臧慧君	On Application of Constructivist Teaching Theory to Teaching the Introductory Translation Course	英语（师范类）	王晓农		鲁东大学

（续表）

序号	作者	论文题目	专业名称	指导教师	指导教师2姓名	学位授予单位
177	王光军	胶东地区农村小学教师职业压力的调查分析	教育学	娄立志		鲁东大学
178	房增科	耦合方程方法在研究锂原子共振过程中的应用	物理学	马晓光		鲁东大学
179	刘　宏	等离子体平板显示用蓝色荧光粉的研究	化学(师范类)	胡玉才		鲁东大学
180	于小飞	葡萄酒废酵母蛋白水解物及多糖的提取	生物工程	屈慧鸽		鲁东大学
181	张萌萌	山东省省级田径传统项目学校现状及发展研究	体育教育	于　军		鲁东大学
182	辛祥鹏	建立在整环上的动态秘密共享方案	数学与应用数学	刘　锋		鲁东大学
183	任晓明	三种海藻内生真菌抑菌活性研究	生物科学	孙　杰		鲁东大学
184	张　玉	假酒的激光拉曼光谱鉴别	物理学	欧阳雨		临沂师范学院
185	荣书婷	分散介质对槲皮素分子印迹聚合物分子识别能力的影响	化学	宋兴良		临沂师范学院
186	韩秋香	基于Struts的毕业设计选题系统	计算机科学与技术	王海峰		临沂师范学院
187	高　梅	《聊斋志异》中的沂蒙风情	汉语言文学	刘艳琴		临沂师范学院
188	刘　璐	人民币升值对临沂出口贸易的影响	国际经济与贸易	孙建民		临沂师范学院
189	孟婉静	临沂市兰山区中小学教师继续教育调查分析与对策研究	公共事业管理	李中国		临沂师范学院
190	杨　静	基于Delphi的教材信息管理系统的设计与实现	计算机科学与技术	王道林		泰山学院
191	吴秀平	山东潍坊青州黄土风成成因的粒度证据	地理科学	彭淑贞		泰山学院
192	张　静	杏RAPD反应体系的建立及优化	生物科学	杨红花		泰山学院
193	李　谦	n阶常系数非齐次线性微分方程的求解方法	数学与应用数学	孙　利		泰山学院

（续表）

序号	作者	论文题目	专业名称	指导教师	指导教师2姓名	学位授予单位
194	刘甜甜	基于ASP的营销型网站的设计	计算机科学与技术	杨德运		泰山学院
195	梁　娟	荒原中的希望——论艾略特《荒原》中的救赎思想	汉语言文学	刘　欣		泰山学院
196	吉长友	1-(2-羟基-5-甲基苯基)乙酮对甲氧基苯甲酰腙的合成及晶体结构	化学工程与工艺	常建国		泰山学院
197	刘　鹏	关联规则算法的研究	信息管理与信息系统	李国锋		山东经济学院
198	李　伟	构建我国农村社会保障制度的若干思考	财政学	赵　宇		山东经济学院
199	于　虎	学生档案管理系统	计算机科学与技术	戚尚菊		山东经济学院
200	王梦崴	中国企业对非洲投资现状及趋势分析	国际经济与贸易	梁焕磊		山东经济学院
201	谢永超	下岗职工再就业状况分析及对策研究	人力资源管理	于维英		山东经济学院
202	柳　妮	民营企业财务管理问题分析及对策	会计学	孙文刚		山东经济学院
203	庄　娜	中国住房保障政策及其存在的问题	劳动与社会保障	路　军		山东经济学院
204	曹　迪	The Integration of Sense of History and Self-Return: On Robert Pen Warrens's A Place to Come to	英语语言文学	吴瑾瑾		山东经济学院
205	许建军	影响日照大学城在校大学生参加体育锻炼的心理学因素	社会体育	魏　平		山东体育学院
206	魏海亮	博兴县农村群众体育发展现状与对策研究	社会体育	王清忠		山东体育学院
207	李　琦	如何破解设计公司与客户之间的“密码”——基于客户知识的设计创新	艺术设计学	孙　磊		山东工艺美术学院
208	王凤芹	于无声处听惊雷——莱芜锡雕艺术	艺术设计学	徐思民		山东工艺美术学院

（续表）

序号	作者	论文题目	专业名称	指导教师	指导教师2姓名	学位授予单位
209	陈晓倩	虚拟试衣系统的现状分析与展望	服装设计与工程	陈建伟		青岛大学
210	丁　朋	试论公共利益的维度——从私法的角度	法学	耿　焰		青岛大学
211	李子超	女贞子提取物的制备及性质研究	食品科学与工程	汪靖超		青岛大学
212	沈振东	青岛公交线路研究与优化设计	信息管理与信息系统	王　军		青岛大学
213	汪智杰	基于 Mobile 的 Fipop 英语城市	计算机科学与技术	张树美		青岛大学
214	张宏亮	基于 RS-485 的多点温度采集系统的设计	电子信息工程	潘松峰		青岛大学
215	张　丽	基于异烟酸-邻苯二甲酸混合配位的过渡金属-稀土簇合物的合成与结构研究	化学(师范类)	王国明		青岛大学
216	张　娜	论我国农村养老保险制度	财政学	胡燕京		青岛大学
217	朱效明	矿山生态环境恢复治理研究——以山东镁矿为例	环境科学	赵全升		青岛大学
218	邹　伟	基于 Gauss 分布的多相图像分割	计算机科学与技术	潘振宽		青岛大学
219	袁华强	高校大学生干部岗位胜任力模型研究-以驻青高校学生干部为例	公共事业管理	赵普光		青岛大学
220	宋金珉	企业年金基金会计核算探讨	会计学	周咏梅		青岛大学
221	蔡程举	数码相机的设计与实现	计算机科学与技术	邱秀芹		烟台大学
222	董凤朝	数控电火花喷孔加工机床的机械本体设计	机械设计制造及自动化	李文卓		烟台大学
223	董彦超	中国民营企业由“企业家精神”向“专业化管理”转型的思考	国际经济与贸易	王来武		烟台大学
224	刘功瑞	现代社会中的法律——论法律的“能”与“不能”	法学	汤　唯		烟台大学
225	王　媛	“淡装浓抹总相宜”——小议两宋“婉约”之变	汉语言文学	项永琴		烟台大学

（续表）

序号	作者	论文题目	专业名称	指导教师	指导教师2姓名	学位授予单位
226	孙传民	脱镁叶绿酸-b 甲酯的环合反应	应用化学	王进军		烟台大学
227	韩　智	中学教学楼建筑结构设计与施工组织设计	工程管理	樊海涛	刘津明	烟台大学
228	吴艳霞	二阶微分方程的特征值问题	数学与应用数学	张志军		烟台大学
229	杨　俊	威海 SOHO 综合性商业办公楼设计	建筑学	郝曙光		烟台大学
230	张　敏	胆木中三萜化合物的研究	药学	刘　珂		烟台大学
231	孙　锦	An Analysis of Yan Fu's Translation Theories	英语	张继文		潍坊学院
232	季丽雅	柴科夫斯基作品《六月—船歌》演奏版本的比较	音乐学	窦　青		潍坊学院
233	王　满	潍坊学院教科系网站的设计与开发	教育技术学	张玉孔		潍坊学院
234	唐小敏	干旱对不同生态型小麦品种叶绿体光能转化的影响	生物科学	赵光强		潍坊学院
235	王松江	论中学思想政治教育的教学艺术	思想政治教育	刘海泉		潍坊学院
236	於　静	多电机同步控制系统设计	自动化	王玉梅		潍坊学院
237	唐晓峰	设计制动器的新方法	交通运输	冯晋祥		山东交通学院
238	董珠成	济南市垃圾回收物流系统网络优化设计	物流工程	孙学琴		山东交通学院
239	林　杨	PLC 自动搬运机器人的研制	机械设计制造及其自动化	吴承格		山东交通学院
240	李明乐	文康至广山二级公路施工图设计	土木工程	朱　峰		山东交通学院
241	高毅博	烟台市 FDI 的产业分布及其对经济发展的影响	金融学	马　宇		山东工商学院
242	高　程	行政问责制——构建责任政府的核心	法学	张献勇		山东工商学院
243	刘　莹	基于 WEB 的电费缴费系统设计	计算机科学与技术	毛艳艳		山东工商学院
244	魏海蕊	V-CAR 车身生产线平衡仿真与优化研究	工业工程	黄力波		山东工商学院

（续表）

序号	作者	论文题目	专业名称	指导教师	指导教师2姓名	学位授予单位
245	任亚男	商业系统生态链的构建和演变	工商管理	俞国方		山东工商学院
246	刘传稿	浅谈法务会计	会计学	贺旭玲		山东工商学院
247	苏明雪	股指期货的套期保值策略	数学与应用数学	孔凡秋		山东工商学院
248	常馨月	论以社区照顾为核心的城市社会化养老模式的构建	劳动与社会保障	彭　诵		山东工商学院
249	刘卿文	山东省成武县三乡镇农民基本情况调查	行政管理	潘寄青		山东财政学院
250	姚国涛	浅谈海信集团公司提高顾客满意度策略	市场营销	李季芳		山东财政学院
251	谢海艳	主成分分析法在城市综合实力评价中的应用	统计学	李翠菊		山东财政学院
252	张晓雯	外国直接投资对我国产业安全的影响及对策研究	国际经济与贸易	王培志		山东财政学院
253	贾连丰	基于 Lucene 的网络搜索引擎设计与实现	计算机科学与技术	林培光		山东财政学院
254	任丛丛	IAS41 在澳大利亚的应用情况分析——兼谈对我国生物资产准则的启示	会计学	綦好东		山东财政学院
255	李新震	dSPACE 仿真机与捷联惯导的串口通信	导弹控制与测试工程	王士星		海军航空工程学院
256	董　凯	雷达视频目标模拟器	雷达工程	姜本清		海军航空工程学院
257	乔　勇	冲压发动机试车台测控程序设计	导弹与发动机工程	黄卫东		海军航空工程学院
258	刘钧贤	双绕组感应发电系统励磁控制的仿真研究	电气工程及其自动化	刘陵顺		海军航空工程学院
259	吴云朋	小型捷联姿态系统初始对准的研究与设计	电气工程及其自动化	唐大全		海军航空工程学院
260	王尚飞	无源定位中的非线性滤波算法研究	雷达工程	康　健		海军航空工程学院
261	王海生	多 UCAV 协同航路规划算法与研究	兵器工程	叶　文		海军航空工程学院

（选自鲁学位(2008)5 号）

文件选编

山东省人民政府办公厅转发省教育厅等部门《关于进一步做好教育工作督导评估 推动教育又好又快发展的意见》的通知

鲁政办发[2008]1号

各市人民政府，各县（市、区）人民政府，省政府各部门、各直属机构，各大企业，各高等院校：

省教育厅、财政厅、审计厅、监察厅《关于进一步做好教育工作督导评估推动教育又好又快发展的意见》业经省政府同意，现转发给你们，请结合实际，认真贯彻实施。

山东省人民政府办公厅

2008年1月14日

关于进一步做好教育工作督导评估 推动教育又好又快发展的意见

山东省教育厅　山东省财政厅

山东省审计厅　山东省监察厅

（2008年1月2日）

近年来，全省各地按照省政府统一部署，积极开展工作，教育工作综合督导评估取得了良好效果，有力推进了教育健康、均衡、协调发展。为进一步推动全省教育又好又快发展，办好人民满意的教育，现就做好教育工作督导评估提出以下意见：

一、总体目标和工作重点

我省教育工作督导评估的总体目标是：以党的十七大精神为指针，促进和保障全省教育又好又快发展，办好人民满意的教育。督导评估的工作重点是：落实教育优先发展的战略地位，全面贯彻落实党的教育方针，全面实施素质教育，优化教育结构，建立高素质的教师队伍，建立完善的教育经费保障机制，提高教育现代化水平，实现义务教育均衡发展、教育公平和各级各类教育协调发展。

二、工作原则

教育工作督导评估要坚持督政与督学相结合的原则，采取综合督导、专项督导与经常性督导相结合的方式，充分发挥教育督导监督、检查、评估、指导的功能。综合督导要在突出工作重点的基础上，兼顾全面性，力求对各地政府教育工作做出较为全面的评价；专项督导要根据教育改革与发展需要，集中促进解决教育改革与发展中的重点与难点热点问题，有针对性地对一项或几项工作进行专题督导，做出专题性评价；经常性督导要发挥专兼职督学的作用，建立实施督学责任及责任区制度。各级、各有关部门要将督导评估结果作为考核、评价教育工作的重要依据。

三、工作措施

从 2008 年起，将每年一次的综合督导调整为每届政府任期内二次（即在每届政府任期内的第二年和第四年各进行一次），其它年份进行专项督导。要建立省市级督学联系点制度、县级督学责任区制度，进一步加强对实施素质教育工作的日常指导，加强对贯彻执行教育法律法规、方针政策及办学情况的经常性检查和随机督查。各地、各有关部门要因地制宜，不断创新，积极探索建立实施督学联系点制度和督学责任区制度的有效途径，更好推动全省教育的改革与发展。

四、切实做好 2007 年教育工作专项督导评估

2007 年教育工作专项督导评估的主要内容：一是推进素质教育工作，重点督查对素质教育工作的领导与管理和教师队伍建设，侧重于对市、县（市、区）政府及教育等有关部门在推进实施素质教育工作中所采取的措施及落实效果的督查。二是教育经费保障，主要督查 2007 年以来省政府及有关部门在教育经费保障机制改革方面新出台政策措施的落实情况。三是督导整改，主要是对城市教育费附加与地方教育附加征收、拨付、使用和职业教育发展方面存在问题的整改情况进行督查。各级、各有关部门要以高度负责的精神，抓好工作落实。省对各市督导评估从 2008 年 5 月上旬开始。各市、县（市、区）要在 2008 年 3 月底以前完成自评、复评工作。省对各地督导评估的具体实施工作由省政府教育督导室负责安排。

附件：2007 年教育工作专项督导评估方案

附件

2007 年教育工作专项督导评估方案

一、说明

（一）为全面推进实施素质教育，建立健全教育经费保障机制，根据《中共中央、国务院关于深化教育改革全面推进素质教育的决定》（中发［1999］9 号）、《国务院关于基础教育改革与发展的决定》（国发［2001］21 号）、《山东省教育督导条例》、《山东省人民政府关于深入贯彻〈中华人民共和国义务教育法〉大力推进素质教育的意见》（鲁政发［2007］7 号）、《山东省委　山东省人民政府关于大力发展职业教育的决定》（鲁发［2005］35 号）和《山东省人民政府关于实施农村义务教育经费保障机制改革的通知》（鲁政发［2006］97 号）及有关配套文件，结合全省教育发展实际，制定本方案。

（二）本方案设一级指标（A 级）3 项，二级指标（B 级）12 项，督导评估量化总分值 1000 分。

（三）本方案由省政府教育督导室负责解释。

二、督导评估指标及分值

一级指标	分值	二级指标	分值
A1 推进素质教育	500	B1 组织领导	100
		B2 教育教学管理	280
		B3 教师队伍建设	120
A2 教育经费保障	420	B4 教师工资	50
		B5 公用经费	70
		B6 校舍维修改造资金	30
		B7 学生资助资金	30
		B8 经费管理	120
		B9 教育费附加	60
		B10 两项工程实施	60
A3 督导整改	80	B11 教育费附加问题整改	40
		B12 职业教育问题整改	40
合计	1000	——	1000

三、督导评估指标体系

一级指标	二级指标	督导评估要点及要求	分值	计分办法
A1 推进素质教育 500 分	B1 组织领导 100 分	1. 组织领导 办学思想端正，树立科学的教育发展观和正确的教育质量观，坚持党的教育方针，加强对素质教育工作的领导和管理，制订本行政区域推进素质教育的工作方案和措施，全面推进素质教育取得实效。	50	1. 组织领导(50 分) ① 领导重视及措施(30 分)。市、县政府高度重视素质教育工作，及时研究和协调解决推进实施素质教育工作中的困难和问题，制订推进本行政区域素质教育的工作方案和实施步骤，建立素质教育工作考核制度，并认真实施，取得显著成效，按 20～10 分计分。加大教育督导的力度，将素质教育作为督导的重要内容，计 10 分，否则扣 10 分，计 0 分。 ② 办学思想端正(20 分)。树立科学的教育发展观和正确的教育质量观，形成科学的素质教育评价机制，政府和教育行政部门不下达中考、高考升学指标，不以升学率作为评价学校和教师的唯一标准，新闻宣传媒体不炒作高考、中考状元及学校的升学率，计 20 分，否则扣 20 分，计 0 分。
		2. 教育均衡协调发展 积极推进义务教育均衡发展、各类教育协调发展，为全面实施素质教育创设良好环境和条件。	50	2. 教育均衡协调发展(50 分) ① 消除薄弱学校(10 分)。市、县政府对统筹教育资源，消除薄弱学校有实际措施，有明显成效，计 10 分。存有教学仪器，音、体、美器材和图书等达不到基本办学条件的薄弱学校，扣 5～10 分。 ② 班额符合要求(10 分)。中小学有超过规定人数 3 人以内的班，扣 5 分；有超过 4～5 人的班，扣 8 分；有超过 5 人的班，扣 10 分。扣完 10 分计 0 分。 ③ 教育均衡协调发展(30 分)。学前教育、义务教育、普通高中教育、中等职业教育等各类教育协调发展，计 30 分。市域内存有无县级实验幼儿园和乡镇政府办公办中心幼儿园的县，扣 8 分；存有县域内义务教育城、乡间发展水平差距明显的县，扣 5～12 分；全市中职在校生占高中段在校生比例达到 45%，计 10 分，每低 1%扣 1 分，扣完 10 分计 0 分。
	B2 教育教学管理 280 分	1. 学校行政管理 所属学校管理规范，办学理念先进，育人氛围浓厚，校风、教风、学风积极向上。学校安全防卫、卫生工作到位，周边环境秩序良好。	40	1. 学校行政管理(40 分) ① 学校行政管理(10 分)。学校图书馆、实验室、各专用教室、食堂、宿舍及校产设备管理规范，计 10 分，每有 1 处管理不善，扣 2 分，扣完 10 分计 0 分。 ② 校园文化建设(10 分)。校园环境净化、美化、绿化，校园文化活动丰富多彩，创设了良好的人文环境，按 10～5 分计分。 ③ 安全管理(20 分)。学校安全责任制度、应急预案完善，按 5～0 分计分；对能造成安全事故的场所、部位防范措施落实到位，无安全责任事故，按 10～5 分计分；按照《中小学公共安全教育指导纲要》要求开展安全教育，计 5 分，否则扣 5 分，计 0 分。2007 年市域内学校有重大安全责任事故，扣 20 分，计 0 分。

（续表）

一级指标	二级指标	督导评估要点及要求	分值	计分办法
A1 推进素质教育 500 分	B2 教育教学管理	2. 德育工作 认真贯彻落实中央和省关于德育工作的文件精神，把德育摆在素质教育的首要位置，加强和改进学校德育工作，推进德育课程改革，学校德育工作针对性、实效性强。落实《中小学生日常行为规范（修订）》。加强德育基地建设。在学校中深入开展公民道德教育、民族精神教育、理想信念教育、法制教育、心理健康教育等主题教育活动，有效提高了学生的思想道德素质。	40	2. 德育工作（40 分） ① 有德育工作规划和计划，德育贯穿于学校教育教学的各个方面和各个环节，注重结合节假日、重大活动和学科特点，有针对性地对学生进行爱国主义、公民道德、民族精神、理想信念、法制、心理健康等教育，按 10～5 分计分。 ② 学校重视心理健康教育和健全人格教育，学生具备良好的文明行为习惯，按 5～3 分计分。 ③ 所辖县都有 1 处有示范作用的未成年人校外活动场所并有效使用，计分＝10 分÷所辖县数×有未成年人校外活动场所的县数。各类青少年宫、活动中心、社会实践基地、科技馆、博物馆、爱国主义教育基地等适合未成年人参观、活动的场所对未成年人免费开放，计分＝10 分×免费开放县数÷所辖县数。 ④ 学校、家庭、社会形成教育合力，有制度，有相应的组织形式并正常运行，有明显成效，按 5～3 分计分。 ⑤ 中小学生违法犯罪率明显下降。市域内有学生刑事案发率超过 3/10000 的县，从 B2－2 指标得分中扣 30 分。扣完得分计 0 分。
A1 推进素质教育 500 分	B2 教育教学管理	3.教学管理 加强课程管理，落实《义务教育课程设置实验方案》、《普通高中课程方案》，无随意增删课程和增减课时的现象。积极采取措施减轻学生课业负担，学生在校学习、作息时间、课外作业量、学习材料和考试等符合省规定要求。学校建立了教研制度并有效实施，教师的科研水平和实施素质教育的能力不断提高，面向全体学生，因材施教，以培养学生的创新精神和实践能力为重点，积极转变教学方式，充分利用现代信息技术，指导学生学会学习，提高教学效率，使每个学生得到真正的发展。	200	3. 教学管理（200 分） ① 课程与教学管理（100 分）。按照国家课程方案要求开齐课程门类、开足课时，无随意增减课程和课时的现象，计 40 分。每发现学校 1 门课程未开或有增减课时数量的现象，扣 40 分，计 0 分。义务教育地方课程周课时开设符合要求，计 10 分；否则，扣 10 分，计 0 分。学校课程每开发出 1 门计 2 分，开发出 5 门以上计 10 分。教师备课、上课、作业批改、教学研究等教学常规符合要求，相关制度落实，计 20 分。每有 1 项不符合要求，扣 5 分，扣完 20 分计 0 分。学生能运用教学仪器设备、图书资料、实践基地等各种学习资源多种方式进行学习，按 20～5 分计分。 ② 文体活动（50 分）。学校广泛开展丰富多彩的文体活动，保证无体育课的当天，中小学生集体体育锻炼 1 小时，计 30 分。有不能保证的学校，扣 30 分，计 0 分。每天上午安排 25～30 分钟大课间体育活动，计 20 分，有不能保证的学校扣 20 分，计 0 分。 ③ 减轻学生负担（40 分）。教育行政部门和学校有减轻学生课业负担的具体措施并认真落实，按 5～0 分计分。学生课外作业量、在校学习时间、作息时间、学习材料、考试等符合国家和省规定要求，各计 5 分，有不符合规定的学校，相应各扣 5 分，计 0 分。按照规定安排寒暑假期和其他法定节假日，不利用假期组织学生到校上课或集体补课，不收费上课和有偿补课，计 10 分，有违反规定的学校，扣 10 分，计 0 分。 ④ 教育科研（10 分）。学校建立了教育科研制度，课题研究结合学校教改实际和发展要求，教师参与面广，积极推广使用先进的教育科研和教学成果，切实推动了学校发展，按 10～5 分计分。

（续表）

一级指标	二级指标	督导评估要点及要求	分值	计分办法
A1 推进素质教育	B3 教师队伍建设 120 分	1. 教师资源配置 教师队伍年龄、专业等结构合理，适应教育发展需要。对缺编教师及时补充，对超编教师有分流措施，无违规聘用代课教师现象。积极采取措施解决农村中小学教师结构性缺编问题，取得实效。	60	1. 教师资源配置(60 分) ① 教师配备(35 分)。基本满足开齐开全课程需要，按 5～3 分计分。缺编教师能及时补充，每年补充中小学新教师不少于教师自然减员人数，计 10 分。否则，缺编严重，不能及时补充的计 0 分。对超编或不符合要求的教师合理分流，计 10 分，否则，计 0 分。无违规聘用代课教师，计 10 分，否则，按 8～0 分计分。 ② 教师结构优化(15 分)。政府及有关部门重视解决农村小学教师老龄化问题，有具体措施，有一定成效，按 5～0 分计分。所辖县积极建立实施城乡教师交流制度，计 10 分。每有 1 县未建立实施扣 5 分，扣完 10 分计 0 分。 ③ 教师任职资格(10 分)。中小学校长和教师都具有任职资格，计 10 分。校长无校长资格证书，教师无教师资格证书，每 1 人扣 2 分，扣完 10 分计 0 分。
		2. 师德建设 认真管理落实《中小学教师职业道德规范》，政府及教育行政部门和学校采取有效措施加强师德建设，培养教师热爱教育、热爱学生的情感和责任意识，尊重学生人格，无歧视、侮辱、体罚和变相体罚学生的现象。	20	2. 师德建设(20 分) ① 师德建设有实际措施，教育行政部门及学校建立了师德考核制度，并认真实施，按 5～3 分计分。 ② 教师无违法乱纪的现象，计 5 分，否则扣 5 分，计 0 分。 ③ 无歧视、侮辱、体罚、变相体罚学生或其他违背师德的现象，计 10 分，否则扣 10 分，计 0 分。
		3. 教师继续教育 政府及教育行政部门和学校高度重视教师培训提高，积极落实教师培训经费，加强教师培训基地建设，保证中小学校长和教师按照《中小学校长培训规定》(中华人民共和国教育部令第 8 号)和《中小学教师继续教育规定》(中华人民共和国教育部令第 7 号)的培训要求接受培训，有效提高了中小学校长和教师实施素质教育的能力。	40	3. 教师继续教育(40 分) ① 教师培训经费(15 分)。依据鲁教财[2006]47 号文件要求，落实了按照年度公用经费预算总额的 5%安排教师培训费的规定，计 10 分。每有 1 县未落实扣 5 分，扣完 10 分计 0 分。县级财政或教育行政部门安排教师培训专项经费的，计 5 分，每有 1 县未安排扣 5 分，计 0 分。 ② 教师教育基地(10 分)：计分＝(10 分×培训机构达到省级示范性标准的县＋8 分×统筹教师资源(市局、教科研、电教)的县＋5 分×有教师培训机构并能发挥一定作用的县)÷所辖县数。无教师培训机构的县计 0 分。 ③ 教师培训(15 分)。积极采取措施对新任、拟任和在职校长、新任教师和各职级专任教师开展多种形式的培训，按 15～5 分计分。

（续表）

一级指标	二级指标	督导评估要点及要求	分值	计分办法
A2 教育经费保障 420 分	B4 教师工资 50 分	教师工资 按照“以县为主”的管理体制，县域内统一中小学教师工资标准，统一津贴、补贴和社会保障政策，并纳入县本级财政预算，确保按时、足额发放工资及津贴、补贴。	50	教师工资(50 分) ① 所辖县县域内中小学教师工资均统一标准、统一津贴、补贴和保障政策，并按时足额发放，计分＝20 分×县域内统一工资津补贴和保障政策并按时足额发放县数÷所辖县数。 ② 所辖县将中小学教师工资全额纳入县本级财政预算，计分＝20 分×纳入预算县数÷所辖县数。 ③ 全市统算，教师人均月工资比 2006 年每增加 10 元，计 0.5 分，最多计 10 分。
	B5 公用经费 70 分	生均公用经费(含免杂费和预算内资金) 根据鲁政发［2006］97 号、鲁政办发［2007］64 号、鲁政办发［2004］65 号文件规定，市、县按照生均公用经费拨款标准及分担比例，落实了农村初中、农村小学、城市初中、城市小学和特殊教育学校公用经费。	70	生均公用经费(含免杂费和预算内资金)(70 分) 所辖县生均公用经费拨款均分别不低于省定上限标准：农村初中 390 元、农村小学 300 元、城市初中 670 元、城市小学 380 元、特殊教育学校 1100 元，计 70 分。否则按以下办法计分： ① 各级财政(包括中央、省、市、县)安排的公用经费，所辖县生均拨款均不低于省定下限标准：农村初中 340 元、农村小学 240 元、城市初中 440 元、城市小学 300 元、特殊教育学校 1100 元，计 40 分。否则，全市得分＝40 分×5 类学校均不低于省定下限标准的县数÷所辖县数 ② 以县为单位，农村初中、农村小学、城市初中、城市小学、特殊教育学校生均公用经费拨款比上述省定下限标准每提高 1 元各加 0.1 分，每类学校最多加 4 分。得分＝所辖县得分之和÷所辖县数。 (注：城市小学、初中考核 9～12 月份的)。
	B6 校舍维修改造资金 30 分	校舍维修改造资金 认真贯彻鲁政发［2006］97 号、鲁教财字［2007］12 号、鲁财教［2006］45 号和 46 号文件精神，按照农村中小学校舍维修改造以市、县为主，市级财政要切实担负起相应责任，加大转移支付力度，对贫困县给予倾斜的要求，认真落实中小学校舍维修改造资金。	30	校舍维修改造资金(30 分) 市级财政与县、乡级财政安排的用于校舍维修改造(含危改资金)的专项资金占规划投资总数的比例每 1%计 0.3 分，最多得 30 分。 (注：上述“规划投资总数”不含省拨资金，由 2007 年用于农村中小学危房改造工程的资金与 2007 年农村中小学校舍维修改造规划投资数构成。)

（续表）

一级指标	二级指标	督导评估要点及要求	分值	计分办法
A2 教育经费保障	B7 学生资助 30 分	学生资助 根据鲁政发[2006]97 号文件规定，对农村义务教育阶段贫困家庭学生按"一费制"标准免费提供教科书，对贫困家庭寄宿学生按每生每年不低于 300 元补助生活费，达到省规定比例。 根据鲁政办发[2007]64 号文件规定，对享受城市居民最低生活保障家庭的义务教育阶段学生免费提供教科书，对寄宿贫困家庭学生提供生活费补助。 按鲁政办发[2007]63 号文件规定，设立普通高中政府助学金，按每生每年平均 1000 元的标准资助普通高中在校生中家庭经济困难学生，资助学生数占普通高中在校生总人数比例不低于 8%。 按鲁政发[2007]41 号文件规定每生每年 1500 元的资助标准，资助所有全日制中等职业学校在校农村学生和城市家庭经济困难学生。	30	学生资助(30 分) ① 农村义务教育段学生(10 分)。对农村义务教育段贫困家庭学生"一免一补"，达到省规定比例(省财政扶持范围的财政困难县不低于 8%，其他县不低于 5%)的县计 10 分，未达到要求的县计 0 分。全市得分＝10 分×达到要求的县数÷所辖县数。(注：该项县数不包括无农村的区) ② 城市义务教育段低保家庭学生(6 分)。对城市低保家庭义务教育阶段学生免费提供教科书，对寄宿贫困家庭学生补助生活费，达到要求的县计 6 分，未达到要求的县计 0 分。全市得分＝6 分×达到要求的县数÷所辖县数。 ③ 普通高中学生(6 分)。所辖县均设立普通高中政府助学金，平均资助标准不低于每生每年 1000 元，资助学生数占普通高中在校生总人数比例不低于 8%，达到要求的县计 6 分，未达到要求的县计 0 分。全市得分＝6 分×达到要求的县数÷所辖县数。 ④ 中等职业学校学生(8 分)。按每生每年 1500 元资助所有中职在校农村学生和城市家庭经济困难学生。全市县得分＝6 分×达到要求的县数÷所辖县数。市属中等职业学校落实计 2 分，未落实的计 0 分。(注：无市属中职校，县分数按 8 分考核)
	B8 经费管理 120 分	1. 学生资助管理与"校财局管" 根据鲁政发[2007]41 号文件规定，市、县建立学生资助管理机构，学校建立规范的学生资助工作程序，确保及时将资助资金发放给学生。 按照鲁政发[2006]97 号文件规定，县级教育行政部门统一管理中小学财务工作，对农村中小学经费逐步实行"校财局管"。建立和完善各项内部管理制度，规范资金使用，严肃财经纪律，严格按预算办理各项支出，确保经费使用规范、安全和有效。	30	1. 学生资助管理与"校财局管"(30 分) ① 学生资助管理(20 分)。市、县均成立学生资助管理中心，有专职工作人员和相应办公场所，计 10 分。否则，市级未建立扣 4 分；县级计分＝6 分×成立中心的县数÷所辖县数。所有学校对"一免一补"资助对象名单、时间等进行公示，计 6 分，否则计 0 分；普通高中、中职学校建立学生资助情况专门档案，各计 2 分，否则各计 0 分。 ② 教育核算中心管理(10 分)。全市得分＝所辖各县得分之和÷所辖县数。各县核算中心计分：管理制度健全，计 1 分；会计岗位设置合理，会计人员配备齐全，持证上岗，计 2 分；账簿设置、记账凭证、会计报表规范，账实相符，计 4 分；无不合规定单据和白条抵库现象，计 3 分；否则，分别相应扣分，计 0 分。所属县只要有 1 县未建立核算中心，该项计 0 分。

（续表）

一级指标	二级指标	督导评估要点及要求	分值	计分办法
A2 教育经费保障	B8 经费管理	2. 资金拨付 按鲁财库[2006]29号规定，省将免杂费补助资金、公用经费补助资金、免费教科书资金、寄宿生生活费补助等专项资金及时拨付县级特设专户。市、县分担的各项专项资金及中央、省拨付的专款要及时拨付教育核算中心、学校或按要求直接支付给收款人。	30	2. 资金拨付(30分) ① 制定资金拨付管理办法(10分)。全市计分＝10分×制定管理办法的县数÷所辖县数。 ② 资金拨付(20分)。市本级分担的专项资金及时足额拨付各县特设专户，计10分；所属各县财政部门均将中央、省、市、县分别分担的专项资金按要求拨付使用，计10分。每发现1起截留、挪用专项资金等违规现象，扣10分，扣完20分计0分。
		3. 专户管理及预算管理 市级财政(国库)部门在银行开设农村义务教育地方专项资金特设专户，专门用于省、市、县农村义务教育经费保障机制改革专项资金的支付管理。建立健全农村中小学校预算编制制度，保障机制改革专项资金全额列入同级财政预算，并做到农村中小学预算编制以学校为基本单位，村小(教学点)纳入其所隶属的中心学校统一代编，农村中小学预算清晰地反映学校所有的收支项目，完整、准确，公开透明。	30	3. 专户管理及预算管理(30分) ① 专户管理(5分)。市本级所负担的免杂费补助资金、公用经费补助资金、免费教科书资金、寄宿生生活费补助、校舍维修改造资金(可在危改专户)等改革专项资金全额纳入财政部门开设的特设专户管理，计5分，否则不得分。 ② 预算管理(25分)。根据分担比例，市本级全额列入2008年市级财政预算，计5分，否则计0分。所属各县均按分担比例列入2008年同级财政预算，计分＝10分×按要求列入预算县数÷所辖县数。全市所有农村中小学均编制了2008年经费收支预算，并得到县级财政部门的批复，计分＝10分×按要求编制预算的县数÷所辖县数。
		4. 乡教办资金管理 农村中小学公用经费是保证学校正常运转，用于教学活动和后勤服务等方面开支的费用，严禁以任何理由、任何方式截留、滞留、挤占和挪用。	30	4. 乡教办资金管理(30分) 全市得分＝各县得分之和÷所辖县数。各县计分＝所辖各乡得分之和÷所辖乡数。各乡计分：乡教办已撤销，学校资金全部由县直接管理，免予考核，计30分。乡教办未撤消，或虽已撤消，但学校资金未全部上交县管的，乡有截留、滞留、挤占、挪用教育经费和私设小金库现象，扣20分；有乱收费现象，扣10分。扣完30分，计0分。

（续表）

一级指标	二级指标	督导评估要点及要求	分值	计分办法
A2 教育经费保障	B9 教育附加征收管理与使用 60分	1. 城市教育费附加征收管理与使用 按照国务院和省政府文件规定：按增值税、消费税、营业税税额的3%计征城市教育费附加，对外商投资企业和外国企业暂不征收；教育费附加用于改善中小学教学设施和办学条件，不得用于教职工福利和奖金发放，严禁挤占挪用、平衡财政预算。	30	1. 城市教育费附加征收管理与使用（30分） ① 征收（10分）。按三税的3%，市本级和所辖县实征额占应征额比例均达到95%及以上，计10分。否则，全市得分＝（10分×达到95%及以上的市本级和县数）÷［所辖县数＋1（市本级）］。 ② 拨付（10分）。市本级和所辖县拨付额占应拨付额比例均达到90%及以上，计10分。否则，全市得分＝（5分×达到85%但低于90%的市本级和县数＋10分×达到90%及以上的市本级和县数）÷［所辖县数＋1（市本级）］。（注：实行国库集中支付，因工程进度慢，暂时未拨付资金，不列入未拨付额扣分。） ③ 管理与使用（10分）。市本级及所辖县落实了当年实征额拨付用于职业教育的比例不低于30%的规定，计5分；市本级未落实，每有1县未落实，各扣2分，扣完5分止。无其他违反规定使用现象，计5分。否则，计0分。
		2. 地方教育附加征收管理与使用 根据鲁财综［2005］15号文件规定：按增值税、消费税、营业税税额的1%缴纳地方教育附加，外商投资企业、外国企业以及通过海关进口的商品暂不征收地方教育附加。地方教育附加由教育部门提出使用意见报财政部门核定。主要用于中小学改善办学条件。	30	2. 地方教育附加征收管理与使用（30分） ① 征收（10分）。按三税的1%，市本级和所辖县实征额占应征额比例均达到95%及以上，计10分。否则，全市得分＝（10分×达到95%及以上的市本级和县数）÷［所辖县数＋1（市本级）］。 ② 拨付（10分）。市本级和所辖县拨付额占应拨付额比例均达到90%及以上，计10分。否则，全市得分＝（5分×达到85%但低于90%的市本级和县数＋10分×达到90%及以上的市本级和县数）÷［所辖县数＋1（市本级）］。（注：实行国库集中支付，因工程进度慢，暂时未拨付资金，不列入未拨付额扣分。） ③ 管理与使用（10分）。市本级及所辖县落实了当年实征额拨付用于职业教育的比例不低于20%的规定，计5分；市本级未落实，每有1县未落实，各扣2分，扣完5分止。无其他违反规定使用现象，计5分，否则，计0分。

注：B9－1②中“应拨付额”＝当年实征额＋上年未拨付额。B9－2②中“应拨付额”＝当年实征额－上解额－征收手续费＋上年未拨付额。

（续表）

一级指标	二级指标	督导评估要点及要求	分值	计分办法
A2 教育经费保障	B10 两项工程实施 60 分	农村中小学和特殊教育学校教学仪器配备工程的实施。 根据省财政厅、教育厅鲁财教[2006]67 号、68 号和[2007]51 号通知规定，制定本地区农村中小学和特殊教育学校教学仪器配备工程（简称“2 项工程”）规划投资方案和教学仪器配发采购工作实施方案，并落实了市、县配套资金，启动实施政府采购，规范实施。	60	农村中小学和特殊教育学校教学仪器配备工程的实施(60 分) ① 工程实施(20 分)。市、县 2 项工程招标采购，均于 2007 年底以前启动实施，计 20 分；均于 2008 年 3 月底以前启动实施，计 16 分。否则，2 项工程，市未启动实施，或每有 1 县未启动实施，每项工程扣 10 分，扣完 20 分计 0 分。（工程实施全部由市级承担的，市级考核分数按每项指标要点的总分计，下同） ② 政府采购(20 分)。2 项工程实施政府采购，公开招标，程序规范，计 20 分。否则，计 0 分。 ③ 资金落实(20 分)。2 项工程，市级财政安排了配套资金，每项工程计 5 分，否则，各计 0 分；县级财政安排了配套资金，计分＝5 分×（农村中小学工程落实县数＋特教学校工程落实县数）÷所辖县数。 挤占、挪用 2 项工程专项资金，每项工程相应扣 30 分，计 0 分。
A3 督导整改 80 分	B11 教育费附加问题整改 40 分	1. 城市教育费附加问题整改 对 2006 年度教育工作综合督导评估省督导团提出的整改意见高度重视，积极采取措施予以整改，取得实效。	20	1. 城市教育费附加问题整改(20 分) 根据 2006 年度教育工作综合督导省督导团提出的城市教育费附加应整改的问题，在 20 分分值内，相应确定每个市每个问题的分值，依据每个问题的整改情况，逐一计分。
		2. 地方教育附加问题整改 对 2006 年度教育工作综合督导评估省督导团提出的整改意见高度重视，积极采取措施予以整改，取得实效。	20	2. 地方教育附加问题整改(20 分) 根据 2006 年度教育工作综合督导省督导团提出的地方教育附加应整改的问题，在 20 分分值内，相应确定每个市每个问题的分值，依据每个问题的整改情况，逐一计分。
	B12 职业教育问题整改 40 分	中等职业教育问题整改 对 2006 年教育工作综合督导评估省督导团提出的整改意见高度重视，积极采取措施予以整改，取得实效。	40	中等职业教育问题整改(40 分) 根据 2006 年度教育工作综合督导省督导团提出的中等职业教育应整改的问题，在 40 分分值内，相应确定每个市每个问题的分值，依据每个问题的整改情况，逐一计分。

注：方案中的县、乡，均指县（市、区）、乡（镇、街道办事处）。

山东省人民政府办公厅转发省教育厅等部门《关于实施初中学生综合素质评价制度深化高中阶段学校招生制度改革的意见》的通知

鲁政办发[2008]2号

各市人民政府，各县（市、区）人民政府，省政府各部门、各直属机构，各大企业，各高等院校：

省教育厅、财政厅《关于实行初中学生综合素质评价制度深化高中阶段学校招生制度改革的意见》已经省政府同意，现转发给你们，请认真遵照执行。

2008年1月15日

关于实行初中学生综合素质评价制度深化高中阶段学校招生制度改革的意见

山东省教育厅　山东省财政厅

为进一步贯彻落实《中共中央国务院关于深化教育改革　全面推进素质教育的决定》（中发[1999]9号）精神，从根本上改变以升学考试分数作为唯一录取标准的做法，促进学生全面、健康发展，根据《教育部关于积极推进中小学评价与考试制度改革的通知》（教基[2002]26号）和《教育部关于基础教育课程改革实验区初中毕业考试与普通高中招生制度改革的指导意见》（教基[2005]2号）要求，结合我省实际，现就实施初中学生综合素质评价制度、深化高中阶段学校招生制度改革提出以下实施意见：

一、实行初中学生综合素质评价制度

（一）实行初中学生学业考试制度。初中学生学业考试是初中学生学科学习目标评价的主要手段，是义务教育阶段的终结性考试，目的是全面、准确地反映初中学生在学科学习方面所达到的水平。学业考试由设区市教育行政部门统一组织，并建立学业考试的各项工作制度和信息管理系统，实现考试组织、成绩管理的制度化、信息化、规范化。学业考试成绩应根据各学科课程标准的基本要求确定合格标准。提倡使用等级制表达学业考试成绩。任何单位和个人不得以任何形式根据考试成绩给学校和学生排队或公布名次。

学业考试的命题应根据学科课程标准，加强试题与社会实际和学生生活的联系，注重考查学生对知识与技能的掌握情况，特别是在具体情境中综合运用所学知识分析和解决问题的能力，杜绝设置偏题、怪题。要建立和完善命题工作机制，落实命题人员资格认定和动态管理制度、试题征集制度、命题与审题分离制度、阅卷质量过程监测制度、试题评价反馈制度等，确保试题质量。语文、数学、英语、物理、化学、生物、政治、历史、地理和信息技术可作为考试科目；理、化、生实验操作、艺术、综合实践等可作为考查科目（省提供一套参考性试题）；体育与健康可根据《〈国家学生体质健康标准〉实施办法》要求实施测试。

学业考试方式可根据考试的具体内容采用纸笔测验、听力测试以及口试、实验操作等多种形式；纸笔测验也可采取闭卷、开卷或开闭卷结合等不同形式。

（二）实施初中学生基础性发展目标科学评价制度。基础性发展目标评价以《教育部关于积极推进中小学评价与考试制度改革的通知》（教基[2002]26号）中提出的道德品质、公民素养、学习能力、交流与合作、运动与健康、审美与表现等六个目标要求为基本依据。评价结果包括等级和综合评语二个部分。等级可用优、良、中、差或

A、B、C、D……的形式表达(其中道德品质、公民素养指标,只宜分为合格与不合格二个等级);综合评语要概括反映学生的发展水平和发展特点,既要充分反映学生的优点和进步,又不回避学生的缺点和问题,做到具体、亲切、中肯,充分体现对学生的关爱和对其健康发展的期盼。

基础性发展目标评价要在上级教育行政部门的指导和监督下,由学校组织实施,一个学期或一个学年为一个评定时段。坚持内容全面、主体多元、方法多样、注重过程、结果客观的原则,促进学生的全面发展、健康发展、和谐发展。同时,各地要将基础性发展目标评价标准、评价办法向社会公示、公布,评价结果根据需要向学生公示。公示时间应在5天以上,公示无异议方可记录,并力求评价结果的科学和公正。各地可参照《山东省普通高中学生基础素养评价方案(试行)》、《山东省教育厅关于印发〈山东省普通高中学生学分认定管理暂行规定〉等普通高中课程改革配套政策的通知》等文件的有关规定,结合本地实际情况,制定具体的实施方案,力求评价结果的科学和公正。

(三) 建立和完善初中学生综合素质评价成长档案。各市、县(市、区)教育行政部门和普通初中要为每个学生建立成长档案。档案包括学生的学业考试成绩、基础性发展目标评价等级、综合评语以及初中阶段发展的突出表现(或标志性成果)等内容。设区市级教育行政部门可制定统一的学生成长档案格式规范,研发配套电子管理系统。要严格规定学生发展标志性成果的种类,对可能加重学生负担和大量占用学生校外活动时间的项目(如社会艺术水平考级结果等),不作为标志性成果和认定特长生的依据,不与升学挂钩。信息技术作为学业考试科目后,其他任何单位组织的计算机应用能力考试不作为标志性成果,不与升学挂钩。

(四) 实施初中学校素质教育工作评价制度。素质教育工作评价的主要内容包括更新教育理念、实施国家课程标准和课程方案、减轻学生过重课业负担、制止学生辍学、促进教师专业发展、提高教育教学质量、实施学生综合素质评价等,既能横向分析学校现实的工作情况,又能纵向分析工作进展。设区市级教育行政部门负责制定评价方案,并广泛征求意见,在社会上公示、公布。

二、深化高中阶段学校招生制度改革

高中阶段学校招生制度改革的核心内容是:以初中学业考试取代升学考试;以综合素质评价结果为依据录取新生取代单纯以中考成绩为依据录取新生;全面实行在评价基础上将招生指标的半数以上分配到初中学校的政策;继续推行多种方式录取新生;进一步扩大高中招生自主权。

(一) 以学业考试取代升学考试。初中学生学业考试成绩,既是九年义务教育的终结性考试,也是高中阶段学校录取新生的依据之一。实行学业考试制度后,各市应取消高中阶段学校招生考试,初中学校也不得另行组织毕业考试。

(二) 以综合素质评价结果为依据录取新生。普通高中可以以学业考试成绩为主,将学生基础性发展目标评价等级作为重要参考录取新生,也可以将学生基础性发展目标评价等级作为高中录取新生的限定条件。以学业考试成绩为主、将学生基础性发展目标评价等级作为重要参考依据的地方,要采取切实措施,保证基础性发展目标评价等级在招生录取时的权重不低于20%。普通初中推荐指标生、职业高中(中专)录取新生,可参照上述方法。

(三) 将普通高中半数以上招生指标分配到初中学校。从2008年起,各地要将普通高中特别是优质高中或省级规范化高中招生指标的半数以上分配到高中服务区内各初中学校;2010年起,各地指标生分配比例不少于招生总数的60%。指标生的分配原则,以初中毕业生人数和素质教育工作评价得分各占50%权重,具体分配方法由各市制定。

为充分发挥招生指标分配对初中实施素质教育的引导作用,提倡对指标生录取不设限制性条件。对录取指标生设限的,应以不同批次最低录取标准条件为设限标准。为保障选送指标生的质量,初中要根据学生报名情况和综合素质评价结果,按照多于招生指标的一定比例向普通高中推荐。招收指标生的高中可根据学生的实际表现,对初中选送指标生的质量作出评价,市级教育行政部门可将评价结果作为初中素质教育工作评价的重要指标之一,据此增加或削减该初中的分配指标。

对在素质教育工作评价过程中或日常工作中发现有严重违背教育规律、违犯办学行为规定、加重学生课业负担、对学生身心健康造成不良影响和引起严重后果的学校,要调减其指标生分配名额,直至完全取消其按照素质教育评价情况分配指标的资格,同时给予学校负责人以必要处分。

(四) 除采用指标生审核录取外,可采用多种形式进行招生录取。一是统一招生录取。由教育行政部门统一组织，在规定时间内，由高中学校根据初中毕业生报名情况和综合素质评价结果集中录取。二是推荐录取。初中学校可对各方面表现突出的学生进行推荐，至少两名教师写出推荐信，由高中学校通过调查、面试、综合能力测试等方式考核后，予以录取。三是特长录取。特长生录取的主要依据是综合素质评价加特长考核。对于有特殊才能或潜能但无实证性材料的学生，高中学校应提供考生展示特殊才能的条件，并建立相应的组织对考生的特殊才能进行评定。四是划片招生录取。鼓励高中教育资源和普职比例相对均衡、高中段教育普及率高的地方，在认真论证、广泛征求意见的基础上，采取区域内划片招生办法，合理划分各普通高中、职业高中招生服务片区，促进生源平衡，搭建竞争平台，实现办学效益的最大化。五是注册录取。部分普通高中和职业学校，可采取注册招生的方式，由初中毕业学生持成长档案，在规定时间内到校报名，由学校根据学生成长档案决定是否录取。

（五）扩大优质高中招生自主权。对办学水平高、有特色、在当地能起示范作用的优质高中，教育行政部门应扩大其招生自主权，在学校招生总数中安排一定比例，由学校自主招生。取得招生自主权的学校，要制定自主招生工作方案，报上级教育行政部门批准后实施。优质高中自主招生的比例，应不低于招生总数的5%，不高于招生总数的30%。

三、加强组织领导和制度建设

（一）切实加强组织领导。改革和完善评价与考试制度是全面推进素质教育工作一项重要举措，各级、各有关部门要高度重视，加强领导，切实做好本地初中学生综合素质评价和高中阶段招生制度改革工作。各地要于2008年4月底以前将具体方案报省教育厅，经审核同意后组织实施。

已经在组织实施初中学生综合素质评价、实行“一评二挂”政策的基础上改革高中阶段学校招生制度的市，要进一步完善工作方案和工作制度。尚未对初中学生实施综合素质评价制度的，要从2007年初中新生起实施综合素质评价，到2010年（实行五四学制的到2011年）实现本指导意见规定的改革目标。

（二）建立和逐步完善各项工作制度。一是公示制度。各级教育行政部门和学校要建立严格的公示制度，将初中生学业考试与高中阶段招生制度改革方案，初中生综合素质评价的内容、方法、程序和评定结果，高中招生计划、录取标准、办法等向社会公示。二是诚信制度。建立初中学业考试、综合素质评价和高中阶段招生录取的诚信机制。各级教育行政部门要与参加命题、审题、阅卷、综合素质评价、招生录取的有关人员签订诚信协议并建立诚信档案；普通高中要与初中和推荐生、推荐教师签订诚信协议，为推荐教师建立诚信档案。各级教育行政部门要在高中的配合下对初中学校学生综合素质评价质量、推荐生质量进行评估，并通报评估结果。各级教育行政部门和学校要采取有效措施，督促有关人员严格履行诚信责任和义务。三是培训制度。各级教育行政部门要加强对参与招生、考试管理和综合素质评价的人员的培训，提高职业道德和业务水平，确保考试评价和招生录取的信度、效度、客观、公平。四是监督监控制度。各级教育行政部门要加强对初中学生学业考试、综合素质评价以及高中阶段学校招生录取工作的监督、监管。学生、家长、教师和社会各界对于发现的各种违规违纪现象可以投诉，各级教育行政部门和学校要及时处理和反馈。五是复查、复议制度。学生若对学业考试成绩或基础性发展目标评价结果存有异议，可直接向初中学校提出复议申请，学校必须组织复议，并将复议结果及时向申请人反馈。如学生对复议结果不服，可向主管教育行政部门申诉，相关教育行政部门要组织调查，及时处理。六是责任追究制度。对在初中生学业考试、综合素质评价及高中招生过程中有严重违纪违规行为的，一经查实，严肃处理。涉及学校的，在对学校进行评先树优、年终考核、考点设置等方面实行“一票否决”的同时，追究学校主要领导和分管领导的责任；涉及教师的，取消年度评先树优资格和参与学生综合素质评价工作的资格；涉及学生的，按规定处理。

（三）切实保障经费投入。各市、县（市、区）应当按照当地物价水平合理测算评价成本，将实施综合素质评价所需费用全额纳入本级财政预算，不得向学生收取任何费用，确保初中学生综合素质评价的顺利实施。各学校要本着够用、实用、耐用的原则，为此项工作提供必要的经费和办公设备保障。

山东省人民政府办公厅
转发省教育厅等部门《关于进一步加强和改进中小学教材建设与管理工作的意见》的通知

鲁政办发[2008]9号

各市人民政府，各县（市、区）人民政府，省政府各部门、各直属机构，各大企业，各高等院校：

省教育厅、财政厅、新闻出版局、物价局、出版总社《关于进一步加强和改进中小学教材建设与管理工作的意见》已经省政府同意，现转发给你们，请认真贯彻执行。

山东省人民政府办公厅
2008年2月29日

关于进一步加强和改进中小学教材建设与管理工作的意见

山东省教育厅　山东省财政厅　山东省新闻出版局
山东省物价局　山东省出版总社
（2008年2月28日）

为了适应农村义务教育阶段免费提供教科书工作需要，全面实施素质教育，提高教育质量，规范中小学教材出版发行秩序，促进教育事业和出版事业健康发展，根据第108次省政府常务会议精神，现就进一步加强和改进中小学教材建设与管理工作提出以下意见。

一、充分认识进一步加强中小学教材建设和管理工作的重要意义。中小学教育关系到国家的未来，加强中小学教材建设与管理事关全省教育事业健康发展和社会稳定。全面实施农村义务教育阶段免费提供教科书和建立部分教科书循环使用制度，对我省教材建设和管理工作提出了新的要求。各地、各有关部门要以党的十七大精神为指导，全面落实科学发展观，从优先发展教育事业、促进人力资源强省和文化强省建设的高度，进一步统一思想，提高认识，加强领导，切实做好我省中小学教材建设和管理工作。

二、加大我省中小学教材建设开发力度。根据教育教学需要和课程标准要求，对中小学教材建设工作进行整体规划，优化资源配置，加大开发力度，加快构建符合实际、适应需要、充满活力、具备可持续发展能力的山东基础教育课程教材体系。由省教育厅、省新闻出版局、省出版总社协调有关单位，成立山东省中小学教材研发中心，负责教材建设开发的具体工作，并积极筹措资金，组织高水平编写队伍。实施优秀教材奖励制度，建立教材建设可持续发展机制。继续开展义务教育"五四"分段教材的开发和修订，形成一套体系完备、科目完整的"五四"分段教材。加强义务教育地方课程建设和管理，将安全教育、环境教育、传统文化、人生指导等内容作为必修课列入地方课程。

三、加强中小学教材选用工作。加大对全省中小学教材宏观调控力度，强化统一选用，规范教材管理，力争形成我省主流使用教材。省教育厅统筹考虑教材质量、适用性和价格，按照"鼓励使用国家主流教材和山东版教材"的原则，在国家中小学教学用书《目录》基础上进行初选，每学科选定3种教学用书，编制我省用书《目录》。凡省内出版社开发的经教育部审定的教材，原则上全部列入用书《目录》。各市教育行政部门组成教材选用委员会，在省定目录内提出教材选用意向。省教育厅在各地选用意向基础上按照末位淘汰的原则统一调整，每个学科只保留2种教材版本，最终确定各地使用教材品种和用量，并下达使用计划。凡我省选用的省外中小学教材，均由省出版总社租型出版印供，由省新华书店征订发行。

四、规范教辅材料出版发行秩序。省教育厅、省新闻出版局要按照国家有关规定，加强对教辅材料管理，促进山东教辅材料市场健康发展。对编写出版教辅材料实行市场准入制度，省教育厅负责立项、审查。与规范教材选用管理相适应，省新闻出版局、省出版总社要制订教辅材料建设规划，统筹协调，合理分工，统一组织省内有关出版社进行开发建设。

五、认真组织实施教科书政府采购工作。从2008年秋季开学起，义务教育阶段国家课程教科书和地方课程教科书由省统一组织政府采购。在保证采购质量和采购经费允许的前提下，可将相关的辅助学习资源(如作业本、地理图册、外语磁带等)一并纳入采购范畴。省教育厅、省财政厅联合成立省义务教育教科书采购办公室(设在省教育厅)，具体负责协调教科书采购工作。政府免费提供农村义务教育阶段教材经费，统一由国库直接支付给发行单位。对列入政府采购的教科书实行政府定价管理，由省物价局依据有关规定统一核价，所核价格作为政府采购的主要依据。

六、加强新教材师资培训经费的管理。省出版总社和有关出版单位要大力支持新教材师资培训工作，按照有关规定拨付部分培训费用，统一用于新教材师资培训工作。新教材师资培训费要纳入财政预算，使用方式由省教育、出版等部门研究商定，由省教育行政部门统一安排使用，专款专用。其他单位不得再收取任何费用。

七、积极推进中小学教科书的循环使用。从2008年春季开始，农村义务教育阶段国家课程部分学科教科书实行循环使用，纳入循环使用的科目包括：小学《科学》、《音乐》、《美术》(或《艺术》)、《信息技术》；初中《音乐》、《美术》(或《艺术》)、《信息技术》。省教育厅制订义务教育阶段学校免费教科书循环使用管理办法，指导各地教科书循环工作的实施。

八、强化中小学教材和教辅材料的监督和管理。各级教育、新闻出版、物价等部门要坚决打击违法违规出版、发行和盗版盗印中小学教材、教辅材料行为，对触犯刑法的，移送司法机关处理，切实维护中小学教材出版发行秩序和中小学教学秩序，为全面实施素质教育、推动教育事业健康发展创造良好的环境。

九、加强中小学教材管理工作的组织领导。省教育厅负责组织中小学教材的编写和审查把关，以及教材选用工作；省财政厅负责免费教科书经费提供和使用监督工作；省新闻出版局负责教材出版发行的监督管理工作；省物价局负责教材价格的制定和管理工作；省出版总社负责教材的出版印供；省新华书店负责教材的征订发行。各有关部门和单位要结合改革和发展过程中出现的实际情况，认真履行各自职责，加强统一协调，共同做好我省中小学教材管理工作，为我省教育事业发展和出版事业繁荣做出更大的贡献。

此前省政府及有关部门作出的关于中小学教材管理的规定政策，凡与本意见不一致的，一律以本意见为准。

山东省人民政府办公厅关于开展清理核实农村义务教育债务工作的通知

鲁政办发[2008]18号

各市人民政府，各县(市、区)人民政府，省政府各部门、各直属机构，各大企业，各高等院校：

根据《国务院办公厅转发国务院农村综合改革工作小组关于开展清理化解农村义务教育“普九”债务试点工作意见的通知》(国办发[2007]70号)、《国务院农村综合改革工作小组关于做好清理化解农村义务教育“普九”债务试点工作的通知》(国农改[2008]3号)精神，经省政府同意，决定在全省范围内开展清理核实农村义务教育债务工作，现就有关事项通知如下：

一、农村义务教育债务的范围

根据国办发[2005]39号、国办发[2006]86号、国办发[2007]70号等文件精神，农村义务教育债务主要是指2005年12月31日前，各地因举办农村义务教育事业形成的债务。债务用途主要包括教学及辅助用房、学生生活用房、校园维修建设、教学仪器设备购置等与学校建设维护直接相关的支出。

二、清理核实农村义务教育债务的基本原则

（一）谁举债谁负责。各县（市、区）政府要组织相关部门和学校切实做好债务自查工作，学校财务人员、学校校长、教育局长、政府主要负责同志作为四级责任人，对本校、本地上报债务的真实性、合法性负责。

（二）清理审核公示。摸清债务底数是化债的基础，清理过程要按照自查、审计、公示的工作程序，对乡镇、学校的债权、债务和应收应付等情况进行彻底清理核实，查清负债规模及债务的构成情况，认真填报相关报表，并按规定在适当范围内进行公示，接受群众监督。

（三）审计锁定。在清理核实的基础上，对所有需要偿还的农村义务教育债务，都必须在经过严格审计认定锁定债务之后，才能开展偿债工作。

三、清理核实农村义务教育债务的工作步骤

清理核实农村义务教育债务工作由省统一部署，各设区的市政府负责督促检查，县（市、区）政府负责组织实施。具体工作步骤如下：

（一）县级自查摸底。县（市、区）政府要统一组织农村综合改革领导小组办公室、财政、教育、农业、审计、监察等部门，对各乡镇、村和农村中小学的农村义务教育债务进行逐校、逐项、逐笔清理，核实原始单据，严格审计，剔除不实债务。

各乡镇、村和学校要将审计后的债务在对应的乡镇、村和学校等范围内进行公示。公示的主要内容包括债务发生时间、用途、数额、债权人、债务人、举报电话和受理部门等。公示时间应不少于5个工作日。

对群众举报有异议的债务，牵头主管部门要认真对待，尽快调查核实；对审计后没有异议的债务，要进行锁定。在此基础上，县（市、区）政府要按照举债主体、债务来源、债务用途对债务进行分类，并严格界定县（市、区）乡政府、教育行政管理部门和学校等单位的责任。教育行政管理部门要积极配合，做好农村义务教育债务的清理核实和审计锁定等工作。

各县（市、区）地方国有农场、林场等所属义务教育阶段学校债务，也要纳入清理化解农村义务教育债务试点范围，由所在县（市、区）统一清理化解。

（二）市级汇总。各市政府要按照省政府要求，认真做好本地农村义务教育债务的汇总上报和督促检查工作。

（三）省级审核确认。省农村综合改革领导小组办公室对各县（市、区）农村义务教育债务数据进行审核，对各县（市、区）农村义务教育债务数据予以确认。为确保债务数据真实准确，省农村综合改革领导小组办公室要适时组织抽查。

（四）及时上报数据。县（市、区）完成债务清理核实和审计锁定后，要建立全县农村义务教育债务台账并按照农村义务教育债务监管系统的统一要求，据实填写债务登记表格，及时将数据上报市审核汇总后，于2008年年底前报省农村综合改革领导小组办公室。具体工作由省农村综合改革领导小组办公室另行部署。

四、清理核实工作中需要把握的有关政策界限

农村义务教育债务构成复杂、时间跨度长，清理核实工作中要统一政策口径，严格把握政策界限。

一是要严格界定学校性质。判断农村学校债务是否属于清理范围，主要以是否承担农村义务教育任务为标准，没有承担农村义务教育任务的成人教育、职业技术学校等不属于清理化解范围。

二是要严格界定偿债内容。偿债内容要严格限制在教学及辅助用房、学校生活用房、校园维修建设、教学仪器设备购置等与学校建设直接相关的项目，必须剔除因建设教职工住宅、拖欠老师工资补贴等形成的债务。

三是要妥善处理"白条"债务。对在发生债务时已经以原始凭证入账、且有当事人等相关人员签字的"白条"，通过公示无异议后，原则上视同合法债务凭证。对公示中有异议的"白条"，要认真审核，不符合规定的要予以剔除。

四是要妥善处理债务利息。对农村义务教育债务中的高利率和复利问题，在清理核实过程中，要向有关责任人做好说服解释工作，说明农村义务教育的公益性质以及高利率和复利的不合理性。要按照"分段计息，息不转本，利不滚利"的原则，剔除已转入本金的利息，将此前多付的利息用于抵顶债务本金或予以收回。债务发生时未经双方协商明确利息的，一律不计息，按所欠本金计算债务。双方协商明确利息的，若利率高于同期金融机构贷

款法定基准利率，按同期金融机构贷款法定基准利率分段计息；若低于同期金融机构贷款法定基准利率，按双方协商确定的利率计息。

五、切实加强组织领导，确保清理核实工作稳步推进

做好清理核实农村义务教育债务工作，是清理化解农村义务教育债务的重要前提和基础。各级要站在全面贯彻落实科学发展观的高度，充分认识清理核实农村义务教育债务工作的重要性和紧迫性，把这项工作摆上重要议事日程。要强化组织领导，建立领导责任制和部门分工负责制，主要领导要亲自抓、负总责，明确目标任务，精心组织实施。要严格执行政策，严肃工作纪律，实行新增债务责任追究制度和乡村干部财务审计制度，把制止乡村新债和偿还债务情况作为考核乡村干部工作实绩的重要内容，坚决制止发生新的债务。要深入调研，加强指导，搞好协调，耐心细致地做好政策解释和思想工作，及时解决清理核实过程中出现的矛盾和问题，把清理核实农村义务教育债务工作与深化农村义务教育体制等各项农村综合配套改革结合起来，确保清理核实农村义务教育债务工作稳步推进。

山东省人民政府办公厅
2008 年 4 月 4 日

山东省人民政府办公厅关于进一步加强普通高中教育管理工作的通知

鲁政办发[2008]36 号

各市人民政府，各县（市、区）人民政府，省政府各部门、各直属机构，各大企业，各高等院校：

普通高中教育是面向大众的国民素质教育，办好普通高中教育对造就高素质劳动者、各类专门人才和一大批拔尖创新人才，对建设人力资源强国具有重大意义。为进一步规范普通高中教育管理工作，促进学生全面健康和谐发展，经省政府同意，现就有关问题通知如下：

一、依法规范普通高中办学主体。普通高中教育要坚持政府办学为主，鼓励和规范民办高中教育发展。公办高中办学经费由当地政府负责筹集，学校不得自行贷款新建、改建和扩建。未经省级教育行政部门或其委托的设区市级教育行政部门批准，公办高中擅自改制或按照民办学校机制运行的，当地政府要尽快恢复其公办学校性质，按照公办学校体制管理。公办高中参与兴办的民办高中应具有独立法人资格，独立招生，独立颁发学业证书；应具有与公办学校相分离的校园和基本教育教学设施，实行独立的财务会计制度，不使用国家财政性经费，不影响公办学校正常的教育教学活动。各级政府要加强对民办普通高中的监管，依法规范其办学行为。

二、严格规范普通高中招生行为。普通高中要严格遵守国家和省关于规范招生行为的各项规定，在教育行政部门统一领导下开展招生工作，不得违规进行招生宣传，不得违规提前招生，不得招收规定区域外学生，不得超出学校合理规模和班额要求招生，不得违背"三限"（限人数、限分数、限钱数）政策招生，不得采取不正当手段招生，不得接收已按规定程序被其他学校录取的学生。公办普通高中不得招收复读班，不得招收往届生插班复读。各设区市年度普通高中招生计划，要按规定时间报省教育厅备案。

三、全面执行国家普通高中课程标准。普通高中要按照国家课程标准组织开展教育教学活动。必修课程必须开全开足，不得以任何理由增减课程和课时。要建立和完善学生选课制度，为学生自主选课提供科学指导。普通高中指导学生选择发展方向不早于第二学年末，要尊重、保障学生通过选择课程实现选择发展方向和发展水平的权利，不得强迫学生选择文、理或艺、体发展方向。

四、切实减轻高中学生过重学习负担。严格控制高中学生作息时间和作业量。学生自习时间不分配到学科，双休日、节假日由学生自主支配。按照规定安排寒暑假期和其他法定节假日，不利用假期组织学生到校上课或集体补课。科学指导学生在双休日、节假日安排好生活和社会实践活动。严格考试管理。学分认定考试、期末考试由学校自行组织。除学业水平考试外，各设区市教育行政部门可在第一学年末组织一次统一考试，在第三学年第二学期统一组织一次高考模拟考试。严禁其他任何单位组织其他任何形式的统考统练。严格按照有关规定，做好教材和教辅资料管理工作。

五、不断完善学生综合素质评价制度。严密组织高中学业水平考试，加强考风考纪建设，严肃处理违纪、舞弊、作弊考生和工作人员；严密组织学分认定、基础素养评价、综合实践活动评价和体质健康达标测试，加强《普通高中学生发展报告》管理，客观记录、严格管理评价结果，确保学生综合素质评价结果诚信可用。

六、努力形成促进教师职业道德建设和专业发展的教师评价管理机制。坚持内容全面、主体多元原则，综合考虑师德表现、工作量、所教学科学业水平考试合格率等情况，科学评价教师工作，严禁以升学考试成绩为奖惩标准。依法保障教师权益，不安排教师在法定休息日、节假日上课，不安排教师辅导学生晚自习。

七、尽快建立实施科学的高中教育质量评价标准。建立高中教育质量评价标准应以规范办学行为、全面实施素质教育为核心，内容涵盖更新教育理念、规范办学行为、实施课程标准、减轻学生负担、促进教师专业发展、提高教育教学质量等多个方面。评价学校的教学质量，要以落实课程标准的程度、学业水平考试合格率和教育质量监测结果为主要依据。各级政府及教育行政部门不得给学校下达升学指标。严禁用高考成绩排名排队，严禁任何形式的高考表彰奖励。各新闻媒体应大力宣传全面实施素质教育的典型经验，为实施素质教育营造良好舆论环境。

八、大力加强教职工队伍建设。要把教职工队伍建设作为促进高中内涵发展、全面提高教育质量的关键环节来抓，建立正常的教师补充更新机制，按照编制标准和课程实施要求配备教师。建立高中教师、校长全员定期培训机制，继续实施“齐鲁名师”建设工程。加强教职工思想道德建设。广大教师要做到遵章守纪，尊重学生人格，不歧视、侮辱、体罚和变相体罚学生，维护学生的合法权益，不向学生推荐教辅资料，不搞有偿家教。

九、切实加强高考信息管理。落实《教育部国家保密局关于印发〈教育工作中国家秘密及其密级具体范围的规定〉的通知》(教密[2001]2 号)精神，加强对高考信息的保密工作。除考生本人外，各级招生机构一律不准向其他任何单位和个人提供考生报名信息、考试成绩以及录取信息。各市、各高校在通知高考成绩和录取结果时，也要采取相应措施，确保将考生成绩和录取通知书直接发放给考生本人。

十、真正落实政府监管责任。各级政府及教育行政部门要疏堵并举，切实落实对普通高中教育的监管责任。要坚持正确的舆论导向，不断加强市、县教育行政部门的行政执行能力建设，加强教研科研机构建设，指导学校不断加强课程实施能力建设。要加大督查力度，及时制止各种违反本通知和《山东省普通中小学管理基本规范》要求的行为。对违规学校，要根据情节轻重分别给予警告、通报批评、责令整改、撤销先进称号、取消评优资格、责令停止招生、吊销办学许可证等处罚。出现多次严重违规办学行为的县(市、区)，要撤销其上级教育行政部门已经颁发的各种荣誉称号；已经被评估认定为山东省教育工作示范县(市、区)的，撤销其称号。同时，要根据有关法律法规，对相关责任人进行严肃处理。

山东省人民政府办公厅
2008 年 6 月 4 日

山东省人民政府办公厅转发省教育厅等部门《关于进一步加强专业学位研究生教育工作的意见》的通知

鲁政办发[2008]62 号

各市人民政府，各县(市、区)人民政府，省政府各部门、各直属机构，各大企业，各高等院校：

经省政府同意，现将省教育厅等部门《关于进一步加强专业学位研究生教育工作的意见》转发给你们，请结合实际，认真贯彻执行。

山东省人民政府办公厅
2008年11月7日

关于进一步加强专业学位研究生教育工作的意见

山东省教育厅　山东省学位委员会　山东省财政厅
山东省人事厅　山东省经济贸易委员会　山东省科学技术厅
（2008年9月22日）

为深入实施科教兴鲁战略和人才强省战略，加强高层次、应用型、复合型专门人才培养，加快推进经济文化强省建设，根据国家有关规定，结合我省实际，现就进一步加强专业学位研究生教育工作提出如下意见。

一、充分认识发展专业学位研究生教育的重要意义

专业学位（或称职业学位）是学位与研究生教育的重要组成部分，是为培养具有职业背景、适应社会特定职业或岗位实际工作需要的高层次、应用型、复合型专门人才设置的。我国自1991年开始实行专业学位教育制度以来，专业学位教育迅速发展，已基本形成以硕士学位为主，博士、硕士、学士三个层次并存的专业学位教育体系，培养了大量专业学位人才，为经济发展和社会进步发挥了重要作用。

近年来，在省委、省政府的正确领导下，我省认真贯彻落实科学发展观，不断调整和优化学位与研究生教育结构，专业学位研究生教育事业取得较快发展。目前，全省已有26所高等学校开展了15种专业学位研究生教育，为经济社会发展培养和输送了一批高层次、应用型、复合型人才。但也应当看到，我省专业学位研究生教育发展过程中还存在一些问题，主要是社会对专业学位教育的重要性认识不足、重视不够；培养单位和专业领域偏少，招生规模较小；培养模式有待改进，培养质量有待进一步提升，等等。各地、各部门要从全面建设小康社会、认真贯彻落实科学发展观、加快推进经济文化强省建设的高度，充分认识发展专业学位研究生教育的重要意义，坚持改革创新，加大工作力度，积极推动专业学位研究生教育的发展。

二、指导思想和发展目标

（一）指导思想。坚持以邓小平理论和"三个代表"重要思想为指导，以科学发展观为统领，全面落实科教兴鲁战略和人才强省战略，加快推进专业学位研究生教育改革和发展，坚持"加快发展、改革创新、提高质量、服务社会"的方针，着力构建特色鲜明、类型齐全、结构合理，有利于高层次、应用型、复合型人才培养的专业学位研究生教育体系，为经济文化强省建设提供人才支撑和智力支持。

（二）发展目标。适应我省经济社会发展需要，增加专业学位培养单位，健全专业学位类型，拓展培养领域，调整和优化学科专业结构，扩大培养规模。"十二五"末，全省专业学位与学术学位硕士研究生的比例力争达到1∶1；实施专业学位优秀品牌建设工程，突出培养特色，教育质量和办学效益不断提高；产学研合作进一步加强，重点建设100个左右省级研究生联合培养基地；国际交流与合作不断深入，专业学位研究生教育的国际化程度有所提高；逐步建立起适应经济社会发展需要、符合专业学位研究生教育发展规律的培养体系和发展机制。

三、主要措施

（一）加强专业学位学科建设。根据我省经济社会发展需求，加强对专业学位人才需求的研究和预测，准确把握专业学位学科的特点，加强对专业学位学科建设的探索和研究，充分发挥和挖掘现有学科优势和潜力，积极建设经济社会发展急需的专业学位学科；创造条件，增列专业学位研究生培养单位，增加专业学位研究生培养种类和培养领域，搭建专业学位研究生教育的平台，实现专业学位和学术学位教育协调发展。

（二）深化招生改革，努力增加优质生源。培养单位要抓住当前我省经济社会发展的机遇，强化特色和品牌，加大招生宣传力度，努力增加优质生源。要深化招生改革，科学确定招生规模和录取标准，改革考试科目，探索多元化测评，加大复试成绩在选拔中的比重。要树立可持续发展的理念，既要努力扩大招生规模，又要严格标准和

程序，把好入口关。

（三）创新培养模式，提高培养质量。要根据专业学位研究生的特点和高层次、应用型、复合型人才的培养目标，以提高专业学位研究生培养质量为根本，积极探索和建立适合专业学位研究生教育的培养模式。实行全日制和非全日制两种培养方式、弹性学制。要根据社会需求和专业学位的职业背景，优化培养方案和课程体系，不断更新教学内容，加强课程案例建设和教学应用，着重培养专业学位研究生的思维能力、逻辑推理能力、实际工作能力以及观察分析问题、创造性解决问题的能力。实施专业学位优秀品牌建设工程，树立质量第一的意识，突出办学特色，通过专业学位研究生教育品牌树立高校形象，提高学校知名度。

（四）加强师资队伍建设。建立和完善任课教师、指导教师的遴选、聘用、培训、评价和激励制度，专业学位研究生指导教师要有丰富的实践经验。重视和加强校外指导教师队伍建设，认真落实双导师制，积极吸收相关行业有丰富实践经验和较高理论水平的人员参与培养活动。加强任课教师、指导教师培训，科学把握专业学位研究生与学术学位研究生教育的区别，积极探索专业学位研究生教育规律，创造性地开展工作。

（五）推进产学研合作，加强培养基地建设。广泛吸收和整合社会资源参与研究生教育培养，各级政府、高等学校、科研院所、企事业单位要密切协作，建立专业学位研究生联合培养基地，按照互惠互利的原则，实行资源共享，积极开展多种形式的专业学位研究生培养。

（六）建立健全多渠道筹集资金的机制，加大投入力度。充分调动社会各方面的积极性，多渠道筹措资金，加大专业学位研究生教育投入力度。探索建立学生、学校、社会和政府合理分担培养成本的机制，加强经费使用管理。在教学基础设施建设、教学科研项目申报、教育捐赠资金使用、学生奖励等方面，向专业学位研究生教育倾斜。对专业学位研究生教育招生规模大、培养质量高的培养单位，要在学科建设、优秀学位论文评审等方面给予倾斜，加大支持力度。

（七）加强国际交流与合作。积极开展多种形式的国际交流与合作，认真借鉴国际上培养高层次、应用型、复合型人才的成功经验和有益做法，针对我省经济发展和社会需求的实际，探索互聘教师、交换学生、共建实习基地等合作途径，加强教学和管理交流。支持高等院校和国外高水平大学开展中外合作办学，实现教育资源共享。

（八）建立和完善质量监控保障体系。建立专业学位研究生教育专门的质量标准、评价体系和评估制度，遵循高层次应用型人才培养规律，针对专业学位教育的特点，科学评价专业学位教育质量，逐步建立内部评估、机构评估、社会评价相结合的专业学位教育评估体系。

四、加强组织领导，努力营造专业学位研究生教育发展的良好环境

各级政府、各有关部门要充分认识专业学位研究生教育在经济社会发展中的地位，将各级各类人才参加专业学位研究生培养纳入当地人才建设和继续教育的总体规划。加强对专业学位研究生教育工作的组织领导，教育、财政、人事、经贸、科技等部门要建立协调机制，统筹协调专业学位研究生教育工作，推动专业学位研究生教育又好又快发展。

各培养单位要把专业学位研究生教育放在与学术学位研究生教育同等重要的位置切实抓紧抓好，及时研究、解决专业学位研究生教育工作中的困难和问题，把专业学位作为学校的重要品牌建设好、发展好。要明确校、院、系各个方面的责、权、利关系，理顺管理体制，充分调动各方面的积极性。要认真贯彻国家和省关于专业学位研究生教育工作的有关规定，定期开展专业学位研究生教育工作评估。要加强专业学位研究生教育管理机构建设，配齐管理人员，添置必要的设备，落实机构、人员和经费。

要充分发挥行业、企业、社会团体在发展专业学位研究生教育中的作用，积极引导各类单位建立健全继续教育制度，鼓励和支持在职人员立足省内参加专业学位研究生教育。对专业学位研究生的使用、专业技术职务资格评审、工资津贴等方面要与同级别学术学位研究生同等待遇。按照国家统一部署要求，探索专业学位与职业或岗位任职资格相互衔接的制度。要大力宣传专业学位研究生教育在经济文化强省建设中的重要作用，在全社会弘扬接受更高层次教育、提高服务经济社会发展本领的良好风尚，创造有利于专业学位研究生教育发展的社会氛围。

山东省人民政府办公厅关于印发《山东省高等学校收费管理暂行办法》的通知

鲁政办发[2008]65 号

各市人民政府，各县(市、区)人民政府，省政府各部门、各直属机构，各大企业，各高等院校：

《山东省高等学校收费管理暂行办法》已经省政府同意，现印发给你们，请认真贯彻执行。

山东省人民政府办公厅
2008 年 10 月 27 日

山东省高等学校收费管理暂行办法

第一章 总 则

第一条 为加强高等学校(以下简称高校)收费管理，规范收费行为，维护高校和受教育者的合法权益，根据《中华人民共和国高等教育法》、《高等学校收费管理暂行办法》及国家发展改革委、财政部《行政事业性收费标准管理暂行办法》等有关规定，制定本办法。

第二条 高校收费是指高校按照国家收费管理有关政策和规定，向学生或服务对象收取的费用。

高校收费管理应当认真贯彻落实国家高校收费政策，科学合理地确定高校收费项目和收费标准，加强收费管理，形成适应山东高等教育发展需要，由政府、社会、学校、受教育者共同合理分摊培养成本的高等教育收费机制。

第三条 本办法适用于山东省境内各级政府举办的全日制普通高校。

第二章 收费项目

第四条 高校收费分为行政事业性收费、代收费、服务性收费、培训收费。

第五条 高校行政事业性收费包括收取的学费、住宿费、报名考试费 3 类：

(一) 学费是指高校按照规定项目和标准向受教育者收取的应由其承担的培养费用。收取学费的学生范围包括：

1. 经教育行政部门批准招收的各类普通、成人和高等函授教育本专科(高职)生，预科生；

2. 第二学位、双专业、双学位、辅修专业学位学生；

3. 国家没有安排财政拨款的研究生。包括专业学位研究生，MBA、MPA 学生，在职攻读硕士、博士学位研究生，申请硕士、博士学位的同等学力人员，示范性软件学院工程硕士研究生，委托培养、自筹经费硕士、博士研究生，研究生课程进修班学生等；

4. 以本硕连读、本硕博连读形式学习的本科阶段的学生；

5. 自费来华留学生；

6. 参加高等学历教育文凭考试、自考助学班、应用型自考大专班学习的学生；

7. 经教育行政部门批准招收的其他高等学历教育学生。

(二) 住宿费是指高校按照规定标准为在本校接受各类教育的学生提供住宿所收取的费用。

(三) 报名考试费是指高校根据国家有关规定，代教育行政部门或自行组织经国家批准的各类考试向学生收取的费用。包括笔试、复试或面试费用。主要考试项目有：

1. 硕士、博士研究生入学考试；

2. 专业硕士、博士研究生入学考试；

3. 在职人员攻读硕士、博士学位入学考试；

4. 同等学力人员申请硕士、博士学位水平考试；

5. 网络教育学生入学考试；

6. 专升本考试；

7. 保送生考试；

8. 小语种招生考试；

9. 自主招生考试；

10. 艺术类、体育类学生入学专业测试；

11. 高水平运动员及其他特殊类型学生入学测试；

12. 来华留学生申请、注册和考试等。高校其他教育考试收费按国家或省价格、财政部门相关文件规定执行。

第六条　代收费是指高校为方便学生的学习和生活，在学生自愿的前提下，代提供服务的单位收取的相关费用。

第七条　服务性收费是指高校为在校学生提供的由学生自愿选择的服务所收取的相关费用。

第八条　培训收费是指高校或其所属院、系、所、中心等，面向在校学生和社会人员提供各类培训服务，按照规定标准收取的费用。培训收费分为行政事业性培训收费和经营性培训收费。

行政事业性培训收费是指高校受具有行政事业性收费资质的单位委托举办面向专业人员培训时，按规定标准收取的费用。

经营性培训收费是指高校面向学生和社会举办各类辅导班、进修班、助考班等培训，按规定向受培训人员收取的费用。

第三章　收费标准

第九条　高校学费标准根据学生标准培养成本的一定比例确定。不同地区、不同层次的高校和不同专业的学费标准可以有所不同。

高校学生标准培养成本由标准教职工人员成本、标准学生支出成本、标准日常教学维持成本、标准土地和固定资产使用成本四部分构成，不包括灾害损失、事故和校办产业等非正常办学费用支出。

省价格主管部门根据国家有关规定，对高校学生标准培养成本进行监审。

第十条　高校全日制本、专科学生学费标准由省教育主管部门综合考虑学生标准培养成本、当地经济发展水平和居民经济承受能力等因素提出意见，省价格、财政主管部门进行审核，省价格主管部门按规定程序组织听证后，报省政府批准后执行。

实行学分制收费的高校，可以按学分收取学费，但按学分收费的总额不得超过学年收费的总额。学分制收费管理办法由省教育主管部门提出方案，省价格、财政主管部门审核后，报省政府批准后执行。高校其他各类学生的学费标准，由省教育主管部门提出意见，省价格、财政主管部门核定。

第十一条　高校可在省核定的学费标准范围内，根据学校的办学条件、教育质量和培养成本、生源状况等因素，确定各专业、各类别学生的具体学费标准，并报省教育、价格、财政主管部门备案。

第十二条　高校普通宿舍和学生公寓住宿费标准，按照成本补偿和非营利原则，综合考虑实际成本、住宿条件和当地经济发展水平等因素制定。具体标准和收费管理办法由省价格、财政、教育主管部门制定，经省政府批准后执行。

第十三条　高校向学生收取的各类报名考试费的收费标准，凡国家有明确规定的，按国家规定执行；国家没有明确规定的，由省教育主管部门区别项目提出意见，报省价格、财政主管部门审核批准后执行。

第十四条　高校代收费坚持“明确项目、学生自愿、据实结算”的原则。代收费项目和管理的具体意见，由省教育主管部门提出意见，报省价格、财政主管部门审核，经省政府批准后执行。

第十五条　高校服务性收费应当遵循学生自愿和非营利原则，即时发生，即时收取，不得与学费合并统一收取。严禁高校强制服务、强制收费或只收费不服务。服务性收费管理的具体意见，由省教育主管部门提出，经省价格、财政主管部门审核，报省政府批准后执行。

第十六条　高校(含中央部委驻鲁高校)行政事业性培训收费标准,按照补偿成本原则,依据《山东省培训班收费管理办法》的有关规定核定;高校经营性培训收费标准由学校制定,省属高校暨中央部委驻鲁高校报省价格、财政、教育主管部门备案,市属高校报同级价格、财政、教育主管部门备案。

第四章　收费管理

第十七条　高校的学费、住宿费按学年或学期收取,不得跨学年预收。学费收取原则上实行"老生老办法,新生新办法"。

第十八条　学生因故退学或受校纪处分开除学籍的,学校应根据学生实际学习时间按月计退剩余的学费和住宿费;实行学分制收费的学校,应根据学生实际选修学分数和学分学费标准进行结算。代收费用也应在学生退学时一并结清。学生学习时间按每年 10 个月计算。

学生外出实习一学期以上不需要返校住宿的,学校不得收取当学期或当学年的住宿费。

学生休学或参军的,可以比照退学规定退还有关费用。休学期间不交纳学费、住宿费等费用。休学期满复学后,按照随读年级相关专业的收费标准收取有关费用。

对寒暑假期间不离校的学生,学校不得加收住宿费用。

第十九条　高校不得强行统一收取代收费,也不得在学生缴纳学费时合并收取。各类代收费应及时据实结算、多退少补,不得在代办收费中加收任何费用。

高校学生公寓内床上用品和日用品由学生自主采购,不得强行统一配备。

高校教学用教材可以由学校指定,由学生自主购买,也可由学校统一采购,统一发放,教材费用应根据教材的实际采购价格据实向学生收取,不得赢利。

第二十条　高校行政事业性收费、代收费、培训收费由学校财务部门统一管理,专账核算。学费、考试费、培训收费统筹用于学校办学支出,住宿费用于学生宿舍管理、维修和设施设备的更新等,代收费用于学生代办项目的支出。

高校服务性收费原则上由学校财务部门统一收取。暂不具备条件的,可委托学校相关职能部门收取,但应由学校财务部门统一管理和核算。严禁高校财务部门之外的其他机构自立账户进行管理和核算。

第二十一条　高校收取的行政事业性收费、培训费,应当到指定的价格主管部门办理《收费许可证》,实行亮证收费。

高校的行政事业性收费标准如有调整,应及时到同级价格主管部门办理《收费许可证》变更登记手续。

第二十二条　高校学费、住宿费、考试费和培训费,使用省财政厅统一印制的"非税收入缴款书",通过"山东省非税收入征收管理系统",全额纳入财政专户,实行"收支两条线"管理。

第二十三条　高校的各项收费收入按照部门综合预算要求,实行全口径预算管理,严格按照财政部门批准的预算安排使用。任何单位和个人不得以任何形式挤占、截留和挪用学校的非税收入。

高校要严格按照批准的预算使用收费资金。

第二十四条　高等学校的学生须按规定交纳学费。对家庭经济困难的学生,高校应酌情减免学费。高校学费减免办法,按省政府有关规定执行。高校及其主管部门应建立和完善学生资助政策体系,通过助学金、助学贷款、勤工助学、政府奖学金等方式,确保学生不因经济原因而中断学业。

第二十五条　高校对本校经批准的收费项目和标准,通过公示栏、公示牌、校园网等形式向学生和社会进行公示,未经公示,不得收费。学校在招生简章中应当注明学费、住宿费等收费标准。新生的各项收费标准和学费减免政策,应与入学通知书一并寄达学生,主动接受学生、家长和社会的监督。

第二十六条　价格、财政、教育、审计部门应加强对高校收费的管理和监督,建立健全收费管理的各项规章制度,规范收费行为,不得擅自增加收费项目、提高收费标准、扩大收费范围。高校违反规定乱收费的,由价格主管部门依法查处。

第五章　附　则

第二十七条　成人高校收费项目和标准参照本办法执行。民办高校和中外合作办学的收费管理按照山东省民办教育和中外合作办学收费管理的有关规定执行。

第二十八条　香港特别行政区、澳门特别行政区、台湾地区以及海外华侨学生来山东省境内高校接受学历教育和非学历教育的，其学费、住宿费与国内学生执行相同的收费标准。

第二十九条　高校利用各种有形或无形国有资源(资产)，向社会提供技术和服务形成的收入，与社会组织和个人进行教学科研等合作所获得的收入，以及接受社会各界的捐赠收入等，属于非税收入，具体管理办法由省财政厅会同省教育、价格主管部门制定。

第三十条　本办法自发布之日起施行。此前有关高校收费管理规定与本办法不一致的，以本办法为准。

山东省人民政府办公厅 2008 年 11 月 11 日印

山东省人民政府办公厅转发省教育厅等部门《关于做好我省生源地信用助学贷款工作的意见》的通知

鲁政办发[2008]66 号

各市人民政府，各县(市、区)人民政府，省政府各部门、各直属机构，各大企业，各高等院校：

省教育厅、省财政厅、山东银监局《关于做好我省生源地信用助学贷款工作的意见》已经省政府同意，现转发给你们，请认真贯彻执行。

2008 年 11 月 24 日

关于做好我省生源地信用助学贷款工作的意见

山东省教育厅　山东省财政厅　山东银监局

(2008 年 11 月 12 日)

为贯彻落实《国务院关于建立健全普通本科高校高等职业学校和中等职业学校家庭经济困难学生资助政策体系的意见》(国发[2007]13 号)，帮助家庭经济困难大学生顺利完成学业，根据《财政部　教育部　银监会关于大力开展生源地信用助学贷款的通知》(财教[2008]196 号)有关规定，现就做好我省生源地信用助学贷款工作提出如下意见：

一、充分认识做好生源地信用助学贷款工作的重要意义

生源地信用助学贷款是国家助学贷款的重要组成部分，是利用财政、金融手段，创新金融服务体系，解决家庭经济困难学生就学问题的重要途径，对进一步完善家庭经济困难学生资助政策体系、充分发挥政策整体效应、确保实现国家资助政策既定目标等具有十分重要的意义。各地、各部门要从落实科学发展观，构建社会主义和谐社会的高度，充分认识做好生源地信用助学贷款工作的重要性，进一步统一思想，提高认识，切实加强组织领导，完善政策措施，明确工作职责，扎实做好生源地信用助学贷款工作。要加大对生源地信用助学贷款宣传力度，积极宣传生源地信用助学贷款的政策、申请条件和办理程序，宣传工作要覆盖到所有困难家庭。

二、生源地信用助学贷款的性质与条件

我省生源地信用助学贷款是指银行类金融机构向符合条件的家庭经济困难的普通高校新生和在校生(以下简称“学生”)发放的、在学生入学前户籍所在县(市、区)办理的助学贷款。生源地贷款为信用贷款，学生和家长(或其他法定监护人)为共同借款人，共同承担还款责任。具体承办银行由省教育、财政、银监部门与拟开办生源地信用助学贷款业务的金融机构协商确定。

申请生源地信用助学贷款的学生须同时符合以下条件：

(一) 具有中华人民共和国国籍；

(二) 诚实守信，遵纪守法；

(三) 已被根据国家有关规定批准设立、实施高等学历教育的全日制普通本科高校、高等职业学校和高等专科学校(含民办高校和独立学院，学校名单以教育部公布的为准)正式录取，取得真实、合法、有效的录取通知书的新生或高校在读的本专科学生、研究生和第二学士学生；

(四) 学生本人入学前户籍、其父母(或其他法定监护人)户籍均在本省同一个县(市、区)；

(五) 家庭经济困难，所能获得的收入不足以支付在校期间完成学业所需的基本费用。

三、生源地信用助学贷款的主要政策

(一) 贷款额度。生源地信用助学贷款按年度申请、审批和发放。每个借款人每年申请的贷款原则上最高不超过 6000 元，主要用于解决学生在校期间的学费和住宿费问题。高校在读学生当年已获得国家助学贷款的，不得同时申请生源地信用助学贷款。

(二) 贷款期限。生源地信用助学贷款期限原则上按全日制本专科学制加 10 年确定，最长不超过 14 年，其中，在校生按剩余学习年限加 10 年确定。学制超过 4 年或继续攻读研究生学位、第二学士学位的，相应缩短学生毕业后的还贷期限。

(三) 贷款利率及利息。生源地信用助学贷款利率执行中国人民银行同期公布的同档次基准利率，不上浮。生源地信用助学贷款利息按年计收。学生在校期间的利息由财政全额贴息支付，毕业后的利息由学生和家长(或其他法定监护人)共同负担。

(四) 还款时间及方式。学生在校及毕业后 2 年期间为宽限期，宽限期后由学生和家长(或其他法定监护人)按借款合同约定，按年度分期偿还贷款本息。

(五) 贷款贴息与风险补偿

1. 贴息。贷款学生在校期间利息全部由财政补贴，其中，考入中央及外省高校的学生，其贷款贴息由中央财政承担。在本省高校就读的，按高校隶属关系，省属高校学生的贷款贴息由省财政承担；市属高校(含民办高校)学生的贷款贴息由市财政承担。贷款学生毕业后利息全部由学生及家长(或其他法定监护人)负担。

2. 风险补偿金。建立生源地贷款风险补偿专项资金，风险补偿金比例按当年贷款发放额的 15%确定。

考入中央及外省高校的学生，风险补偿金由中央财政承担。在本省高校就读的，按隶属关系，省属高校学生的贷款风险补偿金由省财政承担；市属高校(含民办高校)学生的贷款风险补偿金由省、市财政按比例分担，济南、淄博、东营、烟台、威海 5 市，省与市的分担比例为 4 ∶ 6；潍坊、济宁、泰安、日照、莱芜 5 市，省与市分担比例为 6 ∶ 4；枣庄、临沂、德州、聊城、滨州、菏泽 6 市，省与市分担比例为 8 ∶ 2。

3. 贴息和风险补偿金管理。中央、省、市负担的贴息和风险补偿金分别由全国学生资助管理中心和省、市学生资助管理中心负责归集，每年 12 月 20 日前，向开展生源地信用助学贷款的经办银行及时足额划拨。

生源地信用助学贷款风险补偿金主要用于防范和弥补生源地贷款损失。风险补偿金若超出生源地信用助学贷款损失，超出部分由经办银行奖励给县级学生资助管理中心；若低于生源地信用助学贷款损失，不足部分由经办银行和县级财政部门各分担 50%。

此前已签订合同学生的国家助学贷款发放、贴息、还款办法继续按原规定执行。

四、加强生源地信用助学贷款的组织管理

我省生源地信用助学贷款工作，在省政府统一领导下，由省教育厅、财政厅、山东银监局、开办生源地信用助学贷款业务的金融机构及各地政府共同开展。各级教育、财政、银监部门和生源地信用助学贷款承办银行要分工负责，密切配合，逐步探索建立良性的生源地信用助学贷款运行机制。

各级教育部门要周密安排，精心组织，督促有关学校共同做好生源地信用助学贷款工作。省级教育行政部门每年根据生源情况，下达助学贷款控制限额。市级学生资助管理中心要加强对县级学生资助管理中心的业务指导，及时与县级学生资助管理中心、助学贷款经办银行以及有关高校进行沟通，认真核对助学贷款相关信息，确保财政贴息和风险补偿金的准确、及时支付。县级学生资助管理中心负责收集、整理、汇总学生的家庭经济状况、生源地信用助学贷款需求等信息，测算贷款需求，编制贷款预案；对贷款学生的家庭经济困难情况进行调查、认定；

建立学生信用和贷款资格评议小组,在省下达的助学贷款控制限额内,确定符合贷款条件的学生名单;办理生源地信用助学贷款的申请、初审等管理工作;接受高等学校、助学贷款经办银行的委托,建立与贷款学生家庭的联系制度,跟踪了解贷款学生的家庭经济状况变化情况;受经办银行委托催还贷款;负责向省、市级学生资助管理中心、高等学校和经办银行定期报送贷款学生的有关信息等,加强与高校沟通,避免重复贷款。尚未建立健全学生资助管理机构的县级教育行政部门,要按照《国务院关于建立健全普通本科高校高等职业学校和中等职业学校家庭经济困难学生资助政策体系的意见》(国发[2007]13号)中关于"地方政府要建立相应的工作机制,在整合现有资源的基础上,建立健全学生资助管理机构"的要求,尽快建立健全。有关普通高中要配合县级学生资助管理中心及经办银行,提供当年高考招生录取情况及生源地信用助学贷款需求情况,协助做好贷款申请、审批和发放等工作。有关高等学校要加强对学生的诚信教育,培养学生的诚信意识,教育学生毕业后按照合同约定履行还款义务;根据学生资助管理中心需要,协助提供生源地信用助学贷款学生的相关信息和高校收费账户信息等资料。

财政部门要足额安排并及时拨付贴息资金和风险补偿金,加强贴息资金和风险补偿金的管理、使用和监督,提高资金使用效益。县级财政部门要积极参与生源地信用助学贷款管理,参与协调有关事项,足额安排县级学生资助管理中心的业务经费,会同同级教育行政部门指导和监督县级学生资助管理中心开展生源地信用助学贷款工作。

银监部门会同教育、财政部门对银行业金融机构开办生源地信用助学贷款业务进行指导,定期进行检查和评价,督促经办银行完善金融服务、提高工作效率。

开办生源地信用助学贷款业务的金融机构要按照国家信贷政策,科学合理设计贷款方式和期限结构,制订生源地信用助学贷款的操作规程,负责审核、发放和管理贷款,确保贷款渠道畅通,使符合条件且有贷款需求的家庭经济困难学生都能申请获得生源地信用助学贷款。

山东省学位委员会　山东省教育厅关于印发《山东省研究生联合培养基地建设实施与管理办法》的通知

鲁教研字[2008]4号

各市教育局,各高等院校,各研究生培养单位,各大企业:

为加快推进我省经济文化强省建设步伐,广泛吸收和整合社会资源参与研究生培养,创新研究生培养模式,进一步提高研究生创新能力和培养质量,根据教育部《关于加强研究生创新计划区域合作的意见》(教研司[2006]10号)和《山东省研究生教育创新计划》(鲁学位[2006]5号印发),我们制定了《山东省研究生联合培养基地建设实施与管理办法》,现印发给你们,请遵照执行。

2008年8月27日

山东省研究生联合培养基地建设实施与管理办法

第一条　为广泛吸收与整合社会资源参与研究生教育培养,创新研究生培养模式,营造研究生教育创新环境,推进研究生创新能力和培养质量的提高,必须进一步加强研究生联合培养基地建设,大力推进研究生教育与经济建设、科技发展及社会进步相结合,建设全面开放的研究生教育创新体系。根据教育部《关于加强研究生教育创新计划区域合作的意见》和《山东省研究生教育创新计划》,特制定本办法。

第二条　支持研究生教育的发展与改革,加强研究生创新能力的培养,全面提高研究生教育质量,是全社会共同的责任。研究生学位授予单位与有关部门、企事业单位、科研院所及有关高等学校联合建设研究生培养基地,是充分利用社会优质教育资源,加强研究生创新能力培养的有效途径,也是加强研究生的社会实践,充分发挥研究生这一有生创新力量的作用，提升社会相关单位创新竞争力的需要。

第三条　研究生学位授予单位应高度重视研究生联合培养基地建设工作，积极适应建设经济文化强省对人才智力支撑的要求，主动加强与科研力量强、实验设备先进的社会各相关单位的密切联系与通力合作，创建多种形式的研究生联合培养基地或实验中心，搭建培养人才、创新科技、引领文化、服务社会的桥梁和平台，进一步推动产学研的密切结合。

第四条　研究生联合培养基地合作双方要制订合作建设的规划，制定相应的政策和规定，签署合作建设协议，明确联合培养研究生的学科领域、合作科研领域以及双方的权利、义务、责任等，进行全方位的对接和合作，切实做到资源共享，师资互聘，学分互认，产学研统筹，实现合作共赢。

研究生学位授予单位应把解决合作培养单位在科研、技术、管理等工作中遇到的困难和问题为己任，努力为合作培养单位破解技术难题，积极为合作培养单位的职工进修、培训等提供优质服务。在联合培养研究生中，优先聘任合作培养单位具有丰富实践经验、一定学术水平或技术专长的专家学者作为兼职导师，并纳入本单位研究生指导教师队伍建设的整体规划。

合作培养单位应把联合培养研究生纳入本单位的人才建设与科研攻关的整体工作之中，对研究生、施教导师的学习、教学、科研、论文写作、生产实习及生活等方面给予大力支持、资助和服务，为高层次人才的培养和成长创造良好的环境和条件。

第五条　省设立由省学位委员会、省教育厅等单位有关人员组成的山东省研究生联合培养基地建设领导小组。其职责是：研究决定山东省研究生联合创新培养基地建设工作中的重大问题，制定加强研究生联合创新培养基地建设的有关政策与措施，审核确定省级研究生联合培养基地，表彰在研究生联合培养基地建设、推动我省研究生教育改革发展中做出突出贡献的单位与个人。领导小组下设办公室，办公室设在省教育厅学位管理与研究生教育处（省学位委员会办公室）。

第六条　申报省级研究生联合培养基地需提交以下材料一式3份：

（一）山东省研究生联合培养基地申请书；

（二）研究生联合培养合作协议书。

第七条　省级研究生联合培养基地由有关研究生学位授予单位与基地所依托的合作培养单位联合申报，全省每年于十月底之前评审确定一批山东省研究生联合培养基地，省学位委员会、省教育厅发文公布，并为基地授牌。

研究生联合培养基地在进口教学及科研设备、教学经费投入等方面享受有关教学单位的税收优惠政策。

第八条　省领导小组每3年对研究生联合培养基地建设情况组织一次检查评估，对在加强研究生联合培养基地建设、推动我省研究生教育改革发展中做出突出贡献的联合培养基地及有关集体与个人予以表彰，对于建设效果不好，没有在提高研究生教育质量、尤其在加强研究生创新能力培养方面发挥应有作用的省级研究生联合培养基地，做出限期整改和撤消资格的决定。

山东省教育厅　山东省财政厅
关于印发《国家示范性高等职业院校建设计划管理实施细则》的通知

鲁教高字[2008]1号

各有关高校：

为规范和加强我省国家示范性高等职业院校建设计划的项目管理，保证建设计划顺利实施，促进高等职业教育的改革与发展，根据《教育部　财政部关于实施国家示范性高等职业院校建设计划加快高等职业教育改革与发展的意见》（教高[2006]14号）和《教育部　财政部关于国家示范性高等职业院校建设计划管理暂行办法的通知》

(教高[2007]12号)精神,结合我省实际,特制定《国家示范性高等职业院校建设计划管理实施细则》,现印发给你们,请遵照执行。

2008年1月18日

国家示范性高等职业院校建设计划管理实施细则

第一章 总 则

第一条 为加强我省国家示范性高等职业院校建设计划(以下简称建设计划)项目管理,规范建设计划行为,保证建设计划顺利实施,根据《教育部财政部关于国家示范性高等职业院校建设计划管理暂行办法的通知》(教高[2007]12号)及有关规定,结合我省实际,制定本实施细则。

第二条 建设计划以提高高等职业院校办学质量为目标,以推进改革和实现优质资源共享为手段,支持办学定位准确、产学研结合紧密、改革成绩突出的高等职业院校(以下简称项目院校)进一步加强内涵建设,发挥项目院校的示范作用,带动高等职业教育改革与发展,逐步形成结构合理、功能完善、质量优良的高等职业教育体系,更好地为我省经济建设和社会发展服务。

第三条 按照"地方为主、中央引导、突出重点、协调发展"的原则,建设计划实行中央、省、项目院校举办方和项目院校分级管理的方式,以院校管理为基础,省、项目院校举办方管理为主。

第四条 建设计划专项资金由中央、地方、项目院校举办方和项目院校共同承担,按照统一规划、专账核算、专款专用、结余留用的原则,实行项目管理。

第二章 管理职责

第五条 省教育厅和财政厅是我省项目建设计划的主管部门,对项目建设过程中出现的问题进行决策,从立项、执行到验收进行全过程的管理和监督。省教育厅、财政厅共同负责建设计划的组织管理和监督检查。主要职责如下:

(一)按照教育部、财政部要求,组织项目院校的申报、预审和推荐工作;

(二)负责指导、检查、监督本地区项目院校的建设进展情况,及时协调、解决建设过程中的问题;

(三)负责统筹落实项目院校的建设资金,对建设资金的使用进行监督,确保专项资金使用效益;

(四)向教育部、财政部报送本地区项目阶段进展报告和项目完成总结性报告。

第六条 项目院校举办方是项目院校的主管单位,主要职责如下:

(一)按照教育部、财政部和教育厅、财政厅的要求,指导所属高职院校进行项目申请,确保落实相关政策和建设资金;

(二)指导、检查所属项目院校的建设进展情况,监督项目院校定期进行自查,及时协调、解决建设过程中的问题。

第七条 项目院校法人代表为项目建设主要责任人。项目院校应有专门机构具体负责本校项目建设的规划、实施、管理和检查等工作,主要职责如下:

(一)按照教育部、财政部和教育厅、财政厅有关管理办法的要求,编制、报送项目建设方案和项目任务书,并对申报材料的真实性负责;

(二)按照批复的项目建设方案和任务书确定的建设内容,组织实施项目建设,确保项目建设进度、建设投资和预期目标;

(三)统筹安排各渠道建设资金,按照有关财务制度及本实施细则规定,科学、合理使用建设资金,确保资金使用效益;

(四)每年2月中旬将上年度项目建设进展、年度资金使用等情况形成年度报告,上报省教育厅、财政厅。由省教育厅、财政厅审定后于2月底前上报教育部、财政部。

(五)接受各级教育、财政、审计、监察等部门对项目实施过程和结果进行监控、检查和审计。

第三章　申报评审与组织实施

第八条　申报评审工作按照教育部、财政部公布的年度建设计划执行，主要包括通知发布、资格审查、预评审、论证、推荐和参加教育部、财政部评审等环节。

（一）通知发布

省教育厅、财政厅按照教育部、财政部年度建设计划项目申报要求，拟定我省申报工作方案，组织我省独立设置的高等职业院校进行申报。

项目建设申报院校应按照通知要求，根据事业发展需要和财力可能，对所申报的项目从建设基础、建设内容、项目预算、资金筹措、效益目标、组织管理等方面进行详细的可行性分析，编写项目建设方案，填写《申报院校国家示范性高等职业院校建设项目推荐书》（以下简称《建设项目推荐书》）。

项目建设方案和《建设项目推荐书》的主要内容包括：申报项目的建设内容、项目概算、资金来源、预计实施期限、预计目标效益、项目负责人与组织实施措施等。

（二）成立项目评审专家组

省教育厅、财政厅负责组织成立项目评审专家组。专家组由不少于11名的成员组成，其中，省外专家不少于3人。专家组成员名单对外保密。

（三）资格审查

省教育厅在材料报送截止后，依据教育部发布的年度《国家示范性高等职业院校建设推荐院校预审标准》和省人事厅、省教育厅发展规划处等有关部门提供的年度统计数据，在院校举办方承诺支持的基础上，对各院校报送的材料进行资格审查。申报院校提交材料包括（具体要求以通知为准）：

1.（地方）国民经济和社会发展“十一五”规划纲要（1份）；

2.（地方）“十一五”教育事业发展规划（1份）；

3.（地方）“十一五”高等职业教育改革与发展计划（1份）

4. 院校“十一五”事业发展规划（1份）；

5.《国家示范性高等职业院校建设项目推荐书》（15份）；

6. 国家示范性高等职业院校建设方案（1份）；

7. 国家示范性高等职业院校建设可行性研究报告（1份）；

8. 院校简介并附8分钟光盘（15份）；

9. 院校当年招生简章（15份）。

（四）专家评审

省教育厅将资格审查合格的申报院校材料通过邮件秘密发送给专家组成员审阅，进行预赋分。

（五）论证

项目评审专家组，对申报院校建设方案和项目预算进行综合评议、排序。按照年度项目推荐名额，提出拟推荐院校建议名单。专家组对拟推荐院校建设方案分别形成可行性研究报告，并将拟推荐院校建议名单报省教育厅、财政厅审定。

（六）公示

省教育厅、财政厅将拟推荐院校名单在相关媒体予以公示，公示期为7天。

（七）推荐上报

省教育厅、财政厅将确定推荐院校的名单，上报教育部和财政部。

省教育厅、财政厅组织专家对推荐院校的《项目建设推荐书》等材料进行修订、完善，上报教育部和财政部。

第九条　省教育厅、财政厅根据教育部、财政部下达的中央财政支持的重点专业项目表和预算控制数，组织项目院校及其举办方修订建设方案和项目预算，填写《国家示范性高等职业院校项目建设任务书》（以下简称《任务书》），制定相应的保障措施，切实统筹落实《项目建设推荐书》对项目院校所承诺的支持责任。

第十条　省教育厅、财政厅组织专家对修订后的建设方案、项目预算和任务书进行充分论证，并将通过论证的建设方案和任务书报送教育部和财政部审核。

第十一条　项目建设方案和《任务书》经教育部和财政部批复后，即成为项目建设的依据，项目院校举办方、项目建设院校应及时组织项目实施。建设方案一经审定，必须严格执行，项目建设过程中一般不得调整。如确需调整的，项目院校须报经省教育厅、财政厅核准后，由省教育厅、财政厅报教育部、财政部核定。

第十二条 省教育厅、财政厅对国家示范性院校建设院校实行项目管理责任制。项目校应有相应的工作组织，建立项目建设管理制度和考核办法。

项目院校一般应成立由主要领导、财务、审计及有关业务部门负责人组成的项目建设工作领导小组，并落实项目负责人。

项目建设工作领导小组根据批复的项目建设方案和任务书，审批项目建设工作方案，协调项目建设中所涉及的外部和内部之间的关系，及时解决遇到的困难和问题，对项目建设总负责。

项目负责人根据项目建设工作领导小组确定的项目建设总体计划和批准的项目建设方案、任务书，研究、制定具体的实施措施，并组织实施，对项目建设负直接责任。

第四章 资金管理

第十三条 国家示范性高等职业院校建设专项资金(以下简称"专项资金")主要包括经教育部、财政部批复，用于国家示范性高等职业院校建设计划项目的财政专项资金、项目院校举办方专项资金、学校自筹资金、校企合作资金等。中央专项资金实行一次确定、三年到位，逐年考核，适时调整。

第十四条 地方财政专项资金、项目院校举办方专项资金，应在财政部、教育部下达项目院校中央财政专项资金总预算及年度预算后，足额拨付到项目院校，院校自筹专项资金、校企合作资金也应按计划及时到位。

第十五条 项目院校应统筹安排使用不同渠道下达或筹集的专项资金，科学、合理编制本校建设项目的总预算及年度预算。项目预算是项目院校综合预算的组成部分，应纳入学校年度总体预算。

第十六条 中央专项资金主要用于支持项目院校改善教学实验实训条件、培养专业带头人和骨干教师、改革课程体系和建设共享型专业教学资源库等。地方财政专项资金、项目院校举办方专项资金、学院自筹资金主要用于满足项目院校教学实训基础设施基本建设、师资队伍、课程建设的需要等。校企合作资金主要用于校企合作建设实验实训设施、人员培训等。

第十七条 专项资金支出主要包括：

(一) 实验实训条件建设费：是指项目院校建设过程中购置、调试、改造、维护实验实训设备以及相关实训制度建设、规程设计发生的费用。中央专项资金用于购置中央财政重点支持专业的实验实训设备和相关实训制度建设、规程设计。中央专项资金用于实验实训设备购置部分的经费一般不超过中央专项资金总额的50%。

(二) 课程建设费：是指项目院校按照工学结合人才培养模式改革要求，对学校重点建设专业和特色专业进行教学研究，调整课程体系和教学内容，改革教学方法和手段，开发相应教材和教学课件等发生的费用。

(三) 师资队伍建设费：是指项目院校用于专业带头人、骨干教师及"双师型"教师的培养、聘用及引进教师、聘请专家所需经费。中央专项资金用于培养专业带头人和骨干教师，以及从行业、企业聘用有丰富一线实践经验的兼职教师。中央专项资金用于师资队伍建设部分的经费一般不超过中央专项资金总额的15%，其中1/3可用于聘用上述类型兼职教师。地方财政专项资金、项目院校举办方专项资金和项目院校自筹资金中必须安排一定经费用于师资队伍建设，其中用于聘用上述类型兼职教师的经费原则上不低于中央专项资金。

(四) 共享型专业教学资源库建设费：是指专项资金用于支持基础性强、需求量大、覆盖面广、共享程度高的专业教学资源库开发以及项目公共管理平台建设费用。

省教育厅、财政厅将在教育部、财政部制订教学资源库建设规划、确定资源库建设单位和管理平台后，指导、监督我省教学资源库建设。

(五) 其他费用：是指除上述费用支出外，其他与项目院校建设相关的"对口支援"等非基建类费用支出。

(六) 基本建设费：是指与建设任务相关的基本建设支出，按照现行有关基本建设投资管理办法进行管理。

(七) 项目管理费：是指省教育厅、财政厅在实施项目建设中所必须开支的经费，主要用于省教育厅、财政厅统一组织的项目论证、评审、考核、验收所需的会议费、差旅费、办公费、交通费、专家劳务费等。项目管理费由省教育厅每年根据实际工作需要提出年度预算数，经财政厅审定后在教育厅年度预算中安排。

第十八条 项目院校负责对建设项目的实施、资金投向及年度资金调度安排、固定资产购置等实行全过程管理，严格执行国家有关财经法律法规和本细则的规定，确保专项资金年度使用计划按期完成。专项资金当年结余，可结转下年继续使用，不得挪作他用。

第十九条 专项资金按财政国库管理制度的有关规定办理支付，纳入项目院校财务机构统一管理，并设置单独账簿进行核算，专款专用、专账管理。

第二十条　拟采购的仪器设备和基础设施建设必须组织专家进行经济技术论证，方可组织采购实施。

凡纳入政府采购的支出项目，必须按照《中华人民共和国政府采购法》的有关规定，经过招投标、集中采购等规范程序后方可列支。

第二十一条　项目院校应将项目收支情况按预算科目纳入年度单位决算统一编报。

第二十二条　凡使用财政性资金形成的资产，均为国有资产。项目院校应按照国家有关规定加强管理，合理使用，认真维护。

第二十三条　专项资金不得用于项目院校偿还贷款、支付利息、捐赠赞助、对外投资、抵偿罚款等与示范院校建设项目无关的其他支出。

第五章　监督检查与验收

第二十四条　省教育厅、财政厅和项目院校举办方，对项目院校建设计划的实施实行事前充分论证、事中监控管理指导、事后效益监测评价的全过程监控和考核。

(一) 省教育厅、财政厅负责指导项目的实施。依据项目院校的项目建设方案和任务书，组织专家或委托有关单位，检查和监督项目院校的建设进展情况和进行年度考核。及时解决建设过程中的问题；

(二) 项目院校举办方负责领导项目的实施，切实履行各项资金及政策支持承诺，确保项目实施质量与进度；

(三) 项目院校对项目建设日常工作进行管理和监督，建立项目实施管理办法和资金管理责任制。

第二十五条　在检查中有下列行为之一的，省教育厅、财政厅将视其情节轻重，建议国家示范性高等职业院校建设计划领导小组给予警告、中止或取消项目等处理。

(一) 编报虚假预算，套取国家财政资金；

(二) 项目执行不力，未开展实质性的建设工作；

(三) 擅自改变项目总体目标和主要建设内容；

(四) 项目经费的使用不符合有关财务制度的规定；

(五) 无违规行为，但无正当理由未完成项目总体目标延期两年未验收的；

(六) 其他违反国家法律法规和本细则规定的行为。

第二十六条　项目完成后，项目院校应会同其举办方共同撰写项目总结报告，向省教育厅、财政厅申请项目预验收。项目总结报告的内容一般包括：项目建设基本情况，建设目标完成情况和成效，重点专业建设与人才培养模式改革成效，高等职业教育改革发展及其对区域经济社会发展的贡献度，示范与辐射成效，取得的经验，以及专项资金预算执行情况和使用效果，资金管理情况与存在问题等。省教育厅、财政厅将依据项目院校的项目建设方案和任务书对项目院校建设与完成情况进行检查与预验收。

对预验收合格的项目院校，省教育厅、财政厅将向教育部、财政部申请项目验收。

对预验收不合格的项目院校，省教育厅、财政厅将对项目院校下达整改意见。待整改合格后，再向教育部、财政部申请项目验收。

第二十七条　对于按项目总体目标和项目内容如期或提前完成、通过验收，成绩突出的项目院校，以及在项目组织和管理工作中表现出色的院校举办方，教育厅、财政厅将给予适当表彰。

第六章　附　则

第二十八条　本细则自发布之日起实行，各项目院校应与举办方按本实施细则的规定结合实际情况制订具体管理办法。

第二十九条　本细则由教育厅、财政厅负责解释和修订。

山东省教育厅关于进一步做好高等学校教学评估工作的通知

鲁教高字[2008]2号

各高等学校：

为深入贯彻落实教育部、财政部《关于实施高等学校本科教学质量与教学改革工程的意见》(教高[2007]1号)、教育部《关于进一步深化本科教学改革全面提高教学质量的若干意见》(教高[2007]2号)、教育部《关于全面提高高等职业教育教学质量的若干意见》(教高[2006]16号)以及有关评估工作文件精神，确保我省本科院校教学工作水平评估和高职院校和成人高校人才培养工作水平评估工作有序健康开展，在总结近年来我省高等学校开展教学评估工作经验的基础上，现就进一步做好我省高等学校教学评估工作通知如下：

一、充分认识高等学校教学评估工作的重要性

提高教育教学质量是高等教育"十一五"期间的工作重心和战略任务，做好高等学校教学评估工作是落实科学发展观、提高教育教学质量的关键举措。要充分发挥评估促进学校建设、改革、发展和提高教育教学质量的作用，坚持"以评促建、以评促改、以评促管、评建结合、重在建设"的指导思想，注重实效。要充分认识教学评估工作重要性，高度重视教学评估工作，把教学评估工作的着眼点、着力点放在加强建设、深化改革、规范管理、提高质量上。通过评估，进一步确立教学工作的中心地位，加大教学投入，改善教学条件，总结办学经验，凝练办学特色，提升教学水平和管理水平，建立有效的教学工作保障和质量监控机制，促进学校可持续健康协调发展。

二、认真做好各类高等教育教学评估工作

根据教育部有关评估工作的要求，目前已实施的高等学校教学工作评估主要分为四大类：普通高等学校本科教学工作水平评估；高职高专院校和成人高校人才培养工作水平评估；独立学院教育工作合格评估；其它教学工作专项评估。各类高等学校教学评估工作有不同的要求、不同的特点和不同的操作方法，应当贯彻分类指导的原则，实事求是，遵循高等教育教学规律和管理规律，从建立健全教学工作管理制度、构建教学质量监控体系与保障机制的角度来搞好各类教学评估工作。

(一) 普通高等学校本科教学工作水平评估，是教育部直接组织实施的教学和人才培养工作综合性评估。各普通本科高等学校，要按照教育部有关要求，扎实做好评建工作，不断提高教学质量和人才培养质量，力争取得优异成绩。

(二) 高职院校和成人院校人才培养工作水平评估，是教育部委托省级教育行政部门组织的评估。我省高职院校和成人院校人才培养工作水平评估工作将继续贯彻执行《教育部办公厅关于全面开展高职高专院校人才培养工作水平评估的通知》(教高厅[2004]16号)、《山东省教育厅关于高职院校和成人高校人才培养水平评估工作有关问题的通知》(鲁教高函[2004]9号)等文件精神。已列入评估计划的院校要认真做好准备工作，准确定位，加强建设，规范管理，提高质量。2008年具有1届以上毕业生的院校，凡未参加本轮评估的，均须在2009年接受人才培养工作水平评估。

(三) 普通高等学校独立学院教育工作合格评估，是教育部为引导独立学院规范办学、加强建设和维护正常教学秩序而开展的评估。目前，独立学院评估方案正在制定过程中，即将实施。各独立学院要切实加强建设，严格管理，规范办学，建立健全各项管理制度，认真做好各项评建工作。

(四) 高等学校教学工作专项评估，是国家和地方主管部门根据有关法规在某一教学工作范围内开展的评估。评估结束的普通本科高校，要有计划地做好专业评估的准备工作，以此推动学校专业建设工作，不断提高专业建设水平。

未参加这一轮评估的新办本科院校、高职院校和独立学院等，要在评建过程中争取主动，对照教育部本科、高

职院校教学管理规范、办学条件标准和独立学院教育工作评估指标体系等规定与要求，及早准备、精心部署，切实把评估标准和要求落实到日常教学和管理过程中，为顺利通过评估奠定良好的基础。

三、规范教学评估工作程序，提高评估工作质量

高等学校教学工作评估，要严格按照教育部有关评估程序要求进行。被教育部或我厅列为当年评估对象的学校，按照以下程序开展评估工作：

（一）学校初步确定评估计划，于前一年底以前以学校正式办文形式向我厅提出接受正式评估的具体时间安排建议。

（二）学校自评。学校须根据接受专家进校评估计划安排，至少提前一年做好自评工作。学校的自评工作要与日常教学工作有机结合，不应影响正常的教学工作秩序。自评工作包括自查自建自改、自评报告及相关材料准备等方面。自评报告应在正式接受评估1个月以前，上报教育部和我厅高等教育处。

（三）建立本科院校教学工作水平评估预评估机制。为了帮助学校及时总结经验，查找差距，推动整改工作，本科院校教学工作水平评估实行预评估机制，主要包括以下一些内容和程序：

1. 已确定接受教育部本科教学工作水平评估的学校于正式接受评估前3个月，向我厅提交接受预评估申请。

2. 根据学校具体情况，在正式接受评估前2至3个月，我厅组织专家对学校进行预评估。预评估的具体安排由学校提出方案，经我厅审核后确定。

3. 学校根据预评估专家组的意见及建议，进行深入整改，修改自评报告，完善相关材料准备工作，并根据教育部主管部门要求按时提交评估准备材料。

高职院校和成人高校是否进行预评估，由学校根据实际情况自主确定。

（四）学校按照评估时间安排正式接受专家组进校评估。被评学校要在专家进校前准备好校长汇报材料，并拟订评估工作日程表初稿，待专家组进校后与专家组商定评估工作日程安排；组织好评估汇报会和专家组反馈意见通报会，并在专家组进校评估过程中积极配合专家组做好各个环节的工作，保证专家顺利开展评估工作。

（五）严格评估结论的建议、审定、公布等程序。本科教学工作水平评估结论由教育部审定后向社会公布。高职院校和成人高校人才培养工作水平评估由专家组向省高职院校和成人高校人才培养工作水平评估委员会提交学校考察评估意见并提出评估结论建议，省高职院校和成人高校人才培养工作水平评估委员会审议并向我厅提出评估结论建议，由我厅审定后向社会公布评估结论。

（六）学校根据专家组反馈意见制定整改方案和落实整改措施。接受评估的普通本科院校、高职院校和成人高校要在专家组评估结束后1个月内以学校正式文件分别向教育部和我厅提交整改方案，1年内提交整改情况报告。

（七）学校评估结束后，应及时向我厅提交的评估材料：

1. 学校自评报告；

2. 校长报告；

3. 专家组反馈意见；

4. 专家组成员反馈会发言材料（录音整理稿）；

5. 学校整改方案；

6. 学校整改报告。

四、进一步加强评估纪律，不断提高评估工作的透明度

各高校要严格贯彻执行《教育部办公厅关于进一步加强高等学校教学评估工作纪律的通知》（教高厅[2004]17号）、《关于严肃评估纪律进一步提高评估工作实效的通知》（教高评中心[2007]2号）、《教育部办公厅关于印发〈普通高等学校本科教学工作水平评估学校工作规范（试行）〉和〈普通高等学校本科教学工作水平评估专家组工作规范（试行）〉的通知》（教高评厅[2007]1号）和《山东省教育厅关于加强高职院校和成人高校人才培养工作水平评估纪律的通知》（鲁教高函[2004]14号）等有关规定，进一步明确评估的目的，严格遵守评估纪律。学校在接待专家方面，要坚决反对铺张浪费和形式主义。学校提供的基础数据和佐证材料，要实事求是，坚决杜绝弄虚作假现象。专家组要关注学校的诚信行为，对发现提供虚假材料的要立即报告，提出处理建议和意见。

今后将进一步提高教学评估工作的透明度，不断加强教学评估工作的社会监督，逐步建立评估材料、评估过

程、评估意见与评估结论的公示、公布和适当范围内公开的制度。确保评估的公正廉洁,保证评估工作有序、规范、公平、公正地开展。

五、高度重视评估整改工作,巩固评估成果

评估工作是包括学校自评自建、专家进校考察评估和整改在内的一个完整的过程。整改作为评估工作的重要环节,是学校落实专家组反馈意见,巩固和扩大教学评估前期阶段成果的重要措施,也是下一轮评估的重要考察内容之一。学校要认真研究专家组的考察意见,针对评估中发现的问题,认真做好整改工作,明确整改目标,研究整改方案,制定整改措施,切实把整改落到实处。在整改过程中,要进一步加大教学投入,改善办学条件;强化教学管理,规范教学秩序;深化教学改革,推进教育创新,推动学校教学工作再上新台阶,发挥教学评估的最大效益。防止在评估中重结果轻过程、重迎评轻整改的现象发生。通过整改,进一步认清自身存在的问题和不足,明确今后奋斗的方向和目标,从而在更高层次上提高教学质量和学校的办学水平。我厅将建立评估检查回访机制,不定期组织专家深入学校了解学校评估整改情况,促使学校评估整改工作落到实处,取得成效。

六、加强教学评估工作的组织领导,建立和完善教学质量保障和监控机制

各校要加强对教学评估工作的领导,建立健全评估组织。学校党政一把手作为学校教学质量的第一责任人,要亲自抓教学评估的各项工作。要把评建工作摆到学校各项工作重中之重的位置,切实解决人、财、物等方面的实际问题,制定和落实有关政策,保证教学工作成为贯穿学校各项工作的主旋律,确保人才培养的基础地位、教学工作的中心地位和教学质量的首要地位。

各高校要强化质量意识,实行校级和院(系)评估工作制度,构建学校内部教学质量监控体系,建立自我完善、自我约束、自我发展的长效机制,使评建工作长期化、制度化、规范化,保证教学质量监控贯穿于教学工作全过程。充分发挥学校评建或教学督导组织的作用,促进教学质量稳步提高。

2008 年 2 月 18 日

山东省教育厅关于深化基础教育课程改革全面提高教育质量的意见

鲁教基字[2008]1 号

各市教育局:

自 2001 年我省开展基础教育课程改革实验以来,各级党委政府高度重视,各级教育行政部门和学校积极努力,开拓进取,实验工作进展顺利。但是,当前课程改革实验仍面临许多亟待解决的问题。为进一步深化基础教育课程改革,全面提高我省基础教育的质量和水平,结合我省工作实际,现提出如下意见。

一、提高认识,增强深化课程改革的责任感和紧迫感

1. 充分肯定课程改革取得的成就。基础教育课程改革是世纪之交基础教育领域的重大改革,是一个影响深远、任务艰巨的系统工程。经过几年的努力,我省的课程改革实验取得了显著进展,新课程理念已得到广泛传播和积极实践,有效推进课程改革的工作机制得以建立,有利于教师成长的教研、培训活动广泛开展并取得明显成效,教学方式和学生的学习方式发生了可喜的变化,课程资源建设和管理工作取得切实成效,促进学生和教师发展的考试评价制度开始建立。课程改革正推动我省基础教育发生着深刻的变化。

2. 增强深化课程改革的责任感和紧迫感。当前,基础教育已经进入内涵发展的新阶段,进一步提高教育质量和水平是摆在全省教育工作者面前的首要任务。课程改革是教育改革的核心内容,是素质教育由外延到核心

突破的关键环节。课程改革的深入进行，对于实施素质教育，推动科学发展，提高教育整体水平，实现“科教兴鲁”和人才强省战略具有重要的意义。全省各级教育行政部门、各级各类学校和全省广大教育工作者要进一步提高对深化课程改革重要性的认识，增强推进课程改革的责任感和紧迫感，抓住机遇，积极探索，勇于实践，扎实推进课程改革，全面提高教育质量。

二、落实课程方案，加强教材管理，完善三级课程管理制度

3. 认真落实国家课程方案。中小学校要严格按照国家课程方案和省定课程计划组织教育教学，开全课程，开足课时。任何地方和单位都不得随意增减课程和课时。普通高中要在开齐开全必修课程的基础上，积极创造条件开设尽可能多的选修课程，满足学生对课程多样性、个性化的选择需求。

4. 依据课程标准组织教学。课程标准是教材编写、教学、评估和考试命题的依据，是国家管理和评价课程的基础。学校要严格按照各学科课程标准组织教学，不得随意增加难度和降低要求，课时安排和课程评价要符合课程标准的要求。

5. 加强地方课程建设。实行统一与分散相结合的地方课程管理办法，根据学生的生理特点、心理特点、知识水平和接受能力，将安全教育、法制教育、环境教育、传统文化、人生指导等内容作为必修课列入地方课程，并分年级统一安排课时。

6. 积极推动学校课程建设。学校要正确处理好学校课程与国家课程、地方课程的关系，成立学校课程开发委员会，制定学校课程开发与实施方案，引导教师科学设计学校课程与教学方案，为学生全面发展提供课程保障。学校课程不得编写教材，但可以开发讲义。要坚持学校课程教育行政部门备案制度。对在全省具有推广价值的学校课程，经过论证和审查等程序，可提升为全省的地方课程。

7. 加强教材管理工作。各地要完整转发省《中小学教学用书目录》，不得增减内容。教材选用必须在省《中小学教学用书目录》范围内，按照以市为单位选用、报省里核准的程序进行。规范教材选用工作，增加省级教材选用的宏观调控，逐步形成我省的主流教材。相关部门要加强课程资源的研究与开发。

8. 充分利用校内课程资源。加强图书和教学仪器管理与使用效益，改革仪器管理制度，建立和完善图书馆、实验室、网络教室等教学仪器设施面向全体学生开放的制度，充分发挥学校人力、物力、信息等各类资源的最大效益。

9. 大力开发校外课程资源。通过多种途径和方式，与家长、社区以及其他相关部门建立密切的联系，发挥家长委员会、社区委员会的积极作用，为学校提供各种支持。充分利用科技馆、博物馆、自然与人文环境等校外课程资源，积极寻求科研院校和企事业单位的支持。

三、强化课程实施，加强教学研究，提高课程实施质量和水平

10. 提高教学效率和质量。加强对教育教学规律和学习规律的研究，以教育科研指导和优化教学活动，让学生始终保持学习的浓厚兴趣和动力。要切实转变教师的教学方式和学生的学习方式，积极研究有效教学措施，切实实现减负增效。

11. 切实加强中小学德育课程的教学。积极改进中小学德育课程的教学方式，采用中小学生喜闻乐见、生动活泼的方式进行教学，把传授知识同陶冶情操、习惯养成、道德素养与民族精神培育等有机结合起来。改革德育课的评价方法，实行以日常行为评价和考试成绩相结合的评价方式，提倡开卷考试。开展丰富多彩的思想道德实践活动，采取有效措施加强学生的心理健康教育。

12. 加强体育、艺术课程的开设和体育、艺术活动的开展。牢固树立“健康第一”的指导思想，配齐体育、艺术课师资和体育、艺术设施，确保体育、艺术课和体育、艺术活动落到实处。积极开展丰富多彩的群众性体育、艺术活动，培养学生科学的锻炼习惯和锻炼方式，增强学生体质，培养学生良好的艺术素养。通过开展每天上下午各30分钟的大课间体育活动等方式，大力实施“阳光体育运动”，确保学生每天集体体育锻炼不少于1小时。认真落实《国家学生体质健康标准》，按照标准测试学生身体素质状况，高中学校招生要参考初中学生的体育测试成绩。

13. 创造条件保障综合实践活动课程的开设。端正对综合实践活动课程的认识，按照规定课时，采取有效措施开足开好综合实践活动课程，保证不走形式和过场。开展以“课题研究”为载体的研究性学习活动，小学生通过小观察、小展览、小制作、小报告和小论文等形式开展探究学习，中学生每学期应完成一个课题的研究性学习并形

成研究报告。切实加强社会实践和社区服务活动的开展，义务教育阶段学校要有2处固定实践基地和若干处非固定实践基地，学生(小学三年级以上)参与项目生均达到2项以上。普通高中要有4处固定实践基地和若干处非固定实践基地，学生参与项目生均达到4项以上。

14. 切实加强技术课程的开设。义务教育阶段学校要按照国家规定课时，开设好信息技术课程。要通过学农、学工和劳动实践等活动开展劳动和劳动技术教育，培养学生良好的劳动习惯、一定的劳动技能和尊重劳动的良好风气。普通高中要遴选培训师资，建设信息技术专用教室和通用技术实验室，配备必需的教学设施，切实保证技术课程的开设。

15. 加强选修课程的管理。高中学校要积极创造条件，开设更多的选修课，为学生的自主选课提供科学指导。市、县(市、区)和学校不得为学生集体确定选修课程，不得将学生自主选课变为集体必修。高中指导学生选择发展方向不早于第二学年末，高中结束课程不得早于第三学年第一学期末。

16. 精选布置课内外作业。课内作业可设置基础型、技能型、创新型等若干类型，引导学生分层次选择完成；课外作业可由知识型、活动型、实践型、探究型、开放型等组成。要遵守有关规定，严格控制课外书面作业总量，避免搞“题海战术”。书面作业要降低难度，提倡布置探究性、实践性的家庭作业。

四、创新机制，整合资源，推进校外教育和实践活动的开展

17. 坚持书本知识和实践学习的统一，加强学生的校外学习实践活动。校外教育与实践活动是学校教育的重要组成部分，要立足于丰富学生阅历、锻造学生个性、增强实践能力、培养创新精神，切实组织好国家课程需要在校外实施的有关内容，并统一纳入课程实施计划；组织学生广泛开展基于兴趣与爱好的学科拓展教育活动；引导学生开展丰富多彩的读书成长、自然观察、社会考查、科学探究、参观游学等自主学习活动。每学年参加社会实践活动的时间小学生不少于10天，初中生不少于20天，高中生不少于30天。各地要充分认识校外教育与实践活动工作的重要性，转变观念、创新机制，建设实践基地，整合有效资源，充分发挥家长学校、家长委员会和社区委员会的作用，大力推进校外教育与实践活动工作的开展。

18. 大力开发建设校外实践教育基地。认真落实青少年学生综合实践活动基地等校外活动场所建设规划，结合课程改革，加强开展融德育、环境教育、科技教育、素质拓展和综合实践活动为一体的素质教育基地建设。要创造条件，充分利用图书馆、博物馆、科技馆、体育馆和艺术馆等公共设施开展校外学习实践活动。要加强与社区的密切合作，使丰富的社区资源成为中小学生校外实践的重要阵地。

五、加强教师队伍建设，提高教师实施新课程的能力和水平

19. 明确教师的角色定位。各地、各学校要根据新课程的要求，通过制度引领教师实现自身角色的转化，履行新的教师职责，使教师既是课程的实施者，又是课程的开发者和建设者；既是学生学习的指导者、引导者，又是学生学习的促进者、参与者和合作者；既是学生的良师，又是学生的益友。

20. 完善培训机制，改革培训模式，加强县级教师培训机构建设。完善“分级管理、分工负责”的培训机制，省、市、县负责本级骨干教师和培训者培训，学校以校本培训的形式完成全员培训。改革培训模式，积极推进现代远程培训。整合县级教师教育相关资源，实现本区域教师培训、教研、教科研、电教等相关部门和机构资源整合，上挂高等学校，下联中小学校，使县级教师培训机构成为“小实体、多功能、大服务”的现代教师学习与资源中心。

21. 加强以校为本、研训一体的教研培训制度建设。要建立和逐步完善以课程实施过程中的实际问题为出发点，以课例或案例为载体，以自我反思、同伴互助、专业引领为基本要素的校本教研培训制度，引导教师在教育教学实践中，学会把问题转化为课题，学会解决实际问题，提升专业素质。有条件的学校还要积极建立与省内外名校、名家的联系交流学习制度，实现高层次的专业引领。要推动建立基于网络的教师校本研究培训机制和成长机制，营造浓厚的学习研究氛围，努力把学校建成为学习型组织。

22. 科学核定教师编制，严格实施教师资格制度。按照课程方案和实施素质教育的要求，配合编制部门深入进行调查研究，科学核定中小学教师编制，努力解决农村教师结构不合理的问题。指导学校科学设岗设编，合理配置教师，切实纠正升学考试科目超编、非升学考试科目缺编的现象。严格实施教师资格制度，建立科学的、正常的教师补充机制，严禁使用代课教师。

23. 加强校长培训工作，提高中小学校长的管理水平。启动齐鲁名校长建设工程。加强中小学校长任职资格培训和提高培训。各市、县要结合实际启动本区域的名校长建设计划。

24. 加强骨干教师队伍建设,全面提升我省教师队伍的整体素质。继续实施齐鲁名师建设工程和年度教育创新人物评选,同时,积极推进全省中小学教师素质提高工程。加强班主任培训、中小学教师教育技术能力培训和心理健康教育的培训。重点面向乡镇以下中小学教师开展省级培训,每年培训5000名农村骨干教师,大力促进城乡教师队伍均衡发展。

25. 鼓励教师自我发展。适应地方课程、学校课程和选修课程开设的需要,培养一专多能、复合型的教师,实施"齐鲁教师课程拓展计划",提倡、鼓励并支持教师在开设一个专业课程的基础上,结合自己的兴趣、爱好和特长,开设第二或更多课程。实施"齐鲁教师读书计划",定期向教师推荐若干必读书目,鼓励中小学教师大量阅读优秀图书,提高教师的人文素养和职业素养。

六、深化评价考试制度改革,构建符合素质教育的评价体系

26. 完善以素质教育理念为核心的教师评价体系。各级教育行政部门要树立科学的教育政绩观、评价观,建立有利于促进教师职业道德和专业水平提高的科学的教师评价体系,综合考虑师德表现、工作态度、专业发展、工作量、工作难度和工作实绩等方面科学评价教师工作,不得单纯以考试成绩和升学率高低评价和奖惩教师。

27. 完善学生评价机制。逐步建立和完善学生综合素质评价制度,建立过程性评价和终结性评价相结合,重在过程性评价的评价机制。建立和完善学生成长记录制度,加强对学生课堂提问、作业展示、实践活动、标志性成果等过程性资料的积累,多种方式对学生进行过程性评价,充分发挥评价的激励、导向、诊断、矫正功能。

28. 严格按照课程标准要求对学生进行学业评价。学生学业成绩评价实行日常学习评价与期末考试评价相结合的评价办法,日常考试实行无分数评价。义务教育阶段学生成绩评定实行等级制。期末考试应由学校自行组织命题、并进行对评价结果的分析。学校、班级不得公布学生的考试成绩,不得按学业成绩排列学生名次。除初中学业水平考试外,各级教育行政部门及教研机构不得统一组织面向学生的期中考试、期末考试等。

29. 改革和完善中小学招生制度。坚持小学就近入学,初中划片招生的办法。积极推进高中招生改革,实行初中学生综合素质评价制度和初中办学水平综合评价制度,以学业考试取代升学考试,以综合素质评价结果为依据采取多种方式录取新生,逐步扩大高中招生的自主权。严格考风考纪,认真实施普通高中学业水平考试。

七、加强监督和管理,为课程改革创造良好的实施环境

30. 进一步加强对课程改革的领导。各地要强化课程改革的政府责任,形成有关部门密切配合的协作机制,在经费投入、办学条件、教师编制、评估督导、成果奖励等方面制订和完善配套措施,建立起有利于推进课程改革工作的长效保障机制。

31. 进一步规范学校的办学行为。强化督导评估在实施课程改革和推进素质教育中的保障作用,加强对学校课程实施的刚性管理,将课程改革实施情况作为素质教育的重要内容,纳入对各级政府的督导评估工作中。建立山东省中小学课程实施水平评估制度,开展对中小学课程实施水平的评估,将评估结果作为考核学校工作的重要内容,并将其纳入规范化学校验收的重要标准,监督和规范学校的教育教学行为。同时,强化随机督查,加大对违规行为的查处力度。

32. 建立全省基础教育质量监测制度。开展全省中小学生学习质量和心理健康状况监测试点工作,了解和掌握学生的身体健康水平、学业成绩、综合素质以及影响学生发展的教育环境等,通过试点逐步建立科学化和规范化的教学质量监测评估制度。

33. 进一步加大课程改革舆论宣传。组织开展深化课程改革实施素质教育的大宣传、大讨论,通过学习、宣传、讨论,不断更新教育观念。认真总结课程改革工作的先进经验,及时发现、表彰和推广课程改革先进经验和优秀成果,为课程改革提供典型示范。加强与新闻媒体、家长等社会各界的沟通和联系,通过多种形式宣传课程改革,引导全社会树立正确的教育观和人才观,争取各方面的支持,形成推进素质教育的良好氛围。

2008年1月3日

山东省教育厅关于建立基础教育质量监测制度的意见

鲁教基字[2008]3号

各市教育局、莱钢教育处：

进入世纪之交以来，我省基础教育工作取得了巨大成就，义务教育管理体制改革基本完成，基础教育课程改革顺利实施，免费义务教育正在得到扎实推进，高中阶段教育快速普及。由此，我省基础教育进入了以内涵发展为主的新阶段，其突出标志，就是在坚持教育优先发展的前提下，更加关注教育公平，更加关注教育质量，更加关注素质教育。适应这一趋势，我省教育必须按照科学发展观的要求，树立全面科学的教育质量观，改变单纯以考试成绩和升学率来评价教育的做法，逐步建立内部评价与外部评价相结合的多元教育质量评价体系。为此，按照教育部的有关文件精神，我厅决定建立基础教育质量监测制度。

建立基础教育质量监测制度，是我省教育质量评价和管理制度的重要创新，对于促进我省基础教育事业的健康和谐发展具有重要意义。开展基础教育质量监测是建立人力资源强国和创新型国家的需要，是全面实施素质教育、探索人才成长规律的需要，是加强教育管理、进行科学决策的需要。

一、基础教育质量监测的目标、指导思想和基本原则

我省建立基础教育质量监测制度的总体目标是：经过若干年的努力，在全省逐步建立起由省、市、县三级组成的基础教育质量监测体系，为我省教育科学决策和管理提供依据，引导我省基础教育事业健康和谐发展。

我省基础教育质量监测的指导思想是：依据党的教育方针和政策，通过科学监测，提高教育决策和管理水平，全面推进素质教育，提高基础教育质量，促进学生在品德、智力、体质等方面和谐发展。

我省基础教育质量监测必须坚持以下五个原则：

（一）依法监测原则。质量监测工作必须以国家颁布的教育法律法规、教育方针、教育政策为依据，以求通过科学监测准确把握全省基础教育的质量状况，为各级教育行政决策提供信息、依据和建议。

（二）基于课程标准原则。实施基础教育质量监测的重要目的是判断中小学生在基础教育质量方面达到的程度，这里的“程度”高低必须依据课程标准的要求来设定。基础教育质量监测必须基于国家课程标准的要求来进行。

（三）科学性原则。基础教育质量监测从监测内容的选择、标准的制订、工具的研发，到数据的收集、整理与分析，报告的撰写与发布，整个过程都要保持高度的规范性和科学性。

（四）导向性原则。基础教育质量监测的结果不用于评价学校、教师、学生，只是通过监测数据和监测结果的发布，科学诊断我省基础教育存在的问题和原因，帮助寻求解决方案，探索基础教育发展的规律、人才成长的规律和教育管理的规律，引导学校、教师、家长和社会树立正确的教育质量观，促进儿童青少年的身心健康发展。

（五）公益性原则。基础教育质量监测不向学校和学生收费，各级教育行政部门要为基础教育质量监测工作提供必要的经费保障。

二、基础教育质量监测的对象和内容

基础教育质量监测的对象为我省基础教育阶段所有在校学生，同时搜集与学生成长的有关方面，如父母、教师、学校甚至社区情况等信息。根据我省基础教育质量的实际状况，借鉴国内外基础教育质量监测的经验，现阶段我省基础教育质量监测的重点领域包括以下六个方面：

（一）学生的思想品德和公民素质。对学生在自尊、自强、遵纪守法、诚实守信、保护环境、积极参加公益活动、具有社会责任感等思想品德和公民素质教育方面进行监测。

（二）学生的身体和心理健康水平。对学生的身体形态、机能、素质、体育锻炼和个人健康等身体健康方面进行监测，同时也对学生的情绪、意志品质、个人行为习惯、与他人交流合作等心理健康方面进行监测。

（三）学生的学业水平和学习素养。对学生各学科的学业水平进行监测，同时也对学生的学习兴趣、学习习惯、学习方法等方面进行监测。

（四）学生的艺术素养。对学生参加艺术活动的兴趣、审美情趣、艺术欣赏与表现能力等方面进行监测。

（五）学生的实践能力和创新意识。对学生的动手操作能力、在实践中运用所学知识的能力以及创新意识和创新能力等方面进行监测。

（六）影响学生发展的教育环境与社会环境。从学生的家庭环境，教师、学校、课程等学校教育环境，以及有关的社会、经济环境等层面监测影响学生发展的相关因素。

按照量力而行、逐步推进的原则，我省基础教育质量监测工作从中小学主要学科做起，逐步扩展到所有学科。2007年，在教育部基础教育质量监测中心的指导和帮助下，先在部分地区、部分学科进行试点，然后逐步推广到全省各市、县（市、区）和所有学科。

三、基础教育质量监测结果的发布和运用

各级基础教育质量监测结果由同级教育行政部门统一公布，各级教育行政部门和有关业务部门要充分运用好监测结果，指导和改进我省基础教育工作。

（一）促进教育决策和管理科学化。各级教育行政部门要充分利用教育质量监测结果提供的丰富、科学、准确的信息、数据，促进教育决策和教育管理的科学化，切实促进我省基础教育决策和管理从经验走向科学，从终结性走向过程性，从模糊性走向精细化。

（二）促进国家课程方案的全面落实。基础教育质量监测是基于国家课程标准而进行的一种标准参照评价，这一评价体系的建立对于全面贯彻国家课程方案具有重要意义。各级教育行政部门要根据基础教育质量监测中反映出的国家课程方案执行中存在的问题和薄弱环节，加强对中小学办学行为的监督和管理。

（三）促进教学质量的有效改进。各级教研部门要改变过去单一的仅仅基于课程标准的教研模式，依据基础教育质量监测中反映出的教师教学中存在问题，尽快建立基于教学质量达成的教研模式，把教研工作的重心转移到帮助教师反思教学行为的有效性，指导教师改进教育教学工作上来。

（四）促进教师专业发展。教育质量监测结果的科学分析，能够更加准确地揭示教师教学行为的有效、低效或无效究竟体现在教学的哪些方面。各级教师教育管理和培训部门要把促进教师专业发展的着力点从一般的理论培训转移到切实解决教师教育教学中存在的现实问题上来。

四、加强对基础教育质量监测工作的组织领导

建立基础教育质量监测制度，是我厅在我省基础教育改革与发展进入新阶段后，为全面贯彻党的教育方针，全面推进素质教育采取的一项具有基础性、战略性的重要措施，各级教育行政部门要切实加强对这项工作的组织和领导，确保我省基础教育质量监测工作的顺利实施。

（一）各级教育行政部门要充分认识建立基础教育质量监测制度，搞好基础教育质量监测工作的重要意义，加强对基础教育质量监测工作的领导，把基础教育质量监测工作列入各级教育行政工作的重要议事日程，切实解决基础教育质量监测所需要的人力、财力、物力等。

（二）尽快建立健全全省基础教育质量监测网络体系。省政府教育督导室负责对全省教育质量监测工作的政策和业务指导。全省基础教育质量监测工作依托省基础教育评价中心来组织实施，办公室设在省教学研究室。各市、县（市、区）教育行政部门应在教研系统内部成立相应的部门，具体承担基础教育质量监测工作。

（三）成立全省基础教育质量监测指导委员会。整合相关专业力量，形成一支由课程、学科和教育评价、学业测量等方面的专家组成的专兼结合的专门化队伍，为教育质量监测工作提供学术咨询和支持。

（四）加强对基础教育质量监测工作的规划和组织实施工作。基础教育质量监测是一项具有很强的周期性、科学性、导向性的工作，各级教育行政部门按照一定的周期，对每个年度的监测工作做出科学规划和周密部署，根据监测结果每年向社会发布一次监测公报。

2008年1月9日

山东省教育厅关于印发《山东省义务教育地方课程安全教育、环境教育、传统文化和人生规划课程实施指导意见(试行)》的通知

鲁教基字[2008]14号

各市教育局,莱钢教育处:

为做好我省义务教育地方课程建设与管理工作,根据《山东省教育厅关于深化基础教育课程改革全面提高教育质量的意见》(鲁教基字[2008]1号),我厅对义务教育地方课程重新进行了规划,将地方课程分为必修课程和选修课程,并组织专家研制了安全教育、环境教育、传统文化和人生规划四门必修地方课程的实施指导意见。现将《山东省义务教育地方课程安全教育、环境教育、传统文化和人生规划课程实施指导意见(试行)》(以下简称《指导意见》)印发给你们,并就有关事项通知如下。

一、2008年秋季开学,我省义务教育阶段各年级要按照《山东省义务教育地方课程必修课程课时安排表》和《指导意见》的要求调整课程安排,必修地方课程安全教育、环境教育、传统文化和人生规划四门课程要开足开好。

二、《指导意见》体现了对学生在知识与技能、过程与方法、情感态度与价值观等方面的基本要求,明确了必修地方课程的性质、目标、内容框架和教学评价建议,是必修地方课程教科书编写和选用、教学和评估的依据,是我省管理和评价义务教育地方课程的基础。

三、各地要依据《指导意见》,从我厅每年颁布的省《义务教育地方课程教学用书目录》中选用必修地方课程教科书。我厅将结合工作实际,依据《指导意见》,适时组织新的必修地方课程教科书的开发建设。

四、各地要积极创造条件,保证必修地方课程的的开设。学校要根据课程的要求做好教师配备,组建专(兼)职教师队伍,大力开展教师培训,提高教师的课程实施能力。特别要扎实开展地方课程教学和研究活动,认真学习研究《指导意见》,落实《指导意见》的要求,更新教育观念,转变教学方式,引导学生在实践中学习、在生活中学习、在分析和解决实际问题中学习,切实推动地方课程教学工作的顺利进行。

各地在使用《指导意见》的过程中有何意见和建议,请及时报告我厅基础教育处。

2008年4月3日

山东省义务教育地方课程安全教育课程实施指导意见

(试行)

第一部分 前 言

为进一步加强中小学安全教育,培养中小学生的公共安全意识,提高中小学生面临突发安全事件自救自护的应变能力,根据教育部颁发的《中小学公共安全教育指导纲要》和山东省教育厅关于加强地方课程建设的意见,结合我省中小学生的安全状况和教育教学实际,就我省义务教育地方课程安全教育课程实施提出以下指导意见。

一、课程性质

本课程是以中小学生生活为基础,以促进学生树立和强化安全意识,掌握必要的安全行为的知识和技能,养成自救自护的素养和能力为目标的一门综合性的必修地方课程。主要具有以下特点:

(一)人文性

“珍爱生命,安全第一”。以中小学生的发展为本,为他们安全健康的成长服务,帮助他们最大限度地预防安

全事故的发生和减少安全事件造成的伤害;从中小学生的生活体验出发,尊重学生身心发展的规律,用他们喜闻乐见的方式组织课程内容、实施教学;引导学生正确处理个体生命与自我、他人、社会和自然之间的关系,为他们的人文情怀和社会责任感的建立奠定基础。

(二) 实用性

安全教育贯穿于生命发展的全过程,贯穿于中小学生的全部生活。本课程立足于学生安全生活的需要,提供预防和应对安全事故最基本、最有效的知识、方法和技能,以使学生能够科学、及时、有效地解决在实际生活中遇到的各类安全问题,保障中小学生健康安全地成长。

(三) 实践性

从中小学生的生活实际出发,将学生生活中可能遇到的各类安全问题作为课程的主要内容,在生活中进行安全教育;注重与社会实践的联系,通过学生自主参与的、丰富多样的活动,在认识、体验与践行中增强安全意识,掌握方法技能,养成安全习惯,在活动中进行安全教育。

(四) 综合性

以学生的生活为主线,把社会安全、公共卫生、意外伤害、网络信息安全、自然灾害以及影响学生安全的其他事故或事件等六个方面的安全问题有机整合;把公共安全知识和与其相关的法律、道德、心理健康等方面的内容有机整合;坚持以学校教育为主,通过家庭、社区活动等多种途径,形成教育合力,实施课程目标。

二、课程的基本理念

(一) 帮助中小学生健康安全成长是本课程的追求

中小学生是祖国的未来,正处在身心发展的重要时期。中小学阶段是关系到学生健康发展和安全成长的重要阶段。在这一阶段,对广大中小学生进行公共安全教育,引导他们牢固树立"珍爱生命,安全第一,遵纪守法,和谐共处"的意识,具备自救自护的素养和能力,对他们度过健康安全的一生具有基础性作用,对于提高我国整体国民的安全意识,构建社会主义和谐社会具有重要意义。

(二) 中小学生逐步扩展的生活是本课程构建的基础

中小学生的安全意识和安全习惯是通过对生活的认识、体验和实践逐步形成的。伴随着学生生活范围的逐步扩展,他们面临的安全问题越来越多,需要处理的各种关系也日益增多。本课程正是在学生逐步扩展的生活经验的基础上,为学生正确解决生活中的安全问题,保护个体生命安全,正确认识和处理个体生命与自我、他人、社会和自然之间的关系,提供必要的帮助。

(三) 学校安全教育与社会实践活动有机结合是本课程遵循的基本原则

安全意识的形成、方法技能的掌握和安全习惯的养成,需要学生的自身实践和生活体验。中小学公共安全教育要遵循学生身心发展规律,把握学生认知特点,注重实践性,把学校安全教育与社会实践活动有机结合起来。本课程提倡把安全教育寓于鲜活的生活主题中,坚持课堂教育与实践活动相结合,课内课外相结合,知识教育与培养习惯相结合,学校教育与家庭、社会教育相结合。做到由浅入深,循序渐进,不断强化,养成习惯。

三、课程的设计思路

本课程以中小学生逐步扩展的家庭生活、学校生活、社会生活、网络生活等不同生活领域为基本线索,切合中小学生身心发展的特点,围绕学生成长的不同阶段中主要涉及的生命安全问题,分层次、分阶段整合了预防和应对公共安全、公共卫生、意外伤害、网络和信息安全、自然灾害及影响学生安全的其他事故或事件等六个模块的内容,突出了课程的主题性,把教育内容寓于生活主题之中。

第二部分 课程目标

一、总目标

通过开展公共安全教育,培养学生的社会安全责任感,使学生逐步形成安全意识,掌握必要的安全行为的知识和技能,了解相关的法律法规常识,养成在日常生活和突发安全事件中正确应对的习惯,以保障中小学生安全健康的成长。

二、分类目标

(一) 情感、态度、价值观

1. 感悟生命的意义和价值,形成尊重生命、珍视健康的态度。
2. 培养社会安全责任感,形成安全意识,养成安全习惯。
3. 树立拒绝诱惑、远离危险、防范侵害的自我保护意识。
4. 珍视他人的生命与健康权利,富有爱心和责任感。
5. 遵纪守法,遵守社会公德,维护公共秩序。
6. 培养积极向上的生活态度,形成健康人格。

(二) 能力

1. 有效预防自身安全事故的发生,具备应对安全事故的自救、自护能力。
2. 能够对各种不安全因素进行正确的辨别和判断,学会恰当避险。
3. 初步认识社会生活的复杂性,能够做出有利于个人安全和社会安全的行为选择。
4. 在保障自身安全的情况下,能采用恰当的途径和方法救助他人。

(三) 知识

1. 知道生命是可贵的,初步认识自己的身体及其发育特点,了解必要的生命健康知识。
2. 知道社会安全类突发事故的范围及危险、危害,了解社会安全类突发事故的防范知识和应对措施。
3. 了解基本公共卫生和饮食卫生常识,知道常见病和传染病的危害和防治措施。
4. 知道网络的用途,学会合理使用网络资源,知道预防和应对网络、信息安全事故的措施。
5. 了解突发自然灾害对生命安全可能造成的威胁,知道躲避自然灾害引发的危险的基本方法。
6. 了解常见的意外伤害事故,知道意外伤害事故发生时的求救和求生的方法。

第三部分　内容标准与活动建议

一、一至三年级

(一) 社会安全教育

内容标准	活动建议
1. 了解在公共场所活动时的安全常识,遵守公共规则,避免扰乱公共秩序行为的发生。 2. 认识与陌生人交往中应当注意的问题,逐步形成基本的自我保护意识。 3. 了解社会安全类突发事故的危险和危害,提高自我保护能力。	列举生活中发生的实例(正反面例子均可),引导学生形成基本的自我保护意识。 从报刊、影视作品中了解社会安全类突发事故的危险与危害。

(二) 公共卫生安全教育

内容标准	活动建议
1. 了解基本公共卫生和饮食卫生常识,逐步形成良好的公共卫生和饮食卫生习惯。 2. 了解本年龄段常见传染病的预防常识,培养疾病预防意识。 3. 了解有关卫生保健常识,养成良好的个人卫生习惯;讲究环境卫生。	搜集相关资料,制作本年龄段常见传染病的预防常识的宣传小报。 介绍自己的良好卫生习惯,在班级里评选出“卫生小标兵”。

（三）意外伤害安全教育

内容标准	活动建议
1. 认识常见的交通安全标志，了解出行时道路交通安全常识，树立遵守交通规则的意识。 2. 初步识别各种危险标志，了解简单的居家安全常识，远离生活中的危险区，从生活中发现安全隐患。 3. 初步学会在事故灾害事件中紧急求助和自我保护的方法，学会正确使用和拨打 110、119、120、122 等电话。 4. 掌握正确的使用方法，初步具备使用电梯、索道、游乐设施等特种设备的安全意识。	画一画你所知道的交通安全标志，唱一唱交通安全的儿歌。 展示并识别各种危险标志，从防火、防触电等方面，查找有关安全的小常识，举办安全知识小竞赛或进行情景模拟表演。

（四）自然灾害安全教育

内容标准	活动建议
1. 了解学校所在地区和生活环境中可能发生的自然灾害及其危险性，逐步提高在自然灾害中的自我保护意识。 2. 学习躲避自然灾害引发危险的简单方法，初步学会在自然灾害发生时的自我保护和求助的简单技能。	利用相关图片、电视片增强学生热爱自然，保护环境的意识。 询问家长，了解本地区可能发生的自然灾害，在班级里交流。 模拟演示躲避自然灾害引发危险的简单方法。

（五）校园安全教育

内容标准	活动建议
1. 与同学友好相处，不打架；初步形成避免在活动、游戏中造成误伤的意识。 2. 学会当发生突发事件时听从成人安排或者利用现有条件有效地保护自己的方法。	通过情景模拟和角色扮演，启发学生思考，学会与他人友好相处，初步形成在活动与游戏中的安全意识。 通过分析典型的案例，使学生学会在发生突发事件时能听从成人安排或者利用现有条件有效地保护自己。

二、四至六年级

（一）社会安全教育

内容标准	活动建议
1. 认识社会安全类突发事故或事件的危害和范围，不参与影响和危害社会安全的活动。 2. 自觉遵守社会生活中人际交往的基本规则，学会与人正常交往；自觉遵守公共场所的安全规范，提高社会公共安全意识。 3. 了解应对敲诈、恐吓、性侵害的一般方法，提高自我保护能力。 4. 学会应对可疑陌生人的方法，提高自我防范意识。	以小组为单位，开展安全隐患的调查活动。调查结束后，要写出调查报告，说明是否发现隐患，以及发现安全隐患后是如何处理的。 查找有关敲诈、恐吓、性侵害的典型案例，组织讨论，学会应对这些突发情况的方法。 通过角色扮演，展示生活中遇到陌生人时正确的应对方法。

（二）公共卫生安全教育

内容标准	活动建议
1. 加强卫生保健常识的学习，形成良好的个人卫生习惯和健康的生活习惯。 2. 了解常见病、重点地方病和传染病的危害、传播途径和预防措施，在传染病到来时不惊慌，形成一定的应对传染病的能力。 3. 崇尚健康安全的生活方式，拒绝陋习。初步了解吸烟、酗酒等不良习惯的危害，知道吸毒是违法行为，逐步形成远离烟酒及毒品的健康生活方式。 4. 了解自己的身体，关注自己的身体发育情况。初步了解青春期发育基础知识，形成明确的性别意识和自我保护意识。	如实记录自己一周的生活情况，在小组内交流，从中选出健康的生活方式。 请医生到学校来举办讲座，介绍常见疾病的预防常识。 结合“世界无烟日”的宣传活动，开展一系列的主题活动。 收集资料，了解因吸食毒品酿成的严重后果，举办以“吸毒危害大”为题的板报展览。

（三）意外伤害安全教育

内容标准	活动建议
1. 培养遵守道路交通法律法规的良好习惯，主动避让车辆，做到文明出行。 2. 提高自我保护意识，学习预防和处理溺水、烧烫伤、动物咬伤、异物进气管等意外伤害的基本常识和方法。 3. 形成对存在危险隐患的设施与区域的防范意识，了解与学习和生活及周边密切相关的特种设备设施的安全知识。 4. 学会有效躲避事故灾害的常用方法和在事故灾害发生时的自我保护和求助及逃生的基本技能。 5. 初步了解与学生意外伤害有关的基本保险知识，提高保险意识。	开展一次交通法规知识竞赛。 从防止溺水、防止烧烫伤等方面查找有关安全的小常识和典型案例，以情景设置等方式，学习演练遇到上述紧急情况时的自救方法。 以情景模拟和角色扮演的形式，说明学生参加意外伤害保险的意义。

（四）网络、信息安全教育

内容标准	活动建议
1. 初步认识网络资源的积极意义，了解网络不良信息的危害，做到不浏览不良网络信息。 2. 初步学会合理使用网络资源，努力增强对各种信息的辨别能力。 3. 学会控制自己的行为，防止沉迷网络游戏和其他电子游戏。	以小组竞赛的方式，说明网络给我们的生活带来的方便。 查阅资料，总结上网成瘾的主要原因和危害，写一份《健康上网公约》，号召大家共同遵守。

（五）自然灾害安全教育

内容标准	活动建议
1. 了解家乡常见的生态环境问题，明确主要的保护环境的法规性要求，形成保护环境和躲避自然灾害的意识。 2. 学习躲避自然灾害引发危险的基本方法。 3. 掌握突发自然灾害预警信号级别的含义及相应采取的防范措施，有效防范突发自然灾害对自身可能带来的危害。	开展环境调查活动，根据自己的调查结果，想一想自己能为环保做些什么，并坚持做下去。 收集有关重大自然灾害的典型案例，认识灾害的巨大破坏性。

（六）校园安全教育

内容标准	活动建议
1. 知道怎样正确解决同学之间的矛盾，不激化矛盾，形成和解同学之间纠纷的意识。 2. 正确估价自己，形成在遇到危及自身安全时及时向教师、家长、警察求助的意识，掌握必要的求助方法。	针对同学中经常出现的摩擦和冲突，设置情景，讨论解决的办法。 通过情景模拟，使学生树立在遇到危险时及时求助的意识。

三、七至九年级

（一）社会安全教育

内容标准	活动建议
1. 遵守法律法规的有关规定，增强自律意识，自觉不进入未成年人不宜进入的场所，逐步养成自觉遵守与维护公共场所秩序的习惯。 2. 理解社会安全的重要意义，维护社会安全，树立正确的人生观和价值观。 3. 不参加影响和危害社会安全的活动，形成社会责任意识。 4. 认识社会的复杂性，学会识别生活中的骗术，防止被骗、被拐卖。 5. 学会一些应对敲诈、抢劫、绑架、恐吓和性侵犯等突发事件的方法、技能，避免和减轻特定伤害。 6. 了解突发环境污染事件的基本知识，初步掌握应对突发环境污染事件的基本技能。	开展一次讨论交流活动，主要围绕“哪些场所不适宜未成年人进入”等问题展开讨论。 收集报纸、杂志、电视等媒体上介绍和揭露的一些骗术，总结这些骗术的共同特征，并讨论我们如何避免上当受骗。 开展一次以“防范侵扰保护自我”为主题的班会活动。

（二）公共卫生安全教育

内容标准	活动建议
1. 了解重大传染病和食物中毒、生活水污染的知识，掌握基本的预防、急救、处理方法。 2. 了解简单的用药安全常识，能够合理、安全用药。 3. 了解青春期的卫生保健常识，形成维护生殖健康的责任感，安全度过青春期。 4. 了解艾滋病对个人、家庭和社会的危害，知道预防艾滋病的方法和措施，形成自我保护意识；正确认识艾滋病，关爱艾滋病患者。 5. 学会选择健康文明的生活方式，学习识别毒品的知识和方法，拒绝毒品和烟酒的诱惑。 6. 了解和分析影响生命与健康的可能因素，努力保障生命健康。	举办一场传染病防治知识讲座。可以邀请疾病预防控制中心、传染病医院的专家主讲。 出一期宣传青春期健康常识的黑板报。 组织一次以“拒绝烟酒抵制诱惑”为主题的班会，以演讲、小品等形式进行交流和展示。

（三）意外伤害安全教育

内容标准	活动建议
1. 学习了解关于道路交通的法规知识，增强自觉遵守道路交通法律法规的意识；主动分析出行时存在的安全隐患，寻求解决方法；防止因违章而导致的交通事故的发生。 2. 正确使用各种设施，具备防火、防盗、防触电及防煤气中毒的知识和技能。 3. 了解和积极预防在校园活动中可能发生的公共安全事故，提高自我保护和求助及逃生的基本技能。 4. 学习消防法律法规的有关内容，培养消防意识，了解家庭、学校等公共场所的防火常识，增强自我保护意识。	观看道路交通安全宣传片，或请交警来校作交通安全报告。 调查自己所在的社区在防火、防盗、防触电以及防煤气中毒方面存在哪些安全隐患，并向有关部门提出改进意见。 请消防员来校举办消防知识专题讲座，并指导学生掌握消防器材的正确使用方法。

（四）网络、信息安全教育

内容标准	活动建议
1. 自觉遵守与信息活动相关的各种法律法规，提高自我保护意识和预防违法犯罪的意识，抵制网络上各种不良信息的诱惑。 2. 正确认识网络的利与弊，学会判断和有效拒绝的技能，做到合理利用网络。 3. 认识迷恋网络带来的危害，学会避免和摆脱网络沉溺。	在班级里举行一次“中学生使用网络的利与弊”的辩论赛。

（五）自然灾害安全教育

内容标准	活动建议
1. 了解当地常见的自然灾害，学会冷静应对自然灾害事件，加强应对突发自然灾害的应急训练，提高在自然灾害事件中自我保护和求助及逃生的基本技能。 2. 了解自然灾害的类别，了解我国曾发生的重大自然灾害，认识人类活动与自然灾害之间的关系，增强环境保护意识和生态意识，逐步树立起生态文明观，为我国的生态文明建设做贡献。	组织一次自然灾害自救模拟演习，如发生地震、雷电、洪涝时的自救。

（六）校园安全教育

内容标准	活动建议
1. 了解校园暴力造成的危害，学习应对校园暴力的方法，避免不应有伤害的发生。 2. 学会在人际交往中有效保护自己的方法，增强自己的判断和选择能力，逐步适应生活和社会的各种变化。	收集有关校园暴力的案例，分析其产生的原因，提出正确的应对方法。

第四部分　实施建议

一、教学建议

（一）坚持正确的价值导向

必须坚持以邓小平理论和“三个代表”重要思想为指导，树立和落实科学发展观，坚持以人为本，着眼于全体学生的身心健康、安全发展，着眼于引导学生牢固树立“珍爱生命，安全第一，遵纪守法，和谐共处”的意识，养成良好的安全行为习惯。

（二）全面实施课程目标

情感态度价值观、能力和知识三维目标是有机统一的。在教学过程中，要通过开展丰富多彩的教学活动，帮助学生掌握必要的安全常识，注重培养学生预防和应对安全事件和事故的能力，形成尊重生命、爱惜生命、健康向上的生活态度，全面落实课程目标。

（三）坚持“贴近学生、贴近生活、贴近实际”的原则

本课程教学要面向学生丰富多彩的生活，深入挖掘学生已有的生活经验和情感体验，积极从生活实际和社会实际中寻找相关的教学素材，注重选取学生普遍关注和乐于交流的安全问题作为教学内容。通过对这些问题的探讨，帮助学生掌握相关的安全知识和方法技能，并运用到生活实际中去。

（四）引导学生自主学习

在教学中，应注重引导学生主动探究与健康、安全成长等有关的问题，通过开展思考、讨论、收集、调查、辩论、访谈、模拟演习、角色扮演等多种活动，在合作学习和互动学习中发现问题、分析问题，在问题解决中掌握安全知识、提高安全技能、丰富情感体验。

在教学中，不能将书本内容作为教条让学生死记硬背，而应鼓励引导学生积极参与到教学活动中去，让课堂成为学生自主、合作、探究的舞台。

（五）努力实施开放式教学

在教学中，可以充分利用班会、团会、校会、升旗仪式、专题讲座、墙报、板报、参观和演练等方式，采取多种途

径和方法全方位、多角度地开展安全教育；可以运用广播、电视、计算机、网络等现代教育手段进行教学，探索寓教于乐、寓教于丰富多彩活动的教学组织形式，增强安全教育的效果；可以与公安消防、交通、治安以及卫生、地震等部门建立密切联系，聘请有关人员担任校外辅导员，根据学生特点系统协调承担安全教育的内容，并且协助学校制订突发事件应急预案和组织演习活动。

二、评价建议

（一）评价目的与原则

1. 评价目的

本课程评价的目的是为了考查学生学习目标的达到程度和教师的教学水平，帮助教师改进教学，保证课程目标的实现，使评价成为促进教师教学和学生安全素养与能力提高的有效手段。

2. 评价原则

（1）坚持鼓励性、发展性的评价原则。评价要能够调动学生学习的积极性，增强学生的自信心和进取意识。

（2）课程评价既要考查学生对基本安全知识的理解和运用，更要注重考查学生自救自护的素养和能力，关注学生的情感态度价值观的形成。

（3）要重视学生、教师和家长在评价过程中的作用，使评价成为学生、教师、家长等共同参与的交互活动，成为促进学生、教师、家长共同发展的过程。

（二）学生的学习评价

评价应客观地记录和描述学生学习状况和安全意识、行为习惯的形成过程。本课程倡导如下评价方法：

观察　在自然状态下，有目的、有计划地观察学生在日常学习、生活中所表现出来的情感、态度、能力和行为，并记录下来，作为对学生进行评价和引导的依据。

描述性评语　在与学生进行充分交流的基础上，用描述性的语言将学生在公共安全某一方面的表现写成评语。评语应采用激励性的语言。

项目评价　按照不同项目将学生分成若干小组，由学生自主设计活动计划，可以围绕真实的社会生活中的安全问题进行活动，收集、组织、解释或表达信息，如提交调查报告或小论文等。师生可以就小组成就进行分析，并将小组评价与个人评价相结合。

考查　考查方式应灵活多样，如知识竞赛、辩论、情景测验等，以对学生安全教育课程的学习及安全素养状况做出评价。

（三）教师的教学评价

对教师的教学评价，应采用多元、开放的评价方式，强调教师对自己教学工作的分析与反思。要关注教师是否采取灵活多样的教学方式，是否注意保护学生的学习积极性和激发学生安全健康成长的愿望，是否完成教学任务、实现课程目标。

为了全面、客观地评价教师的教学，要与其他课程的评价改革制度和方法结合起来，建立以教师自我评价为主，学生、同事、学校领导、家长共同参与的教师评价制度。

三、教材编写建议

教材既是教师开展教学活动的基本素材，又是学生学习的主要材料。《安全教育》教材的编写应当以本《指导意见》为依据，全面落实《指导意见》倡导的课程理念和课程目标，使教材有利于转变学生的学习方式，有利于教师进行教学。

（一）教材内容的选择应符合本课程目标和内容标准的要求

安全教育课程主要包括预防和应对社会安全、公共卫生、意外伤害、网络和信息安全、自然灾害以及影响学生安全的其他事故或事件等模块内容。教材在内容选择上应切实体现课程理念，全面落实《指导意见》的内容标准，全面实施课程目标。

（二）教材编写应当符合学生的认知规律和心理特点

教材的编写要充分考虑学生已有的知识经验，注意不同学段学生的学习特点和心理特点，难易适度，循序渐进，提高学生的学习效果。

(三) 创设问题探究情境，设计教学活动，促进学生学习方式的转变

为激发学生的学习兴趣，调动学生学习的积极性，在教材编写过程中既要注重教学情景的设计，又要注意安排一定的活动性内容。《指导意见》针对部分内容提出了一些活动建议，仅供参考。教材编写应在这些活动建议的启发下，设计出更有特色、可操作性更强、对学生的发展更有价值、更能促使学生自主学习的活动方案来。

(四) 倡导以生活主题的方式呈现教学内容

将公共安全常识寓于社会生活主题之中，把公共安全知识和与其相关的法律、道德、心理健康等方面的内容有机整合。以问题解决为中心，统筹设计教材结构。

(五) 为教师和学生提供更多的选择和更大的空间

教材编写在达到《指导意见》要求的前提下，应给学生留有进一步探究的空间。教材内容要具有一定的弹性，以满足不同地区、不同类型学校的教学要求。

(六) 教材的呈现方式要灵活多样

在教材的呈现方式上，文字表达生动活泼，浅显易懂，并有效运用图片、图表，做到图文并茂。教材应力求用贴切的文字、生动的案例、有趣的活动、精美的图片，呈现与学习相关的情景，激发学生的学习欲望，便于学生自学。

四、课程资源的开发与利用

安全教育课程是一门集综合性、实践性和开放性于一体的课程，能够开发和利用的课程资源不限于传统意义上的教材和教学参考资料，还应包括许多方面。教师要充分开发和利用校内、校外的多样化课程资源，使其为教学服务，以有效进行开放式教学，实施课程目标。

(一) 开发和利用多样的课程资源

1. 文本资源：图书(包括教材及相关参考书)、报刊、地图、图片、图表。

2. 音像资源：电影和电视节目、录像、音乐磁带或光盘、教学光盘、各种教学软件。

3. 实物资源：图书馆、阅览室、橱窗、板报、视听教室、多媒体设备(广播、电视、网络等)、博物馆、自然和人文景观及机关、企事业单位等。

4. 人力资源：学生、教师、父母、邻居和社会各界人士(专家学者、社区工作人员、医生、政府公务员等)。

(二) 开发利用课程资源的注意事项

1. 开发和利用的课程资源应切实为教学服务，应强调从课程目标和教学目标的视角出发，因地制宜、因时制宜，根据需要选择课程资源，不求花样繁多，但求发挥实效。

2. 应根据各种课程资源的特点，对其正确利用，以达到激发学生兴趣，将安全教育开放化，增加学生的实践经验和情感体验等目的。例如，可以组织学生编辑介绍相关安全常识的板报、墙报，布置安全教育橱窗，利用校园广播、电视、网络传播公共安全教育的相关节目内容；可以联系公安、消防、交通、治安及卫生、地震等部门，合作开展知识讲座、模拟演习等丰富多彩的课外活动。

3. 在利用校外资源时，如与机关、企事业单位和个人进行联系和沟通时，应注意方式、方法，应在不影响其正常工作的前提下积极争取他们的理解和支持。

山东省义务教育地方课程环境教育课程实施指导意见

(试行)

第一部分　前　言

环境保护，教育为本。加强中小学环境教育，是贯彻落实我国环境保护基本国策的重要途径，是提高全民族的环境意识和科学文化素质的基础工程，也是为我国培养21世纪合格人才，实施可持续发展战略，建设现代化强

国的一项重要措施。

为了全面推进素质教育，进一步提高全省中小学生环境意识，增强中小学生的环境素养和实践能力，落实教育部《基础教育课程改革纲要（试行）》、《中小学环境教育实施指南（试行）》和山东省教育厅关于加强地方课程建设的意见精神，特制定本课程实施指导意见。

一、课程性质

环境教育是学校教育的重要组成部分，属于我省必修地方课程。它在引导学生全面看待环境问题，培养他们的社会责任感和解决实际问题的能力，提高环境素养等方面具有不可替代的作用。

二、课程特点

环境教育主要有以下两个方面的特点。

（一）综合性

从学习内容看，环境教育兼有自然科学与人文社会科学的内涵；从学习过程看，环境教育帮助学生从多个角度全面理解环境系统，掌握社会环境与生态环境及其内部各组成要素之间的密切联系和相互作用。在环境教育课程中，多个学科的知识相互融汇贯通，形成一个环境科学的有机整体，共同决定着环境教育的育人功能。

（二）实践性

环境教育强调学生在亲身体验中发现和创造知识；在解决现实环境问题过程中发展创新能力及批判与反思能力；在参与活动中增进交流与理解，形成正确的环境价值观；促进学生社会实践能力的发展，形成与环境和谐相处的健康的生活习惯，增强积极参与有关环境和可持续发展决策与行动的意识。

三、课程基本理念

（一）引导学生认识世界是普遍联系和相互依存的

生态环境各组成要素之间、全球生态环境与区域生态环境之间不是孤立的，它们相互作用，相互制约，共同构成了相互依存的自然生态系统。个人、家庭、社区以及国家之间，人类社会经济、政治、文化等活动之间，同样存在着相互依存的关系。人类社会与自然生态环境之间的关系也是如此。因此，认识和尊重自然规律，处理好人与人、人与社会之间的关系，实现人与自然和谐共处，对人类的生存和发展至关重要。

（二）引导学生珍视生物多样性，关注不同文化对环境的影响

生物多样性是自然生态环境活力与潜能的重要表现；文化多样性是人类文明进步的基石。生物多样性与文化多样性之间具有相互依存、相互促进的关系。

保持生物多样性与尊重文化多样性是实现可持续发展的重要前提。在全球化进程中，尤其应该重视维护不同物种的生存环境和生存权利，尊重各民族在不危害人类共同利益和环境的前提下，为适应和保护自身生存环境而采取的多样化的生活方式和发展模式。

（三）引导学生理解可持续发展的内涵

社会环境的健康发展受到自然、经济、文化、政治等多种因素的影响。生态环境的承载力是有限的，它取决于自然生态系统的自我恢复潜能和地球资源的再生潜能。人类应当了解自身行为对环境所产生的正面与负面的影响，并在发展过程中减少或者避免对环境造成破坏。可持续发展强调人类在精神和物质方面协调发展，要求不同国家和地区在资源利用和环境管理上加强交流、理解与合作，在满足当代人需求的同时保护好作为人类后代及其他生命生存和发展基础的资源与环境。

（四）引导学生主动参与解决环境问题，培养学生的环境责任感

引导学生参与解决身边的环境问题是培养学生环境责任感的重要途径。在这一过程中，学生不仅要增强对环境的敏感性、获得相关的环境科学知识，还要不断提高对环境问题复杂性的认识，以及解决环境问题的能力和责任感。同时，还要帮助学生了解人类活动对环境所造成的有利和不利影响，从而增强忧患意识，对影响环境的行为采取审慎的态度。

第二部分　课程目标

一、课程总目标

环境教育以培养环境素养为主旨。它引导学生关注家庭、社区、国家和全球面临的环境问题，正确认识个人、社会和自然之间相互依存的关系；帮助学生获得人与环境和谐相处所需要的知识和技能，养成有益于环境的情感、态度和价值观；鼓励学生积极参与面向可持续发展的决策与行动，成为具有社会实践能力和责任感的公民。

二、具体目标

（一）形成正确的环境伦理观

环境伦理是指人类与自然环境间的道德关系，伦理的内涵包括信念、态度和价值观等。

数千年来，人类沉醉于人类中心主义，认为人是万物的主宰和万物的尺度，自然为人类所有，且人类有权利使用自然。由于自然万物与人类之间缺乏伦理关系，人类与环境不能和谐相处，生态环境危机频发。

环境教育应教育学生：

1. 知道人对环境的依赖，反思个人生活对周围环境的影响；
2. 树立起关爱生命，尊重自然的意识；
3. 意识到公民在环境中的权利和义务；
4. 关注环境，积极参与社区环境教育宣传活动，做一个有社会责任感的公民。

（二）获得环境基础知识

通过环境教育，使学生对环境教育基础知识有较为全面的理解。

主要包括：

1. 了解人类面临的环境问题；
2. 分析环境问题对个人、家庭、学校和社区的影响；
3. 结合相关知识初步分析环境问题产生的原因；
4. 了解政策、法律、技术、经济对环境保护的作用；
5. 了解公民参与保护环境的主要途径和方式，并对比其效果。

（三）养成实践技能

通过组织学生参加环境教育实践活动，增加对环境问题的理解，培养其初步的分析与解决现实环境问题的能力。

1. 观察并分析周围环境的状况及其变化；
2. 识别家庭、学校和社区的环境问题，并实施评价，设计解决方案；
3. 运用观察、实验、网络等方式获取环境信息，并将这些信息进行整理、加工和分析；
4. 围绕环境问题表达自己的观点，并能够与他人进行有效沟通与合作探究；
5. 批判性地思考区域或全球主要环境问题及其成因，并能够分析对比各种解决途径。

第三部分　内容标准及活动建议

本部分围绕环境教育在环境伦理观、环境理论知识与技能等三个方面，提出了环境教育在各学段的内容标准与活动建议，并就各年龄段学生的身心发展特点提出了环保行为习惯养成的具体建议。

一、3至6年级

内容与要求	活动建议
1. 欣赏自然美。	• 观看日出、日落、蓝天、碧水，倾听小鸟的歌唱、溪流的欢笑……认识人与自然的和谐之美。养成专注细心观察事物的行为习惯。
2. 保护自然、珍爱生命。	• 栽培花草树木，饲养小动物，体验动植物在健康环境中的快乐生活。养成尊重生命的行为习惯。如不伤害小动物、不踩踏花草、不毁坏树木等。
3. 崇尚自然简朴的生活。	• 了解父母小时候的生活状况，列举自己生活中的各种需求，对比分析其中哪些是必要的，哪些是不必要的。养成不铺张浪费的习惯，如不攀比衣着饮食等。
4. 尊重不同文化传统之下人们认识和保护自然的方式与习俗。	• 搜集不同国家和民族保护自然的生活习惯。养成维护公共卫生和个人卫生的生活习惯，如不随地吐痰、不乱涂乱画、不乱丢垃圾等。
5. 运用各种感官感知环境，学会思考、倾听和讨论。	• 通过触摸大树、倾听大自然的声音等游戏，运用各种感官感知自然，养成对事物深入思考的习惯，并讲述个人的感受。
6. 搜集有关环境信息，就身边的环境问题提出个人的见解，并尝试解决简单的环境问题。	• 运用各种地图、数据库，通过观察周边环境、进行社会调查等方式搜集与环境有关的信息。
7. 说出身边自然环境的差异和变化。	• 采访当地老年人，了解家乡环境的变化。
8. 列举各种生命形态物质和能量的需求及其对生存环境的适应方式。	• 描述农田、湖泊或森林等不同生态环境中的一种植物或一种动物的特点。
9. 举例说明自然环境为人类提供居住空间和资源。	• 列举直接或间接来源于自然的生活或学习用品。养成不乱丢弃可回收物品的生活习惯。如垃圾分类处理。
10. 理解生态破坏和环境污染现象，说明环境保护的重要性。	• 举例说明机动车给我们的生活带来的变化。养成尽可能乘坐公交车和非机动车代步的习惯。
11. 知道日常生活方式对环境的影响。	• 调查班上同学及其父母的节假日活动，讨论这些活动如何才能最大程度地不损害环境。养成以实际行动影响身边人保护环境的行为习惯，如不破坏旅游景观等。
12. 了解日常生活中的常见技术产品及其对环境的影响。	• 调查地膜、化肥、农药等在农业生产中的作用和造成的环境影响。养成尽可能不使用或不乱丢弃造成环境二次污染物品的行为习惯，如不随意丢弃废旧电池、不使用发胶等。
13. 理解经济发展需要合理利用资源，并与生态环境相协调。	• 统计自己家中一周用掉多少一次性用品，讨论一次性用品对资源的浪费及对环境的影响，并针对这一问题提出解决方案。养成不使用非必要一次性用品的习惯，如不使用一次性筷子、塑料袋等。

二、7至8年级

内容与要求	活动建议
1. 了解山东生物资源状况，珍视生物多样性，尊重一切生命及其生存环境。 2. 了解家乡所在区域的环境问题，选择恰当的方法探究其形成原因，提出解决方案，积极参与环保行动。 3. 了解山东土地资源的利用状况。 4. 了解山东水资源的利用状况。 5. 了解家乡空气污染状况，理解污染指数与人体健康的关系。 6. 了解中国和世界有机食品发展的现状和发展前景。 7. 了解垃圾的种类、来源及带来的环境问题和健康问题。 8. 理解发展经济不能以牺牲环境为代价，经济发展不能超越环境的承载力。 9. 知道技术在给一些人带来利益的同时，也可能对其他人的利益造成损害。 10. 区别在环境保护和环境建设中不同参与者的不同角色。 11. 尊重、关爱和善待他人，乐于和他人分享。	· 收集山东省自然保护区相关资料，了解环境保护和物种保护的重要意义。养成环保从身边做起的行为习惯。 · 围绕当地主要的生态破坏现象，探究导致生态破坏的机理和防治对策。养成人与自然、社会和睦相处的行为习惯。 · 选择一个本地土地资源开发利用方面的问题，分析产生的原因及对当地或其他地区人们生活的影响，认识自己在其中的责任和义务。养成对事物深入思考分析判断的行为习惯。 · 设计家庭节水和校园节水的调研方案。了解节约用水的必要性，养成自己节约用水也要影响别人节约用水的行为习惯。 · 调查常用交通工具如自行车、小汽车等的能源消耗情况及其对环境的影响。养成节约能源的习惯。 · 进行食物选择的社会调查，提出科学、健康的食物选择倡议并付诸自觉行动。养成合理搭配饮食的生活习惯。 · 调查垃圾的处理和资源化利用，并付诸行动。养成有效使用资源的行为习惯。 · 调查当地旅游业发展状况，讨论旅游对环境的潜在影响和当地发展生态旅游的可能性。 · 分析水利设施对不同区域居民的影响。 · 与环保组织联合开展一次环保行动。养成积极参与公益活动的行为习惯。 · 列举自己不利于他人健康的行为，提出改正措施，并付诸行动。养成良好的身心卫生习惯。

第四部分　实施建议

一、教学实施

（一）教学策略

环境教育的实施必须凭借有效的教学策略，同时应结合环境教育的过程性评价随时调整教学策略。

1. 综合运用多种教学途径和方法

教师要根据不同的教学内容，结合学生的实际情况和学校的现有条件，采用不同的教学途径和方法，像户外教学、社区服务、实地考察、模拟游戏、个案研究等，使环境教育既丰富多彩又各具特色。

2. 引导学生从“习以为常”中发现问题

人们的日常行为及不同的生活方式、生产方式等，往往与某些环境现象或环境问题息息相关。例如，人们也已习惯的垃圾处理方式会造成环境污染：焚烧农作物秸秆导致空气污染、填埋垃圾导致土壤污染、往江河湖海倾倒垃圾导致水体污染等等，环境教育恰恰要使学生从“习以为常”中发现问题，提出问题，并通过自主探究、合作学习等方式达到解决问题、提升能力的目的。

3. 从“可解决的问题”做起

当代环境问题已从区域性、小规模向全球性、大规模方向发展。许多全球性的环境问题,单靠一个学校、一个企业,甚至一个国家的力量,是不足以从根本上得以解决的。像温室效应、臭氧层破坏等全球性环境问题,需要国际社会共同参与才有可能得以缓解或解决。

对于中小学生而言,更需要关注身边的、可以解决的环境问题。像家庭、学校和社区中存在的某些环境问题,教师可以此作为环境教育的切入点,引导学生运用所学知识,探索解决上述问题的方法和途径,从而提高学生的自信心,增强学生自觉参与改善环境行动的愿望。

4. 创造融洽和相互支持的学习环境

环境教育的教学过程既要鼓励学生与教师全方位地交流沟通,又要为学生搭建起相互交流和共同分享的学习平台。

(二) 探究与行动研究

自主探究和行动研究,是环境教育的重要方式。学习探究真实的环境问题或自己所关心的环境问题,有助于调动学生学习的积极性,提高学生的学习效率。

1. 自主探究

自主探究学习,一般包括以下几个环节。

(1) 识别并提出问题。

学生独立或者在教师引导下识别并提出环境问题。

(2) 确定信息预案。

学生通过讨论,初步确定就该问题已经掌握了哪些信息,还需要了解哪些信息。

(3) 信息的搜集与加工。

搜集信息的主要途径:图书馆、大众传媒、网络数据库;向专家、环保组织成员或政府官员请教;走访社区居民;野外考察,采集大气、水、土壤、动物、植物、生活用品的样本等。

对搜集到的相关信息,要进行鉴别、分析和综合处理等。

(4) 提出多个研究方案,评价各方案的预期效果,选择并确定行动方案。

(5) 制订具体的行动计划,实施计划,及时评价并调整计划。

行动计划包括采取行动的时间和人员安排,所需资源的种类、数量和来源等。

在计划的执行过程中应及时搜集有关信息,以便对行动过程进行监测。一旦发现问题应及时调整计划并采取相应的补救措施,确保达到预期的效果。

2. 行动研究

通过观察或调查,发现身边现实的环境问题,确定所要研究解决的问题,在收集、分析相关资料的基础上,制定研究计划,然后采取有目的、有针对性的行动,在行动过程中,不断反思,不断发现新问题,不断调整研究计划和行动,不断改进实践,最终达到问题的解决。这种螺旋式上升的过程就是环境教育中的行动研究。

行动研究要从实践中遇到的问题出发,师生作为研究者,民主参与决策和研究,而不是依赖外部“专家”。在学习过程中,学生和教师提出一个自己想要解决的环境问题,通过探究、讨论,澄清自己所要研究的问题;在理解的基础上,探讨解决问题的可能性及潜在的阻力或限制,寻求采取行动的机会。

在行动研究过程中,学生或教师不断地进行批判性反思,并根据反思结果修正自己的想法和行动。学生不必等到调查研究取得明确结果之后再采取行动,而是把研究过程和行动过程结合起来,边计划边行动,边反思边改进,这样可以避免贻误采取行动的时机,最终实现改进实践和问题解决的目的。

二、评价建议

(一) 评价的基本原则

1. 形成性评价和终结性评价相结合,以形成性评价为主

环境教育评价的主要作用在于改进和完善学校环境教育的实施状况。该评价以形成性评价为主,注重教师和学生在环境教育活动中的实际表现。评价要充分考虑学校、教师和学生的具体差异,力求为改进和提高学校环境教育的成效提供依据。同时各学习阶段的终结性评价结果要成为下一阶段环境教育计划的起点。

2. 评价主体多元化

环境教育的实施,不但需要学校、教师和学生积极参与,而且需要社区、地方环保部门、民间环保组织等社会力量的配合和支持。为客观而全面地反映环境教育的过程和成效,上述各部门或个人均可以成为学校环境教育的评价主体。他们既可以以实施者的身份参入环境教育的内部评价,也可以作为独立于学校的外部力量对学校环境教育进行总体评价,还可以对各自在环境教育活动中的实际表现进行自我评价。

3. 单项评价与综合评价相结合

环境教育评价既包括对学生环境教育学习方式、知识与技能、情感态度和价值观的评价,又包括对教师环境教育教学设计、组织和实施的评价,还包括对学校环境教育管理工作的评价。显而易见,如果是基于改进和激励环境教育的目标,评价应注重对环境教育的不同方面进行单项评价,以实现评价指标的多元化,提高评价结果的针对性;如果是基于判断学校环境教育实施成效的目标,评价则需要对学校环境教育进行全面考察和综合评价。评价要关注被评价者的个体差异,力争促进其在原有水平上有所提高。

4. 评价方式多样化,以定性评价为主

环境教育关注学生实地观察与观测、调查、实验、讨论、解决问题等活动的质量,以及在活动中表现出来的兴趣、好奇心、敏感度、生活体验、投入程度、合作精神、探索精神等。这种对学习过程的关注单靠传统的纸笔测验是难以进行评价的。为了对环境教育的实施过程和实际成效作出全面而科学的评价,必须综合运用多种评价方式,包括纸笔测验、行为观察、成长记录袋、情景测验、学习或教学笔记与反思等。

(二) 评价要点与方法

1. 对学生的评价

环境教育的主要目标在于促进学生与环境有关的情感、态度与价值观,过程与方法,知识与技能等方面的发展。环境教育评价要对学生上述各方面的发展状况进行描述,并在此基础上评定环境教育的成效。

依据环境教育评价的基本原则,各年级段的评价指标要与"学习内容"标准及活动建议部分的要求相一致。评价方法的选择要与评价目标和评价内容相适应。

(1) 环境伦理观的评价

需要观察学生在环境教育活动中的行为表现,分析学生有关环境问题的口头和书面表达。评价者要在环境教育活动中观察学生的参与情况,在日常生活中考察其对环境问题的关注程度,并通过各种形式引导学生陈述其有关环境的观点并阐述理由。评价者还要鼓励学生通过成长记录袋等方式收集和整理自己在环境教育中的作业或其他学习作品,反思自己的学习过程,并对自己和其他同学的环境意识、态度和情感进行评议和反思。

(2) 实践技能的评价

需要直接观察学生在提出问题、搜集和整理信息、制订和实施行动计划等方面的表现;评价者可以指导学生在环境研究和环境保护等活动中记录各自的参与状况,使之成为一项评价依据;评价者还可以采取情景测验方式,让学生对虚拟的环境问题提出解决方案和行动计划。

(3) 基础知识的评价

需要分析学生的环境研究报告、作文、绘画、演讲稿及其他与环境有关的作品,也可以通过日常对话、纸笔测验、环境知识竞赛等方式进行。

2. 对教学过程的评价

对环境教育教学过程的评价可参考以下标准:

(1) 将环境教育内容与学生的生活经验、社区的环境特点和环境问题,以及全球性的环境问题联系起来。

(2) 根据教学内容和学生实际情况,灵活选用多种教学方法。

(3) 提供足够的机会,让学生在现实的自然和社会环境中感知、体验和思考,并参与学校或社区有关环境的决策过程。

(4) 引导学生通过多种途径,运用多种方法了解环境、解决环境问题,如调查社区环境状况,并通过图书、报刊、网络等获取有关环境的信息等。

(5) 鼓励学生与同学、教师、社区居民、环境研究专家、环境决策者等相关人士就环境问题相互沟通,并为解决环境问题进行协商、合作。

(6) 鼓励学生从不同角度对环境与人类的关系进行分析,尊重学生获得的不同体验和形成的不同观点。

(7) 指导学生个人或通过小组合作,制定并实施保护环境的各种策略和行动。

3. 对学校的评价

(1) 学校有专门的人员或机构，负责环境教育的计划、实施、协调和评价。

(2) 学校通过一定组织形式，保证学生、家长、学校教职工和领导，以及社区代表等，共同参与学校环境建设和环境教育的决策和行动，并对学校环境教育计划的执行进行监督。

(3) 学校明确规定各学期环境教育的目标、实施方案、时间安排、评价手段和指标等内容，统筹规划各年级环境教育内容。

(4) 学校的规章制度和日常评价包括环境保护和环境教育方面的内容。

(5) 学校为教师和管理人员接受环境教育的培训给予支持并努力创造条件。

(6) 学校向师生提供足够的环境教育教学资料、设备和场所，保证师生便利且有效地加以利用。

(7) 学校有行之有效的环境保护措施，并根据实际情况做出节约资源、降低能源消耗、加强资源回收利用等方面的行动。

(8) 校园环境建设体现环境教育的基本理念。

三、教材编写建议

教材编写，必须依据《指导意见》，充分体现环境教育的基本理念，为环境教学落实内容标准要求、实现课程目标提供基本的教学材料。环境教育教材的编写应注意体现以下六个原则：

(一) 综合性原则

环境教育是集知识学习、能力培养和情感态度以及行为习惯养成于一体的综合教育过程。教材编写必须使环境教育各方面的目标相互渗透，并有机地结合起来。

(二) 趣味性原则

教材的呈现方式要适合学生学习。应做到课文系统、图像系统和作业系统的有机统一。提倡多用图像，多设计活动。图像的设计要主体鲜明，内容精炼科学，形式生动、美观，便于阅读。活动的设计要密切联系学生现实生活的经历和体验，难易程度适中，赋予启发性和趣味性，以提高学生参与活动的兴趣和积极性。

(三) 研究性原则

教材编写应注重引导学生从周围环境及日常生活中发现问题，提出问题，并通过观察、思考、实践等过程，探索解决问题的方法和途径。

(四) 科学性与量力性结合的原则

教材内容的选择和呈现方式，既要符合课程理论的内在逻辑，又要符合学生的实际接受能力和身心发展规律。

(五) 地方性与时代性相结合的原则

教材内容的选择与组织应从学生身边的或熟悉的现实环境问题入手，密切联系生产和生活实际，引导学生关注当地的环境现状、特点和问题。

教材应反映时代特征，突出学科前沿和有关社会热点问题，并根据环境科学和教育科学的发展、国家和社会的需要、学生的发展，不断修订。

(六) 系列化原则

教材编写应重视系列化建设。教材的系列化包括教学参考书、教学挂图、多媒体课件等。

四、课程资源的利用和开发

环境教育的课程资源主要包括学校内部资源、外部资源和信息化资源三大部分。

(一) 学校内部资源

主要是指学校现有条件所能提供给学生进行环境教育的实物，如学校植物园、图书馆、实验室、标本、教学设备和其他学校活动场所、设施等，它们为学生营造了合适的环境教育情景。

(二) 学校外部资源

要充分利用好动植物园、自然保护区、科技馆、大学、科研机构、农场、工厂、商店、街道、社区、河流、农村生态环境等学校外部资源，以激发学生探究环境问题的兴趣和好奇心。

(三) 信息化资源

要充分利用好互联网、报刊、杂志、电视广播及音像资料等信息化资源，强化学生对我国和世界各地环境教育信息的了解和应用。

山东省义务教育地方课程传统文化课程实施指导意见

（试行）

第一部分 前 言

传统文化是一个民族的历史遗产在现实中的展现。中国传统文化是中华民族在实践活动中创造积累的文明成果，是中华民族悠久历史的见证，它博大精深，为世界文化的发展做出了伟大贡献。

学习传统文化，传承中华文明，弘扬民族精神，是基础教育的重要任务之一。习诵优秀传统文化经典，了解历史名人、名胜古迹、科技发明、艺术创造（如建筑、绘画、书法、戏曲）和民俗风情等传统文化内容，对少年儿童人格的陶冶和智慧的启迪，对培养他们的民族自信心和自豪感都有不可忽视的作用。

一、课程性质

传统文化课程是对少年儿童进行中华民族优秀传统文化教育的启蒙课程，是我省义务教育地方课程中的必修课程之一。

本课程具有以下基本特征：

（一）典范性

本课程遵循少年儿童的认知规律，选取中华民族传统文化中具有积极意义的典范作品作为教育内容，通过优秀传统文化的熏陶滋养，培养学生正确的人生观和价值观。

（二）趣味性

本课程贴近少年儿童生活，注重兴趣培养，教材的呈现形式应符合少年儿童的接受心理，学习形式力求生动活泼、丰富多彩，使少年儿童感受到学习传统文化的乐趣。

（三）启蒙性

本课程注重对少年儿童进行传统文化价值观的熏陶和影响，教学内容、教学形式应符合学生年龄特征和认知水平，体现启蒙性。

（四）开放性

本课程的学习内容涉及社会生活的许多领域，应充分利用课内外各种可利用的学习资源，组织学生走出课堂，进行参观游览、调查访问、参加村镇或社区传统文化活动等，让学生在感悟、体验中接受传统文化教育。

二、基本理念

（一）感受传统文化的丰富内涵，认识传统文化博大精深的特点

中华民族传统文化历史悠久、内涵丰富。通过学习，学生可以了解传统文化的基本内容和特点，感受传统文化丰富的思想内涵和艺术魅力，从而认识传统文化的博大精深。

（二）逐步提升传统文化素养，培养民族精神

引领学生对中华民族传统文化精髓进行学习，能够拓宽学生的认知领域、情感领域和实践领域，为他们的健康成长奠定坚实的基础，逐步提高他们的人文素养。

民族精神的形成是传统文化长期熏陶、影响的结果。激发学生对传统文化的学习兴趣，对于培养民族精神具有非常重要的作用。

（三）运用灵活多样的教学形式，发挥传统文化的教育功能

强化朗读、背诵传统文化的精华，不仅能锻炼和提高学生的记忆力，而且能培养学生对传统文化经典的感悟能力。

充分利用当地的课程资源，加强课内外结合、校内外沟通，如参观文化馆、博物馆，游览文化古迹、文化名胜等，使学生直接感受传统文化的魅力，接受传统文化的熏陶感染。

第二部分 课程目标

一、总目标

(一) 认识传统文化的丰厚博大,吸收传统文化的智慧,初步感悟、了解传统文化的精神、审美理想、审美情趣等,感受中华民族的文化魅力,增强民族自信心和自豪感。

(二) 培养爱国主义感情、社会主义道德品质,逐步形成积极的人生态度和正确的价值观,不断提高自己的文化品位,不断丰富自己的精神世界。

(三) 初步了解传统文化的基本内容和形式,自觉拓展学习视野,积极参与校内外的传统文化活动。

(四) 培养热爱传统文化的情感,掌握学习传统文化的科学方法,养成学习传统文化的良好习惯。

(五) 学习传统文明礼仪,提高个人修养。

(六) 初步学会文明地进行人际沟通和社会交往,培养合作意识。

二、阶段目标

(一) 第一学段(一至二年级)

1. 能够熟练背诵经典古诗文 40 首(篇或段),能大体了解其意思。

2. 在老师的指导下,通过诵读等活动,能结合教材插图理解诗文大意,获得初步的情感体验。

3. 了解中华传统节日、民俗风情,培养自己热爱中华传统习俗的感情。

4. 初步了解绘画、书法、建筑等艺术形式,提高自己对传统文化的感知能力。

5. 了解本地的历史文化名人、名胜古迹等,能在教师和家长的帮助下,尝试参加校内外的传统文化活动。

6. 逐步产生学习传统文化的兴趣。

7. 了解传统文明礼仪方面的常识,生活中讲文明,讲礼貌。

8. 能自觉接受传统文化的教育,初步具有诚实守信、关心他人的意识。

(二) 第二学段(三至六年级)

1. 能够熟练背诵经典古诗文 120 首(篇或段),并能初步理解其意思。

2. 能够尝试表达自己学习经典古诗文的感受和见解。

3. 继续了解绘画、书法、建筑等艺术,进一步提高自己的审美情趣。

4. 初步了解古代戏曲、对联、谜语等民族文化。

5. 了解传统文化中有代表性的文化名人、文化名胜、重大的科技发明等,并能熟练诵读相关作品。

6. 在教师的指导帮助下,能够与同学合作,尝试进行文化名胜游览和当地传统文化考察等活动。

7. 对传统文化产生较为浓厚的兴趣。

8. 学习传统文明礼仪,规范自己的言行。

9. 通过传统文化学习,不断增强民族自信心和民族自豪感。

(三) 第三学段(七至八年级)

1. 能正确、流利地朗读、背诵经典古诗文 60 篇(首或段),能默写出重要的名言名句。

2. 在教师的指导和帮助下,能借助相关资料理解所学诗文的基本内容,把握作者的思想感情和观点态度,品味作品的语言内涵,感受作品的艺术魅力。

3. 能针对所学诗文中作者的观点进行讨论,能结合现实生活谈出自己的认识和体会,明确日常生活中我们应如何继承和发扬传统文化精神。

4. 能借助有关资料了解传统文化的主要内容,不断积累传统文化知识。如《论语》、《孟子》、《老子》、《庄子》等文化经典著作,孔子、孟子、老子、庄子、墨子、孙武、孙膑等诸子百家代表人物,秦始皇、汉武帝、曹操、诸葛亮、唐太宗、魏征、唐明皇、包拯、成吉思汗、康熙、乾隆等政治方面的杰出历史人物;屈原、张衡、王羲之、吴道子、李白、杜甫、苏轼、辛弃疾、陆游、文天祥、李时珍、康有为等文化艺术、科学名人,长城、泰山、黄帝陵等名胜古迹,诗、词、曲、小说等主要文学体裁。

5. 能向同学介绍自己搜集到的当地某一历史文化名人的生平事迹和主要贡献,能谈出自己对该历史文化名人的看法;在广泛交流的基础上,每个同学选择一位自己最喜欢的历史文化名人,写出自己喜爱的理由并提出自己的奋斗目标。

6. 能根据学习内容写读书笔记，能根据实地考察所得写出考察简报，能根据有关资料编辑班级或校内报刊等。

7. 继续学习传统文明礼仪，规范自己的言行，提高个人修养。

8. 能自主搜集名胜古迹和传统民俗的相关资料，能向同学介绍某一名胜古迹或传统民俗的有关知识，能结合实际体验谈出自己的认识和感受。

9. 能根据所学诗文进行拓展阅读，将自己搜集和整理的优秀作品介绍给同学；能自主开展经典诗文朗诵会、传统文化考察、传统文化知识竞赛、书法比赛、传统文化摄影展等活动。

10. 能初步感受传统文化的独特魅力，培养热爱传统文化的感情，吸收传统文化的智慧，养成健康高尚的审美情趣，不断提高自己的文化修养。

第三部分　实施建议

一、教学建议

根据传统文化课程的特点，建议由语文或历史、思想品德等侧重文科的教师兼任传统文化课程的教学。

传统文化对学生精神领域的影响是深广的，对学生价值观的形成具有重要的作用。教师要正确把握本课程的特点，根据学生的年龄特征和认知水平，开展丰富多彩的教学活动，努力提高传统文化课程的教学实效。

（一）充分发挥教师的主体作用，尊重学生的主体地位

传统文化教学应在师生平等对话的过程中进行。教师应积极发挥主导作用，充分尊重学生的主体地位，为学生创设良好的自主学习情境，鼓励学生选择适合自己的学习方式，引导学生在实践中学会学习。

（二）重视情感、态度、价值观的正确导向

通过传统文化课程内容的熏陶感染，潜移默化，培养学生高尚的道德情操和健康的审美情趣，形成正确的价值观和积极的人生态度。

（三）注重学生学习方式的多样性

通过活动性学习，使学生在诵读、感悟、讨论、交流的过程中不断提高对传统文化学习的兴趣。

通过开展丰富多彩的传统文化学习活动，如诗歌朗诵、书法比赛、艺术节等，充分感受中华传统文化的魅力。

通过参观游览文化古迹、寻访历史文化名人、参与传统节日活动等，亲身体验传统文化的社会意义。

（四）重视对学生学习兴趣和学习习惯的培养

要根据学生的年龄特征和认知水平组织学习活动，要注意培养学生对传统文化学习的兴趣，使学生从小养成喜欢读书、认真书写、勤于思考、踊跃发言等良好的学习习惯。

（五）体现教学的层次性

教学中要根据不同年级的学生在知识能力、过程方法、情感态度等方面的不同特点，体现教学要求的层次性，使每个学生都能获得成功的喜悦和自信，在原有基础上都能循序渐进，得以发展提高，不可盲目拔高教学要求。

（六）重视对学生的文化熏陶

学习经典重在积累感悟。通过品味经典之韵、感受志士之魂、领略山水之美、参与艺术之乐，使学生受到传统文化的熏陶和滋养，获得文化积累，从而提升学生的文化素养和文化品格。

要重视学生学习过程中的情感体验。力求以情动人、以情启智、以情养德，激发学生情感共鸣。

（七）培养学生对传统文化初步的鉴别意识

传统文化因历史的局限，也存在一些不符合现代价值观念的内容。教学中要逐步培养学生初步的辨别和鉴赏能力，取其精华，去其糟粕，具有初步的鉴别意识。

（八）教师要不断提高自己的文化素养，提高自己的教学能力

传统文化是一门新课程，教师要加强对传统文化内容的学习与研究，不断丰富自己的专业知识，同时也要在教学过程中大胆探索新的教学形式和教学方法，不断提高自己的教学能力。

（九）因地制宜，充分利用本地文化资源

要建立开放的课程资源网络，充分利用农村、社区等本地文化教育资源，并发展校外指导教师队伍，选择不同的教育活动方式和类型，对学生进行教育。

（十）注意处理好本课程与其他课程的关系

本课程既有自己的独特性，又与其他课程有一定的联系，在实施本课程的过程中，应注意与语文、品德等学科的教学或校内外其他教育活动相结合，相互促进，实现综合教育效益。

二、评价建议

本课程对学生的评价要贯彻激励性为主的原则，激发学生学习传统文化的兴趣和热情。

（一）把握评价的目的

传统文化课程要以促进学生文化素养的提高为评价目的，突出课程内容的整体性和综合性，从知识和能力、过程和方法、情感态度和价值观几方面进行全面考察。

（二）重视激励性评价

教学过程中要充分发挥激励性评价的作用，关注学生的每一点进步，及时表扬，及时鼓励，不断激发学生学习的积极性，使学生不断获得学习的兴趣和发展的动力。

（三）重视过程性评价

要重视对学生学习过程的评价。特别关注学生在学习过程中的兴趣、态度和情绪，使学生获得学习的愉悦体验；关注学生阅读兴趣和文化视野的拓展；关注学生把握和内化传统文化精神、形成自己的价值追求和人格内涵的过程。

（四）评价主体多元化

要重视教师对学生的评价，还要尊重学生的主体地位，指导学生开展自我评价、相互评价，甚至可以请学生家长参与评价，使评价成为学校、教师、学生、同学、家长等多个主体共同参与的交互活动。

（五）评价内容多元化

对学生传统文化学习的评价，既要关注学生的学习过程，关注学生的学习兴趣和学习习惯，关注学生个性化的学习方式和学习要求，也要关注学生的传统文化知识的积累，关注学生学习中的感悟和情感体验，还要关注学生的创新精神和实践能力。

（六）评价尺度多样化

不用一个统一的尺度去评价所有的学生，承认学生发展的差异，要考虑到学生的家庭文化背景、城乡文化差异、思维个性差异等因素，考虑学生的不同起点，关注每一个学生在其原有水平上的发展。

三、教材编写建议

本课程的教材编写要遵循教育部《基础教育课程改革纲要（试行）》和山东省教育厅有关地方课程建设的文件精神，准确完整地体现本《指导意见》的理念和要求。

（一）教材编写要以马克思主义为指导，坚持面向现代化，面向世界，面向未来。

（二）教材应体现时代特点和现代意识，理解和尊重传统文化的丰富性和多样性，有助于学生树立正确的世界观、人生观、价值观。

（三）教材要注重继承与弘扬中华民族优秀传统文化，有助于增强学生的民族意识和爱国主义感情。

（四）教材应符合学生的身心发展特点，适应学生的认知水平，有助于激发学生的学习兴趣和创新精神。

（五）教材选文要具有典范性，文质兼美，富有文化内涵，题材、体裁丰富，风格多样，难易适度，适合学生学习。

（六）教材应注意引导学生掌握科学的学习方法。文化知识、选文注释和练习等应少而精，具有启发性，有利于学生在探究中学会学习。

（七）教材内容的编排，应避免繁琐化，简化头绪，突出重点，加强整合，注重情感态度、知识能力之间的联系，致力于学生文化素养的整体提高。

（八）教材的体例和呈现方式应避免模式化，提倡生动活泼、灵活多样，注意为学生设计体验性活动和研究性专题，重视运用现代信息技术。

（九）教材要有开放性和弹性。在合理安排基本课程内容的基础上，给学校和教师留有开发、选择的空间，也为学生留出选择和拓展的空间，以满足不同学生学习和发展的需要。

四、课程资源的开发与利用

学校和教师应具有资源开发和利用意识，通过多种途径对学生进行传统文化教育。各学校、教师应积极与社区和文化民俗部门建立长期的联系，为学生创设传统文化教育的环境，积极开展多种形式的学习实践活动。

本课程主要的课程资源应包括以下几个方面：

（一）图书（包括教材）、报刊、图片等文本资源。

（二）录像、录音、影视节目、网络等音像资源。

（三）文化馆、博物馆、图书馆、名胜古迹等文化设施和人文景观资源。

（四）各地传统文化研究专家、学者、民间艺人等人力资源。

（五）各地丰富多彩的传统文化活动、传统文化节日等生活资源。

山东省义务教育地方课程人生规划课程实施指导意见

（试行）

第一部分　前　言

目前，我国已经进入全面建设小康社会、加快推进社会主义现代化建设新的历史阶段。社会发展对当代中学生的综合素质提出了新的要求，也对教育教学改革提出了新的任务。针对九年级学生面临的升学与就业等现实的人生发展问题，为指导学生搞好现阶段生涯发展规划，依据教育部《基础教育课程改革指导纲要（试行）》的要求和省教育厅关于加强地方课程建设的意见，特制定人生规划课程实施指导意见。

一、课程性质

本课程是为九年级学生的人生发展和未来职业生活奠定基础的一门人生指导类必修地方课程。主要有以下特点：

（一）思想性

本课程以马列主义、毛泽东思想、邓小平理论、“三个代表”重要思想和科学发展观为指导，全面贯彻国家的教育方针，把九年级学生的人生发展规划和职业准备融入课程内容体系中，培养学生正确的人生观、劳动观和职业价值观，增强社会责任感和适应职业生活的能力，引导学生成为有理想、有道德、有文化、有纪律的社会主义建设者和接班人。

（二）综合性

本课程针对中学生面临的升学与就业等现实问题，将个人发展与社会需求的关系、未来就业形势、职业生涯认知、职业领域探索、职业权益保障、职业生涯准备等内容有机地融为一体，具有较强的综合性。

（三）探究性

本课程紧密结合中学生的生活经验和社会实际，以观察、访谈、讨论、分享、体验等为主要方式，引导学生主动探究并寻找问题的答案。

（四）实践性

本课程以社会实践为重要载体，通过走出去、请进来、参观访问、社会调查、角色扮演、亲身体验等方式，拓展学生的视野，开发学生的潜能，丰富学生的人生和职业理想。

二、课程的基本理念

（一）促进学生人生理想、职业理想与社会发展需求“对接”是本课程的任务

随着身心发展、生活领域扩展、思维能力增强，中学生的视野不断扩大，对未来充满憧憬和期待，但是，他们对社会和自我缺乏足够的了解。本课程帮助他们了解社会发展对人才的需求，了解自身的素质和潜能，形成适应社会发展、适合自身特点的人生目标和职业理想。

（二）社会对人才的需求、中学生面临的现实问题、以及树立正确的人生观、劳动观、职业价值观的需要，是本

课程构建的基础

劳动力资源供大于求、就业压力大，社会对人才的要求越来越高，是当代中学生成长过程中必须面对的现实问题。帮助九年级学生在升学与就业等方面做好心理、能力准备，是九年级学生进行人生第一次选择前的必修课。

（三）正确的价值导向与学生的主动探索相统一是本课程的基本原则

人生目标和职业理想的确立，需要建立在学生独立思考和生活体验的基础上。本课程把正确的价值导向蕴涵于学生对人生目标和职业理想进行探索和追求的过程中，帮助学生树立科学的世界观、正确的人生观、价值观，选准自己的人生目标和职业理想。

三、课程的设计思路

本《指导意见》根据课程的设计目标，从九年级学生的认知水平和发展需要出发，针对初中学生必须解决的问题，整合社会人才需求、未来就业形势、生涯发展认知、社会职业探索、人生权益保障、生涯发展规划等内容。指导意见的设计突出科学性、针对性、可操作性。

第二部分　课程目标

一、总目标

本课程旨在帮助九年级学生了解社会对人才的需求，了解自己的兴趣与志向，了解各类人才应当具备的基本素养，培养正确的人生观、劳动观和职业价值观，增强社会责任感和适应职业生活的能力，把自己的人生目标、职业理想与社会发展需求统一起来，进行初步的生涯发展规划，为成为有理想、有道德、有文化、有纪律的社会主义建设者和接班人奠定基础。

二、分类目标

（一）情感、态度、价值观

1. 热爱生命，追求生命价值。
2. 热爱祖国，增强社会责任感。
3. 热爱人民，树立为人民服务的思想。
4. 热爱劳动，尊重平凡劳动者。
5. 热爱科学，乐于创造性劳动。
6. 热爱岗位，遵从职业道德。
7. 热爱集体，培养团队精神。
8. 尊重规则，重视权利与义务。

（二）能力

1. 培养适应社会发展要求的终身学习能力。
2. 培养观察、体验、参与社会公共生活的能力。
3. 培养适应未来职业生活的竞争与合作能力。
4. 训练搜集、分析升学、就业相关信息的能力。
5. 训练“自我推荐”和求职的基本技能。
6. 训练运用法律法规，保障自身合法权益的能力。

（三）知识

1. 了解不同人生阶段面临的发展课题。
2. 了解各行各业的平凡劳动对于维系人类文明的意义。
3. 了解不同职业岗位对人才素质的基本要求。
4. 了解现行的国家职业资格标准。
5. 知道我国的劳动力资源状况及未来的就业形势。
6. 知道我国的劳动法规及劳动者的权益保障政策。

7. 理解个人志趣与社会需要的关系。

8. 理解学业、就业、职业选择与生命价值实现的关系。

第三部分　内容标准与活动建议

一、生涯发展认知

（一）个人与社会

目标：

了解人生不能“无群”，理解个人与社会互相依存的关系。

了解自己的“社会支持系统”，学会“感恩”，懂得回报。

内容标准	活动建议
1. 了解个体生命成长过程对他人与社会的依赖，知道自己的成长包含了许多社会成员的劳动与奉献。 2. 理解个人与社会相互依存的关系，摆正个人在生活中的位置。 3. 知道感恩，懂得回报。	◆ 寻找成长过程中所有爱过、关心过、帮助过、服务过自己的人，讨论“谁给了我们生命，谁呵护我们成长”。 ◆ 探讨成人、成才与回报社会的关系。

（二）生涯与职业

目标：

了解人的生命周期，理解目前所处的发展阶段，做好适应角色变化的心理准备。

了解职业在生命历程中的重要性，理解学业与职业的关系，找准职业生涯的起点。

内容标准	活动建议
1. 了解人的生命周期，迎接将要扮演的社会角色。 2. 理解职业生涯与实现生命价值的关系，确立报效国家、实现人生价值的志向。 3. 理解学业与未来职业的关系，找准职业生涯的起点，形成良好的学习态度。	◆ 拟订采访提纲，访问一位熟悉的长辈，描绘他的职业经历，并分享访问过程的收获。 ◆ 运用已知的生涯发展知识，探索现阶段生涯发展的任务。 ◆ 讨论“未来 10 年，我们将要扮演的社会角色”，了解今天努力的方向。

（三）劳动与职业

目标：

了解劳动的意义与价值，学会尊重劳动、尊重劳动人民。

理解职业生涯的本质是有价值的社会劳动，树立正确的劳动观。

内容标准	活动建议
1. 了解职业活动的共同特征，理解不同的职业活动与满足社会需求的关系。 2. 知道作为谋生手段的劳动、作为实现人生价值的劳动和作为人生幸福之源的劳动之间的联系和区别。理解劳动的价值。 3. 理解劳动与回报的关系，树立以劳动奉献为荣的价值观。	◆ 观察不同的职业活动，找出职业活动的本质特征。 ◆ 进行职业调查，并对不同职业与满足社会需要的状况进行归纳。 ◆“体验普通劳动者的一天”，通过“寻找生活中最受尊敬的人”，理解劳动奉献与实现人生价值的关系。

(四) 个性与职业

目标:

了解职业的特性和自己的“个性”,做好职业选择的心理准备。

根据社会需要和个人实际,尝试进行职业与个性的最佳匹配。

内容标准	活动建议
1. 了解不同职业对人才的不同要求,了解我国现有的职业标准。 2. 知道自身的兴趣和志向、客观评价自身能力。 3. 理解个性与职业的关系,尝试进行职业与个性的最佳匹配。 4. 明确自己的职业价值观,选择人生目标和职业理想。	◆ 讨论“什么样的职业是好职业”,进行观点碰撞。 ◆ 调查父母对自身的职业满意度,了解其原因。 ◆ 通过职业角色扮演,分享对不同职业角色的理解。 ◆ 运用已知的职业分类和个性分类的知识,尝试进行个性与职业的匹配。

二、社会职业探究

(一) 职业类别与就业现状

目标:

了解现代社会主要的职业类别,学会正确地看待社会分工。

了解我国劳动就业现状,做好参与职业竞争的心理准备。

内容标准	活动建议
1. 了解我国目前的职业类别。 2. 了解当前就业状况。 3. 了解不同行业优秀人才成长经历,总结成功人士职业生涯的经验。 4. 理解职业没有高低贵贱之分,正确对待职业分工。	◆ 进行现代职业大搜索,制作就业人员职业分布图,分享搜寻结果。 ◆ 收集、交流劳动模范的事迹,领悟他们成功的经验。

(二) 新兴行业与热门职业

目标:

知道新兴行业的出现是社会发展的需要,乐观看待新的职业发展趋势。

理解新兴行业与热门职业的关系,学会辩证地看待热门职业。

内容标准	活动建议
1. 了解社会行业发展的基本情况,了解社会新兴行业的特点。 2. 理解新兴行业与热门职业间的关系,辨证地看待热门职业,为将来的职业选择打下基础。	◆ 调查当前出现的新兴行业,讨论新兴行业的发展趋势。 ◆ 访问有关专业人士,讨论交流对热门职业的认识。

三、人生权益保障

(一) 劳动者的权益与劳动法规

目标:

了解劳动是公民的权利和义务,树立正确的权利义务观。

了解我国法律法规保障劳动者权益的规定,学会依法维权。

内容标准	活动建议
1. 了解宪法、劳动法等法律对劳动者权益的规定，掌握相关基本知识。 2. 理解公民的劳动权利与义务的辩证关系，树立正确的权利义务观。 3. 了解劳动保障机构的维权职能，知道依法维权的一般程序。	◆ 组织“劳动法规知识竞赛”，以班级为单位评选优胜小组。 ◆ 利用网络和社会调查手段，了解相关维权机构的社会职能。 ◆ 搜集有关维权案例并进行讨论，了解维权的途径与方法。

（二）就业权利与就业促进法规

目标：

了解我国的就业政策与法规、学会维护就业权利。

了解现有的就业服务、就业援助的渠道，掌握寻求就业帮助的方法与途径。

理解创业的内涵，培养创业意识。

内容标准	活动建议
1. 了解就业政策所包含的具体内容，正确理解公平就业原则，学会保护就业权利。 2. 理解劳动者自主择业、市场调节就业、政府促进就业是我国现阶段基本的就业方针，培养自主择业的市场竞争意识。 3. 了解就业服务、就业援助机构提供的各种社会服务，并知道如何寻求必要的帮助。 4. 理解创业的意义与价值，知道政府的扶持性政策，为将来走创业道路做必要的心理准备。	◆ 课堂讨论：“就业促进法为我们提供了哪些法律保障？” ◆ 社会调查，列出主要就业服务机构与服务项目，在班级分享。 ◆ 访问成功创业者，了解创业的艰辛和创业者的特点，讨论创业者应当具备的素质。

四、生涯发展规划

（一）知识准备与技能培养

目标：

了解职业生活需要具备的知识，培养终身学习的意识。

知道职业生活需要的基本技能，自觉提升职业能力。

内容标准	活动建议
1. 了解不同职业应当具备的知识结构，分析自身的知识缺陷，增强学习的紧迫感，树立终身学习的意识，明确拓展知识的努力方向。 2. 知道成功的职业生涯需要的基本技能，端正接受职业技术教育的态度，提高学习职业技能的自觉性。	◆ 课堂讨论：为什么说知识就是力量？ ◆ 采访不同行业的劳动者，探讨职业技能的重要性。

（二）心理准备与道德修养

目标：

了解职业生涯必备的心理素质，做好应对挫折的心理准备。

理解职业道德对于职业生涯成功的意义，培养良好品德。

内容标准	活动建议
1. 知道职业生涯不是一帆风顺的，做好应对挫折的心理准备。 2. 理解职业道德的内涵，提高品德修养的自觉性。	◆ 分享成功者战胜挫折的故事，讨论成功者应当具备的心理素质。 ◆ 结合正反两方面的事例，讨论职业道德的重要性。

(三) 求职准备与求职技巧

目标：

了解获得就业信息的多种渠道，学会筛选有用的就业信息。

了解用人单位的具体要求，能够对自己进行初步的职业资格评估。

知道参加招聘的基本要求，掌握应聘技巧。

内容标准	活动建议
1. 知道获得就业信息的渠道并能初步运用。 2. 理解用人单位对人员的要求，并能对自己是否具备相应资格、是否需要岗前培训做出初步评估。 3. 了解招聘的一般程序，学会准备应聘材料，掌握基本的应聘技巧。	◆ 通过报纸、电视、网络等渠道进行"就业信息大搜寻"，并找出自己感兴趣的就业岗位。 ◆ 参观访问，了解各类职业技术培训机构，了解相关内容，优化备选方案。 ◆ 尝试设计制作个人求职应聘材料，并进行交流展示。 ◆ 模拟求职面试，训练求职礼仪。

(四) 生涯发展规划的制定与实践

目标：

知道九年级学生生涯发展包括的三个基本方向，并锁定自己的阶段发展目标。

了解生涯发展规划的内容与体例，尝试制定自己现阶段的生涯发展规划。

内容标准	活动建议
1. 明确升入普通高中，进而接受普通高等教育的发展方向，树立自己的人生理想和职业理想。 2. 明确接受中等职业技术教育的升学方向，知道社会对中、高等专业技术人才的需求和自己的职业兴趣，选择合适的职业领域。 3. 明确进入劳动队伍的发展方向，知道自己是否具备相应的职业能力，选择合适的就业渠道。 4. 知道生涯发展规划的具体内容和要求，能够制定出可操作的现阶段生涯发展规划。	◆ 调查高中及中等职业学校的教育目的、学习环境、教学特色，讨论两种不同的升学方向及未来的职业发展趋势，分享探索结果。 ◆ 举办"我的生涯发展规划"大赛，分享"我的选择"，互相理解、支持、祝福。

第四部分　实施建议

一、教学建议

(一) 坚持正确的价值导向

本课程教学中，要始终坚持以马列主义、毛泽东思想、邓小平理论、三个代表重要思想、科学发展观为指导，全面贯彻国家的教育方针和素质教育理念，准确把握课程目标，坚持为人民服务的人生观、劳动奉献为荣的职业价值观的正面引导，保证课程正确的价值导向。

(二) 紧密结合我国国情和学生生涯发展课题

本课程教学中，要密切联系我国人口多、就业压力大的基本国情和社会生活实际，联系九年级学生特殊的生涯发展课题，指导学生学会从社会需要和个人志趣的结合点上寻找人生坐标，规划发展道路，寻求个人理想与社会发展目标的统一，为适应社会生活、在劳动奉献中创造生命价值做好知识、能力、心理、品德等方面的准备。

（三）鼓励学生自主探索

本课程教学中，要尊重学生的主体地位，鼓励学生围绕升学、就业、接受职业教育或技能训练等发展课题，独立思考，主动探索，提出问题，寻找答案。

（四）注重学生的情感体验和社会实践

本课程教学中，要格外关注调查、访问、体验、讨论、分享、规划与设计等环节，它们既是基本的教学手段，也是拓展学生视野、丰富学生人生阅历、提升学生职业生涯发展能力的实践过程。

二、教材编写建议

教材编写要遵循教育部印发的《基础教育课程改革纲要（试行）》和省教育厅有关地方课程建设的文件精神，以本课程实施指导意见为依据，所呈现的内容、案例、引用数据应尽量反映现实的社会生活，结合九年级学生面临的实际问题和思想倾向，发挥人生指导类课程的价值导向作用。教材内容的编排和呈现方式，既要符合课程理论的内在逻辑，又要符合九年级学生的知、情、意、行发展的规律。

教材应当是一个开放的系统。呈现的材料既要包括社会生活中与学生生涯发展、职业选择相关的数据资料，也要通俗化表达生涯发展理论的最新成果，还要精选能够启发学生独立思考的经典案例。材料的呈现方式既要有利于教师进行创造性的教学，又要有利于引导学生进行主动探索。教材原则上不提供“标准答案”，所有的答案都要通过独立思考、调查访谈、讨论分享、实践体验等方式，由学生自己“找到”。

教材编写要充分兼顾城乡九年级学生不同的生涯发展方向及实际需要，在教学过程中可以根据实际情况有所侧重。

（一）导向正确，内容科学

教材编写要以马列主义、毛泽东思想、邓小平理论、“三个代表”重要思想和科学发展观为指导，体现素质教育理念，符合生涯发展理论的内在逻辑，强化为人民服务的人生观、以劳动奉献为荣的职业价值观和实践能力的培养，突出课程的科学性、针对性、可操作性，充分发挥本课程对九年级学生人生规划探索的指导作用。

（二）选材要求精、准、实、新

呈现给学生的材料必须精练，避免冗长的空洞说教；选用的概念、数据必须准确，防止产生误导；提供的案例、故事应紧密结合生活实际和学生思想实际；教材内容尽可能新颖，与社会发展和九年级学生关心的问题保持同步。

（三）符合学生成长和价值观形成的客观规律

教材内容的呈现要依据九年级学生的人生规划发展目标由模糊的空想到现实选择的客观过程，以学生感兴趣和乐于参与的方式表达呈现课程内容，使学生在兴趣盎然、主动探索的过程中，理解课程内容，内化本课程的价值导向，使教材内容较好地满足学生实现生涯发展目标的需要。

（四）呈现方式生动活泼、图文并茂，能激发学生兴趣

教材要通过提出学生普遍关心、必须面对的问题，呈现经典案例，设计课堂内外探索活动，鼓励独立思考与共同分享等生动活泼的方式，体现相关的基本原理、基本概念和基本知识；教材中既要有画龙点睛的文字描述，也要有配合内容情境的配图，如漫画、图片等，以利于激发学生的学习兴趣。

（五）以主题模块的方式呈现标准内容

教材应当把生涯发展认知、职业领域探究、职业权益保障、职业生涯准备等内容作为主题模块，形成教材基本架构。

三、评价建议

（一）评价目的、原则与方法

本课程评价的目的是为了考查教师组织教学、指导学生的水平和学生职业生涯认知、职业能力变化或提高的程度，帮助教师提升教学指导水平，帮助学生梳理课程学习的收获，使评价成为促进教师教学、促进学生完善现阶段生涯发展规划的过程。

本课程的评价原则是“三个是否有利于”，即：是否有利于促进学生形成正确的人生观、劳动观、职业价值观；是否有利于促进学生明确发展目标，并学会根据社会需要进行生涯发展规划；是否有利于促进学生正确处理学业与发展的关系，为未来的职业生涯做好知识、能力、心理、职业道德等方面的准备。

本课程的评价方法采取“过程总结—自我评价—效果综合考察”相结合的方法。师生分别对课程学习过程的主要收获进行小结；对教学过程中各自的提高和变化做出自我评价；对课程学习效果的综合考察则应当由学生、家长、教师共同参与。学生呈现阶段生涯发展规划，家长对孩子课程学习以后发生的变化填写调查反馈表，教师结合课程学习过程中学生的全部表现为每一名学生写出描述性课程学习评语。

（二）对学生的评价

本课程为必修课程。对学生的评价包括自评、互评、项目评价、发展规划评价、教师综合评价五个环节。

自评，由学生结合课程学习小结做出自我评价。

互评，由学生以小组为单位在自我评价的基础上，参考家长反馈意见，互相评价，互相激励。

项目评价，将每一阶段活动课程评选的优胜小组、优胜个人纳入评价体系。

生涯发展规划评价，以学生根据社会需要、个人志趣、课程学习的主要收获制定的“未来10年，我的生涯发展规划”为评价文本，通过恰当方式做出优秀、良好、及格的等级评价。凡全程参与课程学习、并在生涯认知、知识、能力、品德修养等方面有所提高的学生，都应该给予及格成绩。

教师综合评价，由教师根据学生学习过程的全部表现、进步幅度和上述评价结果，写出描述性、激励性评语，给予综合成绩等级评定，不搞“一卷定成绩”的单纯知识考试。

（三）对教师的评价

对教师评价，应从导向是否正确，对教材的理解与把握是否到位、教学过程是否有效激发了学生独立思考、主动探索、为实现发展目标而自觉学习的内在动机等方面，考察是否完成了教学任务，实现了课程目标。对教师的评价包括自我评价、学生评价、学科组综合评价三个环节。

自我评价，引导教师对教学过程的成败得失进行自我反思与评价。

学生评价，通过课程满意程度反馈表，广泛征求学生对课程教学的意见，集中学生对改进课程的意见和建议。

学科组综合评价，由学校分管领导主持，学科组全体教师参加，通过集体备课、互相听课、组织观摩课等各种方式，搞好专业分享与教师互评；通过召开学生座谈会，家长座谈会，分析来自学生和家长的反馈意见，最后形成对教师的描述性教学评价，肯定成绩、指出不足，提出改进教学的具体建议，使评价真正有助于提升教师教学水平、职业道德和专业素养。鉴于人生指导类课程正确的价值导向和学生、家长的目标选择可能发生的冲突，对教师的评价既要重视学生、家长意见的合理成分，督促教师改进教学，又不能简单地将其作为“一票否决”教学活动的惟一依据。

四、课程资源的利用与开发

本课程是一个开放的体系。可用教学资源既包括校内的教育资源，也包括校外的各种教育资源。应科学整合、综合运用各种课程资源本身的人文教育功能，保证课程目标的实现。

（一）主要课程资源

文本资源：本课程学习指导书、教师用书，相关图书资料。

音像资源：相关的电影、电视节目录像，歌曲光盘、磁带。

实物资源：图书馆、阅览室、活动室、视听教室、多媒体设备（网络、电视广播等）、博物馆、自然和人文景观、机关、企业、事业单位、田间地头、一切有社会劳动的场所。

人力资源：学生与家庭成员、教师、以及社会各界人士。

（二）开发利用课程资源的原则

1. 目的性原则——根据教学目标的需要，恰当选择课程资源。

2. 针对性原则——根据资源的不同功能和特点，配合教学内容，发挥课程资源的效能，避免资源利用的盲目性或喧宾夺主。

3. 实效性原则——一切资源的利用均应有利于学生的探索活动、丰富学生的人生体验、提升学生的社会实践能力。

山东省教育厅关于印发《山东省普通高中课程设置及教学指导意见(试行)》的通知

鲁教基字[2008]21号

各市教育局：

根据教育部《普通高中课程方案(实验)》和各学科课程标准(实验)规定，我厅编制了《山东省普通高中课程设置及教学指导意见(试行)》(以下简称《指导意见》)，现印发给你们，并就有关事项通知如下，请遵照执行。

一、《指导意见》对普通高中的课程设置、教学内容和课程实施等做了明确规定，是全省普通高中课程安排和课堂教学的基本依据，是对普通高中教学工作管理与评价的基础，是学分认定考试、学业水平考试和高考命题的基本依据。

二、《指导意见》从2008年秋季高中一年级开始在全省统一实施。各地要将《指导意见》转发至每一所普通高中，组织普通高中全体教职员工认真学习，深入研究并切实落实到教育教学工作中。

三、《指导意见》在统一要求的同时，允许和鼓励学校创造性地实施课程。学校结合自身实际，可对课程安排、教学内容及进度进行调整，但必须符合教育部《普通高中课程方案(实验)》的要求，并将学校三年课程规划安排经市教育局审核后报我厅备案。

各地在落实《指导意见》过程中有何问题和建议，请及时报告我厅基础教育处和省教研室。

2008年8月5日

山东省普通高中课程设置及教学指导意见
(试行)

根据教育部《基础教育课程改革纲要(试行)》、《普通高中课程方案(实验)》(以下简称《课程方案》)和《山东省普通高中新课程实验工作方案(试行)》等文件精神，结合全省普通高中教学实际，制定本指导意见。

一、指导思想

普通高中课程设置和教学以国家的教育方针政策为指导，以《课程方案》及各科课程标准为依据，以提高学生的全面素质为宗旨，以培养学生创新精神和实践能力为重点，促进教学方式和学习方式的变革，努力满足每个学生终身发展的需要，全面落实普通高中教育的培养目标。规范课程教学行为，推进教育教学创新，努力形成具有山东特色、充满活力的普通高中课程教学体系。

二、课程设置

普通高中要全面开设《课程方案》规定的语言与文学、数学、人文与社会、科学、技术、艺术、体育与健康和综合实践活动八个学习领域的课程。每学年都要设置各领域的课程，保证使学生每一学年在所有学习领域都能获得一定学分。

学习领域包括科目有语文、数学、外语(英语、日语、俄语等)、思想政治、历史、地理、物理、化学、生物、技术(信息技术、通用技术)、艺术(或音乐、美术)、体育与健康等。学校要开齐所有科目，并开足课时。鼓励有条件的学校开设两种或多种外语。

各科目一般由若干个模块组成。学校要开足必修课程模块，尽量多开设选修模块，促进每个学生的全面发展和个性发展。

普通高中的课程设置安排如下：

<table>
<tr><th rowspan="2">学习领域</th><th rowspan="2">科目</th><th rowspan="2">必修学分</th><th colspan="2">一年级</th><th colspan="2">二年级</th><th colspan="2">三年级</th></tr>
<tr><th>学分</th><th>周学时</th><th>学分</th><th>周学时</th><th>学分</th><th>周学时</th></tr>
<tr><td rowspan="2">语言与文学</td><td>语文</td><td>10</td><td>8</td><td>4</td><td>8</td><td>4</td><td>4</td><td>5</td></tr>
<tr><td>外语</td><td>10</td><td>8</td><td>4</td><td>8</td><td>4</td><td>4</td><td>5</td></tr>
<tr><td>数学</td><td>数学</td><td>10</td><td>8</td><td>4</td><td>8</td><td>4</td><td>4</td><td>5</td></tr>
<tr><td rowspan="3">人文与社会</td><td>思想政治</td><td>8</td><td>4</td><td>2</td><td>4</td><td>2</td><td rowspan="3">12</td><td rowspan="6">12</td></tr>
<tr><td>历史</td><td>6</td><td>4</td><td>2</td><td>4</td><td>2</td></tr>
<tr><td>地理</td><td>6</td><td>4</td><td>2</td><td>4</td><td>2</td></tr>
<tr><td rowspan="3">科学</td><td>物理</td><td>6</td><td>4</td><td>2</td><td>4</td><td>2</td><td rowspan="3">10</td></tr>
<tr><td>化学</td><td>6</td><td>4</td><td>2</td><td>4</td><td>2</td></tr>
<tr><td>生物</td><td>6</td><td>4</td><td>2</td><td>4</td><td>2</td></tr>
<tr><td rowspan="2">技术</td><td>信息技术</td><td>4</td><td>2</td><td>1</td><td>2</td><td>1</td><td rowspan="2">2</td><td rowspan="2">1</td></tr>
<tr><td>通用技术</td><td>4</td><td>2</td><td>1</td><td>2</td><td>1</td></tr>
<tr><td rowspan="2">艺术</td><td>音乐</td><td>3</td><td>1</td><td rowspan="2">1</td><td>1</td><td rowspan="2">1</td><td>1</td><td rowspan="2">1</td></tr>
<tr><td>美术</td><td>3</td><td>1</td><td>1</td><td>1</td></tr>
<tr><td>体育与健康</td><td>体育与健康</td><td>11</td><td>4</td><td>2</td><td>4</td><td>2</td><td>3</td><td>2</td></tr>
<tr><td rowspan="3">综合实践活动</td><td>研究性学习活动</td><td>15</td><td>6</td><td>2</td><td>6</td><td>2</td><td>3</td><td>2</td></tr>
<tr><td>社区服务</td><td>2</td><td colspan="6">三学年至少10个工作日</td></tr>
<tr><td>社会实践</td><td>6</td><td>2</td><td>全年至少1周</td><td>2</td><td>全年至少1周</td><td>2</td><td>全年至少1周</td></tr>
<tr><td colspan="3">学校课程(选修学分Ⅱ)</td><td>2</td><td>1</td><td>2</td><td>1</td><td>2</td><td>1</td></tr>
</table>

说明：1. 本课程设置方案是对所有普通高中课程开设的基本要求，但不是学生课程选修的最低要求。必修课程所有学生必须修习，选修课程由学生自主选择修习。

2. 每学年52周，其中教学时间40周，社会实践1周，假期11周。社区服务一般安排在课余时间、周末或节假日。原则上每学期分两段安排课程，每段10周，其中9周授课，1周复习考试。每周5天上课，周学时数不超过35。每学时一般为45分钟。高一、高二年级每周有3学时机动时间(含班团活动时间)，学校可自主安排。

3. 每个模块通常为36学时，语文、数学、外语每个模块在一个学段内完成。人文与社会、科学领域的有关科目每个模块一般在一个学期内完成，必要时可在不增加学时的前提下，在本领域内将有关科目学时打通使用或调整开设顺序。音乐、美术、体育与健康每个模块为18学时。

4. 学校可根据需要调整技术领域中信息技术和通用技术的开设顺序。

5. 艺术领域每周开设1学时。音乐和美术可间周开设。

6. 研究性学习活动高一、高二年级每周3学时，2学时在课内实施，一般连排使用；1学时安排在课余和假期时间进行，以学生自主完成为主。

7. 学校课程主要指《课程方案》的“选修学分Ⅱ”。有条件的学校可以围绕各学习领域自主开发和安排教学内容，增加学校课程的开设量。

8. 学生每学年在每个学习领域都必须获得一定学分，三年中获得116个必修学分，在选修课程中获得28学分，其中学校课程至少6学分，总学分达到144方可毕业。学生可以根据自己的兴趣爱好选修更多课程，获得更多的学分。

三、教学内容

高中教学内容既要有利于进一步提升所有学生的共同基础，又要有利于为每一位学生的发展奠定不同基础。学校要在保证使学生修满必修学分的前提下，按科目设计多样的、可供不同发展潜能学生选择的课程内容。高中三学年课程内容安排建议如下：

<table>
<tr><th rowspan="2">学习领域</th><th rowspan="2">科目</th><th colspan="2">一年级</th><th colspan="2">二年级</th><th colspan="2">三年级</th></tr>
<tr><th>上学期</th><th>下学期</th><th>上学期</th><th>下学期</th><th>上学期</th><th>下学期</th></tr>
<tr><td rowspan="3">语言与文学</td><td>语文</td><td>语文 1～2</td><td>语文 3～4</td><td>语文 5，从选修模块中至少选择开设 1 个模块</td><td>从选修模块中至少选择开设 2 个模块</td><td>从选修模块中至少选择开设 2 个模块开</td><td rowspan="3">开设部分选修课程</td></tr>
<tr><td rowspan="2">外语(英)</td><td rowspan="2">英语 1～2</td><td>英语 3～4</td><td>英语 5～6</td><td>英语 7～8</td><td rowspan="2">从选修系列Ⅰ和系列Ⅱ中至少选择开设 2 个模块</td></tr>
<tr><td colspan="3">(可以选修系列Ⅱ模块补充)</td></tr>
<tr><td>数学</td><td>数学</td><td>数学 1～2</td><td>数学 3～4</td><td>数学 5，选修 1－1、2－1</td><td>选修 1－2 和系列 3 中 2 个专题；选修 2－2、2－3</td><td>从选修系列 3 中选择开设 2 个专题；从系列 4 中至少选择开设 2 个专题</td><td rowspan="8">总复习</td></tr>
<tr><td rowspan="3">人文与社会</td><td>思想政治</td><td>思想政治 1</td><td>思想政治 2</td><td>思想政治 3</td><td>思想政治 4</td><td rowspan="2">人文方向选修：思想政治、历史至少各选择开设 2 个选修模块</td></tr>
<tr><td>历史</td><td>历史(Ⅰ)</td><td>历史(Ⅱ)</td><td>历史(Ⅲ)</td><td>从选修模块中至少选择开设 1 个模块</td></tr>
<tr><td>地理</td><td>地理 1</td><td>地理 2</td><td>地理 3</td><td>从选修模块中至少选择开设 1 个模块</td><td>地理至少选择开设 2 个选修模块</td></tr>
<tr><td rowspan="3">科学</td><td>物理</td><td>物理 1</td><td>物理 2</td><td>从选修 1－1、2－1、3－1 中至少选择开设 1 个模块</td><td>从选修 1－2、2－2、3－2 中至少选择开设 1 个模块</td><td rowspan="3">科学方向选修：从物理 2－3、3－3、3－4、3－5 中至少选择开设 2 个模块；化学至少选择开设 2 个选修模块；生物开设 1 个选修模块</td></tr>
<tr><td>化学</td><td>化学 1</td><td>化学 2</td><td>至少开设 2 个选修模块</td><td>至少开设 1 个选修模块</td></tr>
<tr><td>生物</td><td>生物 1</td><td>生物 2（或生物 3）</td><td>生物 3（或生物 2）</td><td>开设 2 个选修模块</td></tr>
<tr><td rowspan="2">技术</td><td>信息技术</td><td colspan="2">信息技术基础</td><td colspan="2">从选修模块中至少选择开设 2 个模块</td><td rowspan="2">至少从通用技术选修模块中选择开设 1 个模块</td></tr>
<tr><td>通用技术</td><td colspan="2">必修 1</td><td colspan="2">必修 2</td></tr>
</table>

（续表）

<table>
<tr><th rowspan="2">学习领域</th><th rowspan="2">科目</th><th colspan="2">一年级</th><th colspan="2">二年级</th><th colspan="2">三年级</th></tr>
<tr><th>上学期</th><th>下学期</th><th>上学期</th><th>下学期</th><th>上学期</th><th>下学期</th></tr>
<tr><td rowspan="2">艺术</td><td>音乐</td><td colspan="2">音乐鉴赏</td><td colspan="2">音乐鉴赏</td><td colspan="2">在其他模块中至少选择开设 1 个模块</td></tr>
<tr><td>美术</td><td colspan="2">美术鉴赏</td><td colspan="2">绘画</td><td colspan="2">从其他模块中至少选择开设 1 个模块</td></tr>
<tr><td>体育与健康</td><td>体育与健康</td><td colspan="6">从 6 个运动技能系列中至少选择开设 10 个模块，并开设健康教育专题系列，其中在田径类项目、体操类项目和民族民间体育类项目系列中，要求学生在每个系列至少修满 1 学分，在健康教育专题系列修满 1 学分</td></tr>
<tr><td rowspan="3">综合实践活动</td><td>研究性学习活动</td><td colspan="6">根据学校和学生实际，从自然、社会和学生生活中确定 5 个研究专题，其中高中一年级、二年级各 2 个专题，三年级 1 个专题</td></tr>
<tr><td>社区服务</td><td colspan="6">根据学校所在地区和学生实际，开展了解社区、服务社区和参加社区建设等活动</td></tr>
<tr><td>社会实践</td><td colspan="6">根据学校和学生实际，确定活动内容，如学工学农、公益活动、军训、勤工俭学、学校社团等</td></tr>
<tr><td colspan="2">学校课程</td><td colspan="6">学校根据有关规定自主开发和安排教学内容</td></tr>
</table>

四、课程实施要求

（一）学校课程设置和教学要依据本意见实施。在总体上执行统一的课程教学计划基础上，鼓励学校创造性地实施国家课程，因地制宜开发和实施学校课程。学校根据需要可对课程安排、教学内容及进度进行适当调整，但必须提供三年课程实施计划，经市级教育行政部门审核并报我厅备案，且不得随意增加或减少课程和学时。

（二）学校要为课程的实施创造条件。要加强制度建设，建立健全符合普通高中新课程要求的一系列教育教学制度。要配齐各科目师资，安排好选修课程所需的师资、教室和教学设备。要建设信息技术专用教室和通用技术实验室，配备相关的教学设施。学校要有若干处固定和非固定的社会实践基地。

（三）高中一年级主要设置必修课程，可从高一下学期逐步开设选修课程。市级规范化学校选修学分 I 课程的总体开设率应达到 60%以上，省级规范化学校应达到 70%以上。原则上 30 名以上学生选择的课程学校必须开设。

（四）为学生自主选课提供科学指导。学校应建立课程规划、开发、管理制度和学生选课管理系统，向学生提供课程设置说明和选课指导手册。班主任及其他教师都应做好指导学生选课的工作，并与学生建立相对固定的联系，为学生形成符合自身特点、合理的课程修习计划提供及时的指导和帮助。各级教育行政部门要加强对学校课程规划和选课工作的监管，各高中学校应将每学期的课程规划实施方案上报市教育局。各级教研部门要加强对学校选课工作的指导。

（五）逐步废止传统的文理分科教学的做法。要尊重和保障学生通过选择课程实现选择发展方向和发展水平的权利，在保持行政班级不变的基础上实行走班教学。各级教育行政部门和学校不得为学生集体确定选修课程，不得强迫学生选择文、理或艺、体发展方向。从 2008 年入学的新生开始，在二年级末以前不得组织学生分科。

（六）认真实施综合实践活动课程。要统筹管理，全面协调学校研究性学习活动、社区服务和社会实践的实施。各市要对本市普通高中学生开展的研究性学习、社区服务和社会实践情况建立电子档案，加强研究、交流和评估。

（七）学校应加强课程教学资源建设，充分挖掘并有效利用校内现有课程资源。同时，通过加强校际之间以及学校与社区的合作，实现课程资源的共享。学校课程资源的开发要联系实际，为当地经济建设和社会发展服务。要积极利用和开发基于现代信息技术的课程资源，建立广泛而有效的课程资源网络。

（八）学校应建立和不断完善以校为本的教学研究制度，鼓励和引导教师参与学校课程建设，针对教学实践中的问题开展教学研究，创造性地实施课程。学校应与教研部门、高等院校等建立联系，主动开展专业咨询，合作开展课程教学研究和教师培训。

五、教学中应注意的问题

（一）依据课程标准，全面落实课程目标。教师要认真学习、深入研究课程标准，准确把握课程的性质、基本理念和设计思路，明确课程对教学实施提出的要求，进一步转变教学观念。要充分认识高中课程的选择性要求和学分制管理特点，满足学生对课程多样性、个性化的选择需求。教学时要着眼于模块或专题的整体设计，有机整合知识与技能、过程与方法、情感态度和价值观三维目标，将正确的世界观、人生观融入教学实践。

（二）尊重教学规律，开展教育教学创新。既要继承传统教学中有利于学生身心发展、符合教育教学规律的教学方式，坚持教学常规，也要根据新课程精神，不断创新教学方法，转变学生学习方式。教师要特别注意做好备课、上课、课后反思三个环节的工作，借鉴、融合各派教学理论，与同伴、专家开展合作研究，不断探索提高教学效率的途径。

（三）尊重学生差异，为每一位学生的发展奠定不同基础。一方面要努力提升所有学生的共同基础，同时要承认、尊重学生发展存在的差异性和独特性，尽可能挖掘每个学生的潜能，发挥每个学生的特长，让每个学生获得全面而富有个性的发展。教学中要增强教学预设的针对性和活动任务的选择性、灵活性。

（四）转变教师角色，建立民主平等的新型师生关系。教师要成为学生知识建构的促进者，创造性思维的启迪者，学习活动的组织者、引导者和合作者。教学中要促进师生平等交流与对话，启发学生主动参与教学过程。师生之间要互尊互信、理解宽容，教学相长。

（五）转变教学方式，不断提高教学效率。要认真研究自主、合作、探究学习的组织实施策略和方法，注重培养学生的独立思考能力、创新能力和实践能力。要开设好技术课程及物理、化学、生物等实验课，创造性地开设综合实践活动课程。教学要面向学生、面向社会、面向生活，贴近学生的现实生活世界，关注学生的直接经验。

（六）改进教学手段，逐步实现教学形式、教学方法和教学手段的多样化和现代化。教师要努力掌握并熟练运用现代教育技术，积极推进信息技术与学科课程的有机整合；要了解各种教学媒体和手段的特点，根据具体的教学任务，选择合适的教学组织形式和教学媒体，提高教学质量。

六、考试与评价

（一）课程设置与教学内容安排是考试与评价的基础。本课程设置与教学意见安排依据国家《课程方案》与各学科课程标准编制，是对普通高中教学工作管理与评价的基础，是学分认定考试、学业水平考试和高考命题的基本依据。

（二）建立发展性评价制度。学校要实行学生选课、学业成绩与成长记录相结合的综合评价方式。应根据目标多元、方式多样、注重过程的评价原则，为学生建立综合、动态的成长记录档案，全面反映学生的成长历程。要加强对学生选课、作业和作品展示、实践活动、标志性成果等过程性资料的积累，通过多种方式对学生进行发展性评价。学分的认定要基于学生平时选课、学习成绩和模块考试成绩，同时参照有关规定满足修习的学时数。省教育厅对学校实行课程实施水平和教育质量监测制度。

（三）规范日常考试行为。学生学业成绩考试应注重测试学生综合运用所学知识解决实际问题的能力，考查学生实践和探究的能力。日常考试实行无分数评价。学校、班级不得公布学生的考试成绩，不得按学业成绩排列学生名次。

（四）做好学业水平考试工作。学业水平考试是决定普通高中学生是否具备毕业资格的必要条件。学业水平考试范围以必修课程为主，逐步开考选修课程内容。学业水平考试成绩按照实际考分和等第记录在普通高中学生发展评价报告和省、市学业水平考试计算机管理系统中。学校要高度重视学业水平考试工作，依据课程标准和当年颁布的《山东省普通高中学生学业水平考试纲要》，做好考试的准备和组织工作。要允许学生自主选择参加考试科目和考试时间。

（五）改进和完善学生综合素质评价制度。要逐步完善学生综合素质评价制度。普通高中学生综合素质评价，以我厅颁布的《普通高中学生发展报告》作为普通高中学生自我评价和教师、学校评价学生的工具和评价结果记录的平台，其中的相关信息将作为高校招生的依据。各高中学校应将每学期的高中学生综合素质评价和发展报告在学校按有关规定公示后上报省教育厅。各级教育行政部门要切实加强对学生综合素质评价工作的领导，逐步建立完善学生综合素质评价的保障制度和监督制约制度，保证评价工作的客观、公正性，切实发挥通过评价促进学生发展的教育功能，为高等学校招生录取学生提供真实、有效的参考信息。省教育厅将加强对高中学生综合素质评价和发展报告工作质量的监督和管理，其结果将作为评估和管理规范化学校、教学示范学校的重要依据。

山东省教育厅关于进一步加强农村学前教育工作的意见

鲁教基字[2008]22号

各市教育局：

为深入贯彻《国务院办公厅关于转发教育部等部门（单位）关于幼儿教育改革与发展的指导意见的通知》（国办发[2003]13号）和《山东省人民政府办公厅转发教育厅等部门（单位）关于学前教育改革与发展的意见的通知》（鲁政办发[2003]100号）精神，深化农村学前教育改革，加快农村学前教育发展，现就进一步加强农村学前教育工作提出如下意见：

一、进一步提高对发展农村学前教育重要性的认识

（一）学前教育是基础教育的重要组成部分，是学校教育和终身教育的奠基阶段，是国民教育体系的重要组成部分。学前教育事业属于社会公益性、福利性事业。发展学前教育对于促进儿童身心全面健康发展，高质量普及义务教育，提高国民素质，构建社会主义和谐社会，全面实现建设小康社会的奋斗目标具有重要意义。

（二）我省是农业大省和农村人口大省，农村学前教育的发展决定着整个学前教育发展的质量和水平，对于促进城乡学前教育均衡发展，提升义务教育质量和水平，促进各级各类教育均衡协调发展，提高人口的整体素质，推动农村经济社会的发展具有重大意义。各级教育行政部门要从实践"三个代表"重要思想和落实科学发展观的高度，把加快农村学前教育发展作为完善现代国民教育体系、促进教育公平的一项重要任务，研究提出本地区加强农村学前教育发展的目标任务、实施步骤和政策措施，并纳入当地教育发展的总体规划，为山东建设教育强省、全面推进社会主义新农村建设打下坚实基础。

二、明确农村学前教育发展目标，合理规划布局，促进农村学前教育健康、快速发展

（一）结合我省实际，到2012年，全省农村学前教育改革与发展的目标是：

——形成以县（市、区）实验幼儿园为示范，乡镇中心幼儿园为骨干，村级办园为主体，个人办园为补充的农村学前教育发展格局。

——基本满足农村3～5周岁适龄幼儿入园需要，到2012年，农村学前三年儿童入园率达到85%以上，学前一年儿童入园率达到99%以上，其中，学前特殊儿童和流动人口子女的入园率有较大幅度提高。

——每个县（市、区）至少有1所公办省级实验幼儿园，每个乡镇至少有1所公办中心幼儿园，所有村办幼儿园（班）达到《山东省学前教育机构审批注册管理办法（试行）》规定的基本条件。

——到2012年，农村幼儿教师专业合格率达到80%以上，专科及以上学历达到30%以上。幼儿园园长、教师持幼儿园园长岗位培训合格证书和幼儿教师资格证书率达到80%以上。

——一类及以上幼儿园都要积极开展0～6岁托幼一体化试验，有条件的要开展早期儿童特殊教育试验。提

供0～6岁儿童家长及看护人的保育和教育咨询服务，普及科学育儿知识。

（二）县（市、区）教育行政部门要结合本地区建设社会主义新农村的总体目标，按照“规模办园、就近入园，大村独办、小村联办”的原则，继续加大幼儿园布局调整力度，根据实际情况分乡镇合理规划农村幼儿园布局。农村幼儿园发展规划确定后，要通过新闻媒体向社会公示。凡规划所在地已经举办幼儿园的，不再批准新建幼儿园。

（三）合理确定服务范围，积极探索多元化办园模式。农村幼儿园一般按服务人口3000人以上、服务半径在1.5公里以内设一所园的标准进行布局建设，形成一个乡镇（街道）建有一所独立设置的公办中心幼儿园、下设若干个幼儿园和教学点的农村学前教育服务网络。中心幼儿园要为全日制，规模一般不少于6个班，学区幼儿园和村办园规模不少于3个班。偏远山区、湖区可在小学附设幼儿班。

三、切实履行职责，进一步理顺和完善农村学前教育管理体制和办园机制

（一）农村学前教育实行县、乡两级共管，教育部门主管、有关部门分工协作的管理体制。

县（市、区）政府应当加强对农村学前教育的领导，要将农村学前教育纳入本辖区国民经济和社会发展总体规划，将农村学前三年普及率、乡镇中心幼儿园建园率和幼儿园教师待遇落实情况等列入发展目标，并将总体规划目标分解到乡镇。各级政府教育督导室要加大督导、评估力度，促其落实。

乡镇要从全面建设小康社会和社会主义新农村的目标出发，结合农村社会经济发展和城镇化建设的实际，统筹规划辖区内的学前教育，办好乡镇中心幼儿园，筹措经费，改善办园条件。指导村民委员会办好村级幼儿园（班）。

（二）加强对农村幼儿园办园资格的审批注册。县级以上教育行政部门和乡镇人民政府要按照《山东省学前教育机构审批注册管理办法（试行）》（鲁教基字〔2005〕17号）的规定，切实履行管理职责，做好办园资格的审批注册，按照规定颁发办园许可证。要将聘任幼儿教师资格、工资待遇及社会保障制度等内容一并纳入年检范围。不具备办园条件、未取得办园许可证，任何单位和个人不得举办幼儿园。各级教育行政部门和乡镇人民政府要会同有关部门按照有关规定，采取有力措施取缔非法举办的幼儿园。

（三）充分发挥县级实验幼儿园和乡镇中心幼儿园的骨干示范作用，使其成为当地幼儿园的教育科研中心、教师培训中心、信息资源中心和家庭教育指导中心。

要继续办好公办幼儿园，不得借转制之名停止或减少对公办幼儿园的投入，不得出售或变相出售公办幼儿园，已转制和出售的要限期收回。公办幼儿园转制必须经省级教育行政部门审核批准。实施办园体制改革要切实保证国有资产不流失，园所保教质量不下降，幼儿教师合法权益受到保障、整体素质得到提高。

（四）鼓励支持学校举办附设幼儿园。学校附设幼儿园要坚持“园舍独立，管理独立，财务独立，人员独立”的原则。附设幼儿园的小学不得以任何理由拒绝接受本学区内适龄儿童入学。

要逐步取消学前班和混合班。只招收学前一年儿童的学前班，要逐步向招收学前三年儿童的完全性幼儿园过渡。

（五）中小学布局调整后闲置的校舍，要优先用于举办幼儿园。对暂时性闲置的幼儿园资源，要优先安排用于本区域3岁以下儿童活动基地或学前儿童活动场所，确保学前教育资源使用的有效性、公益性。

（六）依靠和动员社会力量，采取联办、租赁、股份合作等形式，多渠道、多模式地发展农村学前教育事业，逐步形成公办与民办、正规与非正规学前教育相结合的多元化发展格局。

（七）积极鼓励民间资本到农村投资办园。在符合发展规划的前提下，符合办园条件，可批准举办幼儿园。鼓励名园输出品牌和管理，创办或联办民办幼儿园，进一步扩大优质学前教育资源。民办幼儿园在审批注册、分类定级、教师培训、职称评审、评优表彰等方面与公办幼儿园享受同等待遇。新建、改建、扩建的民办幼儿园，各地要参照中小学校建设有关规定以及相关法规给予优惠和支持。

四、全面实施素质教育，努力提高保教质量

（一）认真贯彻国家教育方针，全面实施《幼儿园工作规程》和《幼儿园教育指导纲要》（试行），重视学前教育教研和科研工作。坚持保教并重的原则，以幼儿为本，把幼儿的安全和健康放在首位，尊重幼儿的人格尊严和基本权利，为幼儿提供安全、健康、丰富的生活和活动环境，满足幼儿多方面发展的需要。

（二）按照国家《幼儿园工作规程》的有关规定，做好幼儿入园和编班工作。幼儿园每年秋季招生，平时如有缺额，可随时补招。幼儿入园除进行体格检查外，严禁任何形式的考试或测查。幼儿园班级规模小班不得超过

25人，中班不得超过30人，大班不得超过35人。混合班不得超过30人，学前班不得超过40人。寄宿制幼儿园每班人数酌减。

（三）充分利用农村丰富的环境资源和乡土材料，以游戏为基本活动形式，寓教育于各项活动之中。要积极探索学前教育的新方法，注重幼儿全面发展和个性发展，做好学前教育与小学教育衔接，切实防止学前教育"小学化"倾向。

禁止在幼儿园从事违背教育规律或以营利为目的的实验和活动。幼儿园确因教育教学改革实验需要开办实验班的，须经县级以上教育行政部门同意。在正常教学时间内，不得以开办实验班、特色班和兴趣班等为由，另外收取费用。

（四）各级教科研部门要把对农村幼儿园的教育教学指导作为工作的重点，建章立制，确保教研人员深入教学第一线进行指导，提供教育教学咨询、信息服务与技术帮助。在教育教学评优等活动中，要对农村幼儿园给予适度倾斜。

（五）建立社区和家长参与幼儿园管理和监督机制，加强幼儿园与家庭、社区的合作，充分利用幼儿园和社区的资源优势，面向家长开展多种形式的早期教育宣传、指导等服务，不断提高幼儿家庭教育质量。

（六）积极开展幼儿园"手拉手"活动，每一所市级一类及以上幼儿园必须与至少一所农村幼儿园结成友好园，有计划地组织农村幼儿园园长和教师所属幼儿园挂职培训或轮训，并定期开展教育教学观摩和送教下乡活动，以提高农村幼儿园管理水平。

（七）任何部门和单位到幼儿园进行的各类登记、检查和要求幼儿园参加的大型活动，须征得同级教育行政部门的同意。严禁组织幼儿园参加与保育教育工作无关的商业性庆典、演出等活动。

五、加强教师队伍建设和管理，改善教师待遇，提高幼儿教师素质

（一）参照国家和省《全日制、寄宿制幼儿园编制标准》，乡镇中心幼儿园按照不低于1∶10～15、村办幼儿园按照不低于1∶15～20的比例配备幼儿教师。通过公开竞争、择优聘用、优化组合等方式，建立一支年龄结构、学历结构和职称结构合理的、专业化幼儿教师队伍。

逐步加大公办幼儿教师配备比例，使乡镇中心幼儿园园长和骨干教师为公办教师。凡学前教育专业毕业、年龄在40岁以下的公办中小学教师，可本着自愿的原则，由教育部门统一划转到公办幼儿园工作；也可从中小学富余教师中选择符合幼儿园教师任职条件的人员，通过岗前培训，充实到公办幼儿园任教。加强农村幼儿园园长队伍建设，选派一批思想好、能力强、素质高的公办教师充实到农村集体幼儿园任职。

（二）依据《中华人民共和国教师法》、《教师资格条例》、《幼儿园管理条例》、《幼儿园工作规程》及相关文件精神，全面推进园长、教师资格认定制度和聘用制度，优化农村幼儿教师队伍。幼儿园主办单位必须招聘具有任职资格的园长、教师，对不符合任职资格的园长、教师，由主办单位逐渐予以调整。保健医生、保育员、食堂工作人员也需持相关资格证书上岗。

（三）逐步建立多层次、多形式的幼儿园教师教育与培训体系，培养数量充足、质量合格农村幼儿教师。把幼儿教师的培训工作纳入中小学教师的培训和继续教育规划，建立幼儿教师继续教育证书制度，对从事学前教育的师资有计划地进行轮训。幼儿师范学校和举办学前教育专业的院校，要根据当前学前教育对师资的需求，采取灵活多样的方式，有计划地培养合格幼儿教师，并逐年扩大培养数量。鼓励和支持农村幼儿教师参加学前教育学历提高学习，提高专业素养，加快农村学前教育骨干教师队伍建设。

（四）尽快建立农村幼儿教师工资、福利保障机制。公办幼儿教师与当地公办中小学教师享有同等的职称评聘、工资、福利、退休退养和社会保障政策。要建立稳定的非公办幼儿教师工资来源渠道。建立健全养老保险、医疗保险、失业保险等社会保障制度。

六、进一步完善经费投入体制，多渠道筹措农村学前教育经费

（一）继续坚持"谁办园谁出钱，谁受益谁负担，政府适当扶持"的原则，建立起财政支持、举办者投资、幼儿家长缴费、社会捐资、幼儿园自筹等多元投资机制。

（二）加大对农村学前教育的投入，做到逐年增长。各级财政性经费要保障公办幼儿园正常运转，保证教职工工资按时足额发放，保证实验幼儿园建设和师资培训等业务活动的正常进行，扶持和发展经济欠发达农村地区的学前教育事业。乡镇要安排发展学前教育的经费，主要用于乡镇中心幼儿园建设和幼儿教师工资的发放。

（三）建立学前教育的扶贫帮困制度，采取切实有效措施确保低收入家庭、流动人口子女和留守儿童享有接受学前教育的机会。有条件的幼儿园要根据实际情况对上述儿童入园给予照顾，有关费用予以减免。

（四）按照当地经济发展水平、群众承受能力和教育成本，适时调整幼儿园收费标准，增强幼儿园发展活力。

（五）幼儿园的收费要专款专用，全部用于办园所需，任何部门不得统筹、截留、挤占和挪用。学校附设幼儿园所收费用，主要用于幼儿园发展和提高。

七、加强领导，强化督导，保证农村学前教育事业的健康发展

（一）各级教育行政部门要加强对各级各类幼儿园的管理。各县（市、区）教育行政部门要配备专职管理人员，负责学前教育管理工作。乡镇设专职幼教辅导员，也可由中心幼儿园园长兼任，负责全乡镇学前教育管理和业务指导。乡镇中心幼儿园园长与当地中心小学校长享受同等待遇。

（二）各地要建立3～5周岁适龄儿童登记名册，实行电子园籍管理制度，将幼儿健康及发展信息记入个人成长档案并转入小学。

（三）开展学前教育先进县（市、区）创建活动，促进政府统筹，调动各方面积极性，加大投入，规范管理，整体推进农村学前教育发展。

（四）各级教育行政部门和各级教育督导机构要把农村学前教育工作列入教育督导范围，将农村学前教育事业发展、经费投入、保教质量、教师待遇等内容作为教育督导的重点。要对农村学前教育的发展情况定期进行督导和评估，并将评估结果向社会公示，接受社会和家长的监督，确保农村学前教育事业发展目标如期完成。

各地应根据本意见制定具体政策和措施，推进农村学前教育的改革与发展。

2008年9月19日

山东省教育厅关于做好农村义务教育阶段国家课程部分学科教科书循环使用工作的通知

鲁教基函[2008]3号

各市教育局，莱钢教育处：

根据《教育部财政部关于全面实施农村义务教育教科书免费提供和做好部分教科书循环使用工作的意见》（教基[2007]23号，以下简称《意见》），从2008年春季学期开始，我省对农村义务教育阶段国家课程部分学科教科书实施循环使用。为做好这项工作，现将有关事项通知如下。

一、充分认识教科书循环使用的重要意义。实施教科书循环使用，对于保证农村义务教育阶段学生接受义务教育，提高教科书的使用效益，培养学生勤俭节约的优良品德和艰苦奋斗的思想作风，增强学生保护环境节约资源的意识，建设节约型社会、发展循环经济都具有重要作用。各地要充分认识做好这项工作的重要意义，将这项惠民利国的工作抓紧抓好。

二、认真落实教科书循环使用的各项政策规定。

（一）根据《意见》精神，纳入循环使用的教科书包括：小学《科学》，《音乐》、《美术》（或《艺术》），《信息技术》；初中《音乐》、《美术》（或《艺术》），《体育与健康》，《信息技术》。鉴于我省《中小学实验教学用书目录》中初中《体育与健康》选用的教科书全部为初中三年全一册，该学科教材不纳入循环使用范围，仅在每年秋季为七年级配齐《体育与健康》教科书，供三年使用。

（二）循环使用教科书的配备。循环使用的教科书由中央财政统一购买，免费提供给学校。2008年配齐循环使用的教科书，近三年每年我省将根据各地循环使用教科书的版本分布情况和当年实际学生数，按一定比例安排资金用于循环使用教科书的补充和更新。对于部分地区出现的各年级循环使用的教科书版本不同的情况，由省

里在政府采购中按实际学生数统一调剂配齐。

(三) 循环使用的教科书作为中小学校的教育装备,由学校集中管理,学生免费使用,不属学生个人所有。学校要为循环使用教科书提供专门的储存场所和专柜(如学校图书馆),确定专人负责发放和管理工作。学校要统一在教科书的扉页或其他醒目位置加盖“免费提供、循环使用、注意爱护、用后交回”的图章,提醒学生保护教科书。有条件的学校要为循环教科书加装护书封皮。

(四) 学校以年级或班级为单位集体从学校领取循环使用的教科书,一般以学期为时限,学期末统一交回学校。循环使用教科书平常存放在教室中,用时即取,用完即存。学校应为每间教室配备必需的书橱,存放循环使用的教科书。班主任和相关学科任课教师为管理负责人。

(五) 建立学生使用规范和借用制度。明确学生使用循环教科书的程序,制定学生使用循环教科书的规范,加强对学生正确使用循环教科书的教育,引导学生自觉爱护图书、养成正确用书的好习惯。为便于管理和使用,每个借用时限内,应让每个学生使用固定编号的循环教科书。

(六) 加强循环使用教科书的卫生和质量管理。对回收的循环教科书要进行全面消毒,保证学生再使用时的卫生安全。对破损的教科书要进行分类清理,能修补再用的要及时进行修补,不能修补使用的,要及时清理并登记报废,及时更新,保证教科书在循环使用过程中达到基本的质量标准,不影响学生的再使用。

三、加强对教科书循环使用工作的领导。

(一) 省教育厅负责组织实施全省免费教科书的循环使用工作,并根据国家对教科书循环使用工作的有关要求和我省实际情况,制定教科书循环使用的管理办法和实施细则,统筹解决实施过程中的各种问题。各级教育行政部门和中小学校要根据有关规定,成立领导机构,建立健全规章制度,对循环教科书的管理使用、组织领导等方面做出具体规定,保证此项工作科学有序进行。

(二) 各地要为学校开展教科书循环使用提供相应的工作条件,添置、配备必要的图书存储、消毒设施和设备,组织对有关人员的培训,开展学习交流和评比奖励活动,促进和保证循环使用工作的顺利、正常开展。

(三) 各级教育行政部门和中小学校在实施教科书循环使用工作中,要积极引导教师更新教育理念、改变教学方式。要教育学生爱护课本、节约资源、养成良好的学习习惯,增强学生的责任意识和环境保护意识。

(四) 各地要通过多种渠道和形式,向学生、家长、教师和社会广泛宣传教科书循环使用的重要意义,提高学生、家长、社会各界人士的认识,使他们能够自觉地支持此项工作。

各地要将此通知迅速传达到所有农村义务教育阶段学校。学校在开学后立即传达给全体教职员工,做好对全体学生的教育工作,确保此项工作的顺利实施。

2008 年 2 月 19 日

山东省教育厅关于进一步规范中小学办学行为推进素质教育有关问题的通知

鲁教基函[2008]32 号

各市教育局:

根据《山东省人民政府关于深入贯彻〈中华人民共和国义务教育法〉大力推进素质教育的意见》(鲁政发[2007]7 号)、《山东省人民政府办公厅关于进一步加强普通高中教育管理工作的通知》(鲁政办发[2008]36 号)及《山东省普通中小学管理基本规范》(鲁教基字[2007]20 号)等文件精神,为进一步规范全省中小学办学行为,深入实施素质教育,现将有关事项通知如下:

一、进一步加大素质教育工作宣传力度。全省中小学素质教育工作会议召开以来,我省规范办学行为、推进素质教育工作取得了重要进展,现已成为一项备受社会各界关注和支持的教育“民心工程”。为推动全省中小学素质教育工作取得新的突破，各级教育行政部门、中小学校要综合利用报刊、电台、电视台、互联网等，进一步加大素质教育宣传力度，迅速及时地把国家和省关于推进素质教育的方针政策传达到每一位教育工作者、每一名学生及社会各界，确保他们了解素质教育、理解素质教育、支持素质教育、共同推进素质教育。市、县教育行政部门主办的教育网站及中小学校园网都要开辟“大力推进素质教育专栏”，及时发布国家、省及当地推行素质教育的政策文件。要向社会公布各级教育行政部门设立的违规办学举报电话及信箱，并组织各中小学校将党和国家的教育方针、《山东省普通中小学管理基本规范》及各级教育行政部门的违规办学举报电话、信箱在学校宣传栏、教室、会议室等公共场所进行张贴公布。要组织各中小学校通过定期召开家长会等方式，加大向学生家长宣传素质教育的力度，积极争取广大学生家长对素质教育的理解和支持。

二、进一步深化基础教育课程改革。我省规范中小学办学行为、推进素质教育工作已经进入规范、改革、发展并举的新阶段。各级教育行政部门、中小学校要坚持既抓规范办学，又抓深化基础教育课程改革。要按照《山东省教育厅关于深化基础教育课程改革全面提高教育质量的意见》(鲁教基字〔2008〕1 号)、《山东省教育厅关于印发山东省普通高中课程设置及教学指导意见(试行)的通知》(鲁教基字〔2008〕21 号)要求，在规范办学的同时，把工作重心及时转移到加强教师队伍建设、全面深化基础教育课程改革、全面培育合格学生上来。各级教育行政部门要围绕深化基础教育课程改革，开齐开足开好课程，认真抓好试点工作，并注意培植典型、发现典型、总结经验，以点带面，推动全省基础教育课程改革向纵深开展。对基础教育课程改革中涌现出的典型及经验，要及时报我厅基础教育处。

三、进一步保障广大中小学教师的合法权益。各级教育行政部门、中小学校要在认真贯彻党的教育方针、推进素质教育、减轻中小学生过重课业负担的同时，切实保障广大教师法定休息日及节假日的休息权，维护教师的合法权益，激发教师实施素质教育的积极性、主动性和责任感、使命感。要关心教师生活，科学合理安排教育教学活动，从本通知下发之日起，各中小学校除按照我厅规范办学要求在双休日及晚上安排少量值班教师以外，严禁组织教师在双休日和晚上坐班，严禁以“自愿”、“集中备课”、“开会”、“培训”等名义变相要求教师坐班。

四、进一步规范义务教育阶段各类考试。除市级以上教育行政部门批准的考试、竞赛及学校自行组织的期中、期末检测以外，义务教育阶段学校不得参加任何统一考试、竞赛，不得组织周考、月考等任何统一考试。社会考试机构面向中小学生开展的社会证书、等级认定考试，必须坚持学生自愿原则，各级教育行政部门和中小学校不得参与组织，更不得强令学生报名参加。主办考试的机构应坚持独立开展工作，不得以物质奖励、经费支持等吸引、诱惑学校参与考试组织。各种社会证书、等级认定考试成绩作为体现学生综合素质的内容可记入学生成长档案，供高中学校录取新生时参考，但不得作为刚性指标量化赋分。

五、进一步加强监督监管。目前，我省规范办学行为、推进素质教育工作正在进入关键时期，各级教育行政部门要进一步加强领导，强化工作措施，加大督查力度，及时制止、查处违规行为。要切实发挥舆论的监督作用，鼓励社会各界加强对学校办学行为的监管，鼓励新闻媒体对办学行为不规范现象进行曝光，构建立体化、全方位的监督体系。对于违规单位，我厅将继续按照有关规定严肃处理，直至追究相关人员责任，决不姑息。

各市教育局要将此件精神迅速传达到各中小学校。

2008 年 9 月 24 日

山东省教育厅关于印发《山东省“十一五”高等学校重点实验室　人文社会科学研究基地建设管理办法》的通知

鲁教科字[2008]1 号

有关高等学校：

现将《山东省“十一五”高等学校重点实验室、人文社会科学研究基地建设管理办法》印发给你们，请遵照执行。

2008 年 1 月 27 日

山东省“十一五”高等学校重点实验室　人文社会科学研究基地建设管理办法

第一章　总　则

第一条　为加快山东省文化科技创新体系建设，加强高等学校的科学研究工作，规范和加强山东省高等学校重点实验室、人文社会科学研究基地的建设管理工作，根据《山东省“高教强省”行动计划》，参照《国家重点实验室建设与管理暂行办法》、《教育部高等学校重点实验室建设管理暂行办法》和《教育部普通高等学校人文社会科学重点研究基地管理办法》，制定本办法。

第二条　本办法中的重点实验室、人文社会科学研究基地是指山东省“十一五”“高教强省”行动计划重点建设项目中的省级重点实验室、强化建设重点实验室和省级人文社会科学研究基地、强化建设人文社会科学研究基地（以下简称重点研究基地）。

第三条　重点研究基地是区域文化科技创新体系的重要组成部分，是高水平基础研究和应用基础研究、聚集和培育优秀科学家、开展高水平学术交流的重要基地。

第四条　重点研究基地的主要任务是围绕国家和山东省经济、社会、文化、科技发展战略目标，面向学术前沿和山东省现代化建设需要，开展以基础研究和应用基础研究为主的创新性研究，培养高层次创新性人才。其目标是获取原始创新成果和自主知识产权，为相关学术领域和行业提供科研成果和技术支撑，为培育国家重点研究基地奠定基础。

第五条　重点研究基地是其依托单位科研平台建设的重点，依托单位应将其列入重点建设和发展规划。

第六条　重点研究基地是依托单位具有相对独立性的科研实体，依托单位要赋予重点研究基地相对独立的人事权和相应的财务管理职责。

第七条　重点研究基地实行“研究开放、人员流动、内外联合、竞争创新、‘产学研’一体化”的运行机制。

第八条　重点研究基地要接受定期评估，优胜劣汰，动态发展。

第二章　管理职责

第九条　省教育厅是重点研究基地的组织领导部门，主要职责是：

（一）贯彻国家及山东省有关重点实验室、人文社会科学研究基地建设和管理的方针、政策、规章，编制重点研究基地发展规划，制定相关的政策文件，指导重点研究基地的运行和管理，组织实施重点研究基地建设。

（二）审批《山东省“十一五”高校重点实验室建设项目计划任务书》（格式见附件 1）、《山东省“十一五”高校人文社会科学研究基地建设项目计划任务书》（格式见附件 2）（以下简称《任务书》）。

（三）聘任重点研究基地主任和学术委员会主任。

（四）会同财政厅安排重点研究基地建设专项补助经费。

（五）组织检查、评估和验收。

第十条　高等学校是重点研究基地建设管理的依托单位，主要职责是：

（一）成立校（院）长负责的，学校相关部门参加的重点研究基地建设管理决策机构，研究解决重点研究基地发展中的重大问题。

（二）组织论证本单位重点研究基地建设《任务书》，并将其作为重点研究基地建设项目实施的基本文件和验收的主要依据。

（三）推荐重点研究基地主任和基地学术委员会主任人选，聘任重点研究基地副主任、学术委员会副主任和学术委员会委员。

（四）将重点研究基地建设列入学校建设与发展规划。

（五）根据《任务书》安排建设资金和必要的运行费用，提供其它配套条件。

（六）根据本办法，制定本校重点研究基地建设与管理实施细则。

（七）对重点研究基地进行年度考核，做好重点研究基地检查、评估和验收的相关工作。

第三章　运行与管理

第十一条　重点研究基地实行依托单位领导下的基地主任负责制。

第十二条　重点研究基地主任的任职条件是：(1) 本领域国内外知名的专家，(2) 具有较强的组织协调能力和凝聚力，(3) 具有较强的管理能力和水平，(4) 身体健康，年龄一般不超过 55 岁，原则上任期为 5 年，每年在科研基地工作时间不得少于 9 个月。

第十三条　重点研究基地必须设立相应的工作人员，负责基地的日常工作。

第十四条　基地学术委员会是重点研究基地的学术领导机构，主要任务是审议研究基地的目标、任务和研究方向，审核基地建设发展规划，审议、安排基地的重大学术活动，审批开放研究课题。学术委员会会议每年至少召开一次，重点研究基地主任要向学术委员会委员作基地年度工作报告。

第十五条　学术委员会由国内外优秀专家组成，人数 7～11 人，应为单数，其中依托单位的学术委员不超过总人数的三分之一，中青年学术委员不少于三分之一。

学术委员会委员由依托单位聘任，报省教育厅备案。

第十六条　为促进研究人员的流动和学科间的相互渗透，重点研究基地的研究队伍由固定人员和流动人员组成；固定人员规模理工农医类一般不少于 15 人、人文社科类不少于 7 人，不可与其它基地人员交叉；要按需设岗，按岗聘任。

要重视高层次人才引进，注意吸引和培养优秀青年人才，并努力吸引有成就的出国留学、进修人员回国参加工作。

第十七条　重点研究基地要加大开放力度，根据自身的研究方向，设置开放基金，发布开放课题指南；积极开展国内外科研合作与学术交流，可邀请国内外知名学者从事合作研究或担任顾问，依托单位要提供配套条件和基金，逐步扩大开放研究和流动人员的比例。

第十八条　重点研究基地可开展形式多样的基地共建，鼓励国内外企业、政府、个人以不同形式向研究基地捐赠仪器设备、图书资料、设立访问学者基金、研究生奖学金。

第十九条　重点研究基地应加强知识产权保护。基地人员(包括固定人员与流动人员)在重点研究基地完成的研究成果包括专著、论文、软件、数据库等均应署本重点研究基地名称，专利申请、技术成果转让按国家有关规定办理。在国外学习、进修、从事客座研究的基地人员，凡涉及科研基地工作、成果的，在论文、专著等发表时，也均应署本重点研究基地名称。申报奖励按国家有关规定办理。

第二十条　重点研究基地要深化管理体制改革，探索并建立有利于凝聚研究队伍的人事管理机制；建立有利于学术创新的科研管理机制，有利于学术资源共享的互利机制，有利于人才脱颖而出的人才培养机制，有利于整合资源、优化组合、突出优势的科研组织机制，有利于学术水平提高的科学评价机制。

第二十一条　重点研究基地应重视和加强管理工作。建立、健全内部规章制度，仪器设备、图书资料要相对集中，统一管理，安全运行，凡符合开放条件的仪器设备都要对外开放。重视和加强学术道德建设。

第二十二条　加强重点研究基地的信息化工作。重点研究基地必须建立内部信息管理系统，有独立的网站或网页，并保持运行良好。

第二十三条　重点研究基地是学术机构，不允许以其名义，从事或参加以盈利为目的的商业活动。

第二十四条　根据国民经济和社会发展的需要以及重点研究基地的运行状况，省教育厅可调整重点研究基地的布局、组成；重点研究基地确有需要更名、变更主要研究方向或进行调整、重组的，必须做好变更前的调研工作，由基地主任提出书面申请，经学术委员会和专家组论证、依托单位核定后，报省教育厅审批。

第四章　经费与资产管理

第二十五条　省财政设立重点研究基地建设专项补助经费，主要用于省直属高校的强化建设重点实验室、强化建设人文社会科学研究基地和国家重点实验室；对于“十一五”期间进入“国家队”的省内重点建设项目，给予奖励支持。鼓励企业和社会资金参与重点研究基地建设。

第二十六条　省专项补助经费实行一次核定，分年度拨付。依托单位配套经费必须按照《任务书》确定的数额，及时到位；否则将停拨后续省专项建设补助经费。建设项目超预算部分，由依托单位自行筹措。

第二十七条　依托单位是重点研究基地建设经费的投入主体，必须至少按 1∶1 配套省拨专项建设补助经费，每年的重点研究基地建设经费要列入单位年度预算。重点研究基地要通过技术开发、技术转让、技术咨询和技术服务等方式多渠道筹措建设经费，使每个强化建设的重点研究基地 5 年的建设经费理工农医类不低于 800 万元，人文社科类不低于 200 万元；使每个重点研究基地 5 年的建设经费理工农医类不低于 400 万元，人文社科类不低于 100 万元。重点研究基地用房面积理工农医类不低于 2000 平方米，人文社科类不低于 300 平方米。

第二十八条　依托单位应当对重点研究基地建设资金进行专户明细核算和管理，要建立健全财务管理制度，专款专用，学校不得提取管理费。其中用于硬件建设部分(如购置仪器设备、先进软件、图书资料等)，理工农医类基地不低于 70%，人文社科类基地不低于 40%。基地建设形成的资产是国有资产，由依托单位统一管理使用。

第二十九条　重点研究基地建设经费的使用以提高使用效益和建设质量为前提，在国家财务制度允许的范围内尽量减少管理层次和繁杂手续。依托单位内审机构应加强对建设经费管理与使用情况的审计与监督。

第三十条　依托单位要对利用重点研究基地建设资金购置的仪器、设备等固定资产设立资产专户。

第三十一条　重点研究基地建设任务完成后，依托单位要继续为基地进一步发展和日常运行提供经费。

第五章　考核与评估

第三十二条　重点研究基地实行年度报告、中期评估和终期验收制度。

第三十三条　重点研究基地必须编制年度工作报告，经依托单位审核后，于每年 1 月 31 日前将上一年度的《山东省“十一五”高校重点实验室工作年报》(格式见附件 3)、《山东省“十一五”高校人文社会科学研究基地工作年报》(格式见附件 4)报送省教育厅。

第三十四条　省教育厅将于 2008 年组织重点研究基地的中期评估，评估内容主要包括：制度建设、学术队伍建设、条件建设、建设效益及人才培养情况等。评估结果分为优秀、合格和不合格。对被评估为优秀的重点研究基地，予以鼓励；对评估不合格的重点研究基地，视具体情况给予通报、限期整顿、减少拨款、停止拨款、撤销资格等处理。

第三十五条　“十一五”末，省教育厅将对重点研究基地进行验收，考核其总体建设目标完成情况及建设成效，对强化建设的重点研究基地，着重考核其标志性成果和为经济社会发展所作出的贡献。验收结果分为优秀、合格和不合格。验收为优秀的重点研究基地，在下一轮省高校强化建设重点研究基地遴选中给予优先考虑，并优先推荐申报省或教育部重点研究基地；验收为不合格的重点研究基地，取消其下一轮重点研究基地的申报资格，并减少依托单位下一轮重点研究基地的申报数量。

第三十六条　列入强化建设的重点研究基地，如因某种原因不能继续进行强化建设的，依托单位可提出退出申请，经省教育厅批准后，不再列入强化建设行列。

第六章　附　则

第三十七条　重点研究基地的命名要规范、统一。

重点实验室统一命名为“山东省高校××重点实验室(依托单位)”，英文名称为“Key Lab of ×× in Universities of Shandong(××University)”。如：山东省高校软件工程重点实验室(山东大学)；Key Lab of software engineering in Universities of Shandong(Shandong University)。

人文社会科学研究基地统一命名为“山东省高校人文社会科学研究基地 XX 大学 XX 研究中心(所)”；英文名称为“Key Research Institute of Humanities and Social Sciences in Universities of Shandong, ×× Research Center(Institute) of ×× University”。如：山东省高校人文社会科学重点研究基地山东大学东方考古研究中心；Key Research Institute of Humanities and Social Sciences in Universities of Shandong, Oriental Archaeology Research Center of Shandong University。

第三十八条　重点研究基地标牌和印章的制作标准另行发布。

第三十九条　重点研究基地建设依托单位可根据本办法制订实施细则。

第四十条　本办法由省教育厅负责解释。本办法自发布之日起施行。

山东省教育厅关于进一步改进和加强教育内部审计工作的通知

鲁教审字[2008]1号

各市教育局、各高等学校：

近几年来，我省各级教育内部审计机构紧紧围绕教育改革和发展的中心任务，积极开展各项审计业务，及时发现和纠正经费开支和财务管理中存在的问题，在堵塞管理漏洞，防范经济风险，强化内部管理，提高资金使用效益，加强党风廉政建设等方面发挥了重要作用，促进了教育事业的健康协调发展。但我们也要看到，教育内部审计工作开展还不平衡，审计质量有待提高，审计职能需要进一步强化。为全面贯彻落实科学发展观，更好的服务于我省教育事业的改革和发展，进一步提高管理水平和资金使用效益，根据《教育系统内部审计工作规定》(教育部17号令发布)和《教育部办公厅关于做好2008年教育审计工作的通知》(教财厅[2008]1号)精神，现就进一步改进和加强全省教育系统内部审计工作有关事项通知如下：

一、进一步强化教育内部审计职能，努力推进教育内部审计工作开展

内部审计是国家整个审计工作的重要组成部分，是加强内部管理，强化监督控制，提高经济效益的内在要求，在贯彻落实科学发展观，促进经济社会协调发展，建设资源节约型、环境友好型社会中发挥着重要作用。目前，随着教育事业的改革和发展，虽然教育投入不断增加，资金筹措渠道和方式日益多样化，但是经济活动更加复杂，事业发展和经费不足的矛盾更加突出。教育部门在促进内涵发展，完善内部控制，堵塞管理漏洞，防范和化解财务风险，提高财经工作运行质量等方面的任务会更加繁重，教育内部审计工作的作用越来越重要。因此，必须采取切实措施，改进和加强教育内部审计工作，强化审计工作职能，不断提高教育内审工作质量。各级教育行政部门和各级各类学校必须重视内部审计工作，列入部门、单位工作议事日程；要按照国家有关规定实行内部审计制度，建立健全教育内部审计机构，充实内部审计力量，不得随意撤减、合并内部审计机构和审计人员，削弱审计职能；要在部门、单位主要负责人的领导下，依据国家法律、法规和政策，紧紧围绕教育中心工作，制定年度审计工作计划，认真开展内部审计工作；要进一步更新审计观念，创新工作思路，抓住影响教育改革和发展大局的经济活动开展审计业务；要突出管理审计和效益审计，尽快实现内部审计工作转型，把教育内部审计工作的出发点和归宿点落实到提高效益和管理水平上来。

二、进一步加强审计工作基础性建设，不断提高内部审计工作水平

各级教育行政部门和各级各类学校要按照审计署、教育部有关文件的要求和《中国内部审计准则》的规定，紧密结合教育工作实际，制定和完善系统、单位内部审计制度及与之配套的专项审计制度、各项审计规范等，规范内部审计行为。要适应教育事业快速发展和管理需要，有计划地补充和充实内部审计人员，根据财务收支审计、基建维修审计和管理效益审计等的不同需要，不断完善内审人员的知识结构、专业结构和年龄结构。要健全内部审计监督制度，进一步规范内部审计工作程序，实行审计督导制度、审计日记制度和审计质量责任追究制度，不断提高质量意识，加强审计数据库建设和审计档案管理，努力提高教育内审工作的制度化、规范化水平。要加强审计信息化建设，尽快改变传统的手工审计方式，积极开展计算机审计，实现审计手段和审计方式的现代化，提高教育内部审计工作效率和工作质量。所有高校要在2008年底前安装运行适合本单位审计业务需要的审计软件，并积极开展网络审计，探索非现场审计的方法路子；各市也要积极进行试点，抓好审计信息化软硬件建设，逐步提高计算机在审计业务和审计管理中的应用水平。各级教育行政部门和各类学校主要负责人要认真履行内部审计的领导职责，不断改善内审人员的工作、生活和学习条件，积极支持内审人员有效开展审计工作。

三、突出管理质量效益，尽快实现教育内部审计工作全面转型

"十一五"以来，我国教育发展模式已经由规模扩张转向内涵发展，城乡义务教育经费保障机制基本建立；高等学校为完成"扩招"任务大规模集中进行的基本建设任务基本完成，高等教育经费将更多地用于高等学校教学科研条件的改善和教育教学质量以及科研水平的提高。为适应教育改革和发展形势的要求，教育内部审计工作也必须转变传统审计的工作内容、路子和方法，更新教育内部审计观念，实现以真实性、合规性为导向的财务审计为主，向以真实性、合规性为导向的财务审计与以内部控制和风险管理为导向的管理审计并重的转型。实现内部审计工作全面转型，在指导思想上，要由注重结果、重在治标向注重过程、重在治本转变；在审计职能上，由单纯监督检查的保护性职能向与咨询服务的建设性职能并重转变；在审计目标上，从以单纯的检查纠正财务会计领域的错弊为主，向以评价并改善风险管理、控制和治理程序的效果为主转变；在审计内容上，由以财务收支为主向与业务控制和信息系统控制并重转变；在审计方式上，由事后监督为主向与事前、事中全过程监督并重转变；在审计手段上，由手工操作为主向利用计算机、网络信息技术为主转变；在审计事项处理上，要从重视责任，转为责任和效益并重；在审计项目安排上，要从"小作坊式"的单个项目审计，向整体性、系统性"集约式"审计转变。各级教育行政部门和各类学校要真正树立管理效益意识，结合系统和单位实际，选准开展管理效益审计的项目，制定管理效益审计的方法、技术和评价标准；要选择部分项目，积极开展管理效益审计试点工作。近期，管理效益审计的重点是管理不善、决策失误等造成损失浪费、资产流失方面的经济活动，以专项审计调查为管理效益审计的主要形式。

四、明确工作重点，加大内部审计力度

当前，我省教育事业正面临前所未有的改革和发展机遇，教育内部审计的任务会更加繁重。全省教育内部审计工作要紧紧围绕教育改革和发展的中心任务，进一步增强大局意识、责任意识和服务意识，转变观念，突出重点，充分运用现代信息技术和计算机审计软件，创造性地开展内部审计工作，实现教育内部审计以财务审计为主向财务审计与管理审计并重的转变。

（一）加强对义务教育经费保障机制改革经费、职业教育实训基地建设工程、高校骨干学科教学实验中心建设工程、"三重点"、科技创新和科研课题研究等专项资金的管理与使用情况的审计，确保这些资金合规有效使用，杜绝损失浪费现象，严禁挪用、截留、挤占教育经费行为。

建立义务教育经费保障机制，是党中央、国务院惠及亿万人民的民心工程，是推进教育公平的一项重要举措。我省各级教育行政部门在开展义务教育经费保障机制改革经费审计时，要重点抓好以下工作：一是要在审计中注意查处资金在投入、管理及使用中存在的违规违纪问题；二是要关注各级政府是否针对资金建立了相关的监督制度，各项内部控制制度是否健全、有效，符合实际；三是要关注相关政策的完善性，关注改革运行中出现的新情况、新问题，如"两免一补"资金，省、市、县三级政府的配套比例和补助基数的确定等政策是否科学、合理；四是要注意查处教育经费的损失浪费问题，关注是否存在利用农村义务教育经费保障机制改革资金搞形象工程、政绩工程及其他铺张浪费等有损学生利益、违背群众意愿的问题，通过审计促进各级政府把有限的教育资金用好。

（二）认真开展预算执行与决算审计，促进本部门、本单位依法组织收入，合理有效分配资金；坚持勤俭办学思想，从严控制各项支出，努力提高资金使用效益。

（三）大力开展建设工程项目全过程审计。对建设项目投资决策、投资预算、设计概算、施工预算、竣工结算、财务决算等各阶段的经济管理活动进行审计评价，促进提高建设资金的使用效益。

（四）进一步完善和规范领导干部经济责任审计，充分发挥经济责任审计在加强对干部的监督和管理、维护财经秩序、推进依法治教等方面的重要作用，确保权力在阳光下运行。

（五）积极开展内部控制审计和管理审计，从决策和管理环节强化审计监督，促进本部门、本单位内部控制制度的完善和有效执行，促进建立科学、规范的管理制度，全面提升教育内部经济管理水平和经济运行质量。

（六）进一步加强对经营性资产和校办企业的审计，切实维护学校的合法权益，防止国有资产流失，确保国有资产的保值增值。

（七）围绕教育改革和发展的中心任务，结合本部门、本单位实际，选择领导和群众关注的、对加强管理和提高效益有重要影响的，或在经济活动中具有典型代表性的事项开展审计调查。通过审计调查，提出有建设性和行之有效的意见和建议。

（八）加大对教育审计工作的指导力度。各级教育行政部门的内审机构应加强对本地区、本系统内审工作的指导，深入开展调查研究，总结交流工作经验，促进内审工作的深入开展和审计工作水平的提高。

五、加强审计队伍建设，提高审计人员素质

各级教育行政部门和各类学校要加强审计队伍建设，注重审计人员的学习培训，积极组织参加岗位资格和后续教育学习，鼓励和倡导审计人员参加国际注册内部审计师考试，开阔审计人员视野，掌握现代信息技术，努力提高专业水平。要加强内部审计人员的职业道德建设，践行内部审计人员职业道德规范，严格职业操守，加强作风建设，廉洁自律，公正严明，模范执行国家财经方针政策。要积极探索教育内审工作的特点和规律，把握现代内部审计工作的发展趋势，推进教育审计创新。要结合不同时期教育审计工作的重点、热点、难点，有计划、有步骤地拟定研究课题，组织人员进行理论研究和实践总结，形成一批既有较高理论水平又能有力指导实践的研究成果，促进、推动教育审计的持续发展。

2008 年 2 月 25 日

关于印发《2008 年度中小学办学行为督导评估方案》的通知

鲁教督字[2008]3 号

各市教育局：

根据《山东省人民政府办公厅转发省教育厅等部门关于进一步做好教育工作督导评估推动教育又好又快发展的意见的通知》(鲁政办发[2008]1 号)精神，2009 年将对各市 2008 年度的教育工作进行综合督导，督导的重点为规范办学行为、加强师资队伍建设、改善办学条件、增加教育投入等方面的内容。为体现求真务实、公平公正的原则，确保教育督导工作的实效性、针对性，我们专门对其中的规范中小学办学行为部分制定了督导评估方案，现印发给你们，并提出以下意见，请认真执行。

一、对办学行为的督导检查由我厅组织专门督查人员不定期进行，集中督导期间不再组织对办学行为的检查。督查期限内督查每市不少于 2 次，每次不少于 2 个县(市、区)，督查学校至少包括 1 所小学、1 所初中、2 所高中。督查的时间包括学校正常上课时间、双休日和假期。

二、对各市中小学办学行为的随机督查、暗访情况作为年度综合督导评估计分依据。办学行为指标分值占年度综合督导评估总分的 20%。

2008 年 10 月 13 日

2008 年度中小学办学行为督导评估方案

督查指标	督查要点及要求	分值	记分办法
课程实施(50 分)	普通高中能够按照国家课程方案、《山东省普通高中课程设置及教学指导意见(试行)》、义务教育阶段学校按照《义务教育课程设置方案》、《山东省义务教育地方课程和学校课程设置指导意见》开设课程和教学。	50 分	① 辖区内学校均能落实课程标准，按照国家规定的教育教学内容和课程设置开展教学活动，计 30 分。每发现 1 所学校课程开设不全扣 10 分，扣完为止。 ② 辖区内学校均能落实课程标准和我省的实施方案，无随意增减课时现象，计 20 分。每发现 1 所学校课时开设不足扣 10 分，扣完为止。

（续表）

督查指标	督查要点及要求	分值	记分办法
办学常规（150分）	1. 自主学习 坚持把时间还给学生，不占用学生自习时间上课或补课，学生自习时间不分配到学科，作业量符合要求。	20分	1. 学校不占用学生自习时间上课或补课，计10分。每发现有1所学校占用学生自习时间上课或补课，扣5分，扣完为止。 2. 学生自习时间不分配到学科，计10分。每发现1所学校将自习时间分配到学科，扣5分，扣完10分止。
	2. 假期安排 按照《山东省教育厅关于规范全省中小学寒暑假有关事项的通知》等有关文件规定安排寒暑假和其他节假日，不利用假期组织学生到校上课或补课。	20分	1. 辖区内学校寒暑假和其他节假日安排符合规定，计10分。每发现有1所学校违反规定，扣5分，扣完10分止。 2. 不在假期组织学生到校上课或补课，计10分。每发现1所学校在假期组织学生上课或补课，扣5分，扣完10分止。
	3. 作息时间 义务教育阶段走读生早上到校时间不早于7:30，高中不早于7:00，义务教育阶段学生早上上课时间不早与8:00，高中不早于7:30。寄宿制学校学生晚自习结束时间，初中不晚于21点，高中不晚于22点，寄宿生早上统一起床时间，初中不早于7:00，高中不早于6:30。	20分	辖区内学校学生作息时间安排符合规定，计20分。每发现1所学校违反1项作息时间规定，扣10分，扣完20分止。
	4. 体育活动 认真落实学校体育工作有关规定，中小学校体育锻炼时间得到有效保证，学生每天体育锻炼不少于1小时。大课间体育活动和课外体育活动时间正常开展。	20分	辖区内学校体育锻炼时间得到有效保证，学生每天体育锻炼不少于1小时，计20分。每发现一所学校得不到保证，扣5分，扣完为止。
	5. 中招改革 落实省政府有关文件精神，对高中招生政策进行了及时调整，开始实施初中学生学业考试制度，高中招生计划按要求比例分配到了初中学校并实行了学校自主招生改革。普通高中严格按照《山东省教育厅关于规范普通高中招生行为有关问题的通知》等文件要求做好招生工作。	20分	① 全市统算普通高中招生指标分配占50%以上计10分，每降低10个百分点扣5分，扣完为止。 ② 普通高中招生符合规定，计10分。每有1所学校存在乱拉生源等违规招生问题，扣5分，扣完为止。
	6. 复读班管理 认真执行关于公办普通高中不举办复读班的规定，辖区内国办普通高中没有举办复读班或接受复读生插班复读。	10分	辖区内公办普通高中学校没有举办复读班行为，计10分。每发现1所公办普通高中举办复读班扣5分，扣完为止。

（续表）

督查指标	督查要点及要求	分值	记分办法
办学常规（150分）	7. 高中分科 普通高中按学生发展方向进行分班（2008年及以后入学的学生）不早于第二学年末。	10分	普通高中按学生发展方向进行分班（2008年及以后入学的学生）不早于第二学年末，计10分。存在过早或强制进行分科教学的学校，每发现1所学校扣10分，扣完为止。
	8. 教辅资料 严格执行义务教育教辅资料管理的有关规定，教育行政部门和各级中小学校不组织征订教辅资料。	10分	严格执行义务教育教辅资料管理的有关规定，教育行政部门和学校不组织征订教辅资料，计10分。每发现1所学校有组织征订教辅资料行为，扣5分，扣完为止。
	9. 教学评价 建立有利于促进学生全面发展和有利于促进教师职业道德和专业水平提高的科学的评价体系，考试管理规范，不单纯以考试成绩给学校、教师和学生排名次并作为奖惩的依据，不公布学校升学率。	20分	1. 政府及教育行政部门和学校不单纯以成绩给学校、教师和学生排名次，不统计、公布和宣传学校升学率，计10分。政府及教育行政部门单纯以学生成绩给学校排队，统计、公布和宣传学校升学率，本项计0分。学校以学生学业考试成绩给教师或学生排名次，统计、公布和宣传高考信息，每发现1所学校，扣5分，扣完10分止。 2. 高中学业水平考试组织措施得力，考风、考纪良好，没有群体舞弊现象，计5分。每发现一所学校发生群体舞弊行为，扣5分。 3. 辖区内各级中小学校考试行为符合规定，计5分。每发现一所学校违反规定举行或参与举行一次考试，扣5分。

山东省教育厅关于进一步加强教育科研工作的意见

鲁教办字[2008]18号

各市教育局、各高等学校：

在各级政府和教育行政部门的领导与支持下，经过全省教育科研人员和一线广大教育工作者的共同努力，我省教育科研工作有了长足发展，取得了显著成绩，教育科研越来越受到各级教育行政部门和广大教育工作者的重视。但随着教育改革与发展的不断深入，对教育科研工作提出了新的更高的要求。为了更好地发挥教育科研对教育改革与发展的先导作用，促进我省教育事业全面协调可持续发展，现就进一步加强教育科研工作提出如下意见。

一、以科学发展观统领教育科研工作，加强对教育科研工作的组织领导，进一步落实教育科研在教育改革与发展中的重要地位教育科研是教育工作的重要组成部分，有效发挥教育科研的先导作用，是教育改革取得成功、教育事业不断健康发展的重要保证。科学发展观的科学内涵和精神实质，给教育科研事业的发展指明了新的方向。教育科研工作要取得新的突破，必须坚持以科学发展观为指导，认真总结审视我省教育事业改革发展30年的经验与教训，回答教育改革与发展的重大理论和实践问题，进一步在教育工作中坚持以人为本，坚持学校以育人为本，以科学发展观为指导不断提出教育改革发展的新目标和新方略，努力发挥教育科学的第一生产力作用，进一步把教育科研工作推向深入，进一步推动教育科研事业的繁荣和发展。为促进教育改革与发展服务，为办好人民满意的教育服务，为实施富民强省和人才强省战略服务，为建设社会主义和谐社会服务。

各级教育行政部门对教育科研工作负有重要的领导责任，要高度重视教育科研工作，切实加强领导，把教育科研工作摆在优先发展地位，充分发挥教育科研的基础性、先导性作用。各级教育行政部门要明确一名负责人分管教育科研工作，统筹本辖区基础教育、职业教育、成人教育、高等教育的教育科研工作。要明确领导责任，结合当地经济社会发展实际，围绕教育改革和发展的中心工作，确定所属教育科研机构的任务，纳入教育发展规划，摆上重要议事日程，切实抓好落实；要在重大教育行政决策出台之前，组织教育科研人员开展研究并进行论证；要采取有力措施，切实解决好教育科研机构资源优化、人员配备、队伍建设、设施与经费保障等问题，确保教育科学研究工作的顺利开展。

各级教育行政部门要保证与加大对教育科研工作的经费投入，切实保证教育科研经费投入相对稳定，随着教育事业的发展的需要逐年增加，建立教育科研重点课题资助经费年度拨款制度，各级各类学校要根据本校实际，积极筹措安排必要的教育科研经费投入。

二、加强教育科研机构和队伍建设，逐步完善省、市、县、校四级教育科研网络，建立专、兼、群相结合的高素质的教育科研队伍

教育科研机构是开展教育科学研究、促进教育理论与教育实践相结合、提高教育质量的组织基础。各级教育行政部门要高度重视教育科研机构建设。省、市、县（市、区）教育科研机构建设都应从需要和实际出发，以有利于加强和促进教育科研为原则，进一步落实教育科研机构资源优化和人员调配，确定教科研专职人员与教学研究人员的适当比例。加强和完善市、县（市、区）教育科研机构建设，有条件的学校应设立教科室，有专兼职人员负责教科研工作，逐步形成省、市、县、校四级教育科研网络。

加强教育科研队伍建设，重点是要组建一支以专职教育科研人员为骨干，专、兼、群相结合的教育科研队伍。各级教育行政部门要严格专职教育科研人员任职资格标准，规范教育科研人员的选拔任用管理办法，对教育科研人员实行公开招聘，严格程序，严把入口关。今后，各级教育科研机构专职教育科研人员一般应具有大学本科以上学历，研究生学历应占相当比例，并具有三年以上教育管理或教育教学实践经历，具备较高的教育理论修养和宽厚的专业知识，能够独立承担科研任务，并能组织和指导群众性教育科研活动。

要建立和不断完善教育科研人员的继续教育制度，大力提高专职教育科研人员的专业素养。各级教育科研机构要创造条件，鼓励科研人员采取在职进修培训等灵活多样的方式，不断提高专业理论素养和研究能力。要建立教育科研人员与学校联系制度，鼓励教育科研人员与第一线教育工作者合作开展研究。要重视中青年教育科研骨干力量的培养，有计划地通过短期培训、进修和到基层调研等形式，为广大中青年教育科研骨干提供一个学习、交流的平台，对缺乏基层教育管理和教育教学实践经验的教育科研人员，要安排一年以上的到学校挂职锻炼机会。鼓励中青年科研人员承担重大课题、合作研究课题，开展学术交流，提升科研素质和水平。

各级教育行政部门和科研机构要按照国家有关专业技术职务评聘政策妥善解决好教育科研人员职务评聘问题及相关待遇问题，保证这支队伍在相对稳定基础上不断壮大。

各级教育行政部门应支持教育科研机构从校长、教师以及教育行政人员中聘任一定比例的兼职教育科研人员，并逐步形成制度。

要引导和鼓励全体教师积极参与教育科研工作，为教师队伍的专业发展和教育科研的全面普及搭建更为宽广的平台。要进一步发挥各级教育学会等群众性学术组织的作用，营造良好的教育科研氛围，推动群众性教育科研活动的开展。通过努力逐步建立专、兼、群相结合的高素质的教育科研队伍。

要加强教育科研队伍的作风建设。不断改进工作作风，形成严谨治学、实事求是、求真务实的优良学风。

三、不断创新教育科研工作机制，推进教育科研管理规范化建设

良好的管理体制和运行机制是推进教育科研创新的重要保证。要建立高效的教育科研工作机制。建立多层次的教育科研联合协作体系和机制，提倡在地区或校际间形成协作组织和网络，加强工作交流、开展协作攻关，联

合攻关，实现学校、区域、省际之间以及各类教育之间的科研资源共享，优势互补。

要加强教育科研项目管理，健全教育科研管理机制。做好教育科研课题立项、评审、鉴定、评奖、推广等工作。省、市两级教育科研项目管理应统一由同级教育行政部门成立的教育科学规划领导小组及其办公室负责。尚未成立教育科学规划领导小组的市应尽快成立教育科学规划领导小组及办公室。教育科学规划领导小组组长一般应由同级教育行政部门主要负责人兼任，教育科学规划领导小组办公室一般设在同级教育科研机构，负责教育科研工作的组织、管理和教育科学规划的编制，承担教育科学课题评审、立项、日常管理、结题、成果鉴定、评奖、推广等工作。各级教育科学规划领导小组可根据需要成立由专家组成的教育科学学术委员会。要逐步建立重大教育科研项目招标制度。对教育改革发展中的重点、难点和热点问题，以及教育教学和管理中亟待解决的重大问题可以优先立项。加强科研项目过程管理，建立教育科研年度考核制度，重视年度考核结果的使用。

建立教育科研工作交流机制。各类教育科研机构和学校应主动组织或承办各种教育科研学术交流、成果展示、专题研讨和讲座等学术活动，积极支持教育科研人员参与学术交流活动，学习、借鉴和引进教育科学研究的先进成果，推进我省教育科学研究的学术化进程。

建立教育科研表彰奖励制度。继续完善山东省省级教学成果奖评选制度，定期评选山东省教育科研优秀成果。各市、县(市、区)也要建立完善相应的评选奖励制度。要积极宣传、推广优秀的教育科研成果，促进教育科学研究成果在教育实践中的应用。

建立教育科研工作督导评估制度。各市、县(市、区)要参照省政府教育督导室教育工作督导评估方案，把教育科研工作列入同级政府教育督导内容，对教育科研机构和队伍建设、经费投入、科研工作等进行督导评估。要将评估结果作为考核教育工作总体发展水平的重要内容。

四、进一步明确研究方向和工作重点，不断提高教育科研水平和应用质量

教育科研工作要紧密围绕教育改革和发展的中心工作确定研究方向，突出带有全局性、战略性、前瞻性的重大课题研究，为科学决策提供依据。当前，在基础教育研究领域要着力加强全面推进素质教育的课题研究，重视基础教育多样化目标的研究，深化新课程改革研究，注重开展新课程的开发与实施研究，加强学科教学研究和教学策略研究，重视课堂教学体系及模式的创新研究，关注基础教育的均衡发展问题。在职业教育研究领域要加强职业教育办学体制和管理体制研究，加强职业教育实践教学体系研究，注意中职与高职之间的衔接研究，注重职校生的基本素质和能力建设研究。在成人教育研究领域要以建设终身教育体系和构建学习型组织为核心，注重成人学习需求、学习风格、学习策略和施教条件的研究，要关注成人教育资源整合的研究。在高等教育研究领域要重视高等学校的分类标准研究，加强各级各类高等学校发展定位、特色及发展战略研究。要加强高校教育教学内容体系改革和课程教材建设、实验室、图书馆等教育资源的研究，关注重点学科建设，重视学生学习质量研究，加强高校招生与就业制度改革创新研究。

要注重应用研究，依据理论解决实际问题，要加强决策咨询研究、德育研究、管理研究、评价研究。要关注社会主义和谐社会建设对教育提出的新任务和新要求，关注社会变迁和教育体制改革条件下的教育资源配置问题，关注当代学生身心发展的特点和规律，关注教师教育体系的变革，研究培养高素质专业化的教师队伍的方法，探索提高教育教学质量和效益的有效途径。

各级各类教育科研机构，要紧紧围绕教育改革与发展大局和当地教育改革实际开展教育科学研究。

省级教育科学研究机构要对全省教育改革与发展中的重大课题进行理论研究，为教育行政决策提供咨询服务，为地方和区域教育教学提供理论引导和实践指导，对全省教育科研机构进行业务指导，组织先进教育理论的学习、推广和普及，组织教育科研成果的交流、推广和应用，进行教育科研培训，开展教育信息服务。

市级教育科学研究机构要结合当地教育改革与发展中的突出问题进行调研和攻关，为当地教育行政决策提供咨询服务，为指导县域或学校提高教育教学质量和办学效益提供理论支持和方法指导，要做好协调本地教育科研网络组织工作，组织先进教育理论的学习、推广和普及，搞好教育科研成果的交流、推广和应用等工作。

县级教育科研机构要侧重对区域内教育发展的重要问题，如教育投入、学校规模布局调整、乡镇间、校际间的均衡发展进行调研，为教育行政决策提供参考，组织教育教学经验交流，指导教学实践，指导校本研究。

高等学校的教育科研机构应当发挥人才智力优势，根据各校的实际情况，承担一些学科发展建设等基础研究的任务。师范院校的教育院所，要在教育科学的基础理论研究方面承担更多的责任，积极参与我省教育发展和改革实践，对相关重大问题开展深入研究。高校的教育研究机构，都应注重做好为提高本校的教育教学质量服务的研究工作。

各类中小学校的教育科研机构专兼职人员应当立足本校实际开展校本研究,努力提高校本研究质量和水平。

五、继续推进教育科研重点实验基地建设,更好地发挥基地的示范带动作用

加强教育科研重点实验基地建设。各级教育科研机构要选择具有代表性的学校和区域作为教育科研重点实验基地,深入开展理论研究和实践探索,发挥基地的辐射带动作用,把教育科研实验基地建设成为教育科研课题研究基地、教育科研成果推广基地、教育科研工作示范基地。

加强实验基地校长队伍建设。各级教育科研机构要建立实验基地校长联系制度,加强科研指导,提高实验基地校长的科研意识和能力,制订培训计划,落实措施,加大校长的教育科研培训力度,组织校长开展重大课题研究,探索科研型校长的成长规律,培育科研型校长的良好环境。

加强实验基地科研型教师队伍建设。各级教育行政部门和教科研机构要通过吸引实验基地教师参与教育科研活动,提高教师的理论水平和研究能力,培养教育教学水平高、教育科研能力强的高素质、科研型的骨干教师队伍。

各级教科研机构选聘兼职教科研人员时,应优先从实验基地校长和教师中选拔培养。安排年轻骨干教科研人员挂职锻炼时,应优先安排到实验基地学校挂职锻炼。

2008 年 11 月 20 日

山东省教育厅关于规范中等职业学校管理工作的意见

鲁教职字[2008]13 号

各市教育局、省属中等专业学校:

为进一步巩固中等职业教育改革发展成果,完善管理体制,规范办学行为,深化内涵发展,全面提高教育质量和办学效益,现就规范我省中等职业教育管理工作提出如下意见。

一、加强市级统筹,规范管理体制

1. 加大市级统筹管理职业教育的力度。各市要认真总结《山东省人民政府办公厅关于加强职业教育统筹管理的通知》(鲁政办[2003]97 号)下发五年来的执行情况,对措施不到位的,要结合当地实际,抓紧制定切实可行的实施意见。要进一步加大市级统筹管理职业教育的力度,转变管理方式,加强规划、协调、监督和服务。充分利用市场机制,扩大学校的办学自主权,逐步建立起功能齐全、结构合理、运转协调、灵活高效的职业教育管理体制。各市要把中等职业教育纳入本市经济和社会发展总体规划中,统筹职业教育和其他各类教育协调发展,力求做到职业教育与普通教育协调发展,城镇职业教育与农村职业教育协调发展。

2. 整合现有资源,优化学校布局结构。对照《山东省中等职业学校设置标准》,整合现有资源,优化布局结构,对规模小、专业结构和地理位置相近的中等职业学校进行适当的撤并。要切实解决好由于部门分头管理、学校布点分散、专业设置重复等原因导致与社会需求脱节、办学不成规模、有限的职业教育资源得不到充分利用等问题。充分发挥市场机制的作用,引导学校规范办学,有序竞争,提高办学质量和效益。各市要统筹建设一批重点中等职业学校、骨干示范专业和设施先进完善的实习实训基地,到 2010 年,每县要至少建设一处省级重点中等职业学校,以带动本地职业教育整体水平的提高。

3. 逐步规范中等职业学校的名称。要用两年左右的时间,基本理顺中等职业学校的名称。暂时保留“普通中专”、“职业中专”,今后不再使用“职业高中”、“高级职业学校”、“成人中专”、“职工中专”、“农民中专”等,一校多名的一般只保留一个。今后各类中等专业学校(包括新建中等职业学校)名称统一规范为“xx 市(县)职业中等专业学校”。对专业优势和办学特色明显的学校,可以将“职业”两字用专业或行业名称替代,综合性的学校可在名称中统一排序。名称变更后学校的编制不变,拨款渠道不变,办学规模不能减少。非省属学校一律不得冠以“山

东"、"齐鲁"等字样。变更校名或新建学校，经市政府批准后由市报省教育厅备案。今后，省、市教育行政部门将严格以规范名称从事管理和资金投入等工作，对名称不规范的学校不予受理。各市要按照上述规定和要求，对已经审批的学校名称进行一次检查、清理，对不符合要求的三年内予以纠正。

4. 构建中等职业教育信息管理系统。为规范中等职业教育的管理，我省将逐步建立中等职业教育信息管理系统，涵盖学生招生管理、学籍管理、资助管理、就业实习管理、教材管理以及师资培养培训等各个方面。各市要以山东省中等职业学校资助信息统计系统为平台，建立各市中等职业学校信息管理系统和办公系统。用两年左右时间，建起省、市、县、校四级中等职业教育信息管理网络体系，用于对相关信息的动态查询、辅助决策、资金投入以及教育教学行政管理等工作。

二、抓好制度建设，规范办学行为

5. 重视学校规章制度的建设。学校必须建立健全覆盖各个工作环节、有利于改革创新的分工明确、规定具体的岗位职责和规章制度，并有保证制度落实的具体管理办法，要防止岗位职责和规章制度方面的形式主义。重要的规章制度或管理办法要经过教职工代表大会讨论、批准或经过上下反复酝酿后确定。市级教育行政部门每三年要对学校执行和落实制度情况进行一次检查。

6. 建立校长培训和考核机制。各市要重视对校长的业务培训和工作考核，进一步完善相关配套政策，逐步建立起与选拔、聘任、考核相结合的中等职业学校校长"持证上岗"和培训制度。要加大校长培训经费投入，重视对校长的工作考核，从学校发展、办学条件、教育质量、办学效益等多个方面对校长实行任期目标责任制。加强对实现任期目标的过程管理和考核，把考核情况进行量化，结果与任免和奖励等直接挂钩。中等职业学校新任校长或拟任校长要进行岗前或任职后规定时间内的任职资格培训，在职校长要进行国家规定学时的提高性培训。对完成规定课程并经考核合格的校长，颁发由省教育厅统一印制的《中等职业学校校长任职资格培训合格证书》，以此作为校长任职上岗的必备条件。

7. 探索新形势下的办学模式。继续推进校企合作、工学结合、顶岗实习、订单培养，并通过组建"职教集团"等多种形式，密切与企业、同类学校之间的交流与合作。根据当地经济结构的调整、技术进步和劳动力市场的需求，及时调整专业设置，优化专业结构，确定培养培训规模。要放宽招生年龄限制，允许接受其他高中阶段教育的学生转入职业技术学校学习，加快实现职业教育与市场需求的零距离对接，从根本上解决人才培养模式与经济社会发展相脱离、不适应的问题。

8. 健全实习实训管理机制。各市、各校要加强对学生实习工作的领导，完善责任机构，充实专、兼职人员，为学生实习工作提供组织保证，并经常性地对学生的实习工作进行检查，发现问题及时解决。要建立健全学生实习管理制度，根据实习专业特点，制定和实施实习管理工作的规范性文件，特别是建立完善的实习信息反馈、实习检查、实习考核和档案管理制度。各市要监督所属中等职业学校妥善选择实习单位，安排学生到生产技术先进、管理严格、经营规范、遵纪守法和社会声誉好的企事业单位和其他社会组织实习，并就实习事宜与实习单位签订协议，明确双方的权利、义务以及学生实习期间双方的管理责任。严格遵守国家的教育培训、劳动就业、生产安全和未成年人权益保护等方面的法律、法规和有关规定，保障学生的各项合法权益。

9. 积极推进"双证互通"工作的实施。进一步落实《关于积极推进职业学校"双证互通"试点工作的意见》(鲁劳社〔2005〕57号)，建立双证沟通、衔接和相互转换的长效机制。到2010年，所有参加"双证互通"试点的国家级重点中等职业学校都要建立职业技能鉴定机构和必要的行政管理机构，省级重点职业学校也要创造条件建立。各级教育行政部门要积极与劳动保障部门合作，职业学校应认真接受当地劳动保障部门的职业技能业务工作的领导和指导，共同进行专业课程与职业标准相衔接的研究与实施。

10. 健全职业指导和就业服务体系。各市要健全职业指导和就业服务工作体系，指定专人对职业指导工作进行统筹和协调。各校要建立职业指导机构，认真搞好人才、劳动力市场预测与分析，为毕业生就业提供信息、咨询服务，做好毕业生就业情况的跟踪调查与服务。提倡实行毕业生"召回"制度，毕业后就业有困难或就业后不能适应岗位技能要求的学生可以回学校免费重读。

三、改善办学条件，规范育人环境

11. 加大资金投入力度。根据《国务院发布征收教育费附加的暂行规定》第八条"地方征收的教育费附加，用于改善中小学教学设施和办学条件"的规定，各地每年要督导检查以政府投入为主的多元化职业教育投入机制的落实情况，检查城市教育费附加、地方教育附加安排用于属于中小学教育范畴的中等职业教育的比例以及落实情况，保证达到规定的比例。对达不到要求的市，要在两年内安排完成。

12. 加强基础能力建设。各市要按照《山东省中等职业学校设置标准》的要求，重点加强学校占地面积、校舍面积、办学规模、实验仪器设施、专兼职教师队伍、图书资料等基本办学条件建设，对达不到标准要求的学校，要制定切实可行的建设规划，并明确达到标准的期限。按照《山东省"十一五"职业教育实训基地建设规划》要求，检查当地各校校内外实训基地建设状况。要加大投入和指导力度，紧密结合当地支柱产业、新兴产业和特色产业的发展，优先建设和完善重点专业、示范专业实训基地，集中力量建设好紧缺型人才培养的重点专业实训基地。要统筹规划，整合资源，建设好公共性实训基地和区域性实训基地。

13. 落实师资队伍的培养培训计划。按照《山东省"十一五"期间职业院校教师素质提高计划》的要求，各市要制定本地具体培训方案，依托中等职业学校信息管理平台建立师资培养培训人才管理数据库，动态管理、检查各校师资培养培训的落实情况，确保本市所有授课教师五年内轮训一次。省里也将依此建立骨干专业或拔尖人才培养培训数据库。要从生产一线选聘具有丰富实践经验的专业技术人员到学校任教，把专业教师到企业或生产服务第一线进行实践，作为职称晋级的必要条件。完善教师的奖励制度，创造条件选拔和组织骨干教师出国深造。

14. 促进文化育人环境的形成。各市要指导学校围绕育人为本、德育为先的要求，搞好校园文化建设，争创和谐校园。要打造围绕职教发展富有行业特色和专业特点的校园文化，建设优良的师资队伍和美好的育人环境，形成自我教育、学校教育、企业教育、家庭教育与社会教育为一体的职业教育育人环境。

四、深化教学改革，规范教学管理

15. 深化职业学校教学改革。坚持以服务为宗旨、以就业为导向，以教学内容和教学手段为突破口，积极开展现代化课程模式、特别是适应学分制的模块式课程和综合化课程的探索和实验。要改变以学校和课堂为中心的人才培养模式，大力推行校企合作、工学结合、顶岗实习，突出职业道德教育和职业技能培养。要关注行业的最新发展，根据企业需要及时调整课程的设置和教学内容，把知识传授和能力培养紧密结合起来，增强课程结构和教学内容的灵活性、适应性和实践性，突出本专业领域的新知识、新技术、新工艺和新方法，实现专业教学的基础性、先进性和应用性的统一。

16. 积极改进教育教学方法。教学过程要真正体现以学生为主体，把提高学生的职业能力放在突出位置。积极探索、总结和推行有利于全面提高学生素质和综合职业能力的教学方法，把"项目教学法"、"案例教学法"等引入教学中，激发学生独立思考和创新意识，引导学生开展探究性学习，实现"学中做，做中学"，培养学生自主学习和勇于实践的能力。大力提高教育技术手段的现代化水平和信息化程度，开发和使用符合教学需要的现代化教学媒体，实现实习目标、学习内容、学习方法和教学媒体的有效组合，提高教学质量和教学效率。

17. 规范教学计划的管理和使用。学校要规范教学计划的管理，所有专业必须有教学计划，所有课程必须有教学大纲，并报市级教育行政部门备案。凡教育部有指导性教学计划的专业，学校要据此制定实施性教学计划。若新建专业暂无指导性教学计划时，学校应经过深入调研、充分论证，制定校本教学计划，并报上级教育行政部门备案。对实施性教学计划和相应的教学大纲，要适时进行修订、补充。各市要加强对学校实施教学过程的指导与管理和制定教学实施计划的督促与检查，并实行动态管理。

18. 促进技能大赛制度化、常规化。各地要通过定期举办中等职业学校技能大赛，把多年来职业教育发展过程中逐步探索出的"校企合作、工学结合、顶岗实习"的经验和做法加以制度化和规范化，形成"普通教育有高考，职业教育有技能大赛"的局面。省每年举办一次技能大赛，市、县、校要层层举办选拔赛，国家及省重点职业学校必须参加。要以技能大赛做为总抓手，把技能大赛与技能等级证书的发放结合起来，建立以赛和练为基础的长期化的实训基地。鼓励学校经常性地举行相关专业的技能比武，从而促进师生专业技能训练的开展，促进教学内容和教学方法的改革。技能大赛要积极协调劳动保障、财政、经贸委等部门的参与，吸收新闻媒体合作，加强社会公众认可和宣传力度，扩大职业教育在社会上的影响。对获奖学生和指导教师应给予精神和物质的奖励。

19. 加强教材建设，规范教材使用和管理。各地要加强中等职业教育教材使用和管理。省里将调整山东省中等职业学校教材工作领导小组和山东省职业教育教材审定委员会，统一规划我省的教材建设。省教育厅职成教处负责教材的管理，组织审定、发行、发布《山东省中等职业教育用书目录》等工作。省、市职业教育教学研究部门要做好教材信息服务网站建设工作，确保教材供应渠道畅通。各市要用两年的时间将教材选用纳入学校评估、考核指标体系之中，坚决杜绝未经山东省中等职业教育教材审定委员会审定的教材、盗版教材进入课堂。各市教育局、省属中等职业学校每学年度要将各校选用教材的信息情况报省教育厅职成教处备案。省教育厅将实行行政分级管理和审定与发行互相隔离的中职教材管理体系，加强中职教材的选用公开、公示，切实维护中职学生的学习利益和教育教学质量。

20. 建立和完善职教教科研机构。各级职教教科研机构要在教育行政部门领导下，更新教育观念，充分发挥参谋作用。各市及部分有条件的县要设立专门的职业教育教研机构，充分发挥其在教学管理、教学研究、教学指导、教育评价等方面的作用，也可聘请具有专业技能的一线技术人员为兼职教研员。要开门搞教研，主动和劳动保障、企业等经济社会组织部门联系，积极探索教育部门与企业、社会经济团体等合作开展教研的新路子。省职成教科研部门要健全科研机制，落实课题资助和奖励制度，引导广大职业教育工作者参与到职业教育的科研中来。

五、加大督导力度，规范评价机制

21. 加大政府督导职业教育的力度。要把中等职业教育纳入当地教育总体发展规划中统筹考虑，切实了解他们在改革发展中遇到的问题和困难，并制定相应的解决办法。进一步加强对中等职业教育的督导与评估，把中等职业教育纳入对政府教育工作督导评估指标体系，纳入对市、县(市、区)政府及教育行政部门主要领导干部政绩考核内容。

22. 健全中等职业教育的评价机制。各市要坚持以育人为根本、以就业为导向、以能力为本位的教学质量评价观，坚持发展为主线，健全管理体系为重点，规范办学行为为核心，提高教育教学质量为根本，把工作重点放到突出职业教育办学特色和提高质量上来，要建立具有职业教育特色的人才培养与评价机制。今后我省将对国家及省级重点中等职业学校、示范性专业建设实施动态管理，加强对中等职业学校的评估工作，不定期对有关学校进行检查、督导，对达不到要求的学校限期在一年内整改，若整改仍不到要求的学校将被撤销相应称号，三年之后方可重新申报。

2008 年 12 月 25 日

教育资料

2008年山东省具有普通高等学历教育招生资格普通本科院校名单(45所)

山东大学
中国海洋大学
中国石油大学(华东)
济南大学
聊城大学
鲁东大学
青岛大学
烟台大学
山东科技大学
青岛科技大学
青岛理工大学
山东建筑大学
山东理工大学
山东农业大学
青岛农业大学
山东中医药大学
山东师范大学
曲阜师范大学
山东轻工业学院
潍坊学院
山东交通学院
潍坊医学院
泰山医学院
滨州医学院
济宁医学院
临沂师范学院
德州学院
山东经济学院
山东财政学院
山东工商学院
山东警察学院
山东政法学院
山东体育学院
山东艺术学院
山东工艺美术学院
青岛滨海学院
烟台南山学院
滨州学院
枣庄学院
菏泽学院
泰山学院
济宁学院
山东万杰医学院
潍坊科技学院
山东英才学院

2008年山东省具有普通高等学历教育招生资格高职院校名单(69所)

山东中医药高等专科学校
淄博师范高等专科学校
山东电力高等专科学校
山东医学高等专科学校
菏泽医学专科学校
山东畜牧兽医职业学院
曲阜远东职业技术学院
莱芜职业技术学院
青岛职业技术学院
聊城职业技术学院
山东劳动职业技术学院
日照职业技术学院

威海职业学院
山东商业职业技术学院
济宁职业技术学院
山东现代职业学院
淄博科技职业学院
青岛求实职业技术学院
山东协和职业技术学院
青岛黄海职业学院
山东外事翻译职业学院
山东华宇职业技术学院
山东力明科技职业学院
东营职业学院
潍坊职业学院
烟台职业学院
山东科技职业学院
滨州职业学院
青岛恒星职业技术学院
山东城市建设职业学院
烟台汽车工程职业学院
山东司法警官职业学院
山东服装职业学院
泰山职业技术学院
山东交通职业学院
淄博职业学院
青岛港湾职业技术学院
山东工业职业学院
济南铁道职业技术学院
山东信息职业技术学院
山东圣翰财贸职业学院
德州职业技术学院
烟台工程职业技术学院
枣庄职业学院
临沂职业学院
山东传媒职业学院
山东化工职业学院
山东商务职业学院
济南工程职业技术学院
山东杏林科技职业学院
山东旅游职业学院
山东经贸职业学院
德州科技职业学院
山东水利职业学院
济南职业学院
潍坊工商职业学院
山东大王职业学院
山东凯文科技职业学院
山东外国语职业学院
枣庄科技职业学院
青岛飞洋职业技术学院
山东药品食品职业学院
山东电子职业技术学院
山东丝绸纺织职业学院
山东外贸职业学院
山东铝业职业学院
青岛酒店管理职业技术学院
菏泽家政职业学院
山东胜利职业学院

2008 年山东省具有普通高等学历教育招生资格独立学院名单(12 所)

青岛理工大学琴岛学院
烟台大学文经学院
中国石油大学胜利学院
山东科技大学泰山科技学院
青岛农业大学海都学院
山东经济学院燕山学院
山东财政学院东方学院
中国海洋大学青岛学院
济南大学泉城学院
曲阜师范大学杏坛学院
聊城大学东昌学院
山东师范大学历山学院

2008 年山东省具有普通高等学历教育招生资格分校办学点名单(10 所)

青岛远洋船员学院
山东省贸易职工大学
山东省水利职工大学
山东省经济管理干部学院

山东省农业管理干部学院
山东省青年管理干部学院
山东省工会管理干部学院
山东省教育学院
潍坊教育学院
山东省聊城教育学院

2008 年山东省
新增学士学位授予权专业名单

鲁学位[2008]2 号

序号	单位名称	序号	专业代码	专业名称	学制	授予学位门类
1	山东大学	1	020109W	金融工程	四年制	经济学
		2	080306W	车辆工程	四年制	工学
		3	080620W	电力工程与管理	四年制	工学
		4	080706W	城市地下空间工程	四年制	工学
		5	110211W	国际商务	四年制	管理学
		6	110210W	物流管理	四年制	管理学
		7	110310S	文化产业管理	四年制	管理学
2	中国海洋大学	1	080204	高分子材料与工程	四年制	工学
		2	110204	财务管理	四年制	管理学
		3	110310S	文化产业管理	四年制	管理学
		4	020116S	海洋经济学	四年制	经济学
		5	070902	应用气象学	四年制	理学
		6	040202 *	运动训练	四年制	教育学
		7	071005S	海洋生物资源与环境	四年制	理学
3	山东科技大学	1	080302	材料成型及控制工程	四年制	工学
		2	081207W	物流工程	四年制	工学
		3	081201	交通运输	四年制	工学
		4	080613W	网络工程	四年制	工学
		5	070801	地球物理学	四年制	理学
		6	080202	金属材料工程	四年制	工学
		7	080203	无机非金属材料工程	四年制	工学
4	中国石油大学(华东)	1	080701	建筑学	五年制	工学
		2	070801	地球物理学	四年制	理学

（续表）

序号	单位名称	序号	专业代码	专业名称	学制	授予学位门类
4	中国石油大学（华东）	3	070601	地质学	四年制	理学
		4	050101	汉语言文学	四年制	文学
		5	050408	艺术设计	四年制	文学
5	青岛科技大学	1	050203	德语	四年制	文学
		2	080604	通信工程	四年制	工学
		3	070402	生物技术	四年制	理学
		4	071201	电子信息科学与技术	四年制	工学
		5	081203	油气储运工程	四年制	工学
		6	071001	海洋科学	四年制	理学
6	济南大学	1	110206	旅游管理	四年制	管理学
		2	110103	工业工程	四年制	工学
		3	071502	应用心理学	四年制	理学
		4	050209	朝鲜语（韩国语）	四年制	文学
		5	071401	环境科学	四年制	理学
7	青岛理工大学	1	080205Y	材料科学与工程	四年制	工学
		2	080401	测控技术与仪器	四年制	工学
		3	110102	信息管理与信息系统	四年制	管理学
		4	110209W	电子商务	四年制	管理学
		5	070101	数学与应用数学	四年制	理学
		6	080604	通信工程	四年制	工学
		7	020101	经济学	四年制	经济学
8	山东建筑大学	1	080205Y	材料科学与工程	四年制	工学
		2	080306W	车辆工程	四年制	工学
		3	050203	德语	四年制	文学
		4	110105W	工程造价	四年制	管理学
		5	081801	生物工程	四年制	工学
9	山东轻工业学院	1	080601	电气工程及其自动化	四年制	工学
		2	080302	材料成型及控制工程	四年制	工学
		3	110203	会计学	四年制	管理学
		4	110204	财务管理	四年制	管理学
10	山东理工大学	1	070402	生物技术	四年制	理学
		2	110202	市场营销	四年制	管理学

（续表）

序号	单位名称	序号	专业代码	专业名称	学制	授予学位门类
10	山东理工大学	3	030302	社会工作	四年制	法学
		4	070302	应用化学	四年制	工学
		5	110104	工程管理	四年制	工学
		6	040202	运动训练	四年制	教育学
11	山东农业大学	1	071302	材料化学	四年制	理学
		2	070406W	动植物检疫	四年制	理学
		3	090109W	设施农业科学与工程	四年制	农学
		4	100806W	中药资源与开发	四年制	医学
12	青岛农业大学	1	071401	环境科学	四年制	理学
		2	050420	广播电视编导	四年制	文学
		3	070102	信息与计算科学	四年制	理学
		4	080603	电子信息工程	四年制	工学
		5	080604	通信工程	四年制	工学
		6	110209W	电子商务	四年制	管理学
13	潍坊医学院	1	110302	公共事业管理	四年制	管理学
		2	100201	预防医学	四年制	医学
		3	100303	医学影像学	四年制	医学
14	泰山医学院	1	100304	医学检验	五年制	医学
		2	040204	运动人体科学	四年制	教育学
		3	050202	俄语	四年制	文学
		4	030302	社会工作	四年制	法学
15	滨州医学院	1	030101	法学	四年制	法学
16	济宁医学院	1	110202	市场营销（医药营销方向）	四年制	管理学
		2	100304	医学检验（卫生检验方向）	五年制	医学
		3	071502	应用心理学	四年制	理学
17	山东师范大学	1	030401	政治学与行政学	四年制	法学
		2	050302	广播电视新闻学	四年制	文学
		3	050416	摄影	四年制	文学
		4	070202	应用物理学	四年制	工学
		5	071401	环境科学	四年制	理学
		6	110102	信息管理与信息系统	四年制	管理学
		7	110301	行政管理	四年制	管理学

（续表）

序号	单位名称	序号	专业代码	专业名称	学制	授予学位门类
18	曲阜师范大学	1	010101	哲学	四年制	哲学
		2	030402	国际政治	四年制	法学
		3	050202	俄语	四年制	文学
		4	071302	材料化学	四年制	理学
		5	081801	生物工程	四年制	工学
		6	071201	电子信息科学与技术	四年制	理学
19	聊城大学	1	040203	社会体育	四年制	教育学
		2	050420	广播电视编导	四年制	文学
		3	071401	环境科学	四年制	理学
		4	071502	应用心理学	四年制	理学
		5	081201	交通运输	四年制	工学
		6	090401	园林	四年制	农学
		7	110209W	电子商务	四年制	管理学
20	德州学院	1	110203	会计学	四年制	管理学
		2	020102	国际经济与贸易	四年制	经济学
		3	050301	新闻学	四年制	文学
		4	070301	化学	四年制	理学
		5	070402	生物技术	四年制	理学
		6	090501	动物科学	四年制	农学
		7	040102	学前教育	四年制	教育学
21	鲁东大学	1	040108W	科学教育	四年制	教育学
		2	071601	统计学	四年制	理学
		3	080204	高分子材料与工程	四年制	工学
		4	080613W	网络工程	四年制	工学
		5	080609Y	信息工程	四年制	工学
		6	080703	土木工程	四年制	工学
22	临沂师范学院	1	080301	机械设计制造及其自动化	四年制	工学
		2	050406	美术学（书画方向）	四年制	文学
		3	060101	历史学（文化旅游方向）	四年制	历史学
		4	030302	社会工作（劳动保障方向）	四年制	法学
		5	070102	信息与计算科学	四年制	理学
		6	050301 *	新闻学	四年制	文学

（续表）

序号	单位名称	序号	专业代码	专业名称	学制	授予学位门类
22	临沂师范学院	7	080602	自动化	四年制	工学
		8	080609Y	信息工程	四年制	工学
		9	040105W	小学教育	四年制	教育学
23	泰山学院	1	071502	应用心理学	四年制	理学
		2	050408	艺术设计	四年制	文学
		3	081406	服装设计与工程	四年制	工学
		4	080611W	软件工程	四年制	工学
		5	070102	信息与计算科学	四年制	理学
		6	050207	日语	四年制	文学
24	山东经济学院	1	110208W	审计学	四年制	管理学
		2	110210W	物流管理	四年制	管理学
		3	020107W	保险	四年制	经济学
25	山东体育学院	1	050409	舞蹈学	四年制	文学
		2	040103	特殊教育	四年制	教育学
26	山东艺术学院	1	050420	广播电视编导	四年制	文学
		2	050419 *	播音与主持艺术	四年制	文学
		3	050413	导演	四年制	文学
27	山东工艺美术学院	1	080303	工业设计	四年制	工学
		2	080701	建筑学	四年制	工学
28	青岛大学	1	071203	光信息科学与技术	四年制	理学
		2	071502	应用心理学	四年制	理学
		3	071601	统计学	四年制	经济学
		4	080611W	软件工程	四年制	工学
		5	110210W	物流管理	四年制	管理学
		6	110211W	国际商务	四年制	管理学
29	烟台大学	1	080604	通信工程	四年制	工学
30	潍坊学院	1	080703	土木工程	四年制	工学
		2	050209	朝鲜语	四年制	文学
		3	110206	旅游管理	四年制	管理学
31	山东交通学院	1	080306W	车辆工程	四年制	工学
		2	070703	地理信息系统	四年制	理学
		3	080603	电子信息工程	四年制	工学

（续表）

序号	单位名称	序号	专业代码	专业名称	学制	授予学位门类
31	山东交通学院	4	081205	航海技术	四年制	工学
		5	050408	艺术设计	四年制	文学
		6	050207	日语	四年制	文学
32	山东工商学院	1	020103	财政学	四年制	经济学
		2	080601	电气工程及其自动化	四年制	工学
		3	080604	通信工程	四年制	工学
		4	070101	数学与应用数学	四年制	理学
		5	110209W	电子商务	四年制	管理学
		6	110301	行政管理	四年制	管理学
		7	080603	电子信息工程	四年制	工学
33	山东财政学院	1	110209W	电子商务	四年制	管理学
		2	070102	信息与计算科学	四年制	理学
		3	030302	社会工作	四年制	法学
		4	030401	政治学与行政学	四年制	法学

注：专业代码加有＊者为需一般控制设置的专业，由教育部负责审批；加有△者为需从严控制设置的专业，原则上不再增加布点；加有“W”者为教育部1998年颁布本科专业目录后增加专业，故称目录外专业；加有“Y”为教育部公布的工科本科引导性专业目录内专业；加“S”为在少数高校试点的专业。

附件：1. 山东省“十一五”省级重点学科重点实验室（增补）名单

2. 山东省“十一五”省级重点学科强化建设重点学科（不含省属高校强化建设重点学科）中期评估结果
3. 山东省“十一五”省级重点实验室强化建设重点实验室（不含省属高校强化建设重点实验室）中期评估结果
4. 山东省“十一五”省级人文社会科学研究基地中期评估结果（不含省属高校强化建设研究基地）
5. 省属高等学校“十一五”省级强化建设重点学科（省属高校）中期评估结果
6. 山东省“十一五”省级强化建设重点实验室（省属高校）中期评估结果
7. 山东省“十一五”省级强化建设人文社会科学研究基地（省属高校）中期评估结果

附件1:

山东省“十一五”省级重点学科重点实验室(增补)名单

序号	学校	学科名称	实验室名称
1	滨州学院	应用数学	山东省黄河三角洲生态环境
2	临沂师范学院	高等教育学 区域经济学	资源与环境分析化学
3	泰山学院	计算机应用技术	
4	菏泽学院	理论物理	
5	枣庄学院	课程与教学论	
6	潍坊学院	光学	
7	山东交通学院		汽车运用技术
8	德州学院		生物物理

附件 2：

山东省“十一五”省级重点学科
强化建设重点学科(不含省属高校强化建设重点学科)中期评估结果

序号	单位名称	学科名称	中期评估结果
1	哈尔滨工业大学(威海)	车辆工程等 3 个学科	完成规划任务
2	山东大学	中国哲学等 60 个学科	完成规划任务
3	中国海洋大学	气象学等 17 个学科	完成规划任务
4	山东科技大学	应用数学等 8 个学科	完成规划任务
5	中国石油大学(华东)	构造地质学等 6 个学科	完成规划任务
6	青岛科技大学	分析化学等 5 个学科	完成规划任务
7	济南大学	社会学等 5 个学科	完成规划任务
8	青岛理工大学	工程力学等 5 个学科	完成规划任务
9	山东建筑大学	机械电子工程等 6 个学科	完成规划任务
10	山东轻工业学院	制浆造纸工程等 3 个学科	完成规划任务
11	山东理工大学	机械设计及理论等 5 个学科	完成规划任务
12	山东农业大学	水利水电工程等 7 个学科	完成规划任务
13	青岛农业大学	果树学等 4 个学科	完成规划任务
14	潍坊医学院	外科学等 3 个学科	完成规划任务
15	泰山医学院	药理学等 2 个学科	完成规划任务
16	滨州医学院	内科学等 2 个学科	完成规划任务
17	山东中医药大学	中医基础理论等 7 个学科	完成规划任务
18	济宁医学院	神经病学等 2 个学科	完成规划任务
19	山东师范大学	教育学原理等 9 个学科	完成规划任务
20	曲阜师范大学	中共党史等 10 个学科	完成规划任务
21	聊城大学	系统理论等 5 个学科	完成规划任务
22	鲁东大学	英语语言文学等 3 个学科	完成规划任务
23	山东经济学院	政治经济学等 5 个学科	完成规划任务
24	山东体育学院	运动人体科学	完成规划任务
25	山东艺术学院	艺术学等 2 个学科	完成规划任务
26	山东工艺美院	艺术学等 2 个学科	完成规划任务
27	烟台大学	中国少数民族史等 3 个学科	完成规划任务
28	山东交通学院	道路与铁道工程	完成规划任务
29	山东工商学院	产业经济学等 4 个学科	完成规划任务
30	山东财政学院	金融学等 4 个学科	完成规划任务
31	青岛大学	中外政治制度等 13 个学科	完成规划任务
32	五三研究所	材料学	完成规划任务
33	山东省医学科学院	眼科学等 3 个学科	完成规划任务
34	海军潜艇学院	水声工程等 2 个学科	完成规划任务

附件3:

山东省“十一五”省级重点实验室
强化建设重点实验室(不含省属高校强化建设重点实验室)中期评估结果

序号	学校名称	实验室名称	中期评估结果
1	山东大学	光子学等19个实验室	完成规划任务
2	中国海洋大学	海洋物理化学等8个实验室	完成规划任务
3	山东科技大学	岩土与结构工程等4个实验室	完成规划任务
4	中国石油大学(华东)	石油机械工程等6个实验室	完成规划任务
5	青岛科技大学	纳米材料工程技术等3个实验室	完成规划任务
6	济南大学	氟化学及特种化工材料	完成规划任务
7	青岛理工大学	机械设计与制造等2个实验室	完成规划任务
8	山东建筑大学	智能建筑技术等2个实验室	完成规划任务
9	山东轻工业学院	轻工装备先进制造与测控技术	完成规划任务
10	山东理工大学	先进复合材料	完成规划任务
11	山东农业大学	土壤资源等2个实验室	完成规划任务
12	青岛农业大学	应用真菌等3个实验室	完成规划任务
13	潍坊医学院	免疫学等2个实验室	完成规划任务
14	泰山医学院	脑微循环	完成规划任务
15	山东中医药大学	中药制剂等3个实验室	完成规划任务
16	济宁医学院	行为医学等2个实验室	完成规划任务
17	山东师范大学	现代光学等3个实验室	完成规划任务
18	曲阜师范大学	生命有机化学分析等2个实验室	完成规划任务
19	聊城大学	现代光通信等2个实验室	完成规划任务
20	鲁东大学	原子分子物理等2个实验室	完成规划任务
21	山东经济学院	数字媒体	完成规划任务
22	烟台大学	结构工程等3个实验室	完成规划任务
23	青岛大学	物证技术应用等5个实验室	完成规划任务

附件 4:

山东省“十一五”省级人文社会科学研究基地中期评估结果(不含省属高校强化建设研究基地)

序号	学校名称	研究基地名称	是否强化	中期评估结果
1	山东大学	产权理论与法经济学研究基地	√	完成规划任务
2	山东大学	宪政与政治文明研究基地		完成规划任务
3	山东大学	法律方法研究基地		完成规划任务
4	山东大学	东方考古研究中心		完成规划任务
5	山东大学	公司治理研究基地	√	完成规划任务
6	中国海洋大学	海洋经济研究中心	√	完成规划任务
7	山东师范大学	马克思主义理论与思想政治教育研究基地		完成规划任务
8	山东师范大学	中外语言文化研究交流中心		完成规划任务
9	聊城大学	运河文化研究基地		完成规划任务
10	山东艺术学院	文化产业研究基地		完成规划任务
11	山东工艺美院	山东省非物质文化遗产研究中心		完成规划任务
12	烟台大学	应用法学研究中心		完成规划任务
13	山东工商学院	煤炭产业发展与创新基地		完成规划任务

附件5：

省属高等学校“十一五”省级强化建设重点学科（省属高校）中期评估结果

序号	学校名称	学科名称	中期评估得分
1	济南大学	计算机应用技术	80
2	济南大学	应用化学	85
3	聊城大学	分析化学	89.5
4	聊城大学	课程与教学论	87
5	鲁东大学	汉语言文字学	84
6	青岛大学	生理学	93
7	青岛大学	营养与食品卫生学	89
8	青岛大学	金融学	86
9	青岛科技大学	材料物理化学	91
10	青岛科技大学	化工过程机械	90
11	青岛科技大学	化学工程	90
12	青岛理工大学	机械设计及理论	87
13	青岛农业大学	动物遗传育种与繁殖	81
14	曲阜师范大学	理论物理	85
15	曲阜师范大学	体育人文社会学	90
16	曲阜师范大学	中国古代文学	91
17	曲阜师范大学	外国语言学及应用语言学	85
18	山东财政学院	财政学	81
19	山东财政学院	企业管理	75
20	山东建筑大学	城市规划与设计	75
21	山东经济学院	企业管理	81
22	山东科技大学	机械电子工程	88
23	山东科技大学	计算机软件与理论	88
24	山东科技大学	岩土工程	91
25	山东科技大学	大地测量学与测量工程	89
26	山东理工大学	机械电子工程	90
27	山东理工大学	车辆工程	87
28	山东农业大学	植物学	87
29	山东农业大学	食品科学	88

（续表）

序号	学校名称	学科名称	中期评估得分
30	山东农业大学	作物遗传育种	88
31	山东农业大学	基础兽医学	85
32	山东师范大学	基础数学	82
33	山东师范大学	原子与分子物理	90
34	山东师范大学	植物学	91
35	山东师范大学	教育学原理	90
36	山东师范大学	发展与教育心理学	84.5
37	山东师范大学	中国现当代文学	95
38	山东师范大学	世界史	76
39	山东师范大学	管理科学与工程	76
40	山东中医药大学	中医内科学	81
41	山东中医药大学	中药学	80
42	烟台大学	理论物理	83
43	烟台大学	民商法学	86

附件 6:

山东省“十一五”省级强化建设重点实验室(省属高校)中期评估结果

序号	学校名称	实验室名称	中期评估得分
1	山东科技大学	机器人与智能技术	90
2	山东科技大学	沉积成矿作用与沉积矿产	91
3	山东科技大学	矿山机械工程	90
4	青岛科技大学	高分子材料加工机械	90
5	青岛理工大学	混凝土	87
6	青岛理工大学	能源与环境装备	87
7	聊城大学	现代光通信	89
8	烟台大学	光电信息技术	85
9	烟台大学	化工制造工程	87
10	青岛大学	材料微复合优化技术	92
11	山东理工大学	结构分析与动力学	85
12	山东理工大学	精密模具	87
13	济南大学	先进建筑材料	82
14	山东建筑大学	结构工程	80
15	山东轻工业学院	玻璃与陶瓷材料	86
16	山东农业大学	作物生理生态	88
17	山东农业大学	果树生物学	90
18	山东农业大学	农药毒理与应用技术	81
19	山东中医药大学	天然药物	83
20	曲阜师范大学	智能控制	89
21	山东师范大学	分布式计算机软件新技术	84
22	山东师范大学	精细化学品清洁合成	89

附件 7:

山东省“十一五”省级强化建设人文社会科学研究基地(省属高校)中期评估结果

序号	学校名称	研究基地名称	中期评估得分
1	山东科技大学	山东省矿区和谐发展研究基地	87
2	山东农业大学	山东省农村经济管理研究基地	84
3	山东中医药大学	中医药文献与文化研究中心	80
4	山东师范大学	山东省人口资源与环境经济学研究基地	83
5	山东师范大学	基础教育课程与教学研究中心	76
6	曲阜师范大学	儒学研究基地	93
7	山东经济学院	山东省经济理论与政策研究基地	87
8	青岛大学	东亚文学与文化研究中心	89

2008 年高等学校驻鲁函授站年检结果

一、合格函授站(含新建)

序号	市	主办高校	设站单位	函授站地址	函授站负责人	函授站联系人	办公电话	年检意见
1	滨州	山东财政学院	滨州财政学校	滨州市渤海九路 501 号	王连刚	刘明亮	0543－3252202	合格
2	滨州	鲁东大学	滨州市第二高级技校	博兴县博城五路 857 号	潘益杰	周国卫	0543－2301980	合格
3	滨州	山东理工大学	滨州市农业机械化学校	滨州市黄河六路 528 号	宋立成	张爱民	0543－3362438	合格
4	滨州	山东农业大学	滨州市水利职工学校	滨州市黄河三路 512 号	栾培棠	张丽荣	0543－3383254	合格
5	滨州	山东师范大学	滨州学院	滨州市黄河五路 391 号	宋敬民	宋敬民	0543－3194922	合格
6	滨州	中国海洋大学	滨州职业学院	滨州市黄河十二路 919 号	马建国	孙晓鹏	0543－3278231	合格
7	滨州	青岛理工大学	滨州职业学院	滨州市黄河十二路 919 号	马建国	孙晓鹏	0543－3278231	合格
8	滨州	滨州医学院	滨州职业学院	滨州市黄河十二路 919 号	马建国	孙晓鹏	0543－3278231	合格
9	滨州	烟台大学	滨州职业学院	滨州市黄河十二路 919 号	马建国	孙晓鹏	0543－3278231	合格
10	滨州	哈尔滨工业大学(威海)	滨州职业学院	滨州市黄河十二路 919 号	马建国	孙晓鹏	0543－3278231	合格
11	滨州	山东理工大学	鲁中职业专修学院	山东省邹平县黄山二路 22 号	张玄	由峰	0543－2187038	合格
12	滨州	青岛农业大学	鲁中职业专修学院	山东省邹平县黄山二路 22 号	张玄	由峰	0543－2187038	合格

（续表）

序号	市	主办高校	设站单位	函授站地址	函授站负责人	函授站联系人	办公电话	年检意见
13	滨州	山东省农业管理干部学院	山东省博兴县农广校	博城胜利一路666号	赵光明	赵光明	0543－2300436	合格
14	滨州	滨州医学院	惠民县卫生学校	山东省惠民县城孙武路53号	牛玉平	尹树林	0543－5310275	合格
15	滨州	山东工商学院	惠民县职业教育中心	惠民县车站路育才街15号	成官堂	刘辉国	0543－5360108	合格
16	滨州	中国石油大学(华东)	滨化集团股份有限公司	滨州市黄河五路560号	赵树光	庞斐	0543－2118030	合格
17	滨州	山东大学	滨州市技术学院	滨州市黄河十二路859号	崔志国	刘存奎	0543－3330066	合格
18	滨州	山东科技大学	滨州市技术学院	滨州市黄河十二路859号	崔志国	刘存奎	0543－3330066	合格
19	滨州	山东中医药大学	鲁中职业专修学院	山东省邹平县黄山二路22号	张玄	由峰	0543－2187038	新建
20	滨州	聊城大学	鲁中职业专修学院	山东省邹平县黄山二路22号	张玄	由峰	0543－2187038	新建
21	滨州	泰山医学院	滨州中大教育成人教育培训学校	滨州市渤海九路525号	王志友	谭蓬蓬	0543－3271387	新建
22	滨州	山东建筑大学	滨州艺术学校	滨州市黄河四路536号	贾新利	南焕章	0543－3392127	新建
23	德州	青岛理工大学	德州市德城区电大	德州市德城区芦家井街24号	黄森	黄森	0534－2235991	合格
24	德州	山东轻工业学院	德州市德城区电大	德州市德城区芦家井街24号	黄森	张庚	0534－2235993	合格
25	德州	山东师范大学	德州市德城区电大	德州市德城区芦家井街24号	黄森	宋清鹏	0534－2235992	合格
26	德州	山东政法学院	德州市德城区电大	德州市德城区芦家井街24号	黄森	宋清鹏	0534－2235991	合格
27	德州	哈尔滨工业大学(威海)	德州市德城区电大	德州市德城区芦家井街24号	黄森	张庚	0534－2235993	合格

（续表）

序号	市	主办高校	设站单位	函授站地址	函授站负责人	函授站联系人	办公电话	年检意见
28	德州	中国石油大学(华东)	德州市德城区电大	德州市德城区芦家井街24号	黄森	张文英	0534－2235993	合格
29	德州	烟台大学	德州市德城区电大	德州市德城区芦家井街24号	黄森	张庚	0534－2235992	合格
30	德州	中华女子学院山东分院	德州女子学校	德州市经济开发区三八路东路2462号	吕世珂	张振安	0534－2754781	合格
31	德州	烟台大学	德州职业技术学院	德州市德城区大学东路689号	马桂花	李学善	0534－2557623	合格
32	德州	山东财政学院	德州职业技术学院	德州市德城区大学东路689号	马桂花	李学善	0534－2557623	合格
33	德州	山东经济管理干部学院	德州市德城区党校	德州市新华东路274号	娄德利	律静	0534－2660100	合格
34	德州	山东经济学院	德州市德城区职工教育办公室	德州市太平洋街144号	王川	刘燕	0534－2625781	合格
35	德州	山东大学	德州卫生学校	德州市三八路36号	班玉亭	余宏	0534－2639002	合格
36	德州	滨州医学院	德州卫生学校	德州市三八路36号	班玉亭	余宏	0534－2639002	合格
37	德州	潍坊医学院	德州市人民医院	德州市三八路1号	王兰玉	于金晓	0534－2637033	合格
38	德州	济宁医学院	禹城市卫生职业中专	禹城市开拓路6号	李勇	李秀芝	0534－7222403	合格
39	德州	山东理工大学	齐河县职教中心	齐河县职教中心(国道308育才中学院内)	黄培军	钟志国	0534－5690198	合格
40	德州	潍坊教育学院	齐河县职教中心	齐河县职教中心(国道308育才中学院内)	黄培军	钟志国	0534－5690198	合格
41	德州	山东交通学院	山东公路高级技工学校	德州市德城区大学西路1269号	栾亨乐	李兴	0534－2345074	合格
42	德州	山东省教育学院	乐陵市委党校	乐陵市安居路243号	张英杰	王民林	0534－6322534	合格

（续表）

序号	市	主办高校	设站单位	函授站地址	函授站负责人	函授站联系人	办公电话	年检意见
43	德州	潍坊学院	德州市德城区党校	德州市德城区新华东路274号	娄德利	律静	0534－2660100	新建
44	东营	青岛大学	东营职业学院	东营市黄河路569号	李维金	宋宝林	0546－8061357	合格
45	东营	山东农业大学	东营职业学院	东营市东城胶州路383号	张福信	郭婵	0546－8308357	合格
46	东营	山东省农业干部管理学院	东营职业学院	东营市东城胶州路383号	张福信	郭婵	0546－8308357	合格
47	东营	山东省经济学院	东营市技术学院	东营区北二路649号	刘三功	韩亚祥	0546－8259887	合格
48	东营	潍坊教育学院	广饶县中等专业学校	广饶县人民路236号	王建杰	韩振秋	0546－6450551	合格
49	东营	潍坊教育学院	利津县职教中心	东营市利津县利三路60号	扈忠吉	刘新忠	0546－5621042	合格
50	东营	山东省农业管理干部学院	垦利县职业教育中心	垦利县城新兴路123号	朱振江	巴秀珍	0546－2567095	合格
51	东营	中国石油大学(华东)	山东大王职业学院	广饶县大王高新技术开发区	焦新伟	李明江	0546－6876553	合格
52	东营	山东财政学院	山东大王职业学院	广饶县大王高新技术开发区	焦新伟	缪金和	0546－6876553	合格
53	东营	山东师范大学	东营市职工文化活动中心	东营市东城曹州路3号	杨洁	孙玉花	0546－7766739	合格
54	东营	山东省工会管理干部学院	东营市职工文化活动中心	东营市东城曹州路3号	杨洁	孙玉花	0546－7766739	合格
55	东营	山东理工大学	东营市翰林职业技术培训学校	东营市东城东三路与黄河路交叉口	董中立	崔志红	0546－8331191	合格
56	东营	鲁东大学	东营市翰林职业技术培训学校	东营市东城东三路与黄河路交叉口	董中立	崔志红	0546－8331191	合格

（续表）

序号	市	主办高校	设站单位	函授站地址	函授站负责人	函授站联系人	办公电话	年检意见
57	东营	潍坊医学院	东营科教学业服务中心	东营市西二路474—18号	孙金凤	周宁	0546—7750007	合格
58	东营	烟台大学	东营科教学业服务中心	东营市西二路474—18号	孙金凤	周宁	0546—7750007	合格
59	东营	山东中医药大学	东营科教学业服务中心	东营市西二路474—18号	孙金凤	周宁	0546—7750008	合格
60	东营	山东大学	东营市技术学院	东营市北二路649号	魏军祥	刘登虎	0546—8239513	新建
61	菏泽	泰山医学院	菏泽家政职业学院	山东单县单父路195号	时念新	田险峰	0530—4682159	合格
62	菏泽	山东建筑大学	菏泽市建筑技工学校	菏泽解放大街1139号	郭成绪	黄辉	0530—6167726	合格
63	菏泽	山东财政学院	菏泽市财政干部中专学校	菏泽市中华西路2688号	刘学俊	冉德红	0530—6299859	合格
64	菏泽	泰山学院	成人教育学院	菏泽学院西校区	段永华	李玉民	0530—5668223	合格
65	菏泽	山东省经济管理干部学院	东明县职工中等专业学校	东明县健康路97号	赵树堂	吴淑英	0530—6251709	合格
66	菏泽	山东经济学院	菏泽财经学校	菏泽市康庄路2069号	孔凡杰	郑瑞科	0530—5519009	合格
67	菏泽	山东师范大学	菏泽音乐艺术专修学院	菏泽市解放南街八号	张春奇	张春奇	0530—5783333	合格
68	菏泽	青岛理工大学	菏泽市牡丹区教育局	菏泽市曹州西路199号	常众	张荔	0530—5625908	合格
69	菏泽	山东师范大学	菏泽市牡丹区教育局	菏泽市曹州西路199号	常众	张金存	0530—5625908	合格
70	菏泽	青岛大学	菏泽学院	菏泽市大学路	岳辉	朱道玉	0530—5986922	合格
71	菏泽	山东农业大学	菏泽学院	菏泽市中华路1166号	王凤灵	谢寅骧	0530—5668369	合格

（续表）

序号	市	主办高校	设站单位	函授站地址	函授站负责人	函授站联系人	办公电话	年检意见
72	菏泽	青岛大学	山东省菏泽信息工程学校	菏泽市西安路766号	马飞	房磊	0530－5566377	合格
73	菏泽	中华女子学院山东分院	山东省菏泽信息工程学校	菏泽市西安路766号	马飞	房磊	0530－5566377	合格
74	菏泽	山东省农业管理干部学院	郓城县农广校	郓城县农业局	褚福传	褚福传	0530－6159596	合格
75	菏泽	潍坊医学院	菏泽医学专科学校	菏泽市曹州路2988号	李琳	刘观昌	0530－5925830	合格
76	菏泽	山东省教育学院	郓城县新华技校	郓城县临城路中段31号	李文建	刘磊	0530－6997689	合格
77	菏泽	山东交通学院	菏泽牡丹区职工中专	菏泽市文化路22号	郜宪丽	郜宪丽	0530－5625977	合格
78	菏泽	烟台大学	菏泽市牡丹区委党校	菏泽市东方红大街西段34号	季存华	季存华	0530－6611729	合格
79	菏泽	山东理工大学	菏泽市牡丹区蓝天职业培训学校	菏泽市西安路516号	张天平	张爱英	0530－6262399	合格
80	菏泽	山东工商学院	菏泽学院	菏泽市中华路1166号	王凤灵	谢寅骧	0530－5668369	合格
81	菏泽	哈尔滨工业大学(威海)	菏泽学院	菏泽市中华路1166号	王凤灵	谢寅骧	0530－5668369	合格
82	菏泽	辽宁大学	菏泽学院	菏泽市中华路1166号	王凤灵	谢寅骧	0530－5668369	合格
83	菏泽	东北师范大学	菏泽学院	菏泽市中华路1166号	王凤灵	谢寅骧	0530－5668369	合格
84	菏泽	山东大学	菏泽医学专科学校	菏泽市曹州路2988号	李琳	刘观昌	0530－5925830	合格
85	菏泽	山东大学	菏泽交通职业中专	菏泽市丹阳路99号	刘远东	张恩艳	0530－5191090	合格
86	菏泽	滨州医学院	菏泽市中西医职业中等专业学校	菏泽市中华路1166号	常景超	张得书	0530－5315018	合格

（续表）

序号	市	主办高校	设站单位	函授站地址	函授站负责人	函授站联系人	办公电话	年检意见
87	菏泽	山东中医药大学	菏泽市中西医职业中等专业学校	菏泽市中华路1166号	常景超	张得书	0530－5315018	合格
88	菏泽	中国海洋大学	菏泽理工职业中专	菏泽市牡丹南路1819号	毛爱英	岳宗生	0530－5191090	合格
89	菏泽	鲁东大学	菏泽财经学校	菏泽市康庄路2069号	王广田	刘康	0530－5226559	合格
90	菏泽	曲阜师范大学	菏泽市教育局	菏泽市中华路1188号	王本启	王本启	0530－5191022	合格
91	菏泽	济宁医学院	单县卫生职业中专	单县单丰路2号	冯宪光	冯宪光	0530－6108798	新建
92	菏泽	德州学院	菏泽市牡丹区卫生职业中专	菏泽市昆仑路40号	薛建亭	张西运	0530－6639576	新建
93	济南	沈阳农业大学	山东省农业管理干部学院	济南市历城区农干院路885号	潘吉焕	林海	0531－88117927	合格
94	济南	中国农业大学	山东省农业管理干部学院	济南市历城区农干院路885号	潘吉焕	林海	0531－88117928	合格
95	济南	南京邮电大学	山东省邮政培训中心	济南市经十路25号	李建民	杨会林	0531－87980145	合格
96	济南	北京邮电大学	山东省邮政培训中心	济南市经十路25号	王学泳	蔡虹	0531－82607018	合格
97	济南	山东大学	山东省济南市卫生学校	济南市槐荫区道德北街87号	李海鹰	付世杰	0531－87192316	合格
98	济南	潍坊医学院	山东省济南市卫生学校	济南市槐荫区道德北街87号	李海鹰	付世杰	0531－87192316	合格
99	济南	中国石油大学(华东)	济南市明仁科技培训学校	济南市花园路90－3号	肖冰	郭明光	0531－88116433	合格
100	济南	济南职业学院	济南市明仁科技培训学校	济南市花园路90－3号	肖冰	顾文琳	0531－88116433	合格
101	济南	青岛理工大学	济南市明仁科技培训学校	济南市花园路90－3号	肖冰	顾文琳	0531－88116433	合格

（续表）

序号	市	主办高校	设站单位	函授站地址	函授站负责人	函授站联系人	办公电话	年检意见
102	济南	大连交通大学	济南铁路局教育处	济南市站前街2号	季益民	季益民	0531－82429791	合格
103	济南	兰州交通大学	济南铁路局教育处	济南市站前街2号	季益民	季益民	0531－82429791	合格
104	济南	北京交通大学	济南铁路局教育处	济南市站前街2号	季益民	季益民	0531－82429791	合格
105	济南	石家庄铁道学院	济南铁路局教育处	济南市站前街2号	季益民	季益民	0531－82429791	合格
106	济南	沈阳建筑大学	山东城市建设职业学院	济南市舜耕路20号	顾琦	赵庆辉	0531－67892867	合格
107	济南	苏州科技学院	山东城市建设职业学院	济南市舜耕路20号	顾琦	张帅	0531－80865283	合格
108	济南	中国计量学院	山东省质量技术监督干校	济南市千佛山路28号	王景涛	王连修	0531－81953608	合格
109	济南	山东科技大学	济南山木成人中等专业学校	济南市市中经五纬二路口	赵旭升	黄金腾菲	0531－83338202	合格
110	济南	山东经济学院	济南市科技信息研究所	济南市文化西路82号	徐继刚	刘玉虎	0531－82064122	合格
111	济南	中国传媒大学	山东省广播电视学校	济南市燕子山西路38号	王晓春	韩玉玲	0531－82678988	合格
112	济南	曲阜师范大学	山东省农业广播学校	济南市历下区十亩园东街7号	姜卫良	姜家献	0531－67866347	合格
113	济南	山东农业大学	山东省农业广播学校	济南市历下区十亩园东街7号	姜卫良	姜家献	0531－67866347	合格
114	济南	青岛农业大学	山东省农业广播学校	济南市历下区十亩园东街7号	姜卫良	姜家献	0531－67866347	合格
115	济南	中国海洋大学	济南青年学院	济南市经五小纬六路	贾峪	雷勇	0531－87917915	合格
116	济南	山东轻工业学院	济南青年学院	济南市经五小纬六路	贾峪	雷勇	0531－87917915	合格

(续表)

序号	市	主办高校	设站单位	函授站地址	函授站负责人	函授站联系人	办公电话	年检意见
117	济南	山东理工大学	济南青年学院	济南市经五小纬六路	贾峪	姜新军	0531－87931944	合格
118	济南	山东省经济管理干部学院	济南青年学院	济南市经五路 32－1 号	贾峪	姜新军	0531－87931944	合格
119	济南	山东省青年管理干部学院	济南青年学院	济南市经五路 32－1 号	贾峪	张继军	0531－87916371	合格
120	济南	山东交通学院	济南市交通局技工学校	章丘市白云路 72 号	刘世亮	周跃	0531－83232668	合格
121	济南	济宁医学院	平阴职业教育中心	平阴县锦东新区	王爱华	张桂臣	0531－87643079	合格
122	济南	南京信息工程大学	山东气象学校	济南市无影山东路 11 号	李昌义	孟静	0531－85819164	合格
123	济南	西安邮电学院	山东省邮政培训中心	济南市经十路 25 号	王学泳	陈端	0531－82964545	合格
124	济南	景德镇陶瓷学院	山东艺术设计专修学院	山东省济南市天桥区历山北路黄台山庄 109 号	聂宏立	徐润东	0531－89847673	合格
125	济南	山东工商学院	济南市聚贤科技培训学校	济南市天桥区六合里 6 号	王素远	姜辉龙	0531－85910679	合格
126	济南	烟台大学	济南市聚贤科技培训学校	济南市天桥区六合里 6 号	王素远	吴绍东	0531－82023308	合格
127	济南	山东轻工业学院	济南翰林成人教育中心	济南市解放路 134 号	王文娟	贾万金	0531－86940751	合格
128	济南	烟台大学	济南翰林成人教育中心	济南市解放路 134 号	王文娟	贾万金	0531－86940751	合格
129	济南	聊城大学	济南华文教育培训学校	济南市道德北街 215 号	王煊	刘婷	0531－87000701	合格
130	济南	哈尔滨工业大学(威海)	济南市现代财经培训学校	济南市槐村路 73 号	梁积铸	高秀揽	0531－87977214	合格

（续表）

序号	市	主办高校	设站单位	函授站地址	函授站负责人	函授站联系人	办公电话	年检意见
131	济南	青岛科技大学	济南市志诚科技专修学院	济南市烈士山北路20号	刘荣荣	李嘉杨	0531－86354502	合格
132	济南	同济大学	济南铁路局教育处	济南市站前街2号	季益民	季益民	0531－82429791	合格
133	济南	济南职业学院	济南职业学院	济南市槐荫区道德北街184－2号	洪兆东	陈乃林	0531－87968834	合格
134	济南	山东中医药大学	山东省济南市卫生学校	济南市槐荫区道德北街87号	李海鹰	付世杰	0531－87192316	合格
135	济南	滨州医学院	章丘市卫生成人中等专业学校	章丘市明水经济开发区唐王路中段	张兴山	刘乃娟	0531－83118508	合格
136	济南	山东师范大学	章丘市技师进修学校	章丘市明水山泉路5号	窦殿升	尹道旌	0531－83234501	合格
137	济南	山东省青年管理干部学院	山东黄河职工中等专业学校	济南市济洛路43号	周万军	杨晓方	0531－85696770	合格
138	济南	武汉大学	山东黄河职工中等专业学校	济南市济洛路43号	周万军	杨晓方	0531－85696770	合格
139	济南	中国政法大学	山东省质量技术监督干校	济南市千佛山路28号	王景涛	王连修	0531－81953608	合格
140	济南	北京印刷学院	山东省出版技工学校	济南市文化东路18号	徐麟	段济明	0531－88592237	合格
141	济南	山东中医药大学	章丘市卫生成人中等专业学校	章丘市明水经济开发区唐王山路中段	张兴山	刘乃娟	0531－83118508	合格
142	济南	山东省农业管理干部学院	平阴职业教育中心	平阴县锦东新区职业教育中心	周涛	高明	0531－87643055	合格
143	济南	浙江传媒大学	山东省广播电视学校	济南市燕子山西路38号	王晓春	韩玉玲	0531－82678988	合格
144	济南	青岛大学	山东医学高等专科学校	市中区二环南路5460号	蒋国明	盛圣	0531－86305135	合格
145	济南	鲁东大学	山东鲁育培训学校	济南市文化东路50号	张少辉	崔艳	0531－82967700	合格

（续表）

序号	市	主办高校	设站单位	函授站地址	函授站负责人	函授站联系人	办公电话	年检意见
146	济南	辽宁工业大学	济南市兴华成考自考辅导学校	济南市市中区上新街106号	王奎兴	王奎兴	0531－86012865	合格
147	济南	济南职业学院	济南纺织职业技能培训学校	济南市经三纬六路191号	谭景仁	戴宗达	0531－87902871	合格
148	济南	青岛科技大学	济南槐荫经济专修学校	济南市槐荫区南辛庄街6号	李恒益	李恒益	0531－86110605	合格
149	济南	中原工学院	山东省经济职工中等专业学校	济南市和平路东首4号	胡光燕	林澎美	0531－85924619	合格
150	济南	北京信息科技大学	山东电子职业技术学院	济南市历下区燕子山路36号	王协瑞	葛少娟	0531－82383722	合格
151	济南	河北北方学院	山东济南华洋职业专修学院	济南浆水泉西路北段	宋长春	孙淑梅	0531－85313165	合格
152	济南	南昌大学	山东商业职业技术学院	济南市花园路23号	侯容增	侯容增	0531－81902766	合格
153	济南	南京财经大学	济南市鲁财商务管理教育中心	济南市舜耕路22号	王伟	胡广明	0531－82628951	合格
154	济南	山东省工会干部学院	山东省公共关系专修学院	济南市槐荫区	刘法义	房玉安	0531－87511085	合格
155	济南	北京大学	山东省图书馆	济南市大明湖路275号	程国华	孙爱秀	0531－86089134	合格
156	济南	中国石油大学(华东)	章丘市第一职业中专	章丘市明水街道办事处汇泉路10号	陈荣亮	牛江梅	0531－83216804	合格
157	济南	山东中医药大学	山东力明科技职业学院	济南市济微路389号	翟富举	王善星	0531－88333333	合格
158	济南	华北电力大学(北京)	山东电力高等专科学校	济南市二环南路500号	马敬卫	田志斌	0531－82999273	合格
159	济南	防灾科技学院	济南工程职业技术学院	济南市济王路156号	陈登智	陈登智	0531－88947014	新建
160	济南	山东交通学院	济南市交通局技工学校	章丘市白云路72号	刘世亮	周跃	0531－83232668	新建

（续表）

序号	市	主办高校	设站单位	函授站地址	函授站负责人	函授站联系人	办公电话	年检意见
161	济宁	山东财政学院	济宁财政学校	济宁济岱路北首	徐乃香	王福义	0537－2034356	合格
162	济宁	曲阜师范大学	曲阜师范学校	曲阜鼓楼南街11号	孔祥斌	孔祥斌	0537－4413660	合格
163	济宁	中国石油大学(华东)	济宁学院	济宁市中区常青路15号	周若文	王晓君	0537－3167136	合格
164	济宁	青岛大学	济宁学院	济宁市中区常青路15号	周若文	王晓君	0537－3167136	合格
165	济宁	山东大学	济宁第一职业中专	济宁市中区太白东路54号	李丙华	孙会元	0537－2317776	合格
166	济宁	中国海洋大学	济宁第一职业中专	济宁市中区太白东路54号	李丙华	孙会元	0537－2317776	合格
167	济宁	聊城大学	济宁第一职业中专	济宁市中区太白东路54号	李丙华	孙会元	0537－2317776	合格
168	济宁	山西财经大学	山东省贸易职工大学	济宁市太白东路63号	王汝印	张玉美	0537－2343368	合格
169	济宁	西安电子科技大学	山东省贸易职工大学	济宁市太白东路63号	王汝印	张玉美	0537－2394357	合格
170	济宁	山东中医药大学	曲阜中医药学校	曲阜市崎黄街2号	王广河	王广河	0537－4426337	合格
171	济宁	大连水产学院	山东省济宁农校	济宁市济岱路8号	彭德举	田承虎	0537－2036866	合格
172	济宁	南京农业大学	山东省济宁农校	济宁市济岱路8号	彭德举	田承虎	0537－2036866	合格
173	济宁	青岛理工大学	济宁市城建中专	济宁市中区浣笔泉北路	王衍明	陈君堂	0537－2316129	合格
174	济宁	山东省农业管理干部学院	济宁市任城农广校	济宁市琵琶山北路新世纪广场北150米路西	田胜利	汪爱华	0537－2662786	合格
175	济宁	山东科技大学	济宁市任城农广校	济宁市琵琶山北路新世纪广场北150米路西	田胜利	汪爱华	0537－2662786	合格

（续表）

序号	市	主办高校	设站单位	函授站地址	函授站负责人	函授站联系人	办公电话	年检意见
176	济宁	山东科技大学	兖州矿区职工大学	邹城市东滩路519号	程良	程良	0537－5369885	合格
177	济宁	山东商学院	兖州矿区职工大学	邹城市东滩路519号	程良	程良	0537－5369885	合格
178	济宁	山东省经济管理干部学院	济宁市中区职业中专	济安桥南路48号	张国强	张国强	0537－2218181	合格
179	济宁	山东政法学院	济宁市中区职业中专	济安桥南路48号	张国强	张国强	0537－2218181	合格
180	济宁	西安工程大学	济宁如意专修学院	济宁市红星东路96号	蒋惠	孙亚梅	0537－2933173	合格
181	济宁	哈尔滨工业大学（威海）	济宁人才开发中心	济宁市吴泰闸路134号	解庆亭	解保国	0537－2659177	合格
182	济宁	烟台大学	济宁人才开发中心	济宁市吴泰闸路134号	解庆亭	解保国	0537－2659177	合格
183	济宁	山东大学	邹城市卫生职工中专	邹城市名泉路1380号	高纯金	高纯金	0537－5287118	合格
184	济宁	泰山医学院	邹城市卫生职工中专	邹城市名泉路1380号	高纯金	高纯金	0537－5287118	合格
185	济宁	济宁医学院	邹城市卫生职工中专	邹城市名泉路1380号	高纯金	高纯金	0537－5287118	合格
186	济宁	山东理工大学	济宁轻工职业学校	济宁市中区郭家花园街3号	丁杰	刘玉	0537－2219952	合格
187	济宁	山东轻工学院	济宁轻工职业学校	济宁市中区郭家花园街3号	丁杰	刘玉	0537－2219952	合格
188	济宁	济南大学	济宁文苑培训学校	济宁市中区建设路与海关路交界处	李莉	李莉	0537－2969961	合格
189	济宁	鲁东大学	济宁文苑培训学校	济宁市中区建设路与海关路交界处	李莉	李莉	0537－2969961	合格
190	济宁	山东师范大学	济宁市中区党校	济宁市吴泰闸路118号	董光霞	张伟	0537－2339233	合格

（续表）

序号	市	主办高校	设站单位	函授站地址	函授站负责人	函授站联系人	办公电话	年检意见
191	济宁	山东商业职业技术学院	邹城高级职业技术学校	邹城市护驾山路1299号	付国	师广英	0537－5262986	合格
192	济宁	中国石油大学(华东)	微山县教师进修学校	微山县城后路25号	张力	靳建湖	0537－3182089	合格
193	济宁	山东政法学院	微山县教师进修学校	微山县城后路25号	张力	张亚秋	0537－3182089	合格
194	济宁	山东教育学院	微山县教师进修学校	微山县城后路25号	张力	张亚秋	0537－3182089	合格
195	济宁	山东交通学院	济宁气运职工培训中心	济宁市车站西路76号	王凤臣	吕春丽	0537－2213526	合格
196	济宁	西安交通大学	济宁市中区文苑培训学校	济宁市中区建设路与海关路交界处	李莉	李莉	0537－2969961	新建
197	莱芜	曲阜师范大学	莱芜市教育局	莱芜市文化北路20号	吴修文	韩子立	0634－6214273	合格
198	莱芜	烟台大学	莱芜市法律成人中等专业学校	莱芜市花园北路99号	张勇	亓立章	0634－6260695	合格
199	莱芜	山东师范大学	莱芜市法律成人中等专业学校	莱芜市花园北路99号	张勇	亓立章	0634－6260695	合格
200	莱芜	哈尔滨工业大学(威海)	莱芜市法律成人中等专业学校	莱芜市花园北路99号	张勇	亓立章	0634－6260695	合格
201	莱芜	泰山医学院	莱芜市卫校	莱芜市鹏泉西大街8号	王清军	张永慧	0634－6231905	合格
202	莱芜	山东中医药大学	莱芜市卫校	莱芜市鹏泉西大街8号	王清军	张永慧	0634－6231905	合格
203	莱芜	潍坊医学院	莱芜市卫校	莱芜市鹏泉西大街8号	王清军	张永慧	0634－6231905	合格
204	莱芜	滨州医学院	莱芜市卫校	莱芜市鹏泉西大街8号	王清军	张永慧	0634－6231905	合格
205	莱芜	济宁医学院	莱芜市卫校	莱芜市鹏泉西大街8号	王清军	张永慧	0634－6231905	合格

（续表）

序号	市	主办高校	设站单位	函授站地址	函授站负责人	函授站联系人	办公电话	年检意见
206	莱芜	青岛科技大学	莱芜市经贸职工中专	莱芜市凤城东大街50号	魏述奇	魏述奇	0634－6213381	合格
207	莱芜	山东科技大学	莱芜市财经职工中专	莱芜市汶源东大街	吴琴	吴琴	0634－5606877	合格
208	莱芜	青岛理工大学	莱芜博智学校	莱芜市文化南路001号	吴培玉	吴培玉	0634－6215060	合格
209	莱芜	鲁东大学	莱芜博智学校	莱芜市文化南路001号	吴培玉	吴培玉	0634－6215060	合格
210	莱芜	潍坊学院	莱芜市凤城成人中专	莱芜市凤城东大街玉泉路6号	刘太景	吕复芳	0634－6299698	合格
211	莱芜	山东省青年管理干部学院	莱芜市凤城成人中专	莱芜市凤城东大街玉泉路6号	刘太景	吕复芳	0634－6299698	合格
212	莱芜	山东省农业管理干部学院	莱芜市凤城成人中专	莱芜市凤城东大街玉泉路6号	刘太景	吕复芳	0634－6299698	合格
213	莱芜	山东省经济管理干部学院	莱芜市凤城成人中专	莱芜市凤城东大街玉泉路6号	刘太景	吕复芳	0634－6299698	合格
214	莱芜	山东财政学院	莱芜市财政局	莱芜龙潭东大街29号	边增琦	时秀卿	0634－8891155	合格
215	莱芜	济南大学	莱芜市科技成人中等专业学校	莱芜市文化北路15号	狄延统	崔美娟	0634－6210755	合格
216	莱芜	山东经济学院	莱芜市科技成人中等专业学校	莱芜市文化北路15号	狄延统	尹玉华	0634－6238608	合格
217	莱芜	山东农业大学	莱芜成人高等教育助学辅导站	莱芜市凤城东大街93号	田文忠	张青	0634－8801635	合格
218	莱芜	山东建筑大学	莱芜市经贸职工中专	莱芜市凤城东大街51号	魏述奇	魏述奇	0634－6213382	新建
219	聊城	山东财政学院	聊城市财政学校	聊城市北郊财干路5号	刘士杰	王强	0635－8371710	合格

（续表）

序号	市	主办高校	设站单位	函授站地址	函授站负责人	函授站联系人	办公电话	年检意见
220	聊城	山东大学	聊城职业技术学院	聊城市花园北路133号	李子秀	张韶明	0635－8336770	合格
221	聊城	山东中医药大学	聊城职业技术学院	聊城市花园北路133号	曹庆景	曹庆景	0635－8334350	合格
222	聊城	潍坊医学院	聊城职业技术学院	聊城市花园北路133号	曹庆景	曹庆景	0635－8334350	合格
223	聊城	山东省工会管理干部学院	聊城计算机专修学院	聊城市聊位路8号	刘春安	刘春安	0635－2126568	合格
224	聊城	青岛理工大学	聊城建设学校	聊城市鲁化路31号	程学武	任家河	0635－6978765	合格
225	聊城	山东建筑大学	聊城建设学校	聊城市鲁化路31号	程学武	任家河	0635－6978765	合格
226	聊城	山东理工大学	聊城交通技校	聊城市聊堂路三号	孙涛	贾英臣	0635－8433986	合格
227	聊城	中国石油大学(华东)	聊城科技成人中专学校	聊城市聊位路1号	黄森	郝连彬	0635－8226690	合格
228	聊城	青岛大学	聊城市轻纺技工学校	利民东路东首	袁本银	马小力	0635－8211358	合格
229	聊城	山东科技大学	聊城市轻纺技工学校	利民东路东首	袁本银	马小力	0635－8211358	合格
230	聊城	山东师范大学	聊城市轻纺技工学校	利民东路东首	袁本银	马小力	0635－8211358	合格
231	聊城	泰山医学院	聊城市卫生职工中专	东昌府青年林街3号	王建明	段本涛	0635－8426611	合格
232	聊城	济宁医学院	聊城市卫生职工中专	东昌府青年林街3号	王建明	段本涛	0635－8426611	合格
233	聊城	山东中医药大学	聊城市东昌府区卫生学校	聊城市昌润路南段	齐岳云	亢德庆	0635－8421365	合格
234	聊城	山东农业大学	聊城市水利职工中专学校	聊城市聊堂路5号	赵娟	董凤霞	0635－8921058	合格

（续表）

序号	市	主办高校	设站单位	函授站地址	函授站负责人	函授站联系人	办公电话	年检意见
235	聊城	济南大学	聊城市职工中专学校	聊城市东关街204号	王桂平	窦璟	0635－8223264	合格
236	聊城	滨州医学院	阳谷卫生职专	阳谷县景阳路2号	魏相道	司又红	0635－6392319	合格
237	聊城	山东经济干部管理学院	聊城市法律培训学校	聊城市花园北路81号	赵玉珠	付以博	0635－8382889	合格
238	聊城	青岛科技大学	聊城市法律培训学校	聊城市花园北路81号	赵玉珠	付以博	0635－8382889	合格
239	聊城	曲阜师范大学	聊城市法律培训学校	聊城市花园北路81号	赵玉珠	付以博	0635－8382889	合格
240	聊城	滨州医学院	高唐卫生职专	高唐卫校街56号	李玉双	刘文国	0635－3951809	合格
241	聊城	临沂师范学院	聊城商校	聊城市龙山路1号	姜广印	赵东贵	0635－2992398	新建
242	聊城	烟台大学	聊城博文继续教育中心	聊城市龙山路21号	崔付京	崔付京	0635－5287383	新建
243	聊城	山东交通学院	聊城光华培训学校	聊城市建设路10号	李玉霞	郝红霞	0635－8435807	新建
244	临沂	山东大学	山东省临沂卫生学校	临沂市解放路东段卫校巷1号	王树林	李学松	0539－8184209	合格
245	临沂	山东大学	临沂应用工程中专学校	临沂市兰山区前十街127号	郑培申	孙伟	0539－2987932	合格
246	临沂	中国海洋大学	山东省临沂经贸学校	临沂市兰山区北园路54号	张宗华	朱传生	0539－6061111	合格
247	临沂	山东科技大学	山东省煤炭高级技工学校	临沂市罗庄区罗四路366号	宋玉泉	廖海增	0539－2923596	合格
248	临沂	山东科技大学	山东省交通技术学院	临沂市兰山区中丘路3号	王少鹏	李鲁临	0539－7162955	合格
249	临沂	中国石油大学（华东）	临沂市农广校	临沂市金雀山路57号	曹首娟	赵成宇	0539－8318741	合格

（续表）

序号	市	主办高校	设站单位	函授站地址	函授站负责人	函授站联系人	办公电话	年检意见
250	临沂	济南大学	临沂天汇职业技术学校	临沂市新华路38号	张继胜	张继胜	0539－8115522	合格
251	临沂	青岛理工大学	临沂市河东区乡镇企业人才培训中心	临沂市兰山区解放路169号	高立新	孔祥莉	0539－2021616	合格
252	临沂	山东建筑大学	临沂市职业中专	临沂市罗庄区	王一军	范杰	0539－6180768	合格
253	临沂	山东轻工业学院	临沂天汇职业技术学校	临沂市新华路38号	张继胜	张继胜	0539－8115522	合格
254	临沂	山东理工大学	临沂应用工程中专学校	临沂市兰山区前十街127号	郑培申	孙伟	0539－2987932	合格
255	临沂	山东农业大学	临沂市水利职工中专	临沂市兰山区沂州路55号	高学良	彭秀启	0539－8193167	合格
256	临沂	潍坊医学院	沂水县职业教育中心	沂水县城鑫华路58号	武传法	贾颜峰	0539－2230614	合格
257	临沂	滨州医学院	苍山县卫生职工中专学校	苍山县县城健康街6号	孟繁花	宋伟	0539－5280070	合格
258	临沂	山东中医药大学	临沂应用工程中专学校	临沂市兰山区前十街127号	郑培申	孙伟	0539－2987932	合格
259	临沂	山东中医药大学	中国煤矿工人临沂温泉疗养院	山东临沂汤头	骆万军	朱振凤	0539－8706754	合格
260	临沂	济宁医学院	临沂新世纪职业中专	临沂市解放路西段叶家红埠寺	闵庆彬	王利军	0539－8368558	合格
261	临沂	山东师范大学	临沂应用工程中专学校	临沂市兰山区前十街127号	郑培申	孙伟	0539－2987932	合格
262	临沂	泰山医学院	山东省临沂卫生学校	临沂市解放路东段卫校巷1号	王树林	李学松	0539－8184209	合格
263	临沂	山东经济学院	临沂市社联	临沂市委大院8号办公楼	刘文宝	张苓	0539－2023077	合格
264	临沂	枣庄学院	临沂新世纪职业中专	临沂市解放路西段叶家红埠寺	闵庆彬	王利军	0539－8368558	合格

（续表）

序号	市	主办高校	设站单位	函授站地址	函授站负责人	函授站联系人	办公电话	年检意见
265	临沂	青岛大学	平邑县卫生学校	平邑县莲花山路101号	李永富	乔志军	0539－4212158	合格
266	临沂	青岛大学	临沂商校	临沂市金雀山路56号	张世钦	张世钦	0539－8051609	合格
267	临沂	山东财政学院	临沂财政学校	临沂市兰山路77号	石永祥	王中帅	0539－8193883	合格
268	临沂	山东省经济管理干部学院	临沂青年学校	临沂市新华路66号	张志力	徐勤超	0539－8110716	合格
269	临沂	山东政法学院	临沂市司法局	临沂市兰山区金坛路61号	邵明川	居晓云	0539－8317114	合格
270	临沂	山东省农业管理干部学院	沂水县职业教育中心	沂水县城鑫华路58号	武传法	张敬青	0539－2230865	合格
271	临沂	山东省农业管理干部学院	平邑县职工教育中心	山东省平邑县城公园路35号	刘继成	林岩	0539－4232446	合格
272	临沂	山东省教育学院	费县教师进修学校	费县站前路	王庆东	殷传廷	0539－5225365	合格
273	临沂	潍坊教育学院	临沂青年学校	临沂市新华路66号	张志力	徐勤超	0539－8110716	合格
274	临沂	山东交通学院	山东省交通技术学院	临沂市兰山区中丘路3号	王少鹏	李鲁临	0539－7162955	合格
275	临沂	安徽财经大学	临沂经济学校	临沂市兰山区兰山路37号	赵芳	闵祥飞	0539－8184780	合格
276	青岛	山东理工大学	青岛市城阳职业中等专业学校	青岛市城阳区流亭街道仙家寨村东	戴正竹	王吉茂	0532－88697928	合格
277	青岛	山东师范大学	青岛师范学校	青岛李沧区九水路176号	杜本友	徐春双	0532－87895741	合格
278	青岛	北京林业大学	青岛振华成人中等专业学校	青岛市台东一路118号	王立莉	侯家凤	0532－83618834	合格

（续表）

序号	市	主办高校	设站单位	函授站地址	函授站负责人	函授站联系人	办公电话	年检意见
279	青岛	潍坊教育学院	青岛市城阳区流亭教育中心	青岛市城阳区民航路西端	王文滨	仇世林	0532－84716573	合格
280	青岛	中国石油大学(华东)	青岛成高文理专修学院	青岛市市北区台东一路116号	毛国桐	王璇	0532－83672040	合格
281	青岛	曲阜师范大学	青岛军大经济专修学院	青岛市李沧区青峰路15号	藏瑞文	郭可金	0532－87617333	合格
282	青岛	鲁东大学	青岛李沧区托普科技培训学校	青岛李沧区峰山路86号	房红锋	张靖宇	0532－87631301	合格
283	青岛	山东师范大学	青岛市民盟	青岛市德平路5号	尹铁铮	刘振强	0532－82832910	合格
284	青岛	山东轻工业学院	青岛李沧区托普科技培训学校	青岛李沧区峰山路86号	房红锋	张靖宇	0532－87631301	合格
285	青岛	济宁医学院	青岛军大经济专修学院	青岛市李沧区青峰路15号	藏瑞文	郭可金	0532－87617333	合格
286	青岛	青岛农业大学	莱西市职业中专	莱西威海中路	孟庆民	代作江	0532－66899217	合格
287	青岛	山东理工大学	青岛市四方区干部职工中专	青岛市四方区平安路30号	王春华	包敬宏	0532－83717605	合格
288	青岛	山东省农业管理干部学院	胶州农广校	青岛胶州市行政服务大厅814房间	庄淑英	迟玉川	0532－82206186	合格
289	青岛	鲁东大学	平度市技工学校	青岛平度南京路1号	戴忠伟	代旭峰	0532－87371089	合格
290	青岛	潍坊教育学院	胶南市高级职业技术学校	青岛胶南市黄海路63号	王学赞	王学赞	0532－86616201	合格
291	青岛	山东交通学院	青岛交通职业技术学校	青岛市市北区台东一路27号	迟焕祥	牛秀玲	0532－83638053	合格
292	青岛	滨州医学院	胶南市卫生进修学校	胶南市珠海东路207号	陈全欣	张振双	0532－85166226	合格
293	青岛	山东科技大学	青岛华夏职业技术专修学院	青岛市四方区嘉善路48号	孙洪传	马瑞香	0532－83715141	合格

（续表）

序号	市	主办高校	设站单位	函授站地址	函授站负责人	函授站联系人	办公电话	年检意见
294	青岛	青岛大学	胶南市职业中等专业学校	胶南市灵山路59号	徐桂亮	张永征	0532－86132585	合格
295	青岛	青岛理工大学	胶南市中等职业专业学校	胶南市灵山路59号	徐桂亮	张永征	0532－86133200	合格
296	青岛	中华女子学院山东分院	胶南市中等职业专业学校	胶南市灵山路59号	徐桂亮	张永征	0532－86133200	合格
297	青岛	青岛科技大学	青岛市宏成科技人才专修学校	青岛李沧区峰山路111号	王永焕	王永焕	0532－87611383	合格
298	青岛	鲁东大学	即墨市职工学校	即墨市窑头大街9号	张平	贾洪波	0532－88519560	合格
299	青岛	山东大学	青岛卫生学校	青岛市福州路66号	李智成	庞红梅	0532－85978170	合格
300	青岛	泰山医学院	胶南电大	胶南市珠海路87号	陈淑灵	张洁	0532－86178170	合格
301	青岛	山东中医药大学	莱西市总工会干部职工学校	莱西市烟台路72号	赵克辉	路英娟	0532－88483938	合格
302	青岛	中华女子学院山东分院	青岛十一中	青岛市阳信路2号	刘凯凤	张波	0532－82841489	合格
303	青岛	哈尔滨工业大学(威海)	青岛开发区汇英科技专修学校	青岛市经济技术开发区	王友涛	王友涛	0532－86888081	合格
304	青岛	青岛科技大学	青岛市私立育才辅导学校	青岛市市北区顺兴路40号	李永安	于新岩	0532－83665058	合格
305	青岛	烟台大学	青岛汇英科技专修学校	青岛市经济技术开发区	王友涛	王友涛	0532－86888081	合格
306	青岛	山东工商学院	胶南电大	胶南市珠海路87号	陈淑灵	张洁	0532－86178170	合格
307	青岛	青岛科技大学	青岛开发区沃尔经贸专修学校	青岛开发区北江支路	潘杰	刘鸣	0532－86886124	合格
308	青岛	山东科技大学	青岛开发区沃尔经贸专修学校	青岛开发区北江支路	潘杰	刘鸣	0532－86886124	合格

（续表）

序号	市	主办高校	设站单位	函授站地址	函授站负责人	函授站联系人	办公电话	年检意见
309	青岛	山东省经济管理干部学院	青岛明知国际商务专修学院	青岛市市北区明霞路12号	刘大伟	朱秋英	0532－83671593	合格
310	青岛	青岛农业大学	即墨市职工业余学校	即墨市岙兰路692号	郑忠良	郑忠良	0532－85559178	合格
311	青岛	延边大学	平度市卫生职工中专	平度市常州路220号	庞学武	张德波	0532－84846895	合格
312	青岛	西南科技大学	青岛远程经法专修学院	青岛市市北区延安三路78号	王克峰	陈令春	0532－83665188	合格
313	青岛	山东轻工业学院	青岛振兴包装印刷培训学校	青岛市市北区昌邑路4－甲	张荣先	宋淑青	0532－83654596	合格
314	青岛	山东科技大学	青岛港湾学校	青岛市市北区延安二路40号	李作成	刘晓燕	0532－82738213	合格
315	青岛	山东省工会管理干部学院	青岛鑫泰信息技术学校	青岛市市南区17号	管军	商青	0532－85758567	合格
316	青岛	南开大学	青岛市智达人才专修学院	青岛市山东路17号	韩金玉	尹晓飞	0532－85610383	合格
317	青岛	山东政法学院	青岛市北海理工科技学校	青岛市市北区四平路10号	赵庆共	赵庆共	0532－83662053	合格
318	青岛	济南职业学院	青岛振青业校	青岛市四平支路55号	史大川	栾振华	0532－83651344	合格
319	青岛	沈阳航空工业学院	青岛市北中专	青岛市市北区恩县路24号	张永杰	曹旭东	0532－88779101	合格
320	青岛	南昌航空大学	青岛市北海理工科技学校	青岛市市北区四平路10号	赵庆共	赵庆共	0532－83662053	合格
321	青岛	青岛大学	胶州少海成人文理进修学校	青岛胶州广州南路175号	杨曦	杨芳	0532－83290998	合格
322	青岛	山东建筑大学	青岛信达电子工业学校	青岛兴华路18号	刘海军	纪渊海	0532－81112800	合格

（续表）

序号	市	主办高校	设站单位	函授站地址	函授站负责人	函授站联系人	办公电话	年检意见
323	青岛	山东省农业管理干部学院	青岛中鲁物资有限公司	青岛市市北区绍兴路69号	傅丽娟	李晓伟	0532－85637018	合格
324	青岛	青岛大学	即墨职工学校	即墨市窑头大街9号	张平	贾洪波	0532－88519560	合格
325	青岛	四川烹饪高等专科学校	青岛烹饪学校	青岛市四方区平安路24号	丁傅涛	李树春	0532－83716040	合格
326	日照	山东财政学院	中华会计函校日照分校	日照市黄海三路市财政局北门西侧	李业青	李兆云	0633－8668981	合格
327	日照	山东农业大学	山东水利职业学院	日照市学苑路677号	徐基芬	孙玉琢	0633－8170066	合格
328	日照	青岛农业大学	山东水利职业学院	日照市学苑路677号	徐基芬	孙玉琢	0633－8170066	合格
329	日照	山东建筑大学	日照职业技术学院	日照市烟台路16号	石勤玲	许传亮	0633－8172396	合格
330	日照	山东经济学院	日照职业技术学院	日照市烟台路16号	石勤玲	许传亮	0633－8172396	合格
331	日照	潍坊医学院	五莲县卫生中专	五莲县幸福路33号	王海波	刘玉贤	0633－2259001	合格
332	日照	鲁东大学	五莲县商贸职工学校	五莲县幸福路13号	王谦忠	王谦忠	0633－5331678	合格
333	日照	青岛大学	日照市卫生学校	日照市山东路689号	傅明	刘从惠	0633－8771656	合格
334	日照	泰山医学院	日照市卫生学校	日照市山东路689号	傅明	刘从惠	0633－8771656	合格
335	日照	中国海洋大学	日照市水产技工学校	日照市海滨二路199号	孙立玉	朱世翠	0633－8309211	合格
336	日照	聊城大学	日照现代教育学校	日照市胶州路7号	王正荣	王增平	0633－8856686	合格
337	日照	山东省经济管理干部学院	日照艺桥艺术培训学校	日照市海安路469号	魏振达	宋仕豪	0633－8256177	合格

（续表）

序号	市	主办高校	设站单位	函授站地址	函授站负责人	函授站联系人	办公电话	年检意见
338	日照	哈尔滨工业大学(威海)	日照艺桥艺术培训学校	日照市海安路469号	魏振达	宋仕豪	0633－8256177	合格
339	日照	曲阜师范大学	日照市教育局	日照市北京路132号	许家勤	许家勤	0633－8779321	合格
340	日照	山东省农业管理干部学院	莒县农业广播电视学校	莒县县城青年路174号	王欣华	解明宝	0633－6223453	合格
341	胜利油田	中国石油大学(华东)	胜利油田高级人才培训中心	山东省东营市东营区济南路169号	黄金柱	卢玉岭	0546－8710209	合格
342	胜利油田	山东建筑大学	胜利油田高级人才培训中心	山东省东营市东营区济南路169号	王述运	刘敬华	0546－8713844	合格
343	胜利油田	滨州医学院	山东胜利职业学院	山东省东营市济南路27号	王秀庭	索良	0546－8770832	合格
344	胜利油田	山东科技大学	山东胜利职业学院	山东省东营市东营区黄河路111号	单连金	所秋荣	0546－8782609	合格
345	胜利油田	山东省经济管理干部学院	山东胜利职业学院	山东省东营市北一路运通街6号	王永利	卢华忠	0546－8551943	合格
346	胜利油田	中国地质大学(武汉)	胜利油田运输职工培训中心	山东省东营市西四265号	刘春江	李召海	0546－8771815	合格
347	胜利油田	山东交通学院	胜利油田运输职工培训中心	山东省东营市西四265号	刘春江	李召海	0546－8771815	合格
348	胜利油田	华中科技大学	胜利油田发电厂培训中心	东营市东营区南二路阳城小区	王晓燕	孙朋娴	0546－8595699	合格
349	泰安	山东农业大学	泰山职业技术学院	泰安市泰明路9号	李少军	韩廷水	0538－8628126	合格
350	泰安	南京审计学院	泰安市审计教育中心	泰安市青年路72号	赵连科	温英	0538－8286902	合格
351	泰安	山东财政学院	泰安市财政干部教育中心	泰安市岱道庵路5号	刘丽珍	刘玉军	0538－6220640	合格
352	泰安	曲阜师范大学	泰安市泰山教育考试服务有限公司	泰安市青年路119－1号	田承强	田承强	0538－8256982	合格

（续表）

序号	市	主办高校	设站单位	函授站地址	函授站负责人	函授站联系人	办公电话	年检意见
353	泰安	青岛大学	泰安市泰山教育考试服务有限公司	泰安市青年路119－1号	高兴文	宋珂	0538－6915580	合格
354	泰安	山东师范大学	泰安高兴培训学校	泰安市社首山路42号	宋珂	邢立鹏	0538－6915580	合格
355	泰安	青岛大学	山东服装职业学院	泰安市佛光路16号	孙沛	孙沛	0538－2182777	合格
356	泰安	上海电力学院	山东省电力学校	泰安市泮河路21号	郭光宏	冀斌	0538－8022341	合格
357	泰安	华北电力大学	山东省电力学校	泰安市泮河路21号	郭光宏	冀斌	0538－8022341	合格
358	泰安	山东科技大学	山东省电力学校	泰安市泮河路21号	郭光宏	冀斌	0538－8022341	合格
359	泰安	东北电力大学	山东省电力学校	泰安市泮河路21号	郭光宏	冀斌	0538－8022341	合格
360	泰安	山东财政学院	新矿集团党干校	泰安市新汶	张力生	刘振英	0538－7832102	合格
361	泰安	山东科技大学	新矿集团党干校	泰安市新汶	张力生	杨安娜	0538－7872634	合格
362	泰安	山东大学	山东省药材技工学校	泰安市高新技术开发区	李元富	刘建升	0538－8941716	合格
363	泰安	山东中医药大学	山东省药材技工学校	泰安市高新技术开发区	李元富	刘建升	0538－8941716	合格
364	泰安	山东中医药大学	泰安中医药学校	泰安市迎暄大街216号	李兰玉	王士凤	0538－6113408	合格
365	泰安	青岛理工大学	泰山成人培训学校	泰安市青年路49号	王传超	张坤	0538－6300227	合格
366	泰安	鲁东大学	泰安市岱岳区教师进修学校	泰安市温泉路1号	刘灿东	尹燕阔	0538－8506897	合格
367	泰安	烟台大学	泰安市岱岳区教师进修学校	泰安市温泉路1号	刘灿东	尹燕阔	0538－8506897	合格

（续表）

序号	市	主办高校	设站单位	函授站地址	函授站负责人	函授站联系人	办公电话	年检意见
368	泰安	山东理工大学	肥城市乡镇企业职工中专	肥城市长山街053号	陈英	李秀凤	0538－3309293	合格
369	泰安	山东农业大学	肥城市乡镇企业职工中专	肥城市长山街053号	陈英	李秀凤	0538－3309293	合格
370	泰安	山东省经济管理干部学院	肥城市乡镇企业职工中专	肥城市长山街053号	陈英	李秀凤	0538－3309293	合格
371	泰安	青岛科技大学	泰山锦程教育培训学校	泰安市东岳大街中段升平街21号	杨庆义	杨庆义	0538－6300978	合格
372	泰安	山东省农业管理干部学院	泰山锦程教育培训学校	泰安市东岳大街中段升平街21号	杨庆义	杨庆义	0538－6300978	合格
373	泰安	山东省教育学院	泰安外语培训学校	泰安岱宗大街280号	于仁富	于仁富	0538－8208971	合格
374	泰安	山东科技大学	肥城矿业集团	泰安市肥城开发区	王军	龚焱	0538－3127971	合格
375	泰安	济宁医学院	宁阳县卫生职业中专	宁阳县交通路184号	宁为民	焦键	0538－5636664	合格
376	泰安	泰山医学院	新泰市职工中专	新泰市杏山路85号	朱致礼	张荣友	0538－7016967	合格
377	泰安	潍坊医学院	新泰市职工中专	新泰市杏山路85号	朱致礼	张荣友	0538－7016967	合格
378	泰安	山东省教育学院	东平技校	东平县西山路082号	梁延光	于文丽	0538－2827018	合格
379	泰安	哈尔滨工业大学(威海)	泰安超群学校	泰安市岱宗大街58号	胡海滨	胡海滨	0538－8200013	合格
380	泰安	济南大学	肥城商业职工学校	肥城市泰临路87号	武新华	董冰	0538－3306630	新建
381	威海	鲁东大学	威海工业技术学校	威海市蓬莱路276－1号	魏雪峰	刘淑艳	0631－5783830	合格
382	威海	中国海洋大学	威海职业学院	威海市文化中路52号	隋少军	郭志强	0631－5801461	合格

(续表)

序号	市	主办高校	设站单位	函授站地址	函授站负责人	函授站联系人	办公电话	年检意见
383	威海	青岛大学	威海职业学院	威海市文化中路52号	郭志强	崔新江	0631－5801461	合格
384	威海	滨州医学院	威海市卫生职工进修学校	威海市青岛北路28号 卫生大厦13楼	谭新玲	尚爱武	0631－5310880	合格
385	威海	青岛大学	威海市卫生学校	文登市米山东路西一号	张川中	杨洪兴	0631－8467463	合格
386	威海	山东科技大学	威海职业学院	威海市文化中路52号	郭志强	张海燕	0631－5801461	合格
387	威海	青岛科技大学	威海市外国语学校	威海市高山街2－5号	张志勇	汤丽萍	0631－5286038	合格
388	威海	山东建筑大学	威海市成人教育培训中心	威海市高区黄海大楼	王岩		0631－7283935	合格
389	威海	潍坊医学院	威海市卫生职工进修学校	威海市青岛北路28号卫生大厦13楼	谭新玲	尚爱武	0631－5310880	合格
390	威海	济宁医学院	荣成市卫生学校	荣成市南山南路	孙新江	孙新江	0631－7572977	合格
391	威海	山东师范大学	威海职业学院	威海市文化中路52号	郭志强	崔新江	0631－5801461	合格
392	威海	中国石油大学(华东)	威海市新华计算机职业培训学校	威海市高山街1－2号	杜文彬	刘玉芝	0631－5189333	合格
393	威海	济南大学	威海市英杰职业技能培训中心	威海市统一路中	张国	焉素芬	0631－5216885	合格
394	威海	青岛理工大学	文登市第二职业中等专业学校	文登市葛家镇政府驻地	尹占龙	孙术军	0631－8888991	合格
395	威海	泰山医学院	荣成市卫生学校	荣成市南山南路	孙新江	孙新江	0631－7572977	合格
396	威海	威海职业学院	乳山幼儿师范学校	乳山市商业街65号	陈福超	马端阳	0631－6639825	合格
397	威海	山东财政学院	威海会计学校	威海市古寨东路119号	丛敏滋	吕士峰	0631－5895571	合格

（续表）

序号	市	主办高校	设站单位	函授站地址	函授站负责人	函授站联系人	办公电话	年检意见
398	威海	山东理工大学	威海市新华计算机职业培训学校	威海市高山街1－2号	杜文彬	刘玉芝	0631－5189333	合格
399	威海	中华女子学院山东分院	威海市团校	威海市高区沈阳路2号	董崇文	刘永娟	0631－5623892	合格
400	潍坊	济南大学	潍坊市奎文区教育培训中心	潍坊市奎文区辅读学校一楼	卢焕敏	杜宏刚	0536－8259965	合格
401	潍坊	山东省农业管理干部学院	潍坊市坊子区农广校	潍坊市坊子开发区凤凰大街39号	单体奎	陈志霞	0536－7993308	合格
402	潍坊	山东交通学院	山东交通职业学院	潍坊市坊子区凤山路608号	刘军	管金华	0536－8781968	合格
403	潍坊	山东大学	山东省益都卫生学校	青州市玲珑山南路4318号	苏建福	郭兴华	0536－3278166	合格
404	潍坊	潍坊医学院	山东省益都卫生学校	青州市玲珑山南路4318号	苏建福	郭兴华	0536－3279017	合格
405	潍坊	青岛农业大学	山东畜牧兽医职业学院	潍坊市胜利东街88号	张春光	鞠秋芬	0536－8586231	合格
406	潍坊	青岛农业大学	潍坊市高级技工学校	山东省潍坊市奎文区胜利东街319号	周焕书	刘振兴	0536－8264611	合格
407	潍坊	天津商业大学	潍坊市高级技工学校	山东省潍坊市奎文区胜利东街319号	周焕书	刘振兴	0536－8264611	合格
408	潍坊	通化师范学院	潍坊市高级技工学校	山东省潍坊市奎文区胜利东街319号	周焕书	刘振兴	0536－8264611	合格
409	潍坊	西安文理学院	山东潍坊工商管理专修学院	山东省潍坊市奎文区胜利东街319号	王秀兰	刘振兴	0536－8264611	合格
410	潍坊	山东理工大学	潍坊工商职业学院	诸城市兴华东路153号	马桂春	李春阳	0536－6054815	合格
411	潍坊	河北师范大学	潍坊教育学院	青州市玲珑山南路4139号	王守庆	葛平新	0536－3277685	合格
412	潍坊	河北经贸大学	潍坊教育学院	青州市玲珑山南路4139号	王守庆	葛平新	0536－3277685	合格

（续表）

序号	市	主办高校	设站单位	函授站地址	函授站负责人	函授站联系人	办公电话	年检意见
413	潍坊	辽宁石油化工大学	潍坊教育学院	青州市玲珑山南路4139号	王守庆	葛平新	0536－3277685	合格
414	潍坊	济宁医学院	潍坊教育学院	青州市玲珑山南路4139号	王守庆	葛平新	0536－3277685	合格
415	潍坊	山东轻工业学院	潍坊市技术开发中心	潍坊市东风东街297号	董强	鞠萍	0536－8206838	合格
416	潍坊	山东农业大学	潍坊职业学院	潍坊市东风东街243号	王百林	张瑞云	0536－8527196	合格
417	潍坊	哈尔滨工业大学	潍坊职业学院	潍坊市东风东街243号	王百林	张瑞云	0536－8527196	合格
418	潍坊	滨州医学院	青州市卫生职业中专	青州市南环路南首	成青	曲世清	0536－3278640	合格
419	潍坊	辽宁科技大学	潍坊市同辉教育中心	潍坊市胜利东街252号	李仕圣	刘峰	0536－2903608	合格
420	潍坊	哈尔滨商业大学	潍坊市同辉教育中心	潍坊市青年路999号	董乃科	马中敏	0536－2903608	合格
421	潍坊	黑龙江中医药大学	潍坊学院	潍坊市东风东街5147号	刘晓云	张金强	0536－2903608	合格
422	潍坊	哈尔滨师范大学	潍坊学院	潍坊市东风东街5147号	欧晓霞	欧晓霞	0536－8785585	合格
423	潍坊	聊城大学	潍坊高新区教育开发中心	潍坊市东风东街5147号	丁兆龙	丁兆龙	0536－2903607	合格
424	潍坊	山东理工大学	山东省潍坊商业学校	潍坊市潍城区向阳路16号	王锡铭	徐广明	0536－8327472	合格
425	潍坊	青岛理工大学	潍科培训中心	潍坊市胜利东街318号	訾桂峰	訾桂峰	0536－8264318	合格
426	潍坊	山东师范大学	潍坊第一职业中专	潍坊市北宫西街205号	刘勤之	徐介东	0536－8952773	合格
427	潍坊	山东工商学院	潍坊第一职业中专	潍坊市北宫西街205号	崔静波	邱立光	0536－8952773	合格

（续表）

序号	市	主办高校	设站单位	函授站地址	函授站负责人	函授站联系人	办公电话	年检意见
428	潍坊	山东财政学院	潍坊第一职业中专	潍坊市北宫西街 205 号	崔静波	邱立光	0536－8952773	合格
429	潍坊	山东大学	潍坊职业学院	潍坊市东风东街 243 号	梁国浚	宋波	0536－8527197	合格
430	潍坊	西安建筑科技大学	潍坊高等职业进修学院	潍坊市院校街 15 号	扈本德	杜坤	0536－8233152	合格
431	潍坊	燕山大学	潍坊高等职业进修学院	潍坊市院校街 15 号	扈本德	杜坤	0536－8233152	合格
432	潍坊	四川师范大学	潍坊高等职业进修学院	潍坊市院校街 15 号	扈本德	杜坤	0536－8233139	合格
433	潍坊	辽宁师范大学	潍坊市继续教育服务中心	潍坊市东风东街 246 号	谢家星	闫传平	0536－8233190	合格
434	潍坊	大连大学	潍坊市继续教育服务中心	潍坊市东风东街 246 号	谢家星	闫传平	0536－8233190	合格
435	潍坊	河北工程大学	潍坊市继续教育服务中心	潍坊市东风东街 246 号	谢家星	闫传平	0536－8233190	合格
436	潍坊	烟台大学	潍坊渤海科技教育培训中心	潍坊市奎文区院校街 3 号	李瑞文	李爱成	0536－8232323	合格
437	潍坊	鲁东大学	潍坊渤海科技教育培训中心	潍坊市奎文区院校街 3 号	李瑞文	李爱成	0536－8232323	合格
438	潍坊	山东建筑大学	潍坊建校	潍坊市奎文区虞河路 531 号	刘东波	张伟	0536－8657515	合格
439	潍坊	青岛理工大学	潍坊建校	潍坊市奎文区虞河路 531 号	邵景来	张莉莉	0536－8657141	合格
440	潍坊	沈阳师范大学	潍坊文化教育培训中心	潍坊市奎文区院校街 15 号 2 号楼 210	李伟	庄静霞	0536－8235289	合格
441	潍坊	长春工业大学	潍坊文化教育培训中心	潍坊市奎文区院校街 15 号 2 号楼 210	李伟	庄静霞	0536－8235289	合格
442	潍坊	长春师范学院	潍坊文化教育培训中心	潍坊市奎文区院校街 15 号 2 号楼 210	李伟	庄静霞	0536－8235289	合格

（续表）

序号	市	主办高校	设站单位	函授站地址	函授站负责人	函授站联系人	办公电话	年检意见
443	潍坊	山东农业大学	青州烟草中专学校	青州市驼山南路5218号	曲则升	杨朋	0536－3279330	合格
444	潍坊	山东大学	潍坊卫生学校	奎文区鸢飞路360号	刘海波	刘湘	0536－8811131	合格
445	潍坊	山东中医药大学	潍坊卫生学校	奎文区鸢飞路360号	刘海波	刘湘	0536－8811131	合格
446	潍坊	中国海洋大学	山东经贸职业学院	潍坊市青年路2798号	王连廷	李国昌	0536－2600139	合格
447	潍坊	安徽理工大学	潍坊科技专修学院	潍坊市奎文区鸢飞路360号	张国华	张国华	0536－8210195	合格
448	潍坊	九江学院	潍坊科技专修学院	潍坊市奎文区鸢飞路360号	张纪武	张纪武	0536－8210195	合格
449	潍坊	泰山医学院	潍坊市卫生学校	潍坊市奎文区鸢飞路360号	丘大石	丘大石	0536－8821516	合格
450	潍坊	渤海大学	潍坊市联合教育培训中心	潍坊市奎文区院校街15号	李治国	李治国	0536－2965852	合格
451	潍坊	辽宁工程技术大学	潍坊市联合教育培训中心	潍坊市奎文区院校街15号	刘国华	刘国华	0536－2965851	合格
452	潍坊	山东中医药大学	潍坊医药职业中等专业学校	潍坊市山东潍城经济开发区	张秀华	张福莹	0536－8169579	合格
453	烟台	青岛大学	烟台护士学校	烟台市芝罘区幸福路36号	曹乃美	宋玉琴	0535－6813244	合格
454	烟台	滨州医学院	莱阳卫生学校	莱阳市鹤山路63号	冯开梅	王宙清	0535－7297500	合格
455	烟台	山东大学	烟台工程职业技术学院	烟台市开发区珠江路92号	孙典国	杨洪兰	0535－6653391	合格
456	烟台	青岛大学	莱阳卫生学校	莱阳市鹤山路63号	冯开梅	王宙清	0535－7297500	合格
457	烟台	青岛大学	海阳商业职工中专	海阳市海政路181号	赵敬太	赵敬太	0535－3239219	合格

（续表）

序号	市	主办高校	设站单位	函授站地址	函授站负责人	函授站联系人	办公电话	年检意见
458	烟台	潍坊医学院	烟台市芝罘医院	烟台市青年路51号	孙金敏	孙金敏	0535－6612648	合格
459	烟台	北京理工大学	烟台市科技咨询中心	烟台市莱山区东方大街5号	陈治林	蔡永生	0535－6886734	合格
460	烟台	沈阳理工大学	烟台市科技咨询中心	烟台市莱山区东方大街5号	陈治林	蔡永生	0535－6886734	合格
461	烟台	山东建筑大学	烟台城乡建设学校	烟台市四德街44号	张韶江	刘书经	0535－2963236	合格
462	烟台	青岛农业大学	烟台城乡建设学校	烟台市四德街44号	张韶江	刘书经	0535－2963236	合格
463	烟台	山东经济学院	烟台商业职工中专	烟台市芝罘区顺太街17号	李丽君	李丽君	0535－6613181	合格
464	烟台	山东工商学院	莱阳市财经职业中专	莱阳市旌旗路056号	吴绍波	李林	0535－2925487	合格
465	烟台	泰山医学院	山东烟台中医药专修学院	莱阳市军民路60号	王永前	张志武	0535－7188977	合格
466	烟台	济宁医学院	山东烟台中医药专修学院	莱阳市军民路60号	王永前	张志武	0535－7188977	合格
467	烟台	北京电子科技学院	烟台远大信息咨询服务中心	烟台市芝罘区上夼东路28号	张蔚玉	张蔚玉	0535－6222918	合格
468	烟台	河南工业大学	山东商务职业学院	烟台市机场路40号	窦中华	王凤玲	0535－6925050	合格
469	烟台	东北大学	烟台黄金职业技术专修学院	烟台市莱山区枫林路23号	王旭明	吴忠	0535－6907614	合格
470	烟台	济南大学	烟台开发区龙兴电子学校	烟台开发区长江路63号三楼	于和兴	于志敏	0535－6376446	合格
471	烟台	中国海洋大学	烟台东方财经学校	烟台虹口大厦六楼605	王承东	王承东	0535－6706265	合格
472	烟台	山东师范大学	烟台市芝罘区教师进修学校	烟台市芝罘区朝阳街86号	于跃军	孙文中	0535－6212104	合格

（续表）

序号	市	主办高校	设站单位	函授站地址	函授站负责人	函授站联系人	办公电话	年检意见
473	烟台	北京机械工业学院	烟台市大华科技管理培训学校	烟台市芝罘区市府街51号	隋立民	张梅芳	0535－6628254	合格
474	烟台	哈尔滨工业大学(威海)	烟台市大华科技管理培训学校	烟台市芝罘区市府街51号	隋立民	张梅芳	0535－6628254	合格
475	烟台	山东科技大学	烟台市开发区高级职业学校	烟台市开发区金沙江路165号	毕建武	梁吉修	0535－6397759	合格
476	烟台	山东科技大学	龙矿集团高级技校	龙口市开发区振兴路1569号	陶玲	杨金清	0535－8654195	合格
477	烟台	青岛科技大学	烟台商业职业中专	烟台市芝罘区顺太街17号	吴爱华	张爱香	0535－6825844	合格
478	烟台	山东省青年管理干部学院	烟台芝罘区教育局	烟台市宁海路105号	任立勤	任立勤	0535－6212234	合格
479	烟台	青岛农业大学	蓬莱市高级职业学校	蓬莱市钟楼南路225号	李仁柱	高建波	0535－5880066	合格
480	烟台	山东理工大学	招远市委党校	招远市温泉路西首	路宏广	李金敏	0535－8265366	合格
481	烟台	山东理工大学	烟台工程职业技术学院	烟台市开发区珠江路92号	孙典国	杨洪兰	0535－6653391	合格
482	烟台	山东农业大学	招远商业职业中专	招远市迎宾路122号	宁莲芳	宁莲芳	0535－8212763	合格
483	烟台	烟台职业学院	海阳高级职业学院	海阳市海天路68号	王新宁	于振安	0535－3201096	合格
484	烟台	山东财政学院	烟台职业学院	烟台市南大街139号	徐志利	徐志利	0535－6927086	合格
485	烟台	沈阳工业大学	烟台职业学院	烟台市南大街139号	徐志利	徐志利	0535－6927086	合格
486	烟台	大连海事大学	烟台海员职业中专	烟台市芝罘岛东路100号	郑福昌	王永俊	0535－6596854	合格
487	烟台	青岛理工大学	烟台商务专修学院	烟台市南大街81号东侧门	赵军	闫慧敏	0535－6036498	合格

（续表）

序号	市	主办高校	设站单位	函授站地址	函授站负责人	函授站联系人	办公电话	年检意见
488	烟台	中华女子学院山东分院	烟台商务专修学院	烟台市南大街81号东侧门	赵军	闫慧敏	0535－6036498	合格
489	烟台	中国石油大学(华东)	莱阳市高级职业学校	莱阳市军民路北首	杜文彬	张英超	0535－3341198	合格
490	烟台	中国石油大学(华东)	烟台芝罘区新时代会计培训学校	烟台市芝罘区西南河115号	王治东	王润洁	0535－6264626	合格
491	烟台	山东轻工学院	烟台商务专修学院	烟台市南大街81号东侧门	赵军	闫慧敏	0535－6036498	合格
492	烟台	沈阳体育学院	莱州中华武校	莱州市沙河镇	李明治	徐立成	0535－2371088	合格
493	烟台	山东中医药大学	山东中医药高等专科学校	莱阳市文化路6号	金鲁明	姜文鹏	0535－7216014	合格
494	烟台	北京中医药大学	山东中医药高等专科学校	莱阳市文化路6号	金鲁明	姜文鹏	0535－7216014	合格
495	烟台	山东经济管理干部学院	烟台经济学校	烟台市芝罘区四马路56号	吕春厚	吕春厚	0535－2978176	合格
496	烟台	中华女子学院	海阳市高级职业学院	海阳市海天路68号	王新宁	于振安	0535－3201096	合格
497	枣庄	山东经济学院	枣庄学院	枣庄市光明东路18号	袁传玲	秦国华	0632－3358090	合格
498	枣庄	曲阜师范大学	枣庄市教育局	枣庄市新城区光明大道2369号	渠宏	杨四祥	0632－3697669	合格
499	枣庄	山东师范大学	枣庄市教育局	枣庄市新城区光明大道2369号	渠宏	杨四祥	0632－3697670	合格
500	枣庄	青岛大学	枣庄技术学院(中校区)	枣庄市光明西路45号	陈学章	满书鹏	0632－3220311	合格
501	枣庄	泰山医学院	枣庄技术学院(东校区)	枣庄市市中区长乐路2号	赵月坤	王广	0632－3398053	合格
502	枣庄	济宁医学院	枣庄技术学院(东校区)	枣庄市市中区长乐路2号	赵月坤	王广	0632－3398053	合格

（续表）

序号	市	主办高校	设站单位	函授站地址	函授站负责人	函授站联系人	办公电话	年检意见
503	枣庄	潍坊学院	枣庄市粮食职工中专	枣庄市市中区胜利路161号	王东辉	齐彦	0632－5110977	合格
504	枣庄	哈尔滨理工大学	枣庄市粮食职工中专	枣庄市市中区胜利路161号	王东辉	齐彦	0632－5110977	合格
505	枣庄	山东理工大学	枣庄科技培训学校	枣庄市新城区光明东路19号	王金平	张华	0632－3682169	合格
506	枣庄	山东科技大学	山东煤矿安培中心	枣庄市市中区西岭路13号	焦怀民	李昌银	0632－4071583	合格
507	枣庄	中国矿业大学	山东煤矿安培中心	枣庄市市中区西岭路13号	焦怀民	李昌银	0632－4071583	合格
508	枣庄	华北科技学院	山东煤矿安培中心	枣庄市市中区西岭路13号	焦怀民	李昌银	0632－4071583	合格
509	枣庄	烟台大学	枣庄市薛城区职业中专	枣庄市薛城区永兴东路469号	李颜君	李颜君	0632－4499628	合格
510	枣庄	山东财政学院	枣庄市财政干部教育中心	枣庄市市中区薛文街6号	周卫东	孙晋亮	0632－3256751	合格
511	枣庄	山东省政法学院	枣庄市人民警察学校	枣庄市文化东路32号	杜宝威	秦静	0632－5127712	合格
512	枣庄	潍坊医学院	山东煤炭卫生学校	枣庄市薛城区永福北路148号	徐广体	徐广体	0632－4084385	合格
513	枣庄	山东农业大学	枣庄技术学院南校区(农校)	枣庄市市中区光裕路5号	胡安水	杜敏	0632－5100702	合格
514	枣庄	中国石油大学(华东)	枣庄技术学院南校区(农校)	枣庄市市中区光裕路5号	胡勤忠	闫丙军	0632－3359858	合格
515	枣庄	济南大学	枣庄广播电视大学滕州分校	山东滕州市善国中路黄山桥巷13号	孟祥才	赵峰常	0632－5514007	合格
516	枣庄	青岛大学	枣庄市卫生培训中心	枣庄市文化东路32号	秦德洪	邱浩	0632－5108885	合格
517	枣庄	山东科技大学	枣庄市市中区商业职工学校	枣庄市中区青檀北路103号	马辉	鹿士利	0632－3399303	合格

（续表）

序号	市	主办高校	设站单位	函授站地址	函授站负责人	函授站联系人	办公电话	年检意见
518	枣庄	山东建筑大学	枣庄市建设培训中心	枣庄市中区文化路路少年街15号	尹建国	韩凤珍	0632－3336678	合格
519	枣庄	枣庄学院	滕州教师进修学校	滕州市学院中路33号	吴鸿雁	陈亚卓	0632－5506108	合格
520	枣庄	山东大学	枣庄科技职业学院	滕州市学院路888号	唐咏	秦军	0632－5650968	合格
521	枣庄	滨州医学院	枣庄科技职业学院	滕州市学院路888号	唐咏	秦军	0632－5650968	合格
522	枣庄	山东轻工业学院	枣庄科技职业学院	滕州市学院路888号	唐咏	徐建国	0632－5650969	合格
523	枣庄	山东科技大学	枣庄科技职业学院	滕州市学院路888号	唐咏	徐建国	0632－5650969	合格
524	枣庄	哈尔滨工业大学(威海)	枣庄中天科技术职业培训学校	枣庄市市中区北安路东首北侧	陈秀启	陈秀启	0632－3783169	新建
525	淄博	山东大学	淄博职业学院	山东淄博市张店区世纪路30号	万玉平	滕春梅	0533－2778901	合格
526	淄博	山东建筑大学	淄博职业学院	山东淄博市张店区世纪路30号	万玉平	滕春梅	0533－2778901	合格
527	淄博	山东师范大学	淄博师范高等专科学校	山东淄博市淄川经济开发区	王秀亮	董爱霞	0533－3821078	合格
528	淄博	中国海洋大学	山东工业职业学院	山东淄博市开发区张北路69号	伊茂家	张辉	0533－8407020	合格
529	淄博	内蒙古科技大学	山东工业职业学院	山东淄博市开发区张北路69号	伊茂家	张辉	0533－8407020	合格
530	淄博	中国石油大学(华东)	山东化工职业学院	山东淄博市临淄区桓公路11号	程兴顺	于立忠	0533－7582102	合格
531	淄博	哈尔滨工业大学(威海)	淄博工业学校	山东淄博市临淄区齐兴路2号	孙国良	孙国良	0533－6290823	合格
532	淄博	潍坊学院	淄博工业学校	山东淄博市临淄区齐兴路2号	孙国良	孙国良	0533－6290824	合格

（续表）

序号	市	主办高校	设站单位	函授站地址	函授站负责人	函授站联系人	办公电话	年检意见
533	淄博	山东省工会管理干部学院	博山博大培训学校	山东淄博市博山区沿河西路 64 号	李辉	李辉	0533－4174712	合格
534	淄博	青岛理工大学	淄川职教中心	山东淄博市淄川区双杨镇	刘克军	刘永	0533－5486530	合格
535	淄博	山东财政学院	山东会校淄博分校	山东淄博市张店区潘南西路 8 号	孙玲	崔守智	0533－3183670	合格
536	淄博	潍坊教育学院	淄博财经培训学校	山东淄博市张店区潘南西路 18 号甲 1	张顺	王霞	0533－3182246	合格
537	淄博	山东科技大学	淄博财经培训学校	山东淄博市张店区潘南西路 18 号甲 1	张顺	王霞	0533－3182246	合格
538	淄博	鲁东大学	周村区成人教育中心	山东淄博市周村区丝市街 396 号	刘东升	孟凡亮	0533－6410369	合格
539	淄博	哈尔滨工业大学(威海)	周村区成人教育中心	山东淄博市周村区丝市街 396 号	段建国	牛峰	0533－6410369	合格
540	淄博	沈阳药科大学	山东药品食品职业学院	山东淄博市张店区商场西街 74 号	李爱玲	李淑霞	0631－5712931	合格
541	淄博	中国药科大学	山东药品食品职业学院	山东淄博市张店区商场西街 74 号	李爱玲	李淑霞	0631－5712931	合格
542	淄博	山东交通学院	淄博市交通技工学校	山东淄博市张店区张南路 101 号	刘惠清	马南南	0533－2990451	合格
543	淄博	潍坊学院	桓台县教师进修学校	山东淄博市桓台县渔洋街 1819 号	李开福	李开福	0533－8214100	合格
544	淄博	潍坊教育学院	桓台县教师进修学校	山东淄博市桓台县渔洋街 1819 号	李开福	李开福	0533－8214100	合格
545	淄博	青岛科技大学	山东化工职业学院	山东淄博市临淄区桓公路 11 号	刘桂君	张斌	0533－7580552	合格
546	淄博	中国石油大学(华东)	鲁中职业专修学院	山东淄博市高新区中润大道 178 号	邹勇	刘长艳	0533－2590123	合格
547	淄博	山东科技大学	山东煤炭技术学院	山东淄博市淄川区淄矿路 123 号	王凤贤	怀居光	0533－5851537	合格

（续表）

序号	市	主办高校	设站单位	函授站地址	函授站负责人	函授站联系人	办公电话	年检意见
548	淄博	山东大学	淄博科技职业学院	山东淄博市张店区商场西路76号	刘长斌	司继雷	0533－2869745	合格
549	淄博	潍坊医学院	淄博科技职业学院山东	淄博市张店区商场西路76号	刘长斌	司继雷	0533－2869745	合格
550	淄博	滨州医学院	淄博科技职业学院山东	淄博市张店区商场西路76号	刘长斌	司继雷	0533－2869745	合格
551	淄博	济宁医学院	淄博科技职业学院山东	淄博市张店区商场西路76号	刘长斌	司继雷	0533－2869745	合格
552	淄博	泰山医学院	淄博科技职业学院山东	淄博市张店区商场西路76号	刘长斌	司继雷	0533－2869745	合格
553	淄博	山东中医药大学	淄博科技职业学院	山东淄博市张店区商场西路76号	刘长斌	司继雷	0533－2869745	合格
554	淄博	青岛科技大学	淄博市职工教育培训中心	山东淄博市张店区市府东一街18号	徐恒	李瑞法	0533－3181703	合格
555	淄博	山东轻工业学院	淄博市职工教育培训中心	山东淄博市张店区市府东一街18号	徐恒	张晓峰	0533－3185995	合格
556	淄博	山东工商学院	淄博市继续教育进修学校	淄博市张店区潘南路18号甲1	张笃东	董兵	0533－3172809	合格
557	淄博	青岛大学	淄博市继续教育进修学校	淄博市张店区潘南路18号甲1	张笃东	董兵	0533－3172810	合格
558	淄博	滨州学院	淄川区教育中心	淄博市淄川区鲁泰文化路70号	谷万刚	郑立川	0533－5270859	新建

二、不合格函授站

序号	市	主办高校	设站单位	年检意见
1	滨州	泰山医学院	滨州职业技术学院	停办
2	滨州	山东交通学院	滨州市水利学校	停办
3	滨州	山东省经济管理干部学院	滨州市滨城区党校	未参加年检
4	滨州	青岛大学	滨州职业学院	未参加年检
5	东营	山东轻工学院	东营科教学业服务中心	停办
6	东营	中华女子学院山东分院	东营科教学业服务中心	停办

（续表）

序号	市	主办高校	设站单位	年检意见
7	东营	中国石油大学	东营职业学院	停办
8	东营	泰山医学院	东营职业学院	停办
9	东营	山东省农业管理干部学院	东营市东营区农广校	未参加年检
10	菏泽	青海大学	菏泽医学专科学校	停办
11	济南	青岛农业大学	济南市燎原科技业校	不合格
12	济南	山东省教育学院	济南市海贝计算机培训学校	不合格
13	济南	青岛大学	山东鲁育培训学校	停办
14	济南	山东省工会管理干部学院	黄河艺术学校	停办
15	济南	山东理工大学	济南长清教委成人教育科	停办
16	济南	山东政法学院	济南瀚华文化培训学校	停办
17	济南	山东政法学院	济南青年学院	停办
18	济南	山东省经济管理干部学院	济南市财经培训学校	停办
19	济南	浙江工业大学	济南职业学院	停办
20	济南	长沙理工大学	山东省劳动和社会保障厅服务技校	停办
21	济南	山东省工会管理干部学院	济南市中北通信专修学校	未参加年检
22	济南	滨州医学院	山东省人口学校	未参加年检
23	济宁	山东理工大学	邹城市教育服务中心	停办
24	济宁	山东教育学院	济宁应用技术学校	停办
25	济宁	山东商业职业技术学院	金乡县华夏职业学校	停办
26	济宁	青岛农业大学	邹城市星火人才培训基地	停办
27	济宁	山东省农业管理干部学院	邹城市农广校	停办
28	济宁	枣庄学院	泗水县教师进修学校	停办
29	莱芜	中华女子学院山东分院	莱芜群星成人中等专业学校	不合格
30	莱芜	中国石油大学(华东)	莱芜市综合高级中学	停办
31	临沂	青岛科技大学	临沂市机械职工中专学校	停办
32	临沂	青岛理工大学	沂水县职教中心	停办
33	临沂	山东轻工业学院	临沂英辉教育培训学校	停办
34	临沂	曲阜师范大学	临沂市教育局	停办
35	临沂	曲阜师范大学	临沂市商业学校	停办
36	临沂	山东商业职业技术学院	临沂清华万博培训学校	停办
37	临沂	烟台大学	临沂兰山区成教中心	停办
38	临沂	山东工商学院	临沂财贸中专	停办

（续表）

序号	市	主办高校	设站单位	年检意见
39	临沂	哈工大	临沂沂蒙理工专修学院	停办
40	临沂	山东省经济管理干部学院	临沂机电中专	停办
41	临沂	山东省工会管理干部学院	临沂市信合培训中心	停办
42	青岛	潍坊医学院	青岛卫生学校	停办
43	青岛	山东商业职业技术学院	即墨市翰林学校	未参加年检
44	青岛	济南大学	青岛海尔培训中心	未参加年检
45	青岛	对外经济贸易大学	青岛慧园文理专修学校	未参加年检
46	青岛	中国青年政治学院	青岛市团校	未参加年检
47	青岛	山东财政学院	青岛振华成人中专学校	未参加年检
48	青岛	山东中医药大学	青岛四方民建职业培训学校	未参加年检
49	青岛	山东省教育学院	青岛宏成科技人才专修学校	未参加年检
50	青岛	山东政法学院	即墨市同舟法律专修学校	未参加年检
51	青岛	山东工商学院	青岛莱西市教体局	未参加年检
52	青岛	济南职业学院	青岛华夏文理专修学校	未参加年检
53	青岛	大连理工大学	青岛军大经济专修学校	未参加年检
54	日照	山东省教育学院	日照市东港区卫生学校	不合格
55	日照	河海大学	山东水利职业学院	未参加年检
56	日照	山东理工大学	日照职业技术学院	未参加年检
57	日照	青岛大学	日照职业技术学院	未参加年检
58	日照	山东工商学院	日照职业技术学院	未参加年检
59	日照	烟台大学	日照市水产技工学校	未参加年检
60	日照	山东交通学院	日照农业广播电视学校	未参加年检
61	日照	山东省农业管理干部学院	日照农业广播电视学校	未参加年检
62	泰安	中国石油大学	泰山职业技术学院	停办
63	泰安	山东工商学院	泰安市团校	停办
64	泰安	山东大学	泰安工商银行干校	停办
65	泰安	曲阜师范大学	泰山学院	停办
66	泰安	山东政法学院	东平县司法局法规科	停办
67	潍坊	山东科技大学	潍科培训中心	停办
68	潍坊	济南大学	潍科培训中心	停办
69	潍坊	山东科技大学	潍坊东方外国语学校	停办
70	潍坊	山东财政学院	寿光市人事局	停办

（续表）

序号	市	主办高校	设站单位	年检意见
71	潍坊	山东轻工业学院	寿光市人事局行政管理学校	停办
72	潍坊	中国石油大学（华东）	寿光行政管理学校	停办
73	烟台	山东农业管理干部学院	烟台市农广校	不合格
74	烟台	山东工商学院	烟台信息工程学校	停办
75	烟台	山东政法学院	烟台创智外语微机学校	停办
76	烟台	潍坊教育学院	莱州市工人文化宫	停办
77	烟台	山东工商学院	龙口市远大双语培训学校	停办
78	烟台	山东经济管理干部学院	烟台市开发区龙兴电子学校	停办
79	烟台	山东交通学院	烟台市开发区龙兴电子学校	停办
80	烟台	北京师范大学	莱阳师范学院	停办
81	烟台	山东中医药大学	烟台商务专修学院	停办
82	枣庄	山东大学	枣庄技术学院（东校区）	停办
83	枣庄	山东省农业管理干部学院	枣庄技术学院（南校区）	停办
84	淄博	沈阳化工学院	淄博职业学院	停办
85	淄博	枣庄学院	淄博电大	停办
86	淄博	青岛大学	淄博职工教育培训中心	停办
87	淄博	山东政法学院	淄博市供销职工中专学校	停办
88	淄博	山东工商学院	淄博财经学校	停办
89	淄博	山东省农业管理干部学院	淄博市临淄农广校	停办
90	淄博	山东省农业管理干部学院	沂源县农广校	停办
91	淄博	烟台大学	淄博金茵教育培训中心	停办
92	淄博	山东省经济管理干部学院	淄博市博山区委党校	停办
93	淄博	青海大学	淄博职业学院	停办

2008 年山东教育十大新闻

1. 依法治教，以高中为突破口，全面实施素质教育

1月16日，全省中小学素质教育工作会议在潍坊召开，副省长黄胜出席会议并讲话。山东省以此次会议为动员令，依照“规范、改革、发展”的基本思路，以回归教育本来的探索精神和回归教育规律的科学态度，强力规范学校办学行为，并以高中为突破口，以课程为载体，在全省范围内全力推进素质教育。12月6日，《山东省依法治教，强力推进素质教育》案例在北京荣获全国地方教育制度创新优胜奖。

2. 山东省新增 3 所民办本科高校、5 所高职院校和 2 所国家示范性高职

4 月，经教育部批准，山东省潍坊科技职业学院升格为潍坊科技学院、民办山东万杰医学高等专科学校升格为山东万杰医学院、山东英才职业技术学院升格为山东英才学院；经省政府批准，并报教育部备案，山东省德州职业技术学院、烟台工程职业技术学院、山东传媒职业学院、临沂职业学院、枣庄职业学院成为新增的 5 所高职院校。2008 年，山东省日照职业技术学院，山东科技职业学院被选进“国家示范性高等职业院校建设计划”。至此，山东省本科院校达到了 45 所，高职高专院校达到了 69 所，列入“国家示范性高等职业院校建设计划”的高职院校已达 6 所，位于全国前列。

3. 打造“武状元”——山东省举办中职学校技能大赛

4 月 29 日，由教育厅直接组织的全省第一次中等职业学校技能大赛举行。大赛共设计算机等 6 个专业 15 个项目，全省共有 17 个代表队(16 个市加省直)260 名选手参赛。6 月 27～30 日，全国职业院校技能大赛在天津举行，山东省 73 名选手参赛，取得 11 个一等奖的良好成绩。开展职业技能大赛，进一步促进了职业学校教学改革，有力地促进了学生技能水平的提高。

4. 走，到山东上学去——3500 多名四川灾区孩子山东免费就读

四川地震发生后，山东省教育系统紧急行动起来，派出人员赴四川抗震救灾，为灾区捐款捐物，将爱心倾注在四川灾区的学生身上。各地教育行政部门和中小学校都立即建立了灾区学生入学“绿色通道”，累计接纳来山东免费就读的灾区学生 3561 名，其中，有 3146 名普通中小学生在山东省临时复课，415 名中职学生将在山东完成 3 年学业，其中前两年为在校学习阶段，第三年顶岗实习。

5. 点燃十万高中教师的学习激情——暑期高中教师全员大培训

7 月 12 日，山东省高中教师远程研修项目正式启动，省教育厅厅长齐涛开通了山东省教师教育网。来自全省 17 市、1122 个班级的 106719 名高中教师和 2193 名指导教师、132 名课程专家一起，通过网络进行了 26 天的学习研修。这标志着山东省首次运用远程网络技术开展大规模教师培训取得了圆满成功。此次远程培训点燃了十多万高中教师的学习激情，为推进高中新课改的深入实施奠定了基础，在培训方法上开创了山东教师在职培训的先河，具有跨时代的意义。

6. 让世界中学生了解中国——山东省承办首届中学生“汉语桥”中文比赛

由中国国家汉办和山东省人民政府主办，山东省教育厅承办的以“灿烂文化，魅力汉语”为主题的首届“汉语桥”世界中学生中文比赛决赛，今年 7 月份在山东省举行。来自 24 个国家的 29 支代表队 87 名选手在山东省参加了复赛和决赛阶段的比赛。7 月 18 日，参赛选手在青岛二中举行了开幕式，7 月 30 日，在济南进行了决赛。副省长黄胜、国家汉办主任许琳、省教育厅厅长齐涛等出席决赛仪式并为获奖选手颁奖。参赛的各国选手先后参观了青岛、潍坊、济南、泰安、曲阜等地，切身体验了博大精深的齐鲁文化。选手们还参加了北京奥运圣火济南站传递仪式，与山东省中学生进行了联谊等活动。

7. “曾经百里挑一，现在想上就上”——山东省高校在校生超过 150 万

2008 年山东省报名参加普通高考人数为 742642 人，普通高校共录取考生 507580 人(含对口高职 18117 人)，其中本科录取 222400 人，专科录取 285180 人。至秋季新生入学，山东省普通高校在校生人数由 1978 年的 3.8 万人到今年的 150 多万人，毛入学率从 1978 年的 0.78%提高到今天的 22.2%，高等教育规模达到了一个新水平，实现了历史性跨跃。可以说，过去山东省高校录生是“百里挑一”，现在做到了学生“想上就能有学上”。

8. 让每位农村孩子感受温暖——农村中小学启动“211”工程

9 月 12 日，全省农村中小学热水、热饭、取暖、改厕(简称“211 工程”)试点工作会议在济南召开。省教育厅、财政厅、农业厅决定 2008 年起启动农村中小学“211 工程”试点，主要是综合利用新型能源，解决师生饮水、做饭问题，改造取暖设施，解决农村中小学旱厕卫生、生活垃圾处理问题，从根本上改善农村中小学的卫生和生活条件。为保障试点工作顺利实施，2008 年起省财政结合中央资金安排专项经费 5000 万元对试点工作给予补助，各地也安排专项资金与省专项资金形成合力，努力扩大试点范围，增强试点成效。

9. 民办高校有了督导专员和党建工作联络员

为加强对山东省民办高校的指导，9 月 26 日，省委高校工委、省教育厅决定选派 24 名公办高校和有关部门优秀干部到山东省 24 所民办高校担任督导专员、党建工作联络员，并建立公办高校帮扶民办高校的制度。民办高校督导专员的职责主要是依法对所驻民办高校的工作进行督导、督学和督察。党建工作联络员的主要职责是指导民办高校的党建和思想政治工作等。督导专员和党建工作联络员的派驻，对规范山东省民办高校办学行为，

提高民办高校的办学水平起到积极的推动和保障作用。

10. 在外省上大学省内贷款——山东省启动生源地信用助学贷款

12月1日,山东省生源地信用助学贷款签约仪式在济南举行,山东省生源地信用助学贷款工作正式启动。这标志着山东省国家助学贷款将实现对山东省籍学生的全覆盖。签约仪式上,省教育厅与国家开发银行山东省分行和青岛市分行分别签订了"山东省生源地信用助学贷款省级合作协议",国家开发银行山东省分行与中国邮政储蓄银行山东省分行签订了"山东省生源地信用助学贷款代理结算协议"。山东省生源地信用助学贷款工作陆续展开,将有效解决山东省家庭经济困难学生的就学问题。今后,山东省籍参加高考的家庭经济困难学生,在报到前便可在户籍所在县(市、区)申请生源地信用助学贷款,不必再为学费和住宿费问题担忧。

山东省教育厅 2008 年工作总结

2008 年,在省委、省政府的正确领导下,在教育部的具体指导下,我厅以邓小平理论和"三个代表"重要思想为指导,认真贯彻党的十七大、十七届三中全会和省第九次党代会精神,深入贯彻落实科学发展观,坚持"完善规范、强化管理、抓好落实"的工作理念,积极推进各项工作的开展,教育事业改革发展取得明显成效。全省共有幼儿园 15839 处,在园幼儿 175.1 万人;小学 13503 所,在校生 633.0 万人;普通初中 3211 所,在校生 333.8 万人;高中 682 所,在校生 168.4 万人;中等职业学校(包括普通中等专业学校、职业高中、成人中等专业学校)761 所,在校生 122.0 万人;特殊教育学校 144 所,在校生 2.0 万人;普通高校 114 所,其中本科院校 45 所,高职(专科)院校 69 所,普通高等教育在校生 153.4 万人(在普通高校中含民办高校 24 所,其中,本科院校 5 所,高职院校 19 所,普通高等教育在校生 26.9 万人);成人高校 22 所,成人高等教育在校生 35.5 万人;博士学位授予单位 15 个(包括两个军事院校及哈工大威海分校),硕士学位授予单位 35 个;博士、硕士学位授权一级学科点分别为 52 个和 172 个;按二级学科统计,博士点、硕士点总数分别达到 350 个和 1478 个,在校研究生 5.07 万人,其中博士生 0.67 万人。拥有国家一级重点学科 5 个,国家二级重点学科 42 个,国家重点(培育)学科 11 个,具有国家重点学科的大学 9 所;共有国家重点实验室 3 个,教育部重点实验室 18 个,省部共建教育部重点实验室 3 个。全省共有教职工 120.7 万人,普通高校教职工 13.4 万人,其中专任教师 8.7 万人;成人高等教育教职工 0.7 万人,其中专任教师 0.5 万人;中等职业学校教职工 8.4 万人,其中专任教师 5.8 万人;普通中学教职工 44.6 万人,其中专任教师36.7 万人;小学教职工 42.1 万人,其中专任教师 38.8 万人;特殊教育学校教职工 0.6 万人,其中专任教师 0.4 万人;幼儿园教职工 10.9 万人,其中专任教师 7.7 万人。

一、坚持依法治教,全面规范办学行为,素质教育得到强力推进

(一) 以高中为突破口,全面规范中小学办学行为。坚持政府主导、整体推进,规范学校办学行为,全面实施素质教育。年初,省政府召开全省中小学素质教育工作会议,进行动员部署。省政府办公厅下发了《关于进一步加强普通高中教育管理工作的通知》和《关于实行初中学生学业水平考试制度深化高中阶段学校招生制度改革的指导意见》,对普通高中的办学主体、招生行为、课程实施、教育评价等方面提出指导性意见。深入推进基础教育考试评价制度改革,对初中学生综合素质评价制度、普通高中招生指标分配制度等内容作了明确的规定,以学业考试取代升学考试,以综合素质评价结果取代中考成绩录取新生。全省各地将普通高中特别是优质高中或省级规范化高中招生指标的 50%以上分配到服务区内各初中学校,减轻了义务教育阶段学校的升学竞争,为实施素质教育创建了良好的外部环境。加强高考信息管理,实行高考信息保密制度,纠正片面追求升学率倾向,对违规宣传高考成绩和对学校、教师进行排名排队的 3 个市级教育行政部门、1 个县级教育行政部门、10 所学校进行了严肃处理。

(二) 强化督查,着力构建规范办学长效机制。认真贯彻落实《山东省普通中小学管理基本规范》,将规范学校办学行为督查作为经常性工作,积极构建立体化、全方位的长效督查方式,严查违规办学。抽查暗访了 2000 余所次学校,有 12 所违规学校被撤销省级规范化学校称号,2 所学校被暂停招生资格,45 名校长及相关责任人受到处分,其中,3 名校长被免职。印发了《2008 年度中小学办学行为督导评估方案》,将对学校办学行为随机督查情

况作为全省教育工作综合督导评估的一项重要内容。把督导评估作为实施素质教育的重要抓手，要求每个县（市、区）都建立素质教育督导责任区制度，对实施素质教育情况进行全方位监管。

（三）积极推进课程管理和课程建设，启动新一轮基础教育课程改革。下发了《关于深化基础教育课程改革全面提高教育质量的意见》等文件，对进一步深化基础教育课程改革进行了部署，对义务教育课程体系建设和普通高中课程设置及教学内容作出了明确规定。启动全省普通高中课程实施水平评估，建立基础教育课程改革学科教学跟进式指导制度，进一步完善定点联系学校制度，重新遴选确定了 50 所普通高中为新的省级定点联系学校。省政府办公厅转发了《关于进一步加强和改进中小学教材建设与管理工作的意见》，明确中小学教材建设和管理的工作思路，加强了省级教育行政部门对教材选用的调控力度。认真落实中央有关规定，采取单一来源形式进行了义务教育阶段教科书的政府采购，有效地节约了资金。面向省内公开受理山东省义务教育四科必修地方课程的教科书编写立项申请，并组织了教材的审查，初步建立起了山东省义务教育必修地方课程体系。

（四）多形式开展中小学德育工作，改进和加强大学生思想政治教育。充分发挥学校教育在未成年人思想道德建设中的主渠道、主阵地、主课堂作用，深入开展社会主义荣辱观教育。积极组织和开展了“弘扬和培育民族精神文明月”活动。奥运会期间，组织 660 名优秀师生代表赴京观赛，受到奥组委的表彰。组织菏泽、临沂、德州 3 市 3000 名农村中小学生暑假参观省科技馆活动。积极开展公益性青少年校外教育活动，吸引社会机构为青少年健康成长服务。深入推进中国特色社会主义理论体系“三进”工作，紧密联系实际进行形势政策教育和国情教育，大学生思想政治教育得到进一步加强和改进。

（五）广泛开展学校体卫艺活动，促进学生全面发展。切实推进“学生阳光体育运动”的开展，加强学校体育教学和课外文体活动工程建设，组织开展冬季长跑等活动，促进中小学生每天一小时体育活动时间的落实。积极配合奥组委和省体育局圆满完成 2008 北京奥运会火炬在我省的传递工作。继续提高体育课、艺术教育课开课率和教学质量，加强学生课外文体活动。先后举办了中学生运动会和大学生田径、乒乓球、五人制足球等一系列体育赛事，有力地促进了学校课余训练与竞赛工作的开展。举办了大学生艺术展演、服装模特大赛和美术、音乐基本功大赛等，积极开展高雅艺术进校园活动，进一步推动高校艺术教育教学研究工作。继续加强学校国防教育工作，配合军事部门完成了学生军训、高校国防生培养、学生参军等各项工作任务。开展了学校卫生专项检查指导工作，全省各级各类学校年内未发生卫生重大安全事故。

二、深化保障机制改革，促进教育公平，基础教育水平得到进一步巩固

（一）农村义务教育经费保障机制进一步完善。会同省财政厅印发了《关于调整完善农村义务教育经费保障机制改革有关政策的通知》，安排补助公用经费资金 27 亿元，将农村小学生均公用经费定额由 240 元提高至 295 元，农村初中由 340 元提高至 445 元。为农村义务教育阶段学生免费提供教科书，按小学每生每年 90 元、初中每生每年 180 元的标准，向全省农村义务教育阶段学生免费提供国家课程的教科书；从今年春季学期起，按小学每生每年 15 元、初中每生每年 20 元的标准，免费提供地方课程教科书，减轻农民负担 11 亿元。城市义务教育学校按“一费制”标准，对享受城市低保家庭的学生免费提供教科书。从今年春季学期起，农村义务教育阶段家庭经济困难寄宿生生活费基本补助标准，由每生每年补助 300 元提高到小学每生每年 500 元、初中每生每年 750 元，享受补助的困难学生占寄宿生的比例不低于 8%，全省各级财政补助寄宿生生活费资金达 0.6 亿元。从 2008 年冬季起新增农村中小学取暖补助经费，按每生每年 50 元的标准进行补助，全省各级财政补助资金 3.42 亿元。自今年起，全省农村中小学以学校为基本单位编制预算，建立健全农村中小学预算编制制度，各项收支编入县级财政预算。全省普遍实行了“校财局管”办法，为农村义务教育经费保障机制改革顺利实施打下了良好基础。

（二）积极推进义务教育均衡发展。研究出台了《山东省普通中小学基本办学条件标准（试行）》、《山东省省级规范化学校建设与管理办法》，积极筹备启动中小学校标准化建设工程，促进各级政府合理配置教育资源，引导学校在达到基本办学条件标准的基础上注重内涵发展。完成了第十四批省级规范化学校和期满复评学校验收和复评工作。农村中小学校舍维修改造转入长效机制，对全省中小学校舍安全状况进行了全面普查，全省新增危房 40 万平方米，其中 D 级 19 万平方米；全省累计筹集资金 14.5 亿元，完成 313 万平方米的校舍维修改造任务。启动农村中小学“211 工程”，即“热水、热饭、取暖和改厕”的“两热一暖一改”工程，安排专项经费 5000 万元，在首批 20 个学校试点实施“热水、热饭、取暖”工程，120 所学校试点实施“改厕”工程。努力实现义务教育阶段和普通高中学籍管理的对接，在对全省中小学学籍信息系统开发使用情况进行调研的基础上，组织开发了山东省普通中小学电子学籍管理系统。

（三）学前教育、特殊教育、民族教育等有序开展。召开了全省农村学前教育工作研讨会，研究制定了《关于进一步加强农村学前教育工作的意见》，进一步明确了农村学前教育今后的发展目标、任务和具体措施。开展第九届省级示范幼儿园验收工作，共评出省级示范幼儿园157处。组织省十佳幼儿园的验收和复评工作，复评十佳幼儿园11处。着眼于提高特殊教育质量和实施水平，先后对全省盲校、聋校课程改革与管理改革、特殊教育学校新理念与新技术进行了总结推广。年内完成了内地新疆班、西藏班招生和升学考试任务，加强了内地班的思想政治教育工作和安全工作。

三、完善工作机制，创新教学模式，职业教育健康发展

（一）中职办学规模进一步扩大。以服务为宗旨，以就业为导向，大力发展职业教育。继续扩大中职办学规模，加大职业学校布局调整力度，增加优质教育资源。强化高中段职普统筹，使普通高中与中等职业教育招生规模大体相当。积极推进东西部之间、城乡之间职业学校的联合招生和合作办学。在初中毕业生比上年减少的情况下，全省中职招生仍完成了41.8万人。正式启动全省中职学校招生、学籍、档案电子信息管理系统，建立了省、市、县、学校四级信息管理运行体系。

（二）职业教育基础能力建设进一步加强。继续实施职业教育“十、百、千”建设工程、基础能力建设项目、专业骨干教师和校长培训工程、30个经济欠发达县职教中心建设工程。加强职业教育实训基地建设，确定了“十一五”期间我省重点建设的200个职业教育实训基地名单，落实了2008年度16个省级职业教育实训基地专项资金2000万元，推荐第三批国家级实训基地建设学校25所，安排32所中职学校国家发改委基础能力建设资金5800万，顺利完成2008年度中央财政支持的实训基地申报工作，获得中央批准项目13个，专项资金1780万元。

（三）中等职业教育体制改革不断深化。落实“校企合作”计划，面向市场，面向社会，以就业为导向，主动适应区域经济发展的需要，创新办学模式，鼓励联合办学，促进教学与生产实践相结合。进一步推广“双元制”办学模式，大力提倡“把学校建在车间，把车间建在学校”，积极开展订单培养。召开了山东省中职教育集团化办学现场经验交流会议，推广了烟台、青岛、淄博等地中等职业教育集团化办学、校企合作、订单式培养的经验和做法。组建了船舶制造、汽车制造、软件、建筑等4个省级职教集团，省级职教集团已达到6个。全省新批准68所中职学校和6所技工学校“双证互通”试点学校，进一步促进了职业教育的专业学科教学和技术操作能力的贯通和融合。

（四）教育教学质量不断提高。着力培养学生的动手能力和专业技能。强化职业技能训练，举办了全省中等职业学校技能大赛，我省学生参加全国职业院校技能大赛，共获得一等奖11个、二等奖24个、三等奖299个，有一名学生获得汽车维修项目个人一等奖总分第一名，我省获优秀组织奖。

四、发挥资源优势，坚持内涵发展，高等教育质量显著提高

（一）高等教育规模稳步发展。根据我省高等教育发展的实际和现有高校的人才培养能力，把握发展节奏，稳步推进院校设置工作，严格控制设置规模，重点对现有高等学校进行办学层次和学科结构的调整和优化，努力适应经济社会发展对各层次人才的需求。潍坊科技职业学院、民办山东万杰医学高等专科学校、山东英才职业技术学院等3所院校升格为本科层次，进一步优化了我省民办高校的层次结构，推动了高等教育办学体制改革的进一步深化。新成立了山东传媒职业学院、临沂职业学院、枣庄职业学院等3所高等职业学校。同时，经过各方面的努力，2005年经省政府审批成立的德州职业技术学院和烟台工程职业技术学院2所高等职业学校，教育部批准于今年正式备案招生。这批高等职业学校的建立，填补了我省高等职业学校区域及科类布局的空白点和薄弱环节，进一步增强了所在地区对高级技能型、应用型人才的培养能力。按照“稳定规模、规范管理、提高质量”的原则，切实做好独立学院的规范管理工作。完成了厅直属24所高校和2所高中学校7586万元基建款的拨付工作，及山东农业大学等4所高校5182万元国债项目转贷转拨款工作。认真做好高校贷款风险化解工作，积极推进开发银行高校贷款工作进程，目前第二批9所高校3.4亿贷款已经到位，第三批8.96亿元贷款近期到位，有效缓解了部分高校财务运转困难的局面。

（二）全面推进教学质量工程。实施以教学团队、教学名师、精品课程、品牌专业、特色专业和实验教学示范中心建设为主要内容的教学质量工程，促进优质教育资源共享。全省共评出51个省级教学团队和40名省级教学名师，其中，10个教学团队被评为国家级教学团队，6名教师入选国家教学名师；教育部2004年度“新世纪优秀人才入选者”结题验收，省属高校6名入选者全部优秀通过；171门课程入选2008年度省级精品课程，30门课程

入围国家精品课程，我省高等学校国家精品课程总数达到96门，国家精品课程覆盖学校达到31所；评选出品牌专业和特色专业100个，有25个专业被确定为教育部第二类特色专业建设点；确立30个省级实验教学示范中心，其中6个被教育部确立为国家级实验教学示范中心立项建设项目，目前我省共有66个省级实验教学示范中心，15个国家级实验教学示范中心；加强双语教学示范课程建设，山东大学、青岛理工大学、山东财政学院等学校的3门课程被评选为国家级双语教学示范课程。加强专业建设，不断优化结构，服务全省经济和社会发展，共增设和调整本科专业110余个，专科专业190余个。加大教材建设和教材改革力度，组织了2008年省级优秀教材申报评审工作，其中300本被评为省级优秀教材。继续做好中国高等教育文献保障体系(CALIS)山东省中心建设，进一步提升我省高等学校图书馆文献资源共建共知共享水平。示范性高职院校创建又有新突破，日照职业技术学院和山东科技职业学院被教育部和财政部列入国家示范性高职院校建设计划，使我省列入该计划的高职院校达到了6所，居全国第二。认真组织高等学校教学水平评估工作，积极配合教育部对济南大学等5所院校本科教学工作水平进行评估，组织专家对济南职业学院等15所高职院校进行人才培养工作评估，完成高职院校人才培养工作状态数据平台建设，促进高校建立自我约束、自我发展的机制，构建教学质量监控体系，促进教育教学质量不断提高。

(三) 深入实施“高教强省”计划。“211工程”建设取得新进展，教育部批准山东大学、中国海洋大学、中国石油大学等学校的23个重点学科为“211工程”三期重点学科建设项目，2008年至2011年总投资2.23亿元。拟定了《山东省实施地方高水平大学建设工程意见》，集中力量建设山东农业大学、山东师范大学、山东科技大学、青岛大学等4所省属重点大学，尽快提高办学水平。制定下发了《山东省“十一五”高等学校重点实验室、人文社会科学研究基地建设管理办法》，完善了重点实验室、人文社科基地中期评估指标体系，进一步加强了重点建设项目的管理，组织专家对全省高校的387个重点建设项目和筹建项目进行了中期评估。省重点实验室获准立项建设26个，目前全省高校省重点实验室达到35个。省部共建教育部重点实验室新立项建设1个，通过教育部验收2个。

(四) 高层次创新人才培养质量不断提升。大力实施研究生教育创新计划，研究生创新能力进一步提高，优秀成果取得新突破。启动了研究生教育省级教学成果奖励和研究生联合培养基地建设实施与管理工作，进一步规范了管理，推进了工作。遴选研究生教育创新项目153项，加强研究生创新能力的培养。完善激励机制，进一步做好优秀学位论文和研究生优秀科技创新成果的评选奖励工作，全省评出优秀学位论文361篇、研究生优秀科技创新成果100项。广泛开展研究生学术活动，组织举办了多期全省性的研究生学术论坛，营造有利于研究生学术创新的氛围。建设信息管理系统，加强学位管理，保障学位授予质量。审核批准了山东警察学院等5所高校新增为学士学位授予单位，新增学士学位授予专业165个。积极争取国家给予我省在新增博士、硕士单位的政策倾斜，是全国唯一给予3个新增博士单位的省市。适应社会需要，加快专业学位发展，省政府办公厅下发了《关于进一步加强专业学位研究生教育工作的意见》，提出了专业学位与学术性学位研究生1∶1的在校生发展目标和措施，受到国务院学位办的高度评价。积极组织新增专业学位点申报工作，共有18所学位授予单位申报了10种专业学位共38个学位点，已报国务院学位办评审。圆满完成两次全国同等学力与专业学位研究生联考工作。审批研究生进修班99个。

(五) 高校科研工作进一步强化。进一步规范高校科研专项经费管理工作，加强高校科研专项经费的监督管理，提高了资金使用效益和高校科研工作保障水平。聘任“十一五”高校重点实验室主任、学术委员会主任各104名，“十一五”高校人文社科基地主任、学术委员会主任各21名。对科技计划项目评审指标体系和人文社科项目评审指标体系进行了完善，使科研计划项目评审更加规范化。对全省高校科研计划项目评审进行改革，共立项606个。组织申报教育部高等学校科技创新工程重大项目培育资金项目1项，科学技术研究重点项目6项。组织申报教育部人文社科项目，有18所高校50项课题获得了一般项目资助，1所高校参加重大攻关项目答辩，4项课题获后期资助，创我省历年新高。组织申报省软科学课题近300项，有252项获批准立项，获准率达84%。支持高校积极申报省文化产业项目和省社会科学规划项目等。做好省高校优秀科研成果奖申报评审工作，共申报优秀科研成果972项。全省高校共获省科技奖169项，占全省获奖总数的34%；共获省社科奖205项，占全省获奖总数的79.8%。在第十七届全省产学研洽谈会上，省内外高校有100余所参展，提供有推广价值的科技成果达到1000余项。

五、强化规范管理，成人教育和民办教育办学秩序明显好转

(一) 成人教育办学秩序日趋规范。积极发展多种形式、多种层次的成人教育，推进终身教育体系建设，扩大

成人教育规模。完成了本年度38所高校新增的205个成人高教专业的审核备案和20所高校新增的38个现代远程教育校外学习中心的检查审批。组织开展了2008年全省成人高等教育品牌专业建设点申报工作和评审工作，确定并公布品牌专业建设点17个。规范成人教育办学秩序，组织完成了对全省650余所成人教育函授站的年检工作。加强对现代远程教育校外学习中心的监管，开展了学习中心的清理整顿工作。积极推进社区教育工作，目前全省49个市辖区已有27个省级社区教育实验区，3个国家级社区教育试验区，4个国家级社区教育试验区，31个县级市已有4个省级社区教育实验区。加强“三教统筹”，促进“农科教结合”。构建以县级职教中心为龙头，乡镇成人教育学校和普通中小学为依托的农村成人教育培训网络，广泛开展农村劳动力转移培训和农村实用技术培训。全省农村富余劳动力转移就业培训达到500万人次。

（二）进一步加强民办教育的管理。选派了24名民办高校督导专员、党建工作联络员，依法对所驻民办高校的工作进行督导、督学和督察，进一步加强了对民办学校的监督和管理。下发了《山东省教育厅关于严格规范民办学校办学秩序的通知》，在严格执行有关收退费政策、依法取得土地使用权、校舍产权、不得面向中小学生举办各类文化同步培训班、招生广告备案等方面作了进一步规范。组织对民办学校、机构进行检查评估，对不合格的学校、机构给予停止办学、缓发办学许可证、吊销办学许可证、取消办学资格等处罚。

六、加强基础建设，为教育又好又快发展提供了有力保障

（一）教师队伍建设进一步加强。严格实施教师资格制度，把好教师入口关，2008年全省共认定中等职业学校、中小学、幼儿园教师资格68427人，高等学校教师资格7965人。以学习贯彻《中小学教师职业道德规范》为重点，大力开展师德教育，在全省开展了师德师风教育专项活动，针对社会反映强烈的问题，下发了《关于大力开展师德教育禁止中小学教师从事有偿家教的通知》。推动中等师范学校布局结构调整，加快三级师范向二级师范的过渡，有4所学校并入高校。教师培训工作进一步加强。研究开发建设了山东省高中教师远程研修网，组织10万余名高中教师参加新课程远程研修。先后组织了高中校长素质教育专题、幼儿园园长、义务教育新课程小学教师骨干、中小学教师教育技术能力、省级体育骨干教师、省级骨干班主任等一系列培训，培训人员达3200余人次。实施农村教师素质提高工程，面向全省乡镇以下农村义务教育学段的5000名一线教师开展了为期10天的集中培训。实施农村小学校长素质提高工程，培训校长400人。继续利用暑期和节假日开展名师送教下乡活动，提高农村教师实施素质教育的能力。组织了第三批齐鲁名师建设工程人选赴美培训，表彰了10名年度教育创新人物。实施职业院校教师素质提高计划，加强“双师型”教师培养，选拔395人参加了国家级职教师资培训，18人赴德国培训。安排190万用于中职紧缺专业特聘兼职教师资助计划的实施。开展成人教育管理队伍轮训，提高管理能力和服务水平。继续实施“山东省高校青年教师成长计划”，组织11600人参加青年教师现代教育技术培训，确定154名青年教师为国内访问学者，173名青年教师参加国外合作培养项目。制定了《关于加强研究生指导教师队伍建设的意见》，明确了导师队伍建设的目标、政策与措施，对研究生导师遴选、培训、考核、监督等方面提出了具体意见和要求。认真组织了高校领域第三批“泰山学者”岗位设置的初选和申报工作，共有11人通过。目前，全省高校“泰山学者”建设工程第一期实际设岗111个，圆满完成了岗位设置任务，其中66个岗位的特聘教授已经到位。与省委组织部一起对高校领域“泰山学者”建设工程进行了督导检查活动。积极稳妥地推进学校事业单位改革，在高等学校、中等职业学校和中小学中继续开展收入分配改革，推进高校全员聘用制。完善教师职务评审办法，进一步确立重视教学的评审导向，增强了评价工作的客观性和准确性。举办山东省高校教师队伍建设论坛，与会人员对高校教师队伍的现状及建设进行了深入的探讨和研究。

（二）不断加大教育投入。采取发布教育经费执行情况通报、将教育投入情况纳入政府督导指标体系等有效措施，协调和敦促各级政府依法落实“三个增长”的政策，强化各级政府教育投入的责任。认真落实教育附加政策，确保征收资金足额按时到位。增加高校生均拨款定额，各专业学生拨款定额平均增加600元，文、理、师农、体育、艺术类专业分别达到3700、4000、4500、5100、6400元。认真做好部门预决算，积极争取教育专项经费。加强教育收入的动态管理，保证教育资金落到实处。积极争取财政加大高校专项资金投入，三重点建设经费提高到3200万元，科研经费提高到800万元，高教质量工程经费新安排2000万元。目前高校较大固定专项经费达到2.2亿多元，较好的支持了高校的学科、专业和课程建设。深化办学投资体制多元化改革，努力形成政府投入、社会捐助、信贷支持的多元化教育投入体系。山东教育基金会把经常性救助与专项救助结合起来，继续实施“三育资助”工程，社会反响良好。明德小学项目健康运行，整体工作在全国名列前茅，项目奖励资金达到1100万元，被评为年度全国示范省。

（三）教育督导稳步推进。依据省政府办公厅《关于进一步做好教育工作督导评估推动教育又好又快发展的意见》，科学制定评估指标体系，严格督导评估程序和方法，顺利完成对市级政府教育工作的专项督导评估，形成《关于2007年度教育工作督导评估情况的报告》，并积极推动将教育工作督导评估结果作为考核领导干部政绩的重要内容，对促进市、县（市、区）教育工作全面发展产生了巨大作用。在广泛调研的基础上，研究制定了《对市级政府2008年度教育工作综合督导实施意见》，由省政府办公厅转发各市。积极开展了教育示范县创建工作，对5个县（市、区）进行了验收，示范县（市、区）总数已达35个。圆满完成了"两基"巩固提高的复查工作，并对这项工作进行了系统总结。下达了2008年度中等以下教育检查评估项目计划，对检查项目实行归口管理。开始启动对中小学体育卫生工作的专项督导。

（四）教育法制建设进一步加强。确定2008至2012年教育立法规划建议项目，积极配合省人大、省政府法制办等有关部门，召开了立法座谈会，做好《山东省实施〈义务教育法〉办法》的修订工作。进一步规范行政行为，对12件规范性文件进行审查和备案。妥善处理相关申诉、诉讼案件，维护利益相关人合法权益。以实施"五五"普法规划为重点，推进法律知识进学校、进课堂。加强青少年法制教育，认真组织山东省首届中小学生法律知识竞赛，促进义务教育阶段《法治教育》课程的开设。积极部署第三批省级依法治校示范学校的创建工作。深入组织调查研究，确定全省教育系统重点调研题目，组织了教育系统优秀调研成果评选工作，2篇调研报告获省政府表彰。

（五）平安校园建设深入开展。加强安全教育工作，狠抓学校常规管理，深入普及安全知识，在第十三个全国中小学安全教育日，开展了"迎人文奥运，建和谐校园"安全教育宣传活动。提高广大师生安全意识和自救自护能力。积极构建校园安全保障长效机制，组织实施学校安全工作大检查，有针对性地排查校舍安全隐患。组织开展学校应急演练，严格学校值班制度，切实提高学校预防和控制突发事件的能力。整顿和规范中小学校车营运秩序，使用校车统一标示，加强校车管理。出台了《关于进一步加强中小学寄宿生管理工作的通知》，就加强中小学宿舍管理作了具体部署。积极应对副食品价格上涨，切实做好学校食堂工作，稳定饭菜价格，关心家庭贫困学生的生活，保持了全省学校的平安稳定。

（六）教育国际交流与合作效果突出。以友好省州、友好城市等为工作重点，与苏格兰、南非西开普省、美国康州、加拿大BC省、德国巴伐利亚州、韩国庆尚南道均实现了不同形式和内容的交流，进一步深化了彼此间的友好合作关系。目前，我省已有110多所中小学与美国康州的相应中小学结为姊妹学校关系。与新加坡的政府间合作项目取得了良好进展。圆满组织了首届汉语桥世界中学生中文比赛活动，来自24个国家的近百名选手参加了大赛及各种文化体验活动。与加拿大新布伦瑞克省、埃德蒙顿市合作建立孔子学院。确定了省实验中学等6个国家汉语国际推广中小学基地。中外合作办学稳步推进，召开了中外合作办学研讨会，上报4个本科项目，审批20个专科项目。年内新审批29所学校具有接受外国学生（留学生）资格。公派出国留学工作进展顺利，自费出国留学中介机构管理工作得到加强。举办了山东省外国文教专家"教学奖"颁奖仪式暨山东省第四届中外教师外语教学研讨会，24名外国专家和外籍教师获得教学奖。

七、坚持以人为本，为学生上学就业排忧解难

（一）学生救助体系进一步完善。2008年春季、秋季，中央和省财政共安排我省高校奖学金、助学金预算5.6亿元，全省高校18万多名家庭经济困难的大学生得到国家助学金的资助；全省安排国家助学金5.65亿元，资助107万多名中等职业学校学生；全省安排普通高中省政府助学金2.2亿元，有28万多名学生享受到政府助学金资助。针对今年食堂饭菜价格上涨问题，各级财政安排15亿元，对所有在校大学生和14%贫困家庭学生予以补助。在严格执行国家奖学金、助学金政策的同时，各高校和中等职业学校认真落实多渠道资助政策，按规定提取学费的一定比例用于资助困难学生，积极开展勤工助学，对特困学生实施学费减免和绿色通道政策，确保不让一个学生因家庭贫困而辍学。

（二）积极稳妥地推进国家助学贷款业务。加强与农信社合作，拓展国家助学贷款工作。我省各类金融机构累计审批贷款学生人数18.5万名，审批贷款合同金额16.5亿元。累计有17.5万名学生实际获得贷款12.5亿元。累计支付贴息7091万元、支付风险金4539万元，比上年有较大增长。积极做好生源信用助学贷款的开办工作。根据国家要求，结合我省实际，省政府下发了《关于做好我省生源地信用助学贷款工作的意见》，制定了生源地信用助学贷款资格认定办法和生源地信用助学贷款操作规程，生源地信用助学贷款工作正式启动。

（三）毕业生就业工作扎实推进。积极落实毕业生面向基层就业项目，配合省人事部门选拔856名高校毕业

生到农村基层支教，继续实施农村教育硕士师资计划，在应届本科毕业生中为全省乡镇以下农村中小学选拔了11名农村教育硕士师资。加强毕业生就业市场建设，组织了5场以学校为主体的师范类毕业生供需见面会。搭建毕业生就业网络平台，为毕业生和用人单位提供方便。推行师范类毕业生无障碍就业政策，认真做好家庭困难毕业生就业服务工作。截至2008年9月1日，我省师范类高校毕业生总体就业率67.31%，比去年同期上升6.17个百分点。

（四）主动做好对口支援四川地震灾区工作。积极组织参加抗震救灾活动。精心安排灾区学生来鲁就学工作，共接纳3561名灾区中小学生和中职生，来鲁免费就读。各高校加强对受灾学生的救助，共为533人发放国家助学金223.16万元，为1617人发放临时困难补助和伙食补助，为112人减免学费，安排勤工助学785人，积极做好地震灾区生源高校毕业生就业帮扶工作，较好地稳定了灾区学生的情绪。山东省教育基金会开展了"山东省教育系统抗震捐赠三日大行动"，共收到捐助资金1406万元。

八、加强内部系统建设，工作和服务水平进一步提升

（一）厅属事业单位工作蓬勃开展。招生考试院坚持依法治招、依法治考，严格执行招生考试政策，优化招生考试服务，确保招生考试公正、公平，"阳光工程"顺利实施。完善高考自行命题管理机制，积极引导高中新课程教学实施，顺利完成注册录取改革试点工作。厅属媒体作用充分发挥，积极开展先进典型宣传、教育政策解读、舆情分析引导等工作，电视节目和报刊杂志质量明显提升，营造了良好的舆论氛围。教育电视台大力加强频道规划与节目建设，严格节目审查与编播，强化频道与节目包装宣传，突出了频道的定位与特色，节目落地覆盖工作在坚持力保省内和北京两个重点区域的基础上，进一步拓展了省内外覆盖区域，实现了节目在全省17个市级城市的全部覆盖落地。教育社报刊的质量不断提高，《山东教育》杂志被中国期刊协会评为"编校质量优秀期刊"，图书报刊发行数量稳中有升。济南铁道职业技术学院完成了老校区首批搬迁和一期建筑物拆除任务，学院办学主体转移到新校区。教研室全面总结基础教育课程改革工作，制定了《山东省普通高中课程设置及教学指导意见》，继续开展基础教育质量监测工作。积极开展校本教研和地方课程建设，组织评选省级教学能手和优秀教学成果奖，大力支持教学创新。教科所发挥省级教育科研部门优势，加强教育科研重大课题攻关研究，为教育决策服务，完成了山东教育改革发展30年研究课题，组织出版《山东教育改革发展30年》一书。学校生产供应处稳步推进现代教育技术装备工作，积极推行校方责任险，有效化解学生和学校风险。进一步规范学校校办产业建设，促进高校科技成果转化。职成教所围绕职业与成人教育发展主旋律，积极开展职成教教育理论研究和学术交流活动，成功举办全国成人教育改革和发展论坛暨中国成人教育杂志理事会第五次会议。语办成功组织山东省第十一届推广普通话宣传周庆祝活动，在今年的首届中华经典诵读全国总决赛上，我省选送的3名选手全部获奖，其中一人获特等奖。城市语言文字评估工作进展顺利，又有4个市（区）语言文字工作达标。推进语言文字规范化建设，年内全省参加普通话水平测试人数超过40万，测试量再居全国之首。教育工会充分发挥群众组织的优势和特点，积极创新工作载体，不断强化教代会制度建设，大力推进校务公开，抓好新时期师德建设，努力打造工会工作品牌。印务中心新址建设全面完成并投入使用，保密印刷的特色更加突出。留学服务中心不断提高服务水平和质量，出国留学和回国投资、就业等各项中介服务工作再上新台阶。省实验小学紧扣素质教育主题，努力探索育人新模式，被评为"中国少年儿童平安行动"示范学校、全国优秀科学教育实验基地。

（二）机关作风建设扎实推进。在全面开展争创"两好一高"机关活动的基础上，深入学习党的十七大、十七届三中全会、省第九次党代会精神，积极开展"勤政廉政、科学发展"活动，不断加强作风建设。大力倡导团结互助的良好风尚，形成了平等友爱、融洽和谐的人际环境。加强岗位考核和工作协调，进一步规范办文、办会程序，加大督查督办力度，提高办事效率，狠抓工作落实，日常政务健康有序运转。完善应急机制，重视教育信访工作，及时解决人民群众反映强烈的突出问题，积极稳妥地处理原民办教师问题，确保教育系统和谐稳定。认真做好人大代表建议、政协提案办理工作，满意率为100%。坚持正确的舆论导向，教育新闻宣传不断加强，紧紧围绕纪念改革开放30周年，开展了形式多样的宣传和纪念活动。积极为群众办实事、好事，关心和照顾老干部，组织干部职工健康查体，帮助改善住房和生活条件。积极鼓励干部职工参加全民健身运动，成功举办了2008年秋季运动会。

（三）党风廉政建设和教育行风建设成效明显。始终坚持把制度建设作为总抓手，研究制定了《关于山东省高等院校党员领导干部廉洁自律八项规定》、《山东省委高校工委山东省教育厅党组贯彻落实〈山东省建立健全惩治和预防腐败体系2008～2012年实施办法〉责任分工方案》等文件，着力构建具有教育系统特点的惩防体系。组织春、秋两季收费检查，进一步规范学校收费。积极开展全省规范教育收费示范县评比活动，对2007年涌现出的

23个规范教育收费示范县(市、区)进行了表彰。目前,全省已有68个规范教育收费示范县(市、区)。严肃查处各类违纪案件和突发事件,认真开展中小学教育行风民主评议,树立教育系统的良好形象。

(四)学习实践科学发展观活动深入开展。按照中央和省委的要求和部署,自10月份开展深入学习实践科学发展观活动。紧扣"科学发展、富民强省"主题,围绕"全面推进素质教育、建设人力资源强省"这一实践载体,着力转变不适应不符合科学发展观的思想观念,着力解决教育工作中影响和制约科学发展及群众反映强烈的突出问题,着力构建有利于教育事业科学发展的体制与机制,提高领导科学发展、促进社会和谐的能力。重点就11个社会和群众关心的教育问题展开调研,提出了以素质教育为重点,推进基础教育"基础化";以就业为导向,推进职业教育"职业化";以内涵发展为重心,推进高等教育"多元化";以普通高校为依托,推进成人教育"成人化"的工作思路。

2008年,我省教育事业取得了显著成绩,但也存在一些不容忽视的问题,主要表现在:一是制约素质教育进一步发展的体制性障碍还没有从根本上扫除,教育发展不均衡的问题仍然比较突出;二是高校贷款压力较大,高等教育质量有待于进一步提高;三是职业教育基础能力薄弱,以市为主的中等职业教育管理体制改革和运行机制需要进一步规范和完善;四是成人教育和民办教育需要进一步规范,管理亟待加强。在新的一年里,我们要认真贯彻党的十七大、十七届三中全会和省第九次党代会精神,深入贯彻落实科学发展观,大力推进教育改革和发展,促进全省教育事业又好又快发展,为建设经济文化强省、实现富民强省的新跨越做出新的贡献。

2008年12月30日

山东省教育厅2009年工作要点

2009年我省教育工作的总体要求是,深入贯彻党的十七大和十七届三中全会精神,以邓小平理论和"三个代表"重要思想为指导,深入贯彻落实科学发展观,继续完善规范,强化管理,抓好落实,全面贯彻党的教育方针,深入推进素质教育,促进义务教育均衡发展,加大职业教育教学改革力度,提高高等教育质量,推动教育事业优先发展、内涵发展、和谐发展,努力建设人力资源强省。

一、以科学发展观为指导,推动教育事业全面协调发展

1. 深入开展学习实践科学发展观活动。紧紧围绕"科学发展,富民强省"的主题,突出"全面推进素质教育,建设人力资源强省"的实践载体,认真抓好厅机关和直属单位深入学习实践科学发展观活动,努力做到"党员干部受教育、科学发展上水平、人民群众得实惠",确保学习实践活动取得实效。在学习调研和分析检查的基础上,明确所要解决的问题和措施,规定解决问题的时限和责任,制定行之有效的整改方案。坚持边学边改、边查边改,集中精力解决好群众最关心的突出问题,多为群众办看得见、摸得着、促进教育事业科学发展的实事。进一步完善教育改革与发展的总体思路,制定我省教育事业发展中长期规划,对今后12年教育事业改革和发展进行全面部署。积极稳妥地推进教育体制机制创新和制度建设,努力解决制度缺失和体制障碍等突出问题,逐步形成保障和促进科学发展的制度体系。扎实推进科学发展观进课堂、进教材、进学生头脑工作。认真贯彻党的十七届三中全会精神,坚持农村教育重中之重的战略地位,大力办好农村教育事业。认真贯彻落实扩大内需促进经济增长的政策措施,加强教育基础设施中薄弱环节的建设,为教育发展增添动力。

2. 切实解决广大群众关心的教育问题。进一步推进市、县两级学生资助工作机构的建立健全,将各项资助政策落到实处。全面开展生源地信用助学贷款工作,规范高校各类奖助学金的评审发放工作,强化中等职业学校国家助学金管理,巩固和提高义务教育阶段家庭经济困难学生保障水平。做好教育收费项目的清理、公示、宣传工作和改制学校清理整顿工作,搞好教育行风民主评议,严肃处理中小学违规办班收费行为,规范办学秩序。积极探索建立收费巡视、审计监督、责任追究和"三保"投入机制的检查通报等制度规定,逐步建立起收费规范、标准透明、管理严格、责任明确的教育收费管理机制。积极应对金融危机对毕业生就业的影响,加大工作力度,做好毕业生就业指导,提高毕业生就业率。认真处理好来信来访,解决好人民内部矛盾,严格落实安全稳定工作责任制,

加强应急管理体系建设,提高预防和处置突发公共事件的能力,切实维护教育系统稳定。进一步加强学校安全工作,建设平安和谐校园。

二、以素质教育为重点,推进基础教育"基础化"

3. 继续深入推进素质教育。努力构建和完善"政府主导、规范管理、课程核心、评价引领、督导保障"的素质教育工作机制,引导素质教育工作重心向更加注重课程实施、提高质量和效益方面转变,不断将我省素质教育工作引向深入。坚持规范学校办学行为随机督查工作不放松,完善和强化教育问责制度,抓好学校作息时间、课程开设、节假日安排等方面的常规管理。加快课程、教材、授课和考试制度改革,把中小学生从"应试教育"的重压下解放出来,增强全面发展和实践创造能力。加强高中课程改革研究,强化课程管理,抓好课程实施的监管,强化对教学用书和教辅资料的管理,保障课程方案的贯彻落实,提高课程实施水平。加强和改进中小学德育,结合庆祝建国60周年,开展弘扬和培育民族精神、中小学生读书等系列活动,继续推进青少年校外活动场所建设。以提高学生体质健康水平和艺术素养为目标,以深化课程、教学改革为核心,加强对音体美教学和课外文体活动的指导检查,进一步提高教育质量,全面推进学校体育卫生艺术和国防教育工作再上新台阶。

4. 扎实推进标准化学校建设。统筹城乡、区域教育发展,积极推进义务教育均衡发展,启动中小学办学条件标准化建设工程,加大对经济欠发达地区和农村地区的支持力度,用5年左右的时间,使全省普通中小学校全部达到《山东省普通中小学办学条件基本标准》;实施农村基础教育条件改善工程,落实校舍维修改造长效机制,积极筹措维修改造经费,改造农村中小学危房140万平方米;加快实施农村中小学(含幼儿园)仪器配备更新和"两热一暖一改"工程;加强中小学实验室、图书室(馆)建设,进一步实施"班班通"工程试点工作,全面提升教育技术装备水平;继续实施中小学教师素质提高工程,重点抓好农村教师素质提高工程,大力开展城镇教师支援农村教育工作。完善义务教育经费保障机制改革,全面提高保障水平。进一步提高生均公用经费定额,农村小学、初中分别提高到400元、600元。加强统筹协调,落实经费分担责任,确保资金及时足额到位。加强预算和资金管理,建立健全规范的义务教育预算制度,保障农村中小学正常运转。核定义务教育阶段学校招生规模,制止片面扩招、大规模招收择校生的行为。关注进城务工人员随迁子女和农村留守儿童的教育问题,努力为他们提供良好的教育条件。继续实施省级规范化学校复评工作,到2010年全部完成命名满5年省级规范化学校的复评。以提高普及率为重点,努力发展农村学前教育,启动乡镇中心幼儿园建设,充分发挥其示范辐射作用。加强特教学校的建设与管理,深化特殊教育教学模式改革。继续实施特教学校仪器配备工程,启动我省特教学校建设工程。规范做好内地西藏、新疆民族生的管理工作,开展民族团结教育,推动民族教育发展。

三、以就业为导向,推进职业教育"职业化"

5. 加大职业教育教学改革力度,实现课堂教学和就业岗位的零距离对接。把提高质量和促进就业作为职业教育工作的重点,坚持以服务为宗旨,以就业为导向,进一步深化教育教学改革。启动新一轮职业教育教学改革与质量提高计划,推动职业学校面向市场办学,调整专业结构,大力发展面向新型产业和现代服务业的专业,加强课程与教材建设,改革教学内容,扩展实训方法,提高教学质量和就业率。大力推行工学结合、校企合作、顶岗实习以及订单式培养等人才培养模式,积极推广"一年打基础,一年学技能,一年顶岗实习"三段式办学模式。进一步推进职业教育管理体制改革,理顺管理体制和学校序列,加强政府统筹,调动行业、企业支持和参与发展职业教育的积极性,完善以市为主、分级管理的职业教育管理体制,进一步明晰省、市、县、校四级工作职责,认真实施《关于规范中等职业教育管理工作的意见》。大力推进职业教育集团化办学,推进职业教育的校际合作、城乡合作、校企合作、区域合作,提高职业教育办学质量和效益。加强五年制高职教育管理,完善整体培养方案和教学计划,加强专业教材建设,进一步控制规模、规范管理、办出特色、提高质量。组织对已举办五年制高职的高中等学校进行评估和整顿。

6. 加强职业教育基础能力建设,实现实习实训场所与职业工作环境的零距离对接。以县级职业学校(职教中心)、示范性职业学校建设为重点,加强职业教育实训基地、基础能力建设。继续实施职业教育"十、百、千"工程,认真完成"十一五"职业教育基础能力建设项目,推进实施66个中等职业教育基础能力建设项目。组织实施国家中等职业教育改革发展示范学校建设计划,力争5年内达标学校数量占全国总数的十分之一。推动职业学校通过校企合作、资源整合,建立相互依存,符合现代社会职业培养与实训,教学、生产相结合的基地。推动职业教育继续扩大规模,保持中等职业学校与普通高中招生比例大体相当的格局。创新投入机制,进一步落实四项职教经费政策，制定我省职业学校生均公用经费标准，多渠道筹措职教经费，改善办学条件。重点加快发展农村中等职业教育，做好对中等职业学校农村家庭经济困难学生和涉农专业学生实行免费教育的工作。强化学生实践能力和技能的培养，联合有关部门以“展示技能，促进就业”为主题，办好11大专业类别、32个岗位技能项目的省级职业院校技能大赛，逐步形成“普通教育有高考，职业教育有大赛”的局面。

四、以内涵发展为重心，推进高等教育“多元化”

7. 深化教学改革，进一步提高教学水平和人才培养质量。推动高等学校加大人才培养模式改革力度，深入研究和探索学分制改革的管理机制，增强学生学习兴趣，扩大自主学习空间，引导和规范大学生把主要精力投入学习活动；打破收费制度瓶颈，积极协调有关部门尽快出台学分制收费办法，为促进大学生个性化发展和整体素质的提高，提供优良环境和制度保障。进一步优化学科专业结构，引导高等学校努力办出特色，做好品牌专业和特色专业评选工作。积极推动教学内容和课程体系改革，树立以学生为本的思想，以精品课程建设为导向，学习借鉴国外著名大学课程体系建设和管理经验，构建优质系列课程群，不断优化课程体系和课程结构，促进优质课程资源共享；鼓励教师对教学内容进行改革，形成最新学术成果及时进课堂、教学内容及时充实更新的教改机制。加强高校教材建设，编写出版一批高质量、具有学科与自身专业特色、与经济社会发展相适应的优秀教材，探索高校教材编写机制，发挥专业委员会的作用，鼓励教师积极参与教材的编写，支持学校之间联合编写高水平的教材。加强实践教学环节，构建和完善实践教学体系，加快全省高校实验教学示范中心建设，评选省级实验教学示范中心；发挥职业院校技能大赛的导向作用，优化实践、实验教学资源，强化大学生创新意识和实践能力的培养，全面提高大学生综合素质。开展省级教学改革立项课题研究，评选推荐省、国家教学优秀教学成果奖。继续实施“质量立校行动计划”，促进高等教育质量不断提高。继续推进研究生教育创新计划，以提高创新能力为重点，全面提高研究生培养质量。加大生源组织力度，加强有关教学工作及教学研究，把培养高层次复合型应用人才作为研究生教育发展的重点，努力扩大专业学位在校生比例。整合社会资源，优化资源配置，加强实践教学，认真评审建设一批省级研究生联合培养基地。进一步加强教学评估工作，完善省级教学质量监控体系，研究制定省级教学质量监控办法，建立教学质量保障机制。强化教学管理和学生管理，促进校风、教风和学风建设。

8. 坚持分类指导，全面提高高校的办学水平。以当代高等教育理论为依据，结合山东高等教育实际，制定《山东省高等学校分类目录》，引导高校准确定位，确定发展重点，逐步形成层次类别清晰、布局结构合理、具有山东特色的高等教育体系。实施名校发展规划和高水平大学建设工程。继续实施“高教强省”行动计划，推进重点学科、重点实验室建设。贯彻落实省政府办公厅《关于加强专业学位研究生教育工作的意见》，做好新增专业学位点的申报评审。抓住机遇，认真做好新增博士、硕士学位授予单位立项建设的评审与申报，积极主动做好第十一批新增博士、硕士学科专业点的评审组织工作。进一步完善科研管理办法，强化科研创新平台建设，提升高校科研水平，鼓励高校与世界著名大学、科研机构和实力雄厚的企业合作，大力推进产学研结合，促进技术转移和成果转化。

9. 发挥宏观调控作用，帮助高校提高经营管理水平。按照全面、协调、可持续发展的要求，充分利用招生计划的调控功能，提高高等教育宏观管理工作的科学性、有效性。着力加强我省高等教育区域结构、层次结构、学科专业结构调整优化的引导和调控。根据我省高等教育发展的实际和现有高校的人才培养能力，做好院校设置工作，切实把握好发展节奏，严格控制设置规模，重点对现有高等学校进行办学层次和学科结构的调整和优化，努力适应经济社会发展对各层次人才的需求。借鉴外省成功经验，为省政府当好参谋，努力做好高校贷款风险的化解工作。将省属高校的生均定额提高300元以上，确保正常运转和事业发展。设立高校化解债务奖励资金3000万元，对减债工作做得好的单位给予奖励。积极做好济南大学贷款重组工作，及时总结经验，在全省有条件的高校中推广。积极争取新增20亿省融资平台开发银行高校贷款尽早到位。对高校特别是超警戒线高校的建设情况进行严格监督，严控贷款规模扩大。

五、以普通高校为依托，推进成人教育“成人化”

10. 进一步规范成人教育办学秩序。全面清理整顿独立设置的成人院校，特别是各类职工大学。重点依托普通高校举办成人教育。在保持成人高等学历教育进一步发展的同时，普通本科高等学校重点开展高层次继续教育，积极发展直接面向经济社会发展需求的非全日制专业学位教育。加强成人教育教学改革和专业建设，探索改革成人高等教育教学管理模式，推进成人高等教育教学制度创新，选择部分高校的部分专业进行成人高等学历教育学分制试点工作。继续开展全省成人高等教育品牌专业建设。规范成人教育办学秩序和办学管理，加强成人教育函授站和现代远程教育校外学习点的年检和管理工作。

11. 大力推进学习型社会建设。充分发挥各行业、部门的作用，共同推进学习型社会建设和终身教育的发展。加强社区教育，命名一批省级社区教育示范区、示范街道和示范项目。进一步完善县、乡、村三级农村成人教育培训网络，推进农村实用技术人才培训工程和农村富余劳动力转移就业培训工程(一网两工程)。大力开展从业前培训、转业培训、在岗培训、转岗培训及其他职业性培训。引导各类经济组织、合作组织、农村产业化龙头企业支持农村职业教育、成人教育，加快构建县域内培训网络，发展城乡一体化的职业教育、成人教育，建设满足农民需求的教育培训超市。深入持久地开展扫盲教育，年扫除文盲100万。

六、以提高教师素质为重点，全面推进队伍建设

12. 进一步提高教师队伍素质。积极推进教师教育改革，推动三级师范向二级师范的过渡，构建新型教师教育体系。加强教师教育宏观调控和监管力度，合理调整本专科层次和教师教育专业布局，控制培养规模。强化师范生教育教学实践环节，提高师范类毕业生从业能力。进一步加强管理，严格教师资格认定，做好教师资格制度实施。加强县级教师培训机构建设，继续推进县级教师教育相关机构的资源整合和合作，优化资源配置，形成合力。积极推动市、县级培训和校本培训工作。加强对幼儿教师培养工作的监管，提高学前教育师资的培养质量。研究制定并出台《山东省普通中小学校长任职资格条例》，继续实施中小学校长素质提高工程，加强中小学校长(幼儿园园长)培训，分期分批完成现有普通中小学校长的在职培训和资格认定工作。继续开展高中教师新课程远程研修。适应地方课程、学校课程和选修课程开设的需要，启动齐鲁教师课程拓展计划。大力推进职业院校“双师型”教师队伍建设，进一步完善职业教育师资培养培训体系，改善教师队伍结构，提高综合素质和职业技能，年内对国家级、省级重点职业学校校长轮训一遍。继续实施高校青年教师成长计划，全面提高高校青年教师队伍的整体素质和创新能力，促进建设一支具有较高专业化水平的高校教师队伍。

13. 加强各类专家队伍建设。启动第二轮“齐鲁名师”建设工程评选工作。与有关部门联合，启动实施“齐鲁名校长”建设工程。继续实施“泰山学者”建设工程，做好高校省级教学名师、教学团队评选和国家级教学名师、教学团队申报工作，加强高校高层次人才队伍建设。以提高研究生导师队伍整体素质为重心，以培养中青年学术带头人为重点，努力建设一支师德高尚、业务精湛、富有创新精神、创新能力和国际竞争力的高水平研究生导师队伍。充分发挥高校科研项目的引导作用，加快培养一批具有国际国内领先水平的学科带头人、一批具有创新能力和发展潜力的青年学术骨干。继续加强高校专家库建设，改进和完善专家库管理系统，做好高校专家库的数据采集、整理、更新和升级。成立我省高考命题专门机构，加强高考命题队伍建设。进一步加强教育科研和教学研究队伍建设，建立教研工作专家人才库。

七、以培养合格建设者和接班人为目标，改革和完善教育评价制度

14. 建立和完善人才培养评价体系。基础教育以提高合格率为主要目标，围绕办学条件、课程开设、师资队伍、教学效果、办学特色等内容，突出选修课程模块开出率、校本课程模块开设率、毕业生合格率、学生体育锻炼标准达标率等量化指标的考核，研究制定科学、全面、符合素质教育要求的中小学校办学水平评价办法，引导各地和中小学校按照教育规律实施教育教学，促进学生德智体美全面发展。实行基础教育质量监测制度，扩大监测范围，着力建立全省基础教育质量监测体系。职业教育以提高就业率为主要目标，按照国家职业标准和社会对人才的需求规格，进一步密切与市场、行业、企业的联系与合作，深入落实人才培养标准化工程，逐步建立起职业学校教学水平和就业水平的评价体系，组织对部分高职院校进行人才培养工作评估，不断提高学生的职业素质和市场竞争力，提高就业率和就业质量。高等教育以提高成才率为主要目标，逐步建立用人单位、教师、学生共同参与的学校内部质量保障与评价机制，注重考核学生的就业率与就业质量、职业素质养成、实践动手能力，努力提高大学生的学习能力、创新能力、实践能力、交流能力和社会适应能力。

15. 改革和完善选拔评价制度。深化普通高中招生考试制度改革，稳步扩大招生指标分配比例。进一步完善高中学业水平考试制度和综合素质评价制度，加快探索与高考录取相结合的有效方式和途径，推动普通高校招生录取标准多元化。做好首次全省美术类专业统一考试，开展批次征求志愿改革试点工作，扩大民办高职院校注册录取试点范围。全面实施“阳光工程”，坚持以人为本，依法治招、依法治考，严肃考风考纪，加强考试环境综合治理，确保考试安全和招生秩序，努力办好让人民满意的招生考试。

16. 改进教师评价办法。按照人力资源和社会保障部、教育部的要求，统筹规划，精心组织，积极稳妥地开展好中小学教师职称制度改革试点工作，为今后此项工作的全面推广积累经验、打好基础。继续强化评审工作的导向作用，认真做好职称评审工作。改进完善高校职称评审工作，继续推行相对系数评价法，进一步引进模糊评价因素，实行三元评价。中专和中学教师职称评审继续强化"教学为主、鼓励教研、综合评价"的做法，研究和改进对教学能力、教学态度、教学实绩的评价办法，更加体现教学为主的评价导向。认真贯彻落实国务院《关于义务教育学校实施绩效工资的指导意见》，会同有关部门尽快研究制定实施办法，确保政策迅速实施并平稳落实到位。

17. 依法推进教育督导。以教育法律法规为依据，以全面推进素质教育为中心，以建立义务教育经费保障机制、完善基本办学条件、加强教师队伍建设和促进职业教育发展为重点，坚持督政与督学相结合，综合督导、专项督导与经常性督导相结合，加快建立健全各项督导评估制度，进一步完善教育督导工作体系，做好对市级政府2008年度教育工作综合督导评估和各项专项督导评估，加大对教育工作示范县(市、区)创建工作的督导力度。进一步完善对县级人民政府教育工作督导评估制度，修订和完善对中小学的督导评估制度。组织开展全省中小学体育卫生专项督导评估。

八、以规范管理为目标，扎实推进系统建设

18. 坚持推进依法治教。以实施"五五"普法规划为重点，深入开展法制宣传教育活动，切实增强学生法制意识。加大依法行政工作力度，建立和完善规范性文件的制定程序和定期清理、审备制度，确保教育政令统一与通畅。进一步加强立法工作，积极配合有关部门做好《山东省义务教育条例》的立法工作。规范我厅行政许可事项办理程序，努力做好教育申诉和行政复议工作，切实维护教育行政管理相对人的合法权益。进一步建立健全各类学校招生、学籍、档案电子信息管理系统。建立健全各市教育部门民办教育管理机构，进一步明确省、市民办教育管理机构职责，进行民办高等学校校长核准，做好全省民办高校党建工作联络员、督导专员工作，各市根据辖区民办学校的规模，区别学校层次和类型，采取一人多校或包片包校等形式，向所属民办非学历高等教育机构、民办普通高中、民办中等职业学校派出督导专员或督导巡查员、党建工作联络员或指导员等，加强指导和监管，促进民办教育健康发展。进一步加强国际交流与合作，鼓励、支持高校和中小学与国外学校建立合作关系，努力构建国际合作的网络。充分发挥山东省的特殊优势，以孔子学院建设为龙头，进一步加强汉语国际推广工作。依法规范对中外合作办学、外籍人员子女学校、自费出国留学中介机构、外国专家和外国留学生的管理。

19. 扎实推进厅属事业单位工作开展。切实加强和改进教育宣传，充分发挥厅属媒体的作用，密切与社会媒体的联系，完善新闻发布制度，搞好先进典型宣传、教育政策解读、舆情分析引导、政府信息公开，为全省教育事业的改革发展创造良好的舆论环境。进一步加强教学研究和课程实施情况的监督评估工作，强化教学管理，建立完善以解决教学实际问题为重点的教学跟进指导机制。继续抓好科研基地建设，形成科研强势集群，集中力量开展教育科研重大课题研究攻关，全面提升全省教育科研工作水平，更好地推动各类教育事业发展。加快城市语言文字达标创建工作步伐，加大推广普通话和推行规范汉字力度，加强中华经典诵读的宣传和比赛工作，继续开展汉字应用水平测试和计算机智能普通话水平测试，提高全社会语言文字规范化水平。进一步加强工会组织建设，坚持和完善学校教代会制度，切实维护教职工权益。以"推进安置与留学，培养复合型人才"为载体，抓好回国安置与留学服务工作，为实现学生"求学有路，报国有门"搭建有利平台。

20. 进一步加强机关作风和行风建设。以加强党的执政能力建设和先进性建设为重点，以建设文明机关、促进科学发展为主线，全面落实党风廉政建设责任制，求真务实，开拓创新，全面推进机关党的思想、组织、作风和制度建设。深入开展示范教育和警示教育，抓好廉洁从政教育，着力构建具有教育系统特点的惩防体系。坚持"一岗双责"，以《山东省委高校工委山东省教育厅党组关于贯彻落实〈山东省建立健全惩治和预防腐败体系2008～2012年实施办法〉责任分工方案》为总抓手，切实把中央《工作规划》和省委《实施办法》落到实处，继续抓好预防职务犯罪、治理商业贿赂和规范教育收费工作，坚决查办违纪违法案件。加强民主监督，进一步健全完善监督制约机制，形成权力正确行使的有效机制。加强机关内务建设，切实规范公务接待，严格控制会议，精简文件，降低行政运行成本，建设节约型机关。进一步强化综合协调、公文审核、会议管理和督察督办职能，提高办事效率。加大教育经费审计力度，提高经费使用效益。高度重视老干部工作，切实保障老干部的政治、生活待遇，进一步发挥关工委和老教协的积极作用。

山东省教育系统依法行政情况的调研报告

山东省教育厅政策法规处

为贯彻落实科学发展观以及国务院《全面推进依法行政实施纲要》,政策法规处于2008年10月下旬至11月中旬对山东省教育系统依法行政的情况进行调研,通过下达通知、发放调查问卷、实地考查、举行座谈会等方式,广泛听取各方意见和建议,在掌握第一手资料的基础上,调研组进行了认真的研讨,现提出调研报告如下:

一、山东省教育系统依法行政的基本情况

近年来山东省教育系统依法行政情况良好,各级教育行政部门强化制度建设,严格行政执法,强化行政执法监督,依法行政能力不断提高,依法行政工作取得了实质性进展,教育行政管理逐步走上规范化、制度化的轨道,社会反映较好,具体情况如下:

(一)法治意识不断加强,形成了较好的依法治教氛围

山东省教育系统始终把法治意识培养作为依法治教的重点来抓,各单位、部门领导也非常重视依法行政工作的推行,并将其列入重要议事日程。通过各方共同努力,形成了较好的依法治教氛围,并形成了一些不错的经验与做法,主要体现在两方面:

1. 法治意识的培养上,坚持"两个主体,两种意识"的模式。"两个主体"是指教育行政主管部门工作人员与行政管理相对人。"两种意识"是指对行政主管部门工作人员着重培养其依法行政、合理行政、行政为民的意识;对行政管理相对人,着重培养其遵法守法以及积极维护自身权益的意识。对行政主管部门工作人员法治意识的培养上,采取省教育厅统一培训以及各市地分别培训的方式进行,如省教育厅2006年8月在潍坊市举办《中华人民共和国义务教育法》培训班,省教育系统180名干部参加了培训。聊城市于2006年8月组织召开了全市学习宣传和贯彻新《中华人民共和国义务教育法》的学习宣传工作,参会人员多达500余人。行政相对人法治意识培养的重点是教师以及青少年,2007年10月,省教育厅印发《关于贯彻全国教育系统"五五"普法规划,切实加强教师法制教育工作的通知》,全省范围就切实落实好教师法制教育进行部署。2008年5月,山东省教育厅联合山东省司法厅、山东省综治办、共青团山东省委联合举办了山东省首届中小学生法律知识竞赛,全省有17万6千余名中小学生踊跃参加,收到了很好的普法宣传效果。各市地也采取了各种方式进行法制教育,如青岛市的"律师送法进校园"活动、烟台市的"千名教师访万家"、"学生带法进家"活动、德州市的学校普法月、教职工学法日活动等。通过各种形式的法制培训,广大教师树立了以人为本、爱岗敬业和以法施教的观念;广大表少年学生掌握了基本的法律知识,增强了法制观念和自我保护意识,依法治教、学法用法已蔚然成风。

2. 普法方式上,坚持"省厅主导,多层并举"的方式。省教育厅根据山东省的实际情况以及山东省教育事业发展状况,制定了全省教育系统"五五"普法规划。近年来,省教育厅每年组织召开一次教育法制工作会议,安排部署普法宣传工作,不断加强全省教育法制建设工作的领导。省教育厅还将相关的法律文件印制成册出版发行,如出版了《教育行政执法手册》,2007年5月协同山东省人大教科文卫委员会出版了《山东省义务教育执法检查手册》等。各市地根据其自身的情况,也开展了具有特色的普法活动,如菏泽市单县的"法律进校园"活动,临沂市罗庄区教育局、检察院联合举办的"预防职务犯罪"图片巡回展活动,日照市的法制长廊活动、淄博市临淄区的"点园式"法制教育工作法、莱芜市的家法法制学校、泰安市东平县的"六化三结合"方式、枣庄市中区的"十个一"活动、东营市东营区的"法制进校园、法律伴我行"系列活动等。

(二)法制建设稳步前进,山东省教育法制体系初步形成

教育立法是推进依法行政的基础和前提,教育法制建设一向是山东省教育工作的重点之一,山东省的教育法制建设一直在稳步地发展。

1. 加大立法进度,完善教育法制体系。各级教育行政部门根据全面构建现代国民教育体系和终身教育体系

的需要，针对教育改革和发展中出现的新情况、新问题和热点、难点问题，按照条件成熟、突出重点、统筹兼顾的原则，结合当地教育事业的发展状况，及时制定相应的法律文件。特别是自2004年《中华人民共和国行政许可法》和《国务院依法行政实施纲要》的颁布实施以来，山东省教育法制建设进入了一个新的阶段，出台了一系列地方性法规、规章及规范性文件，目前已经形成了科学合理的依法行政法律体系。据统计，到目前为止，山东省共出台了19件地方性法规，其中省级5件、市级14件(其中济南5件、青岛7件、淄博2件)，规章共8件，其中省级规章3件，市级5件(其中济南2件、青岛2件、淄博1件)。行政规范性文件共计93件。

2. 及时梳理法律文件，明确行政执法依据。在加大立法进度的同时，省教育厅还及时做好相关法律文件的梳理工作，以确保教育法律体系的和谐性，并与时俱进。2007年8月，省教育厅对山东省现行的与教育相关的法规和规章进行清理，对其中的22件行政法规和规章提出了废止、失效和修改的建议。通过对教育法律文件的梳理，进一步明确了教育行政执法的依据，保证了合法性，增强了合理性。

(三) 执法行为有效规范，行政执法步入法治轨道

山东省教育行政部门严格遵循“合法行政、合理行政、程序正当、高效便民、诚实守信、权责一致”的原则和“执法有保障、有权必有责、用权受监督、违法受追究、侵权须赔偿”的要求，建立了权责明确、行为规范、程序正当、保障有力的行政执法责任体制，同时按照法定授权明确各执法岗位的职责、权限、范围和法律责任，形成了完善的行政执法体系，主要体现在以下几个方面：

1. 全面推进政务公开。通过建立教育信息网络，在办公场所设置公示栏或电子触摸屏，设立咨询举报电话等方式，将各类教育信息对社会开放，为公众获取信息和办理事情提供方便。2004年《中华人民共和国行政许可法》颁布实施后，山东省各级教育系统依据行政许可法的要求，建立起了专门的行政许可办理平台，在网站以及办公场所设置了公示栏。通过多种方式推进政务公开，便利了群众，同时提高了行政执法效率。

2. 健全完善行政决策和工作机制。依法行政过程中，山东省教育系统始终坚持依法、科学、民主决策，坚持便民以及促进山东省教育事业健康发展的原则，对各行政审批、许可等项目严格按照法定程序办理。凡是涉及教育改革与发展的重大决策，事先组织专家进行必要性和可行性论证，并由集体研究决定。通过合理而高效的行政决策程序，不断提高教育决策的科学性、实效性与便民性。

3. 不断加大行政执法力度。各级教育行政部门不断加大行政执法力度，依法开展教育秩序整治活动，加大行政执法的主动性，取得良好的效果。主要有以下工作，一是2007年5月，省人大常委会组织在全省开展了《义务教育法》执法检查，促进了《义务教育法》的贯彻实施，推进了全省义务教育工作的深入发展；2008年6月，配合省人大常委会完成了在全省开展的《中华人民共和国未成年人保护法》执法检查，对于提高全社会法律意识，维护未成年人的合法权益起到很好促进作用。二是严格规范办学行为，对改制学校进行了清理规范；出台相应规范性文件，依法规范中小学校办学行为，2007年12月，省教育厅对存在未按规定开设课程、违规招生、纵容学业水平考试作弊等办学行为的学校进行了处罚，撤销了5所学校的“省级规范化学校”称号，对其他5所学校进行了通报批评。此外还出台相应文件加强成人教育和民办教育管理工作，切实加强对成人高等教育和继续教育校外办学站点的监管，加强全省各类学校招生广告审核备案管理工作。三是规范教育收费行为，坚决治理教育乱收费行为。特别是中小学教辅材料以及中小学教材价格管理，大力推进中小学教材集中招标采购制度，减轻学生经济负担。

4. 扎实做好依法治校活动。近几年来，山东省教育系统大力推进依法治教工作，积极推动学校依法规范办学，完善学校各项民主管理制度，实现学校管理与运行的制度化、规范化。2006年至2008年，在各市地教育局的配合下，省教育厅先后两次在全省开展了“山东省依法治校示范学校”活动，通过依法治校活动的，进一步推进了山东省教育系统依法行政工作的进展。

(四) 监督机制不断完备，依法行政得到重要保障

依法行政的有效推进，离不开健全的监督机制予以保障。山东省教育系统不断完善执法监督机制，到目前已经形成权力机关监督、党内监督、司法监督、行政监督、舆论监督、社会监督等多重监督体系。省教育厅依法加强行政监督工作，对诉讼案件积极应诉，对行政复议、申诉等及时处理，近几年来，办理学生申诉5件，教师申诉5件，其他行政相对人申诉1件，行政复议案件3件，有效地化解了矛盾，保障了群众的权益。各市地也采取灵活多样的监督方式，如济南市长清区的“教育民情电话”，加强了教育与社会的沟通，罗庄万人为教育行风“打分”，济宁市微山县聘请百名教育监督员，这些监督措施有利于推进观念更新、作风转变、环境优化，加强社会监督，改进教育部门工作作风，规范学校办学行为，树立教育良好形象，确保教育和谐发展。

综上所述，山东省教育系统取得成绩的经验主要在于：一是强化意识培养，形成了依法行政的思想基础；二是加快法制建设，形成了依法行政的坚实平台；三是重视监督保障，形成了依法行政的约束机制；四是转变工作作风，开创了依法行政的新局面。

二、山东省教育系统依法行政中存在的问题

虽然近年来山东省教育系统依法行政工作取得了较好成绩，但仍然存在一些不可忽视的问题。产生问题的原因是多方面的，既有客观方面的原因，如社会经济的发展速度快于法制发展，这使得教育中的一些新问题的处理缺乏法律依据，也有一些主观方面的原因，如部分行政人员法治意识淡漠。既有旧体制遗留下来的原因，如旧的行政管理模式对依法行政的消极影响，也有因社会经济快速发展而出现的新问题。

（一）部分行政执法人员的法治意识不强

虽然近几年来全省教育系统的法治意识得到了很大的提高，但仍有部分人员的法治意识较差，主要表现在以下几个方面：

1. 部分行政执法人员法治意识差。在执法过程中，争权争利、通过对法律解释扩大自己利益、通过自行制定规范性文件扩大权力以及改变法定职权、对一些对自己有利而与现行法律相冲突的文件仍然执行的现象时有发生。有的行政人员在执行职务过程中拈轻怕重、趋利避责，对法律规定有利的就执行，不利的不执行，或者只实现和享受法律赋予的利益和权力，而不尽义务和责任，或者只对增设机构、拨款、审批、罚款感兴趣，而对有关职责履行等则不予过问。在现有的规范性文件中，存在着扩大管理职权、任意给管理对象设立义务，随意限制公民和法人权利等倾向，也出现了同一行为在不同地区有不同处理结果或同一行为却有两种不同处理方式的情况。受旧的行政管理思想的影响，部分行政执法人员，甚至部分领导人员的依法执政观念较差，行政执法不依照法律办事，办事不依照法定程序进行，“拍脑门”决策现象仍然存在。

2. 部分学校、教师的法治意识淡漠。主要表现在学校不按规定，占用学生的休息时间，加重学生的学习负担，还有部分学校存在乱收费现象。在我们接到的举报电话中，学校不按规定休息，乱加课等侵犯教师、学生权益的问题仍比较突出。

（二）法制体系尚不完善

法律往往落后社会经济的发展，近几年来，山东省教育事业发展迅速，这导致了与教育相关的部分法律与之相脱节，一部分法律法规体现出了滞后性，调查过程中，许多市地教育局指出了山东省教育法制中存在的一些问题：

1. 相关法律文件缺失。济宁市教育局指出，目前有关学校安全方面的“法”，比较直接的有教育部颁布的《学生伤害事故处理办法》和教育部、公安部等10部门联合出台的《中小学幼儿园安全管理办法》，但这仅仅是部门规章。一旦学校出现安全事故，走法律程序时只能作为“参照”，法律效力的层级达不到法律、法规的效力。而山东省大部分地市没有严格意义上的“立法权”。以省人大的名义出台专门的地方性法规，可以进一步提高各级政府、有关部门和社会各界对学校安全工作重要性的认识，进一步明确学校安全管理的内涵和外延，进一步界定政府、部门、学校、社会、学生、家长各自的责任，对于加强学校管理、确保师生安全、维护学校正常教学秩序，将起到非常重要的规范和促进作用。潍坊市教育局指出，现在文件或政策中对民办中等职业学校和普通高中设置标准、民办学校收费使用的发票和注册资金管理规定、民办学校合理回报和税费等缺乏具体规定，应制定相应的规范性文件予以指导。济南市教育建议省教育厅制定《山东省学前教育条例》、《山东省民办幼儿园管理办法》、《山东省农村集体性质幼儿园教师养老办法》等法律文件。德州市教育局认为，山东省需要制定《山东省中小学幼儿园安全管理条例》、《山东省学前教育管理条例》等地方性法规或规章。

2. 相关法律文件不完善。济南市教育局指出，关于下放《教师荣誉证书》颁发权限有关问题的通知（鲁教人字[2005]21号）所界定的发放范围太宽泛，某些部门核定退休人员待遇时经常产生误解，建议省教育厅修改。此外，鲁财教[2006]46号文对免杂费和补助生均公用经费资金来源界定不明确，导致部分县（市）区错误的理解，并在安排资金时使用了教育附加费和地方教育附加费管理用于免杂费和补助生均公用经费，建议省教育厅进一步分项明确。泰安市教育局指出，缺少关于推进职业院校校企合作方面的可操作性强的政策文件，这使得在明确企业参与职业院校建设的责任和义务，如何引导企业积极主动参与职业院校建设缺乏法律与政策依据。此外省教育厅还应列出省、市、县教育行政部门审批和备案的项目及程序以及行政处罚的项目及程序。

3. 相关法律文件滞后。济南市教育局提出，实施农村义务教育经费保障机制改革后，省定农村学校的公用

经费标准逐年提高，而城市义务教育预算内公用经费标准一直参照2004年省定标准，此标准已经远远低于农村义务教育公用经费省定标准。此外，山东省工资制度改革领导小组关于转发省教育厅《关于教师教龄津贴实施办法》的通知（鲁工改[1985]6号）和《关于提高中小学班主任津贴和建立中小学教师超课时酬金制度的实施办法》的实施意见（鲁人薪字[1989]5号）。这两个文件下发时间都是在80年代，按现在的工资收入和消费水平，原来的标准已经失去激励作用，建议省教育厅修改。德州市教育局提出，目前执行的《山东省人民政府办公厅〈转发省编委办公室等三部门关于调整中小学教职工编制标准的意见〉的通知》（鲁政办发[2002]44号）文件应修改，特别是农村小学教职工编制，教职工与学生比1∶23的比例应根据农村小学的实际情况，减少师生比。另文件规定，中小学教职工编制每3年核定一次，全省于2001年底核编，现已过去近7年，应尽快核编。

（三）行政权限体系不顺畅

合理划分和依法规范各级行政机关的职能和权限是转变政府职能，深化行政管理体制改革的重要内容，山东省教育系统在行政权限的划分上存在着一些不合理之处，与山东省教育事业发展要求不相适应。调查过程中，济南市教育局反映，《山东省人民政府办公厅印发关于支持济南市加快发展若干事项的通知》（鲁政办字[2005]45号）管理权限调整下放事项中将市属高等专科层次（含学历教育民办高校）和非学历民办高校的设置及专业审批权、学籍管理及毕业审核权，市属普通中专（含职业学校）与市属高校举办五年一贯制、三二连读资格审批权，中等（含高中）层次以下教育机构的中外合作办学项目审批权，市属高校和中等及其以下学校接受外籍学生就读资格的审批下等四项审批事项下放到济南市，但在实际操作过程中，这四项审批权还没有下放，建议省教育厅在条件成熟时尽快落实下放权限。青岛市教育局建议，在市属高校审批，市属普通中专（含职业学校）与市属高校举办五年一贯制、三二连读资格和招生计划审批，市属高校和中等及以下学校接受外籍学生就读资格审批，高等专科中外合作办学机构和项目审批，外籍人员子女学校审批管理，市属中等以下学校编制核准，普通话水平测试及证书验印等七方面扩大其自主权限。

三、完善山东省教育系统依法行政的建议

教育行政部门依法行政的水平事关重大，不仅直接关系到党和政府的形象，还关系到教育事业的健康发展、增强学校自主发展的活力以及人民群众满意不满意等。全省教育系统要充分认识到依法行政的重要性和紧迫性，高标准、严要求，不断创新教育行政管理方式，加大依法行政工作的推进力度。针对当前山东省教育系统依法行政中存在的问题，结合山东省的实际情况，提出以下完善建议。

（一）增强依法行政观念，提高依法行政能力

将提高依法行政观念做为长期工作来抓，要继续坚持以往好的经验，同时创新方法，结合新的时代要求，坚持不懈地抓法治意识建设。主要从两方面入手：

1. 进一步加强山东省教育管理部门执法人员的依法行政观念。各级教育行政管理部门都要把学习法律做为一项长期的战略性任务来抓，要定期组织进行法律学习，实施执法资格考试，对那些法制意识淡薄、业务素质差的执法人员应予淘汰。要提高执法队伍的整体素质，特别要提高领导干部的法制意识。各级领导干部都要带头学法，掌握法律，特别要做到不干扰和阻碍行政部门依法办事，切实使依法行政工作得到推进。

2. 要加大社会群众的法治意识培养力度。要通过各处方式与途径，全面提高社会公众的知法守法意识，要拓宽教育面分类实施。通过典型案例，有针对性地宣传法律法规。要重点做好教师与学生的法治意识培养工作，建立教师法律学习培训考核制度，并将考核结果与教师的切身利益结合起来。

（二）加大立法进度，制定好中长期法制规划

为适应新形势对依法治省工作提出的新任务新要求，山东省教育系统要加大教育立法进度，制定好中长期教育法制规划。主要做好以下几方面工作：

1. 做好法律的立、改、废工作。主要有以下几方面：

（1）进一步健全山东省地方教育法规体系。根据山东省社会经济以及教育事业发展需要，加大山东省教育法律体系的完善进度，完善过程中要做到两个保证：一是要保证立法工作计划的科学性和严肃性，地方性法规、规章、规范性文件的制定要符合宪法和法律规定的权限和程序，要充分反映山东省教育事业发展的客观规律。二是要保证立法质量。在充分调查研究、总结实践经验的基础上，采取座谈会、专家论证会、听证会、书面征求意见、网上征求意见等形式广泛听取有关机关、组织、公民、专家、教育工作者的意见，使山东省的教育立法更具科学性与可操作性。

(2) 完善地方性教育法规和规章的定期清理制度。对于正在实施的地方性教育法规和规章，省教育厅应组织开展年度实施情况评估，发现有与上位法不一致、被新的立法所取代、不适应现实需要等情形的，要及时提请立法机关修改、废止。

(3) 建立和完善规范性文件的制定程序和定期清理制度。规范性文件的制定要以宪法、法律、行政法规以及规章为依据，制定过程中，要积极听取各方面的意见，严格按照程序时行，并及时报有关部门备案。教育行政部门要根据法律、法规和规章的修改变化以及客观情况变化，及时做好教育规范性文件的修改、废止工作。

(4) 定期汇编并公开教育法律文件。要定期将山东省教育系统内生效并执行的法律文件予以汇编，并将汇编材料及时公开，方便群众查阅。

2. 做好山东省教育系统教育法制中长期规划。

从现在至2020年，是建设平安山东，构建社会主义和谐社会，加快山东省经济社会全面发展的关键时期。山东省教育系统应根据省政府国民经济和社会发展规划以及建设经济文化强省的新目标，以科学发展观以及十七届三中全会精神为指引，结合山东省教育事业发展实际，做好山东省的教育立法工作。要做到以下几点：一是立法具有科学性，即立法要把握山东省教育事业发展规律，与山东省教育的发展现状相适应；二是立法具有前瞻性，即立法要与山东省教育事业的未来发展方向相吻合。根据山东省教育事业的发展，山东省立法工作的要求以及山东省教育法律法规建设的现状，按照适度超前的原则，制订山东省教育法制中长期规划。到2020年建立起较为完善的教育地方法规体系，完成《山东省实施〈中华人民共和国义务教育法〉办法》、《山东省职业教育条例》、《山东省学前教育条例》、《山东省实施〈中华人民共和国民办教育促进法〉办法》、《山东省实施〈中华人民共和国高等教育法〉办法》和《山东省实施〈中华人民共和国教师法〉办法》等的制订、修订工作，为山东省各类教育事业发展提供法制保障。当前要着重做好2009年立法计划建议项目，即修订《山东省实施〈中华人民共和国义务教育法〉办法》与《山东省职业教育条例》。

(三) 转变政府职能，完善行政执法

1. 规范教育执法行为。教育执法活动必须严格遵守法定权限和程序，坚决纠正教育执法不力、执法违法、执法扰民、执法“寻租”等损害教育行政部门形象的现象。要明确行政执法中的责任，加强行政执法的主动性，对群众关心的热点与难点问题要及时予以解决。

2. 加大政务公开力度。按照“阳光政府”的要求，在山东省教育系统继续全面推行政务公开制度，除涉及国家机密和依法受到保护的商业秘密、个人隐私的事项外，凡与人民群众切身利益密切相关的、可以公开的事务都应当公开，保证群众对教育的知情权、参与权和监督权。各级教育行政部门应通过多种渠道公开政务信息：一是强化信息管理工作，统一向新闻媒体发布教育信息，加强与新闻媒体的沟通和交流；二是充分发挥互联网的优势，完善山东省教育信息网络，及时发布政务动态、各项政策、规范性文件、办事指南等，方便群众查阅；三是加大与相关立法和行政部门的联系与沟通，如省人大常委会、省法制办以及其它相关业务部门等，互通信息，共享资源，提高办事效率。四是针对当前存在的问题，应尽快完善行政审批与许可项目的公开，做到“内容、承办处室、依据、条件、程序、时限、联系方式、救济渠道”等内容的公开，并以方便群众查阅的方式予以公布。

3. 严格依法行政程序。教育部门在行使行政职权时，应当坚持程序正当原则，不仅要重实体，还要重程序，切实将教育行政管理行为纳入法治轨道。在进行行政许可、行政审批、行政处罚以及其它履行行政职责时，必须严格遵守法律规定的程序，对于不按程序办事的行政人员，要责令及时纠正，并追究相关人的责任。

4. 加快推进行政执法责任制度。在对教育行政执法依据以及职权进行梳理和规范的前提下，将行政执法责任分解到各责任处室。为使相关处室更加明确其职责，建议将行政执法依据、行政执法职权、行政许可与处罚流程、行政责任承担等内容分类编制成册，做到相关人员人手一册，并督促其学习。

5. 进一步改革行政管理方式。进一步转变教育行政管理职能，将其转到为行政管理相对人服务和创造良好教育环境上来，各教育部门要将主要精力放在宏观调控与科学决策上，防止行政行为越位、错位。宏观调控过程中，要综合运用法制、规划、评估、信息服务、政策指导和必要行政手段对教育进行管理，同时注意间接管理、动态管理和事后监督手段的运用。当前山东省教育系统要着重做好两件事，一是进一步理顺不同层级行政部门之间行政职权的划分，在条件成熟的情况下，省教育厅要主动放权，以调动地方教育局依法行政的积极性与主动性。二是进一步推进政校分开、政事分开。凡是学校能够自主解决的，凡是教育行业组织或中介能够解决的，凡是通过事后监督可以规范的，各级教育行政部门都应主动放权。

(四) 强化监督措施，完善救济渠道

1. 强化监督措施。教育行政行为监督的目的在于保证依法行政的合法性、合理性以及科学性。要充分发挥各种监督方式的作用，一是要做好内部监督，各教育部门要主动接受各地政府、行政监察部门、审计部门以及上级主管部门的监督，同时做好内部的监督。二是要主动接受外部监督，自觉接受来自权力机关、司法机关、社会舆论等方面的监督。

2. 完善救济渠道。一是认真做好行政复议工作，创新行政复议方式，加强行政复议机构的队伍建设，完善教育行政复议责任追究制度等。二是完善行政诉讼制度正确对待行政诉讼，对人民法院受理的行政案件，应当积极出庭应诉，对人民法院依法作出的生效行政判决和决定，应当自觉按时履行。三是严格执行行政赔偿和补偿制度，切实维护教育行政管理相对人的合法权益。

（五）其它完善建议

1. 设立定期会议制度。各级教育行政部门应定期举办本行政区域内的依法行政工作研讨会，就本行政区域内依法行政中存在的问题进行讨论研究，并制定相应对策。此外，建议于近期召开一次全省范围内的依法行政研讨会，就现有的教育法规、规章及规范性文件中存在的问题、以及新出现的教育问题等进行研究。

2. 建立专家库。各教育行政部门应建立起自己的专家库，专家库人员包括法律专家、教育专家、政策咨询专家等。条件不成熟的教育行政部门应设有专家顾问，鼓励不同教育行政部门之间的专家资源共享。

（作者：秦河、刘德玉、姜海洋）

山东省专业学位研究生教育调研报告

山东省教育厅研究生处

专业学位（或称职业学位）是学位与研究生教育的重要组成部分，是为培养具有职业背景、适应社会特定职业或岗位实际工作需要的高层次、应用型、复合型专门人才设置的。我国自 1991 年开始实行专业学位教育制度以来，专业学位教育迅速发展，已先后设置了法律硕士、教育硕士、工程硕士、建筑学学士硕士、临床医学硕士博士、工商管理硕士、农业推广硕士、兽医硕士博士、公共管理硕士、口腔医学硕士博士、公共卫生硕士博士、军事硕士、会计硕士、体育硕士、艺术硕士、风景园林硕士、汉语国际教育硕士、翻译硕士等 18 种专业学位，基本形成以硕士学位为主，博士、硕士、学士三个层次并存的专业学位教育体系，培养了大量专业学位人才，为经济发展和社会进步发挥了重要作用。

近年来，山东省认真贯彻落实科学发展观，不断调整和优化学位与研究生教育结构，专业学位研究生教育事业取得较快发展。目前，全省已有 26 所高等学校开展了 15 种专业学位研究生教育，为经济社会发展培养和输送了一批高层次、应用型、复合型人才。但也应看到，山东省专业学位研究生教育发展过程中还存在一些问题，主要是社会对专业学位教育的重要性认识不足、重视不够；培养单位和专业领域偏少，招生规模较小；培养模式有待改进，培养质量有待进一步提升，等等。针对这些问题，在全省范围进行了广泛的调研活动。

一、山东省近 3 年授予不同层次学位人数情况

山东省专业学位研究生 2005 年招生 4010 人，在校生 10571 人；2006 年招生 5956 人，在校生 13227 人；2007 年招生 6746 人，在校生 16712 人。

2005 至 2007 年山东省授予专业学位研究生的人数，仅分别占学士学位的 2%、学术性学位硕士、博士学位的 32%。专业学位研究生教育远不能适应建设经济文化强省对各类高层次、应用型、复合型人才的需求。近 3 年，全省授予学士、硕士、博士及授予专业学位的人数见表 1。

表 1　2005～2007 年山东省学士、硕士、博士学位授予情况统计表

年份	授学士学位人数	授硕士学位人数	授博士学位人数	授专业学位人数
2005	122105	5915	672	2582
2006	160800	7910	1098	2794
2007	164202	9203	1171	3068
合计	447107	23028	2941	8444

二、山东省高层次专门人才的需求情况

按照 2003 年全国人才工作会议对人才定位的理解，高层次人才是指具有较高的知识或技能，进行创造性劳动，为推进社会主义物质文明、政治文明、精神文明建设，在建设中国特色社会主义伟大事业中做出突出贡献，就是党和国家需要的高层次人才。主要包括三大类：政府公务员中的高层次人才、企业经营管理中的高层次人才和专业技术人员中的高层次人才。

山东社会科学院课题组在收集分析 2001 至 2007 年全省国民经济 19 个行业门类大专以上人才学科专业数据基础上，首次建立了山东省“行业——学科人才增量转换矩阵”，并依此矩阵测算出今后 3 年全省国民经济各行业部门对不同学科大专以上的人才需求状况。按照过去 7 年的趋势预测，未来 3 年全省社会经济各部门对高校各学科大专以上毕业生净需求总量为 65 万人左右。其中，对学科专业人才需求首推经济学专业，需求量为17.78 万人；列第二位的是管理学，需求量为 10.35 万人；列第三至五位的分别是理学、工学、医学。今后 3 年对学科专业人才需求最弱的学科是历史学，需求量仅为 0.08 万人。

山东省第十一个五年计划中提到：“到 2010 年，党政人才达到 32 万人，企业经营管理人才 200 万人，专业技术人才 500 万人；高技能人才 100 万人，中级工占技术工人的比重达到 60％以上，高级工以上比重达到 20％以上；农村实用人才 200 万人。”当前，山东省高层次人才结构存在的主要问题有：(1) 高级公务员：主要问题是年龄结构不合理，平均年龄偏大，学历结构偏低。(2) 高层次管理人才：学历结构偏低，尤其是民营企业地区结构不均衡；传统行业结构比例大，新兴高科技行业高层次人才缺乏。(3) 专业技术高层次人才：年龄结构偏高；部门结构不合理，大多集中于高等院校、科研机构、政府部门，企业中比例小；传统行业高层次人才集中，新兴行业和高科技领域严重不足；区域结构不均衡，东部集中，西部少。根据山东省“一体两翼”经济发展思路，围绕打造“一体”，加快三大基地建设。一是以济南 CIIIC 建设为依托，打造济南信息通信产业基地。二是以济南、淄博、威海、莱芜等为依托，以晶体材料、氟硅材料、碳纤维、冶金材料的开发为重点，打造新材料产业基地。三是以沿海 8 市为依托，发挥国家技术优势，规划建设一批海洋产业开发基地，为海洋产业链条的形成和海洋经济发展提供支撑。围绕丰满“两翼”，加快“一区一带”建设。在北翼，依托现有国家可持续发展实验区，建设黄河三角洲生态高效经济技术创新示范区，促进鲁北生态高效经济区建设。在南翼，加快鲁南星火产业带建设，以高新技术和先进实用技术改造提升传统产业。根据山东省经济社会发展要求，结合山东省高层次人才现况来看，山东省对高层次人才有以下需求：环境科学、循环经济、农村经济发展、职业规划和社会保障方面人才急缺；新兴行业和高科技领域急需高层次人才；企业领域高层次人才严重不足；高层次管理人才紧缺；高层次人才的年龄和区域结构有待优化。

三、专业学位研究生教育存在的主要问题

(一) 专业学位教育缺乏权威的制度定位和认可

1996 年，国务院学位委员会通过的《专业学位设置审批暂行办法》第十条规定“各专业学位所涉及的有关行业部门应逐步把专业学位作为相应职业岗位(职位)任职资格优先考虑的条件之一”，但是，目前大部分专业学位的社会认可度不高，尤其是一些刚刚设置的专业学位，用人单位更是没有将其作为引进人才或是晋升职称优先考虑的条件之一，大众心理上普遍认可的还是具有“双证”的学术性学位，造成整个社会甚至受教育者本人对专业学位的认可度不高，用人单位在人才招聘中更没有体现出对专业学位教育的重视。因此，除在法律上定位以外，还需进行相应的配套改革，如社会用人机制改革等，将专业学位教育与行业准入制度结合并切实落到实处。2001 年，教育部和国务院学位委员会在首次全国专业学位教育工作会议之后联合下发了《关于加强和改进专业学位教

育工作的若干意见》，该意见指出“专业学位人才培养与学术性学位人才培养是高层次人才培养的两个重要方面，在高等院校人才培养工作中，具有同等重要的作用”。而我国目前唯一的国家级学位准则是《中华人民共和国学位条例》，该条例中没有学术性学位和专业学位的明确划分。而且，我国研究生教育起步时的定位是“培养高等学校教师和科研机构的科研人员”，并为此贮备后备学术力量。与学术性学位教育相比，专业学位教育缺乏权威的国家定位，有必要及时修订国家学位条例，并将专业学位纳入立法，明确它与学术性学位同等重要的身份。

（二）教育内部对专业学位的认识和工作不准确不到位

从目前的情况看，不仅社会对专业学位不了解，不清楚，作为专业学位研究生的培养单位对专业学位的认识也不到位。比如什么是专业学位、专业学位的内涵是什么，专业学位和学术性学位到底有何区别、专业学位的知识体系与架构与学术性学位有何区别、专业学位研究生的论文与学术性位论文有何区别、评价体系有何区别等等都不太清楚，使得专业学位教育在招生、培养、管理等各个方面出现不规范的地方，从而严重影响了专业学位研究生的培养质量。

在学校层面上普遍存在四大不良倾向。一是边缘化倾向。没有把专业学位学教育纳入到整个研究生教育的体系中进行统筹安排，缺乏应有的管理、投入和质量保证措施。二是培训化倾向。集中学习开大班，疏于管理，教学松散。三是营利化倾向。把专业学位研究生教育作为学校或学院创收的手段。四是学术化倾向。专业学位研究生教育本质上是一种职业教育，但是由于现行可借鉴的经验少，专业学位研究生的培养目前还存在过多的借鉴甚至照抄学术性研究生的培养经验，没有体现出职业教育的特点。在授课内容和培养过程中重视基本理论和专业知识的学习，忽视了实践技能的培养。

（三）专业学位的培养模式单一

目前，我国专业学位教育一般采用通过全国联考入学，采取进校不离岗的非全日制方式培养，学员毕业获得“单证”，即专业学位证书。专业学位教育不仅仅为提升在职人员水平服务，更重要的是为社会培养大量具有职业能力的高级专门人才，应更多的招收专业学位教育应届生，全日制培养，颁发“双证”。也就是说专业学位教育的目光不应只是盯在在职人员，而是要培养大量高层次职业技术人员投入社会。专业学位教育要自成系统，形成一套与学术性学位并行的专业学位授予体系。这样，专业学位教育才会有充足的生源保证，培养质量才能稳步提高。我国现行的研究生学科专业目录中有部分学科实际上是应用型和技术性的，应该尽快调整学科专业目录，把应用性、技术型的学科纳入专业学位中，研究建立专业学位研究生学科专业目录，使人才培养、培养目标和真正的社会需求结合起来。

（四）专业学位研究生培养投入不足

目前，我国专业学位研究生培养成本，以学员自费为主体，学校投入不足，国家没有投入。有些专业学位收费过高，在一定程度上影响或阻了优秀生源报考。应该把专业学位研究生培养成本纳入国家计划之内，开通本科生升入硕士专业学位教育渠道，对于大力发展专业学位研究生教育、培养适应国家经济建设、社会发展需要的应用型、复合型人才非常有利。另外，应该加强专业学位的学科建设，建立国家、省、学校三级专业学位学科建设体系，增加对专业学位学科的投入，改善专业学位培养条件。

（五）专业学位研究生教学方式不够灵活

当前，专业学位教育采用进校不离岗的培养方式，在授课方式上采用集中学习的方式。但是学员的工学矛盾特别突出，很难保证出学率。如果将远程教育结合进来，通过网络灵活授课方式，通过严格考试环节保证授课质量，不失为一个好的途径。此外，专业学位研究生的课程设置中虽涵盖了公共知识、专业基础知识、相关学科知识等多门课程，但由于其起步较晚，缺乏专门统一的教材和优秀的教学案例，甚至有的科目直接使用学术性学位教育所使用的教材，使得专业学位的教育质量很难保证。

（六）专业学位研究生师资力量有待充实和独立

师资力量主要包括导师（校内导师和校外导师）和授课教师两方面，由于专业学位教育的办学历史短，缺乏办学经验，当前专业学位的教师大都是从相关科学学位专业领域中转调进来的，因而专业学位研究生缺乏专职教师的指导。对于校内导师，大都同时兼任学术性学位研究生导师，他们对专业学位研究生该怎样培养缺乏研究，认识也不到位，大多照搬学术性学位研究生的培养模式。此外，专业学位教育中的第二导师指导缺乏有效的监管和落实，有的处于名存实亡的状态。为提高专业学位教育质量，有必要尽快培养一批专职的师资力量，并与学术性学位师资相互独立。

（七）专业学位研究生考试科目应统筹考虑

比如：统一开考GCT、专业综合；专业基础课由招生单位自主组织。另外，对专业学位的开设，国务院学位办应充分尊重各省学位办的意见，以适应各省对专业学位人才的需求。

四、需要设置的专业学位类型及层次

当前，我国共有18种专业学位类型，涉及69个领域，详见表2、3。按照1997年教育部公布的授予博士、硕士学位和培养研究生的学科、专业目录，我国现有12大学科门类，86个一级学科，381个二级学科，见表4。

表2 我国现有专业学位类型统计表

序号	专业学位名称	简称	代码	下设领域	设置年份	培养形式	设置层次
1	工商管理硕士	MBA	460101		1991	非全日制	
2	建筑学硕士				1992	非全日制	学士/硕士
3	法律硕士	J. M	410100		1995	全日制/非全日制	
4	教育硕士	Ed. M			1997	非全日制	
5	工程硕士		430100	共40个(见表3)	1997	非全日制	
6	临床医学				1998	非全日制	硕士/博士
7	农业推广硕士	MAE	470100	作物/园艺/农业资源利用/植物保护/养殖/草业/林业/渔业/农业机械化/农村与区域发展/农业科技组织与服务/农业信息化/食品加工与安全	1999	非全日制	
8	兽医硕士	VMM	480100		1999	非全日制	硕士/博士
9	口腔医学				2000	非全日制	硕士/博士
10	公共管理硕士	MPA	490100		2000	非全日制	
11	公共卫生硕士	MPH	510100		2001	非全日制	
12	军事硕士				2002	非全日制	
13	会计硕士	MPAcc			2004	非全日制	
14	体育硕士	MSP			2005	非全日制	
15	风景园林硕士	MLA			2005	非全日制	
16	艺术硕士	MFA			2005	非全日制	
17	汉语国际教育硕士	MTCSOL	570100		2007	第一年脱产	
18	翻译硕士	MTI			2007	第一年脱产/不脱产	

表 3　工程硕士领域统计表

序号	工程领域名称	序号	工程领域名称	序号	工程领域名称
1	机械工程	15	测绘工程	29	环境工程
2	光学工程	16	化学工程	30	生物医学工程
3	仪器仪表工程	17	地质工程	31	食品工程
4	材料工程	18	矿业工程	32	航空工程
5	冶金工程	19	石油与天然气工程	33	航天工程
6	动力工程	20	纺织工程	34	车辆工程
7	电气工程	21	轻工技术与工程	35	制药工程
8	电子与通信工程	22	交通运输工程	36	工业工程
9	集成电路工程	23	船舶与海洋工程	37	工业设计工程
10	控制工程	24	安全工程	38	生物工程
11	计算机技术	25	兵器工程	39	项目管理
12	软件工程	26	核能与核技术工程	40	物流工程
13	建筑与土木工程	27	农业工程		
14	水利工程	28	林业工程		

表 4　学科门类与专业学位关系表

学科代码	学科名称	一级学科	二级学科	已有相关专业学位	
01	哲学	1	8	0 个	
02	经济学	2	16	0 个	
03	法学	5	31	1 个	法律硕士
04	教育学	3	17	2 个	教育硕士、体育硕士
05	文学	4	29	3 个	汉语国际教育硕士、翻译硕士、艺术硕士
06	历史学	1	8	0 个	
07	理学	12	50	0 个	
08	工学	32	111	2 个	建筑学硕士、工程硕士
09	农学	8	27	3 个	农业推广硕士、风景园林硕士、兽医硕士
10	医学	7	54	3 个	临床医学、口腔医学、公共卫生硕士
11	军事学	7	16	1 个	军事硕士
12	管理学	5	14	3 个	工商管理硕士、公共管理硕士、会计学
	合　计	86	381	18	

从表 4 可以看出，目前尚没有专业学位设置的学科门类有哲学、经济学、历史学和理学，从学科自身特点和发展需求来看，有必要设置经济学中的应用经济学、理学中的大气科学专业学位领域。

已有专业学位的8个学科当中，工学涉及领域最多，共计40个，其下设的32个一级学科除力学和信息与通信工程以外全部设置了相关专业学位，根据学科特点，工学中还需增加的专业学位领域是“信息与通信工程”。此外，根据各学科门类下一级学科特点和社会发展需求，需设置的专业学位有：

法学中的社会学，可设置社会保障领域；文学中的应用心理学和新闻传播学；医学中的中医学、中西医结合临床和药学；管理学中的农林经济管理。

关于专业学位的设置层次，建议将硕士学位作为专业学位教育的终极学位，因为它是一种职业教育，侧重的是职业能力的提升，国外很多国家就是将职业教育的最高学位设置为硕士层次。

五、专业学位研究生教育质量保障体系的构建

我国专业学位教育受国务院学位委员会的宏观领导和各专业学位教学指导委员会的直接领导，目前基本上形成了一套政府宏观调控，专家咨询指导和学校自主自律办学的运行机制。相比于学术性学位教育而言，专业学位研究生教育在培养目标、知识结构、能力要求及学习形式上存在很大不同，其质量保证体系没有现成的模式。根据其特点，可考虑从以下几个方面构建：

（一）给予办学单位充分的自主权

办学单位是专业学位研究生教育的实施者，应当在保证质量的前提下享有充分的办学自主权，减少行政力量对大学的约束，按照教育规律和自身特色以及所在区域经济社会发展等因素充分而自由的发展，从而提高其发展的自觉性、创造性和能动性。

（二）构建合理的专业学位知识体系

要实现专业学位与学术性学位培养目标的不同，其根本在于知识体系的构建，通过这一核心来指导课程设置、教学内容、教学方式，以及制定合理的学位论文标准、培养模式、管理制度、监控机制、评价标准等各个方面。依据其职业特点，知识体系可从以下三个方面构建：

1. 系统的职业领域知识体系

专业学位研究生教育归根到底，就是为某一职业领域培养高层次应用型人才，检验合格与否的唯一标准就是其“任职资格”是否达到。因此，应该职业背景差异对知识的不同需求来组织授课内容，构建起合理的职业领域知识体系。

2. 职业的社会科学知识体系

专业学位研究生在实际工作中，不仅仅是面对本专业领域，还要面对经济、社会、技术、产业、市场和资源环境等多个领域。因此，专业学位教育的培养，应该充分体现出“复合型人才”的特点，在职业领域知识纵向加深更新的同时，还要横向拓宽他们的相关知识领域，构建起“职业的社会科学知识体系”。通过这一知识体系的学习，使该类型的研究生既有较好的实践能力又有较高的人文素养。

3. 科学的思维知识体系

思维是人所特有的认识能力，是人的意识掌握客观事物的高级形式。思维在社会实践的基础上，对感性材料进行分析和综合，通过概念、判断、推理的形式，造成合乎逻辑的理论体系，反映客观事物的本质属性和运动规律。因为专业学位研究生的培养，只是在规定时间内完成某一个方面的一个课题，而在其毕业后的更长时间的实际工作中，会遇到各种各样的问题。此时，如何解决遇到的问题，解决问题的方法是否科学等，也就是科学思维能力需要在专业学位教育阶段锻炼和培养，这是很重要的。

（三）办学单位要严格自律，规范各个相关环节

办学单位在享有办学自主权的同时，要严格自律，规范各个培养环节：

1. 生源质量的控制。生源质量是保障培养质量的基础和前提，是决定培养质量的第一道关口。为此，必须根据专业学位研究生教育的特点，建立公开、公正、透明的招生制度和科学合理的复试标准。针对跨专业生源比例大的现象，严格把握两条标准，即要么所学专业与报考专业属于同一学科门类，要么所从事行业与报考专业相关，从而保证招生质量。

2. 培养环节的优化。在培养环节上，除了积极争取国家、地方和学校的经费支持以外，重要的是及早让学员进入课题研究，严格中期考核，严格论文标准和盲评制度，规范预答辩、答辩环节，创新培养模式等。此外，还要根据专业学位研究生教育的特点，合理设置课程，改进教学方法，同时，在培养过程中注意提升学员的职业道德素养。

3. 加强导师队伍建设与培训。师资状况是影响培养质量的直接因素，必须加强对专业学位导师的管理，逐步建立一支独立的高素质专业学位导师队伍。首先，要充实专业学位导师队伍，其次，要加强对导师的业务培训和管理，实行导师遴选和考核的动态管理方式，优胜劣汰，竞争上岗，最大限度地调动教师的积极性。

4. 建立科学完善的规章制度。认真研究专业学位研究生教育规律，逐步完善各项规章制度，并在实践中不断改进和创新，从制度上规范办学行为，创造良好社会声誉，保证教育质量稳步提高。

5. 完善内部管理和监控机制。除了国家和地方的大政方针对专业学位的具体指导和要求之外，对专业学位的管理工作主要来自于各培养单位。专业学位教育的整个过程，都要靠管理工作来维系和发展，因此，各相关学院和学校管理部门必须加强对各个环节的管理，重视管理的全过程，确保各个环节的都有质量保证。此外，要健全内部监控机制，由学校的相关管理部门或者专门的教育质量监督委员会实施，进一步保证教育质量。

（四）建立完善的外部质量监控体系

完善的外部质量监控体系是专业学位研究生教育质量保障的必要和有益补充。当前，我国专业学位教育质量监控体系的主体为教育部学位与研究生教育发展中心，专业学位全国教育指导委员会和研究生院院长联席会等为代表的专业学位教育方面的社会中介机构。要充分发挥各个中介的作用，由各个中介从不同层次和侧面通过不同方式（如质量评估、跟踪调研、抽样检查等）进行专业学位教育的质量监控，保障专业学位的教育质量。

六、进一步加强专业学位研究生教育工作

要适应山东省经济社会发展需要，坚持“加快发展、改革创新、提高质量、服务社会”的方针，着力构建特色鲜明、类型齐全、结构合理，有利于高层次、应用型、复合型人才培养的专业学位研究生教育体系，增加专业学位培养单位，健全专业学位类型，拓展培养领域，调整和优化学科专业结构，扩大培养规模。“十二五”末，全省专业学位与学术学位硕士研究生的比例力争达到1∶1；实施专业学位优秀品牌建设工程，突出培养特色，教育质量和办学效益不断提高；产学研合作进一步加强，重点建设100个左右省级研究生联合培养基地；国际交流与合作不断深入，专业学位研究生教育的国际化程度有所提高；逐步建立起适应经济社会发展需要、符合专业学位研究生教育发展规律的培养体系和发展机制。

各级政府、各有关部门要充分认识专业学位研究生教育在经济文化社会发展中的地位，将各级各类人才参加专业学位研究生培养纳入当地人才建设和继续教育的总体规划。加强对专业学位研究生教育工作的组织领导，教育、财政、人事、经贸、科技等部门要建立协调机制，统筹协调专业学位研究生教育工作，推动专业学位研究生教育又好又快发展。

各培养单位要把专业学位研究生教育放在与学术学位研究生教育同等重要的位置切实抓紧抓好，及时研究、解决专业学位研究生教育工作中的问题和困难，把专业学位作为学校的重要品牌建设好、发展好。要明确校、院、系各个方面的责、权、利关系，理顺管理体制，充分调动各方面的积极性。要认真贯彻国家和省关于专业学位研究生教育工作的有关规定，定期开展专业学位研究生教育工作评估。要加强专业学位研究生教育管理机构建设，配齐管理人员，添置必要的设备，落实机构、人员和经费。

要充分发挥行业、企业、社会团体在发展专业学位研究生教育中的作用，积极引导各类单位建立健全继续教育制度，鼓励和支持在职人员立足省内参加专业学位研究生教育。对专业学位研究生的使用、专业技术职务资格评审、工资津贴等方面要与同级别学术学位研究生同等待遇。按照国家统一部署要求，探索专业学位与职业或岗位任职资格相互衔接的制度。要大力宣传专业学位研究生教育在经济文化强省建设中的重要作用，在全社会弘扬接受更高层次教育、提高服务经济社会发展本领的良好风尚，创造有利于专业学位研究生教育发展的社会氛围。

2008年11月

（作者：巩守柳　仲红波　薛立魁　徐文广　魏鲁真）

山东省建立县级政府教育工作督导评估制度的实践与思考

山东省教育厅督导室

我国实行“以县为主”的教育管理体制。县级政府承担着管理县域内义务教育、高中、中职、学前和成人教育的重要责任，县级政府的教育工作水平直接影响整个教育事业的健康发展。建立对县级政府教育工作督导评估制度，巩固和完善义务教育经费保障机制，对推动基础教育以及县域内各类教育的健康协调发展具有重要意义。山东省自1999年建立并实施的对县级政府教育工作督导评估制度，对于强化县级政府教育职责，完善教育经费保障机制，改善学校办学条件，提升教育发展水平，发挥了重要作用。但在实施过程中也存在一些突出的问题，影响了督导评估的效果。为更好地在全省各县(市、区)全面落实各项教育政策，促进全省县及县以下教育均衡协调发展，我们对县级政府教育工作督导评估制度的实施情况进行了调研，听取了相关方面的意见，并就有关情况进行了梳理，提出了进一步改进和完善的建议思路。

一、对山东省建立县级政府教育工作督导评估制度的回顾

(一) 制度建设情况

1998年7月，山东省人民政府印发了《山东省县级政府教育工作督导评估标准》(鲁政发[1998]48号)，标志着山东省教育督导工作开始步入对县级政府教育工作督导评估的新阶段。1999年1月，山东省人民政府教育督导室根据省政府的文件要求，制定下发了《山东省县级政府教育工作督导评估方案(试行)》(鲁教督[1999]1号)。同年3月，印发了《山东省县级政府教育工作督导评估工作制度》(鲁教督[1999]4号)，决定自1999年起，在全省建立对县级政府教育工作督导评估制度。山东省对县级政府教育工作督导评估正式进入实施阶段。

2003年4月，省人民政府教育督导室在总结各地实践经验的基础上，修订印发了《山东省县级政府教育工作督导评估方案(修订稿)》和《山东省县级政府教育工作督导评估基本程序》(鲁教督[2003]4号)，山东省对县级政府教育工作督导评估逐步走向规范化的轨道。

在建立对县级政府教育工作督导评估制度的过程中，2001年12月，省第九届人民代表大会常务委员会第二十四次会议通过了《山东省教育督导条例》，为山东省实施对县级政府教育工作督导评估制度提供了法律保障。

山东省是全国最早建立对县级政府教育工作督导评估制度的省份，不论是制度建设还是工作开展情况在全国均处于领先地位。自开展这项工作以来，先后有十多个省来山东省学习经验，促进了全国县级政府教育督导工作的开展。2004年1月，国务院办公厅转发了教育部《关于建立对县级人民政府教育工作进行督导评估制度的意见》。目前，全国有20多个省(市、区)相继开展了对县级政府教育工作的督导评估。

(二) 工作开展情况

山东省对县级政府教育工作督导评估主要体现在对“两基”巩固提高工作督导评估、教育工作示范县(市、区)创建和对市县政府教育综合督导三个方面。

1. 对“两基”巩固提高工作的督导评估

2000年，山东省通过了国家“两基”验收，全省基本完成了“两基”任务，实现了“两基”目标。为了巩固“两基”成果，提高“两基”水平，山东省出台了《关于在全省建立“两基”复查制度的规定》，开始实施“两基”复查工作。2003年，山东省出台了《山东省县市区“两基”巩固提高工作督导评估标准》。按照“积极进取、实事求是、分类指导、分步实施”的原则，结合各地经济和教育发展不平衡的实际，将全省分为“巩固提高”、“双高普九”和“教育工作示范县(市、区)”三类地区，确定了不同地区巩固提高工作的任务和要求。其中，“巩固提高”地区是指经济发展在山东省处于中等及中等以下水平的县(市、区)，“双高普九”地区是指山东省经济较发达的县(市、区)，“教育工作

示范县(市、区)"是指全面实现"以县为主"管理体制,县域内各类教育均衡、协调发展,教育工作达到较高水平的县(市、区)。

对"两基"巩固提高工作的督导评估与以往的"两基"验收相比,在督导性质、督导内容、督导方法等方面均有明显的不同。从督导性质看,"两基"验收注重对指标完成情况的评价,结论为达标或不达标,而对巩固提高工作的督导评估,注重对县级政府教育工作的综合评价,是一种认可性评估。从督导内容看,由相对单一变为更加全面,在普及程度、办学条件和教育经费三方面内容的基础上,又增加了"以县为主"管理体制落实情况、公用经费定额标准、师资队伍建设、信息化建设等新的指标,且对督导指标提出了更高的要求。从督导方法看,"两基"验收注重定量评价,对巩固提高工作的督导评估实行定性与定量评价相结合。不论从哪个方面看,对"两基"巩固提高工作的督导评估更加符合对县级政府教育工作督导评估制度的内涵。

截至2007年底,山东省共对有"两基"复查任务的69个县(市、区)的"两基"巩固提高工作进行了复查,其中67个县(市、区)顺利通过复查,2个县因条件较差被黄牌警告,责成限期整改(目前1个县已顺利通过第二次复查,1个县将于2009年接受第二次复查)。有4个县(市、区)已步入了"教育工作示范县(市、区)"的行列。

2. 对教育工作示范县(市、区)的督导评估

1999年1月印发的《山东省县级政府教育工作督导评估方案(试行)》,提出了对县级政府教育工作督导评估的"五个等级",即示范、优秀、良好、合格和不合格,教育工作示范县(市、区)创建工作正式纳入山东省教育督导工作的重要议事日程。在创建过程中,山东省根据形势发展需要,多次对示范县的标准进行补充和修改。2008年2月,制定下发了《山东省教育工作示范县(市、区)督导评估方案》。

"山东省教育工作示范县(市、区)"是目前由省人民政府对县级政府教育工作表彰的标准最高、内容最全、综合性最强的荣誉称号,其督导评估内容涉及教育地位、教育投入、教育教学管理、教师队伍、教育设施设备、教育水平等各个方面的内容,涵盖了学前教育、义务教育、高中教育、中等职业教育、成人及民办教育、社区教育等各类教育,是促进县级政府全面履行教育职责,切实提高教育教学质量的有力杠杆。教育工作示范县(市、区)创建工作,引起了省委、省政府领导的高度重视。自2005年以来,在每年的庆祝教师节大会上,省委、省政府都隆重表彰达到示范等级的县(市、区),省委、省政府主要领导同志都到会为获奖单位颁奖,极大提升了教育工作示范县(市、区)的影响力,调动了各地创建的积极性。截至目前,全省共有30个县(市、区)被省政府命名为"山东省教育工作示范县(市、区)"。还有5个县已通过省验收,待省政府正式命名。

3. 对市级政府教育综合督导评估

对市级政府教育综合督导评估,主要是通过对所辖县级政府履行教育职责情况的督导评估,对各市的教育工作做出评价,因而是一种特殊形式的对县级政府教育工作的督导评估。山东省从2004年开始对市级政府教育工作进行督导评估。每年由省政府办公厅发文向市、县(市、区)政府做出部署,由省教育厅、财政厅、审计厅、监察厅联合组织,省教育厅牵头,省政府教育督导室具体实施,并聘请省人大、省政协教科文卫委领导实施监督,每年进行一次。综合督导评估涉及教育管理体制、教育监控机制、教育投入、办学条件、统筹教育发展等诸多方面的内容。在总结几年来实践经验的基础上,从2008年起,我们将原来每年一次综合性督导,调整为每届政府任期内2次综合性督导,即在每届政府任期的第二年和第四年各进行一次,其他年份进行专项督导。2008年顺利完成了第一次专项督导。连续五年的综合督导(或专项督导),共抽查县(市、区)166个(次)。

每年督导评估工作结束后,省政府都转发综合督导评估报告。督导评估报告还在《山东政报》、《大众日报》、《现代教育导报》刊登,印发"两会"代表、委员参阅,并在省教育厅等网站上公布,在社会上产生了广泛影响。山东省开展的综合督导评估工作得到了国务院和省领导的充分肯定,2006年6月22日,时任国务委员陈至立同志在审阅了《山东省开展对政府教育工作综合督导评估基本情况》的材料后批示:"山东省在充分发挥督导评估作用,促进教育健康协调发展,加大教育投入方面取得了显著成效,请小娅同志阅,并推广其好做法"。早在2004年11月,时任山东省委副书记、省长韩寓群同志就做出批示,对教育工作综合督导评估给予了充分肯定和高度评价,并对如何做好教育和教育督导评估工作提出了明确要求。

二、对县级政府教育工作督导评估取得的主要成效

(一) 促进了市、县党政领导重教意识的进一步提高

对县级政府教育工作督导评估,促使各地政府进一步重视教育工作,各地基本形成了政府主要领导亲自过问教育工作、分管领导靠上主抓教育工作的格局,教育工作列入了党委政府重要议事日程。各县政府每年为民办的

实事中，教育都要占一至两项。各县市区针对当前教育发展中亟待解决的突出问题，均召开会议，出台文件，提出解决的措施。大多数县市区建立和完善了党委政府定期议教制度、教育工作目标管理制度、县领导定点联系学校制度、对教育的表彰奖励制度，形成了促进教育发展的长效机制。教育综合督导开展以后，各市、县政府一把手亲自抓工作落实，协调有关部门全力搞好自查自纠。每年省对各地督导评估意见下发以后，各市市委书记、市长均做出重要批示，对如何做好整改工作提出具体要求，有的市还派督察组跟踪检查，促进了区域教育发展水平的进一步提高。

（二）促进了“以县为主”义务教育管理体制的进一步完善

主要体现在三个方面：一是全省所有县（市、区）均将中小学教师的资格认定、招聘录用、职务评聘、培养培训和考核等职能纳入了县级教育行政部门统一管理，教育人事管理制度逐步得到理顺。二是将中小学教师工资纳入县本级财政预算的县（市、区）由2002年的20个增加到2008年底的140个，在县域内统一中小学教师工资标准的县（市、区），也由2002年的24个增加到了85个，其余县（市、区）均在县域内乡镇间统一了工资标准，即在全省解决了长期以来县域内中小学教师工资执行多个标准的问题。三是中小学公用经费全部由县级统一管理和拨付，公用经费长效保障机制得到了进一步完善。

（三）促进了教育投入的较大幅度增长

一是预算内教育拨款逐年增加。2003年至2007年，全省17市财政预算内教育拨款总额分别比上年增长16亿元、20亿元、37亿元、42亿元、87亿元，增长数额逐年加大，5年累计增加了202亿元。二是教育费附加征收、管理不断加强。2003年至2007年，全省城市教育费附加征收率由88%提高到100%以上。5年累计拨付城市教育费附加131亿元。自2005年开征地方教育附加后，3年累计拨付教育21亿元。三是农村中小学生均公用经费稳步增长。彻底改变了中小学公用经费长期由乡镇财政统筹的局面，消除了经济欠发达地区中小学预算内公用经费为零的现象，农村中小学公用经费得到了大幅度的增加。四是教师工资收入普遍显著提高。与2002年相比，按全市统算，到2007年17市农村教师月均工资增加都在260元以上，多数市在450元以上；17市中农村教师月均工资超过千元的市由2002年的6个增加到了17个。全省有乡镇的134个县市区中，2007年人均月工资比2002年增加千元以上的有53个县，约占40%，增加600元以上的129个县，约占96%。

（四）促进了县域内城乡教育的均衡发展

各县市区结合布局调整，加大了中小学危房改造力度，全面消除了D级危房。各市根据课程改革和实施素质教育的需要，普遍加强了学校基础设施建设，实施了以教育资源优化升级、规范化建设为目标的改善办学条件行动，省级规范化学校的数量明显增加。大部分县市区实现了“校校通”，经济发达地区实现了“班班通”。农村学校办学条件发生了根本性的变化，很多地方农村学校的校舍好于城区学校。加快了教师队伍建设，加大了师资培训特别是对农村教师的培训力度。各县市区普遍建立了城乡教师交流制度，通过出台优惠政策鼓励城区教师到农村任教，有的地方还从城区教师队伍中选拔优秀教师到农村担任校长，提高了农村学校的教育教学质量和水平，城乡差别逐步减少。

三、需进一步改进和完善的几个问题

（一）对县级政府教育工作的督导评估制度仍需进一步完善

虽然，山东省在全国率先建立并实施了对县级、市级政府教育工作的督导评估制度，建立了教育工作示范县（市、区）督导评估制度，并取得了明显成效。但覆盖全省所有县（市、区）、系统、规范性的对县级政府教育工作督导评估制度还没有全面实施。

对县（市、区）督导评估存在明显的不平衡性。根据2003年出台的《山东省县市区“两基”巩固提高工作督导评估标准》，把全省分为“巩固提高”、“双高普九”和“教育工作示范县（市、区）”三类地区，其中约有40个（市、区）列入了“双高普九”范围，但由于种种原因，这项工作一直没有启动，对这些（市、区）的督导评估一直处于空白状态。另外，自2004年开展教育综合督导以来，按照随机抽签的原则，有的（市、区）已被抽查了四次，但有34个（市、区）一直未被抽查过。综合这两方面的情况，再加上教育工作示范县（市、区）的督导评估作，近五年来，各（市、区）中接受督导评估次数最多的已达五、六次，最少的为零，存在明显的不平衡性。

（二）督导整改缺乏制约性措施，督导结果还没有得到有效运用

针对教育督导评估中发现的问题，大多数市县政府高度重视，并采取有效措施积极加以整改，但有的市县思想上重视不够，对教育督导工作未能形成内在需求和思想压力，有的甚至有抵触情绪，因此，对一些关键问题缺乏

整改的主动性和积极性，使某些地方教育督导整改只是走走过场而已。比如对教育费附加拨付不足的问题，年年提出却始终解决不好。其它如城乡教师工资待遇不统一的问题，教师队伍建设中的结构性、编制性的矛盾等均没有得到有效解决。其重要原因是尚未建立对市、县(市、区)党政领导干部教育工作督导考核制度，将督导评估结果列入市、县级人民政府及其主要领导政绩考核的重要内容。教育督导结果在对市、县党委政府政绩考核中未能得到很好的利用，在很大程度上削弱了教育督导的影响力。

(三) 教育督导机构、队伍建设还不能完全适应对县级政府教育督导工作的需要

一是教育督导机构的行政规格偏低。17市中，教育督导机构规格为正处级的5个，副处级的3个，仍有9个市为正科级规格。县级教育督导机构则多为股级，这就使教育督导难以真正代表本级政府行使教育督导职权。二是督导人员配备不足，综合素质有待进一步提高。目前山东省教育督导人员的数量及专业知识结构还不适应督导评估工作的需要。

(四) 市级督导机构对县级政府教育工作的督导评估作用没有得到充分发挥

从督导的性质和目前教育督导的现状看，实施县级政府教育工作督导评估制度的主体主要是省、市两级政府教育督导机构。从山东省情况看，目前省对县级政府教育工作督导评估的力度远远大于市级，17市中只有部分市开展了对县级政府的教育督导评估，大部分市受各种因素的制约，没有建立这项制度，或者只是流于形式。从一年一度的教育综合督导情况看，部分市没有很好地履行对所辖县的复评职责，只是把各县市区上报的自评表汇总上报给省就算完事。

四、加强对县级政府教育督导工作的几点思考与建议

(一) 修订和完善对县级政府教育工作的督导评估制度

按照《国务院办公厅转发教育部关于建立对县级人民政府教育工作进行督导评估制度意见》要求，修订和完善《山东省县级政府教育工作督导评估方案》，结合教育改革与发展过程中出现的新问题以及国家近几年出台的新政策，完善评估指标体系和评估机制，明确督导周期，使所有县(市、区)在一定时间内都必须接受督导评估。对于没有接受督导评估的拟实现"双高普九"的40个县市区，按新修订的标准，三年内全部完成督导评估任务。采取相应措施使五年教育综合督导评估从未抽查过的34个县(市、区)，都能接受督导评估。

要加大督导整改力度。在目前省尚未建立对党政领导干部教育工作督导考核制度的情况下，通过建立整改工作责任制度、整改情况调度制度、整改效果督查制度、整改结果通报制度等，督促县级政府重视教育督导整改工作，有效解决长期存在的阻碍教育发展的重点问题，使教育督导在促进区域教育健康、协调发展方面真正发挥重要作用。

(二) 积极探索建立党政领导干部教育工作督导考核制度

建立对市、县(市、区)党政领导干部教育工作督导考核制度，是督促党政领导干部认真落实科学发展观，加强行政监督、推进依法治教的重要举措，是落实"以县为主"义务教育管理体制、促进教育事业健康发展的有力手段。中共中央、国务院和省委、省政府的一系列文件中，均对建立这项制度有明确规定。《国务院关于进一步加强农村教育工作的决定》(国发[2003]19号)规定："建立对县级人民政府教育工作的督导评估机制，并将督导评估结果作为考核领导干部政绩的重要内容和进行表彰奖励或责任追究的重要依据。"《山东省人民政府关于加快农村教育改革与发展的决定》(鲁政发[2003]102号)规定："落实中央关于将基础教育工作的情况作为考核地方各级人民政府领导同志的重要内容的规定，建立市、县(市、区)政府主要领导基础教育目标责任督导考核机制"，同时要求建立逐级督导机制，并将督导结果作为考核各级领导干部政绩的重要内容。《国务院办公厅转发教育部〈关于建立对县级人民政府教育工作进行督导评估制度意见〉的通知》(国办发[2004]8号)，也对将督导评估结果列入县级人民政府及其主要领导政绩考核的重要内容提出了明确要求。上述规定和要求，为我们建立对市、县(市、区)党政领导干部教育工作督导考核制度提供了充分的政策依据。目前，已有广东、广西、山西、湖北、安徽、湖南、重庆、上海等十几个省市组织部门建立了对党政领导干部基础教育责任考核制度，山东省也有12个市建立了对县级党政领导干部教育责任的考核制度。为了完善自上而下的对教育工作的考核制度，极有必要尽快建立省对市、县两级党政领导班子及主要负责人的教育工作督导考核制度。

(三) 完善省、市、县三级联动机制，充分发挥三级教育督导机构在县级政府教育工作督导评估中的作用

建立对县级政府教育工作督导评估制度，省、市、县三级督导评估机构的工作相互联系、缺一不可，都必须在各自的职责范围内发挥作用。因此要在明确三级责任的基础上，完善相关机制，规范工作程序，认真抓好落实。

要通过督导方式的优化整合，形成对县级政府教育工作多维度、全过程的监督与评估。对于省级教育督导机构来说，应注意把握好自身的定位，对县级政府教育工作的督导评估不能面面俱到，也不可能通过督导解决所有问题，要立足于“抓重点、促整改”，做到评估与促进有机结合，通过对教育改革与发展过程中的关键问题进行重点督导，促进县级政府履行教育职责，保障教育优先发展。对于市级教育督导机构来说，要充分发挥对所辖县情况比较熟悉的优势，认真搞好对县市区的初评。作为三级联动中的中间环节，市级教育督导机构在县级政府教育工作督导评估中处于重要地位，必须严格按照工作流程，逐县核查，摸清真实情况，确保初评结果客观公正，为省实施督导评估奠定基础。各市在对县(市、区)的督导过程中，要重视督导的指导作用，督促县级政府抓好对有关问题的整改，以增强督导的实效性。对于县级教育督导机构来说，搞好自评是实施对县级政府教育工作督导评估的基础工作，必须抓实抓好。要对照标准，扎实开展自查，把自查自评过程变为自我完善、自我发展的过程，对于自评发现的问题及时向政府提出建议，采取措施，力争使问题在省督导前得到有效解决。

(四) 进一步加强教育督导队伍建设

加强教育督导队伍建设，是搞好教育督导工作的前提。首先，要提升各级教育督导机构的行政规格。虽然国家和省有关法律法规并没有对教育督导机构的设置做出具体规定，但新修订的《义务教育法》、即将发布实施的《教育督导条例》以及《山东省教育督导条例》都对教育督导的性质、内容、对象及督导结果的运用作了明确的规定，为了完成法律法规所赋予的督导任务，就必须赋予督导机构相应的行政级别。具体到市级教育督导机构来说，它是代表本级政府对有关部门和下级人民政府履行职责情况依法进行督导评估，其行政规格不应低于县级政府。从有关市教育督导机构的设置情况看，行政编制和级别方面的规定不是主要问题，关键是党委、政府对教育督导工作的认识问题和观念问题，认识问题解决了，机构设置问题就能得到有效解决。其次，要加强教育督导人员的配备。要把年富力强、业务精湛、工作认真、作风扎实的骨干充实到督导队伍，吸收教育教学管理、教研科研、现代信息技术教育、教育技术装备、经济、法律等方面的专业人才担任兼职督学，建设一支数量和结构合理、素质较高、管理型与专家型相结合的专兼职督导队伍。完善兼职督学聘任制度，制定兼职督学工作职责，强化使用考核机制，改变在其位不谋其政的状况，充分调动和发挥兼职督学的作用。再次，加强学习培训，不断提高督导人员业务水平。尤其要加强评估理论和技术培训，使督导人员熟练掌握先进的督导理论和科学的评估方法。要引导督导人员结合工作实践，加强督导理论研究，在理论与实践的结合中，不断提高自身素质，以适应日益发展的新形势对督导工作的新要求。

(作者：孟庆旭　刘振鹏　盖元华)

2008年全国教育事业发展统计公报

2008年是我国发展历史上极不平凡的一年。党中央带领全国各族人民，战胜了年初严重低温雨雪冰冻和汶川特大地震造成的巨大灾难，实现了中国人民百年奥运梦想和航天人出舱行走这一历史性突破，各项事业都取得了显著成就。在党中央、国务院的正确领导下，教育系统广大干部和师生员工振奋精神，齐心协力，锐意进取，各项工作扎实推进，各级各类教育取得了新进展。

义务教育

到2008年底，实现“两基”验收的县(市、区)累计达到3038个(含其他县级行政区划单位207个)，占全国总县数的99.1%，“两基”人口覆盖率达到99.3%。

由于学龄人口的逐年减少，小学校数、学生数继续减少，学龄儿童净入学率不断提高。2008年，全国共有小学30.09万所，比上年减少1.92万所；招生1695.72万人，比上年减少40.35万人；在校生10331.51万人，比上年减少232.49万人；小学毕业生数1864.95万人，比上年减少5.22万人；小学学龄儿童净入学率达到99.54%，其中男女童净入学率分别为99.50%和99.58%，女童高于男童0.08个百分点。

小学教职工略有减少，专任教师有所增加，专任教师学历合格率继续提高。全国小学教职工613.29万人，比上年减少0.09万人，其中专任教师562.19万人，比上年增加0.93万人；小学专任教师学历合格率99.27%，比上年提高 0.16 个百分点；小学生师比 18.38：1，比上年的 18.82：1 有所降低。

由于学龄人口的逐年减少，初中校数、招生数、在校生数和毕业生数略有减少，初中阶段毛入学率和初中毕业生升学率继续提高。2008 年，全国共有初中学校 5.79 万所(其中职业初中 0.02 万所)，比上年减少 0.15 万所；招生 1859.60 万人，比上年减少 8.9 万人；在校生 5584.97 万人，比上年减少 151.22 万人；毕业生 1867.95 万人，比上年减少 95.76 万人；初中阶段毛入学率 98.5%，比上年提高 0.5 个百分点；初中毕业生升学率 83.4%，比上年提高 2.92 个百分点。

全国初中专任教师 347.55 万人，比上年增加 0.25 万人；初中专任教师学历合格率 97.79%，比上年提高0.61 个百分点；生师比 16.07：1，比上年的 16.52：1 有所降低。

普通中小学校办学条件进一步改善。全国普通中小学校舍建筑面积 136521.37 万平方米，比上年增加 1201.35万平方米。小学体育运动场(馆)面积达标校数的比例为 55.88%，体育器械配备达标校数的比例为 50.61%，音乐器械配备达标校数的比例为 46.31%，美术器械配备达标校数的比例为 44.97%，数学自然实验仪器达标校数的比例为 54.70%。普通初中体育运动场(馆)面积达标校数的比例为 69.30%，体育器械配备达标校数的比例为 66.90%，音乐器械配备达标校数的比例为 60.27%，美术器械配备达标校数的比例为 59.15%，理科实验仪器达标校数的比例为 73.51%。各项办学条件均比上年有所改善。

学前教育与特殊教育

学前教育进一步发展。幼儿园数、在园幼儿数、幼儿园园长和教师数均有增加。2008 年，全国共有幼儿园 13.37 万所，比上年增加 0.46 万所；在园幼儿(包括学前班)2474.96 万人，比上年增加 126.13 万人；幼儿园园长和教师共 103.2 万人，比上年增加 8.01 万人。

2008 年，全国共有特殊教育学校 1640 所，比上年增加 22 所；招收残疾儿童 6.24 万人，比上年减少 0.1 万人；在校残疾儿童 41.74 万人，比上年减少 0.19 万人。其中在盲人学校就读的学生 4.71 万人，在聋人学校就读的学生 11.71 万人，在弱智学校及辅读班就读的学生 25.32 万人。在普通学校随班就读和附设特教班就读的残疾儿童招生数和在校生数分别占特殊教育招生总数和在校生总数的 64.87%和 63.27%。残疾儿童毕业人数 5.20 万人，比上年增加 0.17 万人。

高中阶段教育

2008 年，全国高中阶段教育(包括普通高中、成人高中、中等职业学校)共有学校 30806 所，比上年减少 449 所；招生 1649.12 万人，比上年减少 1.06 万人；在校学生 4576.07 万人，比上年增加 48.58 万人。高中阶段毛入学率 74%，比上年提高 8 个百分点。其中：

全国普通高中 15206 所，比上年减少 475 所；招生 837.01 万人，比上年减少 3.15 万人，下降 0.38%；在校生 2476.28 万人，比上年减少 46.17 万人，下降 1.83%；毕业生 836.06 万人，比上年增加 47.75 万人，增长 6.06%。

普通高中专任教师 147.55 万人，比上年增加 3.24 万人；生师比 16.78：1，比上年的 17.48：1 有所降低；专任教师学历合格率 91.55%，比上年提高 2.25 个百分点。普通高中体育运动场(馆)面积达标校数的比例为 78.92%，体育器材配备达标校数的比例为 78.90%，音乐器材配备达标校数的比例为 73.83%，美术器材配备达标校数的比例为 74.62%，理科实验仪器达标校数的比例为 83.38%，建立校园网的学校占普通高中学校总数的比例为 70.91%。各项办学条件均比上年有所改善。

全国成人高中 753 所，比上年增加 11 所；在校生 12.7 万人，比上年减少 5.38 万人；毕业生 9.34 万人，比上年减少 7.13 万人。成人高中教职工 0.65 万人，比上年减少 0.06 万人，其中专任教师 0.45 万人，比上年减少 0.03万人。

全国中等职业教育(包括普通中等专业学校、职业高中、技工学校和成人中等专业学校)共有学校 14847 所，比上年增加 15 所；招生 812.11 万人，比上年增加 2.09 万人；在校生 2087.09 万人，比上年增加 100.08 万人。其中：

全国普通中等专业学校 3846 所，比上年增加 45 所；招生 303.78 万人，比上年增加 6.49 万人；在校生 817.28 万人，比上年增加 35.65 万人；毕业生 220.56 万人，比上年增加 18.29 万人；教职工 40.28 万人，比上年增加1.43 万人，其中专任教师 26.14 万人，比上年增加 1.24 万人。

全国职业高中 5915 所，比上年减少 1 所；招生 290.66 万人，比上年减少 11.52 万人；在校生 750.32 万人，比上年增加 25.07 万人；毕业生 211.63 万人，比上年增加 20.75 万人；职业高中教职工 42.78 万人，比上年增加 1.05万人，其中专任教师 31.97 万人，比上年增加 1.1 万人。

全国技工学校3103所，比上年增加108所；招生161.84万人，比上年增加3.29万人；在校生398.85万人，比上年增加31.7万人；毕业生109.57万人，比上年增加9.91万人；技工学校教职工24.88万人，比上年增加0.88万人，其中专任教师22.07万人，比上年增加1.64万人。

全国成人中等专业学校1983所，比上年减少137所；招生55.83万人，比上年增加3.83万人；在校生120.65万人，比上年增加7.67万人；毕业生38.9万人，比上年增加0.81万人；教职工10.33万人，比上年减少0.29万人，其中专任教师6.66万人，比上年减少0.1万人。

高等教育

高等教育稳步发展。2008年，全国共有普通高等学校和成人高等学校2663所，其中，普通高等学校2263所，比上年增加355所，成人高等学校400所，比上年减少13所。普通高校中本科院校1079所，高职(专科)院校1184所。全国共有培养研究生单位796个；其中高等学校479个，科研机构317个。

高等教育招生数和在校生规模持续增加。2008年全国各类高等教育总规模达到2907万人，高等教育毛入学率达到23.3%。

全国招收研究生44.64万人，比上年增加2.78万人，增长6.64%，其中博士生5.98万人，硕士生38.67万人。在学研究生128.30万人，比上年增加8.80万人，增长7.36%，其中博士生23.66万人，硕士生104.64万人。毕业研究生34.48万人，比上年增加3.3万人，增长10.58%，其中博士生4.37万人，硕士生30.11万人。

普通高等教育本专科共招生607.66万人，比上年增加41.74万人；在校生2021.02万人，比上年增加136.12万人，增长7.22%；毕业生511.95万人，比上年增加64.16万人，增长14.33%。成人高等教育本专科共招生202.56万人，在校生548.29万人，毕业生169.09万人。全国高等教育自学考试报考988.82万人次，取得毕业证书55.19万人。

普通高等学校本科、高职(专科)全日制在校生平均规模为8679人。

普通高等学校教职工205.10万人，比上年增加7.65万人，其中专任教师123.75万人，比上年增加6.92万人。生师比为17.23∶1。成人高等学校教职工8.99万人，比上年减少4.64万人，其中专任教师5.32万人，比上年减少2.7万人。

成人培训与扫盲教育

2008年，全国接受各种非学历高等教育的学生271.85万人次，当年已结业437.94万人次；接受各种非学历中等教育的学生达5448万人次，当年已结业6501.57万人次。

全国职业技术培训机构16.20万所，教职工49.58万人，其中专任教师25.29万人。

成人初等学校1.41万所，比上年增加0.19万所；毕业生119.86万人，比上年减少13.62万人；在校生110.12万人，比上年减少11.99万人。教职工2.02万人，比上年减少0.27万人，其中专任教师0.97万人，比上年减少0.2万人。

2008年，全国共扫除文盲115.02万人，比上年增加19.24万人；另有124.96万人正在参加扫盲学习，比上年增加21.20万人。扫盲教育教职工8.62万人，比上年增加1.39万人，其中专任教师3.70万人，比上年增加0.91万人。

民办教育

民办教育持续发展。2008年，全国共有各级各类民办学校(教育机构)10.09万所，比上年增加0.57万所；各类学历教育在校学生达2824.4万人，比上年增加240.9万人。其中：民办幼儿园83119所，在园儿童982.03万人；民办普通小学5760所，在校生480.4万人；民办普通初中4408所，在校生428.4万人；民办职业初中7所，在校生0.2万人；民办普通高中2913所，在校生240.30万人；民办中等职业学校3234所，在校生291.81万人，另有非学历教育学生33.21万人；民办高校640所(含独立学院322所)，在校生401.3万人，其中本科生223.3万人，专科生178.0万人，另有其他形式教育的学生26.7万人；民办的其他高等教育机构866所，各类注册学生92.02万人。

另外，还有民办培训机构19579所，834.76万人次接受了培训。

摘自：中华人民共和国教育部门户网站

图书在版编目(CIP)数据

山东教育年鉴.2009/山东省教育厅编.—济南:山东教育出版社,2010
ISBN 978—7—5328—6639—7

Ⅰ.①山… Ⅱ.①山… Ⅲ.①教育事业—山东省—2009—年鉴 Ⅳ.①G527.52—54

中国版本图书馆 CIP 数据核字(2010)第 015029 号

山东教育年鉴

2009

山东省教育厅 编

主　　管:山东出版集团
出 版 者:山东教育出版社
(济南市纬一路 321 号　邮编:250001)
电　　话:(0531)82092663　传真:(0531)82092661
网　　址:http://www.sjs.com.cn
发 行 者:山东教育出版社
印　　刷:山东新华印刷厂
版　　次:2009 年 12 月第 1 版
2009 年 12 月第 1 次印刷
规　　格:787mm×1092mm　16 开本
印　　张:56 印张
插　　页:17 插页
字　　数:1868 千字
书　　号:ISBN 978—7—5328—6639—7
定　　价:190.00 元